2023 中国上市公司创新发展指数报告

2023 Innovation and Development Index Report of Chinese Listed Companies

王竞达 王永贵 等 / 著

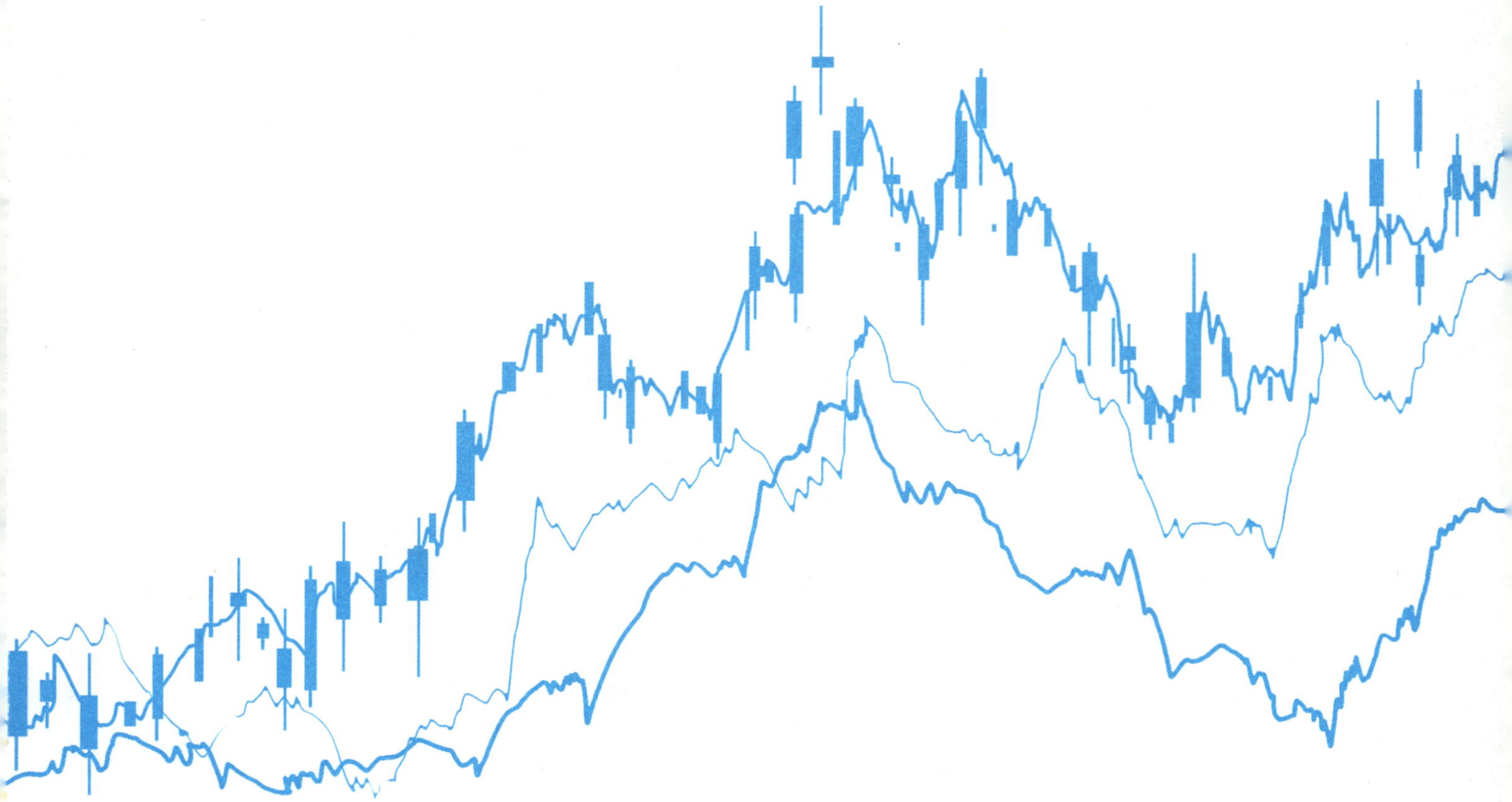

中国财经出版传媒集团
中国财政经济出版社
北京

图书在版编目（CIP）数据

2023中国上市公司创新发展指数报告 / 王竞达等著
. —北京：中国财政经济出版社，2023.10
ISBN 978-7-5223-1603-1

Ⅰ. ①2… Ⅱ. ①王… Ⅲ. ①上市公司－经济评价－研究报告－中国－2023 Ⅳ. ①F279.246

中国版本图书馆CIP数据核字（2022）第253977号

责任编辑：王佳欣 张 军　　责任校对：张 凡
特邀编辑：谷 文 卓文娟　　封面设计：卜建辰

2023中国上市公司创新发展指数报告
2023 ZHONGGUO SHANGSHI GONGSI CHUANGXIN FAZHAN ZHISHU BAOGAO
中国财政经济出版社 出版
URL：http：//www.cfeph.cn
E-mail：cfeph @cfemg.cn

社址：北京市海淀区阜成路甲28号 邮政编码：100142
营销中心电话：010-88191522
廊坊市佳艺印务有限公司印刷 各地新华书店经销
成品尺寸：210mm × 285mm 16开 62.75印张 1 546 000字
2023年10月第1版 2023年10月河北第1次印刷
定价：298.00元
ISBN 978-7-5223-1603-1
（图书出现印装问题，本社负责调换，电话：010-88190548）
本社质量投诉电话：010-88190744
打击盗版举报热线：010-88191661 QQ：2242791300

编撰委员会名单

编撰单位 首都经济贸易大学资产评估研究院
浙江工商大学数字创新与管理研究院

编写人员

王竞达	王永贵	武威	尚铎	汪淋淋
李霞	王田力	梅延拓	马里斌	曹畅
祖广政	刘祎男	雷昊	张丽玮	詹雷
孙喜	周率	段海瑞	范宏达	李强
伍李明	王皓月	毕盛	车洪雪	贾博坤
郭家琪	李雪儿	姚欣彤	王馨竹	张静
曹碧茹	郑晨曦	闫茜琳	陈伊宁	罗钧耀
杨江琳	梁培	包蓝鑫	梁延	周春燕
沈诗韵	段岩	王笑天	岳威宇	刘孟陶

学术顾问

郝如玉	马海涛	卢新华	崔辉	崔也光
汪宁	李明	范黎波	李小荣	黄青山
凌锦明	王帅	王诚军	刘登清	崔劲
唐章奇	马丽萍	张学平	顾奋玲	

RECOMMENDED ORDER
推荐者序

面临世界百年未有之大变局，高质量创新发展是实现经济持续稳定增长和社会稳定的必然要求，创新日益成为推动我国经济转型的动力源泉。党的二十大报告明确指出，要坚持“创新是第一动力”“坚持创新在我国现代化建设全局中的核心地位”“加快实施创新驱动发展战略”。

上市公司作为资本市场发展的基石，是市场主体和经济社会发展的重要力量，在我国科技创新事业中发挥着重要的引领作用，在推动国民经济发展、促进社会进步、保障国家安全和提升人民生活质量等方面做出了卓越的贡献。因此，不断强化以上市公司为代表的企业科技创新主体地位，持续推动其发展方式从规模速度型向质量效益型转变，持续稳定提升上市公司的高质量创新发展，已成为塑造发展新动能、新优势和支撑经济实现高质量发展的关键任务。

无论是进一步优化公司的创新发展战略，还是实施更加有效的政府创新支持政策，均离不开对上市公司实际创新发展水平的科学评价、准确诊断以及对创新支持效果的科学评估。由首都经济贸易大学资产评估研究院与浙江工商大学数字创新与管理研究院联合推出的《2023中国上市公司创新发展指数报告》，首次构建了“一体四翼”的上市公司创新发展评价指标体系，进一步优化并提升了上市公司创新发展评价的科学性及有效性，有助于更加全面客观地评价上市公司创新发展的业绩表现。

《2023中国上市公司创新发展指数报告》以“投入—产出”模型为基本框架，以技术创新理论、制度理论、系统理论、组织行为理论和核心竞争力理论等相关理论为基础，以“创新影响因素—研发创新投入—创新成果绩效”的完整的企业创新链为分析主线，构建了由“创新资源支持、创新要素投入、创新科技成果、创新经济绩效”4个关键维度构成的创新发展评价指标体系。在明确上市公司创新发展评价指标体系的基础上，课题组综合运用大数据分析和人工智能等相关技术提取、清洗与分析数据，通过汇集专家智慧赋值权重和标准化处理等技术手段，科学地计算了反映上市公司高质量发展水平的创新发展指数。同时，课题组还同步评价分析了上市公司创新发展过程中高度依赖的政府创新支持环境、区域创新发展软环境、区域创新发展硬环境及区域营商环境，从而更为全面地反映了上市公司创新发展所面临的环境支持及其影响。

相比于其他机构发布的上市公司及区域创新发展指数，《2023中国上市公司创新发展指数报告》所设计的指标体系及内容体现出如下鲜明特色：

第一，构建了“一体四翼”的上市公司创新发展评价体系。课题组围绕公司创新资源支持、创新要素投入、创新科技成果和创新经济绩效4个关键维度，运用大数据分析和云计算等数字技术，构建形成了一套由75个定量和定性指标组成的上市公司创新发展评价指标体系，其指标选取更加全面、内涵也更为深刻，可以更加全面客观地反映上市公司创新发展活动的整个系统过程，彰显出指标设计的科学性、系统性。

第二，贯穿了“两线并立”的上市公司创新发展引导需求。在报告分析过程中，课题组紧密结合国家对专精特新行业及半导体、大数据和人工智能等高精尖产业链条的重点政策支持要求，分别以专精特新和重点产业链为主线，详细剖析比较了专精特新和非专精特新上市公司的创新发展表现差异及内在影响因素，并细致探究了半导体、大数据和人工智能产业链节点上的上市公司创新发展表现，为国家施策提升上市公司创新动力、改善创新质量、实现高精尖和重点产业链技术创新突破提供经验支持。

第三，凸显了“三化视域”的上市公司创新发展评价理念。课题组充分挖掘国家知识产权局、同花顺、政采网等30余个特色数据来源，设计了协同创新、研发持续性、科技和产品获奖成果等特色化二级指标，还设计了如研究阶段支出、开发阶段支出、合作申请专利数量等差异化和数字化三级指标。差异化、特色化、数字化的指标设计思路，可以更为系统、全面地对上市公司创新发展能力进行精准评价。

第四，展示了“四维互补”的上市公司创新发展环境条件。课题组从政府创新支持环境、区域创新软环境、区域创新硬环境、区域营商环境4个主要维度，通过95个定量指标综合评价了不同区域及省级政府创新支持环境、区域创新环境以及营商环境对上市公司创新发展表现的影响差异，为各地区结合资源禀赋、经济积累、制度基础等优势条件制定高质量创新发展政策提供依据。

第五，提炼了“五维透视”的上市公司创新发展特征。课题组分别从行业、地区、省份、板块、产权性质五维视角，在揭示上市公司创新发展水平的微观表现基础上，对上市公司创新发展表现的行业间、地区间、省份间、板块间和产权间差异进行了透视和剖析，体现出宏观与微观相结合的多维分析特色。

正是由于上述主要特征，建立在全面性、系统性、科学性评价指标体系基础上的本研究报告分析内容及其提炼形成的观点建议，对指导我国企业创新发展和制定创新支持政策建议具有重要意义，主要表现在：

第一，有助于推动企业实现以技术创新为内核的高质量发展。本报告系统构建的上市公司创新发展指标，除了科学、合理评估出上市公司的实际创新发展表现，也为上市公司开展高质量创新指明了发展目标、转型路径及保障举措，有助于支持上市公司对自身创新发展水平进行全面评估与系统诊断，明确创新优势及发展局限，管理层可以据此有效制定优化战略决策、改善经营效率的创新发展计划，促进上市公司实现以技术创新为核心的高质量发展。

第二，有助于促进产业链可持续稳定发展及创新链的协同升级。通过对行业间、地区间、省份间、板块间和产权间的上市公司创新发展水平差异进行剖析，本报告提供了微观、中观、宏观兼顾的创新发展图谱，所形成的分析观点及政策建议既有助于弥补制约产业链、供应链和创新链稳定发展的薄弱环节，促进产业链可持续稳定发展，也有助于推动以专精特新为代表的上市公司明确专业化、精细化、特色化的发展方向，发挥其在中国制造产业链、供应链和创新链中补短板的特定使命，不断优化产业链整合与升级，切实促进产业链与创新链的深度融合发展。

第三，有助于支持政府精准施策破解创新发展难题、提升创新发展质量。本报告针对上市公司创新发展所面临的政府创新支持环境、区域创新软环境、区域创新硬环境、区域营商环境进行的深度系统分析，有助于识别出当前支持上市公司实现创新型高质量发展所面临的政策短板，也有助于各层级政府更有针对性地制定创新发展支持策略、更为系统性地运用财税金融等政策工具，更加有效地部署落实创新支持需求，实现有为政府精准施策与有效市场创新转型的协同发展。

资本市场历来广受社会公众关注，广大市场参与者对上市公司创新发展表现和创新环境的关注度呈日益增高之势。我认真阅读了整篇书稿，获益良多，因而热情地向投资者、学术界、企业界、行业主管部门和政策部门的读者们推荐，愿您能在阅读本书中有所收获。

是为序！

清华大学经管学院　教授

清华大学技术创新研究中心　副主任

2023年8月22日

PREFACE
前言

时至今日，创新对国家和经济社会发展的意义越来越大。党的二十大报告也指出，必须坚持科技是第一生产力、人才是第一资源、创新是第一动力，深入实施科教兴国战略、人才强国战略、创新驱动发展战略，开辟发展新领域新赛道，不断塑造发展新动能新优势。作为创新的微观主体，企业在落实创新驱动战略和推动经济高质量发展中所发挥的重要作用正日益增强。随着改革开放持续深入，在创新驱动战略的引领下，我国企业的创新发展水平也不断提高，与国际先进企业的差距日益缩小，甚至在某些方面已经处于领先地位。

上市公司作为我国企业的领头羊和排头兵，其创新能力正在不断增强，在推动企业自身持续发展的同时，也为中国经济持续高质量发展做出了特别重要的贡献，并成为中国实体经济的“基本盘”和经济发展动能的“转换器”。同时，伴随信息化、数字化、网络化、智能化转型升级加速，现实环境也对上市公司的创新发展提出了一系列新的挑战和新的要求，迫切需要企业不断提升自身创新发展水平，以便实现高质量可持续健康发展。

毋庸置疑，创新是决定企业成败的关键，是企业可持续发展和竞争优势的战略源泉。无论是进一步优化企业的创新发展策略，还是实施更加有效的政府创新支持政策以便激励上市公司更好地创新发展，均离不开对上市公司实际创新发展水平的科学评价、准确诊断以及对创新支持效果的科学评估。本研究报告立足于中国上市公司创新发展表现和创新支持环境影响，尝试搭建了上市公司创新发展“内外汇聚”的综合评价指标体系，不仅从上市公司本体构建了创新发展评价指标体系，从多维度科学透视上市公司的创新发展表现，而且还从外部环境支持视角，构建了政府创新支持、区域创新软环境、区域创新硬环境、区域营商环境四维评价指标体系，尝试对上市公司创新发展行为的影响因素及其经济后果进行全方位全链条的深入阐释。在上市公司层面，本研究报告创建了“四位一体”的上市公司创新发展评价指标体系，从公司创新资源支持、创新要素投入、创新科技成果和创新经济绩效4个关键维度，通过75个定量和定性指标综合评价了上市公司创新发展质量以及上市公司在各维度上的创新发展表现。这4个维度相辅相成、缺一不可。在创新环境层面，本报告构造了“四维互补”的上市公司创新发展环境评价指标体系，从政府创新支持、区域创新软环境、区域创新硬环境、区域营商环境4个维度，通过95个定量指标综合评价了省份间政府创新支持、区域创新环境以及营商环境对上市公司创新发展表现的异质性影响。类似地，这4个维度也是相生相成、不可偏废。在创新发展指标体系构建过程中，本报告既设计了协同创新、研发持续性、科技和产品获奖成果等特色化二级指标，还设计了如研究阶段支出、开发阶段支出、合作申请专利数量等差异化和数字化等三级指标，以期能够更加精准地对上市公司创新发展能力进行科学评价。

从多截面、多角度综合分析上市公司创新发展表现也有助于广大市场参与者更好地解析上市公司业绩和发展前景。为科学细致地评估我国上市公司创新发展的业绩表现，本报告分别从行业、地区、省份、板块、产权性质“五维视角”对上市公司创新发展表现进行了深入细致的分析，探究上市公司创新发展在行业间、地区间、省份间、板块间和产权间的不同特征体现，以期让上市公司和广大市场参与者能够从多维视角对上市公司创新发展表现进行评价并进行科学决策。同时，本报告也深入考察了专精特新和非专精特新上市公司在创新发展表现上的特征和差异程度，并针对半导体、大数据和人工智能等重点产业链及节点中的上市公司进行了细致分析，为全面深入理解我国上市公司中专精特新企业和重点产业链中典型上市公司的创新发展表现及未来方向提供了有益的参考借鉴。

本报告共分14章。其中，第1章是中国上市公司创新发展研究的背景和理论分析，第2章是中国上市公司创新发展指数评价总体框架和评价方法，第3章是中国上市公司2022年总体状况及其创新发展指数评价，第4章是政府创新发展支持力度评价，第5章是区域创新发展环境评价，第6章是区域营商环境评价，第7章是中国上市公司创新发展指数评价——行业维度，第8章是中国上市公司创新发展指数评价——区域维度，第9章是中国上市公司创新发展指数评价——省份维度，第10章是中国上市公司创新发展指数评价——板块维度，第11章是中国上市公司创新发展指数评价——产权维度，第12章是专精特新类上市公司创新发展指数评价，第13章是重点产业链上市公司创新发展指数评价，第14章是结论和政策建议。

本报告的价值主要体现在以下3个方面：一是通过构建全面系统的创新发展评价指标体系，从行业、区域、省份、板块和产权等多个维度深度解析上市公司的创新发展，有助于帮助上市公司从多维视角了解自身的创新发展情况，更加深入地总结自身的创新优势和不足，从而促进上市公司高质量发展；二是通过对专精特新和重点产业链中典型上市公司的创新发展能力进行深入分析，有助于梳理专精特新和非专精特新类上市公司在创新发展能力方面的差异，更好地发挥专精特新公司在创新发展能力层面的导向作用。类似地，对重点产业链中典型上市公司的创新发展能力的解析，有助于挖掘和深入理解半导体、大数据和人工智能等重点产业链中各上市公司的创新发展优势，更好地促进产业链升级和优势产业链、供应链与创新链的联合打造；三是通过开发由政府创新发展支持指标体系、区域创新发展环境指标体系和区域营商环境指标体系构成的创新发展环境评价体系并构造相应的指数，有助于对不同区域、省份的创新发展支持资源、环境和政策等进行综合分析和评价，进而采取更为精准有力的政策措施，以便为上市公司创新发展能力提升提供助力。

在本研究报告即将正式出版之际，作者诚挚地感谢多方在本报告撰写过程中给予的大力支持和帮助。首先，本书得到了中国上市公司协会、中国资产评估协会和中国企业财务管理协会的大力支持，在此特别感谢；我们也非常感谢中央财经大学校长马海涛教授，清华大学陈劲教授，南开大学张玉利教授，清华大学高旭东教授，中国发明协会独角兽企业创新分会会长解树江教授，中国建材集团专职董事卢新华先生，深圳市桑达实业股份有限公司监事会主席崔辉先生，北京高能时代环境技术股份有限公司总经理凌锦明先生，北新集团建材股份有限公司财务总监王帅先生，北京资产评估协会副会长汪宁先生，中央财经大学李小荣教授，西证创新投资公司董事长黄青山先生，中国银河证券伍李明先生，华泰联合证券刘晓宁先生，赛复投资公司李强先生，北京中企华资产评估有限责任公司总裁兼CEO刘登清先生，北京天健兴业资产评估有限公司首席评估师崔劲先生，中联资产评估集团副总裁唐章奇先生，对外经济贸易大学范黎波教授，首都经济贸易大学顾奋玲教授、张学平教授、孙喜副教授等专家，感谢他们百忙之中多次提供了很多宝贵的建议。此外，也特别感谢首都经济贸易大学武威博士、王田力博士、李霞博士，北京科技大学尚铎博士，浙江工商大学汪琳淋博士，以及首都经济贸易大学和对外经济贸易大学的研究生梅延拓、曹畅、马里斌、祖广政、王皓月、车红雪、张静等同学在本研究报告资料收集和报告撰写等方面所做出的重要贡献。

创新无极限，创新是企业持续发展的重要保证，是驱动高质量发展的关键力量。面向未来，期待我国上市公司比以往任何时候都更加勇于创新、持久创新、真正创新，更好地完善和提升创新发展水平，为中国式现代化、中国经济的高质量发展和中华民族伟大复兴做出更大的贡献。

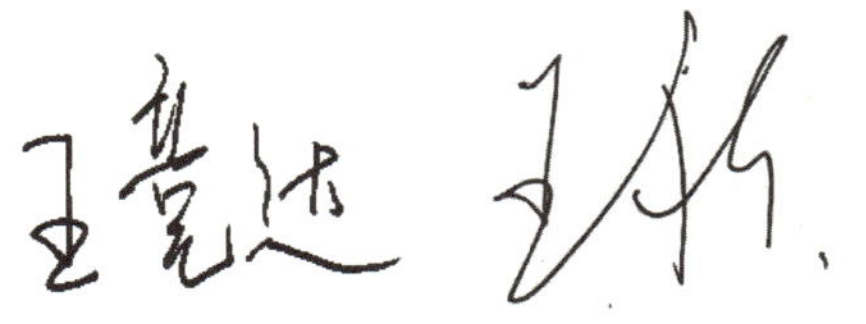

2023年8月18日

CONTENTS
目录

第 1 章
中国上市公司创新发展研究的背景和理论分析

当今世界正在经历百年未有之大变局，只有坚持创新是第一动力，才能持续推动经济的高质量发展，才能塑造中国国际经济合作和竞争新优势。党的二十大报告指出，必须坚持“创新是第一动力”“坚持创新在我国现代化建设全局中的核心地位”“加快实施创新驱动发展战略”。

企业是科技和经济紧密结合的重要力量，是技术创新决策、研发投入、科研组织和成果转化的微观主体。随着改革开放持续深入，在创新驱动战略的推动下，中国企业的创新发展水平也不断提高，与国际先进企业的差距日益缩小，甚至在某些方面已经处于领跑位置。基于这一背景，上市公司的创新能力也在不断增强，在推动企业自身持续发展的同时，也对中国经济持续高质量发展具有十分重要的现实意义，成为中国实体经济的“基本盘”和经济发展动能的“转换器”。[①]同时，伴随信息化、数字化、网络化和智能化转型升级加速，现实发展环境也对上市公司的创新发展提出了一系列新的挑战和新的要求，迫切需要企业不断提升自己的创新发展水平，以便实现高质量发展的可持续性。

1.1 上市公司创新发展研究的背景和意义

1.1.1 上市公司创新发展研究的背景

近年来，政府对创新的重视日益提升，各种创新创业政策不断出台，创新资源配置不断优化。具体来看，作为关键词之一，“创新”在每年的政府工作报告中均高频出现。如表1–1所示，自2012年以来，历年政府工作报告多次强调企业在技术创新中的主体地位，并对如何引导、鼓励和支持企业创新投入，构建创新机制和体系，推动建设具有国际竞争力的创新型企业等给出了指导和要求。需要特别强调的是，对于企业的创新主体地位，政府工作报告的表述也在不断演化：从2012年提出“推动企业成为技术创新主体”到2022年指出的“强化企业创新主体地位”，再到2023年强调“支持和突出企业科技创新主体地位”。“科技”二字的增加，体现了政府对企业创新发展所提出的新方向和新要求：企业不仅要作为技术创新主体解决技术问题，而且要担负起科技创新的角色，对新现象、新技术、新领域等展开研究并将研究成果转化成可应用的技术。

表 1–1　年度政府工作报告中关于推动企业创新的主要表述一览表

年度	内容
2012	深化科技体制改革，推动企业成为技术创新主体，促进科技与经济紧密结合。
2013	深入实施国家技术创新工程和知识创新工程，扎实推进国家科技重大专项，新建一批国家工程中心、重点实验室和企业技术中心。
2014	强化企业在技术创新中的主体地位，鼓励企业设立研发机构，牵头构建产学研协同创新联盟。

① 中国新闻网. 中上协：推动上市公司数字化转型，为经济发展注入新动能. https：//www.chinanews.com/cj/2022/07–04/9795511. shtml.

续表

年度	内容
2015	企业是技术创新的主体。要落实和完善企业研发费用加计扣除、高新技术企业扶持等普惠性政策，鼓励企业增加创新投入。支持企业更多参与重大科技项目实施、科研平台建设，推进企业主导的产学研协同创新。
2016	创新是引领发展的第一动力，必须摆在国家发展全局的核心位置，深入实施创新驱动发展战略。启动一批新的国家重大科技项目，建设一批高水平的国家科学中心和技术创新中心，培育壮大一批有国际竞争力的创新型领军企业。
2017	鼓励大企业和科研院所、高校设立专业化众创空间，加强对创新型中小微企业支持。
2018	以企业为主体加强技术创新体系建设，涌现一批具有国际竞争力的创新型企业和新型研发机构。深入开展大众创业、万众创新。
2019	健全以企业为主体的产学研一体化创新机制，支持企业牵头实施重大科技项目。加快建设科技创新资源开放共享平台，强化对中小企业的技术创新服务。
2020	提高科技创新支撑能力。稳定支持基础研究和应用基础研究，引导企业增加研发投入，促进产学研融通创新。
2021	支持科技成果转化应用，促进大中小企业融通创新，推广全面创新改革试验相关举措。
2022	加大企业创新激励力度，强化企业创新主体地位，持续推进关键核心技术攻关，深化产学研用结合，促进科技成果转移转化。鼓励引导民营企业改革创新，支持企业家专注创业创新、安心经营发展。
2023	发挥好政府在关键核心技术攻关中的组织作用，支持和突出企业科技创新主体地位，加大科技人才及团队培养支持力度。

资料来源：本报告根据年度政府工作报告整理。

相应地，科技部、财政部、国资委和国家税务总局等单位也不断出台一系列政策，努力为企业创新提供优惠政策和资金支持，提高企业的创新积极性和创新动力。如表1–2所示，鼓励企业创新的政策体系也在不断完善：从政策支持的内容看，主要涵盖技术创新能力及服务体系构建、财税金融支持、创新科技补贴、知识产权保护和人才队伍建设等领域，并在这些领域深入推进；从政策支持的对象来看，逐步从广义上的企业聚焦到中小企业、科技型中小企业、中央企业以及民营企业等；从政策支持的方式来看，更加注重以点带面，推动以大中小企业、产学研用和战略联盟等为主要形式的协同创新、融通创新和开放创新等。

表1–2　各部委出台的鼓励企业创新政策一览表

序号	时间	发文机关	文号	标题	内容
1	2000.01.09	国家经贸委	国经贸技术〔2000〕60号	《关于加速实施技术创新工程形成以企业为中心的技术创新体系的意见》	加大技术创新力度，加强技术创新体系、机制和能力建设，加速形成以企业为中心的技术创新体系。
2	2000.07.19	国家经贸委	国经贸技术〔2000〕671号	《关于加强中小企业技术创新服务体系建设的意见》	建立面向中小企业的技术创新服务体系要在技术创新服务中心下，以中小企业为主、同时为大型企业技术创新服务，以点带面，引导其他城市发挥作用。
3	2011.11.14	国务院办公厅	国办发〔2011〕51号	《国务院办公厅关于进一步支持企业技术创新的通知》	为强化企业在技术创新中的主体地位，加快建立以企业为主体的技术创新体系，要进一步加强企业技术创新能力建设；加快完善公共技术创新服务体系；加大新技术新产品应用推广的支持力度；引导科技创新人才向企业集聚。
4	2013.01.28	国务院办公厅	国办发〔2013〕8号	《国务院办公厅关于强化企业技术创新主体地位全面提升企业创新能力的意见》	为全面提升企业创新能力，要进一步完善引导企业加大技术创新投入的机制；支持企业建立研发机构；支持企业推进重大科技成果产业化；大力培育科技型中小企业；以企业为主导发展产业技术创新战略联盟；依托转制院所和行业领军企业构建产业共性技术研发基地；强化科研院所和高等学校对企业技术创新的源头支持；加强企业创新人才队伍建设；推动科技资源开放共享；提升企业技术创新开放合作水平；完善支持企业技术创新的财税金融等政策。

续表

序号	时间	发文机关	文号	标题	内容
5	2015.01.10	科技部	国科发高〔2015〕3号	《关于进一步推动科技型中小企业创新发展的若干意见》	为培育壮大科技型中小企业群体，带动科技型中小企业走创新发展道路，要鼓励科技创业；支持技术创新；强化协同创新；推动集聚化发展；完善服务体系；拓宽融资渠道；优化政策环境。
6	2018.04.19	科技部 国资委	国科发资〔2018〕19号	《关于进一步推进中央企业创新发展的意见》	为实施创新驱动发展战略，落实中央企业科技创新推进，加快推动中央企业创新发展，要鼓励和支持中央企业参与国家重大科技项目；鼓励中央企业增加研发投入；支持中央企业发挥创新主体作用；支持中央企业打造协同创新平台；共同推动中央企业科技人才队伍建设；共同指导和推动中央企业深入开展双创工作；支持中央企业参与北京、上海科技创新中心建设；共同开展创新创业投资基金合作；支持中央企业开展国际科技合作。
7	2018.05.18	科技部 全国工商联	国科发资〔2018〕45号	《关于推动民营企业创新发展的指导意见》	为实施创新驱动发展战略，深化供给侧结构性改革、激发市场活力、加快建设创新型国家和实现经济社会持续创新发展，支持民营企业提高科技创新能力，要大力支持民营企业参与实施国家科技重大项目；积极支持民营企业建立高水平研发机构；鼓励民营企业发展产业技术创新战略联盟；力促民营企业推动大众创业、万众创新；加强优秀创新型民营企业家培育；加强民营企业创新人才培育；落实支持民营企业创新发展的各项政策；完善科技金融促进民营企业发展；推动民营企业参与军民协同创新；推动民营企业开展国际科技合作；引导民营企业支持基础研究和公益性研究。
8	2018.08.08	财政部 工信部 科技部	财建〔2018〕408号	《关于支持打造特色载体推动中小企业创新创业升级工作的通知》	支持优质实体经济开发区打造不同类型的创新创业特色载体，着力提升各类载体市场化专业化服务水平，提高创新创业资源融通效率与质量，促进中小企业专业化高质量发展，推动地方构建各具特色的区域创新创业生态环境。
9	2019.04.07	中共中央办公厅 国务院办公厅	中办发〔2019〕24号	《关于促进中小企业健康发展的指导意见》	为促进中小企业创新发展，要完善创新创业环境；切实保护知识产权；引导中小企业专精特新发展；为中小企业提供信息化服务。
10	2019.08.05	科技部	国科发区〔2019〕268号	《关于新时期支持科技型中小企业加快创新发展的若干政策措施》	培育壮大科技型中小企业主体规模；强化科技创新政策完善与落实；加大对科技型中小企业研发活动的财政支持；引导创新资源向科技型中小企业集聚；扩大面向科技型中小企业的创新服务供给；加强金融资本市场对科技型中小企业的支持；鼓励科技型中小企业开展国际科技合作。
11	2021.03.19	财政部办公厅 知识产权局办公室	财办建〔2021〕23号	《关于实施专利转化专项计划助力中小企业创新发展的通知》	为进一步深化知识产权运营服务体系建设，促进创新成果更多惠及中小企业，提升高校院所等创新主体知识产权转化率和实施效益，要求地方拓宽专利技术供给渠道；推进专利技术供需对接；完善配套政策和服务措施；要求中央扩大数据开放；提供绿色通道；给予资金奖补。
12	2022.05.12	工信部 发改委 科技部 财政部等[①]	工信部联企业〔2022〕54号	《关于开展“携手行动”促进大中小企业融通创新（2022—2025年）的通知》	为推动大企业加强引领带动，促进产业链上中下游、大中小企业融通创新，现就开展“携手行动”促进大中小企业融通创新有关事项通知如下：以创新为引领，打造大中小企业创新链；以提升韧性和竞争力为重点，巩固大中小企业产业链；以市场为导向，延伸大中小企业供应链；以数字化为驱动，打通大中小企业数据链；以金融为纽带，优化大中小企业资金链；以平台载体为支撑，拓展大中小企业服务链；以队伍建设为抓手，提升大中小企业人才链。

① 工信部、发改委、科技部、财政部、人社部、中国人民银行、国资委、市场监管总局、银保监会、国家知识产权局和全国工商联联合发文。

续表

序号	时间	发文机关	文号	标题	内容
13	2022.08.05	科技部 财政部	国科发区〔2022〕220号	《企业技术创新能力提升行动方案（2022—2023年）》	推动惠企创新政策扎实落地；建立企业常态化参与国家科技创新决策的机制；引导企业加强关键核心技术攻关；支持企业前瞻布局基础前沿研究；促进中小企业成长为创新重要发源地；加大科技人才向企业集聚的力度；强化对企业创新的风险投资等金融支持；加快推进科技资源和应用场景向企业开放；加强产学研用和大中小企业融通创新；提高企业创新国际化水平。
14	2022.10.13	知识产权局 工业和信息化部	国知发运字〔2022〕38号	《关于知识产权助力专精特新中小企业创新发展若干措施的通知》	为深化实施中小企业知识产权战略推进工程，助力专精特新中小企业创新发展，推动更多中小企业走好“专精特新”发展之路，特制定以下措施：提升知识产权创造水平，增强企业创新能力；促进知识产权高效运用，提高企业核心竞争力；加强知识产权保护，护航企业创新发展；强化知识产权服务保障，提升助企惠企实效；加大协同推进力度，确保措施落地见效。

资料来源：首经贸资产评估研究院和浙工商数字创新与管理研究院整理。

此外，各省份也不断出台各种鼓励企业创新的举措，企业创新的外部环境不断完善和优化。可以说，在多种创新政策的支持下，近年来我国企业的创新发展水平相当显著。“十三五”和“十四五”期间，我国企业创新投入持续加强，创新产出质量稳步提升，创新活力不断激发，整体创新能力建设成效十分显著。据统计，2021年，我国研究与试验发展（R&D）经费投入继续保持较快增长，投入强度持续提升，基础研究占比更是明显提高。其中，2021年全国共投入研究与试验发展（R&D）经费为27,956.3亿元，比上年增加了3,563.2亿元，增长了14.6%；研究与试验发展（R&D）经费投入强度（与国内生产总值之比）为2.44%，比上年提高了0.03个百分点。具体而言，从研究与试验发展活动类型来看，全国基础研究经费为1,817.0亿元，比上年增长了23.9%；应用研究经费为3,145.4亿元，增长了14.1%；试验发展经费为22,995.9亿元，增长了14.0%。从研究与试验发展活动主体来看，各类企业研究与试验发展（R&D）经费为21,504.1亿元，比上年增长了15.2%；政府属研究机构经费为3,717.9亿元，增长了9.1%；高等学校经费为2,180.5亿元，增长了15.8%。从研究与试验发展的产业部门来看，高技术制造业的研究与试验发展（R&D）经费为5,684.6亿元，投入强度为2.71%，比上年提高了0.05个百分点。从研究与试验发展的区域分布来看，研究与试验发展（R&D）经费投入超过千亿元的省份有11个，分别为广东（4,002.2亿元）、江苏（3,438.6亿元）、北京（2,629.3亿元）、浙江（2,157.7亿元）、山东（1,944.7亿元）、上海（1,819.8亿元）、四川（1,214.5亿元）、湖北（1,160.2亿元）、湖南（1,028.9亿元）、河南（1,018.8亿元）和安徽（1,006.1亿元）；研究与试验发展（R&D）经费投入强度（与地区生产总值之比）超过全国平均水平的省份有6个，分别为北京、上海、天津、广东、江苏和浙江。①

随着企业创新激励政策不断完善和我国企业对创新发展的日益重视，可以预期：未来必将有更多企业深入践行创新发展战略，创新发展活力定会不断提升，在创新投入、创新成果和创新绩效等方面取得更加骄人的成绩，进而推动中国经济的高质量发展。不过，我们也应该清楚地认识到：伴随着中国经济发展进入新阶段，数字化、网络化、智能化转型升级加速以及全球产业链供应链竞争的深度调整和逆全球化的浪潮、技术创新复杂性的不断提升，势必会对中国企业创新发展提出更多新的挑战和新的要求。

① 国家统计局，科学技术部，财政部. 2021年全国科技经费投入统计公报. http：//www.stats.gov.cn/sj/zxfb/202302/t20230203_ 1901565.html.

1.1.2　上市公司创新发展研究的意义

2020年10月9日，国务院印发《关于进一步提高上市公司质量的意见》，强调提高上市公司质量是推动资本市场创新发展的内在要求，是新时代加快完善社会主义市场经济体制的重要内容。在这一重大决策部署下，上市公司及其创新发展得到进一步提升和优化。截至2022年底，中国上市公司总数增至5,079家（主板、创业板、科创板、北交所上市公司数量之和），总市值规模达84.68万亿元（为A股、B股和H股市值之和），占GDP总量比例高达69.97%；上市公司研发投入占全国企业研发投入的比例已超一半，且呈稳定增长态势；高技术制造业上市公司研发强度达6.71%，显著高于全国平均水平；累计披露专利数量超140万个，占全国专利数量的近1/3。① 可以说，上市公司在为中国经济增长做出重大贡献的同时，在引领技术创新方面发挥着越来越重要的作用。尤其是以创新驱动为内在特征的专精特新上市公司，凭借市场占有率高、创新能力强和成长性好等发展优势，正日益成为中国国家创新体系中的关键构成和主要力量。

基于此，对上市公司的创新发展进行研究有其独特的战略价值。如何更为科学地对上市公司的创新发展能力进行客观分析与评价，离不开合理的评价指标体系，需要系统分析现阶段在政府创新支持、区域创新软硬环境和营商环境等相关条件下，上市公司所获得的创新资源支持、投入的创新要素、产出的创新科技成果以及所形成的创新经济绩效。

概括而言，对上市公司创新发展状况进行研究并出版高质量的创新发展指数报告的意义和价值主要体现在以下几个方面：

1.1.2.1　企业层面：助力上市公司实现高质量发展

通过构建全面、系统的创新发展评价指标体系，对上市公司创新发展能力进行科学评价，有助于深入了解中国上市公司创新发展的全貌。在此基础上，分别从行业、区域、省份、板块和产权等多个维度深度解析上市公司的创新发展，有助于帮助上市公司从多维视角了解自身的创新发展情况，更加深入地总结自身的创新优势和不足，更好地完善和提升上市公司的创新经营水平，从而促进上市公司高质量发展。

1.1.2.2　产业层面：创新驱动产业链和供应链升级

更进一步，通过对专精特新和重点产业链上市公司的创新发展能力进行深入分析，有助于梳理专精特新和非专精特新类上市公司在创新发展能力方面的差异，更好地发挥专精特新公司在创新发展能力层面的导向作用，从而促进专精特新公司更好地成长与壮大。在此基础上，借助专精特新公司所具有的专业化、精细化、特色化和创新型的发展特点，发挥其在中国制造产业链与供应链中补短板的使命。同时，对重点产业链上市公司的创新发展能力的解析，还有助于挖掘半导体、大数据和人工智能等重点产业链中各上市公司的创新发展优势，不断优化产业链整合和发展路径，以便更好地促进产业链升级和优势产业链、供应链与创新链的打造。

1.1.2.3　政府层面：精准发挥政策支持作用

通过开发由政府创新发展支持力度指标体系、区域创新发展环境指标体系和区域营商环境指标体系构成的创新发展评价体系并构造相应的指数，有助于对不同区域、省份的创新发展支持资源和环境进行综合分析。结合各区域内上市公司的创新发展表现，有助于分析区域和省份创新发展环境差异对上市公司创新发展能力的直接和间接影响，有利于各区域和各省份更加深入地思考自身在支持上市公

① 新浪财经. 中上协发布|中国上市公司2022年经营业绩分析报告：整体保持平稳增，“双循环”相互促进. https：//baijiahao.baidu.com/s？ id=1764569219534971332&wfr=spider&for=pc.

司创新发展的优势和欠缺之处，进而采取更为精准有力的措施，以便为上市公司创新发展能力的提升提供助力。

1.2 上市公司创新发展研究的理论分析

为合理构建上市公司创新发展能力及其支撑环境的评价指标体系，有必要首先厘清公司创新发展的理论基础、整体架构以及更为科学的公司创新发展能力评价要素。

1.2.1 公司创新发展研究的理论基础

创新是一项可以帮助企业获取核心竞争力和可持续竞争优势的系统工程，需要在一定的制度保障下，结合组织特定属性去组织人员参与、配置企业内外部资源，开展组织学习。因此，本报告将从以下角度阐述相关理论基础。

1.2.1.1 技术创新理论

技术创新理论由经济学家Schumpeter提出，他在《经济发展理论》《经济周期》《资本主义、社会主义和民主主义》中对创新进行了理论研究和应用分析，并最终形成了创新理论体系。[①]他认为创新是通过将生产要素和生产条件重新组合引入生产体系后，在破坏原有生产结构基础上创造新的结构，最终建立一个新的生产函数。创新分为五种类型：产品创新、过程创新、市场创新、供应创新和组织创新。企业创新能通过一系列的量变，推动企业实现降低成本、提高效率或增加利润的质变，进而再循环往复，产生新的经济增长点。

1.2.1.2 创新的制度理论

创新的制度环境由一系列的规章制度构成，以建立一个稳定框架对组织的行为进行约束和引导，进而减少不确定性的冲击。制度环境下企业战略行为与制度相互强化，组织行动和竞争规则的执行力会因制度支持体制框架薄弱而被削弱。[②]因此，企业创新的过程少不了制度的支撑，可以说制度环境构建了企业创新行为的合法性根基，激励着企业的创新战略导向。[③]简言之，现有研究主要从企业知识产权制度[④]、激励制度[⑤⑥]、决策制度[⑦⑧]三个方面来研究制度对企业创新的影响。

1.2.1.3 系统理论

系统理论由生物学家Bertalanfi提出，是系统科学的一个理论分支，着重于系统的理论分析，以把握系统的一般特性与规律，后被广泛应用于社会学和管理学领域。[⑨]其核心思想是一切自然和社会事物都可视为由一系列相互联系、相互协同的要素所组成的，具有一定的结构和功能的系统，其中要充

---

① Schendel, D., Hofer, C. W. Strategic Management: A New View of Business Policy and Planning [M]. Boston: Little, Brown, 1979.

② Peng, M. W., Ahlstrom, D., Carraher, S. M., et al. An Institution-Based View of Global IPR History [J]. Journal of International Business Studies, 2017, 48: 893-907.

③ 王博，朱沆. 制度改善速度与机会型创业的关系研究 [J]. 管理世界，2020，36（10）：111-126.

④ Lin, Z., Peng, M. W., Yang, H., et al. How Do Networks and Learning Drive M&As？ An Institutional Comparison Between China and The United States [J]. Strategic Management Journal，2009，30（10）：1113-1132.

⑤ 江诗松，何文龙，路江涌. 创新作为一种政治战略：转型经济情境中的企业象征性创新 [J]. 南开管理评论，2019，22（02）：104-113.

⑥ 刘诗源，林志帆，冷志鹏. 税收激励提高企业创新水平了吗？——基于企业生命周期理论的检验 [J]. 经济研究，2020，55（06）：105-121.

⑦ 谭洪涛，陈瑶. 集团内部权力配置与企业创新——基于权力细分的对比研究 [J]. 中国工业经济，2019（12）：134-151.

⑧ 陈国青，曾大军，卫强等. 大数据环境下的决策范式转变与使能创新 [J]. 管理世界，2020，36（02）：95-105+220.

⑨ Von Bertalanffy，L. The History and Status of General Systems Theory [J]. Academy of Management Journal，1972，15（4）：407-426.

分考虑到要素与要素、要素与系统、系统与外部环境之间的关系和相互作用，才能对事物有更全面和准确的认识。系统内部是其组成要素，系统外部是组织的环境。系统内部既有其合理的层次结构，同时又通过一定的机制与相关的外部环境相联动，外部环境会对系统产生影响。

1.2.1.4 组织行为理论

组织行为理论最早是由Maslow和Mayo针对组织内部人的行为所提出，主要探究组织内部成员的行为、动机和互动，以及其对组织绩效和效率的影响。[①②]组织行为理论认为，人作为组织中个体的存在，在组织这个共同的环境之中，实现某种共同的行为及后果。其核心思想是组织行为会受到系列先决条件和外部环境的影响，外部环境如政策、社会和文化因素会对组织行为产生较大影响，优良的外部环境会激励企业采取正向的经济行为，较差的外部环境会挫伤企业的积极性。

1.2.1.5 核心竞争力理论

核心竞争力理论由Prahalad和Hamel在《哈佛商业评论》首次正式提出，将其定义为“组织中的共有性学识，特别是关于如何协调不同生产技能和有机整合多种技术流的学识”。[③]他们认为企业的成功不再归功于短暂或偶然的产品开发或灵机一动的市场战略，而是取决于企业的核心竞争力。企业竞争力有外生论与内生论的争辩，外生论更强调环境因素的影响，内生论强调企业内部知识、能力对竞争力的作用。企业的核心竞争力是商业利润的最终源泉，在激烈的市场竞争中，企业只有具备核心竞争力才能处于不败之地。

1.2.1.6 可持续竞争优势理论

可持续竞争优势理论最早由Schendel和Hofer提出，他们认为企业通过有效管理和保护其核心竞争力，以长期、可持续的方式在市场中保持优势地位。[④]Porter（1985）将可持续竞争优势定义为具有长期盈利能力和高于平均水平的长期业绩。为了延续可持续竞争优势，企业必须通过再投资为其竞争对手提供一个“移动的目标”，以不断改善企业所处竞争地位，并维持模仿壁垒。[⑤]可持续竞争优势具有长期持续性、超额收益性、动态调整性和二元组织性的特征。可持续竞争优势对于企业实现可持续发展具有重要影响，企业的长期生存和维系竞争力需要拥有可持续竞争优势。

1.2.1.7 资源依赖理论

资源依赖理论由Pfeffer和Salancik于1978年在《组织的外部控制——资源依赖观》一书中首次提出并进行了系统阐述，他们认为：对于某些重要的战略性资源，组织几乎无法实现自给自足，要想获取必须依赖于外部的其他组织予以供应。[⑥]创新资源是稀缺的、有价值的、难以被模仿或替代的、可供企业利用的资源。随着经济全球化的加快，商业环境越来越开放和包容，各种创新资源分散在各个组织和地区，企业要实现创新资源的整合只能横穿组织和地区。随着市场竞争全球化发展，企业生存发展的核心竞争力逐步突破企业边界的限制，不仅限于内部异质性资源，更要注重外部资源的获取和控制。考察企业组织的行动，不能脱离其存在的外部生态环境。

① Maslow, A. H. A Theory of Human Motivation [J]. Psychological Review, 1943 (50): 370-396.

② Mayo, E. The Human Problems of An Industrial Civilization [M]. New York: Macmillan, 1933.

③ Prahalad, C. K., Hamel, G. The Core Competence of The Corporation [J]. Harvard Business Review, 1990, 68 (3): 79-91.

④ Schendel, D., Hofer, C. W. Strategic Management: A New View of Business Policy and Planning [M]. Boston: Little, Brown, 1979.

⑤ Porter, M. E. Competitive Advantage: Creating and Sustaining Superior Performance [M]. New York: Free Press, 1985.

⑥ Pfeffer, J., Salancik, G. R. The External Control of Organizations: A Resource Dependence Perspective [M]. New York: Harper & Row, 1978.

1.2.2 公司创新发展研究的整体架构

本报告拟以Hitt等（2011）所提出的“投入—产出”（Input-Output）模型[①]为框架，以技术创新理论、制度理论、系统理论、组织行为理论和核心竞争力理论等理论为基础，探究上市公司创新发展的资源获得和投入与产出过程，并搭建了如图1-1所示的整体架构。

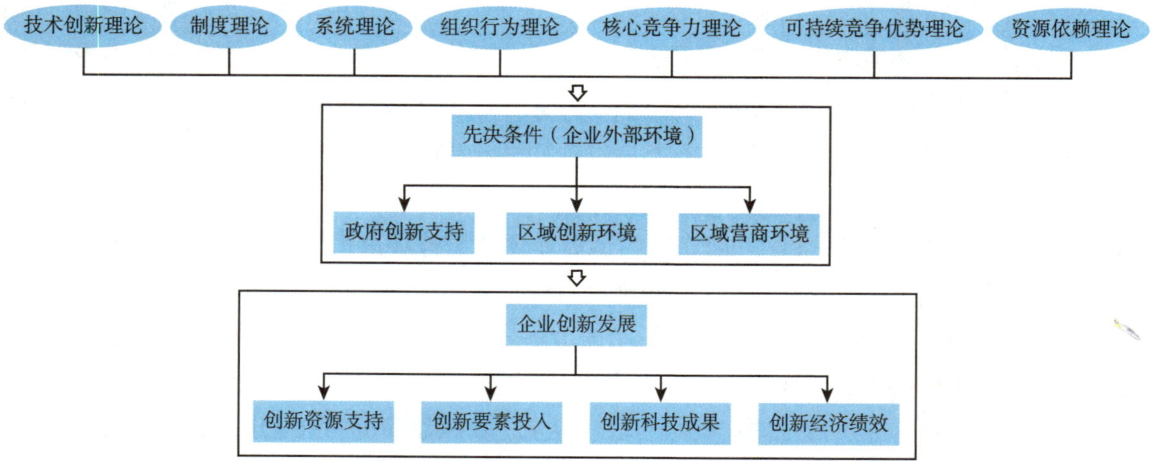

图1-1 公司创新发展理论整体研究框架

资料来源：首经贸资产评估研究院和浙工商数字创新与管理研究院整理。

由技术创新理论、核心竞争力理论和可持续竞争优势理论可知，企业的创新活动能通过产品创新、过程创新、市场创新等多种形式，通过系列量变，促使公司实现降低成本、提高效率或增加利润的质变，形成自己的核心竞争优势。由系统论可知，创新活动受到外部环境的影响。因此，创新必然体现出系统与环境相联系的特征，即企业创新系统内部既有其合理的层次结构，同时又通过一定的机制与相关的外部环境相联动。此外，创新需要大量的前期投入，因此创新活动需要在一定制度保障下的外部环境中汲取资源，利用资源构建新的生产函数。

进一步地，报告具体分析了影响企业创新活动的外部环境，主要包括：第一，政府创新支持。本报告具体分析了政府补助、税收优惠、金融支持、政府采购以及科研支持等直接激励企业创新活动的指标；第二，区域创新发展环境。本报告从互联网、软件和信息技术发展、专利与商标发展、技术市场交易等维度构建了创新发展软环境，从互联网连接能力、电信通信能力、科技创新孵化能力三个维度构建了区域创新发展硬环境；第三，区域营商环境。本报告从基础环境、政务环境、法律环境、人才环境、投资环境、金融环境这六个维度构建了区域营商环境。

最终，本报告依据中国上市公司创新的典型事实与理论基础，构建出具有中国特色的上市公司创新发展整体架构。本报告具体从上市公司的创新资源支持、创新要素投入、创新科技成果、创新经济绩效四维角度，分析中国上市公司创新发展情况。

1.2.3 公司创新发展的外部环境因素

外部环境因素，如政府补助、税收优惠、科研支持、区域人才培养、法律和基础设施等因素对地区企业创新发展具有深刻复杂的影响。基于上文分析，这些外部环境因素可以归结为政府创新支持环

① Hitt, M. A., Ireland, R. D., Sirmon, D. G., et al. Strategic Entrepreneurship: Creating Value for Individuals, Organizations, and Society [J]. Academy of Management Perspectives, 2011, 25 (2): 57-75.

境、区域创新环境和区域营商环境三个方面。

1.2.3.1　政府创新支持环境

立足于“构建国内国际双循环相互促进的新发展格局”背景下，面对日益激烈的外部竞争，大多数国家都会采用政府支持手段引导和支持企业创新发展。采取的手段主要体现在以下五个方面：

1. 政府补助

国家为了追求产业发展和科技进步，可通过研发补助的方式激励企业不断创新。[①]政府研发补助作为推动新兴产业发展的重要政策工具，既可以促进市场规模增长，又可以激励产业技术进步，从而使产业快速步入良性持续发展的轨道。如我国光伏产业发展初期政府采用研发补助等手段解决光伏技术与资金等发展问题，进而引导社会资本流入。国内外的理论和实践经验均证明政府研发补助对提升企业技术效率和创新发展具有积极的促进作用。

2. 税收优惠

在市场条件尚不完善的情况下，单纯依靠市场无法促进产业结构的优化升级，政府应当利用税收优惠和财政支出手段促进科技成果转换，扶持产业和企业创新发展。从国内外的实践数据可以发现，为了淘汰落后产能，促进新兴产业发展，很多国家都采用了税收激励政策引导产业创新发展。学者们研究发现税收优惠政策对企业的研发效率具有明显的促进效应，税收优惠政策不同，企业创新力度和效果也有所差异。[②]

3. 金融支持

高速度发展过程中企业创新需要大量的资金支持，企业自身往往难以承担如此庞大的投入，需要金融机构提供切实扶持和支撑。市场经济条件下金融机构可以发挥特定优势，通过提供风险投资、科技贷款和建立科技创新扶持专项基金等多种方式来支持企业进行科技创新，促进企业创新和发展。金融支持是企业进行创新的关键因素，可以有力推动企业的科技创新，促使企业不断突破技术领域，获得更大更强的竞争优势。

4. 政府采购

政府采购作为需求侧财政政策工具，依托规模优势、运用市场机制、施加政策要求来应对企业创新风险的系统过程，为企业创新提供有效助力。立足市场启动、升级及整合的基本功能定位，依托直接、合作与催化采购的具体实施方式，政府采购可以通过明确创新研发需求、提供创新孵化平台和优先采购创新产品等，使企业能够按照明确的创新需求引导目标合理投入研发资源、有序安排创新研发进程，提高实际创新质量。

5. 科研支持

面对高质量发展阶段及双循环协调发展要求，强化创新科研支持，培育政产学研深度融合的创新体系，是提升国家创新体系整体效能、落实科技自立自强国家发展战略的重要支撑。通过加大创新科研支持，可以有效调动企业、高校和科研机构等各类创新主体的积极性和创造性，推动跨学科、跨部门、跨行业组织实施深度合作以及开展开放式创新。据此，企业作为科技创新的主体地位可以进一步凸显，创新链产业链资金链人才链融合程度可以进一步加深，科技力量转化为产业竞争优势得以进一步强化。

综上所述，本报告从政府补助、税收优惠、金融支持、政府采购和科研支持五个维度构建政府创新支持环境的框架，如图1–2所示。

---

① 王永贵，李霞. 促进还是抑制：政府研发补助对企业绿色创新绩效的影响［J］. 中国工业经济，2023（02）：131–149.

② 马靓，沈小燕. 经济政策不确定性、税收优惠政策与创新绩效［J］. 南京财经大学学报，2023（01）：12–22.

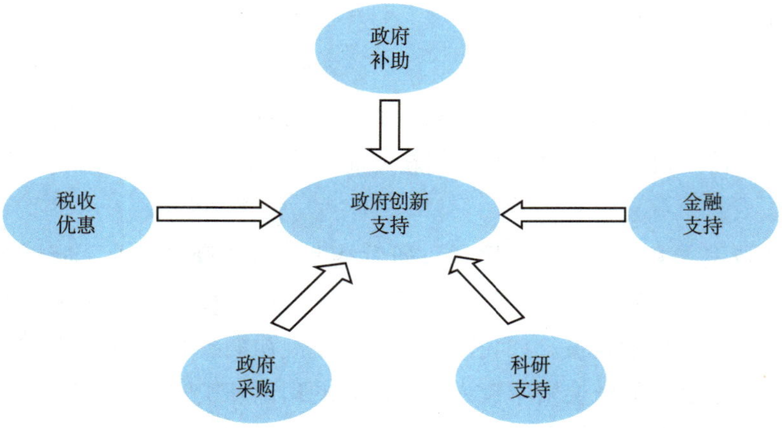

图1-2 政府创新支持环境理论框架图

资料来源：首经贸资产评估研究院和浙工商数字创新与管理研究院整理。

1.2.3.2 区域创新环境

区域创新环境是企业创新发展不可或缺的环境支撑，是区域内行为主体之间通过正式或非正式关联所产生的相对稳定的系统。良好的区域创新环境可以促进区域内企业及相类似的行为主体不断创新和自我完善。从环境的组成看，区域创新环境可以分为创新软环境和创新硬环境，二者相辅相成、互相促进，缺一不可。

1. 区域创新软环境

创新软环境可以为企业创新发展提供持续动力。企业需要处在信息技术发达、知识产权申请和获批渠道通畅，技术市场交易水平较高、组织和营销水平较好，创新人才数量充足的软环境中，才有可能激发企业创新的动力和源泉，促进企业加大创新投入，产出优质创新成果和绩效。[①]基于此，本报告认为，区域创新软环境主要包含以下五个方面的要素：一是互联网、软件和信息技术发展水平。包含互联网和相关服务业收入及增速、区域软件业务收入及增速、电子信息制造业营业收入及增速、信息技术服务收入及增速等；二是区域专利和商标发展水平。包含区域专利申请、授权及维持年限、区域新增商标注册数及比例等；三是区域技术市场交易水平。包含区域技术市场成交合同数、区域技术市场成交额、区域技术国外引进数、区域高技术产业新产品数量、区域高技术产业新产品销售收入等；四是区域组织和营销水平。包括区域实施组织变革创新的企业数、区域信息化和数字化企业数、区域电子商务销售额等；五是区域创新人才培养水平。包含区域普通高等学校数、区域研究生招生增长率、区域教育经费投入等。

2. 区域创新硬环境

区域创新硬环境是指区域内可以有效支持企业创新的基础设施条件。[②]互联网时代下，企业需要具备良好通畅的互联网硬件和电信通信基础设施，因而可以认为，区域创新硬环境主要包含三个方面的要素：一是区域互联网连接能力，包括区域互联网宽带接入端口数、区域移动互联网活跃用户数、区域互联网域名数、区域互联网网站数等；二是区域电信通信能力，包含区域光缆线路长度和密度、区域移动电话交换机容量、区域移动电话基站个数等；三是区域科技创新孵化能力，包括区域软件园数量和产值、区域科技园数量和产值、区域产业孵化器数量和区域众创空间数量等。

---

① 王智新，辛文锦，安迪等. 研发国际化对创新绩效的影响：评述与展望［J］. 科学管理研究，2020，38（04）：164-168.

② 赵彦飞，李雨晨，陈凯华. 国家创新环境评价指标体系研究：创新系统视角［J］. 科研管理，2020，41（11）：66-74.

综上所述，本报告从区域创新软环境和区域创新硬环境两个维度构建的区域创新环境框架如图1-3所示：

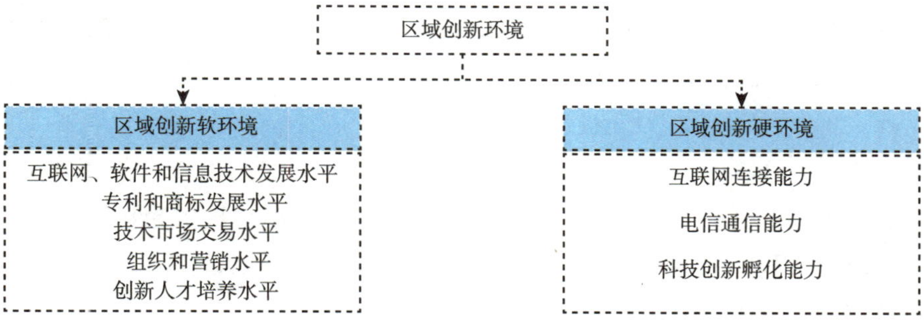

图1-3　区域创新环境理论框架图

资料来源：首经贸资产评估研究院和浙工商数字创新与管理研究院整理。

1.2.3.3　区域营商环境

习近平总书记在党的二十大报告中强调，“营造市场化、法治化、国际化一流营商环境”。2023年政府工作报告中也明确指出，加快建设全国统一大市场，建设高标准市场体系，营造市场化、法治化、国际化营商环境。营商环境是促进我国经济实现高质量发展的制度基础，是企业创新发展的重要环境要素。①基于对世界银行、中国国家发展改革委员会等披露的营商环境报告，结合我国上市公司的创新发展实际，本报告认为区域营商环境主要包含以下六个基本要素：

1. 区域基础环境

区域内提供的公共服务水平，如水电气供应、医疗卫生服务水平等是保障企业创新的基础要件和必要支撑。②区域基础环境包括水电气供应能力、医疗卫生服务、城市道路面积、区域货运总量等基本要素。

2. 区域政务环境

区域内高效便捷的政务服务，如简化的审批权限、优化的办事流程、统一高效的政府网上办事平台等，对于吸引和留住企业，提高企业创新效率具有重要影响。区域政务环境包括电子政务水平、政府透明度、政府支出、企业税收负担等基本要素。

3. 区域法律环境

法治化是优良营商环境的根本保障，区域内完善稳定、公平有序的法律环境可以为市场主体营造公平透明、稳定可预期的投资兴业营商环境，保障创新知识产权和公平竞争，提升企业创新的积极性。区域法律环境包括知识产权保护力度、司法信息公开度、司法服务、司法文明指数、社会治安水平等。

4. 区域人才环境

人才是创新的载体，是支撑企业创新发展的重要资源。人才不仅是再生型可持续资源，而且是资本性资源。目前企业间的竞争已经由产业技术含量和管理水平的竞争演变成为人才的竞争，高素质人才是创新能力的最关键因素，区域人才环境是决定区域内企业创新是否可持续的核心要素。区域人才

① “中国城市营商环境评价研究”课题组，李志军，张世国等. 中国城市营商环境评价的理论逻辑、比较分析及对策建议［J］. 管理世界，2021，37（05）：98-112+8.

② 国务院发展研究中心课题组，马建堂，袁东明等. 持续推进“放管服”改革，不断优化营商环境［J］. 管理世界，2022，38（12）：1-9.

环境包括高等院校在校生数、人口净流入、平均工资水平、财政教育支出等。

5. 区域投资环境

良好的投资环境是企业创新发展的重要条件，可以吸引更多外来资金和投资者，减少本地资金的外流，促进区域内企业追求创新式发展。较差的投资环境则会使外来资金和投资者撤离，阻碍企业的创新发展。区域投资环境包括人均GDP、居民消费率、企业机构数量、外资企业比、固定资产投资等。

6. 区域金融环境

创新活动需要大量的资金投入，良好的金融环境可以为创新活动提供充裕的资金支持，可以增强区域内企业的创新能力。脆弱的金融生态环境会降低或阻碍企业的创新能力。区域金融环境包括金融从业人员、金融机构贷款余额、金融机构数量和社会融资增量等。

综上所述，本报告从基础环境、政务环境、法律环境、人才环境、投资环境、金融环境六个维度构建的区域营商环境框架如图1–4所示：

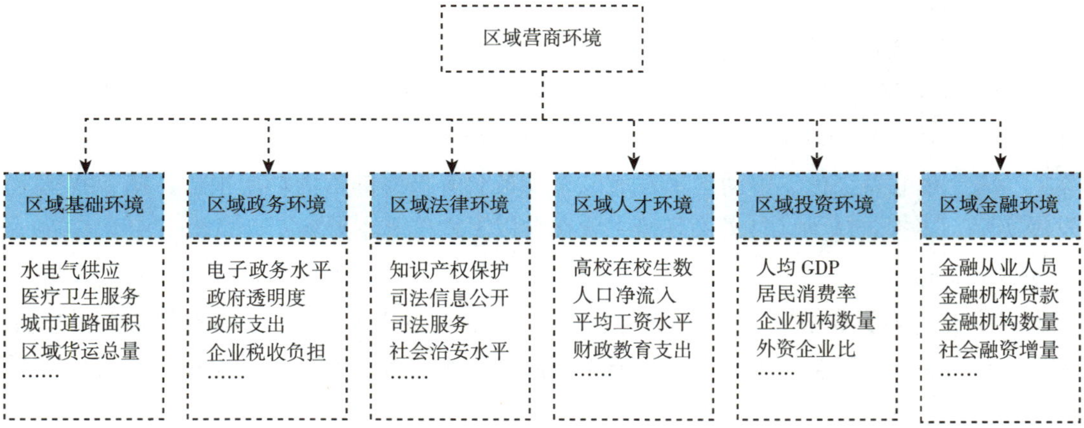

图1–4 区域营商环境理论框架图

资料来源：首经贸资产评估研究院和浙工商数字创新与管理研究院整理。

1.2.4 公司创新发展内部投入产出要素

公司创新能力包含了公司在产品创新、过程创新、市场创新、供应创新和组织创新方面的能力，是支持并促进公司创新战略实现的一系列组织资源的综合反映，是公司创新发展的内驱动力。[①]全面准确地评价公司的创新能力，不仅有助于外界了解公司的成长潜力和发展的可持续性，同时也为公司客观认知自身优劣势，为企业制定竞争战略、培育竞争优势和提升竞争能力提供必要支持。

多年来，理论界和实务界对公司创新发展的内涵进行了很多探讨，有学者认为技术创新能力包括研究开发、制造、市场营销、资金投入和组织能力。[②]也有学者认为创新能力可分为投入、研究开发、制造（生产）、营销和管理能力。[③]亦有学者认为企业创新能力可分为创新资源投入、研究开发、制造、营销、管理和决策及创新产出能力。[④]综合来看，从投入和产出视角来分析创新发展已形成普遍共识。

① 陈力田，赵晓庆，魏致善. 企业创新能力的内涵及其演变：一个系统化的文献综述［J］. 科技进步与对策，2012，29（14）：154–160.

② 刘海兵，杨磊. 后发高新技术企业创新能力演化规律和提升机制［J］. 科研管理，2022，43（11）：111–123.

③ 何琼，曲立. 数字化发展水平对企业创新能力影响的实证［J］. 统计与决策，2022，38（13）：174–178.

④ 万幼清，张妮. 我国产业集群协同创新能力评价综述［J］. 当代经济管理，2014，36（08）：73–78.

对于如何评价企业的创新能力，理论界和实务界也存在多种见解，且逐渐形成了基于能力要素结构的指标体系和基于企业过程的创新能力指标体系。基于能力要素视角，部分学者认为可以从企业潜在的技术创新资源、企业技术创新投入（人员投入和经费投入）、企业技术创新组织、企业技术创新产出等四个方面评价企业的创新能力；部分学者认为可以从技术创新投入（资源）、技术创新产出（效率）、技术创新实现（效益）等三类指标评价企业的创新能力；还有学者认为可以从创新势力和创新效率两类指标来评价企业的创新能力，或者是用创新资源投入、创新管理、创新倾向、研究开发、生产制造和市场营销等六个要素来评价企业的创新能力。基于过程的企业创新能力指标体系构建中，有学者认为可以从创新投入能力、创新管理能力、研究开发能力、产品生产能力、创新营销能力和创新产出能力六个维度综合评价企业的创新能力，或者从战略创新能力、智力资源能力、信息资源能力、创新组织能力和创新基础能力五个维度评价企业的创新能力。与此同时，实务部门还设计了多个较为完整的创新能力评价体系，如提出可以用潜在技术创新资源、技术创新活动、技术创新产出和技术创新环境四个维度评价企业自主创新能力等。多种指标体系构建方法不一一赘述。

本报告以国内外理论界和实务界对公司创新能力体系的阐释和分析为基础，结合管理理论和行为理论，基于创新影响因素—创新投入—创新结果的过程链条视角，认为公司创新发展可从以下四个方面进行评价：

1.2.4.1　公司创新资源支持

如上文所述，政策支持创新环境会对企业的创新产生重要影响，尤其是政策支持环境中的政府补贴、税收优惠和政府采购等会形成对企业的创新支持资源，为企业提供有效创新助力。公司获得的创新资源支持力度高低会对公司创新形成激励，因而可以说，公司获得创新资源支持的力度是公司创新发展的重要因素。基于此，本报告认为公司创新资源支持主要包括三方面：一是公司获得的研究补贴和开发补贴等政府补助；二是公司获得的研发费用加计扣除和公司所得税税收优惠等创新税收优惠；三是公司获得的创新政府采购等。

1.2.4.2　公司创新要素投入

创新要素投入广义上来讲主要包括企业在创新活动过程中各种人力、资金、知识资源和技术的投入，狭义上主要指企业创新活动中的资金投入，一般使用企业研发支出代表创新投入。本报告认为，创新要素投入应为系列投入的综合，人力、资本和投入持续性非常关键，同时企业是否具有协同创新能力是新时代企业是否能够融合各方力量实现高质量创新的重要条件，且不仅应考虑创新投入的规模，还应考虑创新投入的组合和比例关系。基于此，应采用广义角度，从四个方面来衡量公司的创新要素投入：一是公司的研发经费投入，包括研发支出金额、研究阶段支出、开发阶段支出等；二是研发人员投入，包括研发人员数量、研发人员占比、高学历研发人员占比等；三是协同创新投入，包括员工创新培训支出、协同创新科研平台、技术采购支出等；四是创新投入持续性，包括研发支出增长率、研发人员增长率和研发支出占营业收入比的增长率等。

1.2.4.3　公司创新科技成果

创新成果一般指单位创新投入所带来的创新产出，可通过企业创新活动所取得的技术成果进行反映，表现为创新投入经过创新过程而转化成的新技术或新专利。理论界和实务界对OECD推荐的创新能力指标测度体系，包括专利数、创新数量、新产品销售比例以及创新支出占销售比例等定量指标认可度较高，但不同的研究对于具体指标的选取仍存在一定的差别。本报告认为，测度创新成果不仅应包含专利等创新成果，还应包含新产品和创新获奖等成果。基于此，可以从三方面测度公司创新科技成果：一是公司专利成果，包括公司当年新增专利数、专利申请增长率、发明专利占比、PCT国际专利申请数等；二是公司科技和产品获奖成果，包括国家级和省部级科技和产品获奖等；三是公司新产品和品牌成果，包括公司新产品、公司新增商标和商标增长率等。

1.2.4.4 公司创新经济绩效

企业的创新活动价值最终应体现为公司能够获得的创新经济绩效。鉴于创新形成的新专利和新技术需要通过市场化转换才能为企业带来经济利润和企业价值，因而创新成果需转化为企业成长机会和经营业绩，进而形成公司的创新经济绩效。本报告认为，创新成果应转化为企业的创新资产，并通过市场运营形成企业的财务绩效，且创新专利成果可以通过专利许可、专利转让等形成经济绩效。基于此，创新经济绩效可以从四方面测度：一是创新资产转化绩效，即创新形成的技术型无形资产占比、研发资本化率、专有技术账面值等；二是公司创新财务绩效，包括研发利润率、公司营业收入、研发利润率增长率等；三是公司创新活动绩效，包括专利许可次数、专利被引次数等；四是公司创新市场影响绩效。

综上所述，从公司创新资源支持、公司创新要素投入、公司创新科技成果、公司创新经济绩效四个维度构建公司创新发展能力理论框架如图1–5所示：

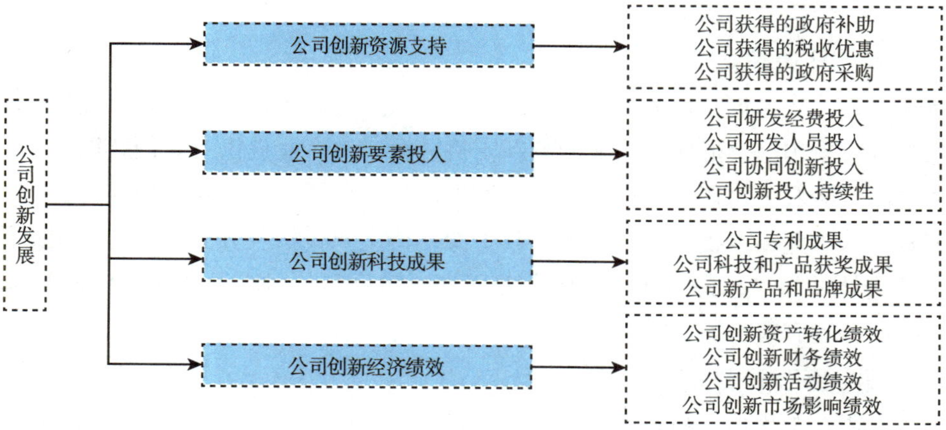

图1–5 公司创新发展能力理论框架图

资料来源：首经贸资产评估研究院和浙工商数字创新与管理研究院整理。

1.3 上市公司创新发展指数报告的整体架构和特色

1.3.1 上市公司创新发展指数报告的整体架构

本报告通过构建上市公司创新发展指数，探究科学、严谨、有效评价上市公司创新发展的理论框架。具体而言，本报告基于企业创新和管理理论构建企业创新发展评价维度，采用专家打分法计算上市公司创新发展指标权重，采用量纲法测算上市公司创新发展指数，并基于环境理论，细致剖析政府政策支持、区域环境、区域营商环境等因素对上市公司创新发展表现的影响。

报告共分14章，第1章是中国上市公司创新发展研究的背景和理论分析，第2章是中国上市公司创新发展指数评价总体框架和评价方法，第3章是中国上市公司2022年总体状况及其创新发展指数评价，第4章是政府创新发展支持力度评价，第5章是区域创新发展环境评价，第6章是区域营商环境评价，第7章是中国上市公司创新发展指数评价——行业维度，第8章是中国上市公司创新发展指数评价——区域维度，第9章是中国上市公司创新发展指数评价——省份维度，第10章是中国上市公司创新发展指数评价——板块维度，第11章是中国上市公司创新发展指数评价——产权维度，第12章是专精特新类上市公司创新发展指数评价，第13章是重点产业链上市公司创新发展指数评价，第14章是结论和政策建议。报告的整体架构如图1-6所示：

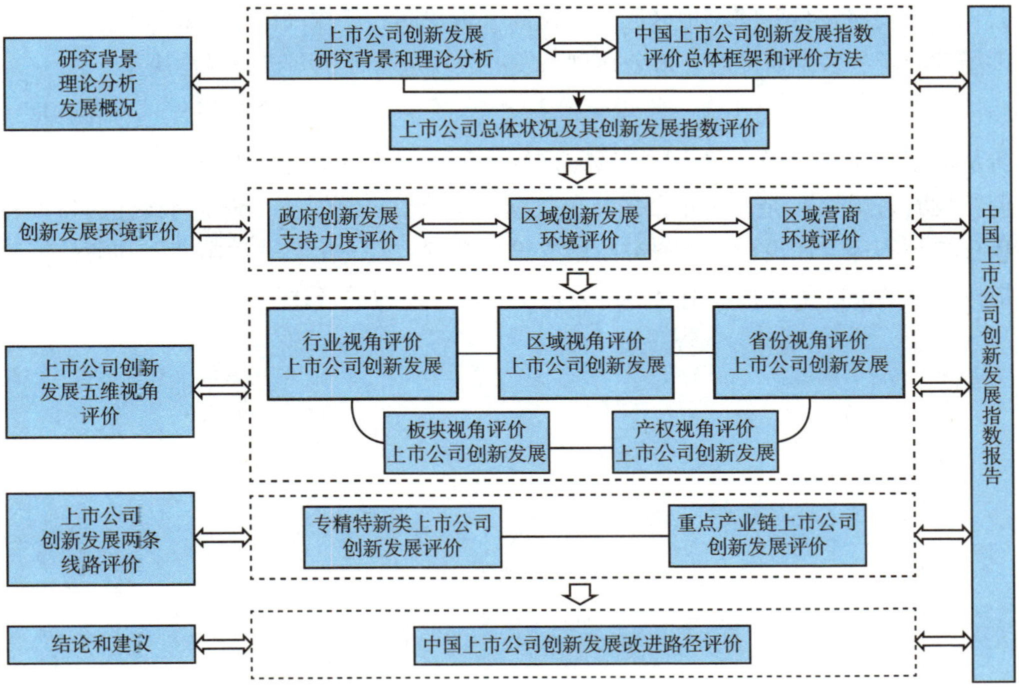

图1-6　技术路线图

1.3.2　上市公司创新发展指数报告的主要特色

概括而言，本报告的特色主要表现在以下六个方面：

1.3.2.1　搭建上市公司创新发展“内外汇聚”的评价指标体系

本报告不仅从上市公司本体构建了创新发展评价指标体系，多维度透视上市公司创新发展表现，并且从外部环境支持视角，构建了政府创新支持、区域创新环境、区域营商环境评价指标体系，对上市公司创新发展行为的影响因素及其经济后果进行全方位全链条充分阐释。

1.3.2.2　创建上市公司创新发展“四位一体”的评价指标体系

本报告从公司创新资源支持、创新要素投入、创新科技成果和创新经济绩效四个关键维度，运用大数据分析和云计算等数字技术，通过75个定量和定性指标综合评价上市公司创新发展质量及各维度上市公司创新发展状况，为研究如何科学量化上市公司创新发展表现提供理论借鉴。

1.3.2.3　构造上市公司创新发展“四维互补”的环境支持评价指标体系

本报告从政府创新支持、区域创新软环境、区域创新硬环境、区域营商环境四个主要维度，通过95个定量指标综合评价省份间政府创新支持、区域创新环境以及营商环境对上市公司创新发展表现的异质影响，为各区域和各省份提升上市公司创新发展支持力度提供经验证据。

1.3.2.4　细剖专精特新、重点产业链“两线并立”的上市公司创新发展表现

本报告细致考察了专精特新和非专精特新上市公司在创新发展表现上的特征和差异程度，并针对

半导体、大数据和人工智能等重点产业链，对重点产业链节点的上市公司进行分析，为分析我国上市公司专精特新和重点产业上市公司创新发展表现及未来方向提供经验支持。

1.3.2.5 深探行业、地区、省份、板块、产权性质“五维视角”的上市公司创新发展特征

本报告从行业、地区、省份、板块、产权性质5个视角对上市公司创新发展表现进行细致分析，探究上市公司创新发展在行业间、地区间、省份间、板块间和产权间的不同特征体现，以期让上市公司和广大市场参与者从多维角度对上市公司创新发展表现进行评价并进行科学决策。

1.3.2.6 详解差异化、特色化、数字化“三化视域”的上市公司创新发展指标和数据

本报告从国家知识产权局、同花顺、政采网等多种数据源收集了上市公司创新科技成果、创新资产转化、创新政府采购等30余个上市公司特色数据，设计了协同创新、研发持续性、科技和产品获奖成果等特色化二级指标，还设计了如研究阶段支出、开发阶段支出、合作申请专利数量等差异化和数字化三级指标，以期能够更加精准地对上市公司创新发展能力进行评价。

第2章 中国上市公司创新发展指数评价总体框架和评价方法

从指数的定义看，两个数值对比形成的相对数均可以称为指数。通常而言，指数是指某一经济现象的数值和另一个作为比较标准的数值的比值，应用指数可以测定某种经济现象的综合变动[①]。经济社会发展过程中，经常需要测度某种经济现象的综合变动情况。指数评价作为一种量化研究方法，已成为对经济现象和趋势进行评价的重要手段，其应用范围已经深入到管理学和经济学等各个领域。

2.1 中国上市公司创新发展指数评价总体框架

基于第1章中提出的“公司创新发展整体架构”和“外部环境要素驱动—企业创新投入—企业创新产出”的逻辑思路，本报告尝试构建中国上市公司创新发展指数和创新支持环境指数的指标体系，并采用科学规范的方法对上市公司创新发展指数和创新环境支持指数进行评价。

2.1.1 中国上市公司创新发展指数评价总体设计思路

中国上市公司创新发展是外部环境要素和内部“投入—产出”要素共同作用的结果。具体而言，政府创新支持、区域创新软硬环境和区域创新营商环境是上市公司创新发展的重要外部环境要素，这些外部环境要素对上市公司获得的创新资源产生影响，进而会影响到上市公司的创新投入、创新成果和创新绩效。而如前所述，创新资源支持、创新要素投入、创新科技成果和创新经济绩效是上市公司创新发展的重要内部“投入—产出”要素。鉴于此，本报告在尝试构建了中国上市公司创新发展指数评价指标体系的基础上，综合考虑了政府创新支持、区域创新软环境、区域创新硬环境和区域营商环境四个外部环境要素对上市公司创新发展的影响。基于此，本报告绘制了中国上市公司创新发展指数评价总体设计思路图，如图2–1所示。

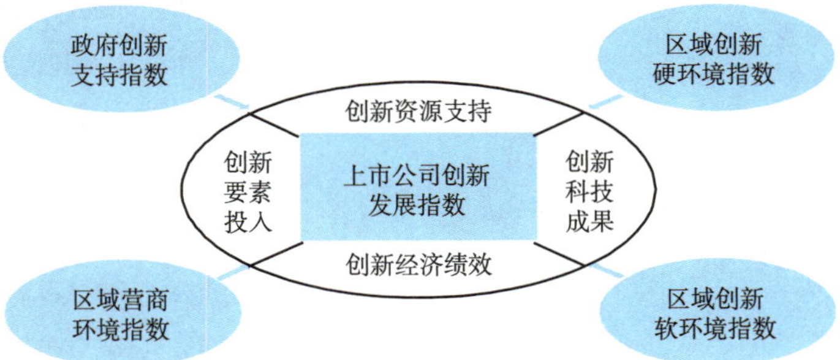

图2–1 中国上市公司创新发展指数评价总体思路图

资料来源：首经贸资产评估研究院和浙工商数字创新与管理研究院整理。

① 国家统计局：统计指数的概念. http：//www.stats.gov.cn/zs/tjll/tjzs/202302/t20230215_1905782.html

2.1.2 中国上市公司创新发展指数评价体系设计

基于“逻辑严谨、层次清晰、数据充分、评价准确”的指标体系构建原则，本报告尝试构建了中国上市公司创新发展指数指标评价体系。如表2–1所示，中国上市公司创新发展指数评价指标体系共分4个一级指标、14个二级指标、75个三级指标（表中略），最终形成上市公司创新发展综合指数。其中，具体的一级指标包括：

2.1.2.1 公司创新资源支持

创新资源支持是公司能够进行创新的基础，是保障公司创新发展的重要中枢。报告涉及的公司创新资源支持指数评价包括上市公司获得的创新补助、上市公司获得的创新税收优惠、上市公司获得的创新政府采购3个二级指标，下辖13个底层三级指标。

2.1.2.2 公司创新要素投入

创新要素投入反映了公司的创新经费和人员等要素投入，是确保公司能够创新发展的重要条件。报告涉及的公司创新要素投入指数评价包括上市公司研发经费投入、上市公司研发人员投入、上市公司协同创新投入、上市公司创新投入持续性共4个二级指标，下辖22个底层三级指标。

2.1.2.3 公司创新科技成果

创新科技成果反映了公司在专利、科技和产品获奖、新产品和品牌成果方面的产出能力。报告涉及的公司创新科技成果指数评价包括了上市公司专利成果、上市公司科技和产品获奖成果、上市公司新产品和品牌成果共3个二级指标，下辖20个底层三级指标。

2.1.2.4 公司创新经济绩效

创新经济绩效体现了公司在创新资产转化、财务、创新活动和创新市场影响力等方面所形成的核心竞争力。报告涉及的公司创新经济绩效指数评价包括上市公司创新资产转化绩效、上市公司创新财务绩效、上市公司创新活动绩效、上市公司创新市场影响力绩效共4个二级指标，下辖20个底层三级指标。

表 2–1 上市公司创新发展指数评价体系一览表

一级指标	二级指标
公司创新资源支持	上市公司获得的创新补助
	上市公司获得的创新税收优惠
	上市公司获得的创新政府采购
公司创新要素投入	上市公司研发经费投入
	上市公司研发人员投入
	上市公司协同创新投入
	上市公司创新投入持续性
公司创新科技成果	上市公司专利成果
	上市公司科技和产品获奖成果
	上市公司新产品和品牌成果
公司创新经济绩效	上市公司创新资产转化绩效
	上市公司创新财务绩效
	上市公司创新活动绩效
	上市公司创新市场影响力绩效

2.1.3　上市公司创新环境支持指数评价体系设计

考虑到上市公司创新发展的外部环境要素，报告还尝试构建了中国上市公司创新环境支持指数评价指标体系。如表2-2所示，中国上市公司创新环境支持评价指标体系共分政府创新支持、区域创新软环境、区域创新硬环境、区域营商环境4个一级指标、19个二级指标、95个三级指标（表中略），最终形成创新发展环境支持总体评价。其中，具体的一级指标包括：

2.1.3.1　政府创新支持指数

政府创新支持是政府提供给区域内公司的创新政府补助、税收优惠、金融支持等，是鼓励公司不断进行创新的基础。报告涉及的政府创新支持指数评价包括创新政府补助、创新税收优惠、创新金融支持、创新政府采购、创新科研支持5个二级指标，下辖14个底层三级指标。

2.1.3.2　区域创新环境指数

区域创新环境反映了公司所在区域的互联网、软件和信息技术发展水平、区域科技孵化能力等软硬环境，是确保公司能够顺利实施创新发展的重要保障。区域创新环境包括区域创新软环境和区域创新硬环境2个一级指标。报告涉及的区域创新软环境指数评价包括区域互联网、软件和信息技术发展、区域专利与商标发展、区域技术市场交易、区域组织和营销创新、区域创新人才培养共5个二级指标，下辖36个底层三级指标。报告涉及的区域创新硬环境指数评价包括区域互联网连接能力、区域电信通信能力和区域科技创新孵化能力3个二级指标，下辖17个底层三级指标。

2.1.3.3　区域营商环境指数

区域营商环境反映了区域在基础设施、政务、法律、人才、金融和投资方面的整体环境，是保障公司能够顺利实施创新发展的基本条件。报告涉及的区域营商环境指数评价包括区域基础环境、区域政务环境、区域法律环境、区域人才环境、区域投资环境、区域金融环境共6个二级指标，下辖28个底层三级指标。

表2-2　上市公司创新发展环境支持指数评价体系一览表

一级指标	二级指标
政府创新支持	创新政府补助
	创新税收优惠
	创新金融支持
	创新政府采购
	创新科研支持
区域创新软环境	区域互联网、软件和信息技术发展
	区域专利与商标发展
	区域技术市场交易
	区域组织和营销创新
	区域创新人才培养
区域创新硬环境	区域互联网连接能力
	区域电信通信能力
	区域科技创新孵化能力
区域营商环境	区域基础环境
	区域政务环境
	区域法律环境
	区域人才环境
	区域投资环境
	区域金融环境

2.2 中国上市公司创新发展指数评价方法

在明确了上市公司创新发展指标体系的基础上，本报告采用科学合理的方法对创新发展指数进行了评价。

2.2.1 多渠道获取创新发展相关数据

创新发展指数评价指标体系中的三级指标来源于证监会网站、国家知识产权局、同花顺、万得和政采网等大数据资源库。报告采用多渠道获取上市公司结构化和非结构化的各类数据，包括但不限于国内外宏观经济数据、区域数据、行业数据以及上市公司特色数据，如年报、公司公告（包括定期公告与临时公告）、公司专利申请和专利获批数据等。其中，对于非结构化数据的获取，主要通过文本爬取以及机器学习等人工智能技术来实现。

2.2.2 汇集专家智慧为指标赋权重

上市公司创新发展指数和政府创新支持指数、区域创新环境指数和区域营商环境指数等的赋权包括一级指数赋权、二级指数赋权和三级指标赋权。其中，对于一级指数和二级指数，因不同指数对上市公司创新发展状况和创新环境支持创新发展的影响程度不同，因此，报告按照德尔菲法进行指数赋权。因三级指标数量较多，故经过专家团队商讨决定采用等权法确定标准权重，即在每个单独的二级指数维度下设的三级指标选取相等权重。

一级和二级指数进行专家打分赋权时，针对每个指数的特点组织理论和实务专家，运用德尔菲法对每个层级的各项指标进行横向对比，判定其重要性并予以赋权，具体步骤如下：

第一步：课题组向所有专家介绍上市公司创新发展评价指标体系和赋权规则。

第二步：第一轮专家打分。专家根据上市公司创新发展评价指数体系和创新环境支持指数体系对每个层级的各项指标进行匿名打分，得到初始赋权结果。

第三步：第二轮专家打分。将第一轮所有专家打分结果反馈给各个专家，专家根据其他专家意见重新打分或进行修改或确定不变，从而得到第二轮结果。

第四步：第三轮专家打分。将第二轮结果反馈给各个专家，专家根据其他专家意见重新打分或进行修改或确定不变。

第五步：根据第三轮专家打分结果，汇总全部专家意见得到指标赋权权重。

在选取专家团队时，本报告充分考虑了专家的专业性、多元性、独立性和实践性，邀请高校相关领域的知名教授、上市公司高管、并购重组委员会委员和中介机构资深合伙人等共25名专家对指标进行赋权。所遴选的25名专家皆具备深厚的理论功底，熟悉上市公司创新实践经验。依托专家经验和判断，本报告将诸多指标按照重要性程度进行赋权，以期有效避免主观性偏差，确保赋权结果具备实用性、科学性和专业性。

2.2.3 采用标准化法计算创新发展和创新环境支持指数

上市公司创新发展指数和创新环境支持指数均包括三级指标、二级指数、一级指数和综合发展指数四个层级。其中，三级指标的计算采用全市场标准化法，其他层级的创新发展指数则采用加权平均法进行测算。

2.2.3.1　基于全市场标准化法和赋值法的三级指标创新发展指数计算

因上市公司创新发展指数三级指标反映了4,822家上市公司的创新情况，创新环境支持指数三级指标反映了31个省份的创新支持环境情况，二者含义和数据源不同，故采用了不同的测算方法。

1. 上市公司创新发展指数三级指标的计算方法

第一，数值型指标和是否指标采用不同的方法进行分值测算。上市公司创新发展指数中大部分三级指标均为数值型指标，少量三级指标为是否指标。对于连续数值类型的指标，本报告采用全市场标准化方法，具体公式为：*Index*=（*Rank*/*Rank*_max）×100。其中，*Rank*是指公司某个三级指标原始值在全市场中的排序分值，数值排名越靠前，排序分值越高，取值范围为0至*Rank*_max。*Rank*_max是证券市场中该指标*Rank*值的最大值，*Rank*_max=*N*−1，其中*N*为行业中公司数量。连续数值类型的三级指标创新发展指数在一定程度上反映了特定公司的该项指标在全市场中所处的排序水平，而非传统意义上的分数。也即创新发展指数60并非传统意义上的60分“及格线”，创新发展指数低于60并不表示“不及格”。对于“是/否”类型的三级指标，则依据指标原始值的“是”或“否”，直接将三级指标赋值为1或0。①

第二，处理反向指标。对于反向指标需要进行特殊处理，即指标原始值越大、计算的创新发展指数应该越小。本报告反向指标的处理规则为：反向指标创新发展指数=1−初始创新发展指数。

第三，合理设计指标最低分值。针对数值型指标和是否指标，在进行分值测算时设定了指标的最低值，大部分指标的最低分值设计为40分，即所有上市公司各三级指标的分值均处于40~100。如某上市公司2022年创新资产转化绩效其原始分值为30分，考虑40分为最低分值后，该上市公司2022年创新资产转化绩效的分值为*Score*=30/100×60+40=58（分）。

2. 政策创新支持、区域创新软硬环境和营商环境指数三级指标的计算方法

由于政策创新支持、区域创新软硬环境和营商环境三级指标的基础数据具有不同的量纲和单位，无法直接进行数据分析或比较。为了消除指标之间的量纲影响，确保数据指标之间的可比性，本报告进行了数据归一化处理，即将原始数据进行归一化处理以使各指标处于同一数量级，从而进行综合对比分析。

第一，利用归一法得到三级指标分值。本报告所采用的归一化处理方法为min−max标准化方法（min−max normalization）。其中，min−max标准化方法也称为离差标准化，是对原始数据进行线性变换，以便使结果值映射到［0，1］之间，具体计算方法如下：

$$X^* = \frac{x - \min}{\max - \min}$$

其中，max为样本数据的最大值，min为样本数据的最小值，x为需要处理的原始样本值，X^*为经过min−max标准化处理后的样本值。

第二，处理反向指标。对于反向指标需要进行特殊处理，即指标原始值越大、计算的创新发展指数反而应该越小。本报告反向指标的处理规则为：反向指标创新环境支持指数=1−初始创新环境支持指数。

第三，合理设计指标最低分值。为了将三级指标的评分转化为百分制，并进一步缩小样本间三级指标评分的差异分布情况，本报告在进行分值测算时设定了指标的最低值为40分，即所有三级指标的分值均处于40~100。具体的计算方法如下：

$$Score = \left(\frac{x - \min}{\max - \min}\right) \times 60 + 40$$

其中，max为样本数据的最大值，min为样本数据的最小值，x为需要处理的原始样本值，*Score*为

① 程凤朝，王竞达，张秋生.中国上市公司健康指数报告（2022）.中国财政经济出版社，2022.

经过min–max标准化处理和百分化的样本值，即报告所用的三级指标。

如以某地区2021年获得政府研发补助的上市公司数量占比为例简要说明：2021年政府研发补助的上市公司数量占比为44.58%，七大区域中政府研发补助的上市公司数量占比的最大值为49.72%，七大区域中政府研发补助的上市公司数量占比的最小值为30.41%，该地区获得政府研发补助的上市公司数量占比指标分值为*Score*=（49.72%–44.58%）/（49.72%–30.41%）×60+40=84.02（分）。

值得注意的是，运用上述方法所计算的三级指标分值在一定程度上反映了该地区与其他地区在政府创新政府补助支持的范围上的差异和排序水平，而非传统意义上的分数。因此，三级指标分值60分并非传统意义上的60分“及格线”，三级指标分值低于60分不能代表某地区处于“不及格”的水平。

2.2.3.2 基于加权法的其他层级创新发展指数计算

其他层级的创新发展指数计算采用了加权法，也即上一级创新发展指数分值等于该维度下子级指标创新发展指数分值的加权总和。

如前所述，创新发展指数一级、二级指数是由专家打分赋权，三级指标则为等权。以某公司2021年数据为例：一级指数创新要素投入共设置上市公司研发经费投入、上市公司研发人员投入、上市公司协同创新投入、上市公司创新投入持续性共4个二级指数。其中上市公司研发经费投入设置8个三级指标，其8个三级指标的分值分别为80分、82分、85分、87分、80分、79分、82分、78分。由于三级指标是等权，所以二级指数“上市公司研发经费投入”的创新发展指数=80×1/8+82×1/8+85×1/8+87×1/8+80×1/8+79×1/8+82×1/8+78×1/8=81.63（分）。创新发展指数一级指数和综合创新发展指数使用加权平均的方法进行计算。

2.3 国内创新相关指数评述和报告指标体系优势分析

指数评价作为一种量化研究方法，已广泛应用于对经济现象和趋势进行评价。围绕创新发展相关问题，国内有不少研究采用指数评价方法，构造了一系列创新相关的评价指数。

2.3.1 国内创新相关指数评述

本报告在确定一套自己的创新发展指数之前，率先对国内现有的创新相关指数研究进行了系统梳理，具体如表2–3所示。概括而言，目前国内与创新相关指数的研究大致分为两类：一类是以区域或者国家为研究对象的宏观指数，如全球创新指数、中国城市科技创新指数、中国新一线城市创新力和中国知识产权指数等；另一类是以企业为研究对象的微观指数，如中国上市公司创新指数、上市公司无形资产评价指数和中国上市公司研发指数等。

表 2–3　国内现有创新相关指数一览表（部分）

序号	指数	发布单位	对象	维度	指标
1	中国上市公司创新指数	浙江大学管理学院与深圳报业集团深新传播智库	企业	2个维度：创新势力、创新效率	创新势力包含研发投入规模、研发人员规模、专利规模数据、平均销售利润率4个指标；创新效率包含研发强度指标、技术效率、商业模式新颖性3个指标
2	上市公司无形资产评价指数	天津财经大学无形资产评价协同创新中心	企业	3个维度：创新能力、市场竞争力、可持续发展能力	创新能力包含人力投入、资金投入、专利水平、专利效率等12个指标；市场竞争力包含产业政策扶持、行业集中度、上下游的议价能力等8个指标；可持续发展能力包含员工素质、员工工资、员工稳定性、保留盈余等9个指标

续表

序号	指数	发布单位	对象	维度	指标
3	中国上市公司研发指数	首都经济贸易大学	企业	4个维度：创新投入、创新产出、技术水平和创新环境	创新投入包括研发强度和研发投入增长率；创新产出包括知识资产比率、研发资本化强度、发明类专利比率和发明类专利寿命；技术水平包括技术员工占比、收入优势和净利优势；创新环境包括自由现金、资本成本和行业竞争压力等指标
4	中国医药企业研发指数	北京交通大学、中国医药会计学会、中兴新云公司	企业	4个维度：研发投入、研发成果、研发质量和研发支持	研发投入包括研发投入总额、研发投入占销售收入比例、人均研发投入；研发成果包括发明专利授权数、创新药上市获批数、非创新药获批数；研发质量包括发明专利授权数占总授权数比例、专利被引用量、PCT专利数、国际资质认证数目；研发支持包括国家重大专项支持项目、国家级研发平台数目、省部级研发平台数目等指标
5	中国互联网企业综合实力指数	中国互联网协会	企业	6个维度：企业规模、盈利、创新能力、成长性、风险防控能力和社会责任	包含营收规模、营业利润、研发投入、发明专利比例等20余个指标
6	专精特新企业专利创新指数	中国专利信息中心	企业	3个维度：创新产出数量、创新活跃程度和创新产出结构	7个指标：包括发明专利授权量、平均发明专利授权量、拥有发明专利授权的企业数量占比、制造业企业发明专利授权量占比等指标
7	汽车企业专利创新指数	中国汽车技术研究中心有限公司情报所	企业	3个维度：技术、法律和经济	包含有效专利数量等指标
8	中国钢铁企业专利创新指数	冶金工业信息标准研究院	企业	3个维度：专利创造、专利运用和专利保护	包含专利申请量、发明专利占比、专利价值度等指标
9	大湾区创新发展专利指数	中国科学院文献情报中心	企业	4个维度：技术活跃度、技术开创度、技术引领度和产业贡献度	包含发明专利申请量、有效专利数量、有效发明专利、海外专利数量、共同申请专利数量等指标
10	广东工业互联网创新指数	南方日报和广州大学	企业	1个维度：数字经济相关专利数据	包含有效授权专利和发明专利申请数量指标
11	全国科技创新百强指数	八月瓜创新研究院、北京市科学技术研究院科技情报研究所和21世纪创新智库	企业、高校和研究机构	3个维度：创新能力、创新价值和创新影响	9个二级指标，83个三级指标，其中企业类24个、高校类31个、研究机构28个指标
12	地级市创新创业指数	北京大学企业大数据研究中心	区域	3个维度：企业创建、企业投资和企业创新产出	包含企业数量、风险投资、外来投资、专利的授权数量、商标注册量等指标
13	中国城市科技创新发展指数	首都科技发展战略研究院	区域	4个维度：创新资源、创新环境、创新服务和创新绩效	包含居民中大专以上学历人数比重、万名从业人口中科学技术人员数、地方财政科技投入占地方财政支出比重、每万人吸引外商投资额、孵化器数量、每万人专利申请量、城镇居民人均可支配收入等指标
14	中国城市科技创新指数	北京航空航天大学、北京科技创新中心研究基地和国家科技资源共享服务工程技术研究中心	区域	2个维度：科技创新总量指数和科技创新效率指数	科技创新总量指数包含科学研究规模、产业创新规模、知识产权规模；科技创新效率指数包含产创科研比值、知识产权精度、产业创新精度、科学研究精度等指标

续表

序号	指数	发布单位	对象	维度	指标
15	中国创新人才指数	清华大学	区域	4个维度：人才规模、人才结构、人才效能和人才环境	人才规模包含基础规模和人才引进与流动；人才结构包括学历结构、技能结构；人才效能包含科技效益、经济效益；人才环境包含人才吸引、人才培养和创新支持等指标
16	长三角区域协同创新指数2021	浙江省科技信息研究院、上海市科学研究所、江苏省科技情报研究所（江苏省科技发展战略研究院）、安徽省科技情报研究所	区域	5个维度：成果共用、资源共享、创新合作、产业联动和环境支撑	包含研发投入强度、财政科技拨款占政府支出比重、科技人才跨区域流动、国际科技论文合作数量、专利转移数量、合作发明专利、高技术产业利润、上市公司异地投资、获融资企业数等指标
17	中国区域科技创新评价报告2021	中国科学技术发展战略研究院	区域	5个维度：科技创新环境、科技活动投入、科技活动产出、高新技术产业化和科技促进经济社会发展	包含研发经费投入强度、万人科技论文数、发明专利拥有量、技术市场输出技术成交额等指标
18	京津冀协同创新指数（2022）	北京大学首都发展研究院	区域	5个维度：创新能力、科研合作、技术联系、创新绩效和创新环境	包含研发经费支出占GDP比重、高科技论文发表量、专利申请数、京津冀论文合作关系总数、技术交易项数及成交额、京津冀法人单位在区域内跨省（市）的产业活动单位、专利合作数量等指标
19	重庆科技创新指数报告2022	重庆生产力促进中心、重庆市科学技术情报学会	区域	5个维度：科技创新环境、科技创新投入、科技创新产出、高新技术产业化和科技促进经济发展	包含基础条件、科技意识、万人R&D（研究与试验发展）人员数、科学研究和技术服务业法人单位数等指标
20	中国新一线城市创新力报告	江苏省扬子江创新型城市研究院院长张鸿雁教授，首席专家、南京市社科院院长曹劲松研究员领衔的“创新力与高成长企业研究中心”	区域	5个维度：创新要素整合力、创新产业自主力、创新效益支撑力、创新开放辐射力和创新生态吸引力	包含国家杰出青年科学基金人才、每万人普通在校生和国家重点实验室数量、国家级科技企业孵化器、众创空间数量、劳动生产率、文化设施覆盖率、独角兽企业数、万人发明专利拥有量、万人学术论文发表量、人均地区生产总值指标、城市金融企业联系度、科创企业联系度、城市开放度、创新型城市建设的政策支持等指标
21	苏南国家自主创新示范区创新指数	江苏省科技发展战略研究院（江苏省科技情报研究所）	区域	5个维度：创新环境、创新资源、创新主体、创新绩效、创新辐射和创新国际化	包含研发经费投入、万人发明专利拥有量、高新技术产业产值占工业产值比重等指标
22	中国创新指数	国家统计局	区域	4个维度：创新环境、创新投入、创新产出和创新成效	包含经济活动人口中大专及以上学历人数、人均GDP、信息化指数、科技拨款占财政拨款的比重、享受加计扣除减免税企业所占比重；每万人研发人员全时当量、研发经费占GDP比重、基础研究人员人均经费、研发经费占主营业务收入的比重、有研发机构的企业所占比重、开展产学研合作的企业所占比重；每万人科技论文数、每万名研发人员专利授权数、发明专利授权数占专利授权数的比重；每百家企业商标拥有量、每万名科技活动人员技术市场成交额；新产品销售收入占主营业务收入的比重、高技术产品出口占货物出口额的比重、单位GDP能耗、劳动生产率、科技进步贡献率等指标

续表

序号	指数	发布单位	对象	维度	指标
23	中国区域科技创新评价报告2022	中国科学技术发展战略研究院	区域	5个维度：科技创新环境、科技活动投入、科技活动产出、高新技术产业化和科技促进经济社会发展	包含输出技术合同成交额、科技意识指数、科技活动产出水平指数、环境改善指数、科技活动财力投入指数等指标
24	中国知识产权指数	中国知识产权指数报告课题	区域	2个维度：专利、商标等发展现状和发展潜力	包含知识产权的流动水平、产出水平和综合绩效、知识产权的创造潜力等指标
25	科创指数－科技园区创新发展指数	国际科技创新中心	区域	3个维度：创新、产业和环境	包含企业研发投入、世界一流大学和科研机构、全球顶尖科学家、PCT专利申请、企业数量、全球领军型科技企业、企业营收、风险投资机构、本地营商环境、本地生活品质等指标
26	科创指数－中关村指数	国际科技创新中心	区域	5个维度：创新引领、双创生态、高质量发展、开放协同和宜居	包含科技成果转化与孵化、资源引入、国际拓展、区域协同、营商环境、生活品质、创新投入、创新产出、创新经济、质量效益等指标

资料来源：首经贸资产评估研究院和浙工商数字创新与管理研究院整理。

相较于以企业为研究对象的微观创新指数而言，以区域或国家为研究对象的宏观创新指数相对较多，但其通常只适用于探究区域层面的相关创新问题，难以对微观企业的创新发展进行评价。现有聚焦企业层面的创新指数为如何评价企业创新发展提供了经验借鉴和有益参考，但总体而言仍存在一些需要优化或改进之处，具体如下：

（1）现有指数往往只关注到微观企业发展的局部问题，构建的评价指标相对较少，对影响企业创新发展水平与质量的因素考虑有所不足；

（2）现有指数仅从企业内部层面进行测度，并没有反映出政府创新支持和区域创新环境等外部因素对企业创新发展的影响；

（3）现有指数在衡量企业创新成果时通常仅考虑专利成果，但对成果获奖、产品和品牌成果等产出形式考虑不足；

（4）现有指数在测度创新绩效时未充分考虑企业创新所带来的资产转化以及创新活动所产生的绩效。

2.3.2　上市公司创新发展指数评价体系的优势和特色

在借鉴和参考现有以企业为研究对象的微观创新指数的基础之上，首都经济贸易大学和浙江工商大学研究团队对上市公司创新发展指数进行了进一步优化和完善。具体来看，本报告基于创新发展的理论逻辑和思维，构建了可以合理反映企业创新发展能力的综合评价体系和指数模型，对企业创新发展环境和企业创新发展能力进行量化评价，为企业实现高质量创新发展提供客观可靠的评价依据和数据支持。具体而言，本报告所构建的指数评价体系的优势和特色主要表现在：

2.3.2.1　基于“创新影响因素—创新投入—创新成果—创新绩效”的过程链条视角，合理构建上市公司创新发展指数评价体系

本报告依据价值创造的理论逻辑，构建了“以创新资源为支持，创新投入为起点，创新成果为过程，创新绩效为产出”的四维指标体系。综合考虑上市公司所获得的政府研发补助、研发税收优惠和

创新政府采购等资源以及上市公司投入的研发经费、研发人员和研发的持续性，同时考虑上市公司所取得的专利和专有技术等研发成果以及所获得的创新资产转化、财务绩效和创新活动绩效等，构建了由4个一级指标、14个二级指标、75个三级指标构成的综合评价指标体系，以期能够全面、客观、合理地反映和揭示上市公司的创新发展能力和发展潜力。

2.3.2.2 基于外部环境——组织行为的表里特征视角，全面度量区域和省份创新环境支持

本报告构建了更加完善的政府创新支持环境、区域创新环境和区域营商环境3个一级指标、19个二级指标、95个三级指标的综合测度指标体系，以便充分揭示七大区域和各省份在创新政策支持、区域互联网条件、区域专利和商标发展水平、区域组织和营销创新、区域创新人才培养以及区域政务环境、区域法律环境、区域投资环境等方面所存在的差异，期望有助于从外在因素层面对上市公司创新发展的区域和省份差异逻辑进行全面解析。

2.3.2.3 基于创新行为和激励视角，适度增加差异化和特色化指标

为有效测度上市公司创新发展能力，本报告增加了特色二级指标，如在创新资源支持中增加了创新政府采购二级指标，在创新要素投入中增加协同创新和创新投入持续性二级指标，在创新科技成果中增加了科技和产品获奖成果、新产品和品牌成果二级指标以及在创新经济绩效中增加了创新资产转化和创新活动等二级指标。相应地，本报告还设计了如研究阶段支出、开发阶段支出、高水平研发人员数量、公司协同创新支出、公司拥有的国家级和省部级科研平台数量、合作申请专利数量等特色化和差异化三级指标，以期能够更加精准地对上市公司创新发展能力进行评价。

第3章 中国上市公司2022年总体状况及其创新发展指数评价

1990年上海证券交易所和深圳证券交易所相继开市，2009年创业板推出，2019年科创板设立，2021年北京证券交易所开市，2023年全面注册制正式推行，我国资本市场已走过波澜壮阔的32年。历经多年发展，我国资本市场现已形成主板、科创板、创业板、北交所并行优质发展格局，上市公司数量、结构和质量均有巨大提升，已成为世界第二大资本市场，为推动我国经济高质量发展做出了非常重要的贡献。

2022年，国际政治经济格局重构，逆全球化趋势加剧，全球经济发展不确定性增强，国内宏观经济“需求收缩、供给冲击、预期转弱”三重压力持续显现。面对复杂严峻的内外部经济形势和诸多风险挑战，A股上市公司保持战略定力，坚持高质量发展，持续筑牢安全底线，全年保持了稳健的经营发展态势，创新发展表现良好，为稳定经济大盘和资本市场平稳发展做出了重要贡献。

3.1 2022年中国上市公司总体分析

据分析，截至2022年末，A股上市公司总量为4,822家（剔除房地产、银行和非银金融行业），总市值合计为676,462.13亿元，年成交额达到2,066,699.56亿元，营业收入总额为587,489.39亿元，净利润总额为32,123.09亿元。①

3.1.1 行业维度分析

从行业维度分析，机械设备行业、医药生物行业、电子行业、基础化工行业以及计算机行业5个行业上市公司数量相对较多，合计占全部A股上市公司总数的44.36%。其中，机械设备行业共有510家上市公司，数量居各行业之首，占全部A股上市公司的10.58%；医药生物行业共有475家上市公司；电子行业共有428家上市公司；基础化工行业共有385家上市公司；计算机行业共有341家上市公司。除此之外，石油石化行业、钢铁行业、煤炭行业、美容护理行业以及综合行业上市公司数量较少，5个行业上市公司数量合计占全部A股上市公司总数的3.80%。各行业上市公司总体情况如表3-1所示。

表3-1　2022年A股上市公司基本财务情况——行业维度　金额单位：亿元

行业	家数	总市值	年成交额	营业收入	净利润
传媒	140	12,202.53	56,521.98	5,001.60	130.40
电力设备	330	68,924.83	253,603.94	31,882.13	2,784.42
电子	428	56,471.41	183,511.29	28,854.71	1,321.98
纺织服饰	114	6,256.30	18,245.61	4,515.57	146.21

① 数据来源：同花顺（iFinD），首经贸资产评估研究院和浙工商数字创新与管理研究院整理。

续表

行业	家数	总市值	年成交额	营业收入	净利润
钢铁	45	8,688.44	23,343.22	23,337.70	384.02
公用事业	125	27,831.39	59,356.71	21,529.04	1,289.58
国防军工	126	21,135.38	61,324.84	5,166.38	311.61
环保	129	6,800.74	20,157.60	3,329.83	267.19
机械设备	510	35,212.75	118,053.62	18,177.54	1,200.81
基础化工	385	36,288.25	136,991.40	22,149.14	2,185.85
计算机	341	34,002.62	131,319.01	11,651.30	352.41
家用电器	88	15,028.10	32,788.27	13,883.45	1,007.17
建筑材料	76	9,744.60	31,769.29	7,957.33	551.08
建筑装饰	163	17,054.70	61,589.46	84,783.34	2,310.68
交通运输	126	30,247.90	49,394.10	49,172.61	1,364.85
煤炭	38	14,917.40	38,281.13	16,722.77	3,047.47
美容护理	29	4,734.02	8,985.65	829.79	56.60
农林牧渔	106	15,210.77	50,599.88	12,359.24	178.09
汽车	260	30,078.19	108,464.67	32,605.53	963.37
轻工制造	154	9,694.57	27,928.22	6,063.41	254.99
商贸零售	104	12,501.31	33,761.91	12,845.46	-13.42
社会服务	76	5,297.51	24,851.79	1,008.11	-88.06
石油石化	47	22,175.87	27,416.18	83,752.84	4,092.90
食品饮料	124	61,751.13	87,932.35	9,608.35	1,825.69
通信	124	14,598.75	42,515.71	22,873.64	1,917.82
医药生物	475	72,096.75	239,022.81	24,773.25	2,064.10
有色金属	135	26,038.47	133,565.56	31,869.01	2,240.16
综合	24	1,477.43	5,403.34	786.33	-24.90

数据来源：同花顺（iFinD），首经贸资产评估研究院和浙工商数字创新与管理研究院整理。

3.1.2 区域维度分析

从区域维度分析，华东地区共有上市公司2,301家，华南地区共有上市公司859家，华北地区共有上市公司618家，华中地区共有上市公司369家，西南地区共有上市公司313家，西北地区共有上市公司188家，东北地区共有上市公司166家，其他地区共有8家。其中华东地区上市公司数量最多，占全部A股上市公司的47.72%。各地区上市公司总体情况如表3-2所示。

表 3-2　2022 年 A 股上市公司基本财务情况——区域维度　金额单位：亿元

地区	家数	总市值	年成交额	营业收入	净利润
东北地区	166	15,312.38	56,758.13	15,195.48	217.13
华北地区	618	143,975.05	358,327.45	215,761.02	10,792.43
华东地区	2,301	263,139.68	861,020.43	200,663.73	8,863.35
华南地区	859	107,792.95	326,676.55	70,391.88	2,899.82

续表

地区	家数	总市值	年成交额	营业收入	净利润
华中地区	369	41,028.80	155,749.75	26,486.35	1,535.84
西北地区	188	26,655.11	101,381.08	18,507.56	1,915.43
西南地区	313	72,592.75	198,768.77	26,030.12	3,190.34
其他	8	5,965.41	8,017.40	14,453.25	2,708.75

注：中国海油、中国移动、百济神州、华润微、诺诚健华、格科微、中芯国际、九号公司8家公司注册地均不在境内。

数据来源：同花顺（iFinD），首经贸资产评估研究院和浙工商数字创新与管理研究院整理。

3.1.3　省份维度分析

从省份维度分析，广东省、浙江省、江苏省、北京市以及上海市5个省份的上市公司数量相对较多，合计占全部A股上市公司总数的58.81%。具体来看，广东省共有795家上市公司，浙江省共有631家上市公司，江苏省共有612家上市公司，北京市共有418家上市公司，上海市共有380家上市公司。其中，广东省拥有的上市公司数量居于全国各省份之首，占全部A股上市公司的16.49%；浙江省、江苏省、上海市均属于华东地区，其上市公司数量凸显华东地区经济发展在全国占据明显优势。除此之外，海南省、内蒙古自治区、西藏自治区、宁夏回族自治区、青海省上市公司数量较少，5个省份上市公司数量合计占全部A股上市公司总数的2.01%。各省份上市公司总体情况如表3–3所示。

表 3–3　　2022 年 A 股上市公司基本财务情况——省份维度　　金额单位：亿元

省份	家数	总市值	年成交额	营业收入	净利润
安徽	157	17,404.89	68,123.96	13,126.82	709.05
北京	418	105,842.73	226,611.91	185,517.92	7,146.45
重庆	60	8,234.42	30,576.09	5,601.17	296.55
福建	161	27,859.81	74,870.40	33,736.16	1,059.06
甘肃	35	2,730.48	14,665.14	2,239.85	57.28
广东	795	101,784.85	304,500.87	65,356.29	3,088.75
广西	38	2,514.21	9,750.45	3,671.67	14.75
贵州	33	25,872.91	32,096.35	2,784.94	751.65
海南	26	3,493.88	12,425.23	1,363.92	–203.68
河北	70	10,948.03	34,312.81	9,761.25	560.64
河南	104	13,297.37	47,494.96	9,393.37	678.09
黑龙江	37	2,610.74	8,939.54	1,820.13	54.51
湖北	131	12,694.29	51,012.32	8,960.68	479.36
湖南	134	15,037.13	57,242.48	8,132.30	378.39
吉林	46	3,801.77	16,340.91	1,914.85	56.27
江苏	612	58,031.64	217,338.60	27,901.10	1,534.39
江西	76	9,115.95	42,036.55	10,874.29	328.89
辽宁	83	8,899.87	31,477.68	11,460.50	106.34
内蒙古	25	7,036.61	27,160.62	4,289.89	433.79
宁夏	15	1,619.19	6,973.88	570.92	74.36

续表

省份	家数	总市值	年成交额	营业收入	净利润
青海	11	2,263.68	10,539.19	1,124.73	289.02
山东	284	34,120.68	109,772.30	27,073.72	1,633.46
山西	39	9,050.33	30,145.02	6,341.12	854.07
陕西	71	13,212.23	40,405.79	7,510.48	818.60
上海	380	50,913.62	124,621.29	43,441.23	1,215.90
四川	163	28,438.79	96,912.74	11,621.10	1,686.30
天津	66	11,097.36	40,097.09	9,850.84	1,797.49
西藏	20	1,780.65	9,679.65	552.38	81.01
新疆	56	6,829.53	28,797.09	7,061.58	676.18
云南	37	8,265.97	29,503.94	5,470.53	374.83
浙江	631	65,693.08	224,257.31	44,510.41	2,382.60
其他	8	5,965.41	8,017.40	14,453.25	2,708.75

注：中国海油、中国移动、百济神州、华润微、诺诚健华、格科微、中芯国际、九号公司8家公司注册地均不在境内。

数据来源：同花顺（iFinD），首经贸资产评估研究院和浙工商数字创新与管理研究院整理。

3.1.4 板块维度分析

从板块维度分析，沪市主板共有1,521家上市公司，深市主板共有1,410家上市公司，创业板共有1,228家上市公司，科创板共有501家上市公司，北交所共162家上市公司。各板块中，沪市主板上市公司数量最多，占全部A股上市公司的31.54%。各板块上市公司总体情况如表3–4所示。

表 3–4　2022 年 A 股上市公司基本财务情况——板块维度　金额单位：亿元

板块	家数	总市值	年成交额	营业收入	净利润
沪市主板	1,521	310,168.68	735,962.54	395,297.16	21,444.51
深市主板	1,410	192,648.61	773,639.35	144,736.47	7,060.45
创业板	1,228	110,211.67	436,240.27	34,207.90	2,343.98
科创板	501	61,322.50	118,906.43	12,021.21	1,157.94
北交所	162	2,110.66	1,950.96	1,226.66	116.20

数据来源：同花顺（iFinD），首经贸资产评估研究院和浙工商数字创新与管理研究院整理。

3.1.5 产权维度分析

从产权维度分析，中央国有控股上市公司共有417家，地方国有控股上市公司共有848家，非国有控股上市公司共有3,557家。从产权分布看，非国有控股上市公司数量最多，占全部A股上市公司的73.77%。中央国有控股、地方国有控股和非国有控股上市公司总体情况如表3–5所示。

表 3–5　2022 年 A 股上市公司基本财务情况——产权维度　金额单位：亿元

产权性质	家数	总市值	年成交额	营业收入	净利润
中央国有控股	417	133,226.99	270,498.87	244,473.72	12,789.64

续表

产权性质	家数	总市值	年成交额	营业收入	净利润
地方国有控股	848	146,962.11	414,931.86	149,173.80	7,628.38
非国有控股	3,557	396,273.02	1,381,268.81	193,841.88	11,705.06

数据来源：同花顺（iFinD），首经贸资产评估研究院和浙工商数字创新与管理研究院整理。

3.2　2022年中国上市公司创新发展指数评价

本节将从创新发展综合指数和创新资源支持指数、创新要素投入指数、创新科技成果指数和创新经济绩效指数方面分析2022年我国上市公司的创新发展总体成效。

本报告共分析了4,822家上市公司2022年的创新发展状况。在上述分析过程中，本报告剔除了以下几类公司：

①申万行业分类中，房地产、银行和非银金融三个行业的上市公司；

②2023年新上市的上市公司；

③其他报告认为存在数据异常需要剔除的公司。

3.2.1　创新发展综合指数

报告对全市场4,822家上市公司2022年的创新发展状况进行了分析，结果显示：全市场4,822家上市公司创新发展综合指数平均水平为65.47，其中，创新资源支持指数平均水平为68.18，创新要素投入指数平均水平为65.37，创新科技成果指数平均水平为68.28，创新经济绩效指数平均水平为61.11。上市公司创新发展综合指数和四大创新指数总体情况如表3–6所示：

表3–6　　2022年上市公司创新发展指数总览表

板块	创新发展综合指数	创新资源支持指数	创新要素投入指数	创新科技成果指数	创新经济绩效指数
沪市主板	65.57	68.54	64.36	67.86	62.77
深市主板	65.37	68.00	64.57	68.10	61.95
创业板	65.09	67.58	65.84	68.41	59.42
科创板	67.76	70.50	70.61	70.14	60.25
北交所	61.27	63.60	61.94	67.17	53.51
A股市场	65.47	68.18	65.37	68.28	61.11

数据来源：同花顺（iFinD），首经贸资产评估研究院和浙工商数字创新与管理研究院整理。

3.2.1.1　整体分析

从全市场看，4,822家上市公司创新发展综合指数平均水平为65.47，高于平均水平的上市公司有2,307家，占总量的47.84%。从创新发展综合指数区间上看，创新发展综合指数位于80以上的上市公司有79家，占比1.64%，这些公司在行业内甚至全市场中均属创新发展的优势企业；创新发展综合指数位于70~80的上市公司有885家，占比18.55%，这些公司的创新发展水平较高；创新发展综合指数位于60~70的上市公司数量最多，共有3,148家，占总量的65.28%；创新发展综合指数低于60的上市公司有710家，占比14.72%，这些上市公司的创新发展水平相对较差，如图3–1所示。

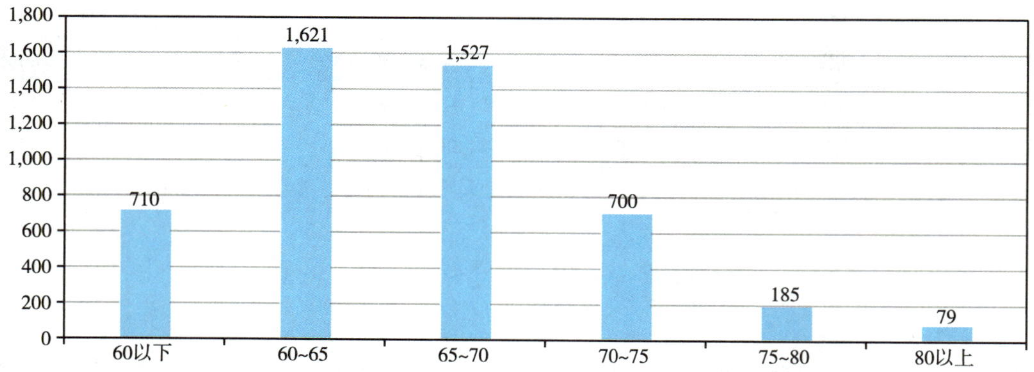

图3-1　2022年上市公司创新发展综合指数分布图

根据4,822家上市公司的创新发展综合指数分布情况来看，排名前100的上市公司如表3-7所示。

表3-7　2022年上市公司创新发展综合指数前100排名表

排名	公司代码	公司名称	创新发展综合指数	一级行业_申万	省份	产权性质
1	603019.SH	中科曙光	87.93	计算机	天津	中央国有控股
2	002371.SZ	北方华创	87.77	电子	北京	地方国有控股
3	002230.SZ	科大讯飞	87.33	计算机	安徽	非国有控股
4	688271.SH	联影医疗	87.24	医药生物	上海	非国有控股
5	600406.SH	国电南瑞	87.16	电力设备	江苏	中央国有控股
6	688187.SH	时代电气	86.24	机械设备	湖南	中央国有控股
7	300760.SZ	迈瑞医疗	85.80	医药生物	广东	非国有控股
8	300014.SZ	亿纬锂能	85.33	电力设备	广东	非国有控股
9	601633.SH	长城汽车	85.23	汽车	河北	非国有控股
10	600703.SH	三安光电	85.02	电子	湖北	非国有控股
11	300124.SZ	汇川技术	84.62	机械设备	广东	非国有控股
12	003816.SZ	中国广核	84.17	公用事业	广东	中央国有控股
13	600196.SH	复星医药	84.06	医药生物	上海	非国有控股
14	600031.SH	三一重工	83.92	机械设备	北京	非国有控股
15	600875.SH	东方电气	83.89	电力设备	四川	中央国有控股
16	600522.SH	中天科技	83.81	通信	江苏	非国有控股
17	002074.SZ	国轩高科	83.73	电力设备	安徽	非国有控股
18	600276.SH	恒瑞医药	83.73	医药生物	江苏	非国有控股
19	688223.SH	晶科能源	83.64	电力设备	江西	非国有控股
20	600588.SH	用友网络	83.41	计算机	北京	非国有控股
21	600690.SH	海尔智家	83.39	家用电器	山东	非国有控股
22	000977.SZ	浪潮信息	83.27	计算机	山东	地方国有控股
23	300450.SZ	先导智能	83.14	电力设备	江苏	非国有控股
24	002241.SZ	歌尔股份	83.11	电子	山东	非国有控股
25	600089.SH	特变电工	83.07	电力设备	新疆	非国有控股
26	688041.SH	海光信息	82.97	电子	天津	非国有控股

续表

排名	公司代码	公司名称	创新发展综合指数	一级行业_申万	省份	产权性质
27	000100.SZ	TCL科技	82.93	电子	广东	非国有控股
28	600309.SH	万华化学	82.90	基础化工	山东	地方国有控股
29	000938.SZ	紫光股份	82.85	计算机	北京	非国有控股
30	688599.SH	天合光能	82.82	电力设备	江苏	非国有控股
31	002594.SZ	比亚迪	82.66	汽车	广东	非国有控股
32	300316.SZ	晶盛机电	82.62	电力设备	浙江	非国有控股
33	002049.SZ	紫光国微	82.45	电子	河北	非国有控股
34	601390.SH	中国中铁	82.34	建筑装饰	北京	中央国有控股
35	000425.SZ	徐工机械	82.32	机械设备	江苏	地方国有控股
36	002920.SZ	德赛西威	82.27	计算机	广东	地方国有控股
37	300308.SZ	中际旭创	82.25	通信	山东	非国有控股
38	603392.SH	万泰生物	82.22	医药生物	北京	非国有控股
39	601766.SH	中国中车	82.14	机械设备	北京	中央国有控股
40	000338.SZ	潍柴动力	82.03	汽车	山东	地方国有控股
41	601618.SH	中国中冶	81.86	建筑装饰	北京	中央国有控股
42	000063.SZ	中兴通讯	81.63	通信	广东	非国有控股
43	300274.SZ	阳光电源	81.62	电力设备	安徽	非国有控股
44	002475.SZ	立讯精密	81.58	电子	广东	非国有控股
45	600482.SH	中国动力	81.55	电力设备	河北	中央国有控股
46	002410.SZ	广联达	81.38	计算机	北京	非国有控股
47	000725.SZ	京东方A	81.32	电子	北京	地方国有控股
48	601985.SH	中国核电	81.30	公用事业	北京	中央国有控股
49	000963.SZ	华东医药	81.02	医药生物	浙江	非国有控股
50	002180.SZ	纳思达	81.00	计算机	广东	非国有控股
51	300750.SZ	宁德时代	80.92	电力设备	福建	非国有控股
52	601012.SH	隆基绿能	80.87	电力设备	陕西	非国有控股
53	002129.SZ	TCL中环	80.79	电力设备	天津	非国有控股
54	601117.SH	中国化学	80.77	建筑装饰	北京	中央国有控股
55	688777.SH	中控技术	80.75	机械设备	浙江	非国有控股
56	002460.SZ	赣锋锂业	80.62	有色金属	江西	非国有控股
57	601138.SH	工业富联	80.58	电子	广东	非国有控股
58	002080.SZ	中材科技	80.56	建筑材料	江苏	中央国有控股
59	600887.SH	伊利股份	80.56	食品饮料	内蒙古	非国有控股
60	000625.SZ	长安汽车	80.52	汽车	重庆	中央国有控股
61	603986.SH	兆易创新	80.48	电子	北京	非国有控股
62	600460.SH	士兰微	80.48	电子	浙江	非国有控股
63	600118.SH	中国卫星	80.46	国防军工	北京	中央国有控股
64	601615.SH	明阳智能	80.44	电力设备	广东	非国有控股
65	603259.SH	药明康德	80.38	医药生物	江苏	非国有控股
66	600438.SH	通威股份	80.38	电力设备	四川	非国有控股

续表

排名	公司代码	公司名称	创新发展综合指数	一级行业_申万	省份	产权性质
67	601869.SH	长飞光纤	80.36	通信	湖北	非国有控股
68	002415.SZ	海康威视	80.35	计算机	浙江	中央国有控股
69	600893.SH	航发动力	80.34	国防军工	陕西	中央国有控股
70	603659.SH	璞泰来	80.33	电力设备	上海	非国有控股
71	600150.SH	中国船舶	80.33	国防军工	上海	中央国有控股
72	600050.SH	中国联通	80.32	通信	北京	中央国有控股
73	600019.SH	宝钢股份	80.31	钢铁	上海	中央国有控股
74	600536.SH	中国软件	80.25	计算机	北京	中央国有控股
75	603501.SH	韦尔股份	80.23	电子	上海	非国有控股
76	000651.SZ	格力电器	80.17	家用电器	广东	非国有控股
77	600104.SH	上汽集团	80.14	汽车	上海	地方国有控股
78	688111.SH	金山办公	80.11	计算机	北京	非国有控股
79	600378.SH	昊华科技	80.06	基础化工	四川	中央国有控股
80	000333.SZ	美的集团	79.97	家用电器	广东	非国有控股
81	600498.SH	烽火通信	79.94	通信	湖北	中央国有控股
82	002179.SZ	中航光电	79.72	国防军工	河南	中央国有控股
83	601668.SH	中国建筑	79.71	建筑装饰	北京	中央国有控股
84	002459.SZ	晶澳科技	79.67	电力设备	河北	非国有控股
85	600570.SH	恒生电子	79.66	计算机	浙江	非国有控股
86	000733.SZ	振华科技	79.65	国防军工	贵州	中央国有控股
87	600584.SH	长电科技	79.52	电子	江苏	非国有控股
88	300661.SZ	圣邦股份	79.50	电子	北京	非国有控股
89	300003.SZ	乐普医疗	79.50	医药生物	北京	非国有控股
90	600845.SH	宝信软件	79.45	计算机	上海	中央国有控股
91	601179.SH	中国西电	79.44	电力设备	陕西	中央国有控股
92	002405.SZ	四维图新	79.40	计算机	北京	非国有控股
93	601728.SH	中国电信	79.38	通信	北京	中央国有控股
94	300454.SZ	深信服	79.31	计算机	广东	非国有控股
95	688568.SH	中科星图	79.29	计算机	北京	中央国有控股
96	601800.SH	中国交建	79.28	建筑装饰	北京	中央国有控股
97	600879.SH	航天电子	79.17	国防军工	湖北	中央国有控股
98	301269.SZ	华大九天	79.12	计算机	北京	非国有控股
99	688396.SH	华润微	79.08	电子	—	中央国有控股
100	002389.SZ	航天彩虹	78.96	国防军工	浙江	中央国有控股

数据来源：同花顺（iFinD），首经贸资产评估研究院和浙江工商数字创新与管理研究院整理。

在报告分析的4,822家上市公司中，排名前500的上市公司在行业、区域、省份、板块和产权方面的分布情况如图3-2至图3-6所示。

从排名前500的上市公司所属行业来看，医药生物行业67家、电力设备行业63家、电子行业59家、机械设备行业45家、计算机行业44家、国防军工行业31家、汽车行业30家、基础化工行业26

家，合计占创新发展综合指数排名前500上市公司总数的73.00%，是创新发展的主力行业；除此之外，通信行业21家、有色金属行业20家、建筑装饰行业17家、家用电器行业15家，其他行业均低于10家。

从排名前500的上市公司所属区域来看，华东地区182家、华北地区104家、华南地区94家，合计占创新发展综合指数排名前500上市公司总数的76.00%，凸显出华东、华北和华南地区是创新发展的主力区域；除此之外，华中地区53家、西南地区35家、西北地区17家、东北地区11家，其他地区4家。

从排名前500的上市公司所属省份来看，广东省91家、北京市80家、浙江省50家、上海市39家、江苏省39家，合计占创新发展综合指数排名前500上市公司总数的68.60%，是创新发展的主力大省；除此之外，山东省23家、湖北省21家、湖南省17家、四川省16家、安徽省和河南省各15家，天津市13家，其他省份均低于10家。

从排名前500的上市公司所属板块来看，沪市主板198家，深市主板153家，沪深两市主板合计占创新发展综合指数排名前500上市公司总数的70.20%；除此之外，创业板92家、科创板55家、北交所2家。

从排名前500的上市公司的产权性质来看，中央国有控股企业114家，地方国有控股企业82家，非国有企业304家。

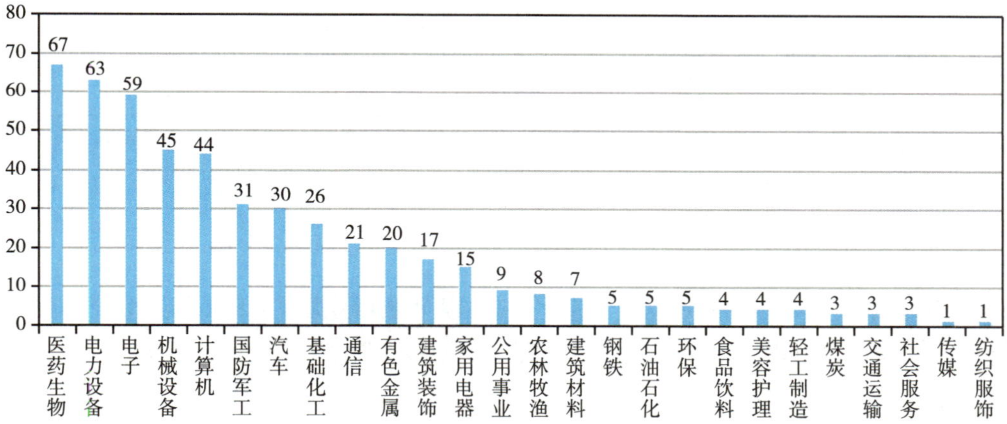

图3-2　创新发展综合指数排名前500上市公司行业分布

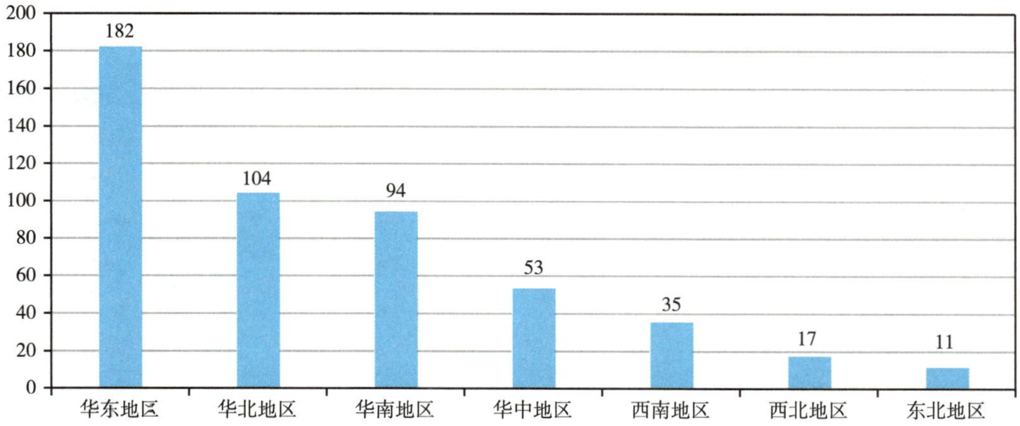

图3-3　创新发展综合指数排名前500上市公司区域分布

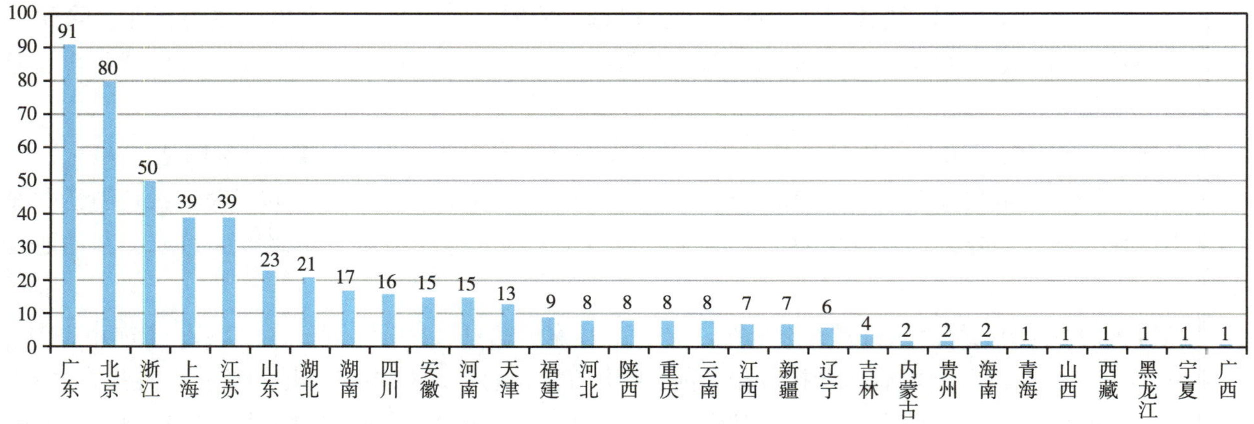

图3-4　创新发展综合指数排名前500上市公司省份分布

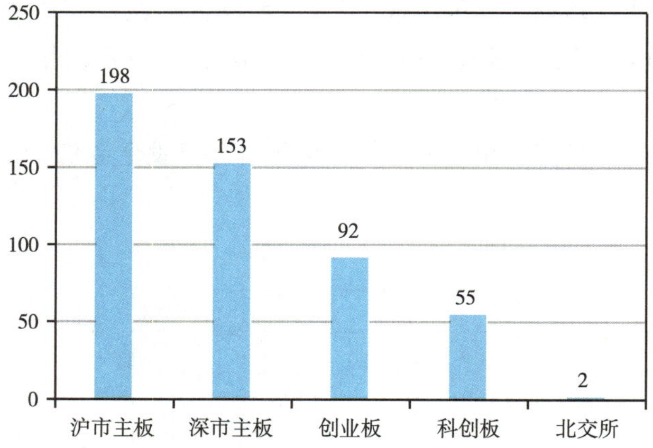

图3-5　创新发展综合指数排名前500上市公司板块分布

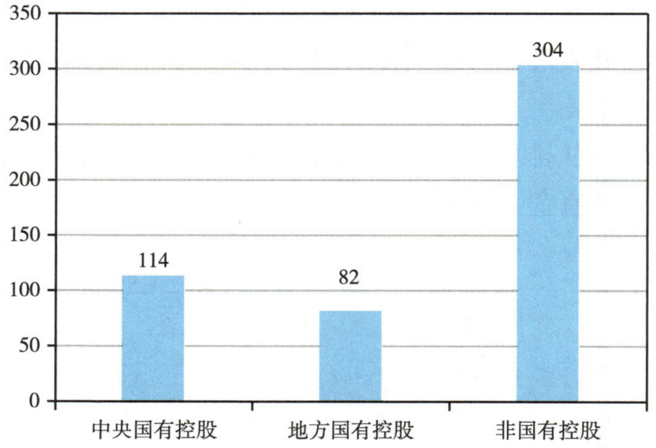

图3-6　创新发展综合指数排名前500上市公司产权分布

3.2.1.2　行业维度分析

报告采用申万行业分类，剔除房地产、银行和非银金融行业后，4,822家上市公司分属于28个申万一级行业，从数量上看，机械设备、医药生物、电子、基础化工、计算机是上市公司数量较为密集的行业，占分析总量的44.36%。

从行业分布来看，如表3-8和图3-7所示，创新发展综合指数平均水平最高的行业是国防军工（69.18），其次是电力设备（67.92）、通信（67.14）、钢铁（67.01）、电子（66.94）。

表3-8　　2022年上市公司创新发展综合指数一览表——行业维度

行业	家数	均值	创新公司代表
传媒	140	61.99	芒果超媒（74.76）
电力设备	330	67.92	国电南瑞（87.16）
电子	428	66.94	北方华创（87.77）
纺织服饰	114	61.90	际华集团（72.78）
钢铁	45	67.01	宝钢股份（80.31）
公用事业	125	63.38	中国广核（84.17）
国防军工	126	69.18	中国卫星（80.46）
环保	129	64.93	高能环境（74.43）

续表

行业	家数	均值	创新公司代表
机械设备	510	65.93	时代电气（86.24）
基础化工	385	65.80	万华化学（82.90）
计算机	341	66.80	中科曙光（87.93）
家用电器	88	66.87	海尔智家（83.39）
建筑材料	76	65.48	中材科技（80.56）
建筑装饰	163	63.68	中国中铁（82.34）
交通运输	126	61.36	招商公路（77.04）
煤炭	38	65.05	中国神华（77.93）
美容护理	29	65.49	爱美客（76.43）
农林牧渔	106	64.20	金龙鱼（76.08）
汽车	260	66.01	长城汽车（85.23）
轻工制造	154	63.70	公牛集团（75.73）
商贸零售	104	58.01	苏美达（71.75）
社会服务	76	60.59	苏试试验（73.69）
石油石化	47	64.55	中国石化（78.01）
食品饮料	124	63.22	伊利股份（80.56）
通信	124	67.14	中天科技（83.81）
医药生物	475	66.93	联影医疗（87.24）
有色金属	135	66.63	赣锋锂业（80.62）
综合	24	58.11	鲁银投资（68.85）

数据来源：同花顺（iFinD），首经贸资产评估研究院和浙工商数字创新与管理研究院整理。

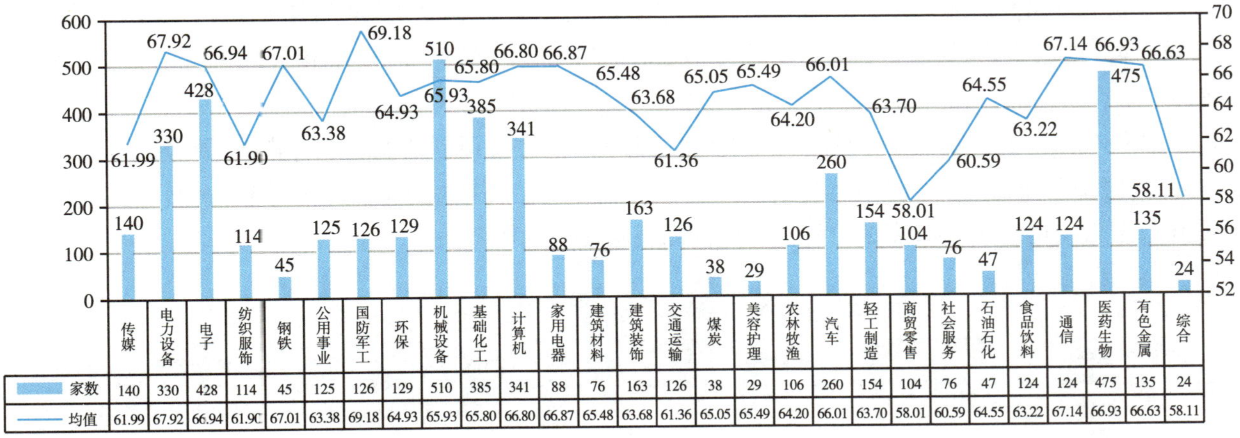

图3-7　2022年各行业上市公司创新发展综合指数均值分布图

3.2.1.3　区域维度分析

报告分析的4,822家上市公司分布于我国的东北、华北、华东、华南、华中、西北和西南七大区域和其他地区。从区域分布上看，4,822家上市公司主要集中在华东地区、华南地区、华北地区，占分析总量的78.35%。

从区域分布来看，如表3-9和图3-8所示，华北地区上市公司创新发展综合指数平均水平最高，为67.08，其次是华中地区（65.87）和华东地区（65.32）。

表 3-9　　2022 年上市公司创新发展综合指数一览表——区域维度

区域	家数	均值	创新公司代表
东北地区	166	64.03	国电电力（77.62）
华北地区	618	67.08	中科曙光（87.93）
华东地区	2,301	65.32	科大讯飞（87.33）
华南地区	859	65.21	迈瑞医疗（85.80）
华中地区	369	65.87	时代电气（86.24）
西北地区	188	63.95	特变电工（83.07）
西南地区	313	65.12	东方电气（83.89）

注：华润微、中芯国际、中国移动、百济神州、中国海油、九号公司、格科微、诺诚健华8家公司注册地均不在境内，故不计入各省份分析。

数据来源：同花顺（iFinD），首经贸资产评估研究院和浙工商数字创新与管理研究院整理。

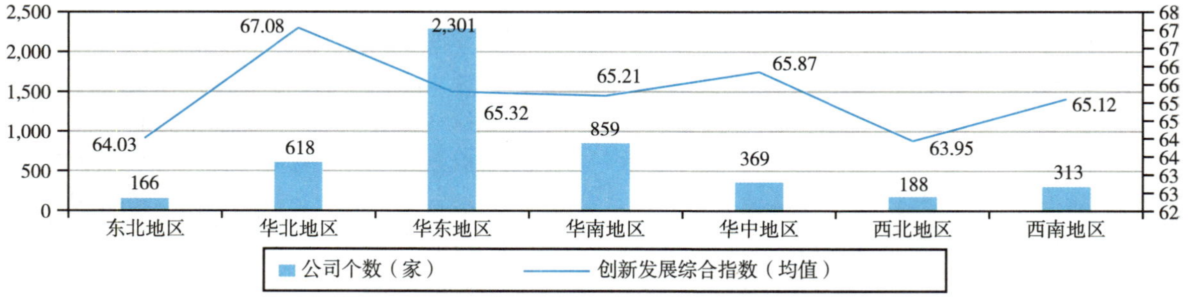

图 3-8　2022 年各区域上市公司创新发展综合指数均值分布图

3.2.1.4　省份维度分析

报告分析的4,822家上市公司除8家公司注册地在境外，其余4,814家均是我国31个省份注册的公司。4,822家上市公司主要集中在广东省、浙江省、江苏省、北京市和上海市，占分析总量的58.81%。

从省份分布来看，如表3-10和图3-9所示，北京市上市公司创新发展综合指数平均水平最高，为67.53，其次是天津市（66.98）和河南省（66.57）。在上市公司数量超过300家的省份中，北京市、浙江省和广东省上市公司整体表现较好，是地区高质量发展的典范。

表 3-10　　2022 年上市公司创新发展综合指数一览表——省份维度

省份	家数	均值	创新公司代表
安徽	157	66.23	科大讯飞（87.33）
北京	418	67.53	北方华创（87.77）
重庆	60	65.05	长安汽车（80.52）
福建	161	64.75	宁德时代（80.92）
甘肃	35	63.45	山子股份（71.77）
广东	795	65.40	迈瑞医疗（85.80）
广西	38	62.80	柳工（72.58）
贵州	33	66.42	振华科技（79.65）

续表

省份	家数	均值	创新公司代表
海南	26	63.15	普利制药（78.03）
河北	70	66.50	长城汽车（85.23）
河南	104	66.57	中航光电（79.72）
黑龙江	37	64.06	中国一重（73.51）
湖北	131	65.68	三安光电（85.02）
湖南	134	65.50	时代电气（86.24）
吉林	46	63.99	长春高新（75.43）
江苏	612	65.15	国电南瑞（87.16）
江西	76	65.02	晶科能源（83.64）
辽宁	83	64.04	国电电力（77.62）
内蒙古	25	66.51	伊利股份（80.56）
宁夏	15	62.73	东方钽业（73.36）
青海	11	63.73	盐湖股份（78.80）
山东	284	65.44	海尔智家（83.39）
山西	39	63.86	太原重工（77.17）
陕西	71	65.60	隆基绿能（80.87）
上海	380	65.10	联影医疗（87.24）
四川	163	65.06	东方电气（83.89）
天津	66	66.98	中科曙光（87.93）
西藏	20	62.86	海思科（75.90）
新疆	56	62.55	特变电工（83.07）
云南	37	65.53	恩捷股份（78.47）
浙江	631	65.54	晶盛机电（82.62）

注：华润微、中芯国际、中国移动、百济神州、中国海油、九号公司、格科微、诺诚健华8家公司注册地均不在境内，故不计入各省份分析。

数据来源：同花顺（iFinD），首经贸资产评估研究院和浙工商数字创新与管理研究院整理。

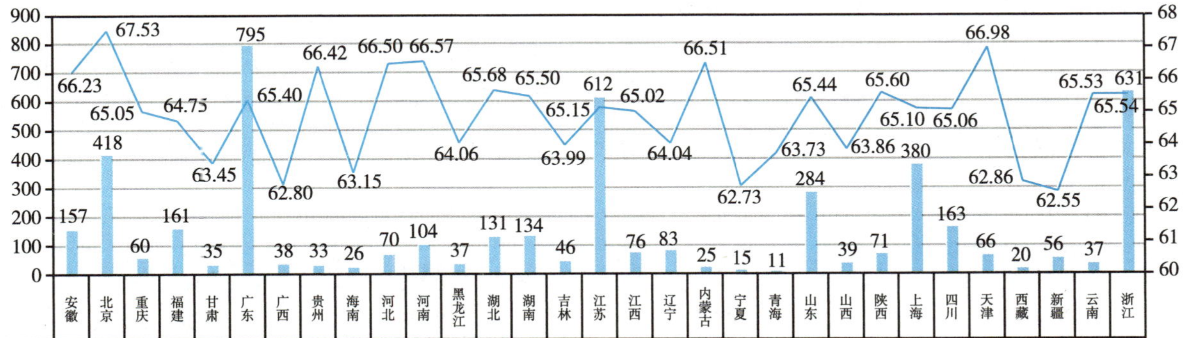

	安徽	北京	重庆	福建	甘肃	广东	广西	贵州	海南	河北	河南	黑龙江	湖北	湖南	吉林	江苏
家数	157	418	60	161	35	795	38	33	26	70	104	37	131	134	46	612
均值	66.23	67.53	65.05	64.75	63.45	65.40	62.80	66.42	63.15	66.50	66.57	64.06	65.68	65.50	63.99	65.15

	江西	辽宁	内蒙古	宁夏	青海	山东	山西	陕西	上海	四川	天津	西藏	新疆	云南	浙江
家数	76	83	25	15	11	284	39	71	380	163	66	20	56	37	631
均值	65.02	64.04	66.51	62.73	63.73	65.44	63.86	65.60	65.10	65.06	66.98	62.86	62.55	65.53	65.54

图3-9　2022年各省份上市公司创新发展综合指数均值分布图

3.2.1.5 板块维度分析

从资本市场交易板块方面看，4,822家上市公司中，上海证券交易所主板1,521家，深圳证券交易所主板1,410家，创业板1,228家，科创板501家，北京证券交易所162家。

从板块分布来看，如表3–11和图3–10所示，科创板上市公司创新发展综合指数平均水平最高，为67.76，其次是上海证券交易所主板上市公司，为65.57。深圳证券交易所主板（65.37）、创业板（65.09）和北京证券交易所（61.27）上市公司的创新发展综合指数平均水平均低于全市场平均水平（65.47）。

表 3–11　2022 年上市公司创新发展综合指数一览表——板块维度

板块	家数	均值	创新公司代表
沪市主板	1,521	65.57	中科曙光（87.93）
深市主板	1,410	65.37	北方华创（87.77）
创业板	1,228	65.09	迈瑞医疗（85.80）
科创板	501	67.76	联影医疗（87.24）
北交所	162	61.27	贝特瑞（75.18）

数据来源：同花顺（iFinD），首经贸资产评估研究院和浙工商数字创新与管理研究院整理。

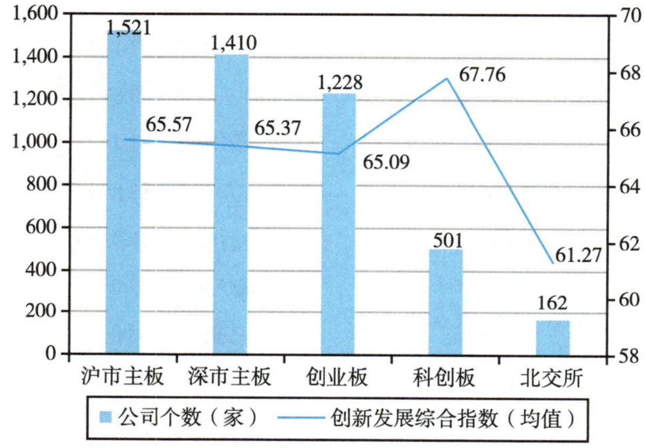

图3–10　2022年各板块上市公司创新发展综合指数均值分布图

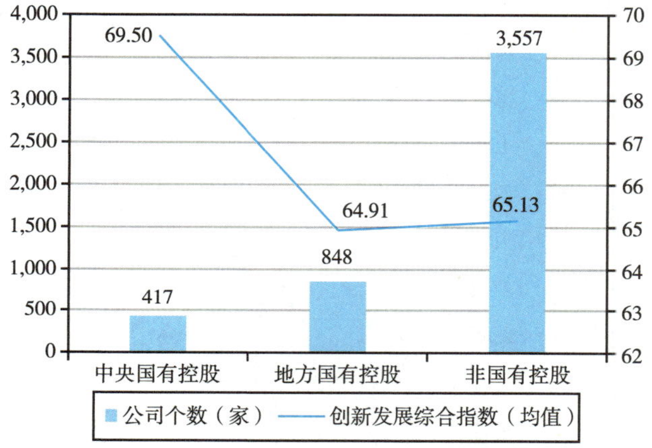

图3–11　2022年不同产权上市公司创新发展综合指数均值分布图

3.2.1.6 产权维度分析

报告分析的4,822家上市公司中，从产权方面看，包括417家中央国有控股上市公司，848家地方国有控股上市公司以及3,557家非国有企业。

从产权分布来看，如表3–12和图3–11所示，中央国有控股上市公司创新发展综合指数平均水平最高，为69.50。非国有企业与地方国有控股上市公司的平均水平均低于全市场均值65.47，其中非国有企业平均水平为65.13，地方国有控股上市公司平均水平略低于非国有企业，为64.91。

表 3–12　2022 年上市公司创新发展综合指数一览表——产权维度

产权	家数	均值	创新公司代表
中央国有控股	417	69.50	中科曙光（87.93）
地方国有控股	848	64.91	北方华创（87.77）
非国有控股	3,557	65.13	科大讯飞（87.33）

数据来源：同花顺（iFinD），首经贸资产评估研究院和浙工商数字创新与管理研究院整理。

3.2.2　创新资源支持指数

3.2.2.1　整体分析

从全市场看，4,822家上市公司创新资源支持指数平均水平为68.18，高于平均水平的上市公司有2,324家，占总量的48.20%。从创新资源支持指数区间上看，创新资源支持指数位于85以上的上市公司有79家，占比1.64%，这些公司在行业内甚至全市场中都是获得创新资源支持较多的企业；创新资源支持指数位于75~85的上市公司有859家，占比17.81%，这些公司的创新资源支持水平较高；创新资源支持指数位于60~75的上市公司数量最多，共有3,163家，占总量的65.60%；创新资源支持指数低于60的上市公司有721家，占比14.95%，这些上市公司的创新资源支持水平相对较差，如图3–12所示。

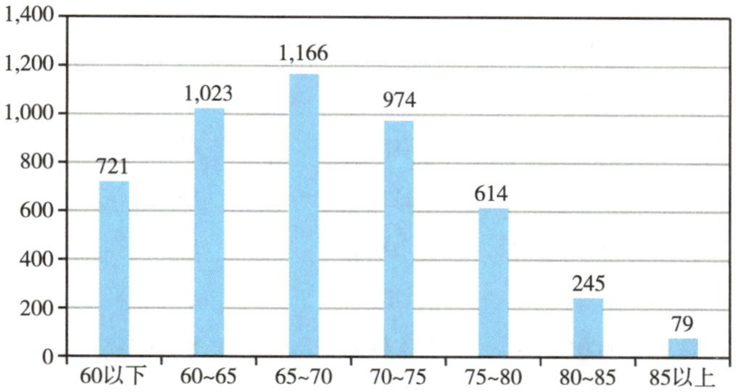

图3–12　2022年上市公司创新资源支持指数分布图

根据4,822家上市公司的创新资源支持指数分布情况来看，排名前100的上市公司如表3–13所示。

表3–13　2022年上市公司创新资源支持指数前100排名表

排名	公司代码	公司名称	创新资源支持指数	一级行业_申万	省份	产权性质
1	002230.SZ	科大讯飞	97.39	计算机	安徽	非国有控股
2	300014.SZ	亿纬锂能	94.90	电力设备	广东	非国有控股
3	600066.SH	宇通客车	94.69	汽车	河南	非国有控股
4	000938.SZ	紫光股份	94.34	计算机	北京	非国有控股
5	300454.SZ	深信服	93.70	计算机	广东	非国有控股
6	600703.SH	三安光电	93.57	电子	湖北	非国有控股
7	002236.SZ	大华股份	93.22	计算机	浙江	非国有控股
8	688187.SH	时代电气	92.62	机械设备	湖南	中央国有控股
9	688271.SH	联影医疗	92.19	医药生物	上海	非国有控股
10	688223.SH	晶科能源	91.96	电力设备	江西	非国有控股
11	300408.SZ	三环集团	91.16	电子	广东	非国有控股
12	300124.SZ	汇川技术	90.75	机械设备	广东	非国有控股
13	300627.SZ	华测导航	90.49	通信	上海	非国有控股
14	600522.SH	中天科技	90.25	通信	江苏	非国有控股
15	603019.SH	中科曙光	90.00	计算机	天津	中央国有控股
16	300188.SZ	美亚柏科	89.59	计算机	福建	中央国有控股
17	600143.SH	金发科技	89.46	基础化工	广东	非国有控股
18	600536.SH	中国软件	89.37	计算机	北京	中央国有控股
19	600588.SH	用友网络	89.23	计算机	北京	非国有控股
20	300316.SZ	晶盛机电	89.21	电力设备	浙江	非国有控股
21	002439.SZ	启明星辰	89.05	计算机	北京	非国有控股
22	688777.SH	中控技术	89.00	机械设备	浙江	非国有控股
23	300433.SZ	蓝思科技	88.73	电子	湖南	非国有控股
24	600309.SH	万华化学	88.70	基础化工	山东	地方国有控股

续表

排名	公司代码	公司名称	创新资源支持指数	一级行业_申万	省份	产权性质
25	002429.SZ	兆驰股份	88.49	家用电器	广东	地方国有控股
26	300699.SZ	光威复材	88.30	国防军工	山东	非国有控股
27	688111.SH	金山办公	88.27	计算机	北京	非国有控股
28	300296.SZ	利亚德	88.22	电子	北京	非国有控股
29	688559.SH	海目星	88.13	机械设备	广东	非国有控股
30	002384.SZ	东山精密	87.97	电子	江苏	非国有控股
31	002434.SZ	万里扬	87.79	汽车	浙江	非国有控股
32	000100.SZ	TCL科技	87.78	电子	广东	非国有控股
33	300308.SZ	中际旭创	87.76	通信	山东	非国有控股
34	601677.SH	明泰铝业	87.69	有色金属	河南	非国有控股
35	001308.SZ	康冠科技	87.67	电子	广东	非国有控股
36	603308.SH	应流股份	87.66	机械设备	安徽	非国有控股
37	002415.SZ	海康威视	87.66	计算机	浙江	中央国有控股
38	601689.SH	拓普集团	87.57	汽车	浙江	非国有控股
39	603806.SH	福斯特	87.44	电力设备	浙江	非国有控股
40	002913.SZ	奥士康	87.31	电子	湖南	非国有控股
41	002273.SZ	水晶光电	87.30	电子	浙江	非国有控股
42	300024.SZ	机器人	87.24	机械设备	辽宁	中央国有控股
43	300760.SZ	迈瑞医疗	87.13	医药生物	广东	非国有控股
44	300007.SZ	汉威科技	87.10	机械设备	河南	非国有控股
45	000801.SZ	四川九洲	87.08	家用电器	四川	地方国有控股
46	300724.SZ	捷佳伟创	87.08	电力设备	广东	非国有控股
47	300999.SZ	金龙鱼	86.97	农林牧渔	上海	非国有控股
48	002410.SZ	广联达	86.95	计算机	北京	非国有控股
49	688128.SH	中国电研	86.86	机械设备	广东	中央国有控股
50	002916.SZ	深南电路	86.82	电子	广东	中央国有控股
51	600323.SH	瀚蓝环境	86.77	环保	广东	地方国有控股
52	600079.SH	人福医药	86.70	医药生物	湖北	非国有控股
53	002008.SZ	大族激光	86.67	机械设备	广东	非国有控股
54	601633.SH	长城汽车	86.62	汽车	河北	非国有控股
55	688036.SH	传音控股	86.60	电子	广东	非国有控股
56	600406.SH	国电南瑞	86.44	电力设备	江苏	中央国有控股
57	002475.SZ	立讯精密	86.05	电子	广东	非国有控股
58	002254.SZ	泰和新材	86.02	基础化工	山东	地方国有控股
59	000739.SZ	普洛药业	85.93	医药生物	浙江	非国有控股
60	002266.SZ	浙富控股	85.87	环保	浙江	非国有控股
61	000050.SZ	深天马A	85.86	电子	广东	中央国有控股
62	601808.SH	中海油服	85.74	石油石化	天津	中央国有控股

续表

排名	公司代码	公司名称	创新资源支持指数	一级行业_申万	省份	产权性质
63	600150.SH	中国船舶	85.74	国防军工	上海	中央国有控股
64	688065.SH	凯赛生物	85.66	基础化工	上海	非国有控股
65	600298.SH	安琪酵母	85.64	食品饮料	湖北	地方国有控股
66	300604.SZ	长川科技	85.61	电子	浙江	非国有控股
67	601869.SH	长飞光纤	85.57	通信	湖北	非国有控股
68	603392.SH	万泰生物	85.55	医药生物	北京	非国有控股
69	000680.SZ	山推股份	85.55	机械设备	山东	地方国有控股
70	002171.SZ	楚江新材	85.52	有色金属	安徽	非国有控股
71	002001.SZ	新和成	85.52	医药生物	浙江	非国有控股
72	002863.SZ	今飞凯达	85.35	汽车	浙江	非国有控股
73	000977.SZ	浪潮信息	85.22	计算机	山东	地方国有控股
74	688696.SH	极米科技	85.21	家用电器	四川	非国有控股
75	603055.SH	台华新材	85.20	纺织服饰	浙江	非国有控股
76	300919.SZ	中伟股份	85.12	电力设备	贵州	非国有控股
77	601952.SH	苏垦农发	85.05	农林牧渔	江苏	地方国有控股
78	600685.SH	中船防务	85.05	国防军工	广东	中央国有控股
79	603659.SH	璞泰来	85.01	电力设备	上海	非国有控股
80	002050.SZ	三花智控	84.98	家用电器	浙江	非国有控股
81	600346.SH	恒力石化	84.97	石油石化	辽宁	非国有控股
82	600006.SH	东风汽车	84.95	汽车	湖北	中央国有控股
83	300118.SZ	东方日升	84.94	电力设备	浙江	非国有控股
84	002056.SZ	横店东磁	84.91	有色金属	浙江	非国有控股
85	600276.SH	恒瑞医药	84.82	医药生物	江苏	非国有控股
86	601718.SH	际华集团	84.81	纺织服饰	北京	中央国有控股
87	600845.SH	宝信软件	84.76	计算机	上海	中央国有控股
88	688599.SH	天合光能	84.76	电力设备	江苏	非国有控股
89	603297.SH	永新光学	84.75	电子	浙江	非国有控股
90	603039.SH	泛微网络	84.68	计算机	上海	非国有控股
91	688072.SH	拓荆科技	84.65	电子	辽宁	非国有控股
92	603596.SH	伯特利	84.65	汽车	安徽	非国有控股
93	688499.SH	利元亨	84.63	电力设备	广东	非国有控股
94	601179.SH	中国西电	84.63	电力设备	陕西	中央国有控股
95	600887.SH	伊利股份	84.56	食品饮料	内蒙古	非国有控股
96	688568.SH	中科星图	84.51	计算机	北京	中央国有控股
97	002815.SZ	崇达技术	84.47	电子	广东	非国有控股
98	601608.SH	中信重工	84.47	机械设备	河南	中央国有控股
99	601865.SH	福莱特	84.32	电力设备	浙江	非国有控股
100	688598.SH	金博股份	84.27	电力设备	湖南	非国有控股

数据来源：同花顺（iFinD），首经贸资产评估研究院和浙工商数字创新与管理研究院整理。

在报告分析的4,822家上市公司中，创新资源支持指数排名前500的上市公司在行业、区域、省份、板块和产权方面的分布情况如图3–13至图3–17所示。

从排名前500的上市公司所属行业来看，电子行业71家、电力设备行业67家、机械设备行业61家、计算机行业49家、医药生物行业41家、基础化工行业29家、汽车行业25家，合计占创新资源支持指数排名前500上市公司总数的68.60%；除此之外，有色金属行业19家、通信行业18家、国防军工行业17家、家用电器行业16家、环保行业12家、轻工制造行业10家，其他行业均低于10家。

从排名前500的上市公司所属区域来看，华东地区229家、华南地区96家、华北地区75家，合计占创新资源支持指数排名前500上市公司总数的80.00%；除此之外，华中地区51家、西南地区20家、西北地区14家、东北地区11家、其他地区4家。

从排名前500的上市公司所属省份来看，广东省94家、浙江省90家、北京市53家、江苏省49家、上海市31家，合计占创新资源支持指数排名前500上市公司总数的65.74%，是创新发展的主力地区；除此之外，山东省20家、安徽省19家、湖南省18家、湖北省17家、河南省16家、福建省14家、天津市和四川省各11家，其他省份均低于10家。

从排名前500的上市公司所属板块来看，沪市主板183家，深市主板156家，沪深两市主板合计占创新资源支持指数排名前500上市公司总数的67.80%；除此之外，创业板91家、科创板69家、北交所1家。

从排名前500的上市公司的产权性质来看，中央国有控股企业有74家，地方国有控股企业75家，非国有企业351家。

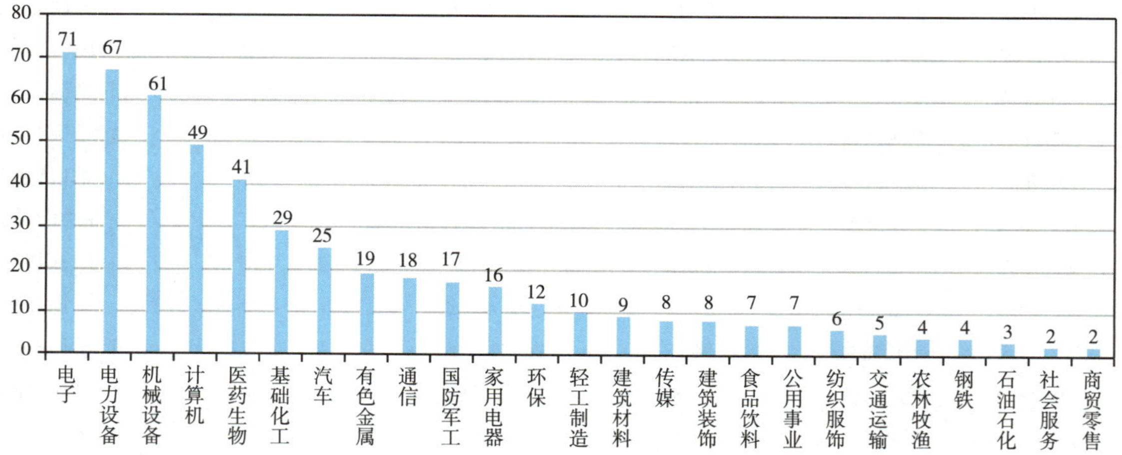

图3–13　创新资源支持指数排名前500上市公司行业分布

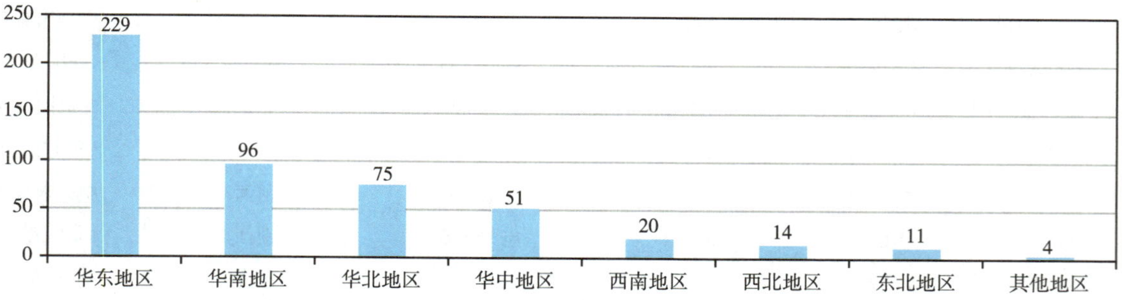

图3–14　创新资源支持指数排名前500上市公司区域分布

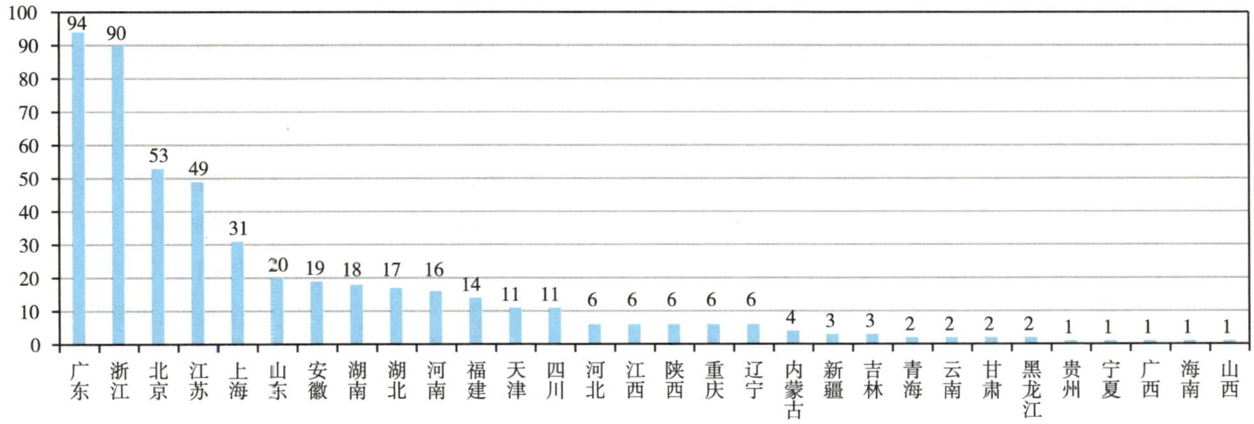

图 3-15　创新资源支持指数排名前 500 上市公司省份分布

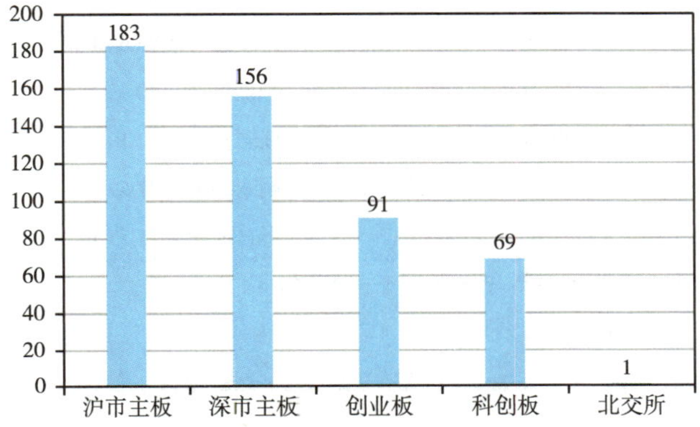

图 3-16　创新资源支持指数排名前 500 上市公司板块分布

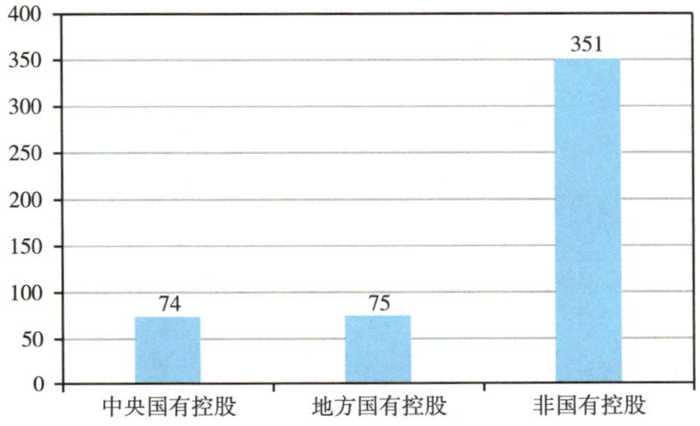

图 3-17　创新资源支持指数排名前 500 上市公司产权分布

3.2.2.2　行业维度分析

从行业分布来看，如表 3-14 和图 3-18 所示，创新资源支持指数平均水平最高的行业是家用电器（71.88），其次是电力设备（70.91）、电子（70.91）、国防军工（69.58）、有色金属（69.23）。

表 3-14　2022 年上市公司创新资源支持指数一览表——行业维度

行业	家数	均值	创新公司代表
传媒	140	65.74	出版传媒（82.23）
电力设备	330	70.91	亿纬锂能（94.90）
电子	428	70.91	三安光电（93.57）
纺织服饰	114	64.54	台华新材（85.20）
钢铁	45	67.40	鄂尔多斯（83.32）
公用事业	125	68.14	京运通（83.84）
国防军工	126	69.58	光威复材（88.30）
环保	129	68.35	瀚蓝环境（86.77）
机械设备	510	69.22	时代电气（92.62）
基础化工	385	68.12	金发科技（89.46）
计算机	341	68.94	科大讯飞（97.39）
家用电器	88	71.88	兆驰股份（88.49）

续表

行业	家数	均值	创新公司代表
建筑材料	76	68.21	中国巨石（83.61）
建筑装饰	163	63.92	蒙草生态（83.25）
交通运输	126	65.88	招商公路（80.59）
煤炭	38	64.53	中煤能源（73.06）
美容护理	29	67.17	华熙生物（77.08）
农林牧渔	106	66.97	金龙鱼（86.97）
汽车	260	69.23	宇通客车（94.69）
轻工制造	154	67.45	乐歌股份（83.84）
商贸零售	104	61.94	创新新材（80.14）
社会服务	76	62.84	华测检测（81.04）
石油石化	47	64.34	中海油服（85.74）
食品饮料	124	65.20	安琪酵母（85.64）
通信	124	69.10	华测导航（90.49）
医药生物	475	68.30	联影医疗（92.19）
有色金属	135	69.23	明泰铝业（87.69）
综合	24	60.77	粤桂股份（71.13）

数据来源：同花顺（iFinD），首经贸资产评估研究院和浙工商数字创新与管理研究院整理。

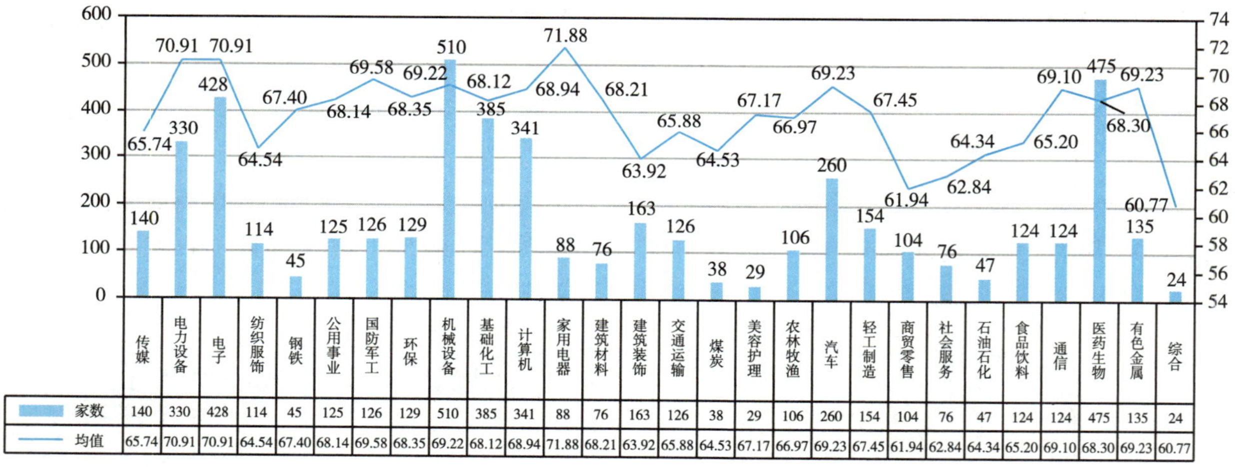

图3-18　2022年各行业上市公司创新资源支持指数均值分布图

3.2.2.3　区域维度分析

从区域分布来看，如表3-15和图3-19所示，华中地区上市公司创新资源支持指数平均水平最高，为68.87，其次是华东地区（68.44）和华南地区（68.42），东北和西北地区的创新资源指数较低。

表3-15　2022年上市公司创新资源支持指数一览表——区域维度

区域	家数	均值	创新公司代表
东北地区	166	66.35	机器人（87.24）
华北地区	618	68.21	紫光股份（94.34）

续表

区域	家数	均值	创新公司代表
华东地区	2,301	68.44	科大讯飞（97.39）
华南地区	859	68.42	亿纬锂能（94.90）
华中地区	369	68.87	宇通客车（94.69）
西北地区	188	66.02	中国西电（84.63）
西南地区	313	66.78	四川九洲（87.08）

注：华润微、中芯国际、中国移动、百济神州、中国海油、九号公司、格科微、诺诚健华8家公司注册地均不在境内，故不计入各省份分析。

数据来源：同花顺（iFinD），首经贸资产评估研究院和浙工商数字创新与管理研究院整理。

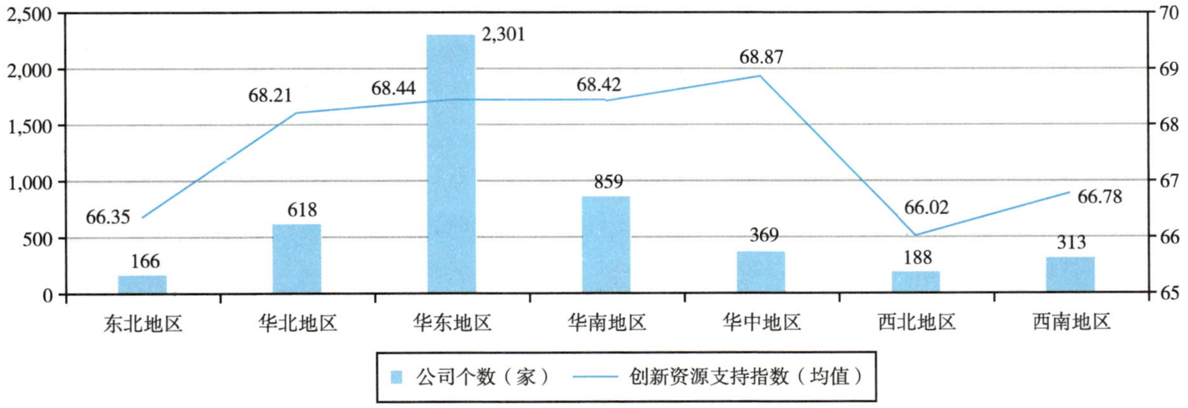

图3-19　2022年各区域上市公司创新资源支持指数均值分布图

3.2.2.4　省份维度分析

从省份分布来看，如表3-16和图3-20所示，河南省上市公司创新资源支持指数平均水平最高，为70.12，其次是浙江省（70.04）和安徽省（69.64）。在上市公司数量超过300家的省份中，浙江省、广东省和北京市上市公司整体表现较好，是地区高质量发展的典范。

表3-16　2022年上市公司创新资源支持指数一览表——省份维度

省份	家数	均值	创新公司代表
安徽	157	69.64	科大讯飞（97.39）
北京	418	68.30	紫光股份（94.34）
重庆	60	67.98	中国汽研（82.82）
福建	161	68.43	美亚柏科（89.59）
甘肃	35	66.95	华天科技（83.76）
广东	795	68.57	亿纬锂能（94.90）
广西	38	66.53	柳工（83.51）
贵州	33	67.80	中伟股份（85.12）
海南	26	66.62	金盘科技（80.15）
河北	70	68.37	长城汽车（86.62）
河南	104	70.12	宇通客车（94.69）
黑龙江	37	66.88	九洲集团（81.85）

续表

省份	家数	均值	创新公司代表
湖北	131	67.93	三安光电（93.57）
湖南	134	68.81	时代电气（92.62）
吉林	46	65.33	富奥股份（81.59）
江苏	612	67.55	中天科技（90.25）
江西	76	66.74	晶科能源（91.96）
辽宁	83	66.69	机器人（87.24）
内蒙古	25	68.65	伊利股份（84.56）
宁夏	15	65.90	东方钽业（83.32）
青海	11	65.32	远东股份（79.57）
山东	284	67.60	万华化学（88.70）
山西	39	64.93	阳煤化工（79.11）
陕西	71	67.13	中国西电（84.63）
上海	380	67.71	联影医疗（92.19）
四川	163	66.37	四川九洲（87.08）
天津	66	69.25	中科曙光（90.00）
西藏	20	64.11	奇正藏药（76.76）
新疆	56	64.21	金风科技（80.12）
云南	37	67.17	恩捷股份（80.31）
浙江	631	70.04	大华股份（93.22）

注：华润微、中芯国际、中国移动、百济神州、中国海油、九号公司、格科微、诺诚健华8家公司注册地均不在境内，故不计入各省份分析。

数据来源：同花顺（iFinD），首经贸资产评估研究院和浙工商数字创新与管理研究院整理。

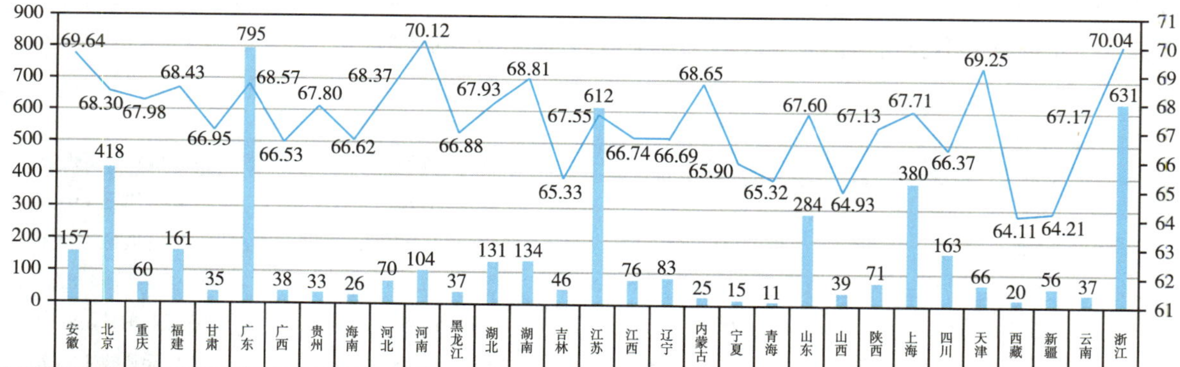

	安徽	北京	重庆	福建	甘肃	广东	广西	贵州	海南	河北	河南	黑龙江	湖北	湖南	吉林	江苏	江西	辽宁	内蒙古	宁夏	青海	山东	山西	陕西	上海	四川	天津	西藏	新疆	云南	浙江
家数	157	418	60	161	35	795	38	33	26	70	104	37	131	134	46	612	76	83	25	15	11	284	39	71	380	163	66	20	56	37	631
均值	69.64	68.30	67.98	68.43	66.95	68.57	66.53	67.80	66.62	68.37	70.12	66.88	67.93	68.81	65.33	67.55	66.74	66.69	68.65	65.90	65.32	67.60	64.93	67.13	67.71	66.37	69.25	64.11	64.21	67.17	70.04

图3-20　2022年各省份上市公司创新资源支持指数均值分布图

3.2.2.5　板块维度分析

从板块分布来看，如表3-17和图3-21所示，科创板上市公司创新资源支持指数平均水平最高，为70.50，其次是上海证券交易所主板上市公司，为68.54。深圳证券交易所主板（68.00）、创业板（67.58）和北京证券交易所（63.60）上市公司的创新资源支持指数平均水平均低于全市场平均水平（68.18）。

表 3-17　　2022 年上市公司创新资源支持指数一览表——板块维度

板块	家数	均值	创新公司代表
沪市主板	1,521	68.54	宇通客车（94.69）
深市主板	1,410	68.00	科大讯飞（97.39）
创业板	1,228	67.58	亿纬锂能（94.90）
科创板	501	70.50	时代电气（92.62）
北交所	162	63.60	海能技术（78.23）

数据来源：同花顺（iFinD），首经贸资产评估研究院和浙工商数字创新与管理研究院整理。

3.2.2.6 产权维度分析

从产权分布来看，如表3-18和图3-22所示，中央国有控股上市公司创新资源支持指数平均水平最高，为70.91。非国有企业与地方国有控股上市公司的平均水平均低于全市场均值68.18，其中非国有企业平均水平为67.97，地方国有控股上市公司平均水平略低于非国有企业，为67.67。

表 3-18　　2022 年上市公司创新资源支持指数一览表——产权维度

产权	家数	均值	创新公司代表
中央国有控股	417	70.91	时代电气（92.62）
地方国有控股	848	67.67	万华化学（88.70）
非国有控股	3,557	67.97	科大讯飞（97.39）

数据来源：同花顺（iFinD），首经贸资产评估研究院和浙工商数字创新与管理研究院整理。

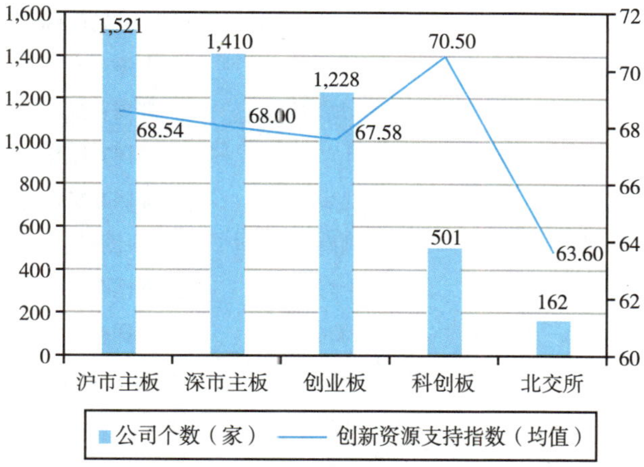

图3-21　2022年各板块上市公司创新资源支持指数均值分布图

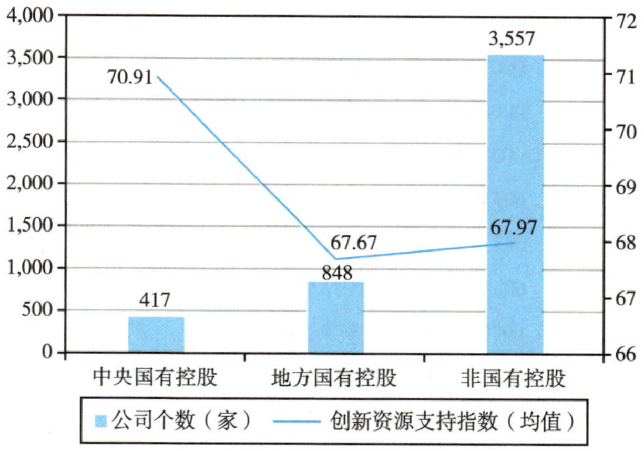

图3-22　2022年不同产权上市公司创新资源支持指数均值分布图

3.2.3 创新要素投入指数

3.2.3.1 整体分析

从全市场看，4,822家上市公司创新要素投入指数平均水平为65.37，高于平均水平的上市公司有2,395家，占总量的49.67%。从创新要素投入指数区间上看，创新要素投入指数位于85以上的上市公司有45家，占比0.93%，这些公司在行业内甚至全市场中都是创新要素投入较多的优势企业；创新要素投入指数位于75~85的上市公司有499家，占比10.35%，这些公司的创新要素投入水平较高；创新要素投入指数位于60~75的上市公司数量最多，共有3,171家，占总量的65.76%；创新要素投入指数低于60的上市公司有1,107家，占比14.95%，这些上市公司的创新要素投入水平相对较差，如图3-23所示。

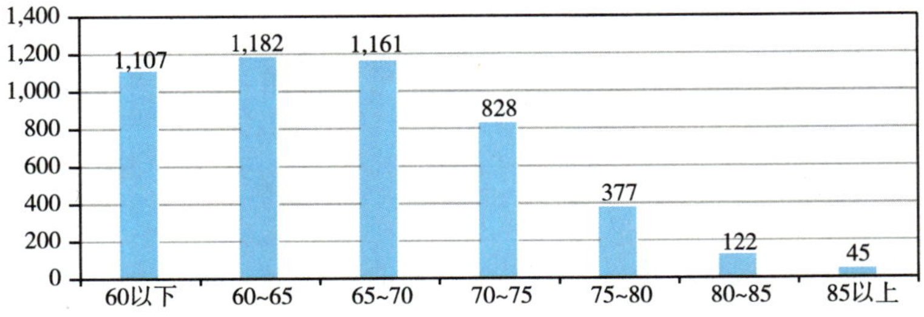

图3-23　2022年上市公司创新要素投入指数分布图

根据4,822家上市公司的创新要素投入指数分布情况来看，排名前100的上市公司如表3-19所示。

表3-19　　2022年上市公司创新要素投入指数前100排名表

排名	公司代码	公司名称	创新要素投入指数	一级行业_申万	省份	产权性质
1	603019.SH	中科曙光	93.01	计算机	天津	中央国有控股
2	002371.SZ	北方华创	92.72	电子	北京	地方国有控股
3	002230.SZ	科大讯飞	91.86	计算机	安徽	非国有控股
4	002920.SZ	德赛西威	90.00	计算机	广东	地方国有控股
5	601633.SH	长城汽车	89.92	汽车	河北	非国有控股
6	600276.SH	恒瑞医药	88.77	医药生物	江苏	非国有控股
7	002405.SZ	四维图新	88.56	计算机	北京	非国有控股
8	002074.SZ	国轩高科	88.53	电力设备	安徽	非国有控股
9	600031.SH	三一重工	88.53	机械设备	北京	非国有控股
10	600875.SH	东方电气	88.09	电力设备	四川	中央国有控股
11	000100.SZ	TCL科技	88.03	电子	广东	非国有控股
12	000063.SZ	中兴通讯	87.95	通信	广东	非国有控股
13	002410.SZ	广联达	87.74	计算机	北京	非国有控股
14	603392.SH	万泰生物	87.71	医药生物	北京	非国有控股
15	688187.SH	时代电气	87.66	机械设备	湖南	中央国有控股
16	603501.SH	韦尔股份	87.44	电子	上海	非国有控股
17	002049.SZ	紫光国微	87.34	电子	河北	非国有控股
18	600570.SH	恒生电子	87.08	计算机	浙江	非国有控股
19	300496.SZ	中科创达	86.82	计算机	北京	非国有控股
20	688271.SH	联影医疗	86.82	医药生物	上海	非国有控股
21	600196.SH	复星医药	86.67	医药生物	上海	非国有控股
22	002179.SZ	中航光电	86.60	国防军工	河南	中央国有控股
23	688568.SH	中科星图	86.44	计算机	北京	中央国有控股
24	600745.SH	闻泰科技	86.41	电子	湖北	非国有控股
25	003816.SZ	中国广核	86.39	公用事业	广东	中央国有控股
26	600588.SH	用友网络	86.17	计算机	北京	非国有控股
27	600089.SH	特变电工	86.17	电力设备	新疆	非国有控股
28	600498.SH	烽火通信	86.11	通信	湖北	中央国有控股
29	601127.SH	赛力斯	85.99	汽车	重庆	非国有控股
30	300661.SZ	圣邦股份	85.98	电子	北京	非国有控股

续表

排名	公司代码	公司名称	创新要素投入指数	一级行业_申万	省份	产权性质
31	300124.SZ	汇川技术	85.98	机械设备	广东	非国有控股
32	600482.SH	中国动力	85.83	电力设备	河北	中央国有控股
33	600406.SH	国电南瑞	85.82	电力设备	江苏	中央国有控股
34	300033.SZ	同花顺	85.74	计算机	浙江	非国有控股
35	688396.SH	华润微	85.72	电子	—	中央国有控股
36	600703.SH	三安光电	85.70	电子	湖北	非国有控股
37	300450.SZ	先导智能	85.66	电力设备	江苏	非国有控股
38	000725.SZ	京东方A	85.61	电子	北京	地方国有控股
39	600460.SH	士兰微	85.37	电子	浙江	非国有控股
40	601766.SH	中国中车	85.23	机械设备	北京	中央国有控股
41	300316.SZ	晶盛机电	85.17	电力设备	浙江	非国有控股
42	688041.SH	海光信息	85.11	电子	天津	非国有控股
43	000338.SZ	潍柴动力	85.11	汽车	山东	地方国有控股
44	002594.SZ	比亚迪	85.10	汽车	广东	非国有控股
45	300750.SZ	宁德时代	85.08	电力设备	福建	非国有控股
46	000425.SZ	徐工机械	84.92	机械设备	江苏	地方国有控股
47	603986.SH	兆易创新	84.74	电子	北京	非国有控股
48	000977.SZ	浪潮信息	84.50	计算机	山东	地方国有控股
49	600019.SH	宝钢股份	84.49	钢铁	上海	中央国有控股
50	002241.SZ	歌尔股份	84.44	电子	山东	非国有控股
51	300782.SZ	卓胜微	84.39	电子	江苏	非国有控股
52	002414.SZ	高德红外	84.28	国防军工	湖北	非国有控股
53	601618.SH	中国中冶	84.24	建筑装饰	北京	中央国有控股
54	002415.SZ	海康威视	84.14	计算机	浙江	中央国有控股
55	002747.SZ	埃斯顿	84.11	机械设备	江苏	非国有控股
56	600378.SH	昊华科技	83.89	基础化工	四川	中央国有控股
57	002153.SZ	石基信息	83.83	计算机	北京	非国有控股
58	000938.SZ	紫光股份	83.82	计算机	北京	非国有控股
59	300161.SZ	华中数控	83.76	机械设备	湖北	非国有控股
60	601989.SH	中国重工	83.74	国防军工	北京	中央国有控股
61	300760.SZ	迈瑞医疗	83.65	医药生物	广东	非国有控股
62	002151.SZ	北斗星通	83.54	国防军工	北京	非国有控股
63	300274.SZ	阳光电源	83.54	电力设备	安徽	非国有控股
64	301269.SZ	华大九天	83.50	计算机	北京	非国有控股
65	002180.SZ	纳思达	83.28	计算机	广东	非国有控股
66	300014.SZ	亿纬锂能	83.19	电力设备	广东	非国有控股
67	688777.SH	中控技术	83.14	机械设备	浙江	非国有控股
68	601965.SH	中国汽研	83.13	汽车	重庆	中央国有控股
69	600521.SH	华海药业	83.13	医药生物	浙江	非国有控股
70	688599.SH	天合光能	82.98	电力设备	江苏	非国有控股

续表

排名	公司代码	公司名称	创新要素投入指数	一级行业_申万	省份	产权性质
71	002129.SZ	TCL中环	82.91	电力设备	天津	非国有控股
72	002212.SZ	天融信	82.90	计算机	广东	非国有控股
73	300369.SZ	绿盟科技	82.85	计算机	北京	非国有控股
74	002268.SZ	电科网安	82.82	计算机	四川	中央国有控股
75	002389.SZ	航天彩虹	82.80	国防军工	浙江	中央国有控股
76	600690.SH	海尔智家	82.79	家用电器	山东	非国有控股
77	600131.SH	国网信通	82.79	计算机	四川	中央国有控股
78	600169.SH	太原重工	82.74	机械设备	山西	地方国有控股
79	601615.SH	明阳智能	82.72	电力设备	广东	非国有控股
80	601985.SH	中国核电	82.72	公用事业	北京	中央国有控股
81	600050.SH	中国联通	82.69	通信	北京	中央国有控段
82	601800.SH	中国交建	82.68	建筑装饰	北京	中央国有控段
83	000157.SZ	中联重科	82.68	机械设备	湖南	地方国有控股
84	300630.SZ	普利制药	82.67	医药生物	海南	非国有控股
85	002460.SZ	赣锋锂业	82.66	有色金属	江西	非国有控股
86	600292.SH	远达环保	82.65	环保	重庆	中央国有控股
87	300308.SZ	中际旭创	82.65	通信	山东	非国有控股
88	603259.SH	药明康德	82.65	医药生物	江苏	非国有控股
89	601360.SH	三六零	82.63	计算机	天津	非国有控股
90	688223.SH	晶科能源	82.59	电力设备	江西	非国有控股
91	000733.SZ	振华科技	82.55	国防军工	贵州	中央国有控股
92	600522.SH	中天科技	82.53	通信	江苏	非国有控股
93	600741.SH	华域汽车	82.50	汽车	上海	地方国有控股
94	002821.SZ	凯莱英	82.45	医药生物	天津	非国有控股
95	601012.SH	隆基绿能	82.41	电力设备	陕西	非国有控股
96	000547.SZ	航天发展	82.38	国防军工	福建	中央国有控股
97	600150.SH	中国船舶	82.37	国防军工	上海	中央国有控股
98	000541.SZ	佛山照明	82.34	家用电器	广东	地方国有控股
99	300122.SZ	智飞生物	82.28	医药生物	重庆	非国有控股
100	300751.SZ	迈为股份	82.27	电力设备	江苏	非国有控股

数据来源：同花顺（iFinD），首经贸资产评估研究院和浙江工商数字创新与管理研究院整理。

在报告分析的4,822家上市公司中，创新要素投入排名前500的上市公司在行业、区域、省份、板块和产权方面的分布情况如图3-24至图3-28所示。

从排名前500的上市公司所属行业来看，医药生物行业84家、计算机行业77家、电子行业64家、电力设备行业51家、机械设备行业48家、国防军工行业41家、汽车行业30家，合计占创新要素投入指数排名前500上市公司总数的79.00%；除此之外，通信行业23家、建筑装饰行业17家、基础化工行业12家、有色金属行业12家，其他行业均低于10家。

从排名前500的上市公司所属区域来看，华东地区190家、华北地区117家、华南地区81家，合计占创新要素投入指数排名前500上市公司总数的77.60%；除此之外，华中地区45家、西南地区38家、西北地区16家、东北地区9家、其他地区4家。

从排名前500的上市公司所属省份来看，北京市97家、广东省79家、上海市51家、江苏省45家、浙江省40家，合计占创新要素投入指数排名前500上市公司总数的62.40%，是创新发展的主力大省；除此之外，山东省25家、湖北省20家、四川省17家、河南省13家、福建省13家、湖南省12家、天津市11家、安徽省10家，其他省份均低于10家。

从排名前500的上市公司所属板块来看，沪市主板171家，深市主板134家，沪深两市主板合计占创新要素投入指数排名前500上市公司总数的61.00%；除此之外，创业板107家、科创板85家、北交所3家。

从排名前500的上市公司的产权性质来看，中央国有控股企业有108家，地方国有控股企业64家，非国有企业328家。

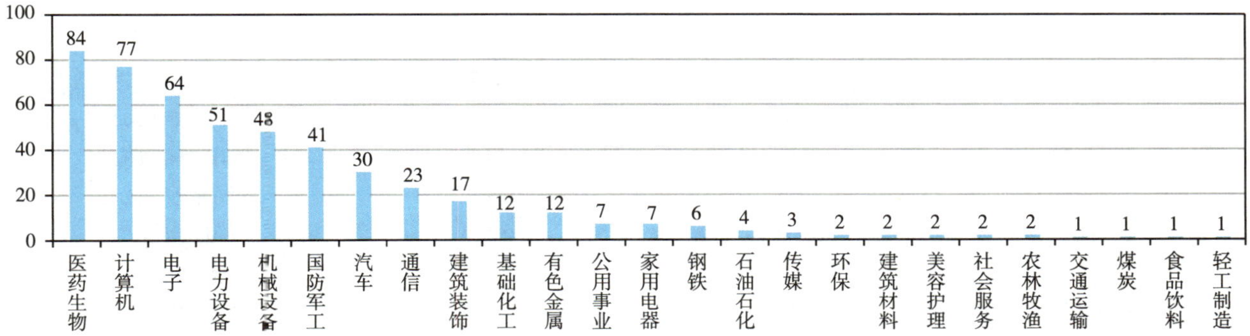

图3-24　创新要素投入指数排名前500上市公司行业分布

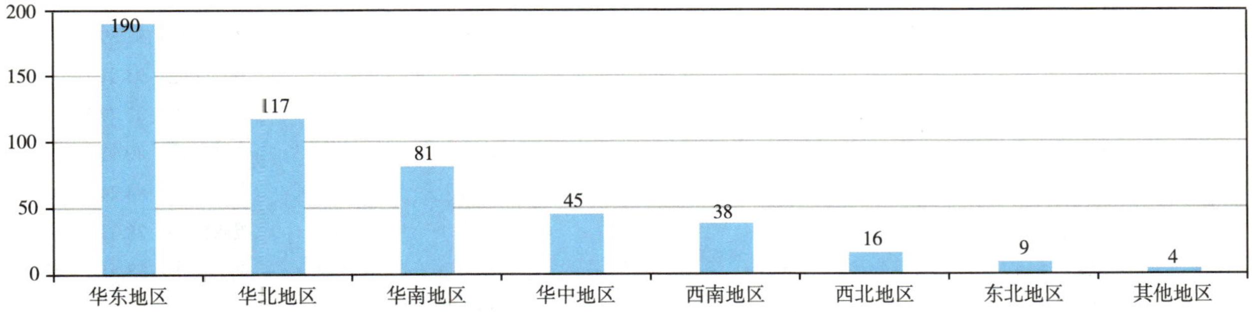

图3-25　创新要素投入指数排名前500上市公司区域分布

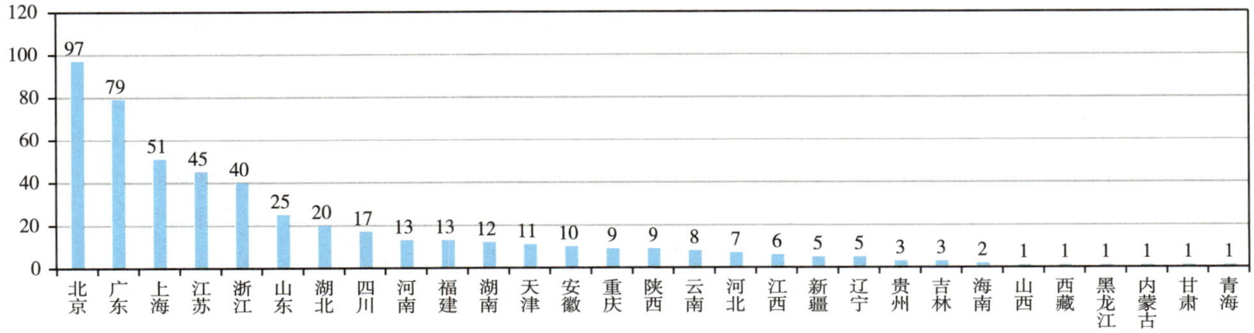

图3-26　创新要素投入指数排名前500上市公司省份分布

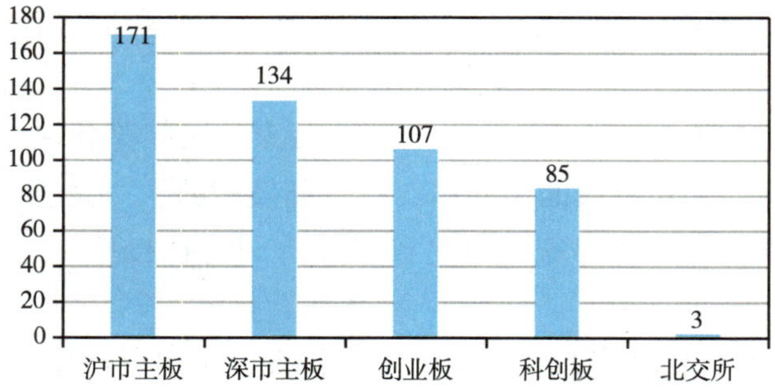

图 3-27　创新要素投入指数排名前 500 上市公司板块分布

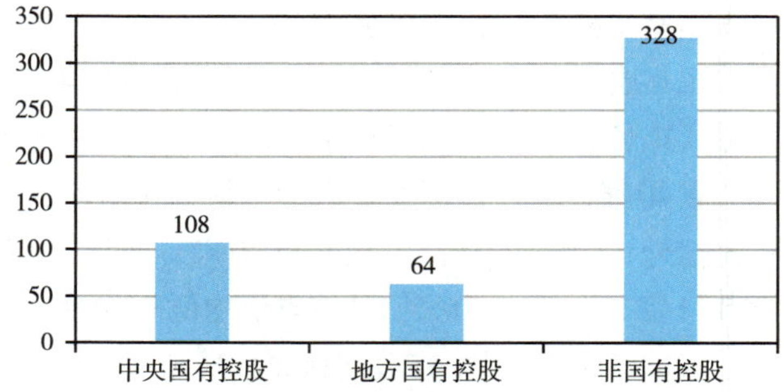

图 3-28　创新要素投入指数排名前 500 上市公司产权分布

3.2.3.2　行业维度分析

从区域分布来看，如表3-20和图3-29所示，创新要素投入指数平均水平最高的行业是国防军工（72.66），其次是计算机（70.83）、通信（69.00）、电力设备（68.29）、电子（68.07）。

表 3-20　　2022 年上市公司创新要素投入指数一览表——行业维度

行业	家数	均值	创新公司代表
传媒	140	60.48	昆仑万维（76.57）
电力设备	330	68.29	国轩高科（88.53）
电子	428	68.07	北方华创（92.72）
纺织服饰	114	59.64	鲁泰 A（70.72）
钢铁	45	67.53	宝钢股份（84.49）
公用事业	125	59.05	中国广核（86.39）
国防军工	126	72.66	中航光电（86.60）
环保	129	64.63	远达环保（82.65）
机械设备	510	66.64	三一重工（88.53）
基础化工	385	65.15	昊华科技（83.89）
计算机	341	70.83	中科曙光（93.01）
家用电器	88	65.25	海尔智家（82.79）
建筑材料	76	64.17	中材科技（80.97）
建筑装饰	163	64.38	中国中冶（84.24）
交通运输	126	56.52	招商公路（78.37）
煤炭	38	62.64	中国神华（78.31）
美容护理	29	64.98	爱美客（78.88）
农林牧渔	106	61.35	隆平高科（76.29）
汽车	260	66.22	长城汽车（89.92）
轻工制造	154	61.79	欧派家居（75.66）
商贸零售	104	52.94	焦点科技（69.84）
社会服务	76	59.25	钢研纳克（78.20）
石油石化	47	63.56	中油工程（81.16）
食品饮料	124	60.54	贵州茅台（77.17）
通信	124	69.00	中兴通讯（87.95）
医药生物	475	67.77	恒瑞医药（88.77）
有色金属	135	65.39	赣锋锂业（82.66）
综合	24	54.46	鲁银投资（71.06）

数据来源：同花顺（iFinD），首经贸资产评估研究院和浙工商数字创新与管理研究院整理。

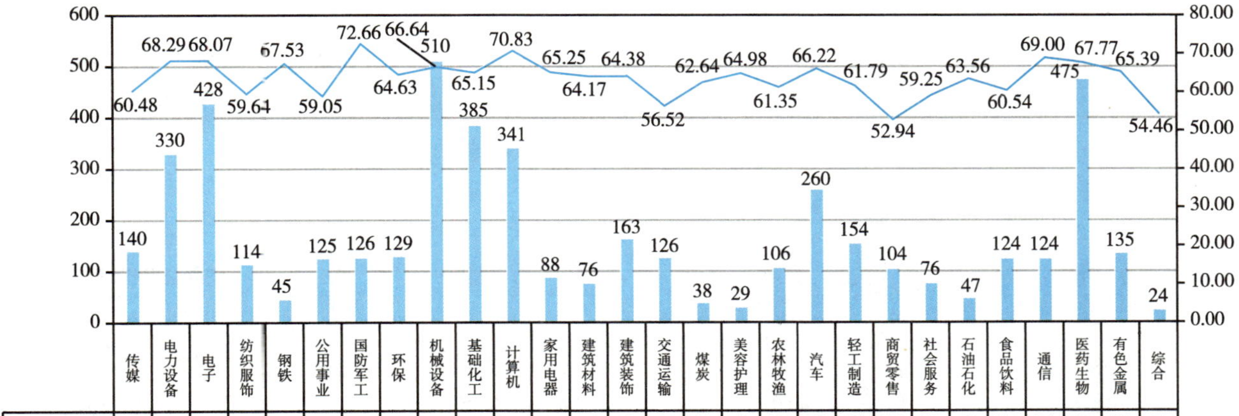

	传媒	电力设备	电子	纺织服饰	钢铁	公用事业	国防军工	环保	机械设备	基础化工	计算机	家用电器	建筑材料	建筑装饰	交通运输	煤炭	美容护理	农林牧渔	汽车	轻工制造	商贸零售	社会服务	石油石化	食品饮料	通信	医药生物	有色金属	综合
家数	140	330	428	114	45	125	126	129	510	385	341	88	76	163	126	38	29	106	260	154	104	76	47	124	124	475	135	24
均值	60.48	68.29	68.07	59.64	67.53	59.05	72.66	64.63	66.64	65.15	70.83	65.25	64.17	64.38	56.52	62.64	64.98	61.35	66.22	61.79	52.94	59.25	63.56	60.54	69.00	67.77	65.39	54.46

图3-29　2022年各行业上市公司创新要素投入指数均值分布图

3.2.3.3　区域维度分析

从区域分布来看，如表3-21和图3-30所示，华北地区上市公司创新要素投入指数平均水平最高，为68.34，其次是华中地区（65.69）和华南地区（65.12）。

表3-21　　2022年上市公司创新要素投入指数一览表——区域维度

区域	家数	均值	创新公司代表
东北地区	166	62.98	长春高新（81.39）
华北地区	618	68.34	中科曙光（93.01）
华东地区	2,301	65.11	科大讯飞（91.86）
华南地区	859	65.12	德赛西威（90.00）
华中地区	369	65.69	时代电气（87.66）
西北地区	188	62.40	特变电工（86.17）
西南地区	313	64.47	东方电气（88.09）

注：华润微、中芯国际、中国移动、百济神州、中国海油、九号公司、格科微、诺诚健华8家公司注册地均不在境内，故不计入各省份分析。

数据来源：同花顺（iFinD），首经贸资产评估研究院和浙工商数字创新与管理研究院整理。

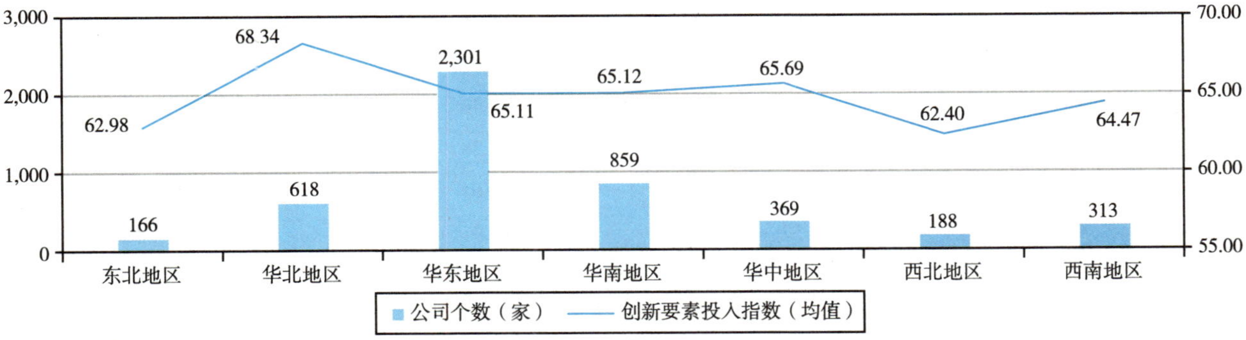

图3-30　2022年各区域上市公司创新要素投入指数均值分布图

3.2.3.4 省份维度分析

从省份分布来看，如表3-22和图3-31所示，北京市上市公司创新要素投入指数平均水平最高，为69.57，其次是天津市（67.43）和河北省（66.64）。在上市公司数量超过300家的省份中，北京市、广东省和上海市上市公司整体表现较好，是地区高质量发展的典范。

表3-22　2022年上市公司创新要素投入指数一览表——省份维度

省份	家数	均值	创新公司代表
安徽	157	65.85	科大讯飞（91.86）
北京	418	69.57	北方华创（92.72）
重庆	60	63.58	赛力斯（85.99）
福建	161	64.03	宁德时代（85.08）
甘肃	35	61.49	山子股份（76.89）
广东	795	65.49	德赛西威（90.00）
广西	38	60.61	中恒集团（72.69）
贵州	33	65.62	振华科技（82.55）
海南	26	60.35	普利制药（82.67）
河北	70	66.64	长城汽车（89.92）
河南	104	66.41	中航光电（86.60）
黑龙江	37	63.12	航天科技（80.55）
湖北	131	65.67	闻泰科技（86.41）
湖南	134	65.15	时代电气（87.66）
吉林	46	63.59	长春高新（81.39）
江苏	612	65.34	恒瑞医药（88.77）
江西	76	63.79	赣锋锂业（82.66）
辽宁	83	62.57	东软集团（79.85）
内蒙古	25	64.51	内蒙一机（77.89）
宁夏	15	59.34	东方钽业（69.01）
青海	11	61.90	盐湖股份（76.01）
山东	284	65.05	潍柴动力（85.11）
山西	39	62.28	太原重工（82.74）
陕西	71	64.98	隆基绿能（82.41）
上海	380	65.45	韦尔股份（87.44）
四川	163	65.01	东方电气（88.09）
天津	66	67.43	中科曙光（93.01）
西藏	20	61.88	海思科（81.22）
新疆	56	60.61	特变电工（86.17）
云南	37	63.91	南天信息（82.11）
浙江	631	64.94	恒生电子（87.08）

注：华润微、中芯国际、中国移动、百济神州、中国海油、九号公司、格科微、诺诚健华8家公司注册地均不在境内，故不计入各省份分析。

数据来源：同花顺（iFinD），首经贸资产评估研究院和浙工商数字创新与管理研究院整理。

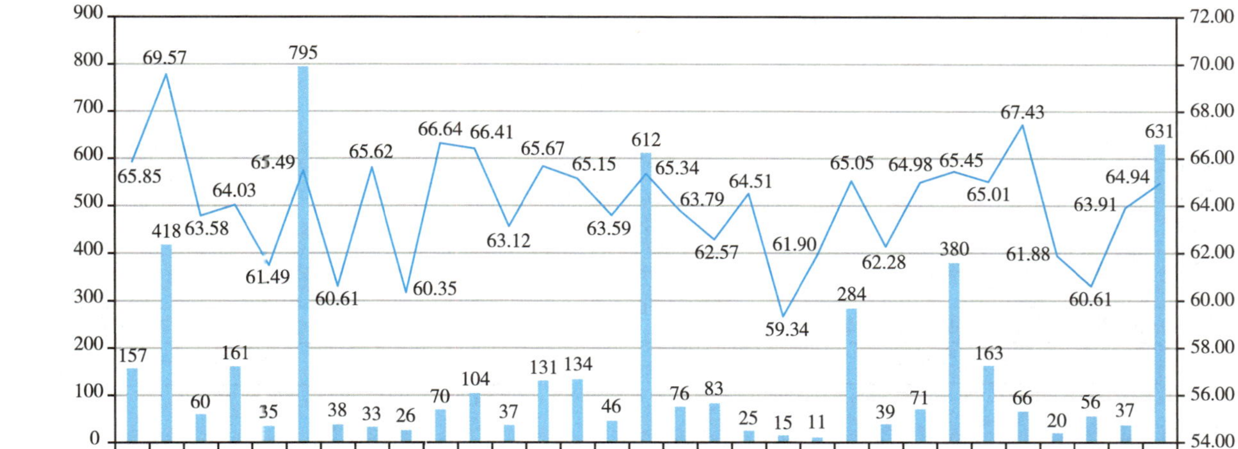

	安徽	北京	重庆	福建	甘肃	广东	广西	贵州	海南	河北	河南	黑龙江	湖北	湖南	吉林	江苏
家数	157	418	60	161	35	795	38	33	26	70	104	37	131	134	46	612
均值	65.85	69.57	63.58	64.03	61.49	65.49	60.61	65.62	60.35	66.64	66.41	63.12	65.67	65.15	63.59	65.34

	江西	辽宁	内蒙古	宁夏	青海	山东	山西	陕西	上海	四川	天津	西藏	新疆	云南	浙江
家数	76	83	25	15	11	284	39	71	380	163	66	20	56	37	631
均值	63.79	62.57	64.51	59.34	61.90	65.05	62.28	64.98	65.45	65.01	67.43	61.88	60.61	63.91	64.94

图3-31　2022年各省份上市公司创新要素投入指数均值分布图

3.2.3.5　板块维度分析

从板块分布来看，如表3-23和图3-32所示，科创板上市公司创新要素投入指数平均水平最高，为70.61，其次是创业板上市公司，为65.84。深圳证券交易所主板（64.57）、上海证券交易所主板（64.36）和北京证券交易所（61.94）上市公司的创新要素投入指数平均水平均低于全市场平均水平（65.37）。

表3-23　　2022年上市公司创新要素投入指数一览表——板块维度

板块	家数	均值	创新公司代表
沪市主板	1,521	64.36	中科曙光（93.01）
深市主板	1,410	64.57	北方华创（92.72）
创业板	1,228	65.84	中科创达（86.82）
科创板	501	70.61	时代电气（87.66）
北交所	162	61.94	创远信科（79.61）

数据来源：同花顺（iFinD），首经贸资产评估研究院和浙工商数字创新与管理研究院整理。

3.2.3.6　产权维度分析

从产权分布来看，如表3-24和图3-33所示，中央国有控股上市公司创新要素投入指数平均水平最高，为69.97。非国有企业与地方国有控股上市公司的平均水平均低于全市场均值65.37，其中非国有企业平均水平为65.26，地方国有控股上市公司平均水平略低于非国有企业，为63.52。

表3-24　　2022年上市公司创新要素投入指数一览表——产权维度

产权	家数	均值	创新公司代表
中央国有控股	417	69.97	中科曙光（93.01）
地方国有控股	848	63.52	北方华创（92.72）
非国有控股	3,557	65.26	科大讯飞（91.86）

数据来源：同花顺（iFinD），首经贸资产评估研究院和浙工商数字创新与管理研究院整理。

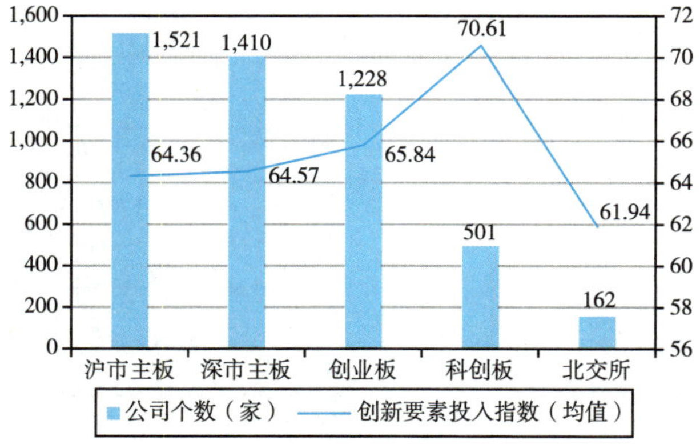

图3-32　2022年各板块上市公司创新要素投入指数均值分布图

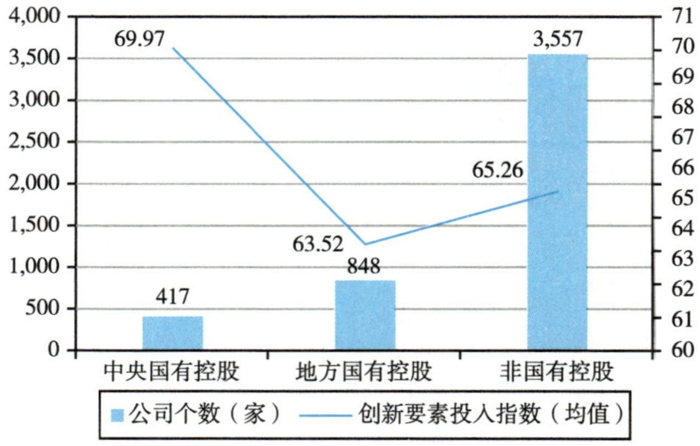

图3-33　2022年不同产权上市公司创新要素投入指数均值分布图

3.2.4　创新科技成果指数

3.2.4.1　整体分析

从全市场看，4,822家上市公司创新科技成果指数平均水平为68.28，高于平均水平的上市公司有2,575家，占总量的53.40%。从创新科技成果指数区间上看，创新科技成果指数位于80以上的上市公司有69家，占比1.43%，这些公司在行业内甚至全市场中都是创新科技成果水平良好的优势企业；创新科技成果指数位于70~80的上市公司有1,390家，占比28.83%，这些公司的创新科技成果水平较高；创新科技成果指数位于60~70的上市公司数量最多，共有3,142家，占总量的65.16%；创新科技成果指数低于60的上市公司有221家，占比4.58%，这些上市公司的创新科技成果水平相对较差，如图3-34所示。

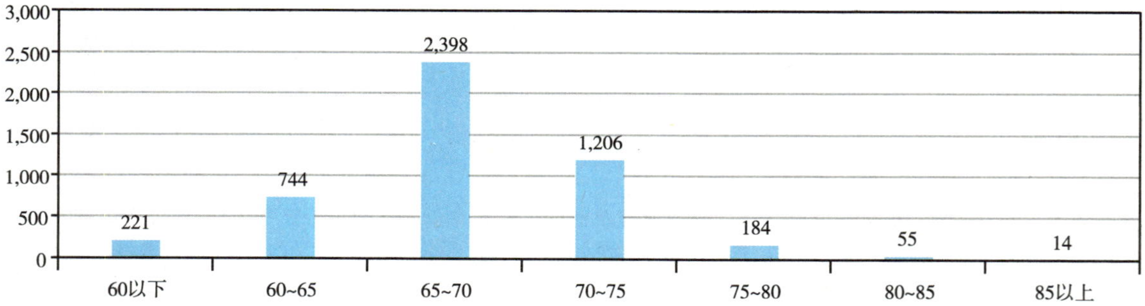

图3-34　2022年上市公司创新科技成果指数分布图

根据4,822家上市公司的创新科技成果指数分布情况来看，排名前100的上市公司，如表3-25所示。

表3-25　2022年上市公司创新科技成果指数前100排名表

排名	公司代码	公司名称	创新科技成果指数	一级行业_申万	省份	产权性质
1	600690.SH	海尔智家	90.42	家用电器	山东	非国有控股
2	000333.SZ	美的集团	88.89	家用电器	广东	非国有控股
3	601668.SH	中国建筑	87.16	建筑装饰	北京	中央国有控股
4	000338.SZ	潍柴动力	86.87	汽车	山东	地方国有控股

续表

排名	公司代码	公司名称	创新科技成果指数	一级行业_申万	省份	产权性质
5	601618.SH	中国中冶	86.46	建筑装饰	北京	中央国有控股
6	600196.SH	复星医药	86.18	医药生物	上海	非国有控股
7	002371.SZ	北方华创	86.06	电子	北京	地方国有控股
8	600309.SH	万华化学	86.01	基础化工	山东	地方国有控股
9	600406.SH	国电南瑞	85.94	电力设备	江苏	中央国有控股
10	688187.SH	时代电气	85.43	机械设备	湖南	中央国有控股
11	600031.SH	三一重工	85.42	机械设备	北京	非国有控股
12	300760.SZ	迈瑞医疗	85.36	医药生物	广东	非国有控股
13	600438.SH	通威股份	85.10	电力设备	四川	非国有控股
14	601138.SH	工业富联	85.03	电子	广东	非国有控股
15	000651.SZ	格力电器	84.80	家用电器	广东	非国有控股
16	000725.SZ	京东方A	84.40	电子	北京	地方国有控股
17	600528.SH	中铁工业	84.16	机械设备	北京	中央国有控股
18	600522.SH	中天科技	84.13	通信	江苏	非国有控股
19	300014.SZ	亿纬锂能	83.67	电力设备	广东	非国有控股
20	688223.SH	晶科能源	83.57	电力设备	江西	非国有控股
21	300316.SZ	晶盛机电	83.46	电力设备	浙江	非国有控股
22	300750.SZ	宁德时代	83.46	电力设备	福建	非国有控股
23	600011.SH	华能国际	83.46	公用事业	北京	中央国有控股
24	600887.SH	伊利股份	83.34	食品饮料	内蒙古	非国有控股
25	600089.SH	特变电工	83.14	电力设备	新疆	非国有控股
26	601390.SH	中国中铁	83.13	建筑装饰	北京	中央国有控股
27	600019.SH	宝钢股份	83.00	钢铁	上海	中央国有控股
28	000100.SZ	TCL科技	82.91	电子	广东	非国有控股
29	000977.SZ	浪潮信息	82.87	计算机	山东	地方国有控股
30	601117.SH	中国化学	82.75	建筑装饰	北京	中央国有控股
31	688271.SH	联影医疗	82.68	医药生物	上海	非国有控股
32	600282.SH	南钢股份	82.45	钢铁	江苏	非国有控股
33	600808.SH	马钢股份	82.42	钢铁	安徽	中央国有控股
34	000938.SZ	紫光股份	82.36	计算机	北京	非国有控股
35	000425.SZ	徐工机械	82.24	机械设备	江苏	地方国有控股
36	601766.SH	中国中车	82.17	机械设备	北京	中央国有控股
37	000932.SZ	华菱钢铁	81.86	钢铁	湖南	地方国有控股
38	000157.SZ	中联重科	81.71	机械设备	湖南	地方国有控股
39	300274.SZ	阳光电源	81.71	电力设备	安徽	非国有控股
40	600875.SH	东方电气	81.70	电力设备	四川	中央国有控股
41	688599.SH	天合光能	81.62	电力设备	江苏	非国有控股
42	601800.SH	中国交建	81.53	建筑装饰	北京	中央国有控股
43	000786.SZ	北新建材	81.52	建筑材料	北京	中央国有控股
44	002180.SZ	纳思达	81.51	计算机	广东	非国有控股

续表

排名	公司代码	公司名称	创新科技成果指数	一级行业_申万	省份	产权性质
45	600150.SH	中国船舶	81.31	国防军工	上海	中央国有控股
46	002049.SZ	紫光国微	81.22	电子	河北	非国有控股
47	600028.SH	中国石化	81.20	石油石化	北京	中央国有控股
48	601669.SH	中国电建	81.16	建筑装饰	北京	中央国有控股
49	600050.SH	中国联通	81.09	通信	北京	中央国有控股
50	300450.SZ	先导智能	80.86	电力设备	江苏	非国有控股
51	000063.SZ	中兴通讯	80.85	通信	广东	非国有控股
52	000733.SZ	振华科技	80.85	国防军工	贵州	中央国有控股
53	002241.SZ	歌尔股份	80.80	电子	山东	非国有控股
54	688777.SH	中控技术	80.70	机械设备	浙江	非国有控股
55	601088.SH	中国神华	80.69	煤炭	北京	中央国有控股
56	688111.SH	金山办公	80.54	计算机	北京	非国有控股
57	601012.SH	隆基绿能	80.51	电力设备	陕西	非国有控股
58	600893.SH	航发动力	80.49	国防军工	陕西	中央国有控股
59	600703.SH	三安光电	80.30	电子	湖北	非国有控股
60	601989.SH	中国重工	80.28	国防军工	北京	中央国有控股
61	600378.SH	昊华科技	80.25	基础化工	四川	中央国有控股
62	000016.SZ	深康佳A	80.24	家用电器	广东	中央国有控股
63	300124.SZ	汇川技术	80.23	机械设备	广东	非国有控股
64	600550.SH	保变电气	80.13	电力设备	河北	中央国有控股
65	002335.SZ	科华数据	80.12	电力设备	福建	非国有控股
66	002460.SZ	赣锋锂业	80.11	有色金属	江西	非国有控股
67	603882.SH	金域医学	80.10	医药生物	广东	非国有控股
68	600332.SH	白云山	80.10	医药生物	广东	地方国有控股
69	600760.SH	中航沈飞	80.02	国防军工	山东	中央国有控股
70	002920.SZ	德赛西威	79.98	计算机	广东	地方国有控股
71	600879.SH	航天电子	79.90	国防军工	湖北	中央国有控股
72	600482.SH	中国动力	79.82	电力设备	河北	中央国有控股
73	300308.SZ	中际旭创	79.81	通信	山东	非国有控股
74	601727.SH	上海电气	79.63	电力设备	上海	地方国有控股
75	002415.SZ	海康威视	79.60	计算机	浙江	中央国有控股
76	600549.SH	厦门钨业	79.58	有色金属	福建	地方国有控股
77	002080.SZ	中材科技	79.49	建筑材料	江苏	中央国有控股
78	600968.SH	海油发展	79.49	石油石化	北京	中央国有控股
79	601728.SH	中国电信	79.48	通信	北京	中央国有控股
80	688009.SH	中国通号	79.47	机械设备	北京	中央国有控股
81	601186.SH	中国铁建	79.44	建筑装饰	北京	中央国有控股
82	000708.SZ	中信特钢	79.41	钢铁	湖北	中央国有控股
83	601857.SH	中国石油	79.40	石油石化	北京	中央国有控股
84	000625.SZ	长安汽车	79.37	汽车	重庆	中央国有控股

续表

排名	公司代码	公司名称	创新科技成果指数	一级行业_申万	省份	产权性质
85	000959.SZ	首钢股份	79.36	钢铁	北京	地方国有控股
86	300161.SZ	华中数控	79.23	机械设备	湖北	非国有控股
87	601992.SH	金隅集团	79.17	建筑材料	北京	地方国有控股
88	600170.SH	上海建工	79.14	建筑装饰	上海	地方国有控股
89	688772.SH	珠海冠宇	79.10	电力设备	广东	非国有控股
90	300999.SZ	金龙鱼	79.07	农林牧渔	上海	非国有控股
91	001965.SZ	招商公路	79.02	交通运输	天津	中央国有控股
92	300015.SZ	爱尔眼科	79.00	医药生物	湖南	非国有控股
93	600276.SH	恒瑞医药	78.94	医药生物	江苏	非国有控股
94	002230.SZ	科大讯飞	78.94	计算机	安徽	非国有控股
95	600741.SH	华域汽车	78.87	汽车	上海	地方国有控股
96	002594.SZ	比亚迪	78.85	汽车	广东	非国有控股
97	688396.SH	华润微	78.82	电子	—	中央国有控股
98	002389.SZ	航天彩虹	78.77	国防军工	浙江	中央国有控股
99	600143.SH	金发科技	78.64	基础化工	广东	非国有控股
100	603259.SH	药明康德	78.60	医药生物	江苏	非国有控股

数据来源：同花顺（iFinD），首经贸资产评估研究院和浙江工商数字创新与管理研究院整理。

在报告分析的4,822家上市公司中，排名前500的上市公司在行业、区域、省份、板块和产权方面的分布情况如图3-35至图3-39所示。

从排名前500的上市公司所属行业来看，电力设备行业62家、机械设备行业62家、电子行业46家、医药生物行业44家、计算机行业41家、基础化工行业35家、汽车行业24家、国防军工24家，合计占创新科技成果指数排名前500上市公司总数的67.60%；除此之外，建筑装饰行业23家、家用电器行业22家、建筑材料行业17家、有色金属行业17家、通信行业13家、钢铁行业13家、食品饮料行业10家、农林牧渔行业10家，其他行业均低于10家。

从排名前500的上市公司所属区域来看，华东地区207家、华北地区95家、华南地区79家，合计占创新科技成果指数排名前500上市公司总数的76.20%；除此之外，华中地区46家、西南地区33家、西北地区25家、东北地区10家、其他地区5家。

从排名前500的上市公司所属省份来看，北京市75家、广东省74家、浙江省53家、江苏省44家、山东省35家、上海市32家，合计占创新科技成果指数排名前500上市公司总数的62.60%，是创新发展的主力地区；除此之外，湖北21家、四川19家、安徽19家、福建17家、河南13家、湖南12家、陕西11家、河北10家，其他省份均低于10家。

从排名前500的上市公司所属板块来看，沪市主板196家，深市主板158家，沪深两市主板合计占创新科技成果指数排名前500上市公司总数的70.80%；除此之外，创业板78家、科创板67家、北交所1家。

从排名前500的上市公司的产权性质来看，中央国有控股企业有110家，地方国有控股企业99家，非国有企业291家。

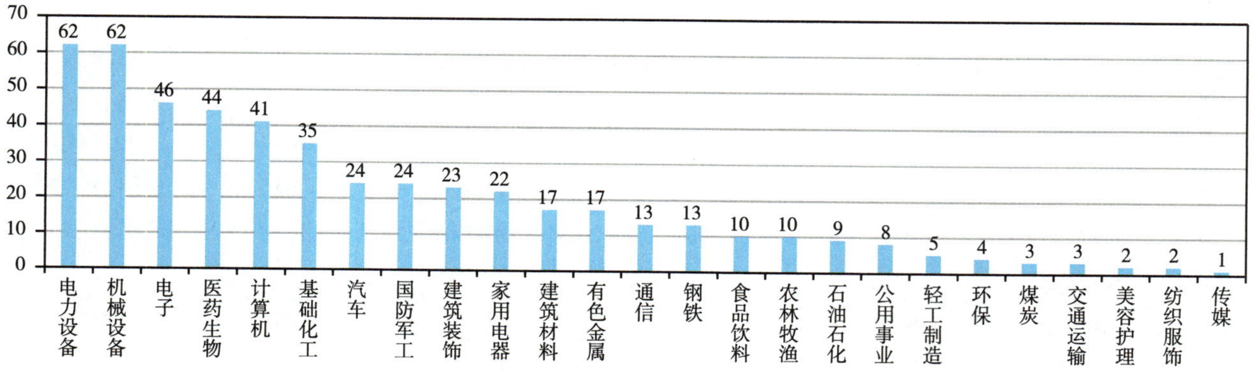

图3-35 创新科技成果指数排名前500上市公司行业分布

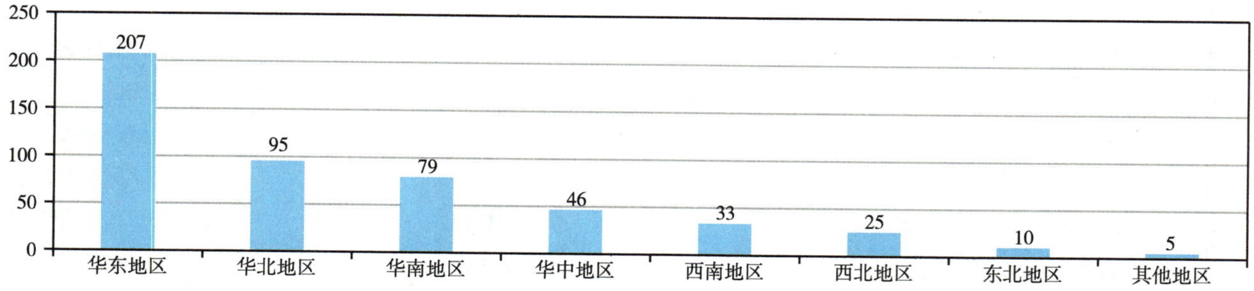

图3-36 创新科技成果指数排名前500上市公司区域分布

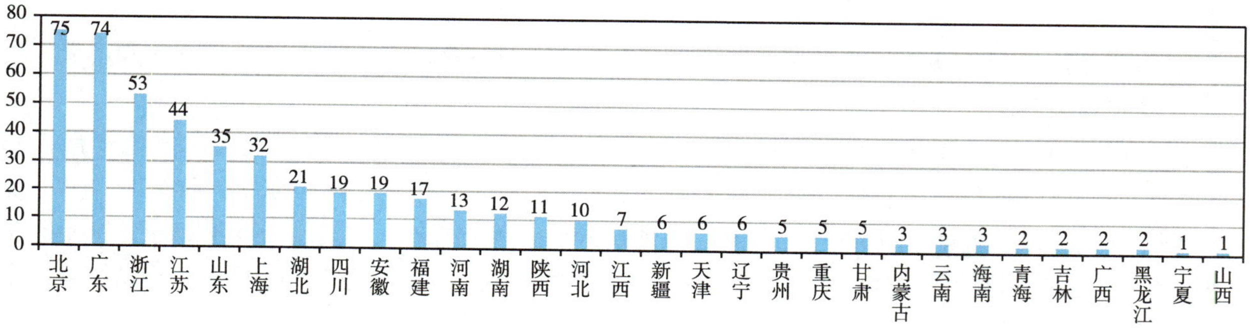

图3-37 创新科技成果指数排名前500上市公司省份分布

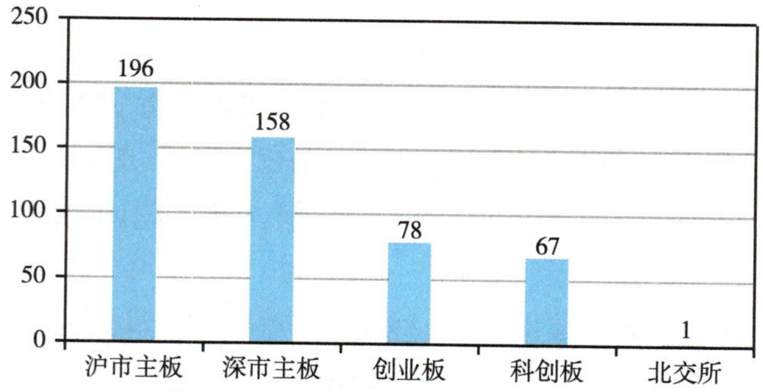

图3-38 创新科技成果指数排名前500上市公司板块分布

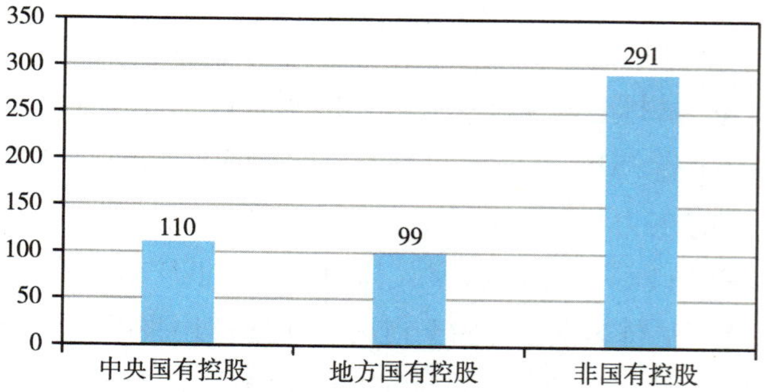

图3-39 创新科技成果指数排名前500上市公司产权分布

3.2.4.2 行业维度分析

从行业分布来看，如表3-26和图3-40所示，创新科技成果指数平均水平最高的行业是钢铁（71.07），其次是电力设备（70.57）、家用电器（69.98）、国防军工（69.90）、电子（69.68）。

表 3-26　　2022 年上市公司创新科技成果指数一览表——行业维度

行业	家数	均值	创新公司代表
传媒	140	64.21	联创股份（77.01）
电力设备	330	70.57	国电南瑞（85.94）
电子	428	69.68	北方华创（86.06）
纺织服饰	114	66.44	际华集团（73.93）
钢铁	45	71.07	宝钢股份（83.00）
公用事业	125	65.13	华能国际（83.46）
国防军工	126	69.90	中国船舶（81.31）
环保	129	67.21	ST 龙净（75.51）
机械设备	510	69.60	时代电气（85.43）
基础化工	385	69.32	万华化学（86.01）
计算机	341	68.78	浪潮信息（82.87）
家用电器	88	69.98	海尔智家（90.42）
建筑材料	76	69.28	北新建材（81.52）
建筑装饰	163	67.51	中国建筑（87.16）
交通运输	126	63.85	招商公路（79.02）
煤炭	38	66.00	中国神华（80.69）
美容护理	29	67.99	华熙生物（77.33）
农林牧渔	106	67.58	金龙鱼（79.07）
汽车	260	68.91	潍柴动力（86.87）
轻工制造	154	67.78	华泰股份（76.88）
商贸零售	104	61.84	苏美达（72.19）
社会服务	76	64.16	开普检测（72.05）
石油石化	47	67.94	中国石化（81.20）
食品饮料	124	67.15	伊利股份（83.34）
通信	124	68.54	中天科技（84.13）
医药生物	475	68.57	复星医药（86.18）
有色金属	135	68.65	赣锋锂业（80.11）
综合	24	62.74	泰达股份（72.15）

数据来源：同花顺（iFinD），首经贸资产评估研究院和浙工商数字创新与管理研究院整理。

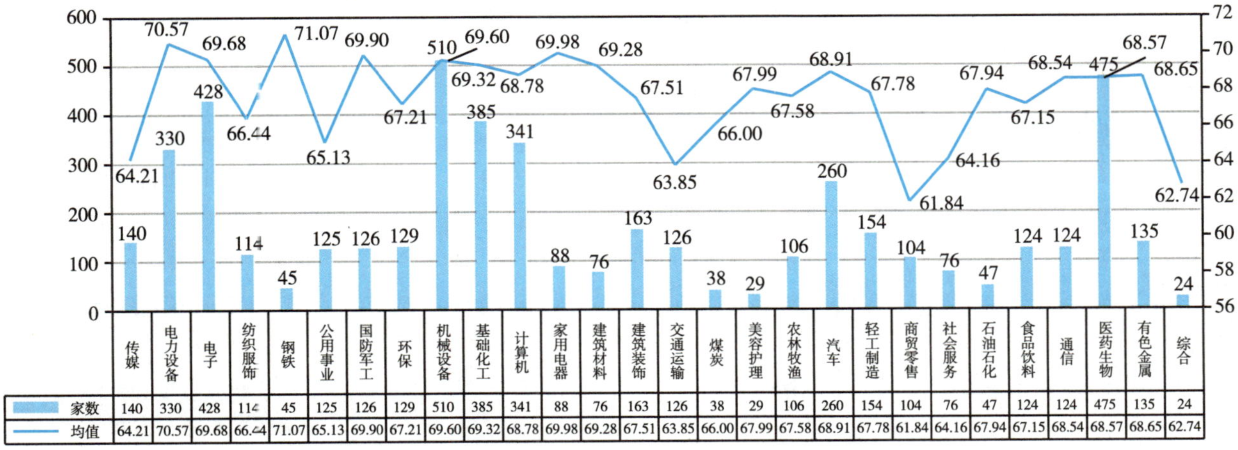

图 3-40　2022 年各行业上市公司创新科技成果指数均值分布图

3.2.4.3 区域维度分析

从区域分布来看，如表3–27和图3–41所示，华北地区上市公司创新科技成果指数平均水平最高，为68.76，其次是华中地区（68.54）和华东地区（68.34）。

表 3–27　　2022 年上市公司创新科技成果指数一览表——区域维度

区域	家数	均值	创新公司代表
东北地区	166	66.99	国电电力（76.55）
华北地区	618	68.76	中国建筑（87.16）
华东地区	2,301	68.34	海尔智家（90.42）
华南地区	859	68.28	美的集团（88.89）
华中地区	369	68.54	时代电气（85.43）
西北地区	188	67.27	特变电工（83.14）
西南地区	313	67.91	通威股份（85.10）

注：华润微、中芯国际、中国移动、百济神州、中国海油、九号公司、格科微、诺诚健华8家公司注册地均不在境内，故不计入各省份分析。

数据来源：同花顺（iFinD），首经贸资产评估研究院和浙工商数字创新与管理研究院整理。

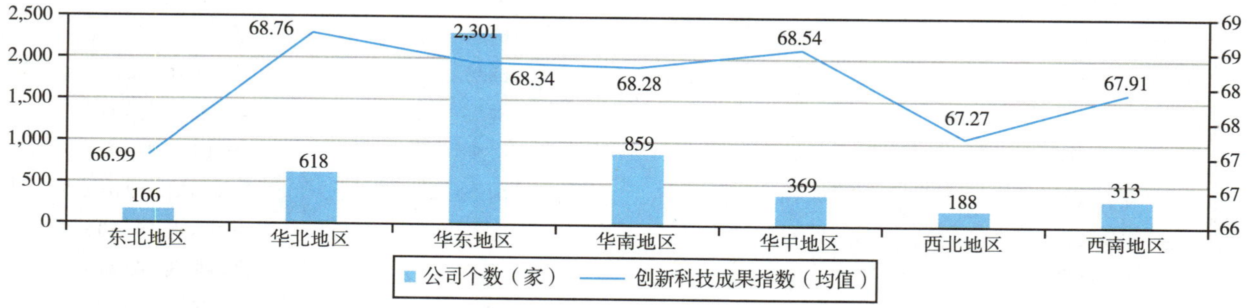

图3–41　2022年各区域上市公司创新科技成果指数均值分布图

3.2.4.4 省份维度分析

从省份分布来看，如表3–28和图3–42所示，安徽省上市公司创新科技成果指数平均水平最高，为69.07，其次是北京市（69.05）和河北省（68.93）。在上市公司数量超过300家的省份中，北京市、江苏省和浙江省上市公司整体表现较好，是地区高质量发展的典范。

表 3–28　　2022 年上市公司创新科技成果指数一览表——省份维度

省份	家数	均值	创新公司代表
安徽	157	69.07	马钢股份（82.42）
北京	418	69.05	中国建筑（87.16）
重庆	60	67.47	长安汽车（79.37）
福建	161	67.68	宁德时代（83.46）
甘肃	35	66.63	酒钢宏兴（75.39）
广东	795	68.40	美的集团（88.89）
广西	38	67.01	柳工（75.10）
贵州	33	68.85	振华科技（80.85）

续表

省份	家数	均值	创新公司代表
海南	26	66.30	葫芦娃（74.17）
河北	70	68.93	紫光国微（81.22）
河南	104	68.88	中航光电（76.57）
黑龙江	37	66.36	中国一重（73.06）
湖北	131	68.62	三安光电（80.30）
湖南	134	68.18	时代电气（85.43）
吉林	46	67.12	一汽解放（76.47）
江苏	612	68.65	国电南瑞（85.94）
江西	76	68.04	晶科能源（83.57）
辽宁	83	67.20	国电电力（76.55）
内蒙古	25	67.63	伊利股份（83.34）
宁夏	15	65.99	宝塔实业（73.57）
青海	11	68.08	盐湖股份（76.80）
山东	284	68.60	海尔智家（90.42）
山西	39	65.96	东杰智能（73.11）
陕西	71	68.41	隆基绿能（80.51）
上海	380	67.54	复星医药（86.18）
四川	163	68.10	通威股份（85.10）
天津	66	68.80	招商公路（79.02）
西藏	20	65.89	西藏天路（72.94）
新疆	56	66.42	特变电工（83.14）
云南	37	68.06	恩捷股份（76.20）
浙江	631	68.41	晶盛机电（83.46）

注：华润微、中芯国际、中国移动、百济神州、中国海油、九号公司、格科微、诺诚健华8家公司注册地均不在境内，故不计入各省份分析。

数据来源：同花顺（iFinD），首经贸资产评估研究院和浙工商数字创新与管理研究院整理。

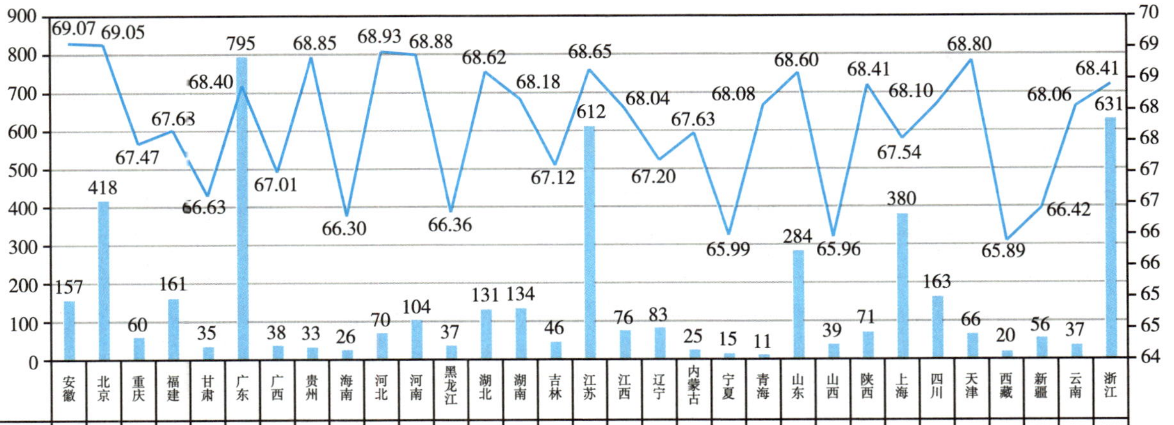

	安徽	北京	重庆	福建	甘肃	广东	广西	贵州	海南	河北	河南	黑龙江	湖北	湖南	吉林	江苏	江西	辽宁	内蒙古	宁夏	青海	山东	山西	陕西	上海	四川	天津	西藏	新疆	云南	浙江
家数	157	418	60	161	35	795	38	33	26	70	104	37	131	134	46	612	76	83	25	15	11	284	39	71	380	163	66	20	56	37	631
均值	69.07	69.05	67.47	67.68	66.63	68.40	67.01	68.85	66.30	68.93	68.88	66.36	68.62	68.18	67.12	68.65	68.04	67.20	67.63	65.99	68.08	68.60	65.96	68.41	67.54	68.10	68.80	65.89	66.42	68.06	68.41

图3-42　2022年各省份上市公司创新科技成果指数均值分布图

3.2.4.5 板块维度分析

从板块分布来看，如表3-29和图3-43所示，科创板上市公司创新科技成果指数平均水平最高，为70.14，其次是创业板上市公司，为68.41。深圳证券交易所主板（68.10）、上海证券交易所主板（67.86）和北京证券交易所（67.17）上市公司的创新科技成果指数平均水平均低于全市场平均水平（68.28）。

表 3-29 2022 年上市公司创新科技成果指数一览表——板块维度

板块	家数	均值	创新公司代表
沪市主板	1,521	67.86	海尔智家（90.42）
深市主板	1,410	68.10	美的集团（88.89）
创业板	1,228	68.41	迈瑞医疗（85.36）
科创板	501	70.14	时代电气（85.43）
北交所	162	67.17	贝特瑞（74.72）

数据来源：同花顺（iFinD），首经贸资产评估研究院和浙工商数字创新与管理研究院整理。

3.2.4.6 产权维度分析

从产权分布来看，如表3-30和图3-44所示，中央国有控股上市公司创新科技成果指数平均水平最高，为70.46。非国有企业与地方国有控股上市公司的平均水平均低于全市场均值68.28，其中非国有企业平均水平为68.23，地方国有控股上市公司平均水平略低于非国有企业，为67.44。

表 3-30 2022 年上市公司创新科技成果指数一览表——产权维度

产权	家数	均值	创新公司代表
中央国有控股	417	70.46	中国建筑（87.16）
地方国有控股	848	67.44	潍柴动力（86.87）
非国有控股	3,557	68.23	海尔智家（90.42）

数据来源：同花顺（iFinD），首经贸资产评估研究院和浙工商数字创新与管理研究院整理。

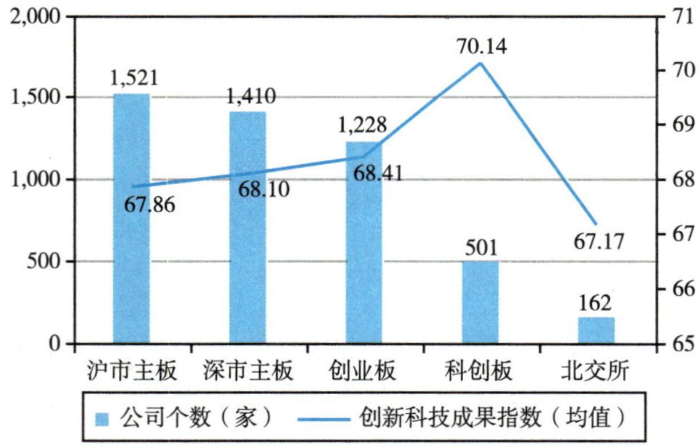

图3-43 2022年各板块上市公司创新科技成果指数均值分布图

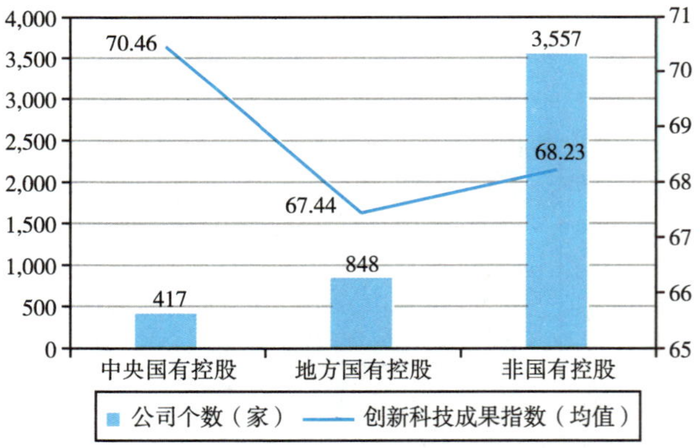

图3-44 2022年不同产权上市公司创新科技成果指数均值分布图

3.2.5 创新经济绩效指数

3.2.5.1 整体分析

从全市场看，4,822家上市公司创新经济绩效指数平均水平为61.11，高于平均水平的上市公司有2,282家，占总量的47.32%。从创新经济绩效指数区间上看，创新经济绩效指数位于75以上的上市公司有250家，占比5.18%，这些公司在行业内甚至全市场中都是创新经济绩效水平良好的优势企业；创新经济绩效指数位于65~75的上市公司有1,190家，占比24.68%，这些公司的创新经济绩效水平较高；创新经济绩效指数位于55~65的上市公司数量最多，共有2,239家，占总量的46.44%；创新经济绩效指数低于55的上市公司有1,143家，占比23.70%，这些上市公司的创新经济绩效水平相对较差，如图3-45所示。

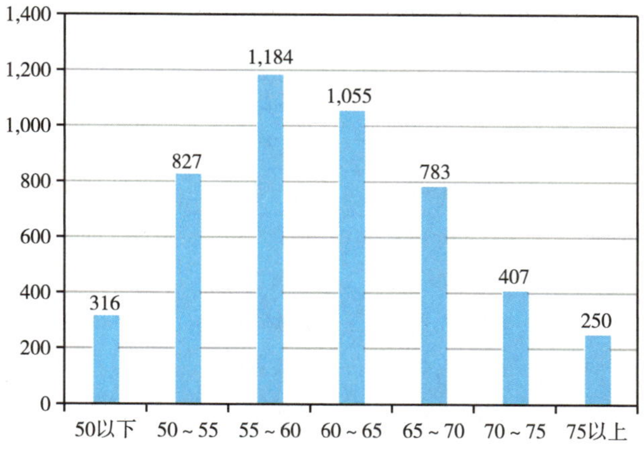

图3-45　2022年上市公司创新经济绩效指数分布图

根据4,822家上市公司的创新经济绩效指数分布情况来看，排名前100的上市公司如表3-31所示。

表3-31　2022年上市公司创新经济绩效指数前100排名表

排名	公司代码	公司名称	创新经济绩效指数	一级行业_申万	省份	产权性质
1	600406.SH	国电南瑞	90.35	电力设备	江苏	中央国有控股
2	002371.SZ	北方华创	89.17	电子	北京	地方国有控股
3	601985.SH	中国核电	88.80	公用事业	北京	中央国有控股
4	603019.SH	中科曙光	88.77	计算机	天津	中央国有控股
5	003816.SZ	中国广核	88.39	公用事业	广东	中央国有控股
6	688271.SH	联影医疗	88.19	医药生物	上海	非国有控股
7	300760.SZ	迈瑞医疗	87.79	医药生物	广东	非国有控股
8	601633.SH	长城汽车	87.48	汽车	河北	非国有控股
9	688041.SH	海光信息	86.69	电子	天津	非国有控股
10	002074.SZ	国轩高科	86.64	电力设备	安徽	非国有控股
11	600438.SH	通威股份	86.34	电力设备	四川	非国有控股
12	000625.SZ	长安汽车	86.05	汽车	重庆	中央国有控股
13	600795.SH	国电电力	85.71	公用事业	辽宁	中央国有控股
14	600547.SH	山东黄金	85.47	有色金属	山东	地方国有控股
15	601390.SH	中国中铁	84.93	建筑装饰	北京	中央国有控股
16	002129.SZ	TCL中环	84.84	电力设备	天津	非国有控股
17	002475.SZ	立讯精密	84.70	电子	广东	非国有控股
18	601615.SH	明阳智能	84.45	电力设备	广东	非国有控股
19	002241.SZ	歌尔股份	84.36	电子	山东	非国有控股
20	000963.SZ	华东医药	84.19	医药生物	浙江	非国有控股
21	000792.SZ	盐湖股份	84.11	基础化工	青海	地方国有控股
22	600309.SH	万华化学	83.94	基础化工	山东	地方国有控股
23	300003.SZ	乐普医疗	83.73	医药生物	北京	非国有控股
24	600690.SH	海尔智家	83.56	家用电器	山东	非国有控股
25	002030.SZ	达安基因	83.22	医药生物	广东	地方国有控股
26	600875.SH	东方电气	83.15	电力设备	四川	中央国有控股

续表

排名	公司代码	公司名称	创新经济绩效指数	一级行业_申万	省份	产权性质
27	601127.SH	赛力斯	83.08	汽车	重庆	非国有控股
28	002594.SZ	比亚迪	83.04	汽车	广东	非国有控股
29	600104.SH	上汽集团	82.97	汽车	上海	地方国有控股
30	600887.SH	伊利股份	82.90	食品饮料	内蒙古	非国有控股
31	601607.SH	上海医药	82.85	医药生物	上海	地方国有控股
32	600803.SH	新奥股份	82.77	公用事业	河北	非国有控股
33	600588.SH	用友网络	82.59	计算机	北京	非国有控股
34	002080.SZ	中材科技	82.52	建筑材料	江苏	中央国有控股
35	601179.SH	中国西电	82.50	电力设备	陕西	中央国有控股
36	300124.SZ	汇川技术	82.44	机械设备	广东	非国有控股
37	300450.SZ	先导智能	82.41	电力设备	江苏	非国有控股
38	600089.SH	特变电工	82.35	电力设备	新疆	非国有控股
39	300014.SZ	亿纬锂能	82.33	电力设备	广东	非国有控股
40	688599.SH	天合光能	82.27	电力设备	江苏	非国有控股
41	600578.SH	京能电力	82.22	公用事业	北京	地方国有控股
42	000027.SZ	深圳能源	82.20	公用事业	广东	地方国有控股
43	600196.SH	复星医药	82.20	医药生物	上海	非国有控股
44	600118.SH	中国卫星	82.15	国防军工	北京	中央国有控股
45	600703.SH	三安光电	82.14	电子	湖北	非国有控股
46	002049.SZ	紫光国微	82.14	电子	河北	非国有控股
47	002230.SZ	科大讯飞	82.05	计算机	安徽	非国有控股
48	601857.SH	中国石油	82.00	石油石化	北京	中央国有控股
49	603259.SH	药明康德	82.00	医药生物	江苏	非国有控股
50	002180.SZ	纳思达	81.76	计算机	广东	非国有控股
51	002625.SZ	光启技术	81.72	国防军工	广东	非国有控股
52	002460.SZ	赣锋锂业	81.69	有色金属	江西	非国有控股
53	603986.SH	兆易创新	81.53	电子	北京	非国有控股
54	601777.SH	力帆科技	81.51	汽车	重庆	非国有控股
55	002353.SZ	杰瑞股份	81.50	机械设备	山东	非国有控股
56	600521.SH	华海药业	81.46	医药生物	浙江	非国有控股
57	300122.SZ	智飞生物	81.31	医药生物	重庆	非国有控股
58	600276.SH	恒瑞医药	81.22	医药生物	江苏	非国有控股
59	600028.SH	中国石化	81.15	石油石化	北京	中央国有控股
60	603659.SH	璞泰来	81.06	电力设备	上海	非国有控股
61	002756.SZ	永兴材料	81.02	有色金属	浙江	非国有控股
62	600436.SH	片仔癀	80.97	医药生物	福建	地方国有控股
63	601698.SH	中国卫通	80.86	国防军工	北京	中央国有控股
64	600449.SH	宁夏建材	80.83	建筑材料	宁夏	中央国有控股
65	002812.SZ	恩捷股份	80.80	电力设备	云南	非国有控股
66	000977.SZ	浪潮信息	80.74	计算机	山东	地方国有控股

续表

排名	公司代码	公司名称	创新经济绩效指数	一级行业_申万	省份	产权性质
67	000661.SZ	长春高新	80.68	医药生物	吉林	地方国有控股
68	600905.SH	三峡能源	80.67	公用事业	北京	中央国有控股
69	600876.SH	凯盛新能	80.65	建筑材料	河南	中央国有控股
70	600893.SH	航发动力	80.65	国防军工	陕西	中央国有控股
71	000999.SZ	华润三九	80.63	医药生物	广东	中央国有控股
72	688187.SH	时代电气	80.61	机械设备	湖南	中央国有控股
73	601666.SH	平煤股份	80.54	煤炭	河南	地方国有控股
74	600487.SH	亨通光电	80.51	通信	江苏	非国有控股
75	601225.SH	陕西煤业	80.41	煤炭	陕西	地方国有控股
76	600522.SH	中天科技	80.32	通信	江苏	非国有控股
77	000875.SZ	吉电股份	80.30	公用事业	吉林	中央国有控股
78	601138.SH	工业富联	80.11	电子	广东	非国有控股
79	600056.SH	中国医药	80.05	医药生物	北京	中央国有控股
80	600195.SH	中牧股份	80.00	农林牧渔	北京	中央国有控股
81	300308.SZ	中际旭创	79.94	通信	山东	非国有控股
82	002466.SZ	天齐锂业	79.94	有色金属	四川	非国有控股
83	002709.SZ	天赐材料	79.76	电力设备	广东	非国有控股
84	000400.SZ	许继电气	79.73	电力设备	河南	中央国有控股
85	002497.SZ	雅化集团	79.71	有色金属	四川	非国有控股
86	002340.SZ	格林美	79.65	电力设备	广东	非国有控股
87	600699.SH	均胜电子	79.61	汽车	浙江	非国有控股
88	002352.SZ	顺丰控股	79.57	交通运输	广东	非国有控股
89	601117.SH	中国化学	79.56	建筑装饰	北京	中央国有控股
90	601088.SH	中国神华	79.52	煤炭	北京	中央国有控股
91	002385.SZ	大北农	79.47	农林牧渔	北京	非国有控股
92	300896.SZ	爱美客	79.30	美容护理	北京	非国有控股
93	603077.SH	和邦生物	79.28	基础化工	四川	非国有控股
94	300294.SZ	博雅生物	79.24	医药生物	江西	中央国有控股
95	688009.SH	中国通号	79.22	机械设备	北京	中央国有控股
96	002258.SZ	利尔化学	79.20	基础化工	四川	中央国有控股
97	002389.SZ	航天彩虹	79.08	国防军工	浙江	中央国有控股
98	600299.SH	安迪苏	79.07	基础化工	北京	中央国有控股
99	002459.SZ	晶澳科技	79.05	电力设备	河北	非国有控股
100	600141.SH	兴发集团	79.00	基础化工	湖北	地方国有控股

数据来源：同花顺（iFinD），首经贸资产评估研究院和浙工商数字创新与管理研究院整理。

在报告分析的4,822家上市公司中，创新经济绩效排名前500的上市公司在行业、区域、省份、板块和产权方面的分布情况如图3-46至图3-50所示。

从排名前500的上市公司所属行业来看，医药生物行业88家、电力设备行业51家、电子行业42

家、基础化工行业41家、汽车行业29家、机械设备行业28家、计算机行业27家、公用事业24家，合计占创新经济绩效指数排名前500上市公司总数的70.40%；除此之外，国防军工行业22家、有色金属行业21家、通信行业16家、交通运输行业15家、农林牧渔行业13家、家用电器行业10家，其他行业均低于10家。

从排名前500的上市公司所属区域来看，华东地区178家、华北地区119家、华南地区85家，合计占创新经济绩效指数排名前500上市公司总数的76.40%；除此之外，西南地区45家、华中地区38家、西北地区16家、东北地区16家。

从排名前500的上市公司所属省份来看，北京市84家、广东省81家、浙江省45家、江苏省39家、上海市36家、山东省25家，合计占创新经济绩效指数排名前500上市公司总数的62.00%，是创新发展的主力地区；除此之外，四川省18家、湖北省16家、安徽省15家、天津市13家、河北省12家、河南省12家、重庆市10家、云南省10家、湖南10家，其他省份均低于10家。

从排名前500的上市公司所属板块来看，沪市主板221家，深市主板169家，沪深两市主板合计占创新经济绩效指数排名前500上市公司总数的78.00%；除此之外，创业板78家、科创板29家、北交所3家。

从排名前500的上市公司的产权性质来看，中央国有控股企业有120家，地方国有控股企业93家，非国有企业287家。

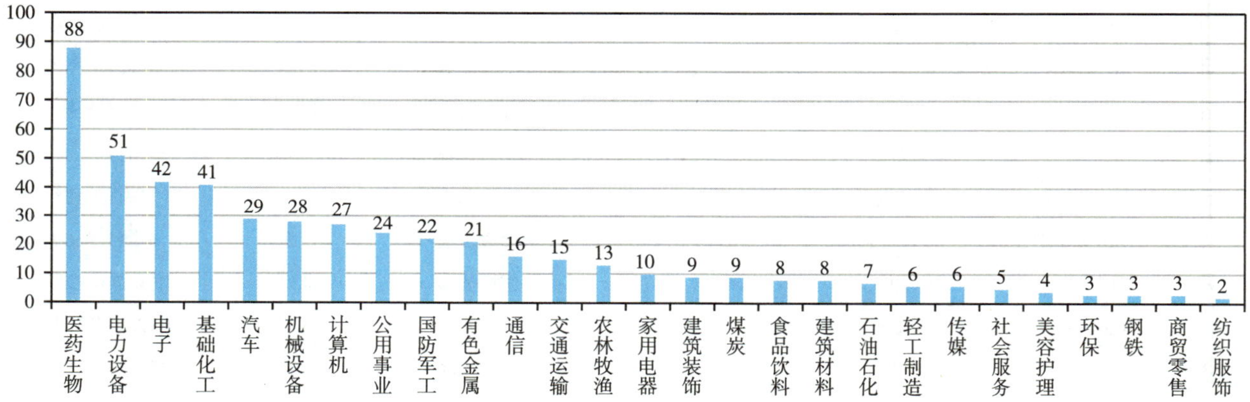

图3-46　创新经济绩效指数排名前500上市公司行业分布

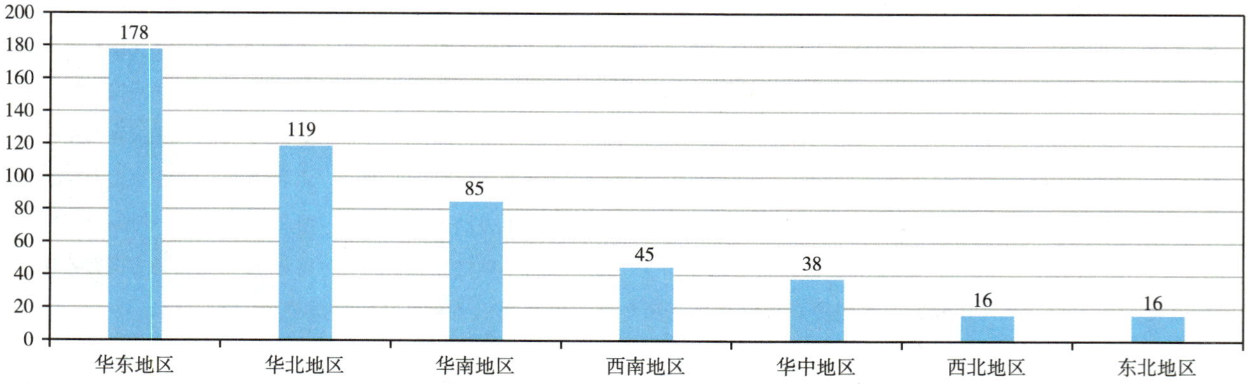

图3-47　创新经济绩效指数排名前500上市公司区域分布

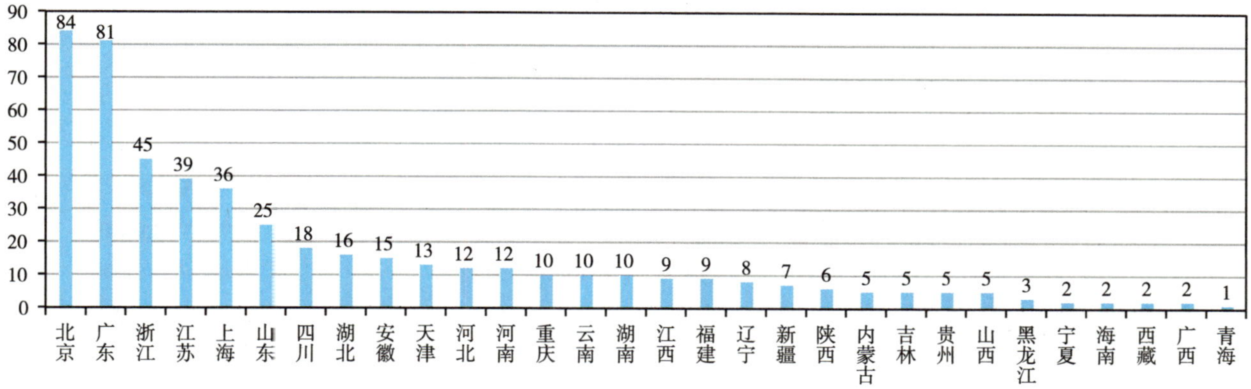

图3–48　创新经济绩效指数排名前500上市公司省份分布

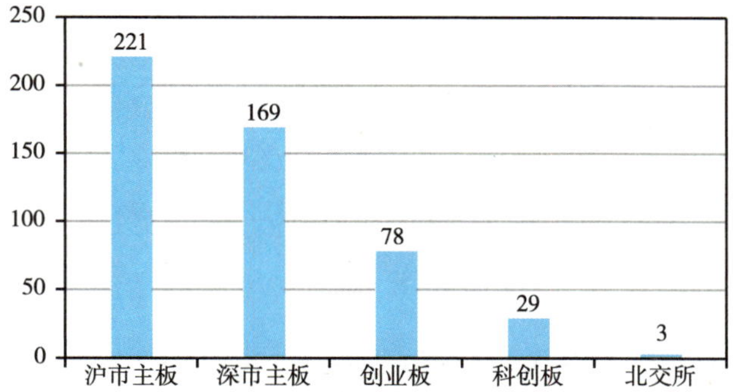

图3–49　创新经济绩效指数排名前500上市公司板块分布

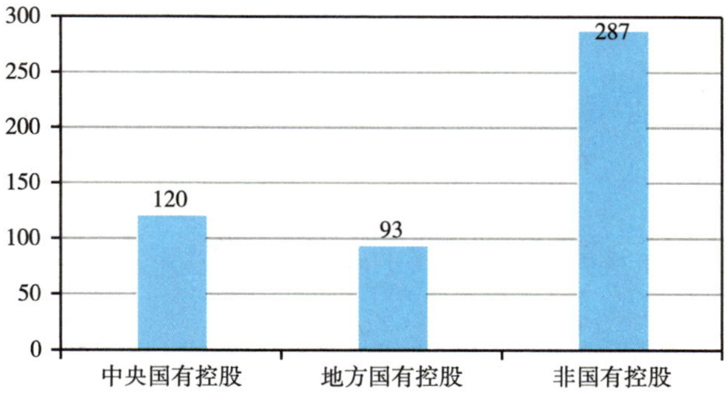

图3–50　创新经济绩效指数排名前500上市公司产权分布

3.2.5.2　行业维度分析

从行业分布来看，如表3-32和图3-51所示，创新经济绩效指数平均水平最高的行业是煤炭（67.46），其次是有色金属（64.39）、国防军工（64.11）、医药生物（63.48）、公用事业（63.47）。

表3-32　　2022年上市公司创新经济绩效指数一览表——行业维度

行业	家数	均值	创新公司代表
传媒	140	59.04	芒果超媒（75.77）
电力设备	330	62.93	国电南瑞（90.35）
电子	428	60.23	北方华创（89.17）
纺织服饰	114	58.61	康隆达（73.78）
钢铁	45	62.49	宝钢股份（75.32）
公用事业	125	63.47	中国核电（88.80）
国防军工	126	64.11	中国卫星（82.15）
环保	129	60.74	碧水源（75.52）
机械设备	510	59.38	汇川技术（82.44）
基础化工	385	61.72	盐湖股份（84.11）
计算机	341	58.67	中科曙光（88.77）
家用电器	88	62.34	海尔智家（83.56）
建筑材料	76	61.64	中材科技（82.52）
建筑装饰	163	59.27	中国中铁（84.93）

续表

行业	家数	均值	创新公司代表
交通运输	126	61.60	顺丰控股（79.57）
煤炭	38	67.46	平煤股份（80.54）
美容护理	29	62.63	爱美客（79.30）
农林牧渔	106	62.53	中牧股份（80.00）
汽车	260	60.82	长城汽车（87.48）
轻工制造	154	59.59	晨光股份（78.17）
商贸零售	104	57.76	华鼎股份（72.91）
社会服务	76	57.34	谱尼测试（73.86）
石油石化	47	62.85	中国石油（82.00）
食品饮料	124	61.44	伊利股份（82.90）
通信	124	62.26	亨通光电（80.51）
医药生物	475	63.48	联影医疗（88.19）
有色金属	135	64.39	山东黄金（85.47）
综合	24	56.37	悦达投资（66.59）

数据来源：同花顺（iFinD），首经贸资产评估研究院和浙工商数字创新与管理研究院整理。

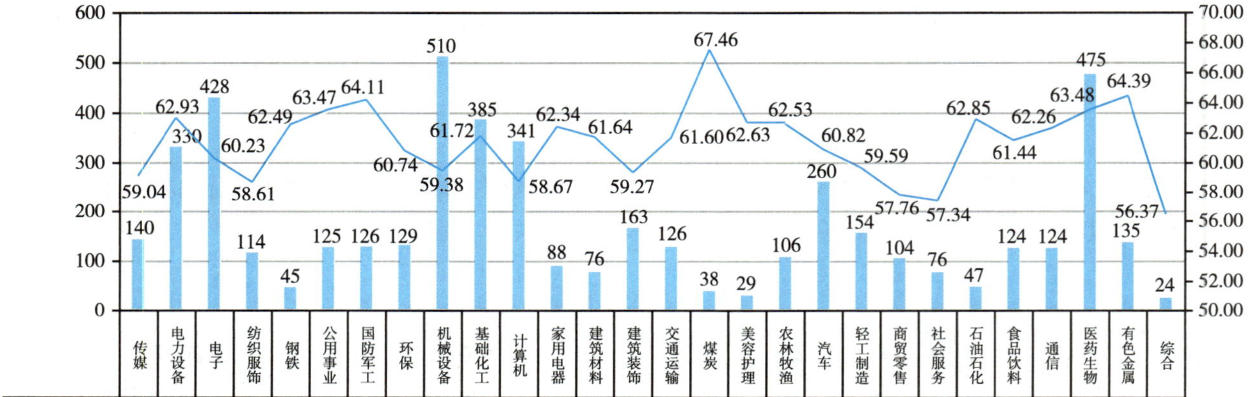

	传媒	电力设备	电子	纺织服饰	钢铁	公用事业	国防军工	环保	机械设备	基础化工	计算机	家用电器	建筑材料	建筑装饰	交通运输	煤炭	美容护理	农林牧渔	汽车	轻工制造	商贸零售	社会服务	石油石化	食品饮料	通信	医药生物	有色金属	综合
家数	140	330	428	114	45	125	126	129	510	385	341	88	76	163	126	38	29	106	260	154	104	76	47	124	124	475	135	24
均值	59.04	62.93	60.23	58.61	62.49	63.47	64.11	60.74	59.38	61.72	58.67	62.34	61.64	59.27	61.60	67.46	62.63	62.53	60.82	59.59	57.76	57.34	62.85	61.44	62.26	63.48	64.39	56.37

图 3–51　2022 年各行业上市公司创新经济绩效指数均值分布图

3.2.5.3　区域维度分析

从区域分布来看，如表 3–33 和图 3–52 所示，华北地区上市公司创新经济绩效指数平均水平最高，为 63.25，其次是西南地区（62.17）和华中地区（61.49）。

表 3–33　　2022 年上市公司创新经济绩效指数一览表——区域维度

区域	家数	均值	创新公司代表
东北地区	166	60.93	国电电力（85.71）
华北地区	618	63.25	北方华创（89.17）
华东地区	2,301	60.61	国电南瑞（90.35）
华南地区	859	60.24	中国广核（88.39）

续表

区域	家数	均值	创新公司代表
华中地区	369	61.49	三安光电（82.14）
西北地区	188	61.32	盐湖股份（84.11）
西南地区	313	62.17	通威股份（86.34）

注：华润微、中芯国际、中国移动、百济神州、中国海油、九号公司、格科微、诺诚健华8家公司注册地均不在境内，故不计入各省份分析。

数据来源：同花顺（iFinD），首经贸资产评估研究院和浙工商数字创新与管理研究院整理。

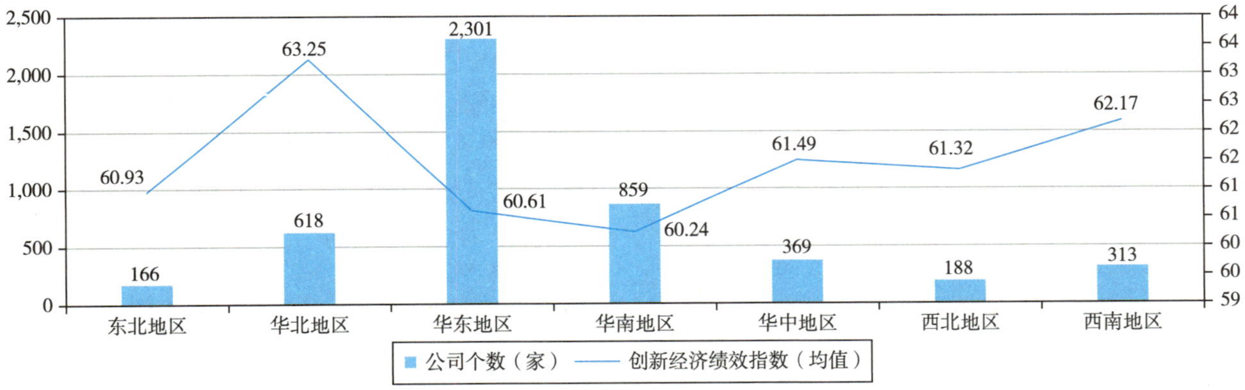

图3-52 2022年各区域上市公司创新经济绩效指数均值分布图

3.2.5.4 省份维度分析

从省份分布来看，如表3-34和图3-53所示，内蒙古自治区上市公司创新经济绩效指数平均水平最高，为66.33，其次是贵州省（64.20）和云南省（63.99）。在上市公司数量超过300家的省份中，北京市、上海市和浙江省上市公司整体表现较好，是地区高质量发展的典范。

表3-34 2022年上市公司创新经济绩效指数一览表——省份维度

省份	家数	均值	创新公司代表
安徽	157	61.66	国轩高科（86.64）
北京	418	63.17	北方华创（89.17）
重庆	60	62.48	长安汽车（86.05）
福建	161	60.30	片仔癀（80.97）
甘肃	35	60.38	中核钛白（69.19）
广东	795	60.27	中国广核（88.39）
广西	38	58.89	润建股份（72.29）
贵州	33	64.20	振华科技（77.96）
海南	26	61.15	普利制药（76.67）
河北	70	62.79	长城汽车（87.48）
河南	104	62.10	凯盛新能（80.65）
黑龙江	37	61.04	中国一重（77.08）
湖北	131	61.43	三安光电（82.14）
湖南	134	61.08	时代电气（80.61）

续表

省份	家数	均值	创新公司代表
吉林	46	60.69	长春高新（80.68）
江苏	612	60.02	国电南瑞（90.35）
江西	76	62.53	赣锋锂业（81.69）
辽宁	83	61.02	国电电力（85.71）
内蒙古	25	66.33	伊利股份（82.90）
宁夏	15	61.54	宁夏建材（80.83）
青海	11	60.87	盐湖股份（84.11）
山东	284	61.50	山东黄金（85.47）
山西	39	63.07	太原重工（76.47）
陕西	71	62.69	中国西电（82.50）
上海	380	60.58	联影医疗（88.19）
四川	163	61.46	通威股份（86.34）
天津	66	63.15	中科曙光（88.77）
西藏	20	60.39	海思科（73.18）
新疆	56	60.19	特变电工（82.35）
云南	37	63.99	恩捷股份（80.80）
浙江	631	60.37	华东医药（84.19）

注：华润微、中芯国际、中国移动、百济神州、中国海油、九号公司、格科微、诺诚健华8家公司注册地均不在境内，故不计入各省份分析。

数据来源：同花顺（iFinD），首经贸资产评估研究院和浙工商数字创新与管理研究院整理。

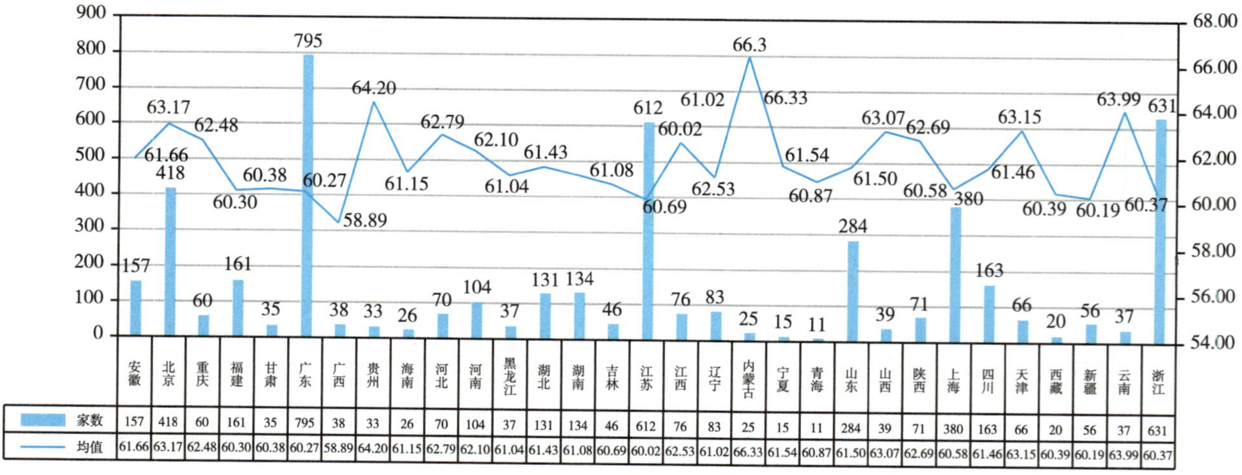

	安徽	北京	重庆	福建	甘肃	广东	广西	贵州	海南	河北	河南	黑龙江	湖北	湖南	吉林	江苏	江西	辽宁	内蒙古	宁夏	青海	山东	山西	陕西	上海	四川	天津	西藏	新疆	云南	浙江
家数	157	418	60	161	35	795	38	33	26	70	104	37	131	134	46	612	76	83	25	15	11	284	39	71	380	163	66	20	56	37	631
均值	61.66	63.17	62.48	60.30	60.38	60.27	58.89	64.20	61.15	62.79	62.10	61.04	61.43	61.08	60.69	60.02	62.53	61.02	66.33	61.54	60.87	61.50	63.07	62.69	60.58	61.46	63.15	60.39	60.19	63.99	60.37

图3-53　2022年各省份上市公司创新经济绩效指数均值分布图

3.2.5.5　板块维度分析

从板块分布来看，如表3-35和图3-54所示，上海证券交易所主板上市公司创新经济绩效指数平均水平最高，为62.77，其次是深圳证券交易所主板上市公司，为61.95。科创板（60.25）、创业板（59.42）和北京证券交易所（53.51）上市公司的创新经济绩效指数平均水平均低于全市场平均水平（61.11）。

表 3-35　　2022 年上市公司创新经济绩效指数一览表——板块维度

板块	家数	均值	创新公司代表
沪市主板	1,521	62.77	国电南瑞（90.35）
深市主板	1,410	61.95	北方华创（89.17）
创业板	1,228	59.42	迈瑞医疗（87.79）
科创板	501	60.25	联影医疗（88.19）
北交所	162	53.51	连城数控（73.72）

数据来源：同花顺（iFinD），首经贸资产评估研究院和浙工商数字创新与管理研究院整理。

3.2.5.6　产权维度分析

从产权分布来看，如表3-36和图3-55所示，中央国有控股上市公司创新经济绩效指数平均水平最高，为67.05。其次是地方国有控股上市公司，为62.27。非国有企业平均水平均低于全市场均值61.11，为60.13。

表 3-36　　2022 年上市公司创新经济绩效指数一览表——产权维度

产权	家数	均值	创新公司代表
中央国有控股	417	67.05	国电南瑞（90.35）
地方国有控股	848	62.27	北方华创（89.17）
非国有控股	3,557	60.13	联影医疗（88.19）

数据来源：同花顺（iFinD），首经贸资产评估研究院和浙工商数字创新与管理研究院整理。

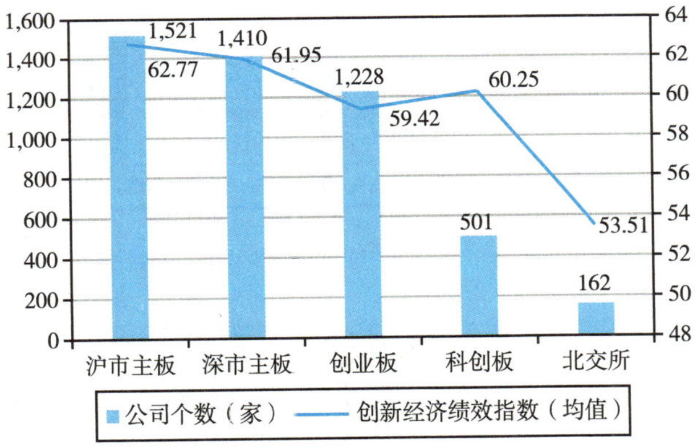

图3-54　2022年各板块上市公司创新经济绩效指数均值分布图

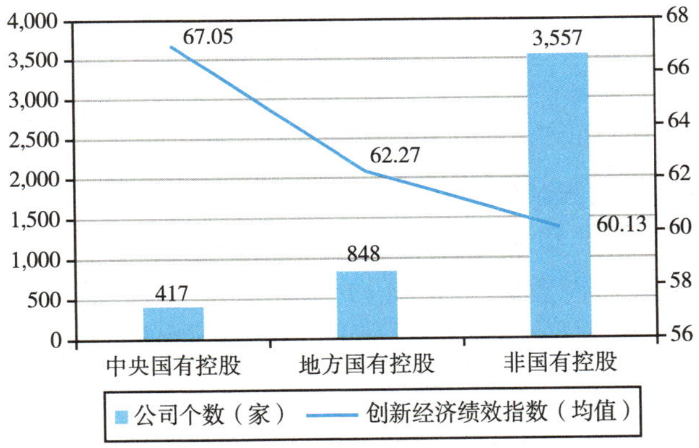

图3-55　2022年不同产权上市公司创新经济绩效指数均值分布图

第4章
政府创新发展支持力度评价

在全面贯彻新发展理念、加快构建新发展格局的要求指引下，各地政府运用政府采购、政府补助、税收优惠、金融支持等创新性政策支持手段，直面市场主体需求出招发力，全面支持企业纾困解难、对上市公司创新发展发挥了关键作用。

从国家层面看，2022年政府创新发展支持综合指数为61.93。其中，创新政府补助支持指数为68.85，创新税收优惠支持指数为58.79，创新金融支持指数为65.85，创新政府采购支持指数为49.93，创新科研支持指数为65.17。政府运用多种政策支持企业创新转型体现出较为明显的协同性和系统性特征，在针对性破解企业创新发展难题方面发挥出了显著的政策实施优势。

4.1 七大区政府创新发展支持力度评价

根据披露的创新政府补助、创新税收优惠、创新金融支持、创新政府采购和创新科研支持数据，报告分析了我国东北、华北、华东、华南、华中、西北和西南七大地理区域的政府创新发展支持力度。七大区域政府创新发展支持综合指数水平，如图4-1所示。

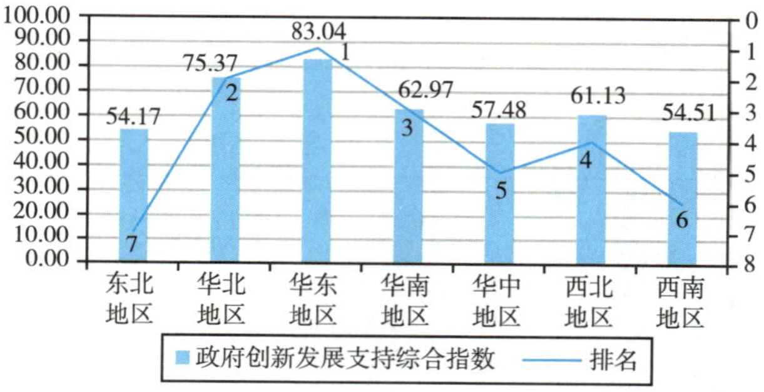

图4-1 政府创新发展支持综合指数—区域维度

总体来看，东北、华北、华东、华南、华中、西北和西南七大地理区域的政府创新发展支持综合指数依次为54.17、75.37、83.04、62.97、57.48、61.13和54.51。其中，政府创新发展支持综合指数平均水平最高的是华东地区，其次是华北地区，最低的是东北地区，凸显出华东地区和华北地区的创新发展支持力度具有明显的优越性。从细分维度来看，创新政府补助支持指数分值最高的为华中地区；创新税收优惠支持指数分值最高的为华东地区；创新金融支持指数排名最高的为华东地区；创新政府采购支持指数得分最高的为华北地区；创新科研支持指数得分最高的为华东地区。七大区域政府创新发展指数具体情况，如表4-1所示。

表4-1 政府创新发展指数一览表—区域维度

区域	政府创新发展支持综合指数		创新政府补助支持指数		创新税收优惠支持指数		创新金融支持指数		创新政府采购支持指数		创新科研支持指数	
	分值	区域排名	分值	区域排名	分值	区域排名	分值	区域排名	分值	区域排名	分值	区域排名
东北	54.17	7	77.50	3	51.70	6	48.54	7	43.67	6	50.50	6
华北	75.37	2	66.30	4	60.94	3	70.28	2	100.00	1	84.05	2
华东	83.04	1	40.00	7	100.00	1	99.85	1	68.55	3	98.77	1
华南	62.97	3	51.24	6	70.34	2	66.54	3	71.17	2	54.44	5

续表

区域	政府创新发展支持综合指数		创新政府补助支持指数		创新税收优惠支持指数		创新金融支持指数		创新政府采购支持指数		创新科研支持指数	
	分值	区域排名	分值	区域排名	分值	区域排名	分值	区域排名	分值	区域排名	分值	区域排名
华中	57.48	5	93.29	1	51.85	5	55.87	5	40.00	7	47.17	7
西北	61.13	4	86.90	2	40.74	7	58.14	4	55.52	4	67.99	3
西南	54.51	6	59.72	5	53.38	4	51.43	6	48.15	5	60.04	4

数据来源：首经贸资产评估研究院和浙工商数字创新与管理研究院整理。

4.1.1 东北地区

4.1.1.1 政府创新发展支持综合指数

2022年东北地区政府创新发展支持综合指数为54.17，与全国平均水平61.93相比，处于全国平均水平之下，体现出该地区政府创新发展综合支持程度相对偏弱，如图4–2所示。

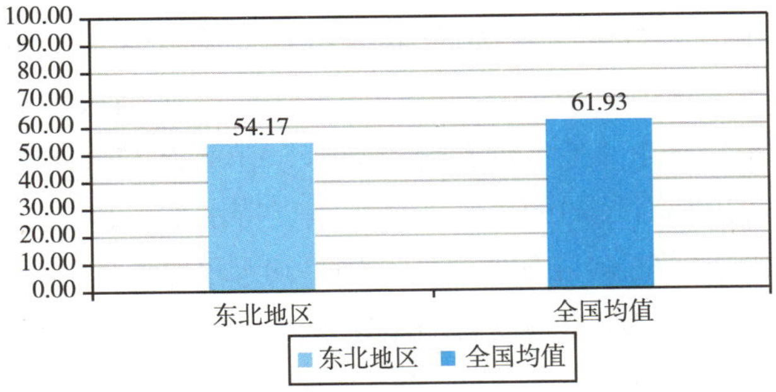

图4–2　东北地区政府创新发展支持综合指数

4.1.1.2 创新政府补助支持维度

如图4–3所示，从创新政府补助支持的总体表现来看，2022年东北地区创新政府补助支持指数为77.50，与全国平均水平68.85相比，处于全国平均水平之上，体现出相对较强的政府补助政策支持效果。

从创新政府补助支持的范围来看，2022年东北地区获得政府研发补助的上市公司数量占比指标分值为84.02，表明企业主体较为广泛获取了政府补助的创新政策支持，与全国平均水平67.78相比，处于全国平均水平之上，可见政府补助在支持企业创新发展的政策实施范围方面表现较好且仍需巩固。

从创新政府补助支持的力度来看，2022年东北地区政府研发补助占营业收入比重指标分值为70.98，表明企业主体获取创新政府补助政策支持规模已达自身经营规模的较大比重，与全国平均水平69.92相比，处于全国平均水平之上，政府补助在支持企业创新发展方面需持续巩固投入力度。

4.1.1.3 创新税收优惠支持维度

如图4–4所示，从创新税收优惠支持的总体表现来看，2022年东北地区创新税收优惠支持指数为51.70，与全国平均水平58.79相比，处于全国平均水平之下，体现出相对偏弱的税收优惠政策支持效果。

从创新税收优惠支持的范围来看，2022年东北地区获得税收优惠的上市公司数量占比指标分值为85.80，与全国平均水平83.86相比，处于全国平均水平之上，可见税收优惠在支持企业创新发展的政策实施范围方面仍需巩固。

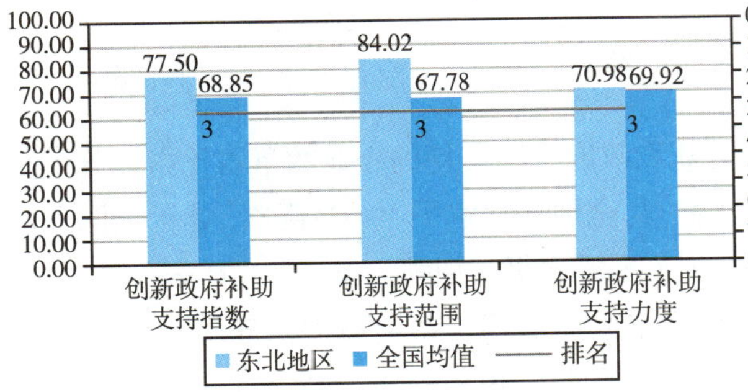

图4–3　东北地区创新政府补助支持情况

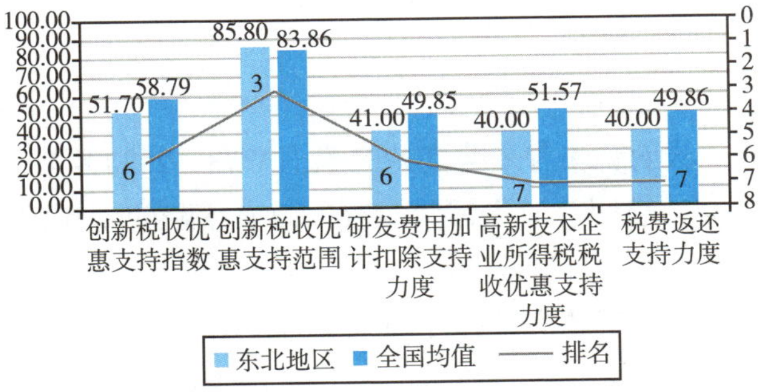

图4–4　东北地区创新税收优惠支持情况

从创新税收优惠支持的力度来看，以研发费用加计扣除额、高新技术企业所得税税收优惠和税费返还额作为衡量方式，2022年东北地区研发费用加计扣除指标分值为41.00，与全国平均水平49.85相比，处于全国平均水平之下，可见研发费用加计扣除的税收优惠政策在支持企业创新发展方面仍需持续加大力度。东北地区高新技术企业所得税税收优惠指标分值为40.00，与全国平均水平51.57相比，处于全国平均水平之下，可见高新技术企业所得税税收优惠政策在支持企业创新发展方面仍需持续加大力度。东北地区税费返还指标分值为40.00，与全国平均水平49.86相比，处于全国平均水平之下，可见税费返还政策在支持企业创新发展方面仍需持续加大力度。

4.1.1.4 创新金融支持维度

如图4–5所示，从创新金融支持的总体表现来看，2022年东北地区整体创新金融支持指数为48.54，与全国平均水平65.85相比，处于全国平均水平之下，体现出相对偏弱的政策支持效果。

从创新金融支持的力度来看，以公司获得的创新融资金额和普惠金融支持指数作为衡量方式，2022年东北地区创新融资指标分值为42.47，与全国平均水平54.01相比，处于全国平均水平之下，体现出相对偏弱的创新融资政策支持水平。2022年东北地区普惠金融支持指标分值为40.00，与全国平均水平66.69相比，处于全国平均水平之下，体现出相对偏弱的普惠金融政策支持力度。

从创新金融支持的增速来看，2022年东北地区创新金融支持增速指标分值为63.15，与全国平均水平76.86相比，处于全国平均水平之下，体现出相比更小的创新金融政策支持增速，表明东北地区政府需要不断提升创新金融方面的投入。

4.1.1.5 创新政府采购支持维度

如图4–6所示，从创新政府采购支持的总体表现来看，2022年东北地区创新政府采购支持指数为43.67，与全国平均水平49.93相比，处于全国平均水平之下，体现出该地区政府采购创新支持较低，同时也体现出该地区偏弱的需求侧政策支持效果。

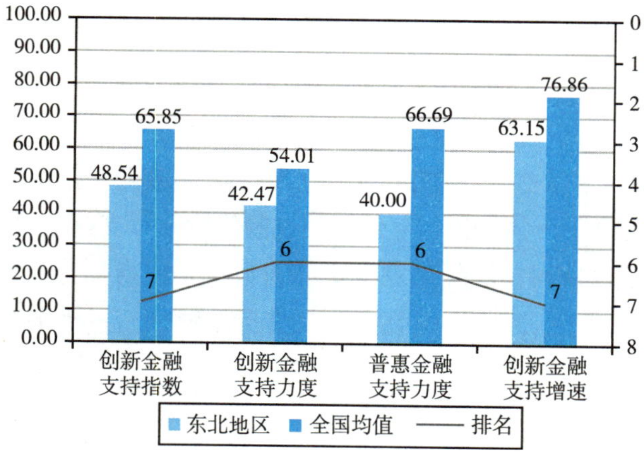

图4–5 东北地区创新金融支持情况

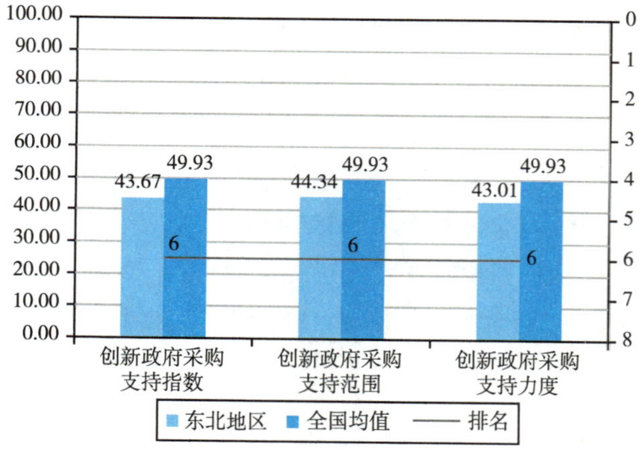

图4–6 东北地区创新政府采购支持情况

从创新政府采购支持的范围来看，2022年东北地区获取政府采购支持的企业数量占比指标分值为44.34，表明企业主体较少获取政府采购的创新政策支持，与全国平均水平49.93相比，处于全国平均水平之下，可见政府采购在支持企业创新发展的政策实施范围方面仍需加强。

从创新政府采购支持的力度来看，2022年东北地区获取政府采购支持金额指标分值为43.01，表明企业主体获取政府采购创新政策支持力度较小，与全国平均水平49.93相比，处于全国平均水平之下，可见加大政府采购政策支持企业创新发展范围和力度并行应是下一步政策效果改进的重点。

4.1.1.6　创新科研支持维度

如图4–7所示，从创新科研支持的总体表现来看，2022年东北地区创新科研支持指数为50.50，与全国平均水平65.17相比，处于全国平均水平之下，体现出相对偏弱的科研支持效果。

从创新科研支持的力度来看，以政府支持高校和科研机构数量和政府支持高校和科研机构研发经费作为衡量方式，2022年东北地区政府支持高校和科研机构数量指标分值为43.91，与全国平均水平71.20相比，处于全国平均水平之下，体现出相对偏弱的创新科研支持水平。2022年东北地区政府支持高校和科研机构研发经费指标分值为40.74，与全国平均水平51.94相比，处于全国平均水平之下，体现出相对偏弱的高校和科研机构的研发经费投入水平。

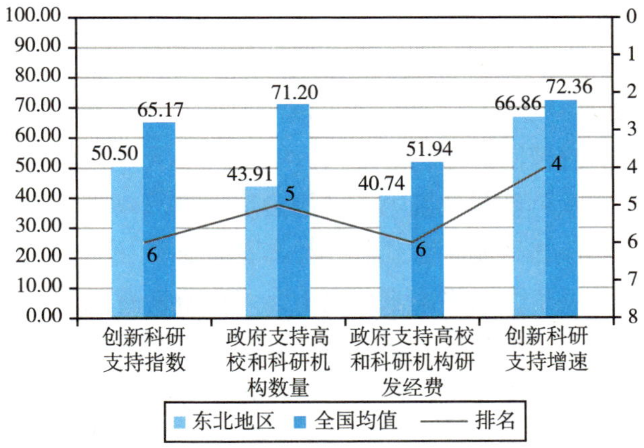

图4–7　东北地区创新科研支持情况

从创新科研支持的增速来看，以政府支持高校和科研机构研发经费增长率作为衡量方式，2022年东北地区支持高校和科研机构研发经费增长率指标分值为66.86，与全国平均水平72.36相比，处于全国平均水平之下，体现出相对偏弱的创新科研政策支持持续性。

4.1.2　华北地区

4.1.2.1　政府创新发展支持综合指数

2022年华北地区政府创新发展支持综合指数为75.37，与全国平均水平61.93相比，处于全国平均水平之上，体现出该地区政府创新发展综合支持程度相对较强，如图4–8所示。

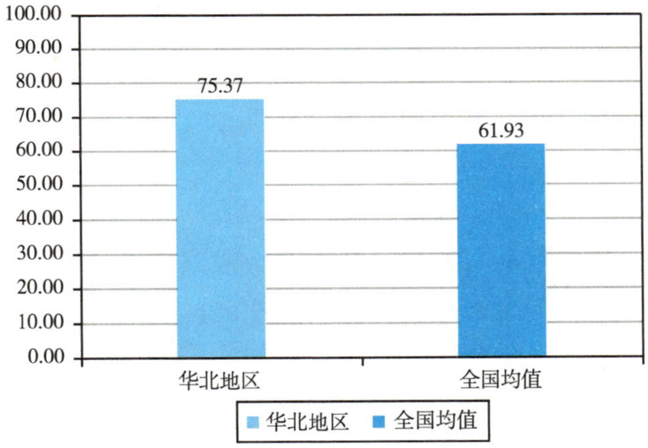

图4–8　华北地区政府创新发展支持综合指数

4.1.2.2　创新政府补助支持维度

如图4–9所示，从创新政府补助支持的总体表现来看，2022年华北地区创新政府补助支持指数为66.30，与全国平均水平68.85相比，处于全国平均水平之下，体现出相对偏弱的政府补助政策支持效果。

从创新政府补助支持的范围来看，2022年华北地区获得政府研发补助的上市公司数量占比指标分值为71.50，表明企业主体较为广泛获取了政府补助的创新政策支持，与全国平均水平67.78相比，处于全国平均水平之上，可见政府补助在支持企业创新发展的政策实施范围方面表现较好且仍需加强。

从创新政府补助支持的力度来看，2022年华北地区政府研发补助占营业收入比重指标分值为61.10，与全国平均水平69.92相比，处于全国平均水平之下，政府补助在支持企业创新发展方面仍需持续加强投入力度。

4.1.2.3　创新税收优惠支持维度

如图4–10所示，从创新税收优惠支持的总体表现来看，2022年华北地区创新税收优惠支持指数为60.94，与全国平均水平58.79相比，处于全国平均水平之上，体现出相对较强的税收优惠政策支持效果。

从创新税收优惠支持的范围来看，2022年华北地区获得税收优惠的上市公司数量占比指标分值为79.58，与全国平均水平83.86相比，处于全国平均水平之下，可见税收优惠在支持企业创新发展的政策实施范围方面仍需加强。

从创新税收优惠支持的力度来看，以研发费用加计扣除额、高新技术企业所得税税收优惠和税费返还额作为衡量方式，2022年华北地区研发费用加计扣除指标分值为49.94，与全国平均水平49.85相比，处于全国平均水平之上，可见研发费用加计扣除的税收优惠政策在支持企业创新发展方面需继续巩固。华北地区高新技术企业所得税税收优惠指标分值为59.35，与全国平均水平51.57相比，处于全国平均水平之上，可见高新技术企业所得税税收优惠政策在支持企业创新发展方面需继续巩固。华北地区税费返还指标分值为54.90，与全国平均水平49.86相比，处于全国平均水平之上，可见税费返还政策在支持企业创新发展方面需继续巩固。

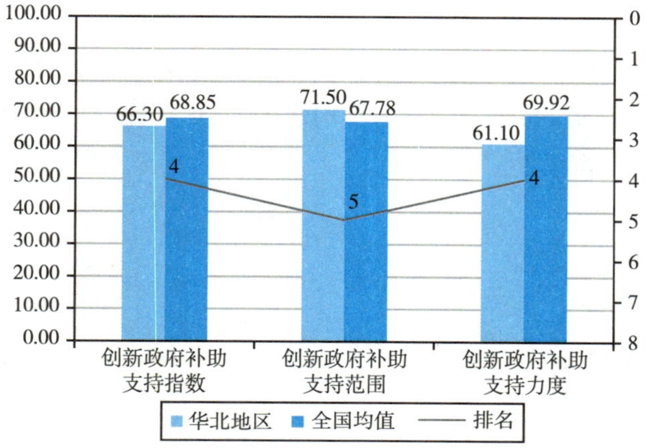

图4–9　华北地区创新政府补助支持情况

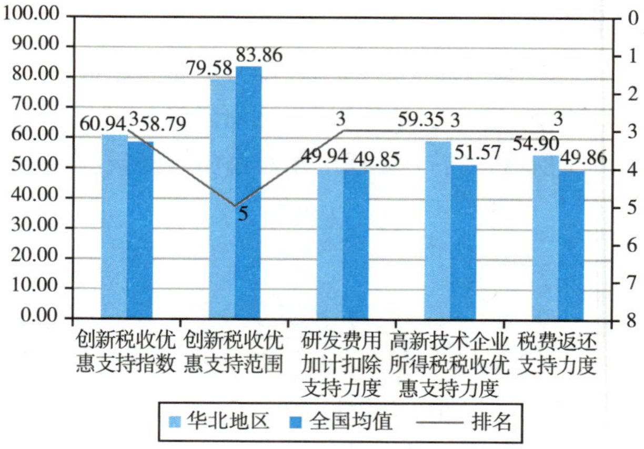

图4–10　华北地区创新税收优惠支持情况

4.1.2.4　创新金融支持维度

如图4–11所示，从创新金融支持的总体表现来看，2022年华北地区整体创新金融支持指数为70.28，与全国平均水平65.85相比，处于全国平均水平之上，体现出相对较强的政策支持效果。

从创新金融支持的力度来看，以公司获得的创新融资金额和普惠金融支持指数作为衡量方式，2022年华北地区创新融资指标分值为63.88，与全国平均水平54.01相比，处于全国平均水平之上，体现出相对较强的创新融资政策支持水平。2022年华北地区普惠金融支持指标分值为68.60，与全国平均水平66.69相比，处于全国平均水平之上，体现出相对较强的普惠金融政策支持力度。

从创新金融支持的增速来看，2022年华北地区创新金融支持增速指标分值为78.35，与全国平均水平76.86相比，处于全国平均水平之上，体现出相比更大的创新金融政策支持增速，表明华北地区政府需要持续加大创新金融方面的投入。

4.1.2.5　创新政府采购支持维度

如图4–12所示，从创新政府采购支持的总体表现来看，2022年华北地区创新政府采购支持指数为100.00，与全国平均水平49.93相比，处于全国平均水平之上，体现出该地区政府采购创新支持较高，同时也体现出该地区较强的需求侧政策支持效果。

从创新政府采购支持的范围来看，2022年华北地区获取政府采购支持的企业数量占比指标分值为

100.00，表明企业主体较为广泛地获取了政府采购的创新政策支持，与全国平均水平49.93相比，处于全国平均水平之上，可见政府采购在支持企业创新发展的政策实施范围方面仍需保持。

从创新政府采购支持的力度来看，2022年华北地区获取政府采购支持金额指标分值为100.00，表明企业主体获取政府采购创新政策支持力度较大，与全国平均水平49.93相比，处于全国平均水平之上。可见目前相关政策支持力度大，应当继续保持。

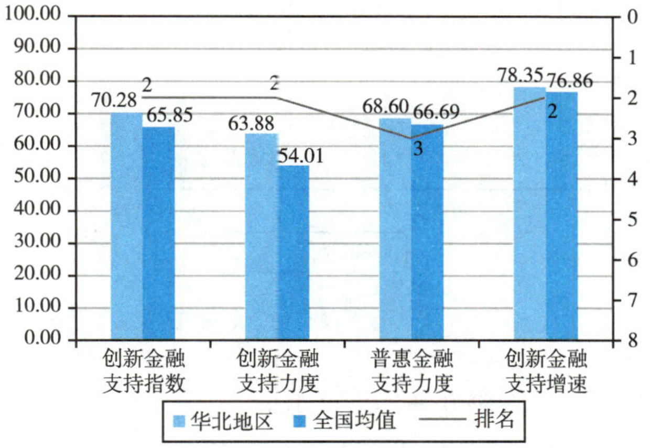

图4-11　华北地区创新金融支持情况

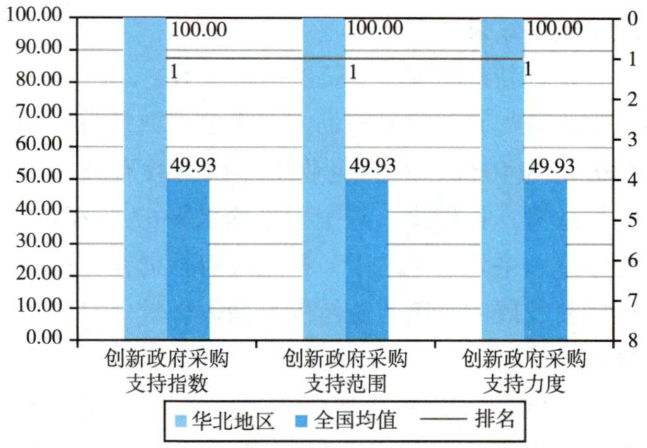

图4-12　华北地区创新政府采购支持情况

4.1.2.6　创新科研支持维度

如图4-13所示，从创新科研支持的总体表现来看，2022年华北地区创新科研支持指数为84.05，与全国平均水平65.17相比，处于全国平均水平之上，体现出相对较强的科研支持效果。

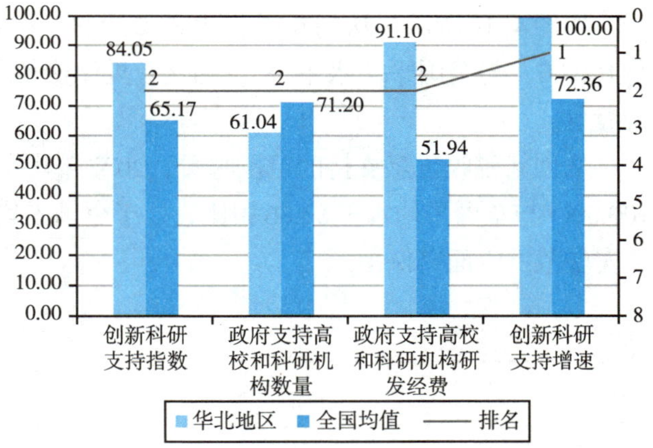

图4-13　华北地区创新科研支持情况

从创新科研支持的力度来看，以政府支持高校和科研机构数量和政府支持高校和科研机构研发经费作为衡量方式，2022年华北地区政府支持高校和科研机构数量指标分值为61.04，与全国平均水平71.20相比，处于全国平均水平之下，体现出相对偏弱的创新科研支持水平。2022年华北地区政府支持高校和科研机构研发经费指标分值为91.10，与全国平均水平51.94相比，处于全国平均水平之上，体现出相对较强的高校和科研机构的研发经费投入水平。

从创新科研支持的增速来看，以政府支持高校和科研机构研发经费增长率作为衡量方式，2022年华北地区支持高校和科研机构研发经费增长率指标分值为100.00，与全国平均水平72.36相比，处于全国平均水平之上，体现出相对较强的创新科研政策支持持续性。

4.1.3　华东地区

4.1.3.1　政府创新发展支持综合指数

2022年华东地区政府创新发展支持综合指数为83.04，与全国平均水平61.93相比，处于全国平均水平之上，体现出该地区政府创新发展综合支持程度相对较强，如图4-14所示。

4.1.3.2 创新政府补助支持维度

如图4-15所示，从创新政府补助支持的总体表现来看，2022年华东地区创新政府补助支持指数为40.00，与全国平均水平68.85相比，处于全国平均水平之下，体现出相对偏弱的政府补助政策支持效果。

从创新政府补助支持的范围来看，2022年华东地区获得政府研发补助的上市公司数量占比指标分值为40.00，表明企业主体获得政府补助的创新政策支持较少，与全国平均水平67.78相比，处于全国平均水平之下，可见政府补助在支持企业创新发展的政策实施范围方面表现较差，仍需加强。

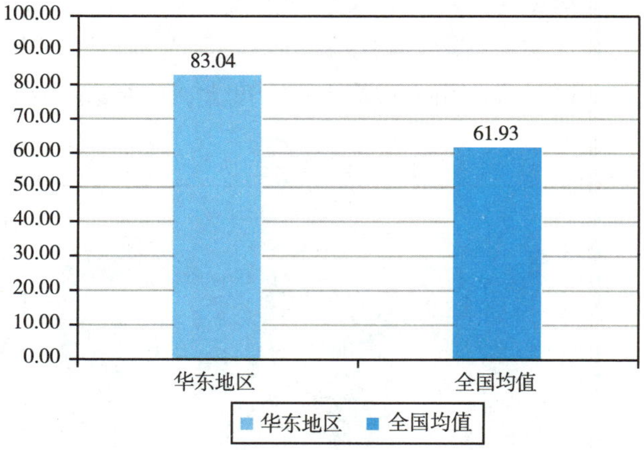

图4-14 华东地区政府创新发展支持综合指数

从创新政府补助支持的力度来看，2022年华东地区政府研发补助占营业收入比重指标分值为40.00，与全国平均水平69.92相比，处于全国平均水平之下，政府补助在支持企业创新发展方面仍需持续加强投入力度。

4.1.3.3 创新税收优惠支持维度

如图4-16所示，从创新税收优惠支持的总体表现来看，2022年华东地区创新税收优惠支持指数为100.00，与全国平均水平58.79相比，处于全国平均水平之上，体现出相对较强的税收优惠政策支持效果。

从创新税收优惠支持的范围来看，2022年华东地区获得税收优惠的上市公司数量占比指标分值为100.00，与全国平均水平83.86相比，处于全国平均水平之上，可见税收优惠在支持企业创新发展的政策实施范围方面需保持。

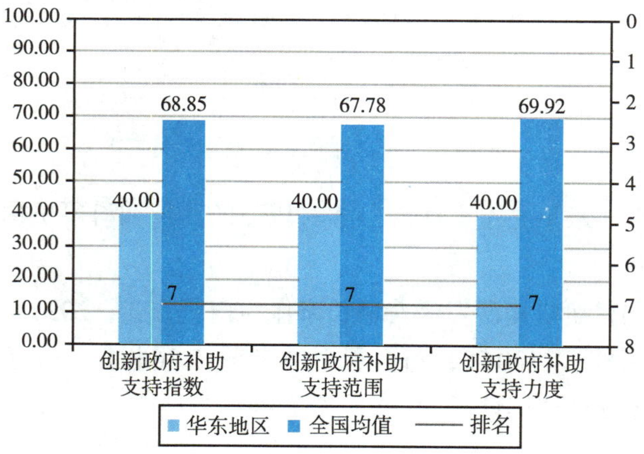

图4-15 华东地区创新政府补助支持情况

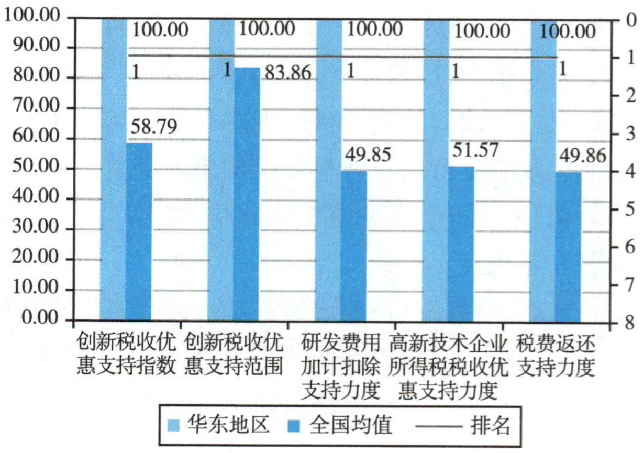

图4-16 华东地区创新税收优惠支持情况

从创新税收优惠支持的力度来看，以研发费用加计扣除额、高新技术企业所得税税收优惠和税费返还额作为衡量方式，2022年华东地区研发费用加计扣除指标分值为100.00，与全国平均水平49.85

相比，处于全国平均水平之上，可见研发费用加计扣除的税收优惠政策在支持企业创新发展方面仍需保持。华东地区高新技术企业所得税税收优惠指标分值为100.00，与全国平均水平51.57相比，处于全国平均水平之上，可见高新技术企业所得税税收优惠政策在支持企业创新发展方面仍需保持。华东地区税费返还指标分值为100.00，与全国平均水平49.86相比，处于全国平均水平之上，可见税费返还政策在支持企业创新发展方面仍需保持。

4.1.3.4　创新金融支持维度

如图4–17所示，从创新金融支持的总体表现来看，2022年华东地区整体创新金融支持指数为99.85，与全国平均水平65.85相比，处于全国平均水平之上，体现出相对较强的政策支持效果。

从创新金融支持的力度来看，以公司获得的创新融资金额和普惠金融支持指数作为衡量方式，2022年华东地区创新融资指标分值为100.00，与全国平均水平54.01相比，处于全国平均水平之上，体现出相对较强的创新融资政策支持水平。2022年华东地区普惠金融支持指标分值为100.00，与全国平均水平66.69相比，处于全国平均水平之上，体现出相对较强的普惠金融政策支持力度。

从创新金融支持的增速来看，2022年华东地区创新金融支持增速指标分值为99.55，与全国平均水平76.86相比，处于全国平均水平之上，体现出相比更大的创新金融政策支持增速，表明华东地区政府需要持续保持创新金融方面的投入。

4.1.3.5　创新政府采购支持维度

如图4–18所示，从创新政府采购支持的总体表现来看，2022年华东地区创新政府采购支持指数为68.55，与全国平均水平49.93相比，处于全国平均水平之上，体现出该地区政府采购创新支持较高，同时也体现出该地区较强的需求侧政策支持效果。

从创新政府采购支持的范围来看，2022年华东地区获取政府采购支持的企业数量占比指标分值为62.76，表明企业主体较为广泛地获取了政府采购的创新政策支持，与全国平均水平49.93相比，处于全国平均水平之上，可见政府采购在支持企业创新发展的政策实施范围方面仍需保持。

从创新政府采购支持的力度来看，2022年华东地区获取政府采购支持金额指标分值为74.34，表明企业主体获取政府采购创新政策支持力度较大，与全国平均水平49.93相比，处于全国平均水平之上，可见保持政府采购政策支持企业创新发展范围和力度应是下一步政策效果改进的重点。

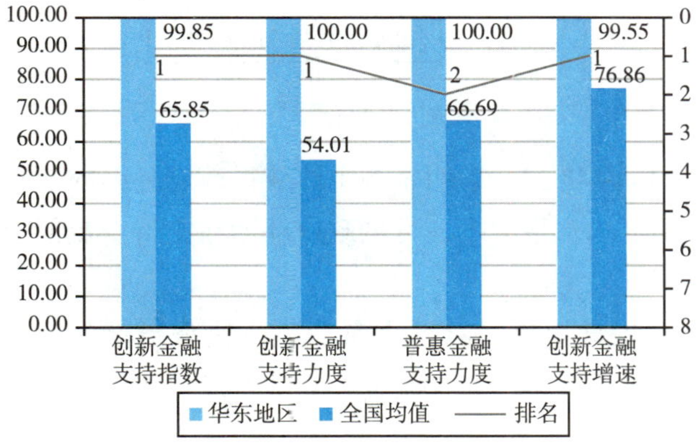

图4–17　华东地区创新金融支持情况

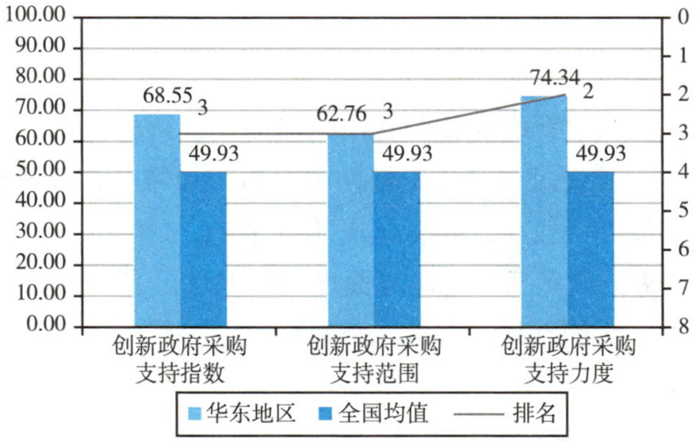

图4–18　华东地区创新政府采购支持情况

4.1.3.6　创新科研支持维度

如图4–19所示，从创新科研支持的总体表现来看，2022年华东地区创新科研支持指数为98.77，与全国平均水平65.17相比，处于全国平均水平之上，体现出相对较强的科研支持效果。

从创新科研支持的力度来看，以政府支持高校和科研机构数量和政府支持高校和科研机构研发经费作为衡量方式，2022年华东地区政府支持高校和科研机构数量指标分值为100.00，与全国平均水平71.20相比，处于全国平均水平之上，体现出相对较强的创新科研支持水平。2022年华东地区政府支持高校和科研机构研发经费指标分值为100.00，与全国平均水平51.94相比，处于全国平均水平之上，体现出相对较强的高校和科研机构的研发经费投入水平。

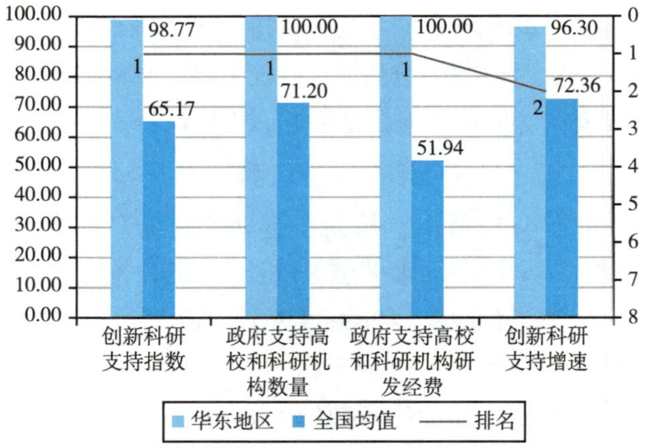

图4-19　华东地区创新科研支持情况

从创新科研支持的增速来看，以政府支持高校和科研机构研发经费增长率作为衡量方式，2022年华东地区支持高校和科研机构研发经费增长率指标分值为96.30，与全国平均水平72.36相比，处于全国平均水平之上，体现出相对较强的创新科研政策支持持续性。

4.1.4　华南地区

4.1.4.1　政府创新发展支持综合指数

2022年华南地区政府创新发展支持综合指数为62.97，与全国平均水平61.93相比，处于全国平均水平之上，体现出该地区政府创新发展综合支持程度相对较强，如图4-20所示。

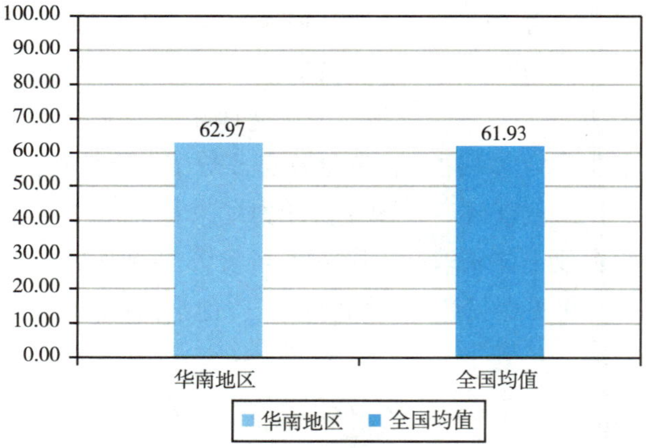

图4-20　华南地区政府创新发展支持综合指数

4.1.4.2　创新政府补助支持维度

如图4-21所示，从创新政府补助支持的总体表现来看，2022年华南地区创新政府补助支持指数为51.24，与全国平均水平68.85相比，处于全国平均水平之下，体现出相对偏弱的政府补助政策支持效果。

从创新政府补助支持的范围来看，2022年华南地区获得政府研发补助的上市公司数量占比指标分值为48.22，表明企业主体获得政府补助的创新政策支持较少，与全国平均水平67.78相比，处于全国平均水平之下，可见政府补助在支持企业创新发展的政策实施范围方面表现较差且仍需加强。

从创新政府补助支持的力度来看，2022年华南地区政府研发补助占营业收入比重指标分值为54.27，与全国平均水平69.92相比，处于全国平均水平之下，政府补助在支持企业创新发展方面仍需持续加强投入力度。

4.1.4.3　创新税收优惠支持维度

如图4-22所示，从创新税收优惠支持的总体表现来看，2022年华南地区创新税收优惠支持指数为70.34，与全国平均水平58.79相比，处于全国平均水平之上，体现出相对较强的税收优惠政策支持效果。

从创新税收优惠支持的范围来看，2022年华南地区获得税收优惠的上市公司数量占比指标分值为97.70，与全国平均水平83.86相比，处于全国平均水平之上，可见税收优惠在支持企业创新发展的政策实施范围方面仍需巩固。

从创新税收优惠支持的力度来看，以研发费用加计扣除额、高新技术企业所得税税收优惠和税费返还额作为衡量方式，2022年华南地区研发费用加计扣除指标分值为61.90，与全国平均水平49.85相比，处于全国平均水平之上，可见研发费用加计扣除的税收优惠政策在支持企业创新发展方面仍需巩固。华南地区高新技术企业所得税税收优惠指标分值为59.93，与全国平均水平51.57相比，处于全国平均水平之上，可见高新技术企业所得税税收优惠政策在支持企业创新发展方面需继续保持。华南地区税费返还指标分值为61.82，与全国平均水平49.86相比，处于全国平均水平之上，可见税费返还政策在支持企业创新发展方面需继续保持。

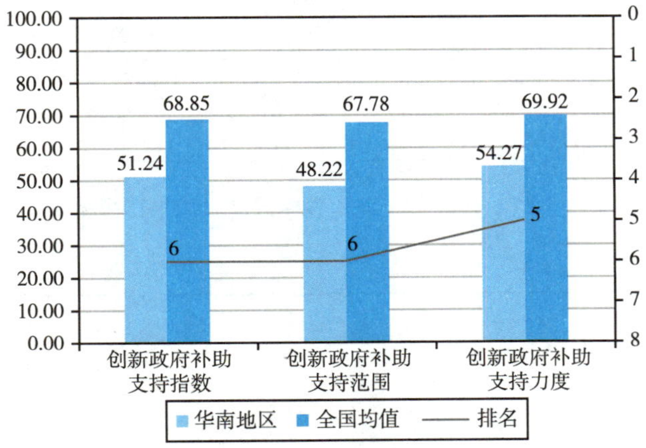

图4-21 华南地区创新政府补助支持情况

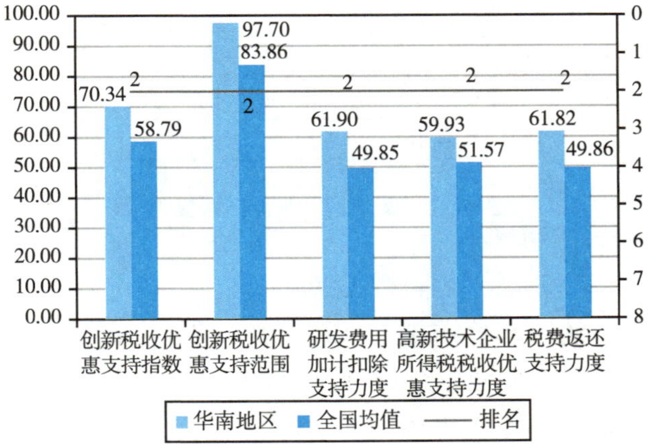

图4-22 华南地区创新税收优惠支持情况

4.1.4.4 创新金融支持维度

如图4-23所示，从创新金融支持的总体表现来看，2022年华南地区整体创新金融支持指数为66.54，与全国平均水平65.85相比，处于全国平均水平之上，体现出相对较强的政策支持效果。

从创新金融支持的力度来看，以公司获得的创新融资金额和普惠金融支持指数作为衡量方式，2022年华南地区创新融资指标分值为58.99，与全国平均水平54.01相比，处于全国平均水平之上，体现出相对较强的创新融资政策支持水平。2022年华南地区普惠金融支持指标分值为40.62，与全国平均水平66.69相比，处于全国平均水平之下，体现出相对偏弱的普惠金融政策支持力度。

从创新金融支持的增速来看，2022年华南地区创新金融支持增速指标分值为100.00，与全国平均水平76.86相比，处于全国平均水平之上，体现出相比更大的创新金融政策支持增速，表明华南地区政府需要持续巩固创新金融方面的投入。

4.1.4.5 创新政府采购支持维度

如图4-24所示，从创新政府采购支持的总体表现来看，2022年华南地区创新政府采购支持指数为71.17，与全国平均水平49.93相比，处于全国平均水平之上，体现出该地区政府采购创新支持较高，同时也体现出该地区较强的需求侧政策支持效果。

从创新政府采购支持的范围来看，2022年华南地区获取政府采购支持的企业数量占比指标分值为71.72，表明企业主体较为广泛地获取了政府采购的创新政策支持，与全国平均水平49.93相比，处于全国平均水平之上，可见政府采购在支持企业创新发展的政策实施范围方面仍需巩固。

从创新政府采购支持的力度来看，2022年华南地区获取政府采购支持金额指标分值为70.61，表明企业主体获取政府采购创新政策支持力度较大，与全国平均水平49.93相比，处于全国平均水平之上，可见保持政府采购政策支持企业创新发展力度应是下一步政策效果改进的重点。

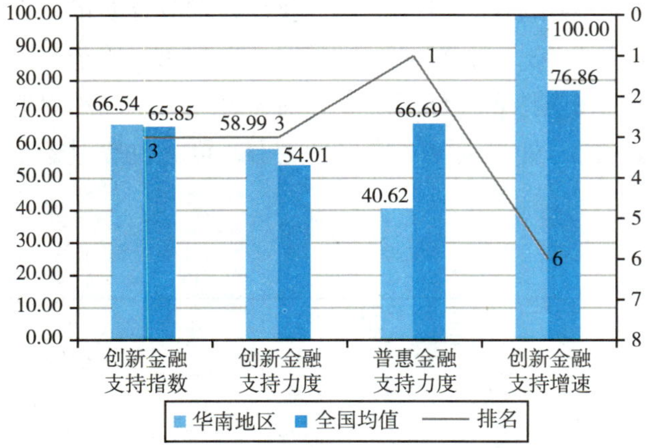

图4-23 华南地区创新金融支持情况

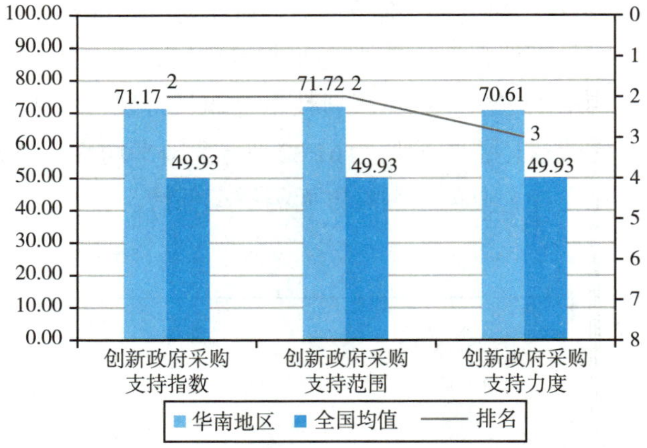

图4-24 华南地区创新政府采购支持情况

4.1.4.6 创新科研支持维度

如图4-25所示，从创新科研支持的总体表现来看，2022年华南地区创新科研支持指数为54.44，与全国平均水平65.17相比，处于全国平均水平之下，体现出相对偏弱的科研支持效果。

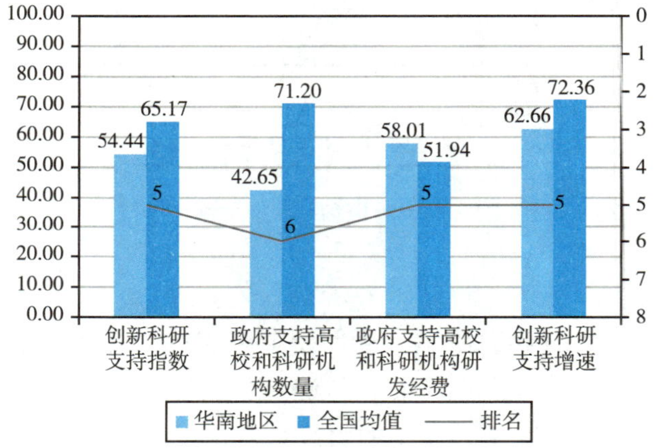

图4-25 华南地区创新科研支持情况

从创新科研支持的力度来看，以政府支持高校和科研机构数量和政府支持高校和科研机构研发经费作为衡量方式，2022年华南地区政府支持高校和科研机构数量指标分值为42.65，与全国平均水平71.20相比，处于全国平均水平之下，体现出相对偏弱的创新科研支持水平。2022年华南地区政府支持高校和科研机构研发经费指标分值为58.01，与全国平均水平51.94相比，处于全国平均水平之上，体现出相对较强的高校和科研机构的研发经费投入水平。

从创新科研支持的增速来看，以政府支持高校和科研机构研发经费增长率作为衡量方式，2022年华南地区支持高校和科研机构研发经费增长率指标分值为62.66，与全国平均水平72.36相比，处于全国平均水平之下，体现出相对偏弱的创新科研政策支持持续性。

4.1.5 华中地区

4.1.5.1 政府创新发展支持综合指数

2022年华中地区政府创新发展支持综合指数为57.48，与全国平均水平61.93相比，处于全国平均水平之下，体现出该地区政府创新发展综合支持程度相对偏弱，如图4-26所示。

4.1.5.2　创新政府补助支持维度

如图4–27所示，从创新政府补助支持的总体表现来看，2022年华中地区创新政府补助支持指数为93.29，与全国平均水平68.85相比，处于全国平均水平之上，体现出相对较强的政府补助政策支持效果。

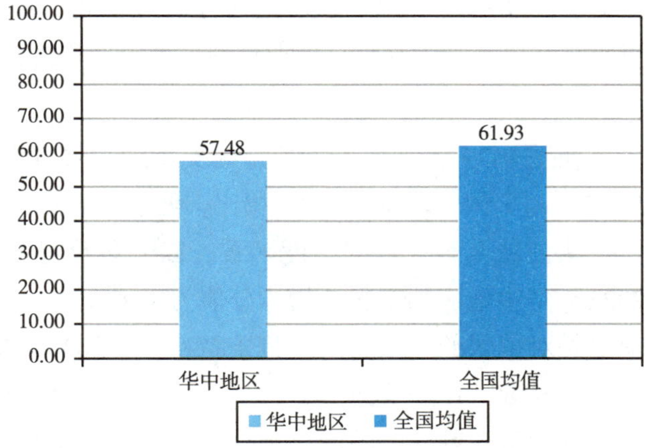

图4–26　华中地区政府创新发展支持综合指数

从创新政府补助支持的范围来看，2022年华中地区获得政府研发补助的上市公司数量占比指标分值为86.58，表明企业主体较为广泛获取了政府补助的创新政策支持，与全国平均水平67.78相比，处于全国平均水平之上，可见政府补助在支持企业创新发展的政策实施范围方面表现较好且仍需巩固。

从创新政府补助支持的力度来看，2022年华中地区政府研发补助占营业收入比重指标分值为100.00，表明企业主体获取创新政府补助政策支持规模已达自身经营规模的较大比重，与全国平均水平69.92相比，处于全国平均水平之上，政府补助在支持企业创新发展方面仍需持续巩固。

4.1.5.3　创新税收优惠支持维度

如图4–28所示，从创新税收优惠支持的总体表现来看，2022年华中地区创新税收优惠支持指数为51.85，与全国平均水平58.79相比，处于全国平均水平之下，体现出相对偏弱的税收优惠政策支持效果。

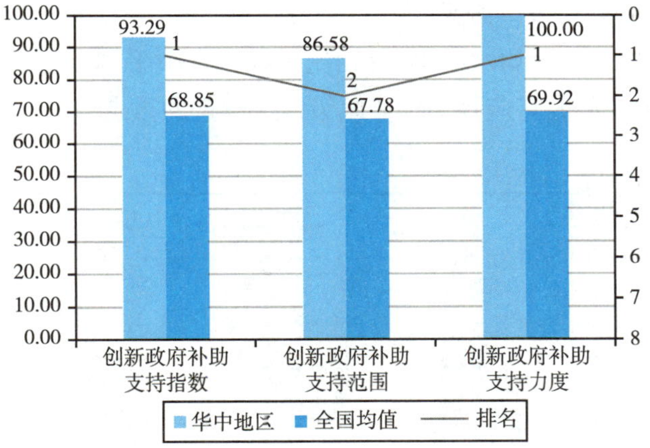

图4–27　华口地区创新政府补助支持情况

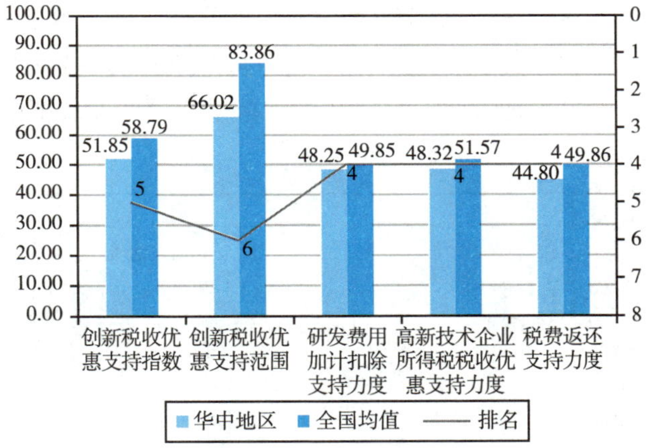

图4–28　华中地区创新税收优惠支持情况

从创新税收优惠支持的范围来看，2022年华中地区获得税收优惠的上市公司数量占比指标分值为66.02，与全国平均水平83.86相比，处于全国平均水平之下，可见税收优惠在支持企业创新发展的政策实施范围方面仍需加强。

从创新税收优惠支持的力度来看，以研发费用加计扣除额、高新技术企业所得税税收优惠和税费返还额作为衡量方式，2022年华中地区研发费用加计扣除指标分值为48.25，与全国平均水平49.85相比，处于全国平均水平之下，可见研发费用加计扣除的税收优惠政策在支持企业创新发展方面仍需持续加大力度。华中地区高新技术企业所得税税收优惠指标分值为48.32，与全国平均水平51.57相比，处于全国平均水平之下，可见高新技术企业所得税税收优惠政策在支持企业创新发展方面仍需持续加大力度。华中地区税费返还指标分值为44.80，与全国平均水平49.86相比，处于全国平均水平之下，可见税费返还政策在支持企业创新发展方面仍需持续加大力度。

4.1.5.4 创新金融支持维度

如图4-29所示，从创新金融支持的总体表现来看，2022年华中地区整体创新金融支持指数为55.87，与全国平均水平65.85相比，处于全国平均水平之下，体现出相对偏弱的政策支持效果。

从创新金融支持的力度来看，以公司获得的创新融资金额和普惠金融支持指数作为衡量方式，2022年华中地区创新融资指标分值为49.04，与全国平均水平54.01相比，处于全国平均水平之下，体现出相对偏弱的创新融资政策支持水平。2022年华中地区普惠金融支持指标分值为41.99，与全国平均水平66.69相比，处于全国平均水平之下，体现出相对偏弱的普惠金融政策支持力度。

从创新金融支持的增速来看，2022年华中地区创新金融支持增速指标分值为76.56，与全国平均水平76.86相比，处于全国平均水平之下，体现出相比更小的创新金融政策支持增速，表明华中地区政府需要不断提升创新金融方面的投入。

4.1.5.5 创新政府采购支持维度

如图4-30所示，从创新政府采购支持的总体表现来看，2022年华中地区创新政府采购支持指数为40.00，与全国平均水平49.93相比，处于全国平均水平之下，体现出该地区政府采购创新支持较低，同时也体现出该地区偏弱的需求侧政策支持效果。

从创新政府采购支持的范围来看，2022年华中地区获取政府采购支持的企业数量占比指标分值为40.00，表明企业主体较少获取政府采购的创新政策支持，与全国平均水平49.93相比，处于全国平均水平之下，可见政府采购在支持企业创新发展的政策实施范围方面仍需加强。

从创新政府采购支持的力度来看，2022年华中地区获取政府采购支持金额指标分值为40.00，表明企业主体获取政府采购创新政策支持力度较小，与全国平均水平49.93相比，处于全国平均水平之下，可见加大政府采购政策支持企业创新发展范围和力度并行应是下一步政策效果改进的重点。

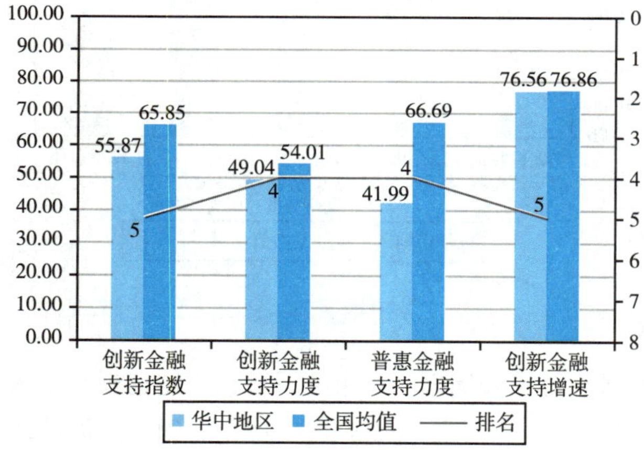

图4-29 华中地区创新金融支持情况

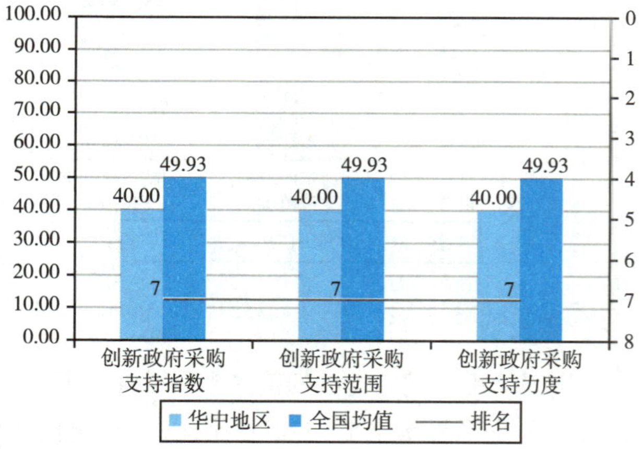

图4-30 华中地区创新政府采购支持情况

4.1.5.6 创新科研支持维度

如图4-31所示，从创新科研支持的总体表现来看，2022年华中地区创新科研支持指数为47.17，与全国平均水平65.17相比，处于全国平均水平之下，体现出相对偏弱的科研支持效果。

从创新科研支持的力度来看，以政府支持高校和科研机构数量和政府支持高校和科研机构研发经费作为衡量方式，2022年华中地区政府支持高校和科研机构数量指标分值为58.73，与全国平均水平71.20相比，处于全国平均水平之下，体现出相对偏弱的创新科研支持水平。2022年华中地区政府支持高校和科研机构研发经费指标分值为40.00，与全国平均水平51.94相比，处于全国平均水平之下，体现出相对偏弱的高校和科研机构的研发经费投入水平。

从创新科研支持的增速来看，以政府支持高校和科研机构研发经费增长率作为衡量方式，2022年华中地区支持高校和科研机构研发经费增长率指标分值为42.78，与全国平均水平72.36相比，处于全国平均水平之下，体现出相对偏弱的创新科研政策支持持续性。

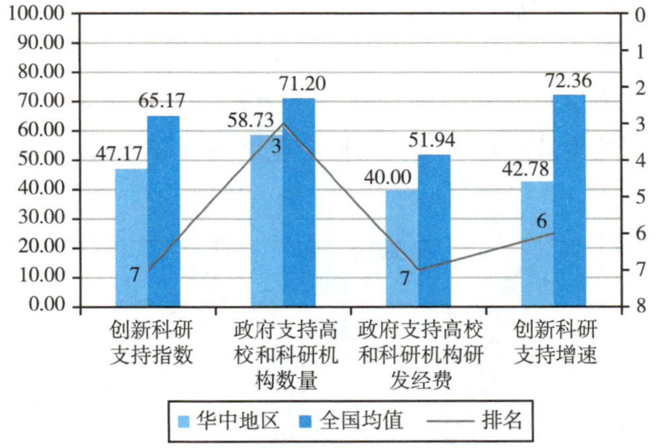

图4-31 华中地区创新科研支持情况

4.1.6 西北地区

4.1.6.1 政府创新发展支持综合指数

2022年西北地区政府创新发展支持综合指数为61.13，与全国平均水平61.93相比，处于全国平均水平之下，体现出该地区政府创新发展综合支持程度相对偏弱，如图4-32所示。

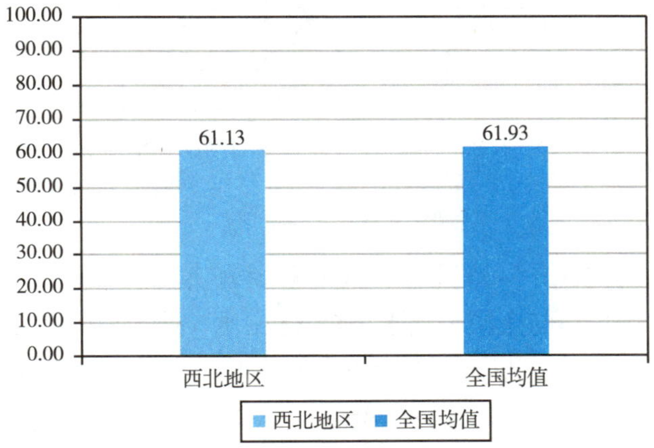

图4-32 西北地区政府创新发展支持综合指数

4.1.6.2 创新政府补助支持维度

如图4-33所示，从创新政府补助支持的总体表现来看，2022年西北地区创新政府补助支持指数为86.90，与全国平均水平68.85相比，处于全国平均水平之上，体现出相对较强的政府补助政策支持效果。

从创新政府补助支持的范围来看，2022年西北地区获得政府研发补助的上市公司数量占比指标分值为100.00，表明企业主体较为广泛获取了政府补助的创新政策支持，与全国平均水平67.78相比，处于全国平均水平之上，可见政府补助在支持企业创新发展的政策实施范围方面表现较好且仍需巩固。

从创新政府补助支持的力度来看，2022年西北地区政府研发补助占营业收入比重指标分值为73.81，表明企业主体获取创新政府补助政策支持规模已达自身经营规模的较大比重，与全国平均水平69.92相比，处于全国平均水平之上，政府补助在支持企业创新发展方面仍需持续巩固。

4.1.6.3 创新税收优惠支持维度

如图4-34所示，从创新税收优惠支持的总体表现来看，2022年西北地区创新税收优惠支持指数为40.74，与全国平均水平58.79相比，处于全国平均水平之下，体现出相对偏弱的税收优惠政策支持效果。

从创新税收优惠支持的范围来看，2022年西北地区获得税收优惠的上市公司数量占比指标分值为40.00，与全国平均水平83.86相比，处于全国平均水平之下，可见税收优惠在支持企业创新发展的政策实施范围方面仍需加强。

从创新税收优惠支持的力度来看，以研发费用加计扣除额、高新技术企业所得税税收优惠和税费返还额作为衡量方式，2022年西北地区研发费用加计扣除指标分值为40.00，与全国平均水平49.85相比，处于全国平均水平之下，可见研发费用加计扣除的税收优惠政策在支持企业创新发展方面仍需持续加大力度。西北地区高新技术企业所得税税收优惠指标分值为42.55，与全国平均水平51.57相比，处于全国平均水平之下，可见高新技术企业所得税税收优惠政策在支持企业创新发展方面仍需持续加大力度。西北地区税费返还指标分值为40.41，与全国平均水平49.86相比，处于全国平均水平之下，可见税费返还政策在支持企业创新发展方面仍需持续加大力度。

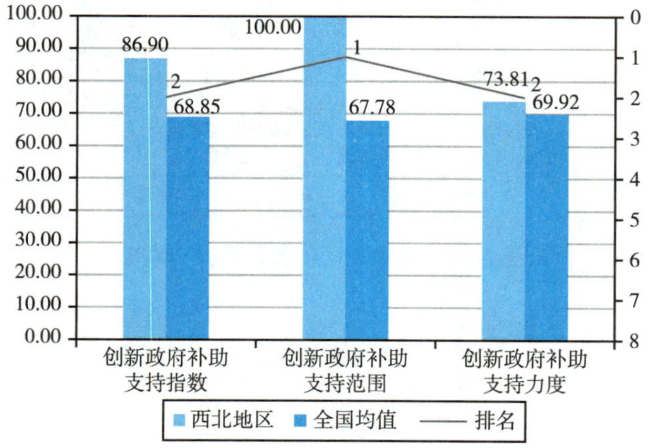

图4-33　西北地区创新政府补助支持情况

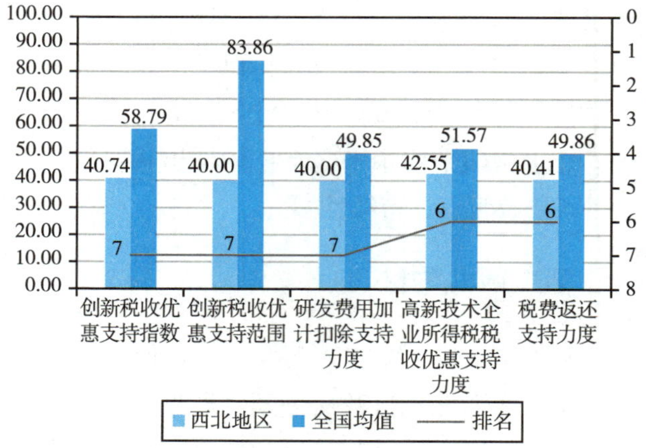

图4-34　西北地区创新税收优惠支持情况

4.1.6.4　创新金融支持维度

如图4-35所示，从创新金融支持的总体表现来看，2022年西北地区整体创新金融支持指数为58.14，与全国平均水平65.85相比，处于全国平均水平之下，体现出相对偏弱的政策支持效果。

从创新金融支持的力度来看，以公司获得的创新融资金额和普惠金融支持指数作为衡量方式，2022年西北地区创新融资指标分值为40.00，与全国平均水平54.01相比，处于全国平均水平之下，体现出相对偏弱的创新融资政策支持水平。2022年西北地区普惠金融支持指标分值为65.69，与全国平均水平66.69相比，处于全国平均水平之下，体现出相对偏弱的普惠金融政策支持力度。

从创新金融支持的增速来看，2022年西北地区创新金融支持增速指标分值为68.72，与全国平均水平76.86相比，处于全国平均水平之下，体现出相比更小的创新金融政策支持增速，表明西北地区政府需要不断提升创新金融方面的投入。

4.1.6.5　创新政府采购支持维度

如图4-36所示，从创新政府采购支持的总体表现来看，2022年西北地区创新政府采购支持指数为55.52，与全国平均水平49.93相比，处于全国平均水平之上，体现出该地区政府采购创新支持较高，同时也体现出该地区较强的需求侧政策支持效果。

从创新政府采购支持的范围来看，2022年西北地区获取政府采购支持的企业数量占比指标分值为61.31，表明企业主体较为广泛地获取了政府采购的创新政策支持，与全国平均水平49.93相比，处于全国平均水平之上，可见政府采购在支持企业创新发展的政策实施范围方面仍需巩固。

从创新政府采购支持的力度来看，2022年西北地区获取政府采购支持金额指标分值为49.72，表明企业主体获取政府采购创新政策支持力度较小，与全国平均水平49.93相比，处于全国平均水平之下，可见加大政府采购政策支持企业创新发展力度应是下一步政策效果改进的重点。

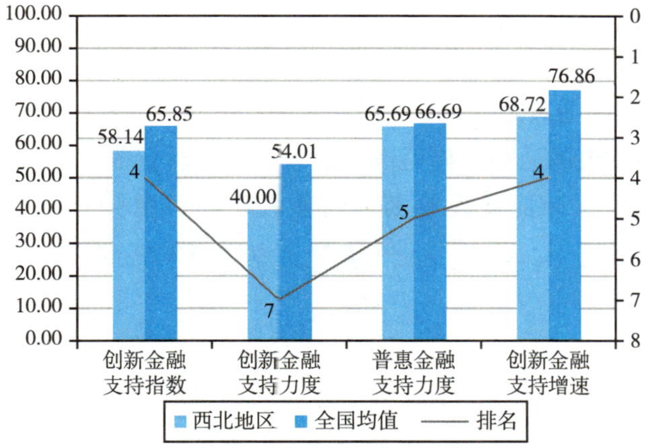

图4-35　西北地区创新金融支持情况

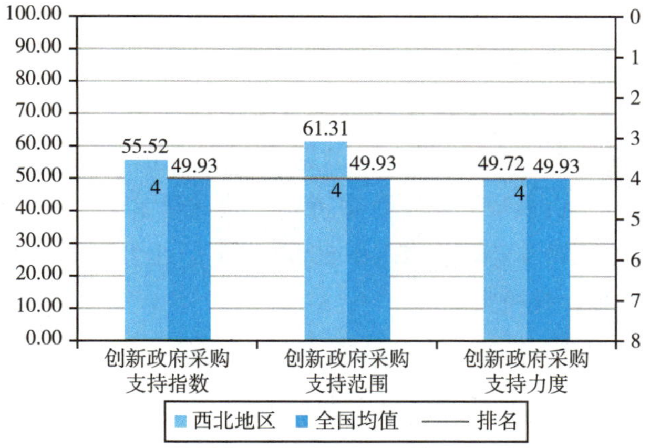

图4-36　西北地区创新政府采购支持情况

4.1.6.6　创新科研支持维度

如图4–37所示，从创新科研支持的总体表现来看，2022年西北地区创新科研支持指数为67.99，与全国平均水平65.17相比，处于全国平均水平之上，体现出相对较强的科研支持效果。

从创新科研支持的力度来看，以政府支持高校和科研机构数量和政府支持高校和科研机构研发经费作为衡量方式，2022年西北地区政府支持高校和科研机构数量指标分值为40.00，与全国平均水平71.20相比，处于全国平均水平之下，体现出相对偏弱的创新科研支持水平。2022年西北地区政府支持高校和科研机构研发经费指标分值为86.09，与全国平均水平51.94相比，处于全国平均水平之上，体现出相对较强的高校和科研机构的研发经费投入水平。

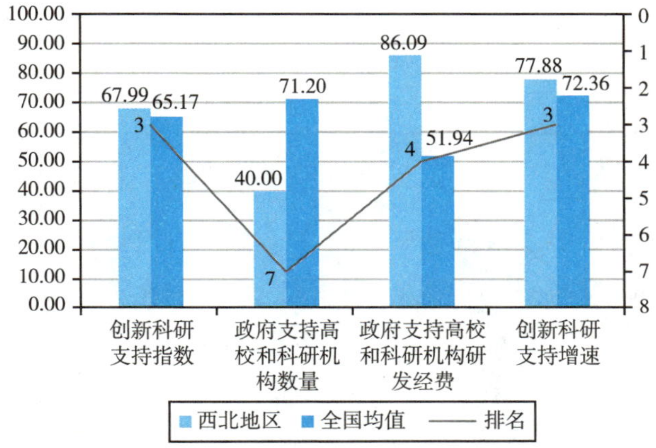

图4-37　西北地区创新科研支持情况

从创新科研支持的增速来看，以政府支持高校和科研机构研发经费增长率作为衡量方式，2022年西北地区支持高校和科研机构研发经费增长率指标分值为77.88，与全国平均水平72.36相比，处于全国平均水平之上，体现出相对较强的创新科研政策支持持续性。

4.1.7　西南地区

4.1.7.1　政府创新发展支持综合指数

2022年西南地区政府创新发展支持综合指数为54.51，与全国平均水平61.93相比，处于全国平均水平之下，体现出该地区政府创新发展综合支持程度相对偏弱，如图4–38所示。

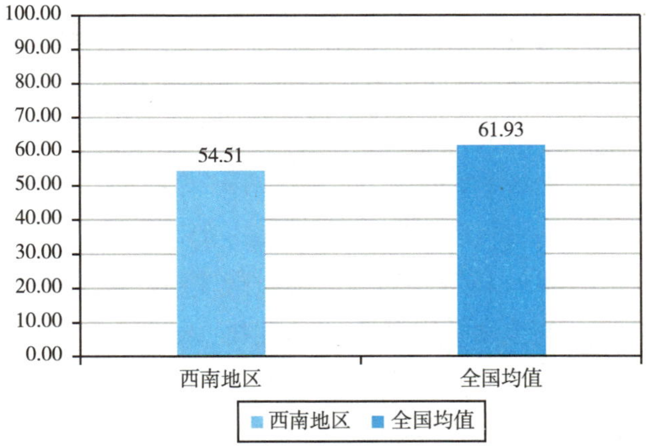

图4–38　西南地区政府创新发展支持综合指数

4.1.7.2　创新政府补助支持维度

如图4–39所示，从创新政府补助支持的总体表现来看，2022年西南地区创新政府补助支持指数为59.72，与全国平均水平68.85相比，处于全国平均水平之下，体现出相对偏弱的政府补助政策支持效果。

从创新政府补助支持的范围来看，2022年西南地区获得政府研发补助的上市公司数量占比指标分值为71.58，表明企业主体较为广泛获取了政府补助的创新政策支持，与全国平均水平67.78相比，处于全国平均水平之上，可见政府补助在支持企业创新发展的政策实施范围方面表现较好且仍需巩固。

从创新政府补助支持的力度来看，2022年西南地区政府研发补助占营业收入比重指标分值为47.86，与全国平均水平69.92相比，处于全国平均水平之下，政府补助在支持企业创新发展方面仍需持续加强投入力度。

4.1.7.3 创新税收优惠支持维度

如图4–40所示，从创新税收优惠支持的总体表现来看，2022年西南地区创新税收优惠支持指数为53.38，与全国平均水平58.79相比，处于全国平均水平之下，体现出相对偏弱的税收优惠政策支持效果。

从创新税收优惠支持的范围来看，2022年西南地区获得税收优惠的上市公司数量占比指标分值为80.77，与全国平均水平83.86相比，处于全国平均水平之下，可见税收优惠在支持企业创新发展的政策实施范围方面仍需加强。

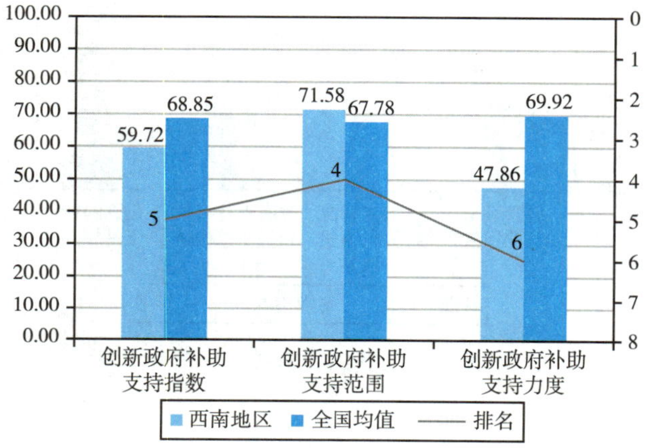

图4–39 西南地区创新政府补助支持情况

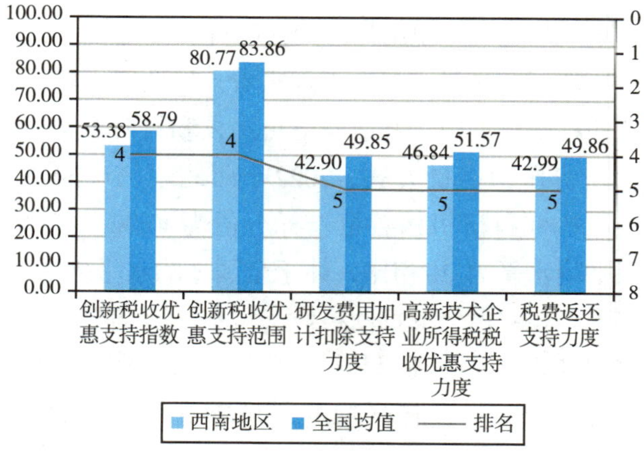

图4–40 西南地区创新税收优惠支持情况

从创新税收优惠支持的力度来看，以研发费用加计扣除额、高新技术企业所得税税收优惠和税费返还额作为衡量方式，2022年西南地区研发费用加计扣除指标分值为42.90，与全国平均水平49.85相比，处于全国平均水平之下，可见研发费用加计扣除的税收优惠政策在支持企业创新发展方面仍需持续加大力度。西南地区高新技术企业所得税税收优惠指标分值为46.84，与全国平均水平51.57相比，处于全国平均水平之下，可见高新技术企业所得税税收优惠政策在支持企业创新发展方面仍需持续加大力度。西南地区税费返还指标分值为42.99，与全国平均水平49.86相比，处于全国平均水平之下，可见税费返还政策在支持企业创新发展方面仍需持续加大力度。

4.1.7.4 创新金融支持维度

如图4–41所示，从创新金融支持的总体表现来看，2022年西南地区整体创新金融支持指数为51.43，与全国平均水平65.85相比，处于全国平均水平之下，体现出相对偏弱的政策支持效果。

从创新金融支持的力度来看，以公司获得的创新融资金额和普惠金融支持指数作为衡量方式，2022年西南地区创新融资指标分值为47.96，与全国平均水平54.01相比，处于全国平均水平之下，体现出相对偏弱的创新融资政策支持水平。2022年西南地区普惠金融支持指标分值为66.33，与全国平均水平66.69相比，处于全国平均水平之下，体现出相对偏弱的普惠金融政策支持力度。

从创新金融支持的增速来看，2022年西南地区创新金融支持增速指标分值为40.00，与全国平均水平76.86相比，处于全国平均水平之下，体现出相比更小的创新金融政策支持增速，表明西南地区政府需要不断提升创新金融方面的投入。

4.1.7.5 创新政府采购支持维度

如图4-42所示，从创新政府采购支持的总体表现来看，2022年西南地区创新政府采购支持指数为48.15，与全国平均水平49.93相比，处于全国平均水平之下，体现出该地区政府采购创新支持较低，同时也体现出该地区偏弱的需求侧政策支持效果。

从创新政府采购支持的范围来看，2022年西南地区获取政府采购支持的企业数量占比指标分值为48.69，表明企业主体较少地获取政府采购的创新政策支持，与全国平均水平49.93相比，处于全国平均水平之下，可见政府采购在支持企业创新发展的政策实施范围方面仍需加强。

从创新政府采购支持的力度来看，2022年西南地区获取政府采购支持金额指标分值为47.60，表明企业主体获取政府采购创新政策支持力度较小，与全国平均水平49.93相比，处于全国平均水平之下，可见加大政府采购政策支持企业创新发展范围和力度并行应是下一步政策效果改进的重点。

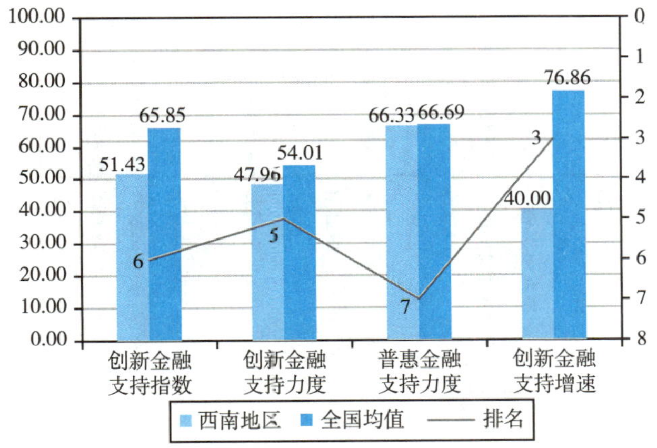

图4-41 西南地区创新金融支持情况

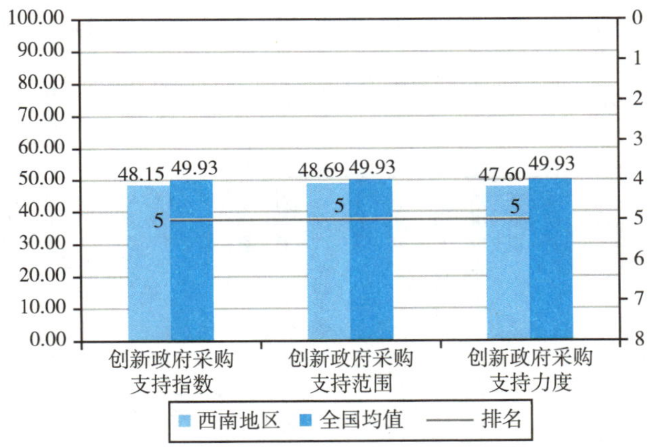

图4-42 西南地区创新政府采购支持情况

4.1.7.6 创新科研支持维度

如图4-43所示，从创新科研支持的总体表现来看，2022年西南地区创新科研支持指数为60.04，与全国平均水平65.17相比，处于全国平均水平之下，体现出相对偏弱的科研支持效果。

从创新科研支持的力度来看，以政府支持高校和科研机构数量和政府支持高校和科研机构研发经费作为衡量方式，2022年西南地区政府支持高校和科研机构数量指标分值为53.12，与全国平均水平71.20相比，处于全国平均水平之下，体现出相对偏弱的创新科研支持水平。2022年西南地区政府支持高校和科研机构研发经费指标分值为86.99，与全国平均水平51.94相比，处于全国平均水平之上，体现出相对较强的高校和科研机构

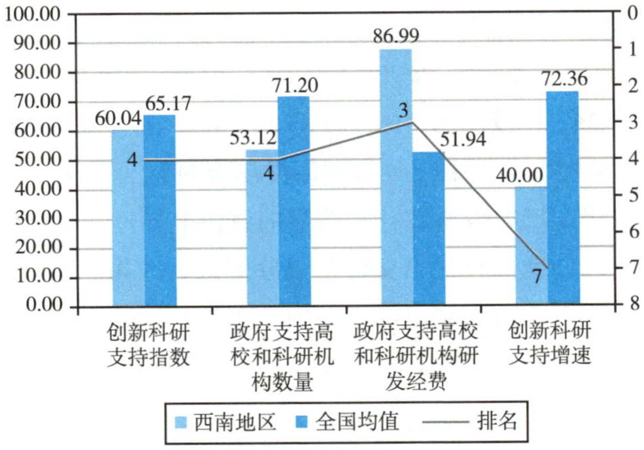

图4-43 西南地区创新科研支持情况

的研发经费投入水平。

从创新科研支持的增速来看，以政府支持高校和科研机构研发经费增长率作为衡量方式，2022年西南地区支持高校和科研机构研发经费增长率指标分值为40.00，与全国平均水平72.36相比，处于全国平均水平之下，体现出相对偏弱的创新科研政策支持持续性。

4.2 省级政府创新发展支持力度评价

根据披露的创新政府采购、创新政府补助、创新税收优惠、创新金融支持和创新科研支持数据，报告同时分析了我国31个省份的政府创新发展支持力度。省级政府创新发展支持综合指数，如图4–44所示。

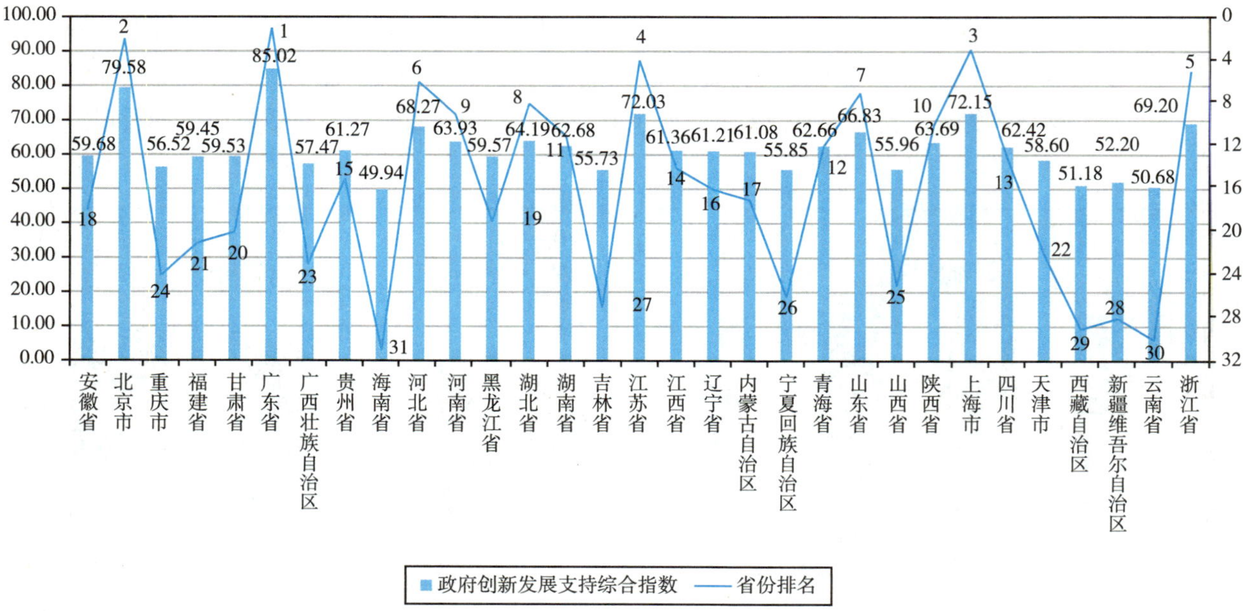

图4–44 政府创新发展支持综合指数—省份维度

总体来看，安徽省、北京市、重庆市、福建省、甘肃省、广东省、广西壮族自治区、贵州省、海南省、河北省、河南省、黑龙江省、湖北省、湖南省、吉林省、江苏省、江西省、辽宁省、内蒙古自治区、宁夏回族自治区、青海省、山东省、山西省、陕西省、上海市、四川省、天津市、西藏自治区、新疆维吾尔自治区、云南省和浙江省的政府创新发展支持综合指数依次为59.68、79.58、56.52、59.45 、59.53、85.02、57.47、61.27、49.94、68.27、63.93、59.57、64.19 、62.68、55.73、72.03、61.36、61.21、61.08、55.85、62.66、66.83、55.96、63.69、72.15、62.42、58.60、51.18、52.20、50.68和69.20 。其中，政府创新发展支持综合指数平均水平最高的是广东省，最低的是海南省，政府创新发展支持综合指数存在明显的省份差异性。 细分维度来看，创新政府补助支持指数分值最高的为青海省；创新税收优惠支持指数分值最高的为广东省；创新金融支持指数分值最高的为上海市；创新政府采购支持指数分值最高的为广东省；创新科研支持指数分值最高的为北京市。省级政府创新发展指数具体情况如表4–2所示。

表 4-2　政府创新发展指数一览表—省份维度

省份	政府创新发展支持综合指数		创新政府补助支持指数		创新税收优惠支持指数		创新金融支持指数		创新政府采购支持指数		创新科研支持指数	
	分值	省份排名	分值	省份排名	分值	省份排名	分值	省份排名	分值	省份排名	分值	省份排名
安徽	59.68	18	52.64	29	59.49	8	72.03	7	41.40	22	68.91	10
北京	79.58	2	68.62	16	77.31	4	79.50	5	88.82	2	84.43	1
重庆	56.52	24	59.46	25	53.51	19	63.40	19	43.86	16	60.60	22
福建	59.45	21	59.47	24	61.34	7	69.22	11	41.38	23	62.37	18
甘肃	59.53	20	77.25	9	47.44	28	57.07	27	62.16	5	56.72	28
广东	85.02	1	64.13	21	98.42	1	85.86	2	98.66	1	76.65	2
广西	57.47	23	71.71	13	52.07	23	59.87	22	41.01	25	61.97	19
贵州	61.27	15	79.08	7	53.44	20	57.38	25	50.80	9	66.93	14
海南	49.94	31	40.00	31	40.42	31	65.63	16	43.21	17	58.31	26
河北	68.27	6	79.66	6	53.64	18	68.27	13	74.18	3	68.63	11
河南	63.93	9	76.76	10	58.80	9	70.03	8	42.95	18	69.28	8
黑龙江	59.57	19	82.68	4	51.73	24	61.02	20	40.63	28	61.70	20
湖北	64.19	8	82.61	5	57.83	11	69.34	10	42.13	20	67.66	13
湖南	62.68	11	84.94	3	56.06	15	66.31	14	41.69	21	63.58	17
吉林	55.73	27	62.93	22	54.67	17	60.13	21	41.02	24	58.22	27
江苏	72.03	4	58.49	27	83.29	3	82.61	4	56.99	6	73.66	4
江西	61.36	14	69.04	15	56.76	13	66.00	15	50.30	10	63.84	16
辽宁	61.21	16	76.08	11	54.91	16	58.27	24	51.74	8	65.99	15
内蒙古	61.08	17	70.02	14	53.11	21	59.85	23	64.02	4	60.29	23
宁夏	55.85	26	78.64	8	47.59	27	50.86	30	47.68	12	56.40	29
青海	62.66	12	93.71	1	48.57	26	57.22	26	40.39	29	75.09	3
山东	66.83	7	65.97	19	68.25	6	76.44	6	48.26	11	71.73	5
山西	55.96	25	58.61	26	45.95	30	63.85	18	40.35	30	69.69	7
陕西	63.69	10	88.69	2	56.37	14	68.67	12	42.62	19	61.29	21
上海	72.15	3	72.27	12	71.05	5	89.12	1	53.84	7	70.35	6
四川	62.42	13	68.61	17	57.79	12	69.86	9	44.87	14	68.95	9
天津	58.60	22	67.79	18	58.19	10	64.70	17	46.56	13	54.15	31
西藏	51.18	29	64.28	20	53.06	22	40.00	31	40.07	31	59.25	25
新疆	52.20	28	60.42	23	50.33	25	52.93	28	41.01	26	55.65	30
云南	50.68	30	53.74	28	47.07	29	51.55	29	40.98	27	59.54	24
浙江	69.20	5	46.02	30	93.93	2	84.44	3	44.26	15	68.40	12

数据来源：首经贸资产评估研究院和浙工商数字创新与管理研究院整理。

4.2.1 安徽省

4.2.1.1 政府创新发展支持综合指数

2022年安徽省整体政府创新发展支持综合指数为59.68，与全国平均水平61.93相比，安徽省政府创新发展支持综合指数处于全国平均水平之下，体现出安徽省政府创新发展综合支持程度相对偏弱，如图4–45所示。

4.2.1.2 创新政府补助支持维度

如图4–46所示，从创新政府补助支持的总体表现来看，2022年安徽省创新政府补助支持指数为52.64，与全国平均水平68.85相比，处于全国平均水平之下，在全国各省份比较中排名第29位，体现出相对偏弱的政府补助政策支持效果。

从创新政府补助支持的范围来看，2022年安徽省获得政府研发补助的上市公司数量占比指标分值为50.65，表明企业主体获得政府补助的创新政策支持较少，与全国平均水平67.78相比，处于全国平均水平之下，可见政府补助在支持企业创新发展的政策实施范围方面表现一般且仍需加强。

从创新政府补助支持的力度来看，2022年安徽省政府研发补助占营业收入比重指标分值为54.63，与全国平均水平69.92相比，处于全国平均水平之下，政府补助在支持企业创新发展方面仍需持续加强力度。

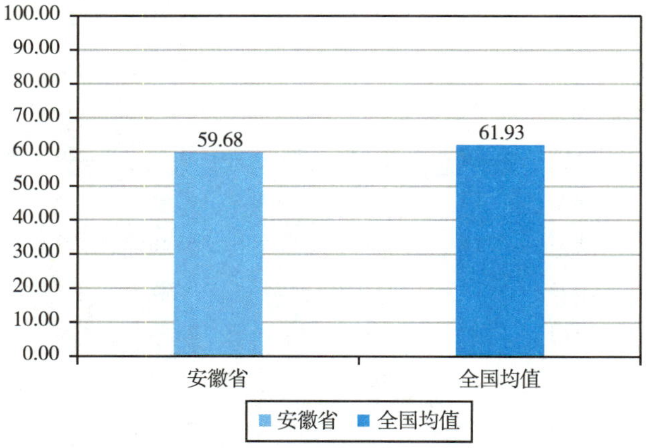

图4–45 安徽省政府创新发展支持综合指数

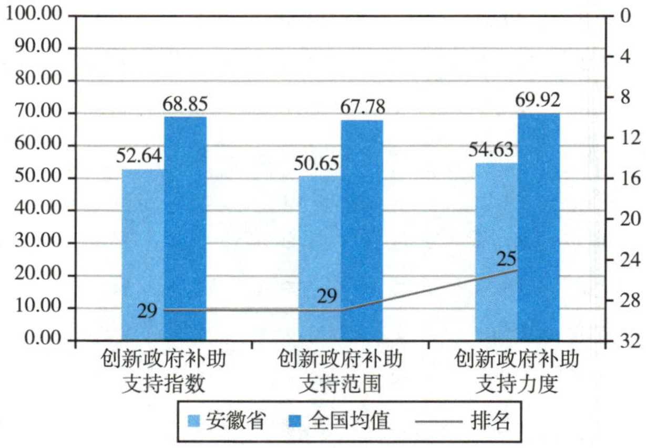

图4–46 安徽省创新政府补助支持情况

4.2.1.3 创新税收优惠支持维度

如图4–47所示，从创新税收优惠支持的总体表现来看，2022年安徽省创新税收优惠支持指数为59.49，与全国平均水平58.79相比，处于全国平均水平之上，在全国各省份比较中排名第8位，体现出相对较强的税收优惠政策支持效果。

从创新税收优惠支持的范围来看，2022年安徽省获得税收优惠的上市公司数量占比指标分值为83.97，与全国平均水平83.86相比，处于全国平均水平之上，可见税收优惠在支持企业创新发展的政策实施范围方面仍需巩固。

从创新税收优惠支持的力度来看，以研发费用加计扣除额、高新技术企业所得税税收优惠和税费返还额作为衡量方式，2022年安徽省研发费用加计扣除指标分值为55.29，与全国平均水平49.85相比，处于全国平均水平之上，可见研发费用加计扣除的税收优惠政策在支持企业创新发展方面仍需巩固。安徽省高新技术企业所得税税收优惠指标分值为50.87，与全国平均水平51.57相比，处于全国平均水平之下，可见高新技术企业所得税税收优惠政策在支持企业创新发展方面仍需持续加大力度。安徽省税费返还指标分值为47.84，与全国平均水平49.86相比，处于全国平均水平之下，可见税费返还政策在支持企业创新发展方面仍需加强。

4.2.1.4 创新金融支持维度

如图4–48所示，从创新金融支持的总体表现来看，2022年安徽省整体创新金融支持指数为72.03，与全国平均水平65.85相比，处于全国平均水平之上，在全国各省份比较中排名第7位，体现出相对较强的政策支持效果。

从创新金融支持的力度来看，以公司获得的创新融资金额和普惠金融支持指数作为衡量方式，2022年安徽省创新融资指标分值为52.88，与全国平均水平54.01相比，处于全国平均水平之下，体现出相对偏弱的创新融资政策支持水平。2022年安徽省普惠金融支持指标分值为79.33，与全国平均水平66.69相比，处于全国平均水平之上，体现出相对较强的普惠金融政策支持力度。

从创新金融支持的增速来看，2022年安徽省创新金融支持增速指标分值为83.89，与全国平均水平76.86相比，处于全国平均水平之上，体现出相比更大的创新金融政策支持增速，表明安徽省政府需要不断巩固创新金融方面的投入。

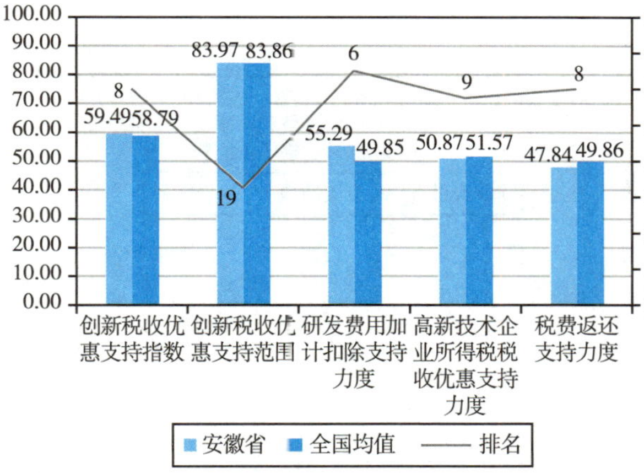

图4-47　安徽省创新税收优惠支持情况

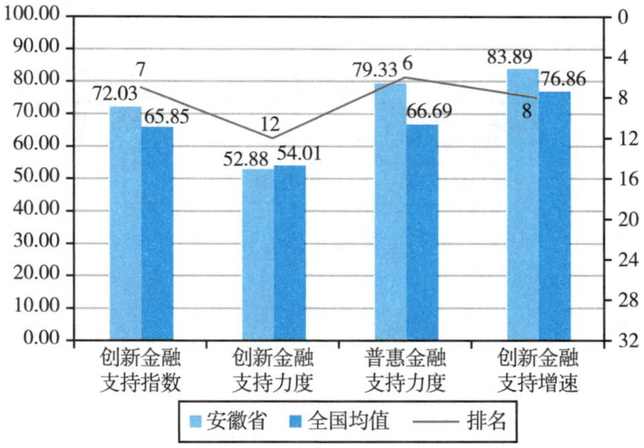

图4-48　安徽省创新金融支持情况

4.2.1.5　创新政府采购支持维度

如图4-49所示，从创新政府采购支持的总体表现来看，2022年安徽省创新政府采购支持指数为41.40，与全国平均水平49.93相比，处于全国平均水平之下，在全国各省份比较中排名第22位，体现出该地区创新政府采购支持较低，同时也体现出该地区偏弱的需求侧政策支持效果。

从创新政府采购支持的范围来看，2022年安徽省获取政府采购支持的企业数量占比指标分值为40.92，表明企业主体较少地获取了政府采购的创新政策支持，与全国平均水平49.93相比，处于全国平均水平之下，可见政府采购在支持企业创新发展的政策实施范围方面仍需加强。

从创新政府采购支持的力度来看，2022年安徽省获取政府采购支持金额指标分值为41.87，表明企业主体获取政府采购创新政策支持力度较小，与全国平均水平49.93相比，处于全国平均水平之下，可见加大政府采购政策支持企业创新发展范围和力度并行应是下一步政策效果改进的重点。

4.2.1.6　创新科研支持维度

如图4-50所示，从创新科研支持的总体表现来看，2022年安徽省创新科研支持指数为68.91，与全国平均水平65.17相比，处于全国平均水平之上，在全国各省份比较中排名10位，体现出相对较强的科研支持效果。

从创新科研支持的力度来看，以政府支持高校和科研机构数量和政府支持高校和科研机构研发经费作为衡量方式，2022年安徽省政府支持高校和科研机构数量指标分值为81.77，与全国平均水平71.20相比，处于全国平均水平之上，体现出相对较强的创新科研支持水平。2022年安徽省政府支持高校和科研机构研发经费指标分值为42.77，与全国平均水平51.94相比，处于全国平均水平之下，体现出相对偏弱的高校和科研机构的研发经费投入水平。

从创新科研支持的增速来看，以政府支持高校和科研机构研发经费增长率作为衡量方式，2022年安徽省支持高校和科研机构研发经费增长率指标分值为82.19，与全国平均水平72.36相比，处于全国平均水平之上，体现出相对较强的创新科研政策支持持续性。

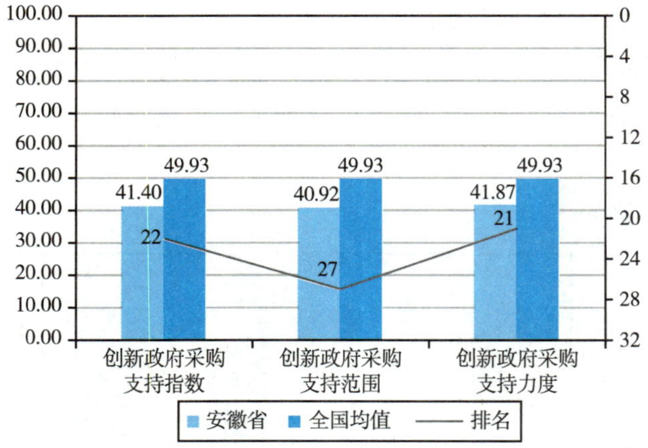

图4-49　安徽省创新政府采购支持情况

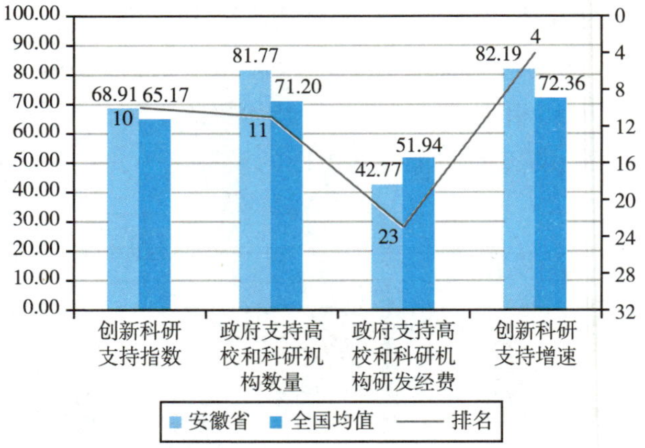

图4-50　安徽省创新科研支持情况

4.2.2　北京市

4.2.2.1　政府创新发展支持综合指数

2022年北京市整体政府创新发展支持综合指数为79.58，与全国平均水平61.93相比，北京市政府创新发展支持综合指数处于全国平均水平之上，体现出北京市政府创新发展综合支持程度相对较强，如图4–51所示。

4.2.2.2　创新政府补助支持维度

如图4–52所示，从创新政府补助支持的总体表现来看，2022年北京市创新政府补助支持指数为68.62，与全国平均水平68.85相比，处于全国平均水平之下，在全国各省份比较中排名16位，体现出相对偏弱的政府补助政策支持效果。

从创新政府补助支持的范围来看，2022年北京市获得政府研发补助的上市公司数量占比指标分值为63.54，表明企业主体较为广泛获取了政府补助的创新政策支持，与全国平均水平67.78相比，处于全国平均水平之下，可见政府补助在支持企业创新发展的政策实施范围方面表现一般且仍需加强。

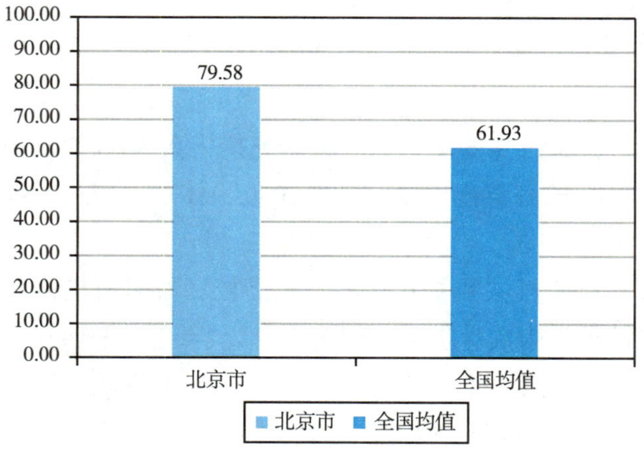

图4–51　北京市政府创新发展支持综合指数

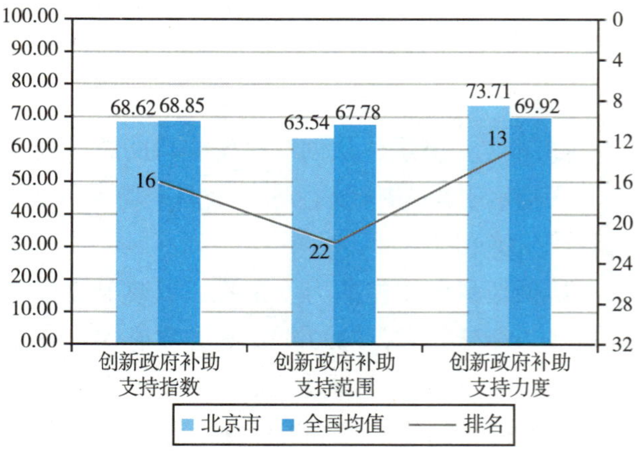

图4–52　北京市创新政府补助支持情况

从创新政府补助支持的力度来看，2022年北京市政府研发补助占营业收入比重指标分值为73.71，表明企业主体获取创新政府补助政策支持规模已达自身经营规模的较大比重，与全国平均水平69.92相比，处于全国平均水平之上，政府补助在支持企业创新发展方面应当持续巩固力度。

4.2.2.3　创新税收优惠支持维度

如图4–53所示，从创新税收优惠支持的总体表现来看，2022年北京市创新税收优惠支持指数为77.31，与全国平均水平58.79相比，处于全国平均水平之上，在全国各省份比较中排名4位，体现出相对较强的税收优惠政策支持效果。

从创新税收优惠支持的范围来看，2022年北京市获得税收优惠的上市公司数量占比指标分值为91.82，与全国平均水平83.86相比，处于全国平均水平之上，可见税收优惠在支持企业创新发展的政策实施范围方面表现较好。

从创新税收优惠支持的力度来看，以研发费用加计扣除额、高新技术企业所得税税收优惠和税费返还额作为衡量方式，2022年北京市研发费用加计扣除指标分值为63.85，与全国平均水平49.85相比，处于全国平均水平之上，可见研发费用加计扣除的税收优惠政策在支持企业创新发展方面仍需持续巩固。北京市高新技术企业所得税税收优惠指标分值为82.48，与全国平均水平51.57相比，处于全国平均水平之上，可见高新技术企业所得税税收优惠政策在支持企业创新发展方面表现较好。北京市税费返还指标分值为71.07，与全国平均水平49.86相比，处于全国平均水平之上，可见税费返还政策在支持企业创新发展方面处于前列。

4.2.2.4　创新金融支持维度

如图4–54所示，从创新金融支持的总体表现来看，2022年北京市整体创新金融支持指数为79.50，与全国平均水平65.85相比，处于全国平均水平之上，在全国各省份比较中排名5位，体现出相对较强的政策支持效果。

从创新金融支持的力度来看，以公司获得的创新融资金额和普惠金融支持指数作为衡量方式，2022年北京市创新融资指标分值为80.45，与全国平均水平54.01相比，处于全国平均水平之上，体现出相对较强的创新融资政策支持水平。2022年北京市普惠金融支持指标分值为87.94，与全国平均水平66.69相比，处于全国平均水平之上，体现出相对较强的普惠金融政策支持力度。

从创新金融支持的增速来看，2022年北京市创新金融支持增速指标分值为70.09，与全国平均水平76.86相比，处于全国平均水平之下，体现出相比更小的创新金融政策支持增速，表明北京市政府需要不断提升创新金融方面的投入。

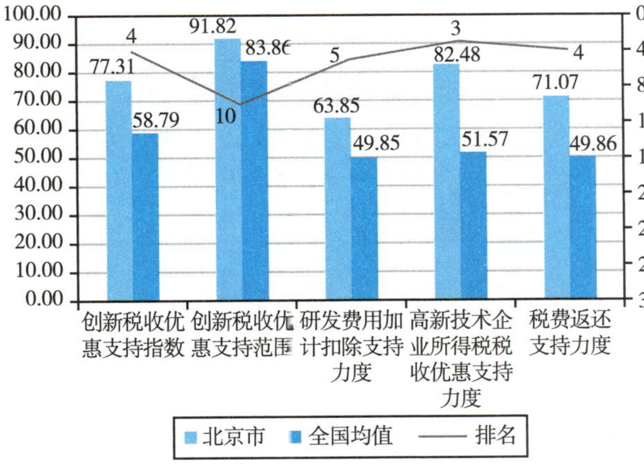

图4–53　北京市创新税收优惠支持情况

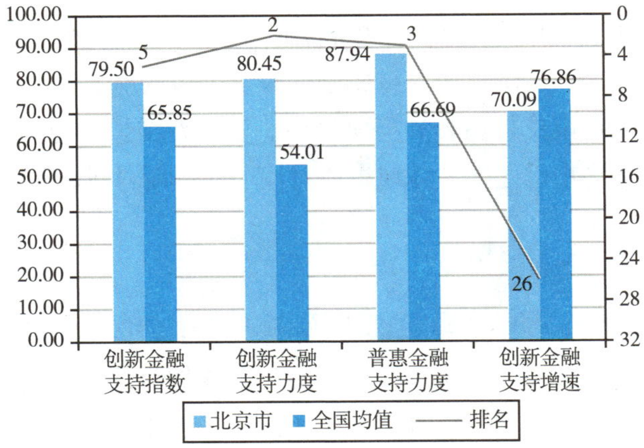

图4–54　北京市创新金融支持情况

4.2.2.5 创新政府采购支持维度

如图4-55所示，从创新政府采购支持的总体表现来看，2022年北京市创新政府采购支持指数为88.82，与全国平均水平49.93相比，处于全国平均水平之上，在全国各省份比较中排名2位，体现出该地区政府采购创新支持较高，同时也体现出该地区更强的需求侧政策支持效果。

从创新政府采购支持的范围来看，2022年北京市获取政府采购支持的企业数量占比指标分值为77.65，表明企业主体较为广泛地获取了政府采购的创新政策支持，与全国平均水平49.93相比，处于全国平均水平之上，可见政府采购在支持企业创新发展的政策实施范围方面仍需巩固。

从创新政府采购支持的力度来看，2022年北京市获取政府采购支持金额指标分值为100.00，表明企业主体获取政府采购创新政策支持力度足够强，与全国平均水平49.93相比，处于全国平均水平之上，可见加大政府采购政策支持企业创新发展范围应是下一步政策效果改进的重点。

4.2.2.6 创新科研支持维度

如图4-56所示，从创新科研支持的总体表现来看，2022年北京市创新科研支持指数为84.43，与全国平均水平65.17相比，处于全国平均水平之上，在全国各省份比较中排名1位，体现出北京市的科研创新支持优势非常明显。

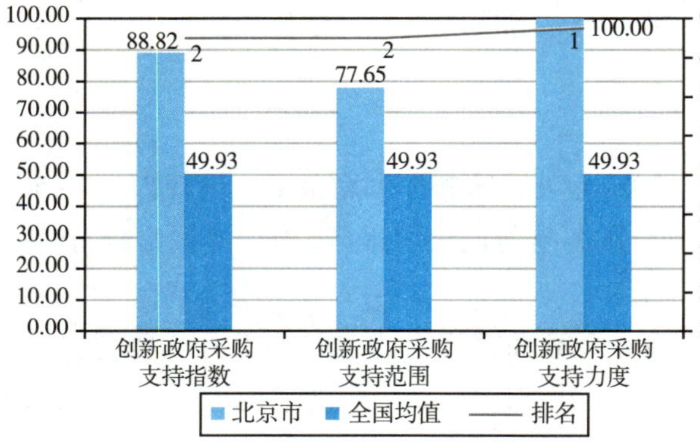

图4-55 北京市创新政府采购支持情况

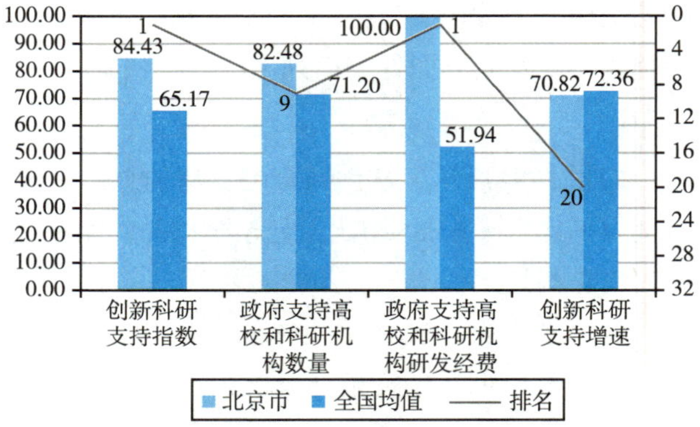

图4-56 北京市创新科研支持情况

从创新科研支持的力度来看，以政府支持高校和科研机构数量和政府支持高校和科研机构研发经费作为衡量方式，2022年北京市政府支持高校和科研机构数量指标分值为82.48，与全国平均水平71.20相比，处于全国平均水平之上，体现出相对较强的创新科研支持水平。2022年北京市政府支持高校和科研机构研发经费指标分值为100.00，与全国平均水平51.94相比，处于全国平均水平之上，体现出相对较强的高校和科研机构的研发经费投入水平。

从创新科研支持的增速来看，以政府支持高校和科研机构研发经费增长率作为衡量方式，2022年北京市支持高校和科研机构研发经费增长率指标分值为70.82，与全国平均水平72.36相比，处于全国平均水平之下，体现出相对偏弱的创新科研政策支持持续性。

4.2.3 重庆市

4.2.3.1 政府创新发展支持综合指数

2022年重庆市整体政府创新发展支持综合指数为56.52，与全国平均水平61.93相比，重庆市政府创新发展支持综合指数处于全国平均水平之下，体现出重庆市政府创新发展综合支持程度相对偏弱，如图4-57所示。

4.2.3.2 创新政府补助支持维度

如图4–58所示，从创新政府补助支持的总体表现来看，2022年重庆市创新政府补助支持指数为59.46，与全国平均水平68.85相比，处于全国平均水平之下，在全国各省份比较中排名25位，体现出相对偏弱的政府补助政策支持效果。

从创新政府补助支持的范围来看，2022年重庆市获得政府研发补助的上市公司数量占比指标分值为59.82，表明企业主体较为广泛获取了政府补助的创新政策支持，与全国平均水平67.78相比，处于全国平均水平之下，可见政府补助在支持企业创新发展的政策实施范围方面表现一般且仍需加强。

从创新政府补助支持的力度来看，2022年重庆市政府研发补助占营业收入比重指标分值为59.10，与全国平均水平69.92相比，处于全国平均水平之下，政府补助在支持企业创新发展方面仍需持续加强力度。

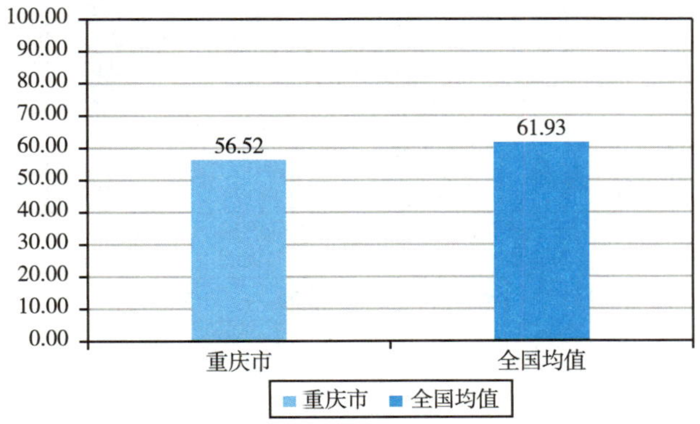

图4–57 重庆市政府创新发展支持综合指数

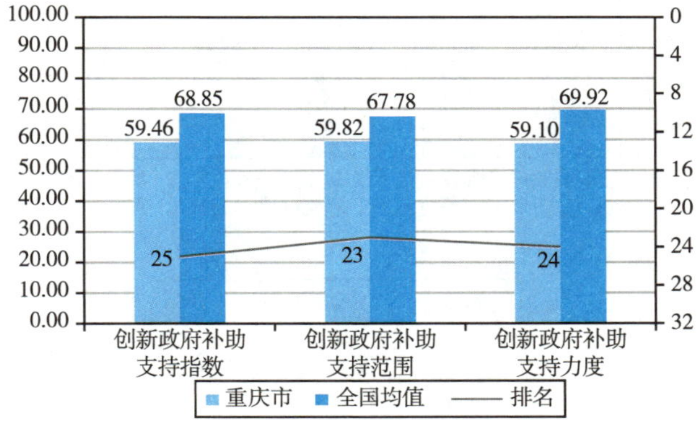

图4–58 重庆市创新政府补助支持情况

4.2.3.3 创新税收优惠支持维度

如图4–59所示，从创新税收优惠支持的总体表现来看，2022年重庆市创新税收优惠支持指数为53.51，与全国平均水平58.79相比，处于全国平均水平之下，在全国各省份比较中排名19位，体现出相对偏弱的税收优惠政策支持效果。

从创新税收优惠支持的范围来看，2022年重庆市获得税收优惠的上市公司数量占比指标分值为80.68，与全国平均水平83.86相比，处于全国平均水平之下，可见税收优惠在支持企业创新发展的政策实施范围方面仍需加强。

从创新税收优惠支持的力度来看，以研发费用加计扣除额、高新技术企业所得税税收优惠和税费返还额作为衡量方式，2022年重庆市研发费用加计扣除指标分值为42.41，与全国平均水平49.85相比，处于全国平均水平之下，可见研发费用加计扣除的税收优惠政策在支持企业创新发展方面仍需持续加大力度。重庆市高新技术企业所得税税收优惠指标分值为45.91，与全国平均水平51.57相比，处于全国平均水平之下，可见高新技术企业所得税税收优惠政策在支持企业创新发展方面仍需持续加大力度。重庆市税费返还指标分值为45.04，与全国平均水平49.86相比，处于全国平均水平之下，可见税费返还政策在支持企业创新发展方面仍需持续加强。

4.2.3.4 创新金融支持维度

如图4–60所示，从创新金融支持的总体表现来看，2022年重庆市整体创新金融支持指数为63.40，与全国平均水平65.85相比，处于全国平均水平之下，在全国各省份比较中排名19位，体现出相对偏弱的政策支持效果。

从创新金融支持的力度来看，以公司获得的创新融资金额和普惠金融支持指数作为衡量方式，2022年重庆市创新融资指标分值为48.48，与全国平均水平54.01相比，处于全国平均水平之下，体现出相对偏弱的创新融资政策支持水平。2022年重庆市普惠金融支持指标分值为67.51，与全国平均水平66.69相比，处于全国平均水平之上，体现出相对较强的普惠金融政策支持力度。

从创新金融支持的增速来看，2022年重庆市创新金融支持增速指标分值为74.22，与全国平均水平76.86相比，处于全国平均水平之下，体现出相比更小的创新金融政策支持增速，表明重庆市政府需要不断提升创新金融方面的投入。

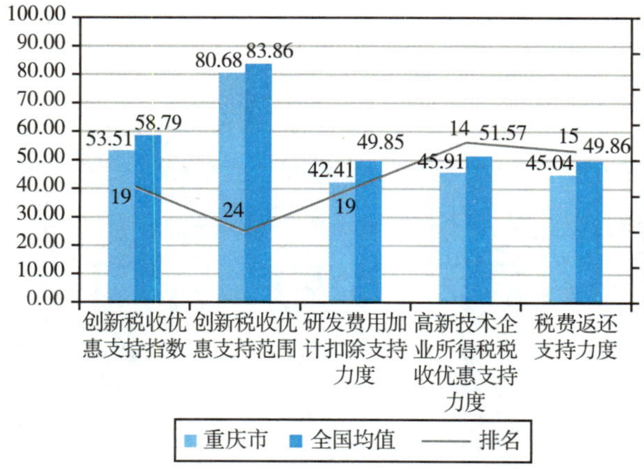

图4-59　重庆市创新税收优惠支持情况

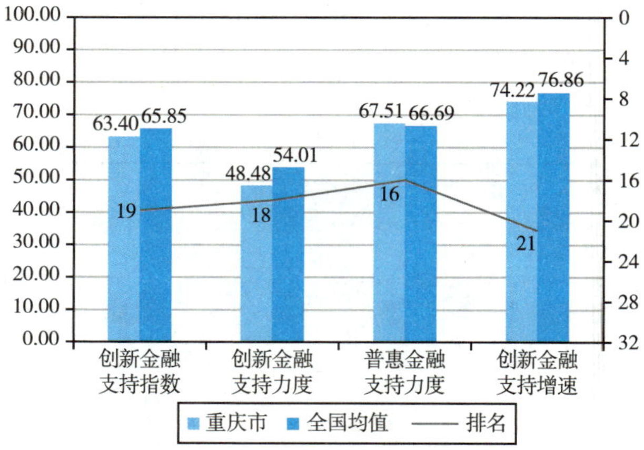

图4-60　重庆市创新金融支持情况

4.2.3.5　创新政府采购支持维度

如图4-61所示，从创新政府采购支持的总体表现来看，2022年重庆市创新政府采购支持指数为43.86，与全国平均水平49.93相比，处于全国平均水平之下，在全国各省份比较中排名16位，体现出该地区政府采购创新支持较低，同时也体现出该地区偏弱的需求侧政策支持效果。

从创新政府采购支持的范围来看，2022年重庆市获取政府采购支持的企业数量占比指标分值为45.19，表明企业主体较少获取政府采购的创新政策支持，与全国平均水平49.93相比，处于全国平均水平之下，可见政府采购在支持企业创新发展的政策实施范围方面仍需加强。

从创新政府采购支持的力度来看，2022年重庆市获取政府采购支持金额指标分值为42.53，表明企业主体获取政府采购创新政策支持力度较小，与全国平均水平49.93相比，处于全国平均水平之下，可见加大政府采购政策支持企业创新发展范围和力度并行应是下一步政策效果改进的重点。

4.2.3.6　创新科研支持维度

如图4-62所示，从创新科研支持的总体表现来看，2022年重庆市创新科研支持指数为60.60，与全国平均水平65.17相比，处于全国平均水平之下，在全国各省份比较中排名22位，体现出相对偏弱的科研支持效果。

从创新科研支持的力度来看，以政府支持高校和科研机构数量及政府支持高校和科研机构研发经费作为衡量方式，2022年重庆市政府支持高校和科研机构数量指标分值为62.83，与全国平均水平71.20相比，处于全国平均水平之下，体现出相对偏弱的创新科研支持水平。2022年重庆市政府支持高校和科研机构研发经费指标分值为42.53，与全国平均水平51.94相比，处于全国平均水平之下，体现出相对偏弱的高校和科研机构的研发经费投入水平。

从创新科研支持的增速来看，以政府支持高校和科研机构研发经费增长率作为衡量方式，2022年重庆市支持高校和科研机构研发经费增长率指标分值为76.44，与全国平均水平72.36相比，处于全国平均水平之上，体现出相对较强的创新科研政策支持持续性。

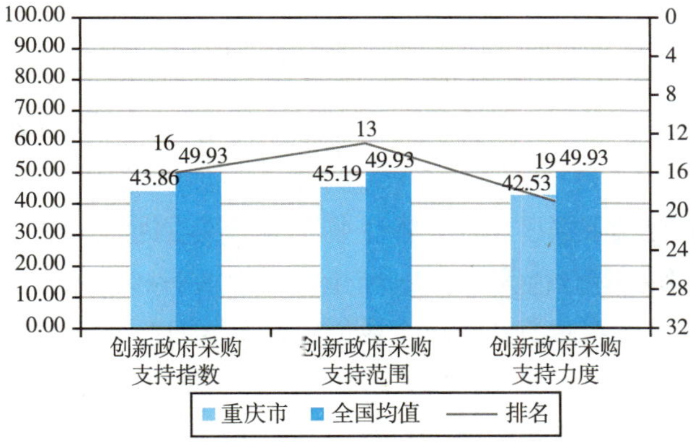

图4-61 重庆市创新政府采购支持情况

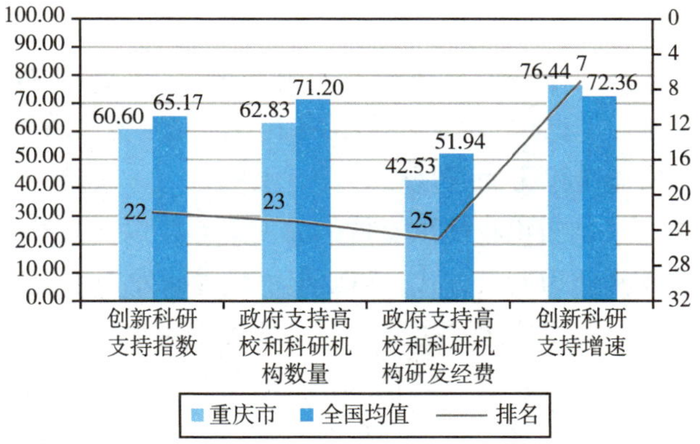

图4-62 重庆市创新科研支持情况

4.2.4 福建省

4.2.4.1 政府创新发展综合指数

2022年福建省整体政府创新发展支持综合指数为59.45，与全国平均水平61.93相比，福建省政府创新发展支持综合指数处于全国平均水平之下，体现出福建省政府创新发展综合支持程度相对偏弱，如图4-63所示。

4.2.4.2 创新政府补助支持维度

如图4-64所示，从创新政府补助支持的总体表现来看，2022年福建省创新政府补助支持指数为59.47，与全国平均水平68.85相比，处于全国平均水平之下，在全国各省份比较中排名24位，体现出相对偏弱的政府补助政策支持效果。

从创新政府补助支持的范围来看，2022年福建省获得政府研发补助的上市公司数量占比指标分值为53.70，表明企业主体较为广泛获取了政府补助的创新政策支持，与全国平均水平67.78相比，处于全国平均水平之下，可见政府补助在支持企业创新发展的政策实施范围方面表现一般且仍需加强。

从创新政府补助支持的力度来看，2022年福建省政府研发补助占营业收入比重指标分值为65.25，与全国平均水平69.92相比，处于全国平均水平之下，政府补助在支持企业创新发展方面仍需持续加强力度。

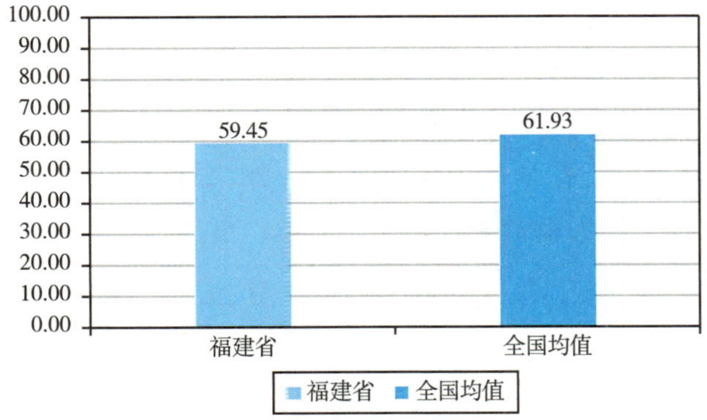

图4-63 福建省政府创新发展支持综合指数

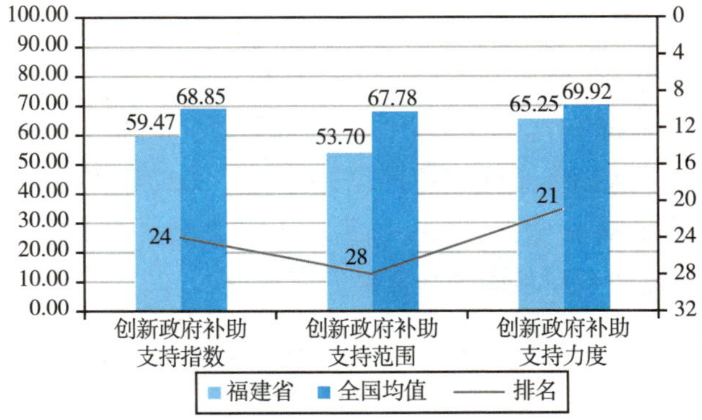

图4-64 福建省创新政府补助支持情况

4.2.4.3 创新税收优惠支持维度

如图4–65所示，从创新税收优惠支持的总体表现来看，2022年福建省创新税收优惠支持指数为61.34，与全国平均水平58.79相比，处于全国平均水平之上，在全国各省份比较中排名7位，体现出相对较强的税收优惠政策支持效果。

从创新税收优惠支持的范围来看，2022年福建省获得税收优惠的上市公司数量占比指标分值为92.08，与全国平均水平83.86相比，处于全国平均水平之上，可见税收优惠在支持企业创新发展的政策实施范围方面表现较好。

从创新税收优惠支持的力度来看，以研发费用加计扣除额、高新技术企业所得税税收优惠和税费返还额作为衡量方式，2022年福建省研发费用加计扣除指标分值为48.87，与全国平均水平49.85相比，处于全国平均水平之下，可见研发费用加计扣除的税收优惠政策在支持企业创新发展方面仍需持续加大力度。福建省高新技术企业所得税税收优惠指标分值为52.25，与全国平均水平51.57相比，处于全国平均水平之上，可见高新技术企业所得税税收优惠政策在支持企业创新发展方面仍需加强力度并巩固。福建省税费返还指标分值为52.14，与全国平均水平49.86相比，处于全国平均水平之上，可见税费返还政策在支持企业创新发展方面仍需加大力度并巩固。

4.2.4.4 创新金融支持维度

如图4–66所示，从创新金融支持的总体表现来看，2022年福建省整体创新金融支持指数为69.22，与全国平均水平65.85相比，处于全国平均水平之上，在全国各省份比较中排名11位，体现出相对较强的政策支持效果。

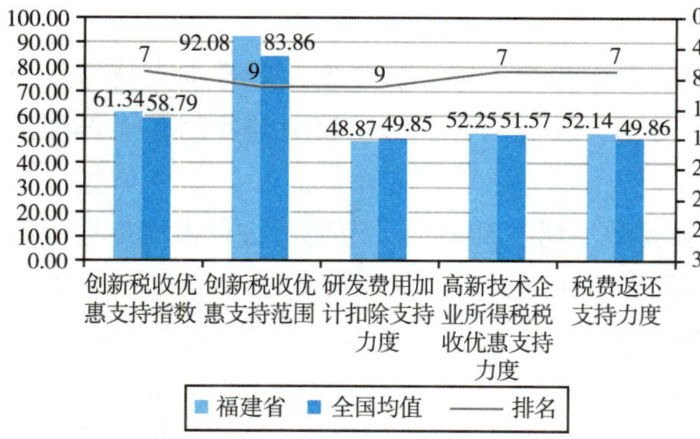

图4–65 福建省创新税收优惠支持情况

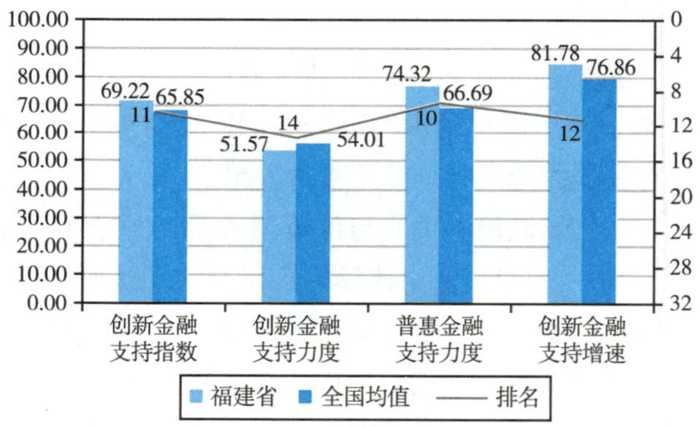

图4–66 福建省创新金融支持情况

从创新金融支持的力度来看，以公司获得的创新融资金额和普惠金融支持指数作为衡量方式，2022年福建省创新融资指标分值为51.57，与全国平均水平54.01相比，处于全国平均水平之下，体现出相对偏弱的创新融资政策支持水平。2022年福建省普惠金融支持指标分值为74.32，与全国平均水平66.69相比，处于全国平均水平之上，体现出相对较强的普惠金融政策支持力度。

从创新金融支持的增速来看，2022年福建省创新金融支持增速指标分值为81.78，与全国平均水平76.86相比，处于全国平均水平之上，体现出相比较大的创新金融政策支持增速，可见福建省政府仍需要不断巩固创新金融方面的投入。

4.2.4.5 创新政府采购支持维度

如图4–67所示，从创新政府采购支持的总体表现来看，2022年福建省创新政府采购支持指数为41.38，与全国平均水平49.93相比，处于全国平均水平之下，在全国各省份比较中排名23位，体现出该地区政府采购创新支持较低，同时也体现出该地区偏弱的需求侧政策支持效果。

从创新政府采购支持的范围来看，2022年福建省获取政府采购支持的企业数量占比指标分值为41.04，表明企业主体较少获取政府采购的创新政策支持，与全国平均水平49.93相比，处于全国平均水平之下，可见政府采购在支持企业创新发展的政策实施范围方面仍需加强。

从创新政府采购支持的力度来看，2022年福建省获取政府采购支持金额指标分值为41.72，表明企业主体获取政府采购创新政策支持力度较小，与全国平均水平49.93相比，处于全国平均水平之下，可见加大政府采购政策支持企业创新发展范围和力度并行应是下一步政策效果改进的重点。

4.2.4.6 创新科研支持维度

如图4–68所示，从创新科研支持的总体表现来看，2022年福建省创新科研支持指数为62.37，与全国平均水平65.17相比，处于全国平均水平之下，在全国各省份比较中排名18位，体现出相对偏弱的科研支持效果。

从创新科研支持的力度来看，以政府支持高校和科研机构数量和政府支持高校和科研机构研发经费作为衡量方式，2022年福建省政府支持高校和科研机构数量指标分值为69.91，与全国平均水平71.20相比，处于全国平均水平之下，体现出相对偏弱的创新科研支持水平。2022年福建省政府支持高校和科研机构研发经费指标分值为46.00，与全国平均水平51.94相比，处于全国平均水平之下，体现出相对偏弱的高校和科研机构的研发经费投入水平。

从创新科研支持的增速来看，以政府支持高校和科研机构研发经费增长率作为衡量方式，2022年福建省支持高校和科研机构研发经费增长率指标分值为71.20，与全国平均水平72.36相比，处于全国平均水平之下，体现出相对偏弱的创新科研政策支持持续性。

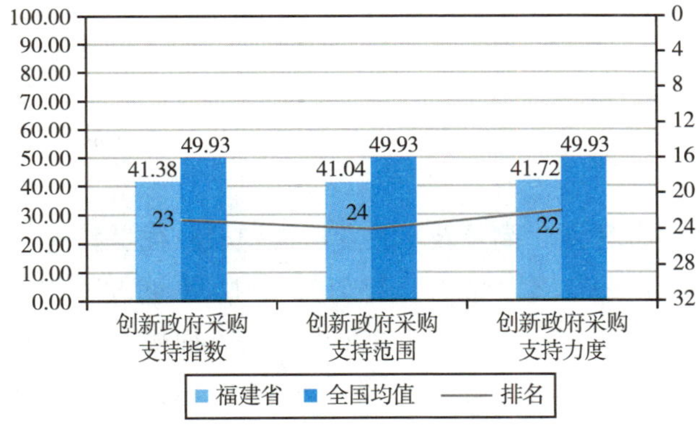

图4–67 福建省创新政府采购支持情况

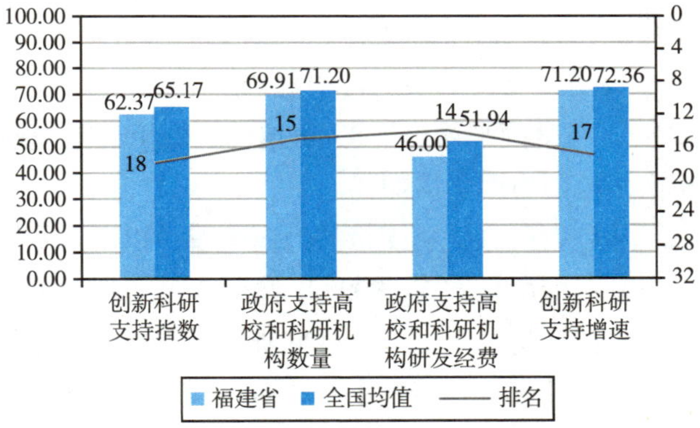

图4–68 福建省创新科研支持情况

4.2.5 甘肃省

4.2.5.1 政府创新发展支持综合指数

2022年甘肃省整体政府创新发展支持综合指数为59.53，与全国平均水平61.93相比，甘肃省政府创新发展支持综合指数处于全国平均水平之下，体现出甘肃省政府创新发展综合支持程度相对偏弱，如图4–69所示。

4.2.5.2 创新政府补助支持维度

如图4–70所示，从创新政府补助支持的总体表现来看，2022年甘肃省创新政府补助支持指数为77.25，与全国平均水平68.85相比，处于全国平均水平之上，在全国各省份比较中排名9位，体现出相对较强的政府补助政策支持效果。

从创新政府补助支持的范围来看，2022年甘肃省获得政府研发补助的上市公司数量占比指标分值为71.80，表明企业主体较为广泛获取了政府补助的创新政策支持，与全国平均水平67.78相比，处于全国平均水平之上，可见政府补助在支持企业创新发展的政策实施范围方面表现较好且仍需巩固。

从创新政府补助支持的力度来看，2022年甘肃省政府研发补助占营业收入比重指标分值为82.71，表明企业主体获取创新政府补助政策支持规模已达自身经营规模的较大比重，与全国平均水平69.92相比，处于全国平均水平之上，政府补助在支持企业创新发展方面仍需持续巩固力度。

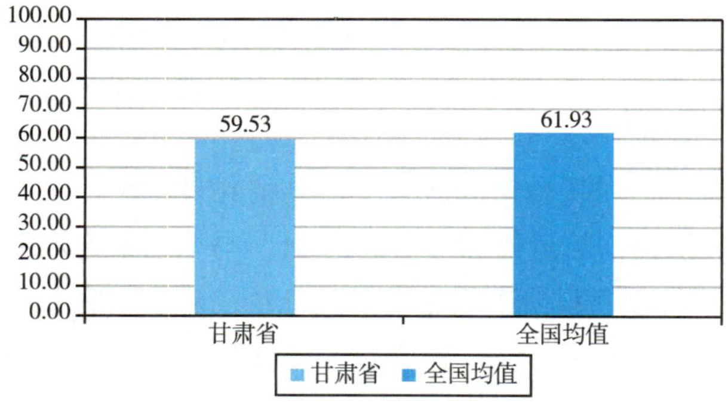

图4-69 甘肃省政府创新发展支持综合指数

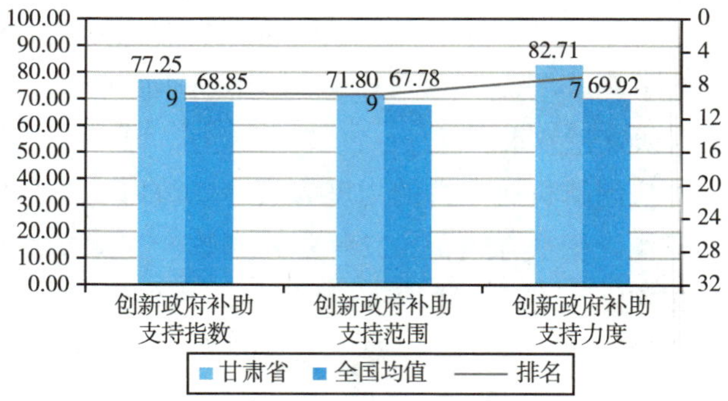

图4-70 甘肃省创新政府补助支持情况

4.2.5.3 创新税收优惠支持维度

如图4-71所示，从创新税收优惠支持的总体表现来看，2022年甘肃省创新税收优惠支持指数为47.44，与全国平均水平58.79相比，处于全国平均水平之下，在全国各省份比较中排名28位，体现出相对偏弱的税收优惠政策支持效果。

从创新税收优惠支持的范围来看，2022年甘肃省获得税收优惠的上市公司数量占比指标分值为67.57，与全国平均水平83.86相比，处于全国平均水平之下，可见税收优惠在支持企业创新发展的政策实施范围方面仍需加强。

从创新税收优惠支持的力度来看，以研发费用加计扣除额、高新技术企业所得税税收优惠和税费返还额作为衡量方式，2022年甘肃省研发费用加计扣除指标分值为40.70，与全国平均水平49.85相比，处于全国平均水平之下，可见研发费用加计扣除的税收优惠政策在支持企业创新发展方面仍需持续加大力度。甘肃省高新技术企业所得税税收优惠指标分值为40.88，与全国平均水平51.57相比，处于全国平均水平之下，可见高新技术企业所得税税收优惠政策在支持企业创新发展方面仍需持续加强。甘肃省税费返还指标分值为40.60，与全国平均水平49.86相比，处于全国平均水平之下，可见税费返还政策在支持企业创新发展方面仍需持续加大力度。

4.2.5.4 创新金融支持维度

如图4-72所示，从创新金融支持的总体表现来看，2022年甘肃省整体创新金融支持指数为57.07，与全国平均水平65.85相比，处于全国平均水平之下，在全国各省份比较中排名27位，体现出相对偏弱的政策支持效果。

从创新金融支持的力度来看，以公司获得的创新融资金额和普惠金融支持指数作为衡量方式，2022年甘肃省创新融资指标分值为43.50，与全国平均水平54.01相比，处于全国平均水平之下，体现出相对偏弱的创新融资政策支持水平。2022年甘肃省普惠金融支持指标分值为52.10，与全国平均水平66.69相比，处于全国平均水平之下，体现出相对偏弱的普惠金融政策支持力度。

从创新金融支持的增速来看，2022年甘肃省创新金融支持增速指标分值为75.61，与全国平均水平76.86相比，处于全国平均水平之下，体现出相比更小的创新金融政策支持增速，表明甘肃省政府需要不断提升创新金融方面的投入。

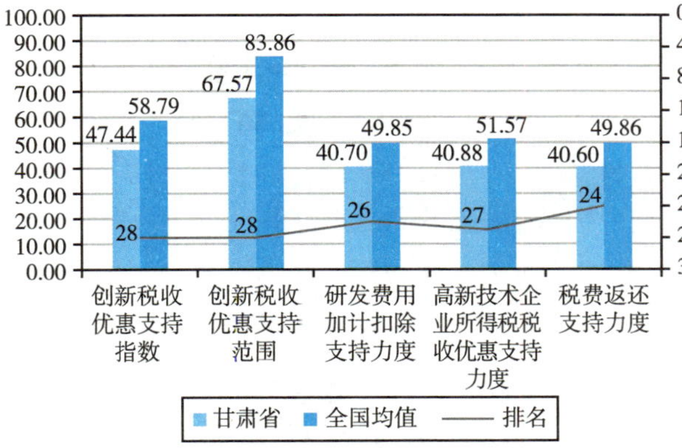

图4-71　甘肃省创新税收优惠支持情况

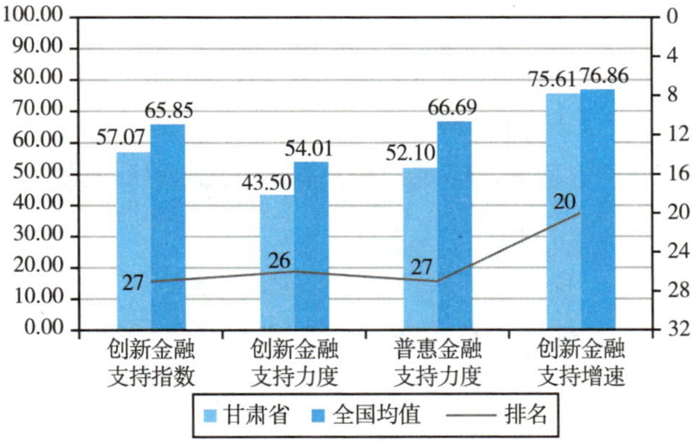

图4-72　甘肃省创新金融支持情况

4.2.5.5　创新政府采购支持维度

如图4-73所示，从创新政府采购支持的总体表现来看，2022年甘肃省创新政府采购支持指数为62.16，与全国平均水平49.93相比，处于全国平均水平之上，在全国各省份比较中排名5位，体现出该地区政府采购创新支持较强，同时也体现出该地区更强的需求侧政策支持效果。

从创新政府采购支持的范围来看，2022年甘肃省获取政府采购支持的企业数量占比指标分值为69.44，表明企业主体较为广泛地获取了政府采购的创新政策支持，与全国平均水平49.93相比，处于全国平均水平之上，可见政府采购在支持企业创新发展的政策实施范围方面仍需巩固。

从创新政府采购支持的力度来看，2022年甘肃省获取政府采购支持金额指标分值为54.87，表明企业主体获取政府采购创新政策支持力度较大，与全国平均水平49.93相比，处于全国平均水平之上，可见加大政府采购政策支持企业创新发展力度应是下一步政策效果改进的重点。

4.2.5.6　创新科研支持维度

如图4-74所示，从创新科研支持的总体表现来看，2022年甘肃省创新科研支持指数为56.72，与全国平均水平65.17相比，处于全国平均水平之下，在全国各省份比较中排名28位，体现出相对偏弱的科研支持效果。

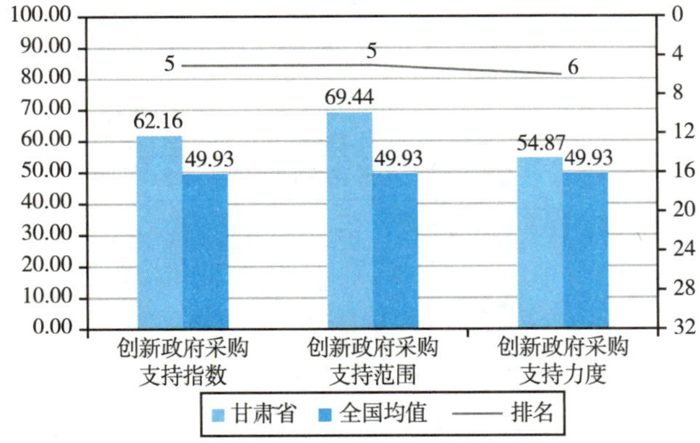

图4-73　甘肃省创新政府采购支持情况

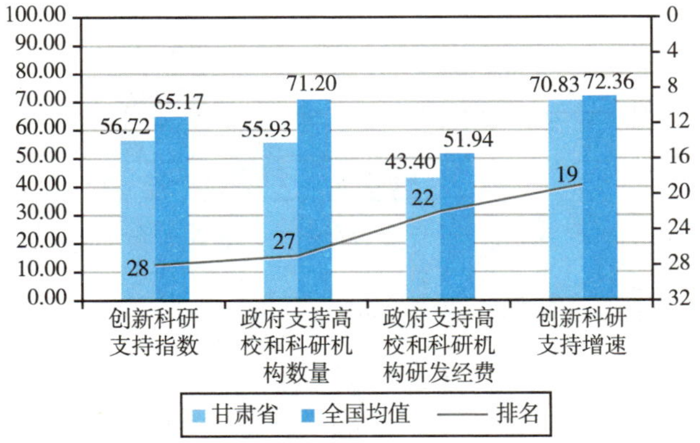

图4-74　甘肃省创新科研支持情况

从创新科研支持的力度来看，以政府支持高校和科研机构数量和政府支持高校和科研机构研发经费作为衡量方式，2022年甘肃省政府支持高校和科研机构数量指标分值为55.93，与全国平均水平71.20相比，处于全国平均水平之下，体现出相对偏弱的创新科研支持水平。2022年甘肃省政府支持高校和科研机构研发经费指标分值为43.40，与全国平均水平51.94相比，处于全国平均水平之下，体现出相对偏弱的高校和科研机构的研发经费投入水平。

从创新科研支持的增速来看，以政府支持高校和科研机构研发经费增长率作为衡量方式，2022年甘肃省支持高校和科研机构研发经费增长率指标分值为70.83，与全国平均水平72.36相比，处于全国平均水平之下，体现出相对偏弱的创新科研政策支持持续性。

4.2.6 广东省

4.2.6.1 政府创新发展支持综合指数

2022年广东省整体政府创新发展支持综合指数为85.02，与全国平均水平61.93相比，广东省政府创新发展支持综合指数处于全国平均水平之上，体现出广东省政府创新发展综合支持程度相对较强，如图4–75所示。

4.2.6.2 创新政府补助支持维度

如图4–76所示，从创新政府补助支持的总体表现来看，2022年广东省创新政府补助支持指数为64.13，与全国平均水平68.85相比，处于全国平均水平之下，在全国各省份比较中排名21位，体现出相对偏弱的政府补助政策支持效果。

从创新政府补助支持的范围来看，2022年广东省获得政府研发补助的上市公司数量占比指标分值为59.26，表明企业主体较为广泛获取了政府补助的创新政策支持，与全国平均水平67.78相比，处于全国平均水平之下，可见政府补助在支持企业创新发展的政策实施范围方面表现一般且仍需加强。

从创新政府补助支持的力度来看，2022年广东省政府研发补助占营业收入比重指标分值为69.00，与全国平均水平69.92相比，处于全国平均水平之下，政府补助在支持企业创新发展方面仍需持续加强力度。

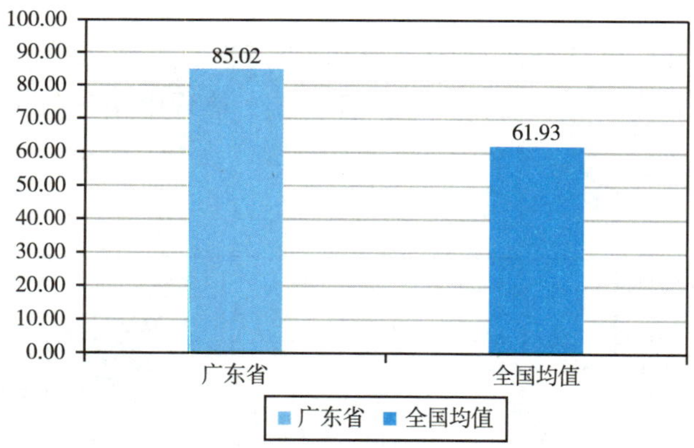

图4–75 广东省政府创新发展支持综合指数

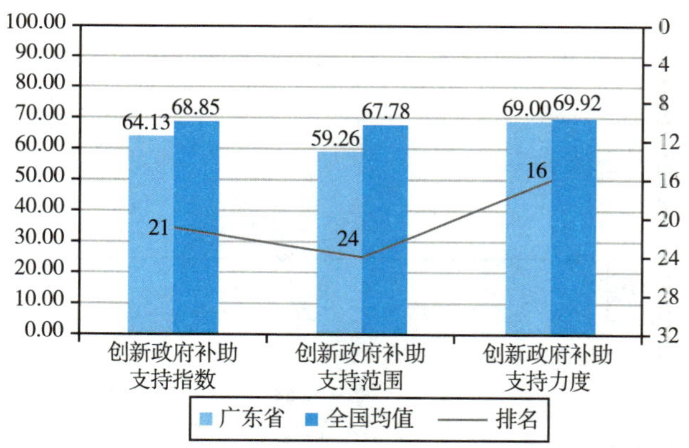

图4–76 广东省创新政府补助支持情况

4.2.6.3 创新税收优惠支持维度

如图4–77所示，从创新税收优惠支持的总体表现来看，2022年广东省创新税收优惠支持指数为98.42，与全国平均水平58.79相比，处于全国平均水平之上，在全国各省份比较中排名1位，体现出广东省的创新税收优惠支持优势非常明显。

从创新税收优惠支持的范围来看，2022年广东省获得税收优惠的上市公司数量占比指标分值为93.69，与全国平均水平83.86相比，处于全国平均水平之上，可见税收优惠在支持企业创新发展的政策实施范围方面应当持续巩固。

从创新税收优惠支持的力度来看，以研发费用加计扣除额、高新技术企业所得税税收优惠和税费返还额作为衡量方式，2022年广东省研发费用加计扣除指标分值为100.00，与全国平均水平49.85相比，处于全国平均水平之上，可见研发费用加计扣除的税收优惠政策在支持企业创新发展方面力度较大。广东省高新技术企业所得税税收优惠指标分值为100.00，与全国平均水平51.57相比，处于全国平均水平之上，可见高新技术企业所得税税收优惠政策在支持企业创新发展方面力度最大。广东省税费返还指标分值为100.00，与全国平均水平49.86相比，处于全国平均水平之上，可见税费返还政策在支持企业创新发展方面力度较大。

4.2.6.4 创新金融支持维度

如图4–78所示，从创新金融支持的总体表现来看，2022年广东省整体创新金融支持指数为85.86，与全国平均水平65.85相比，处于全国平均水平之上，在全国各省份比较中排名2位，体现出相对较强的政策支持效果。

从创新金融支持的力度来看，以公司获得的创新融资金额和普惠金融支持指数作为衡量方式，2022年广东省创新融资指标分值为100.00，与全国平均水平54.01相比，处于全国平均水平之上，体现出广东省的创新融资政策优势非常明显。2022年广东省普惠金融支持指标分值为72.98，与全国平均水平66.69相比，处于全国平均水平之上，体现出相对较强的普惠金融政策支持力度。

从创新金融支持的增速来看，2022年广东省创新金融支持增速指标分值为84.59，与全国平均水平76.86相比，处于全国平均水平之上，体现出相比更大的创新金融政策支持增速，表明广东省政府需要不断巩固创新金融方面的投入。

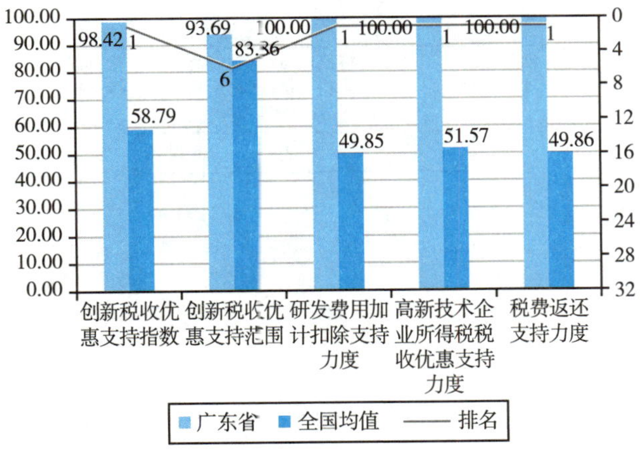

图4–77 广东省创新税收优惠支持情况

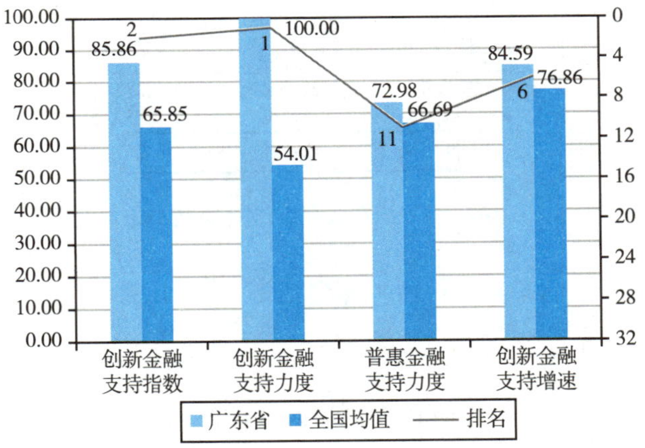

图4–78 广东省创新金融支持情况

4.2.6.5 创新政府采购支持维度

如图4–79所示，从创新政府采购支持的总体表现来看，2022年广东省创新政府采购支持指数为98.66，与全国平均水平49.93相比，处于全国平均水平之上，在全国各省份比较中排名1位，体现出该地区政府采购创新支持最高，同时也体现出该地区较强的需求侧政策支持效果。

从创新政府采购支持的范围来看，2022年广东省获取政府采购支持的企业数量占比指标分值为100.00，表明企业主体大为广泛地获取了政府采购的创新政策支持，与全国平均水平49.93相比，处于全国平均水平之上，可见政府采购在支持企业创新发展的政策实施范围方面需要巩固。

从创新政府采购支持的力度来看，2022年广东省获取政府采购支持金额指标分值为97.32，表明企业主体获取政府采购创新政策支持力度较强，与全国平均水平49.93相比，处于全国平均水平之上，可见加大政府采购政策支持企业创新发展范围和力度并行巩固应是下一步政策效果改进的重点。

4.2.6.6 创新科研支持维度

如图4-80所示，从创新科研支持的总体表现来看，2022年广东省创新科研支持指数为76.65，与全国平均水平65.17相比，处于全国平均水平之上，在全国各省份比较中排名2位，体现出相对较强的科研支持效果。

从创新科研支持的力度来看，以政府支持高校和科研机构数量和政府支持高校和科研机构研发经费作为衡量方式，2022年广东省政府支持高校和科研机构数量指标分值为97.35，与全国平均水平71.20相比，处于全国平均水平之上，体现出相对较强的创新科研支持水平。2022年广东省政府支持高校和科研机构研发经费指标分值为65.05，与全国平均水平51.94相比，处于全国平均水平之上，体现出相对较强的高校和科研机构的研发经费投入水平。

从创新科研支持的增速来看，以政府支持高校和科研机构研发经费增长率作为衡量方式，2022年广东省支持高校和科研机构研发经费增长率指标分值为67.54，与全国平均水平72.36相比，处于全国平均水平之下，体现出相对偏弱的创新科研政策支持持续性。

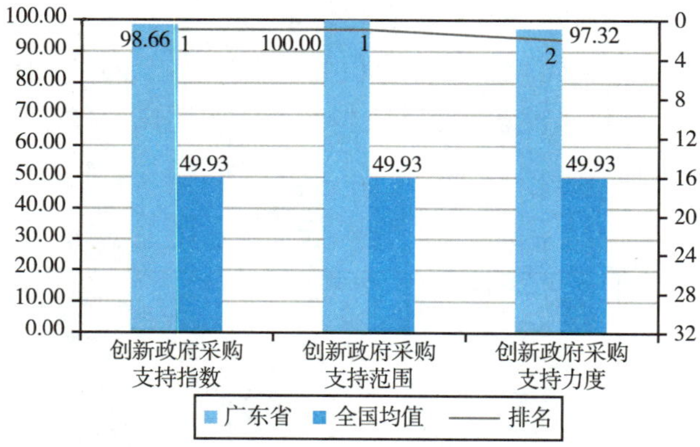

图4-79 广东省创新政府采购支持情况

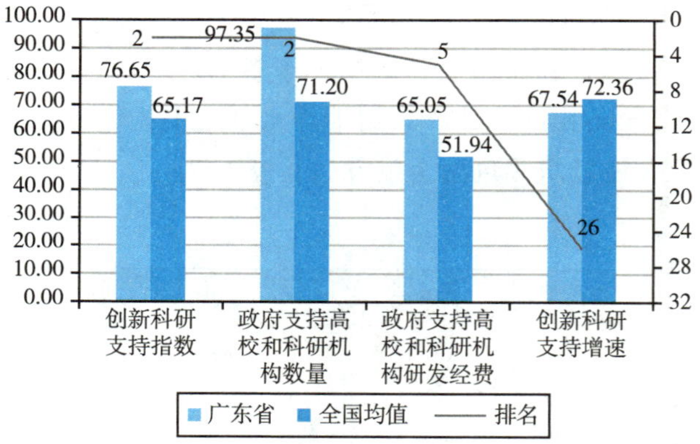

图4-80 广东省创新科研支持情况

4.2.7 广西壮族自治区

4.2.7.1 政府创新发展支持综合指数

2022年广西壮族自治区整体政府创新发展支持综合指数为57.47，与全国平均水平61.93相比，广西壮族自治区政府创新发展支持综合指数处于全国平均水平之下，体现出广西壮族自治区政府创新发展综合支持程度相对偏弱，如图4-81所示。

4.2.7.2 创新政府补助支持维度

如图4-82所示，从创新政府补助支持的总体表现来看，2022年广西壮族自治区创新政府补助支持指数为71.71，与全国平均水平68.85相比，处于全国平均水平之上，在全国各省份比较中排名13位，体现出相对较强的政府补助政策支持效果。

从创新政府补助支持的范围来看，2022年广西壮族自治区获得政府研发补助的上市公司数量占比指标分值为69.87，表明企业主体较为广泛获取了政府补助的创新政策支持，与全国平均水平67.78相比，处于全国平均水平之上，可见政府补助在支持企业创新发展的政策实施范围方面表现较好且仍需巩固。

从创新政府补助支持的力度来看，2022年广西壮族自治区政府研发补助占营业收入比重指标分值为73.56，表明企业主体获取创新政府补助政策支持规模已达自身经营规模的较大比重，与全国平均水平69.92相比，处于全国平均水平之上，政府补助在支持企业创新发展方面仍需持续巩固力度。

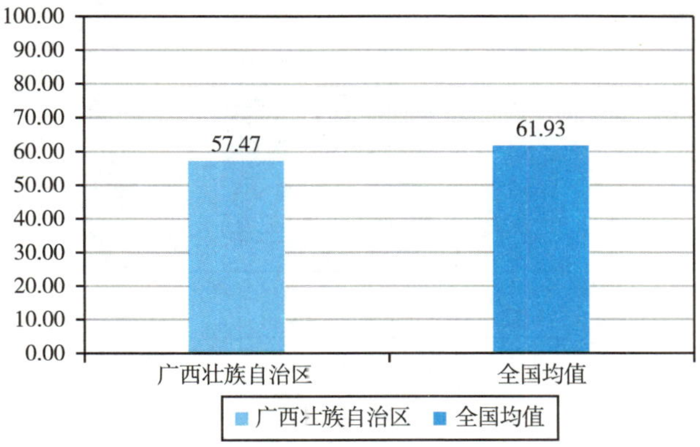

图4-81 广西壮族自治区政府创新发展支持综合指数

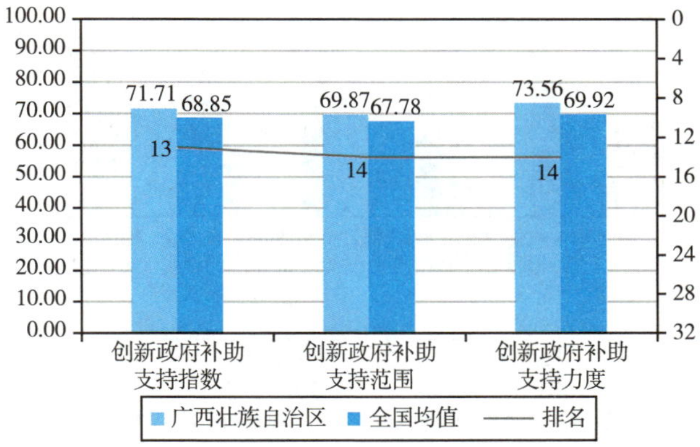

图4-82 广西壮族自治区创新政府补助支持情况

4.2.7.3 创新税收优惠支持维度

如图4-83所示，从创新税收优惠支持的总体表现来看，2022年广西壮族自治区创新税收优惠支持指数为52.07，与全国平均水平58.79相比，处于全国平均水平之下，在全国各省份比较中排名23位，体现出相对偏弱的税收优惠政策支持效果。

从创新税收优惠支持的范围来看，2022年广西壮族自治区获得税收优惠的上市公司数量占比指标分值为84.00，与全国平均水平83.86相比，处于全国平均水平之上，可见税收优惠在支持企业创新发展的政策实施范围方面仍需巩固。

从创新税收优惠支持的力度来看，以研发费用加计扣除额、高新技术企业所得税税收优惠和税费返还额作为衡量方式，2022年广西壮族自治区研发费用加计扣除指标分值为41.09，与全国平均水平49.85相比，处于全国平均水平之下，可见研发费用加计扣除的税收优惠政策在支持企业创新发展方面仍需持续加大力度。广西壮族自治区高新技术企业所得税税收优惠指标分值为41.56，与全国平均水平51.57相比，处于全国平均水平之下，可见高新技术企业所得税税收优惠政策在支持企业创新发展方面仍需持续加强。广西壮族自治区税费返还指标分值为41.62，与全国平均水平49.86相比，处于全国平均水平之下，可见税费返还政策在支持企业创新发展方面仍需持续加大力度。

4.2.7.4 创新金融支持维度

如图4-84所示，从创新金融支持的总体表现来看，2022年广西壮族自治区整体创新金融支持指数为59.87，与全国平均水平65.85相比，处于全国平均水平之下，在全国各省份比较中排名22位，体现出相对偏弱的政策支持效果。

从创新金融支持的力度来看，以公司获得的创新融资金额和普惠金融支持指数作为衡量方式，2022年广西壮族自治区创新融资指标分值为46.85，与全国平均水平54.01相比，处于全国平均水平之下，体现出相对偏弱的创新融资政策支持水平。2022年广西壮族自治区普惠金融支持指标分值为61.74，与全国平均水平66.69相比，处于全国平均水平之下，体现出相对偏弱的普惠金融政策支持力度。

从创新金融支持的增速来看，2022年广西壮族自治区创新金融支持增速指标分值为71.01，与全国平均水平76.86相比，处于全国平均水平之下，体现出相比更小的创新金融政策支持增速，表明广西壮族自治区政府需要不断提升创新金融方面的投入。

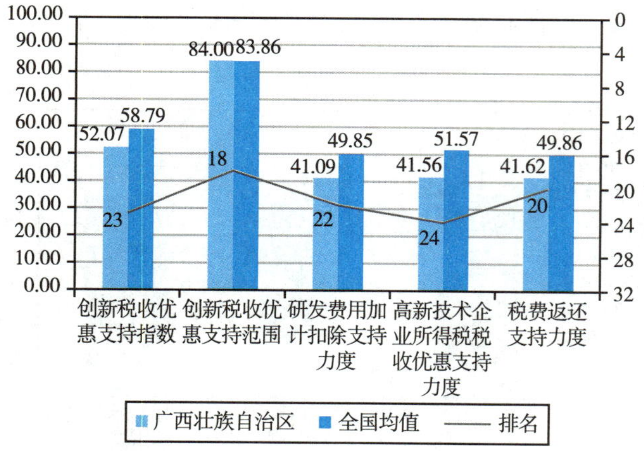

图4-83　广西壮族自治区创新税收优惠支持情况

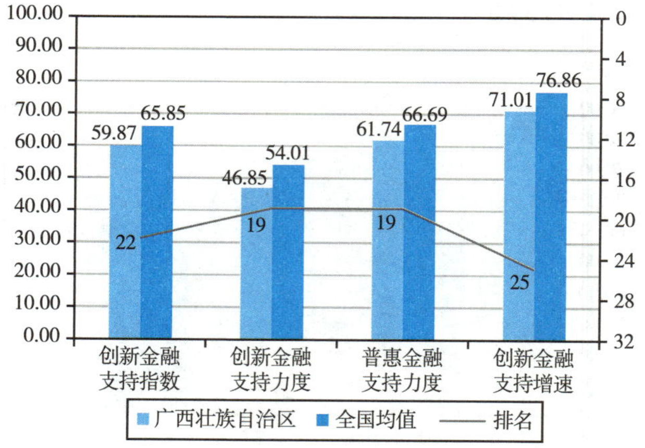

图4-84　广西壮族自治区创新金融支持情况

4.2.7.5　创新政府采购支持维度

如图4-85所示，从创新政府采购支持的总体表现来看，2022年广西壮族自治区创新政府采购支持指数为41.01，与全国平均水平49.93相比，处于全国平均水平之下，在全国各省份比较中排名25位，体现出该地区政府采购创新支持较低，同时也体现出该地区偏弱的需求侧政策支持效果。

从创新政府采购支持的范围来看，2022年广西壮族自治区获取政府采购支持的企业数量占比指标分值为41.03，表明企业主体较少获取政府采购的创新政策支持，与全国平均水平49.93相比，处于全国平均水平之下，可见政府采购在支持企业创新发展的政策实施范围方面仍需加强。

从创新政府采购支持的力度来看，2022年广西壮族自治区获取政府采购支持金额指标分值为40.99，表明企业主体获取政府采购创新政策支持力度较小，与全国平均水平49.93相比，处于全国平均水平之下，可见加大政府采购政策支持企业创新发展范围和力度并行应是下一步政策效果改进的重点。

4.2.7.6　创新科研支持维度

如图4-86所示，从创新科研支持的总体表现来看，2022年广西壮族自治区创新科研支持指数为61.97，与全国平均水平65.17相比，处于全国平均水平之下，在全国各省份比较中排名19位，体现出相对偏弱的科研支持效果。

从创新科研支持的力度来看，以政府支持高校和科研机构数量和政府支持高校和科研机构研发经费作为衡量方式，2022年广西壮族自治区政府支持高校和科研机构数量指标分值为68.32，与全国平均水平71.20相比，处于全国平均水平之下，体现出相对偏弱的创新科研支持水平。2022年广西壮族自治区政府支持高校和科研机构研发经费指标分值为40.00，与全国平均水平51.94相比，处于全国平均水平之下，体现出相对偏弱的高校和科研机构的研发经费投入水平。

从创新科研支持的增速来看，以政府支持高校和科研机构研发经费增长率作为衡量方式，2022年广西壮族自治区支持高校和科研机构研发经费增长率指标分值为77.60，与全国平均水平72.36相比，处于全国平均水平之上，体现出相对较强的创新科研政策支持持续性。

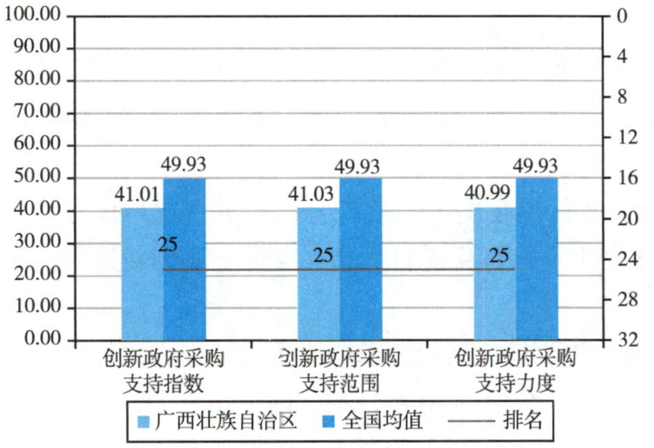

图4-85　广西壮族自治区创新政府采购支持情况

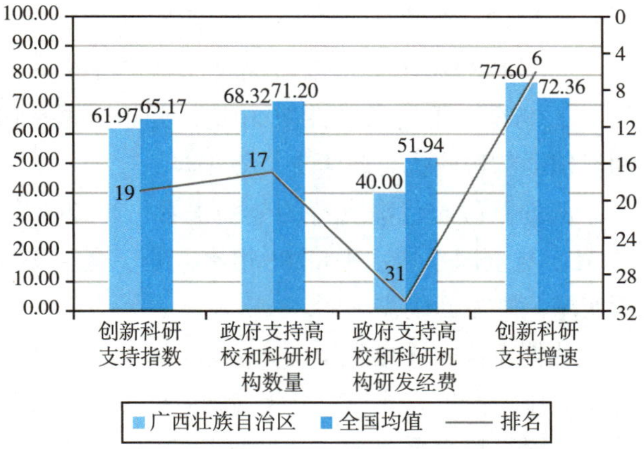

图4-86　广西壮族自治区创新科研支持情况

4.2.8　贵州省

4.2.8.1　政府创新发展支持综合指数

2022年贵州省整体政府创新发展支持综合指数为61.27，与全国平均水平61.93相比，贵州省政府创新发展支持综合指数处于全国平均水平之下，体现出贵州省政府创新发展综合支持程度相对偏弱，如图4-87所示。

4.2.8.2　创新政府补助支持维度

如图4-88所示，从创新政府补助支持的总体表现来看，2022年贵州省创新政府补助支持指数为79.08，与全国平均水平68.85相比，处于全国平均水平之上，在全国各省份比较中排名7位，体现出相对较强的政府补助政策支持效果。

从创新政府补助支持的范围来看，2022年贵州省获得政府研发补助的上市公司数量占比指标分值为84.33，表明企业主体较为广泛获取了政府补助的创新政策支持，与全国平均水平67.78相比，处于全国平均水平之上，可见政府补助在支持企业创新发展的政策实施范围方面表现较好且仍需巩固。

从创新政府补助支持的力度来看，2022年贵州省政府研发补助占营业收入比重指标分值为73.83，表明企业主体获取创新政府补助政策支持规模已达自身经营规模的较大比重，与全国平均水平69.92相比，处于全国平均水平之上，政府补助在支持企业创新发展方面仍需持续巩固力度。

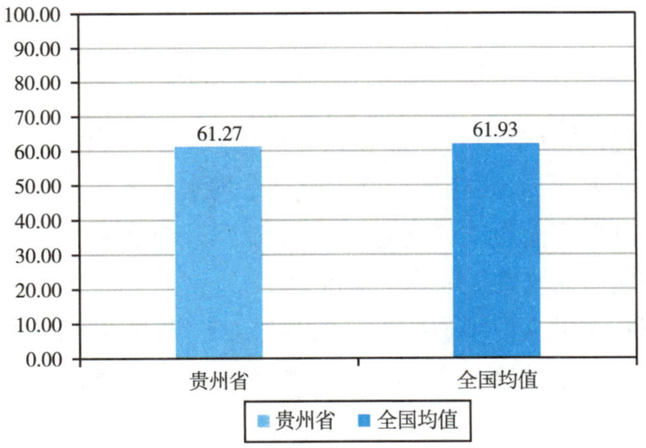

图4-87　贵州省政府创新发展支持综合指数

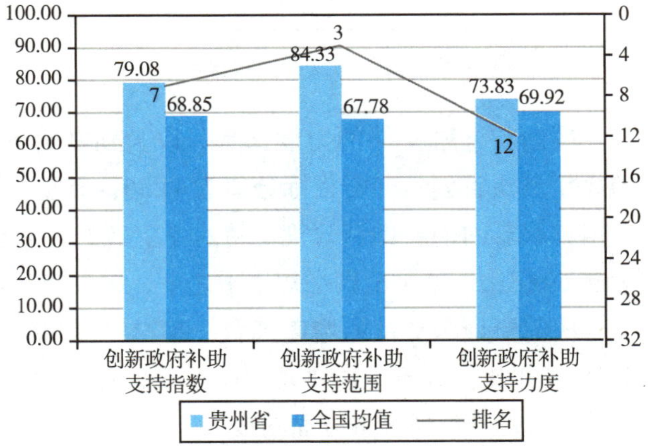

图4-88　贵州省创新政府补助支持情况

4.2.8.3 创新税收优惠支持维度

如图4–89所示，从创新税收优惠支持的总体表现来看，2022年贵州省创新税收优惠支持指数为53.44，与全国平均水平58.79相比，处于全国平均水平之下，在全国各省份比较中排名20位，体现出相对偏弱的税收优惠政策支持效果。

从创新税收优惠支持的范围来看，2022年贵州省获得税收优惠的上市公司数量占比指标分值为91.31，与全国平均水平83.86相比，处于全国平均水平之上，可见税收优惠在支持企业创新发展的政策实施范围方面仍需巩固。

从创新税收优惠支持的力度来看，以研发费用加计扣除额、高新技术企业所得税税收优惠和税费返还额作为衡量方式，2022年贵州省研发费用加计扣除指标分值为40.45，与全国平均水平49.85相比，处于全国平均水平之下，可见研发费用加计扣除的税收优惠政策在支持企业创新发展方面仍需持续加大力度。贵州省高新技术企业所得税税收优惠指标分值为41.65，与全国平均水平51.57相比，处于全国平均水平之下，可见高新技术企业所得税税收优惠政策在支持企业创新发展方面仍需加强。贵州省税费返还指标分值为40.36，与全国平均水平49.86相比，处于全国平均水平之下，可见税费返还政策在支持企业创新发展方面仍需持续加大力度。

4.2.8.4 创新金融支持维度

如图4–90所示，从创新金融支持的总体表现来看，2022年贵州省整体创新金融支持指数为57.38，与全国平均水平65.85相比，处于全国平均水平之下，在全国各省份比较中排名25位，体现出相对偏弱的政策支持效果。

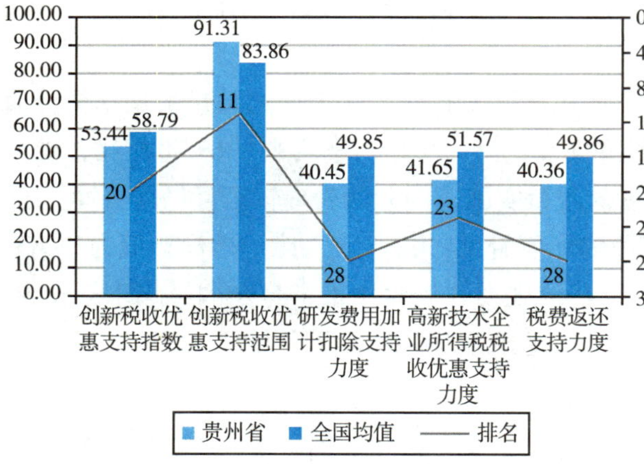

图4–89 贵州省创新税收优惠支持情况

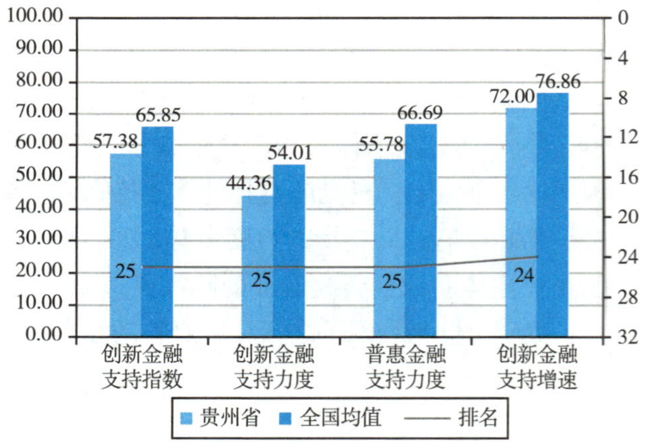

图4–90 贵州省创新金融支持情况

从创新金融支持的力度来看，以公司获得的创新融资金额和普惠金融支持指数作为衡量方式，2022年贵州省创新融资指标分值为44.36，与全国平均水平54.01相比，处于全国平均水平之下，体现出相对偏弱的创新融资政策支持水平。2022年贵州省普惠金融支持指标分值为55.78，与全国平均水平66.69相比，处于全国平均水平之下，体现出相对偏弱的普惠金融政策支持力度。

从创新金融支持的增速来看，2022年贵州省创新金融支持增速指标分值为72.00，与全国平均水平76.86相比，处于全国平均水平之下，体现出相比更小的创新金融政策支持增速，表明贵州省政府需要不断提升创新金融方面的投入。

4.2.8.5 创新政府采购支持维度

如图4–91所示，从创新政府采购支持的总体表现来看，2022年贵州省创新政府采购支持指数为

50.80，与全国平均水平49.93相比，处于全国平均水平之上，在全国各省份比较中排名9位，体现出该地区政府采购创新支持较高，同时也体现出该地区更强的需求侧政策支持效果。

从创新政府采购支持的范围来看，2022年贵州省获取政府采购支持的企业数量占比指标分值为50.32，表明企业主体较为广泛地获取了政府采购的创新政策支持，与全国平均水平49.93相比，处于全国平均水平之上，可见政府采购在支持企业创新发展的政策实施范围方面仍需加强。

从创新政府采购支持的力度来看，2022年贵州省获取政府采购支持金额指标分值为51.27，表明企业主体获取政府采购创新政策支持力度较大，与全国平均水平49.93相比，处于全国平均水平之上，可见加大政府采购政策支持企业创新发展范围和力度并行巩固应是下一步政策效果改进的重点。

4.2.8.6　创新科研支持维度

如图4–92所示，从创新科研支持的总体表现来看，2022年贵州省创新科研支持指数为66.93，与全国平均水平65.17相比，处于全国平均水平之上，在全国各省份比较中排名14位，体现出相对较强的科研支持效果。

从创新科研支持的力度来看，以政府支持高校和科研机构数量和政府支持高校和科研机构研发经费作为衡量方式，2022年贵州省政府支持高校和科研机构数量指标分值为64.60，与全国平均水平71.20相比，处于全国平均水平之下，体现出相对偏弱的创新科研支持水平。2022年贵州省政府支持高校和科研机构研发经费指标分值为49.69，与全国平均水平51.94相比，处于全国平均水平之下，体现出相对偏弱的高校和科研机构的研发经费投入水平。

从创新科研支持的增速来看，以政府支持高校和科研机构研发经费增长率作为衡量方式，2022年贵州省支持高校和科研机构研发经费增长率指标分值为86.49，与全国平均水平72.36相比，处于全国平均水平之上，体现出相对较强的创新科研政策支持持续性。

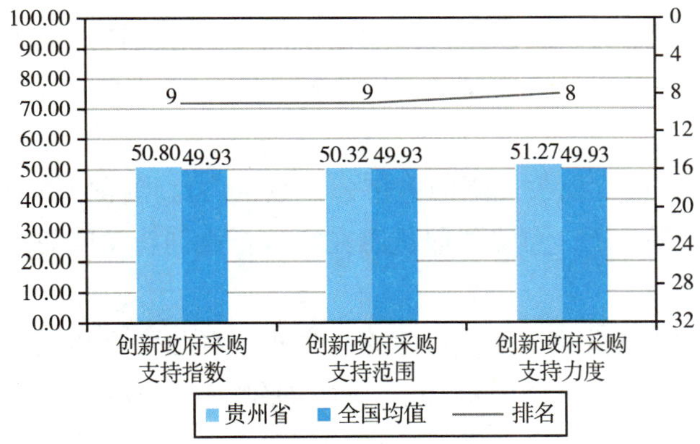

图4–91　贵州省创新政府采购支持情况

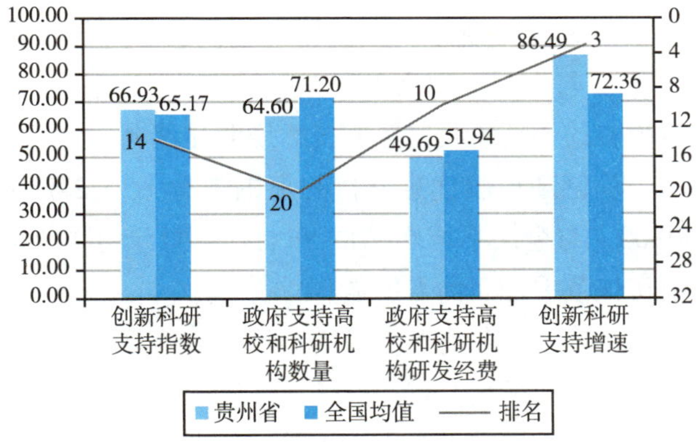

图4–92　贵州省创新科研支持情况

4.2.9　海南省

4.2.9.1　政府创新发展支持综合指数

2022年海南省整体政府创新发展支持综合指数为49.94，与全国平均水平61.93相比，海南省政府创新发展支持综合指数处于全国平均水平之下，体现出海南省政府创新发展综合支持程度相对偏弱，如图4–93所示。

4.2.9.2　创新政府补助支持维度

如图4–94所示，从创新政府补助支持的总体表现来看，2022年海南省创新政府补助支持指数为

40.00，与全国平均水平68.85相比，处于全国平均水平之下，在全国各省份比较中排名31位，体现出海南省的创新政府补助支持力度明显偏弱。

从创新政府补助支持的范围来看，2022年海南省获得政府研发补助的上市公司数量占比指标分值为40.00，表明企业主体获取政府补助的创新政策支持较少，与全国平均水平67.78相比，处于全国平均水平之下，可见政府补助在支持企业创新发展的政策实施范围方面表现一般且仍需加强。

从创新政府补助支持的力度来看，2022年海南省政府研发补助占营业收入比重指标分值为40.00，与全国平均水平69.92相比，处于全国平均水平之下，政府补助在支持企业创新发展方面仍需持续加强力度。

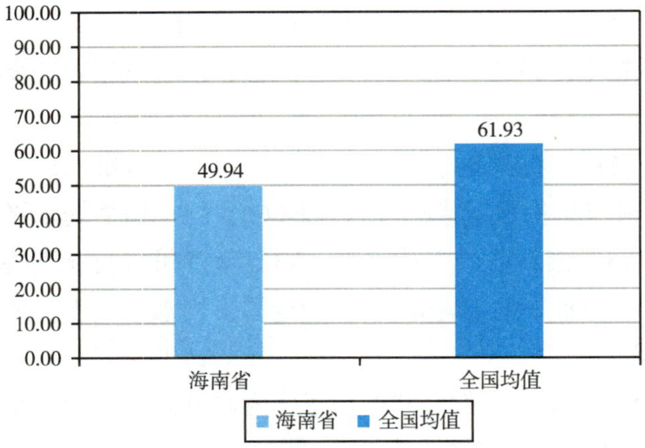

图4–93　海南省政府创新发展支持综合指数

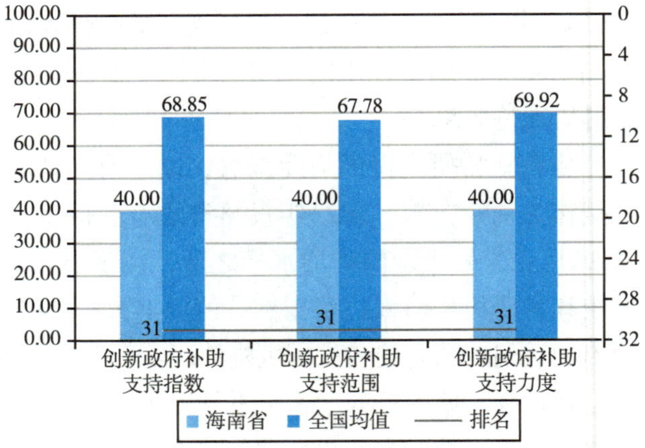

图4–94　海南省创新政府补助支持情况

4.2.9.3　创新税收优惠支持维度

如图4–95所示，从创新税收优惠支持的总体表现来看，2022年海南省创新税收优惠支持指数为40.42，与全国平均水平58.79相比，处于全国平均水平之下，在全国各省份比较中排名31位，体现出海南省的创新税收优惠支持力度明显偏弱。

从创新税收优惠支持的范围来看，2022年海南省获得税收优惠的上市公司数量占比指标分值为40.00，与全国平均水平83.86相比，处于全国平均水平之下，可见税收优惠在支持企业创新发展的政策实施范围方面仍需加强。

从创新税收优惠支持的力度来看，以研发费用加计扣除额、高新技术企业所得税税收优惠和税费返还额作为衡量方式，2022年海南省研发费用加计扣除指标分值为40.95，与全国平均水平49.85相比，处于全国平均水平之下，可见研发费用加计扣除的税收优惠政策在支持企业创新发展方面仍需持续加大力度。海南省高新技术企业所得税税收优惠指标分值为40.23，与全国平均水平51.57相比，处于全国平均水平之下，可见高新技术企业所得税税收优惠政策在支持企业创新发展方面仍需加强。海南省税费返还指标分值为40.50，与全国平均水平49.86相比，处于全国平均水平之下，可见税费返还政策在支持企业创新发展方面仍需持续加大力度。

4.2.9.4　创新金融支持维度

如图4–96所示，从创新金融支持的总体表现来看，2022年海南省整体创新金融支持指数为65.63，与全国平均水平65.85相比，处于全国平均水平之下，在全国各省份比较中排名16位，体现出相对偏弱的政策支持效果。

从创新金融支持的力度来看，以公司获得的创新融资金额和普惠金融支持指数作为衡量方式，

2022年海南省创新融资指标分值为40.65，与全国平均水平54.01相比，处于全国平均水平之下，体现出相对偏弱的创新融资政策支持水平。2022年海南省普惠金融支持指标分值为56.25，与全国平均水平66.69相比，处于全国平均水平之下，体现出相对偏弱的普惠金融政策支持力度。

从创新金融支持的增速来看，2022年海南省创新金融支持增速指标分值为100.00，与全国平均水平76.86相比，处于全国平均水平之上，体现出相比更大的创新金融政策支持增速，表明海南省政府需要不断巩固创新金融方面的投入。

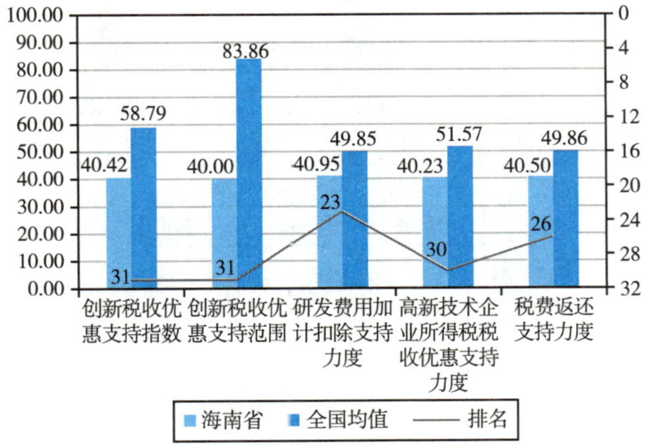

图4–95　海南省创新税收优惠支持情况

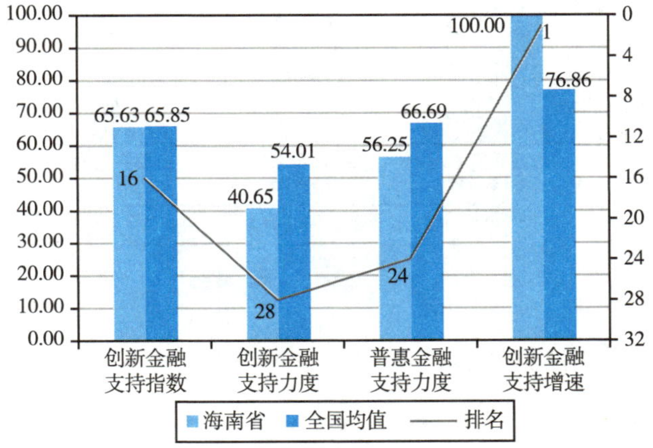

图4–96　海南省创新金融支持情况

4.2.9.5　创新政府采购支持维度

如图4–97所示，从创新政府采购支持的总体表现来看，2022年海南省创新政府采购支持指数为43.21，与全国平均水平49.93相比，处于全国平均水平之下，在全国各省份比较中排名17位，体现出该地区政府采购创新支持较低，同时也体现出该地区偏弱的需求侧政策支持效果。

从创新政府采购支持的范围来看，2022年海南省获取政府采购支持的企业数量占比指标分值为42.53，表明企业主体较少获取政府采购的创新政策支持，与全国平均水平49.93相比，处于全国平均水平之下，可见政府采购在支持企业创新发展的政策实施范围方面仍需加强。

从创新政府采购支持的力度来看，2022年海南省获取政府采购支持金额指标分值为43.88，表明企业主体获取政府采购创新政策支持力度较小，与全国平均水平49.93相比，处于全国平均水平之下，可见加大政府采购政策支持企业创新发展范围和力度并行应是下一步政策效果改进的重点。

4.2.9.6　创新科研支持维度

如图4–98所示，从创新科研支持的总体表现来看，2022年海南省创新科研支持指数为58.31，与全国平均水平65.17相比，处于全国平均水平之下，在全国各省份比较中排名26位，体现出相对偏弱的科研支持效果。

从创新科研支持的力度来看，以政府支持高校和科研机构数量和政府支持高校和科研机构研发经费作为衡量方式，2022年海南省政府支持高校和科研机构数量指标分值为45.13，与全国平均水平71.20相比，处于全国平均水平之下，体现出相对偏弱的创新科研支持水平。2022年海南省政府支持高校和科研机构研发经费指标分值为60.98，与全国平均水平51.94相比，处于全国平均水平之上，体现出相对较强的高校和科研机构的研发经费投入水平。

从创新科研支持的增速来看，以政府支持高校和科研机构研发经费增长率作为衡量方式，2022年海南省支持高校和科研机构研发经费增长率指标分值为68.82，与全国平均水平72.36相比，处于全国平均水平之下，体现出相对偏弱的创新科研政策支持持续性。

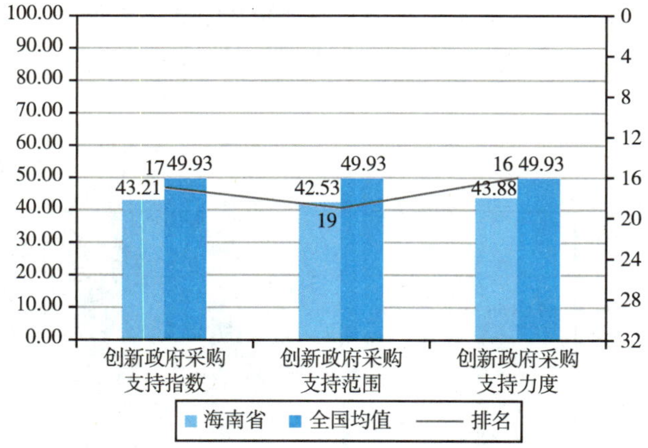

图4-97　海南省创新政府采购支持情况

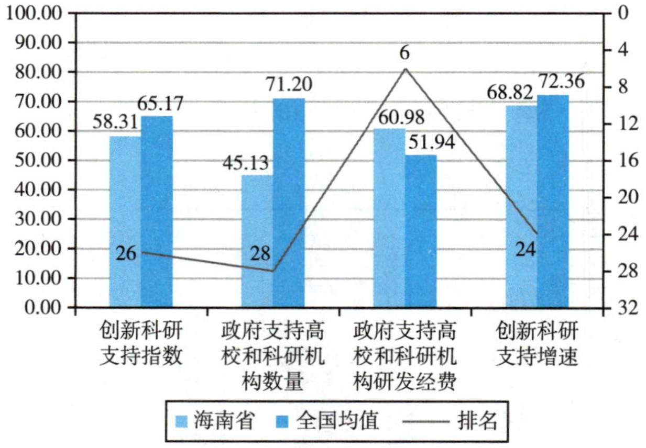

图4-98　海南省创新科研支持情况

4.2.10　河北省

4.2.10.1　政府创新发展支持综合指数

2022年河北省整体政府创新发展支持综合指数为68.27，与全国平均水平61.93相比，河北省政府创新发展支持综合指数处于全国平均水平之上，体现出河北省政府创新发展综合支持程度相对较强，如图4-99所示。

4.2.10.2　创新政府补助支持维度

如图4-100所示，从创新政府补助支持的总体表现来看，2022年河北省创新政府补助支持指数为79.66，与全国平均水平68.85相比，处于全国平均水平之上，在全国各省份比较中排名6位，体现出相对较强的政府补助政策支持效果。

从创新政府补助支持的范围来看，2022年河北省获得政府研发补助的上市公司数量占比指标分值为75.75，表明企业主体较为广泛获取了政府补助的创新政策支持，与全国平均水平67.78相比，处于全国平均水平之上，可见政府补助在支持企业创新发展的政策实施范围方面表现较好且仍需巩固。

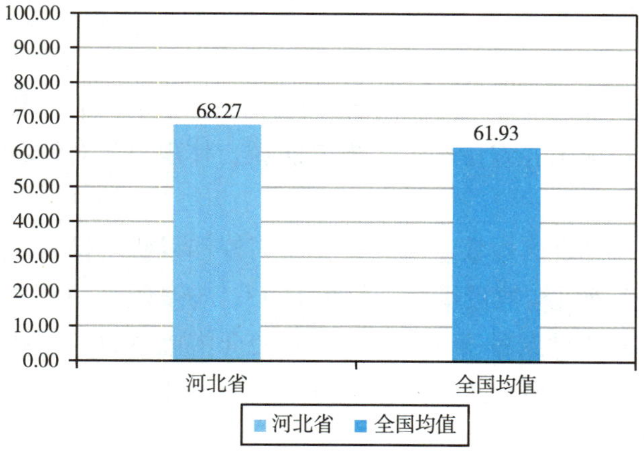

图4-99　河北省政府创新发展支持综合指数

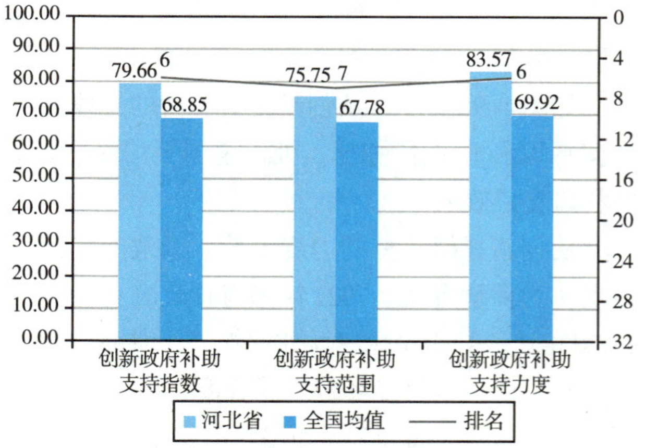

图4-100　河北省创新政府补助支持情况

从创新政府补助支持的力度来看，2022年河北省政府研发补助占营业收入比重指标分值为83.57，表明企业主体获取创新政府补助政策支持规模已达自身经营规模的较大比重，与全国平均水平69.92相比，处于全国平均水平之上，政府补助在支持企业创新发展方面仍需持续巩固力度。

4.2.10.3 创新税收优惠支持维度

如图4-101所示，从创新税收优惠支持的总体表现来看，2022年河北省创新税收优惠支持指数为53.64，与全国平均水平58.79相比，处于全国平均水平之下，在全国各省份比较中排名18位，体现出相对偏弱的税收优惠政策支持效果。

从创新税收优惠支持的范围来看，2022年河北省获得税收优惠的上市公司数量占比指标分值为83.57，与全国平均水平83.86相比，处于全国平均水平之下，可见税收优惠在支持企业创新发展的政策实施范围方面仍需加强。

从创新税收优惠支持的力度来看，以研发费用加计扣除额、高新技术企业所得税税收优惠和税费返还额作为衡量方式。2022年河北省研发费用加计扣除指标分值为41.97，与全国平均水平49.85相比，处于全国平均水平之下，可见研发费用加计扣除的税收优惠政策在支持企业创新发展方面仍需持续加大力度。河北省高新技术企业所得税税收优惠指标分值为43.79，与全国平均水平51.57相比，处于全国平均水平之下，可见高新技术企业所得税税收优惠政策在支持企业创新发展方面仍需加强。河北省税费返还指标分值为45.22，与全国平均水平49.86相比，处于全国平均水平之下，可见税费返还政策在支持企业创新发展方面仍需持续加大力度。

4.2.10.4 创新金融支持维度

如图4-102所示，从创新金融支持的总体表现来看，2022年河北省整体创新金融支持指数为68.27，与全国平均水平65.85相比，处于全国平均水平之上，在全国各省份比较中排名13位，体现出相对较强的政策支持效果。

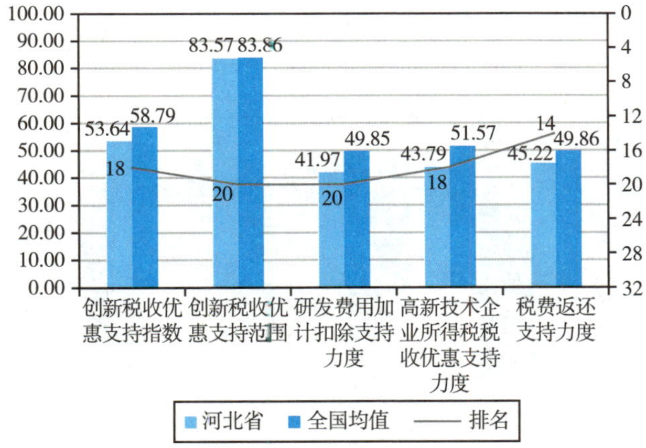

图4-101 河北省创新税收优惠支持情况

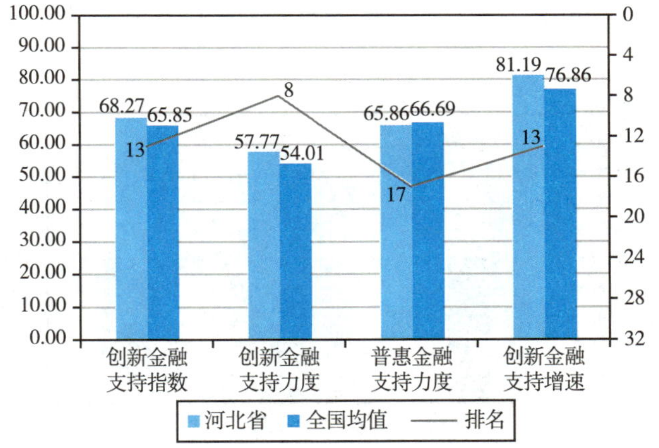

图4-102 河北省创新金融支持情况

从创新金融支持的力度来看，以公司获得的创新融资金额和普惠金融支持指数作为衡量方式，2022年河北省创新融资指标分值为57.77，与全国平均水平54.01相比，处于全国平均水平之上，体现出相对较强的创新融资政策支持水平。2022年河北省普惠金融支持指标分值为65.86，与全国平均水平66.69相比，处于全国平均水平之下，体现出相对偏弱的普惠金融政策支持力度。

从创新金融支持的增速来看，2022年河北省创新金融支持增速指标分值为81.19，与全国平均水平76.86相比，处于全国平均水平之上，体现出相比更大的创新金融政策支持增速，表明河北省政府需要不断巩固创新金融方面的投入。

4.2.10.5 创新政府采购支持维度

如图4–103所示，从创新政府采购支持的总体表现来看，2022年河北省创新政府采购支持指数为74.18，与全国平均水平49.93相比，处于全国平均水平之上，在全国各省份比较中排名3位，体现出该地区政府采购创新支持较高，同时也体现出该地区更强的需求侧政策支持效果。

从创新政府采购支持的范围来看，2022年河北省获取政府采购支持的企业数量占比指标分值为74.72，表明企业主体较为广泛地获取了政府采购的创新政策支持，与全国平均水平49.93相比，处于全国平均水平之上，可见政府采购在支持企业创新发展的政策实施范围方面仍需巩固。

从创新政府采购支持的力度来看，2022年河北省获取政府采购支持金额指标分值为73.63，表明企业主体获取政府采购创新政策支持力度较大，与全国平均水平49.93相比，处于全国平均水平之上，可见巩固政府采购政策支持企业创新发展范围和力度并行巩固应是下一步政策效果改进的重点。

4.2.10.6 创新科研支持维度

如图4–104所示，从创新科研支持的总体表现来看，2022年河北省创新科研支持指数为68.63，与全国平均水平65.17相比，处于全国平均水平之上，在全国各省份比较中排名11位，体现出相对较强的科研支持效果。

从创新科研支持的力度来看，以政府支持高校和科研机构数量和政府支持高校和科研机构研发经费作为衡量方式，2022年河北省政府支持高校和科研机构数量指标分值为83.01，与全国平均水平71.20相比，处于全国平均水平之上，体现出相对较强的创新科研支持水平。2022年河北省政府支持高校和科研机构研发经费指标分值为45.25，与全国平均水平51.94相比，处于全国平均水平之下，体现出相对偏弱的高校和科研机构的研发经费投入水平。

从创新科研支持的增速来看，以政府支持高校和科研机构研发经费增长率作为衡量方式，2022年河北省支持高校和科研机构研发经费增长率指标分值为77.63，与全国平均水平72.36相比，处于全国平均水平之上，体现出相对较强的创新科研政策支持持续性。

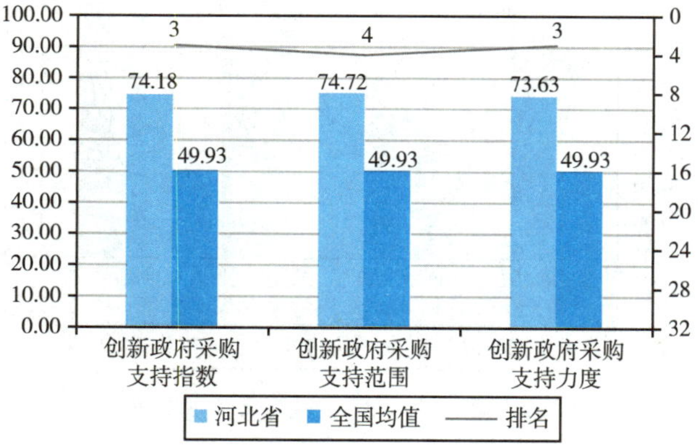

图4–103 河北省创新政府采购支持情况

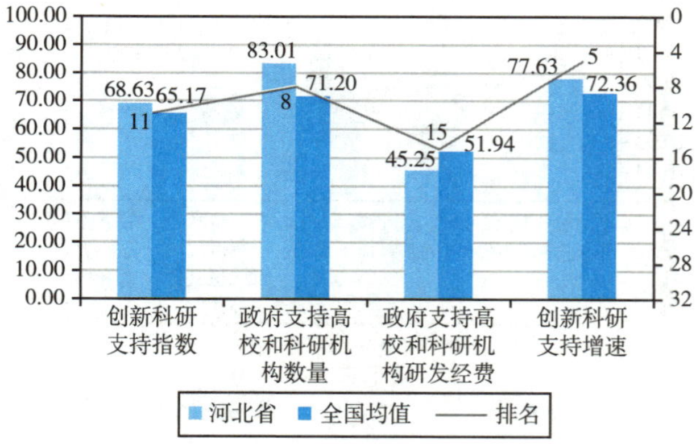

图4–104 河北省创新科研支持情况

4.2.11 河南省

4.2.11.1 政府创新发展支持综合指数

2022年河南省整体政府创新发展支持综合指数为63.93，与全国平均水平61.93相比，河南省政府创新发展支持综合指数处于全国平均水平之上，体现出河南省政府创新发展综合支持程度相对较强，如图4–105所示。

4.2.11.2　创新政府补助支持维度

如图4–106所示，从创新政府补助支持的总体表现来看，2022年河南省创新政府补助支持指数为76.76，与全国平均水平68.85相比，处于全国平均水平之上，在全国各省份比较中排名10位，体现出相对较强的政府补助政策支持效果。

从创新政府补助支持的范围来看，2022年河南省获得政府研发补助的上市公司数量占比指标分值为71.22，表明企业主体较为广泛获取了政府补助的创新政策支持，与全国平均水平67.78相比，处于全国平均水平之上，可见政府补助在支持企业创新发展的政策实施范围方面表现较好且仍需巩固。

从创新政府补助支持的力度来看，2022年河南省政府研发补助占营业收入比重指标分值为82.30，表明企业主体获取创新政府补助政策支持规模已达自身经营规模的较大比重，与全国平均水平69.92相比，处于全国平均水平之上，政府补助在支持企业创新发展方面仍需持续巩固力度。

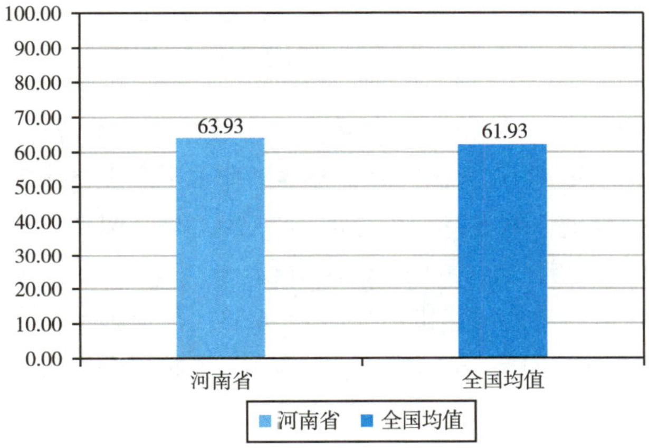

图4–105　河南省政府创新发展支持综合指数

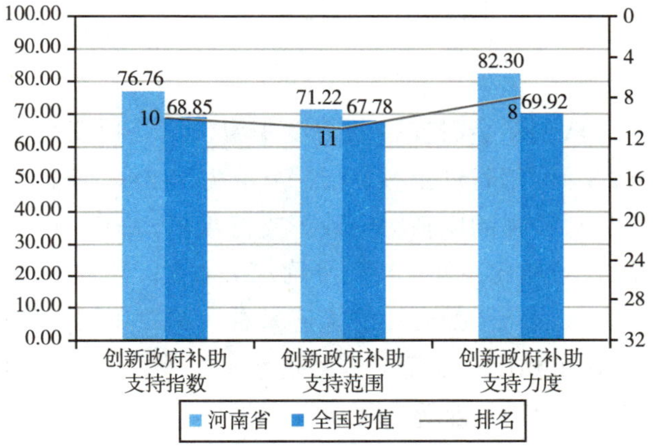

图4–106　河南省创新政府补助支持情况

4.2.11.3　创新税收优惠支持维度

如图4–107所示，从创新税收优惠支持的总体表现来看，2022年河南省创新税收优惠支持指数为58.80，与全国平均水平58.79相比，处于全国平均水平之上，在全国各省份比较中排名9位，体现出相对较强的税收优惠政策支持效果。

从创新税收优惠支持的范围来看，2022年河南省获得税收优惠的上市公司数量占比指标分值为91.13，与全国平均水平83.86相比，处于全国平均水平之上，可见税收优惠在支持企业创新发展的政策实施范围方面仍需巩固。

从创新税收优惠支持的力度来看，以研发费用加计扣除额、高新技术企业所得税税收优惠和税费返还额作为衡量方式，2022年河南省研发费用加计扣除指标分值为48.83，与全国平均水平49.85相比，处于全国平均水平之下，可见研发费用加计扣除的税收优惠政策在支持企业创新发展方面仍需持续加大力度。河南省高新技术企业所得税税收优惠指标分值为50.02，与全国平均水平51.57相比，处于全国平均水平之下，可见高新技术企业所得税税收优惠政策在支持企业创新发展方面仍需加强。河南省税费返还指标分值为45.23，与全国平均水平49.86相比，处于全国平均水平之下，可见税费返还政策在支持企业创新发展方面仍需持续加大力度。

4.2.11.4 创新金融支持维度

如图4-108所示，从创新金融支持的总体表现来看，2022年河南省整体创新金融支持指数为70.03，与全国平均水平65.85相比，处于全国平均水平之上，在全国各省份比较中排名8位，体现出相对较强的政策支持效果。

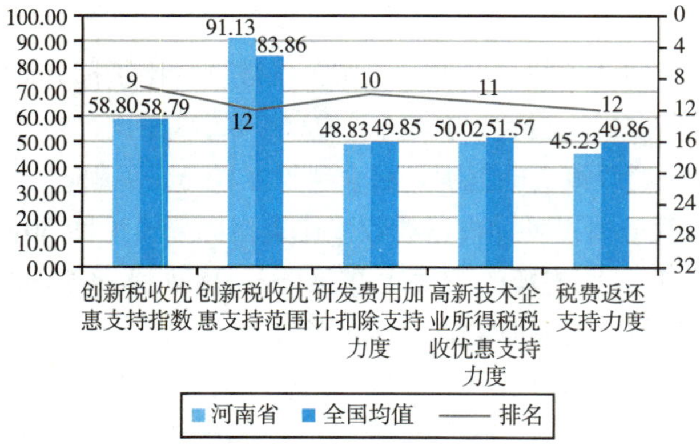

图4-107 河南省创新税收优惠支持情况

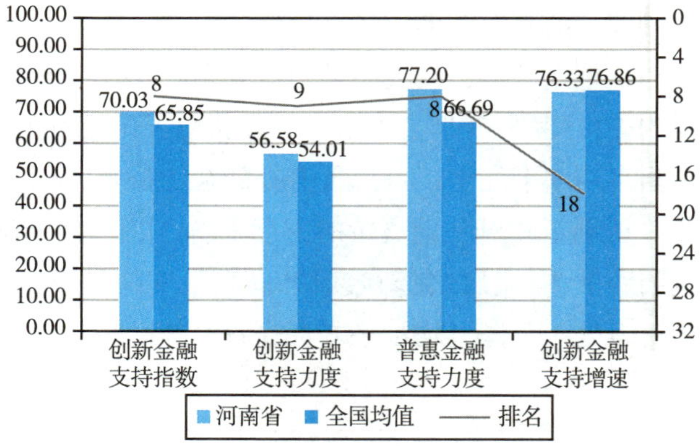

图4-108 河南省创新金融支持情况

从创新金融支持的力度来看，以公司获得的创新融资金额和普惠金融支持指数作为衡量方式，2022年河南省创新融资指标分值为56.58，与全国平均水平54.01相比，处于全国平均水平之上，体现出相对较强的创新融资政策支持水平。2022年河南省普惠金融支持指标分值为77.20，与全国平均水平66.69相比，处于全国平均水平之上，体现出相对较强的普惠金融政策支持力度。

从创新金融支持的增速来看，2022年河南省创新金融支持增速指标分值为76.33，与全国平均水平76.86相比，处于全国平均水平之下，体现出相比更小的创新金融政策支持增速，表明河南省政府需要不断提升创新金融方面的投入。

4.2.11.5 创新政府采购支持维度

如图4-109所示，从创新政府采购支持的总体表现来看，2022年河南省创新政府采购支持指数为42.95，与全国平均水平49.93相比，处于全国平均水平之下，在全国各省份比较中排名18位，体现出该地区政府采购创新支持较低，同时也体现出该地区偏弱的需求侧政策支持效果。

从创新政府采购支持的范围来看，2022年河南省获取政府采购支持的企业数量占比指标分值为42.75，表明企业主体较少获取政府采购的创新政策支持，与全国平均水平49.93相比，处于全国平均水平之下，可见政府采购在支持企业创新发展的政策实施范围方面仍需加强。

从创新政府采购支持的力度来看，2022年河南省获取政府采购支持金额指标分值为43.15，表明企业主体获取政府采购创新政策支持力度较小，与全国平均水平49.93相比，处于全国平均水平之下，可见加大政府采购政策支持企业创新发展范围和力度并行应是下一步政策效果改进的重点。

4.2.11.6 创新科研支持维度

如图4-110所示，从创新科研支持的总体表现来看，2022年河南省创新科研支持指数为69.28，与全国平均水平65.17相比，处于全国平均水平之上，在全国各省份比较中排名8位，体现出相对较强的科研支持效果。

从创新科研支持的力度来看，以政府支持高校和科研机构数量和政府支持高校和科研机构研发经费作为衡量方式，2022年河南省政府支持高校和科研机构数量指标分值为94.69，与全国平均水平

71.20相比，处于全国平均水平之上，体现出相对较强的创新科研支持水平。2022年河南省政府支持高校和科研机构研发经费指标分值为40.52，与全国平均水平51.94相比，处于全国平均水平之下，体现出相对偏弱的高校和科研机构的研发经费投入水平。

从创新科研支持的增速来看，以政府支持高校和科研机构研发经费增长率作为衡量方式，2022年河南省支持高校和科研机构研发经费增长率指标分值为72.63，与全国平均水平72.36相比，处于全国平均水平之上，体现出相对较强的创新科研政策支持持续性。

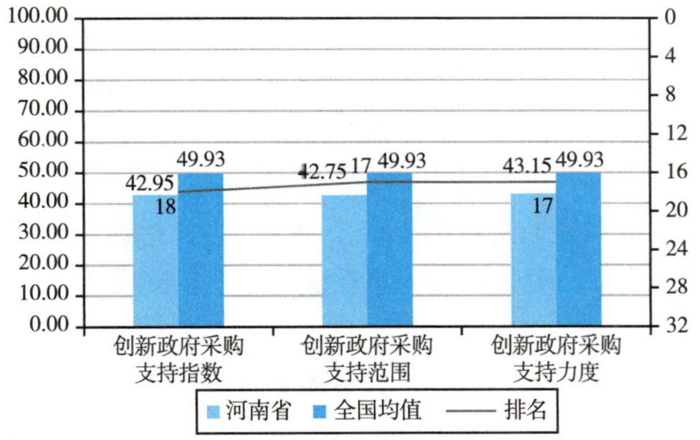

图4-109 河南省创新政府采购支持情况

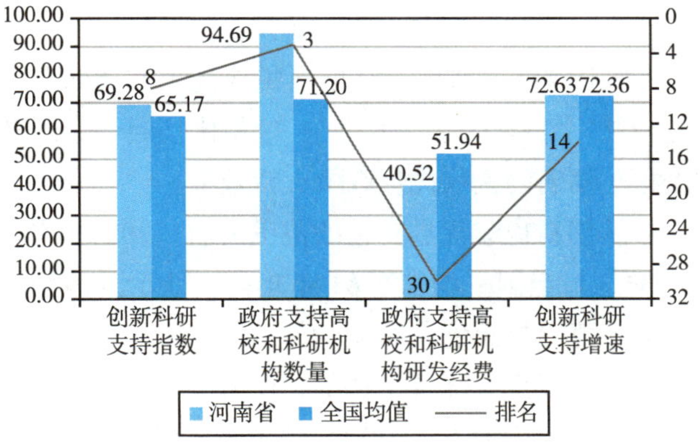

图4-110 河南省创新科研支持情况

4.2.12 黑龙江省

4.2.12.1 政府创新发展支持综合指数

2022年黑龙江省整体政府创新发展支持综合指数为59.57，与全国平均水平61.93相比，黑龙江省政府创新发展支持综合指数处于全国平均水平之下，体现出黑龙江省政府创新发展综合支持程度相对偏弱，如图4-111所示。

4.2.12.2 创新政府补助支持维度

如图4-112所示，从创新政府补助支持的总体表现来看，2022年黑龙江省创新政府补助支持指数为82.68，与全国平均水平68.85相比，处于全国平均水平之上，在全国各省份比较中排名4位，体现出相对较强的政府补助政策支持效果。

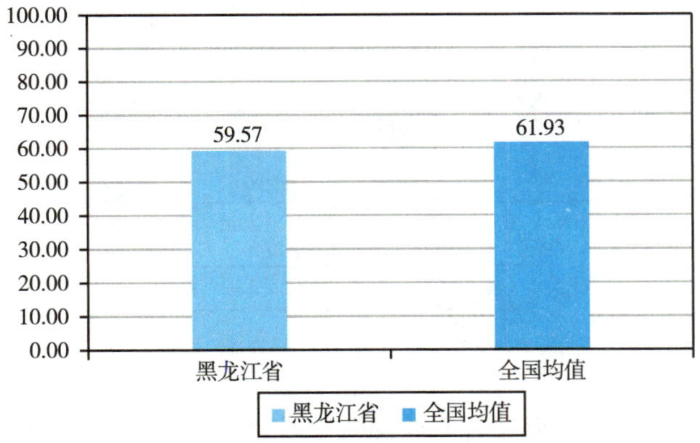

图4-111 黑龙江省政府创新发展支持综合指数

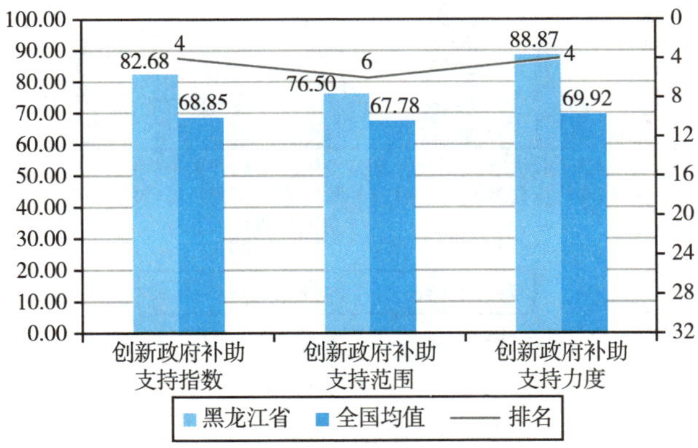

图4-112 黑龙江省创新政府补助支持情况

从创新政府补助支持的范围来看，2022年黑龙江省获得政府研发补助的上市公司数量占比指标分值为76.50，表明企业主体较为广泛获取了政府补助的创新政策支持，与全国平均水平67.78相比，处于全国平均水平之上，可见政府补助在支持企业创新发展的政策实施范围方面表现较好且仍需巩固。

从创新政府补助支持的力度来看，2022年黑龙江省政府研发补助占营业收入比重指标分值为88.87，表明企业主体获取创新政府补助政策支持规模已达自身经营规模的较大比重，与全国平均水平69.92相比，处于全国平均水平之上，政府补助在支持企业创新发展方面仍需持续巩固力度。

4.2.12.3 创新税收优惠支持维度

如图4–113所示，从创新税收优惠支持的总体表现来看，2022年黑龙江省创新税收优惠支持指数为51.73，与全国平均水平58.79相比，处于全国平均水平之下，在全国各省份比较中排名24位，体现出相对偏弱的税收优惠政策支持效果。

从创新税收优惠支持的范围来看，2022年黑龙江省获得税收优惠的上市公司数量占比指标分值为83.34，与全国平均水平83.86相比，处于全国平均水平之下，可见税收优惠在支持企业创新发展的政策实施范围方面仍需加强。

从创新税收优惠支持的力度来看，以研发费用加计扣除额、高新技术企业所得税税收优惠和税费返还额作为衡量方式，2022年黑龙江省研发费用加计扣除指标分值为41.69，与全国平均水平49.85相比，处于全国平均水平之下，可见研发费用加计扣除的税收优惠政策在支持企业创新发展方面仍需持续加大力度。黑龙江省高新技术企业所得税税收优惠指标分值为41.48，与全国平均水平51.57相比，处于全国平均水平之下，可见高新技术企业所得税税收优惠政策在支持企业创新发展方面仍需加强。黑龙江省税费返还指标分值为40.43，与全国平均水平49.86相比，处于全国平均水平之下，可见税费返还政策在支持企业创新发展方面仍需持续加大力度。

4.2.12.4 创新金融支持维度

如图4–114所示，从创新金融支持的总体表现来看，2022年黑龙江省整体创新金融支持指数为61.02，与全国平均水平65.85相比，处于全国平均水平之下，在全国各省份比较中排名20位，体现出相对偏弱的政策支持效果。

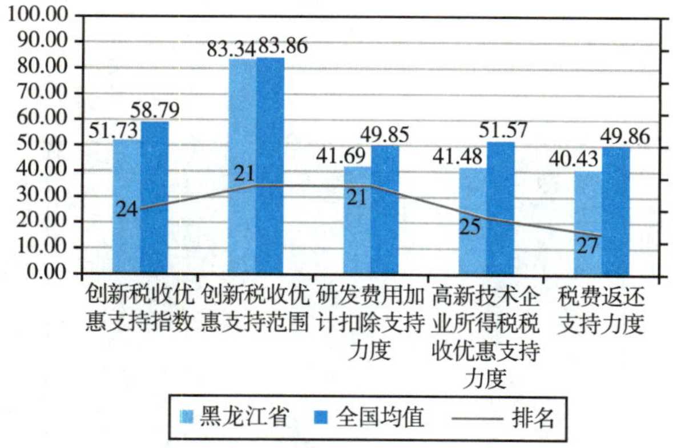

图4–113 黑龙江省创新税收优惠支持情况

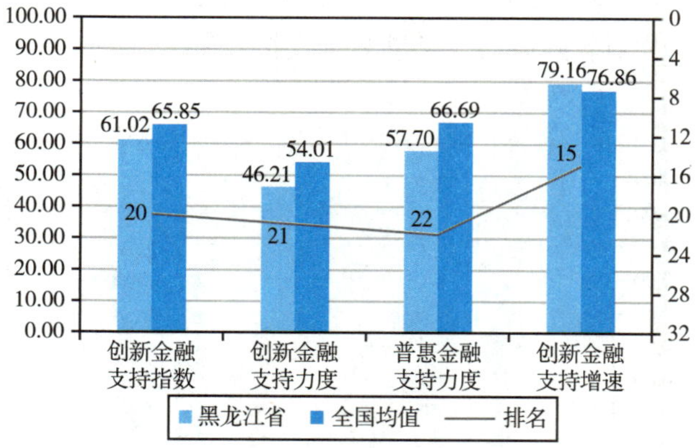

图4–114 黑龙江省创新金融支持情况

从创新金融支持的力度来看，以公司获得的创新融资金额和普惠金融支持指数作为衡量方式，2022年黑龙江省创新融资指标分值为46.21，与全国平均水平54.01相比，处于全国平均水平之下，体现出相对偏弱的创新融资政策支持水平。2022年黑龙江省普惠金融支持指标分值为57.70，与全国平均水平66.69相比，处于全国平均水平之下，体现出相对偏弱的普惠金融政策支持力度。

从创新金融支持的增速来看，2022年黑龙江省创新金融支持增速指标分值为79.16，与全国平均水平76.86相比，处于全国平均水平之上，体现出相比更大的创新金融政策支持增速，表明黑龙江省政府需要不断巩固创新金融方面的投入。

4.2.12.5　创新政府采购支持维度

如图4–115所示，从创新政府采购支持的总体表现来看，2022年黑龙江省创新政府采购支持指数为40.63，与全国平均水平49.93相比，处于全国平均水平之下，在全国各省份比较中排名28位，体现出该地区政府采购创新支持较低，同时也体现出该地区偏弱的需求侧政策支持效果。

从创新政府采购支持的范围来看，2022年黑龙江省获取政府采购支持的企业数量占比指标分值为40.63，表明企业主体较少获取政府采购的创新政策支持，与全国平均水平49.93相比，处于全国平均水平之下，可见政府采购在支持企业创新发展的政策实施范围方面仍需加强。

从创新政府采购支持的力度来看，2022年黑龙江省获取政府采购支持金额指标分值为40.62，表明企业主体获取政府采购创新政策支持力度较小，与全国平均水平49.93相比，处于全国平均水平之下，可见加大政府采购政策支持企业创新发展范围和力度并行应是下一步政策效果改进的重点。

4.2.12.6　创新科研支持维度

如图4–116所示，从创新科研支持的总体表现来看，2022年黑龙江省创新科研支持指数为61.70，与全国平均水平65.17相比，处于全国平均水平之下，在全国各省份比较中排名20位，体现出相对偏弱的科研支持效果。

从创新科研支持的力度来看，以政府支持高校和科研机构数量和政府支持高校和科研机构研发经费作为衡量方式，2022年黑龙江省政府支持高校和科研机构数量指标分值为69.20，与全国平均水平71.20相比，处于全国平均水平之下，体现出相对偏弱的创新科研支持水平。2022年黑龙江省政府支持高校和科研机构研发经费指标分值为44.42，与全国平均水平51.94相比，处于全国平均水平之下，体现出相对偏弱的高校和科研机构的研发经费投入水平。

从创新科研支持的增速来看，以政府支持高校和科研机构研发经费增长率作为衡量方式，2022年黑龙江省支持高校和科研机构研发经费增长率指标分值为71.47，与全国平均水平72.36相比，处于全国平均水平之下，体现出相对偏弱的创新科研政策支持持续性。

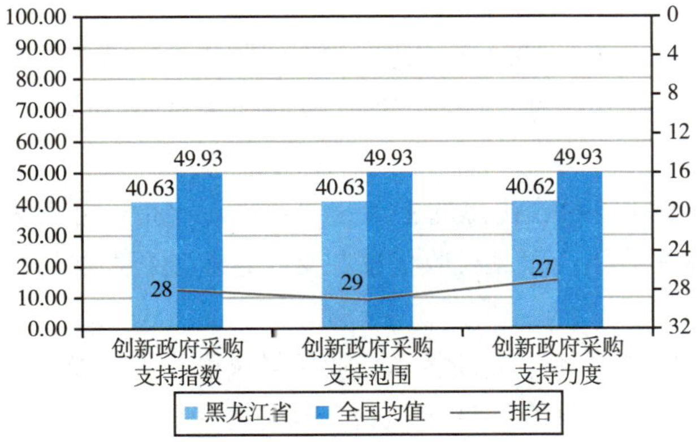

图4–115　黑龙江省创新政府采购支持情况

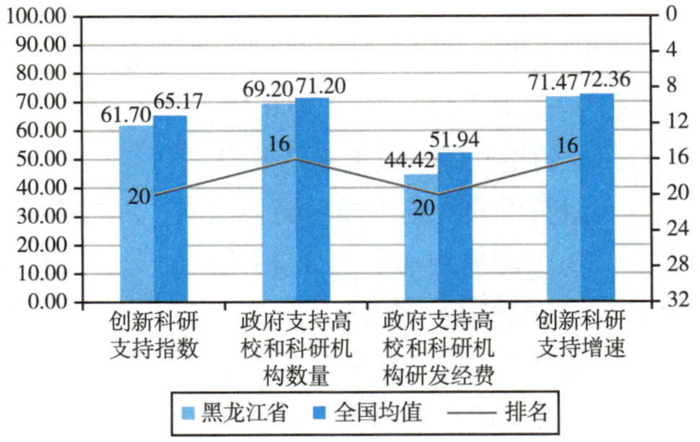

图4–116　黑龙江省创新科研支持情况

4.2.13 湖北省

4.2.13.1 政府创新发展支持综合指数

2022年湖北省整体政府创新发展支持综合指数为64.19，与全国平均水平61.93相比，湖北省政府创新发展支持综合指数处于全国平均水平之上，体现出湖北省政府创新发展综合支持程度相对较强，如图4-117所示。

4.2.13.2 创新政府补助支持维度

如图4-118所示，从创新政府补助支持的总体表现来看，2022年湖北省创新政府补助支持指数为82.61，与全国平均水平68.85相比，处于全国平均水平之上，在全国各省份比较中排名5位，体现出相对较强的政府补助政策支持效果。

从创新政府补助支持的范围来看，2022年湖北省获得政府研发补助的上市公司数量占比指标分值为74.07，表明企业主体较为广泛获取了政府补助的创新政策支持，与全国平均水平67.78相比，处于全国平均水平之上，可见政府补助在支持企业创新发展的政策实施范围方面表现较好且仍需巩固。

从创新政府补助支持的力度来看，2022年湖北省政府研发补助占营业收入比重指标分值为91.15，表明企业主体获取创新政府补助政策支持规模已达自身经营规模的较大比重，与全国平均水平69.92相比，处于全国平均水平之上，政府补助在支持企业创新发展方面仍需持续巩固力度。

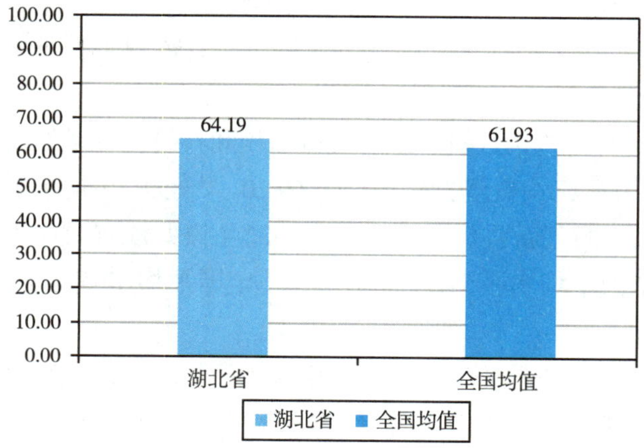

图4-117 湖北省政府创新发展支持综合指数

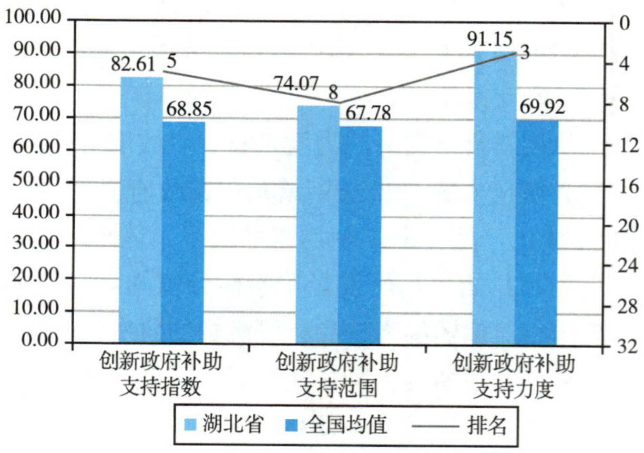

图4-118 湖北省创新政府补助支持情况

4.2.13.3 创新税收优惠支持维度

如图4-119所示，从创新税收优惠支持的总体表现来看，2022年湖北省创新税收优惠支持指数为57.83，与全国平均水平58.79相比，处于全国平均水平之下，在全国各省份比较中排名11位，体现出相对偏弱的税收优惠政策支持效果。

从创新税收优惠支持的范围来看，2022年湖北省获得税收优惠的上市公司数量占比指标分值为83.10，与全国平均水平83.86相比，处于全国平均水平之下，可见税收优惠在支持企业创新发展的政策实施范围方面仍需加强。

从创新税收优惠支持的力度来看，以研发费用加计扣除额、高新技术企业所得税税收优惠和税费返还额作为衡量方式，2022年湖北省研发费用加计扣除指标分值为51.06，与全国平均水平49.85相比，处于全国平均水平之上，可见研发费用加计扣除的税收优惠政策在支持企业创新发展方面仍需加强巩固。湖北省高新技术企业所得税税收优惠指标分值为50.33，与全国平均水平51.57相比，处于全国平均水平之下，可见高新技术企业所得税税收优惠政策在支持企业创新发展方面仍需持续加大力度。湖北省税费返还指标分值为46.81，与全国平均水平49.86相比，处于全国平均水平之下，可见税费返还政策在支持企业创新发展方面仍需加强。

4.2.13.4　创新金融支持维度

如图4–120所示，从创新金融支持的总体表现来看，2022年湖北省整体创新金融支持指数为69.34，与全国平均水平65.85相比，处于全国平均水平之上，在全国各省份比较中排名10位，体现出相对较强的政策支持效果。

从创新金融支持的力度来看，以公司获得的创新融资金额和普惠金融支持指数作为衡量方式，2022年湖北省创新融资指标分值为53.27，与全国平均水平54.01相比，处于全国平均水平之下，体现出相对偏弱的创新融资政策支持水平。2022年湖北省普惠金融支持指标分值为75.93，与全国平均水平66.69相比，处于全国平均水平之上，体现出相对较强的普惠金融政策支持力度。

从创新金融支持的增速来看，2022年湖北省创新金融支持增速指标分值为78.82，与全国平均水平76.86相比，处于全国平均水平之上，体现出相比更大的创新金融政策支持增速，表明湖北省政府需要不断巩固创新金融方面的投入。

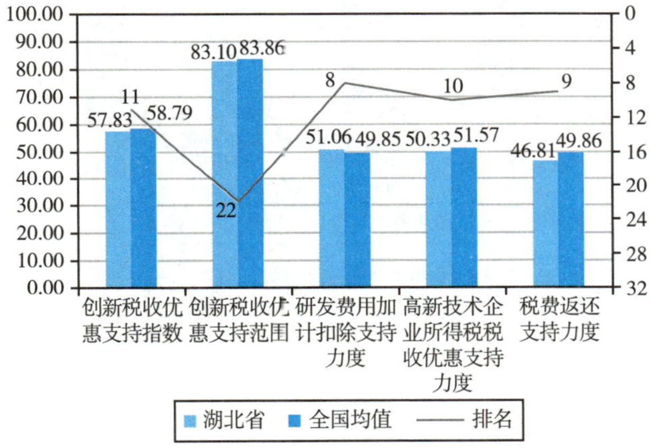

图4–119　湖北省创新税收优惠支持情况

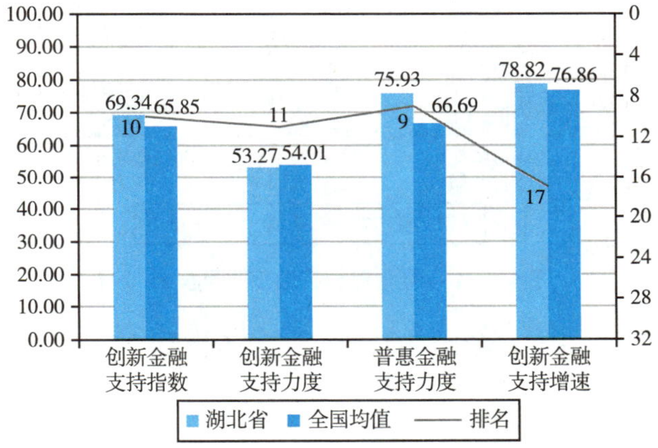

图4–120　湖北省创新金融支持情况

4.2.13.5　创新政府采购支持维度

如图4–121所示，从创新政府采购支持的总体表现来看，2022年湖北省创新政府采购支持指数为42.13，与全国平均水平49.93相比，处于全国平均水平之下，在全国各省份比较中排名20位，体现出该地区政府采购创新支持较低，同时也体现出该地区偏弱的需求侧政策支持效果。

从创新政府采购支持的范围来看，2022年湖北省获取政府采购支持的企业数量占比指标分值为41.97，表明企业主体较少获取政府采购的创新政策支持，与全国平均水平49.93相比，处于全国平均水平之下，可见政府采购在支持企业创新发展的政策实施范围方面仍需加强。

从创新政府采购支持的力度来看，2022年湖北省获取政府采购支持金额指标分值为42.30，表明企业主体获取政府采购创新政策支持力度较小，与全国平均水平49.93相比，处于全国平均水平之下，可见加大政府采购政策支持企业创新发展范围和力度并行应是下一步政策效果改进的重点。

4.2.13.6　创新科研支持维度

如图4–122所示，从创新科研支持的总体表现来看，2022年湖北省创新科研支持指数为67.66，与全国平均水平65.17相比，处于全国平均水平之上，在全国各省份比较中排名13位，体现出相对较强的科研支持效果。

从创新科研支持的力度来看，以政府支持高校和科研机构数量和政府支持高校和科研机构研发经费作为衡量方式，2022年湖北省政府支持高校和科研机构数量指标分值为87.43，与全国平均水平71.20相比，处于全国平均水平之上，体现出相对较强的创新科研支持水平。2022年湖北省政府支持高校和科研机构研发经费指标分值为44.57，与全国平均水平51.94相比，处于全国平均水平之下，体现出相对偏弱的高校和科研机构的研发经费投入水平。

从创新科研支持的增速来看，以政府支持高校和科研机构研发经费增长率作为衡量方式，2022年湖北省支持高校和科研机构研发经费增长率指标分值为70.97，与全国平均水平72.36相比，处于全国平均水平之下，体现出相对偏弱的创新科研政策支持持续性。

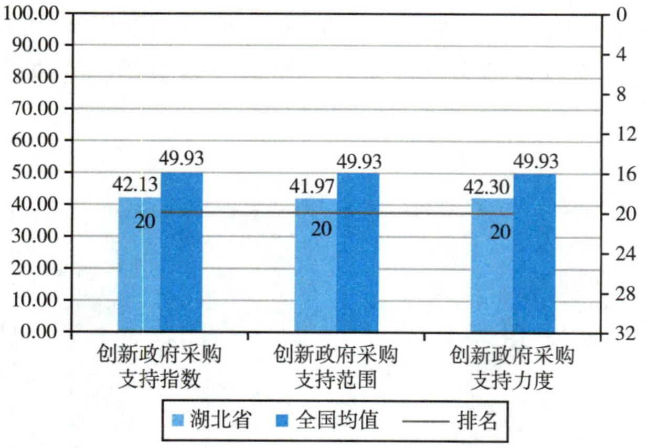

图4-121　湖北省创新政府采购支持情况

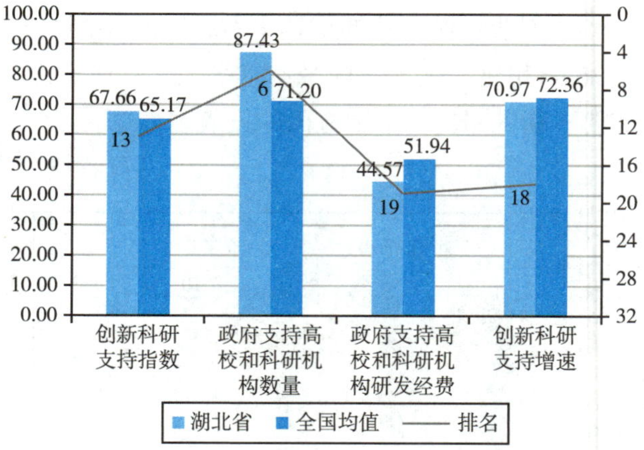

图4-122　湖北省创新科研支持情况

4.2.14　湖南省

4.2.14.1　政府创新发展支持综合指数

2022年湖南省整体政府创新发展支持综合指数为62.68，与全国平均水平61.93相比，湖南省政府创新发展支持综合指数处于全国平均水平之上，体现出湖南省政府创新发展综合支持程度相对较强，如图4-123所示。

4.2.14.2　创新政府补助支持维度

如图4-124所示，从创新政府补助支持的总体表现来看，2022年湖南省创新政府补助支持指数为84.94，与全国平均水平68.85相比，处于全国平均水平之上，在全国各省份比较中排名3位，体现出相对较强的政府补助政策支持效果。

从创新政府补助支持的范围来看，2022年湖南省获得政府研发补助的上市公司数量占比指标分值为69.89，表明企业主体较为广泛获取了政府补助的创新政策支持，与全国平均水平67.78相比，处于全国平均水平之上，可见政府补助在支持企业创新发展的政策实施范围方面表现较好且仍需巩固。

从创新政府补助支持的力度来看，2022年湖南省政府研发补助占营业收入比重指标分值为100.00，表明企业主体获取创新政府补助政策支持规模已达自身经营规模的较大比重，与全国平均水平69.92相比，处于全国平均水平之上，政府补助在支持企业创新发展方面仍需持续巩固力度。

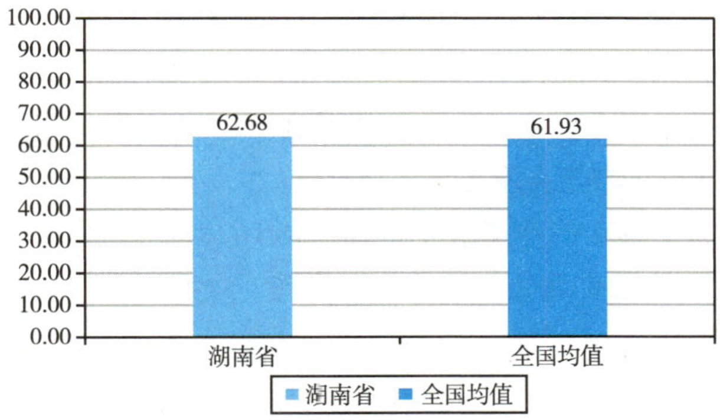

图4-123 湖南省政府创新发展支持综合指数

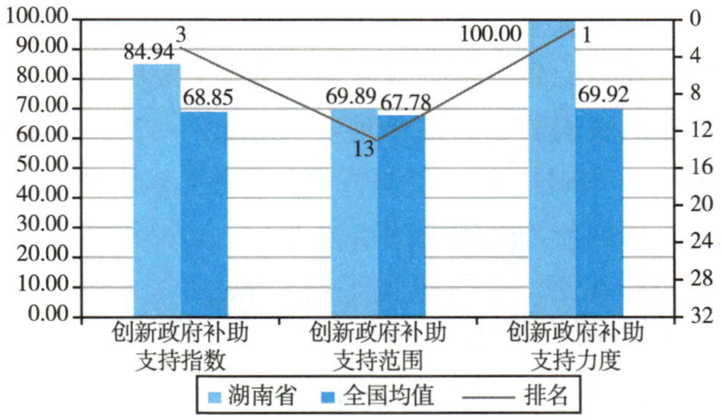

图4-124 湖南省创新政府补助支持情况

4.2.14.3 创新税收优惠支持维度

如图4-125所示，从创新税收优惠支持的总体表现来看，2022年湖南省创新税收优惠支持指数为56.06，与全国平均水平58.79相比，处于全国平均水平之下，在全国各省份比较中排名15位，体现出相对偏弱的税收优惠政策支持效果。

从创新税收优惠支持的范围来看，2022年湖南省获得税收优惠的上市公司数量占比指标分值为82.61，与全国平均水平83.86相比，处于全国平均水平之下，可见税收优惠在支持企业创新发展的政策实施范围方面需要加大力度。

从创新税收优惠支持的力度来看，以研发费用加计扣除额、高新技术企业所得税税收优惠和税费返还额作为衡量方式，2022年湖南省研发费用加计扣除指标分值为46.93，与全国平均水平49.85相比，处于全国平均水平之下，可见研发费用加计扣除的税收优惠政策在支持企业创新发展方面仍需持续加大力度。湖南省高新技术企业所得税税收优惠指标分值为49.20，与全国平均水平51.57相比，处于全国平均水平之下，可见高新技术企业所得税税收优惠政策在支持企业创新发展方面仍需加强。湖南省税费返还指标分值为45.51，与全国平均水平49.86相比，处于全国平均水平之下，可见税费返还政策在支持企业创新发展方面仍需持续加大力度。

4.2.14.4 创新金融支持维度

如图4-126所示，从创新金融支持的总体表现来看，2022年湖南省整体创新金融支持指数为66.31，与全国平均水平65.85相比，处于全国平均水平之上，在全国各省份比较中排名14位，体现出相对较强的政策支持效果。

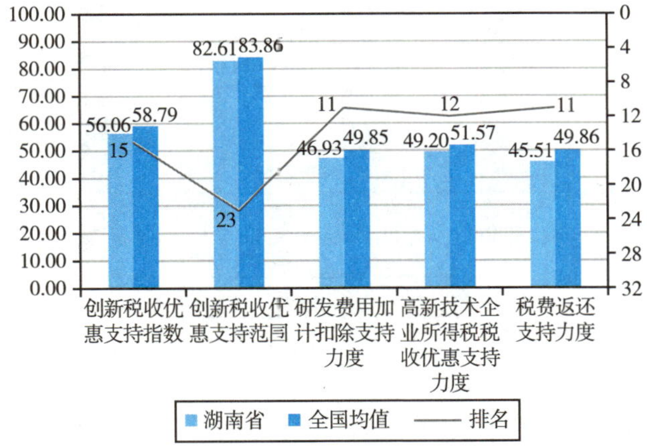

图4-125 湖南省创新税收优惠支持情况

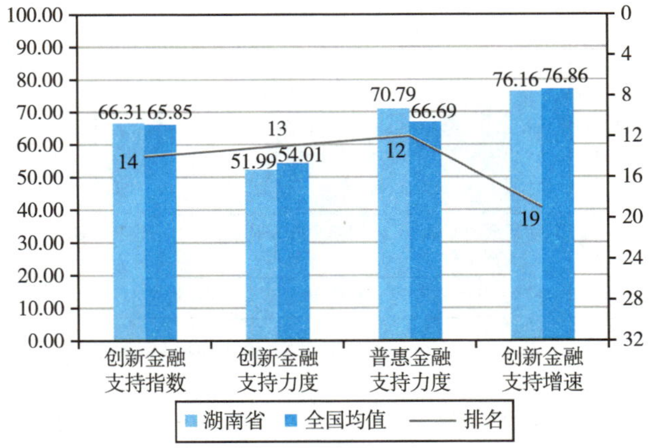

图4-126 湖南省创新金融支持情况

从创新金融支持的力度来看，以公司获得的创新融资金额和普惠金融支持指数作为衡量方式，2022年湖南省创新融资指标分值为51.99，与全国平均水平54.01相比，处于全国平均水平之下，体现出相对偏弱的创新融资政策支持水平。2022年湖南省普惠金融支持指标分值为70.79，与全国平均水平66.69相比，处于全国平均水平之上，体现出相对较强的普惠金融政策支持力度。

从创新金融支持的增速来看，2022年湖南省创新金融支持增速指标分值为76.16，与全国平均水平76.86相比，处于全国平均水平之下，体现出相比更小的创新金融政策支持增速，表明湖南省政府需要不断提升创新金融方面的投入。

4.2.14.5　创新政府采购支持维度

如图4–127所示，从创新政府采购支持的总体表现来看，2022年湖南省创新政府采购支持指数为41.69，与全国平均水平49.93相比，处于全国平均水平之下，在全国各省份比较中排名21位，体现出该地区政府采购创新支持较低，同时也体现出该地区偏弱的需求侧政策支持效果。

从创新政府采购支持的范围来看，2022年湖南省获取政府采购支持的企业数量占比指标分值为41.66，表明企业主体较少获取政府采购的创新政策支持，与全国平均水平49.93相比，处于全国平均水平之下，可见政府采购在支持企业创新发展的政策实施范围方面仍需加强。

从创新政府采购支持的力度来看，2022年湖南省获取政府采购支持金额指标分值为41.71，表明企业主体获取政府采购创新政策支持力度较小，与全国平均水平49.93相比，处于全国平均水平之下，可见加大政府采购政策支持企业创新发展范围和力度并行应是下一步政策效果改进的重点。

4.2.14.6　创新科研支持维度

如图4–128所示，从创新科研支持的总体表现来看，2022年湖南省创新科研支持指数为63.58，与全国平均水平65.17相比，处于全国平均水平之下，在全国各省份比较中排名17位，体现出相对偏弱的科研支持效果。

从创新科研支持的力度来看，以政府支持高校和科研机构数量和政府支持高校和科研机构研发经费作为衡量方式，2022年湖南省政府支持高校和科研机构数量指标分值为85.49，与全国平均水平71.20相比，处于全国平均水平之上，体现出相对较强的创新科研支持水平。2022年湖南省政府支持高校和科研机构研发经费指标分值为40.59，与全国平均水平51.94相比，处于全国平均水平之下，体现出相对偏弱的高校和科研机构的研发经费投入水平。

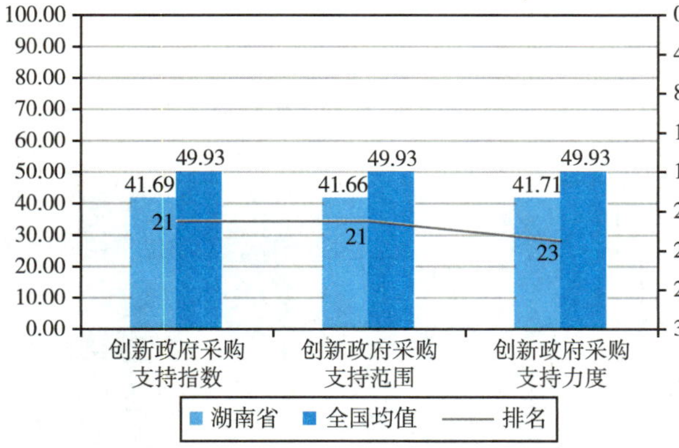

图4–127　湖南省创新政府采购支持情况

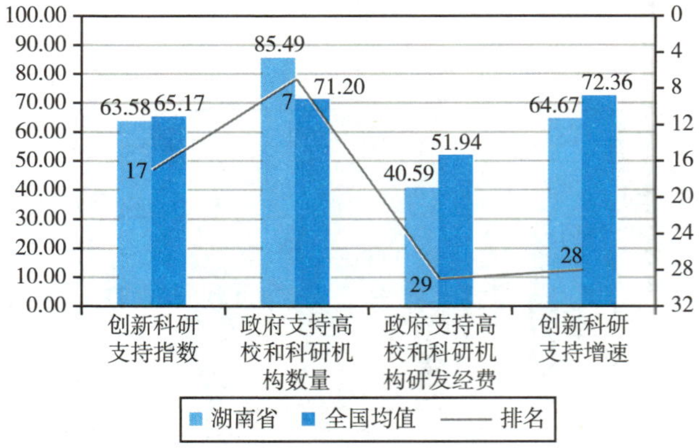

图4–128　湖南省创新科研支持情况

从创新科研支持的增速来看，以政府支持高校和科研机构研发经费增长率作为衡量方式，2022年湖南省支持高校和科研机构研发经费增长率指标分值为64.67，与全国平均水平72.36相比，处于全国平均水平之下，体现出相对偏弱的创新科研政策支持持续性。

4.2.15　吉林省

4.2.15.1　政府创新发展支持综合指数

2022年吉林省整体政府创新发展支持综合指数为55.73，与全国平均水平61.93相比，吉林省政府创新发展支持综合指数处于全国平均水平之下，体现出吉林省政府创新发展综合支持程度相对偏弱，如图4–129所示。

4.2.15.2　创新政府补助支持维度

如图4–130所示，从创新政府补助支持的总体表现来看，2022年吉林省创新政府补助支持指数为62.93，与全国平均水平68.85相比，处于全国平均水平之下，在全国各省份比较中排名22位，体现出相对偏弱的政府补助政策支持效果。

从创新政府补助支持的范围来看，2022年吉林省获得政府研发补助的上市公司数量占比指标分值为65.73，表明企业主体较为广泛获取了政府补助的创新政策支持，与全国平均水平67.78相比，处于全国平均水平之下，可见政府补助在支持企业创新发展的政策实施范围方面表现一般且仍需加强。

从创新政府补助支持的力度来看，2022年吉林省政府研发补助占营业收入比重指标分值为60.14，与全国平均水平69.92相比，处于全国平均水平之下，政府补助在支持企业创新发展方面仍需持续加强力度。

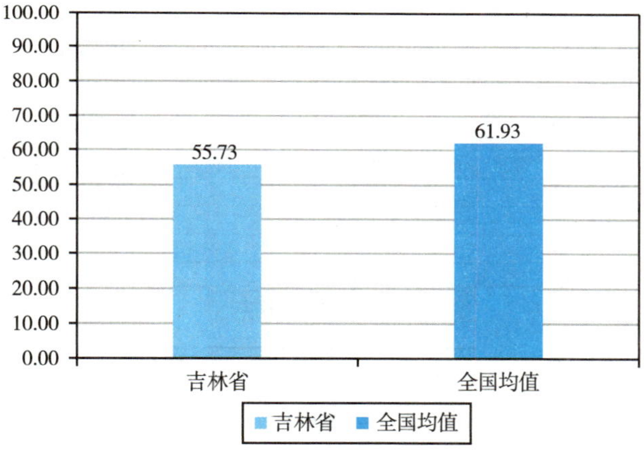

图4–129　吉林省政府创新发展支持综合指数

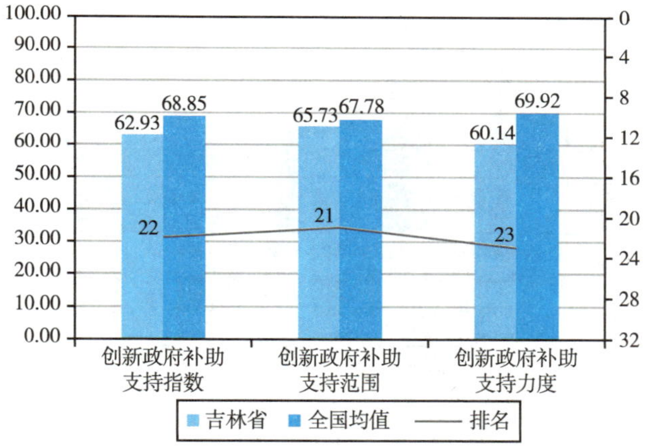

图4–130　吉林省创新政府补助支持情况

4.2.15.3　创新税收优惠支持维度

如图4–131所示，从创新税收优惠支持的总体表现来看，2022年吉林省创新税收优惠支持指数为54.67，与全国平均水平58.79相比，处于全国平均水平之下，在全国各省份比较中排名17位，体现出相对偏弱的税收优惠政策支持效果。

从创新税收优惠支持的范围来看，2022年吉林省获得税收优惠的上市公司数量占比指标分值为92.79，与全国平均水平83.86相比，处于全国平均水平之上，可见税收优惠在支持企业创新发展的政策实施范围方面仍需巩固。

从创新税收优惠支持的力度来看，以研发费用加计扣除额、高新技术企业所得税税收优惠和税费返还额作为衡量方式，2022年吉林省研发费用加计扣除指标分值为42.51，与全国平均水平49.85相比，处于全国平均水平之下，可见研发费用加计扣除的税收优惠政策在支持企业创新发展方面仍需持续加大力度。吉林省高新技术企业所得税税收优惠指标分值为42.56，与全国平均水平51.57相比，处于全国平均水平之下，可见高新技术企业所得税税收优惠政策在支持企业创新发展方面仍需加强。吉林省税费返还指标分值为40.81，与全国平均水平49.86相比，处于全国平均水平之下，可见税费返还政策在支持企业创新发展方面仍需持续加大力度。

4.2.15.4 创新金融支持维度

如图4-132所示，从创新金融支持的总体表现来看，2022年吉林省整体创新金融支持指数为60.13，与全国平均水平65.85相比，处于全国平均水平之下，在全国各省份比较中排名21位，体现出相对偏弱的政策支持效果。

从创新金融支持的力度来看，以公司获得的创新融资金额和普惠金融支持指数作为衡量方式，2022年吉林省创新融资指标分值为44.81，与全国平均水平54.01相比，处于全国平均水平之下，体现出相对偏弱的创新融资政策支持水平。2022年吉林省普惠金融支持指标分值为56.51，与全国平均水平66.69相比，处于全国平均水平之下，体现出相对偏弱的普惠金融政策支持力度。

从创新金融支持的增速来看，2022年吉林省创新金融支持增速指标分值为79.06，与全国平均水平76.86相比，处于全国平均水平之上，体现出相比更大的创新金融政策支持增速，表明吉林省政府需要不断巩固创新金融方面的投入。

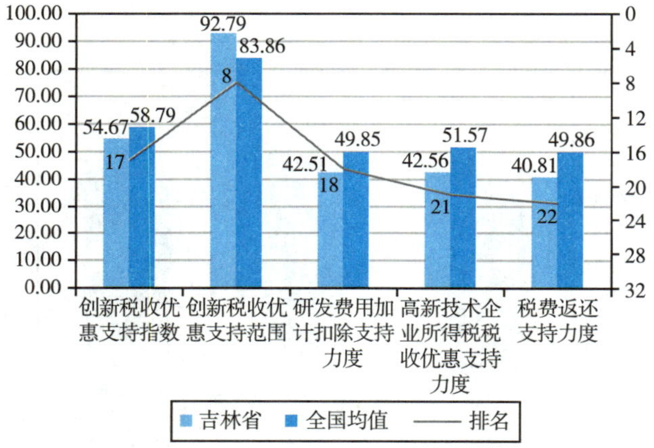

图4-131 吉林省创新税收优惠支持情况

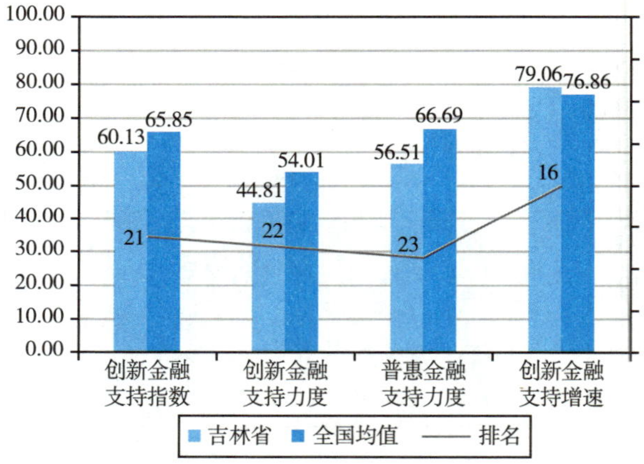

图4-132 吉林省创新金融支持情况

4.2.15.5 创新政府采购支持维度

如图4-133所示，从创新政府采购支持的总体表现来看，2022年吉林省创新政府采购支持指数为41.02，与全国平均水平49.93相比，处于全国平均水平之下，在全国各省份比较中排名24位，体现出该地区政府采购创新支持较低，同时也体现出该地区偏弱的需求侧政策支持效果。

从创新政府采购支持的范围来看，2022年吉林省获取政府采购支持的企业数量占比指标分值为41.03，表明企业主体较少获取政府采购的创新政策支持，与全国平均水平49.93相比，处于全国平均水平之下，可见政府采购在支持企业创新发展的政策实施范围方面仍需加强。

从创新政府采购支持的力度来看，2022年吉林省获取政府采购支持金额指标分值为41.01，表明企业主体获取政府采购创新政策支持力度较小，与全国平均水平49.93相比，处于全国平均水平之下，可见加大政府采购政策支持企业创新发展范围和力度并行应是下一步政策效果改进的重点。

4.2.15.6　创新科研支持维度

如图4–134所示，从创新科研支持的总体表现来看，2022年吉林省创新科研支持指数为58.22，与全国平均水平65.17相比，处于全国平均水平之下，在全国各省份比较中排名27位，体现出相对偏弱的科研支持效果。

从创新科研支持的力度来看，以政府支持高校和科研机构数量和政府支持高校和科研机构研发经费作为衡量方式，2022年吉林省政府支持高校和科研机构数量指标分值为63.72，与全国平均水平71.20相比，处于全国平均水平之下，体现出相对偏弱的创新科研支持水平。2022年吉林省政府支持高校和科研机构研发经费指标分值为41.25，与全国平均水平51.94相比，处于全国平均水平之下，体现出相对偏弱的高校和科研机构的研发经费投入水平。

从创新科研支持的增速来看，以政府支持高校和科研机构研发经费增长率作为衡量方式，2022年吉林省支持高校和科研机构研发经费增长率指标分值为69.69，与全国平均水平72.36相比，处于全国平均水平之下，体现出相对偏弱的创新科研政策支持持续性。

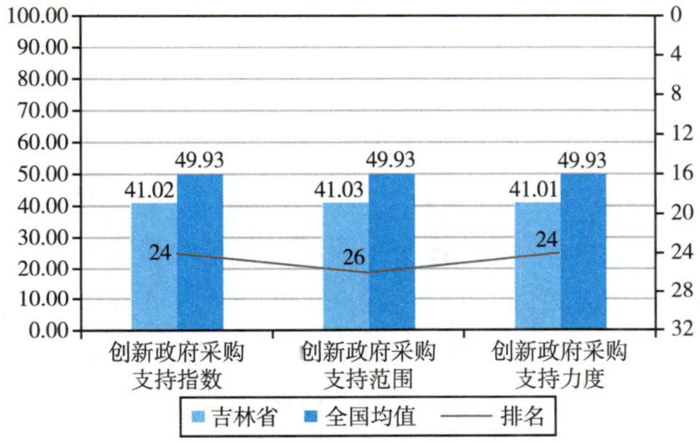

图4–133　吉林省创新政府采购支持情况

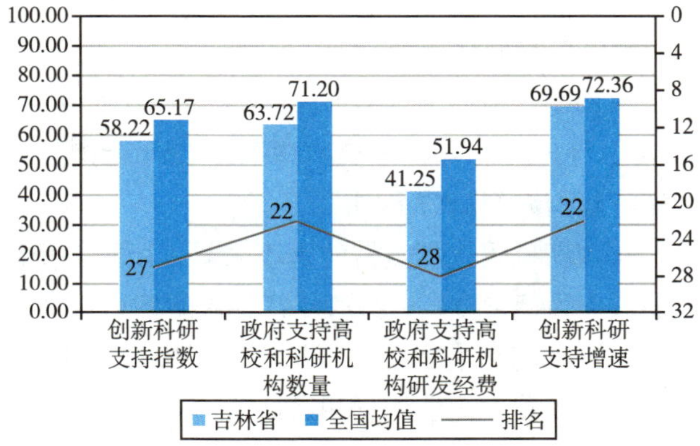

图4–134　吉林省创新科研支持情况

4.2.16　江苏省

4.2.16.1　政府创新发展支持综合指数

2022年江苏省整体政府创新发展支持综合指数为72.03，与全国平均水平61.93相比，江苏省政府创新发展支持综合指数处于全国平均水平之上，体现出江苏省政府创新发展综合支持程度相对较强，如图4–135所示。

4.2.16.2　创新政府补助支持维度

如图4–136所示，从创新政府补助支持的总体表现来看，2022年江苏省创新政府补助支持指数为58.49，与全国平均水平68.85相比，处于全国平均水平之下，在全国各省份比较中排名27位，体现出相对偏弱的政府补助政策支持效果。

从创新政府补助支持的范围来看，2022年江苏省获得政府研发补助的上市公司数量占比指标分值为55.27，表明企业主体较为广泛获取了政府补助的创新政策支持，与全国平均水平67.78相比，处于全国平均水平之下，可见政府补助在支持企业创新发展的政策实施范围方面表现一般且仍需加强。

从创新政府补助支持的力度来看，2022年江苏省政府研发补助占营业收入比重指标分值为61.71，与全国平均水平69.92相比，处于全国平均水平之下，政府补助在支持企业创新发展方面仍需持续加强力度。

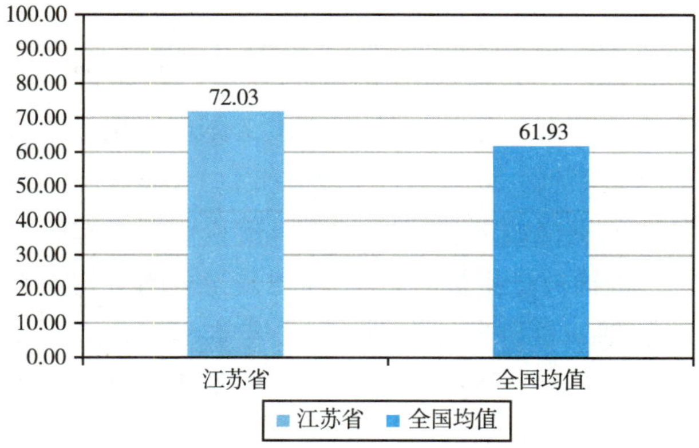

图4-135　江苏省政府创新发展支持综合指数

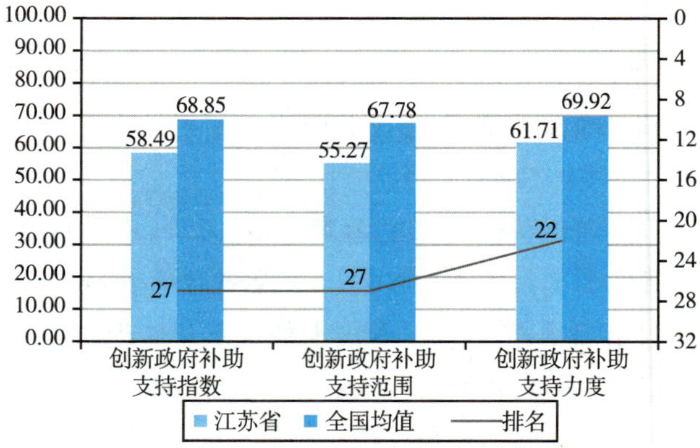

图4-136　江苏省创新政府补助支持情况

4.2.16.3　创新税收优惠支持维度

如图4-137所示，从创新税收优惠支持的总体表现来看，2022年江苏省创新税收优惠支持指数为83.29，与全国平均水平58.79相比，处于全国平均水平之上，在全国各省份比较中排名3位，体现出相对较强的税收优惠政策支持效果。

从创新税收优惠支持的范围来看，2022年江苏省获得税收优惠的上市公司数量占比指标分值为98.46，与全国平均水平83.86相比，处于全国平均水平之上，可见税收优惠在支持企业创新发展的政策实施范围方面仍需巩固。

从创新税收优惠支持的力度来看，以研发费用加计扣除额、高新技术企业所得税税收优惠和税费返还额作为衡量方式，2022年江苏省研发费用加计扣除指标分值为76.44，与全国平均水平49.85相比，处于全国平均水平之上，可见研发费用加计扣除的税收优惠政策在支持企业创新发展方面仍需巩固。江苏省高新技术企业所得税税收优惠指标分值为80.93，与全国平均水平51.57相比，处于全国平均水平之上，可见高新技术企业所得税税收优惠政策在支持企业创新发展方面仍需保持力度。江苏省税费返还指标分值为77.32，与全国平均水平49.86相比，处于全国平均水平之上，可见税费返还政策在支持企业创新发展方面仍需巩固。

4.2.16.4　创新金融支持维度

如图4-138所示，从创新金融支持的总体表现来看，2022年江苏省整体创新金融支持指数为82.61，与全国平均水平65.85相比，处于全国平均水平之上，在全国各省份比较中排名4位，体现出相对较强的政策支持效果。

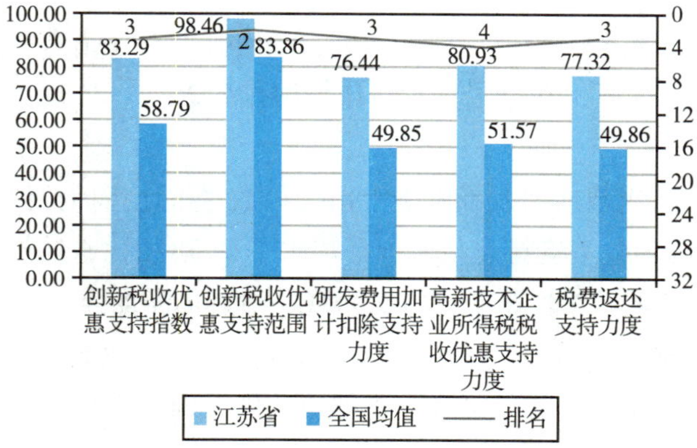

图4-137　江苏省创新税收优惠支持情况

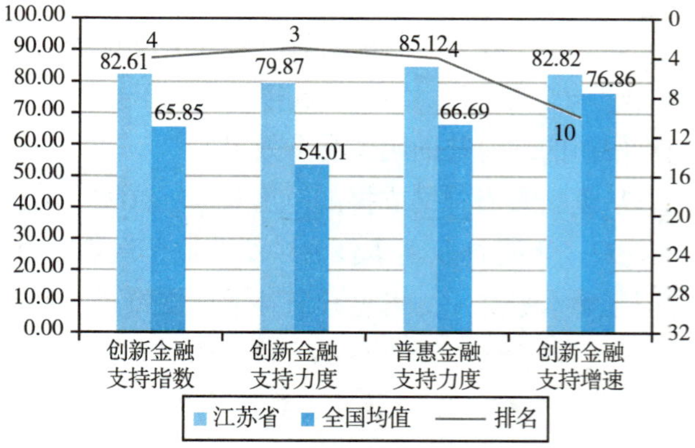

图4-138　江苏省创新金融支持情况

从创新金融支持的力度来看，以公司获得的创新融资金额和普惠金融支持指数作为衡量方式，2022年江苏省创新融资指标分值为79.87，与全国平均水平54.01相比，处于全国平均水平之上，体现出相对较强的创新融资政策支持水平。2022年江苏省普惠金融支持指标分值为85.12，与全国平均水平66.69相比，处于全国平均水平之上，体现出相对较强的普惠金融政策支持力度。

从创新金融支持的增速来看，2022年江苏省创新金融支持增速指标分值为82.82，与全国平均水平76.86相比，处于全国平均水平之上，体现出相比更大的创新金融政策支持增速，表明江苏省政府需要不断巩固创新金融方面的投入。

4.2.16.5 创新政府采购支持维度

如图4–139所示，从创新政府采购支持的总体表现来看，2022年江苏省创新政府采购支持指数为56.99，与全国平均水平49.93相比，处于全国平均水平之下，在全国各省份比较中排名6位，体现出该地区政府采购创新支持较高，同时也体现出该地区较强的需求侧政策支持效果。

从创新政府采购支持的范围来看，2022年江苏省获取政府采购支持的企业数量占比指标分值为51.56，表明企业主体较多获取政府采购的创新政策支持，与全国平均水平49.93相比，处于全国平均水平之上，可见政府采购在支持企业创新发展的政策实施范围方面仍需巩固。

从创新政府采购支持的力度来看，2022年江苏省获取政府采购支持金额指标分值为62.42，表明企业主体获取政府采购创新政策支持力度较大，与全国平均水平49.93相比，处于全国平均水平之上，可见加大政府采购政策支持企业创新发展范围和力度并行应是下一步政策效果改进的重点。

4.2.16.6 创新科研支持维度

如图4–140所示，从创新科研支持的总体表现来看，2022年江苏省创新科研支持指数为73.66，与全国平均水平65.17相比，处于全国平均水平之下，在全国各省份比较中排名4位，体现出相对较强的科研支持效果。

从创新科研支持的力度来看，以政府支持高校和科研机构数量和政府支持高校和科研机构研发经费作为衡量方式，2022年江苏省政府支持高校和科研机构数量指标分值为100.00，与全国平均水平71.20相比，处于全国平均水平之上，体现出江苏省的创新科研支持优势非常明显。2022年江苏省政府支持高校和科研机构研发经费指标分值为48.93，与全国平均水平51.94相比，处于全国平均水平之下，体现出相对偏弱的高校和科研机构的研发经费投入水平。

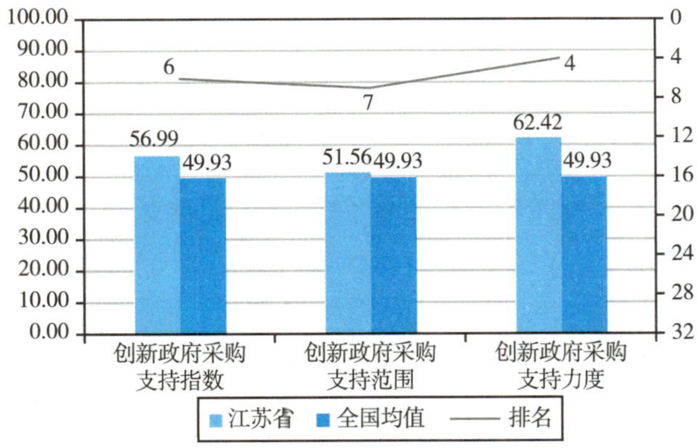

图4–139 江苏省创新政府采购支持情况

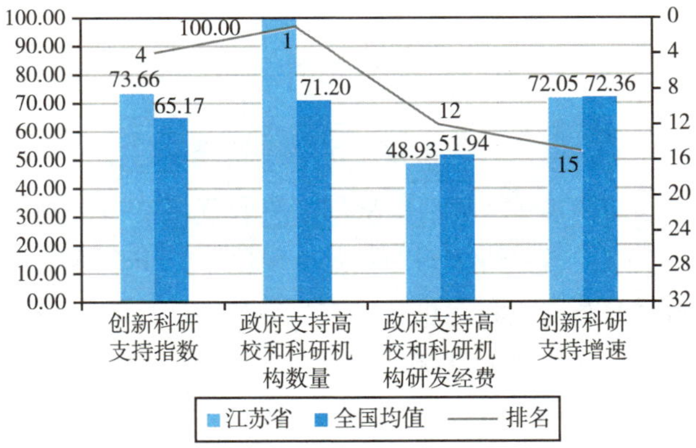

图4–140 江苏省创新科研支持情况

从创新科研支持的增速来看，以政府支持高校和科研机构研发经费增长率作为衡量方式，2022年江苏省支持高校和科研机构研发经费增长率指标分值为72.05，与全国平均水平72.36相比，处于全国平均水平之下，体现出相对偏弱的创新科研政策支持持续性。

4.2.17 江西省

4.2.17.1 政府创新发展支持综合指数

2022年江西省整体政府创新发展支持综合指数为61.36，与全国平均水平61.93相比，江西省政府创新发展支持综合指数处于全国平均水平之下，体现出江西省政府创新发展综合支持程度相对偏弱，如图4-141所示。

4.2.17.2 创新政府补助支持维度

如图4-142所示，从创新政府补助支持的总体表现来看，2022年江西省创新政府补助支持指数为69.04，与全国平均水平68.85相比，处于全国平均水平之上，在全国各省份比较中排名15位，体现出相对较强的政府补助政策支持效果。

从创新政府补助支持的范围来看，2022年江西省获得政府研发补助的上市公司数量占比指标分值为69.55，表明企业主体较为广泛获取了政府补助的创新政策支持，与全国平均水平67.78相比，处于全国平均水平之上，可见政府补助在支持企业创新发展的政策实施范围方面表现较好且仍需巩固。

从创新政府补助支持的力度来看，2022年江西省政府研发补助占营业收入比重指标分值为68.53，与全国平均水平69.92相比，处于全国平均水平之下，政府补助在支持企业创新发展方面仍需持续加强力度。

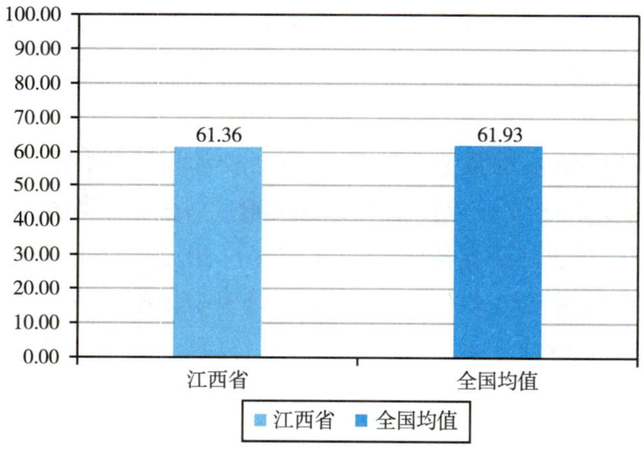

图4-141 江西省政府创新发展支持综合指数

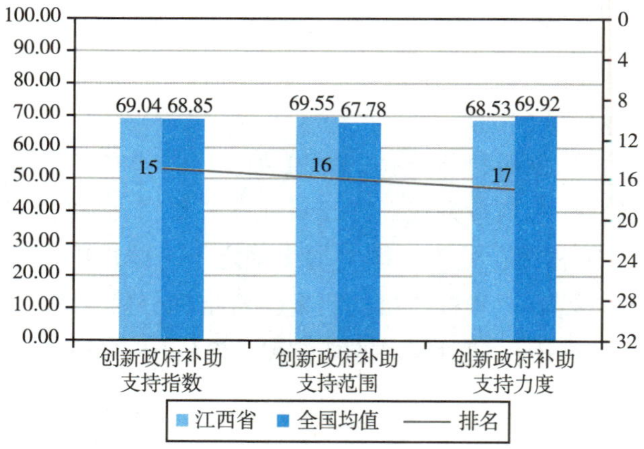

图4-142 江西省创新政府补助支持情况

4.2.17.3 创新税收优惠支持维度

如图4-143所示，从创新税收优惠支持的总体表现来看，2022年江西省创新税收优惠支持指数为56.76，与全国平均水平58.79相比，处于全国平均水平之下，在全国各省份比较中排名13位，体现出相对偏弱的税收优惠政策支持效果。

从创新税收优惠支持的范围来看，2022年江西省获得税收优惠的上市公司数量占比指标分值为94.49，与全国平均水平83.86相比，处于全国平均水平之上，可见税收优惠在支持企业创新发展的政策实施范围方面仍需巩固。

从创新税收优惠支持的力度来看，以研发费用加计扣除额、高新技术企业所得税税收优惠和税费返还额作为衡量方式，2022年江西省研发费用加计扣除指标分值为45.80，与全国平均水平49.85相比，处于全国平均水平之下，可见研发费用加计扣除的税收优惠政策在支持企业创新发展方面仍需持续加大力度。江西省高新技术企业所得税税收优惠指标分值为44.02，与全国平均水平51.57相比，处于全国平均水平之下，可见高新技术企业所得税税收优惠政策在支持企业创新发展方面仍需加强。江西省税费返还指标分值为42.72，与全国平均水平49.86相比，处于全国平均水平之下，可见税费返还政策在支持企业创新发展方面仍需持续加大力度。

4.2.17.4 创新金融支持维度

如图4-144所示，从创新金融支持的总体表现来看，2022年江西省整体创新金融支持指数为66.00，与全国平均水平65.85相比，处于全国平均水平之上，在全国各省份比较中排名15位，体现出相对较强的政策支持效果。

从创新金融支持的力度来看，以公司获得的创新融资金额和普惠金融支持指数作为衡量方式，2022年江西省创新融资指标分值为49.16，与全国平均水平54.01相比，处于全国平均水平之下，体现出相对偏弱的创新融资政策支持水平。2022年江西省普惠金融支持指标分值为69.27，与全国平均水平66.69相比，处于全国平均水平之上，体现出相对较强的普惠金融政策支持力度。

从创新金融支持的增速来看，2022年江西省创新金融支持增速指标分值为79.57，与全国平均水平76.86相比，处于全国平均水平之上，体现出相比更大的创新金融政策支持增速，表明江西省政府需要不断巩固创新金融方面的投入。

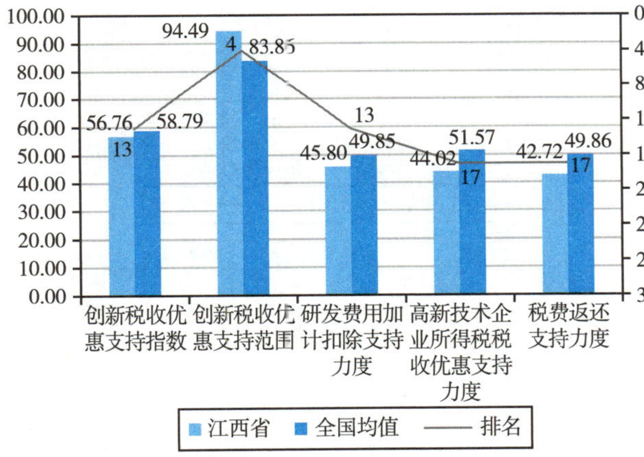

图4-143 江西省创新税收优惠支持情况

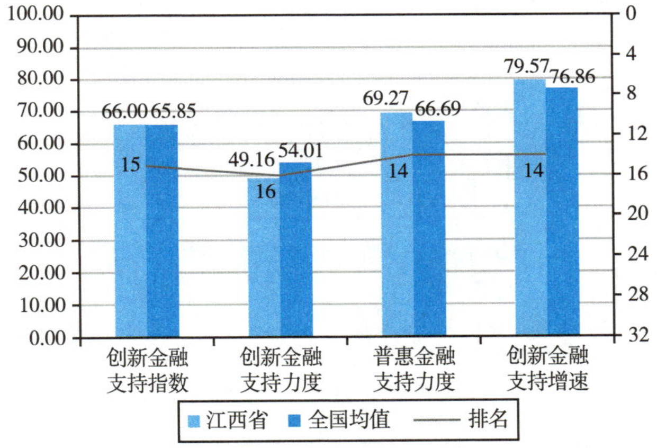

图4-144 江西省创新金融支持情况

4.2.17.5 创新政府采购支持维度

如图4-145所示，从创新政府采购支持的总体表现来看，2022年江西省创新政府采购支持指数为50.30，与全国平均水平49.93相比，处于全国平均水平之上，在全国各省份比较中排名10位，体现出该地区政府采购创新支持较高，同时也体现出该地区更强的需求侧政策支持效果。

从创新政府采购支持的范围来看，2022年江西省获取政府采购支持的企业数量占比指标分值为51.18，表明企业主体较为广泛地获取了政府采购的创新政策支持，与全国平均水平49.93相比，处于全国平均水平之上，可见政府采购在支持企业创新发展的政策实施范围方面仍需巩固。

从创新政府采购支持的力度来看，2022年江西省获取政府采购支持金额指标分值为49.42，表明企业主体获取政府采购创新政策支持力度较小，与全国平均水平49.93相比，处于全国平均水平之下，可见加大政府采购政策支持企业创新发展力度应是下一步政策效果改进的重点。

4.2.17.6　创新科研支持维度

如图4–146所示，从创新科研支持的总体表现来看，2022年江西省创新科研支持指数为63.84，与全国平均水平65.17相比，处于全国平均水平之下，在全国各省份比较中排名16位，体现出相对偏弱的科研支持效果。

从创新科研支持的力度来看，以政府支持高校和科研机构数量和政府支持高校和科研机构研发经费作为衡量方式，2022年江西省政府支持高校和科研机构数量指标分值为75.93，与全国平均水平71.20相比，处于全国平均水平之上，体现出相对较强的创新科研支持水平。2022年江西省政府支持高校和科研机构研发经费指标分值为45.13，与全国平均水平51.94相比，处于全国平均水平之下，体现出相对偏弱的高校和科研机构的研发经费投入水平。

从创新科研支持的增速来看，以政府支持高校和科研机构研发经费增长率作为衡量方式，2022年江西省支持高校和科研机构研发经费增长率指标分值为70.47，与全国平均水平72.36相比，处于全国平均水平之下，体现出相对偏弱的创新科研政策支持持续性。

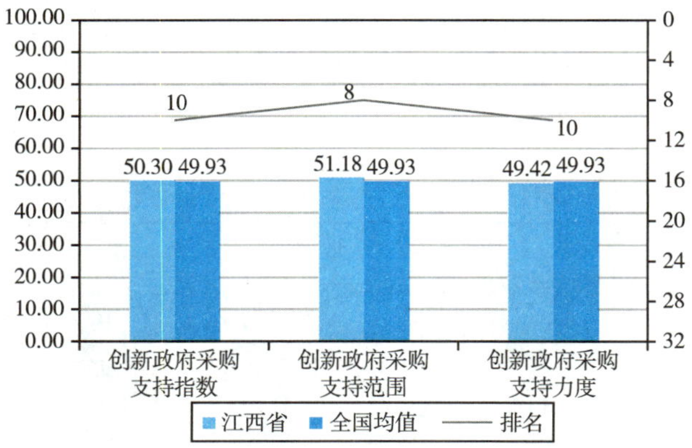

图4–145　江西省创新政府采购支持情况

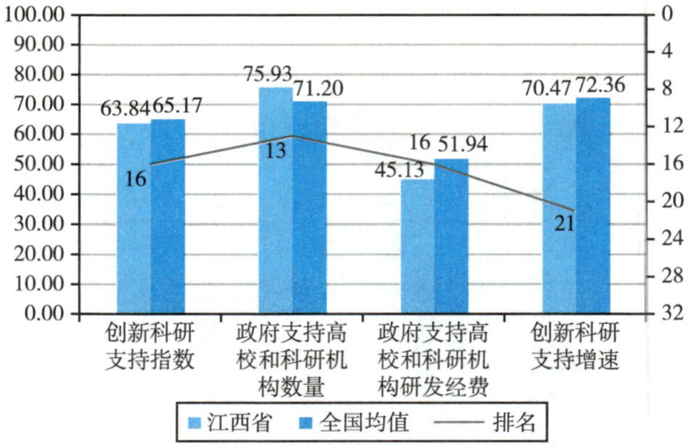

图4–146　江西省创新科研支持情况

4.2.18　辽宁省

4.2.18.1　政府创新发展支持综合指数

2022年辽宁省整体政府创新发展支持综合指数为61.21，与全国平均水平61.93相比，辽宁省政府创新发展支持综合指数处于全国平均水平之下，体现出辽宁省政府创新发展综合支持程度相对偏弱，如图4–147所示。

4.2.18.2　创新政府补助支持维度

如图4–148所示，从创新政府补助支持的总体表现来看，2022年辽宁省创新政府补助支持指数为76.08，与全国平均水平68.85相比，处于全国平均水平之上，在全国各省份比较中排名11位，体现出相对较强的政府补助政策支持效果。

从创新政府补助支持的范围来看，2022年辽宁省获得政府研发补助的上市公司数量占比指标分值为71.33，表明企业主体较为广泛获取了政府补助的创新政策支持，与全国平均水平67.78相比，处于全国平均水平之上，可见政府补助在支持企业创新发展的政策实施范围方面表现较好且仍需巩固。

从创新政府补助支持的力度来看，2022年辽宁省政府研发补助占营业收入比重指标分值为80.84，表明企业主体获取创新政府补助政策支持规模已达自身经营规模的较大比重，与全国平均水平69.92相比，处于全国平均水平之上，政府补助在支持企业创新发展方面仍需持续巩固力度。

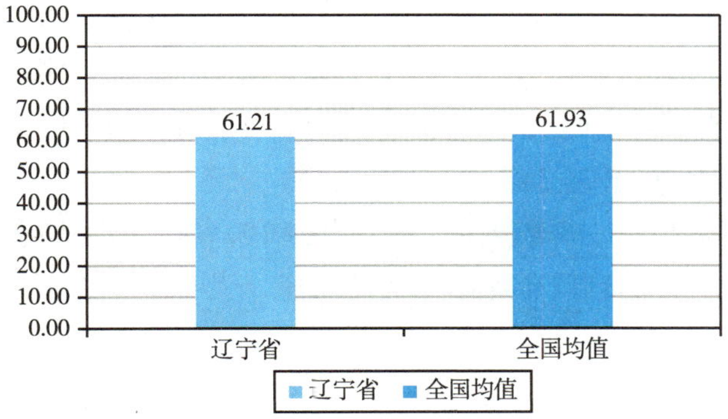

图4-147　辽宁省政府创新发展支持综合指数

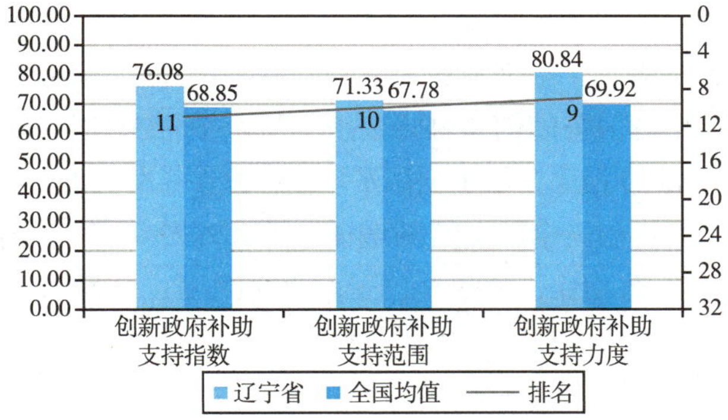

图4-148　辽宁省创新政府补助支持情况

4.2.18.3　创新税收优惠支持维度

如图4-149所示，从创新税收优惠支持的总体表现来看，2022年辽宁省创新税收优惠支持指数为54.91，与全国平均水平58.79相比，处于全国平均水平之下，在全国各省份比较中排名16位，体现出相对偏弱的税收优惠政策支持效果。

从创新税收优惠支持的范围来看，2022年辽宁省获得税收优惠的上市公司数量占比指标分值为89.53，与全国平均水平83.86相比，处于全国平均水平之上，可见税收优惠在支持企业创新发展的政策实施范围方面仍需巩固。

从创新税收优惠支持的力度来看，以研发费用加计扣除额、高新技术企业所得税税收优惠和税费返还额作为衡量方式，2022年辽宁省研发费用加计扣除指标分值为43.93，与全国平均水平49.85相比，处于全国平均水平之下，可见研发费用加计扣除的税收优惠政策在支持企业创新发展方面仍需持续加大力度。辽宁省高新技术企业所得税税收优惠指标分值为42.41，与全国平均水平51.57相比，处于全国平均水平之下，可见高新技术企业所得税税收优惠政策在支持企业创新发展方面仍需加强。辽宁省税费返还指标分值为43.76，与全国平均水平49.86相比，处于全国平均水平之下，可见税费返还政策在支持企业创新发展方面仍需持续加大力度。

4.2.18.4　创新金融支持维度

如图4-150所示，从创新金融支持的总体表现来看，2022年辽宁省整体创新金融支持指数为58.27，与全国平均水平65.85相比，处于全国平均水平之下，在全国各省份比较中排名24位，体现出相对偏弱的政策支持效果。

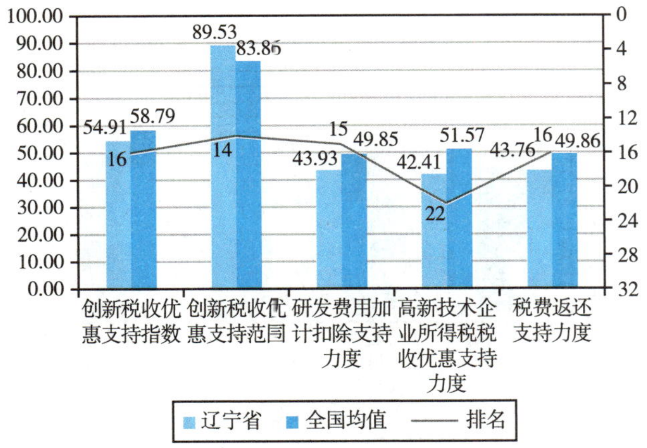

图4-149　辽宁省创新税收优惠支持情况

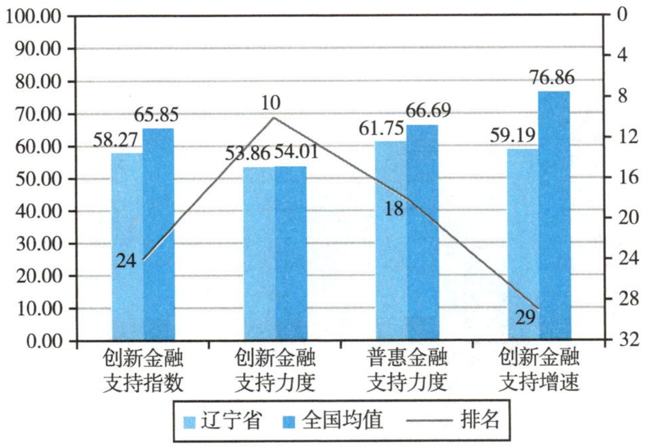

图4-150　辽宁省创新金融支持情况

从创新金融支持的力度来看，以公司获得的创新融资金额和普惠金融支持指数作为衡量方式，2022年辽宁省创新融资指标分值为53.86，与全国平均水平54.01相比，处于全国平均水平之下，体现出相对偏弱的创新融资政策支持水平。2022年辽宁省普惠金融支持指标分值为61.75，与全国平均水平66.69相比，处于全国平均水平之下，体现出相对偏弱的普惠金融政策支持力度。

从创新金融支持的增速来看，2022年辽宁省创新金融支持增速指标分值为59.19，与全国平均水平76.86相比，处于全国平均水平之下，体现出相比更小的创新金融政策支持增速，表明辽宁省政府需要不断提升创新金融方面的投入。

4.2.18.5 创新政府采购支持维度

如图4–151所示，从创新政府采购支持的总体表现来看，2022年辽宁省创新政府采购支持指数为51.74，与全国平均水平49.93相比，处于全国平均水平之上，在全国各省份比较中排名8位，体现出该地区政府采购创新支持较高，同时也体现出该地区更强的需求侧政策支持效果。

从创新政府采购支持的范围来看，2022年辽宁省获取政府采购支持的企业数量占比指标分值为52.55，表明企业主体较为广泛地获取了政府采购的创新政策支持，与全国平均水平49.93相比，处于全国平均水平之上，可见政府采购在支持企业创新发展的政策实施范围方面仍需巩固。

从创新政府采购支持的力度来看，2022年辽宁省获取政府采购支持金额指标分值为50.93，表明企业主体获取政府采购创新政策支持力度较大，与全国平均水平49.93相比，处于全国平均水平之上，可见巩固政府采购政策支持企业创新发展范围和力度并行巩固应是下一步政策效果改进的重点。

4.2.18.6 创新科研支持维度

如图4–152所示，从创新科研支持的总体表现来看，2022年辽宁省创新科研支持指数为65.99，与全国平均水平65.17相比，处于全国平均水平之上，在全国各省份比较中排名15位，体现出相对较强的科研支持效果。

从创新科研支持的力度来看，以政府支持高校和科研机构数量和政府支持高校和科研机构研发经费作为衡量方式，2022年辽宁省政府支持高校和科研机构数量指标分值为82.30，与全国平均水平71.20相比，处于全国平均水平之上，体现出相对较强的创新科研支持水平。2022年辽宁省政府支持高校和科研机构研发经费指标分值为41.66，与全国平均水平51.94相比，处于全国平均水平之下，体现出相对偏弱的高校和科研机构的研发经费投入水平。

从创新科研支持的增速来看，以政府支持高校和科研机构研发经费增长率作为衡量方式，2022年辽宁省支持高校和科研机构研发经费增长率指标分值为74.01，与全国平均水平72.36相比，处于全国平均水平之上，体现出相对较强的创新科研政策支持持续性。

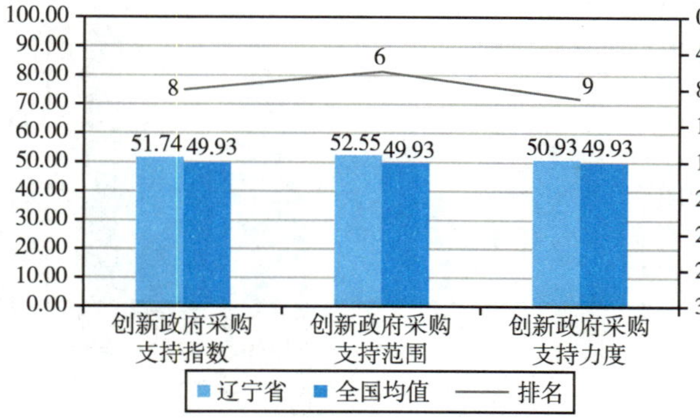

图4–151 辽宁省创新政府采购支持情况

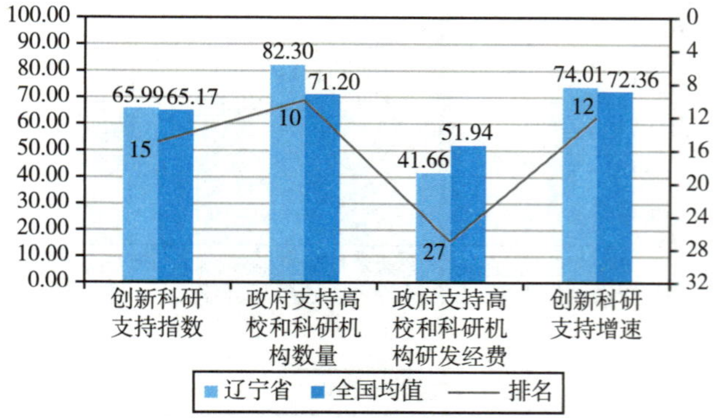

图4–152 辽宁省创新科研支持情况

4.2.19　内蒙古自治区

4.2.19.1　政府创新发展支持综合指数

2022年内蒙古自治区整体政府创新发展支持综合指数为61.08，与全国平均水平61.93相比，内蒙古自治区政府创新发展支持综合指数处于全国平均水平之下，体现出内蒙古自治区政府创新发展综合支持程度相对偏弱，如图4–153所示。

4.2.19.2　创新政府补助支持维度

如图4–154所示，从创新政府补助支持的总体表现来看，2022年内蒙古自治区创新政府补助支持指数为70.02，与全国平均水平68.85相比，处于全国平均水平之上，在全国各省份比较中排名14位，体现出相对较强的政府补助政策支持效果。

从创新政府补助支持的范围来看，2022年内蒙古自治区获得政府研发补助的上市公司数量占比指标分值为86.07，表明企业主体较为广泛获取了政府补助的创新政策支持，与全国平均水平67.78相比，处于全国平均水平之上，可见政府补助在支持企业创新发展的政策实施范围方面表现较好且仍需巩固。

从创新政府补助支持的力度来看，2022年内蒙古自治区政府研发补助占营业收入比重指标分值为53.97，与全国平均水平69.92相比，处于全国平均水平之下，政府补助在支持企业创新发展方面仍需持续加强力度。

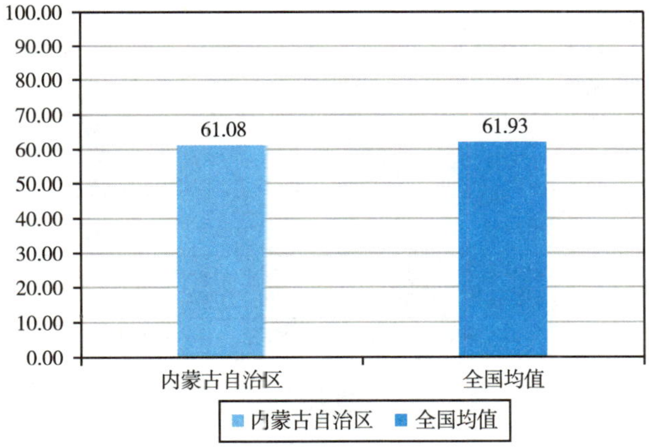

图4–153　内蒙古自治区政府创新发展支持综合指数

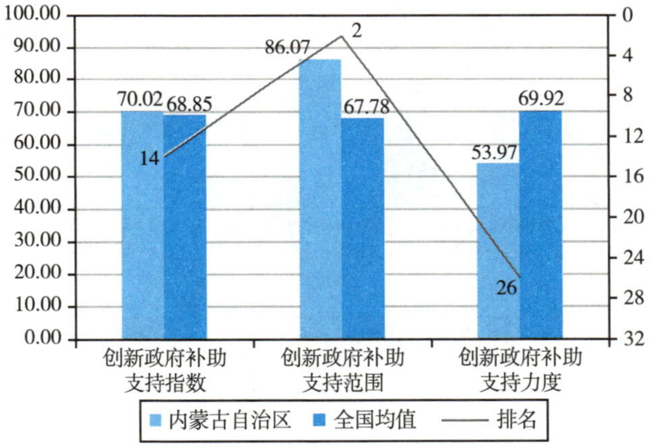

图4–154　内蒙古自治区创新政府补助支持情况

4.2.19.3　创新税收优惠支持维度

如图4–155所示，从创新税收优惠支持的总体表现来看，2022年内蒙古自治区创新税收优惠支持指数为53.11，与全国平均水平58.79相比，处于全国平均水平之下，在全国各省份比较中排名21位，体现出相对偏弱的税收优惠政策支持效果。

从创新税收优惠支持的范围来看，2022年内蒙古自治区获得税收优惠的上市公司数量占比指标分值为87.35，与全国平均水平83.86相比，处于全国平均水平之上，可见税收优惠在支持企业创新发展的政策实施范围方面仍需巩固。

从创新税收优惠支持的力度来看，以研发费用加计扣除额、高新技术企业所得税税收优惠和税费返还额作为衡量方式，2022年内蒙古自治区研发费用加计扣除指标分值为40.00，与全国平均水平49.85相比，处于全国平均水平之下，可见研发费用加计扣除的税收优惠政策在支持企业创新发展方面仍需持续加大力度。内蒙古自治区高新技术企业所得税税收优惠指标分值为44.48，与全国平均水平51.57相比，处于全国平均水平之下，可见高新技术企业所得税税收优惠政策在支持企业创新发展方面仍需加强。内蒙古自治区税费返还指标分值为40.61，与全国平均水平49.86相比，处于全国平均水平之下，可见税费返还政策在支持企业创新发展方面仍需持续加大力度。

4.2.19.4 创新金融支持维度

如图4-156所示，从创新金融支持的总体表现来看，2022年内蒙古自治区整体创新金融支持指数为59.85，与全国平均水平65.85相比，处于全国平均水平之下，在全国各省份比较中排名23位，体现出相对偏弱的政策支持效果。

从创新金融支持的力度来看，以公司获得的创新融资金额和普惠金融支持指数作为衡量方式，2022年内蒙古自治区创新融资指标分值为44.38，与全国平均水平54.01相比，处于全国平均水平之下，体现出相对偏弱的创新融资政策支持水平。2022年内蒙古自治区普惠金融支持指标分值为48.54，与全国平均水平66.69相比，处于全国平均水平之下，体现出相对偏弱的普惠金融政策支持力度。

从创新金融支持的增速来看，2022年内蒙古自治区创新金融支持增速指标分值为86.62，与全国平均水平76.86相比，处于全国平均水平之上，体现出相比更大的创新金融政策支持增速，表明内蒙古自治区政府需要不断巩固创新金融方面的投入。

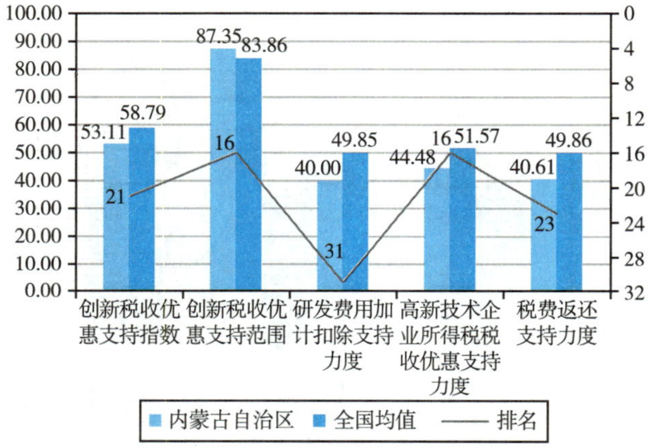

图4-155 内蒙古自治区创新税收优惠支持情况

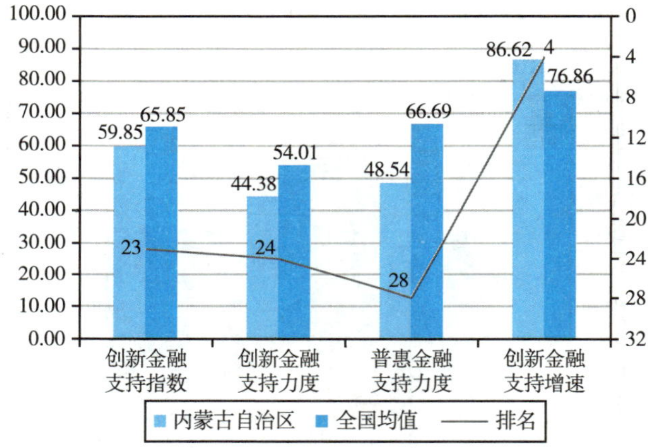

图4-156 内蒙古自治区创新金融支持情况

4.2.19.5 创新政府采购支持维度

如图4-157所示，从创新政府采购支持的总体表现来看，2022年内蒙古自治区创新政府采购支持指数为64.02，与全国平均水平49.93相比，处于全国平均水平之上，在全国各省份比较中排名4位，体现出该地区政府采购创新支持较高，同时也体现出该地区更强的需求侧政策支持效果。

从创新政府采购支持的范围来看，2022年内蒙古自治区获取政府采购支持的企业数量占比指标分值为76.69，表明企业主体较为广泛地获取了政府采购的创新政策支持，与全国平均水平49.93相比，处于全国平均水平之上，可见政府采购在支持企业创新发展的政策实施范围方面仍需巩固。

从创新政府采购支持的力度来看，2022年内蒙古自治区获取政府采购支持金额指标分值为51.35，表明企业主体获取政府采购创新政策支持力度较小，与全国平均水平49.93相比，处于全国平均水平之上，可见加大政府采购政策支持企业创新发展范围和力度并行巩固应是下一步政策效果改进的重点。

4.2.19.6 创新科研支持维度

如图4–158所示，从创新科研支持的总体表现来看，2022年内蒙古自治区创新科研支持指数为60.29，与全国平均水平65.17相比，处于全国平均水平之下，在全国各省份比较中排名23位，体现出相对偏弱的科研支持效果。

从创新科研支持的力度来看，以政府支持高校和科研机构数量和政府支持高校和科研机构研发经费作为衡量方式，2022年内蒙古自治区政府支持高校和科研机构数量指标分值为56.99，与全国平均水平71.20相比，处于全国平均水平之下，体现出相对偏弱的创新科研支持水平。2022年内蒙古自治区政府支持高校和科研机构研发经费指标分值为48.95，与全国平均水平51.94相比，处于全国平均水平之下，体现出相对偏弱的高校和科研机构的研发经费投入水平。

从创新科研支持的增速来看，以政府支持高校和科研机构研发经费增长率作为衡量方式，2022年内蒙古自治区支持高校和科研机构研发经费增长率指标分值为74.93，与全国平均水平72.36相比，处于全国平均水平之上，体现出相对较强的创新科研政策支持持续性。

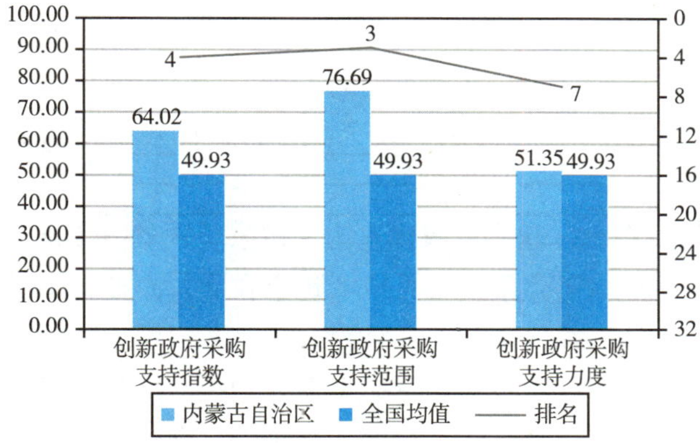

图4–157 内蒙古自治区创新政府采购支持情况

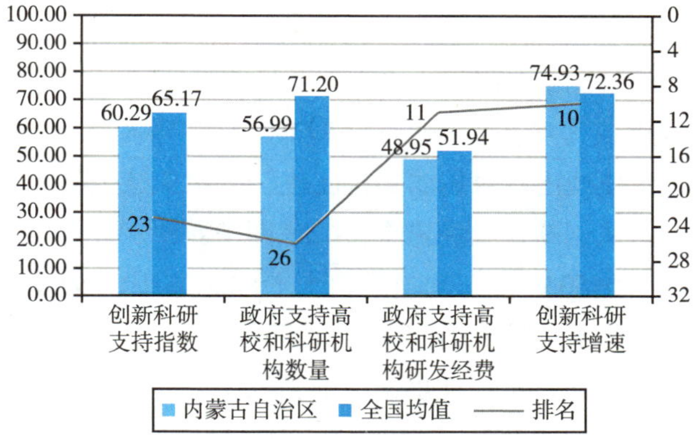

图4–158 内蒙古自治区创新科研支持情况

4.2.20 宁夏回族自治区

4.2.20.1 政府创新发展支持综合指数

2022年宁夏回族自治区整体政府创新发展支持综合指数为55.85，与全国平均水平61.93相比，宁夏回族自治区政府创新发展支持综合指数处于全国平均水平之下，体现出宁夏回族自治区政府创新发展综合支持程度相对偏弱，如图4–159所示。

4.2.20.2 创新政府补助支持维度

如图4–160所示，从创新政府补助支持的总体表现来看，2022年宁夏回族自治区创新政府补助支持指数为78.64，与全国平均水平68.85相比，处于全国平均水平之上，在全国各省份比较中排名8位，体现出相对较强的政府补助政策支持效果。

从创新政府补助支持的范围来看，2022年宁夏回族自治区获得政府研发补助的上市公司数量占比指标分值为79.94，表明企业主体较为广泛获取了政府补助的创新政策支持，与全国平均水平67.78相比，处于全国平均水平之上，可见政府补助在支持企业创新发展的政策实施范围方面表现较好且仍需巩固。

从创新政府补助支持的力度来看，2022年宁夏回族自治区政府研发补助占营业收入比重指标分值为77.34，表明企业主体获取创新政府补助政策支持规模已达自身经营规模的较大比重，与全国平均水平69.92相比，处于全国平均水平之上，政府补助在支持企业创新发展方面仍需持续巩固力度。

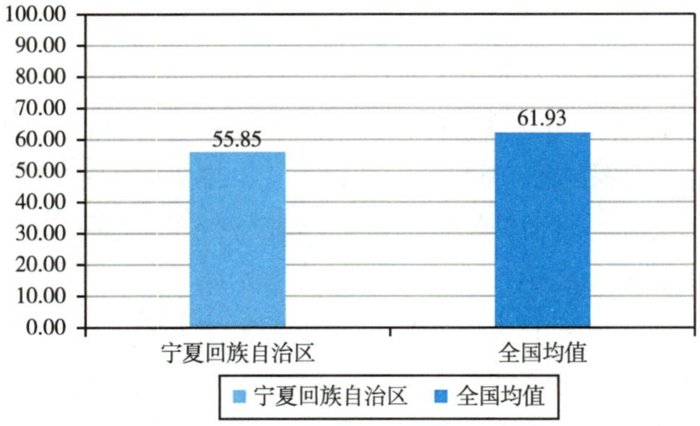

图4-159 宁夏回族自治区政府创新发展支持综合指数

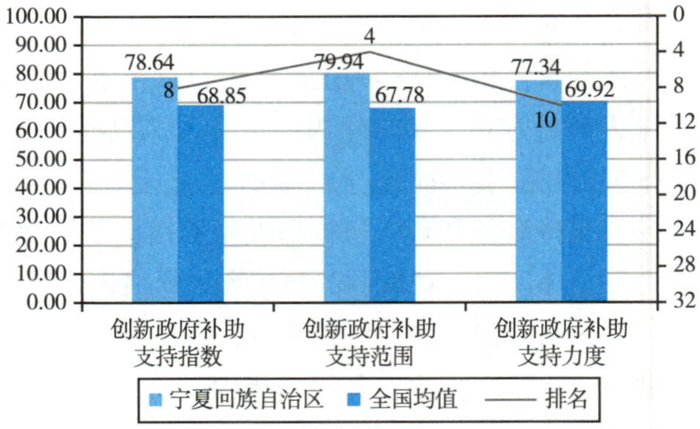

图4-160 宁夏回族自治区创新政府补助支持情况

4.2.20.3 创新税收优惠支持维度

如图4-161所示，从创新税收优惠支持的总体表现来看，2022年宁夏回族自治区创新税收优惠支持指数为47.59，与全国平均水平58.79相比，处于全国平均水平之下，在全国各省份比较中排名27位，体现出相对偏弱的税收优惠政策支持效果。

从创新税收优惠支持的范围来看，2022年宁夏回族自治区获得税收优惠的上市公司数量占比指标分值为69.95，与全国平均水平83.86相比，处于全国平均水平之下，可见税收优惠在支持企业创新发展的政策实施范围方面仍需加强。

从创新税收优惠支持的力度来看，以研发费用加计扣除额、高新技术企业所得税税收优惠和税费返还额作为衡量方式，2022年宁夏回族自治区研发费用加计扣除指标分值为40.40，与全国平均水平49.85相比，处于全国平均水平之下，可见研发费用加计扣除的税收优惠政策在支持企业创新发展方面仍需持续加大力度。宁夏回族自治区高新技术企业所得税税收优惠指标分值为40.00，与全国平均水平51.57相比，处于全国平均水平之下，可见高新技术企业所得税税收优惠政策在支持企业创新发展方面仍需加强。宁夏回族自治区税费返还指标分值为40.00，与全国平均水平49.86相比，处于全国平均水平之下，可见税费返还政策在支持企业创新发展方面仍需持续加大力度。

4.2.20.4 创新金融支持维度

如图4-162所示，从创新金融支持的总体表现来看，2022年宁夏回族自治区整体创新金融支持指数为50.86，与全国平均水平65.85相比，处于全国平均水平之下，在全国各省份比较中排名30位，体现出相对偏弱的政策支持效果。

从创新金融支持的力度来看，以公司获得的创新融资金额和普惠金融支持指数作为衡量方式，2022年宁夏回族自治区创新融资指标分值为40.53，与全国平均水平54.01相比，处于全国平均水平之下，体现出相对偏弱的创新融资政策支持水平。2022年宁夏回族自治区普惠金融支持指标分值为46.23，与全国平均水平66.69相比，处于全国平均水平之下，体现出相对偏弱的普惠金融政策支持力度。

从创新金融支持的增速来看，2022年宁夏回族自治区创新金融支持增速指标分值为65.83，与全国平均水平76.86相比，处于全国平均水平之下，体现出相比更小的创新金融政策支持增速，表明宁夏回族自治区政府需要不断提升创新金融方面的投入。

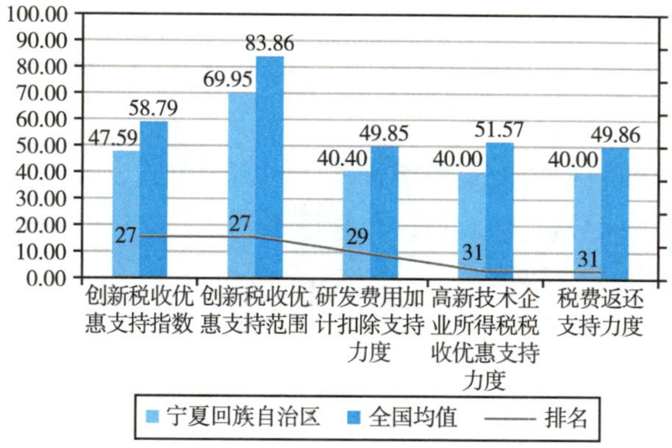

图4-161　宁夏回族自治区创新税收优惠支持情况

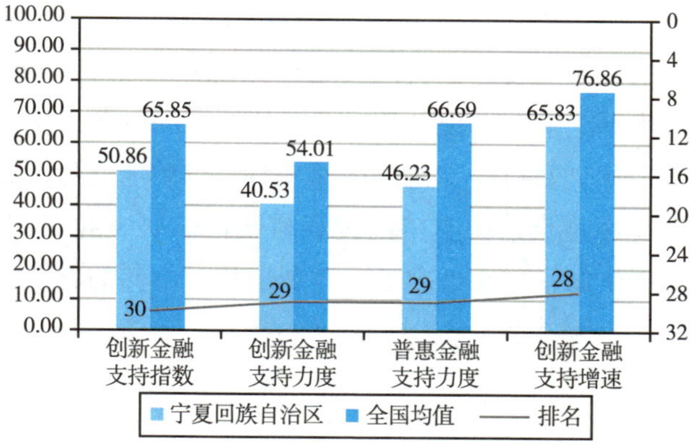

图4-162　宁夏回族自治区创新金融支持情况

4.2.20.5　创新政府采购支持维度

如图4-163所示，从创新政府采购支持的总体表现来看，2022年宁夏回族自治区创新政府采购支持指数为47.68，与全国平均水平49.93相比，处于全国平均水平之下，在全国各省份比较中排名12位，体现出该地区政府采购创新支持较低，同时也体现出该地区偏弱的需求侧政策支持效果。

从创新政府采购支持的范围来看，2022年宁夏回族自治区获取政府采购支持的企业数量占比指标分值为49.53，表明企业主体较少获取政府采购的创新政策支持，与全国平均水平49.93相比，处于全国平均水平之下，可见政府采购在支持企业创新发展的政策实施范围方面仍需加强。

从创新政府采购支持的力度来看，2022年宁夏回族自治区获取政府采购支持金额指标分值为45.84，表明企业主体获取政府采购创新政策支持力度较小，与全国平均水平49.93相比，处于全国平均水平之下，可见加大政府采购政策支持企业创新发展范围和力度并行应是下一步政策效果改进的重点。

4.2.20.6　创新科研支持维度

如图4-164所示，从创新科研支持的总体表现来看，2022年宁夏回族自治区创新科研支持指数为56.40，与全国平均水平65.17相比，处于全国平均水平之下，在全国各省份比较中排名29位，体现出相对偏弱的科研支持效果。

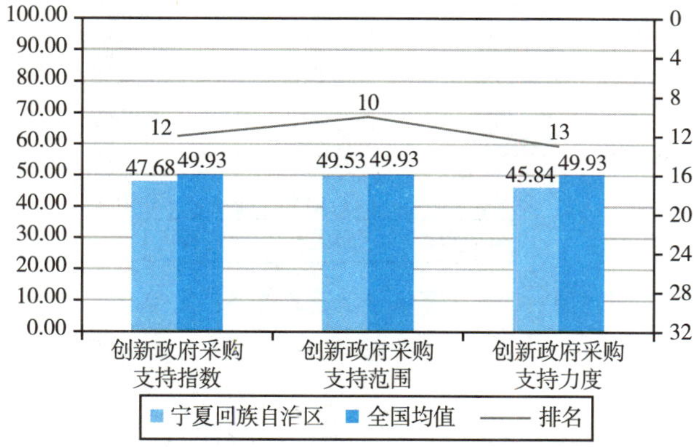

图4-163　宁夏回族自治区创新政府采购支持情况

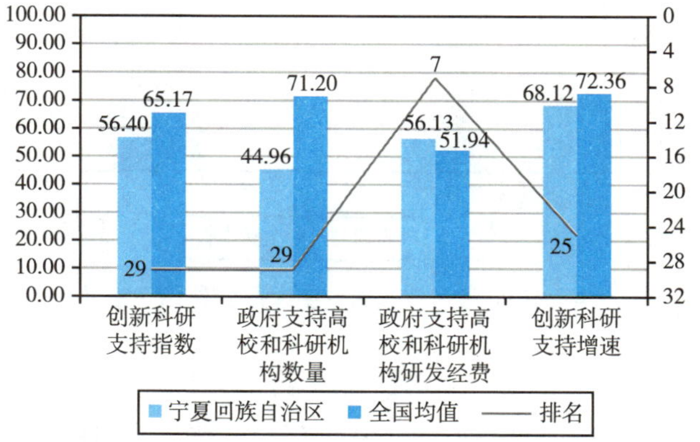

图4-164　宁夏回族自治区创新科研支持情况

从创新科研支持的力度来看，以政府支持高校和科研机构数量和政府支持高校和科研机构研发经费作为衡量方式，2022年宁夏回族自治区政府支持高校和科研机构数量指标分值为44.96，与全国平均水平71.20相比，处于全国平均水平之下，体现出相对偏弱的创新科研支持水平。2022年宁夏回族自治区政府支持高校和科研机构研发经费指标分值为56.13，与全国平均水平51.94相比，处于全国平均水平之上，体现出相对较强的高校和科研机构的研发经费投入水平。

从创新科研支持的增速来看，以政府支持高校和科研机构研发经费增长率作为衡量方式，2022年宁夏回族自治区支持高校和科研机构研发经费增长率指标分值为68.12，与全国平均水平72.36相比，处于全国平均水平之下，体现出相对偏弱的创新科研政策支持持续性。

4.2.21 青海省

4.2.21.1 政府创新发展支持综合指数

2022年青海省整体政府创新发展支持综合指数为62.66，与全国平均水平61.93相比，青海省政府创新发展支持综合指数处于全国平均水平之上，体现出青海省政府创新发展综合支持程度相对较强，如图4–165所示。

4.2.21.2 创新政府补助支持维度

如图4–166所示，从创新政府补助支持的总体表现来看，2022年青海省创新政府补助支持指数为93.71，与全国平均水平68.85相比，处于全国平均水平之上，在全国各省份比较中排名1位，体现出青海省的创新政府补助支持优势非常明显。

从创新政府补助支持的范围来看，2022年青海省获得政府研发补助的上市公司数量占比指标分值为100.00，表明企业主体广泛获取了政府补助的创新政策支持，与全国平均水平67.78相比，处于全国平均水平之上，可见政府补助在支持企业创新发展的政策实施范围方面表现较好且仍需巩固。

从创新政府补助支持的力度来看，2022年青海省政府研发补助占营业收入比重指标分值为87.42，表明企业主体获取创新政府补助政策支持规模已达自身经营规模的较大比重，与全国平均水平69.92相比，处于全国平均水平之上，政府补助在支持企业创新发展方面表现较好且仍需持续巩固力度。

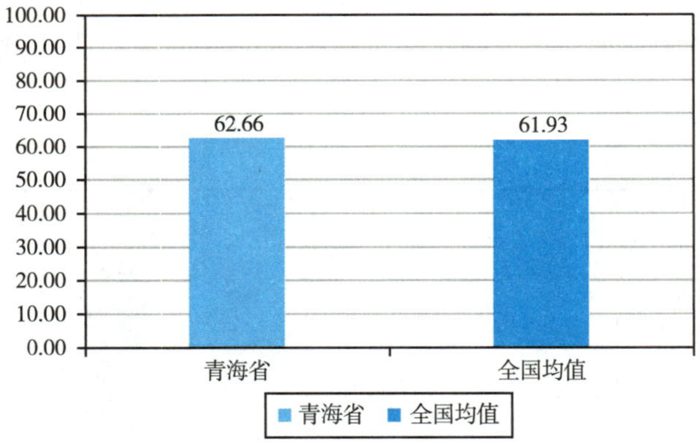

图4–165 青海省政府创新发展支持综合指数

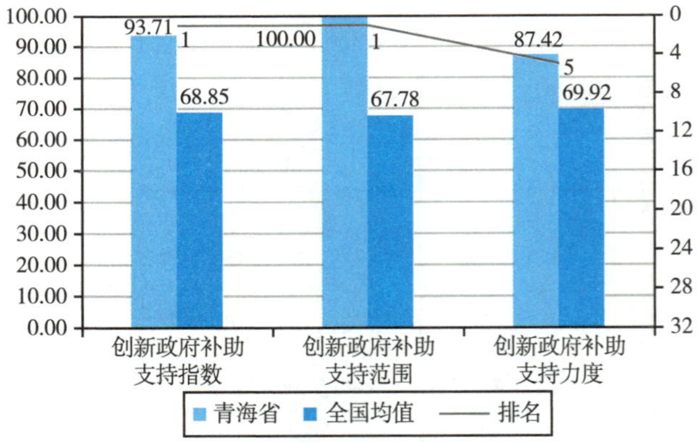

图4–166 青海省创新政府补助支持情况

4.2.21.3 创新税收优惠支持维度

如图4–167所示，从创新税收优惠支持的总体表现来看，2022年青海省创新税收优惠支持指数为48.57，与全国平均水平58.79相比，处于全国平均水平之下，在全国各省份比较中排名26位，体现出相对偏弱的税收优惠政策支持效果。

从创新税收优惠支持的范围来看，2022年青海省获得税收优惠的上市公司数量占比指标分值为

73.51，与全国平均水平83.86相比，处于全国平均水平之下，可见税收优惠在支持企业创新发展的政策实施范围方面仍需加强。

从创新税收优惠支持的力度来看，以研发费用加计扣除额、高新技术企业所得税税收优惠和税费返还额作为衡量方式，2022年青海省研发费用加计扣除指标分值为40.36，与全国平均水平49.85相比，处于全国平均水平之下，可见研发费用加计扣除的税收优惠政策在支持企业创新发展方面仍需持续加大力度。青海省高新技术企业所得税税收优惠指标分值为40.26，与全国平均水平51.57相比，处于全国平均水平之下，可见高新技术企业所得税税收优惠政策在支持企业创新发展方面仍需加强。青海省税费返还指标分值为40.16，与全国平均水平49.86相比，处于全国平均水平之下，可见税费返还政策在支持企业创新发展方面仍需持续加大力度。

4.2.21.4　创新金融支持维度

如图4-168所示，从创新金融支持的总体表现来看，2022年青海省整体创新金融支持指数为57.22，与全国平均水平65.85相比，处于全国平均水平之下，在全国各省份比较中排名26位，体现出相对偏弱的政策支持效果。

从创新金融支持的力度来看，以公司获得的创新融资金额和普惠金融支持指数作为衡量方式，2022年青海省创新融资指标分值为40.07，与全国平均水平54.01相比，处于全国平均水平之下，体现出相对偏弱的创新融资政策支持水平。2022年青海省普惠金融支持指标分值为58.81，与全国平均水平66.69相比，处于全国平均水平之下，体现出相对偏弱的普惠金融政策支持力度。

从创新金融支持的增速来看，2022年青海省创新金融支持增速指标分值为72.76，与全国平均水平76.86相比，处于全国平均水平之下，体现出相比更小的创新金融政策支持增速，表明青海省政府需要不断提升创新金融方面的投入。

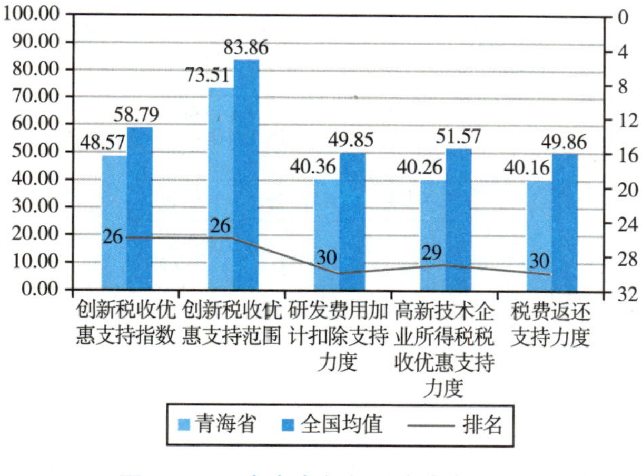

图4-167　青海省创新税收优惠支持情况

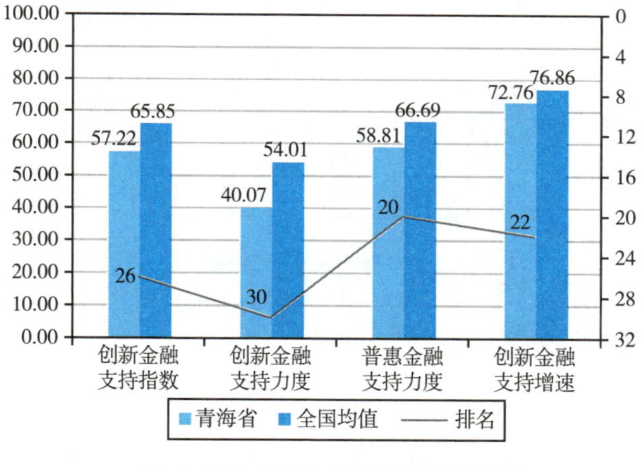

图4-168　青海省创新金融支持情况

4.2.21.5　创新政府采购支持维度

如图4-169所示，从创新政府采购支持的总体表现来看，2022年青海省创新政府采购支持指数为40.39，与全国平均水平49.93相比，处于全国平均水平之下，在全国各省份比较中排名29位，体现出该地区政府采购创新支持较低，同时也体现出该地区较弱的需求侧政策支持效果。

从创新政府采购支持的范围来看，2022年青海省获取政府采购支持的企业数量占比指标分值为40.79，表明企业主体较少获取政府采购的创新政策支持，与全国平均水平49.93相比，处于全国平均水平之下，可见政府采购在支持企业创新发展的政策实施范围方面仍需加强。

从创新政府采购支持的力度来看，2022年青海省获取政府采购支持金额指标分值为40.00，表明企业主体获取政府采购创新政策支持力度较小，与全国平均水平49.93相比，处于全国平均水平之下，可见加大政府采购政策支持企业创新发展范围和力度并行应是下一步政策效果改进的重点。

4.2.21.6 创新科研支持维度

如图4–170所示，从创新科研支持的总体表现来看，2022年青海省创新科研支持指数为75.09，与全国平均水平65.17相比，处于全国平均水平之上，在全国各省份比较中排名3位，体现出相对较强的科研支持效果。

从创新科研支持的力度来看，以政府支持高校和科研机构数量和政府支持高校和科研机构研发经费作为衡量方式，2022年青海省政府支持高校和科研机构数量指标分值为42.12，与全国平均水平71.20相比，处于全国平均水平之下，体现出相对偏弱的创新科研支持水平。2022年青海省政府支持高校和科研机构研发经费指标分值为83.14，与全国平均水平51.94相比，处于全国平均水平之上，体现出相对较强的高校和科研机构的研发经费投入水平。

从创新科研支持的增速来看，以政府支持高校和科研机构研发经费增长率作为衡量方式，2022年青海省支持高校和科研机构研发经费增长率指标分值为100.00，与全国平均水平72.36相比，处于全国平均水平之上，体现出相对较强的创新科研政策支持持续性。

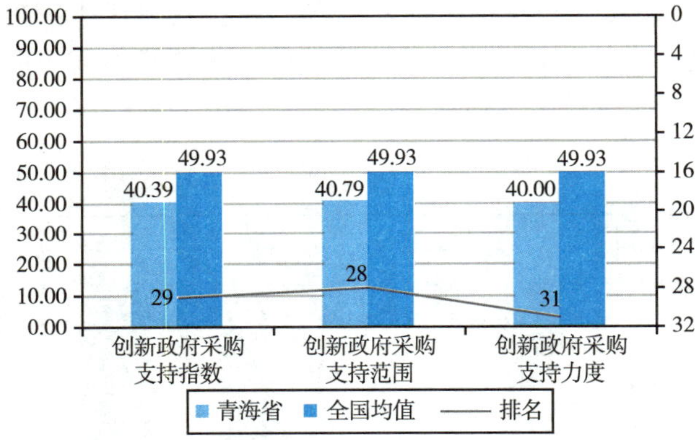

图4–169 青海省创新政府采购支持情况

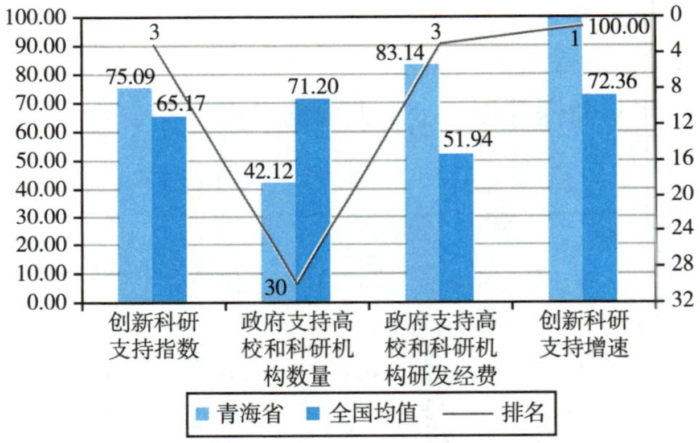

图4–170 青海省创新科研支持情况

4.2.22 山东省

4.2.22.1 政府创新发展支持综合指数

2022年山东省整体政府创新发展支持综合指数为66.83，与全国平均水平61.93相比，山东省政府创新发展支持综合指数处于全国平均水平之上，体现出山东省政府创新发展综合支持程度相对较强，如图4–171所示。

4.2.22.2 创新政府补助支持维度

如图4–172所示，从创新政府补助支持的总体表现来看，2022年山东省创新政府补助支持指数为65.97，与全国平均水平68.85相比，处于全国平均水平之下，在全国各省份比较中排名19位，体现出相对偏弱的政府补助政策支持效果。

从创新政府补助支持的范围来看，2022年山东省获得政府研发补助的上市公司数量占比指标分值为65.85，表明企业主体较为广泛获取了政府补助的创新政策支持，与全国平均水平67.78相比，处于全国平均水平之下，可见政府补助在支持企业创新发展的政策实施范围方面仍需加强。

从创新政府补助支持的力度来看，2022年山东省政府研发补助占营业收入比重指标分值为66.10，与全国平均水平69.92相比，处于全国平均水平之下，政府补助在支持企业创新发展方面仍需持续加强力度。

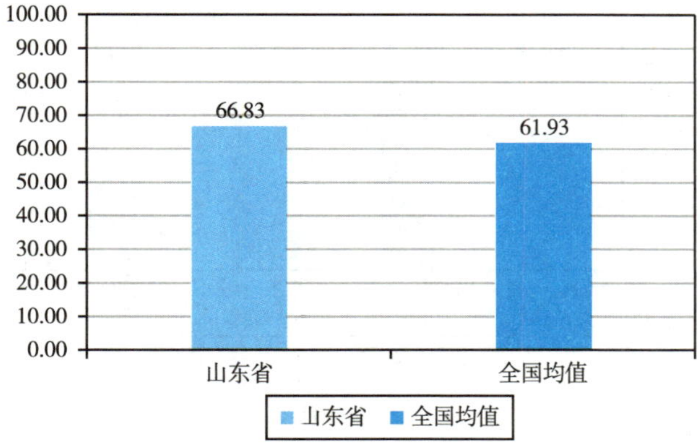

图4–171　山东省政府创新发展支持综合指数

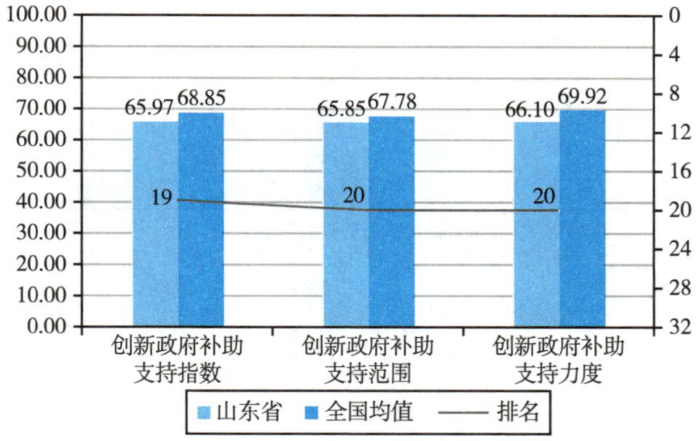

图4–172　山东省创新政府补助支持情况

4.2.22.3　创新税收优惠支持维度

如图4–173所示，从创新税收优惠支持的总体表现来看，2022年山东省创新税收优惠支持指数为68.25，与全国平均水平58.79相比，处于全国平均水平之上，在全国各省份比较中排名6位，体现出相对较强的税收优惠政策支持效果。

从创新税收优惠支持的范围来看，2022年山东省获得税收优惠的上市公司数量占比指标分值为92.97，与全国平均水平83.86相比，处于全国平均水平之上，可见税收优惠在支持企业创新发展的政策实施范围方面表现较好且仍需巩固。

从创新税收优惠支持的力度来看，以研发费用加计扣除额、高新技术企业所得税税收优惠和税费返还额作为衡量方式，2022年山东省研发费用加计扣除指标分值为54.79，与全国平均水平49.85相比，处于全国平均水平之上，可见研发费用加计扣除的税收优惠政策在支持企业创新发展方面表现较好且仍需巩固提升。山东省高新技术企业所得税税收优惠指标分值为63.65，与全国平均水平51.57相比，处于全国平均水平之上，可见高新技术企业所得税税收优惠政策在支持企业创新发展方面表现较好且仍需巩固提升。山东省税费返还指标分值为61.59，与全国平均水平49.86相比，处于全国平均水平之上，可见税费返还政策在支持企业创新发展方面仍需持续巩固加强。

4.2.22.4　创新金融支持维度

如图4–174所示，从创新金融支持的总体表现来看，2022年山东省整体创新金融支持指数为76.44，与全国平均水平65.85相比，处于全国平均水平之上，在全国各省份比较中排名6位，体现出相对较强的政策支持效果。

从创新金融支持的力度来看，以公司获得的创新融资金额和普惠金融支持指数作为衡量方式，2022年山东省创新融资指标分值为66.50，与全国平均水平54.01相比，处于全国平均水平之上，体现出相对较强的创新融资政策支持水平。2022年山东省普惠金融支持指标分值为79.09，与全国平均水平66.69相比，处于全国平均水平之上，体现出相对较强的普惠金融政策支持力度。

从创新金融支持的增速来看，2022年山东省创新金融支持增速指标分值为83.73，与全国平均水平76.86相比，处于全国平均水平之上，体现出相比更大的创新金融政策支持增速，表明山东省政府还需继续巩固创新金融方面的投入。

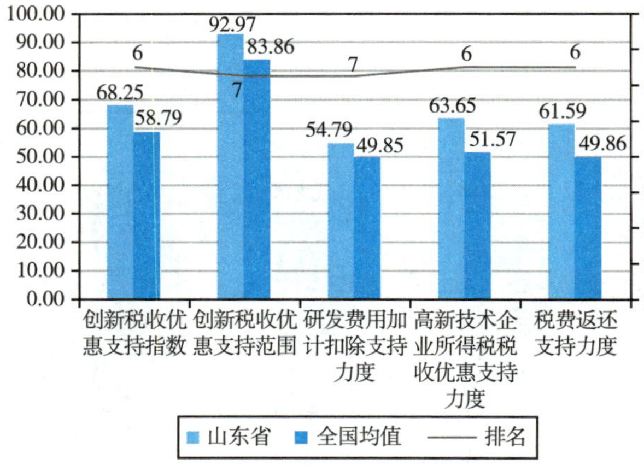

图4-173　山东省创新税收优惠支持情况

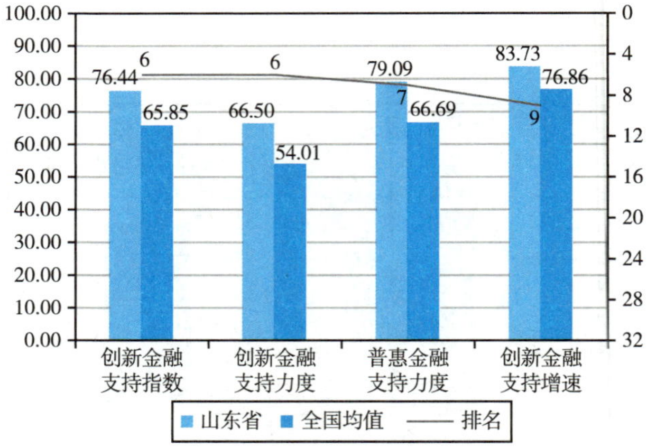

图4-174　山东省创新金融支持情况

4.2.22.5　创新政府采购支持维度

如图4-175所示，从创新政府采购支持的总体表现来看，2022年山东省创新政府采购支持指数为48.26，与全国平均水平49.93相比，处于全国平均水平之下，在全国各省份比较中排名11位，体现出该地区政府采购创新支持较弱，同时也体现出该地区偏弱的需求侧政策支持效果。

从创新政府采购支持的范围来看，2022年山东省获取政府采购支持的企业数量占比指标分值为47.51，表明企业主体较少获取政府采购的创新政策支持，与全国平均水平49.93相比，处于全国平均水平之下，可见政府采购在支持企业创新发展的政策实施范围方面仍需加强。

从创新政府采购支持的力度来看，2022年山东省获取政府采购支持金额指标分值为49.00，表明企业主体获取政府采购创新政策支持力度较小，与全国平均水平49.93相比，处于全国平均水平之下，可见加大政府采购政策支持企业创新发展范围和力度并行应是下一步政策效果改进的重点。

4.2.22.6　创新科研支持维度

如图4-176所示，从创新科研支持的总体表现来看，2022年山东省创新科研支持指数为71.73，与全国平均水平65.17相比，处于全国平均水平之上，在全国各省份比较中排名5位，体现出相对较强的科研支持效果。

从创新科研支持的力度来看，以政府支持高校和科研机构数量和政府支持高校和科研机构研发经费作为衡量方式，2022年山东省政府支持高校和科研机构数量指标分值为94.16，与全国平均水平71.20相比，处于全国平均水平之上，体现出相对较强的创新科研支持水平。2022年山东省政府支持高校和科研机构研发经费指标分值为44.65，与全国平均水平51.94相比，处于全国平均水平之下，体现出相对偏弱的高校和科研机构的研发经费投入水平。

从创新科研支持的增速来看，以政府支持高校和科研机构研发经费增长率作为衡量方式，2022年山东省支持高校和科研机构研发经费增长率指标分值为76.38，与全国平均水平72.36相比，处于全国平均水平之上，体现出相对较强的创新科研政策支持持续性。

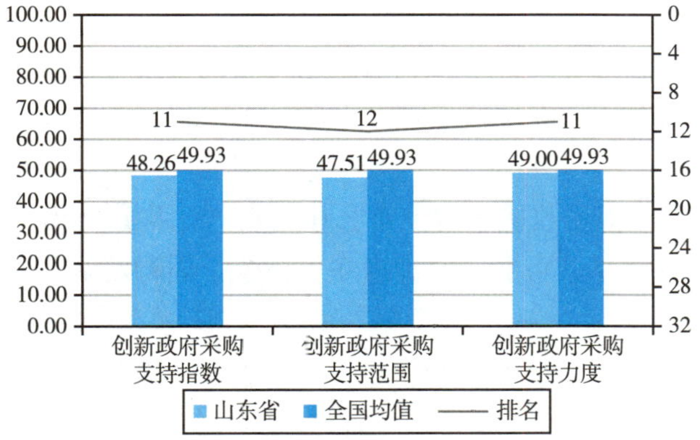

图4–175　山东省创新政府采购支持情况

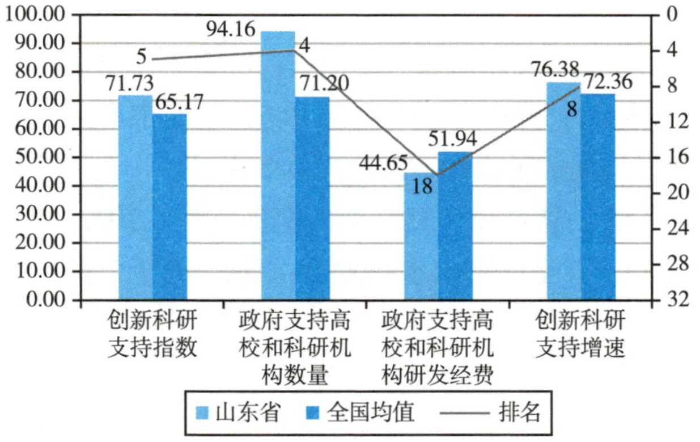

图4–176　山东省创新科研支持情况

4.2.23　山西省

4.2.23.1　政府创新发展支持综合指数

2022年山西省整体政府创新发展支持综合指数为55.96，与全国平均水平61.93相比，山西省政府创新发展支持综合指数处于全国平均水平之下，体现出山西省政府创新发展综合支持程度相对偏弱，如图4–177所示。

4.2.23.2　创新政府补助支持维度

如图4–178所示，从创新政府补助支持的总体表现来看，2022年山西省创新政府补助支持指数为58.61，与全国平均水平68.85相比，处于全国平均水平之下，在全国各省份比较中排名26位，体现出相对偏弱的政府补助政策支持效果。

从创新政府补助支持的范围来看，2022年山西省获得政府研发补助的上市公司数量占比指标分值为70.19，表明企业主体较为广泛获取了政府补助的创新政策支持，与全国平均水平67.78相比，处于全国平均水平之上，可见政府补助在支持企业创新发展的政策实施范围方面表现较好且仍需巩固。

从创新政府补助支持的力度来看，2022年山西省政府研发补助占营业收入比重指标分值为47.03，与全国平均水平69.92相比，处于全国平均水平之下，政府补助在支持企业创新发展方面仍需持续加强力度。

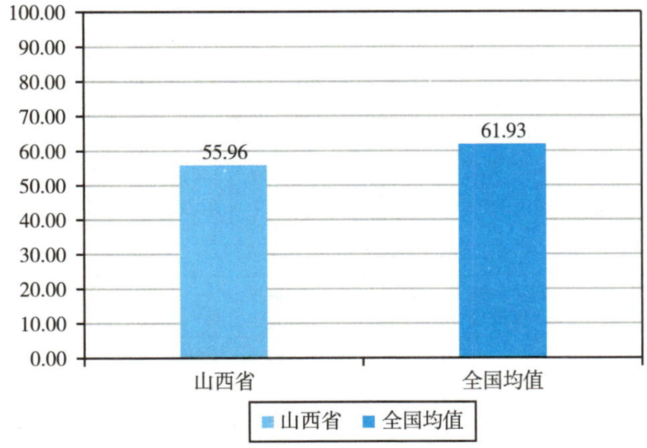

图4–177　山西省政府创新发展支持综合指数

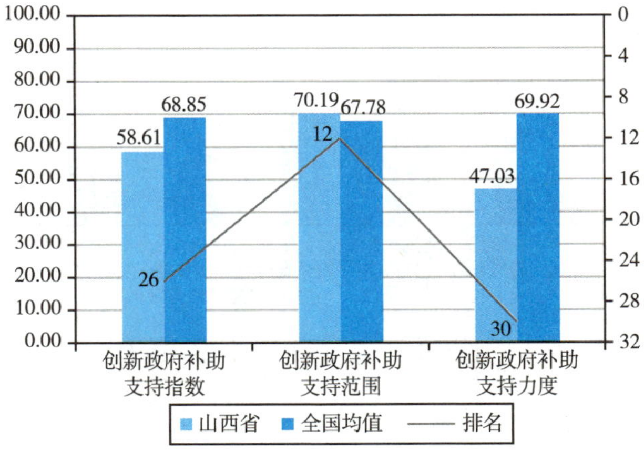

图4–178　山西省创新政府补助支持情况

4.2.23.3 创新税收优惠支持维度

如图4–179所示，从创新税收优惠支持的总体表现来看，2022年山西省创新税收优惠支持指数为45.95，与全国平均水平58.79相比，处于全国平均水平之下，在全国各省份比较中排名30位，体现出相对偏弱的税收优惠政策支持效果。

从创新税收优惠支持的范围来看，2022年山西省获得税收优惠的上市公司数量占比指标分值为61.35，与全国平均水平83.86相比，处于全国平均水平之下，可见税收优惠在支持企业创新发展的政策实施范围方面仍需加强。

从创新税收优惠支持的力度来看，以研发费用加计扣除额、高新技术企业所得税税收优惠和税费返还额作为衡量方式，2022年山西省研发费用加计扣除指标分值为40.56，与全国平均水平49.85相比，处于全国平均水平之下，可见研发费用加计扣除的税收优惠政策在支持企业创新发展方面仍需持续加大力度。山西省高新技术企业所得税税收优惠指标分值为41.35，与全国平均水平51.57相比，处于全国平均水平之下，可见高新技术企业所得税税收优惠政策在支持企业创新发展方面仍需加强。山西省税费返还指标分值为40.53，与全国平均水平49.86相比，处于全国平均水平之下，可见税费返还政策在支持企业创新发展方面仍需持续加大力度。

4.2.23.4 创新金融支持维度

如图4–180所示，从创新金融支持的总体表现来看，2022年山西省整体创新金融支持指数为63.85，与全国平均水平65.85相比，处于全国平均水平之下，在全国各省份比较中排名18位，体现出相对偏弱的政策支持效果。

从创新金融支持的力度来看，以公司获得的创新融资金额和普惠金融支持指数作为衡量方式，2022年山西省创新融资指标分值为48.94，与全国平均水平54.01相比，处于全国平均水平之下，体现出相对偏弱的创新融资政策支持水平。2022年山西省普惠金融支持指标分值为58.42，与全国平均水平66.69相比，处于全国平均水平之下，体现出相对偏弱的普惠金融政策支持力度。

从创新金融支持的增速来看，2022年山西省创新金融支持增速指标分值为84.19，与全国平均水平76.86相比，处于全国平均水平之上，体现出相比更大的创新金融政策支持增速，表明山西省政府需要不断巩固创新金融方面的投入。

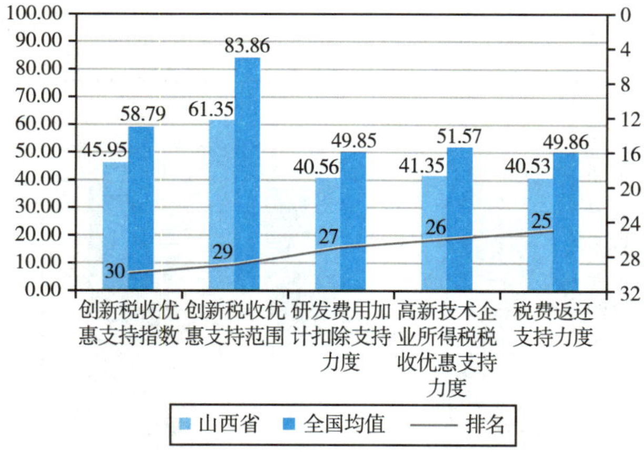

图4–179 山西省创新税收优惠支持情况

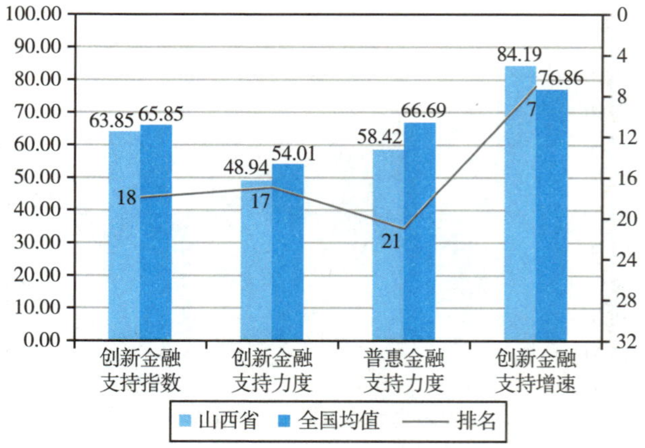

图4–180 山西省创新金融支持情况

4.2.23.5 创新政府采购支持维度

如图4–181所示，从创新政府采购支持的总体表现来看，2022年山西省创新政府采购支持指数为

40.35，与全国平均水平49.93相比，处于全国平均水平之下，在全国各省份比较中排名30位，体现出该地区政府采购创新支持较低，同时也体现出该地区较弱的需求侧政策支持效果。

从创新政府采购支持的范围来看，2022年山西省获取政府采购支持的企业数量占比指标分值为40.19，表明企业主体较少获取政府采购的创新政策支持，与全国平均水平49.93相比，处于全国平均水平之下，可见政府采购在支持企业创新发展的政策实施范围方面仍需加强。

从创新政府采购支持的力度来看，2022年山西省获取政府采购支持金额指标分值为40.51，表明企业主体获取政府采购创新政策支持力度较小，与全国平均水平49.93相比，处于全国平均水平之下，可见加大政府采购政策支持企业创新发展范围和力度并行应是下一步政策效果改进的重点。

4.2.23.6 创新科研支持维度

如图4–182所示，从创新科研支持的总体表现来看，2022年山西省创新科研支持指数为69.69，与全国平均水平65.17相比，处于全国平均水平之上，在全国各省份比较中排名7位，体现出相对较强的科研支持效果。

从创新科研支持的力度来看，以政府支持高校和科研机构数量和政府支持高校和科研机构研发经费作为衡量方式，2022年山西省政府支持高校和科研机构数量指标分值为68.14，与全国平均水平71.20相比，处于全国平均水平之下，体现出相对偏弱的创新科研支持水平。2022年山西省政府支持高校和科研机构研发经费指标分值为48.17，与全国平均水平51.94相比，处于全国平均水平之下，体现出相对偏弱的高校和科研机构的研发经费投入水平。

从创新科研支持的增速来看，以政府支持高校和科研机构研发经费增长率作为衡量方式，2022年山西省支持高校和科研机构研发经费增长率指标分值为92.76，与全国平均水平72.36相比，处于全国平均水平之上，体现出相对较强的创新科研政策支持持续性。

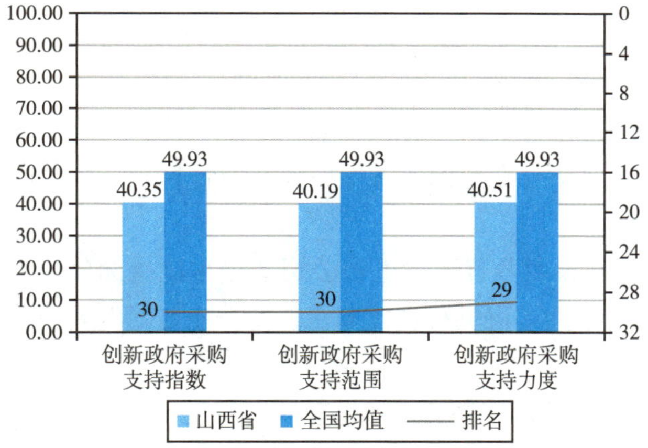

图4–181 山西省创新政府采购支持情况

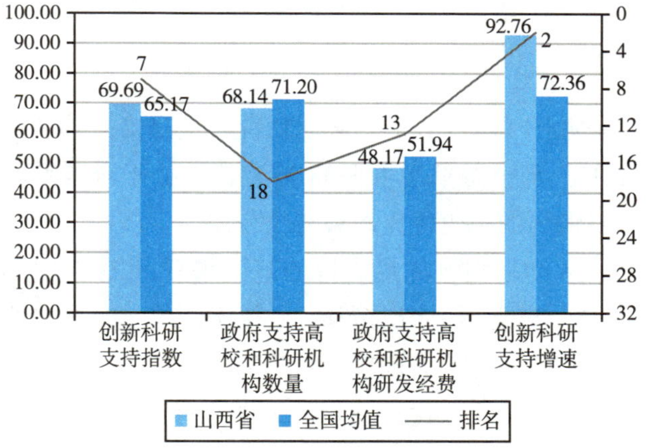

图4–182 山西省创新科研支持情况

4.2.24 陕西省

4.2.24.1 政府创新发展支持综合指数

2022年陕西省整体政府创新发展支持综合指数为63.69，与全国平均水平61.93相比，陕西省政府创新发展支持综合指数处于全国平均水平之上，体现出陕西省政府创新发展综合支持程度相对较强，如图4–183所示。

4.2.24.2 创新政府补助支持维度

如图4–184所示，从创新政府补助支持的总体表现来看，2022年陕西省创新政府补助支持指数为88.69，与全国平均水平68.85相比，处于全国平均水平之上，在全国各省份比较中排名2位，体现出相对较强的政府补助政策支持效果。

从创新政府补助支持的范围来看，2022年陕西省获得政府研发补助的上市公司数量占比指标分值为79.63，表明企业主体较为广泛获取了政府补助的创新政策支持，与全国平均水平67.78相比，处于全国平均水平之上，可见政府补助在支持企业创新发展的政策实施范围方面表现较好且仍需巩固。

从创新政府补助支持的力度来看，2022年陕西省政府研发补助占营业收入比重指标分值为97.75，表明企业主体获取创新政府补助政策支持规模已达自身经营规模的较大比重，与全国平均水平69.92相比，处于全国平均水平之上，政府补助在支持企业创新发展方面仍需持续巩固力度。

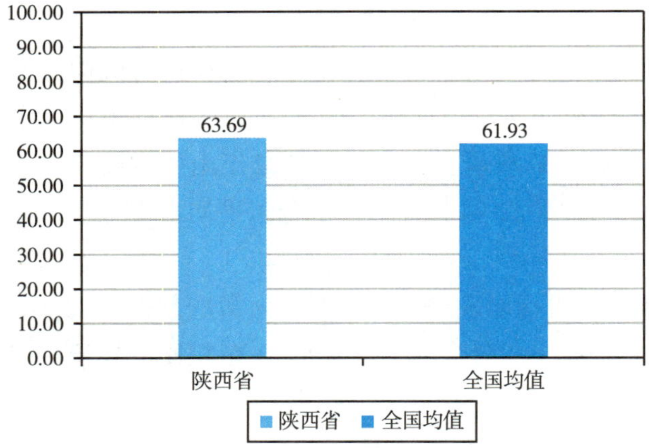

图4–183 陕西省政府创新发展支持综合指数

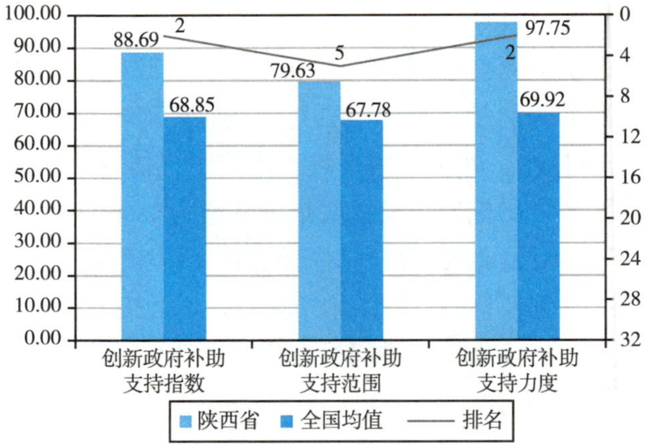

图4–184 陕西省创新政府补助支持情况

4.2.24.3 创新税收优惠支持维度

如图4–185所示，从创新税收优惠支持的总体表现来看，2022年陕西省创新税收优惠支持指数为56.37，与全国平均水平58.79相比，处于全国平均水平之下，在全国各省份比较中排名14位，体现出相对偏弱的税收优惠政策支持效果。

从创新税收优惠支持的范围来看，2022年陕西省获得税收优惠的上市公司数量占比指标分值为94.27，与全国平均水平83.86相比，处于全国平均水平之上，可见税收优惠在支持企业创新发展的政策实施范围方面表现较好且仍需巩固。

从创新税收优惠支持的力度来看，以研发费用加计扣除额、高新技术企业所得税税收优惠和税费返还额作为衡量方式，2022年陕西省研发费用加计扣除指标分值为42.89，与全国平均水平49.85相比，处于全国平均水平之下，可见研发费用加计扣除的税收优惠政策在支持企业创新发展方面仍需持续加大力度。陕西省高新技术企业所得税税收优惠指标分值为46.37，与全国平均水平51.57相比，处于全国平均水平之下，可见高新技术企业所得税税收优惠政策在支持企业创新发展方面仍需加强。陕西省税费返还指标分值为41.97，与全国平均水平49.86相比，处于全国平均水平之下，可见税费返还政策在支持企业创新发展方面仍需持续加大力度。

4.2.24.4 创新金融支持维度

如图4–186所示，从创新金融支持的总体表现来看，2022年陕西省整体创新金融支持指数为68.67，与全国平均水平65.85相比，处于全国平均水平之上，在全国各省份比较中排名12位，体现出相对较强的政策支持效果。

从创新金融支持的力度来看，以公司获得的创新融资金额和普惠金融支持指数作为衡量方式，2022年陕西省创新融资指标分值为50.47，与全国平均水平54.01相比，处于全国平均水平之下，体现出相对偏弱的创新融资政策支持水平。2022年陕西省普惠金融支持指标分值为70.54，与全国平均水平66.69相比，处于全国平均水平之上，体现出相对较强的普惠金融政策支持力度。

从创新金融支持的增速来看，2022年陕西省创新金融支持增速指标分值为85.01，与全国平均水平76.86相比，处于全国平均水平之上，体现出相比更大的创新金融政策支持增速，表明陕西省政府需要不断巩固创新金融方面的投入。

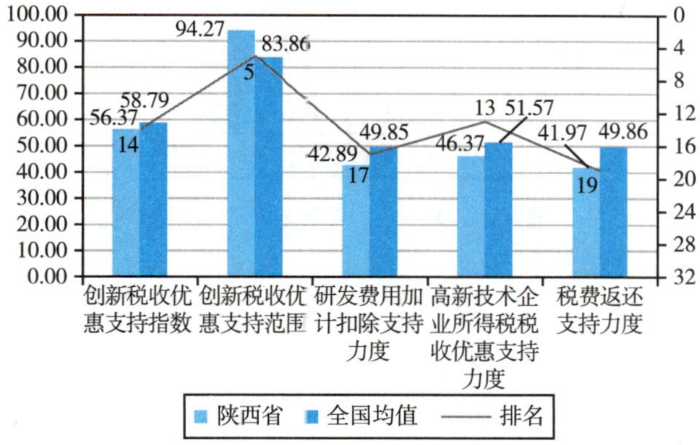

图4–185　陕西省创新税收优惠支持情况

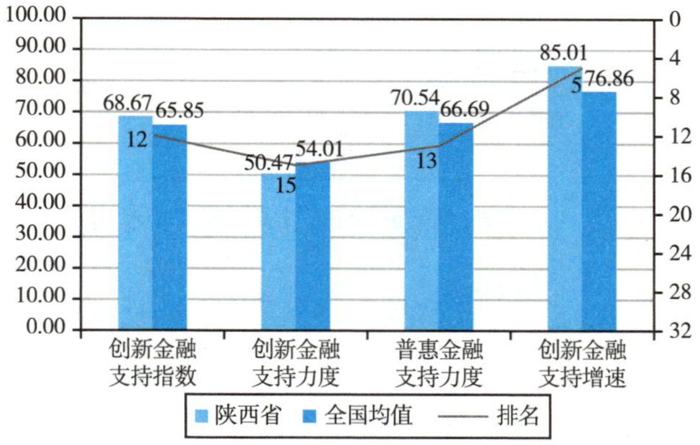

图4–186　陕西省创新金融支持情况

4.2.24.5　创新政府采购支持维度

如图4–187所示，从创新政府采购支持的总体表现来看，2022年陕西省创新政府采购支持指数为42.62，与全国平均水平49.93相比，处于全国平均水平之下，在全国各省份比较中排名19位，体现出该地区政府采购创新支持较低，同时也体现出该地区偏弱的需求侧政策支持效果。

从创新政府采购支持的范围来看，2022年陕西省获取政府采购支持的企业数量占比指标分值为42.59，表明企业主体较少获取政府采购的创新政策支持，与全国平均水平49.93相比，处于全国平均水平之下，可见政府采购在支持企业创新发展的政策实施范围方面仍需加强。

从创新政府采购支持的力度来看，2022年陕西省获取政府采购支持金额指标分值为42.64，表明企业主体获取政府采购创新政策支持力度较小，与全国平均水平49.93相比，处于全国平均水平之下，可见加大政府采购政策支持企业创新发展范围和力度并行应是下一步政策效果改进的重点。

4.2.24.6　创新科研支持维度

如图4–188所示，从创新科研支持的总体表现来看，2022年陕西省创新科研支持指数为61.29，与全国平均水平65.17相比，处于全国平均水平之下，在全国各省份比较中排名21位，体现出相对偏弱的科研支持效果。

从创新科研支持的力度来看，以政府支持高校和科研机构数量和政府支持高校和科研机构研发经费作为衡量方式，2022年陕西省政府支持高校和科研机构数量指标分值为75.40，与全国平均水平71.20相比，处于全国平均水平之上，体现出相对较强的创新科研支持水平。2022年陕西省政府支持高校和科研机构研发经费指标分值为42.61，与全国平均水平51.94相比，处于全国平均水平之下，体现出相对偏弱的高校和科研机构的研发经费投入水平。

从创新科研支持的增速来看，以政府支持高校和科研机构研发经费增长率作为衡量方式，2022年陕西省支持高校和科研机构研发经费增长率指标分值为65.87，与全国平均水平72.36相比，处于全国平均水平之下，体现出相对偏弱的创新科研政策支持持续性。

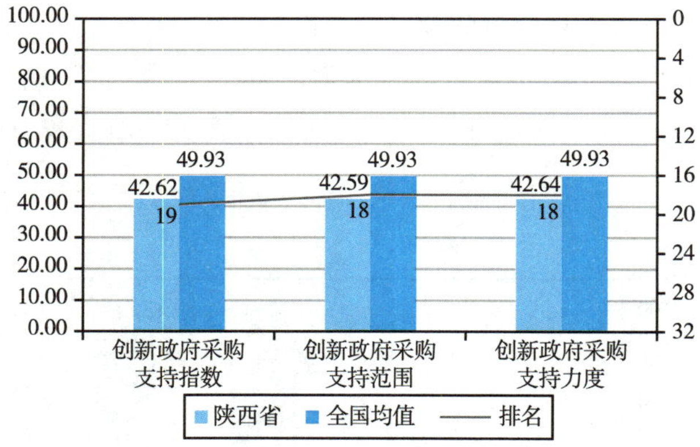

图4-187　陕西省创新政府采购支持情况

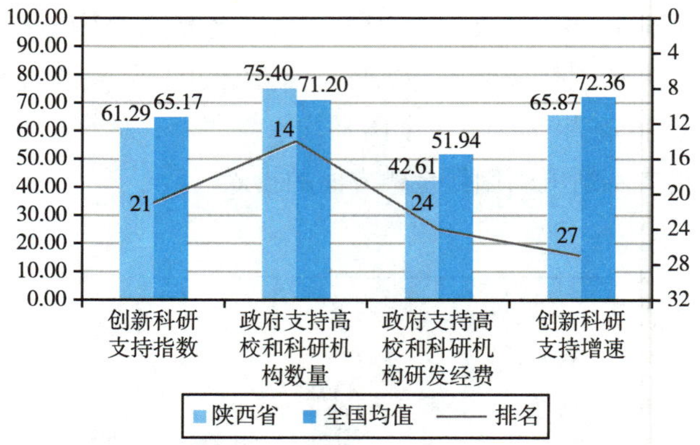

图4-188　陕西省创新科研支持情况

4.2.25　四川省

4.2.25.1　政府创新发展支持综合指数

2022年四川省整体政府创新发展支持综合指数为62.42，与全国平均水平61.93相比，四川省政府创新发展支持综合指数处于全国平均水平之上，体现出四川省政府创新发展综合支持程度相对较强，如图4-189所示。

4.2.25.2　创新政府补助支持维度

如图4-190所示，从创新政府补助支持的总体表现来看，2022年四川省创新政府补助支持指数为68.61，与全国平均水平68.85相比，处于全国平均水平之下，在全国各省份比较中排名17位，体现出相对偏弱的政府补助政策支持效果。

从创新政府补助支持的范围来看，2022年四川省获得政府研发补助的上市公司数量占比指标分值为69.21，表明企业主体较为广泛获取了政府补助的创新政策支持，与全国平均水平67.78相比，处于全国平均水平之上，可见政府补助在支持企业创新发展的政策实施范围方面表现较好且仍需巩固。

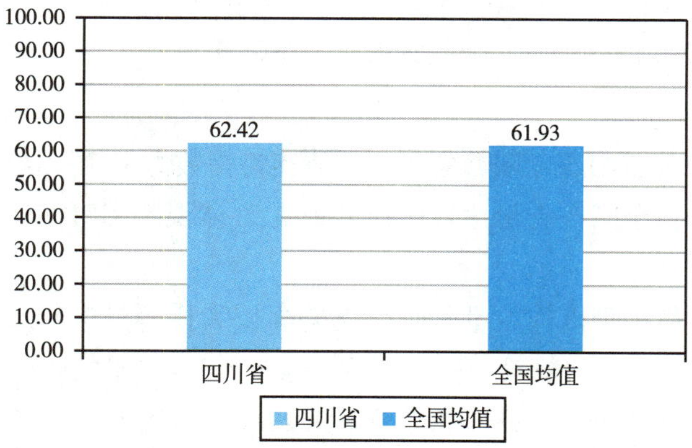

图4-189　四川省政府创新发展支持综合指数

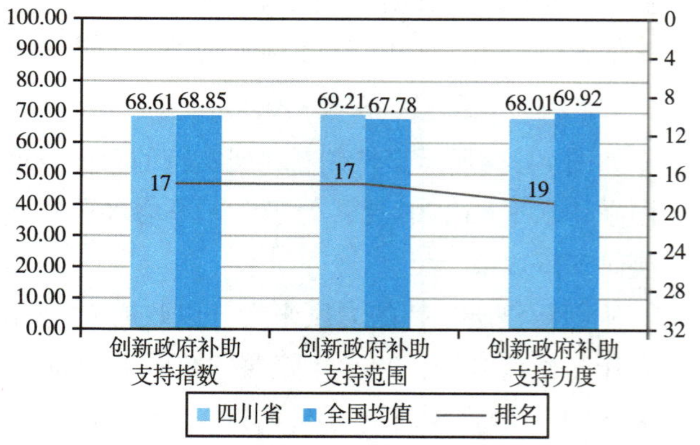

图4-190　四川省创新政府补助支持情况

从创新政府补助支持的力度来看，2022年四川省政府研发补助占营业收入比重指标分值为68.01，与全国平均水平69.92相比，处于全国平均水平之下，政府补助在支持企业创新发展方面仍需持续加强力度。

4.2.25.3　创新税收优惠支持维度

如图4-191所示，从创新税收优惠支持的总体表现来看，2022年四川省创新税收优惠支持指数为57.79，与全国平均水平58.79相比，处于全国平均水平之下，在全国各省份比较中排名12位，体现出相对偏弱的税收优惠政策支持效果。

从创新税收优惠支持的范围来看，2022年四川省获得税收优惠的上市公司数量占比指标分值为87.77，与全国平均水平83.86相比，处于全国平均水平之上，可见税收优惠在支持企业创新发展的政策实施范围方面表现较好且仍需巩固。

从创新税收优惠支持的力度来看，以研发费用加计扣除额、高新技术企业所得税税收优惠和税费返还额作为衡量方式。2022年四川省研发费用加计扣除指标分值为46.12，与全国平均水平49.85相比，处于全国平均水平之下，可见研发费用加计扣除的税收优惠政策在支持企业创新发展方面仍需持续加大力度。四川省高新技术企业所得税税收优惠指标分值为52.05，与全国平均水平51.57相比，处于全国平均水平之上，可见高新技术企业所得税税收优惠政策在支持企业创新发展方面表现较好且仍需巩固提升。四川省税费返还指标分值为45.22，与全国平均水平49.86相比，处于全国平均水平之下，可见税费返还政策在支持企业创新发展方面仍需加强。

4.2.25.4　创新金融支持维度

如图4-192所示，从创新金融支持的总体表现来看，2022年四川省整体创新金融支持指数为69.86，与全国平均水平65.85相比，处于全国平均水平之上，在全国各省份比较中排名9位，体现出相对较强的政策支持效果。

从创新金融支持的力度来看，以公司获得的创新融资金额和普惠金融支持指数作为衡量方式，2022年四川省创新融资指标分值为59.26，与全国平均水平54.01相比，处于全国平均水平之上，体现出相对较强的创新融资政策支持水平。2022年四川省普惠金融支持指标分值为68.39，与全国平均水平66.69相比，处于全国平均水平之上，体现出相对较强的普惠金融政策支持力度。

从创新金融支持的增速来看，2022年四川省创新金融支持增速指标分值为81.93，与全国平均水平76.86相比，处于全国平均水平之上，体现出相比更大的创新金融政策支持增速，表明四川省政府仍需巩固创新金融方面的投入。

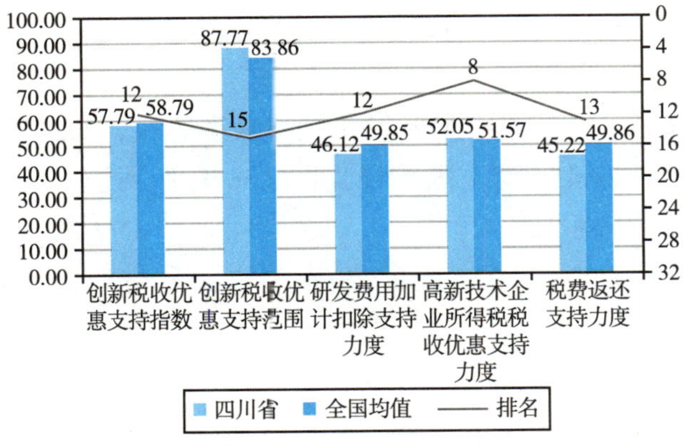

图4-191　四川省创新税收优惠支持情况

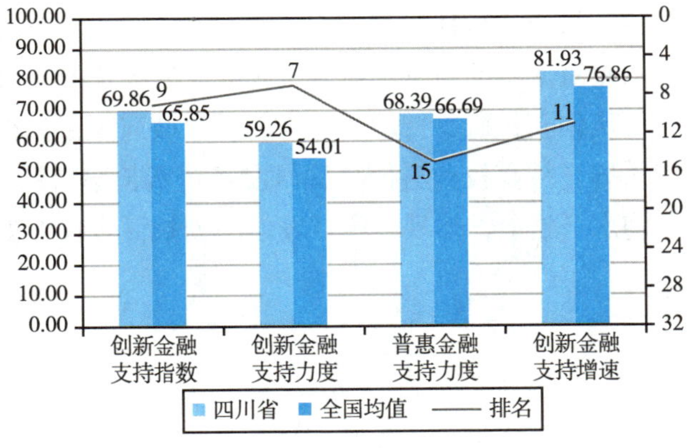

图4-192　四川省创新金融支持情况

4.2.25.5 创新政府采购支持维度

如图4–193所示，从创新政府采购支持的总体表现来看，2022年四川省创新政府采购支持指数为44.87，与全国平均水平49.93相比，处于全国平均水平之下，在全国各省份比较中排名14位，体现出该地区政府采购创新支持较低，同时也体现出该地区偏弱的需求侧政策支持效果。

从创新政府采购支持的范围来看，2022年四川省获取政府采购支持的企业数量占比指标分值为44.34，表明企业主体较少地获取了政府采购的创新政策支持，与全国平均水平49.93相比，处于全国平均水平之下，可见政府采购在支持企业创新发展的政策实施范围方面仍需加强。

从创新政府采购支持的力度来看，2022年四川省获取政府采购支持金额指标分值为45.39，表明企业主体获取政府采购创新政策支持力度较小，与全国平均水平49.93相比，处于全国平均水平之下，可见加大政府采购政策支持企业创新发展范围和力度并行应是下一步政策效果改进的重点。

4.2.25.6 创新科研支持维度

如图4–194所示，从创新科研支持的总体表现来看，2022年四川省创新科研支持指数为68.95，与全国平均水平65.17相比，处于全国平均水平之上，在全国各省份比较中排名9位，体现出相对较强的科研支持效果。

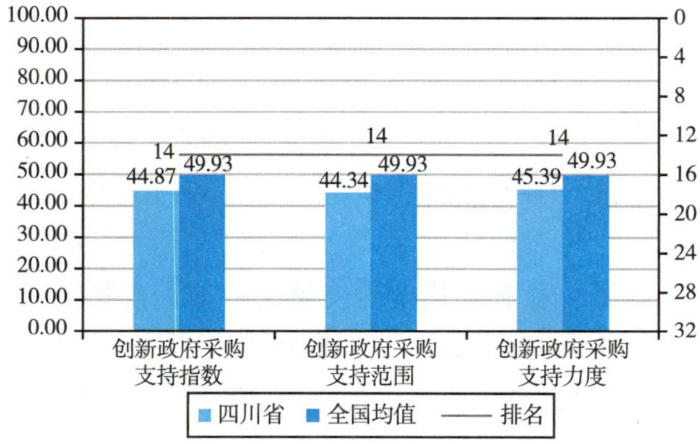

图4–193 四川省创新政府采购支持情况

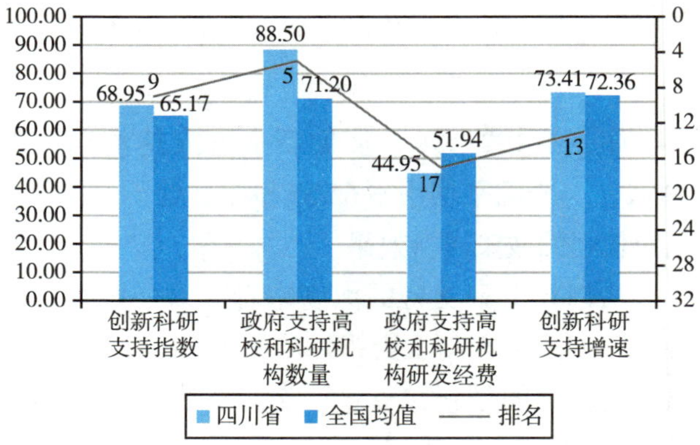

图4–194 四川省创新科研支持情况

从创新科研支持的力度来看，以政府支持高校和科研机构数量和政府支持高校和科研机构研发经费作为衡量方式，2022年四川省政府支持高校和科研机构数量指标分值为88.50，与全国平均水平71.20相比，处于全国平均水平之上，体现出相对较强的创新科研支持水平。2022年四川省政府支持高校和科研机构研发经费指标分值为44.95，与全国平均水平51.94相比，处于全国平均水平之下，体现出相对偏弱的高校和科研机构的研发经费投入水平。

从创新科研支持的增速来看，以政府支持高校和科研机构研发经费增长率作为衡量方式，2022年四川省支持高校和科研机构研发经费增长率指标分值为73.41，与全国平均水平72.36相比，处于全国平均水平之上，体现出相对较强的创新科研政策支持持续性。

4.2.26 上海市

4.2.26.1 政府创新发展支持综合指数

2022年上海市整体政府创新发展支持综合指数为72.15，与全国平均水平61.93相比，上海市政府创新发展支持综合指数处于全国平均水平之上，体现出上海市政府创新发展综合支持程度相对较强，如图4–195所示。

4.2.26.2　创新政府补助支持维度

如图4-196所示，从创新政府补助支持的总体表现来看，2022年上海市创新政府补助支持指数为72.27，与全国平均水平68.85相比，处于全国平均水平之上，在全国各省份比较中排名12位，体现出相对较强的政府补助政策支持效果。

从创新政府补助支持的范围来看，2022年上海市获得政府研发补助的上市公司数量占比指标分值为69.65，表明企业主体较为广泛获取了政府补助的创新政策支持，与全国平均水平67.78相比，处于全国平均水平之上，可见政府补助在支持企业创新发展的政策实施范围方面表现较好且仍需巩固。

从创新政府补助支持的力度来看，2022年上海市政府研发补助占营业收入比重指标分值为74.89，表明企业主体获取创新政府补助政策支持规模已达自身经营规模的较大比重，与全国平均水平69.92相比，处于全国平均水平之上，政府补助在支持企业创新发展方面仍需持续巩固力度。

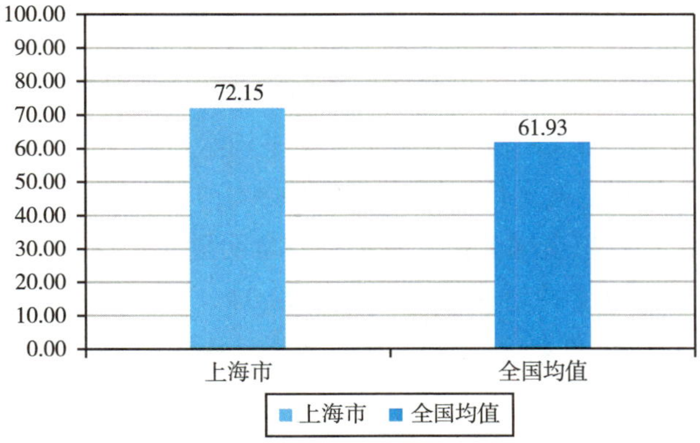

图4-195　上海市政府创新发展支持综合指数

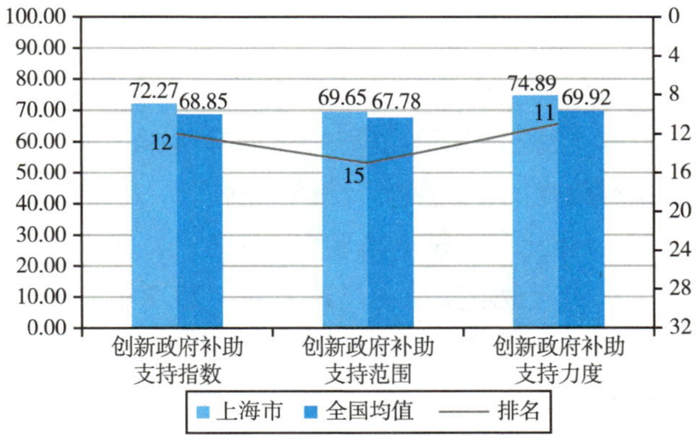

图4-196　上海市创新政府补助支持情况

4.2.26.3　创新税收优惠支持维度

如图4-197所示，从创新税收优惠支持的总体表现来看，2022年上海市创新税收优惠支持指数为71.05，与全国平均水平58.79相比，处于全国平均水平之上，在全国各省份比较中排名5位，体现出相对较强的税收优惠政策支持效果。

从创新税收优惠支持的范围来看，2022年上海市获得税收优惠的上市公司数量占比指标分值为85.71，与全国平均水平83.86相比，处于全国平均水平之上，可见税收优惠在支持企业创新发展的政策实施范围方面表现较好且仍需巩固。

从创新税收优惠支持的力度来看，以研发费用加计扣除额、高新技术企业所得税税收优惠和税费返还额作为衡量方式，2022年上海市研发费用加计扣除指标分值为65.65，与全国平均水平49.85相比，处于全国平均水平之上，可见研发费用加计扣除的税收优惠政策在支持企业创新发展方面仍需巩固。上海市高新技术企业所得税税收优惠指标分值为67.32，与全国平均水平51.57相比，处于全国平均水平之上，可见高新技术企业所得税税收优惠政策在支持企业创新发展方面仍需保持力度。上海市税费返还指标分值为65.52，与全国平均水平49.86相比，处于全国平均水平之上，可见税费返还政策在支持企业创新发展方面表现较好。

4.2.26.4　创新金融支持维度

如图4-198所示，从创新金融支持的总体表现来看，2022年上海市整体创新金融支持指数为89.12，与全国平均水平65.85相比，处于全国平均水平之上，在全国各省份比较中排名1位，体现出上海市的创新金融支持优势非常明显。

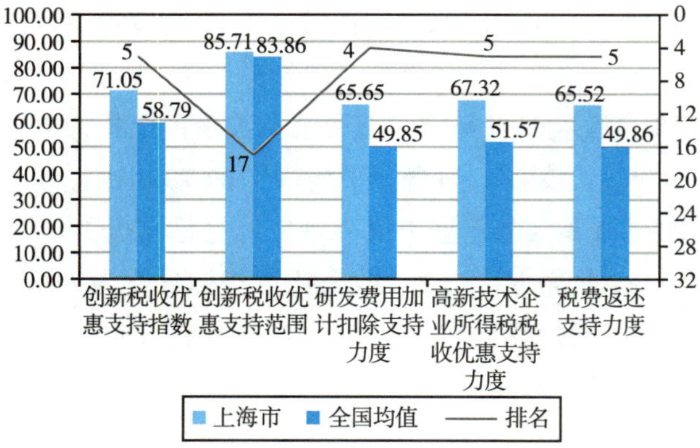

图4-197　上海市创新税收优惠支持情况

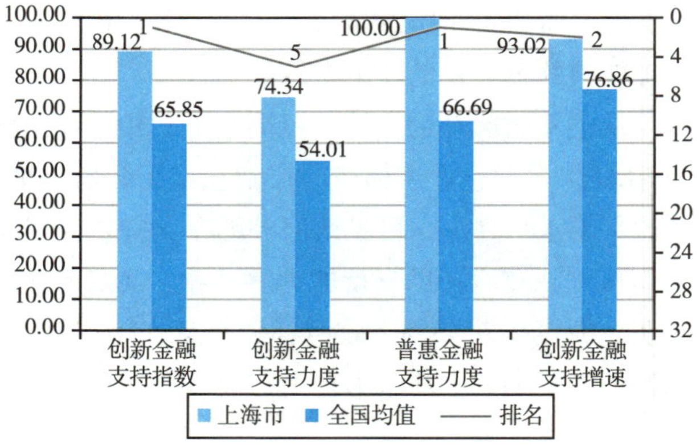

图4-198　上海市创新金融支持情况

从创新金融支持的力度来看，以公司获得的创新融资金额和普惠金融支持指数作为衡量方式，2022年上海市创新融资指标分值为74.34，与全国平均水平54.01相比，处于全国平均水平之上，体现出相对较强的创新融资政策支持水平。2022年上海市普惠金融支持指标分值为100.00，与全国平均水平66.69相比，处于全国平均水平之上，体现出上海市的普惠金融政策支持优势非常明显。

从创新金融支持的增速来看，2022年上海市创新金融支持增速指标分值为93.02，与全国平均水平76.86相比，处于全国平均水平之上，体现出相比更大的创新金融政策支持增速，表明上海市政府仍需巩固创新金融方面的投入。

4.2.26.5　创新政府采购支持维度

如图4-199所示，从创新政府采购支持的总体表现来看，2022年上海市创新政府采购支持指数为53.84，与全国平均水平49.93相比，处于全国平均水平之上，在全国各省份比较中排名7位，体现出该地区政府采购创新支持较高，同时也体现出该地区较强的需求侧政策支持效果。

从创新政府采购支持的范围来看，2022年上海市获取政府采购支持的企业数量占比指标分值为49.13，表明企业主体较少获取政府采购的创新政策支持，与全国平均水平49.93相比，处于全国平均水平之下，可见政府采购在支持企业创新发展的政策实施范围方面仍需加强。

从创新政府采购支持的力度来看，2022年上海市获取政府采购支持金额指标分值为58.54，表明企业主体获取政府采购创新政策支持力度较大，与全国平均水平49.93相比，处于全国平均水平之上，可见加大政府采购政策支持企业创新发展范围应是下一步政策效果改进的重点。

4.2.26.6　创新科研支持维度

如图4-200所示，从创新科研支持的总体表现来看，2022年上海市创新科研支持指数为70.35，与全国平均水平65.17相比，处于全国平均水平之上，在全国各省份比较中排名6位，体现出相对较强的科研支持效果。

从创新科研支持的力度来看，以政府支持高校和科研机构数量和政府支持高校和科研机构研发经费作为衡量方式，2022年上海市政府支持高校和科研机构数量指标分值为64.07，与全国平均水平71.20相比，处于全国平均水平之下，体现出相对偏弱的创新科研支持水平。2022年上海市政府支持高校和科研机构研发经费指标分值为71.82，与全国平均水平51.94相比，处于全国平均水平之上，体现出相对较强的高校和科研机构的研发经费投入水平。

从创新科研支持的增速来看，以政府支持高校和科研机构研发经费增长率作为衡量方式，2022年上海市支持高校和科研机构研发经费增长率指标分值为75.15，与全国平均水平72.36相比，处于全国平均水平之上，体现出相对较强的创新科研政策支持持续性。

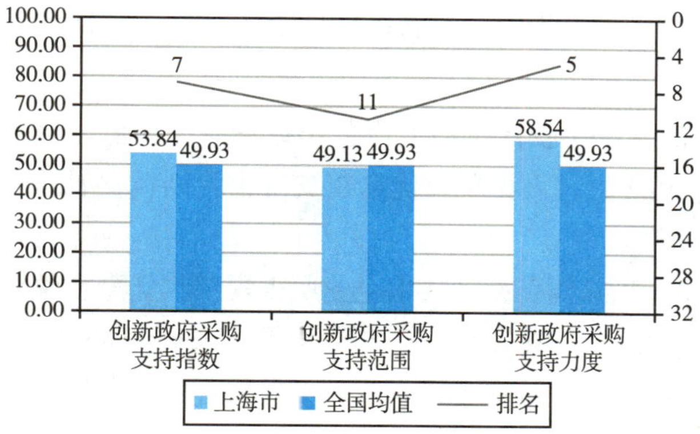

图4-199　上海市创新政府采购支持情况

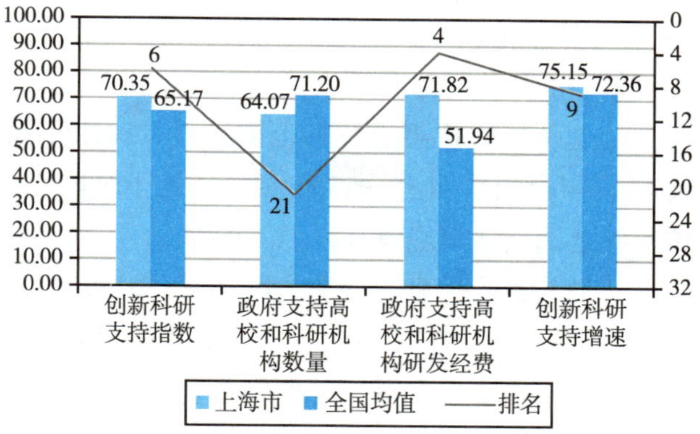

图4-200　上海市创新科研支持情况

4.2.27　天津市

4.2.27.1　政府创新发展支持综合指数

2022年天津市整体政府创新发展支持综合指数为58.60，与全国平均水平61.93相比，天津市政府创新发展支持综合指数处于全国平均水平之下，体现出天津市政府创新发展综合支持程度相对偏弱，如图4-201所示。

4.2.27.2　创新政府补助支持维度

如图4-202所示，从创新政府补助支持的总体表现来看，2022年天津市创新政府补助支持指数为67.79，与全国平均水平68.85相比，处于全国平均水平之下，在全国各省份比较中排名18位，体现出相对偏弱的政府补助政策支持效果。

从创新政府补助支持的范围来看，2022年天津市获得政府研发补助的上市公司数量占比指标分值为67.47，表明企业主体较少获取了政府补助的创新政策支持，与全国平均水平67.78相比，处于全国平均水平之下，可见政府补助在支持企业创新发展的政策实施范围方面仍需加强。

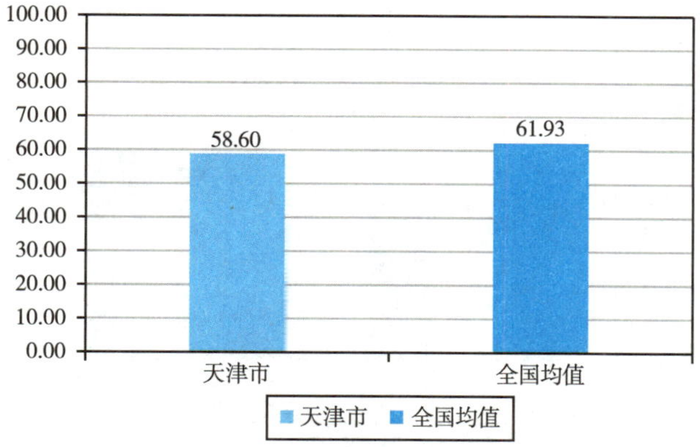

图4-201　天津市政府创新发展支持综合指数

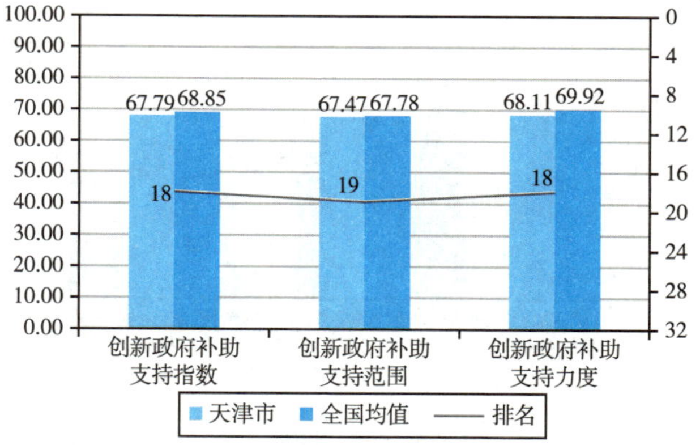

图4-202　天津市创新政府补助支持情况

从创新政府补助支持的力度来看，2022年天津市政府研发补助占营业收入比重指标分值为68.11，与全国平均水平69.92相比，处于全国平均水平之下，政府补助在支持企业创新发展方面仍需持续加强力度。

4.2.27.3 创新税收优惠支持维度

如图4-203所示，从创新税收优惠支持的总体表现来看，2022年天津市创新税收优惠支持指数为58.19，与全国平均水平58.79相比，处于全国平均水平之下，在全国各省份比较中排名10位，体现出相对偏弱的税收优惠政策支持效果。

从创新税收优惠支持的范围来看，2022年天津市获得税收优惠的上市公司数量占比指标分值为96.68，与全国平均水平83.86相比，处于全国平均水平之上，可见税收优惠在支持企业创新发展的政策实施范围方面表现较好且仍需巩固。

从创新税收优惠支持的力度来看，以研发费用加计扣除额、高新技术企业所得税税收优惠和税费返还额作为衡量方式，2022年天津市研发费用加计扣除指标分值为44.49，与全国平均水平49.85相比，处于全国平均水平之下，可见研发费用加计扣除的税收优惠政策在支持企业创新发展方面仍需持续加大力度。天津市高新技术企业所得税税收优惠指标分值为45.79，与全国平均水平51.57相比，处于全国平均水平之下，可见高新技术企业所得税税收优惠政策在支持企业创新发展方面仍需加强。天津市税费返还指标分值为45.79，与全国平均水平49.86相比，处于全国平均水平之下，可见税费返还政策在支持企业创新发展方面仍需持续加大力度。

4.2.27.4 创新金融支持维度

如图4-204所示，从创新金融支持的总体表现来看，2022年天津市整体创新金融支持指数为64.70，与全国平均水平65.85相比，处于全国平均水平之下，在全国各省份比较中排名17位，体现出相对偏弱的政策支持效果。

从创新金融支持的力度来看，以公司获得的创新融资金额和普惠金融支持指数作为衡量方式，2022年天津市创新融资指标分值为46.42，与全国平均水平54.01相比，处于全国平均水平之下，体现出相对偏弱的创新融资政策支持水平。2022年天津市普惠金融支持指标分值为81.18，与全国平均水平66.69相比，处于全国平均水平之上，体现出相对较强的普惠金融政策支持力度。

从创新金融支持的增速来看，2022年天津市创新金融支持增速指标分值为66.51，与全国平均水平76.86相比，处于全国平均水平之下，体现出相比更小的创新金融政策支持增速，表明天津市政府仍需要不断提升创新金融方面的投入。

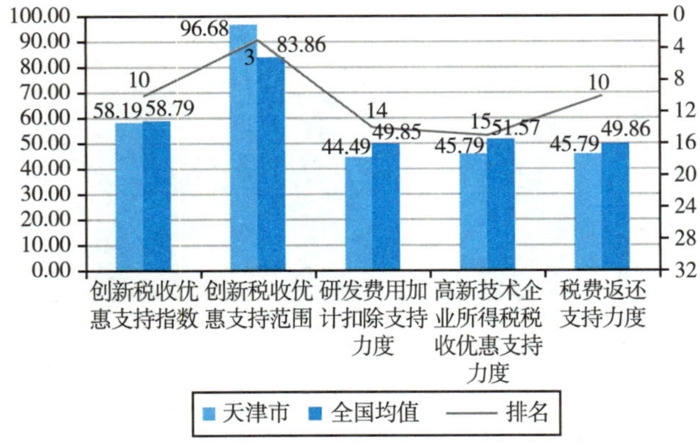

图4-203 天津市创新税收优惠支持情况

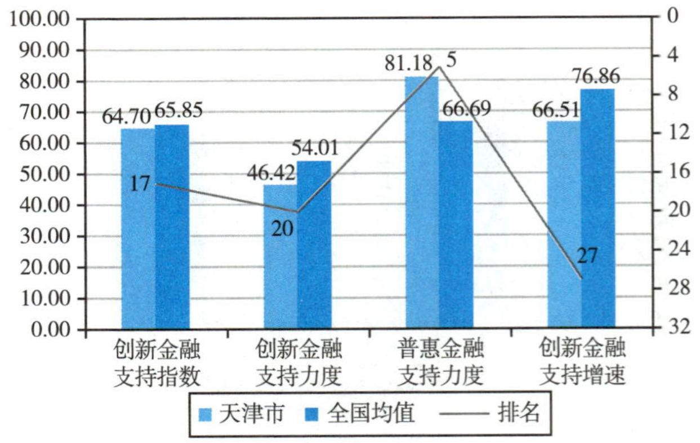

图4-204 天津市创新金融支持情况

4.2.27.5　创新政府采购支持维度

如图4–205所示，从创新政府采购支持的总体表现来看，2022年天津市创新政府采购支持指数为46.56，与全国平均水平49.93相比，处于全国平均水平之下，在全国各省份比较中排名13位，体现出该地区政府采购创新支持较低，同时也体现出该地区偏弱的需求侧政策支持效果。

从创新政府采购支持的范围来看，2022年天津市获取政府采购支持的企业数量占比指标分值为44.26，表明企业主体较少获取政府采购的创新政策支持，与全国平均水平49.93相比，处于全国平均水平之下，可见政府采购在支持企业创新发展的政策实施范围方面仍需加强。

从创新政府采购支持的力度来看，2022年天津市获取政府采购支持金额指标分值为48.87，表明企业主体获取政府采购创新政策支持力度较小，与全国平均水平49.93相比，处于全国平均水平之下，可见加大政府采购政策支持企业创新发展范围和力度并行应是下一步政策效果改进的重点。

4.2.27.6　创新科研支持维度

如图4–206所示，从创新科研支持的总体表现来看，2022年天津市创新科研支持指数为54.15，与全国平均水平65.17相比，处于全国平均水平之下，在全国各省份比较中排名31位，体现出天津市的创新科研支持力度明显偏弱。

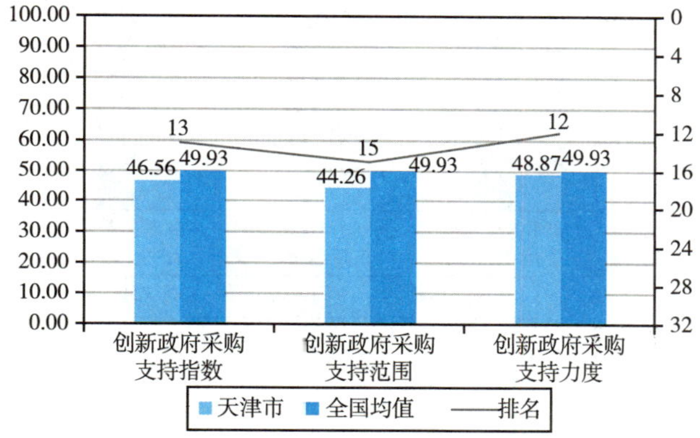

图4–205　天津市创新政府采购支持情况

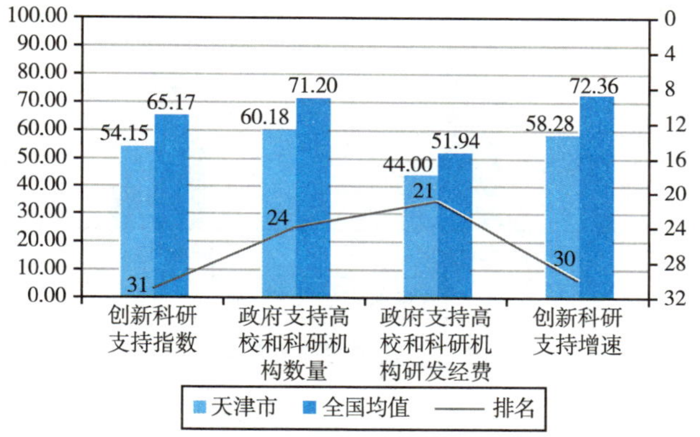

图4–206　天津市创新科研支持情况

从创新科研支持的力度来看，以政府支持高校和科研机构数量和政府支持高校和科研机构研发经费作为衡量方式，2022年天津市政府支持高校和科研机构数量指标分值为60.18，与全国平均水平71.20相比，处于全国平均水平之下，体现出相对偏弱的创新科研支持水平。2022年天津市政府支持高校和科研机构研发经费指标分值为44.00，与全国平均水平51.94相比，处于全国平均水平之下，体现出相对偏弱的高校和科研机构的研发经费投入水平。

从创新科研支持的增速来看，以政府支持高校和科研机构研发经费增长率作为衡量方式，2022年天津市支持高校和科研机构研发经费增长率指标分值为58.28，与全国平均水平72.36相比，处于全国平均水平之下，体现出相对偏弱的创新科研政策支持持续性。

4.2.28　西藏自治区

4.2.28.1　政府创新发展支持综合指数

2022年西藏自治区整体政府创新发展支持综合指数为51.18，与全国平均水平61.93相比，西藏自治区政府创新发展支持综合指数处于全国平均水平之下，体现出西藏自治区政府创新发展综合支持程度相对偏弱，如图4-207所示。

4.2.28.2 创新政府补助支持维度

如图4-208所示，从创新政府补助支持的总体表现来看，2022年西藏自治区创新政府补助支持指数为64.28，与全国平均水平68.85相比，处于全国平均水平之下，在全国各省份比较中排名20位，体现出相对偏弱的政府补助政策支持效果。

从创新政府补助支持的范围来看，2022年西藏自治区获得政府研发补助的上市公司数量占比指标分值为59.26，表明企业主体较少获取了政府补助的创新政策支持，与全国平均水平67.78相比，处于全国平均水平之下，可见政府补助在支持企业创新发展的政策实施范围方面表现一般且仍需加强。

从创新政府补助支持的力度来看，2022年西藏自治区政府研发补助占营业收入比重指标分值为69.29，与全国平均水平69.92相比，处于全国平均水平之下，政府补助在支持企业创新发展方面仍需持续加强力度。

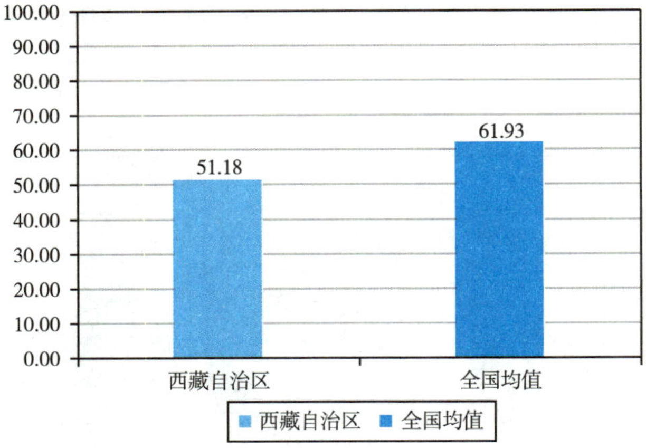

图4-207 西藏自治区政府创新发展支持综合指数

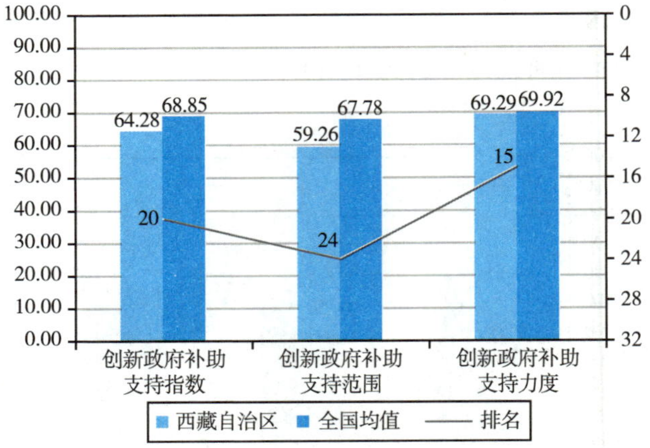

图4-208 西藏自治区创新政府补助支持情况

4.2.28.3 创新税收优惠支持维度

如图4-209所示，从创新税收优惠支持的总体表现来看，2022年西藏自治区创新税收优惠支持指数为53.06，与全国平均水平58.79相比，处于全国平均水平之下，在全国各省份比较中排名22位，体现出相对偏弱的税收优惠政策支持效果。

从创新税收优惠支持的范围来看，2022年西藏自治区获得税收优惠的上市公司数量占比指标分值为90.46，与全国平均水平83.86相比，处于全国平均水平之上，可见税收优惠在支持企业创新发展的政策实施范围方面表现较好且仍需巩固。

从创新税收优惠支持的力度来看，以研发费用加计扣除额、高新技术企业所得税税收优惠和税费返还额作为衡量方式，2022年西藏自治区研发费用加计扣除指标分值为40.78，与全国平均水平49.85相比，处于全国平均水平之下，可见研发费用加计扣除的税收优惠政策在支持企业创新发展方面仍需持续加大力度。西藏自治区高新技术企业所得税税收优惠指标分值为40.69，与全国平均水平51.57相比，处于全国平均水平之下，可见高新技术企业所得税税收优惠政策在支持企业创新发展方面仍需加强。西藏自治区税费返还指标分值为40.30，与全国平均水平49.86相比，处于全国平均水平之下，可见税费返还政策在支持企业创新发展方面仍需持续加大力度。

4.2.28.4　创新金融支持维度

如图4–210所示，从创新金融支持的总体表现来看，2022年西藏自治区整体创新金融支持指数为40.00，与全国平均水平65.85相比，处于全国平均水平之下，在全国各省份比较中排名31位，体现出西藏自治区的创新金融支持力度明显偏弱。

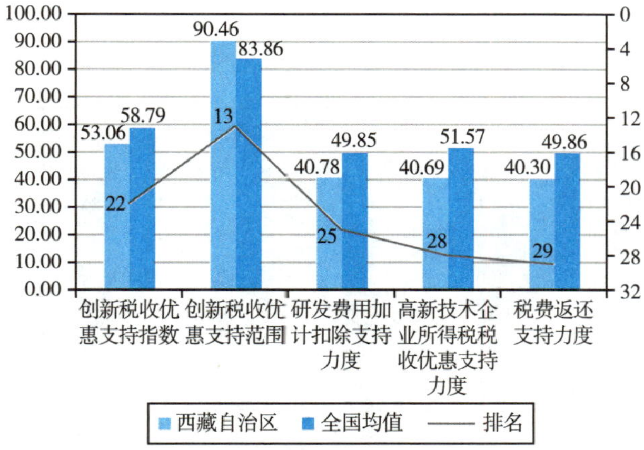

图4–209　西藏自治区创新税收优惠支持情况

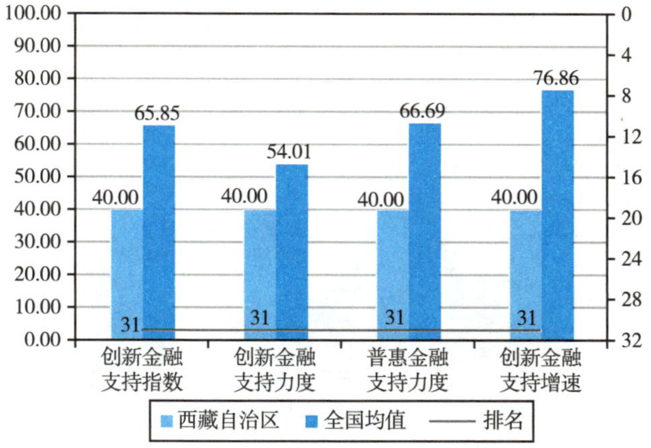

图4–210　西藏自治区创新金融支持情况

从创新金融支持的力度来看，以公司获得的创新融资金额和普惠金融支持指数作为衡量方式，2022年西藏自治区创新融资指标分值为40.00，与全国平均水平54.01相比，处于全国平均水平之下，体现出相对偏弱的创新融资政策支持水平。2022年西藏自治区普惠金融支持指标分值为40.00，与全国平均水平66.69相比，处于全国平均水平之下，体现出相对偏弱的普惠金融政策支持力度。

从创新金融支持的增速来看，2022年西藏自治区创新金融支持增速指标分值为40.00，与全国平均水平76.86相比，处于全国平均水平之下，体现出相比更小的创新金融政策支持增速，表明西藏自治区政府仍需继续加强创新金融方面的投入。

4.2.28.5　创新政府采购支持维度

如图4–211所示，从创新政府采购支持的总体表现来看，2022年西藏自治区创新政府采购支持指数为40.07，与全国平均水平49.93相比，处于全国平均水平之下，在全国各省份比较中排名31位，体现出该地区政府采购创新支持最低，同时也体现出该地区较弱的需求侧政策支持效果。

从创新政府采购支持的范围来看，2022年西藏自治区获取政府采购支持的企业数量占比指标分值为40.00，表明企业主体较少地获取了政府采购的创新政策支持，与全国平均水平49.93相比，处于全国平均水平之下，可见政府采购在支持企业创新发展的政策实施范围方面仍需加强。

从创新政府采购支持的力度来看，2022年西藏自治区获取政府采购支持金额指标分值为40.13，表明企业主体获取政府采购创新政策支持力度较小，与全国平均水平49.93相比，处于全国平均水平之下，可见加大政府采购政策支持企业创新发展范围和力度并行应是下一步政策效果改进的重点。

4.2.28.6　创新科研支持维度

如图4–212所示，从创新科研支持的总体表现来看，2022年西藏自治区创新科研支持指数为59.25，与全国平均水平65.17相比，处于全国平均水平之下，在全国各省份比较中排名25位，体现出相对偏弱的科研支持效果。

从创新科研支持的力度来看，以政府支持高校和科研机构数量和政府支持高校和科研机构研发经费作为衡量方式，2022年西藏自治区政府支持高校和科研机构数量指标分值为40.00，与全国平均水平71.20相比，处于全国平均水平之下，体现出相对偏弱的创新科研支持水平。2022年西藏自治区政府支持高校和科研机构研发经费指标分值为97.75，与全国平均水平51.94相比，处于全国平均水平之上，体现出相对较强的高校和科研机构的研发经费投入水平。

从创新科研支持的增速来看，以政府支持高校和科研机构研发经费增长率作为衡量方式，2022年西藏自治区支持高校和科研机构研发经费增长率指标分值为40.00，与全国平均水平72.36相比，处于全国平均水平之下，体现出相对偏弱的创新科研政策支持持续性。

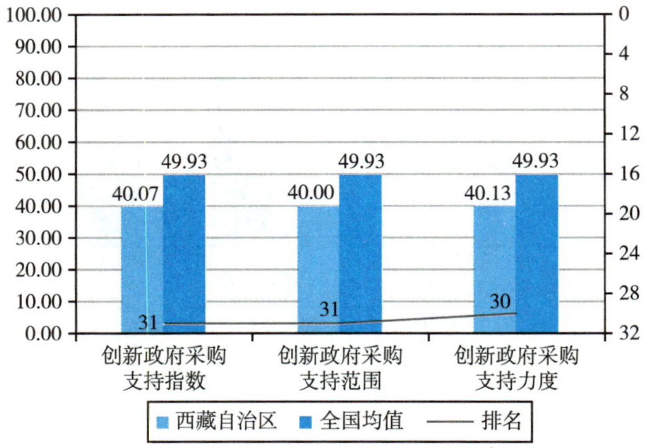

图4-211　西藏自治区创新政府采购支持情况

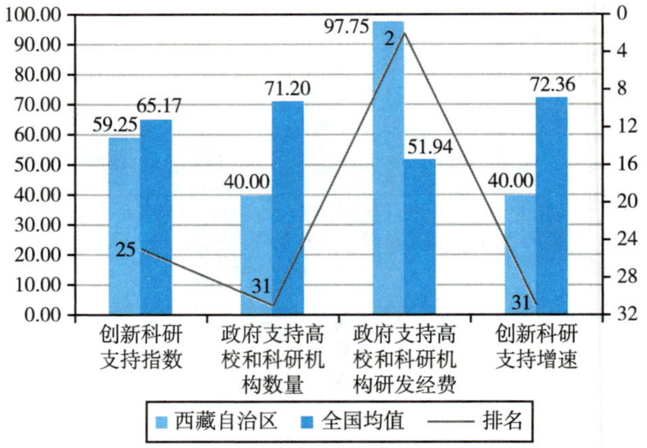

图4-212　西藏自治区创新科研支持情况

4.2.29　新疆维吾尔自治区

4.2.29.1　政府创新发展支持综合指数

2022年新疆维吾尔自治区整体政府创新发展支持综合指数为52.20，与全国平均水平61.93相比，新疆维吾尔自治区政府创新发展支持综合指数处于全国平均水平之下，体现出新疆维吾尔自治区政府创新发展综合支持程度相对偏弱，如图4-213所示。

4.2.29.2　创新政府补助支持维度

如图4-214所示，从创新政府补助支持的总体表现来看，2022年新疆维吾尔自治区创新政府补助支持指数为60.42，与全国平均水平68.85相比，处于全国平均水平之下，在全国各省份比较中排名23位，体现出相对偏弱的政府补助政策支持效果。

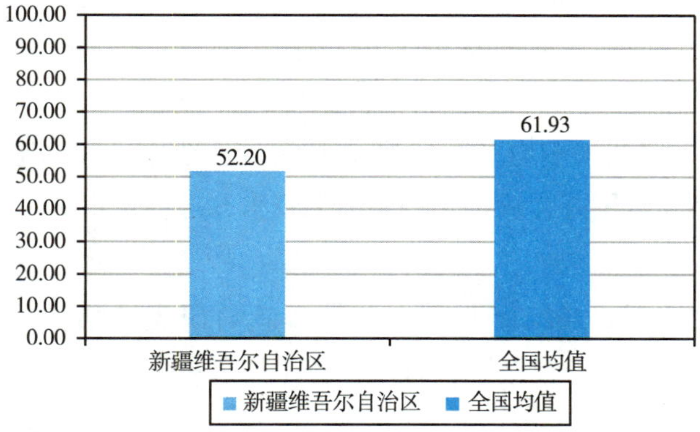

图4-213　新疆维吾尔自治区政府创新发展支持综合指数

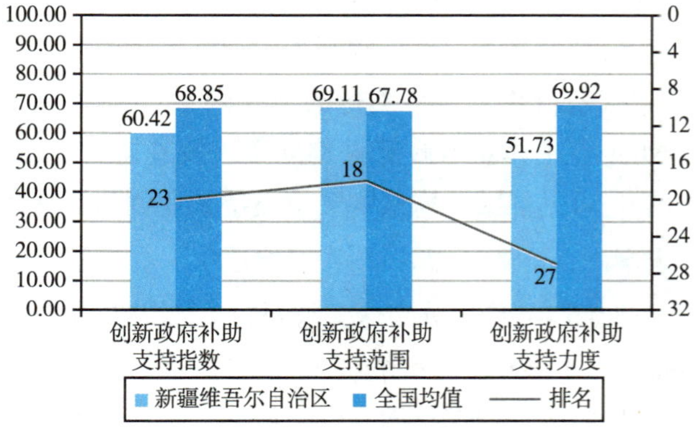

图4-214　新疆维吾尔自治区创新政府补助支持情况

从创新政府补助支持的范围来看，2022年新疆维吾尔自治区获得政府研发补助的上市公司数量占比指标分值为69.11，表明企业主体较为广泛获取了政府补助的创新政策支持，与全国平均水平67.78相比，处于全国平均水平之上，可见政府补助在支持企业创新发展的政策实施范围方面表现较好且仍需巩固。

从创新政府补助支持的力度来看，2022年新疆维吾尔自治区政府研发补助占营业收入比重指标分值为51.73，与全国平均水平69.92相比，处于全国平均水平之下，政府补助在支持企业创新发展方面仍需持续加强力度。

4.2.29.3　创新税收优惠支持维度

如图4–215所示，从创新税收优惠支持的总体表现来看，2022年新疆维吾尔自治区创新税收优惠支持指数为50.33，与全国平均水平58.79相比，处于全国平均水平之下，在全国各省份比较中排名25位，体现出相对偏弱的税收优惠政策支持效果。

从创新税收优惠支持的范围来看，2022年新疆维吾尔自治区获得税收优惠的上市公司数量占比指标分值为74.14，与全国平均水平83.86相比，处于全国平均水平之下，可见税收优惠在支持企业创新发展的政策实施范围方面仍需加强。

从创新税收优惠支持的力度来看，以研发费用加计扣除额、高新技术企业所得税税收优惠和税费返还额作为衡量方式，2022年新疆维吾尔自治区研发费用加计扣除指标分值为40.87，与全国平均水平49.85相比，处于全国平均水平之下，可见研发费用加计扣除的税收优惠政策在支持企业创新发展方面仍需持续加大力度。新疆维吾尔自治区高新技术企业所得税税收优惠指标分值为43.74，与全国平均水平51.57相比，处于全国平均水平之下，可见高新技术企业所得税税收优惠政策在支持企业创新发展方面仍需加强。新疆维吾尔自治区税费返还指标分值为42.56，与全国平均水平49.86相比，处于全国平均水平之下，可见税费返还政策在支持企业创新发展方面仍需持续加大力度。

4.2.29.4　创新金融支持维度

如图4–216所示，从创新金融支持的总体表现来看，2022年新疆维吾尔自治区整体创新金融支持指数为52.93，与全国平均水平65.85相比，处于全国平均水平之下，在全国各省份比较中排名28位，体现出相对偏弱的政策支持效果。

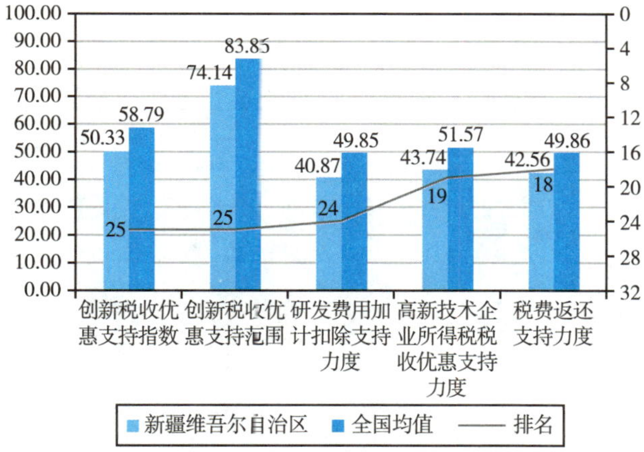

图4–215　新疆维吾尔自治区创新税收优惠支持情况

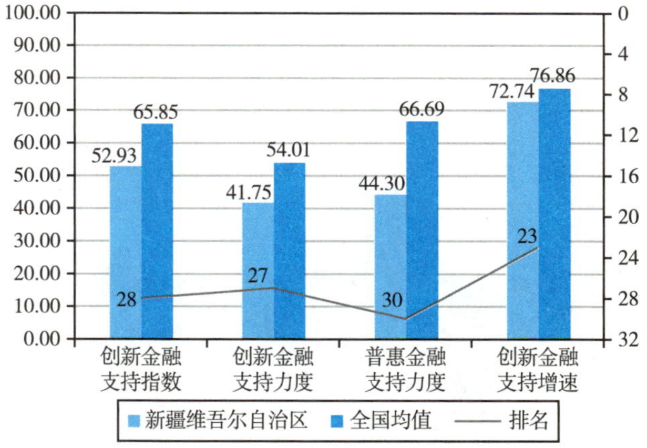

图4–216　新疆维吾尔自治区创新金融支持情况

从创新金融支持的力度来看，以公司获得的创新融资金额和普惠金融支持指数作为衡量方式，2022年新疆维吾尔自治区创新融资指标分值为41.75，与全国平均水平54.01相比，处于全国平均水平之下，体现出相对偏弱的创新融资政策支持水平。2022年新疆维吾尔自治区普惠金融支持指标分值为

44.30，与全国平均水平66.69相比，处于全国平均水平之下，体现出相对偏弱的普惠金融政策支持力度。

从创新金融支持的增速来看，2022年新疆维吾尔自治区创新金融支持增速指标分值为72.74，与全国平均水平76.86相比，处于全国平均水平之下，体现出相比更小的创新金融政策支持增速，表明新疆维吾尔自治区政府仍需继续加强创新金融方面的投入。

4.2.29.5 创新政府采购支持维度

如图4-217所示，从创新政府采购支持的总体表现来看，2022年新疆维吾尔自治区创新政府采购支持指数为41.01，与全国平均水平49.93相比，处于全国平均水平之下，在全国各省份比较中排名26位，体现出该地区政府采购创新支持较低，同时也体现出该地区较弱的需求侧政策支持效果。

从创新政府采购支持的范围来看，2022年新疆维吾尔自治区获取政府采购支持的企业数量占比指标分值为41.39，表明企业主体较少获取政府采购的创新政策支持，与全国平均水平49.93相比，处于全国平均水平之下，可见政府采购在支持企业创新发展的政策实施范围方面仍需加强。

从创新政府采购支持的力度来看，2022年新疆维吾尔自治区获取政府采购支持金额指标分值为40.62，表明企业主体获取政府采购创新政策支持力度较弱，与全国平均水平49.93相比，处于全国平均水平之下，可见加大政府采购政策支持企业创新发展范围和力度并行应是下一步政策效果改进的重点。

4.2.29.6 创新科研支持维度

如图4-218所示，从创新科研支持的总体表现来看，2022年新疆维吾尔自治区创新科研支持指数为55.65，与全国平均水平65.17相比，处于全国平均水平之下，在全国各省份比较中排名30位，体现出相对偏弱的科研支持效果。

从创新科研支持的力度来看，以政府支持高校和科研机构数量和政府支持高校和科研机构研发经费作为衡量方式，2022年新疆维吾尔自治区政府支持高校和科研机构数量指标分值为58.05，与全国平均水平71.20相比，处于全国平均水平之下，体现出相对偏弱的创新科研支持水平。2022年新疆维吾尔自治区政府支持高校和科研机构研发经费指标分值为49.85，与全国平均水平51.94相比，处于全国平均水平之下，体现出相对偏弱的高校和科研机构的研发经费投入水平。

从创新科研支持的增速来看，以政府支持高校和科研机构研发经费增长率作为衡量方式，2022年新疆维吾尔自治区支持高校和科研机构研发经费增长率指标分值为59.05，与全国平均水平72.36相比，处于全国平均水平之下，体现出相对偏弱的创新科研政策支持持续性。

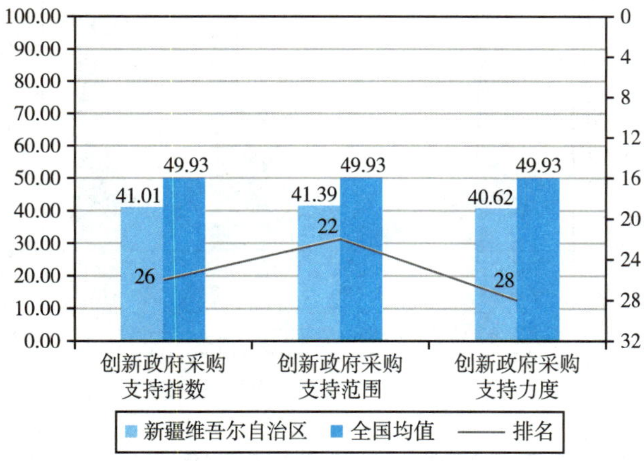

图4-217 新疆维吾尔自治区创新政府采购支持情况

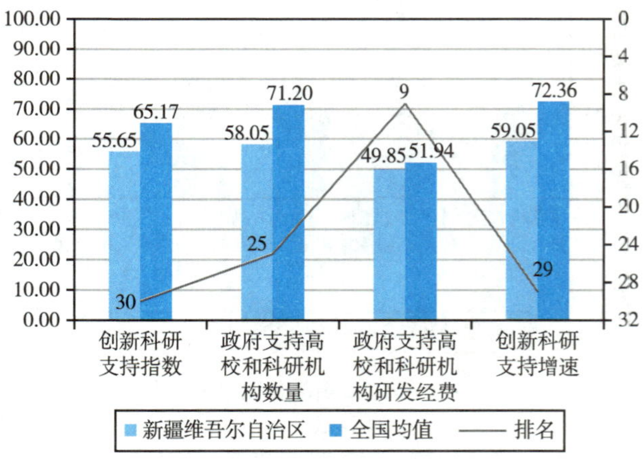

图4-218 新疆维吾尔自治区创新科研支持情况

4.2.30　云南省

4.2.30.1　政府创新发展支持综合指数

2022年云南省整体政府创新发展支持综合指数为50.68，与全国平均水平61.93相比，云南省政府创新发展支持综合指数处于全国平均水平之下，体现出云南省政府创新发展综合支持程度相对偏弱，如图4-219所示。

4.2.30.2　创新政府补助支持维度

如图4-220所示，从创新政府补助支持的总体表现来看，2022年云南省创新政府补助支持指数为53.74，与全国平均水平68.85相比，处于全国平均水平之下，在全国各省份比较中排名28位，体现出相对偏弱的政府补助政策支持效果。

从创新政府补助支持的范围来看，2022年云南省获得政府研发补助的上市公司数量占比指标分值为57.58，表明企业主体较为广泛获取了政府补助的创新政策支持，与全国平均水平67.78相比，处于全国平均水平之下，可见政府补助在支持企业创新发展的政策实施范围方面表现一般且仍需加强。

从创新政府补助支持的力度来看，2022年云南省政府研发补助占营业收入比重指标分值为49.89，与全国平均水平69.92相比，处于全国平均水平之下，政府补助在支持企业创新发展方面仍需持续加强力度。

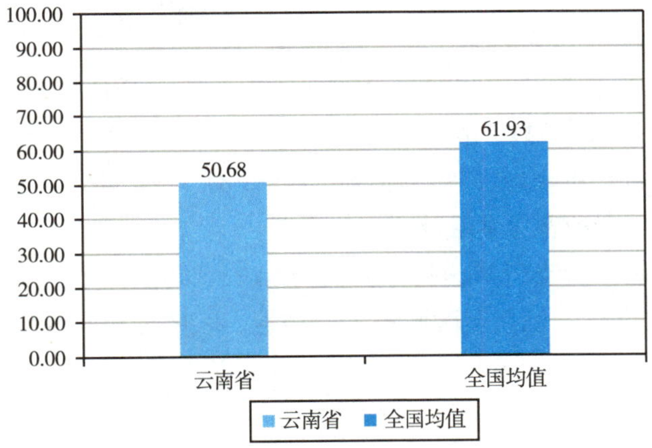

图4-219　云南省政府创新发展支持综合指数

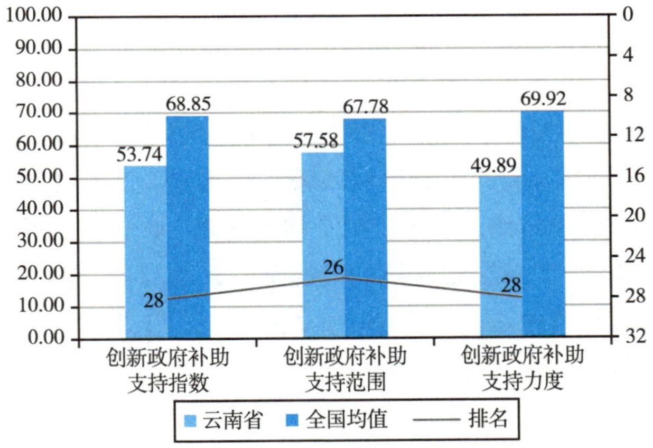

图4-220　云南省创新政府补助支持情况

4.2.30.3　创新税收优惠支持维度

如图4-221所示，从创新税收优惠支持的总体表现来看，2022年云南省创新税收优惠支持指数为47.07，与全国平均水平58.79相比，处于全国平均水平之下，在全国各省份比较中排名29位，体现出相对偏弱的税收优惠政策支持效果。

从创新税收优惠支持的范围来看，2022年云南省获得税收优惠的上市公司数量占比指标分值为61.35，与全国平均水平83.86相比，处于全国平均水平之下，可见税收优惠在支持企业创新发展的政策实施范围方面仍需加强。

从创新税收优惠支持的力度来看，以研发费用加计扣除额、高新技术企业所得税税收优惠和税费返还额作为衡量方式，2022年云南省研发费用加计扣除指标分值为42.93，与全国平均水平49.85相比，处于全国平均水平之下，可见研发费用加计扣除的税收优惠政策在支持企业创新发展方面仍需持续加大力度。云南省高新技术企业所得税税收优惠指标分值为42.88，与全国平均水平51.57相比，处于全国平均水平之下，可见高新技术企业所得税税收优惠政策在支持企业创新发展方面仍需加强。云南省税费返还指标分值为41.12，与全国平均水平49.86相比，处于全国平均水平之下，可见税费返还政策在支持企业创新发展方面仍需持续加大力度。

4.2.30.4 创新金融支持维度

如图4–222所示，从创新金融支持的总体表现来看，2022年云南省整体创新金融支持指数为51.55，与全国平均水平65.85相比，处于全国平均水平之下，在全国各省份比较中排名29位，体现出相对偏弱的政策支持效果。

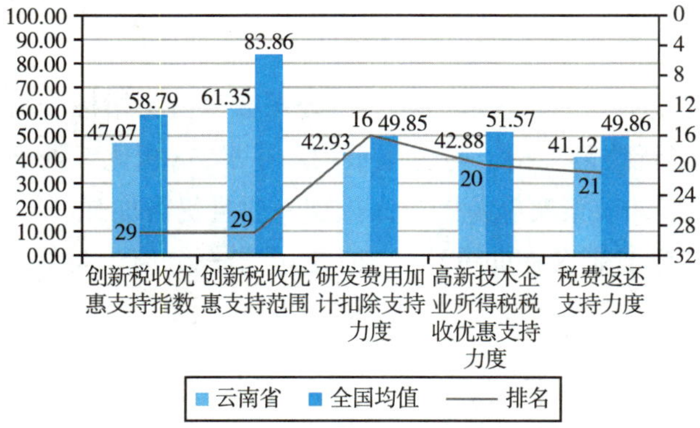

图4–221 云南省创新税收优惠支持情况

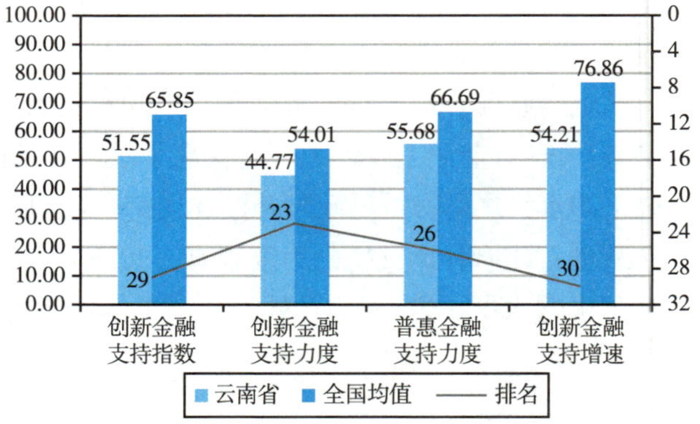

图4–222 云南省创新金融支持情况

从创新金融支持的力度来看，以公司获得的创新融资金额和普惠金融支持指数作为衡量方式，2022年云南省创新融资指标分值为44.77，与全国平均水平54.01相比，处于全国平均水平之下，体现出相对偏弱的创新融资政策支持水平。2022年云南省普惠金融支持指标分值为55.68，与全国平均水平66.69相比，处于全国平均水平之下，体现出相对偏弱的普惠金融政策支持力度。

从创新金融支持的增速来看，2022年云南省创新金融支持增速指标分值为54.21，与全国平均水平76.86相比，处于全国平均水平之下，体现出相比更小的创新金融政策支持增速，表明云南省政府仍需继续加强创新金融方面的投入。

4.2.30.5 创新政府采购支持维度

如图4–223所示，从创新政府采购支持的总体表现来看，2022年云南省创新政府采购支持指数为40.98，与全国平均水平49.93相比，处于全国平均水平之下，在全国各省份比较中排名27位，体现出该地区政府采购创新支持较低，同时也体现出该地区较弱的需求侧政策支持效果。

从创新政府采购支持的范围来看，2022年云南省获取政府采购支持的企业数量占比指标分值为41.14，表明企业主体较少获取政府采购的创新政策支持，与全国平均水平49.93相比，处于全国平均水平之下，可见政府采购在支持企业创新发展的政策实施范围方面仍需加强。

从创新政府采购支持的力度来看，2022年云南省获取政府采购支持金额指标分值为40.83，表明企业主体获取政府采购创新政策支持力度较小，与全国平均水平49.93相比，处于全国平均水平之下，可见加大政府采购政策支持企业创新发展范围和力度并行应是下一步政策效果改进的重点。

4.2.30.6 创新科研支持维度

如图4–224所示，从创新科研支持的总体表现来看，2022年云南省创新科研支持指数为59.54，与全国平均水平65.17相比，处于全国平均水平之下，在全国各省份比较中排名24位，体现出相对偏弱的科研支持效果。

从创新科研支持的力度来看，以政府支持高校和科研机构数量和政府支持高校和科研机构研发经费作为衡量方式，2022年云南省政府支持高校和科研机构数量指标分值为66.90，与全国平均水平71.20相比，处于全国平均水平之下，体现出相对偏弱的创新科研支持水平。2022年云南省政府支持高校和科研机构研发经费指标分值为42.25，与全国平均水平51.94相比，处于全国平均水平之下，体现出相对偏弱的高校和科研机构的研发经费投入水平。

从创新科研支持的增速来看，以政府支持高校和科研机构研发经费增长率作为衡量方式，2022年云南省支持高校和科研机构研发经费增长率指标分值为69.45，与全国平均水平72.36相比，处于全国平均水平之下，体现出相对偏弱的创新科研政策支持持续性。

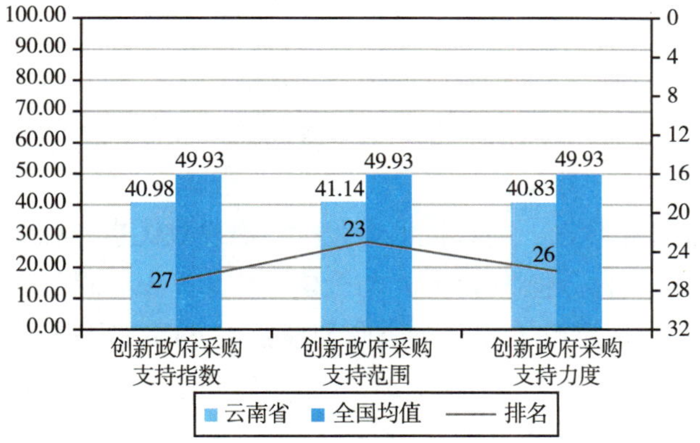

图4–223　云南省创新政府采购支持情况

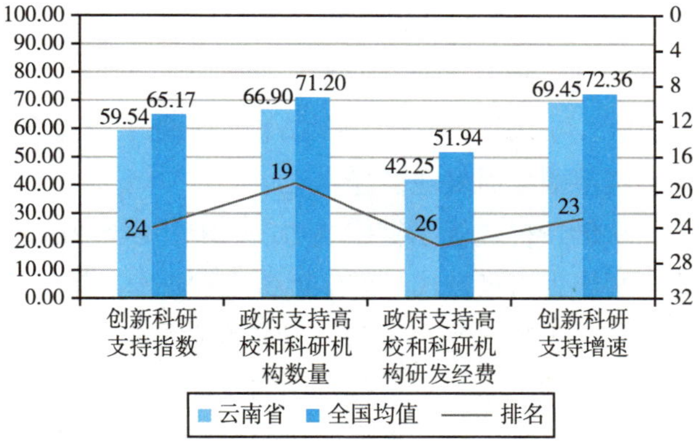

图4–224　云南省创新科研支持情况

4.2.31　浙江省

4.2.31.1　政府创新发展支持综合指数

2022年浙江省整体政府创新发展支持综合指数为69.20，与全国平均水平61.93相比，浙江省政府创新发展支持综合指数处于全国平均水平之上，体现出浙江省政府创新发展综合支持程度相对较强，如图4–225所示。

4.2.31.2　创新政府补助支持维度

如图4–226所示，从创新政府补助支持的总体表现来看，2022年浙江省创新政府补助支持指数为46.02，与全国平均水平68.85相比，处于全国平均水平之下，在全国各省份比较中排名30位，体现出相对偏弱的政府补助政策支持效果。

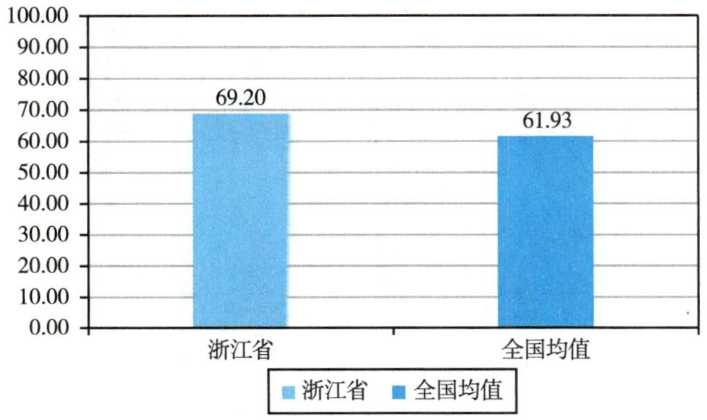

图4–225　浙江省政府创新发展支持综合指数

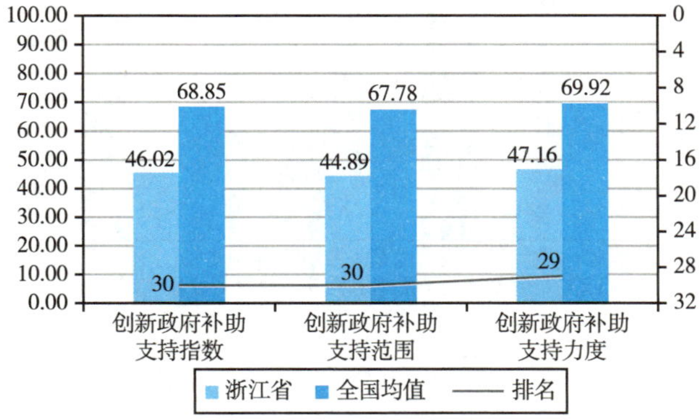

图4–226　浙江省创新政府补助支持情况

从创新政府补助支持的范围来看，2022年浙江省获得政府研发补助的上市公司数量占比指标分值为44.89，表明企业主体较少获取了政府补助的创新政策支持，与全国平均水平67.78相比，处于全国平均水平之下，可见政府补助在支持企业创新发展的政策实施范围方面仍需加强。

从创新政府补助支持的力度来看，2022年浙江省政府研发补助占营业收入比重指标分值为47.16，与全国平均水平69.92相比，处于全国平均水平之下，政府补助在支持企业创新发展方面仍需持续加强力度。

4.2.31.3 创新税收优惠支持维度

如图4–227所示，从创新税收优惠支持的总体表现来看，2022年浙江省创新税收优惠支持指数为93.93，与全国平均水平58.79相比，处于全国平均水平之上，在全国各省份比较中排名2位，体现出相对较强的税收优惠政策支持效果。

从创新税收优惠支持的范围来看，2022年浙江省获得税收优惠的上市公司数量占比指标分值为100.00，与全国平均水平83.86相比，处于全国平均水平之上，可见税收优惠在支持企业创新发展的政策实施范围方面表现良好。

从创新税收优惠支持的力度来看，以研发费用加计扣除额、高新技术企业所得税税收优惠和税费返还额作为衡量方式，2022年浙江省研发费用加计扣除指标分值为92.87，与全国平均水平49.85相比，处于全国平均水平之上，可见研发费用加计扣除的税收优惠政策在支持企业创新发展方面表现较好。浙江省高新技术企业所得税税收优惠指标分值为89.44，与全国平均水平51.57相比，处于全国平均水平之上，可见高新技术企业所得税税收优惠政策在支持企业创新发展方面仍需巩固。浙江省税费返还指标分值为93.40，与全国平均水平49.86相比，处于全国平均水平之上，可见税费返还政策在支持企业创新发展方面仍需保持力度。

4.2.31.4 创新金融支持维度

如图4–228所示，从创新金融支持的总体表现来看，2022年浙江省整体创新金融支持指数为84.44，与全国平均水平65.85相比，处于全国平均水平之上，在全国各省份比较中排名3位，体现出相对较强的政策支持效果。

从创新金融支持的力度来看，以公司获得的创新融资金额和普惠金融支持指数作为衡量方式，2022年浙江省创新融资指标分值为74.67，与全国平均水平54.01相比，处于全国平均水平之上，体现出相对较强的创新融资政策支持水平。2022年浙江省普惠金融支持指标分值为88.15，与全国平均水平66.69相比，处于全国平均水平之上，体现出相对较强的普惠金融政策支持力度。

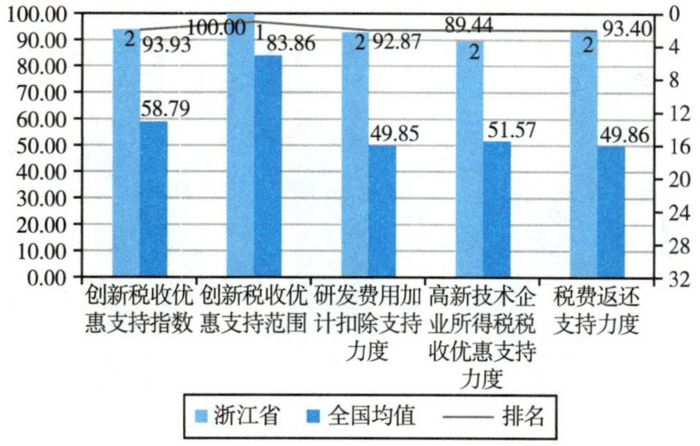

图4–227 浙江省创新税收优惠支持情况

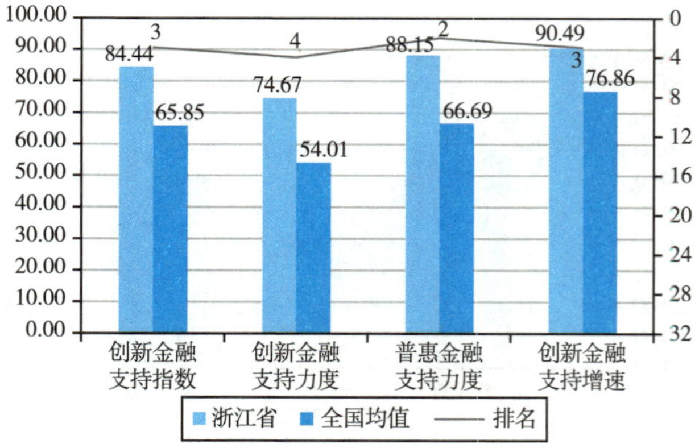

图4–228 浙江省创新金融支持情况

从创新金融支持的增速来看，2022年浙江省创新金融支持增速指标分值为90.49，与全国平均水平76.86相比，处于全国平均水平之上，体现出相比更大的创新金融政策支持增速，表明浙江省政府仍需继续巩固创新金融方面的投入。

4.2.31.5　创新政府采购支持维度

如图4–229所示，从创新政府采购支持的总体表现来看，2022年浙江省创新政府采购支持指数为44.26，与全国平均水平49.93相比，处于全国平均水平之下，在全国各省份比较中排名15位，体现出该地区政府采购创新支持较低，同时也体现出该地区偏弱的需求侧政策支持效果。

从创新政府采购支持的范围来看，2022年浙江省获取政府采购支持的企业数量占比指标分值为43.97，表明企业主体较少地获取了政府采购的创新政策支持，与全国平均水平49.93相比，处于全国平均水平之下，可见政府采购在支持企业创新发展的政策实施范围方面仍需加强。

从创新政府采购支持的力度来看，2022年浙江省获取政府采购支持金额指标分值为44.56，表明企业主体获取政府采购创新政策支持力度较小，与全国平均水平49.93相比，处于全国平均水平之下，可见加大政府采购政策支持企业创新发展范围和力度并行应是下一步政策效果改进的重点。

4.2.31.6　创新科研支持维度

如图4–230所示，从创新科研支持的总体表现来看，2022年浙江省创新科研支持指数为68.40，与全国平均水平65.17相比，处于全国平均水平之上，在全国各省份比较中排名12位，体现出相对较强的科研支持效果。

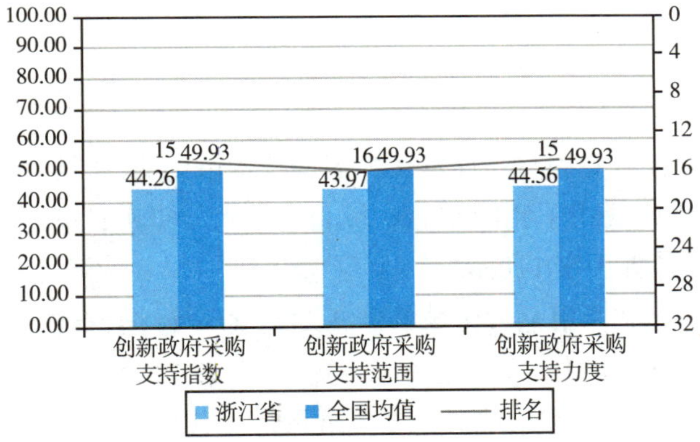

图4–229　浙江省创新政府采购支持情况

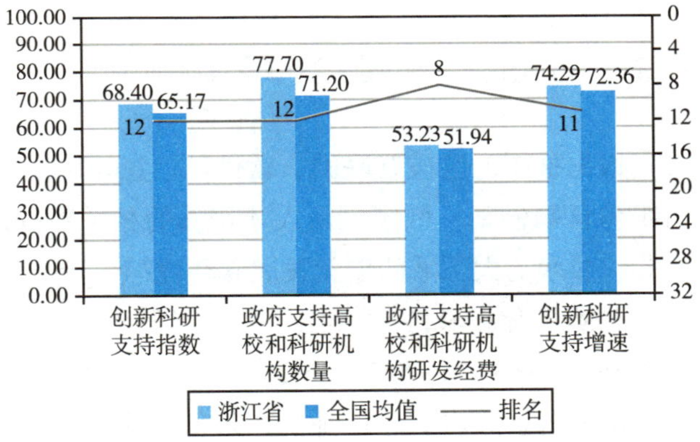

图4–230　浙江省创新科研支持情况

从创新科研支持的力度来看，以政府支持高校和科研机构数量和政府支持高校和科研机构研发经费作为衡量方式，2022年浙江省政府支持高校和科研机构数量指标分值为77.70，与全国平均水平71.20相比，处于全国平均水平之上，体现出相对较强的创新科研支持水平。2022年浙江省政府支持高校和科研机构研发经费指标分值为53.23，与全国平均水平51.94相比，处于全国平均水平之上，体现出相对较强的高校和科研机构的研发经费投入水平。

从创新科研支持的增速来看，以政府支持高校和科研机构研发经费增长率作为衡量方式，2022年浙江省支持高校和科研机构研发经费增长率指标分值为74.29，与全国平均水平72.36相比，处于全国平均水平之上，体现出相对较强的创新科研政策支持持续性。

第5章
区域创新发展环境评价

习近平总书记在党的二十大报告中强调，坚持创新在我国现代化建设全局中的核心地位，并对加快实施创新驱动发展战略进行部署，营造有利于企业成长的良好环境，推动创新链产业链资金链人才链深度融合。适合创新创业发展的环境是推动企业创新发展，提高自主创新能力的有效保障。为此，要充分发挥政府引导和市场调节的作用，营造激励企业技术创新的政策环境，引导和支持创新要素向企业集聚。在此背景下，我国政府从创新发展软环境和创新发展硬环境两个维度推动企业创新。

从国家层面看，2022年区域创新发展环境综合指数为60.44，创新发展软环境综合指数和创新发展硬环境综合指数分别为61.75和58.71。从创新发展软环境指数的二级指数看，其中区域互联网、软件和信息技术发展指数为61.43，区域专利与商标发展指数为63.49，区域技术市场交易指数为57.33，区域组织和营销创新指数为59.43，区域创新人才培养指数为65.35。从创新发展硬环境指数的二级指数看，其中区域互联网连接指数为59.30，区域电信通信指数为58.46，区域科技创新孵化指数为58.42。

5.1 七大区创新发展软环境评价

根据披露的区域互联网、软件和信息技术发展、区域专利与商标发展、区域技术市场交易、区域组织和营销创新、区域创新人才培养的相关数据，报告分析了我国东北、华北、华东、华南、华中、西北和西南七大区域的创新发展软环境综合指数，具体如图5-1所示。

总体来看，东北、华北、华东、华南、华中、西北和西南七大区域的创新发展软环境综合指数依次为56.80、63.47、70.27、61.44、64.54、54.80和56.55。其中，区域创新发展软环境综合指数最高的是华东地区，其次为华中地区，最低的为西北地区。凸显出华东地区创新发展软环境建设优势明显，而西北地区还需不断完善。

细分维度来看，区域互联网、软件和信息技术指数分值最高的为华东地区，最低的为东北地区；区域专利与商标发展指数分值最高的为华东地区，最低的为西北地区；区域技术市场交易指数分值最高的为华东地区，最低的为西北地区；区域组织和营销创新指数分值最高的为华东地区，最低的为西北地区；区域创新人才培养指数分值最高的为华中地区，最低的为西北地区，如表5-1所示。

表 5-1 七大地区创新发展软环境二级指数总览

区域	区域互联网、软件和信息技术发展指数		区域专利与商标发展指数		区域技术市场交易指数		区域组织和营销创新指数		区域创新人才培养指数	
	分值	排名	分值	排名	分值	排名	分值	排名	分值	排名
东北地区	54.43	7	60.41	5	50.54	5	50.24	6	64.77	4
华北地区	65.17	2	64.20	3	58.31	3	60.18	3	67.04	3

续表

区域	区域互联网、软件和信息技术发展		区域专利与商标发展		区域技术市场交易		区域组织和营销创新		区域创新人才培养	
	分值	排名	分值	排名	分值	排名	分值	排名	分值	排名
华东地区	65.21	1	75.59	1	70.35	1	74.81	1	68.41	2
华南地区	64.22	3	62.04	4	58.18	4	59.98	4	61.74	6
华中地区	61.06	4	66.45	2	61.50	2	60.33	2	70.98	1
西北地区	58.19	6	54.67	7	48.04	7	48.52	7	60.36	7
西南地区	58.38	5	55.58	6	48.50	6	52.71	5	63.47	5
全国均值	61.43		63.49		57.33		59.43		65.35	

数据来源：首经贸资产评估研究院和浙江工商数字创新与管理研究院整理。

5.1.1　东北地区

5.1.1.1　东北地区创新发展软环境综合指数

2022年东北地区创新发展软环境综合指数为56.80，与全国平均水平61.75相比，处于全国平均水平之下，体现出东北地区创新发展软环境建设还需要进一步完善，如图5-2所示。

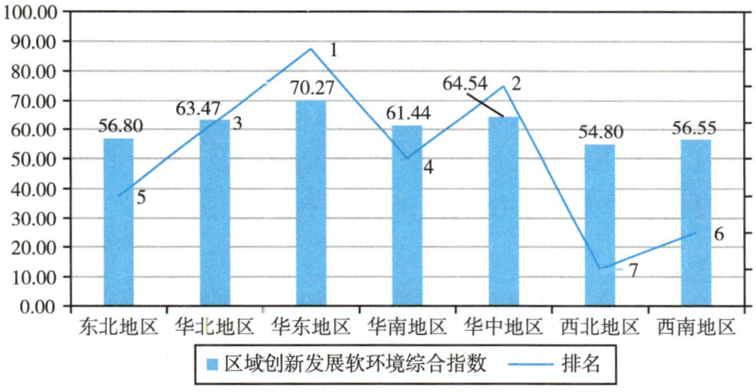

图5-1　2022年七大区域创新发展软环境综合指数——区域维度

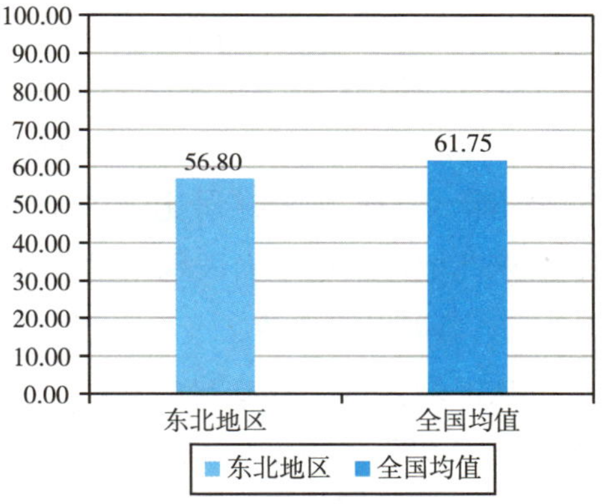

图5-2　东北地区创新发展软环境综合指数

具体细分维度来看，东北地区的区域互联网、软件和信息技术发展指数、区域专利和商标发展指数、区域技术市场交易指数、区域组织和营销创新指数和区域创新人才培养指数分别为54.43、60.41、50.54、50.24和64.77，均低于全国平均水平，如图5-3所示。

5.1.1.2　东北地区互联网、软件和信息技术发展维度

从区域互联网、软件和信息技术发展的总体表现来看，2022年东北地区的区域互联网、软件和信息技术发展指数为54.43，与全国平均水平61.43相比，处于全国平均水平之下，体现出东北地区的互联网、软件和信息技术发展相对偏弱。

从衡量区域互联网、软件和信息技术发展指数的具体指标来看，2022年东北地区信息与通信技术投资指标为62.50，高于全国平均水平，表明东北地区在上述方面表现相对较好，但仍需加大投入力度，保持领先优势。而2022年东北地区互联网和相关服务业收入和同比增速指标、软件业务收入指标和同比增速指标、电子信息制造业规模指标和增速指标、信息技术服务收入指标和同比增速指标与信息与通信技术投资增速指标分别为40.71、56.38、43.88、72.88、41.16、54.49、42.28、68.21和61.81，均低于全国平均水平，表明东北地区上述方面表现相对偏弱，需要继续完善相关环境建设，如图5-4所示。

5.1.1.3　东北地区专利与商标发展维度

从区域专利与商标发展水平的总体表现来看，2022年东北地区的区域专利与商标发展指数为60.41，与全国平均水平63.49相比，处于全国平均水平之下，体现出东北地区的专利与商标发展相对偏弱。

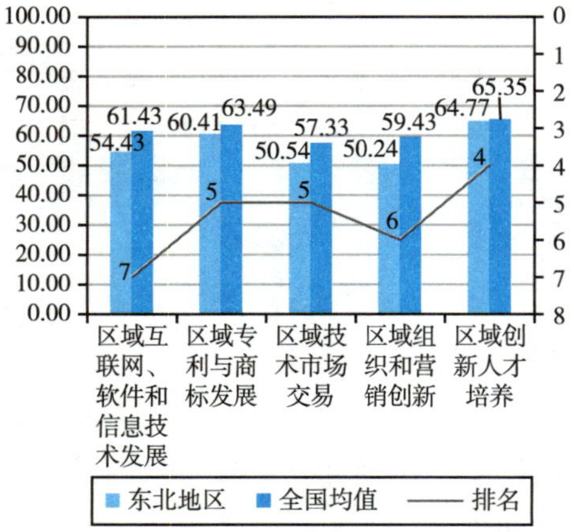

图5-3　东北地区创新发展软环境细分维度

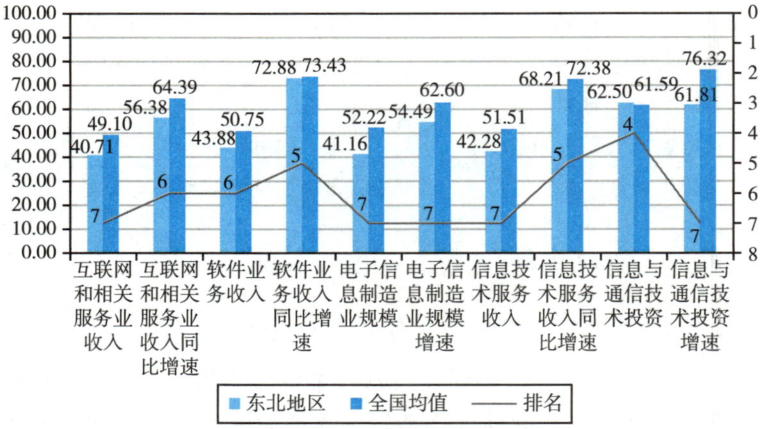

图5-4　东北地区互联网、软件和信息技术发展情况

从衡量区域专利与商标发展指数的具体指标来看，2022年东北地区发明专利申请比例指标为70.52，高于全国平均水平，表明东北地区在上述方面表现较好，但仍需加大投入力度，保持领先优势。而2022年东北地区专利申请数指标、专利授权数指标、专利授权平均维持年限指标、新增商标注册数指标和新增商标注册比例指标分别为48.04、51.73、70.58、46.05和75.52，均低于全国平均水平，表明东北地区上述方面表现相对偏弱，需要继续完善相关环境建设，如图5-5所示。

5.1.1.4　东北地区技术市场交易维度

从区域技术市场交易的总体表现来看，2022年东北地区的区域技术市场交易指数为50.54，与全国平均水平57.33相比，处于全国平均水平之下，体现出东北地区的技术市场交易相对偏弱。

从衡量区域技术市场交易指数的具体指标来看，2022年东北地区技术产品市场化指标为72.46，高于全国平均水平，表明东北地区上述方面表现相对较好，但仍需加大投入力度，保持领先优势。而2022年东北地区技术市场成交合同数指标、技术市场成交额指标、技术国外引进数指标、技术国外输出数指标、高技术产业新产品数量指标、经政府认定的新产品指标和高技术产业新产品销售收入指标分别为47.91、46.61、44.76、49.89、49.52、48.44和44.71，均低于全国平均水平，表明东北地区上述方面表现相对偏弱，需要继续完善相关环境建设，如图5-6所示。

5.1.1.5　东北地区组织和营销创新维度

从区域组织和营销创新的总体表现来看，2022年东北地区的区域组织和营销创新指数为50.24，与全国平均水平59.43相比，处于全国平均水平之下，体现出东北地区的组织和营销创新发展相对偏弱。

从衡量区域组织和营销创新指数的具体指标来看，2022年东北地区数字化企业数指标为68.53，高于全国平均水平，表明东北地区上述方面表现相对较好，但仍需加大投入力度，保持领先优势。而2022年东北地区实施组织变革创新的企业数指标、信息化企业数指标、实施营销创新的企业数指标、电子商务销售额指标、有电子商务交易活动企业数指标和数字交易指标分别为43.10、58.65、43.20、46.57、44.20和47.46，均低于全国平均水平，表明东北地区上述方面表现相对偏弱，需要继续完善相关环境建设，如图5-7所示。

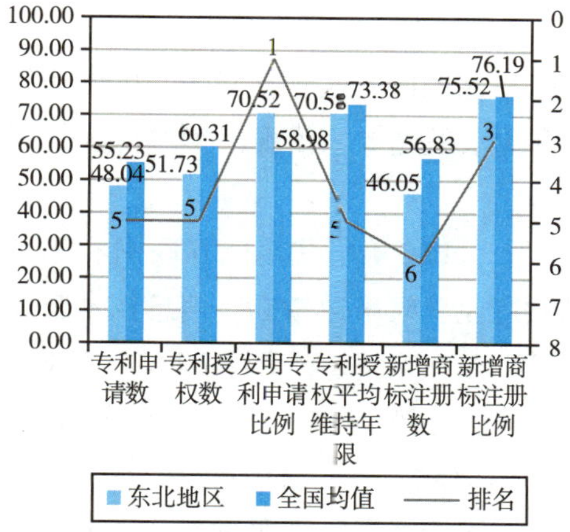

图5-5　东北地区专利与商标发展情况

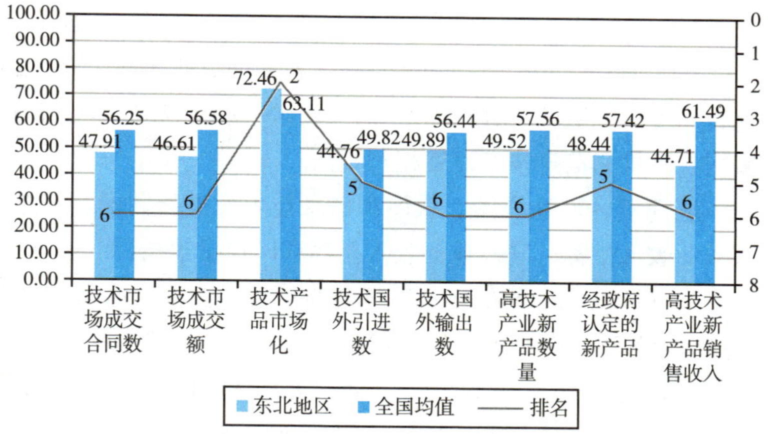

图5-6　东北地区技术市场交易情况

5.1.1.6　东北地区创新人才培养维度

从区域创新人才培养的总体表现来看，2022年东北地区的区域创新人才培养指数为64.77，与全国平均水平65.35相比，处于全国平均水平之下，体现出东北地区的创新人才培养发展相对偏弱。

从衡量创新人才培养指数的具体指标来看，2022年东北地区普通高等学校专任教师数指标和高等教育机构招生数指标分别为60.94和83.20，均高于全国平均水平，表明东北地区上述方面表现相对较好，但仍需加大投入力度，保持领先优势。而2022年东北地区普通高等学校数指标、研究生招生增长率指标和教育经费投入指标分别为69.88、66.36和43.50，均低于全国平均水平，表明东北地区上述方面表现相对偏弱，需要继续完善相关环境建设，如图5-8所示。

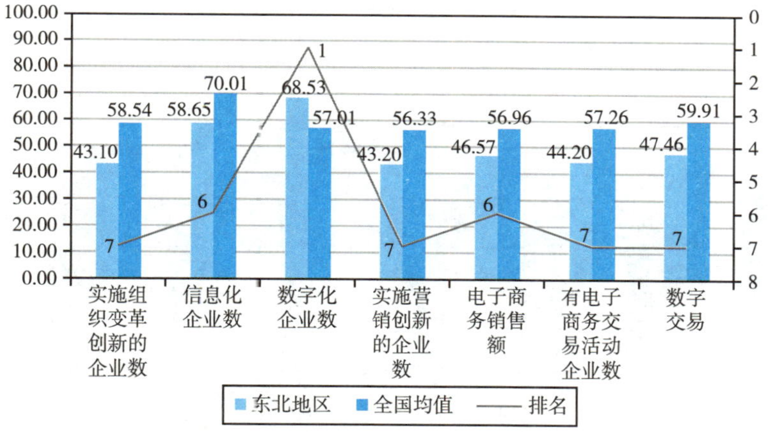

图5-7　东北地区组织和营销创新情况

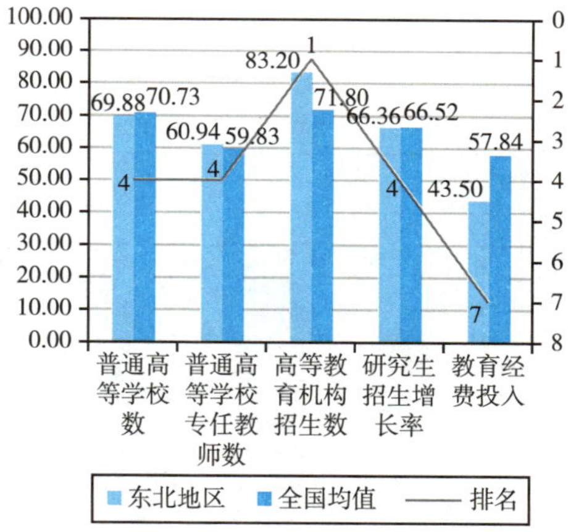

图5-8　东北地区创新人才培养情况

5.1.2　华北地区

5.1.2.1　华北地区创新发展软环境综合指数

2022年华北地区创新发展软环境综合指数为63.47，与全国平均水平61.75相比，处于全国平均水平之上，体现出华北地区创新发展软环境建设较好，但仍需继续保持，如图5-9所示。

具体细分维度来看，华北地区的区域互联网、软件和信息技术发展指数、区域专利与商标发展指数、区域技术市场交易指数、区域组织和营销创新指数和区域创新人才培养指数分别为65.17、64.20、58.31、60.18和67.04，均高于全国平均水平，如图5-10所示。

5.1.2.2 华北地区互联网、软件和信息技术发展维度

从区域互联网、软件和信息技术发展的总体表现来看，2022年华北地区的区域互联网、软件和信息技术发展指数为65.17，与全国平均水平61.43相比，处于全国平均水平之上，体现出华北地区的互联网、软件和信息技术发展相对较强。

从衡量区域互联网、软件和信息技术发展指数的具体指标来看，2022年华北地区互联网和相关服务业收入指标、软件业务收入指标和同比增速指标、电子信息制造业规模增速指标、信息技术服务收入指标和同比增速指标和信息与通信技术投资增速指标分别为54.86、55.35、85.04、62.67、55.83、84.74和85.53，均高于全国平均水平，表明华北地区上述方面表现相对较好，但仍需加大投入力度，保持领先优势。而2022年华北地区互联网和相关服务业收入同比增速指标、电子信息制造业规模指标和信息与通信技术投资指标分别为61.20、46.74和59.78，均低于全国平均水平，表明华北地区上述方面表现相对偏弱，需要继续完善相关环境建设，如图5-11所示。

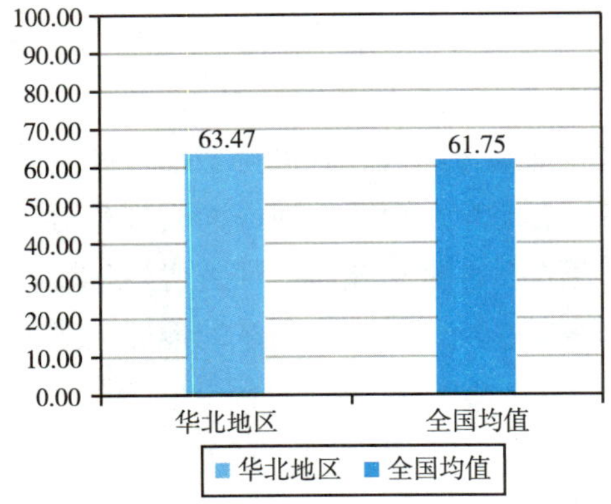

图5-9 华北地区创新发展软环境综合指数

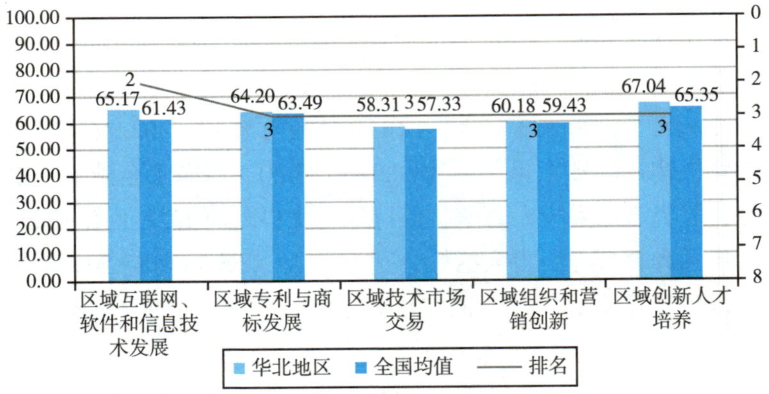

图5-10 华北地区创新发展软环境细分维度

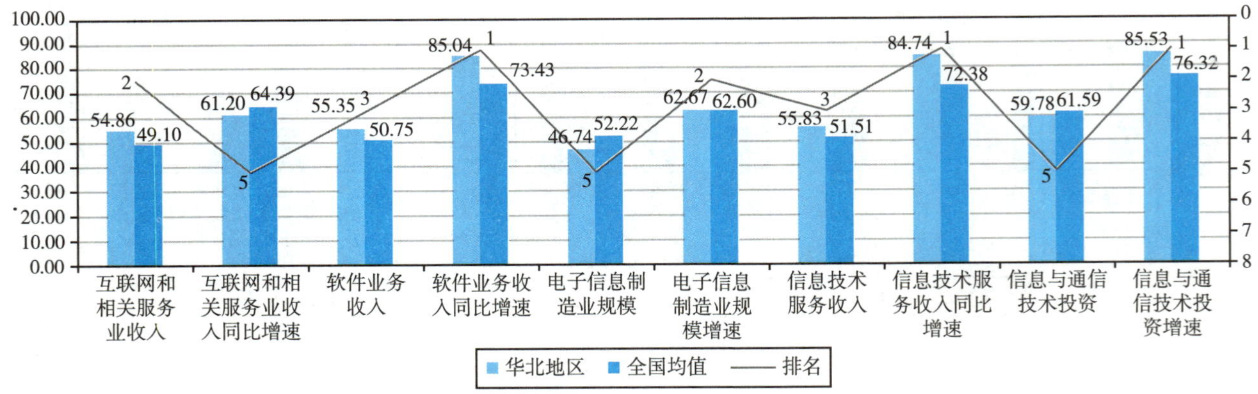

图5-11 华北地区互联网、软件和信息技术发展情况

5.1.2.3 华北地区专利与商标发展维度

从区域专利与商标发展的总体表现来看，2022年华北地区的区域专利与商标发展指数为64.20，与全国平均水平63.49相比，处于全国平均水平之上，体现出华北地区的专利与商标发展相对较强。

从衡量区域专利与商标发展指数的具体指标来看，2022年华北地区专利申请数指标、专利授权数指标、发明专利申请比例指标和专利授权平均维持年限指标分别为61.16、65.98、59.21和73.55，均高于全国平均水平，表明华北地区上述方面表现相对较好，但仍需加大投入力度，保持领先优势。而

2022年华北地区新增商标注册数指标和新增商标注册比例指标分别为53.88和71.44，均低于全国平均水平，表明华北地区上述方面表现相对偏弱，需要继续完善相关环境建设，如图5-12所示。

5.1.2.4　华北地区技术市场交易维度

从区域技术市场交易的总体表现来看，2022年华北地区的区域技术市场交易发展指数为58.31，与全国平均水平57.33相比，处于全国平均水平之上，体现出华北地区的技术市场交易发展相对较强。

从衡量区域技术市场交易水平发展指数的具体指标来看，2022年华北地区技术市场成交合同数指标、技术市场成交额指标、技术产品市场化指标、技术国外输出数指标、高技术产业新产品数量指标和经政府认定的新产品指标分别为56.36、59.13、69.44、57.40、59.80和58.37，均高于全国平均水平，表明华北地区上述方面表现相对较好，但仍需加大投入力度，保持领先优势。而2022年华北地区技术国外引进数和高技术产业新产品销售收入指标分别为48.43和57.56，均低于全国平均水平，表明华北地区上述方面表现相对偏弱，需要继续完善相关环境建设，如图5-13所示。

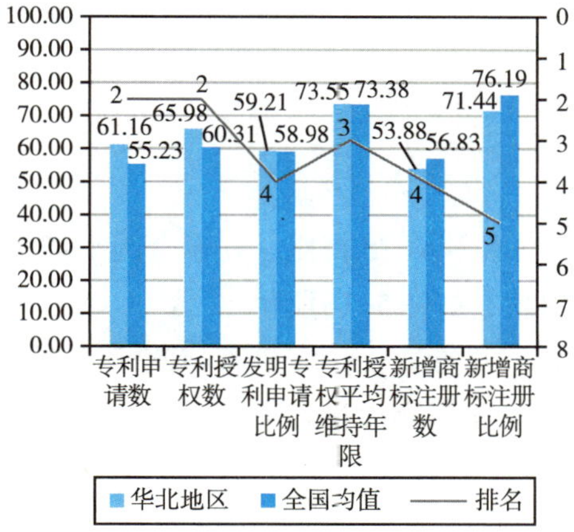

图5-12　华北地区专利与商标发展情况

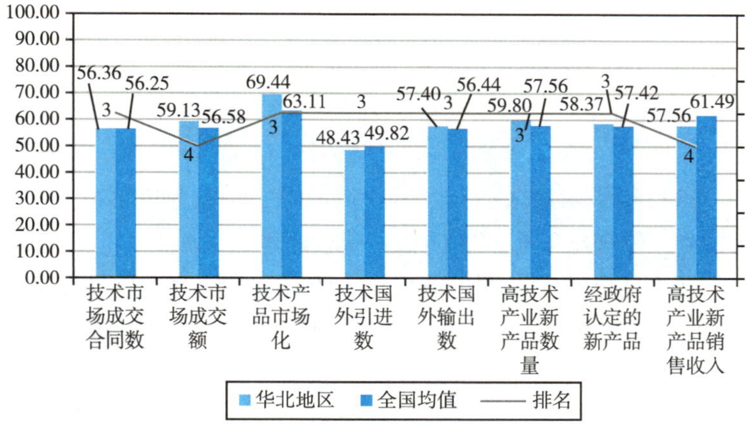

图5-13　华北地区技术市场交易情况

5.1.2.5　华北地区组织和营销创新维度

从区域组织和营销创新的总体表现来看，2022年华北地区的区域组织和营销创新指数为60.18，与全国平均水平59.43相比，处于全国平均水平之上，体现出华北地区的组织和营销创新发展相对较好。

从区域组织和营销创新指数的具体指标来看，2022年华北地区实施组织变革创新的企业数指标、数字化企业数指标、电子商务销售额指标和数字交易指标分别为60.54、62.40、60.74和63.11，均高于全国平均水平，表明华北地区上述方面表现相对较好，但仍需加大投入力度，保持领先优势。而2022年华北地区信息化企业数指标、实施营销创新的企业数指标和有电子商务交易活动企业数指标分别为66.70、55.50和52.24，均低于全国平均水平，表明华北地区上述方面表现相对偏弱，需要继续完善相关环境建设，如图5-14所示。

5.1.2.6　华北地区创新人才培养维度

从区域创新人才培养水平的总体表现来看，2022年华北地区的区域创新人才培养指数为67.04，与全国平均水平65.35相比，处于全国平均水平之上，体现出华北地区的创新人才培养发展相对较好。

从衡量区域创新人才培养水平指数的具体指标来看，2022年华北地区普通高等学校专任教师数指标、高等教育机构招生数指标和教育经费投入指标分别为67.74、77.51和61.07，均高于全国平均水平，表明华北地区上述方面表现相对较好，但仍需加大投入力度，保持领先优势。而2022年华北地区普通高等学校数指标和研究生招生增长率指标分别为67.90和61.00，均低于全国平均水平，表明华北地区上述方面表现相对偏弱，需要继续完善相关环境建设，如图5-15所示。

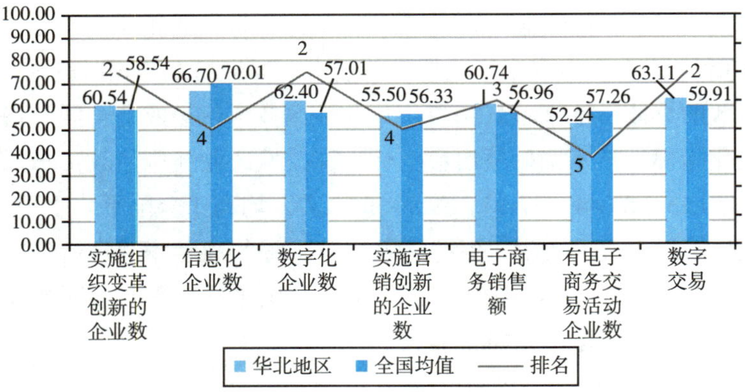

图5-14　华北地区组织和营销创新情况

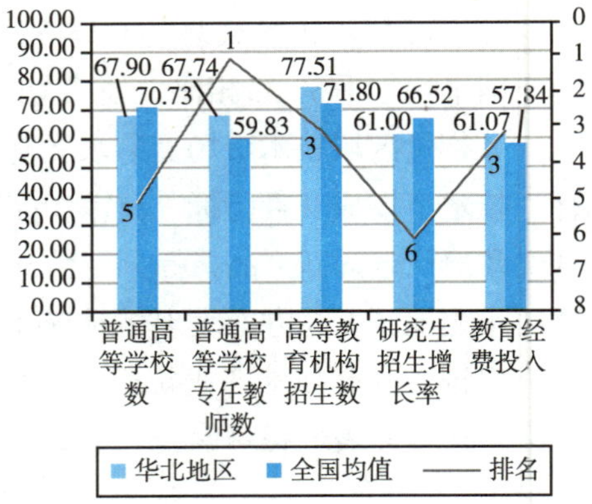

图5-15　华北地区创新人才培养情况

5.1.3　华东地区

5.1.3.1　华东地区创新发展软环境综合指数

2022年华东地区创新发展软环境综合指数为70.27，与全国平均水平61.75相比，处于全国平均水平之上，体现出华东地区创新发展软环境建设较好，但仍需继续保持，如图5-16所示。

具体细分维度来看，华东地区的区域互联网、软件和信息技术发展指数、区域专利与商标发展指数、区域技术市场交易指数、区域组织和营销创新指数和区域创新人才培养指数分别为65.21、75.59、70.35、74.81和68.41，均高于全国平均水平，如图5-17所示。

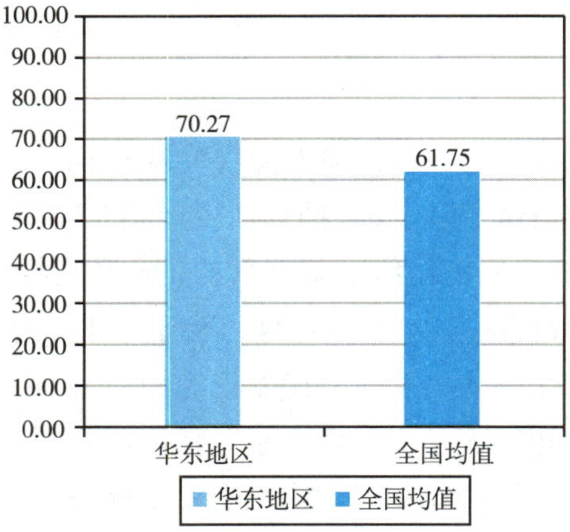

图5-16　华东地区创新发展软环境综合指数

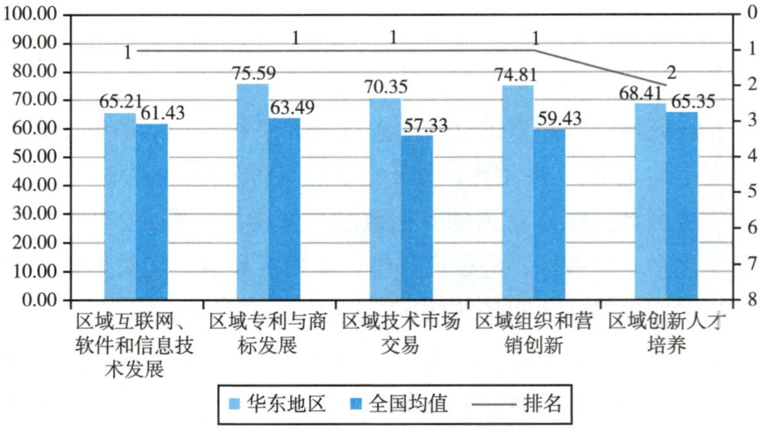

图5-17　华东地区创新发展软环境细分维度

5.1.3.2　华东地区互联网、软件和信息技术发展维度

从区域互联网、软件和信息技术发展的总体表现来看，2022年华东地区的区域互联网、软件和信息技术发展指数为65.21，与全国平均水平61.43相比，处于全国平均水平之上，体现出华东地区的互联网、软件和信息技术发展相对较强。

从衡量区域互联网、软件和信息技术发展指数的具体指标来看，2022年华东地区互联网和相关服务业收入指标、软件业务收入指标和同比增速指标、电子信息制造业规模指标、信息技术服务收入指标、信息与通信技术投资指标和增速指标分别为56.62、57.93、74.39、64.42、62.21、70.94和80.53，均高于全国平均水平，表明华东地区上述方面表现相对较好，但仍需加大投入力度，保持领先优势。而2022年华东地区互联网和相关服务业收入同比增速指标、电子信息制造业规模增速指标和信息技术服务收入同比增速指标分别为53.66、59.37和72.02，均低于全国平均水平，表明华东地区上述方面表现相对偏弱，需要继续完善相关环境建设，如图5-18所示。

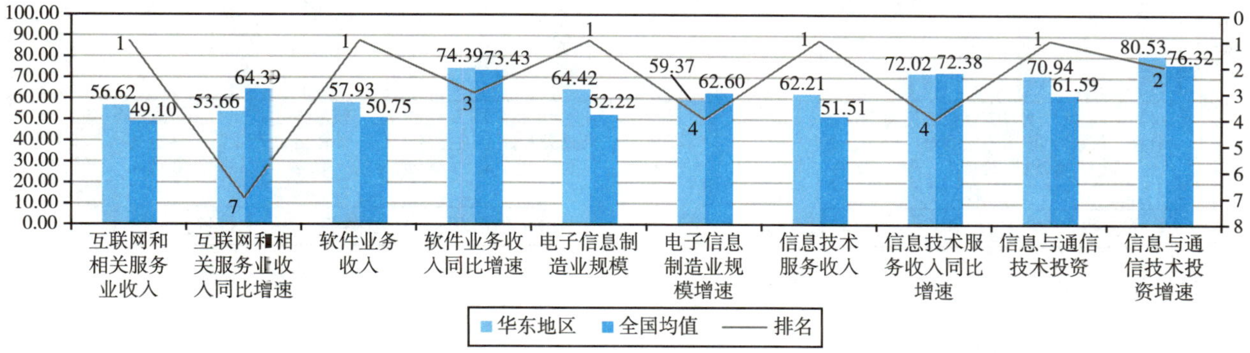

图5-18　华东地区互联网、软件和信息技术发展情况

5.1.3.3　华东地区专利与商标发展维度

从区域专利与商标发展的总体表现来看，2022年华东地区的区域专利与商标发展指数为75.59，与全国平均水平63.49相比，处于全国平均水平之上，体现出华东地区的专利与商标发展相对较强。

从衡量区域专利与商标发展指数的具体指标来看，2022年华东地区专利申请数指标、专利授权数指标、发明专利申请比例指标、专利授权平均维持年限指标、新增商标注册数指标和新增商标注册比例指标分别为68.23、76.37、59.53、88.56、73.10和87.74，均高于全国平均水平，表明华东地区上述方面表现相对较好，但仍需加大投入力度，保持领先优势，如图5-19所示。

5.1.3.4　华东地区技术市场交易维度

从区域技术市场交易的总体表现来看，2022年华东地区的区域技术市场交易指数为70.35，与全国平均水平57.33相比，处于全国平均水平之上，体现出华东地区的技术市场交易发展相对较强。

从衡量区域技术市场交易的具体指标来看，2022年华东地区技术市场成交合同数指标、技术市场成交额指标、技术产品市场化指标、技术国外引进数指标、技术国外输出数指标、高技术产业新产品数量指标、经政府认定的新产品指标和高技术产业新产品销售收入指标分别为67.18、67.81、66.44、64.95、65.86、71.19、75.02和84.36，均高于全国平均水平，表明华东地区上述方面表现相对较好，但仍需加大投入力度，保持领先优势，如图5-20所示。

5.1.3.5　华东地区组织和营销创新维度

从区域组织和营销创新的总体表现来看，2022年华东地区的区域组织和营销创新发展指数为74.81，与全国平均水平59.43相比，处于全国平均水平之上，体现出华东地区的组织和营销创新发展相对较强。

从衡量区域组织和营销创新水平的具体表现来看，2022年华东地区实施组织变革创新的企业数指标、信息化企业数指标、数字化企业数指标、实施营销创新的企业数指标、电子商务销售额指标、有电子商务交易活动企业数指标和数字交易指标分别为80.73、87.09、59.98、77.38、68.22、74.08和76.19，均高于全国平均水平，表明华东地区上述方面表现相对较好，但仍需加大投入力度，保持领先优势，如图5–21所示。

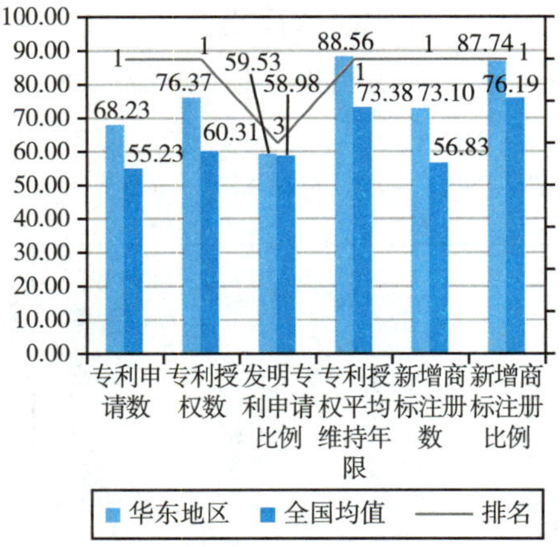

图5–19 华东地区专利与商标发展情况

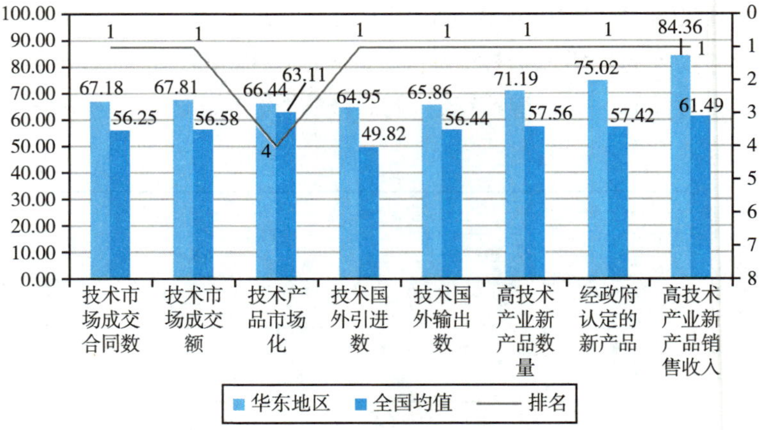

图5–20 华东地区技术市场交易情况

5.1.3.6 华东地区创新人才培养维度

从区域创新人才培养的总体表现来看，2022年华东地区的区域创新人才培养发展指数为68.41，与全国平均水平65.35相比，处于全国平均水平之上，体现出华东地区的创新人才培养发展相对较强。

从衡量区域创新人才培养指数的具体指标来看，2022年华东地区普通高等学校数指标、普通高等学校专任教师数指标、高等教育机构招生数指标和教育经费投入指标分别为80.71、62.06、74.15和59.44，均高于全国平均水平，表明华东地区上述方面表现相对较好，但仍需加大投入力度，保持领先优势。而2022年华东地区研究生招生增长率指标为65.71，低于全国平均水平，表明华东地区上述方面表现相对偏弱，需要继续完善相关环境建设，如图5–22所示。

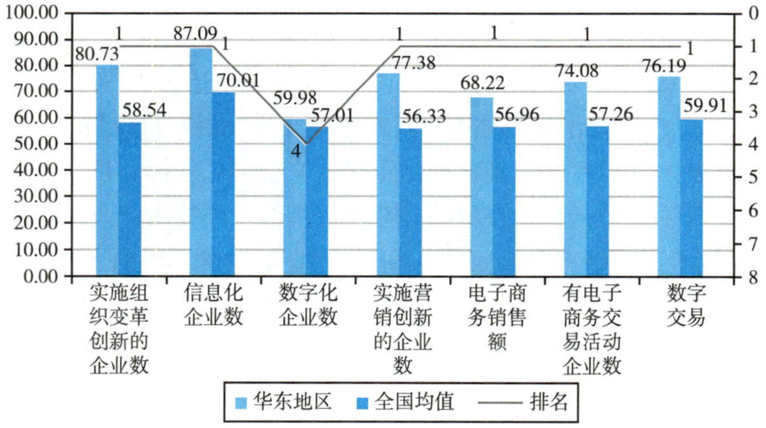

图5–21 华东地区组织和营销创新情况

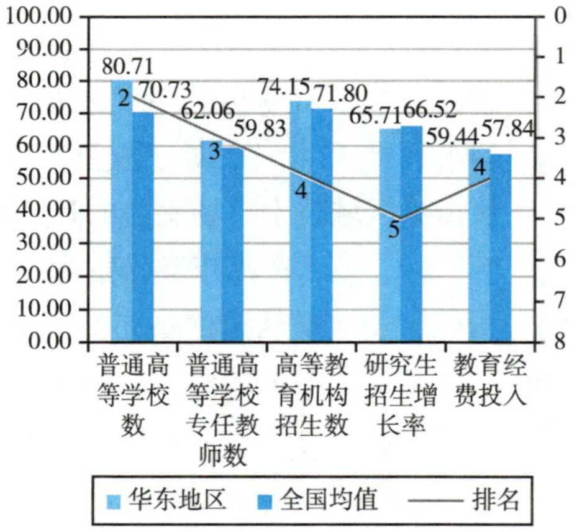

图5–22 华东地区创新人才培养情况

5.1.4 华南地区

5.1.4.1 华南地区创新发展软环境综合指数

2022年华南地区创新发展软环境综合指数为61.44，与全国平均水平61.75相比，处于全国平均水平之下，体现出华南地区创新发展软环境建设还需要进一步完善，如图5–23所示。

具体细分维度来看，华南地区的区域互联网、软件和信息技术发展指数、区域专利与商标发展指数、区域技术市场交易指数、区域组织和营销创新指数和区域创新人才培养指数分别为64.22、62.04、58.18、59.98和61.74。仅有区域专利与商标发展指数和区域创新人才培养指数低于全国平均水平，区域互联网、软件和信息技术发展指数、区域技术市场交易指数、区域组织和营销创新指数均高于全国平均水平，如图5-24所示。

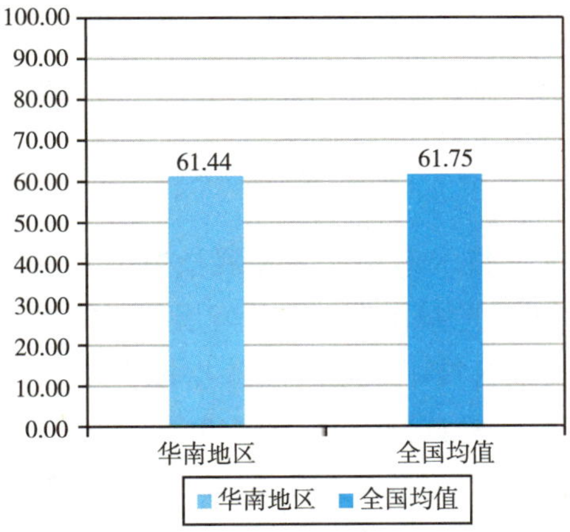

图5-23　华南地区创新发展软环境综合指数

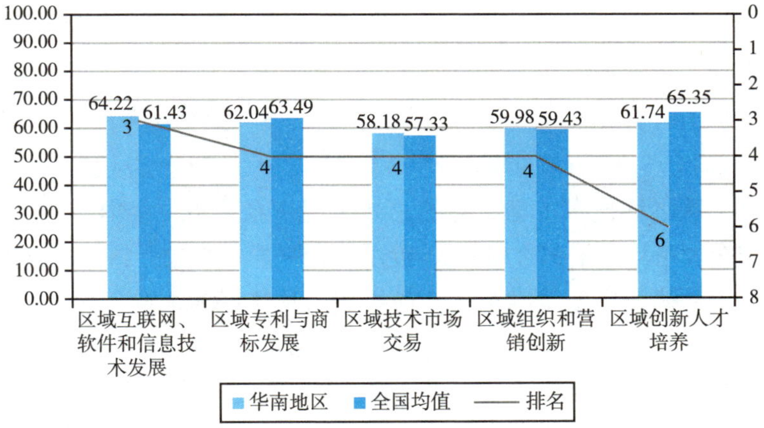

图5-24　华南地区创新发展软环境指数细分维度

5.1.4.2　华南地区互联网、软件和信息技术发展维度

从区域互联网、软件和信息技术发展的总体表现来看，2022年华南地区的区域互联网、软件和信息技术发展指数为64.22，与全国平均水平61.43相比，处于全国平均水平之上，体现出华南地区的互联网、软件和信息技术发展相对较强。

从衡量区域互联网、软件和信息技术发展指数的具体指标来看，2022年华南地区互联网和相关服务业收入指标和同比增速指标、软件业务收入指标、电子信息制造业规模指标、信息技术服务收入指标和同比增速指标和信息与通信技术投资指标分别为54.35、66.23、56.57、61.40、57.53、73.80和68.86，均高于全国平均水平，表明华南地区上述方面表现相对较好，但仍需加大投入力度，保持领先优势。而2022年华南地区软件业务收入同比增速指标、电子信息制造业规模增速指标和信息与通信技术投资增速指标分别为72.89、55.54和75.08，均低于全国平均水平，表明华南地区上述方面表现相对偏弱，需要继续完善相关环境建设，如图5-25所示。

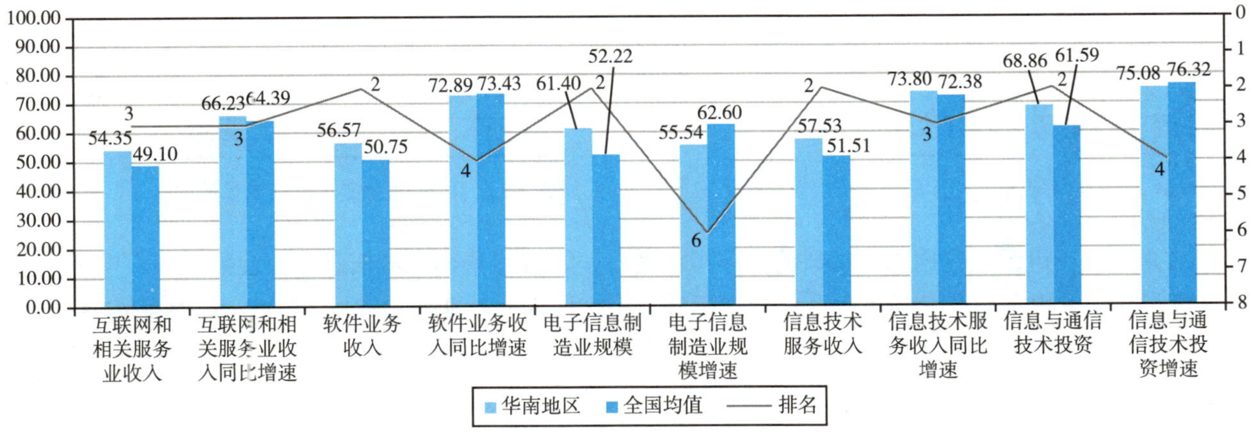

图5-25　华南地区互联网、软件和信息技术发展情况

5.1.4.3 华南地区专利与商标发展维度

从专利与商标发展的总体表现来看，2022年华南地区的区域专利与商标发展指数为62.04，与全国平均水平63.49相比，处于全国平均水平之下，体现出华南地区的专利与商标发展相对偏弱。

从区域专利与商标发展指数的具体指标来看，2022年华南地区专利申请数指标和新增商标注册数指标分别为55.78和63.29，均高于全国平均水平，表明华南地区上述方面表现相对较好，但仍需加大投入力度，保持领先优势。而2022年华南地区专利授权数指标、发明专利申请比例指标、专利授权平均维持年限指标和新增商标注册比例指标分别为58.41、57.00、71.24和66.54，均低于全国平均水平，表明华南地区上述方面表现相对偏弱，需要继续完善相关环境建设，如图5–26所示。

5.1.4.4 华南地区技术市场交易维度

从区域技术市场交易的总体表现来看，2022年华南地区的区域技术市场交易发展指数为58.18，与全国平均水平57.33相比，处于全国平均水平之上，体现出华南地区的技术市场交易发展相对较强。

从衡量区域技术市场交易指数的具体指标来看，2022年华南地区技术市场成交额指标、技术国外引进数指标、高技术产业新产品数量指标和经政府认定的新产品指标分别为60.95、49.97、66.08和63.02，均高于全国平均水平，表明华南地区上述方面表现相对较好，但仍需加大投入力度，保持领先优势。而2022年华南地区技术市场成交合同数指标、技术产品市场化指标、技术国外输出数指标和高技术产业新产品销售收入指标分别为55.24、55.13、53.77和61.29，均低于全国平均水平，表明华南地区上述方面表现相对偏弱，需要继续完善相关环境建设，如图5–27所示。

5.1.4.5 华南地区组织和营销创新维度

从区域组织和营销创新的总体表现来看，2022年华南地区的区域组织和营销创新发展指数为59.98，与全国平均水平59.43相比，处于全国平均水平之上，体现出华南地区的组织和营销创新发展相对较强。

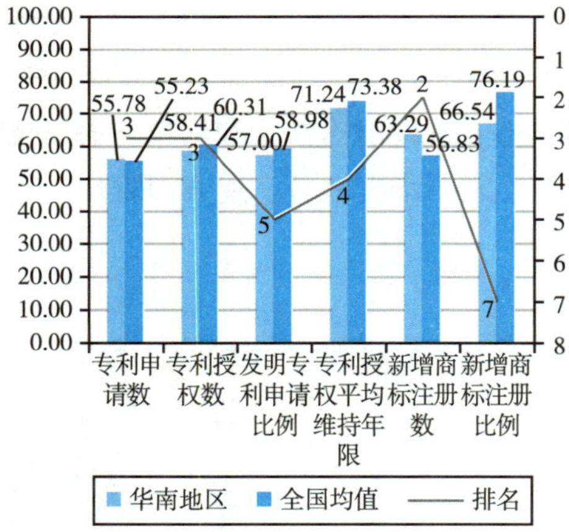

图5–26 华南地区专利与商标发展情况

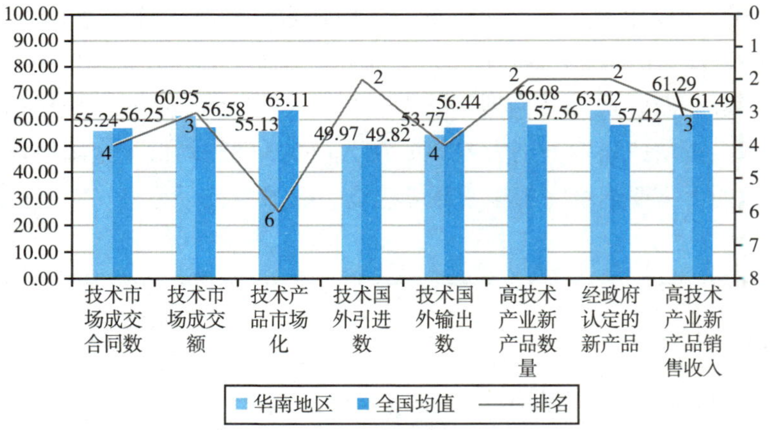

图5–27 华南地区技术市场交易情况

从衡量区域组织和营销创新指数的具体指标来看，2022年华南地区信息化企业数指标、电子商务销售额指标、有电子商务交易活动企业数指标和数字交易指标分别为71.69、64.09、64.26和62.83，均高于全国平均水平，表明华南地区上述方面表现相对较好，但仍需加大投入力度，保持领先优势。而2022年华南地区实施组织变革创新的企业数指标、数字化企业数指标和实施营销创新的企业数指标分别为56.66、44.38和55.94，均低于全国平均水平，表明华南地区上述方面表现相对偏弱，需要继续完善相关环境建设，如图5–28所示。

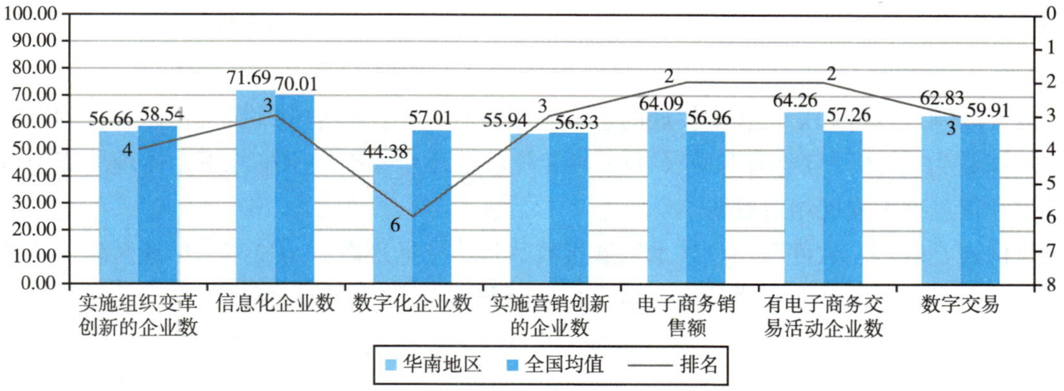

图5-28　华南地区组织和营销创新情况

5.1.4.6　华南地区创新人才培养维度

从区域创新人才培养的总体表现来看，2022年华南地区的区域创新人才培养发展指数为61.74，与全国平均水平65.35相比，处于全国平均水平之下，体现出华南地区的创新人才培养发展相对偏弱。

从衡量区域创新人才培养指数的具体指标来看，2022年华南地区普通高等学校数指标、普通高等学校专任教师数指标、高等教育机构招生数指标、研究生招生增长率指标和教育经费投入指标分别为70.63、57.75、68.96、54.09和57.30，均低于全国平均水平，表明华南地区上述方面表现相对偏弱，需要继续完善相关环境建设，如图5-29所示。

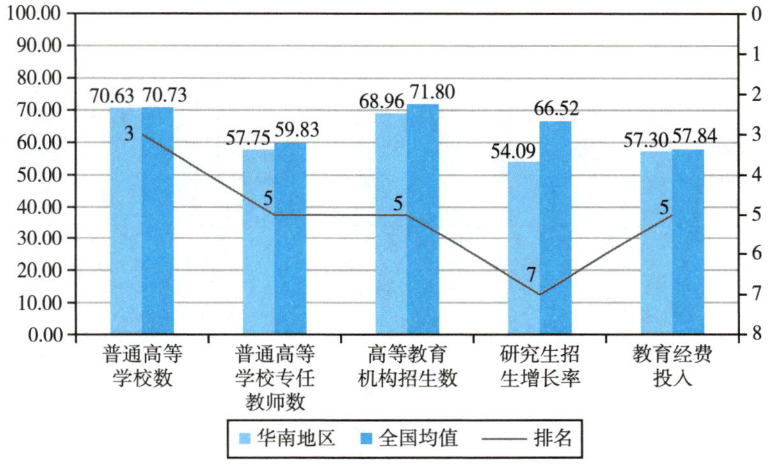

图5-29　华南地区创新人才培养情况

5.1.5　华中地区

5.1.5.1　华中地区创新发展软环境综合指数

2022年华中地区创新发展软环境综合指数为64.54，与全国平均水平61.75相比，处于全国平均水平之上，体现出华中地区创新发展软环境建设较好，但仍需继续保持，如图5-30所示。

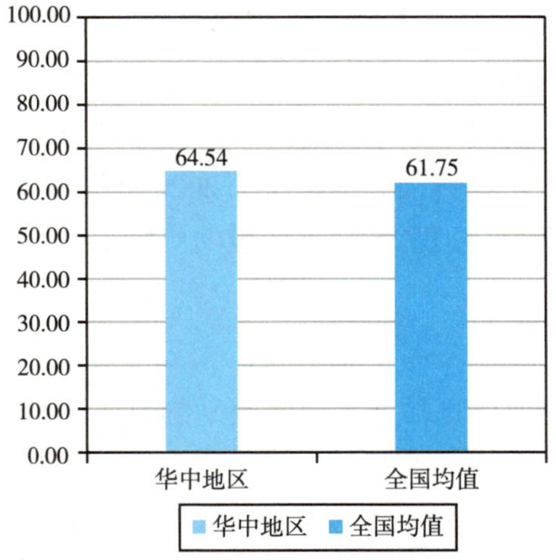

图5-30　华中地区创新发展软环境综合指数

具体细分维度来看，华中地区的区域互联网、软件和信息技术发展指数、区域专利与商标发展指数、区域技术市场交易指数、区域组织和营销创新指数和区域创新人才培养指数分别为61.06、66.45、61.50、60.33和70.98。其中，仅有区域互联网、软件和信息技术发展指数得分低于全国平均水平，区域专利与商标发展指数、区域技术市场交易指数、区域组织和营销创新指数和区域创新人才培养指数均高于全国平均水平，如图5–31所示。

5.1.5.2　华中地区互联网、软件和信息技术发展维度

从区域互联网、软件和信息技术发展的总体表现来看，2022年华中地区的区域互联网、软件和信息技术发展指数为61.06，与全国平均水平61.43相比，处于全国平均水平之下，体现出华中地区的互联网、软件和信息技术发展相对偏弱。

从衡量区域互联网、软件和信息技术发展指数的具体指标来看，2022年华中地区软件业务收入同比增速指标、电子信息制造业规模指标、信息技术服务收入同比增速指标和信息与通信技术投资指标分别为75.02、53.89、77.97和67.39，均高于全国平均水平，表明华中地区上述方面表现相对较好，但仍需加大投入力度，保持领先优势。而2022年华中地区互联网和相关服务业收入指标和同比增速指标、软件业务收入指标、电子信息制造业规模增速指标、信息技术服务收入指标和信息与通信技术投资增速指标分别为46.21、63.38、46.00、60.65、45.36和74.70，均低于全国平均水平，表明华中地区上述方面表现相对偏弱，需要继续完善相关环境建设，如图5–32所示。

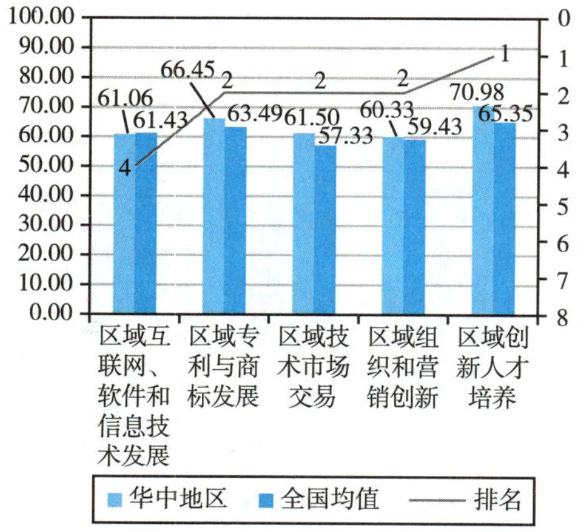

图5–31　华中地区创新发展软环境细分维度

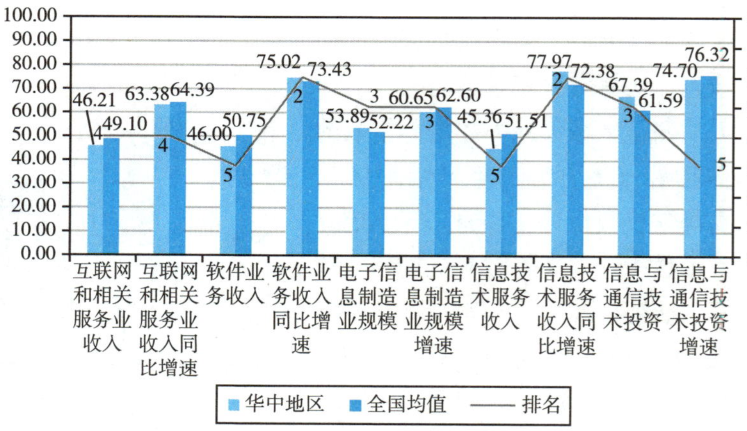

图5–32　华中地区互联网、软件和信息技术发展情况

5.1.5.3　华中地区专利与商标发展维度

从区域专利与商标发展的总体表现来看，2022年华中地区的区域专利与商标发展指数为66.45，与全国平均水平63.49相比，处于全国平均水平之上，体现出华中地区的专利与商标发展相对较强。

从衡量区域专利与商标发展指数的具体指标来看，2022年华中地区发明专利申请比例指标、专利授权平均维持年限指标、新增商标注册数指标和新增商标注册比例指标分别为63.81、78.19、61.35和86.84，均高于全国平均水平，表明华中地区上述方面表现相对较好，但仍需加大投入力度，保持领先优势。而2022年华中地区专利申请数指标和专利授权数指标分别为51.12和57.37，均低于全国平均水平，表明华中地区上述方面表现相对偏弱，需要继续完善相关环境建设，如图5–33所示。

5.1.5.4　华中地区技术市场交易维度

从区域技术市场交易的总体表现来看，2022年华中地区的区域技术市场交易指数为61.50，与全国平均水平57.33相比，处于全国平均水平之上，体现出华中地区的技术市场交易发展相对较强。

从衡量区域技术市场交易指数的具体指标来看，2022年华中地区技术市场成交合同数指标、技术市场成交额指标、技术产品市场化指标、技术国外输出数指标和高技术产业新产品销售收入指标分别

为64.23、61.63、72.80、64.25和74.44，均高于全国平均水平，表明华中地区上述方面表现相对较好，但仍需加大投入力度，保持领先优势。而2022年华中地区技术国外引进数指标、高技术产业新产品数量指标和经政府认定的新产品指标分别为46.16、54.09和54.40，均低于全国平均水平，表明华中地区上述方面表现相对偏弱，需要继续完善相关环境建设，如图5-34所示。

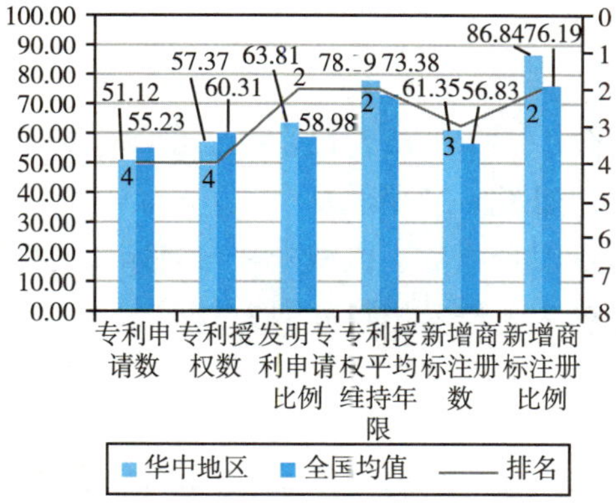

图5-33　华中地区专利与商标发展情况

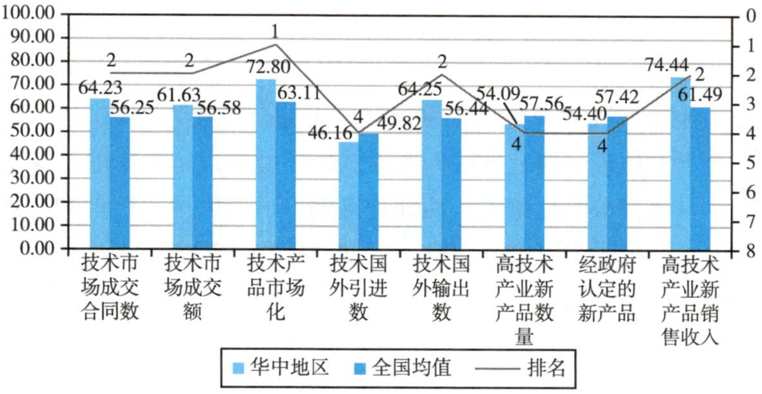

图5-34　华中地区技术市场交易情况

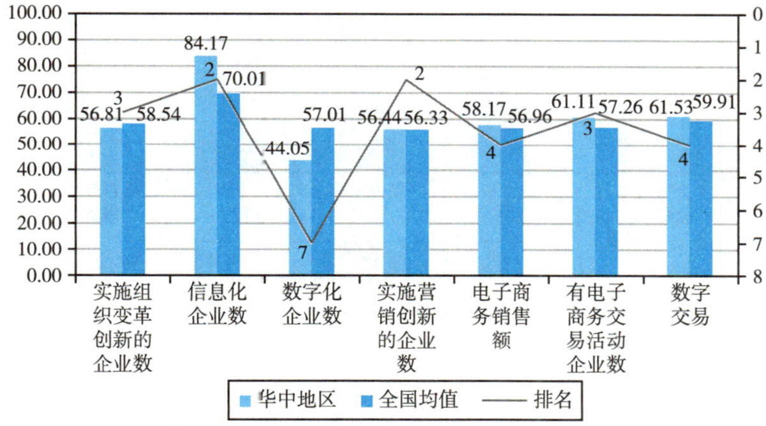

图5-35　华中地区组织和营销创新情况

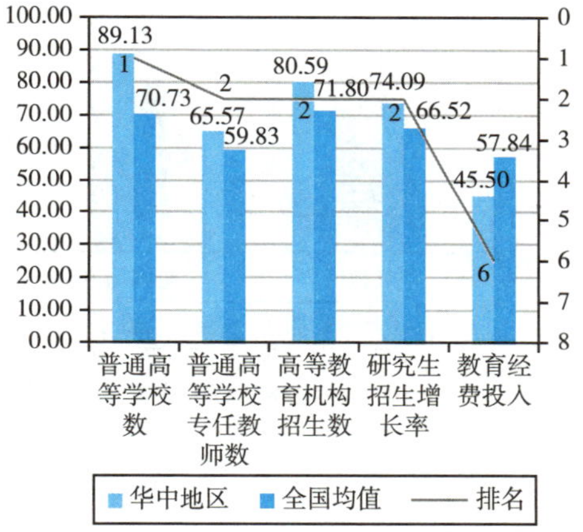

图5-36　华中地区创新人才培养情况

5.1.5.5　华中地区组织和营销创新维度

从区域组织和营销创新的总体表现来看，2022年华中地区的区域组织和营销创新指数为60.33，与全国平均水平59.43相比，处于全国平均水平之上，体现出华中地区的组织和营销创新发展相对较强。

从衡量区域组织和营销创新指数的具体指标来看，2022年华中地区信息化企业数指标、实施营销创新的企业数指标、电子商务销售额指标、有电子商务交易活动企业数指标和数字交易指标分别为84.17、56.44、58.17、61.11和61.53，均高于全国平均水平，表明华中地区上述方面表现相对较好，但仍需加大投入力度，保持领先优势。而2022年华中地区实施组织变革创新的企业数指标和数字化企业数指标分别为56.81和44.05，均低于全国平均水平，表明华中地区上述方面表现相对偏弱，需要继续完善相关环境建设，如图5-35所示。

5.1.5.6　华中地区创新人才培养维度

从区域创新人才培养的总体表现来看，2022年华中地区的区域创新人才培养指数为70.98，与全国平均水平65.35相比，处于全国平均水平之上，体现出华中地区的创新人才培养发展相对较强。

从衡量区域创新人才培养指数的具体指标来看，2022年华中地区普通高等学校数指标、普通高等学校专任教师数指标、高等教育机构招生数指标和研究生招生增长率指标分别为89.13、65.57、80.59和74.09，均高于全国平均水平，表明华中地区上述方面表现相对较好，但仍需加大投入力度，保持领先优势。而2022年华中地区教育经费投入指标为45.50，低于全国平均水平，表明华中地区上述方面表现相对偏弱，需要继续完善相关环境建设，如图5-36所示。

5.1.6 西北地区

5.1.6.1 西北地区创新发展软环境综合指数

2022年西北地区创新发展软环境综合指数为54.80，与全国平均水平61.75相比，处于全国平均水平之下，体现出西北地区创新发展软环境建设还需要进一步完善，如图5-37所示。

具体细分维度来看，西北地区的区域互联网、软件和信息技术发展指数、区域专利与商标发展指数、区域技术市场交易指数、区域组织和营销创新指数和区域创新人才培养指数分别为58.19、54.67、48.04、48.52和60.36，均低于全国平均水平，如图5-38所示。

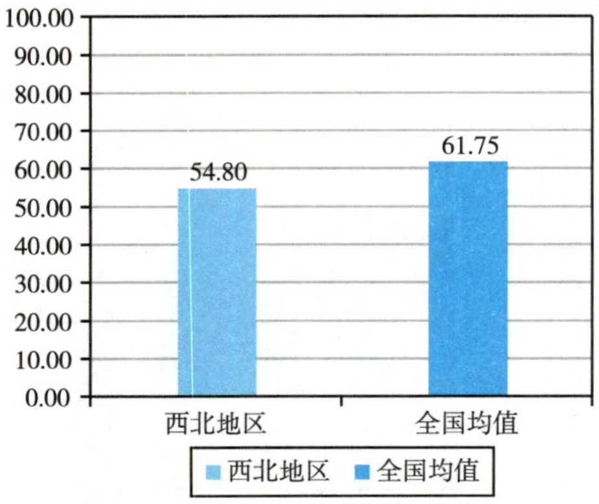

图5-37 西北地区创新发展软环境综合指数

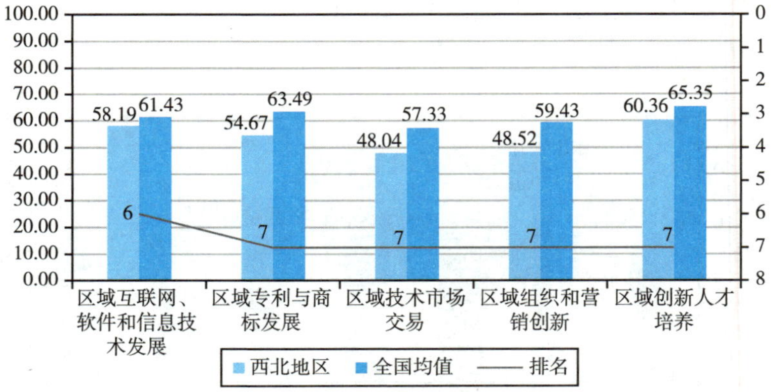

图5-38 西北地区创新发展软环境细分维度

5.1.6.2 西北地区互联网、软件和信息技术发展维度

从区域互联网、软件和信息技术发展的总体表现来看，2022年西北地区的区域互联网、软件和信息技术发展指数为58.19，与全国平均水平61.43相比，处于全国平均水平之下，体现出西北地区的互联网、软件和信息技术发展相对偏弱。

从衡量区域互联网、软件和信息技术发展指数的具体指标来看，2022年西北地区互联网和相关服务业收入同比增速指标和电子信息制造业规模增速指标分别为77.26和81.51，均高于全国平均水平，表明西北地区上述方面表现相对较好，但仍需加大投入力度，保持领先优势。而2022年西北地区互联网和相关服务业收入指标、软件业务收入指标和同比增速指标、电子信息制造业规模指标、信息技术服务收入指标和同比增速指标、信息与通信技术投资指标和增速指标分别为41.05、43.21、66.36、42.59、43.06、64.42、50.93和71.50，均低于全国平均水平，表明西北地区上述方面表现相对偏弱，需要继续完善相关环境建设，如图5-39所示。

5.1.6.3 西北地区专利与商标发展维度

从区域专利与商标发展的总体表现来看，2022年西北地区的区域专利与商标发展指数为54.67，与全国平均水平63.49相比，处于全国平均水平之下，体现出西北地区的专利与商标发展相对偏弱。

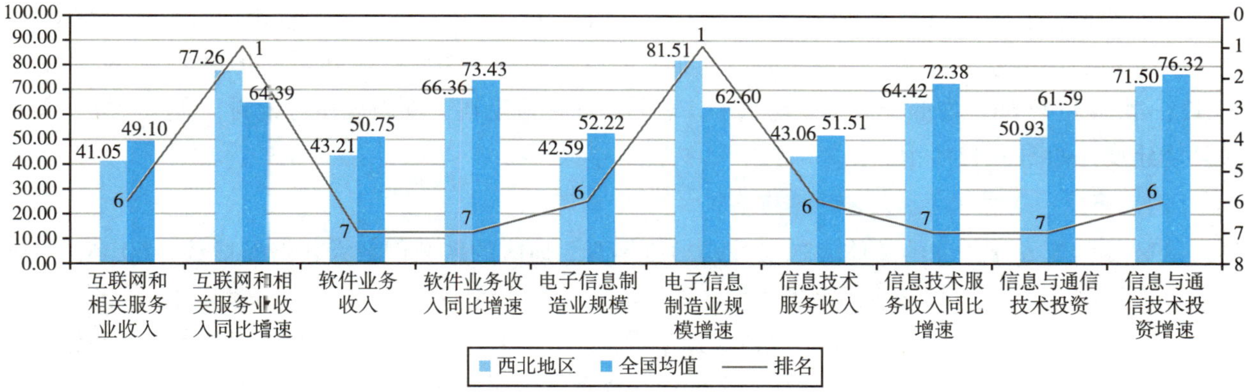

图5-39 西北地区互联网、软件和信息技术发展情况

从衡量区域专利与商标发展指数的具体指标来看，专利申请数指数指标、专利授权数指数指标、发明专利申请比例指标、专利授权平均维持年限指标、新增商标注册数指标和新增商标注册比例指标分别为46.88、50.73、53.05、59.98、43.78和73.59，均低于全国平均水平，表明西北地区上述方面表现相对偏弱，需要继续完善相关环境建设，如图5-40所示。

5.1.6.4 西北地区技术市场交易维度

从区域技术市场交易的总体表现来看，西北地区的区域技术市场交易指数为48.04，与全国平均水平57.33相比，处于全国平均水平之下，体现出西北地区的技术市场交易发展相对偏弱。

从衡量区域技术市场交易指数的具体指标来看，技术市场成交合同数指标、技术市场成交额指标、技术产品市场化指标、技术国外引进数指标、技术国外输出数指标、高技术产业新产品数量指标、经政府认定的新产品指标和高技术产业新产品销售收入指标分别为52.09、48.77、56.78、40.75、52.21、44.81、45.03和43.87，均低于全国平均水平，表明西北地区上述方面表现相对偏弱，需要继续完善相关环境建设，如图5-41所示。

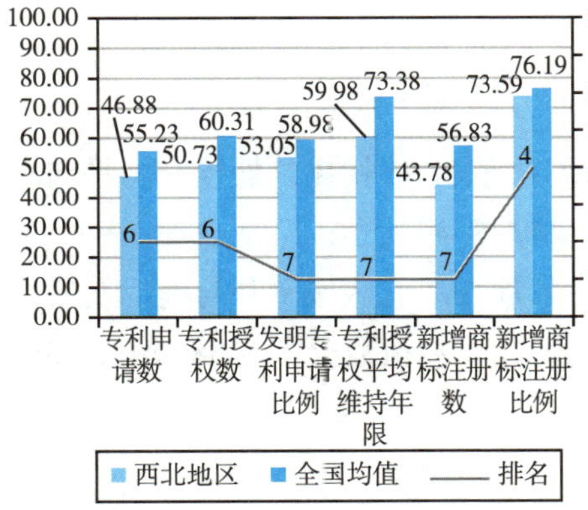

图5-40 西北地区专利与商标发展情况

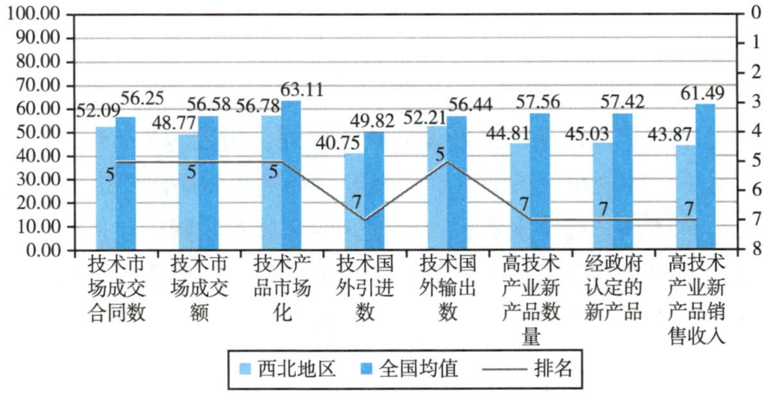

图5-41 西北地区技术市场交易情况

5.1.6.5 西北地区组织和营销创新维度

从区域组织和营销创新的总体表现来看，2022年西北地区的区域组织和营销创新指数为48.52，与全国平均水平59.43相比，处于全国平均水平之下，体现出西北地区的组织和营销创新发展相对偏弱。

从衡量区域组织和营销创新指数的具体指标来看，2022年西北地区数字化企业数指标为60.04，高于全国平均水平，表明西北地区上述方面表现相对较好，但仍需加大投入力度，保持领先优势。而

2022年西北地区实施组织变革创新的企业数指标、信息化企业数指标、实施营销创新的企业数指标、电子商务销售额指标、有电子商务交易活动企业数指标和数字交易指标分别为46.86、52.18、44.73、43.42、44.74和47.66，均低于全国平均水平，表明西北地区上述方面表现相对偏弱，需要继续完善相关环境建设，如图5-42所示。

5.1.6.6 西北地区创新人才培养维度

从区域创新人才培养的总体表现来看，2022年西北地区的区域创新人才培养指数为60.36，与全国平均水平65.35相比，处于全国平均水平之下，体现出西北地区的创新人才培养发展相对偏弱。

从衡量区域创新人才培养指数的具体指标来看，2022年西北地区研究生招生增长率指标和教育经费投入指标分别为66.73和63.76，均高于全国平均水平，表明西北地区上述方面表现相对较好，但仍需加大投入力度，保持领先优势。而2022年西北地区普通高等学校数指标、普通高等学校专任教师数指标和高等教育机构招生数指标分别为54.93、52.55和63.81，均低于全国平均水平，表明西北地区上述方面表现相对偏弱，需要继续完善相关环境建设，如图5-43所示。

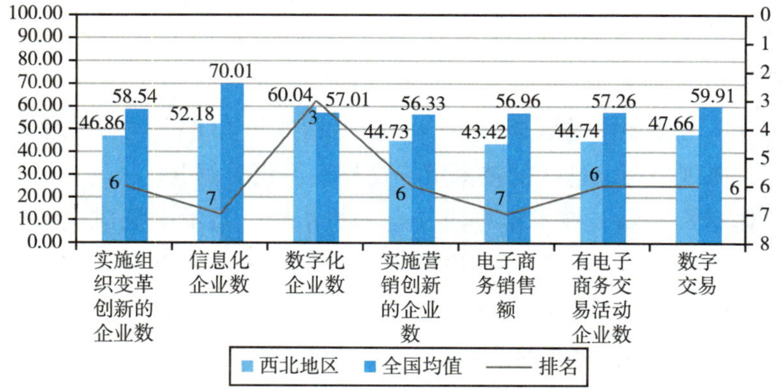

图5-42 西北地区组织和营销创新情况

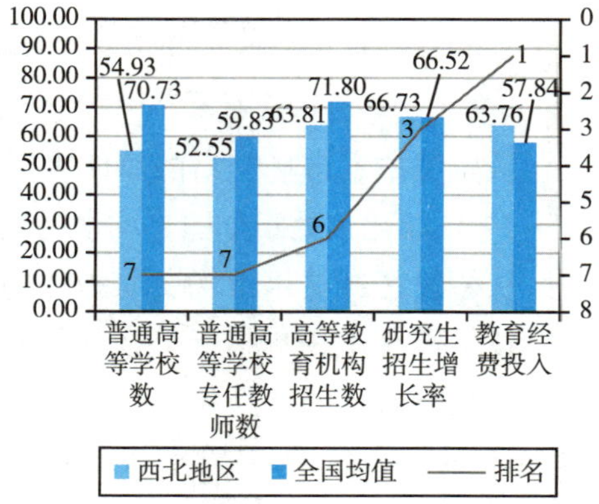

图5-43 西北地区创新人才培养情况

5.1.7 西南地区

5.1.7.1 西南地区创新发展软环境综合指数

2022年西南地区创新发展软环境综合指数为56.55，与全国平均水平61.75相比，处于全国平均水平之下，体现出西南地区创新发展软环境建设还需要进一步完善，如图5-44所示。

具体细分维度来看，西南地区的区域互联网、软件和信息技术发展指数、区域专利与商标发展指数、区域技术市场交易指数、区域组织和营销创新指数和区域创新人才培养指数分别为58.38、55.58、48.50、52.71和63.47，均低于全国平均水平，如图5-45所示。

5.1.7.2 西南地区互联网、软件和信息技术发展维度

从区域互联网、软件和信息技术发展的总体表现来看，2022年西南地区的区域互联网、软件和信息技术发展指数为58.38，与全国平均水平61.43相比，处于全国平均水平之下，体现出西南地区的互联网、软件和信息技术发展相对偏弱。

从衡量区域互联网、软件和信息技术发展指数的具体指标来看，2022年西南地区互联网和相关服务业收入同比增速指标和信息与通信技术投资增速指标分别为74.02和76.45，均高于全国平均水平，表明西南地区上述方面表现相对较好，但仍需加大投入力度，保持领先优势。而2022年西南地区互联网和相关服务业收入指标、软件业务收入指标和同比增速指标、电子信息制造业规模指标和增

速指标、信息技术服务收入和同比增速指标和信息与通信技术投资指标分别为44.51、47.10、67.26、50.38、58.45、46.27、66.76和52.60，均低于全国平均水平，表明西南地区上述方面表现相对偏弱，需要继续完善相关环境建设，如图5-46所示。

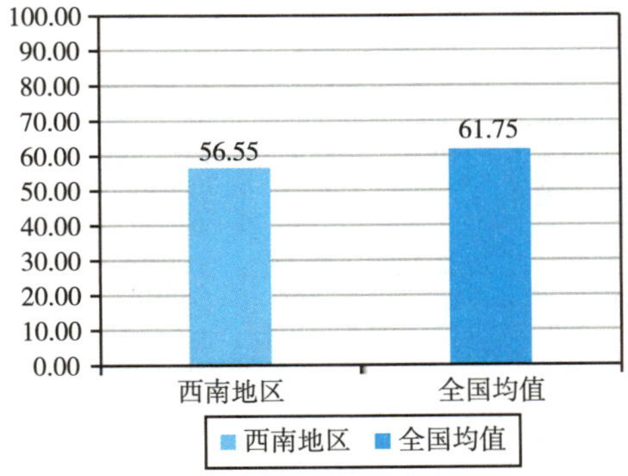

图5-44　西南地区创新发展软环境综合指数

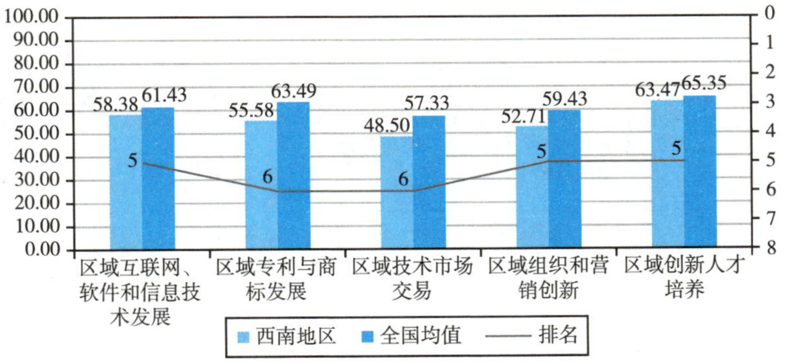

图5-45　西南地区创新发展软环境细分维度

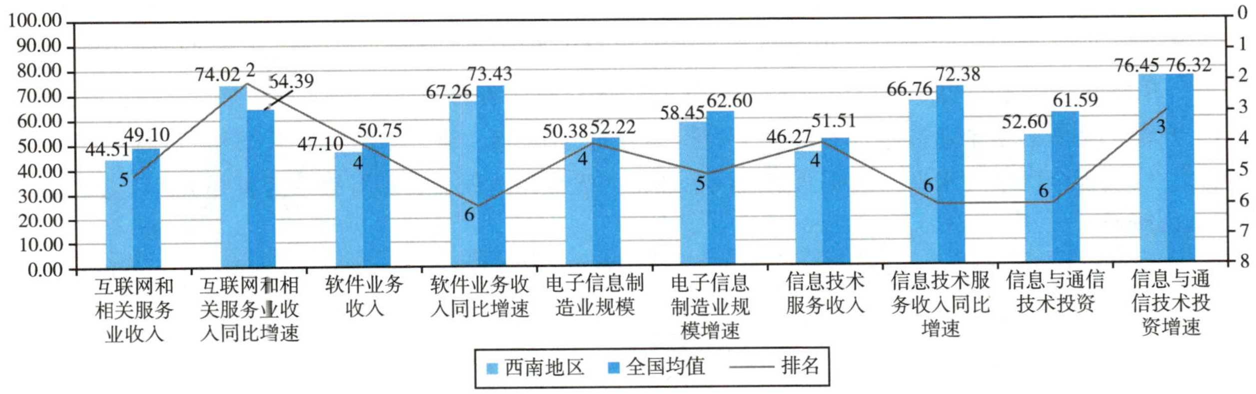

图5-46　西南地区互联网、软件和信息技术发展情况

5.1.7.3　西南地区专利与商标发展维度

从区域专利与商标发展的总体表现来看，2022年西南地区的区域专利与商标发展指数为55.58，与全国平均水平63.49相比，处于全国平均水平之下，体现出西南地区的专利与商标发展相对偏弱。

从衡量区域专利与商标发展指数的具体指标来看，2022年专利申请数指标、专利授权数指标、发明专利申请比例指标、专利授权平均维持年限指标、新增商标注册数指标和新增商标注册比例指标分别为45.91、49.78、55.30、65.42、49.91和67.15，均低于全国平均水平，表明西南地区上述方面表现相对偏弱，需要继续完善相关环境建设，如图5-47所示。

5.1.7.4　西南地区技术市场交易维度

从区域技术市场交易的总体表现来看，2022年西南地区的区域技术市场交易指数为48.50，与全国平均水平57.33相比，处于全国平均水平之下，体现出西南地区的技术市场交易发展相对偏弱。

从衡量区域技术市场交易指数的具体指标来看，2022年西南地区技术市场成交合同数指标、技术市场成交额指标、技术产品市场化指标、技术国外引进数指标、技术国外输出数指标、高技术产业新产品数量指标、经政府认定的新产品指标和高技术产业新产品销售收入指标分别为45.83、46.44、51.81、44.24、47.34、50.82、48.08和53.46，均低于全国平均水平，表明西南地区上述方面表现相对偏弱，需要继续完善相关环境建设，如图5-48所示。

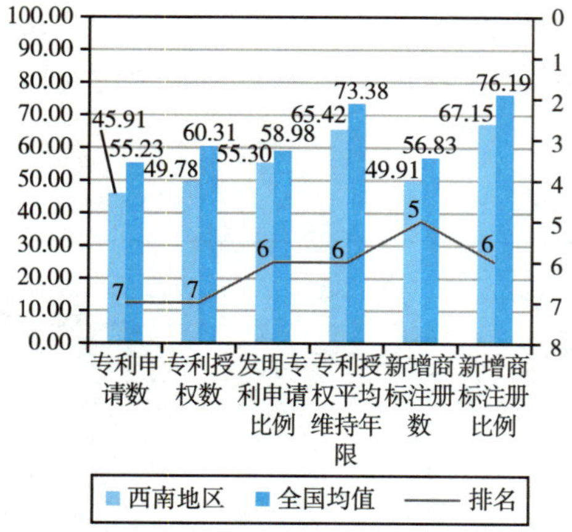

图5-47 西南地区专利与商标发展情况

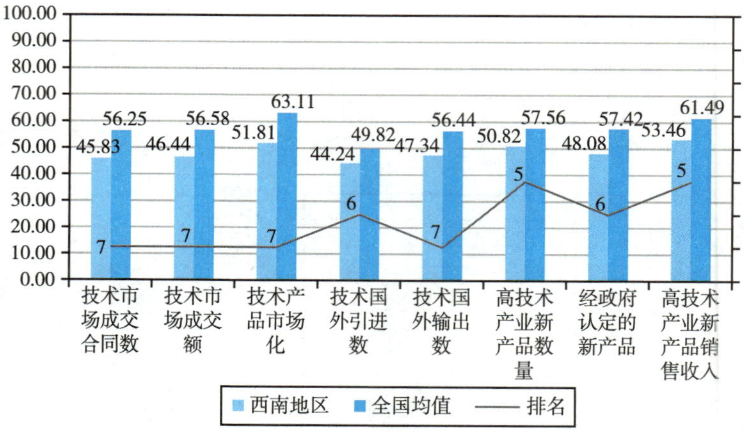

图5-48 西南地区技术市场交易情况

5.1.7.5 西南地区组织和营销创新维度

从区域组织和营销创新的总体表现来看，2022年西南地区的区域组织和营销创新指数为52.71，与全国平均水平59.43相比，处于全国平均水平之下，体现出西南地区的组织和营销创新发展相对偏弱。

从衡量区域组织和营销创新指数的具体指标来看，2022年西南地区实施组织变革创新的企业数指标、信息化企业数指标、数字化企业数指标、实施营销创新的企业数指标、电子商务销售额指标、有电子商务交易活动企业数指标和数字交易指标分别为48.58、64.53、52.87、47.35、52.19、52.57和50.90，均低于全国平均水平，表明西南地区上述方面表现相对偏弱，需要继续完善相关环境建设，如图5-49所示。

5.1.7.6 西南地区创新人才培养维度

从区域创新人才培养的总体表现来看，2022年西南地区的区域创新人才培养指数为63.47，与全国平均水平65.35相比，处于全国平均水平之下，体现出西南地区的创新人才培养发展相对偏弱。

从衡量区域创新人才培养指数的具体指标来看，2022年西南地区研究生招生增长率指标和教育经费投入指标76.00和62.80，均高于全国平均水平，表明西南地区上述方面表现相对较好，但仍需加大投入力度，保持领先优势。而2022年西南地区普通高等学校数指标、普通高等学校专任教师数指标和高等教育机构招生数指标分别为64.90、53.22和60.40，均低于全国平均水平，表明西南地区上述方面表现相对偏弱，需要继续完善相关环境建设，如图5-50所示。

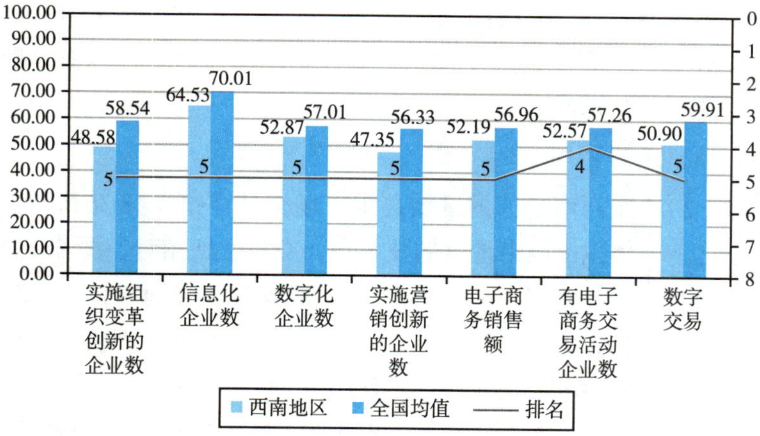

图5-49 西南地区组织和营销创新情况

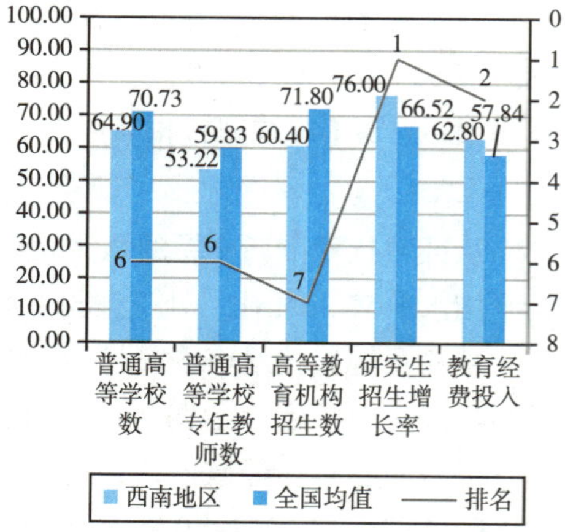

图5-50 西南地区创新人才培养情况

5.2 省份创新发展软环境评价

根据披露的区域互联网、软件和信息技术发展、区域专利与商标发展、区域技术市场交易、区域组织和营销创新和区域创新人才培养的相关数据，报告分析了我国31个省份的创新发展软环境综合指数，具体如图5-51所示。

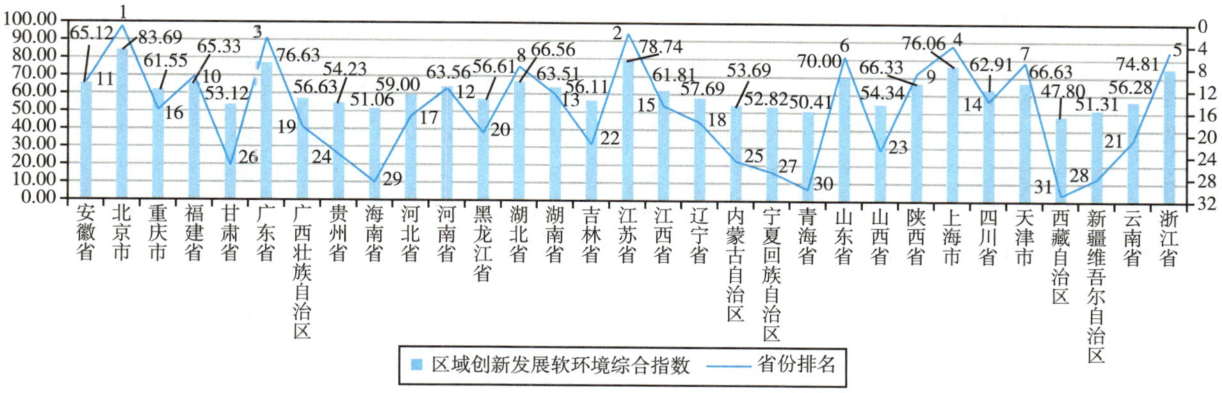

图5-51 区域创新发展软环境综合指数——省份维度

总体来看，安徽省、北京市、重庆市、福建省、甘肃省、广东省、广西壮族自治区、贵州省、海南省、河北省、河南省、黑龙江省、湖北省、湖南省、吉林省、江苏省、江西省、辽宁省、内蒙古自治区、宁夏回族自治区、青海省、山东省、山西省、陕西省、上海市、四川省、天津市、西藏自治区、新疆维吾尔自治区、云南省和浙江省的创新发展软环境综合指数依次为65.12、83.69、61.55、65.33、53.12、76.63、56.63、54.23、51.06、59.00、63.56、56.61、66.56、63.51、56.11、78.74、61.81、57.69、53.69、52.82、50.41、70.00、54.34、66.33、76.06、62.91、66.63、47.80、51.31、56.28和74.81。其中，创新发展软环境综合指数平均水平最高的是北京市，最低的是西藏自治区，可见区域创新发展软环境综合指数存在明显的省份差异。

细分维度来看，区域互联网、软件和信息技术发展指数、区域专利与商标发展指数、区域技术市场交易指数和区域创新人才培养指数分值最高的均为北京市；区域组织和营销创新指数分值最高的为上海市，如表5-2所示。

表5-2 创新发展软环境指数一览表——省份维度

省份	区域互联网、软件和信息技术发展指数		区域专利与商标发展指数		区域技术市场交易指数		区域组织和营销创新指数		区域创新人才培养指数	
	分值	排名	分值	排名	分值	排名	分值	排名	分值	排名
安徽	59.65	18	72.75	8	65.29	10	65.06	8	64.81	17
北京	78.54	1	87.82	1	88.33	1	83.02	4	82.68	1
重庆	59.21	21	64.39	15	53.64	17	58.54	14	69.02	9
福建	61.75	12	73.19	7	57.83	13	70.82	6	65.19	16
甘肃	55.50	28	53.87	23	46.17	21	47.96	23	58.45	26
广东	75.66	2	82.43	3	83.45	3	84.93	3	63.98	20
广西	58.95	22	55.70	21	47.84	20	49.82	20	65.37	14
贵州	60.57	15	49.79	28	45.37	23	47.93	24	61.49	23

续表

省份	区域互联网、软件和信息技术发展指数		区域专利与商标发展指数		区域技术市场交易指数		区域组织和营销创新指数		区域创新人才培养指数	
	分值	排名	分值	排名	分值	排名	分值	排名	分值	排名
海南	58.06	24	47.99	29	43.25	27	45.18	29	55.88	29
河北	62.54	10	60.60	18	51.22	18	55.38	18	62.42	21
河南	58.27	23	65.38	14	55.78	16	59.44	12	74.84	3
黑龙江	59.52	20	60.52	19	49.69	19	47.04	27	62.03	22
湖北	64.55	7	67.32	9	68.47	7	62.56	10	68.89	10
湖南	60.34	16	66.64	11	60.25	11	58.98	13	69.19	8
吉林	53.72	29	59.91	20	45.49	22	47.59	25	68.14	12
江苏	72.33	3	82.87	2	84.63	2	82.81	5	75.13	2
江西	57.25	25	63.52	16	57.13	14	57.61	16	70.41	6
辽宁	50.04	30	60.78	17	56.43	15	56.10	17	64.14	19
内蒙古	62.71	9	52.28	26	41.96	28	49.41	21	57.41	27
宁夏	59.56	19	51.52	27	43.83	25	47.38	26	57.26	28
青海	55.73	26	53.45	25	41.28	29	44.56	31	53.59	31
山东	67.36	6	73.87	6	72.75	6	69.43	7	68.24	11
山西	59.70	17	54.91	22	44.00	24	50.18	19	58.94	25
陕西	64.44	8	66.72	10	67.67	8	57.67	15	72.00	5
上海	68.24	5	81.91	4	77.41	5	89.95	1	69.80	7
四川	61.71	13	65.88	12	60.00	12	62.55	11	64.25	18
天津	62.39	11	65.39	13	66.05	9	62.89	9	73.77	4
西藏	49.36	31	44.30	31	40.19	31	45.64	28	55.27	30
新疆	55.73	27	47.79	30	41.24	30	45.02	30	60.48	24
云南	61.04	14	53.54	24	43.31	26	48.91	22	67.30	13
浙江	69.88	4	81.01	5	77.44	4	88.00	2	65.32	15
全国均值	61.43		63.49		57.33		59.43		65.35	

数据来源：首经贸资产评估研究院和浙工商数字创新与管理研究院整理。

5.2.1 安徽省

5.2.1.1 安徽省创新发展软环境综合指数

2022年安徽省的创新发展软环境综合指数为65.12，与全国平均水平61.75相比，处于全国平均水平之上，体现出安徽省创新发展软环境建设较好，但仍需继续保持，如图5-52所示。

5.2.1.2 安徽省互联网、软件和信息技术发展维度

从区域互联网、软件和信息技术发展的总体表现来看，2022年安徽省的区域互联网、软件和信息技术发展指数为59.65，与全国平均水平61.43相比，安徽省处于全国平均水平之下，体现出安徽省的互联网、软件和信息技术发展相对偏弱。

从衡量区域互联网、软件和信息技术发展指数的具体指标来看，2022年安徽省软件业务收入同比增速指标、电子信息制造业规模指标、信息与通信技术投资指标和增速指标分别为73.55、57.68、66.41和89.35，均处于全国平均水平之上，表明安徽省上述方面表现相对较好，但仍需加大投入力度，保持领先优势。而2022年安徽省互联网和相关服务业收入指标和同比增速指标、软件业务收入指标、电子信息制造业规模增速指标、信息技术服务收入指标和同比增速指标分别为45.65、51.33、44.24、

60.96、42.33和65.00，均处于全国平均水平之下，表明安徽省上述方面表现相对偏弱，需要继续完善相关环境建设，如图5-53所示。

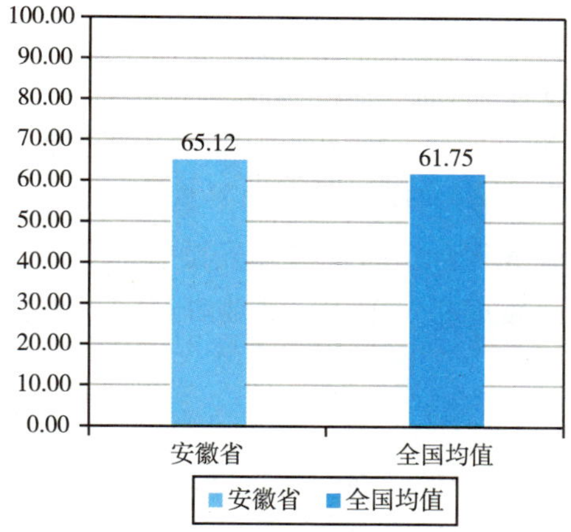

图5-52　安徽省创新发展软环境综合指数

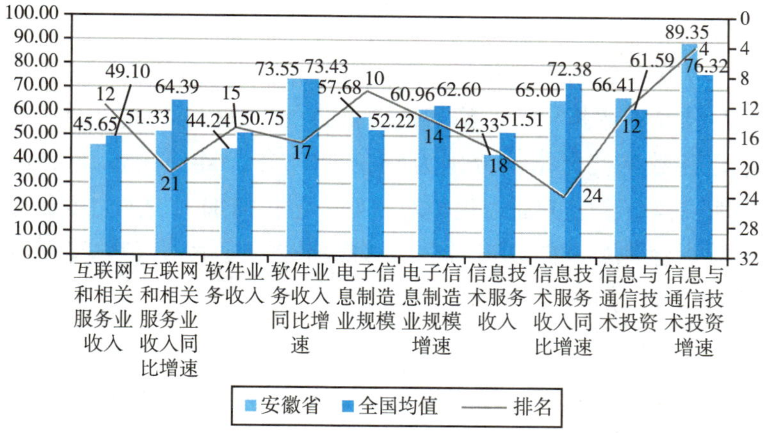

图5-53　安徽省互联网、软件和信息技术发展情况

5.2.1.3　安徽省专利与商标发展维度

从区域专利与商标发展的总体表现来看，2022年安徽省的区域专利与商标发展指数为72.75，与全国平均水平63.49相比，安徽省处于全国平均水平之上，体现出安徽省的专利与商标发展相对较强。

从衡量区域专利与商标发展指数的具体指标来看，2022年安徽省专利申请数指标、专利授权数指标、发明专利申请比例指标、专利授权平均维持年限指标、新增商标注册数指标和新增商标注册比例指标分别为59.50、64.77、77.07、84.53、60.79和89.81，均处于全国平均水平之上，表明安徽省上述方面表现相对较好，但仍需加大投入力度，保持领先优势，如图5-54所示。

5.2.1.4　安徽省技术市场交易维度

从技术市场交易的总体表现来看，2022年安徽省的区域技术市场交易发展指数为65.29，与全国平均水平57.33相比，安徽省处于全国平均水平之上，体现出安徽省的技术市场交易发展相对较强。

从衡量区域技术市场交易指数的具体指标来看，2022年安徽省技术市场成交合同数指标、技术市场成交额指标、技术产品市场化指标、技术国外引进数指标、技术国外输出数指标、高技术产业新产品数量指标、经政府认定的新产品指标和高技术产业新产品销售收入指标分别为59.23、69.30、67.06、55.34、64.22、60.86、61.27和85.02，均处于全国平均水平之上，表明安徽省上述方面表现相对较好，但仍需加大投入力度，保持领先优势，如图5-55所示。

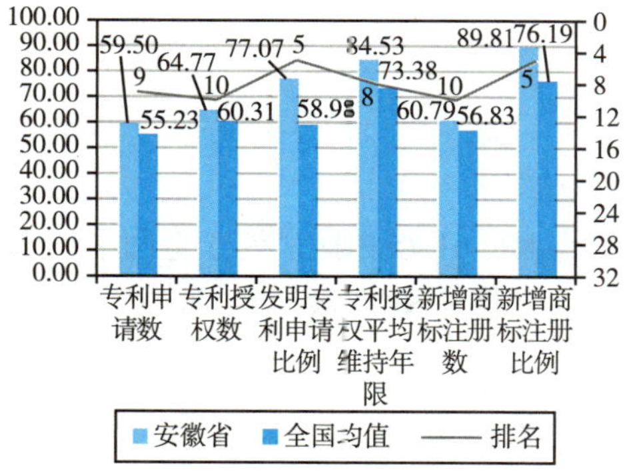

图5-54　安徽省专利与商标发展情况

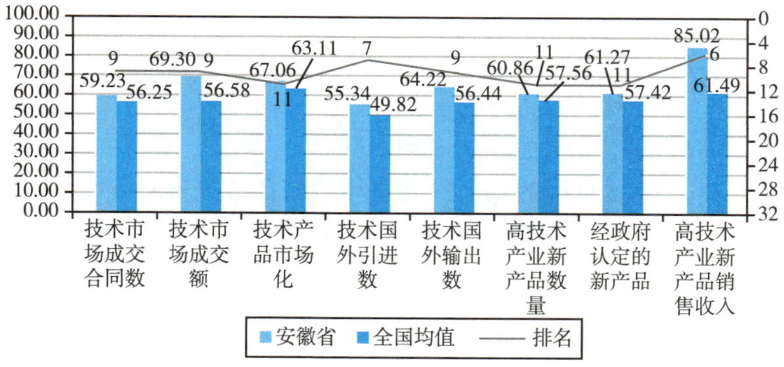

图5-55　安徽省技术市场交易情况

5.2.1.5 安徽省组织和营销创新维度

从组织和营销创新的总体表现来看，2022年安徽省的区域组织和营销创新发展指数为65.06，与全国平均水平59.43相比，安徽省处于全国平均水平之上，体现出安徽省的组织和营销创新发展相对较强。

从衡量区域组织和营销创新指数的具体指标来看，2022年安徽省实施组织变革创新的企业数指标、信息化企业数指标、实施营销创新的企业数指标、电子商务销售额指标、有电子商务交易活动企业数指标和数字交易指标分别为65.34、84.56、64.18、65.18、66.73和65.44，均处于全国平均水平之上，表明安徽省上述方面表现相对较好，但仍需加大投入力度，保持领先优势。而2022年安徽省数字化企业数指标为43.97，处于全国平均水平之下，表明安徽省上述方面表现相对偏弱，需要继续完善相关环境建设，如图5–56所示。

5.2.1.6 安徽省创新人才培养维度

从区域创新人才培养的总体表现来看，2022年安徽省的区域创新人才培养发展指数为64.81，与全国平均水平65.35相比，安徽省处于全国平均水平之下，体现出安徽省的创新人才培养发展相对偏弱。

从衡量区域创新人才培养指数的具体指标来看，2022年安徽省普通高等学校数指标为82.75，处于全国平均水平之上，表明安徽省上述方面表现相对较好，但仍需加大投入力度，保持领先优势。而2022年安徽省普通高等学校专任教师数指标、高等教育机构招生数指标、研究生招生增长率指标和教育经费投入指标分别为58.08、69.39、65.91和47.92，均处于全国平均水平之下，表明安徽省上述方面表现相对偏弱，需要继续完善相关环境建设，如图5–57所示。

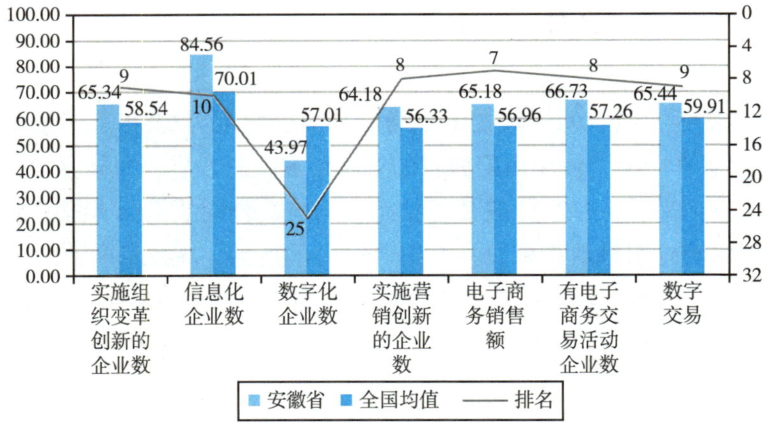

图5–56 安徽省组织和营销创新情况

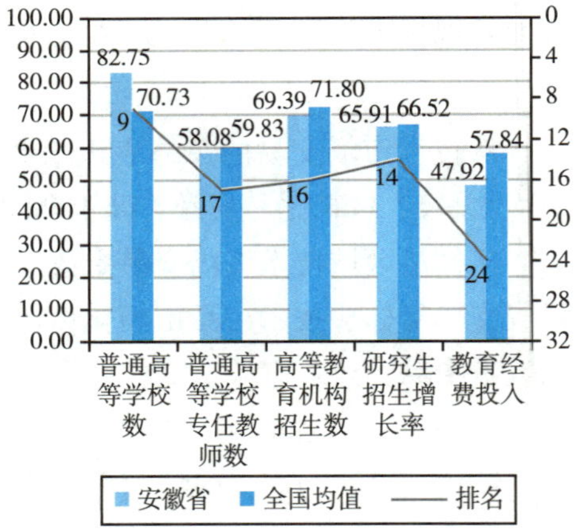

图5–57 安徽省创新人才培养情况

5.2.2 北京市

5.2.2.1 北京市创新发展软环境综合指数

2022年北京市的创新发展软环境综合指数为83.69，与全国平均水平61.75相比，处于全国平均水平之上，体现出北京市创新发展软环境建设较好，但仍需继续保持，如图5–58所示。

5.2.2.2 北京市互联网、软件和信息技术发展维度

从区域互联网、软件和信息技术发展水平的总体表现来看，2022年北京市的区域互联网、软件和信息技术发展指数为78.54，与全国平均水平61.43相比，北京市处于全国平均水平之上，体现出北京

市的互联网、软件和信息技术发展相对较强。

从衡量区域互联网、软件和信息技术发展指数的具体指标来看，2022年北京市互联网和相关服务业收入指标、软件业务收入和同比增速指标、电子信息制造业规模指标、信息技术服务收入指标、信息技术服务收入同比增速指标、信息与通信技术投资和增速等指标分别为100.00、100.00、83.94、57.02、100.00、85.03、67.20和79.17，均处于全国平均水平之上，表明北京市上述方面表现相对较好，但仍需加大投入力度，保持领先优势。而2022年北京市互联网和相关服务业收入同比增速指标和电子信息制造业规模增速指标为52.64和60.44，均处于全国平均水平之下，表明北京市上述方面表现相对偏弱，需要继续完善相关环境建设，如图5-59所示。

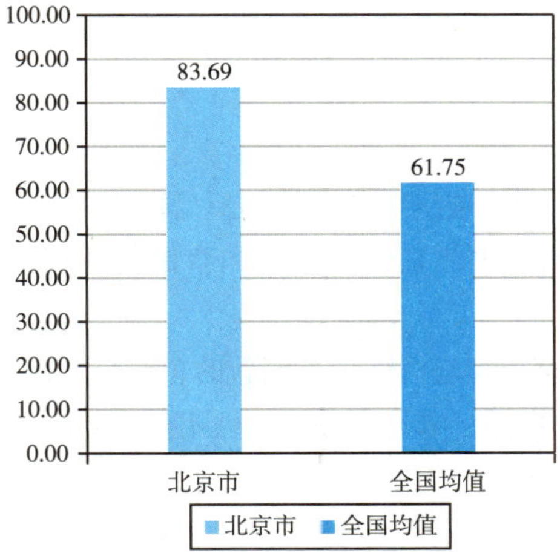

图5-58　北京市创新发展软环境综合指数

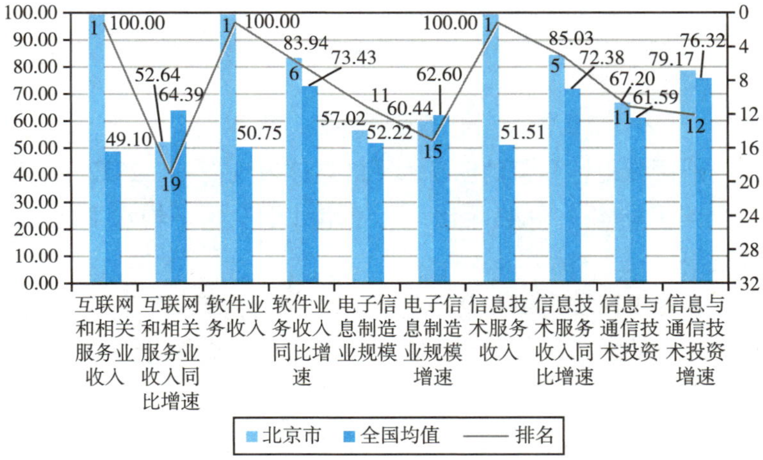

图5-59　北京市互联网、软件和信息技术发展情况

5.2.2.3　北京市专利与商标发展维度

从区域专利与商标发展水平的总体表现来看，2022年北京市的区域专利与商标发展指数为87.82，与全国平均水平63.49相比，北京市处于全国平均水平之上，体现出北京市的专利与商标发展相对较强。

从衡量区域专利与商标发展指数的具体指标来看，2022年北京市专利申请数指标、专利授权数指标、发明专利申请比例指标、专利授权平均维持年限指标、新增商标注册数指标分别为100.00、100.00、100.00、92.93和75.60，均处于全国平均水平之上，表明北京市上述方面表现相对较好，但仍需加大投入力度，保持领先优势。而2022年北京市新增商标注册比例指标为58.40，处于全国平均水平之下，表明北京市上述方面表现相对偏弱，需要继续完善相关环境建设，如图5-60所示。

5.2.2.4　北京市技术市场交易维度

从区域技术市场交易水平的总体表现来看，2022年北京市的区域技术市场交易指数为88.33，与全国平均水平57.33相比，北京市处于全国平均水平之上，体现出北京市的技术市场交易相对较强。

从衡量区域技术市场交易指数的具体指标来看，2022年北京市技术市场成交合同数指标、技术市场成交额指标、技术产品市场化指标、技术国外引进数指标、技术国外输出数指标、高技术产业新产品数量指标、经政府认定的新产品指标和高技术产业新产品销售收入指标分别为100.00、100.00、98.30、68.61、100.00、84.73、64.57和90.45，均处于全国平均水平之上，表明北京市上述方面表现相对较好，但仍需加大投入力度，保持领先优势，如图5-61所示。

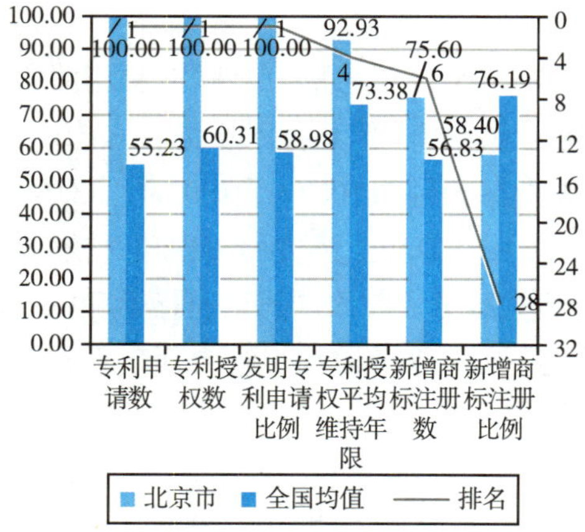

图5-60　北京市专利与商标发展情况

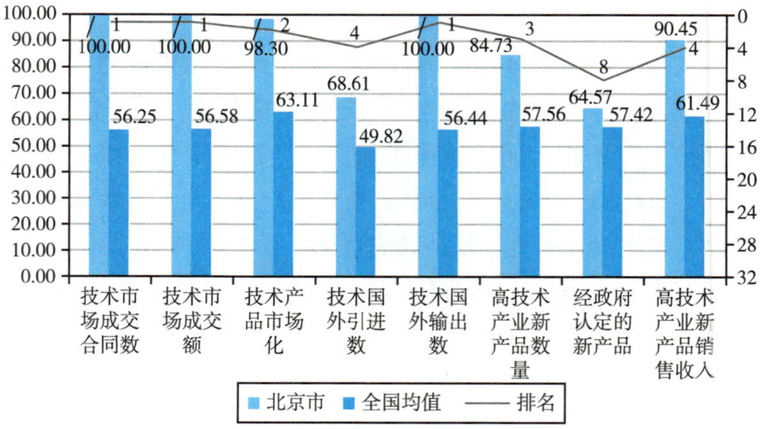

图5-61　北京市技术市场交易情况

5.2.2.5　北京市组织和营销创新维度

从区域组织和营销创新水平的总体表现来看，2022年北京市的区域组织和营销创新指数为83.02，与全国平均水平59.43相比，北京市处于全国平均水平之上，体现出北京市的组织和营销创新相对较强。

从衡量区域组织和营销创新指数的具体指标来看，2022年北京市实施组织变革创新的企业数指标、信息化企业数指标、数字化企业数指标、实施营销创新的企业数指标、电子商务销售额指标、有电子商务交易活动企业数指标和数字交易指标分别为83.82、74.97、90.70、73.97、91.52、72.45和93.71，均处于全国平均水平之上，表明北京市上述方面表现相对较好，但仍需加大投入力度，保持领先优势，如图5-62所示。

5.2.2.6　北京市创新人才培养维度

从区域创新人才培养水平的总体表现来看，2022年北京市的区域创新人才培养指数为82.68，与全国平均水平65.35相比，北京市处于全国平均水平之上，体现出北京市的创新人才培养相对较强。

从衡量区域创新人才培养指数的具体指标来看，2022年北京市普通高等学校数指标、普通高等学校专任教师数指标、高等教育机构招生数指标和教育经费投入指标分别为71.88、100.00、100.00和82.45，均处于全国平均水平之上，表明北京市上述方面表现相对较好，但仍需加大投入力度，保持领先优势。而2022年北京市研究生招生增长率指标为59.09，处于全国平均水平之下，表明北京市上述方面表现相对偏弱，需要继续完善相关环境建设，如图5-63所示。

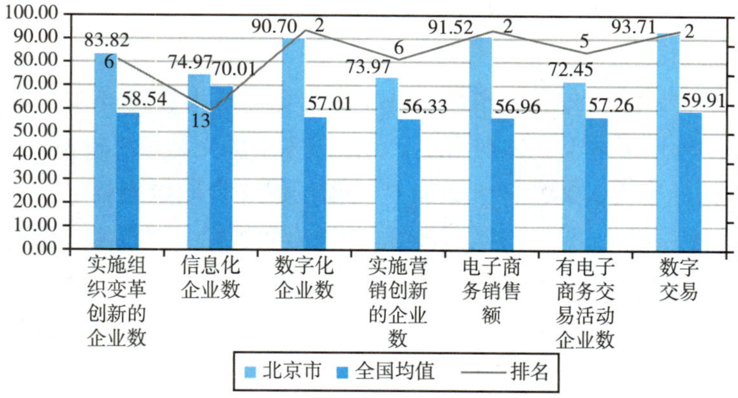

图5-62　北京市组织和营销创新情况

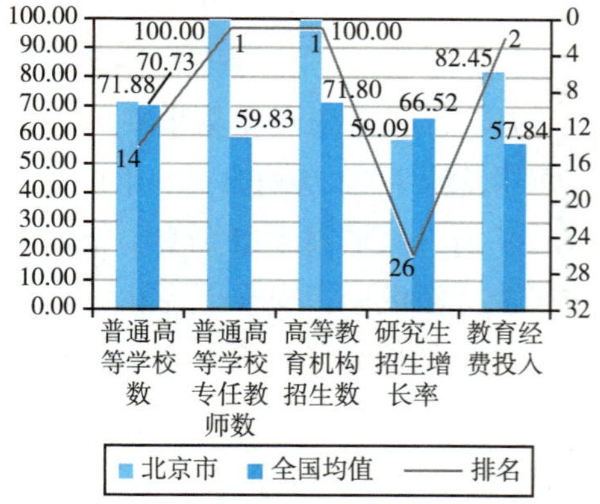

图5-63　北京市创新人才培养情况

5.2.3 重庆市

5.2.3.1 重庆市创新发展软环境综合指数

2022年重庆市的创新发展软环境综合指数为61.55，与全国平均水平61.75相比，处于全国平均水平之下，体现出重庆市创新发展软环境建设还需要进一步完善，如图5-64所示。

5.2.3.2 重庆市互联网、软件和信息技术发展维度

从区域互联网、软件和信息技术发展水平的总体表现来看，2022年重庆市的区域互联网、软件和信息技术发展指数为59.21，与全国平均水平61.43相比，重庆市处于全国平均水平之下，体现出重庆市的互联网、软件和信息技术发展相对偏弱。

从衡量区域互联网、软件和信息技术发展指数的具体指标来看，2022年重庆市软件业务收入和同比增速指标、电子信息制造业规模指标和信息技术服务收入同比增速指标分别为52.04、80.46、61.03和78.12，均处于全国平均水平之上，表明重庆市上述方面表现相对较好，但仍需加大投入力度，保持领先优势。而2022年重庆市互联网和相关服务业收入和同比增速指标、电子信息制造业规模增速指标、信息技术服务收入指标、信息与通信技术投资和增速指标分别为42.54、49.06、57.05、49.90、49.69和72.25，均处于全国平均水平之下，表明重庆市上述方面表现相对偏弱，需要继续完善相关环境建设，如图5-65所示。

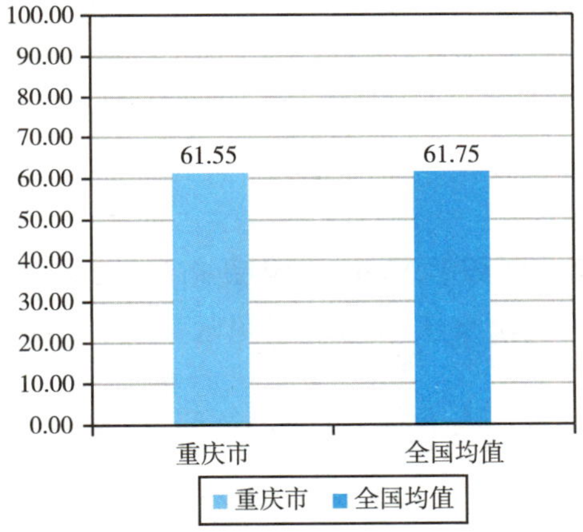

图5-64 重庆市创新发展软环境综合指数

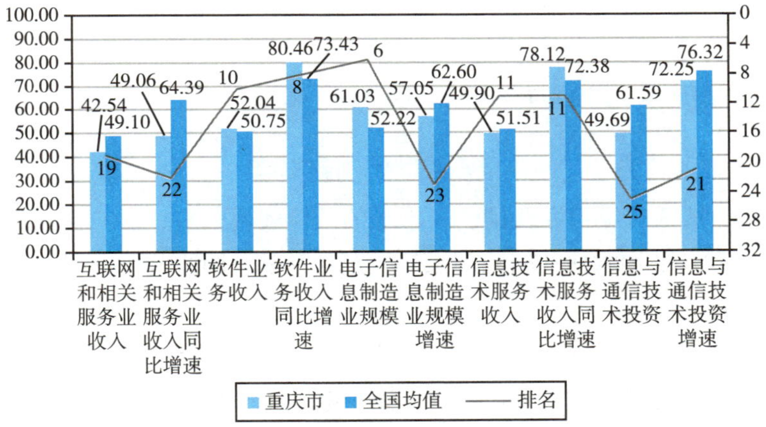

图5-65 重庆市互联网、软件和信息技术发展情况

5.2.3.3 重庆市专利与商标发展维度

从区域专利与商标发展水平的总体表现来看，2022年重庆市的区域专利与商标发展指数为64.39，与全国平均水平63.49相比，重庆市处于全国平均水平之上，体现出重庆市的专利与商标发展相对较强。

从衡量区域专利与商标发展指数的具体指标来看，2022年重庆市专利授权数指标、发明专利申请比例指标、新增商标注册比例指标分别为63.04、67.16和78.75，均处于全国平均水平之上，表明重庆市上述方面表现相对较好，但仍需加大投入力度，保持领先优势。而2022年重庆市专利申请数指标、专利授权平均维持年限指标和新增商标注册数指标分别为54.71、72.55和50.10，均处于全国平均水平之下，表明重庆市上述方面表现相对偏弱，需要继续完善相关环境建设，如图5-66所示。

5.2.3.4 重庆市技术市场交易维度

从区域技术市场交易水平的总体表现来看，2022年重庆市的区域技术市场交易指数为53.64，与

全国平均水平57.33相比，重庆市处于全国平均水平之下，体现出重庆市的技术市场交易相对偏弱。

从技术市场交易指数的具体指标来看，2022年重庆市高技术产业新产品数量指标、经政府认定的新产品指标和高技术产业新产品销售收入指标分别为65.54、61.67和67.23，均处于全国平均水平之上，表明重庆市上述方面表现相对较好，但仍需加大投入力度，保持领先优势。而2022年重庆市技术市场成交合同数指标、技术市场成交额指标、技术产品市场化指标、技术国外引进数指标和技术国外输出数指标分别为45.81、43.00、49.99、48.59和47.27，均处于全国平均水平之下，表明重庆市上述方面表现相对偏弱，需要继续完善相关环境建设，如图5-67所示。

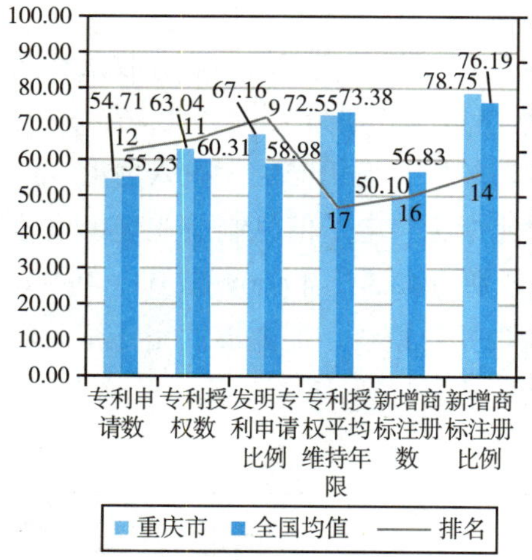

图5-66　重庆市专利与商标发展情况

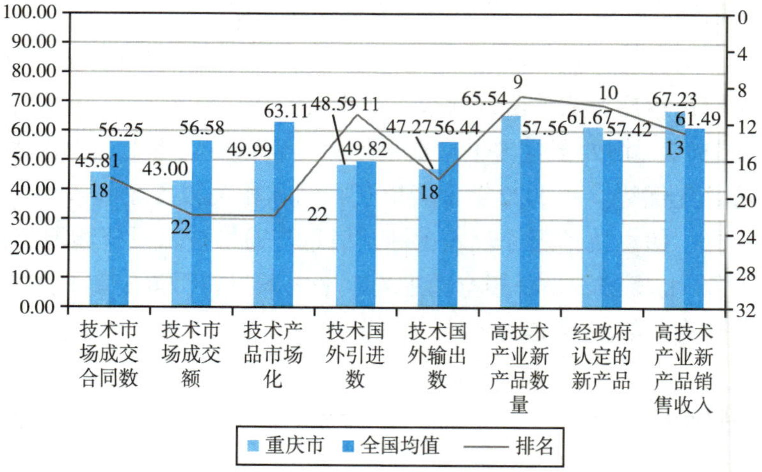

图5-67　重庆市技术市场交易情况

5.2.3.5　重庆市组织和营销创新维度

从区域组织和营销创新水平的总体表现来看，2022年重庆市的区域组织和营销创新指数为58.54，与全国平均水平59.43相比，重庆市处于全国平均水平之下，体现出重庆市的组织和营销创新相对偏弱。

从衡量区域组织和营销创新指数的具体指标来看，2022年重庆市实施组织变革创新的企业数指标、实施营销创新的企业数指标、电子商务销售额指标和数字交易指标分别为60.83、58.20、62.64和60.14，均处于全国平均水平之上，表明重庆市上述方面表现相对较好，但仍需加大投入力度，保持领先优势。而2022年重庆市信息化企业数指标、数字化企业数指标和有电子商务交易活动企业数指标分别为62.57、50.17和55.21，均处于全国平均水平之下，表明重庆市上述方面表现相对偏弱，需要继续完善相关环境建设，如图5-68所示。

5.2.3.6　重庆市创新人才培养维度

从区域创新人才培养水平的总体表现来看，2022年重庆市的区域创新人才培养指数为69.02，与全国平均水平65.35相比，重庆市处于全国平均水平之上，体现出重庆市的创新人才培养相对较强。

从衡量区域创新人才培养指数的具体指标来看，2022年重庆市普通高等学校专任教师数指标、高等教育机构招生数指标和研究生招生增长率指标分别为72.19、74.93和80.91，均处于全国平均水平之上，表明重庆市上述方面表现相对较好，但仍需加大投入力度，保持领先优势。而2022年重庆市普通高等学校数指标和教育经费投入指标分别为63.25和53.80，均处于全国平均水平之下，表明重庆市上述方面表现相对偏弱，需要继续完善相关环境建设，如图5-69所示。

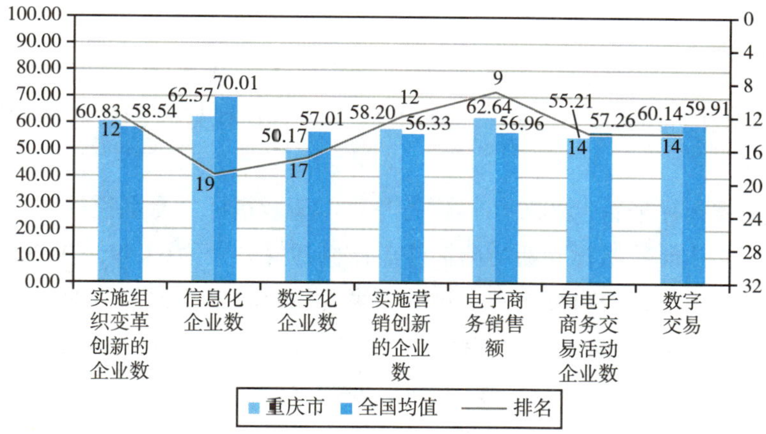

图5-68　重庆市组织和营销创新情况

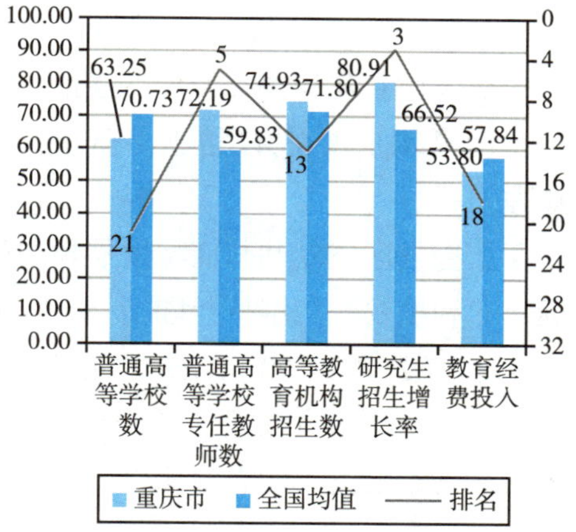

图5-69　重庆市创新人才培养情况

5.2.4　福建省

5.2.4.1　福建省创新发展软环境综合指数

2022年福建省的创新发展软环境综合指数为65.33，与全国平均水平61.75相比，处于全国平均水平之上，体现出福建省创新发展软环境建设较好，但仍需继续保持，如图5-70所示。

5.2.4.2　福建省互联网、软件和信息技术发展维度

从区域互联网、软件和信息技术发展水平的总体表现来看，2022年福建省的区域互联网、软件和信息技术发展指数为61.75，与全国平均水平61.43相比，福建省处于全国平均水平之上，体现出福建省的互联网、软件和信息技术发展相对较强。

从衡量区域互联网、软件和信息技术发展指数的具体指标来看，2022年福建省互联网和相关服务业收入指标、软件业务收入指标、电子信息制造业规模指标、信息技术服务收入同比增速指标和信息与通信技术投资指标分别为50.56、52.04、62.40、78.63和75.42，均处于全国平均水平之上，表明福建省上述方面表现相对较好，但仍需加大投入力度，保持领先优势。而2022年福建省互联网和相关服务业收入同比增速指标、软件业务收入同比增速指标、电子信息制造业规模增速指标、信息技术服务收入指标和信息与通信技术投资增速指标分别为43.97、72.31、61.73、50.55和69.94，均处于全国平均水平之下，表明福建省上述方面表现相对偏弱，需要继续完善相关环境建设，如图5-71所示。

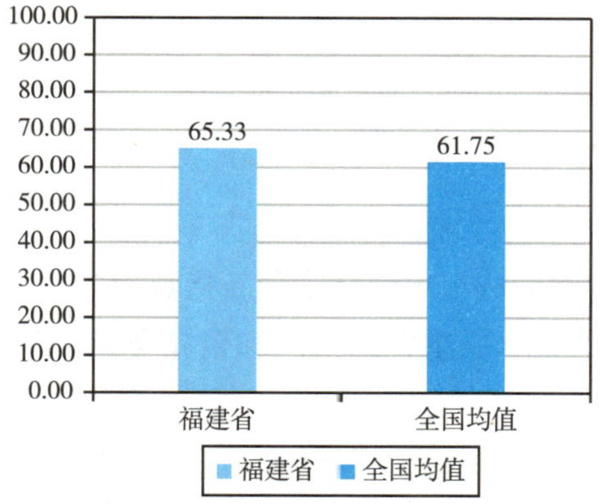

图5-70　福建省创新发展软环境综合指数

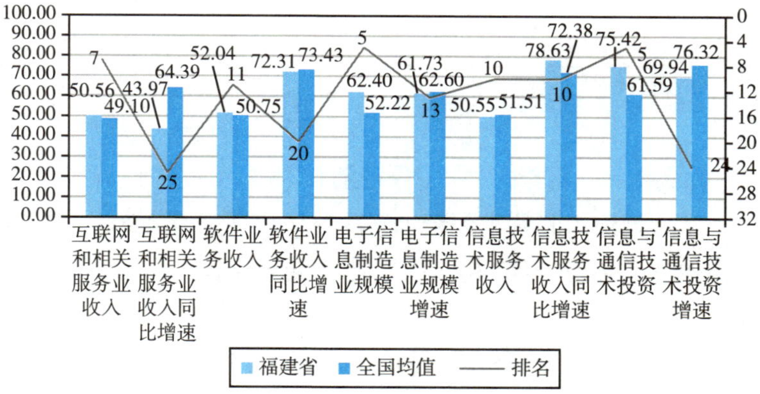

图5-71　福建省互联网、软件和信息技术发展情况

5.2.4.3 福建省专利与商标发展维度

从区域专利与商标发展水平的总体表现来看，2022年福建省的区域专利与商标发展指数为73.19，与全国平均水平63.49相比，福建省处于全国平均水平之上，体现出福建省的专利与商标发展相对较强。

从衡量区域专利与商标发展指数的具体指标来看，2022年福建省专利申请数指标、专利授权数指标、专利授权平均维持年限指标、新增商标注册数指标和新增商标注册比例指标分别为64.39、79.29、84.53、77.21和91.00，均处于全国平均水平之上，表明福建省上述方面表现相对较好，但仍需加大投入力度，保持领先优势。而2022年福建省发明专利申请比例指标为42.70，处于全国平均水平之下，表明福建省上述方面表现相对偏弱，需要继续完善相关环境建设，如图5-72所示。

5.2.4.4 福建省技术市场交易维度

从区域技术市场交易水平的总体表现来看，2022年福建省的区域技术市场交易指数为57.83，与全国平均水平57.33相比，福建省处于全国平均水平之上，体现出福建省的技术市场交易相对较强。

从衡量区域技术市场交易指数的具体指标来看，2022年福建省高技术产业新产品数量指标、经政府认定的新产品指标和高技术产业新产品销售收入指标分别为65.80、66.71和84.49，均处于全国平均水平之上，表明福建省上述方面表现相对较好，但仍需加大投入力度，保持领先优势。而2022年福建省技术市场成交合同数指标、技术市场成交额指标、技术产品市场化指标、技术国外引进数指标和技术国外输出数指标分别为53.16、43.20、48.73、44.09和56.42，均处于全国平均水平之下，表明福建省上述方面表现相对偏弱，需要继续完善相关环境建设，如图5-73所示。

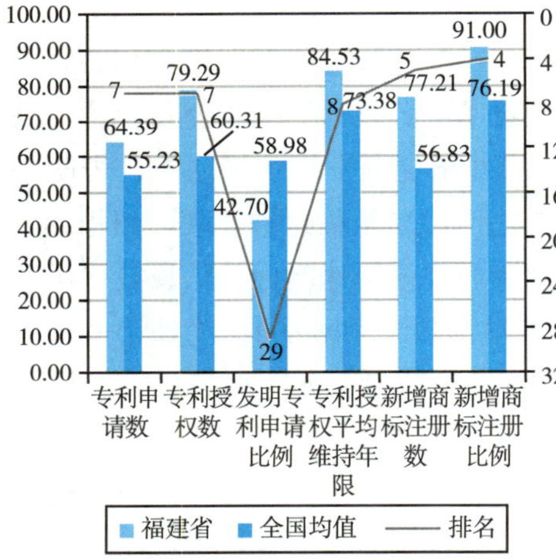

图5-72 福建省专利与商标发展情况

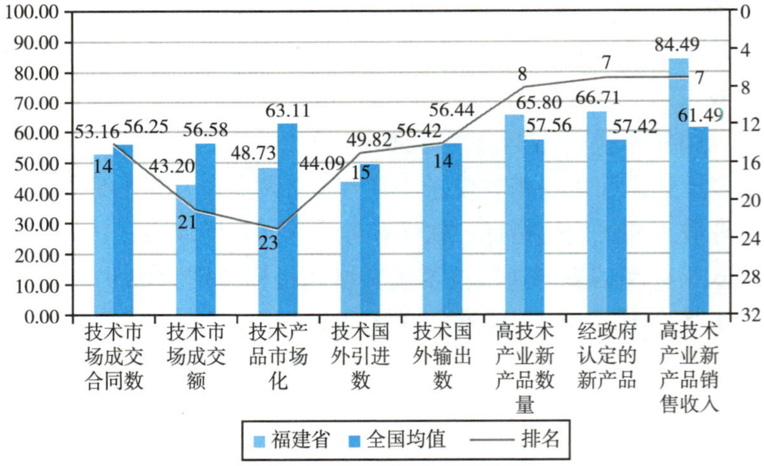

图5-73 福建省技术市场交易情况

5.2.4.5 福建省组织和营销创新维度

从区域组织和营销创新水平的总体表现来看，2022年福建省的区域组织和营销创新指数为70.82，与全国平均水平59.43相比，福建省处于全国平均水平之上，体现出福建省的组织和营销创新相对较强。

从衡量区域组织和营销创新指数的具体指标来看，2022年福建省实施组织变革创新的企业数指标、信息化企业数指标、实施营销创新的企业数指标、电子商务销售额指标、有电子商务交易活动企业数指标和数字交易指标分别为79.88、85.01、77.31、61.51、70.96和77.38，均处于全国平均水平之上，表明福建省上述方面表现相对较好，但仍需加大投入力度，保持领先优势。而2022年福建省数字化企业数指标为43.67，处于全国平均水平之下，表明福建省上述方面表现相对偏弱，需要继续完善相关环境建设，如图5–74所示。

5.2.4.6　福建省创新人才培养维度

从区域创新人才培养水平的总体表现来看，2022年福建省的区域创新人才培养指数为65.19，与全国平均水平65.35相比，福建省处于全国平均水平之下，体现出福建省的创新人才培养相对偏弱。

从衡量区域创新人才培养指数的具体指标来看，2022年福建省普通高等学校数指标、普通高等学校专任教师数指标和研究生招生增长率指标分别为70.75、61.48和72.73，均处于全国平均水平之上，表明福建省上述方面表现相对较好，但仍需加大投入力度，保持领先优势。而2022年福建省高等教育机构招生数指标和教育经费投入指标分别为66.68和54.30，均处于全国平均水平之下，表明福建省上述方面表现相对偏弱，需要继续完善相关环境建设，如图5–75所示。

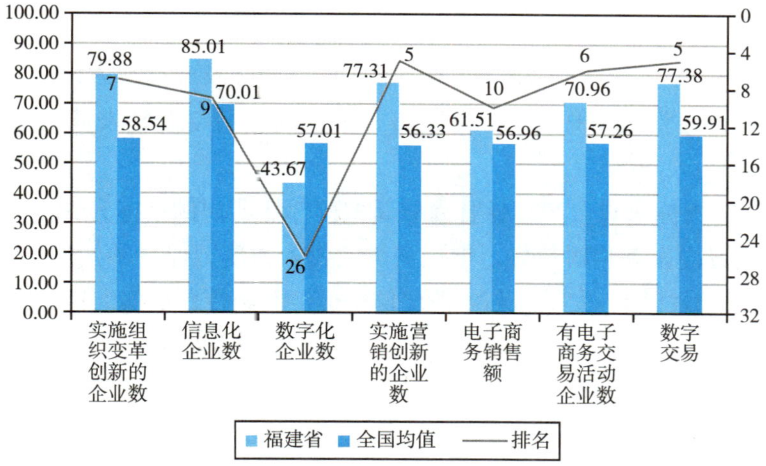

图5–74　福建省组织和营销创新情况

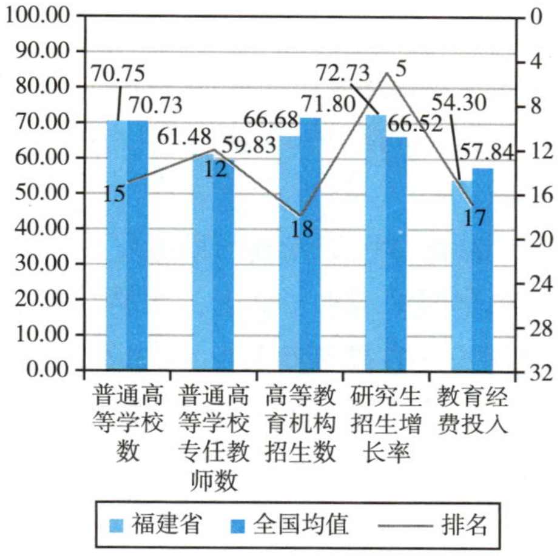

图5–75　福建省创新人才培养情况

5.2.5　甘肃省

5.2.5.1　甘肃省创新发展软环境综合指数

2022年甘肃省的创新发展软环境综合指数为53.12，与全国平均水平61.75相比，处于全国平均水平之下，体现出甘肃省创新发展软环境建设还需要进一步完善，如图5–76所示。

5.2.5.2　甘肃省互联网、软件和信息技术发展维度

从区域互联网、软件和信息技术发展水平的总体表现来看，2022年甘肃省的区域互联网、软件和信息技术发展指数为55.50，与全国平均水平61.43相比，甘肃省处于全国平均水平之下，体现出甘肃省的互联网、软件和信息技术发展相对偏弱。

从衡量区域互联网、软件和信息技术发展指数的具体指标来看，2022年互联网和相关服务业收入同比增速指标、电子信息制造业规模增速指标和信息与通信技术投资增速指标分别为90.28、82.79和76.55，均处于全国平均水平之上，表明甘肃省上述方面表现相对较好，但仍需加大投入力度，保持领先优势。而2022年甘肃省互联网和相关服务业收入指标、软件业务收入和同比增速指标、电子信息制造业规模指标、信息技术服务收入和同比增速指标和信息与通信技术投资指标分别为40.08、40.22、51.37、40.75、40.18、48.35和44.40，均处于全国平均水平之下，表明甘肃省上述方面表现相对偏弱，需要继续完善相关环境建设，如图5–77所示。

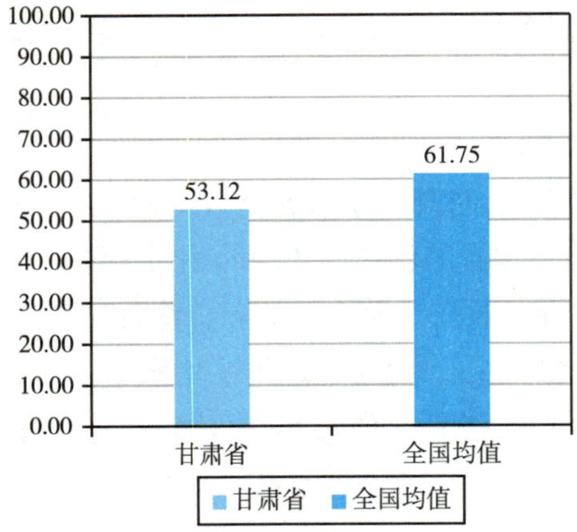

图5-76 甘肃省创新发展软环境综合指数

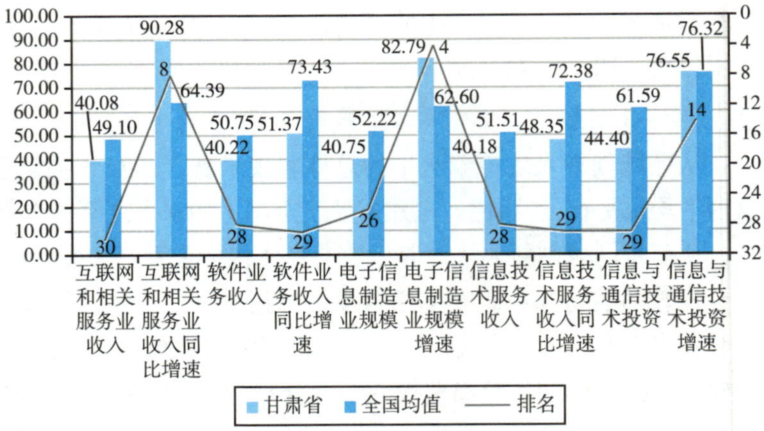

图5-77 甘肃省互联网、软件和信息技术发展情况

5.2.5.3 甘肃省专利与商标发展维度

从区域专利与商标发展水平的总体表现来看，2022年甘肃省的区域专利与商标发展指数为53.87，与全国平均水平63.49相比，甘肃省处于全国平均水平之下，体现出甘肃省的专利与商标发展相对偏弱。

从衡量区域专利与商标发展指数的具体指标来看，2022年甘肃省新增商标注册比例指标为78.06，处于全国平均水平之上，表明甘肃省上述方面表现相对较好，但仍需加大投入力度，保持领先优势。而2022年甘肃省专利申请数指标、专利授权数指标、发明专利申请比例指标、专利授权平均维持年限指标和新增商标注册数指标别为43.83、46.48、47.73、64.99和42.13，均处于全国平均水平之下，表明甘肃省上述方面表现相对偏弱，需要继续完善相关环境建设，如图5-78所示。

5.2.5.4 甘肃省技术市场交易维度

从区域技术市场交易水平的总体表现来看，2022年甘肃省的区域技术市场交易指数为46.17，与全国平均水平57.33相比，甘肃省处于全国平均水平之下，体现出甘肃省的技术市场交易相对偏弱。

从衡量区域技术市场交易指数的具体指标来看，2022年甘肃省技术市场成交合同数指标、技术市场成交额指标、技术产品市场化指标、技术国外引进数指标、技术国外输出数指标、高技术产业新产品数量指标、经政府认定的新产品指标和高技术产业新产品销售收入指标分别为48.18、44.57、61.43、40.06、50.33、40.80、42.21和41.81，均处于全国平均水平之下，表明甘肃省上述方面表现相对偏弱，需要继续完善相关环境建设，如图5-79所示。

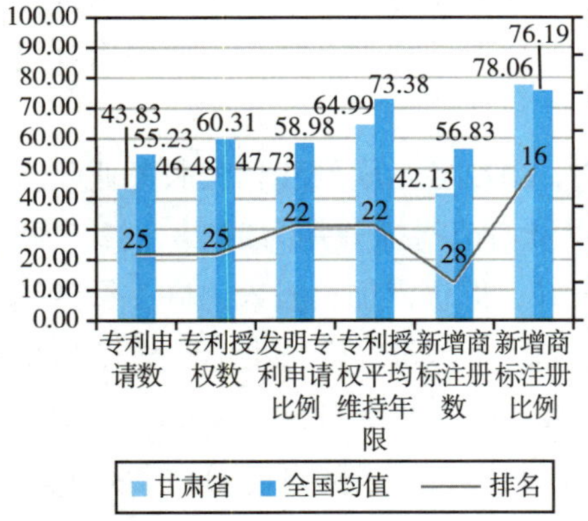

图5-78 甘肃省专利与商标发展情况

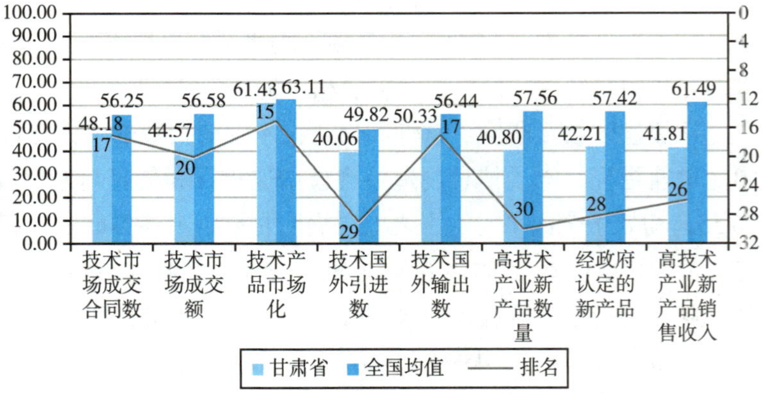

图5-79 甘肃省技术市场交易情况

5.2.5.5　甘肃省组织和营销创新维度

从区域组织和营销创新水平的总体表现来看，2022年甘肃省的区域组织和营销创新指数为47.96，与全国平均水平59.43相比，甘肃省处于全国平均水平之下，体现出甘肃省的组织和营销创新相对偏弱。

从衡量区域组织和营销创新指数的具体指标来看，2022年甘肃省数字化企业数指标为67.51，处于全国平均水平之上，表明甘肃省上述方面表现相对较好，但仍需加大投入力度，保持领先优势。而2022年甘肃省实施组织变革创新的企业数指标、信息化企业数指标、实施营销创新的企业数指标、电子商务销售额指标、有电子商务交易活动企业数指标和数字交易指标分别为41.93、53.60、41.50、42.13、43.80和45.24，均处于全国平均水平之下，表明甘肃省上述方面表现相对偏弱，需要继续完善相关环境建设，如图5-80所示。

5.2.5.6　甘肃省创新人才培养维度

从区域创新人才培养水平的总体表现来看，2022年甘肃省的区域创新人才培养指数为58.45，与全国平均水平65.35相比，甘肃省处于全国平均水平之下，体现出甘肃省的创新人才培养相对偏弱。

从衡量创新人才培养指数的具体指标来看，2022年甘肃省普通高等学校数指标、普通高等学校专任教师数指标、高等教育机构招生数指标、研究生招生增长率指标和教育经费投入指标分别为55.75、48.28、66.00、65.91和56.32，均处于全国平均水平之下，表明甘肃省上述方面表现相对偏弱，需要继续完善相关环境建设，如图5-81所示。

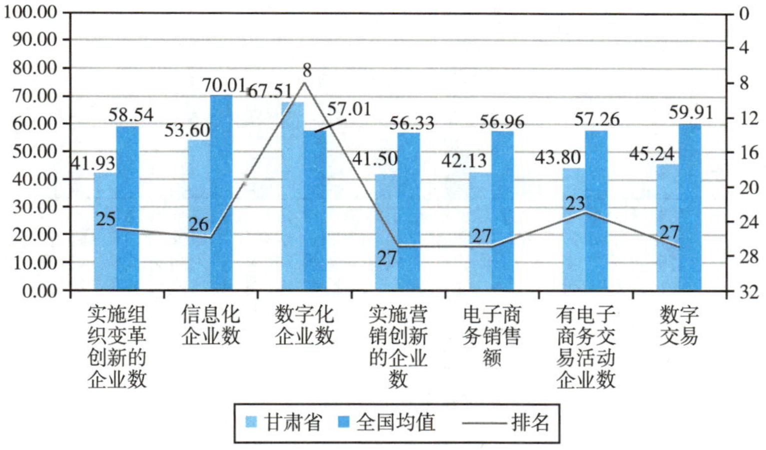

图5-80　甘肃省组织和营销创新情况

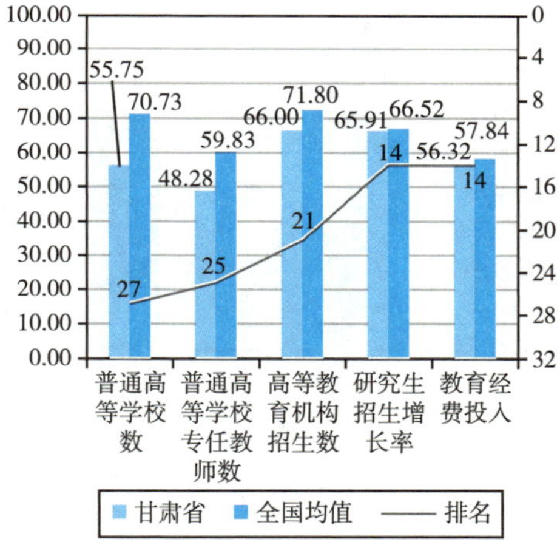

图5-81　甘肃省创新人才培养情况

5.2.6　广东省

5.2.6.1　广东省创新发展软环境综合指数

2022年广东省的创新发展软环境综合指数为76.63，与全国平均水平61.75相比，处于全国水平之上，体现出广东省创新发展软环境建设较好，但仍需继续保持，如图5-82所示。

5.2.6.2　广东省互联网、软件和信息技术发展维度

从区域互联网、软件和信息技术发展水平的总体表现来看，2022年广东省的区域互联网、软件和信息技术发展指数为75.66，与全国平均水平61.43相比，广东省处于全国平均水平之上，体现出广东省的互联网、软件和信息技术发展相对较强。

从衡量区域互联网、软件和信息技术发展指数的具体指标来看，2022年广东省互联网和相关服务业收入指标、软件业务收入和同比增速指标、电子信息制造业规模指标、信息技术服务收入和同比增速指标和信息与通信技术投资指标分别为75.46、85.83、75.95、100.00、87.93、74.71和93.10，均处于全国平均水平之上，表明广东省上述方面表现相对较好，但仍需加大投入力度，保持领先优势。而2022年广东省互联网和相关服务业收入同比增速指标、电子信息制造业规模增速指标和信息与通信技术投资增速指标分别为40.16、50.08和73.40，均处于全国平均水平之下，表明广东省上述方面表现相对偏弱，需要继续完善相关环境建设，如图5-83所示。

5.2.6.3 广东省专利与商标发展维度

从区域专利与商标发展水平的总体表现来看，2022年广东省的区域专利与商标发展指数为82.43，与全国平均水平63.49相比，广东省处于全国平均水平之上，体现出广东省的专利与商标发展相对偏强。

从衡量专利与商标发展指数的具体指标来看，2022年广东省专利申请数指标、专利授权数指标、专利授权平均维持年限指标、新增商标注册数指标和新增商标注册比例指标分别为76.38、80.09、100.00、100.00和81.49，均处于全国平均水平之上，表明广东省上述方面表现相对较好，但仍需加大投入力度，保持领先优势。而2022年广东省发明专利申请比例指标为56.63，处于全国平均水平之下，表明广东省上述方面表现相对偏弱，需要继续完善相关环境建设，如图5-84所示。

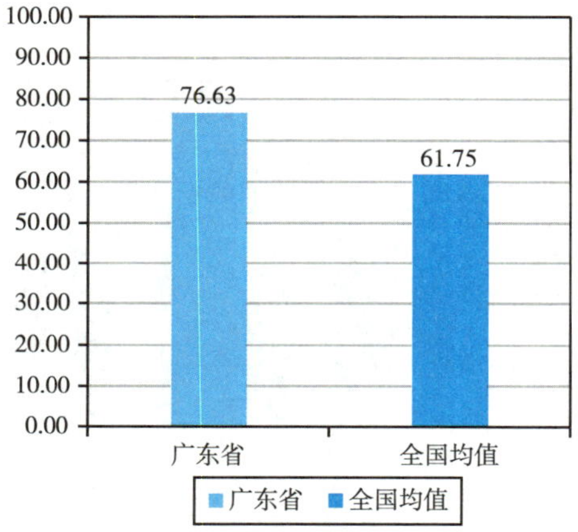

图5-82 广东省创新发展软环境综合指数

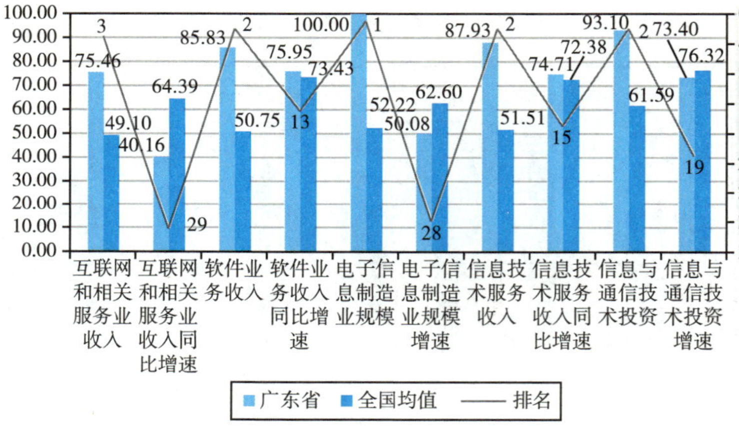

图5-83 广东省互联网、软件和信息技术发展情况

5.2.6.4 广东省技术市场交易维度

从区域技术市场交易水平的总体表现来看，2022年广东省的区域技术市场交易指数为83.45，与全国平均水平57.33相比，广东省处于全国平均水平之上，体现出广东省的技术市场交易水平相对较强。

从衡量区域技术市场交易指数的具体指标来看，2022年广东省技术市场成交合同数指标、技术市场成交额指标、技术国外引进数指标、技术国外输出数指标、高技术产业新产品数量指标、经政府认定的新产品指标和高技术产业新产品销售收入指标分别为79.89、87.00、68.49、73.97、100.00、97.07和100.00，均处于全国平均水平之上，表明广东省上述方面表现相对较好，但仍需加大投入力度，保持领先优势。而2022年广东省技术产品市场化指标为61.21，处于全国平均水平之下，表明广东省上述方面表现相对偏弱，需要继续完善相关环境建设，如图5-85所示。

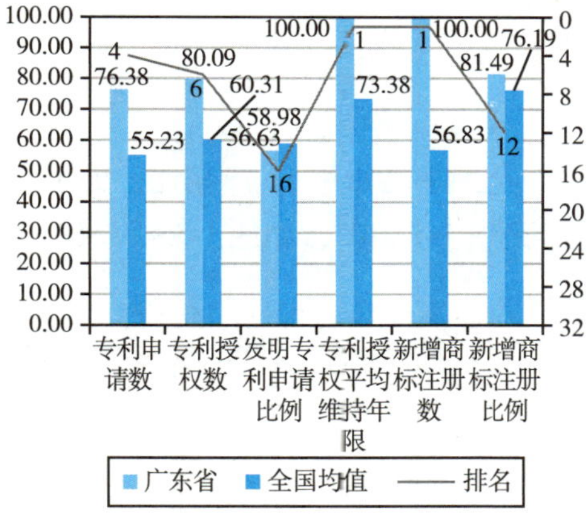

图5-84 广东省专利与商标发展情况

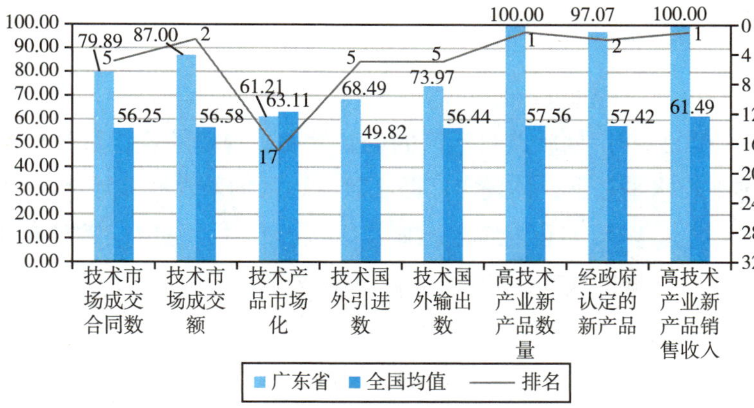

图5-85 广东省技术市场交易情况

5.2.6.5 广东省组织和营销创新维度

从区域组织和营销创新水平的总体表现来看，2022年广东省的区域组织和营销创新指数为84.93，与全国平均水平59.43相比，广东省处于全国平均水平之上，体现出广东省的组织和营销创新相对较强。

从衡量区域组织和营销创新指数的具体指标来看，2022年广东省实施组织变革创新的企业数指标、信息化企业数指标、实施营销创新的企业数指标、电子商务销售额指标、有电子商务交易活动企业数指标和数字交易指标分别为86.65、100.00、85.07、100.00、100.00和75.62，均处于全国平均水平之上，表明广东省上述方面表现相对较好，但仍需加大投入力度，保持领先优势。而2022年广东省数字化企业数指标为47.14，处于全国平均水平之下，表明广东省上述方面表现相对偏弱，需要继续完善相关环境建设，如图5-86所示。

5.2.6.6 广东省创新人才培养维度

从区域创新人才培养水平的总体表现来看，2022年广东省的区域创新人才培养指数为63.98，与全国平均水平65.35相比，广东省处于全国平均水平之下，体现出广东省的创新人才培养相对偏弱。

从衡量区域创新人才培养指数的具体指标来看，2022年广东省普通高等学校数指标、教育经费投入指标分别为97.38和161.83，均处于全国平均水平之上，表明广东省上述方面表现相对较好，但仍需加大投入力度，保持领先优势。而2022年广东省普通高等学校专任教师数指标、高等教育机构招生数指标和研究生招生增长率指标分别为54.12、66.56和40.00，均处于全国平均水平之下，表明广东省上述方面表现相对偏弱，需要继续完善相关环境建设，如图5-87所示。

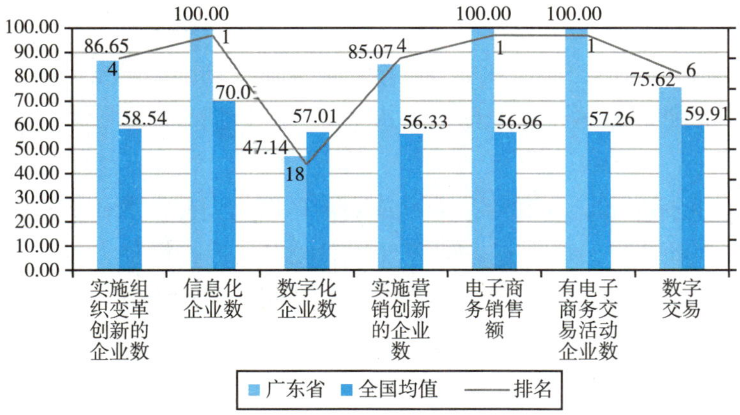

图5-86 广东省组织和营销创新情况

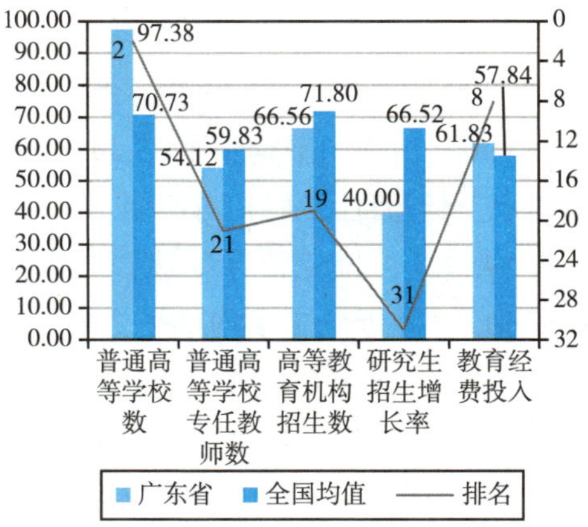

图5-87 广东省创新人才培养情况

5.2.7 广西壮族自治区

5.2.7.1 广西壮族自治区创新发展软环境综合指数

2022年广西壮族自治区的创新发展软环境综合指数为56.63，与全国平均水平61.75相比，处于全国平均水平之下，体现出广西壮族自治区创新发展软环境建设还需要进一步完善，如图5–88所示。

5.2.7.2 广西壮族自治区互联网、软件和信息技术发展维度

从区域互联网、软件和信息技术发展水平的总体表现来看，2022年广西壮族自治区的区域互联网、软件和信息技术发展指数为58.95，与全国平均水平61.43相比，广西壮族自治区处于全国平均水平之下，体现出广西壮族自治区的互联网、软件和信息技术发展相对偏弱。

从衡量区域互联网、软件和信息技术发展指数的具体指标来看，2022年广西壮族自治区互联网和相关服务业收入同比增速指标、软件业务收入同比增速指标、信息技术服务收入同比增速指标和信息与通信技术投资指标分别为68.53、82.70、83.80和63.59，均处于全国平均水平之上，表明广西壮族自治区上述方面表现相对较好，但仍需加大投入力度，保持领先优势。而2022年广西壮族自治区互联网和相关服务业收入指标、软件业务收入指标、电子信息制造业规模和增速指标、信息技术服务收入指标和信息与通信技术投资增速指标分别为40.82、43.38、44.16、52.69、44.07和65.79，均处于全国平均水平之下，表明广西壮族自治区上述方面表现相对偏弱，需要继续完善相关环境建设，如图5–89所示。

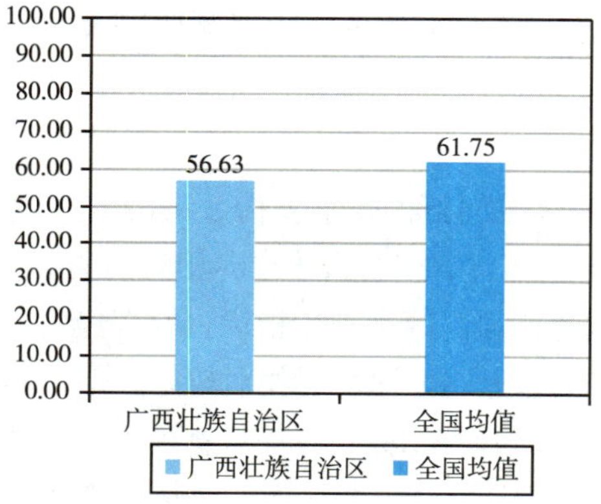

图5–88 广西壮族自治区创新发展软环境综合指数

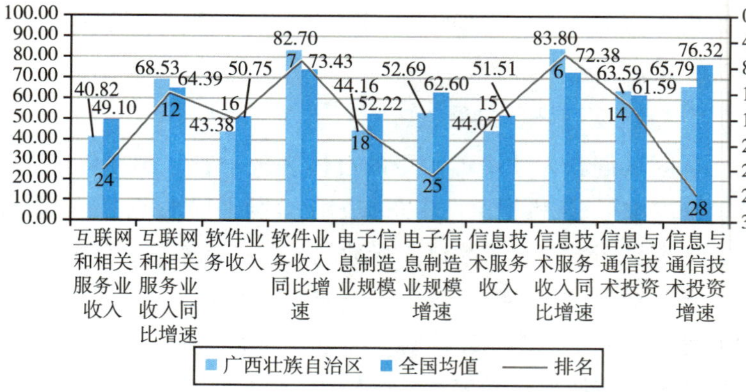

图5–89 广西壮族自治区互联网、软件和信息技术发展情况

5.2.7.3 广西壮族自治区专利与商标发展维度

从区域专利与商标发展水平的总体表现来看，2022年广西壮族自治区的区域专利与商标发展指数为55.70，与全国平均水平63.49相比，广西壮族自治区处于全国平均水平之下，体现出广西壮族自治区的专利与商标发展相对偏弱。

从衡量区域专利与商标发展指数的具体指标来看，2022年广西壮族自治区新增商标注册比例指标为78.12，处于全国平均水平之上，表明广西壮族自治区上述方面表现相对较好，但仍需加大投入力度，保持领先优势。而2022年广西壮族自治区专利申请数指标、专利授权数指标、发明专利申请比例指标、专利授权平均维持年限指标和新增商标注册数指标分别为43.05、45.02、55.92、64.67和47.44，均处于全国平均水平之下，表明广西壮族自治区上述方面表现相对偏弱，需要继续完善相关环境建设，如图5–90所示。

5.2.7.4 广西壮族自治区技术市场交易维度

从区域技术市场交易水平的总体表现来看，2022年广西壮族自治区的区域技术市场交易发展指数为47.84，与全国平均水平57.33相比，广西壮族自治区处于全国平均水平之下，体现出广西壮族自治区的技术市场交易相对偏弱。

从衡量区域技术市场交易指数的具体指标来看，2022年广西壮族自治区技术市场成交合同数指标、技术市场成交额指标、技术产品市场化指标、技术国外引进数指标、技术国外输出数指标、高技术产业新产品数量指标、经政府认定的新产品指标和高技术产业新产品销售收入指标分别为45.08、55.40、61.31、40.77、46.39、43.82、46.57和43.40，均处于全国平均水平之下，表明广西壮族自治区上述方面表现相对偏弱，需要继续完善相关环境建设，如图5-91所示。

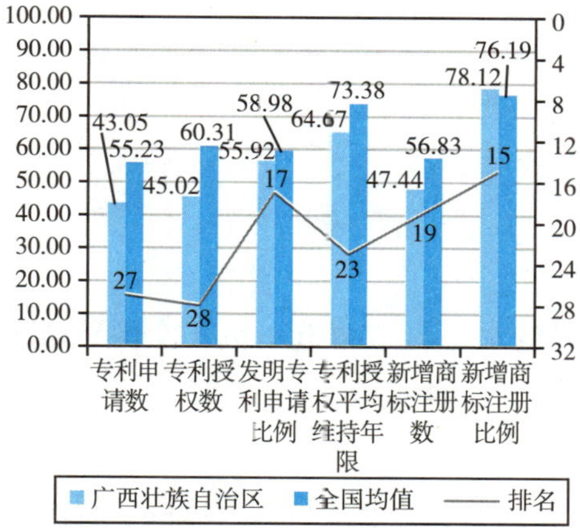

图5-90 广西壮族自治区专利与商标发展情况

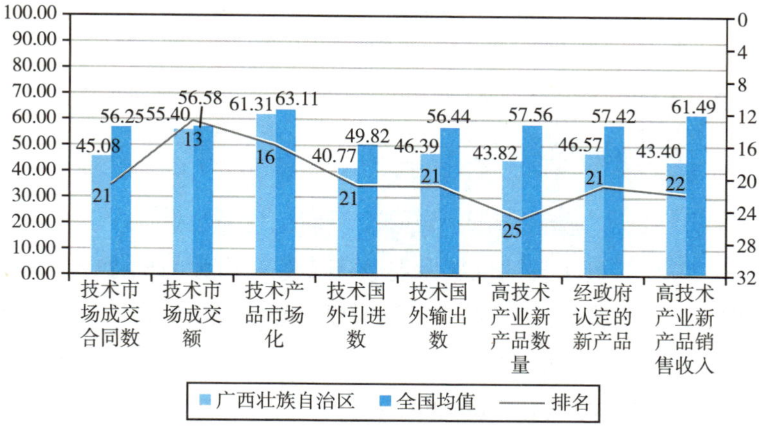

图5-91 广西壮族自治区技术市场交易情况

5.2.7.5 广西壮族自治区组织和营销创新维度

从区域组织和营销创新水平的总体表现来看，2022年广西壮族自治区的区域组织和营销创新指数为49.82，与全国平均水平59.43相比，广西壮族自治区处于全国平均水平之下，体现出广西壮族自治区的组织和营销创新相对偏弱。

从衡量区域组织和营销创新指数的具体指标来看，2022年广西壮族自治区信息化企业数指标为70.28，处于全国平均水平之上，表明广西壮族自治区上述方面表现相对较好，但仍需加大投入力度，保持领先优势。而2022年广西壮族自治区实施组织变革创新的企业数指标、数字化企业数指标、实施营销创新的企业数指标、电子商务销售额指标、有电子商务交易活动企业数指标和数字交易指标分别为43.33、41.82、42.74、48.49、50.36和51.73，均处于全国平均水平之下，表明广西壮族自治区上述方面表现相对偏弱，需要继续完善相关环境建设，如图5-92所示。

5.2.7.6 广西壮族自治区创新人才培养维度

从区域创新人才培养水平的总体表现来看，2022年广西壮族自治区的区域创新人才培养指数为65.37，与全国平均水平65.35相比，广西壮族自治区处于全国平均水平之上，体现出广西壮族自治区的创新人才培养相对较强。

从衡量区域创新人才培养指数的具体指标来看，2022年广西壮族自治区高等教育机构招生指标和研究生招生增长率指标分别为78.94和72.73，均处于全国平均水平之上，表明广西壮族自治区上述方面表现相对较好，但仍需加大投入力度，保持领先优势。而2022年广西壮族自治区普通高等学校数指标、普通高等学校专任教师数指标和教育经费投入指标分别为69.25、57.33和48.62，均处于全国平均水平之下，表明广西壮族自治区上述方面表现相对偏弱，需要继续完善相关环境建设，如图5-93所示。

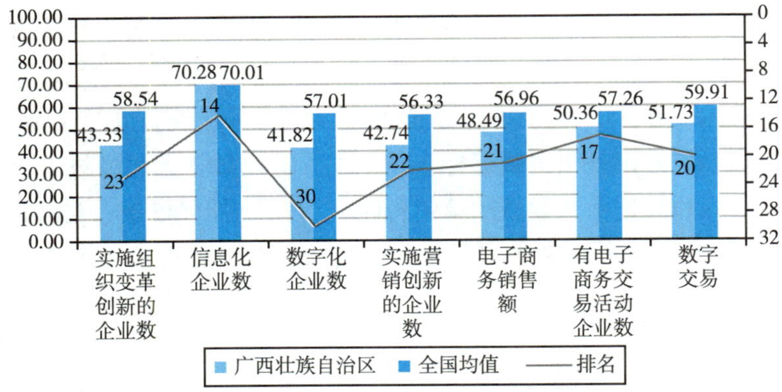

图5-92 广西壮族自治区组织和营销创新情况

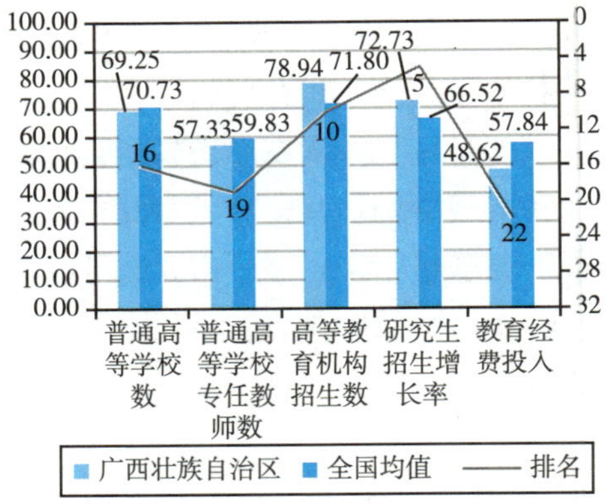

图5-93 广西壮族自治区创新人才培养情况

5.2.8 贵州省

5.2.8.1 贵州省创新发展软环境综合指数

2022年贵州省的创新发展软环境综合指数为54.23，与全国平均水平61.75相比，处于全国平均水平之下，体现出贵州省创新发展软环境建设还需要进一步完善，如图5-94所示。

5.2.8.2 贵州省互联网、软件和信息技术发展维度

从区域互联网、软件和信息技术发展水平的总体表现来看，2022年贵州省的区域互联网、软件和信息技术发展指数为60.57，与全国平均水平61.43相比，贵州省处于全国平均水平之下，体现出贵州省的互联网、软件和信息技术发展相对偏弱。

从衡量区域互联网、软件和信息技术发展指数的具体指标来看，2022年贵州省互联网和相关服务业收入同比增速指标、软件业务收入同比增速指标和信息技术服务收入同比增速指标分别为92.23、90.64和90.44，均处于全国平均水平之上，表明贵州省上述方面表现相对较好，但仍需加大投入力度，保持领先优势。而2022年贵州省互联网和相关服务业收入指标、软件业务收入指标、电子信息制造业规模和增速指标、信息技术服务收入指标、信息与通信技术投资和增速指标分别为43.32、41.98、41.17、40.00、42.42、53.00和70.52，均处于全国平均水平之下，表明贵州省上述方面表现相对偏弱，需要继续完善相关环境建设，如图5-95所示。

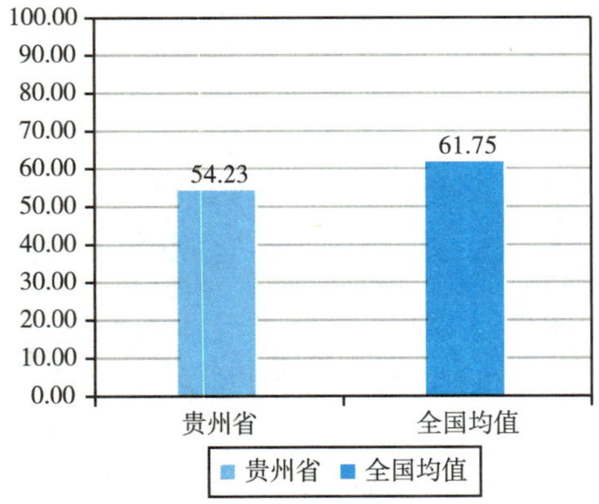

图5-94 贵州省创新发展软环境综合指数

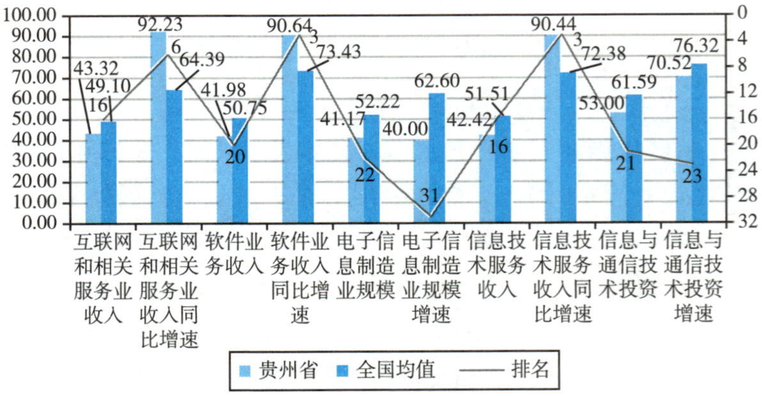

图5-95 贵州省互联网、软件和信息技术发展情况

5.2.8.3 贵州省专利与商标发展维度

从区域专利与商标发展水平的总体表现来看，2022年贵州省的区域专利与商标发展指数为49.79，与全国平均水平63.49相比，贵州省处于全国平均水平之下，体现出贵州省的专利与商标发展相对偏弱。

从衡量区域专利与商标发展指数的具体指标来看，2022年贵州省专利申请数指标、专利授权数指标、发明专利申请比例指标、专利授权平均维持年限指标、新增商标注册数指标和新增商标注册比例指标分别为42.83、46.15、53.82、63.96、47.43和44.56，均处于全国平均水平之下，表明贵州省上述方面表现相对偏弱，需要继续完善相关环境建设，如图5–96所示。

5.2.8.4 贵州省技术市场交易维度

从区域技术市场交易水平的总体表现来看，2022年贵州省的区域技术市场交易发展指数为45.37，与全国平均水平57.33相比，贵州省处于全国平均水平之下，体现出贵州省的技术市场交易相对偏弱。

从衡量区域技术市场交易指数的具体指标来看，2022年贵州省技术市场成交合同数指标、技术市场成交额指标、技术产品市场化指标、技术国外引进数指标、技术国外输出数指标、高技术产业新产品数量指标、经政府认定的新产品指标和高技术产业新产品销售收入指标分别为44.46、44.72、53.61、40.06、45.63、46.58、44.32和43.56，均处于全国平均水平之下，表明贵州省上述方面表现相对偏弱，需要继续完善相关环境建设，如图5–97所示。

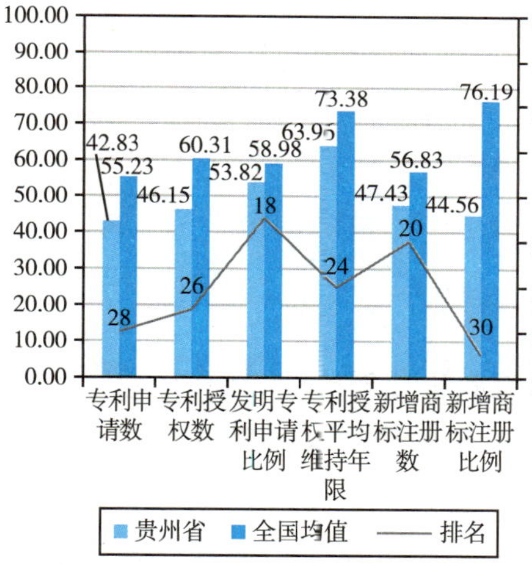

图5–96 贵州省专利与商标发展情况

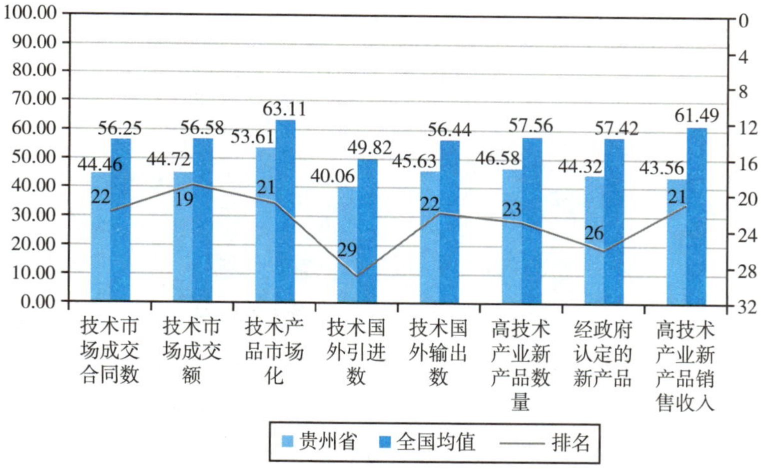

图5–97 贵州省技术市场交易情况

5.2.8.5 贵州省组织和营销创新维度

从区域组织和营销创新水平的总体表现来看，2022年贵州省的区域组织和营销创新指数为47.93，与全国平均水平59.43相比，贵州省处于全国平均水平之下，体现出贵州省的组织和营销创新相对偏弱。

从衡量区域组织和营销创新指数的具体指标来看，2022年贵州省实施组织变革创新的企业数指标、信息化企业数指标、数字化企业数指标、实施营销创新的企业数指标、电子商务销售额指标、有电子商务交易活动企业数指标和数字交易指标分别为45.26、61.99、45.59、43.97、45.49、48.12和45.07，均处于全国平均水平之下，表明贵州省上述方面表现相对偏弱，需要继续完善相关环境建设，如图5–98所示。

5.2.8.6 贵州省创新人才培养维度

从区域创新人才培养水平的总体表现来看，2022年贵州省的区域创新人才培养指数为61.49，与全国平均水平65.35相比，贵州省处于全国平均水平之下，体现出贵州省的创新人才培养相对偏弱。

从衡量区域创新人才培养指数的具体指标来看，2022年贵州省研究生招生增长率指标和教育经费投入指标分别为68.64和60.69，均处于全国平均水平之上，表明贵州省上述方面表现相对较好，但仍需加大投入力度，保持领先优势。而2022年贵州省普通高等学校数指标、普通高等学校专任教师数指标和高等教育机构招生数指标分别为65.50、55.31和57.31，均处于全国平均水平之下，表明贵州省上述方面表现相对偏弱，需要继续完善相关环境建设，如图5-99所示。

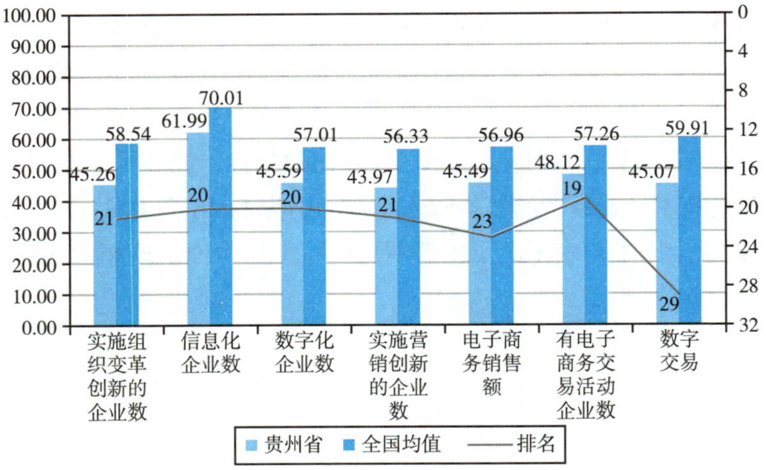

图5-98　贵州省组织和营销创新情况

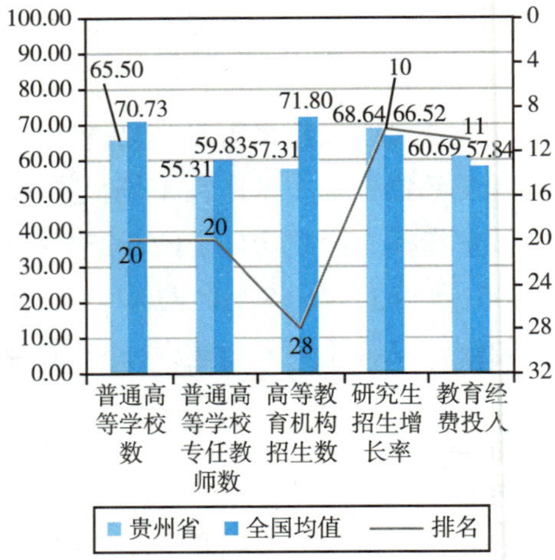

图5-99　贵州省创新人才培养情况

5.2.9 海南省

5.2.9.1 海南省创新发展软环境综合指数

2022年海南省的创新发展软环境综合指数为51.06，与全国平均水平61.75相比，处于全国平均水平之下，体现出海南省创新发展软环境建设还需要进一步完善，如图5-100所示。

5.2.9.2 海南省互联网、软件和信息技术发展维度

从区域互联网、软件和信息技术发展水平的总体表现来看，2022年海南省的区域互联网、软件和信息技术发展指数为58.06，与全国平均水平61.43相比，海南省处于全国平均水平之下，体现出海南省的互联网、软件和信息技术发展相对偏弱。

从衡量区域互联网、软件和信息技术发展指数的具体指标来看，2022年海南省互联网和相关服务业收入同比增速指标、电子信息制造业规模增速指标和信息与通信技术投资增速指标分别为90.01、63.84和86.05，均处于全国平均水平之上，表明海南省上述方面表现相对较好，但仍需加大投入力度，保持领先优势。而2022年海南省互联网和相关服务业收入指标、软件业务收入和同比增速指标、电子信息制造业规模指标、信息技术服务收入和同比增速指标和信息与通信技术投资指标分别为46.76、40.51、60.01、40.05、40.59、62.90和49.88，均处于全国平均水平之下，表明海南省上述方面表现相对偏弱，需要继续完善相关环境建设，如图5-101所示。

5.2.9.3 海南省专利与商标发展维度

从区域专利与商标发展水平的总体表现来看，2022年海南省的区域专利与商标发展指数为47.99，

与全国平均水平63.49相比，海南省处于全国平均水平之下，体现出海南省的专利与商标发展相对偏弱。

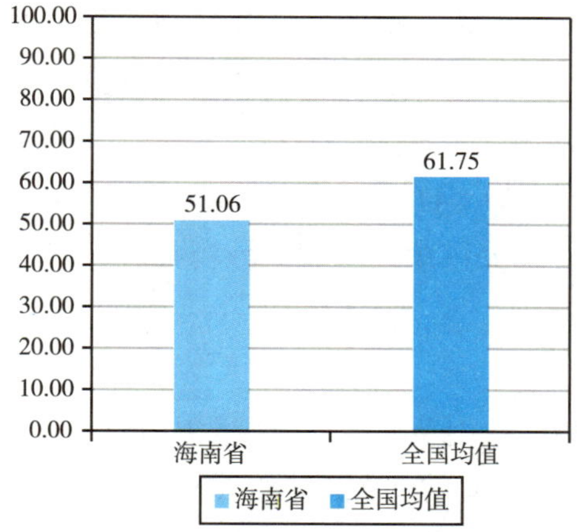

图5-100　海南省创新发展软环境综合指数

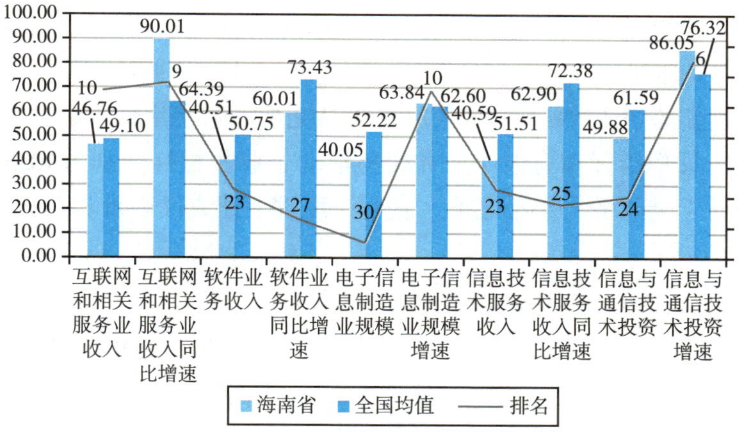

图5-101　海南省互联网、软件和信息技术发展情况

从衡量区域专利与商标发展指数的具体指标来看，2022年海南省专利申请数指标、专利授权数指标、发明专利申请比例指标、专利授权平均维持年限指标、新增商标注册数指标和新增商标注册比例指标分别为47.91、50.11、58.45、49.03、42.42和40.00，均处于全国平均水平之下，表明海南省上述方面表现相对偏弱，需要继续完善相关环境建设，如图5-102所示。

5.2.9.4　海南省技术市场交易维度

从区域技术市场交易水平的总体表现来看，2022年海南省的区域技术市场交易发展指数为43.25，与全国平均水平57.33相比，海南省处于全国平均水平之下，体现出海南省的技术市场交易相对偏弱。

从衡量区域技术市场交易指数的具体指标来看，2022年海南省技术市场成交合同数指标、技术市场成交额指标、技术产品市场化指标、技术国外引进数指标、技术国外输出数指标、高技术产业新产品数量指标、经政府认定的新产品指标和高技术产业新产品销售收入指标分别为40.77、40.44、42.88、40.65、40.96、54.41、45.42和40.48，均处于全国平均水平之下，表明海南省上述方面表现相对偏弱，需要继续完善相关环境建设，如图5-103所示。

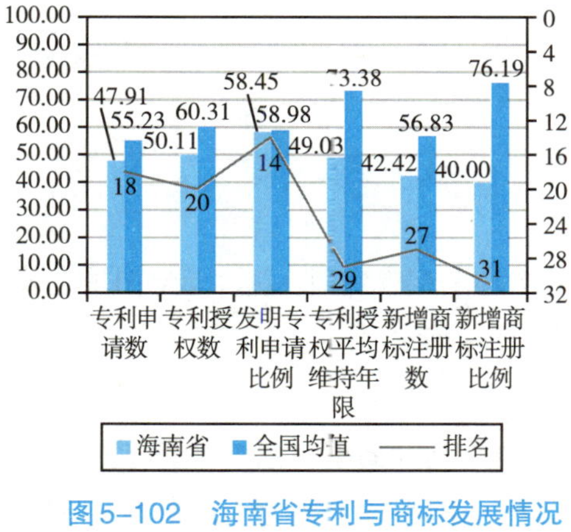

图5-102　海南省专利与商标发展情况

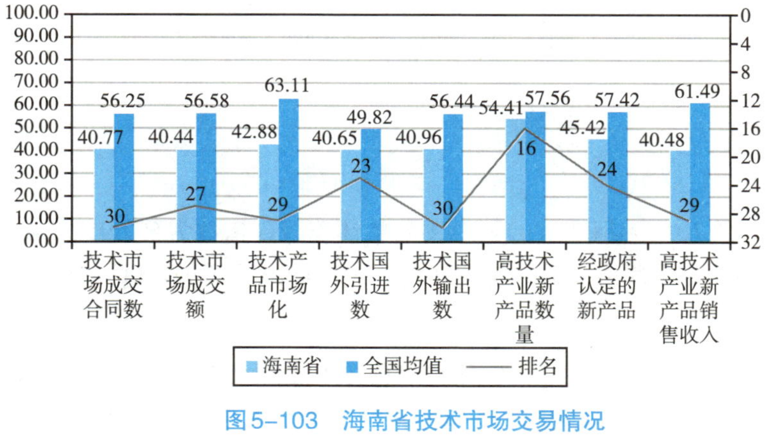

图5-103　海南省技术市场交易情况

5.2.9.5 海南省组织和营销创新维度

从区域组织和营销创新水平的总体表现来看，2022年海南省的区域组织和营销创新指数为45.18，与全国平均水平59.43相比，海南省处于全国平均水平之下，体现出海南省的组织和营销创新相对偏弱。

从衡量区域组织和营销创新指数的具体指标来看，2022年海南省数字交易指标为61.13，高于全国平均水平，表明海南省上述方面表现相对较好，但仍需加大投入力度。而2022年海南省实施组织变革创新的企业数指标、信息化企业数指标、数字化企业数指标、实施营销创新的企业数指标、电子商务销售额指标和有电子商务交易活动企业数指标分别为40.00、44.79、44.17、40.00、43.78和42.41，均处于全国平均水平之下，表明海南省上述方面表现相对偏弱，需要继续完善相关环境建设，如图5-104所示。

5.2.9.6 海南省创新人才培养维度

从区域创新人才培养水平的总体表现来看，2022年海南省的区域创新人才培养指数为55.88，与全国平均水平65.35相比，海南省处于全国平均水平之下，体现出海南省的创新人才培养相对偏弱。

从衡量区域创新人才培养指数的具体指标来看，2022年海南省普通高等学校专任教师数指标和教育经费投入指标分别为61.79和61.44，均处于全国平均水平之上，表明海南省上述方面表现相对较好，但仍需加大投入力度，保持领先优势。而2022年海南省普通高等学校数指标、高等教育机构招生数指标和研究生招生增长率指标分别为45.25、61.38和49.55，均处于全国平均水平之下，表明海南省上述方面表现相对偏弱，需要继续完善相关环境建设，如图5-105所示。

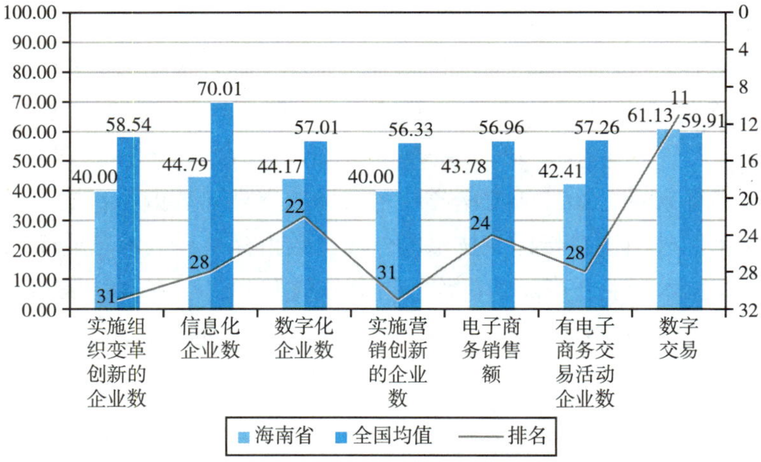

图5-104 海南省组织和营销创新情况

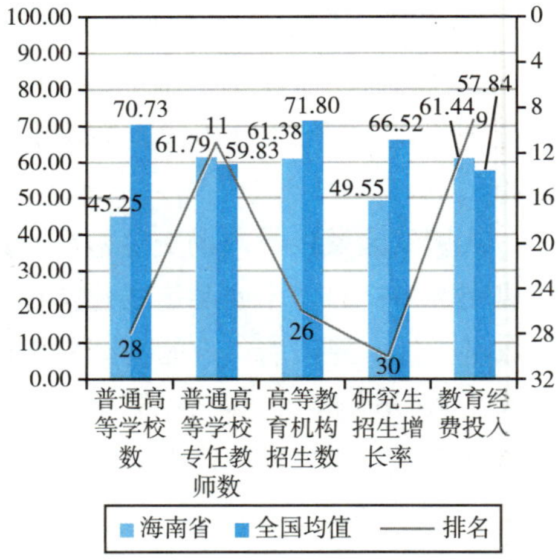

图5-105 海南省创新人才培养情况

5.2.10 河北省

5.2.10.1 河北省创新发展软环境综合指数

2022年河北省的创新发展软环境综合指数为59.00，与全国平均水平61.75相比，处于全国平均水平之下，体现出河北省创新发展软环境建设还需要进一步完善，如图5-106所示。

5.2.10.2 河北省互联网、软件和信息技术发展维度

从区域互联网、软件和信息技术发展水平的总体表现来看，2022年河北省的区域互联网、软件和信息技术发展指数为62.54，与全国平均水平61.43相比，河北省处于全国平均水平之上，体现出河北省的互联网、软件和信息技术发展相对偏强。

从衡量区域互联网、软件和信息技术发展指数的具体指标来看，2022年河北省软件业务收入同比增速指标、电子信息制造业规模增速指标、信息技术服务收入同比增速指标、信息与通信技术投资和增速指标分别为98.78、69.31、90.49、71.72和80.24，均处于全国平均水平之上，表明河北省上述方面表现相对较好，但仍需加大投入力度，保持领先优势。而2022年河北省互联网和相关服务业收入和同比增速指标、软件业务收入指标、电子信息制造业规模指标和信息技术服务收入指标分别为41.67、44.89、42.15、43.75和42.34，均处于全国平均水平之下，表明河北省上述方面表现相对偏弱，需要继续完善相关环境建设，如图5-107所示。

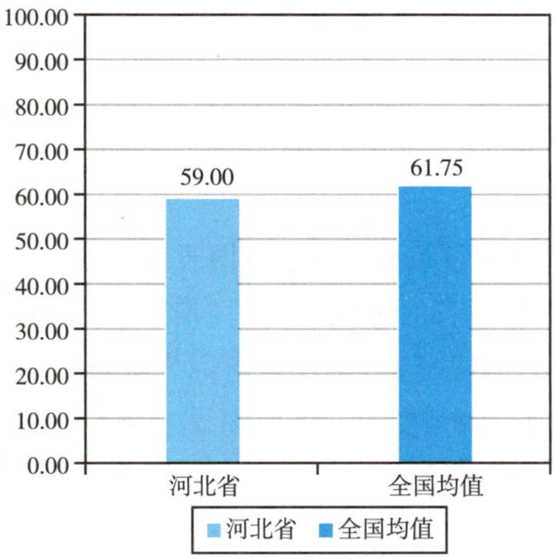

图5-106　河北省创新发展软环境综合指数

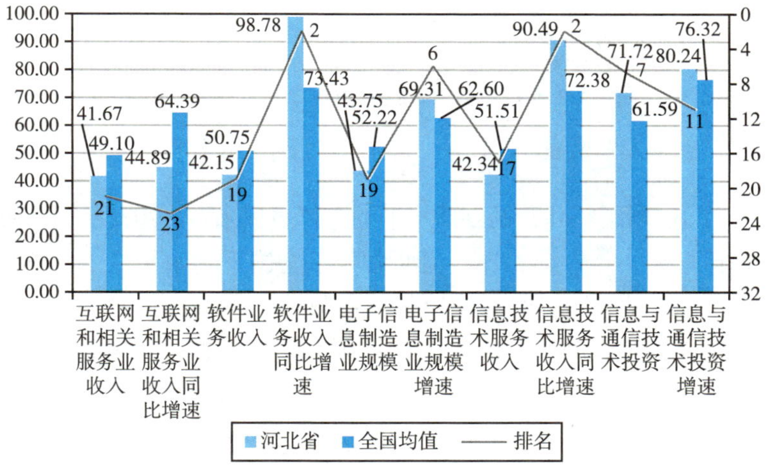

图5-107　河北省互联网、软件和信息技术发展情况

5.2.10.3　河北省专利与商标发展维度

从区域专利与商标发展水平的总体表现来看，2022年河北省的区域专利与商标发展指数为60.60，与全国平均水平63.49相比，河北省处于全国平均水平之下，体现出河北省的专利与商标发展相对偏弱。

从衡量区域专利与商标发展指数的具体指标来看，2022年河北省专利授权平均维持年限指标、新增商标注册数指标和新增商标注册比例指标分别为77.68、59.58和84.71，均处于全国平均水平之上，表明河北省上述方面表现相对较好，但仍需加大投入力度。而2022年河北省专利申请数指标、专利授权数指标和发明专利申请比例指标分别为48.08、53.54和40.00，均处于全国平均水平之下，表明河北省上述方面表现相对偏弱，需要继续完善相关环境建设，如图5-108所示。

5.2.10.4　河北省技术市场交易维度

从区域技术市场交易水平的总体表现来看，2022年河北省的区域技术市场交易指数为51.22，与全国平均水平57.33相比，河北省处于全国平均水平之下，体现出河北省的技术市场与交易维度相对偏弱。

从衡量区域技术市场交易指数的具体指标来看，2022年河北省技术市场成交合同数指标、技术市场成交额指标、技术产品市场化指标、技术国外引进数指标、技术国外输出数指标、高技术产业新产品数量指标、经政府认定的新产品指标和高技术产业新产品销售收入指标分别为49.46、52.23、58.36、44.74、51.93、48.17、52.34和52.50，均处于全国平均水平之下，表明河北省上述方面表现相对偏弱，需要继续完善相关环境建设，如图5-109所示。

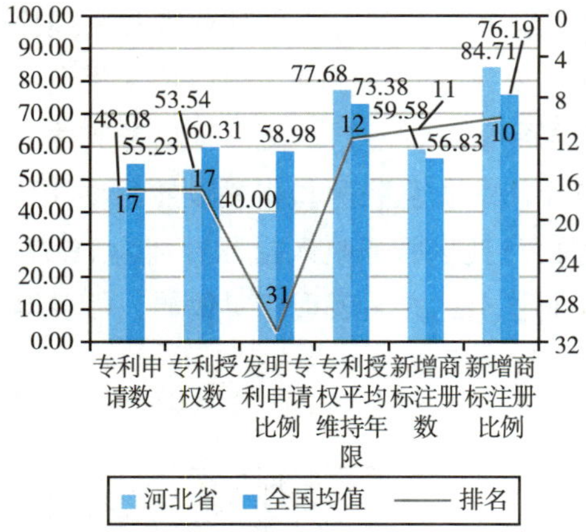

图5-108　河北省专利与商标发展情况

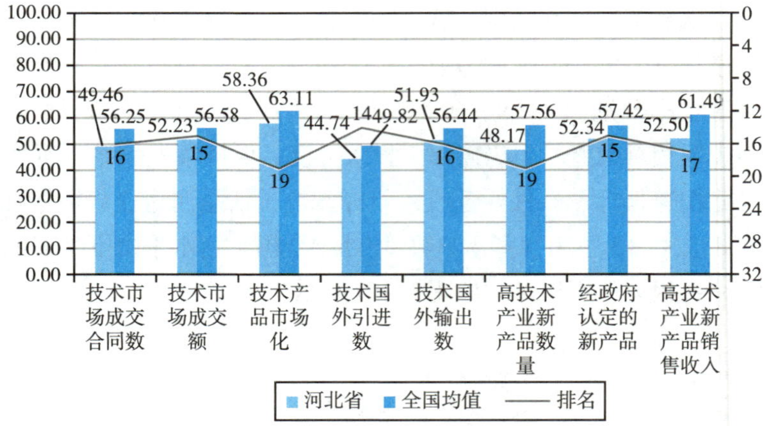

图5-109　河北省技术市场交易情况

5.2.10.5　河北省组织和营销创新维度

从区域组织和营销创新水平的总体表现来看，2022年河北省的区域组织和营销创新指数为55.38，与全国平均水平59.43相比，河北省处于全国平均水平之下，体现出河北省的组织和营销创新相对偏弱。

从衡量区域组织和营销创新指数的具体指标来看，2022年河北省信息化企业数指标为90.01，高于全国的平均水平，表明河北省在上述方面表现相对较好，但仍需加大投入力度。而2022年河北省实施组织变革创新的企业数指标、数字化企业数指标、实施营销创新的企业数指标、电子商务销售额指标、有电子商务交易活动企业数指标和数字交易指标分别为45.89、50.93、45.98、52.53、51.82和50.48，均处于全国平均水平之下，表明河北省在上述方面表现相对偏弱，需要继续完善相关环境建设，如图5-110所示。

5.2.10.6　河北省创新人才培养维度

从区域创新人才培养水平的总体表现来看，2022年河北省的区域创新人才培养指数为62.42，与全国平均水平65.35相比，河北省处于全国平均水平之下，体现出河北省的创新人才培养相对偏弱。

从衡量区域创新人才培养指数的具体指标来看，2022年河北省普通高等学校数指标和研究生招生增长率指标分别为83.50和67.27，均处于全国平均水平之上，表明河北省上述方面表现相对较好，但仍需加大投入力度，保持领先优势。而2022年河北省普通高等学校专任教师数指标、高等教育机构招生数指标和教育经费投入指标分别为47.01、65.98和48.33，均处于全国平均水平之下，表明河北省上述方面表现相对偏弱，需要继续完善相关环境建设，如图5-111所示。

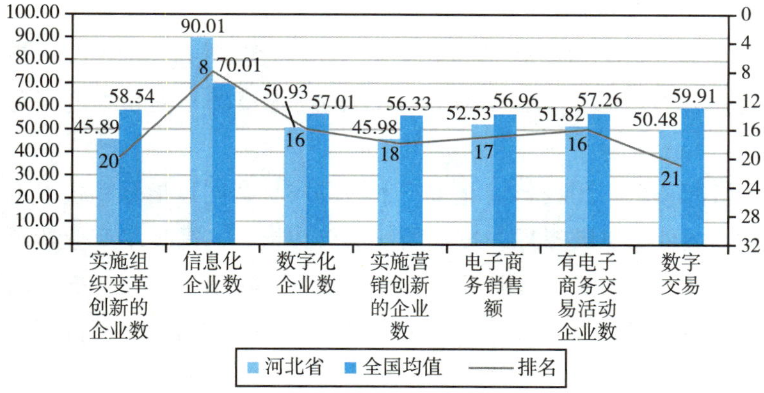

图5-110　河北省组织和营销创新情况

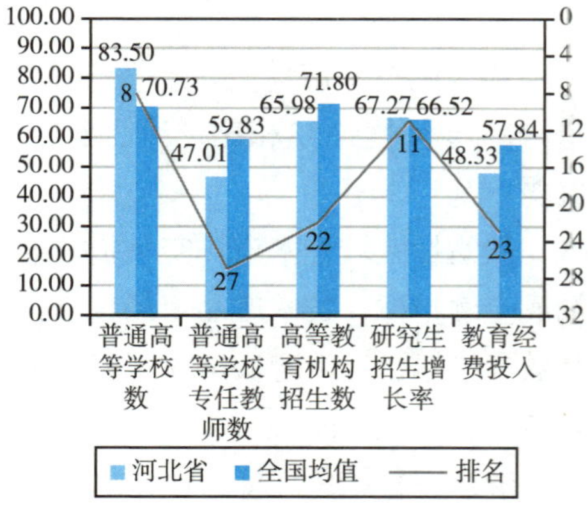

图5-111　河北省创新人才培养情况

5.2.11　河南省

5.2.11.1　河南省创新发展软环境综合指数

2022年河南省的创新发展软环境综合指数为63.56，与全国平均水平61.75相比，处于全国平均水平之上，体现出河南省创新发展软环境建设较好，但仍需继续保持，如图5–112所示。

5.2.11.2　河南省互联网、软件和信息技术发展维度

从区域互联网、软件和信息技术发展水平的总体表现来看，2022年河南省的区域互联网、软件和信息技术发展指数为58.27，与全国平均水平61.43相比，河南省处于全国平均水平之下，体现出河南省的互联网、软件和信息技术发展相对偏弱。

从衡量区域互联网、软件和信息技术发展指数的具体指标来看，2022年河南省软件业务收入同比增速指标、电子信息制造业规模指标和信息与通信技术投资指标分别为73.89、58.14和69.99，均处于全国平均水平之上，表明河南省上述方面表现相对较好，但仍需加大投入力度，保持领先优势。而2022年河南省互联网和相关服务业收入和同比增速指标、软件业务收入指标、电子信息制造业规模增速指标、信息技术服务收入和同比增速指标和信息与通信技术投资增速指标分别为43.85、56.95、42.20、59.31、41.98、71.03和65.37，均处于全国平均水平之下，表明河南省上述方面表现相对偏弱，需要继续完善相关环境建设，如图5–113所示。

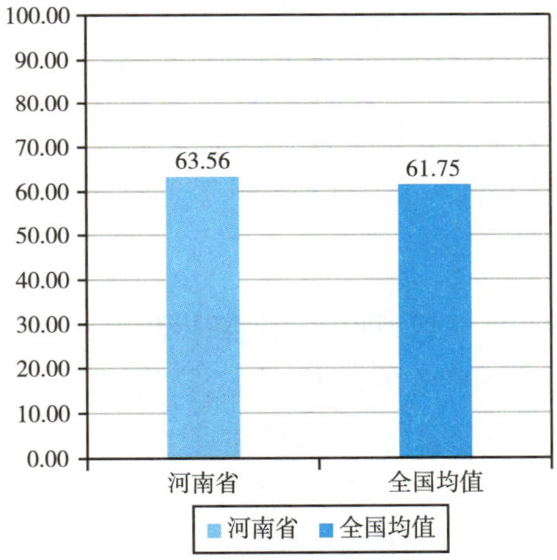

图5–112　河南省创新发展软环境综合指数

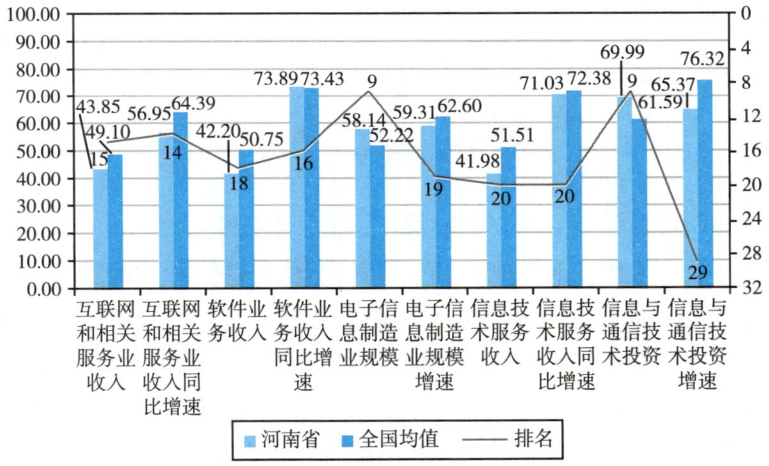

图5–113　河南省互联网、软件和信息技术发展情况

5.2.11.3　河南省专利与商标发展维度

从区域专利与商标发展水平的总体表现来看，2022年河南省的区域专利与商标发展指数为65.38，与全国平均水平63.49相比，河南省处于全国平均水平之上，体现出河南省的专利与商标发展水平相对较强。

从衡量区域专利与商标发展指数的具体指标来看，2022年河南省专利授权平均维持年限指标、新增商标注册数指标和新增商标注册比例指标分别为79.55、72.29和92.81，均高于全国平均水平，表明河南省在上述方面表现较好，但仍需加大投入力度。而2022年河南省专利申请数指标、专利授权数指标和发明专利申请比例指标分别为47.62、53.39和46.61，均低于全国平均水平，表明河南省在上述方面表现相对偏弱，需要继续完善相关环境建设，如图5–114所示。

5.2.11.4 河南省技术市场交易维度

从区域技术市场交易水平的总体表现来看，2022年河南省的区域技术市场交易指数为55.78，与全国平均水平57.33相比，河南省处于全国平均水平之下，体现出河南省的技术市场交易相对偏弱。

从区域技术市场交易指数的具体指标来看，2022年河南省技术国外输出数指标和高技术产业新产品销售收入指标分别为57.96和83.42，均处于全国平均水平之上，表明河南省在上述方面表现相对较好，但仍需加大投入力度。而2022年河南省技术市场成交合同数指标、技术市场成交额指标、技术产品市场化指标、技术国外引进数指标、高技术产业新产品数量指标和经政府认定的新产品指标分别为54.24、49.94、62.05、42.72、47.01和48.92，均处于全国平均水平之下，表明河南省上述方面表现相对偏弱，需要继续完善相关环境建设，如图5-115所示。

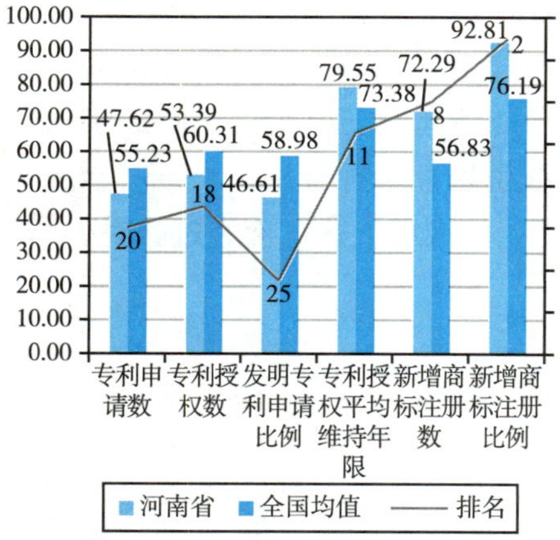

图5-114 河南省专利与商标发展情况

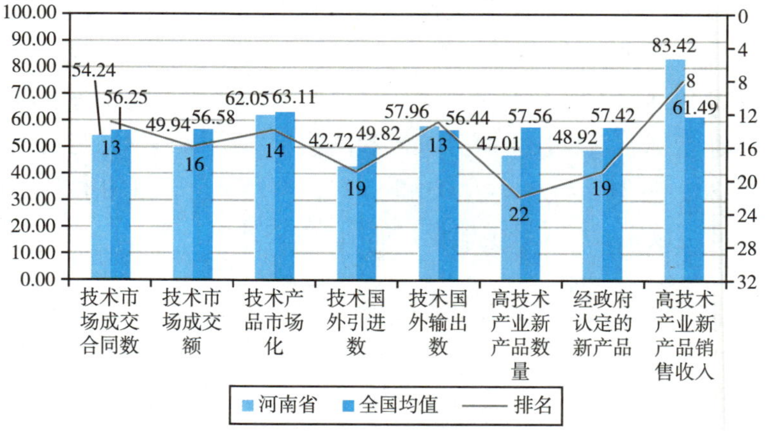

图5-115 河南省技术市场交易情况

5.2.11.5 河南省组织和营销创新维度

从区域组织和营销创新水平的总体表现来看，2022年河南省的区域组织和营销创新指数为59.44，与全国平均水平59.43相比，河南省处于全国平均水平之上，体现出河南省的技术市场交易相对较强。

从衡量区域组织和营销创新指数的具体指标来看，2022年河南省信息化企业数指标、电子商务销售额指标、有电子商务交易活动企业数指标和数字交易指标分别为91.27、57.00、59.33和60.68，均处于全国平均水平之上，表明河南省上述表现相对较好，但仍需加大投入力度。而2022年河南省实施组织变革创新的企业数指标、数字化企业数指标和实施营销创新的企业数指标分别为52.02、44.17和51.62，均处于全国平均水平之下，表明河南省上述方面表现相对偏弱，需要继续完善相关环境建设，如图5-116所示。

5.2.11.6 河南省创新人才培养维度

从区域创新人才培养水平的总体表现来看，2022年河南省的区域创新人才培养指数为74.84，与全国平均水平65.35相比，河南省处于全国平均水平之上，体现出河南省的创新人才培养水平相对较强。

从衡量区域创新人才培养指数的具体指标来看，2022年河南省普通高等学校数指标、普通高等学校专任教师数指标、高等教育机构招生数指标和研究生招生增长率指标分别为95.88、66.83、79.57和90.45，均处于全国平均水平之上，表明河南省上述方面相对较好，但仍需加大投入力度。而2022年河南省教育经费投入指标为41.49，处于平均水平之下，表明河南省在上述方面表现相对偏弱，需要继续完善相关环境建设，如图5-117所示。

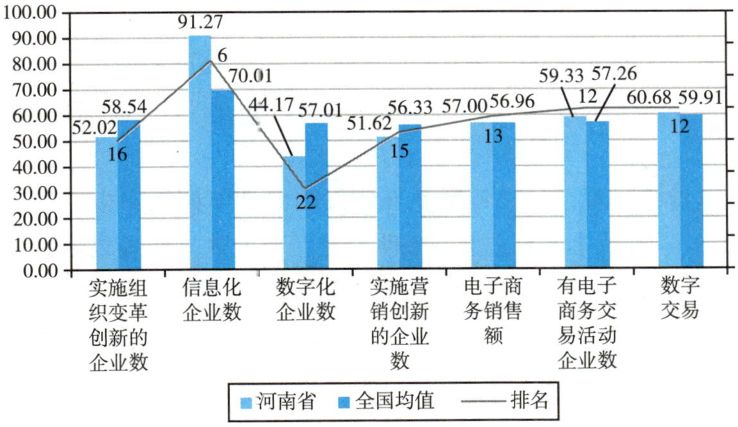

图5-116　河南省组织和营销创新情况

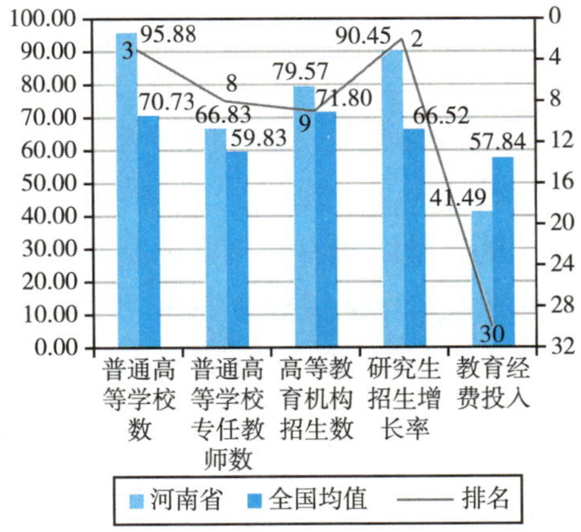

图5-117　河南省创新人才培养情况

5.2.12　黑龙江省

5.2.12.1　黑龙江省创新发展软环境综合指数

2022年黑龙江省的创新发展软环境指数为56.61，与全国平均水平61.75相比，处于全国平均水平之下，体现出黑龙江省的创新发展软环境建设还需要进一步完善，如图5–118所示。

5.2.12.2　黑龙江省互联网、软件和信息技术发展维度

从区域互联网、软件和信息技术发展水平的总体表现来看，2022年黑龙江省的区域互联网、软件和信息技术发展指数为59.52，与全国平均水平61.43相比，黑龙江省处于全国平均水平之下，体现出黑龙江省的互联网、软件和信息技术发展相对偏弱。

从衡量区域互联网、软件和信息技术发展指数的具体指标来看，2022年黑龙江省互联网和相关服务业收入同比增速指标、软件业务收入同比增速指标、信息技术服务收入同比增速指标、信息与通信技术投资和增速指标值分别为76.48、78.49、75.93、64.27和78.44，均处于全国平均水平之上，表明黑龙江省上述方面表现相对较好，但仍需加大投入力度，保持领先优势。而2022年黑龙江省的互联网和相关服务业收入指标、软件业务收入指标、电子信息制造业规模和增速指标和信息技术服务收入指标分别为40.60、40.27、40.21、60.31和40.21，均处于全国平均水平之下，表明黑龙江省上述方面表现相对偏弱，需要继续完善相关环境建设，如图5–119所示。

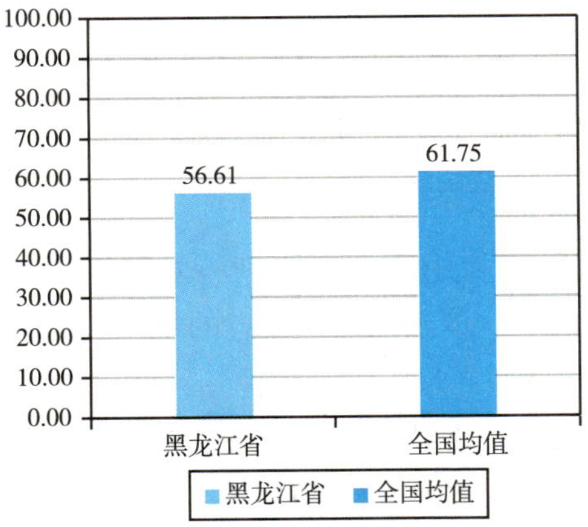

图5–118　黑龙江省创新发展软环境综合指数

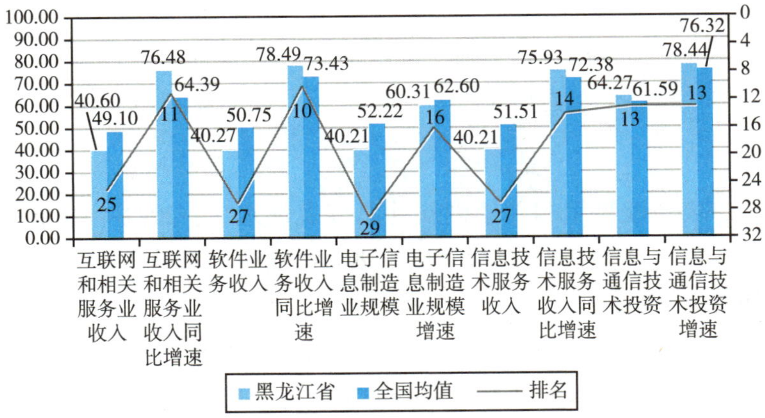

图5–119　黑龙江省互联网、软件和信息技术发展情况

5.2.12.3 黑龙江省专利与商标发展维度

从区域专利与商标发展的总体表现来看，2022年黑龙江省的区域专利与商标发展指数为60.52，与全国平均水平63.49相比，黑龙江省处于全国平均水平之下，体现出黑龙江省的专利与商标发展相对较弱。

从衡量区域专利与商标发展指数的具体指标来看，2022年黑龙江省发明专利申请比例指标和新增商标注册比例指标为74.30和77.84，均处于全国平均水平之上，表明黑龙江省上述方面表现相对较好，但仍需加大投入力度，保持领先优势。而2022年黑龙江省专利申请数指标、专利授权数指标、专利授权平均维持年限指标和新增商标注册数指标分别为46.26、48.96、70.00和45.78，均处于全国平均水平之下，表明黑龙江省上述方面表现相对偏弱，需要继续完善相关环境建设，如图5-120所示。

5.2.12.4 黑龙江省技术市场交易维度

从区域技术市场交易的总体表现来看，2022年黑龙江省的区域技术市场交易发展指数为49.69，与全国平均水平57.33相比，黑龙江省处于全国平均水平之下，体现出黑龙江省的技术市场交易相对偏弱。

从衡量区域技术市场交易指数的具体指标来看，2022年黑龙江省技术产品市场化指标为81.18，处于全国平均水平之上，表明黑龙江省上述方面表现相对较好，但仍需加大投入力度，保持领先优势。而2022年黑龙江省技术市场成交合同数指标、技术市场成交额指标、技术国外引进数指标、技术国外输出数指标、高技术产业新产品数量指标、经政府认定的新产品指标和高技术产业新产品销售收入指标分别为45.57、45.72、40.59、47.03、47.48、46.24和43.74，均处于全国平均水平之下，表明黑龙江省上述方面表现相对偏弱，需要继续完善相关环境建设，如图5-121所示。

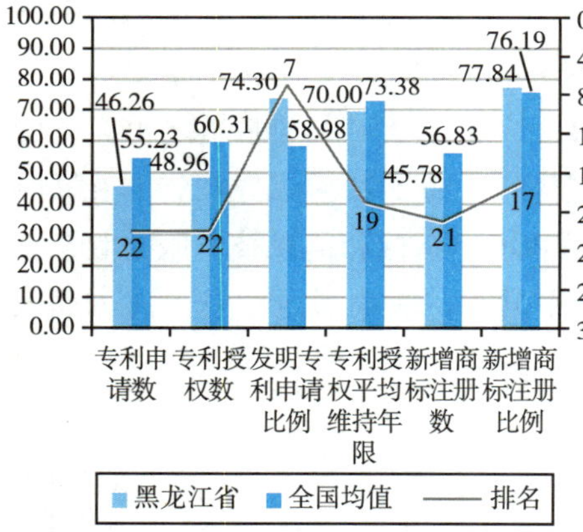

图5-120 黑龙江省专利与商标发展情况

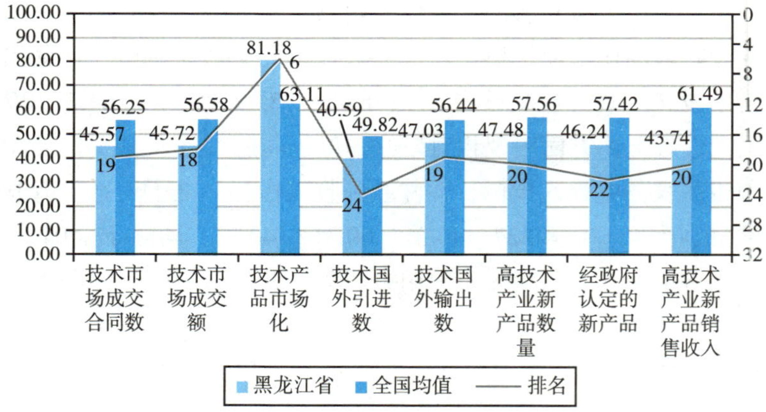

图5-121 黑龙江省技术市场交易情况

5.2.12.5 黑龙江省组织和营销创新维度

从区域组织和营销创新的总体表现来看，2022年黑龙江省的区域组织和营销创新发展指数为47.04，与全国平均水平59.43相比，黑龙江省处于全国平均水平之下，体现出黑龙江省的组织和营销创新相对偏弱。

从衡量区域组织和营销创新指数的具体指标来看，2022年黑龙江省数字化企业数指标为60.48，处于全国平均水平之上，表明黑龙江省上述方面表现相对较好，但仍需加大投入力度，保持领先优势。而2022年黑龙江省实施组织变革创新的企业数指标、信息化企业数指标、实施营销创新的企业数指标、电子商务销售额指标、有电子商务交易活动企业数指标和数字交易指标分别为41.32、55.03、

42.09、42.24、42.91和45.23，均处于全国平均水平之下，表明黑龙江省上述方面表现相对偏弱，需要继续完善相关环境建设，如图5-122所示。

5.2.12.6　黑龙江省创新人才培养维度

从区域创新人才培养的总体表现来看，2022年黑龙江省的区域创新人才培养发展指数为62.03，与全国平均水平65.35相比，黑龙江省处于全国平均水平之下，体现出黑龙江省的创新人才培养相对偏弱。

从衡量区域创新人才培养指数的具体指标来看，2022年黑龙江省高等教育机构招生数指标为73.92，处于全国平均水平之上，表明黑龙江省上述方面表现相对较好，但仍需加大投入力度，保持领先优势。而2022年黑龙江省普通高等学校数指标、普通高等学校专任教师数指标、研究生招生增长率指标和教育经费投入指标分别为67.38、58.50、65.91和44.47，均处于全国平均水平之下，表明黑龙江省上述方面表现相对偏弱，需要继续完善相关环境建设，如图5-123所示。

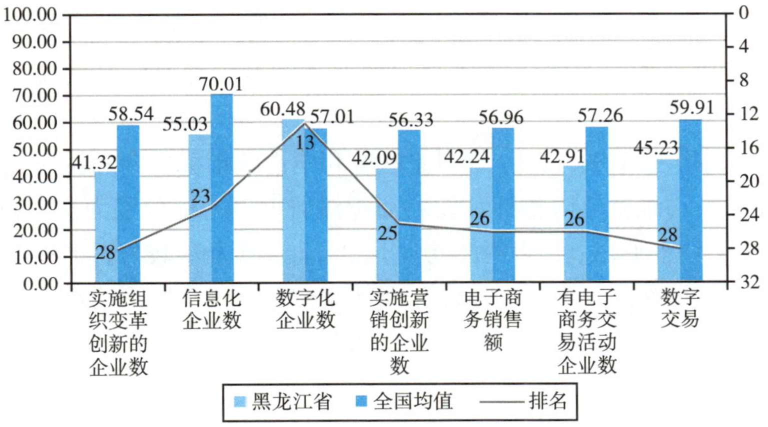

图5-122　黑龙江省组织和营销创新情况

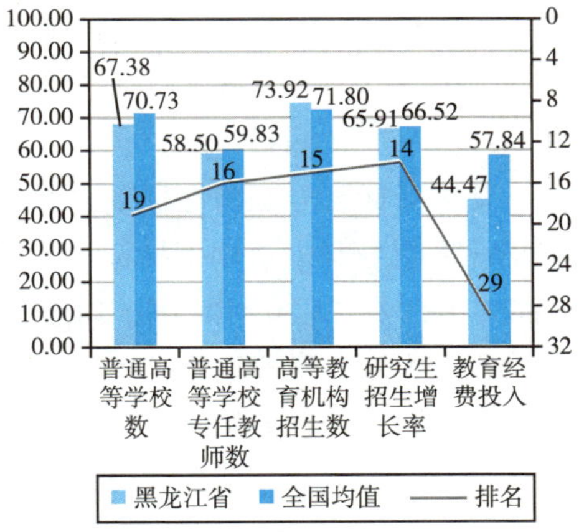

图5-123　黑龙江省创新人才培养情况

5.2.13　湖北省

5.2.13.1　湖北省创新发展软环境综合指数

2022年湖北省的创新发展软环境指数为66.56，与全国平均水平61.75相比，处于全国平均水平之上，体现出湖北省创新发展软环境建设较好，但仍需继续保持，如图5-124所示。

5.2.13.2　湖北省互联网、软件和信息技术发展维度

从区域互联网、软件和信息技术发展水平的总体表现来看，2022年湖北省的区域互联网、软件和信息技术发展指数为64.55，与全国平均水平61.43相比，湖北省处于全国平均水平之上，体现出湖北省的互联网、软件和信息技术发展相对较强。

从衡量区域互联网、软件和信息技术发展指数的具体指标来看，2022年湖北省互联网和相关服务业收入和同比增速指标、电子信息制造业规模和增速指标和信息技术服务收入同比增速指标分别为49.46、93.15、52.54、63.63和83.24，均处于全国平均水平之上，表明湖北省上述方面表现相对较好，但仍需加大投入力度，保持领先优势。而2022年湖北省区域软件业务收入和同比增速指标、信息技术服务收入指标和信息与通信技术投资和增速指标分别为50.35、73.21、49.70、53.98和76.28，均处于全国平均水平之下，表明湖北省上述方面表现相对偏弱，需要继续完善相关环境建设，如图5-125所示。

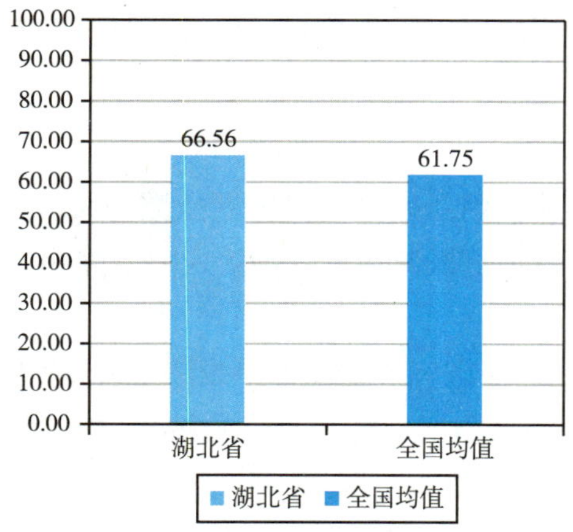

图5-124 湖北省创新发展软环境综合指数

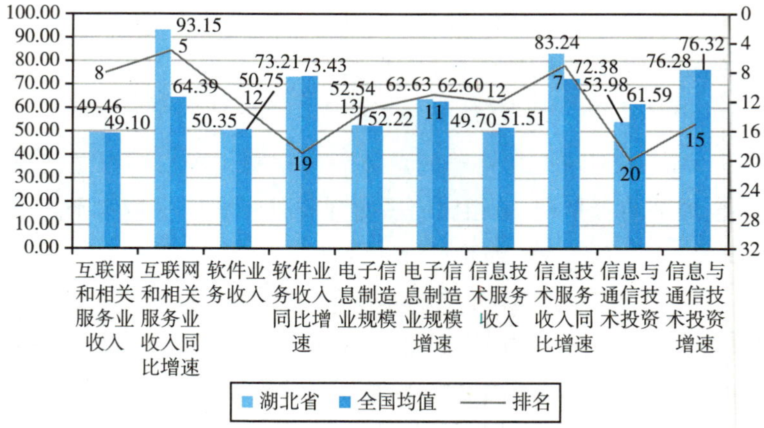

图5-125 湖北省互联网、软件和信息技术发展情况

5.2.13.3 湖北省专利与商标发展维度

从区域专利与商标发展的总体表现来看，2022年湖北省的区域专利与商标发展指数为67.32，与全国平均水平63.49相比，湖北省处于全国平均水平之上，体现出湖北省的专利与商标发展相对较强。

从衡量区域专利与商标发展指数的具体指标来看，2022年湖北省专利申请数指标、专利授权数指标、发明专利申请比例指标、专利授权平均维持年限指标和新增商标注册比例指标分别为57.89、66.65、68.92、74.79和81.05，均处于全国平均水平之上，表明湖北省上述方面表现相对较好，但仍需加大投入力度，保持领先优势。而2022年湖北省新增商标注册数指标为54.62，处于全国平均水平之下，表明湖北省上述方面表现相对偏弱，需要继续完善相关环境建设，如图5-126所示。

5.2.13.4 湖北省技术市场交易维度

从区域技术市场交易的总体表现来看，2022年湖北省的区域技术市场交易发展指数为68.47，与全国平均水平57.33相比，湖北省处于全国平均水平之上，体现出湖北省的技术市场交易相对较强。

从衡量区域技术市场交易指数的具体指标来看，2022年湖北省的技术市场成交合同数指标、技术市场成交额指标、技术产品市场化指标、技术国外引进数指标、技术国外输出数指标和高技术产业新产品销售收入指标分别为84.16、74.27、77.29、53.09、76.72和70.95，均处于全国平均水平之上，表明湖北省上述方面表现相对较好，但仍需加大投入力度，保持领先优势。而2022年湖北省高技术产业新产品数量指标和经政府认定的新产品指标分别为56.52和54.74，均处于全国平均水平之下，表明湖北省上述方面表现相对偏弱，需要继续完善相关环境建设，如图5-127所示。

5.2.13.5 湖北省组织和营销创新维度

从区域组织和营销创新的总体表现来看，2022年湖北省的区域组织和营销创新发展指数为62.56，与全国平均水平59.43相比，湖北省处于全国平均水平之上，体现出湖北省的组织和营销创新相对较强。

从衡量区域组织和营销创新指数的具体指标来看，2022年湖北省实施组织变革创新的企业数指标、信息化企业数指标、实施营销创新的企业数指标、电子商务销售额指标、有电子商务交易活动企业数指标和数字交易指标分别为61.85、79.74、60.01、60.58、61.59和68.82，均处于全国平均水平之上，表明湖北省上述方面表现相对较好，但仍需加大投入力度，保持领先优势。而2022年湖北省数字化企业数指标为45.32，处于全国平均水平之下，表明湖北省上述方面表现相对偏弱，需要继续完善相关环境建设，如图5-128所示。

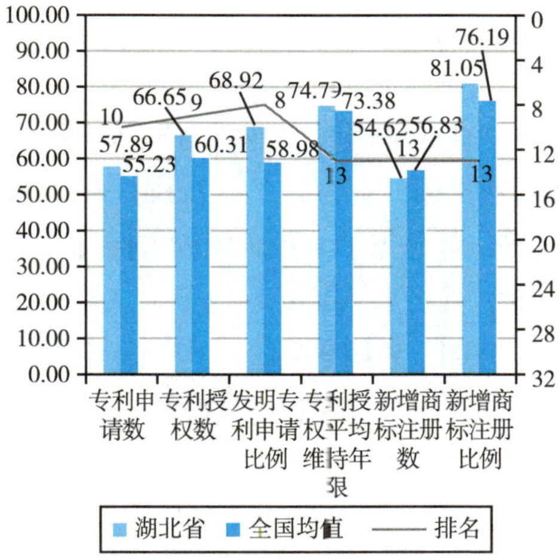

图5-126 湖北省专利与商标发展情况

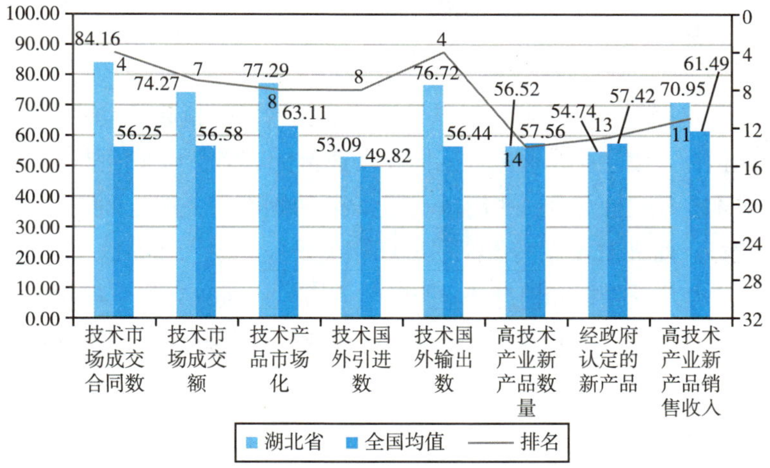

图5-127 湖北省技术市场交易情况

5.2.13.6 湖北省创新人才培养维度

从区域创新人才培养的总体表现来看，2022年湖北省的区域创新人才培养发展指数为68.89，与全国平均水平65.35相比，湖北省处于全国平均水平之上，体现出湖北省的创新人才培养相对较强。

从衡量区域创新人才培养指数的具体指标来看，2022年湖北省普通高等学校数指标、普通高等学校专任教师数指标和高等教育机构招生数指标分别为86.13、70.37和80.42，均处于全国平均水平之上，表明湖北省上述方面表现相对较好，但仍需加大投入力度，保持领先优势。而2022年湖北省研究生招生增长率指标和教育经费投入指标分别为60.45和47.08，均处于全国平均水平之下，表明湖北省上述方面表现相对偏弱，需要继续完善相关环境建设，如图5-129所示。

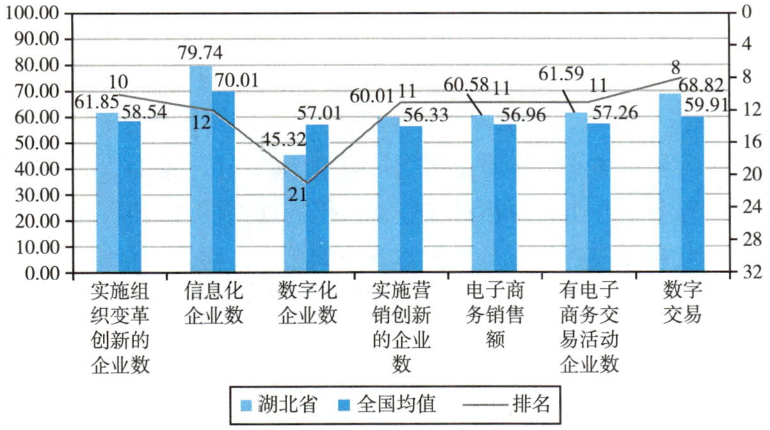

图5-128 湖北省组织和营销创新情况

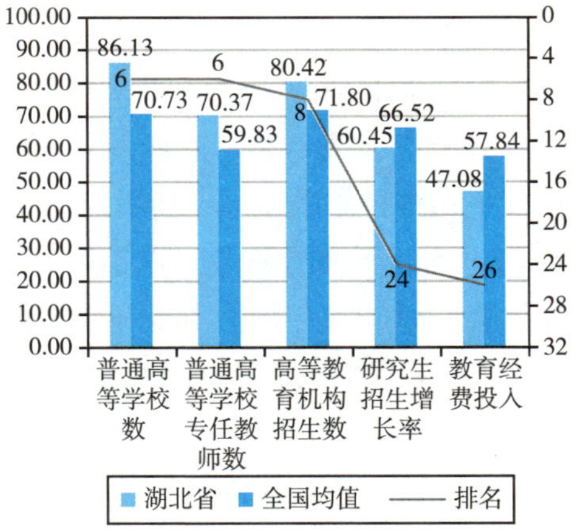

图5-129 湖北省创新人才培养情况

5.2.14 湖南省

5.2.14.1 湖南省创新发展软环境综合指数

2022年湖南省的创新发展软环境指数为63.51，与全国平均水平61.75相比，处于全国平均水平之上，体现出湖南省创新发展软环境建设较好，但仍需继续保持，如图5-130所示。

5.2.14.2 湖南省互联网、软件和信息技术发展维度

从区域互联网、软件和信息技术发展水平的总体表现来看，2022年湖南省的区域互联网、软件和信息技术发展指数为60.34，与全国平均水平61.43相比，湖南省处于全国平均水平之下，体现出湖南省的互联网、软件和信息技术发展相对偏弱。

从衡量区域互联网、软件和信息技术发展指数的具体指标来看，2022年湖南省软件业务收入同比增速指标、信息技术服务收入同比增速指标、信息与通信技术投资和增速指标分别为77.97、79.64、78.19和82.43，均处于全国平均水平之上，表明湖南省上述方面表现相对较好，但仍需加大投入力度，保持领先优势。而2022年湖南省互联网和相关服务业收入和同比增速指标、软件业务收入指标、电子信息制造业规模和增速指标和信息技术服务收入指标分别为45.32、40.04、45.44、51.00、59.01和44.39，均处于全国平均水平之下，表明湖南省上述方面表现相对偏弱，需要继续完善相关环境建设，如图5-131所示。

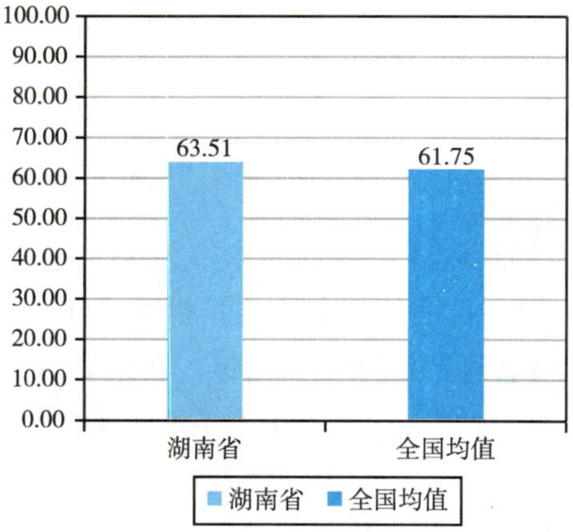

图5-130 湖南省创新发展软环境综合指数

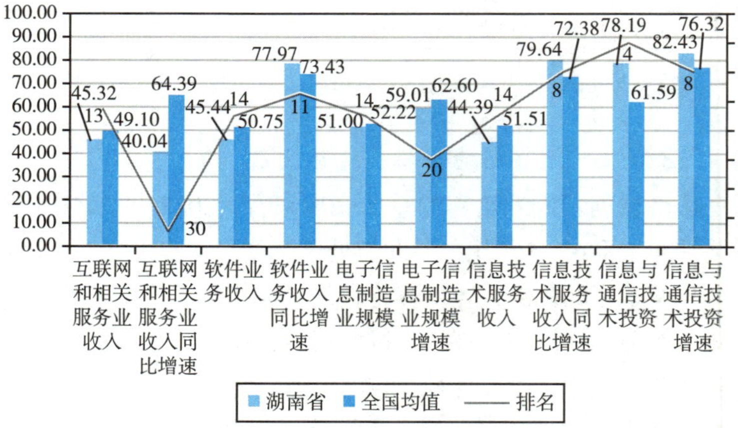

图5-131 湖南省互联网、软件和信息技术发展情况

5.2.14.3 湖南省专利与商标发展维度

从区域专利与商标发展的总体表现来看，2022年湖南省的区域专利与商标发展指数为66.64，与全国平均水平63.49相比，湖南省处于全国平均水平之上，体现出湖南省的专利与商标发展相对较强。

从衡量区域专利与商标发展指数的具体指标来看，2022年湖南省发明专利申请比例指标、专利授权平均维持年限指标、新增商标注册数指标和新增商标注册比例指标分别为75.91、80.24、57.13和86.67，均处于全国平均水平之上，表明湖南省上述方面表现相对较好，但仍需加大投入力度，保持领先优势。而2022年湖南省专利申请数指标和专利授权数指标分别为47.84和52.07，均处于全国平均水平之下，表明湖南省上述方面表现相对偏弱，需要继续完善相关环境建设，如图5-132所示。

5.2.14.4 湖南省技术市场交易维度

从区域技术市场交易的总体表现来看，2022年湖南省的区域技术市场交易发展指数为60.25，与全国平均水平57.33相比，湖南省处于全国平均水平之上，体现出湖南省的技术市场交易相对较强。

从衡量区域技术市场交易指数的具体指标来看，2022年湖南省技术市场成交额指标、技术产品市场化指标、技术国外输出数指标、高技术产业新产品数量指标、经政府认定的新产品指标和高技术产业新产品销售收入指标分别为60.66、79.07、58.06、58.74、59.54和68.95，均处于全国平均水平之上，表明湖南省上述方面表现相对较好，但仍需加大投入力度，保持领先优势。而2022年湖南省技术市场成交合同数指标和技术国外引进数指标分别为54.30和42.67，均处于全国平均水平之下，表明湖南省上述方面表现相对偏弱，需要继续完善相关环境建设，如图5-133所示。

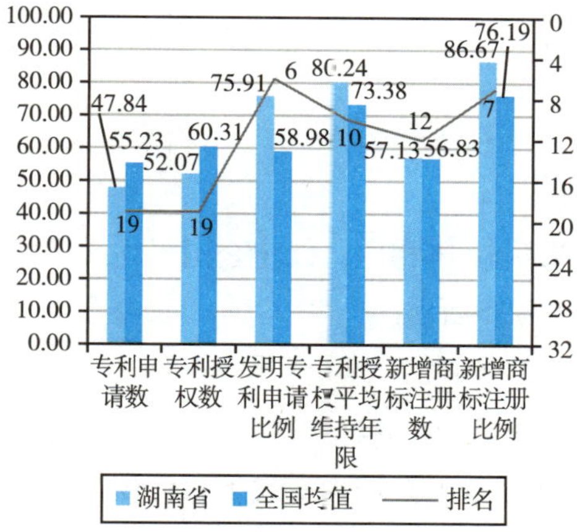

图5-132　湖南省专利与商标发展情况

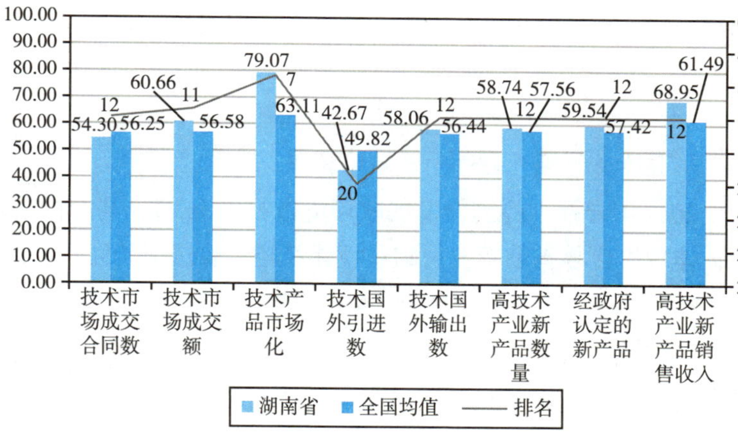

图5-133　湖南省技术市场交易情况

5.2.14.5　湖南省组织和营销创新维度

从区域组织和营销创新的总体表现来看，2022年湖南省的区域组织和营销创新发展指数为58.98，与全国平均水平59.43相比，湖南省处于全国平均水平之下，体现出湖南省的组织和营销创新相对偏弱。

从衡量区域组织和营销创新指数的具体指标来看，2022年湖南省信息化企业数指标、实施营销创新的企业数指标和有电子商务交易活动企业数指标分别为81.51、57.69和62.40，均处于全国平均水平之上，表明湖南省上述方面表现相对较好，但仍需加大投入力度，保持领先优势。而2022年湖南省实施组织变革创新的企业数指标、数字化企业数指标、电子商务销售额指标和数字交易指标分别为56.54、42.68、56.93和55.10，均处于全国平均水平之下，表明湖南省上述方面表现相对偏弱，需要继续完善相关环境建设，如图5-134所示。

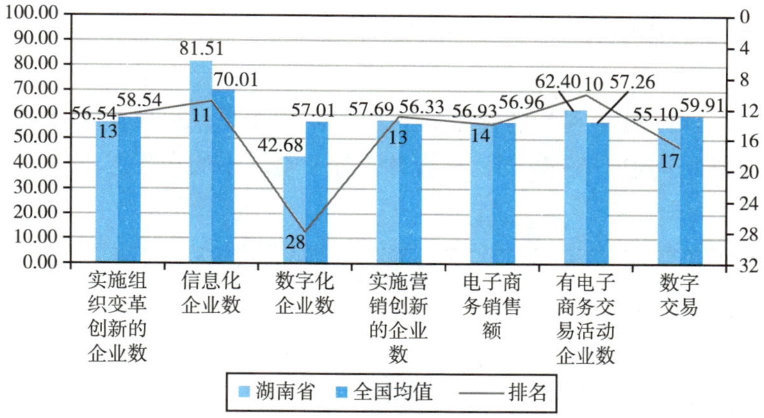

图5-134　湖南省组织和营销创新情况

5.2.14.6　湖南省创新人才培养维度

从区域创新人才培养的总体表现来看，2022年湖南省的区域创新人才培养发展指数为69.19，与全国平均水平65.35相比，湖南省处于全国平均水平之上，体现出湖南省的创新人才培养相对较强。

从衡量区域创新人才培养指数的具体指标来看，2022年湖南省普通高等学校数指标、普通高等学校专任教师数指标、高等教育机构招生数指标和研究生招生增长率指标分别为85.38、59.52、81.79和71.36，均处于全国平均水平之上，表明湖南省上述方面表现相对较好，但仍需加大投入力度，保持领先优势。而2022年湖南省教育经费投入指标为47.92，处于全国平均水平之下，表明湖南省上述方面表现

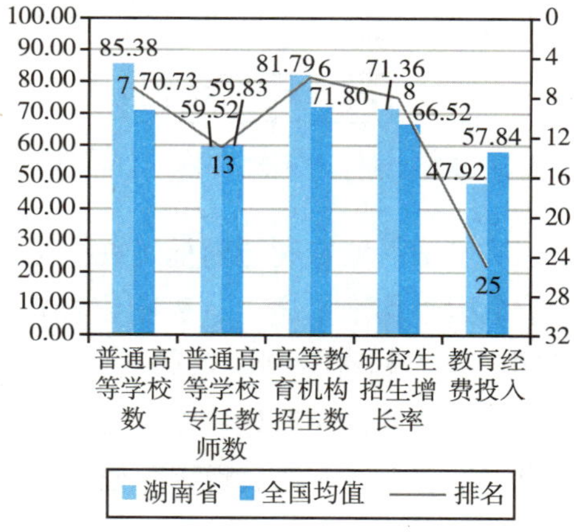

图5-135　湖南省创新人才培养情况

相对偏弱，需要继续完善相关环境建设，如图5-135所示。

5.2.15 吉林省

5.2.15.1 吉林省创新发展软环境综合指数

2022年吉林省的创新发展软环境指数为56.11，与全国平均水平61.75相比，处于全国平均水平之下，体现出吉林省创新发展软环境建设还需要进一步完善，如图5-136所示。

5.2.15.2 吉林省互联网、软件和信息技术发展维度

从区域互联网、软件和信息技术发展水平的总体表现来看，2022年吉林省的区域互联网、软件和信息技术发展指数为53.72，与全国平均水平61.43相比，吉林省处于全国平均水平之下，体现出吉林省的互联网、软件和信息技术发展相对偏弱。

从衡量区域互联网、软件和信息技术发展指数的具体指标来看，2022年吉林省软件业务收入同比增速指标、信息技术服务收入同比增速指标和信息与通信技术投资指标为75.45、73.66和78.56，均处于全国平均水平之上，表明吉林省上述方面表现相对较好，但仍需加大投入力度，保持领先优势。而2022年吉林省互联网和相关服务业收入和同比增速指标、软件业务收入指标、电子信息制造业规模和增速指标、信息技术服务收入指标和信息与通信技术投资增速指标分别为40.40、52.66、42.45、40.22、51.83、42.03和40.00，均处于全国平均水平之下，表明吉林省上述方面表现相对偏弱，需要继续完善相关环境建设，如图5-137所示。

5.2.15.3 吉林省专利与商标发展维度

从区域专利与商标发展的总体表现来看，2022年吉林省的区域专利与商标发展指数为59.91，与全国平均水平63.49相比，吉林省处于全国平均水平之下，体现出吉林省的专利与商标发展相对偏弱。

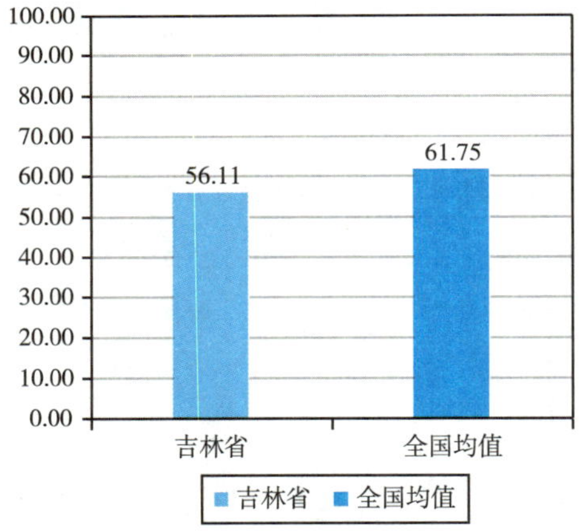

图5-136 吉林省创新发展软环境综合指数

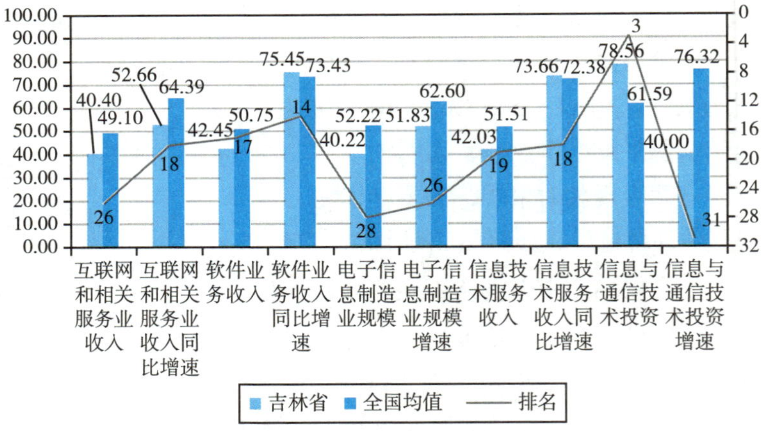

图5-137 吉林省互联网、软件和信息技术发展情况

从衡量区域专利与商标发展指数的具体指标来看，2022年吉林省发明专利申请比例指标为77.17，处于全国平均水平之上，表明吉林省上述方面表现相对较好，但仍需加大投入力度，保持领先优势。而2022年吉林省专利申请数指标、专利授权数指标、专利授权平均维持年限指标、新增商标注册数指标和新增商标注册比例指标分别为47.14、49.13、67.77、44.39和73.90，均处于全国平均水平之下，表明吉林省上述方面表现相对偏弱，需要继续完善相关环境建设，如图5-138所示。

5.2.15.4　吉林省技术市场交易维度

从区域技术市场交易的总体表现来看，2022年吉林省的区域技术市场交易发展指数为45.49，与全国平均水平57.33相比，吉林省处于全国平均水平之下，体现出吉林省的技术市场交易相对偏弱。

从衡量区域技术市场交易指数的具体指标来看，2022年吉林省技术市场成交合同数指标、技术市场成交额指标、技术产品市场化指标、技术国外引进数指标、技术国外输出数指标、高技术产业新产品数量指标、经政府认定的新产品指标和高技术产业新产品销售收入指标分别为42.98、41.75、53.99、43.97、43.77、49.19、45.94和42.33，均处于全国平均水平之下，表明吉林省上述方面表现相对偏弱，需要继续完善相关环境建设，如图5-139所示。

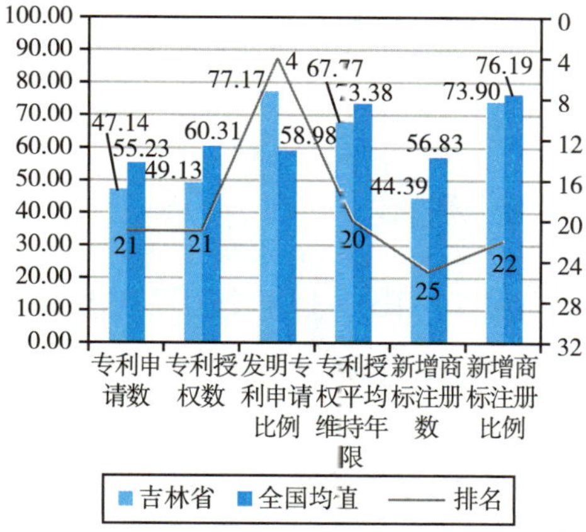

图5-138　吉林省专利与商标发展情况

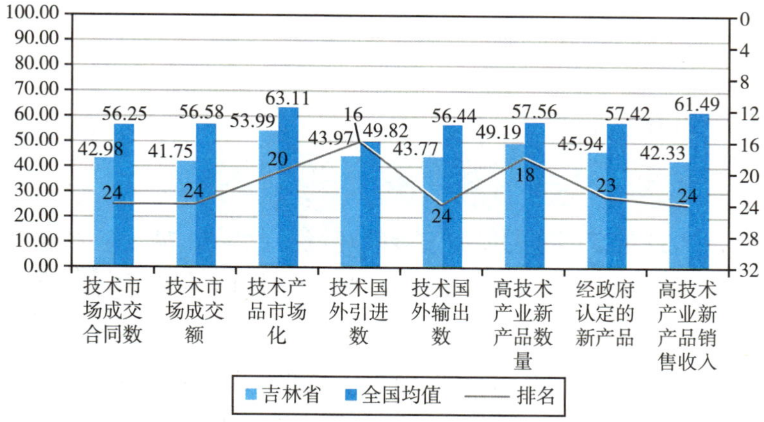

图5-139　吉林省技术市场交易情况

5.2.15.5　吉林省组织和营销创新维度

从区域组织和营销创新的总体表现来看，吉林省的区域组织和营销创新发展指数为47.59，与全国平均水平59.43相比，吉林省处于全国平均水平之下，体现出吉林省的组织和营销创新相对偏弱。

从衡量区域组织和营销创新指数的具体指标来看，2022年吉林省数字化企业数指标为66.86，处于全国平均水平之上，表明吉林省上述方面表现相对较好，但仍需加大投入力度，保持领先优势。而2022年吉林省实施组织变革创新的企业数指标、信息化企业数指标、实施营销创新的企业数指标、电子商务销售额指标、有电子商务交易活动企业数指标和数字交易指标分别为41.83、53.71、42.30、41.50、42.48和44.43，均处于全国平均水平之下，表明吉林省上述方面表现相对偏弱，需要继续完善相关环境建设，如图5-140所示。

5.2.15.6　吉林省创新人才培养维度

从区域创新人才培养的总体表现来看，2022年吉林省的区域创新人才培养发展指数为68.14，与全国平均水平65.35相比，吉林省处于全国平均水平之上，体现出吉林省的创新人才培养相对较强。

从衡量区域创新人才培养指数的具体指标来看，2022年吉林省普通高等学校专任教师数指标、高等教育机构招生数指标和研究生招生增长率指标分别为65.73、99.56和67.27，均处于全国平均水平之上，表明吉林省上述方面表现相对较好，但仍需加大投入力度，保持领先优势。而2022年吉林省普通高等学校数指标和教育经费投入指标分别为62.13和46.03，均处于全国平均水平之下，表明吉林省上述方面表现相对偏弱，需要继续完善相关环境建设，如图5-141所示。

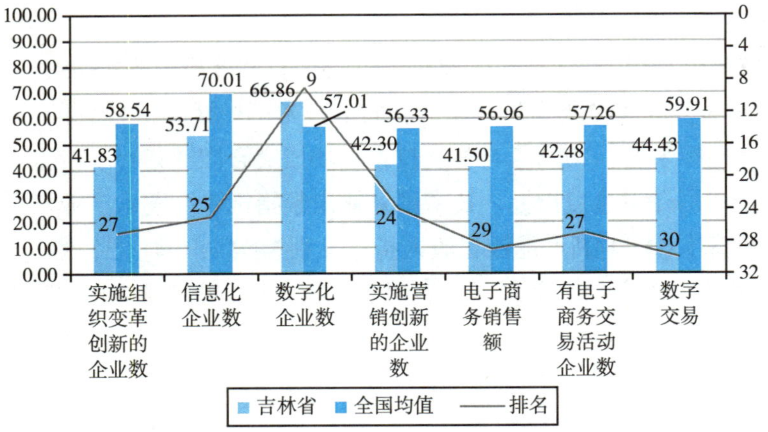

图5-140　吉林省组织和营销创新情况

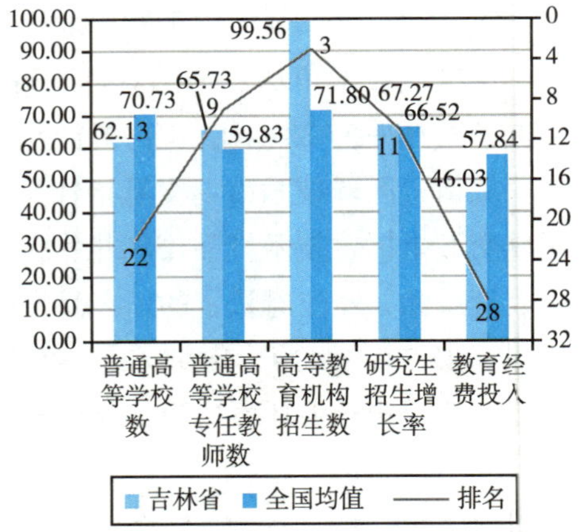

图5-141　吉林省创新人才培养情况

5.2.16　江苏省

5.2.16.1　江苏省创新发展软环境综合指数

2022年江苏省的创新发展软环境指数为78.74，与全国平均水平61.75相比，处于全国平均水平之上，体现出江苏省创新发展软环境建设较好，但仍需继续保持，如图5-142所示。

5.2.16.2　江苏省互联网、软件和信息技术发展维度

从区域互联网、软件和信息技术发展水平的总体表现来看，2022年江苏省的区域互联网、软件和信息技术发展指数为72.33，与全国平均水平61.43相比，江苏省处于全国平均水平之上，体现出江苏省的互联网、软件和信息技术发展相对较强。

从衡量区域互联网、软件和信息技术发展指数的具体指标来看，2022年江苏省互联网和相关服务业收入指标、软件业务收入指标、电子信息制造业规模指标、信息技术服务收入指标和信息与通信技术投资和增速指标分别为62.80、74.08、79.88、83.86、100.00和82.17，均处于全国平均水平之上，表明江苏省上述方面表现相对较好，但仍需加大投入力度，保持领先优势。而2022年江苏省互联网和相关服务业收入同比增速指标、软件业务收入同比增速指标、电子信息制造业规模增速指标和信息技术服务收入同比增速指标分别为42.20、70.15、58.11和70.07，均处于全国平均水平之下，表明江苏省上述方面表现相对偏弱，需要继续完善相关环境建设，如图5-143所示。

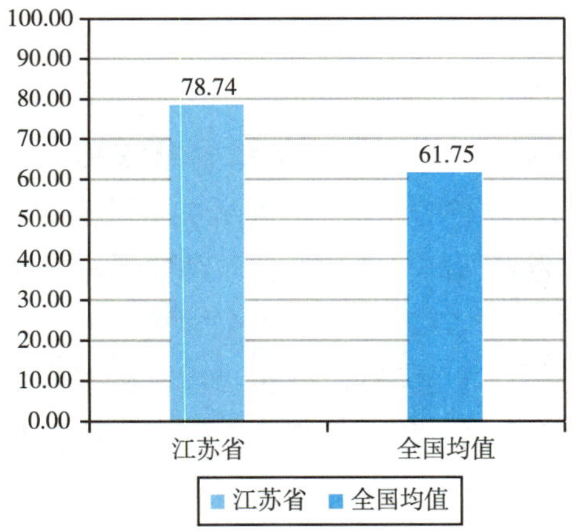

图5-142　江苏省创新发展软环境综合指数

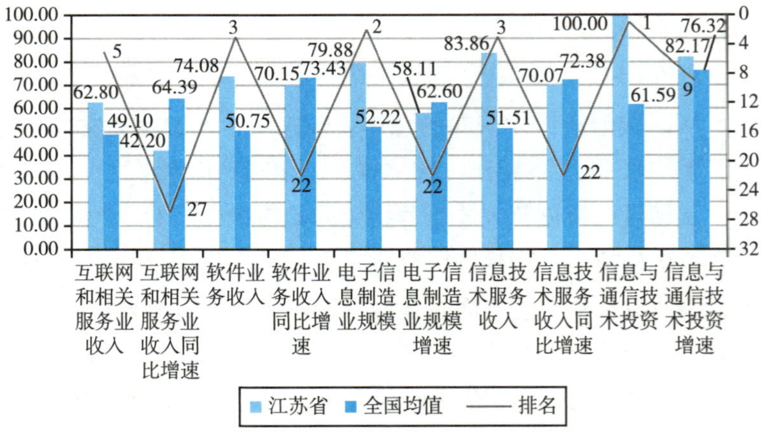

图5-143　江苏省互联网、软件和信息技术发展情况

5.2.16.3　江苏省专利与商标发展维度

从区域专利与商标发展的总体表现来看，2022年江苏省的区域专利与商标发展指数为82.87，与全国平均水平63.49相比，江苏省处于全国平均水平之上，体现出江苏省的专利与商标发展相对较强。

从衡量区域专利与商标发展指数的具体指标来看，2022年江苏省专利申请数指标、专利授权数指标、发明专利申请比例指标、专利授权平均维持年限指标、新增商标注册数指标和新增商标注册比例指标分别为78.99、89.36、62.54、97.69、82.40和86.26，均处于全国平均水平之上，表明江苏省上述方面表现相对较好，但仍需加大投入力度，保持领先优势，如图5–144所示。

5.2.16.4　江苏省技术市场交易维度

从区域技术市场交易的总体表现来看，2022年江苏省的区域技术市场交易发展指数为84.63，与全国平均水平57.33相比，江苏省处于全国平均水平之上，体现出江苏省的技术市场交易相对较强。

从衡量区域技术市场交易指数的具体指标来看，2022年江苏省技术市场成交合同数指标、技术市场成交额指标、技术产品市场化指标、技术国外引进数指标、技术国外输出数指标、高技术产业新产品数量指标、经政府认定的新产品指标和高技术产业新产品销售收入指标分别为93.40、82.73、66.39、79.09、91.40、81.02、89.07和93.91，均处于全国平均水平之上，表明江苏省上述方面表现相对较好，但仍需加大投入力度，保持领先优势，如图5–145所示。

5.2.16.5　江苏省组织和营销创新维度

从区域组织和营销创新的总体表现来看，2022年江苏省的区域组织和营销创新发展指数为82.81，与全国平均水平59.43相比，江苏省处于全国平均水平之上，体现出江苏省的组织和营销创新相对较强。

从衡量区域组织和营销创新指数的具体指标来看，2022年江苏省实施组织变革创新的企业数指标、信息化企业数指标、数字化企业数指标、实施营销创新的企业数指标、电子商务销售额指标、有电子商务交易活动企业数指标和数字交易指标分别为96.33、92.62、69.15、88.18、66.89、87.92和78.60，均处于全国平均水平之上，表明江苏省上述方面表现相对较好，但仍需加大投入力度，保持领先优势，如图5–146所示。

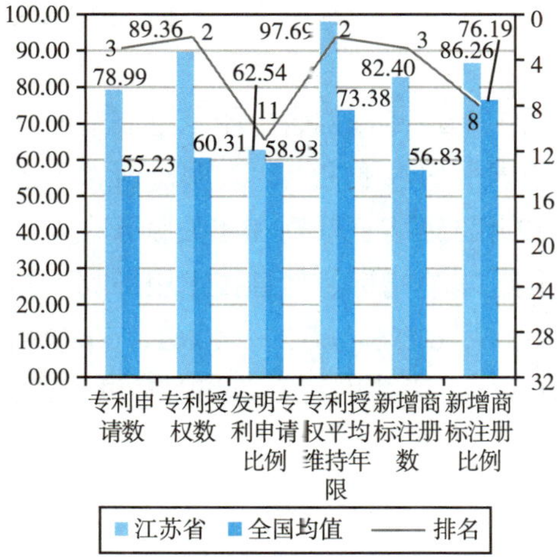

图5–144　江苏省专利与商标发展情况

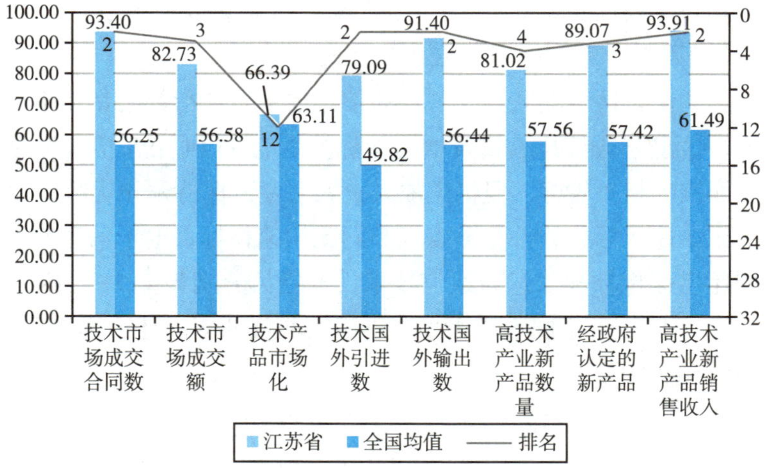

图5–145　江苏省技术市场交易情况

5.2.16.6 江苏省创新人才培养维度

从区域创新人才培养的总体表现来看，2022年江苏省的区域创新人才培养发展指数为75.13，与全国平均水平65.35相比，江苏省处于全国平均水平之上，体现出江苏省的创新人才培养相对较强。

从衡量区域创新人才培养指数的具体指标来看，2022年江苏省普通高等学校数指标、普通高等学校专任教师数指标、高等教育机构招生数指标、研究生招生增长率指标和教育经费投入指标分别为100.00、64.72、78.52、71.36和61.08，均处于全国平均水平之上，表明江苏省上述方面表现相对较好，但仍需加大投入力度，保持领先优势，如图5-147所示。

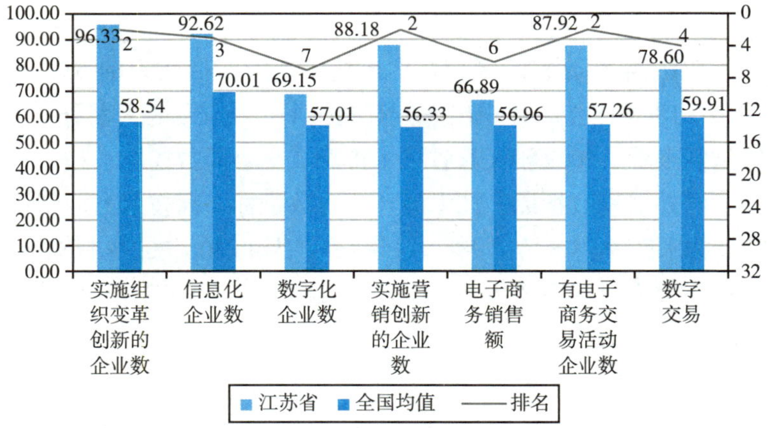

图5-146 江苏省组织和营销创新情况

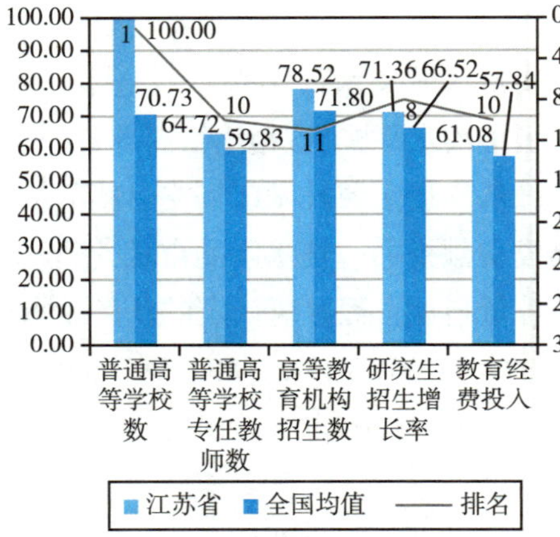

图5-147 江苏省创新人才培养情况

5.2.17 江西省

5.2.17.1 江西省创新发展软环境综合指数

2022年江西省的创新发展软环境指数为61.81，与全国平均水平61.75相比，处于全国平均水平之上，体现出江西省创新发展软环境建设较好，但仍需继续保持，如图5-148所示。

5.2.17.2 江西省互联网、软件和信息技术发展维度

从区域互联网、软件和信息技术发展水平的总体表现来看，2022年江西省的区域互联网、软件和信息技术发展指数为57.25，与全国平均水平61.43相比，江西省处于全国平均水平之下，体现出江西省的互联网、软件和信息技术发展相对偏弱。

从衡量区域互联网、软件和信息技术发展指数的具体指标来看，2022年江西省电子信息制造业规模、信息与通信技术投资增速指标分别为60.14、95.70，均处于全国平均水平之上，表明江西省上述方面表现相对较好，但仍需加大投入力度，保持领先优势。而2022年江西省互联网和相关服务收入和同比增速指标、软件业务收入和同比增速指标、电子信息制造业同比增速指标、信息技术服务收入和同比增速指标和信息与通信技术投资指标分别为42.89、43.54、41.06、67.86、60.29、40.61、60.95和59.51，均处于全国平均水平之下，表明江西省上述方面表现相对偏弱，需要继续完善相关环境建设，如图5-149所示。

5.2.17.3 江西省专利与商标发展维度

从区域专利与商标发展的总体表现来看，江西省的区域专利与商标发展指数为63.52，与全国平均水平63.49相比，江西省处于全国平均水平之上，体现出江西省的专利与商标发展相对较强。

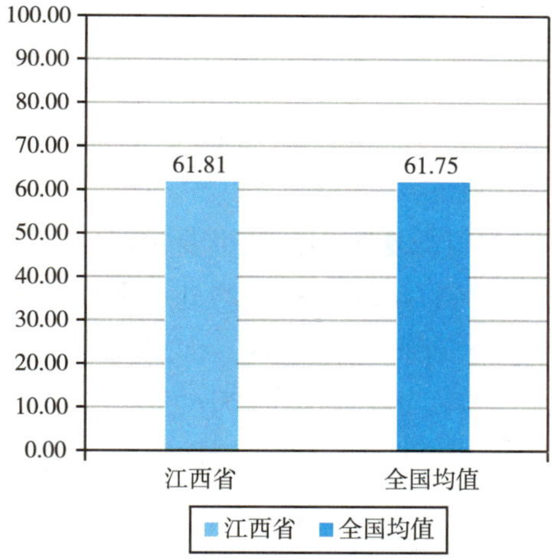

图5-148 江西省创新发展软环境综合指数

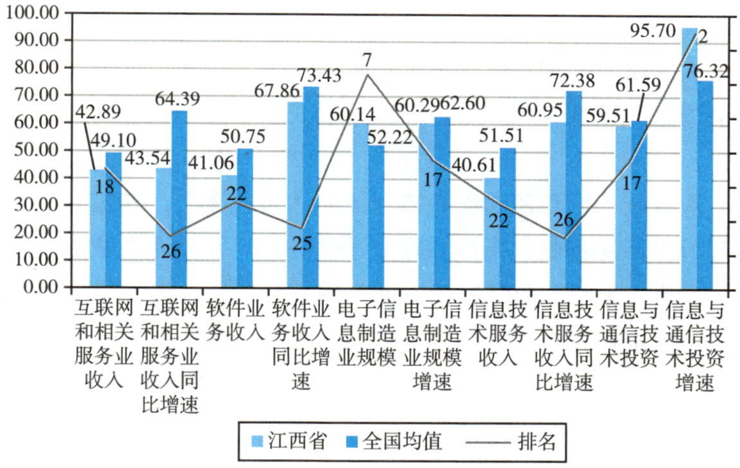

图5-149 江西省互联网、软件和信息技术发展情况

从衡量区域专利与商标发展指数的具体指标来看，2022年江西省区域专利授权数指标和新增商标注册比例指标为60.33和100.00，均处于全国平均水平之上，表明江西省上述方面表现相对较好，但仍需加大投入力度，保持领先优势。而2022年江西省专利申请数指标、发明专利申请比例指标、专利授权平均维持年限指示和新增商标注册数指标分别为51.84、41.79、73.27和53.89，均处于全国平均水平之下，表明江西省上述方面表现相对偏弱，需要继续完善相关环境建设，如图5-150所示。

5.2.17.4 江西省技术市场交易维度

从区域技术市场交易的总体表现来看，2022年江西省的区域技术市场交易发展指数为57.13，与全国平均水平57.33相比，江西省处于全国平均水平之下，体现出江西省的技术市场交易相对偏弱。

从区域技术市场交易指数的具体表现来看，2022年江西省高技术产业新产品数量指标、经政府认定的新产品指标和高技术产业新产品销售收入指标分别为69.91、63.15和80.07，均处于全国平均水平之上，表明江西省上述方面表现相对较好，但仍需加大投入力度，保持领先优势。而2022年江西省技术市场成交合同数指标、技术市场成交额指标、技术产品市场化指标、技术国外引进数指标和技术国外输出数指标分别为45.29、46.69、59.49、45.80和46.59，均处于全国平均水平之下，表明江西省上述方面表现相对偏弱，需要继续完善相关环境建设，如图5-151所示。

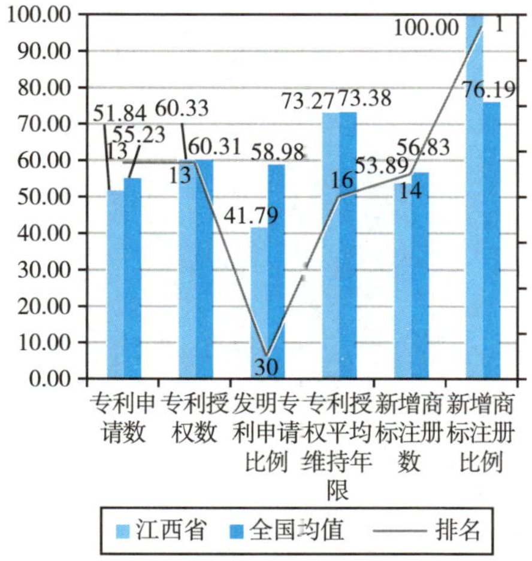

图5-150 江西省专利与商标发展情况

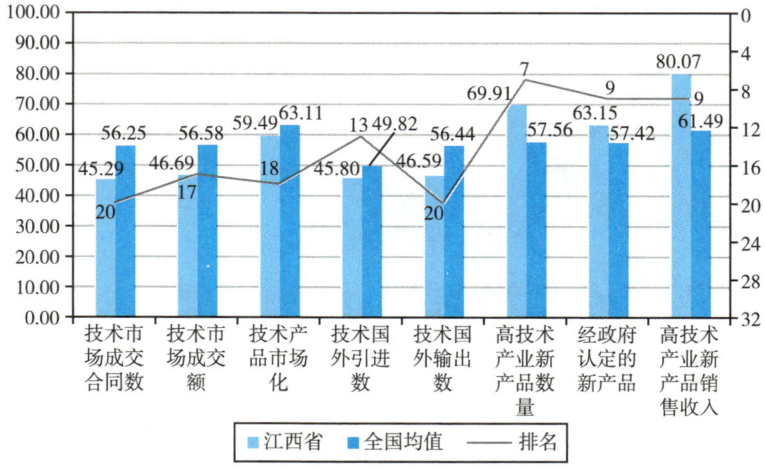

图5-151 江西省技术市场交易情况

5.2.17.5 江西省组织和营销创新维度

从区域组织和营销创新的总体表现来看，2022年江西省的区域组织和营销创新发展指数为57.61，与全国平均水平59.43相比，江西省处于全国平均水平之下，体现出江西省的组织和营销创新相对较弱。

从区域组织和营销创新指数的具体表现来看，2022年江西省实施组织变革创新的企业数指标、实施营销创新的企业数指标和有电子商务交易活动企业数指标为61.56、62.04和57.85，均处于全国平均水平之上，表明江西省上述方面表现相对较好，但仍需加大投入力度，保持领先优势。而2022年江西省信息化企业数指标、数字化企业数指标、电子商务销售额指标和数字交易指标分别为67.43、42.18、52.59和59.65，均处于全国平均水平之下，表明江西省上述方面表现相对偏弱，需要继续完善相关环境建设，如图5-152所示。

5.2.17.6 江西省创新人才培养维度

从区域创新人才培养的总体表现来看，2022年江西省的区域创新人才培养指数为70.41，与全国平均水平65.35相比，江西省处于全国平均水平之上，体现出江西省的创新人才培养相对偏强。

从衡量区域创新人才培养的具体指标来看，2022年江西省普通高等学校数指标、普通高等学校专任教师数指标、高等教育机构招生数指标和教育经费投入指标分别为77.13、68.40、85.21和58.15，均处于全国平均水平之上，表明江西省上述方面表现相对较好，但仍需加大投入力度，保持领先优势。而2022年江西省研究生招生增长率指标为63.18，处于全国平均水平之下，表明江西省上述方面表现相对偏弱，需要继续完善相关环境建设，如图5-153所示。

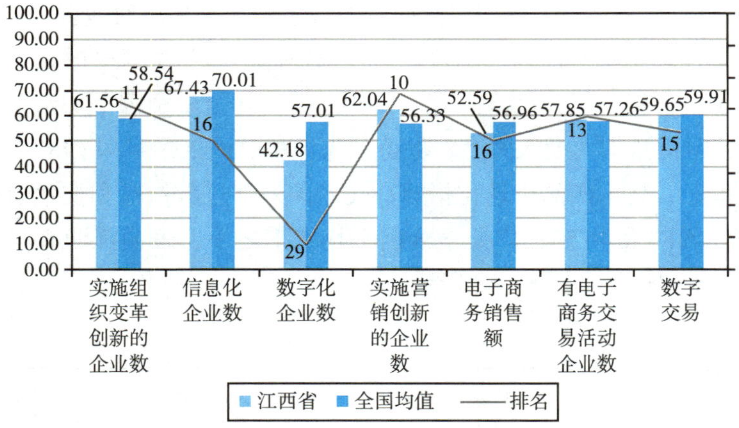

图5-152 江西省组织和营销创新情况

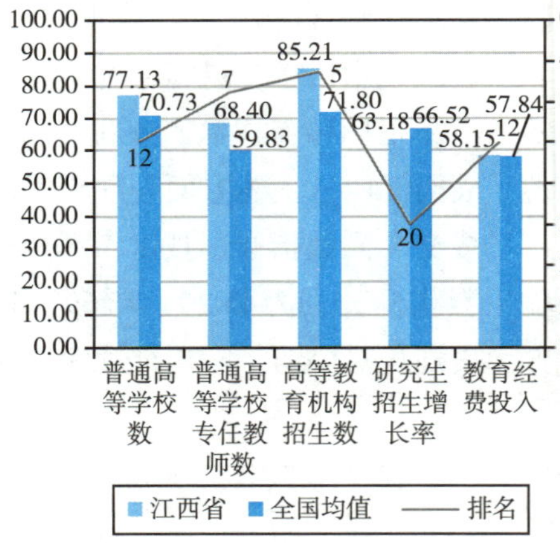

图5-153 江西省创新人才培养情况

5.2.18 辽宁省

5.2.18.1 辽宁省创新发展软环境综合指数

2022年辽宁省的创新发展软环境指数为57.69，与全国平均水平61.75相比，处于全国平均水平之下，体现出辽宁省创新发展软环境建设还需要进一步完善，如图5-154所示。

5.2.18.2 辽宁省互联网、软件和信息技术发展维度

从区域互联网、软件和信息技术发展水平的总体表现来看，2022年辽宁省的区域互联网、软件和信息技术发展指数为50.04，与全国平均水平61.43相比，辽宁省处于全国平均水平之下，体现出辽宁省的互联网、软件和信息技术发展相对偏弱。

从衡量区域互联网、软件和信息技术发展指数的具体指标来看，2022年辽宁省互联网和相关服务业收入和同比增速指标、软件业务收入和同比增速指标、电子信息制造业规模和增速指标、信息技术服务收入和同比增速指标、信息与通信技术投资和增速指标分别为41.11、40.00、48.93、64.72、43.03、51.33、44.62、55.04、44.68和66.98，均处于全国平均水平之下，表明辽宁省上述方面表现相对偏弱，需要继续完善相关环境建设，如图5-155所示。

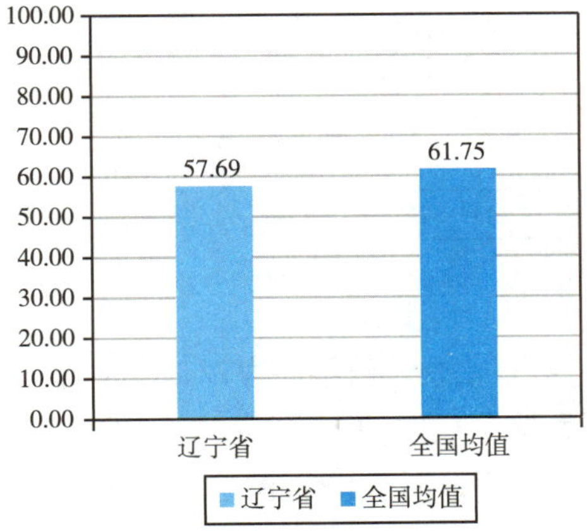

图5-154　辽宁省创新发展软环境综合指数

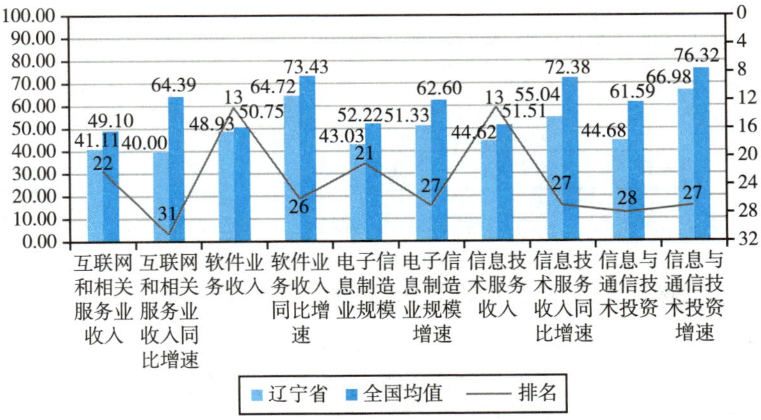

图5-155　辽宁省互联网、软件和信息技术发展情况

5.2.18.3　辽宁省专利与商标发展维度

从区域专利与商标发展的总体表现来看，2022年辽宁省的区域专利与商标发展指数为60.78，与全国平均水平63.49相比，辽宁省处于全国平均水平之下，体现出辽宁省的专利与商标发展相对偏弱。

从衡量区域专利与商标发展指数的具体指标来看，2022年辽宁省发明专利申请比例指标和专利授权平均维持年限指标为60.10和73.98，均处于全国平均水平之上，表明辽宁省上述方面表现相对较好，但仍需加大投入力度，保持领先优势。而2022年辽宁省专利申请数指标、专利授权数指标、新增商标注册数指标和新增商标注册比例指标分别为50.73、57.10、47.98和74.82，均处于全国平均水平之下，表明辽宁省上述方面表现相对偏弱，需要继续完善相关环境建设，如图5-156所示。

5.2.18.4　辽宁省技术市场交易维度

从区域技术市场交易的总体表现来看，2022年辽宁省的区域技术市场交易发展指数为56.43，与全国平均水平57.33相比，辽宁省处于全国平均水平之下，体现出辽宁省的技术市场交易相对偏弱。

从区域技术市场交易指数的具体表现来看，2022年辽宁省技术产品市场化指标和技术国外输出数指标分别为82.23和58.88，均处于全国平均水平之上，表明辽宁省上述方面表现相对较好，但仍需加大投入力度，保持领先优势。而2022年辽宁省技术市场成交合同数指标、技术市场成交额指标、技术国外引进数指标、高技术产业新产品数量指标、经政府认定的新产品指标和高技术产业新产品销售收入指标分别为55.19、52.36、49.71、51.89、53.15和48.05，均处于全国平均水平之下，表明辽宁省上述方面表现相对偏弱，需要继续完善相关环境建设，如图5-157所示。

5.2.18.5　辽宁省组织和营销创新维度

从区域组织和营销创新的总体表现来看，2022年辽宁省的区域组织和营销创新发展指数为56.10，与全国平均水平59.43相比，辽宁省处于全国平均水平之下，体现出辽宁省的组织和营销创新相对偏弱。

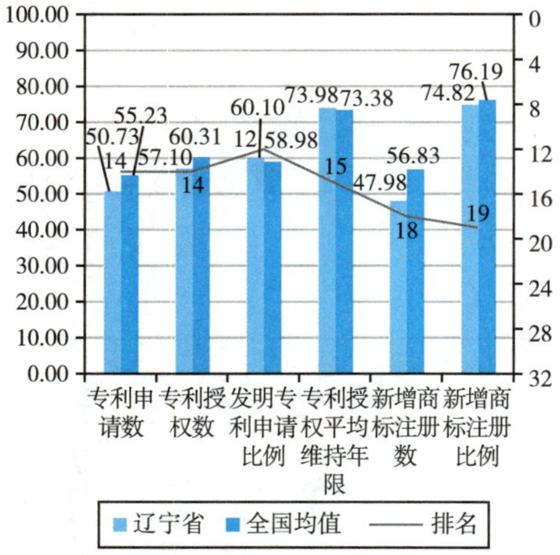

图5-156　辽宁省专利与商标发展情况

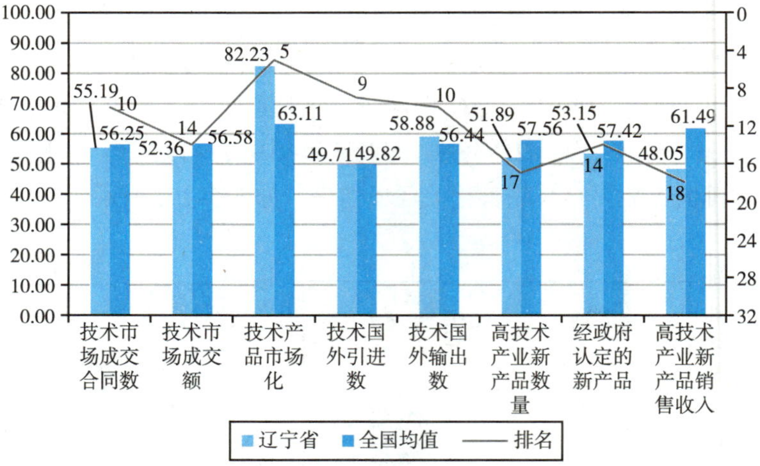

图5-157　辽宁省技术市场交易情况

从区域组织和营销创新指数的具体表现来看，2022年辽宁省数字化企业数指标为78.26，处于全国平均水平之上，表明辽宁省上述方面表现相对较好，但仍需加大投入力度，保持领先优势。而2022年辽宁省实施组织变革创新的企业数指标、信息化企业数指标、实施营销创新的企业数指标、电子商务销售额指标、有电子商务交易活动企业数指标和数字交易指标分别为46.15、67.20、45.22、55.96、47.20和52.71，均处于全国平均水平之下，表明辽宁省上述方面表现相对偏弱，需要继续完善相关环境建设，如图5-158所示。

5.2.18.6　辽宁省创新人才培养维度

从区域创新人才培养的总体表现来看，2022年辽宁省的区域创新人才培养指数为64.14，与全国平均水平65.35相比，辽宁省处于全国平均水平之下，体现出辽宁省的创新人才培养相对偏弱。

从区域创新人才培养指数的具体表现来看，2022年辽宁省普通高等学校数指标和高等教育机构招生数指标分别为80.13和76.11，均处于全国平均水平之上，表明辽宁省上述方面表现相对较好，但仍需加大投入力度，保持领先优势。而2022年辽宁省普通高等学校专任教师数指标、研究生招生增长率指标和教育经费投入指标分别为58.58、65.91和40.00，均处于全国平均水平之下，表明辽宁省上述方面表现相对偏弱，需要继续完善相关环境建设，如图5-159所示。

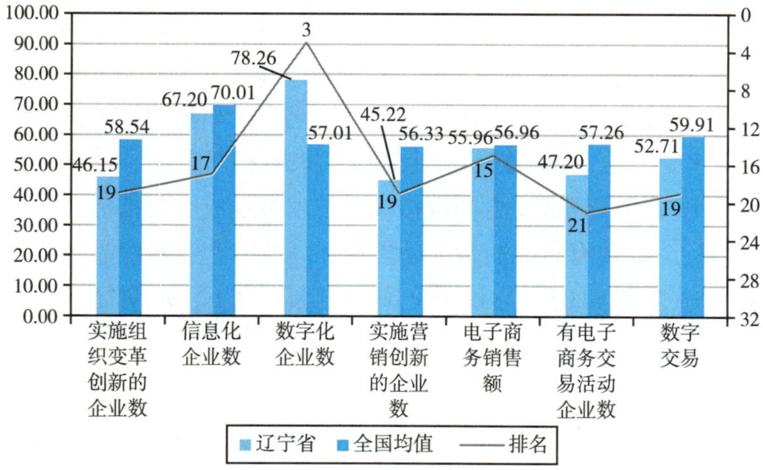

图5-158　辽宁省组织和营销创新情况

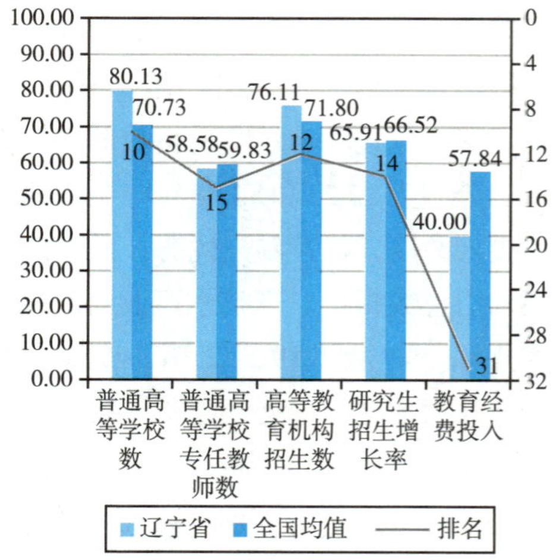

图5-159　辽宁省创新人才培养情况

5.2.19　内蒙古自治区

5.2.19.1　内蒙古自治区创新发展软环境综合指数

2022年内蒙古自治区的创新发展软环境指数为53.69，与全国平均水平61.75相比，处于全国平均水平之下，体现出内蒙古自治区创新发展软环境建设还需要进一步完善，如图5-160所示。

5.2.19.2　内蒙古自治区互联网、软件和信息技术发展维度

从区域互联网、软件和信息技术发展水平的总体表现来看，2022年内蒙古自治区的区域互联网、软件和信息技术发展指数为62.71，与全国平均水平61.43相比，内蒙古自治区处于全国平均水平之上，体现出内蒙古自治区的互联网、软件和信息技术发展相对较强。

从衡量区域互联网、软件和信息技术发展指数的具体指标来看，2022年内蒙古自治区软件业务收入同比增速指标、电子信息制造业规模增速指标、信息技术服务收入同比增速指标和信息与通信技术投资增速指标分别为100.00、68.02、100.00和81.63，均处于全国平均水平之上，表明内蒙古自治区上述方面表现相对较好，但仍需加大投入力度，保持领先优势。而2022年内蒙古自治区互联网和相关服务业收入和同比增速指标、软件业务收入指标、电子信息制造业规模指标、信息技术服务收入指标和信息与通信技术投资指标分别为40.13、55.23、41.35、40.77、41.80和58.13，均处于全国平均水平之下，表明内蒙古自治区上述方面表现相对偏弱，需要继续完善相关环境建设，如图5-161所示。

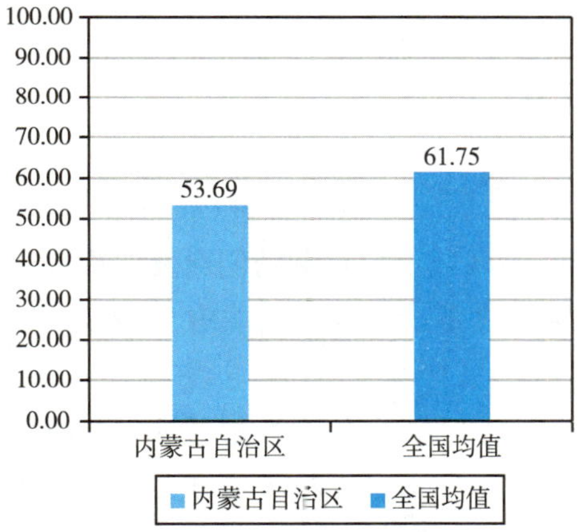

图5-160　内蒙古自治区创新发展软环境综合指数

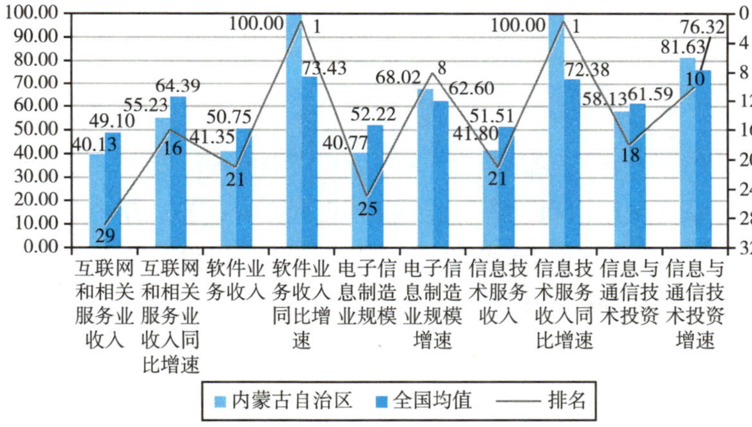

图5-161　内蒙古自治区互联网、软件和信息技术发展情况

5.2.19.3　内蒙古自治区专利与商标发展维度

从区域专利与商标发展的总体表现来看，2022年内蒙古自治区的区域专利与商标发展指数为52.28，与全国平均水平63.49相比，内蒙古自治区处于全国平均水平之下，体现出内蒙古自治区的专利与商标发展相对偏弱。

从衡量区域专利与商标发展指数的具体指标来看，2022年内蒙古自治区专利申请数指标、专利授权数指标、发明专利申请比例指标、专利授权平均维持年限指标、新增商标注册数指标和新增商标注册比例指标分别为43.96、46.09、45.32、59.81、44.18和74.35，均处于全国平均水平之下，表明内蒙古自治区上述方面表现相对偏弱，需要继续完善相关环境建设，如图5-162所示。

5.2.19.4　内蒙古自治区技术市场交易维度

从区域技术市场交易的总体表现来看，2022年内蒙古自治区的区域技术市场交易发展指数为

41.96，与全国平均水平57.33相比，内蒙古自治区处于全国平均水平之下，体现出内蒙古自治区的技术市场交易相对偏弱。

从区域技术市场交易指数的具体表现来看，2022年内蒙古自治区技术市场成交合同数指标、技术市场成交额指标、技术产品市场化指标、技术国外引进数指标、技术国外输出数指标、高技术产业新产品数量指标、经政府认定的新产品指标和高技术产业新产品销售收入指标分别为41.16、40.65、42.89、40.53、41.46、42.83、44.77和41.36，均处于全国平均水平之下，表明内蒙古自治区上述方面表现相对偏弱，需要继续完善相关环境建设，如图5-163所示。

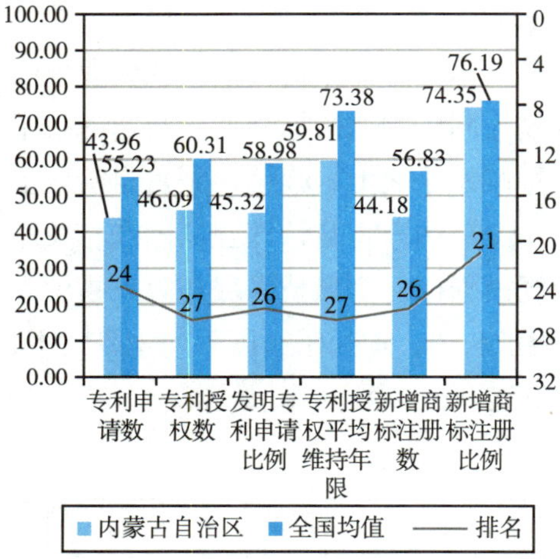

图5-162　内蒙古自治区专利与商标发展情况

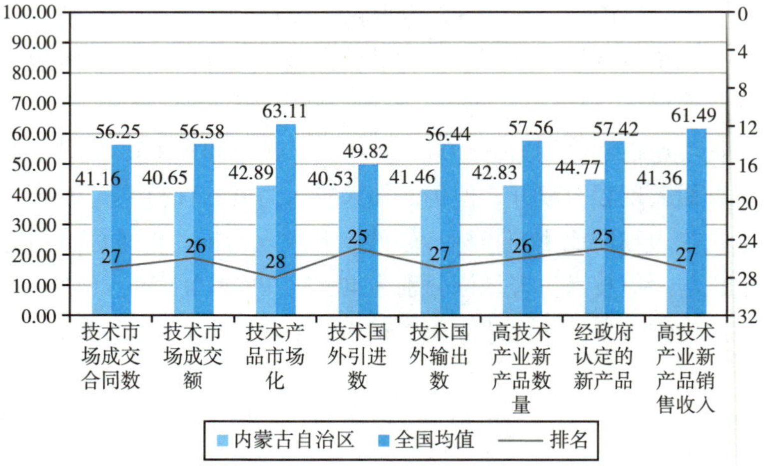

图5-163　内蒙古自治区技术市场交易情况

5.2.19.5　内蒙古自治区组织和营销创新维度

从区域组织和营销创新的总体表现来看，2022年内蒙古自治区的区域组织和营销创新发展指数为49.41，与全国平均水平59.43相比，内蒙古自治区处于全国平均水平之下，体现出内蒙古自治区的组织和营销创新相对偏弱。

从区域组织和营销创新指数的具体表现来看，2022年内蒙古自治区数字化企业数指标为70.11，处于全国平均水平之上，表明内蒙古自治区上述方面表现相对较好，但仍需加大投入力度，保持领先优势。而2022年内蒙古自治区实施组织变革创新的企业数指标、信息化企业数指标、实施营销创新的企业数指标、电子商务销售额指标、有电子商务交易活动企业数指标和数字交易指标分别为41.22、54.05、40.20、50.31、43.09和46.91，均处于全国平均水平之下，表明内蒙古自治区上述方面表现相对偏弱，需要继续完善相关环境建设，如图5-164所示。

5.2.19.6　内蒙古自治区创新人才培养维度

从区域创新人才培养的总体表现来看，2022年内蒙古自治区的区域创新人才培养指数为57.41，与全国平均水平65.35相比，内蒙古自治区处于全国平均水平之下，体现出内蒙古自治区的创新人才培养相对偏弱。

从区域创新人才培养指数的具体表现来看，2022年内蒙古自治区普通高等学校数指标、普通高等学校专任教师数指标、高等教育机构招生数指标、研究生招生增长率指标和教育经费投入指标分别为57.63、59.23、53.71、60.45和56.02，均处于全国平均水平之下，表明内蒙古自治区上述方面表现相对偏弱，需要继续完善相关环境建设，如图5-165所示。

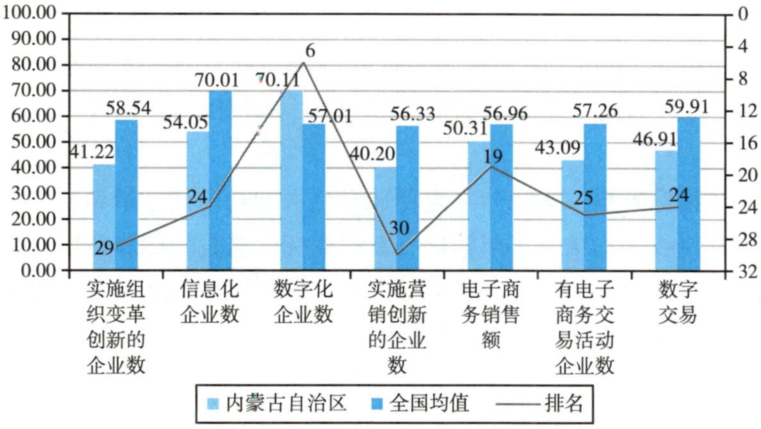

图 5–164　内蒙古自治区组织和营销创新情况

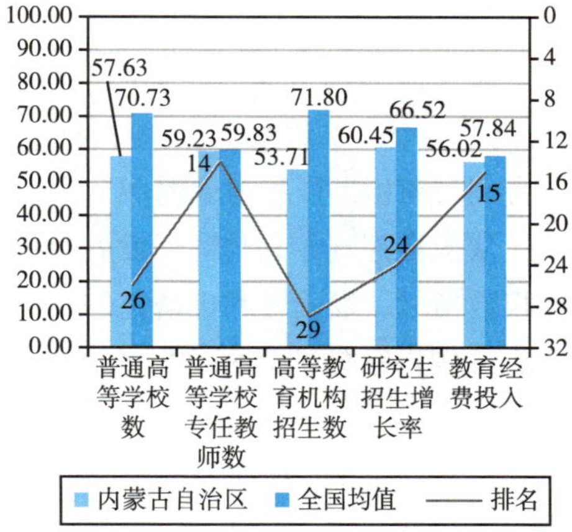

图 5–165　内蒙古自治区创新人才培养情况

5.2.20　宁夏回族自治区

5.2.20.1　宁夏回族自治区创新发展软环境综合指数

2022年宁夏回族自治区的创新发展软环境指数为52.82，与全国平均水平61.75相比，处于全国平均水平之下，体现出宁夏回族自治区创新发展软环境建设还需要进一步完善，如图5–166所示。

5.2.20.2　宁夏回族自治区互联网、软件和信息技术发展维度

从区域互联网、软件和信息技术发展水平的总体表现来看，2022年宁夏回族自治区的区域互联网、软件和信息技术发展指数为59.56，与全国平均水平61.43相比，宁夏回族自治区处于全国平均水平之下，体现出宁夏回族自治区的互联网、软件和信息技术发展相对偏弱。

从衡量区域互联网、软件和信息技术发展指数的具体指标来看，2022年宁夏回族自治区软件业务收入同比增速指标、电子信息制造业规模增速指标和信息技术服务收入同比增速指标分别为89.98、86.15和90.02，均处于全国平均水平之上，表明宁夏回族自治区上述方面表现相对较好，但仍需加大投入力度，保持领先优势。而2022年宁夏回族自治区互联网和相关服务业收入和同比增速指标、软件业务收入指标、电子信息制造业规模指标、信息技术服务收入指标、信息与通信技术投资和增速指标分别为40.19、56.51、40.19、41.16、40.16、46.33和64.95，均处于全国平均水平之下，表明宁夏回族自治区上述方面表现相对偏弱，需要继续完善相关环境建设，如图5–167所示。

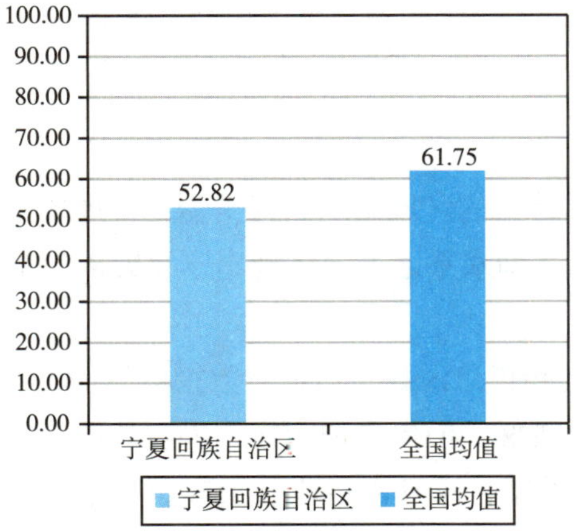

图 5–166　宁夏回族自治区创新发展软环境综合指数

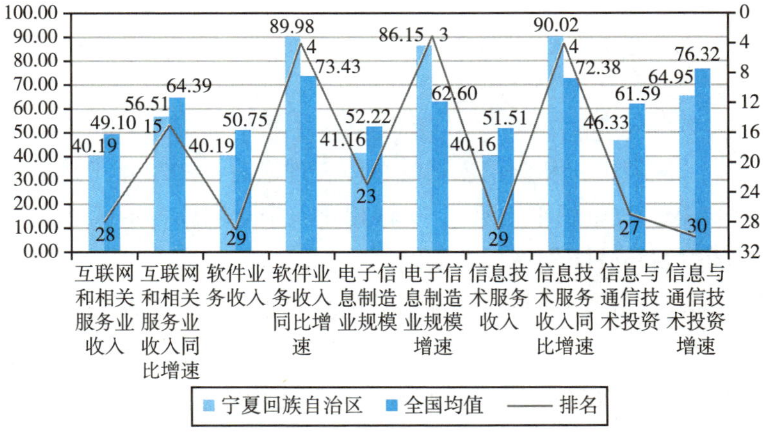

图 5–167　宁夏回族自治区互联网、软件和信息技术发展情况

5.2.20.3 宁夏回族自治区专利与商标发展维度

从区域专利与商标发展的总体表现来看，2022年宁夏回族自治区的区域专利与商标发展指数为51.52，与全国平均水平63.49相比，宁夏回族自治区处于全国平均水平之下，体现出宁夏回族自治区的专利与商标发展相对偏弱。

从衡量区域专利与商标发展指数的具体指标来看，2022年宁夏回族自治区专利申请数指标、专利授权数指标、发明专利申请比例指标、专利授权平均维持年限指标、新增商标注册数指标和新增商标注册比例指标分别为50.09、55.61、46.84、47.86、40.71和68.01，均处于全国平均水平之下，表明宁夏回族自治区上述方面表现相对偏弱，需要继续完善相关环境建设，如图5-168所示。

5.2.20.4 宁夏回族自治区技术市场交易维度

从区域技术市场交易的总体表现来看，2022年宁夏回族自治区的区域技术市场交易发展指数为43.83，与全国平均水平57.33相比，宁夏回族自治区处于全国平均水平之下，体现出宁夏回族自治区的技术市场交易相对偏弱。

从区域技术市场交易指数的具体表现来看，2022年宁夏回族自治区技术市场成交合同数指标、技术市场成交额指标、技术产品市场化指标、技术国外引进数指标、技术国外输出数指标、高技术产业新产品数量指标、经政府认定的新产品指标和高技术产业新产品销售收入指标分别为42.45、40.38、46.67、40.12、43.10、45.78、49.67和42.44，均处于全国平均水平之下，表明宁夏回族自治区上述方面表现相对偏弱，需要继续完善相关环境建设，如图5-169所示。

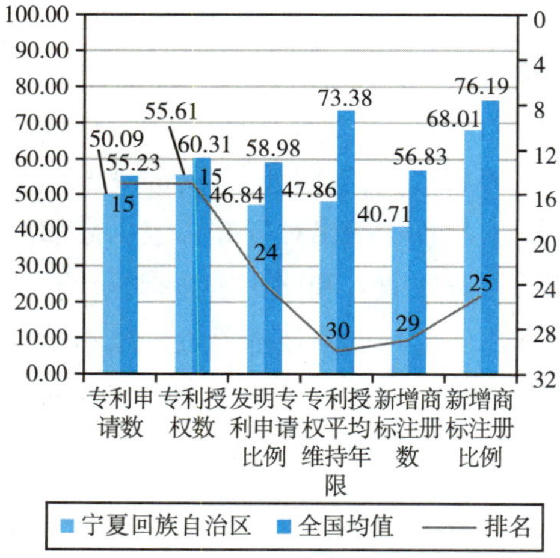

图5-168 宁夏回族自治区专利与商标发展情况

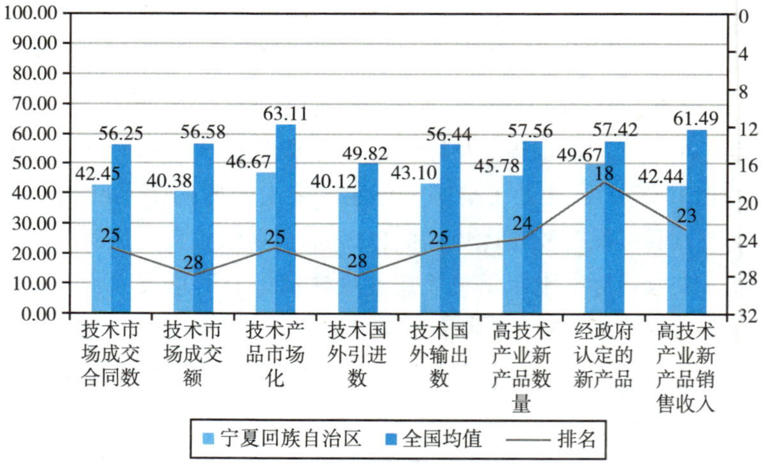

图5-169 宁夏回族自治区技术市场交易情况

5.2.20.5 宁夏回族自治区组织和营销创新维度

从区域组织和营销创新的总体表现来看，2022年宁夏回族自治区的区域组织和营销创新发展指数为47.38，与全国平均水平59.43相比，宁夏回族自治区处于全国平均水平之下，体现出宁夏回族自治区的组织和营销创新相对偏弱。

从区域组织和营销创新指数的具体表现来看，2022年宁夏回族自治区数字化企业数指标为63.53，处于全国平均水平之上，表明宁夏回族自治区上述方面表现相对较好，但仍需加大投入力度，保持领先优势。而2022年宁夏回族自治区实施组织变革创新的企业数指标、信息化企业数指标、实施营销创新的企业数指标、电子商务销售额指标、有电子商务交易活动企业数指标和数字交易指标分别为49.85、42.89、46.89、40.57、40.98和46.96，均处于全国平均水平之下，表明宁夏回族自治区上述方面表现相对偏弱，需要继续完善相关环境建设，如图5-170所示。

5.2.20.6 宁夏回族自治区创新人才培养维度

从区域创新人才培养的总体表现来看，2022年宁夏回族自治区的区域创新人才培养指数为57.26，与全国平均水平65.35相比，宁夏回族自治区处于全国平均水平之下，体现出宁夏回族自治区的创新人才培养相对偏弱。

从区域创新人才培养指数的具体表现来看，2022年宁夏回族自治区研究生招生增长率指标为67.27，处于全国平均水平之上，表明宁夏回族自治区上述方面表现相对较好，但仍需加大投入力度，保持领先优势。而2022年宁夏回族自治区普通高等学校数指标、普通高等学校专任教师数指标、高等教育机构招生数指标和教育经费投入指标分别为44.88、52.27、64.11和57.76，均处于全国平均水平之下，表明宁夏回族自治区上述方面表现相对偏弱，需要继续完善相关环境建设，如图5-171所示。

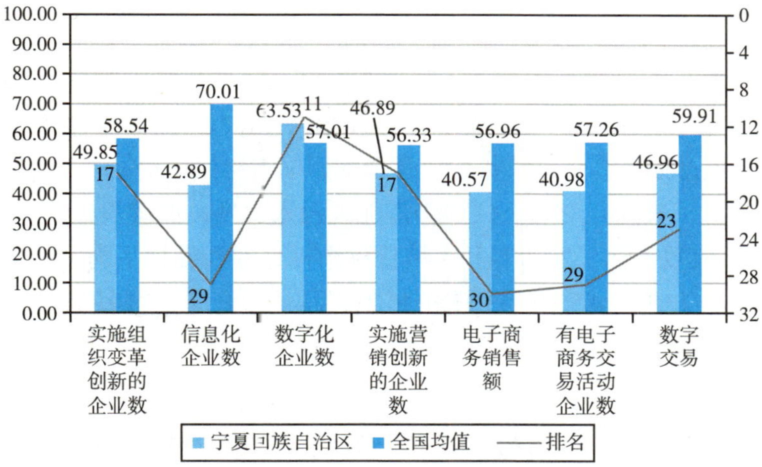

图5-170 宁夏回族自治区组织和营销创新情况

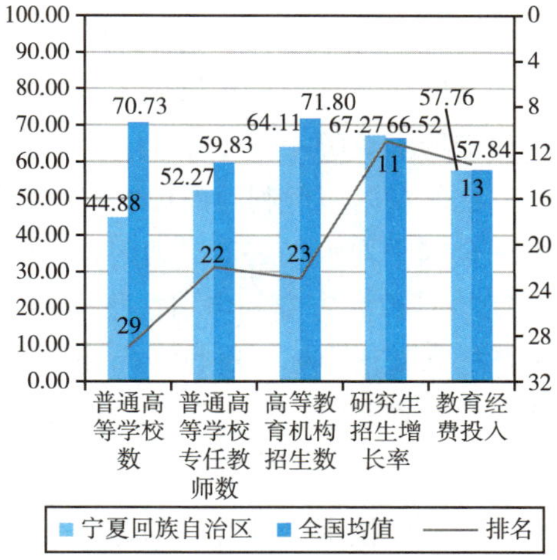

图5-171 宁夏回族自治区创新人才培养情况

5.2.21 青海省

5.2.21.1 青海省创新发展软环境综合指数

2022年青海省的创新发展软环境指数为50.41，与全国平均水平61.75相比，处于全国平均水平之下，体现出青海省创新发展软环境建设还需要进一步完善，如图5-172所示。

5.2.21.2 青海省互联网、软件和信息技术发展维度

从区域互联网、软件和信息技术发展水平的总体表现来看，2022年青海省的区域互联网、软件和信息技术发展指数为55.73，与全国平均水平61.43相比，青海省处于全国平均水平之下，体现出青海省的互联网、软件和信息技术发展相对偏弱。

从衡量区域互联网、软件和信息技术发展指数的具体指标来看，2022年青海省互联网和相关服务业收入同比增速指标和电子信息制造业规模增速指标分别为100.00和100.00，均处于全国平均水平之上，表明青海省上述方面表现相对较好，但仍需加大投入力度，保持领先优势。而2022年青海省互联网和相关服务业收入指标、软件业务收入和同比增速指标、电子信息制造业规模指标、信息技术服务收入和同比增速指标、信息与通信技术投资和增速指标分别为40.00、40.01、40.01、40.72、40.02、40.03、47.95和68.52，均处于全国平均水平之下，表明青海省上述方面表现相对偏弱，需要继续完善相关环境建设，如图5-173所示。

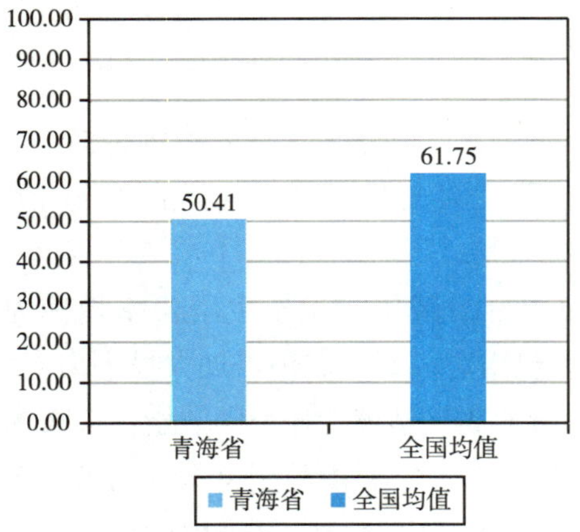

图5-172　青海省创新发展软环境综合指数

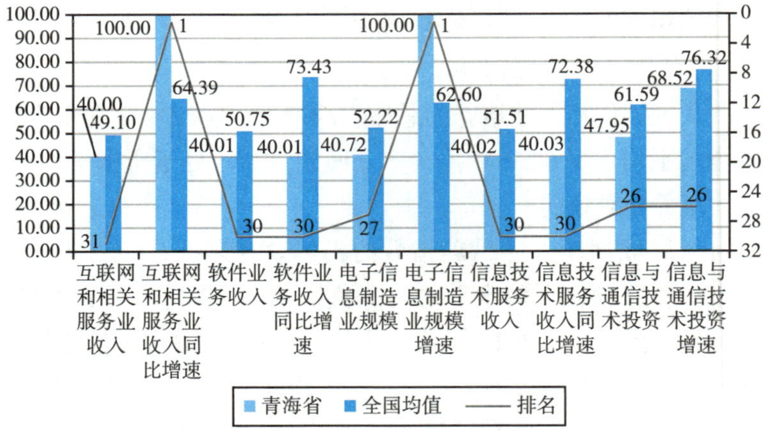

图5-173　青海省互联网、软件和信息技术发展情况

5.2.21.3　青海省专利与商标发展维度

从区域专利与商标发展的总体表现来看，2022年青海省的区域专利与商标发展指数为53.45，与全国平均水平63.49相比，青海省处于全国平均水平之下，体现出青海省的专利与商标发展相对偏弱。

从衡量区域专利与商标发展指数的具体指标来看，2022年青海省新增商标注册比例指标为88.16，处于全国平均水平之上，表明青海省上述方面表现相对较好，但仍需加大投入力度，保持领先优势。而2022年青海省专利申请数指标、专利授权数指标、发明专利申请比例指标、专利授权平均维持年限指标和新增商标注册数指标分别为44.16、47.27、47.70、53.11和40.28，均处于全国平均水平之下，表明青海省上述方面表现相对偏弱，需要继续完善相关环境建设，如图5-174所示。

5.2.21.4　青海省技术市场交易维度

从区域技术市场交易的总体表现来看，2022年青海省的区域技术市场交易发展指数为41.28，与全国平均水平57.33相比，青海省处于全国平均水平之下，体现出青海省的技术市场交易相对偏弱。

从区域技术市场交易指数的具体表现来看，2022年青海省技术市场成交合同数指标、技术市场成交额指标、技术产品市场化指标、技术国外引进数指标、技术国外输出数指标、高技术产业新产品数量指标、经政府认定的新产品指标和高技术产业新产品销售收入指标分别为40.95、40.20、44.62、40.00、41.20、40.99、41.60和40.67，均处于全国平均水平之下，表明青海省上述方面表现相对偏弱，需要继续完善相关环境建设，如图5-175所示。

5.2.21.5　青海省组织和营销创新维度

从区域组织和营销创新的总体表现来看，2022年青海省的区域组织和营销创新发展指数为44.56，与全国平均水平59.43相比，青海省处于全国平均水平之下，体现出青海省的组织和营销创新相对偏弱。

从区域组织和营销创新指数的具体表现来看，2022年青海省数字化企业数指标分别为65.80，处于全国平均水平之上，表明青海省上述方面表现相对较好，但仍需加大投入力度，保持领先优势。而2022年青海省实施组织变革创新的企业数指标、信息化企业数指标、实施营销创新的企业数指标、电子商务销售额指标、有电子商务交易活动企业数指标和数字交易指标分别为41.87、41.45、40.32、41.77、40.75和40.00，均处于全国平均水平之下，表明青海省上述方面表现相对偏弱，需要继续完善相关环境建设，如图5-176所示。

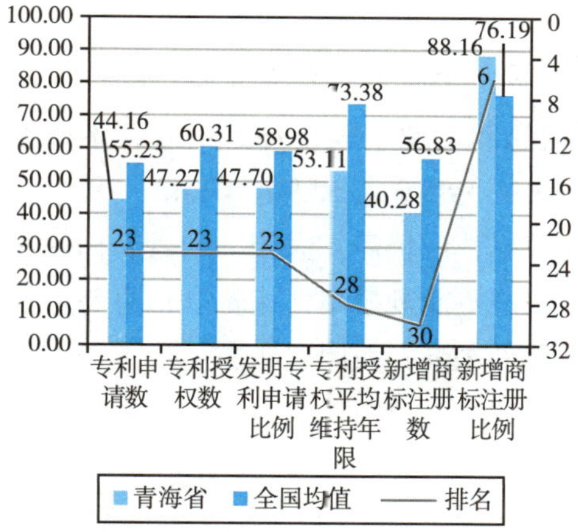

图5-174　青海省专利与商标发展情况

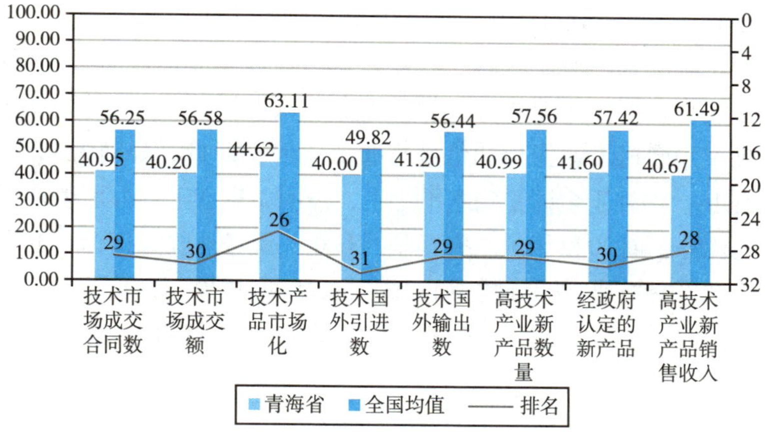

图5-175　青海省技术市场交易情况

5.2.21.6　青海省创新人才培养维度

从区域创新人才培养的总体表现来看，2022年青海省的区域创新人才培养指数为53.59，与全国平均水平65.35相比，青海省处于全国平均水平之下，体现出青海省的创新人才培养相对偏弱。

从区域创新人才培养指数的具体表现来看，2022年青海省教育经费投入指标为76.53，处于全国平均水平之上，表明青海省上述方面表现相对较好，但仍需加大投入力度，保持领先优势。而2022年青海省普通高等学校数指标、普通高等学校专任教师数指标、高等教育机构招生数指标和研究生招生增长率指标分别为41.88、40.39、44.58和64.55，均处于全国平均水平之下，表明青海省上述方面表现相对偏弱，需要继续完善相关环境建设，如图5-177所示。

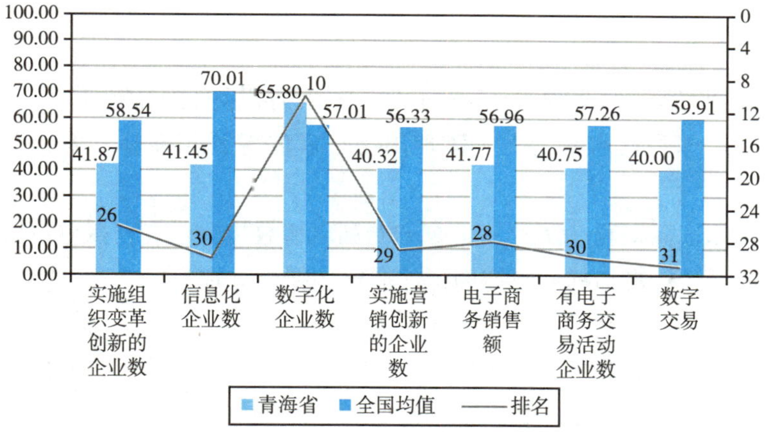

图5-176　青海省组织和营销创新情况

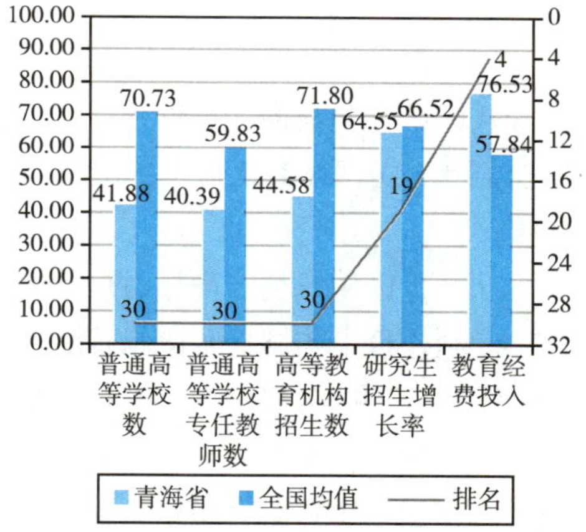

图5-177　青海省创新人才培养情况

5.2.22　山东省

5.2.22.1　山东省创新发展软环境综合指数

2022年山东省的创新发展软环境指数为70.00，与全国平均水平61.75相比，处于全国平均水平之上，体现出山东省创新发展软环境建设较好，但仍需继续保持，如图5-178所示。

5.2.22.2　山东省互联网、软件和信息技术发展维度

从区域互联网、软件和信息技术发展水平的总体表现来看，2022年山东省的区域互联网、软件和信息技术发展指数为67.36，与全国平均水平61.43相比，山东省处于全国平均水平之上，体现出山东

省的互联网、软件和信息技术发展相对较强。

从衡量区域互联网、软件和信息技术发展指数的具体指标来看，2022年山东省互联网和相关服务业收入同比增速指标、软件业务收入和同比增速指标、电子信息制造业规模指标、信息技术服务收入和同比增速指标和信息与通信技术投资指标分别为85.02、64.87、85.01、53.90、61.42、79.33和71.15，均处于全国平均水平之上，表明山东省上述方面表现相对较好，但仍需加大投入力度，保持领先优势。而2022年山东省互联网和相关服务业收入指标、电子信息制造业规模增速指标和信息与通信技术投资增速指标分别为44.28、59.35和69.29，均处于全国平均水平之下，表明山东省上述方面表现相对偏弱，需要继续完善相关环境建设，如图5-179所示。

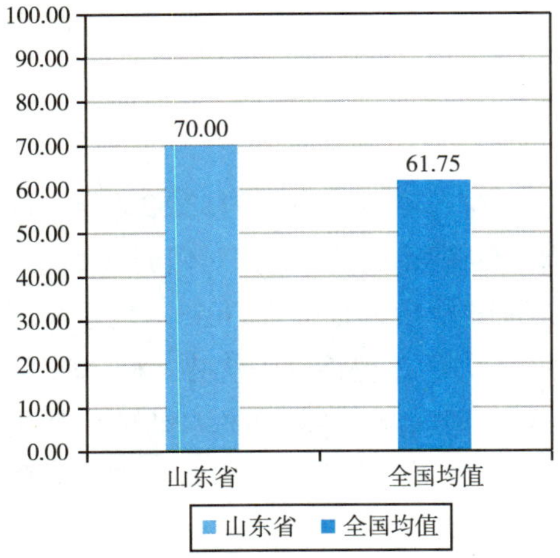

图5-178　山东省创新发展软环境综合指数

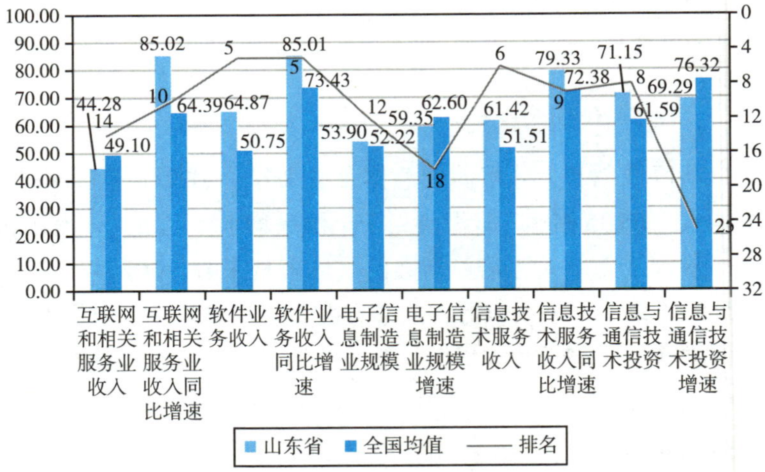

图5-179　山东省互联网、软件和信息技术发展情况

5.2.22.3　山东省专利与商标发展维度

从区域专利与商标发展水平的总体表现来看，2022年山东省的区域专利与商标发展指数为73.87，与全国平均水平63.49相比，山东省处于全国平均水平之上，体现出山东省的专利与商标发展相对较强。

从衡量区域专利与商标发展指数的具体指标来看，2022年山东省专利申请数指标、专利授权数指标、专利授权平均维持年限指标、新增商标注册数指标和新增商标注册比例指标分别为62.79、73.91、92.07、78.77和85.27，均处于全国平均水平之上，表明山东省上述方面表现相对较好，但仍需加大投入力度，保持领先优势。而2022年山东省发明专利申请比例指标为50.40，处于全国平均水平之下，表明山东省上述方面表现相对偏弱，需要继续完善相关环境建设，如图5-180所示。

5.2.22.4　山东省技术市场交易维度

从区域技术市场交易水平的总体表现来看，2022年山东省的区域技术市场交易发展指数为72.75，与全国平均水平57.33相比，山东省处于全国平均水平之上，体现出山东省的技术市场交易相对较强。

从衡量区域技术市场交易指数的具体指标来看，2022年山东省技术市场成交合同数指标、技术市场成交额指标、技术产品市场化指标、技术国外引进数指标、技术国外输出数指标、高技术产业新产品数量指标、经政府认定的新产品指标和高技术产业新产品销售收入指标分别为79.09、80.62、67.52、60.02、72.77、62.66、69.24和90.03，均处于全国平均水平之上，表明山东省上述方面表现相对较好，但仍需加大投入力度，保持领先优势，如图5-181所示。

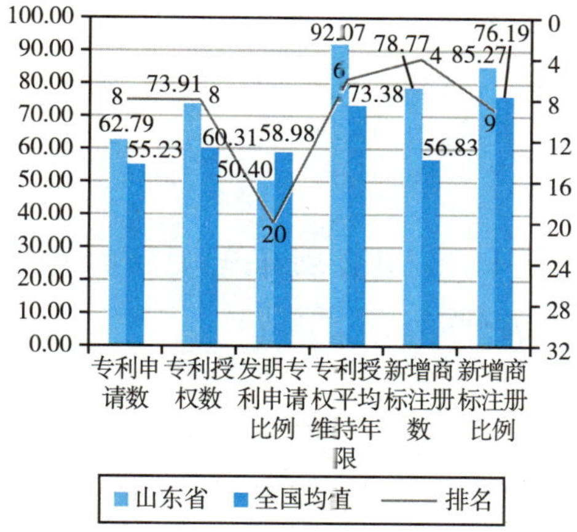

图5-180 山东省专利与商标发展情况

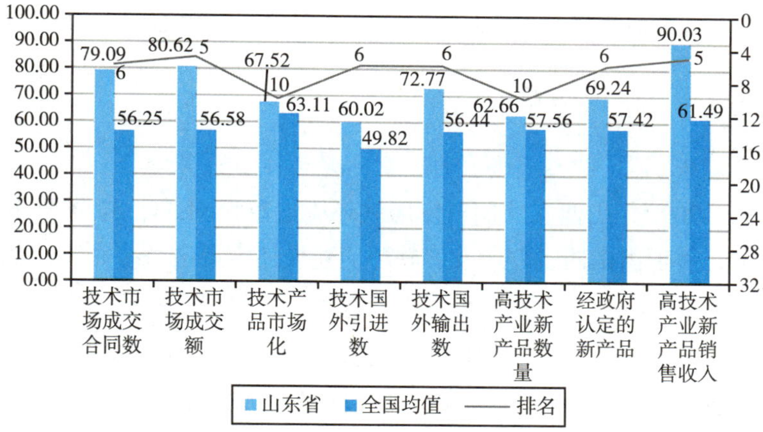

图5-181 山东省技术市场交易情况

5.2.22.5 山东省组织和营销创新维度

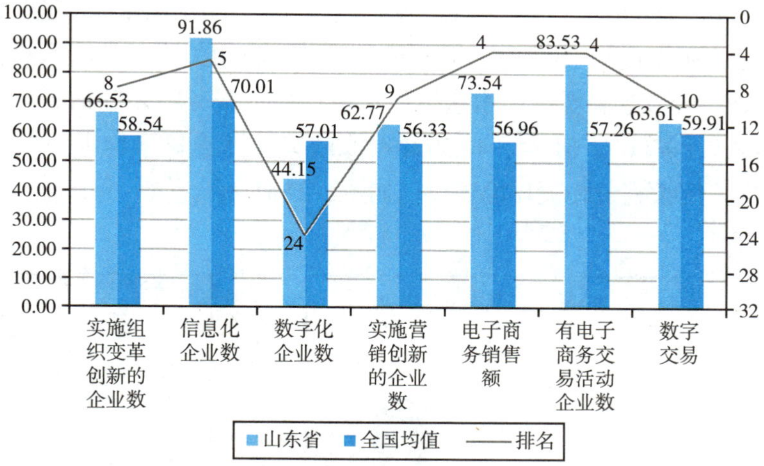

图5-182 山东省组织和营销创新情况

从区域组织和营销创新水平的总体表现来看，2022年山东省的区域组织和营销创新发展指数为69.43，与全国平均水平59.43相比，山东省处于全国平均水平之上，体现出山东省的组织和营销创新相对较强。

从衡量区域组织和营销创新指数的具体指标来看，2022年山东省实施组织变革创新的企业数指标、信息化企业数指标、实施营销创新的企业数指标、电子商务销售额指标、有电子商务交易活动企业数指标和数字交易指标分别为66.53、91.36、62.77、73.54、83.53和63.61，均处于全国平均水平之上，表明山东省上述方面表现相对较好，但仍需加大投入力度，保持领先优势。而2022年山东省数字化企业数指标为44.15，处于全国平均水平之下，表明山东省上述方面表现相对偏弱，需要继续完善相关环境建设，如图5-182所示。

5.2.22.6 山东省创新人才培养维度

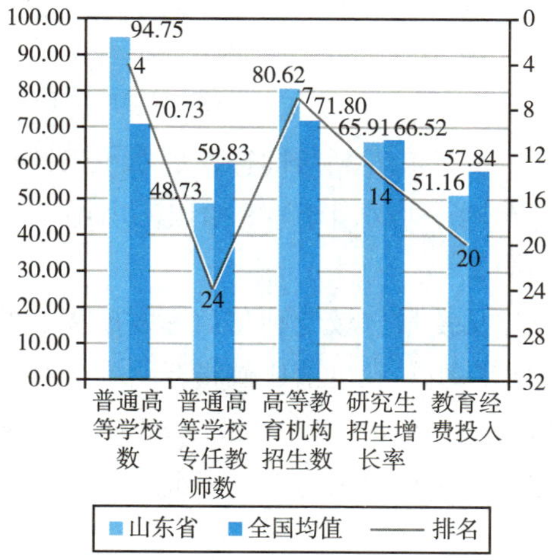

图5-183 山东省创新人才培养情况

从区域创新人才培养水平的总体表现来看，2022年山东省的区域创新人才培养指数为68.24，与全国平均水平65.35相比，山东省处于全国平均水平之上，体现出山东省的创新人才培养相对较强。

从衡量区域创新人才培养指数的具体指标来看，2022年山东省普通高等学校数指标和高等教育机构招生数指标分别为94.75和80.62，均处于全国平均水平之上，表明山东省上述方面表现相对较好，但仍需加大投入力度，保持领先优势。而2022年山东省普通高等学校专任教师数指标、研究生招生增长率指标和教育经费投入指标分别为48.73、65.91和51.16，均处于全国平均水平之下，表明山东省上述方面表现相对偏弱，需要继续完善相关环境建设，如图5-183所示。

5.2.23 山西省

5.2.23.1 山西省创新发展软环境综合指数

2022年山西省的创新发展软环境指数为54.34，与全国平均水平61.75相比，处于全国平均水平之下，体现出山西省创新发展软环境建设还需要进一步完善，如图5-184所示。

5.2.23.2 山西省互联网、软件和信息技术发展维度

从区域互联网、软件和信息技术发展水平的总体表现来看，2022年山西省的区域互联网、软件和信息技术发展指数为59.70，与全国平均水平61.43相比，山西省处于全国平均水平之下，体现出山西省的互联网、软件和信息技术发展相对偏弱。

从衡量区域互联网、软件和信息技术发展指数的具体指标来看，2022年山西省互联网和相关服务业收入同比增速指标、信息技术服务收入同比增速指标和信息与通信技术投资增速指标分别为98.57、74.14和86.62，均处于全国平均水平之上，表明山西省上述方面表现相对较好，但仍需加大投入力度，保持领先优势。而2022年山西省互联网和相关服务业收入指标、软件业务收入和同比增速指标、电子信息制造业规模和增速指标、信息技术服务收入和信息与通信技术投资指标分别为40.22、40.34、68.52、44.65、61.74、40.30和41.90，均处于全国平均水平之下，表明山西省上述方面表现相对偏弱，需要继续完善相关环境建设，如图5-185所示。

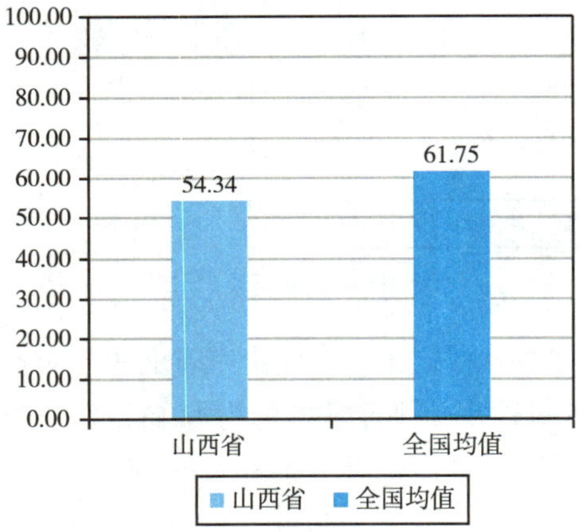

图5-184 山西省创新发展软环境综合指数

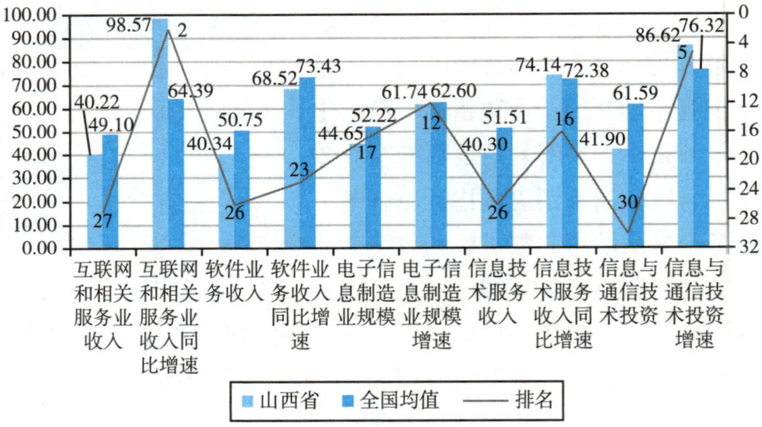

图5-185 山西省互联网、软件和信息技术发展情况

5.2.23.3 山西省专利与商标发展维度

从区域专利与商标发展水平的总体表现来看，2022年山西省的区域专利与商标发展指数为54.91，与全国平均水平63.49相比，山西省处于全国平均水平之下，体现出山西省的专利与商标发展相对偏弱。

从衡量区域专利与商标发展指数的具体指标来看，2022年山西省专利申请数指标、专利授权数指标、发明专利申请比例指标、专利授权平均维持年限指标、新增商标注册数指标和新增商标注册比例指标分别为43.45、46.83、56.96、62.68、45.08和74.49，均处于全国平均水平之下，表明山西省上述方面表现相对偏弱，需要继续完善相关环境建设，如图5-186所示。

5.2.23.4 山西省技术市场交易维度

从区域技术市场交易水平的总体表现来看，2022年山西省的区域技术市场交易发展指数为44.00，与全国平均水平57.33相比，山西省处于全国平均水平之下，体现出山西省的技术市场交易相对偏弱。

从衡量区域技术市场交易指数的具体指标来看，2022年山西省技术市场成交合同数指标、技术市场成交额指标、技术产品市场化指标、技术国外引进数指标、技术国外输出数指标、高技术产业新产品数量指标、经政府认定的新产品指标和高技术产业新产品销售收入指标分别为41.07、42.18、47.65、40.24、41.36、47.31、47.09和45.14，均处于全国平均水平之下，表明山西省上述方面表现相对偏弱，需要继续完善相关环境建设，如图5-187所示。

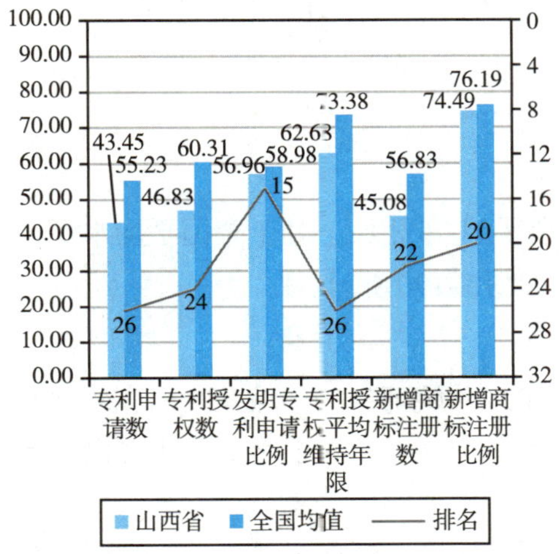

图5-186 山西省专利与商标发展情况

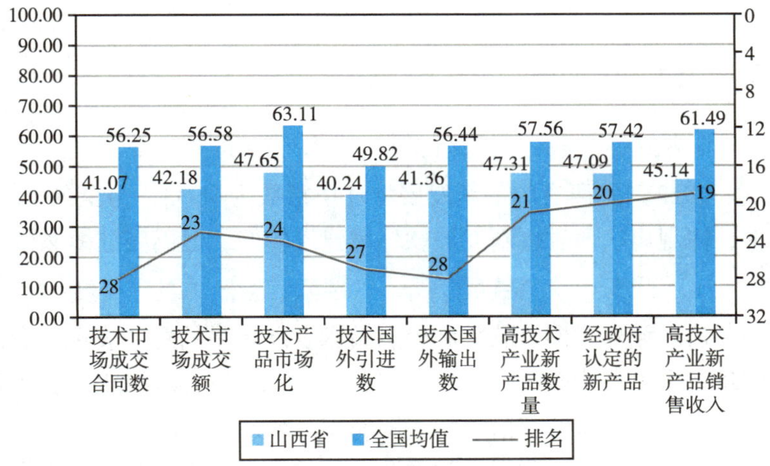

图5-187 山西省技术市场交易情况

5.2.23.5 山西省组织和营销创新维度

从区域组织和营销创新水平的总体表现来看，2022年山西省的区域组织和营销创新发展指数为50.18，与全国平均水平59.43相比，山西省处于全国平均水平之下，体现出山西省的组织和营销创新相对偏弱。

从衡量区域组织和营销创新指数的具体指标来看，2022年山西省实施组织变革创新的企业数指标、信息化企业数指标、数字化企业数指标、实施营销创新的企业数指标、电子商务销售额指标、有电子商务交易活动企业数指标和数字交易指标分别为47.79、61.04、45.91、44.97、51.26、46.47和53.86，均处于全国平均水平之下，表明山西省上述方面表现相对偏弱，需要继续完善相关环境建设，如图5-188所示。

5.2.23.6 山西省创新人才培养维度

从区域创新人才培养水平的总体表现来看，2022年山西省的区域创新人才培养指数为58.94，与全国平均水平65.35相比，山西省处于全国平均水平之下，体现出山西省的创新人才培养相对偏弱。

从衡量区域创新人才培养指数的具体指标来看，2022年山西省普通高等学校数指标、普通高等学校专任教师数指标、高等教育机构招生数指标、研究生招生增长率指标和教育经费投入指标分别为68.13、47.61、67.93、61.82和49.21，均处于全国平均水平之下，表明山西省上述方面表现相对偏弱，需要继续完善相关环境建设，如图5-189所示。

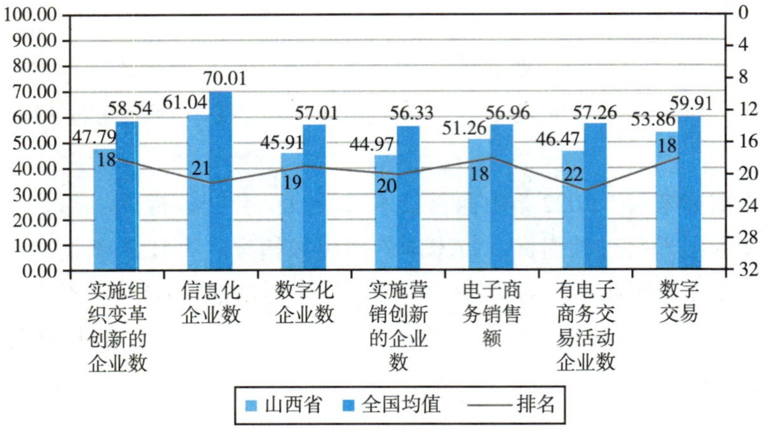

图5-188 山西省组织和营销创新情况

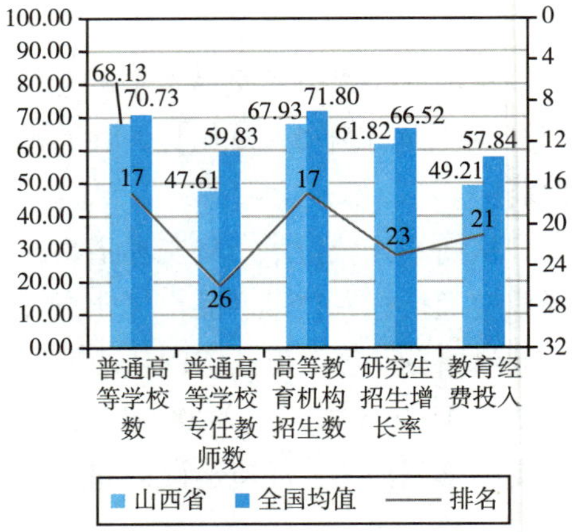

图5-189 山西省创新人才培养情况

5.2.24 陕西省

5.2.24.1 陕西省创新发展软环境综合指数

2022年陕西省的创新发展软环境指数为66.33，与全国平均水平61.75相比，处于全国平均水平之上，体现出陕西省创新发展软环境建设较好，但仍需继续保持，如图5-190所示。

5.2.24.2 陕西省互联网、软件和信息技术发展维度

从区域互联网、软件和信息技术发展水平的总体表现来看，2022年陕西省的区域互联网、软件和信息技术发展指数为64.44，与全国平均水平61.43相比，陕西省处于全国平均水平之上，体现出陕西省的互联网、软件和信息技术发展相对较强。

从衡量区域互联网、软件和信息技术发展指数的具体指标来看，2022年陕西省互联网和相关服务业收入同比增速指标、软件业务收入和同比增速指标、电子信息制造业规模增速指标和信息技术服务收入指标分别为94.84、55.28、73.52、69.90和54.58，均处于全国平均水平之上，表明陕西省上述方面表现相对较好，但仍需加大投入力度，保持领先优势。而2022年陕西省互联网和相关服务业收入指标、电子信息制造业规模指标、信息技术服务收入同比增速指标和信息与通信技术投资和增速指标分别为43.23、49.48、67.78、61.52和74.25，均处于全国平均水平之下，表明陕西省上述方面表现相对偏弱，需要继续完善相关环境建设，如图5-191所示。

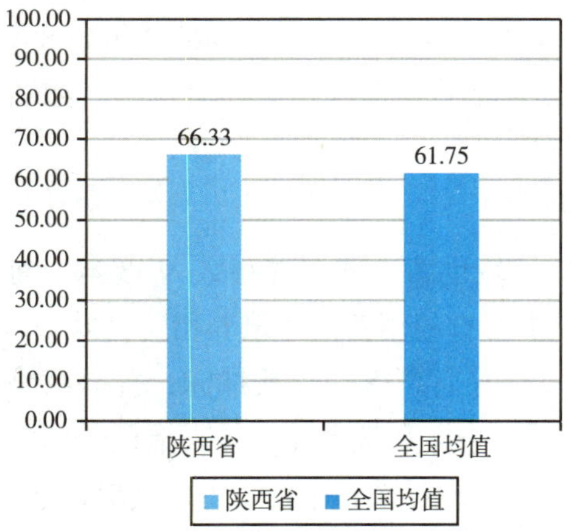

图5-190 陕西省创新发展软环境综合指数

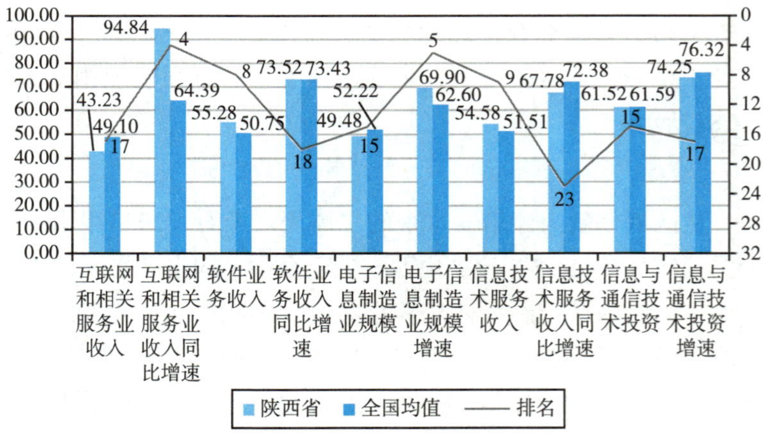

图5-191 陕西省互联网、软件和信息技术发展情况

5.2.24.3 陕西省专利与商标发展维度

从区域专利与商标发展水平的总体表现来看，2022年陕西省的区域专利与商标发展指数为66.72，与全国平均水平63.49相比，陕西省处于全国平均水平之上，体现出陕西省的专利与商标发展相对较强。

从衡量区域专利与商标发展指数的具体指标来看，2022年陕西省专利申请数指标、专利授权数指标、发明专利申请比例指标和新增商标注册数指标分别为55.26、60.66、79.15和83.55，均处于全国平均水平之上，表明陕西省上述方面表现相对较好，但仍需加大投入力度，保持领先优势。而2022年陕西省专利授权平均维持年限指标和新增商标注册比例指标分别为70.34和51.32，均处于全国平均水平之下，表明陕西省上述方面表现相对偏弱，需要继续完善相关环境建设，如图5-192所示。

5.2.24.4 陕西省技术市场交易维度

从区域技术市场交易水平的总体表现来看，2022年陕西省的区域技术市场交易发展指数为67.67，与全国平均水平57.33相比，陕西省处于全国平均水平之上。体现陕西省的技术市场交易相对较强。

从衡量区域技术市场交易指数的具体指标来看，2022年陕西省技术市场成交合同数指标、技术市场成交额指标、技术产品市场化指标和技术国外输出数指标分别为87.48、78.42、89.38和84.68，均处于全国平均水平之上，表明陕西省上述方面表现相对较好，但仍需加大投入力度，保持领先优势。而2022年陕西省技术国外引进数指标、高技术产业新产品数量指标、经政府认定的新产品指标和高技术产业新产品销售收入指标分别为40.77、56.47、49.89和54.28，均处于全国平均水平之下，表明陕西省上述方面表现相对偏弱，需要继续完善相关环境建设，如图5-193所示。

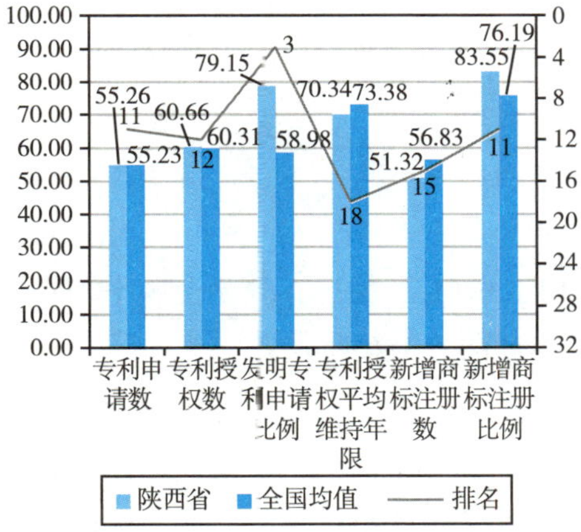

图5-192 陕西省专利与商标发展情况

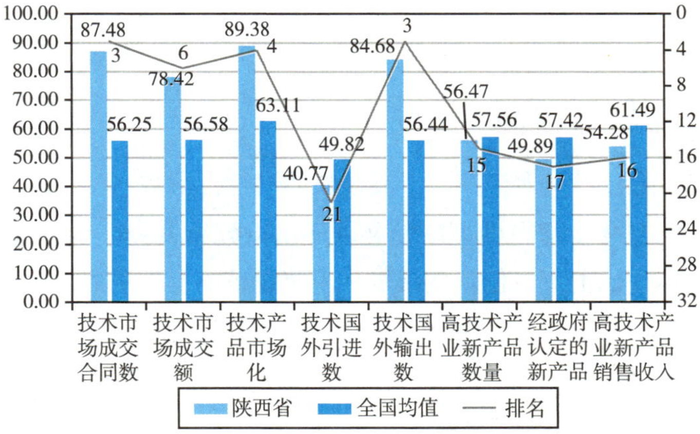

图5-193 陕西省技术市场交易情况

5.2.24.5 陕西省组织和营销创新维度

从区域组织和营销创新水平的总体表现来看，2022年陕西省的区域组织和营销创新发展指数为57.67，与全国平均水平59.43相比，陕西省处于全国平均水平之下，体现出陕西省的组织和营销创新相对偏弱。

从衡量区域组织和营销创新指数的具体指标来看，2022年陕西省数字化企业数指标和数字交易指标分别为63.38和60.58，均处于全国平均水平之上，表明陕西省上述方面表现相对较好，但仍需加大投入力度，保持领先优势。而2022年陕西省实施组织变革创新的企业数指标、信息化企业数指标、实施营销创新的企业数指标、电子商务销售额指标和有电子商务交易活动企业数指标分别为56.12、66.11、53.05、49.93和54.50，均处于全国平均水平之下，表明陕西省上述方面表现相对偏弱，需要继续完善相关环境建设，如图5-194所示。

5.2.24.6 陕西省创新人才培养维度

从区域创新人才培养水平的总体表现来看，2022年陕西省的区域创新人才培养指数为72.00，与全国平均水平65.35相比，陕西省处于全国平均水平之上，体现出陕西省的创新人才培养相对较强。

从衡量区域创新人才培养指数的具体指标来看，2022年陕西省普通高等学校数指标、普通高等学校专任教师数指标和高等教育机构招生数指标分别为73.75、81.35和86.14，均处于全国平均水平之上，表明陕西省上述方面表现相对较好，但仍需加大投入力度，保持领先优势。而2022年陕西省研究生招生增长率指标和教育经费投入指标分别为63.18和55.59，均处于全国平均水平之下，表明陕西省上述方面表现相对偏弱，需要继续完善相关环境建设，如图5-195所示。

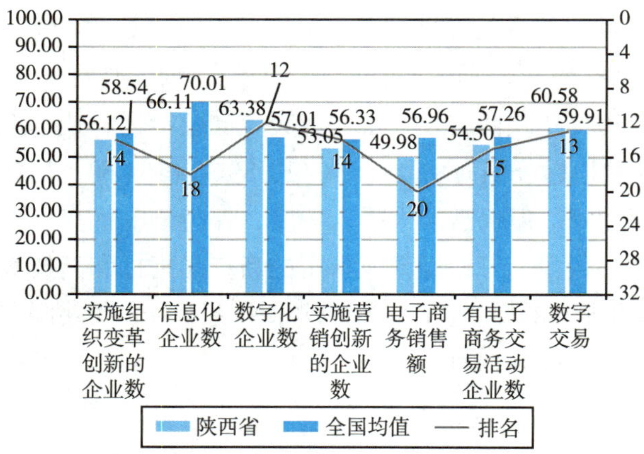

图5-194 陕西省组织和营销创新情况

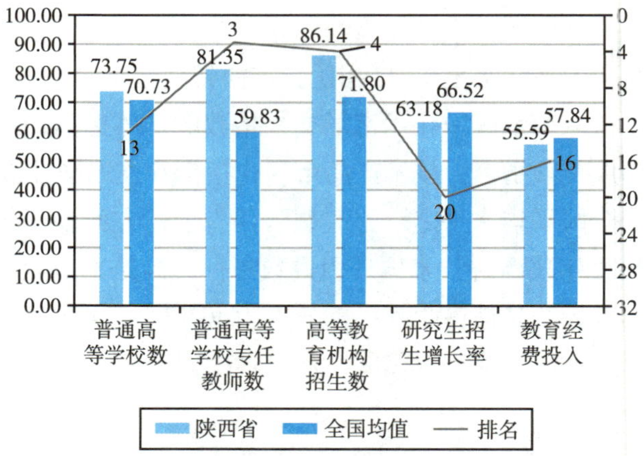

图5-195 陕西省创新人才培养情况

5.2.25 上海市

5.2.25.1 上海市创新发展软环境综合指数

2022年上海市的创新发展软环境指数为76.06，与全国平均水平61.75相比，处于全国平均水平之上，体现出上海市创新发展软环境建设较好，但仍需继续保持，如图5-196所示。

5.2.25.2 上海市互联网、软件和信息技术发展维度

从区域互联网、软件和信息技术发展水平的总体表现来看，2022年上海市的区域互联网、软件和信息技术发展指数为68.24，与全国平均水平61.43相比，上海市处于全国平均水平之上，体现出上海市的互联网、软件和信息技术发展相对较强。

从衡量区域互联网、软件和信息技术发展指数的具体指标来看，2022年上海市互联网和相关服务业收入指标、软件业务收入和同比增速指标、电子信息制造业规模指标、信息技术服务收入和同比增速指标和信息与通信技术投资增速指标分别为83.95、65.53、79.85、59.67、80.89、77.18和83.40，均处于全国平均水平之上，表明上海市上述方面表现相对较好，但仍需加大投入力度，保持领先优势。而2022年上海市互联网和相关服务业收入同比增速指标、电子信息制造业规模增速指标和信息与通信技术投资指标分别为52.26、48.24和51.40，均处于全国平均水平之下，表明上海市上述方面表现相对偏弱，需要继续完善相关环境建设，如图5-197所示。

5.2.25.3 上海市专利与商标发展维度

从区域专利与商标发展水平的总体表现来看，2022年上海市的区域专利与商标发展指数为81.91，

与全国平均水平63.49相比，上海市处于全国平均水平之上，体现出上海市的专利与商标发展相对较强。

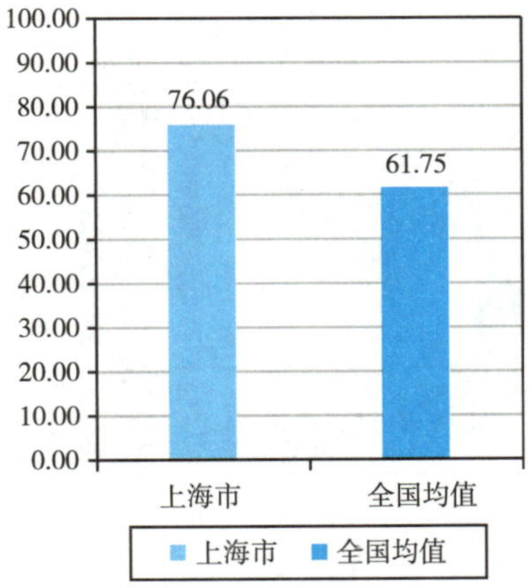

图5-196 上海市创新发展软环境综合指数

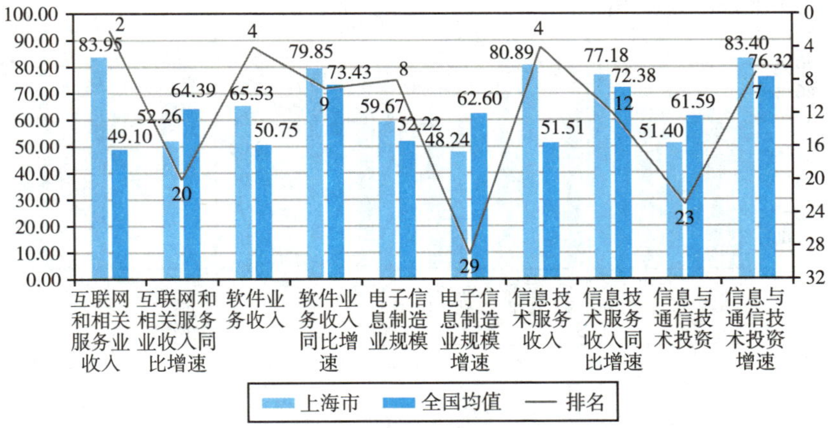

图5-197 上海市互联网、软件和信息技术发展情况

从衡量区域专利与商标发展指数的具体指标来看，2022年上海市专利申请数指标、专利授权数指标、发明专利申请比例指标、专利授权平均维持年限指标和新增商标注册数指标分别为85.20、84.93、82.79、92.81和75.01，均处于全国平均水平之上，表明上海市上述方面表现相对较好，但仍需加大投入力度，保持领先优势。而2022年上海市新增商标注册比例指标为70.72，处于全国平均水平之下，表明上海市上述方面表现相对偏弱，需要继续完善相关环境建设，如图5-198所示。

5.2.25.4 上海市技术市场交易维度

从区域技术市场交易水平的总体表现来看，2022年上海市的区域技术市场交易发展指数为77.41，与全国平均水平57.33相比，上海市处于全国平均水平之上，体现出上海市的技术市场交易相对较强。

从衡量区域技术市场交易指数的具体指标来看，2022年上海市技术市场成交合同数指标、技术市场成交额指标、技术产品市场化指标、技术国外引进数指标、技术国外输出数指标、高技术产业新产品数量指标、经政府认定的新产品指标和高技术产业新产品销售收入指标分别为69.94、81.73、91.20、100.00、64.59、70.53、75.68和65.64，均处于全国平均水平之上，表明上海市上述方面表现相对较好，但仍需加大投入力度，保持领先优势，如图5-199所示。

5.2.25.5 上海市组织和营销创新维度

从区域组织和营销创新水平的总体表现来看，2022年上海市的区域组织和营销创新发展指数为89.95，与全国平均水平59.43相比，上海市处于全国平均水平之上，体现出上海市的组织和营销创新相对较强。

从衡量区域组织和营销创新指数的具体指标来看，2022年上海市实施组织变革创新的企业数指标、信息化企业数指标、数字化企业数指标、实施营销创新的企业数指标、电子商务销售额指标、有电子商务交易活动企业数指标和数字交易指标分别为95.47、92.44、100.00、87.14、87.98、66.60和100.00，均处于全国平均水平之上，表明上海市上述方面表现相对较好，但仍需加大投入力度，保持领先优势，如图5-200所示。

5.2.25.6 上海市创新人才培养维度

从区域创新人才培养水平的总体表现来看，2022年上海市的区域创新人才培养指数为69.80，与全国平均水平65.35相比，上海市处于全国平均水平之上，体现出上海市的创新人才培养相对较强。

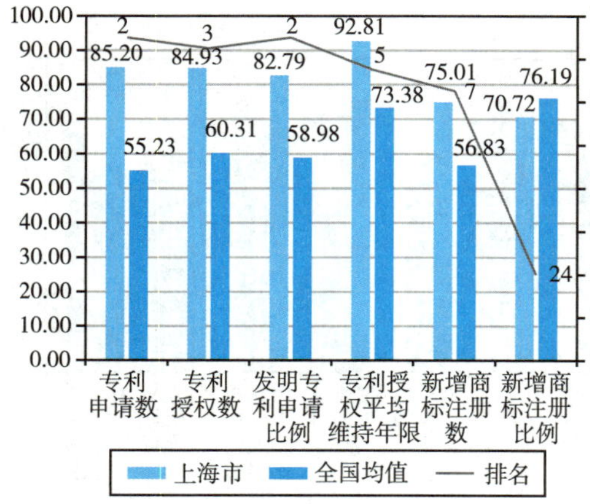

图5-198　上海市专利与商标发展情况

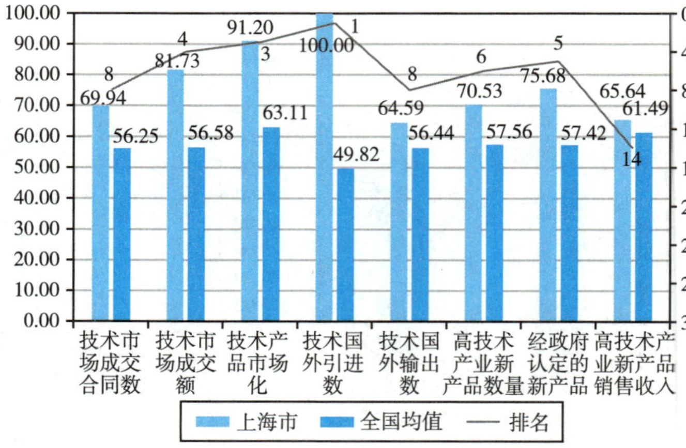

图5-199　上海市技术市场交易情况

从衡量区域创新人才培养指数的具体指标来看，2022年上海市普通高等学校专任教师数指标、高等教育机构招生数指标和教育经费投入指标分别为75.34、74.85和79.73，均处于全国平均水平之上，表明上海市上述方面表现相对较好，但仍需加大投入力度，保持领先优势。而2022年上海市普通高等学校数指标和研究生招生增长率指标分别为61.38和57.73，均处于全国平均水平之下，表明上海市上述方面表现相对偏弱，需要继续完善相关环境建设，如图5-201所示。

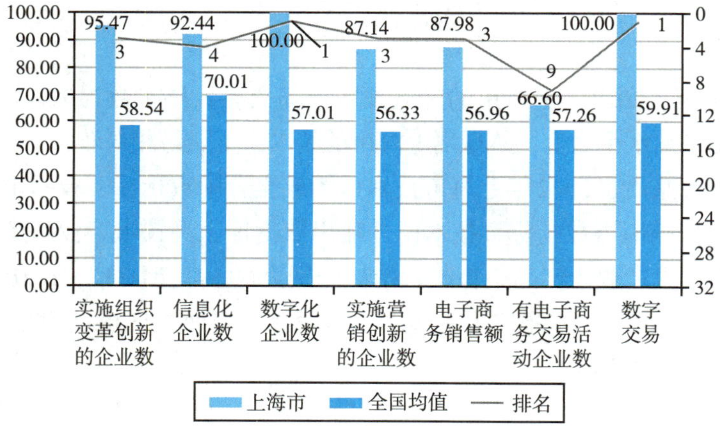

图5-200　上海市组织和营销创新情况

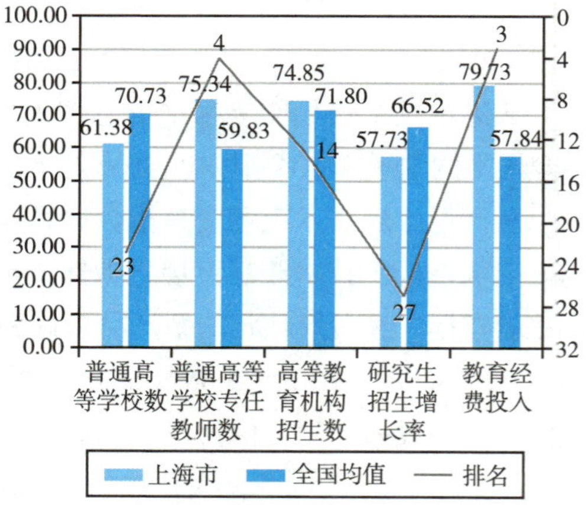

图5-201　上海市创新人才培养情况

5.2.26　四川省

5.2.26.1　四川省创新发展软环境综合指数

2022年四川省的创新发展软环境指数为62.91，与全国平均水平61.75相比，处于全国平均水平之上，体现出四川省创新发展软环境建设较好，但仍需继续保持，如图5-202所示。

5.2.26.2　四川省互联网、软件和信息技术发展维度

从区域互联网、软件和信息技术发展水平的总体表现来看，2022年四川省的区域互联网、软件和信息技术发展指数为61.71，与全国平均水平61.43相比，四川省处于全国平均水平之上，体现出四川省的互联网、软件和信息技术发展相对较强。

从衡量区域互联网、软件和信息技术发展指数的具体指标来看，2022年四川省互联网和相关服务业收入指标、软件业务收入指标、电子信息制造业规模指标、信息技术服务收入指标和信息与通信技术投资指标分别为49.25、61.07、66.54、58.54和67.67，均处于全国平均水平之上，表明四川省上述方面表现相对较好，但仍需加大投入力度，保持领先优势。而2022年四川省互联网和相关服务业收入同比增速指标、软件业务收入同比增速指标、电子信息制造业规模增速指标、信息技术服务收入同比增速指标和信息与通信技术投资增速指标分别为42.14、68.41、58.84、70.31和74.36，均处于全国平均水平之下，表明四川省上述方面表现相对偏弱，需要继续完善相关环境建设，如图5-203所示。

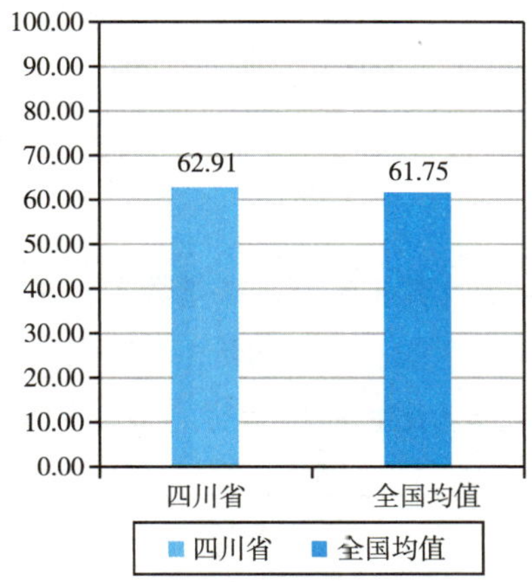

图5-202　四川省创新发展软环境综合指数

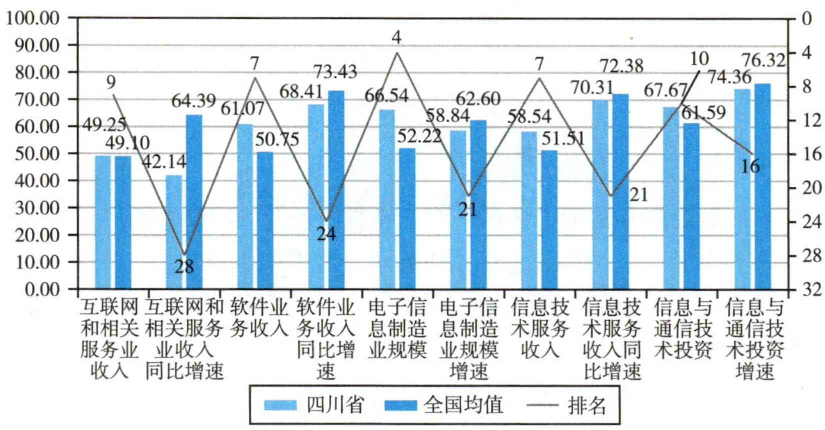

图5-203　四川省互联网、软件和信息技术发展情况

5.2.26.3　四川省专利与商标发展维度

从区域专利与商标发展水平的总体表现来看，2022年四川省的区域专利与商标发展指数为65.88，与全国平均水平63.49相比，四川省处于全国平均水平之上，体现出四川省的专利与商标发展相对较强。

从衡量区域专利与商标发展指数的具体指标来看，2022年四川省发明专利申请比例指标、专利授权平均维持年限指标、新增商标注册数指标和新增商标注册比例指标分别为64.34、85.44、63.18和77.36，均处于全国平均水平之上，表明四川省上述方面表现相对较好，但仍需加大投入力度，保持领先优势。而2022年四川省专利申请数指标和专利授权数指标分别为49.65和55.33，均处于全国平均水平之下，表明四川省上述方面表现相对偏弱，需要继续完善相关环境建设，如图5-204所示。

5.2.26.4　四川省技术市场交易维度

从区域技术市场交易水平的总体表现来看，2022年四川省的区域技术市场交易发展指数为60.00，与全国平均水平57.33相比，四川省处于全国平均水平之上，体现出四川省的技术市场交易相对较强。

从衡量区域技术市场交易指数的具体指标来看，2022年四川省技术市场成交额指标、技术产品市场化指标、技术国外输出数指标、高技术产业新产品数量指标和高技术产业新产品销售收入指标分别为62.76、71.34、58.80、58.33和74.24，均处于全国平均水平之上，表明四川省上述方面表现相对较好，但仍需加大投入力度，保持领先优势。而2022年四川省技术市场成交合同数指标、技术国外引进数指标、经政府认定的新产品指标分别为54.93、48.94和50.65，均处于全国平均水平之下，表明四川省上述方面表现相对偏弱，需要继续完善相关环境建设，如图5-205所示。

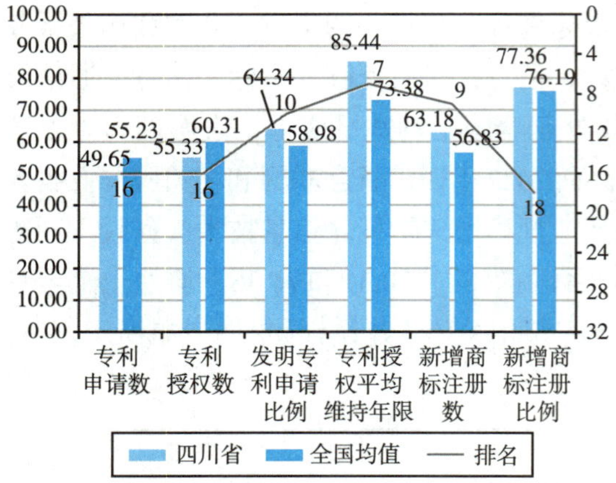

图5-204　四川省专利与商标发展情况

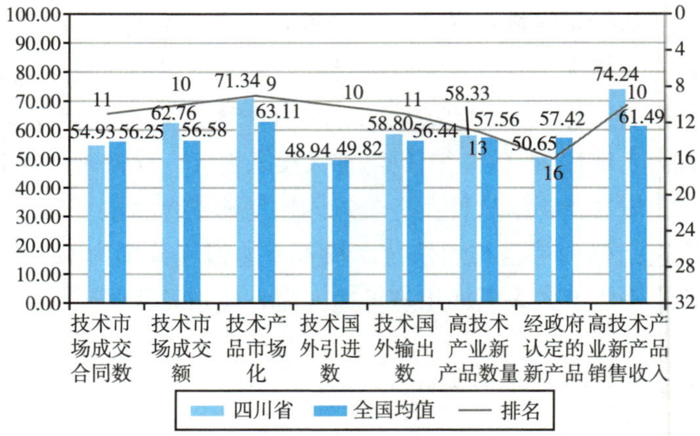

图5-205　四川省技术市场交易情况

5.2.26.5　四川省组织和营销创新维度

从区域组织和营销创新水平的总体表现来看，2022年四川省的区域组织和营销创新发展指数为62.55，与全国平均水平59.43相比，四川省处于全国平均水平之上，体现出四川省的组织和营销创新相对较强。

从衡量区域组织和营销创新指数的具体指标来看，2022年四川省信息化企业数指标、电子商务销售额指标和有电子商务交易活动企业数指标分别为90.19、64.84和69.71，均处于全国平均水平之上，表明四川省上述方面表现相对较好，但仍需加大投入力度，保持领先优势。而2022年四川省实施组织变革创新的企业数指标、数字化企业数指标、实施营销创新的企业数指标和数字交易指标为53.07、53.33、51.06和55.67，均处于全国平均水平之下，表明四川省上述方面表现相对偏弱，需要继续完善相关环境建设，如图5-206所示。

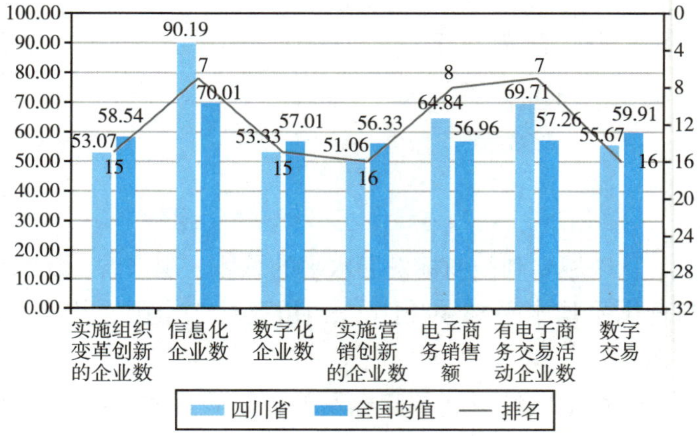

图5-206　四川省组织和营销创新情况

5.2.26.6　四川省创新人才培养维度

从区域创新人才培养水平的总体表现来看，2022年四川省的区域创新人才培养指数为64.25，与全国平均水平65.35相比，四川省处于全国平均水平之下，体现出四川省的创新人才培养相对偏弱。

从衡量区域创新人才培养指数的具体指标来看，2022年四川省普通高等学校数指标和研究生招生增长率指标分别为87.63和74.09，均处于全国平均水平之上，表明四川省上述方面表现相对较好，但仍需加大投入力度，保持领先优势。而2022年四川省普通高等学校专任教师数指标、高等教育机构招生数指标、教育经费投入指标分别为46.65、66.16和46.73，均处于全国平均水平之下，表明四川省上述方面表现相对偏弱，需要继续完善相关环境建设，如图5-207所示。

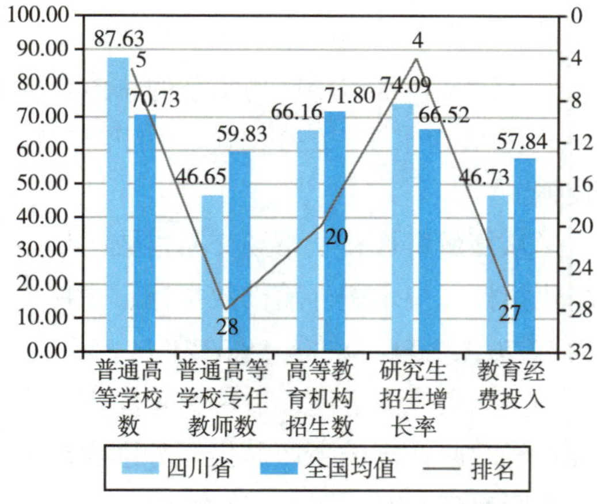

图5-207　四川省创新人才培养情况

5.2.27　天津市

5.2.27.1　天津市创新发展软环境综合指数

2022年天津市的创新发展软环境指数为66.63，与全国平均水平61.75相比，处于全国平均水平之上，体现出天津市创新发展软环境建设较好，但仍需继续保持，如图5-208所示。

5.2.27.2　天津市互联网、软件和信息技术发展维度

从区域互联网、软件和信息技术发展水平的总体表现来看，2022年天津市的区域互联网、软件和信息技术发展指数为62.39，与全国平均水平61.43相比，天津市处于全国平均水平之上，体现出天津市的互联网、软件和信息技术发展相对较强。

从衡量区域互联网、软件和信息技术发展指数的具体指标来看，2022年天津市互联网和相关服务业收入指标、软件业务收入和同比增速指标、信息技术服务收入和同比增速指标和信息与通信技术投资增速指标分别为52.29、52.90、73.95、54.71、74.06和100.00，均处于全国平均水平之上，表明天津市上述方面表现相对较好，但仍需加大投入力度，保持领先优势。而2022年天津市互联网和相关服务业收入同比增速指标、电子信息制造业规模和增速指标和信息与通信技术投资指标分别为54.65、47.49、53.85和59.97，均处于全国平均水平之下，表明天津市上述方面表现相对偏弱，需要继续完善相关环境建设，如图5-209所示。

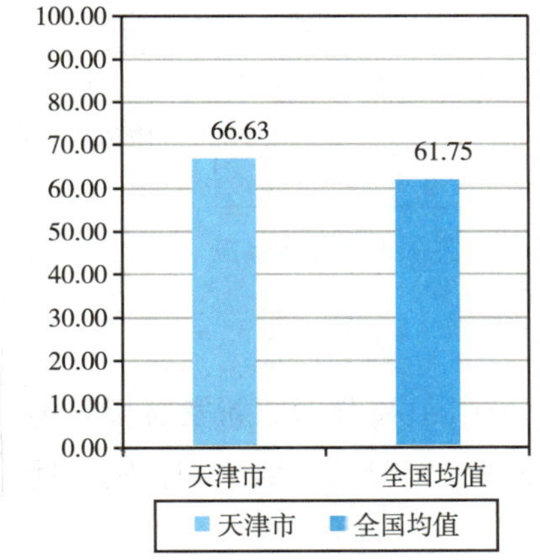

图5-208　天津市创新发展软环境综合指数

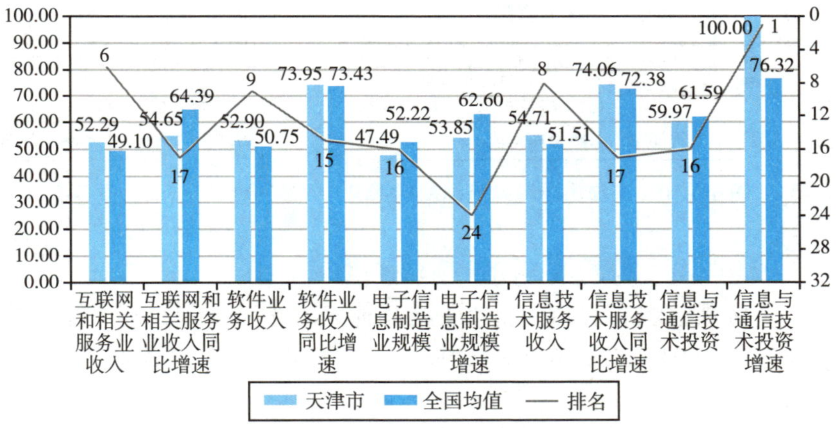

图5-209　天津市互联网、软件和信息技术发展情况

5.2.27.3　天津市专利与商标发展维度

从区域专利与商标发展水平的总体表现来看，2022年天津市的区域专利与商标发展指数为65.39，与全国平均水平63.49相比，天津市处于全国平均水平之上，体现出天津市的专利与商标发展相对较强。

从衡量区域专利与商标发展指数的具体指标来看，2022年天津市专利申请数指标、专利授权数指标和专利授权平均维持年限指标分别为70.32、83.42和74.66，均处于全国平均水平之上，表明天津市上述方面表现相对较好，但仍需加大投入力度，保持领先优势。而2022年天津市发明专利申请比例指标、新增商标注册数指标和新增商标注册比例指标分别为53.75、44.94和65.27，均处于全国平均水平之下，表明天津市上述方面表现相对偏弱，需要继续完善相关环境建设，如图5-210所示。

5.2.27.4 天津市技术市场交易维度

从区域技术市场交易水平的总体表现来看，2022年天津市的区域技术市场交易发展指数为66.05，与全国平均水平57.33相比，天津市处于全国平均水平之上，体现出天津市的技术市场交易相对较强。

从衡量区域技术市场交易指数的具体指标来看，2022年天津市技术市场成交额指标、技术产品市场化指标、高技术产业新产品数量指标和经政府认定的新产品指标分别为60.59、100.00、75.95和83.09，均处于全国平均水平之上，表明天津市上述方面表现相对较好，但仍需加大投入力度，保持领先优势。而2022年天津市技术市场成交合同数指标、技术国外引进数指标、技术国外输出数指标、高技术产业新产品销售收入指标分别为50.11、48.06、52.24和58.36，均处于全国平均水平之下，表明天津市上述方面表现相对偏弱，需要继续完善相关环境建设，如图5-211所示。

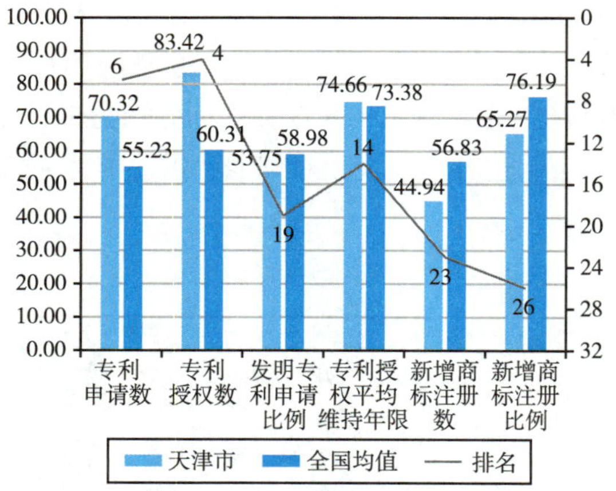

图5-210 天津市专利与商标发展情况

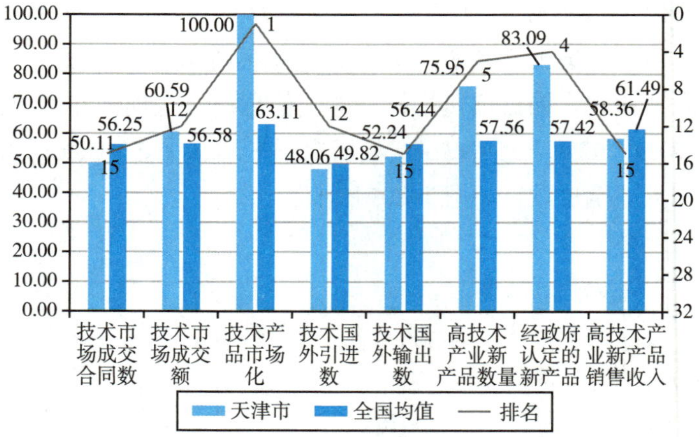

图5-211 天津市技术市场交易情况

5.2.27.5 天津市组织和营销创新维度

从区域组织和营销创新水平的总体表现来看，2022年天津市的区域组织和营销创新发展指数为62.89，与全国平均水平59.43相比，天津市处于全国平均水平之上，体现出天津市的组织和营销创新相对较强。

从衡量区域组织和营销创新指数的具体指标来看，2022年天津市实施组织变革创新的企业数指标、实施营销创新的企业数指标、电子商务销售额指标和数字交易指标分别为83.97、72.41、58.09和70.61，均处于全国平均水平之上，表明天津市上述方面表现相对较好，但仍需加大投入力度，保持领先优势。而2022年天津市信息化企业数指标、数字化企业数指标和有电子商务交易活动企业数指标为53.41、54.36和47.39，均处于全国平均水平之下，表明天津市上述方面表现相对偏弱，需要继续完善相关环境建设，如图5-212所示。

5.2.27.6 天津市创新人才培养维度

从区域创新人才培养水平的总体表现来看，2022年天津市的区域创新人才培养指数为73.77，与全国平均水平65.35相比，天津市处于全国平均水平之上，体现出天津市的创新人才培养相对较强。

从衡量区域创新人才培养指数的具体指标来看，2022年天津市普通高等学校专任教师数指标、高等教育机构招生数指标和教育经费投入指标分别为84.83、99.95和69.35，均处于全国平均水平之上，表明天津市上述方面表现相对较好，但仍需加大投入力度，保持领先优势。而2022年天津市普通高等学校数指标和研究生招生增长率指标为58.38和56.36，均处于全国平均水平之下，表明天津市上述方面表现相对偏弱，需要继续完善相关环境建设，如图5-213所示。

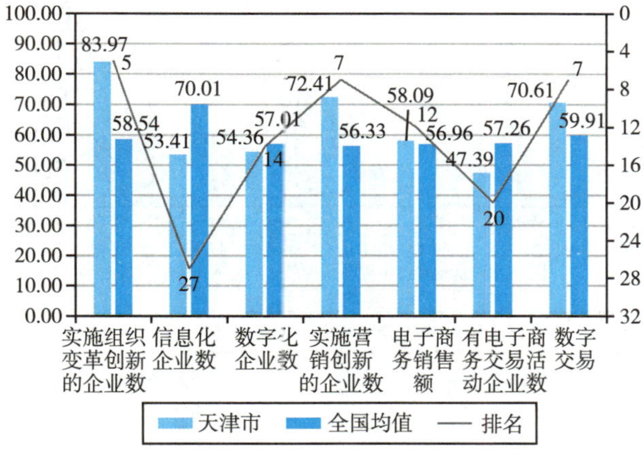

图5-212　天津市组织和营销创新情况

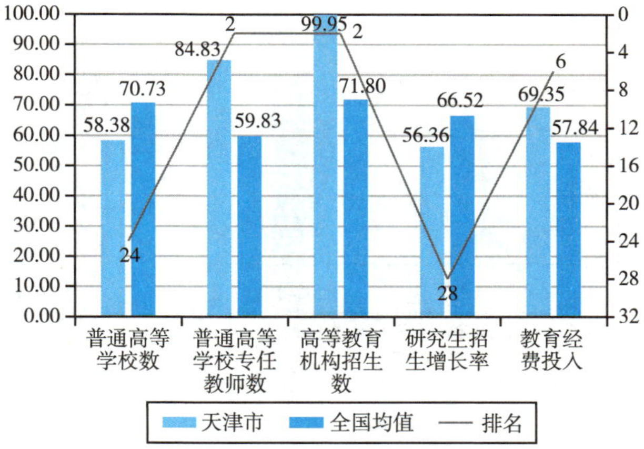

图5-213　天津市创新人才培养情况

5.2.28　西藏自治区

5.2.28.1　西藏自治区创新发展软环境综合指数

2022年西藏自治区的创新发展软环境指数为47.80，与全国平均水平61.75相比，处于全国平均水平之下，体现出西藏自治区创新发展软环境建设还需要进一步完善，如图5-214所示。

5.2.28.2　西藏自治区互联网、软件和信息技术发展维度

从区域互联网、软件和信息技术发展水平的总体表现来看，2022年西藏自治区的区域互联网、软件和信息技术发展指数为49.36，与全国平均水平61.43相比，西藏自治区处于全国平均水平之下，体现出西藏自治区的互联网、软件和信息技术发展相对偏弱。

从衡量区域互联网、软件和信息技术发展指数的具体指标来看，2022年西藏自治区互联网和相关服务业收入同比增速指标为96.16，处于全国平均水平之上，表明西藏自治区上述方面表现相对较好，但仍需加大投入力度，保持领先优势。而2022年西藏自治区互联网和相关服务业收入指标、软件业务收入和同比增速指标、电子信息制造业规模和增速指标、信息技术服务收入和同比增速指标、信息与通信技术投资和增速指标分别为40.84、40.00、40.00、40.00、45.61、40.00、40.00、40.00和70.98，均处于全国平均水平之下，表明西藏自治区上述方面表现相对偏弱，需要继续完善相关环境建设，如图5-215所示。

5.2.28.3　西藏自治区专利与商标发展维度

从区域专利与商标发展水平的总体表现来看，2022年西藏自治区的区域专利与商标发展指数为44.30，与全国平均水平63.49相比，西藏自治区处于全国平均水平之下，体现出西藏自治区的专利与商标发展相对偏弱。

从衡量区域专利与商标发展指数的具体指标来看，2022年西藏自治区专利申请数指标、专利授权数指标、发明专利申请比例指标、专利授权平均维持年限指标、新增商标注册数指标和新增商标注册比例指标分别为40.00、40.00、43.04、40.00、40.00和62.74，均处于全国平均水平之下，表明西藏自治区上述方面表现相对偏弱，需要继续完善相关环境建设，如图5-216所示。

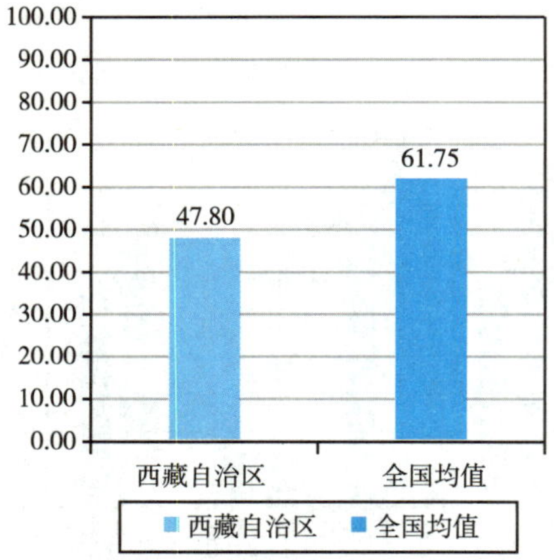

图5-214　西藏自治区创新发展软环境综合指数

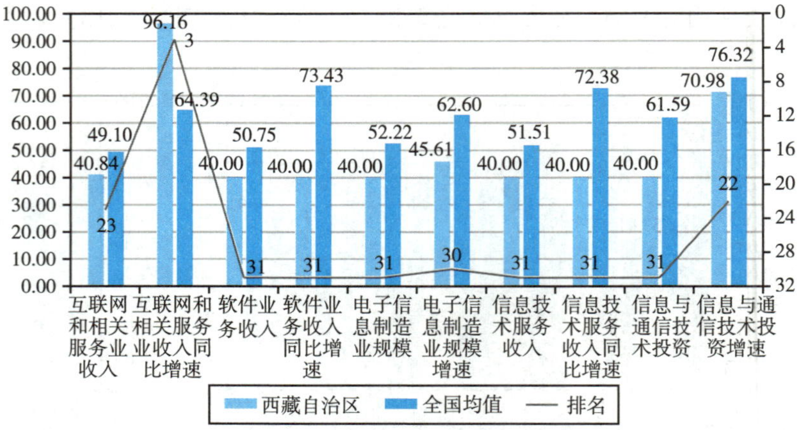

图5-215　西藏自治区互联网、软件和信息技术发展情况

5.2.28.4　西藏自治区技术市场交易维度

从区域技术市场交易水平的总体表现来看，2022年西藏自治区的区域技术市场交易发展指数为40.19，与全国平均水平57.33相比，西藏自治区处于全国平均水平之下，体现出西藏自治区的技术市场交易相对偏弱。

从衡量区域技术市场交易指数的具体指标来看，2022年西藏自治区技术市场成交合同数指标、技术市场成交额指标、技术产品市场化指标、技术国外引进数指标、技术国外输出数指标、高技术产业新产品数量指标、经政府认定的新产品指标和高技术产业新产品销售收入指标分别为40.00、40.00、40.00、40.36、40.00、41.18、40.00和40.00，均处于全国平均水平之下，表明西藏自治区上述方面表现相对偏弱，需要继续完善相关环境建设，如图5-217所示。

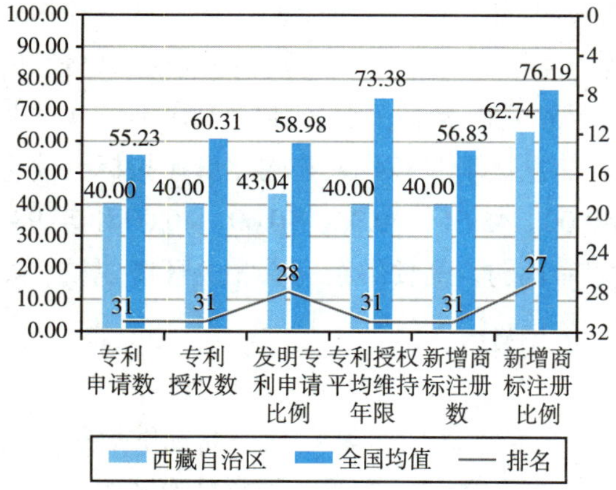

图5-216　西藏自治区专利与商标发展情况

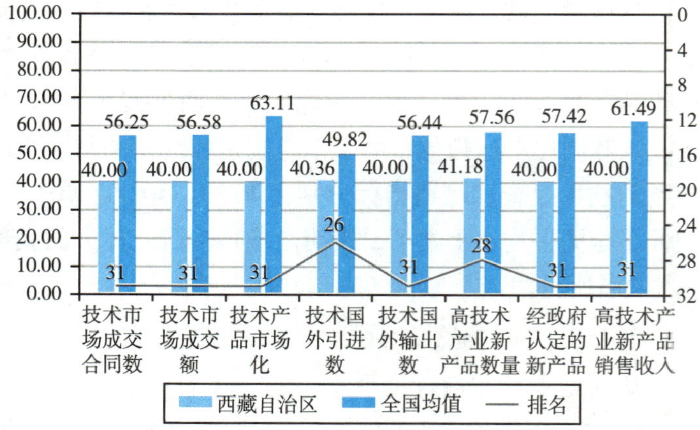

图5-217　西藏自治区技术市场交易情况

5.2.28.5　西藏自治区组织和营销创新维度

从区域组织和营销创新水平的总体表现来看，2022年西藏自治区的区域组织和营销创新发展指数为45.64，与全国平均水平59.43相比，西藏自治区处于全国平均水平之下，体现出西藏自治区的组织和营销创新相对偏弱。

从衡量区域组织和营销创新指数的具体指标来看，2022年西藏自治区数字化企业数指标为72.05，处于全国平均水平之上，表明西藏自治区上述方面表现相对较好，但仍需加大投入力度，保持领先优势。而2022年西藏自治区实施组织变革创新的企业数指标、信息化企业数指标、实施营销创新的企业数指标、电子商务销售额指标、有电子商务交易活动企业数指标和数字交易指标分别为40.89、40.00、40.85、40.00、40.00和45.68，均处于全国平均水平之下，表明西藏自治区上述方面表现相对偏弱，需要继续完善相关环境建设，如图5-218所示。

5.2.28.6　西藏自治区创新人才培养维度

从区域创新人才培养水平的总体表现来看，西藏自治区的区域创新人才培养指数为55.27，与全国平均水平65.35相比，西藏自治区处于全国平均水平之下，体现出西藏自治区的创新人才培养相对偏弱。

从衡量区域创新人才培养指数的具体指标来看，2022年西藏自治区教育经费投入指标为100.00，处于全国平均水平之上，表明西藏自治区上述方面表现相对较好，但仍需加大投入力度，保持领先优势。而2022年西藏自治区普通高等学校数指标、普通高等学校专任教师数指标、高等教育机构招生数指标和研究生招生增长率指标分别为40.00、40.00、40.00和56.36，均处于全国平均水平之下，表明西藏自治区上述方面表现相对偏弱，需要继续完善相关环境建设，如图5-219所示。

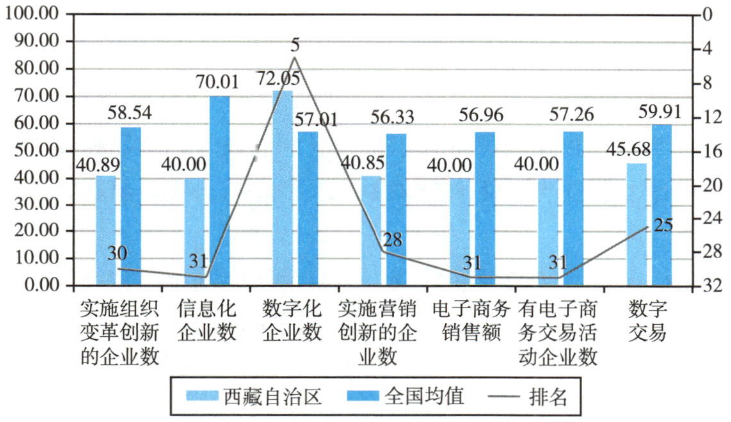

图5-218　西藏自治区组织和营销创新情况

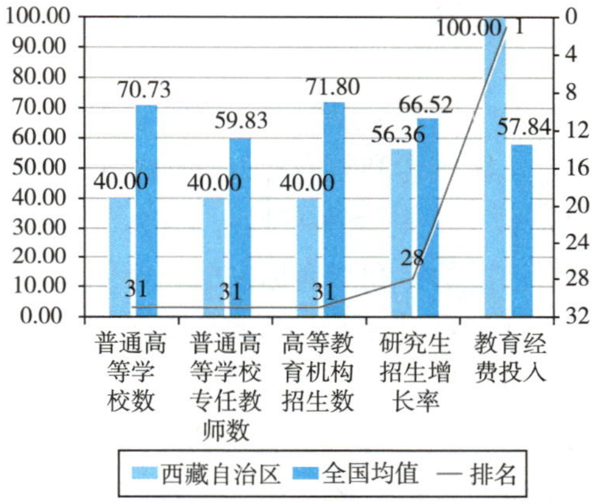

图5-219　西藏自治区创新人才培养情况

5.2.29　新疆维吾尔自治区

5.2.29.1　新疆维吾尔自治区创新发展软环境综合指数

2022年新疆维吾尔自治区的创新发展软环境指数为51.31，与全国平均水平61.75相比，处于全国平均水平之下，体现出新疆维吾尔自治区创新发展软环境建设还需要进一步完善，如图5-220所示。

5.2.29.2　新疆维吾尔自治区互联网、软件和信息技术发展维度

从区域互联网、软件和信息技术发展水平的总体表现来看，2022年新疆维吾尔自治区的区域互联网、软件和信息技术发展指数为55.73，与全国平均水平61.43相比，新疆维吾尔自治区处于全国平均水平之下，体现出新疆维吾尔自治区的互联网、软件和信息技术发展相对偏弱。

从衡量区域互联网、软件和信息技术发展指数的具体指标来看，2022年新疆维吾尔自治区软件业务收入同比增速指标、电子信息制造业规模增速指标和信息技术服务收入同比增速指标，分别为76.93、68.69和75.94，均处于全国平均水平之上，表明新疆维吾尔自治区上述方面表现相对较好，但仍需加大投入力度，保持领先优势。而2022年新疆维吾尔自治区互联网和相关服务业收入和同比增速指标、软件业务收入指标、电子信息制造业规模指标、信息技术服务收入指标和信息与通信技术投资

和增速指标，分别为41.73、44.69 、40.35、40.85、40.37、54.46和73.25，均处于全国平均水平之下，表明新疆维吾尔自治区上述方面表现相对偏弱，需要继续完善相关环境建设，如图5-221所示。

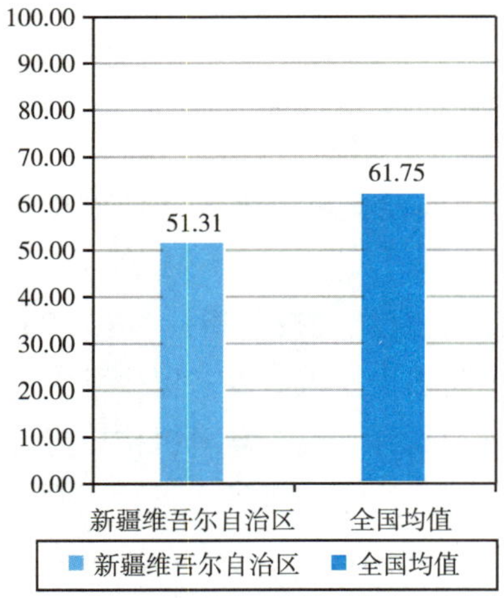

图5-220　新疆维吾尔自治区创新发展软环境综合指数

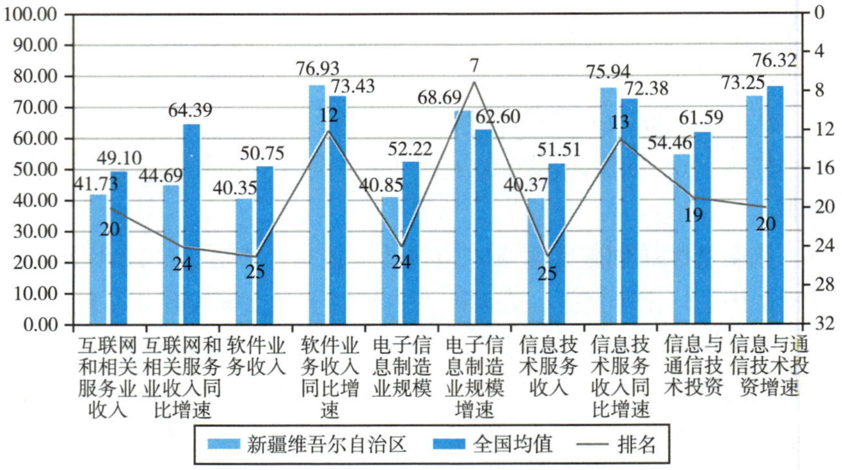

图5-221　新疆维吾尔自治区互联网、软件和信息技术发展情况

5.2.29.3　新疆维吾尔自治区专利与商标发展维度

从区域专利与商标发展水平的总体表现来看，2022年新疆维吾尔自治区的区域专利与商标发展指数为47.79，与全国平均水平63.49相比，新疆维吾尔自治区处于全国平均水平之下，体现出新疆维吾尔自治区的专利与商标发展相对偏弱。

从衡量区域专利与商标发展指数的具体指标来看，2022年新疆维吾尔自治区专利申请数指标、专利授权数指标、发明专利申请比例指标、专利授权平均维持年限指标、新增商标注册数指标和新增商标注册比例指标分别为41.06、43.63、43.82、63.59、44.48和50.16，均处于全国平均水平之下，表明新疆维吾尔自治区上述方面表现相对偏弱，需要继续完善相关环境建设，如图5-222所示。

5.2.29.4　新疆维吾尔自治区技术市场交易维度

从区域技术市场交易水平的总体表现来看，2022年新疆维吾尔自治区的区域技术市场交易发展指数为41.24，与全国平均水平57.33相比，新疆维吾尔自治区处于全国平均水平之下，体现出新疆维吾尔自治区的技术市场交易相对偏弱。

从衡量区域技术市场交易指数的具体指标来看，2022年新疆维吾尔自治区技术市场成交合同数指标、技术市场成交额指标、技术产品市场化指标、技术国外引进数指标、技术国外输出数指标、高技术产业新产品数量指标、经政府认定的新产品指标和高技术产业新产品销售收入指标分别为41.40、40.28、41.81、42.78、41.76、40.00、41.77和40.13，均处于全国平均水平之下，表明新疆维吾尔自治区上述方面表现相对偏弱，需要继续完善相关环境建设，如图5-223所示。

5.2.29.5　新疆维吾尔自治区组织和营销创新维度

从区域组织和营销创新水平的总体表现来看，2022年新疆维吾尔自治区的区域组织和营销创新发展指数为45.02，与全国平均水平59.43相比，新疆维吾尔自治区处于全国平均水平之下，体现出新疆维吾尔自治区的组织和营销创新相对偏弱。

从衡量区域组织和营销创新指数的具体指标来看，2022年新疆维吾尔自治区实施组织变革创新的企业数指标、信息化企业数指标、数字化企业数指标、实施营销创新的企业数指标、电子商务销售额指标、有电子商务交易活动企业数指标和数字交易指标分别为44.53、56.82、40.00、41.90、42.64、43.70和45.52，均处于全国平均水平之下，表明新疆维吾尔自治区上述方面表现相对偏弱，需要继续完善相关环境建设，如图5-224所示。

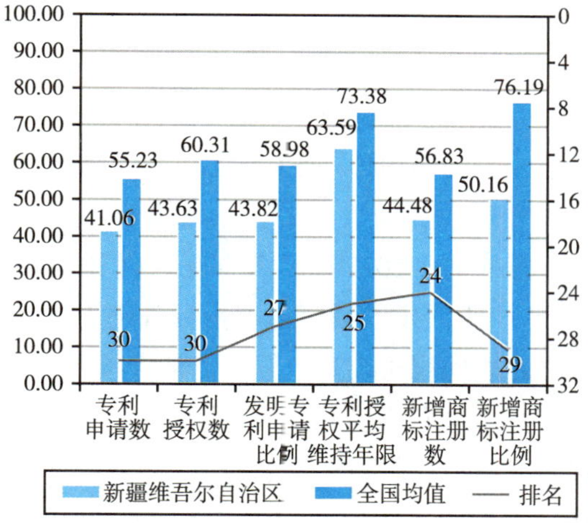

图5-222 新疆维吾尔自治区专利与商标发展情况

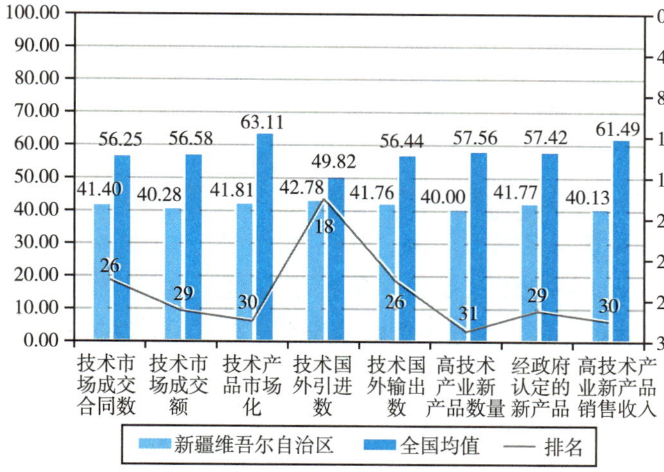

图5-223 新疆维吾尔自治区技术市场交易情况

5.2.29.6 新疆维吾尔自治区创新人才培养维度

从区域创新人才培养水平的总体表现来看，2022年新疆维吾尔自治区的区域创新人才培养指数为60.48，与全国平均水平65.35相比，新疆维吾尔自治区处于全国平均水平之下，体现出新疆维吾尔自治区的创新人才培养相对偏弱。

从衡量区域创新人才培养指数的具体指标来看，2022年新疆维吾尔自治区研究生招生增长率指标和教育经费投入指标分别为72.73和72.62，均处于全国平均水平之上，表明新疆维吾尔自治区上述方面表现相对较好，但仍需加大投入力度，保持领先优势。而2022年新疆维吾尔自治区普通高等学校数指标、普通高等学校专任教师数指标和高等教育机构招生数指标分别为58.38、40.46和58.24，均处于全国平均水平之下，表明新疆维吾尔自治区上述方面表现相对偏弱，需要继续完善相关环境建设，如图5-225所示。

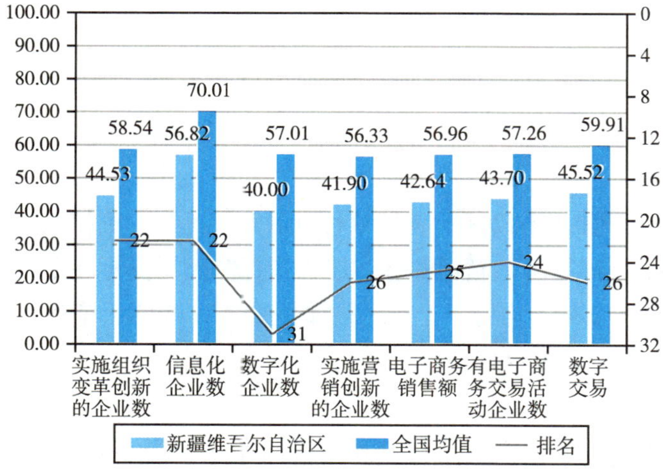

图5-224 新疆维吾尔自治区组织和营销创新情况

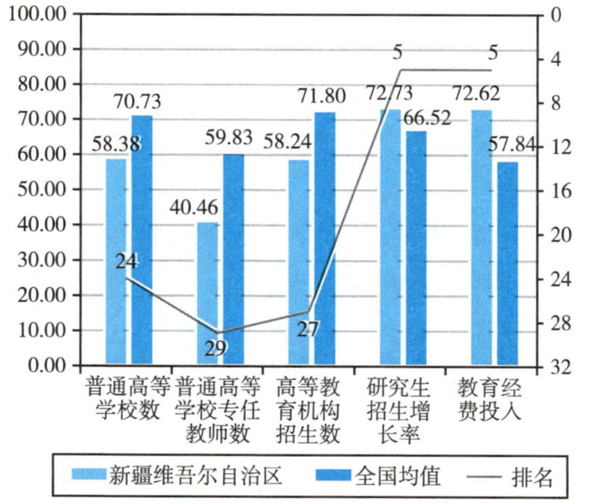

图5-225 新疆维吾尔自治区创新人才培养情况

5.2.30 云南省

5.2.30.1 云南省创新发展软环境综合指数

2022年云南省的创新发展软环境指数为56.28，与全国平均水平61.75相比，处于全国平均水平之下，体现出云南省创新发展软环境建设还需要进一步完善，如图5-226所示。

5.2.30.2 云南省互联网、软件和信息技术发展维度

从区域互联网、软件和信息技术发展水平的总体表现来看，2022年云南省的区域互联网、软件和信息技术发展指数为61.04，与全国平均水平61.43相比，云南省处于全国平均水平之下，体现出云南省的互联网、软件和信息技术发展相对偏弱。

从衡量区域互联网、软件和信息技术发展指数的具体指标来看，2022年云南省互联网和相关服务业收入同比增速指标、电子信息制造业规模增速指标和信息与通信技术投资增速指标分别为90.49、90.74和94.12，均处于全国平均水平之上，表明云南省上述方面表现相对较好，但仍需加大投入力度，保持领先优势。而2022年云南省互联网和相关服务业收入指标、软件业务收入和同比增速指标、电子信息制造业规模指标、信息技术服务收入和同比增速指标和信息与通信技术投资指标分别为46.57、40.43、56.79、43.15、40.50、54.94和52.66，均处于全国平均水平之下，表明云南省上述方面表现相对偏弱，需要继续完善相关环境建设，如图5-227所示。

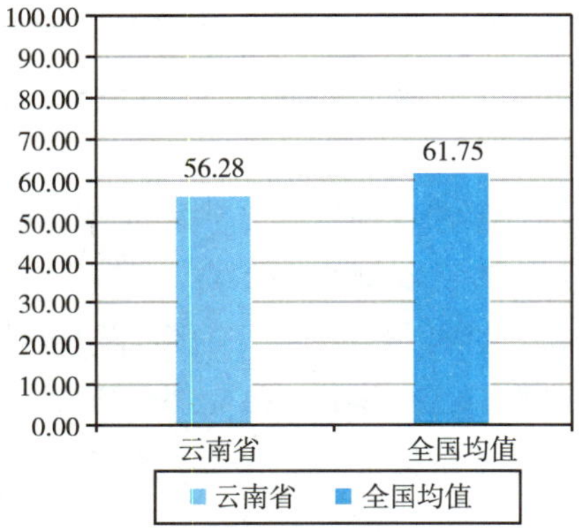

图5-226 云南省创新发展软环境综合指数

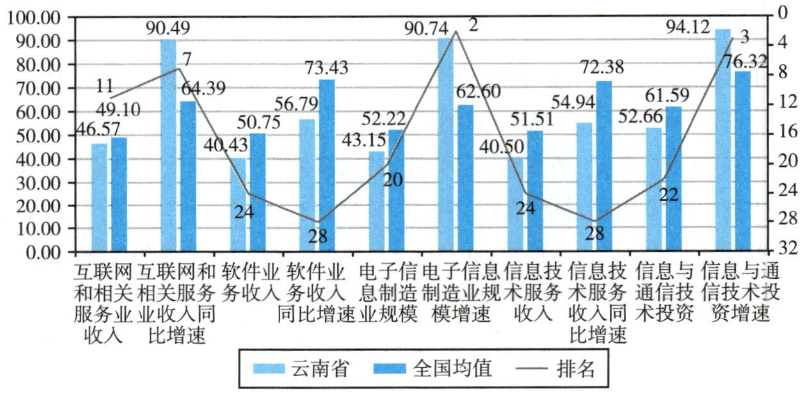

图5-227 云南省互联网、软件和信息技术发展情况

5.2.30.3 云南省专利与商标发展维度

从区域专利与商标发展水平的总体表现来看，2022年云南省的区域专利与商标发展指数为53.54，与全国平均水平63.49相比，云南省处于全国平均水平之下，体现出云南省的专利与商标发展相对偏弱。

从衡量区域专利与商标发展指数的具体表现来看，2022年云南省专利申请数指标、专利授权数指标、发明专利申请比例指标、专利授权平均维持年限指标、新增商标注册数指标和新增商标注册比例指标分别为42.36、44.38、48.13、65.16、48.85和72.36，均处于全国平均水平之下，表明云南省上述方面表现相对偏弱，需要继续完善相关环境建设，如图5-228所示。

5.2.30.4 云南省技术市场交易维度

从区域技术市场交易水平的总体表现来看，2022年云南省的区域技术市场交易发展指数为43.31，与全国平均水平57.33相比，云南省处于全国平均水平之下，体现出云南省的技术市场交易相对偏弱。

从衡量区域技术市场交易指数的具体指标来看，2022年云南省技术市场成交合同数指标、技术市场成交额指标、技术产品市场化指标、技术国外引进数指标、技术国外输出数指标、高技术产业新产品数量指标、经政府认定的新产品指标和高技术产业新产品销售收入指标分别为43.96、41.71、44.10、43.26、45.00、42.45、43.74和42.28，均处于全国平均水平之下，表明云南省上述方面表现相对偏弱，需要继续完善相关环境建设，如图5-229所示。

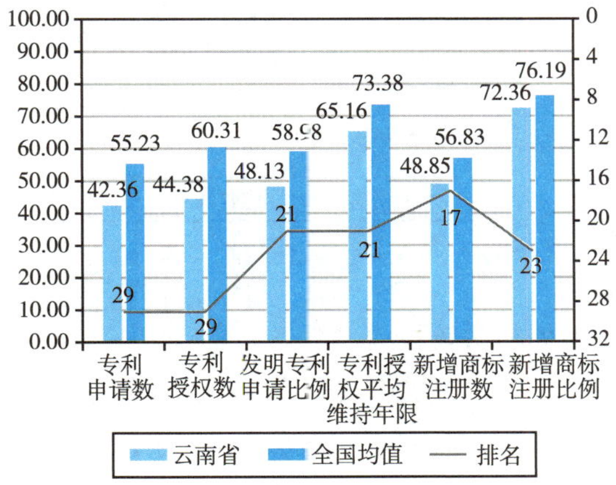

图5-228　云南省专利与商标发展情况

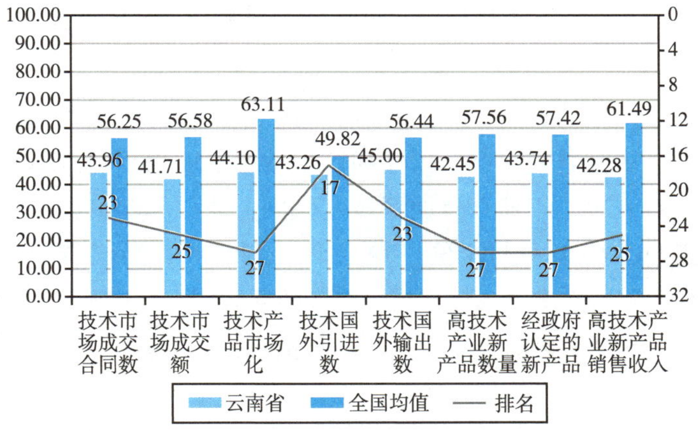

图5-229　云南省技术市场交易情况

5.2.30.5　云南省组织和营销创新维度

从区域组织和营销创新水平的总体表现来看，2022年云南省的区域组织和营销创新发展指数为48.91，与全国平均水平59.43相比，云南省处于全国平均水平之下，体现出云南省的组织和营销创新相对偏弱。

从衡量区域组织和营销创新指数的具体指标来看，2022年云南省实施组织变革创新的企业数指标、信息化企业数指标、数字化企业数指标、实施营销创新的企业数指标、电子商务销售额指标、有电子商务交易活动企业数指标和数字交易指标分别为42.86、67.92、43.23、42.66、47.96、49.81和47.92，均处于全国平均水平之下，表明云南省上述方面表现相对偏弱，需要继续完善相关环境建设，如图5-230所示。

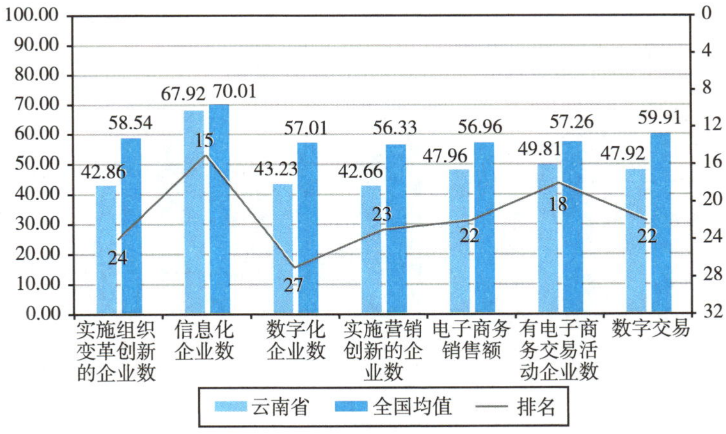

图5-230　云南省组织和营销创新情况

5.2.30.6　云南省创新人才培养维度

从区域创新人才培养水平的总体表现来看，2022年云南省的区域创新人才培养指数为67.30，与全国平均水平65.35相比，云南省处于全国平均水平之上，体现出云南省的创新人才培养相对较强。

从衡量创新人才培养指数的具体指标来看，2022年云南省区域研究生招生增长率指标为100.00，处于全国平均水平之上，表明云南省上述方面表现相对较好，但仍需加大投入力度，保持领先优势。而2022年云南省普通高等学校数指标、普通高等学校专任教师数指标、高等教育机构招生数指标和教育经费投入指标分别为68.13、51.94、63.63和52.79，均处于全国平均水平之下，表明云南省上述方面表现相对偏弱，需要继续完善相关环境建设，如图5-231所示。

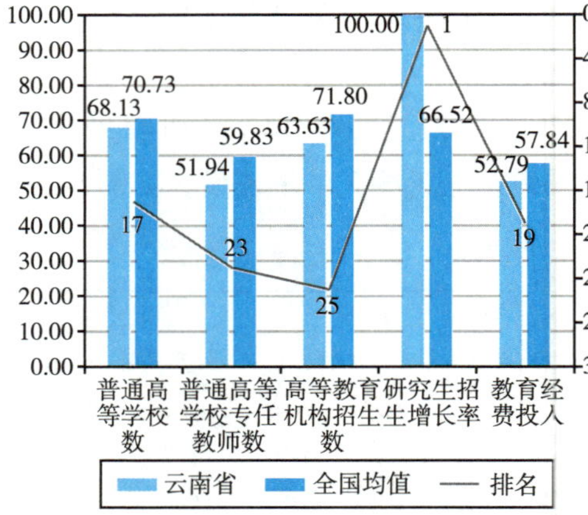

图5-231　云南省创新人才培养情况

5.2.31　浙江省

5.2.31.1　浙江省创新发展软环境综合指数

2022年浙江省的创新发展软环境指数为74.81，与全国平均水平61.75相比，处于全国平均水平之上，体现出浙江省创新发展软环境建设较好，但仍需继续保持，如图5-232所示。

5.2.31.2　浙江省互联网、软件和信息技术发展维度

从区域互联网、软件和信息技术发展水平的总体表现来看，2022年浙江省的区域互联网、软件和信息技术发展指数为69.88，与全国平均水平61.43相比，浙江省处于全国平均水平之上，体现出浙江省的互联网、软件和信息技术发展相对较强。

从衡量区域互联网、软件和信息技术发展指数的具体指标来看，2022年浙江省互联网和相关服务业收入指标、软件业务收入指标、电子信息制造业规模和增速指标、信息技术服务收入和同比增速指标和信息与通信技术投资指标分别为66.23、63.71、77.25、66.90、75.84、73.01和72.67，均处于全国平均水平之上，表明浙江省上述方面表现相对较好，但仍需加大投入力度，保持领先优势。而2022年浙江省互联网和相关服务业收入同比增速指标、软件业务收入同比增速指标和信息与通信技术投资增速指标分别为57.34、72.00和73.90，均处于全国平均水平之下，表明浙江省上述方面表现相对偏弱，需要继续完善相关环境建设，如图5-233所示。

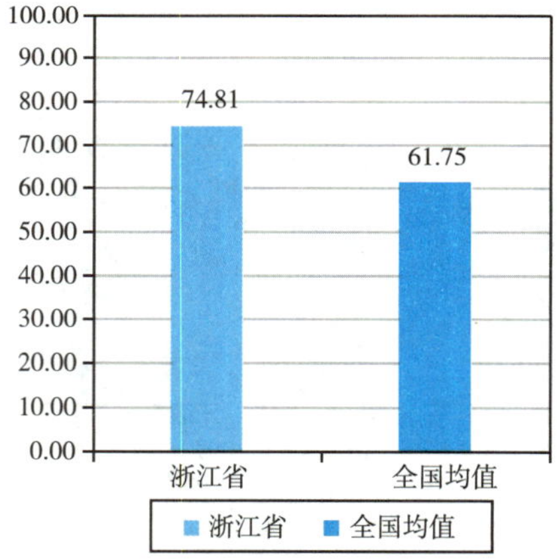

图5-232　浙江省创新发展软环境综合指数

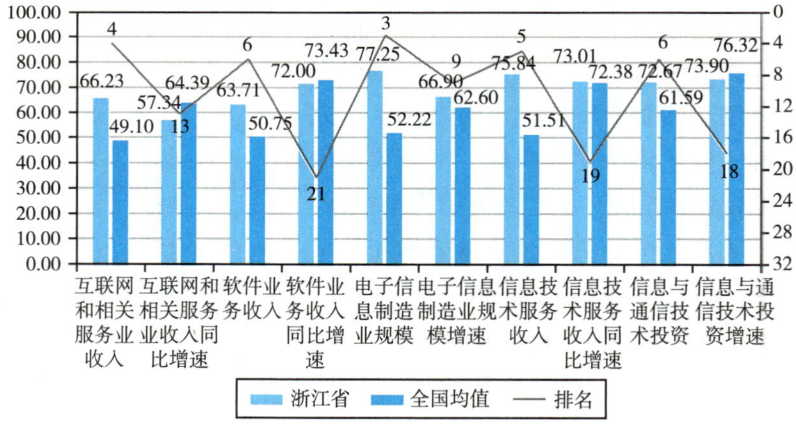

图5-233　浙江省互联网、软件和信息技术发展情况

5.2.31.3　浙江省专利与商标发展维度

从区域专利与商标发展水平的总体表现来看，2022年浙江省的区域专利与商标发展指数为81.01，与全国平均水平63.49相比，浙江省处于全国平均水平之上，体现出浙江省的专利与商标发展相对较强。

从衡量区域专利与商标发展指数的具体指标来看，2022年浙江省专利申请数指标、专利授权数指标、发明专利申请比例指标、专利授权平均维持年限指标、新增商标注册数指标和新增商标注册比例

指标分别为74.92、82.00、59.39、95.04、83.62和91.12，均处于全国平均水平之上，表明浙江省上述方面表现相对较好，但仍需加大投入力度，保持领先优势，如图5-234所示。

5.2.31.4　浙江省技术市场交易维度

从区域技术市场交易水平的总体表现来看，2022年浙江省的区域技术市场交易发展指数为77.44，与全国平均水平57.33相比，浙江省处于全国平均水平之上，体现出浙江省的技术市场交易相对较强。

从衡量区域技术市场交易指数的具体指标来看，2022年浙江省技术市场成交合同数指标、技术市场成交额指标、技术产品市场化指标、技术国外引进数指标、技术国外输出数指标、高技术产业新产品数量指标、经政府认定的新产品指标和高技术产业新产品销售收入指标分别为70.11、70.42、64.72、70.33、65.01、87.57、100.00和91.37，均处于全国平均水平之上，表明浙江省上述方面表现相对较好，但仍需加大投入力度，保持领先优势，如图5-235所示。

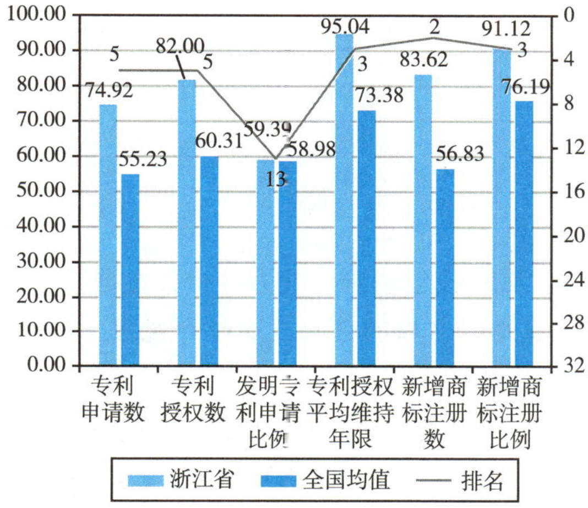

图5-234　浙江省专利与商标发展情况

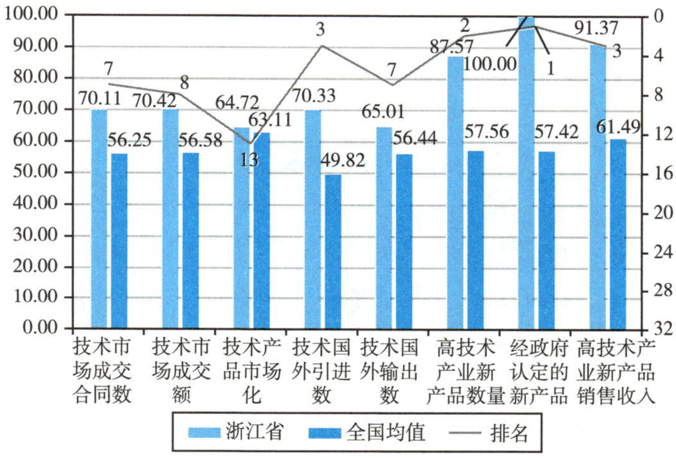

图5-235　浙江省技术市场交易情况

5.2.31.5　浙江省组织和营销创新维度

从区域组织和营销创新水平的总体表现来看，2022年浙江省的区域组织和营销创新发展指数为88.00，与全国平均水平59.43相比，浙江省处于全国平均水平之上，体现出浙江省的组织和营销创新相对较强。

从衡量区域组织和营销创新指数的具体指标来看，2022年浙江省实施组织变革创新的企业数指标、信息化企业数指标、数字化企业数指标、实施营销创新的企业数指标、电子商务销售额指标、有电子商务交易活动企业数指标和数字交易指标分别为100.00、95.72、76.75、100.00、69.84、85.00和88.68，均处于全国平均水平之上，表明浙江省上述方面表现相对较好，但仍需加大投入力度，保持领先优势，如图5-236所示。

5.2.31.6　浙江省创新人才培养维度

从区域创新人才培养水平的总体表现来看，2022年浙江省的区域创新人才培养指数为65.32，与全国平均水平65.35相比，浙江省处于全国平均水平之下，体现出浙江省的创新人才培养相对偏弱。

从衡量区域创新人才培养指数的具体指标来看，2022年浙江省普通高等学校数指标和教育经费投入指标分别为78.25和63.70，均处于全国平均水平之上，表明浙江省上述方面表现相对较好，但仍需加大投入力度，保持领先优势。而2022年浙江省普通高等学校专任教师数指标、高等教育机构招生数指标、研究生招生增长率指标分别为57.68、63.77和63.18，均处于全国平均水平之下，表明浙江省上述方面表现相对偏弱，需要继续完善相关环境建设，如图5-237所示。

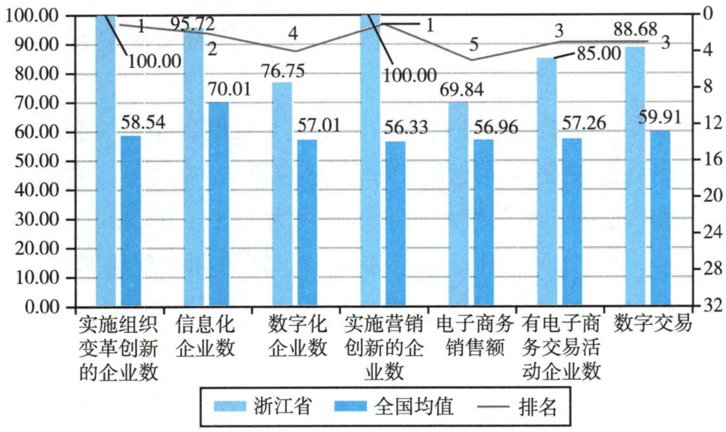

图5-236 浙江省组织和营销创新情况

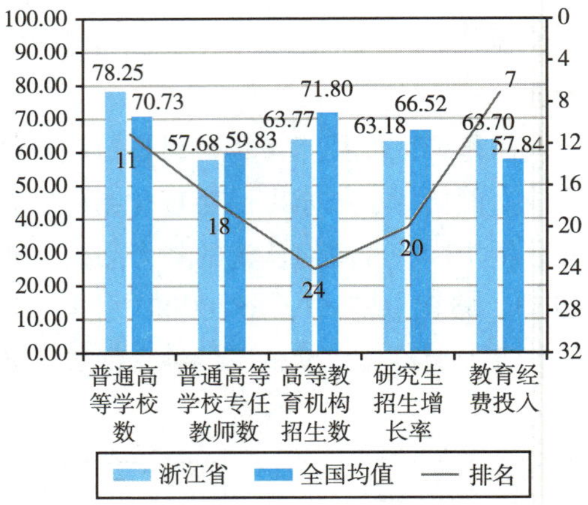

图5-237 浙江省创新人才培养情况

5.3 七大区创新发展硬环境评价

根据披露的区域互联网连接能力、区域电信通信能力、区域科技创新孵化能力的相关数据，报告分析了我国东北、华北、华东、华南、华中、西北和西南七大地理区域的创新发展硬环境综合指数，如图5-238所示。

总体来看，东北、华北、华东、华南、华中、西北和西南七大地理区域的创新发展硬环境综合指数依次为53.25、65.10、70.07、58.70、56.74、48.38和51.21。其中，区域创新发展硬环境综合指数最高的是华东地区，其次为华北地区，最低为西北地区。凸显出华东地区创新发展硬环境建设优势明显，而西北地区还需不断完善。

细分维度来看，区域互联网连接能力指数分值最高的为华东地区，最低的为西北地区；区域电信通信能力指数分值最高的为华东地区，最低的为西北地区；区域科技创新孵化能力指数分值最高的为华东地区，最低的为西南地区，如表5-3所示。

表5-3 七大地区创新发展硬环境二级指数总览

区域	区域互联网连接能力指数		区域电信通信能力指数		区域科技创新孵化能力指数	
	分值	排名	分值	排名	分值	排名
东北地区	49.42	6	48.47	6	59.48	3
华北地区	65.17	2	66.06	2	64.39	2
华东地区	70.86	1	73.68	1	66.99	1
华南地区	64.94	3	60.25	3	52.82	5
华中地区	59.43	4	57.11	4	54.41	4
西北地区	46.72	7	44.03	7	52.65	6
西南地区	52.32	5	49.73	5	51.36	7
全国均值	59.30		58.46		58.42	

数据来源：首经贸资产评估研究院和浙工商数字创新与管理研究院整理。

5.3.1　东北地区

5.3.1.1　东北地区创新发展硬环境综合指数

2022年东北地区创新发展硬环境综合指数为53.25，与全国平均水平58.71相比，处于全国平均水平之下，体现出东北地区创新发展硬环境建设还需要进一步完善，如图5-239所示。

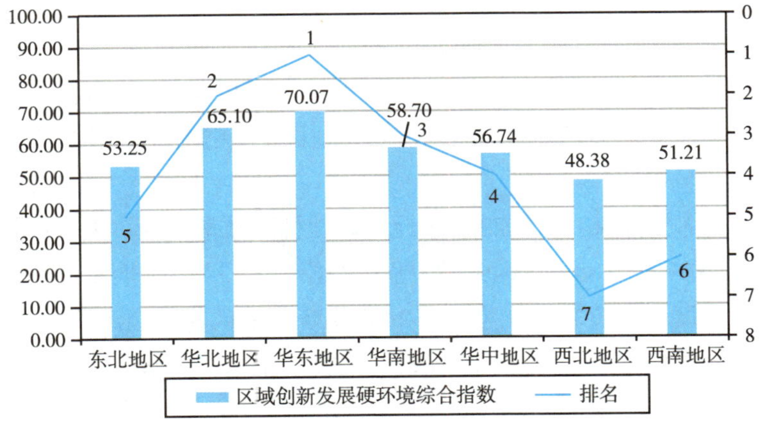

图5-238　2022年七大区域创新发展硬环境综合指数—区域维度

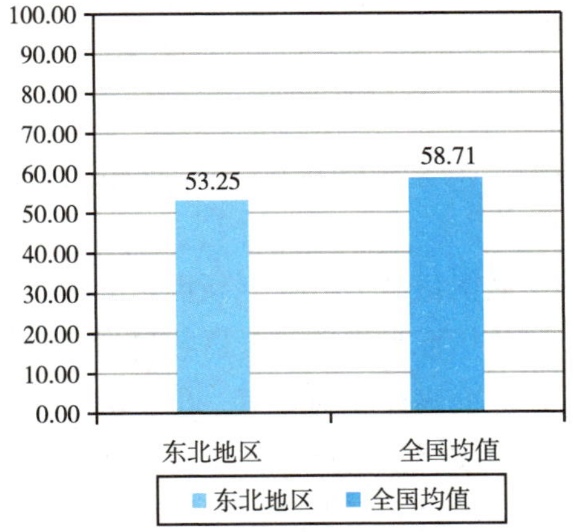

图5-239　东北地区创新发展硬环境综合指数

具体细分维度来看，东北地区的区域互联网连接能力指数、区域电信通信能力指数和区域科技创新孵化能力指数分别为49.42、48.47和59.48。其中，仅有区域科技创新孵化能力指数得分高于全国平均水平，区域互联网连接能力指数和区域电信通信能力指数均低于全国平均水平，如图5-240所示。

5.3.1.2　东北地区互联网连接能力维度

从区域互联网连接能力的总体表现来看，2022年东北地区的区域互联网连接能力指数为49.42，与全国平均水平59.30相比，处于全国平均水平之下，体现出东北地区的互联网连接能力相对偏弱。

从衡量区域互联网连接能力指数的具体指标来看，2022年东北地区互联网宽带接入端口数指标、移动互联网用户数指标、移动互联网接入流量指标、宽带接入用户数指标、互联网域名数指标和互联网网站数指标分别为47.42、57.73、51.05、49.48、45.19和45.65，均低于全国平均水平，表明东北地区上述方面表现相对偏弱，需要继续完善相关环境建设，如图5-241所示。

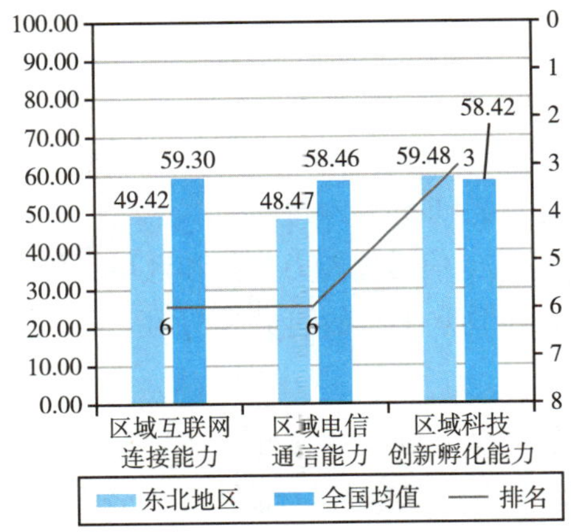

图5-240　东北地区创新发展硬环境细分维度

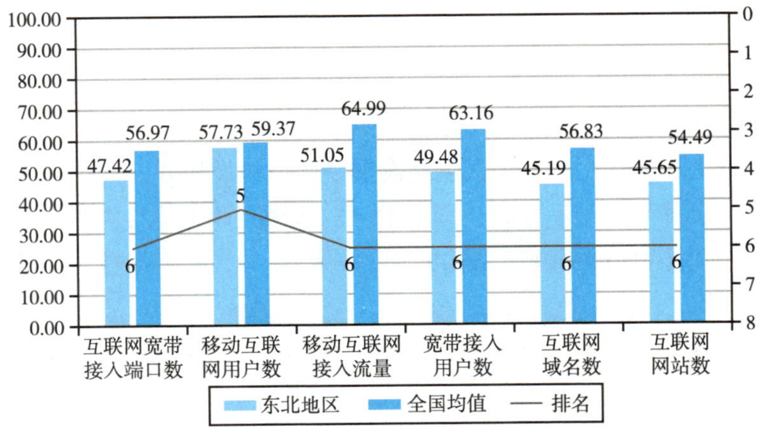

图5-241　东北地区互联网连接能力情况

5.3.1.3 东北地区电信通信能力维度

从区域电信通信能力的总体表现来看，2022年东北地区的区域电信通信能力指数为48.47，与全国平均水平58.46相比，处于全国平均水平之下，体现出东北地区的电信通信能力相对偏弱。

从衡量区域电信通信能力指数的具体指标来看，2022年东北地区光缆线路密度指标、移动电话交换机容量指标和移动电话基站个数指标分别为48.46、48.87和48.08，均低于全国平均水平，表明东北地区上述方面表现相对偏弱，需要继续完善相关环境建设，如图5-242所示。

5.3.1.4 东北地区科技创新孵化能力维度

从区域科技创新孵化能力的总体表现来看，2022年东北地区的区域科技创新孵化能力指数为59.48，与全国平均水平58.42相比，处于全国平均水平之上，体现出东北地区的科技创新孵化能力相对较强。

从衡量区域科技创新孵化能力指数的具体指标来看，2022年东北地区软件园数量指标、大学科技园数量指标和产业孵化器数量指标分别为80.97、70.88和58.49，均高于全国平均水平，表明东北地区上述方面表现相对较好，但仍需加大投入力度，保持领先优势。而2022年东北地区软件园产值指标、大学科技园产值指标和众创空间数量指标分别为42.86、51.81和51.87，均低于全国平均水平，表明东北地区上述方面表现相对偏弱，需要继续完善相关环境建设，如图5-243所示。

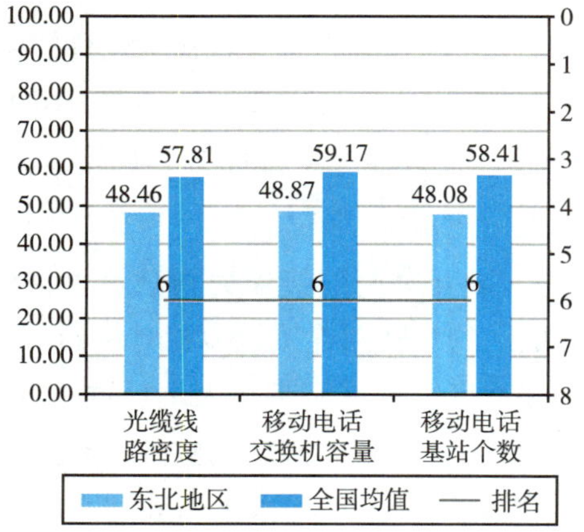

图5-242 东北地区电信通信能力情况

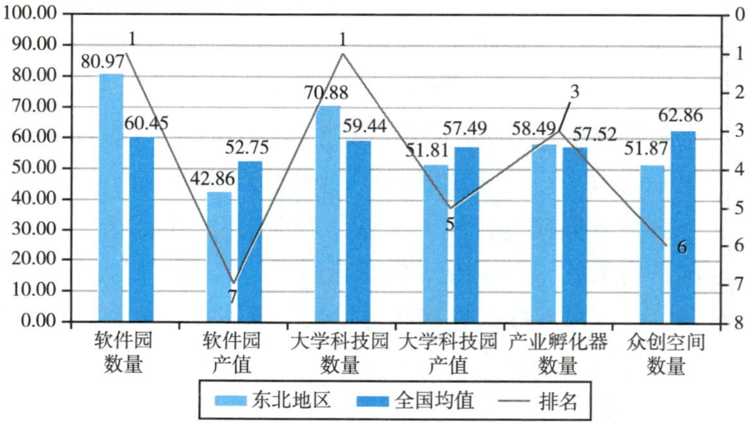

图5-243 东北地区科技创新孵化能力情况

5.3.2 华北地区

5.3.2.1 华北地区创新发展硬环境综合指数

2022年华北地区创新发展硬环境综合指数为65.10，与全国平均水平58.71相比，处于全国平均水平之上，体现出华北地区创新发展硬环境建设较好，但仍需继续保持，如图5-244所示。

具体细分维度来看，华北地区的区域互联网连接能力指数、区域电信通信能力指数和区域科技创新孵化能力指数分别为65.17、66.06和64.39，所有指数均高于全国平均水平，如图5-245所示。

5.3.2.2 华北地区互联网连接能力维度

从区域互联网连接能力的总体表现来看，2022年华北地区的区域互联网连接能力指数为65.17，与全国平均水平59.30相比，处于全国平均水平之上，体现出华北地区的互联网连接能力相对较强。

从衡量区域互联网连接能力指数的具体指标来看，2022年华北地区互联网宽带接入端口数指标、移动互联网用户数指标、移动互联网接入流量指标、宽带接入用户数指标、互联网域名数指标和互联网网站数指标分别为55.46、71.12、70.22、71.92、57.61和54.65，均高于全国平均水平，表明华北地区上述方面表现相对较好，但仍需加大投入力度，保持领先优势，如图5-246所示。

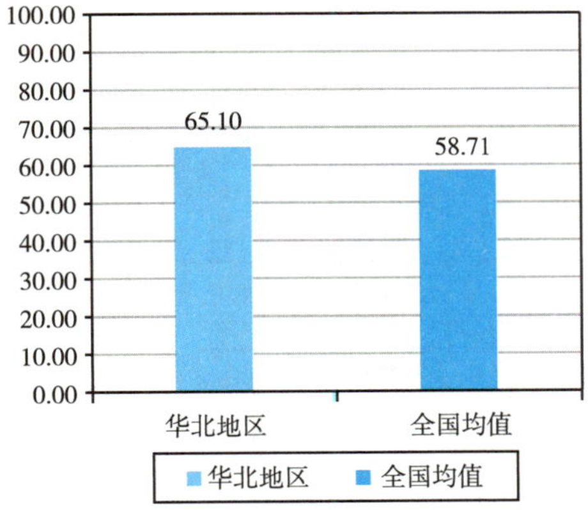

图5-244 华北地区创新发展硬环境综合指数

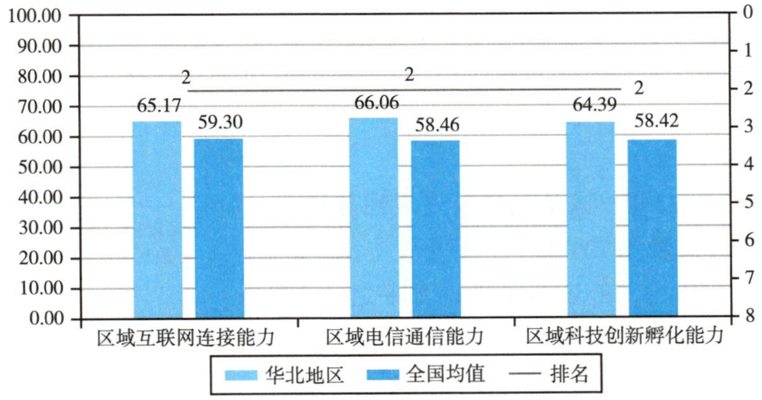

图5-245 华北地区创新发展硬环境细分维度

5.3.2.3 华北地区电信通信能力维度

从区域电信通信能力的总体表现来看，2022年华北地区的区域电信通信能力指数为66.06，与全国平均水平58.46相比，处于全国平均水平之上，体现出华北地区的电信通信能力相对较强。

从衡量区域电信通信能力指数的具体指标来看，2022年华北地区光缆线路密度指标、移动电话交换机容量指标和移动电话基站个数指标分别为61.77、69.04和67.36，均高于全国平均水平，表明华北地区上述方面表现相对较好，但仍需加大投入力度，保持领先优势，如图5-247所示。

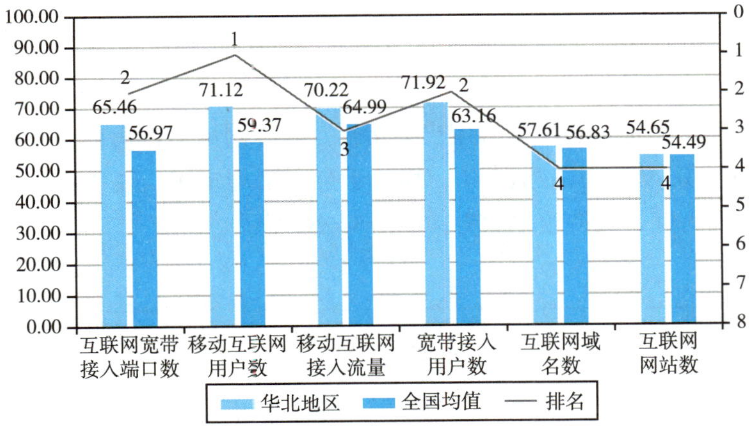

图5-246 华北地区互联网连接能力情况

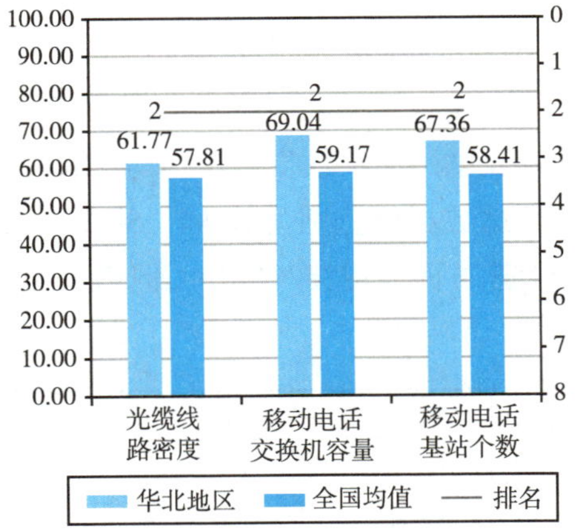

图5-247 华北地区电信通信能力情况

5.3.2.4 华北地区科技创新孵化能力维度

从区域科技创新孵化能力的总体表现来看，2022年华北地区的区域科技创新孵化能力指数为64.39，与全国平均水平58.42相比，处于全国平均水平之上，体现出华北地区的科技创新孵化能力相对较强。

从衡量区域科技创新孵化能力指数的具体指标来看，2022年华北地区软件园数量指标、软件园产值指标、大学科技园数量指标、产业孵化器数量指标和众创空间数量指标分别为72.58、54.43、60.13、65.96和78.52，均高于全国平均水平，表明华北地区上述方面表现相对较好，但仍需加大投入力度，保持领先优势。而2022年华北地区大学科技园产值指标为54.73，低于全国平均水平，表明华北地区上述方面表现相对偏弱，需要继续完善相关环境建设，如图5-248所示。

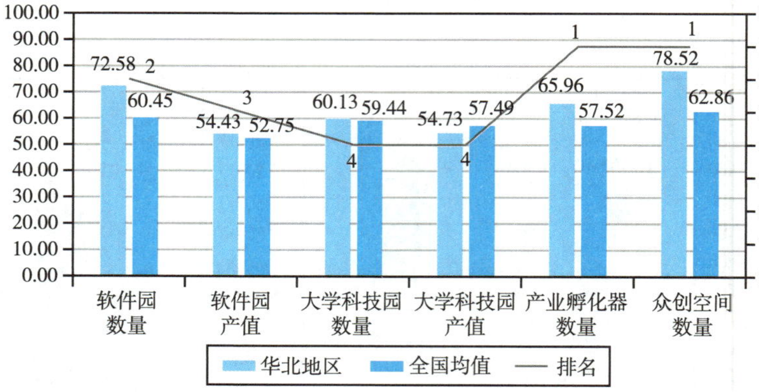

图5-248　华北地区科技创新孵化能力情况

5.3.3　华东地区

5.3.3.1　华东地区创新发展硬环境综合指数

2022年华东地区创新发展硬环境综合指数为70.07，与全国平均水平58.71相比，处于全国平均水平之上，体现出华东地区创新发展硬环境建设较好，但仍需继续保持，如图5-249所示。

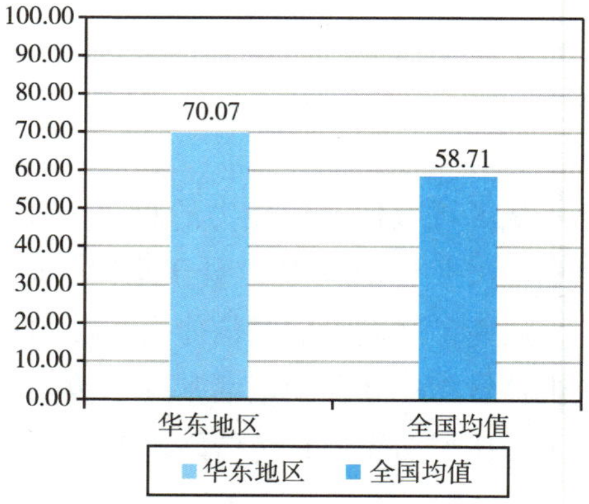

图5-249　华东地区创新发展硬环境综合指数

具体细分维度来看，华东地区的区域互联网连接能力、区域电信通信能力和区域科技创新孵化能力指数分别为70.86、73.68和66.99，各项指数得分均高于全国平均水平，如图5-250所示。

5.3.3.2　华东地区互联网连接能力维度

从区域互联网连接能力的总体表现来看，2022年华东地区的区域互联网连接能力指数为70.86，与全国平均水平59.30相比，处于全国平均水平之上，体现出华东地区的互联网连接能力相对较强。

从衡量区域互联网连接能力指数的具体指标来看，2022年华东地区互联网宽带接入端口数指标、移动互联网用户数指标、移动互联网接入流量指标、宽带接入用户数指标、互联网域名数指标和互联网网站数指标分别为70.84、59.79、80.40、80.89、68.12和65.10，均高于全国平均水平，表明华东地区上述方面表现相对较好，但仍需加大投入力度，保持领先优势，如图5-251所示。

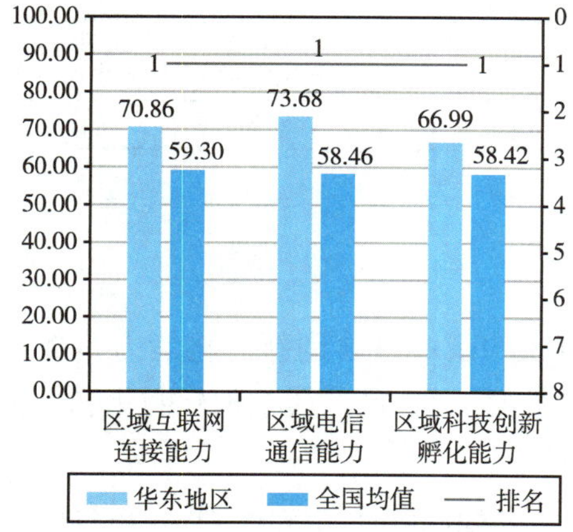

图5-250　华东地区创新发展硬环境细分维度

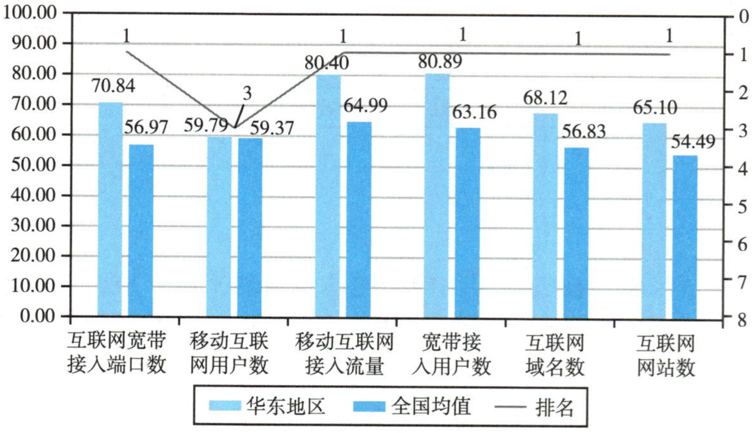

图5-251　华东地区互联网连接能力情况

5.3.3.3　华东地区电信通信能力维度

从区域电信通信能力的总体表现来看，2022年华东地区的区域电信通信能力指数为73.68，与全国平均水平58.46相比，处于全国平均水平之上，体现出华东地区的电信通信能力相对较强。

从衡量区域电信通信能力指数的具体指标来看，2022年华东地区光缆线路密度指标、移动电话交换机容量指标和移动电话基站个数指标分别为74.26、73.43和73.36，均高于全国平均水平，表明华东地区上述方面表现相对较好，但仍需加大投入力度，保持领先优势，如图5-252所示。

5.3.3.4　华东地区科技创新孵化能力维度

从区域科技创新孵化能力的总体表现来看，2022年华东地区的区域科技创新孵化能力指数为66.99，与全国平均水平58.42相比，处于全国平均水平之上，体现出华东地区的科技创新孵化能力相对较强。

从衡量区域科技创新孵化能力指数的具体指标来看，2022年华东地区软件园数量指标、软件园产值指标、大学科技园数量指标、大学科技园产值指标、产业孵化器数量指标和众创空间数量指标分别为67.06、65.37、62.62、73.71、65.85和67.31，均高于全国平均水平，表明华东地区上述方面表现相对较好，但仍需加大投入力度，保持领先优势，如图5-253所示。

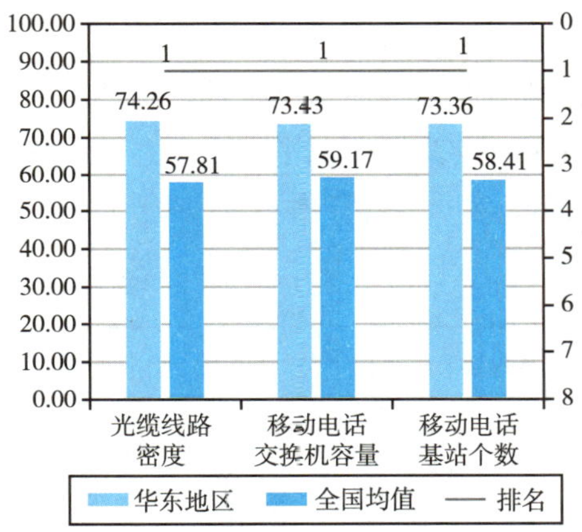

图5-252　华东地区电信通信能力情况

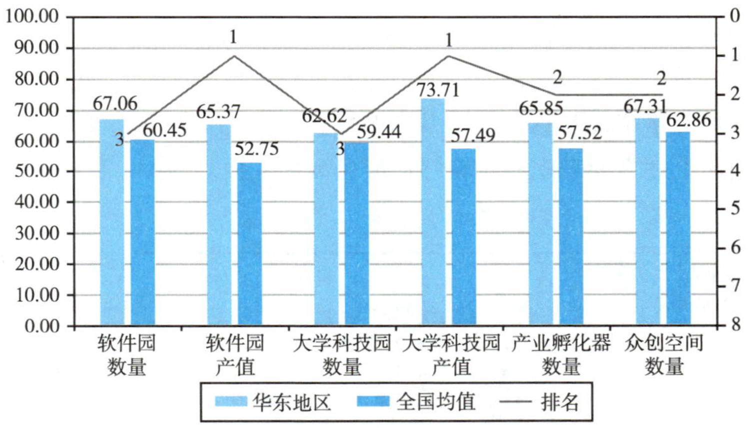

图5-253　华东地区科技创新孵化能力情况

5.3.4　华南地区

5.3.4.1　华南地区创新发展硬环境综合指数

2022年华南地区创新发展硬环境综合指数为58.70，与全国平均水平58.71相比，处于全国平均水平之下，体现出华南地区创新发展硬环境建设还需要进一步完善，如图5-254所示。

具体细分维度来看，华南地区的区域互联网连接能力指数、区域电信通信能力指数和区域科技创新孵化能力指数分别为64.94、60.25和52.82。其中，仅有区域科技创新孵化能力指数得分低于全国平均水平，区域互联网连接能力指数和区域电信通信能力指数得分均高于全国平均水平，如图5-255所示。

5.3.4.2　华南地区互联网连接能力维度

从区域互联网连接能力的总体表现来看，2022年华南地区的区域互联网连接能力指数为64.94，与全国平均水平59.30相比，处于全国平均水平之上，体现出华南地区的互联网连接能力相对较强。

从衡量区域互联网连接能力指数的具体指标来看，2022年华南地区互联网宽带接入端口数指标、移动互联网用户数指标、移动互联网接入流量指标、宽带接入用户数指标、互联网域名数指标和互联网网站数指标分别为60.39、64.16、72.50、66.65、62.36和63.58，均高于全国平均水平，表明华南地区上述方面表现相对较好，但仍需加大投入力度，保持领先优势，如图5-256所示。

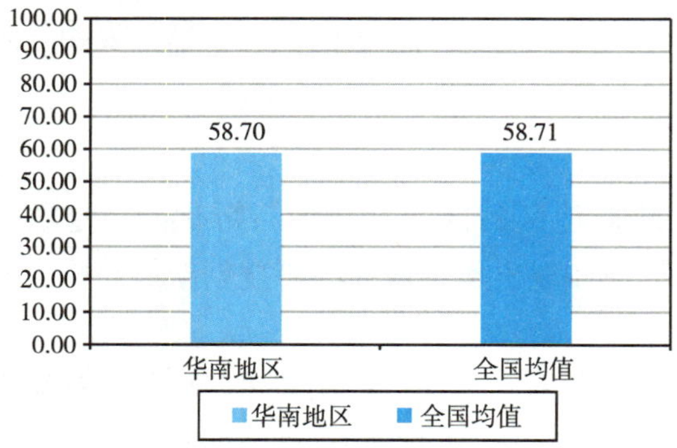

图5-254 华南地区创新发展硬环境综合指数

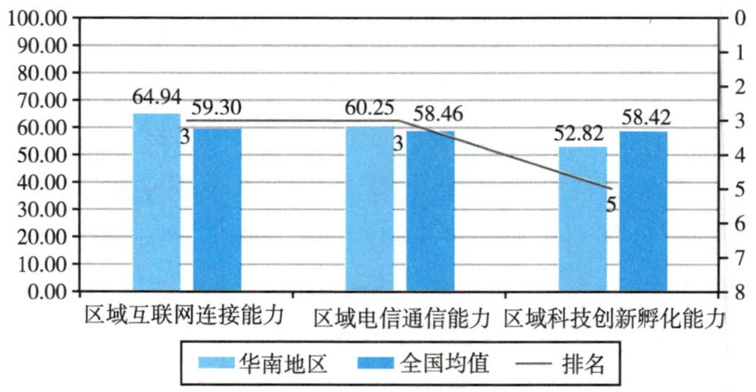

图5-255 华南地区创新发展硬环境细分维度

5.3.4.3 华南地区电信通信能力维度

从区域电信通信能力的总体表现来看，2022年华南地区的区域电信通信能力指数为60.25，与全国平均水平58.46相比，处于全国平均水平之上，体现出华南地区的电信通信能力相对较强。

从衡量区域电信通信能力指数的具体指标来看，2022年华南地区光缆线路密度指标、移动电话交换机容量指标和移动电话基站个数指标分别为58.29、63.42和59.04，均高于全国平均水平，表明华南地区上述方面表现相对较好，但仍需加大投入力度，保持领先优势，如图5-257所示。

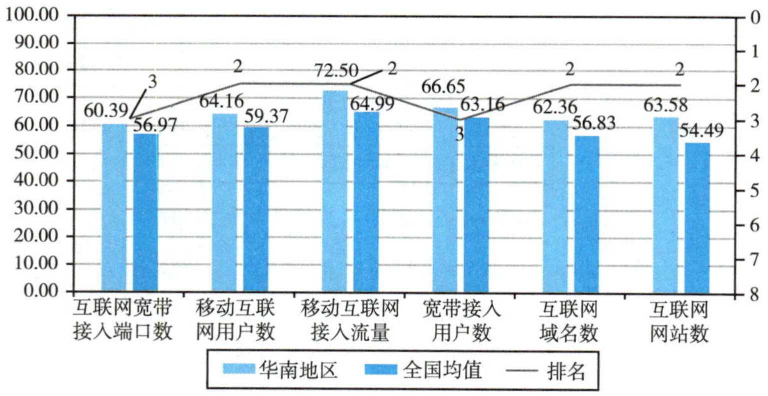

图5-256 华南地区互联网连接能力情况

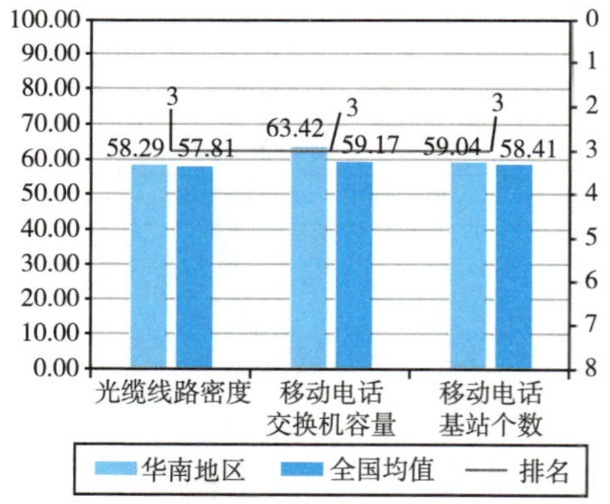

图5-257 华南地区电信通信能力情况

5.3.4.4 华南地区科技创新孵化能力维度

从区域科技创新孵化能力的总体表现来看，2022年华南地区的区域科技创新孵化能力指数为52.82，与全国平均水平58.42相比，处于全国平均水平之下，体现出华南地区的科技创新孵化能力相对偏弱。

从衡量区域科技创新孵化能力指数的具体指标来看，2022年华南地区软件园数量指标、大学科技园数量指标、大学科技园产值指标、产业孵化器数量指标和众创空间数量指标分别为49.52、56.80、45.83、56.52和51.49，均低于全国平均水平，表明华南地区上述方面表现相对偏弱，需要继续完善相关环境建设。而2022年华南地区软件园产值指标为56.78，高于全国平均水平，表明华南地区上述方面表现相对较好，但仍需加大投入力度，保持领先优势，如图5-258所示。

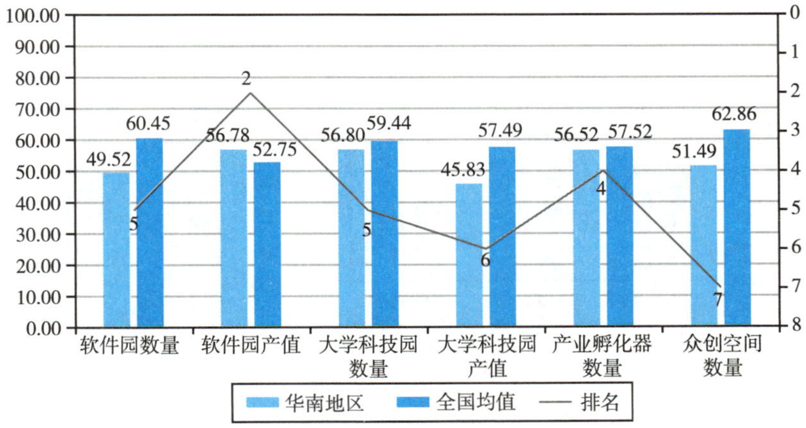

图5-258　华南地区科技创新孵化能力情况

5.3.5　华中地区

5.3.5.1　华中地区创新发展硬环境综合指数

2022年华中地区创新发展硬环境综合指数为56.74，与全国平均水平58.71相比，处于全国平均水平之下，体现出华中地区创新发展硬环境建设还需要进一步完善，如图5-259所示。

具体细分维度来看，华中地区的区域互联网连接能力指数、区域电信通信能力指数和区域科技创新孵化能力指数分别为59.43、57.11和54.41。其中，仅有区域互联网连接能力指数高于全国平均水平，区域电信通信能力指数和区域科技创新孵化能力指数均低于全国平均水平，如图5-260所示。

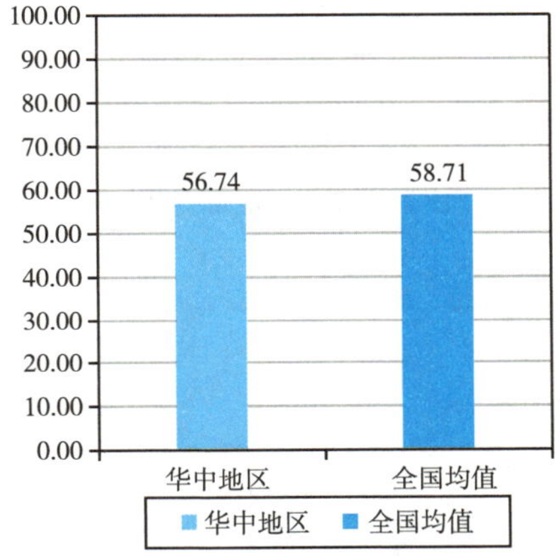

图5-259　华中地区创新发展硬环境综合指数

5.3.5.2　华中地区互联网连接能力维度

从区域互联网连接能力的总体表现来看，2022年华中地区的区域互联网连接能力指数为59.43，与全国平均水平59.30相比，处于全国平均水平之上，体现出华中地区的互联网连接能力相对较强。

从衡量区域互联网连接能力指数的具体指标来看，2022年华中地区移动互联网接入流量指标、宽带接入用户数指标、互联网域名数指标和互联网网站数指标分别为70.03、65.70、58.96和59.16，均高于全国平均水平，表明华中地区上述方面表现相对较好，但仍需加大投入力度，保持领先优势。而2022年华中地区互联网宽带接入端口数指标和移动互联网用户数指标分别为54.35和48.40，均低于全国平均水平，表明华中地区上述方面表现相对偏弱，需要继续完善相关环境建设，如图5-261所示。

5.3.5.3　华中地区电信通信能力维度

从区域电信通信能力的总体表现来看，2022年华中地区的区域电信通信能力指数为57.11，与全国平均水平58.46相比，处于全国平均水平之下，体现出华中地区的电信通信能力相对偏弱。

从衡量区域电信通信能力指数的具体指标来看，2022年华中地区光缆线路密度指标、移动电话交换机容量指标和移动电话基站个数指标分别为55.99、58.83和56.53，均低于全国平均水平，表明华中地区上述方面表现相对偏弱，需要继续完善相关环境建设，如图5-262所示。

5.3.5.4　华中地区科技创新孵化能力维度

从区域科技创新孵化能力的总体表现来看，2022年华中地区的区域科技创新孵化能力指数为54.41，与全国平均水平58.42相比，处于全国平均水平之下，体现出华中地区的科技创新孵化能力相对偏弱。

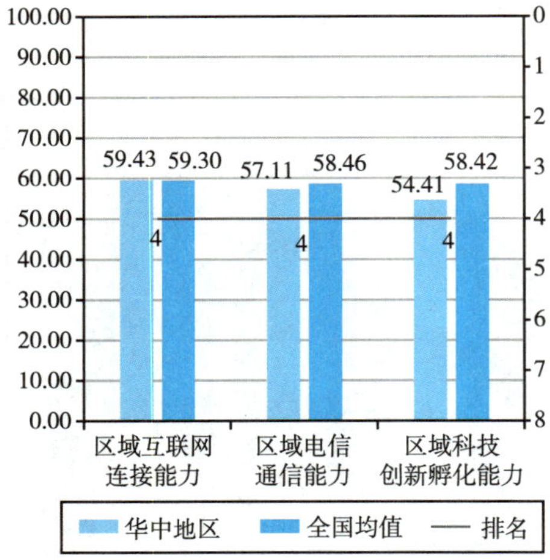

图5-260　华中地区创新发展硬环境细分维度

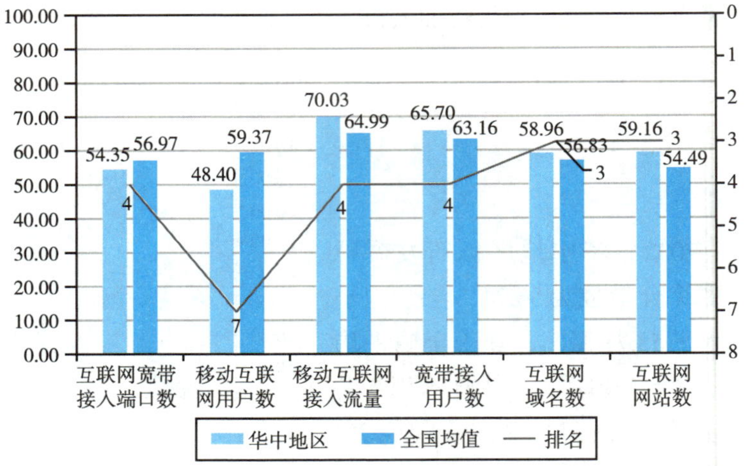

图5-261　华中地区互联网连接能力情况

从衡量区域科技创新孵化能力指数的具体指标来看，2022年华中地区软件园数量指标、软件园产值指标、大学科技园数量指标、产业孵化器数量指标和众创空间数量指标分别为49.28、49.72、50.95、52.06和54.60，均低于全国平均水平，表明华中地区上述方面表现相对偏弱，需要继续完善相关环境建设。而2022年华中地区大学科技园产值指标为69.85，高于全国平均水平，表明华中地区上述方面表现相对较好，但仍需加大投入力度，保持领先优势，如图5-263所示。

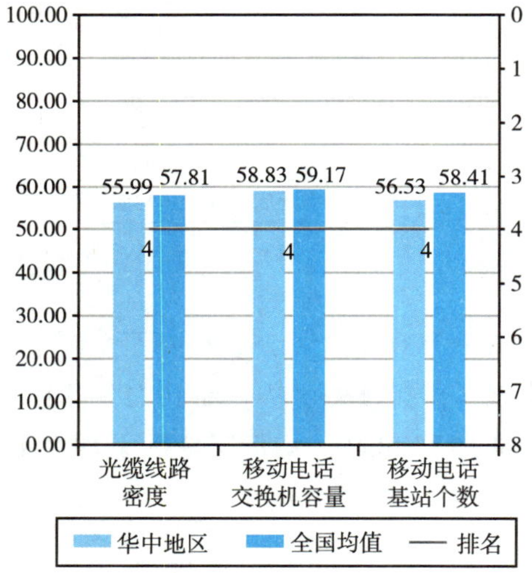

图5-262　华中地区电信通信能力情况

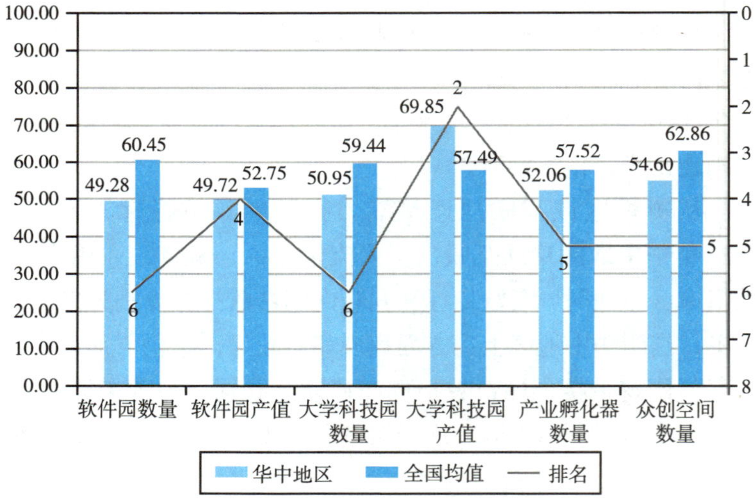

图5-263　华中地区科技创新孵化能力情况

5.3.6　西北地区

5.3.6.1　西北地区创新发展硬环境综合指数

2022年西北地区创新发展硬环境综合指数为48.38，与全国平均水平58.71相比，处于全国平均水平之下，体现出西北地区创新发展硬环境建设还需要进一步完善，如图5-264所示。

具体细分维度来看，西北地区的区域互联网连接能力指数、区域电信通信能力指数和区域科技创新孵化能力指数分别为46.72、44.03和52.65，各项指数均低于全国平均水平，如图5-265所示。

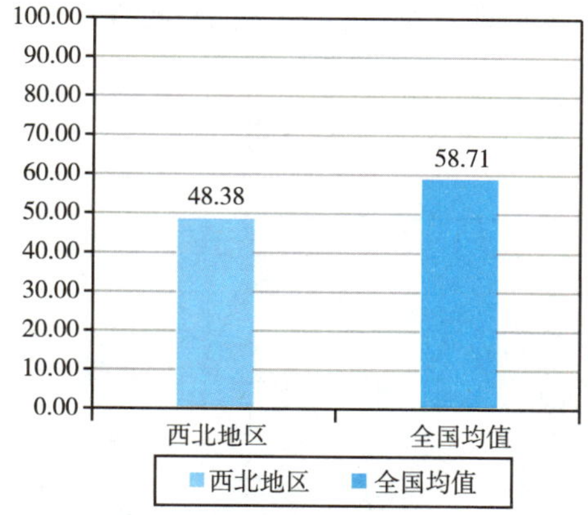

图5-264　西北地区创新发展硬环境综合指数

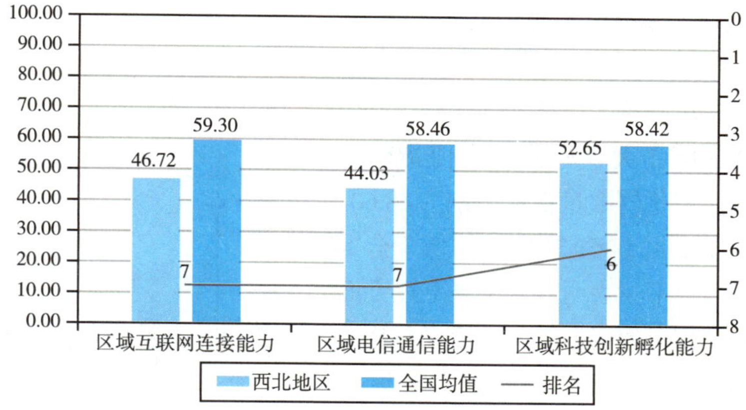

图5-265　西北地区创新发展硬环境细分维度

5.3.6.2　西北地区互联网连接能力维度

从区域互联网连接能力的总体表现来看，2022年西北地区的区域互联网连接能力指数为46.72，与全国平均水平59.30相比，处于全国平均水平之下，体现出西北地区的互联网连接能力相对偏弱。

从衡量区域互联网连接能力指数的具体指标来看，2022年西北地区互联网宽带接入端口数指标、移动互联网接入流量指标、宽带接入用户数指标、互联网域名数指标和互联网网站数指标分别为43.45、46.99、45.44、43.14和41.82，均低于全国平均水平，表明西北地区上述方面表现相对偏弱，需要继续完善相关环境建设。而2022年西北地区移动互联网用户数指标为59.50，高于全国平均水平，表明西北地区上述方面表现相对较好，但仍需加大投入力度，保持领先优势，如图5-266所示。

5.3.6.3　西北地区电信通信能力维度

从区域电信通信能力的总体表现来看，2022年西北地区的区域电信通信能力指数为44.03，与全国平均水平58.46相比，处于全国平均水平之下，体现出西北地区的电信通信能力相对偏弱。

从衡量区域电信通信能力指数的具体指标来看，2022年西北地区光缆线路密度指标、移动电话交换机容量指标和移动电话基站个数指标分别为44.47、43.41和44.20，均低于全国平均水平，表明西北地区上述方面表现相对偏弱，需要继续完善相关环境建设，如图5-267所示。

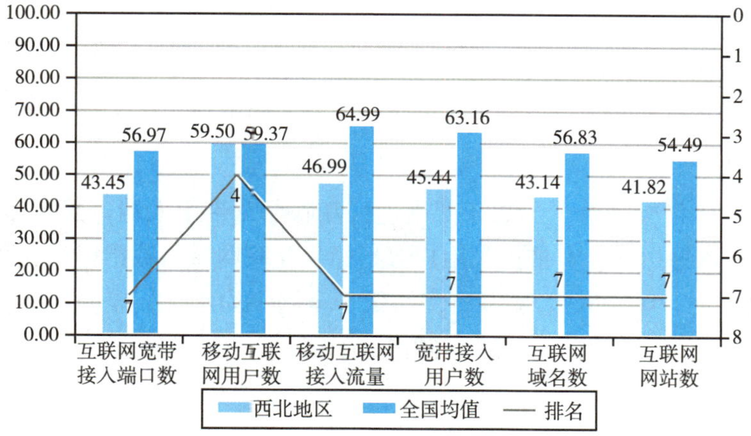

图5-266　西北地区互联网连接能力情况

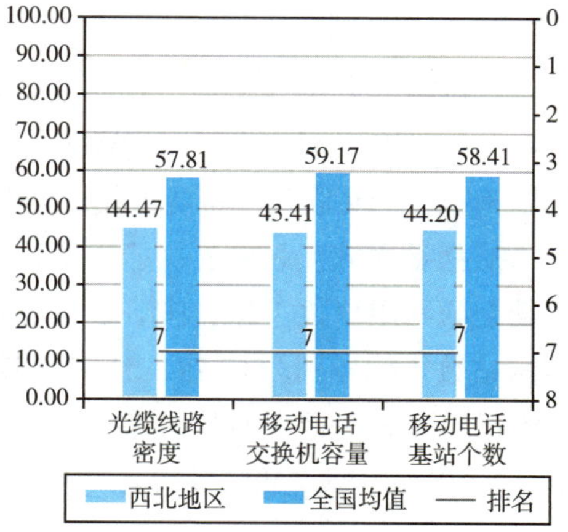

图5-267　西北地区电信通信能力情况

5.3.6.4　西北地区科技创新孵化能力维度

从区域科技创新孵化能力的总体表现来看，2022年西北地区的区域科技创新孵化能力指数为

52.65，与全国平均水平58.42相比，处于全国平均水平之下，体现出西北地区的科技创新孵化能力相对偏弱。

从衡量区域科技创新孵化能力指数的具体指标来看，2022年西北地区软件园数量指标、软件园产值指标、大学科技园产值指标和产业孵化器数量指标分别为48.60、45.55、43.03和50.86，均低于全国平均水平，表明西北地区上述方面表现相对偏弱，需要继续完善相关环境建设。而2022年西北地区大学科技园数量指标和众创空间数量指标分别为63.18和64.66，均高于全国平均水平，表明西北地区上述方面表现相对较好，但仍需加大投入力度，保持领先优势，如图5-268所示。

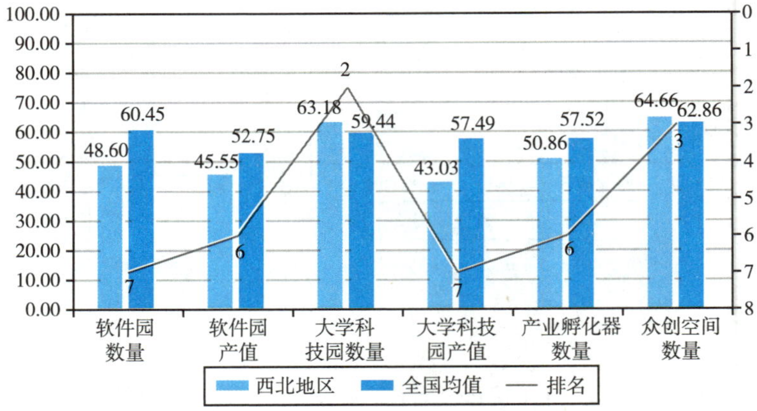

图5-268　西北地区科技创新孵化能力情况

5.3.7　西南地区

5.3.7.1　西南地区创新发展硬环境综合指数

2022年西南地区创新发展硬环境综合指数为51.21，与全国平均水平58.71相比，处于全国平均水平之下，体现出西南地区创新发展硬环境建设还需要进一步完善，如图5-269所示。

具体细分维度来看，西南地区的区域互联网连接能力、区域电信通信能力和区域科技创新孵化能力指数分别为52.32、49.73和51.36，各项指数均低于全国平均水平，如图5-270所示。

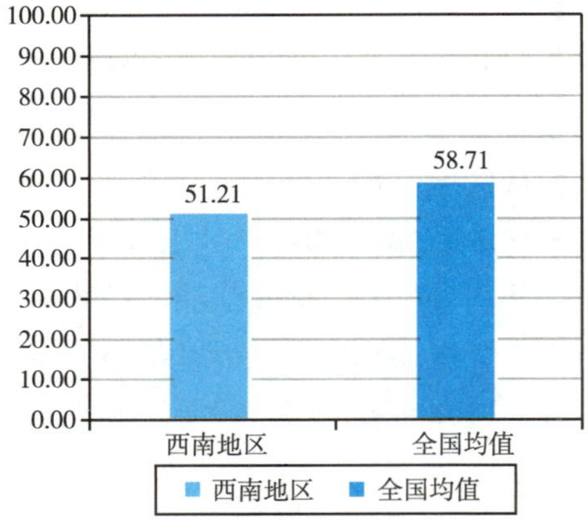

图5-269　西南地区创新发展硬环境综合指数

5.3.7.2　西南地区互联网连接能力维度

从区域互联网连接能力的总体表现来看，2022年西南地区的区域互联网连接能力指数为52.32，与全国平均水平59.30相比，处于全国平均水平之下，体现出西南地区的互联网连接能力相对偏弱。

从衡量区域互联网连接能力指数的具体指标来看，2022年西南地区互联网宽带接入端口数指标、移动互联网用户数指标、移动互联网接入流量指标、宽带接入用户数指标、互联网域名数指标和互联网网站数指标分别为47.79、51.62、57.03、51.91、56.37和49.21，均低于全国平均水平，表明西南地区上述方面表现相对偏弱，需要继续完善相关环境建设，如图5-271所示。

5.3.7.3　西南地区电信通信能力维度

从区域电信通信能力的总体表现来看，2022年西南地区的区域电信通信能力指数为49.73，与全国平均水平58.46相比，处于全国平均水平之下，体现出西南地区的电信通信能力相对偏弱。

从衡量区域电信通信能力指数的具体指标来看，2022年西南地区光缆线路密度指标、移动电话交换机容量指标和移动电话基站个数指标分别为50.55、48.95和49.69，均低于全国平均水平，表明西南地区上述方面表现相对偏弱，需要继续完善相关环境建设，如图5-272所示。

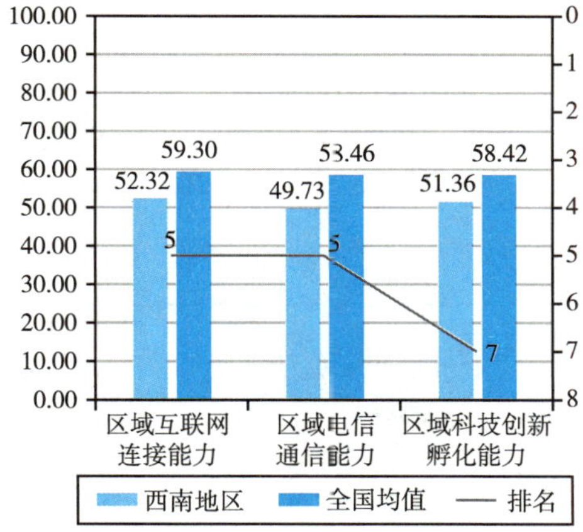

图5-270　西南地区创新发展硬环境细分维度

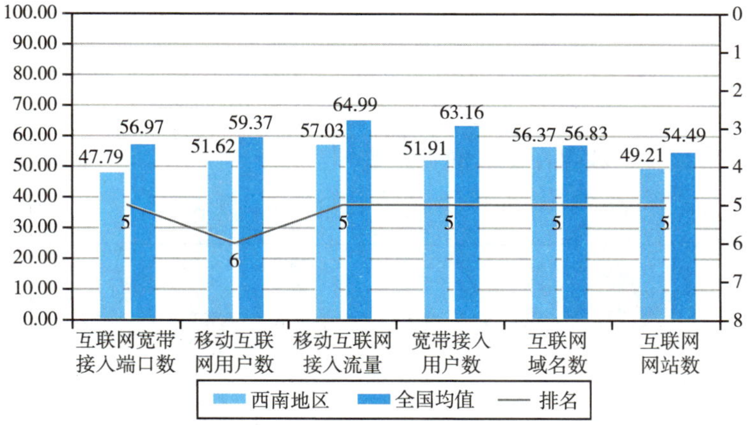

图5-271　西南地区互联网连接能力情况

5.3.7.4　西南地区科技创新孵化能力维度

从区域科技创新孵化能力的总体表现来看，2022年西南地区的区域科技创新孵化能力指数为51.36，与全国平均水平58.42相比，处于全国平均水平之下，体现出西南地区的科技创新孵化能力相对偏弱。

从衡量区域科技创新孵化能力指数的具体指标来看，2022年西南地区软件园数量指标、软件园产值指标、大学科技园数量指标、大学科技园产值指标、产业孵化器数量指标和众创空间数量指标分别为51.87、45.96、50.40、55.00、47.38和57.55，均低于全国平均水平，表明西南地区上述方面表现相对偏弱，需要继续完善相关环境建设，如图5-273所示。

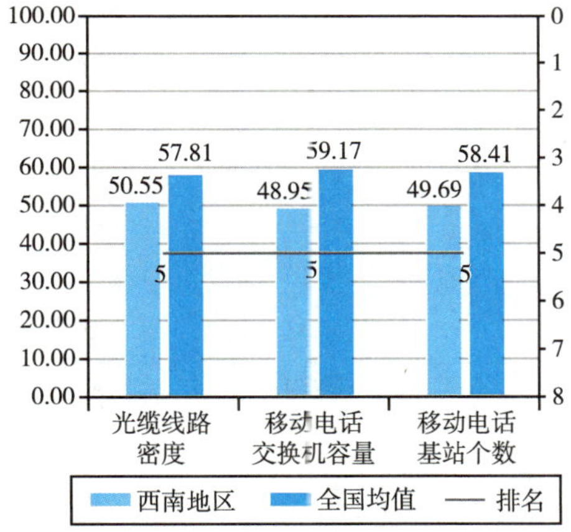

图5-272　西南地区电信通信能力情况

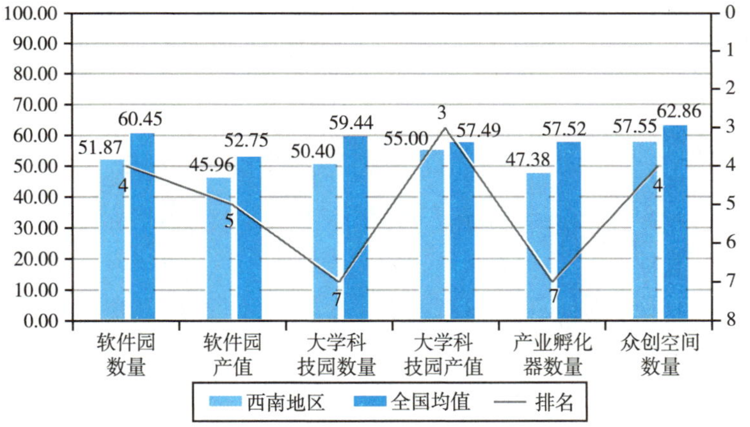

图5-273　西南地区科技创新孵化能力情况

5.4　省份创新发展硬环境评价

根据披露的区域互联网连接能力、区域电信通信能力和区域科技创新孵化能力的相关数据，报告分析了我国31个省份的创新发展硬环境综合指数，具体如图5-274所示。

总体来看，安徽省、北京市、重庆市、福建省、甘肃省、广东省、广西壮族自治区、贵州省、海南省、河北省、河南省、黑龙江省、湖北省、湖南省、吉林省、江苏省、江西省、辽宁省、内蒙古自治区、宁夏回族自治区、青海省、山东省、山西省、陕西省、上海市、四川省、天津市、西藏自治区、新疆维吾尔自治区、云南省和浙江省的创新发展硬环境综合指数依次为55.29、94.20、59.50、61.45、49.33、74.24、49.72、51.63、52.14、56.47、60.04、49.61、56.92、53.27、52.38、85.91、53.01、57.76、46.85、48.72、46.26、69.38、52.21、54.49、86.74、55.40、75.76、42.18、43.11、47.32和78.70。其中，创新发展硬环境综合指数最高的是北京市，最低的是西藏自治区，可见创新发展硬环境综合指数存在明显的省份差异。

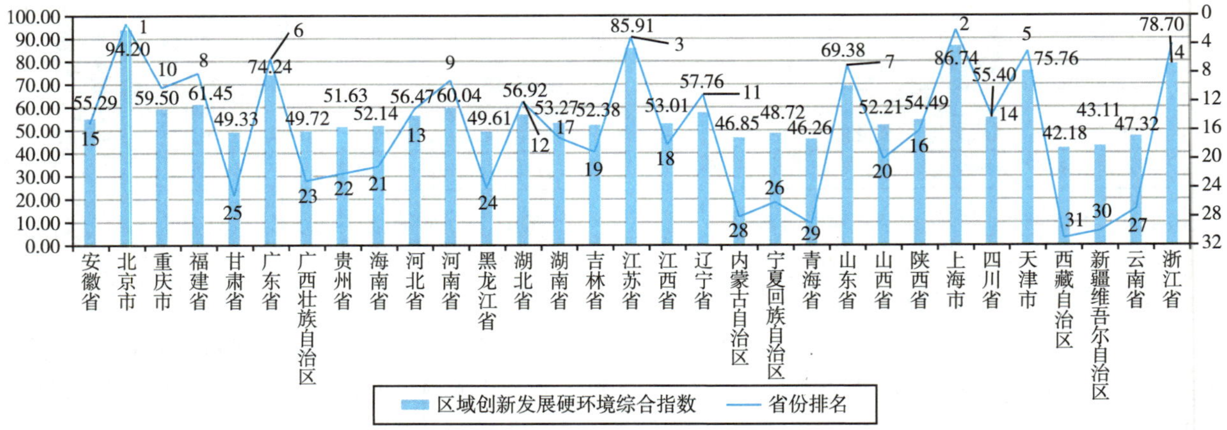

图5-274　区域创新发展硬环境综合指数——省份维度

细分维度来看，区域互联网连接能力指数分值最高的为北京市，区域电信通信能力指数分值最高的为上海市，区域科技创新孵化能力指数分值最高的为北京市，如表5-4所示。

表5-4　创新发展硬环境一览表——省份维度

省份	区域互联网连接能力指数		区域电信通信能力指数		区域科技创新孵化能力指数	
	分值	排名	分值	排名	分值	排名
安徽	60.09	10	59.82	11	48.49	26
北京	95.23	1	89.46	2	96.64	1
重庆	60.07	11	61.72	9	57.54	14
福建	66.61	9	60.43	10	58.16	12
甘肃	45.16	28	42.94	27	56.93	15
广东	85.91	3	71.97	6	66.80	7
广西	53.13	19	52.30	19	45.34	29
贵州	57.44	14	51.23	20	47.43	27
海南	55.79	15	56.49	13	46.34	28
河北	59.35	12	59.49	12	52.17	19
河南	68.51	8	62.46	8	51.83	21
黑龙江	46.06	27	43.68	26	56.42	16
湖北	54.80	17	54.48	15	60.22	9
湖南	54.98	16	54.40	16	51.18	23
吉林	48.75	23	46.53	23	59.18	10
江苏	77.83	5	89.16	3	89.92	2

续表

省份	区域互联网连接能力指数		区域电信通信能力指数		区域科技创新孵化能力指数	
	分值	排名	分值	排名	分值	排名
江西	51.24	22	54.36	17	53.45	17
辽宁	53.45	18	55.20	14	62.84	8
内蒙古	46.17	26	41.18	28	51.26	22
宁夏	48.26	24	46.13	25	50.86	24
青海	43.86	29	40.22	30	52.25	18
山东	74.51	6	67.08	7	66.98	6
山西	51.39	21	53.46	18	52.00	20
陕西	53.10	20	50.03	21	58.61	11
上海	86.36	2	100.00	1	77.96	3
四川	57.54	13	49.26	22	57.96	13
天津	73.69	7	86.68	4	69.88	5
西藏	40.00	31	40.07	31	45.31	30
新疆	43.23	30	40.81	29	44.58	31
云南	46.56	25	46.38	24	48.56	25
浙江	79.35	4	84.93	5	73.93	4
全国均值	59.30		58.46		58.42	

数据来源：首经贸资产评估研究院和浙工商数字创新与管理研究院整理。

5.4.1 安徽省

5.4.1.1 安徽省创新发展硬环境综合指数

2022年安徽省创新发展硬环境综合指数为55.29，与全国平均水平58.71相比，处于全国平均水平之下，体现出安徽省创新发展硬环境建设还需要进一步完善，如图5-275所示。

5.4.1.2 安徽省互联网连接能力维度

从区域互联网连接能力的总体表现来看，2022年安徽省的区域互联网连接能力指数为60.09，与全国平均水平59.30相比，安徽省处于全国平均水平之上，体现出安徽省的互联网连接能力相对较强。

从衡量区域互联网连接能力指数的具体指标来看，2022年安徽省互联网宽带接入端口数指标、移动互联网接入流量指标、宽带接入用户数指标和互联网域名数指标分别为57.14、72.01、69.89和64.12，均处于全国平均水平之上，表明安徽省上述方面表现相对较好，但仍需加大投入力度，保持领先优势。而2022年安徽省移动互联网用户数指标和互联网网站数指标分别为44.59和52.79，均处于全国平均水平之下，表明安徽省上述方面表现相对偏弱，需要继续完善相关环境建设，如图5-276所示。

5.4.1.3 安徽省电信通信能力维度

从区域电信通信能力的总体表现来看，2022年安徽省的区域电信通信能力指数为59.82，与全国平均水平58.46相比，安徽省处于全国平均水平之上，体现出安徽省的电信通信能力相对较强。

从衡量区域电信通信能力指数的具体指标来看，2022年安徽省移动电话交换机容量指标和移动电话基站个数指标分别为57.33和57.19，均处于全国平均水平之下，表明安徽省上述方面表现相对偏弱，需要继续完善相关环境建设。而2022年安徽省光缆线路密度指标为64.95，处于全国平均水平之上，表明安徽省上述方面表现相对较好，但仍需加大投入力度，保持领先优势，如图5-277所示。

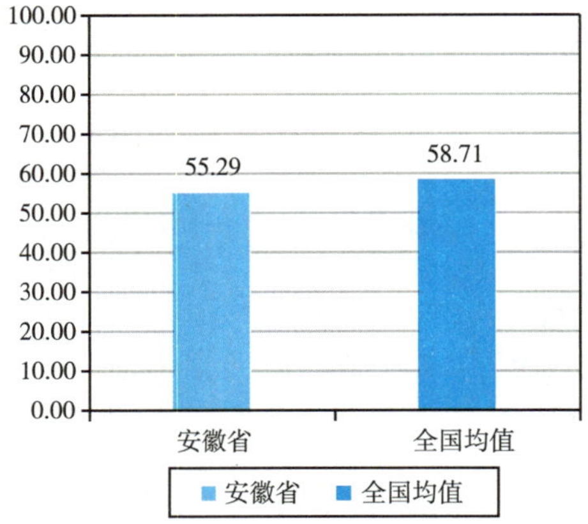

图5-275 安徽省创新发展硬环境综合指数

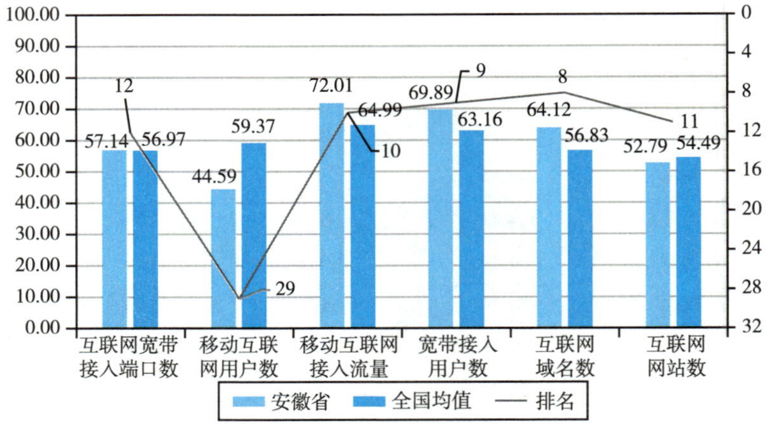

图5-276 安徽省互联网连接能力情况

5.4.1.4 安徽省科技创新孵化能力维度

从区域科技创新孵化能力的总体表现来看，2022年安徽省的区域科技创新孵化能力指数为48.49，与全国平均水平58.42相比，安徽省处于全国平均水平之下，体现出安徽省的科技创新孵化能力相对偏弱。

从衡量区域科技创新孵化能力指数的具体指标来看，2022年安徽省软件园数量指标、软件园产值指标、大学科技园数量指标、大学科技园产值指标、产业孵化器数量指标和众创空间数量指标分别为50.74、41.60、46.27、44.71、55.04和52.60，均处于全国平均水平之下，表明安徽省上述方面表现相对偏弱，需要继续完善相关环境建设，如图5-278所示。

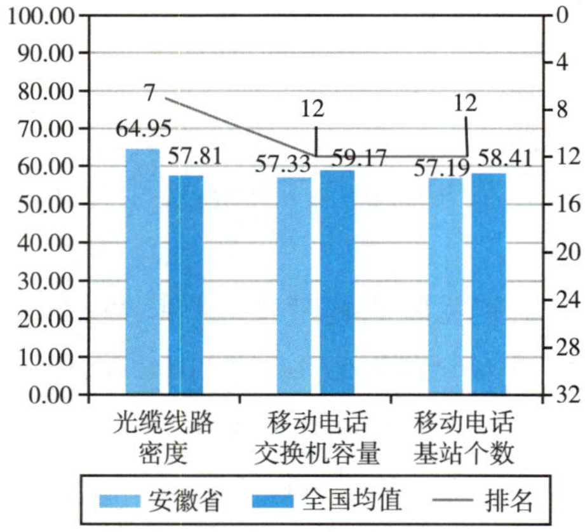

图5-277 安徽省电信通信能力情况

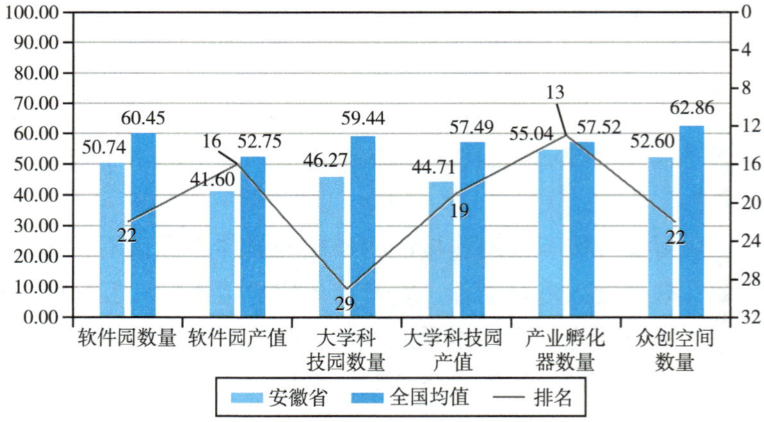

图5-278 安徽省科技创新孵化能力情况

5.4.2 北京市

5.4.2.1 北京市创新发展硬环境综合指数

2022年北京市的创新发展硬环境综合指数为94.20，与全国平均水平58.71相比，处于全国平均水平之上，体现出北京市创新发展硬环境建设较好，但仍需继续保持，如图5-279所示。

5.4.2.2　北京市互联网连接能力维度

从区域互联网连接能力的总体表现来看，2022年北京市的区域互联网连接能力指数为95.23，与全国平均水平59.30相比，北京市处于全国平均水平之上，体现出北京市的互联网连接能力相对较强。

从衡量区域互联网连接能力指数的具体指标来看，2022年北京市互联网宽带接入端口数指标、移动互联网用户数指标、移动互联网接入流量指标、宽带接入用户数指标、互联网域名数和互联网网站数指标分别为90.38、100.00、93.55、97.49、100.00和89.95，均处于全国平均水平之上，表明北京市上述方面表现相对较好，但仍需加大投入力度，保持领先优势，如图5-280所示。

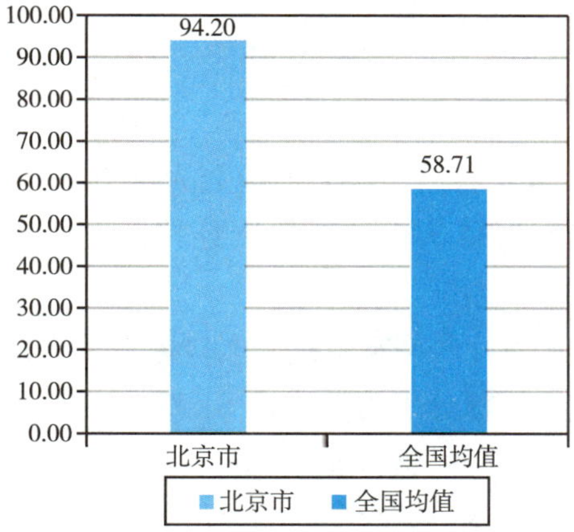

图5-279　北京市创新发展硬环境综合指数

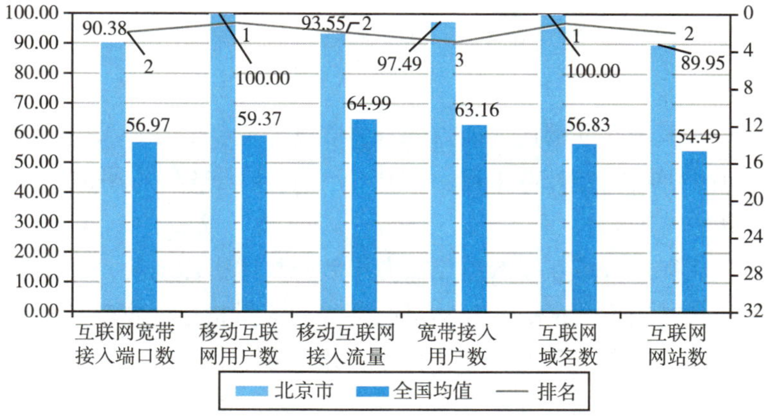

图5-280　北京市互联网连接能力情况

5.4.2.3　北京市电信通信能力维度

从区域电信通信能力的总体表现来看，2022年北京市的区域电信通信能力指数为89.46，与全国平均水平58.46相比，北京市处于全国平均水平之上，体现出北京市的电信通信能力相对较强。

从衡量区域电信通信能力指数的具体指标来看，2022年北京市光缆线路密度指标、移动电话交换机容量指标和移动电话基站个数指标分别为80.01、94.59和93.78，均处于全国平均水平之上，表明北京市上述方面表现相对较好，但仍需加大投入力度，保持领先优势，如图5-281所示。

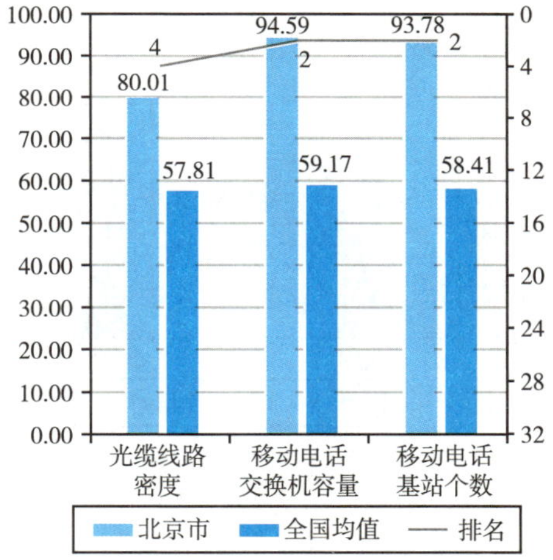

图5-281　北京市电信通信能力情况

5.4.2.4　北京市科技创新孵化能力维度

从区域科技创新孵化能力的总体表现来看，2022年北京市的区域科技创新孵化能力指数为96.64，与全国平均水平58.42相比，北京市处于全国平均水平之上，体现出北京市的科技创新孵化能力相对较强。

从衡量区域科技创新孵化能力指数的具体指标来看，2022年北京市软件园数量指标、软件园产值指标、大学科技园数量指标、大学科技园产值指标、产业孵化器数量指标和众创空间数量指标分别为100.00、100.00、100.00、96.74、100.00和83.09，均处于全国平均水平之上，表明北京市上述方面表现相对较好，但仍需加大投入力度，保持领先优势，如图5-282所示。

5.4.3 重庆市

5.4.3.1 重庆市创新发展硬环境综合指数

2022年重庆市的创新发展硬环境综合指数为59.50，与全国平均水平58.71相比，处于全国平均水平之上，体现出重庆市创新发展硬环境建设较好，但仍需继续保持，如图5-283所示。

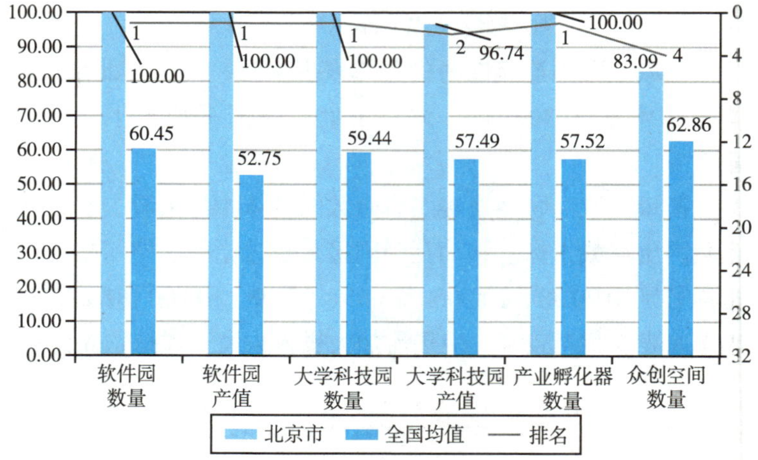

图5-282 北京市科技创新孵化能力情况

5.4.3.2 重庆市互联网连接能力维度

从区域互联网连接能力的总体表现来看，2022年重庆市的区域互联网连接能力指数为60.07，与全国平均水平59.30相比，重庆市处于全国平均水平之上，体现出重庆市的互联网连接能力相对较强。

从衡量区域互联网连接能力指数的具体指标来看，2022年重庆市互联网宽带接入端口数指标、移动互联网用户数指标、移动互联网接入流量指标、宽带接入用户数指标分别为59.56、61.33、75.92和69.07，均处于全国平均水平之上，表明重庆市上述方面表现相对较好，但仍需加大投入力度，保持领先优势。而2022年重庆市互联网域名数指标和互联网网站数指标分别为49.71和44.86，均处于全国平均水平之下，表明重庆市上述方面表现相对偏弱，需要继续完善相关环境建设，如图5-284所示。

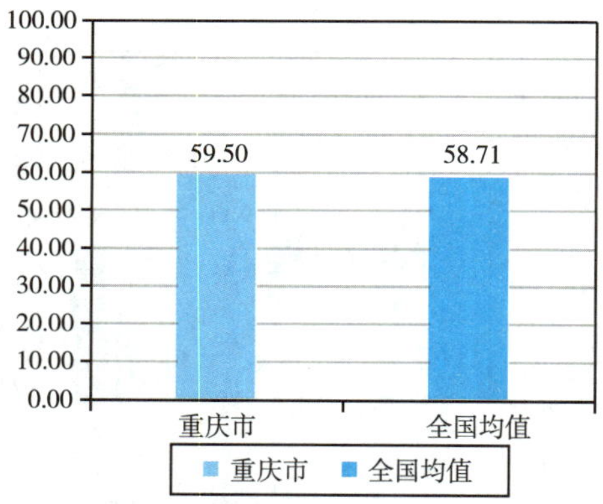

图5-283 重庆市创新发展硬环境综合指数

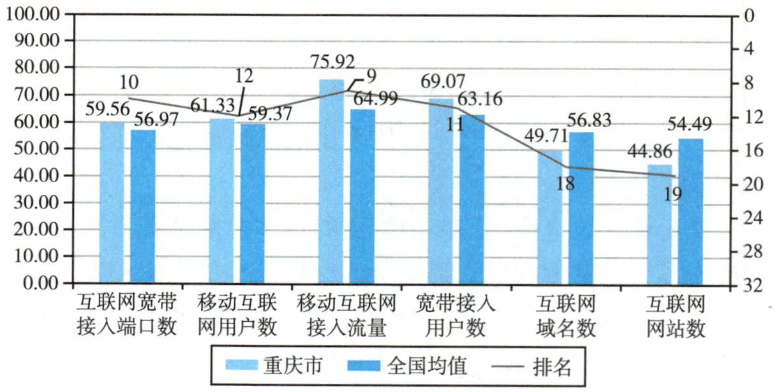

图5-284 重庆市互联网连接能力情况

5.4.3.3 重庆市电信通信能力维度

从区域电信通信能力的总体表现来看，2022年重庆市的区域电信通信能力指数为61.72，与全国平均水平58.46相比，重庆市处于全国平均水平之上，体现出重庆市的电信通信能力相对较强。

从衡量区域电信通信能力指数的具体指标来看，2022年重庆市光缆线路密度指标和移动电话基站个数指标分别为63.76和62.45，均处于全国平均水平之上，表明重庆市上述方面表现相对较好，但仍需加大投入力度，保持领先优势。而2022年重庆市移动电话交换机容量指标为58.93，处于全国平均水平之下，表明重庆市上述方面表现相对偏弱，需要继续完善相关环境建设，如图5-285所示。

5.4.3.4 重庆市科技创新孵化能力维度

从区域科技创新孵化能力的总体表现来看，2022年重庆市的区域科技创新孵化能力指数为57.54，与全国平均水平58.42相比，重庆市处于全国平均水平之下，体现出重庆市的科技创新孵化能力相对偏弱。

从衡量区域科技创新孵化能力指数的具体指标来看，2022年重庆市软件园数量指标为60.45，等于全国平均水平，表明重庆市仍需完善相关环境建设。软件园产值指标、大学科技园数量指标和大学科技园产值指标分别为45.05、57.89和41.88，均处于全国平均水平之下，表明重庆市上述方面表现相对偏弱，需要继续完善相关环境建设。而2022年重庆市产业孵化器数量指标和众创空间数量指标分别为62.12和77.87，均处于全国平均水平之上，表明重庆市上述方面表现相对较好，但仍需加大投入力度，保持领先优势，如图5-286所示。

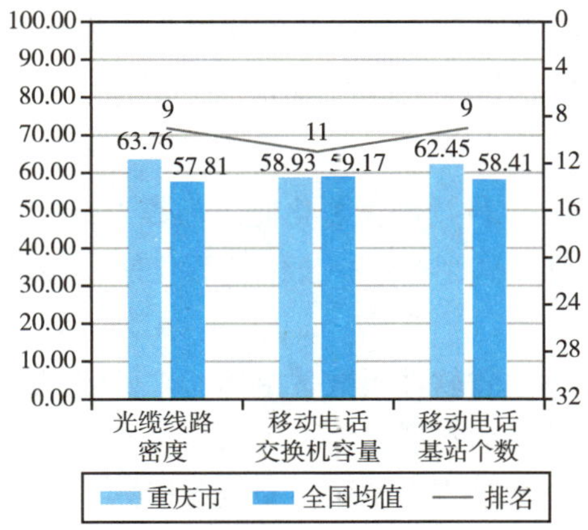

图5-285 重庆市电信通信能力情况

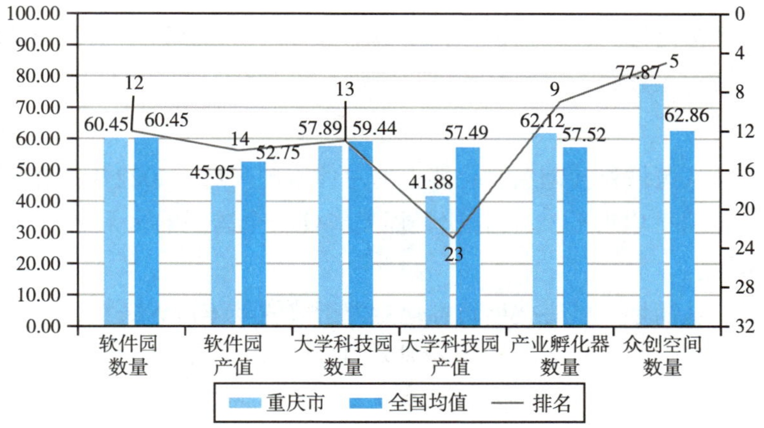

图5-286 重庆市科技创新孵化能力情况

5.4.4 福建省

5.4.4.1 福建省创新发展硬环境综合指数

2022年福建省的创新发展硬环境综合指数为61.45，与全国平均水平58.71相比，处于全国平均水平之上，体现出福建省创新发展硬环境建设较好，但仍需继续保持，如图5-287所示。

5.4.4.2 福建省互联网连接能力维度

从区域互联网连接能力的总体表现来看，2022年福建省的区域互联网连接能力指数为66.61，与全国平均水平59.30相比，福建省处于全国平均水平之上，体现出福建省的互联网连接能力相对较强。

从衡量区域互联网连接能力指数的具体指标来看，2022年福建省互联网宽带接入端口数指标、移动互联网接入流量指标、宽带接入用户数指标、互联网域名数指标和互联网网站数指标分别为58.01、67.13、69.26、85.65和61.80，均处于全国平均水平之上，表明福建省上述方面表现相对较好，但仍需加大投入力度，保持领先优势。而2022年福建省移动互联网用户数指标为57.84，处于全国平均水平之下，表明福建省上述方面表现相对偏弱，需要继续完善相关环境建设，如图5-288所示。

5.4.4.3 福建省电信通信能力维度

从区域电信通信能力的总体表现来看，2022年福建省的区域电信通信能力指数为60.43，与全国平均水平58.46相比，福建省处于全国平均水平之上，体现出福建省的电信通信能力相对较强。

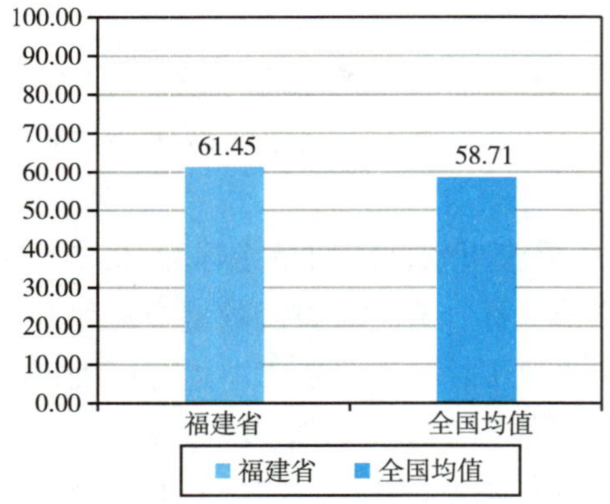

图5-287　福建省创新发展硬环境综合指数

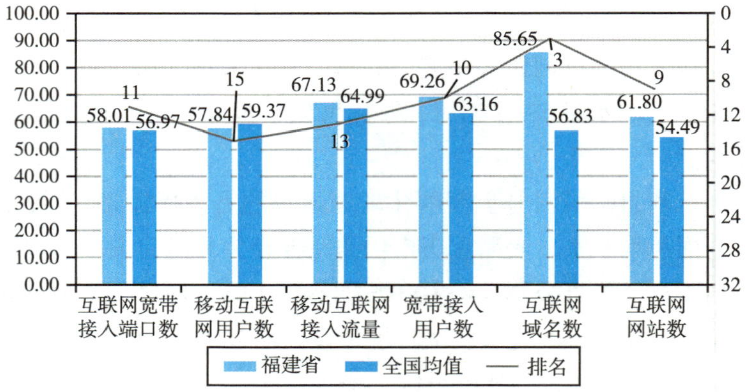

图5-288　福建省互联网连接能力情况

从衡量区域电信通信能力指数的具体指标来看，2022年福建省光缆线路密度指标、移动电话交换机容量指标和移动电话基站个数指标分别为59.12、61.59和60.58，均处于全国平均水平之上，表明福建省上述方面表现相对较好，但仍需加大投入力度，保持领先优势，如图5-289所示。

5.4.4.4　福建省科技创新孵化能力维度

从区域科技创新孵化能力的总体表现来看，2022年福建省的区域科技创新孵化能力指数为58.16，与全国平均水平58.42相比，福建省处于全国平均水平之下，体现出福建省的科技创新孵化能力相对偏弱。

从衡量区域科技创新孵化能力指数的具体指标来看，2022年福建省软件园数量指标、软件园产值指标和众创空间数量指标分别为71.37、60.15和72.32，均处于全国平均水平之上，表明福建省上述方面表现相对较好，但仍需加大投入力度，保持领先优势。而2022年福建省大学科技园数量指标、大学科技园产值指标和产业孵化器数量指标分别为49.15、42.29和53.71，均处于全国平均水平之下，表明福建省上述方面表现相对偏弱，需要继续完善相关环境建设，如图5-290所示。

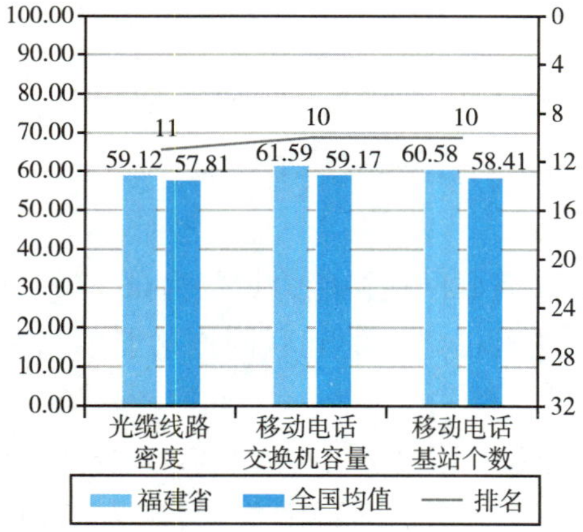

图5-289　福建省电信通信能力情况

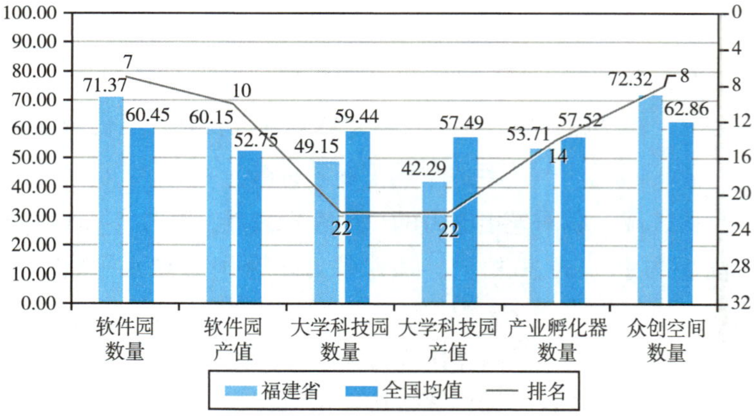

图5-290　福建省科技创新孵化能力情况

5.4.5　甘肃省

5.4.5.1　甘肃省创新发展硬环境综合指数

2022年甘肃省的创新发展硬环境综合指数为49.33，与全国平均水平58.71相比，处于全国平均水平之下，体现出甘肃省创新发展硬环境建设还需要进一步完善，如图5-291所示。

5.4.5.2　甘肃省互联网连接能力维度

从区域互联网连接能力的总体表现来看，2022年甘肃省的区域互联网连接能力指数为45.16，与全国平均水平59.30相比，甘肃省处于全国平均水平之下，体现出甘肃省的互联网连接能力相对偏弱。

从衡量区域互联网连接能力指数的具体指标来看，2022年甘肃省互联网宽带接入端口数指标、移动互联网用户数指标、移动互联网接入流量指标、宽带接入用户数指标、互联网域名数指标和互联网网站数指标分别为42.09、56.51、44.74、43.89、42.43和41.32，均处于全国平均水平之下，表明甘肃省上述方面表现相对偏弱，需要继续完善相关环境建设，如图5-292所示。

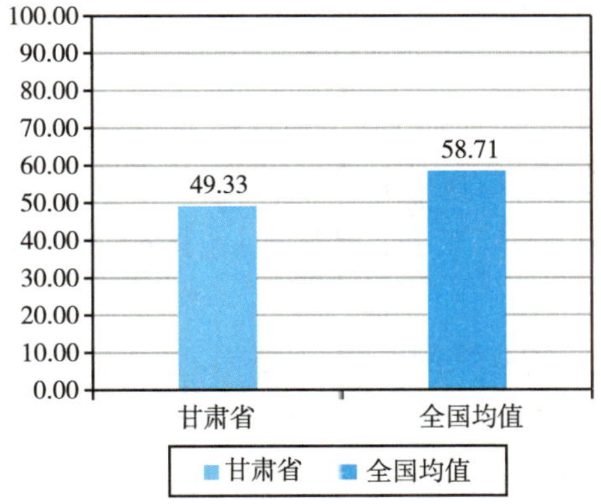

图5-291　甘肃省创新发展硬环境综合指数

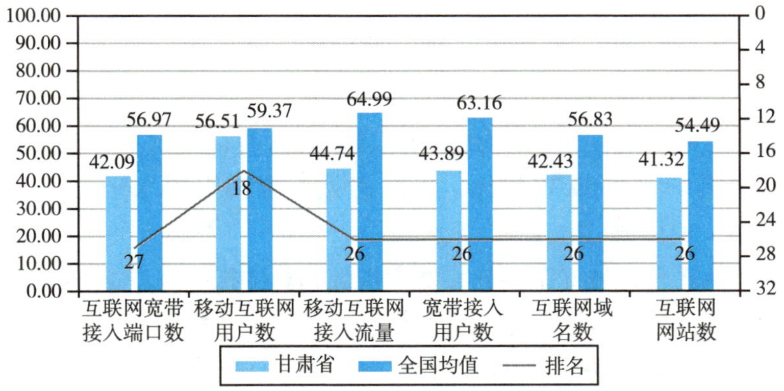

图5-292　甘肃省互联网连接能力情况

5.4.5.3　甘肃省电信通信能力维度

从区域电信通信能力的总体表现来看，2022年甘肃省的区域电信通信能力指数为42.94，与全国平均水平58.46相比，甘肃省处于全国平均水平之下，体现出甘肃省的电信通信能力相对偏弱。

从衡量区域电信通信能力指数的具体指标来看，2022年甘肃省光缆线路密度指标、移动电话交换机容量指标和移动电话基站个数指标分别为43.12、42.79和42.91，均处于全国平均水平之下，表明甘肃省上述方面表现相对偏弱，需要继续完善相关环境建设，如图5-293所示。

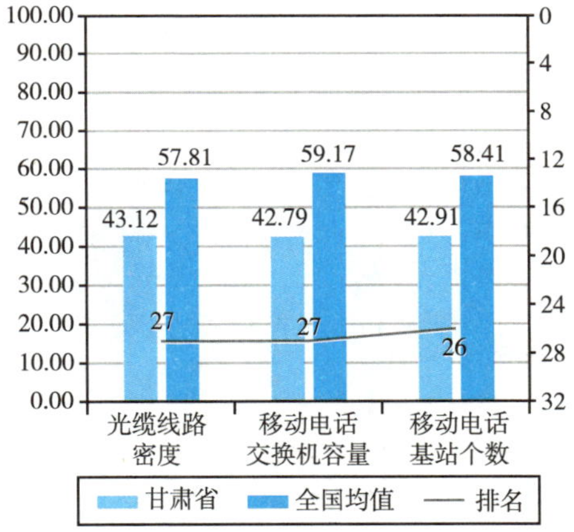

图5-293　甘肃省电信通信能力情况

5.4.5.4　甘肃省科技创新孵化能力维度

从区域科技创新孵化能力的总体表现来看，2022年甘肃省的区域科技创新孵化能力指数为56.93，与全国平均水平58.42相比，甘肃省处于全国平均水平之下，体现出甘肃省的科技创新孵化能力相对偏弱。

从衡量区域科技创新孵化能力指数的具体指标来看，2022年甘肃省软件园数量指标、大学科技园数量指标和众创空间数量指标分别为66.37、63.07和76.10，均处于全国平均水平之上，表明甘肃省上述方面表现相对较好，但仍需加大投入力度，保持领先优势。而2022年甘肃省软件园产值指标、大学科技园产值指标和产业孵化器数量指标分别为40.40、42.82和52.79，均处于全国平均水平之下，表明甘肃省上述方面表现相对偏弱，需要继续完善相关环境建设，如图5-294所示。

5.4.6 广东省

5.4.6.1 广东省创新发展硬环境综合指数

2022年广东省的创新发展硬环境综合指数为74.24，与全国平均水平58.71相比，处于全国平均水平之上，体现出广东省创新发展硬环境建设较好，但仍需继续保持，如图5-295所示。

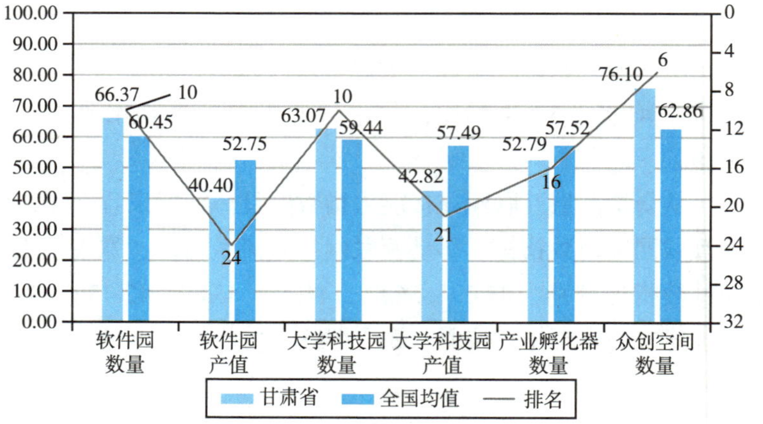

图5-294 甘肃省科技创新孵化能力情况

5.4.6.2 广东省互联网连接能力维度

从区域互联网连接能力的总体表现来看，2022年广东省的区域互联网连接能力指数为85.91，与全国平均水平59.30相比，广东省处于全国平均水平之上，体现出广东省的互联网连接能力相对较强。

从衡量区域互联网连接能力指数的具体指标来看，2022年广东省互联网宽带接入端口数指标、移动互联网用户数指标、移动互联网接入流量指标、宽带接入用户数指标、互联网域名数指标和互联网网站数指标分别为72.04、78.45、90.13、82.56、92.26和100.00，均处于全国平均水平之上，表明广东省上述方面表现相对较好，但仍需加大投入力度，保持领先优势，如图5-296所示。

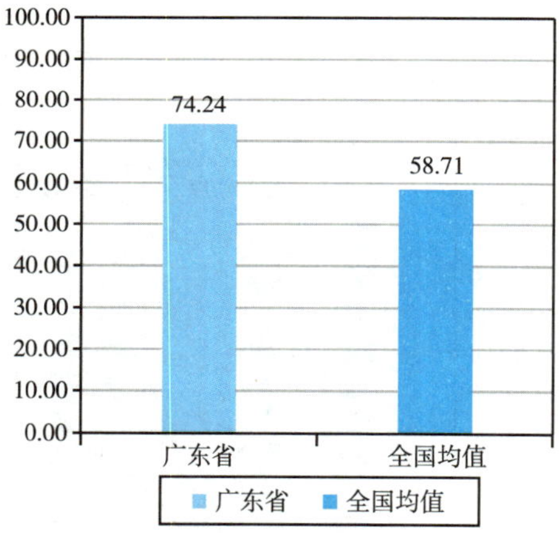

图5-295 广东省创新发展硬环境综合指数

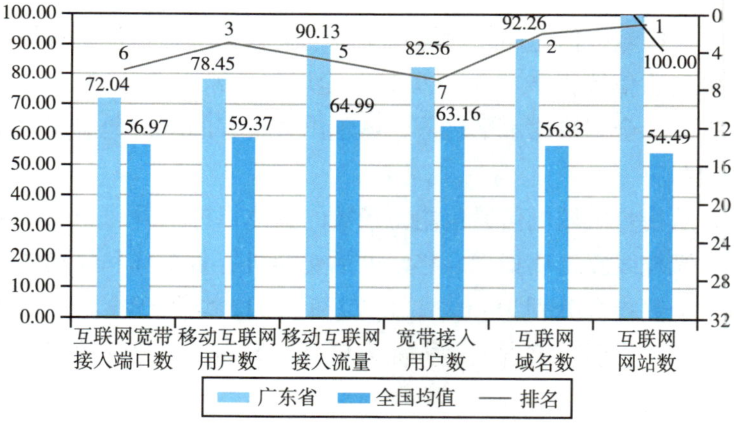

图5-296 广东省互联网连接能力情况

5.4.6.3 广东省电信通信能力维度

从区域电信通信能力的总体表现来看，2022年广东省的区域电信通信能力指数为71.97，与全国平均水平58.46相比，广东省处于全国平均水平之上，体现出广东省的电信通信能力相对较强。

从衡量区域电信通信能力指数的具体指标来看，2022年广东省光缆线路密度指标、移动电话交换机容量指标和移动电话基站个数指标分别为66.85、79.40和69.64，均处于全国平均水平之上，表明广东省上述方面表现相对较好，但仍需加大投入力度，保持领先优势，如图5-297所示。

5.4.6.4　广东省科技创新孵化能力维度

从区域科技创新孵化能力的总体表现来看，2022年广东省的区域科技创新孵化能力指数为66.80，与全国平均水平58.42相比，广东省处于全国平均水平之上，体现出广东省的科技创新孵化能力相对较强。

从衡量区域科技创新孵化能力指数的具体指标来看，2022年广东省软件园产值指标、产业孵化器数量指标和众创空间数量指标分别为89.83、80.41和69.64，均处于全国平均水平之上，表明广东省上述方面表现相对较好，但仍需加大投入力度，保持领先优势。而2022年广东省软件园数量指标、大学科技园数量指标和大学科技园产值指标分别为55.53、49.06和56.31，均处于全国平均水平之下，表明广东省上述方面表现相对偏弱，需要继续完善相关环境建设，如图5-298所示。

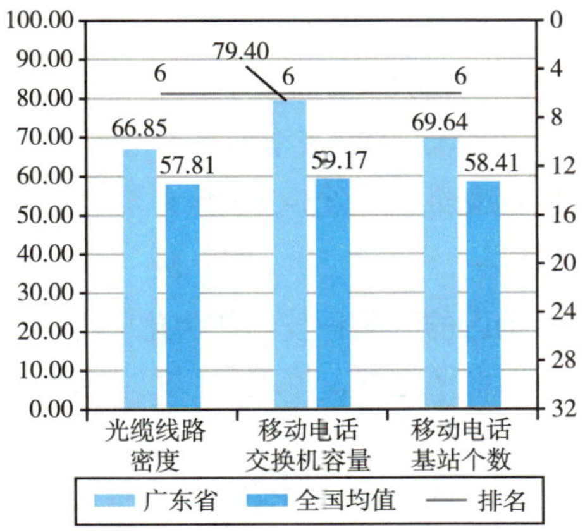

图5-297　广东省电信通信能力情况

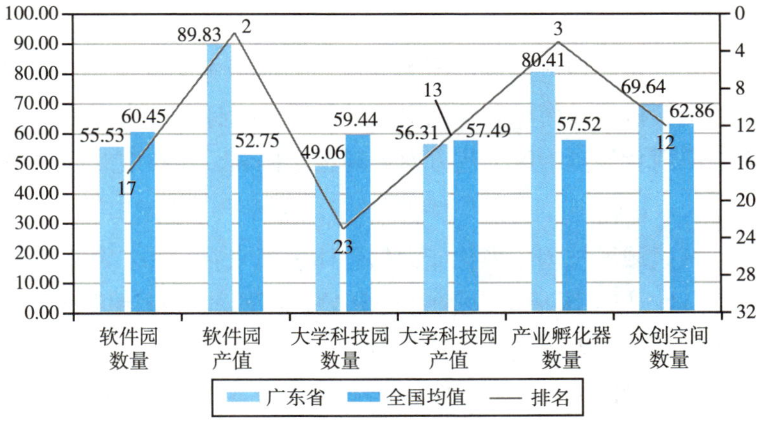

图5-298　广东省科技创新孵化能力情况

5.4.7　广西壮族自治区

5.4.7.1　广西壮族自治区创新发展硬环境综合指数

2022年广西壮族自治区的创新发展硬环境综合指数为49.72，与全国平均水平58.71相比，处于全国平均水平之下，体现出广西壮族自治区创新发展硬环境建设还需要进一步完善，如图5-299所示。

5.4.7.2　广西壮族自治区互联网连接能力维度

从区域互联网连接能力的总体表现来看，2022年广西壮族自治区的区域互联网连接能力指数为53.13，与全国平均水平59.30相比，广西壮族自治区处于全国平均水平之下，体现出广西壮族自治区的互联网连接能力相对偏弱。

从衡量区域互联网连接能力指数的具体指标来看，2022年广西壮族自治区互联网宽带接入端口数指标、移动互联网用户数指标、移动互联网接入流量指标、宽带接入用户数指标、互联网域名数指标和互联网网站数指标分别为49.28、58.32、58.13、53.75、51.86和47.42，均处于全国平均水平之下，表明广西壮族自治区上述方面表现相对偏弱，需要继续完善相关环境建设，如图5-300所示。

5.4.7.3　广西壮族自治区电信通信能力维度

从区域电信通信能力的总体表现来看，2022年广西壮族自治区的区域电信通信能力指数为52.30，与全国平均水平58.46相比，广西壮族自治区处于全国平均水平之下，体现出广西壮族自治区的电信通信能力相对偏弱。

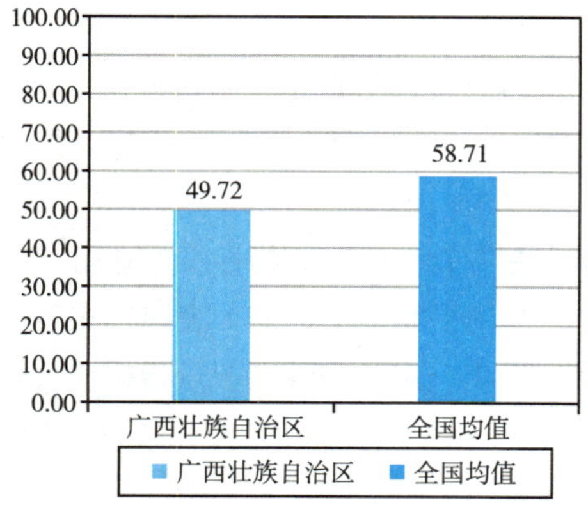

图5-299 广西壮族自治区创新发展硬环境综合指数

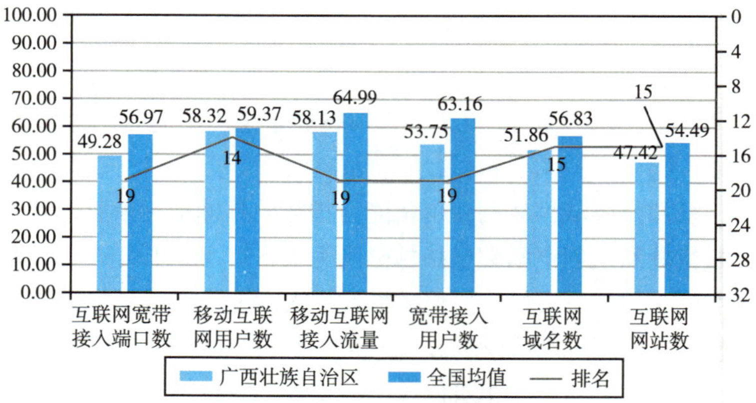

图5-300 广西壮族自治区互联网连接能力情况

从衡量区域电信通信能力指数的具体指标来看，2022年广西壮族自治区光缆线路密度指标、移动电话交换机容量指标和移动电话基站个数指标分别为54.02、53.88和49.00，均处于全国平均水平之下，表明广西壮族自治区上述方面表现相对偏弱，需要继续完善相关环境建设，如图5-301所示。

5.4.7.4 广西壮族自治区科技创新孵化能力维度

从区域科技创新孵化能力的总体表现来看，2022年广西壮族自治区的区域科技创新孵化能力指数为45.34，与全国平均水平58.42相比，广西壮族自治区处于全国平均水平之下，体现出广西壮族自治区的科技创新孵化能力相对偏弱。

从衡量区域科技创新孵化能力指数的具体指标来看，2022年广西壮族自治区软件园数量指标、软件园产值指标、大学科技园数量指标、大学科技园产值指标、产业孵化器数量指标和众创空间数量指标分别为53.04、40.53、43.80、40.67、49.16和44.82，均处于全国平均水平之下，表明广西壮族自治区上述方面表现相对偏弱，需要继续完善相关环境建设，如图5-302所示。

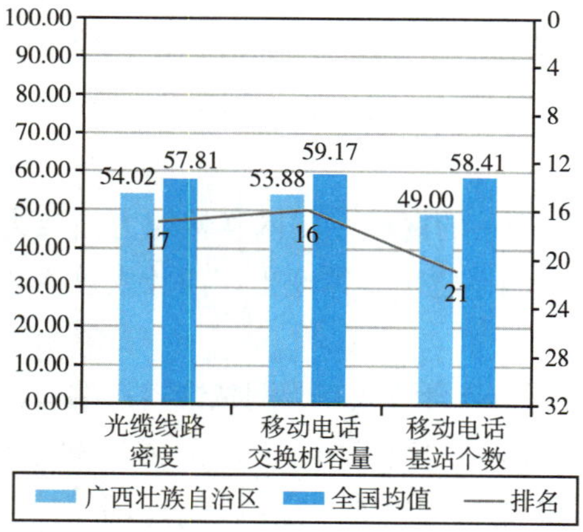

图5-301 广西壮族自治区电信通信能力情况

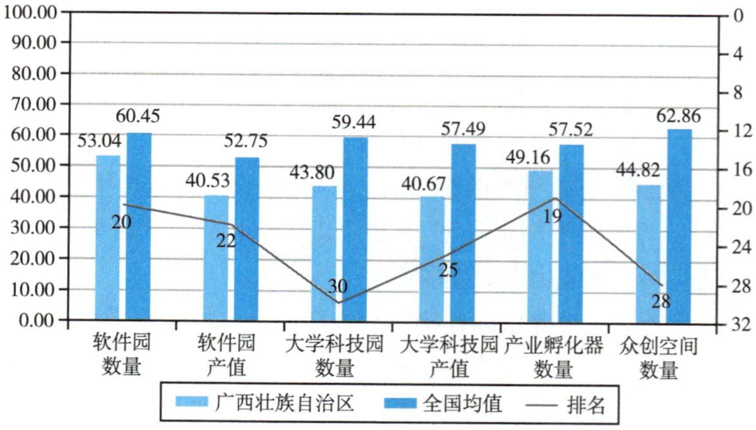

图5-302 广西壮族自治区科技创新孵化能力情况

5.4.8 贵州省

5.4.8.1 贵州省创新发展硬环境综合指数

2022年贵州省的创新发展硬环境综合指数为51.63，与全国平均水平58.71相比，处于全国平均水平之下，体现出贵州省创新发展硬环境建设还需要进一步完善，如图5-303所示。

5.4.8.2　贵州省互联网连接能力维度

从区域互联网连接能力的总体表现来看，2022年贵州省的区域互联网连接能力指数为57.44，与全国平均水平59.30相比，贵州省处于全国平均水平之下，体现出贵州省的互联网连接能力相对偏弱。

从衡量区域互联网连接能力指数的具体指标来看，2022年贵州省互联网宽带接入端口数指标、移动互联网用户数指标、移动互联网接入流量指标、宽带接入用户数指标和互联网网站数指标分别为47.08、57.74、62.72、51.96和43.32，均处于全国平均水平之下，表明贵州省上述方面表现相对偏弱，需要继续完善相关环境建设。而2022年贵州省互联网域名数指标是81.80，处于全国平均水平之上，表明贵州省上述方面表现相对较好，但仍需加大投入力度，保持领先优势，如图5-304所示。

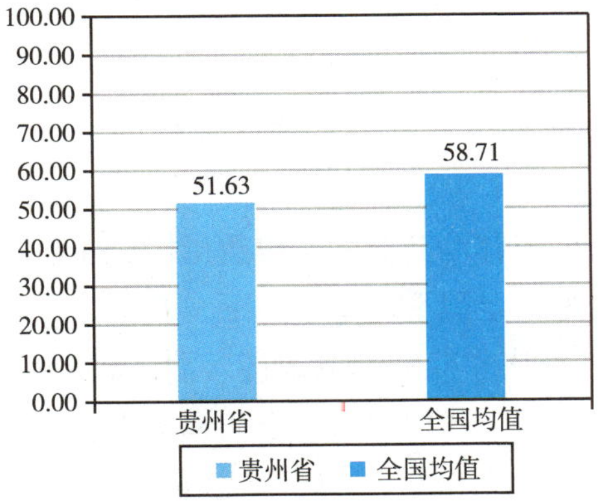

图5-303　贵州省创新发展硬环境综合指数

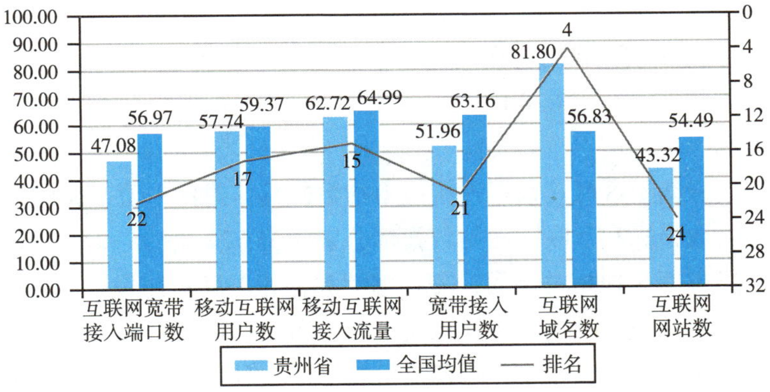

图5-304　贵州省互联网连接能力情况

5.4.8.3　贵州省电信通信能力维度

从区域电信通信能力的总体表现来看，2022年贵州省的区域电信通信能力指数为51.23，与全国平均水平58.46相比，贵州省处于全国平均水平之下，体现出贵州省的电信通信能力相对偏弱。

从衡量区域电信通信能力指数的具体指标来看，2022年贵州省光缆线路密度指标、移动电话交换机容量指标和移动电话基站个数指标分别为50.40、51.07和52.23，均处于全国平均水平之下，表明贵州省上述方面表现相对偏弱，需要继续完善相关环境建设，如图5-305所示。

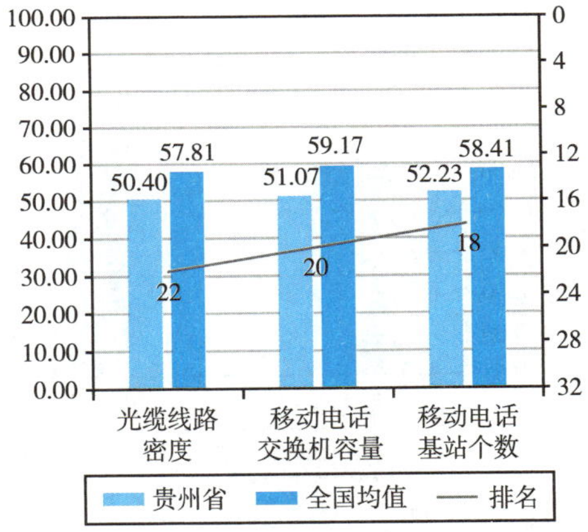

图5-305　贵州省电信通信能力情况

5.4.8.4　贵州省科技创新孵化能力维度

从区域科技创新孵化能力的总体表现来看，2022年贵州省的区域科技创新孵化能力指数为47.43，与全国平均水平58.42相比，贵州省处于全国平均水平之下，体现出贵州省的科技创新孵化能力相对偏弱。

从衡量区域科技创新孵化能力指数的具体指标来看，2022年贵州省软件园数量指标、软件园产值指标、大学科技园数量指标、大学科技园产值指标、产业孵化器数量指标和众创空间数量指标分别为57.05、41.41、49.94、48.79、43.36和44.01，均处于全国平均水平之下，表明贵州省上述方面表现相对偏弱，需要继续完善相关环境建设，如图5-306所示。

5.4.9 海南省

5.4.9.1 海南省创新发展硬环境综合指数

2022年海南省的创新发展硬环境综合指数为52.14，与全国平均水平58.71相比，处于全国平均水平之下，体现出海南省创新发展硬环境建设还需要进一步完善，如图5-307所示。

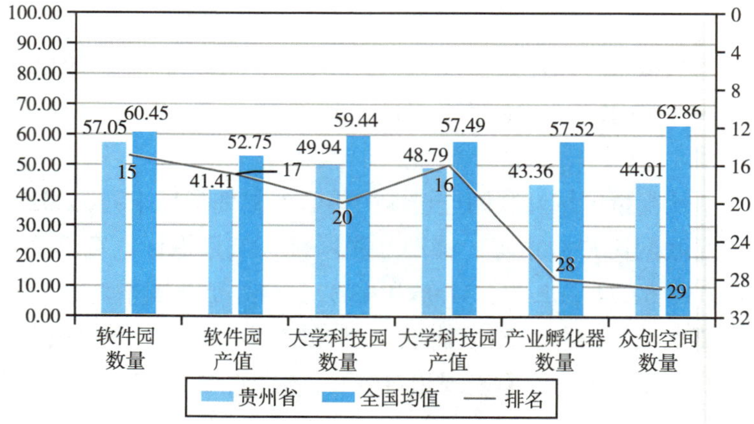

图5-306 贵州省科技创新孵化能力情况

5.4.9.2 海南省互联网连接能力维度

从区域互联网连接能力的总体表现来看，2022年海南省的区域互联网连接能力指数为55.79，与全国平均水平59.30相比，海南省处于全国平均水平之下，体现出海南省的互联网连接能力相对偏弱。

从衡量区域互联网连接能力指数的具体指标来看，2022年海南省移动互联网用户数指标、互联网域名数指标和互联网网站数指标分别为55.72、42.95和43.30，均处于全国平均水平之下，表明海南省上述方面表现相对偏弱，需要继续完善相关环境建设。而2022年海南省互联网宽带接入端口数指标、移动互联网接入流量指标和宽带接入用户数指标分别为59.87、69.24和63.64，均处于全国平均水平之上，表明海南省上述方面表现相对较好，但仍需加大投入力度，保持领先优势，如图5-308所示。

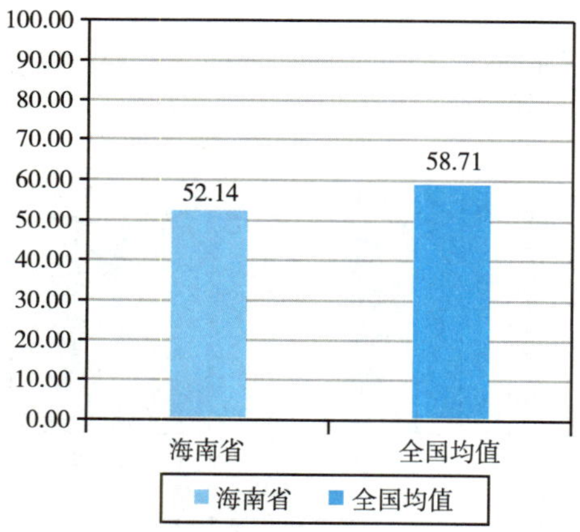

图5-307 海南省创新发展硬环境综合指数

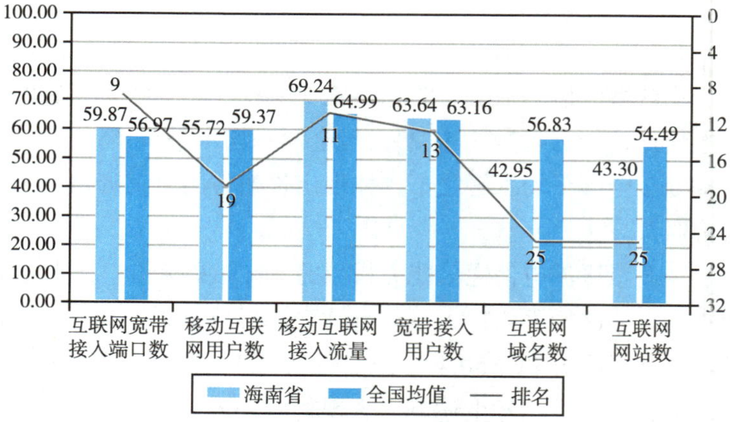

图5-308 海南省互联网连接能力情况

5.4.9.3 海南省电信通信能力维度

从区域电信通信能力的总体表现来看，2022年海南省的区域电信通信能力指数为56.49，与全国平均水平58.46相比，海南省处于全国平均水平之下，体现出海南省的电信通信能力相对偏弱。

从衡量区域电信通信能力指数的具体指标来看，2022年海南省光缆线路密度指标和移动电话交换机容量指标分别为53.99和56.99，均处于全国平均水平之下，表明海南省上述方面表现相对偏弱，需要继续完善相关环境建设。而2022年海南省移动电话基站个数指标为58.48，处于全国平均水平之上，表明海南省上述方面表现相对较好，但仍需加大投入力度，保持领先优势，如图5-309所示。

5.4.9.4 海南省科技创新孵化能力维度

从区域科技创新孵化能力的总体表现来看，2022年海南省的区域科技创新孵化能力指数为46.34，与全国平均水平58.42相比，海南省处于全国平均水平之下，体现出海南省的科技创新孵化能力相对偏弱。

从衡量区域科技创新孵化能力指数的具体指标来看，2022年海南省软件园数量指标、软件园产值指标、大学科技园产值指标、产业孵化器数量指标和众创空间数量指标分别为40.00、40.00、40.51、40.00和40.00，均处于全国平均水平之下，表明海南省上述方面表现相对偏弱，需要继续完善相关环境建设。而2022年海南省大学科技园数量指标为77.55，处于全国平均水平之上，表明海南省上述方面表现相对较好，但仍需加大投入力度，保持领先优势，如图5-310所示。

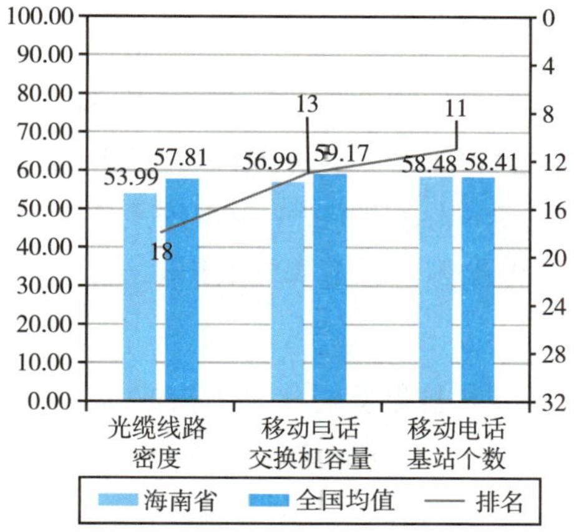

图5-309 海南省电信通信能力情况

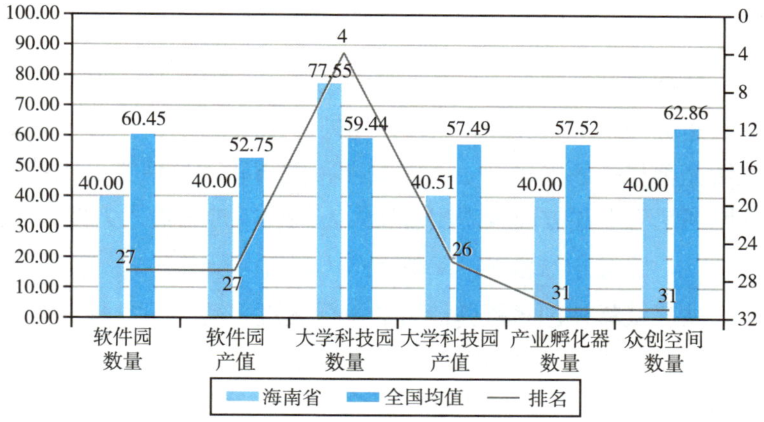

图5-310 海南省科技创新孵化能力情况

5.4.10 河北省

5.4.10.1 河北省创新发展硬环境综合指数

2022年河北省的创新发展硬环境综合指数为56.47，与全国平均水平58.71相比，处于全国平均水平之下，体现出河北省创新发展硬环境建设还需要进一步完善，如图5-311所示。

5.4.10.2 河北省互联网连接能力维度

从区域互联网连接能力的总体表现来看，2022年河北省的区域互联网连接能力指数为59.35，与全国平均水平59.30相比，河北省处于全国平均水平之上，体现出河北省的互联网连接能力相对较强。

从衡量区域互联网连接能力指数的具体指标来看，2022年河北省互联网宽带接入端口数指标、互联网域名数指标和互联网网站数指标分别为56.44、54.60和51.48，均处于全国平均水平之下，表明河北省上述方面表现相对偏弱，需要继续完善相关环境建设。而2022年河北省移动互联网用户数指标、移动互联网接入流量指标和宽带接入用户数指标分别为59.75、67.23和66.62，均处于全国平均水平之上，表明河北省上述方面表现相对较好，但仍需加大投入力度，保持领先优势，如图5-312所示。

5.4.10.3 河北省电信通信能力维度

从区域电信通信能力的总体表现来看，2022年河北省的区域电信通信能力指数为59.49，与全国平均水平58.46相比，河北省处于全国平均水平之上，体现出河北省的电信通信能力相对较强。

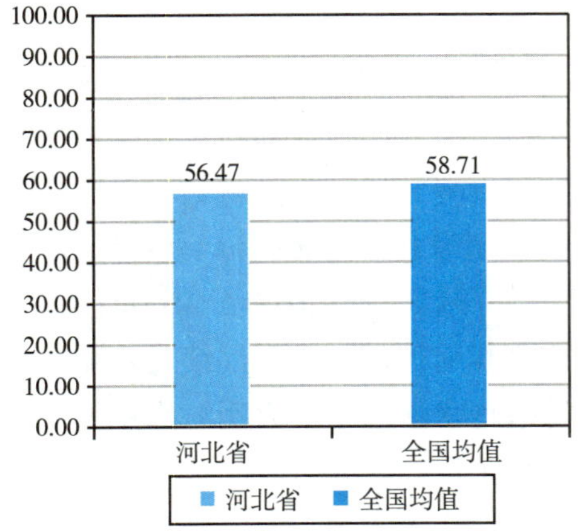

图5-311 河北省创新发展硬环境综合指数

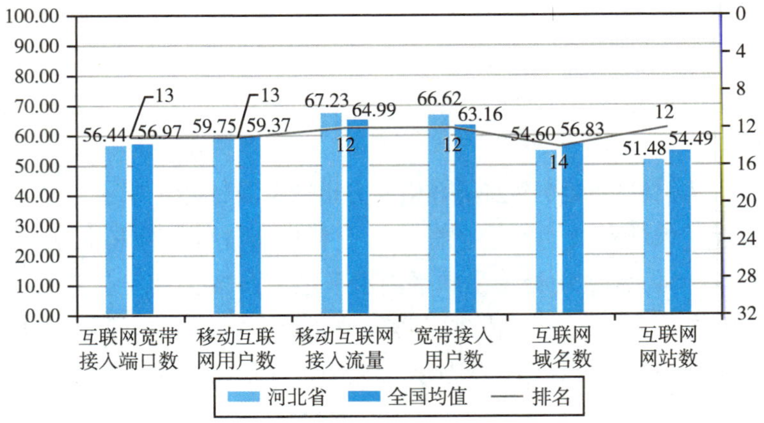

图5-312 河北省互联网连接能力情况

从衡量区域电信通信能力指数的具体指标来看，2022年河北省光缆线路密度指标和移动电话基站个数指标分别为56.76和57.17，均处于全国平均水平之下，表明河北省上述方面表现相对偏弱，需要继续完善相关环境建设。而2022年河北省移动电话交换机容量指标为64.54，处于全国平均水平之上，表明河北省上述方面表现相对较好，但仍需加大投入力度，保持领先优势，如图5-313所示。

5.4.10.4 河北省科技创新孵化能力维度

从区域科技创新孵化能力的总体表现来看，2022年河北省的区域科技创新孵化能力指数为52.17，与全国平均水平58.42相比，河北省处于全国平均水平之下，体现出河北省的科技创新孵化能力相对偏弱。

从衡量区域科技创新孵化能力指数的具体指标来看，2022河北省年软件园数量指标、软件园产值指标、大学科技园数量指标、大学科技园产值指标和产业孵化器数量指标分别为48.82、41.14、47.71、47.35和56.82，均处于全国平均水平之下，表明河北省上述方面表现相对偏弱，需要继续完善相关环境建设。而2022年河北省众创空间数量指标为71.20，处于全国平均水平之上，表明河北省上述方面表现相对较好，但仍需加大投入力度，保持领先优势，如图5-314所示。

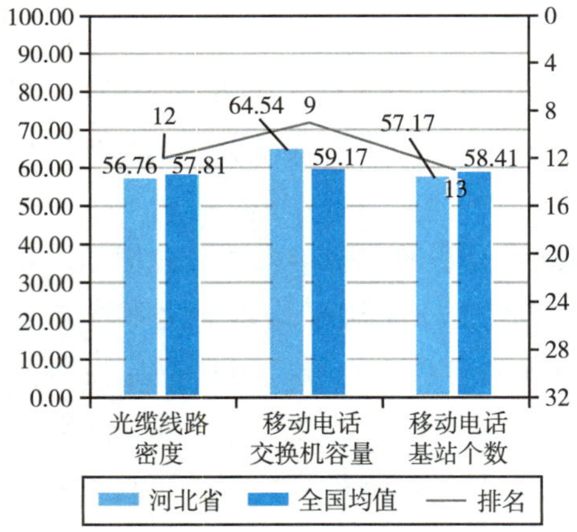

图5-313 河北省电信通信能力情况

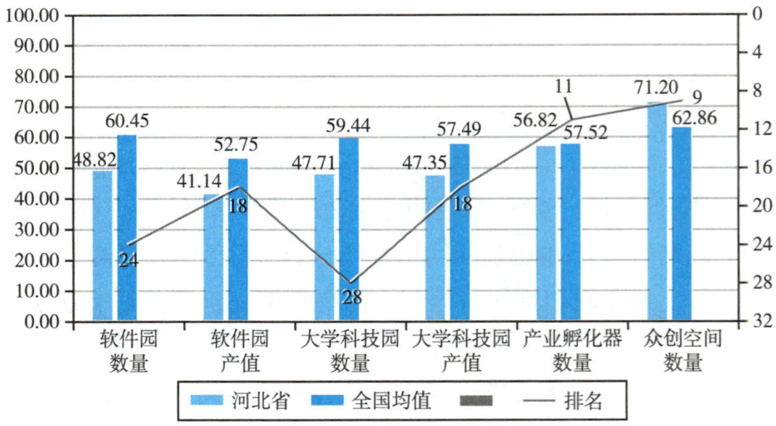

图5-314 河北省科技创新孵化能力情况

5.4.11　河南省

5.4.11.1　河南省创新发展硬环境综合指数

2022年河南省的创新发展硬环境综合指数为60.04，与全国平均水平58.71相比，处于全国平均水平之上，体现出河南省创新发展硬环境建设较好，但仍需继续保持，如图5-315所示。

5.4.11.2　河南省互联网连接能力维度

从区域互联网连接能力的总体表现来看，2022年河南省的区域互联网连接能力指数为68.51，与全国平均水平59.30相比，河南省处于全国平均水平之上，体现出河南省的互联网连接能力相对较强。

从衡量区域互联网连接能力指数的具体指标来看，2022年河南省互联网宽带接入端口数指标、移动互联网接入流量指标、宽带接入用户数指标、互联网域名数指标和互联网网站数指标分别为60.79、85.00、77.58、63.51和73.24，均处于全国平均水平之上，表明河南省上述方面表现相对较好，但仍需加大投入力度，保持领先优势。而2022年河南省移动互联网用户数指标为50.98，处于全国平均水平之下，表明河南省上述方面表现相对偏弱，需要继续完善相关环境建设，如图5-316所示。

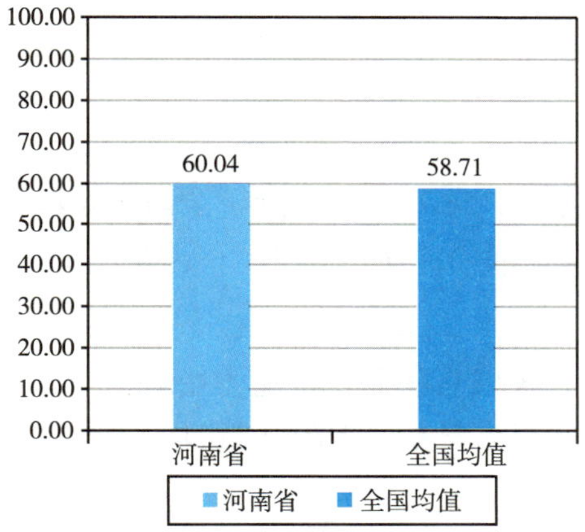

图5-315　河南省创新发展硬环境综合指数

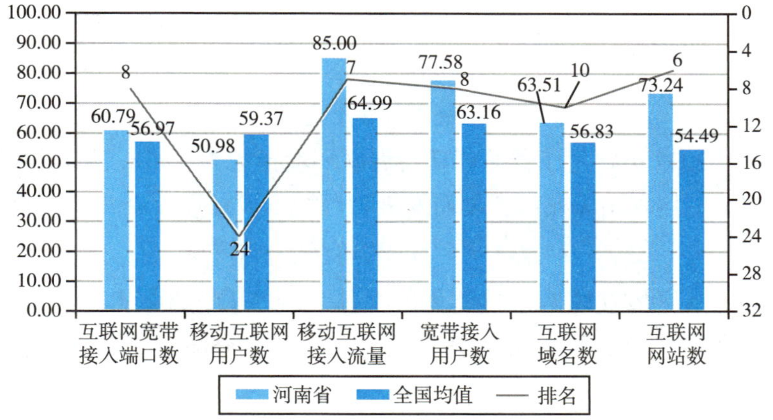

图5-316　河南省互联网连接能力情况

5.4.11.3　河南省电信通信能力维度

从区域电信通信能力的总体表现来看，2022年河南省的区域电信通信能力指数为62.46，与全国平均水平58.46相比，河南省处于全国平均水平之上，体现出河南省的电信通信能力相对较强。

从衡量区域电信通信能力指数的具体指标来看，2022年河南省光缆线路密度指标为56.55，处于全国平均水平之下，表明河南省上述方面表现相对偏弱，需要继续完善相关环境建设。而2022河南省年移动电话交换机容量指标和移动电话基站个数指标分别为68.01和62.83，均处于全国平均水平之上，表明河南省上述方面表现相对较好，但仍需加大投入力度，保持领先优势，如图5-317所示。

5.4.11.4　河南省科技创新孵化能力维度

从区域科技创新孵化能力的总体表现来看，2022年河南省的区域科技创新孵化能力指数为51.83，与全国平均水平58.42相比，河南省处于全国平均水平之下，体现出河南省的科技创新孵化能力相对偏弱。

从衡量区域科技创新孵化能力指数的具体指标来看，2022年河南省软件园数量指标、软件园产值指标、大学科技园数量指标、产业孵化器数量指标和众创空间数量指标分别为46.64、40.62、47.75、

47.49和48.46，均处于全国平均水平之下，表明河南省上述方面表现相对偏弱，需要继续完善相关环境建设。而2022年河南省大学科技园产值指标为80.01，处于全国平均水平之上，表明河南省上述方面表现相对较好，但仍需加大投入力度，保持领先优势，如图5-318所示。

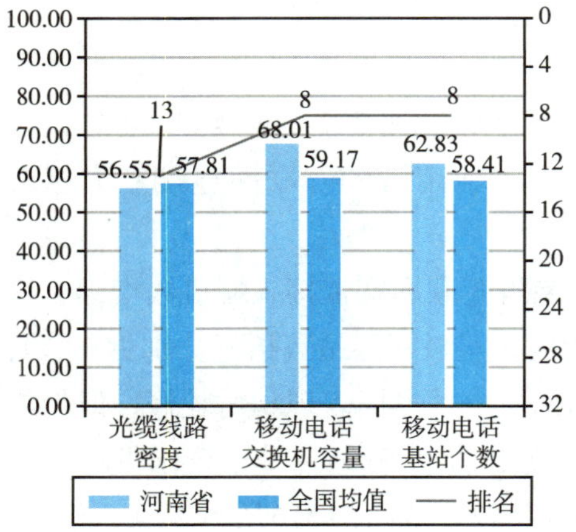

图5-317　河南省电信通信能力情况

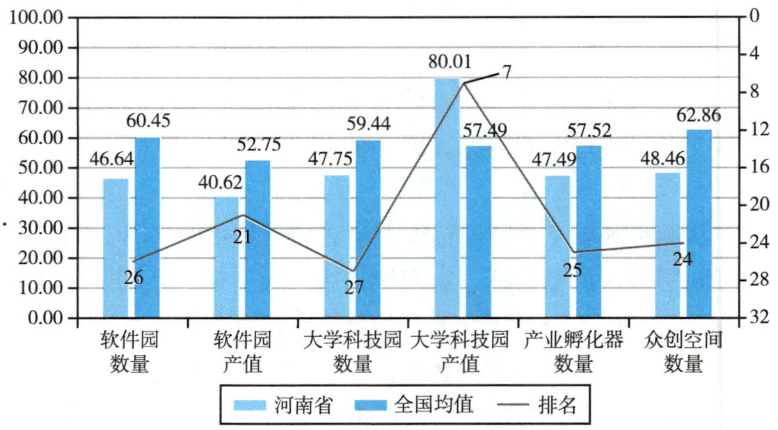

图5-318　河南省科技创新孵化能力情况

5.4.12　黑龙江省

5.4.12.1　黑龙江省创新发展硬环境综合指数

2022年黑龙江省的创新发展硬环境指数为49.61，与全国平均水平58.71相比，处于全国平均水平之下，体现出黑龙江省创新发展硬环境建设还需要进一步完善，如图5-319所示。

5.4.12.2　黑龙江省互联网连接能力维度

从区域互联网连接能力的总体表现来看，2022年黑龙江省的区域互联网连接能力指数为46.06，与全国平均水平59.30相比，黑龙江省处于全国平均水平之下，体现出黑龙江省的互联网连接能力相对偏弱。

从衡量区域互联网连接能力指数的具体指标来看，2022年黑龙江省互联网宽带接入端口数指标、移动互联网用户数指标、移动互联网接入流量指标、宽带接入用户数指标、互联网域名数指标和互联网网站数指标分别为42.84、57.81、43.32、43.68、44.34和44.39，均处于全国平均水平之下，表明黑龙江省上述方面表现相对偏弱，需要继续完善相关环境建设，如图5-320所示。

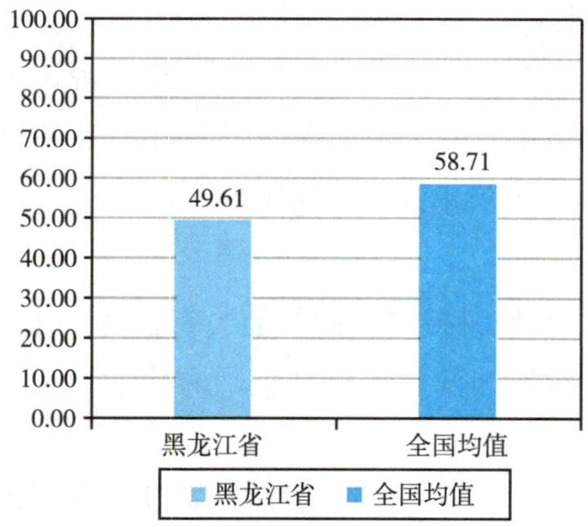

图5-319　黑龙江省创新发展硬环境综合指数

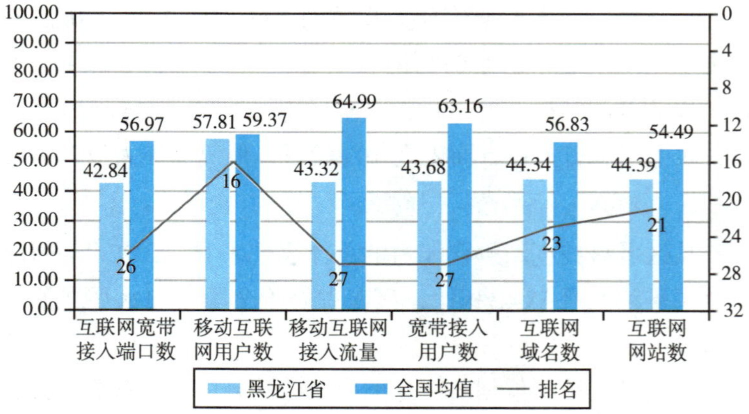

图5-320　黑龙江省互联网连接能力情况

5.4.12.3　黑龙江省电信通信能力维度

从区域电信通信能力的总体表现来看，2022年黑龙江省的区域电信通信能力指数为43.68，与全国平均水平58.46相比，黑龙江省处于全国平均水平之下，体现出黑龙江省的电信通信能力相对偏弱。

从衡量区域电信通信能力指数的具体指标来看，2022年黑龙江省光缆线路密度指标、移动电话交换机容量指标和移动电话基站个数指标分别为43.14、45.12和42.78，均处于全国平均水平之下，表明黑龙江省上述方面表现相对偏弱，需要继续完善相关环境建设，如图5-321所示。

5.4.12.4　黑龙江省科技创新孵化能力维度

从区域科技创新孵化能力的总体表现来看，2022年黑龙江省的区域科技创新孵化能力指数为56.42，与全国平均水平58.42相比，黑龙江省处于全国平均水平之下，体现出黑龙江省的科技创新孵化能力相对偏弱。

从衡量区域科技创新孵化能力指数的具体指标来看，2022年黑龙江省软件园数量指标、大学科技园数量指标和产业孵化器数量指标分别为61.01、76.77和69.69，均处于全国平均水平之上，表明黑龙江省上述方面表现相对较好，但仍需加大投入力度，保持领先优势。而2022年黑龙江省软件园产值指标、大学科技园产值指标和众创空间数量指标分别为41.13、48.25和41.65，均处于全国平均水平之下，表明黑龙江省上述方面表现相对偏弱，需要继续完善相关环境建设，如图5-322所示。

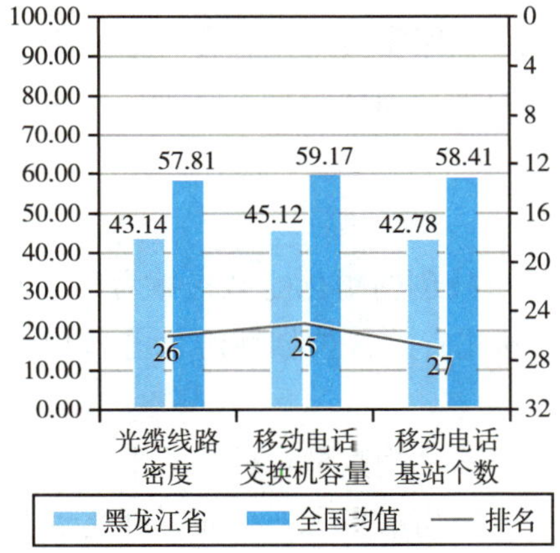

图5-321　黑龙江省电信通信能力情况

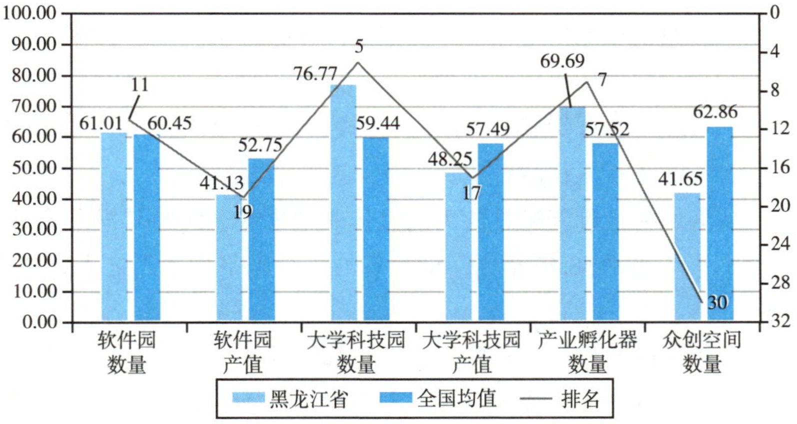

图5-322　黑龙江省科技创新孵化能力情况

5.4.13　湖北省

5.4.13.1　湖北省创新发展硬环境综合指数

2022年湖北省的创新发展硬环境指数为56.92，与全国平均水平58.71相比，处于全国平均水平之下，体现出湖北省创新发展硬环境建设还需要进一步完善，如图5-323所示。

5.4.13.2　湖北省互联网连接能力维度

从区域互联网连接能力的总体表现来看，2022年湖北省的区域互联网连接能力指数为54.80，与全国平均水平59.30相比，湖北省处于全国平均水平之下，体现出湖北省的互联网连接能力相对偏弱。

从衡量区域互联网连接能力指数的具体指标来看，2022年湖北省互联网宽带接入端口数指标、移动互联网用户数指标、移动互联网接入流量指标、宽带接入用户数指标和互联网域名数指标分别为52.11、44.75、60.69、59.96和55.45，均处于全国平均水平之下，表明湖北省上述方面表现相对偏弱，需要继续完善相关环境建设。而2022年湖北省互联网网站数指标为55.83，处于全国平均水平之上，表明湖北省上述方面表现相对较好，但仍需加大投入力度，保持领先优势，如图5-324所示。

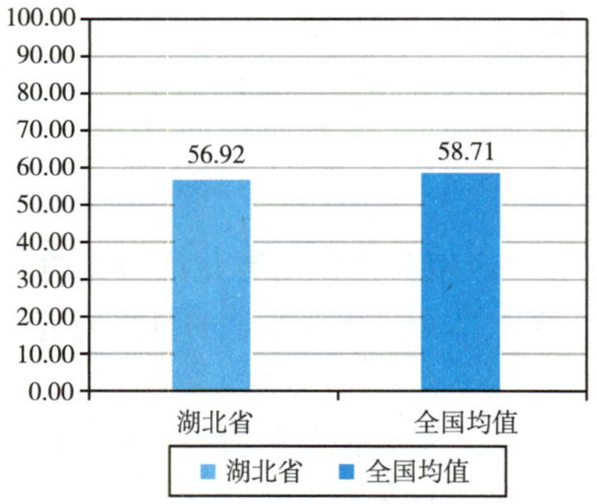

图5-323　湖北省创新发展硬环境综合指数

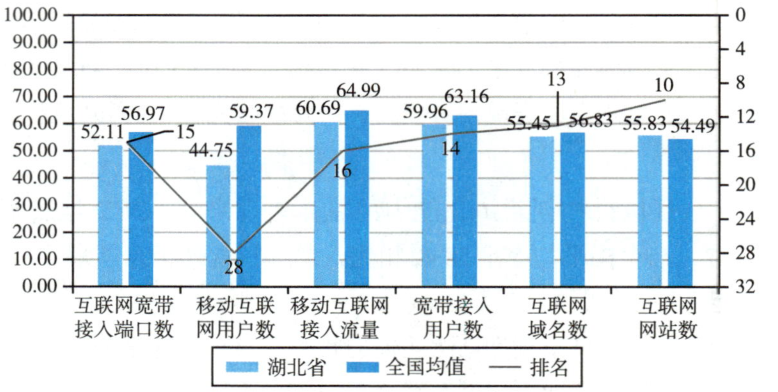

图5-324　湖北省互联网连接能力情况

5.4.13.3　湖北省电信通信能力维度

从区域电信通信能力的总体表现来看，2022年湖北省的区域电信通信能力指数为54.48，与全国平均水平58.46相比，湖北省处于全国平均水平之下，体现出湖北省的电信通信能力相对偏弱。

从衡量区域电信通信能力指数的具体指标来看，2022年湖北省光缆线路密度指标、移动电话交换机容量指标和移动电话基站个数指标分别为56.15、53.68和53.62，均处于全国平均水平之下，表明湖北省上述方面表现相对偏弱，需要继续完善相关环境建设，如图5-325所示。

5.4.13.4　湖北省科技创新孵化能力维度

从区域科技创新孵化能力的总体表现来看，2022年湖北省的区域科技创新孵化能力指数为60.22，与全国平均水平58.42相比，湖北省处于全国平均水平之上，体现出湖北省的科技创新孵化能力相对较强。

从衡量区域科技创新孵化能力指数的具体指标来看，2022年湖北省软件园数量指标、大学科技园数量指标和众创空间数量指标分别为51.26、56.42和62.18，均处于全国平均水平之下，表明湖北省上述方面表现相对偏弱，需要继续完善相关环境建设。而2022年湖北省软件园产值指标、大学科技园产值指标和产业孵化器数量指标分别为60.40、68.90和62.14，均处于全国平均水平之上，表明湖北省上述方面表现相对较好，但仍需加大投入力度，保持领先优势，如图5-326所示。

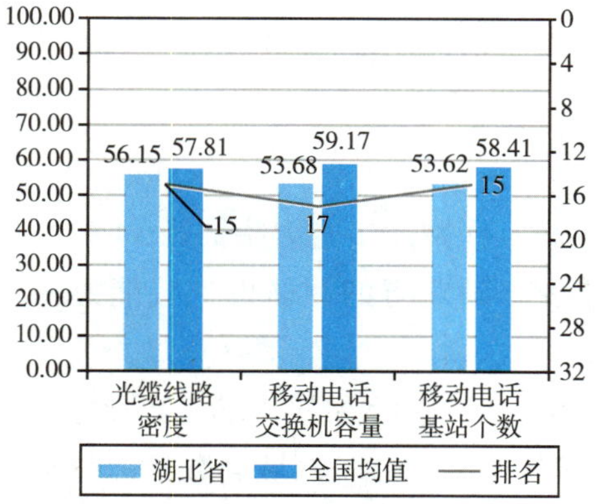

图5-325　湖北省电信通信能力情况

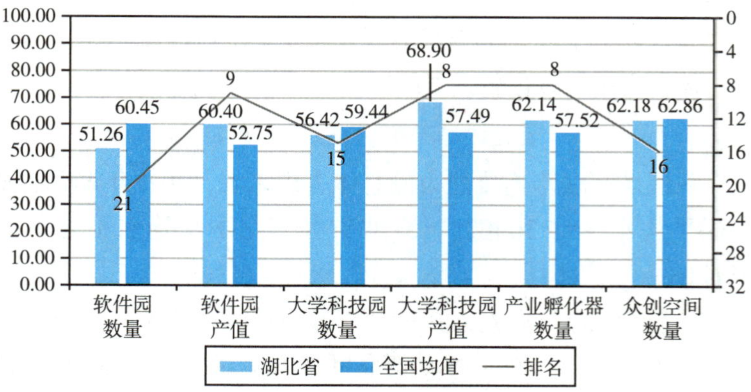

图5-326　湖北省科技创新孵化能力情况

5.4.14　湖南省

5.4.14.1　湖南省创新发展硬环境综合指数

2022年湖南省的创新发展硬环境指数为53.27，与全国平均水平58.71相比，处于全国平均水平之下，体现出湖南省创新发展硬环境建设还需要进一步完善，如图5–327所示。

5.4.14.2　湖南省互联网连接能力维度

从区域互联网连接能力的总体表现来看，2022年湖南省的区域互联网连接能力指数为54.98，与全国平均水平59.30相比，湖南省处于全国平均水平之下，体现出湖南省的互联网连接能力相对偏弱。

从衡量区域互联网连接能力指数的具体指标来看，2022年湖南省互联网宽带接入端口数指标、移动互联网用户数指标、移动互联网接入流量指标、宽带接入用户数指标和互联网网站数指标分别为50.16、49.47、64.39、59.55和48.40，均处于全国平均水平之下，表明湖南省上述方面表现相对偏弱，需要继续完善相关环境建设。而2022年湖南省互联网域名数指标为57.91，处于全国平均水平之上，表明湖南省上述方面表现相对较好，但仍需加大投入力度，保持领先优势，如图5–328所示。

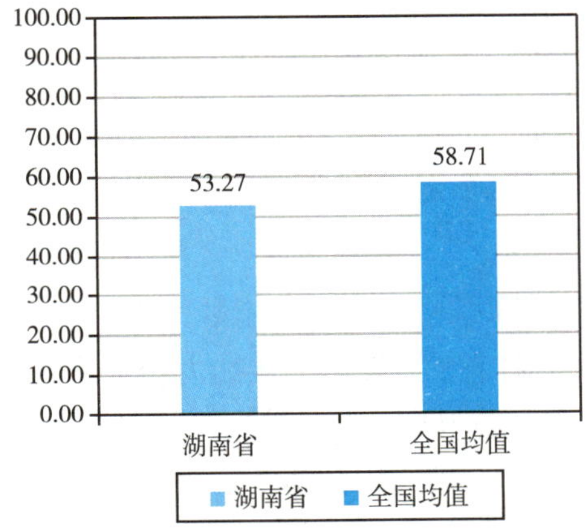

图5–327　湖南省创新发展硬环境综合指数

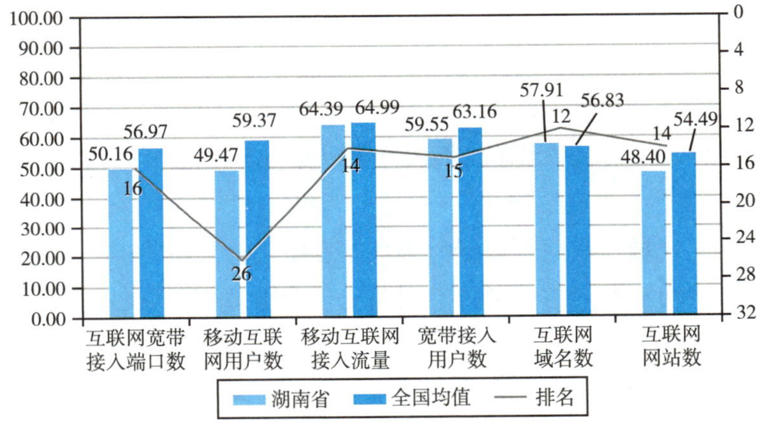

图5–328　湖南省互联网连接能力情况

5.4.14.3　湖南省电信通信能力维度

从区域电信通信能力的总体表现来看，2022年湖南省的区域电信通信能力指数为54.40，与全国平均水平58.46相比，湖南省处于全国平均水平之下，体现出湖南省的电信通信能力相对偏弱。

从衡量区域电信通信能力指数的具体指标来看，2022年湖南省光缆线路密度指标、移动电话交换机容量指标和移动电话基站个数指标分别为55.25、54.81和53.13，均处于全国平均水平之下，表明湖南省上述方面表现相对偏弱，需要继续完善相关环境建设，如图5–329所示。

5.4.14.4　湖南省科技创新孵化能力维度

从区域科技创新孵化能力的总体表现来看，2022年湖南省的区域科技创新孵化能力指数为51.18，与全国平均水平58.42相比，湖南省处于全国平均水平之下，体现出湖南省的科技创新孵化能力相对偏弱。

从衡量区域科技创新孵化能力指数的具体指标来看，2022年湖南省软件园数量指标、软件园产值指标、大学科技园数量指标、产业孵化器数量和众创空间数量指标分别为49.92、48.14、48.68、46.56和53.15，均处于全国平均水平之下，表明湖南省上述方面表现相对偏弱，需要继续完善相关环境建设。而2022年大学科技园产值指标为60.65，处于全国平均水平之上，表明湖南省上述方面表现相对较好，但仍需加大投入力度，保持领先优势，如图5-330所示。

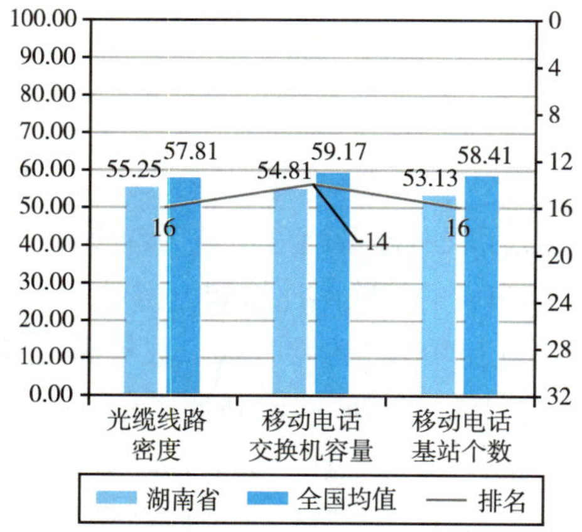

图5-329 湖南省电信通信能力情况

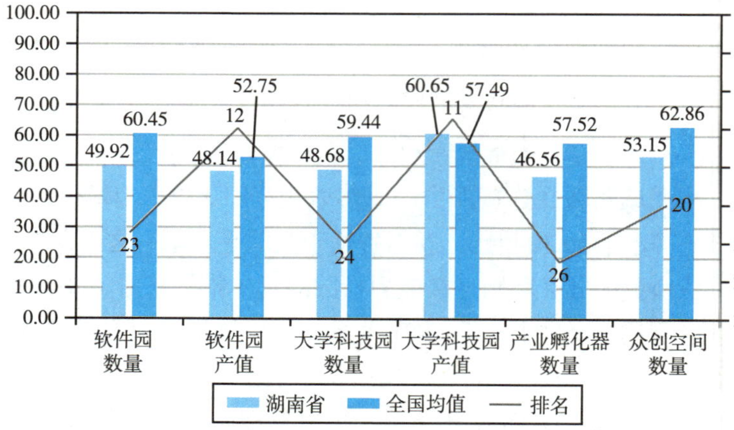

图5-330 湖南省科技创新孵化能力情况

5.4.15 吉林省

5.4.15.1 吉林省创新发展硬环境综合指数

2022年吉林省的创新发展硬环境指数为52.38，与全国平均水平58.71相比，处于全国平均水平之下，体现出吉林省创新发展硬环境建设还需要进一步完善，如图5-331所示。

5.4.15.2 吉林省互联网连接能力维度

从区域互联网连接能力的总体表现来看，2022年吉林省的区域互联网连接能力指数为48.75，与全国平均水平59.30相比，吉林省处于全国平均水平之下，体现出吉林省的互联网连接能力相对偏弱。

从衡量区域互联网连接能力指数的具体指标来看，2022年吉林省互联网宽带接入端口数指标、移动互联网接入流量指标、宽带接入用户数指标、互联网域名数和互联网网站数指标分别为45.64、49.85、46.88、43.70和44.07，均处于全国平均水平之下，表明吉林省上述方面表现相对偏弱，需要继续完善相关环境建设。而2022年吉林省区域移动互联网用户数为62.34，处于全国平均水平之上，表明吉林省上述方面表现相对较好，但仍需加大投入力度，保持领先优势，如图5-332所示。

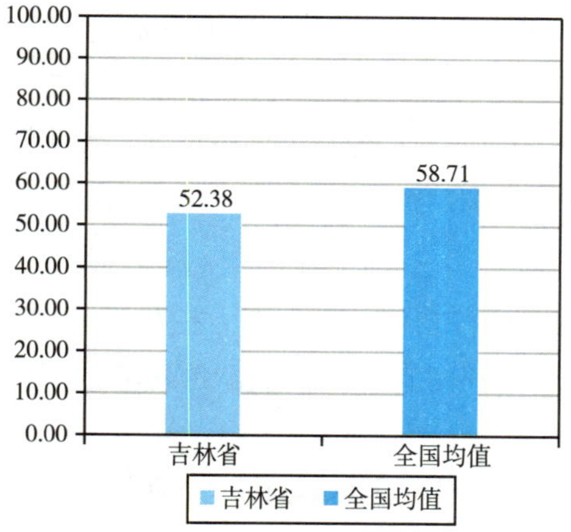

图5-331 吉林省创新发展硬环境综合指数

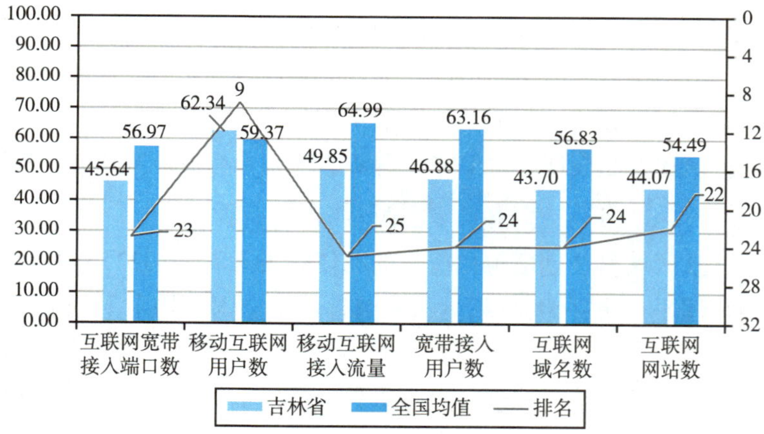

图5-332 吉林省互联网连接能力情况

5.4.15.3 吉林省电信通信能力维度

从区域电信通信能力的总体表现来看，2022年吉林省的区域电信通信能力指数为46.53，与全国平均水平58.46相比，吉林省处于全国平均水平之下，体现出吉林省的电信通信能力相对偏弱。

从衡量区域电信通信能力指数的具体指标来看，2022年吉林省光缆线路密度指标、移动电话交换机容量指标和移动电话基站个数指标分别为46.02、47.87和45.69，均处于全国平均水平之下，表明吉林省上述方面表现相对偏弱，需要继续完善相关环境建设，如图5-333所示。

5.4.15.4 吉林省科技创新孵化能力维度

从区域科技创新孵化能力的总体表现来看，2022年吉林省的区域科技创新孵化能力指数为59.18，与全国平均水平58.42相比，吉林省处于全国平均水平之上，体现出吉林省的科技创新孵化能力相对较强。

从衡量区域科技创新孵化能力指数的具体指标来看，2022年吉林省软件园产值指标、大学科技园产值指标、产业孵化器数量指标和众创空间数量指标分别为40.96、44.26、57.43和52.94，均处于全国平均水平之下，表明吉林省上述方面表现相对偏弱，需要继续完善相关环境建设。而2022年软件园数量指标和大学科技园数量指标分别为95.30和64.19，均处于全国平均水平之上，表明吉林省上述方面表现相对较好，但仍需加大投入力度，保持领先优势，如图5-334所示。

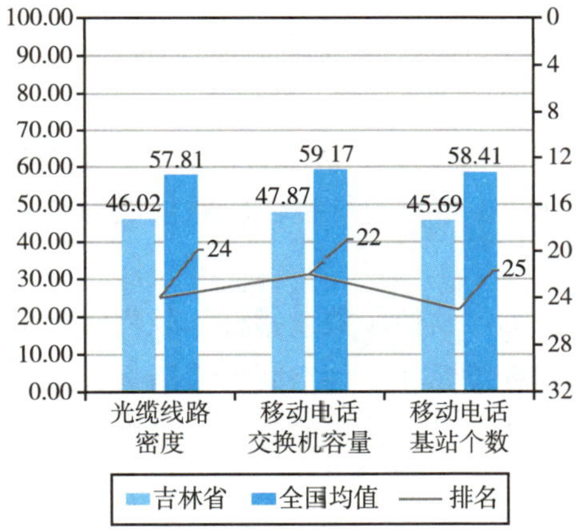

图5-333 吉林省电信通信能力情况

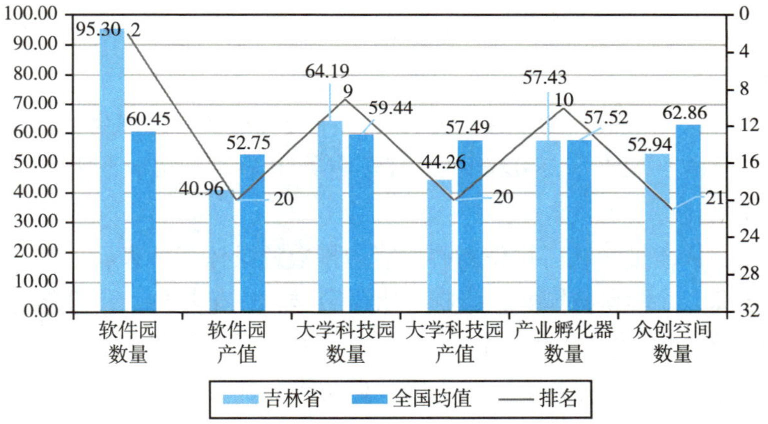

图5-334 吉林省科技创新孵化能力情况

5.4.16 江苏省

5.4.16.1 江苏省创新发展硬环境综合指数

2022年江苏省的创新发展硬环境指数为85.91，与全国平均水平58.71相比，处于全国平均水平之上，体现出江苏省创新发展硬环境建设较好，但仍需继续保持，如图5-335所示。

5.4.16.2 江苏省互联网连接能力维度

从区域互联网连接能力的总体表现来看，2022年江苏省的区域互联网连接能力指数为77.83，与全国平均水平59.30相比，江苏省处于全国平均水平之上，体现出江苏省的互联网连接能力相对较强。

从衡量区域互联网连接能力指数的具体指标来看，2022年江苏省互联网宽带接入端口数指标、移动互联网用户数指标、移动互联网接入流量指标、宽带接入用户数指标、互联网域名数指标和互联网网站数指标分别为85.00、61.89、90.31、93.92、71.25和64.58，均处于全国平均水平之上，表明江苏省上述方面表现相对较好，但仍需加大投入力度，保持领先优势，如图5-336所示。

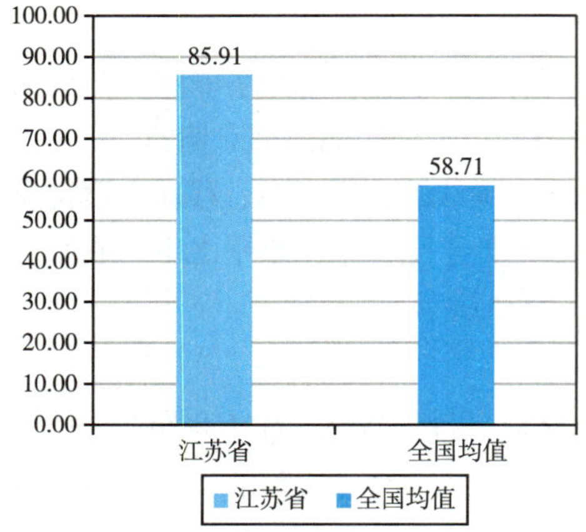

图5-335 江苏省创新发展硬环境综合指数

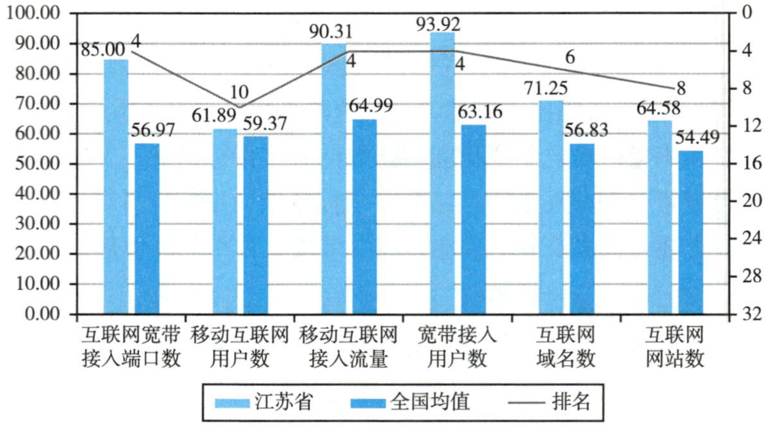

图5-336 江苏省互联网连接能力情况

5.4.16.3 江苏省电信通信能力维度

从区域电信通信能力的总体表现来看，2022年江苏省的区域电信通信能力指数为89.16，与全国平均水平58.46相比，江苏省处于全国平均水平之上，体现出江苏省的电信通信能力相对较强。

从衡量区域电信通信能力指数的具体指标来看，2022年江苏省光缆线路密度指标、移动电话交换机容量指标和移动电话基站个数指标分别为87.57、89.95和89.95，均处于全国平均水平之上，表明江苏省上述方面表现相对较好，但仍需加大投入力度，保持领先优势，如图5-337所示。

5.4.16.4 江苏省科技创新孵化能力维度

从区域科技创新孵化能力的总体表现来看，2022年江苏省的区域科技创新孵化能力指数为89.92，与全国平均水平58.42相比，江苏省处于全国平均水平之上，体现出江苏省的科技创新孵化能力相对较强。

从衡量区域科技创新孵化能力指数的具体指标来看，2022年江苏省软件园数量指标、软件园产值指标、大学科技园数量指标、大学科技园产值指标、产业孵化器数量指标和众创空间数量指标分别为94.05、74.38、85.03、100.00、97.54和88.51，均处于全国平均水平之上，表明江苏省上述方面表现相对较好，但仍需加大投入力度，保持领先优势，如图5-338所示。

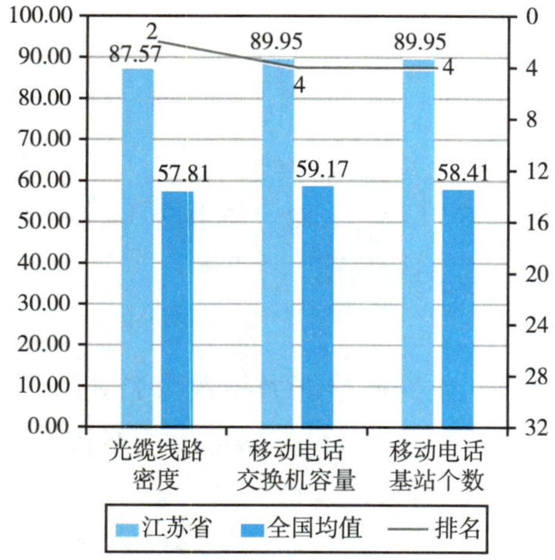

图5-337 江苏省电信通信能力情况

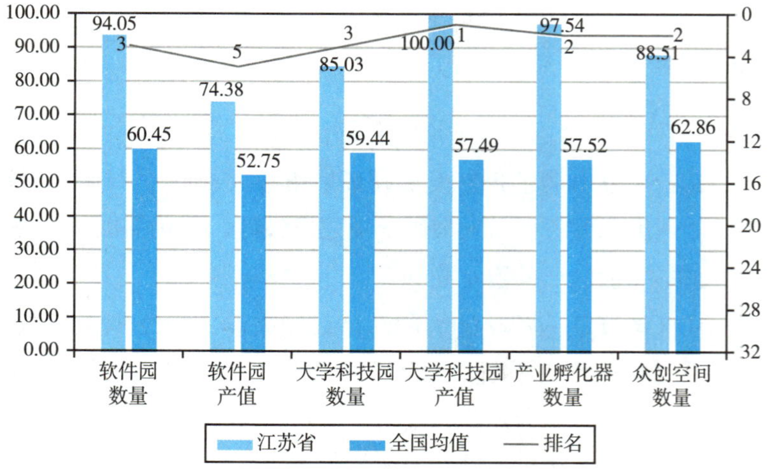

图5-338 江苏省科技创新孵化能力情况

5.4.17 江西省

5.4.17.1 江西省创新发展硬环境综合指数

2022年江西省的创新发展硬环境指数为53.01，与全国平均水平58.71相比，处于全国平均水平之下，体现出江西省创新发展硬环境建设还需要进一步完善，如图5-339所示。

5.4.17.2 江西省互联网连接能力维度

从区域互联网连接能力的总体表现来看，2022年江西省的区域互联网连接能力指数为51.24，与全国平均水平59.30相比，江西省处于全国平均水平之下，体现出江西省的互联网连接能力相对偏弱。

从衡量区域互联网连接能力指数的具体指标来看，2022年江西省互联网宽带接入端口数指标、移动互联网用户数指标、移动互联网接入流量指标、宽带接入用户数指标、互联网域名指标和互联网网站数指标分别为49.69、43.60、58.78、58.14、50.21和47.00，均处于全国平均水平之下，表明江西省上述方面表现相对偏弱，需要继续完善相关环境建设，如图5-340所示。

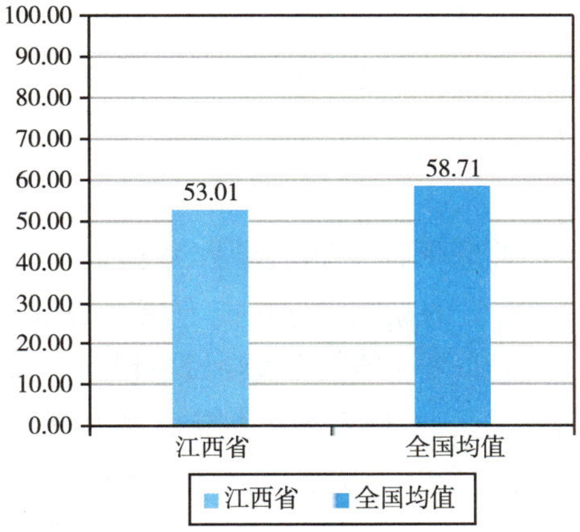

图5-339　江西省创新发展硬环境综合指数

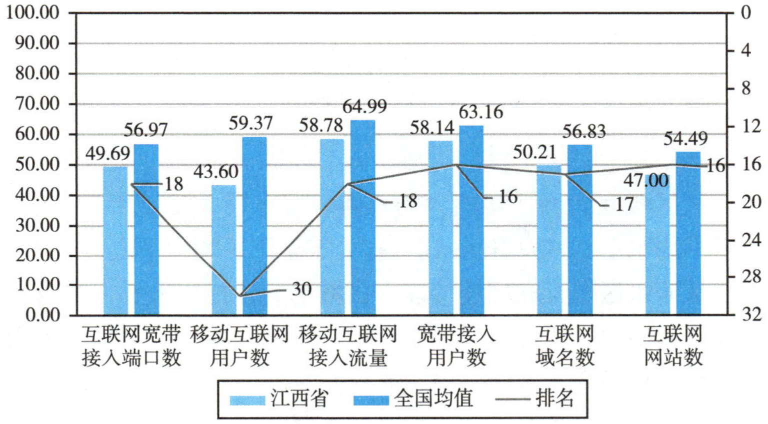

图5-340　江西省互联网连接能力情况

5.4.17.3 江西省电信通信能力维度

从区域电信通信能力的总体表现来看，2022年江西省的区域电信通信能力指数为54.36，与全国平均水平58.46相比，江西省处于全国平均水平之下，体现出江西省的电信通信能力相对偏弱。

从衡量区域电信通信能力指数的具体指标来看，2022年江西省移动电话交换机容量指标和移动电话基站个数指标分别为51.72和52.03，均处于全国平均水平之下，表明江西省上述方面表现相对偏弱，需要继续完善相关环境建设。而2022年光缆线路密度指标为59.33，处于全国平均水平之上，表明江西省上述方面表现相对较好，但仍需加大投入力度，保持领先优势，如图5-341所示。

5.4.17.4 江西省科技创新孵化能力维度

从区域科技创新孵化能力的总体表现来看，2022年江西省的区域科技创新孵化能力指数为53.45，与全国平均水平58.42相比，江西省处于全国平均水平之下，体现出江西省的科技创新孵化能力相对偏弱。

从衡量区域科技创新孵化能力指数的具体指标来看，2022年江西省软件园数量指标、软件园产值指标、大学科技园数量指标、产业孵化器数量指标和众创空间数量指标分别为54.54、42.03、56.96、49.10和52.19，均处于全国平均水平之下，表明江西省上述方面表现相对偏弱，需要继续完善相关环境建设。而2022年大学科技园产值指标为65.90，处于全国平均水平之上，表明江西省上述方面表现相对较好，但仍需加大投入力度，保持领先优势，如图5-342所示。

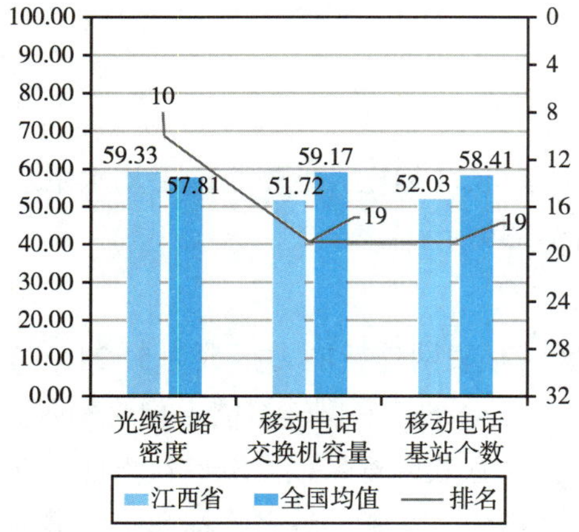

图5-341　江西省电信通信能力情况

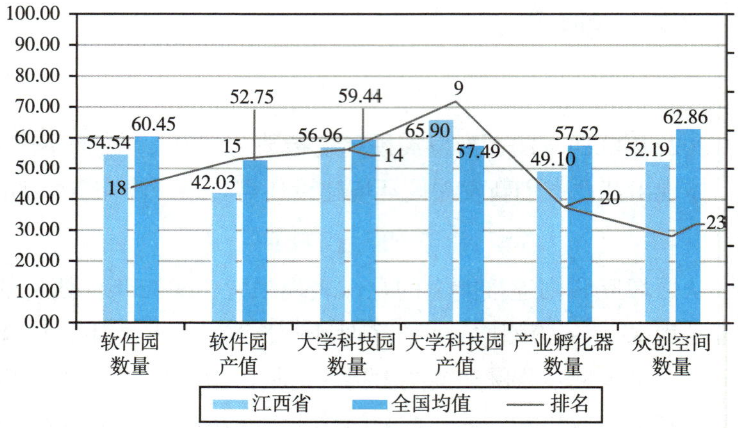

图5-342　江西省科技创新孵化能力情况

5.4.18 辽宁省

5.4.18.1 辽宁省创新发展硬环境综合指数

2022年辽宁省的创新发展硬环境指数为57.76，与全国平均水平58.71相比，处于全国平均水平之下，体现出辽宁省创新发展硬环境建设还需要进一步完善，如图5-343所示。

5.4.18.2 辽宁省互联网连接能力维度

从区域互联网连接能力的总体表现来看，2022年辽宁省的区域互联网连接能力指数为53.45，与全国平均水平59.30相比，辽宁省处于全国平均水平之下，体现出辽宁省的互联网连接能力相对偏弱。

从衡量区域互联网连接能力指数的具体指标来看，2022年辽宁省互联网宽带接入端口数指标、移动互联网用户数指标、移动互联网接入流量指标、宽带接入用户数指标、互联网域名数指标和互联网网站数指标分别为53.79、53.06、59.98、57.88、47.52和48.47，均处于全国平均水平之下，表明辽宁省上述方面表现相对偏弱，需要继续完善相关环境建设，如图5-344所示。

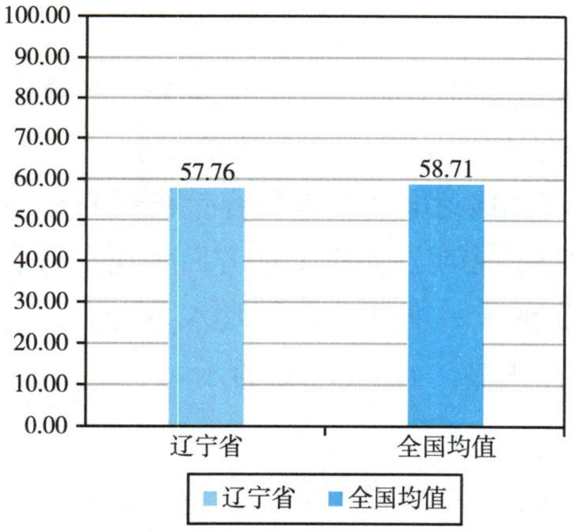

图5-343　辽宁省创新发展硬环境综合指数

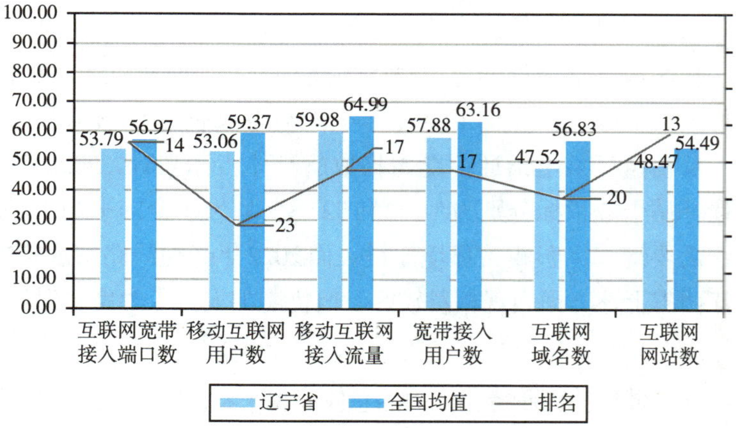

图5-344　辽宁省互联网连接能力情况

5.4.18.3 辽宁省电信通信能力维度

从区域电信通信能力的总体表现来看，2022年辽宁省的区域电信通信能力指数为55.20，与全国平均水平58.46相比，辽宁省处于全国平均水平之下，体现出辽宁省的电信通信能力相对偏弱。

从衡量区域电信通信能力指数的具体指标来看，2022年辽宁省光缆线路密度指标、移动电话交换机容量指标和移动电话基站个数指标分别为56.20、53.63和55.79，均处于全国平均水平之下，表明辽宁省上述方面表现相对偏弱，需要继续完善相关环境建设，如图5-345所示。

5.4.18.4 辽宁省科技创新孵化能力维度

从区域科技创新孵化能力的总体表现来看，2022年辽宁省的区域科技创新孵化能力指数为62.84，与全国平均水平58.42相比，辽宁省处于全国平均水平之上，体现出辽宁省的科技创新孵化能力相对较强。

从衡量区域科技创新孵化能力指数的具体指标来看，2022年辽宁省软件园产值指标、大学科技园数量指标和大学科技园产值指标分别为86.59、71.70和62.90，均处于全国平均水平之上，表明辽宁省上述方面表现相对较好，但仍需加大投入力度，保持领先优势。而2022年辽宁省软件园产值指标、产业孵化器数量指标和众创空间数量指标为46.50、48.35和61.01，均处于全国平均水平之下，表明辽宁省上述方面表现相对偏弱，需要继续完善相关环境建设，如图5-346所示。

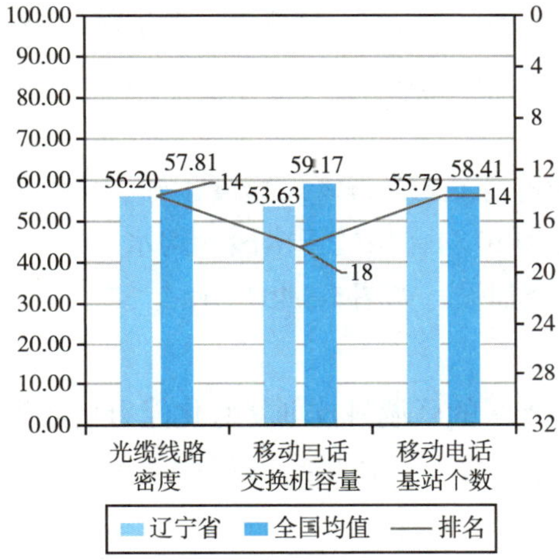

图5-345 辽宁省电信通信能力情况

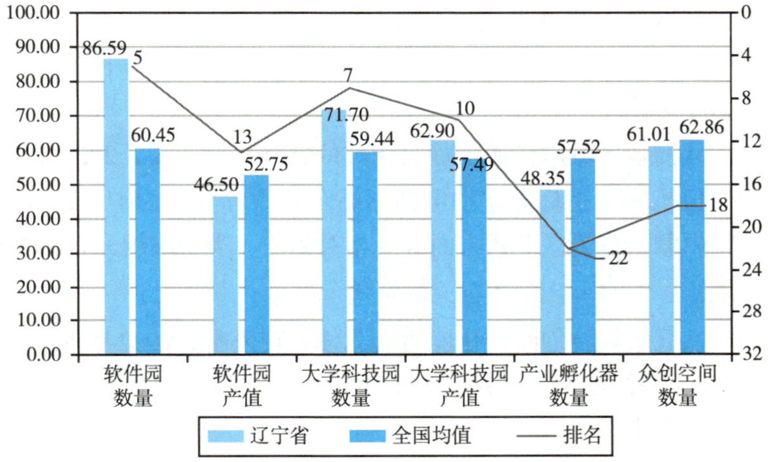

图5-346 辽宁省科技创新孵化能力情况

5.4.19 内蒙古自治区

5.4.19.1 内蒙古自治区创新发展硬环境综合指数

2022年内蒙古自治区的创新发展硬环境指数为46.85，与全国平均水平58.71相比，处于全国平均水平之下，体现出内蒙古自治区创新发展硬环境建设还需要进一步完善，如图5-347所示。

5.4.19.2 内蒙古自治区互联网连接能力维度

从区域互联网连接能力的总体表现来看，2022年内蒙古自治区的区域互联网连接能力指数为46.17，与全国平均水平59.30相比，内蒙古自治区处于全国平均水平之下，体现出内蒙古自治区的互联网连接能力相对偏弱。

从衡量区域互联网连接能力指数的具体指标来看，2022年内蒙古自治区的互联网宽带接入端口数指标、移动互联网接入流量指标、宽带接入用户数指标、互联网域名指标和互联网网站数指标分别为40.79、41.53、41.04、42.02和41.25，均处于全国平均水平之下，表明内蒙古自治区上述方面表现相对偏弱，需要继续完善相关环境建设。而2022年内蒙古自治区移动互联网用户数指标为70.36，处于全国平均水平之上，表明内蒙古自治区上述方面表现相对较好，但仍需加大投入力度，保持领先优势，如图5-348所示。

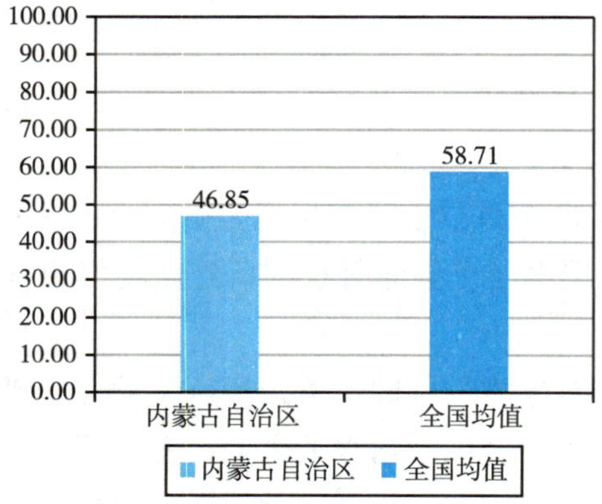

图5-347　内蒙古自治区创新发展硬环境综合指数

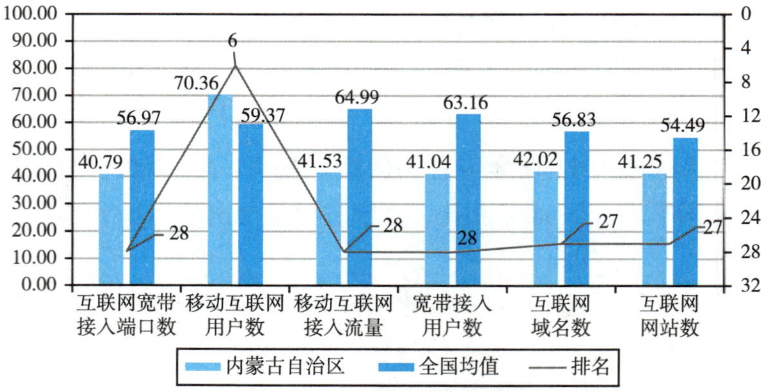

图5-348　内蒙古自治区互联网连接能力情况

5.4.19.3　内蒙古自治区电信通信能力维度

从区域电信通信能力的总体表现来看，2022年内蒙古自治区的区域电信通信能力指数为41.18，与全国平均水平58.46相比，内蒙古自治区处于全国平均水平之下，体现出内蒙古自治区的电信通信能力相对偏弱。

从衡量区域电信通信能力指数的具体指标来看，2022年内蒙古自治区光缆线路密度指标、移动电话交换机容量指标和移动电话基站个数指标分别为41.56、41.15和40.84，均处于全国平均水平之下，表明内蒙古自治区上述方面表现相对偏弱，需要继续完善相关环境建设，如图5-349所示。

5.4.19.4　内蒙古自治区科技创新孵化能力维度

从区域科技创新孵化能力的总体表现来看，2022年内蒙古自治区的区域科技创新孵化能力指数为51.26，与全国平均水平58.42相比，内蒙古自治区处于全国平均水平之下，体现出内蒙古自治区的科技创新孵化能力相对偏弱。

从衡量区域科技创新孵化能力指数的具体指标来看，2022年内蒙古自治区软件园产值指标、大学科技园数量指标、大学科技园产值指标和产业孵化器数量指标分别为40.06、47.98、40.00和47.85，均处于全国平均水平之下，表明内蒙古自治区上述方面表现相对偏弱，需要继续完善相关环境建设。而2022年内蒙古自治区软件园数量指标和众创空间数量指标分别为67.36和64.32，均处于全国平均水平之上，表明内蒙古自治区上述方面表现相对较好，但仍需加大投入力度，保持领先优势，如图5-350所示。

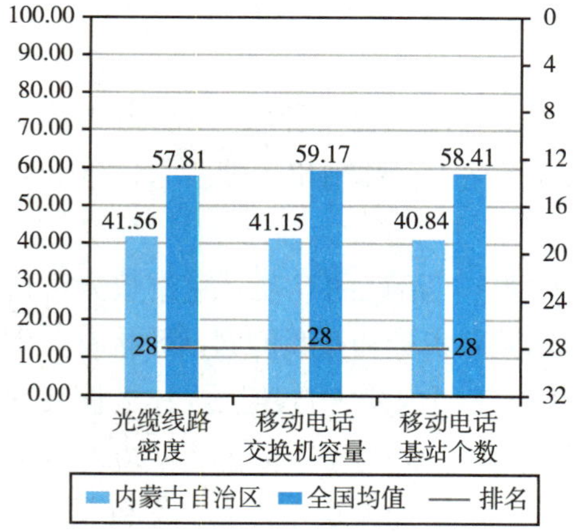

图5-349　内蒙古自治区电信通信能力情况

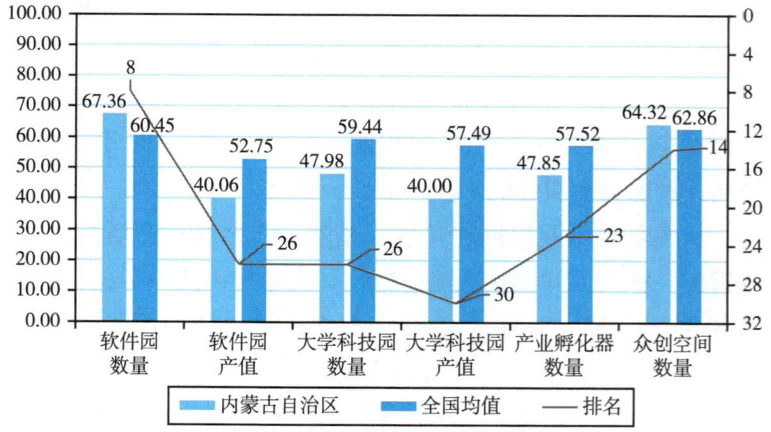

图5-350　内蒙古自治区科技创新孵化能力情况

5.4.20　宁夏回族自治区

5.4.20.1　宁夏回族自治区创新发展硬环境综合指数

2022年宁夏回族自治区的创新发展硬环境指数为48.72，与全国平均水平58.71相比，处于全国平均水平之下，体现出宁夏回族自治区创新发展硬环境建设还需要进一步完善，如图5-351所示。

5.4.20.2　宁夏回族自治区互联网连接能力维度

从区域互联网连接能力的总体表现来看，2022年宁夏回族自治区的区域互联网连接能力指数为48.26，与全国平均水平59.30相比，宁夏回族自治区处于全国平均水平之下，体现出宁夏回族自治区的互联网连接能力相对偏弱。

从衡量区域互联网连接能力指数的具体指标来看，2022年宁夏回族自治区互联网宽带接入端口数指标、移动互联网接入流量指标、宽带接入用户数指标、互联网域名指标和互联网网站数指标分别为45.45、51.99、48.42、40.61和40.53，均处于全国平均水平之下，表明宁夏回族自治区上述方面表现相对偏弱，需要继续完善相关环境建设。而2022年宁夏回族自治区移动互联网用户数指标为62.56，处于全国平均水平之上，表明宁夏回族自治区上述方面表现相对较好，但仍需加大投入力度，保持领先优势，如图5-352所示。

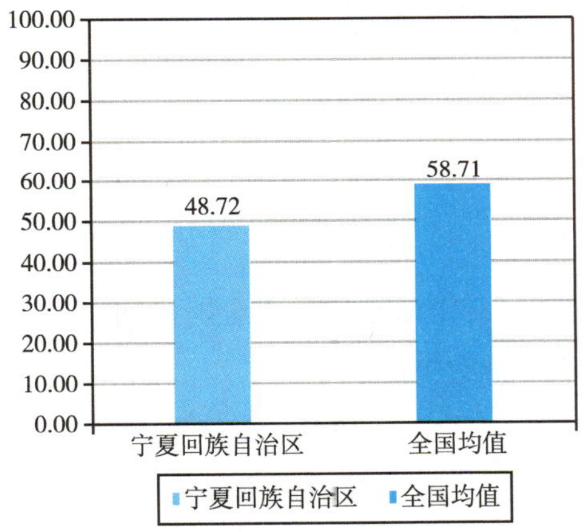

图5-351　宁夏回族自治区创新发展硬环境综合指数

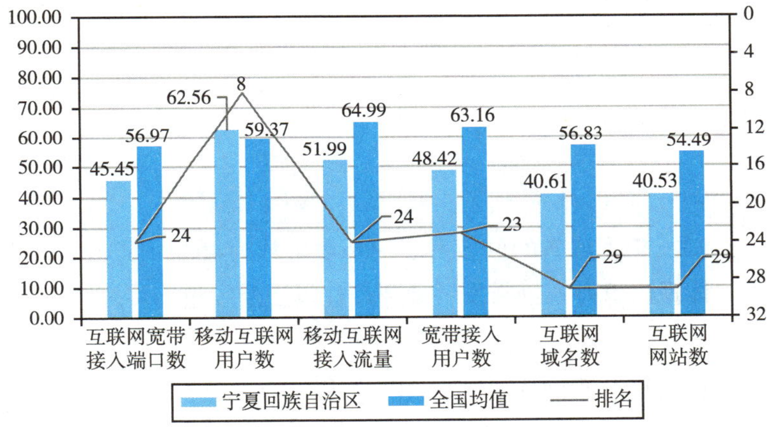

图5-352　宁夏回族自治区互联网连接能力情况

5.4.20.3　宁夏回族自治区电信通信能力维度

从区域电信通信能力的总体表现来看，2022年宁夏回族自治区的区域电信通信能力指数为46.13，与全国平均水平58.46相比，宁夏回族自治区处于全国平均水平之下，体现出宁夏回族自治区的电信通信能力相对偏弱。

从衡量区域电信通信能力指数的具体指标来看，2022年宁夏回族自治区光缆线路密度指标、移动电话交换机容量指标和移动电话基站个数指标分别为45.89、46.42和46.07，均处于全国平均水平之下，表明宁夏回族自治区上述方面表现相对偏弱，需要继续完善相关环境建设，如图5-353所示。

5.4.20.4　宁夏回族自治区科技创新孵化能力维度

从区域科技创新孵化能力的总体表现来看，2022年宁夏回族自治区的区域科技创新孵化能力指数为50.86，与全国平均水平58.42相比，宁夏回族自治区处于全国平均水平之下，体现出宁夏回族自治区的科技创新孵化能力相对偏弱。

从衡量区域科技创新孵化能力指数的具体指标来看，2022年宁夏回族自治区软件园数量指标、软件园产值指标、大学科技园产值指标和产业孵化器数量指标分别为40.00、40.00、40.00和51.79，均处于全国平均水平之下，表明宁夏回族自治区上述方面表现相对偏弱，需要继续完善相关环境建设。而2022年宁夏回族自治区大学科技园数量指标和众创空间数量指标分别为66.41和66.96，均处于全国平均水平之上，表明宁夏回族自治区上述方面表现相对较好，但仍需加大投入力度，保持领先优势，如图5-354所示。

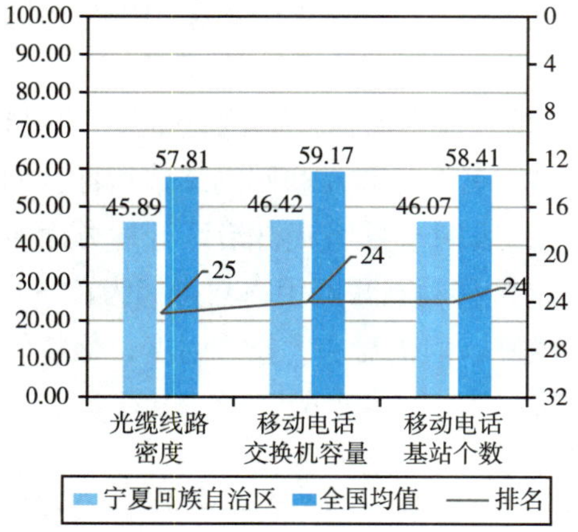

图5-353　宁夏回族自治区电信通信能力情况

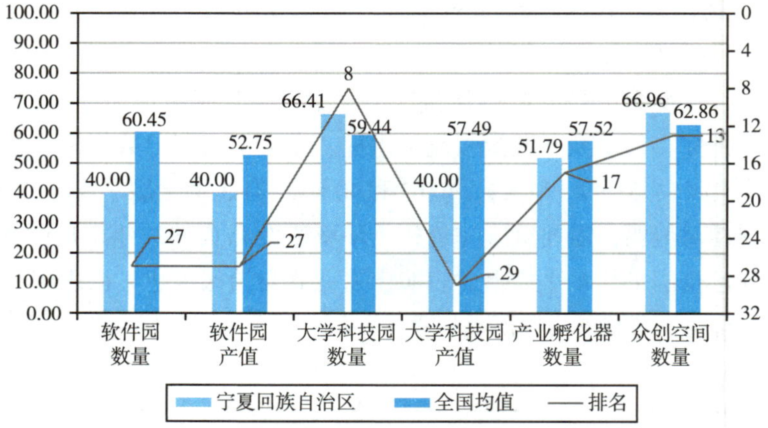

图5-354　宁夏回族自治区科技创新孵化能力情况

5.4.21 青海省

5.4.21.1 青海省创新发展硬环境综合指数

2022年青海省的创新发展硬环境指数为46.26，与全国平均水平58.71相比，处于全国平均水平之下，体现出青海省创新发展硬环境建设还需要进一步完善，如图5-355所示。

5.4.21.2 青海省互联网连接能力维度

从区域互联网连接能力的总体表现来看，2022年青海省的区域互联网连接能力指数为43.86，与全国平均水平59.30相比，青海省处于全国平均水平之下，体现出青海省的互联网连接能力相对偏弱。

从衡量区域互联网连接能力指数的具体指标来看，2022年青海省互联网宽带接入端口数指标、移动互联网接入流量指标、宽带接入用户数指标、互联网域名指标和互联网网站数指标分别为40.25、40.69、40.35、40.18和40.19，均处于全国平均水平之下，表明青海省上述方面表现相对偏弱，需要继续完善相关环境建设。而2022年青海省移动互联网用户数指标为61.49，处于全国平均水平之上，表明青海省上述方面表现相对较好，但仍需加大投入力度，保持领先优势，如图5-356所示。

5.4.21.3 青海省电信通信能力维度

从区域电信通信能力的总体表现来看，2022年青海省的区域电信通信能力指数为40.22，与全国平均水平58.46相比，青海省处于全国平均水平之下，体现出青海省的电信通信能力相对偏弱。

从衡量区域电信通信能力指数的具体指标来看，2022年青海省光缆线路密度指标、移动电话交换机容量指标和移动电话基站个数指标分别为40.41、40.00和40.25，均处于全国平均水平之下，表明青海省上述方面表现相对偏弱，需要继续完善相关环境建设，如图5-357所示。

5.4.21.4 青海省科技创新孵化能力维度

从区域科技创新孵化能力的总体表现来看，2022年青海省的区域科技创新孵化能力指数为52.25，与全国平均水平58.42相比，青海省处于全国平均水平之下，体现出青海省的科技创新孵化能力相对偏弱。

从衡量区域科技创新孵化能力指数的具体指标来看，2022年青海省软件园数量指标、软件园产值指标、大学科技园产值指标和产业孵化器数量指标分别为40.00、40.00、40.21和49.89，均处于全国平均水平之下，表明青海省上述方面表现相对偏弱，需要继续完善相关环境建设。而2022年青海省大学科技园数量指标和众创空间数量指标分别为72.24和71.17，均处于全国平均水平之上，表明青海省上述方面表现相对较好，但仍需加大投入力度，保持领先优势，如图5-358所示。

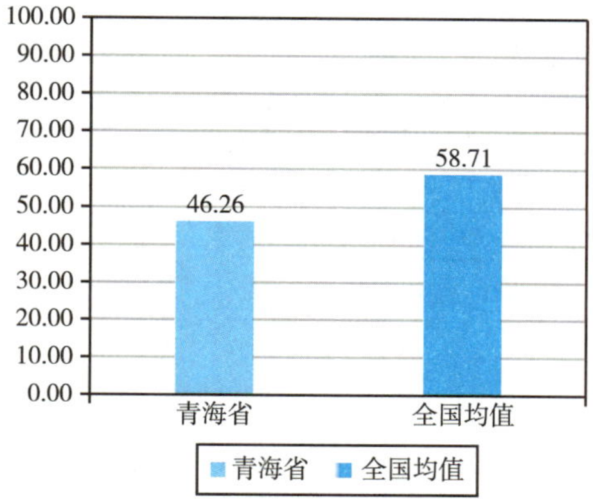

图5-355　青海省创新发展硬环境综合指数

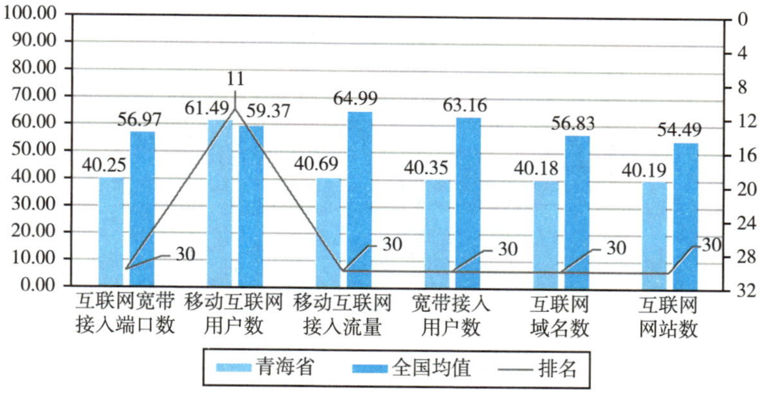

图5-356　青海省互联网连接能力情况

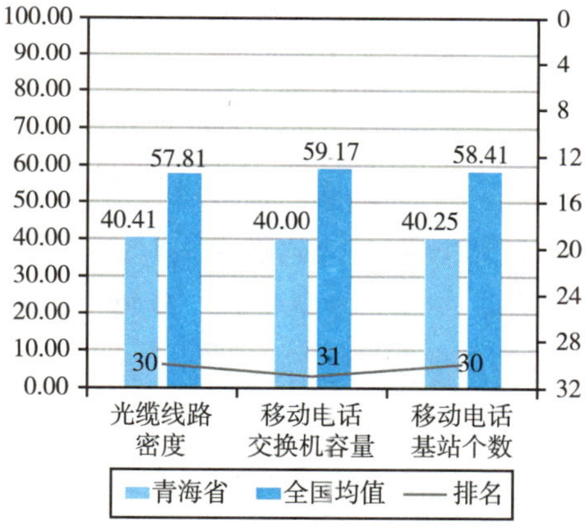

图5-357　青海省电信通信能力情况

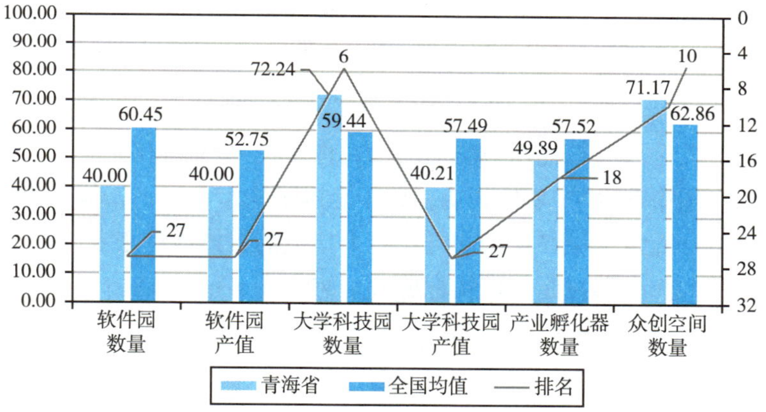

图5-358　青海省科技创新孵化能力情况

5.4.22　山东省

5.4.22.1　山东省创新发展硬环境综合指数

2022年山东省的创新发展硬环境指数为69.38，与全国平均水平58.71相比，处于全国平均水平之上，体现了山东省创新发展硬环境相对较强，但仍需继续保持，如图5-359所示。

5.4.22.2　山东省互联网连接能力维度

从区域互联网连接能力的总体表现来看，2022年山东省的区域互联网连接能力指数为74.51，与全国平均水平59.30相比，处于全国平均水平之上，体现出山东省的互联网连接能力相对较强。

从衡量区域互联网连接能力指数的具体指标来看，2022年山东省互联网宽带接入端口数指标、移动互联网接入流量指标、宽带接入用户数指标、互联网域名数指标和互联网网站数指标分别为68.25、84.54、85.00、75.08和83.57，均处于全国平均水平之上，表明山东省上述方面表现相对较好，但仍需加大投入力度，保持领先优势。而2022年山东省移动互联网用户数指标为50.63，处于全国平均水平之下，表明山东省上述方面表现相对偏弱，需要继续完善相关环境建设，如图5-360所示。

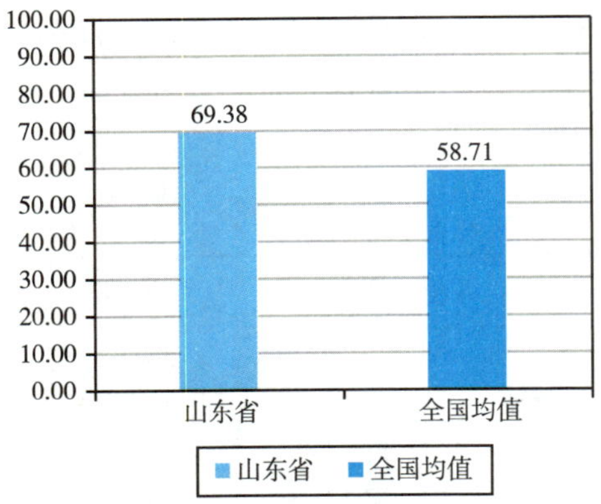

图5-359　山东省创新发展硬环境综合指数

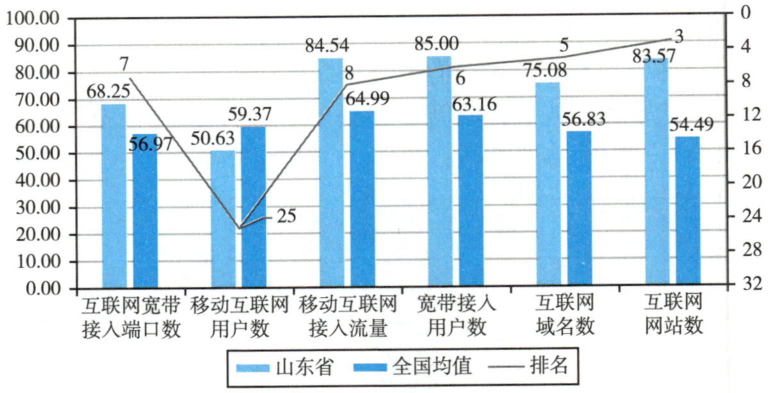

图5-360　山东省互联网连接能力情况

5.4.22.3　山东省电信通信能力维度

从区域电信通信能力的总体表现来看，2022年山东省的区域电信通信能力指数为67.08，与全国平均水平58.46相比，处于全国平均水平之上，体现出山东省的电信通信能力相对较强。

从衡量区域电信通信能力指数的具体指标来看，2022年山东省光缆线路密度指标、移动电话交换机容量指标和移动电话基站个数指标分别为64.09、68.36和68.80，均处于全国平均水平之上，表明山东省上述方面表现相对较好，但仍需加大投入力度，保持领先优势，如图5-361所示。

5.4.22.4　山东省科技创新孵化能力维度

从区域科技创新孵化能力的总体表现来看，2022年山东省的区域科技创新孵化能力指数为66.98，与全国平均水平58.42相比，处于全国平均水平之上，体现出山东省的科技创新孵化能力相对较强。

从衡量区域科技创新孵化能力指数的具体指标来看，2022年山东省软件园数量指标、软件园产值指标和大学科技园产值指标分别为72.29、83.33和86.78，均处于全国平均水平之上，表明山东省上述方面表现相对较好，但仍需加大投入力度，保持领先优势。而2022年山东省大学科技园数量指标、产业孵化器数量指标和众创空间数量指标分别为49.41、53.22和56.85，均处于全国平均水平之下，表明山东省上述方面表现相对偏弱，需要继续完善相关环境建设，如图5-362所示。

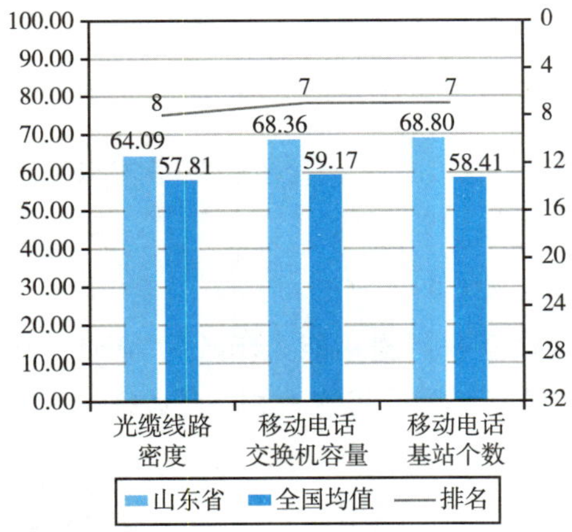

图5-361　山东省电信通信能力情况

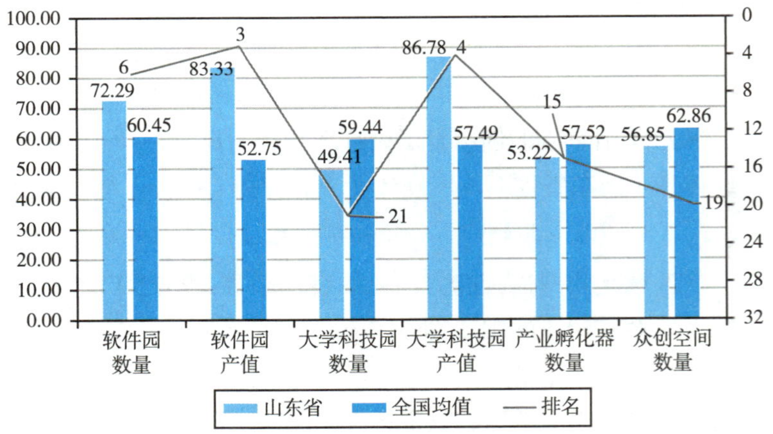

图5-362　山东省科技创新孵化能力情况

5.4.23 山西省

5.4.23.1 山西省创新发展硬环境综合指数

2022年山西省创新发展硬环境综合指数为52.21，与全国平均水平58.71相比，处于全国平均水平之下，体现出山西省创新发展硬环境建设还需要进一步完善，如图5-363所示。

5.4.23.2 山西省互联网连接能力维度

从区域互联网连接能力的总体表现来看，2022年山西省的区域互联网连接能力指数为51.39，与全国平均水平59.30相比，处于全国平均水平之下，体现出山西省的互联网连接能力相对偏弱。

从衡量区域互联网连接能力指数的具体指标来看，2022年山西省互联网宽带接入端口数指标、移动互联网用户数指标、移动互联网接入流量指标、宽带接入用户数指标、互联网域名数指标和互联网网站数指标分别为49.71、54.23、56.74、55.37、46.13和46.14，均处于全国平均水平之下，表明山西省上述方面表现相对偏弱，需要继续完善相关环境建设，如图5-364所示。

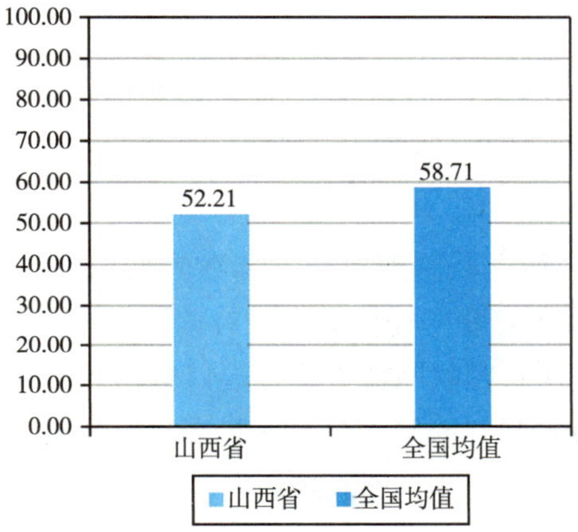

图5-363 山西省创新发展硬环境综合指数

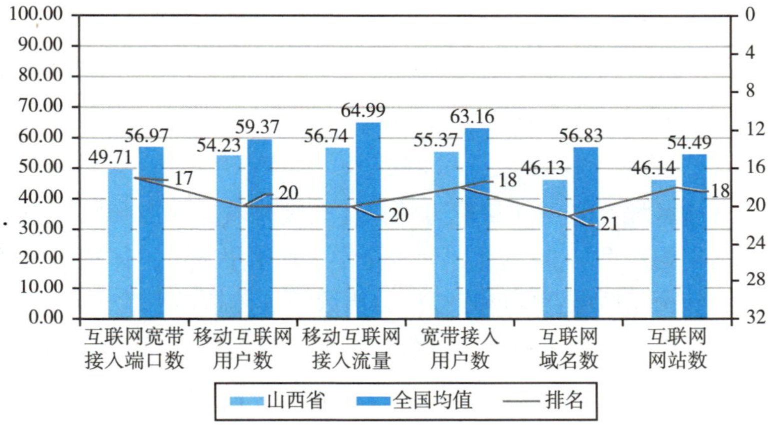

图5-364 山西省互联网连接能力情况

5.4.23.3 山西省电信通信能力维度

从区域电信通信能力的总体表现来看，2022年山西省的区域电信通信能力指数为53.46，与全国平均水平58.46相比，处于全国平均水平之下，体现出山西省的电信通信能力相对偏弱。

从衡量区域电信通信能力指数的具体指标来看，2022年山西省光缆线路密度指标、移动电话交换机容量指标和移动电话基站个数指标分别为52.89、54.43和53.06，均处于全国平均水平之下，表明山西省上述方面表现相对偏弱，需要继续完善相关环境建设，如图5-365所示。

5.4.23.4 山西省科技创新孵化能力维度

从区域科技创新孵化能力的总体表现来看，2022年山西省的区域科技创新孵化能力指数为52.00，与全国平均水平58.42相比，处于全国平均水平之下，体现出山西省的科技创新孵化能力相对偏弱。

从衡量区域科技创新孵化能力指数的具体指标来看，2022年山西省软件园数量指标、软件园产值指标、大学科技园数量指标、大学科技园产值指标和产业孵化器数量指标分别为58.87、40.51、51.01、40.06和47.56，均处于全国平均水平之下，表明山西省上述方面表现相对偏弱，需要继续完善相关环境建设。而2022年山西省众创空间数量指标为73.97，处于全国平均水平之上，表明山西省上述方面表现相对较好，但仍需加大投入力度，保持领先优势，如图5-366所示。

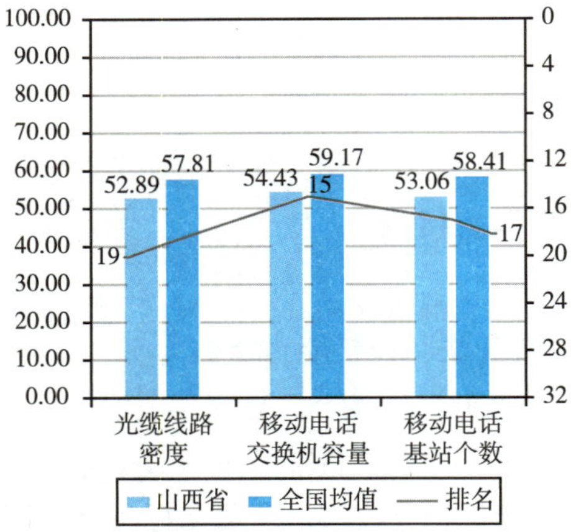

图5-365　山西省电信通信能力情况

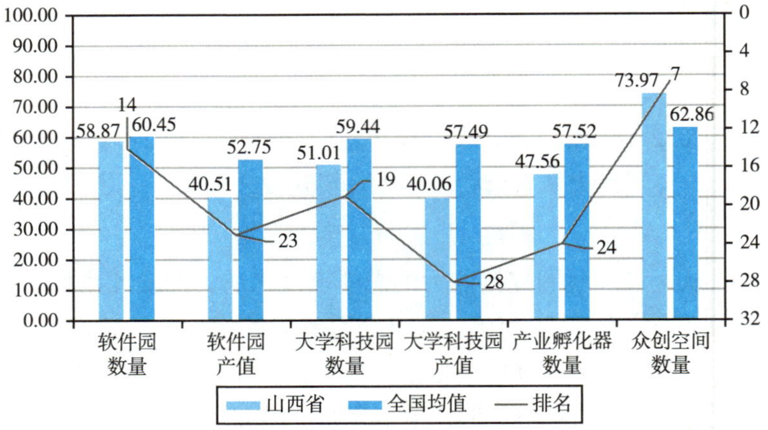

图5-366　山西省科技创新孵化能力情况

5.4.24　陕西省

5.4.24.1　陕西省创新发展硬环境综合指数

2022年陕西省创新发展硬环境综合指数为54.49，与全国平均水平58.71相比，处于全国平均水平之下，体现出陕西省创新发展硬环境建设还需要进一步完善，如图5-367所示。

5.4.24.2　陕西省互联网连接能力维度

从区域互联网连接能力的总体表现来看，2022年陕西省的区域互联网连接能力指数为53.10，与全国平均水平59.30相比，处于全国平均水平之下，体现出陕西省的互联网连接能力相对偏弱。

从衡量区域互联网连接能力指数的具体指标来看，2022年陕西省互联网宽带接入端口数指标、移动互联网接入流量指标、宽带接入用户数指标、互联网域名数指标和互联网网站数指标分别为48.75、56.20、53.54、50.58和46.44，均处于全国平均水平之下，表明陕西省上述方面表现相对偏弱，需要继续完善相关环境建设。而2022年陕西省移动互联网用户数指标为63.09，处于全国平均水平之上，表明陕西省上述方面表现相对较好，但仍需加大投入力度，保持领先优势，如图5-368所示。

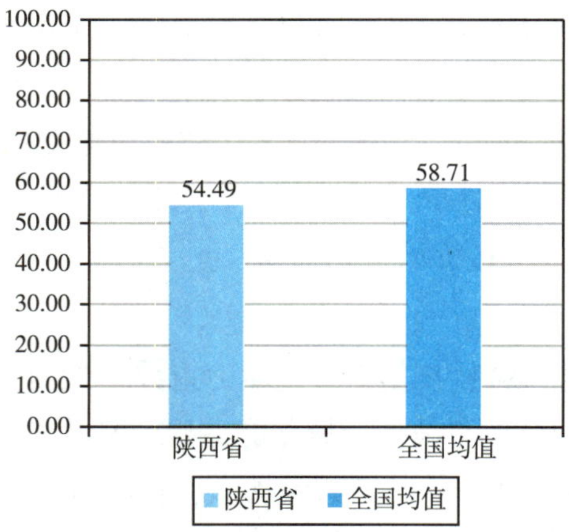

图5-367　陕西省创新发展硬环境综合指数

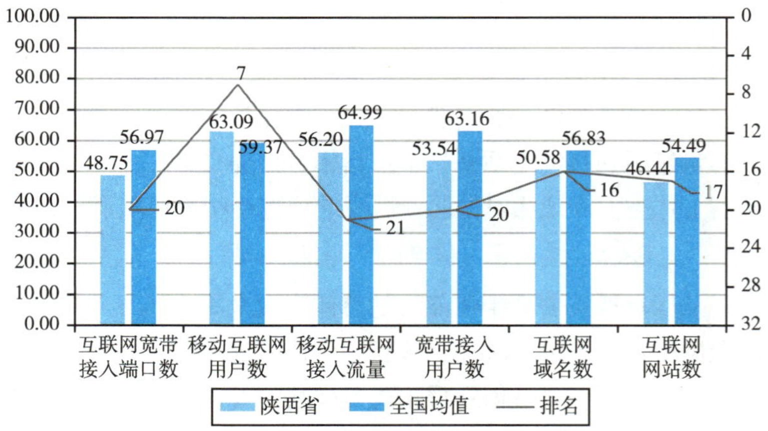

图5-368　陕西省互联网连接能力情况

5.4.24.3　陕西省电信通信能力维度

从区域电信通信能力的总体表现来看，2022年陕西省的区域电信通信能力指数为50.03，与全国平均水平58.46相比，处于全国平均水平之下，体现出陕西省的电信通信能力相对偏弱。

从衡量区域电信通信能力指数的具体指标来看，2022年陕西省光缆线路密度指标、移动电话交换机容量指标和移动电话基站个数指标分别为51.93、47.04和51.13，均处于全国平均水平之下，表明陕西省上述方面表现相对偏弱，需要继续完善相关环境建设，如图5-369所示。

5.4.24.4 陕西省科技创新孵化能力维度

从区域科技创新孵化能力的总体表现来看，2022年陕西省的区域科技创新孵化能力指数为58.61，与全国平均水平58.42相比，处于全国平均水平之上，体现出陕西省的科技创新孵化能力相对较强。

从衡量区域科技创新孵化能力指数的具体指标来看，2022年陕西省软件园数量指标、大学科技园数量指标、大学科技园产值指标、产业孵化器数量和众创空间数量指标分别为56.61、59.37、51.24、55.73和61.33，均处于全国平均水平之下，表明陕西省上述方面表现相对偏弱，需要继续完善相关环境建设。而2022年陕西省软件园产值指标为67.37，处于全国平均水平之上，表明陕西省上述方面表现相对较好，但仍需加大投入力度，保持领先优势，如图5-370所示。

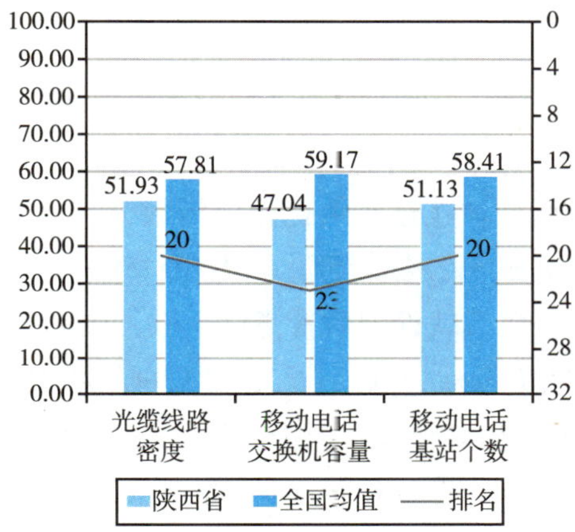

图5-369 陕西省电信通信能力情况

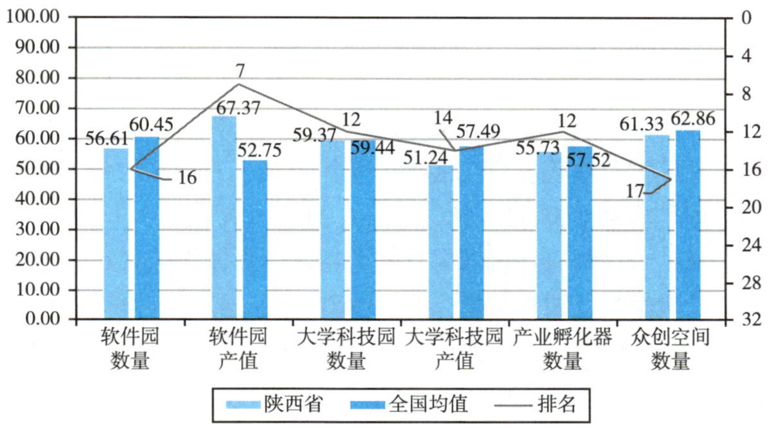

图5-370 陕西省科技创新孵化能力情况

5.4.25 上海市

5.4.25.1 上海市创新发展硬环境综合指数

2022年上海市创新发展硬环境综合指数为86.74，与全国平均水平58.71相比，处于全国平均水平之上，体现出上海市创新发展硬环境建设情况较好，但仍需继续保持，如图5-371所示。

5.4.25.2 上海市互联网连接能力维度

从区域互联网连接能力的总体表现来看，2022年上海市的区域互联网连接能力指数为86.36，与全国平均水平59.30相比，处于全国平均水平之上，体现出上海市的互联网连接能力相对较强。

从衡量区域互联网连接能力指数的具体指标来看，2022年上海市互联网宽带接入端口数指标、移动互联网用户数指标、移动互联网接入流量指标、宽带接入用户数指标、互联网域名数指标和互联网网站数指标分别为100.00、86.12、100.00、100.00、66.86和65.18，均处于全国平均水平之上，表明上海市上述方面表现相对较好，但仍需加大投入力度，保持领先优势，如图5-372所示。

5.4.25.3 上海市电信通信能力维度

从区域电信通信能力的总体表现来看，2022年上海市的区域电信通信能力指数为100.00，与全国平均水平58.46相比，处于全国平均水平之上，体现出上海市的电信通信能力相对较强。

从衡量区域电信通信能力指数的具体指标来看，2022年上海市光缆线路密度指标、移动电话交换机容量指标和移动电话基站个数指标分别为100.00、100.00和100.00，均处于全国平均水平之上，表明上海市上述方面表现相对较好，但仍需加大投入力度，保持领先优势，如图5-373所示。

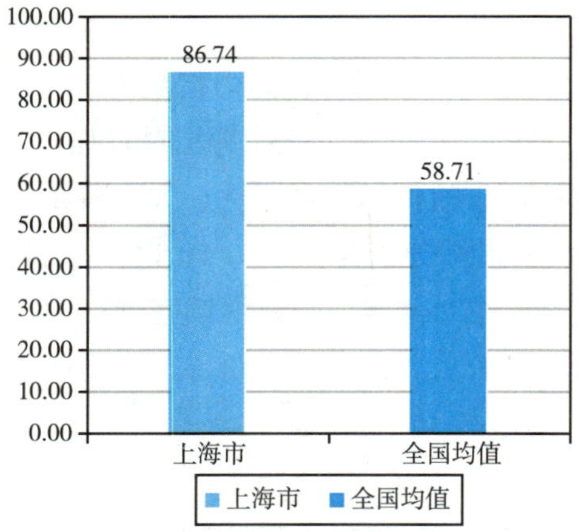

图5-371　上海市创新发展硬环境综合指数

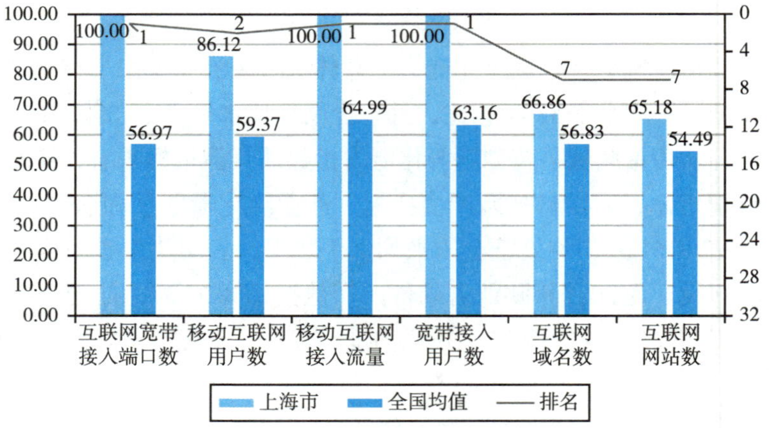

图5-372　上海市互联网连接能力情况

5.4.25.4　上海市科技创新孵化能力维度

从区域科技创新孵化能力的总体表现来看，2022年上海市的区域科技创新孵化能力指数为77.96，与全国平均水平58.42相比，处于全国平均水平之上，体现出上海市的科技创新孵化能力相对较强。

从衡量区域科技创新孵化能力指数的具体指标来看，2022年上海市软件园数量指标、软件园产值指标、大学科技园数量指标、大学科技园产值指标和产业孵化器数量指标分别为66.38、81.99、91.01、90.99和74.96，均处于全国平均水平之上，表明上海市上述方面表现相对较好，但仍需加大投入力度，保持领先优势。而2022年上海市众创空间数量指标为62.43，处于全国平均水平之下，表明上海市上述方面表现相对偏弱，需要继续完善相关环境建设，如图5-374所示。

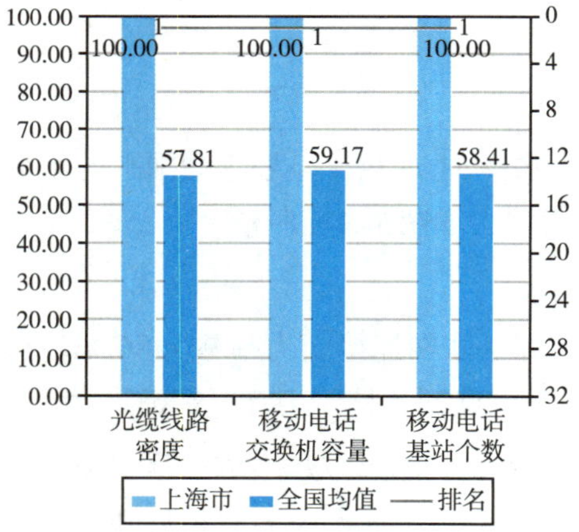

图5-373　上海市电信通信能力情况

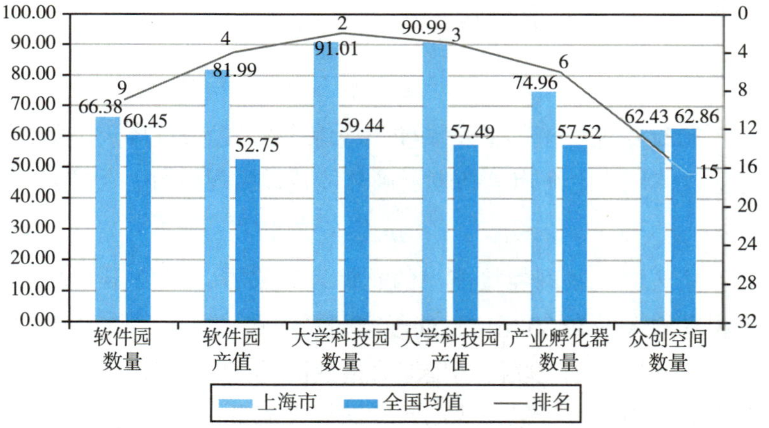

图5-374　上海市科技创新孵化能力情况

5.4.26　四川省

5.4.26.1　四川省创新发展硬环境综合指数

2022年四川省创新发展硬环境综合指数为55.40，与全国平均水平58.71相比，处于全国平均水平之下，体现出四川省创新发展硬环境建设还需要进一步完善，如图5-375所示。

5.4.26.2　四川省互联网连接能力维度

从区域互联网连接能力的总体表现来看，2022年四川省的区域互联网连接能力指数为57.54，与全国平均水平59.30相比，处于全国平均水平之下，体现出四川省的互联网连接能力相对偏弱。

从衡量区域互联网连接能力指数的具体指标来看，2022年四川省互联网宽带接入端口数指标、移动互联网用户数指标、移动互联网接入流量指标和宽带接入用户数指标分别为48.52、54.10、53.99和51.86，均处于全国平均水平之下，表明四川省上述方面表现相对偏弱，需要继续完善相关环境建设。而2022年四川省互联网域名数指标和互联网网站数指标分别为62.80和73.94，均处于全国平均水平之上，表明四川省上述方面表现相对较好，但仍需加大投入力度，保持领先优势，如图5-376所示。

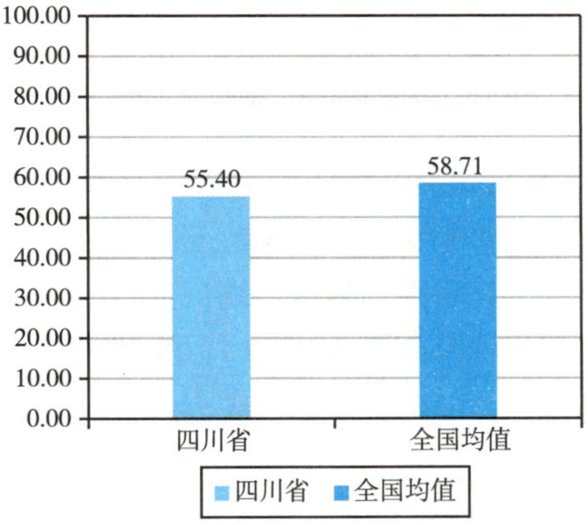

图5-375　四川省创新发展硬环境综合指数

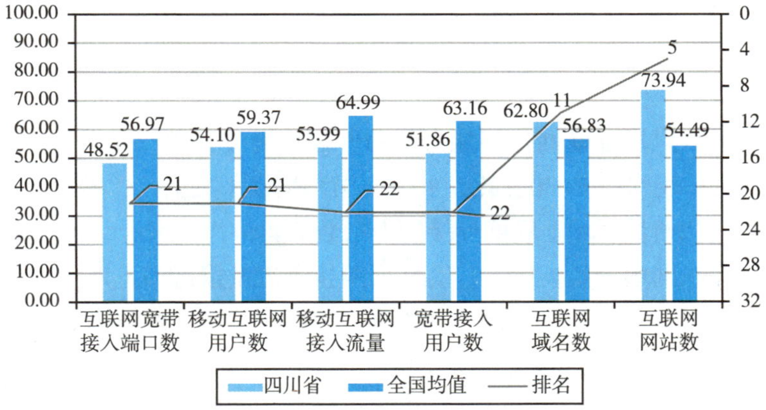

图5-376　四川省互联网连接能力情况

5.4.26.3　四川省电信通信能力维度

从区域电信通信能力的总体表现来看，2022年四川省的区域电信通信能力指数为49.26，与全国平均水平58.46相比，处于全国平均水平之下，体现出四川省的电信通信能力相对偏弱。

从衡量区域电信通信能力指数的具体指标来看，2022年四川省光缆线路密度指标、移动电话交换机容量指标和移动电话基站个数指标分别为50.50、50.07和47.22，均处于全国平均水平之下，表明四川省上述方面表现相对偏弱，需要继续完善相关环境建设，如图5-377所示。

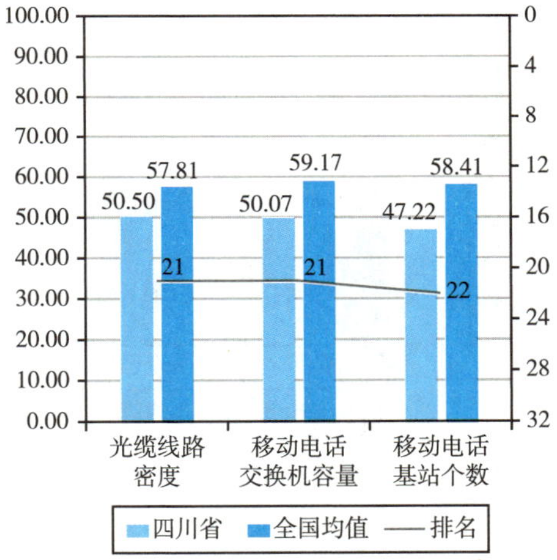

图5-377　四川省电信通信能力情况

5.4.26.4　四川省科技创新孵化能力维度

从区域科技创新孵化能力的总体表现来看，2022年四川省的区域科技创新孵化能力指数为57.96，与全国平均水平58.42相比，处于全国平均水平之下，体现出四川省的科技创新孵化能力相对偏弱。

从衡量区域科技创新孵化能力指数的具体指标来看，2022年四川省软件园数量指标、大学科技园数量指标、产业孵化器数量指标、众创空间数量指标分别为47.84、56.01、48.65和47.21，均处于全国平均水平之下，表明四川省上述方面表现相对偏弱，需要继续完善相关环境建设。而2022年四川省软件园产值指标和大学科技园产值指标分别为63.00和85.02，均处于全国平均水平之上，表明四川省上述方面表现相对较好，但仍需加大投入力度，保持领先优势，如图5-378所示。

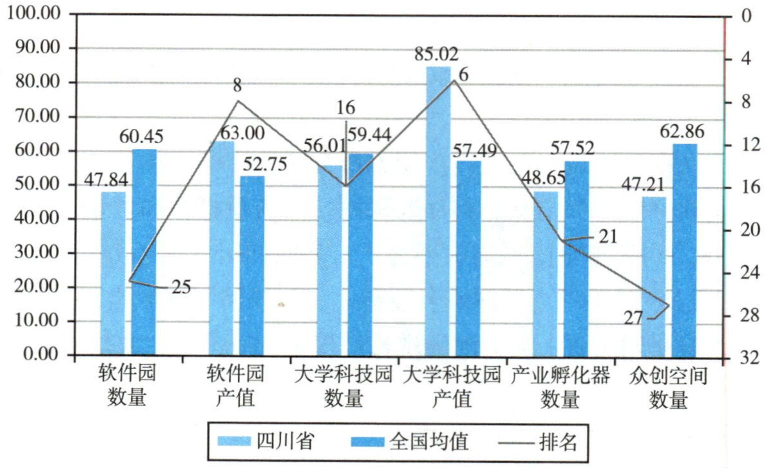

图5-378 四川省科技创新孵化能力情况

5.4.27 天津市

5.4.27.1 天津市创新发展硬环境综合指数

2022年天津市创新发展硬环境综合指数为75.76，与全国平均水平58.71相比，处于全国平均水平之上，体现出天津市创新发展硬环境建设情况较好，但仍需继续保持，如图5-379所示。

5.4.27.2 天津市互联网连接能力维度

从区域互联网连接能力的总体表现来看，2022年天津市的区域互联网连接能力指数为73.69，与全国平均水平59.30相比，处于全国平均水平之上，体现出天津市的互联网连接能力相对较强。

从衡量区域互联网连接能力指数的具体指标来看，2022年天津市互联网宽带接入端口数指标、移动互联网用户数指标、移动互联网接入流量指标和宽带接入用户数指标分别为90.00、71.28、92.06和99.09，均处于全国平均水平之上，表明天津市上述方面表现相对较好，但仍需加大投入力度，保持领先优势。而2022年天津市互联网域名数指标和互联网网站数指标分别为45.28和44.43，均处于全国平均水平之下，表明天津市上述方面表现相对偏弱，需要继续完善相关环境建设，如图5-380所示。

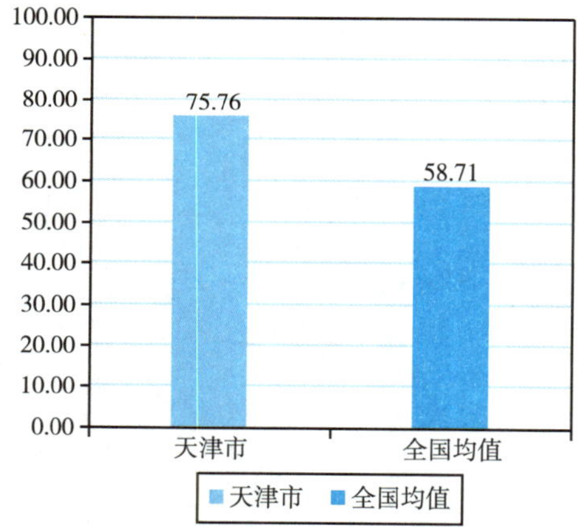

图5-379 天津市创新发展硬环境综合指数

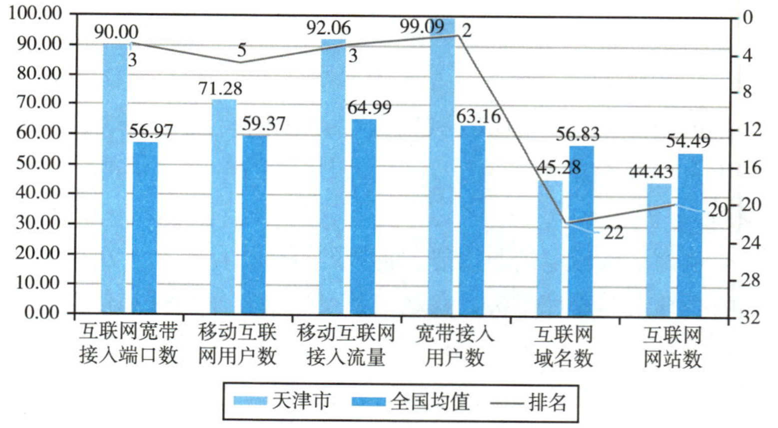

图5-380 天津市互联网连接能力情况

5.4.27.3 天津市电信通信能力维度

从区域电信通信能力的总体表现来看，2022年天津市的区域电信通信能力指数为86.68，与全国平均水平58.46相比，处于全国平均水平之上，体现出天津市的电信通信能力相对较强。

从衡量区域电信通信能力指数的具体指标来看，2022年天津市光缆线路密度指标、移动电话交换机容量指标和移动电话基站个数指标分别为77.65、90.46和91.92，均处于全国平均水平之上，表明天津市上述方面表现相对较好，但仍需加大投入力度，保持领先优势，如图5-381所示。

5.4.27.4 天津市科技创新孵化能力维度

从区域科技创新孵化能力的总体表现来看，2022年天津市的区域科技创新孵化能力指数为69.88，与全国平均水平58.42相比，处于全国平均水平之上，体现出天津市的科技创新孵化能力相对较强。

从衡量区域科技创新孵化能力指数的具体指标来看，2022年天津市软件园数量指标、产业孵化器数量指标和众创空间数量指标为87.83、77.55和100.00，均处于全国平均水平之上，表明天津市上述方面表现相对较好，但仍需加大投入力度，保持领先优势。而2022年天津市软件园产值指标、大学科技园数量指标和大学科技园产值指标分别为50.44、53.95和49.52，均处于全国平均水平之下，表明天津市上述方面表现相对偏弱，需要继续完善相关环境建设，如图5-382所示。

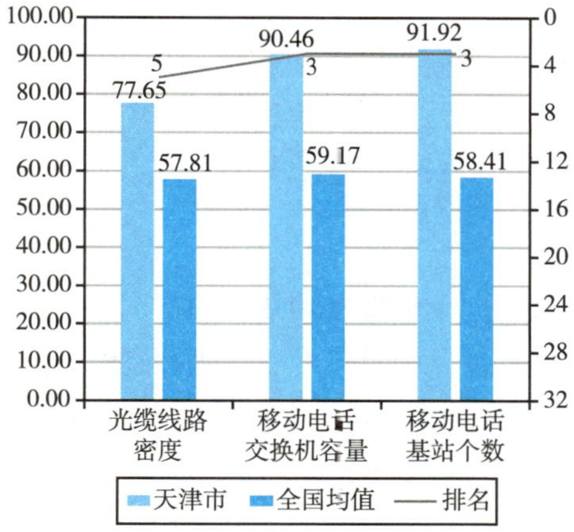

图5-381 天津市电信通信能力情况

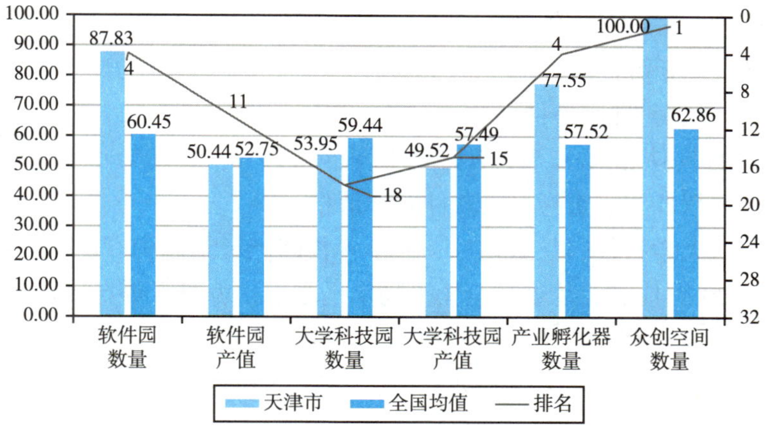

图5-382 天津市科技创新孵化能力情况

5.4.28 西藏自治区

5.4.28.1 西藏自治区创新发展硬环境综合指数

2022年西藏自治区创新发展硬环境综合指数为42.18，与全国平均水平58.71相比，处于全国平均水平之下，体现出西藏自治区创新发展硬环境建设还需要进一步完善，如图5-383所示。

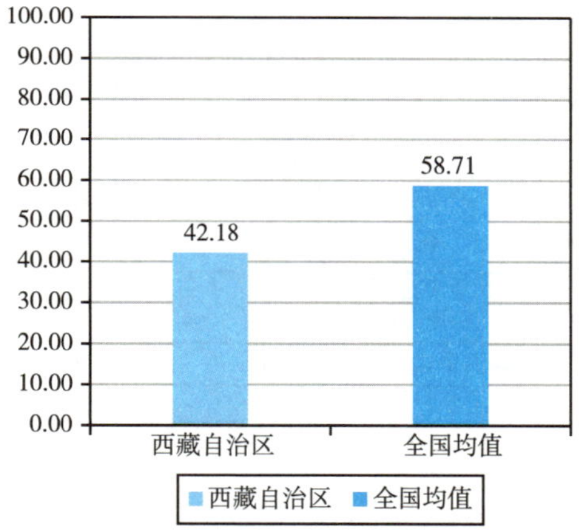

图5-383 西藏自治区创新发展硬环境综合指数

5.4.28.2 西藏自治区互联网连接能力维度

从区域互联网连接能力的总体表现来看，2022年西藏自治区的区域互联网连接能力指数为40.00，与全国平均水平59.30相比，处于全国平均水平之下，体现出西藏自治区的互联网连接能力相对偏弱。

从衡量区域互联网连接能力指数的具体指标来看，2022年西藏自治区互联网宽带接入端口数指标、移动互联网用户数指标、移动互联网接入流量指标、宽带接入用户数指标、互联网域名指标和互联网网站数指标均为40.00，均处于全国平均水平之下，表明西藏自治区上述方面表现相对偏弱，需要继续完善相关环境建设，如图5-384所示。

5.4.28.3 西藏自治区电信通信能力维度

从区域电信通信能力的总体表现来看，2022年西藏自治区的区域电信通信能力指数为40.07，与全国平均水平58.46相比，处于全国平均水平之下，体现出西藏自治区的电信通信能力相对偏弱。

从衡量区域电信通信能力指数的具体指标来看，2022年西藏自治区光缆线路密度指标、移动电话交换机容量指标和移动电话基站个数指标分别为40.00、40.20和40.00，均处于全国平均水平之下，表明西藏自治区上述方面表现相对偏弱，需要继续完善相关环境建设，如图5–385所示。

5.4.28.4 西藏自治区科技创新孵化能力维度

从区域科技创新孵化能力的总体表现来看，2022年西藏自治区的区域科技创新孵化能力指数为45.31，与全国平均水平58.42相比，处于全国平均水平之下，体现出西藏自治区的科技创新孵化能力相对偏弱。

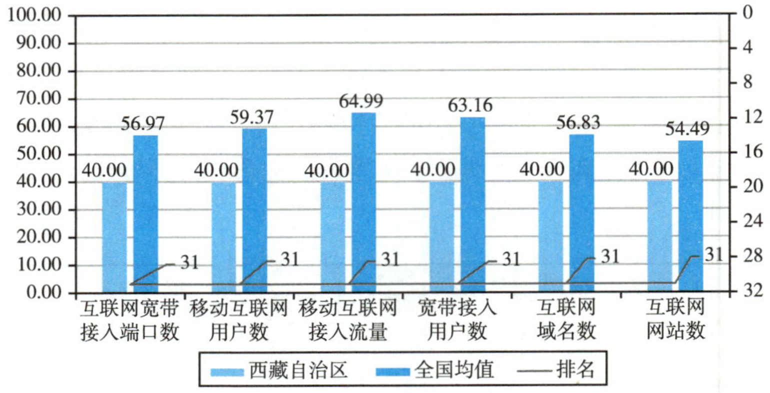

图5–384 西藏自治区互联网连接能力情况

从衡量区域科技创新孵化能力指数的具体指标来看，2022年西藏自治区软件园数量指标、软件园产值指标、大学科技园数量指标、大学科技园产值指标和产业孵化器数量指标分别为40.00、40.00、40.00、40.00和41.18，均处于全国平均水平之下，表明西藏自治区上述方面表现相对偏弱，需要继续完善相关环境建设。而2022年西藏自治区众创空间数量指标为70.68，处于全国平均水平之上，表明西藏自治区上述方面表现相对较好，但仍需加大投入力度，保持领先优势，如图5–386所示。

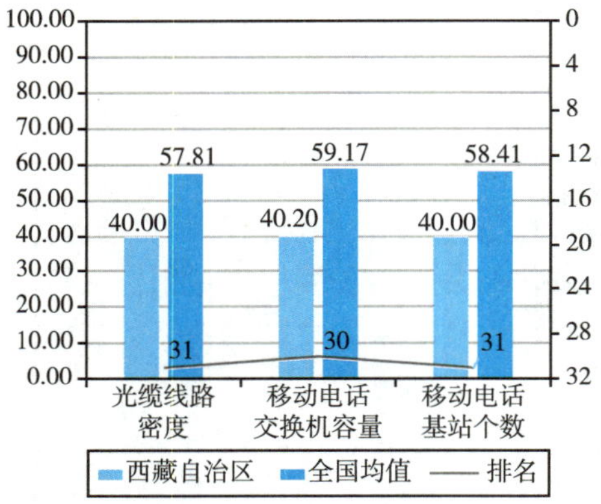

图5–385 西藏自治区电信通信能力情况

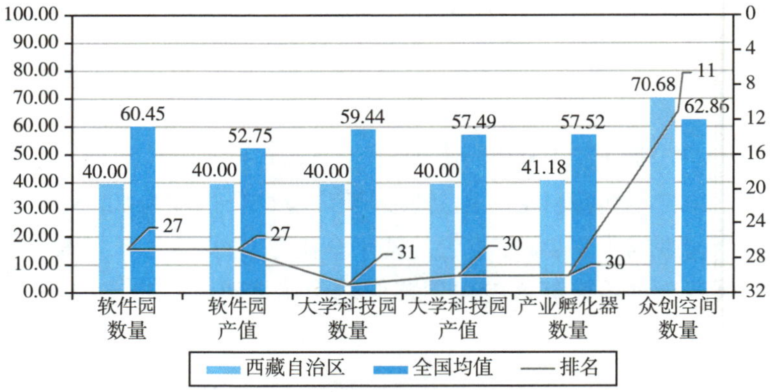

图5–386 西藏自治区科技创新孵化能力情况

5.4.29 新疆维吾尔自治区

5.4.29.1 新疆维吾尔自治区创新发展硬环境综合指数

2022年新疆维吾尔自治区创新发展硬环境综合指数为43.11，与全国平均水平58.71相比，处于全国平均水平之下，体现出新疆维吾尔自治区创新发展硬环境建设还需要进一步完善，如图5–387所示。

5.4.29.2 新疆维吾尔自治区互联网连接能力维度

从区域互联网连接能力的总体表现来看，2022年新疆维吾尔自治区的区域互联网连接能力指数为43.23，与全国平均水平59.30相比，处于全国平均水平之下，体现出新疆维吾尔自治区的互联网连接能力相对偏弱。

从衡量区域互联网连接能力指数的具体指标来看，2022年新疆维吾尔自治区互联网宽带接入端口数指标、移动互联网用户数指标、移动互联网接入流量指标、宽带接入用户数指标、互联网域名指标和互联网网站数指标分别为40.71、53.83、41.34、40.98、41.89和40.62，均处于全国平均水平之下，表明新疆维吾尔自治区上述方面表现相对偏弱，需要继续完善相关环境建设，如图5-388所示。

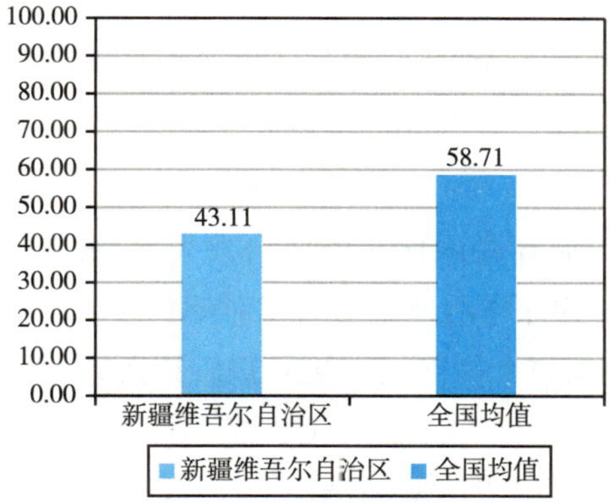

图5-387 新疆维吾尔自治区创新发展硬环境综合指数

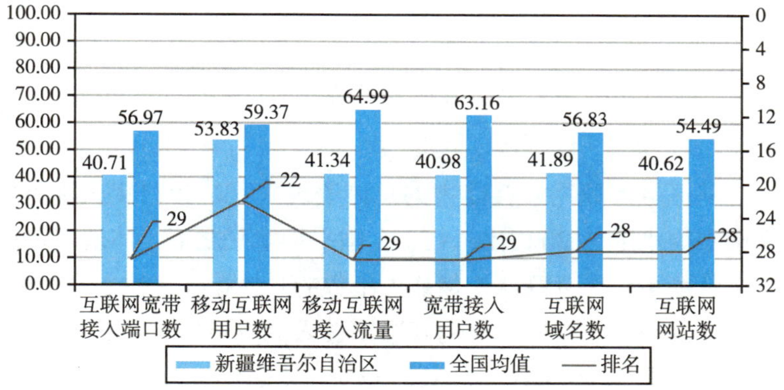

图5-388 新疆维吾尔自治区互联网连接能力情况

5.4.29.3 新疆维吾尔自治区电信通信能力维度

从区域电信通信能力的总体表现来看，2022年新疆维吾尔自治区的区域电信通信能力指数为40.81，与全国平均水平58.46相比，处于全国平均水平之下，体现出新疆维吾尔自治区的电信通信能力相对偏弱。

从衡量区域电信通信能力指数的具体指标来看，2022年新疆维吾尔自治区光缆线路密度指标、移动电话交换机容量指标和移动电话基站个数指标分别为40.99、40.78和40.65，均处于全国平均水平之下，表明新疆维吾尔自治区上述方面表现相对偏弱，需要继续完善相关环境建设，如图5-389所示。

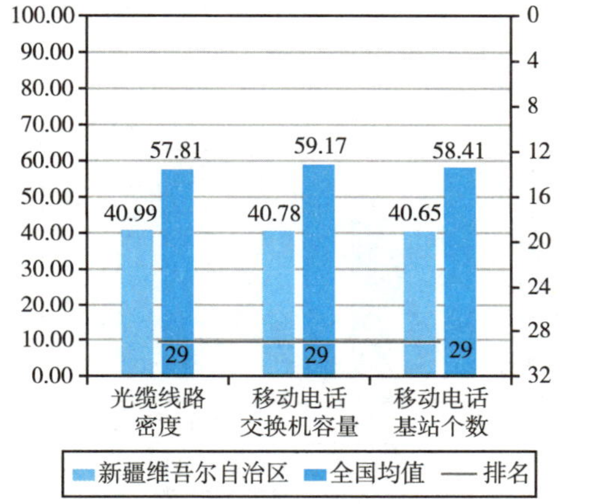

图5-389 新疆维吾尔自治区电信通信能力情况

5.4.29.4 新疆维吾尔自治区科技创新孵化能力维度

从区域科技创新孵化能力的总体表现来看，2022年新疆维吾尔自治区的区域科技创新孵化能力指数为44.58，与全国平均水平58.42相比，处于全国平均水平之下，体现出新疆维吾尔自治区的科技创新孵化能力相对偏弱。

从衡量区域科技创新孵化能力指数的具体指标来看，2022年新疆维吾尔自治区软件园数量指标、软件园产值指标、大学科技园数量指标、大学科技园产值指标、产业孵化器数量指标和众创空间数量指标分别为40.00、40.00、54.79、40.89、44.10和47.72，均处于全国平均水平之下，表明新疆维吾尔自治区上述方面表现相对偏弱，需要继续完善相关环境建设，如图5-390所示。

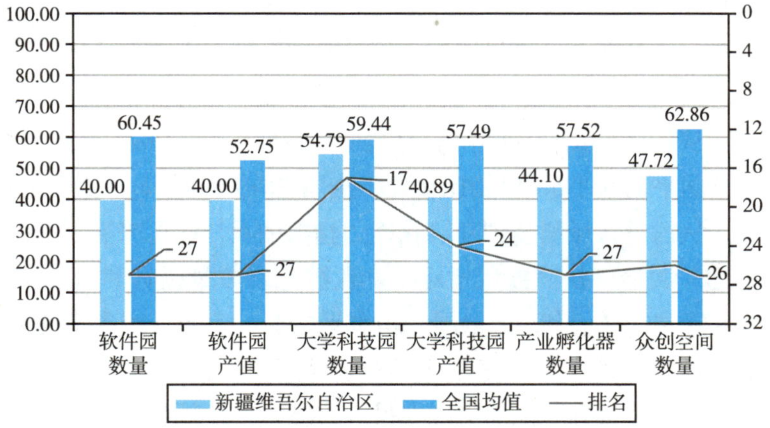

图5-390 新疆维吾尔自治区科技创新孵化能力情况

5.4.30 云南省

5.4.30.1 云南省创新发展硬环境综合指数

2022年云南省创新发展硬环境综合指数为47.32，与全国平均水平58.71相比，处于全国平均水平之下，体现出云南省创新发展硬环境建设还需要进一步完善，如图5-391所示。

5.4.30.2 云南省互联网连接能力维度

从区域互联网连接能力的总体表现来看，2022年云南省的区域互联网连接能力指数为46.56，与全国平均水平59.30相比，处于全国平均水平之下，体现出云南省的互联网连接能力相对偏弱。

从衡量区域互联网连接能力指数的具体指标来看，2022年云南省互联网宽带接入端口数指标、移动互联网用户数指标、移动互联网接入流量指标、宽带接入用户数指标、互联网域名指标和互联网网站数指标分别为43.81、44.92、52.55、46.64、47.53和43.91，均处于全国平均水平之下，表明云南省上述方面表现相对偏弱，需要继续完善相关环境建设，如图5-392所示。

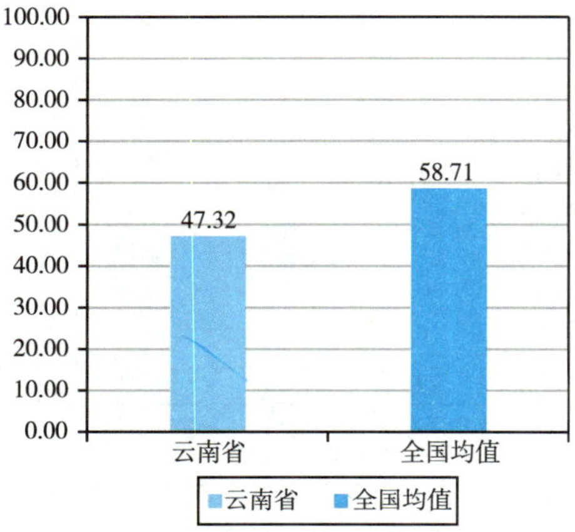

图5-391 云南省创新发展硬环境综合指数

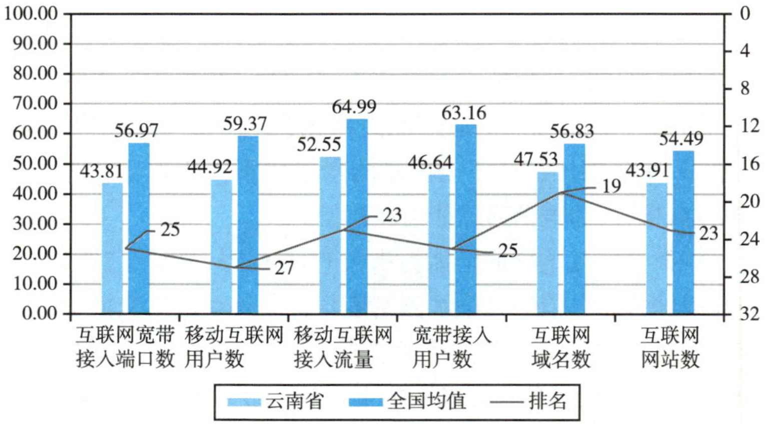

图5-392 云南省互联网连接能力情况

5.4.30.3 云南省电信通信能力维度

从区域电信通信能力的总体表现来看，2022年云南省的区域电信通信能力指数为46.38，与全国平均水平58.46相比，处于全国平均水平之下，体现出云南省的电信通信能力相对偏弱。

从衡量区域电信通信能力指数的具体指标来看，2022年云南省光缆线路密度指标、移动电话交换机容量指标和移动电话基站个数指标分别为48.12、44.48和46.53，均处于全国平均水平之下，表明云南省上述方面表现相对偏弱，需要继续完善相关环境建设，如图5-393所示。

5.4.30.4 云南省科技创新孵化能力维度

从区域科技创新孵化能力的总体表现来看，2022年云南省的区域科技创新孵化能力指数为48.56，与全国平均水平58.42相比，处于全国平均水平之下，体现出云南省的科技创新孵化能力相对偏弱。

从衡量区域科技创新孵化能力指数的具体指标来看，2022年云南省软件园数量指标、软件园产值指标、大学科技园数量指标、产业孵化器数量指标和众创空间数量指标分别为54.00、40.33、48.17、41.57和47.97，均处于全国平均水平之下，表明云南省上述方面表现相对偏弱，需要继续完善相关环境建设。而2022年云南省大学科技园产值指标为59.29，处于全国平均水平之上，表明云南省上述方面表现相对较好，但仍需加大投入力度，保持领先优势，如图5-394所示。

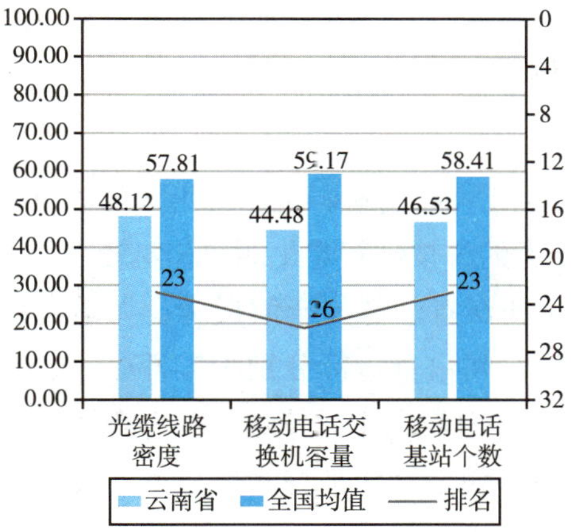

图5-393 云南省电信通信能力情况

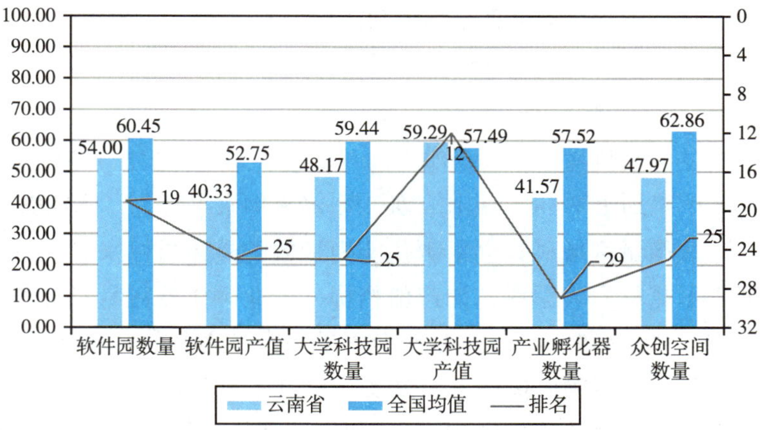

图5-394 云南省科技创新孵化能力情况

5.4.31 浙江省

5.4.31.1 浙江省创新发展硬环境综合指数

2022年浙江省创新发展硬环境综合指数为78.70，与全国平均水平58.71相比，处于全国平均水平之上，体现出浙江省创新发展硬环境建设情况较好，但仍需继续保持，如图5-395所示。

5.4.31.2 浙江省互联网连接能力维度

从区域互联网连接能力的总体表现来看，2022年浙江省的区域互联网连接能力指数为79.35，与全国平均水平59.30相比，处于全国平均水平之上，体现出浙江省的互联网连接能力相对较强。

从衡量区域互联网连接能力指数的具体指标来看，2022年浙江省互联网宽带接入端口数指标、移动互联网用户数指标、移动互联网接入流量指标、宽带接入用户数指标、互联网域名数指标和互联网网站数指标分别为77.81、73.87、90.00、90.00、63.64和80.79，均处于全国平均水平之上，表明浙江省上述方面表现相对偏弱，需要继续完善相关环境建设，如图5-396所示。

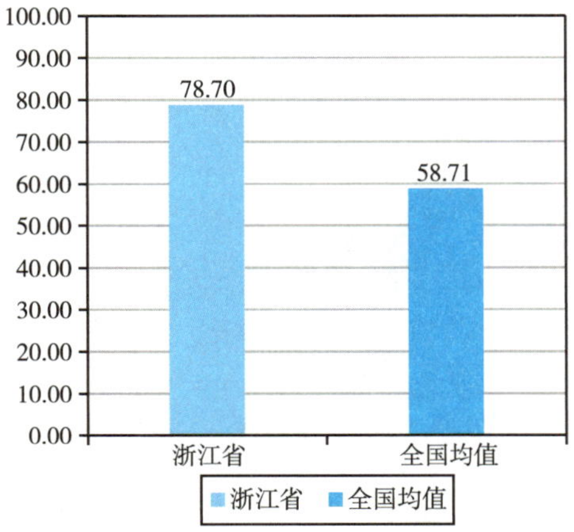

图5-395 浙江省创新发展硬环境综合指数

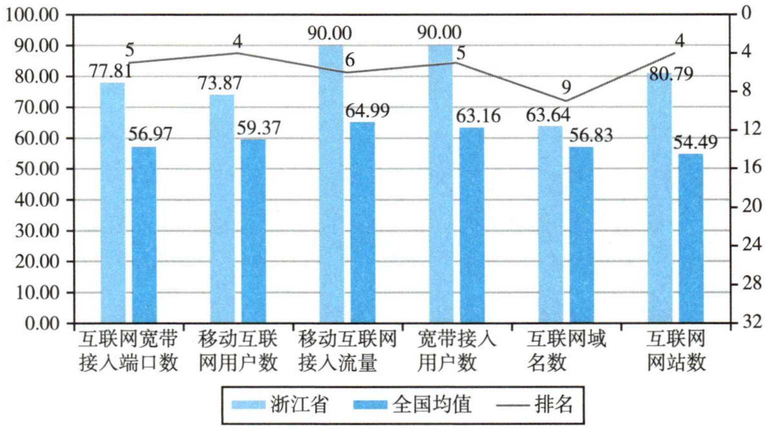

图5-396 浙江省互联网连接能力情况

5.4.31.3 浙江省电信通信能力维度

从区域电信通信能力的总体表现来看，2022年浙江省的区域电信通信能力指数为84.93，与全国平均水平58.46相比，处于全国平均水平之上，体现出浙江省的电信通信能力相对较强。

从衡量区域电信通信能力指数的具体指标来看，2022年浙江省光缆线路密度指标、移动电话交换机容量指标和移动电话基站个数指标分别为84.73、85.08和84.98，均处于全国平均水平之上，表明浙江省上述方面表现相对较好，但仍需加大投入力度，保持领先优势，如图5-397所示。

5.4.31.4 浙江省科技创新孵化能力维度

从区域科技创新孵化能力的总体表现来看，2022年浙江省的区域科技创新孵化能力指数为73.93，与全国平均水平58.42相比，处于全国平均水平之上，体现出浙江省的科技创新孵化能力相对较强。

从衡量区域科技创新孵化能力指数的具体指标来看，2022年浙江省软件园产值指标、大学科技园数量指标、大学科技园产值指标、产业孵化器数量指标和众创空间数量指标分别为74.09、60.50、85.29、77.38和86.25，均处于全国平均水平之上，表明浙江省上述方面表现相对较好，但仍需加大投入力度，保持领先优势。而2022年浙江省软件园数量指标为60.08，处于全国平均水平之下，表明浙江省上述方面表现相对偏弱，需要继续完善相关环境建设，如图5-398所示。

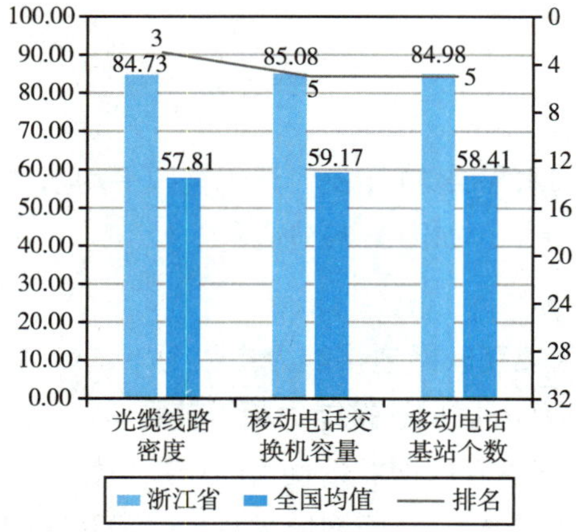

图5-397 浙江省电信通信能力情况

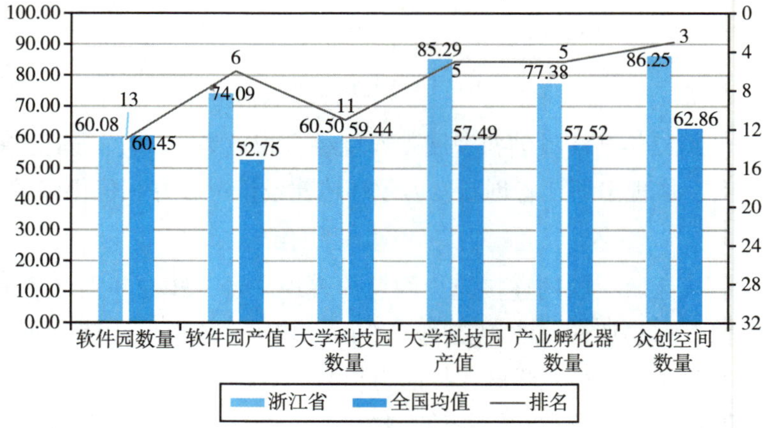

图5-398 浙江省科技创新孵化能力情况

第6章
区域营商环境评价

党的二十大报告中明确指出，要“完善产权保护、市场准入、公平竞争、社会信用等市场经济基础制度，优化营商环境”“营造市场化、法治化、国际化一流营商环境”。营商环境是企业进行经济活动时所面临的外部环境的一个综合性生态系统，良好的营商环境能够激发市场创新活力，培育优秀企业，提升一个国家或地区的创新创业能力，进而有助于推动经济社会的高质量发展。在全面建设社会主义现代化国家的新征程中，各地政府从基础环境、政务环境、法律环境、人才环境、投资环境和金融环境等方面积极发力，持续优化营商环境，为上市公司的创新发展赋能增力、保驾护航。

从国家层面看，2022年区域营商环境综合指数为65.51。其中，区域基础环境指数为64.23，区域政务环境指数为79.81，区域法律环境指数为64.01，区域人才环境指数为62.63，区域投资环境指数为58.99，区域金融环境指数为62.47。

6.1 七大区营商环境评价

报告分析了我国东北、华北、华东、华南、华中、西北和西南七大地理区域的营商环境综合指数。总体来看，如图6–1所示，东北、华北、华东、华南、华中、西北和西南七大地理区域的营商环境综合指数依次为62.52、66.62、71.28、67.66、64.16、60.18和62.99。其中，营商环境指数平均水平最高的是华东地区，其次是华南地区，最低的是西北地区，凸显出华东地区和华南地区的营商环境具有明显的优越性。

从各地区营商环境的具体维度来看，如表6–1所示，区域基础环境指数中，华东地区的基础环境指数最高，其次为华中地区、华北地区和华南地区，均高于全国平均水平，东北地区、西南地区和西北地区的基础环境指数都低于全国平均水平，表现出我国各地区之间的基础环境有不小差距。区域政务环境指数在各大区之间的表现差异不大，华北地区、西南地区和西北地区低于全国平均水平，其他地区高于全国平均水平。区域法律环境指数中，华南地区、华东地区和华北地区指数高于全国平均水平，其他地区指数均低于全国平均水平，这表明我国大部分地区的法律环境还有待提升。从区域人才环境指数来看，华东地区和华北地区的人才环境指数相比其他地区具有明显优势，表现出我国东部和华北等地区人才吸引力较强的特点。从区域投资环境指数和区域金融环境

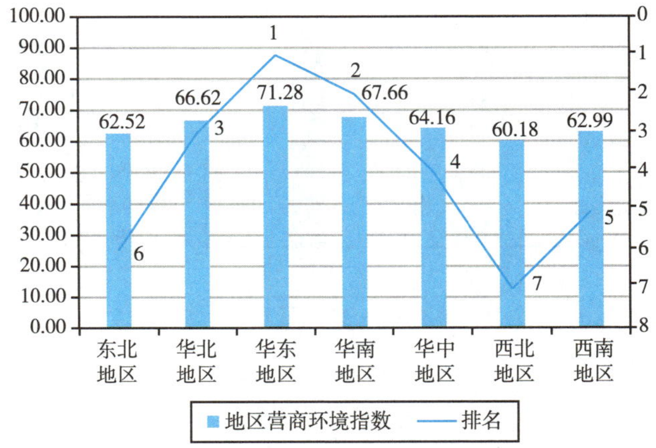

图6–1 2022年七大区域营商环境指数——区域维度

指数两方面来看，两项指数具有相似的特点，我国七大区域之间差距明显，华东地区始终保持较高水平，东北地区、华中地区、西北地区和西南地区均位于全国平均水平之下，仍有一定的提升空间。综合各大区域的营商环境二级维度来看，华东地区表现最好，华南地区紧紧跟随，华北地区表现次之，华中、西南、东北和西北地区有待改善，总体上我国营商环境呈现出东强西弱、南强北弱的格局。

表6-1　营商环境指数一览表—区域维度

区域	营商环境综合指数		区域基础环境指数		区域政务环境指数		区域法律环境指数		区域人才环境指数		区域投资环境指数		区域金融环境指数	
	分值	排名	分值	排名	分值	排名	分值	排名	分值	排名	分值	排名	分值	排名
东北地区	62.52	6	63.47	5	81.31	3	57.90	7	56.96	6	57.62	4	56.51	6
华北地区	66.62	3	65.48	3	79.59	5	65.60	3	65.30	2	58.51	3	64.47	3
华东地区	71.28	1	74.17	1	83.66	2	68.72	2	66.55	1	65.78	1	68.64	1
华南地区	67.66	2	64.83	4	80.33	4	69.62	1	63.77	3	61.85	2	64.79	2
华中地区	64.16	4	65.49	2	85.47	1	60.42	6	55.24	7	57.10	5	60.76	5
西北地区	60.18	7	55.67	7	71.09	7	60.49	5	60.93	5	54.81	6	56.47	7
西南地区	62.99	5	56.96	6	78.77	6	61.79	4	63.31	4	54.38	7	61.07	4
全国均值	65.51		64.23		79.81		64.01		62.63		58.99		62.47	

数据来源：首经贸资产评估研究院和浙工商数字创新与管理研究院整理。

6.1.1　东北地区

6.1.1.1　营商环境综合指数

2022年东北地区营商环境综合指数为62.52，处于全国平均水平65.51之下，体现出该地区营商环境相对偏弱，如图6-2所示。

具体来看，东北地区基础环境、政务环境、法律环境、人才环境、投资环境和金融环境指数分别为63.47、81.31、57.90、56.96、57.62和56.51。其中，区域政务环境指数得分高于全国平均水平，其他指数得分均低于全国平均水平，如图6-3所示。

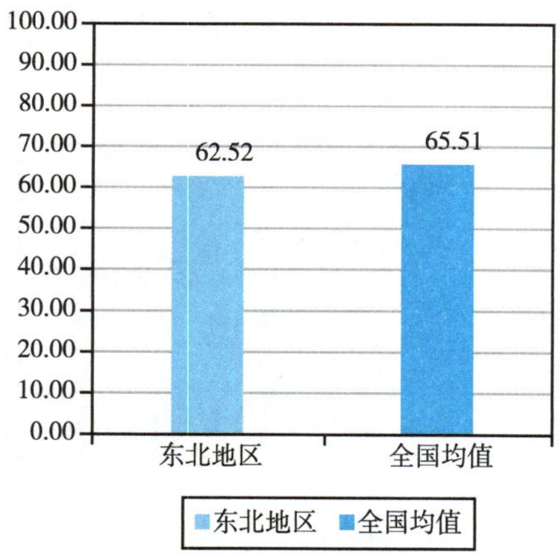

图6-2　东北地区营商环境综合指数分析

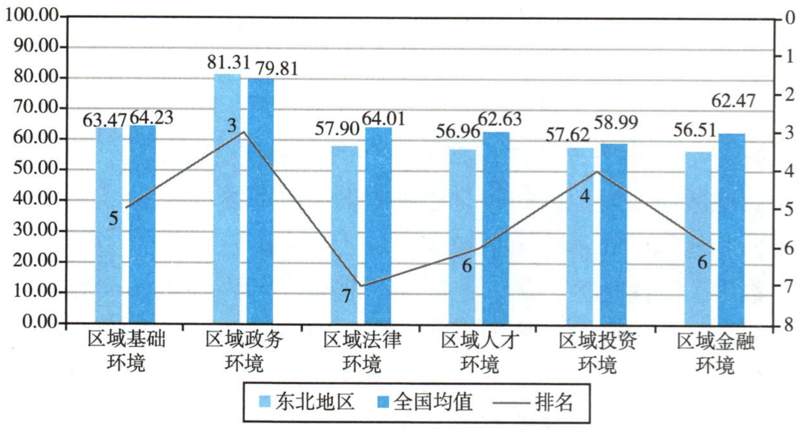

图6-3　东北地区营商环境指数维度分析

6.1.1.2　区域基础环境维度

从区域基础环境的总体表现来看，2022年东北地区基础环境指数为63.47，与全国平均水平64.23

相比，东北地区基础环境指数处于全国平均水平之下，体现出该地区基础环境发展水平较弱，同时也体现出该地区基础设施水平建设有待提升。从区域基础环境的具体内容来看，2022年东北地区供气供水供电能力、医疗卫生基本供给、城市道路面积和区域货运能力指标得分分别为52.21、91.46、63.89和46.32。其中，医疗卫生基本供给指标得分远高于全国平均水平，其他指标得分均低于全国平均水平，如图6–4所示。

6.1.1.3 区域政务环境维度

从区域政务环境的总体表现来看，2022年东北地区政务环境指数为81.31，与全国平均水平79.81相比，东北地区政务环境指数处于全国平均水平之上，体现出该地区政务环境发展水平较高。从区域政务环境的具体内容来看，2022年东北地区电子政务水平、政府透明度、政府支出和企业税收负担指标分值分别为84.78、70.64、80.19和89.65。其中，电子政务水平、企业税收负担指标得分高于全国平均水平，政府透明度和政府支出指标得分低于全国平均水平，如图6–5所示。

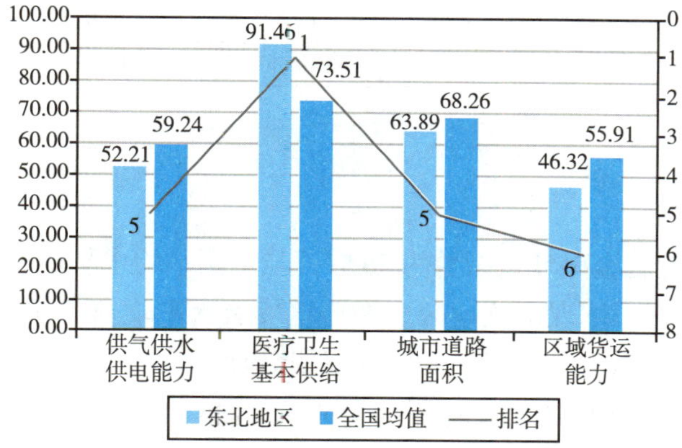

图6–4 东北地区基础环境指数分析

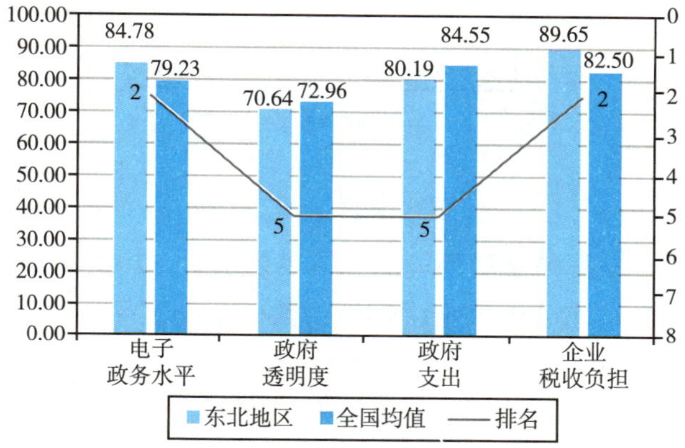

图6–5 东北地区政务环境指数分析

6.1.1.4 区域法律环境维度

从区域法律环境的总体表现来看，2022年东北地区法律环境指数为57.90，与全国平均水平64.01相比，东北地区法律环境指数处于全国平均水平之下，体现出该地区法律环境发展水平较弱。从区域法律环境的具体内容来看，2022年东北地区知识产权保护力度、司法信息公开度、司法服务、司法文明和社会治安指标分值分别为50.28、65.29、52.63、65.37和55.93，各项指标得分均低于全国平均水平，如图6–6所示。

6.1.1.5 区域人才环境维度

从区域人才环境的总体表现来看，2022年东北地区人才环境指数为56.96，与全国平均水平62.63相比，东北地区人才环境指数处于全国平均水平之下，体现出该地区人才环境发展水平较低，人才吸引力有待提升。从区域人才环境的具体内容来看，2022年东北地区高等院校在校生数、年末单位从业人数、人口净流入、平均工资水平和财政教育支出指标得分分别为73.68、57.83、65.49、44.93和42.87。其中，除高等院校在校生数指标外，其他指标得分均低于全国平均水平，进一步表明东北地区的人才吸引力有待加强，如图6–7所示。

6.1.1.6 区域投资环境维度

从区域投资环境的总体表现来看，2022年东北地区投资环境指数为57.62，与全国平均水平58.99相比，东北地区投资环境指数处于全国平均水平之下，体现出该地区投资环境发展水平较低，投资吸引力有待提升。从区域投资环境的具体内容来看，2022年东北地区居民消费率、企业机构数量、外资企业比、对外投资度和固定资产投资指标得分分别为85.21、50.48、49.94、46.18和56.27。其中，居民消费率和外资企业比指标得分高于全国平均水平，其他指标得分低于全国平均水平，如图6–8所示。

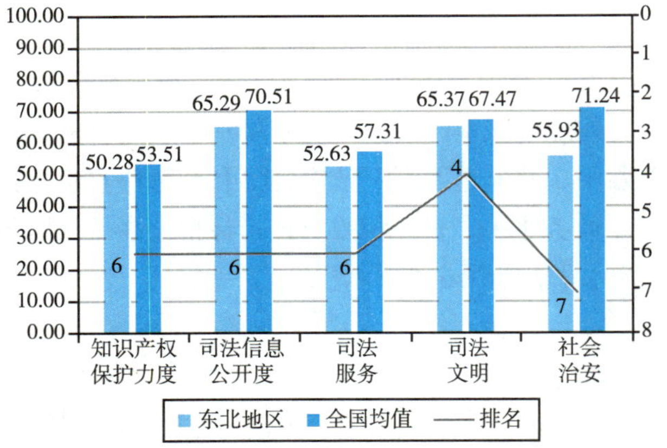

图6–6　东北地区法律环境指数分析

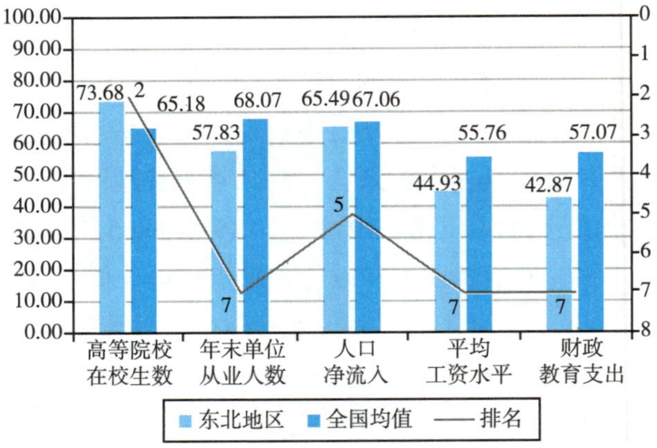

图6–7　东北地区人才环境指数分析

6.1.1.7　区域金融环境维度

从区域金融环境的总体表现来看，2022年东北地区金融环境指数为56.51，与全国平均水平62.47相比，东北地区金融环境指数处于全国平均水平之下，体现出该地区金融环境发展水平较低，同时也体现出该地区金融环境偏弱。从区域金融环境的具体内容来看，2022年东北地区金融从业人员、社会融资规模增量、金融机构贷款余额和银行等金融机构数量指标得分分别为58.35、56.40、49.41和61.86。其中，除了金融从业人员指标得分之外，其他指标得分均低于全国平均水平，进一步表明2022年东北地区金融环境有待改善，如图6–9所示。

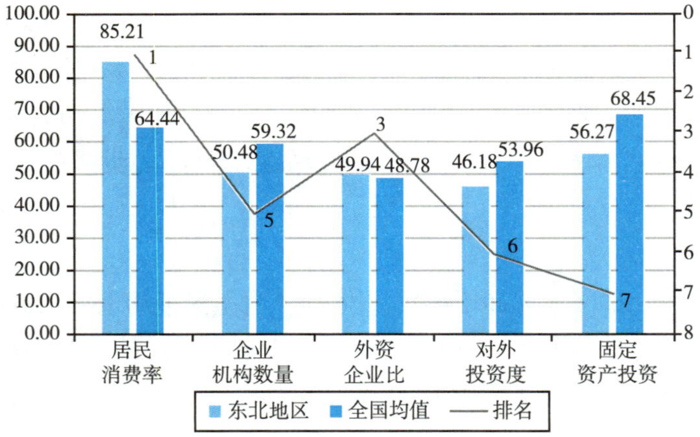

图6–8　东北地区投资环境指数分析

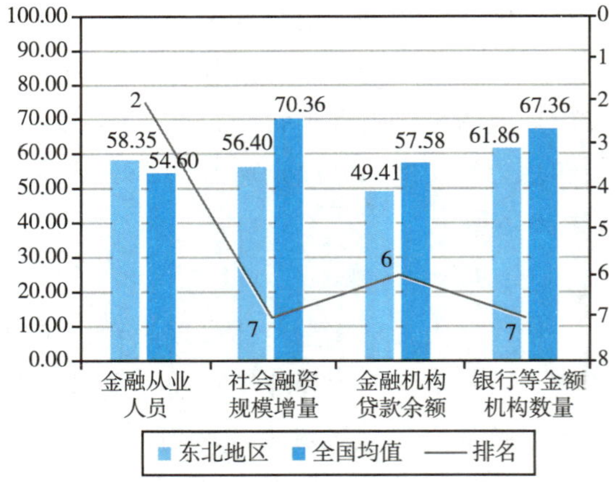

图6–9　东北地区金融环境指数分析

6.1.2　华北地区

6.1.2.1　营商环境综合指数

2022年华北地区营商环境综合指数为66.62，与全国平均水平65.51相比，华北地区营商环境综合指数处于全国平均水平之上，体现出该地区营商环境相对较好，如图6–10所示。

具体来看，华北地区基础环境、政务环境、法律环境、人才环境、投资环境和金融环境指数分别为65.48、79.59、65.60、65.30、58.51和64.47。其中，区域基础环境、区域法律环境、区域人才环境和区域金融环境指数得分高于全国平均水平，区域政务环境、区域投资环境指数得分低于全国平均水平，如图6–11所示。

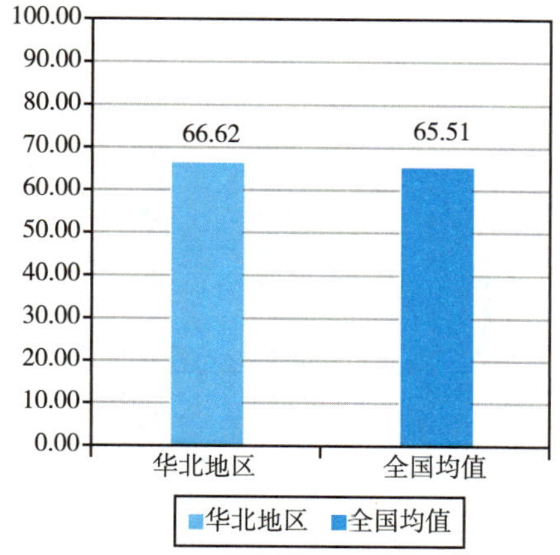

图6–10　华北地区营商环境综合指数分析

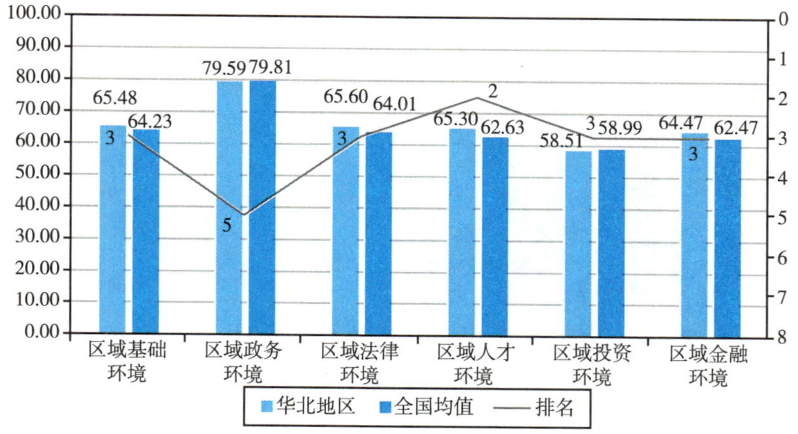

图6–11　华北地区营商环境指数维度分析

6.1.2.2　区域基础环境维度

从区域基础环境的总体表现来看，2022年华北地区基础环境指数为65.48，与全国平均水平64.23相比，华北地区基础环境指数处于全国平均水平之上，体现出该地区基础环境发展较好，基础设施建设水平较好。从区域基础环境的具体内容来看，2022年华北地区供气供水供电能力、医疗卫生基本供给、城市道路面积和区域货运能力指标得分分别为65.99、63.94、70.15和61.85。其中，除了医疗卫生基本供给指标外，其他指标均高于全国平均水平，如图6–12所示。

6.1.2.3　区域政务环境维度

从区域政务环境的总体表现来看，2022年华北地区政务环境指数为79.59，与全国平均水平79.81相比，华北地区政务环境指数略微处于全国平均水平之下，体现出该地区政务环境发展水平较为一般。从区域政务环境的具体内容来看，2022年华北地区电子政务水平、政府透明度、政府支出和企业税收负担分值分别为85.33、76.56、87.45和69.02。其中，电子政务水平、政府透明度和政府支出各项指标得分均高于全国平均水平，企业税收负担指标得分低于全国平均水平，如图6–13所示。

6.1.2.4　区域法律环境维度

从区域法律环境的总体表现来看，2022年华北地区法律环境指数为65.60，与全国平均水平64.01相比，华北地区法律环境指数处于全国平均水平之上，体现出该地区法律环境发展水平较高。从区域法律环境的具体内容来看，2022年华北地区知识产权保护力度、司法信息公开度、司法服务、司法文明和社会治安指标得分分别为63.25、70.05、61.49、57.27和75.94。其中，司法信息公开度和司法文明指标得分低于全国平均水平，其他指标得分均高于全国平均水平，如图6–14所示。

6.1.2.5　区域人才环境维度

从区域人才环境的总体表现来看，2022年华北地区人才环境指数为65.30，与全国平均水平62.63相比，华北地区人才环境指数高于全国平均水平，体现出该地区人才环境发展水平较好，同时也体现出该地区人才吸引力较强。从区域人才环境的具体内容来看，2022年华北地区高等院校在校生数、年末单位从业人数、人口净流入、平均工资水平和财政教育支出指标得分分别为75.50、58.09、70.65、61.46和60.79。其中，除年末单位从业人数指标外，其他指标得分均高于全国平均水平，如图6-15所示。

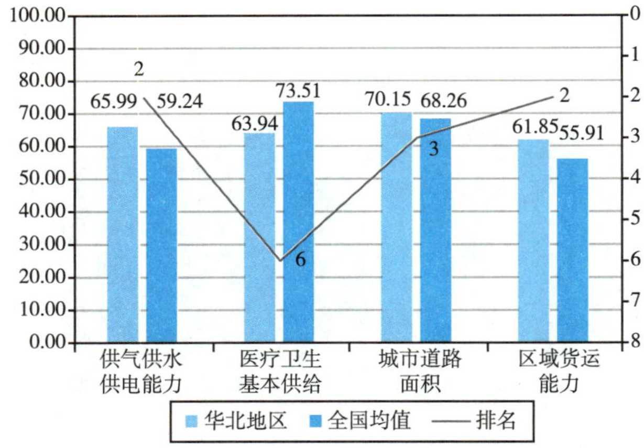

图6-12　华北地区基础环境指数分析

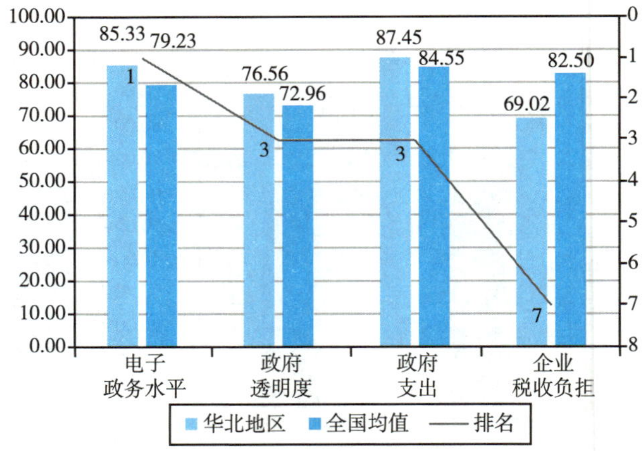

图6-13　华北地区政务环境指数分析

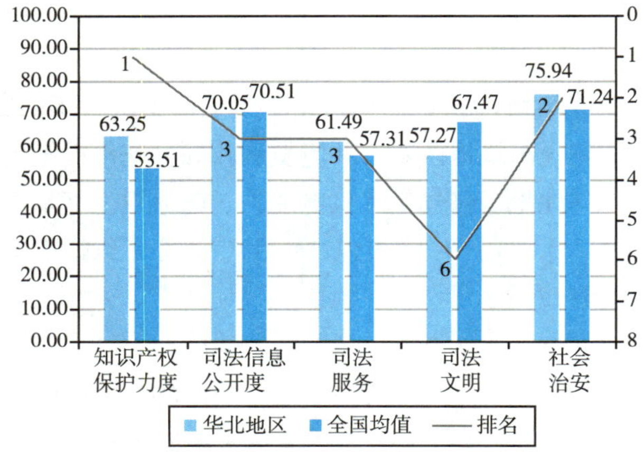

图6-14　华北地区法律环境指数分析

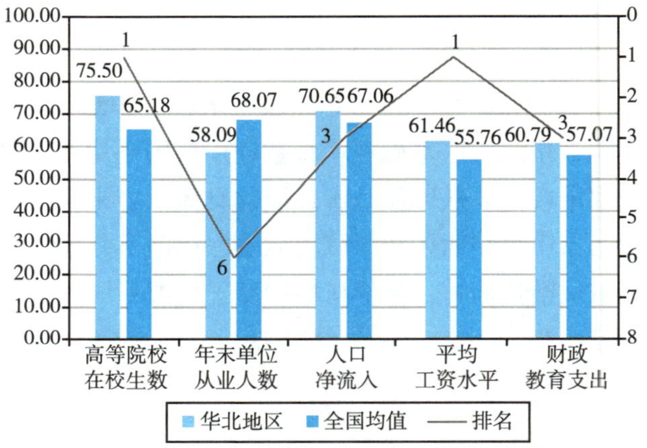

图6-15　华北地区人才环境指数分析

6.1.2.6　区域投资环境维度

从区域投资环境的总体表现来看，2022年华北地区投资环境指数为58.51，与全国平均水平58.99相比，华北地区投资环境指数处于全国平均水平之下，体现出该地区投资环境发展水平较低，同时也体现出该地区投资吸引力较弱。从区域投资环境的具体内容来看，2022年华北地区居民消费率、企业机构数量、外资企业比、对外投资度和固定资产投资指标得分分别为56.24、56.50、51.68、61.42和66.68。其中，居民消费率、企业机构数量、固定资产投资指标得分都低于全国平均水平，外资企业比和对外投资度指标得分高于全国平均水平，如图6-16所示。

6.1.2.7　区域金融环境维度

从区域金融环境的总体表现来看，2022年华北地区金融环境指数为64.47，与全国平均水平62.47相比，华北地区金融环境指数处于全国平均水平之上，体现出该地区金融环境发展水平较高，同时也体现出该地区的金融环境较好。从区域金融环境的具体内容来看，2022年华北地区金融从业人员、社会融资规模增量、金融机构贷款余额和银行等金融机构数量指标得分分别为68.94、70.27、55.07和63.60。其中，金融从业人员指标得分高于全国平均水平，其他指标得分均低于全国平均水平，如图6–17所示。

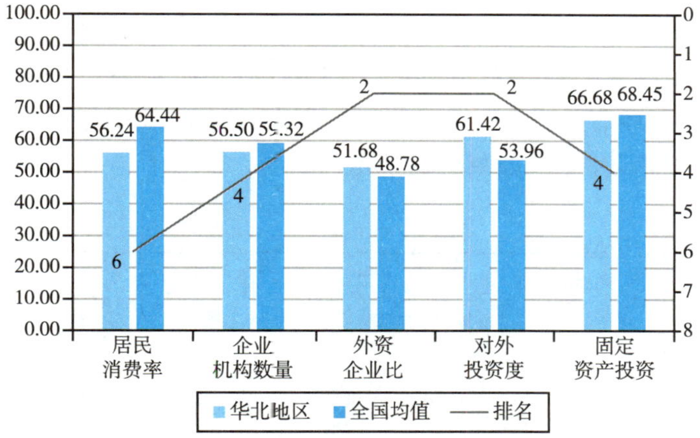

图6–16 华北地区投资环境指数分析

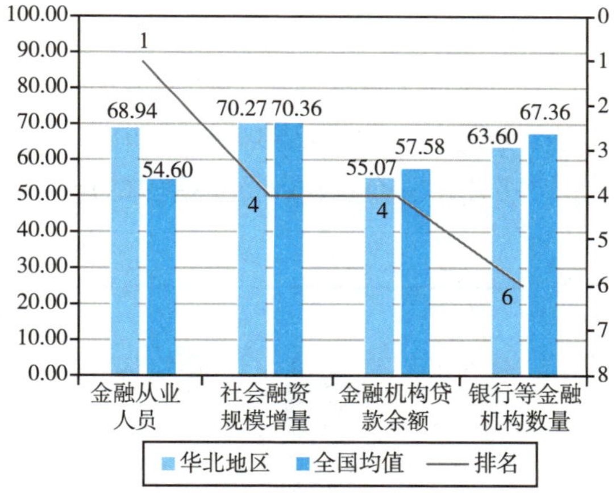

图6–17 华北地区金融环境指数分析

6.1.3 华东地区

6.1.3.1 营商环境综合指数

2022年华东地区营商环境综合指数为71.28，位列七大区域首位，高于全国平均水平65.51，这表明华东地区营商环境综合指数处于全国平均水平之上，体现出该地区营商环境较强，如图6–18所示。

具体来看，华东地区基础环境、政务环境、法律环境、人才环境、投资环境和金融环境指数分别为74.17、83.66、68.72、66.55、65.78和68.64，且各项指数得分均高于全国平均水平，如图6–19所示。

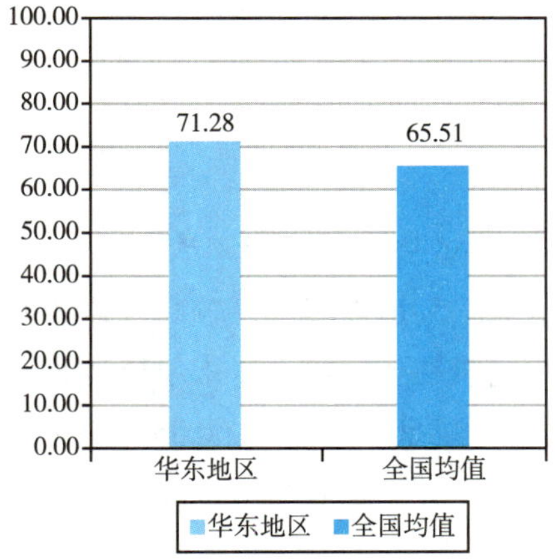

图6–18 华东地区营商环境综合指数分析

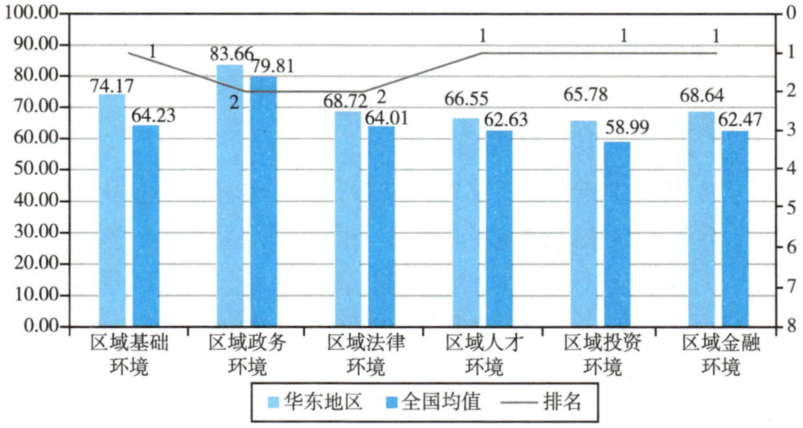

图6–19 华东地区营商环境指数维度分析

6.1.3.2 区域基础环境维度

从区域基础环境的总体表现来看，2022年华东地区基础环境指数为74.17，与全国平均水平64.23相比，华东地区基础环境指数处于全国平均水平之上，体现出该地区基础环境发展水平较高，基础设施建设水平较强。从区域基础环境的具体内容来看，2022年华东地区供气供水供电能力、医疗卫生基本供给、城市道路面积和区域货运能力指标得分分别为74.73、66.80、83.65和71.51。其中，除了医疗卫生基本供给指标外，其他指标得分均高于全国平均水平，如图6-20所示。

6.1.3.3 区域政务环境维度

从区域政务环境的总体表现来看，2022年华东地区政务环境指数为83.66，与全国平均水平79.81相比，华东地区政务环境指数处于全国平均水平之上，体现出该地区政务环境发展水平较高。从区域政务环境的具体内容来看，2022年华东地区电子政务水平、政府透明度、政府支出、企业税收负担指标得分分别为77.66、82.84、93.79和80.34。其中，政府透明度和政府支出指标得分高于全国平均水平，电子政务水平、企业税收负担指标得分低于全国平均水平，如图6-21所示。

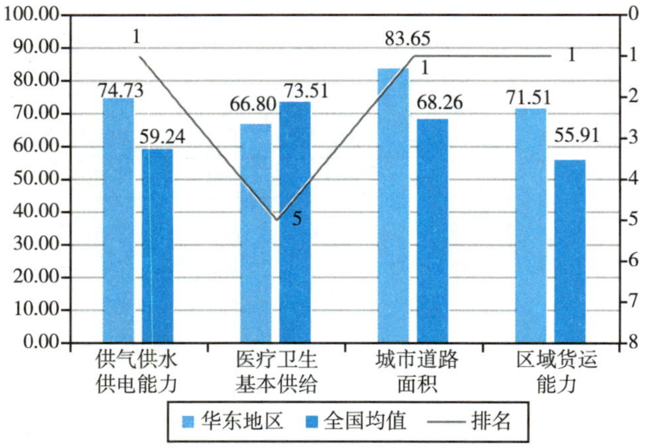

图6-20 华东地区基础环境指数分析

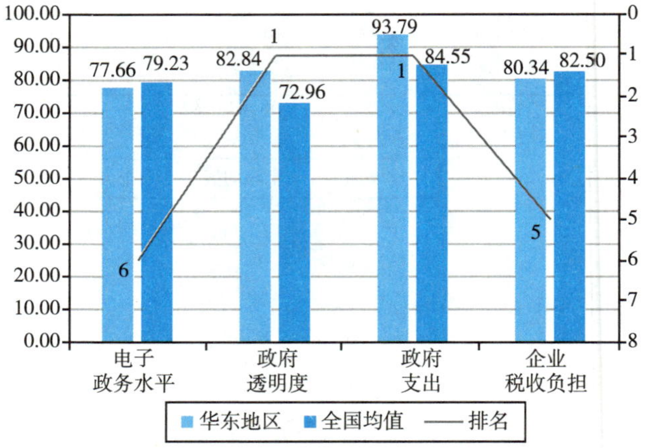

图6-21 华东地区政务环境指数分析

6.1.3.4 区域法律环境维度

从区域法律环境的总体表现来看，2022年华东地区法律环境指数为68.72，与全国平均水平64.01相比，华东地区法律环境指数处于全国平均水平之上，体现出该地区法律环境发展水平较高。从区域法律环境的具体内容来看，2022年华东地区知识产权保护力度、司法信息公开度、司法服务、司法文明和社会治安指标分值分别为54.73、78.96、63.44、75.12和71.31，各项指标得分均高于全国平均水平，如图6-22所示。

6.1.3.5 区域人才环境维度

从区域人才环境的总体表现来看，2022年华东地区人才环境指数为66.55，与全国平均水平62.63相比，华东地区人才环境指数处于全国平均水平之上，体现出该地区人才环境发展水平较高，地区人才吸引力强。从区域人才环境的具体内容来看，2022年华东地区高等院校在校生数、年末单位从业人数、人口净流入、平均工资水平和财政教育支出指标得分分别为63.83、77.60、72.23、60.05和59.06。其中，除高等院校在校生数指标外，其他指标得分均高于全国平均水平，进一步表明华东地区的人才竞争力较强，如图6-23所示。

6.1.3.6 区域投资环境维度

从区域投资环境的总体表现来看，2022年华东地区投资环境指数为65.78，与全国平均水平58.99相比，华东地区投资环境指数处于全国平均水平之上，体现出该地区投资环境发展水平较高，地区投资吸引力较强。从区域投资环境的具体内容来看，2022年华东地区居民消费率、企业机构数量、外资企业比、对外投资度和固定资产投资指标得分分别为55.41、79.25、57.72、59.82和76.69。其中，居民消费率指标得分低于全国平均水平，其他指标得分均高于全国平均水平，如图6–24所示。

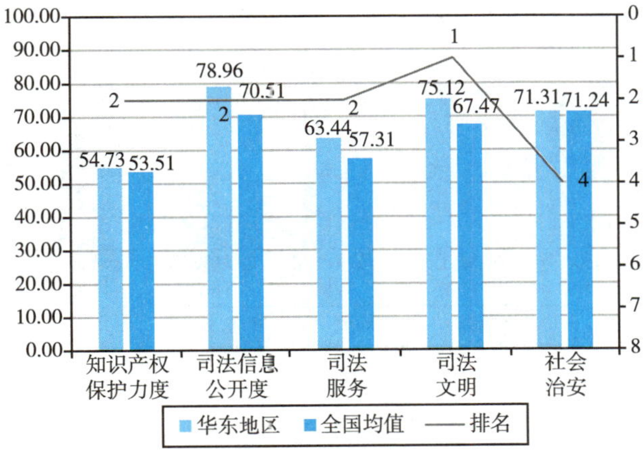

图6–22　华东地区法律环境指数分析

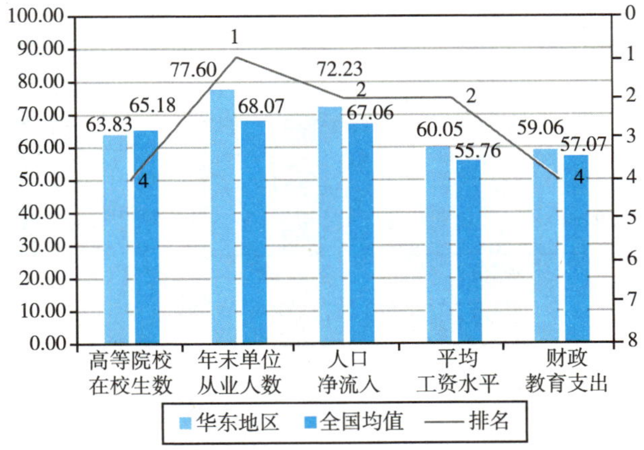

图6–23　华东地区人才环境指数分析

6.1.3.7　区域金融环境维度

从区域金融环境的总体表现来看，2022年华东地区金融环境指数为68.64，与全国平均水平62.47相比，华东地区金融环境指数处于全国平均水平之上，体现出该地区金融环境发展水平较高。从区域金融环境的具体内容来看，2022年华东地区金融从业人员、社会融资规模增量、金融机构贷款余额和银行等金融机构数量指标得分分别为55.15、78.77、72.01和68.64，所有指标得分均高于全国平均水平，进一步表明2022年华东地区金融环境较强，如图6–25所示。

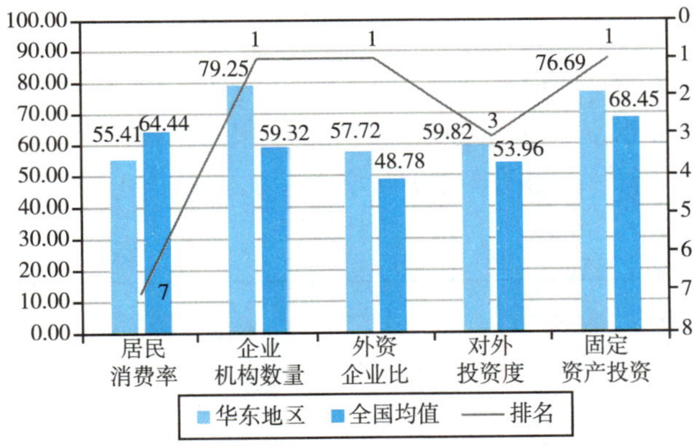

图6–24　华东地区投资环境指数分析

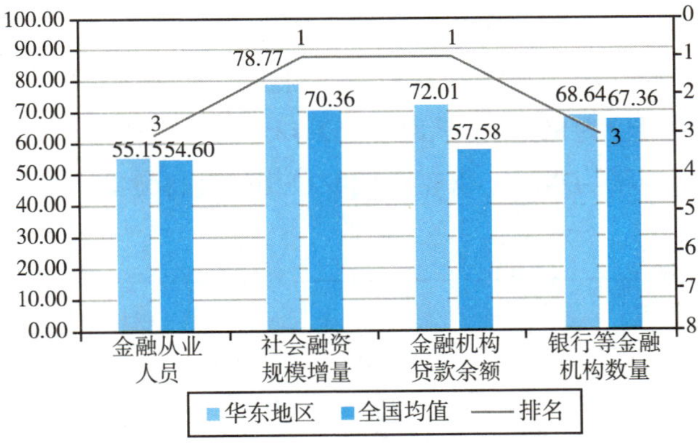

图6–25　华东地区金融环境指数分析

6.1.4　华南地区

6.1.4.1　营商环境综合指数

2022年华南地区营商环境综合指数为67.66，与全国平均水平65.51相比，华南地区营商环境综合指数处于全国平均水平之上，体现出该地区营商环境相对较好，如图6–26所示。

具体来看，华南地区基础环境、政务环境、法律环境、人才环境、投资环境和金融环境指数分别为64.83、80.33、69.62、63.77、61.85和64.79。其中，所有指数得分均高于全国平均水平，如图6–27所示。

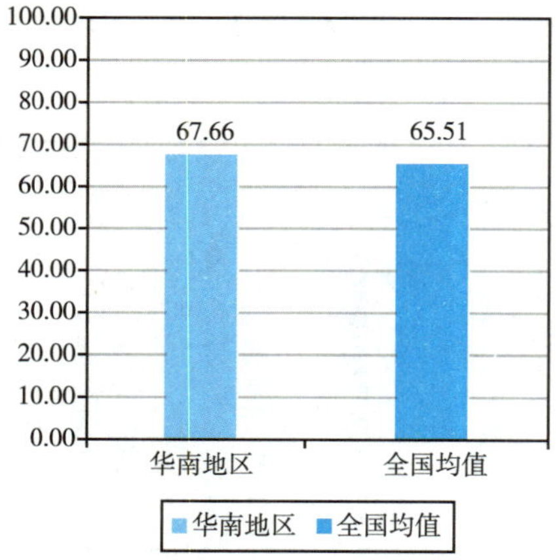

图6-26　华南地区营商环境综合指数分析

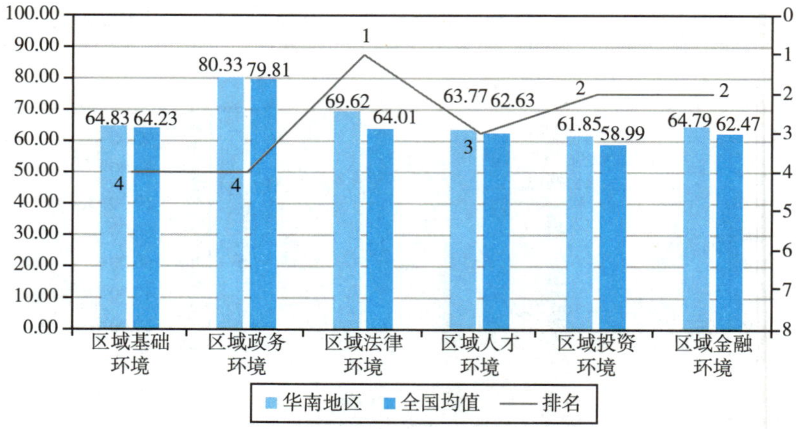

图6-27　华南地区营商环境指数维度分析

6.1.4.2　区域基础环境维度

从区域基础环境的总体表现来看，2022年华南地区基础环境指数为64.83，与全国平均水平64.23相比，华南地区基础环境指数处于全国平均水平之上，体现出该地区基础环境发展水平较好，基础设施建设水平较好。从区域基础环境的具体内容来看，2022年华南地区供气供水供电能力、医疗卫生基本供给、城市道路面积和区域货运能力指标得分为65.73、56.59、81.88和55.11。其中，供气供水供电能力和城市道路面积指标得分高于全国平均水平，而其他指标得分均低于全国平均水平，如图6–28所示。

6.1.4.3　区域政务环境维度

从区域政务环境的总体表现来看，2022年华南地区政务环境指数为80.33，与全国平均水平79.81相比，华南地区政务环境指数处于全国平均水平之上，体现出该地区政务环境发展水平较高。从区域政务环境的具体内容来看，2022年华南地区电子政务水平、政府透明度、政府支出和企业税收负担指标得分为80.84、77.85、85.94和76.67。其中，电子政务水平、政府透明度和政府支出指标得分均高于全国平均水平，仅企业税收负担指标得分低于全国平均水平，如图6–29所示。

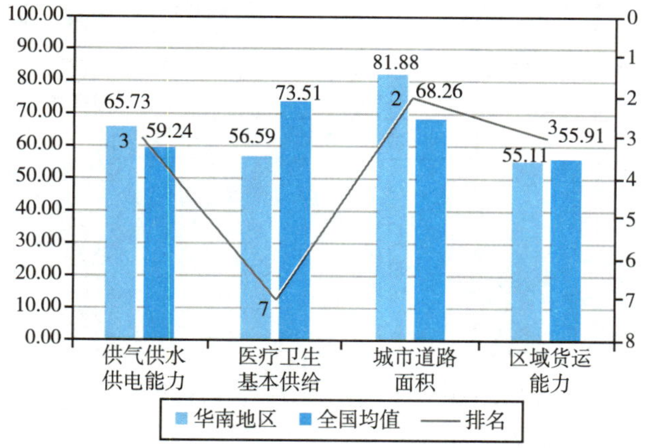

图6–28　华南地区基础环境指数分析

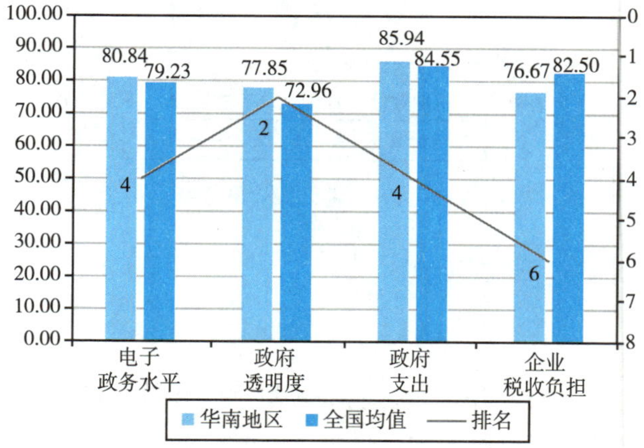

图6–29　华南地区政务环境指数分析

6.1.4.4　区域法律环境维度

从区域法律环境的总体表现来看，2022年华南地区法律环境指数为69.62，与全国平均水平64.01

相比，华南地区法律环境指数处于全国平均水平之上，体现出该地区法律环境发展水平较高。从区域法律环境的具体内容来看，2022年华南地区知识产权保护力度、司法信息公开度、司法服务、司法文明和社会治安指标分值分别为53.24、83.51、65.34、65.37和80.63。其中，司法信息公开度、司法服务和社会治安指标得分高于全国平均水平，其他指标得分低于全国平均水平，如图6–30所示。

6.1.4.5　区域人才环境维度

从区域人才环境的总体表现来看，2022年华南地区人才环境指数为63.77，与全国平均水平62.63相比，华南地区人才环境指数处于全国平均水平之上，体现出该地区人才环境发展水平较高，同时也体现出该地区人才吸引力较强。从区域人才环境的具体内容来看，2022年华南地区高等院校在校生数、年末单位从业人数、人口净流入、平均工资水平和财政教育支出指标得分分别为59.57、72.90、74.67、55.71和55.99。其中，年末单位从业人数、人口净流入指标得分均高于全国平均水平，高等院校在校生数指标得分低于全国平均水平较多，平均工资水平和财政教育支出指标得分略低于全国平均水平，如图6–31所示。

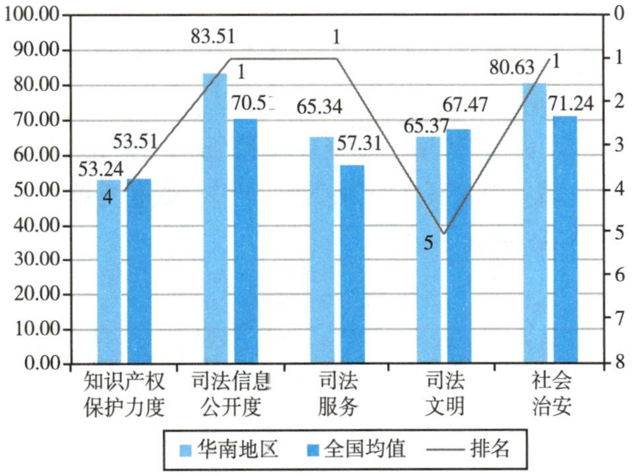

图6–30　华南地区法律环境指数分析

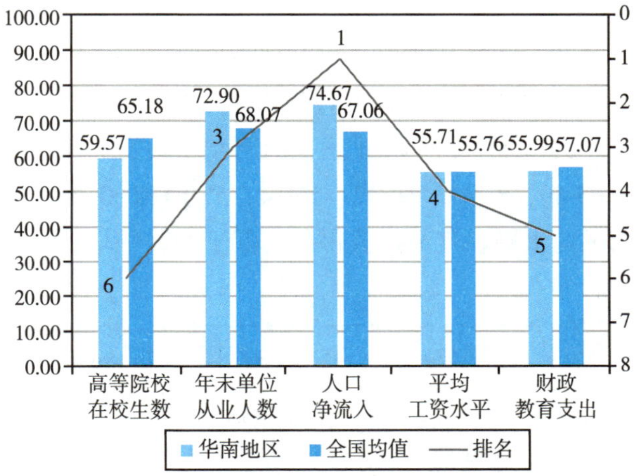

图6–31　华南地区人才环境指数分析

6.1.4.6　区域投资环境维度

从区域投资环境的总体表现来看，2022年华南地区投资环境指数为61.85，与全国平均水平58.99相比，华南地区投资环境指数处于全国平均水平之上，体现出该地区投资环境发展水平较高，投资吸引力较强。从区域投资环境的具体内容来看，2022年华南地区居民消费率、企业机构数量、外资企业比、对外投资度和固定资产投资指标得分分别为73.76、58.96、49.10、65.62和61.83。其中，企业机构数量和固定资产投资指标得分低于全国平均水平，其他指标得分均高于全国平均水平，如图6–32所示。

6.1.4.7　区域金融环境维度

从区域金融环境的总体表现来看，2022年华南地区金融环境指数为64.79，与全国平均水平62.47相比，华南地区金融环境指数处于全国平均水平之上，体现出该地区金融环境发展水平较高，金融环境较强。从区域金融环境的具体内容来看，2022年华南地区金融从业人员、社会融资规模增量、金融机构贷款余额和银行等金融机构数量指标得分为53.40、73.87、64.36和67.53。其中，金融从业人员指标得分低于全国平均水平，其他指标得分均高于全国平均水平，如图6–33所示。

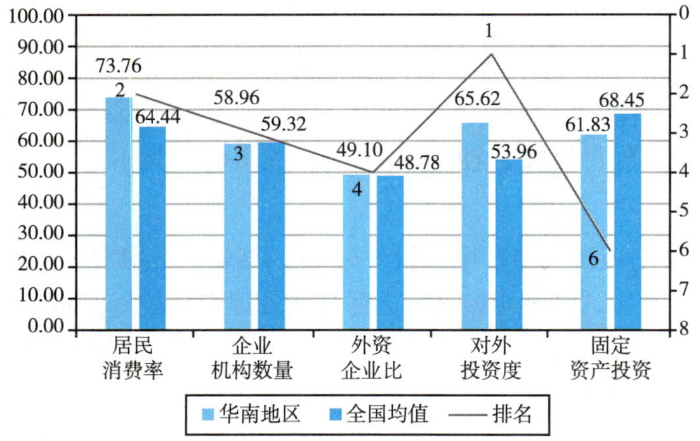

图6-32　华南地区投资环境指数分析

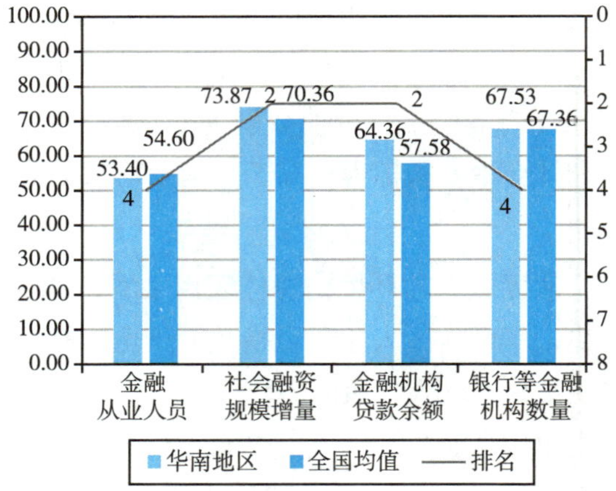

图6-33　华南地区金融环境指数分析

6.1.5　华中地区

6.1.5.1　营商环境综合指数

2022年华中地区营商环境综合指数为64.16，与全国平均水平65.51相比，华中地区营商环境综合指数略微处于全国平均水平之下，体现出该地区营商环境相对较弱，如图6-34所示。

具体来看，华中地区基础环境、政务环境、法律环境、人才环境、投资环境和金融环境指数分别为65.49、85.47、60.42、55.24、57.10和60.76。其中，区域基础环境和区域政务环境指数得分高于全国平均水平，其他指数得分均低于全国平均水平，如图6-35所示。

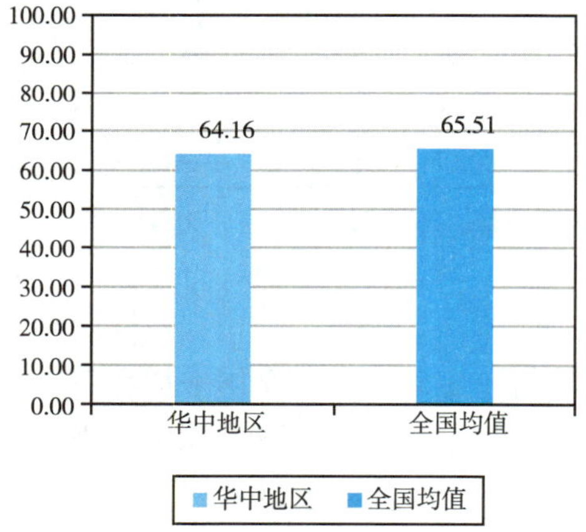

图6-34　华中地区营商环境综合指数分析

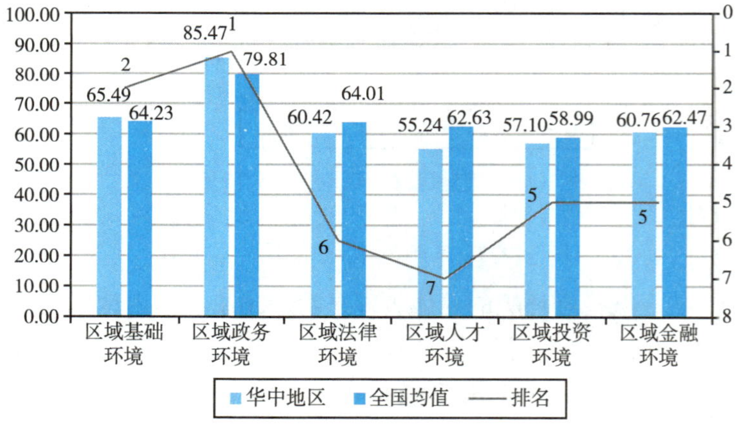

图6-35　华中地区营商环境指数维度分析

6.1.5.2　区域基础环境维度

从区域基础环境的总体表现来看，2022年华中地区基础环境指数为65.49，与全国平均水平64.23相比，华中地区基础环境指数处于全国平均水平之上，体现出该地区基础环境发展水平和基础设施建设水平较好。从区域基础环境的具体内容来看，2022年华中地区供气供水供电能力、医疗卫生基本供给、城市道路面积和区域货运能力指标得分分别为54.91、87.89、64.57和54.56。其中，除了医疗卫生基本供给指标得分远高于全国平均水平外，其他指标得分均低于全国平均水平，如图6-36所示。

6.1.5.3　区域政务环境维度

从区域政务环境的总体表现来看，2022年华中地区政务环境指数为85.47，与全国平均水平79.81

相比，华中地区政务环境指数高于全国平均水平，体现出该地区政务环境发展水平较好。从区域政务环境的具体内容来看，2022年华中地区电子政务水平、政府透明度、政府支出和企业税收负担指标分值分别为80.03、69.80、92.87和99.16。其中，除政府透明度指标得分低于全国平均水平外，其他指标得分均高于全国平均水平，如图6-37所示。

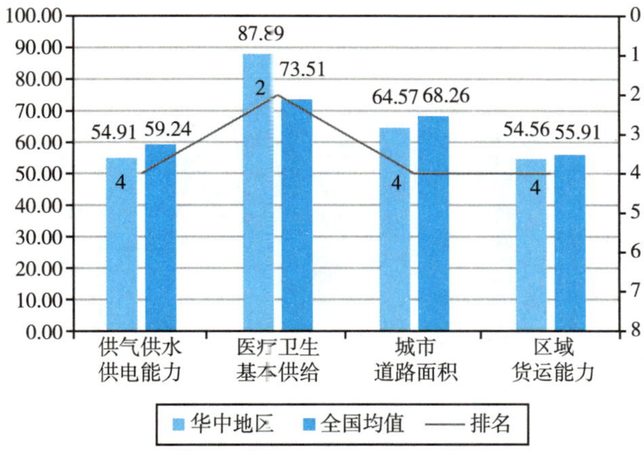

图6-36　华中地区基础环境指数分析

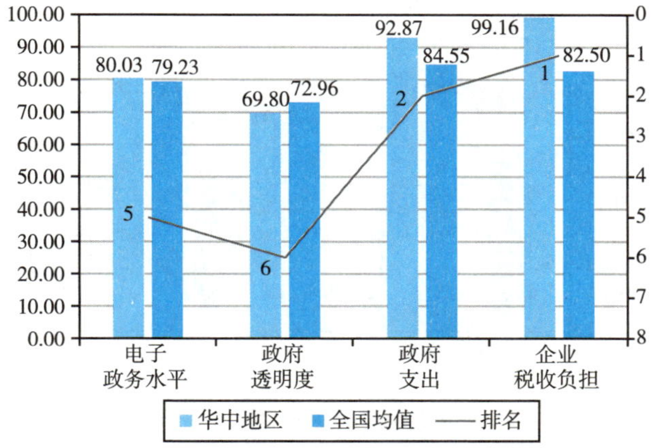

图6-37　华中地区政务环境指数分析

6.1.5.4　区域法律环境维度

从区域法律环境的总体表现来看，2022年华中地区法律环境指数为60.42，与全国平均水平64.01相比，华中地区法律环境指数处于全国平均水平之下，体现出该地区法律环境发展水平较低。从区域法律环境的具体内容来看，2022年华中地区知识产权保护力度、司法信息公开度、司法服务、司法文明和社会治安指标分值分别为53.99、66.23、56.97、54.63和70.29。其中，知识产权保护力度指标得分略高于全国平均水平，其他指标得分均低于全国平均水平，如图6-38所示。

6.1.5.5　区域人才环境维度

从区域人才环境的总体表现来看，2022年华中地区人才环境指数为55.24，与全国平均水平62.63相比，华中地区人才环境指数处于全国平均水平之下，体现出该地区人才环境发展水平较低，同时也体现出该地区人才吸引力有待提升。从区域人才环境的具体内容来看，2022年华中地区高等院校在校生数、年末单位从业人数、人口净流入、平均工资水平和财政教育支出指标得分分别为66.90、65.75、52.11、46.49和44.96。其中，高等院校在校生数指标得分高于全国平均水平，其他指标得分均低于全国平均水平，如图6-39所示。

6.1.5.6　区域投资环境维度

从区域投资环境的总体表现来看，2022年华中地区投资环境指数为57.10，与全国平均水平58.99相比，华中地区投资环境指数处于全国平均水平之下，体现出该地区投资环境发展水平较低，同时也体现出该地区投资吸引力有待提升。从区域投资环境的具体内容来看，2022年华中地区居民消费率、企业机构数量、外资企业比、对外投资度和固定资产投资指标得分分别为61.76、60.92、42.58、44.13和76.12。其中，居民消费率、外资企业比和对外投资度指标得分都低于全国平均水平，其他指标得分均高于全国平均水平，如图6-40所示。

6.1.5.7　区域金融环境维度

从区域金融环境的总体表现来看，2022年华中地区金融环境指数为60.76，与全国平均水平62.47

相比，华中地区金融环境指数处于全国平均水平之下，体现出该地区金融环境发展水平较弱。从区域金融环境的具体内容来看，2022年华中地区金融从业人员、社会融资规模增量、金融机构贷款余额和银行等金融机构数量指标得分分别为45.43、67.37、59.31和70.93。其中，金融从业人员、社会融资规模增量指标得分低于全国平均水平，其他指标得分均高于全国平均水平，如图6–41所示。

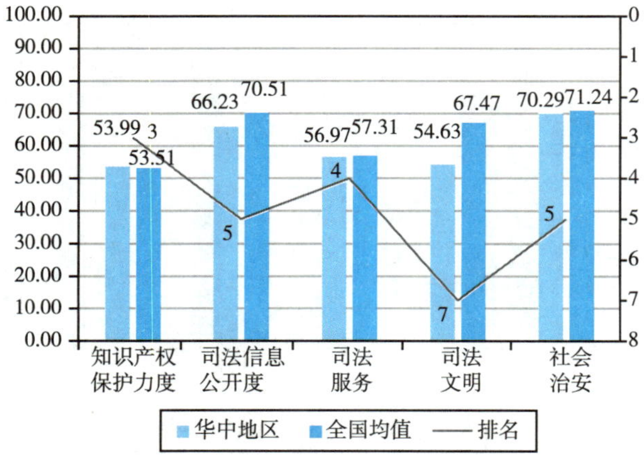

图6–38 华中地区法律环境指数分析

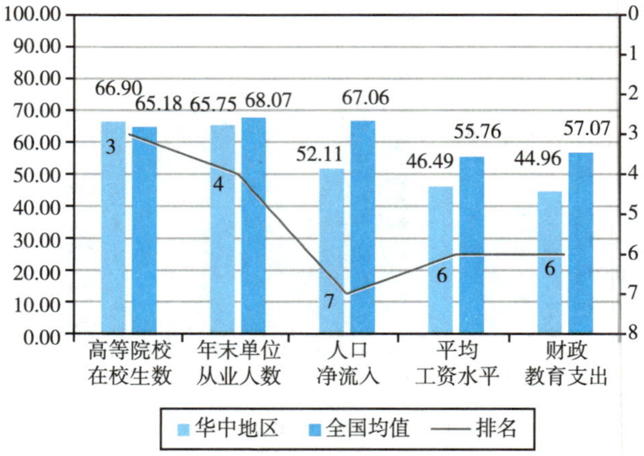

图6–39 华中地区人才环境指数分析

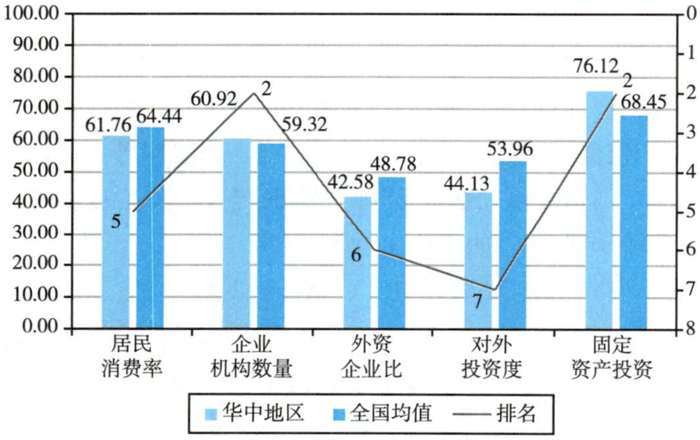

图6–40 华中地区投资环境指数分析

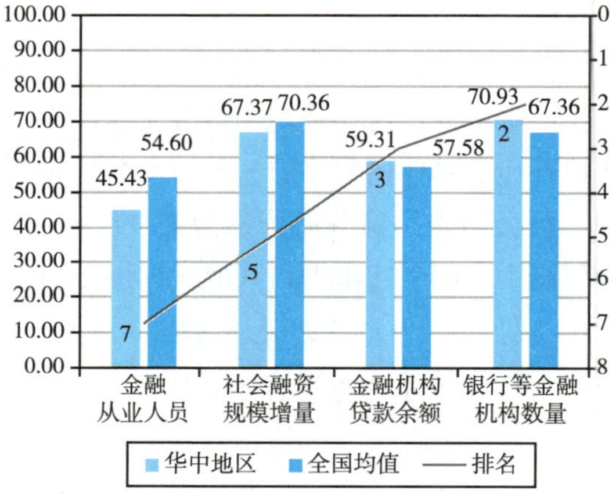

图6–41 华中地区金融环境指数分析

6.1.6 西北地区

6.1.6.1 营商环境综合指数

2022年西北地区营商环境综合指数为60.18，与全国平均水平65.51相比，西北地区营商环境综合指数处于全国平均水平之下，体现出该地区营商环境相对较弱，如图6–42所示。

具体来看，西北地区基础环境、政务环境、法律环境、人才环境、投资环境和金融环境指数分别为55.67、71.09、60.49、60.93、54.81和56.47，所有指数得分均低于全国平均水平，如图6–43所示。

6.1.6.2 区域基础环境维度

从区域基础环境的总体表现来看，2022年西北地区基础环境指数为55.67，与全国平均水平64.23相比，西北地区基础环境指数处于全国平均水平之下，体现出该地区基础环境发展水平较弱，同时也反映了该地区基础设施建设水平有待改善。从区域基础环境的具体内容来看，2022年西北地区供气供水供电能力、医疗卫生基本供给、城市道路面积和区域货运能力指标得分分别为45.42、76.75、56.51和43.99。其中，除了医疗卫生基本供给指标外，其他指标得分均低于全国平均水平，如图6–44所示。

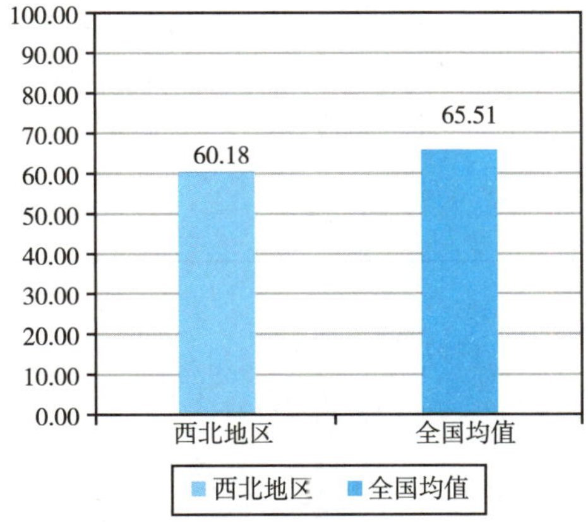

图6–42　西北地区营商环境综合指数分析

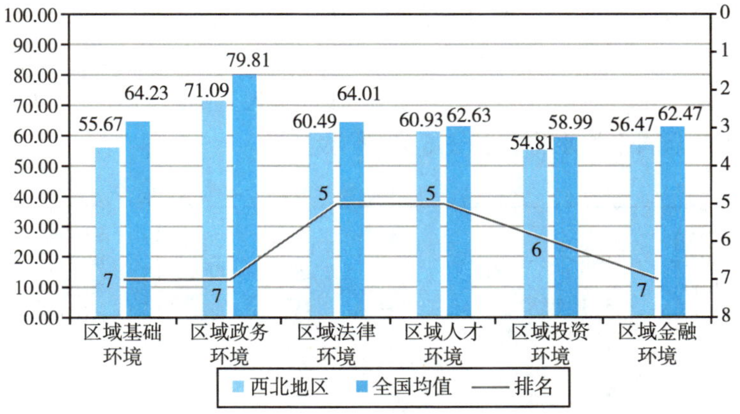

图6–43　西北地区营商环境指数维度分析

6.1.6.3　区域政务环境维度

从区域政务环境的总体表现来看，2022年西北地区政务环境指数为71.09，与全国平均水平79.81相比，西北地区政务环境指数低于全国平均水平，体现出该地区政务环境发展水平较弱。从区域政务环境的具体内容来看，2022年西北地区电子政务水平、政府透明度、政府支出和企业税收负担指标分值分别为65.99、56.56、73.20和88.62。其中，除企业税收负担指标得分高于全国平均水平之外，其他指标得分均低于全国平均水平，如图6–45所示。

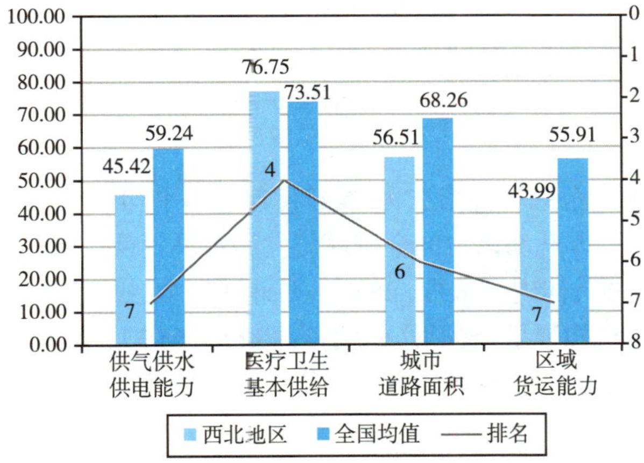

图6–44　西北地区基础环境指数分析

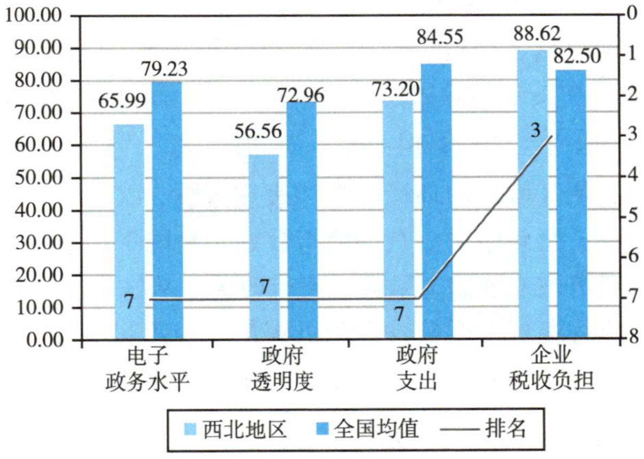

图6–45　西北地区政务环境指数分析

6.1.6.4　区域法律环境维度

从区域法律环境的总体表现来看，2022年西北地区法律环境指数为60.49，与全国平均水平64.01相比，西北地区法律环境指数处于全国平均水平之下，体现出该地区法律环境发展水平较弱。从区域法律环境的具体内容来看，2022年西北地区知识产权保护力度、司法信息公开度、司法服务、司法文明和社会治安分值分别为52.19、59.30、45.99、72.78和72.20，其中，司法文明和社会治安指标得分高于全国平均水平，其他指标得分均低于全国平均水平，如图6–46所示。

6.1.6.5 区域人才环境维度

从区域人才环境的总体表现来看，2022年西北地区人才环境指数为60.93，与全国平均水平62.63相比，西北地区人才环境指数处于全国平均水平之下，体现出该地区人才环境发展水平较低，同时也体现出该地区人才吸引力有待提升。从区域人才环境的具体内容来看，2022年西北地区高等院校在校生数、年末单位从业人数、人口净流入、平均工资水平和财政教育支出指标得分分别为60.65、61.55、67.45、53.11和61.89。其中，人口净流入、财政教育支出指标均高于全国平均水平，其他指标得分均低于全国平均水平，如图6–47所示。

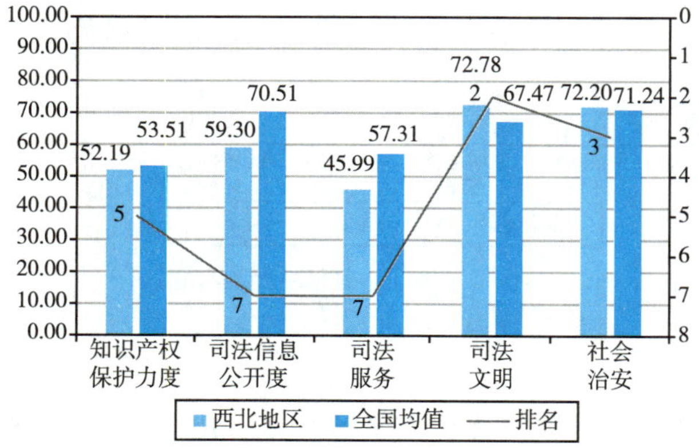

图6–46 西北地区法律环境指数分析

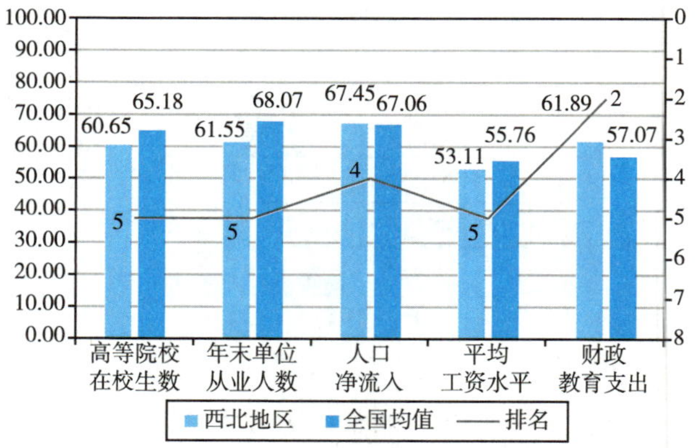

图6–47 西北地区人才环境指数分析

6.1.6.6 区域投资环境维度

从区域投资环境的总体表现来看，2022年西北地区投资环境指数为54.81，与全国平均水平58.99相比，西北地区投资环境指数处于全国平均水平之下，体现出该地区投资环境发展水平较低，同时也体现出该地区投资吸引力较弱。从区域投资环境的具体内容来看，2022年西北地区居民消费率、企业机构数量、外资企业比、对外投资度和固定资产投资指标得分分别为68.92、49.38、41.58、49.11和65.06。其中，除居民消费率指标外，其他指标得分均低于全国平均水平，如图6–48所示。

6.1.6.7 区域金融环境维度

从区域金融环境的总体表现来看，2022年西北地区金融环境指数为56.47，与全国平均水平62.47相比，西北地区金融环境指数处于全国平均水平之下，体现出该地区金融环境发展水平较低，同时也体现出该地区的金融环境有待改善。从区域金融环境的具体内容来看，2022年西北地区金融从业人员、社会融资规模增量、金融机构贷款余额和银行等金融机构数量指标得分分别为49.65、65.37、45.43和65.42，所有指标得分均低于全国平均水平，表明西北地区的金融环境建设有待加强，如图6–49所示。

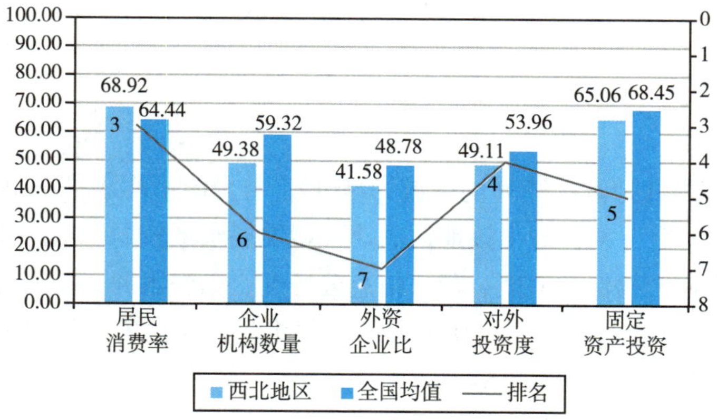

图6–48 西北地区投资环境指数分析

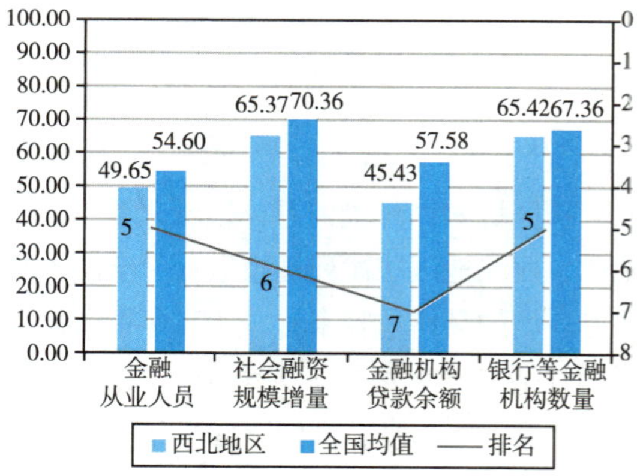

图6–49 西北地区金融环境指数分析

6.1.7 西南地区

6.1.7.1 营商环境综合指数

2022年西南地区营商环境综合指数为62.99，与全国平均水平65.51相比，西南地区营商环境综合指数处于全国平均水平之下，体现出该地区营商环境较弱，如图6–50所示。

具体来看，西南地区基础环境、政务环境、法律环境、人才环境、投资环境和金融环境指数分别为59.96、78.77、61.79、63.31、54.38和61.07。其中，除区域人才环境指数外，其他指数得分均低于全国平均水平，如图6–51所示。

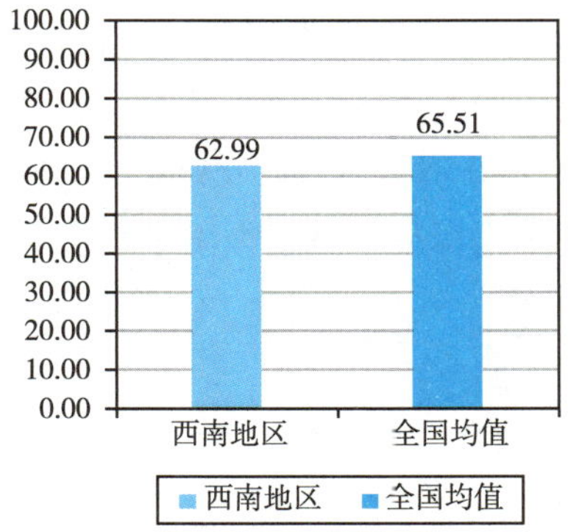

图6–50 西南地区营商环境指数分析

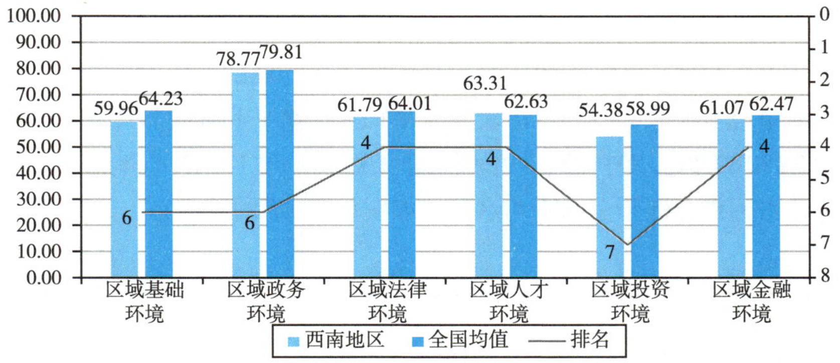

图6–51 西南地区营商环境指数维度分析

6.1.7.2 区域基础环境维度

从区域基础环境的总体表现来看，2022年西南地区基础环境指数为56.96，与全国平均水平64.23相比，西南地区基础环境指数处于全国平均水平之下，体现出该地区基础环境发展水平较低，同时也体现出该地区基础设施建设水平较弱。从区域基础环境的具体内容来看，2022年西南地区供气供水供电能力、医疗卫生基本供给、城市道路面积和区域货运能力指标得分分别为47.54、79.99、53.23和47.09。其中，除了医疗卫生基本供给指标外，其他指标得分均低于全国平均水平，如图6–52所示。

6.1.7.3 区域政务环境维度

从区域政务环境的总体表现来看，2022年西南地区政务环境指数为78.77，与全国平均水平79.81相比，西南地区政务环境指数处于全国平均水平之下，体现出该地区政务环境发展水平较低。从区域政务环境的具体内容来看，2022年西南地区电子政务水平、政府透明度、政府支出和企业税收负担指标分值分别为83.82、72.31、76.82和82.11。其中，电子政务水平指标得分高于全国平均水平，政府透明度、政府支出和企业税收负担指标得分均低于全国平均水平，如图6–53所示。

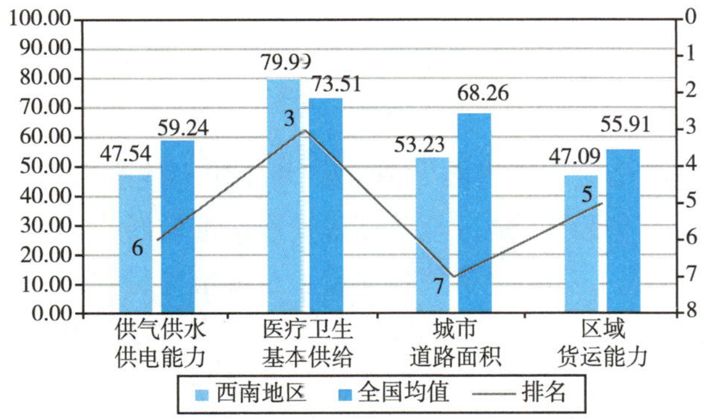

图6–52 西南地区基础环境指数分析

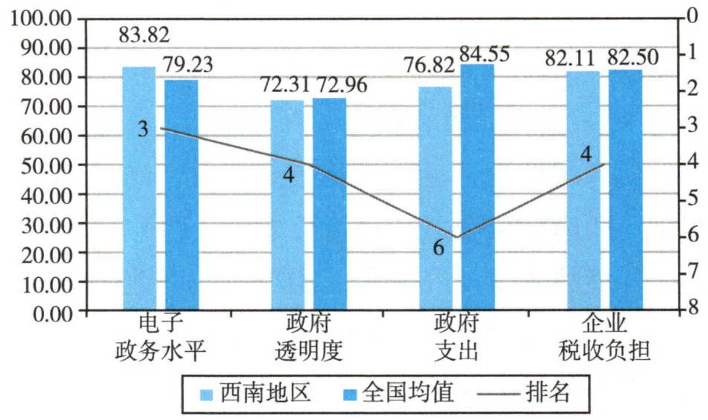

图6–53 西南地区政务环境指数分析

6.1.7.4 区域法律环境维度

从区域法律环境的总体表现来看，2022年西南地区法律环境指数为61.79，与全国平均水平64.01相比，西南地区法律环境指数处于全国平均水平之下，体现出该地区法律环境发展水平较低。从区域法律环境的具体内容来看，2022年西南地区知识产权保护力度、司法信息公开度、司法服务、司法文明和社会治安指标分值分别为45.21、68.22、54.03、71.90和69.59。其中，司法文明指标得分高于全国平均水平，其他指标得分均低于全国平均水平，如图6-54所示。

6.1.7.5 区域人才环境维度

从区域人才环境的总体表现来看，2022年西南地区人才环境指数为63.31，与全国平均水平62.63相比，西南地区人才环境指数处于全国平均水平之上，体现出该地区人才环境发展水平较好，同时也体现出该地区人才吸引力较好。从区域人才环境的具体内容来看，2022年西南地区高等院校在校生数、年末单位从业人数、人口净流入、平均工资水平和财政教育支出指标得分分别为58.54、75.89、61.15、58.77和62.20。其中，年末单位从业人数、平均工资水平和财政教育支出指标得分高于全国平均水平，其他指标得分低于全国平均水平，如图6-55所示。

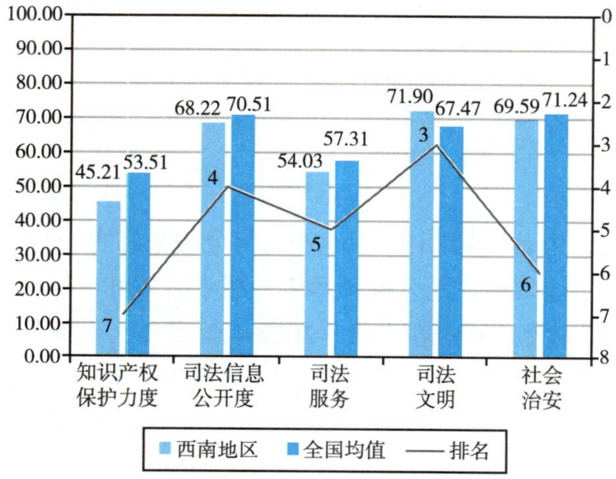

图6-54 西南地区法律环境指数分析

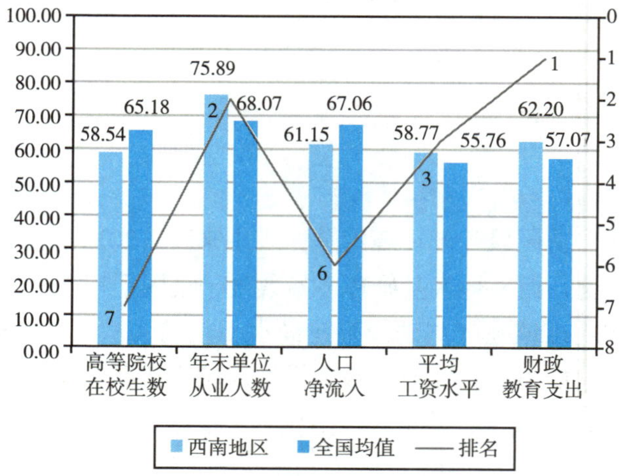

图6-55 西南地区人才环境指数分析

6.1.7.6 区域投资环境维度

从区域投资环境的总体表现来看，2022年西南地区投资环境指数为54.38，与全国平均水平58.99相比，西南地区投资环境指数处于全国平均水平之下，体现出该地区投资环境发展水平较低，同时也体现出该地区投资吸引力有待提升。从区域投资环境的具体内容来看，2022年西南地区居民消费率、企业机构数量、外资企业比、对外投资度和固定资产投资指标得分分别为64.36、48.75、43.37、46.71和68.72。其中，除固定资产投资指标外，其他指标得分均低于全国平均水平，如图6-56所示。

6.1.7.7 区域金融环境维度

从区域金融环境的总体表现来看，2022年西南地区金融环境指数为61.07，与全国平均水平62.47相比，西南地区金融环境指数处于全国平均水平之下，体现出该地区金融环境发展水平较低。从区域金融环境的具体内容来看，2022年西南地区金融从业人员、社会融资规模增量、金融机构贷款余额和银行等金融机构数量指标得分分别为48.42、71.70、51.82和72.34。其中，社会融资规模增量和银行等金融机构数量指标得分高于全国平均水平，金融从业人员和金融机构贷款余额指标得分低于全国平均水平，如图6-57所示。

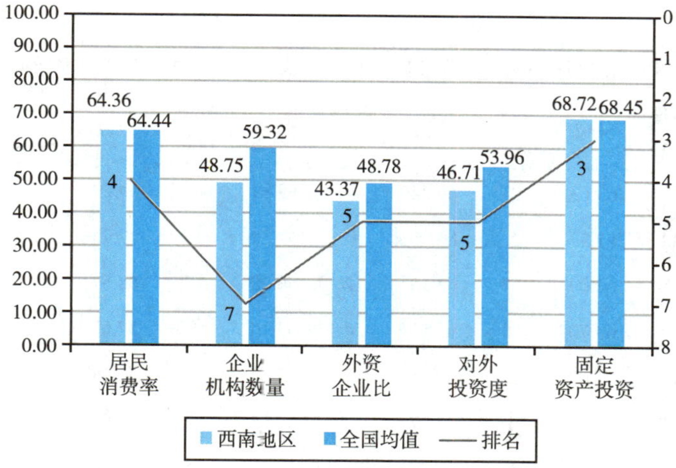

图6-56　西南地区投资环境指数分析

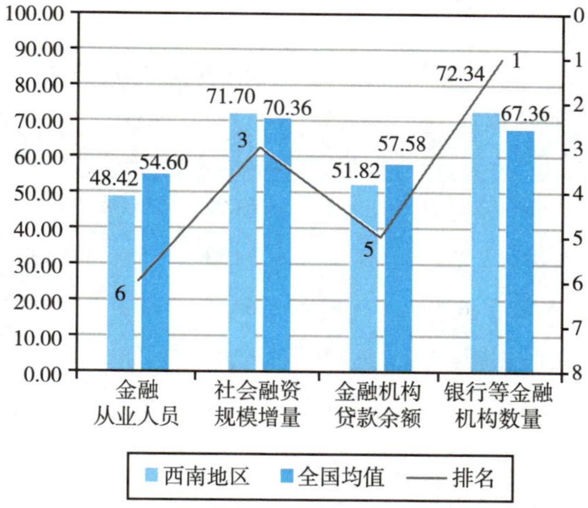

图6-57　西南地区金融环境指数分析

6.2　省份营商环境评价

如图6-58所示，上海市的营商环境综合指数为80.72，位居全国第一。西藏自治区的营商环境综合指数为53.70，居末位。上海市、北京市、浙江省、广东省、江苏省和天津市等12个省份的营商环境综合指数高于全国平均水平65.51。

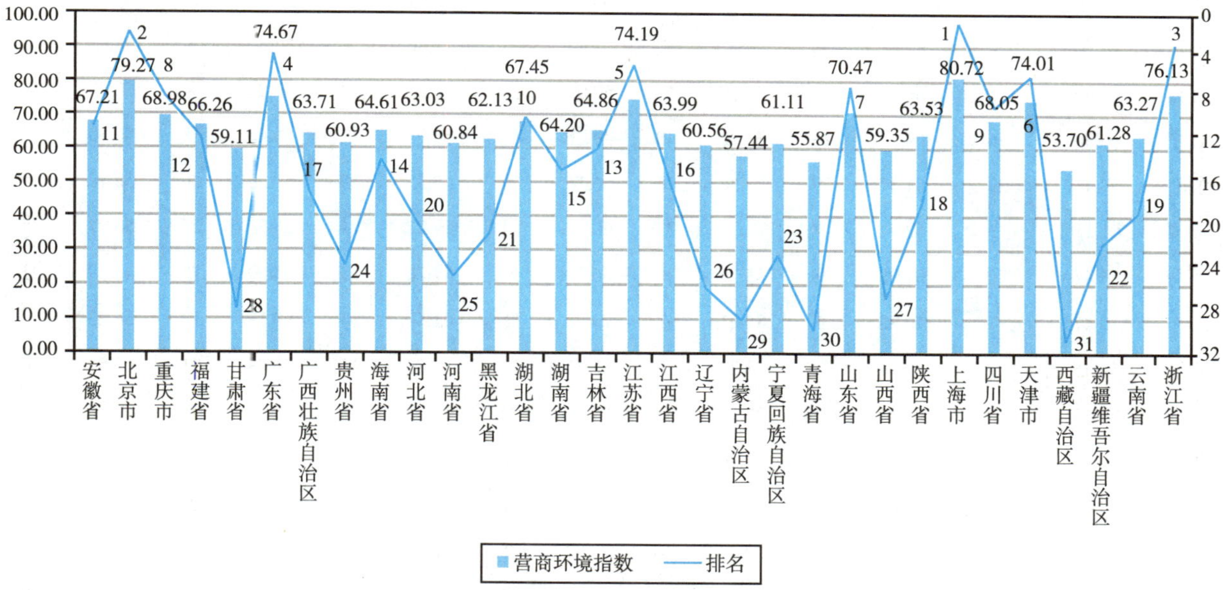

图6-58　2022年营商环境综合指数—省份维度

从营商环境的具体维度看，如表6-2所示，基础环境指数排名前五的是上海、天津、江苏、浙江和北京；政务环境指数排名前五的是安徽、重庆、四川、湖北和湖南；法律环境指数排名前五的是北京、山东、广东、上海和四川；人才指数排名前五的是北京、上海、浙江、广东和江苏；投资环境指数排名前五的是上海、天津、浙江、广东和江苏；金融环境指数排名前五的是北京、上海、广东、浙江和江苏。

表 6-2 省份营商环境指数排名分析

省份	营商环境综合指数		基础环境指数		政务环境指数		法律环境指数		人才环境指数		投资环境指数		金融环境指数	
	分值	省份排名	分值	省份排名	分值	省份排名	分值	省份排名	分值	省份排名	分值	省份排名	分值	省份排名
安徽	67.21	11	64.96	13	93.40	1	63.63	17	56.22	24	59.89	10	64.29	10
北京	79.27	2	74.29	5	84.04	11	81.52	1	86.96	1	61.50	7	87.95	1
重庆	68.98	8	69.13	7	91.91	2	64.09	14	63.15	12	56.68	17	68.57	7
福建	66.26	12	65.91	12	82.68	13	63.70	16	62.50	14	63.15	6	57.60	23
甘肃	59.11	28	54.39	26	70.92	29	57.07	25	59.91	17	56.64	19	53.48	27
广东	74.67	4	68.08	9	84.22	10	77.70	3	72.97	4	67.74	4	77.00	3
广西	63.71	17	60.33	22	82.46	15	66.92	9	55.32	27	57.67	15	58.48	20
贵州	60.93	24	62.01	19	73.81	25	62.48	19	55.81	26	53.40	27	57.90	22
海南	64.61	14	66.08	11	74.30	24	64.23	13	63.02	13	60.15	9	58.89	18
河北	63.03	20	56.76	25	84.98	8	63.96	15	53.93	28	59.01	14	57.90	21
河南	60.84	25	64.57	16	82.47	14	59.41	22	48.55	31	55.40	22	54.23	26
黑龙江	62.13	21	64.77	15	79.04	21	59.31	23	51.80	30	59.24	12	58.52	19
湖北	67.45	10	63.53	17	87.57	4	65.37	10	63.93	11	56.37	20	67.07	8
湖南	64.20	15	68.36	8	86.36	5	56.49	26	53.25	29	59.54	11	60.98	15
吉林	64.86	13	60.79	21	84.48	9	65.14	12	60.17	16	56.96	16	60.11	17
江苏	74.19	5	80.81	3	80.67	17	71.03	6	71.86	5	66.87	5	74.85	5
江西	63.99	16	66.33	10	80.68	16	57.97	24	57.81	22	60.28	8	60.13	16
辽宁	60.56	26	64.85	14	80.42	18	49.26	31	58.91	19	56.65	18	50.90	29
内蒙古	57.44	29	51.81	29	73.56	26	56.18	27	58.35	20	50.23	30	52.18	28
宁夏	61.11	23	62.74	18	72.92	27	60.72	21	58.27	21	55.22	23	55.97	25
青海	55.87	30	51.98	28	63.78	30	56.12	28	57.76	23	55.22	23	47.89	31
山东	70.47	7	70.38	6	85.61	6	79.73	2	61.40	15	59.19	13	66.83	9
山西	59.35	27	60.97	20	76.27	22	55.46	29	56.12	25	46.28	31	61.36	14
陕西	63.53	18	58.43	23	75.12	23	65.30	11	64.36	9	53.65	26	63.48	11
上海	80.72	1	92.30	1	79.36	19	75.67	4	80.55	2	76.55	1	81.47	2
四川	68.05	9	57.47	24	90.91	3	71.39	5	59.88	18	55.87	21	72.56	6
天津	74.01	6	83.57	2	79.09	20	70.87	7	71.13	7	75.51	2	62.97	12
西藏	53.70	31	43.05	31	51.64	31	50.01	30	71.86	6	51.69	29	50.17	30
新疆	61.28	22	50.78	30	72.73	28	63.25	18	64.34	10	53.32	28	61.52	13
云南	63.27	19	53.14	27	85.57	7	60.99	20	65.84	8	54.28	25	56.15	24
浙江	76.13	3	78.53	4	83.19	12	69.29	8	75.54	3	74.50	3	75.33	4
全国均值	65.51		64.23		79.81		64.01		62.63		58.99		62.47	

数据来源：首经贸资产评估研究院和浙江工商数字创新与管理研究院整理。

6.2.1　安徽省

6.2.1.1　安徽省营商环境综合指数

2022年安徽省整体营商环境综合指数为67.21，与全国平均水平65.51相比，安徽省营商环境综合指数处于全国平均水平之上，体现出安徽省的营商环境相对较好，如图6–59所示。

6.2.1.2　区域基础环境维度

从区域基础环境的总体表现来看，2022年安徽省基础环境指数为64.96，与全国平均水平64.23相比，安徽省基础环境指数处于全国平均水平之上，体现出安徽省基础环境发展水平较高。从区域基础环境的具体内容来看，2022年安徽省供气供水供电能力、医疗卫生基本供给、城市道路面积和区域货运能力指标得分分别为58.72、73.73、53.81和73.57。其中，供气供水供电能力和城市道路面积指标得分低于全国平均水平，医疗卫生基本供给和区域货运能力指标得分高于全国平均水平，尤其是区域货运能力指标得分远超全国平均水平，如图6–60所示。

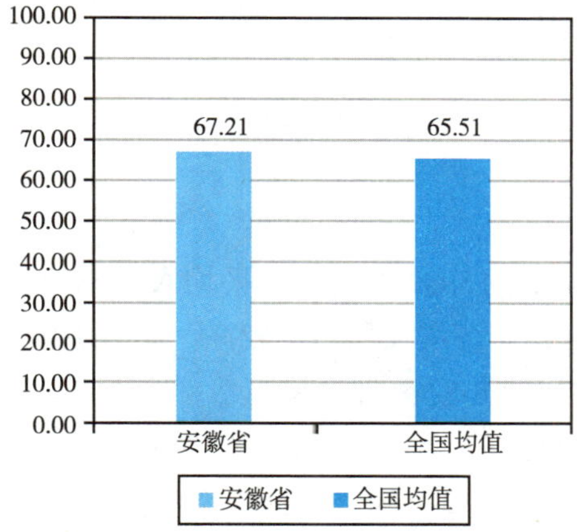

图6–59　安徽省营商环境综合指数分析

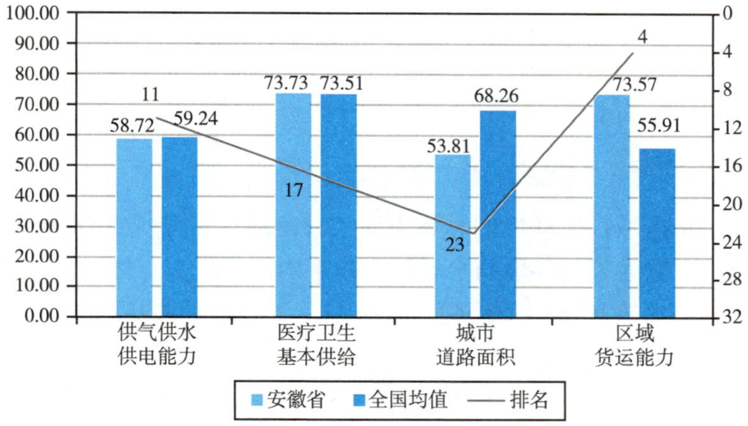

图6–60　安徽省基础环境指数分析

6.2.1.3　区域政务环境维度

从区域政务环境的总体表现来看，2022年安徽省政务环境指数为93.40，与全国平均水平79.81相比，安徽省政务环境指数处于全国平均水平之上，体现出该地区政务环境发展水平较高。从区域政务环境的具体内容来看，2022年安徽省电子政务水平、政府透明度、政府支出和企业税收负担指标得分分别为96.15、90.50、91.92和95.02，各项指标得分均高于全国平均水平，如图6–61所示。

6.2.1.4　区域法律环境维度

从区域法律环境的总体表现来看，2022年安徽省法律环境指数为63.63，与全国平均水平64.01相比，安徽省法律环境指数处于全国平均水平之下，体现出安徽省法律环境发展水平较低，也体现出安徽省法治建设不太健全。从区域法律环境的具体内容来看，2022年安徽省知识产权保护力度、司法信息公开度、司法服务、司法文明和社会治安指标得分分别为61.79、69.96、52.86、56.10和77.43。其中，知识产权保护力度和社会治安指标得分高于全国平均水平，司法信息公开度、司法服务和司法文明指标得分均低于全国平均水平，如图6–62所示。

6.2.1.5　区域人才环境维度

从区域人才环境的总体表现来看，2022年安徽省人才环境指数为56.22，与全国平均水平62.63相比，安徽省人才环境指数处于全国平均水平之下，体现出安徽省人才环境发展水平较低，同时也体现出该地区人才吸引力较弱。从区域人才环境的具体内容来看，2022年安徽省高等院校在校生数、年末单位从业人数、人口净流入、平均工资水平和财政教育支出指标得分分别为62.77、70.34、49.06、51.31和47.64。其中，年末单位从业人数指标得分高于全国平均水平，其他指标得分均低于全国平均水平，如图6-63所示。

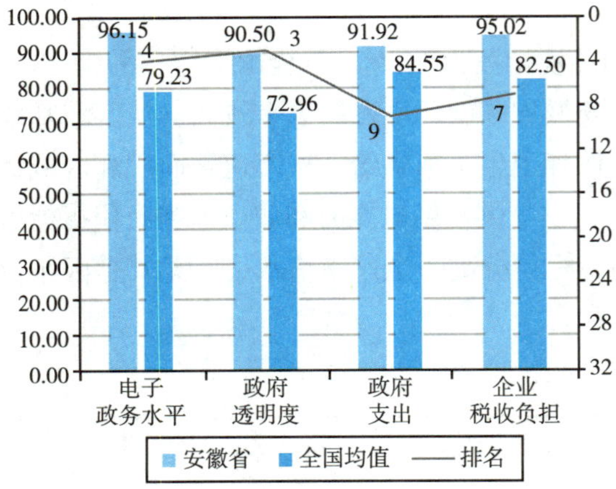

图6-61 安徽省政务环境指数分析

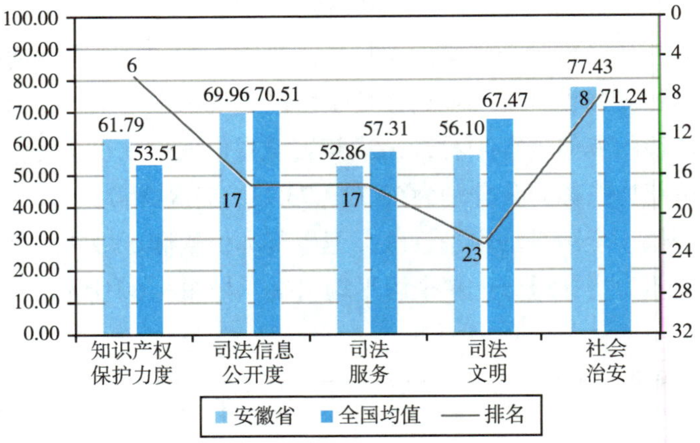

图6-62 安徽省法律环境指数分析

6.2.1.6 区域投资环境维度

从区域投资环境的总体表现来看，2022年安徽省投资环境指数为59.89，与全国平均水平58.99相比，安徽省投资环境指数处于全国平均水平之上，体现出该地区投资环境发展水平较高，同时也体现出该地区市场吸引力较强。从区域投资环境的具体内容来看，2022年安徽省居民消费率、企业机构数量、外资企业比、对外投资度和固定资产投资指标得分分别为63.78、66.65、41.81、48.52和78.69。其中，企业机构数量和固定资产投资指标得分高于全国平均水平，其他指标得分低于全国平均水平，如图6-64所示。

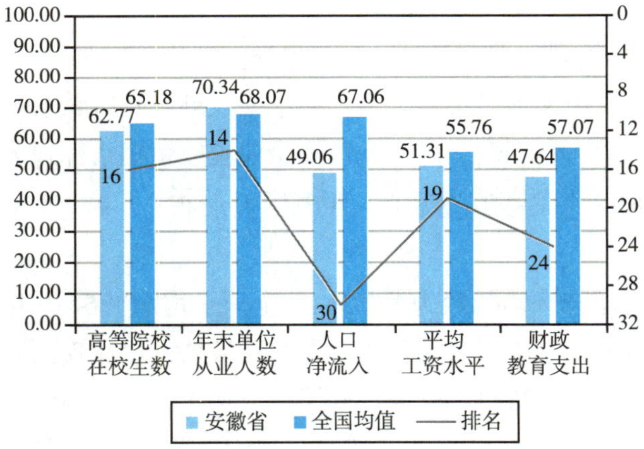

图6-63 安徽省人才环境指数分析

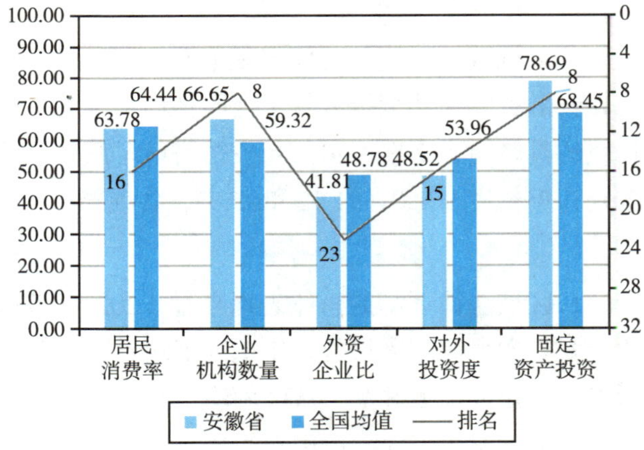

图6-64 安徽省投资环境指数分析

6.2.1.7 区域金融环境维度

从区域金融环境的总体表现来看，2022年安徽省金融环境指数为64.29，与全国平均水平62.47相比，安徽省金融环境指数处于全国平均水平之上，体现出该地区金融环境发展水平较高。从区域金融环境的具体内容来看，2022年安徽省金融从业人员、社会融资规模增量、金融机构贷款余额和银行等金融机构数量指标得分分别为43.91、71.59、57.42和84.22。其中，金融从业人员和金融机构贷款余额指标得分低于全国平均水平，社会融资规模增量和银行等金融机构数量指标得分均高于全国平均水平，如图6–65所示。

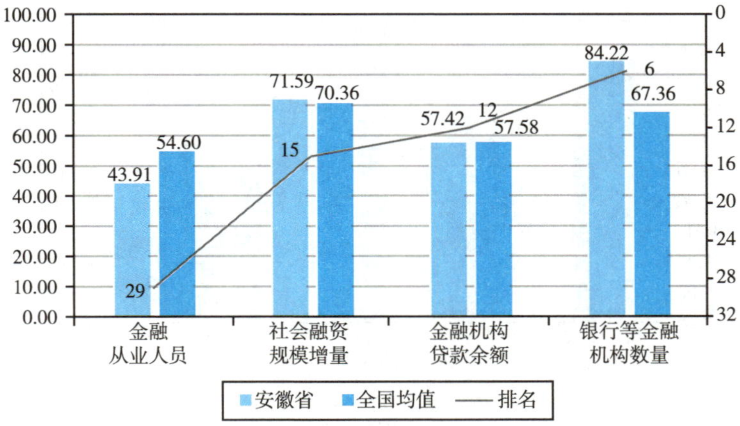

图6–65 安徽省金融环境指数分析

6.2.2 北京市

6.2.2.1 北京市营商环境综合指数

2022年北京市整体营商环境综合指数为79.27，与全国平均水平65.51相比，北京市营商环境综合指数处于全国平均水平之上，体现出北京市的营商环境相对较好，如图6–66所示。

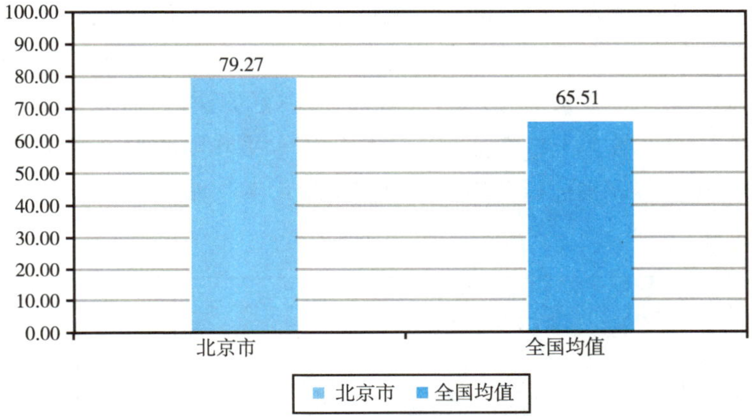

图6–66 北京市营商环境综合指数分析

6.2.2.2 区域基础环境维度

从区域基础环境的总体表现来看，2022年北京市基础环境指数为74.29，与全国平均水平64.23相比，北京市基础环境指数处于全国平均水平之上，体现出北京市基础环境发展水平较好。从区域基础环境的具体内容来看，2022年北京市供气供水供电能力、医疗卫生基本供给、城市道路面积和区域货运能力指标得分分别为87.86、61.24、91.79和56.27。其中，除了医疗卫生基本供给指标外，其他指标得分均高于全国平均水平，如图6–67所示。

6.2.2.3 区域政务环境维度

从区域政务环境的总体表现来看，2022年北京市政务环境指数为84.04，与全国平均水平79.81相比，北京市政务环境指数处于全国平均水平之上，体现出该地区政务环境发展水平较高。从区域政务环境的具体内容来看，2022年北京市电子政务水平、政府透明度、政府支出和企业税收负担指标得分分别为97.79、100.00、91.67和46.69。其中，电子政务水平、政府透明度和政府支出指标得分均高于全国平均水平，企业税收负担指标得分低于全国平均水平，如图6–68所示。

6.2.2.4 区域法律环境维度

从区域法律环境的总体表现来看，2022年北京市法律环境指数为81.52，与全国平均水平64.01相比，北京市法律环境指数处于全国平均水平之上，体现出北京市法律环境发展水平较高，同时也体现出北京市法治建设较为健全。从区域法律环境的具体内容来看，2022年北京知识产权保护力度、司法信息公开度、司法服务、司法文明和社会治安指标得分分别为100.00、78.21、91.28、72.20和65.93。其中，除了社会治安指标外，其他指标得分均高于全国平均水平，如图6–69所示。

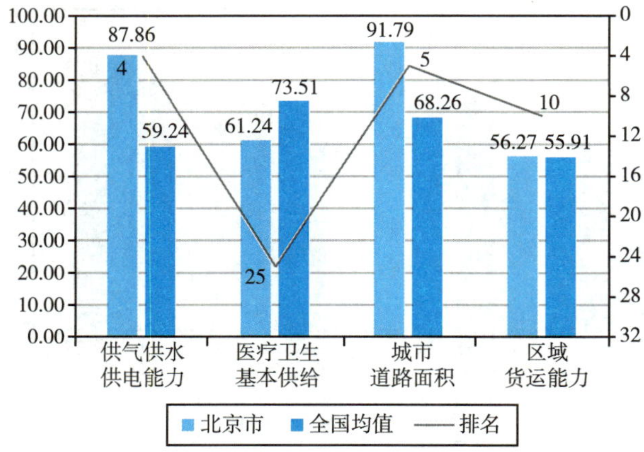

图6-67　北京市基础环境指数分析

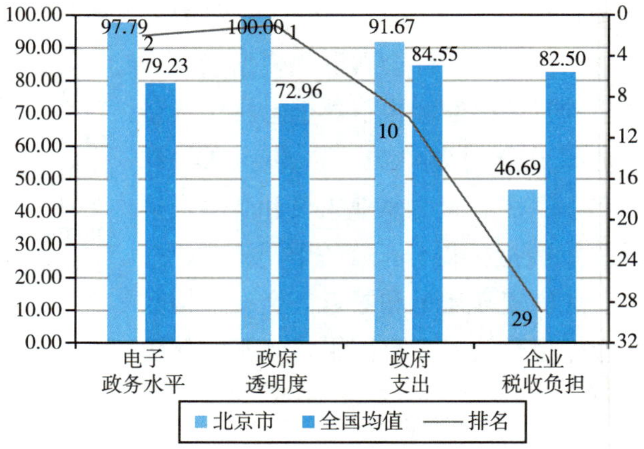

图6-68　北京市政务环境指数分析

6.2.2.5　区域人才环境维度

从区域人才环境的总体表现来看，2022年北京市人才环境指数为86.96，与全国平均水平62.63相比，北京市人才环境指数远高于全国平均水平，体现出北京市人才环境发展水平较高，同时也体现出该地区人才吸引力强。从区域人才环境的具体内容来看，2022年北京市高等院校在校生数、年末单位从业人数、人口净流入、平均工资水平和财政教育支出指标得分为98.12、71.64、82.55、100.00和82.50，各项指标得分均高于全国平均水平，如图6-70所示。

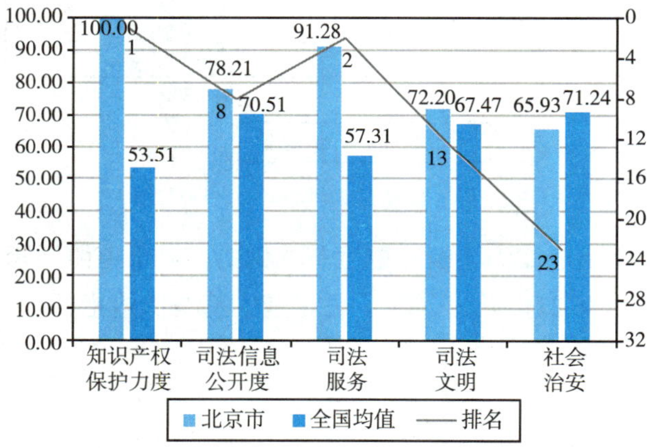

图6-69　北京市法律环境指数分析

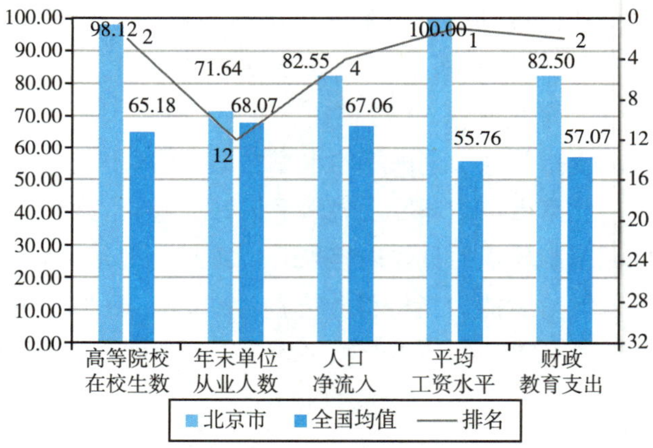

图6-70　北京市人才环境指数分析

6.2.2.6　区域投资环境维度

从区域投资环境的总体表现来看，2022年北京市投资环境指数为61.50，与全国平均水平58.99相比，北京市投资环境指数处于全国平均水平之上，体现出该地区投资环境发展水平较好，同时也体现出该地区市场吸引力较好。从区域投资环境的具体内容来看，2022年北京市居民消费率、企业机构数量、外资企业比、对外投资度和固定资产投资指标得分分别为42.23、48.70、65.39、95.30和55.87，其中，外资企业比和对外投资度指标得分高于全国平均水平，其他指标得分低于全国平均水平，如图6-71所示。

6.2.2.7　区域金融环境维度

从区域金融环境的总体表现来看，2022年北京市金融环境指数为87.95，与全国平均水平62.47相比，北京市金融环境指数处于全国平均水平之上，体现出该地区金融环境发展水平较高。从区域金融环境的具体内容来看，2022年北京市金融从业人员、社会融资规模增量、金融机构贷款余额和银行等金融机构数量得分分别为100.00、90.08、67.30和94.40，所有指标得分均高于全国平均水平，如图6-72所示。

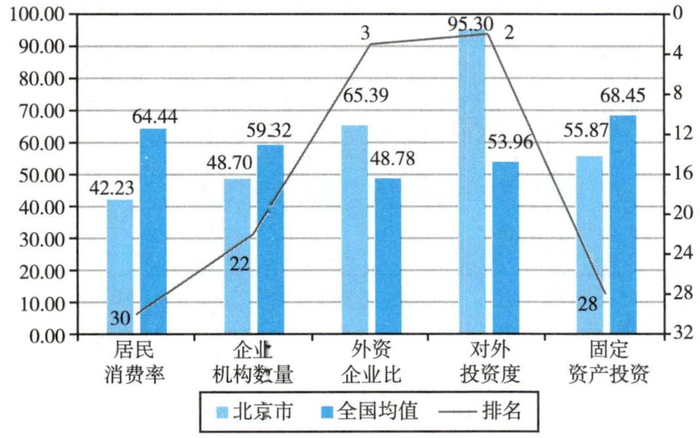

图6-71　北京市投资环境指数分析

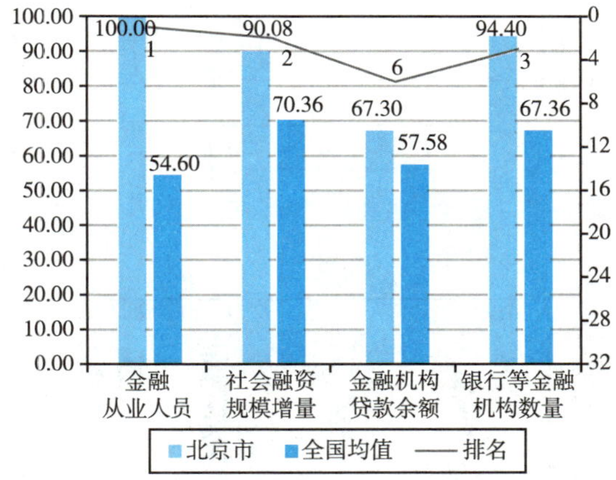

图6-72　北京市金融环境指数分析

6.2.3 重庆市

6.2.3.1 重庆市营商环境综合指数

2022年重庆市整体营商环境综合指数为68.98，与全国平均水平65.51相比，重庆市营商环境综合指数高于全国平均水平，体现出重庆市的营商环境相对较好，如图6-73所示。

6.2.3.2 区域基础环境维度

从区域基础环境的总体表现来看，2022年重庆市基础环境指数为69.13，与全国平均水平64.23相比，重庆市基础环境指数处于全国平均水平之上，体现出重庆市基础环境发展水平较强。从区域基础环境的具体内容来看，2022年重庆市供气供水供电能力、医疗卫生基本供给、城市道路面积和区域货运能力指标得分分别为54.64、86.38、74.99和60.51。其中，供气供水供电能力指标得分低于全国平均水平，其他指标得分均高于全国平均水平，如图6-74所示。

6.2.3.3 区域政务环境维度

从区域政务环境的总体表现来看，2022年重庆市政务环境指数为91.91，与全国平均水平79.81相比，重庆市政务环境指数远高于全国平均水平，体现出该地区政务环境发展水平较好。从区域政务环境的具体内容来看，2022年重庆市电子政务水平、政府透明度、政府支出和企业税收负担指标得分分别为97.69、82.43、92.31和95.22，所有指标得分均高于全国平均水平，如图6-75所示。

6.2.3.4 区域法律环境维度

从区域法律环境的总体表现来看，2022年重庆市法律环境指数为64.09，与全国平均水平64.01相比，重庆市法律环境指数处于全国平均水平之上，体现出重庆市法律环境发展水平相对较高，法治建设比较健全。从区域法律环境的具体内容来看，2022年重庆市知识产权保护力度、司法信息公开度、司法服务、司法文明和社会治安指标得分分别为43.15、61.51、53.06、82.44和80.27。其中，司法文明和社会治安指标得分高于全国平均水平，其他指标得分均低于全国平均水平，如图6-76所示。

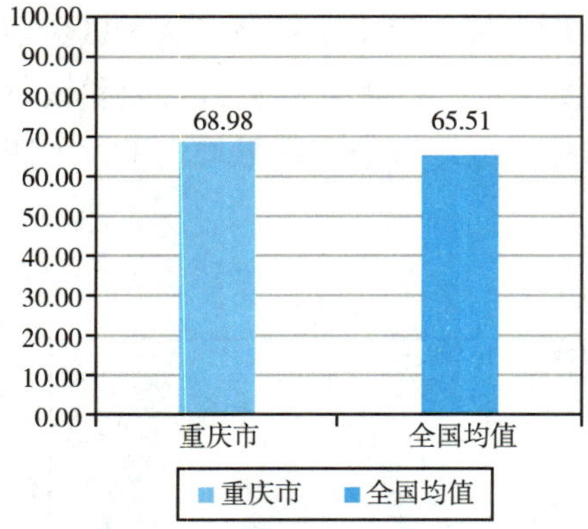

图6-73　重庆市营商环境综合指数分析

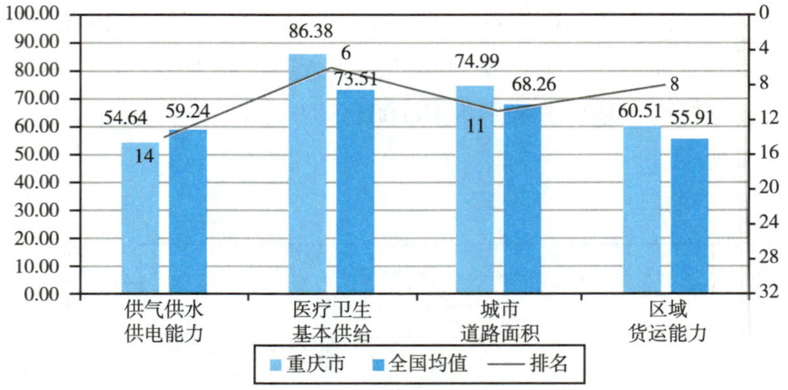

图6-74　重庆市基础环境指数分析

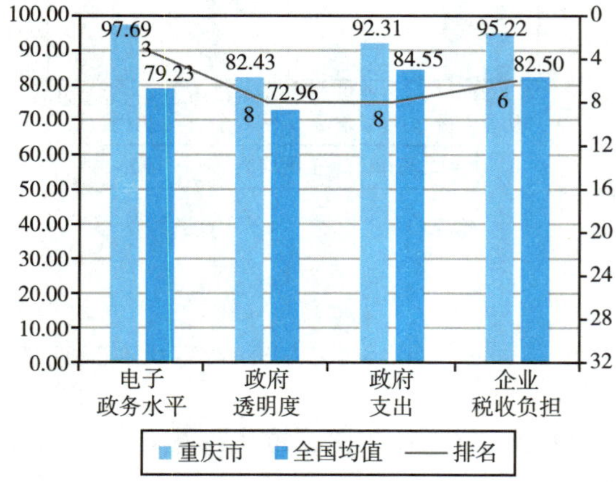

图6-75　重庆市政务环境指数分析

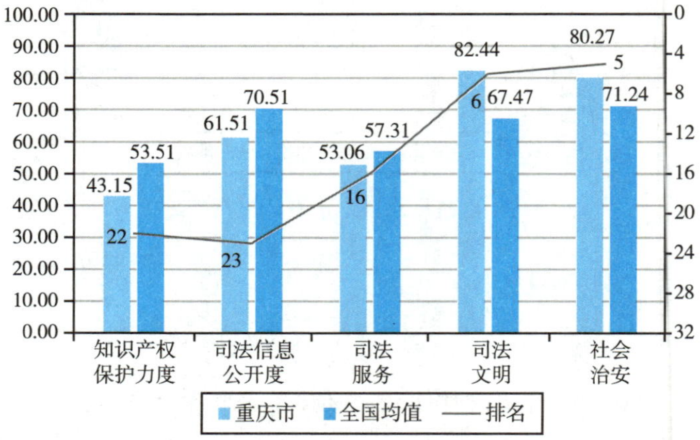

图6-76　重庆市法律环境指数分析

6.2.3.5　区域人才环境维度

从区域人才环境的总体表现来看，2022年重庆市人才环境指数为63.15，与全国平均水平62.63相比，重庆市人才环境指数处于全国平均水平之上，体现出重庆市人才环境发展水平较高，同时也体现出该地区人才吸引力较强。从区域人才环境的具体内容来看，2022年重庆市高等院校在校生数、年末单位从业人数、人口净流入、平均工资水平和财政教育支出指标得分分别为75.61、67.53、63.99、55.96和52.69。其中，除高等院校在校生数和平均工资水平指标外，其他指标得分均低于全国平均水平，如图6–77所示。

6.2.3.6　区域投资环境维度

从区域投资环境的总体表现来看，2022年重庆市投资环境指数为56.68，与全国平均水平58.99相比，重庆市投资环境指数处于全国平均水平之下，体现出该地区投资环境发展水平较低，该地区市场吸引力不足。从区域投资环境的具体内容来看，2022年重庆市居民消费率、企业机构数量、外资企业比、对外投资度和固定资产投资指标得分分别为55.54、57.18、44.98、46.39和79.31。其中，除固定资产投资指标外，其他指标得分均低于全国平均水平，如图6–78所示。

6.2.3.7　区域金融环境维度

从区域金融环境的总体表现来看，2022年重庆市金融环境指数为68.57，与全国平均水平62.47相比，重庆市金融环境指数处于全国平均水平之上，体现出该地区金融环境发展水平较高。从区域金融环境的具体内容来看，2022年重庆市金融从业人员、社会融资规模增量、金融机构贷款余额和银行等金融机构数量指标得分分别为57.20、74.66、53.60和88.80。其中，金融从业人员、社会融资规模增量和银行等金融机构数量指标得分高于全国平均水平，金融机构贷款余额指标得分低于全国平均水平，如图6-79所示。

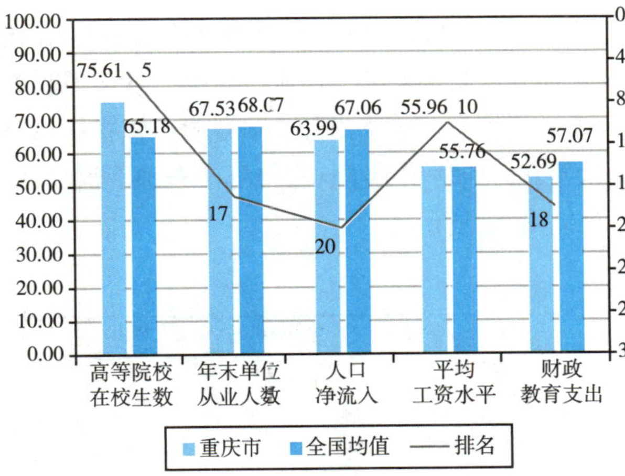

图6-77　重庆市人才环境指数分析

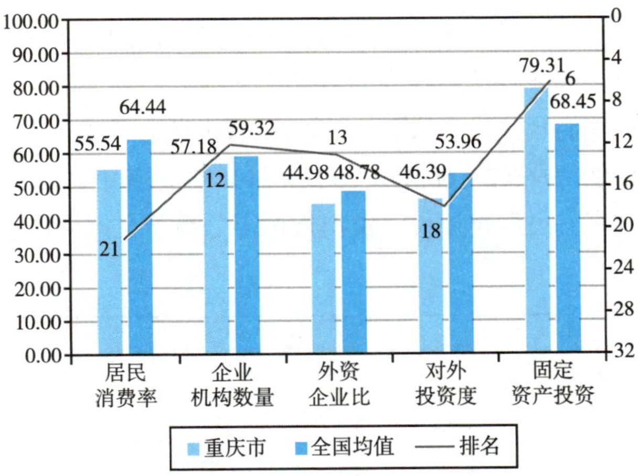

图6-78　重庆市投资环境指数分析

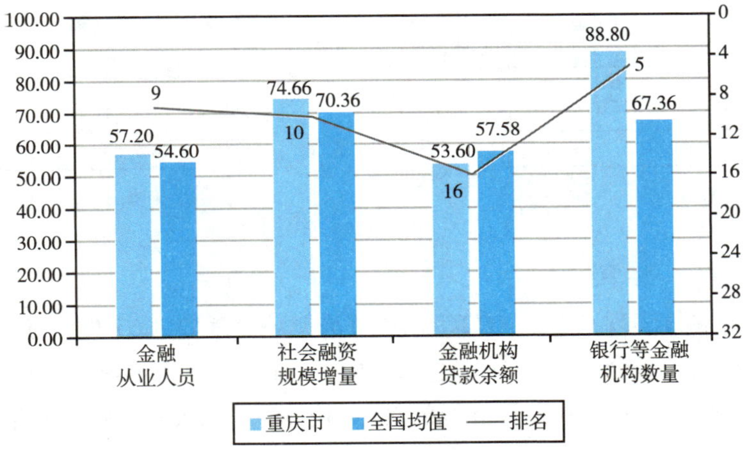

图6-79　重庆市金融环境指数分析

6.2.4　福建省

6.2.4.1　福建省营商环境综合指数

2022年福建省整体营商环境综合指数为66.26，与全国平均水平65.51相比，福建省营商环境综合指数处于全国平均水平之上，体现出福建省的营商环境相对较好，如图6-80所示。

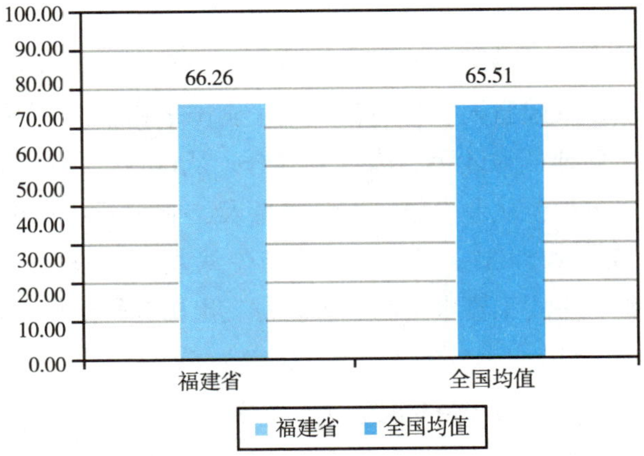

图6-80　福建省营商环境综合指数分析

6.2.4.2　区域基础环境维度

从区域基础环境的总体表现来看，2022年福建省基础环境指数为65.91，与全国平均水平64.23相比，福建省基础环境指数处于全国平均水平之上，体现出福建省基础环境发展水平较强。从区域基础环境的具体内容来看，2022年福建省供气供水供电能力、医疗卫生基本供给、城市道路面积和区域货运能力指标得分分别为65.01、51.51、91.13和55.98。其中，供气供水供电能力、城市道路面积和区域货运能力指标得分高于全国平均水平，医疗卫生基本供给指标得分低于全国平均水平，如图6-81所示。

6.2.4.3 区域政务环境维度

从区域政务环境的总体表现来看，2022年福建省政务环境指数为82.68，与全国平均水平79.81相比，政务环境福建省指数处于全国平均水平之上，体现出该地区政务环境发展水平较高。从区域政务环境的具体内容来看，2022年福建省电子政务水平、政府透明度、政府支出和企业税收负担指标得分分别为66.42、66.25、100.00和98.05。其中，电子政务水平和政府透明度指标得分低于全国平均水平，政府支出和企业税收负担指标得分高于全国平均水平，如图6-82所示。

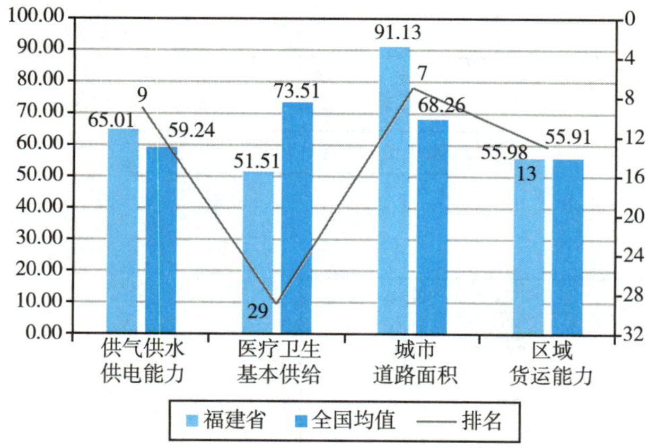

图6-81 福建省基础环境指数分析

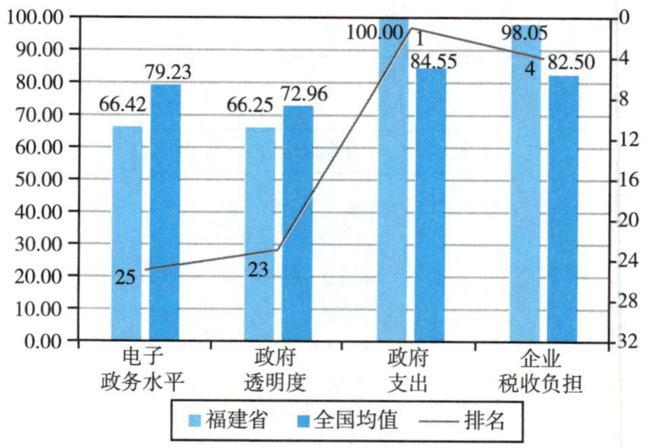

图6-82 福建省政务环境指数分析

6.2.4.4 区域法律环境维度

从区域法律环境的总体表现来看，2022年福建省法律环境指数为63.70，与全国平均水平64.01相比，福建省法律环境指数处于全国平均水平之下，体现出福建省法律环境发展水平较低，同时也体现出福建省法治建设不太健全。从区域法律环境的具体内容来看，2022年福建省知识产权保护力度、司法信息公开度、司法服务、司法文明和社会治安指标得分分别为41.75、72.93、58.88、79.51和65.43。其中，司法信息公开度、司法服务和司法文明指标得分高于全国平均水平，知识产权保护力度和社会治安指标得分低于全国平均水平，如图6-83所示。

6.2.4.5 区域人才环境维度

从区域人才环境的总体表现来看，2022年福建省人才环境指数为62.50，与全国平均水平62.63相比，福建省人才环境指数处于全国平均水平之下，体现出福建省人才环境发展水平较低，同时也体现出该地区人才吸引力有待提升。从区域人才环境的具体内容来看，2022年福建省高等院校在校生数、年末单位从业人数、人口净流入、平均工资水平和财政教育支出指标得分分别为62.58、69.82、71.95、53.82和54.31。其中，年末单位从业人员和人口净流入指标得分高于全国平均水平，高等院校在校生数、平均工资水平和财政教育支出指标得分低于全国平均水平，如图6-84所示。

6.2.4.6 区域投资环境维度

从区域投资环境的总体表现来看，2022年福建省投资环境指数为63.15，与全国平均水平58.99相比，福建省投资环境指数处于全国平均水平之上，体现出该地区投资环境发展水平较高。从区域投资环境的具体内容来看，2022年福建省居民消费率、企业机构数量、外资企业比、对外投资度和固定资产投资指标得分分别为43.97、81.69、51.37、51.20和87.51。其中，企业机构数量、外资企业比和固定资产投资指标得分高于全国平均水平，居民消费率和对外投资度指标得分低于全国平均水平，如图6-85所示。

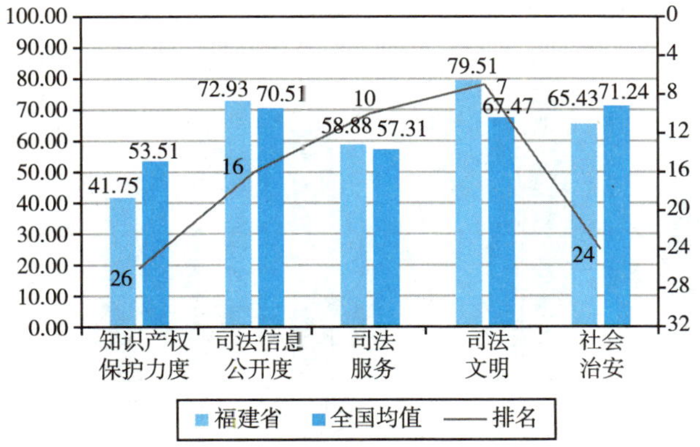

图6-83 福建省法律环境指数分析

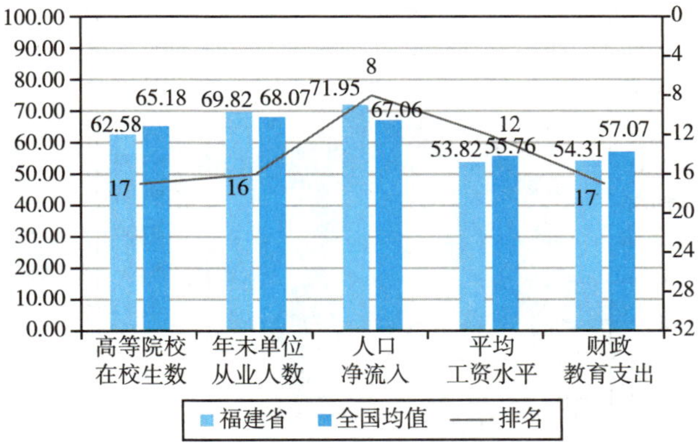

图6-84 福建省人才环境指数分析

6.2.4.7 区域金融环境维度

从区域金融环境的总体表现来看，2022年福建省金融环境指数为57.60，与全国平均水平62.47相比，福建省金融环境指数处于全国平均水平之下，体现出该地区金融环境发展水平较低。从区域金融环境的具体内容来看，2022年福建省金融从业人员、社会融资规模增量、金融机构贷款余额和银行等金融机构数量指标得分分别为52.42、69.09、60.42和48.47。其中，除了金融机构贷款余额指标高于全国平均水平外，其他指标得分均低于全国平均水平，如图6-86所示。

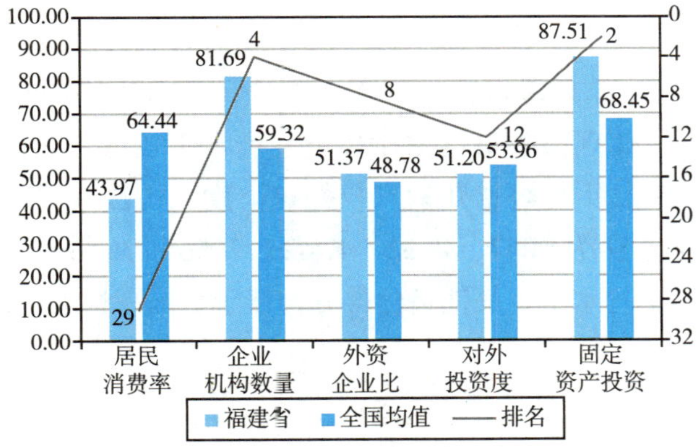

图6-85 福建省投资环境指数分析

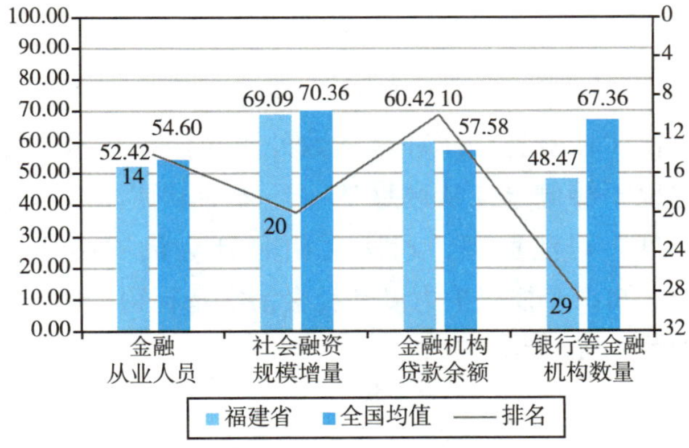

图6-86 福建省金融环境指数分析

6.2.5 甘肃省

6.2.5.1 甘肃省营商环境综合指数

2022年甘肃省整体营商环境综合指数为59.11，与全国平均水平65.51相比，甘肃省营商环境综合指数处于全国平均水平之下，体现出甘肃省的营商环境相对较弱，如图6-87所示。

6.2.5.2 区域基础环境维度

从区域基础环境的总体表现来看，2022年甘肃省基础环境指数为54.39，与全国平均水平64.23相比，甘肃省基础环境指数处于全国平均水平之下，体现出甘肃省基础环境发展水平较弱。从区域基础环境的具体内容来看，2022年甘肃省供气供水供电能力、医疗卫生基本供给、城市道路面积和区域货运能力指标得分分别为42.27、84.11、49.26和41.92。其中，医疗卫生基本供给指标得分高于全国平均水平，其他指标得分均低于全国平均水平，如图6-88所示。

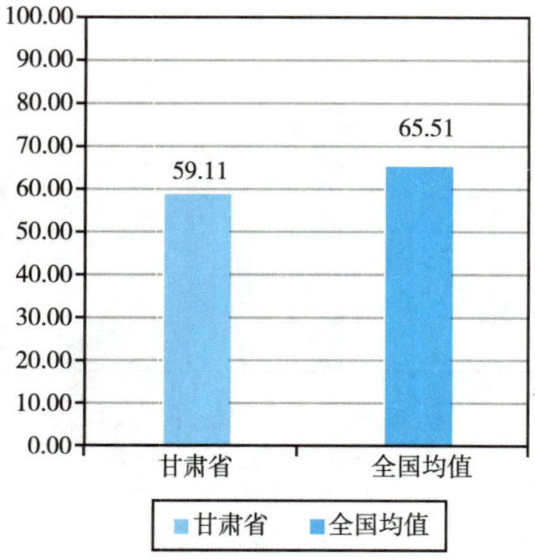

图6-87 甘肃省营商环境综合指数分析

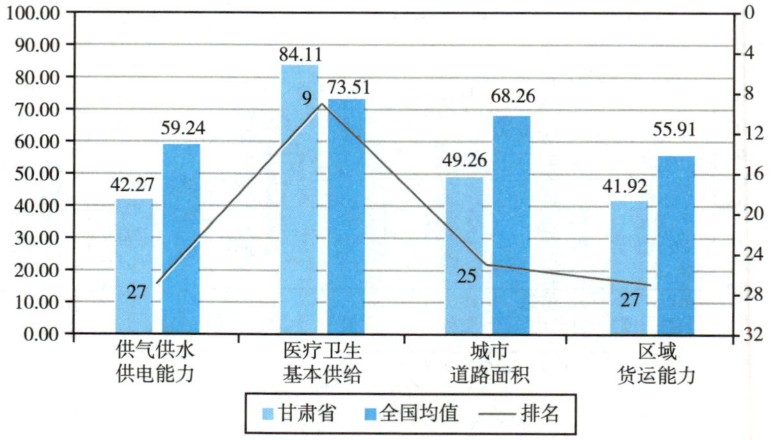

图6-88 甘肃省基础环境指数分析

6.2.5.3 区域政务环境维度

从区域政务环境的总体表现来看，2022年甘肃省政务环境指数为70.92，与全国平均水平79.81相比，甘肃省政务环境指数处于全国平均水平之下，体现出该地区政务环境发展水平较低。从区域政务环境的具体内容来看，2022年甘肃省电子政务水平、政府透明度、政府支出和企业税收负担指标得分分别为70.89、57.19、66.92和88.68。其中，除了企业税收负担指标外，其他指标得分均低于全国平均水平，如图6-89所示。

6.2.5.4 区域法律环境维度

从区域法律环境的总体表现来看，2022年甘肃省法律环境指数为57.07，与全国平均水平64.01相比，甘肃省法律环境指数处于全国平均水平之下，体现出甘肃省法律环境发展水平较低，法治建设不够健全。从区域法律环境的具体内容来看，2022年甘肃省知识产权保护力度、司法信息公开度、司法服务、司法文明和社会治安指标得分分别为54.47、49.32、47.42、57.56和76.55。其中，知识产权保护力度和社会治安指标得分高于全国平均水平，其他指标得分均低于全国平均水平，如图6-90所示。

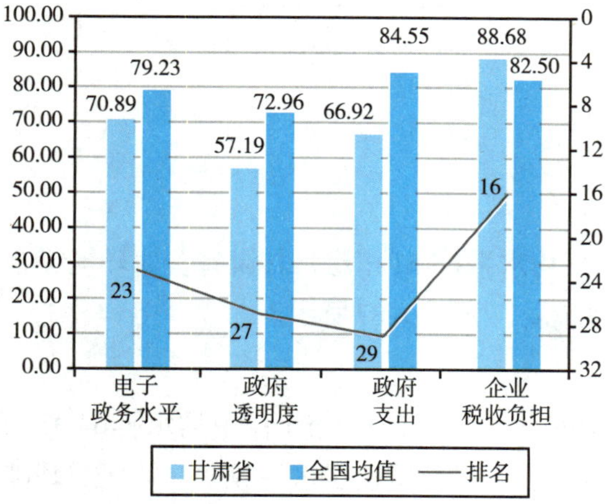

图6-89 甘肃省政务环境指数分析

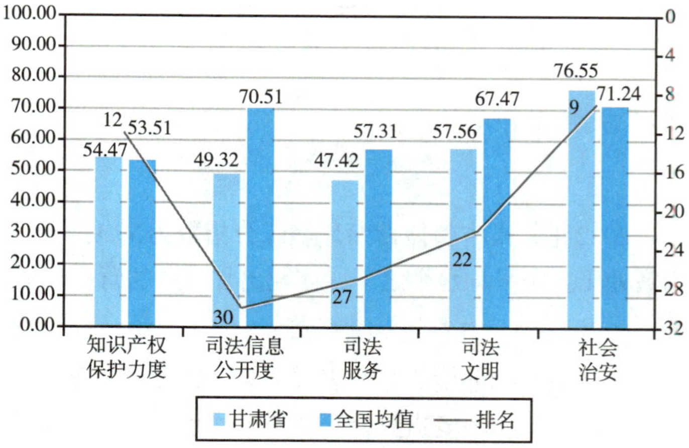

图6-90 甘肃省法律环境指数分析

6.2.5.5 区域人才环境维度

从区域人才环境的总体表现来看，2022年甘肃省人才环境指数为59.91，与全国平均水平62.63相比，甘肃省人才环境指数处于全国平均水平之下，体现出甘肃省人才环境发展水平较低，同时也体现出该地区人才吸引力有待提升。从区域人才环境的具体内容来看，2022年甘肃省高等院校在校生数、年末单位从业人数、人口净流入、平均工资水平和财政教育支出指标得分分别为63.65、71.94、62.68、45.73和55.55。其中，除了年末单位从业人数指标得分高于全国平均水平，其他指标得分均低于全国平均水平，如图6-91所示。

6.2.5.6 区域投资环境维度

从区域投资环境的总体表现来看，2022年甘肃省投资环境指数为56.64，与全国平均水平58.99相比，甘肃省投资环境指数处于全国平均水平之下，体现出该地区投资环境发展水平较低，同时也体现出该地区市场吸引力有待加强。从区域投资环境的具体内容来看，2022年甘肃省居民消费率、企业机构数量、外资企业比、对外投资度和固定资产投资指标得分分别为96.72、43.89、40.00、53.74和48.84。其中，居民消费率指标得分远高于全国平均水平，其他指标得分均低于全国平均水平，如图6-92所示。

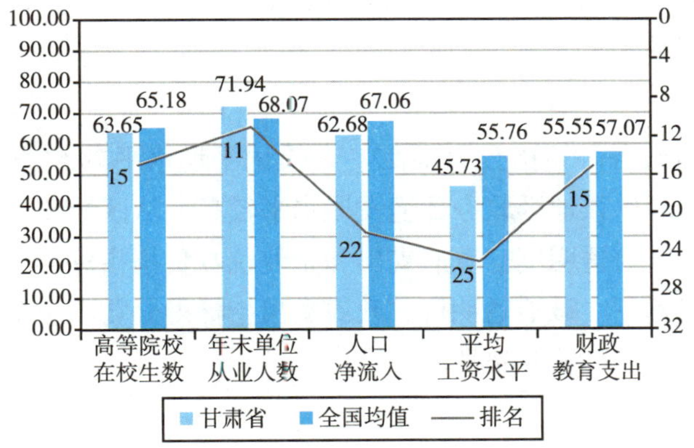

图6-91 甘肃省人才环境指数分析

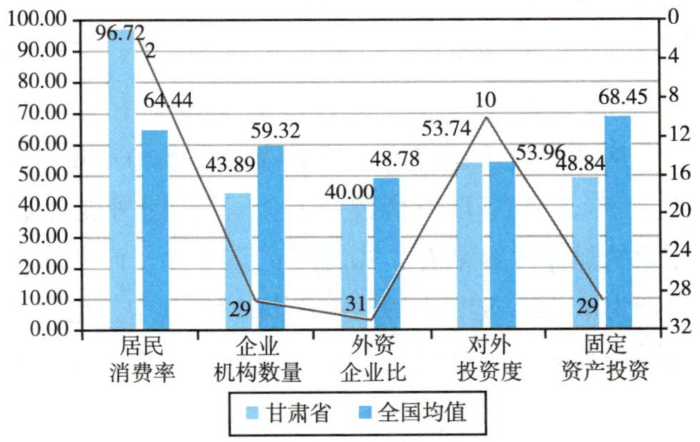

图6-92 甘肃省投资环境指数分析

6.2.5.7 区域金融环境维度

从区域金融环境的总体表现来看，2022年甘肃省金融环境指数为53.48，与全国平均水平62.47相比，甘肃省金融环境指数处于全国平均水平之下，体现出该地区金融环境发展水平较低。从区域金融环境的具体内容来看，2022年甘肃省金融从业人员、社会融资规模增量、金融机构贷款余额和银行等金融机构数量指标得分分别为49.70、69.29、46.11和48.81，所有指标得分均低于全国平均水平，如图6-93所示。

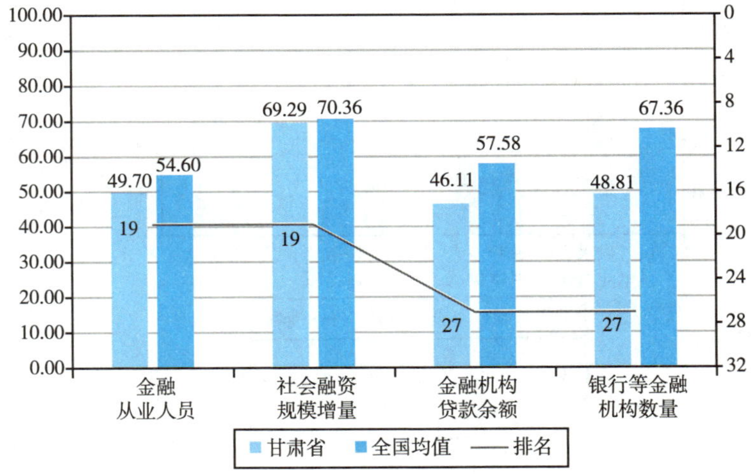

图6-93 甘肃省金融环境指数分析

6.2.6 广东省

6.2.6.1 广东省营商环境综合指数

2022年广东省整体营商环境综合指数为74.67，与全国平均水平65.51相比，广东省营商环境综合指数处于全国平均水平之上，体现出广东省的营商环境较好，如图6-94所示。

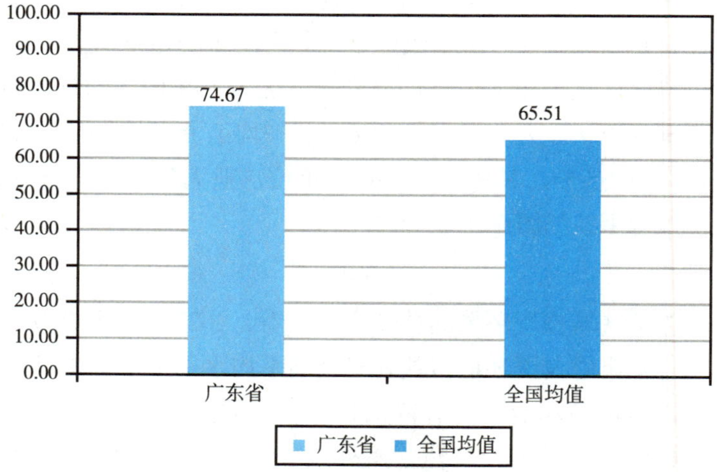

图6-94 广东省营商环境综合指数分析

6.2.6.2 区域基础环境维度

从区域基础环境的总体表现来看，2022年广东省基础环境指数为68.08，与全国平均水平64.23相比，广东省基础环境指数处于全国平均水平之上，体现出广东省基础环境发展水平较强。从区域基础环境的具体内容来看，2022年广东省供气供水供电能力、医疗卫生基本供给、城市道路面积和区域货运能力指标得分分别为86.70、40.00、80.52和65.08。其中，医疗卫生基本供给指标得分低于全国平均水平，其他指标均高于全国平均水平，如图6-95所示。

6.2.6.3 区域政务环境维度

从区域政务环境的总体表现来看，2022年广东省政务环境指数为84.22，与全国平均水平79.81相比，广东省政务环境指数处于全国平均水平之上，体现出该地区政务环境发展水平较高。从区域政务环境的具体内容来看，2022年广东省电子政务水平、政府透明度、政府支出和企业税收负担指标得分分别为80.03、87.13、95.38和74.33。其中，电子政务水平、政府透明度、政府支出指标得分均高于全国平均水平，企业税收负担指标得分低于全国平均水平，如图6-96所示。

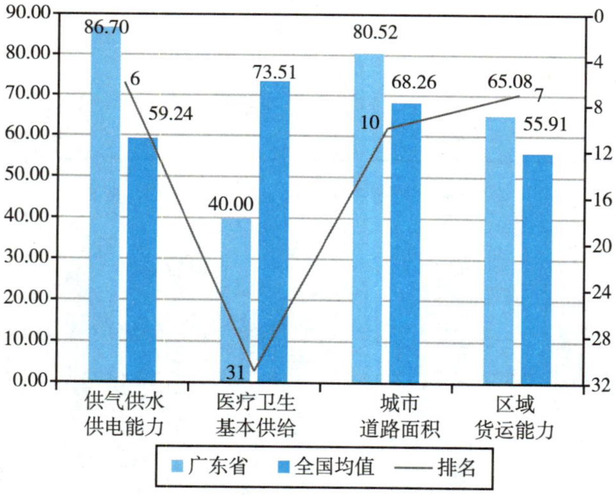

图6-95 广东省基础环境指数分析

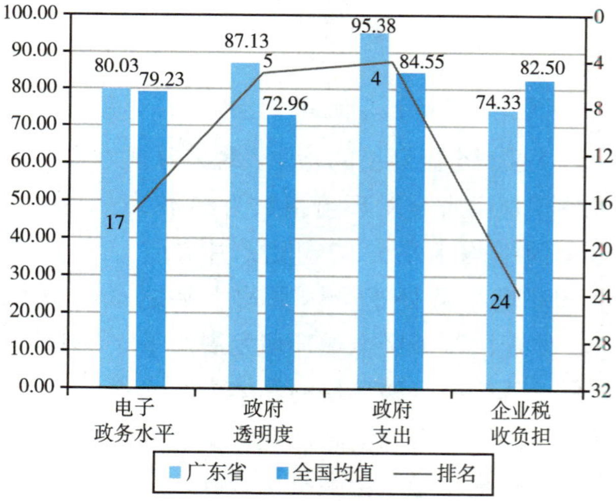

图6-96 广东省政务环境指数分析

6.2.6.4 区域法律环境维度

从区域法律环境的总体表现来看，2022年广东省法律环境指数为77.70，与全国平均水平64.01相比，广东省法律环境指数处于全国平均水平之上，体现出广东省法律环境发展水平较高，同时也体现出广东省法治建设较为健全。从区域法律环境的具体内容来看，2022年广东省知识产权保护力度、司法信息公开度、司法服务、司法文明和社会治安指标得分分别为57.52、100.00、100.00、60.49和70.50。其中，知识产权保护力度、司法信息公开度和司法服务指标得分均高于全国平均水平，其他指标得分低于全国平均水平，如图6-97所示。

6.2.6.5 区域人才环境维度

从区域人才环境的总体表现来看，2022年广东省人才环境指数为72.97，远超全国平均水平62.63，体现出广东省人才环境发展水平较高，人才吸引力强。从区域人才环境的具体内容来看，2022年广东省高等院校在校生数、年末单位从业人数、人口净流入、平均工资水平和财政教育支出指标得分分别为54.53、83.75、100.00、65.76和60.79。其中，除了高等院校在校生数指标低于全国平均水平外，其他各项指标得分均高于全国平均水平，如图6-98所示。

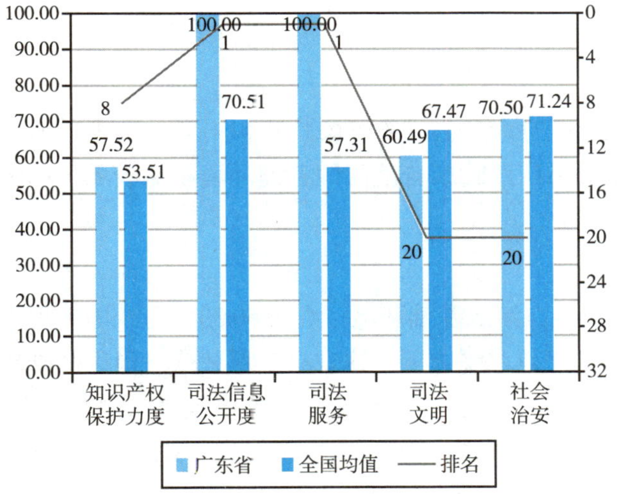

图6-97 广东省法律环境指数分析

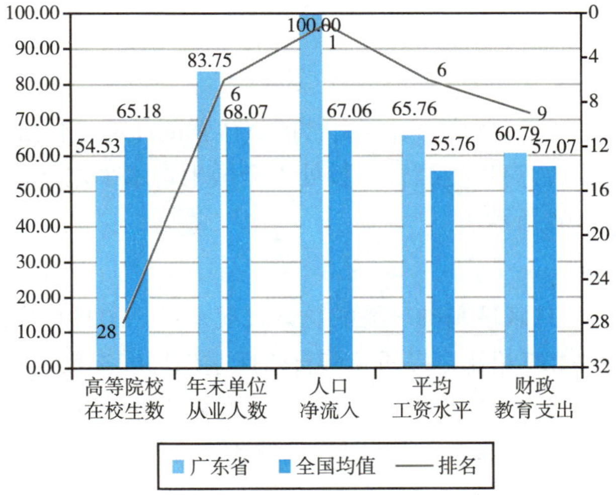

图6-98 广东省人才环境指数分析

6.2.6.6 区域投资环境维度

从区域投资环境的总体表现来看，2022年广东省投资环境指数为67.74，与全国平均水平58.99相比，广东省投资环境指数处于全国平均水平之上，体现出该地区投资环境发展水平较高，同时也体现出该地区市场吸引力较强。从区域投资环境的具体内容来看，2022年广东省居民消费率、企业机构数量、外资企业比、对外投资度和固定资产投资得分分别为66.63、85.83、56.92、70.41和58.92。其中，除了固定资产投资指标得分低于全国平均水平外，其他各项指标得分均高于全国平均水平，如图6-99所示。

6.2.6.7 区域金融环境维度

从区域金融环境的总体表现来看，2022年广东省金融环境指数为77.00，与全国平均水平62.47相比，广东省金融环境指数处于全国平均水平之上，体现出该地区金融环境发展水平较高。从区域金融环境的具体内容来看，2022年广东省金融从业人员、社会融资规模增量、金融机构贷款余额和银行等金融机构数量指标得分分别为55.93、80.98、100.00和71.09，各项指标得分均高于全国平均水平，如图6-100所示。

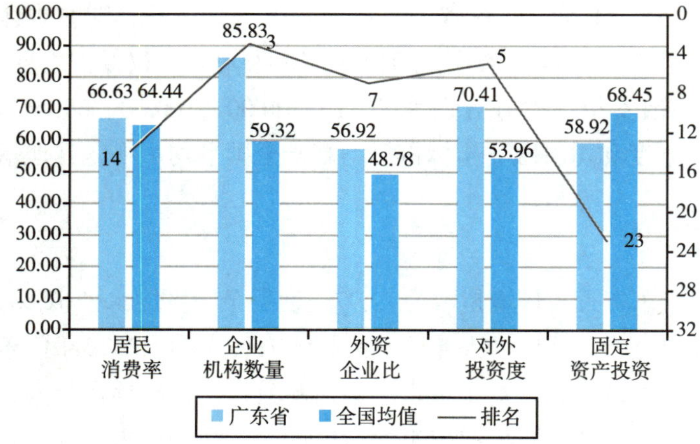

图6-99　广东省投资环境指数分析

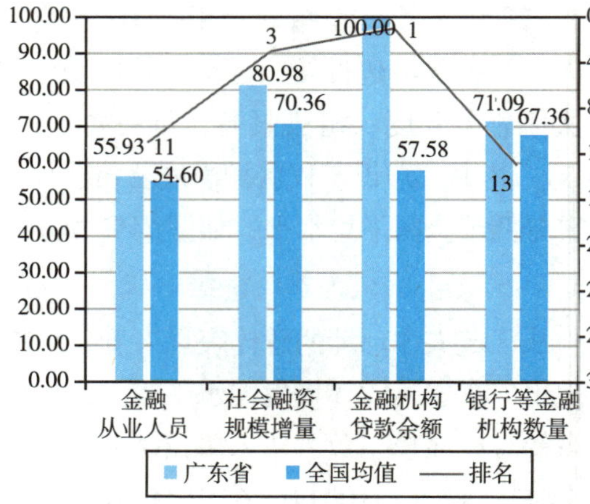

图6-100　广东省金融环境指数分析

6.2.7　广西壮族自治区

6.2.7.1　广西壮族自治区营商环境综合指数

2022年广西壮族自治区整体营商环境综合指数为63.71，与全国平均水平65.51相比，广西壮族自治区营商环境综合指数处于全国平均水平之下，体现出广西壮族自治区的营商环境相对较弱，如图6-101所示。

6.2.7.2　区域基础环境维度

从区域基础环境的总体表现来看，2022年广西壮族自治区基础环境指数为60.33，与全国平均水平64.23相比，广西壮族自治区基础环境指数处于全国平均水平之下，体现出广西壮族自治区基础环境发展水平有待加强。从区域基础环境的具体内容来看，2022年广西壮族自治区供气供水供电能力、医疗卫生基本供给、城市道路面积和区域货运能力指标得分分别为51.39、67.41、71.84和50.67。其中，除了城市道路面积指标得分高于全国平均水平外，其他指标得分均低于全国平均水平，如图6-102所示。

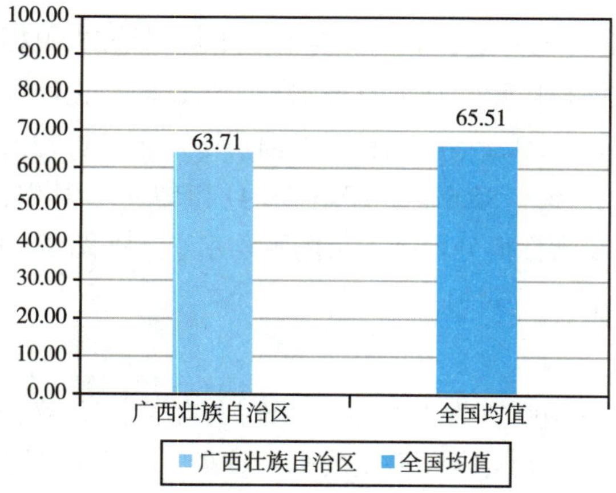

图6-101　广西壮族自治区营商环境综合指数分析

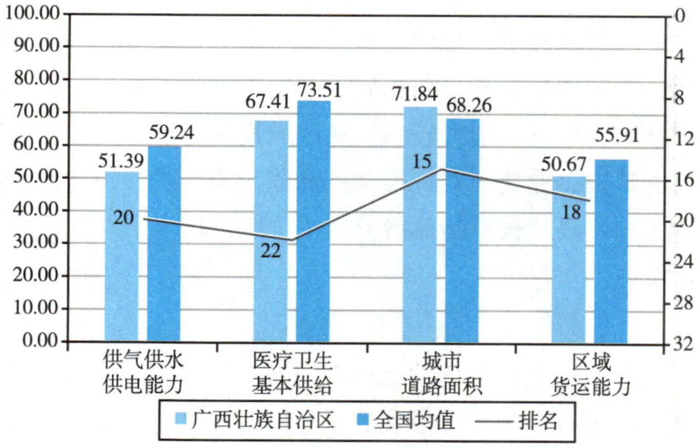

图6-102　广西壮族自治区基础环境指数分析

6.2.7.3　区域政务环境维度

从区域政务环境的总体表现来看，2022年广西壮族自治区政务环境指数为82.46，与全国平均水平79.81相比，广西壮族自治区政务环境指数处于全国平均水平之上，体现出该地区政务环境发展水平较高。从区域政务环境的具体内容来看，2022年广西壮族自治区电子政务水平、政府透明度、政府支出和企业税收负担指标得分分别为71.39、73.22、85.24和100.00。其中，除电子政务水平指标外，政府透明度、政府支出和企业税收负担指标得分均高于全国平均水平，如图6–103所示。

6.2.7.4　区域法律环境维度

从区域法律环境的总体表现来看，2022年广西壮族自治区法律环境指数为66.92，与全国平均水平64.01相比，广西壮族自治区法律环境指数处于全国平均水平之上，体现出广西壮族自治区法律环境发展水平较好。从区域法律环境的具体内容来看，2022年广西壮族自治区知识产权保护力度、司法信息公开度、司法服务、司法文明和社会治安指标得分分别为60.27、77.60、51.70、73.66和71.38。其中，除了司法服务指标得分外，其他指标得分均高于全国平均水平，如图6–104所示。

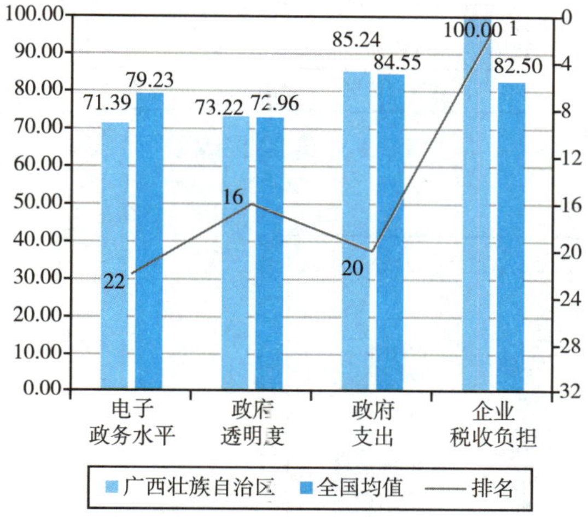

图6–103　广西壮族自治区政务环境指数分析

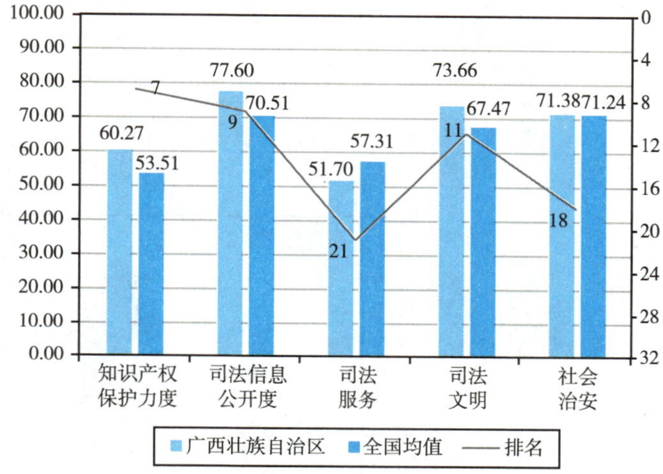

图6–104　广西壮族自治区法律环境指数分析

6.2.7.5　区域人才环境维度

从区域人才环境的总体表现来看，2022年广西壮族自治区人才环境指数为55.32，与全国平均水平62.63相比，广西壮族自治区人才环境指数处于全国平均水平之下，体现出广西壮族自治区人才环境发展水平和人才吸引力较弱。从区域人才环境的具体内容来看，2022年广西壮族自治区高等院校在校生数、年末单位从业人数、人口净流入、平均工资水平和财政教育支出得分分别为64.18、61.49、55.08、47.92和47.95，所有的指标得分均低于全国平均水平，如图6–105所示。

6.2.7.6　区域投资环境维度

从区域投资环境的总体表现来看，2022年广西壮族自治区投资环境指数为57.67，略低于全国平均水平58.99，体现出该地区投资环境发展水平较低，市场吸引力有待加强。从区域投资环境的具体内容来看，2022年广西壮族自治区居民消费率、企业机构数量、外资企业比、对外投资度和固定资产投资指标得分分别为80.01、50.61、44.46、43.75和69.50。其中，企业机构数量、外资企业比和对外投资度指标得分均低于全国平均水平，其他指标得分高于全国平均水平，如图6–106所示。

6.2.7.7　区域金融环境维度

从区域金融环境的总体表现来看，2022年广西壮族自治区金融环境指数为58.48，与全国平均水平62.47相比，广西壮族自治区金融环境指数处于全国平均水平之下，体现出该地区金融环境发展水平较低。从区域金融环境的具体内容来看，2022年广西壮族自治区金融从业人员、社会融资规模增量、金融机构贷款余额和银行等金融机构数量指标得分分别为44.48、75.03、51.30和63.09。其中，除了社会融资规模增量指标得分高于全国平均水平，其他指标得分均低于全国平均水平，如图6-107所示。

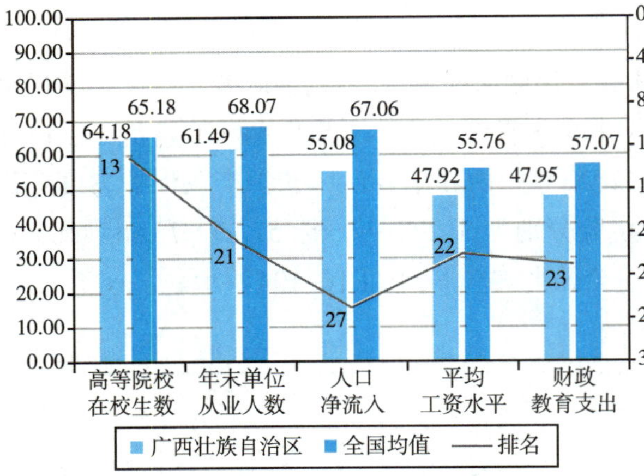

图6-105 广西壮族自治区人才环境指数分析

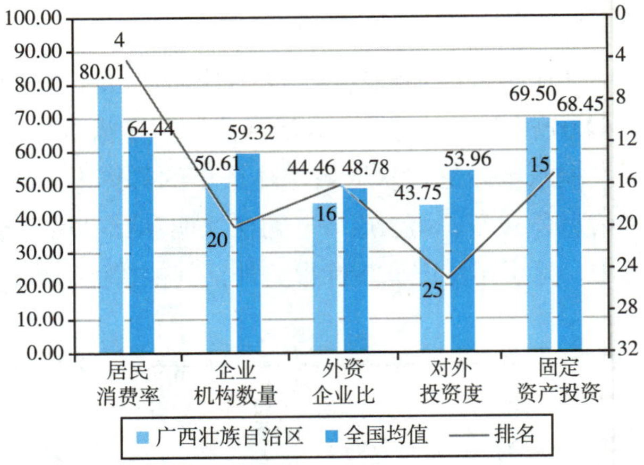

图6-106 广西壮族自治区投资环境指数分析

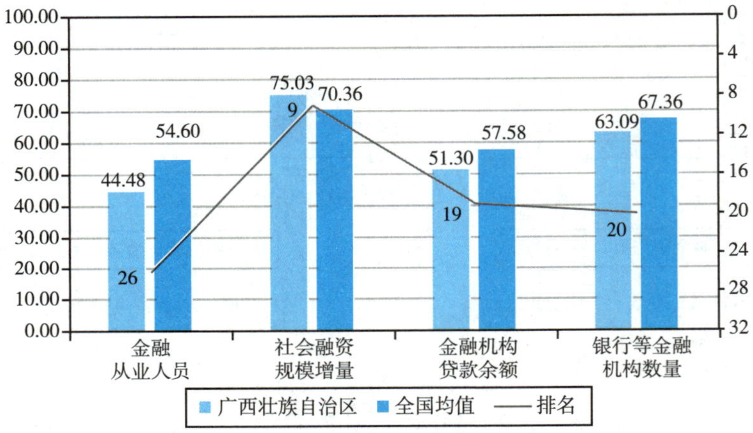

图6-107 广西壮族自治区金融环境指数分析

6.2.8 贵州省

6.2.8.1 贵州省营商环境综合指数

2022年贵州省整体营商环境综合指数为60.93，与全国平均水平65.51相比，贵州省营商环境综合指数低于全国平均水平，体现出贵州省的营商环境相对较弱，如图6-108所示。

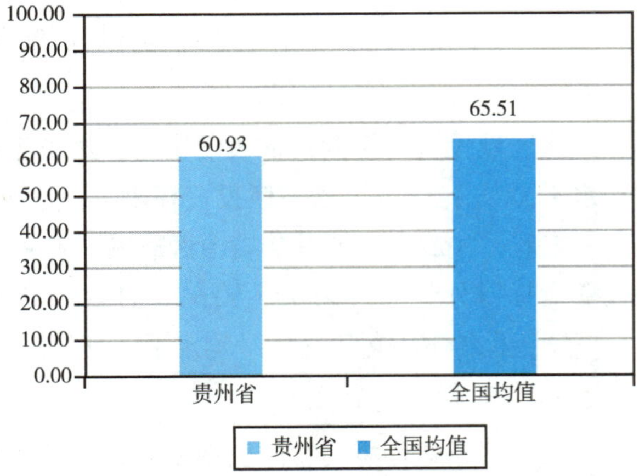

图6-108 贵州省营商环境综合指数分析

6.2.8.2 区域基础环境维度

从区域基础环境的总体表现来看，2022年贵州省基础环境指数为62.01，与全国平均水平64.23相比，贵州省基础环境指数低于全国平均水平，体现出贵州省基础环境发展水平相对较弱。从区域基础环境的具体内容来看，2022年贵州省供气供水供电能力、医疗卫生基本供给、城市道路面积和区域货运能力指标得分分别为49.25、89.78、62.60和46.40。其中，除了医疗卫生基本供给指标外，其他指标得分均低于全国平均水平，如图6–109所示。

6.2.8.3　区域政务环境维度

从区域政务环境的总体表现来看，2022年贵州省政务环境指数为73.81，与全国平均水平79.81相比，贵州省政务环境指数处于全国平均水平之下，体现出该地区政务环境发展水平较低。从区域政务环境的具体内容来看，2022年贵州省电子政务水平、政府透明度、政府支出和企业税收负担指标得分分别为91.07、81.73、79.40和43.02。其中，电子政务水平、政府透明度指标得分高于全国平均水平，政府支出和企业税收负担指标得分低于全国平均水平，如图6–110所示。

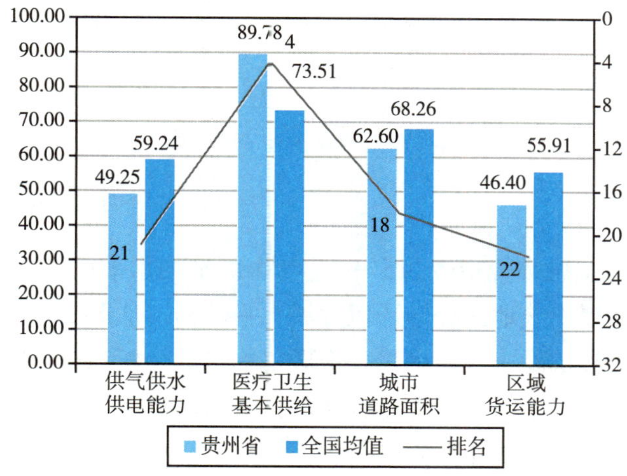

图6–109　贵州省基础环境指数分析

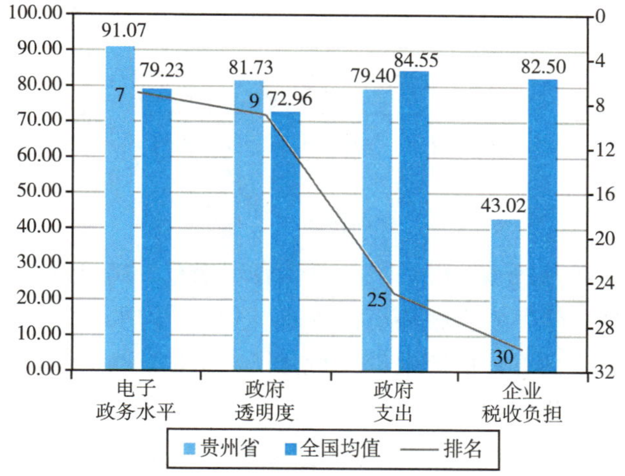

图6–110　贵州省政务环境指数分析

6.2.8.4　区域法律环境维度

从区域法律环境的总体表现来看，2022年贵州省法律环境指数为62.48，与全国平均水平64.01相比，贵州省法律环境指数处于全国平均水平之下，表明贵州省法律环境发展水平较低，法治建设有待提升。从区域法律环境的具体内容来看，2022年贵州省知识产权保护力度、司法信息公开度、司法服务、司法文明和社会治安指标得分分别为47.60、67.14、56.42、75.12和66.10。其中，司法文明指标得分高于全国平均水平，其他指标得分均低于全国平均水平，如图6–111所示。

6.2.8.5　区域人才环境维度

从区域人才环境的总体表现来看，2022年贵州省人才环境指数为55.81，与全国平均水平62.63相比，贵州省人才环境指数处于全国平均水平之下，表明贵州省人才环境发展水平较低，同时也体现出该地区人才吸引力有待提升。从区域人才环境的具体内容来看，2022年贵州省高等院校在校生数、年末单位从业人数、人口净流入、平均工资水平和财政教育支出指标得分分别为58.56、54.94、54.04、51.68和59.83。其中，除了财政教育支出指标高于全国平均水平以外，其他指标得分均低于全国平均水平，如图6–112所示。

6.2.8.6　区域投资环境维度

从区域投资环境的总体表现来看，2022年贵州省投资环境指数为53.40，与全国平均水平58.99相比，贵州省投资环境指数低于全国平均水平，体现出该地区投资环境发展水平较低，市场吸引力有待加强。从区域投资环境的具体内容来看，2022年贵州省居民消费率、企业机构数量、外资企业比、对外投资度和固定资产投资指标得分分别为75.91、47.90、40.16、40.00和63.03。其中，除居民消费率指标之外，其他指标得分均低于全国平均水平，如图6-113所示。

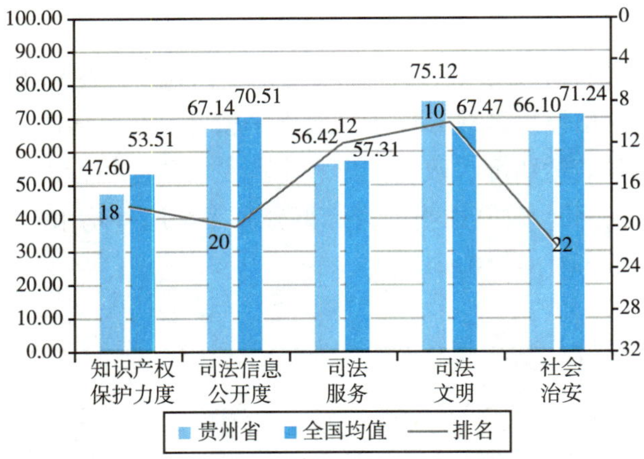

图6-111　贵州省法律环境指数分析

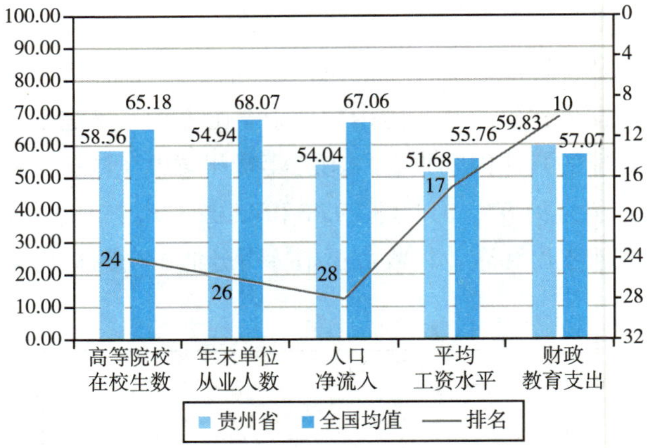

图6-112　贵州省人才环境指数分析

6.2.8.7　区域金融环境维度

从区域金融环境的总体表现来看，2022年贵州省金融环境指数为57.90，与全国平均水平62.47相比，贵州省金融环境指数处于全国平均水平之下，体现出该地区金融环境发展水平较弱。从区域金融环境的具体内容来看，2022年贵州省金融从业人员、社会融资规模增量、金融机构贷款余额和银行等金融机构数量指标得分分别为44.14、72.57、50.01和64.87。其中，除了社会融资规模增量指标得分高于全国平均水平外，其他指标得分均低于全国平均水平，如图6-114所示。

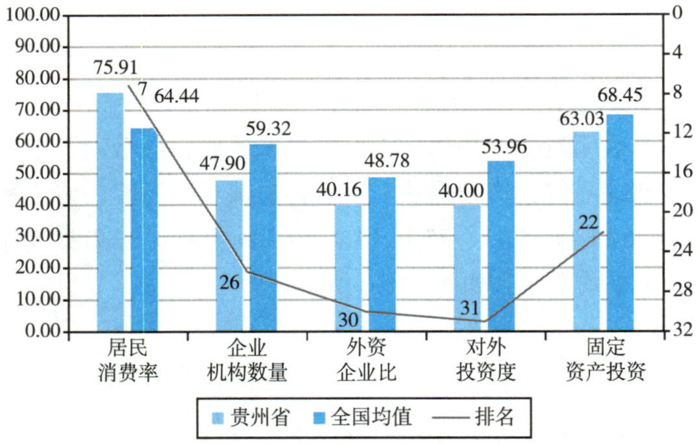

图6-113　贵州省投资环境指数分析

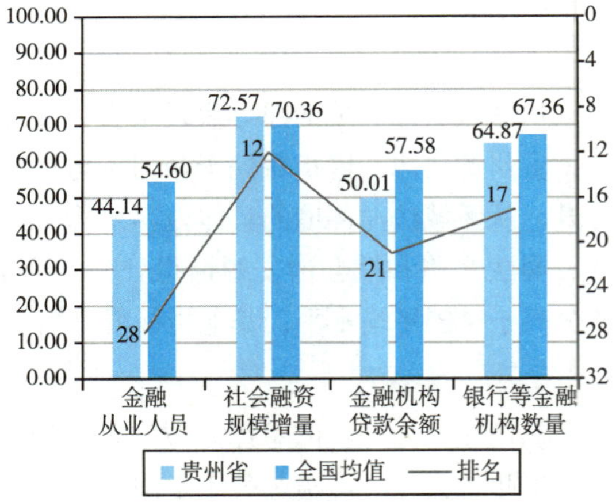

图6-114　贵州省金融环境指数分析

6.2.9　海南省

6.2.9.1　海南省营商环境综合指数

2022年海南省整体营商环境综合指数为64.61，与全国平均水平65.51相比，海南省营商环境综合指数处于全国平均水平之下，体现出海南省的营商环境比较弱，如图6-115所示。

6.2.9.2　区域基础环境维度

从区域基础环境的总体表现来看，2022年海南省基础环境指数为66.08，与全国平均水平64.23相比，海南省基础环境指数处于全国平均水平之上，体现出海南省基础环境发展水平较强。从区域基础环境的具体内容来看，2022年海南省供气供水供电能力、医疗卫生基本供给、城市道路面积和区域货运能力指标得分分别为59.09、62.38、93.27和49.59。其中，城市道路面积指标得分高于全国平均水平，其他指标均低于全国平均水平，如图6–116所示。

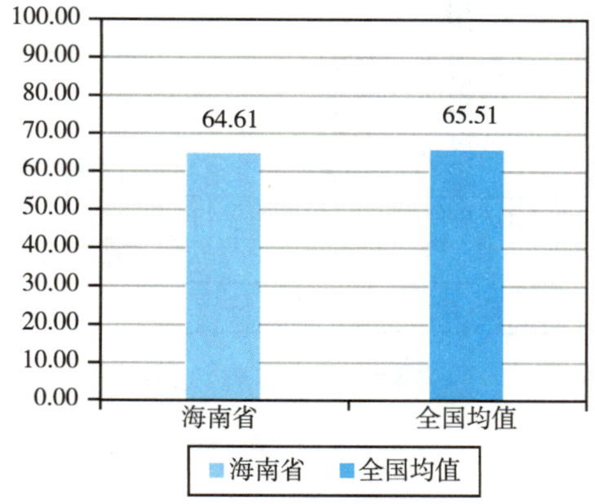

图6–115　海南省营商环境综合指数分析

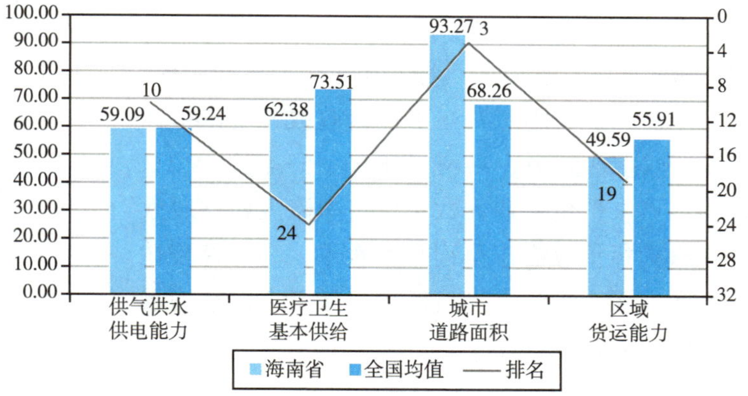

图6–116　海南省基础环境指数分析

6.2.9.3　区域政务环境维度

从区域政务环境的总体表现来看，2022年海南省政务环境指数为74.30，与全国平均水平79.81相比，海南省政务环境指数处于全国平均水平之下，体现出该地区政务环境发展水平较低。从区域政务环境的具体内容来看，2022年海南省电子政务水平、政府透明度、政府支出和企业税收负担指标得分分别为91.10、73.20、77.20和55.68。其中，电子政务水平和政府透明度指标得分高于全国平均水平，其他指标得分均低于全国平均水平，如图6–117所示。

6.2.9.4　区域法律环境维度

从区域法律环境的总体表现来看，2022年海南省法律环境指数为64.23，略高于全国平均水平64.01，体现出海南省法律环境发展水平较高，法治建设相对健全。从区域法律环境的具体内容来看，2022年海南省知识产权保护力度、司法信息公开度、司法服务、司法文明和社会治安指标得分分别为41.94、72.94、44.33、61.95和100.00。其中，司法信息公开度和社会治安指标得分高于全国平均水平，尤其是社会治安指标得分远超全国平均水平，其他指标得分低于全国平均水平，如图6–118所示。

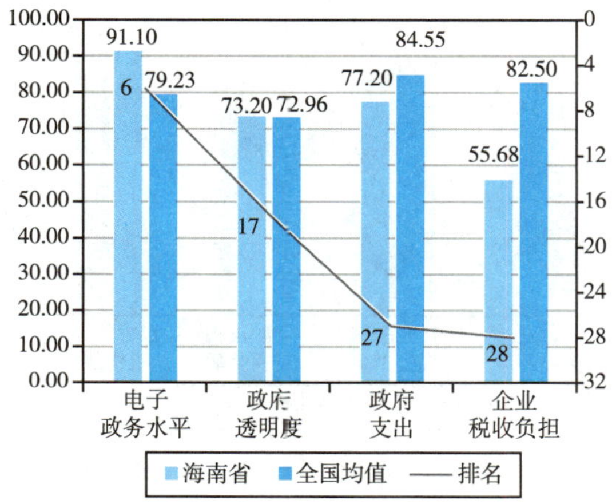

图6–117　海南省政务环境指数分析

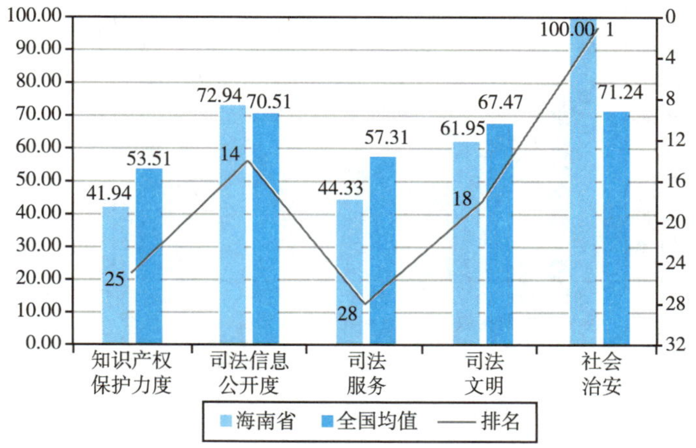

图6–118　海南省法律环境指数分析

6.2.9.5　区域人才环境维度

从区域人才环境的总体表现来看，2022年海南省人才环境指数为63.02，与全国平均水平62.63相比，海南省人才环境指数处于全国平均水平之上，体现出海南省人才环境发展水平较高，人才吸引力强。从区域人才环境的具体内容来看，2022年海南省高等院校在校生数、年末单位从业人数、人口净流入、平均工资水平和财政教育支出指标得分分别为60.01、73.48、68.94、53.46和59.23。其中，年末单位从业人数、人口净流入和财政教育支出指标得分高于全国平均水平，高等院校在校生数、平均工资水平指标得分低于全国平均水平，如图6-119所示。

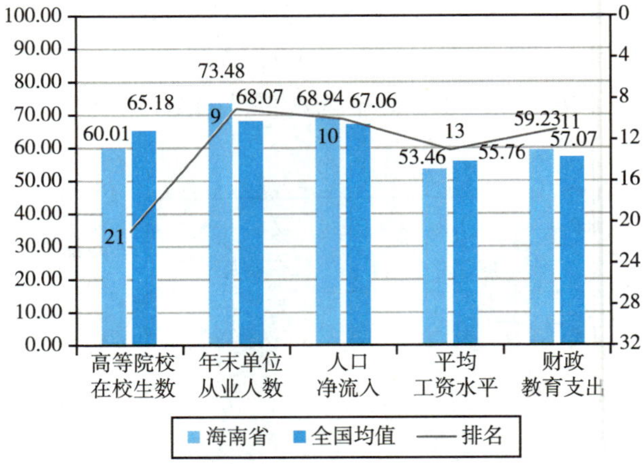

图6-119　海南省人才环境指数分析

6.2.9.6　区域投资环境维度

从区域投资环境的总体表现来看，2022年海南省投资环境指数为60.15，与全国平均水平58.99相比，海南省投资环境指数处于全国平均水平之上，体现出该地区投资环境发展水平较高，市场吸引力较大。从区域投资环境的具体内容来看，2022年海南省居民消费率、企业机构数量、外资企业比、对外投资度和固定资产投资指标得分分别为74.66、40.42、45.92、82.69和57.07。其中，居民消费率和对外投资度指标得分高于全国平均水平，其他指标得分低于全国平均水平，如图6-120所示。

6.2.9.7　区域金融环境维度

从区域金融环境的总体表现来看，2022年海南省金融环境指数为58.89，与全国平均水平62.47相比，海南省金融环境指数处于全国平均水平之下，体现出该地区金融环境发展水平较低。从区域金融环境的具体内容来看，2022年海南省金融从业人员、社会融资规模增量、金融机构贷款余额和银行等金融机构数量指标得分分别为59.78、65.61、41.78和68.41。其中，社会融资规模增量和金融机构贷款余额指标得分低于全国平均水平，金融从业人员和银行等金融机构数量指标得分高于全国平均水平，如图6-121所示。

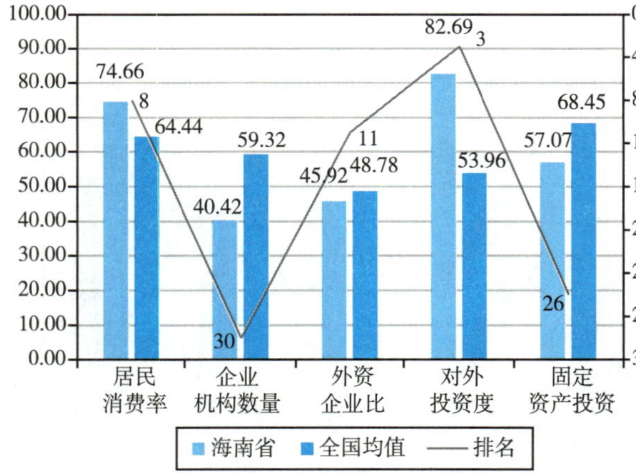

图6-120　海南省投资环境指数分析

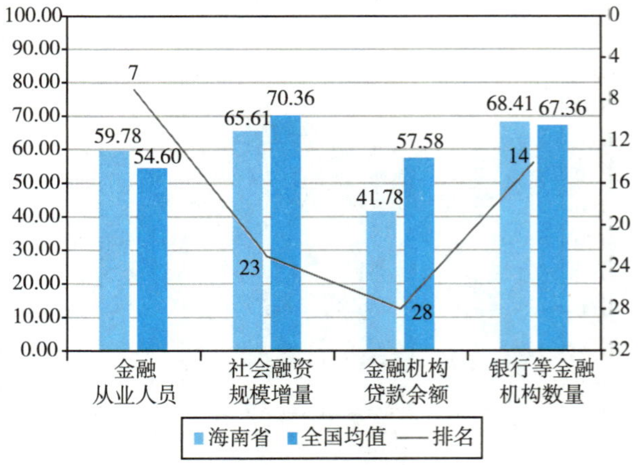

图6-121　海南省金融环境指数分析

6.2.10 河北省

6.2.10.1 河北省营商环境综合指数

2022年河北省整体营商环境综合指数为63.03，与全国平均水平65.51相比，河北省营商环境综合指数处于全国平均水平之下，体现出河北省的营商环境相对较弱，如图6-122所示。

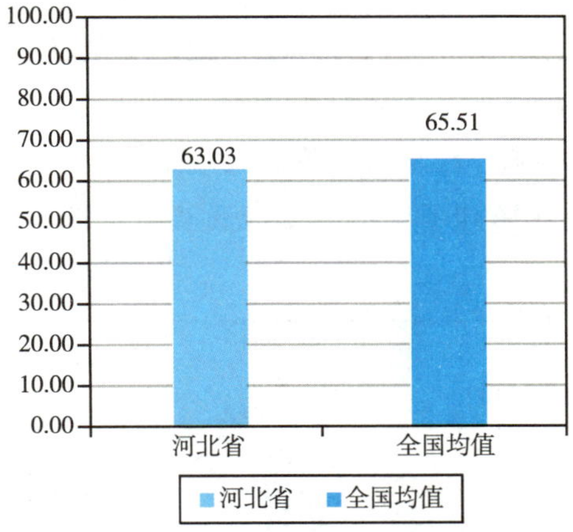

图6-122 河北省营商环境综合指数分析

6.2.10.2 区域基础环境维度

从区域基础环境的总体表现来看，2022年河北省基础环境指数为56.76，与全国平均水平64.23相比，河北省基础环境指数远低于全国平均水平，体现出河北省基础环境发展水平较低。从区域基础环境的具体内容来看，2022年河北省供气供水供电能力、医疗卫生基本供给、城市道路面积和区域货运能力指标得分分别为51.50、63.84、55.47和56.24。其中，除区域货运能力指标外，其他指标得分均低于全国平均水平，进一步表明，河北省的基础环境有待改善，如图6-123所示。

6.2.10.3 区域政务环境维度

从区域政务环境的总体表现来看，2022年河北省政务环境指数为84.98，与全国平均水平79.81相比，政务环境河北省指数处于全国平均水平之上，体现出该地区政务环境发展水平较好。从区域政务环境的具体内容来看，2022年河北省电子政务水平、政府透明度、政府支出和企业税收负担指标得分分别为89.41、76.51、87.04和86.96，所有指标得分均高于全国平均水平，如图6-124所示。

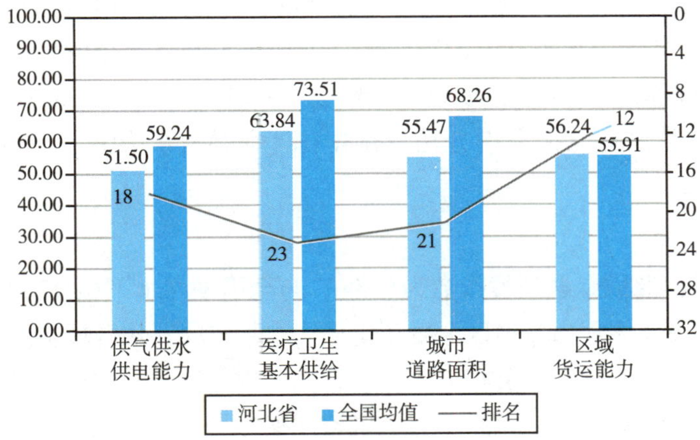

图6-123 河北省基础环境指数分析

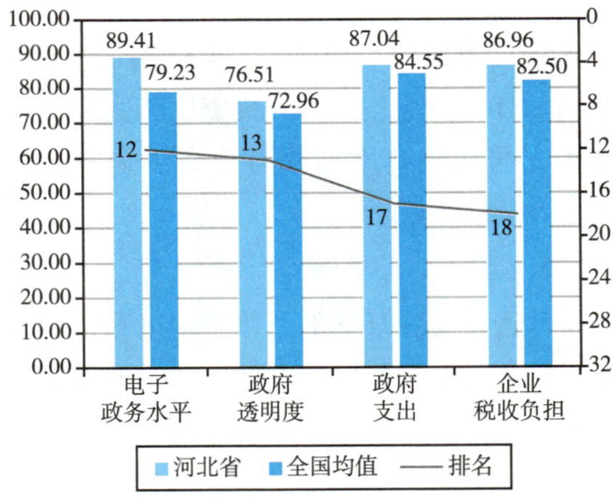

图6-124 河北省政务环境指数分析

6.2.10.4 区域法律环境维度

从区域法律环境的总体表现来看，2022年河北省法律环境指数为63.96，与全国平均水平64.01相比，河北省法律环境指数略微处于全国平均水平之下，体现出河北省法律环境发展水平较弱，同时也体现出河北省法治建设有待提升。从区域法律环境的具体内容来看，2022年河北省知识产权保护力度、司法信息公开度、司法服务、司法文明和社会治安指标得分分别为49.63、77.14、59.87、51.71和81.45。其中，除知识产权保护力度、司法文明指标得分低于全国平均水平外，其他指标得分均高于全国平均水平，如图6–125所示。

6.2.10.5　区域人才环境维度

从区域人才环境的总体表现来看，2022年河北省人才环境指数为53.93，与全国平均水平62.63相比，河北省人才环境指数处于全国平均水平之下，体现出河北省人才环境发展水平较低，同时也体现出该地区人才吸引力有待提升。从区域人才环境的具体内容来看，2022年河北省高等院校在校生数、年末单位从业人数、人口净流入、平均工资水平和财政教育支出指标得分分别为58.83、54.73、63.35、44.56和48.18，所有指标得分均低于全国平均水平，如图6–126所示。

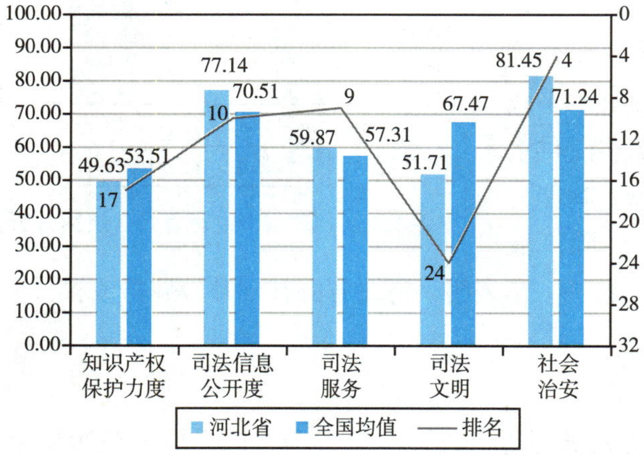

图6–125　河北省法律环境指数分析

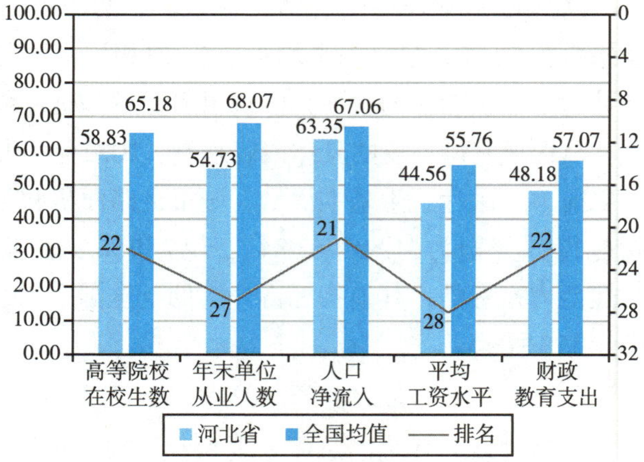

图6–126　河北省人才环境指数分析

6.2.10.6　区域投资环境维度

从区域投资环境的总体表现来看，2022年河北省投资环境指数为59.01，与全国平均水平58.99相比，河北省投资环境指数处于全国平均水平之上，体现出该地区投资环境发展水平较好，同时也体现出该地区市场吸引力较好。从区域投资环境的具体内容来看，2022年河北省居民消费率、企业机构数量、外资企业比、对外投资度和固定资产投资指标得分分别为80.23、56.09、42.16、48.34和68.26。其中，居民消费率指标得分高于全国平均水平，其他指标得分均低于全国平均水平，如图6–127所示。

6.2.10.7　区域金融环境维度

从区域金融环境的总体表现来看，2022年河北省金融环境指数为57.90，与全国平均水平62.47相比，河北省金融环境指数处于全国平均水平之下，体现出该地区金融环境发展水平较弱。从区域金融环境的具体内容来看，2022年河北省金融从业人员、社会融资规模增量、金融机构贷款余额和银行等金融机构数量指标得分分别为49.16、70.59、60.45和51.40。其中，社会融资规模增量和金融机构贷款余额指标得分高于全国平均水平，金融从业人员和银行等金融机构数量指标得分低于全国平均水平，如图6–128所示。

6.2.11　河南省

6.2.11.1　河南省营商环境综合指数

2022年河南省整体营商环境综合指数为60.84，与全国平均水平65.51相比，河南省营商环境综合指数处于全国平均水平之下，体现出河南省的营商环境相对较弱，如图6–129所示。

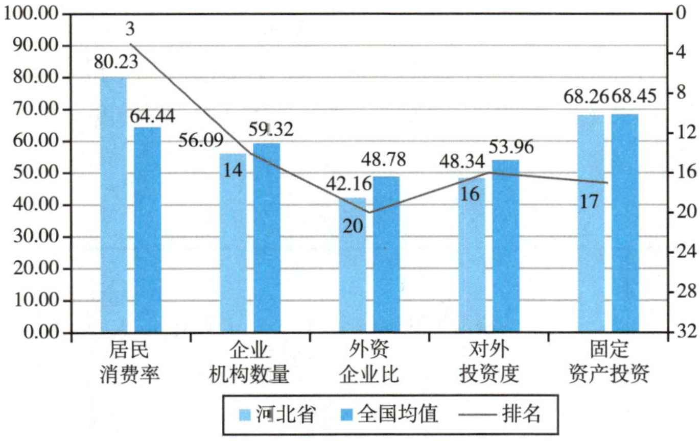

图6-127　河北省投资环境指数分析

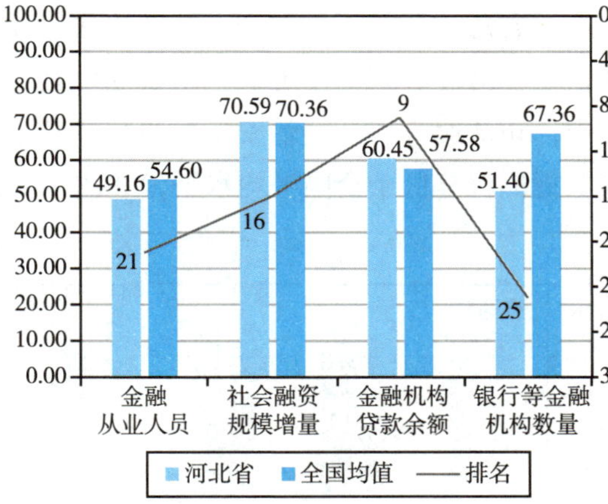

图6-128　河北省金融环境指数分析

6.2.11.2　区域基础环境维度

从区域基础环境的总体表现来看，2022年河南省基础环境指数为64.57，与全国平均水平64.23相比，河南省基础环境指数处于全国平均水平之上，体现出河南省基础环境发展水平较强。从区域基础环境的具体内容来看，2022年河南省供气供水供电能力、医疗卫生基本供给、城市道路面积和区域货运能力指标得分分别为54.99、83.14、62.31和57.86。其中，医疗卫生基本供给和区域货运能力指标得分高于全国平均水平，其他指标得分均低于全国平均水平，如图6-130所示。

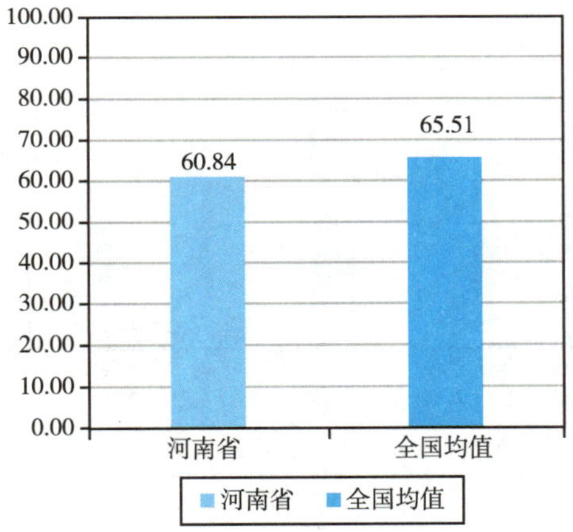

图6-129　河南省营商环境综合指数分析

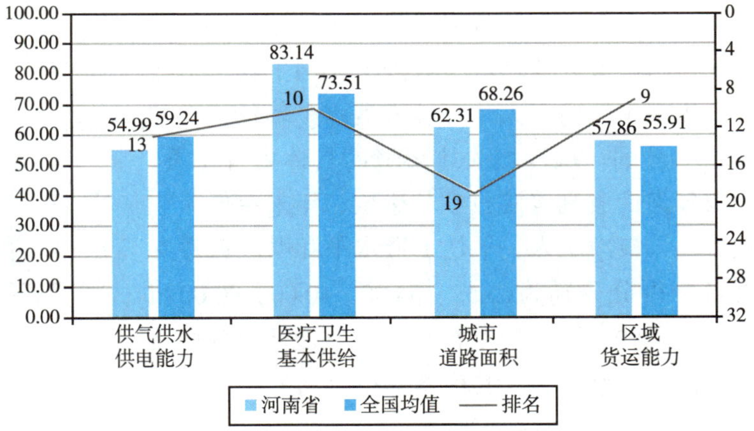

图6-130　河南省基础环境指数分析

6.2.11.3　区域政务环境维度

从区域政务环境的总体表现来看，2022年河南省政务环境指数为82.47，与全国平均水平79.81相比，河南省政务环境指数处于全国平均水平之上，体现出该地区政务环境发展水平较高。从区域政务环境的具体内容来看，2022年河南省电子政务水平、政府透明度、政府支出和企业税收负担指标得分分别为84.83、51.97、93.14和99.91。其中，除政府透明度指标之外，电子政务水平、政府支出以及企业税收负担指标得分均高于全国平均水平，如图6-131所示。

6.2.11.4　区域法律环境维度

从区域法律环境的总体表现来看，2022年河南省法律环境指数为59.41，与全国平均水平64.01相比，河南省法律环境指数处于全国平均水平之下，体现出河南省法律环境发展水平较低，同时也体现出河南省法治建设不太健全。从区域法律环境的具体内容来看，2022年河南省知识产权保护力度、司法信息公开度、司法服务、司法文明和社会治安指标得分分别为45.17、68.64、63.34、47.32和72.58。其中，司法服务、社会治安指标得分高于全国平均水平，知识产权保护力度、司法信息公开度、司法文明指标得分低于全国平均水平，如图6-132所示。

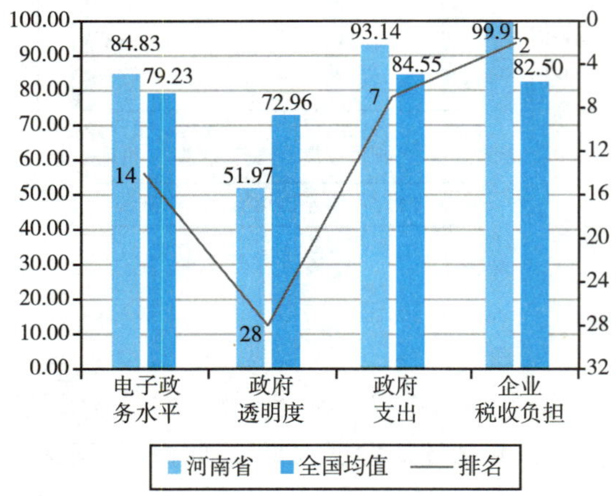

图6-131 河南省政务环境指数分析

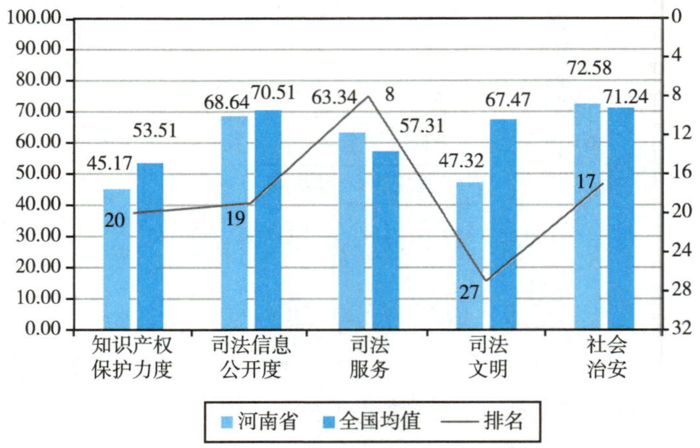

图6-132 河南省法律环境指数分析

6.2.11.5 区域人才环境维度

从区域人才环境的总体表现来看，2022年河南省人才环境指数为48.55，与全国平均水平62.63相比，河南省人才环境指数处于全国平均水平之下，体现出河南省人才环境发展水平较低，人才吸引力较弱。从区域人才环境的具体内容来看，2022年河南省高等院校在校生数、年末单位从业人数、人口净流入、平均工资水平和财政教育支出指标得分分别为65.52、54.98、40.00、40.00和42.25。其中，除高等院校在校生数指标得分略高于全国平均水平外，其他指标得分均低于全国平均水平，如图6-133所示。

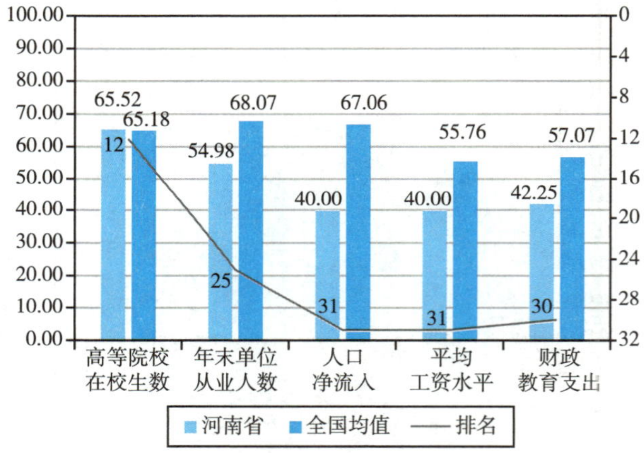

图6-133 河南省人才环境指数分析

6.2.11.6 区域投资环境维度

从区域投资环境的总体表现来看，2022年河南省投资环境指数为55.40，与全国平均水平58.99相比，河南省投资环境指数处于全国平均水平之下，体现出该地区投资环境发展水平较低，市场吸引力较弱。从区域投资环境的具体内容来看，2022年河南省居民消费率、企业机构数量、外资企业比、对外投资度和固定资产投资指标得分分别为63.20、56.37、40.97、45.46和71.02。其中，居民消费率、企业机构数量、外资企业比和对外投资度指标得分均低于全国平均水平，固定资产投资指标得分高于全国平均水平，如图6-134所示。

6.2.11.7 区域金融环境维度

从区域金融环境的总体表现来看，2022年河南省金融环境指数为54.23，与全国平均水平62.47相比，河南省金融环境指数处于全国平均水平之下，体现出该地区金融环境发展水平较低。从区域金融环境的具体内容来看，2022年河南省金融从业人员、社会融资规模增量、金融机构贷款余额和银行等金融机构数量指标得分分别为40.07、62.32、61.28和53.26。其中，金融机构贷款余额指标得分高于全国平均水平，金融从业人员、社会融资规模增量以及银行等金融机构数量指标得分均低于全国平均水平，如图6–135所示。

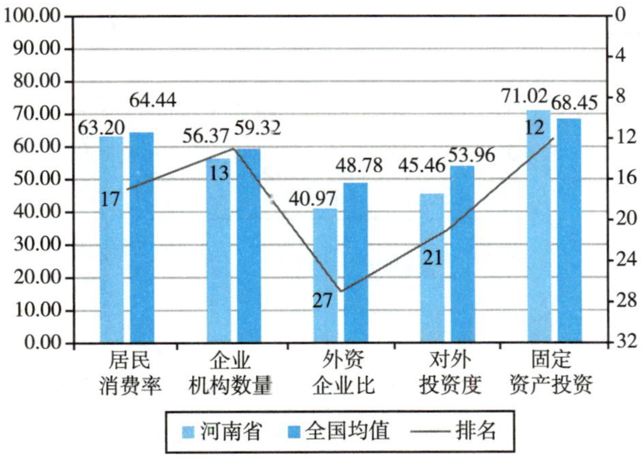

图6–134　河南省投资环境指数分析

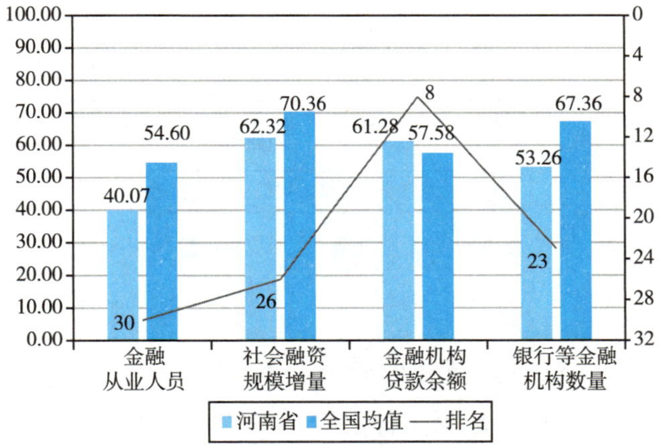

图6–135　河南省金融环境指数分析

6.2.12 黑龙江省

6.2.12.1 黑龙江省营商环境综合指数

2022年黑龙江省整体营商环境综合指数为62.13，与全国平均水平65.51相比，黑龙江省营商环境综合指数处于全国平均水平之下，体现出黑龙江省的营商环境相对较弱，如图6–136所示。

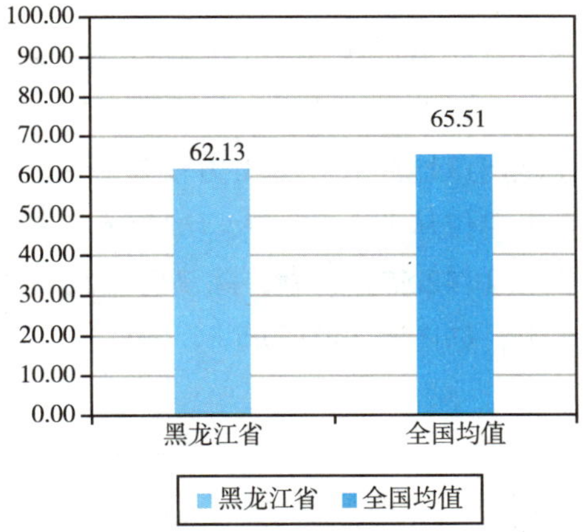

图6–136　黑龙江省营商环境综合指数分析

6.2.12.2 区域基础环境维度

从区域基础环境的总体表现来看，2022年黑龙江省基础环境指数为64.77，与全国平均水平64.23相比，黑龙江省基础环境指数处于全国平均水平之上，体现出黑龙江省基础环境发展水平较强。从区域基础环境的具体内容来看，2022年黑龙江省供气供水供电能力、医疗卫生基本供给、城市道路面积和区域货运能力指标得分分别为43.22、100.00、74.55和41.32。其中，医疗卫生基本供给和城市道路面积指标得分高于全国平均水平，其他指标得分均低于全国平均水平，如图6–137所示。

6.2.12.3 区域政务环境维度

从区域政务环境的总体表现来看，2022年黑龙江省政务环境指数为79.04，与全国平均水平79.81相比，黑龙江省政务环境指数处于全国平均水平之下，体现出该地区政务环境发展水平较低。从区域政务环境的具体内容来看，2022年黑龙江省电子政务水平、政府透明度、政府支出和企业税收负担指标得分分别为77.76、72.52、72.75和93.12。其中，除了企业税收负担指标得分外，电子政务水平、政府透明度、政府支出指标得分均低于全国平均水平，如图6–138所示。

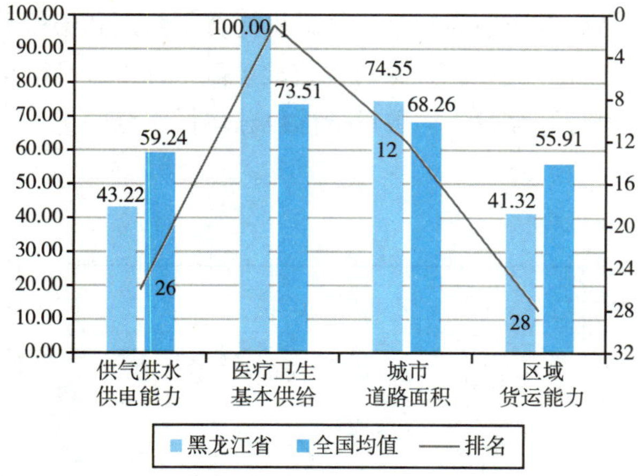

图6-137　黑龙江省基础环境指数分析

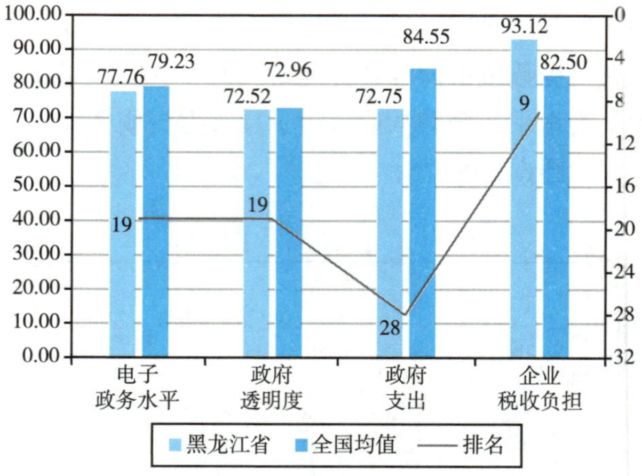

图6-138　黑龙江省政务环境指数分析

6.2.12.4　区域法律环境维度

从区域法律环境的总体表现来看，2022年黑龙江省法律环境指数为59.31，与全国平均水平64.01相比，黑龙江省法律环境指数处于全国平均水平之下，体现出黑龙江省法律环境发展水平较低，法治建设不够健全。从区域法律环境的具体内容来看，2022年黑龙江省知识产权保护力度、司法信息公开度、司法服务、司法文明和社会治安指标得分分别为52.38、54.07、52.65、61.95和75.48。其中，除了社会治安指标得分高于全国平均水平外，其他指标得分均低于全国平均水平，如图6-139所示。

6.2.12.5　区域人才环境维度

从区域人才环境的总体表现来看，2022年黑龙江省人才环境指数为51.80，与全国平均水平62.63相比，黑龙江省人才环境指数远低于全国平均水平，体现出黑龙江省人才环境发展水平较低，同时也体现出该地区人才吸引力较弱。从区域人才环境的具体内容来看，2022年黑龙江省高等院校在校生数、年末单位从业人数、人口净流入、平均工资水平和财政教育支出指标得分分别为71.26、40.00、61.90、43.27和42.55。其中，除高等院校在校生数指标高于全国平均水平外，其他指标得分均低于全国平均水平，如图6-140所示。

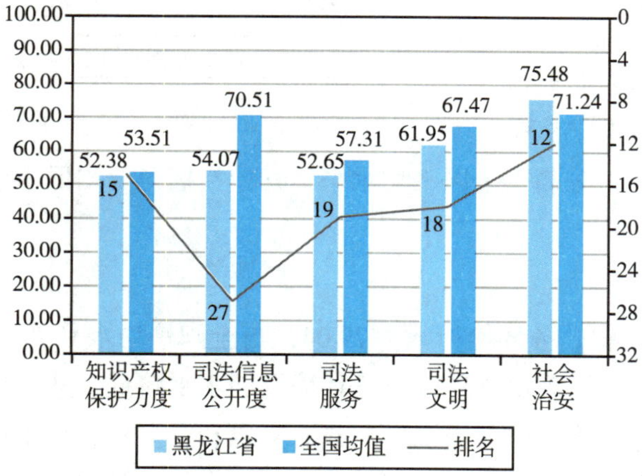

图6-139　黑龙江省法律环境指数分析

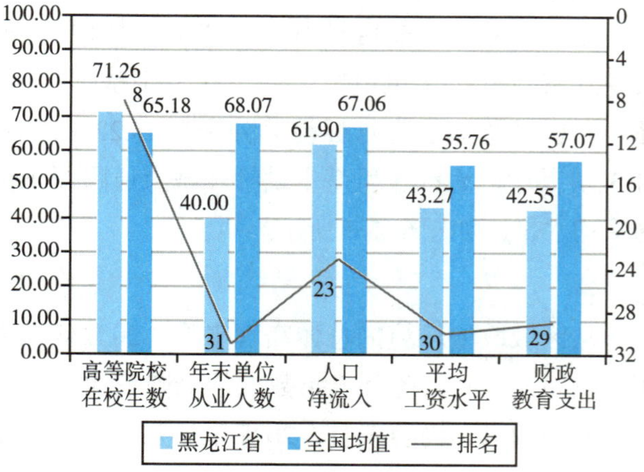

图6-140　黑龙江省人才环境指数分析

6.2.12.6　区域投资环境维度

从区域投资环境的总体表现来看，2022年黑龙江省投资环境指数为59.24，与全国平均水平58.99相比，黑龙江省投资环境指数处于全国平均水平之上，体现出该地区投资环境发展水平较高，同时也体现出该地区市场吸引力较强。从区域投资环境的具体内容来看，2022年黑龙江省居民消费率、企业机构数量、外资企业比、对外投资度和固定资产投资指标得分分别为100.00、48.60、44.65、45.09和57.86。其中，除了居民消费率指标得分高于全国平均水平外，其他指标得分均低于全国平均水平，如图6–141所示。

6.2.12.7　区域金融环境维度

从区域金融环境的总体表现来看，2022年黑龙江省金融环境指数为58.52，与全国平均水平62.47相比，黑龙江省金融环境指数处于全国平均水平之下，体现出该地区金融环境发展水平较低。从区域金融环境的具体内容来看，2022年黑龙江省金融从业人员、社会融资规模增量、金融机构贷款余额和银行等金融机构数量指标得分分别为56.16、57.21、46.27和74.42。其中，金融从业人员和银行等金融机构数量指标得分高于全国平均水平，社会融资规模增量和金融机构贷款余额指标得分低于全国平均水平，如图6–142所示。

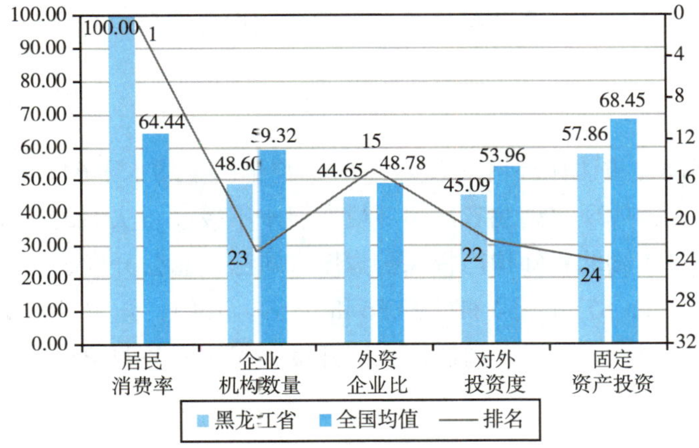

图6–141　黑龙江省投资环境指数分析

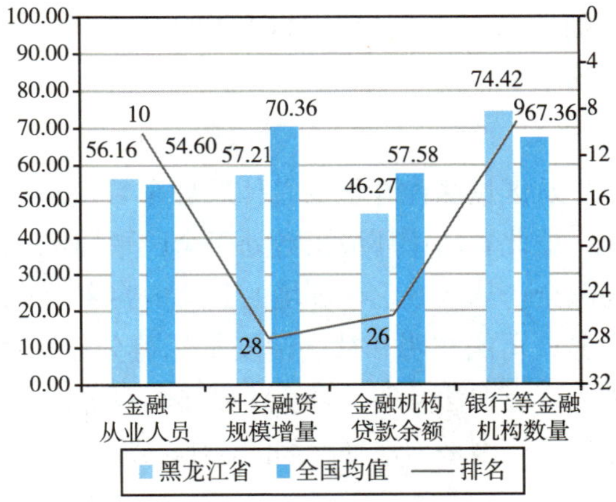

图6–142　黑龙江省金融环境指数分析

6.2.13　湖北省

6.2.13.1　湖北省营商环境综合指数

2022年湖北省整体营商环境综合指数为67.45，与全国平均水平65.51相比，湖北省营商环境综合指数处于全国平均水平之上，体现出湖北省的营商环境相对较好，如图6–143所示。

6.2.13.2　区域基础环境维度

从区域基础环境的总体表现来看，2022年湖北省基础环境指数为63.53，与全国平均水平64.23相比，湖北省基础环境指数处于全国平均水平之下，体现出湖北省基础环境发展水平相对较弱。从区域基础环境的具体内容来看，2022年湖北省供气供水供电能力、医疗卫生基本供给、城市道路面积和区域货运能力指标得分分别为58.12、85.41、57.11和53.47。其中，除医疗卫生基本供给指标得分高于全国平均水平外，其他指标得分均低于全国平均水平，如图6–144所示。

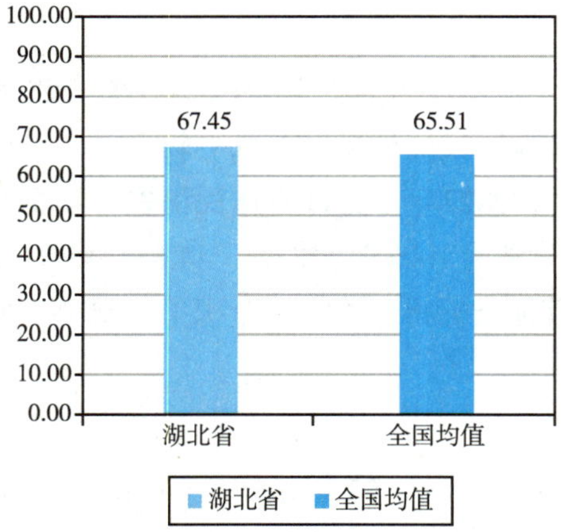

图6-143 湖北省营商环境综合指数分析

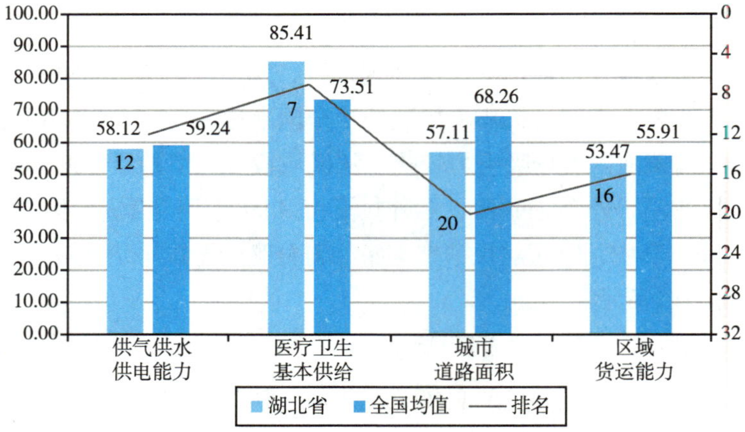

图6-144 湖北省基础环境指数分析

6.2.13.3 区域政务环境维度

从区域政务环境的总体表现来看，2022年湖北省政务环境指数为87.57，与全国平均水平79.81相比，湖北省政务环境指数处于全国平均水平之上，体现出该地区政务环境发展水平较高。从区域政务环境的具体内容来看，2022年湖北省电子政务水平、政府透明度、政府支出和企业税收负担指标得分分别为74.58、83.71、94.01和97.98。其中，除电子政务水平指标之外，其他各项指标得分均高于全国平均水平，如图6-145所示。

6.2.13.4 区域法律环境维度

从区域法律环境的总体表现来看，2022年湖北省法律环境指数为65.37，与全国平均水平64.01相比，湖北省法律环境指数处于全国平均水平之上，体现出湖北省法律环境发展水平较高，法治建设较为健全。从区域法律环境的具体内容来看，2022年湖北省知识产权保护力度、司法信息公开度、司法服务、司法文明和社会治安指标得分分别为62.34、57.11、54.17、73.66和79.59。其中，知识产权保护力度、司法文明、社会治安指标得分均高于全国平均水平，司法信息公开度和司法服务两项指标得分低于全国平均水平，如图6-146所示。

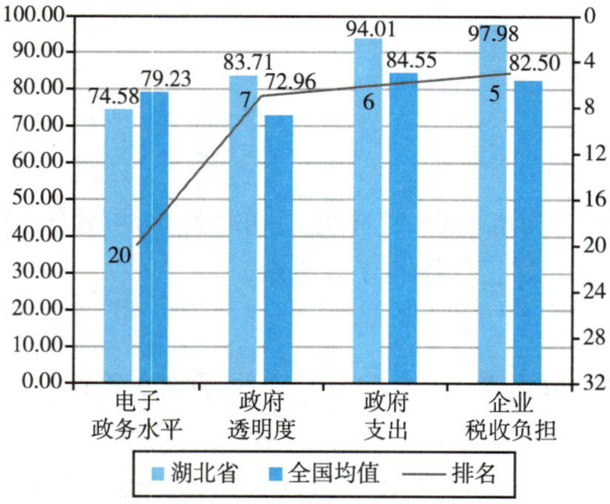

图6-145 湖北省政务环境指数分析

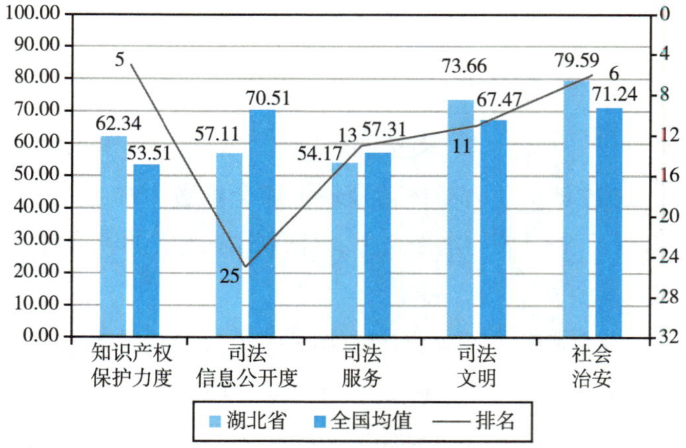

图6-146 湖北省法律环境指数分析

6.2.13.5 区域人才环境维度

从区域人才环境的总体表现来看，2022年湖北省人才环境指数为63.93，略高于全国平均水平

62.63，体现出湖北省人才环境发展水平一般。从区域人才环境的具体内容来看，2022年湖北省高等院校在校生数、年末单位从业人数、人口净流入、平均工资水平和财政教育支出指标得分分别为73.19、86.33、60.71、53.18和46.22。其中，高等院校在校生数和年末单位从业人数指标得分高于全国平均水平，其他指标得分均低于全国平均水平，如图6-147所示。

6.2.13.6　区域投资环境维度

从区域投资环境的总体表现来看，2022年湖北省投资环境指数为56.37，与全国平均水平58.99相比，湖北省投资环境指数处于全国平均水平之下，体现出该地区投资环境发展水平较低，同时也体现出该地区市场吸引力有待加强。从区域投资环境的具体内容来看，2022年湖北省居民消费率、企业机构数量、外资企业比、对外投资度和固定资产投资指标得分分别为53.45、63.03、44.94、42.29和78.12。其中，企业机构数量和固定资产投资指标得分高于全国平均水平，居民消费率、外资企业比和对外投资度指标得分低于全国平均水平，如图6-148所示。

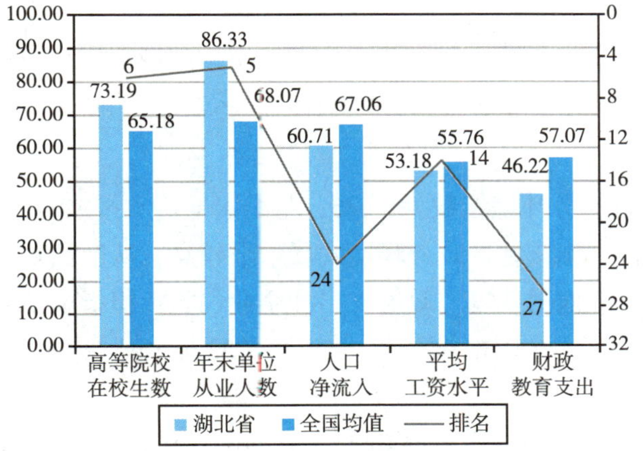

图6-147　湖北省人才环境指数分析

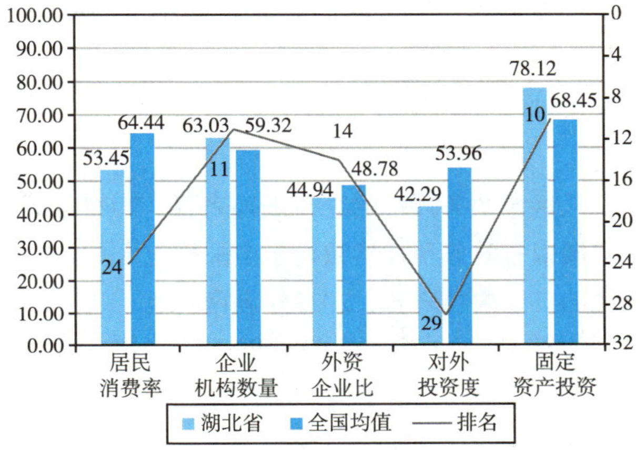

图6-148　湖北省投资环境指数分析

6.2.13.7　区域金融环境维度

从区域金融环境的总体表现来看，2022年湖北省金融环境指数为67.07，与全国平均水平62.47相比，湖北省金融环境指数处于全国平均水平之上，体现出该地区金融环境发展水平较高。从区域金融环境的具体内容来看，2022年湖北省金融从业人员、社会融资规模增量、金融机构贷款余额和银行等金融机构数量指标得分分别为48.38、68.07、60.14和91.70。其中，金融从业人员和社会融资规模增量指标得分低于全国平均水平，金融机构贷款余额和银行等金融机构数量指标得分高于全国平均水平，如图6-149所示。

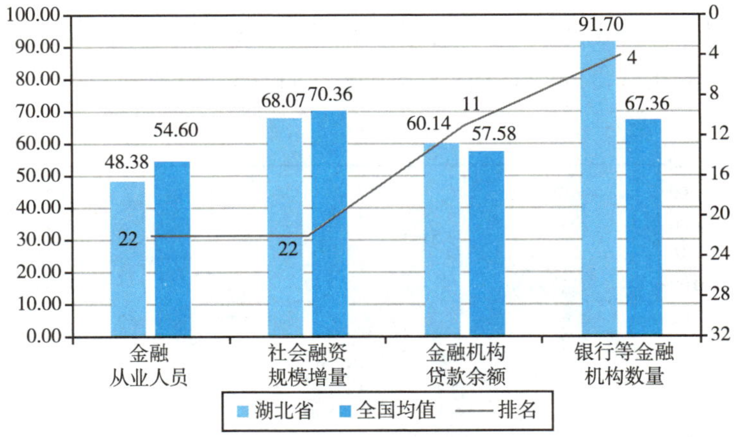

图6-149　湖北省金融环境指数分析

6.2.14 湖南省

6.2.14.1 湖南省营商环境综合指数

2022年湖南省整体营商环境综合指数为64.20，与全国平均水平65.51相比，湖南省营商环境综合指数处于全国平均水平之下，体现出湖南省的营商环境相对较弱，如图6-150所示。

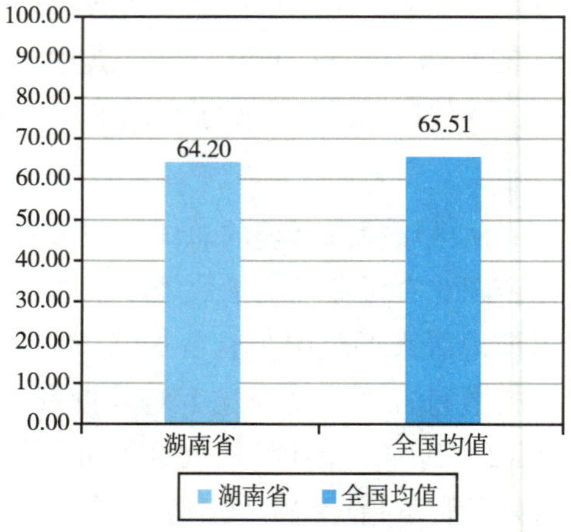

图6-150 湖南省营商环境综合指数分析

6.2.14.2 区域基础环境维度

从区域基础环境的总体表现来看，2022年湖南省基础环境指数为68.36，与全国平均水平64.23相比，湖南省基础环境指数处于全国平均水平之上，体现出湖南省基础环境发展水平较高。从区域基础环境的具体内容来看，2022年湖南省供气供水供电能力、医疗卫生基本供给、城市道路面积和区域货运能力指标得分分别为51.64、95.14、74.30和52.36。其中，除医疗卫生基本供给和城市道路面积指标得分高于全国平均水平外，其他指标得分均低于全国平均水平，如图6-151所示。

6.2.14.3 区域政务环境维度

从区域政务环境的总体表现来看，2022年湖南省政务环境指数为86.36，与全国平均水平79.81相比，湖南省政务环境指数处于全国平均水平之上，体现出该地区政务环境发展水平较高。从区域政务环境的具体内容来看，2022年湖南省电子政务水平、政府透明度、政府支出和企业税收负担指标得分分别为80.67、73.73、91.46和99.59，各项指标得分均高于全国平均水平，如图6-152所示。

6.2.14.4 区域法律环境维度

从区域法律环境的总体表现来看，2022年湖南省法律环境指数为56.49，与全国平均水平64.01相比，湖南省法律环境指数处于全国平均水平之下，体现出湖南省法律环境发展水平较低，同时也体现出湖南省法治建设不太健全。从区域法律环境的具体内容来看，2022年湖南省知识产权保护力度、司法信息公开度、司法服务、司法文明和社会治安指标得分分别为54.47、72.94、53.40、42.93和58.69。其中，知识产权保护力度和司法信息公开度指标得分高于全国平均水平，司法服务、司法文明、社会治安指标得分低于全国平均水平，如图6-153所示。

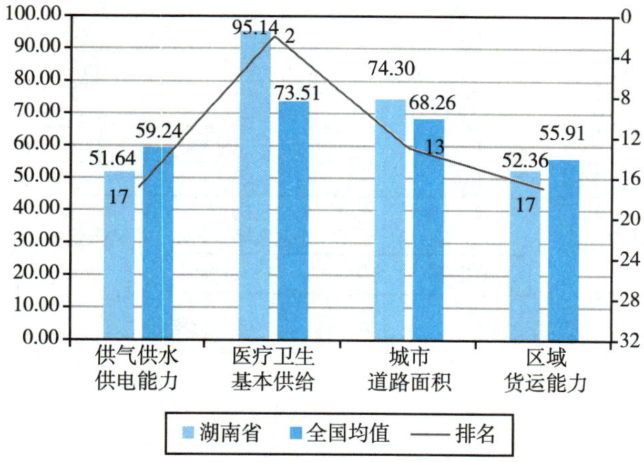

图6-151 湖南省基础环境指数分析

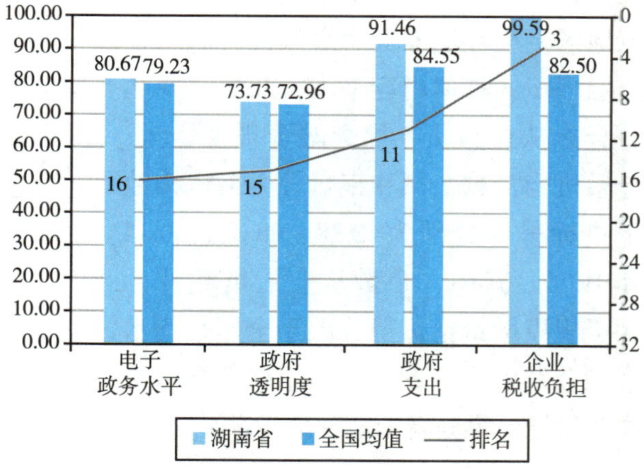

图6-152 湖南省政务环境指数分析

6.2.14.5　区域人才环境维度

从区域人才环境的总体表现来看，2022年湖南省人才环境指数为53.25，与全国平均水平62.63相比，湖南省人才环境指数处于全国平均水平之下，体现出湖南省人才环境发展水平较低，同时也体现出该地区人才吸引力有待提升。从区域人才环境的具体内容来看，2022年湖南省高等院校在校生数、年末单位从业人数、人口净流入、平均工资水平和财政教育支出指标得分分别为61.99、55.95、55.62、46.29和46.42，所有指标得分均低于全国平均水平，如图6–154所示。

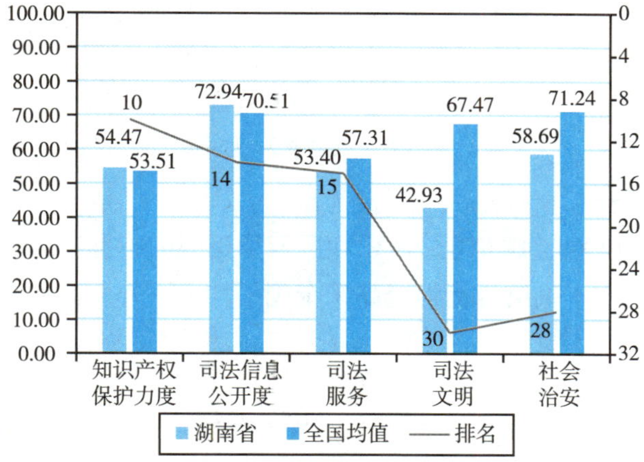

图6–153　湖南省法律环境指数分析

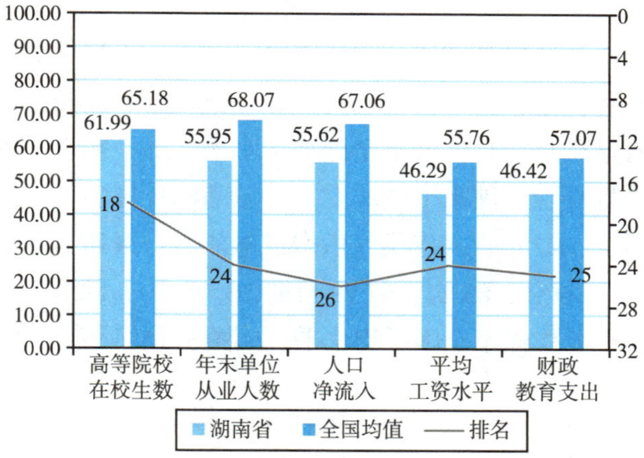

图6–154　湖南省人才环境指数分析

6.2.14.6　区域投资环境维度

从区域投资环境的总体表现来看，2022年湖南省投资环境指数为59.54，与全国平均水平58.99相比，湖南省投资环境指数处于全国平均水平之上，体现出该地区投资环境发展水平较高，同时也体现出该地区市场吸引力相对较强。从区域投资环境的具体内容来看，2022年湖南省居民消费率、企业机构数量、外资企业比、对外投资度和固定资产投资指标得分分别为68.63、63.37、41.83、44.65和79.23。其中，居民消费率、企业机构数量和固定资产投资指标得分高于全国平均水平，外资企业比和对外投资度指标得分低于全国平均水平，如图6–155所示。

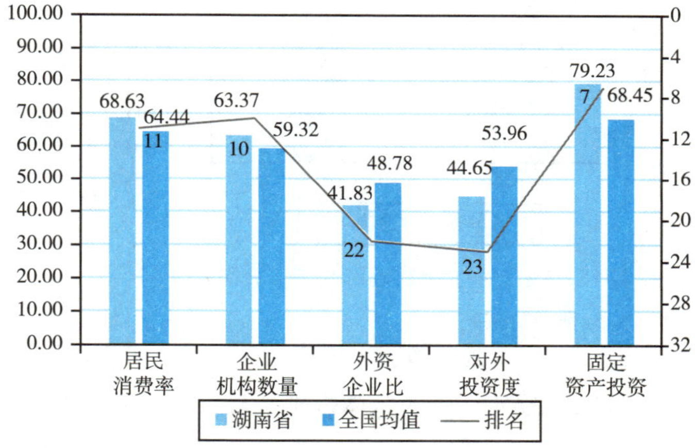

图6–155　湖南省投资环境指数分析

6.2.14.7　区域金融环境维度

从区域金融环境的总体表现来看，2022年湖南省金融环境指数为60.98，与全国平均水平62.47相比，湖南省金融环境指数处于全国平均水平之下，体现出该地区金融环境发展水平较低。从区域金融环境的具体内容来看，2022年湖南省金融从业人员、社会融资规模增量、金融机构贷款余额和银行等金融机构数量指标得分分别为47.86、71.71、56.50和67.84。其中，社会融资规模增量和银行等金融机构数量指标得分高于全国平均水平，金融从业人员和金融机构贷款余额指标得分均低于全国平均水平，如图6–156所示。

6.2.15 吉林省

6.2.15.1 吉林省营商环境综合指数

2022年吉林省整体营商环境综合指数为64.86，与全国平均水平65.51相比，吉林省营商环境综合指数处于全国平均水平之下，体现出吉林省的营商环境相对较弱，如图6–157所示。

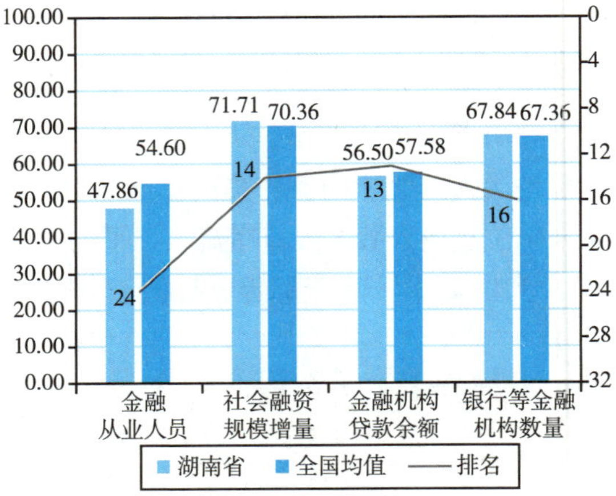

图6–156 湖南省金融环境指数分析

6.2.15.2 区域基础环境维度

从区域基础环境的总体表现来看，2022年吉林省基础环境指数为60.79，与全国平均水平64.23相比，吉林省基础环境指数处于全国平均水平之下，体现出吉林省基础环境发展水平较弱。从区域基础环境的具体内容来看，2022年吉林省供气供水供电能力、医疗卫生基本供给、城市道路面积和区域货运能力指标得分分别为46.81、85.24、67.79和43.30。其中，除医疗卫生基本供给指标得分高于全国平均水平外，其他指标得分均低于全国平均水平，如图6–158所示。

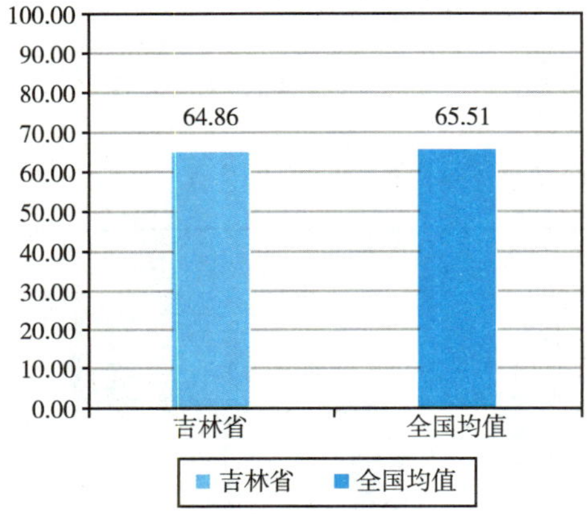

图6–157 吉林省营商环境综合指数分析

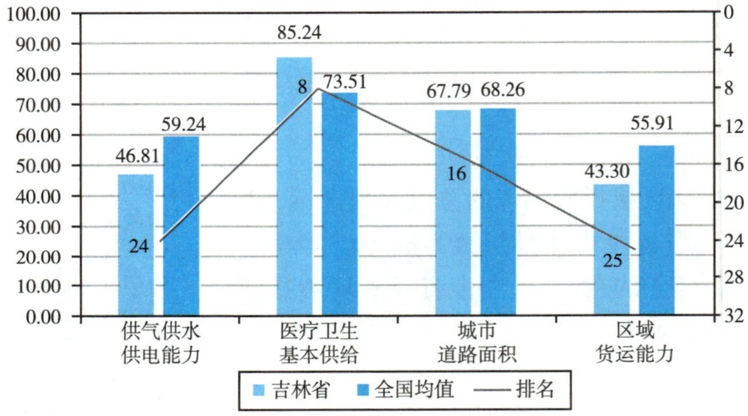

图6–158 吉林省基础环境指数分析

6.2.15.3 区域政务环境维度

从区域政务环境的总体表现来看，2022年吉林省政务环境指数为84.48，与全国平均水平79.81相比，吉林省政务环境指数处于全国平均水平之上，体现出该地区政务环境发展水平较高。从区域政务环境的具体内容来看，2022年吉林省电子政务水平、政府透明度、政府支出和企业税收负担指标得分分别为95.76、70.72、80.10和91.34。其中，电子政务水平和企业税收负担指标得分高于全国平均水平，政府透明度和政府支出指标得分低于全国平均水平，如图6–159所示。

6.2.15.4 区域法律环境维度

从区域法律环境的总体表现来看，2022年吉林省法律环境指数为65.14，与全国平均水平64.01相比，吉林省法律环境指数处于全国平均水平之上，体现出吉林省法律环境发展水平较高，法治建设健全。从区域法律环境的具体内容来看，2022年吉林省知识产权保护力度、司法信息公开度、司法服务、司法文明和社会治安指标得分分别为44.00、91.46、48.16、89.76和52.30。其中，司法信息公开度和司法文明指标得分远高于全国平均水平，其他指标得分低于全国平均水平，如图6–160所示。

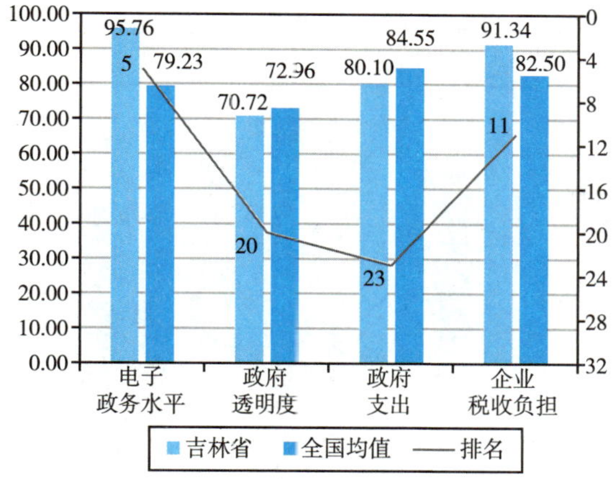

图6-159 吉林省政务环境指数分析

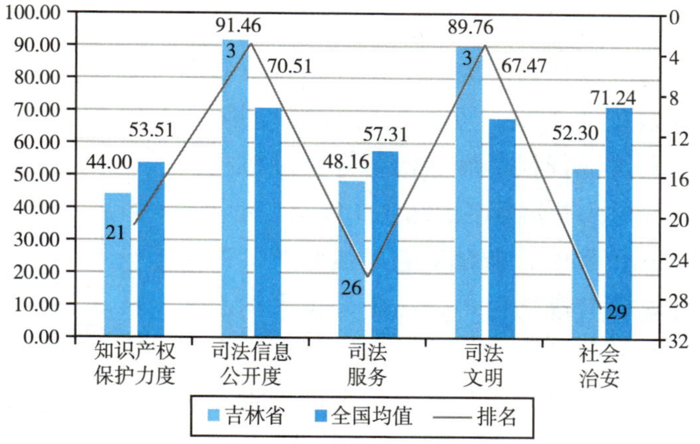

图6-160 吉林省法律环境指数分析

6.2.15.5 区域人才环境维度

从区域人才环境的总体表现来看，2022年吉林省人才环境指数为60.17，与全国平均水平62.63相比，吉林省人才环境指数处于全国平均水平之下，体现出吉林省人才环境发展水平较低，同时也体现出该地区人才吸引力较弱。从区域人才环境的具体内容来看，2022年吉林省高等院校在校生数、年末单位从业人数、人口净流入、平均工资水平和财政教育支出指标得分分别为78.31、66.57、65.06、44.86和46.05。其中，除高等院校在校生数指标得分高于全国平均水平外，其他指标得分均低于全国平均水平，如图6-161所示。

6.2.15.6 区域投资环境维度

从区域投资环境的总体表现来看，2022年吉林省投资环境指数为56.96，与全国平均水平58.99相比，吉林省投资环境指数处于全国平均水平之下，体现出该地区投资环境发展水平较低，同时也体现出该地区市场吸引力有待加强。从区域投资环境的具体内容来看，2022年吉林省居民消费率、企业机构数量、外资企业比、对外投资度和固定资产投资指标得分为75.94、48.26、46.49、43.16和70.94。其中，除居民消费率和固定资产投资指标外，其他指标得分均低于全国平均水平，如图6-162所示。

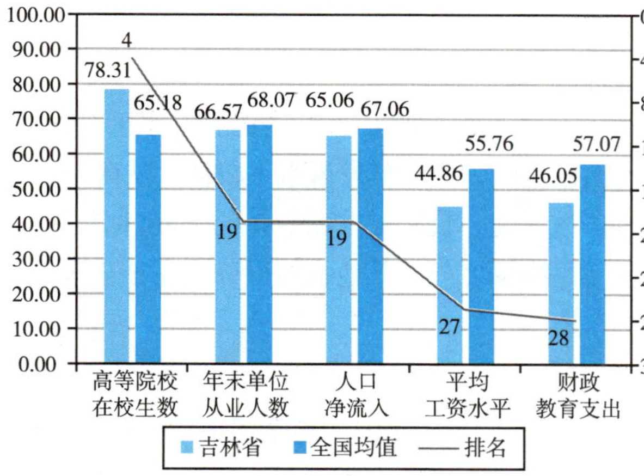

图6-161 吉林省人才环境指数分析

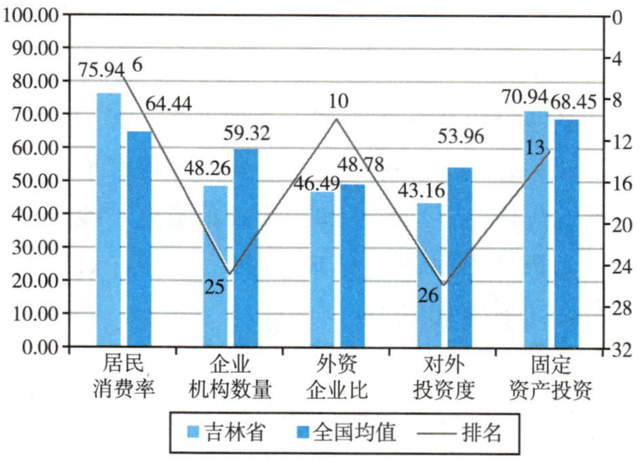

图6-162 吉林省投资环境指数分析

6.2.15.7 区域金融环境维度

从区域金融环境的总体表现来看，2022年吉林省金融环境指数为60.11，与全国平均水平62.47相比，吉林省金融环境指数处于全国平均水平之下，体现出该地区金融环境发展水平较低。从区域金融环境的具体内容来看，2022年吉林省金融从业人员、社会融资规模增量、金融机构贷款余额和银行等金融机构数量指标得分为63.82、72.01、46.34和58.26。其中，金融从业人员和社会融资规模增量指标得分高于全国平均水平，金融机构贷款余额和银行等金融机构数量指标得分均低于全国平均水平，如图6-163所示。

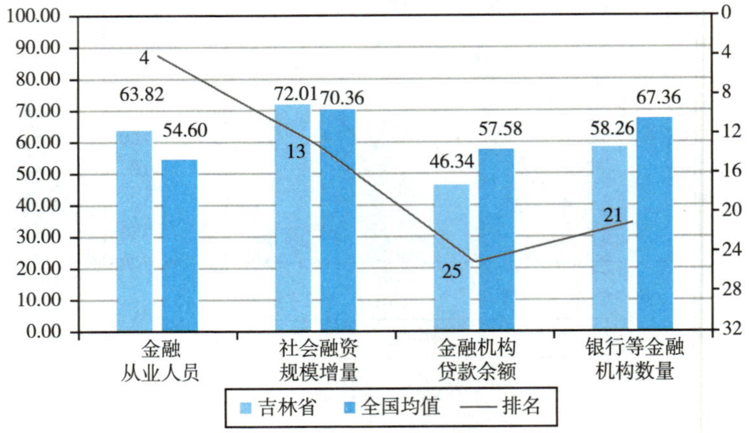

图6-163 吉林省金融环境指数分析

6.2.16 江苏省

6.2.16.1 江苏省营商环境综合指数

2022年江苏省整体营商环境综合指数为74.19，与全国平均水平65.51相比，江苏省营商环境综合指数处于全国平均水平之上，体现出江苏省的营商环境较好，如图6-164所示。

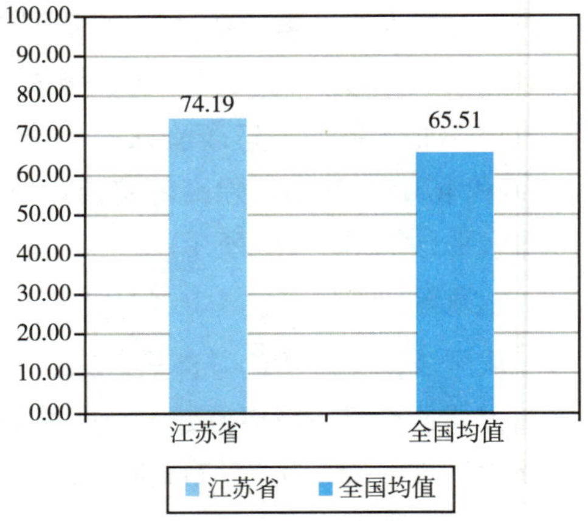

图6-164 江苏省营商环境综合指数分析

6.2.16.2 区域基础环境维度

从区域基础环境的总体表现来看，2022年江苏省基础环境指数为80.81，与全国平均水平64.23相比，江苏省基础环境指数处于全国平均水平之上，体现出江苏省基础环境发展水平较强。从区域基础环境的具体内容来看，2022年江苏省供气供水供电能力、医疗卫生基本供给、城市道路面积和区域货运能力指标得分分别为90.34、69.35、90.00和73.56。其中，供气供水供电能力、城市道路面积和区域货运能力指标得分高于全国平均水平，医疗卫生基本供给指标得分低于全国平均水平，如图6-165所示。

6.2.16.3 区域政务环境维度

从区域政务环境的总体表现来看，2022年江苏省政务环境指数为80.67，与全国平均水平79.81相比，江苏省政务环境指数处于全国平均水平之上，体现出该地区政务环境发展水平较高。从区域政务环境的具体内容来看，2022年江苏省电子政务水平、政府透明度、政府支出和企业税收负担指标得分分别为58.95、80.59、97.84和85.31。其中，除电子政务水平指标之外，其他指标得分均高于全国平均水平，如图6-166所示。

6.2.16.4 区域法律环境维度

从区域法律环境的总体表现来看，2022年江苏省法律环境指数为71.03，与全国平均水平64.01相比，江苏省法律环境指数处于全国平均水平之上，体现出江苏省法律环境发展水平较高，同时也体现出江苏省法治建设较为健全。从区域法律环境的具体内容来看，2022年江苏省知识产权保护力度、司法信息公开度、司法服务、司法文明和社会治安指标得分分别为51.76、84.99、73.61、70.73和74.06。其中，除知识产权保护力度指标外，其他指标得分均高于全国平均水平，如图6-167所示。

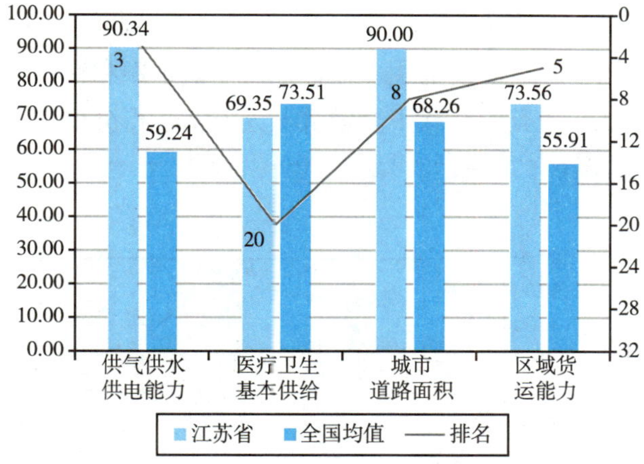

图6-165　江苏省基础环境指数分析

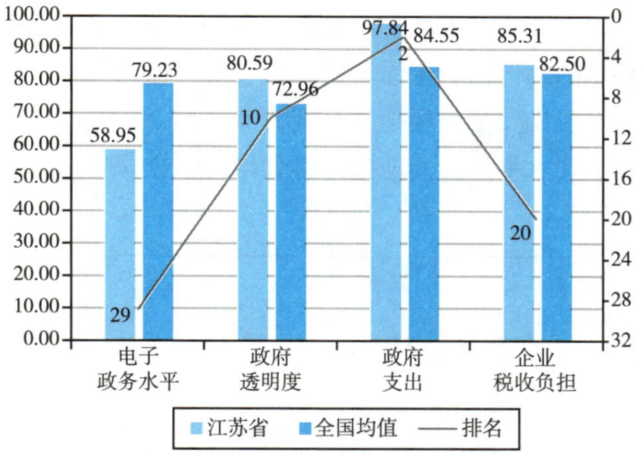

图6-166　江苏省政务环境指数分析

6.2.16.5　区域人才环境维度

从区域人才环境的总体表现来看，2022年江苏省人才环境指数为71.86，与全国平均水平62.63相比，江苏省人才环境指数处于全国平均水平之上，体现出江苏省人才环境发展水平较高，同时也体现出该地区人才吸引力强。从区域人才环境的具体内容来看，2022年江苏省高等院校在校生数、年末单位从业人数、人口净流入、平均工资水平和财政教育支出指标得分分别为65.61、89.78、78.83、63.98和61.12，所有指标得分均高于全国平均水平，如图6-168所示。

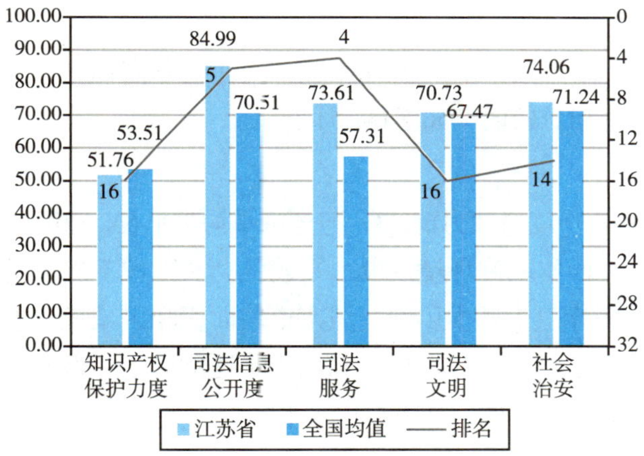

图6-167　江苏省法律环境指数分析

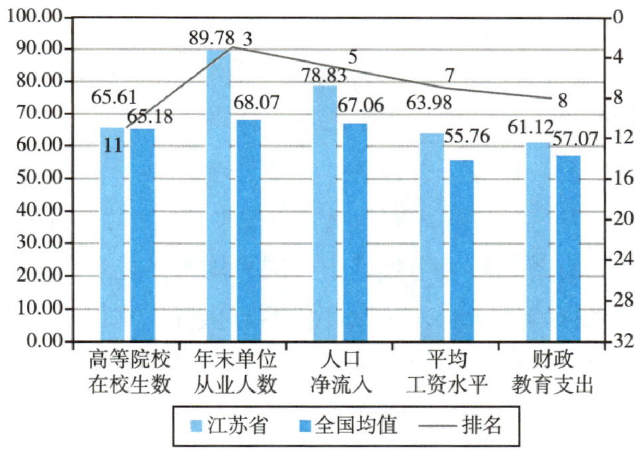

图6-168　江苏省人才环境指数分析

6.2.16.6　区域投资环境维度

从区域投资环境的总体表现来看，2022年江苏省投资环境指数为66.87，与全国平均水平58.99相比，江苏省投资环境指数处于全国平均水平之上，体现出该地区投资环境发展水平较高，市场吸引力较强。从区域投资环境的具体内容来看，2022年江苏省居民消费率、企业机构数量、外资企业比、对外投资度和固定资产投资指标得分分别为40.00、99.33、58.60、52.76和83.66。其中，居民消费率和对外投资度指标得分低于全国平均水平，企业机构数量、外资企业比和固定资产投资指标得分均高于全国平均水平，如图6-169所示。

6.2.16.7　区域金融环境维度

从区域金融环境的总体表现来看，2022年江苏省金融环境指数为74.85，与全国平均水平62.47相比，江苏省金融环境指数处于全国平均水平之上，体现出该地区金融环境发展水平较高。从区域金融环境的具体内容来看，2022年江苏省金融从业人员、社会融资规模增量、金融机构贷款余额和银行等金融机构数量指标得分分别为49.92、79.99、97.08和72.43。其中，除了金融从业人员指标得分低于全国平均水平外，其他指标得分均高于全国平均水平，如图6-170所示。

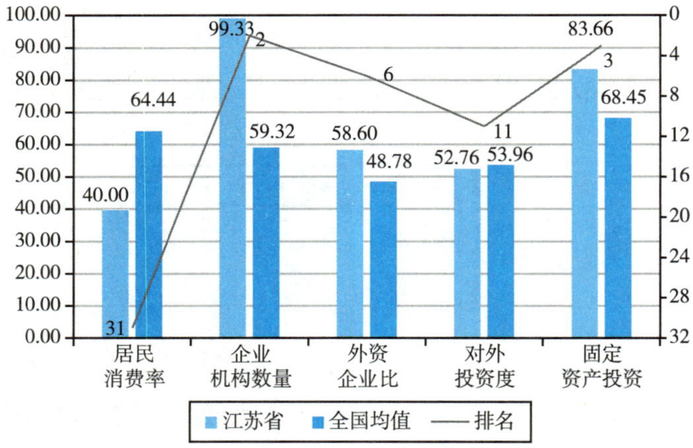

图6-169　江苏省投资环境指数分析

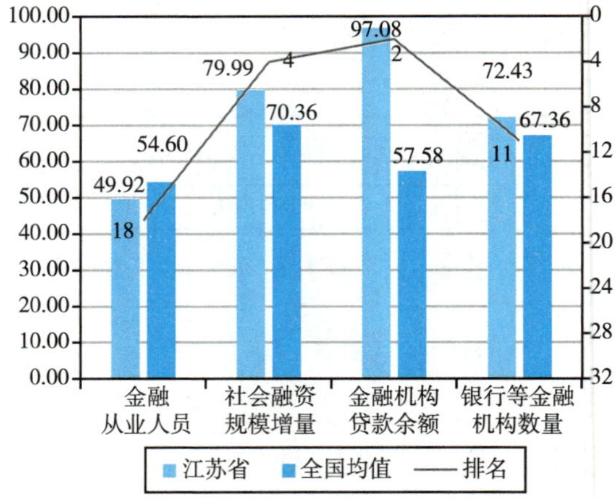

图6-170　江苏省金融环境指数分析

6.2.17　江西省

6.2.17.1　江西省营商环境综合指数

2022年江西省整体营商环境综合指数为63.99，与全国平均水平65.51相比，江西省营商环境综合指数处于全国平均水平之下，体现出江西省的营商环境相对较弱，如图6-171所示。

6.2.17.2　区域基础环境维度

从区域基础环境的总体表现来看，2022年江西省基础环境指数为66.33，与全国平均水平64.23相比，江西省基础环境指数处于全国平均水平之上，体现出江西省基础环境发展水平较强。从区域基础环境的具体内容来看，2022年江西省供气供水供电能力、医疗卫生基本供给、城市道路面积和区域货运能力指标得分分别为51.42、75.03、85.00和53.88。其中，供气供水供电能力和区域货运能力指标得分低于全国平均水平，医疗卫生基本供给和城市道路面积指标得分高于全国平均水平，如图6-172所示。

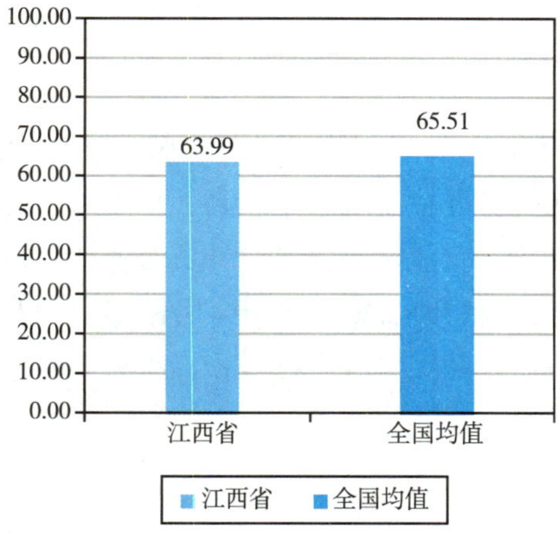

图6-171　江西省营商环境综合指数分析

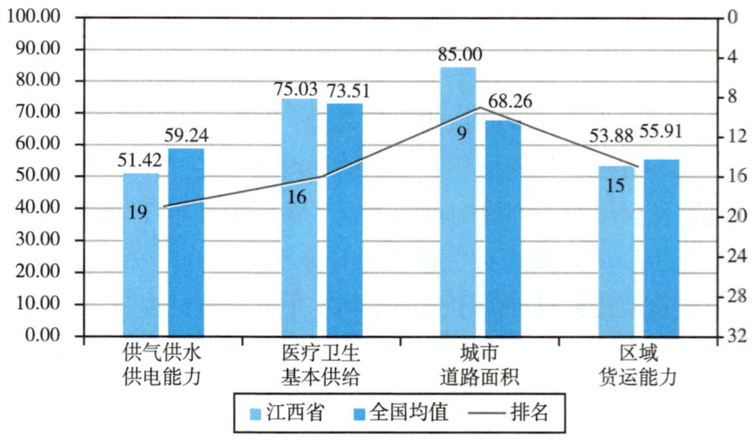

图6-172　江西省基础环境指数分析

6.2.17.3　区域政务环境维度

从区域政务环境的总体表现来看，2022年江西省政务环境指数为80.68，与全国平均水平79.81相比，政务环境江西省指数处于全国平均水平之上，体现出该地区政务环境发展水平较高。从区域政务环境的具体内容来看，2022年江西省电子政务水平、政府透明度、政府支出和企业税收负担指标得分分别为72.43、75.70、85.91和88.69。其中，除电子政务水平指标外，其他指标得分均高于全国平均水平，如图6–173所示。

6.2.17.4　区域法律环境维度

从区域法律环境的总体表现来看，2022年江西省法律环境指数为57.97，与全国平均水平64.01相比，江西省法律环境指数处于全国平均水平之下，体现出江西省法律环境发展水平较低，同时也体现出江西省法治建设不太健全。从区域法律环境的具体内容来看，2022年江西省知识产权保护力度、司法信息公开度、司法服务、司法文明和社会治安指标得分分别为47.08、69.17、48.40、51.71和73.49。其中，除社会治安指标外，其他指标得分均低于全国平均水平，如图6–174所示。

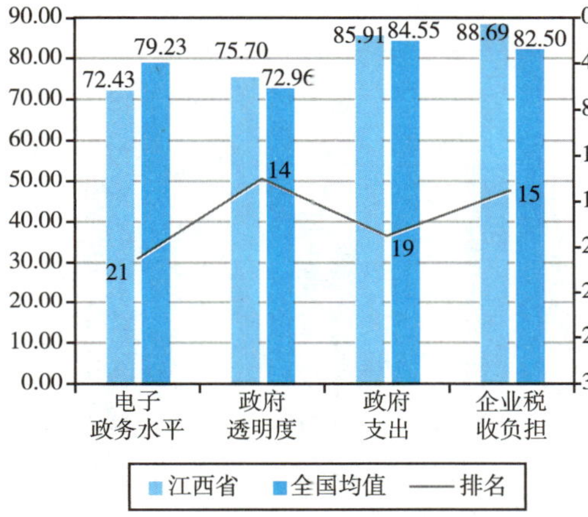

图6–173　江西省政务环境指数分析

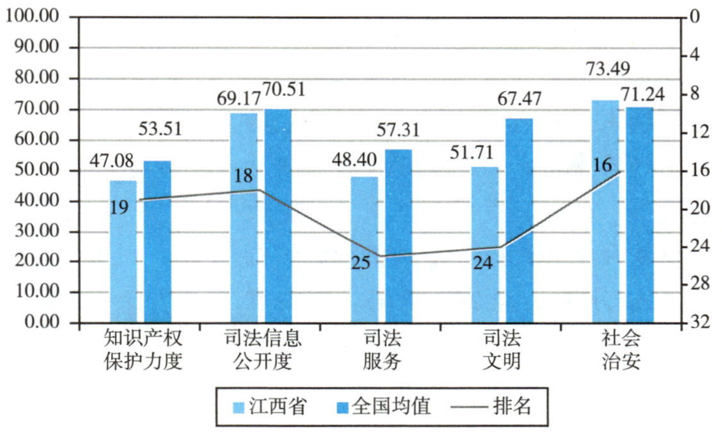

图6–174　江西省法律环境指数分析

6.2.17.5　区域人才环境维度

从区域人才环境的总体表现来看，2022年江西省人才环境指数为57.81，与全国平均水平62.63相比，江西省人才环境指数处于全国平均水平之下，体现出江西省人才环境发展水平较低，人才吸引力较弱。从区域人才环境的具体内容来看，2022年江西省高等院校在校生数、年末单位从业人数、人口净流入、平均工资水平和财政教育支出指标得分分别为70.49、57.79、58.24、45.30和57.23。其中，除高等院校在校生数和财政教育支出指标得分高于全国平均水平外，其他指标得分均低于全国平均水平，如图6–175所示。

6.2.17.6　区域投资环境维度

从区域投资环境的总体表现来看，2022年江西省投资环境指数为60.28，高于全国平均水平58.99，体现出该地区投资环境发展水平较高。从区域投资环境的具体内容来看，2022年江西省居民消费率、企业机构数量、外资企业比、对外投资度和固定资产投资指标得分分别为63.17、69.06、41.89、45.55和81.71。其中，居民消费率、外资企业比和对外投资度指标得分低于全国平均水平，企业机构数量和固定资产投资指标得分高于全国平均水平，如图6–176所示。

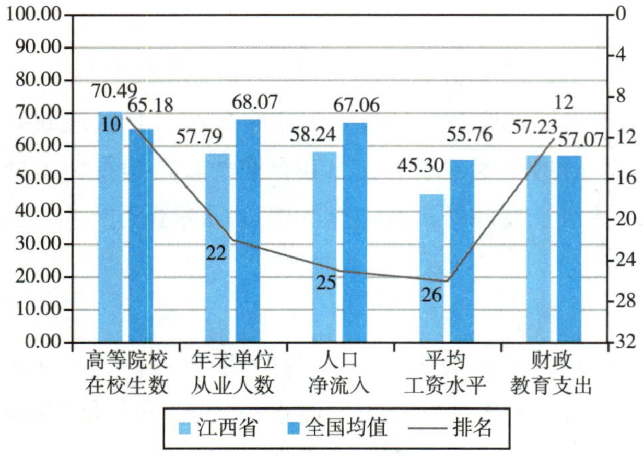

图6-175 江西省人才环境指数分析

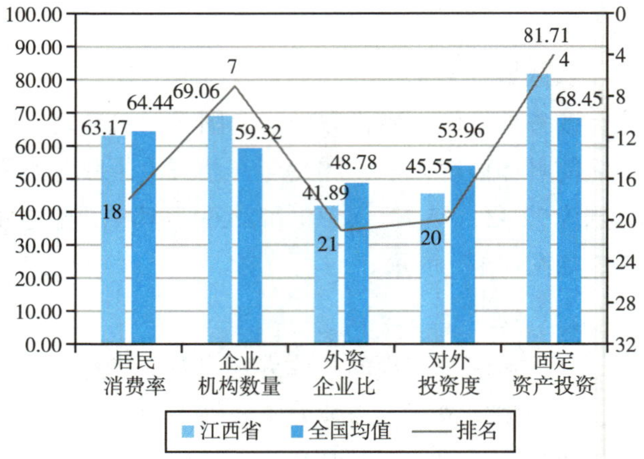

图6-176 江西省投资环境指数分析

6.2.17.7 区域金融环境维度

从区域金融环境的总体表现来看，2022年江西省金融环境指数为60.13，与全国平均水平62.47相比，江西省金融环境指数处于全国平均水平之下，体现出该地区金融环境发展水平较低。从区域金融环境的具体内容来看，2022年江西省金融从业人员、社会融资规模增量、金融机构贷款余额和银行等金融机构数量指标得分分别为44.27、78.05、53.68和64.50。其中，除了社会融资规模增量指标得分高于全国平均水平外，其他指标得分均低于全国平均水平，如图6-177所示。

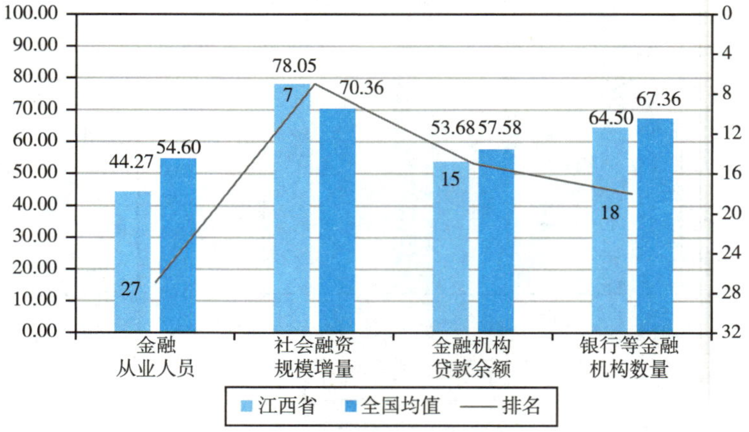

图6-177 江西省金融环境指数分析

6.2.18 辽宁省

6.2.18.1 辽宁省营商环境综合指数

2022年辽宁省整体营商环境综合指数为60.56，与全国平均水平65.51相比，辽宁省营商环境综合指数处于全国平均水平之下，体现出辽宁省的营商环境相对较弱，如图6-178所示。

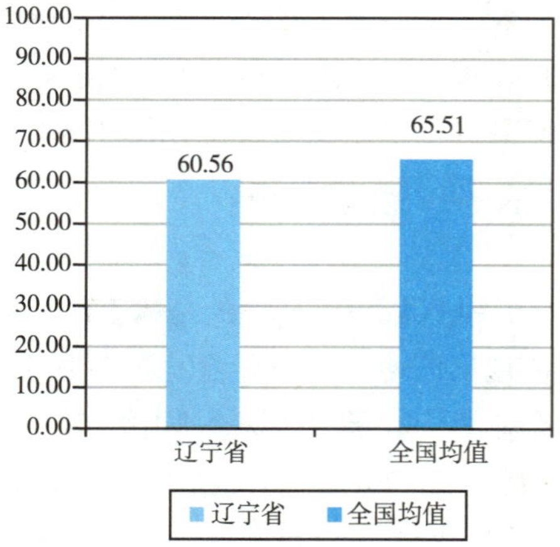

图6-178 辽宁省营商环境综合指数分析

6.2.18.2 区域基础环境维度

从区域基础环境的总体表现来看，2022年辽宁省基础环境指数为64.85，与全国平均水平64.23相比，辽宁省基础环境指数处于全国平均水平之上，体现出辽宁省基础环境发展水平较强。从区域基础环境的具体内容来看，2022年辽宁省供气供水供电能力、医疗卫生基本供给、城市道路面积和区域货运能力指标得分分别为66.60、89.14、49.34和54.33。其中，供气供水供电能力和医疗卫生基本供给指标得分高于全国平均水平，其他指标得分均低于全国平均水平，如图6–179所示。

6.2.18.3　区域政务环境维度

从区域政务环境的总体表现来看，2022年辽宁省政务环境指数为80.42，与全国平均水平79.81相比，辽宁省政务环境指数处于全国平均水平之上，体现出该地区政务环境发展水平较高。从区域政务环境的具体内容来看，2022年辽宁省电子政务水平、政府透明度、政府支出和企业税收负担指标得分分别为80.82、68.66、87.73和84.49。其中，除政府透明度指标外，其他指标得分均高于全国平均水平，如图6–180所示。

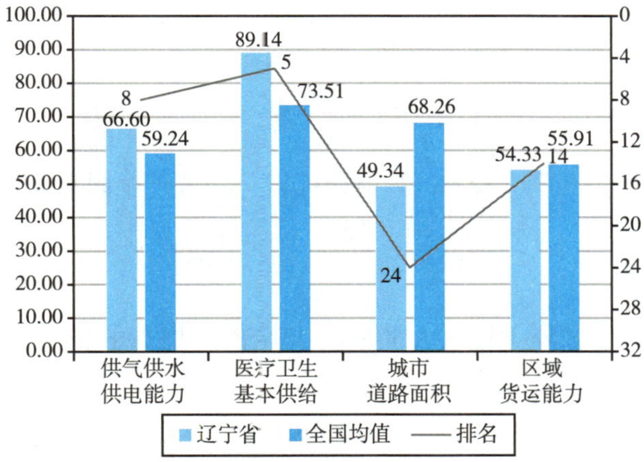

图6–179　辽宁省基础环境指数分析

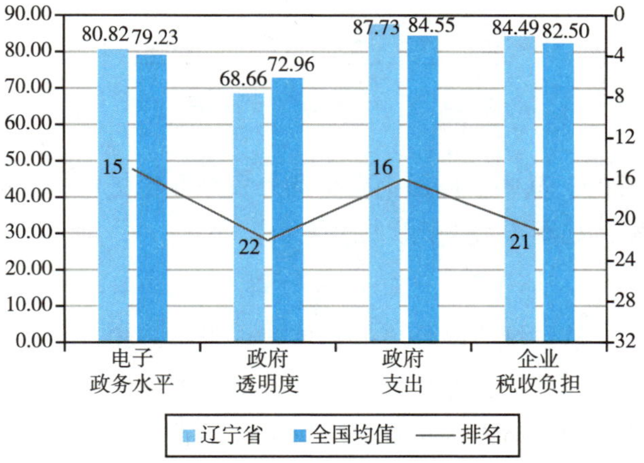

图6–180　辽宁省政务环境指数分析

6.2.18.4　区域法律环境维度

从区域法律环境的总体表现来看，2022年辽宁省法律环境指数为49.26，与全国平均水平64.01相比，辽宁省法律环境指数远低于全国平均水平，体现出辽宁省法律环境发展水平较低，法治建设不够健全。从区域法律环境的具体内容来看，2022年辽宁省知识产权保护力度、司法信息公开度、司法服务、司法文明和社会治安指标得分分别为54.47、50.34、57.08、44.39和40.00。其中，除知识产权保护力度指标得分略高于全国平均水平，其他指标得分均低于全国平均水平，如图6–181所示。

6.2.18.5　区域人才环境维度

从区域人才环境的总体表现来看，2022年辽宁省人才环境指数为58.91，与全国平均水平62.63相比，辽宁省人才环境指数处于全国平均水平之下，体现出辽宁省人才环境发展水平较低，该地区人才吸引力较弱。从区域人才环境的具体内容来看，2022年辽宁省高等院校在校生数、年末单位从业人数、人口净流入、平均工资水平和财政教育支出指标得分分别为71.48、66.91、69.52、46.66和40.00。其中，高等院校在校生数和人口净流入指标得分略高于全国平均水平，其他指标得分低于全国平均水平，如图6–182所示。

6.2.18.6　区域投资环境维度

从区域投资环境的总体表现来看，2022年辽宁省投资环境指数为56.65，与全国平均水平58.99相比，辽宁省投资环境指数处于全国平均水平之下，体现出该地区投资环境发展水平较低，同时也体现出该地区市场吸引力有待加强。从区域投资环境的具体内容来看，2022年辽宁省居民消费率、企业机构数量、外资企业比、对外投资度和固定资产投资指标得分分别为79.69、54.58、58.70、50.30和

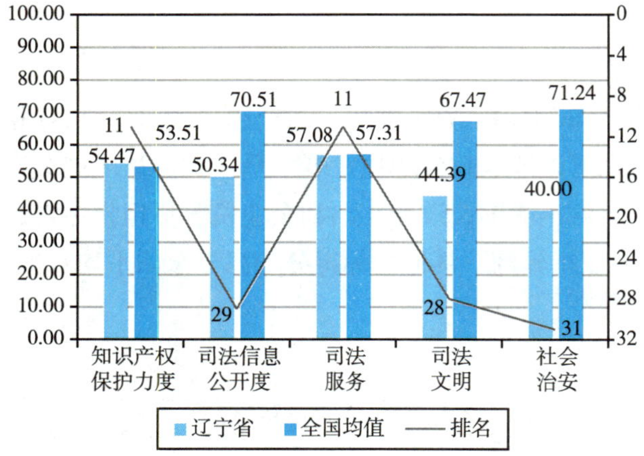

图6-181 辽宁省法律环境指数分析

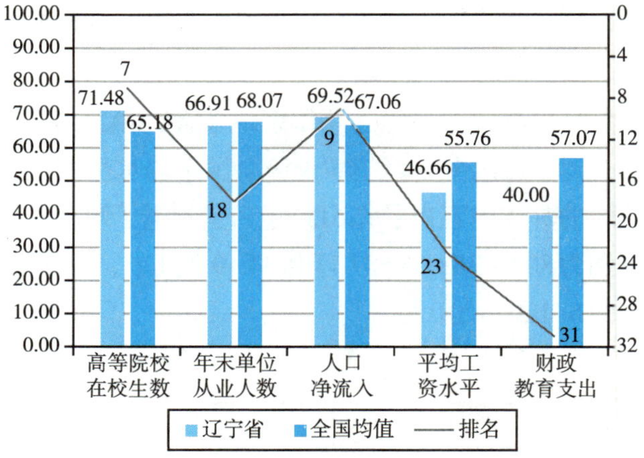

图6-182 辽宁省人才环境指数分析

40.00。其中，居民消费率和外资企业比指标得分高于全国平均水平，其他指标得分均低于全国平均水平，如图6-183所示。

6.2.18.7 区域金融环境维度

从区域金融环境的总体表现来看，2022年辽宁省金融环境指数为50.90，与全国平均水平62.47相比，辽宁省金融环境指数处于全国平均水平之下，体现出该地区金融环境发展水平较低。从区域金融环境的具体内容来看，2022年辽宁省金融从业人员、社会融资规模增量、金融机构贷款余额和银行等金融机构数量指标得分分别为55.06、40.00、55.62和52.91。其中，除金融从业人员指标外，其他指标得分均低于全国平均水平，如图6-184所示。

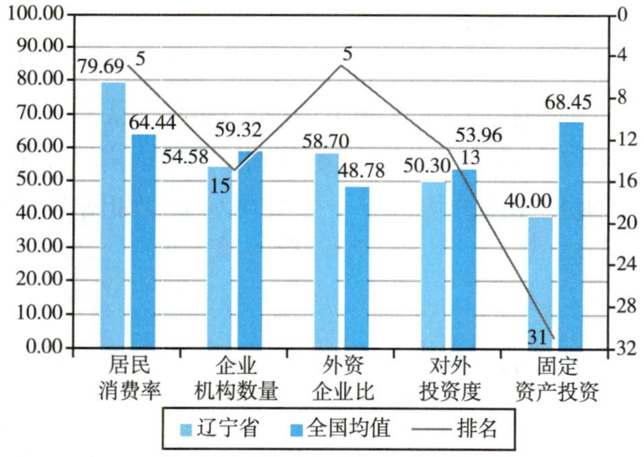

图6-183 辽宁省投资环境指数分析

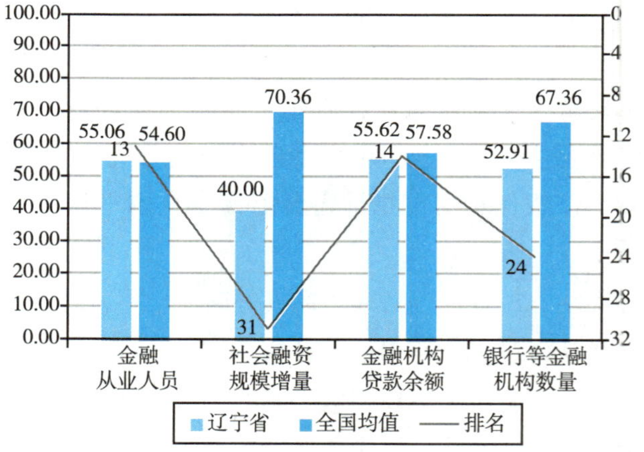

图6-184 辽宁省金融环境指数分析

6.2.19 内蒙古自治区

6.2.19.1 内蒙古自治区营商环境综合指数

2022年内蒙古自治区整体营商环境综合指数为57.44，与全国平均水平65.51相比，内蒙古自治区营商环境综合指数处于全国平均水平之下，体现出内蒙古自治区的营商环境相对较弱，如图6-185所示。

6.2.19.2 区域基础环境维度

从区域基础环境的总体表现来看，2022年内蒙古自治区基础环境指数51.81，与全国平均水平64.23相比，内蒙古自治区基础环境指数处于全国平均水平之下，体现出内蒙古自治区基础环境发展水平较低。从区域基础环境的具体内容来看，2022年内蒙古自治区供气供水供电能力、医疗卫生基本供给、城市道路面积和区域货运能力指标得分分别为42.24、77.30、45.59和42.09。其中，除医疗卫生基本供给指标外，其他各项指标得分均低于全国平均水平，如图6-186所示。

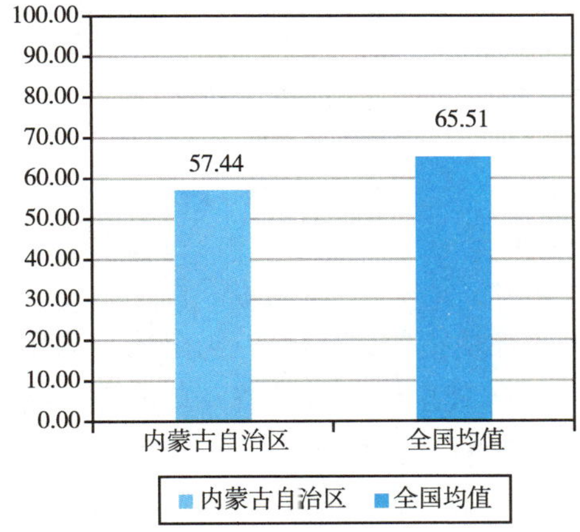

图6-185 内蒙古自治区营商环境综合指数分析

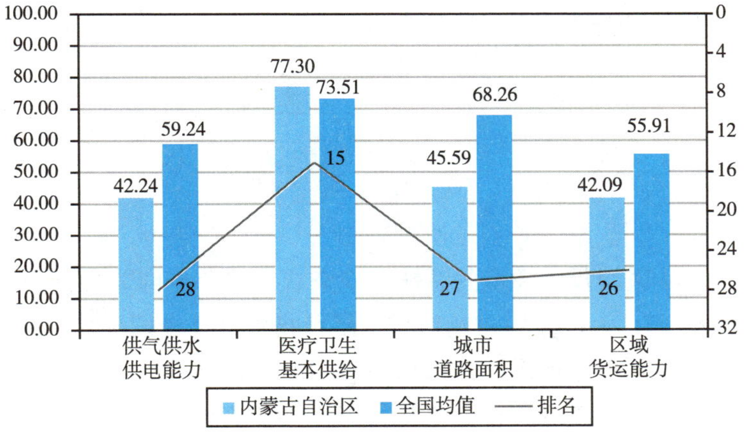

图6-186 内蒙古自治区基础环境指数分析

6.2.19.3 区域政务环境维度

从区域政务环境的总体表现来看，2022年内蒙古自治区政务环境指数为73.56，与全国平均水平79.81相比，内蒙古自治区政务环境指数处于全国平均水平之下，体现出该地区政务环境发展水平有待提升。从区域政务环境的具体内容来看，2022年内蒙古自治区电子政务水平、政府透明度、政府支出和企业税收负担指标得分分别为64.20、69.36、82.85和77.83，各项指标得分均低于全国平均水平，如图6-187所示。

6.2.19.4 区域法律环境维度

从区域法律环境的总体表现来看，2022年内蒙古自治区法律环境指数为56.18，与全国平均水平64.01相比，内蒙古自治区法律环境指数处于全国平均水平之下，体现出内蒙古自治区法律环境发展水平较低，同时也体现出内蒙古自治区法治建设不太健全。从区域法律环境的具体内容来看，2022年内蒙古自治区知识产权保护力度、司法信息公开度、司法服务、司法文明和社会治安指标得分分别为40.64、64.20、51.60、40.00和84.45。其中，除社会治安指标外，其他各项指标得分均低于全国平均水平，如图6-188所示。

6.2.19.5 区域人才环境维度

从区域人才环境的总体表现来看，2022年内蒙古自治区人才环境指数为58.35，与全国平均水平62.63相比，内蒙古自治区人才环境指数处于全国平均水平之下，体现出内蒙古自治区人才环境发展水平较低，同时也体现出该地区人才吸引力有待提升。从区域人才环境的具体内容来看，2022年内蒙古自治区高等院校在校生数、年末单位从业人数、人口净流入、平均工资水平和财政教育支出指标得分分别为56.65、62.52、67.53、49.26和55.77。其中，除人口净流入指标得分略高于全国平均水平外，其他指标得分均低于全国平均水平，如图6-189所示。

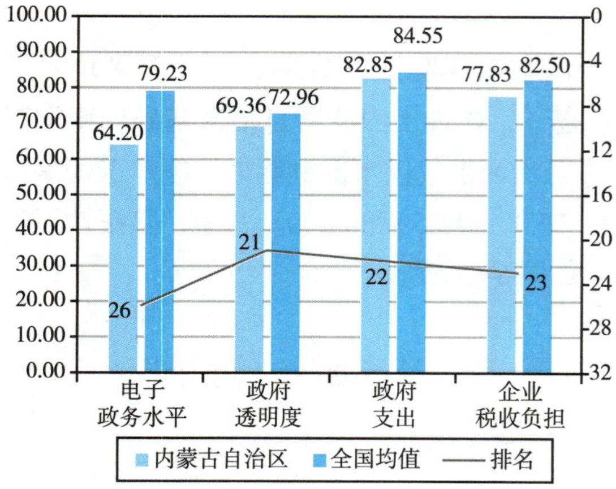

图6-187　内蒙古自治区政务环境指数分析

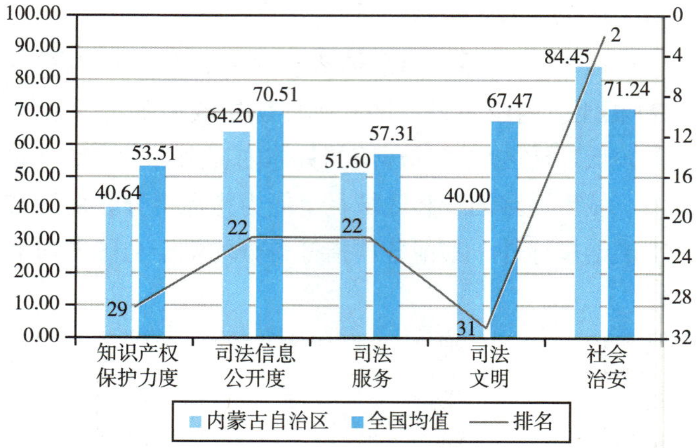

图6-188　内蒙古自治区法律环境指数分析

6.2.19.6　区域投资环境维度

从区域投资环境的总体表现来看，2022年内蒙古自治区投资环境指数为50.23，与全国平均水平58.99相比，内蒙古自治区投资环境指数处于全国平均水平之下，体现出该地区投资环境发展水平较低，同时也体现出该地区市场吸引力有待加强。从区域投资环境的具体内容来看，2022年内蒙古自治区居民消费率、企业机构数量、外资企业比、对外投资度和固定资产投资指标得分分别为50.36、48.38、41.43、46.97和64.02，各项指标得分均低于全国平均水平，如图6-190所示。

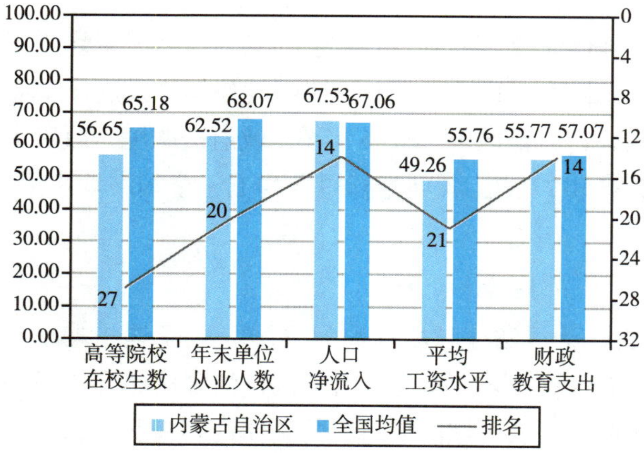

图6-189　内蒙古自治区人才环境指数分析

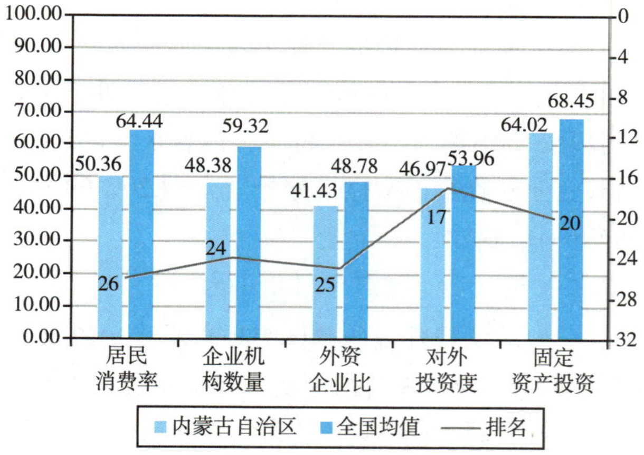

图6-190　内蒙古自治区投资环境指数分析

6.2.19.7　区域金融环境维度

从区域金融环境的总体表现来看，2022年内蒙古自治区金融环境指数为52.18，与全国平均水平62.47相比，内蒙古自治区金融环境指数处于全国平均水平之下，体现出该地区金融环境发展水平较低。从区域金融环境的具体内容来看，2022年内蒙古自治区金融从业人员、社会融资规模增量、金融机构贷款余额和银行等金融机构数量指标得分分别为59.92、58.09、46.47和44.24。其中，除了金融从业人员指标外，其他指标得分均低于全国平均水平，如图6-191所示。

6.2.20　宁夏回族自治区

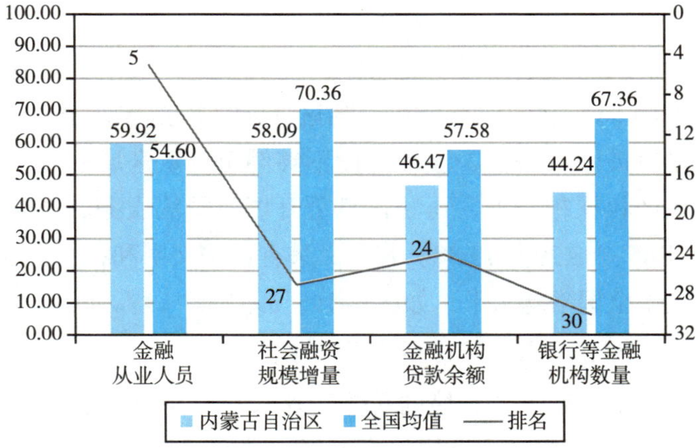

图6-191　内蒙古自治区金融环境指数分析

6.2.20.1　宁夏回族自治区营商环境综合指数

2022年宁夏回族自治区整体营商环境综合指数为61.11，与全国平均水平65.51相比，宁夏回族自治区营商环境综合指数处于全国平均水平之下，体现出宁夏回族自治区的营商环境相对较弱，如图6-192所示。

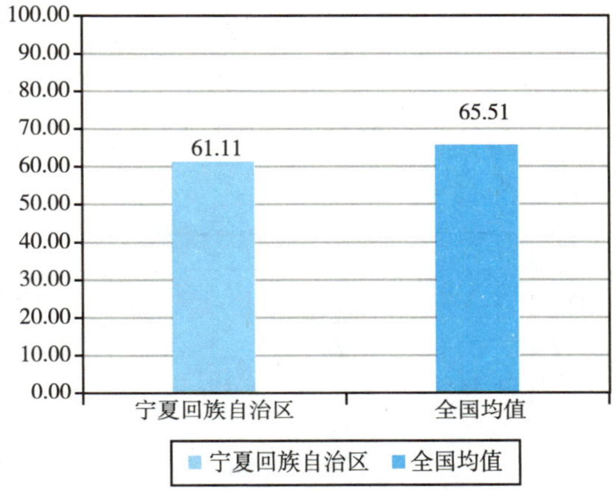

图6-192　宁夏回族自治区营商环境综合指数分析

6.2.20.2　区域基础环境维度

从区域基础环境的总体表现来看，2022年宁夏回族自治区基础环境指数为62.74，与全国平均水平64.23相比，宁夏回族自治区基础环境指数处于全国平均水平之下，体现出宁夏回族自治区基础环境发展水平较弱。从区域基础环境的具体内容来看，2022年宁夏回族自治区供气供水供电能力、医疗卫生基本供给、城市道路面积和区域货运能力指标得分分别为54.28、56.86、91.60和48.23。其中，只有城市道路面积指标得分高于全国平均水平，其他指标得分均低于全国平均水平，如图6-193所示。

6.2.20.3　区域政务环境维度

从区域政务环境的总体表现来看，2022年宁夏回族自治区政务环境指数为72.92，与全国平均水平79.81相比，宁夏回族自治区政务环境指数处于全国平均水平之下，体现出该地区政务环境发展水平较低。从区域政务环境的具体内容来看，2022年宁夏回族自治区电子政务水平、政府透明度、政府支出和企业税收负担指标得分分别为55.67、63.62、79.83和92.56。其中，除了企业税收负担指标得分外，其他指标得分均低于全国平均水平，如图6-194所示。

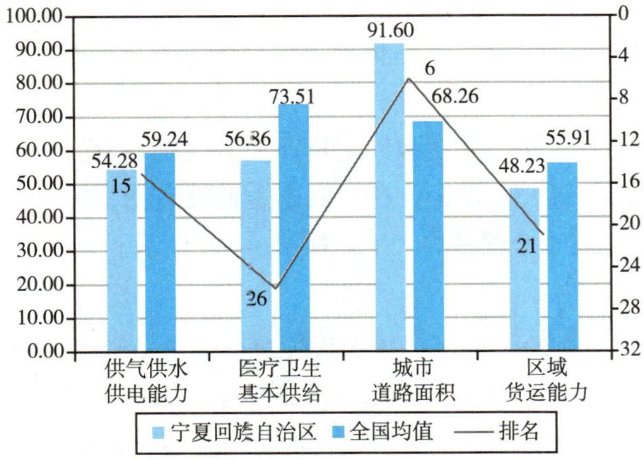

图6-193　宁夏回族自治区基础环境指数分析

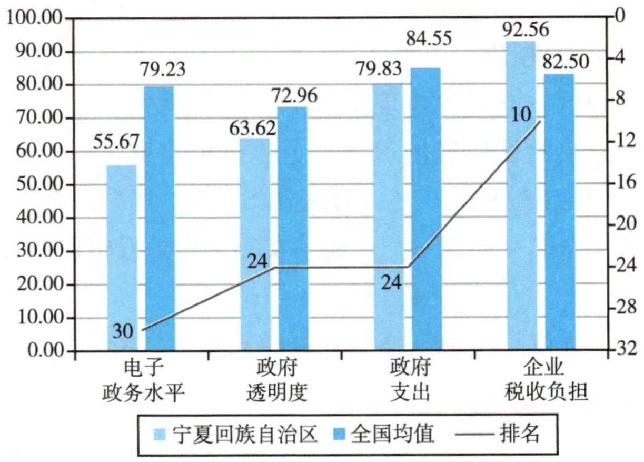

图6-194　宁夏回族自治区政务环境指数分析

6.2.20.4 区域法律环境维度

从区域法律环境的总体表现来看，2022年宁夏回族自治区法律环境指数为60.72，与全国平均水平64.01相比，宁夏回族自治区法律环境指数处于全国平均水平之下，体现出宁夏回族自治区法律环境发展水平较低，法治建设不够健全。从区域法律环境的具体内容来看，2022年宁夏回族自治区知识产权保护力度、司法信息公开度、司法服务、司法文明和社会治安指标得分分别为42.25、57.53、41.65、88.29和73.88。其中，只有司法文明和社会治安指标得分高于全国平均水平，其他指标得分均低于全国平均水平，如图6–195所示。

6.2.20.5 区域人才环境维度

从区域人才环境的总体表现来看，2022年宁夏回族自治区人才环境指数为58.27，与全国平均水平62.63相比，宁夏回族自治区人才环境指数处于全国平均水平之下，体现出宁夏回族自治区人才环境发展水平较低，同时也体现出该地区人才吸引力有待提升。从区域人才环境的具体内容来看，2022年宁夏回族自治区高等院校在校生数、年末单位从业人数、人口净流入、平均工资水平和财政教育支出指标得分分别为58.76、49.10、68.27、58.10和57.13。其中，人口净流入、平均工资水平和财政教育支出指标得分略高于全国平均水平，其他指标得分均低于全国平均水平，如图6–196所示。

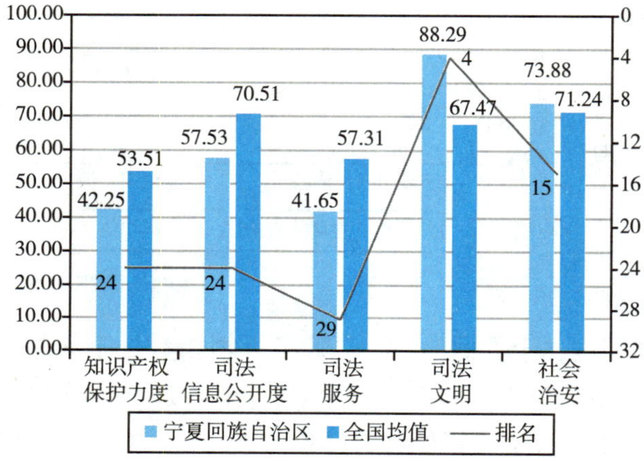

图6–195 宁夏回族自治区法律环境指数分析

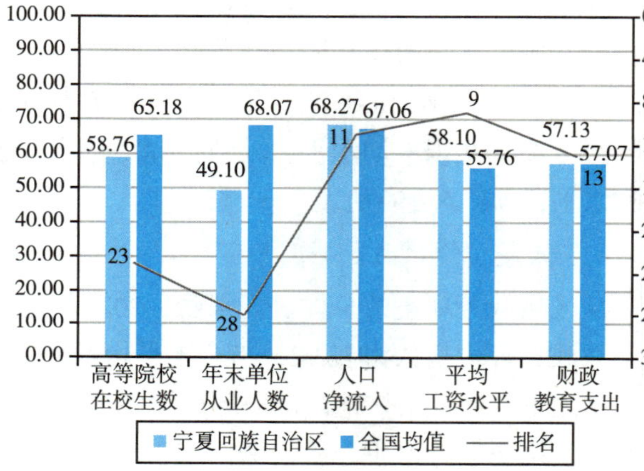

图6–196 宁夏回族自治区人才环境指数分析

6.2.20.6 区域投资环境维度

从区域投资环境的总体表现来看，2022年宁夏回族自治区投资环境指数为55.22，与全国平均水平58.99相比，宁夏回族自治区投资环境指数处于全国平均水平之下，体现出该地区投资环境发展水平较低，同时也体现出该地区市场吸引力有待加强。从区域投资环境的具体内容来看，2022年宁夏回族自治区居民消费率、企业机构数量、外资企业比、对外投资度和固定资产投资指标得分分别为66.26、53.59、40.75、57.83和57.67。其中，企业机构数量、外资企业比、固定资产投资指标得分均低于全国平均水平，居民消费率和对外投资度指标得分高于全国平均水平，如图6–197所示。

6.2.20.7 区域金融环境维度

从区域金融环境的总体表现来看，2022年宁夏回族自治区金融环境指数为55.97，与全国平均水平62.47相比，宁夏回族自治区金融环境指数处于全国平均水平之下，体现出该地区金融环境发展水平较低。从区域金融环境的具体内容来看，2022年宁夏回族自治区金融从业人员、社会融资规模增量、金融机构贷款余额和银行等金融机构数量指标得分分为50.99、54.86、41.08和76.93。其中，银行等金融机构数量指标得分高于全国平均水平，金融从业人员、社会融资规模增量和金融机构贷款余额指标得分均低于全国平均水平，如图6–198所示。

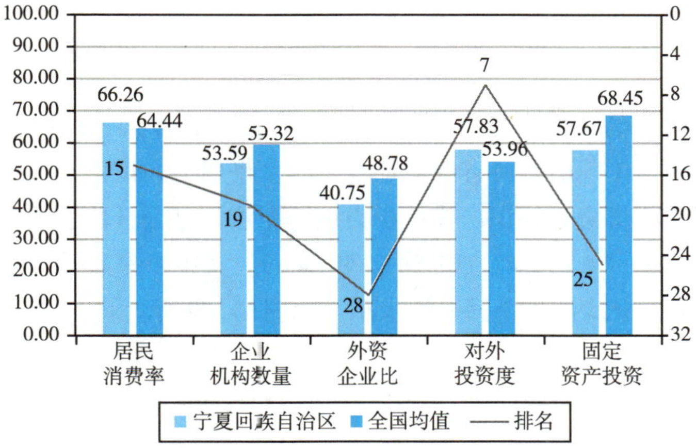

图6–197　宁夏回族自治区投资环境指数分析

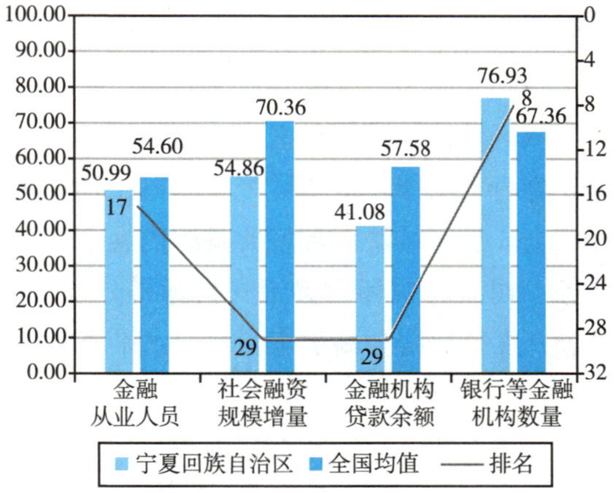

图6–198　宁夏回族自治区金融环境指数分析

6.2.21　青海省

6.2.21.1　青海省营商环境综合指数

2022年青海省整体营商环境综合指数为55.87，与全国平均水平65.51相比，青海省营商环境综合指数处于全国平均水平之下，体现出青海省的营商环境相对较弱，如图6–199所示。

6.2.21.2　区域基础环境维度

从区域基础环境的总体表现来看，2022年青海省基础环境指数为51.98，与全国平均水平64.23相比，青海省基础环境指数处于全国平均水平之下，体现出青海省基础环境发展水平较弱。从区域基础环境的具体内容来看，2022年青海省供气供水供电能力、医疗卫生基本供给、城市道路面积和区域货运能力指标得分分别为40.64、79.89、47.16和40.24。其中，除医疗卫生基本供给指标得分高于全国平均水平之外，其他指标得分均低于全国平均水平，如图6–200所示。

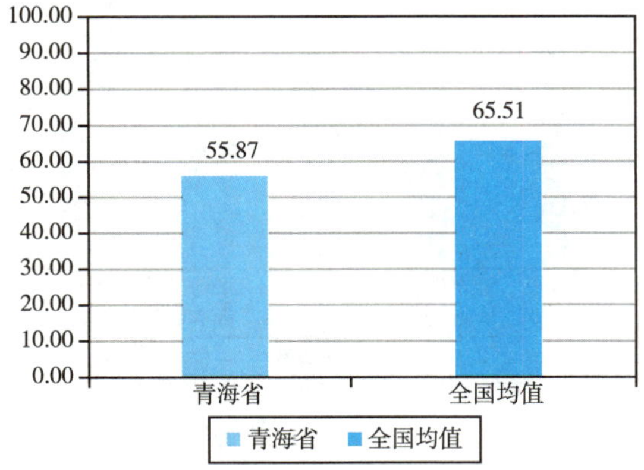

图6–199　青海省营商环境综合指数分析

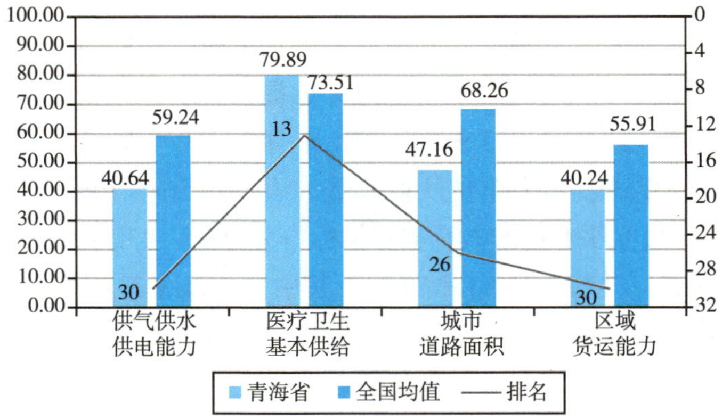

图6–200　青海省基础环境指数分析

6.2.21.3　区域政务环境维度

从区域政务环境的总体表现来看，2022年青海省政务环境指数为63.78，与全国平均水平79.81相比，青海省政务环境指数处于全国平均水平之下，体现出该地区政务环境发展水平较低。从区域政务环境的具体内容来看，2022年青海省电子政务水平、政府透明度、政府支出和企业税收负担指标得分分别为61.74、51.54、53.09和88.77。其中，企业税收负担指标得分高于全国平均水平，电子政务水平、政府透明度和政府支出指标得分均低于全国平均水平，如图6–201所示。

6.2.21.4 区域法律环境维度

从区域法律环境的总体表现来看，2022年青海省法律环境指数为56.12，与全国平均水平64.01相比，青海省法律环境指数处于全国平均水平之下，体现出青海省法律环境发展水平较低，法治建设不够健全。从区域法律环境的具体内容来看，2022年青海省知识产权保护力度、司法信息公开度、司法服务、司法文明和社会治安指标得分分别为41.68、74.18、41.05、59.02和64.69。其中，只有司法信息公开度指标得分高于全国平均水平，其他指标得分均低于全国平均水平，如图6–202所示。

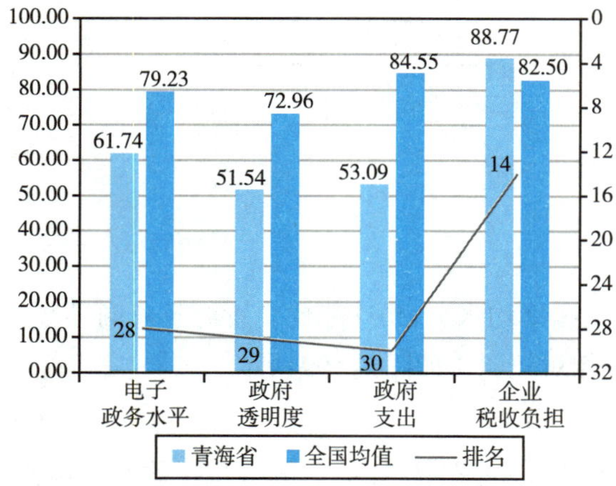

图6–201 青海省政务环境指数分析

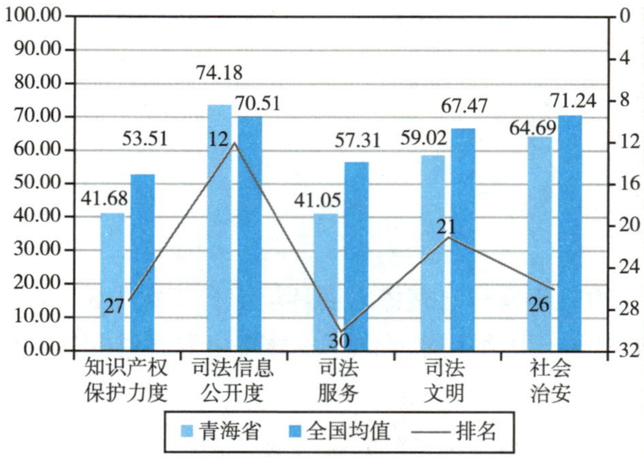

图6–202 青海省法律环境指数分析

6.2.21.5 区域人才环境维度

从区域人才环境的总体表现来看，2022年青海省人才环境指数为57.76，与全国平均水平62.63相比，青海省人才环境指数处于全国平均水平之下，体现出青海省人才环境发展水平较低，同时也体现出该地区人才吸引力有待提升。从区域人才环境的具体内容来看，2022年青海省高等院校在校生数、年末单位从业人数、人口净流入、平均工资水平和财政教育支出指标得分分别为43.33、45.06、67.67、60.53和72.22。其中，人口净流入、平均工资水平和财政教育支出指标得分高于全国平均水平，其他指标得分低于全国平均水平，如图6–203所示。

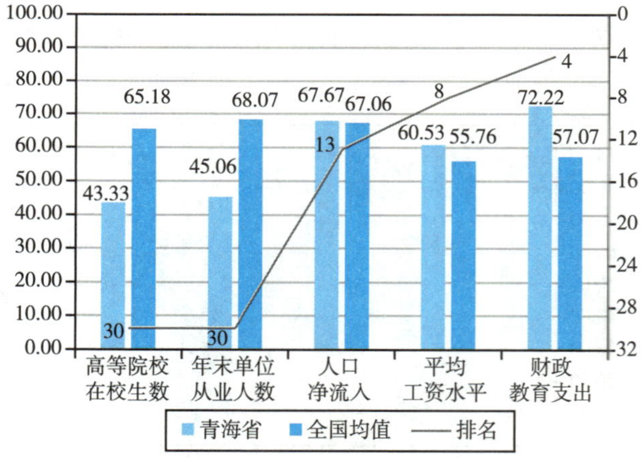

图6–203 青海省人才环境指数分析

6.2.21.6 区域投资环境维度

从区域投资环境的总体表现来看，2022年青海省投资环境指数为55.22，与全国平均水平58.99相比，青海省投资环境指数处于全国平均水平之下，体现出该地区投资环境发展水平较低，同时也体现出该地区市场吸引力有待加强。从区域投资环境的具体内容来看，2022年青海省居民消费率、企业机构数量、外资企业比、对外投资度和固定资产投资指标得分分别为71.22、45.41、41.69、42.55和75.23。其中，居民消费率和固定资产投资指标得分高于全国平均水平，其他指标得分均低于全国平均水平，如图6-204所示。

6.2.21.7 区域金融环境维度

从区域金融环境的总体表现来看，2022年青海省金融环境指数为47.89，与全国平均水平62.47相比，青海省金融环境指数处于全国平均水平之下，体现出该地区金融环境发展水平较低。从区域金融环境的具体内容来看，2022年青海省金融从业人员、社会融资规模增量、金融机构贷款余额和银行等金融机构数量指标得分分别为48.30、54.18、40.56和48.54，所有指标得分均低于全国平均水平，如图6-205所示。

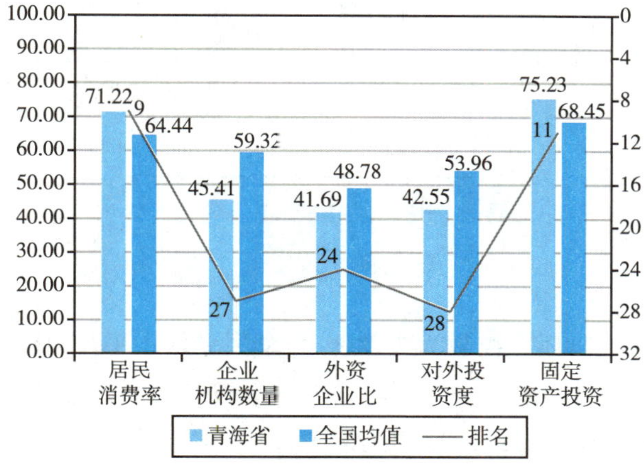

图6-204 青海省投资环境指数分析

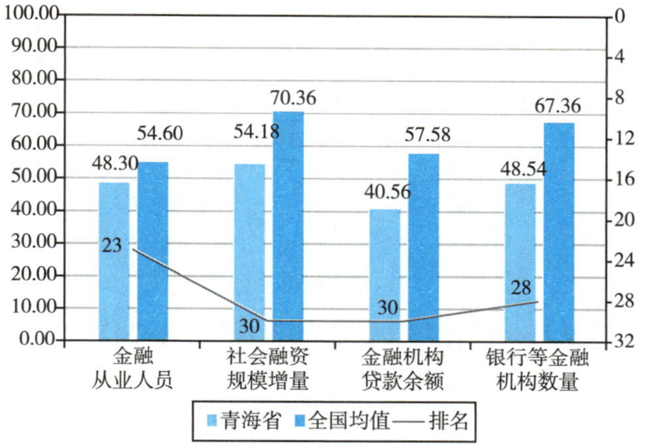

图6-205 青海省金融环境指数分析

6.2.22 山东省

6.2.22.1 山东省营商环境综合指数

2022年山东省整体营商环境综合指数为70.47，与全国平均水平65.51相比，山东省营商环境综合指数处于全国平均水平之上，体现出山东省较好的营商环境，如图6-206所示。

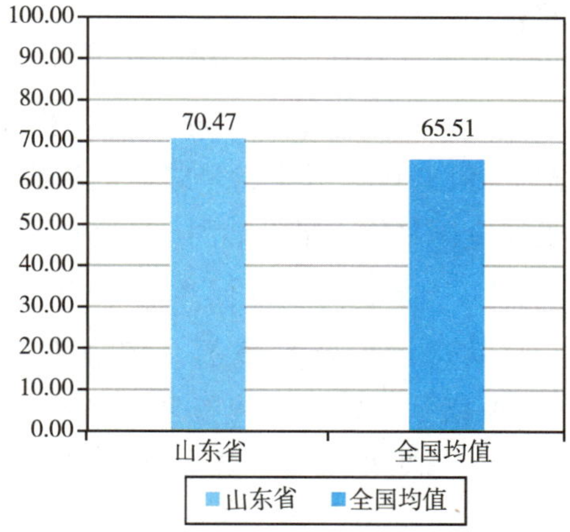

图6-206 山东省营商环境综合指数分析

6.2.22.2 区域基础环境维度

从区域基础环境的总体表现来看，2022年山东省基础环境指数为70.38，与全国平均水平64.23相比，山东省基础环境指数处于全国平均水平之上，体现出山东省基础环境发展水平较强。从区域基础环境的具体内容来看，2022年山东省供气供水供电能力、医疗卫生基本供给、城市道路面积和区域货运能力指标得分分别为70.42、72.27、72.78和66.03。其中，除医疗卫生基本供给指标外，其他指标得分均高于全国平均水平，如图6-207所示。

6.2.22.3 区域政务环境维度

从区域政务环境的总体表现来看，2022年山东省政务环境指数为85.61，与全国平均水平79.81相比，政务环境山东省指数处于全国平均水平之上，体现出该地区政务环境发展水平较高。从区域政务环境的具体内容来看，2022年山东省电子政务水平、政府透明度、政府支出和企业税收负担指标得分分别为69.48、88.75、96.04和88.18。其中，除电子政务水平指标之外，其他指标得分均高于全国平均水平，如图6-208所示。

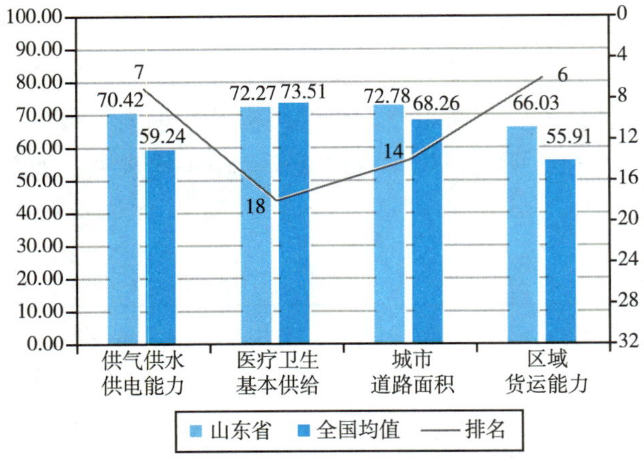

图6-207　山东省基础环境指数分析

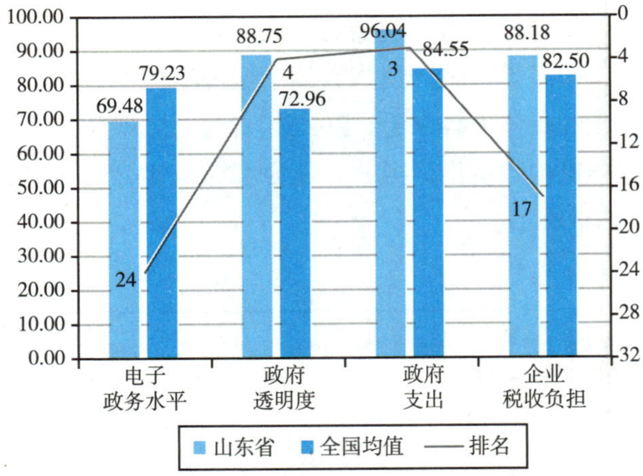

图6-208　山东省政务环境指数分析

6.2.22.4　区域法律环境维度

从区域法律环境的总体表现来看，2022年山东省法律环境指数为79.73，与全国平均水平64.01相比，山东省法律环境指数处于全国平均水平之上，体现出山东省法律环境发展水平较高，同时也体现出山东省法治建设比较健全。从区域法律环境的具体内容来看，2022年山东省知识产权保护力度、司法信息公开度、司法服务、司法文明和社会治安指标得分分别为55.80、99.46、76.85、98.54和68.00。其中，除社会治安指标之外，其他指标得分均高于全国平均水平，如图6-209所示。

6.2.22.5　区域人才环境维度

从区域人才环境的总体表现来看，2022年山东省人才环境指数为61.40，与全国平均水平62.63相比，山东省人才环境指数处于全国平均水平之下，体现出山东省人才环境发展水平较低，同时也体现出该地区人才吸引力较弱。从区域人才环境的具体内容来看，2022年山东省高等院校在校生数、年末单位从业人数、人口净流入、平均工资水平和财政教育支出指标得分分别为61.03、75.60、67.45、51.85和51.06。其中，年末单位从业人数和人口净流入指标得分均高于全国平均水平，其他指标得分低于全国平均水平，如图6-210所示。

6.2.22.6　区域投资环境维度

从区域投资环境的总体表现来看，2022年山东省投资环境指数为59.19，与全国平均水平58.99相比，山东省投资环境指数处于全国平均水平之上，体现出该地区投资环境发展水平较高，同时也体现出该地区市场吸引力较强。从区域投资环境的具体内容来看，2022年山东省居民消费率、企业机构数量、外资企业比、对外投资度和固定资产投资指标得分分别为54.41、66.63、48.93、55.31和70.69。其中，除居民消费率指标之外，其他指标得分均高于全国平均水平，如图6-211所示。

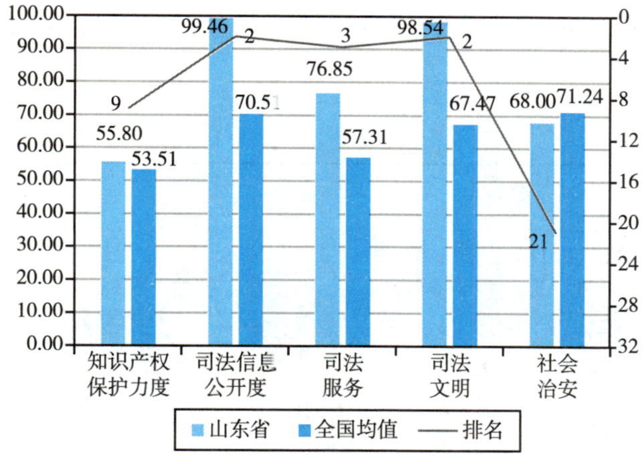

图6-209 山东省法律环境指数分析

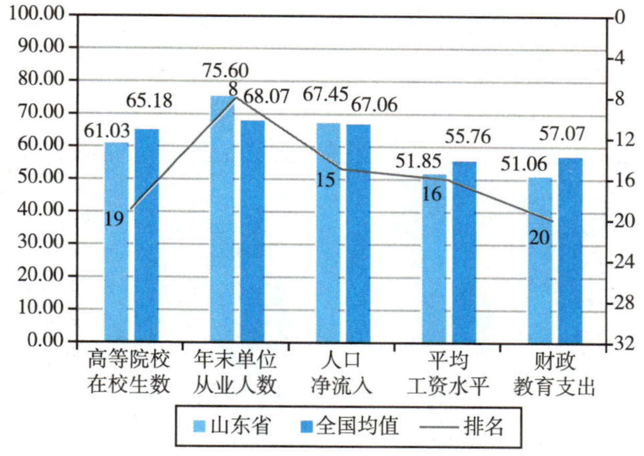

图6-210 山东省人才环境指数分析

6.2.22.7 区域金融环境维度

从区域金融环境的总体表现来看，2022年山东省金融环境指数为66.83，与全国平均水平62.47相比，山东省金融环境指数处于全国平均水平之上，体现出该地区金融环境发展水平较高。从区域金融环境的具体内容来看，2022年山东省金融从业人员、社会融资规模增量、金融机构贷款余额和银行等金融机构数量指标得分分别为55.45、74.55、73.62和63.69。其中，除银行等金融机构数量指标外，其他指标得分均高于全国平均水平，如图6-212所示。

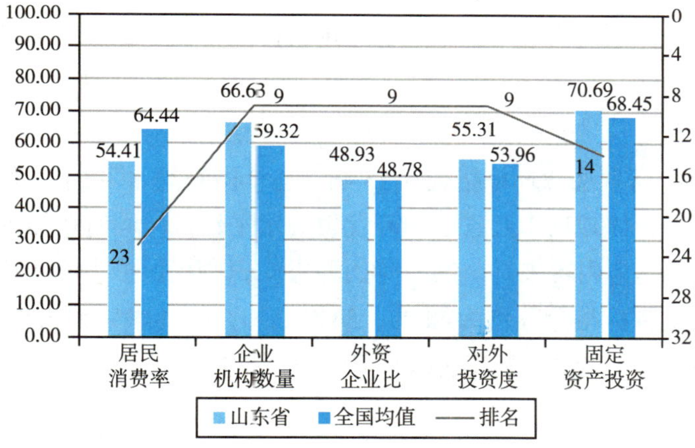

图6-211 山东省投资环境指数分析

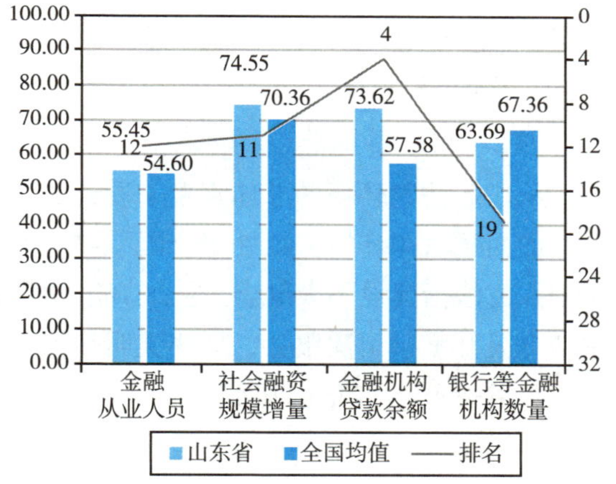

图6-212 山东省金融环境指数分析

6.2.23 山西省

6.2.23.1 山西省营商环境综合指数

2022年山西省整体营商环境综合指数为59.35，与全国平均水平65.51相比，山西省营商环境综合指数处于全国平均水平之下，体现出山西省的营商环境相对较弱，如图6-213所示。

6.2.23.2 区域基础环境维度

从区域基础环境的总体表现来看，2022年山西省基础环境指数为60.97，与全国平均水平64.23相比，山西省基础环境指数处于全国平均水平之下，体现出山西省基础环境发展水平相对较弱。从区域基础环境的具体内容来看，2022年山西省供气供水供电能力、医疗卫生基本供给、城市道路面积和区域货运能力指标得分分别为52.65、71.46、63.53和56.25。其中，区域货运能力指标得分高于全国平均水平，供气供水供电能力、医疗卫生基本供给和城市道路面积指标得分均低于全国平均水平，如图6–214所示。

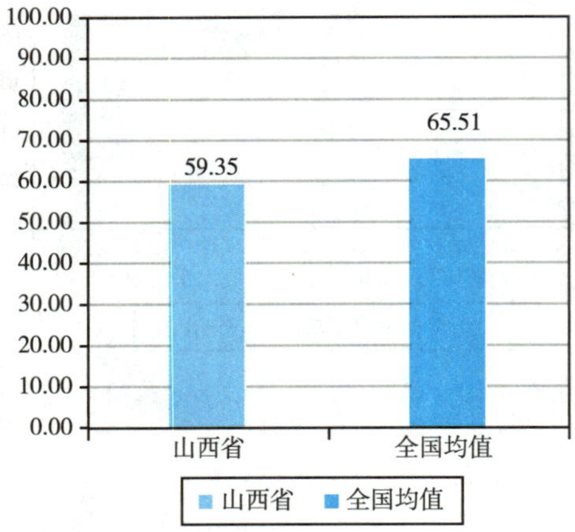

图6–213　山西省营商环境综合指数分析

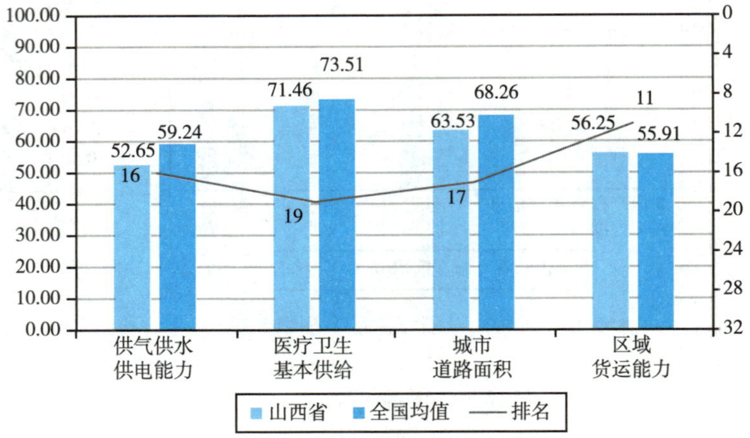

图6–214　山西省基础环境指数分析

6.2.23.3　区域政务环境维度

从区域政务环境的总体表现来看，2022年山西省政务环境指数为76.27，低于全国平均水平79.81，体现出该地区政务环境发展水平较低。从区域政务环境的具体内容来看，2022年山西省电子政务水平、政府透明度、政府支出和企业税收负担指标得分分别为89.85、58.38、86.54和70.33。其中，电子政务水平、政府支出指标得分高于全国平均水平，政府透明度、企业税收负担指标得分低于全国平均水平，如图6–215所示。

6.2.23.4　区域法律环境维度

从区域法律环境的总体表现来看，2022年山西省法律环境指数为55.46，与全国平均水平64.01相比，山西省法律环境指数处于全国平均水平之下，体现出山西省法律环境发展水平较低，同时也体现出山西省法治建设不太健全。从区域法律环境的具体内容来看，2022年山西省知识产权保护力度、司法信息公开度、司法服务、司法文明和社会治安指标得分分别为42.79、54.42、51.97、44.39和83.73。其中，除社会治安指标得分高于全国平均水平外，其他指标得分均低于全国平均水平，如图6–216所示。

6.2.23.5　区域人才环境维度

从区域人才环境的总体表现来看，2022年山西省人才环境指数为56.12，与全国平均水平62.63相比，山西省人才环境指数处于全国平均水平之下，体现出山西省人才环境发展水平较低。从区域人才环境的具体内容来看，2022年山西省高等院校在校生数、年末单位从业人数、人口净流入、平均工资水平和财政教育支出指标得分分别为63.87、56.29、67.01、44.49和48.94，各项指标得分均低于全国平均水平，进一步表明山西省人才吸引力较弱，如图6–217所示。

6.2.23.6　区域投资环境维度

从区域投资环境的总体表现来看，2022年山西省投资环境指数为46.28，与全国平均水平58.99相比，山西省投资环境指数远低于全国平均水平，体现出该地区投资环境发展水平较低。从区域投资环境的具体内容来看，2022年山西省居民消费率、企业机构数量、外资企业比、对外投资度和固定资产投资指标得分分别为50.34、54.20、40.22、41.33和45.28，各项指标得分均低于全国平均水平，进一步表明山西省市场吸引力有待加强，如图6–218所示。

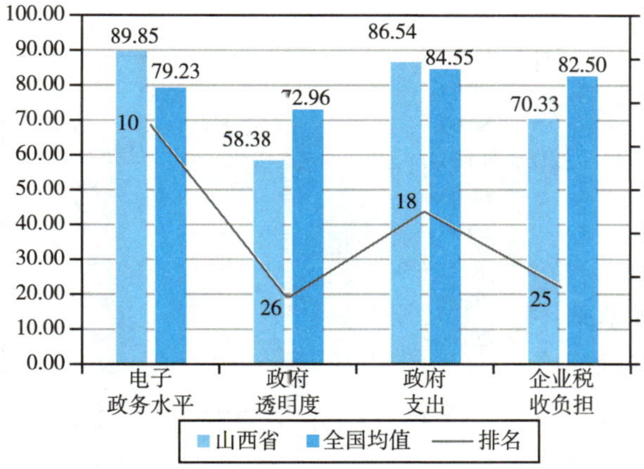

图6–215　山西省政务环境指数分析

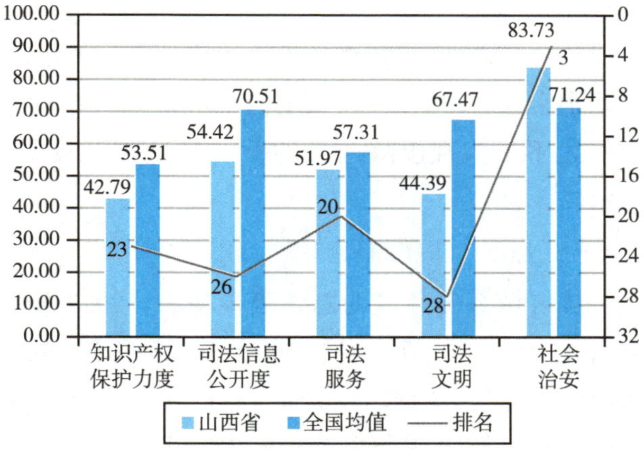

图6–216　山西省法律环境指数分析

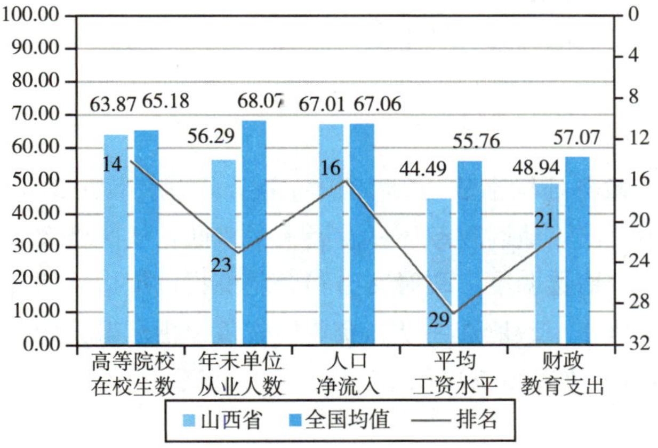

图6–217　山西省人才环境指数分析

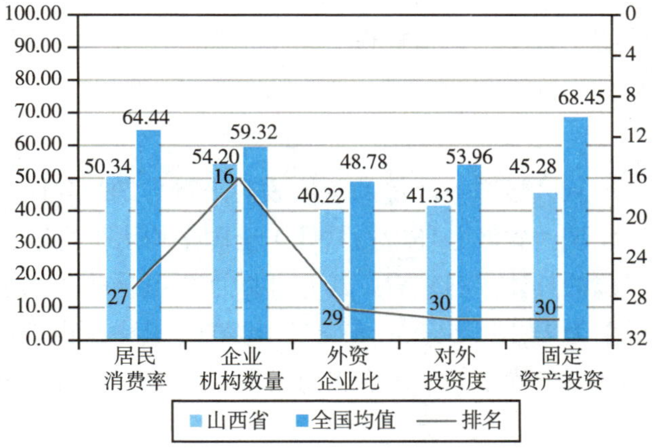

图6–218　山西省投资环境指数分析

6.2.23.7　区域金融环境维度

从区域金融环境的总体表现来看，2022年山西省金融环境指数为61.36，与全国平均水平62.47相比，山西省金融环境指数处于全国平均水平之下，体现出该地区金融环境发展水平较低。从区域金融环境的具体内容来看，2022年山西省金融从业人员、社会融资规模增量、金融机构贷款余额和银行等金融机构数量指标得分分别为59.81、63.78、49.46和72.38。其中，金融从业人员和银行机构数量指标得分高于全国平均水平，社会融资规模增量和金融机构贷款余额指标得分低于全国平均水平，如图6–219所示。

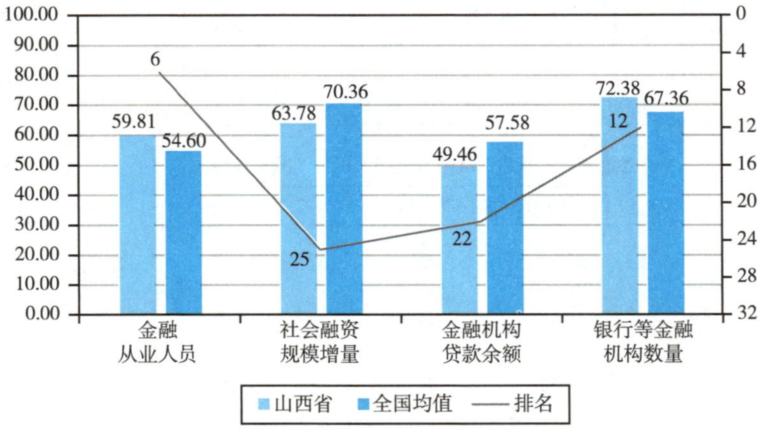

图6–219　山西省金融环境指数分析

6.2.24 陕西省

6.2.24.1 陕西省营商环境综合指数

2022年陕西省整体营商环境综合指数为63.53，与全国平均水平65.51相比，陕西省营商环境综合指数处于全国平均水平之下，体现出陕西省的营商环境相对较弱，如图6–220所示。

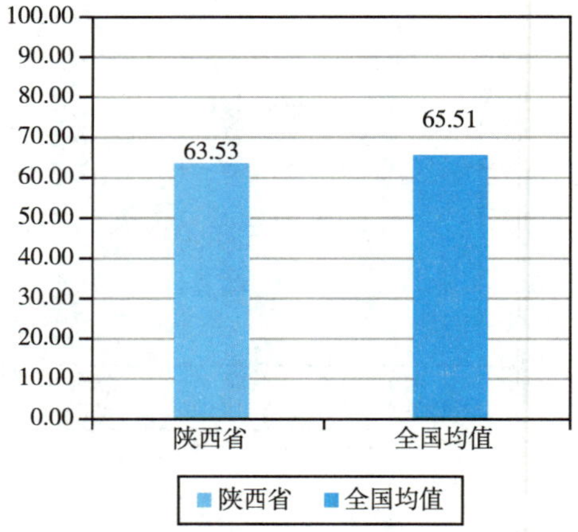

图6–220 陕西省营商环境综合指数分析

6.2.24.2 区域基础环境维度

从区域基础环境的总体表现来看，2022年陕西省基础环境指数为58.43，与全国平均水平64.23相比，陕西省基础环境指数处于全国平均水平之下，体现出陕西省基础环境发展水平较弱。从区域基础环境的具体内容来看，2022年陕西省供气供水供电能力、医疗卫生基本供给、城市道路面积和区域货运能力指标得分分别为48.59、81.51、54.53和49.10。其中，医疗卫生基本供给指标得分高于全国平均水平，供气供水供电能力、城市道路面积和区域货运能力指标得分均低于全国平均水平，如图6–221所示。

6.2.24.3 区域政务环境维度

从区域政务环境的总体表现来看，2022年陕西省政务环境指数为75.12，与全国平均水平79.81相比，陕西省政务环境指数处于全国平均水平之下，体现出该地区政务环境发展水平较低。从区域政务环境的具体内容来看，2022年陕西省电子政务水平、政府透明度、政府支出和企业税收负担指标得分分别为78.16、51.43、88.82和82.08。其中，电子政务水平、政府透明度和企业税收负担指标得分均低于全国平均水平，政府支出指标得分高于全国平均水平，如图6–222所示。

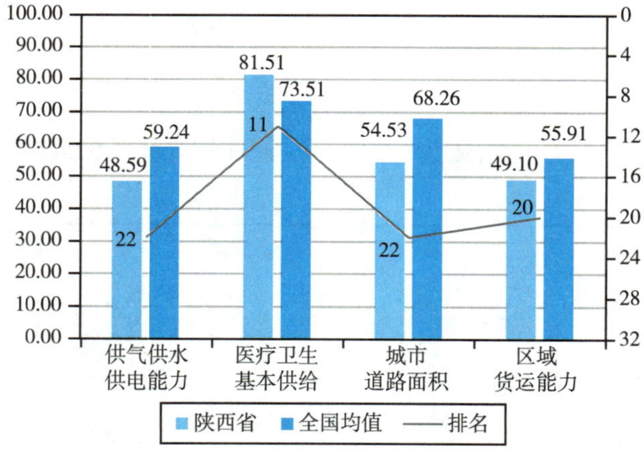

图6–221 陕西省基础环境指数分析

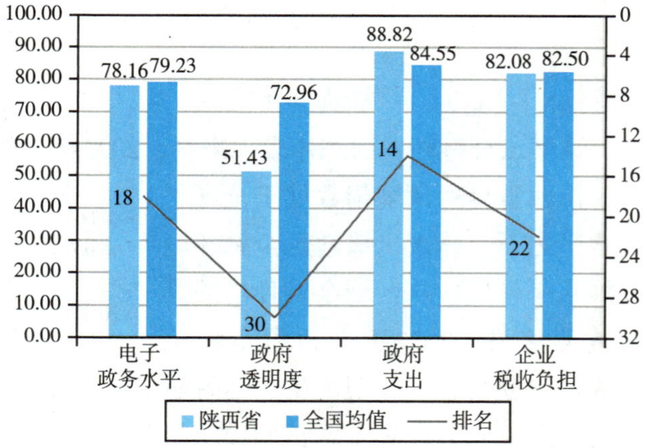

图6–222 陕西省政务环境指数分析

6.2.24.4 区域法律环境维度

从区域法律环境的总体表现来看，2022年陕西省法律环境指数为65.30，与全国平均水平64.01相比，陕西省法律环境指数高于全国平均水平，体现出陕西省法律环境发展水平较高，法治建设比较健全。从区域法律环境的具体内容来看，2022年陕西省知识产权保护力度、司法信息公开度、司法服务、司法文明和社会治安指标得分分别为82.42、50.75、50.23、72.20和70.90。其中，知识产权保护力度与司法文明指标得分高于全国平均水平，其他指标得分均低于全国平均水平，如图6-223所示。

6.2.24.5 区域人才环境维度

从区域人才环境的总体表现来看，2022年陕西省人才环境指数为64.36，与全国平均水平62.63相比，陕西省人才环境指数处于全国平均水平之上，体现出陕西省人才环境发展水平较高，同时也体现出该地区人才吸引力较强。从区域人才环境的具体内容来看，2022年陕西省高等院校在校生数、年末单位从业人数、人口净流入、平均工资水平和财政教育支出指标得分分别为80.37、71.57、65.73、49.60和54.52。其中，高等院校在校生数和年末单位从业人数指标得分高于全国平均水平，其他指标得分均低于全国平均水平，如图6-224所示。

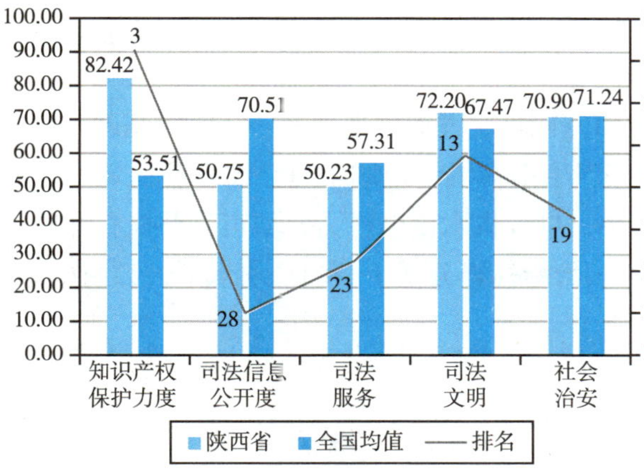

图6-223 陕西省法律环境指数分析

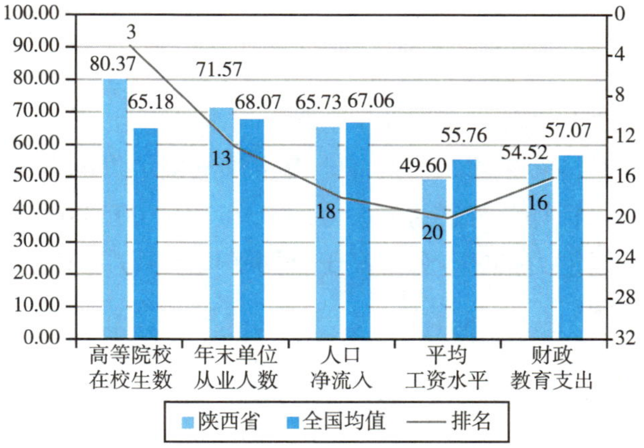

图6-224 陕西省人才环境指数分析

6.2.24.6 区域投资环境维度

从区域投资环境的总体表现来看，2022年陕西省投资环境指数为53.65，与全国平均水平58.99相比，陕西省投资环境指数处于全国平均水平之下，体现出该地区投资环境发展水平较低，同时也体现出该地区市场吸引力有待加强。从区域投资环境的具体内容来看，2022年陕西省居民消费率、企业机构数量、外资企业比、对外投资度和固定资产投资指标得分分别为47.88、53.65、44.04、42.78和79.90。其中，固定资产投资指标得分高于全国平均水平，其他所有指标得分均低于全国平均水平，如图6-225所示。

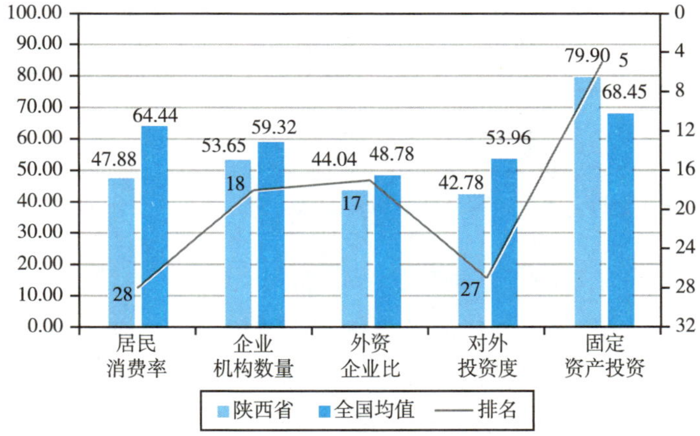

图6-225 陕西省投资环境指数分析

6.2.24.7 区域金融环境维度

从区域金融环境的总体表现来看，2022年陕西省金融环境指数为63.48，与全国平均水平62.47相比，陕西省金融环境指数处于全国平均水平之上，体现出该地区金融环境发展水平较好。从区域金融环境的具体内容来看，2022年陕西省金融从业人员、社会融资规模增量、金融机构贷款余额和银行等金融机构数量指标得分分别为52.36、69.44、52.77和79.34。其中，银行等金融机构数量指标得分高于全国平均水平，金融从业人员、社会融资规模增量和金融机构贷款余额指标得分均低于全国平均水平，如图6–226所示。

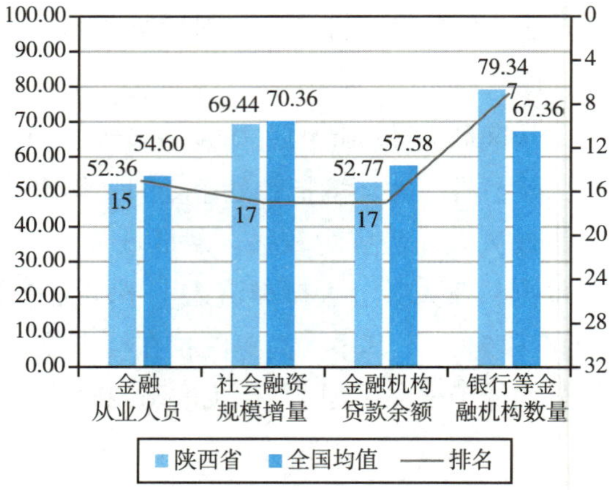

图6–226 陕西省金融环境指数分析

6.2.25 上海市

6.2.25.1 上海市营商环境综合指数

2022年上海市整体营商环境综合指数为80.72，与全国平均水平65.51相比，上海市营商环境综合指数高于全国平均水平，体现出上海市的营商环境较好，如图6–227所示。

6.2.25.2 区域基础环境维度

从区域基础环境的总体表现来看，2022年上海市基础环境指数为92.30，与全国平均水平64.23相比，上海市基础环境指数处于全国平均水平之上，体现出上海市基础环境发展水平较高。从区域基础环境的具体内容来看，2022年上海市供气供水供电能力、医疗卫生基本供给、城市道路面积和区域货运能力指标得分分别为100.00、69.19、100.00和100.00。其中，供气供水供电能力、城市道路面积和区域货运能力指标得分远高于全国平均水平，医疗卫生基本供给指标得分低于全国平均水平，如图6–228所示。

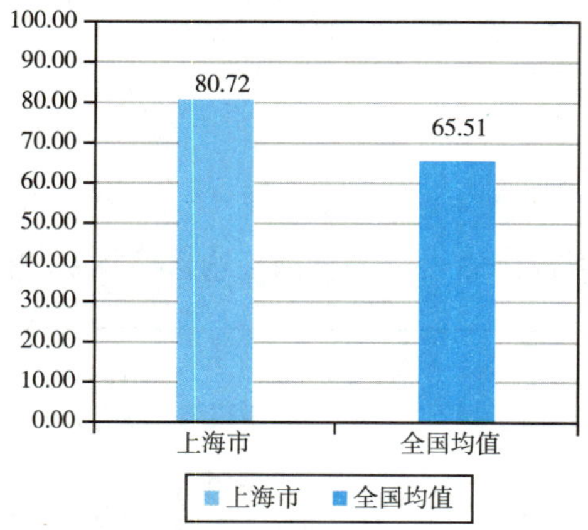

图6–227 上海市营商环境综合指数分析

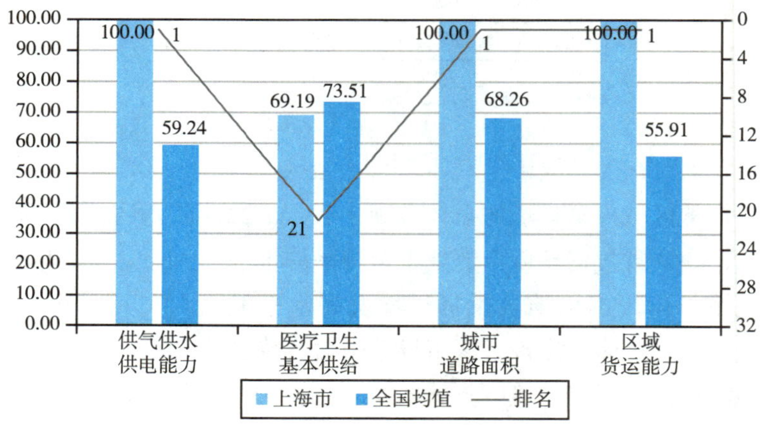

图6–228 上海市基础环境指数分析

6.2.25.3 区域政务环境维度

从区域政务环境的总体表现来看，2022年上海市政务环境指数为79.36，略低于全国平均水平79.81，体现出该地区政务环境发展水平相对较低。从区域政务环境的具体内容来看，2022年上海市电子政务水平、政府透明度、政府支出和企业税收负担指标得分分别为89.54、98.09、89.81和40.00。其中，企业税收负担指标得分远低于全国平均水平，电子政务水平、政府透明度、政府支出指标得分均高于全国平均水平，如图6–229所示。

6.2.25.4 区域法律环境维度

从区域法律环境的总体表现来看，2022年上海市法律环境指数为75.67，与全国平均水平64.01相比，上海市法律环境指数处于全国平均水平之上，体现出上海市法律环境发展水平较高，同时也体现出上海市法治建设较为健全。从区域法律环境的具体内容来看，2022年上海市知识产权保护力度、司法信息公开度、司法服务、司法文明和社会治安指标得分分别为71.66、74.09、67.51、100.00和65.08。其中，除社会治安指标外，其他指标得分均高于全国平均水平，如图6-230所示。

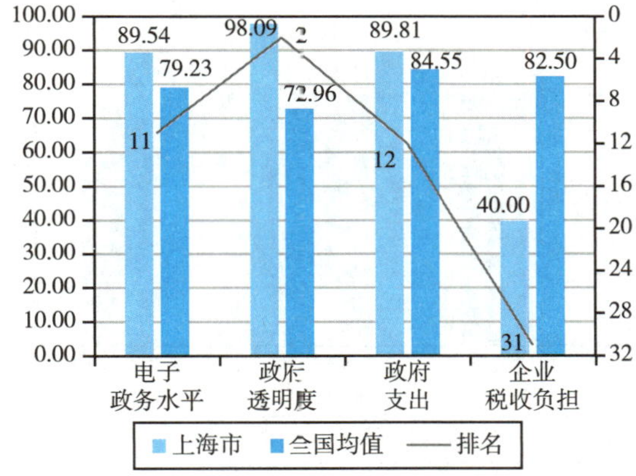

图6-229 上海市政务环境指数分析

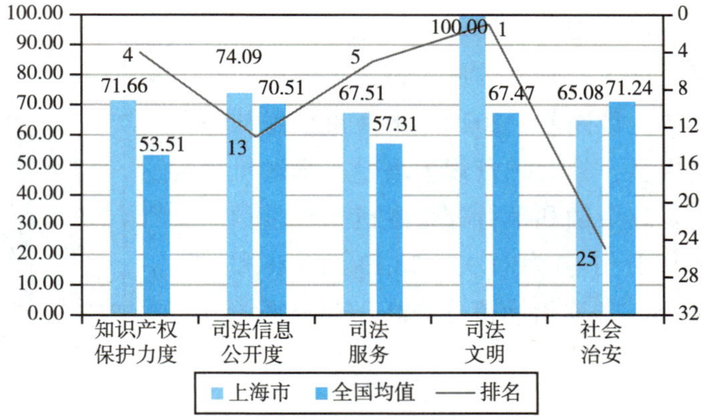

图6-230 上海市法律环境指数分析

6.2.25.5 区域人才环境维度

从区域人才环境的总体表现来看，2022年上海市人才环境指数为80.55，与全国平均水平62.63相比，上海市人才环境指数处于全国平均水平之上，体现出上海市人才环境发展水平较高，同时也体现出该地区人才吸引力强。从区域人才环境的具体内容来看，2022年上海市高等院校在校生数、年末单位从业人数、人口净流入、平均工资水平和财政教育支出指标得分分别为71.12、79.87、86.56、85.88和79.30，所有指标得分均高于全国平均水平，如图6-231所示。

6.2.25.6 区域投资环境维度

从区域投资环境的总体表现来看，2022年上海市投资环境指数为76.55，与全国平均水平58.99相比，上海市投资环境指数处于全国平均水平之上，体现出该地区投资环境发展水平较高，同时也体现出该地区市场吸引力较强。从区域投资环境的具体内容来看，2022年上海市居民消费率、企业机构数量、外资企业比、对外投资度和固定资产投资指标得分分别为55.07、71.38、100.00、100.00和56.29。其中，居民消费率和固定资产投资指标得分低于全国平均水平，企业机构数量、外资企业比和对外投资度指标得分均高于全国平均水平，如图6-232所示。

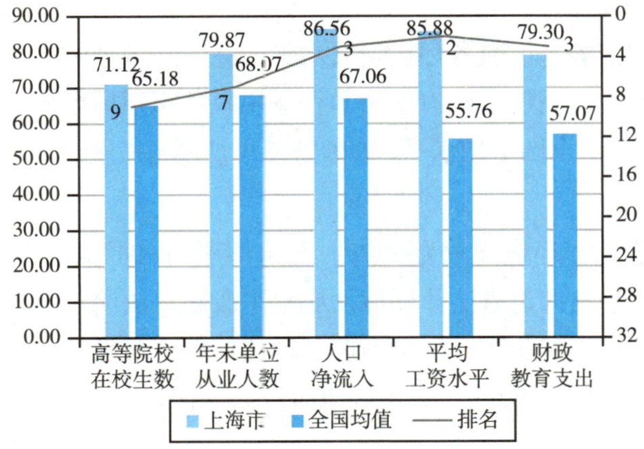

图6-231 上海市人才环境指数分析

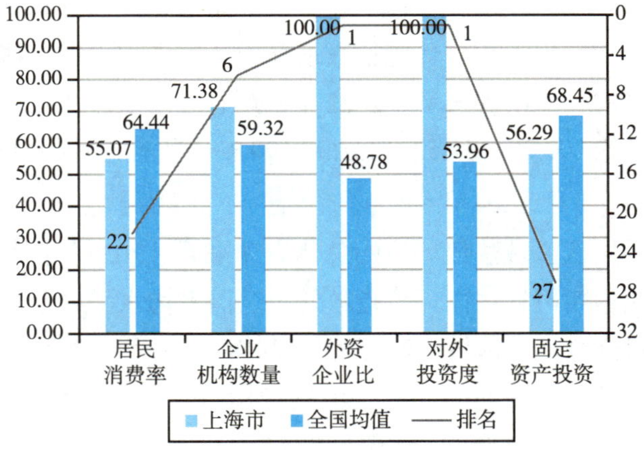

图6-232 上海市投资环境指数分析

6.2.25.7 区域金融环境维度

从区域金融环境的总体表现来看，2022年上海市金融环境指数为81.47，与全国平均水平62.47相比，上海市金融环境指数处于全国平均水平之上，体现出该地区金融环境发展水平较高。从区域金融环境的具体内容来看，2022年上海市金融从业人员、社会融资规模增量、金融机构贷款余额和银行等金融机构数量指标得分分别为81.93、78.13、69.58和96.25，各项指标得分均高于全国平均水平，如图6–233所示。

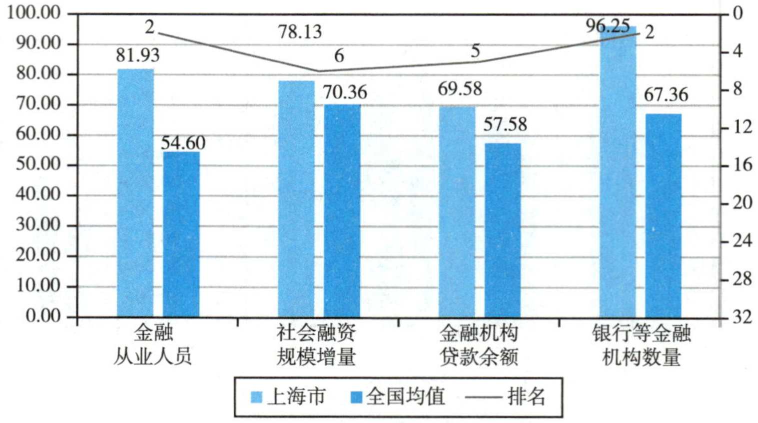

图6–233 上海市金融环境指数分析

6.2.26 四川省

6.2.26.1 四川省营商环境综合指数

2022年四川省整体营商环境综合指数为68.05，与全国平均水平65.51相比，四川省营商环境综合指数高于全国平均水平，体现出四川省的营商环境相对较好，如图6–234所示。

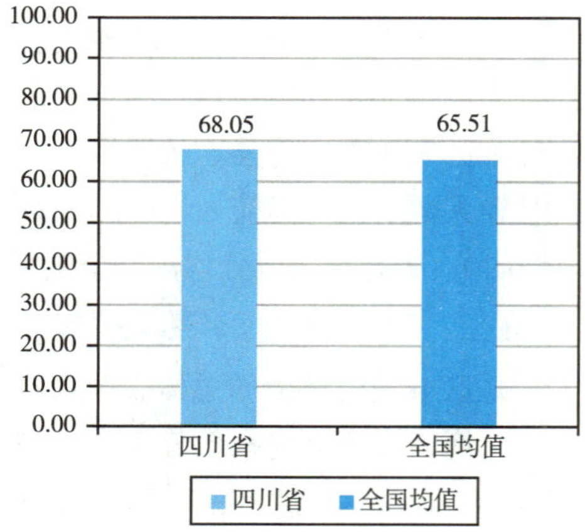

图6–234 四川省营商环境综合指数分析

6.2.26.2 区域基础环境维度

从区域基础环境的总体表现来看，2022年四川省基础环境指数为57.47，与全国平均水平64.23相比，四川省基础环境指数处于全国平均水平之下，表明四川省基础环境发展水平较弱。从区域基础环境的具体内容来看，2022年四川省供气供水供电能力、医疗卫生基本供给、城市道路面积和区域货运能力指标得分分别为47.52、93.03、44.91和44.44。其中，医疗卫生基本供给指标得分远高于全国平均水平，其他指标得分均低于全国平均水平，如图6–235所示。

6.2.26.3 区域政务环境维度

从区域政务环境的总体表现来看，2022年四川省政务环境指数为90.91，与全国平均水平79.81相比，四川省政务环境指数远高于全国平均水平，体现出该地区政务环境发展水平较高。从区域政务环境的具体内容来看，2022年四川省电子政务水平、政府透明度、政府支出和企业税收负担指标得分分别为100.00、84.52、88.29和90.83，所有指标得分均高于全国平均水平，如图6–236所示。

6.2.26.4 区域法律环境维度

从区域法律环境的总体表现来看，2022年四川省法律环境指数为71.39，与全国平均水平64.01相比，四川省法律环境指数处于全国平均水平之上，体现出四川省法律环境发展水平较高，法治建设相对健全。从区域法律环境的具体内容来看，2022年四川省知识产权保护力度、司法信息公开度、司法服务、司法文明和社会治安指标得分分别为53.61、88.18、66.55、72.20和76.43，所有指标得分均高于全国平均水平，如图6–237所示。

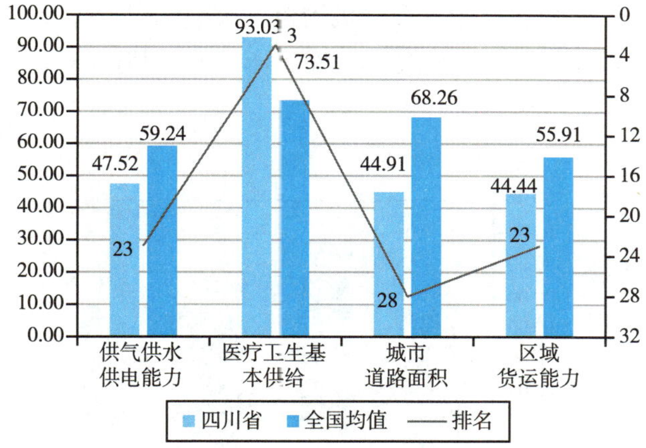

图6-235　四川省基础环境指数分析

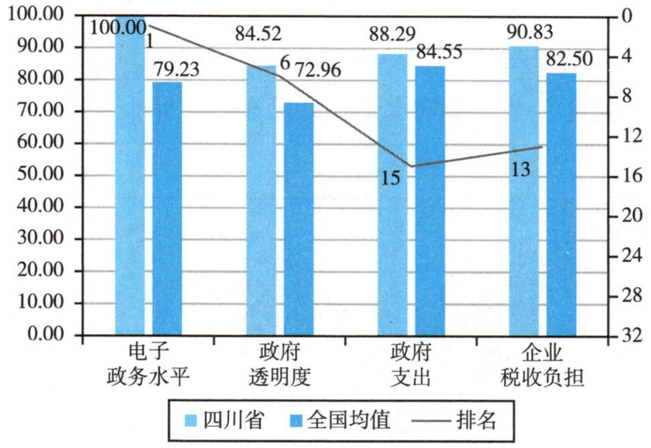

图6-236　四川省政务环境指数分析

6.2.26.5　区域人才环境维度

从区域人才环境的总体表现来看，2022年四川省人才环境指数为59.88，与全国平均水平62.63相比，四川省人才环境指数低于全国平均水平。从区域人才环境的具体内容来看，2022年四川省高等院校在校生数、年末单位从业人数、人口净流入、平均工资水平和财政教育支出指标得分分别为60.09、86.75、53.18、53.02和46.35。其中，年末单位从业人数指标得分高于全国平均水平，高等院校在校生数、人口净流入、平均工资水平和财政教育支出指标得分低于全国平均水平，如图6-238所示。

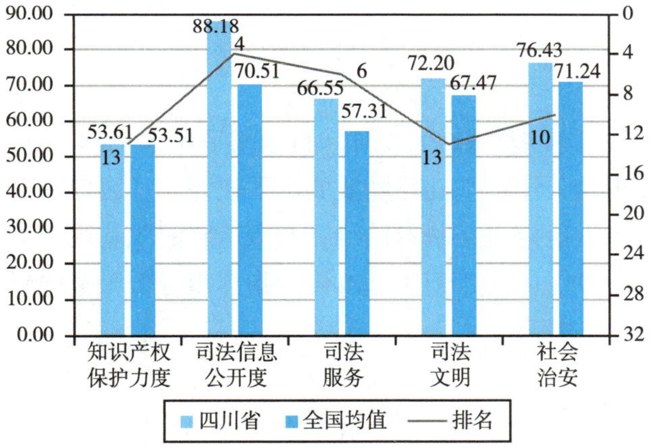

图6-237　四川省法律环境指数分析

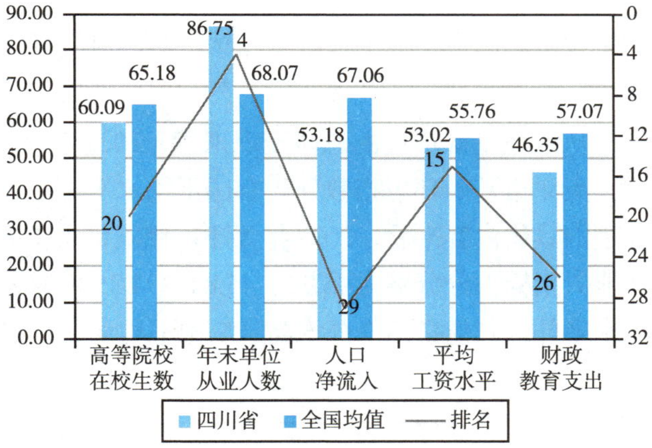

图6-238　四川省人才环境指数分析

6.2.26.6　区域投资环境维度

从区域投资环境的总体表现来看，2022年四川省投资环境指数为55.87，与全国平均水平58.99相比，四川省投资环境指数低于全国平均水平。从区域投资环境的具体内容来看，2022年四川省居民消费率、企业机构数量、外资企业比、对外投资度和固定资产投资指标得分分别为70.42、54.15、45.32、44.39和65.05。其中，居民消费率指标得分高于全国平均水平，企业机构数量、外资企业比、对外投资度和固定资产投资指标得分低于全国平均水平，如图6-239所示。

6.2.26.7　区域金融环境维度

从区域金融环境的总体表现来看，2022年四川省金融环境指数为72.56，与全国平均水平62.47相比，四川省金融环境指数高于全国平均水平，体现出该地区金融环境发展水平较高。从区域金融环境的具体内容来看，2022年四川省金融从业人员、社会融资规模增量、金融机构贷款余额和银行等金融机构数量指标得分分别为49.43、76.34、64.47和100.00。其中，除金融从业人员指标外，其他指标得分均高于全国平均水平，如图6-240所示。

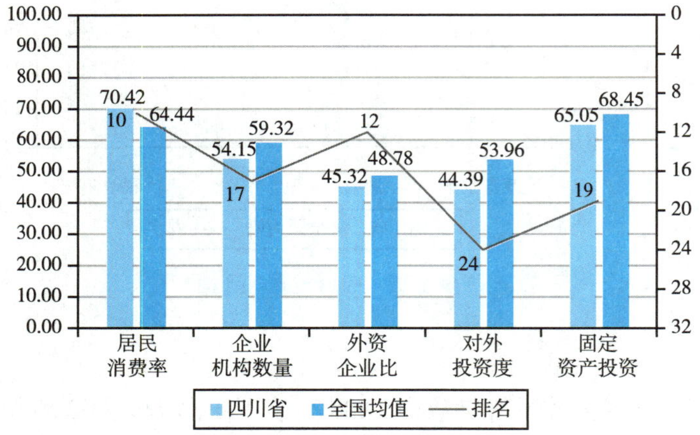

图6-239　四川省投资环境指数分析

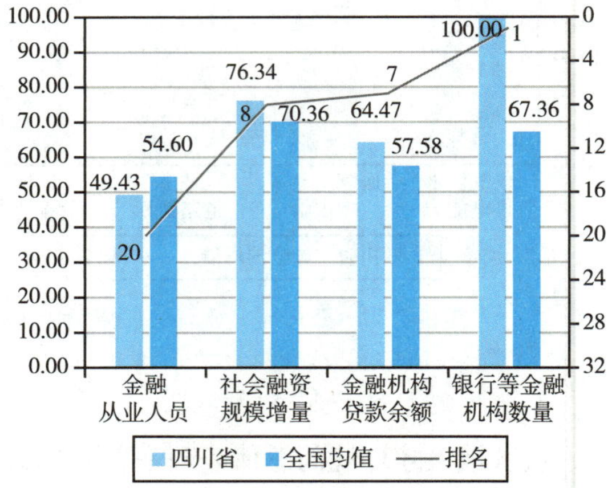

图6-240　四川省金融环境指数分析

6.2.27　天津市

6.2.27.1　天津市营商环境综合指数

2022年天津市整体营商环境综合指数为74.01，与全国平均水平65.51相比，天津市营商环境综合指数处于全国平均水平之上，体现出天津市的营商环境相对较好，如图6-241所示。

6.2.27.2　区域基础环境维度

从区域基础环境的总体表现来看，2022年天津市基础环境指数为83.57，与全国平均水平64.23相比，天津市基础环境指数处于全国平均水平之上，体现出天津市基础环境发展水平较好。从区域基础环境的具体内容来看，2022年天津市供气供水供电能力、医疗卫生基本供给、城市道路面积和区域货运能力指标得分分别为95.72、45.84、94.35和98.39。其中，除医疗卫生基本供给指标得分低于全国平均水平外，其他指标得分均高于全国平均水平，如图6-242所示。

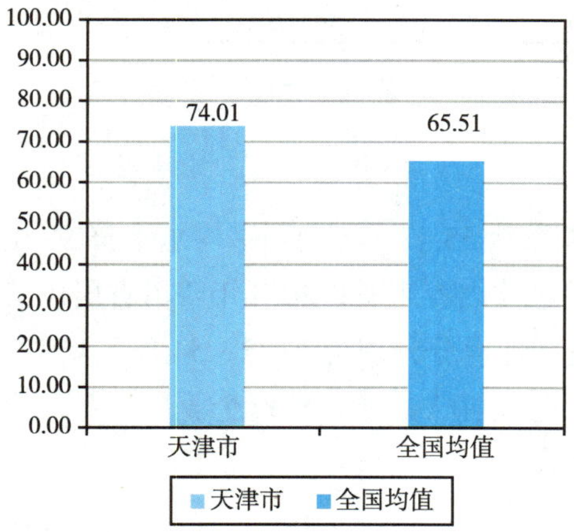

图6-241　天津市营商环境综合指数分析

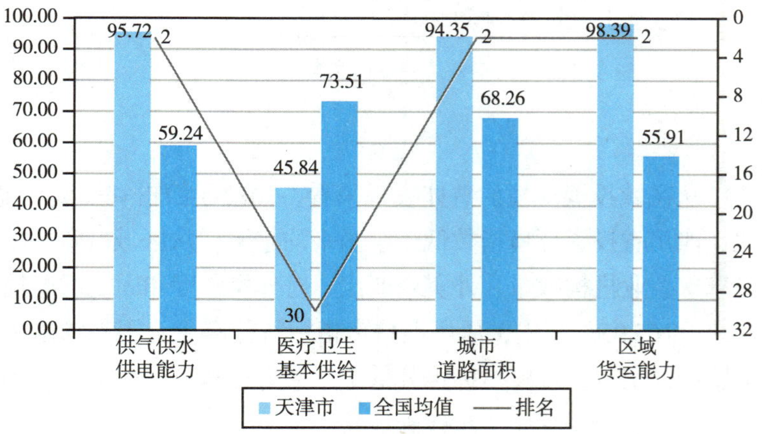

图6-242　天津市基础环境指数分析

6.2.27.3　区域政务环境维度

从区域政务环境的总体表现来看，2022年天津市政务环境指数为79.09，与全国平均水平79.81相比，政务环境天津市指数略微低于全国平均水平，体现出该地区政务环境水平一般。从区域政务环境的具体内容来看，2022年天津市电子政务水平、政府透明度、政府支出和企业税收负担指标得分分别为85.40、78.55、89.14和63.27。其中，企业税收负担指标得分低于全国平均水平，电子政务水平、政府透明度、政府支出指标得分均高于全国平均水平，如图6–243所示。

6.2.27.4　区域法律环境维度

从区域法律环境的总体表现来看，2022年天津市法律环境指数为70.87，与全国平均水平64.01相比，天津市法律环境指数处于全国平均水平之上，体现出天津市法律环境发展水平较高，同时也体现出天津市法治建设较为健全。从区域法律环境的具体内容来看，2022年天津知识产权保护力度、司法信息公开度、司法服务、司法文明和社会治安指标得分分别为83.20、76.27、52.73、78.05和64.12。其中，除司法服务、社会治安指标低于全国平均水平外，其他指标得分均高于全国平均水平，如图6–244所示。

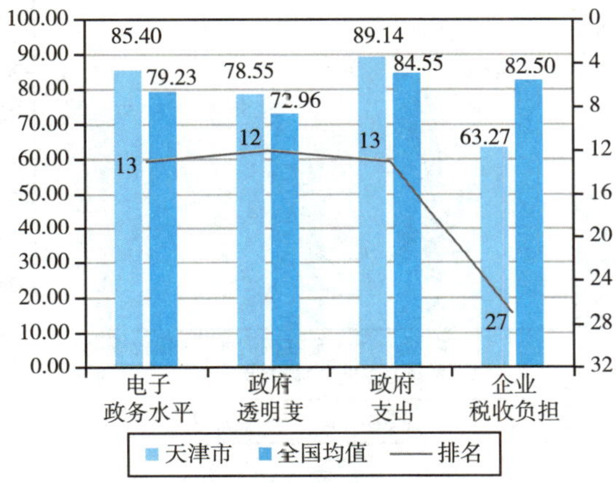

图6–243　天津市政务环境指数分析

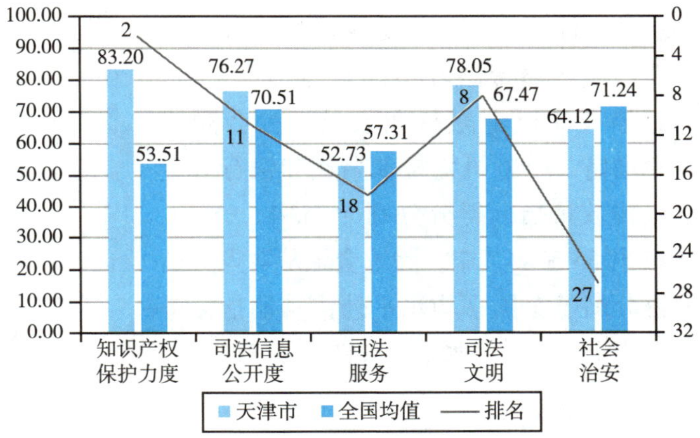

图6–244　天津市法律环境指数分析

6.2.27.5　区域人才环境维度

从区域人才环境的总体表现来看，2022年天津市人才环境指数为71.13，与全国平均水平62.63相比，天津市人才环境指数高于全国平均水平。从区域人才环境的具体内容来看，2022年天津市高等院校在校生数、年末单位从业人数、人口净流入、平均工资水平和财政教育支出指标得分分别为100.00、45.28、72.81、68.98和68.57。其中，除年末单位从业人数指标得分低于全国平均水平外，其他指标得分均高于全国平均水平，如图6–245所示。

6.2.27.6　区域投资环境维度

从区域投资环境的总体表现来看，2022年天津市投资环境指数为75.51，与全国平均水平58.99相比，天津市投资环境指数处于全国平均水平之上，体现出该地区投资环境发展水平较高，同时也体现出该地区市场吸引力较好。从区域投资环境的具体内容来看，2022年天津市居民消费率、企业机构数量、外资企业比、对外投资度和固定资产投资指标得分分别为58.05、75.11、69.23、75.16和100.00。其中，居民消费率指标得分低于全国平均水平，其他指标得分均高于全国平均水平，如图6–246所示。

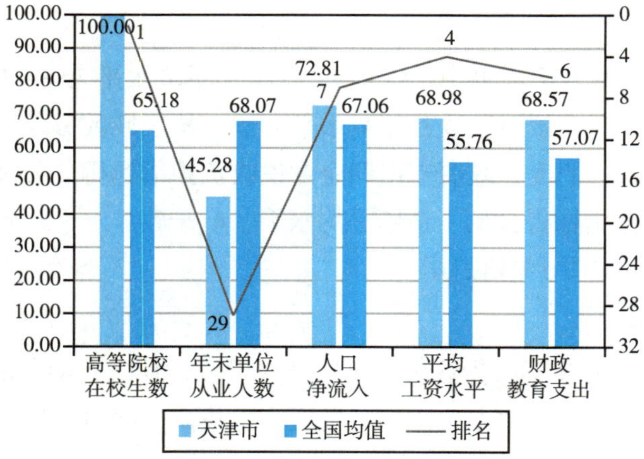

图6-245　天津市人才环境指数分析

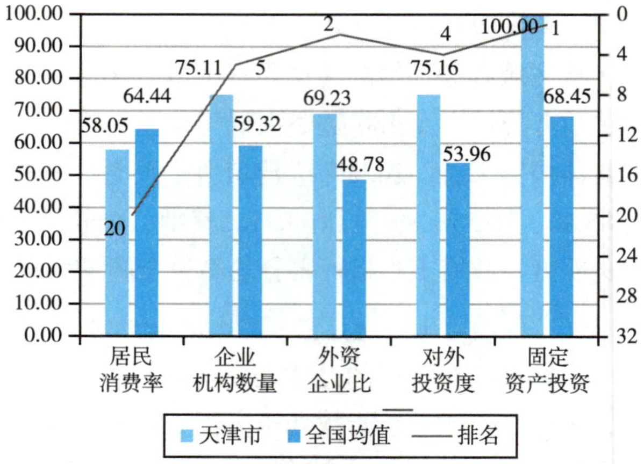

图6-246　天津市投资环境指数分析

6.2.27.7　区域金融环境维度

从区域金融环境的总体表现来看，2022年天津市金融环境指数为62.97，与全国平均水平62.47相比，天津市金融环境指数略微高于全国平均水平，体现出该地区金融环境发展水平一般。从区域金融环境的具体内容来看，2022年天津市金融从业人员、社会融资规模增量、金融机构贷款余额和银行等金融机构数量指标得分分别为75.81、68.80、51.69和55.57。其中，除了金融从业人员指标得分高于全国平均水平外，其他指标得分均低于全国平均水平，如图6-247所示。

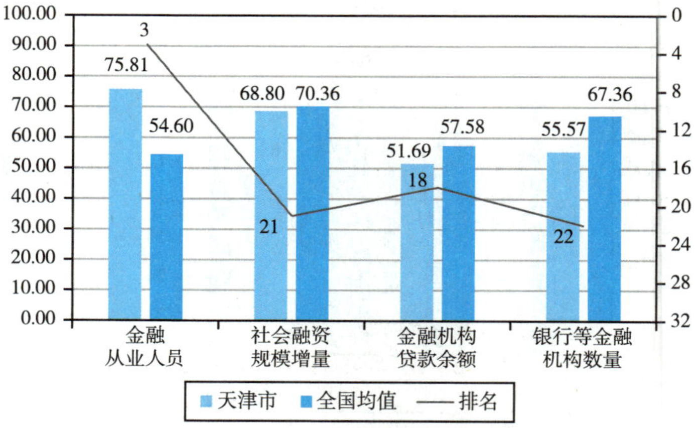

图6-247　天津市金融环境指数分析

6.2.28　西藏自治区

6.2.28.1　西藏自治区营商环境综合指数

2022年西藏自治区整体营商环境综合指数为53.70，与全国平均水平65.51相比，西藏自治区营商环境综合指数远低于全国平均水平，体现出西藏自治区的营商环境相对较弱，如图6-248所示。

6.2.28.2　区域基础环境维度

从区域基础环境的总体表现来看，2022年西藏自治区基础环境指数为43.05，与全国平均水平64.23相比，西藏自治区基础环境指数远远低于全国平均水平，体现出西藏自治区基础环境发展水平较低。从区域基础环境的具体内容来看，2022年西藏自治区供气供水供电能力、医疗卫生基本供给、城市道路面积和区域货运能力指标得分分别为40.00、51.84、40.34和40.00，所有指标得分均低于全国平均水平，如图6-249所示。

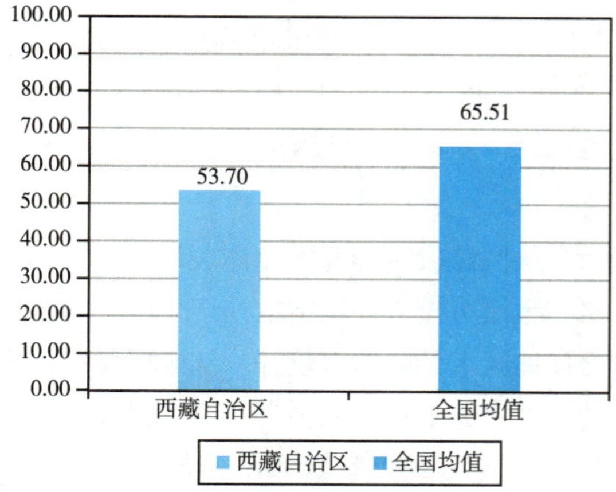

图6-248　西藏自治区营商环境综合指数分析

6.2.28.3　区域政务环境维度

从区域政务环境的总体表现来看，2022年西藏自治区政务环境指数为51.64，与全国平均水平79.81相比，西藏自治区政务环境指数远处于全国平均水平之下，体现出该地区政务环境发展水平相对较低。从区域政务环境的具体内容来看，2022年西藏自治区电子政务水平、政府透明度、政府支出和企业税收负担指标得分分别为40.00、40.00、40.00和86.56。其中，电子政务水平、政府透明度、政府支出指标得分远低于全国平均水平，企业税收负担指标得分高于全国平均水平，如图6-250所示。

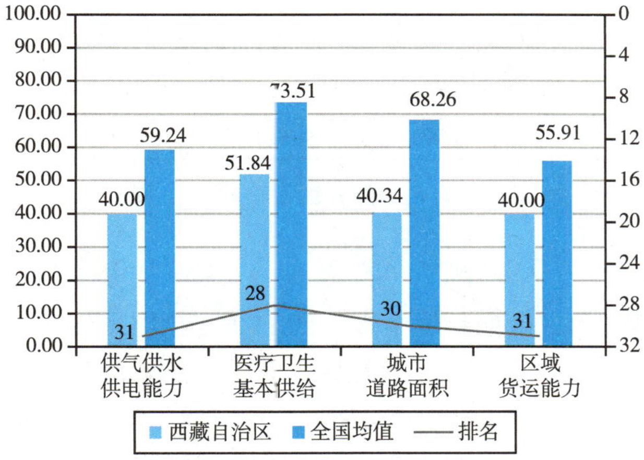

图6-249 西藏自治区基础环境指数分析

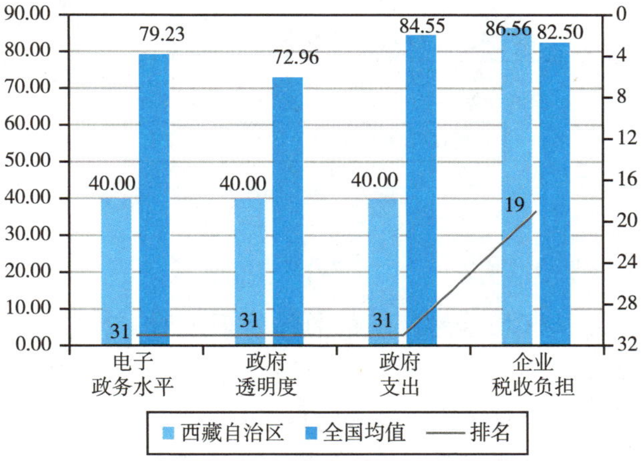

图6-250 西藏自治区政务环境指数分析

6.2.28.4 区域法律环境维度

从区域法律环境的总体表现来看，2022年西藏自治区法律环境指数为50.01，与全国平均水平64.01相比，西藏自治区法律环境指数处于全国平均水平之下，体现出西藏自治区法律环境发展水平较低，法治建设不健全。从区域法律环境的具体内容来看，2022年西藏自治区知识产权保护力度、司法信息公开度、司法服务、司法文明和社会治安指标得分分别为40.00、40.00、40.00、51.71和78.33。其中，只有社会治安指标得分高于全国平均水平，其他指标得分均低于全国平均水平，如图6-251所示。

6.2.28.5 区域人才环境维度

从区域人才环境的总体表现来看，2022年西藏自治区人才环境指数为71.86，与全国平均水平62.63相比，西藏自治区人才环境指数处于全国平均水平之上，体现出西藏自治区人才环境发展水平较高。从区域人才环境的具体内容来看，2022年西藏自治区高等院校在校生数、年末单位从业人数、人口净流入、平均工资水平和财政教育支出指标得分分别为40.00、72.09、68.20、79.00和100.00。其中，除高等院校在校生数指标外，其他所有指标得分均高于全国平均水平，如图6-252所示。

6.2.28.6 区域投资环境维度

从区域投资环境的总体表现来看，2022年西藏自治区投资环境指数为51.69，与全国平均水平58.99相比，西藏自治区投资环境指数处于全国平均水平之下，体现出该地区投资环境发展水平较低，同时也体现出该地区市场吸引力有待加强。从区域投资环境的具体内容来看，2022年西藏自治区居民消费率、企业机构数量、外资企业比、对外投资度和固定资产投资指标得分分别为51.72、40.00、42.79、56.72和67.21。其中，对外投资度指标得分高于全国平均水平，其他指标得分均低于全国平均水平，如图6-253所示。

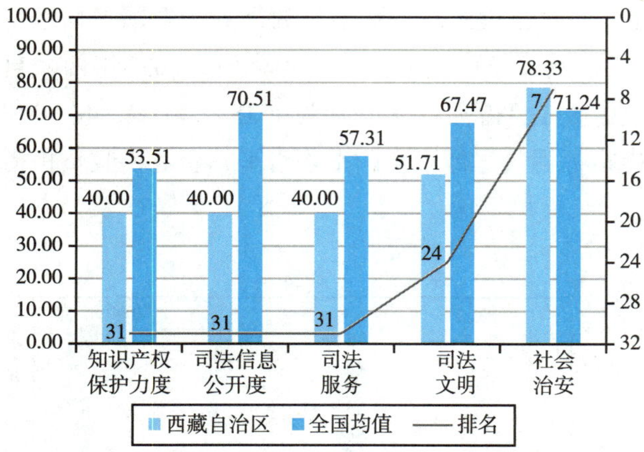

图6-251　西藏自治区法律环境指数分析

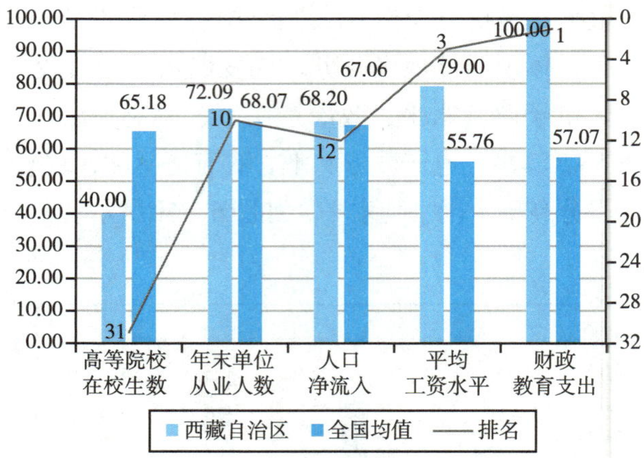

图6-252　西藏自治区人才环境指数分析

6.2.28.7　区域金融环境维度

从区域金融环境的总体表现来看，2022年西藏自治区金融环境指数为50.17，与全国平均水平62.47相比，西藏自治区金融环境指数处于全国平均水平之下，体现出该地区金融环境发展水平较低。从区域金融环境的具体内容来看，2022年西藏自治区金融从业人员、社会融资规模增量、金融机构贷款余额和银行等金融机构数量指标得分分别为51.34、69.32、40.00和40.00，所有指标得分均低于全国平均水平，如图6-254所示。

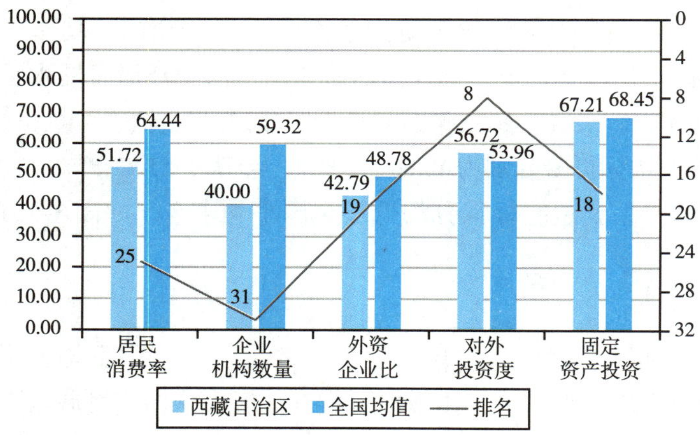

图6-253　西藏自治区投资环境指数分析

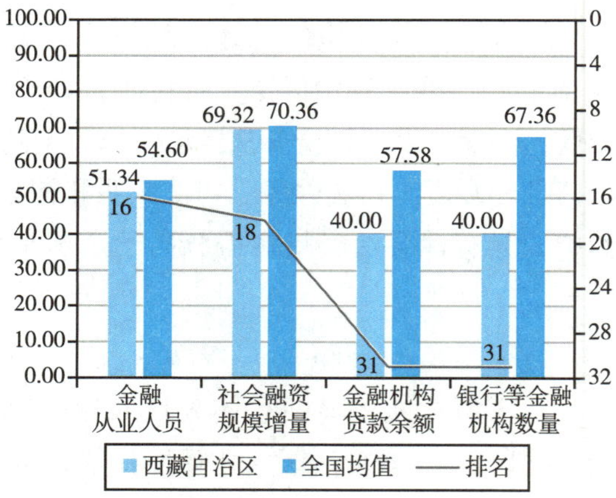

图6-254　西藏自治区金融环境指数分析

6.2.29　新疆维吾尔自治区

6.2.29.1　新疆维吾尔自治区营商环境综合指数

2022年新疆维吾尔自治区整体营商环境综合指数为61.28，与全国平均水平65.51相比，新疆维吾尔自治区营商环境综合指数处于全国平均水平之下，体现出新疆维吾尔自治区的营商环境相对较弱，如图6-255所示。

6.2.29.2　区域基础环境维度

从区域基础环境的总体表现来看，2022年新疆维吾尔自治区基础环境指数为50.78，与全国平均水平64.23相比，新疆维吾尔自治区基础环境指数低于全国平均水平，体现出新疆维吾尔自治区基础环境发展较弱。从区域基础环境的具体内容来看，2022年新疆维吾尔自治区供气供水供电能力、医疗卫生基本供给、城市道路面积和区域货运能力指标得分分别为41.30、81.35、40.00和40.47。其中，除了医疗卫生基本供给指标得分高于全国平均水平外，其他指标得分均低于全国平均水平，如图6-256所示。

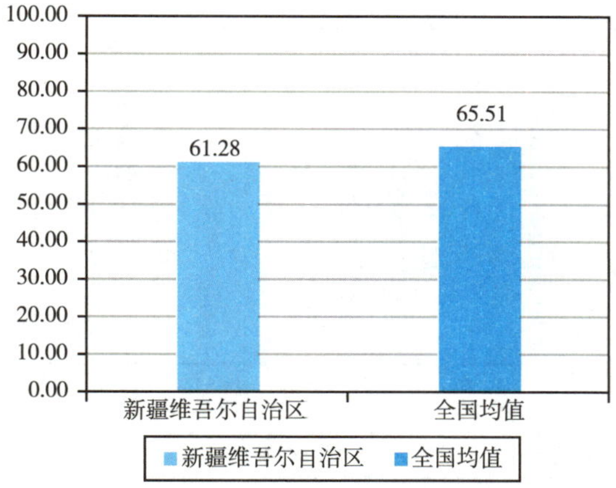

图6-255　新疆维吾尔自治区营商环境综合指数分析

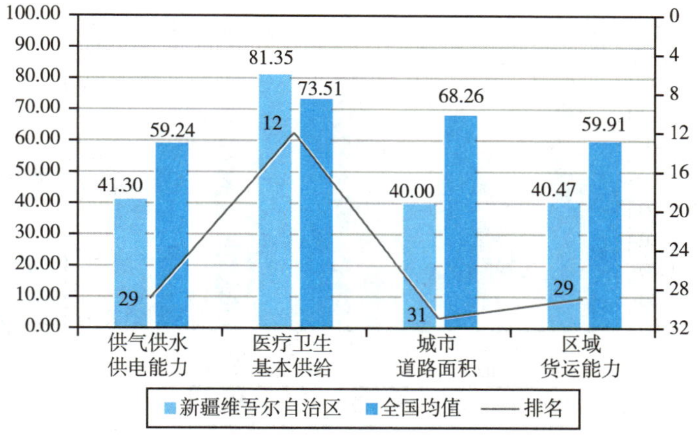

图6-256　新疆维吾尔自治区基础环境指数分析

6.2.29.3　区域政务环境维度

从区域政务环境的总体表现来看，2022年新疆维吾尔自治区政务环境指数为72.73，与全国平均水平79.81相比，新疆维吾尔自治区政务环境指数处于全国平均水平之下，体现出该地区政务环境发展水平较弱。从区域政务环境的具体内容来看，2022年新疆维吾尔自治区电子政务水平、政府透明度、政府支出和企业税收负担指标得分分别为63.49、59.04、77.36和91.03。其中，电子政务水平、政府透明度、政府支出指标得分均低于全国平均水平，企业税收负担指标得分高于全国平均水平，如图6-257所示。

6.2.29.4　区域法律环境维度

从区域法律环境的总体表现来看，2022年新疆维吾尔自治区法律环境指数为63.25，与全国平均水平64.01相比，新疆维吾尔自治区法律环境指数处于全国平均水平之下，体现出新疆维吾尔自治区法律环境发展水平较低，法治建设不够健全。从区域法律环境的具体内容来看，2022年新疆维吾尔自治区知识产权保护力度、司法信息公开度、司法服务、司法文明和社会治安指标得分分别为40.13、64.72、49.59、86.83和74.99。其中，知识产权保护力度、司法信息公开度和司法服务指标得分均低于全国平均水平，其他指标得分高于全国平均水平，如图6-258所示。

6.2.29.5　区域人才环境维度

从区域人才环境的总体表现来看，2022年新疆维吾尔自治区人才环境指数为64.34，与全国平均水平62.63相比，新疆维吾尔自治区人才环境指数处于全国平均水平之上，体现出新疆维吾尔自治区人才环境发展水平较高，地区人才吸引力较强。从区域人才环境的具体内容来看，2022年新疆维吾尔自治区高等院校在校生数、年末单位从业人数、人口净流入、平均工资水平和财政教育支出指标得分分别为57.12、70.07、72.91、51.56和70.04。其中，年末单位从业人数、人口净流入和财政教育支出指标得分高于全国平均水平，其他指标得分低于全国平均水平，如图6-259所示。

6.2.29.6　区域投资环境维度

从区域投资环境的总体表现来看，2022年新疆维吾尔自治区投资环境指数为53.32，与全国平均水平58.99相比，新疆维吾尔自治区投资环境指数处于全国平均水平之下，体现出该地区投资环境发展水平较低，市场吸引力有待加强。从区域投资环境的具体内容来看，2022年新疆维吾尔自治区居民消费率、企业机构数量、外资企业比、对外投资度和固定资产投资指标得分分别为62.50、50.38、41.41、48.65和63.66，所有指标得分均低于全国平均水平，如图6-260所示。

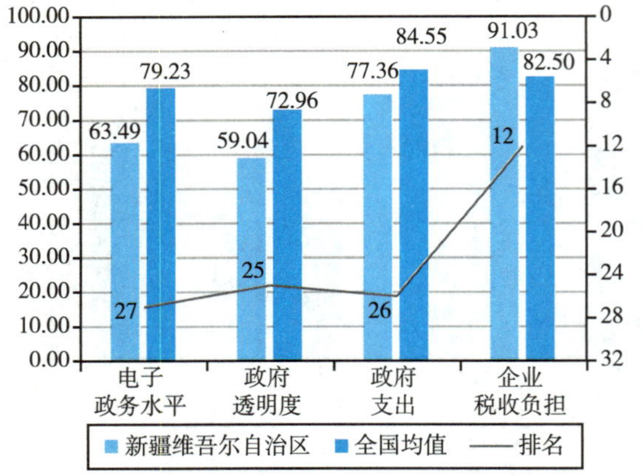

图6-257　新疆维吾尔自治区政务环境指数分析

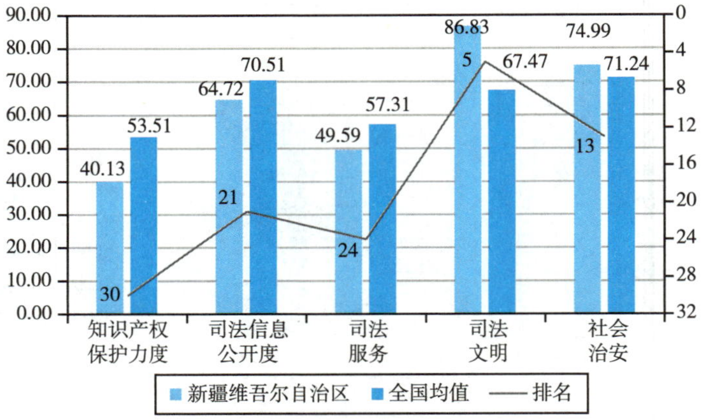

图6-258　新疆维吾尔自治区法律环境指数分析

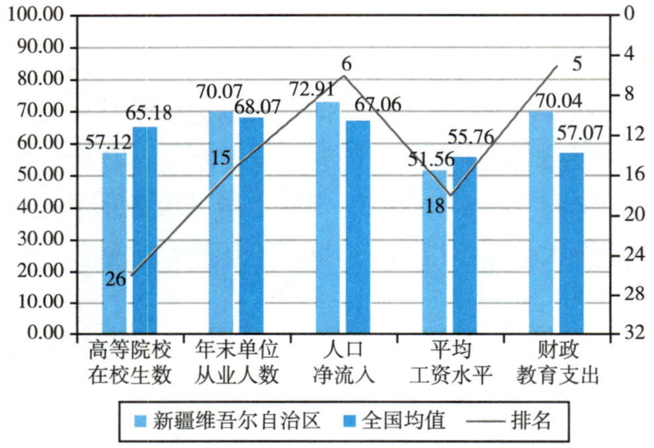

图6-259　新疆维吾尔自治区人才环境指数分析

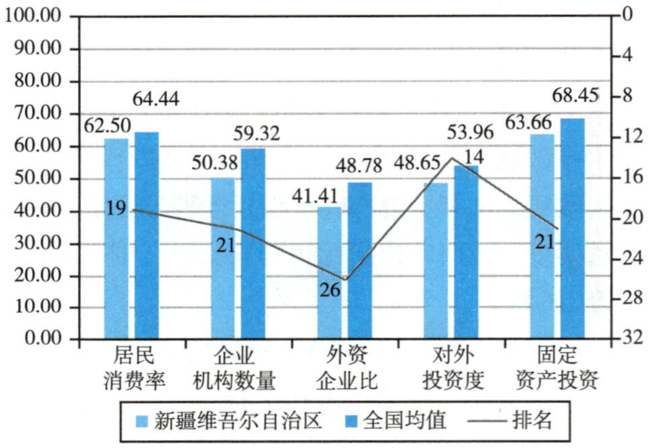

图6-260　新疆维吾尔自治区投资环境指数分析

6.2.29.7　区域金融环境维度

从区域金融环境的总体表现来看，2022年新疆维吾尔自治区金融环境指数为61.52，与全国平均水平62.47相比，新疆维吾尔自治区金融环境指数处于全国平均水平之下，体现出该地区金融环境发展水平较低。从区域金融环境的具体内容来看，2022年新疆维吾尔自治区金融从业人员、社会融资规模增量、金融机构贷款余额和银行等金融机构数量指标得分分别为46.88、79.10、46.63和73.47。其中，金融从业人员和金融机构贷款余额指标得分低于全国平均水平，其他指标得分高于全国平均水平，如图6-261所示。

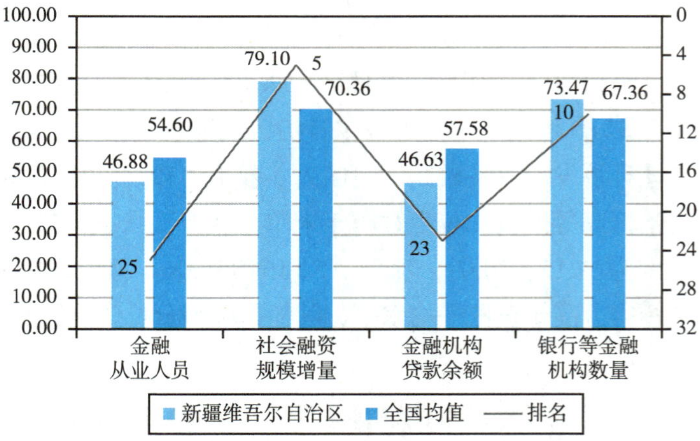

图6-261　新疆维吾尔自治区金融环境指数分析

6.2.30 云南省

6.2.30.1 云南省营商环境综合指数

2022年云南省整体营商环境综合指数为63.27，与全国平均水平65.51相比，云南省营商环境综合指数处于全国平均水平之下，体现出云南省的营商环境相对较弱，如图6-262所示。

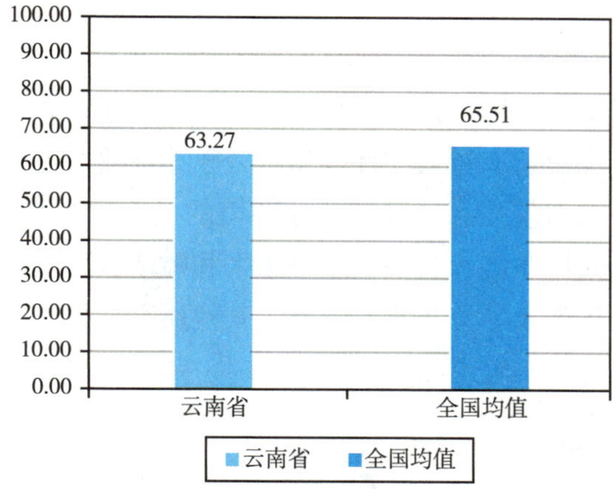

图6-262　云南省营商环境综合指数分析

6.2.30.2 区域基础环境维度

从区域基础环境的总体表现来看，2022年云南省基础环境指数为53.14，与全国平均水平64.23相比，云南省基础环境指数处于全国平均水平之下，体现出云南省基础环境发展水平较弱。从区域基础环境的具体内容来看，2022年云南省供气供水供电能力、医疗卫生基本供给、城市道路面积和区域货运能力指标得分分别为46.30、78.92、43.29和44.08。其中，除医疗卫生基本供给指标外，其他指标得分均低于全国平均水平，尤其是城市道路面积指标得分，远低于全国平均水平，如图6-263所示。

6.2.30.3 区域政务环境维度

从区域政务环境的总体表现来看，2022年云南省政务环境指数为85.57，与全国平均水平79.81相比，云南省政务环境指数处于全国平均水平之上，体现出该地区政务环境发展水平较好。从区域政务环境的具体内容来看，2022年云南省电子政务水平、政府透明度、政府支出和企业税收负担指标得分分别为90.35、72.87、84.12和94.92。其中，电子政务水平与企业税收负担指标得分高于全国平均水平，其他指标得分低于全国平均水平，如图6-264所示。

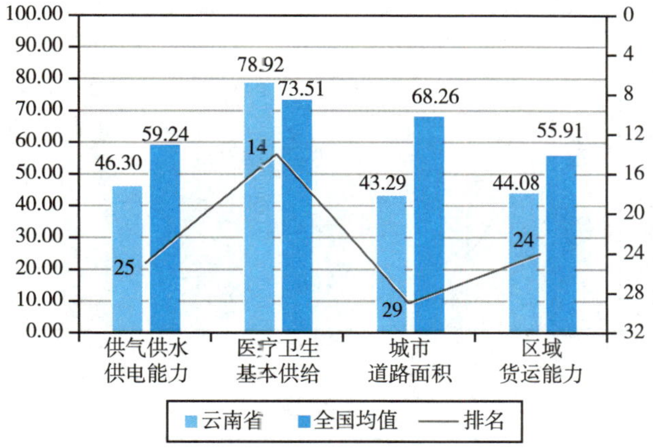

图6-263　云南省基础环境指数分析

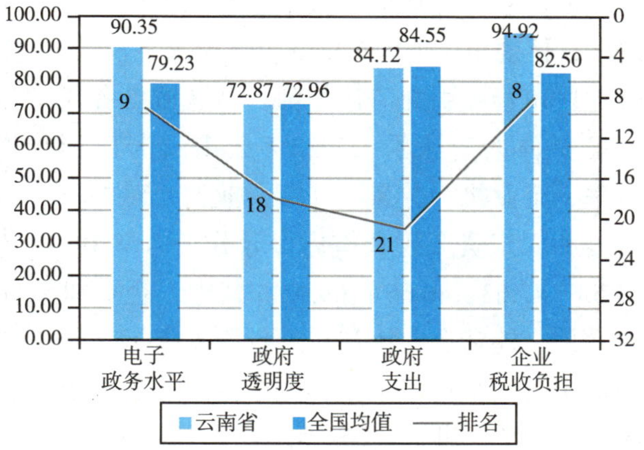

图6-264　云南省政务环境指数分析

6.2.30.4 区域法律环境维度

从区域法律环境的总体表现来看，2022年云南省法律环境指数为60.99，与全国平均水平64.01相比，云南省法律环境指数处于全国平均水平之下，体现出云南省法律环境发展水平较低，法治建设不够健全。从区域法律环境的具体内容来看，2022年云南省知识产权保护力度、司法信息公开度、司法服务、司法文明和社会治安指标得分分别为41.68、84.28、54.12、78.05和46.81。其中，知识产权保护力度、司法服务和社会治安指标得分低于全国平均水平，其他指标得分均高于全国平均水平，如图6-265所示。

6.2.30.5 区域人才环境维度

从区域人才环境的总体表现来看，2022年云南省人才环境指数为65.84，与全国平均水平62.63相比，云南省人才环境指数处于全国平均水平之上，体现出云南省人才环境发展水平较高，地区人才吸引力较强。从区域人才环境的具体内容来看，2022年云南省高等院校在校生数、年末单位从业人数、人口净流入、平均工资水平和财政教育支出指标得分分别为58.45、98.13、66.33、54.21和52.10。其中，除年末单位从业人数外，其他所有指标得分均低于全国平均水平，如图6-266所示。

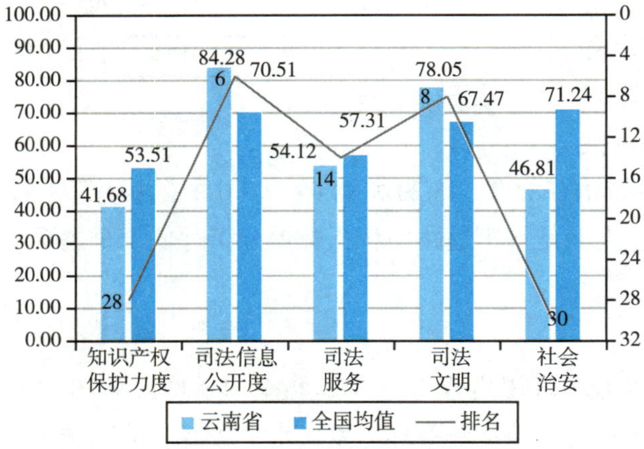

图6-265 云南省法律环境指数分析

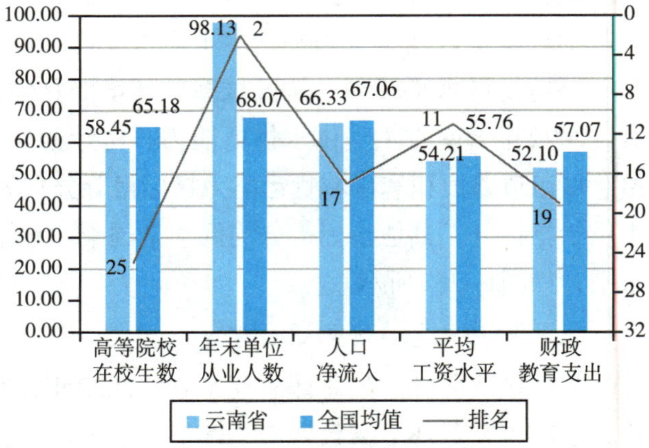

图6-266 云南省人才环境指数分析

6.2.30.6 区域投资环境维度

从区域投资环境的总体表现来看，2022年云南省投资环境指数为54.28，与全国平均水平58.99相比，云南省投资环境指数处于全国平均水平之下，体现出该地区投资环境发展水平较低，该地区市场吸引力有待加强。从区域投资环境的具体内容来看，2022年云南省居民消费率、企业机构数量、外资企业比、对外投资度和固定资产投资指标得分分别为68.19、44.53、43.63、46.05和69.02。其中，企业机构数量、外资企业比和对外投资度指标得分均低于全国平均水平，其他指标得分高于全国平均水平，如图6-267所示。

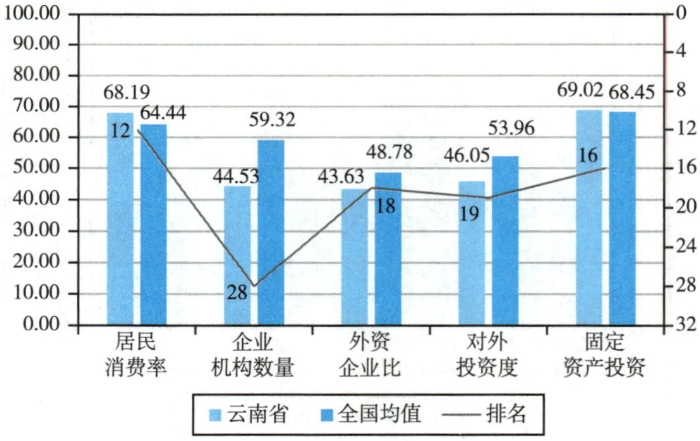

图6-267 云南省投资环境指数分析

6.2.30.7 区域金融环境维度

从区域金融环境的总体表现来看，2022年云南省金融环境指数为56.15，与全国平均水平62.47相比，云南省金融环境指数处于全国平均水平之下，表明该地区金融环境发展水平较低。从区域金融环境的具体内容来看，2022年云南省金融从业人员、社会融资规模增量、金融机构贷款余额和银行等金融机构数量指标得分分别为40.00、65.60、51.01和68.00。其中，除银行等金融机构数量指标外，其他指标得分均低于全国平均水平，如图6-268所示。

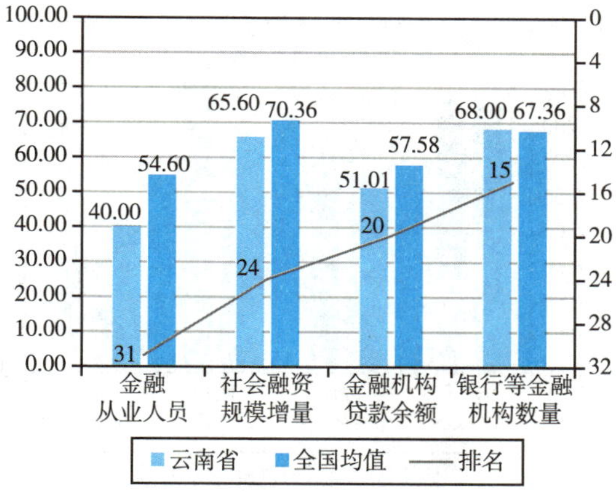

图6-268　云南省金融环境指数分析

6.2.31　浙江省

6.2.31.1　浙江省营商环境综合指数

2022年浙江省整体营商环境综合指数为76.13，与全国平均水平65.51相比，浙江省营商环境综合指数处于全国平均水平之上，体现出浙江省的营商环境较好，如图6-269所示。

6.2.31.2　区域基础环境维度

从区域基础环境的总体表现来看，2022年浙江省基础环境指数为78.53，与全国平均水平64.23相比，浙江省基础环境指数处于全国平均水平之上，体现出浙江省基础环境发展水平较高。从区域基础环境的具体内容来看，2022年浙江省供气供水供电能力、医疗卫生基本供给、城市道路面积和区域货运能力指标得分分别为87.17、56.54、92.82和77.58。其中，除医疗卫生基本供给指标外，其他指标得分均高于全国平均水平，如图6-270所示。

6.2.31.3　区域政务环境维度

从区域政务环境的总体表现来看，2022年浙江省政务环境指数为83.19，与全国平均水平79.81相比，政务环境浙江省指数处于全国平均水平之上，体现出该地区政务环境发展水平较高。从区域政务环境的具体内容来看，2022年浙江省电子政务水平、政府透明度、政府支出和企业税收负担指标得分分别为90.66、79.98、95.02和67.11。其中，电子政务水平、政府透明度、政府支出得分均高于全国平均水平，企业税收负担指标得分低于全国平均水平，如图6-271所示。

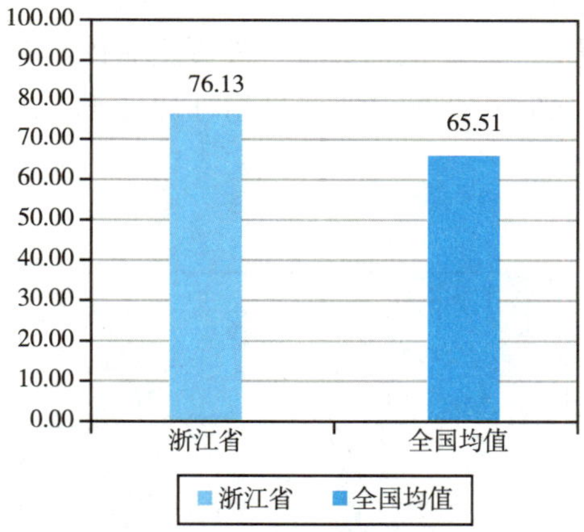

图6-269　浙江省营商环境综合指数分析

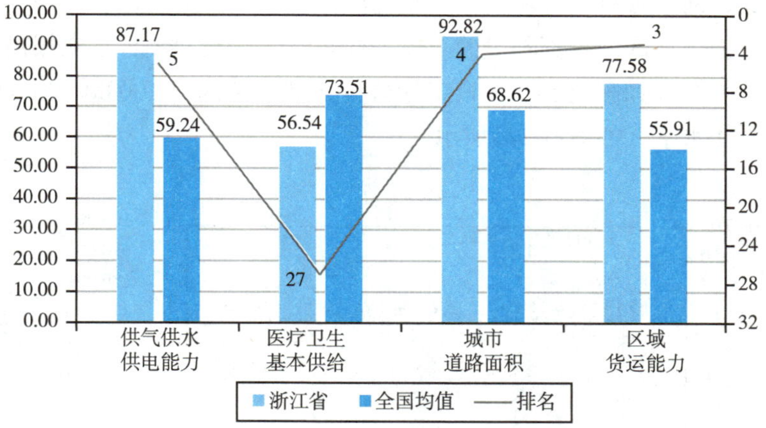

图6-270　浙江省基础环境指数分析

6.2.31.4　区域法律环境维度

从区域法律环境的总体表现来看，2022年浙江省法律环境指数为69.29，与全国平均水平64.01相比，浙江省法律环境指数处于全国平均水平之上，体现出浙江省法律环境发展水平较高，同时也体现出浙江省法治建设较为健全。从区域法律环境的具体内容来看，2022年浙江省知识产权保护力度、司法信息公开度、司法服务、司法文明和社会治安指标得分分别为53.31、82.16、66.01、69.27和75.70。其中，知识产权保护力度指标得分低于全国平均水平，司法信息公开度、司法服务、司法文明和社会治安指标得分均高于全国平均水平，如图6-272所示。

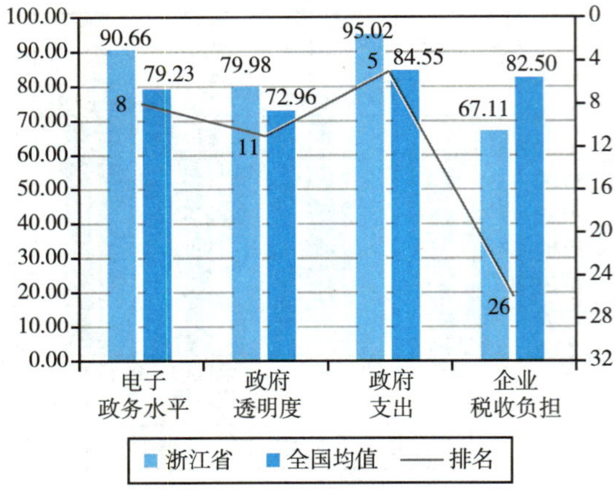

图6-271 浙江省政务环境指数分析

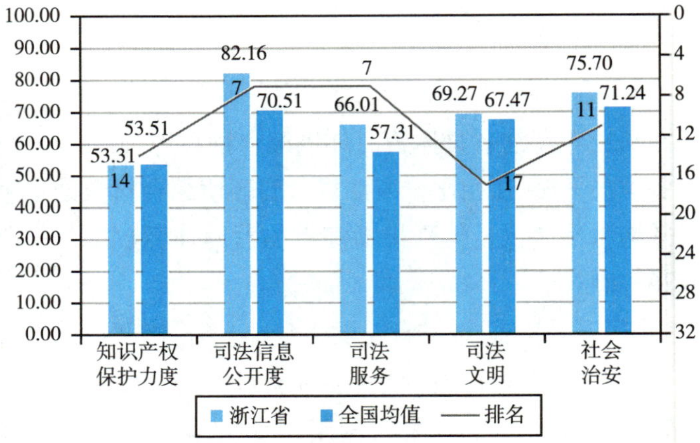

图6-272 浙江省法律环境指数分析

6.2.31.5 区域人才环境维度

从区域人才环境的总体表现来看，2022年浙江省人才环境指数为75.54，与全国平均水平62.63相比，浙江省人才环境指数处于全国平均水平之上，体现出浙江省人才环境发展水平较高，同时也体现出该地区人才吸引力强。从区域人才环境的具体内容来看，2022年浙江省高等院校在校生数、年末单位从业人数、人口净流入、平均工资水平和财政教育支出指标得分分别为53.18、100.00、93.53、68.25和62.75。其中，除了高等院校在校生数指标外，其他各项指标得分均高于全国平均水平，如图6-273所示。

6.2.31.6 区域投资环境维度

从区域投资环境的总体表现来看，2022年浙江省投资环境指数为74.50，与全国平均水平58.99相比，浙江省投资环境指数处于全国平均水平之上，体现出该地区投资环境发展水平较高，市场吸引力较强。从区域投资环境的具体内容来看，2022年浙江省居民消费率、企业机构数量、外资企业比、对外投资度和固定资产投资指标得分分别为67.50、100.00、61.41、65.36和78.26，各项指标均高于全国平均水平，如图6-274所示。

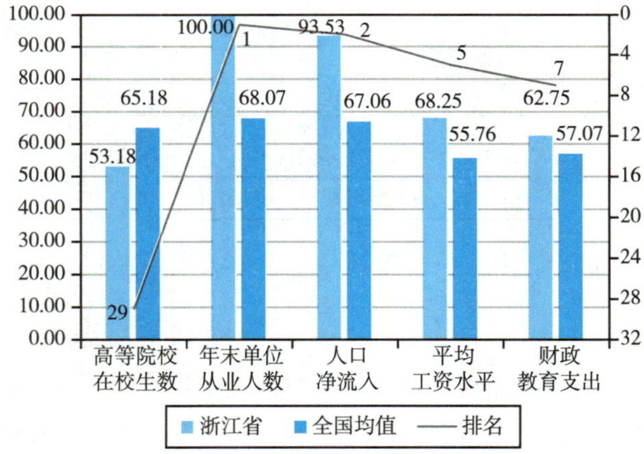

图6-273 浙江省人才环境指数分析

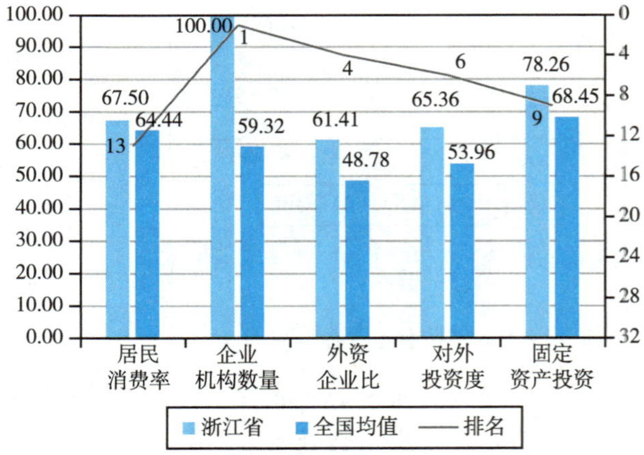

图6-274 浙江省投资环境指数分析

6.2.31.7 区域金融环境维度

从区域金融环境的总体表现来看，2022年浙江省金融环境指数为75.33，与全国平均水平62.47相比，浙江省金融环境指数处于全国平均水平之上，体现出该地区金融环境发展水平较高。从区域金融环境的具体内容来看，2022年浙江省金融从业人员、社会融资规模增量、金融机构贷款余额和银行等金融机构数量指标得分分别为58.13、100.00、92.27和50.91。其中，除了银行等金融机构数量指标得分低于全国平均水平外，其他指标得分均高于全国平均水平，如图6-275所示。

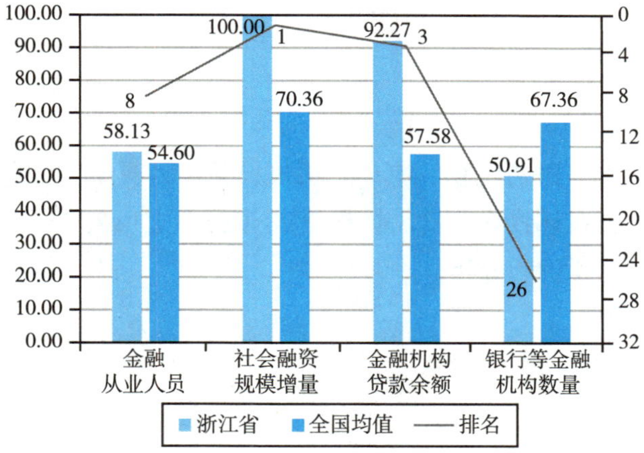

图6-275　浙江省金融环境指数分析

第7章 中国上市公司创新发展指数评价——行业维度

本章从行业维度，对传媒、医药生物、电子、机械设备、计算机、国防军工、钢铁、环保、家用电器、建筑材料、交通运输、农林牧渔、食品饮料等28个行业上市公司（剔除房地产、银行和非银金融行业）的创新发展指数进行评价和分析。

7.1 传媒行业创新发展指数评价

截至2022年底，A股市场传媒行业共有上市公司140家，总市值共计12,202.53亿元，营业总收入5,001.60亿元，平均市值87.16亿元/家，平均营业收入35.73亿元/家。营业收入最高的上市公司为蓝色光标（366.83亿元），市值最大的上市公司为分众传媒（964.74亿元）。行业内上市公司研发投入合计为181.93亿元，占营业收入的3.64%，无形资产账面价值合计为381.23亿元，占总资产的3.65%。根据本报告分析口径，本节共对传媒行业140家上市公司开展创新发展指数评价，具体情况如下：

7.1.1 创新发展综合指数

根据本报告评价，2022年传媒行业创新发展综合指数平均水平为61.99，低于全市场平均水平65.47。从指数分布来看，高于均值的有39家，占行业总数的27.86%。其中，最高的是芒果超媒，创新发展综合指数为74.76。具体来看，创新发展综合指数区间在60以下的有47家，占比33.57%；60~70的有84家，占比60.00%；70~80的有9家，占比6.43%，如图7–1所示。

传媒行业又可细分为6个二级行业，按照创新发展综合指数排名由高到低包括：电视广播Ⅱ（65.30）、游戏Ⅱ（64.78）、数字媒体（62.97）、出版（62.44）、广告营销（59.86）、影视院线（57.88），如图7–2所示。

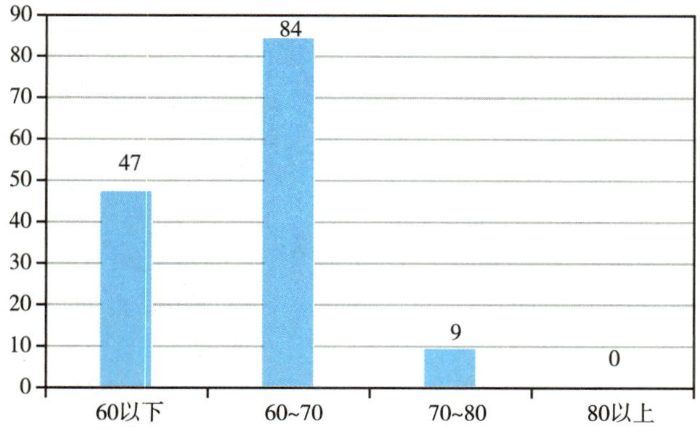

图7–1 2022年传媒行业上市公司创新发展综合指数分布图（家）

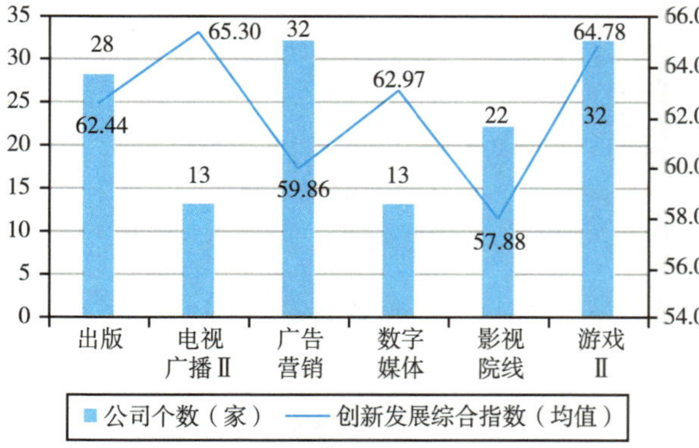

图7–2 2022年传媒行业上市公司创新发展综合指数均值分布图

传媒行业中，创新发展综合指数排名前10%的上市公司，如表7-1所示。

表7-1　　2022年传媒行业上市公司创新发展综合指数前10%排名

排名	公司代码	公司名称	创新发展综合指数	二级行业_申万	三级行业_申万
1	300413.SZ	芒果超媒	74.76	数字媒体	视频媒体
2	300418.SZ	昆仑万维	72.43	游戏Ⅱ	游戏Ⅲ
3	300002.SZ	神州泰岳	70.99	游戏Ⅱ	游戏Ⅲ
4	002517.SZ	恺英网络	70.94	游戏Ⅱ	游戏Ⅲ
5	603000.SH	人民网	70.59	数字媒体	门户网站
6	600037.SH	歌华有线	70.59	电视广播Ⅱ	电视广播Ⅲ
7	300343.SZ	联创股份	70.51	广告营销	营销代理
8	002624.SZ	完美世界	70.50	游戏Ⅱ	游戏Ⅲ
9	600637.SH	东方明珠	70.41	电视广播Ⅱ	电视广播Ⅲ
10	000156.SZ	华数传媒	69.80	电视广播Ⅱ	电视广播Ⅲ
11	002555.SZ	三七互娱	69.63	游戏Ⅱ	游戏Ⅲ
12	002558.SZ	巨人网络	69.40	游戏Ⅱ	游戏Ⅲ
13	600633.SH	浙数文化	69.08	游戏Ⅱ	游戏Ⅲ
14	601949.SH	中国出版	68.79	出版	大众出版

数据来源：同花顺（iFinD），首经贸资产评估研究院和浙工商数字创新与管理研究院整理。

7.1.2　创新资源支持指数

2022年传媒行业140家上市公司创新资源支持指数平均水平为65.74，低于全市场均值68.18。从指数分布来看，高于均值的有48家，占行业总数的34.29%。其中，最高的是出版传媒，创新资源支持指数为82.23。具体来看，创新资源支持指数区间在60以下的有32家，占比22.86%；60~70的有66家，占比47.14%；70~80的有38家，占比27.14%；80以上的有4家，占比2.86%，如图7-3所示。

从二级行业来看，按照创新资源支持指数排名由高到低包括：出版（70.21）、电视广播Ⅱ（70.00）、数字媒体（65.65）、游戏Ⅱ（65.11）、影视院线（64.25）、广告营销（61.78），如图7-4所示。

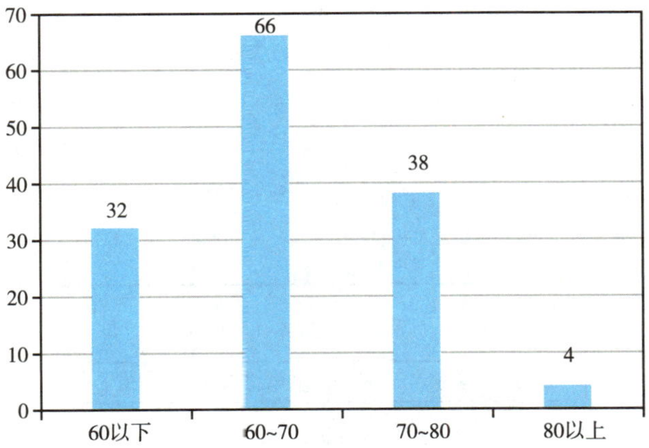

图7-3　2022年传媒行业上市公司创新资源支持指数分布图（家）

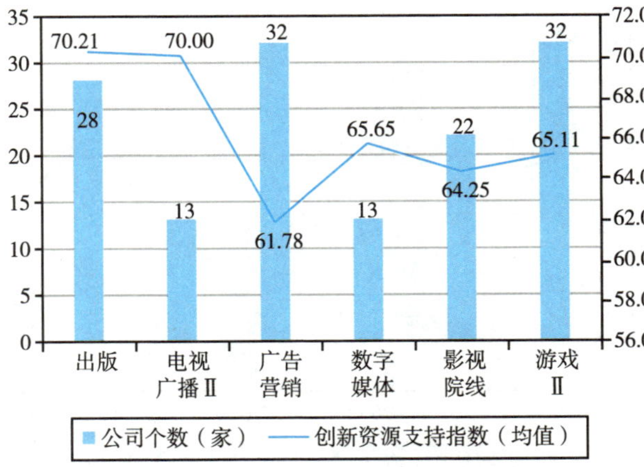

图7-4　2022年传媒行业上市公司创新资源支持指数均值分布图

传媒行业中，创新资源支持指数排名前10%的上市公司，如表7-2所示。

表7-2　2022年传媒行业上市公司创新资源支持指数前10%排名

排名	公司代码	公司名称	创新资源支持指数	二级行业_申万	三级行业_申万
1	601999.SH	出版传媒	82.23	出版	大众出版
2	000156.SZ	华数传媒	80.90	电视广播Ⅱ	电视广播Ⅲ
3	601900.SH	南方传媒	80.61	出版	教育出版
4	601949.SH	中国出版	80.37	出版	大众出版
5	002555.SZ	三七互娱	79.41	游戏Ⅱ	游戏Ⅲ
6	300413.SZ	芒果超媒	79.31	数字媒体	视频媒体
7	002558.SZ	巨人网络	78.61	游戏Ⅱ	游戏Ⅲ
8	600037.SH	歌华有线	78.37	电视广播Ⅱ	电视广播Ⅲ
9	600637.SH	东方明珠	78.10	电视广播Ⅱ	电视广播Ⅲ
10	601928.SH	凤凰传媒	77.99	出版	教育出版
11	605577.SH	龙版传媒	77.96	出版	教育出版
12	601811.SH	新华文轩	77.64	出版	教育出版
13	603000.SH	人民网	77.59	数字媒体	门户网站
14	601019.SH	山东出版	77.48	出版	教育出版

数据来源：同花顺（iFinD），首经贸资产评估研究院和浙工商数字创新与管理研究院整理。

7.1.3　创新要素投入指数

2022年传媒行业140家上市公司创新要素投入指数平均水平为60.48，低于全市场均值65.37。从指数分布来看，高于均值的有48家，占行业总数的34.29%。其中，最高的是昆仑万维，创新要素投入指数为76.57。具体来看，创新要素投入指数区间在60以下的有64家，占比45.71%；60~70的有55家，占比39.29%；70~80的有21家，占比15.00%，如图7-5所示。

从二级行业来看，按照创新要素投入指数排名由高到低包括：游戏Ⅱ（68.63）、电视广播Ⅱ（64.87）、数字媒体（63.05）、出版（57.69）、广告营销（57.24）、影视院线（52.80），如图7-6所示。

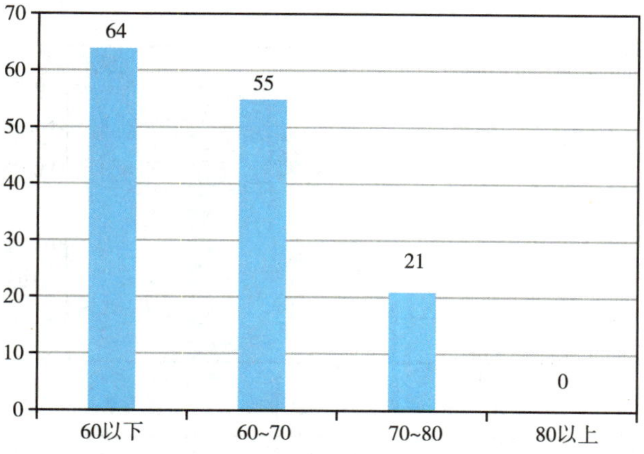

图7-5　2022年传媒行业上市公司创新要素投入指数分布图（家）

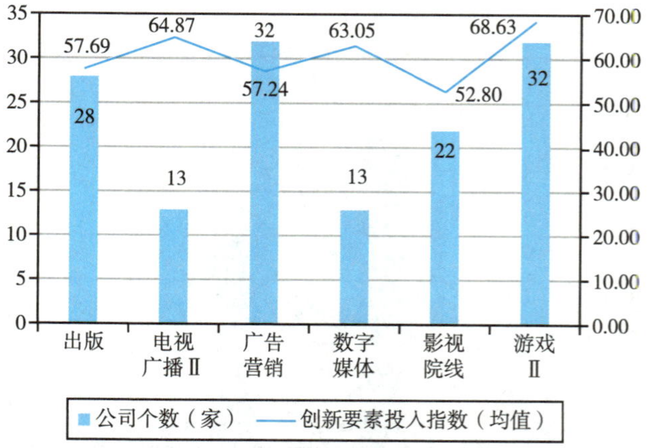

图7-6　2022年传媒行业上市公司创新要素投入指数均值分布图

传媒行业中，创新要素投入指数排名前10%的上市公司，如表7-3所示。

表7-3　　2022年传媒行业上市公司创新要素投入指数前10%排名

排名	公司代码	公司名称	创新要素投入指数	二级行业_申万	三级行业_申万
1	300418.SZ	昆仑万维	76.57	游戏Ⅱ	游戏Ⅲ
2	002624.SZ	完美世界	75.95	游戏Ⅱ	游戏Ⅲ
3	300533.SZ	冰川网络	75.48	游戏Ⅱ	游戏Ⅲ
4	300002.SZ	神州泰岳	75.22	游戏Ⅱ	游戏Ⅲ
5	002174.SZ	游族网络	74.95	游戏Ⅱ	游戏Ⅲ
6	002425.SZ	凯撒文化	74.26	游戏Ⅱ	游戏Ⅲ
7	603533.SH	掌阅科技	73.65	数字媒体	文字媒体
8	600633.SH	浙数文化	73.58	游戏Ⅱ	游戏Ⅲ
9	002517.SZ	恺英网络	73.40	游戏Ⅱ	游戏Ⅲ
10	300299.SZ	富春股份	73.15	游戏Ⅱ	游戏Ⅲ
11	300413.SZ	芒果超媒	73.10	数字媒体	视频媒体
12	002602.SZ	世纪华通	72.69	游戏Ⅱ	游戏Ⅲ
13	000156.SZ	华数传媒	72.66	电视广播Ⅱ	电视广播Ⅲ
14	600637.SH	东方明珠	72.55	电视广播Ⅱ	电视广播Ⅲ

数据来源：同花顺（iFinD），首经贸资产评估研究院和浙工商数字创新与管理研究院整理。

7.1.4　创新科技成果指数

2022年传媒行业140家上市公司创新科技成果指数平均水平为64.21，低于全市场均值68.28。从指数分布来看，高于均值的有26家，占行业总数的18.57%。其中，最高的是联创股份，创新科技成果指数为77.01。具体来看，创新科技成果指数区间在60以下的有25家，占比17.86%；60~70的有102家，占比72.85%；70~80的有13家，占比9.29%，如图7-7所示。

从二级行业来看，按照创新科技成果指数排名由高到低包括：电视广播Ⅱ（67.50）、游戏Ⅱ（65.67）、数字媒体（64.80）、广告营销（64.06）、影视院线（62.40）、出版（62.31），如图7-8所示。

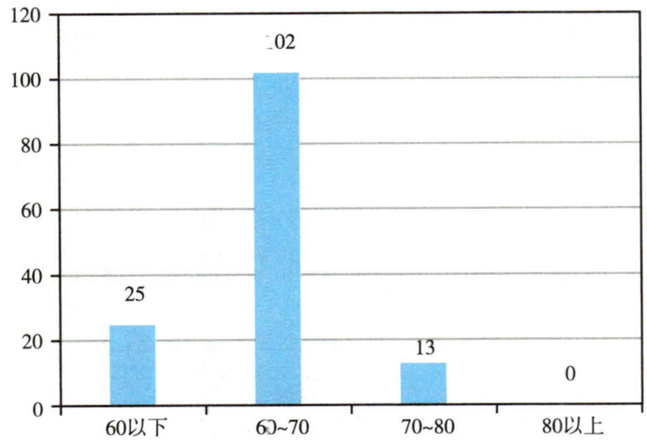

图7-7　2022年传媒行业上市公司创新科技成果指数分布图（家）

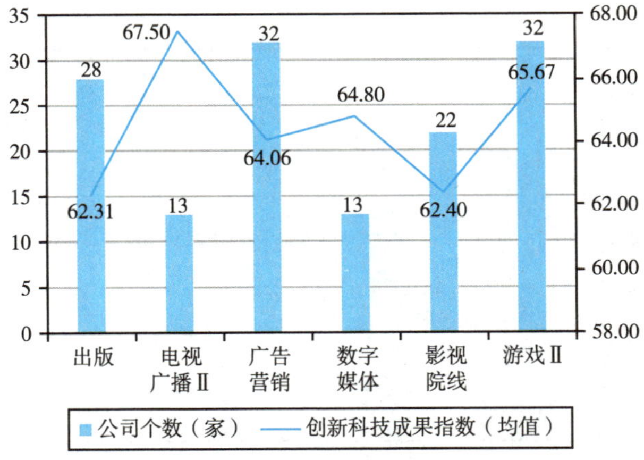

图7-8　2022年传媒行业上市公司创新科技成果指数均值分布图

传媒行业中，创新科技成果指数排名前10%的上市公司，如表7-4所示。

表7-4　2022年传媒行业上市公司创新科技成果指数前10%排名

排名	公司代码	公司名称	创新科技成果指数	二级行业_申万	三级行业_申万
1	300343.SZ	联创股份	77.01	广告营销	营销代理
2	002292.SZ	奥飞娱乐	72.54	影视院线	影视动漫制作
3	300413.SZ	芒果超媒	72.12	数字媒体	视频媒体
4	601098.SH	中南传媒	71.77	出版	教育出版
5	600996.SH	贵广网络	71.45	电视广播Ⅱ	电视广播Ⅲ
6	300031.SZ	宝通科技	71.34	游戏Ⅱ	游戏Ⅲ
7	002027.SZ	分众传媒	71.22	广告营销	广告媒体
8	000917.SZ	电广传媒	70.80	电视广播Ⅱ	电视广播Ⅲ
9	600977.SH	中国电影	70.64	影视院线	影视动漫制作
10	600556.SH	天下秀	70.63	广告营销	营销代理
11	603721.SH	中广天择	70.38	影视院线	影视动漫制作
12	300418.SZ	昆仑万维	70.34	游戏Ⅱ	游戏Ⅲ
13	300467.SZ	迅游科技	70.20	游戏Ⅱ	游戏Ⅲ
14	000676.SZ	智度股份	69.78	广告营销	营销代理

数据来源：同花顺（iFinD），首经贸资产评估研究院和浙工商数字创新与管理研究院整理。

7.1.5　创新经济绩效指数

2022年传媒行业140家上市公司创新经济绩效指数平均水平为59.04，低于全市场均值61.11。从指数分布来看，高于均值的有62家，占行业总数的44.29%。其中，最高的是芒果超媒，创新经济绩效指数为75.77。具体来看，创新经济绩效指数区间在60以下的有76家，占比54.29%；60~70的有52家，占比37.14%；70~80的有12家，占比8.57%，如图7-9所示。

从二级行业来看，按照创新经济绩效指数排名由高到低包括：出版（62.52）、电视广播Ⅱ（60.41）、数字媒体（59.29）、游戏Ⅱ（59.18）、广告营销（57.83）、影视院线（55.23），如图7-10所示。

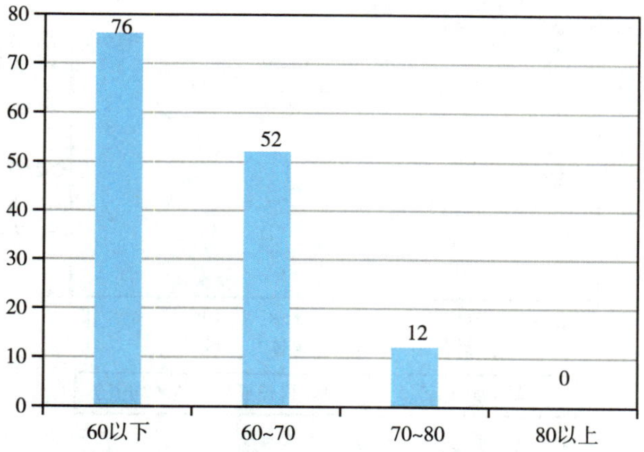

图7-9　2022年传媒行业上市公司创新经济绩效指数分布图（家）

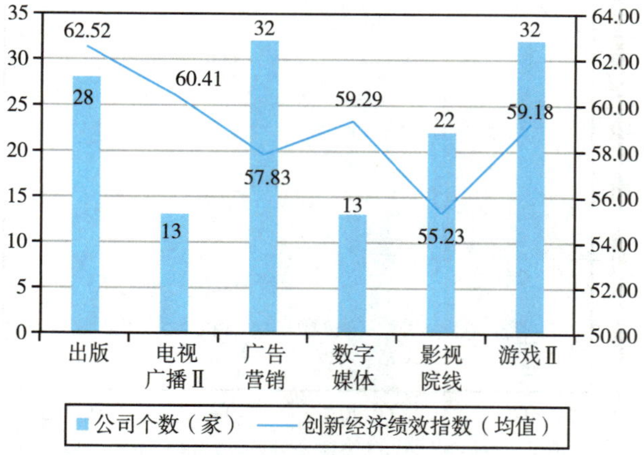

图7-10　2022年传媒行业上市公司创新经济绩效指数均值分布图

传媒行业中，创新经济绩效指数排名前10%的上市公司，如表7-5所示。

表7-5　2022年传媒行业上市公司创新经济绩效指数前10%排名

排名	公司代码	公司名称	创新经济绩效指数	二级行业_申万	三级行业_申万
1	300413.SZ	芒果超媒	75.77	数字媒体	视频媒体
2	601900.SH	南方传媒	73.27	出版	教育出版
3	300418.SZ	昆仑万维	73.10	游戏Ⅱ	游戏Ⅲ
4	300343.SZ	联创股份	72.57	广告营销	营销代理
5	601928.SH	凤凰传媒	72.48	出版	教育出版
6	603000.SH	人民网	71.72	数字媒体	门户网站
7	600757.SH	长江传媒	71.16	出版	教育出版
8	600996.SH	贵广网络	71.08	电视广播Ⅱ	电视广播Ⅲ
9	601811.SH	新华文轩	70.89	出版	教育出版
10	002878.SZ	元隆雅图	70.76	广告营销	营销代理
11	601858.SH	中国科传	70.70	出版	大众出版
12	601921.SH	浙版传媒	70.24	出版	教育出版
13	601949.SH	中国出版	69.40	出版	大众出版
14	002027.SZ	分众传媒	69.05	广告营销	广告媒体

数据来源：同花顺（iFinD），首经贸资产评估研究院和浙工商数字创新与管理研究院整理。

7.2　电力设备行业创新发展指数评价

截至2022年底，A股市场电力设备行业共有上市公司330家，总市值共计68,924.83亿元，营业总收入31,882.13亿元，平均市值208.86亿元/家，平均营业收入96.61亿元/家。营业收入最高的上市公司为宁德时代（3,285.94亿元），市值最大的上市公司也为宁德时代（9,609.34亿元）。行业内上市公司研发投入合计为1,476.07亿元，占营业收入的4.63%，无形资产账面价值合计为1,427.72亿元，占总资产的2.78%。根据本报告分析口径，本节共对电力设备行业330家上市公司开展创新发展指数评价，具体情况如下：

7.2.1　创新发展综合指数

根据本报告评价，2022年电力设备行业创新发展综合指数平均水平为67.92，高于全市场平均水平65.47。从指数分布来看，高于均值的有202家，占行业总数的61.21%。其中，最高的是国电南瑞，创新发展综合指数为87.16。具体来看，创新发展综合指数区间在60以下的有17家，占比5.15%；60~70的有207家，占比62.73%；70~80的有89家，占比26.97%；80以上的有17家，占比5.15%，如图7-11所示。

电力设备行业又可细分为6个二级行业，按照创新发展综合指数排名由高到低包括：光伏设备（70.96）、电池（69.56）、其他电源设备Ⅱ（69.05）、风电设备（68.03）、电网设备（65.71）、电机Ⅱ（65.55），如图7-12所示。

电力设备行业中，创新发展综合指数排名前10%的上市公司，如表7-6所示。

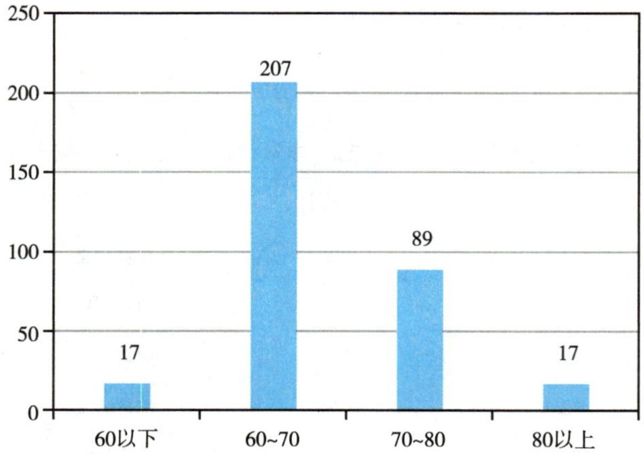

图 7-11　2022 年电力设备行业上市公司创新发展综合指数分布图（家）

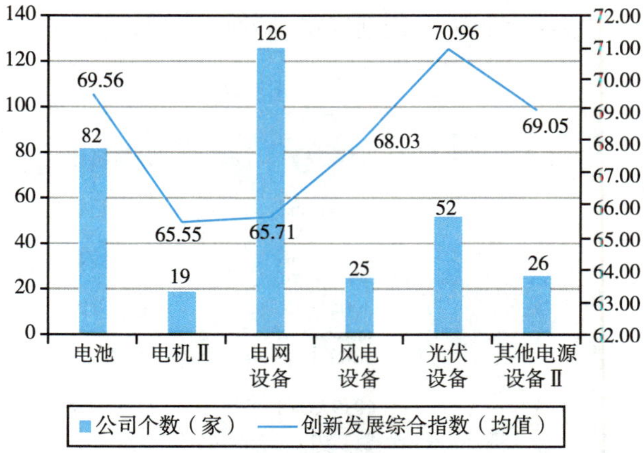

图 7-12　2022 年电力设备行业上市公司创新发展综合指数均值分布图

表 7-6　2022 年电力设备行业上市公司创新发展综合指数前 10% 排名

排名	公司代码	公司名称	创新发展综合指数	二级行业_申万	三级行业_申万
1	600406.SH	国电南瑞	87.16	电网设备	电网自动化设备
2	300014.SZ	亿纬锂能	85.33	电池	锂电池
3	600875.SH	东方电气	83.89	其他电源设备Ⅱ	综合电力设备商
4	002074.SZ	国轩高科	83.73	电池	锂电池
5	688223.SH	晶科能源	83.64	光伏设备	光伏电池组件
6	300450.SZ	先导智能	83.14	电池	锂电专用设备
7	600089.SH	特变电工	83.07	电网设备	输变电设备
8	688599.SH	天合光能	82.82	光伏设备	光伏电池组件
9	300316.SZ	晶盛机电	82.62	光伏设备	光伏加工设备
10	300274.SZ	阳光电源	81.62	光伏设备	逆变器
11	600482.SH	中国动力	81.55	其他电源设备Ⅱ	其他电源设备Ⅲ
12	300750.SZ	宁德时代	80.92	电池	锂电池
13	601012.SH	隆基绿能	80.87	光伏设备	光伏电池组件
14	002129.SZ	TCL 中环	80.79	光伏设备	硅料硅片
15	601615.SH	明阳智能	80.44	风电设备	风电整机
16	600438.SH	通威股份	80.38	光伏设备	硅料硅片
17	603659.SH	璞泰来	80.33	电池	电池化学品
18	002459.SZ	晶澳科技	79.67	光伏设备	光伏电池组件
19	601179.SH	中国西电	79.44	电网设备	输变电设备
20	600580.SH	卧龙电驱	78.76	电机Ⅱ	电机Ⅲ
21	002812.SZ	恩捷股份	78.47	电池	电池化学品
22	002709.SZ	天赐材料	78.41	电池	电池化学品
23	000400.SZ	许继电气	78.32	电网设备	电网自动化设备
24	603806.SH	福斯特	77.79	光伏设备	光伏辅材
25	002202.SZ	金风科技	77.74	风电设备	风电整机
26	002335.SZ	科华数据	77.28	其他电源设备Ⅱ	其他电源设备Ⅲ

续表

排名	公司代码	公司名称	创新发展综合指数	二级行业_申万	三级行业_申万
27	002340.SZ	格林美	77.03	电池	电池化学品
28	300751.SZ	迈为股份	76.56	光伏设备	光伏加工设备
29	600268.SH	国电南自	76.46	电网设备	电网自动化设备
30	688499.SH	利元亨	76.30	电池	锂电专用设备
31	600416.SH	湘电股份	76.28	风电设备	风电整机
32	300037.SZ	新宙邦	75.86	电池	电池化学品
33	601126.SH	四方股份	75.76	电网设备	电网自动化设备

数据来源：同花顺（iFinD），首经贸资产评估研究院和浙工商数字创新与管理研究院整理。

7.2.2　创新资源支持指数

2022年电力设备行业330家上市公司创新资源支持指数平均水平为70.91，高于全市场均值68.18。从指数分布来看，高于均值的有200家，占行业总数的60.61%。其中，最高的是亿纬锂能，创新资源支持指数为94.90。具体来看，创新资源支持指数区间在60以下的有29家，占比8.79%；60~70的有121家，占比36.67%；70~80的有129家，占比39.09%；80以上的有51家，占比15.45%，如图7-13所示。

从二级行业来看，按照创新资源支持指数排名由高到低包括：光伏设备（73.97）、风电设备（72.77）、电池（72.74）、其他电源设备Ⅱ（72.22）、电机Ⅱ（68.45）、电网设备（68.19），如图7-14所示。

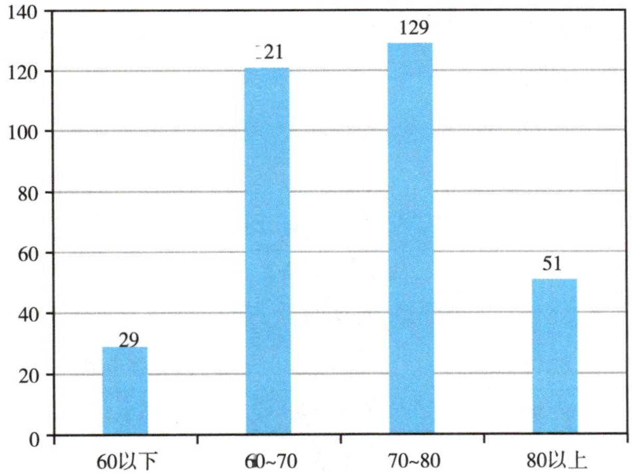

图7-13　2022年电力设备行业上市公司创新资源支持指数分布图（家）

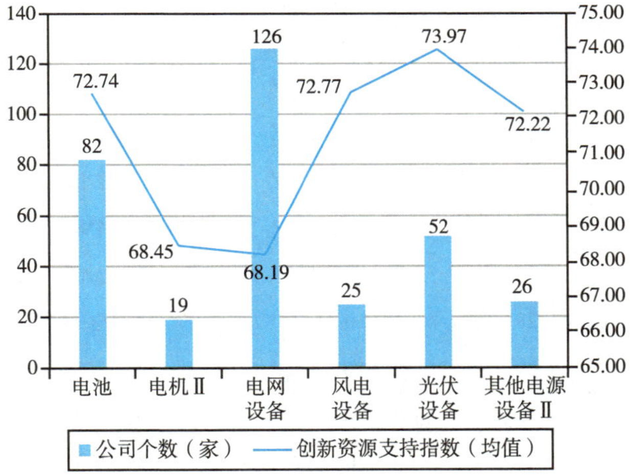

图7-14　2022年电力设备行业上市公司创新资源支持指数均值分布图

电力设备行业中，创新资源支持指数排名前10%的上市公司，如表7-7所示。

表7-7　2022年电力设备行业上市公司创新资源支持指数前10%排名

排名	公司代码	公司名称	创新资源支持指数	二级行业_申万	三级行业_申万
1	300014.SZ	亿纬锂能	94.90	电池	锂电池
2	688223.SH	晶科能源	91.96	光伏设备	光伏电池组件

续表

排名	公司代码	公司名称	创新资源支持指数	二级行业_申万	三级行业_申万
3	300316.SZ	晶盛机电	89.21	光伏设备	光伏加工设备
4	603806.SH	福斯特	87.44	光伏设备	光伏辅材
5	300724.SZ	捷佳伟创	87.08	光伏设备	光伏加工设备
6	600406.SH	国电南瑞	86.44	电网设备	电网自动化设备
7	300919.SZ	中伟股份	85.12	电池	电池化学品
8	603659.SH	璞泰来	85.01	电池	电池化学品
9	300118.SZ	东方日升	84.94	光伏设备	光伏电池组件
10	688599.SH	天合光能	84.76	光伏设备	光伏电池组件
11	688499.SH	利元亨	84.63	电池	锂电专用设备
12	601179.SH	中国西电	84.63	电网设备	输变电设备
13	601865.SH	福莱特	84.32	光伏设备	光伏辅材
14	688598.SH	金博股份	84.27	光伏设备	光伏辅材
15	600580.SH	卧龙电驱	84.03	电机Ⅱ	电机Ⅲ
16	002335.SZ	科华数据	83.81	其他电源设备Ⅱ	其他电源设备Ⅲ
17	002074.SZ	国轩高科	83.69	电池	锂电池
18	002339.SZ	积成电子	83.69	电网设备	电网自动化设备
19	300274.SZ	阳光电源	83.68	光伏设备	逆变器
20	601311.SH	骆驼股份	83.56	电池	蓄电池及其他电池
21	002851.SZ	麦格米特	83.52	其他电源设备Ⅱ	其他电源设备Ⅲ
22	002518.SZ	科士达	83.51	其他电源设备Ⅱ	其他电源设备Ⅲ
23	002245.SZ	蔚蓝锂芯	83.51	电池	锂电池
24	002459.SZ	晶澳科技	83.15	光伏设备	光伏电池组件
25	300450.SZ	先导智能	82.81	电池	锂电专用设备
26	002129.SZ	TCL中环	82.65	光伏设备	硅料硅片
27	002534.SZ	西子洁能	82.36	其他电源设备Ⅱ	火电设备
28	603556.SH	海兴电力	82.20	电网设备	电工仪器仪表
29	001283.SZ	豪鹏科技	82.07	电池	锂电池
30	300772.SZ	运达股份	81.93	风电设备	风电整机
31	601012.SH	隆基绿能	81.90	光伏设备	光伏电池组件
32	300040.SZ	九洲集团	81.85	电网设备	电网自动化设备
33	688779.SH	长远锂科	81.83	电池	电池化学品

数据来源：同花顺（iFinD），首经贸资产评估研究院和浙工商数字创新与管理研究院整理。

7.2.3 创新要素投入指数

2022年电力设备行业330家上市公司创新要素投入指数平均水平为68.29，高于全市场均值65.37。从指数分布来看，高于均值的有200家，占行业总数的60.61%。其中，最高的是国轩高科，创新要素投入指数为88.53。具体来看，创新要素投入指数区间在60以下的有33家，占比10.00%；60~70的有164家，占比49.70%；70~80的有112家，占比33.94%；80以上的有21家，占比6.36%，如图7-15所示。

从二级行业来看，按照创新要素投入指数排名由高到低包括：其他电源设备Ⅱ（71.41）、光伏设备（71.22）、电池（69.71）、风电设备（67.47）、电网设备（66.05）、电机Ⅱ（65.86），如图7-16所示。

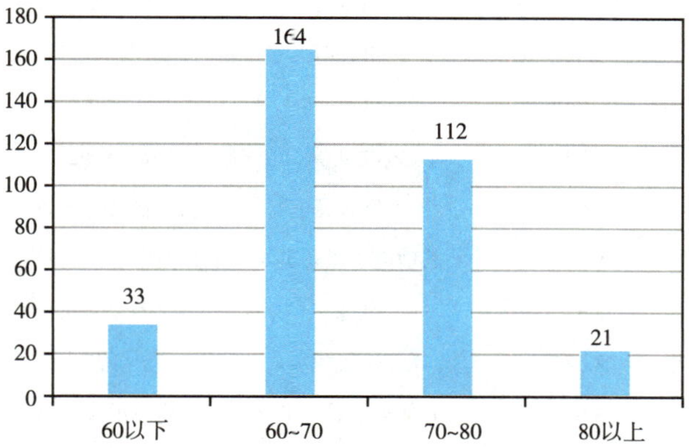

图7-15　2022年电力设备行业上市公司创新要素投入指数分布图（家）

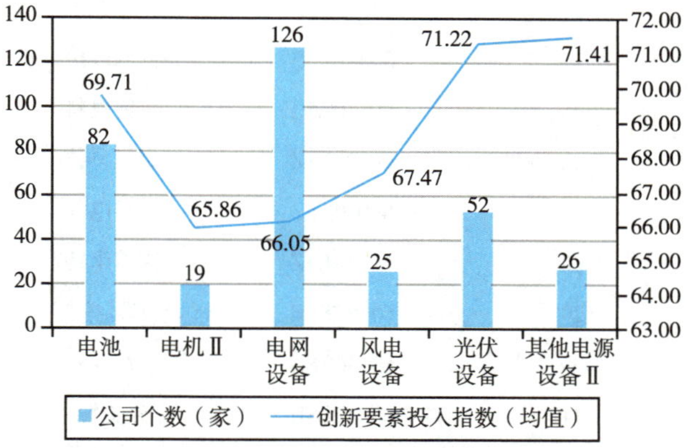

图7-16　2022年电力设备行业上市公司创新要素投入指数均值分布图

电力设备行业中，创新要素投入指数排名前10%的上市公司，如表7-8所示。

表7-8　2022年电力设备行业上市公司创新要素投入指数前10%排名

排名	公司代码	公司名称	创新要素投入指数	二级行业_申万	三级行业_申万
1	002074.SZ	国轩高科	88.53	电池	锂电池
2	600875.SH	东方电气	88.09	其他电源设备Ⅱ	综合电力设备商
3	600089.SH	特变电工	86.17	电网设备	输变电设备
4	600482.SH	中国动力	85.83	其他电源设备Ⅱ	其他电源设备Ⅲ
5	600406.SH	国电南瑞	85.82	电网设备	电网自动化设备
6	300450.SZ	先导智能	85.66	电池	锂电专用设备
7	300316.SZ	晶盛机电	85.17	光伏设备	光伏加工设备
8	300750.SZ	宁德时代	85.08	电池	锂电池
9	300274.SZ	阳光电源	83.54	光伏设备	逆变器
10	300014.SZ	亿纬锂能	83.19	电池	锂电池
11	688599.SH	天合光能	82.98	光伏设备	光伏电池组件
12	002129.SZ	TCL中环	82.91	光伏设备	硅料硅片
13	601615.SH	明阳智能	82.72	风电设备	风电整机
14	688223.SH	晶科能源	82.59	光伏设备	光伏电池组件
15	601012.SH	隆基绿能	82.41	光伏设备	光伏电池组件
16	300751.SZ	迈为股份	82.27	光伏设备	光伏加工设备
17	002340.SZ	格林美	81.44	电池	电池化学品
18	002459.SZ	晶澳科技	80.86	光伏设备	光伏电池组件

续表

排名	公司代码	公司名称	创新要素投入指数	二级行业_申万	三级行业_申万
19	688499.SH	利元亨	80.74	电池	锂电专用设备
20	002335.SZ	科华数据	80.24	其他电源设备Ⅱ	其他电源设备Ⅲ
21	600268.SH	国电南自	80.15	电网设备	电网自动化设备
22	000821.SZ	京山轻机	79.87	光伏设备	光伏加工设备
23	601126.SH	四方股份	79.86	电网设备	电网自动化设备
24	600416.SH	湘电股份	79.44	风电设备	风电整机
25	002709.SZ	天赐材料	79.29	电池	电池化学品
26	002202.SZ	金风科技	79.22	风电设备	风电整机
27	000400.SZ	许继电气	79.03	电网设备	电网自动化设备
28	002851.SZ	麦格米特	78.82	其他电源设备Ⅱ	其他电源设备Ⅲ
29	603659.SH	璞泰来	78.77	电池	电池化学品
30	603806.SH	福斯特	78.63	光伏设备	光伏辅材
31	600405.SH	动力源	78.63	其他电源设备Ⅱ	其他电源设备Ⅲ
32	835185.BJ	贝特瑞	78.49	电池	电池化学品
33	688390.SH	固德威	78.03	光伏设备	逆变器

数据来源：同花顺（iFinD），首经贸资产评估研究院和浙江工商数字创新与管理研究院整理。

7.2.4 创新科技成果指数

2022年电力设备行业330家上市公司创新科技成果指数平均水平为70.57，高于全市场均值68.28。从指数分布来看，高于均值的有240家，占行业总数的72.73%。其中，最高的是国电南瑞，创新科技成果指数为85.94。具体来看，创新科技成果指数区间在60~70的有172家，占比52.12%；70~80的有144家，占比43.64%；80以上的有14家，占比4.24%，如图7-17所示。

从二级行业来看，按照创新科技成果指数排名由高到低包括：光伏设备（71.57）、电池（71.29）、其他电源设备Ⅱ（70.34）、风电设备（70.13）、电机Ⅱ（70.01）、电网设备（69.90），如图7-18所示。

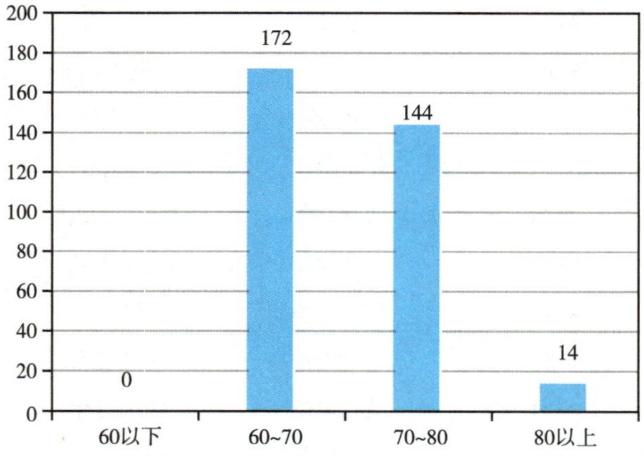

图7-17　2022年电力设备行业上市公司创新科技成果指数分布图（家）

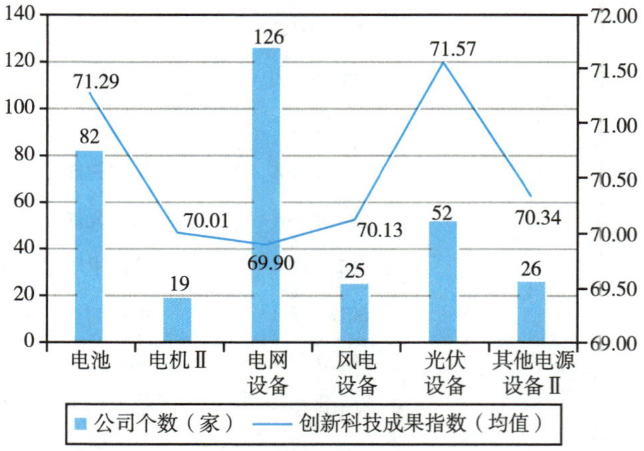

图7-18　2022年电力设备行业上市公司创新科技成果指数均值分布图

电力设备行业中，创新科技成果指数排名前10%的上市公司，如表7–9所示。

表7–9　　2022年电力设备行业上市公司创新科技成果指数前10%排名

排名	公司代码	公司名称	创新科技成果指数	二级行业_申万	三级行业_申万
1	600406.SH	国电南瑞	85.94	电网设备	电网自动化设备
2	600438.SH	通威股份	85.10	光伏设备	硅料硅片
3	300014.SZ	亿纬锂能	83.67	电池	锂电池
4	688223.SH	晶科能源	83.57	光伏设备	光伏电池组件
5	300316.SZ	晶盛机电	83.46	光伏设备	光伏加工设备
6	300750.SZ	宁德时代	83.46	电池	锂电池
7	600089.SH	特变电工	83.14	电网设备	输变电设备
8	300274.SZ	阳光电源	81.71	光伏设备	逆变器
9	600875.SH	东方电气	81.70	其他电源设备Ⅱ	综合电力设备商
10	688599.SH	天合光能	81.62	光伏设备	光伏电池组件
11	300450.SZ	先导智能	80.86	电池	锂电专用设备
12	601012.SH	隆基绿能	80.51	光伏设备	光伏电池组件
13	600550.SH	保变电气	80.13	电网设备	输变电设备
14	002335.SZ	科华数据	80.12	其他电源设备Ⅱ	其他电源设备Ⅲ
15	600482.SH	中国动力	79.82	其他电源设备Ⅱ	其他电源设备Ⅲ
16	601727.SH	上海电气	79.63	其他电源设备Ⅱ	综合电力设备商
17	688772.SH	珠海冠宇	79.10	电池	锂电池
18	600580.SH	卧龙电驱	78.20	电机Ⅱ	电机Ⅲ
19	603659.SH	璞泰来	77.75	电池	电池化学品
20	300751.SZ	迈为股份	77.71	光伏设备	光伏加工设备
21	300140.SZ	中环装备	77.66	电网设备	输变电设备
22	600268.SH	国电南自	77.42	电网设备	电网自动化设备
23	601877.SH	正泰电器	77.42	电网设备	配电设备
24	601179.SH	中国西电	77.33	电网设备	输变电设备
25	688499.SH	利元亨	77.08	电池	锂电专用设备
26	002202.SZ	金风科技	77.06	风电设备	风电整机
27	601615.SH	明阳智能	77.01	风电设备	风电整机
28	688663.SH	新风光	76.82	电网设备	电网自动化设备
29	600458.SH	时代新材	76.76	风电设备	风电零部件
30	000009.SZ	中国宝安	76.67	电池	电池化学品
31	300037.SZ	新宙邦	76.56	电池	电池化学品
32	300772.SZ	运达股份	76.44	风电设备	风电整机
33	600869.SH	远东股份	76.40	电网设备	线缆部件及其他

数据来源：同花顺（iFinD），首经贸资产评估研究院和浙工商数字创新与管理研究院整理。

7.2.5 创新经济绩效指数

2022年电力设备行业330家上市公司创新经济绩效指数平均水平为62.93，高于全市场均值61.11。从指数分布来看，高于均值的有188家，占行业总数的56.97%。其中，最高的是国电南瑞，创新经济绩效指数为90.35。具体来看，创新经济绩效指数区间在60以下的有137家，占比41.52%；60~70的有130家，占比39.39%；70~80的有50家，占比15.15%；80以上的有13家，占比3.94%，如图7-19所示。

从二级行业来看，按照创新经济绩效指数排名由高到低包括：光伏设备（67.91）、电池（65.52）、风电设备（63.35）、其他电源设备Ⅱ（62.78）、电网设备（59.73）、电机Ⅱ（59.06），如图7-20所示。

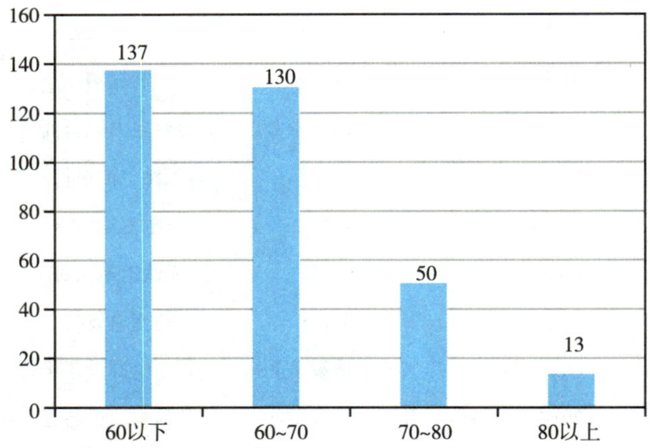

图7-19 2022年电力设备行业上市公司创新经济绩效指数分布图（家）

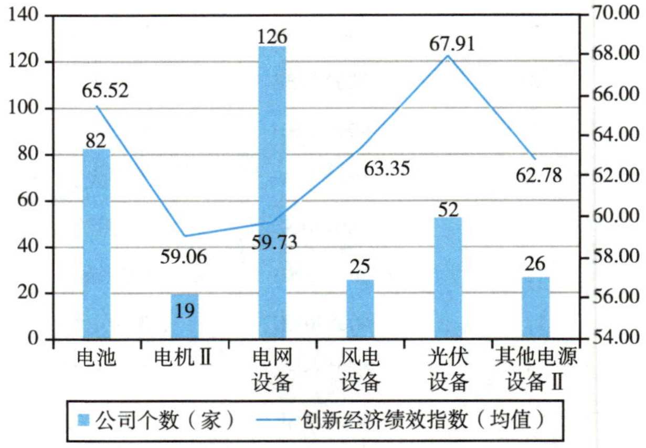

图7-20 2022年电力设备行业上市公司创新经济绩效指数均值分布图

电力设备行业中，创新经济绩效指数排名前10%的上市公司，如表7-10所示。

表7-10 2022年电力设备行业上市公司创新经济绩效指数前10%排名

排名	公司代码	公司名称	创新经济绩效指数	二级行业_申万	三级行业_申万
1	600406.SH	国电南瑞	90.35	电网设备	电网自动化设备
2	002074.SZ	国轩高科	86.64	电池	锂电池
3	600438.SH	通威股份	86.34	光伏设备	硅料硅片
4	002129.SZ	TCL中环	84.84	光伏设备	硅料硅片
5	601615.SH	明阳智能	84.45	风电设备	风电整机
6	600875.SH	东方电气	83.15	其他电源设备Ⅱ	综合电力设备商
7	601179.SH	中国西电	82.50	电网设备	输变电设备
8	300450.SZ	先导智能	82.41	电池	锂电专用设备
9	600089.SH	特变电工	82.35	电网设备	输变电设备
10	300014.SZ	亿纬锂能	82.33	电池	锂电池
11	688599.SH	天合光能	82.27	光伏设备	光伏电池组件
12	603659.SH	璞泰来	81.06	电池	电池化学品
13	002812.SZ	恩捷股份	80.80	电池	电池化学品
14	002709.SZ	天赐材料	79.76	电池	电池化学品

续表

排名	公司代码	公司名称	创新经济绩效指数	二级行业_申万	三级行业_申万
15	000400.SZ	许继电气	79.73	电网设备	电网自动化设备
16	002340.SZ	格林美	79.65	电池	电池化学品
17	002459.SZ	晶澳科技	79.05	光伏设备	光伏电池组件
18	688223.SH	晶科能源	78.85	光伏设备	光伏电池组件
19	300438.SZ	鹏辉能源	78.63	电池	锂电池
20	601012.SH	隆基绿能	78.59	光伏设备	光伏电池组件
21	600482.SH	中国动力	78.48	其他电源设备Ⅱ	其他电源设备Ⅲ
22	600416.SH	湘电股份	77.92	风电设备	风电整机
23	300274.SZ	阳光电源	77.75	光伏设备	逆变器
24	688303.SH	大全能源	76.93	光伏设备	硅料硅片
25	600580.SH	卧龙电驱	76.43	电机Ⅱ	电机Ⅲ
26	300750.SZ	宁德时代	76.32	电池	锂电池
27	600110.SH	诺德股份	76.06	电池	锂电池
28	688005.SH	容百科技	75.74	电池	电池化学品
29	601877.SH	正泰电器	75.61	电网设备	配电设备
30	300919.SZ	中伟股份	75.59	电池	电池化学品
31	300037.SZ	新宙邦	75.22	电池	电池化学品
32	002202.SZ	金风科技	74.86	风电设备	风电整机
33	688516.SH	奥特维	74.76	光伏设备	光伏加工设备

数据来源：同花顺（iFinD），首经贸资产评估研究院和浙工商数字创新与管理研究院整理。

7.3 电子行业创新发展指数评价

截至2022年底，A股市场电子行业共有上市公司428家，总市值共计56,471.41亿元，营业总收入28,854.71亿元，平均市值131.94亿元/家，平均营业收入67.42亿元/家。营业收入最高的上市公司为工业富联（5,118.50亿元），市值最大的上市公司为立讯精密（2,259.17亿元）。行业内上市公司研发投入合计为1,640.23亿元，占营业收入的5.68%，无形资产账面价值合计为1,222.02亿元，占总资产的2.83%。根据本报告分析口径，本节共对电子行业428家上市公司开展创新发展指数评价，具体情况如下：

7.3.1 创新发展综合指数

根据本报告评价，2022年电子行业创新发展综合指数平均水平为66.94，高于全市场平均水平65.47。从指数分布来看，高于均值的有249家，占行业总数的58.18%。其中，最高的是北方华创，创新发展综合指数为87.77。具体来看，创新发展综合指数区间在60以下的有35家，占比8.18%；60~70的有291家，占比67.99%；70~80的有90家，占比21.03%；80以上的有12家，占比2.80%，如图7–21所示。

电子行业又可细分为6个二级行业，按照创新发展综合指数排名由高到低包括：半导体（69.94）、电子化学品Ⅱ（66.58）、元件（66.32）、光学光电子（66.00）、消费电子（65.65）、其他电子Ⅱ（63.69），如图7–22所示。

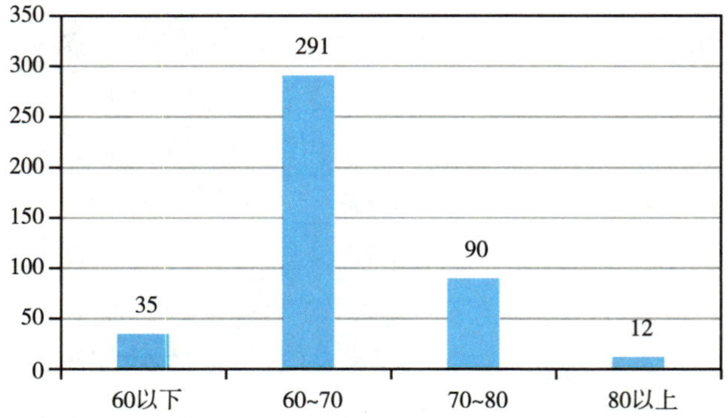

图7-21　2022年电子行业上市公司创新发展综合指数分布图（家）

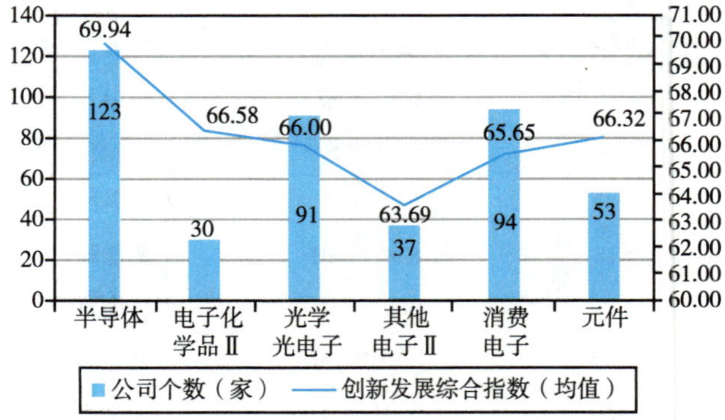

图7-22　2022年电子行业上市公司创新发展综合指数均值分布图

电子行业中，创新发展综合指数排名前10%的上市公司，如表7-11所示。

表7-11　2022年电子行业上市公司创新发展综合指数前10%排名

排名	公司代码	公司名称	创新发展综合指数	二级行业_申万	三级行业_申万
1	002371.SZ	北方华创	87.77	半导体	半导体设备
2	600703.SH	三安光电	85.02	光学光电子	LED
3	002241.SZ	歌尔股份	83.11	消费电子	消费电子零部件及组装
4	688041.SH	海光信息	82.97	半导体	数字芯片设计
5	000100.SZ	TCL科技	82.93	光学光电子	面板
6	002049.SZ	紫光国微	82.45	半导体	数字芯片设计
7	002475.SZ	立讯精密	81.58	消费电子	消费电子零部件及组装
8	000725.SZ	京东方A	81.32	光学光电子	面板
9	601138.SH	工业富联	80.58	消费电子	消费电子零部件及组装
10	603986.SH	兆易创新	80.48	半导体	数字芯片设计
11	600460.SH	士兰微	80.48	半导体	分立器件
12	603501.SH	韦尔股份	80.23	半导体	数字芯片设计
13	600584.SH	长电科技	79.52	半导体	集成电路封测
14	300661.SZ	圣邦股份	79.50	半导体	模拟芯片设计
15	688396.SH	华润微	79.08	半导体	集成电路制造
16	000050.SZ	深天马A	78.55	光学光电子	面板
17	300408.SZ	三环集团	78.54	元件	被动元件
18	688082.SH	盛美上海	78.39	半导体	半导体设备
19	600745.SH	闻泰科技	78.18	半导体	分立器件
20	688385.SH	复旦微电	77.85	半导体	数字芯片设计
21	688012.SH	中微公司	77.61	半导体	半导体设备
22	688036.SH	传音控股	77.13	消费电子	品牌消费电子
23	688981.SH	中芯国际	76.89	半导体	集成电路制造
24	002139.SZ	拓邦股份	76.54	消费电子	消费电子零部件及组装
25	002938.SZ	鹏鼎控股	76.51	元件	印制电路板
26	300136.SZ	信维通信	76.47	消费电子	消费电子零部件及组装

续表

排名	公司代码	公司名称	创新发展综合指数	二级行业_申万	三级行业_申万
27	300782.SZ	卓胜微	76.09	半导体	模拟芯片设计
28	300666.SZ	江丰电子	75.42	半导体	半导体材料
29	002036.SZ	联创电子	75.08	光学光电子	光学元件
30	300433.SZ	蓝思科技	75.04	消费电子	消费电子零部件及组装
31	002841.SZ	视源股份	74.69	消费电子	品牌消费电子
32	600552.SH	凯盛科技	74.56	光学光电子	面板
33	300604.SZ	长川科技	74.55	半导体	半导体设备
34	300115.SZ	长盈精密	74.52	消费电子	消费电子零部件及组装
35	300223.SZ	北京君正	74.52	半导体	数字芯片设计
36	603160.SH	汇顶科技	74.50	半导体	模拟芯片设计
37	002600.SZ	领益智造	74.21	消费电子	消费电子零部件及组装
38	002273.SZ	水晶光电	74.13	光学光电子	光学元件
39	688521.SH	芯原股份	73.99	半导体	数字芯片设计
40	688072.SH	拓荆科技	73.87	半导体	半导体设备
41	688120.SH	华海清科	73.84	半导体	半导体设备
42	300088.SZ	长信科技	73.74	光学光电子	面板

数据来源：同花顺（iFinD），首经贸资产评估研究院和浙工商数字创新与管理研究院整理。

7.3.2 创新资源支持指数

2022年电子行业428家上市公司创新资源支持指数平均水平为70.91，高于全市场均值68.18。从指数分布来看，高于均值的有267家，占行业总数的62.38%。其中，最高的是三安光电，创新资源支持指数为93.57。具体来看，创新资源支持指数区间在60以下的有32家，占比7.48%；60~70的有174家，占比40.65%；70~80的有171家，占比39.95%；80以上的有51家，占比11.92%，如图7-23所示。

从二级行业来看，按照创新资源支持指数排名由高到低包括：半导体（73.35）、元件（73.11）、光学光电子（70.85）、消费电子（69.71）、电子化学品Ⅱ（67.53）、其他电子Ⅱ（65.55），如图7-24所示。

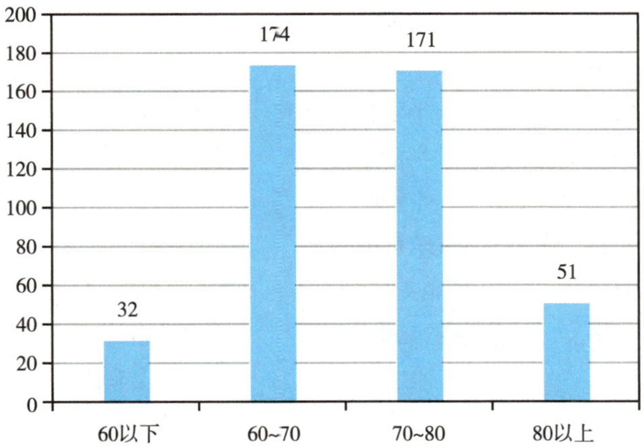

图7-23 2022年电子行业上市公司创新资源支持指数分布图（家）

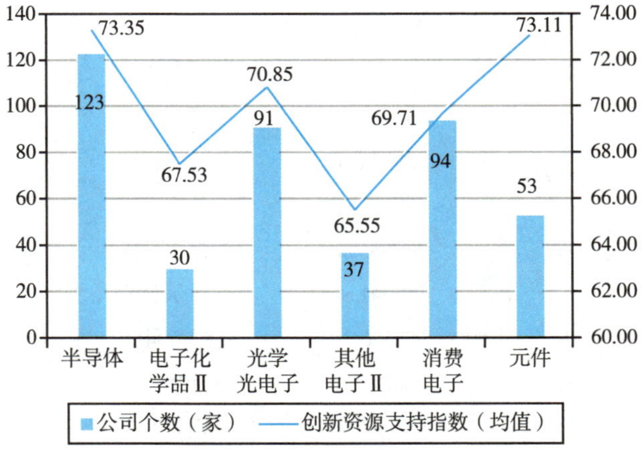

图7-24 2022年电子行业上市公司创新资源支持指数均值分布图

电子行业中，创新资源支持指数排名前10%的上市公司，如表7-12所示。

表7-12　2022年电子行业上市公司创新资源支持指数前10%排名

排名	公司代码	公司名称	创新资源支持指数	二级行业_申万	三级行业_申万
1	600703.SH	三安光电	93.57	光学光电子	LED
2	300408.SZ	三环集团	91.16	元件	被动元件
3	300433.SZ	蓝思科技	88.73	消费电子	消费电子零部件及组装
4	300296.SZ	利亚德	88.22	光学光电子	LED
5	002384.SZ	东山精密	87.97	元件	印制电路板
6	000100.SZ	TCL科技	87.78	光学光电子	面板
7	001308.SZ	康冠科技	87.67	光学光电子	面板
8	002913.SZ	奥士康	87.31	元件	印制电路板
9	002273.SZ	水晶光电	87.30	光学光电子	光学元件
10	002916.SZ	深南电路	86.82	元件	印制电路板
11	688036.SH	传音控股	86.60	消费电子	品牌消费电子
12	002475.SZ	立讯精密	86.05	消费电子	消费电子零部件及组装
13	000050.SZ	深天马A	85.86	光学光电子	面板
14	300604.SZ	长川科技	85.61	半导体	半导体设备
15	603297.SH	永新光学	84.75	光学光电子	光学元件
16	688072.SH	拓荆科技	84.65	半导体	半导体设备
17	002815.SZ	崇达技术	84.47	元件	印制电路板
18	688120.SH	华海清科	84.23	半导体	半导体设备
19	002745.SZ	木林森	84.21	光学光电子	LED
20	600584.SH	长电科技	83.91	半导体	集成电路封测
21	300232.SZ	洲明科技	83.86	光学光电子	LED
22	300602.SZ	飞荣达	83.80	消费电子	消费电子零部件及组装
23	002185.SZ	华天科技	83.76	半导体	集成电路封测
24	688055.SH	龙腾光电	83.66	光学光电子	面板
25	600460.SH	士兰微	83.60	半导体	分立器件
26	300136.SZ	信维通信	83.42	消费电子	消费电子零部件及组装
27	300458.SZ	全志科技	83.40	半导体	数字芯片设计
28	688126.SH	沪硅产业	82.95	半导体	半导体材料
29	688409.SH	富创精密	82.80	半导体	半导体设备
30	688728.SH	格科微	82.43	半导体	数字芯片设计
31	688372.SH	伟测科技	82.22	半导体	集成电路封测
32	002955.SZ	鸿合科技	82.14	光学光电子	面板
33	002241.SZ	歌尔股份	82.04	消费电子	消费电子零部件及组装
34	603386.SH	骏亚科技	81.65	元件	印制电路板
35	300672.SZ	国科微	81.61	半导体	数字芯片设计
36	688082.SH	盛美上海	81.32	半导体	半导体设备
37	300866.SZ	安克创新	81.27	消费电子	品牌消费电子
38	002938.SZ	鹏鼎控股	81.25	元件	印制电路板

续表

排名	公司代码	公司名称	创新资源支持指数	二级行业_申万	三级行业_申万
39	002724.SZ	海洋王	81.23	其他电子Ⅱ	其他电子Ⅲ
40	688385.SH	复旦微电	81.09	半导体	数字芯片设计
41	603936.SH	博敏电子	80.95	元件	印制电路板
42	688432.SH	有研硅	80.85	半导体	半导体材料

数据来源：同花顺（iFinD），首经贸资产评估研究院和浙工商数字创新与管理研究院整理。

7.3.3 创新要素投入指数

2022年电子行业428家上市公司创新要素投入指数平均水平为68.07，高于全市场均值65.37。从指数分布来看，高于均值的有264家，占行业总数的61.68%。其中，最高的是北方华创，创新要素投入指数为92.72。具体来看，创新要素投入指数区间在60以下的有55家，占比12.85%；60~70的有214家，占比50.00%；70~80的有138家，占比32.24%；80以上的有21家，占比4.91%，如图7-25所示。

从二级行业来看，按照创新要素投入指数排名由高到低包括：半导体（73.05）、电子化学品Ⅱ（67.52）、光学光电子（66.83）、元件（66.04）、消费电子（65.86）、其他电子Ⅱ（63.53），如图7-26所示。

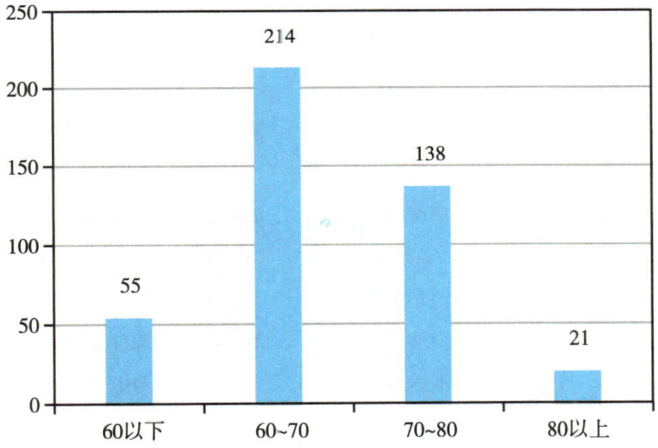

图7-25　2022年电子行业上市公司创新要素投入指数分布图（家）

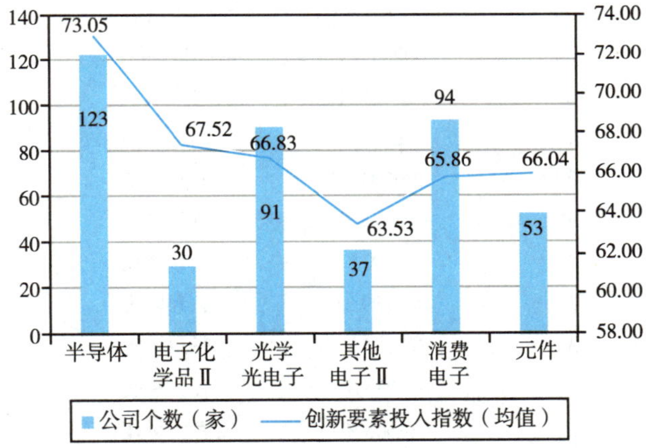

图7-26　2022年电子行业上市公司创新要素投入指数均值分布图

电子行业中，创新要素投入指数排名前10%的上市公司，如表7-13所示。

表7-13　2022年电子行业上市公司创新要素投入指数前10%排名

排名	公司代码	公司名称	创新要素投入指数	二级行业_申万	三级行业_申万
1	002371.SZ	北方华创	92.72	半导体	半导体设备
2	000100.SZ	TCL科技	88.03	光学光电子	面板
3	603501.SH	韦尔股份	87.44	半导体	数字芯片设计
4	002049.SZ	紫光国微	87.34	半导体	数字芯片设计
5	600745.SH	闻泰科技	86.41	半导体	分立器件
6	300661.SZ	圣邦股份	85.98	半导体	模拟芯片设计

续表

排名	公司代码	公司名称	创新要素投入指数	二级行业_申万	三级行业_申万
7	688396.SH	华润微	85.72	半导体	集成电路制造
8	600703.SH	三安光电	85.70	光学光电子	LED
9	000725.SZ	京东方A	85.61	光学光电子	面板
10	600460.SH	士兰微	85.37	半导体	分立器件
11	688041.SH	海光信息	85.11	半导体	数字芯片设计
12	603986.SH	兆易创新	84.74	半导体	数字芯片设计
13	002241.SZ	歌尔股份	84.44	消费电子	消费电子零部件及组装
14	300782.SZ	卓胜微	84.39	半导体	模拟芯片设计
15	688385.SH	复旦微电	81.83	半导体	数字芯片设计
16	688012.SH	中微公司	81.76	半导体	半导体设备
17	688082.SH	盛美上海	81.41	半导体	半导体设备
18	688536.SH	思瑞浦	80.66	半导体	模拟芯片设计
19	300456.SZ	赛微电子	80.41	半导体	集成电路制造
20	000050.SZ	深天马A	80.12	光学光电子	面板
21	688008.SH	澜起科技	80.11	半导体	数字芯片设计
22	688256.SH	寒武纪	80.00	半导体	数字芯片设计
23	300077.SZ	国民技术	79.89	半导体	数字芯片设计
24	600584.SH	长电科技	79.82	半导体	集成电路封测
25	300672.SZ	国科微	79.69	半导体	数字芯片设计
26	002387.SZ	维信诺	79.59	光学光电子	面板
27	688521.SH	芯原股份	79.43	半导体	数字芯片设计
28	601138.SH	工业富联	78.61	消费电子	消费电子零部件及组装
29	300604.SZ	长川科技	78.58	半导体	半导体设备
30	002475.SZ	立讯精密	78.47	消费电子	消费电子零部件及组装
31	603160.SH	汇顶科技	78.44	半导体	模拟芯片设计
32	002139.SZ	拓邦股份	78.20	消费电子	消费电子零部件及组装
33	300115.SZ	长盈精密	78.08	消费电子	消费电子零部件及组装
34	688036.SH	传音控股	78.03	消费电子	品牌消费电子
35	688608.SH	恒玄科技	77.87	半导体	数字芯片设计
36	600171.SH	上海贝岭	77.86	半导体	模拟芯片设计
37	002036.SZ	联创电子	77.71	光学光电子	光学元件
38	688234.SH	天岳先进	77.30	半导体	半导体材料
39	300223.SZ	北京君正	77.28	半导体	数字芯片设计
40	688099.SH	晶晨股份	77.26	半导体	数字芯片设计
41	688798.SH	艾为电子	77.22	半导体	模拟芯片设计
42	603068.SH	博通集成	77.21	半导体	模拟芯片设计

数据来源：同花顺（iFinD），首经贸资产评估研究院和浙工商数字创新与管理研究院整理。

7.3.4 创新科技成果指数

2022年电子行业428家上市公司创新科技成果指数平均水平为69.68，高于全市场均值68.28。从指数分布来看，高于均值的有297家，占行业总数的69.39%。其中，最高的是北方华创，创新科技成果指数为86.06。具体来看，创新科技成果指数区间在60以下的有1家，占比0.23%；60~70的有269家，占比62.85%；70~80的有151家，占比35.28%；80以上的有7家，占比1.64%，如图7–27所示。

从二级行业来看，按照创新科技成果指数排名由高到低包括：半导体（70.79）、电子化学品Ⅱ（70.19）、光学光电子（69.66）、元件（69.22）、消费电子（69.13）、其他电子Ⅱ（67.65），如图7–28所示。

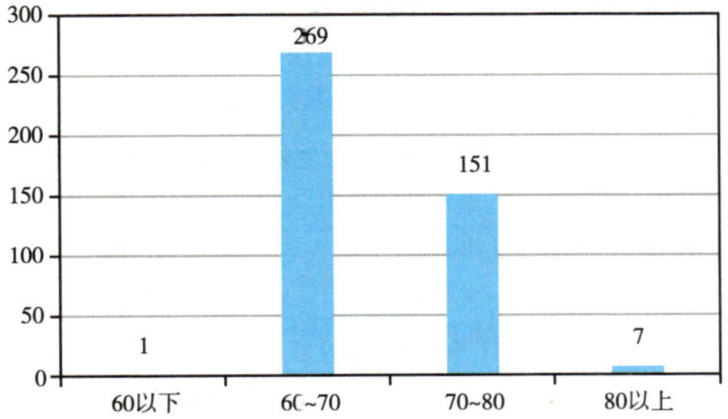

图7–27　2022年电子行业上市公司创新科技成果指数分布图（家）

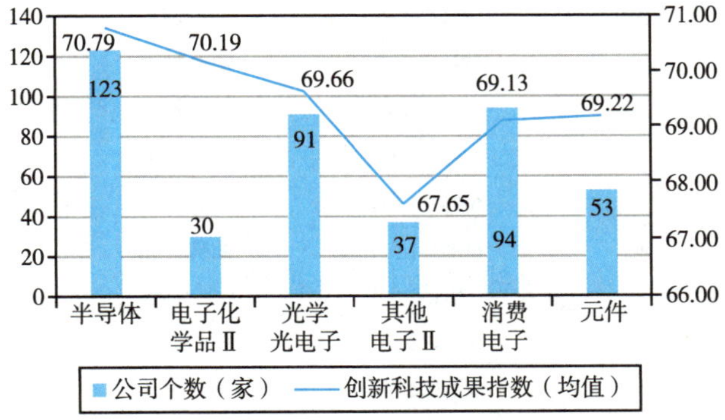

图7–28　2022年电子行业上市公司创新科技成果指数均值分布图

电子行业中，创新科技成果指数排名前10%的上市公司，如表7–14所示。

表7–14　2022年电子行业上市公司创新科技成果指数前10%排名

排名	公司代码	公司名称	创新科技成果指数	二级行业_申万	三级行业_申万
1	002371.SZ	北方华创	86.06	半导体	半导体设备
2	601138.SH	工业富联	85.03	消费电子	消费电子零部件及组装
3	000725.SZ	京东方A	84.40	光学光电子	面板
4	000100.SZ	TCL科技	82.91	光学光电子	面板
5	002049.SZ	紫光国微	81.22	半导体	数字芯片设计
6	002241.SZ	歌尔股份	80.80	消费电子	消费电子零部件及组装
7	600703.SH	三安光电	80.30	光学光电子	LED
8	688396.SH	华润微	78.82	半导体	集成电路制造
9	600745.SH	闻泰科技	78.58	半导体	分立器件
10	002475.SZ	立讯精密	78.56	消费电子	消费电子零部件及组装
11	002036.SZ	联创电子	78.29	光学光电子	光学元件
12	603501.SH	韦尔股份	78.03	半导体	数字芯片设计
13	688041.SH	海光信息	77.94	半导体	数字芯片设计
14	600584.SH	长电科技	77.94	半导体	集成电路封测
15	688036.SH	传音控股	77.75	消费电子	品牌消费电子
16	600206.SH	有研新材	77.56	半导体	半导体材料
17	300661.SZ	圣邦股份	76.94	半导体	模拟芯片设计
18	002387.SZ	维信诺	76.44	光学光电子	面板
19	002938.SZ	鹏鼎控股	76.17	元件	印制电路板
20	300666.SZ	江丰电子	76.08	半导体	半导体材料
21	002139.SZ	拓邦股份	75.97	消费电子	消费电子零部件及组装
22	688234.SH	天岳先进	75.82	半导体	半导体材料

续表

排名	公司代码	公司名称	创新科技成果指数	二级行业_申万	三级行业_申万
23	000050.SZ	深天马A	75.52	光学光电子	面板
24	688150.SH	莱特光电	75.03	电子化学品Ⅱ	电子化学品Ⅲ
25	688048.SH	长光华芯	75.02	半导体	分立器件
26	300782.SZ	卓胜微	74.90	半导体	模拟芯片设计
27	300408.SZ	三环集团	74.63	元件	被动元件
28	300296.SZ	利亚德	74.63	光学光电子	LED
29	600707.SH	彩虹股份	74.59	光学光电子	面板
30	688521.SH	芯原股份	74.51	半导体	数字芯片设计
31	300115.SZ	长盈精密	74.36	消费电子	消费电子零部件及组装
32	688012.SH	中微公司	74.32	半导体	半导体设备
33	688061.SH	灿瑞科技	74.21	半导体	模拟芯片设计
34	600460.SH	士兰微	74.11	半导体	分立器件
35	300429.SZ	强力新材	74.09	电子化学品Ⅱ	电子化学品Ⅲ
36	688322.SH	奥比中光	74.08	光学光电子	光学元件
37	688126.SH	沪硅产业	74.05	半导体	半导体材料
38	002185.SZ	华天科技	74.05	半导体	集成电路封测
39	000413.SZ	东旭光电	74.04	光学光电子	面板
40	603986.SH	兆易创新	73.70	半导体	数字芯片设计
41	300285.SZ	国瓷材料	73.64	电子化学品Ⅱ	电子化学品Ⅲ
42	688981.SH	中芯国际	73.64	半导体	集成电路制造

数据来源：同花顺（iFinD），首经贸资产评估研究院和浙工商数字创新与管理研究院整理。

7.3.5 创新经济绩效指数

2022年电子行业428家上市公司创新经济绩效指数平均水平为60.23，低于全市场均值61.11。从指数分布来看，高于均值的有195家，占行业总数的45.56%。其中，最高的是北方华创，创新经济绩效指数为89.17。具体来看，创新经济绩效指数区间在60以下的有231家，占比53.97%；60~70的有147家，占比34.35%；70~80的有42家，占比9.81%；80以上的有8家，占比1.87%，如图7–29所示。

从二级行业来看，按照创新经济绩效指数排名由高到低包括：半导体（62.98）、电子化学品Ⅱ（61.53）、消费电子（59.31）、元件（59.07）、其他电子Ⅱ（58.98）、光学光电子（58.20），如图7–30所示。

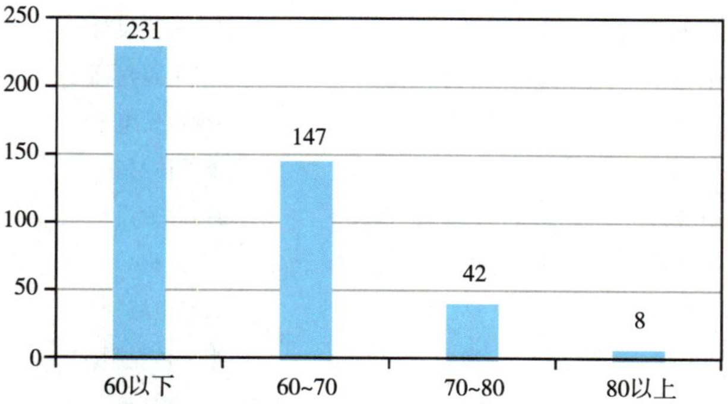

图7–29　2022年电子行业上市公司创新经济绩效指数分布图（家）

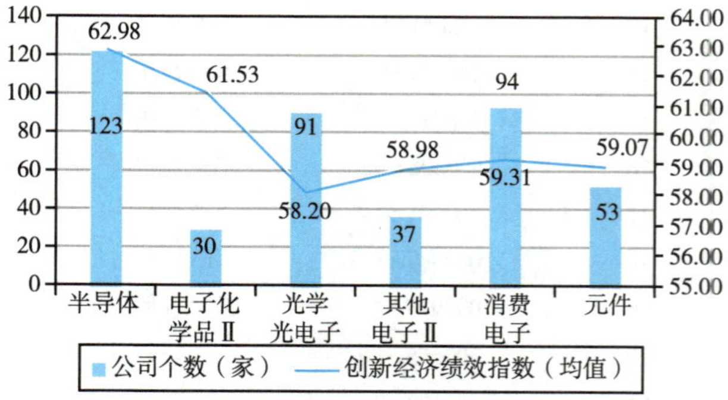

图7–30　2022年电子行业上市公司创新经济绩效指数均值分布图

电子行业中，创新经济绩效指数排名前10%的上市公司，如表7–15所示。

表7–15　2022年电子行业上市公司创新经济绩效指数前10%排名

排名	公司代码	公司名称	创新经济绩效指数	二级行业_申万	三级行业_申万
1	002371.SZ	北方华创	89.17	半导体	半导体设备
2	688041.SH	海光信息	86.69	半导体	数字芯片设计
3	002475.SZ	立讯精密	84.70	消费电子	消费电子零部件及组装
4	002241.SZ	歌尔股份	84.36	消费电子	消费电子零部件及组装
5	600703.SH	三安光电	82.14	光学光电子	LED
6	002049.SZ	紫光国微	82.14	半导体	数字芯片设计
7	603986.SH	兆易创新	81.53	半导体	数字芯片设计
8	601138.SH	工业富联	80.11	消费电子	消费电子零部件及组装
9	688082.SH	盛美上海	78.52	半导体	半导体设备
10	688385.SH	复旦微电	78.36	半导体	数字芯片设计
11	600460.SH	士兰微	78.05	半导体	分立器件
12	600584.SH	长电科技	77.34	半导体	集成电路封测
13	688981.SH	中芯国际	77.28	半导体	集成电路制造
14	000725.SZ	京东方A	77.15	光学光电子	面板
15	000413.SZ	东旭光电	77.05	光学光电子	面板
16	603690.SH	至纯科技	76.52	半导体	半导体设备
17	300661.SZ	圣邦股份	75.79	半导体	模拟芯片设计
18	300088.SZ	长信科技	75.63	光学光电子	面板
19	002139.SZ	拓邦股份	75.62	消费电子	消费电子零部件及组装
20	603501.SH	韦尔股份	75.48	半导体	数字芯片设计
21	300136.SZ	信维通信	75.47	消费电子	消费电子零部件及组装
22	300666.SZ	江丰电子	75.44	半导体	半导体材料
23	300408.SZ	三环集团	74.85	元件	被动元件
24	002409.SZ	雅克科技	74.34	半导体	半导体材料
25	000050.SZ	深天马A	74.04	光学光电子	面板
26	688521.SH	芯原股份	73.97	半导体	数字芯片设计
27	688012.SH	中微公司	73.86	半导体	半导体设备
28	002600.SZ	领益智造	73.85	消费电子	消费电子零部件及组装
29	002036.SZ	联创电子	73.84	光学光电子	光学元件
30	002841.SZ	视源股份	73.47	消费电子	品牌消费电子
31	000100.SZ	TCL科技	73.32	光学光电子	面板
32	600552.SH	凯盛科技	73.27	光学光电子	面板
33	300054.SZ	鼎龙股份	72.89	电子化学品Ⅱ	电子化学品Ⅲ
34	600745.SH	闻泰科技	72.86	半导体	分立器件
35	002938.SZ	鹏鼎控股	72.70	元件	印制电路板
36	300604.SZ	长川科技	72.56	半导体	半导体设备
37	300433.SZ	蓝思科技	72.44	消费电子	消费电子零部件及组装
38	603160.SH	汇顶科技	71.89	半导体	模拟芯片设计
39	300223.SZ	北京君正	71.82	半导体	数字芯片设计
40	002402.SZ	和而泰	71.76	消费电子	消费电子零部件及组装

续表

排名	公司代码	公司名称	创新经济绩效指数	二级行业_申万	三级行业_申万
41	300346.SZ	南大光电	71.70	电子化学品Ⅱ	电子化学品Ⅲ
42	002387.SZ	维信诺	71.53	光学光电子	面板

数据来源：同花顺（iFinD），首经贸资产评估研究院和浙工商数字创新与管理研究院整理。

7.4 纺织服饰行业创新发展指数评价

截至2022年底，A股市场纺织服饰行业共有上市公司114家，总市值共计6,256.30亿元，营业总收入4,515.57亿元，平均市值54.88亿元/家，平均营业收入39.61亿元/家。营业收入最高的上市公司为老凤祥（630.1亿元），市值最大的上市公司为华利集团（666.47亿元）。行业内上市公司研发投入合计为69.20亿元，占营业收入的1.53%，无形资产账面价值合计为203.56亿元，占总资产的3.38%。根据本报告分析口径，本节共对纺织服饰行业114家上市公司开展创新发展指数评价，具体情况如下：

7.4.1 创新发展综合指数

根据本报告评价，2022年纺织服饰行业创新发展综合指数平均水平为61.90，低于全市场平均水平65.47。从指数分布来看，高于均值的有24家，占行业总数的21.05%。其中，最高的是际华集团，创新发展综合指数为72.78。具体来看，创新发展综合指数区间在60以下的有30家，占比26.32%；60~70的有82家，占比71.93%；70~80的有2家，占比1.75%，如图7-31所示。

纺织服饰行业又可细分为3个二级行业，按照创新发展综合指数排名由高到低包括：纺织制造（64.29）、服装家纺（61.43）、饰品（58.40），如图7-32所示。

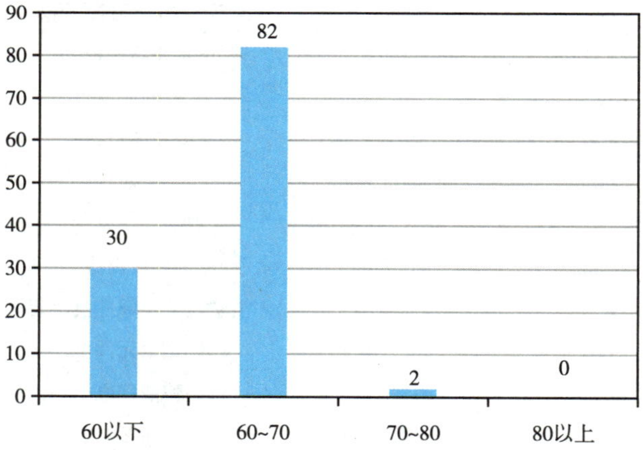

图7-31 2022年纺织服饰行业上市公司创新发展综合指数分布图（家）

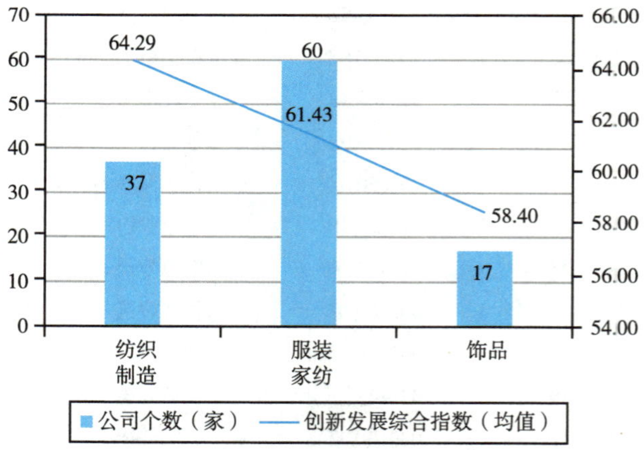

图7-32 2022年纺织服饰行业上市公司创新发展综合指数均值分布图

纺织服饰行业中，创新发展综合指数排名前10%的上市公司，如表7-16所示。

表7-16 2022年纺织服饰行业上市公司创新发展综合指数前10%排名

排名	公司代码	公司名称	创新发展综合指数	二级行业_申万	三级行业_申万
1	601718.SH	际华集团	72.78	服装家纺	非运动服装
2	000726.SZ	鲁泰A	71.03	纺织制造	棉纺

续表

排名	公司代码	公司名称	创新发展综合指数	二级行业_申万	三级行业_申万
3	603055.SH	台华新材	69.89	纺织制造	其他纺织
4	603665.SH	康隆达	69.30	服装家纺	鞋帽及其他
5	002083.SZ	孚日股份	69.20	纺织制造	棉纺
6	605138.SH	盛泰集团	69.04	服装家纺	非运动服装
7	003041.SZ	真爱美家	68.72	服装家纺	家纺
8	002003.SZ	伟星股份	68.06	纺织制造	辅料
9	300952.SZ	恒辉安防	67.91	服装家纺	鞋帽及其他
10	002563.SZ	森马服饰	67.91	服装家纺	非运动服装
11	300979.SZ	华利集团	67.73	纺织制造	纺织鞋类制造

数据来源：同花顺（iFinD），首经贸资产评估研究院和浙工商数字创新与管理研究院整理。

7.4.2 创新资源支持指数

2022年纺织服饰行业114家上市公司创新资源支持指数平均水平为64.54，低于全市场均值68.18。从指数分布来看，高于均值的有34家，占行业总数的29.82%。其中，最高的是台华新材，创新资源支持指数为85.20。具体来看，创新资源支持指数区间在60以下的有38家，占比33.33%；60~70的有46家，占比40.36%；70~80的有27家，占比23.68%；80以上的有3家，占比2.63%，如图7-33所示。

从二级行业来看，按照创新资源支持指数排名由高到低包括：纺织制造（68.05）、服装家纺（63.93）、饰品（59.05），如图7-34所示。

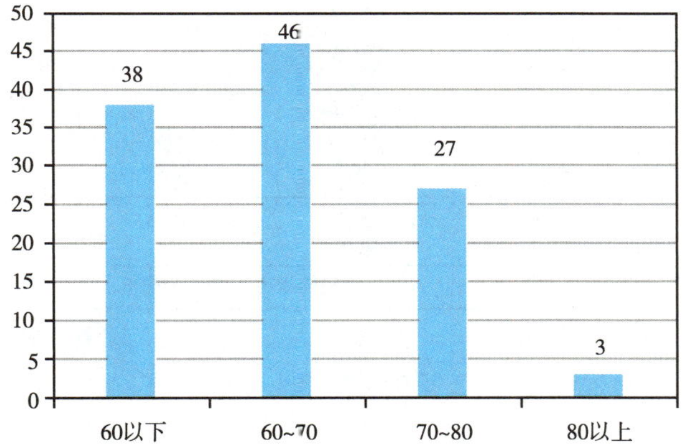

图7-33　2022年纺织服饰行业上市公司创新资源支持指数分布图（家）

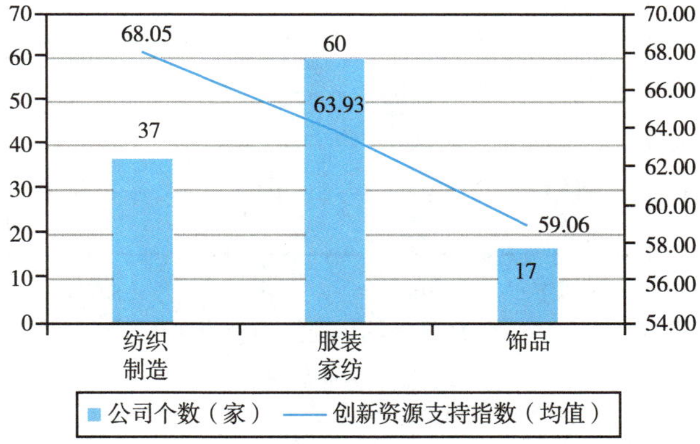

图7-34　2022年纺织服饰行业上市公司创新资源支持指数均值分布图

纺织服饰行业中，创新资源支持指数排名前10%的上市公司，如表7-17所示。

表7-17　2022年纺织服饰行业上市公司创新资源支持指数前10%排名

排名	公司代码	公司名称	创新资源支持指数	二级行业_申万	三级行业_申万
1	603055.SH	台华新材	85.20	纺织制造	其他纺织
2	601718.SH	际华集团	84.81	服装家纺	非运动服装
3	003041.SZ	真爱美家	81.39	服装家纺	家纺
4	300952.SZ	恒辉安防	79.47	服装家纺	鞋帽及其他

续表

排名	公司代码	公司名称	创新资源支持指数	二级行业_申万	三级行业_申万
5	605138.SH	盛泰集团	79.31	服装家纺	非运动服装
6	603558.SH	健盛集团	78.86	纺织制造	棉纺
7	002563.SZ	森马服饰	78.03	服装家纺	非运动服装
8	600400.SH	红豆股份	77.97	服装家纺	非运动服装
9	603889.SH	新澳股份	76.98	纺织制造	其他纺织
10	603511.SH	爱慕股份	76.71	服装家纺	鞋帽及其他
11	603365.SH	水星家纺	76.21	服装家纺	家纺

数据来源：同花顺（iFinD），首经贸资产评估研究院和浙工商数字创新与管理研究院整理。

7.4.3 创新要素投入指数

2022年纺织服饰行业114家上市公司创新要素投入指数平均水平为59.64，低于全市场均值65.37。从指数分布来看，高于均值的有15家，占行业总数的13.16%。其中，最高的是鲁泰A，创新要素投入指数为70.72。具体来看，创新要素投入指数区间在60以下的有51家，占比44.74%；60~70的有61家，占比53.51%；70~80的有2家，占比1.75%，如图7–35所示。

从二级行业来看，按照创新要素投入指数排名由高到低包括：纺织制造（62.70）、服装家纺（59.73）、饰品（52.67），如图7–36所示。

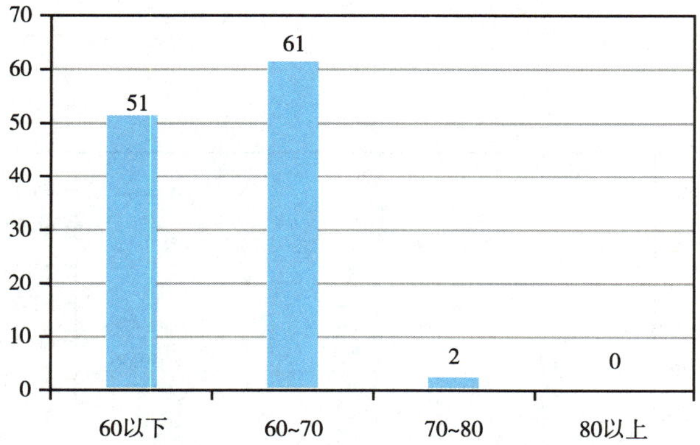

图7–35　2022年纺织服饰行业上市公司创新要素投入指数分布图（家）

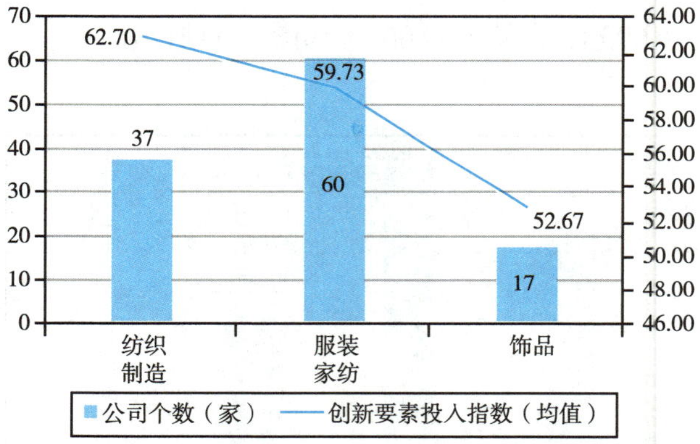

图7–36　2022年纺织服饰行业上市公司创新要素投入指数均值分布图

纺织服饰行业中，创新要素投入指数排名前10%的上市公司，如表7–18所示。

表7–18　2022年纺织服饰行业上市公司创新要素投入指数前10%排名

排名	公司代码	公司名称	创新要素投入指数	二级行业_申万	三级行业_申万
1	000726.SZ	鲁泰A	70.72	纺织制造	棉纺
2	003041.SZ	真爱美家	70.08	服装家纺	家纺
3	601718.SH	际华集团	68.35	服装家纺	非运动服装
4	300840.SZ	酷特智能	68.35	服装家纺	非运动服装
5	300005.SZ	探路者	67.72	服装家纺	运动服装
6	603055.SH	台华新材	67.43	纺织制造	其他纺织

续表

排名	公司代码	公司名称	创新要素投入指数	二级行业_申万	三级行业_申万
7	300979.SZ	华利集团	67.24	纺织制造	纺织鞋类制造
8	300819.SZ	聚杰微纤	67.03	纺织制造	其他纺织
9	002003.SZ	伟星股份	67.01	纺织制造	辅料
10	002563.SZ	森马服饰	66.90	服装家纺	非运动服装
11	002612.SZ	朗姿股份	66.12	服装家纺	非运动服装

数据来源：同花顺（iFinD），首经贸资产评估研究院和浙工商数字创新与管理研究院整理。

7.4.4 创新科技成果指数

2022年纺织服饰行业114家上市公司创新科技成果指数平均水平为66.44，低于全市场均值68.28。从指数分布来看，高于均值的有43家，占行业总数的37.72%。其中，最高的是际华集团，创新科技成果指数为73.93。具体来看，创新科技成果指数区间在60以下的有10家，占比8.77%；60~70的有89家，占比78.07%；70~80的有15家，占比13.16%，如图7-37所示。

从二级行业来看，按照创新科技成果指数排名由高到低包括：纺织制造（68.47）、服装家纺（65.85）、饰品（64.14），如图7-38所示。

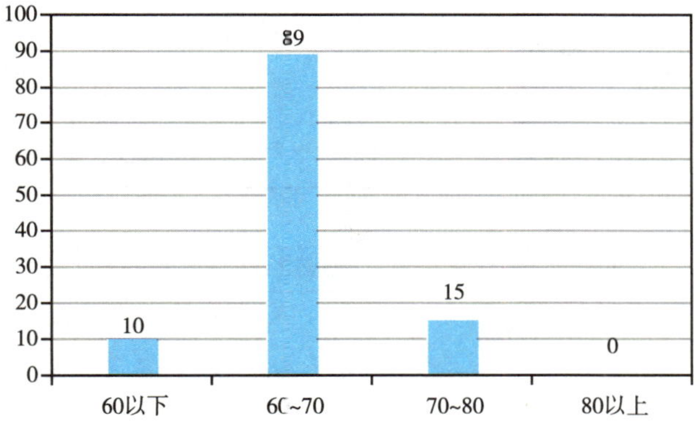

图7-37 2022年纺织服饰行业上市公司创新科技成果指数分布图（家）

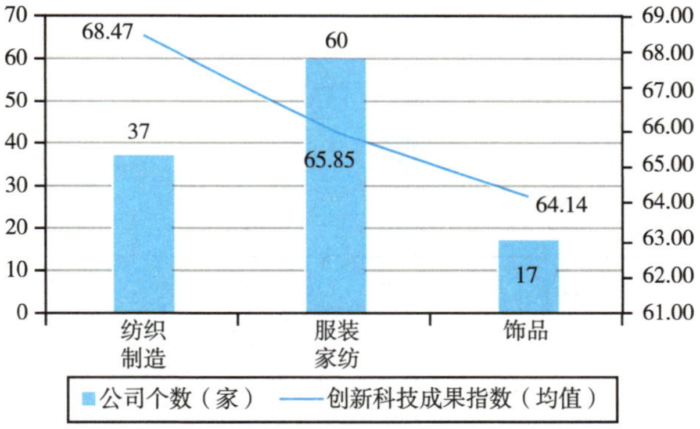

图7-38 2022年纺织服饰行业上市公司创新科技成果指数均值分布图

纺织服饰行业中，创新科技成果指数排名前10%的上市公司，如表7-19所示。

表7-19 2022年纺织服饰行业上市公司创新科技成果指数前10%排名

排名	公司代码	公司名称	创新科技成果指数	二级行业_申万	三级行业_申万
1	601718.SH	际华集团	73.93	服装家纺	非运动服装
2	605138.SH	盛泰集团	73.67	服装家纺	非运动服装
3	300840.SZ	酷特智能	72.77	服装家纺	非运动服装
4	002083.SZ	孚日股份	72.49	纺织制造	棉纺
5	002154.SZ	报喜鸟	72.39	服装家纺	非运动服装
6	603518.SH	锦泓集团	72.22	服装家纺	非运动服装
7	002674.SZ	兴业科技	71.95	纺织制造	辅料
8	002612.SZ	朗姿股份	71.86	服装家纺	非运动服装

续表

排名	公司代码	公司名称	创新科技成果指数	二级行业_申万	三级行业_申万
9	605189.SH	富春染织	71.66	纺织制造	印染
10	600448.SH	华纺股份	71.56	纺织制造	印染
11	001234.SZ	泰慕士	71.37	纺织制造	其他纺织

数据来源：同花顺（iFinD），首经贸资产评估研究院和浙工商数字创新与管理研究院整理。

7.4.5 创新经济绩效指数

2022年纺织服饰行业114家上市公司创新经济绩效指数平均水平为58.61，低于全市场均值61.11。从指数分布来看，高于均值的有44家，占行业总数的38.60%。其中，最高的是康隆达，创新经济绩效指数为73.78。具体来看，创新经济绩效指数区间在60以下的有70家，占比61.41%；60~70的有42家，占比36.84%；70~80的有2家，占比1.75%，如图7-39所示。

从二级行业来看，按照创新经济绩效指数排名由高到低包括：纺织制造（59.69）、饰品（59.61）、服装家纺（57.67），如图7-40所示。

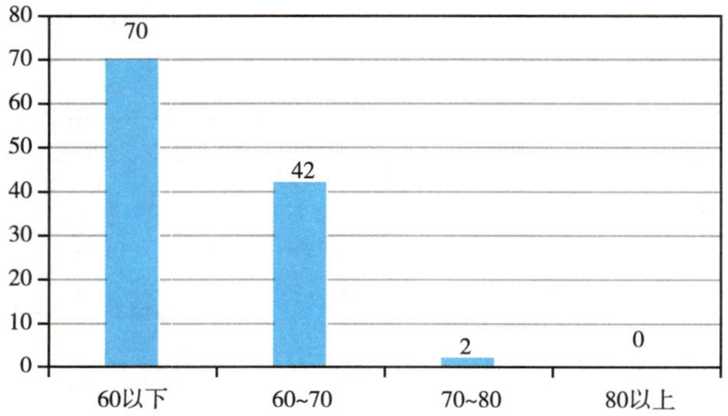

图7-39 2022年纺织服饰行业上市公司创新经济绩效指数分布图（家）

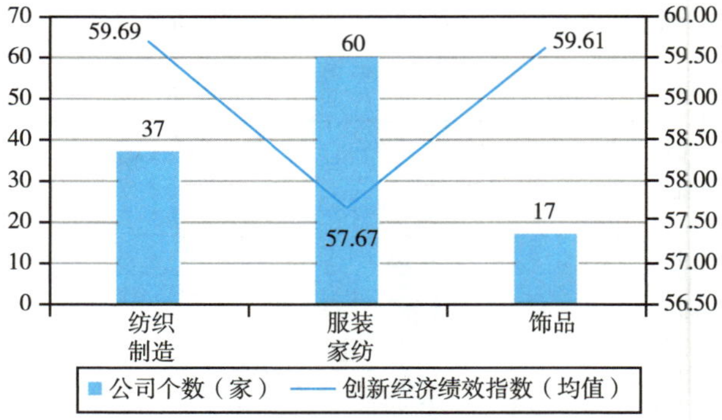

图7-40 2022年纺织服饰行业上市公司创新经济绩效指数均值分布图

纺织服饰行业中，创新经济绩效指数排名前10%的上市公司，如表7-20所示。

表7-20 2022年纺织服饰行业上市公司创新经济绩效指数前10%排名

排名	公司代码	公司名称	创新经济绩效指数	二级行业_申万	三级行业_申万
1	603665.SH	康隆达	73.78	服装家纺	鞋帽及其他
2	600612.SH	老凤祥	73.00	饰品	钟表珠宝
3	000982.SZ	中银绒业	69.80	纺织制造	其他纺织
4	000726.SZ	鲁泰A	69.74	纺织制造	棉纺
5	300979.SZ	华利集团	69.67	纺织制造	纺织鞋类制造
6	002867.SZ	周大生	69.58	饰品	钟表珠宝
7	600987.SH	航民股份	69.42	纺织制造	印染
8	601718.SH	际华集团	68.20	服装家纺	非运动服装
9	002083.SZ	孚日股份	67.94	纺织制造	棉纺
10	603555.SH	ST贵人	67.93	服装家纺	运动服装
11	002634.SZ	棒杰股份	67.56	服装家纺	鞋帽及其他

数据来源：同花顺（iFinD），首经贸资产评估研究院和浙工商数字创新与管理研究院整理。

7.5　钢铁行业创新发展指数评价

截至2022年底，A股市场钢铁行业共有上市公司45家，总市值共计8,688.44亿元，营业总收入23,337.70亿元，平均市值193.08亿元/家，平均营业收入518.62亿元/家。营业收入最高的上市公司为宝钢股份（3,677.78亿元），市值最大的上市公司也为宝钢股份（1,244.79亿元）。行业内上市公司研发投入合计为736.81亿元，占营业收入的3.16%，无形资产账面价值合计为831.63亿元，占总资产的3.60%。根据本报告分析口径，本节共对钢铁行业45家上市公司开展创新发展指数评价，具体情况如下：

7.5.1　创新发展综合指数

根据本报告评价，2022年钢铁行业创新发展综合指数平均水平为67.01，高于全市场平均水平65.47。从指数分布来看，高于均值的有29家，占行业总数的64.44%。其中，最高的是宝钢股份，创新发展综合指数为80.31。具体来看，创新发展综合指数区间在60以下的有3家，占比6.67%；60~70的有32家，占比71.11%；70~80的有9家，占比20.00%；80以上的有1家，占比2.22%，如图7-41所示。

钢铁行业又可细分为3个二级行业，按照创新发展综合指数排名由高到低包括：普钢（68.67）、特钢Ⅱ（66.90）、冶钢原料（62.20），如图7-42所示。

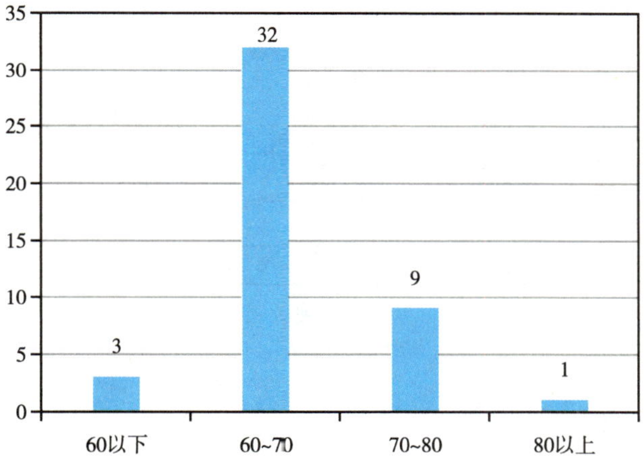

图7-41　2022年钢铁行业上市公司创新发展综合指数分布图（家）

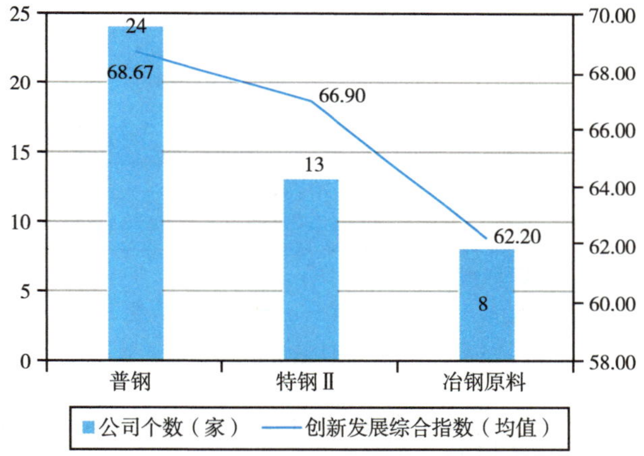

图7-42　2022年钢铁行业上市公司创新发展综合指数均值分布图

钢铁行业中，创新发展综合指数排名前10的上市公司，如表7-21所示。

表7-21　2022年钢铁行业上市公司创新发展综合指数前10排名

排名	公司代码	公司名称	创新发展综合指数	二级行业_申万	三级行业_申万
1	600019.SH	宝钢股份	80.31	普钢	板材
2	000708.SZ	中信特钢	76.53	特钢Ⅱ	特钢Ⅲ
3	000932.SZ	华菱钢铁	74.91	普钢	板材
4	600282.SH	南钢股份	73.85	普钢	板材
5	000959.SZ	首钢股份	72.60	普钢	板材
6	000778.SZ	新兴铸管	72.04	普钢	钢铁管材

续表

排名	公司代码	公司名称	创新发展综合指数	二级行业_申万	三级行业_申万
7	000709.SZ	河钢股份	71.94	普钢	板材
8	000825.SZ	太钢不锈	71.89	特钢Ⅱ	特钢Ⅲ
9	600808.SH	马钢股份	70.28	普钢	板材
10	600022.SH	山东钢铁	70.22	普钢	板材

数据来源：同花顺（iFinD），首经贸资产评估研究院和浙工商数字创新与管理研究院整理。

7.5.2 创新资源支持指数

2022年钢铁行业45家上市公司创新资源支持指数平均水平为67.40，低于全市场均值68.18。从指数分布来看，高于均值的有22家，占行业总数的48.89%。其中，最高的是鄂尔多斯，创新资源支持指数为83.32。具体来看，创新资源支持指数区间在60以下的有7家，占比15.56%；60~70的有19家，占比42.22%；70~80的有17家，占比37.78%；80以上的有2家，占比4.44%，如图7–43所示。

从二级行业来看，按照创新资源支持指数排名由高到低包括：普钢（68.20）、特钢Ⅱ（67.63）、冶钢原料（64.64），如图7–44所示。

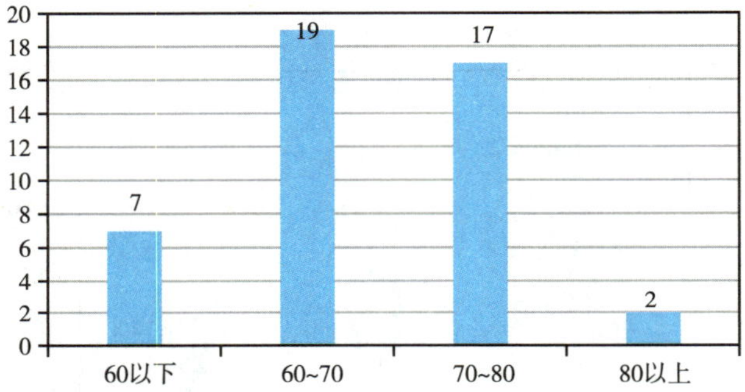

图7–43 2022年钢铁行业上市公司创新资源支持指数分布图（家）

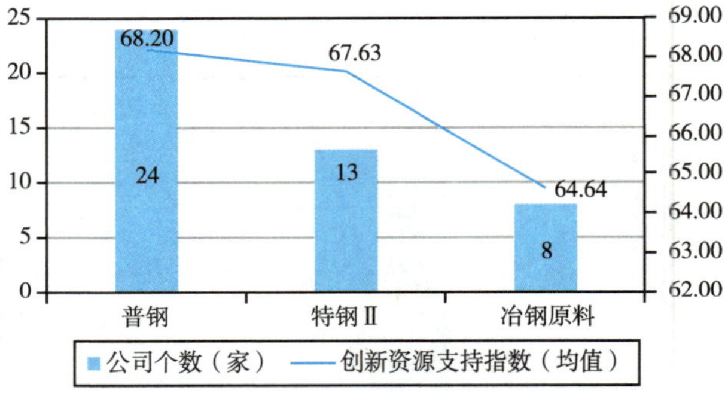

图7–44 2022年钢铁行业上市公司创新资源支持指数均值分布图

钢铁行业中，创新资源支持指数排名前10的上市公司，如表7–22所示。

表7–22 2022年钢铁行业上市公司创新资源支持指数前10排名

排名	公司代码	公司名称	创新资源支持指数	二级行业_申万	三级行业_申万
1	600295.SH	鄂尔多斯	83.32	冶钢原料	冶钢辅料
2	600516.SH	方大炭素	80.73	冶钢原料	冶钢辅料
3	600126.SH	杭钢股份	79.64	普钢	板材
4	600782.SH	新钢股份	78.92	普钢	板材
5	002318.SZ	久立特材	78.09	特钢Ⅱ	特钢Ⅲ
6	000708.SZ	中信特钢	77.95	特钢Ⅱ	特钢Ⅲ
7	000778.SZ	新兴铸管	77.71	普钢	钢铁管材
8	600019.SH	宝钢股份	77.06	普钢	板材
9	000932.SZ	华菱钢铁	76.30	普钢	板材
10	000709.SZ	河钢股份	73.23	普钢	板材

数据来源：同花顺（iFinD），首经贸资产评估研究院和浙工商数字创新与管理研究院整理。

7.5.3 创新要素投入指数

2022年钢铁行业45家上市公司创新要素投入指数平均水平为67.53，高于全市场均值65.37。从指数分布来看，高于均值的有33家，占行业总数的73.33%。其中，最高的是宝钢股份，创新要素投入指数为84.49。具体来看，创新要素投入指数区间在60以下的有6家，占比13.33%；60~70的有23家，占比51.12%；70~80的有15家，占比33.33%；80以上的有1家，占比2.22%，如图7-45所示。

从二级行业来看，按照创新要素投入指数排名由高到低包括：普钢（70.60）、特钢Ⅱ（66.87）、冶钢原料（59.36），如图7-46所示。

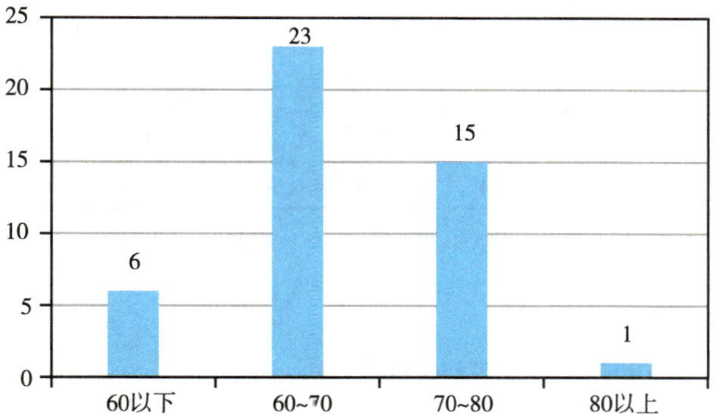

图7-45 2022年钢铁行业上市公司创新要素投入指数分布图（家）

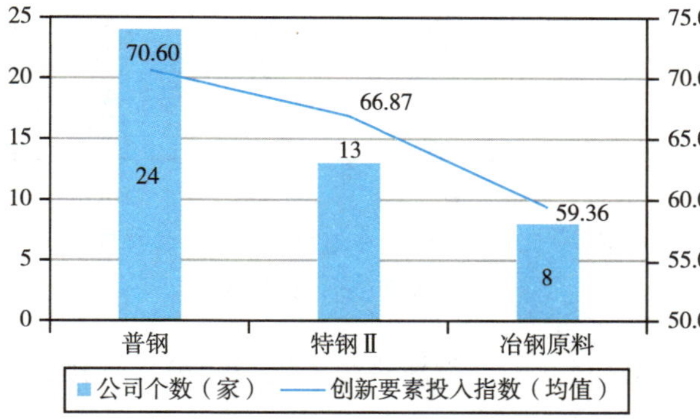

图7-46 2022年钢铁行业上市公司创新要素投入指数均值分布图

钢铁行业中，创新要素投入指数排名前10的上市公司，如表7-23所示。

表7-23 2022年钢铁行业上市公司创新要素投入指数前10排名

排名	公司代码	公司名称	创新要素投入指数	二级行业_申万	三级行业_申万
1	600019.SH	宝钢股份	84.49	普钢	板材
2	000708.SZ	中信特钢	78.10	特钢Ⅱ	特钢Ⅲ
3	600022.SH	山东钢铁	77.32	普钢	板材
4	600282.SH	南钢股份	76.68	普钢	板材
5	000959.SZ	首钢股份	75.59	普钢	板材
6	000932.SZ	华菱钢铁	75.52	普钢	板材
7	600010.SH	包钢股份	75.03	普钢	板材
8	000825.SZ	太钢不锈	74.27	特钢Ⅱ	特钢Ⅲ
9	000898.SZ	鞍钢股份	73.52	普钢	板材
10	000778.SZ	新兴铸管	73.14	普钢	钢铁管材

数据来源：同花顺（iFinD），首经贸资产评估研究院和浙江工商数字创新与管理研究院整理。

7.5.4 创新科技成果指数

2022年钢铁行业45家上市公司创新科技成果指数平均水平为71.07，高于全市场均值68.28。从指数分布来看，高于均值的有34家，占行业总数的75.56%。其中，最高的是宝钢股份，创新科技成果指数为83.00。具体来看，创新科技成果指数区间在60以下的有2家，占比4.44%；60~70的有18家，占比40.00%；70~80的有21家，占比46.67%；80以上的有4家，占比8.89%，如图7-47所示。

从二级行业来看，按照创新科技成果指数排名由高到低包括：普钢（73.85）、特钢Ⅱ（70.37）、冶钢原料（63.86），如图7-48所示。

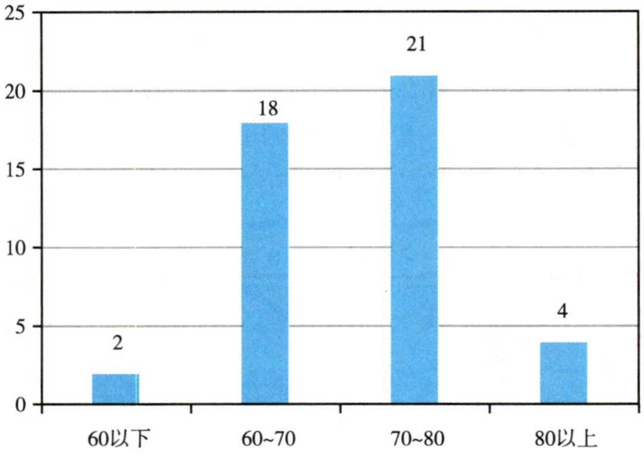

图7-47　2022年钢铁行业上市公司创新科技成果指数分布图（家）

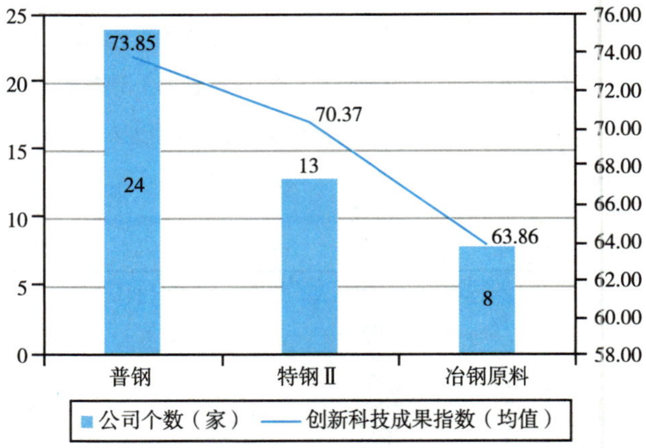

图7-48　2022年钢铁行业上市公司创新科技成果指数均值分布图

钢铁行业中，创新科技成果指数排名前10的上市公司，如表7-24所示。

表7-24　2022年钢铁行业上市公司创新科技成果指数前10排名

排名	公司代码	公司名称	创新科技成果指数	二级行业_申万	三级行业_申万
1	600019.SH	宝钢股份	83.00	普钢	板材
2	600282.SH	南钢股份	82.45	普钢	板材
3	600808.SH	马钢股份	82.42	普钢	板材
4	000932.SZ	华菱钢铁	81.86	普钢	板材
5	000708.SZ	中信特钢	79.41	特钢Ⅱ	特钢Ⅲ
6	000959.SZ	首钢股份	79.36	普钢	板材
7	600569.SH	安阳钢铁	75.99	普钢	板材
8	000898.SZ	鞍钢股份	75.93	普钢	板材
9	600307.SH	酒钢宏兴	75.39	普钢	板材
10	000709.SZ	河钢股份	74.39	普钢	板材

数据来源：同花顺（iFinD），首经贸资产评估研究院和浙江工商数字创新与管理研究院整理。

7.5.5　创新经济绩效指数

2022年钢铁行业45家上市公司创新经济绩效指数平均水平为62.49，高于全市场均值61.11。从指数分布来看，高于均值的有28家，占行业总数的62.22%。其中，最高的是宝钢股份，创新经济绩效指数为75.32。具体来看，创新经济绩效指数区间在60以下的有17家，占比37.78%；60~70的有24家，占比53.33%；70~80的有4家，占比8.89%，如图7-49所示。

从二级行业来看，按照创新经济绩效指数排名由高到低包括：特钢Ⅱ（63.30）、冶钢原料（62.32）、普钢（62.11），如图7-50所示。

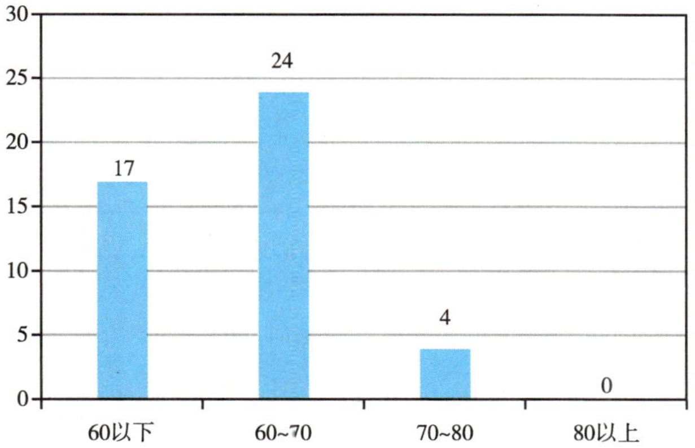

图7-49　2022年钢铁行业上市公司创新经济绩效指数分布图（家）

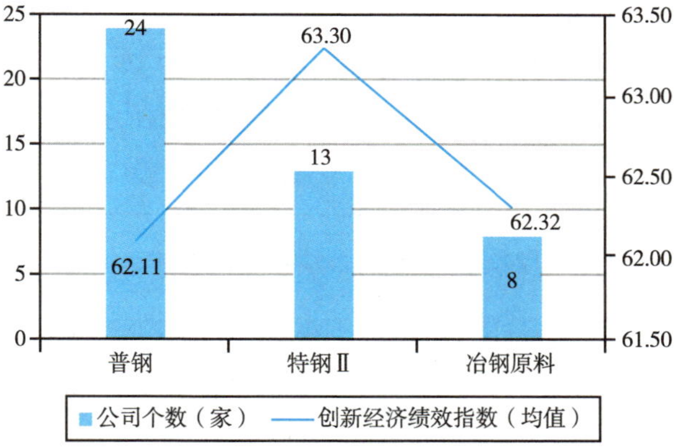

图7-50　2022年钢铁行业上市公司创新经济绩效指数均值分布图

钢铁行业中，创新经济绩效指数排名前10的上市公司，如表7-25所示。

表7-25　2022年钢铁行业上市公司创新经济绩效指数前10排名

排名	公司代码	公司名称	创新经济绩效指数	二级行业_申万	三级行业_申万
1	600019.SH	宝钢股份	75.32	普钢	板材
2	000629.SZ	钒钛股份	71.97	冶钢原料	冶钢辅料
3	000825.SZ	太钢不锈	71.63	特钢Ⅱ	特钢Ⅲ
4	000708.SZ	中信特钢	71.03	特钢Ⅱ	特钢Ⅲ
5	000709.SZ	河钢股份	68.48	普钢	板材
6	603995.SH	甬金股份	67.46	特钢Ⅱ	特钢Ⅲ
7	002318.SZ	久立特材	67.37	特钢Ⅱ	特钢Ⅲ
8	000932.SZ	华菱钢铁	66.95	普钢	板材
9	600010.SH	包钢股份	66.64	普钢	板材
10	600295.SH	鄂尔多斯	66.45	冶钢原料	冶钢辅料

数据来源：同花顺（iFinD），首经贸资产评估研究院和浙工商数字创新与管理研究院整理。

7.6　公用事业行业创新发展指数评价

截至2022年底，A股市场公用事业行业共有上市公司125家，总市值共计27,831.39亿元，营业总收入21,529.04亿元，平均市值222.65亿元/家，平均营业收入172.23亿元/家。营业收入最高的上市公司为华能国际（2,467.25亿元），市值最大的上市公司为长江电力（4,775.79亿元）。行业内上市公司研发投入合计为227.08亿元，占营业收入的1.05%，无形资产账面价值合计为1,978.68亿元，占总资产的3.10%。根据本报告分析口径，本节共对公用事业行业125家上市公司开展创新发展指数评价，具体情况如下：

7.6.1　创新发展综合指数

根据本报告评价，2022年公用事业行业创新发展综合指数平均水平为63.38，低于全市场平均水平65.47。从指数分布来看，高于均值的有45家，占行业总数的36.00%。其中，最高的是中国广核，创新发展综合指数为84.17。具体来看，创新发展综合指数区间在60以下的有40家，占比32.00%；60~70的有62家，占比49.60%；70~80的有21家，占比16.80%；80以上的有2家，占比1.60%，如图

7-51所示。

公用事业行业又可细分为2个二级行业，按照创新发展综合指数排名由高到低包括：电力（64.49）、燃气Ⅱ（60.14），如图7-52所示。

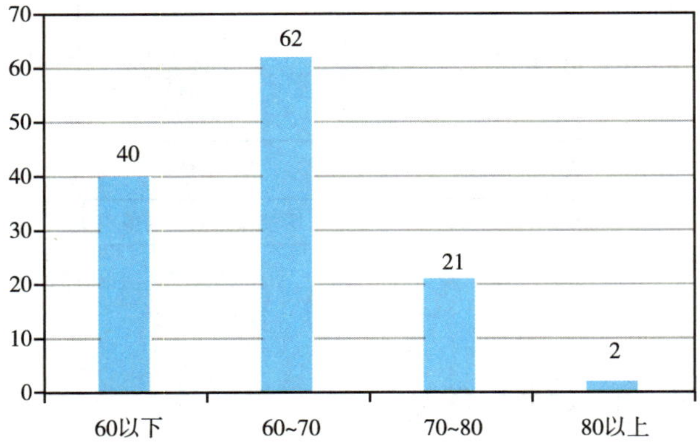

图7-51　2022年公用事业行业上市公司创新发展综合指数分布图（家）

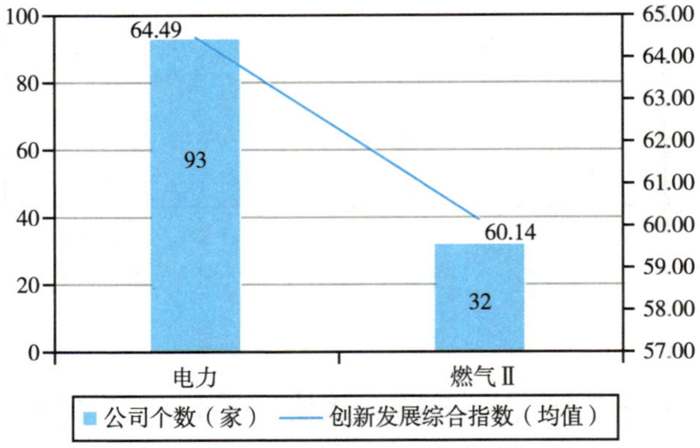

图7-52　2022年公用事业行业上市公司创新发展综合指数均值分布图

公用事业行业中，创新发展综合指数排名前10%的上市公司，如表7-26所示。

表7-26　2022年公用事业行业上市公司创新发展综合指数前10%排名

排名	公司代码	公司名称	创新发展综合指数	二级行业_申万	三级行业_申万
1	003816.SZ	中国广核	84.17	电力	核力发电
2	601985.SH	中国核电	81.30	电力	核力发电
3	600795.SH	国电电力	77.62	电力	火力发电
4	600011.SH	华能国际	77.02	电力	火力发电
5	600803.SH	新奥股份	76.99	燃气Ⅱ	燃气Ⅲ
6	600905.SH	三峡能源	75.62	电力	风力发电
7	000027.SZ	深圳能源	74.30	电力	火力发电
8	002060.SZ	粤水电	74.20	电力	电能综合服务
9	600025.SH	华能水电	72.68	电力	水力发电
10	000591.SZ	太阳能	72.43	电力	光伏发电
11	600956.SH	新天绿能	72.36	电力	风力发电
12	601222.SH	林洋能源	72.24	电力	光伏发电

数据来源：同花顺（iFinD），首经贸资产评估研究院和浙工商数字创新与管理研究院整理。

7.6.2　创新资源支持指数

2022年公用事业行业125家上市公司创新资源支持指数平均水平为68.14，低于全市场均值68.18。从指数分布来看，高于均值的有63家，占行业总数的50.40%。其中，最高的是京运通，创新资源支持指数为83.84。具体来看，创新资源支持指数区间在60以下的有16家，占比12.80%；60~70的有56家，占比44.80%；70~80的有49家，占比39.20%；80以上的有4家，占比3.20%，如图7-53所示。

从二级行业来看，按照创新资源支持指数排名由高到低包括：电力（69.51）、燃气Ⅱ（64.18），如图7-54所示。

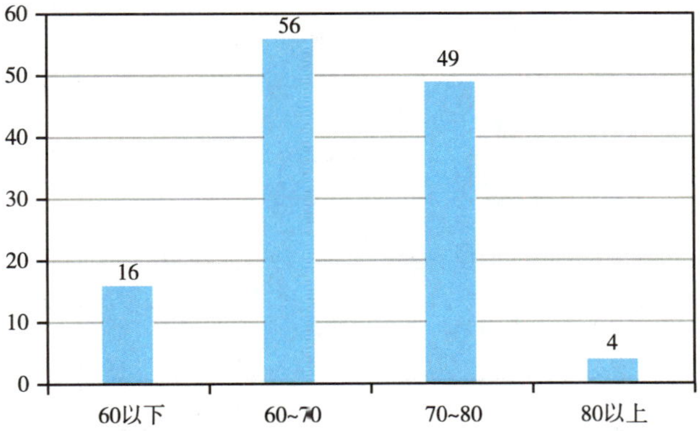

图7-53　2022年公用事业行业上市公司创新资源支持指数分布图（家）

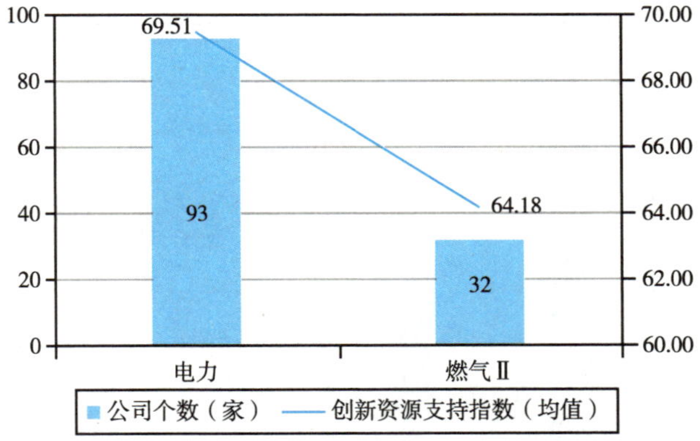

图7-54　2022年公用事业行业上市公司创新资源支持指数均值分布图

公用事业行业中，创新资源支持指数排名前10%的上市公司，如表7-27所示。

表7-27　2022年公用事业行业上市公司创新资源支持指数前10%排名

排名	公司代码	公司名称	创新资源支持指数	二级行业_申万	三级行业_申万
1	601908.SH	京运通	83.84	电力	光伏发电
2	003816.SZ	中国广核	83.51	电力	核力发电
3	601222.SH	林洋能源	81.77	电力	光伏发电
4	600098.SH	广州发展	80.87	电力	火力发电
5	601778.SH	晶科科技	79.60	电力	光伏发电
6	600982.SH	宁波能源	78.79	电力	热力服务
7	000027.SZ	深圳能源	78.25	电力	火力发电
8	600483.SH	福能股份	78.12	电力	电能综合服务
9	600905.SH	三峡能源	78.06	电力	风力发电
10	002015.SZ	协鑫能科	77.89	电力	热力服务
11	003035.SZ	南网能源	77.59	电力	电能综合服务
12	000591.SZ	太阳能	76.90	电力	光伏发电

数据来源：同花顺（iFinD），首经贸资产评估研究院和浙工商数字创新与管理研究院整理。

7.6.3　创新要素投入指数

2022年公用事业行业125家上市公司创新要素投入指数平均水平为59.05，低于全市场均值65.37。从指数分布来看，高于均值的有34家，占行业总数的27.20%。其中，最高的是中国广核，创新要素投入指数为86.39。具体来看，创新要素投入指数区间在60以下的有69家，占比55.20%；60~70的有37家，占比29.60%；70~80的有17家，占比13.60%；80以上的有2家，占比1.60%，如图7-55所示。

从二级行业来看，按照创新要素投入指数排名由高到低包括：电力（60.36）、燃气Ⅱ（55.24），如图7-56所示。

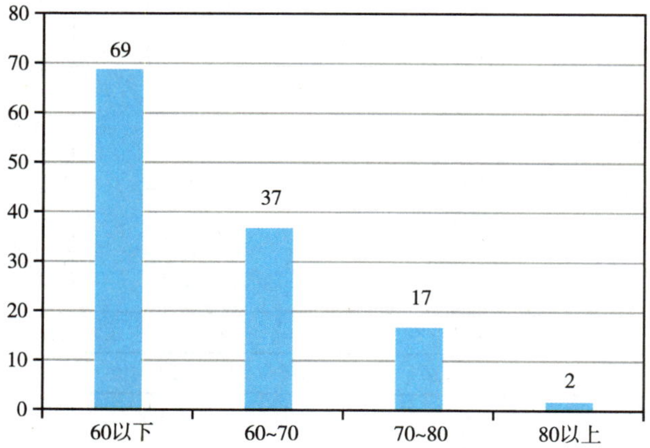

图7-55　2022年公用事业行业上市公司创新要素投入指数分布图（家）

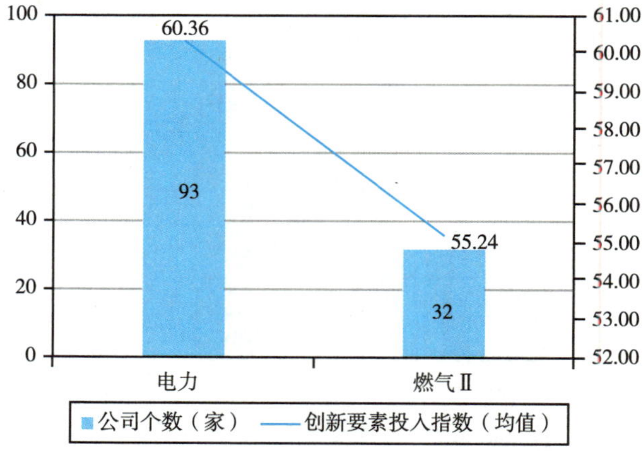

图7-56　2022年公用事业行业上市公司创新要素投入指数均值分布图

公用事业行业中，创新要素投入指数排名前10%的上市公司，如表7-28所示。

表7-28　2022年公用事业行业上市公司创新要素投入指数前10%排名

排名	公司代码	公司名称	创新要素投入指数	二级行业_申万	三级行业_申万
1	003816.SZ	中国广核	86.39	电力	核力发电
2	601985.SH	中国核电	82.72	电力	核力发电
3	600803.SH	新奥股份	79.75	燃气Ⅱ	燃气Ⅲ
4	600011.SH	华能国际	79.43	电力	火力发电
5	002060.SZ	粤水电	76.65	电力	电能综合服务
6	600025.SH	华能水电	76.20	电力	水力发电
7	600795.SH	国电电力	75.77	电力	火力发电
8	000600.SZ	建投能源	74.35	电力	火力发电
9	600021.SH	上海电力	73.26	电力	火力发电
10	600900.SH	长江电力	73.13	电力	水力发电
11	600956.SH	新天绿能	72.31	电力	风力发电
12	600905.SH	三峡能源	72.10	电力	风力发电

数据来源：同花顺（iFinD），首经贸资产评估研究院和浙工商数字创新与管理研究院整理。

7.6.4　创新科技成果指数

2022年公用事业行业125家上市公司创新科技成果指数平均水平为65.13，低于全市场均值68.28。从指数分布来看，高于均值的有29家，占行业总数的23.20%。其中，最高的是华能国际，创新科技成果指数为83.46。具体来看，创新科技成果指数区间在60以下的有18家，占比14.40%；60~70的有88家，占比70.40%；70~80的有18家，占比14.40%；80以上的有1家，占比0.80%，如图7-57所示。

从二级行业来看，按照创新科技成果指数排名由高到低包括：电力（65.90）、燃气Ⅱ（62.89），如图7-58所示。

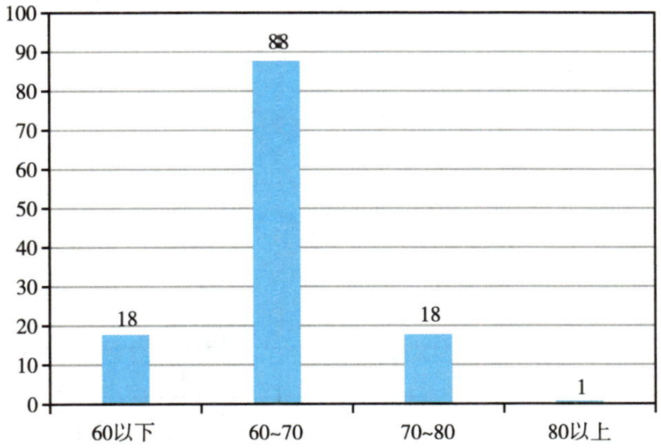

图 7–57　2022 年公用事业行业上市公司创新科技成果指数分布图（家）

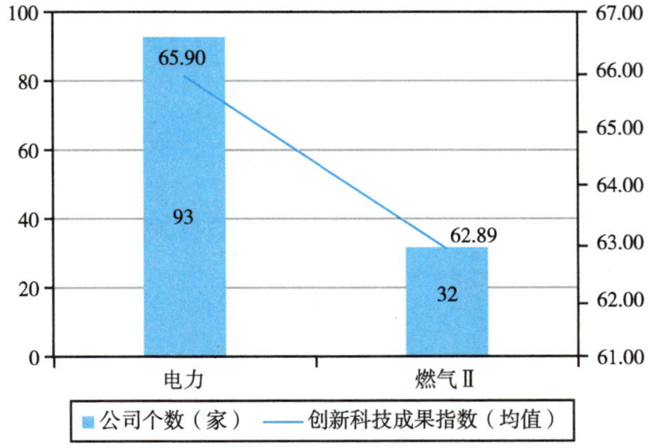

图 7–58　2022 年公用事业行业上市公司创新科技成果指数均值分布图

公用事业行业中，创新科技成果指数排名前10%的上市公司，如表7–29所示。

表 7–29　2022 年公用事业行业上市公司创新科技成果指数前 10% 排名

排名	公司代码	公司名称	创新科技成果指数	二级行业_申万	三级行业_申万
1	600011.SH	华能国际	83.46	电力	火力发电
2	003816.SZ	中国广核	77.02	电力	核力发电
3	600795.SH	国电电力	76.55	电力	火力发电
4	600900.SH	长江电力	76.32	电力	水力发电
5	601985.SH	中国核电	75.09	电力	核力发电
6	002060.SZ	粤水电	73.59	电力	电能综合服务
7	601222.SH	林洋能源	73.24	电力	光伏发电
8	600025.SH	华能水电	73.14	电力	水力发电
9	002015.SZ	协鑫能科	72.77	电力	热力服务
10	600905.SH	三峡能源	72.68	电力	风力发电
11	600863.SH	内蒙华电	71.82	电力	火力发电
12	601139.SH	深圳燃气	71.67	燃气Ⅱ	燃气Ⅲ

数据来源：同花顺（iFinD），首经贸资产评估研究院和浙工商数字创新与管理研究院整理。

7.6.5　创新经济绩效指数

2022年公用事业行业125家上市公司创新经济绩效指数平均水平为63.47，高于全市场均值61.11。从指数分布来看，高于均值的有78家，占行业总数的62.40%。其中，最高的是中国核电，创新经济绩效指数为88.80。具体来看，创新经济绩效指数区间在60以下的有47家，占比37.60%；60~70的有51家，占比40.80%；70~80的有19家，占比15.20%；80以上的有8家，占比6.40%，如图7–59所示。

从二级行业来看，按照创新经济绩效指数排名由高到低包括：电力（64.47）、燃气Ⅱ（60.56），如图7–60所示。

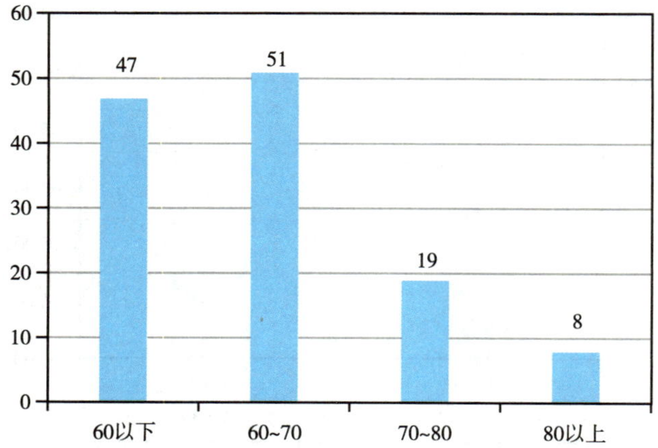

图7-59　2022年公用事业行业上市公司创新经济绩效指数分布图（家）

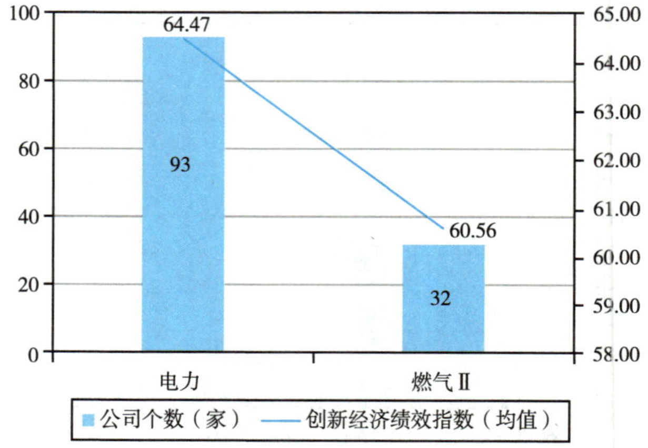

图7-60　2022年公用事业行业上市公司创新经济绩效指数均值分布图

公用事业行业中，创新经济绩效指数排名前10%的上市公司，如表7-30所示。

表7-30　2022年公用事业行业上市公司创新经济绩效指数前10%排名

排名	公司代码	公司名称	创新经济绩效指数	二级行业_申万	三级行业_申万
1	601985.SH	中国核电	88.80	电力	核力发电
2	003816.SZ	中国广核	88.39	电力	核力发电
3	600795.SH	国电电力	85.71	电力	火力发电
4	600803.SH	新奥股份	82.77	燃气Ⅱ	燃气Ⅲ
5	600578.SH	京能电力	82.22	电力	火力发电
6	000027.SZ	深圳能源	82.20	电力	火力发电
7	600905.SH	三峡能源	80.67	电力	风力发电
8	000875.SZ	吉电股份	80.30	电力	电能综合服务
9	600098.SH	广州发展	75.59	电力	火力发电
10	600021.SH	上海电力	75.45	电力	火力发电
11	300332.SZ	天壕环境	75.33	燃气Ⅱ	燃气Ⅲ
12	600025.SH	华能水电	74.62	电力	水力发电

数据来源：同花顺（iFinD），首经贸资产评估研究院和浙工商数字创新与管理研究院整理。

7.7　国防军工行业创新发展指数评价

截至2022年底，A股市场国防军工行业共有上市公司126家，总市值共计21,135.38亿元，营业总收入5,166.38亿元，平均市值167.74亿元/家，平均营业收入41.00亿元/家。营业收入最高的上市公司为中国船舶（595.58亿元），市值最大的上市公司为中航沈飞（1,149.46亿元）。行业内上市公司研发投入合计为320.36亿元，占营业收入的6.20%，无形资产账面价值合计为370.41亿元，占总资产的2.76%。根据本报告分析口径，本节共对国防军工行业126家上市公司开展创新发展指数评价，具体情况如下：

7.7.1　创新发展综合指数

根据本报告评价，2022年国防军工行业创新发展综合指数平均水平为69.18，高于全市场平均水平65.47。从指数分布来看，高于均值的有100家，占行业总数的79.37%。其中，最高的是中国卫星，创新发展综合指数为80.46。具体来看，创新发展综合指数区间在60以下的有3家，占比2.38%；60~70的有72家，占比57.14%；70~80的有48家，占比38.10%；80以上的有3家，占比2.38%，如图7-61所示。

国防军工行业又可细分为5个二级行业，按照创新发展综合指数排名由高到低包括：航天装备Ⅱ（71.75）、航海装备Ⅱ（70.43）、军工电子Ⅱ（69.15）、航空装备Ⅱ（68.80）、地面兵装Ⅱ（67.75），如图7-62所示。

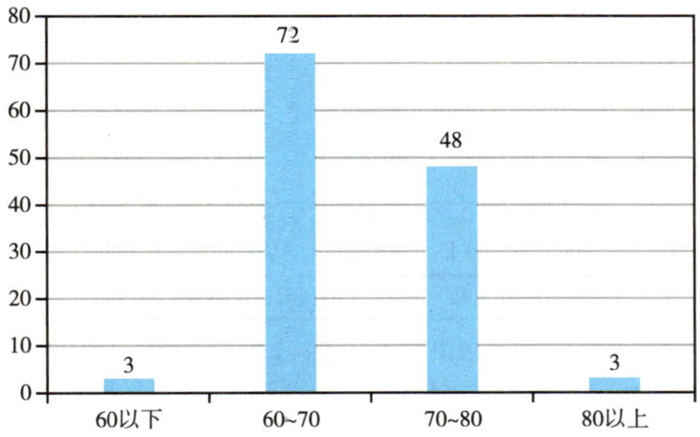

图7-61　2022年国防军工行业上市公司创新发展综合指数分布图（家）

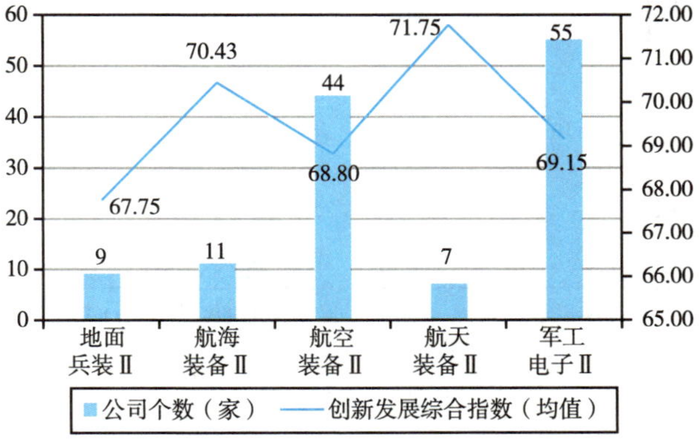

图7-62　2022年国防军工行业上市公司创新发展综合指数均值分布图

国防军工行业中，创新发展综合指数排名前10%的上市公司，如表7-31所示。

表7-31　2022年国防军工行业上市公司创新发展综合指数前10%排名

排名	公司代码	公司名称	创新发展综合指数	二级行业_申万	三级行业_申万
1	600118.SH	中国卫星	80.46	航天装备Ⅱ	航天装备Ⅲ
2	600893.SH	航发动力	80.34	航空装备Ⅱ	航空装备Ⅲ
3	600150.SH	中国船舶	80.33	航海装备Ⅱ	航海装备Ⅲ
4	002179.SZ	中航光电	79.72	军工电子Ⅱ	军工电子Ⅲ
5	000733.SZ	振华科技	79.65	军工电子Ⅱ	军工电子Ⅲ
6	600879.SH	航天电子	79.17	航天装备Ⅱ	航天装备Ⅲ
7	002389.SZ	航天彩虹	78.96	航空装备Ⅱ	航空装备Ⅲ
8	601989.SH	中国重工	77.88	航海装备Ⅱ	航海装备Ⅲ
9	601698.SH	中国卫通	77.62	航天装备Ⅱ	航天装备Ⅲ
10	002151.SZ	北斗星通	77.07	军工电子Ⅱ	军工电子Ⅲ
11	000768.SZ	中航西飞	76.59	航空装备Ⅱ	航空装备Ⅲ
12	600372.SH	中航电子	76.54	航空装备Ⅱ	航空装备Ⅲ

数据来源：同花顺（iFinD），首经贸资产评估研究院和浙工商数字创新与管理研究院整理。

7.7.2　创新资源支持指数

2022年国防军工行业126家上市公司创新资源支持指数平均水平为69.58，高于全市场均值68.18。从指数分布来看，高于均值的有73家，占行业总数的57.94%。其中，最高的是光威复材，创新资源支持指数为88.30。具体来看，创新资源支持指数区间在60以下的有18家，占比14.29%；60~70的有45家，占比35.71%；70~80的有53家，占比42.06%；80以上的有10家，占比7.94%，如图7-63所示。

从二级行业来看，按照创新资源支持指数排名由高到低包括：航海装备Ⅱ（72.75）、航天装备Ⅱ（72.45）、军工电子Ⅱ（69.87）、航空装备Ⅱ（69.12）、地面兵装Ⅱ（63.88），如图7-64所示。

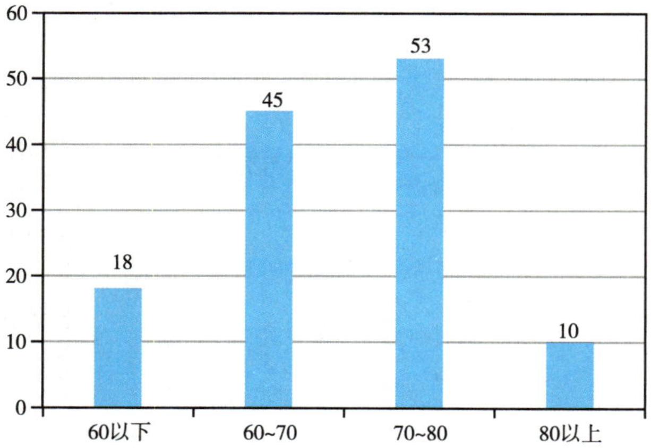

图7-63　2022年国防军工行业上市公司创新资源支持指数分布图（家）

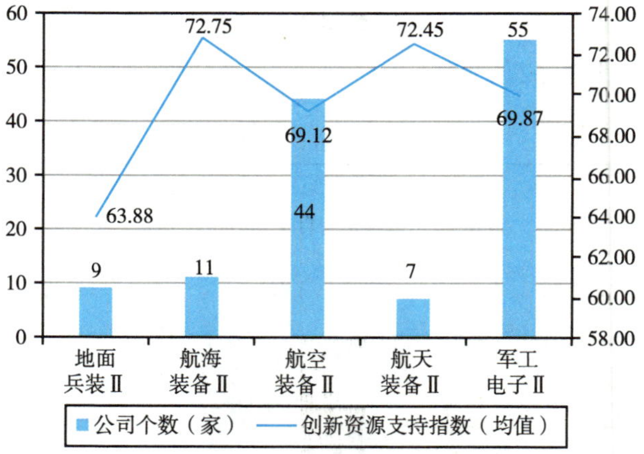

图7-64　2022年国防军工行业上市公司创新资源支持指数均值分布图

国防军工行业中，创新资源支持指数排名前10%的上市公司，如表7-32所示。

表7-32　2022年国防军工行业上市公司创新资源支持指数前10%排名

排名	公司代码	公司名称	创新资源支持指数	二级行业_申万	三级行业_申万
1	300699.SZ	光威复材	88.30	航空装备Ⅱ	航空装备Ⅲ
2	600150.SH	中国船舶	85.74	航海装备Ⅱ	航海装备Ⅲ
3	600685.SH	中船防务	85.05	航海装备Ⅱ	航海装备Ⅲ
4	000768.SZ	中航西飞	84.26	航空装备Ⅱ	航空装备Ⅲ
5	600562.SH	国睿科技	84.23	军工电子Ⅱ	军工电子Ⅲ
6	300474.SZ	景嘉微	82.59	军工电子Ⅱ	军工电子Ⅲ
7	601698.SH	中国卫通	81.54	航天装备Ⅱ	航天装备Ⅲ
8	603712.SH	七一二	81.15	军工电子Ⅱ	军工电子Ⅲ
9	600879.SH	航天电子	80.76	航天装备Ⅱ	航天装备Ⅲ
10	300726.SZ	宏达电子	80.18	军工电子Ⅱ	军工电子Ⅲ
11	605123.SH	派克新材	79.61	航空装备Ⅱ	航空装备Ⅲ
12	002151.SZ	北斗星通	79.52	军工电子Ⅱ	军工电子Ⅲ

数据来源：同花顺（iFinD），首经贸资产评估研究院和浙工商数字创新与管理研究院整理。

7.7.3　创新要素投入指数

2022年国防军工行业126家上市公司创新要素投入指数平均水平为72.66，高于全市场均值65.37。从指数分布来看，高于均值的有117家，占行业总数的92.86%。其中，最高的是中航光电，创新要素投入指数为86.60。具体来看，创新要素投入指数区间在60以下的有3家，占比2.38%；60~70的有37家，占比29.37%；70~80的有69家，占比54.76%；80以上的有17家，占比13.49%，如图7-65所示。

从二级行业来看，按照创新要素投入指数排名由高到低包括：航天装备Ⅱ（74.29）、军工电子Ⅱ（73.94）、航海装备Ⅱ（73.41）、地面兵装Ⅱ（73.27）、航空装备Ⅱ（70.50），如图7-66所示。

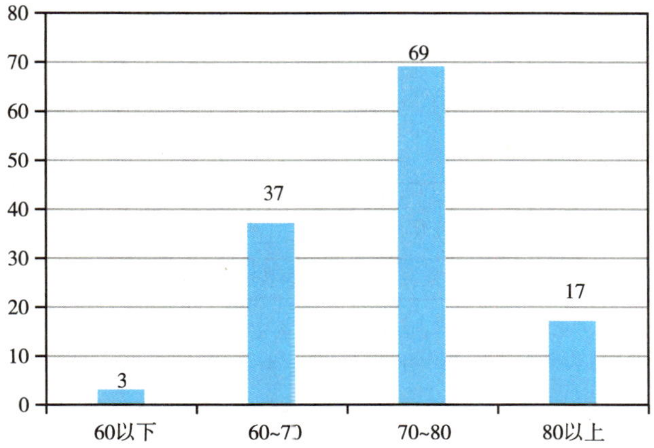

图7-65 2022年国防军工行业上市公司创新要素投入指数分布图（家）

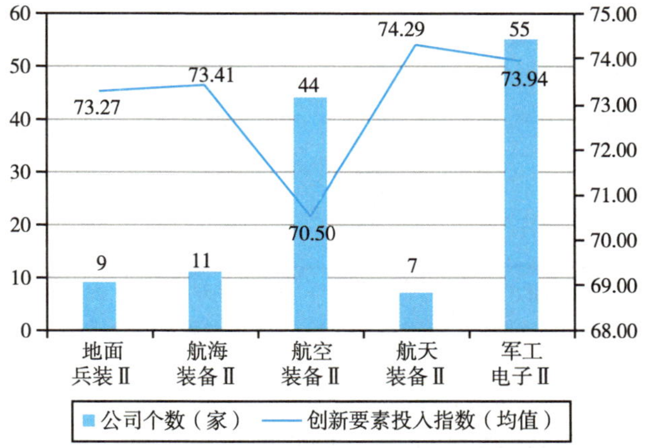

图7-66 2022年国防军工行业上市公司创新要素投入指数均值分布图

国防军工行业中，创新要素投入指数排名前10%的上市公司，如表7-33所示。

表7-33 2022年国防军工行业上市公司创新要素投入指数前10%排名

排名	公司代码	公司名称	创新要素投入指数	二级行业_申万	三级行业_申万
1	002179.SZ	中航光电	86.60	军工电子Ⅱ	军工电子Ⅲ
2	002414.SZ	高德红外	84.28	军工电子Ⅱ	军工电子Ⅲ
3	601989.SH	中国重工	83.74	航海装备Ⅱ	航海装备Ⅲ
4	002151.SZ	北斗星通	83.54	军工电子Ⅱ	军工电子Ⅲ
5	002389.SZ	航天彩虹	82.80	航空装备Ⅱ	航空装备Ⅲ
6	000733.SZ	振华科技	82.55	军工电子Ⅱ	军工电子Ⅲ
7	000547.SZ	航天发展	82.38	军工电子Ⅱ	军工电子Ⅲ
8	600150.SH	中国船舶	82.37	航海装备Ⅱ	航海装备Ⅲ
9	002025.SZ	航天电器	82.20	军工电子Ⅱ	军工电子Ⅲ
10	600118.SH	中国卫星	82.02	航天装备Ⅱ	航天装备Ⅲ
11	300474.SZ	景嘉微	81.34	军工电子Ⅱ	军工电子Ⅲ
12	600893.SH	航发动力	81.26	航空装备Ⅱ	航空装备Ⅲ

数据来源：同花顺（iFinD），首经贸资产评估研究院和浙工商数字创新与管理研究院整理。

7.7.4 创新科技成果指数

2022年国防军工行业126家上市公司创新科技成果指数平均水平为69.90，高于全市场均值68.28。从指数分布来看，高于均值的有92家，占行业总数的73.02%。其中，最高的是中国船舶，创新科技成果指数为81.31。具体来看，创新科技成果指数区间在60以下的有1家，占比0.79%；60~70的有71家，占比56.35%；70~80的有49家，占比38.89%；80以上的有5家，占比3.97%，如图7-67所示。

从二级行业来看，按照创新科技成果指数排名由高到低包括：航天装备Ⅱ（71.20）、地面兵装Ⅱ（70.26）、航空装备Ⅱ（70.11）、航海装备Ⅱ（70.08）、军工电子Ⅱ（69.47），如图7-68所示。

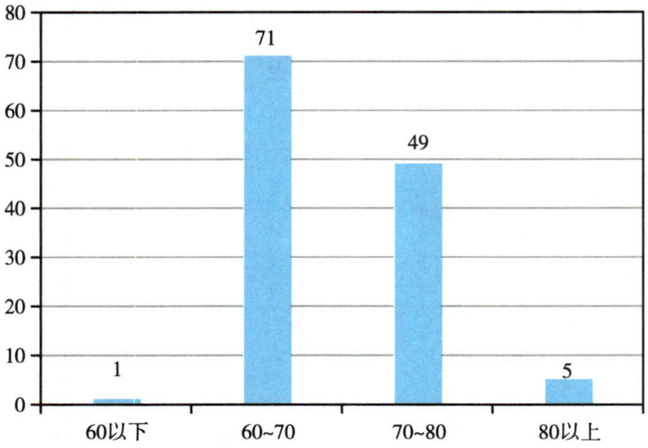

图7-67 2022年国防军工行业上市公司创新科技成果指数分布图（家）

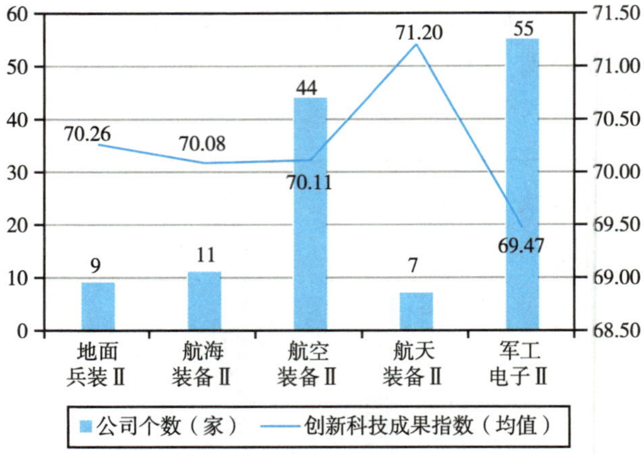

图7-68 2022年国防军工行业上市公司创新科技成果指数均值分布图

国防军工行业中，创新科技成果指数排名前10%的上市公司，如表7-34所示。

表7-34 2022年国防军工行业上市公司创新科技成果指数前10%排名

排名	公司代码	公司名称	创新科技成果指数	二级行业_申万	三级行业_申万
1	600150.SH	中国船舶	81.31	航海装备Ⅱ	航海装备Ⅲ
2	000733.SZ	振华科技	80.85	军工电子Ⅱ	军工电子Ⅲ
3	600893.SH	航发动力	80.49	航空装备Ⅱ	航空装备Ⅲ
4	601989.SH	中国重工	80.28	航海装备Ⅱ	航海装备Ⅲ
5	600760.SH	中航沈飞	80.02	航空装备Ⅱ	航空装备Ⅲ
6	600879.SH	航天电子	79.90	航天装备Ⅱ	航天装备Ⅲ
7	002389.SZ	航天彩虹	78.77	航空装备Ⅱ	航空装备Ⅲ
8	600118.SH	中国卫星	77.73	航天装备Ⅱ	航天装备Ⅲ
9	002179.SZ	中航光电	76.57	军工电子Ⅱ	军工电子Ⅲ
10	688122.SH	西部超导	75.24	航空装备Ⅱ	航空装备Ⅲ
11	603678.SH	火炬电子	74.56	军工电子Ⅱ	军工电子Ⅲ
12	600764.SH	中国海防	74.56	航海装备Ⅱ	航海装备Ⅲ

数据来源：同花顺（iFinD），首经贸资产评估研究院和浙工商数字创新与管理研究院整理。

7.7.5 创新经济绩效指数

2022年国防军工行业126家上市公司创新经济绩效指数平均水平为64.11，高于全市场均值61.11。从指数分布来看，高于均值的有84家，占行业总数的66.67%。其中，最高的是中国卫星，创新经济绩效指数为82.15。具体来看，创新经济绩效指数区间在60以下的有41家，占比32.54%；60~70的有56家，占比44.45%；70~80的有25家，占比19.84%；80以上的有4家，占比3.17%，如图7-69所示。

从二级行业来看，按照创新经济绩效指数排名由高到低包括：航天装备Ⅱ（68.69）、航海装备Ⅱ（65.50）、航空装备Ⅱ（65.39）、军工电子Ⅱ（62.62）、地面兵装Ⅱ（61.77），如图7-70所示。

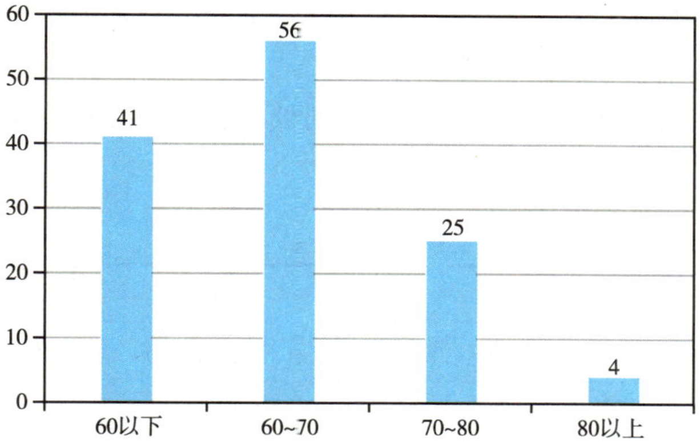

图7-69　2022年国防军工行业上市公司创新经济绩效指数分布图（家）

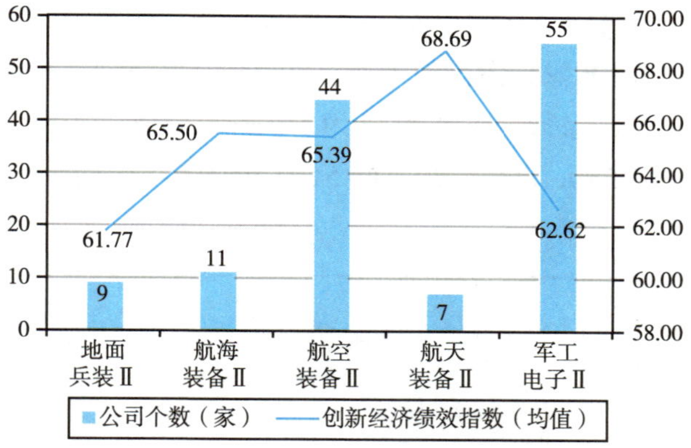

图7-70　2022年国防军工行业上市公司创新经济绩效指数均值分布图

国防军工行业中，创新经济绩效指数排名前10%的上市公司，如表7-35所示。

表7-35　2022年国防军工行业上市公司创新经济绩效指数前10%排名

排名	公司代码	公司名称	创新经济绩效指数	二级行业_申万	三级行业_申万
1	600118.SH	中国卫星	82.15	航天装备Ⅱ	航天装备Ⅲ
2	002625.SZ	光启技术	81.72	航空装备Ⅱ	航空装备Ⅲ
3	601698.SH	中国卫通	80.86	航天装备Ⅱ	航天装备Ⅲ
4	600893.SH	航发动力	80.65	航空装备Ⅱ	航空装备Ⅲ
5	002389.SZ	航天彩虹	79.08	航空装备Ⅱ	航空装备Ⅲ
6	600862.SH	中航高科	78.63	航空装备Ⅱ	航空装备Ⅲ
7	000733.SZ	振华科技	77.96	军工电子Ⅱ	军工电子Ⅲ
8	600879.SH	航天电子	76.90	航天装备Ⅱ	航天装备Ⅲ
9	300101.SZ	振芯科技	76.46	军工电子Ⅱ	军工电子Ⅲ
10	600760.SH	中航沈飞	75.78	航空装备Ⅱ	航空装备Ⅲ
11	000768.SZ	中航西飞	75.72	航空装备Ⅱ	航空装备Ⅲ
12	600990.SH	四创电子	75.36	军工电子Ⅱ	军工电子Ⅲ

数据来源：同花顺（iFinD），首经贸资产评估研究院和浙工商数字创新与管理研究院整理。

7.8　环保行业创新发展指数评价

截至2022年底，A股市场环保行业共有上市公司129家，总市值共计6,800.74亿元，营业总收入3,329.83亿元，平均市值52.72亿元/家，平均营业收入25.81亿元/家。营业收入最高的上市公司为首创环保（221.57亿元），市值最大的上市公司为伟明环保（313.94亿元）。行业内上市公司研发投入合计为94.76亿元，占营业收入的2.85%，无形资产账面价值合计为3,009.99亿元，占总资产的26.37%。根据本报告分析口径，本节共对环保行业129家上市公司开展创新发展指数评价，具体情况如下：

7.8.1　创新发展综合指数

根据本报告评价，2022年环保行业创新发展综合指数平均水平为64.93，低于全市场平均水平65.47。从指数分布来看，高于均值的有56家，占行业总数的43.41%。其中，最高的是龙净环保，创新发展综合指数为74.51。具体来看，创新发展综合指数区间在60以下的有10家，占比7.75%；60~70的有105家，占比81.40%；70~80的有14家，占比10.85%，如图7–71所示。

环保行业又可细分为2个二级行业，按照创新发展综合指数排名由高到低包括：环保设备Ⅱ（66.58）、环境治理（64.51），如图7–72所示。

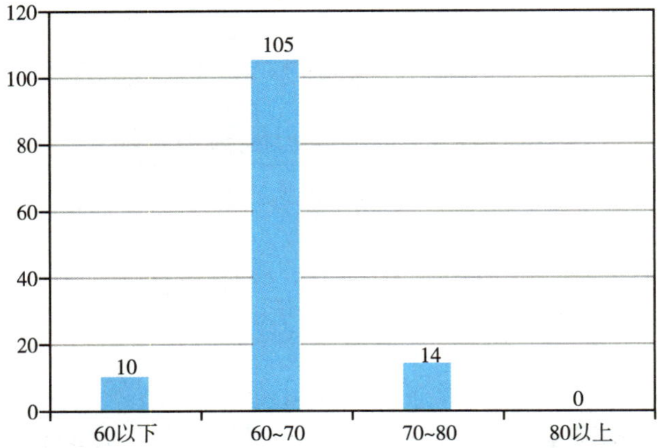

图7–71　2022年环保行业上市公司创新发展综合指数分布图（家）

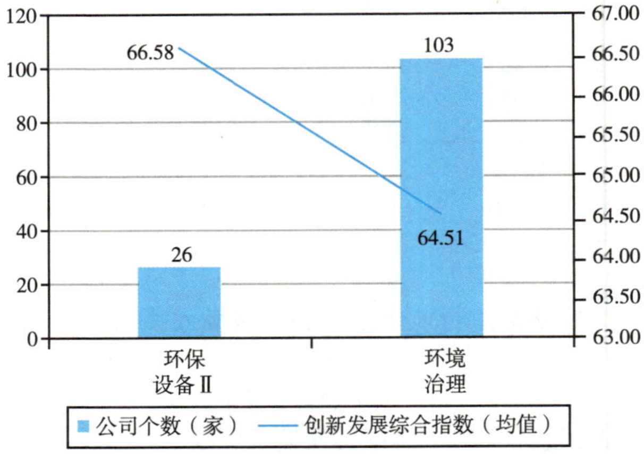

图7–72　2022年环保行业上市公司创新发展综合指数均值分布图

环保行业中，创新发展综合指数排名前10%的上市公司，如表7–36所示。

表7–36　2022年环保行业上市公司创新发展综合指数前10%排名

排名	公司代码	公司名称	创新发展综合指数	二级行业_申万	三级行业_申万
1	600388.SH	龙净环保	74.51	环保设备Ⅱ	环保设备Ⅲ
2	603588.SH	高能环境	74.43	环境治理	固废治理
3	000967.SZ	盈峰环境	73.72	环保设备Ⅱ	环保设备Ⅲ
4	300958.SZ	建工修复	72.83	环境治理	综合环境治理
5	600292.SH	远达环保	72.63	环境治理	大气治理
6	600008.SH	首创环保	72.39	环境治理	水务及水治理
7	002266.SZ	浙富控股	72.08	环境治理	固废治理
8	000551.SZ	创元科技	72.00	环保设备Ⅱ	环保设备Ⅲ
9	002573.SZ	清新环境	71.46	环境治理	大气治理
10	300070.SZ	碧水源	71.33	环境治理	水务及水治理
11	002658.SZ	雪迪龙	71.24	环保设备Ⅱ	环保设备Ⅲ
12	300203.SZ	聚光科技	70.56	环保设备Ⅱ	环保设备Ⅲ

数据来源：同花顺（iFinD），首经贸资产评估研究院和浙工商数字创新与管理研究院整理。

7.8.2　创新资源支持指数

2022年环保行业129家上市公司创新资源支持指数平均水平为68.35，高于全市场均值68.18。从指数分布来看，高于均值的有65家，占行业总数的50.39%。其中，最高的是瀚蓝环境，创新资源支持指数为86.77。具体来看，创新资源支持指数区间在60以下的有17家，占比13.18%；60~70的有57家，占比44.18%；70~80的有46家，占比35.66%；80以上的有9家，占比6.98%，如图7–73所示。

从二级行业来看，按照创新资源支持指数排名由高到低包括：环保设备Ⅱ（70.38）、环境治理（67.84），如图7–74所示。

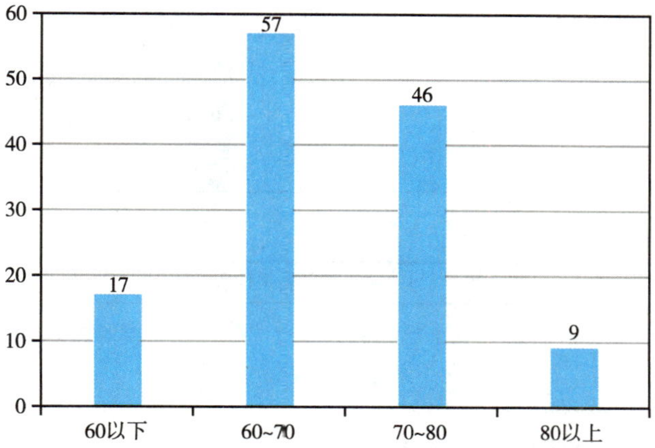

图7–73　2022年环保行业上市公司创新资源支持指数分布图（家）

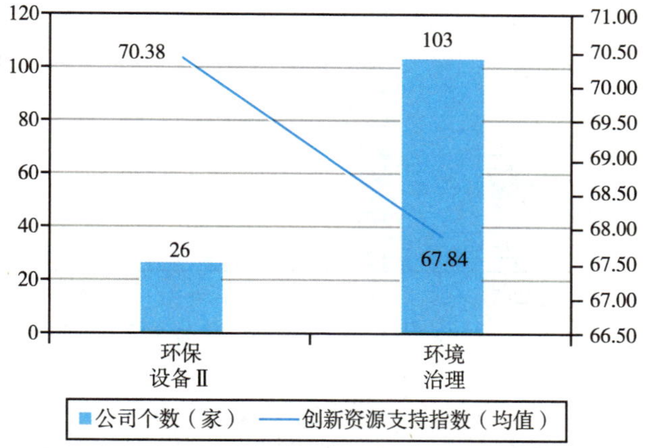

图7–74　2022年环保行业上市公司创新资源支持指数均值分布图

环保行业中，创新资源支持指数排名前10%的上市公司，如表7–37所示。

表7–37　2022年环保行业上市公司创新资源支持指数前10%排名

排名	公司代码	公司名称	创新资源支持指数	二级行业_申万	三级行业_申万
1	600323.SH	瀚蓝环境	86.77	环境治理	固废治理
2	002266.SZ	浙富控股	85.87	环境治理	固废治理
3	000967.SZ	盈峰环境	83.25	环保设备Ⅱ	环保设备Ⅲ
4	600817.SH	宇通重工	83.25	环保设备Ⅱ	环保设备Ⅲ
5	603588.SH	高能环境	83.21	环境治理	固废治理
6	688600.SH	皖仪科技	81.40	环保设备Ⅱ	环保设备Ⅲ
7	600388.SH	龙净环保	80.78	环保设备Ⅱ	环保设备Ⅲ
8	300203.SZ	聚光科技	80.48	环保设备Ⅱ	环保设备Ⅲ
9	300800.SZ	力合科技	80.04	环保设备Ⅱ	环保设备Ⅲ
10	002658.SZ	雪迪龙	79.76	环保设备Ⅱ	环保设备Ⅲ
11	002645.SZ	华宏科技	79.13	环保设备Ⅱ	环保设备Ⅲ
12	300070.SZ	碧水源	78.58	环境治理	水务及水治理

数据来源：同花顺（iFinD），首经贸资产评估研究院和浙工商数字创新与管理研究院整理。

7.8.3　创新要素投入指数

2022年环保行业129家上市公司创新要素投入指数平均水平为64.63，低于全市场均值65.37。从指数分布来看，高于均值的有62家，占行业总数的48.06%。其中，最高的是远达环保，创新要素投入指数为82.65。具体来看，创新要素投入指数区间在60以下的有24家，占比18.60%；60~70的有86家，占比66.67%；70~80的有18家，占比13.95%；80以上的有1家，占比0.78%，如图7–75所示。

从二级行业来看，按照创新要素投入指数排名由高到低包括：环保设备Ⅱ（67.50）、环境治理（63.90），如图7–76所示。

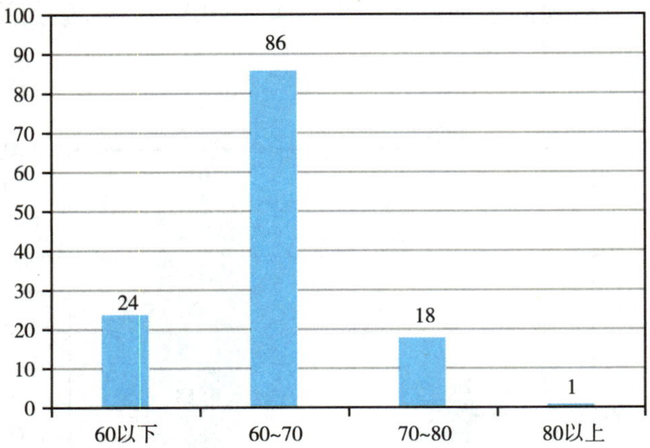

图7-75　2022年环保行业上市公司创新要素投入指数分布图（家）

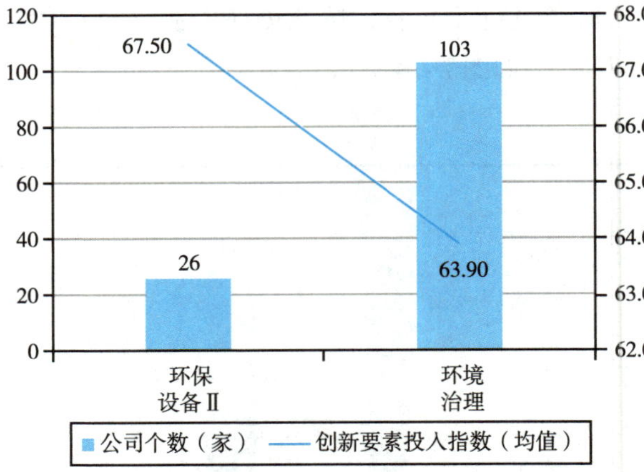

图7-76　2022年环保行业上市公司创新要素投入指数均值分布图

环保行业中，创新要素投入指数排名前10%的上市公司，如表7-38所示。

表7-38　2022年环保行业上市公司创新要素投入指数前10%排名

排名	公司代码	公司名称	创新要素投入指数	二级行业_申万	三级行业_申万
1	600292.SH	远达环保	82.65	环境治理	大气治理
2	300958.SZ	建工修复	77.67	环境治理	综合环境治理
3	300203.SZ	聚光科技	74.48	环保设备Ⅱ	环保设备Ⅲ
4	603588.SH	高能环境	74.35	环境治理	固废治理
5	000551.SZ	创元科技	74.12	环保设备Ⅱ	环保设备Ⅲ
6	688600.SH	皖仪科技	73.78	环保设备Ⅱ	环保设备Ⅲ
7	688466.SH	金科环境	73.32	环境治理	水务及水治理
8	600388.SH	龙净环保	73.28	环保设备Ⅱ	环保设备Ⅲ
9	600008.SH	首创环保	72.46	环境治理	水务及水治理
10	600526.SH	菲达环保	72.31	环保设备Ⅱ	环保设备Ⅲ
11	603126.SH	中材节能	71.71	环境治理	固废治理
12	003027.SZ	同兴环保	71.44	环境治理	大气治理

数据来源：同花顺（iFinD），首经贸资产评估研究院和浙工商数字创新与管理研究院整理。

7.8.4　创新科技成果指数

2022年环保行业129家上市公司创新科技成果指数平均水平为67.21，低于全市场均值68.28。从指数分布来看，高于均值的有54家，占行业总数的41.86%。其中，最高的是龙净环保，创新科技成果指数为75.51。具体来看，创新科技成果指数区间在60以下的有4家，占比3.10%；60~70的有91家，占比70.54%；70~80的有34家，占比26.36%，如图7-77所示。

从二级行业来看，按照创新科技成果指数排名由高到低包括：环保设备Ⅱ（69.41）、环境治理（66.66），如图7-78所示。

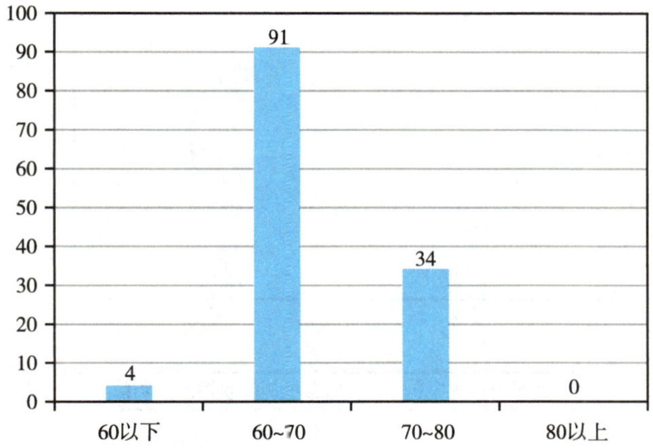

图7-77　2022年环保行业上市公司创新科技成果指数分布图（家）

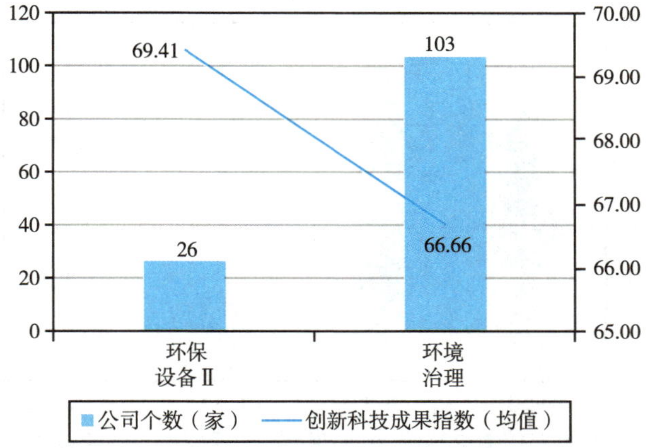

图7-78　2022年环保行业上市公司创新科技成果指数均值分布图

环保行业中，创新科技成果指数排名前10%的上市公司，如表7-39所示。

表7-39　2022年环保行业上市公司创新科技成果指数前10%排名

排名	公司代码	公司名称	创新科技成果指数	二级行业_申万	三级行业_申万
1	600388.SH	龙净环保	75.51	环保设备Ⅱ	环保设备Ⅲ
2	600008.SH	首创环保	74.66	环境治理	水务及水治理
3	000967.SZ	盈峰环境	74.60	环保设备Ⅱ	环保设备Ⅲ
4	603588.SH	高能环境	73.56	环境治理	固废治理
5	688565.SH	力源科技	72.78	环境治理	水务及水治理
6	600526.SH	菲达环保	72.69	环保设备Ⅱ	环保设备Ⅲ
7	300266.SZ	兴源环境	72.63	环境治理	水务及水治理
8	603279.SH	景津装备	72.47	环保设备Ⅱ	环保设备Ⅲ
9	300422.SZ	博世科	72.17	环境治理	水务及水治理
10	300958.SZ	建工修复	71.89	环境治理	综合环境治理
11	002266.SZ	浙富控股	71.62	环境治理	固废治理
12	000711.SZ	*ST京蓝	71.54	环境治理	综合环境治理

数据来源：同花顺（iFinD），首经贸资产评估研究院和浙工商数字创新与管理研究院整理。

7.8.5　创新经济绩效指数

2022年环保行业129家上市公司创新经济绩效指数平均水平为60.74，低于全市场均值61.11。从指数分布来看，高于均值的有69家，占行业总数的53.49%。其中，最高的是碧水源，创新经济绩效指数为75.52。具体来看，创新经济绩效指数区间在60以下的有59家，占比45.74%；60~70的有59家，占比45.74%；70~80的有11家，占比8.52%，如图7-79所示。

从二级行业来看，按照创新经济绩效指数排名由高到低包括：环境治理（60.88）、环保设备Ⅱ（60.17），如图7-80所示。

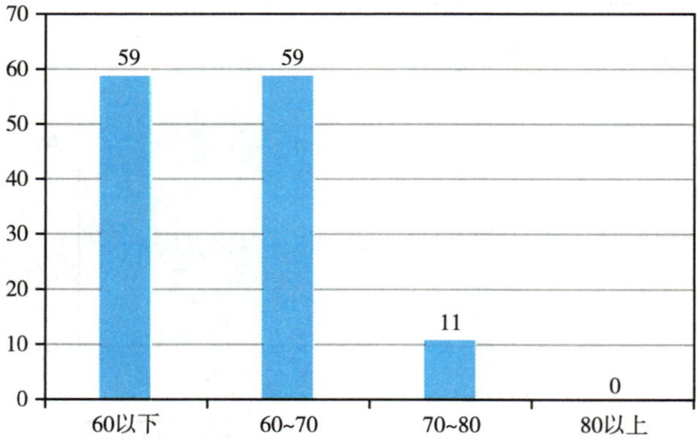

图7-79　2022年环保行业上市公司创新经济绩效指数分布图（家）

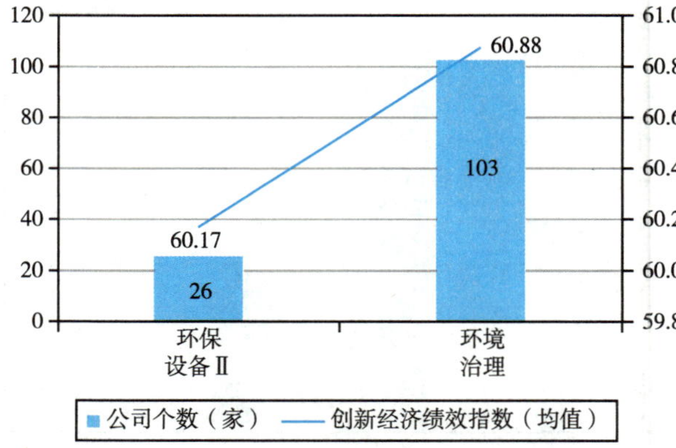

图7-80　2022年环保行业上市公司创新经济绩效指数均值分布图

环保行业中，创新经济绩效指数排名前10%的上市公司，如表7-40所示。

表 7-40　　2022 年环保行业上市公司创新经济绩效指数前 10% 排名

排名	公司代码	公司名称	创新经济绩效指数	二级行业_申万	三级行业_申万
1	300070.SZ	碧水源	75.52	环境治理	水务及水治理
2	002573.SZ	清新环境	74.83	环境治理	大气治理
3	300072.SZ	海新能科	73.70	环境治理	大气治理
4	002658.SZ	雪迪龙	71.27	环保设备Ⅱ	环保设备Ⅲ
5	600283.SH	钱江水利	70.65	环境治理	水务及水治理
6	601158.SH	重庆水务	70.60	环境治理	水务及水治理
7	300388.SZ	节能国祯	70.57	环境治理	水务及水治理
8	600388.SH	龙净环保	70.49	环保设备Ⅱ	环保设备Ⅲ
9	000967.SZ	盈峰环境	70.41	环保设备Ⅱ	环保设备Ⅲ
10	600323.SH	瀚蓝环境	70.39	环境治理	固废治理
11	688057.SH	金达莱	70.03	环境治理	水务及水治理
12	000551.SZ	创元科技	69.99	环保设备Ⅱ	环保设备Ⅲ

数据来源：同花顺（iFinD），首经贸资产评估研究院和浙工商数字创新与管理研究院整理。

7.9　机械设备行业创新发展指数评价

截至2022年底，A股市场机械设备行业共有上市公司510家，总市值共计35,212.75亿元，营业总收入18,177.54亿元，平均市值69.04亿元/家，平均营业收入35.64亿元/家。营业收入最高的上市公司为中国中车（2,229.39亿元），市值最大的上市公司为汇川技术（1,848.28亿元）。行业内上市公司研发投入合计为997.96亿元，占营业收入的5.49%，无形资产账面价值合计为1,207.61亿元，占总资产的3.46%。根据本报告分析口径，本节共对机械设备行业510家上市公司开展创新发展指数评价，具体情况如下：

7.9.1　创新发展综合指数

根据本报告评价，2022年机械设备行业创新发展综合指数平均水平为65.93，高于全市场平均水平65.47。从指数分布来看，高于均值的有242家，占行业总数的47.45%。其中，最高的是时代电气，创新发展综合指数为86.24。具体来看，创新发展综合指数区间在60以下的有40家，占比7.84%；60~70的有386家，占比75.69%；70~80的有78家，占比15.29%；80以上的有6家，占比1.18%，如图7–81所示。

机械设备行业又可细分为5个二级行业，按照创新发展综合指数排名由高到低包括：轨交设备Ⅱ（67.79）、自动化设备（67.24）、工程机械（66.86）、专用设备（65.56）、通用设备（65.36），如图7–82所示。

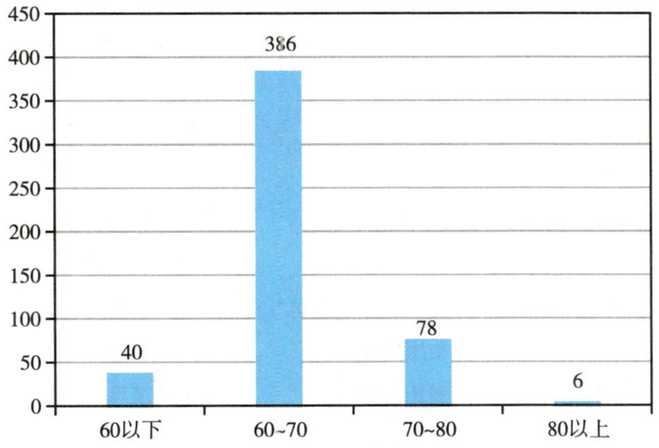

图7–81　2022年机械设备行业上市公司创新发展综合指数分布图（家）

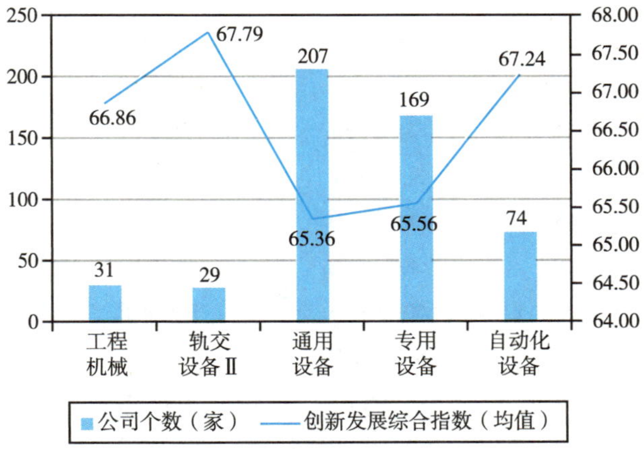

图7–82　2022年机械设备行业上市公司创新发展综合指数均值分布图

机械设备行业中，创新发展综合指数排名前10%的上市公司，如表7–41所示。

表7–41　2022年机械设备行业上市公司创新发展综合指数前10%排名

排名	公司代码	公司名称	创新发展综合指数	二级行业_申万	三级行业_申万
1	688137.SH	时代电气	86.24	轨交设备Ⅱ	轨交设备Ⅲ
2	300124.SZ	汇川技术	84.62	自动化设备	工控设备
3	600031.SH	三一重工	83.92	工程机械	工程机械整机
4	000425.SZ	徐工机械	82.32	工程机械	工程机械整机
5	601766.SH	中国中车	82.14	轨交设备Ⅱ	轨交设备Ⅲ
6	688777.SH	中控技术	80.75	自动化设备	工控设备
7	600528.SH	中铁工业	78.46	轨交设备Ⅱ	轨交设备Ⅲ
8	002008.SZ	大族激光	78.30	自动化设备	激光设备
9	002747.SZ	埃斯顿	78.19	自动化设备	机器人
10	300161.SZ	华中数控	78.00	通用设备	机床工具
11	000157.SZ	中联重科	77.79	工程机械	工程机械整机
12	688009.SH	中国通号	77.75	轨交设备Ⅱ	轨交设备Ⅲ
13	688003.SH	天准科技	77.49	自动化设备	其他自动化设备
14	601100.SH	恒立液压	77.25	工程机械	工程机械器件
15	000988.SZ	华工科技	77.23	自动化设备	激光设备
16	002353.SZ	杰瑞股份	77.23	专用设备	能源及重型设备

续表

排名	公司代码	公司名称	创新发展综合指数	二级行业_申万	三级行业_申万
17	600169.SH	太原重工	77.17	专用设备	能源及重型设备
18	300024.SZ	机器人	76.78	自动化设备	机器人
19	300567.SZ	精测电子	76.47	通用设备	仪器仪表
20	600582.SH	天地科技	76.35	专用设备	能源及重型设备
21	603308.SH	应流股份	76.14	通用设备	金属制品
22	600481.SH	双良节能	75.53	通用设备	制冷空调设备
23	600330.SH	天通股份	74.71	专用设备	其他专用设备
24	000680.SZ	山推股份	74.44	工程机械	工程机械整机
25	688425.SH	铁建重工	74.35	工程机械	工程机械整机
26	688559.SH	海目星	74.30	自动化设备	激光设备
27	300007.SZ	汉威科技	74.12	通用设备	仪器仪表
28	688128.SH	中国电研	73.96	专用设备	其他专用设备
29	688378.SH	奥来德	73.95	专用设备	其他专用设备
30	601608.SH	中信重工	73.89	专用设备	能源及重型设备
31	688001.SH	华兴源创	73.68	通用设备	仪器仪表
32	000837.SZ	秦川机床	73.66	通用设备	机床工具
33	600320.SH	振华重工	73.65	专用设备	能源及重型设备
34	002960.SZ	青鸟消防	73.57	专用设备	楼宇设备
35	601038.SH	一拖股份	73.53	专用设备	农用机械
36	601106.SH	中国一重	73.51	专用设备	能源及重型设备
37	688333.SH	铂力特	73.44	通用设备	其他通用设备
38	688518.SH	联赢激光	73.44	自动化设备	激光设备
39	300747.SZ	锐科激光	73.39	自动化设备	激光设备
40	002430.SZ	杭氧股份	73.35	专用设备	其他专用设备
41	600761.SH	安徽合力	72.91	工程机械	工程机械整机
42	002046.SZ	国机精工	72.79	通用设备	磨具磨料
43	688400.SH	凌云光	72.74	专用设备	其他专用设备
44	601717.SH	郑煤机	72.59	专用设备	能源及重型设备
45	000528.SZ	柳工	72.58	工程机械	工程机械整机
46	300179.SZ	四方达	72.50	通用设备	磨具磨料
47	603283.SH	赛腾股份	72.32	自动化设备	工控设备
48	688015.SH	交控科技	72.26	轨交设备Ⅱ	轨交设备Ⅲ
49	300080.SZ	易成新能	72.06	通用设备	磨具磨料
50	002690.SZ	美亚光电	72.04	专用设备	其他专用设备
51	603583.SH	捷昌驱动	72.01	自动化设备	工控设备

数据来源：同花顺（iFinD），首经贸资产评估研究院和浙工商数字创新与管理研究院整理。

7.9.2 创新资源支持指数

2022年机械设备行业510家上市公司创新资源支持指数平均水平为69.22，高于全市场均值68.18。

从指数分布来看，高于均值的有281家，占行业总数的55.10%。其中，最高的是时代电气，创新资源支持指数为92.62。具体来看，创新资源支持指数区间在60以下的有64家，占比12.55%；60~70的有211家，占比41.37%；70~80的有197家，占比38.63%；80以上的有38家，占比7.45%，如图7–83所示。

从二级行业来看，按照创新资源支持指数排名由高到低包括：自动化设备（70.91）、工程机械（70.66）、轨交设备Ⅱ（68.86）、专用设备（68.84）、通用设备（68.77），如图7–84所示。

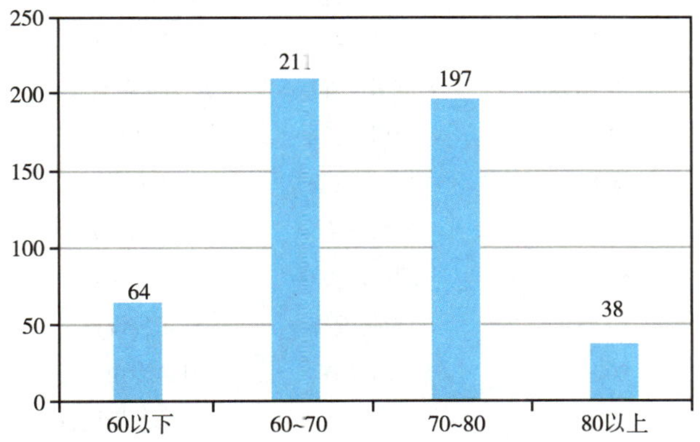

图 7–83　2022 年机械设备行业上市公司创新资源支持指数分布图（家）

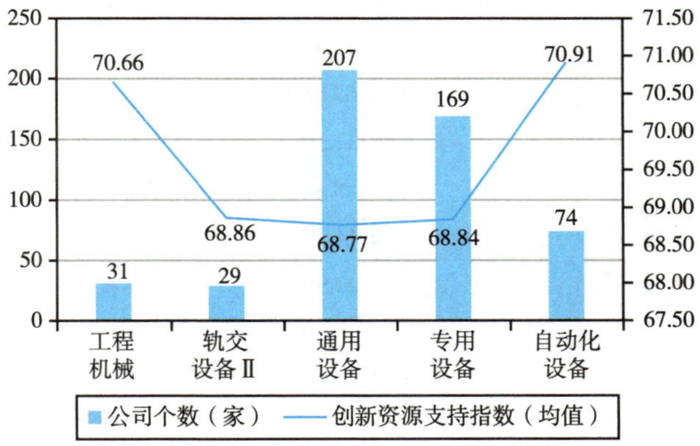

图 7–84　2022 年机械设备行业上市公司创新资源支持指数均值分布图

机械设备行业中，创新资源支持指数排名前10%的上市公司，如表7–42所示。

表 7–42　2022 年机械设备行业上市公司创新资源支持指数前 10% 排名

排名	公司代码	公司名称	创新资源支持指数	二级行业_申万	三级行业_申万
1	688187.SH	时代电气	92.62	轨交设备Ⅱ	轨交设备Ⅲ
2	300124.SZ	汇川技术	90.75	自动化设备	工控设备
3	688777.SH	中控技术	89.00	自动化设备	工控设备
4	688559.SH	海目星	88.13	自动化设备	激光设备
5	603308.SH	应流股份	87.66	通用设备	金属制品
6	300024.SZ	机器人	87.24	自动化设备	机器人
7	300007.SZ	汉威科技	87.10	通用设备	仪器仪表
8	688128.SH	中国电研	86.86	专用设备	其他专用设备
9	002008.SZ	大族激光	86.67	自动化设备	激光设备
10	000680.SZ	山推股份	85.55	工程机械	工程机械整机
11	601608.SH	中信重工	84.47	专用设备	能源及重型设备
12	000425.SZ	徐工机械	84.09	工程机械	工程机械整机
13	688518.SH	联赢激光	83.57	自动化设备	激光设备
14	000528.SZ	柳工	83.51	工程机械	工程机械整机
15	601766.SH	中国中车	83.36	轨交设备Ⅱ	轨交设备Ⅲ
16	002009.SZ	天奇股份	83.32	专用设备	其他专用设备
17	301268.SZ	铭利达	82.92	通用设备	金属制品
18	300415.SZ	伊之密	82.72	专用设备	其他专用设备

续表

排名	公司代码	公司名称	创新资源支持指数	二级行业_申万	三级行业_申万
19	600031.SH	三一重工	82.61	工程机械	工程机械整机
20	002334.SZ	英威腾	82.54	自动化设备	工控设备
21	300259.SZ	新天科技	82.40	通用设备	仪器仪表
22	601038.SH	一拖股份	82.29	专用设备	农用机械
23	603662.SH	柯力传感	82.11	通用设备	仪器仪表
24	600330.SH	天通股份	81.54	专用设备	其他专用设备
25	603583.SH	捷昌驱动	81.24	自动化设备	工控设备
26	002353.SZ	杰瑞股份	81.20	专用设备	能源及重型设备
27	688333.SH	铂力特	81.11	通用设备	其他通用设备
28	000988.SZ	华工科技	80.88	自动化设备	激光设备
29	600114.SH	东睦股份	80.82	通用设备	金属制品
30	603700.SH	宁水集团	80.80	通用设备	仪器仪表
31	688698.SH	伟创电气	80.63	自动化设备	工控设备
32	600501.SH	航天晨光	80.52	专用设备	其他专用设备
33	301200.SZ	大族数控	80.35	专用设备	其他专用设备
34	000811.SZ	冰轮环境	80.24	通用设备	制冷空调设备
35	600499.SH	科达制造	80.15	专用设备	其他专用设备
36	603337.SH	杰克股份	80.12	专用设备	纺织服装设备
37	688378.SH	奥来德	80.11	专用设备	其他专用设备
38	002367.SZ	康力电梯	80.06	专用设备	楼宇设备
39	601717.SH	郑煤机	79.80	专用设备	能源及重型设备
40	002132.SZ	恒星科技	79.78	通用设备	金属制品
41	002957.SZ	科瑞技术	79.55	自动化设备	工控设备
42	301018.SZ	申菱环境	79.34	通用设备	制冷空调设备
43	601100.SH	恒立液压	79.33	工程机械	工程机械器件
44	002111.SZ	威海广泰	79.29	专用设备	其他专用设备
45	300161.SZ	华中数控	79.17	通用设备	机床工具
46	000837.SZ	秦川机床	79.06	通用设备	机床工具
47	002026.SZ	山东威达	79.04	通用设备	金属制品
48	601399.SH	国机重装	78.97	专用设备	能源及重型设备
49	001696.SZ	宗申动力	78.84	通用设备	其他通用设备
50	688360.SH	德马科技	78.74	通用设备	其他通用设备
51	688015.SH	交控科技	78.73	轨交设备Ⅱ	轨交设备Ⅲ

数据来源：同花顺（iFinD），首经贸资产评估研究院和浙工商数字创新与管理研究院整理。

7.9.3 创新要素投入指数

2022年机械设备行业510家上市公司创新要素投入指数平均水平为66.64，高于全市场均值65.37。从指数分布来看，高于均值的有273家，占行业总数的53.53%。其中，最高的是三一重工，创新要素投入指数为88.53。具体来看，创新要素投入指数区间在60以下的有63家，占比12.35%；60~70的有308家，占比60.39%；70~80的有126家，占比24.71%；80以上的有13家，占比2.55%，如图7-85所示。

从二级行业来看，按照创新要素投入指数排名由高到低包括：轨交设备Ⅱ（70.23）、自动化设备（68.94）、工程机械（67.05）、专用设备（66.16）、通用设备（65.66），如图7–86所示。

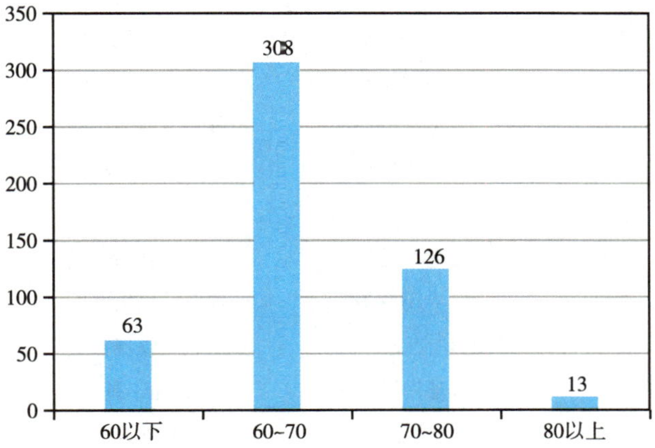

图7–85　2022年机械设备行业上市公司创新要素投入指数分布图（家）

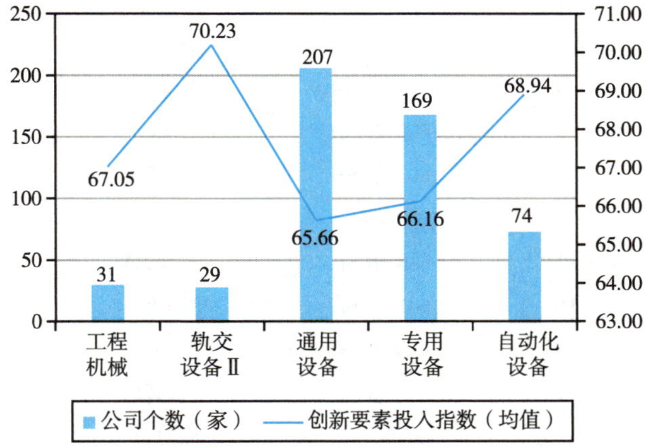

图7–86　2022年机械设备行业上市公司创新要素投入指数均值分布图

机械设备行业中，创新要素投入指数排名前10%的上市公司，如表7–43所示。

表7–43　　2022年机械设备行业上市公司创新要素投入指数前10%排名

排名	公司代码	公司名称	创新要素投入指数	二级行业_申万	三级行业_申万
1	600031.SH	三一重工	88.53	工程机械	工程机械整机
2	688187.SH	时代电气	87.66	轨交设备Ⅱ	轨交设备Ⅲ
3	300124.SZ	汇川技术	85.98	自动化设备	工控设备
4	601766.SH	中国中车	85.23	轨交设备Ⅱ	轨交设备Ⅲ
5	000425.SZ	徐工机械	84.92	工程机械	工程机械整机
6	002747.SZ	埃斯顿	84.11	自动化设备	机器人
7	300161.SZ	华中数控	83.76	通用设备	机床工具
8	688777.SH	中控技术	83.14	自动化设备	工控设备
9	600169.SH	太原重工	82.74	专用设备	能源及重型设备
10	000157.SZ	中联重科	82.68	工程机械	工程机械整机
11	601100.SH	恒立液压	82.08	工程机械	工程机械器件
12	688003.SH	天准科技	81.85	自动化设备	其他自动化设备
13	300567.SZ	精测电子	80.62	通用设备	仪器仪表
14	000925.SZ	众合科技	79.96	轨交设备Ⅱ	轨交设备Ⅲ
15	603666.SH	亿嘉和	79.69	自动化设备	机器人
16	300024.SZ	机器人	79.54	自动化设备	机器人
17	600582.SH	天地科技	79.52	专用设备	能源及重型设备
18	000988.SZ	华工科技	78.86	自动化设备	激光设备
19	002046.SZ	国机精工	78.70	通用设备	磨具磨料
20	688009.SH	中国通号	78.66	轨交设备Ⅱ	轨交设备Ⅲ
21	600528.SH	中铁工业	78.66	轨交设备Ⅱ	轨交设备Ⅲ
22	300747.SZ	锐科激光	78.46	自动化设备	激光设备

续表

排名	公司代码	公司名称	创新要素投入指数	二级行业_申万	三级行业_申万
23	688425.SH	铁建重工	78.32	工程机械	工程机械整机
24	600481.SH	双良节能	77.73	通用设备	制冷空调设备
25	000680.SZ	山推股份	77.71	工程机械	工程机械整机
26	688333.SH	铂力特	77.62	通用设备	其他通用设备
27	600320.SH	振华重工	77.31	专用设备	能源及重型设备
28	603895.SH	天永智能	77.21	专用设备	其他专用设备
29	002008.SZ	大族激光	77.11	自动化设备	激光设备
30	688001.SH	华兴源创	77.08	通用设备	仪器仪表
31	601608.SH	中信重工	77.03	专用设备	能源及重型设备
32	688015.SH	交控科技	76.93	轨交设备Ⅱ	轨交设备Ⅲ
33	002122.SZ	汇洲智能	76.82	通用设备	机床工具
34	002527.SZ	新时达	76.71	自动化设备	机器人
35	002073.SZ	软控股份	76.47	专用设备	其他专用设备
36	603956.SH	威派格	76.46	专用设备	其他专用设备
37	603283.SH	赛腾股份	76.41	自动化设备	工控设备
38	603100.SH	川仪股份	76.38	通用设备	仪器仪表
39	688400.SH	凌云光	76.38	专用设备	其他专用设备
40	300007.SZ	汉威科技	76.36	通用设备	仪器仪表
41	300480.SZ	光力科技	76.32	专用设备	能源及重型设备
42	688622.SH	禾信仪器	76.18	通用设备	仪器仪表
43	601038.SH	一拖股份	75.90	专用设备	农用机械
44	600330.SH	天通股份	75.90	专用设备	其他专用设备
45	603011.SH	合锻智能	75.78	专用设备	其他专用设备
46	000837.SZ	秦川机床	75.59	通用设备	机床工具
47	300179.SZ	四方达	75.56	通用设备	磨具磨料
48	688559.SH	海目星	75.55	自动化设备	激光设备
49	688378.SH	奥来德	75.20	专用设备	其他专用设备
50	688162.SH	巨一科技	75.16	专用设备	其他专用设备
51	002819.SZ	东方中科	75.05	通用设备	仪器仪表

数据来源：同花顺（iFinD），首经贸资产评估研究院和浙工商数字创新与管理研究院整理。

7.9.4 创新科技成果指数

2022年机械设备行业510家上市公司创新科技成果指数平均水平为69.60，高于全市场均值68.28。从指数分布来看，高于均值的有345家，占行业总数的67.65%。其中，最高的是时代电气，创新科技成果指数为85.43。具体来看，创新科技成果指数区间在60以下的有1家，占比0.20%；60~70的有329家，占比64.50%；70~80的有172家，占比33.73%；80以上的有8家，占比1.57%，如图7-87所示。

从二级行业来看，按照创新科技成果指数排名由高到低包括：工程机械（71.09）、轨交设备Ⅱ（71.05）、自动化设备（69.90）、专用设备（69.50）、通用设备（69.15），如图7-88所示。

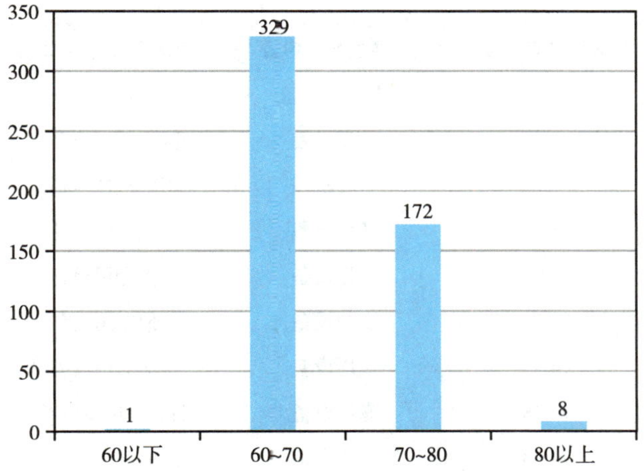

图7-87　2022年机械设备行业上市公司创新科技成果指数分布图（家）

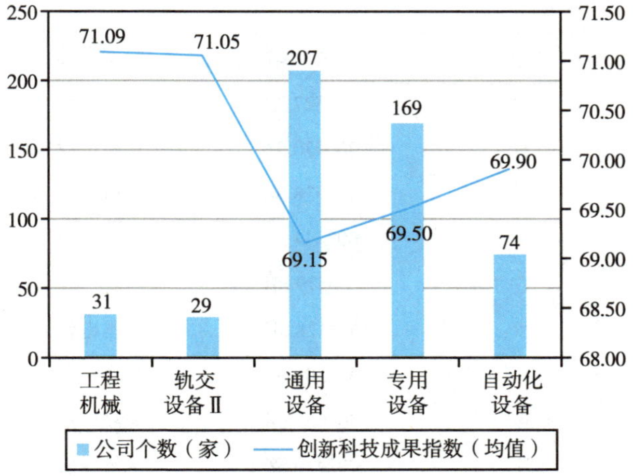

图7-88　2022年机械设备行业上市公司创新科技成果指数均值分布图

机械设备行业中，创新科技成果指数排名前10%的上市公司，如表7-44所示。

表7-44　　2022年机械设备行业上市公司创新科技成果指数前10%排名

排名	公司代码	公司名称	创新科技成果指数	二级行业_申万	三级行业_申万
1	688187.SH	时代电气	85.43	轨交设备Ⅱ	轨交设备Ⅲ
2	600031.SH	三一重工	85.42	工程机械	工程机械整机
3	600528.SH	中铁工业	84.16	轨交设备Ⅱ	轨交设备Ⅲ
4	000425.SZ	徐工机械	82.24	工程机械	工程机械整机
5	601766.SH	中国中车	82.17	轨交设备Ⅱ	轨交设备Ⅲ
6	000157.SZ	中联重科	81.71	工程机械	工程机械整机
7	688777.SH	中控技术	80.70	自动化设备	工控设备
8	300124.SZ	汇川技术	80.23	自动化设备	工控设备
9	688009.SH	中国通号	79.47	轨交设备Ⅱ	轨交设备Ⅲ
10	300161.SZ	华中数控	79.23	通用设备	机床工具
11	002008.SZ	大族激光	78.53	自动化设备	激光设备
12	000039.SZ	中集集团	77.92	通用设备	金属制品
13	601100.SH	恒立液压	77.72	工程机械	工程机械器件
14	600582.SH	天地科技	77.56	专用设备	能源及重型设备
15	688015.SH	交控科技	76.66	轨交设备Ⅱ	轨交设备Ⅲ
16	603011.SH	合锻智能	76.63	专用设备	其他专用设备
17	300747.SZ	锐科激光	76.54	自动化设备	激光设备
18	002046.SZ	国机精工	76.45	通用设备	磨具磨料
19	688003.SH	天准科技	75.98	自动化设备	其他自动化设备
20	603667.SH	五洲新春	75.96	通用设备	金属制品
21	688425.SH	铁建重工	75.79	工程机械	工程机械整机
22	002353.SZ	杰瑞股份	75.78	专用设备	能源及重型设备

续表

排名	公司代码	公司名称	创新科技成果指数	二级行业_申万	三级行业_申万
23	002527.SZ	新时达	75.47	自动化设备	机器人
24	300470.SZ	中密控股	75.22	通用设备	其他通用设备
25	000528.SZ	柳工	75.10	工程机械	工程机械整机
26	002444.SZ	巨星科技	75.06	通用设备	其他通用设备
27	600579.SH	克劳斯	74.86	专用设备	其他专用设备
28	688128.SH	中国电研	74.73	专用设备	其他专用设备
29	300503.SZ	昊志机电	74.35	通用设备	其他通用设备
30	300084.SZ	海默科技	74.28	专用设备	能源及重型设备
31	002430.SZ	杭氧股份	74.23	专用设备	其他专用设备
32	688528.SH	秦川物联	74.18	通用设备	仪器仪表
33	600499.SH	科达制造	74.14	专用设备	其他专用设备
34	300567.SZ	精测电子	74.03	通用设备	仪器仪表
35	300276.SZ	三丰智能	74.02	自动化设备	机器人
36	002097.SZ	山河智能	74.00	工程机械	工程机械整机
37	002690.SZ	美亚光电	73.91	专用设备	其他专用设备
38	300607.SZ	拓斯达	73.78	自动化设备	机器人
39	688097.SH	博众精工	73.78	自动化设备	其他自动化设备
40	600444.SH	国机通用	73.76	专用设备	其他专用设备
41	300466.SZ	赛摩智能	73.66	通用设备	其他通用设备
42	688170.SH	德龙激光	73.63	自动化设备	激光设备
43	002598.SZ	山东章鼓	73.61	通用设备	其他通用设备
44	000595.SZ	宝塔实业	73.57	通用设备	金属制品
45	601038.SH	一拖股份	73.46	专用设备	农用机械
46	300341.SZ	麦克奥迪	73.36	通用设备	仪器仪表
47	603100.SH	川仪股份	73.34	通用设备	仪器仪表
48	002483.SZ	润邦股份	73.33	专用设备	能源及重型设备
49	688633.SH	星球石墨	73.12	专用设备	能源及重型设备
50	300486.SZ	东杰智能	73.11	自动化设备	其他自动化设备
51	300293.SZ	蓝英装备	73.10	专用设备	其他专用设备

数据来源：同花顺（iFinD），首经贸资产评估研究院和浙工商数字创新与管理研究院整理。

7.9.5 创新经济绩效指数

2022年机械设备行业510家上市公司创新经济绩效指数平均水平为59.38，低于全市场均值61.11。从指数分布来看，高于均值的有207家，占行业总数的40.59%。其中，最高的是汇川技术，创新经济绩效指数为82.44。具体来看，创新经济绩效指数区间在60以下的有301家，占比59.02%；60~70的有166家，占比32.55%；70~80的有40家，占比7.84%；80以上的有3家，占比0.59%，如图7–89所示。

从二级行业来看，按照创新经济绩效指数排名由高到低包括：轨交设备Ⅱ（61.19）、自动化设备（60.14）、工程机械（60.08）、通用设备（59.10）、专用设备（58.94），如图7–90所示。

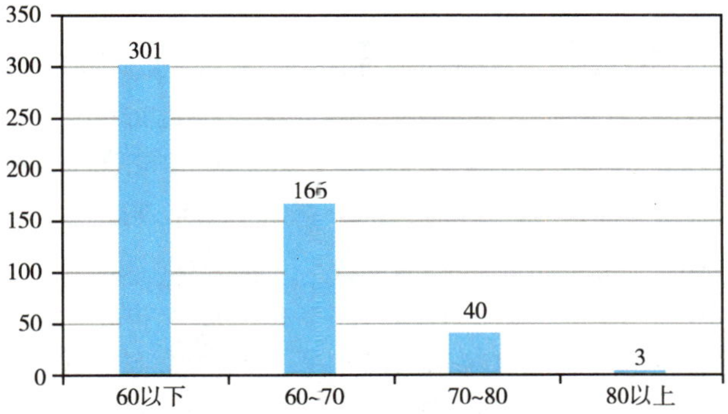

图7-89　2022年机械设备行业上市公司创新经济绩效指数分布图（家）

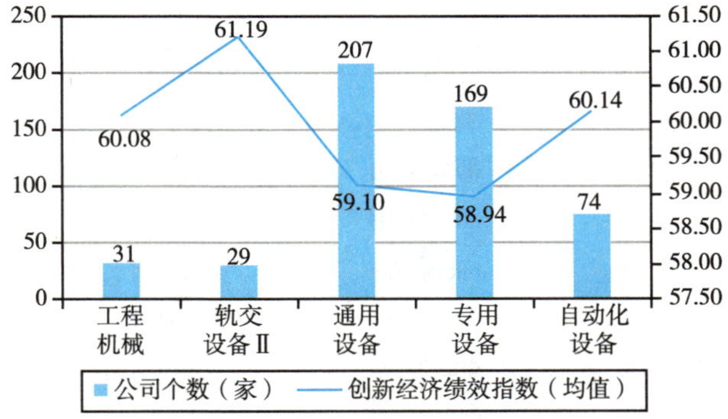

图7-90　2022年机械设备行业上市公司创新经济绩效指数均值分布图

机械设备行业中，创新经济绩效指数排名前10%的上市公司，如表7-45所示。

表7-45　2022年机械设备行业上市公司创新经济绩效指数前10%排名

排名	公司代码	公司名称	创新经济绩效指数	二级行业_申万	三级行业_申万
1	300124.SZ	汇川技术	82.44	自动化设备	工控设备
2	002353.SZ	杰瑞股份	81.50	专用设备	能源及重型设备
3	688187.SH	时代电气	80.61	轨交设备Ⅱ	轨交设备Ⅲ
4	688009.SH	中国通号	79.22	轨交设备Ⅱ	轨交设备Ⅲ
5	600031.SH	三一重工	78.04	工程机械	工程机械整机
6	000425.SZ	徐工机械	78.02	工程机械	工程机械整机
7	002747.SZ	埃斯顿	77.96	自动化设备	机器人
8	601766.SH	中国中车	77.56	轨交设备Ⅱ	轨交设备Ⅲ
9	300861.SZ	美畅股份	77.39	通用设备	磨具磨料
10	601106.SH	中国一重	77.08	专用设备	能源及重型设备
11	000988.SZ	华工科技	76.53	自动化设备	激光设备
12	600169.SH	太原重工	76.47	专用设备	能源及重型设备
13	600582.SH	天地科技	75.11	专用设备	能源及重型设备
14	000927.SZ	中国铁物	75.08	轨交设备Ⅱ	轨交设备Ⅲ
15	300024.SZ	机器人	75.06	自动化设备	机器人
16	603308.SH	应流股份	75.02	通用设备	金属制品
17	600481.SH	双良节能	74.91	通用设备	制冷空调设备
18	600528.SH	中铁工业	74.72	轨交设备Ⅱ	轨交设备Ⅲ
19	688003.SH	天准科技	74.40	自动化设备	其他自动化设备
20	688377.SH	迪威尔	74.22	专用设备	能源及重型设备
21	002960.SZ	青鸟消防	74.14	专用设备	楼宇设备
22	300080.SZ	易成新能	73.61	通用设备	磨具磨料
23	002008.SZ	大族激光	73.37	自动化设备	激光设备
24	600761.SH	安徽合力	72.97	工程机械	工程机械整机
25	688305.SH	科德数控	72.96	通用设备	机床工具
26	300567.SZ	精测电子	72.81	通用设备	仪器仪表
27	688777.SH	中控技术	71.90	自动化设备	工控设备
28	002430.SZ	杭氧股份	71.75	专用设备	其他专用设备

续表

排名	公司代码	公司名称	创新经济绩效指数	二级行业_申万	三级行业_申万
29	300257.SZ	开山股份	71.43	通用设备	其他通用设备
30	600499.SH	科达制造	71.39	专用设备	其他专用设备
31	603025.SH	大豪科技	71.37	自动化设备	工控设备
32	688001.SH	华兴源创	71.12	通用设备	仪器仪表
33	300833.SZ	浩洋股份	71.09	专用设备	其他专用设备
34	002334.SZ	英威腾	71.08	自动化设备	工控设备
35	688425.SH	铁建重工	70.71	工程机械	工程机械整机
36	300179.SZ	四方达	70.67	通用设备	磨具磨料
37	002444.SZ	巨星科技	70.67	通用设备	其他通用设备
38	002639.SZ	雪人股份	70.63	通用设备	制冷空调设备
39	002819.SZ	东方中科	70.60	通用设备	仪器仪表
40	600330.SH	天通股份	70.12	专用设备	其他专用设备
41	300442.SZ	润泽科技	70.10	专用设备	印刷包装机械
42	300470.SZ	中密控股	70.09	通用设备	其他通用设备
43	002184.SZ	海得控制	70.04	自动化设备	工控设备
44	000410.SZ	沈阳机床	69.75	通用设备	机床工具
45	002175.SZ	东方智造	69.73	通用设备	仪器仪表
46	601717.SH	郑煤机	69.71	专用设备	能源及重型设备
47	300607.SZ	拓斯达	69.65	自动化设备	机器人
48	002611.SZ	东方精工	69.60	专用设备	印刷包装机械
49	601100.SH	恒立液压	69.57	工程机械	工程机械器件
50	300260.SZ	新莱应材	69.57	通用设备	金属制品
51	000837.SZ	秦川机床	69.43	通用设备	机床工具

数据来源：同花顺（iFinD），首经贸资产评估研究院和浙工商数字创新与管理研究院整理。

7.10 基础化工行业创新发展指数评价

截至2022年底，A股市场基础化工行业共有上市公司385家，总市值共计36,288.25亿元，营业总收入22,149.14亿元，平均市值94.26亿元/家，平均营业收入57.53亿元/家。营业收入最高的上市公司为万华化学（1,655.65亿元），市值最大的上市公司也为万华化学（2,908.98亿元）。行业内上市公司研发投入合计为595.56亿元，占营业收入的2.69%，无形资产账面价值合计为1,486.57亿元，占总资产的4.82%。根据本报告分析口径，本节共对基础化工行业385家上市公司开展创新发展指数评价，具体情况如下：

7.10.1 创新发展综合指数

根据本报告评价，2022年基础化工行业创新发展综合指数平均水平为65.80，高于全市场平均水平65.47。从指数分布来看，高于均值的有195家，占行业总数的50.65%。其中，最高的是万华化学，创新发展综合指数为82.90。具体来看，创新发展综合指数区间在60以下的有36家，占比9.35%；60~70的有283家，占比73.51%；70~80的有64家，占比16.62%；80以上的有2家，占比0.52%，如图

7–91所示。

基础化工行业又可细分为7个二级行业，按照创新发展综合指数排名由高到低包括：农化制品（67.38）、化学制品（65.84）、化学原料（65.83）、化学纤维（65.78）、塑料（65.02）、橡胶（64.37）、非金属材料Ⅱ（63.61），如图7–92所示。

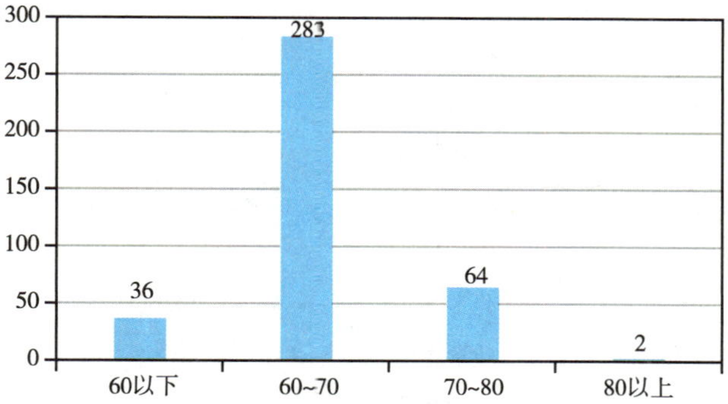

图7–91　2022年基础化工行业上市公司创新发展综合指数分布图（家）

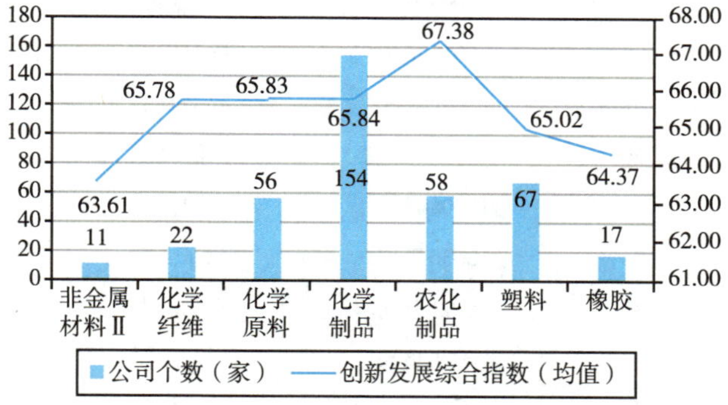

图7–92　2022年基础化工行业上市公司创新发展综合指数均值分布图

基础化工行业中，创新发展综合指数排名前10%的上市公司，如表7–46所示。

表7–46　　2022年基础化工行业上市公司创新发展综合指数前10%排名

排名	公司代码	公司名称	创新发展综合指数	二级行业_申万	三级行业_申万
1	600309.SH	万华化学	82.90	化学制品	聚氨酯
2	600378.SH	昊华科技	80.06	化学制品	氟化工
3	000792.SZ	盐湖股份	78.80	农化制品	钾肥
4	600141.SH	兴发集团	77.08	农化制品	磷肥及磷化工
5	603260.SH	合盛硅业	76.66	化学制品	有机硅
6	600143.SH	金发科技	76.35	塑料	改性塑料
7	688295.SH	中复神鹰	75.84	化学纤维	其他化学纤维
8	000881.SZ	中广核技	75.66	化学制品	其他化学制品
9	002258.SZ	利尔化学	75.05	农化制品	农药
10	002326.SZ	永太科技	74.97	化学制品	氟化工
11	002324.SZ	普利特	74.78	塑料	改性塑料
12	600425.SH	华鲁恒升	74.76	农化制品	氮肥
13	600596.SH	新安股份	74.59	化学制品	有机硅
14	002768.SZ	国恩股份	74.42	塑料	改性塑料
15	002407.SZ	多氟多	73.96	化学制品	氟化工
16	600096.SH	云天化	73.91	农化制品	磷肥及磷化工
17	002601.SZ	龙佰集团	73.60	化学原料	钛白粉
18	600352.SH	浙江龙盛	73.44	化学制品	纺织化学制品
19	002092.SZ	中泰化学	73.27	化学原料	氯碱
20	600160.SH	巨化股份	73.00	化学制品	氟化工
21	002734.SZ	利民股份	72.97	农化制品	农药
22	300596.SZ	利安隆	72.83	化学制品	其他化学制品

续表

排名	公司代码	公司名称	创新发展综合指数	二级行业_申万	三级行业_申万
23	002254.SZ	泰和新材	72.82	化学纤维	氨纶
24	002312.SZ	川发龙蟒	72.63	农化制品	磷肥及磷化工
25	603650.SH	彤程新材	72.58	橡胶	橡胶助剂
26	300806.SZ	斯迪克	72.55	塑料	膜材料
27	600486.SH	扬农化工	72.48	农化制品	农药
28	301035.SZ	润丰股份	72.45	农化制品	农药
29	603599.SH	广信股份	72.37	农化制品	农药
30	600866.SH	星湖科技	72.25	化学制品	食品及饲料添加剂
31	603077.SH	和邦生物	72.15	农化制品	磷肥及磷化工
32	002683.SZ	广东宏大	72.14	化学制品	民爆制品
33	600623.SH	华谊集团	72.10	化学原料	煤化工
34	002064.SZ	华峰化学	72.02	化学纤维	氨纶
35	002669.SZ	康达新材	71.96	化学制品	胶黏剂及胶带
36	688065.SH	凯赛生物	71.94	化学制品	其他化学制品
37	600500.SH	中化国际	71.80	化学制品	其他化学制品
38	601208.SH	东材科技	71.69	塑料	膜材料

数据来源：同花顺（iFinD），首经贸资产评估研究院和浙工商数字创新与管理研究院整理。

7.10.2 创新资源支持指数

2022年基础化工行业385家上市公司创新资源支持指数平均水平为68.12，低于全市场均值68.18。从指数分布来看，高于均值的有187家，占行业总数的48.57%。其中，最高的是金发科技，创新资源支持指数为89.46。具体来看，创新资源支持指数区间在60以下的有45家，占比11.69%；60~70的有194家，占比50.38%；70~80的有131家，占比34.03%；80以上的有15家，占比3.90%，如图7-93所示。

从二级行业来看，按照创新资源支持指数排名由高到低包括：化学纤维（69.29）、塑料（68.94）、农化制品（68.89）、化学制品（67.98）、化学原料（67.59）、橡胶（65.73）、非金属材料Ⅱ（65.12），如图7-94所示。

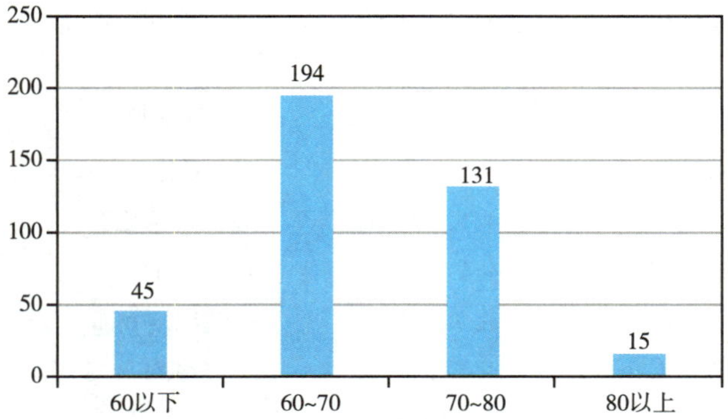

图7-93　2022年基础化工行业上市公司创新资源支持指数分布图（家）

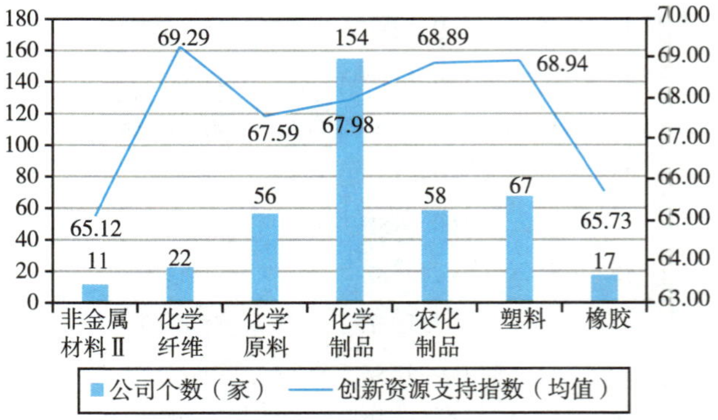

图7-94　2022年基础化工行业上市公司创新资源支持指数均值分布图

基础化工行业中，创新资源支持指数排名前10%的上市公司，如表7–47所示。

表7–47　2022年基础化工行业上市公司创新资源支持指数前10%排名

排名	公司代码	公司名称	创新资源支持指数	二级行业_申万	三级行业_申万
1	600143.SH	金发科技	89.46	塑料	改性塑料
2	600309.SH	万华化学	88.70	化学制品	聚氨酯
3	002254.SZ	泰和新材	86.02	化学纤维	氨纶
4	688065.SH	凯赛生物	85.66	化学制品	其他化学制品
5	300806.SZ	斯迪克	84.04	塑料	膜材料
6	603681.SH	永冠新材	83.77	化学制品	胶黏剂及胶带
7	688295.SH	中复神鹰	83.12	化学纤维	其他化学纤维
8	600623.SH	华谊集团	83.09	化学原料	煤化工
9	002601.SZ	龙佰集团	82.98	化学原料	钛白粉
10	002064.SZ	华峰化学	82.95	化学纤维	氨纶
11	605077.SH	华康股份	80.67	化学制品	食品及饲料添加剂
12	301216.SZ	万凯新材	80.36	塑料	其他塑料制品
13	688196.SH	卓越新能	80.31	化学制品	其他化学制品
14	002734.SZ	利民股份	80.19	农化制品	农药
15	002326.SZ	永太科技	80.05	化学制品	氟化工
16	600352.SH	浙江龙盛	79.96	化学制品	纺织化学制品
17	002092.SZ	中泰化学	79.96	化学原料	氯碱
18	603916.SH	苏博特	79.95	化学制品	其他化学制品
19	605008.SH	长鸿高科	79.94	塑料	其他塑料制品
20	600063.SH	皖维高新	79.28	化学纤维	其他化学纤维
21	600866.SH	星湖科技	79.24	化学制品	食品及饲料添加剂
22	603181.SH	皇马科技	79.12	化学制品	其他化学制品
23	600691.SH	阳煤化工	79.11	农化制品	氮肥
24	002648.SZ	卫星化学	78.94	化学原料	其他化学原料
25	603051.SH	鹿山新材	78.65	化学制品	胶黏剂及胶带
26	002108.SZ	沧州明珠	78.64	塑料	其他塑料制品
27	688219.SH	会通股份	78.59	塑料	改性塑料
28	000792.SZ	盐湖股份	78.52	农化制品	钾肥
29	002632.SZ	道明光学	78.51	塑料	膜材料
30	000818.SZ	航锦科技	78.14	化学原料	氯碱
31	000525.SZ	ST红太阳	77.97	农化制品	农药
32	688133.SH	泰坦科技	77.78	化学制品	其他化学制品
33	603260.SH	合盛硅业	77.64	化学制品	有机硅
34	000881.SZ	中广核技	77.58	化学制品	其他化学制品
35	301090.SZ	华润材料	77.41	塑料	其他塑料制品
36	600470.SH	六国化工	77.30	农化制品	磷肥及磷化工
37	600141.SH	兴发集团	77.18	农化制品	磷肥及磷化工
38	605589.SH	圣泉集团	77.04	塑料	合成树脂

数据来源：同花顺（iFinD），首经贸资产评估研究院和浙工商数字创新与管理研究院整理。

7.10.3 创新要素投入指数

2022年基础化工行业385家上市公司创新要素投入指数平均水平为65.15，低于全市场均值65.37。从指数分布来看，高于均值的有186家，占行业总数的48.31%。其中，最高的是昊华科技，创新要素投入指数为83.89。具体来看，创新要素投入指数区间在60以下的有60家，占比15.58%；60~70的有255家，占比66.24%；70~80的有68家，占比17.66%；80以上的有2家，占比0.52%，如图7–95所示。

从二级行业来看，按照创新要素投入指数排名由高到低包括：农化制品（65.88）、化学制品（65.70）、化学原料（64.85）、化学纤维（64.57）、塑料（64.55）、橡胶（63.66）、非金属材料Ⅱ（62.05），如图7–96所示。

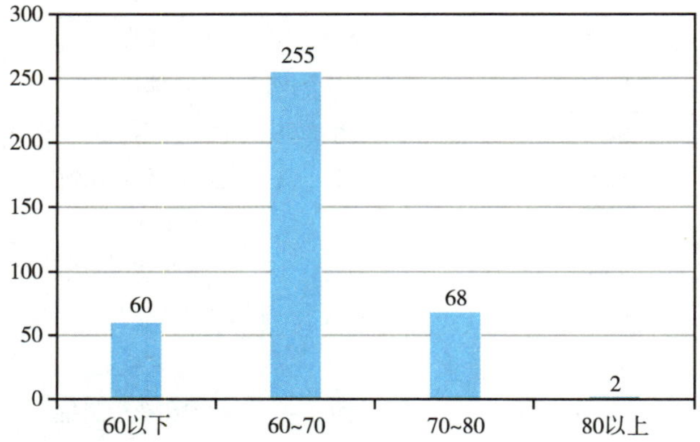

图7–95　2022年基础化工行业上市公司创新要素投入指数分布图（家）

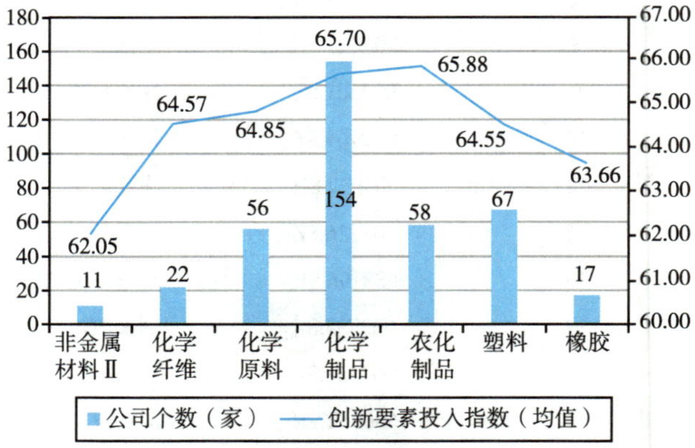

图7–96　2022年基础化工行业上市公司创新要素投入指数均值分布图

基础化工行业中，创新要素投入指数排名前10%的上市公司，如表7–48所示。

表7–48　2022年基础化工行业上市公司创新要素投入指数前10%排名

排名	公司代码	公司名称	创新要素投入指数	二级行业_申万	三级行业_申万
1	600378.SH	昊华科技	83.89	化学制品	氟化工
2	600426.SH	华鲁恒升	80.28	农化制品	氮肥
3	603260.SH	合盛硅业	78.40	化学制品	有机硅
4	000881.SZ	中广核技	77.61	化学制品	其他化学制品
5	002258.SZ	利尔化学	76.88	农化制品	农药
6	002407.SZ	多氟多	76.86	化学制品	氟化工
7	002250.SZ	联化科技	76.47	农化制品	农药
8	600309.SH	万华化学	76.11	化学制品	聚氨酯
9	600141.SH	兴发集团	76.09	农化制品	磷肥及磷化工
10	000792.SZ	盐湖股份	76.01	农化制品	钾肥
11	002683.SZ	广东宏大	75.72	化学制品	民爆制品
12	300487.SZ	蓝晓科技	75.51	塑料	合成树脂
13	002324.SZ	普利特	75.20	塑料	改性塑料
14	600596.SH	新安股份	75.01	化学制品	有机硅

续表

排名	公司代码	公司名称	创新要素投入指数	二级行业_申万	三级行业_申万
15	600063.SH	皖维高新	74.53	化学纤维	其他化学纤维
16	000822.SZ	山东海化	74.49	化学原料	纯碱
17	300806.SZ	斯迪克	74.47	塑料	膜材料
18	002768.SZ	国恩股份	74.45	塑料	改性塑料
19	603086.SH	先达股份	74.39	农化制品	农药
20	002037.SZ	保利联合	74.09	化学制品	民爆制品
21	003042.SZ	中农联合	74.04	农化制品	农药
22	300041.SZ	回天新材	73.90	化学制品	有机硅
23	638157.SH	松井股份	73.89	化学制品	涂料油墨
24	600143.SH	金发科技	73.81	塑料	改性塑料
25	002669.SZ	康达新材	73.48	化学制品	胶黏剂及胶带
26	000920.SZ	沃顿科技	73.39	塑料	膜材料
27	600486.SH	扬农化工	73.32	农化制品	农药
28	002588.SZ	史丹利	73.22	农化制品	复合肥
29	000949.SZ	新乡化纤	73.18	化学纤维	氨纶
30	002092.SZ	中泰化学	73.12	化学原料	氯碱
31	603650.SH	彤程新材	72.99	橡胶	橡胶助剂
32	603977.SH	国泰集团	72.83	化学制品	民爆制品
33	600096.SH	云天化	72.78	农化制品	磷肥及磷化工
34	601208.SH	东材科技	72.73	塑料	膜材料
35	002734.SZ	利民股份	72.73	农化制品	农药
36	600328.SH	中盐化工	72.72	化学原料	无机盐
37	688669.SH	聚石化学	72.68	塑料	改性塑料
38	688065.SH	凯赛生物	72.61	化学制品	其他化学制品

数据来源：同花顺（iFinD），首经贸资产评估研究院和浙工商数字创新与管理研究院整理。

7.10.4 创新科技成果指数

2022年基础化工行业385家上市公司创新科技成果指数平均水平为69.32，高于全市场均值68.28。从指数分布来看，高于均值的有247家，占行业总数的64.16%。其中，最高的是万华化学，创新科技成果指数为86.01。具体来看，创新科技成果指数区间在60以下的有3家，占比0.78%；60~70的有240家，占比62.34%；70~80的有140家，占比36.36%；80以上的有2家，占比0.52%，如图7-97所示。

从二级行业来看，按照创新科技成果指数排名由高到低包括：塑料（69.59）、化学制品（69.58）、农化制品（69.52）、化学纤维（69.48）、橡胶（69.19）、化学原料（68.30）、非金属材料Ⅱ（68.16），如图7-98所示。

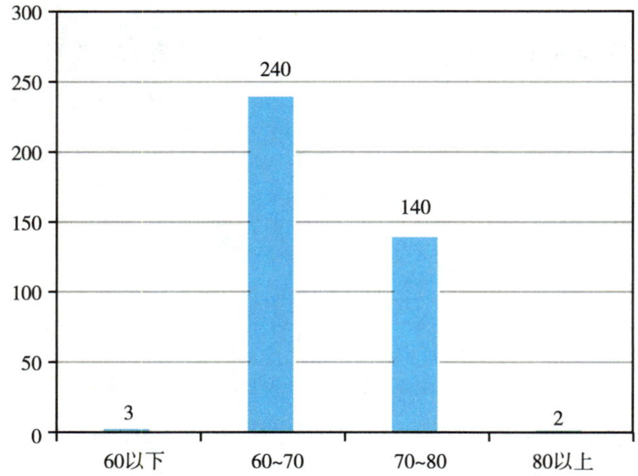

图7-97　2022年基础化工行业上市公司创新科技成果指数分布图（家）

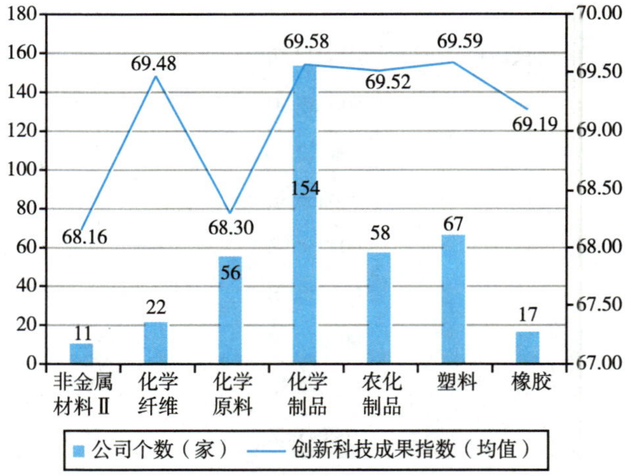

图7-98　2022年基础化工行业上市公司创新科技成果指数均值分布图

基础化工行业中，创新科技成果指数排名前10%的上市公司，如表7-49所示。

表7-49　2022年基础化工行业上市公司创新科技成果指数前10%排名

排名	公司代码	公司名称	创新科技成果指数	二级行业_申万	三级行业_申万
1	600309.SH	万华化学	86.01	化学制品	聚氨酯
2	600378.SH	昊华科技	80.25	化学制品	氟化工
3	600143.SH	金发科技	78.64	塑料	改性塑料
4	603260.SH	合盛硅业	77.94	化学制品	有机硅
5	600596.SH	新安股份	77.57	化学制品	有机硅
6	000792.SZ	盐湖股份	76.80	农化制品	钾肥
7	688219.SH	会通股份	76.42	塑料	改性塑料
8	600141.SH	兴发集团	76.17	农化制品	磷肥及磷化工
9	002637.SZ	赞宇科技	76.14	化学制品	其他化学制品
10	002386.SZ	天原股份	76.09	化学原料	氯碱
11	002601.SZ	龙佰集团	75.81	化学原料	钛白粉
12	002734.SZ	利民股份	75.68	农化制品	农药
13	600352.SH	浙江龙盛	75.50	化学制品	纺织化学制品
14	688295.SH	中复神鹰	75.42	化学纤维	其他化学纤维
15	600426.SH	华鲁恒升	75.24	农化制品	氮肥
16	002768.SZ	国恩股份	75.18	塑料	改性塑料
17	002246.SZ	北化股份	74.99	化学制品	民爆制品
18	600160.SH	巨化股份	74.82	化学制品	氟化工
19	601208.SH	东材科技	74.46	塑料	膜材料
20	603181.SH	皇马科技	74.26	化学制品	其他化学制品
21	002054.SZ	德美化工	74.25	化学制品	纺织化学制品
22	002407.SZ	多氟多	74.18	化学制品	氟化工
23	000422.SZ	湖北宜化	73.92	农化制品	氮肥
24	603051.SH	鹿山新材	73.84	化学制品	胶黏剂及胶带

续表

排名	公司代码	公司名称	创新科技成果指数	二级行业_申万	三级行业_申万
25	002037.SZ	保利联合	73.82	化学制品	民爆制品
26	002585.SZ	双星新材	73.80	塑料	膜材料
27	002324.SZ	普利特	73.70	塑料	改性塑料
28	688659.SH	元琛科技	73.52	化学制品	其他化学制品
29	600135.SH	乐凯胶片	73.47	塑料	膜材料
30	300041.SZ	回天新材	73.41	化学制品	有机硅
31	002538.SZ	司尔特	73.39	农化制品	复合肥
32	300910.SZ	瑞丰新材	73.32	化学制品	其他化学制品
33	600470.SH	六国化工	73.30	农化制品	磷肥及磷化工
34	002254.SZ	泰和新材	73.07	化学纤维	氨纶
35	300387.SZ	富邦股份	73.05	农化制品	复合肥
36	300727.SZ	润禾材料	72.88	化学制品	有机硅
37	688585.SH	上纬新材	72.88	塑料	合成树脂
38	600409.SH	三友化工	72.84	化学原料	纯碱

数据来源：同花顺（iFinD），首经贸资产评估研究院和浙工商数字创新与管理研究院整理。

7.10.5　创新经济绩效指数

2022年基础化工行业385家上市公司创新经济绩效指数平均水平为61.72，高于全市场均值61.11。从指数分布来看，高于均值的有222家，占行业总数的57.66%。其中，最高的是盐湖股份，创新经济绩效指数为84.11。具体来看，创新经济绩效指数区间在60以下的有161家，占比41.82%；60~70的有173家，占比44.93%；70~80的有49家，占比12.73%；80以上的有2家，占比0.52%，如图7-99所示。

从二级行业来看，按照创新经济绩效指数排名由高到低包括：农化制品（66.16）、化学原料（63.48）、化学纤维（61.35）、化学制品（61.09）、非金属材料Ⅱ（60.28）、橡胶（59.89）、塑料（58.64），如图7-100所示。

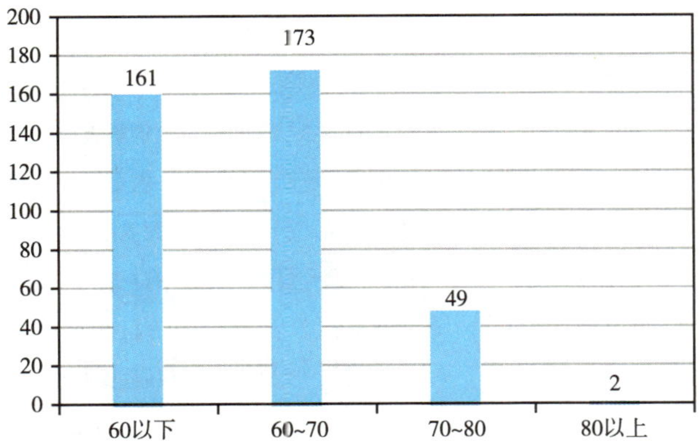

图7-99　2022年基础化工行业上市公司创新经济绩效指数分布图（家）

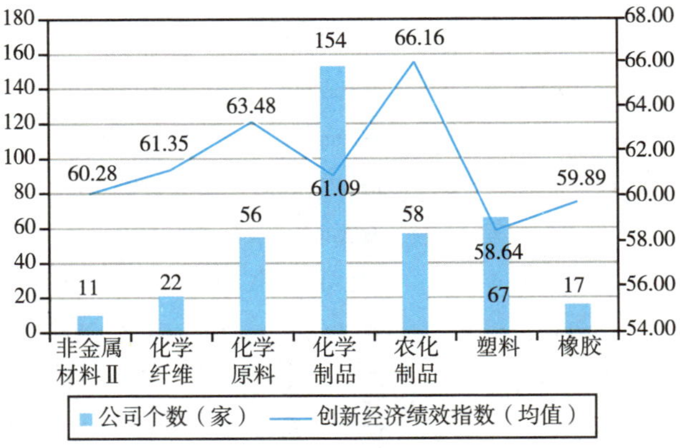

图7-100　2022年基础化工行业上市公司创新经济绩效指数均值分布图

基础化工行业中，创新经济绩效指数排名前10%的上市公司，如表7-50所示。

表 7-50　　2022 年基础化工行业上市公司创新经济绩效指数前 10% 排名

排名	公司代码	公司名称	创新经济绩效指数	二级行业_申万	三级行业_申万
1	000792.SZ	盐湖股份	84.11	农化制品	钾肥
2	600309.SH	万华化学	83.94	化学制品	聚氨酯
3	603077.SH	和邦生物	79.28	农化制品	磷肥及磷化工
4	002258.SZ	利尔化学	79.20	农化制品	农药
5	600299.SH	安迪苏	79.07	化学制品	食品及饲料添加剂
6	600141.SH	兴发集团	79.00	农化制品	磷肥及磷化工
7	600096.SH	云天化	78.91	农化制品	磷肥及磷化工
8	002312.SZ	川发龙蟒	78.91	农化制品	磷肥及磷化工
9	603227.SH	雪峰科技	78.44	化学制品	民爆制品
10	600378.SH	昊华科技	77.70	化学制品	氟化工
11	002326.SZ	永太科技	77.57	化学制品	氟化工
12	301035.SZ	润丰股份	77.32	农化制品	农药
13	002324.SZ	普利特	76.84	塑料	改性塑料
14	002597.SZ	金禾实业	76.00	化学制品	食品及饲料添加剂
15	002683.SZ	广东宏大	75.42	化学制品	民爆制品
16	600486.SH	扬农化工	75.37	农化制品	农药
17	688295.SH	中复神鹰	75.36	化学纤维	其他化学纤维
18	603599.SH	广信股份	75.29	农化制品	农药
19	000881.SZ	中广核技	75.26	化学制品	其他化学制品
20	600352.SH	浙江龙盛	75.00	化学制品	纺织化学制品
21	002768.SZ	国恩股份	74.88	塑料	改性塑料
22	600426.SH	华鲁恒升	74.82	农化制品	氮肥
23	600500.SH	中化国际	74.53	化学制品	其他化学制品
24	000553.SZ	安道麦 A	74.45	农化制品	农药
25	002407.SZ	多氟多	73.92	化学制品	氟化工
26	000830.SZ	鲁西化工	73.80	化学原料	煤化工
27	600328.SH	中盐化工	73.68	化学原料	无机盐
28	600929.SH	雪天盐业	73.13	化学原料	无机盐
29	600866.SH	星湖科技	73.10	化学制品	食品及饲料添加剂
30	300575.SZ	中旗股份	72.93	农化制品	农药
31	600230.SH	沧州大化	72.83	化学制品	聚氨酯
32	603260.SH	合盛硅业	72.72	化学制品	有机硅
33	600596.SH	新安股份	72.66	化学制品	有机硅
34	603650.SH	彤程新材	72.63	橡胶	橡胶助剂
35	300596.SZ	利安隆	72.50	化学制品	其他化学制品
36	300109.SZ	新开源	72.22	化学制品	其他化学制品
37	600160.SH	巨化股份	72.20	化学制品	氟化工
38	836077.BJ	吉林碳谷	72.02	化学纤维	其他化学纤维

数据来源：同花顺（iFinD），首经贸资产评估研究院和浙工商数字创新与管理研究院整理。

7.11　计算机行业创新发展指数评价

截至2022年底，A股市场计算机行业共有上市公司341家，总市值共计34,002.62亿元，营业总收入11,651.30亿元，平均市值99.71亿元/家，平均营业收入34.17亿元/家。营业收入最高的上市公司为神州数码（1,158.80亿元），市值最大的上市公司为海康威视（3,270.64亿元）。行业内上市公司研发投入合计为1,196.11亿元，占营业收入的10.27%，无形资产账面价值合计为675.81亿元，占总资产的3.71%。根据本报告分析口径，本节共对计算机行业341家上市公司开展创新发展指数评价，具体情况如下：

7.11.1　创新发展综合指数

根据本报告评价，2022年计算机行业创新发展综合指数平均水平为66.80，高于全市场平均水平65.47。从指数分布来看，高于均值的有184家，占行业总数的53.96%。其中，最高的是中科曙光，创新发展综合指数为87.93。具体来看，创新发展综合指数区间在60以下的有27家，占比7.92%；60~70的有227家，占比66.56%；70~80的有76家，占比22.29%；80以上的有11家，占比3.23%，如图7-101所示。

计算机行业又可细分为3个二级行业，按照创新发展综合指数排名由高到低包括：软件开发（67.60）、IT服务Ⅱ（66.40）、计算机设备（66.18），如图7-102所示。

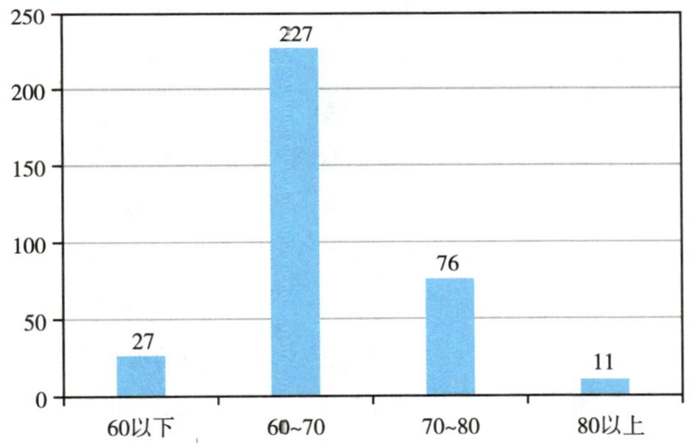

图7-101　2022年计算机行业上市公司创新发展综合指数分布图（家）

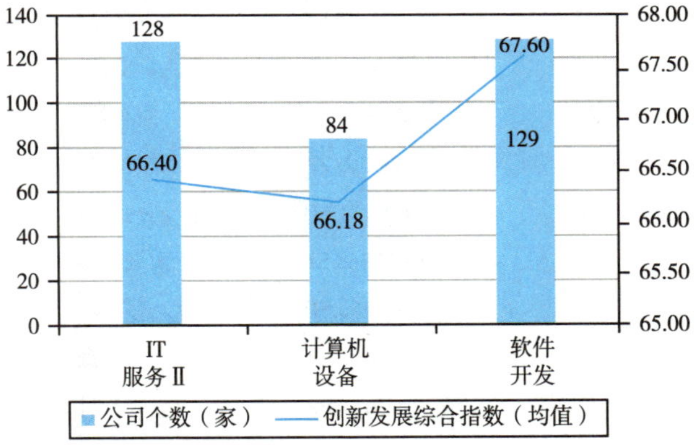

图7-102　2022年计算机行业上市公司创新发展综合指数均值分布图

计算机行业中，创新发展综合指数排名前10%的上市公司，如表7-51所示。

表7-51　2022年计算机行业上市公司创新发展综合指数前10%排名

排名	公司代码	公司名称	创新发展综合指数	二级行业_申万	三级行业_申万
1	603019.SH	中科曙光	87.93	计算机设备	其他计算机设备
2	002230.SZ	科大讯飞	87.33	软件开发	横向通用软件
3	600588.SH	用友网络	83.41	软件开发	横向通用软件
4	000977.SZ	浪潮信息	83.27	计算机设备	其他计算机设备
5	000938.SZ	紫光股份	82.85	IT服务Ⅱ	IT服务Ⅲ
6	002920.SZ	德赛西威	82.27	软件开发	垂直应用软件

续表

排名	公司代码	公司名称	创新发展综合指数	二级行业_申万	三级行业_申万
7	002410.SZ	广联达	81.38	软件开发	垂直应用软件
8	002180.SZ	纳思达	81.00	计算机设备	其他计算机设备
9	002415.SZ	海康威视	80.35	计算机设备	安防设备
10	600536.SH	中国软件	80.25	IT服务Ⅱ	IT服务Ⅲ
11	688111.SH	金山办公	80.11	软件开发	横向通用软件
12	600570.SH	恒生电子	79.66	软件开发	垂直应用软件
13	600845.SH	宝信软件	79.45	IT服务Ⅱ	IT服务Ⅲ
14	002405.SZ	四维图新	79.40	软件开发	垂直应用软件
15	300454.SZ	深信服	79.31	软件开发	横向通用软件
16	688568.SH	中科星图	79.29	IT服务Ⅱ	IT服务Ⅲ
17	301269.SZ	华大九天	79.12	软件开发	垂直应用软件
18	300496.SZ	中科创达	78.72	IT服务Ⅱ	IT服务Ⅲ
19	002212.SZ	天融信	78.13	软件开发	横向通用软件
20	002236.SZ	大华股份	77.97	计算机设备	安防设备
21	000066.SZ	中国长城	77.34	计算机设备	其他计算机设备
22	002268.SZ	电科网安	77.25	计算机设备	其他计算机设备
23	002439.SZ	启明星辰	77.22	软件开发	横向通用软件
24	002153.SZ	石基信息	77.19	软件开发	垂直应用软件
25	688561.SH	奇安信	76.66	软件开发	横向通用软件
26	300033.SZ	同花顺	76.63	软件开发	垂直应用软件
27	300369.SZ	绿盟科技	76.48	软件开发	横向通用软件
28	600131.SH	国网信通	75.82	IT服务Ⅱ	IT服务Ⅲ
29	002368.SZ	太极股份	75.69	IT服务Ⅱ	IT服务Ⅲ
30	601360.SH	三六零	75.35	软件开发	横向通用软件
31	000948.SZ	南天信息	75.30	软件开发	垂直应用软件
32	300188.SZ	美亚柏科	75.30	软件开发	垂直应用软件
33	600271.SH	航天信息	75.15	IT服务Ⅱ	IT服务Ⅲ
34	600718.SH	东软集团	74.89	IT服务Ⅱ	IT服务Ⅲ

数据来源：同花顺（iFinD），首经贸资产评估研究院和浙工商数字创新与管理研究院整理。

7.11.2 创新资源支持指数

2022年计算机行业341家上市公司创新资源支持指数平均水平为68.94，高于全市场均值68.18。从指数分布来看，高于均值的有174家，占行业总数的51.03%。其中，最高的是科大讯飞，创新资源支持指数为97.39。具体来看，创新资源支持指数区间在60以下的有48家，占比14.08%；60~70的有149家，占比43.69%；70~80的有110家，占比32.26%；80以上的有34家，占比9.97%，如图7-103所示。

从二级行业来看，按照创新资源支持指数排名由高到低包括：计算机设备（69.40）、软件开发（69.12）、IT服务Ⅱ（68.46），如图7-104所示。

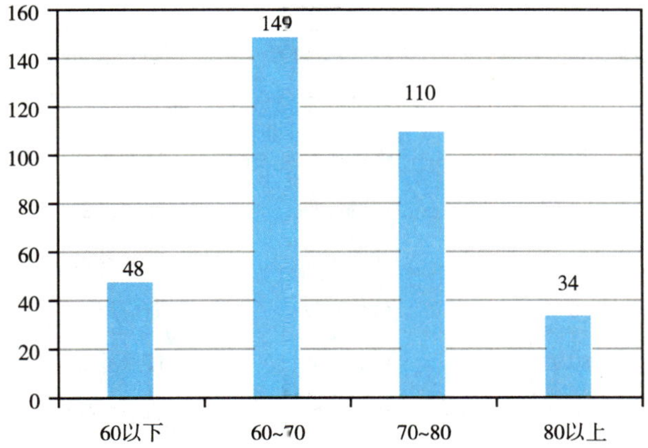

图7-103　2022年计算机行业上市公司创新资源支持指数分布图（家）

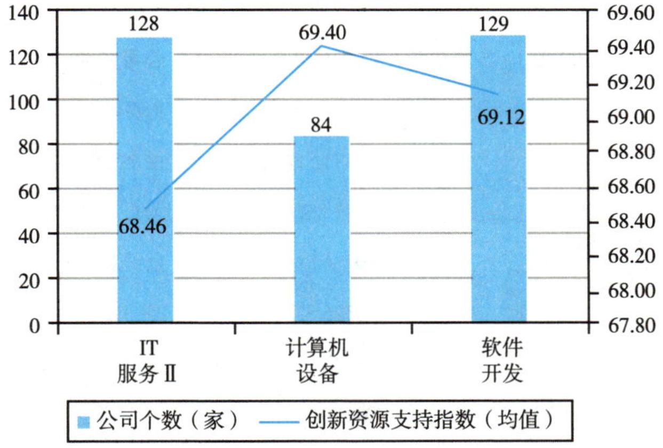

图7-104　2022年计算机行业上市公司创新资源支持指数均值分布图

计算机行业中，创新资源支持指数排名前10%的上市公司，如表7-52所示。

表7-52　2022年计算机行业上市公司创新资源支持指数前10%排名

排名	公司代码	公司名称	创新资源支持指数	二级行业_申万	三级行业_申万
1	002230.SZ	科大讯飞	97.39	软件开发	横向通用软件
2	000938.SZ	紫光股份	94.34	IT服务Ⅱ	IT服务Ⅲ
3	300454.SZ	深信服	93.70	软件开发	横向通用软件
4	002236.SZ	大华股份	93.22	计算机设备	安防设备
5	603019.SH	中科曙光	90.00	计算机设备	其他计算机设备
6	300188.SZ	美亚柏科	89.59	软件开发	垂直应用软件
7	600536.SH	中国软件	89.37	IT服务Ⅱ	IT服务Ⅲ
8	600588.SH	用友网络	89.23	软件开发	横向通用软件
9	002439.SZ	启明星辰	89.05	软件开发	横向通用软件
10	688111.SH	金山办公	88.27	软件开发	横向通用软件
11	002415.SZ	海康威视	87.66	计算机设备	安防设备
12	002410.SZ	广联达	86.95	软件开发	垂直应用软件
13	000977.SZ	浪潮信息	85.22	计算机设备	其他计算机设备
14	600845.SH	宝信软件	84.76	IT服务Ⅱ	IT服务Ⅲ
15	603039.SH	泛微网络	84.68	软件开发	横向通用软件
16	688568.SH	中科星图	84.51	IT服务Ⅱ	IT服务Ⅲ
17	300253.SZ	卫宁健康	83.92	软件开发	垂直应用软件
18	002990.SZ	盛视科技	83.60	计算机设备	其他计算机设备
19	300682.SZ	朗新科技	83.24	IT服务Ⅱ	IT服务Ⅲ
20	300523.SZ	辰安科技	83.22	IT服务Ⅱ	IT服务Ⅲ
21	600570.SH	恒生电子	83.22	软件开发	垂直应用软件
22	002368.SZ	太极股份	83.14	IT服务Ⅱ	IT服务Ⅲ

续表

排名	公司代码	公司名称	创新资源支持指数	二级行业_申万	三级行业_申万
23	002920.SZ	德赛西威	82.22	软件开发	垂直应用软件
24	603171.SH	税友股份	82.06	IT服务Ⅱ	IT服务Ⅲ
25	688475.SH	萤石网络	81.39	计算机设备	安防设备
26	600446.SH	金证股份	81.04	IT服务Ⅱ	IT服务Ⅲ
27	688326.SH	经纬恒润	80.97	软件开发	垂直应用软件
28	603636.SH	南威软件	80.92	IT服务Ⅱ	IT服务Ⅲ
29	300379.SZ	东方通	80.79	软件开发	垂直应用软件
30	688258.SH	卓易信息	80.75	IT服务Ⅱ	IT服务Ⅲ
31	000034.SZ	神州数码	80.47	IT服务Ⅱ	IT服务Ⅲ
32	600797.SH	浙大网新	80.40	IT服务Ⅱ	IT服务Ⅲ
33	600718.SH	东软集团	80.23	IT服务Ⅱ	IT服务Ⅲ
34	300525.SZ	博思软件	80.15	软件开发	垂直应用软件

数据来源：同花顺（iFinD），首经贸资产评估研究院和浙工商数字创新与管理研究院整理。

7.11.3 创新要素投入指数

2022年计算机行业341家上市公司创新要素投入指数平均水平为70.83，高于全市场均值65.37。从指数分布来看，高于均值的有273家，占行业总数的80.06%。其中，最高的是中科曙光，创新要素投入指数为93.01。具体来看，创新要素投入指数区间在60以下的有19家，占比5.57%；60~70的有134家，占比39.30%；70~80的有152家，占比44.57%；80以上的有36家，占比10.56%，如图7–105所示。

从二级行业来看，按照创新要素投入指数排名由高到低包括：软件开发（72.50）、IT服务Ⅱ（70.10）、计算机设备（69.37），如图7–106所示。

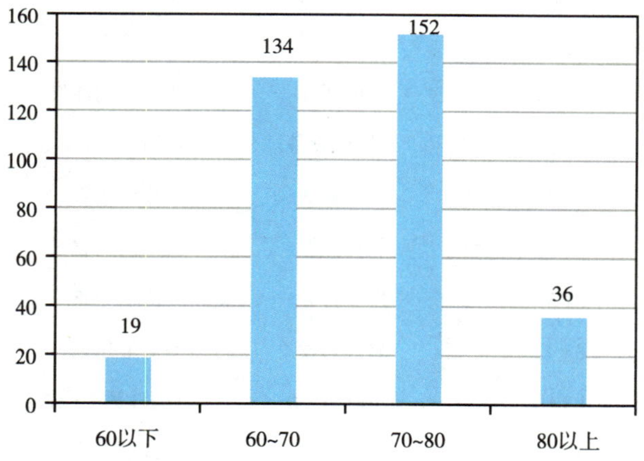

图7–105　2022年计算机行业上市公司创新要素投入指数分布图（家）

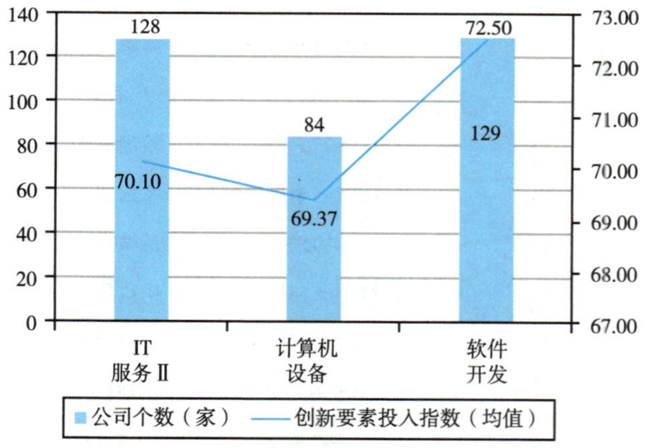

图7–106　2022年计算机行业上市公司创新要素投入指数均值分布图

计算机行业中，创新要素投入指数排名前10%的上市公司，如表7–53所示。

表 7-53　　2022 年计算机行业上市公司创新要素投入指数前 10% 排名

排名	公司代码	公司名称	创新要素投入指数	二级行业_申万	三级行业_申万
1	603019.SH	中科曙光	93.01	计算机设备	其他计算机设备
2	002230.SZ	科大讯飞	91.86	软件开发	横向通用软件
3	002920.SZ	德赛西威	90.00	软件开发	垂直应用软件
4	002405.SZ	四维图新	88.56	软件开发	垂直应用软件
5	002410.SZ	广联达	87.74	软件开发	垂直应用软件
6	600570.SH	恒生电子	87.08	软件开发	垂直应用软件
7	300496.SZ	中科创达	86.82	IT 服务Ⅱ	IT 服务Ⅲ
8	688568.SH	中科星图	86.44	IT 服务Ⅱ	IT 服务Ⅲ
9	600588.SH	用友网络	86.17	软件开发	横向通用软件
10	300033.SZ	同花顺	85.74	软件开发	垂直应用软件
11	000977.SZ	浪潮信息	84.50	计算机设备	其他计算机设备
12	002415.SZ	海康威视	84.14	计算机设备	安防设备
13	002153.SZ	石基信息	83.83	软件开发	垂直应用软件
14	000938.SZ	紫光股份	83.82	IT 服务Ⅱ	IT 服务Ⅲ
15	301269.SZ	华大九天	83.50	软件开发	垂直应用软件
16	002180.SZ	纳思达	83.28	计算机设备	其他计算机设备
17	002212.SZ	天融信	82.90	软件开发	横向通用软件
18	300369.SZ	绿盟科技	82.85	软件开发	横向通用软件
19	002268.SZ	电科网安	82.82	计算机设备	其他计算机设备
20	600131.SH	国网信通	82.79	IT 服务Ⅱ	IT 服务Ⅲ
21	601360.SH	三六零	82.63	软件开发	横向通用软件
22	600536.SH	中国软件	82.24	IT 服务Ⅱ	IT 服务Ⅲ
23	300454.SZ	深信服	82.23	软件开发	横向通用软件
24	000948.SZ	南天信息	82.11	软件开发	垂直应用软件
25	002368.SZ	太极股份	82.06	IT 服务Ⅱ	IT 服务Ⅲ
26	603859.SH	能科科技	81.79	IT 服务Ⅱ	IT 服务Ⅲ
27	000066.SZ	中国长城	81.60	计算机设备	其他计算机设备
28	688111.SH	金山办公	81.12	软件开发	横向通用软件
29	688083.SH	中望软件	80.87	软件开发	垂直应用软件
30	688561.SH	奇安信	80.67	软件开发	横向通用软件
31	002232.SZ	启明信息	80.62	IT 服务Ⅱ	IT 服务Ⅲ
32	300036.SZ	超图软件	80.60	软件开发	横向通用软件
33	600100.SH	同方股份	80.35	计算机设备	其他计算机设备
34	300229.SZ	拓尔思	80.21	软件开发	垂直应用软件

数据来源：同花顺（iFinD），首经贸资产评估研究院和浙工商数字创新与管理研究院整理。

7.11.4　创新科技成果指数

2022年计算机行业341家上市公司创新科技成果指数平均水平为68.78，高于全市场均值68.28。从指数分布来看，高于均值的有187家，占行业总数的54.84%。其中，最高的是浪潮信息，创新科技成果指数为82.87。具体来看，创新科技成果指数区间在60以下的有4家，占比1.17%；60~70的有222家，占比65.11%；70~80的有111家，占比32.55%；80以上的有4家，占比1.17%，如图7-107所示。

从二级行业来看，按照创新科技成果指数排名由高到低包括：软件开发（69.19）、计算机设备（69.08）、IT服务Ⅱ（68.18），如图7-108所示。

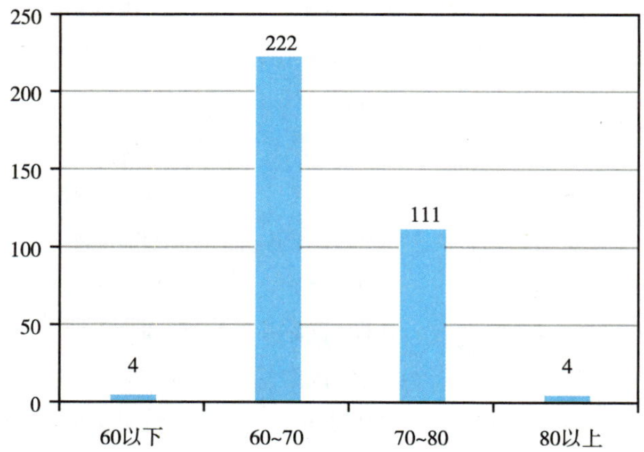

图7-107　2022年计算机行业上市公司创新科技成果指数分布图（家）

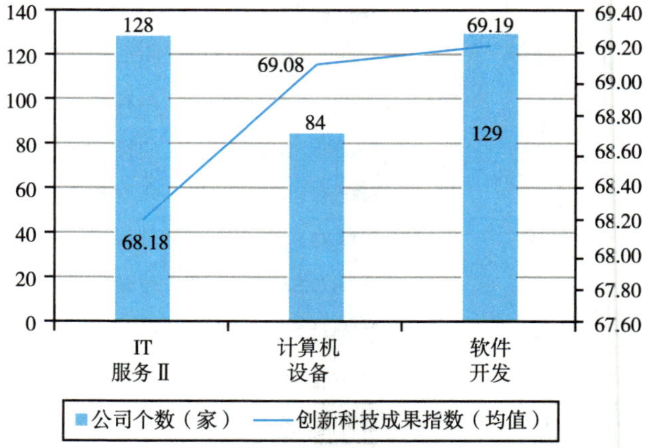

图7-108　2022年计算机行业上市公司创新科技成果指数均值分布图

计算机行业中，创新科技成果指数排名前10%的上市公司，如表7-54所示。

表7-54　2022年计算机行业上市公司创新科技成果指数前10%排名

排名	公司代码	公司名称	创新科技成果指数	二级行业_申万	三级行业_申万
1	000977.SZ	浪潮信息	82.87	计算机设备	其他计算机设备
2	000938.SZ	紫光股份	82.36	IT服务Ⅱ	IT服务Ⅲ
3	002180.SZ	纳思达	81.51	计算机设备	其他计算机设备
4	688111.SH	金山办公	80.54	软件开发	横向通用软件
5	002920.SZ	德赛西威	79.98	软件开发	垂直应用软件
6	002415.SZ	海康威视	79.60	计算机设备	安防设备
7	002230.SZ	科大讯飞	78.94	软件开发	横向通用软件
8	600570.SH	恒生电子	78.51	软件开发	垂直应用软件
9	603019.SH	中科曙光	78.51	计算机设备	其他计算机设备
10	600845.SH	宝信软件	78.34	IT服务Ⅱ	IT服务Ⅲ
11	600536.SH	中国软件	76.96	IT服务Ⅱ	IT服务Ⅲ
12	002212.SZ	天融信	76.95	软件开发	横向通用软件
13	300454.SZ	深信服	76.63	软件开发	横向通用软件
14	688561.SH	奇安信	76.30	软件开发	横向通用软件
15	600588.SH	用友网络	75.88	软件开发	横向通用软件
16	002153.SZ	石基信息	75.83	软件开发	垂直应用软件
17	300369.SZ	绿盟科技	75.75	软件开发	横向通用软件
18	002236.SZ	大华股份	75.75	计算机设备	安防设备

续表

排名	公司代码	公司名称	创新科技成果指数	二级行业_申万	三级行业_申万
19	300496.SZ	中科创达	75.28	IT服务Ⅱ	IT服务Ⅲ
20	600100.SH	同方股份	75.12	计算机设备	其他计算机设备
21	301269.SZ	华大九天	74.96	软件开发	垂直应用软件
22	002410.SZ	广联达	74.95	软件开发	垂直应用软件
23	300033.SZ	同花顺	74.77	软件开发	垂直应用软件
24	000066.SZ	中国长城	74.44	计算机设备	其他计算机设备
25	300366.SZ	创意信息	74.40	软件开发	垂直应用软件
26	688244.SH	永信至诚	74.37	软件开发	横向通用软件
27	300479.SZ	神思电子	74.30	计算机设备	其他计算机设备
28	300036.SZ	超图软件	74.28	软件开发	横向通用软件
29	300188.SZ	美亚柏科	73.97	软件开发	垂直应用软件
30	300365.SZ	恒华科技	73.93	软件开发	垂直应用软件
31	002405.SZ	四维图新	73.89	软件开发	垂直应用软件
32	300552.SZ	万集科技	73.78	计算机设备	其他计算机设备
33	002373.SZ	千方科技	73.77	IT服务Ⅱ	IT服务Ⅲ
34	688023.SH	安恒信息	73.71	软件开发	横向通用软件

数据来源：同花顺（iFinD），首经贸资产评估研究院和浙工商数字创新与管理研究院整理。

7.11.5　创新经济绩效指数

2022年计算机行业341家上市公司创新经济绩效指数平均水平为58.67，低于全市场均值61.11。从指数分布来看，高于均值的有129家，占行业总数的37.83%。其中，最高的是中科曙光，创新经济绩效指数为88.77。具体来看，创新经济绩效指数区间在60以下的有209家，占比61.28%；60~70的有100家，占比29.33%；70~80的有27家，占比7.92%；80以上的有5家，占比1.47%，如图7-109所示。

从二级行业来看，按照创新经济绩效指数排名由高到低包括：软件开发（59.25）、IT服务Ⅱ（58.91）、计算机设备（57.44），如图7-110所示。

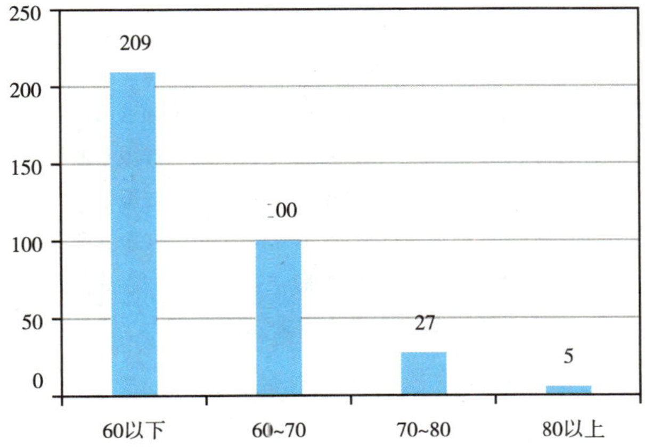

图7-109　2022年计算机行业上市公司创新经济绩效指数分布图（家）

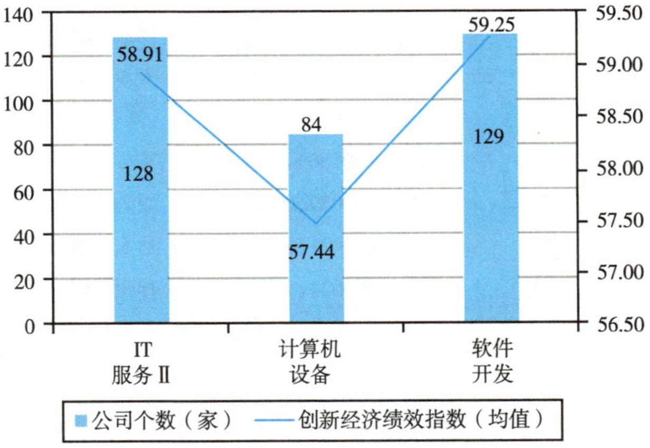

图7-110　2022年计算机行业上市公司创新经济绩效指数均值分布图

计算机行业中，创新经济绩效指数排名前10%的上市公司，如表7-55所示。

表7-55　2022年计算机行业上市公司创新经济绩效指数前10%排名

排名	公司代码	公司名称	创新经济绩效指数	二级行业_申万	三级行业_申万
1	603019.SH	中科曙光	88.77	计算机设备	其他计算机设备
2	600588.SH	用友网络	82.59	软件开发	横向通用软件
3	002230.SZ	科大讯飞	82.05	软件开发	横向通用软件
4	002180.SZ	纳思达	81.76	计算机设备	其他计算机设备
5	000977.SZ	浪潮信息	80.74	计算机设备	其他计算机设备
6	600131.SH	国网信通	78.46	IT服务Ⅱ	IT服务Ⅲ
7	002405.SZ	四维图新	77.50	软件开发	垂直应用软件
8	301269.SZ	华大九天	77.24	软件开发	垂直应用软件
9	600845.SH	宝信软件	76.19	IT服务Ⅱ	IT服务Ⅲ
10	002410.SZ	广联达	75.46	软件开发	垂直应用软件
11	600271.SH	航天信息	75.18	IT服务Ⅱ	IT服务Ⅲ
12	002920.SZ	德赛西威	75.16	软件开发	垂直应用软件
13	000948.SZ	南天信息	74.83	软件开发	垂直应用软件
14	002268.SZ	电科网安	74.59	计算机设备	其他计算机设备
15	600536.SH	中国软件	74.12	IT服务Ⅱ	IT服务Ⅲ
16	601360.SH	三六零	73.81	软件开发	横向通用软件
17	000938.SZ	紫光股份	73.71	IT服务Ⅱ	IT服务Ⅲ
18	688568.SH	中科星图	73.59	IT服务Ⅱ	IT服务Ⅲ
19	000066.SZ	中国长城	73.32	计算机设备	其他计算机设备
20	002212.SZ	天融信	73.19	软件开发	横向通用软件
21	603859.SH	能科科技	73.06	IT服务Ⅱ	IT服务Ⅲ
22	688111.SH	金山办公	72.51	软件开发	横向通用软件
23	688208.SH	道通科技	72.48	计算机设备	其他计算机设备
24	300496.SZ	中科创达	72.39	IT服务Ⅱ	IT服务Ⅲ
25	002439.SZ	启明星辰	72.31	软件开发	横向通用软件
26	300369.SZ	绿盟科技	71.78	软件开发	横向通用软件
27	002153.SZ	石基信息	71.74	软件开发	垂直应用软件
28	002415.SZ	海康威视	71.16	计算机设备	安防设备
29	300047.SZ	天源迪科	71.09	软件开发	垂直应用软件
30	688561.SH	奇安信	71.02	软件开发	横向通用软件
31	300166.SZ	东方国信	70.88	IT服务Ⅱ	IT服务Ⅲ
32	300079.SZ	数码视讯	70.88	IT服务Ⅱ	IT服务Ⅲ
33	002421.SZ	达实智能	69.94	IT服务Ⅱ	IT服务Ⅲ
34	000034.SZ	神州数码	69.38	IT服务Ⅱ	IT服务Ⅲ

数据来源：同花顺（iFinD），首经贸资产评估研究院和浙工商数字创新与管理研究院整理。

7.12　家用电器行业创新发展指数评价

截至2022年底，A股市场家用电器行业共有上市公司88家，总市值共计15,028.10亿元，营业总收入13,883.45亿元，平均市值170.77亿元/家，平均营业收入157.77亿元/家。营业收入最高的上市公司为美的集团（3,439.18亿元），市值最大的上市公司也为美的集团（3,624.59亿元）。行业内上市公司研发投入合计为525.75亿元，占营业收入的3.79%，无形资产账面价值合计为604.19亿元，占总资产的3.63%。根据本报告分析口径，本节共对家用电器行业88家上市公司开展创新发展指数评价，具体情况如下：

7.12.1　创新发展综合指数

根据本报告评价，2022年家用电器行业创新发展综合指数平均水平为66.87，高于全市场平均水平65.47。从指数分布来看，高于均值的有48家，占行业总数的54.55%。其中，最高的是海尔智家，创新发展综合指数为83.39。具体来看，创新发展综合指数区间在60以下的有6家，占比6.82%；60~70的有55家，占比62.50%；70~80的有25家，占比28.41%；80以上的有2家，占比2.27%，如图7–111所示。

家用电器行业又可细分为7个二级行业，按照创新发展综合指数排名由高到低包括：白色家电（72.27）、黑色家电（69.50）、厨卫电器（66.71）、小家电（66.29）、照明设备Ⅱ（65.44）、家电零部件Ⅱ（65.28）、其他家电Ⅱ（63.85），如图7–112所示。

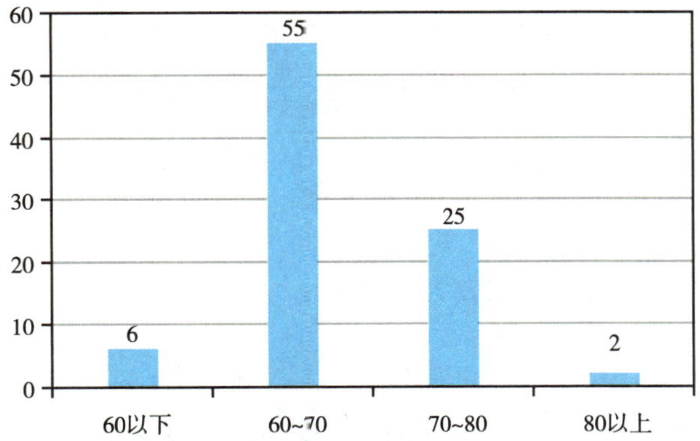

图7–111　2022年家用电器行业上市公司创新发展综合指数分布图（家）

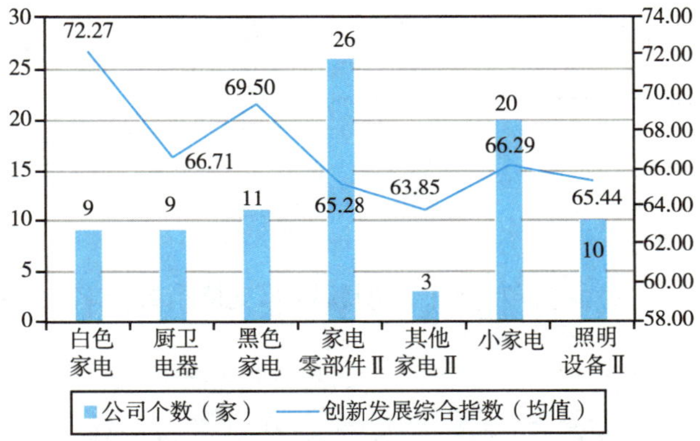

图7–112　2022年家用电器行业上市公司创新发展综合指数均值分布图

家用电器行业中，创新发展综合指数排名前10的上市公司，如表7–56所示。

表7–56　2022年家用电器行业上市公司创新发展综合指数前10排名

排名	公司代码	公司名称	创新发展综合指数	二级行业_申万	三级行业_申万
1	600690.SH	海尔智家	83.39	白色家电	冰洗
2	000651.SZ	格力电器	80.17	白色家电	空调
3	000333.SZ	美的集团	79.97	白色家电	空调
4	002050.SZ	三花智控	75.76	家电零部件Ⅱ	家电零部件Ⅲ
5	600839.SH	四川长虹	75.72	黑色家电	彩电
6	600060.SH	海信视像	75.22	黑色家电	彩电
7	603486.SH	科沃斯	75.18	小家电	清洁小家电
8	000521.SZ	长虹美菱	75.04	白色家电	冰洗
9	000541.SZ	佛山照明	74.27	照明设备Ⅱ	照明设备Ⅲ
10	000921.SZ	海信家电	73.70	白色家电	空调

数据来源：同花顺（iFinD），首经贸资产评估研究院和浙工商数字创新与管理研究院整理。

7.12.2 创新资源支持指数

2022年家用电器行业88家上市公司创新资源支持指数平均水平为71.88，高于全市场均值68.18。从指数分布来看，高于均值的有65家，占行业总数的73.86%。其中，最高的是兆驰股份，创新资源支持指数为88.49。具体来看，创新资源支持指数区间在60以下的有5家，占比5.68%；60~70的有27家，占比30.68%；70~80的有46家，占比52.28%；80以上的有10家，占比11.36%，如图7-113所示。

从二级行业来看，按照创新资源支持指数排名由高到低包括：黑色家电（75.53）、白色家电（74.97）、厨卫电器（72.03）、照明设备Ⅱ（71.93）、其他家电Ⅱ（71.45）、小家电（70.82）、家电零部件Ⅱ（70.06），如图7-114所示。

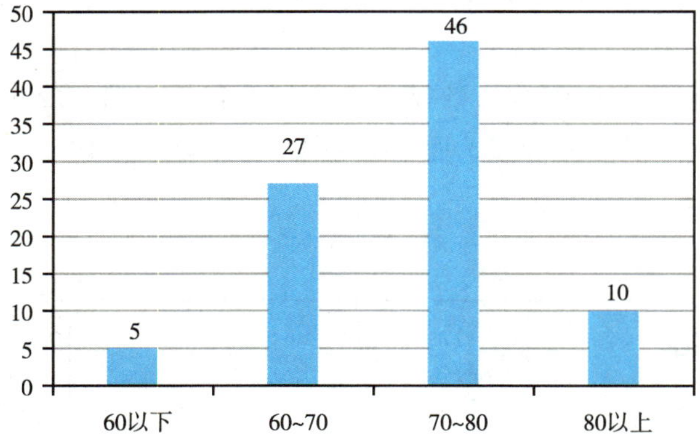

图7-113　2022年家用电器行业上市公司创新资源支持指数分布图（家）

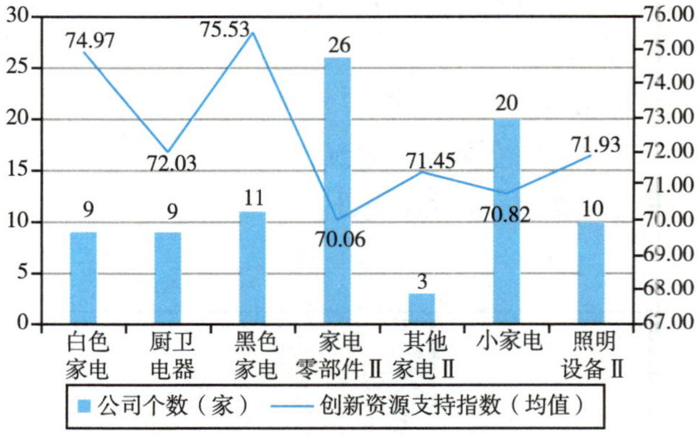

图7-114　2022年家用电器行业上市公司创新资源支持指数均值分布图

家用电器行业中，创新资源支持指数排名前10的上市公司，如表7-57所示。

表7-57　2022年家用电器行业上市公司创新资源支持指数前10排名

排名	公司代码	公司名称	创新资源支持指数	二级行业_申万	三级行业_申万
1	002429.SZ	兆驰股份	88.49	黑色家电	彩电
2	000801.SZ	四川九洲	87.08	黑色家电	其他黑色家电
3	688696.SH	极米科技	85.21	黑色家电	彩电
4	002050.SZ	三花智控	84.98	家电零部件Ⅱ	家电零部件Ⅲ
5	605365.SH	立达信	83.49	照明设备Ⅱ	照明设备Ⅲ
6	002011.SZ	盾安环境	81.85	家电零部件Ⅱ	家电零部件Ⅲ
7	000541.SZ	佛山照明	81.16	照明设备Ⅱ	照明设备Ⅲ
8	603355.SH	莱克电气	81.14	小家电	清洁小家电
9	000521.SZ	长虹美菱	80.83	白色家电	冰洗
10	000810.SZ	创维数字	80.44	黑色家电	其他黑色家电

数据来源：同花顺（iFinD），首经贸资产评估研究院和浙工商数字创新与管理研究院整理。

7.12.3 创新要素投入指数

2022年家用电器行业88家上市公司创新要素投入指数平均水平为65.25，低于全市场均值65.37。从指数分布来看，高于均值的有35家，占行业总数的39.77%。其中，最高的是海尔智家，创新要素投入指数为82.79。具体来看，创新要素投入指数区间在60以下的有19家，占比21.59%；60~70的有46家，占比52.28%；70~80的有21家，占比23.86%；80以上的有2家，占比2.27%，如图7-115所示。

从二级行业来看，按照创新要素投入指数排名由高到低包括：白色家电（70.52）、黑色家电（69.54）、厨卫电器（64.62）、照明设备Ⅱ（64.16）、小家电（64.10）、家电零部件Ⅱ（63.77）、其他家电Ⅱ（59.65），如图7-116所示。

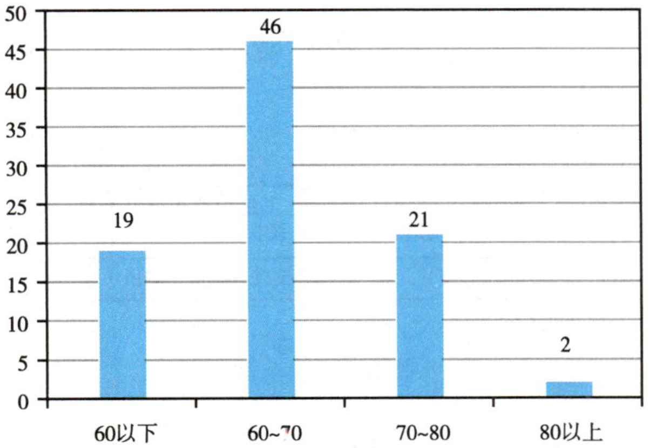

图7-115　2022年家用电器行业上市公司创新要素投入指数分布图（家）

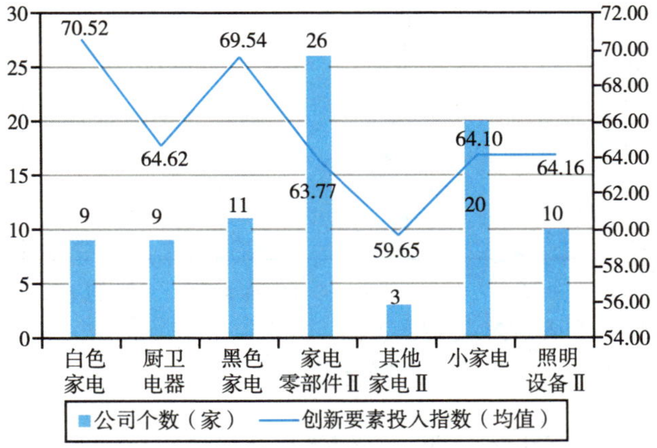

图7-116　2022年家用电器行业上市公司创新要素投入指数均值分布图

家用电器行业中，创新要素投入指数排名前10的上市公司，如表7-58所示。

表7-58　2022年家用电器行业上市公司创新要素投入指数前10排名

排名	公司代码	公司名称	创新要素投入指数	二级行业_申万	三级行业_申万
1	600690.SH	海尔智家	82.79	白色家电	冰洗
2	000541.SZ	佛山照明	82.34	照明设备Ⅱ	照明设备Ⅲ
3	000651.SZ	格力电器	79.68	白色家电	空调
4	000333.SZ	美的集团	78.98	白色家电	空调
5	600060.SH	海信视像	78.47	黑色家电	彩电
6	600619.SH	海立股份	78.10	家电零部件Ⅱ	家电零部件Ⅲ
7	603486.SH	科沃斯	76.53	小家电	清洁小家电
8	002050.SZ	三花智控	75.42	家电零部件Ⅱ	家电零部件Ⅲ
9	688696.SH	极米科技	75.05	黑色家电	彩电
10	600839.SH	四川长虹	73.77	黑色家电	彩电

数据来源：同花顺（iFinD），首经贸资产评估研究院和浙工商数字创新与管理研究院整理。

7.12.4　创新科技成果指数

2022年家用电器行业88家上市公司创新科技成果指数平均水平为69.98，高于全市场均值68.28。从指数分布来看，高于均值的有53家，占行业总数的60.23%。其中，最高的是海尔智家，创新科技成果指数为90.42。具体来看，创新科技成果指数区间在60以下的有1家，占比1.14%；60~70的有56家，占比63.63%；70~80的有27家，占比30.68%；80以上的有4家，占比4.55%，如图7-117所示。

从二级行业来看，按照创新科技成果指数排名由高到低包括：白色家电（74.91）、黑色家电

（72.13）、厨卫电器（69.84）、小家电（69.31）、家电零部件Ⅱ（69.03）、其他家电Ⅱ（68.49）、照明设备Ⅱ（67.58），如图7-118所示。

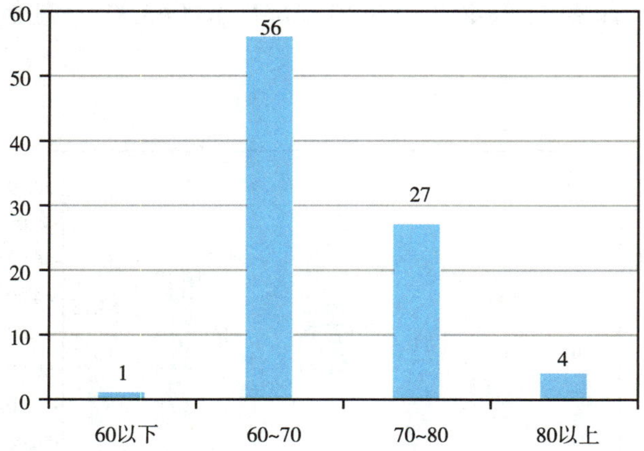

图7-117　2022年家用电器行业上市公司创新科技成果指数分布图（家）

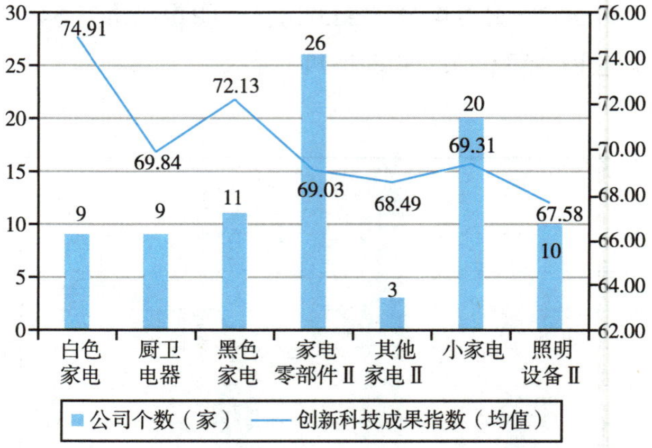

图7-118　2022年家用电器行业上市公司创新科技成果指数均值分布图

家用电器行业中，创新科技成果指数排名前10的上市公司，如表7-59所示。

表7-59　2022年家用电器行业上市公司创新科技成果指数前10排名

排名	公司代码	公司名称	创新科技成果指数	二级行业_申万	三级行业_申万
1	600690.SH	海尔智家	90.42	白色家电	冰洗
2	000333.SZ	美的集团	88.89	白色家电	空调
3	000651.SZ	格力电器	84.80	白色家电	空调
4	000016.SZ	深康佳A	80.24	黑色家电	彩电
5	600060.SH	海信视像	76.27	黑色家电	彩电
6	300272.SZ	开能健康	76.10	小家电	厨房小家电
7	000404.SZ	长虹华意	75.51	家电零部件Ⅱ	家电零部件Ⅲ
8	000921.SZ	海信家电	75.33	白色家电	空调
9	002959.SZ	小熊电器	75.28	小家电	厨房小家电
10	603486.SH	科沃斯	75.14	小家电	清洁小家电

数据来源：同花顺（iFinD），首经贸资产评估研究院和浙工商数字创新与管理研究院整理。

7.12.5　创新经济绩效指数

2022年家用电器行业88家上市公司创新经济绩效指数平均水平为62.34，高于全市场均值61.11。从指数分布来看，高于均值的有50家，占行业总数的56.82%。其中，最高的是海尔智家，创新经济绩效指数为83.56。具体来看，创新经济绩效指数区间在60以下的有38家，占比43.18%；60~70的有38家，占比43.18%；70~80的有11家，占比12.50%；80以上的有1家，占比1.14%，如图7-119所示。

从二级行业来看，按照创新经济绩效指数排名由高到低包括：白色家电（70.02）、小家电（62.88）、黑色家电（62.69）、厨卫电器（62.51）、照明设备Ⅱ（60.30）、家电零部件Ⅱ（60.21）、其他家电Ⅱ（59.13），如图7-120所示。

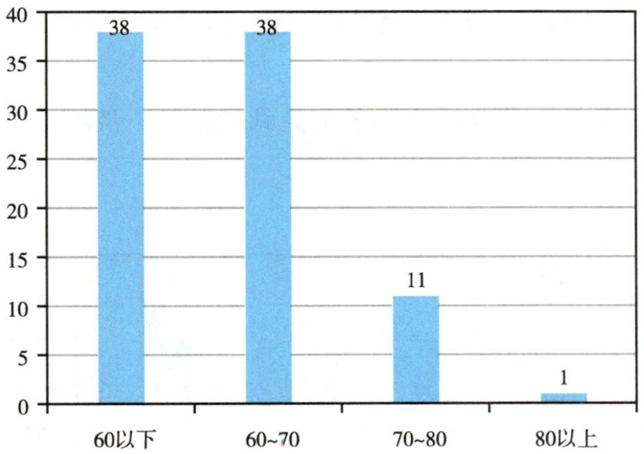

图7-119　2022年家用电器行业上市公司创新经济绩效指数分布图（家）

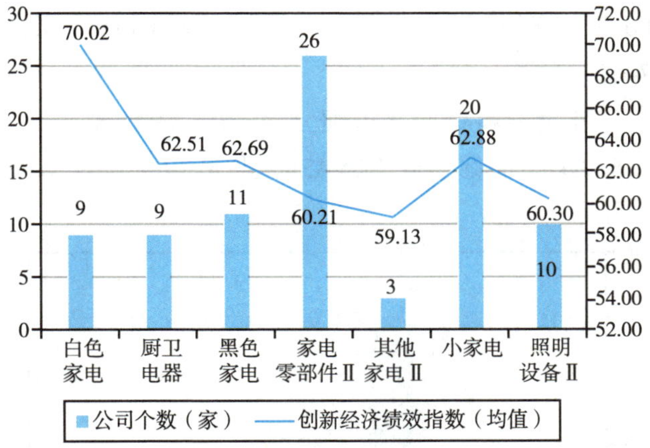

图7-120　2022年家用电器行业上市公司创新经济绩效指数均值分布图

家用电器行业中，创新经济绩效指数排名前10的上市公司，如表7-60所示。

表7-60　2022年家用电器行业上市公司创新经济绩效指数前10排名

排名	公司代码	公司名称	创新经济绩效指数	二级行业_申万	三级行业_申万
1	600690.SH	海尔智家	83.56	白色家电	冰洗
2	600839.SH	四川长虹	77.19	黑色家电	彩电
3	000651.SZ	格力电器	76.91	白色家电	空调
4	603486.SH	科沃斯	76.54	小家电	清洁小家电
5	000333.SZ	美的集团	75.31	白色家电	空调
6	000521.SZ	长虹美菱	74.45	白色家电	冰洗
7	002705.SZ	新宝股份	74.23	小家电	厨房小家电
8	000921.SZ	海信家电	74.10	白色家电	空调
9	600060.SH	海信视像	72.88	黑色家电	彩电
10	002050.SZ	三花智控	71.78	家电零部件Ⅱ	家电零部件Ⅲ

数据来源：同花顺（iFinD），首经贸资产评估研究院和浙工商数字创新与管理研究院整理。

7.13　建筑材料行业创新发展指数评价

截至2022年底，A股市场建筑材料行业共有上市公司76家，总市值共计9,744.60亿元，营业总收入7,957.33亿元，平均市值128.22亿元/家，平均营业收入104.70亿元/家。营业收入最高的上市公司为天山股份（1,325.81亿元），市值最大的上市公司为海螺水泥（1,412.04亿元）。行业内上市公司研发投入合计为177.07亿元，占营业收入的2.23%，无形资产账面价值合计为1,398.21亿元，占总资产的8.94%。根据本报告分析口径，本节共对建筑材料行业76家上市公司开展创新发展指数评价，具体情况如下：

7.13.1　创新发展综合指数

根据本报告评价，2022年建筑材料行业创新发展综合指数平均水平为65.48，高于全市场平均水平65.47。从指数分布来看，高于均值的有38家，占行业总数的50.00%。其中，最高的是中材科技，创新发展综合指数为80.56。具体来看，创新发展综合指数区间在60以下的有10家，占比13.16%；

60~70的有50家，占比65.78%；70~80的有15家，占比19.74%；80以上的有1家，占比1.32%，如图7-121所示。

建筑材料行业又可细分为3个二级行业，按照创新发展综合指数排名由高到低包括：玻璃玻纤（68.64）、装修建材（65.45）、水泥（63.62），如图7-122所示。

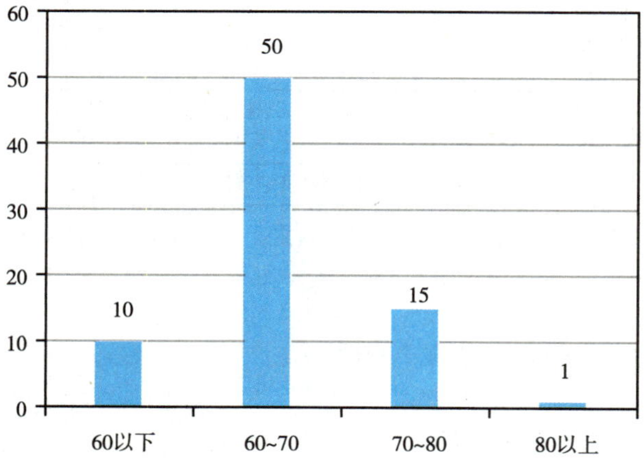

图7-121　2022年建筑材料行业上市公司创新发展综合指数分布图（家）

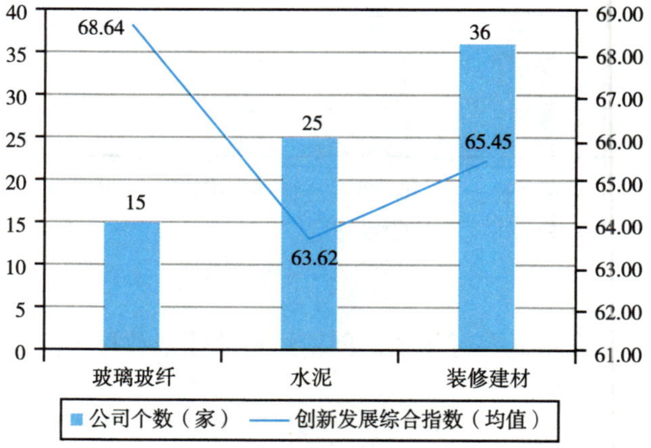

图7-122　2022年建筑材料行业上市公司创新发展综合指数均值分布图

建筑材料行业中，创新发展综合指数排名前10的上市公司，如表7-61所示。

表7-61　2022年建筑材料行业上市公司创新发展综合指数前10排名

排名	公司代码	公司名称	创新发展综合指数	二级行业_申万	三级行业_申万
1	002080.SZ	中材科技	80.56	玻璃玻纤	玻纤制造
2	000786.SZ	北新建材	77.29	装修建材	其他建材Ⅲ
3	002271.SZ	东方雨虹	76.94	装修建材	防水材料
4	000012.SZ	南玻A	76.39	玻璃玻纤	玻璃制造
5	600176.SH	中国巨石	75.69	玻璃玻纤	玻纤制造
6	000877.SZ	天山股份	73.32	水泥	水泥制造
7	600876.SH	凯盛新能	73.23	玻璃玻纤	玻璃制造
8	600585.SH	海螺水泥	72.33	水泥	水泥制造
9	688119.SH	中钢洛耐	72.16	装修建材	耐火材料
10	603737.SH	三棵树	71.02	装修建材	涂料

数据来源：同花顺（iFinD），首经贸资产评估研究院和浙工商数字创新与管理研究院整理。

7.13.2　创新资源支持指数

2022年建筑材料行业76家上市公司创新资源支持指数平均水平为68.21，高于全市场均值68.18。从指数分布来看，高于均值的有37家，占行业总数的48.68%。其中，最高的是中国巨石，创新资源支持指数为83.61。具体来看，创新资源支持指数区间在60以下的有9家，占比11.84%；60~70的有35家，占比46.05%；70~80的有27家，占比35.53%；80以上的有5家，占比6.58%，如图7-123所示。

从二级行业来看，按照创新资源支持指数排名由高到低包括：玻璃玻纤（71.64）、装修建材（68.95）、水泥（65.09），如图7-124所示。

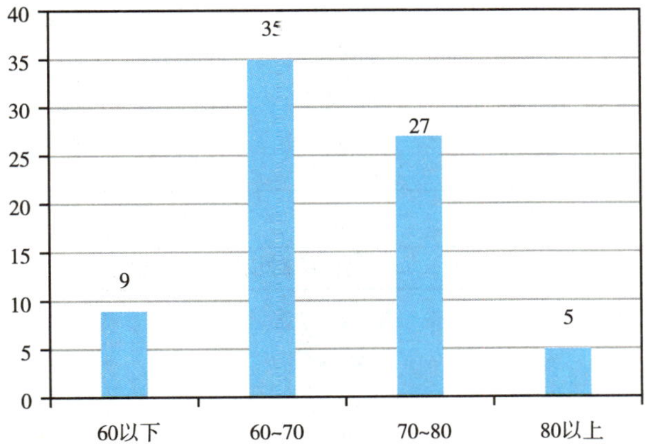

图7-123　2022年建筑材料行业上市公司创新资源支持指数分布图（家）

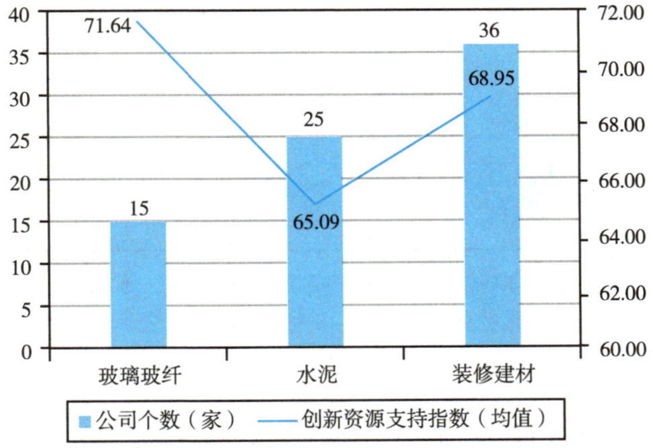

图7-124　2022年建筑材料行业上市公司创新资源支持指数均值分布图

建筑材料行业中，创新资源支持指数排名前10的上市公司，如表7-62所示。

表7-62　2022年建筑材料行业上市公司创新资源支持指数前10排名

排名	公司代码	公司名称	创新资源支持指数	二级行业_申万	三级行业_申万
1	600176.SH	中国巨石	83.61	玻璃玻纤	玻纤制造
2	002271.SZ	东方雨虹	81.83	装修建材	防水材料
3	600876.SH	凯盛新能	81.78	玻璃玻纤	玻璃制造
4	603378.SH	亚士创能	81.64	装修建材	涂料
5	603737.SH	三棵树	81.02	装修建材	涂料
6	000786.SZ	北新建材	78.86	装修建材	其他建材Ⅲ
7	603601.SH	再升科技	78.77	玻璃玻纤	玻纤制造
8	002080.SZ	中材科技	78.50	玻璃玻纤	玻纤制造
9	002066.SZ	瑞泰科技	78.36	装修建材	耐火材料
10	000401.SZ	冀东水泥	77.83	水泥	水泥制造

数据来源：同花顺（iFinD），首经贸资产评估研究院和浙工商数字创新与管理研究院整理。

7.13.3　创新要素投入指数

2022年建筑材料行业76家上市公司创新要素投入指数平均水平为64.17，低于全市场均值65.37。从指数分布来看，高于均值的有35家，占行业总数的46.05%。其中，最高的是中材科技，创新要素投入指数为80.97。具体来看，创新要素投入指数区间在60以下的有18家，占比23.68%；60~70的有42家，占比55.26%；70~80的有15家，占比19.74%；80以上的有1家，占比1.32%，如图7-125所示。

从二级行业来看，按照创新要素投入指数排名由高到低包括：玻璃玻纤（68.33）、装修建材（63.93）、水泥（62.02），如图7-126所示。

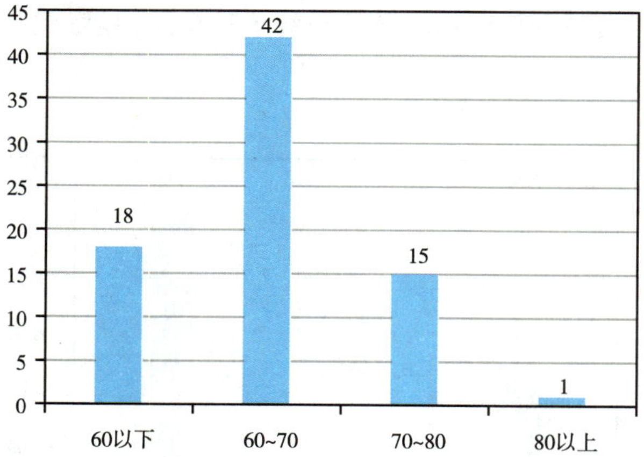

图7-125　2022年建筑材料行业上市公司创新要素投入指数分布图（家）

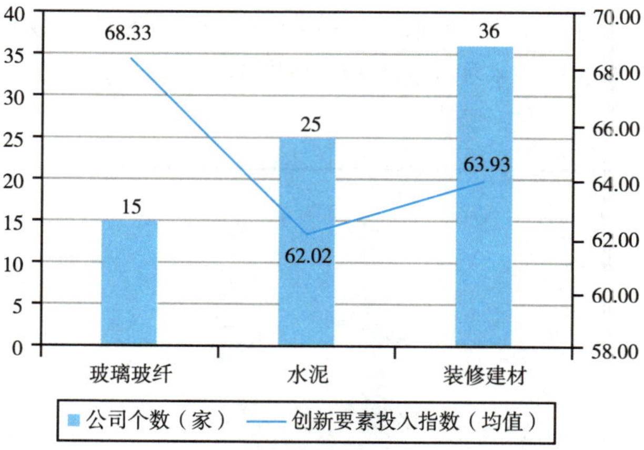

图7-126　2022年建筑材料行业上市公司创新要素投入指数均值分布图

建筑材料行业中，创新要素投入指数排名前10的上市公司，如表7-63所示。

表7-63　2022年建筑材料行业上市公司创新要素投入指数前10排名

排名	公司代码	公司名称	创新要素投入指数	二级行业_申万	三级行业_申万
1	002080.SZ	中材科技	80.97	玻璃玻纤	玻纤制造
2	002302.SZ	西部建设	76.53	水泥	水泥制品
3	000012.SZ	南玻A	74.64	玻璃玻纤	玻璃制造
4	600585.SH	海螺水泥	74.36	水泥	水泥制造
5	000786.SZ	北新建材	73.98	装修建材	其他建材Ⅲ
6	000877.SZ	天山股份	73.70	水泥	水泥制造
7	002398.SZ	垒知集团	73.59	装修建材	其他建材Ⅲ
8	002271.SZ	东方雨虹	73.35	装修建材	防水材料
9	688119.SH	中钢洛耐	73.26	装修建材	耐火材料
10	600176.SH	中国巨石	72.69	玻璃玻纤	玻纤制造

数据来源：同花顺（iFinD），首经贸资产评估研究院和浙工商数字创新与管理研究院整理。

7.13.4　创新科技成果指数

2022年建筑材料行业76家上市公司创新科技成果指数平均水平为69.28，高于全市场均值68.28。从指数分布来看，高于均值的有48家，占行业总数的63.16%。其中，最高的是北新建材，创新科技成果指数为81.52。具体来看，创新科技成果指数区间在60以下的有3家，占比3.95%；60~70的有44家，占比57.89%；70~80的有28家，占比36.84%；80以上的有1家，占比1.32%，如图7-127所示。

从二级行业来看，按照创新科技成果指数排名由高到低包括：玻璃玻纤（70.47）、装修建材（70.44）、水泥（66.89），如图7-128所示。

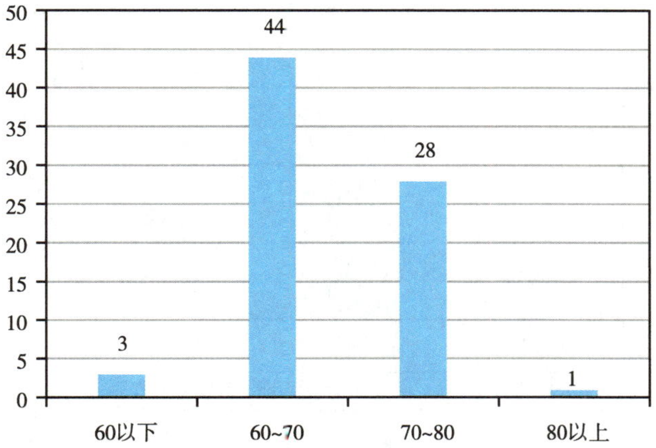

图7-127 2022年建筑材料行业上市公司创新科技成果指数分布图（家）

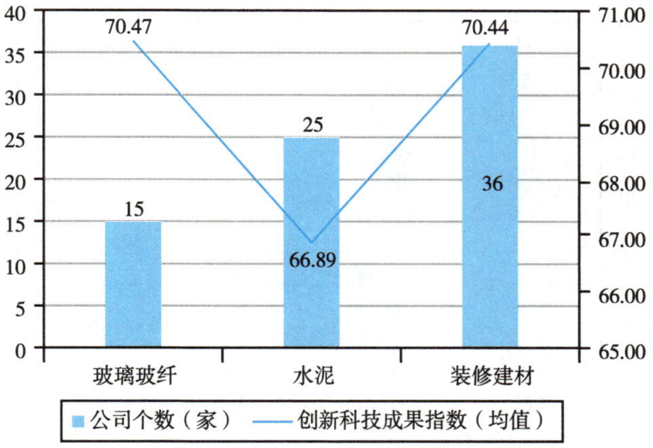

图7-128 2022年建筑材料行业上市公司创新科技成果指数均值分布图

建筑材料行业中，创新科技成果指数排名前10的上市公司，如表7-64所示。

表7-64 2022年建筑材料行业上市公司创新科技成果指数前10排名

排名	公司代码	公司名称	创新科技成果指数	二级行业_申万	三级行业_申万
1	000786.SZ	北新建材	81.52	装修建材	其他建材Ⅲ
2	002080.SZ	中材科技	79.49	玻璃玻纤	玻纤制造
3	601992.SH	金隅集团	79.17	水泥	水泥制造
4	002271.SZ	东方雨虹	77.63	装修建材	防水材料
5	000012.SZ	南玻A	77.41	玻璃玻纤	玻璃制造
6	000877.SZ	天山股份	77.29	水泥	水泥制造
7	600176.SH	中国巨石	75.90	玻璃玻纤	玻纤制造
8	002398.SZ	垒知集团	75.25	装修建材	其他建材Ⅲ
9	688119.SH	中钢洛耐	75.09	装修建材	耐火材料
10	000055.SZ	方大集团	74.19	装修建材	其他建材Ⅲ

数据来源：同花顺（iFinD），首经贸资产评估研究院和浙工商数字创新与管理研究院整理。

7.13.5 创新经济绩效指数

2022年建筑材料行业76家上市公司创新经济绩效指数平均水平为61.64，高于全市场均值61.11。从指数分布来看，高于均值的有42家，占行业总数的55.26%。其中，最高的是中材科技，创新经济绩效指数为82.52。具体来看，创新经济绩效指数区间在60以下的有34家，占比44.74%；60~70的有31家，占比40.78%；70~80的有8家，占比10.53%；80以上的有3家，占比3.95%，如图7-129所示。

从二级行业来看，按照创新经济绩效指数排名由高到低包括：玻璃玻纤（65.19）、水泥（61.53）、装修建材（60.25），如图7-130所示。

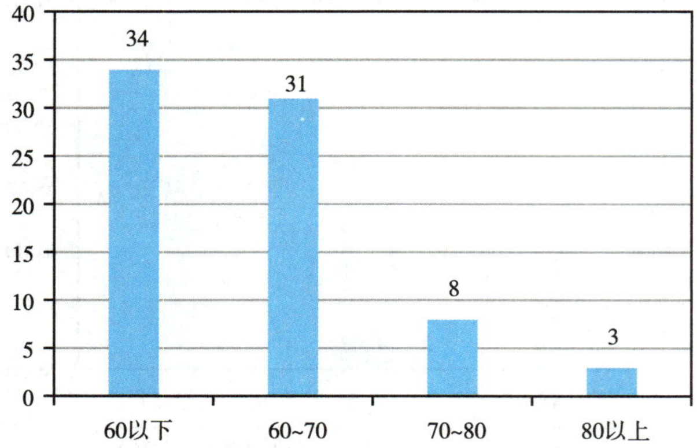

图7-129　2022年建筑材料行业上市公司创新经济绩效指数分布图（家）

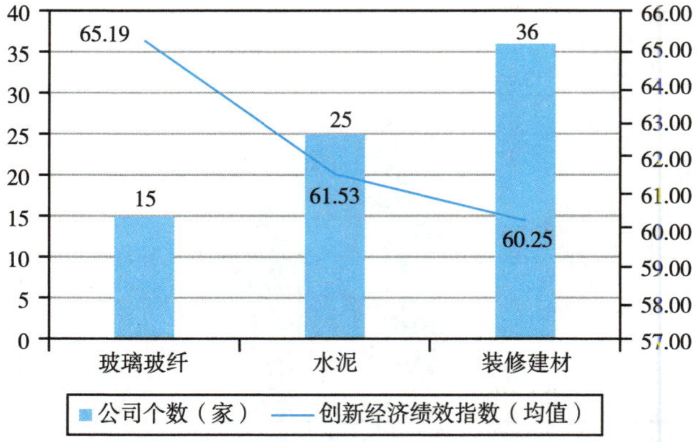

图7-130　2022年建筑材料行业上市公司创新经济绩效指数均值分布图

建筑材料行业中，创新经济绩效指数排名前10的上市公司，如表7-65所示。

表7-65　2022年建筑材料行业上市公司创新经济绩效指数前10排名

排名	公司代码	公司名称	创新经济绩效指数	二级行业_申万	三级行业_申万
1	002080.SZ	中材科技	82.52	玻璃玻纤	玻纤制造
2	600449.SH	宁夏建材	80.83	水泥	水泥制造
3	600876.SH	凯盛新能	80.65	玻璃玻纤	玻璃制造
4	000012.SZ	南玻A	77.05	玻璃玻纤	玻璃制造
5	002271.SZ	东方雨虹	77.02	装修建材	防水材料
6	000786.SZ	北新建材	76.29	装修建材	其他建材Ⅲ
7	600176.SH	中国巨石	73.26	玻璃玻纤	玻纤制造
8	002088.SZ	鲁阳节能	72.82	装修建材	耐火材料
9	000877.SZ	天山股份	71.19	水泥	水泥制造
10	603737.SH	三棵树	70.62	装修建材	涂料

数据来源：同花顺（iFinD），首经贸资产评估研究院和浙工商数字创新与管理研究院整理。

7.14　建筑装饰行业创新发展指数评价

截至2022年底，A股市场建筑装饰行业共有上市公司163家，总市值共计17,054.70亿元，营业总收入84,783.34亿元，平均市值104.63亿元/家，平均营业收入520.14亿元/家。营业收入最高的上市公司为中国建筑（20,550.52亿元），市值最大的上市公司也为中国建筑（2,277.04亿元）。行业内上市公司研发投入合计为2,267.52亿元，占营业收入的2.67%，无形资产账面价值合计为9,851.95亿元，占总资产的7.67%。根据本报告分析口径，本节共对建筑装饰行业163家上市公司开展创新发展指数评价，具体情况如下：

7.14.1　创新发展综合指数

根据本报告评价，2022年建筑装饰行业创新发展综合指数平均水平为63.68，低于全市场平均水平65.47。从指数分布来看，高于均值的有59家，占行业总数的36.20%。其中，最高的是中国中铁，创新发展综合指数为82.34。具体来看，创新发展综合指数区间在60以下的有52家，占比31.90%；

60~70的有85家，占比52.15%；70~80的有23家，占比14.11%；80以上的有3家，占比1.84%，如图7-131所示。

建筑装饰行业又可细分为5个二级行业，按照创新发展综合指数排名由高到低包括：房屋建设Ⅱ（68.61）、专业工程（65.43）、基础建设（64.03）、工程咨询服务Ⅱ（63.26）、装修装饰Ⅱ（59.11），如图7-132所示。

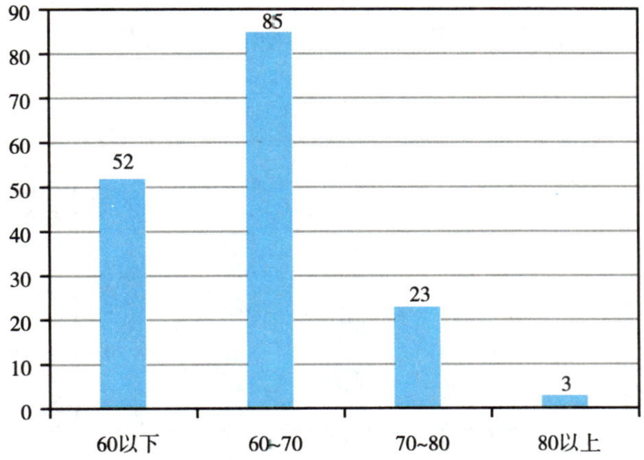

图7-131　2022年建筑装饰行业上市公司创新发展综合指数分布图（家）

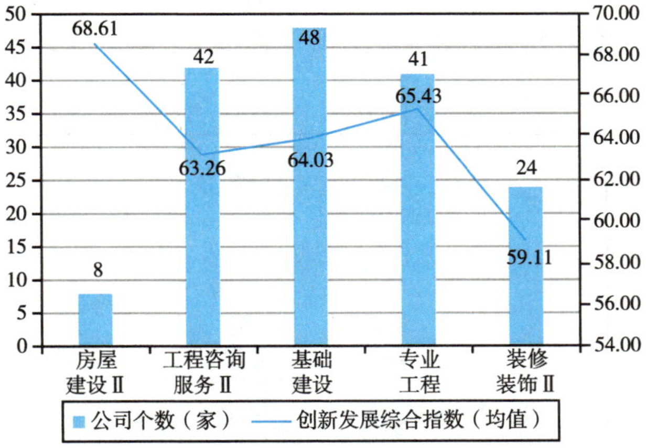

图7-132　2022年建筑装饰行业上市公司创新发展综合指数均值分布图

建筑装饰行业中，创新发展综合指数排名前10%的上市公司，如表7-66所示。

表7-66　2022年建筑装饰行业上市公司创新发展综合指数前10%排名

排名	公司代码	公司名称	创新发展综合指数	二级行业_申万	三级行业_申万
1	601390.SH	中国中铁	82.34	基础建设	基建市政工程
2	601618.SH	中国中冶	81.86	专业工程	其他专业工程
3	601117.SH	中国化学	80.77	专业工程	化学工程
4	601668.SH	中国建筑	79.71	房屋建设Ⅱ	房屋建设Ⅲ
5	601800.SH	中国交建	79.28	基础建设	基建市政工程
6	601669.SH	中国电建	78.01	基础建设	基建市政工程
7	600039.SH	四川路桥	76.26	基础建设	基建市政工程
8	600970.SH	中材国际	75.61	专业工程	国际工程
9	601186.SH	中国铁建	74.84	基础建设	基建市政工程
10	600820.SH	隧道股份	74.67	基础建设	基建市政工程
11	000032.SZ	深桑达A	74.40	专业工程	其他专业工程
12	600477.SH	杭萧钢构	74.20	专业工程	钢结构
13	601868.SH	中国能建	73.75	基础建设	基建市政工程
14	600629.SH	华建集团	72.78	工程咨询服务Ⅱ	工程咨询服务Ⅲ
15	600502.SH	安徽建工	72.74	基础建设	基建市政工程
16	601611.SH	中国核建	72.68	基础建设	基建市政工程

数据来源：同花顺（iFinD），首经贸资产评估研究院和浙工商数字创新与管理研究院整理。

7.14.2 创新资源支持指数

2022年建筑装饰行业163家上市公司创新资源支持指数平均水平为63.92，低于全市场均值68.18。从指数分布来看，高于均值的有48家，占行业总数的29.45%。其中，最高的是蒙草生态，创新资源支持指数为83.25。具体来看，创新资源支持指数区间在60以下的有55家，占比33.74%；60~70的有73家，占比44.79%；70~80的有32家，占比19.63%；80以上的有3家，占比1.84%，如图7-133所示。

从二级行业来看，按照创新资源支持指数排名由高到低包括：房屋建设Ⅱ（66.07）、专业工程（65.03）、工程咨询服务Ⅱ（65.02）、基础建设（63.77）、装修装饰Ⅱ（59.70），如图7-134所示。

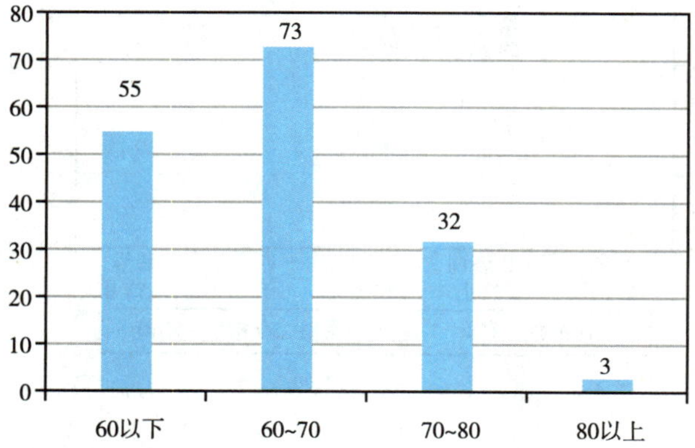

图7-133 2022年建筑装饰行业上市公司创新资源支持指数分布图（家）

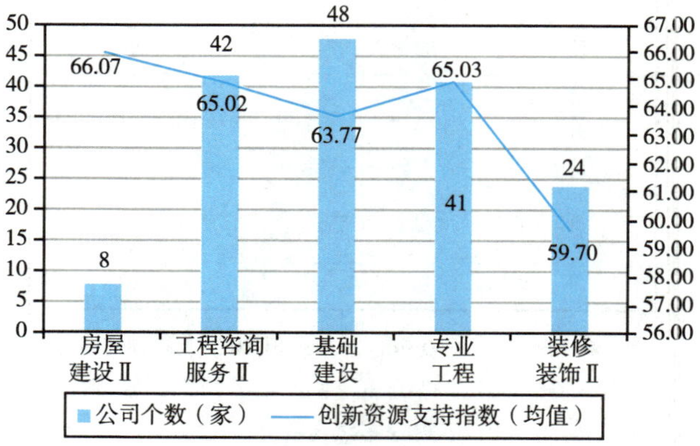

图7-134 2022年建筑装饰行业上市公司创新资源支持指数均值分布图

建筑装饰行业中，创新资源支持指数排名前10%的上市公司，如表7-67所示。

表7-67 2022年建筑装饰行业上市公司创新资源支持指数前10%排名

排名	公司代码	公司名称	创新资源支持指数	二级行业_申万	三级行业_申万
1	300355.SZ	蒙草生态	83.25	基础建设	园林工程
2	301091.SZ	深城交	82.03	工程咨询服务Ⅱ	工程咨询服务Ⅲ
3	601669.SH	中国电建	80.45	基础建设	基建市政工程
4	601117.SH	中国化学	79.65	专业工程	化学工程
5	600477.SH	杭萧钢构	79.50	专业工程	钢结构
6	601668.SH	中国建筑	78.86	房屋建设Ⅱ	房屋建设Ⅲ
7	600496.SH	精工钢构	78.27	专业工程	钢结构
8	601390.SH	中国中铁	78.24	基础建设	基建市政工程
9	600970.SH	中材国际	77.80	专业工程	国际工程
10	600039.SH	四川路桥	77.33	基础建设	基建市政工程
11	601611.SH	中国核建	77.32	基础建设	基建市政工程
12	601618.SH	中国中冶	77.10	专业工程	其他专业工程
13	300675.SZ	建科院	76.87	工程咨询服务Ⅱ	工程咨询服务Ⅲ
14	600820.SH	隧道股份	76.49	基础建设	基建市政工程
15	002541.SZ	鸿路钢构	75.68	专业工程	钢结构
16	600629.SH	华建集团	75.50	工程咨询服务Ⅱ	工程咨询服务Ⅲ

数据来源：同花顺（iFinD），首经贸资产评估研究院和浙工商数字创新与管理研究院整理。

7.14.3　创新要素投入指数

2022年建筑装饰行业163家上市公司创新要素投入指数平均水平为64.38，低于全市场均值65.37。从指数分布来看，高于均值的有70家，占行业总数的42.94%。其中，最高的是中国中冶，创新要素投入指数为84.24。具体来看，创新要素投入指数区间在60以下的有47家，占比28.83%；60~70的有74家，占比45.40%；70~80的有37家，占比22.70%；80以上的有5家，占比3.07%，如图7-135所示。

从二级行业来看，按照创新要素投入指数排名由高到低包括：房屋建设Ⅱ（70.18）、专业工程（65.69）、工程咨询服务Ⅱ（65.56）、基础建设（64.56）、装修装饰Ⅱ（57.76），如图7-136所示。

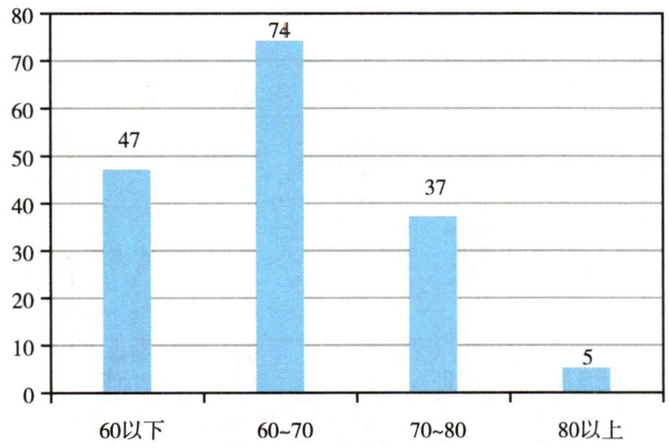

图7-135　2022年建筑装饰行业上市公司创新要素投入指数分布图（家）

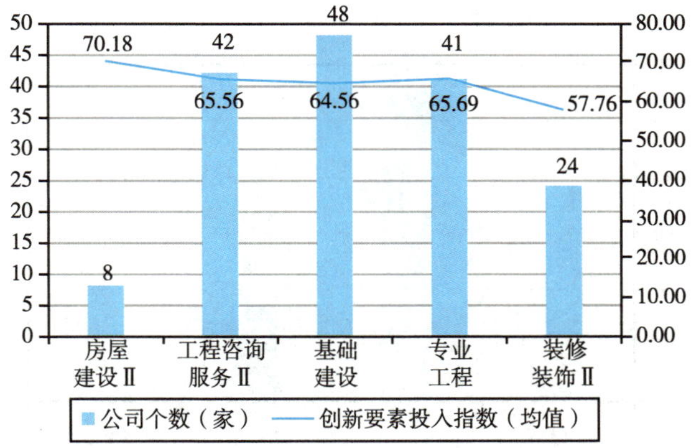

图7-136　2022年建筑装饰行业上市公司创新要素投入指数均值分布图

建筑装饰行业中，创新要素投入指数排名前10%的上市公司，如表7-68所示。

表7-68　2022年建筑装饰行业上市公司创新要素投入指数前10%排名

排名	公司代码	公司名称	创新要素投入指数	二级行业_申万	三级行业_申万
1	601618.SH	中国中冶	84.24	专业工程	其他专业工程
2	601800.SH	中国交建	82.68	基础建设	基建市政工程
3	601390.SH	中国中铁	82.10	基础建设	基建市政工程
4	601117.SH	中国化学	80.98	专业工程	化学工程
5	000032.SZ	深桑达A	80.52	专业工程	其他专业工程
6	002051.SZ	中工国际	79.55	专业工程	国际工程
7	601669.SH	中国电建	79.23	基础建设	基建市政工程
8	300284.SZ	苏交科	79.18	工程咨询服务Ⅱ	工程咨询服务Ⅲ
9	601668.SH	中国建筑	79.04	房屋建设Ⅱ	房屋建设Ⅲ
10	600039.SH	四川路桥	78.44	基础建设	基建市政工程
11	600820.SH	隧道股份	78.36	基础建设	基建市政工程
12	601868.SH	中国能建	78.35	基础建设	基建市政工程
13	601226.SH	华电重工	77.75	专业工程	其他专业工程
14	600477.SH	杭萧钢构	77.74	专业工程	钢结构
15	600629.SH	华建集团	77.25	工程咨询服务Ⅱ	工程咨询服务Ⅲ
16	601186.SH	中国铁建	76.54	基础建设	基建市政工程

数据来源：同花顺（iFinD），首经贸资产评估研究院和浙工商数字创新与管理研究院整理。

7.14.4 创新科技成果指数

2022年建筑装饰行业163家上市公司创新科技成果指数平均水平为67.51，低于全市场均值68.28。从指数分布来看，高于均值的有61家，占行业总数的37.42%。其中，最高的是中国建筑，创新科技成果指数为87.16。具体来看，创新科技成果指数区间在60以下的有6家，占比3.68%；60~70的有113家，占比69.33%；70~80的有38家，占比23.31%；80以上的有6家，占比3.68%，如图7-137所示。

从二级行业来看，按照创新科技成果指数排名由高到低包括：房屋建设Ⅱ（72.43）、专业工程（68.72）、基础建设（67.78）、工程咨询服务Ⅱ（66.49）、装修装饰Ⅱ（65.02），如图7-138所示。

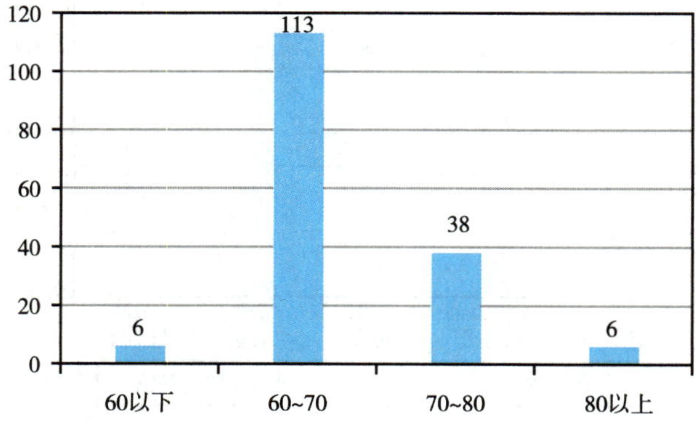

图7-137　2022年建筑装饰行业上市公司创新科技成果指数分布图（家）

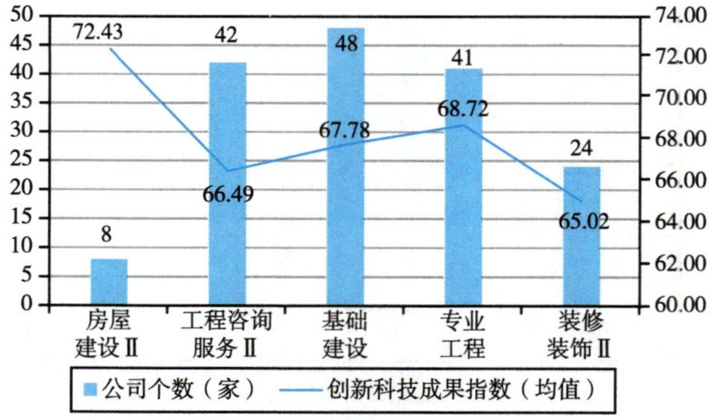

图7-138　2022年建筑装饰行业上市公司创新科技成果指数均值分布图

建筑装饰行业中，创新科技成果指数排名前10%的上市公司，如表7-69所示。

表7-69　2022年建筑装饰行业上市公司创新科技成果指数前10%排名

排名	公司代码	公司名称	创新科技成果指数	二级行业_申万	三级行业_申万
1	601668.SH	中国建筑	87.16	房屋建设Ⅱ	房屋建设Ⅲ
2	601618.SH	中国中冶	86.46	专业工程	其他专业工程
3	601390.SH	中国中铁	83.13	基础建设	基建市政工程
4	601117.SH	中国化学	82.75	专业工程	化学工程
5	601800.SH	中国交建	81.53	基础建设	基建市政工程
6	601669.SH	中国电建	81.16	基础建设	基建市政工程
7	601186.SH	中国铁建	79.44	基础建设	基建市政工程
8	600170.SH	上海建工	79.14	房屋建设Ⅱ	房屋建设Ⅲ
9	601226.SH	华电重工	75.95	专业工程	其他专业工程
10	300384.SZ	三联虹普	75.53	专业工程	化学工程
11	600970.SH	中材国际	75.51	专业工程	国际工程
12	000032.SZ	深桑达A	75.39	专业工程	其他专业工程
13	600039.SH	四川路桥	74.59	基础建设	基建市政工程
14	600248.SH	陕建股份	74.51	房屋建设Ⅱ	房屋建设Ⅲ
15	600820.SH	隧道股份	74.45	基础建设	基建市政工程
16	603458.SH	勘设股份	74.30	工程咨询服务Ⅱ	工程咨询服务Ⅲ

数据来源：同花顺（iFinD），首经贸资产评估研究院和浙工商数字创新与管理研究院整理。

7.14.5 创新经济绩效指数

2022年建筑装饰行业163家上市公司创新经济绩效指数平均水平为59.27，低于全市场均值61.11。从指数分布来看，高于均值的有71家，占行业总数的43.56%。其中，最高的是中国中铁，创新经济绩效指数为84.93。具体来看，创新经济绩效指数区间在60以下的有92家，占比56.45%；60~70的有55家，占比33.74%；70~80的有15家，占比9.20%；80以上的有1家，占比0.61%，如图7-139所示。

从二级行业来看，按照创新经济绩效指数排名由高到低包括：房屋建设Ⅱ（65.18）、专业工程（62.46）、基础建设（60.25）、工程咨询服务Ⅱ（56.34）、装修装饰Ⅱ（55.01），如图7-140所示。

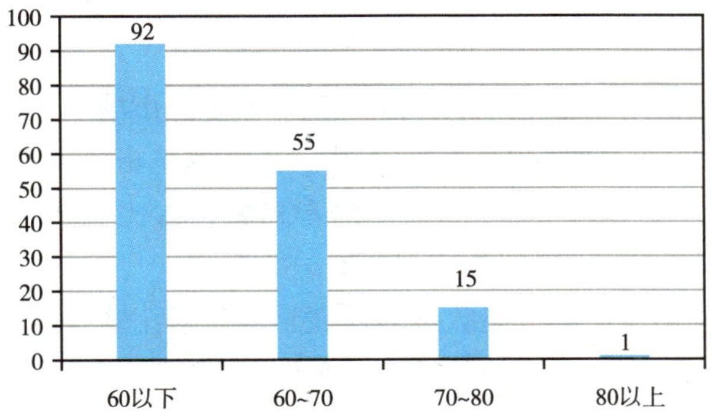

图7-139　2022年建筑装饰行业上市公司创新经济绩效指数分布图（家）

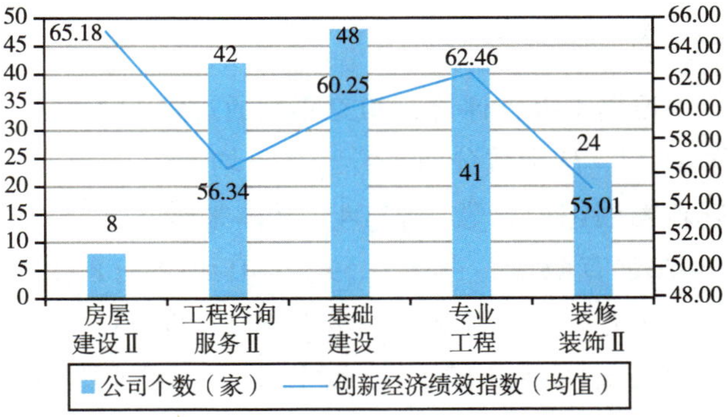

图7-140　2022年建筑装饰行业上市公司创新经济绩效指数均值分布图

建筑装饰行业中，创新经济绩效指数排名前10%的上市公司，如表7-70所示。

表7-70　2022年建筑装饰行业上市公司创新经济绩效指数前10%排名

排名	公司代码	公司名称	创新经济绩效指数	二级行业_申万	三级行业_申万
1	601390.SH	中国中铁	84.93	基础建设	基建市政工程
2	601117.SH	中国化学	79.56	专业工程	化学工程
3	601618.SH	中国中冶	78.39	专业工程	其他专业工程
4	601800.SH	中国交建	76.64	基础建设	基建市政工程
5	600970.SH	中材国际	74.58	专业工程	国际工程
6	601668.SH	中国建筑	74.47	房屋建设Ⅱ	房屋建设Ⅲ
7	600039.SH	四川路桥	74.37	基础建设	基建市政工程
8	601186.SH	中国铁建	72.35	基础建设	基建市政工程
9	601669.SH	中国电建	71.96	基础建设	基建市政工程
10	000498.SZ	山东路桥	71.52	基础建设	基建市政工程
11	000065.SZ	北方国际	71.49	专业工程	国际工程
12	603979.SH	金诚信	71.34	专业工程	其他专业工程
13	600502.SH	安徽建工	71.23	基础建设	基建市政工程
14	002541.SZ	鸿路钢构	70.77	专业工程	钢结构
15	601611.SH	中国核建	70.15	基础建设	基建市政工程
16	601868.SH	中国能建	70.13	基础建设	基建市政工程

数据来源：同花顺（iFinD），首经贸资产评估研究院和浙江工商数字创新与管理研究院整理。

7.15 交通运输行业创新发展指数评价

截至2022年底，A股市场交通运输行业共有上市公司126家，总市值共计30,247.90亿元，营业总收入49,172.61亿元，平均市值240.06亿元/家，平均营业收入390.26亿元/家。营业收入最高的上市公司为建发股份（8,328.12亿元），市值最大的上市公司为顺丰控股（2,827.47亿元）。行业内上市公司研发投入合计为126.12亿元，占营业收入的0.26%，无形资产账面价值合计为5,838.20亿元，占总资产的9.47%。根据本报告分析口径，本节共对交通运输行业126家上市公司开展创新发展指数评价，具体情况如下：

7.15.1 创新发展综合指数

根据本报告评价，2022年交通运输行业创新发展综合指数平均水平为61.36，低于全市场平均水平65.47。从指数分布来看，高于均值的有29家，占行业总数的23.02%。其中，最高的是招商公路，创新发展综合指数为77.04。具体来看，创新发展综合指数区间在60以下的有53家，占比42.06%；60~70的有65家，占比51.59%；70~80的有8家，占比6.35%，如图7-141所示。

交通运输行业又可细分为4个二级行业，按照创新发展综合指数排名由高到低包括：航运港口（62.12）、物流（62.11）、航空机场（61.84）、铁路公路（59.42），如图7-142所示。

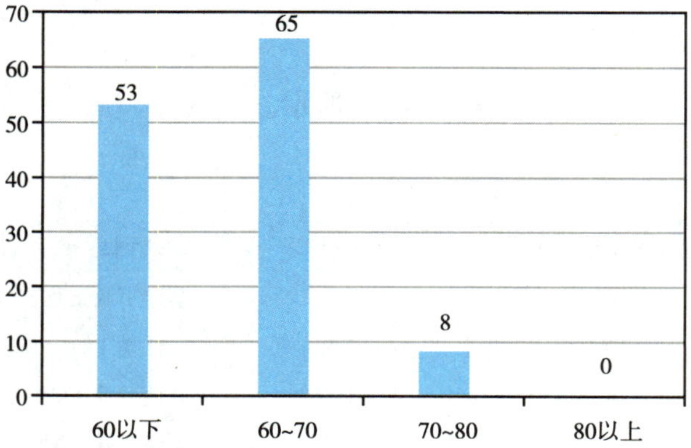

图7-141　2022年交通运输行业上市公司创新发展综合指数分布图（家）

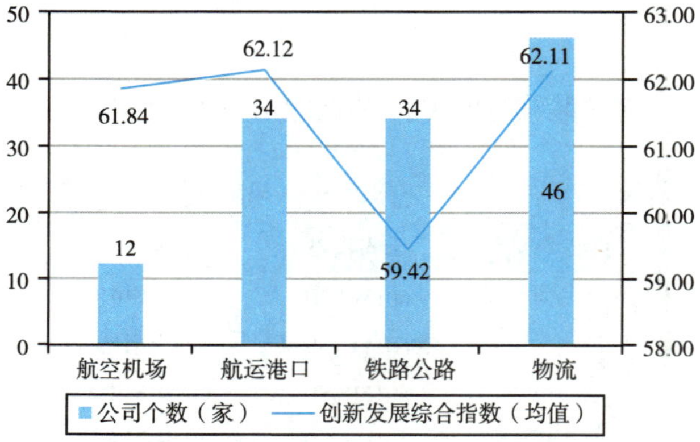

图7-142　2022年交通运输行业上市公司创新发展综合指数均值分布图

交通运输行业中，创新发展综合指数排名前10%的上市公司，如表7-71所示。

表7-71　2022年交通运输行业上市公司创新发展综合指数前10%排名

排名	公司代码	公司名称	创新发展综合指数	二级行业_申万	三级行业_申万
1	001965.SZ	招商公路	77.04	铁路公路	高速公路
2	002352.SZ	顺丰控股	76.44	物流	快递
3	601919.SH	中远海控	73.85	航运港口	航运
4	600704.SH	物产中大	72.02	物流	原材料供应链服务
5	600233.SH	圆通速递	71.05	物流	快递
6	600018.SH	上港集团	70.66	航运港口	港口
7	600350.SH	山东高速	70.45	铁路公路	高速公路
8	002120.SZ	韵达股份	70.16	物流	快递

续表

排名	公司代码	公司名称	创新发展综合指数	二级行业_申万	三级行业_申万
9	600029.SH	南方航空	69.56	航空机场	航空运输
10	002010.SZ	传化智联	69.45	物流	公路货运
11	601298.SH	青岛港	69.27	航运港口	港口
12	600153.SH	建发股份	68.50	物流	原材料供应链服务

数据来源：同花顺（iFinD），首经贸资产评估研究院和浙工商数字创新与管理研究院整理。

7.15.2　创新资源支持指数

2022年交通运输行业126家上市公司创新资源支持指数平均水平为65.88，低于全市场均值68.18。从指数分布来看，高于均值的有49家，占行业总数的38.89%。其中，最高的是招商公路，创新资源支持指数为80.59。具体来看，创新资源支持指数区间在60以下的有28家，占比22.22%；60~70的有60家，占比47.62%；70~80的有36家，占比28.57%；80以上的有2家，占比1.59%，如图7-143所示。

从二级行业来看，按照创新资源支持指数排名由高到低包括：航运港口（67.71）、航空机场（67.29）、物流（66.04）、铁路公路（63.32），如图7-144所示。

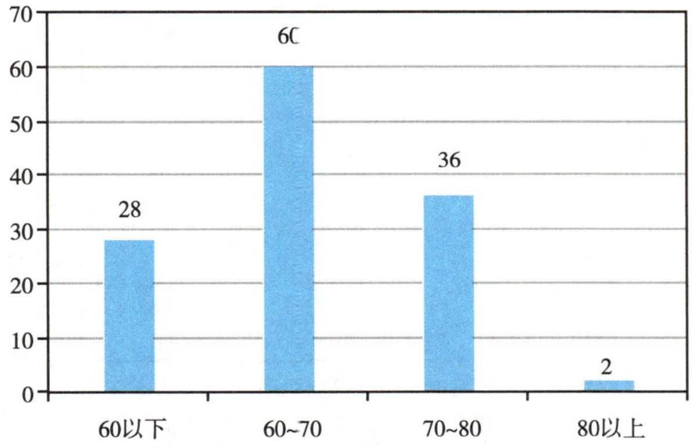

图7-143　2022年交通运输行业上市公司创新资源支持指数分布图（家）

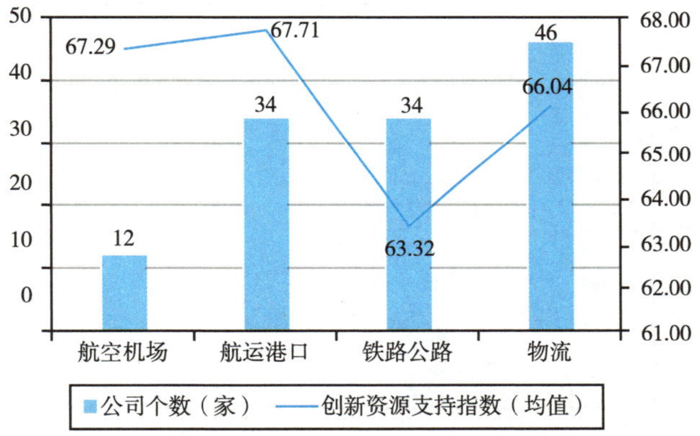

图7-144　2022年交通运输行业上市公司创新资源支持指数均值分布图

交通运输行业中，创新资源支持指数排名前10%的上市公司，如表7-72所示。

表7-72　2022年交通运输行业上市公司创新资源支持指数前10%排名

排名	公司代码	公司名称	创新资源支持指数	二级行业_申万	三级行业_申万
1	001965.SZ	招商公路	80.59	铁路公路	高速公路
2	600755.SH	厦门国贸	80.38	物流	原材料供应链服务
3	600018.SH	上港集团	79.07	航运港口	港口
4	000099.SZ	中信海直	78.86	航空机场	航空运输
5	000088.SZ	盐田港	78.29	航运港口	港口
6	600704.SH	物产中大	76.04	物流	原材料供应链服务
7	600233.SH	圆通速递	76.03	物流	快递
8	002120.SZ	韵达股份	75.87	物流	快递
9	000582.SZ	北部湾港	75.51	航运港口	港口

续表

排名	公司代码	公司名称	创新资源支持指数	二级行业_申万	三级行业_申万
10	300240.SZ	飞力达	75.27	物流	中间产品及消费品供应链服务
11	601326.SH	秦港股份	75.09	航运港口	港口
12	600548.SH	深高速	74.95	铁路公路	高速公路

数据来源：同花顺（iFinD），首经贸资产评估研究院和浙工商数字创新与管理研究院整理。

7.15.3 创新要素投入指数

2022年交通运输行业126家上市公司创新要素投入指数平均水平为56.52，低于全市场均值65.37。从指数分布来看，高于均值的有22家，占行业总数的17.46%。其中，最高的是招商公路，创新要素投入指数为78.37。具体来看，创新要素投入指数区间在60以下的有83家，占比65.87%；60~70的有37家，占比29.37%；70~80的有6家，占比4.76%，如图7-145所示。

从二级行业来看，按照创新要素投入指数排名由高到低包括：航空机场（57.89）、物流（57.77）、航运港口（56.73）、铁路公路（54.13），如图7-146所示。

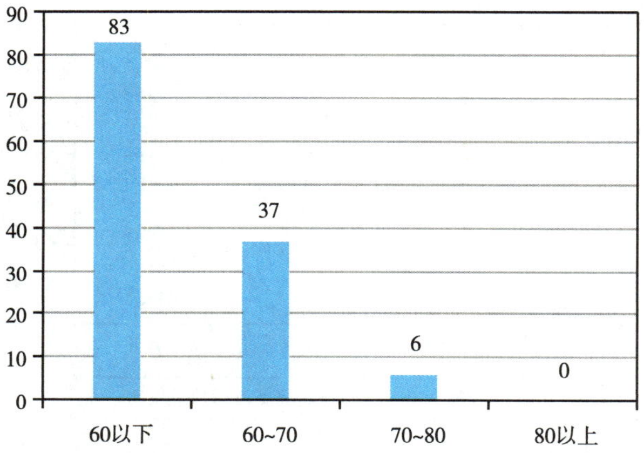

图7-145　2022年交通运输行业上市公司创新要素投入指数分布图（家）

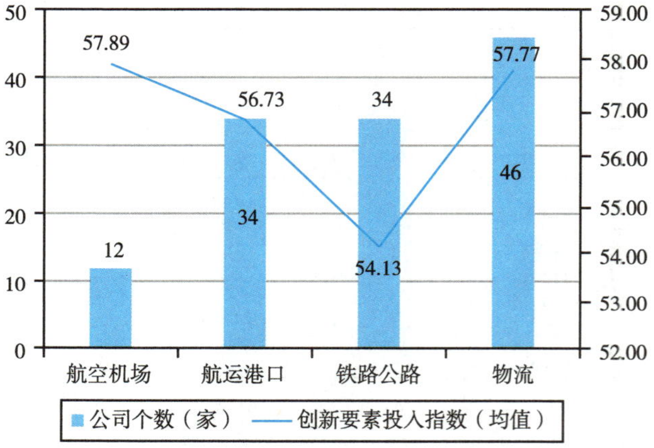

图7-146　2022年交通运输行业上市公司创新要素投入指数均值分布图

交通运输行业中，创新要素投入指数排名前10%的上市公司，如表7-73所示。

表7-73　2022年交通运输行业上市公司创新要素投入指数前10%排名

排名	公司代码	公司名称	创新要素投入指数	二级行业_申万	三级行业_申万
1	001965.SZ	招商公路	78.37	铁路公路	高速公路
2	002352.SZ	顺丰控股	74.69	物流	快递
3	600029.SH	南方航空	74.34	航空机场	航空运输
4	601919.SH	中远海控	74.00	航运港口	航运
5	600704.SH	物产中大	71.74	物流	原材料供应链服务
6	601111.SH	中国国航	70.39	航空机场	航空运输
7	600428.SH	中远海特	68.83	航运港口	航运
8	600018.SH	上港集团	68.79	航运港口	港口

续表

排名	公司代码	公司名称	创新要素投入指数	二级行业_申万	三级行业_申万
9	002010.SZ	传化智联	68.33	物流	公路货运
10	600350.SH	山东高速	68.25	铁路公路	高速公路
11	601326.SH	秦港股份	68.25	航运港口	港口
12	300350.SZ	华鹏飞	68.08	物流	中间产品及消费品供应链服务

数据来源：同花顺（iFinD），首经贸资产评估研究院和浙工商数字创新与管理研究院整理。

7.15.4　创新科技成果指数

2022年交通运输行业126家上市公司创新科技成果指数平均水平为63.85，低于全市场均值68.28。从指数分布来看，高于均值的有23家，占行业总数的18.25%。其中，最高的是招商公路，创新科技成果指数为79.02。具体来看，创新科技成果指数区间在60以下的有25家，占比19.84%；60~70的有90家，占比71.43%；70~80的有11家，占比8.73%，如图7-147所示。

从二级行业来看，按照创新科技成果指数排名由高到低包括：航空机场（65.73）、物流（64.18）、铁路公路（63.33）、航运港口（63.26），如图7-148所示。

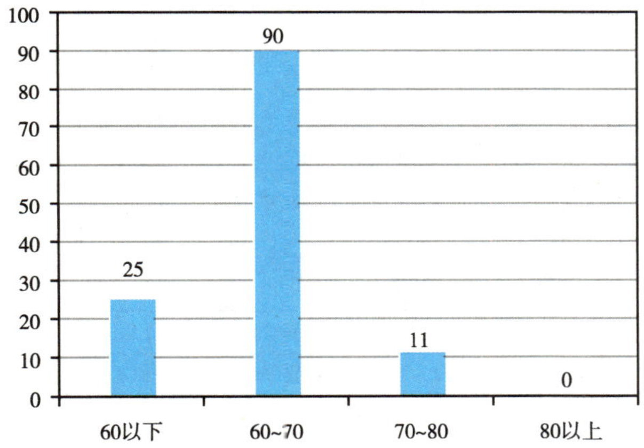

图7-147　2022年交通运输行业上市公司创新科技成果指数分布图（家）

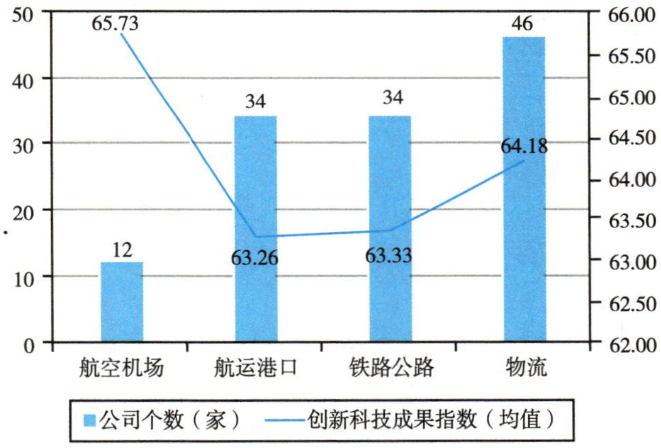

图7-148　2022年交通运输行业上市公司创新科技成果指数均值分布图

交通运输行业中，创新科技成果指数排名前10%的上市公司，如表7-74所示。

表7-74　2022年交通运输行业上市公司创新科技成果指数前10%排名

排名	公司代码	公司名称	创新科技成果指数	二级行业_申万	三级行业_申万
1	001965.SZ	招商公路	79.02	铁路公路	高速公路
2	002352.SZ	顺丰控股	77.99	物流	快递
3	601919.SH	中远海控	73.50	航运港口	航运
4	002010.SZ	传化智联	72.91	物流	公路货运
5	600115.SH	中国东航	71.75	航空机场	航空运输
6	600704.SH	物产中大	70.96	物流	原材料供应链服务
7	601598.SH	中国外运	70.67	物流	跨境物流
8	601021.SH	春秋航空	70.65	航空机场	航空运输

续表

排名	公司代码	公司名称	创新科技成果指数	二级行业_申万	三级行业_申万
9	601156.SH	东航物流	70.59	物流	跨境物流
10	600125.SH	铁龙物流	70.32	铁路公路	铁路运输
11	300240.SZ	飞力达	70.12	物流	中间产品及消费品供应链服务
12	601816.SH	京沪高铁	70.00	铁路公路	铁路运输

数据来源：同花顺（iFinD），首经贸资产评估研究院和浙工商数字创新与管理研究院整理。

7.15.5 创新经济绩效指数

2022年交通运输行业126家上市公司创新经济绩效指数平均水平为61.60，高于全市场均值61.11。从指数分布来看，高于均值的有71家，占行业总数的56.35%。其中，最高的是顺丰控股，创新经济绩效指数为79.57。具体来看，创新经济绩效指数区间在60以下的有55家，占比43.65%；60~70的有50家，占比39.68%；70~80的有21家，占比16.67%，如图7-149所示。

从二级行业来看，按照创新经济绩效指数排名由高到低包括：航运港口（63.42）、物流（62.57）、铁路公路（59.35）、航空机场（59.08），如图7-150所示。

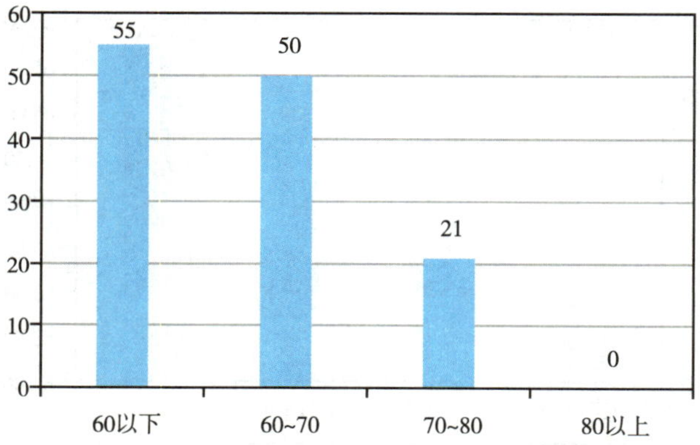

图7-149 2022年交通运输行业上市公司创新经济绩效指数分布图（家）

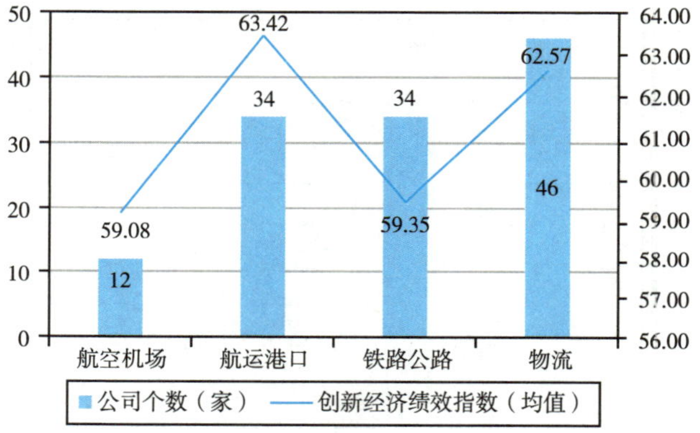

图7-150 2022年交通运输行业上市公司创新经济绩效指数均值分布图

交通运输行业中，创新经济绩效指数排名前10%的上市公司，如表7-75所示。

表7-75 2022年交通运输行业上市公司创新经济绩效指数前10%排名

排名	公司代码	公司名称	创新经济绩效指数	二级行业_申万	三级行业_申万
1	002352.SZ	顺丰控股	79.57	物流	快递
2	603128.SH	华贸物流	75.51	物流	跨境物流
3	600233.SH	圆通速递	75.14	物流	快递
4	600057.SH	厦门象屿	75.07	物流	原材料供应链服务
5	600153.SH	建发股份	74.55	物流	原材料供应链服务
6	601919.SH	中远海控	74.25	航运港口	航运
7	600035.SH	楚天高速	73.95	铁路公路	高速公路
8	600018.SH	上港集团	72.69	航运港口	港口

续表

排名	公司代码	公司名称	创新经济绩效指数	二级行业_申万	三级行业_申万
9	002468.SZ	申通快递	72.42	物流	快递
10	603713.SH	密尔克卫	72.36	物流	仓储物流
11	600026.SH	中远海能	72.22	航运港口	航运
12	002120.SZ	韵达股份	72.11	物流	快递

数据来源：同花顺（iFinD），首经贸资产评估研究院和浙工商数字创新与管理研究院整理。

7.16 煤炭行业创新发展指数评价

截至2022年底，A股市场煤炭行业共有上市公司38家，总市值共计14,917.4亿元，营业总收入16,722.77亿元，平均市值392.56亿元/家，平均营业收入440.07亿元/家。营业收入最高的上市公司为中国神华（3,445.33亿元），市值最大的上市公司也为中国神华（5,235.16亿元）。行业内上市公司研发投入合计为231.47亿元，占营业收入的1.38%，无形资产账面价值合计为3,681.04亿元，占总资产的14.06%。根据本报告分析口径，本节共对煤炭行业38家上市公司开展创新发展指数评价，具体情况如下：

7.16.1 创新发展综合指数

根据本报告评价，2022年煤炭行业创新发展综合指数平均水平为65.05，低于全市场平均水平65.47。从指数分布来看，高于均值的有19家，占行业总数的50.00%。其中，最高的是中国神华，创新发展综合指数为77.93。具体来看，创新发展综合指数区间在60以下的有7家，占比18.42%；60~70的有25家，占比65.79%；70~80的有6家，占比15.79%，如图7-151所示。

煤炭行业又可细分为2个二级行业，按照创新发展综合指数排名由高到低包括：煤炭开采（65.67）、焦炭Ⅱ（63.05），如图7-152所示。

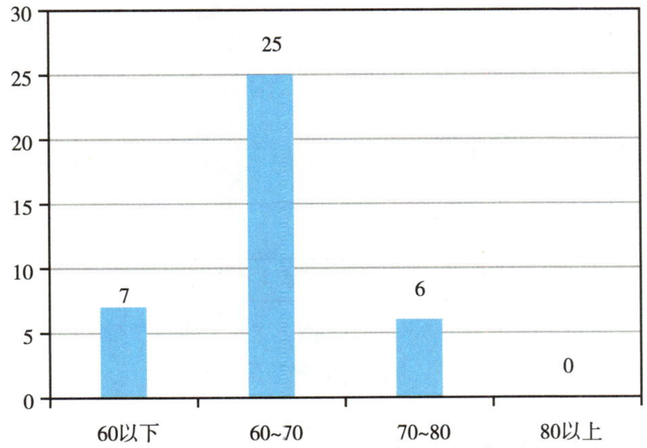

图7-151 2022年煤炭行业上市公司创新发展综合指数分布图（家）

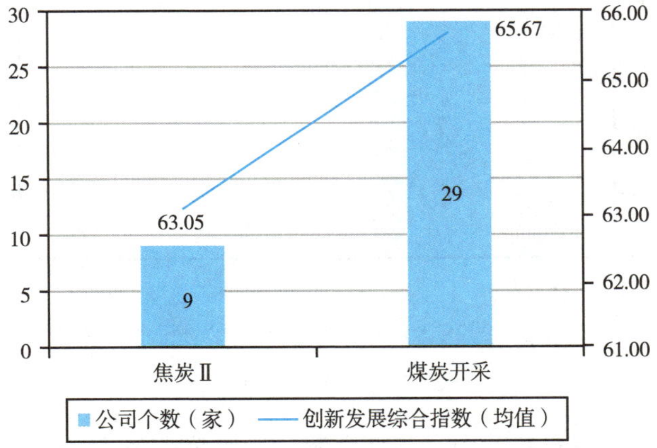

图7-152 2022年煤炭行业上市公司创新发展综合指数均值分布图

煤炭行业中，创新发展综合指数排名前10的上市公司，如表7-76所示。

表 7-76　　2022 年煤炭行业上市公司创新发展综合指数前 10 排名

排名	公司代码	公司名称	创新发展综合指数	二级行业_申万	三级行业_申万
1	601088.SH	中国神华	77.93	煤炭开采	动力煤
2	601225.SH	陕西煤业	75.71	煤炭开采	动力煤
3	601898.SH	中煤能源	74.16	煤炭开采	动力煤
4	600985.SH	淮北矿业	71.97	煤炭开采	焦煤
5	601699.SH	潞安环能	70.46	煤炭开采	焦煤
6	000983.SZ	山西焦煤	70.16	煤炭开采	焦煤
7	603113.SH	金能科技	69.86	焦炭Ⅱ	焦炭Ⅲ
8	600188.SH	兖矿能源	69.63	煤炭开采	动力煤
9	600997.SH	开滦股份	68.62	焦炭Ⅱ	焦炭Ⅲ
10	600403.SH	大有能源	68.52	煤炭开采	动力煤

数据来源：同花顺（iFinD），首经贸资产评估研究院和浙江工商数字创新与管理研究院整理。

7.16.2　创新资源支持指数

2022年煤炭行业38家上市公司创新资源支持指数平均水平为64.53，低于全市场均值68.18。从指数分布来看，高于均值的有14家，占行业总数的36.84%。其中，最高的是中煤能源，创新资源支持指数为73.06。具体来看，创新资源支持指数区间在60以下的有8家，占比21.05%；60~70的有24家，占比63.16%；70~80的有6家，占比15.79%，如图7-153所示。

从二级行业来看，按照创新资源支持指数排名由高到低包括：煤炭开采（64.58）、焦炭Ⅱ（64.36），如图7-154所示。

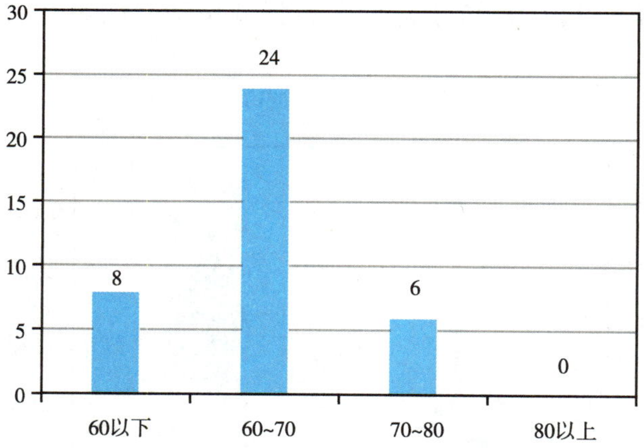

图7-153　2022年煤炭行业上市公司创新资源支持指数分布图（家）

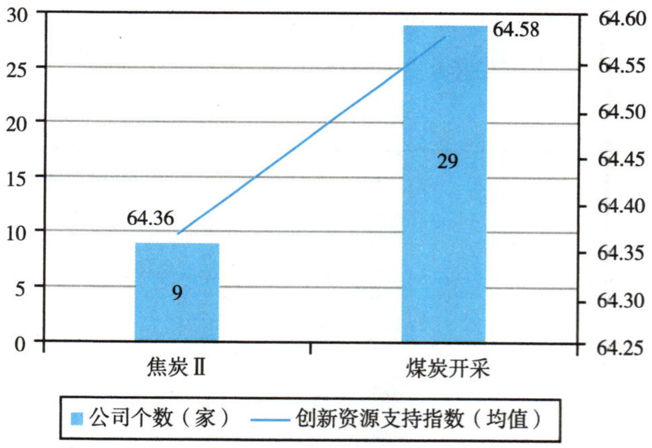

图7-154　2022年煤炭行业上市公司创新资源支持指数均值分布图

煤炭行业中，创新资源支持指数排名前10的上市公司，如表7-77所示。

表 7-77　　2022 年煤炭行业上市公司创新资源支持指数前 10 排名

排名	公司代码	公司名称	创新资源支持指数	二级行业_申万	三级行业_申万
1	601898.SH	中煤能源	73.06	煤炭开采	动力煤
2	601225.SH	陕西煤业	72.95	煤炭开采	动力煤

续表

排名	公司代码	公司名称	创新资源支持指数	二级行业_申万	三级行业_申万
3	600985.SH	淮北矿业	72.61	煤炭开采	焦煤
4	603113.SH	金能科技	72.35	焦炭Ⅱ	焦炭Ⅲ
5	601088.SH	中国神华	71.78	煤炭开采	动力煤
6	600395.SH	盘江股份	70.05	煤炭开采	焦煤
7	600403.SH	大有能源	69.87	煤炭开采	动力煤
8	601699.SH	潞安环能	69.81	煤炭开采	焦煤
9	603071.SH	物产环能	69.66	煤炭开采	动力煤
10	000723.SZ	美锦能源	69.52	焦炭Ⅱ	焦炭Ⅲ

数据来源：同花顺（iFinD），首经贸资产评估研究院和浙工商数字创新与管理研究院整理。

7.16.3 创新要素投入指数

2022年煤炭行业38家上市公司创新要素投入指数平均水平为62.64，低于全市场均值65.37。从指数分布来看，高于均值的有17家，占行业总数的44.74%。其中，最高的是中国神华，创新要素投入指数为78.31。具体来看，创新要素投入指数区间在60以下的有12家，占比31.58%；60~70的有18家，占比47.37%；70~80的有8家，占比21.05%，如图7-155所示。

从二级行业来看，按照创新要素投入指数排名由高到低包括：煤炭开采（63.56）、焦炭Ⅱ（59.67），如图7-156所示。

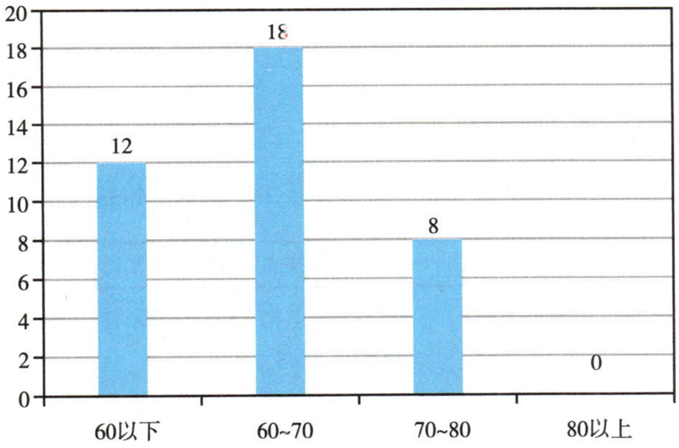

图7-155　2022年煤炭行业上市公司创新要素投入指数分布图（家）

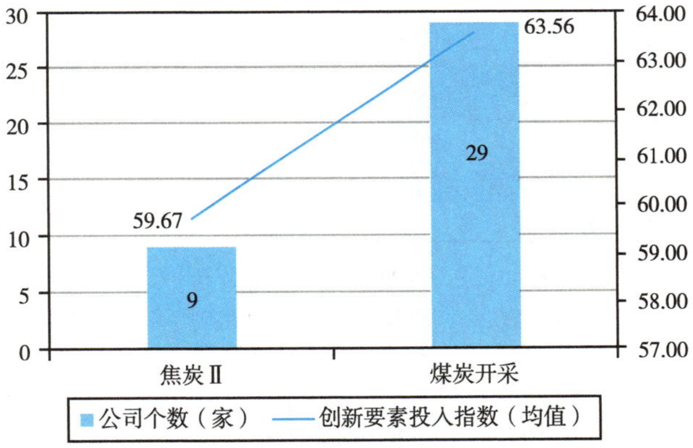

图7-156　2022年煤炭行业上市公司创新要素投入指数均值分布图

煤炭行业中，创新要素投入指数排名前10的上市公司，如表7-78所示。

表7-78　2022年煤炭行业上市公司创新要素投入指数前10排名

排名	公司代码	公司名称	创新要素投入指数	二级行业_申万	三级行业_申万
1	601088.SH	中国神华	78.31	煤炭开采	动力煤
2	601225.SH	陕西煤业	74.36	煤炭开采	动力煤
3	601898.SH	中煤能源	73.79	煤炭开采	动力煤
4	600985.SH	淮北矿业	72.47	煤炭开采	焦煤

续表

排名	公司代码	公司名称	创新要素投入指数	二级行业_申万	三级行业_申万
5	000552.SZ	甘肃能化	72.39	煤炭开采	动力煤
6	000983.SZ	山西焦煤	72.19	煤炭开采	焦煤
7	601699.SH	潞安环能	71.48	煤炭开采	焦煤
8	603113.SH	金能科技	70.87	焦炭Ⅱ	焦炭Ⅲ
9	000937.SZ	冀中能源	68.62	煤炭开采	焦煤
10	600188.SH	兖矿能源	68.42	煤炭开采	动力煤

数据来源：同花顺（iFinD），首经贸资产评估研究院和浙工商数字创新与管理研究院整理。

7.16.4 创新科技成果指数

2022年煤炭行业38家上市公司创新科技成果指数平均水平为66.00，低于全市场均值68.28。从指数分布来看，高于均值的有8家，占行业总数的21.05%。其中，最高的是中国神华，创新科技成果指数为80.69。具体来看，创新科技成果指数区间在60以下的有4家，占比10.53%；60~70的有27家，占比71.05%；70~80的有6家，占比15.79%；80以上的有1家，占比2.63%，如图7-157所示。

从二级行业来看，按照创新科技成果指数排名由高到低包括：煤炭开采（66.23）、焦炭Ⅱ（65.26），如图7-158所示。

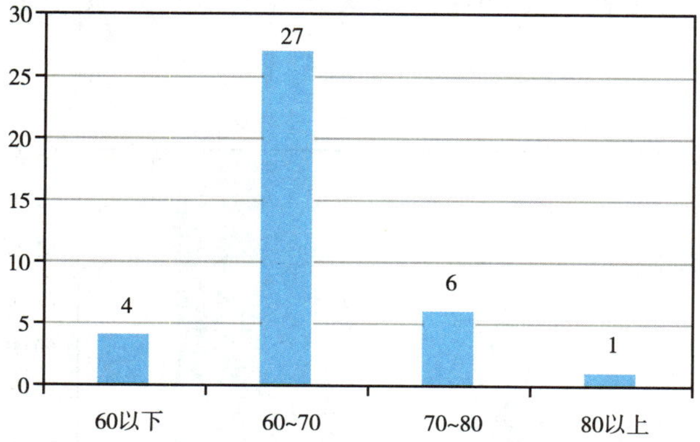

图7-157　2022年煤炭行业上市公司创新科技成果指数分布图（家）

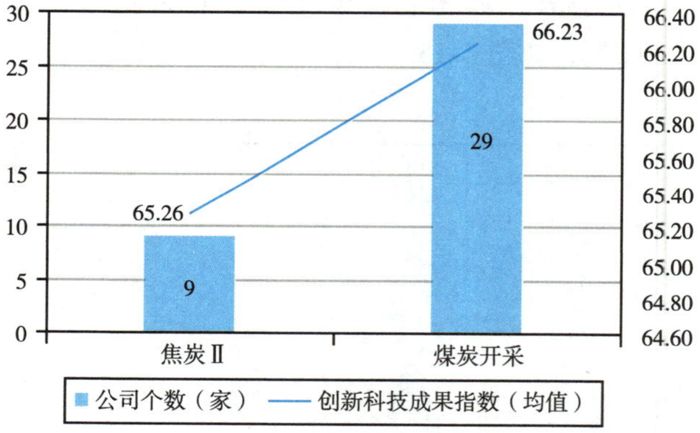

图7-158　2022年煤炭行业上市公司创新科技成果指数均值分布图

煤炭行业中，创新科技成果指数排名前10的上市公司，如表7-79所示。

表7-79　2022年煤炭行业上市公司创新科技成果指数前10排名

排名	公司代码	公司名称	创新科技成果指数	二级行业_申万	三级行业_申万
1	601088.SH	中国神华	80.69	煤炭开采	动力煤
2	601225.SH	陕西煤业	74.49	煤炭开采	动力煤
3	600985.SH	淮北矿业	74.24	煤炭开采	焦煤
4	600997.SH	开滦股份	71.92	焦炭Ⅱ	焦炭Ⅲ
5	600403.SH	大有能源	71.37	煤炭开采	动力煤
6	601898.SH	中煤能源	70.22	煤炭开采	动力煤
7	601011.SH	宝泰隆	70.10	焦炭Ⅱ	焦炭Ⅲ
8	600188.SH	兖矿能源	69.84	煤炭开采	动力煤

续表

排名	公司代码	公司名称	创新科技成果指数	二级行业_申万	三级行业_申万
9	002128.SZ	电投能源	67.97	煤炭开采	动力煤
10	600740.SH	山西焦化	67.68	焦炭Ⅱ	焦炭Ⅲ

数据来源：同花顺（iFinD），首经贸资产评估研究院和浙工商数字创新与管理研究院整理。

7.16.5　创新经济绩效指数

2022年煤炭行业38家上市公司创新经济绩效指数平均水平为67.46，高于全市场均值61.11。从指数分布来看，高于均值的有31家，占行业总数的81.58%。其中，最高的是平煤股份，创新经济绩效指数为80.54。具体来看，创新经济绩效指数区间在60以下的有7家，占比18.42%；60~70的有18家，占比47.37%；70~80的有11家，占比28.95%；80以上的有2家，占比5.26%，如图7-159所示。

从二级行业来看，按照创新经济绩效指数排名由高到低包括：煤炭开采（68.50）、焦炭Ⅱ（64.12），如图7-160所示。

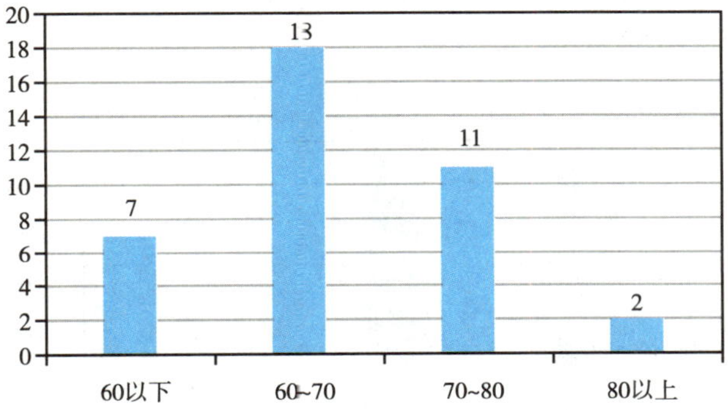

图7-159　2022年煤炭行业上市公司创新经济绩效指数分布图（家）

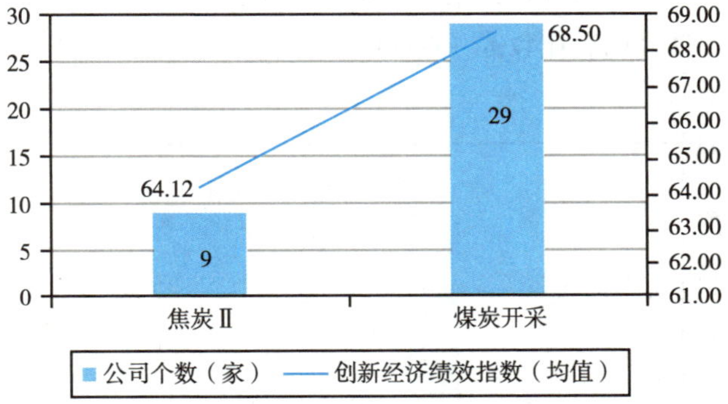

图7-160　2022年煤炭行业上市公司创新经济绩效指数均值分布图

煤炭行业中，创新经济绩效指数排名前10的上市公司，如表7-80所示。

表7-80　2022年煤炭行业上市公司创新经济绩效指数前10排名

排名	公司代码	公司名称	创新经济绩效指数	二级行业_申万	三级行业_申万
1	601666.SH	平煤股份	80.54	煤炭开采	焦煤
2	601225.SH	陕西煤业	80.41	煤炭开采	动力煤
3	601088.SH	中国神华	79.52	煤炭开采	动力煤
4	601898.SH	中煤能源	78.91	煤炭开采	动力煤
5	600188.SH	兖矿能源	76.69	煤炭开采	动力煤
6	000723.SZ	美锦能源	75.80	焦炭Ⅱ	焦炭Ⅲ
7	600395.SH	盘江股份	72.77	煤炭开采	焦煤
8	601699.SH	潞安环能	72.51	煤炭开采	焦煤
9	603113.SH	金能科技	71.70	焦炭Ⅱ	焦炭Ⅲ
10	000983.SZ	山西焦煤	71.07	煤炭开采	焦煤

数据来源：同花顺（iFinD），首经贸资产评估研究院和浙工商数字创新与管理研究院整理。

7.17 美容护理行业创新发展指数评价

截至2022年底，A股市场美容护理行业共有上市公司29家，总市值共计4,734.02亿元，营业总收入829.79亿元，平均市值163.24亿元/家，平均营业收入28.61亿元/家。营业收入最高的上市公司为稳健医疗（113.51亿元），市值最大的上市公司为爱美客（1,225.35亿元）。行业内上市公司研发投入合计为30.69亿元，占营业收入的3.70%，无形资产账面价值合计为61.70亿元，占总资产的4.71%。根据本报告分析口径，本节共对美容护理行业29家上市公司开展创新发展指数评价，具体情况如下：

7.17.1 创新发展综合指数

根据本报告评价，2022年美容护理行业创新发展综合指数平均水平为65.49，高于全市场平均水平65.47。从指数分布来看，高于均值的有10家，占行业总数的34.48%。其中，最高的是爱美客，创新发展综合指数为76.43。具体来看，创新发展综合指数区间在60以下的有3家，占比10.34%；60~70的有20家，占比68.97%；70~80的有6家，占比20.69%，如图7–161所示。

美容护理行业又可细分为3个二级行业，按照创新发展综合指数排名由高到低包括：医疗美容（70.48）、化妆品（65.60）、个护用品（64.23），如图7–162所示。

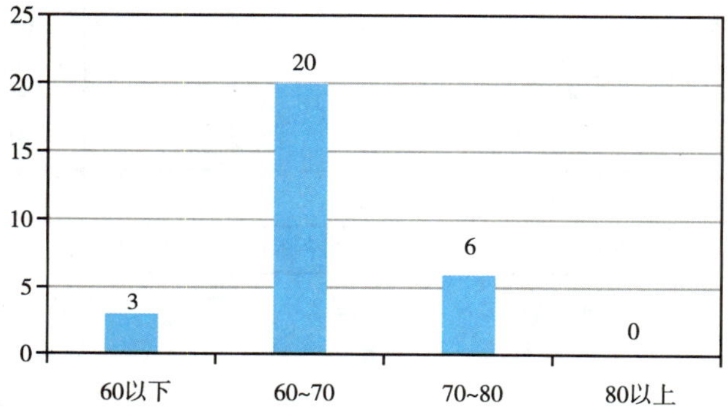

图7–161 2022年美容护理行业上市公司创新发展综合指数分布图（家）

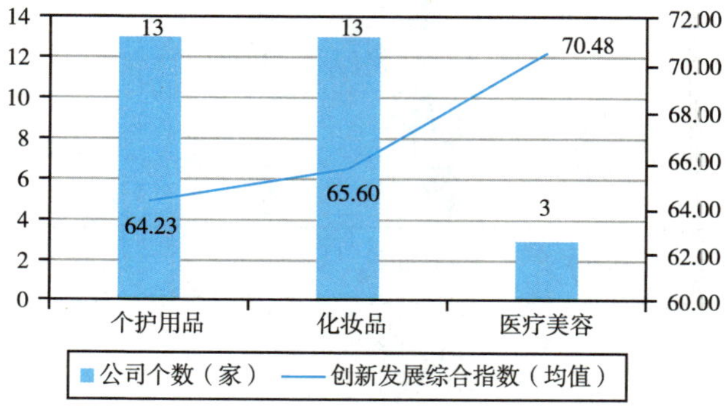

图7–162 2022年美容护理行业上市公司创新发展综合指数均值分布图

美容护理行业中，创新发展综合指数排名前10的上市公司，如表7–81所示。

表7–81 2022年美容护理行业上市公司创新发展综合指数前10排名

排名	公司代码	公司名称	创新发展综合指数	二级行业_申万	三级行业_申万
1	300896.SZ	爱美客	76.43	医疗美容	医美耗材
2	688363.SH	华熙生物	74.67	医疗美容	医美耗材
3	300957.SZ	贝泰妮	73.30	化妆品	品牌化妆品
4	300888.SZ	稳健医疗	72.52	个护用品	生活用纸
5	002243.SZ	力合科创	72.49	化妆品	化妆品制造及其他
6	603605.SH	珀莱雅	70.60	化妆品	品牌化妆品
7	300856.SZ	科思股份	69.82	化妆品	化妆品制造及其他
8	600315.SH	上海家化	68.68	化妆品	品牌化妆品
9	605009.SH	豪悦护理	65.96	个护用品	生活用纸
10	300740.SZ	水羊股份	65.95	化妆品	品牌化妆品

数据来源：同花顺（iFinD），首经贸资产评估研究院和浙工商数字创新与管理研究院整理。

7.17.2　创新资源支持指数

2022年美容护理行业29家上市公司创新资源支持指数平均水平为67.17，低于全市场均值68.18。从指数分布来看，高于均值的有11家，占行业总数的37.93%。其中，最高的是华熙生物，创新资源支持指数为77.08。具体来看，创新资源支持指数区间在60以下的有3家，占比10.34%；60~70的有17家，占比58.63%；70~80的有9家，占比31.03%，如图7-163所示。

从二级行业来看，按照创新资源支持指数排名由高到低包括：医疗美容（72.37）、个护用品（67.57）、化妆品（65.58），如图7-164所示。

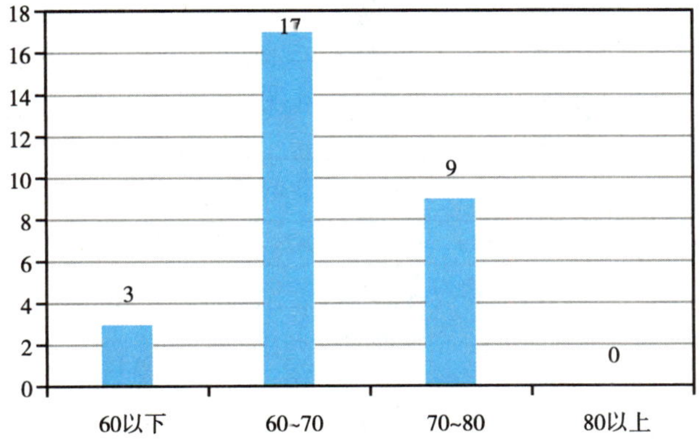

图7-163　2022年美容护理行业上市公司创新资源支持指数分布图（家）

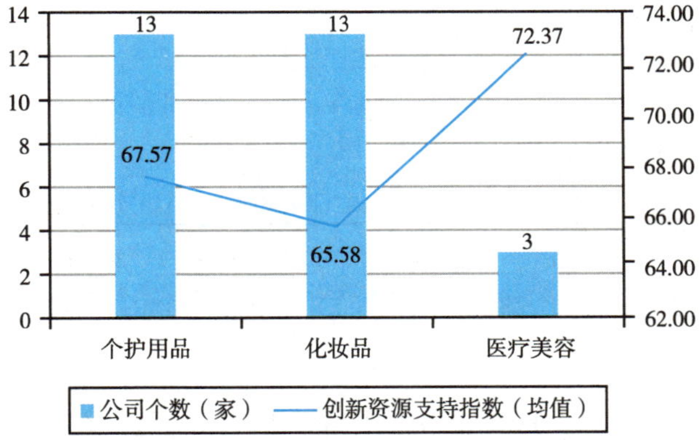

图7-164　2022年美容护理行业上市公司创新资源支持指数均值分布图

美容护理行业中，创新资源支持指数排名前10的上市公司，如表7-82所示。

表7-82　2022年美容护理行业上市公司创新资源支持指数前10排名

排名	公司代码	公司名称	创新资源支持指数	二级行业_申万	三级行业_申万
1	688363.SH	华熙生物	77.08	医疗美容	医美耗材
2	600315.SH	上海家化	76.41	化妆品	品牌化妆品
3	002243.SZ	力合科创	74.73	化妆品	化妆品制造及其他
4	603059.SH	倍加洁	73.64	个护用品	洗护用品
5	605009.SH	豪悦护理	73.60	个护用品	生活用纸
6	603238.SH	诺邦股份	73.12	个护用品	生活用纸
7	300896.SZ	爱美客	72.06	医疗美容	医美耗材
8	300888.SZ	稳健医疗	71.97	个护用品	生活用纸
9	301108.SZ	洁雅股份	71.90	个护用品	生活用纸
10	002511.SZ	中顺洁柔	69.72	个护用品	生活用纸

数据来源：同花顺（iFinD），首经贸资产评估研究院和浙工商数字创新与管理研究院整理。

7.17.3　创新要素投入指数

2022年美容护理行业29家上市公司创新要素投入指数平均水平为64.98，低于全市场均值65.37。从指数分布来看，高于均值的有11家，占行业总数的37.93%。其中，最高的是爱美客，创新要素投入指数为78.88。具体来看，创新要素投入指数区间在60以下的有4家，占比13.79%；60~70的有19家，占比65.52%；70~80的有6家，占比20.69%，如图7–165所示。

从二级行业来看，按照创新要素投入指数排名由高到低包括：医疗美容（71.54）、化妆品（65.34）、个护用品（63.11），如图7–166所示。

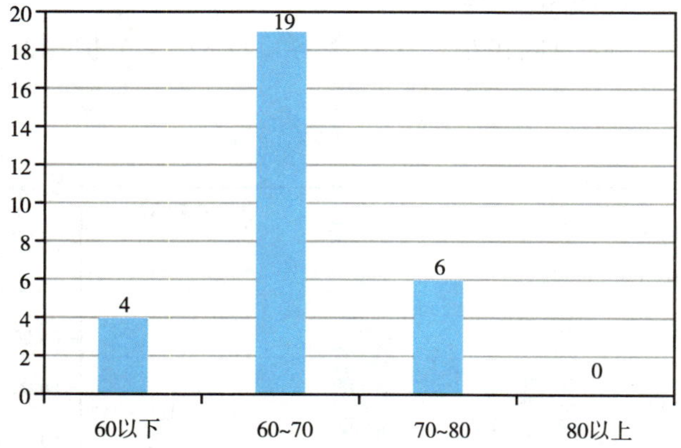

图7–165　2022年美容护理行业上市公司创新要素投入指数分布图（家）

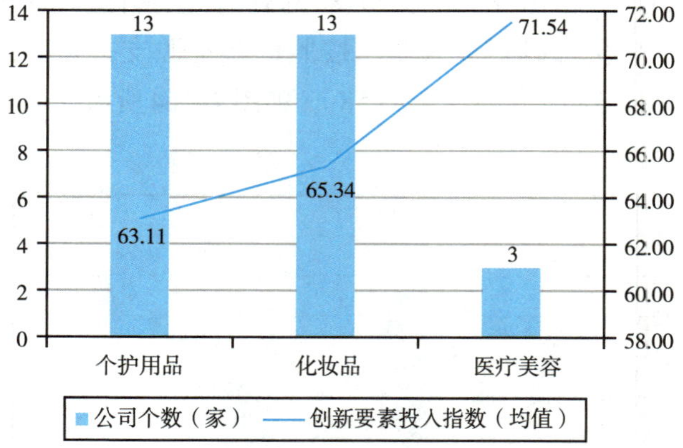

图7–166　2022年美容护理行业上市公司创新要素投入指数均值分布图

美容护理行业中，创新要素投入指数排名前10的上市公司，如表7–83所示。

表7–83　2022年美容护理行业上市公司创新要素投入指数前10排名

排名	公司代码	公司名称	创新要素投入指数	二级行业_申万	三级行业_申万
1	300896.SZ	爱美客	78.88	医疗美容	医美耗材
2	688363.SH	华熙生物	76.66	医疗美容	医美耗材
3	300957.SZ	贝泰妮	74.86	化妆品	品牌化妆品
4	300856.SZ	科思股份	73.76	化妆品	化妆品制造及其他
5	002243.SZ	力合科创	73.69	化妆品	化妆品制造及其他
6	002919.SZ	名臣健康	70.86	个护用品	洗护用品
7	603605.SH	珀莱雅	69.49	化妆品	品牌化妆品
8	300888.SZ	稳健医疗	69.44	个护用品	生活用纸
9	300886.SZ	华业香料	68.05	化妆品	化妆品制造及其他
10	603238.SH	诺邦股份	66.43	个护用品	生活用纸

数据来源：同花顺（iFinD），首经贸资产评估研究院和浙工商数字创新与管理研究院整理。

7.17.4　创新科技成果指数

2022年美容护理行业29家上市公司创新科技成果指数平均水平为67.99，低于全市场均值68.28。从指数分布来看，高于均值的有12家，占行业总数的41.38%。其中，最高的是华熙生物，创新科技成果指数为77.33。具体来看，创新科技成果指数区间在60以下的有1家，占比3.45%；60~70的有21家，占比72.41%；70~80的有7家，占比24.14%，如图7–167所示。

从二级行业来看，按照创新科技成果指数排名由高到低包括：医疗美容（71.29）、化妆品（68.43）、个护用品（66.80），如图7-168所示。

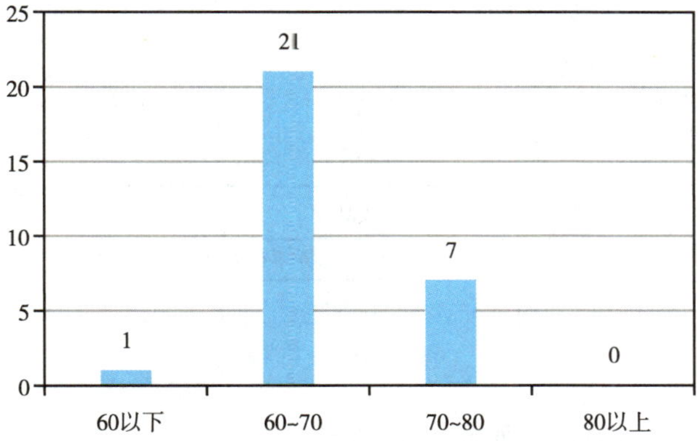

图7-167 2022年美容护理行业上市公司创新科技成果指数分布图（家）

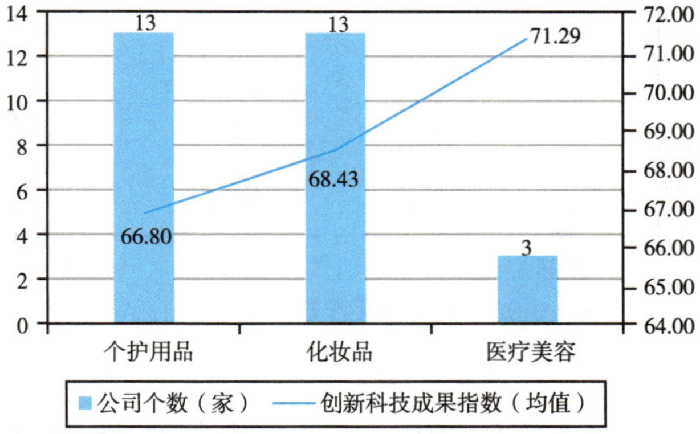

图7-168 2022年美容护理行业上市公司创新科技成果指数均值分布图

美容护理行业中，创新科技成果指数排名前10的上市公司，如表7-84所示。

表7-84 2022年美容护理行业上市公司创新科技成果指数前10排名

排名	公司代码	公司名称	创新科技成果指数	二级行业_申万	三级行业_申万
1	688363.SH	华熙生物	77.33	医疗美容	医美耗材
2	300896.SZ	爱美客	73.53	医疗美容	医美耗材
3	300888.SZ	稳健医疗	72.71	个护用品	生活用纸
4	300957.SZ	贝泰妮	72.53	化妆品	品牌化妆品
5	002243.SZ	力合科创	71.95	化妆品	化妆品制造及其他
6	603605.SH	珀莱雅	71.25	化妆品	品牌化妆品
7	300886.SZ	华业香料	70.19	化妆品	化妆品制造及其他
8	301108.SZ	洁雅股份	69.28	个护用品	生活用纸
9	300132.SZ	青松股份	69.19	化妆品	化妆品制造及其他
10	001206.SZ	依依股份	69.16	个护用品	生活用纸

数据来源：同花顺（iFinD），首经贸资产评估研究院和浙工商数字创新与管理研究院整理。

7.17.5 创新经济绩效指数

2022年美容护理行业29家上市公司创新经济绩效指数平均水平为62.63，高于全市场均值61.11。从指数分布来看，高于均值的有15家，占行业总数的51.72%。其中，最高的是爱美客，创新经济绩效指数为79.30。具体来看，创新经济绩效指数区间在60以下的有14家，占比48.28%；60~70的有10家，占比34.48%；70~80的有5家，占比17.24%，如图7-169所示。

从二级行业来看，按照创新经济绩效指数排名由高到低包括：医疗美容（67.12）、化妆品（63.39）、个护用品（60.84），如图7-170所示。

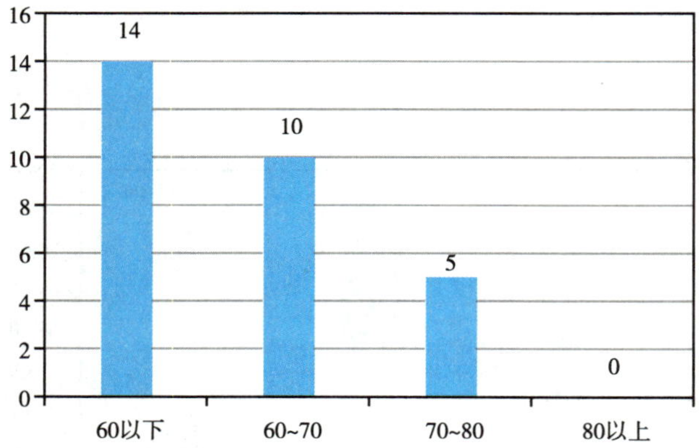

图7-169　2022年美容护理行业上市公司创新经济绩效指数分布图（家）

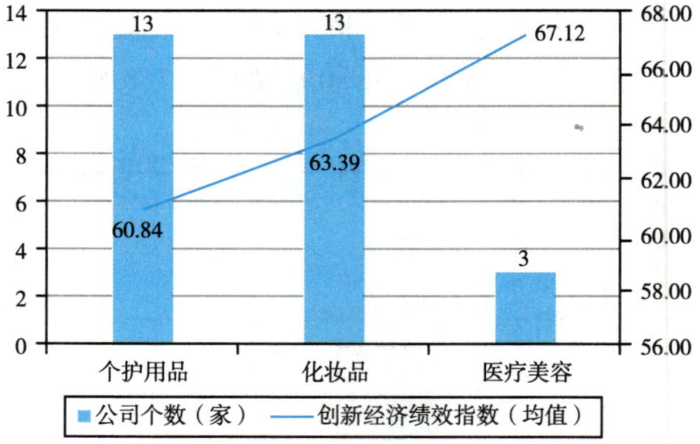

图7-170　2022年美容护理行业上市公司创新经济绩效指数均值分布图

美容护理行业中，创新经济绩效指数排名前10的上市公司，如表7-85所示。

表7-85　2022年美容护理行业上市公司创新经济绩效指数前10排名

排名	公司代码	公司名称	创新经济绩效指数	二级行业_申万	三级行业_申万
1	300896.SZ	爱美客	79.30	医疗美容	医美耗材
2	300957.SZ	贝泰妮	77.88	化妆品	品牌化妆品
3	300888.SZ	稳健医疗	76.43	个护用品	生活用纸
4	603605.SH	珀莱雅	73.94	化妆品	品牌化妆品
5	600315.SH	上海家化	71.47	化妆品	品牌化妆品
6	002243.SZ	力合科创	69.89	化妆品	化妆品制造及其他
7	300856.SZ	科思股份	68.98	化妆品	化妆品制造及其他
8	688363.SH	华熙生物	68.15	医疗美容	医美耗材
9	605009.SH	豪悦护理	66.20	个护用品	生活用纸
10	002511.SZ	中顺洁柔	64.33	个护用品	生活用纸

数据来源：同花顺（iFinD），首经贸资产评估研究院和浙工商数字创新与管理研究院整理。

7.18　农林牧渔行业创新发展指数评价

截至2022年底，A股市场农林牧渔行业共有上市公司106家，总市值共计15,210.77亿元，营业总收入12,359.24亿元，平均市值143.50亿元/家，平均营业收入116.60亿元/家。营业收入最高的上市公司为金龙鱼（2,574.85亿元），市值最大的上市公司为牧原股份（2,667.74亿元）。行业内上市公司研发投入合计为88.16亿元，占营业收入的0.71%，无形资产账面价值合计为510.48亿元，占总资产的3.87%。根据本报告分析口径，本节共对农林牧渔行业106家上市公司开展创新发展指数评价，具体情况如下：

7.18.1　创新发展综合指数

根据本报告评价，2022年农林牧渔行业创新发展综合指数平均水平为64.20，低于全市场平均水平65.47。从指数分布来看，高于均值的有36家，占行业总数的33.96%。其中，最高的是金龙鱼，创新发展综合指数为76.08。具体来看，创新发展综合指数区间在60以下的有14家，占比13.21%；

60~70的有77家，占比72.64%；70~80的有15家，占比14.15%，如图7-171所示。

农林牧渔行业又可细分为8个二级行业，按照创新发展综合指数排名由高到低包括：动物保健Ⅱ（67.68）、农业综合Ⅱ（65.61）、饲料（65.51）、种植业（64.34）、养殖业（63.68）、农产品加工（63.23）、渔业（62.10）、林业Ⅱ（57.49），如图7-172所示。

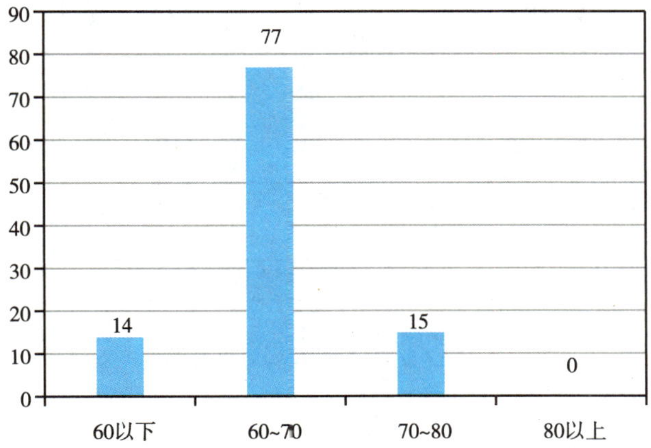

图7-171　2022年农林牧渔行业上市公司创新发展综合指数分布图（家）

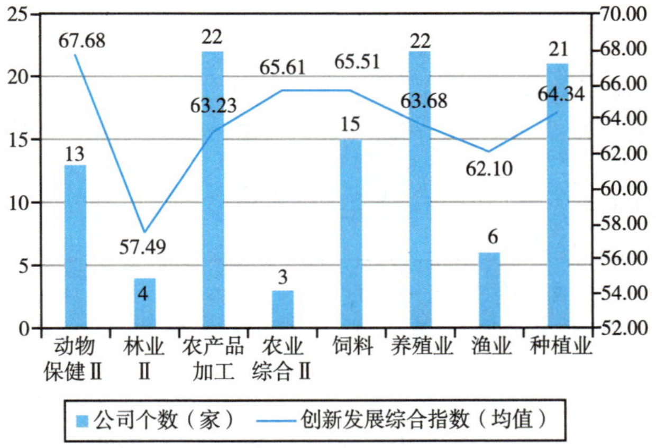

图7-172　2022年农林牧渔行业上市公司创新发展综合指数均值分布图

农林牧渔行业中，创新发展综合指数排名前10%的上市公司，如表7-86所示。

表7-86　2022年农林牧渔行业上市公司创新发展综合指数前10%排名

排名	公司代码	公司名称	创新发展综合指数	二级行业_申万	三级行业_申万
1	300999.SZ	金龙鱼	76.08	农产品加工	粮油加工
2	300119.SZ	瑞普生物	75.32	动物保健Ⅱ	动物保健Ⅲ
3	002714.SZ	牧原股份	75.19	养殖业	生猪养殖
4	600195.SH	中牧股份	74.75	动物保健Ⅱ	动物保健Ⅲ
5	002311.SZ	海大集团	74.17	饲料	水产饲料
6	002385.SZ	大北农	73.65	饲料	畜禽饲料
7	300138.SZ	晨光生物	73.17	农产品加工	其他农产品加工
8	600313.SH	农发种业	72.56	种植业	种子
9	002688.SZ	金河生物	72.25	动物保健Ⅱ	动物保健Ⅲ
10	600201.SH	生物股份	72.25	动物保健Ⅱ	动物保健Ⅲ

数据来源：同花顺（iFinD），首经贸资产评估研究院和浙工商数字创新与管理研究院整理。

7.18.2　创新资源支持指数

2022年农林牧渔行业106家上市公司创新资源支持指数平均水平为66.97，低于全市场均值68.18。从指数分布来看，高于均值的有41家，占行业总数的38.68%。其中，最高的是金龙鱼，创新资源支持指数为86.97。具体来看，创新资源支持指数区间在60以下的有14家，占比13.21%；60~70的有59家，占比55.66%；70~80的有30家，占比28.30%；80以上的有3家，占比2.83%，如图7-173所示。

从二级行业来看，按照创新资源支持指数排名由高到低包括：动物保健Ⅱ（69.70）、种植业（67.42）、饲料（67.24）、养殖业（66.55）、农产品加工（66.51）、渔业（66.14）、农业综合Ⅱ

（65.18）、林业Ⅱ（62.21），如图7-174所示。

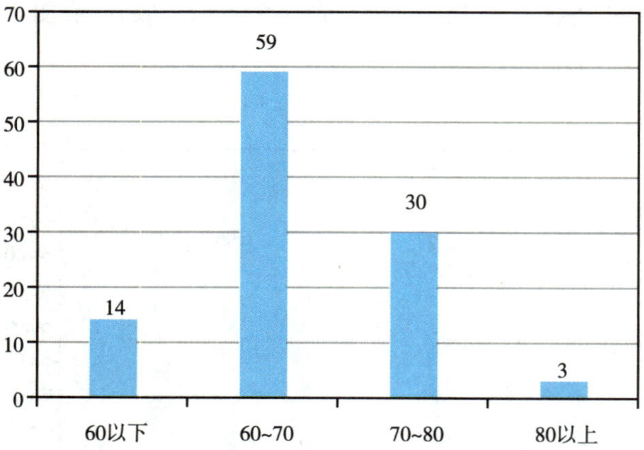

图7-173　2022年农林牧渔行业上市公司创新资源支持指数分布图（家）

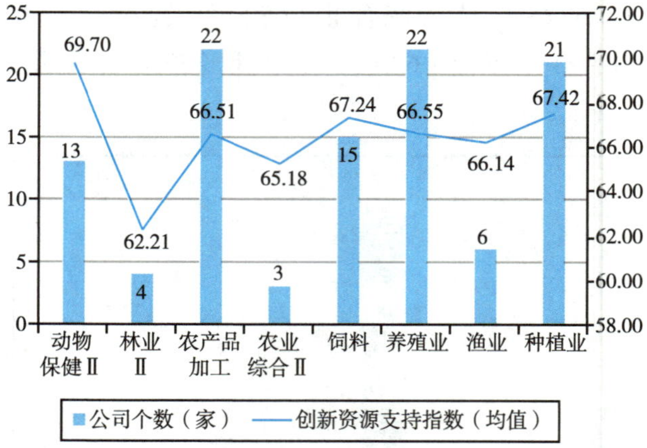

图7-174　2022年农林牧渔行业上市公司创新资源支持指数均值分布图

农林牧渔行业中，创新资源支持指数排名前10%的上市公司，如表7-87所示。

表7-87　2022年农林牧渔行业上市公司创新资源支持指数前10%排名

排名	公司代码	公司名称	创新资源支持指数	二级行业_申万	三级行业_申万
1	300999.SZ	金龙鱼	86.97	农产品加工	粮油加工
2	601952.SH	苏垦农发	85.05	种植业	粮食种植
3	300498.SZ	温氏股份	81.65	养殖业	生猪养殖
4	300119.SZ	瑞普生物	79.93	动物保健Ⅱ	动物保健Ⅲ
5	002714.SZ	牧原股份	77.24	养殖业	生猪养殖
6	002311.SZ	海大集团	77.19	饲料	水产饲料
7	002299.SZ	圣农发展	77.02	养殖业	肉鸡养殖
8	002696.SZ	百洋股份	76.95	饲料	水产饲料
9	600251.SH	冠农股份	76.67	农产品加工	果蔬加工
10	600097.SH	开创国际	76.03	渔业	海洋捕捞

数据来源：同花顺（iFinD），首经贸资产评估研究院和浙工商数字创新与管理研究院整理。

7.18.3　创新要素投入指数

2022年农林牧渔行业106家上市公司创新要素投入指数平均水平为61.35，低于全市场均值65.37。从指数分布来看，高于均值的有30家，占行业总数的28.30%。其中，最高的是隆平高科，创新要素投入指数为76.29。具体来看，创新要素投入指数区间在60以下的有42家，占比39.62%；60~70的有48家，占比45.29%；70~80的有16家，占比15.09%，如图7-175所示。

从二级行业来看，按照创新要素投入指数排名由高到低包括：动物保健Ⅱ（68.21）、农业综合Ⅱ（66.96）、饲料（62.76）、种植业（62.34）、渔业（59.98）、养殖业（59.47）、农产品加工（58.43）、林业Ⅱ（52.93），如图7-176所示。

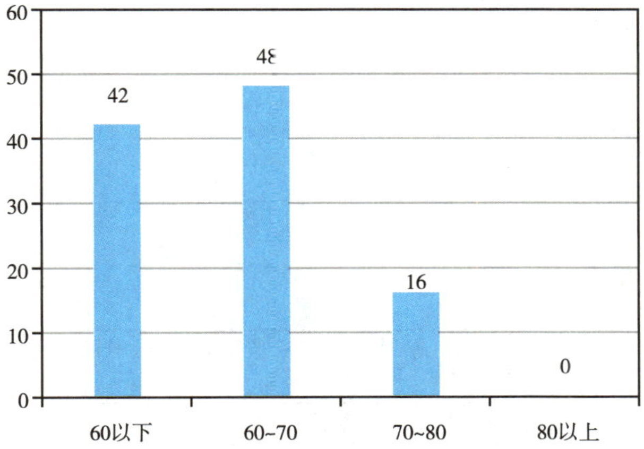

图7-175　2022年农林牧渔行业上市公司创新要素投入指数分布图（家）

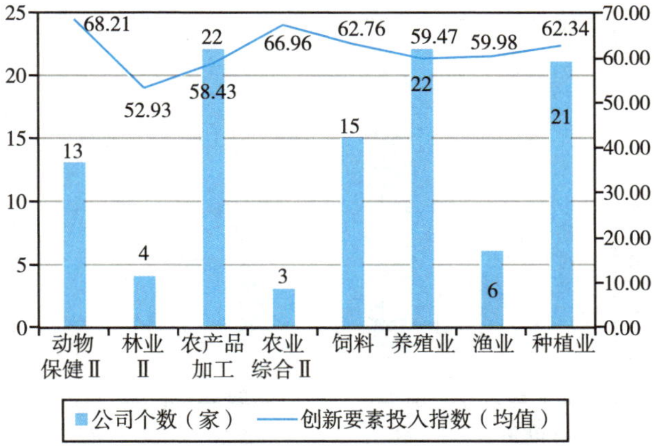

图7-176　2022年农林牧渔行业上市公司创新要素投入指数均值分布图

农林牧渔行业中，创新要素投入指数排名前10%的上市公司，如表7-88所示。

表7-88　2022年农林牧渔行业上市公司创新要素投入指数前10%排名

排名	公司代码	公司名称	创新要素投入指数	二级行业_申万	三级行业_申万
1	000998.SZ	隆平高科	76.29	种植业	种子
2	300087.SZ	荃银高科	75.53	种植业	种子
3	002311.SZ	海大集团	75.24	饲料	水产饲料
4	688526.SH	科前生物	74.63	动物保健Ⅱ	动物保健Ⅲ
5	600201.SH	生物股份	74.20	动物保健Ⅱ	动物保健Ⅲ
6	002714.SZ	牧原股份	74.11	养殖业	生猪养殖
7	300119.SZ	瑞普生物	74.08	动物保健Ⅱ	动物保健Ⅲ
8	002385.SZ	大北农	73.93	饲料	畜禽饲料
9	300021.SZ	大禹节水	73.03	农业综合Ⅱ	农业综合Ⅲ
10	002688.SZ	金河生物	72.71	动物保健Ⅱ	动物保健Ⅲ

数据来源：同花顺（iFinD），首经贸资产评估研究院和浙工商数字创新与管理研究院整理。

7.18.4　创新科技成果指数

2022年农林牧渔行业106家上市公司创新科技成果指数平均水平为67.58，低于全市场均值68.28。从指数分布来看，高于均值的有46家，占行业总数的43.40%。其中，最高的是金龙鱼，创新科技成果指数为79.07。具体来看，创新科技成果指数区间在60以下的有6家，占比5.66%；60~70的有71家，占比66.98%；70~80的有29家，占比27.36%，如图7-177所示。

从二级行业来看，按照创新科技成果指数排名由高到低包括：动物保健Ⅱ（69.50）、农产品加工（69.05）、饲料（68.65）、农业综合Ⅱ（66.96）、种植业（66.61）、养殖业（66.17）、林业Ⅱ（66.05）、渔业（65.28），如图7-178所示。

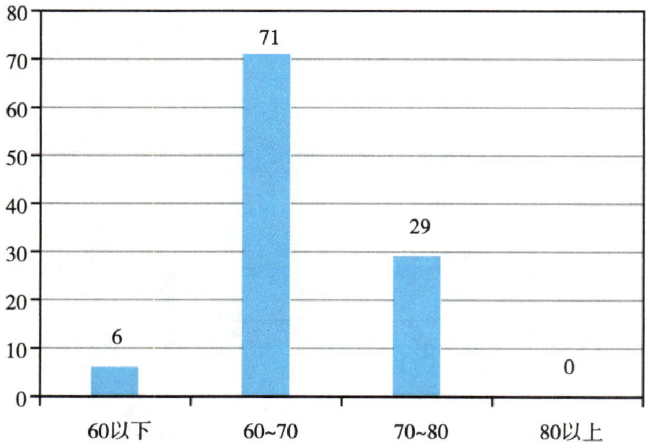

图7-177　2022年农林牧渔行业上市公司创新科技成果指数分布图（家）

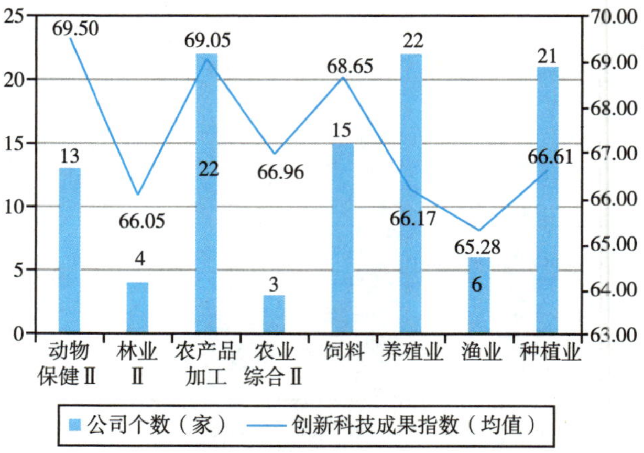

图7-178　2022年农林牧渔行业上市公司创新科技成果指数均值分布图

农林牧渔行业中，创新科技成果指数排名前10%的上市公司，如表7-89所示。

表7-89　2022年农林牧渔行业上市公司创新科技成果指数前10%排名

排名	公司代码	公司名称	创新科技成果指数	二级行业_申万	三级行业_申万
1	300999.SZ	金龙鱼	79.07	农产品加工	粮油加工
2	603363.SH	傲农生物	77.52	饲料	畜禽饲料
3	300138.SZ	晨光生物	75.46	农产品加工	其他农产品加工
4	603668.SH	天马科技	74.92	饲料	水产饲料
5	000998.SZ	隆平高科	74.32	种植业	种子
6	688526.SH	科前生物	73.91	动物保健Ⅱ	动物保健Ⅲ
7	600251.SH	冠农股份	73.77	农产品加工	果蔬加工
8	600127.SH	金健米业	73.63	农产品加工	粮油加工
9	300119.SZ	瑞普生物	73.62	动物保健Ⅱ	动物保健Ⅲ
10	002714.SZ	牧原股份	73.05	养殖业	生猪养殖

数据来源：同花顺（iFinD），首经贸资产评估研究院和浙工商数字创新与管理研究院整理。

7.18.5　创新经济绩效指数

2022年农林牧渔行业106家上市公司创新经济绩效指数平均水平为62.53，高于全市场均值61.11。从指数分布来看，高于均值的有65家，占行业总数的61.32%。其中，最高的是中牧股份，创新经济绩效指数为80.00。具体来看，创新经济绩效指数区间在60以下的有41家，占比38.68%；60~70的有48家，占比45.29%；70~80的有16家，占比15.09%；80以上的有1家，占比0.94%，如图7-179所示。

从二级行业来看，按照创新经济绩效指数排名由高到低包括：饲料（64.69）、养殖业（64.38）、动物保健Ⅱ（63.93）、农业综合Ⅱ（63.10）、种植业（62.44）、农产品加工（61.35）、渔业（58.81）、林业Ⅱ（51.83），如图7-180所示。

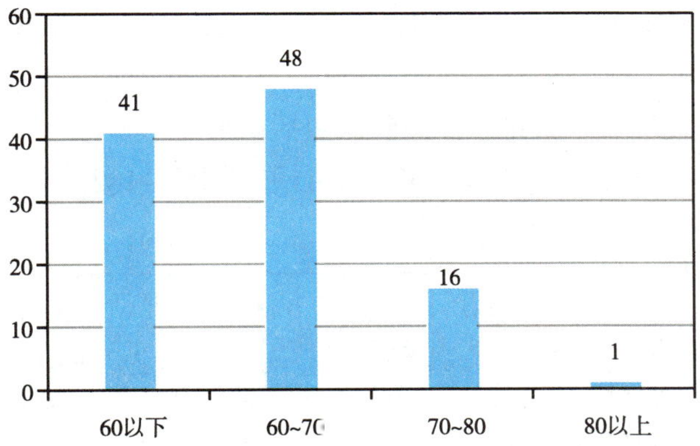

图7-179 2022年农林牧渔行业上市公司创新经济绩效指数分布图（家）

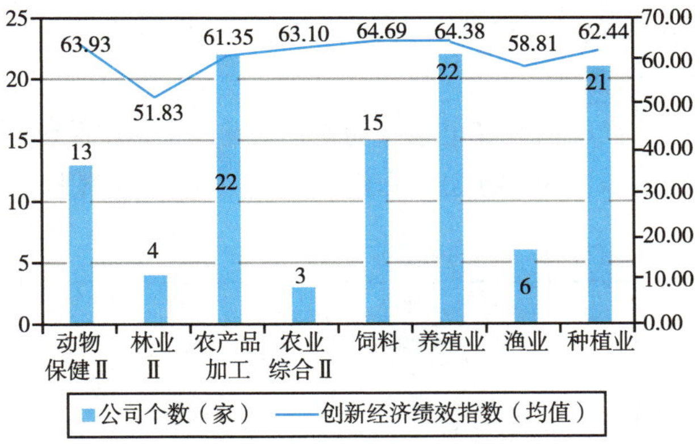

图7-180 2022年农林牧渔行业上市公司创新经济绩效指数均值分布图

农林牧渔行业中，创新经济绩效指数排名前10%的上市公司，如表7-90所示。

表7-90 2022年农林牧渔行业上市公司创新经济绩效指数前10%排名

排名	公司代码	公司名称	创新经济绩效指数	二级行业_申万	三级行业_申万
1	600195.SH	中牧股份	80.00	动物保健Ⅱ	动物保健Ⅲ
2	002385.SZ	大北农	79.47	饲料	畜禽饲料
3	600313.SH	农发种业	77.94	种植业	种子
4	002714.SZ	牧原股份	76.90	养殖业	生猪养殖
5	002311.SZ	海大集团	75.68	饲料	水产饲料
6	300119.SZ	瑞普生物	74.94	动物保健Ⅱ	动物保健Ⅲ
7	300999.SZ	金龙鱼	74.32	农产品加工	粮油加工
8	002688.SZ	金河生物	73.51	动物保健Ⅱ	动物保健Ⅲ
9	002299.SZ	圣农发展	73.32	养殖业	肉鸡养殖
10	300138.SZ	晨光生物	72.99	农产品加工	其他农产品加工

数据来源：同花顺（iFinD），首经贸资产评估研究院和浙工商数字创新与管理研究院整理。

7.19 汽车行业创新发展指数评价

截至2022年底，A股市场汽车行业共有上市公司260家，总市值共计30,078.19亿元，营业总收入32,605.53亿元，平均市值115.69亿元/家，平均营业收入125.41亿元/家。营业收入最高的上市公司为上汽集团（7,209.88亿元），市值最大的上市公司为比亚迪（4,659.23亿元）。行业内上市公司研发投入合计为1,379.22亿元，占营业收入的4.23%，无形资产账面价值合计为1,924.38亿元，占总资产的4.37%。根据本报告分析口径，本节共对汽车行业260家上市公司开展创新发展指数评价，具体情况如下：

7.19.1 创新发展综合指数

根据本报告评价，2022年汽车行业创新发展综合指数平均水平为66.01，高于全市场平均水平65.47。从指数分布来看，高于均值的有133家，占行业总数的51.15%。其中，最高的是长城汽车，创新发展综合指数为85.23。具体来看，创新发展综合指数区间在60以下的有26家，占比10.00%；

60~70的有177家，占比68.08%；70~80的有52家，占比20%；80以上的有5家，占比1.92%，如图7-181所示。

汽车行业又可细分为5个二级行业，按照创新发展综合指数排名由高到低包括：乘用车（78.74）、商用车（69.79）、摩托车及其他（66.57）、汽车零部件（65.62）、汽车服务（60.35），如图7-182所示。

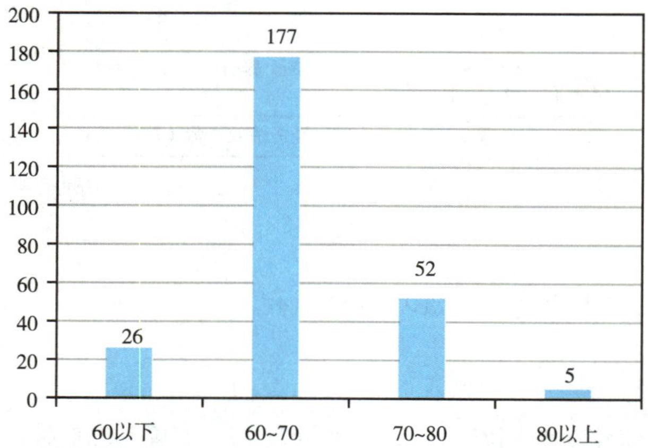

图7-181　2022年汽车行业上市公司创新发展综合指数分布图（家）

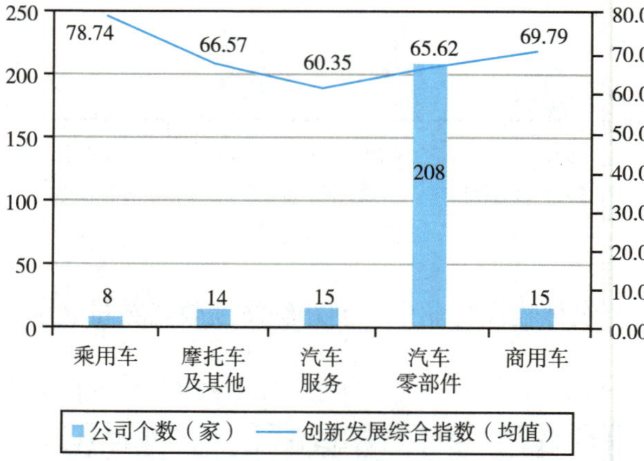

图7-182　2022年汽车行业上市公司创新发展综合指数均值分布图

汽车行业中，创新发展综合指数排名前10%的上市公司，如表7-91所示。

表7-91　2022年汽车行业上市公司创新发展综合指数前10%排名

排名	公司代码	公司名称	创新发展综合指数	二级行业_申万	三级行业_申万
1	601633.SH	长城汽车	85.23	乘用车	综合乘用车
2	002594.SZ	比亚迪	82.66	乘用车	电动乘用车
3	000338.SZ	潍柴动力	82.03	汽车零部件	底盘与发动机系统
4	000625.SZ	长安汽车	80.52	乘用车	综合乘用车
5	600104.SH	上汽集团	80.14	乘用车	综合乘用车
6	600741.SH	华域汽车	78.92	汽车零部件	车身附件及饰件
7	601127.SH	赛力斯	78.74	乘用车	综合乘用车
8	601965.SH	中国汽研	78.46	汽车服务	汽车综合服务
9	601689.SH	拓普集团	77.68	汽车零部件	底盘与发动机系统
10	601238.SH	广汽集团	77.31	乘用车	综合乘用车
11	600699.SH	均胜电子	77.07	汽车零部件	汽车电子电气系统
12	000550.SZ	江铃汽车	77.02	商用车	商用载货车
13	002906.SZ	华阳集团	75.84	汽车零部件	汽车电子电气系统
14	603766.SH	隆鑫通用	75.49	摩托车及其他	摩托车
15	600660.SH	福耀玻璃	75.18	汽车零部件	车身附件及饰件
16	002085.SZ	万丰奥威	75.07	汽车零部件	轮胎轮毂
17	600066.SH	宇通客车	75.05	商用车	商用载客车
18	603129.SH	春风动力	74.74	摩托车及其他	摩托车
19	600166.SH	福田汽车	74.54	商用车	商用载货车
20	601777.SH	力帆科技	74.53	摩托车及其他	摩托车

续表

排名	公司代码	公司名称	创新发展综合指数	二级行业_申万	三级行业_申万
21	600418.SH	江淮汽车	74.29	商用车	商用载货车
22	300825.SZ	阿尔特	73.68	汽车服务	汽车综合服务
23	603596.SH	伯特利	73.62	汽车零部件	底盘与发动机系统
24	002434.SZ	万里扬	73.53	汽车零部件	底盘与发动机系统
25	600733.SH	北汽蓝谷	73.51	乘用车	电动乘用车
26	603197.SH	保隆科技	73.51	汽车零部件	其他汽车零部件

数据来源：同花顺（iFinD），首经贸资产评估研究院和浙工商数字创新与管理研究院整理。

7.19.2　创新资源支持指数

2022年汽车行业260家上市公司创新资源支持指数平均水平为69.23，高于全市场均值68.18。从指数分布来看，高于均值的有135家，占行业总数的51.92%。其中，最高的是宇通客车，创新资源支持指数为94.69。具体来看，创新资源支持指数区间在60以下的有18家，占比6.92%；60~70的有133家，占比51.16%；70~80的有89家，占比34.23%；80以上的有20家，占比7.69%，如图7-183所示。

从二级行业来看，按照创新资源支持指数排名由高到低包括：商用车（76.52）、乘用车（76.44）、摩托车及其他（71.22）、汽车零部件（68.75）、汽车服务（62.81），如图7-184所示。

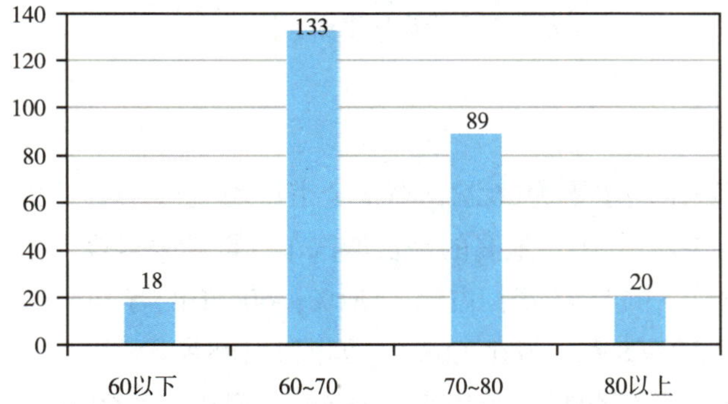

图7-183　2022年汽车行业上市公司创新资源支持指数分布图（家）

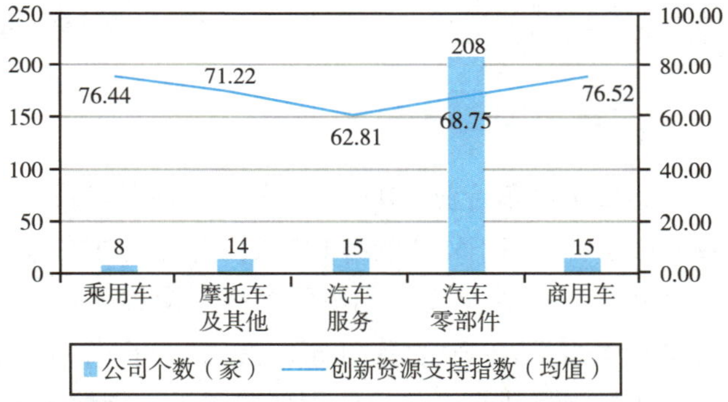

图7-184　2022年汽车行业上市公司创新资源支持指数均值分布图

汽车行业中，创新资源支持指数排名前10%的上市公司，如表7-92所示。

表7-92　2022年汽车行业上市公司创新资源支持指数前10%排名

排名	公司代码	公司名称	创新资源支持指数	二级行业_申万	三级行业_申万
1	600066.SH	宇通客车	94.69	商用车	商用载客车
2	002434.SZ	万里扬	87.79	汽车零部件	底盘与发动机系统
3	601689.SH	拓普集团	87.57	汽车零部件	底盘与发动机系统
4	601633.SH	长城汽车	86.62	乘用车	综合乘用车
5	002863.SZ	今飞凯达	85.35	汽车零部件	轮胎轮毂
6	600006.SH	东风汽车	84.95	商用车	商用载货车
7	603596.SH	伯特利	84.65	汽车零部件	底盘与发动机系统
8	000957.SZ	中通客车	83.40	商用车	商用载客车

续表

排名	公司代码	公司名称	创新资源支持指数	二级行业_申万	三级行业_申万
9	603129.SH	春风动力	83.18	摩托车及其他	摩托车
10	002594.SZ	比亚迪	82.83	乘用车	电动乘用车
11	601965.SH	中国汽研	82.82	汽车服务	汽车综合服务
12	600104.SH	上汽集团	82.26	乘用车	综合乘用车
13	300304.SZ	云意电气	81.98	汽车零部件	汽车电子电气系统
14	603766.SH	隆鑫通用	81.90	摩托车及其他	摩托车
15	000030.SZ	富奥股份	81.59	汽车零部件	底盘与发动机系统
16	601238.SH	广汽集团	81.21	乘用车	综合乘用车
17	300428.SZ	立中集团	81.02	汽车零部件	轮胎轮毂
18	002590.SZ	万安科技	80.71	汽车零部件	底盘与发动机系统
19	603809.SH	豪能股份	80.52	汽车零部件	底盘与发动机系统
20	600686.SH	金龙汽车	80.35	商用车	商用载客车
21	000581.SZ	威孚高科	79.76	汽车零部件	底盘与发动机系统
22	002536.SZ	飞龙股份	79.35	汽车零部件	底盘与发动机系统
23	002537.SZ	海联金汇	79.28	汽车零部件	车身附件及饰件
24	300580.SZ	贝斯特	79.26	汽车零部件	底盘与发动机系统
25	600418.SH	江淮汽车	78.49	商用车	商用载货车
26	689009.SH	九号公司	78.18	摩托车及其他	其他运输设备

数据来源：同花顺（iFinD），首经贸资产评估研究院和浙工商数字创新与管理研究院整理。

7.19.3 创新要素投入指数

2022年汽车行业260家上市公司创新要素投入指数平均水平为66.22，高于全市场均值65.37。从指数分布来看，高于均值的有132家，占行业总数的50.77%。其中，最高的是长城汽车，创新要素投入指数为89.92。具体来看，创新要素投入指数区间在60以下的有45家，占比17.31%；60~70的有146家，占比56.15%；70~80的有61家，占比23.46%；80以上的有8家，占比3.08%，如图7-185所示。

从二级行业来看，按照创新要素投入指数排名由高到低包括：乘用车（81.58）、商用车（69.16）、摩托车及其他（66.49）、汽车零部件（66.08）、汽车服务（56.77），如图7-186所示。

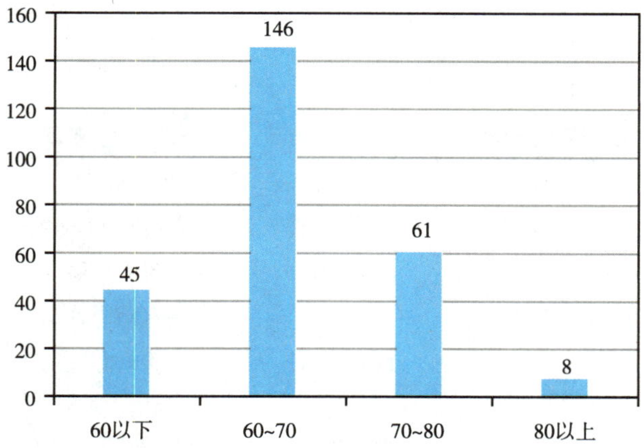

图7-185　2022年汽车行业上市公司创新要素投入指数分布图（家）

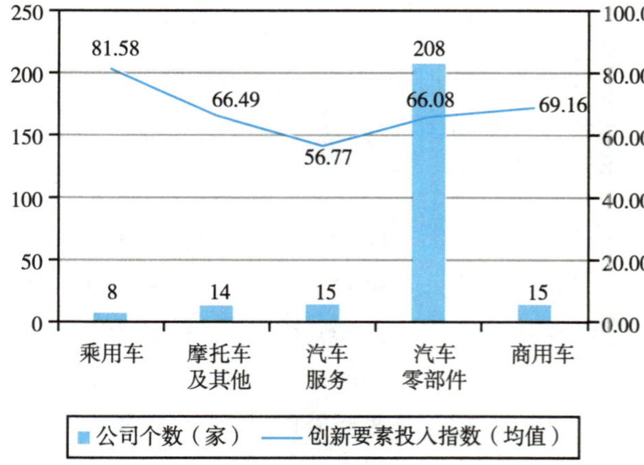

图7-186　2022年汽车行业上市公司创新要素投入指数均值分布图

汽车行业中，创新要素投入指数排名前10%的上市公司，如表7–93所示。

表7–93　2022年汽车行业上市公司创新要素投入指数前10%排名

排名	公司代码	公司名称	创新要素投入指数	二级行业_申万	三级行业_申万
1	601633.SH	长城汽车	89.92	乘用车	综合乘用车
2	601127.SH	赛力斯	85.99	乘用车	综合乘用车
3	000338.SZ	潍柴动力	85.11	汽车零部件	底盘与发动机系统
4	002594.SZ	比亚迪	85.10	乘用车	电动乘用车
5	601965.SH	中国汽研	83.13	汽车服务	汽车综合服务
6	600741.SH	华域汽车	82.50	汽车零部件	车身附件及饰件
7	601689.SH	拓普集团	80.84	汽车零部件	底盘与发动机系统
8	000901.SZ	航天科技	80.55	汽车零部件	汽车电子电气系统
9	000550.SZ	江铃汽车	79.85	商用车	商用载货车
10	600699.SH	均胜电子	79.57	汽车零部件	汽车电子电气系统
11	600104.SH	上汽集团	79.27	乘用车	综合乘用车
12	300825.SZ	阿尔特	79.25	汽车服务	汽车综合服务
13	601777.SH	力帆科技	78.96	摩托车及其他	摩托车
14	002265.SZ	西仪股份	78.85	汽车零部件	底盘与发动机系统
15	600733.SH	北汽蓝谷	78.83	乘用车	电动乘用车
16	002906.SZ	华阳集团	78.67	汽车零部件	汽车电子电气系统
17	601238.SH	广汽集团	78.64	乘用车	综合乘用车
18	000625.SZ	长安汽车	78.34	乘用车	综合乘用车
19	600418.SH	江淮汽车	77.88	商用车	商用载货车
20	301221.SZ	光庭信息	77.34	汽车零部件	汽车电子电气系统
21	000981.SZ	山子股份	76.89	汽车零部件	底盘与发动机系统
22	603786.SH	科博达	76.60	汽车零部件	汽车电子电气系统
23	000572.SZ	海马汽车	76.56	乘用车	综合乘用车
24	600066.SH	宇通客车	76.21	商用车	商用载客车
25	603596.SH	伯特利	76.10	汽车零部件	底盘与发动机系统
26	603766.SH	隆鑫通用	76.01	摩托车及其他	摩托车

数据来源：同花顺（iFinD），首经贸资产评估研究院和浙工商数字创新与管理研究院整理。

7.19.4　创新科技成果指数

2022年汽车行业260家上市公司创新科技成果指数平均水平为68.91，高于全市场均值68.28。从指数分布来看，高于均值的有156家，占行业总数的60.00%。其中，最高的是潍柴动力，创新科技成果指数为86.87。具体来看，创新科技成果指数区间在60以下的有5家，占比1.92%；60~70的有178家，占比68.47%；70~80的有76家，占比29.23%；80以上的有1家，占比0.38%，如图7–187所示。

从二级行业来看，按照创新科技成果指数排名由高到低包括：乘用车（74.47）、商用车（70.38）、汽车零部件（68.99）、摩托车及其他（67.11）、汽车服务（64.98），如图7–188所示。

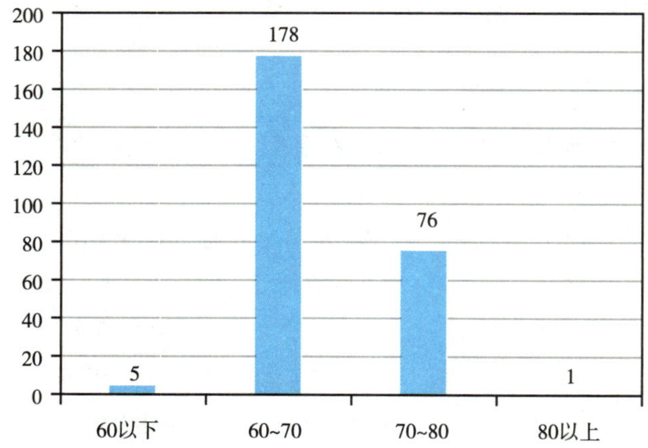

图7-187　2022年汽车行业上市公司创新科技成果指数分布图（家）

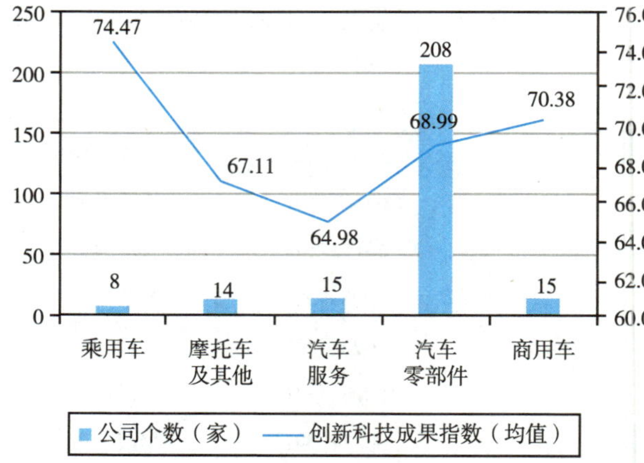

图7-188　2022年汽车行业上市公司创新科技成果指数均值分布图

汽车行业中，创新科技成果指数排名前10%的上市公司，如表7-94所示。

表7-94　2022年汽车行业上市公司创新科技成果指数前10%排名

排名	公司代码	公司名称	创新科技成果指数	二级行业_申万	三级行业_申万
1	000338.SZ	潍柴动力	86.87	汽车零部件	底盘与发动机系统
2	000625.SZ	长安汽车	79.37	乘用车	综合乘用车
3	600741.SH	华域汽车	78.87	汽车零部件	车身附件及饰件
4	002594.SZ	比亚迪	78.85	乘用车	电动乘用车
5	000800.SZ	一汽解放	76.47	商用车	商用载货车
6	600104.SH	上汽集团	76.36	乘用车	综合乘用车
7	600699.SH	均胜电子	75.43	汽车零部件	汽车电子电气系统
8	601633.SH	长城汽车	75.33	乘用车	综合乘用车
9	601238.SH	广汽集团	75.02	乘用车	综合乘用车
10	300100.SZ	双林股份	74.91	汽车零部件	车身附件及饰件
11	603997.SH	继峰股份	74.83	汽车零部件	车身附件及饰件
12	000559.SZ	万向钱潮	74.65	汽车零部件	底盘与发动机系统
13	600166.SH	福田汽车	74.39	商用车	商用载货车
14	688737.SH	中自科技	74.10	汽车零部件	其他汽车零部件
15	601058.SH	赛轮轮胎	73.95	汽车零部件	轮胎轮毂
16	002085.SZ	万丰奥威	73.67	汽车零部件	轮胎轮毂
17	600418.SH	江淮汽车	73.62	商用车	商用载货车
18	000981.SZ	山子股份	73.56	汽车零部件	底盘与发动机系统
19	002101.SZ	广东鸿图	73.26	汽车零部件	其他汽车零部件
20	000550.SZ	江铃汽车	73.18	商用车	商用载货车
21	601127.SH	赛力斯	73.14	乘用车	综合乘用车
22	600081.SH	东风科技	73.00	汽车零部件	车身附件及饰件

续表

排名	公司代码	公司名称	创新科技成果指数	二级行业_申万	三级行业_申万
23	300825.SZ	阿尔特	72.98	汽车服务	汽车综合服务
24	603319.SH	湘油泵	72.98	汽车零部件	底盘与发动机系统
25	300428.SZ	立中集团	72.92	汽车零部件	轮胎轮毂
26	601163.SH	三角轮胎	72.84	汽车零部件	轮胎轮毂

数据来源：同花顺（iFinD），首经贸资产评估研究院和浙工商数字创新与管理研究院整理。

7.19.5　创新经济绩效指数

2022年汽车行业260家上市公司创新经济绩效指数平均水平为60.82，低于全市场均值61.11。从指数分布来看，高于均值的有119家，占行业总数的45.77%。其中，最高的是长城汽车，创新经济绩效指数为87.48。具体来看，创新经济绩效指数区间在60以下的有137家，占比52.69%；60~70的有88家，占比33.85%；70~80的有29家，占比11.15%；80以上的有6家，占比2.31%，如图7–189所示。

从二级行业来看，按照创新经济绩效指数排名由高到低包括：乘用车（80.86）、商用车（65.10）、摩托车及其他（62.78）、汽车零部件（59.77）、汽车服务（58.68），如图7–190所示。

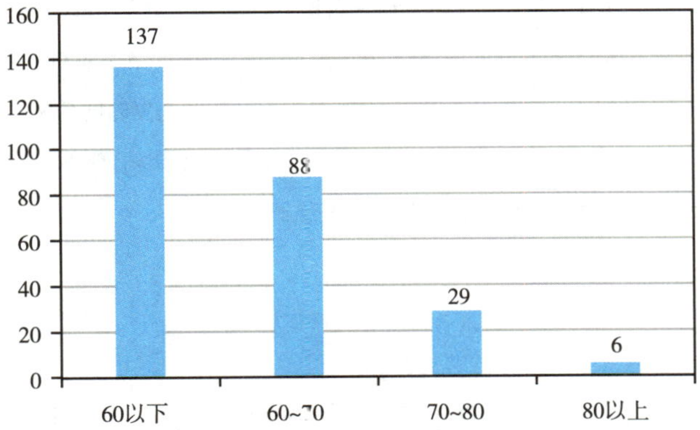

图7–189　2022年汽车行业上市公司创新经济绩效指数分布图（家）

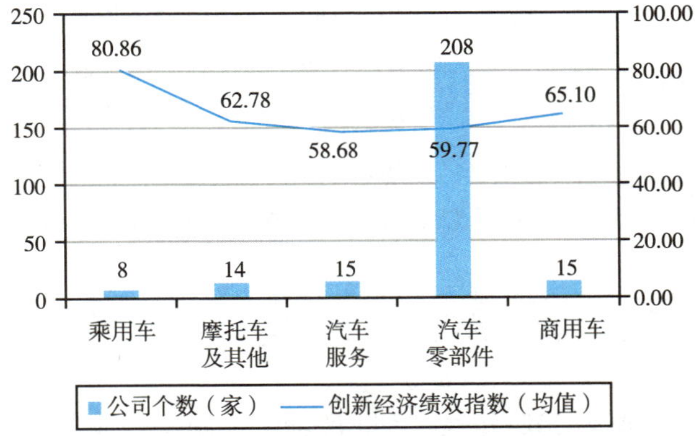

图7–190　2022年汽车行业上市公司创新经济绩效指数均值分布图

汽车行业中，创新经济绩效指数排名前10%的上市公司，如表7–95所示。

表7–95　2022年汽车行业上市公司创新经济绩效指数前10%排名

排名	公司代码	公司名称	创新经济绩效指数	二级行业_申万	三级行业_申万
1	601633.SH	长城汽车	87.48	乘用车	综合乘用车
2	000625.SZ	长安汽车	86.05	乘用车	综合乘用车
3	601127.SH	赛力斯	83.08	乘用车	综合乘用车
4	002594.SZ	比亚迪	83.04	乘用车	电动乘用车
5	600104.SH	上汽集团	82.97	乘用车	综合乘用车
6	601777.SH	力帆科技	81.51	摩托车及其他	摩托车
7	600699.SH	均胜电子	79.61	汽车零部件	汽车电子电气系统
8	600733.SH	北汽蓝谷	78.62	乘用车	电动乘用车

续表

排名	公司代码	公司名称	创新经济绩效指数	二级行业_申万	三级行业_申万
9	000550.SZ	江铃汽车	78.27	商用车	商用载货车
10	002085.SZ	万丰奥威	78.22	汽车零部件	轮胎轮毂
11	000338.SZ	潍柴动力	78.05	汽车零部件	底盘与发动机系统
12	600741.SH	华域汽车	77.14	汽车零部件	车身附件及饰件
13	002906.SZ	华阳集团	76.90	汽车零部件	汽车电子电气系统
14	603766.SH	隆鑫通用	76.09	摩托车及其他	摩托车
15	002239.SZ	奥特佳	75.66	汽车零部件	汽车电子电气系统
16	600933.SH	爱柯迪	75.46	汽车零部件	底盘与发动机系统
17	601965.SH	中国汽研	75.33	汽车服务	汽车综合服务
18	600166.SH	福田汽车	75.18	商用车	商用载货车
19	600660.SH	福耀玻璃	75.05	汽车零部件	车身附件及饰件
20	601238.SH	广汽集团	74.92	乘用车	综合乘用车
21	002472.SZ	双环传动	73.86	汽车零部件	底盘与发动机系统
22	601689.SH	拓普集团	73.61	汽车零部件	底盘与发动机系统
23	603348.SH	文灿股份	73.59	汽车零部件	其他汽车零部件
24	000887.SZ	中鼎股份	73.27	汽车零部件	其他汽车零部件
25	002434.SZ	万里扬	72.94	汽车零部件	底盘与发动机系统
26	300825.SZ	阿尔特	72.53	汽车服务	汽车综合服务

数据来源：同花顺（iFinD），首经贸资产评估研究院和浙工商数字创新与管理研究院整理。

7.20 轻工制造行业创新发展指数评价

截至2022年底，A股市场轻工制造行业共有上市公司154家，总市值共计9,694.57亿元，营业总收入6,063.41亿元，平均市值62.95亿元/家，平均营业收入39.37亿元/家。营业收入最高的上市公司为太阳纸业（397.67亿元），市值最大的上市公司为公牛集团（861.1亿元）。行业内上市公司研发投入合计为183.02亿元，占营业收入的3.02%，无形资产账面价值合计为425.45亿元，占总资产的4.91%。根据本报告分析口径，本节共对轻工制造行业154家上市公司开展创新发展指数评价，具体情况如下：

7.20.1 创新发展综合指数

根据本报告评价，2022年轻工制造行业创新发展综合指数平均水平为63.70，低于全市场平均水平65.47。从指数分布来看，高于均值的有51家，占行业总数的33.12%。其中，最高的是公牛集团，创新发展综合指数为75.73。具体来看，创新发展综合指数区间在60以下的有29家，占比18.83%；60~70的有114家，占比74.03%；70~80的有11家，占比7.14%，如图7-191所示。

轻工制造行业又可细分为4个二级行业，按照创新发展综合指数排名由高到低包括：造纸（65.87）、家居用品（63.94）、包装印刷（63.15）、文娱用品（61.74），如图7-192所示。

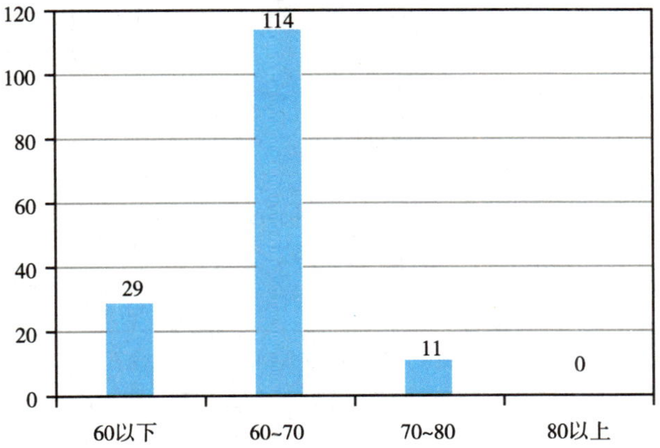

图7-191　2022年轻工制造行业上市公司创新发展综合指数分布图（家）

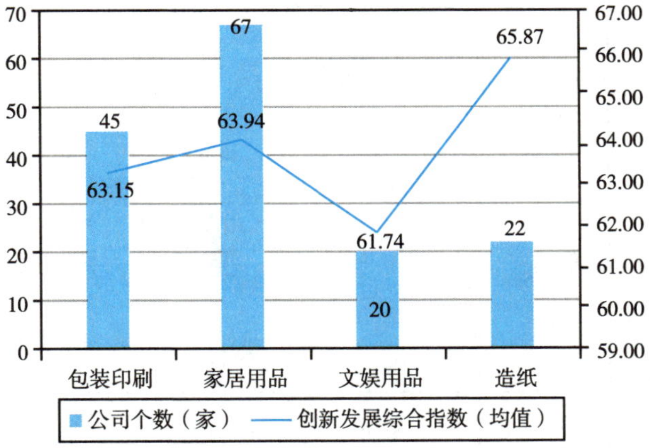

图7-192　2022年轻工制造行业上市公司创新发展综合指数均值分布图

轻工制造行业中，创新发展综合指数排名前10%的上市公司，如表7-96所示。

表7-96　2022年轻工制造行业上市公司创新发展综合指数前10%排名

排名	公司代码	公司名称	创新发展综合指数	二级行业_申万	三级行业_申万
1	603195.SH	公牛集团	75.73	家居用品	其他家居用品
2	603833.SH	欧派家居	74.24	家居用品	定制家居
3	002831.SZ	裕同科技	74.16	包装印刷	纸包装
4	603899.SH	晨光股份	73.08	文娱用品	文化用品
5	600963.SH	岳阳林纸	71.54	造纸	大宗用纸
6	300729.SZ	乐歌股份	71.44	家居用品	其他家居用品
7	603661.SH	恒林股份	71.28	家居用品	成品家居
8	002078.SZ	太阳纸业	70.67	造纸	大宗用纸
9	000488.SZ	晨鸣纸业	70.43	造纸	大宗用纸
10	603992.SH	松霖科技	70.42	家居用品	卫浴制品
11	001322.SZ	箭牌家居	70.41	家居用品	卫浴制品
12	600567.SH	山鹰国际	69.92	造纸	大宗用纸
13	600308.SH	华泰股份	69.28	造纸	大宗用纸
14	300616.SZ	尚品宅配	69.08	家居用品	定制家居
15	603687.SH	大胜达	69.07	包装印刷	纸包装

数据来源：同花顺（iFinD），首经贸资产评估研究院和浙工商数字创新与管理研究院整理。

7.20.2　创新资源支持指数

2022年轻工制造行业154家上市公司创新资源支持指数平均水平为67.45，低于全市场均值68.18。从指数分布来看，高于均值的有69家，占行业总数的44.81%。其中，最高的是乐歌股份，创新资源支持指数为83.84。具体来看，创新资源支持指数区间在60以下的有19家，占比12.34%；60~70的有81家，占比52.59%；70~80的有48家，占比31.17%；80以上的有6家，占比3.90%，如图7-193所示。

从二级行业来看，按照创新资源支持指数排名由高到低包括：造纸（70.80）、家居用品（67.97）、包装印刷（66.28）、文娱用品（64.63），如图7-194所示。

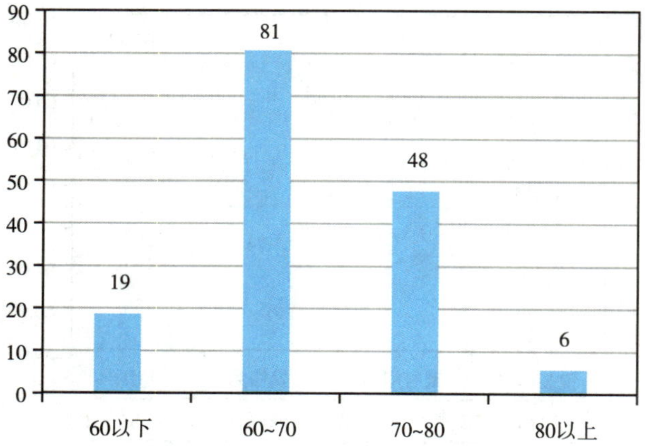

图7-193　2022年轻工制造行业上市公司创新资源支持指数分布图（家）

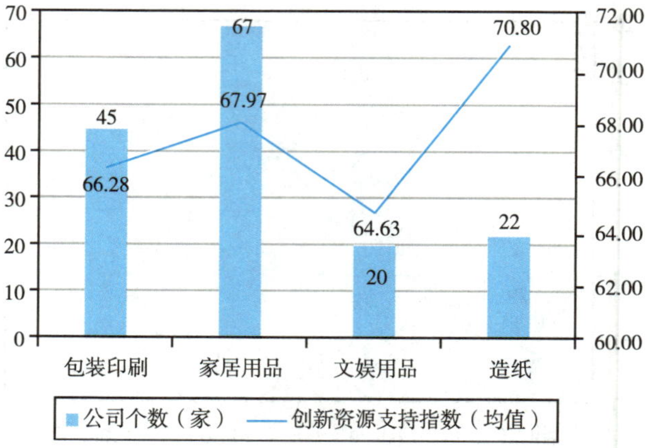

图7-194　2022年轻工制造行业上市公司创新资源支持指数均值分布图

轻工制造行业中，创新资源支持指数排名前10%的上市公司，如表7-97所示。

表7-97　2022年轻工制造行业上市公司创新资源支持指数前10%排名

排名	公司代码	公司名称	创新资源支持指数	二级行业_申万	三级行业_申万
1	300729.SZ	乐歌股份	83.84	家居用品	其他家居用品
2	603733.SH	仙鹤股份	83.25	造纸	特种纸
3	002831.SZ	裕同科技	82.95	包装印刷	纸包装
4	600567.SH	山鹰国际	82.02	造纸	大宗用纸
5	603165.SH	荣晟环保	81.70	造纸	大宗用纸
6	603195.SH	公牛集团	81.56	家居用品	其他家居用品
7	605500.SH	森林包装	79.27	造纸	大宗用纸
8	002615.SZ	哈尔斯	79.19	家居用品	其他家居用品
9	600963.SH	岳阳林纸	79.10	造纸	大宗用纸
10	603687.SH	大胜达	78.79	包装印刷	纸包装
11	002599.SZ	盛通股份	77.58	包装印刷	印刷
12	002701.SZ	奥瑞金	77.23	包装印刷	金属包装
13	603661.SH	恒林股份	76.73	家居用品	成品家居
14	603408.SH	建霖家居	76.64	家居用品	卫浴制品
15	000488.SZ	晨鸣纸业	76.62	造纸	大宗用纸

数据来源：同花顺（iFinD），首经贸资产评估研究院和浙工商数字创新与管理研究院整理。

7.20.3　创新要素投入指数

2022年轻工制造行业154家上市公司创新要素投入指数平均水平为61.79，低于全市场均值65.37。从指数分布来看，高于均值的有34家，占行业总数的22.08%。其中，最高的是欧派家居，创新要素投入指数为75.66。具体来看，创新要素投入指数区间在60以下的有60家，占比38.96%；60~70的有84家，占比54.55%；70~80的有10家，占比6.49%，如图7-195所示。

从二级行业来看，按照创新要素投入指数排名由高到低包括：造纸（64.79）、家居用品（62.07）、包装印刷（61.12）、文娱用品（59.04），如图7-196所示。

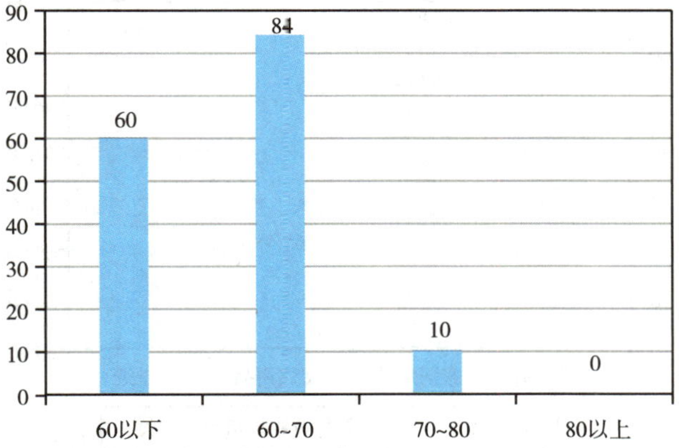

图7-195　2022年轻工制造行业上市公司创新要素投入指数分布图（家）

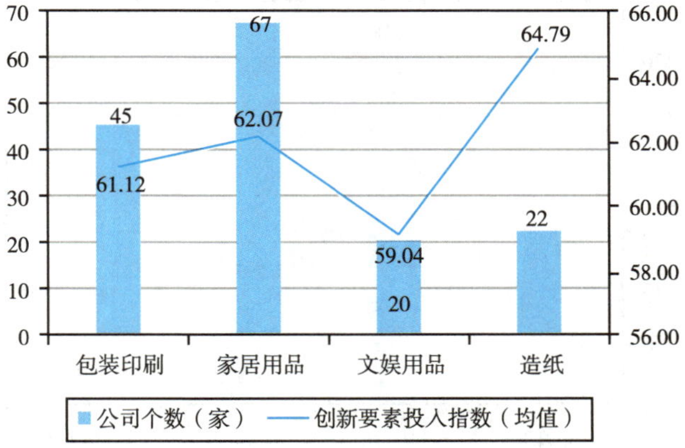

图7-196　2022年轻工制造行业上市公司创新要素投入指数均值分布图

轻工制造行业中，创新要素投入指数排名前10%的上市公司，如表7-98所示。

表7-98　　2022年轻工制造行业上市公司创新要素投入指数前10%排名

排名	公司代码	公司名称	创新要素投入指数	二级行业_申万	三级行业_申万
1	603833.SH	欧派家居	75.66	家居用品	定制家居
2	603195.SH	公牛集团	73.97	家居用品	其他家居用品
3	600433.SH	冠豪高新	73.06	造纸	特种纸
4	603992.SH	松霖科技	72.60	家居用品	卫浴制品
5	002078.SZ	太阳纸业	72.20	造纸	大宗用纸
6	600966.SH	博汇纸业	71.95	造纸	大宗用纸
7	600308.SH	华泰股份	71.74	造纸	大宗用纸
8	603607.SH	京华激光	70.93	包装印刷	综合包装
9	300729.SZ	乐歌股份	70.83	家居用品	其他家居用品
10	600337.SH	美克家居	70.05	家居用品	成品家居
11	002831.SZ	裕同科技	69.83	包装印刷	纸包装
12	603408.SH	建霖家居	69.69	家居用品	卫浴制品
13	603687.SH	大胜达	69.62	包装印刷	纸包装
14	000488.SZ	晨鸣纸业	69.49	造纸	大宗用纸
15	600963.SH	岳阳林纸	69.13	造纸	大宗用纸

数据来源：同花顺（iFinD），首经贸资产评估研究院和浙江工商数字创新与管理研究院整理。

7.20.4　创新科技成果指数

2022年轻工制造行业154家上市公司创新科技成果指数平均水平为67.78，低于全市场均值68.28。从指数分布来看，高于均值的有66家，占行业总数的42.86%。其中，最高的是华泰股份，创新科技成果指数为76.88。具体来看，创新科技成果指数区间在60以下的有1家，占比0.65%；60~70的有118家，占比76.62%；70~80的有35家，占比22.73%，如图7-197所示。

从二级行业来看，按照创新科技成果指数排名由高到低包括：造纸（69.11）、家居用品（68.02）、包装印刷（67.83）、文娱用品（65.44），如图7-198所示。

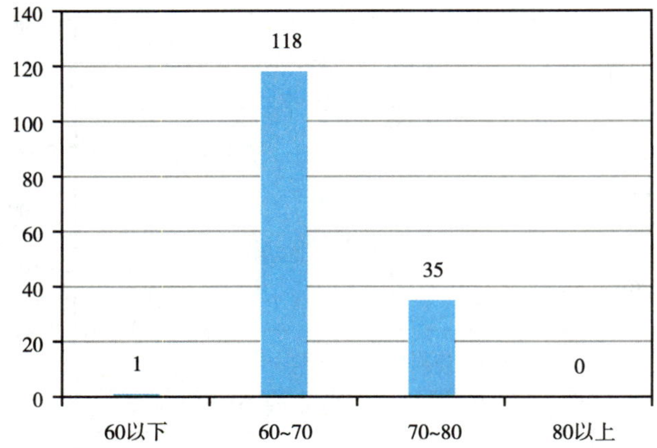

图7-197　2022年轻工制造行业上市公司创新科技成果指数分布图（家）

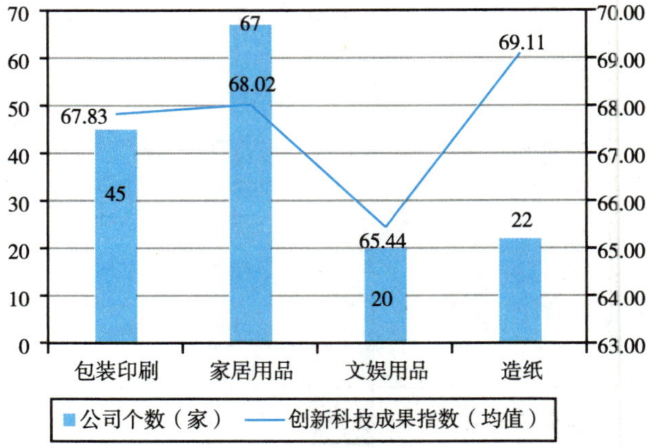

图7-198　2022年轻工制造行业上市公司创新科技成果指数均值分布图

轻工制造行业中，创新科技成果指数排名前10%的上市公司，如表7-99所示。

表7-99　2022年轻工制造行业上市公司创新科技成果指数前10%排名

排名	公司代码	公司名称	创新科技成果指数	二级行业_申万	三级行业_申万
1	600308.SH	华泰股份	76.88	造纸	大宗用纸
2	603899.SH	晨光股份	76.26	文娱用品	文化用品
3	603195.SH	公牛集团	75.90	家居用品	其他家居用品
4	002798.SZ	帝欧家居	73.74	家居用品	瓷砖地板
5	603833.SH	欧派家居	73.54	家居用品	定制家居
6	003012.SZ	东鹏控股	72.69	家居用品	瓷砖地板
7	002012.SZ	凯恩股份	72.68	造纸	特种纸
8	000488.SZ	晨鸣纸业	72.38	造纸	大宗用纸
9	001322.SZ	箭牌家居	72.28	家居用品	卫浴制品
10	603816.SH	顾家家居	72.00	家居用品	成品家居
11	603661.SH	恒林股份	72.00	家居用品	成品家居
12	001323.SZ	慕思股份	71.65	家居用品	成品家居
13	301296.SZ	新巨丰	71.65	包装印刷	纸包装
14	603600.SH	永艺股份	71.56	家居用品	成品家居
15	600210.SH	紫江企业	71.56	包装印刷	塑料包装

数据来源：同花顺（iFinD），首经贸资产评估研究院和浙工商数字创新与管理研究院整理。

7.20.5　创新经济绩效指数

2022年轻工制造行业154家上市公司创新经济绩效指数平均水平为59.59，低于全市场均值61.11。从指数分布来看，高于均值的有68家，占行业总数的44.16%。其中，最高的是晨光股份，创新经济绩效指数为78.17。具体来看，创新经济绩效指数区间在60以下的有84家，占比54.55%；60~70的有62家，占比40.26%；70~80的有8家，占比5.19%，如图7-199所示。

从二级行业来看，按照创新经济绩效指数排名由高到低包括：造纸（60.67）、家居用品（59.57）、文娱用品（59.54）、包装印刷（59.11），如图7-200所示。

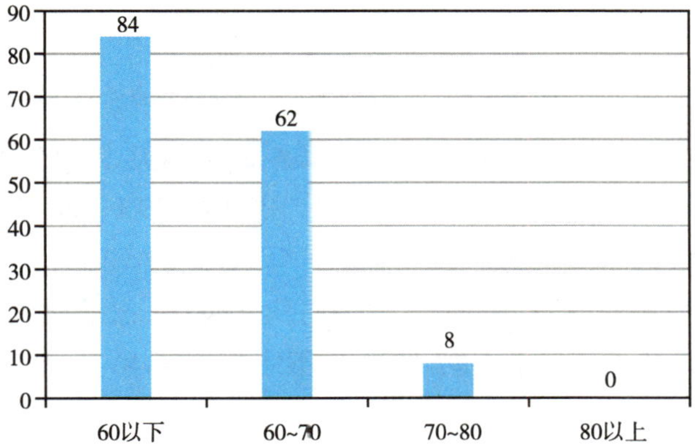

图7-199　2022年轻工制造行业上市公司创新经济绩效指数分布图（家）

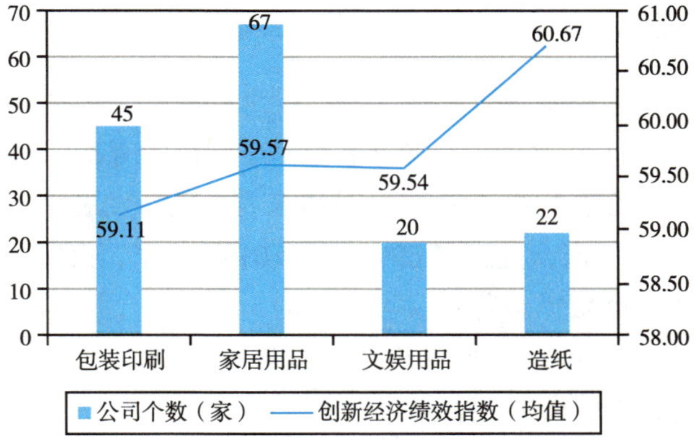

图7-200　2022年轻工制造行业上市公司创新经济绩效指数均值分布图

轻工制造行业中，创新经济绩效指数排名前10%的上市公司，如表7-100所示。

表7-100　2022年轻工制造行业上市公司创新经济绩效指数前10%排名

排名	公司代码	公司名称	创新经济绩效指数	二级行业_申万	三级行业_申万
1	603899.SH	晨光股份	78.17	文娱用品	文化用品
2	002831.SZ	裕同科技	76.68	包装印刷	纸包装
3	001323.SZ	慕思股份	73.56	家居用品	成品家居
4	603195.SH	公牛集团	73.39	家居用品	其他家居用品
5	002301.SZ	齐心集团	72.20	文娱用品	文化用品
6	603833.SH	欧派家居	71.80	家居用品	定制家居
7	603733.SH	仙鹤股份	71.28	造纸	特种纸
8	603661.SH	恒林股份	71.12	家居用品	成品家居
9	600963.SH	岳阳林纸	69.53	造纸	大宗用纸
10	002701.SZ	奥瑞金	69.05	包装印刷	金属包装
11	601515.SH	东风股份	68.91	包装印刷	纸包装
12	001322.SZ	箭牌家居	68.37	家居用品	卫浴制品
13	601968.SH	宝钢包装	68.15	包装印刷	金属包装
14	002078.SZ	太阳纸业	67.88	造纸	大宗用纸
15	002752.SZ	昇兴股份	67.86	包装印刷	金属包装

数据来源：同花顺（iFinD），首经贸资产评估研究院和浙工商数字创新与管理研究院整理。

7.21　商贸零售行业创新发展指数评价

截至2022年底，A股市场商贸零售行业共有上市公司104家，总市值共计12,501.31亿元，营业总收入12,845.46亿元，平均市值120.20亿元/家，平均营业收入123.51亿元/家。营业收入最高的上市公司为苏美达（1,411.45亿元），市值最大的上市公司为中国中免（4,457.05亿元）。行业内上市公司研发投入合计为46.28亿元，占营业收入的0.36%，无形资产账面价值合计为627.61亿元，占总资产的3.93%。根据本报告分析口径，本节共对商贸零售行业104家上市公司开展创新发展指数评价，具体情况如下：

7.21.1 创新发展综合指数

根据本报告评价，2022年商贸零售行业创新发展综合指数平均水平为58.01，低于全市场平均水平65.47。从指数分布来看，高于均值的有8家，占行业总数的7.69%。其中，最高的是苏美达，创新发展综合指数为71.75。具体来看，创新发展综合指数区间在60以下的有68家，占比65.39%；60~70的有34家，占比32.69%；70~80的有2家，占比1.92%，如图7-201所示。

商贸零售行业又可细分为5个二级行业，按照创新发展综合指数排名由高到低包括：旅游零售Ⅱ（63.95）、互联网电商（60.83）、贸易Ⅱ（60.47）、专业连锁Ⅱ（59.77）、一般零售（56.40），如图7-202所示。

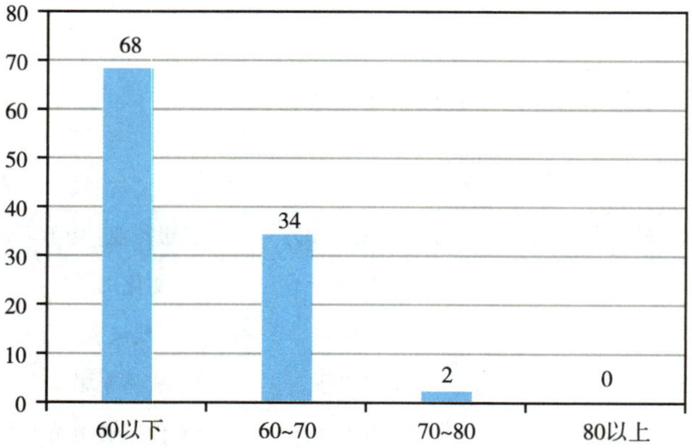

图7-201 2022年商贸零售行业上市公司创新发展综合指数分布图（家）

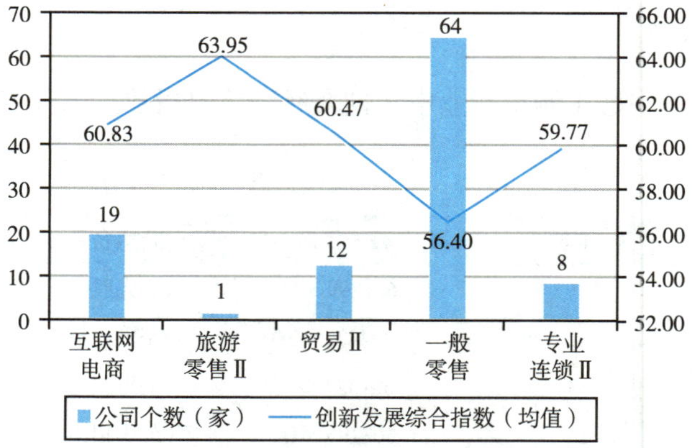

图7-202 2022年商贸零售行业上市公司创新发展综合指数均值分布图

商贸零售行业中，创新发展综合指数排名前10%的上市公司，如表7-101所示。

表7-101 2022年商贸零售行业上市公司创新发展综合指数前10%排名

排名	公司代码	公司名称	创新发展综合指数	二级行业_申万	三级行业_申万
1	600710.SH	苏美达	71.75	贸易Ⅱ	贸易Ⅲ
2	601113.SH	华鼎股份	71.10	互联网电商	跨境电商
3	002091.SZ	江苏国泰	69.41	贸易Ⅱ	贸易Ⅲ
4	600415.SH	小商品城	69.40	一般零售	商业物业经营
5	002315.SZ	焦点科技	68.73	互联网电商	跨境电商
6	603613.SH	国联股份	67.68	互联网电商	综合电商
7	600361.SH	创新新材	67.12	一般零售	超市
8	603031.SH	安孚科技	65.57	一般零售	超市
9	601933.SH	永辉超市	64.81	一般零售	超市
10	002803.SZ	吉宏股份	64.80	互联网电商	跨境电商

数据来源：同花顺（iFinD），首经贸资产评估研究院和浙工商数字创新与管理研究院整理。

7.21.2 创新资源支持指数

2022年商贸零售行业104家上市公司创新资源支持指数平均水平为61.94，低于全市场均值68.18。从指数分布来看，高于均值的有19家，占行业总数的18.27%。其中，最高的是创新新材，创新资源支持指数为80.14。具体来看，创新资源支持指数区间在60以下的有44家，占比42.31%；60~70的有47家，占比45.19%；70~80的有12家，占比11.54%；80以上的有1家，占比0.96%，如图7-203所示。

从二级行业来看，按照创新资源支持指数排名由高到低包括：旅游零售Ⅱ（73.55）、贸易Ⅱ（65.42）、专业连锁Ⅱ（64.03）、互联网电商（62.30）、一般零售（60.75），如图7-204所示。

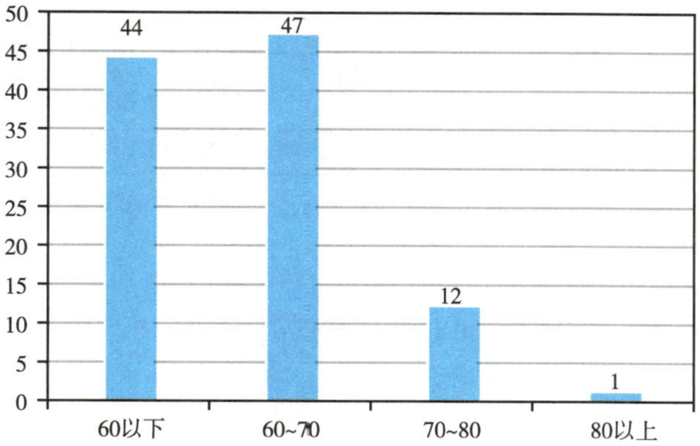

图7-203　2022年商贸零售行业上市公司创新资源支持指数分布图（家）

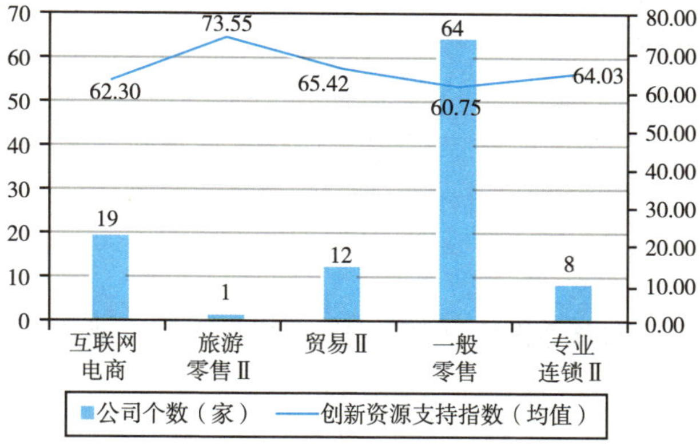

图7-204　2022年商贸零售行业上市公司创新资源支持指数均值分布图

商贸零售行业中，创新资源支持指数排名前10%的上市公司，如表7-102所示。

表7-102　2022年商贸零售行业上市公司创新资源支持指数前10%排名

排名	公司代码	公司名称	创新资源支持指数	二级行业_申万	三级行业_申万
1	600361.SH	创新新材	80.14	一般零售	超市
2	600710.SH	苏美达	78.53	贸易Ⅱ	贸易Ⅲ
3	600128.SH	弘业股份	76.96	贸易Ⅱ	贸易Ⅲ
4	601113.SH	华鼎股份	76.72	互联网电商	跨境电商
5	301078.SZ	孩子王	76.61	专业连锁Ⅱ	专业连锁Ⅲ
6	600278.SH	东方创业	76.23	贸易Ⅱ	贸易Ⅲ
7	600415.SH	小商品城	75.24	一般零售	商业物业经营
8	002091.SZ	江苏国泰	75.22	贸易Ⅱ	贸易Ⅲ
9	601888.SH	中国中免	73.55	旅游零售Ⅱ	旅游零售Ⅲ
10	600827.SH	百联股份	73.40	一般零售	多业态零售

数据来源：同花顺（iFinD），首经贸资产评估研究院和浙工商数字创新与管理研究院整理。

7.21.3　创新要素投入指数

2022年商贸零售行业104家上市公司创新要素投入指数平均水平为52.94，低于全市场均值65.37。从指数分布来看，高于均值的有4家，占行业总数的3.85%。其中，最高的是焦点科技，创新要素投入指数为69.84。具体来看，创新要素投入指数区间在60以下的有86家，占比82.69%；60~70的有18家，占比17.31%，如图7-205所示。

从二级行业来看，按照创新要素投入指数排名由高到低包括：互联网电商（58.28）、旅游零售Ⅱ（56.05）、贸易Ⅱ（54.79）、专业连锁Ⅱ（53.62）、一般零售（50.88），如图7-206所示。

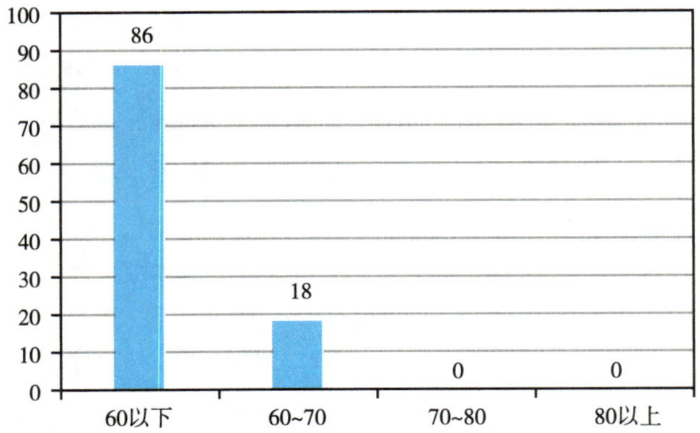

图7-205　2022年商贸零售行业上市公司创新要素投入指数分布图（家）

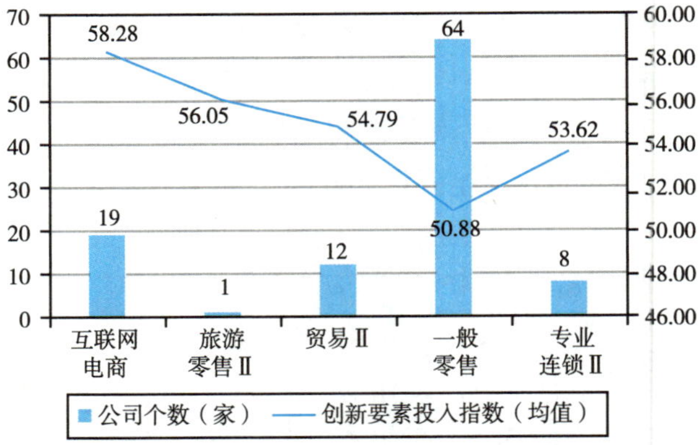

图7-206　2022年商贸零售行业上市公司创新要素投入指数均值分布图

商贸零售行业中，创新要素投入指数排名前10%的上市公司，如表7-103所示。

表7-103　2022年商贸零售行业上市公司创新要素投入指数前10%排名

排名	公司代码	公司名称	创新要素投入指数	二级行业_申万	三级行业_申万
1	002315.SZ	焦点科技	69.84	互联网电商	跨境电商
2	600710.SH	苏美达	68.40	贸易Ⅱ	贸易Ⅲ
3	601113.SH	华鼎股份	66.99	互联网电商	跨境电商
4	603613.SH	国联股份	65.42	互联网电商	综合电商
5	600415.SH	小商品城	65.05	一般零售	商业物业经营
6	002803.SZ	吉宏股份	64.35	互联网电商	跨境电商
7	301110.SZ	青木股份	63.13	互联网电商	电商服务
8	603123.SH	翠微股份	62.73	一般零售	百货
9	002280.SZ	联络互动	62.40	互联网电商	跨境电商
10	601933.SH	永辉超市	62.34	一般零售	超市

数据来源：同花顺（iFinD），首经贸资产评估研究院和浙工商数字创新与管理研究院整理。

7.21.4　创新科技成果指数

2022年商贸零售行业104家上市公司创新科技成果指数平均水平为61.84，低于全市场均值68.28。从指数分布来看，高于均值的有10家，占行业总数的9.62%。其中，最高的是苏美达，创新科技成果指数为72.19。具体来看，创新科技成果指数区间在60以下的有48家，占比46.15%；60~70的有50家，占比48.08%；70~80的有6家，占比5.77%，如图7-207所示。

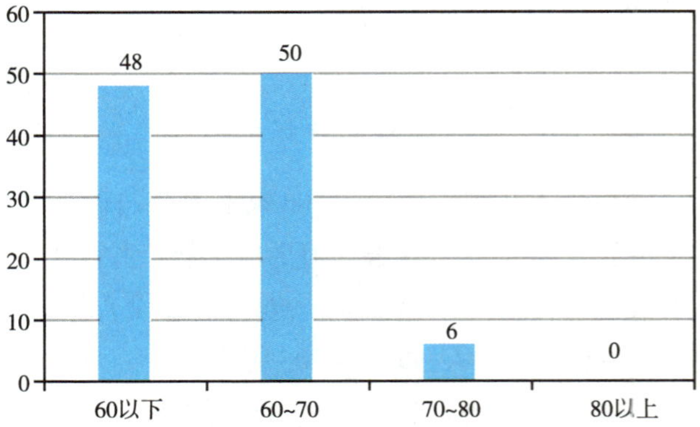

图7-207　2022年商贸零售行业上市公司创新科技成果指数分布图（家）

从二级行业来看，按照创新科技成果指数排名由高到低包括：专业连锁Ⅱ（65.25）、旅游零售Ⅱ（65.18）、贸易Ⅱ（63.96）、互联网电商（63.78）、一般零售（60.38），如图7-208所示。

商贸零售行业中，创新科技成果指数排名前

10%的上市公司，如表7-104所示。

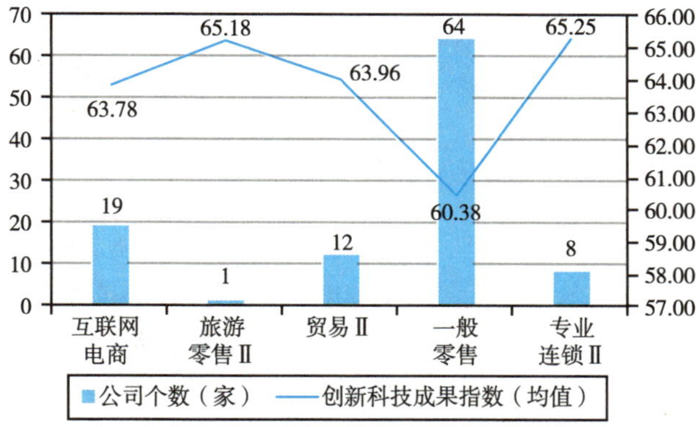

图7-208　2022年商贸零售行业上市公司创新科技成果指数均值分布图

7.21.5　创新经济绩效指数

2022年商贸零售行业104家上市公司创新经济绩效指数平均水平为57.76，低于全市场均值61.11。从指数分布来看，高于均值的有34家，占行业总数的32.69%。其中，最高的是华鼎股份，创新经济绩效指数为72.91。具体来看，创新经济绩效指数区间在60以下的有70家，占比67.31%；60~70的有29家，占比27.88%；70~80的有5家，占比4.81%，如图7-209所示。

从二级行业来看，按照创新经济绩效指数排名由高到低包括：旅游零售Ⅱ（65.21）、贸易Ⅱ（60.51）、互联网电商（60.18）、专业连锁Ⅱ（59.06）、一般零售（56.24），如图7-210所示。

表7-104　2022年商贸零售行业上市公司创新科技成果指数前10%排名

排名	公司代码	公司名称	创新科技成果指数	二级行业_申万	三级行业_申万
1	600710.SH	苏美达	72.19	贸易Ⅱ	贸易Ⅲ
2	002091.SZ	江苏国泰	71.96	贸易Ⅱ	贸易Ⅲ
3	600361.SH	创新新材	71.46	一般零售	超市
4	603031.SH	安孚科技	71.16	一般零售	超市
5	002315.SZ	焦点科技	70.49	互联网电商	跨境电商
6	300022.SZ	吉峰科技	70.27	专业连锁Ⅱ	专业连锁Ⅲ
7	601113.SH	华鼎股份	69.95	互联网电商	跨境电商
8	600539.SH	狮头股份	69.45	互联网电商	电商服务
9	600827.SH	百联股份	69.37	一般零售	多业态零售
10	600415.SH	小商品城	68.70	一般零售	商业物业经营

数据来源：同花顺（iFinD），首经贸资产评估研究院和浙工商数字创新与管理研究院整理。

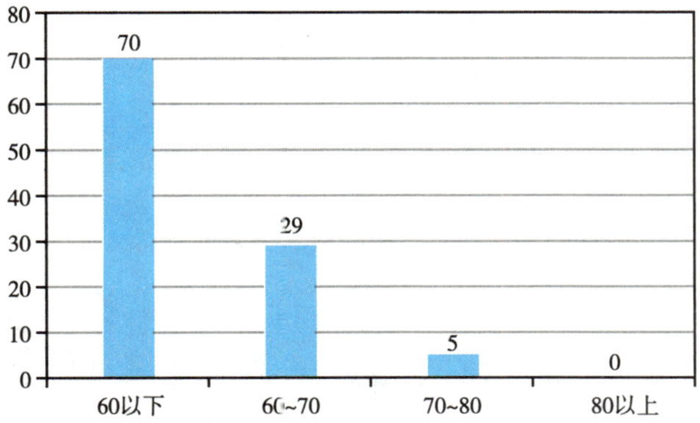

图7-209　2022年商贸零售行业上市公司创新经济绩效指数分布图（家）

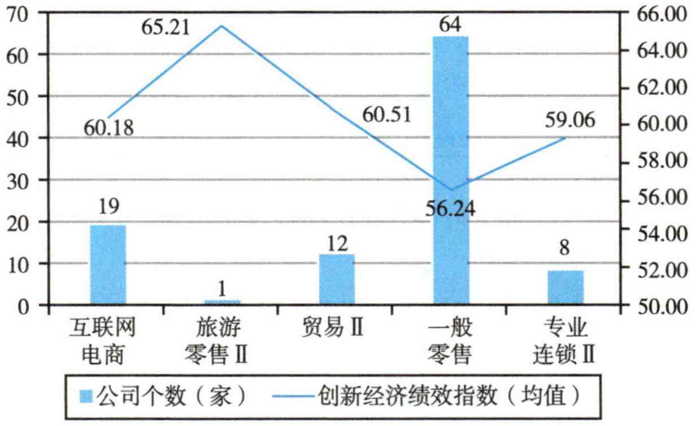

图7-210　2022年商贸零售行业上市公司创新经济绩效指数均值分布图

商贸零售行业中，创新经济绩效指数排名前10%的上市公司，如表7-105所示。

表7-105　　2022年商贸零售行业上市公司创新经济绩效指数前10%排名

排名	公司代码	公司名称	创新经济绩效指数	二级行业_申万	三级行业_申万
1	601113.SH	华鼎股份	72.91	互联网电商	跨境电商
2	603613.SH	国联股份	72.05	互联网电商	综合电商
3	002091.SZ	江苏国泰	71.87	贸易Ⅱ	贸易Ⅲ
4	600415.SH	小商品城	70.93	一般零售	商业物业经营
5	600710.SH	苏美达	70.38	贸易Ⅱ	贸易Ⅲ
6	601933.SH	永辉超市	68.90	一般零售	超市
7	601828.SH	美凯龙	68.68	一般零售	商业物业经营
8	600981.SH	汇鸿集团	68.50	贸易Ⅱ	贸易Ⅲ
9	000785.SZ	居然之家	67.98	一般零售	商业物业经营
10	002803.SZ	吉宏股份	67.48	互联网电商	跨境电商

数据来源：同花顺（iFinD），首经贸资产评估研究院和浙工商数字创新与管理研究院整理。

7.22　社会服务行业创新发展指数评价

截至2022年底，A股市场社会服务行业共有上市公司76家，总市值共计5,297.51亿元，营业总收入1,008.11亿元，平均市值69.70亿元/家，平均营业收入13.26亿元/家。营业收入最高的上市公司为外服控股（146.64亿元），市值最大的上市公司为锦江酒店（555.12亿元）。行业内上市公司研发投入合计为36.59亿元，占营业收入的3.63%，无形资产账面价值合计为239.13亿元，占总资产的7.85%。根据本报告分析口径，本节共对社会服务行业76家上市公司开展创新发展指数评价，具体情况如下：

7.22.1　创新发展综合指数

根据本报告评价，2022年社会服务行业创新发展综合指数平均水平为60.59，低于全市场平均水平65.47。从指数分布来看，高于均值的有13家，占行业总数的17.11%。其中，最高的是苏试试验，创新发展综合指数为73.69。具体来看，创新发展综合指数区间在60以下的有31家，占比40.79%；60~70的有40家，占比52.63%；70~80的有5家，占比6.58%，如图7-211所示。

社会服务行业又可细分为5个二级行业，按照创新发展综合指数排名由高到低包括：专业服务（65.43）、教育（60.22）、体育Ⅱ（59.88）、酒店餐饮（57.68）、旅游及景区（56.11），如图7-212所示。

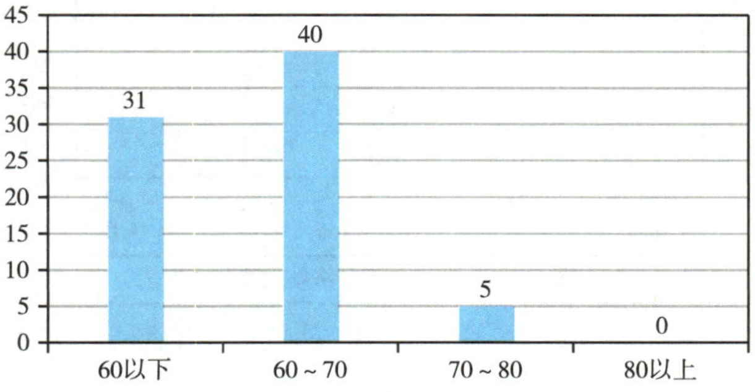

图7-211　2022年社会服务行业上市公司创新发展综合指数分布图（家）

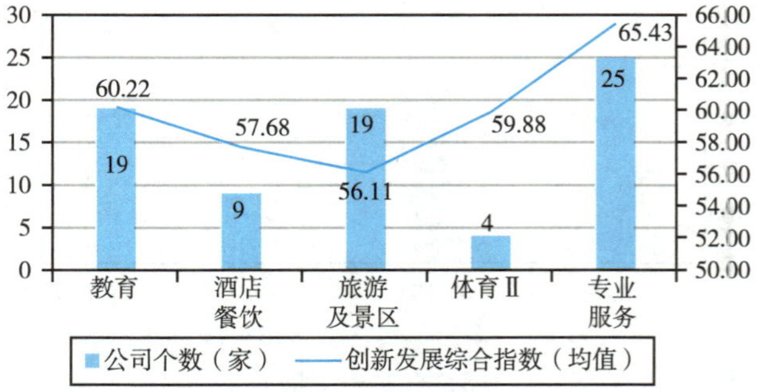

图7-212　2022年社会服务行业上市公司创新发展综合指数均值分布图

社会服务行业中，创新发展综合指数排名前10的上市公司，如表7-106所示。

表7-106 2022年社会服务行业上市公司创新发展综合指数前10排名

排名	公司代码	公司名称	创新发展综合指数	二级行业_申万	三级行业_申万
1	300416.SZ	苏试试验	73.69	专业服务	检测服务
2	300887.SZ	谱尼测试	72.97	专业服务	检测服务
3	300012.SZ	华测检测	72.67	专业服务	检测服务
4	300797.SZ	钢研纳克	71.04	专业服务	检测服务
5	603060.SH	国检集团	70.42	专业服务	检测服务
6	300662.SZ	科锐国际	69.42	专业服务	人力资源服务
7	300938.SZ	信测标准	68.97	专业服务	检测服务
8	002967.SZ	广电计量	68.44	专业服务	检测服务
9	600158.SH	中体产业	68.34	体育Ⅱ	体育Ⅲ
10	600662.SH	外服控股	67.73	专业服务	人力资源服务

数据来源：同花顺（iFinD），首经贸资产评估研究院和浙工商数字创新与管理研究院整理。

7.22.2 创新资源支持指数

2022年社会服务行业76家上市公司创新资源支持指数平均水平为62.84，低于全市场均值68.18。从指数分布来看，高于均值的有14家，占行业总数的18.42%。其中，最高的是华测检测，创新资源支持指数为81.04。具体来看，创新资源支持指数区间在60以下的有26家，占比34.21%；60~70的有40家，占比52.63%；70~80的有9家，占比11.84%；80以上的有1家，占比1.32%，如图7-213所示。

从二级行业来看，按照创新资源支持指数排名由高到低包括：专业服务（67.12）、体育Ⅱ（62.78）、酒店餐饮（61.14）、教育（60.71）、旅游及景区（60.14），如图7-214所示。

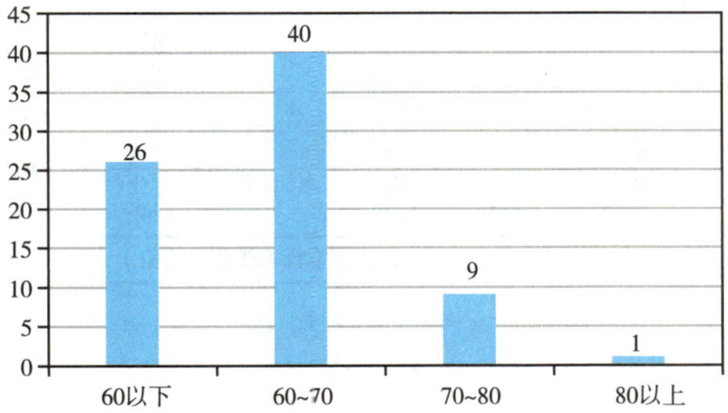

图7-213 2022年社会服务行业上市公司创新资源支持指数分布图（家）

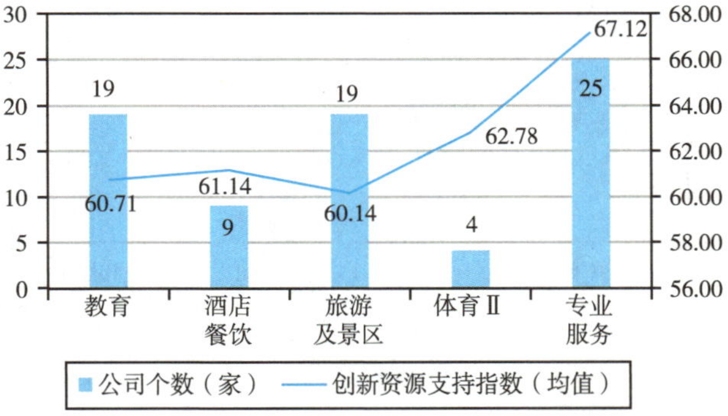

图7-214 2022年社会服务行业上市公司创新资源支持指数均值分布图

社会服务行业中，创新资源支持指数排名前10的上市公司，如表7-107所示。

表7-107 2022年社会服务行业上市公司创新资源支持指数前10排名

排名	公司代码	公司名称	创新资源支持指数	二级行业_申万	三级行业_申万
1	300012.SZ	华测检测	81.04	专业服务	检测服务
2	300416.SZ	苏试试验	79.97	专业服务	检测服务

续表

排名	公司代码	公司名称	创新资源支持指数	二级行业_申万	三级行业_申万
3	300887.SZ	谱尼测试	77.23	专业服务	检测服务
4	300215.SZ	电科院	74.88	专业服务	检测服务
5	002967.SZ	广电计量	74.61	专业服务	检测服务
6	600158.SH	中体产业	73.70	体育Ⅱ	体育Ⅲ
7	301115.SZ	建科股份	72.41	专业服务	检测服务
8	600636.SH	国新文化	72.24	教育	教育运营及其他
9	000524.SZ	岭南控股	71.75	旅游及景区	旅游综合
10	300938.SZ	信测标准	71.66	专业服务	检测服务

数据来源：同花顺（iFinD），首经贸资产评估研究院和浙工商数字创新与管理研究院整理。

7.22.3 创新要素投入指数

2022年社会服务行业76家上市公司创新要素投入指数平均水平为59.25，低于全市场均值65.37。从指数分布来看，高于均值的有24家，占行业总数的31.58%。其中，最高的是钢研纳克，创新要素投入指数为78.20。具体来看，创新要素投入指数区间在60以下的有38家，占比50.00%；60~70的有29家，占比38.16%；70~80的有9家，占比11.84%，如图7-215所示。

从二级行业来看，按照创新要素投入指数排名由高到低包括：专业服务（67.13）、教育（59.99）、体育Ⅱ（59.96）、酒店餐饮（52.68）、旅游及景区（51.10），如图7-216所示。

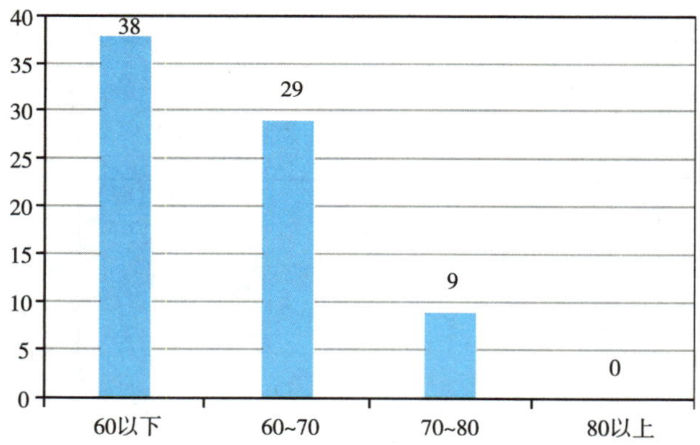

图7-215　2022年社会服务行业上市公司创新要素投入指数分布图（家）

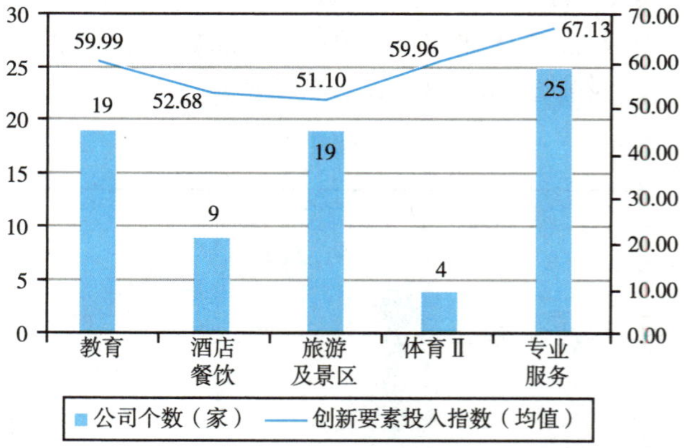

图7-216　2022年社会服务行业上市公司创新要素投入指数均值分布图

社会服务行业中，创新要素投入指数排名前10的上市公司，如表7-108所示。

表7-108　2022年社会服务行业上市公司创新要素投入指数前10排名

排名	公司代码	公司名称	创新要素投入指数	二级行业_申万	三级行业_申万
1	300797.SZ	钢研纳克	78.20	专业服务	检测服务
2	300887.SZ	谱尼测试	76.19	专业服务	检测服务
3	603060.SH	国检集团	74.97	专业服务	检测服务
4	600158.SH	中体产业	73.53	体育Ⅱ	体育Ⅲ

续表

排名	公司代码	公司名称	创新要素投入指数	二级行业_申万	三级行业_申万
5	301228.SZ	实朴检测	73.08	专业服务	检测服务
6	300012.SZ	华测检测	72.66	专业服务	检测服务
7	300416.SZ	苏试试验	72.53	专业服务	检测服务
8	301169.SZ	零点有数	71.67	专业服务	其他专业服务
9	002967.SZ	广电计量	70.63	专业服务	检测服务
10	301115.SZ	建科股份	69.97	专业服务	检测服务

数据来源：同花顺（iFinD），首经贸资产评估研究院和浙工商数字创新与管理研究院整理。

7.22.4 创新科技成果指数

2022年社会服务行业76家上市公司创新科技成果指数平均水平为64.16，低于全市场均值68.28。从指数分布来看，高于均值的有13家，占行业总数的17.11%。其中，最高的是开普检测，创新科技成果指数为72.05。具体来看，创新科技成果指数区间在60以下的有13家，占比17.11%；60~70的有58家，占比76.31%；70~80的有5家，占比6.58%，如图7-217所示。

从二级行业来看，按照创新科技成果指数排名由高到低包括：专业服务（66.76）、体育Ⅱ（63.34）、教育（63.23）、旅游及景区（63.13）、酒店餐饮（61.40），如图7-218所示。

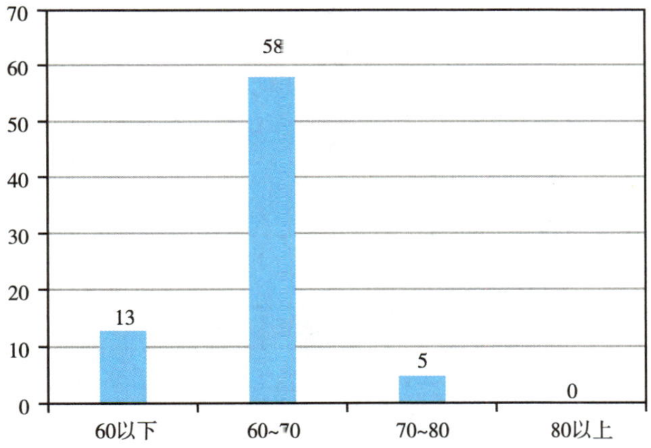

图7-217　2022年社会服务行业上市公司创新科技成果指数分布图（家）

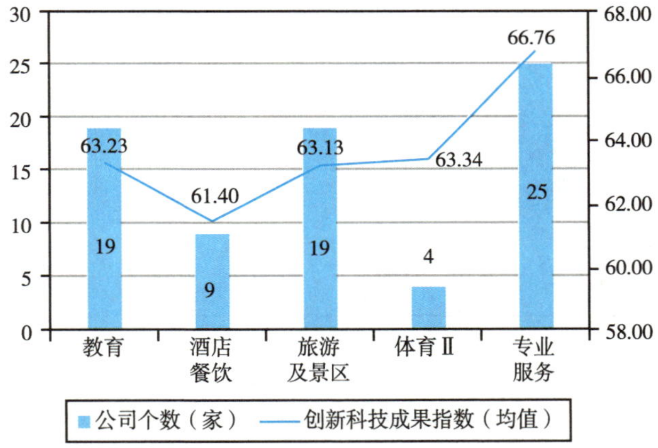

图7-218　2022年社会服务行业上市公司创新科技成果指数均值分布图

社会服务行业中，创新科技成果指数排名前10的上市公司，如表7-109所示。

表7-109　2022年社会服务行业上市公司创新科技成果指数前10排名

排名	公司代码	公司名称	创新科技成果指数	二级行业_申万	三级行业_申万
1	003008.SZ	开普检测	72.05	专业服务	检测服务
2	300416.SZ	苏试试验	70.78	专业服务	检测服务
3	300662.SZ	科锐国际	70.63	专业服务	人力资源服务
4	002059.SZ	云南旅游	70.29	旅游及景区	人工景区
5	301289.SZ	国缆检测	70.00	专业服务	检测服务
6	002751.SZ	易尚退	69.80	专业服务	会展服务

续表

排名	公司代码	公司名称	创新科技成果指数	二级行业_申万	三级行业_申万
7	300795.SZ	米奥会展	69.42	专业服务	会展服务
8	300797.SZ	钢研纳克	69.21	专业服务	检测服务
9	600636.SH	国新文化	69.21	教育	教育运营及其他
10	300938.SZ	信测标准	68.88	专业服务	检测服务

数据来源：同花顺（iFinD），首经贸资产评估研究院和浙工商数字创新与管理研究院整理。

7.22.5　创新经济绩效指数

2022年社会服务行业76家上市公司创新经济绩效指数平均水平为57.34，低于全市场均值61.11。从指数分布来看，高于均值的有21家，占行业总数的27.63%。其中，最高的是谱尼测试，创新经济绩效指数为73.86。具体来看，创新经济绩效指数区间在60以下的有55家，占比72.37%；60~70的有14家，占比18.42%；70~80的有7家，占比9.21%，如图7-219所示。

从二级行业来看，按照创新经济绩效指数排名由高到低包括：专业服务（60.97）、酒店餐饮（57.79）、教育（57.44）、体育Ⅱ（54.58）、旅游及景区（52.84），如图7-220所示。

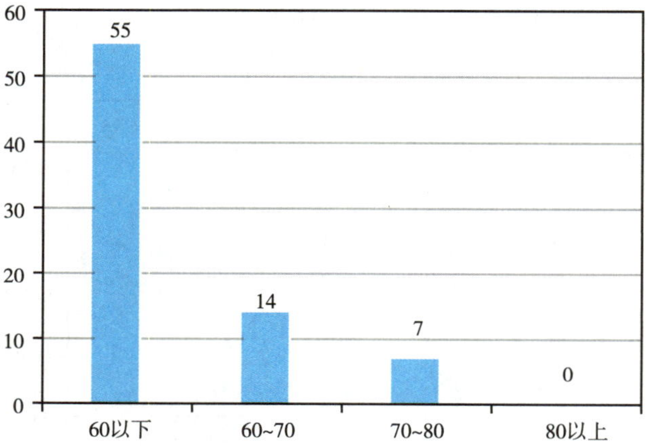

图7-219　2022年社会服务行业上市公司创新经济绩效指数分布图（家）

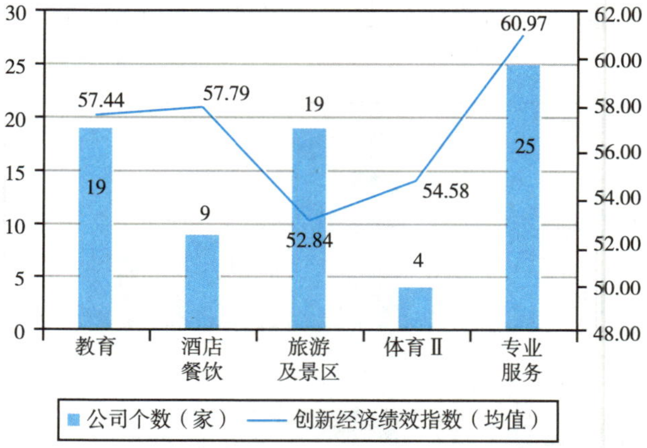

图7-220　2022年社会服务行业上市公司创新经济绩效指数均值分布图

社会服务行业中，创新经济绩效指数排名前10的上市公司，如表7-110所示。

表7-110　2022年社会服务行业上市公司创新经济绩效指数前10排名

排名	公司代码	公司名称	创新经济绩效指数	二级行业_申万	三级行业_申万
1	300887.SZ	谱尼测试	73.86	专业服务	检测服务
2	300012.SZ	华测检测	73.36	专业服务	检测服务
3	300662.SZ	科锐国际	73.19	专业服务	人力资源服务
4	600754.SH	锦江酒店	73.16	酒店餐饮	酒店
5	300416.SZ	苏试试验	73.09	专业服务	检测服务
6	002638.SZ	勤上股份	71.09	教育	培训教育
7	603060.SH	国检集团	70.13	专业服务	检测服务
8	600662.SH	外服控股	69.71	专业服务	人力资源服务

续表

排名	公司代码	公司名称	创新经济绩效指数	二级行业_申万	三级行业_申万
9	300938.SZ	信测标准	67.10	专业服务	检测服务
10	300797.SZ	钢研纳克	64.95	专业服务	检测服务

数据来源：同花顺（iFinD），首经贸资产评估研究院和浙工商数字创新与管理研究院整理。

7.23 石油石化行业创新发展指数评价

截至2022年底，A股市场石油石化行业共有上市公司47家，总市值共计22,175.87亿元，营业总收入83,752.84亿元，平均市值471.83亿元/家，平均营业收入1,781.98亿元/家。营业收入最高的上市公司为中国石化（33,181.68亿元），市值最大的上市公司为中国石油（8,720.37亿元）。行业内上市公司研发投入合计为770.44亿元，占营业收入的0.92%，无形资产账面价值合计为2,648.09亿元，占总资产的3.68%。根据本报告分析口径，本节共对石油石化行业47家上市公司开展创新发展指数评价，具体情况如下：

7.23.1 创新发展综合指数

根据本报告评价，2022年石油石化行业创新发展综合指数平均水平为64.55，低于全市场平均水平65.47。从指数分布来看，高于均值的有22家，占行业总数的46.81%。其中，最高的是中国石化，创新发展综合指数为78.01。具体来看，创新发展综合指数区间在60以下的有11家，占比23.40%；60~70的有24家，占比51.06%；70~80的有12家，占比25.54%，如图7-221所示。

石油石化行业又可细分为3个二级行业，按照创新发展综合指数排名由高到低包括：油服工程（65.61）、炼化及贸易（64.48）、油气开采Ⅱ（61.37），如图7-222所示。

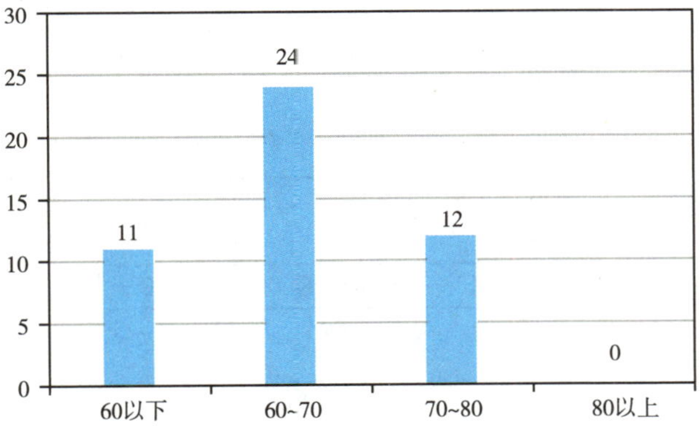

图7-221 2022年石油石化行业上市公司创新发展综合指数分布图（家）

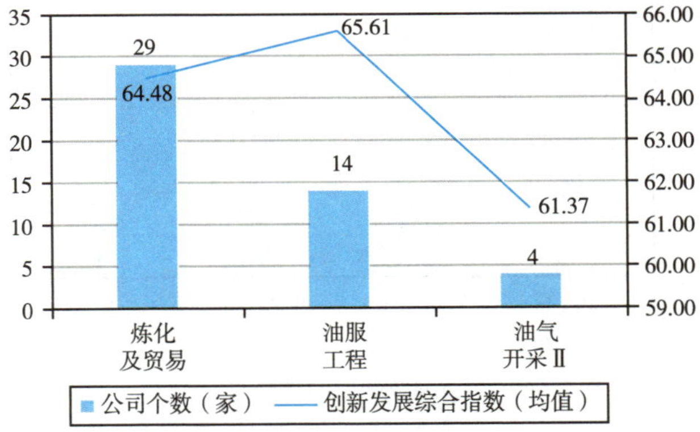

图7-222 2022年石油石化行业上市公司创新发展综合指数均值分布图

石油石化行业中，创新发展综合指数排名前10的上市公司，如表7-111所示。

表7-111 2022年石油石化行业上市公司创新发展综合指数前10排名

排名	公司代码	公司名称	创新发展综合指数	二级行业_申万	三级行业_申万
1	600028.SH	中国石化	78.01	炼化及贸易	炼油化工
2	601857.SH	中国石油	77.30	炼化及贸易	炼油化工

续表

排名	公司代码	公司名称	创新发展综合指数	二级行业_申万	三级行业_申万
3	601808.SH	中海油服	77.03	油服工程	油田服务
4	600968.SH	海油发展	76.37	油服工程	油田服务
5	600339.SH	中油工程	72.91	油服工程	油气及炼化工程
6	002493.SZ	荣盛石化	72.36	炼化及贸易	炼油化工
7	600346.SH	恒力石化	72.14	炼化及贸易	炼油化工
8	000301.SZ	东方盛虹	72.12	炼化及贸易	炼油化工
9	600583.SH	海油工程	70.63	油服工程	油气及炼化工程
10	002408.SZ	齐翔腾达	70.63	炼化及贸易	其他石化

数据来源：同花顺（iFinD），首经贸资产评估研究院和浙工商数字创新与管理研究院整理。

7.23.2 创新资源支持指数

2022年石油石化行业47家上市公司创新资源支持指数平均水平为64.34，低于全市场均值68.18。从指数分布来看，高于均值的有13家，占行业总数的27.66%。其中，最高的是中海油服，创新资源支持指数为85.74。具体来看，创新资源支持指数区间在60以下的有18家，占比38.30%；60~70的有19家，占比40.43%；70~80的有7家，占比14.89%；80以上的有3家，占比6.38%，如图7-223所示。

从二级行业来看，按照创新资源支持指数排名由高到低包括：油服工程（65.02）、炼化及贸易（64.60）、油气开采Ⅱ（60.05），如图7-224所示。

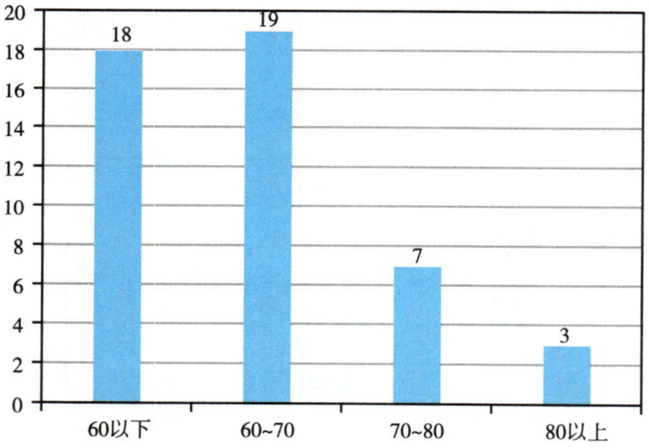

图7-223　2022年石油石化行业上市公司创新资源支持指数分布图（家）

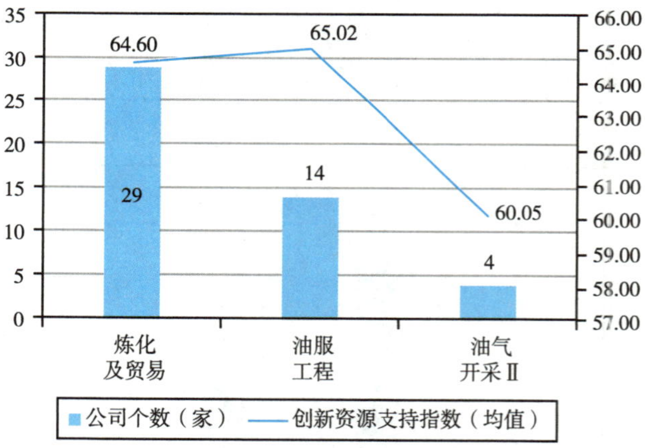

图7-224　2022年石油石化行业上市公司创新资源支持指数均值分布图

石油石化行业中，创新资源支持指数排名前10的上市公司，如表7-112所示。

表7-112　2022年石油石化行业上市公司创新资源支持指数前10排名

排名	公司代码	公司名称	创新资源支持指数	二级行业_申万	三级行业_申万
1	601808.SH	中海油服	85.74	油服工程	油田服务
2	600346.SH	恒力石化	84.97	炼化及贸易	炼油化工
3	002493.SZ	荣盛石化	81.93	炼化及贸易	炼油化工
4	002408.SZ	齐翔腾达	77.44	炼化及贸易	其他石化

续表

排名	公司代码	公司名称	创新资源支持指数	二级行业_申万	三级行业_申万
5	600968.SH	海油发展	76.44	油服工程	油田服务
6	000301.SZ	东方盛虹	76.08	炼化及贸易	炼油化工
7	000968.SZ	蓝焰控股	74.68	油气开采Ⅱ	油气开采Ⅲ
8	000059.SZ	华锦股份	72.22	炼化及贸易	炼油化工
9	000703.SZ	恒逸石化	71.11	炼化及贸易	炼油化工
10	600256.SH	广汇能源	70.52	炼化及贸易	油品石化贸易

数据来源：同花顺（iFinD），首经贸资产评估研究院和浙工商数字创新与管理研究院整理。

7.23.3 创新要素投入指数

2022年石油石化行业47家上市公司创新要素投入指数平均水平为63.56，低于全市场均值65.37。从指数分布来看，高于均值的有21家，占行业总数的44.68%。其中，最高的是中油工程，创新要素投入指数为81.16。具体来看，创新要素投入指数区间在60以下的有11家，占比23.40%；60~70的有27家，占比57.45%；70~80的有8家，占比17.02%；80以上的有1家，占比2.13%，如图7–225所示。

从二级行业来看，按照创新要素投入指数排名由高到低包括：油服工程（66.17）、炼化及贸易（63.14）、油气开采Ⅱ（57.52），如图7–226所示。

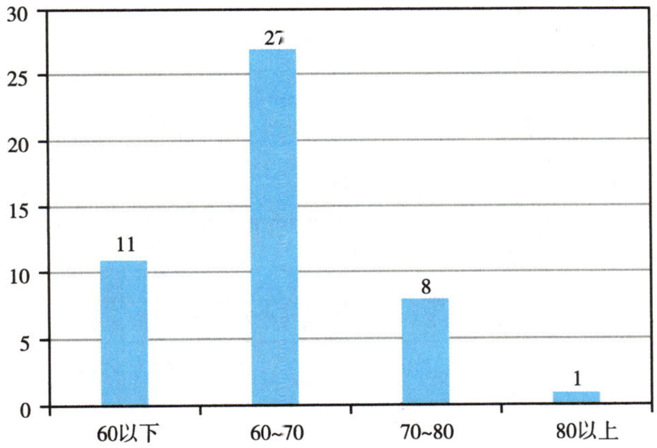

图7–225　2022年石油石化行业上市公司创新要素投入指数分布图（家）

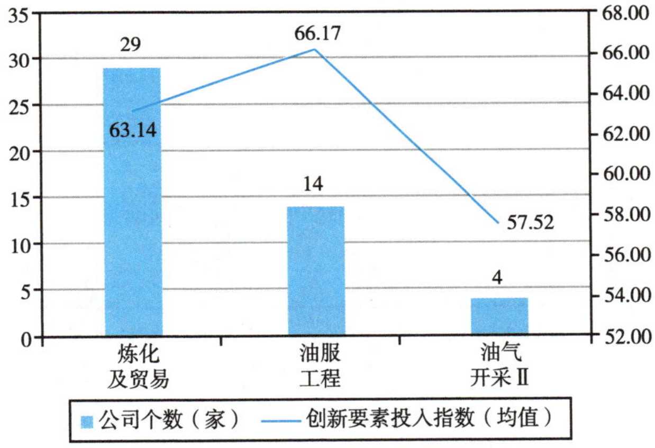

图7–226　2022年石油石化行业上市公司创新要素投入指数均值分布图

石油石化行业中，创新要素投入指数排名前10的上市公司，如表7–113所示。

表7–113　2022年石油石化行业上市公司创新要素投入指数前10排名

排名	公司代码	公司名称	创新要素投入指数	二级行业_申万	三级行业_申万
1	600339.SH	中油工程	81.16	油服工程	油气及炼化工程
2	600028.SH	中国石化	78.91	炼化及贸易	炼油化工
3	601857.SH	中国石油	77.42	炼化及贸易	炼油化工
4	601808.SH	中海油服	77.31	油服工程	油田服务
5	600583.SH	海油工程	74.66	油服工程	油气及炼化工程
6	600968.SH	海油发展	74.57	油服工程	油田服务

续表

排名	公司代码	公司名称	创新要素投入指数	二级行业_申万	三级行业_申万
7	002986.SZ	宇新股份	74.26	炼化及贸易	其他石化
8	002493.SZ	荣盛石化	70.46	炼化及贸易	炼油化工
9	600938.SH	中国海油	70.39	油气开采Ⅱ	油气开采Ⅲ
10	601233.SH	桐昆股份	69.96	炼化及贸易	其他石化

数据来源：同花顺（iFinD），首经贸资产评估研究院和浙工商数字创新与管理研究院整理。

7.23.4 创新科技成果指数

2022年石油石化行业47家上市公司创新科技成果指数平均水平为67.94，低于全市场均值68.28。从指数分布来看，高于均值的有21家，占行业总数的44.68%。其中，最高的是中国石化，创新科技成果指数为81.20。具体来看，创新科技成果指数区间在60以下的有5家，占比10.64%；60~70的有29家，占比61.70%；70~80的有12家，占比25.53%；80以上的有1家，占比2.13%，如图7-227所示。

从二级行业来看，按照创新科技成果指数排名由高到低包括：油服工程（68.84）、炼化及贸易（68.03）、油气开采Ⅱ（64.19），如图7-228所示。

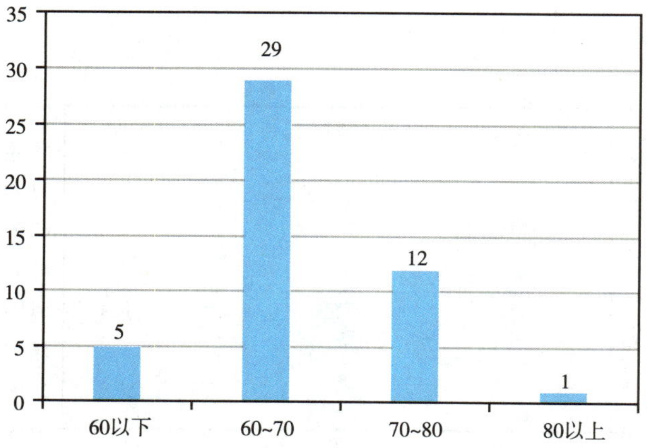

图7-227　2022年石油石化行业上市公司创新科技成果指数分布图（家）

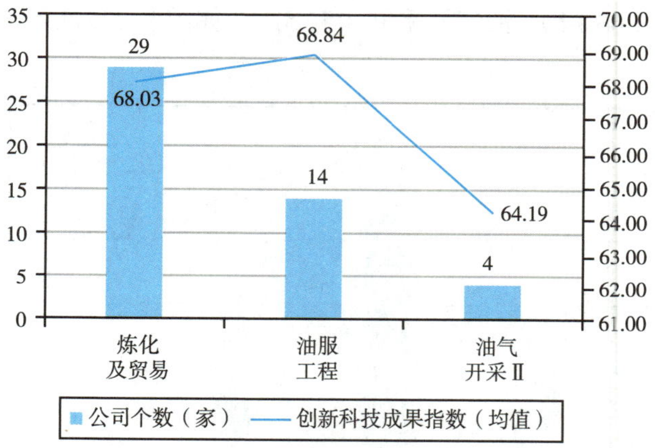

图7-228　2022年石油石化行业上市公司创新科技成果指数均值分布图

石油石化行业中，创新科技成果指数排名前10的上市公司，如表7-114所示。

表7-114　2022年石油石化行业上市公司创新科技成果指数前10排名

排名	公司代码	公司名称	创新科技成果指数	二级行业_申万	三级行业_申万
1	600028.SH	中国石化	81.20	炼化及贸易	炼油化工
2	600968.SH	海油发展	79.49	油服工程	油田服务
3	601857.SH	中国石油	79.40	炼化及贸易	炼油化工
4	601233.SH	桐昆股份	75.93	炼化及贸易	其他石化
5	600339.SH	中油工程	75.31	油服工程	油气及炼化工程
6	000301.SZ	东方盛虹	74.20	炼化及贸易	炼油化工
7	600938.SH	中国海油	73.49	油气开采Ⅱ	油气开采Ⅲ
8	600871.SH	石化油服	73.18	油服工程	油田服务

续表

排名	公司代码	公司名称	创新科技成果指数	二级行业_申万	三级行业_申万
9	002408.SZ	齐翔腾达	73.13	炼化及贸易	其他石化
10	600346.SH	恒力石化	72.35	炼化及贸易	炼油化工

数据来源：同花顺（iFinD），首经贸资产评估研究院和浙江工商数字创新与管理研究院整理。

7.23.5 创新经济绩效指数

2022年石油石化行业47家上市公司创新经济绩效指数平均水平为62.85，高于全市场均值61.11。从指数分布来看，高于均值的有29家，占行业总数的61.7%。其中，最高的是中国石油，创新经济绩效指数为82.00。具体来看，创新经济绩效指数区间在60以下的有18家，占比38.30%；60~70的有20家，占比42.55%；70~80的有7家，占比14.89%；80以上的有2家，占比4.26%，如图7-229所示。

从二级行业来看，按照创新经济绩效指数排名由高到低包括：油气开采Ⅱ（64.41）、炼化及贸易（62.82）、油服工程（62.48），如图7-230所示。

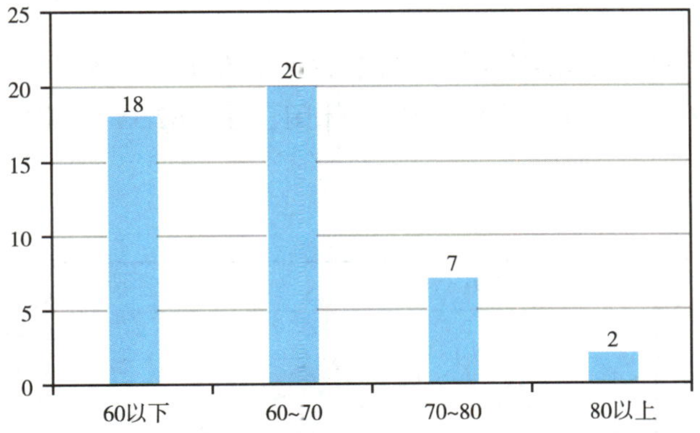

图7-229 2022年石油石化行业上市公司创新经济绩效指数分布图（家）

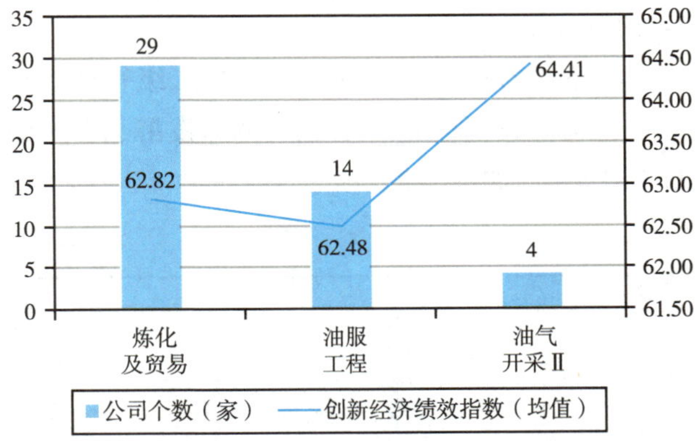

图7-230 2022年石油石化行业上市公司创新经济绩效指数均值分布图

石油石化行业中，创新经济绩效指数排名前10的上市公司，如表7-115所示。

表7-115 2022年石油石化行业上市公司创新经济绩效指数前10排名

排名	公司代码	公司名称	创新经济绩效指数	二级行业_申万	三级行业_申万
1	601857.SH	中国石油	82.00	炼化及贸易	炼油化工
2	600028.SH	中国石化	81.15	炼化及贸易	炼油化工
3	600938.SH	中国海油	76.75	油气开采Ⅱ	油气开采Ⅲ
4	600968.SH	海油发展	75.68	油服工程	油田服务
5	601808.SH	中海油服	74.91	油服工程	油田服务
6	600256.SH	广汇能源	71.85	炼化及贸易	油品石化贸易
7	000703.SZ	恒逸石化	71.67	炼化及贸易	炼油化工
8	600346.SH	恒力石化	71.40	炼化及贸易	炼油化工
9	000301.SZ	东方盛虹	70.25	炼化及贸易	炼油化工
10	600583.SH	海油工程	69.43	油服工程	油气及炼化工程

数据来源：同花顺（iFinD），首经贸资产评估研究院和浙江工商数字创新与管理研究院整理。

7.24 食品饮料行业创新发展指数评价

截至2022年底，A股市场食品饮料行业共有上市公司124家，总市值共计61,751.13亿元，营业总收入9,608.35亿元，平均市值497.99亿元/家，平均营业收入77.49亿元/家。营业收入最高的上市公司为贵州茅台（1,241.00亿元），市值最大的上市公司也为贵州茅台（21,694.54亿元）。行业内上市公司研发投入合计为90.57亿元，占营业收入的0.94%，无形资产账面价值合计为468.74亿元，占总资产的3.28%。根据本报告分析口径，本节共对食品饮料行业124家上市公司开展创新发展指数评价，具体情况如下：

7.24.1 创新发展综合指数

根据本报告评价，2022年食品饮料行业创新发展综合指数平均水平为63.22，低于全市场平均水平65.47。从指数分布来看，高于均值的有29家，占行业总数的23.39%。其中，最高的是伊利股份，创新发展综合指数为80.56。具体来看，创新发展综合指数区间在60以下的有28家，占比22.58%；60~70的有88家，占比70.96%；70~80的有7家，占比5.65%；80以上的有1家，占比0.81%，如图7-231所示。

食品饮料行业又可细分为6个二级行业，按照创新发展综合指数排名由高到低包括：白酒Ⅱ（64.36）、饮料乳品（63.92）、调味发酵品Ⅱ（63.91）、食品加工（62.76）、休闲食品（62.35）、非白酒（61.81），如图7-232所示。

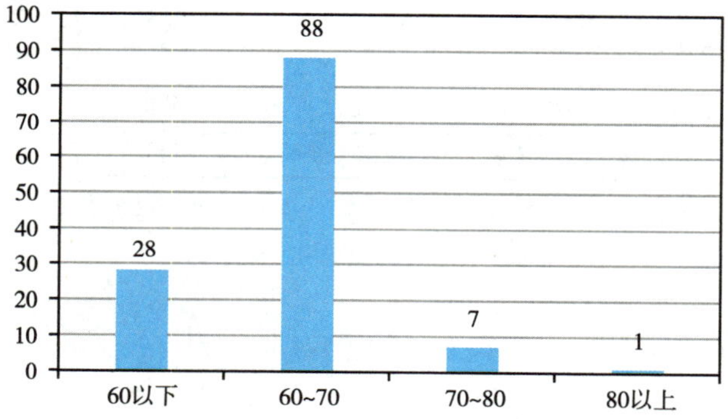

图7-231　2022年食品饮料行业上市公司创新发展综合指数分布图（家）

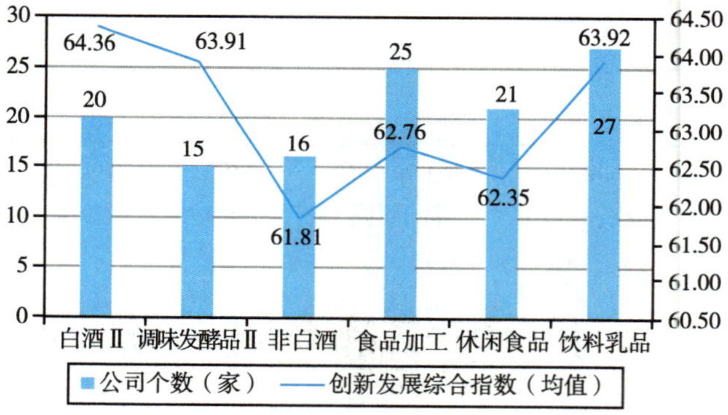

图7-232　2022年食品饮料行业上市公司创新发展综合指数均值分布图

食品饮料行业中，创新发展综合指数排名前10%的上市公司，如表7-116所示。

表7-116　2022年食品饮料行业上市公司创新发展综合指数前10%排名

排名	公司代码	公司名称	创新发展综合指数	二级行业_申万	三级行业_申万
1	600887.SH	伊利股份	80.56	饮料乳品	乳品
2	603288.SH	海天味业	74.88	调味发酵品Ⅱ	调味发酵品Ⅲ
3	600298.SH	安琪酵母	73.70	调味发酵品Ⅱ	调味发酵品Ⅲ
4	000895.SZ	双汇发展	73.36	食品加工	肉制品
5	000858.SZ	五粮液	71.30	白酒Ⅱ	白酒Ⅲ
6	603345.SH	安井食品	71.10	食品加工	预加工食品

续表

排名	公司代码	公司名称	创新发展综合指数	二级行业_申万	三级行业_申万
7	600519.SH	贵州茅台	71.07	白酒Ⅱ	白酒Ⅲ
8	000568.SZ	泸州老窖	70.33	白酒Ⅱ	白酒Ⅲ
9	600600.SH	青岛啤酒	69.99	非白酒	啤酒
10	002461.SZ	珠江啤酒	69.40	非白酒	啤酒
11	600597.SH	光明乳业	69.36	饮料乳品	乳品
12	000596.SZ	古井贡酒	69.28	白酒Ⅱ	白酒Ⅲ

数据来源：同花顺（iFinD），首经贸资产评估研究院和浙工商数字创新与管理研究院整理。

7.24.2 创新资源支持指数

2022年食品饮料行业124家上市公司创新资源支持指数平均水平为65.20，低于全市场均值68.18。从指数分布来看，高于均值的有33家，占行业总数的26.61%。其中，最高的是安琪酵母，创新资源支持指数为85.64。具体来看，创新资源支持指数区间在60以下的有25家，占比20.16%；60~70的有75家，占比60.49%；70~80的有19家，占比15.32%；80以上的有5家，占比4.03%，如图7-233所示。

从二级行业来看，按照创新资源支持指数排名由高到低包括：饮料乳品（66.31）、调味发酵品Ⅱ（65.99）、休闲食品（65.25）、食品加工（64.95）、非白酒（64.21）、白酒Ⅱ（64.17），如图7-234所示。

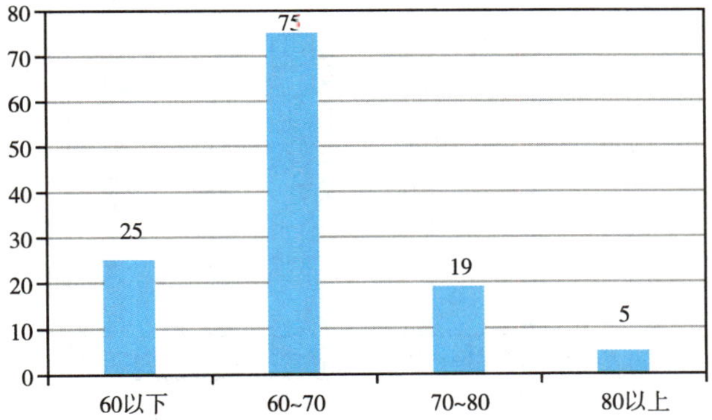

图7-233　2022年食品饮料行业上市公司创新资源支持指数分布图（家）

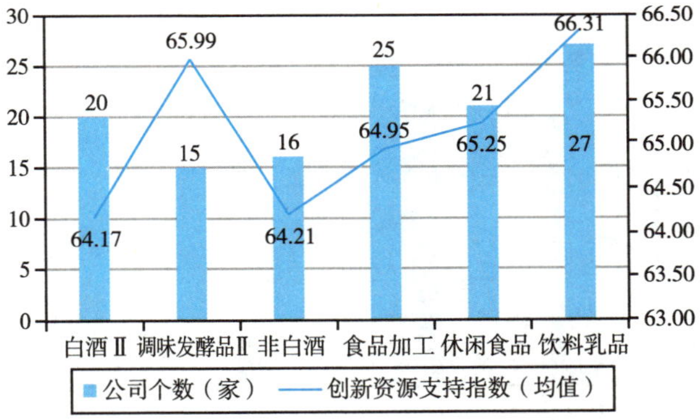

图7-234　2022年食品饮料行业上市公司创新资源支持指数均值分布图

食品饮料行业中，创新资源支持指数排名前10%的上市公司，如表7-117所示。

表7-117　2022年食品饮料行业上市公司创新资源支持指数前10%排名

排名	公司代码	公司名称	创新资源支持指数	二级行业_申万	三级行业_申万
1	600298.SH	安琪酵母	85.64	调味发酵品Ⅱ	调味发酵品Ⅲ
2	600887.SH	伊利股份	84.56	饮料乳品	乳品
3	603288.SH	海天味业	82.45	调味发酵品Ⅱ	调味发酵品Ⅲ
4	000895.SZ	双汇发展	81.27	食品加工	肉制品
5	000858.SZ	五粮液	81.21	白酒Ⅱ	白酒Ⅲ
6	603719.SH	良品铺子	78.67	休闲食品	零食

续表

排名	公司代码	公司名称	创新资源支持指数	二级行业_申万	三级行业_申万
7	600132.SH	重庆啤酒	78.41	非白酒	啤酒
8	603345.SH	安井食品	76.12	食品加工	预加工食品
9	002847.SZ	盐津铺子	75.87	休闲食品	零食
10	600600.SH	青岛啤酒	75.43	非白酒	啤酒
11	002946.SZ	新乳业	74.96	饮料乳品	乳品
12	600419.SH	天润乳业	73.47	饮料乳品	乳品

数据来源：同花顺（iFinD），首经贸资产评估研究院和浙工商数字创新与管理研究院整理。

7.24.3 创新要素投入指数

2022年食品饮料行业124家上市公司创新要素投入指数平均水平为60.54，低于全市场均值65.37。从指数分布来看，高于均值的有24家，占行业总数的19.35%。其中，最高的是贵州茅台，创新要素投入指数为77.17。具体来看，创新要素投入指数区间在60以下的有58家，占比46.78%；60~70的有61家，占比49.19%；70~80的有5家，占比4.03%，如图7-235所示。

从二级行业来看，按照创新要素投入指数排名由高到低包括：白酒Ⅱ（61.95）、调味发酵品Ⅱ（61.74）、饮料乳品（60.76）、非白酒（59.90）、食品加工（59.72）、休闲食品（59.54），如图7-236所示。

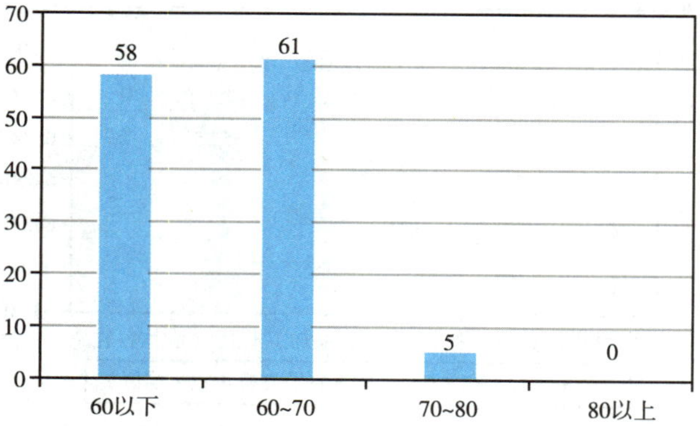

图7-235　2022年食品饮料行业上市公司创新要素投入指数分布图（家）

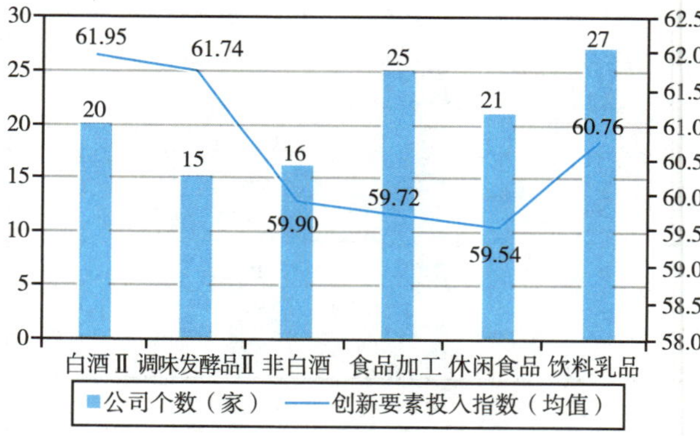

图7-236　2022年食品饮料行业上市公司创新要素投入指数均值分布图

食品饮料行业中，创新要素投入指数排名前10%的上市公司，如表7-118所示。

表7-118　2022年食品饮料行业上市公司创新要素投入指数前10%排名

排名	公司代码	公司名称	创新要素投入指数	二级行业_申万	三级行业_申万
1	600519.SH	贵州茅台	77.17	白酒Ⅱ	白酒Ⅲ
2	600887.SH	伊利股份	74.04	饮料乳品	乳品
3	600298.SH	安琪酵母	71.61	调味发酵品Ⅱ	调味发酵品Ⅲ
4	603288.SH	海天味业	70.63	调味发酵品Ⅱ	调味发酵品Ⅲ
5	000729.SZ	燕京啤酒	70.46	非白酒	啤酒
6	002461.SZ	珠江啤酒	69.61	非白酒	啤酒

续表

排名	公司代码	公司名称	创新要素投入指数	二级行业_申万	三级行业_申万
7	600429.SH	三元股份	69.19	饮料乳品	乳品
8	000568.SZ	泸州老窖	68.95	白酒Ⅱ	白酒Ⅲ
9	600779.SH	水井坊	68.62	白酒Ⅱ	白酒Ⅲ
10	833429.BJ	康比特	68.55	食品加工	保健品
11	000895.SZ	双汇发展	68.05	食品加工	肉制品
12	600305.SH	恒顺醋业	67.92	调味发酵品Ⅱ	调味发酵品Ⅲ

数据来源：同花顺（iFinD），首经贸资产评估研究院和浙工商数字创新与管理研究院整理。

7.24.4　创新科技成果指数

2022年食品饮料行业124家上市公司创新科技成果指数平均水平为67.15，低于全市场均值68.28。从指数分布来看，高于均值的有46家，占行业总数的37.10%。其中，最高的是伊利股份，创新科技成果指数为83.34。具体来看，创新科技成果指数区间在60以下的有2家，占比1.61%；60~70的有95家，占比76.61%；70~80的有26家，占比20.97%；80以上的有1家，占比0.81%，如图7–237所示。

从二级行业来看，按照创新科技成果指数排名由高到低包括：饮料乳品（68.59）、调味发酵品Ⅱ（67.97）、非白酒（66.67）、食品加工（66.62）、休闲食品（66.59）、白酒Ⅱ（66.26），如图7–238所示。

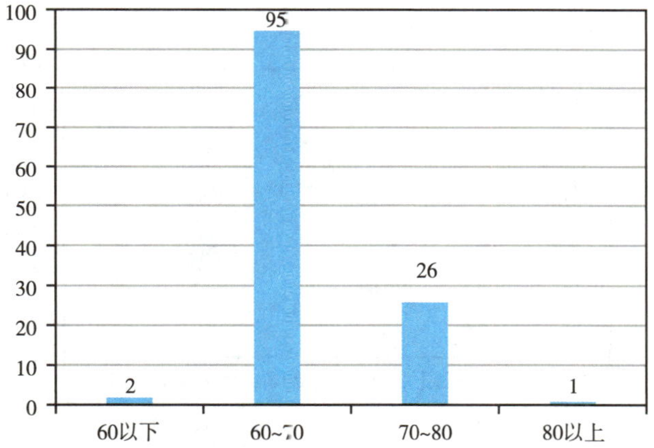

图7–237　2022年食品饮料行业上市公司创新科技成果指数分布图（家）

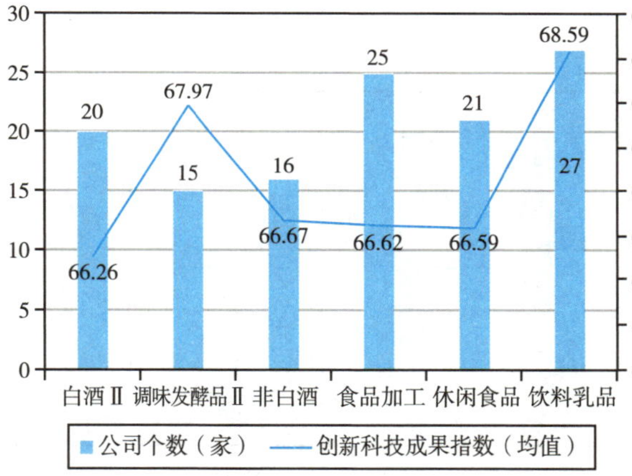

图7–238　2022年食品饮料行业上市公司创新科技成果指数均值分布图

食品饮料行业中，创新科技成果指数排名前10%的上市公司，如表7–119所示。

表7–119　2022年食品饮料行业上市公司创新科技成果指数前10%排名

排名	公司代码	公司名称	创新科技成果指数	二级行业_申万	三级行业_申万
1	600887.SH	伊利股份	83.34	饮料乳品	乳品
2	600597.SH	光明乳业	77.93	饮料乳品	乳品
3	603288.SH	海天味业	76.70	调味发酵品Ⅱ	调味发酵品Ⅲ
4	000568.SZ	泸州老窖	75.33	白酒Ⅱ	白酒Ⅲ

续表

排名	公司代码	公司名称	创新科技成果指数	二级行业_申万	三级行业_申万
5	002626.SZ	金达威	74.05	食品加工	保健品
6	600300.SH	维维股份	73.92	饮料乳品	软饮料
7	600059.SH	古越龙山	73.89	非白酒	其他酒类
8	002461.SZ	珠江啤酒	73.69	非白酒	啤酒
9	605300.SH	佳禾食品	73.61	饮料乳品	乳品
10	600600.SH	青岛啤酒	73.31	非白酒	啤酒
11	000895.SZ	双汇发展	72.34	食品加工	肉制品
12	003000.SZ	劲仔食品	72.23	休闲食品	零食

数据来源：同花顺（iFinD），首经贸资产评估研究院和浙工商数字创新与管理研究院整理。

7.24.5 创新经济绩效指数

2022年食品饮料行业124家上市公司创新经济绩效指数平均水平为61.44，高于全市场均值61.11。从指数分布来看，高于均值的有69家，占行业总数的55.65%。其中，最高的是伊利股份，创新经济绩效指数为82.90。具体来看，创新经济绩效指数区间在60以下的有55家，占比44.35%；60~70的有57家，占比45.97%；70~80的有11家，占比8.87%；80以上的有1家，占比0.81%，如图7-239所示。

从二级行业来看，按照创新经济绩效指数排名由高到低包括：白酒Ⅱ（65.67）、饮料乳品（61.78）、食品加工（61.35）、调味发酵品Ⅱ（61.33）、休闲食品（59.80）、非白酒（58.00），如图7-240所示。

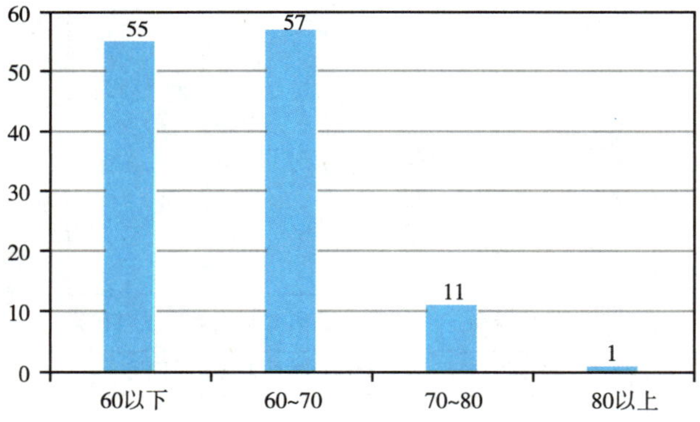

图7-239　2022年食品饮料行业上市公司创新经济绩效指数分布图（家）

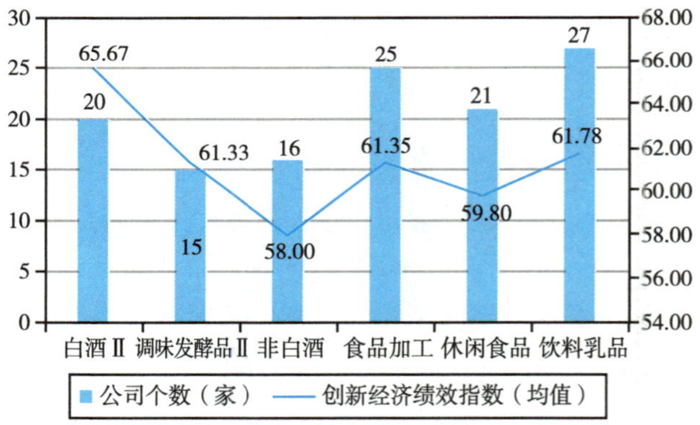

图7-240　2022年食品饮料行业上市公司创新经济绩效指数均值分布图

食品饮料行业中，创新经济绩效指数排名前10%的上市公司，如表7-120所示。

表7-120　2022年食品饮料行业上市公司创新经济绩效指数前10%排名

排名	公司代码	公司名称	创新经济绩效指数	二级行业_申万	三级行业_申万
1	600887.SH	伊利股份	82.90	饮料乳品	乳品
2	603345.SH	安井食品	76.52	食品加工	预加工食品
3	600519.SH	贵州茅台	75.50	白酒Ⅱ	白酒Ⅲ
4	000895.SZ	双汇发展	74.79	食品加工	肉制品

续表

排名	公司代码	公司名称	创新经济绩效指数	二级行业_申万	三级行业_申万
5	603288.SH	海天味业	72.79	调味发酵品Ⅱ	调味发酵品Ⅲ
6	000568.SZ	泸州老窖	72.68	白酒Ⅱ	白酒Ⅲ
7	600298.SH	安琪酵母	72.63	调味发酵品Ⅱ	调味发酵品Ⅲ
8	002304.SZ	洋河股份	72.24	白酒Ⅱ	白酒Ⅲ
9	000596.SZ	古井贡酒	71.23	白酒Ⅱ	白酒Ⅲ
10	300146.SZ	汤臣倍健	70.47	食品加工	保健品
11	000848.SZ	承德露露	70.44	饮料乳品	软饮料
12	605499.SH	东鹏饮料	70.11	饮料乳品	软饮料

数据来源：同花顺（iFinD），首经贸资产评估研究院和浙工商数字创新与管理研究院整理。

7.25 通信行业创新发展指数评价

截至2022年底，A股市场通信行业共有上市公司124家，总市值共计14,598.75亿元，营业总收入22,873.64亿元，平均市值117.73亿元/家，平均营业收入184.46亿元/家。营业收入最高的上市公司为中国移动（9,372.59亿元），市值最大的上市公司为中国电信（3,633.25亿元）。行业内上市公司研发投入合计为992.22亿元，占营业收入的4.34%，无形资产账面价值合计为1,432.24亿元，占总资产的3.48%。根据本报告分析口径，本节共对通信行业124家上市公司开展创新发展指数评价，具体情况如下：

7.25.1 创新发展综合指数

根据本报告评价，2022年通信行业创新发展综合指数平均水平为67.14，高于全市场平均水平65.47。从指数分布来看，高于均值的有75家，占行业总数的60.48%。其中，最高的是中天科技，创新发展综合指数为83.81。具体来看，创新发展综合指数区间在60以下的有15家，占比12.10%；60~70的有72家，占比58.06%；70~80的有32家，占比25.81%；80以上的有5家，占比4.03%，如图7-241所示。

通信行业又可细分为2个二级行业，按照创新发展综合指数排名由高到低包括：通信设备（68.24）、通信服务（64.67），如图7-242所示。

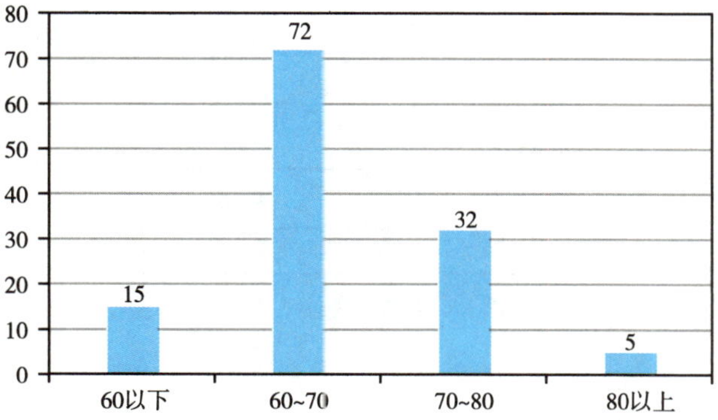

图7-241 2022年通信行业上市公司创新发展综合指数分布图（家）

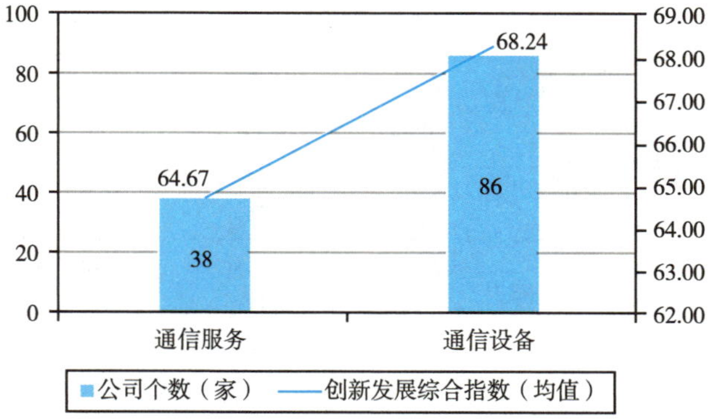

图7-242 2022年通信行业上市公司创新发展综合指数均值分布图

通信行业中，创新发展综合指数排名前10%的上市公司，如表7-121所示。

表7-121　2022年通信行业上市公司创新发展综合指数前10%排名

排名	公司代码	公司名称	创新发展综合指数	二级行业_申万	三级行业_申万
1	600522.SH	中天科技	83.81	通信设备	通信线缆及配套
2	300308.SZ	中际旭创	82.25	通信设备	通信网络设备及器件
3	000063.SZ	中兴通讯	81.63	通信设备	通信网络设备及器件
4	601869.SH	长飞光纤	80.36	通信设备	通信线缆及配套
5	600050.SH	中国联通	80.32	通信服务	电信运营商
6	600498.SH	烽火通信	79.94	通信设备	通信网络设备及器件
7	601728.SH	中国电信	79.38	通信服务	电信运营商
8	300627.SZ	华测导航	77.78	通信设备	通信终端及配件
9	600487.SH	亨通光电	77.39	通信设备	通信线缆及配套
10	600941.SH	中国移动	76.77	通信服务	电信运营商
11	002281.SZ	光迅科技	75.94	通信设备	通信网络设备及器件
12	300353.SZ	东土科技	75.81	通信设备	其他通信设备

数据来源：同花顺（iFinD），首经贸资产评估研究院和浙江工商数字创新与管理研究院整理。

7.25.2　创新资源支持指数

2022年通信行业124家上市公司创新资源支持指数平均水平为69.10，高于全市场均值68.18。从指数分布来看，高于均值的有60家，占行业总数的48.39%。其中，最高的是华测导航，创新资源支持指数为90.49。具体来看，创新资源支持指数区间在60以下的有15家，占比12.10%；60~70的有57家，占比45.96%；70~80的有43家，占比34.68%；80以上的有9家，占比7.26%，如图7-243所示。

从二级行业来看，按照创新资源支持指数排名由高到低包括：通信设备（70.97）、通信服务（64.85），如图7-244所示。

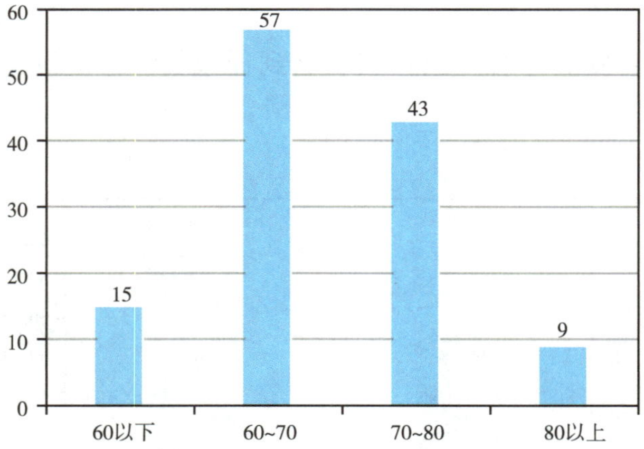

图7-243　2022年通信行业上市公司创新资源支持指数分布图（家）

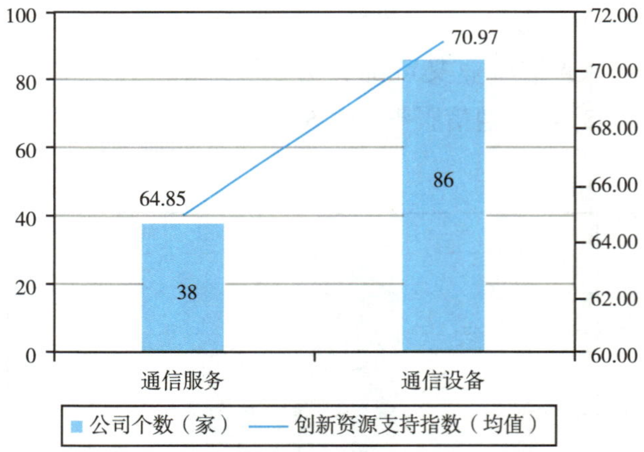

图7-244　2022年通信行业上市公司创新资源支持指数均值分布图

通信行业中，创新资源支持指数排名前10%的上市公司，如表7-122所示。

表 7-122　　2022 年通信行业上市公司创新资源支持指数前 10% 排名

排名	公司代码	公司名称	创新资源支持指数	二级行业_申万	三级行业_申万
1	300627.SZ	华测导航	90.49	通信设备	通信终端及配件
2	600522.SH	中天科技	90.25	通信设备	通信线缆及配套
3	300308.SZ	中际旭创	87.76	通信设备	通信网络设备及器件
4	601869.SH	长飞光纤	85.57	通信设备	通信线缆及配套
5	300353.SZ	东土科技	83.93	通信设备	其他通信设备
6	002281.SZ	光迅科技	82.19	通信设备	通信网络设备及器件
7	603236.SH	移远通信	82.15	通信设备	通信终端及配件
8	002396.SZ	星网锐捷	81.82	通信设备	通信网络设备及器件
9	002897.SZ	意华股份	80.62	通信设备	通信网络设备及器件
10	600050.SH	中国联通	79.92	通信服务	电信运营商
11	000063.SZ	中兴通讯	79.66	通信设备	通信网络设备及器件
12	300134.SZ	大富科技	79.54	通信设备	通信网络设备及器件

数据来源：同花顺（iFinD），首经贸资产评估研究院和浙江工商数字创新与管理研究院整理。

7.25.3 创新要素投入指数

2022年通信行业124家上市公司创新要素投入指数平均水平为69.00，高于全市场均值65.37。从指数分布来看，高于均值的有89家，占行业总数的71.77%。其中，最高的是中兴通讯，创新要素投入指数为87.95。具体来看，创新要素投入指数区间在60以下的有17家，占比13.71%；60~70的有50家，占比40.32%；70~80的有49家，占比39.52%；80以上的有8家，占比6.45%，如图7-245所示。

从二级行业来看，按照创新要素投入指数排名由高到低包括：通信设备（70.34）、通信服务（65.97），如图7-246所示。

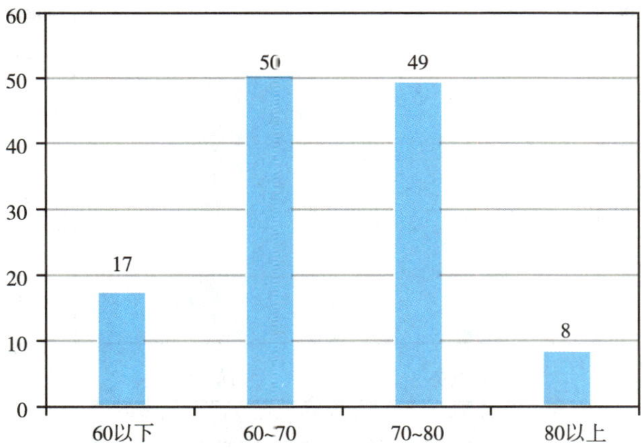

图7-245　2022年通信行业上市公司创新要素投入指数分布图（家）

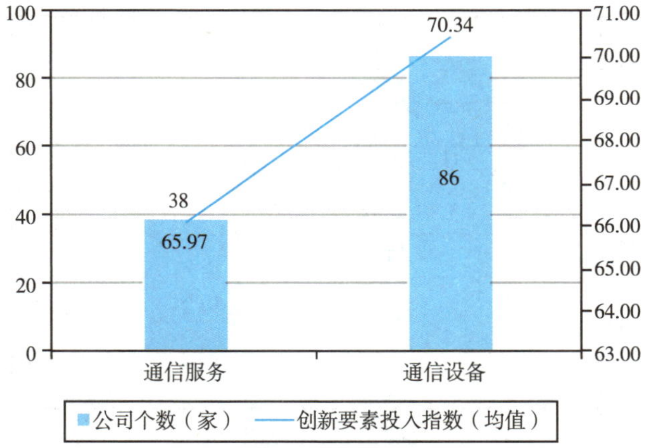

图7-246　2022年通信行业上市公司创新要素投入指数均值分布图

通信行业中，创新要素投入指数排名前10%的上市公司，如表7-123所示。

表7-123 2022年通信行业上市公司创新要素投入指数前10%排名

排名	公司代码	公司名称	创新要素投入指数	二级行业_申万	三级行业_申万
1	000063.SZ	中兴通讯	87.95	通信设备	通信网络设备及器件
2	600498.SH	烽火通信	86.11	通信设备	通信网络设备及器件
3	600050.SH	中国联通	82.69	通信服务	电信运营商
4	300308.SZ	中际旭创	82.65	通信设备	通信网络设备及器件
5	600522.SH	中天科技	82.53	通信设备	通信线缆及配套
6	688418.SH	震有科技	81.33	通信设备	其他通信设备
7	601869.SH	长飞光纤	81.21	通信设备	通信线缆及配套
8	601728.SH	中国电信	80.66	通信服务	电信运营商
9	002281.SZ	光迅科技	79.79	通信设备	通信网络设备及器件
10	831961.BJ	创远信科	79.61	通信设备	其他通信设备
11	688027.SH	国盾量子	79.42	通信设备	通信终端及配件
12	603421.SH	鼎信通讯	79.22	通信设备	通信网络设备及器件

数据来源：同花顺（iFinD），首经贸资产评估研究院和浙工商数字创新与管理研究院整理。

7.25.4 创新科技成果指数

2022年通信行业124家上市公司创新科技成果指数平均水平为68.54，高于全市场均值68.28。从指数分布来看，高于均值的有69家，占行业总数的55.65%。其中，最高的是中天科技，创新科技成果指数为84.13。具体来看，创新科技成果指数区间在60以下的有7家，占比5.65%；60~70的有85家，占比68.54%；70~80的有29家，占比23.39%；80以上的有3家，占比2.42%，如图7-247所示。

从二级行业来看，按照创新科技成果指数排名由高到低包括：通信设备（69.14）、通信服务（67.17），如图7-248所示。

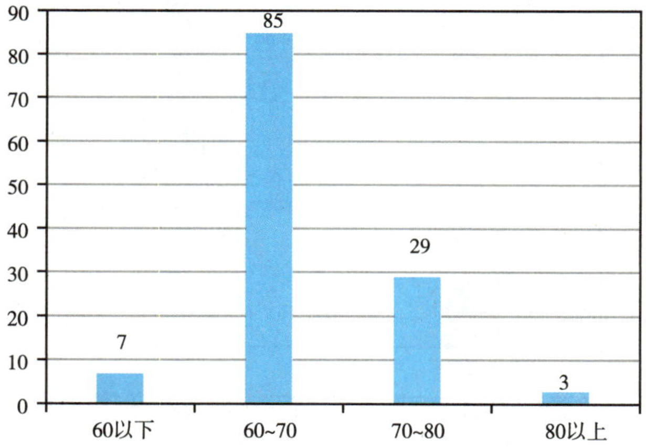

图7-247 2022年通信行业上市公司创新科技成果指数分布图（家）

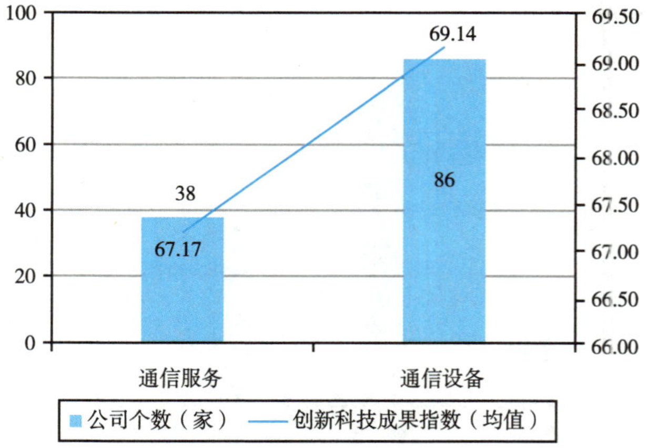

图7-248 2022年通信行业上市公司创新科技成果指数均值分布图

通信行业中，创新科技成果指数排名前10%的上市公司，如表7-124所示。

表 7-124　　2022 年通信行业上市公司创新科技成果指数前 10% 排名

排名	公司代码	公司名称	创新科技成果指数	二级行业_申万	三级行业_申万
1	600522.SH	中天科技	84.13	通信设备	通信线缆及配套
2	600050.SH	中国联通	81.09	通信服务	电信运营商
3	000063.SZ	中兴通讯	80.85	通信设备	通信网络设备及器件
4	300308.SZ	中际旭创	79.81	通信设备	通信网络设备及器件
5	601728.SH	中国电信	79.48	通信服务	电信运营商
6	300627.SZ	华测导航	77.96	通信设备	通信终端及配件
7	601869.SH	长飞光纤	76.95	通信设备	通信线缆及配套
8	002115.SZ	三维通信	76.66	通信服务	通信工程及服务
9	600941.SH	中国移动	74.39	通信服务	电信运营商
10	600498.SH	烽火通信	74.31	通信设备	通信网络设备及器件
11	600487.SH	亨通光电	74.09	通信设备	通信线缆及配套
12	688387.SH	信科移动	73.61	通信设备	通信网络设备及器件

数据来源：同花顺（iFinD），首经贸资产评估研究院和浙工商数字创新与管理研究院整理。

7.25.5　创新经济绩效指数

2022年通信行业124家上市公司创新经济绩效指数平均水平为62.26，高于全市场均值61.11。从指数分布来看，高于均值的有70家，占行业总数的56.45%。其中，最高的是亨通光电，创新经济绩效指数为80.51。具体来看，创新经济绩效指数区间在60以下的有54家，占比43.55%；60~70的有49家，占比39.52%；70~80的有19家，占比15.32%；80以上的有2家，占比1.61%，如图7-249所示。

从二级行业来看，按照创新经济绩效指数排名由高到低包括：通信设备（62.92）、通信服务（60.75），如图7-250所示。

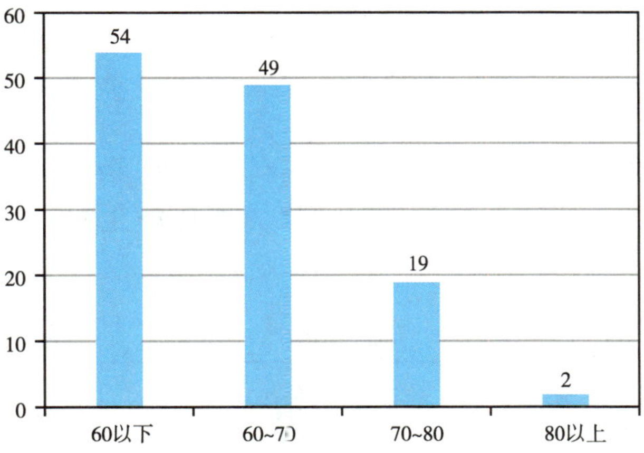

图7-249　2022年通信行业上市公司创新经济绩效指数分布图（家）

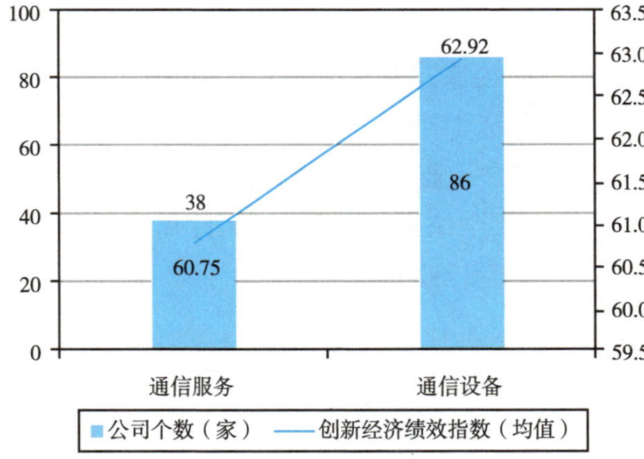

图7-250　2022年通信行业上市公司创新经济绩效指数均值分布图

通信行业中，创新经济绩效指数排名前10%的上市公司，如表7-125所示。

表 7-125　　2022 年通信行业上市公司创新经济绩效指数前 10% 排名

排名	公司代码	公司名称	创新经济绩效指数	二级行业_申万	三级行业_申万
1	600487.SH	亨通光电	80.51	通信设备	通信线缆及配套
2	600522.SH	中天科技	80.32	通信设备	通信线缆及配套
3	300308.SZ	中际旭创	79.94	通信设备	通信网络设备及器件
4	600498.SH	烽火通信	78.60	通信设备	通信网络设备及器件
5	601869.SH	长飞光纤	78.60	通信设备	通信线缆及配套
6	601728.SH	中国电信	77.96	通信服务	电信运营商
7	600941.SH	中国移动	77.74	通信服务	电信运营商
8	600050.SH	中国联通	77.09	通信服务	电信运营商
9	000063.SZ	中兴通讯	76.24	通信设备	通信网络设备及器件
10	002583.SZ	海能达	75.99	通信设备	通信网络设备及器件
11	300353.SZ	东土科技	75.05	通信设备	其他通信设备
12	002544.SZ	普天科技	74.90	通信服务	通信工程及服务

数据来源：同花顺（iFinD），首经贸资产评估研究院和浙工商数字创新与管理研究院整理。

7.26　医药生物行业创新发展指数评价

截至2022年底，A股市场医药生物行业共有上市公司475家，总市值共计72,096.75亿元，营业总收入24,773.25亿元，平均市值151.78亿元/家，平均营业收入52.15亿元/家。营业收入最高的上市公司为上海医药（2,319.81亿元），市值最大的上市公司为迈瑞医疗（3,830.95亿元）。行业内上市公司研发投入合计为1,260.14亿元，占营业收入的5.09%，无形资产账面价值合计为1,397.28亿元，占总资产的3.67%。根据本报告分析口径，本节共对医药生物行业475家上市公司开展创新发展指数评价，具体情况如下：

7.26.1　创新发展综合指数

根据本报告评价，2022年医药生物行业创新发展综合指数平均水平为66.93，高于全市场平均水平65.47。从指数分布来看，高于均值的有287家，占行业总数的60.42%。其中，最高的是联影医疗，创新发展综合指数为87.24。具体来看，创新发展综合指数区间在60以下的有36家，占比7.58%；60~70的有312家，占比65.69%；70~80的有120家，占比25.26%；80以上的有7家，占比1.47%，如图7-251所示。

医药生物行业又可细分为6个二级行业，按照创新发展综合指数排名由高到低包括：医药商业（73.47）、化学制药（73.31）、医疗服务（73.21）、医疗器械（73.21）、中药Ⅱ（72.31）、生物制品（72.20），如图7-252所示。

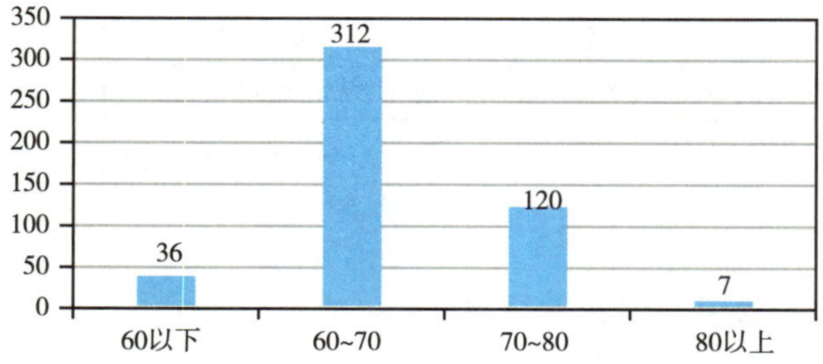

图7-251　2022年医药生物行业上市公司创新发展综合指数分布图（家）

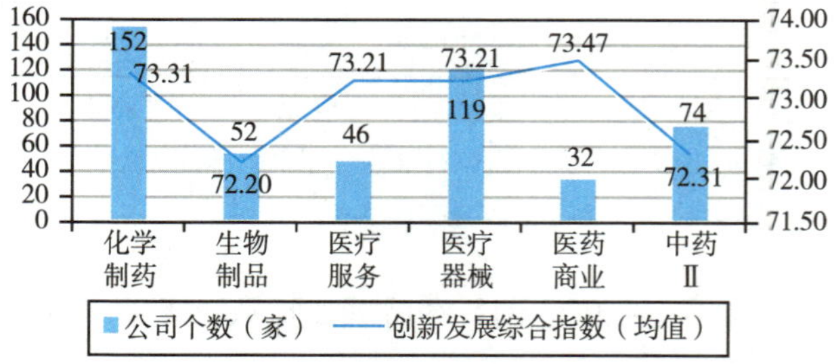

图7-252　2022年医药生物行业上市公司创新发展综合指数均值分布图

医药生物行业中，创新发展综合指数排名前10%的上市公司，如表7-126所示。

表7-126　　2022年医药生物行业上市公司创新发展综合指数前10%排名

排名	公司代码	公司名称	创新发展综合指数	二级行业_申万	三级行业_申万
1	688271.SH	联影医疗	87.24	医疗器械	医疗设备
2	300760.SZ	迈瑞医疗	85.80	医疗器械	医疗设备
3	600196.SH	复星医药	84.06	化学制药	化学制剂
4	600276.SH	恒瑞医药	83.73	化学制药	化学制剂
5	603392.SH	万泰生物	82.22	生物制品	疫苗
6	000963.SZ	华东医药	81.02	化学制药	化学制剂
7	603259.SH	药明康德	80.38	医疗服务	医疗研发外包
8	300003.SZ	乐普医疗	79.50	医疗器械	医疗耗材
9	601607.SH	上海医药	78.62	医药商业	医药流通
10	002001.SZ	新和成	78.53	化学制药	原料药
11	300122.SZ	智飞生物	78.22	生物制品	疫苗
12	600521.SH	华海药业	78.16	化学制药	化学制剂
13	300630.SZ	普利制药	78.03	化学制药	化学制剂
14	002030.SZ	达安基因	77.97	医疗器械	体外诊断
15	600079.SH	人福医药	77.85	化学制药	化学制剂
16	600332.SH	白云山	77.44	中药Ⅱ	中药Ⅲ
17	002022.SZ	科华生物	76.82	医疗器械	体外诊断
18	002821.SZ	凯莱英	76.77	医疗服务	医疗研发外包
19	603658.SH	安图生物	76.52	医疗器械	体外诊断
20	000999.SZ	华润三九	76.48	中药Ⅱ	中药Ⅲ
21	600062.SH	华润双鹤	76.40	化学制药	化学制剂
22	002294.SZ	信立泰	76.34	化学制药	化学制剂
23	603456.SH	九洲药业	76.26	化学制药	原料药
24	002262.SZ	恩华药业	76.00	化学制药	化学制剂
25	002653.SZ	海思科	75.90	化学制药	化学制剂
26	603882.SH	金域医学	75.85	医疗服务	诊断服务
27	002422.SZ	科伦药业	75.83	化学制药	化学制剂
28	300026.SZ	红日药业	75.73	中药Ⅱ	中药Ⅲ
29	000661.SZ	长春高新	75.43	生物制品	其他生物制品
30	688114.SH	华大智造	75.33	医疗器械	医疗设备
31	300142.SZ	沃森生物	75.17	生物制品	疫苗
32	600380.SH	健康元	75.14	化学制药	化学制剂
33	300759.SZ	康龙化成	75.11	医疗服务	医疗研发外包
34	300358.SZ	楚天科技	75.08	医疗器械	医疗设备
35	688139.SH	海尔生物	74.91	医疗器械	医疗设备
36	688658.SH	悦康药业	74.87	化学制药	化学制剂
37	688235.SH	百济神州	74.58	生物制品	其他生物制品
38	603387.SH	基蛋生物	74.49	医疗器械	体外诊断

续表

排名	公司代码	公司名称	创新发展综合指数	二级行业_申万	三级行业_申万
39	300009.SZ	安科生物	74.44	生物制品	其他生物制品
40	300676.SZ	华大基因	74.39	医疗服务	诊断服务
41	603538.SH	美诺华	74.35	化学制药	原料药
42	002603.SZ	以岭药业	74.33	中药Ⅱ	中药Ⅲ
43	600085.SH	同仁堂	74.30	中药Ⅱ	中药Ⅲ
44	000534.SZ	万泽股份	74.28	生物制品	其他生物制品
45	688016.SH	心脉医疗	74.24	医疗器械	医疗耗材
46	600436.SH	片仔癀	74.16	中药Ⅱ	中药Ⅲ
47	002317.SZ	众生药业	74.07	中药Ⅱ	中药Ⅲ

数据来源：同花顺（iFinD），首经贸资产评估研究院和浙工商数字创新与管理研究院整理。

7.26.2 创新资源支持指数

2022年医药生物行业475家上市公司创新资源支持指数平均水平为68.30，高于全市场均值68.18。从指数分布来看，高于均值的有224家，占行业总数的47.16%。其中，最高的是联影医疗，创新资源支持指数为92.19。具体来看，创新资源支持指数区间在60以下的有60家，占比12.63%；60~70的有238家，占比50.11%；70~80的有155家，占比32.63%；80以上的有22家，占比4.63%，如图7-253所示。

从二级行业来看，按照创新资源支持指数排名由高到低包括：医药商业（77.14）、医疗器械（75.38）、医疗服务（75.08）、化学制药（74.67）、中药Ⅱ（74.26）、生物制品（70.44），如图7-254所示。

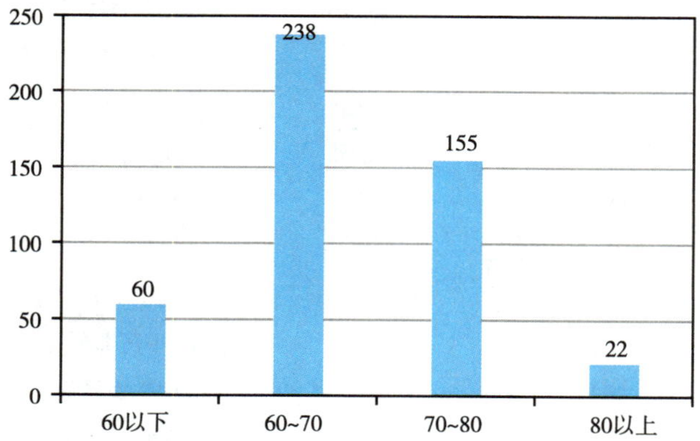

图7-253 2022年医药生物行业上市公司创新资源支持指数分布图（家）

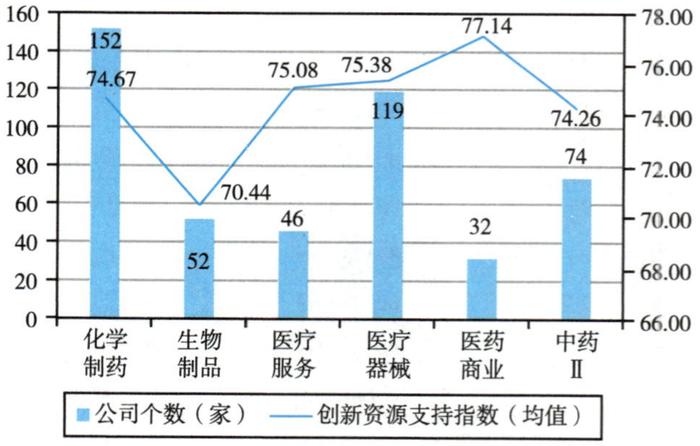

图7-254 2022年医药生物行业上市公司创新资源支持指数均值分布图

医药生物行业中，创新资源支持指数排名前10%的上市公司，如表7-127所示。

表7-127 2022年医药生物行业上市公司创新资源支持指数前10%排名

排名	公司代码	公司名称	创新资源支持指数	二级行业_申万	三级行业_申万
1	688271.SH	联影医疗	92.19	医疗器械	医疗设备
2	300760.SZ	迈瑞医疗	87.13	医疗器械	医疗设备

续表

排名	公司代码	公司名称	创新资源支持指数	二级行业_申万	三级行业_申万
3	600079.SH	人福医药	86.70	化学制药	化学制剂
4	000739.SZ	普洛药业	85.93	化学制药	原料药
5	603392.SH	万泰生物	85.55	生物制品	疫苗
6	002001.SZ	新和成	85.52	化学制药	原料药
7	600276.SH	恒瑞医药	84.82	化学制药	化学制剂
8	688301.SH	奕瑞科技	84.22	医疗器械	医疗设备
9	300026.SZ	红日药业	84.18	中药Ⅱ	中药Ⅲ
10	688513.SH	苑东生物	83.32	化学制药	化学制剂
11	002821.SZ	凯莱英	82.55	医疗服务	医疗研发外包
12	688626.SH	翔宇医疗	82.51	医疗器械	医疗设备
13	000963.SZ	华东医药	81.99	化学制药	化学制剂
14	002399.SZ	海普瑞	81.79	化学制药	原料药
15	688658.SH	悦康药业	81.36	化学制药	化学制剂
16	002019.SZ	亿帆医药	81.36	化学制药	化学制剂
17	002603.SZ	以岭药业	81.30	中药Ⅱ	中药Ⅲ
18	688114.SH	华大智造	80.91	医疗器械	医疗设备
19	600789.SH	鲁抗医药	80.71	化学制药	化学制剂
20	688315.SH	诺禾致源	80.67	医疗服务	其他医疗服务
21	688317.SH	之江生物	80.27	医疗器械	体外诊断
22	300298.SZ	三诺生物	80.16	医疗器械	医疗设备
23	000623.SZ	吉林敖东	79.87	中药Ⅱ	中药Ⅲ
24	600196.SH	复星医药	79.78	化学制药	化学制剂
25	688131.SH	皓元医药	79.55	医疗服务	医疗研发外包
26	688075.SH	安旭生物	79.32	医疗器械	体外诊断
27	600062.SH	华润双鹤	79.09	化学制药	化学制剂
28	002022.SZ	科华生物	78.99	医疗器械	体外诊断
29	300558.SZ	贝达药业	78.86	化学制药	化学制剂
30	603301.SH	振德医疗	78.85	医疗器械	医疗耗材
31	002950.SZ	奥美医疗	78.63	医疗器械	医疗耗材
32	603567.SH	珍宝岛	78.53	中药Ⅱ	中药Ⅲ
33	600332.SH	白云山	78.50	中药Ⅱ	中药Ⅲ
34	000513.SZ	丽珠集团	78.40	化学制药	化学制剂
35	301367.SZ	怡和嘉业	78.38	医疗器械	医疗设备
36	301087.SZ	可孚医疗	78.37	医疗器械	医疗耗材
37	600998.SH	九州通	78.37	医药商业	医药流通
38	688389.SH	普门科技	78.31	医疗器械	体外诊断
39	300358.SZ	楚天科技	78.31	医疗器械	医疗设备
40	002099.SZ	海翔药业	78.26	化学制药	原料药
41	600557.SH	康缘药业	78.25	中药Ⅱ	中药Ⅲ
42	300759.SZ	康龙化成	78.18	医疗服务	医疗研发外包
43	300633.SZ	开立医疗	78.14	医疗器械	医疗设备
44	600572.SH	康恩贝	78.10	中药Ⅱ	中药Ⅲ

续表

排名	公司代码	公司名称	创新资源支持指数	二级行业_申万	三级行业_申万
45	300003.SZ	乐普医疗	78.09	医疗器械	医疗耗材
46	300439.SZ	美康生物	78.06	医疗器械	体外诊断
47	603538.SH	美诺华	78.05	化学制药	原料药

数据来源：同花顺（iFinD），首经贸资产评估研究院和浙工商数字创新与管理研究院整理。

7.26.3 创新要素投入指数

2022年医药生物行业475家上市公司创新要素投入指数平均水平为67.77，高于全市场均值65.37。从指数分布来看，高于均值的有299家，占行业总数的62.95%。其中，最高的是恒瑞医药，创新要素投入指数为88.77。具体来看，创新要素投入指数区间在60以下的有78家，占比16.42%；60~70的有200家，占比42.11%；70~80的有170家，占比35.79%；80以上的有27家，占比5.68%，如图7-255所示。

从二级行业来看，按照创新要素投入指数排名由高到低包括：医疗服务（76.31）、生物制品（75.95）、化学制药（75.69）、医疗器械（75.24）、中药Ⅱ（71.58）、医药商业（68.96），如图7-256所示。

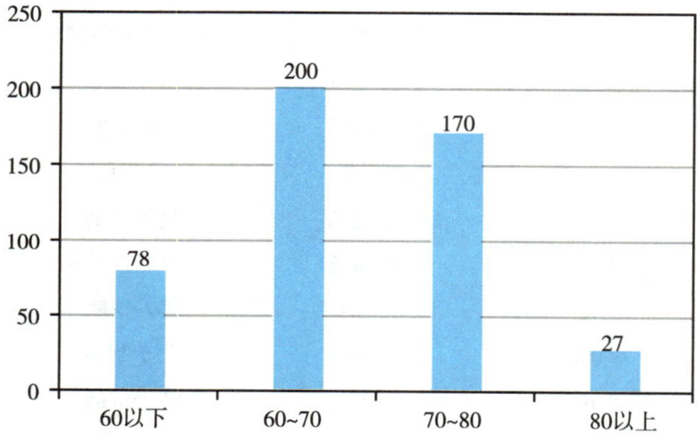

图7-255　2022年医药生物行业上市公司创新要素投入指数分布图（家）

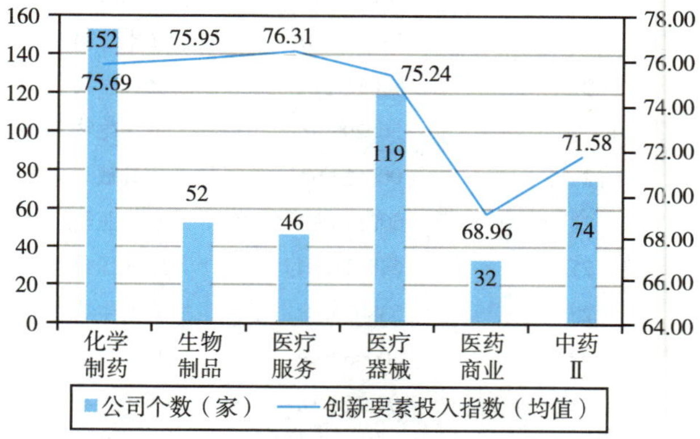

图7-256　2022年医药生物行业上市公司创新要素投入指数均值分布图

医药生物行业中，创新要素投入指数排名前10%的上市公司，如表7-128所示。

表7-128　2022年医药生物行业上市公司创新要素投入指数前10%排名

排名	公司代码	公司名称	创新要素投入指数	二级行业_申万	三级行业_申万
1	600276.SH	恒瑞医药	88.77	化学制药	化学制剂
2	603392.SH	万泰生物	87.71	生物制品	疫苗
3	688271.SH	联影医疗	86.82	医疗器械	医疗设备
4	600196.SH	复星医药	86.67	化学制药	化学制剂
5	300760.SZ	迈瑞医疗	83.65	医疗器械	医疗设备
6	600521.SH	华海药业	83.13	化学制药	化学制剂
7	300630.SZ	普利制药	82.67	化学制药	化学制剂
8	603259.SH	药明康德	82.65	医疗服务	医疗研发外包

续表

排名	公司代码	公司名称	创新要素投入指数	二级行业_申万	三级行业_申万
9	002821.SZ	凯莱英	82.45	医疗服务	医疗研发外包
10	300122.SZ	智飞生物	82.28	生物制品	疫苗
11	300558.SZ	贝达药业	82.02	化学制药	化学制剂
12	688235.SH	百济神州	81.71	生物制品	其他生物制品
13	002030.SZ	达安基因	81.54	医疗器械	体外诊断
14	002317.SZ	众生药业	81.49	中药Ⅱ	中药Ⅲ
15	603087.SH	甘李药业	81.39	生物制品	其他生物制品
16	000661.SZ	长春高新	81.39	生物制品	其他生物制品
17	000963.SZ	华东医药	81.26	化学制药	化学制剂
18	002653.SZ	海思科	81.22	化学制药	化学制剂
19	600222.SH	太龙药业	80.83	中药Ⅱ	中药Ⅲ
20	002294.SZ	信立泰	80.41	化学制药	化学制剂
21	002022.SZ	科华生物	80.40	医疗器械	体外诊断
22	688513.SH	苑东生物	80.33	化学制药	化学制剂
23	002755.SZ	奥赛康	80.33	化学制药	化学制剂
24	603387.SH	基蛋生物	80.16	医疗器械	体外诊断
25	688105.SH	诺唯赞	80.12	生物制品	其他生物制品
26	300358.SZ	楚天科技	80.11	医疗器械	医疗设备
27	300725.SZ	药石科技	80.08	医疗服务	医疗研发外包
28	688520.SH	神州细胞	79.96	生物制品	其他生物制品
29	300003.SZ	乐普医疗	79.67	医疗器械	医疗耗材
30	688278.SH	特宝生物	79.65	生物制品	其他生物制品
31	300601.SZ	康泰生物	79.43	生物制品	疫苗
32	300759.SZ	康龙化成	79.16	医疗服务	医疗研发外包
33	688062.SH	迈威生物	78.70	化学制药	化学制剂
34	603658.SH	安图生物	78.69	医疗器械	体外诊断
35	002001.SZ	新和成	78.59	化学制药	原料药
36	688321.SH	微芯生物	78.51	化学制药	化学制剂
37	002422.SZ	科伦药业	78.45	化学制药	化学制剂
38	688553.SH	汇宇制药	78.36	化学制药	化学制剂
39	688185.SH	康希诺	78.27	生物制品	疫苗
40	000534.SZ	万泽股份	78.20	生物制品	其他生物制品
41	301096.SZ	百诚医药	78.07	医疗服务	医疗研发外包
42	603456.SH	九洲药业	78.06	化学制药	原料药
43	002262.SZ	恩华药业	77.99	化学制药	化学制剂
44	600079.SH	人福医药	77.91	化学制药	化学制剂
45	002038.SZ	双鹭药业	77.88	生物制品	其他生物制品
46	603707.SH	健友股份	77.75	化学制药	化学制剂
47	688176.SH	亚虹医药	77.74	化学制药	化学制剂

数据来源：同花顺（iFinD），首经贸资产评估研究院和浙工商数字创新与管理研究院整理。

7.26.4 创新科技成果指数

2022年医药生物行业475家上市公司创新科技成果指数平均水平为68.57，高于全市场均值68.28。从指数分布来看，高于均值的有257家，占行业总数的54.11%。其中，最高的是复星医药，创新科技成果指数为86.18。具体来看，创新科技成果指数区间在60以下的有11家，占比2.32%；60~70的有319家，占比67.16%；70~80的有140家，占比29.47%；80以上的有5家，占比1.05%，如图7-257所示。

从二级行业来看，按照创新科技成果指数排名由高到低包括：医药商业（72.39）、医疗器械（71.32）、中药Ⅱ（71.23）、化学制药（70.99）、医疗服务（70.81）、生物制品（70.33），如图7-258所示。

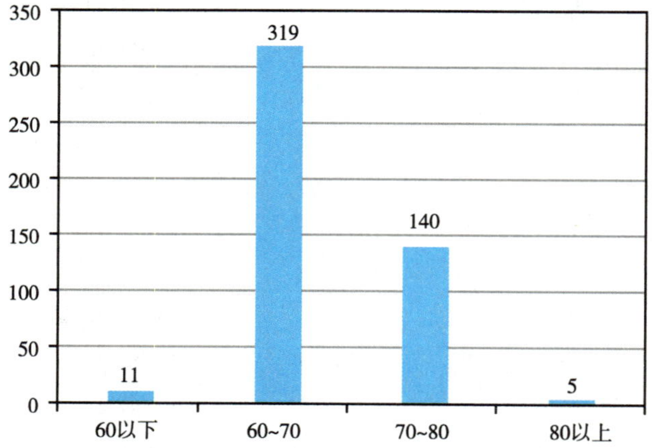

图7-257　2022年医药生物行业上市公司创新科技成果指数分布图（家）

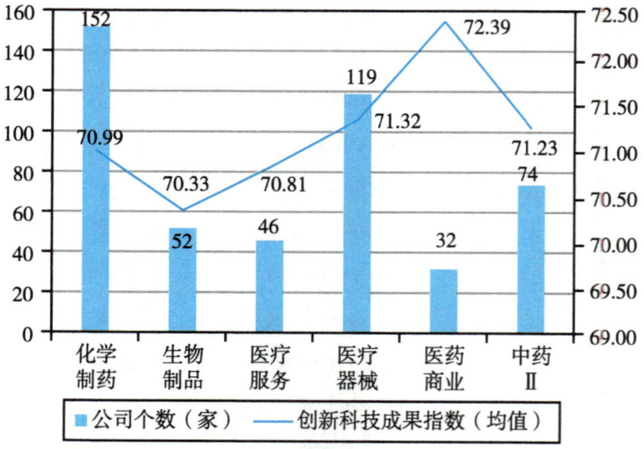

图7-258　2022年医药生物行业上市公司创新科技成果指数均值分布图

医药生物行业中，创新科技成果指数排名前10%的上市公司，如表7-129所示。

表7-129　2022年医药生物行业上市公司创新科技成果指数前10%排名

排名	公司代码	公司名称	创新科技成果指数	二级行业_申万	三级行业_申万
1	600196.SH	复星医药	86.18	化学制药	化学制剂
2	300760.SZ	迈瑞医疗	85.36	医疗器械	医疗设备
3	688271.SH	联影医疗	82.68	医疗器械	医疗设备
4	603882.SH	金域医学	80.10	医疗服务	诊断服务
5	600332.SH	白云山	80.10	中药Ⅱ	中药Ⅲ
6	300015.SZ	爱尔眼科	79.00	医疗服务	医院
7	600276.SH	恒瑞医药	78.94	化学制药	化学制剂
8	603259.SH	药明康德	78.60	医疗服务	医疗研发外包
9	300122.SZ	智飞生物	78.53	生物制品	疫苗
10	688139.SH	海尔生物	77.60	医疗器械	医疗设备
11	688235.SH	百济神州	76.69	生物制品	其他生物制品
12	002001.SZ	新和成	76.42	化学制药	原料药
13	000963.SZ	华东医药	76.34	化学制药	化学制剂
14	603392.SH	万泰生物	75.99	生物制品	疫苗

续表

排名	公司代码	公司名称	创新科技成果指数	二级行业_申万	三级行业_申万
15	601607.SH	上海医药	75.96	医药商业	医药流通
16	603658.SH	安图生物	75.87	医疗器械	体外诊断
17	300233.SZ	金城医药	75.82	化学制药	化学制剂
18	300003.SZ	乐普医疗	75.69	医疗器械	医疗耗材
19	000999.SZ	华润三九	75.37	中药Ⅱ	中药Ⅲ
20	688613.SH	奥精医疗	75.23	医疗器械	医疗耗材
21	600998.SH	九州通	75.12	医药商业	医药流通
22	600436.SH	片仔癀	74.97	中药Ⅱ	中药Ⅲ
23	600380.SH	健康元	74.95	化学制药	化学制剂
24	002422.SZ	科伦药业	74.84	化学制药	化学制剂
25	002004.SZ	华邦健康	74.57	化学制药	化学制剂
26	300143.SZ	盈康生命	74.56	医疗服务	医院
27	000790.SZ	华神科技	74.53	中药Ⅱ	中药Ⅲ
28	300171.SZ	东富龙	74.51	医疗器械	医疗设备
29	300298.SZ	三诺生物	74.17	医疗器械	医疗设备
30	605199.SH	葫芦娃	74.17	中药Ⅱ	中药Ⅲ
31	002107.SZ	沃华医药	74.16	中药Ⅱ	中药Ⅲ
32	300630.SZ	普利制药	74.12	化学制药	化学制剂
33	300683.SZ	海特生物	74.04	生物制品	其他生物制品
34	688658.SH	悦康药业	73.39	化学制药	化学制剂
35	002007.SZ	华兰生物	73.36	生物制品	疫苗
36	300439.SZ	美康生物	73.29	医疗器械	体外诊断
37	600267.SH	海正药业	73.24	化学制药	化学制剂
38	000513.SZ	丽珠集团	73.23	化学制药	化学制剂
39	688016.SH	心脉医疗	73.20	医疗器械	医疗耗材
40	300529.SZ	健帆生物	73.18	医疗器械	医疗耗材
41	688029.SH	南微医学	73.15	医疗器械	医疗耗材
42	600587.SH	新华医疗	73.12	医疗器械	医疗设备
43	002262.SZ	恩华药业	73.10	化学制药	化学制剂
44	300347.SZ	泰格医药	73.01	医疗服务	医疗研发外包
45	002653.SZ	海思科	72.92	化学制药	化学制剂
46	300401.SZ	花园生物	72.86	化学制药	原料药
47	300406.SZ	九强生物	72.82	医疗器械	体外诊断

数据来源：同花顺（iFinD），首经贸资产评估研究院和浙工商数字创新与管理研究院整理。

7.26.5　创新经济绩效指数

2022年医药生物行业475家上市公司创新经济绩效指数平均水平为63.48，高于全市场均值61.11。从指数分布来看，高于均值的有305家，占行业总数的64.21%。其中，最高的是联影医疗，创新经济绩效指数为88.19。具体来看，创新经济绩效指数区间在60以下的有168家，占比35.37%；60~70的有199家，占比41.89%；70~80的有93家，占比19.58%；80以上的有15家，占比3.16%，如图7–259所示。

从二级行业来看，按照创新经济绩效指数排名由高到低包括：医药商业（77.10）、中药Ⅱ（72.70）、化学制药（71.55）、医疗器械（70.90）、生物制品（70.70）、医疗服务（70.31），如图7-260所示。

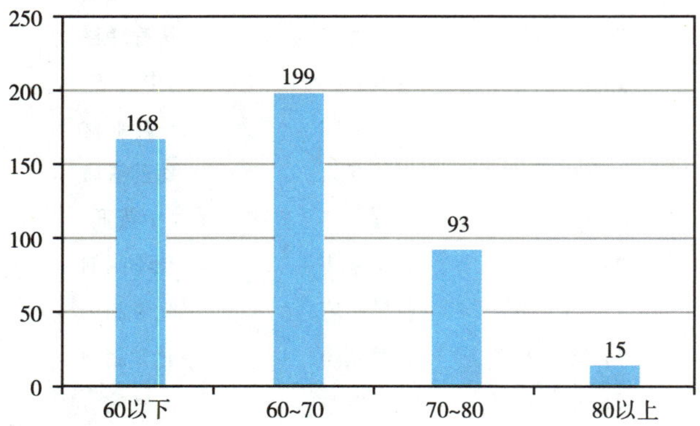

图7-259　2022年医药生物行业上市公司创新经济绩效指数分布图（家）

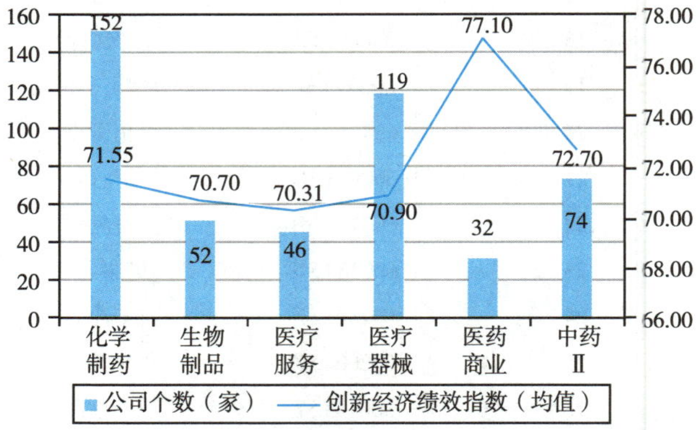

图7-260　2022年医药生物行业上市公司创新经济绩效指数均值分布图

医药生物行业中，创新经济绩效指数排名前10%的上市公司，如表7-130所示。

表7-130　2022年医药生物行业上市公司创新经济绩效指数前10%排名

排名	公司代码	公司名称	创新经济绩效指数	二级行业_申万	三级行业_申万
1	688271.SH	联影医疗	88.19	医疗器械	医疗设备
2	300760.SZ	迈瑞医疗	87.79	医疗器械	医疗设备
3	000963.SZ	华东医药	84.19	化学制药	化学制剂
4	300003.SZ	乐普医疗	83.73	医疗器械	医疗耗材
5	002030.SZ	达安基因	83.22	医疗器械	体外诊断
6	601607.SH	上海医药	82.85	医药商业	医药流通
7	600196.SH	复星医药	82.20	化学制药	化学制剂
8	603259.SH	药明康德	82.00	医疗服务	医疗研发外包
9	600521.SH	华海药业	81.46	化学制药	化学制剂
10	300122.SZ	智飞生物	81.31	生物制品	疫苗
11	600276.SH	恒瑞医药	81.22	化学制药	化学制剂
12	600436.SH	片仔癀	80.97	中药Ⅱ	中药Ⅲ
13	000661.SZ	长春高新	80.68	生物制品	其他生物制品
14	000999.SZ	华润三九	80.63	中药Ⅱ	中药Ⅲ
15	600056.SH	中国医药	80.05	医药商业	医药流通
16	300294.SZ	博雅生物	79.24	生物制品	血液制品
17	603392.SH	万泰生物	78.82	生物制品	疫苗
18	600062.SH	华润双鹤	78.65	化学制药	化学制剂
19	603233.SH	大参林	78.64	医药商业	线下药店
20	600332.SH	白云山	78.50	中药Ⅱ	中药Ⅲ
21	000650.SZ	仁和药业	78.42	中药Ⅱ	中药Ⅲ
22	603456.SH	九洲药业	77.82	化学制药	原料药

续表

排名	公司代码	公司名称	创新经济绩效指数	二级行业_申万	三级行业_申万
23	002432.SZ	九安医疗	77.68	医疗器械	体外诊断
24	002294.SZ	信立泰	77.61	化学制药	化学制剂
25	600085.SH	同仁堂	77.53	中药Ⅱ	中药Ⅲ
26	600079.SH	人福医药	77.39	化学制药	化学制剂
27	002317.SZ	众生药业	77.25	中药Ⅱ	中药Ⅲ
28	603883.SH	老百姓	76.97	医药商业	线下药店
29	600329.SH	达仁堂	76.91	中药Ⅱ	中药Ⅲ
30	300142.SZ	沃森生物	76.90	生物制品	疫苗
31	300630.SZ	普利制药	76.67	化学制药	化学制剂
32	688050.SH	爱博医疗	76.52	医疗器械	医疗耗材
33	600161.SH	天坛生物	76.30	生物制品	血液制品
34	600998.SH	九州通	76.14	医药商业	医药流通
35	002262.SZ	恩华药业	75.93	化学制药	化学制剂
36	002737.SZ	葵花药业	75.86	中药Ⅱ	中药Ⅲ
37	000597.SZ	东北制药	75.83	化学制药	化学制剂
38	002022.SZ	科华生物	75.65	医疗器械	体外诊断
39	688016.SH	心脉医疗	75.45	医疗器械	医疗耗材
40	688114.SH	华大智造	75.35	医疗器械	医疗设备
41	600664.SH	哈药股份	75.35	化学制药	化学制剂
42	002001.SZ	新和成	75.23	化学制药	原料药
43	301301.SZ	川宁生物	75.21	化学制药	化学制剂
44	300009.SZ	安科生物	75.14	生物制品	其他生物制品
45	300482.SZ	万孚生物	74.96	医疗器械	体外诊断
46	002007.SZ	华兰生物	74.78	生物制品	疫苗
47	603658.SH	安图生物	74.64	医疗器械	体外诊断

数据来源：同花顺（iFinD），首经贸资产评估研究院和浙工商数字创新与管理研究院整理。

7.27 有色金属行业创新发展指数评价

截至2022年底，A股市场有色金属行业共有上市公司135家，总市值共计26,038.47亿元，营业总收入31,869.01亿元，平均市值192.88亿元/家，平均营业收入236.07亿元/家。营业收入最高的上市公司为江西铜业（4,799.38亿元），市值最大的上市公司为紫金矿业（2,601.42亿元）。行业内上市公司研发投入合计为525.33亿元，占营业收入的1.65%，无形资产账面价值合计为2,730.82亿元，占总资产的10.11%。根据本报告分析口径，本节共对有色金属行业135家上市公司开展创新发展指数评价，具体情况如下：

7.27.1 创新发展综合指数

根据本报告评价，2022年有色金属行业创新发展综合指数平均水平为66.63，高于全市场平均水平65.47。从指数分布来看，高于均值的有81家，占行业总数的60.00%。其中，最高的是赣锋锂业，创新发展综合指数为80.62。具体来看，创新发展综合指数区间在60以下的有17家，占比12.59%；60~70的有71家，占比52.60%；70~80的有46家，占比34.07%；80以上的有1家，占比0.74%，如图7-261所示。

有色金属行业又可细分为5个二级行业，按照创新发展综合指数排名由高到低包括：能源金属（69.36）、小金属（68.46）、金属新材料（67.71）、工业金属（65.70）、贵金属（62.75），如图7-262所示。

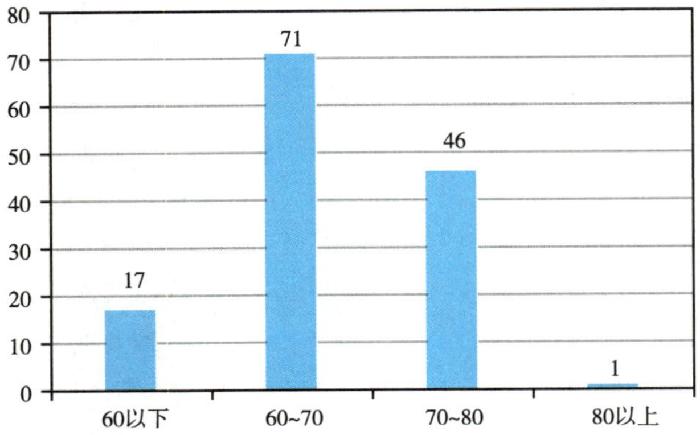

图7-261　2022年有色金属行业上市公司创新发展综合指数分布图（家）

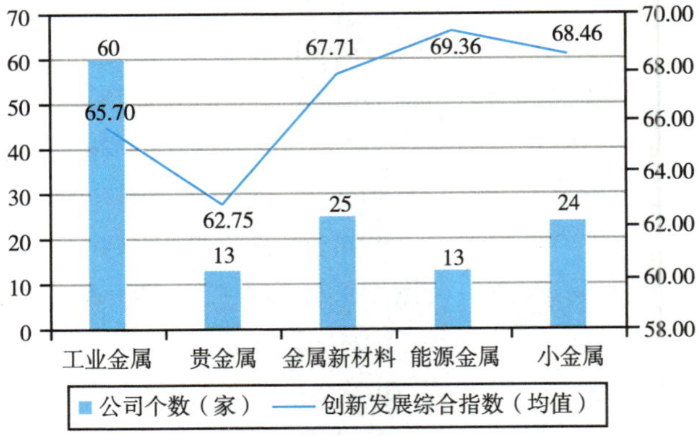

图7-262　2022年有色金属行业上市公司创新发展综合指数均值分布图

有色金属行业中，创新发展综合指数排名前10%的上市公司，如表7-131所示。

表7-131　2022年有色金属行业上市公司创新发展综合指数前10%排名

排名	公司代码	公司名称	创新发展综合指数	二级行业_申万	三级行业_申万
1	002460.SZ	赣锋锂业	80.62	能源金属	锂
2	600549.SH	厦门钨业	78.10	小金属	钨
3	603799.SH	华友钴业	76.38	能源金属	钴
4	600547.SH	山东黄金	76.33	贵金属	黄金
5	601899.SH	紫金矿业	75.66	工业金属	铜
6	600111.SH	北方稀土	75.40	小金属	稀土
7	000969.SZ	安泰科技	75.00	金属新材料	其他金属新材料
8	002056.SZ	横店东磁	74.79	金属新材料	磁性材料
9	002057.SZ	中钢天源	74.50	金属新材料	磁性材料
10	600362.SH	江西铜业	74.39	工业金属	铜
11	002756.SZ	永兴材料	73.77	能源金属	锂
12	000795.SZ	英洛华	73.63	金属新材料	磁性材料
13	002497.SZ	雅化集团	73.54	能源金属	锂

数据来源：同花顺（iFinD），首经贸资产评估研究院和浙工商数字创新与管理研究院整理。

7.27.2　创新资源支持指数

2022年有色金属行业135家上市公司创新资源支持指数平均水平为69.23，高于全市场均值68.18。从指数分布来看，高于均值的有75家，占行业总数的55.56%。其中，最高的是明泰铝业，创新资源支持指数为87.69。具体来看，创新资源支持指数区间在60以下的有18家，占比13.33%；60~70的有54家，占比40.00%；70~80的有50家，占比37.04%；80以上的有13家，占比9.63%，如图7-263所示。

从二级行业来看，按照创新资源支持指数排名由高到低包括：金属新材料（71.93）、能源金属（71.42）、小金属（70.45）、工业金属（68.64）、贵金属（62.35），如图7-264所示。

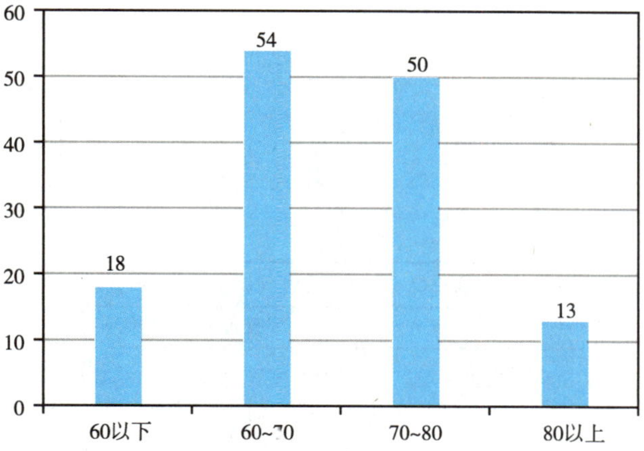

图7-263　2022年有色金属行业上市公司创新资源支持指数分布图（家）

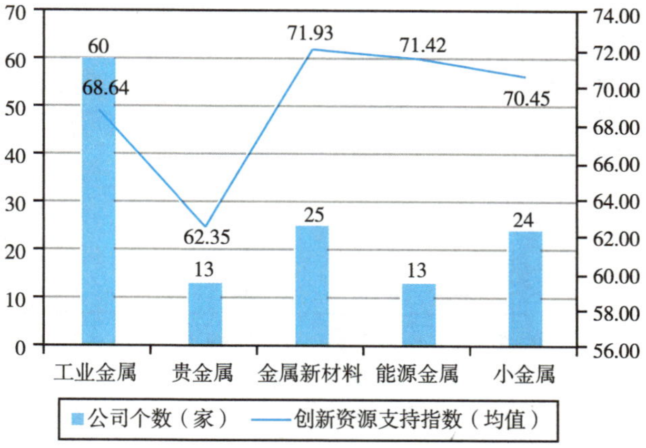

图7-264　2022年有色金属行业上市公司创新资源支持指数均值分布图

有色金属行业中，创新资源支持指数排名前10%的上市公司，如表7-132所示。

表7-132　2022年有色金属行业上市公司创新资源支持指数前10%排名

排名	公司代码	公司名称	创新资源支持指数	二级行业_申万	三级行业_申万
1	601677.SH	明泰铝业	87.69	工业金属	铝
2	002171.SZ	楚江新材	85.52	工业金属	铜
3	002056.SZ	横店东磁	84.91	金属新材料	磁性材料
4	000962.SZ	东方钽业	83.32	小金属	其他小金属
5	601702.SH	华峰铝业	82.95	工业金属	铝
6	002057.SZ	中钢天源	81.62	金属新材料	磁性材料
7	600366.SH	宁波韵升	81.43	金属新材料	磁性材料
8	600111.SH	北方稀土	80.99	小金属	稀土
9	600549.SH	厦门钨业	80.87	小金属	钨
10	300969.SZ	安泰科技	80.70	金属新材料	其他金属新材料
11	688077.SH	大地熊	80.21	金属新材料	磁性材料
12	603876.SH	鼎胜新材	80.08	工业金属	铝
13	002182.SZ	云海金属	80.07	小金属	其他小金属

数据来源：同花顺（iFinD），首经贸资产评估研究院和浙江工商数字创新与管理研究院整理。

7.27.3　创新要素投入指数

2022年有色金属行业135家上市公司创新要素投入指数平均水平为65.39，高于全市场均值65.37。从指数分布来看，高于均值的有72家，占行业总数的53.33%。其中，最高的是赣锋锂业，创新要素投入指数为82.66。具体来看，创新要素投入指数区间在60以下的有28家，占比20.74%；60~70的有

61家，占比45.19%；70~80的有45家，占比33.33%；80以上的有1家，占比0.74%，如图7-265所示。

从二级行业来看，按照创新要素投入指数排名由高到低包括：小金属（67.98）、金属新材料（67.61）、能源金属（65.76）、工业金属（64.21）、贵金属（61.42），如图7-266所示。

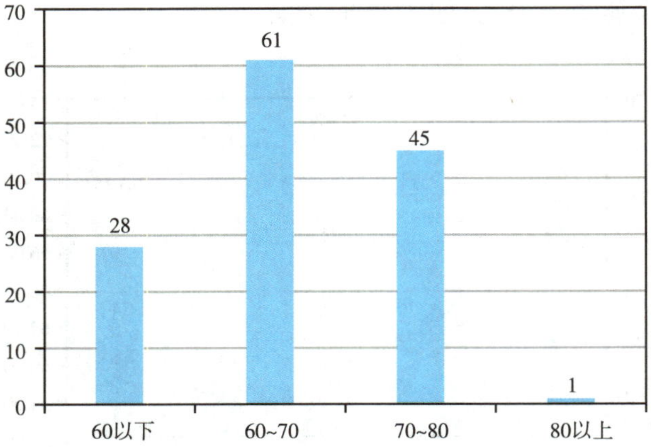

图7-265　2022年有色金属行业上市公司创新要素投入指数分布图（家）

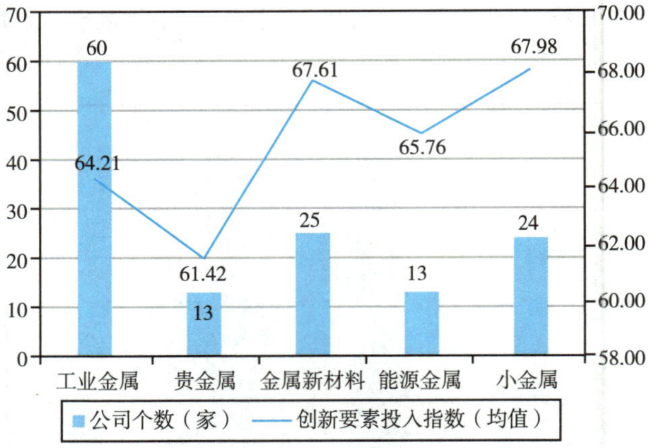

图7-266　2022年有色金属行业上市公司创新要素投入指数均值分布图

有色金属行业中，创新要素投入指数排名前10%的上市公司，如表7-133所示。

表7-133　2022年有色金属行业上市公司创新要素投入指数前10%排名

排名	公司代码	公司名称	创新要素投入指数	二级行业_申万	三级行业_申万
1	002460.SZ	赣锋锂业	82.66	能源金属	锂
2	601600.SH	中国铝业	79.80	工业金属	铝
3	002149.SZ	西部材料	79.07	小金属	其他小金属
4	601899.SH	紫金矿业	78.28	工业金属	铜
5	600362.SH	江西铜业	78.21	工业金属	铜
6	603799.SH	华友钴业	76.89	能源金属	钴
7	600547.SH	山东黄金	76.48	贵金属	黄金
8	002428.SZ	云南锗业	76.42	小金属	其他小金属
9	002057.SZ	中钢天源	76.20	金属新材料	磁性材料
10	603876.SH	鼎胜新材	75.90	工业金属	铝
11	600549.SH	厦门钨业	75.54	小金属	钨
12	000807.SZ	云铝股份	75.43	工业金属	铝
13	600888.SH	新疆众和	75.34	工业金属	铝

数据来源：同花顺（iFinD），首经贸资产评估研究院和浙工商数字创新与管理研究院整理。

7.27.4　创新科技成果指数

2022年有色金属行业135家上市公司创新科技成果指数平均水平为68.65，高于全市场均值68.28。从指数分布来看，高于均值的有88家，占行业总数的65.19%。其中，最高的是赣锋锂业，创新科技成果指数为80.11。具体来看，创新科技成果指数区间在60以下的有5家，占比3.70%；60~70的有83家，占比61.49%；70~80的有46家，占比34.07%；80以上的有1家，占比0.74%，如图7-267所示。

从二级行业来看，按照创新科技成果指数排名由高到低包括：金属新材料（70.57）、小金属（69.66）、能源金属（68.34）、工业金属（68.25）、贵金属（65.26），如图7-268所示。

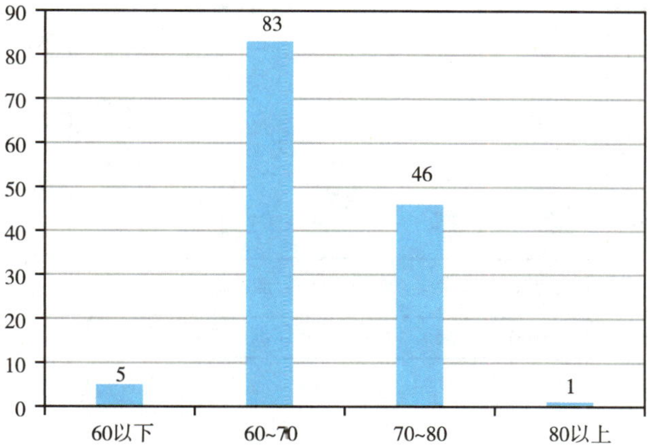

图7-267　2022年有色金属行业上市公司创新科技成果指数分布图（家）

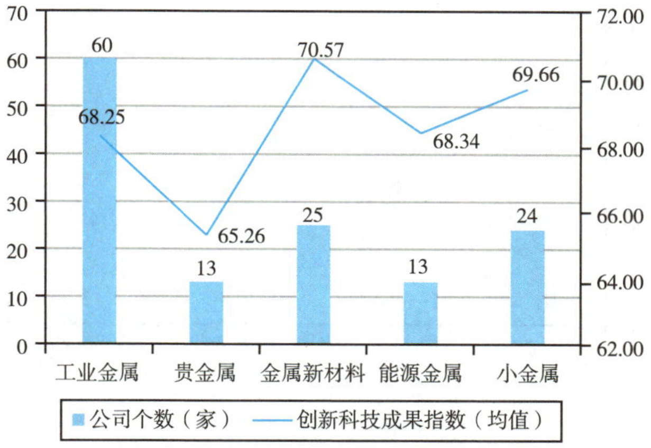

图7-268　2022年有色金属行业上市公司创新科技成果指数均值分布图

有色金属行业中，创新科技成果指数排名前10%的上市公司，如表7-134所示。

表7-134　2022年有色金属行业上市公司创新科技成果指数前10%排名

排名	公司代码	公司名称	创新科技成果指数	二级行业_申万	三级行业_申万
1	002460.SZ	赣锋锂业	80.11	能源金属	锂
2	600549.SH	厦门钨业	79.58	小金属	钨
3	600362.SH	江西铜业	77.89	工业金属	铜
4	000795.SZ	英洛华	76.61	金属新材料	磁性材料
5	603799.SH	华友钴业	76.16	能源金属	钴
6	002057.SZ	中钢天源	75.92	金属新材料	磁性材料
7	600111.SH	北方稀土	75.63	小金属	稀土
8	601212.SH	白银有色	75.09	贵金属	白银
9	600459.SH	贵研铂业	74.29	小金属	其他小金属
10	000969.SZ	安泰科技	74.14	金属新材料	其他金属新材料
11	688102.SH	斯瑞新材	74.03	金属新材料	其他金属新材料
12	002056.SZ	横店东磁	73.86	金属新材料	磁性材料
13	601899.SH	紫金矿业	73.82	工业金属	铜

数据来源：同花顺（iFinD），首经贸资产评估研究院和浙工商数字创新与管理研究院整理。

7.27.5　创新经济绩效指数

2022年有色金属行业135家上市公司创新经济绩效指数平均水平为64.39，高于全市场均值61.11。从指数分布来看，高于均值的有95家，占行业总数的70.37%。其中，最高的是山东黄金，创新经济绩效指数为85.47。具体来看，创新经济绩效指数区间在60以下的有40家，占比29.63%；60~70的有62家，占比45.93%；70~80的有30家，占比22.22%；80以上的有3家，占比2.22%，如图7-269所示。

从二级行业来看，按照创新经济绩效指数排名由高到低包括：能源金属（73.06）、小金属

（66.50）、工业金属（63.03）、贵金属（62.38）、金属新材料（62.17），如图7-270所示。

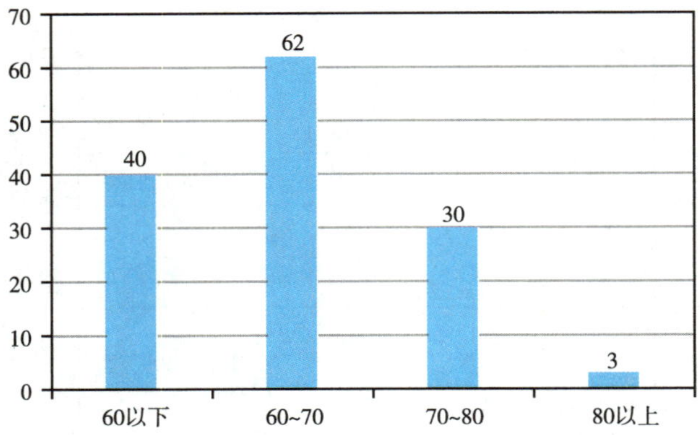

图7-269　2022年有色金属行业上市公司创新经济绩效指数分布图（家）

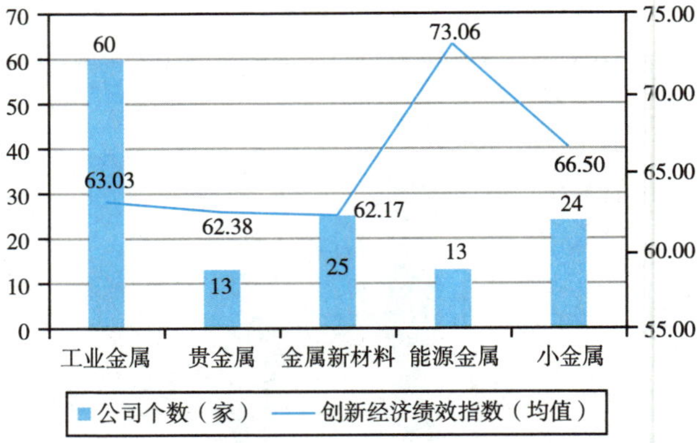

图7-270　2022年有色金属行业上市公司创新经济绩效指数均值分布图

有色金属行业中，创新经济绩效指数排名前10%的上市公司，如表7-135所示。

表7-135　2022年有色金属行业上市公司创新经济绩效指数前10%排名

排名	公司代码	公司名称	创新经济绩效指数	二级行业_申万	三级行业_申万
1	600547.SH	山东黄金	85.47	贵金属	黄金
2	002460.SZ	赣锋锂业	81.69	能源金属	锂
3	002756.SZ	永兴材料	81.02	能源金属	锂
4	002466.SZ	天齐锂业	79.94	能源金属	锂
5	002497.SZ	雅化集团	79.71	能源金属	锂
6	600549.SH	厦门钨业	77.80	小金属	钨
7	601899.SH	紫金矿业	77.69	工业金属	铜
8	600673.SH	东阳光	76.95	工业金属	铝
9	603799.SH	华友钴业	74.53	能源金属	钴
10	600497.SH	驰宏锌锗	74.38	工业金属	铅锌
11	300390.SZ	天华新能	73.49	能源金属	锂
12	000878.SZ	云南铜业	73.05	工业金属	铜
13	002176.SZ	江特电机	72.86	能源金属	锂

数据来源：同花顺（iFinD），首经贸资产评估研究院和浙工商数字创新与管理研究院整理。

7.28　综合行业创新发展指数评价

截至2022年底，A股市场综合行业共有上市公司24家，总市值共计1,477.43亿元，营业总收入786.33亿元，平均市值61.56亿元/家，平均营业收入32.76亿元/家。营业收入最高的上市公司为泰达股份（202.51亿元），市值最大的上市公司为海南机场（573.55亿元）。行业内上市公司研发投入合计为7.00亿元，占营业收入的0.89%，无形资产账面价值合计为136.59亿元，占总资产的6.16%。根据本报告分析口径，本节共对综合行业24家上市公司开展创新发展指数评价，具体情况如下：

7.28.1 创新发展综合指数

根据本报告评价，2022年综合行业创新发展综合指数平均水平为58.11，低于全市场平均水平65.47。从指数分布来看，高于均值的有4家，占行业总数的16.67%。其中，最高的是鲁银投资，创新发展综合指数为68.85。具体来看，创新发展综合指数区间在60以下的有16家，占比66.67%；60~70的有8家，占比33.33%，如图7-271所示。

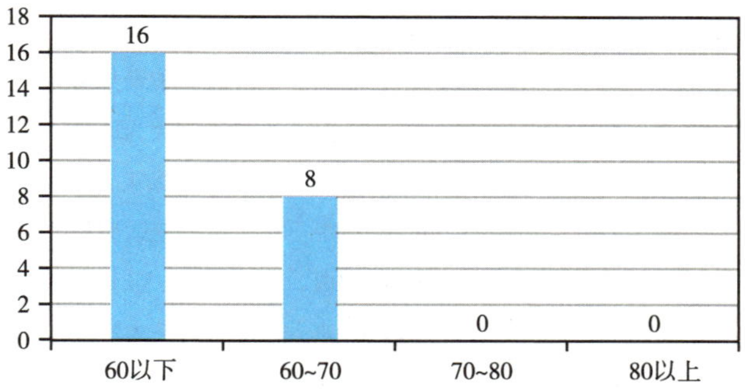

图7-271 2022年综合行业上市公司创新发展综合指数分布图（家）

综合行业中，创新发展综合指数排名前10的上市公司，如表7-136所示。

表7-136 2022年综合行业上市公司创新发展综合指数前10排名

排名	公司代码	公司名称	创新发展综合指数	二级行业_申万	三级行业_申万
1	600784.SH	鲁银投资	68.85	综合Ⅱ	综合Ⅲ
2	000833.SZ	粤桂股份	67.29	综合Ⅱ	综合Ⅲ
3	000652.SZ	泰达股份	66.17	综合Ⅱ	综合Ⅲ
4	600805.SH	悦达投资	65.57	综合Ⅱ	综合Ⅲ
5	600881.SH	亚泰集团	64.71	综合Ⅱ	综合Ⅲ
6	600676.SH	交运股份	64.26	综合Ⅱ	综合Ⅲ
7	002213.SZ	大为股份	64.06	综合Ⅱ	综合Ⅲ
8	600770.SH	综艺股份	63.54	综合Ⅱ	综合Ⅲ
9	600212.SH	绿能慧充	59.13	综合Ⅱ	综合Ⅲ
10	600070.SH	ST富润	58.90	综合Ⅱ	综合Ⅲ

数据来源：同花顺（iFinD），首经贸资产评估研究院和浙工商数字创新与管理研究院整理。

7.28.2 创新资源支持指数

2022年综合行业24家上市公司创新资源支持指数平均水平为60.77，低于全市场均值68.18。从指数分布来看，高于均值的有3家，占行业总数的12.50%。其中，最高的是粤桂股份，创新资源支持指数为71.13。具体来看，创新资源支持指数区间在60以下的有10家，占比41.67%；60~70的有12家，占比50.00%；70~80的有2家，占比8.33%，如图7-272所示。

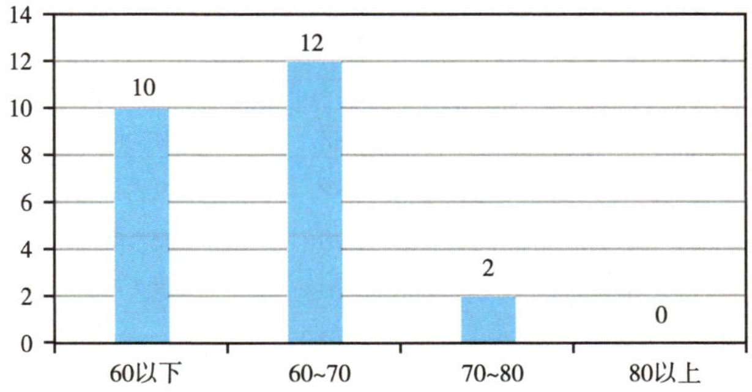

图7-272 2022年综合行业上市公司创新资源支持指数分布图（家）

综合行业中，创新资源支持指数排名前10的上市公司，如表7-137所示。

表7-137 2022年综合行业上市公司创新资源支持指数前10排名

排名	公司代码	公司名称	创新资源支持指数	二级行业_申万	三级行业_申万
1	000833.SZ	粤桂股份	71.13	综合Ⅱ	综合Ⅲ
2	600515.SH	海南机场	70.36	综合Ⅱ	综合Ⅲ

续表

排名	公司代码	公司名称	创新资源支持指数	二级行业_申万	三级行业_申万
3	600784.SH	鲁银投资	69.57	综合Ⅱ	综合Ⅲ
4	600881.SH	亚泰集团	68.13	综合Ⅱ	综合Ⅲ
5	002213.SZ	大为股份	67.93	综合Ⅱ	综合Ⅲ
6	600212.SH	绿能慧充	66.23	综合Ⅱ	综合Ⅲ
7	600676.SH	交运股份	66.07	综合Ⅱ	综合Ⅲ
8	600051.SH	宁波联合	65.62	综合Ⅱ	综合Ⅲ
9	000632.SZ	三木集团	63.84	综合Ⅱ	综合Ⅲ
10	000652.SZ	泰达股份	61.87	综合Ⅱ	综合Ⅲ

数据来源：同花顺（iFinD），首经贸资产评估研究院和浙工商数字创新与管理研究院整理。

7.28.3 创新要素投入指数

2022年综合行业24家上市公司创新要素投入指数平均水平为54.46，低于全市场均值65.37。从指数分布来看，高于均值的有3家，占行业总数的12.50%。其中，最高的是鲁银投资，创新要素投入指数为71.06。具体来看，创新要素投入指数区间在60以下的有14家，占比58.33%；60~70的有9家，占比37.50%；70~80的有1家，占比4.17%，如图7–273所示。

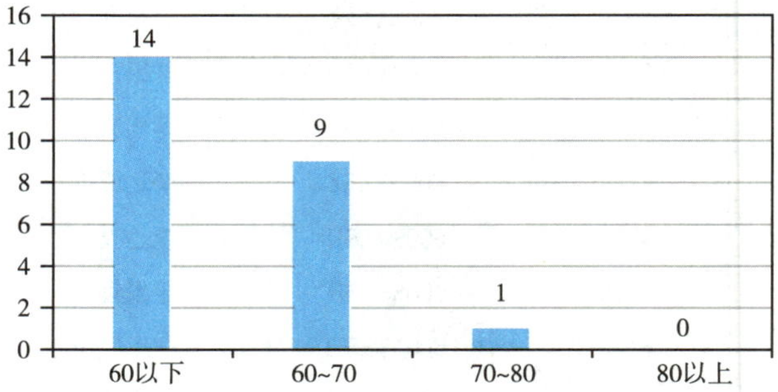

图7–273　2022年综合行业上市公司创新要素投入指数分布图（家）

综合行业中，创新要素投入指数排名前10的上市公司，如表7–138所示。

表7–138　2022年综合行业上市公司创新要素投入指数前10排名

排名	公司代码	公司名称	创新要素投入指数	二级行业_申万	三级行业_申万
1	600784.SH	鲁银投资	71.06	综合Ⅱ	综合Ⅲ
2	000652.SZ	泰达股份	66.34	综合Ⅱ	综合Ⅲ
3	000833.SZ	粤桂股份	66.31	综合Ⅱ	综合Ⅲ
4	600805.SH	悦达投资	65.07	综合Ⅱ	综合Ⅲ
5	600881.SH	亚泰集团	64.55	综合Ⅱ	综合Ⅲ
6	600770.SH	综艺股份	64.27	综合Ⅱ	综合Ⅲ
7	600070.SH	ST富润	63.29	综合Ⅱ	综合Ⅲ
8	600676.SH	交运股份	61.71	综合Ⅱ	综合Ⅲ
9	002213.SZ	大为股份	60.81	综合Ⅱ	综合Ⅲ
10	000622.SZ	恒立实业	60.42	综合Ⅱ	综合Ⅲ

数据来源：同花顺（iFinD），首经贸资产评估研究院和浙工商数字创新与管理研究院整理。

7.28.4 创新科技成果指数

2022年综合行业24家上市公司创新科技成果指数平均水平为62.74，低于全市场均值68.28。从指数分布来看，高于均值的有4家，占行业总数的16.67%。其中，最高的是泰达股份，创新科技成果指数为72.15。具体来看，创新科技成果指数区间在60以下的有9家，占比37.50%；60~70的有14家，占比58.33%；70~80的有1家，占比4.17%，如图7-274所示。

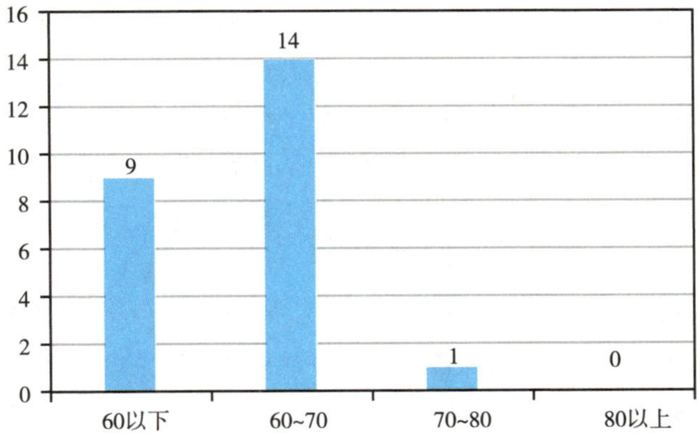

图7-274 2022年综合行业上市公司创新科技成果指数分布图（家）

综合行业中，创新科技成果指数排名前10的上市公司，如表7-139所示。

表7-139 2022年综合行业上市公司创新科技成果指数前10排名

排名	公司代码	公司名称	创新科技成果指数	二级行业_申万	三级行业_申万
1	000652.SZ	泰达股份	72.15	综合Ⅱ	综合Ⅲ
2	600784.SH	鲁银投资	69.99	综合Ⅱ	综合Ⅲ
3	600676.SH	交运股份	69.22	综合Ⅱ	综合Ⅲ
4	600805.SH	悦达投资	68.36	综合Ⅱ	综合Ⅲ
5	000833.SZ	粤桂股份	67.60	综合Ⅱ	综合Ⅲ
6	000622.SZ	恒立实业	67.53	综合Ⅱ	综合Ⅲ
7	600770.SH	综艺股份	67.11	综合Ⅱ	综合Ⅲ
8	002213.SZ	大为股份	65.83	综合Ⅱ	综合Ⅲ
9	600234.SH	科新发展	64.91	综合Ⅱ	综合Ⅲ
10	600212.SH	绿能慧充	64.60	综合Ⅱ	综合Ⅲ

数据来源：同花顺（iFinD），首经贸资产评估研究院和浙工商数字创新与管理研究院整理。

7.28.5 创新经济绩效指数

2022年综合行业24家上市公司创新经济绩效指数平均水平为56.37，低于全市场均值61.11。从指数分布来看，高于均值的有8家，占行业总数的33.33%。其中，最高的是悦达投资，创新经济绩效指数为66.59。具体来看，创新经济绩效指数区间在60以下的有16家，占比66.67%；60~70的有8家，占比33.33%，如图7-275所示。

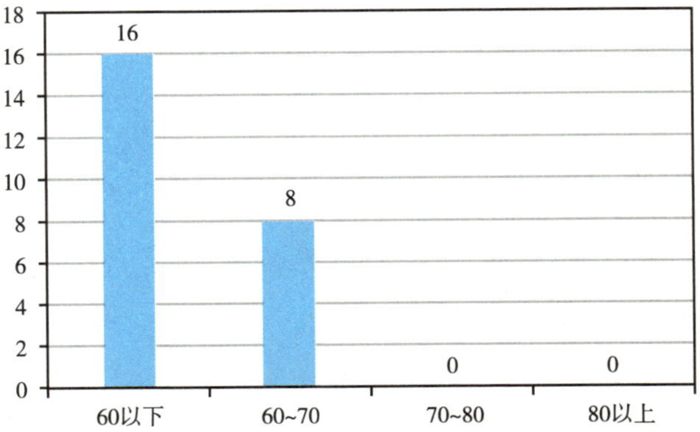

图7-275 2022年综合行业上市公司创新经济绩效指数分布图（家）

综合行业中，创新经济绩效指数排名前10的上市公司，如表7-140所示。

表 7-140　　2022 年综合行业上市公司创新经济绩效指数前 10 排名

排名	公司代码	公司名称	创新经济绩效指数	二级行业_申万	三级行业_申万
1	600805.SH	悦达投资	66.59	综合Ⅱ	综合Ⅲ
2	600881.SH	亚泰集团	66.55	综合Ⅱ	综合Ⅲ
3	000833.SZ	粤桂股份	65.37	综合Ⅱ	综合Ⅲ
4	600784.SH	鲁银投资	64.65	综合Ⅱ	综合Ⅲ
5	000652.SZ	泰达股份	63.77	综合Ⅱ	综合Ⅲ
6	002213.SZ	大为股份	63.50	综合Ⅱ	综合Ⅲ
7	600770.SH	综艺股份	61.82	综合Ⅱ	综合Ⅲ
8	600676.SH	交运股份	61.55	综合Ⅱ	综合Ⅲ
9	600515.SH	海南机场	58.97	综合Ⅱ	综合Ⅲ
10	000632.SZ	三木集团	57.47	综合Ⅱ	综合Ⅲ

数据来源：同花顺（iFinD），首经贸资产评估研究院和浙工商数字创新与管理研究院整理。

第8章
中国上市公司创新发展指数评价——区域维度

本章从区域维度，对东北地区、华北地区、华中地区、华东地区、华南地区、西北地区、西南地区七大区域上市公司的创新发展指数进行评价和分析。

8.1 东北地区创新发展指数评价

2022年，东北地区全年实现地区生产总值57,946.34亿元，人均地区生产总值为58,406.00元，居民人均可支配收入30,802.93元。截至2022年底，A股市场东北地区共有上市公司166家，总市值共计15,312.38亿元，营业总收入15,195.48亿元，平均市值92.24亿元/家，平均营业收入91.54亿元/家。营业收入最高的上市公司为恒力石化（2,223.24亿元），市值最大的上市公司也为恒力石化（1,093.17亿元）。2022年，东北地区上市公司研发投入合计为291.63亿元，占营业收入的1.92%；无形资产账面价值合计为1,001.52亿元，占总资产的4.26%。根据本报告分析口径，本节共对东北地区166家上市公司开展创新发展指数评价，具体情况如下：

8.1.1 创新发展综合指数

根据本报告评价，2022年东北地区创新发展综合指数平均水平为64.03，低于全市场平均水平65.47。从指数分布来看，高于均值的有68家，占区域总数的40.96%。其中，最高的是国电电力，创新发展综合指数为77.62。具体来看，创新发展综合指数区间在60以下的有36家，占比21.69%；60~70的有102家，占比61.44%；70~80的有28家，占比16.87%，如图8-1所示。

从区域内省份分布来看，东北地区166家上市公司分布在3个省份。创新发展综合指数平均水平最高的是黑龙江省（64.06），最低的是吉林省（63.99），如图8-2所示。

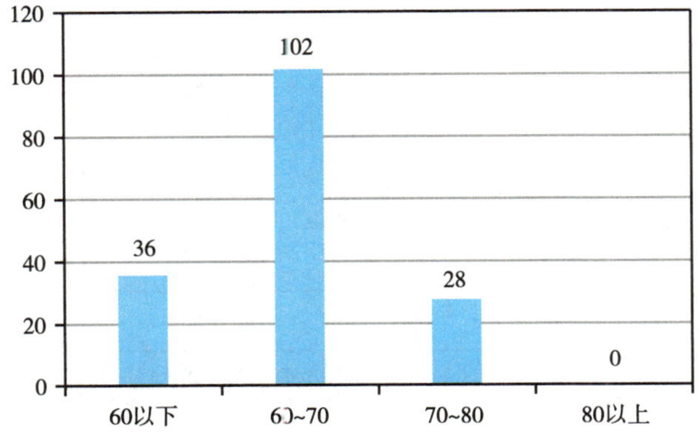

图8-1 2022年东北地区上市公司创新发展综合指数分布图（家）

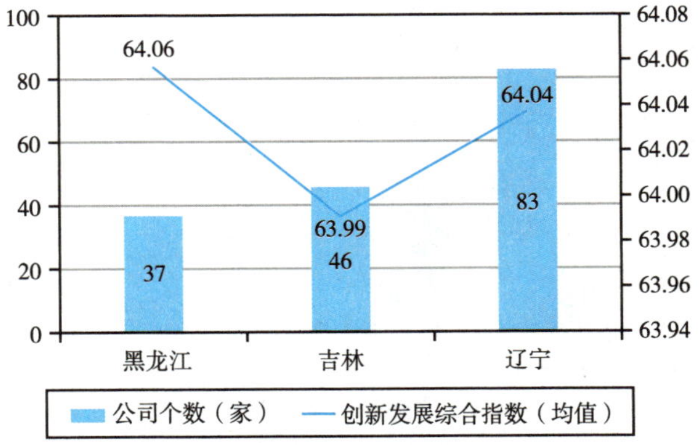

图8-2 2022年东北地区上市公司创新发展综合指数均值分布图

东北地区中，创新发展综合指数排名前10%的上市公司，如表8-1所示。

表 8-1　　2022 年东北地区上市公司创新发展综合指数前 10% 排名

排名	公司代码	公司名称	创新发展综合指数	省份	一级行业_申万	产权性质
1	600795.SH	国电电力	77.62	辽宁	公用事业	中央国有控股
2	300024.SZ	机器人	76.78	辽宁	机械设备	中央国有控股
3	000881.SZ	中广核技	75.66	辽宁	基础化工	中央国有控股
4	000661.SZ	长春高新	75.43	吉林	医药生物	地方国有控股
5	600718.SH	东软集团	74.89	辽宁	计算机	非国有控股
6	835368.BJ	连城数控	74.35	辽宁	电力设备	非国有控股
7	600110.SH	诺德股份	74.10	吉林	电力设备	非国有控股
8	688378.SH	奥来德	73.95	吉林	机械设备	非国有控股
9	688072.SH	拓荆科技	73.87	辽宁	电子	非国有控股
10	601106.SH	中国一重	73.51	黑龙江	机械设备	中央国有控股
11	000800.SZ	一汽解放	73.11	吉林	汽车	中央国有控股
12	000901.SZ	航天科技	72.46	黑龙江	汽车	中央国有控股
13	600346.SH	恒力石化	72.14	辽宁	石油石化	非国有控股
14	000623.SZ	吉林敖东	71.55	吉林	医药生物	非国有控股
15	002338.SZ	奥普光电	71.51	吉林	国防军工	中央国有控股
16	000875.SZ	吉电股份	71.32	吉林	公用事业	中央国有控股

数据来源：同花顺（iFinD），首经贸资产评估研究院和浙工商数字创新与管理研究院整理。

8.1.2 创新资源支持指数

2022年东北地区166家上市公司创新资源支持指数平均水平为66.35，低于全市场均值68.18。从指数分布来看，高于均值的有57家，占区域总数的34.34%。其中，最高的是机器人，创新资源支持指数为87.24。具体来看，创新资源支持指数区间在60以下的有34家，占比20.48%；60~70的有84家，占比50.61%；70~80的有39家，占比23.49%；80以上的有9家，占比5.42%，如图8-3所示。

从区域内省份分布来看，创新资源支持指数平均水平最高的是黑龙江省（66.88），最低的是吉林省（65.33），如图8-4所示。

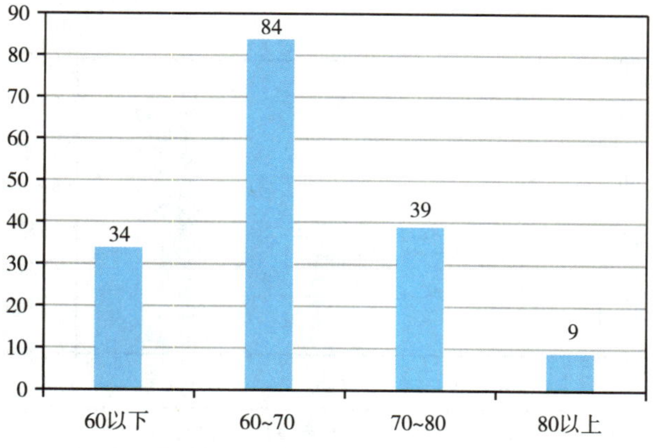

图 8-3　2022 年东北地区上市公司创新资源支持指数分布图（家）

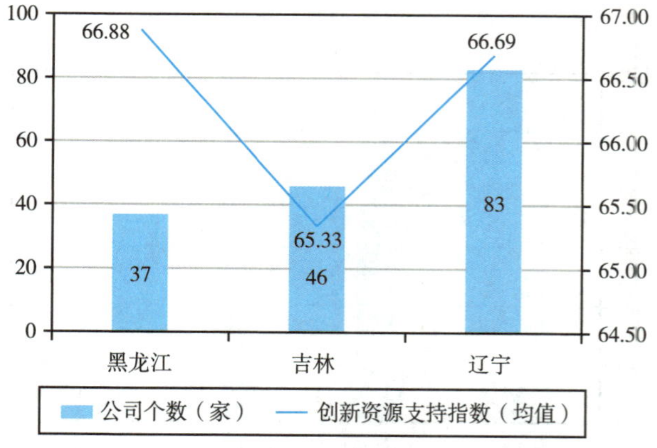

图 8-4　2022 年东北地区上市公司创新资源支持指数均值分布图

东北地区创新资源支持指数排名前10%的上市公司，如表8–2所示。

表 8–2　2022 年东北地区上市公司创新资源支持指数前 10% 排名

排名	公司代码	公司名称	创新资源支持指数	省份	一级行业_申万	产权性质
1	300024.SZ	机器人	87.24	辽宁	机械设备	中央国有控股
2	600346.SH	恒力石化	84.97	辽宁	石油石化	非国有控股
3	688072.SH	拓荆科技	84.65	辽宁	电子	非国有控股
4	688409.SH	富创精密	82.80	辽宁	电子	非国有控股
5	601999.SH	出版传媒	82.23	辽宁	传媒	地方国有控股
6	300040.SZ	九洲集团	81.85	黑龙江	电力设备	非国有控股
7	000030.SZ	富奥股份	81.59	吉林	汽车	地方国有控股
8	600718.SH	东软集团	80.23	辽宁	计算机	非国有控股
9	688378.SH	奥来德	80.11	吉林	机械设备	非国有控股
10	000623.SZ	吉林敖东	79.87	吉林	医药生物	非国有控股
11	603567.SH	珍宝岛	78.53	黑龙江	医药生物	非国有控股
12	000818.SZ	航锦科技	78.14	辽宁	基础化工	地方国有控股
13	605577.SH	龙版传媒	77.96	黑龙江	传媒	地方国有控股
14	000881.SZ	中广核技	77.58	辽宁	基础化工	中央国有控股
15	600038.SH	中直股份	76.67	黑龙江	国防军工	中央国有控股
16	600739.SH	辽宁成大	76.13	辽宁	医药生物	地方国有控股

数据来源：同花顺（iFinD），首经贸资产评估研究院和浙工商数字创新与管理研究院整理。

8.1.3　创新要素投入指数

2022年东北地区166家上市公司创新要素投入指数平均水平为62.98，低于全市场均值65.37。从指数分布来看，高于均值的有71家，占区域总数的42.77%。其中，最高的是长春高新，创新要素投入指数为81.39。具体来看，创新要素投入指数区间在60以下的有58家，占比34.94%；60~70的有72家，占比43.37%；70~80的有33家，占比19.88%；80以上的有3家，占比1.81%，如图8–5所示。

从区域内省份分布来看，创新要素投入指数平均水平最高的是吉林省（63.59），最低的是辽宁省（62.57），如图8–6所示。

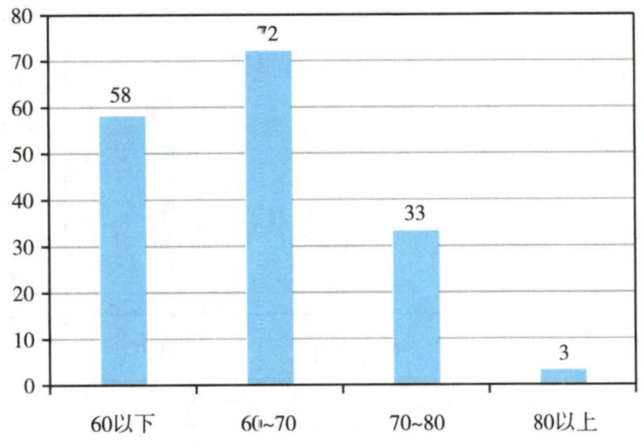

图8–5　2022年东北地区上市公司创新要素投入指数分布图（家）

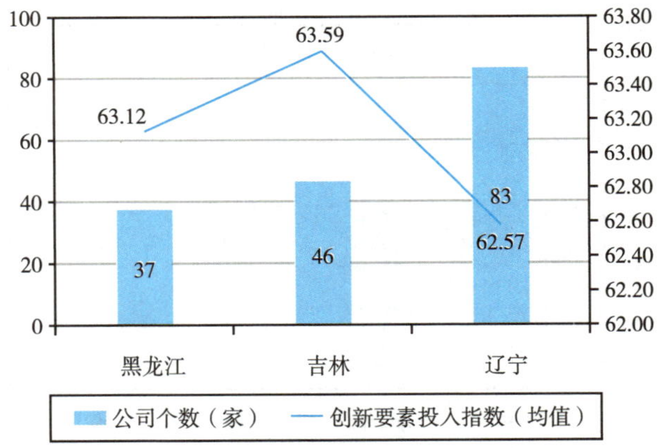

图8–6　2022年东北地区上市公司创新要素投入指数均值分布图

东北地区创新要素投入指数排名前10%的上市公司，如表8-3所示。

表8-3　2022年东北地区上市公司创新要素投入指数前10%排名

排名	公司代码	公司名称	创新要素投入指数	省份	一级行业_申万	产权性质
1	000661.SZ	长春高新	81.39	吉林	医药生物	地方国有控股
2	002232.SZ	启明信息	80.62	吉林	计算机	中央国有控股
3	000901.SZ	航天科技	80.55	黑龙江	汽车	中央国有控股
4	600718.SH	东软集团	79.85	辽宁	计算机	非国有控股
5	300024.SZ	机器人	79.54	辽宁	机械设备	中央国有控股
6	000881.SZ	中广核技	77.61	辽宁	基础化工	中央国有控股
7	835368.BJ	连城数控	75.93	辽宁	电力设备	非国有控股
8	600795.SH	国电电力	75.77	辽宁	公用事业	中央国有控股
9	000800.SZ	一汽解放	75.49	吉林	汽车	中央国有控股
10	688378.SH	奥来德	75.20	吉林	机械设备	非国有控股
11	688037.SH	芯源微	75.10	辽宁	电子	中央国有控股
12	300489.SZ	光智科技	74.74	黑龙江	机械设备	非国有控股
13	003029.SZ	吉大正元	74.60	吉林	计算机	非国有控股
14	600178.SH	东安动力	74.28	黑龙江	汽车	中央国有控股
15	002204.SZ	大连重工	74.18	辽宁	机械设备	地方国有控股
16	600038.SH	中直股份	73.89	黑龙江	国防军工	中央国有控股

数据来源：同花顺（iFinD），首经贸资产评估研究院和浙工商数字创新与管理研究院整理。

8.1.4　创新科技成果指数

2022年东北地区166家上市公司创新科技成果指数平均水平为66.99，低于全市场均值68.28。从指数分布来看，高于均值的有77家，占区域总数的46.39%。其中，最高的是国电电力，创新科技成果指数为76.55。具体来看，创新科技成果指数区间在60以下的有17家，占比10.24%；60~70的有106家，占比63.86%；70~80的有43家，占比25.90%，如图8-7所示。

从区域内省份分布来看，创新科技成果指数平均水平最高的是辽宁省（67.20），最低的是黑龙江省（66.36），如图8-8所示。

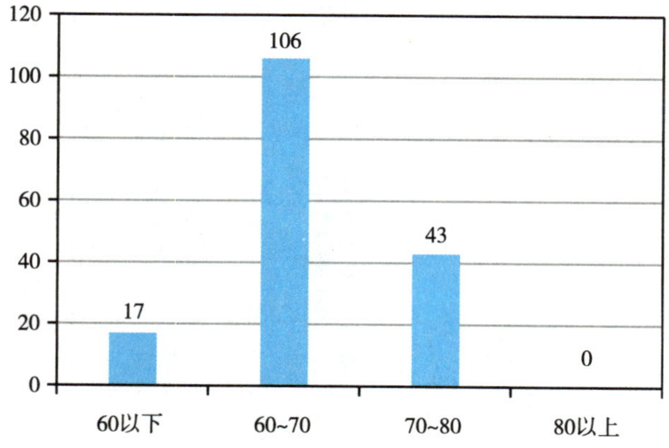

图8-7　2022年东北地区上市公司创新科技成果指数分布图（家）

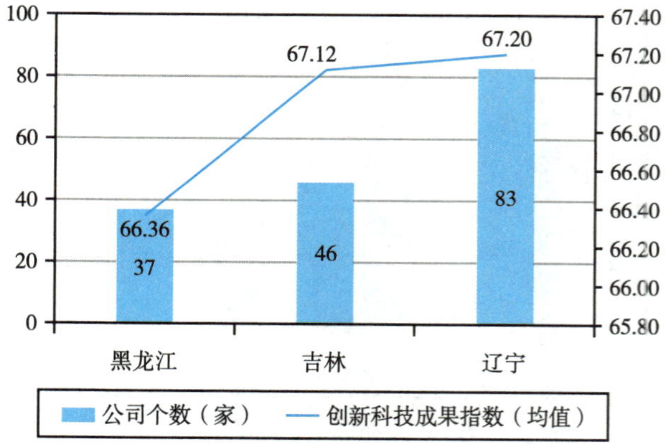

图8-8　2022年东北地区上市公司创新科技成果指数均值分布图

东北地区创新科技成果指数排名前10%的上市公司，如表8-4所示。

表 8-4　　2022 年东北地区上市公司创新科技成果指数前 10% 排名

排名	公司代码	公司名称	创新科技成果指数	省份	一级行业_申万	产权性质
1	600795.SH	国电电力	76.55	辽宁	公用事业	中央国有控股
2	000800.SZ	一汽解放	76.47	吉林	汽车	中央国有控股
3	000898.SZ	鞍钢股份	75.93	辽宁	钢铁	中央国有控股
4	000761.SZ	本钢板材	73.54	辽宁	钢铁	中央国有控股
5	688072.SH	拓荆科技	73.51	辽宁	电子	非国有控股
6	300293.SZ	蓝英装备	73.10	辽宁	机械设备	非国有控股
7	002204.SZ	大连重工	73.08	辽宁	机械设备	地方国有控股
8	601106.SH	中国一重	73.06	黑龙江	机械设备	中央国有控股
9	300489.SZ	光智科技	73.05	黑龙江	机械设备	非国有控股
10	688378.SH	奥来德	72.98	吉林	机械设备	非国有控股
11	002667.SZ	威领股份	72.75	辽宁	机械设备	非国有控股
12	600718.SH	东软集团	72.70	辽宁	计算机	非国有控股
13	600346.SH	恒力石化	72.35	辽宁	石油石化	非国有控股
14	000623.SZ	吉林敖东	72.23	吉林	医药生物	非国有控股
15	835368.BJ	连城数控	72.15	辽宁	电力设备	非国有控股
16	688305.SH	科德数控	71.95	辽宁	机械设备	非国有控股

数据来源：同花顺（iFinD），首经贸资产评估研究院和浙工商数字创新与管理研究院整理。

8.1.5　创新经济绩效指数

2022年东北地区166家上市公司创新经济绩效指数平均水平为60.93，低于全市场均值61.11。从指数分布来看，高于均值的有84家，占区域总数的50.60%。其中，最高的是国电电力，创新经济绩效指数为85.71。具体来看，创新经济绩效指数区间在60以下的有79家，占比47.59%；60~70的有63家，占比37.95%；70~80的有21家，占比12.65%；80以上的有3家，占比1.81%，如图8-9所示。

从区域内省份分布来看，创新经济绩效指数平均水平最高的是黑龙江省（61.04），最低的是吉林省（60.69），如图8-10所示。

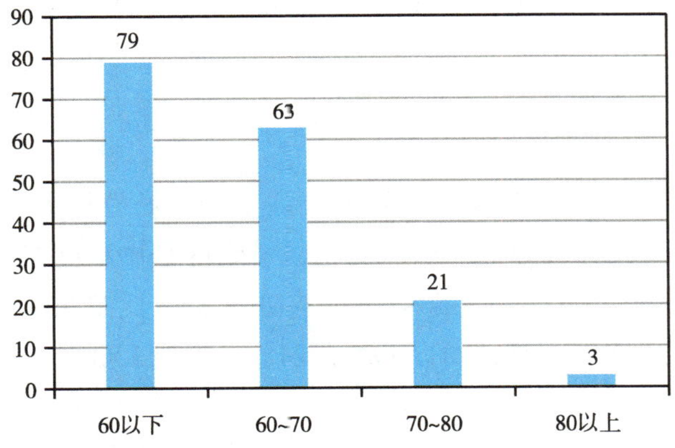

图8-9　2022年东北地区上市公司创新经济绩效指数分布图（家）

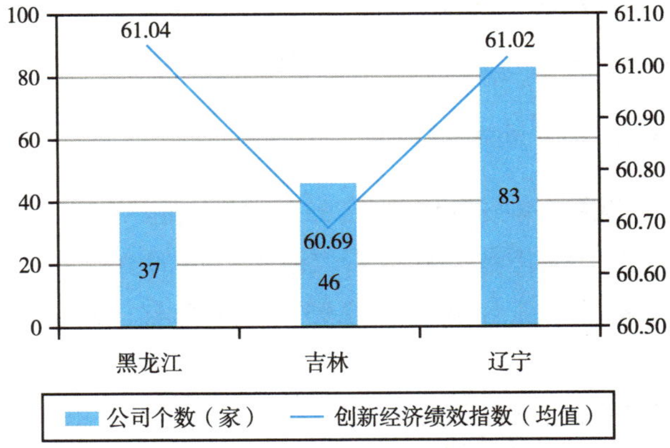

图8-10　2022年东北地区上市公司创新经济绩效指数均值分布图

东北地区创新经济绩效指数排名前10%的上市公司，如表8-5所示。

表 8-5　　2022 年东北地区上市公司创新经济绩效指数前 10% 排名

排名	公司代码	公司名称	创新经济绩效指数	省份	一级行业_申万	产权性质
1	600795.SH	国电电力	85.71	辽宁	公用事业	中央国有控股
2	000661.SZ	长春高新	80.68	吉林	医药生物	地方国有控股
3	000875.SZ	吉电股份	80.30	吉林	公用事业	中央国有控股
4	601106.SH	中国一重	77.08	黑龙江	机械设备	中央国有控股
5	600110.SH	诺德股份	76.06	吉林	电力设备	非国有控股
6	002737.SZ	葵花药业	75.86	黑龙江	医药生物	非国有控股
7	000597.SZ	东北制药	75.83	辽宁	医药生物	非国有控股
8	600664.SH	哈药股份	75.35	黑龙江	医药生物	地方国有控股
9	000881.SZ	中广核技	75.26	辽宁	基础化工	中央国有控股
10	600233.SH	圆通速递	75.14	辽宁	交通运输	非国有控股
11	300024.SZ	机器人	75.06	辽宁	机械设备	中央国有控股
12	835368.BJ	连城数控	73.72	辽宁	电力设备	非国有控股
13	000623.SZ	吉林敖东	73.14	吉林	医药生物	非国有控股
14	688305.SH	科德数控	72.96	辽宁	机械设备	非国有控股
15	836077.BJ	吉林碳谷	72.02	吉林	基础化工	地方国有控股
16	601880.SH	辽港股份	71.92	辽宁	交通运输	中央国有控股

数据来源：同花顺（iFinD），首经贸资产评估研究院和浙工商数字创新与管理研究院整理。

8.2　华北地区创新发展指数评价

2022年，华北地区全年实现地区生产总值149,093.83亿元，人均地区生产总值为107,338.40元，居民人均可支配收入44,471.31元。截至2022年底，A股市场华北地区共有上市公司618家，总市值共计143,975.05亿元，营业总收入215,761.02亿元，平均市值232.97亿元/家，平均营业收入349.13亿元/家。营业收入最高的上市公司为中国石化（33,181.68亿元），市值最大的上市公司为中国石油（8,720.37亿元）。2022年，华北地区上市公司研发投入合计为5,056.12亿元，占营业收入的2.34%；无形资产账面价值合计为20,290.78亿元，占总资产的6.78%。根据本报告分析口径，本节共对华北地区618家上市公司开展创新发展指数评价，具体情况如下：

8.2.1　创新发展综合指数

根据本报告评价，2022年华北地区创新发展综合指数平均水平为67.08，高于全市场平均水平65.47。从指数分布来看，高于均值的有364家，占区域总数的58.90%。其中，最高的是中科曙光，创新发展综合指数为87.93。具体来看，创新发展综合指数区间在60以下的有70家，占比11.33%；60~70的有365家，占比59.06%；70~80的有159家，占比25.73%；80以上的有24家，占比3.88%，如图8-11所示。

从区域内省份分布来看，华北地区618家上市公司分布在5个省份。创新发展综合指数平均水平最高的是北京市（67.53），最低的是山西省（63.86），如图8-12所示。

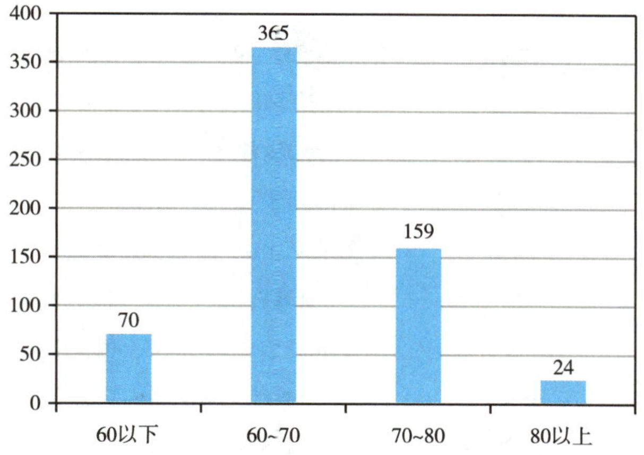

图8-11　2022年华北地区上市公司创新发展综合指数分布图（家）

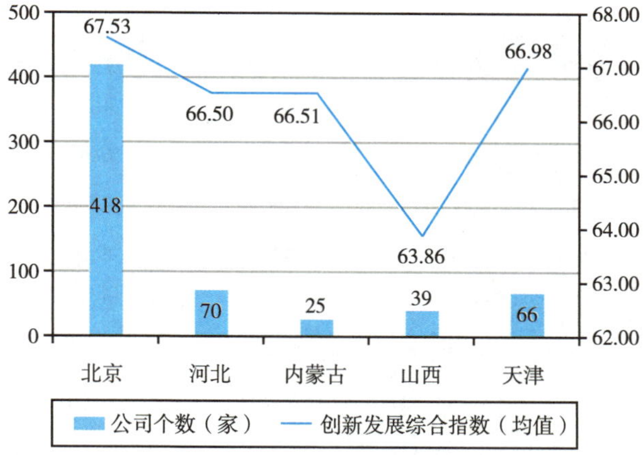

图8-12　2022年华北地区上市公司创新发展综合指数均值分布图

华北地区中，创新发展综合指数排名前50的上市公司，如表8-6所示。

表8-6　2022年华北地区上市公司创新发展综合指数前50排名

排名	公司代码	公司名称	创新发展综合指数	省份	一级行业_申万	产权性质
1	603019.SH	中科曙光	87.93	天津	计算机	中央国有控股
2	002371.SZ	北方华创	87.77	北京	电子	地方国有控股
3	601633.SH	长城汽车	85.23	河北	汽车	非国有控股
4	600031.SH	三一重工	83.92	北京	机械设备	非国有控股
5	600588.SH	用友网络	83.41	北京	计算机	非国有控股
6	688041.SH	海光信息	82.97	天津	电子	非国有控股
7	000938.SZ	紫光股份	82.85	北京	计算机	非国有控股
8	002049.SZ	紫光国微	82.45	河北	电子	非国有控股
9	601390.SH	中国中铁	82.34	北京	建筑装饰	中央国有控股
10	603392.SH	万泰生物	82.22	北京	医药生物	非国有控股
11	601766.SH	中国中车	82.14	北京	机械设备	中央国有控股
12	601618.SH	中国中冶	81.86	北京	建筑装饰	中央国有控股
13	600482.SH	中国动力	81.55	河北	电力设备	中央国有控股
14	002410.SZ	广联达	81.38	北京	计算机	非国有控股
15	000725.SZ	京东方A	81.32	北京	电子	地方国有控股
16	601985.SH	中国核电	81.30	北京	公用事业	中央国有控股
17	002129.SZ	TCL中环	80.79	天津	电力设备	非国有控股
18	601117.SH	中国化学	80.77	北京	建筑装饰	中央国有控股
19	600887.SH	伊利股份	80.56	内蒙古	食品饮料	非国有控股
20	603986.SH	兆易创新	80.48	北京	电子	非国有控股
21	600118.SH	中国卫星	80.46	北京	国防军工	中央国有控股
22	600050.SH	中国联通	80.32	北京	通信	中央国有控股
23	600536.SH	中国软件	80.25	北京	计算机	中央国有控股
24	688111.SH	金山办公	80.11	北京	计算机	非国有控股

续表

排名	公司代码	公司名称	创新发展综合指数	省份	一级行业_申万	产权性质
25	601668.SH	中国建筑	79.71	北京	建筑装饰	中央国有控股
26	002459.SZ	晶澳科技	79.67	河北	电力设备	非国有控股
27	300661.SZ	圣邦股份	79.50	北京	电子	非国有控股
28	300003.SZ	乐普医疗	79.50	北京	医药生物	非国有控股
29	002405.SZ	四维图新	79.40	北京	计算机	非国有控股
30	601728.SH	中国电信	79.38	北京	通信	中央国有控股
31	688568.SH	中科星图	79.29	北京	计算机	中央国有控股
32	601800.SH	中国交建	79.28	北京	建筑装饰	中央国有控股
33	301269.SZ	华大九天	79.12	北京	计算机	非国有控股
34	300496.SZ	中科创达	78.72	北京	计算机	非国有控股
35	600528.SH	中铁工业	78.46	北京	机械设备	中央国有控股
36	601669.SH	中国电建	78.01	北京	建筑装饰	中央国有控股
37	600028.SH	中国石化	78.01	北京	石油石化	中央国有控股
38	601088.SH	中国神华	77.93	北京	煤炭	中央国有控股
39	601989.SH	中国重工	77.88	北京	国防军工	中央国有控股
40	688009.SH	中国通号	77.75	北京	机械设备	中央国有控股
41	601698.SH	中国卫通	77.62	北京	国防军工	中央国有控股
42	601857.SH	中国石油	77.30	北京	石油石化	中央国有控股
43	000786.SZ	北新建材	77.29	北京	建筑材料	中央国有控股
44	002439.SZ	启明星辰	77.22	北京	计算机	非国有控股
45	002153.SZ	石基信息	77.19	北京	计算机	非国有控股
46	600169.SH	太原重工	77.17	山西	机械设备	地方国有控股
47	002151.SZ	北斗星通	77.07	北京	国防军工	非国有控股
48	001965.SZ	招商公路	77.04	天津	交通运输	中央国有控股
49	601808.SH	中海油服	77.03	天津	石油石化	中央国有控股
50	600011.SH	华能国际	77.02	北京	公用事业	中央国有控股

数据来源：同花顺（iFinD），首经贸资产评估研究院和浙工商数字创新与管理研究院整理。

8.2.2 创新资源支持指数

2022年华北地区618家上市公司创新资源支持指数平均水平为68.21，高于全市场均值68.18。从指数分布来看，高于均值的有301家，占区域总数的48.71%。其中，最高的是紫光股份，创新资源支持指数为94.34。具体来看，创新资源支持指数区间在60以下的有110家，占比17.80%；60~70的有263家，占比42.55%；70~80的有197家，占比31.88%；80以上的有48家，占比7.77%，如图8-13所示。

从区域内省份分布来看，创新资源支持指数平均水平最高的是天津市（69.25），最低的是山西省（64.93），如图8-14所示。

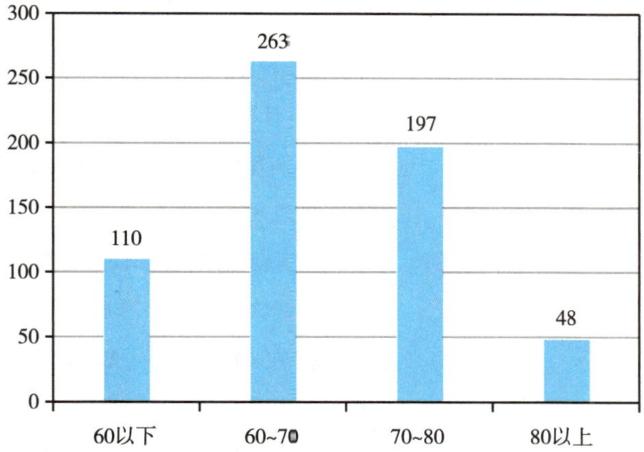

图8-13　2022年华北地区上市公司创新资源支持指数分布图（家）

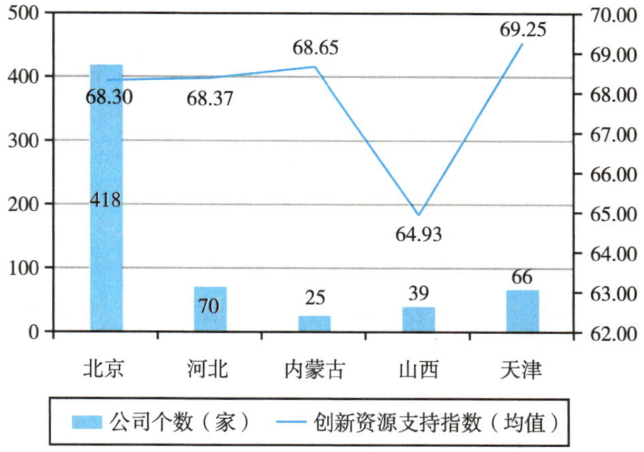

图8-14　2022年华北地区上市公司创新资源支持指数均值分布图

华北地区创新资源支持指数排名前50的上市公司，如表8-7所示。

表8-7　2022年华北地区上市公司创新资源支持指数前50排名

排名	公司代码	公司名称	创新资源支持指数	省份	一级行业_申万	产权性质
1	000938.SZ	紫光股份	94.34	北京	计算机	非国有控股
2	603019.SH	中科曙光	90.00	天津	计算机	中央国有控股
3	600536.SH	中国软件	89.37	北京	计算机	中央国有控股
4	600588.SH	用友网络	89.23	北京	计算机	非国有控股
5	002439.SZ	启明星辰	89.05	北京	计算机	非国有控股
6	688111.SH	金山办公	88.27	北京	计算机	非国有控股
7	300296.SZ	利亚德	88.22	北京	电子	非国有控股
8	002410.SZ	广联达	86.95	北京	计算机	非国有控股
9	601633.SH	长城汽车	86.62	河北	汽车	非国有控股
10	601808.SH	中海油服	85.74	天津	石油石化	中央国有控股
11	603392.SH	万泰生物	85.55	北京	医药生物	非国有控股
12	601718.SH	际华集团	84.81	北京	纺织服饰	中央国有控股
13	600887.SH	伊利股份	84.56	内蒙古	食品饮料	非国有控股
14	688568.SH	中科星图	84.51	北京	计算机	中央国有控股
15	688120.SH	华海清科	84.23	天津	电子	地方国有控股
16	300026.SZ	红日药业	84.18	天津	医药生物	地方国有控股
17	300353.SZ	东土科技	83.93	北京	通信	非国有控股
18	601908.SH	京运通	83.84	北京	公用事业	非国有控股
19	601766.SH	中国中车	83.36	北京	机械设备	中央国有控股
20	600295.SH	鄂尔多斯	83.32	内蒙古	钢铁	非国有控股
21	300355.SZ	蒙草生态	83.25	内蒙古	建筑装饰	非国有控股
22	300523.SZ	辰安科技	83.22	北京	计算机	中央国有控股
23	603588.SH	高能环境	83.21	北京	环保	非国有控股
24	002459.SZ	晶澳科技	83.15	河北	电力设备	非国有控股

续表

排名	公司代码	公司名称	创新资源支持指数	省份	一级行业_申万	产权性质
25	002368.SZ	太极股份	83.14	北京	计算机	中央国有控股
26	002129.SZ	TCL中环	82.65	天津	电力设备	非国有控股
27	600031.SH	三一重工	82.61	北京	机械设备	非国有控股
28	002821.SZ	凯莱英	82.55	天津	医药生物	非国有控股
29	002271.SZ	东方雨虹	81.83	北京	建筑材料	非国有控股
30	601698.SH	中国卫通	81.54	北京	国防军工	中央国有控股
31	688658.SH	悦康药业	81.36	北京	医药生物	非国有控股
32	002603.SZ	以岭药业	81.30	河北	医药生物	非国有控股
33	603712.SH	七一二	81.15	天津	国防军工	地方国有控股
34	688349.SH	三一重能	81.06	北京	电力设备	非国有控股
35	300428.SZ	立中集团	81.02	河北	汽车	非国有控股
36	600111.SH	北方稀土	80.99	内蒙古	有色金属	地方国有控股
37	688326.SH	经纬恒润	80.97	北京	计算机	非国有控股
38	600482.SH	中国动力	80.90	河北	电力设备	中央国有控股
39	688432.SH	有研硅	80.85	北京	电子	非国有控股
40	300379.SZ	东方通	80.79	北京	计算机	非国有控股
41	000969.SZ	安泰科技	80.70	北京	有色金属	中央国有控股
42	688315.SH	诺禾致源	80.67	北京	医药生物	非国有控股
43	001965.SZ	招商公路	80.59	天津	交通运输	中央国有控股
44	688041.SH	海光信息	80.54	天津	电子	非国有控股
45	601669.SH	中国电建	80.45	北京	建筑装饰	中央国有控股
46	603986.SH	兆易创新	80.40	北京	电子	非国有控股
47	601949.SH	中国出版	80.37	北京	传媒	中央国有控股
48	600361.SH	创新新材	80.14	北京	商贸零售	非国有控股
49	300212.SZ	易华录	79.98	北京	计算机	中央国有控股
50	300119.SZ	瑞普生物	79.93	天津	农林牧渔	非国有控股

数据来源：同花顺（iFinD），首经贸资产评估研究院和浙江工商数字创新与管理研究院整理。

8.2.3 创新要素投入指数

2022年华北地区618家上市公司创新要素投入指数平均水平为68.34，高于全市场均值65.37。从指数分布来看，高于均值的有408家，占区域总数的66.02%。其中，最高的是中科曙光，创新要素投入指数为93.01。具体来看，创新要素投入指数区间在60以下的有89家，占比14.40%；60~70的有254家，占比41.10%；70~80的有227家，占比36.73%；80以上的有48家，占比7.77%，如图8-15所示。

从区域内省份分布来看，创新要素投入指数平均水平最高的是北京市（69.57），最低的是山西省（62.28），如图8-16所示。

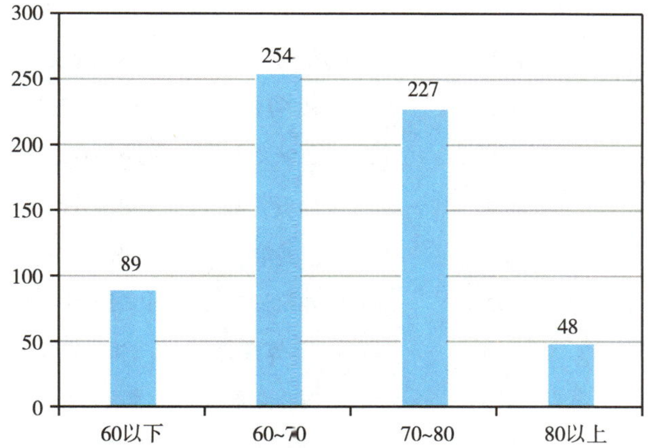

图8-15　2022年华北地区上市公司创新要素投入指数分布图（家）

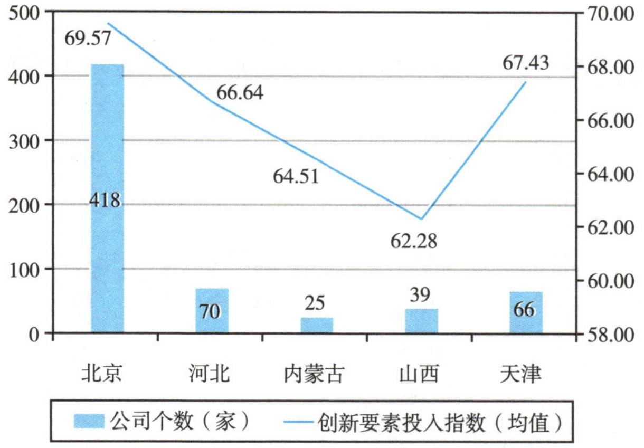

图8-16　2022年华北地区上市公司创新要素投入指数均值分布图

华北地区创新要素投入指数排名前50的上市公司，如表8-8所示。

表8-8　2022年华北地区上市公司创新要素投入指数前50排名

排名	公司代码	公司名称	创新要素投入指数	省份	一级行业（申万）	产权性质
1	603019.SH	中科曙光	93.01	天津	计算机	中央国有控股
2	002371.SZ	北方华创	92.72	北京	电子	地方国有控股
3	601633.SH	长城汽车	89.92	河北	汽车	非国有控股
4	002405.SZ	四维图新	88.56	北京	计算机	非国有控股
5	600031.SH	三一重工	88.53	北京	机械设备	非国有控股
6	002410.SZ	广联达	87.74	北京	计算机	非国有控股
7	603392.SH	万泰生物	87.71	北京	医药生物	非国有控股
8	002049.SZ	紫光国微	87.34	河北	电子	非国有控股
9	300496.SZ	中科创达	86.82	北京	计算机	非国有控股
10	688568.SH	中科星图	86.44	北京	计算机	中央国有控股
11	600588.SH	用友网络	86.17	北京	计算机	非国有控股
12	300661.SZ	圣邦股份	85.98	北京	电子	非国有控股
13	600482.SH	中国动力	85.83	河北	电力设备	中央国有控股
14	000725.SZ	京东方A	85.61	北京	电子	地方国有控股
15	601766.SH	中国中车	85.23	北京	机械设备	中央国有控股
16	688041.SH	海光信息	85.11	天津	电子	非国有控股
17	603986.SH	兆易创新	84.74	北京	电子	非国有控股
18	601618.SH	中国中冶	84.24	北京	建筑装饰	中央国有控股
19	002153.SZ	石基信息	83.83	北京	计算机	非国有控股
20	000938.SZ	紫光股份	83.82	北京	计算机	非国有控股
21	601989.SH	中国重工	83.74	北京	国防军工	中央国有控股
22	002151.SZ	北斗星通	83.54	北京	国防军工	非国有控股
23	301269.SZ	华大九天	83.50	北京	计算机	非国有控股
24	002129.SZ	TCL中环	82.91	天津	电力设备	非国有控股

续表

排名	公司代码	公司名称	创新要素投入指数	省份	一级行业（申万）	产权性质
25	300369.SZ	绿盟科技	82.85	北京	计算机	非国有控股
26	600169.SH	太原重工	82.74	山西	机械设备	地方国有控股
27	601985.SH	中国核电	82.72	北京	公用事业	中央国有控股
28	600050.SH	中国联通	82.69	北京	通信	中央国有控股
29	601800.SH	中国交建	82.68	北京	建筑装饰	中央国有控股
30	601360.SH	三六零	82.63	天津	计算机	非国有控股
31	002821.SZ	凯莱英	82.45	天津	医药生物	非国有控股
32	600536.SH	中国软件	82.24	北京	计算机	中央国有控股
33	601390.SH	中国中铁	82.10	北京	建筑装饰	中央国有控股
34	002368.SZ	太极股份	82.06	北京	计算机	中央国有控股
35	600118.SH	中国卫星	82.02	北京	国防军工	中央国有控股
36	603859.SH	能科科技	81.79	北京	计算机	非国有控股
37	603087.SH	甘李药业	81.39	北京	医药生物	非国有控股
38	688111.SH	金山办公	81.12	北京	计算机	非国有控股
39	601117.SH	中国化学	80.98	北京	建筑装饰	中央国有控股
40	002459.SZ	晶澳科技	80.86	河北	电力设备	非国有控股
41	688561.SH	奇安信	80.67	北京	计算机	非国有控股
42	601728.SH	中国电信	80.66	北京	通信	中央国有控股
43	300036.SZ	超图软件	80.60	北京	计算机	非国有控股
44	300456.SZ	赛微电子	80.41	北京	电子	非国有控股
45	600372.SH	中航电子	80.38	北京	国防军工	中央国有控股
46	600100.SH	同方股份	80.35	北京	计算机	中央国有控股
47	002755.SZ	奥赛康	80.33	北京	医药生物	非国有控股
48	300229.SZ	拓尔思	80.21	北京	计算机	非国有控股
49	688256.SH	寒武纪	80.00	北京	电子	非国有控股
50	688520.SH	神州细胞	79.96	北京	医药生物	非国有控股

数据来源：同花顺（iFinD），首经贸资产评估研究院和浙工商数字创新与管理研究院整理。

8.2.4 创新科技成果指数

2022年华北地区618家上市公司创新科技成果指数平均水平为68.76，高于全市场均值68.28。从指数分布来看，高于均值的有332家，占区域总数的53.72%。其中，最高的是中国建筑，创新科技成果指数为87.16。具体来看，创新科技成果指数区间在60以下的有30家，占比4.85%；60~70的有365家，占比59.07%；70~80的有201家，占比32.52%；80以上的有22家，占比3.56%，如图8-17所示。

从区域内省份分布来看，创新科技成果指数平均水平最高的是北京市（69.05），最低的是山西省（65.96），如图8-18所示。

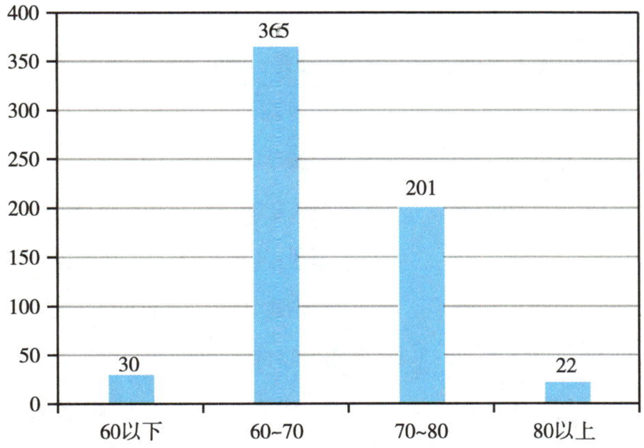

图8-17 2022年华北地区上市公司创新科技成果指数分布图（家）

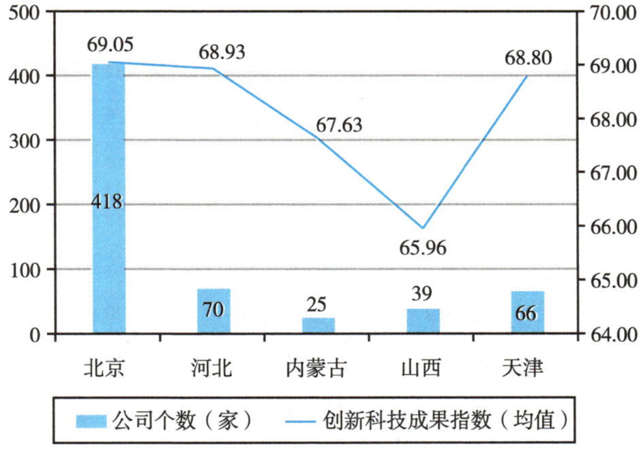

图8-18 2022年华北地区上市公司创新科技成果指数均值分布图

华北地区创新科技成果指数排名前50的上市公司，如表8-9所示。

表8-9 2022年华北地区上市公司创新科技成果指数前50排名

排名	公司代码	公司名称	创新科技成果指数	省份	一级行业_申万	产权性质
1	601668.SH	中国建筑	87.16	北京	建筑装饰	中央国有控股
2	601618.SH	中国中冶	86.46	北京	建筑装饰	中央国有控股
3	002371.SZ	北方华创	86.06	北京	电子	地方国有控股
4	600031.SH	三一重工	85.42	北京	机械设备	非国有控股
5	000725.SZ	京东方A	84.40	北京	电子	地方国有控股
6	600528.SH	中铁工业	84.16	北京	机械设备	中央国有控股
7	600011.SH	华能国际	83.46	北京	公用事业	中央国有控股
8	600887.SH	伊利股份	83.34	内蒙古	食品饮料	非国有控股
9	601390.SH	中国中铁	83.13	北京	建筑装饰	中央国有控股
10	601117.SH	中国化学	82.75	北京	建筑装饰	中央国有控股
11	000938.SZ	紫光股份	82.36	北京	计算机	非国有控股
12	601766.SH	中国中车	82.17	北京	机械设备	中央国有控股
13	601800.SH	中国交建	81.53	北京	建筑装饰	中央国有控股
14	000786.SZ	北新建材	81.52	北京	建筑材料	中央国有控股
15	002049.SZ	紫光国微	81.22	河北	电子	非国有控股
16	600028.SH	中国石化	81.20	北京	石油石化	中央国有控股
17	601669.SH	中国电建	81.16	北京	建筑装饰	中央国有控股
18	600050.SH	中国联通	81.09	北京	通信	中央国有控股
19	601088.SH	中国神华	80.69	北京	煤炭	中央国有控股
20	688111.SH	金山办公	80.54	北京	计算机	非国有控股
21	601989.SH	中国重工	80.28	北京	国防军工	中央国有控股
22	600550.SH	保变电气	80.13	河北	电力设备	中央国有控股
23	600482.SH	中国动力	79.82	河北	电力设备	中央国有控股
24	600968.SH	海油发展	79.49	北京	石油石化	中央国有控股

续表

排名	公司代码	公司名称	创新科技成果指数	省份	一级行业_申万	产权性质
25	601728.SH	中国电信	79.48	北京	通信	中央国有控股
26	688009.SH	中国通号	79.47	北京	机械设备	中央国有控股
27	601186.SH	中国铁建	79.44	北京	建筑装饰	中央国有控股
28	601857.SH	中国石油	79.40	北京	石油石化	中央国有控股
29	000959.SZ	首钢股份	79.36	北京	钢铁	地方国有控股
30	601992.SH	金隅集团	79.17	北京	建筑材料	地方国有控股
31	001965.SZ	招商公路	79.02	天津	交通运输	中央国有控股
32	603019.SH	中科曙光	78.51	天津	计算机	中央国有控股
33	688041.SH	海光信息	77.94	天津	电子	非国有控股
34	600118.SH	中国卫星	77.73	北京	国防军工	中央国有控股
35	002271.SZ	东方雨虹	77.63	北京	建筑材料	非国有控股
36	600582.SH	天地科技	77.56	北京	机械设备	中央国有控股
37	600206.SH	有研新材	77.56	北京	电子	中央国有控股
38	600536.SH	中国软件	76.96	北京	计算机	中央国有控股
39	300661.SZ	圣邦股份	76.94	北京	电子	非国有控股
40	688015.SH	交控科技	76.66	北京	机械设备	非国有控股
41	600900.SH	长江电力	76.32	北京	公用事业	中央国有控股
42	688561.SH	奇安信	76.30	北京	计算机	非国有控股
43	603392.SH	万泰生物	75.99	北京	医药生物	非国有控股
44	601226.SH	华电重工	75.95	北京	建筑装饰	中央国有控股
45	002459.SZ	晶澳科技	75.92	河北	电力设备	非国有控股
46	600588.SH	用友网络	75.88	北京	计算机	非国有控股
47	002153.SZ	石基信息	75.83	北京	计算机	非国有控股
48	300369.SZ	绿盟科技	75.75	北京	计算机	非国有控股
49	300003.SZ	乐普医疗	75.69	北京	医药生物	非国有控股
50	688339.SH	亿华通	75.66	北京	电力设备	非国有控股

数据来源：同花顺（iFinD），首经贸资产评估研究院和浙工商数字创新与管理研究院整理。

8.2.5 创新经济绩效指数

2022年华北地区618家上市公司创新经济绩效指数平均水平为63.25，高于全市场均值61.11。从指数分布来看，高于均值的有366家，占区域总数的59.22%。其中，最高的是北方华创，创新经济绩效指数为89.17。具体来看，创新经济绩效指数区间在60以下的有251家，占比40.61%；60~70的有220家，占比35.60%；70~80的有126家，占比20.39%；80以上的有21家，占比3.40%，如图8–19所示。

从区域内省份分布来看，创新经济绩效指数平均水平最高的是内蒙古自治区（66.33），最低的是河北省（62.79），如图8–20所示。

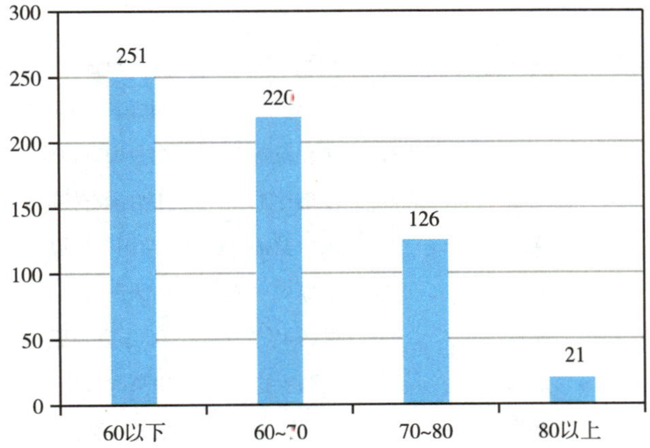

图8-19 2022年华北地区上市公司创新经济绩效指数分布图（家）

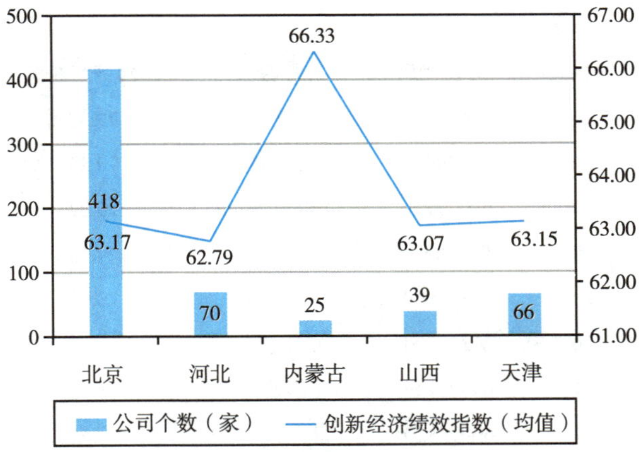

图8-20 2022年华北地区上市公司创新经济绩效指数均值分布图

华北地区创新经济绩效指数排名前50的上市公司，如表8-10所示。

表8-10 2022年华北地区上市公司创新经济绩效指数前50排名

排名	公司代码	公司名称	创新经济绩效指数	省份	一级行业_申万	产权性质
1	002371.SZ	北方华创	89.17	北京	电子	地方国有控股
2	601985.SH	中国核电	88.80	北京	公用事业	中央国有控股
3	603019.SH	中科曙光	88.77	天津	计算机	中央国有控股
4	601633.SH	长城汽车	87.48	河北	汽车	非国有控股
5	688041.SH	海光信息	86.69	天津	电子	非国有控股
6	601390.SH	中国中铁	84.93	北京	建筑装饰	中央国有控股
7	002129.SZ	TCL中环	84.84	天津	电力设备	非国有控股
8	300003.SZ	乐普医疗	83.73	北京	医药生物	非国有控股
9	600887.SH	伊利股份	82.90	内蒙古	食品饮料	非国有控股
10	600803.SH	新奥股份	82.77	河北	公用事业	非国有控股
11	600588.SH	用友网络	82.59	北京	计算机	非国有控股
12	600578.SH	京能电力	82.22	北京	公用事业	地方国有控股
13	600118.SH	中国卫星	82.15	北京	国防军工	中央国有控股
14	002049.SZ	紫光国微	82.14	河北	电子	非国有控股
15	601857.SH	中国石油	82.00	北京	石油石化	中央国有控股
16	603986.SH	兆易创新	81.53	北京	电子	非国有控股
17	600028.SH	中国石化	81.15	北京	石油石化	中央国有控股
18	601698.SH	中国卫通	80.86	北京	国防军工	中央国有控股
19	600905.SH	三峡能源	80.67	北京	公用事业	中央国有控股
20	600056.SH	中国医药	80.05	北京	医药生物	中央国有控股
21	600195.SH	中牧股份	80.00	北京	农林牧渔	中央国有控股
22	601117.SH	中国化学	79.56	北京	建筑装饰	中央国有控股
23	601088.SH	中国神华	79.52	北京	煤炭	中央国有控股
24	002385.SZ	大北农	79.47	北京	农林牧渔	非国有控股

续表

排名	公司代码	公司名称	创新经济绩效指数	省份	一级行业_申万	产权性质
25	300896.SZ	爱美客	79.30	北京	美容护理	非国有控股
26	688009.SH	中国通号	79.22	北京	机械设备	中央国有控股
27	600299.SH	安迪苏	79.07	北京	基础化工	中央国有控股
28	002459.SZ	晶澳科技	79.05	河北	电力设备	非国有控股
29	601898.SH	中煤能源	78.91	北京	煤炭	中央国有控股
30	603392.SH	万泰生物	78.82	北京	医药生物	非国有控股
31	600062.SH	华润双鹤	78.65	北京	医药生物	中央国有控股
32	600733.SH	北汽蓝谷	78.62	北京	汽车	地方国有控股
33	600482.SH	中国动力	78.48	河北	电力设备	中央国有控股
34	601618.SH	中国中冶	78.39	北京	建筑装饰	中央国有控股
35	600031.SH	三一重工	78.04	北京	机械设备	非国有控股
36	601728.SH	中国电信	77.96	北京	通信	中央国有控股
37	600313.SH	农发种业	77.94	北京	农林牧渔	中央国有控股
38	002432.SZ	九安医疗	77.68	天津	医药生物	非国有控股
39	601766.SH	中国中车	77.56	北京	机械设备	中央国有控股
40	600085.SH	同仁堂	77.53	北京	医药生物	地方国有控股
41	002405.SZ	四维图新	77.50	北京	计算机	非国有控股
42	301269.SZ	华大九天	77.24	北京	计算机	非国有控股
43	000725.SZ	京东方A	77.15	北京	电子	地方国有控股
44	600050.SH	中国联通	77.09	北京	通信	中央国有控股
45	000413.SZ	东旭光电	77.05	河北	电子	非国有控股
46	002271.SZ	东方雨虹	77.02	北京	建筑材料	非国有控股
47	600329.SH	达仁堂	76.91	天津	医药生物	地方国有控股
48	601800.SH	中国交建	76.64	北京	建筑装饰	中央国有控股
49	688050.SH	爱博医疗	76.52	北京	医药生物	非国有控股
50	600169.SH	太原重工	76.47	山西	机械设备	地方国有控股

数据来源：同花顺（iFinD），首经贸资产评估研究院和浙工商数字创新与管理研究院整理。

8.3 华东地区创新发展指数评价

2022年，华东地区全年实现地区生产总值462,908.45亿元，人均地区生产总值为114,307.29元，居民人均可支配收入47,945.10元。截至2022年底，A股市场华东地区共有上市公司2,301家，总市值共计263,092.96亿元，营业总收入200,627.83亿元，平均市值114.34亿元/家，平均营业收入87.19亿元/家。营业收入最高的上市公司为建发股份（8,328.12亿元），市值最大的上市公司为宁德时代（9,609.34亿元）。2022年，华东地区上市公司研发投入合计为5,711.06亿元，占营业收入的2.85%；无形资产账面价值合计为12,374.57亿元，占总资产的4.70%。根据本报告分析口径，本节共对华东地区2,301家上市公司开展创新发展指数评价，具体情况如下：

8.3.1　创新发展综合指数

根据本报告评价，2022年华东地区创新发展综合指数平均水平为65.32，低于全市场平均水平65.47。从指数分布来看，高于均值的有1,063家，占区域总数的46.20%。其中，最高的是科大讯飞，创新发展综合指数为87.33。具体来看，创新发展综合指数区间在60以下的有304家，占比13.21%；60~70的有1,591家，占比69.15%；70~80的有374家，占比16.25%；80以上的有32家，占比1.39%，如图8-21所示。

从区域内省份分布来看，华东地区2,301家上市公司分布在7个省份。创新发展综合指数平均水平最高的是安徽省（66.23），最低的是福建省（64.75），如图8-22所示。

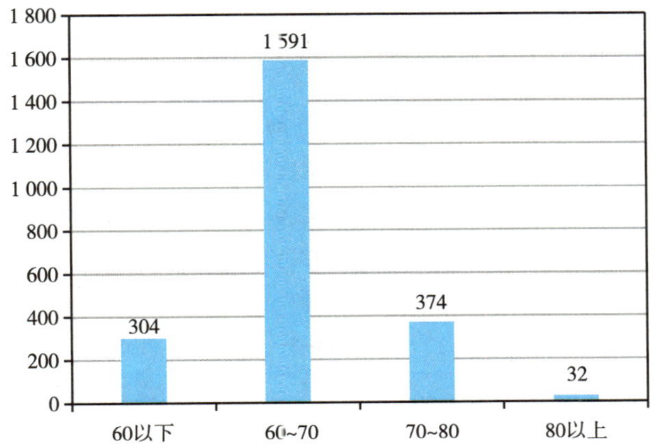

图8-21　2022年华东地区上市公司创新发展综合指数分布图（家）

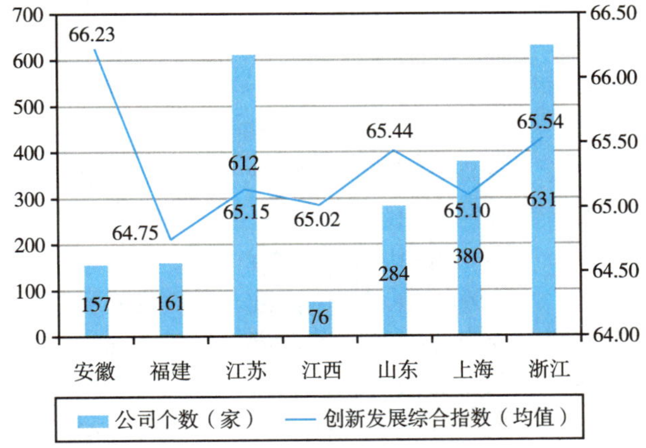

图8-22　2022年华东地区上市公司创新发展综合指数均值分布图

华东地区中，创新发展综合指数排名前50的上市公司，如表8-11所示。

表 8-11　2022 年华东地区上市公司创新发展综合指数前 50 排名

排名	公司代码	公司名称	创新发展综合指数	省份	一级行业_（申万）	产权性质
1	002230.SZ	科大讯飞	87.33	安徽	计算机	非国有控股
2	688271.SH	联影医疗	87.24	上海	医药生物	非国有控股
3	600406.SH	国电南瑞	87.16	江苏	电力设备	中央国有控股
4	600196.SH	复星医药	84.06	上海	医药生物	非国有控股
5	600522.SH	中天科技	83.81	江苏	通信	非国有控股
6	002074.SZ	国轩高科	83.73	安徽	电力设备	非国有控股
7	600276.SH	恒瑞医药	83.73	江苏	医药生物	非国有控股
8	688223.SH	晶科能源	83.64	江西	电力设备	非国有控股
9	600690.SH	海尔智家	83.39	山东	家用电器	非国有控股
10	000977.SZ	浪潮信息	83.27	山东	计算机	地方国有控股
11	300450.SZ	先导智能	83.14	江苏	电力设备	非国有控股
12	002241.SZ	歌尔股份	83.11	山东	电子	非国有控股
13	600309.SH	万华化学	82.90	山东	基础化工	地方国有控股
14	688599.SH	天合光能	82.82	江苏	电力设备	非国有控股

续表

排名	公司代码	公司名称	创新发展综合指数	省份	一级行业_（申万）	产权性质
15	300316.SZ	晶盛机电	82.62	浙江	电力设备	非国有控股
16	000425.SZ	徐工机械	82.32	江苏	机械设备	地方国有控股
17	300308.SZ	中际旭创	82.25	山东	通信	非国有控股
18	000338.SZ	潍柴动力	82.03	山东	汽车	地方国有控股
19	300274.SZ	阳光电源	81.62	安徽	电力设备	非国有控股
20	000963.SZ	华东医药	81.02	浙江	医药生物	非国有控股
21	300750.SZ	宁德时代	80.92	福建	电力设备	非国有控股
22	688777.SH	中控技术	80.75	浙江	机械设备	非国有控股
23	002460.SZ	赣锋锂业	80.62	江西	有色金属	非国有控股
24	002080.SZ	中材科技	80.56	江苏	建筑材料	中央国有控股
25	600460.SH	士兰微	80.48	浙江	电子	非国有控股
26	603259.SH	药明康德	80.38	江苏	医药生物	非国有控股
27	002415.SZ	海康威视	80.35	浙江	计算机	中央国有控股
28	603659.SH	璞泰来	80.33	上海	电力设备	非国有控股
29	600150.SH	中国船舶	80.33	上海	国防军工	中央国有控股
30	600019.SH	宝钢股份	80.31	上海	钢铁	中央国有控股
31	603501.SH	韦尔股份	80.23	上海	电子	非国有控股
32	600104.SH	上汽集团	80.14	上海	汽车	地方国有控股
33	600570.SH	恒生电子	79.66	浙江	计算机	非国有控股
34	600584.SH	长电科技	79.52	江苏	电子	非国有控股
35	600845.SH	宝信软件	79.45	上海	计算机	中央国有控股
36	002389.SZ	航天彩虹	78.96	浙江	国防军工	中央国有控股
37	600741.SH	华域汽车	78.92	上海	汽车	地方国有控股
38	600580.SH	卧龙电驱	78.76	浙江	电力设备	非国有控股
39	601607.SH	上海医药	78.62	上海	医药生物	地方国有控股
40	002001.SZ	新和成	78.53	浙江	医药生物	非国有控股
41	688082.SH	盛美上海	78.39	上海	电子	非国有控股
42	002747.SZ	埃斯顿	78.19	江苏	机械设备	非国有控股
43	600521.SH	华海药业	78.16	浙江	医药生物	非国有控股
44	600549.SH	厦门钨业	78.10	福建	有色金属	地方国有控股
45	002236.SZ	大华股份	77.97	浙江	计算机	非国有控股
46	688385.SH	复旦微电	77.85	上海	电子	地方国有控股
47	603806.SH	福斯特	77.79	浙江	电力设备	非国有控股
48	300627.SZ	华测导航	77.78	上海	通信	非国有控股
49	601689.SH	拓普集团	77.68	浙江	汽车	非国有控股
50	688012.SH	中微公司	77.61	上海	电子	地方国有控股

数据来源：同花顺（iFinD），首经贸资产评估研究院和浙工商数字创新与管理研究院整理。

8.3.2 创新资源支持指数

2022年华东地区2,301家上市公司创新资源支持指数平均水平为68.44，高于全市场均值68.18。

从指数分布来看，高于均值的有1,154家，占区域总数的50.15%。其中，最高的是科大讯飞，创新资源支持指数为97.39。具体来看，创新资源支持指数区间在60以下的有295家，占比12.82%；60~70的有1,060家，占比46.07%；70~80的有795家，占比34.55%；80以上的有151家，占比6.56%，如图8-23所示。

从区域内省份分布来看，创新资源支持指数平均水平最高的是浙江省（70.04），最低的是江西省（66.74），如图8-24所示。

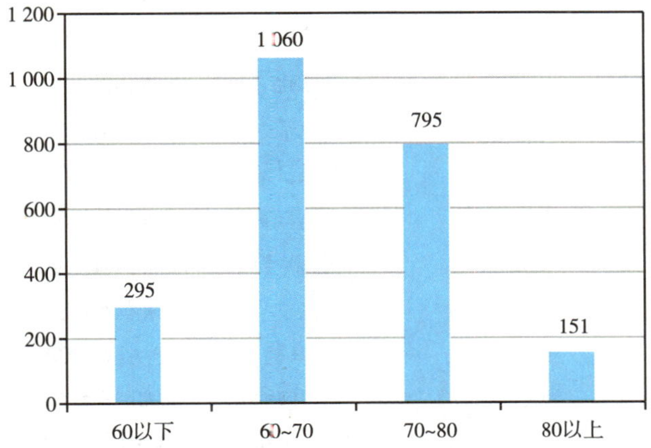

图8-23　2022年华东地区上市公司创新资源支持指数分布图（家）

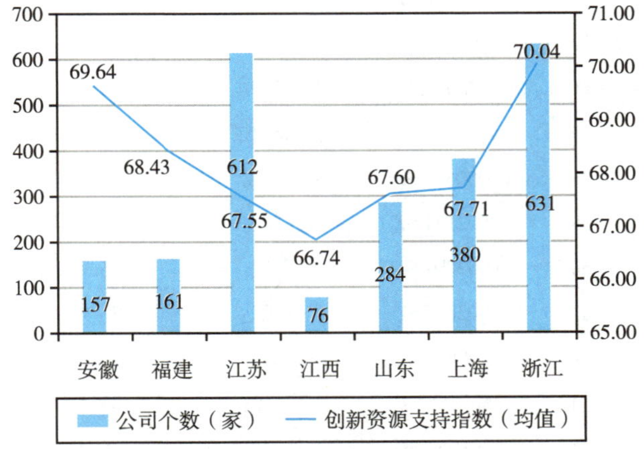

图8-24　2022年华东地区上市公司创新资源支持指数均值分布图

华东地区创新资源支持指数排名前50的上市公司，如表8-12所示。

表8-12　2022年华东地区上市公司创新资源支持指数前50排名

排名	公司代码	公司名称	创新资源支持指数	省份	一级行业_（申万）	产权性质
1	002230.SZ	科大讯飞	97.39	安徽	计算机	非国有控股
2	002236.SZ	大华股份	93.22	浙江	计算机	非国有控股
3	688271.SH	联影医疗	92.19	上海	医药生物	非国有控股
4	688223.SH	晶科能源	91.96	江西	电力设备	非国有控股
5	300627.SZ	华测导航	90.49	上海	通信	非国有控股
6	600522.SH	中天科技	90.25	江苏	通信	非国有控股
7	300188.SZ	美亚柏科	89.59	福建	计算机	中央国有控股
8	300316.SZ	晶盛机电	89.21	浙江	电力设备	非国有控股
9	688777.SH	中控技术	89.00	浙江	机械设备	非国有控股
10	600309.SH	万华化学	88.70	山东	基础化工	地方国有控股
11	300699.SZ	光威复材	88.30	山东	国防军工	非国有控股
12	002384.SZ	东山精密	87.97	江苏	电子	非国有控股
13	002434.SZ	万里扬	87.79	浙江	汽车	非国有控股
14	300308.SZ	中际旭创	87.76	山东	通信	非国有控股
15	603308.SH	应流股份	87.66	安徽	机械设备	非国有控股
16	002415.SZ	海康威视	87.66	浙江	计算机	中央国有控股
17	601689.SH	拓普集团	87.57	浙江	汽车	非国有控股
18	603806.SH	福斯特	87.44	浙江	电力设备	非国有控股

续表

排名	公司代码	公司名称	创新资源支持指数	省份	一级行业_(申万)	产权性质
19	002273.SZ	水晶光电	87.30	浙江	电子	非国有控股
20	300999.SZ	金龙鱼	86.97	上海	农林牧渔	非国有控股
21	600406.SH	国电南瑞	86.44	江苏	电力设备	中央国有控股
22	002254.SZ	泰和新材	86.02	山东	基础化工	地方国有控股
23	000739.SZ	普洛药业	85.93	浙江	医药生物	非国有控股
24	002266.SZ	浙富控股	85.87	浙江	环保	非国有控股
25	600150.SH	中国船舶	85.74	上海	国防军工	中央国有控股
26	688065.SH	凯赛生物	85.66	上海	基础化工	非国有控股
27	300604.SZ	长川科技	85.61	浙江	电子	非国有控股
28	000680.SZ	山推股份	85.55	山东	机械设备	地方国有控股
29	002171.SZ	楚江新材	85.52	安徽	有色金属	非国有控股
30	002001.SZ	新和成	85.52	浙江	医药生物	非国有控股
31	002863.SZ	今飞凯达	85.35	浙江	汽车	非国有控股
32	000977.SZ	浪潮信息	85.22	山东	计算机	地方国有控股
33	603055.SH	台华新材	85.20	浙江	纺织服饰	非国有控股
34	601952.SH	苏垦农发	85.05	江苏	农林牧渔	地方国有控股
35	603659.SH	璞泰来	85.01	上海	电力设备	非国有控股
36	002050.SZ	三花智控	84.98	浙江	家用电器	非国有控股
37	300118.SZ	东方日升	84.94	浙江	电力设备	非国有控股
38	002056.SZ	横店东磁	84.91	浙江	有色金属	非国有控股
39	600276.SH	恒瑞医药	84.82	江苏	医药生物	非国有控股
40	600845.SH	宝信软件	84.76	上海	计算机	中央国有控股
41	688599.SH	天合光能	84.76	江苏	电力设备	非国有控股
42	603297.SH	永新光学	84.75	浙江	电子	非国有控股
43	603039.SH	泛微网络	84.68	上海	计算机	非国有控股
44	603596.SH	伯特利	84.65	安徽	汽车	非国有控股
45	601865.SH	福莱特	84.32	浙江	电力设备	非国有控股
46	600562.SH	国睿科技	84.23	江苏	国防军工	中央国有控股
47	688301.SH	奕瑞科技	84.22	上海	医药生物	非国有控股
48	000425.SZ	徐工机械	84.09	江苏	机械设备	地方国有控股
49	300806.SZ	斯迪克	84.04	江苏	基础化工	非国有控股
50	600580.SH	卧龙电驱	84.03	浙江	电力设备	非国有控股

数据来源：同花顺（iFinD），首经贸资产评估研究院和浙江工商数字创新与管理研究院整理。

8.3.3 创新要素投入指数

2022年华东地区2,301家上市公司创新要素投入指数平均水平为65.11，低于全市场均值65.37。从指数分布来看，高于均值的有1,101家，占区域总数的47.85%。其中，最高的是科大讯飞，创新要素投入指数为91.86。具体来看，创新要素投入指数区间在60以下的有520家，占比22.60%；60~70的有1,178家，占比51.19%；70~80的有546家，占比23.73%；80以上的有57家，占比2.48%，如图8–25所示。

从区域内省份分布来看，创新要素投入指数平均水平最高的是安徽省（65.85），最低的是江西省（63.79），如图8-26所示。

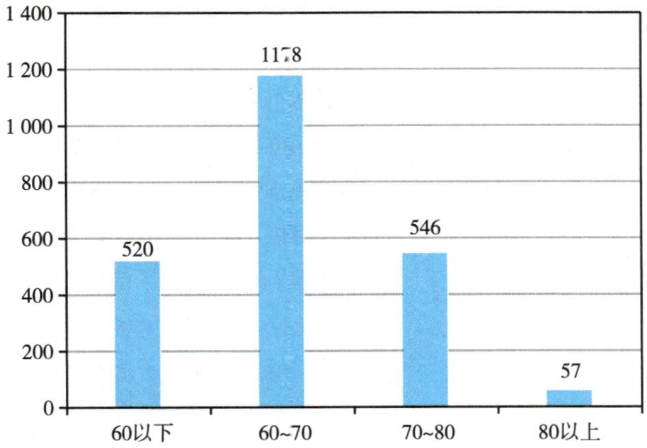

图8-25 2022年华东地区上市公司创新要素投入指数分布图（家）

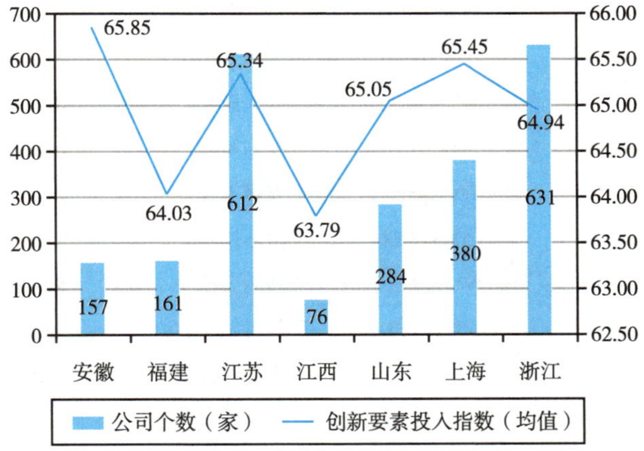

图8-26 2022年华东地区上市公司创新要素投入指数均值分布图

华东地区创新要素投入指数排名前50的上市公司，如表8-13所示。

表8-13 2022年华东地区上市公司创新要素投入指数前50排名

排名	公司代码	公司名称	创新要素投入指数	省份	一级行业_申万	产权性质
1	002230.SZ	科大讯飞	91.86	安徽	计算机	非国有控股
2	600276.SH	恒瑞医药	88.77	江苏	医药生物	非国有控股
3	002074.SZ	国轩高科	88.53	安徽	电力设备	非国有控股
4	603501.SH	韦尔股份	87.44	上海	电子	非国有控股
5	600570.SH	恒生电子	87.08	浙江	计算机	非国有控股
6	688271.SH	联影医疗	86.82	上海	医药生物	非国有控股
7	600196.SH	复星医药	86.67	上海	医药生物	非国有控股
8	600406.SH	国电南瑞	85.82	江苏	电力设备	中央国有控股
9	300033.SZ	同花顺	85.74	浙江	计算机	非国有控股
10	300450.SZ	先导智能	85.66	江苏	电力设备	非国有控股
11	600460.SH	士兰微	85.37	浙江	电子	非国有控股
12	300316.SZ	晶盛机电	85.17	浙江	电力设备	非国有控股
13	000338.SZ	潍柴动力	85.11	山东	汽车	地方国有控股
14	300750.SZ	宁德时代	85.08	福建	电力设备	非国有控股
15	000425.SZ	徐工机械	84.92	江苏	机械设备	地方国有控股
16	000977.SZ	浪潮信息	84.50	山东	计算机	地方国有控股
17	600019.SH	宝钢股份	84.49	上海	钢铁	中央国有控股
18	002241.SZ	歌尔股份	84.44	山东	电子	非国有控股
19	300782.SZ	卓胜微	84.39	江苏	电子	非国有控股
20	002415.SZ	海康威视	84.14	浙江	计算机	中央国有控股
21	002747.SZ	埃斯顿	84.11	江苏	机械设备	非国有控股
22	300274.SZ	阳光电源	83.54	安徽	电力设备	非国有控股

续表

排名	公司代码	公司名称	创新要素投入指数	省份	一级行业_申万	产权性质
23	688777.SH	中控技术	83.14	浙江	机械设备	非国有控股
24	600521.SH	华海药业	83.13	浙江	医药生物	非国有控股
25	688599.SH	天合光能	82.98	江苏	电力设备	非国有控股
26	002389.SZ	航天彩虹	82.80	浙江	国防军工	中央国有控股
27	600690.SH	海尔智家	82.79	山东	家用电器	非国有控股
28	002460.SZ	赣锋锂业	82.66	江西	有色金属	非国有控股
29	300308.SZ	中际旭创	82.65	山东	通信	非国有控股
30	603259.SH	药明康德	82.65	江苏	医药生物	非国有控股
31	688223.SH	晶科能源	82.59	江西	电力设备	非国有控股
32	600522.SH	中天科技	82.53	江苏	通信	非国有控股
33	600741.SH	华域汽车	82.50	上海	汽车	地方国有控股
34	000547.SZ	航天发展	82.38	福建	国防军工	中央国有控股
35	600150.SH	中国船舶	82.37	上海	国防军工	中央国有控股
36	300751.SZ	迈为股份	82.27	江苏	电力设备	非国有控股
37	601100.SH	恒立液压	82.08	江苏	机械设备	非国有控股
38	300558.SZ	贝达药业	82.02	浙江	医药生物	非国有控股
39	688003.SH	天准科技	81.85	江苏	机械设备	非国有控股
40	688385.SH	复旦微电	81.83	上海	电子	地方国有控股
41	688012.SH	中微公司	81.76	上海	电子	地方国有控股
42	688082.SH	盛美上海	81.41	上海	电子	非国有控股
43	000963.SZ	华东医药	81.26	浙江	医药生物	非国有控股
44	688002.SH	睿创微纳	81.23	山东	国防军工	非国有控股
45	002080.SZ	中材科技	80.97	江苏	建筑材料	中央国有控股
46	601689.SH	拓普集团	80.84	浙江	汽车	非国有控股
47	688536.SH	思瑞浦	80.66	江苏	电子	非国有控股
48	002022.SZ	科华生物	80.40	上海	医药生物	非国有控股
49	600990.SH	四创电子	80.31	安徽	国防军工	中央国有控股
50	600426.SH	华鲁恒升	80.28	山东	基础化工	地方国有控股

数据来源：同花顺（iFinD），首经贸资产评估研究院和浙工商数字创新与管理研究院整理。

8.3.4 创新科技成果指数

2022年华东地区2,301家上市公司创新科技成果指数平均水平为68.34，高于全市场均值68.28。从指数分布来看，高于均值的有1,248家，占区域总数的54.24%。其中，最高的是海尔智家，创新科技成果指数为90.42。具体来看，创新科技成果指数区间在60以下的有87家，占比3.78%；60~70的有1,548家，占比67.28%；70~80的有642家，占比27.90%；80以上的有24家，占比1.04%，如图8-27所示。

从区域内省份分布来看，创新科技成果指数平均水平最高的是安徽省（69.07），最低的是上海市（67.54），如图8-28所示。

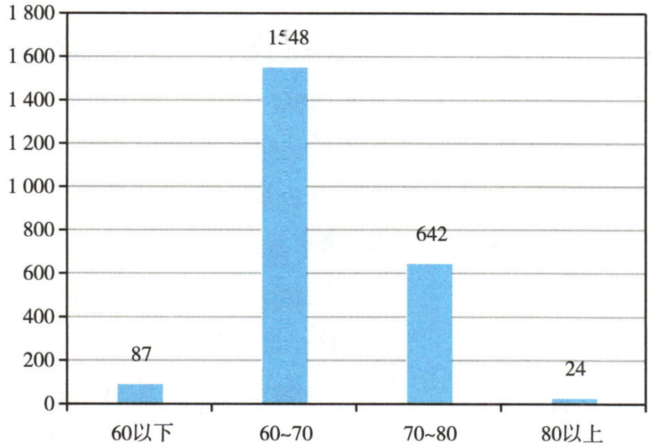

图8-27　2022年华东地区上市公司创新科技成果指数分布图（家）

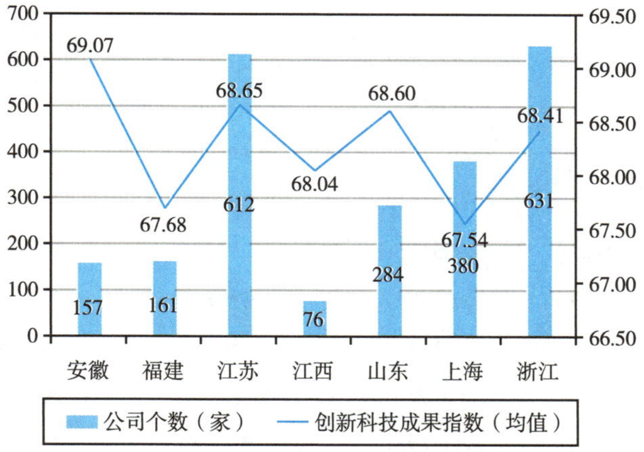

图8-28　2022年华东地区上市公司创新科技成果指数均值分布图

华东地区创新科技成果指数排名前50的上市公司，如表8-14所示。

表8-14　2022年华东地区上市公司创新科技成果指数前50排名

排名	公司代码	公司名称	创新科技成果指数	省份	一级行业_申万	产权性质
1	600690.SH	海尔智家	90.42	山东	家用电器	非国有控股
2	000338.SZ	潍柴动力	86.87	山东	汽车	地方国有控股
3	600196.SH	复星医药	86.18	上海	医药生物	非国有控股
4	600309.SH	万华化学	86.01	山东	基础化工	地方国有控股
5	600406.SH	国电南瑞	85.94	江苏	电力设备	中央国有控股
6	600522.SH	中天科技	84.13	江苏	通信	非国有控股
7	688223.SH	晶科能源	83.57	江西	电力设备	非国有控股
8	300316.SZ	晶盛机电	83.46	浙江	电力设备	非国有控股
9	300750.SZ	宁德时代	83.46	福建	电力设备	非国有控股
10	600019.SH	宝钢股份	83.00	上海	钢铁	中央国有控股
11	000977.SZ	浪潮信息	82.87	山东	计算机	地方国有控股
12	688271.SH	联影医疗	82.68	上海	医药生物	非国有控股
13	600282.SH	南钢股份	82.45	江苏	钢铁	非国有控股
14	600808.SH	马钢股份	82.42	安徽	钢铁	中央国有控股
15	000425.SZ	徐工机械	82.24	江苏	机械设备	地方国有控股
16	300274.SZ	阳光电源	81.71	安徽	电力设备	非国有控股
17	688599.SH	天合光能	81.62	江苏	电力设备	非国有控股
18	600150.SH	中国船舶	81.31	上海	国防军工	中央国有控股
19	300450.SZ	先导智能	80.86	江苏	电力设备	非国有控股
20	002241.SZ	歌尔股份	80.80	山东	电子	非国有控股
21	688777.SH	中控技术	80.70	浙江	机械设备	非国有控股
22	002335.SZ	科华数据	80.12	福建	电力设备	非国有控股
23	002460.SZ	赣锋锂业	80.11	江西	有色金属	非国有控股
24	600760.SH	中航沈飞	80.02	山东	国防军工	中央国有控股

续表

排名	公司代码	公司名称	创新科技成果指数	省份	一级行业_申万	产权性质
25	300308.SZ	中际旭创	79.81	山东	通信	非国有控股
26	601727.SH	上海电气	79.63	上海	电力设备	地方国有控股
27	002415.SZ	海康威视	79.60	浙江	计算机	中央国有控股
28	600549.SH	厦门钨业	79.58	福建	有色金属	地方国有控股
29	002080.SZ	中材科技	79.49	江苏	建筑材料	中央国有控股
30	600170.SH	上海建工	79.14	上海	建筑装饰	地方国有控股
31	300999.SZ	金龙鱼	79.07	上海	农林牧渔	非国有控股
32	600276.SH	恒瑞医药	78.94	江苏	医药生物	非国有控股
33	002230.SZ	科大讯飞	78.94	安徽	计算机	非国有控股
34	600741.SH	华域汽车	78.87	上海	汽车	地方国有控股
35	002389.SZ	航天彩虹	78.77	浙江	国防军工	中央国有控股
36	603259.SH	药明康德	78.60	江苏	医药生物	非国有控股
37	600570.SH	恒生电子	78.51	浙江	计算机	非国有控股
38	600845.SH	宝信软件	78.34	上海	计算机	中央国有控股
39	002036.SZ	联创电子	78.29	江西	电子	非国有控股
40	600580.SH	卧龙电驱	78.20	浙江	电力设备	非国有控股
41	603501.SH	韦尔股份	78.03	上海	电子	非国有控股
42	300627.SZ	华测导航	77.96	上海	通信	非国有控股
43	603260.SH	合盛硅业	77.94	浙江	基础化工	非国有控股
44	600584.SH	长电科技	77.94	江苏	电子	非国有控股
45	600597.SH	光明乳业	77.93	上海	食品饮料	地方国有控股
46	600362.SH	江西铜业	77.89	江西	有色金属	地方国有控股
47	603659.SH	璞泰来	77.75	上海	电力设备	非国有控股
48	601100.SH	恒立液压	77.72	江苏	机械设备	非国有控股
49	300751.SZ	迈为股份	77.71	江苏	电力设备	非国有控股
50	688139.SH	海尔生物	77.60	山东	医药生物	非国有控股

数据来源：同花顺（iFinD），首经贸资产评估研究院和浙工商数字创新与管理研究院整理。

8.3.5 创新经济绩效指数

2022年华东地区2,301家上市公司创新经济绩效指数平均水平为60.61，低于全市场均值61.11。从指数分布来看，高于均值的有1,137家，占区域总数的49.41%。其中，最高的是国电南瑞，创新经济绩效指数为90.35。具体来看，创新经济绩效指数区间在60以下的有1,150家，占比49.98%；60~70的有912家，占比39.63%；70~80的有213家，占比9.26%；80以上的有26家，占比1.13%，如图8-29所示。

从区域内省份分布来看，创新经济绩效指数平均水平最高的是江西省（62.53），最低的是江苏省（60.02），如图8-30所示。

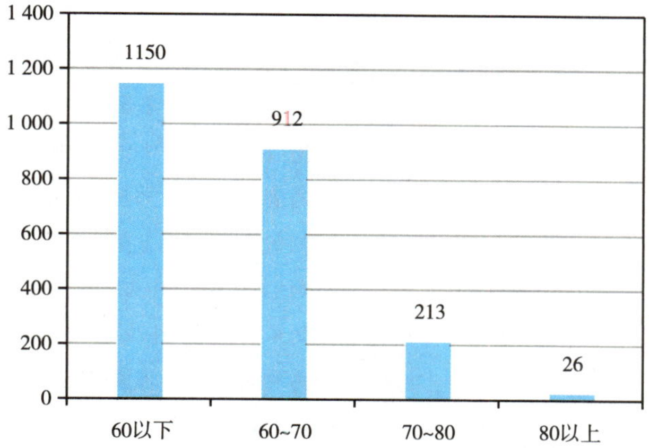

图8-29　2022年华东地区上市公司创新经济绩效指数分布图（家）

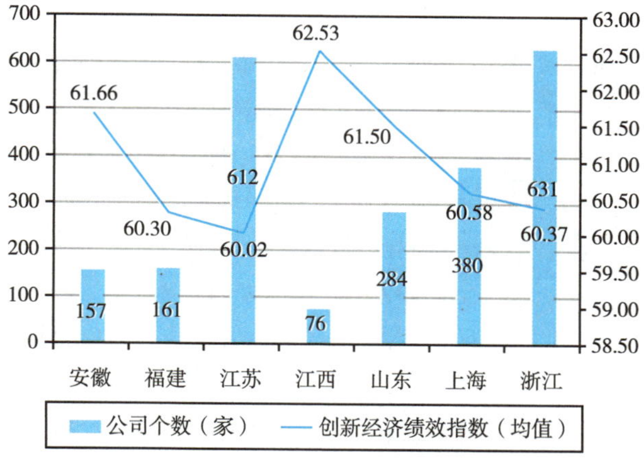

图8-30　2022年华东地区上市公司创新经济绩效指数均值分布图

华东地区创新经济绩效指数排名前50的上市公司，如表8-15所示。

表8-15　2022年华东地区上市公司创新经济绩效指数前50排名

排名	公司代码	公司名称	创新经济绩效指数	省份	一级行业_申万	产权性质
1	600406.SH	国电南瑞	90.35	江苏	电力设备	中央国有控股
2	688271.SH	联影医疗	88.19	上海	医药生物	非国有控股
3	002074.SZ	国轩高科	86.64	安徽	电力设备	非国有控股
4	600547.SH	山东黄金	85.47	山东	有色金属	地方国有控股
5	002241.SZ	歌尔股份	84.36	山东	电子	非国有控股
6	000963.SZ	华东医药	84.19	浙江	医药生物	非国有控股
7	600309.SH	万华化学	83.94	山东	基础化工	地方国有控股
8	600690.SH	海尔智家	83.56	山东	家用电器	非国有控股
9	600104.SH	上汽集团	82.97	上海	汽车	地方国有控股
10	601607.SH	上海医药	82.85	上海	医药生物	地方国有控股
11	002080.SZ	中材科技	82.52	江苏	建筑材料	中央国有控股
12	300450.SZ	先导智能	82.41	江苏	电力设备	非国有控股
13	688599.SH	天合光能	82.27	江苏	电力设备	非国有控股
14	600196.SH	复星医药	82.20	上海	医药生物	非国有控股
15	002230.SZ	科大讯飞	82.05	安徽	计算机	非国有控股
16	603259.SH	药明康德	82.00	江苏	医药生物	非国有控股
17	002460.SZ	赣锋锂业	81.69	江西	有色金属	非国有控股
18	002353.SZ	杰瑞股份	81.50	山东	机械设备	非国有控股
19	600521.SH	华海药业	81.46	浙江	医药生物	非国有控股
20	600276.SH	恒瑞医药	81.22	江苏	医药生物	非国有控股
21	603659.SH	璞泰来	81.06	上海	电力设备	非国有控股
22	002756.SZ	永兴材料	81.02	浙江	有色金属	非国有控股
23	600436.SH	片仔癀	80.97	福建	医药生物	地方国有控股
24	000977.SZ	浪潮信息	80.74	山东	计算机	地方国有控股

续表

排名	公司代码	公司名称	创新经济绩效指数	省份	一级行业_申万	产权性质
25	600487.SH	亨通光电	80.51	江苏	通信	非国有控股
26	600522.SH	中天科技	80.32	江苏	通信	非国有控股
27	300308.SZ	中际旭创	79.94	山东	通信	非国有控股
28	600699.SH	均胜电子	79.61	浙江	汽车	非国有控股
29	300294.SZ	博雅生物	79.24	江西	医药生物	中央国有控股
30	002389.SZ	航天彩虹	79.08	浙江	国防军工	中央国有控股
31	688223.SH	晶科能源	78.85	江西	电力设备	非国有控股
32	600862.SH	中航高科	78.63	江苏	国防军工	中央国有控股
33	688082.SH	盛美上海	78.52	上海	电子	非国有控股
34	000650.SZ	仁和药业	78.42	江西	医药生物	非国有控股
35	688385.SH	复旦微电	78.36	上海	电子	地方国有控股
36	000550.SZ	江铃汽车	78.27	江西	汽车	地方国有控股
37	002085.SZ	万丰奥威	78.22	浙江	汽车	非国有控股
38	603899.SH	晨光股份	78.17	上海	轻工制造	非国有控股
39	000338.SZ	潍柴动力	78.05	山东	汽车	地方国有控股
40	600460.SH	士兰微	78.05	浙江	电子	非国有控股
41	000425.SZ	徐工机械	78.02	江苏	机械设备	地方国有控股
42	002747.SZ	埃斯顿	77.96	江苏	机械设备	非国有控股
43	603456.SH	九洲药业	77.82	浙江	医药生物	非国有控股
44	600549.SH	厦门钨业	77.80	福建	有色金属	地方国有控股
45	300274.SZ	阳光电源	77.75	安徽	电力设备	非国有控股
46	601899.SH	紫金矿业	77.69	福建	有色金属	地方国有控股
47	002326.SZ	永太科技	77.57	浙江	基础化工	非国有控股
48	600584.SH	长电科技	77.34	江苏	电子	非国有控股
49	301035.SZ	润丰股份	77.32	山东	基础化工	非国有控股
50	600741.SH	华域汽车	77.14	上海	汽车	地方国有控股

数据来源：同花顺（iFinD），首经贸资产评估研究院和浙工商数字创新与管理研究院整理。

8.4 华南地区创新发展指数评价

2022年，华南地区全年实现地区生产总值162,237.67亿元，人均地区生产总值为73,557.00元，居民人均可支配收入35,333.94元。截至2022年底，A股市场华南地区共有上市公司859家，总市值共计107,665.64亿元，营业总收入70,198.45亿元，平均市值125.34亿元/家，平均营业收入81.72亿元/家。营业收入最高的上市公司为工业富联（5,118.50亿元），市值最大的上市公司为比亚迪（4,659.23亿元）。2022年，华南地区上市公司研发投入合计为2,737.95亿元，占营业收入的3.90%；无形资产账面价值合计为4,722.77亿元，占总资产的4.52%。根据本报告分析口径，本节共对华南地区859家上市公司开展创新发展指数评价，具体情况如下：

8.4.1　创新发展综合指数

根据本报告评价，2022年华南地区创新发展综合指数平均水平为65.21，低于全市场平均水平65.47。从指数分布来看，高于均值的有381家，占区域总数的44.35%。其中，最高的是迈瑞医疗，创新发展综合指数为85.80。具体来看，创新发展综合指数区间在60以下的有138家，占比16.07%；60~70的有566家，占比65.89%；70~80的有142家，占比16.53%；80以上的有13家，占比1.51%，如图8-31所示。

从区域内省份分布来看，华南地区859家上市公司分布在3个省份。创新发展综合指数平均水平最高的是广东省（65.40），最低的是广西壮族自治区（62.80），如图8-32所示。

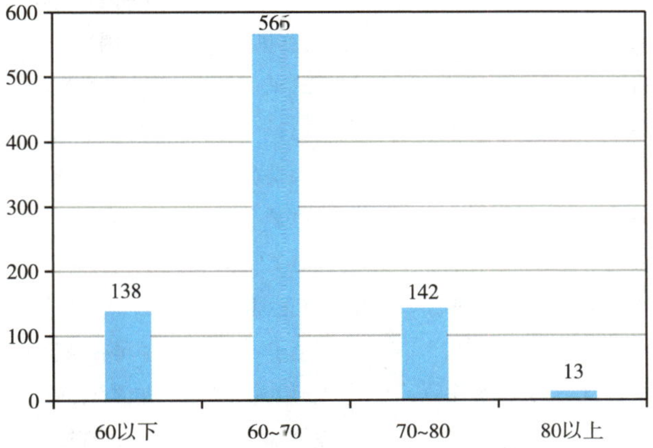

图8-31　2022年华南地区上市公司创新发展综合指数分布图（家）

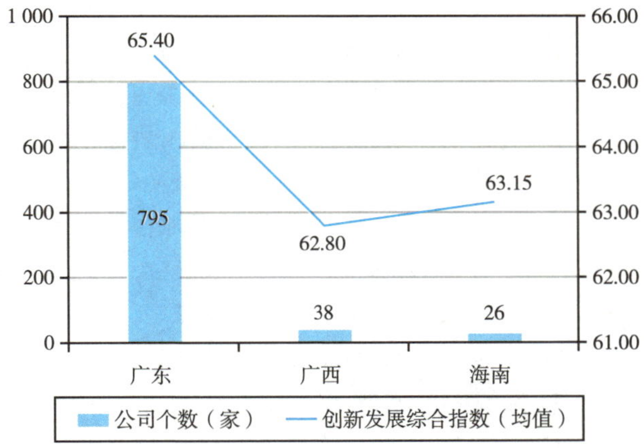

图8-32　2022年华南地区上市公司创新发展综合指数均值分布图

华南地区中，创新发展综合指数排名前50的上市公司，如表8-16所示。

表8-16　2022年华南地区上市公司创新发展综合指数前50排名

排名	公司代码	公司名称	创新发展综合指数	省份	一级行业_申万	产权性质
1	300760.SZ	迈瑞医疗	85.80	广东	医药生物	非国有控股
2	300014.SZ	亿纬锂能	85.33	广东	电力设备	非国有控股
3	300124.SZ	汇川技术	84.62	广东	机械设备	非国有控股
4	003816.SZ	中国广核	84.17	广东	公用事业	中央国有控股
5	000100.SZ	TCL科技	82.93	广东	电子	非国有控股
6	002594.SZ	比亚迪	82.66	广东	汽车	非国有控股
7	002920.SZ	德赛西威	82.27	广东	计算机	地方国有控股
8	000063.SZ	中兴通讯	81.63	广东	通信	非国有控股
9	002475.SZ	立讯精密	81.58	广东	电子	非国有控股
10	002180.SZ	纳思达	81.00	广东	计算机	非国有控股
11	601138.SH	工业富联	80.58	广东	电子	非国有控股
12	601615.SH	明阳智能	80.44	广东	电力设备	非国有控股
13	000651.SZ	格力电器	80.17	广东	家用电器	非国有控股
14	000333.SZ	美的集团	79.97	广东	家用电器	非国有控股

续表

排名	公司代码	公司名称	创新发展综合指数	省份	一级行业_申万	产权性质
15	300454.SZ	深信服	79.31	广东	计算机	非国有控股
16	000050.SZ	深天马A	78.55	广东	电子	中央国有控股
17	300408.SZ	三环集团	78.54	广东	电子	非国有控股
18	002709.SZ	天赐材料	78.41	广东	电力设备	非国有控股
19	002008.SZ	大族激光	78.30	广东	机械设备	非国有控股
20	002212.SZ	天融信	78.13	广东	计算机	非国有控股
21	300630.SZ	普利制药	78.03	海南	医药生物	非国有控股
22	002030.SZ	达安基因	77.97	广东	医药生物	地方国有控股
23	600332.SH	白云山	77.44	广东	医药生物	地方国有控股
24	000066.SZ	中国长城	77.34	广东	计算机	中央国有控股
25	601238.SH	广汽集团	77.31	广东	汽车	地方国有控股
26	688036.SH	传音控股	77.13	广东	电子	非国有控股
27	002340.SZ	格林美	77.03	广东	电力设备	非国有控股
28	002139.SZ	拓邦股份	76.54	广东	电子	非国有控股
29	002938.SZ	鹏鼎控股	76.51	广东	电子	非国有控股
30	000999.SZ	华润三九	76.48	广东	医药生物	中央国有控股
31	300136.SZ	信维通信	76.47	广东	电子	非国有控股
32	002352.SZ	顺丰控股	76.44	广东	交通运输	非国有控股
33	000012.SZ	南玻A	76.39	广东	建筑材料	地方国有控股
34	600143.SH	金发科技	76.35	广东	基础化工	非国有控股
35	002294.SZ	信立泰	76.34	广东	医药生物	非国有控股
36	688499.SH	利元亨	76.30	广东	电力设备	非国有控股
37	300037.SZ	新宙邦	75.86	广东	电力设备	非国有控股
38	603882.SH	金域医学	75.85	广东	医药生物	非国有控股
39	002906.SZ	华阳集团	75.84	广东	汽车	非国有控股
40	300638.SZ	广和通	75.55	广东	通信	非国有控股
41	688114.SH	华大智造	75.33	广东	医药生物	非国有控股
42	000009.SZ	中国宝安	75.28	广东	电力设备	非国有控股
43	835185.BJ	贝特瑞	75.18	广东	电力设备	非国有控股
44	600380.SH	健康元	75.14	广东	医药生物	非国有控股
45	002625.SZ	光启技术	74.92	广东	国防军工	非国有控股
46	603288.SH	海天味业	74.88	广东	食品饮料	非国有控股
47	300438.SZ	鹏辉能源	74.83	广东	电力设备	非国有控股
48	002841.SZ	视源股份	74.69	广东	电子	非国有控股
49	300207.SZ	欣旺达	74.60	广东	电力设备	非国有控股
50	300115.SZ	长盈精密	74.52	广东	电子	非国有控股

数据来源：同花顺（iFinD），首经贸资产评估研究院和浙工商数字创新与管理研究院整理。

8.4.2 创新资源支持指数

2022年华南地区859家上市公司创新资源支持指数平均水平为68.42，高于全市场均值68.18。从指数分布来看，高于均值的有420家，占区域总数的48.89%。其中，最高的是亿纬锂能，创新资源支持指数为94.90。具体来看，创新资源支持指数区间在60以下的有132家，占比15.37%；60~70的有376家，占比43.77%；70~80的有288家，占比33.53%；80以上的有63家，占比7.33%，如图8-33所示。

从区域内省份分布来看，创新资源支持指数平均水平最高的是广东省（68.57），最低的是广西壮族自治区（66.53），如图8-34所示。

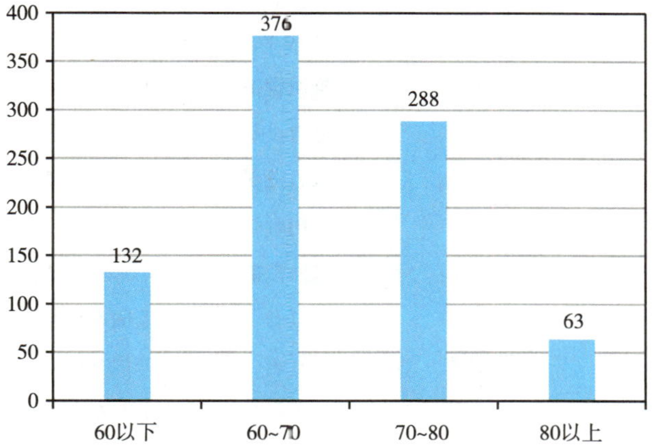

图8-33　2022年华南地区上市公司创新资源支持指数分布图（家）

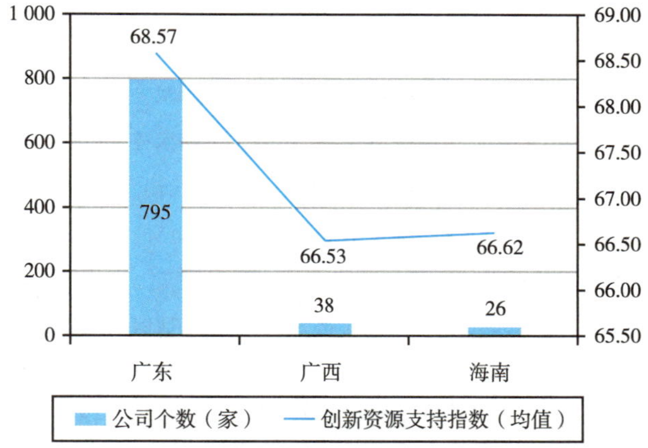

图8-34　2022年华南地区上市公司创新资源支持指数均值分布图

华南地区创新资源支持指数排名前50的上市公司，如表8-17所示。

表8-17　　2022年华南地区上市公司创新资源支持指数前50排名

排名	公司代码	公司名称	创新资源支持指数	省份	一级行业_申万	产权性质
1	300014.SZ	亿纬锂能	94.90	广东	电力设备	非国有控股
2	300454.SZ	深信服	93.70	广东	计算机	非国有控股
3	300408.SZ	三环集团	91.16	广东	电子	非国有控股
4	300124.SZ	汇川技术	90.75	广东	机械设备	非国有控股
5	600143.SH	金发科技	89.46	广东	基础化工	非国有控股
6	002429.SZ	兆驰股份	88.49	广东	家用电器	地方国有控股
7	688559.SH	海目星	88.13	广东	机械设备	非国有控股
8	000100.SZ	TCL科技	87.78	广东	电子	非国有控股
9	001308.SZ	康冠科技	87.67	广东	电子	非国有控股
10	300760.SZ	迈瑞医疗	87.13	广东	医药生物	非国有控股
11	300724.SZ	捷佳伟创	87.08	广东	电力设备	非国有控股
12	688128.SH	中国电研	86.86	广东	机械设备	中央国有控股
13	002916.SZ	深南电路	86.82	广东	电子	中央国有控股
14	600323.SH	瀚蓝环境	86.77	广东	环保	地方国有控股
15	002008.SZ	大族激光	86.67	广东	机械设备	非国有控股
16	688035.SH	传音控股	86.60	广东	电子	非国有控股
17	002475.SZ	立讯精密	86.05	广东	电子	非国有控股
18	000050.SZ	深天马A	85.86	广东	电子	中央国有控股

续表

排名	公司代码	公司名称	创新资源支持指数	省份	一级行业_申万	产权性质
19	600685.SH	中船防务	85.05	广东	国防军工	中央国有控股
20	688499.SH	利元亨	84.63	广东	电力设备	非国有控股
21	002815.SZ	崇达技术	84.47	广东	电子	非国有控股
22	002745.SZ	木林森	84.21	广东	电子	非国有控股
23	300232.SZ	洲明科技	83.86	广东	电子	非国有控股
24	300602.SZ	飞荣达	83.80	广东	电子	非国有控股
25	002990.SZ	盛视科技	83.60	广东	计算机	非国有控股
26	688518.SH	联赢激光	83.57	广东	机械设备	非国有控股
27	002851.SZ	麦格米特	83.52	广东	电力设备	非国有控股
28	002518.SZ	科士达	83.51	广东	电力设备	非国有控股
29	003816.SZ	中国广核	83.51	广东	公用事业	中央国有控股
30	000528.SZ	柳工	83.51	广西	机械设备	地方国有控股
31	300136.SZ	信维通信	83.42	广东	电子	非国有控股
32	300458.SZ	全志科技	83.40	广东	电子	非国有控股
33	002831.SZ	裕同科技	82.95	广东	轻工制造	非国有控股
34	301268.SZ	铭利达	82.92	广东	机械设备	非国有控股
35	002594.SZ	比亚迪	82.83	广东	汽车	非国有控股
36	300415.SZ	伊之密	82.72	广东	机械设备	非国有控股
37	002334.SZ	英威腾	82.54	广东	机械设备	非国有控股
38	603288.SH	海天味业	82.45	广东	食品饮料	非国有控股
39	002920.SZ	德赛西威	82.22	广东	计算机	地方国有控股
40	002955.SZ	鸿合科技	82.14	广东	电子	非国有控股
41	001283.SZ	豪鹏科技	82.07	广东	电力设备	非国有控股
42	301091.SZ	深城交	82.03	广东	建筑装饰	地方国有控股
43	002399.SZ	海普瑞	81.79	广东	医药生物	非国有控股
44	603386.SH	骏亚科技	81.65	广东	电子	非国有控股
45	300498.SZ	温氏股份	81.65	广东	农林牧渔	非国有控股
46	600525.SH	长园集团	81.29	广东	电力设备	非国有控股
47	002938.SZ	鹏鼎控股	81.25	广东	电子	非国有控股
48	002724.SZ	海洋王	81.23	广东	电子	非国有控股
49	601238.SH	广汽集团	81.21	广东	汽车	地方国有控股
50	000541.SZ	佛山照明	81.16	广东	家用电器	地方国有控股

数据来源：同花顺（iFinD），首经贸资产评估研究院和浙工商数字创新与管理研究院整理。

8.4.3 创新要素投入指数

2022年华南地区859家上市公司创新要素投入指数平均水平为65.12，低于全市场均值65.37。从指数分布来看，高于均值的有419家，占区域总数的48.78%。其中，最高的是德赛西威，创新要素投入指数为90.00。具体来看，创新要素投入指数区间在60以下的有200家，占比23.28%；60~70的有438家，占比50.99%；70~80的有196家，占比22.82%；80以上的有25家，占比2.91%，如图8-35所示。

从区域内省份分布来看，创新要素投入指数平均水平最高的是广东省（65.49），最低的是海南省（60.35），如图8-36所示。

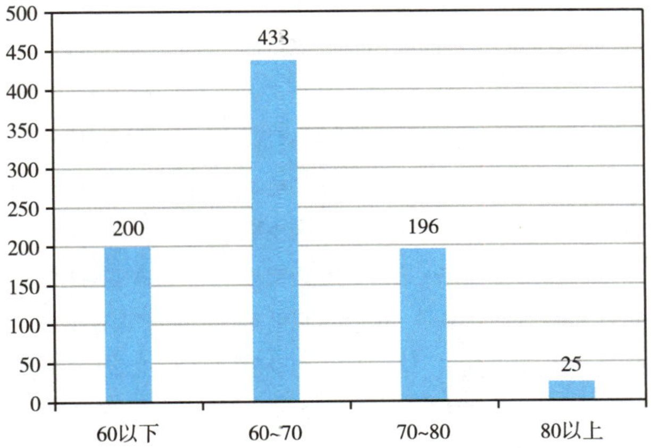

图8-35　2022年华南地区上市公司创新要素投入指数分布图（家）

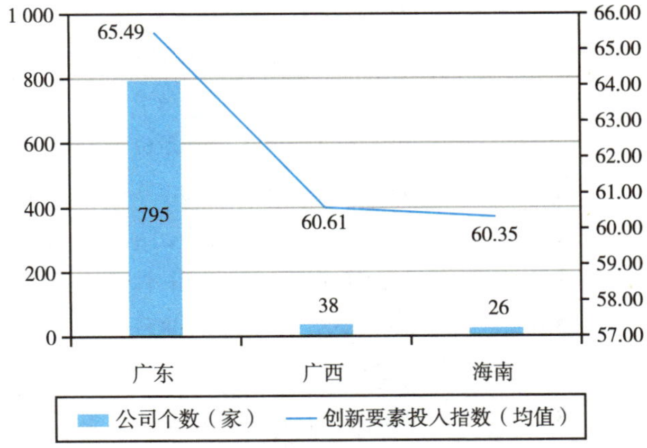

图8-36　2022年华南地区上市公司创新要素投入指数均值分布图

华南地区创新要素投入指数排名前50的上市公司，如表8-18所示。

表8-18　2022年华南地区上市公司创新要素投入指数前50排名

排名	公司代码	公司名称	创新要素投入指数	省份	一级行业_申万	产权性质
1	002920.SZ	德赛西威	90.00	广东	计算机	地方国有控股
2	000100.SZ	TCL科技	88.03	广东	电子	非国有控股
3	000063.SZ	中兴通讯	87.95	广东	通信	非国有控股
4	003816.SZ	中国广核	86.39	广东	公用事业	中央国有控股
5	300124.SZ	汇川技术	85.98	广东	机械设备	非国有控股
6	002594.SZ	比亚迪	85.10	广东	汽车	非国有控股
7	300760.SZ	迈瑞医疗	83.65	广东	医药生物	非国有控股
8	002180.SZ	纳思达	83.28	广东	计算机	非国有控股
9	300014.SZ	亿纬锂能	83.19	广东	电力设备	非国有控股
10	002212.SZ	天融信	82.90	广东	计算机	非国有控股
11	601615.SH	明阳智能	82.72	广东	电力设备	非国有控股
12	300630.SZ	普利制药	82.67	海南	医药生物	非国有控股
13	000541.SZ	佛山照明	82.34	广东	家用电器	地方国有控股
14	300454.SZ	深信服	82.23	广东	计算机	非国有控股
15	000066.SZ	中国长城	81.60	广东	计算机	中央国有控股
16	002030.SZ	达安基因	81.54	广东	医药生物	地方国有控股
17	002317.SZ	众生药业	81.49	广东	医药生物	非国有控股
18	002340.SZ	格林美	81.44	广东	电力设备	非国有控股
19	688418.SH	震有科技	81.33	广东	通信	非国有控股
20	688083.SH	中望软件	80.87	广东	计算机	非国有控股

续表

排名	公司代码	公司名称	创新要素投入指数	省份	一级行业_申万	产权性质
21	688499.SH	利元亨	80.74	广东	电力设备	非国有控股
22	000032.SZ	深桑达A	80.52	广东	建筑装饰	中央国有控股
23	002294.SZ	信立泰	80.41	广东	医药生物	非国有控股
24	000050.SZ	深天马A	80.12	广东	电子	中央国有控股
25	002063.SZ	远光软件	80.05	广东	计算机	中央国有控股
26	300077.SZ	国民技术	79.89	广东	电子	非国有控股
27	300634.SZ	彩讯股份	79.70	广东	计算机	非国有控股
28	000651.SZ	格力电器	79.68	广东	家用电器	非国有控股
29	300601.SZ	康泰生物	79.43	广东	医药生物	非国有控股
30	002709.SZ	天赐材料	79.29	广东	电力设备	非国有控股
31	000333.SZ	美的集团	78.98	广东	家用电器	非国有控股
32	002851.SZ	麦格米特	78.82	广东	电力设备	非国有控股
33	002906.SZ	华阳集团	78.67	广东	汽车	非国有控股
34	601238.SH	广汽集团	78.64	广东	汽车	地方国有控股
35	601138.SH	工业富联	78.61	广东	电子	非国有控股
36	002465.SZ	海格通信	78.59	广东	国防军工	地方国有控股
37	688321.SH	微芯生物	78.51	广东	医药生物	非国有控股
38	835185.BJ	贝特瑞	78.49	广东	电力设备	非国有控股
39	002475.SZ	立讯精密	78.47	广东	电子	非国有控股
40	300687.SZ	赛意信息	78.47	广东	计算机	非国有控股
41	603160.SH	汇顶科技	78.44	广东	电子	非国有控股
42	002139.SZ	拓邦股份	78.20	广东	电子	非国有控股
43	000534.SZ	万泽股份	78.20	广东	医药生物	非国有控股
44	300638.SZ	广和通	78.18	广东	通信	非国有控股
45	300115.SZ	长盈精密	78.08	广东	电子	非国有控股
46	688036.SH	传音控股	78.03	广东	电子	非国有控股
47	688788.SH	科思科技	77.46	广东	国防军工	非国有控股
48	300177.SZ	中海达	77.12	广东	国防军工	非国有控股
49	002008.SZ	大族激光	77.11	广东	机械设备	非国有控股
50	300676.SZ	华大基因	77.07	广东	医药生物	非国有控股

数据来源：同花顺（iFinD），首经贸资产评估研究院和浙工商数字创新与管理研究院整理。

8.4.4 创新科技成果指数

2022年华南地区859家上市公司创新科技成果指数平均水平为68.28，等于全市场均值68.28。从指数分布来看，高于均值的有460家，占区域总数的53.55%。其中，最高的是美的集团，创新科技成果指数为88.89。具体来看，创新科技成果指数区间在60以下的有35家，占比4.07%；60~70的有579家，占比67.41%；70~80的有233家，占比27.12%；80以上的有12家，占比1.40%，如图8-37所示。

从区域内省份分布来看，创新科技成果指数平均水平最高的是广东省（68.40），最低的是海南省（66.30），如图8-38所示。

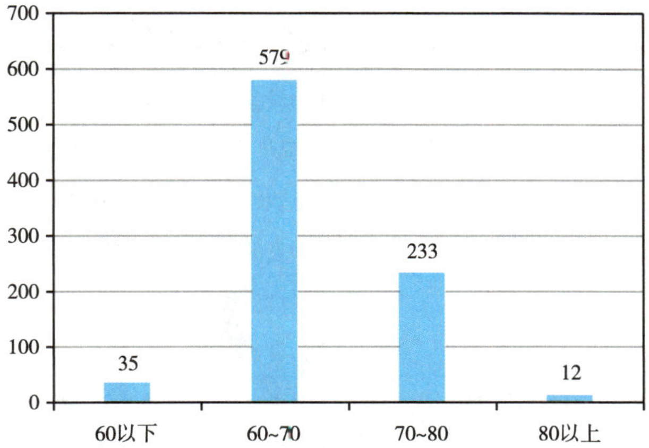

图 8-37　2022 年华南地区上市公司创新科技成果指数分布图（家）

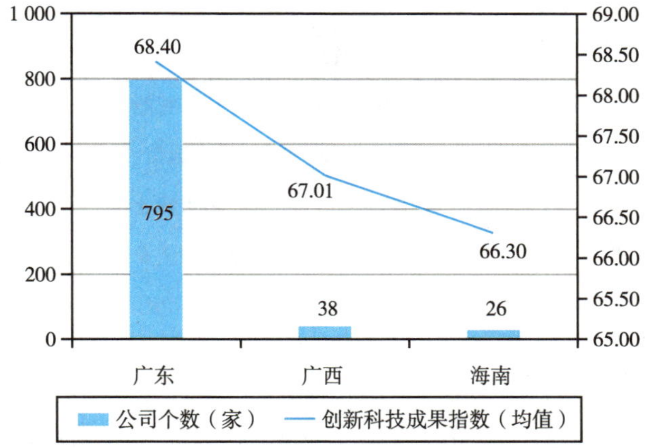

图 8-38　2022 年华南地区上市公司创新科技成果指数均值分布图

华南地区创新科技成果指数排名前50的上市公司，如表8-19所示。

表 8-19　　2022 年华南地区上市公司创新科技成果指数前 50 排名

排名	公司代码	公司名称	创新科技成果指数	省份	一级行业_申万	产权性质
1	000333.SZ	美的集团	88.89	广东	家用电器	非国有控股
2	300760.SZ	迈瑞医疗	85.36	广东	医药生物	非国有控股
3	601138.SH	工业富联	85.03	广东	电子	非国有控股
4	000651.SZ	格力电器	84.80	广东	家用电器	非国有控股
5	300014.SZ	亿纬锂能	83.67	广东	电力设备	非国有控股
6	000100.SZ	TCL科技	82.91	广东	电子	非国有控股
7	002180.SZ	纳思达	81.51	广东	计算机	非国有控股
8	000063.SZ	中兴通讯	80.85	广东	通信	非国有控股
9	000016.SZ	深康佳A	80.24	广东	家用电器	中央国有控股
10	300124.SZ	汇川技术	80.23	广东	机械设备	非国有控股
11	603882.SH	金域医学	80.10	广东	医药生物	非国有控股
12	600332.SH	白云山	80.10	广东	医药生物	地方国有控股
13	002920.SZ	德赛西威	79.98	广东	计算机	地方国有控股
14	688772.SH	珠海冠宇	79.10	广东	电力设备	非国有控股
15	002594.SZ	比亚迪	78.85	广东	汽车	非国有控股
16	600143.SH	金发科技	78.64	广东	基础化工	非国有控股
17	002475.SZ	立讯精密	78.56	广东	电子	非国有控股
18	002008.SZ	大族激光	78.53	广东	机械设备	非国有控股
19	002352.SZ	顺丰控股	77.99	广东	交通运输	非国有控股
20	000039.SZ	中集集团	77.92	广东	机械设备	中央国有控股
21	688036.SH	传音控股	77.75	广东	电子	非国有控股
22	000012.SZ	南玻A	77.41	广东	建筑材料	地方国有控股
23	688499.SH	利元亨	77.08	广东	电力设备	非国有控股
24	003816.SZ	中国广核	77.02	广东	公用事业	中央国有控股

续表

排名	公司代码	公司名称	创新科技成果指数	省份	一级行业_申万	产权性质
25	601615.SH	明阳智能	77.01	广东	电力设备	非国有控股
26	002212.SZ	天融信	76.95	广东	计算机	非国有控股
27	603288.SH	海天味业	76.70	广东	食品饮料	非国有控股
28	000009.SZ	中国宝安	76.67	广东	电力设备	非国有控股
29	300454.SZ	深信服	76.63	广东	计算机	非国有控股
30	300037.SZ	新宙邦	76.56	广东	电力设备	非国有控股
31	002938.SZ	鹏鼎控股	76.17	广东	电子	非国有控股
32	002709.SZ	天赐材料	76.14	广东	电力设备	非国有控股
33	002139.SZ	拓邦股份	75.97	广东	电子	非国有控股
34	600525.SH	长园集团	75.60	广东	电力设备	非国有控股
35	000050.SZ	深天马A	75.52	广东	电子	中央国有控股
36	300207.SZ	欣旺达	75.52	广东	电力设备	非国有控股
37	000032.SZ	深桑达A	75.39	广东	建筑装饰	中央国有控股
38	000999.SZ	华润三九	75.37	广东	医药生物	中央国有控股
39	000921.SZ	海信家电	75.33	广东	家用电器	地方国有控股
40	002959.SZ	小熊电器	75.28	广东	家用电器	非国有控股
41	000528.SZ	柳工	75.10	广西	机械设备	地方国有控股
42	601238.SH	广汽集团	75.02	广东	汽车	地方国有控股
43	600380.SH	健康元	74.95	广东	医药生物	非国有控股
44	688128.SH	中国电研	74.73	广东	机械设备	中央国有控股
45	835185.BJ	贝特瑞	74.72	广东	电力设备	非国有控股
46	300408.SZ	三环集团	74.63	广东	电子	非国有控股
47	000066.SZ	中国长城	74.44	广东	计算机	中央国有控股
48	300115.SZ	长盈精密	74.36	广东	电子	非国有控股
49	300503.SZ	昊志机电	74.35	广东	机械设备	非国有控股
50	002054.SZ	德美化工	74.25	广东	基础化工	非国有控股

数据来源：同花顺（iFinD），首经贸资产评估研究院和浙工商数字创新与管理研究院整理。

8.4.5 创新经济绩效指数

2022年华南地区859家上市公司创新经济绩效指数平均水平为60.24，低于全市场均值61.11。从指数分布来看，高于均值的有390家，占区域总数的45.40%。其中，最高的是中国广核，创新经济绩效指数为88.39。具体来看，创新经济绩效指数区间在60以下的有464家，占比54.02%；60~70的有287家，占比33.41%；70~80的有95家，占比11.06%；80以上的有13家，占比1.51%，如图8–39所示。

从区域内省份分布来看，创新经济绩效指数平均水平最高的是海南省（61.15），最低的是广西壮族自治区（58.89），如图8–40所示。

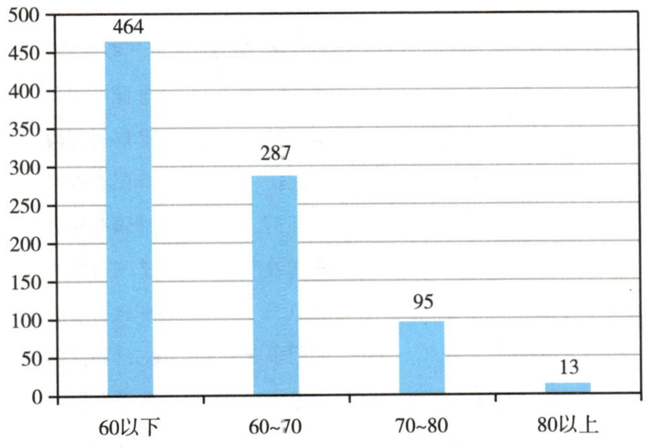

图8-39　2022年华南地区上市公司创新经济绩效指数分布图（家）

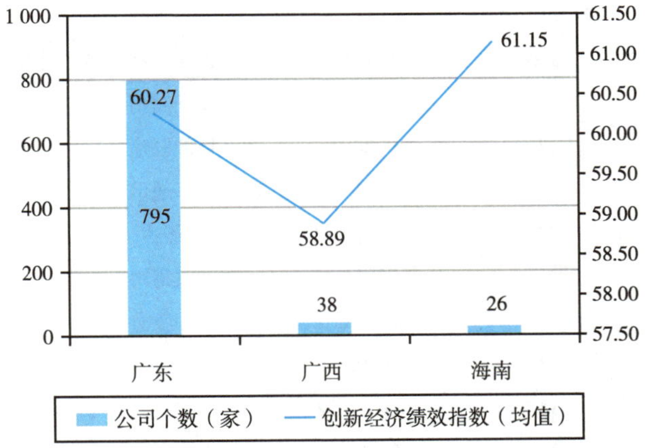

图8-40　2022年华南地区上市公司创新经济绩效指数均值分布图

华南地区创新经济绩效指数排名前50的上市公司，如表8-20所示。

表8-20　2022年华南地区上市公司创新经济绩效指数前50排名

排名	公司代码	公司名称	创新经济绩效指数	省份	一级行业_申万	产权性质
1	003816.SZ	中国广核	88.39	广东	公用事业	中央国有控股
2	300760.SZ	迈瑞医疗	87.79	广东	医药生物	非国有控股
3	002475.SZ	立讯精密	84.70	广东	电子	非国有控股
4	601615.SH	明阳智能	84.45	广东	电力设备	非国有控股
5	002030.SZ	达安基因	83.22	广东	医药生物	地方国有控股
6	002594.SZ	比亚迪	83.04	广东	汽车	非国有控股
7	300124.SZ	汇川技术	82.44	广东	机械设备	非国有控股
8	300014.SZ	亿纬锂能	82.33	广东	电力设备	非国有控股
9	000027.SZ	深圳能源	82.20	广东	公用事业	地方国有控股
10	002180.SZ	纳思达	81.76	广东	计算机	非国有控股
11	002625.SZ	光启技术	81.72	广东	国防军工	非国有控股
12	000999.SZ	华润三九	80.63	广东	医药生物	中央国有控股
13	601138.SH	工业富联	80.11	广东	电子	非国有控股
14	002709.SZ	天赐材料	79.76	广东	电力设备	非国有控股
15	002340.SZ	格林美	79.65	广东	电力设备	非国有控股
16	002352.SZ	顺丰控股	79.57	广东	交通运输	非国有控股
17	603233.SH	大参林	78.64	广东	医药生物	非国有控股
18	300438.SZ	鹏辉能源	78.63	广东	电力设备	非国有控股
19	600332.SH	白云山	78.50	广东	医药生物	地方国有控股
20	002294.SZ	信立泰	77.61	广东	医药生物	非国有控股
21	002317.SZ	众生药业	77.25	广东	医药生物	非国有控股
22	000012.SZ	南玻A	77.05	广东	建筑材料	地方国有控股
23	600673.SH	东阳光	76.95	广东	有色金属	非国有控股
24	000651.SZ	格力电器	76.91	广东	家用电器	非国有控股
25	002906.SZ	华阳集团	76.90	广东	汽车	非国有控股
26	002831.SZ	裕同科技	76.68	广东	轻工制造	非国有控股

续表

排名	公司代码	公司名称	创新经济绩效指数	省份	一级行业_申万	产权性质
27	300630.SZ	普利制药	76.67	海南	医药生物	非国有控股
28	300888.SZ	稳健医疗	76.43	广东	美容护理	非国有控股
29	000063.SZ	中兴通讯	76.24	广东	通信	非国有控股
30	002583.SZ	海能达	75.99	广东	通信	非国有控股
31	002311.SZ	海大集团	75.68	广东	农林牧渔	非国有控股
32	002139.SZ	拓邦股份	75.62	广东	电子	非国有控股
33	600098.SH	广州发展	75.59	广东	公用事业	地方国有控股
34	300136.SZ	信维通信	75.47	广东	电子	非国有控股
35	002683.SZ	广东宏大	75.42	广东	基础化工	地方国有控股
36	688114.SH	华大智造	75.35	广东	医药生物	非国有控股
37	000333.SZ	美的集团	75.31	广东	家用电器	非国有控股
38	300037.SZ	新宙邦	75.22	广东	电力设备	非国有控股
39	002920.SZ	德赛西威	75.16	广东	计算机	地方国有控股
40	300482.SZ	万孚生物	74.96	广东	医药生物	非国有控股
41	601238.SH	广汽集团	74.92	广东	汽车	地方国有控股
42	002544.SZ	普天科技	74.90	广东	通信	中央国有控股
43	300408.SZ	三环集团	74.85	广东	电子	非国有控股
44	002446.SZ	盛路通信	74.34	广东	国防军工	非国有控股
45	003035.SZ	南网能源	74.28	广东	公用事业	中央国有控股
46	002705.SZ	新宝股份	74.23	广东	家用电器	非国有控股
47	002865.SZ	钧达股份	74.16	海南	电力设备	非国有控股
48	000921.SZ	海信家电	74.10	广东	家用电器	地方国有控股
49	000534.SZ	万泽股份	74.05	广东	医药生物	非国有控股
50	000050.SZ	深天马A	74.04	广东	电子	中央国有控股

数据来源：同花顺（iFinD），首经贸资产评估研究院和浙工商数字创新与管理研究院整理。

8.5 华中地区创新发展指数评价

2022年，华中地区全年实现地区生产总值163,750.34亿元，人均地区生产总值为75,921.00元，居民人均可支配收入31,724.00元。截至2022年底，A股市场华中地区共有上市公司369家，总市值共计41,028.80亿元，营业总收入26,486.35亿元，平均市值111.19亿元/家，平均营业收入71.78亿元/家。营业收入最高的上市公司为洛阳钼业（1,729.91亿元），市值最大的上市公司为牧原股份（2,667.74亿元）。2022年，华中地区上市公司研发投入合计为888.67亿元，占营业收入的3.36%；无形资产账面价值合计为3,210.40亿元，占总资产的7.81%。根据本报告分析口径，本节共对华中地区369家上市公司开展创新发展指数评价，具体情况如下：

8.5.1 创新发展综合指数

根据本报告评价，2022年华中地区创新发展综合指数平均水平为65.87，高于全市场平均水平65.47。从指数分布来看，高于均值的有190家，占区域总数的51.49%。其中，最高的是时代电气，创新发展综合指数为86.24。具体来看，创新发展综合指数区间在60以下的有54家，占比14.63%；60~70的有229家，占比62.07%；70~80的有83家，占比22.49%；80以上的有3家，占比0.81%，如图8–41所示。

从区域内省份分布来看，华中地区369家上市公司分布在3个省份。创新发展综合指数平均水平最高的是河南省（66.57），最低的是湖南省（65.50），如图8–42所示。

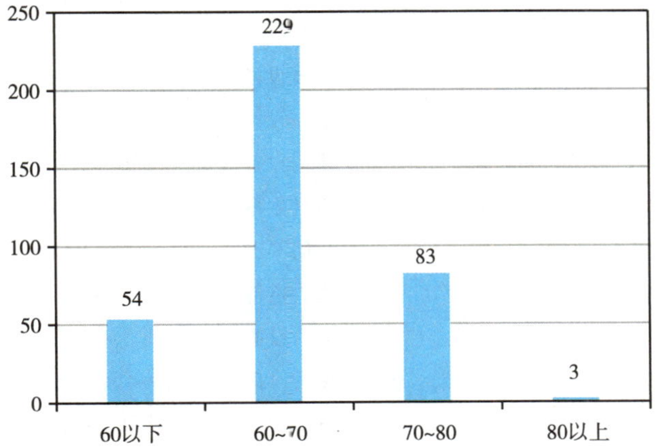

图8–41　2022年华中地区上市公司创新发展综合指数分布图（家）

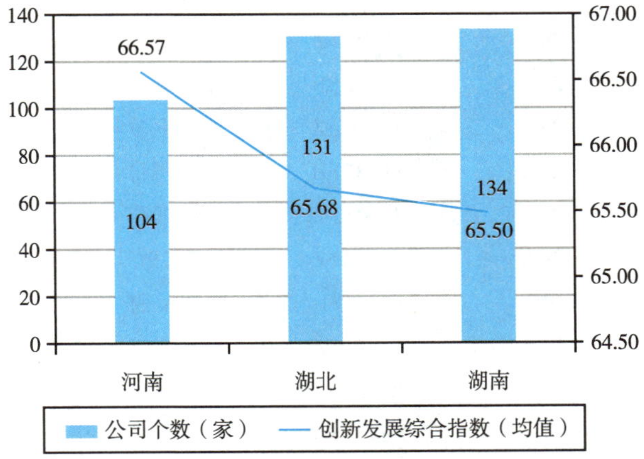

图8–42　2022年华中地区上市公司创新发展综合指数均值分布图

华中地区中，创新发展综合指数排名前10%的上市公司，如表8–21所示。

表8–21　2022年华中地区上市公司创新发展综合指数前10%排名

排名	公司代码	公司名称	创新发展综合指数	省份	一级行业_申万	产权性质
1	688187.SH	时代电气	86.24	湖南	机械设备	中央国有控股
2	600703.SH	三安光电	85.02	湖北	电子	非国有控股
3	601869.SH	长飞光纤	80.36	湖北	通信	非国有控股
4	600498.SH	烽火通信	79.94	湖北	通信	中央国有控股
5	002179.SZ	中航光电	79.72	河南	国防军工	中央国有控股
6	600879.SH	航天电子	79.17	湖北	国防军工	中央国有控股
7	000400.SZ	许继电气	78.32	河南	电力设备	中央国有控股
8	600745.SH	闻泰科技	78.18	湖北	电子	非国有控股
9	300161.SZ	华中数控	78.00	湖北	机械设备	非国有控股
10	600079.SH	人福医药	77.85	湖北	医药生物	非国有控股
11	000157.SZ	中联重科	77.79	湖南	机械设备	地方国有控股
12	000988.SZ	华工科技	77.23	湖北	机械设备	地方国有控股
13	600141.SH	兴发集团	77.08	湖北	基础化工	地方国有控股
14	000708.SZ	中信特钢	76.53	湖北	钢铁	中央国有控股
15	603658.SH	安图生物	76.52	河南	医药生物	非国有控股
16	300567.SZ	精测电子	76.47	湖北	机械设备	非国有控股
17	600416.SH	湘电股份	76.28	湖南	电力设备	地方国有控股
18	002281.SZ	光迅科技	75.94	湖北	通信	中央国有控股

续表

排名	公司代码	公司名称	创新发展综合指数	省份	一级行业_申万	产权性质
19	002714.SZ	牧原股份	75.19	河南	农林牧渔	非国有控股
20	300358.SZ	楚天科技	75.08	湖南	医药生物	非国有控股
21	600066.SH	宇通客车	75.05	河南	汽车	非国有控股
22	300433.SZ	蓝思科技	75.04	湖南	电子	非国有控股
23	000932.SZ	华菱钢铁	74.91	湖南	钢铁	地方国有控股
24	300413.SZ	芒果超媒	74.76	湖南	传媒	地方国有控股
25	688425.SH	铁建重工	74.35	湖南	机械设备	中央国有控股
26	300007.SZ	汉威科技	74.12	河南	机械设备	非国有控股
27	600885.SH	宏发股份	74.08	湖北	电力设备	非国有控股
28	300015.SZ	爱尔眼科	74.04	湖南	医药生物	非国有控股
29	300474.SZ	景嘉微	74.02	湖南	国防军工	非国有控股
30	600458.SH	时代新材	74.02	湖南	电力设备	中央国有控股
31	000821.SZ	京山轻机	73.98	湖北	电力设备	非国有控股
32	688779.SH	长远锂科	73.97	湖南	电力设备	中央国有控股
33	002407.SZ	多氟多	73.96	河南	基础化工	非国有控股
34	601608.SH	中信重工	73.89	河南	机械设备	中央国有控股
35	300298.SZ	三诺生物	73.85	湖南	医药生物	非国有控股
36	600998.SH	九州通	73.84	湖北	医药生物	非国有控股

数据来源：同花顺（iFinD），首经贸资产评估研究院和浙工商数字创新与管理研究院整理。

8.5.2 创新资源支持指数

2022年华中地区369家上市公司创新资源支持指数平均水平为68.87，高于全市场均值68.18。从指数分布来看，高于均值的有189家，占区域总数的51.22%。其中，最高的是宇通客车，创新资源支持指数为94.69。具体来看，创新资源支持指数区间在60以下的有47家，占比12.74%；60~70的有163家，占比44.17%；70~80的有127家，占比34.42%；80以上的有32家，占比8.67%，如图8-43所示。

从区域内省份分布来看，创新资源支持指数平均水平最高的是河南省（70.12），最低的是湖北省（67.93），如图8-44所示。

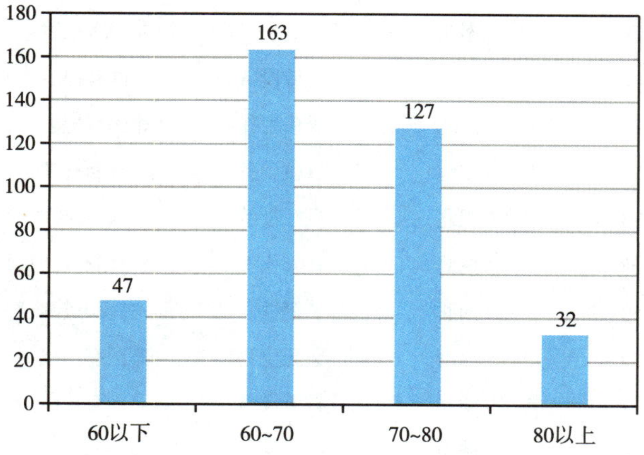

图8-43 2022年华中地区上市公司创新资源支持指数分布图（家）

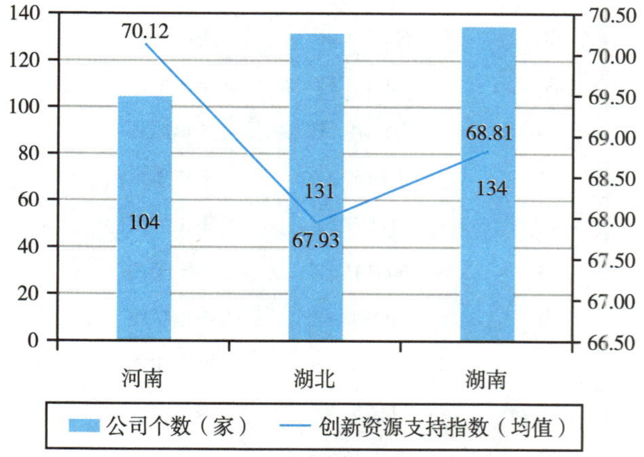

图8-44 2022年华中地区上市公司创新资源支持指数均值分布图

华中地区创新资源支持指数排名前10%的上市公司，如表8-22所示。

表8-22　　2022年华中地区上市公司创新资源支持指数前10%排名

排名	公司代码	公司名称	创新资源支持指数	省份	一级行业_申万	产权性质
1	600066.SH	宇通客车	94.69	河南	汽车	非国有控股
2	600703.SH	三安光电	93.57	湖北	电子	非国有控股
3	688187.SH	时代电气	92.62	湖南	机械设备	中央国有控股
4	300433.SZ	蓝思科技	88.73	湖南	电子	非国有控股
5	601677.SH	明泰铝业	87.69	河南	有色金属	非国有控股
6	002913.SZ	奥士康	87.31	湖南	电子	非国有控股
7	300007.SZ	汉威科技	87.10	河南	机械设备	非国有控股
8	600079.SH	人福医药	86.70	湖北	医药生物	非国有控股
9	600298.SH	安琪酵母	85.64	湖北	食品饮料	地方国有控股
10	601869.SH	长飞光纤	85.57	湖北	通信	非国有控股
11	600006.SH	东风汽车	84.95	湖北	汽车	中央国有控股
12	601608.SH	中信重工	84.47	河南	机械设备	中央国有控股
13	688598.SH	金博股份	84.27	湖南	电力设备	非国有控股
14	601311.SH	骆驼股份	83.56	湖北	电力设备	非国有控股
15	600817.SH	宇通重工	83.25	河南	环保	非国有控股
16	002601.SZ	龙佰集团	82.98	河南	基础化工	非国有控股
17	300474.SZ	景嘉微	82.59	湖南	国防军工	非国有控股
18	688626.SH	翔宇医疗	82.51	河南	医药生物	非国有控股
19	300259.SZ	新天科技	82.40	河南	机械设备	非国有控股
20	601038.SH	一拖股份	82.29	河南	机械设备	中央国有控股
21	002281.SZ	光迅科技	82.19	湖北	通信	中央国有控股
22	688779.SH	长远锂科	81.83	湖南	电力设备	中央国有控股
23	600876.SH	凯盛新能	81.78	河南	建筑材料	中央国有控股
24	300672.SZ	国科微	81.61	湖南	电子	非国有控股
25	300866.SZ	安克创新	81.27	湖南	电子	非国有控股
26	000895.SZ	双汇发展	81.27	河南	食品饮料	非国有控股
27	600885.SH	宏发股份	81.01	湖北	电力设备	非国有控股
28	000988.SZ	华工科技	80.88	湖北	机械设备	地方国有控股
29	600879.SH	航天电子	80.76	湖北	国防军工	中央国有控股
30	300726.SZ	宏达电子	80.18	湖南	国防军工	非国有控股
31	300298.SZ	三诺生物	80.16	湖南	医药生物	非国有控股
32	300800.SZ	力合科技	80.04	湖南	环保	非国有控股
33	601956.SH	东贝集团	79.82	湖北	家用电器	非国有控股
34	601717.SH	郑煤机	79.80	河南	机械设备	地方国有控股
35	002132.SZ	恒星科技	79.78	河南	机械设备	非国有控股
36	000400.SZ	许继电气	79.38	河南	电力设备	中央国有控股

数据来源：同花顺（iFinD），首经贸资产评估研究院和浙工商数字创新与管理研究院整理。

8.5.3　创新要素投入指数

2022年华中地区369家上市公司创新要素投入指数平均水平为65.69，高于全市场均值65.37。从指数分布来看，高于均值的有188家，占区域总数的50.95%。其中，最高的是时代电气，创新要素投入指数为87.66。具体来看，创新要素投入指数区间在60以下的有81家，占比21.95%；60~70的有184家，占比49.87%；70~80的有90家，占比24.39%；80以上的有14家，占比3.79%，如图8-45所示。

从区域内省份分布来看，创新要素投入指数平均水平最高的是河南省（66.41），最低的是湖南省（65.15），如图8-46所示。

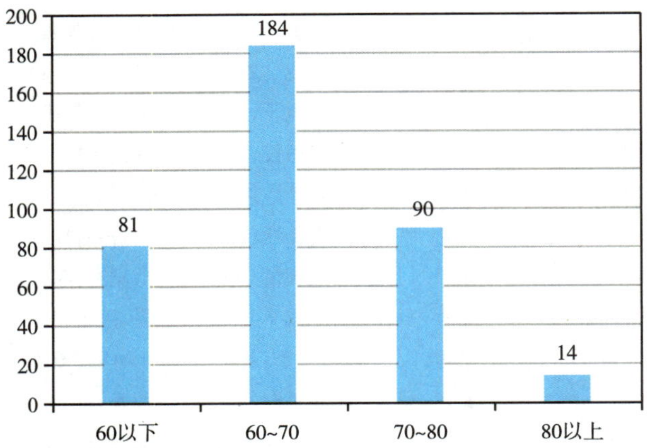

图8-45　2022年华中地区上市公司创新要素投入指数分布图（家）

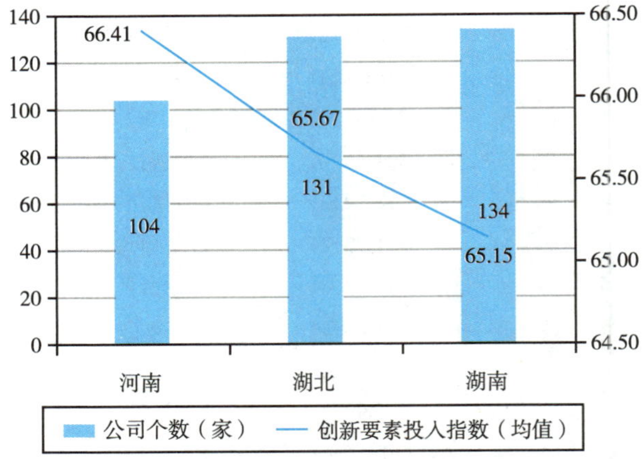

图8-46　2022年华中地区上市公司创新要素投入指数均值分布图

华中地区创新要素投入指数排名前10%的上市公司，如表8-23所示。

表8-23　2022年华中地区上市公司创新要素投入指数前10%排名

排名	公司代码	公司名称	创新要素投入指数	省份	一级行业_申万	产权性质
1	688187.SH	时代电气	87.66	湖南	机械设备	中央国有控股
2	002179.SZ	中航光电	86.60	河南	国防军工	中央国有控股
3	600745.SH	闻泰科技	86.41	湖北	电子	非国有控股
4	600498.SH	烽火通信	86.11	湖北	通信	中央国有控股
5	600703.SH	三安光电	85.70	湖北	电子	非国有控股
6	002414.SZ	高德红外	84.28	湖北	国防军工	非国有控股
7	300161.SZ	华中数控	83.76	湖北	机械设备	非国有控股
8	000157.SZ	中联重科	82.68	湖南	机械设备	地方国有控股
9	300474.SZ	景嘉微	81.34	湖南	国防军工	非国有控股
10	601869.SH	长飞光纤	81.21	湖北	通信	非国有控股
11	600222.SH	太龙药业	80.83	河南	医药生物	地方国有控股
12	300567.SZ	精测电子	80.62	湖北	机械设备	非国有控股
13	000519.SZ	中兵红箭	80.15	湖南	国防军工	中央国有控股
14	300358.SZ	楚天科技	80.11	湖南	医药生物	非国有控股
15	000821.SZ	京山轻机	79.87	湖北	电力设备	非国有控股
16	002281.SZ	光迅科技	79.79	湖北	通信	中央国有控股
17	300672.SZ	国科微	79.69	湖南	电子	非国有控股
18	600879.SH	航天电子	79.55	湖北	国防军工	中央国有控股
19	600416.SH	湘电股份	79.44	湖南	电力设备	地方国有控股
20	000400.SZ	许继电气	79.03	河南	电力设备	中央国有控股

续表

排名	公司代码	公司名称	创新要素投入指数	省份	一级行业_申万	产权性质
21	000988.SZ	华工科技	78.86	湖北	机械设备	地方国有控股
22	002046.SZ	国机精工	78.70	河南	机械设备	中央国有控股
23	603658.SH	安图生物	78.69	河南	医药生物	非国有控股
24	300747.SZ	锐科激光	78.46	湖北	机械设备	中央国有控股
25	688425.SH	铁建重工	78.32	湖南	机械设备	中央国有控股
26	000708.SZ	中信特钢	78.10	湖北	钢铁	中央国有控股
27	300248.SZ	新开普	78.07	河南	计算机	非国有控股
28	600079.SH	人福医药	77.91	湖北	医药生物	非国有控股
29	301221.SZ	光庭信息	77.34	湖北	汽车	非国有控股
30	601608.SH	中信重工	77.03	河南	机械设备	中央国有控股
31	600345.SH	长江通信	76.95	湖北	通信	中央国有控股
32	002407.SZ	多氟多	76.86	河南	基础化工	非国有控股
33	300683.SZ	海特生物	76.61	湖北	医药生物	非国有控股
34	688289.SH	圣湘生物	76.48	湖南	医药生物	非国有控股
35	300776.SZ	帝尔激光	76.37	湖北	电力设备	非国有控股
36	300007.SZ	汉威科技	76.36	河南	机械设备	非国有控股

数据来源：同花顺（iFinD），首经贸资产评估研究院和浙工商数字创新与管理研究院整理。

8.5.4 创新科技成果指数

2022年华中地区369家上市公司创新科技成果指数平均水平为68.54，高于全市场均值68.28。从指数分布来看，高于均值的有206家，占区域总数的55.83%。其中，最高的是时代电气，创新科技成果指数为85.43。具体来看，创新科技成果指数区间在60以下的有15家，占比4.07%；60~70的有221家，占比59.89%；70~80的有129家，占比34.96%；80以上的有4家，占比1.08%，如图8-47所示。

从区域内省份分布来看，创新科技成果指数平均水平最高的是河南省（68.88），最低的是湖南省（68.18），如图8-48所示。

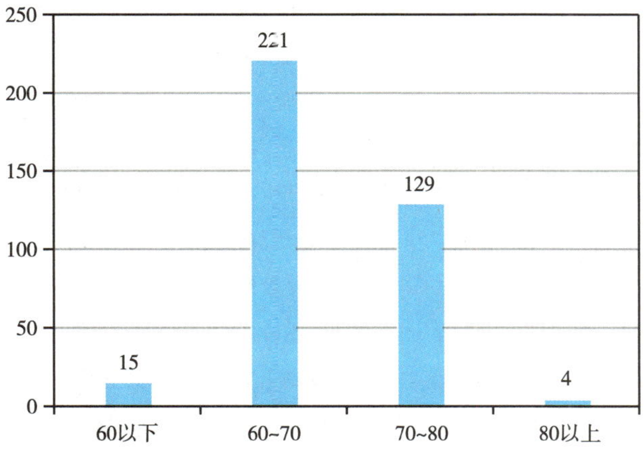

图8-47 2022年华中地区上市公司创新科技成果指数分布图（家）

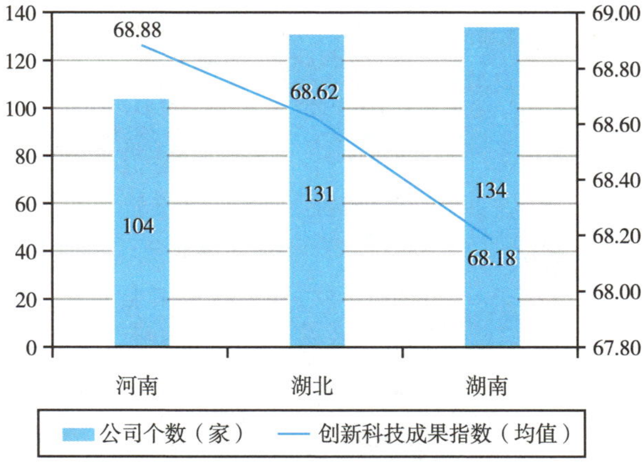

图8-48 2022年华中地区上市公司创新科技成果指数均值分布图

华中地区创新科技成果指数排名前10%的上市公司，如表8-24所示。

表 8-24　　2022 年华中地区上市公司创新科技成果指数前 10% 排名

排名	公司代码	公司名称	创新科技成果指数	省份	一级行业_申万	产权性质
1	688187.SH	时代电气	85.43	湖南	机械设备	中央国有控股
2	000932.SZ	华菱钢铁	81.86	湖南	钢铁	地方国有控股
3	000157.SZ	中联重科	81.71	湖南	机械设备	地方国有控股
4	600703.SH	三安光电	80.30	湖北	电子	非国有控股
5	600879.SH	航天电子	79.90	湖北	国防军工	中央国有控股
6	000708.SZ	中信特钢	79.41	湖北	钢铁	中央国有控股
7	300161.SZ	华中数控	79.23	湖北	机械设备	非国有控股
8	300015.SZ	爱尔眼科	79.00	湖南	医药生物	非国有控股
9	600745.SH	闻泰科技	78.58	湖北	电子	非国有控股
10	601869.SH	长飞光纤	76.95	湖北	通信	非国有控股
11	600458.SH	时代新材	76.76	湖南	电力设备	中央国有控股
12	002179.SZ	中航光电	76.57	河南	国防军工	中央国有控股
13	300747.SZ	锐科激光	76.54	湖北	机械设备	中央国有控股
14	002046.SZ	国机精工	76.45	河南	机械设备	中央国有控股
15	002533.SZ	金杯电工	76.24	湖南	电力设备	非国有控股
16	600141.SH	兴发集团	76.17	湖北	基础化工	地方国有控股
17	600569.SH	安阳钢铁	75.99	河南	钢铁	地方国有控股
18	603658.SH	安图生物	75.87	河南	医药生物	非国有控股
19	002601.SZ	龙佰集团	75.81	河南	基础化工	非国有控股
20	688425.SH	铁建重工	75.79	湖南	机械设备	中央国有控股
21	600312.SH	平高电气	75.39	河南	电力设备	中央国有控股
22	600998.SH	九州通	75.12	湖北	医药生物	非国有控股
23	688119.SH	中钢洛耐	75.09	河南	建筑材料	中央国有控股
24	000400.SZ	许继电气	74.94	河南	电力设备	中央国有控股
25	000998.SZ	隆平高科	74.32	湖南	农林牧渔	中央国有控股
26	600498.SH	烽火通信	74.31	湖北	通信	中央国有控股
27	002407.SZ	多氟多	74.18	河南	基础化工	非国有控股
28	300298.SZ	三诺生物	74.17	湖南	医药生物	非国有控股
29	300683.SZ	海特生物	74.04	湖北	医药生物	非国有控股
30	300567.SZ	精测电子	74.03	湖北	机械设备	非国有控股
31	300276.SZ	三丰智能	74.02	湖北	机械设备	非国有控股
32	002097.SZ	山河智能	74.00	湖南	机械设备	地方国有控股
33	000422.SZ	湖北宜化	73.92	湖北	基础化工	地方国有控股
34	688526.SH	科前生物	73.91	湖北	农林牧渔	非国有控股
35	600127.SH	金健米业	73.63	湖南	农林牧渔	地方国有控股
36	688387.SH	信科移动	73.61	湖北	通信	中央国有控股

数据来源：同花顺（iFinD），首经贸资产评估研究院和浙工商数字创新与管理研究院整理。

8.5.5　创新经济绩效指数

2022年华中地区369家上市公司创新经济绩效指数平均水平为61.49，高于全市场均值61.11。从指数分布来看，高于均值的有210家，占区域总数的56.91%。其中，最高的是三安光电，创新经济绩效指数为82.14。具体来看，创新经济绩效指数区间在60以下的有159家，占比43.09%；60~70的有157家，占比42.55%；70~80的有49家，占比13.28%；80以上的有4家，占比1.08%，如图8-49所示。

从区域内省份分布来看，创新经济绩效指数平均水平最高的是河南省（62.10），最低的是湖南省（61.08），如图8-50所示。

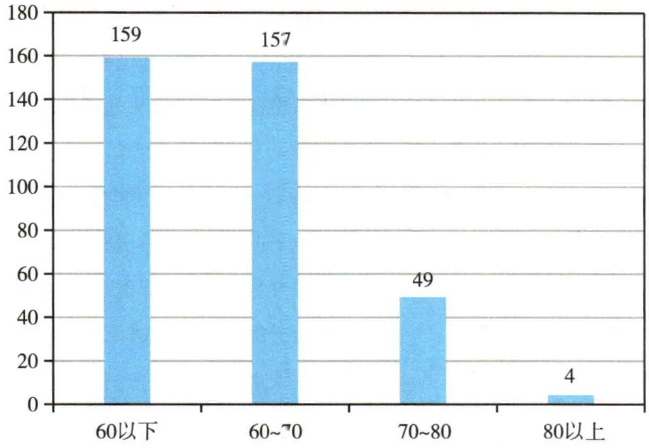

图8-49　2022年华中地区上市公司创新经济绩效指数分布图（家）

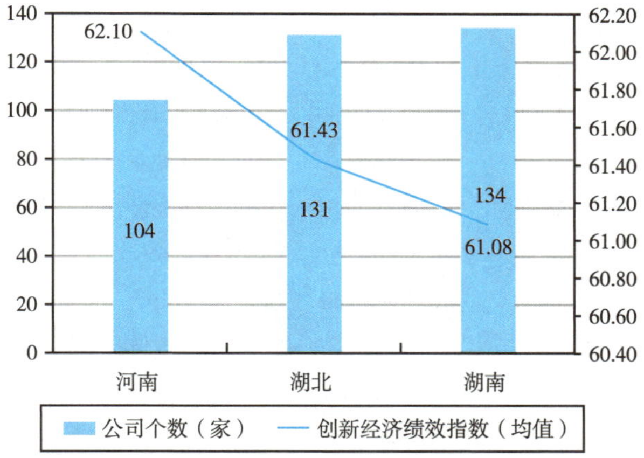

图8-50　2022年华中地区上市公司创新经济绩效指数均值分布图

华中地区创新经济绩效指数排名前10%的上市公司，如表8-25所示。

表8-25　2022年华中地区上市公司创新经济绩效指数前10%排名

排名	公司代码	公司名称	创新经济绩效指数	省份	一级行业_申万	产权性质
1	600703.SH	三安光电	82.14	湖北	电子	非国有控股
2	600876.SH	凯盛新能	80.65	河南	建筑材料	中央国有控股
3	688187.SH	时代电气	80.61	湖南	机械设备	中央国有控股
4	601666.SH	平煤股份	80.54	河南	煤炭	地方国有控股
5	000400.SZ	许继电气	79.73	河南	电力设备	中央国有控股
6	600141.SH	兴发集团	79.00	湖北	基础化工	地方国有控股
7	600498.SH	烽火通信	78.60	湖北	通信	中央国有控股
8	601869.SH	长飞光纤	78.60	湖北	通信	非国有控股
9	600416.SH	湘电股份	77.92	湖南	电力设备	地方国有控股
10	600079.SH	人福医药	77.39	湖北	医药生物	非国有控股
11	603883.SH	老百姓	76.97	湖南	医药生物	非国有控股
12	600879.SH	航天电子	76.90	湖北	国防军工	中央国有控股
13	002714.SZ	牧原股份	76.90	河南	农林牧渔	非国有控股
14	000988.SZ	华工科技	76.53	湖北	机械设备	地方国有控股
15	600998.SH	九州通	76.14	湖北	医药生物	非国有控股
16	300413.SZ	芒果超媒	75.77	湖南	传媒	地方国有控股

续表

排名	公司代码	公司名称	创新经济绩效指数	省份	一级行业_申万	产权性质
17	002179.SZ	中航光电	74.86	河南	国防军工	中央国有控股
18	000895.SZ	双汇发展	74.79	河南	食品饮料	非国有控股
19	002007.SZ	华兰生物	74.78	河南	医药生物	非国有控股
20	603658.SH	安图生物	74.64	河南	医药生物	非国有控股
21	000553.SZ	安道麦A	74.45	湖北	基础化工	中央国有控股
22	600035.SH	楚天高速	73.95	湖北	交通运输	地方国有控股
23	002407.SZ	多氟多	73.92	河南	基础化工	非国有控股
24	300080.SZ	易成新能	73.61	河南	机械设备	地方国有控股
25	300015.SZ	爱尔眼科	73.37	湖南	医药生物	非国有控股
26	600458.SH	时代新材	73.23	湖南	电力设备	中央国有控股
27	600929.SH	雪天盐业	73.13	湖南	基础化工	地方国有控股
28	300054.SZ	鼎龙股份	72.89	湖北	电子	非国有控股
29	600745.SH	闻泰科技	72.86	湖北	电子	非国有控股
30	300567.SZ	精测电子	72.81	湖北	机械设备	非国有控股
31	000933.SZ	神火股份	72.72	河南	有色金属	地方国有控股
32	600298.SH	安琪酵母	72.63	湖北	食品饮料	地方国有控股
33	300433.SZ	蓝思科技	72.44	湖南	电子	非国有控股
34	300109.SZ	新开源	72.22	河南	基础化工	非国有控股
35	603939.SH	益丰药房	72.21	湖南	医药生物	非国有控股
36	000821.SZ	京山轻机	72.10	湖北	电力设备	非国有控股

数据来源：同花顺（iFinD），首经贸资产评估研究院和浙工商数字创新与管理研究院整理。

8.6 西北地区创新发展指数评价

2022年，西北地区全年实现地区生产总值70,395.29亿元，人均地区生产总值为65,377.80元，居民人均可支配收入27,410.20元。截至2022年底，A股市场西北地区共有上市公司188家，总市值共计26,655.11亿元，营业总收入18,507.56亿元，平均市值141.78亿元/家，平均营业收入98.44亿元/家。营业收入最高的上市公司为陕建股份（1,893.66亿元），市值最大的上市公司为隆基绿能（3,204.01亿元）。2022年，西北地区上市公司研发投入合计为428.35亿元，占营业收入的2.31%；无形资产账面价值合计为1,929.66亿元，占总资产的6.06%。根据本报告分析口径，本节共对西北地区188家上市公司开展创新发展指数评价，具体情况如下：

8.6.1 创新发展综合指数

根据本报告评价，2022年西北地区创新发展综合指数平均水平为63.95，低于全市场平均水平65.47。从指数分布来看，高于均值的有79家，占区域总数的42.02%。其中，最高的是特变电工，创新发展综合指数为83.07。具体来看，创新发展综合指数区间在60以下的有51家，占比27.13%；60~70的有105家，占比55.84%；70~80的有29家，占比15.43%；80以上的有3家，占比1.60%，如图8-51所示。

从区域内省份分布来看，西北地区188家上市公司分布在5个省份。创新发展综合指数平均水平最高的是陕西省（65.60），最低的是新疆维吾尔自治区（62.55），如图8-52所示。

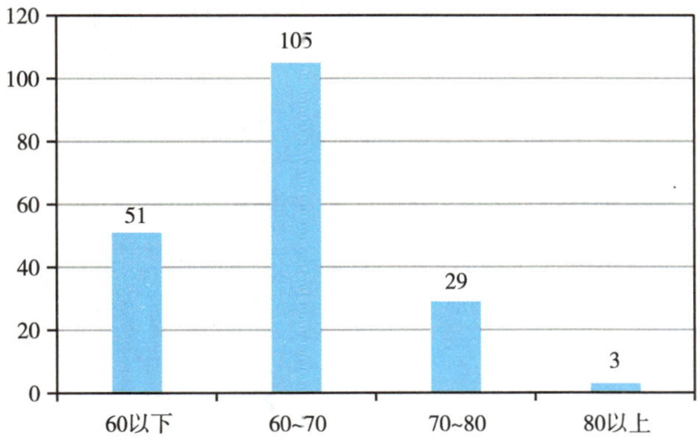

图8-51　2022年西北地区上市公司创新发展综合指数分布图（家）

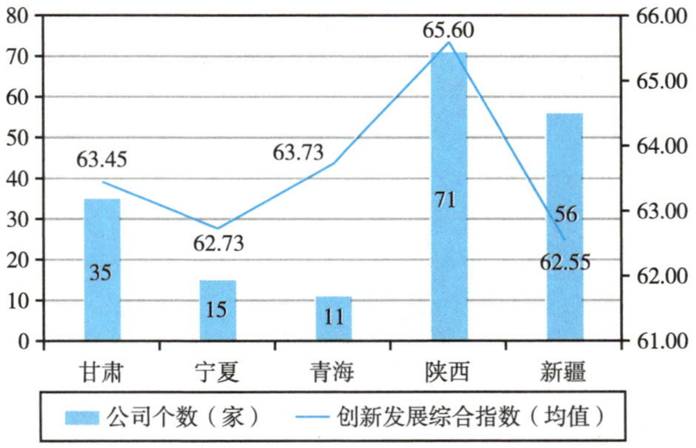

图8-52　2022年西北地区上市公司创新发展综合指数均值分布图

西北地区中，创新发展综合指数排名前10%的上市公司，如表8-26所示。

表8-26　　2022年西北地区上市公司创新发展综合指数前10%排名

排名	公司代码	公司名称	创新发展综合指数	省份	一级行业_申万	产权性质
1	600089.SH	特变电工	83.07	新疆	电力设备	非国有控股
2	601012.SH	隆基绿能	80.87	陕西	电力设备	非国有控股
3	600893.SH	航发动力	80.34	陕西	国防军工	中央国有控股
4	601179.SH	中国西电	79.44	陕西	电力设备	中央国有控股
5	000792.SZ	盐湖股份	78.80	青海	基础化工	地方国有控股
6	002202.SZ	金风科技	77.74	新疆	电力设备	地方国有控股
7	000768.SZ	中航西飞	76.59	陕西	国防军工	中央国有控股
8	601225.SH	陕西煤业	75.71	陕西	煤炭	地方国有控股
9	688303.SH	大全能源	74.83	新疆	电力设备	非国有控股
10	688122.SH	西部超导	74.51	陕西	国防军工	地方国有控股
11	000837.SZ	秦川机床	73.66	陕西	机械设备	地方国有控股
12	688333.SH	铂力特	73.44	陕西	机械设备	非国有控股
13	000962.SZ	东方钽业	73.36	宁夏	有色金属	中央国有控股
14	000877.SZ	天山股份	73.32	新疆	建筑材料	中央国有控股
15	600888.SH	新疆众和	73.31	新疆	有色金属	非国有控股
16	002092.SZ	中泰化学	73.27	新疆	基础化工	地方国有控股
17	600339.SH	中油工程	72.91	新疆	石油石化	中央国有控股
18	002149.SZ	西部材料	72.51	陕西	有色金属	地方国有控股

数据来源：同花顺（iFinD），首经贸资产评估研究院和浙工商数字创新与管理研究院整理。

8.6.2　创新资源支持指数

2022年西北地区188家上市公司创新资源支持指数平均水平为66.02，低于全市场均值68.18。从指数分布来看，高于均值的有72家，占区域总数的38.30%。其中，最高的是中国西电，创新资源支持指数为84.63。具体来看，创新资源支持指数区间在60以下的有44家，占比23.40%；60~70的有89家，占比47.34%；70~80的有47家，占比25.00%；80以上的有8家，占比4.26%，如图8-53所示。

从区域内省份分布来看，创新资源支持指数平均水平最高的是陕西省（67.13），最低的是新疆维吾尔自治区（64.21），如图8-54所示。

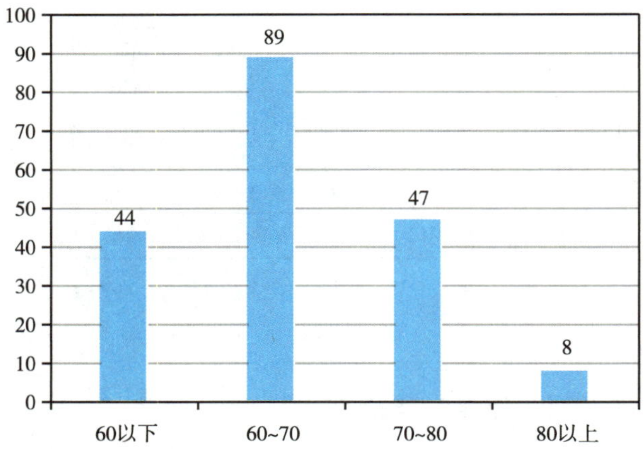

图8-53　2022年西北地区上市公司创新资源支持指数分布图（家）

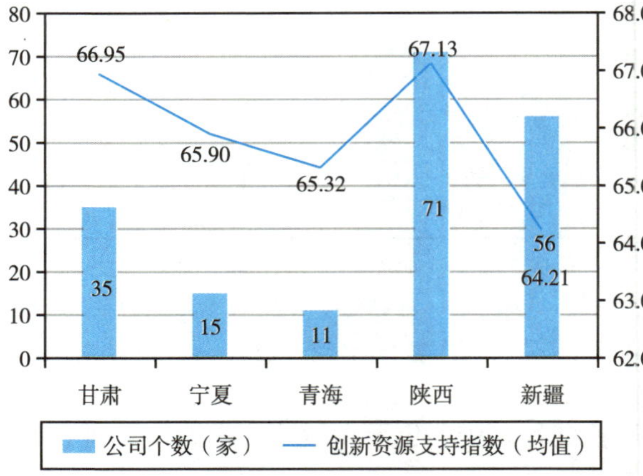

图8-54　2022年西北地区上市公司创新资源支持指数均值分布图

西北地区创新资源支持指数排名前10%的上市公司，如表8-27所示。

表8-27　2022年西北地区上市公司创新资源支持指数前10%排名

排名	公司代码	公司名称	创新资源支持指数	省份	一级行业_申万	产权性质
1	601179.SH	中国西电	84.63	陕西	电力设备	中央国有控股
2	000768.SZ	中航西飞	84.26	陕西	国防军工	中央国有控股
3	002185.SZ	华天科技	83.76	甘肃	电子	非国有控股
4	000962.SZ	东方钽业	83.32	宁夏	有色金属	中央国有控股
5	601012.SH	隆基绿能	81.90	陕西	电力设备	非国有控股
6	688333.SH	铂力特	81.11	陕西	机械设备	非国有控股
7	600516.SH	方大炭素	80.73	甘肃	钢铁	非国有控股
8	002202.SZ	金风科技	80.12	新疆	电力设备	地方国有控股
9	002092.SZ	中泰化学	79.96	新疆	基础化工	地方国有控股
10	600869.SH	远东股份	79.57	青海	电力设备	非国有控股
11	000837.SZ	秦川机床	79.06	陕西	机械设备	地方国有控股
12	600089.SH	特变电工	78.92	新疆	电力设备	非国有控股
13	000792.SZ	盐湖股份	78.52	青海	基础化工	地方国有控股
14	600893.SH	航发动力	78.23	陕西	国防军工	中央国有控股
15	688122.SH	西部超导	78.02	陕西	国防军工	地方国有控股
16	688102.SH	斯瑞新材	78.00	陕西	有色金属	非国有控股
17	002457.SZ	青龙管业	77.34	宁夏	建筑材料	非国有控股
18	600075.SH	新疆天业	76.88	新疆	基础化工	地方国有控股

数据来源：同花顺（iFinD），首经贸资产评估研究院和浙工商数字创新与管理研究院整理。

8.6.3 创新要素投入指数

2022年西北地区188家上市公司创新要素投入指数平均水平为62.40，低于全市场均值65.37。从指数分布来看，高于均值的有79家，占区域总数的42.02%。其中，最高的是特变电工，创新要素投入指数为86.17。具体来看，创新要素投入指数区间在60以下的有69家，占比36.70%；60~70的有80家，占比42.55%；70~80的有35家，占比18.62%；80以上的有4家，占比2.13%，如图8-55所示。

从区域内省份分布来看，创新要素投入指数平均水平最高的是陕西省（64.98），最低的是宁夏回族自治区（59.34），如图8-56所示。

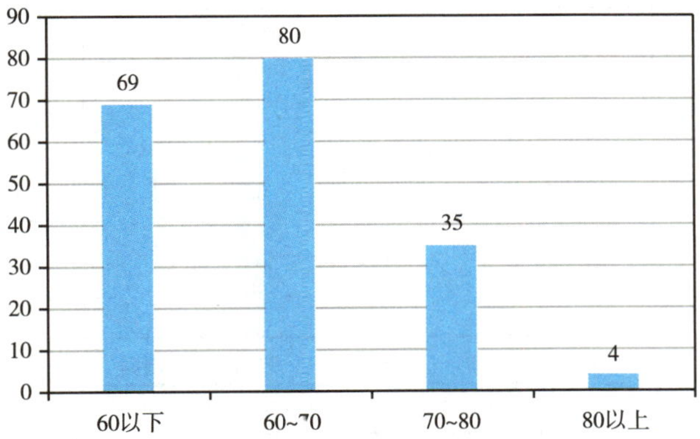

图8-55 2022年西北地区上市公司创新要素投入指数分布图（家）

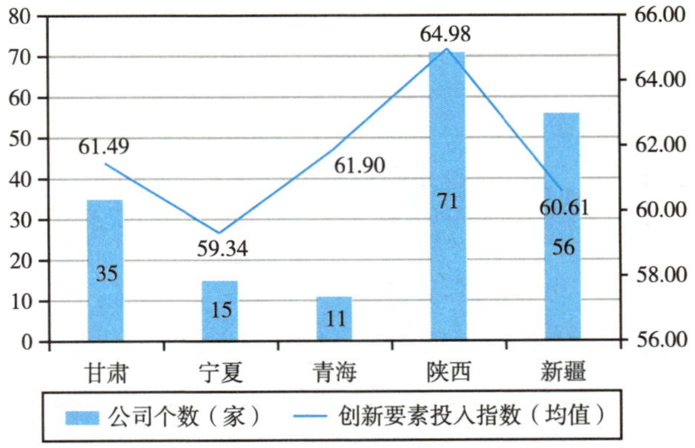

图8-56 2022年西北地区上市公司创新要素投入指数均值分布图

西北地区创新要素投入指数排名前10%的上市公司，如表8-28所示。

表8-28 2022年西北地区上市公司创新要素投入指数前10%排名

排名	公司代码	公司名称	创新要素投入指数	省份	一级行业_申万	产权性质
1	600089.SH	特变电工	86.17	新疆	电力设备	非国有控股
2	601012.SH	隆基绿能	82.41	陕西	电力设备	非国有控股
3	600893.SH	航发动力	81.26	陕西	国防军工	中央国有控股
4	600339.SH	中油工程	81.16	新疆	石油石化	中央国有控股
5	002202.SZ	金风科技	79.22	新疆	电力设备	地方国有控股
6	002149.SZ	西部材料	79.07	陕西	有色金属	地方国有控股
7	688333.SH	铂力特	77.62	陕西	机械设备	非国有控股
8	300114.SZ	中航电测	77.10	陕西	国防军工	中央国有控股
9	000981.SZ	山子股份	76.89	甘肃	汽车	非国有控股
10	688122.SH	西部超导	76.71	陕西	国防军工	地方国有控股
11	002302.SZ	西部建设	76.53	新疆	建筑材料	中央国有控股
12	688303.SH	大全能源	76.43	新疆	电力设备	非国有控股
13	000792.SZ	盐湖股份	76.01	青海	基础化工	地方国有控股
14	300397.SZ	天和防务	75.74	陕西	国防军工	非国有控股
15	000837.SZ	秦川机床	75.59	陕西	机械设备	地方国有控股
16	300487.SZ	蓝晓科技	75.51	陕西	基础化工	非国有控股
17	600888.SH	新疆众和	75.34	新疆	有色金属	非国有控股
18	601179.SH	中国西电	75.25	陕西	电力设备	中央国有控股

数据来源：同花顺（iFinD），首经贸资产评估研究院和浙工商数字创新与管理研究院整理。

8.6.4 创新科技成果指数

2022年西北地区188家上市公司创新科技成果指数平均水平为67.27，低于全市场均值68.28。从指数分布来看，高于均值的有83家，占区域总数的44.15%。其中，最高的是特变电工，创新科技成果指数为83.14。具体来看，创新科技成果指数区间在60以下的有17家，占比9.04%；60~70的有121家，占比64.36%；70~80的有47家，占比25.00%；80以上的有3家，占比1.60%，如图8-57所示。

从区域内省份分布来看，创新科技成果指数平均水平最高的是陕西省（68.41），最低的是宁夏回族自治区（65.99），如图8-58所示。

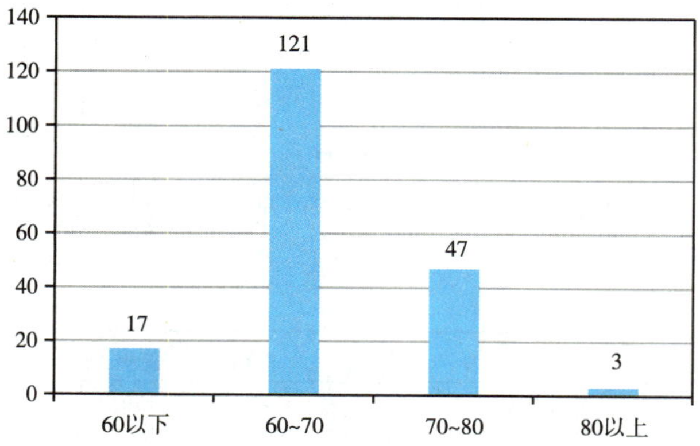

图8-57 2022年西北地区上市公司创新科技成果指数分布图（家）

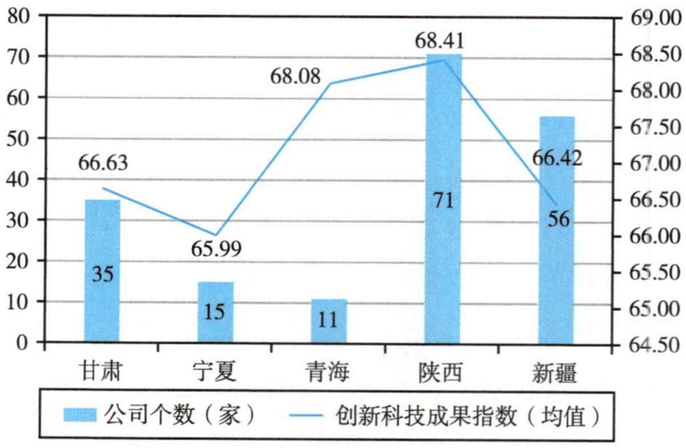

图8-58 2022年西北地区上市公司创新科技成果指数均值分布图

西北地区创新科技成果指数排名前10%的上市公司，如表8-29所示。

表8-29 2022年西北地区上市公司创新科技成果指数前10%排名

排名	公司代码	公司名称	创新科技成果指数	省份	一级行业_申万	产权性质
1	600089.SH	特变电工	83.14	新疆	电力设备	非国有控股
2	601012.SH	隆基绿能	80.51	陕西	电力设备	非国有控股
3	600893.SH	航发动力	80.49	陕西	国防军工	中央国有控股
4	300140.SZ	中环装备	77.66	陕西	电力设备	中央国有控股
5	601179.SH	中国西电	77.33	陕西	电力设备	中央国有控股
6	000877.SZ	天山股份	77.29	新疆	建筑材料	中央国有控股
7	002202.SZ	金风科技	77.06	新疆	电力设备	地方国有控股
8	000792.SZ	盐湖股份	76.80	青海	基础化工	地方国有控股
9	600869.SH	远东股份	76.40	青海	电力设备	非国有控股
10	600307.SH	酒钢宏兴	75.39	甘肃	钢铁	地方国有控股
11	600339.SH	中油工程	75.31	新疆	石油石化	中央国有控股
12	688122.SH	西部超导	75.24	陕西	国防军工	地方国有控股
13	601212.SH	白银有色	75.09	甘肃	有色金属	地方国有控股
14	688303.SH	大全能源	75.04	新疆	电力设备	非国有控股
15	688150.SH	莱特光电	75.03	陕西	电子	非国有控股
16	600707.SH	彩虹股份	74.59	陕西	电子	地方国有控股
17	600248.SH	陕建股份	74.51	陕西	建筑装饰	地方国有控股
18	601225.SH	陕西煤业	74.49	陕西	煤炭	地方国有控股

数据来源：同花顺（iFinD），首经贸资产评估研究院和浙工商数字创新与管理研究院整理。

8.6.5 创新经济绩效指数

2022年西北地区188家上市公司创新经济绩效指数平均水平为61.32，高于全市场均值61.11。从指数分布来看，高于均值的有101家，占区域总数的53.72%。其中，最高的是盐湖股份，创新经济绩效指数为84.11。具体来看，创新经济绩效指数区间在60以下的有85家，占比45.22%；60~70的有79家，占比42.02%；70~80的有18家，占比9.57%；80以上的有6家，占比3.19%，如图8-59所示。

从区域内省份分布来看，创新经济绩效指数平均水平最高的是陕西省（62.69），最低的是新疆维吾尔自治区（60.19），如图8-60所示。

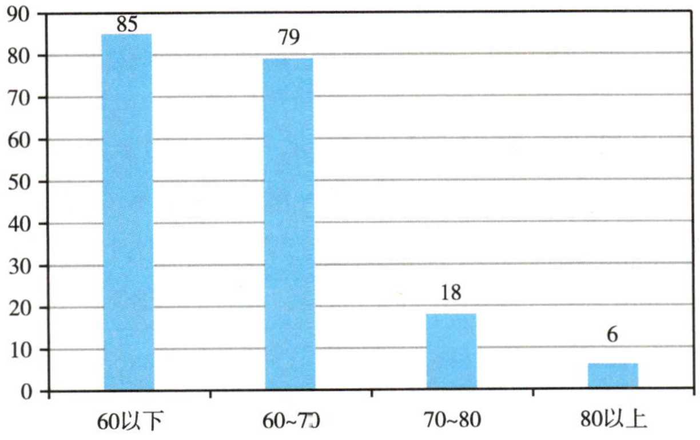

图 8-59　2022 年西北地区上市公司创新经济绩效指数分布图（家）

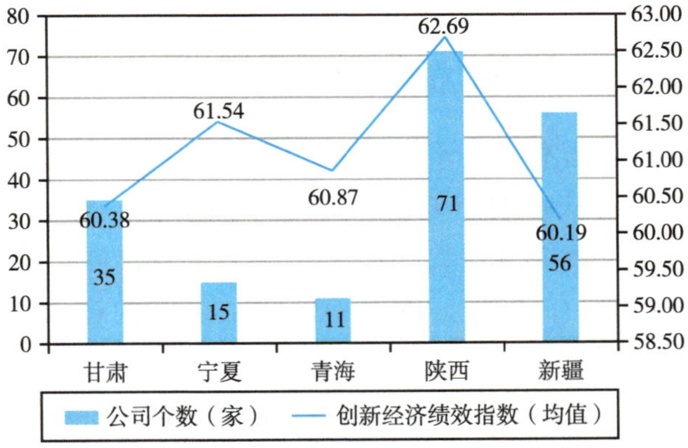

图 8-60　2022 年西北地区上市公司创新经济绩效指数均值分布图

西北地区创新经济绩效指数排名前10%的上市公司，如表8-30所示。

表 8-30　2022 年西北地区上市公司创新经济绩效指数前 10% 排名

排名	公司代码	公司名称	创新经济绩效指数	省份	一级行业_申万	产权性质
1	000792.SZ	盐湖股份	84.11	青海	基础化工	地方国有控股
2	601179.SH	中国西电	82.50	陕西	电力设备	中央国有控股
3	600089.SH	特变电工	82.35	新疆	电力设备	非国有控股
4	600449.SH	宁夏建材	80.83	宁夏	建筑材料	中央国有控股
5	600893.SH	航发动力	80.65	陕西	国防军工	中央国有控股
6	601225.SH	陕西煤业	80.41	陕西	煤炭	地方国有控股
7	601012.SH	隆基绿能	78.59	陕西	电力设备	非国有控股
8	603227.SH	雪峰科技	78.44	新疆	基础化工	地方国有控股
9	300861.SZ	美畅股份	77.39	陕西	机械设备	非国有控股
10	688303.SH	大全能源	76.93	新疆	电力设备	非国有控股
11	000768.SZ	中航西飞	75.72	陕西	国防军工	中央国有控股
12	301301.SZ	川宁生物	75.21	新疆	医药生物	非国有控股
13	002202.SZ	金风科技	74.86	新疆	电力设备	地方国有控股
14	000962.SZ	东方钽业	72.79	宁夏	有色金属	中央国有控股
15	600888.SH	新疆众和	72.53	新疆	有色金属	非国有控股
16	600256.SH	广汇能源	71.85	新疆	石油石化	非国有控股
17	300487.SZ	蓝晓科技	71.44	陕西	基础化工	非国有控股
18	000877.SZ	天山股份	71.19	新疆	建筑材料	中央国有控股

数据来源：同花顺（iFinD），首经贸资产评估研究院和浙工商数字创新与管理研究院整理。

8.7 西南地区创新发展指数评价

2022年，西南地区全年实现地区生产总值137,130.25亿元，人均地区生产总值为66,183.00元，居民人均可支配收入29,092.99元。截至2022年底，A股市场西南地区共有上市公司313家，总市值共计72,592.75亿元，营业总收入26,030.12亿元，平均市值231.93亿元/家，平均营业收入83.16亿元/家。营业收入最高的上市公司为通威股份（1,424.23亿元），市值最大的上市公司为贵州茅台（21,694.54亿元）。2022年，西南地区上市公司研发投入合计为701.92亿元，占营业收入2.70%；无形资产账面价值合计为2,683.44亿元，占总资产的6.63%。根据本报告分析口径，本节共对西南地区313家上市公司开展创新发展指数评价，具体情况如下：

8.7.1 创新发展综合指数

根据本报告评价，2022年西南地区创新发展综合指数平均水平为65.12，低于全市场平均水平65.47。从指数分布来看，高于均值的有155家，占区域总数的49.52%。其中，最高的是东方电气，创新发展综合指数为83.89。具体来看，创新发展综合指数区间在60以下的有57家，占比18.21%；60~70的有188家，占比60.06%；70~80的有64家，占比20.45%；80以上的有4家，占比1.28%，如图8-61所示。

从区域内省份分布来看，西南地区313家上市公司分布在5个省份。创新发展综合指数平均水平最高的是贵州省（66.42），最低的是西藏自治区（62.86），如图8-62所示。

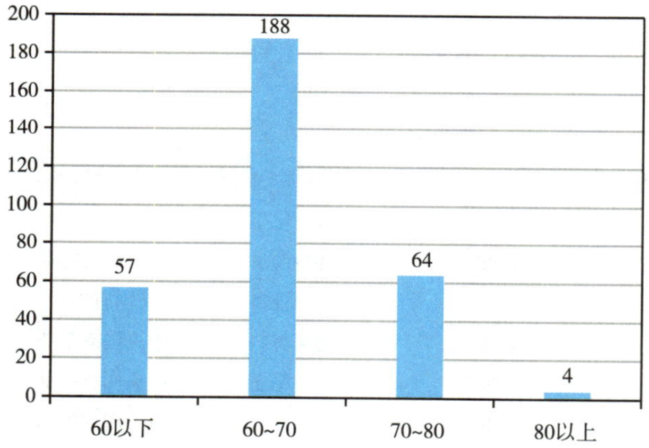

图8-61　2022年西南地区上市公司创新发展综合指数分布图（家）

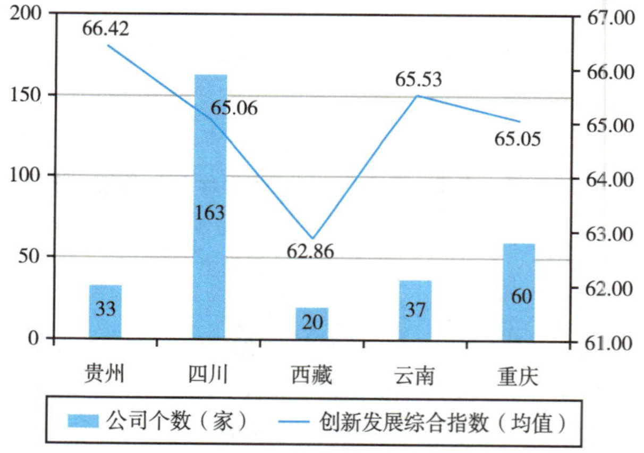

图8-62　2022年西南地区上市公司创新发展综合指数均值分布图

西南地区中，创新发展综合指数排名前10%的上市公司，如表8-31所示。

表8-31　2022年西南地区上市公司创新发展综合指数前10%排名

排名	公司代码	公司名称	创新发展综合指数	省份	一级行业_申万	产权性质
1	600875.SH	东方电气	83.89	四川	电力设备	中央国有控股
2	000625.SZ	长安汽车	80.52	重庆	汽车	中央国有控股
3	600438.SH	通威股份	80.38	四川	电力设备	非国有控股
4	600378.SH	昊华科技	80.06	四川	基础化工	中央国有控股

续表

排名	公司代码	公司名称	创新发展综合指数	省份	一级行业_申万	产权性质
5	000733.SZ	振华科技	79.65	贵州	国防军工	中央国有控股
6	601127.SH	赛力斯	78.74	重庆	汽车	非国有控股
7	002812.SZ	恩捷股份	78.47	云南	电力设备	非国有控股
8	601965.SH	中国汽研	78.46	重庆	汽车	中央国有控股
9	300122.SZ	智飞生物	78.22	重庆	医药生物	非国有控股
10	002268.SZ	电科网安	77.25	四川	计算机	中央国有控股
11	600039.SH	四川路桥	76.26	四川	建筑装饰	地方国有控股
12	002653.SZ	海思科	75.90	西藏	医药生物	非国有控股
13	002422.SZ	科伦药业	75.83	四川	医药生物	非国有控股
14	600131.SH	国网信通	75.82	四川	计算机	中央国有控股
15	300101.SZ	振芯科技	75.76	四川	国防军工	非国有控股
16	600839.SH	四川长虹	75.72	四川	家用电器	地方国有控股
17	603766.SH	隆鑫通用	75.49	重庆	汽车	非国有控股
18	000948.SZ	南天信息	75.30	云南	计算机	地方国有控股
19	300919.SZ	中伟股份	75.29	贵州	电力设备	非国有控股
20	300142.SZ	沃森生物	75.17	云南	医药生物	非国有控股
21	002258.SZ	利尔化学	75.05	四川	基础化工	中央国有控股
22	601777.SH	力帆科技	74.53	重庆	汽车	非国有控股
23	600096.SH	云天化	73.91	云南	基础化工	地方国有控股
24	002497.SZ	雅化集团	73.54	四川	有色金属	非国有控股
25	688513.SH	苑东生物	73.48	四川	医药生物	非国有控股
26	300957.SZ	贝泰妮	73.30	云南	美容护理	非国有控股
27	002004.SZ	华邦健康	73.04	重庆	医药生物	非国有控股
28	000810.SZ	创维数字	72.92	四川	家用电器	非国有控股
29	600459.SH	贵研铂业	72.91	云南	有色金属	地方国有控股
30	600497.SH	驰宏锌锗	72.91	云南	有色金属	中央国有控股
31	688696.SH	极米科技	72.86	四川	家用电器	非国有控股

数据来源：同花顺（iFinD），首经贸资产评估研究院和浙工商数字创新与管理研究院整理。

8.7.2　创新资源支持指数

2022年西南地区313家上市公司创新资源支持指数平均水平为66.78，低于全市场均值68.18。从指数分布来看，高于均值的有126家，占区域总数的40.26%。其中，最高的是四川九洲，创新资源支持指数为87.08。具体来看，创新资源支持指数区间在60以下的有58家，占比18.53%；60~70的有152家，占比48.57%；70~80的有91家，占比29.07%；80以上的有12家，占比3.83%，如图8–63所示。

从区域内省份分布来看，创新资源支持指数平均水平最高的是重庆市（67.98），最低的是西藏自治区（64.11），如图8–64所示。

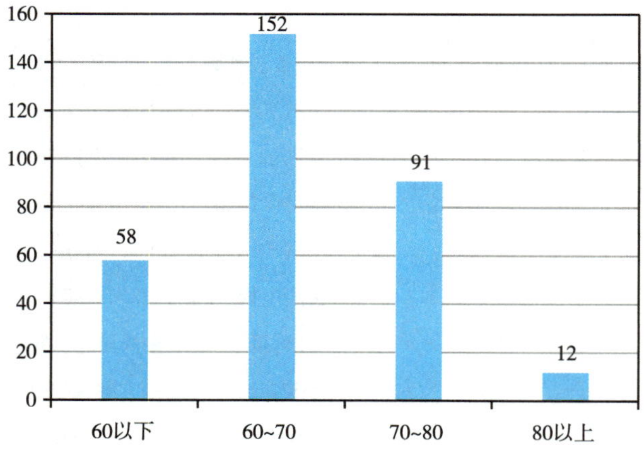

图8-63　2022年西南地区上市公司创新资源支持指数分布图（家）

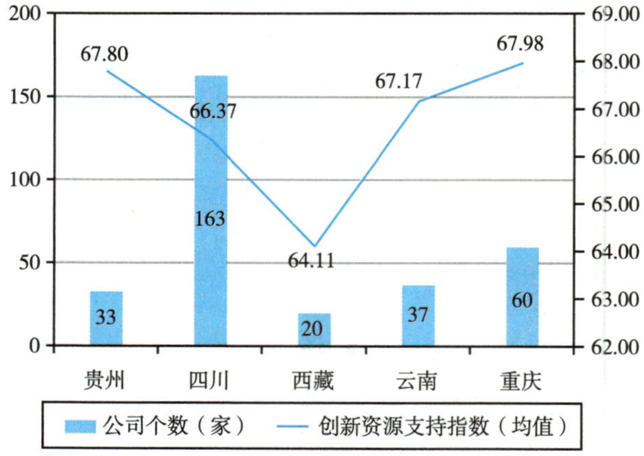

图8-64　2022年西南地区上市公司创新资源支持指数均值分布图

西南地区创新资源支持指数排名前10%的上市公司，如表8-32所示。

表 8-32　2022 年西南地区上市公司创新资源支持指数前 10% 排名

排名	公司代码	公司名称	创新资源支持指数	省份	一级行业_申万	产权性质
1	000801.SZ	四川九洲	87.08	四川	家用电器	地方国有控股
2	688696.SH	极米科技	85.21	四川	家用电器	非国有控股
3	300919.SZ	中伟股份	85.12	贵州	电力设备	非国有控股
4	688513.SH	苑东生物	83.32	四川	医药生物	非国有控股
5	601965.SH	中国汽研	82.82	重庆	汽车	中央国有控股
6	603766.SH	隆鑫通用	81.90	重庆	汽车	非国有控股
7	000858.SZ	五粮液	81.21	四川	食品饮料	地方国有控股
8	600875.SH	东方电气	80.75	四川	电力设备	中央国有控股
9	300820.SZ	英杰电气	80.53	四川	电力设备	非国有控股
10	603809.SH	豪能股份	80.52	四川	汽车	非国有控股
11	000810.SZ	创维数字	80.44	四川	家用电器	非国有控股
12	002812.SZ	恩捷股份	80.31	云南	电力设备	非国有控股
13	000960.SZ	锡业股份	79.31	云南	有色金属	地方国有控股
14	002268.SZ	电科网安	79.26	四川	计算机	中央国有控股
15	600839.SH	四川长虹	79.22	四川	家用电器	地方国有控股
16	601399.SH	国机重装	78.97	四川	机械设备	中央国有控股
17	001696.SZ	宗申动力	78.84	重庆	机械设备	非国有控股
18	603601.SH	再升科技	78.77	重庆	建筑材料	非国有控股
19	002558.SZ	巨人网络	78.61	重庆	传媒	非国有控股
20	600132.SH	重庆啤酒	78.41	重庆	食品饮料	非国有控股
21	000625.SZ	长安汽车	77.94	重庆	汽车	中央国有控股
22	300780.SZ	德恩精工	77.82	四川	机械设备	非国有控股
23	002996.SZ	顺博合金	77.75	重庆	有色金属	非国有控股
24	300425.SZ	中建环能	77.68	四川	环保	中央国有控股

续表

排名	公司代码	公司名称	创新资源支持指数	省份	一级行业_申万	产权性质
25	601811.SH	新华文轩	77.64	四川	传媒	地方国有控股
26	300142.SZ	沃森生物	77.53	云南	医药生物	非国有控股
27	600039.SH	四川路桥	77.33	四川	建筑装饰	地方国有控股
28	000591.SZ	太阳能	76.90	重庆	公用事业	中央国有控股
29	002765.SZ	蓝黛科技	76.86	重庆	电子	非国有控股
30	600378.SH	昊华科技	76.79	四川	基础化工	中央国有控股
31	002287.SZ	奇正藏药	76.76	西藏	医药生物	非国有控股

数据来源：同花顺（iFinD），首经贸资产评估研究院和浙工商数字创新与管理研究院整理。

8.7.3　创新要素投入指数

2022年西南地区313家上市公司创新要素投入指数平均水平为64.47，低于全市场均值65.37。从指数分布来看，高于均值的有153家，占区域总数的48.88%。其中，最高的是东方电气，创新要素投入指数为88.09。具体来看，创新要素投入指数区间在60以下的有90家，占比28.75%；60~70的有135家，占比43.14%；70~80的有74家，占比23.64%；80以上的有14家，占比4.47%，如图8-65所示。

从区域内省份分布来看，创新要素投入指数平均水平最高的是贵州省（65.62），最低的是西藏自治区（61.88），如图8-66所示。

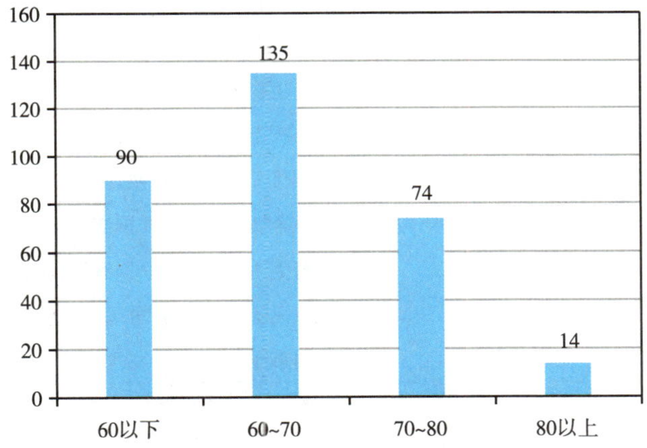

图8-65　2022年西南地区上市公司创新要素投入指数分布图（家）

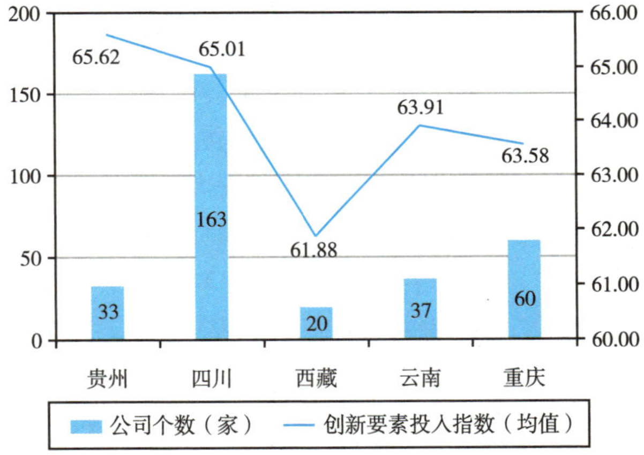

图8-66　2022年西南地区上市公司创新要素投入指数均值分布图

西南地区创新要素投入指数排名前10%的上市公司，如表8-33所示。

表8-33　2022年西南地区上市公司创新要素投入指数前10%排名

排名	公司代码	公司名称	创新要素投入指数	省份	一级行业_申万	产权性质
1	600875.SH	东方电气	88.09	四川	电力设备	中央国有控股
2	601127.SH	赛力斯	85.99	重庆	汽车	非国有控股
3	600378.SH	昊华科技	83.89	四川	基础化工	中央国有控股
4	601965.SH	中国汽研	83.13	重庆	汽车	中央国有控股

续表

排名	公司代码	公司名称	创新要素投入指数	省份	一级行业_申万	产权性质
5	002268.SZ	电科网安	82.82	四川	计算机	中央国有控股
6	600131.SH	国网信通	82.79	四川	计算机	中央国有控股
7	600292.SH	远达环保	82.65	重庆	环保	中央国有控股
8	000733.SZ	振华科技	82.55	贵州	国防军工	中央国有控股
9	300122.SZ	智飞生物	82.28	重庆	医药生物	非国有控股
10	002025.SZ	航天电器	82.20	贵州	国防军工	中央国有控股
11	000948.SZ	南天信息	82.11	云南	计算机	地方国有控股
12	002653.SZ	海思科	81.22	西藏	医药生物	非国有控股
13	688513.SH	苑东生物	80.33	四川	医药生物	非国有控股
14	300101.SZ	振芯科技	80.22	四川	国防军工	非国有控股
15	601777.SH	力帆科技	78.96	重庆	汽车	非国有控股
16	002265.SZ	西仪股份	78.85	云南	汽车	中央国有控股
17	002422.SZ	科伦药业	78.45	四川	医药生物	非国有控股
18	600039.SH	四川路桥	78.44	四川	建筑装饰	地方国有控股
19	688553.SH	汇宇制药	78.36	四川	医药生物	非国有控股
20	000625.SZ	长安汽车	78.34	重庆	汽车	中央国有控股
21	002777.SZ	久远银海	77.76	四川	计算机	中央国有控股
22	300366.SZ	创意信息	77.73	四川	计算机	非国有控股
23	600519.SH	贵州茅台	77.17	贵州	食品饮料	地方国有控股
24	002812.SZ	恩捷股份	77.07	云南	电力设备	非国有控股
25	688319.SH	欧林生物	77.05	四川	医药生物	非国有控股
26	688297.SH	中无人机	76.89	四川	国防军工	中央国有控股
27	002258.SZ	利尔化学	76.88	四川	基础化工	中央国有控股
28	002428.SZ	云南锗业	76.42	云南	有色金属	非国有控股
29	300142.SZ	沃森生物	76.41	云南	医药生物	非国有控股
30	603100.SH	川仪股份	76.38	重庆	机械设备	地方国有控股
31	600025.SH	华能水电	76.20	云南	公用事业	中央国有控股

数据来源：同花顺（iFinD），首经贸资产评估研究院和浙工商数字创新与管理研究院整理。

8.7.4 创新科技成果指数

2022年西南地区313家上市公司创新科技成果指数平均水平为67.91，低于全市场均值68.28。从指数分布来看，高于均值的有164家，占区域总数的52.40%。其中，最高的是通威股份，创新科技成果指数为85.10。具体来看，创新科技成果指数区间在60以下的有20家，占比6.39%；60~70的有199家，占比63.58%；70~80的有90家，占比28.75%；80以上的有4家，占比1.28%，如图8–67所示。

从区域内省份分布来看，创新科技成果指数平均水平最高的是贵州省（68.85），最低的是西藏自治区（65.89），如图8–68所示。

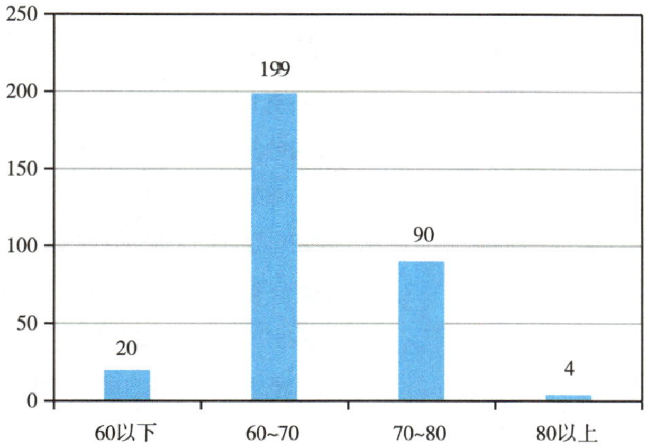

图8-67 2022年西南地区上市公司创新科技成果指数分布图（家）

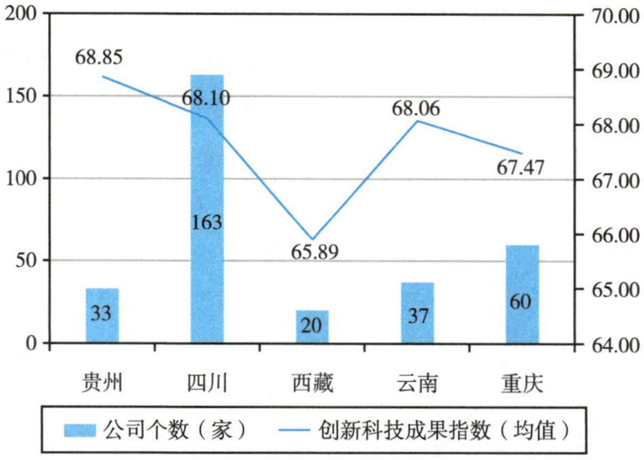

图8-68 2022年西南地区上市公司创新科技成果指数均值分布图

西南地区创新科技成果指数排名前10%的上市公司，如表8-34所示。

表8-34 2022年西南地区上市公司创新科技成果指数前10%排名

排名	公司代码	公司名称	创新科技成果指数	省份	一级行业_申万	产权性质
1	600438.SH	通威股份	85.10	四川	电力设备	非国有控股
2	600875.SH	东方电气	81.70	四川	电力设备	中央国有控股
3	000733.SZ	振华科技	80.85	贵州	国防军工	中央国有控股
4	600378.SH	昊华科技	80.25	四川	基础化工	中央国有控股
5	000625.SZ	长安汽车	79.37	重庆	汽车	中央国有控股
6	300122.SZ	智飞生物	78.53	重庆	医药生物	非国有控股
7	002812.SZ	恩捷股份	76.20	云南	电力设备	非国有控股
8	002386.SZ	天原股份	76.09	四川	基础化工	地方国有控股
9	000568.SZ	泸州老窖	75.33	四川	食品饮料	地方国有控股
10	300470.SZ	中密控股	75.22	四川	机械设备	地方国有控股
11	002246.SZ	北化股份	74.99	四川	基础化工	中央国有控股
12	002422.SZ	科伦药业	74.84	四川	医药生物	非国有控股
13	600039.SH	四川路桥	74.59	四川	建筑装饰	地方国有控股
14	000810.SZ	创维数字	74.57	四川	家用电器	非国有控股
15	002004.SZ	华邦健康	74.57	重庆	医药生物	非国有控股
16	000790.SZ	华神科技	74.53	四川	医药生物	非国有控股
17	601208.SH	东材科技	74.46	四川	基础化工	非国有控股
18	300366.SZ	创意信息	74.40	四川	计算机	非国有控股
19	603458.SH	勘设股份	74.30	贵州	建筑装饰	非国有控股
20	600459.SH	贵研铂业	74.29	云南	有色金属	地方国有控股
21	688528.SH	秦川物联	74.18	四川	机械设备	非国有控股
22	688737.SH	中自科技	74.10	四川	汽车	非国有控股
23	688297.SH	中无人机	73.98	四川	国防军工	中央国有控股
24	600765.SH	中航重机	73.92	贵州	国防军工	中央国有控股

续表

排名	公司代码	公司名称	创新科技成果指数	省份	一级行业_申万	产权性质
25	002037.SZ	保利联合	73.82	贵州	基础化工	中央国有控股
26	600839.SH	四川长虹	73.81	四川	家用电器	地方国有控股
27	002798.SZ	帝欧家居	73.74	四川	轻工制造	非国有控股
28	000801.SZ	四川九洲	73.53	四川	家用电器	地方国有控股
29	603100.SH	川仪股份	73.34	重庆	机械设备	地方国有控股
30	601127.SH	赛力斯	73.14	重庆	汽车	非国有控股
31	600025.SH	华能水电	73.14	云南	公用事业	中央国有控股

数据来源：同花顺（iFinD），首经贸资产评估研究院和浙工商数字创新与管理研究院整理。

8.7.5 创新经济绩效指数

2022年西南地区313家上市公司创新经济绩效指数平均水平为62.17，高于全市场均值61.11。从指数分布来看，高于均值的有174家，占区域总数的55.59%。其中，最高的是通威股份，创新经济绩效指数为86.34。具体来看，创新经济绩效指数区间在60以下的有138家，占比44.09%；60~70的有118家，占比37.70%；70~80的有50家，占比15.97%；80以上的有7家，占比2.24%，如图8-69所示。

从区域内省份分布来看，创新经济绩效指数平均水平最高的是贵州省（64.20），最低的是西藏自治区（60.39），如图8-70所示。

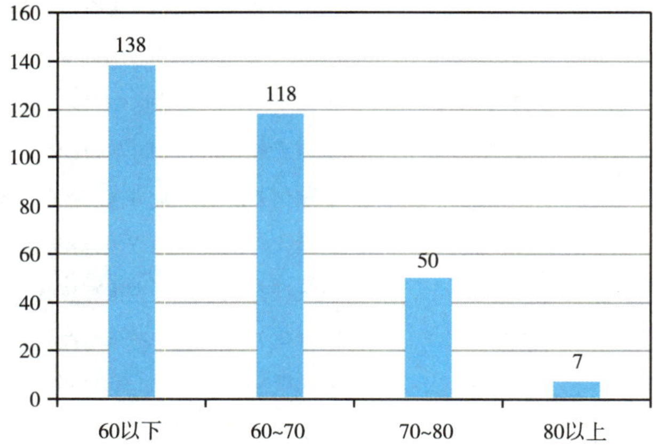

图8-69　2022年西南地区上市公司创新经济绩效指数分布图（家）

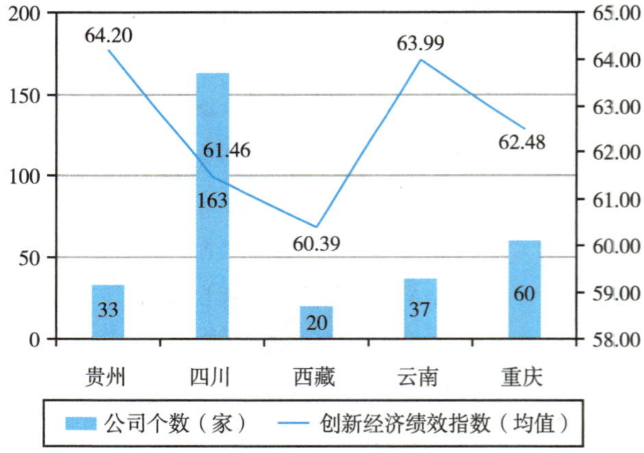

图8-70　2022年西南地区上市公司创新经济绩效指数均值分布图

西南地区创新经济绩效指数排名前10%的上市公司，如表8-35所示。

表8-35　2022年西南地区上市公司创新经济绩效指数前10%排名

排名	公司代码	公司名称	创新经济绩效指数	省份	一级行业_申万	产权性质
1	600438.SH	通威股份	86.34	四川	电力设备	非国有控股
2	000625.SZ	长安汽车	86.05	重庆	汽车	中央国有控股
3	600875.SH	东方电气	83.15	四川	电力设备	中央国有控股
4	601127.SH	赛力斯	83.08	重庆	汽车	非国有控股

续表

排名	公司代码	公司名称	创新经济绩效指数	省份	一级行业_申万	产权性质
5	601777.SH	力帆科技	81.51	重庆	汽车	非国有控股
6	300122.SZ	智飞生物	81.31	重庆	医药生物	非国有控股
7	002812.SZ	恩捷股份	80.80	云南	电力设备	非国有控股
8	002466.SZ	天齐锂业	79.94	四川	有色金属	非国有控股
9	002497.SZ	雅化集团	79.71	四川	有色金属	非国有控股
10	603077.SH	和邦生物	79.28	四川	基础化工	非国有控股
11	002258.SZ	利尔化学	79.20	四川	基础化工	中央国有控股
12	600096.SH	云天化	78.91	云南	基础化工	地方国有控股
13	002312.SZ	川发龙蟒	78.91	四川	基础化工	地方国有控股
14	600131.SH	国网信通	78.46	四川	计算机	中央国有控股
15	000733.SZ	振华科技	77.96	贵州	国防军工	中央国有控股
16	300957.SZ	贝泰妮	77.88	云南	美容护理	非国有控股
17	600378.SH	昊华科技	77.70	四川	基础化工	中央国有控股
18	600839.SH	四川长虹	77.19	四川	家用电器	地方国有控股
19	300142.SZ	沃森生物	76.90	云南	医药生物	非国有控股
20	300101.SZ	振芯科技	76.46	四川	国防军工	非国有控股
21	603766.SH	隆鑫通用	76.09	重庆	汽车	非国有控股
22	300919.SZ	中伟股份	75.59	贵州	电力设备	非国有控股
23	600519.SH	贵州茅台	75.50	贵州	食品饮料	地方国有控股
24	601965.SH	中国汽研	75.33	重庆	汽车	中央国有控股
25	000948.SZ	南天信息	74.83	云南	计算机	地方国有控股
26	600025.SH	华能水电	74.62	云南	公用事业	中央国有控股
27	002268.SZ	电科网安	74.59	四川	计算机	中央国有控股
28	600497.SH	驰宏锌锗	74.38	云南	有色金属	中央国有控股
29	600039.SH	四川路桥	74.37	四川	建筑装饰	地方国有控股
30	002422.SZ	科伦药业	74.37	四川	医药生物	非国有控股
31	002004.SZ	华邦健康	74.09	重庆	医药生物	非国有控股

数据来源：同花顺（iFinD），首经贸资产评估研究院和浙工商数字创新与管理研究院整理。

第9章
中国上市公司创新发展指数评价——省份维度

本章从省份维度，对安徽省、北京市、广东省、浙江省、江苏省、山东省、上海市、河北省等31个省份上市公司的创新发展指数进行评价和分析。

9.1 安徽省创新发展指数评价

2022年，安徽省全年实现地区生产总值45,045.00亿元，人均地区生产总值为73,603.00元，居民人均可支配收入32,745.25元。截至2022年底，A股市场安徽省共有上市公司157家，总市值共计17,404.89亿元，营业总收入13,126.82亿元，平均市值110.86亿元/家，平均营业收入83.61亿元/家。营业收入最高的上市公司为海螺水泥（1,320.22亿元），市值最大的上市公司为阳光电源（1,660.44亿元）。2022年，安徽省上市公司研发投入合计为419.46亿元，占营业收入的3.20%；无形资产账面价值合计为1,272.68亿元，占总资产的6.96%。根据本报告分析口径，本节共对安徽省157家上市公司开展创新发展指数评价，具体情况如下：

9.1.1 创新发展综合指数

根据本报告评价，2022年安徽省创新发展综合指数平均水平为66.23，高于全市场平均水平65.47。从指数分布来看，高于均值的有81家，占省份总数的51.59%。其中，最高的是科大讯飞，创新发展综合指数为87.33。具体来看，创新发展综合指数区间在60以下的有14家，占比8.92%；60~70的有111家，占比70.70%；70~80的有29家，占比18.47%；80以上的有3家，占比1.91%，如图9-1所示。

从省内城市分布来看，安徽省157家上市公司分布在15个省内城市。创新发展综合指数平均水平最高的是亳州市（69.28），最低的是黄山市（59.57），如图9-2所示。

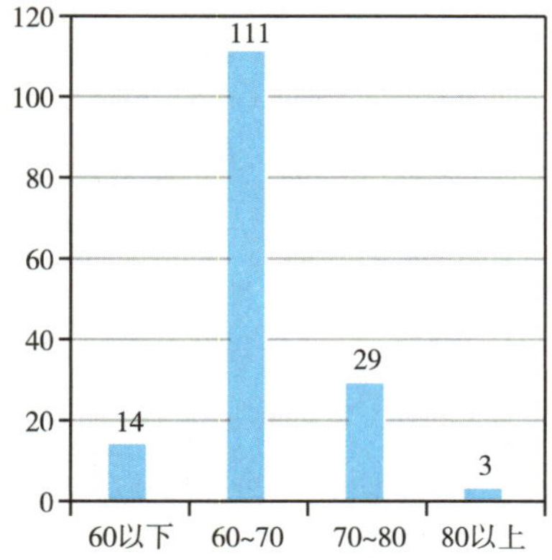

图9-1 2022年安徽省上市公司创新发展综合指数分布图（家）

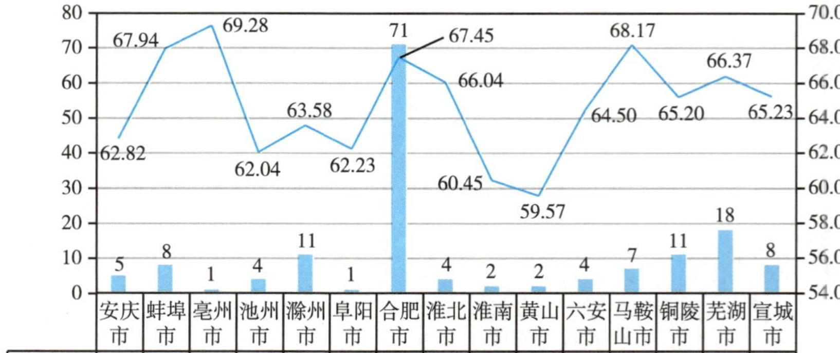

	安庆市	蚌埠市	亳州市	池州市	滁州市	阜阳市	合肥市	淮北市	淮南市	黄山市	六安市	马鞍山市	铜陵市	芜湖市	宣城市
家数	5	8	1	4	11	1	71	4	2	2	4	7	11	18	8
均值	62.82	67.94	69.28	62.04	63.58	62.23	67.45	66.04	60.45	59.57	64.50	68.17	65.20	66.37	65.23

图9-2 2022年安徽省上市公司创新发展综合指数均值分布图

安徽省创新发展综合指数排名前10%的上市公司，如表9-1所示。

表9-1　　2022年安徽省上市公司创新发展综合指数前10%排名

排名	公司代码	公司名称	创新发展综合指数	地级市	一级行业_申万	产权性质
1	002230.SZ	科大讯飞	87.33	合肥市	计算机	非国有控股
2	002074.SZ	国轩高科	83.73	合肥市	电力设备	非国有控股
3	300274.SZ	阳光电源	81.62	合肥市	电力设备	非国有控股
4	603308.SH	应流股份	76.14	合肥市	机械设备	非国有控股
5	000521.SZ	长虹美菱	75.04	合肥市	家用电器	地方国有控股
6	600990.SH	四创电子	75.00	合肥市	国防军工	中央国有控股
7	600552.SH	凯盛科技	74.56	蚌埠市	电子	中央国有控股
8	002057.SZ	中钢天源	74.50	马鞍山市	有色金属	中央国有控股
9	300009.SZ	安科生物	74.44	合肥市	医药生物	非国有控股
10	600418.SH	江淮汽车	74.29	合肥市	汽车	地方国有控股
11	300088.SZ	长信科技	73.74	芜湖市	电子	地方国有控股
12	603596.SH	伯特利	73.62	芜湖市	汽车	非国有控股
13	300134.SZ	大富科技	73.19	蚌埠市	通信	非国有控股
14	600761.SH	安徽合力	72.91	合肥市	机械设备	地方国有控股
15	600502.SH	安徽建工	72.74	蚌埠市	建筑装饰	地方国有控股

数据来源：同花顺（iFinD），首经贸资产评估研究院和浙工商数字创新与管理研究院整理。

9.1.2　创新资源支持指数

2022年安徽省157家上市公司创新资源支持指数平均水平为69.64，高于全市场均值68.18。从指数分布来看，高于均值的有90家，占省份总数的57.32%。其中，最高的是科大讯飞，创新资源支持指数为97.39。具体来看，创新资源支持指数区间在60以下的有13家，占比8.28%；60~70的有68家，占比43.31%；70~80的有65家，占比41.40%；80以上的有11家，占比7.01%，如图9-3所示。

从省内城市分布来看，创新资源支持指数平均水平最高的是蚌埠市（72.90），最低的是阜阳市（61.36），如图9-4所示。

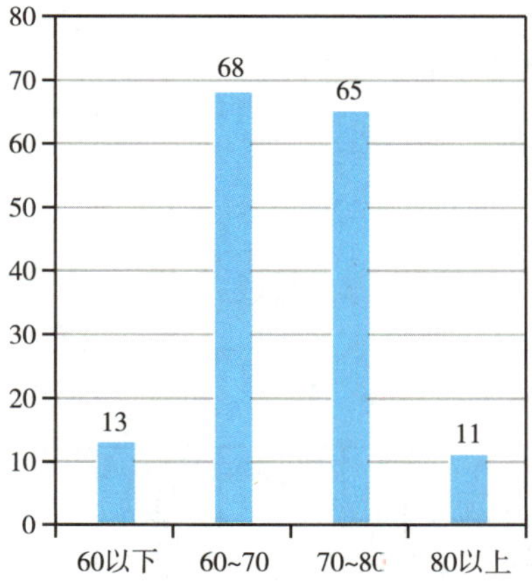

图9-3　2022年安徽省上市公司创新资源支持指数分布图（家）

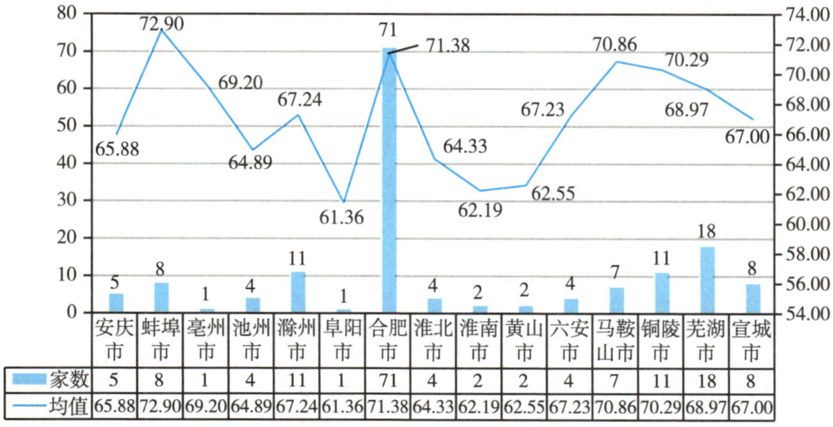

图9-4　2022年安徽省上市公司创新资源支持指数均值分布图

安徽省创新资源支持指数排名前10%的上市公司，如表9-2所示。

表9-2　2022年安徽省上市公司创新资源支持指数前10%排名

排名	公司代码	公司名称	创新资源支持指数	地级市	一级行业_申万	产权性质
1	002230.SZ	科大讯飞	97.39	合肥市	计算机	非国有控股
2	603308.SH	应流股份	87.66	合肥市	机械设备	非国有控股
3	002171.SZ	楚江新材	85.52	芜湖市	有色金属	非国有控股
4	603596.SH	伯特利	84.65	芜湖市	汽车	非国有控股
5	002074.SZ	国轩高科	83.69	合肥市	电力设备	非国有控股
6	300274.SZ	阳光电源	83.68	合肥市	电力设备	非国有控股
7	600567.SH	山鹰国际	82.02	马鞍山市	轻工制造	非国有控股
8	002057.SZ	中钢天源	81.62	马鞍山市	有色金属	中央国有控股
9	688600.SH	皖仪科技	81.40	合肥市	环保	非国有控股
10	000521.SZ	长虹美菱	80.83	合肥市	家用电器	地方国有控股
11	688077.SH	大地熊	80.21	合肥市	有色金属	非国有控股
12	300134.SZ	大富科技	79.54	蚌埠市	通信	非国有控股
13	002555.SZ	三七互娱	79.41	芜湖市	传媒	非国有控股
14	600063.SH	皖维高新	79.28	合肥市	基础化工	地方国有控股
15	688219.SH	会通股份	78.59	合肥市	基础化工	非国有控股

数据来源：同花顺（iFinD），首经贸资产评估研究院和浙工商数字创新与管理研究院整理。

9.1.3　创新要素投入指数

2022年安徽省157家上市公司创新要素投入指数平均水平为65.85，高于全市场均值65.37。从指数分布来看，高于均值的有83家，占省份总数的52.87%。其中，最高的是科大讯飞，创新要素投入指数为91.86。具体来看，创新要素投入指数区间在60以下的有30家，占比19.11%；60~70的有81家，占比51.59%；70~80的有42家，占比26.75%；80以上的有4家，占比2.55%，如图9-5所示。

从省内城市分布来看，创新要素投入指数平均水平最高的是马鞍山市（68.67），最低的是黄山市（55.61），如图9-6所示。

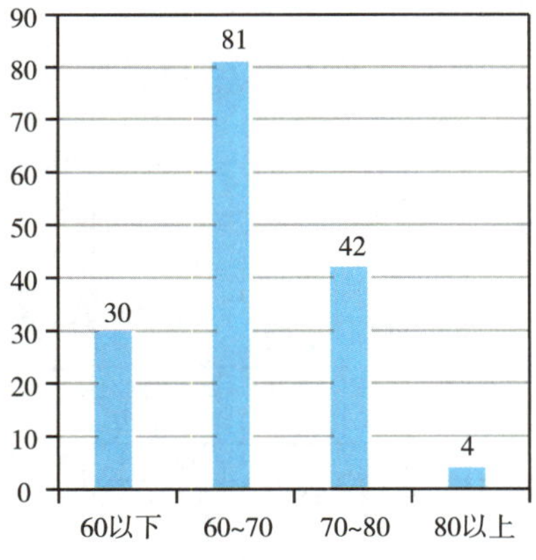

图9-5　2022年安徽省上市公司创新要素投入指数分布图（家）

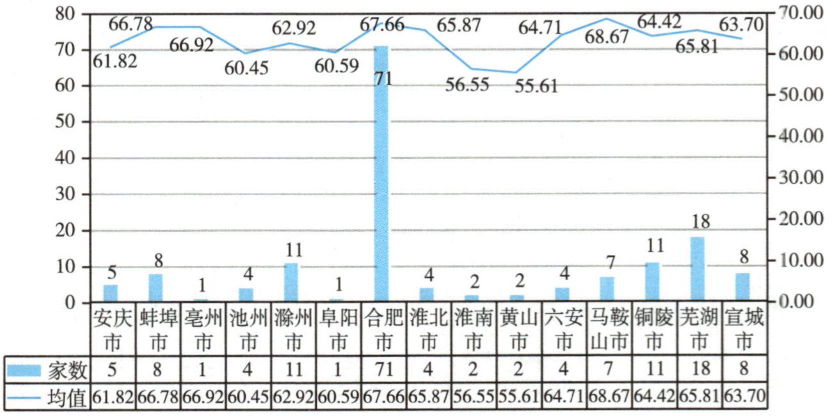

	安庆市	蚌埠市	亳州市	池州市	滁州市	阜阳市	合肥市	淮北市	淮南市	黄山市	六安市	马鞍山市	铜陵市	芜湖市	宣城市
家数	5	8	1	4	11	1	71	4	2	2	4	7	11	18	8
均值	61.82	66.78	66.92	60.45	62.92	60.59	67.66	65.87	56.55	55.61	64.71	68.67	64.42	65.81	63.70

图9-6　2022年安徽省上市公司创新要素投入指数均值分布图

安徽省创新要素投入指数排名前10%的上市公司，如表9-3所示。

表 9-3　　2022 年安徽省上市公司创新要素投入指数前 10% 排名

排名	公司代码	公司名称	创新要素投入指数	地级市	一级行业_申万	产权性质
1	002230.SZ	科大讯飞	91.86	合肥市	计算机	非国有控股
2	002074.SZ	国轩高科	88.53	合肥市	电力设备	非国有控股
3	300274.SZ	阳光电源	83.54	合肥市	电力设备	非国有控股
4	600990.SH	四创电子	80.31	合肥市	国防军工	中央国有控股
5	688027.SH	国盾量子	79.42	合肥市	通信	非国有控股
6	600418.SH	江淮汽车	77.88	合肥市	汽车	地方国有控股
7	002057.SZ	中钢天源	76.20	马鞍山市	有色金属	中央国有控股
8	603596.SH	伯特利	76.10	芜湖市	汽车	非国有控股
9	603011.SH	合锻智能	75.78	合肥市	机械设备	非国有控股
10	300087.SZ	荃银高科	75.53	合肥市	农林牧渔	中央国有控股
11	000630.SZ	铜陵有色	75.29	铜陵市	有色金属	地方国有控股
12	688162.SH	巨一科技	75.16	合肥市	机械设备	非国有控股
13	600552.SH	凯盛科技	74.73	蚌埠市	电子	中央国有控股
14	600063.SH	皖维高新	74.53	合肥市	基础化工	地方国有控股
15	688630.SH	芯碁微装	74.43	合肥市	机械设备	非国有控股

数据来源：同花顺（iFinD），首经贸资产评估研究院和浙工商数字创新与管理研究院整理。

9.1.4　创新科技成果指数

2022年安徽省157家上市公司创新科技成果指数平均水平为69.07，高于全市场均值68.28。从指数分布来看，高于均值的有93家，占省份总数的59.24%。其中，最高的是马钢股份，创新科技成果指数为82.42。具体来看，创新科技成果指数区间在60以下的有2家，占比1.27%；60~70的有93家，占比59.24%；70~80的有60家，占比38.22%；80以上的有2家，占比1.27%，如图9-7所示。

从省内城市分布来看，创新科技成果指数平均水平最高的是马鞍山市（72.89），最低的是黄山市（64.16），如图9-8所示。

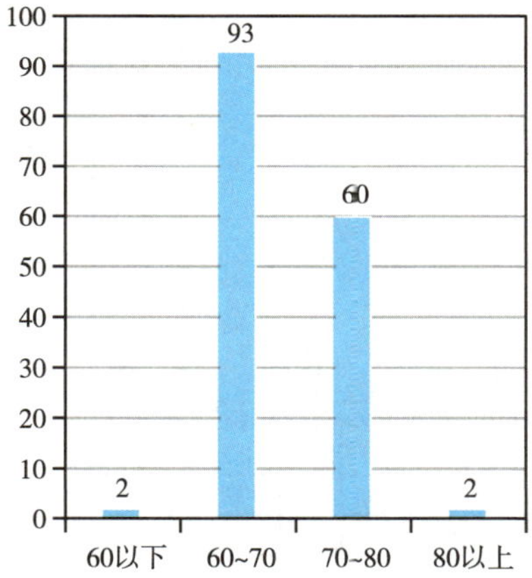

图9-7　2022年安徽省上市公司创新科技成果指数分布图（家）

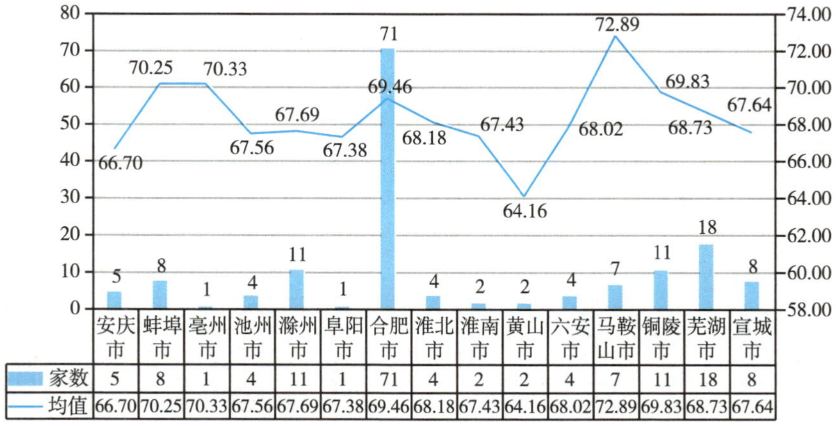

图9-8　2022年安徽省上市公司创新科技成果指数均值分布图

安徽省创新科技成果指数排名前10%的上市公司，如表9-4所示。

表 9-4　　2022 年安徽省上市公司创新科技成果指数前 10% 排名

排名	公司代码	公司名称	创新科技成果指数	地级市	一级行业_申万	产权性质
1	600808.SH	马钢股份	82.42	马鞍山市	钢铁	中央国有控股
2	300274.SZ	阳光电源	81.71	合肥市	电力设备	非国有控股
3	002230.SZ	科大讯飞	78.94	合肥市	计算机	非国有控股
4	603011.SH	合锻智能	76.63	合肥市	机械设备	非国有控股
5	688219.SH	会通股份	76.42	合肥市	基础化工	非国有控股
6	002057.SZ	中钢天源	75.92	马鞍山市	有色金属	中央国有控股
7	600985.SH	淮北矿业	74.24	淮北市	煤炭	地方国有控股
8	002074.SZ	国轩高科	74.12	合肥市	电力设备	非国有控股
9	600585.SH	海螺水泥	74.08	芜湖市	建筑材料	地方国有控股
10	002690.SZ	美亚光电	73.91	合肥市	机械设备	非国有控股
11	600444.SH	国机通用	73.76	合肥市	机械设备	中央国有控股
12	600418.SH	江淮汽车	73.62	合肥市	汽车	地方国有控股
13	688659.SH	元琛科技	73.52	合肥市	基础化工	非国有控股
14	002538.SZ	司尔特	73.39	宣城市	基础化工	非国有控股
15	600470.SH	六国化工	73.30	铜陵市	基础化工	非国有控股

数据来源：同花顺（iFinD），首经贸资产评估研究院和浙工商数字创新与管理研究院整理。

9.1.5　创新经济绩效指数

2022年安徽省157家上市公司创新经济绩效指数平均水平为61.66，高于全市场均值61.11。从指数分布来看，高于均值的有82家，占省份总数的52.23%。其中，最高的是国轩高科，创新经济绩效指数为86.64。具体来看，创新经济绩效指数区间在60以下的有74家，占比47.14%；60~70的有63家，占比40.13%；70~80的有18家，占比11.46%；80以上的有2家，占比1.27%，如图9-9所示。

从省内城市分布来看，创新经济绩效指数平均水平最高的是亳州市（71.23），最低的是池州市（56.90），如图9-10所示。

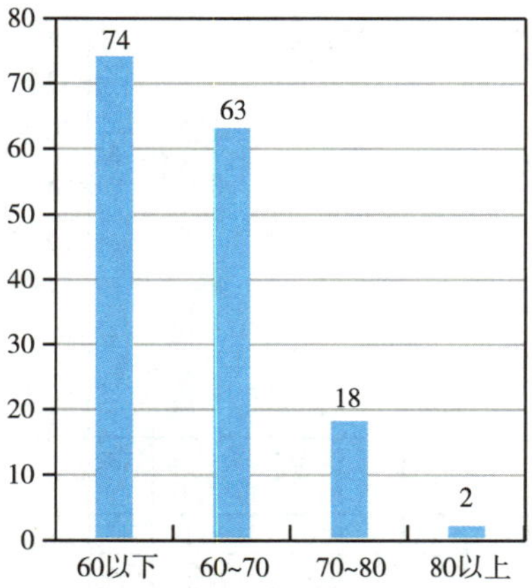

图9-9　2022年安徽省上市公司创新经济绩效指数分布图（家）

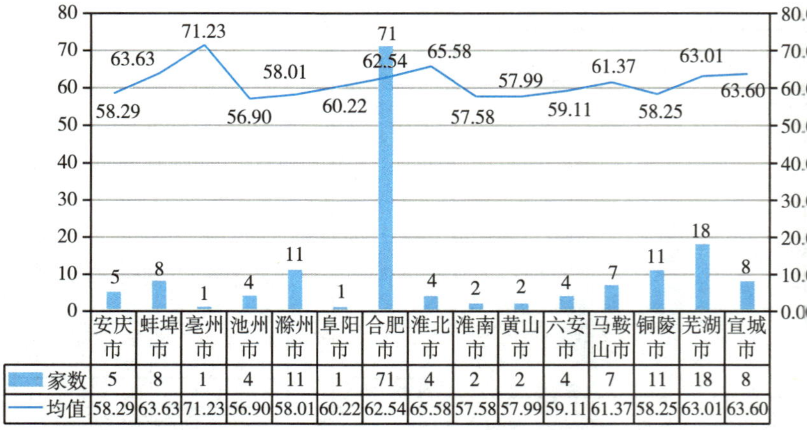

图9-10　2022年安徽省上市公司创新经济绩效指数均值分布图

安徽省创新经济绩效指数排名前10%的上市公司，如表9-5所示。

表9-5 2022年安徽省上市公司创新经济绩效指数前10%排名

排名	公司代码	公司名称	创新经济绩效指数	地级市	一级行业_申万	产权性质
1	002074.SZ	国轩高科	86.64	合肥市	电力设备	非国有控股
2	002230.SZ	科大讯飞	82.05	合肥市	计算机	非国有控股
3	300274.SZ	阳光电源	77.75	合肥市	电力设备	非国有控股
4	002597.SZ	金禾实业	76.00	滁州市	基础化工	非国有控股
5	300038.SZ	长信科技	75.63	芜湖市	电子	地方国有控股
6	600990.SH	四创电子	75.36	合肥市	国防军工	中央国有控股
7	603599.SH	广信股份	75.29	宣城市	基础化工	非国有控股
8	300009.SZ	安科生物	75.14	合肥市	医药生物	非国有控股
9	603308.SH	应流股份	75.02	合肥市	机械设备	非国有控股
10	000521.SZ	长虹美菱	74.45	合肥市	家用电器	地方国有控股
11	300134.SZ	大富科技	74.41	蚌埠市	通信	非国有控股
12	000887.SZ	中鼎股份	73.27	宣城市	汽车	非国有控股
13	600552.SH	凯盛科技	73.27	蚌埠市	电子	中央国有控股
14	600761.SH	安徽合力	72.97	合肥市	机械设备	地方国有控股
15	000713.SZ	丰乐种业	71.59	合肥市	农林牧渔	地方国有控股

数据来源：同花顺（iFinD），首经贸资产评估研究院和浙工商数字创新与管理研究院整理。

9.2 北京市创新发展指数评价

2022年，北京市全年实现地区生产总值41,610.90亿元，人均地区生产总值为190,313.00元，居民人均可支配收入77,414.55元。截至2022年底，A股市场北京市共有上市公司418家，总市值共计105,842.73亿元，营业总收入185,517.92亿元，平均市值253.21亿元/家，平均营业收入443.82亿元/家。营业收入最高的上市公司为中国石化（33,181.68亿元），市值最大的上市公司为中国石油（8,720.37亿元）。2022年，北京市上市公司研发投入合计为4,268.59亿元，占营业收入的2.30%；无形资产账面价值合计为16,644.41亿元，占总资产的6.62%。根据本报告分析口径，本节共对北京市418家上市公司开展创新发展指数评价，具体情况如下：

9.2.1 创新发展综合指数

根据本报告评价，2022年北京市创新发展综合指数平均水平为67.53，高于全市场平均水平65.47。从指数分布来看，高于均值的有260家，占省份总数的62.20%。其中，最高的是北方华创，创新发展综合指数为87.77。具体来看，创新发展综合指数区间在60以下的有43家，占比10.29%；60~70的有240家，占比57.41%；70~80的有118家，占比28.23%；80以上的有17家，占比4.07%，如图9-11所示。

从市内各区分布来看，北京市418家上市公司分布在14个区。创新发展综合指数平均水平最高的是昌平区（69.69），最低的是门头沟区（61.43），如图9-12所示。

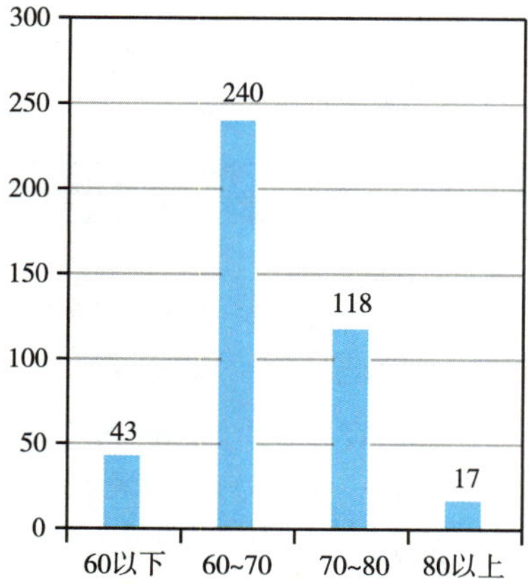

图 9-11　2022 年北京市上市公司创新发展综合指数分布图（家）

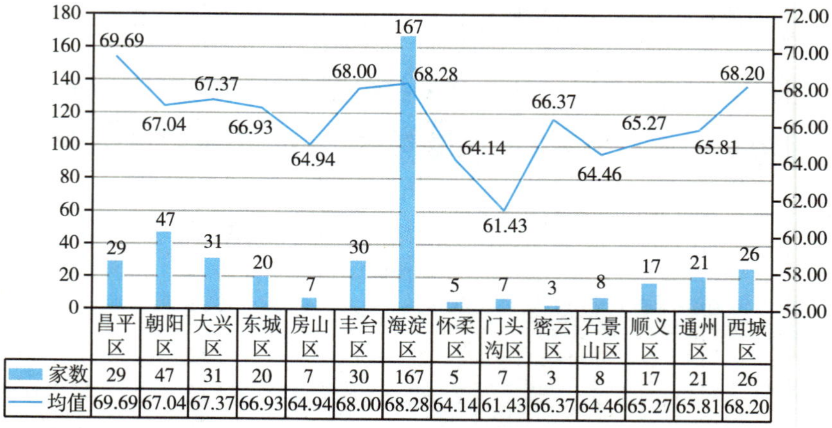

图 9-12　2022 年北京市上市公司创新发展综合指数均值分布图

北京市创新发展综合指数排名前10%的上市公司，如表9-6所示。

表 9-6　　2022 年北京市上市公司创新发展综合指数前 10% 排名

排名	公司代码	公司名称	创新发展综合指数	市辖区（县）	一级行业_申万	产权性质
1	002371.SZ	北方华创	87.77	朝阳区	电子	地方国有控股
2	600031.SH	三一重工	83.92	昌平区	机械设备	非国有控股
3	600588.SH	用友网络	83.41	海淀区	计算机	非国有控股
4	000938.SZ	紫光股份	82.85	海淀区	计算机	非国有控股
5	601390.SH	中国中铁	82.34	丰台区	建筑装饰	中央国有控股
6	603392.SH	万泰生物	82.22	昌平区	医药生物	非国有控股
7	601766.SH	中国中车	82.14	海淀区	机械设备	中央国有控股
8	601618.SH	中国中冶	81.86	朝阳区	建筑装饰	中央国有控股
9	002410.SZ	广联达	81.38	海淀区	计算机	非国有控股
10	000725.SZ	京东方 A	81.32	朝阳区	电子	地方国有控股
11	601985.SH	中国核电	81.30	海淀区	公用事业	中央国有控股
12	601117.SH	中国化学	80.77	东城区	建筑装饰	中央国有控股
13	603986.SH	兆易创新	80.48	海淀区	电子	非国有控股
14	600118.SH	中国卫星	80.46	海淀区	国防军工	中央国有控股
15	600050.SH	中国联通	80.32	西城区	通信	中央国有控股
16	600536.SH	中国软件	80.25	昌平区	计算机	中央国有控股
17	688111.SH	金山办公	80.11	海淀区	计算机	非国有控股
18	601668.SH	中国建筑	79.71	海淀区	建筑装饰	中央国有控股
19	300661.SZ	圣邦股份	79.50	海淀区	电子	非国有控股
20	300003.SZ	乐普医疗	79.50	昌平区	医药生物	非国有控股
21	002405.SZ	四维图新	79.40	海淀区	计算机	非国有控股
22	601728.SH	中国电信	79.38	西城区	通信	中央国有控股
23	688568.SH	中科星图	79.29	顺义区	计算机	中央国有控股
24	601800.SH	中国交建	79.28	西城区	建筑装饰	中央国有控股
25	301269.SZ	华大九天	79.12	朝阳区	计算机	非国有控股
26	300496.SZ	中科创达	78.72	海淀区	计算机	非国有控股

续表

排名	公司代码	公司名称	创新发展综合指数	市辖区（县）	一级行业_申万	产权性质
27	600528.SH	中铁工业	78.46	丰台区	机械设备	中央国有控股
28	601669.SH	中国电建	78.01	海淀区	建筑装饰	中央国有控股
29	600028.SH	中国石化	78.01	朝阳区	石油石化	中央国有控股
30	601088.SH	中国神华	77.93	东城区	煤炭	中央国有控股
31	601989.SH	中国重工	77.88	海淀区	国防军工	中央国有控股
32	688009.SH	中国通号	77.75	丰台区	机械设备	中央国有控股
33	601698.SH	中国卫通	77.62	海淀区	国防军工	中央国有控股
34	601857.SH	中国石油	77.30	东城区	石油石化	中央国有控股
35	000786.SZ	北新建材	77.29	海淀区	建筑材料	中央国有控股
36	002439.SZ	启明星辰	77.22	海淀区	计算机	非国有控股
37	002153.SZ	石基信息	77.19	海淀区	计算机	非国有控股
38	002151.SZ	北斗星通	77.07	海淀区	国防军工	非国有控股
39	600011.SH	华能国际	77.02	西城区	公用事业	中央国有控股
40	002271.SZ	东方雨虹	76.94	顺义区	建筑材料	非国有控股
41	688561.SH	奇安信	76.66	西城区	计算机	非国有控股

数据来源：同花顺（iFinD），首经贸资产评估研究院和浙工商数字创新与管理研究院整理。

9.2.2　创新资源支持指数

2022年北京市418家上市公司创新资源支持指数平均水平为68.30，高于全市场均值68.18。从指数分布来看，高于均值的有205家，占省份总数的49.04%。其中，最高的是紫光股份，创新资源支持指数为94.34。具体来看，创新资源支持指数区间在60以下的有75家，占比17.94%；60~70的有171家，占比40.91%；70~80的有142家，占比33.97%；80以上的有30家，占比7.18%，如图9-13所示。

从市内各区分布来看，创新资源支持指数平均水平最高的是昌平区（70.90），最低的是门头沟区（61.89），如图9-14所示。

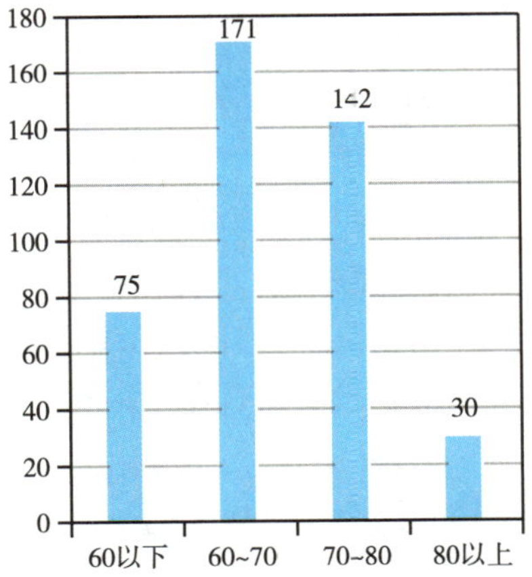

图9-13　2022年北京市上市公司创新资源支持指数分布图（家）

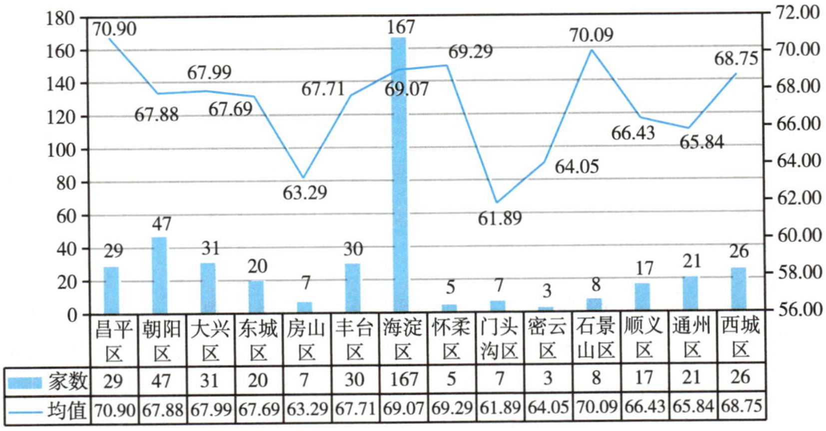

图9-14　2022年北京市上市公司创新资源支持指数均值分布图

北京市创新资源支持指数排名前10%的上市公司，如表9-7所示。

表 9–7　　2022 年北京市上市公司创新资源支持指数前 10% 排名

排名	公司代码	公司名称	创新资源支持指数	市辖区（县）	一级行业_申万	产权性质
1	000938.SZ	紫光股份	94.34	海淀区	计算机	非国有控股
2	600536.SH	中国软件	89.37	昌平区	计算机	中央国有控股
3	600588.SH	用友网络	89.23	海淀区	计算机	非国有控股
4	002439.SZ	启明星辰	89.05	海淀区	计算机	非国有控股
5	688111.SH	金山办公	88.27	海淀区	计算机	非国有控股
6	300296.SZ	利亚德	88.22	海淀区	电子	非国有控股
7	002410.SZ	广联达	86.95	海淀区	计算机	非国有控股
8	603392.SH	万泰生物	85.55	昌平区	医药生物	非国有控股
9	601718.SH	际华集团	84.81	大兴区	纺织服饰	中央国有控股
10	688568.SH	中科星图	84.51	顺义区	计算机	中央国有控股
11	300353.SZ	东土科技	83.93	石景山区	通信	非国有控股
12	601908.SH	京运通	83.84	通州区	公用事业	非国有控股
13	601766.SH	中国中车	83.36	海淀区	机械设备	中央国有控股
14	300523.SZ	辰安科技	83.22	海淀区	计算机	中央国有控股
15	603588.SH	高能环境	83.21	海淀区	环保	非国有控股
16	002368.SZ	太极股份	83.14	海淀区	计算机	中央国有控股
17	600031.SH	三一重工	82.61	昌平区	机械设备	非国有控股
18	002271.SZ	东方雨虹	81.83	顺义区	建筑材料	非国有控股
19	601698.SH	中国卫通	81.54	海淀区	国防军工	中央国有控股
20	688658.SH	悦康药业	81.36	大兴区	医药生物	非国有控股
21	688349.SH	三一重能	81.06	昌平区	电力设备	非国有控股
22	688326.SH	经纬恒润	80.97	朝阳区	计算机	非国有控股
23	688432.SH	有研硅	80.85	顺义区	电子	非国有控股
24	300379.SZ	东方通	80.79	丰台区	计算机	非国有控股
25	000969.SZ	安泰科技	80.70	海淀区	有色金属	中央国有控股
26	688315.SH	诺禾致源	80.67	昌平区	医药生物	非国有控股
27	601669.SH	中国电建	80.45	海淀区	建筑装饰	中央国有控股
28	603986.SH	兆易创新	80.40	海淀区	电子	非国有控股
29	601949.SH	中国出版	80.37	东城区	传媒	中央国有控股
30	600361.SH	创新新材	80.14	西城区	商贸零售	非国有控股
31	300212.SZ	易华录	79.98	石景山区	计算机	中央国有控股
32	600050.SH	中国联通	79.92	西城区	通信	中央国有控股
33	002371.SZ	北方华创	79.90	朝阳区	电子	地方国有控股
34	002658.SZ	雪迪龙	79.76	昌平区	环保	非国有控股
35	301269.SZ	华大九天	79.67	朝阳区	计算机	非国有控股
36	601117.SH	中国化学	79.65	东城区	建筑装饰	中央国有控股
37	002151.SZ	北斗星通	79.52	海淀区	国防军工	非国有控股
38	688369.SH	致远互联	79.41	海淀区	计算机	非国有控股

续表

排名	公司代码	公司名称	创新资源支持指数	市辖区（县）	一级行业_申万	产权性质
39	601728.SH	中国电信	79.13	西城区	通信	中央国有控股
40	600062.SH	华润双鹤	79.09	朝阳区	医药生物	中央国有控股
41	688172.SH	燕东微	78.98	朝阳区	电子	地方国有控股

数据来源：同花顺（iFinD），首经贸资产评估研究院和浙工商数字创新与管理研究院整理。

9.2.3　创新要素投入指数

2022年北京市418家上市公司创新要素投入指数平均水平为69.57，高于全市场均值65.37。从指数分布来看，高于均值的有302家，占省份总数的72.25%。其中，最高的是北方华创，创新要素投入指数为92.72。具体来看，创新要素投入指数区间在60以下的有46家，占比11.00%；60~70的有159家，占比38.04%；70~80的有175家，占比41.87%；80以上的有38家，占比9.09%，如图9-15所示。

从市内各区分布来看，创新要素投入指数平均水平最高的是昌平区（71.97），最低的是石景山区（61.87），如图9-16所示。

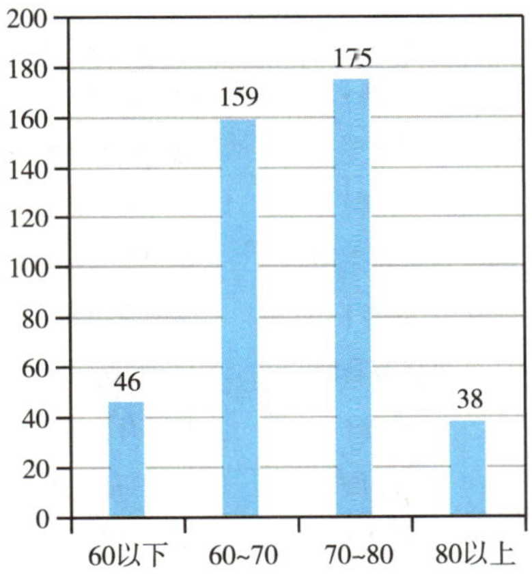

图9-15　2022年北京市上市公司创新要素投入指数分布图（家）

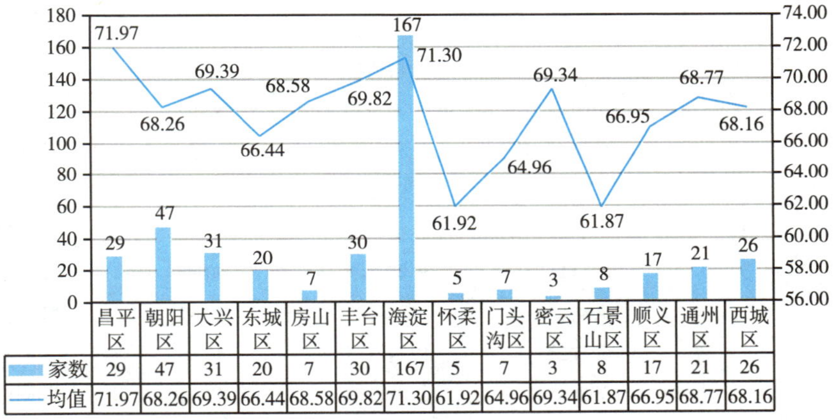

图9-16　2022年北京市上市公司创新要素投入指数均值分布图

北京市创新要素投入指数排名前10%的上市公司，如表9-8所示。

表9-8　2022年北京市上市公司创新要素投入指数前10%排名

排名	公司代码	公司名称	创新要素投入指数	市辖区（县）	一级行业_申万	产权性质
1	002371.SZ	北方华创	92.72	朝阳区	电子	地方国有控股
2	002405.SZ	四维图新	88.56	海淀区	计算机	非国有控股
3	600031.SH	三一重工	88.53	昌平区	机械设备	非国有控股
4	002410.SZ	广联达	87.74	海淀区	计算机	非国有控股
5	603392.SH	万泰生物	87.71	昌平区	医药生物	非国有控股
6	300496.SZ	中科创达	86.82	海淀区	计算机	非国有控股
7	688568.SH	中科星图	86.44	顺义区	计算机	中央国有控股
8	600588.SH	用友网络	86.17	海淀区	计算机	非国有控股

续表

排名	公司代码	公司名称	创新要素投入指数	市辖区（县）	一级行业_申万	产权性质
9	300661.SZ	圣邦股份	85.98	海淀区	电子	非国有控股
10	000725.SZ	京东方A	85.61	朝阳区	电子	地方国有控股
11	601766.SH	中国中车	85.23	海淀区	机械设备	中央国有控段
12	603986.SH	兆易创新	84.74	海淀区	电子	非国有控股
13	601618.SH	中国中冶	84.24	朝阳区	建筑装饰	中央国有控股
14	002153.SZ	石基信息	83.83	海淀区	计算机	非国有控股
15	000938.SZ	紫光股份	83.82	海淀区	计算机	非国有控股
16	601989.SH	中国重工	83.74	海淀区	国防军工	中央国有控股
17	002151.SZ	北斗星通	83.54	海淀区	国防军工	非国有控股
18	301269.SZ	华大九天	83.50	朝阳区	计算机	非国有控股
19	300369.SZ	绿盟科技	82.85	海淀区	计算机	非国有控股
20	601985.SH	中国核电	82.72	海淀区	公用事业	中央国有控股
21	600050.SH	中国联通	82.69	西城区	通信	中央国有控股
22	601800.SH	中国交建	82.68	西城区	建筑装饰	中央国有控股
23	600536.SH	中国软件	82.24	昌平区	计算机	中央国有控股
24	601390.SH	中国中铁	82.10	丰台区	建筑装饰	中央国有控股
25	002368.SZ	太极股份	82.06	海淀区	计算机	中央国有控股
26	600118.SH	中国卫星	82.02	海淀区	国防军工	中央国有控股
27	603859.SH	能科科技	81.79	房山区	计算机	非国有控股
28	603087.SH	甘李药业	81.39	通州区	医药生物	非国有控股
29	688111.SH	金山办公	81.12	海淀区	计算机	非国有控股
30	601117.SH	中国化学	80.98	东城区	建筑装饰	中央国有控股
31	688561.SH	奇安信	80.67	西城区	计算机	非国有控股
32	601728.SH	中国电信	80.66	西城区	通信	中央国有控股
33	300036.SZ	超图软件	80.60	朝阳区	计算机	非国有控股
34	300456.SZ	赛微电子	80.41	西城区	电子	非国有控股
35	600372.SH	中航电子	80.38	大兴区	国防军工	中央国有控股
36	600100.SH	同方股份	80.35	海淀区	计算机	中央国有控股
37	002755.SZ	奥赛康	80.33	丰台区	医药生物	非国有控股
38	300229.SZ	拓尔思	80.21	海淀区	计算机	非国有控股
39	688256.SH	寒武纪	80.00	海淀区	电子	非国有控股
40	688520.SH	神州细胞	79.96	通州区	医药生物	非国有控股
41	601126.SH	四方股份	79.86	海淀区	电力设备	非国有控股

数据来源：同花顺（iFinD），首经贸资产评估研究院和浙工商数字创新与管理研究院整理。

9.2.4 创新科技成果指数

2022年北京市418家上市公司创新科技成果指数平均水平为69.05，高于全市场均值68.28。从指数分布来看，高于均值的有234家，占省份总数的55.98%。其中，最高的是中国建筑，创新科技成果指数为87.16。具体来看，创新科技成果指数区间在60以下的有22家，占比5.26%；60~70的有237家，占比56.70%；70~80的有140家，占比33.49%；80以上的有19家，占比4.55%，如图9–17所示。

从市内各区分布来看，创新科技成果指数平均水平最高的是昌平区（70.68），最低的是门头沟区（64.88），如图9-18所示。

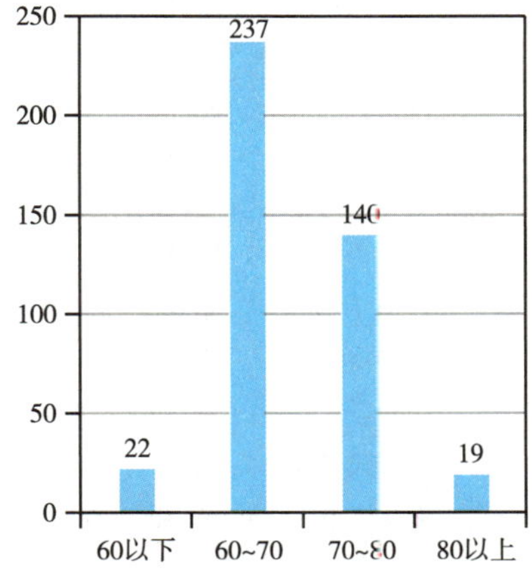

图9-17 2022年北京市上市公司创新科技成果指数分布图（家）

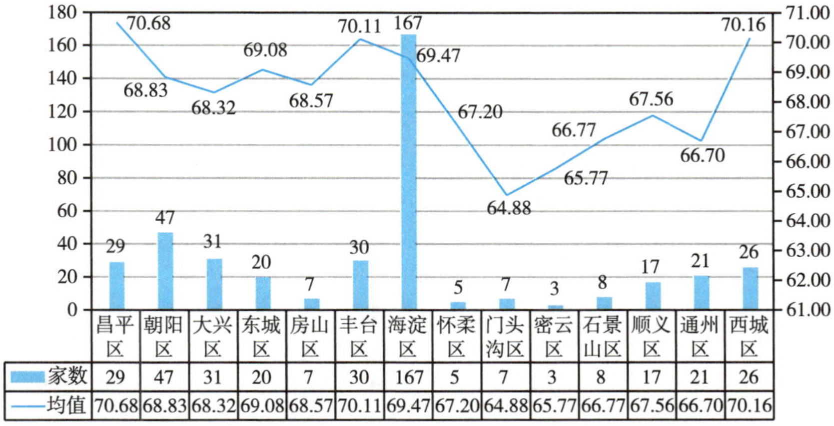

图9-18 2022年北京市上市公司创新科技成果指数均值分布图

北京市创新科技成果指数排名前10%的上市公司，如表9-9所示。

表9-9 2022年北京市上市公司创新科技成果指数前10%排名

排名	公司代码	公司名称	创新科技成果指数	市辖区（县）	一级行业_申万	产权性质
1	601668.SH	中国建筑	87.16	海淀区	建筑装饰	中央国有控股
2	601618.SH	中国中冶	86.46	朝阳区	建筑装饰	中央国有控股
3	002371.SZ	北方华创	86.06	朝阳区	电子	地方国有控股
4	600031.SH	三一重工	85.42	昌平区	机械设备	非国有控股
5	000725.SZ	京东方A	84.40	朝阳区	电子	地方国有控股
6	600528.SH	中铁工业	84.16	丰台区	机械设备	中央国有控股
7	600011.SH	华能国际	83.46	西城区	公用事业	中央国有控股
8	601390.SH	中国中铁	83.13	丰台区	建筑装饰	中央国有控股
9	601117.SH	中国化学	82.75	东城区	建筑装饰	中央国有控股
10	000938.SZ	紫光股份	82.36	海淀区	计算机	非国有控股
11	601766.SH	中国中车	82.17	海淀区	机械设备	中央国有控股
12	601800.SH	中国交建	81.53	西城区	建筑装饰	中央国有控股
13	000786.SZ	北新建材	81.52	海淀区	建筑材料	中央国有控股
14	600028.SH	中国石化	81.20	朝阳区	石油石化	中央国有控股
15	601669.SH	中国电建	81.16	海淀区	建筑装饰	中央国有控股
16	600050.SH	中国联通	81.09	西城区	通信	中央国有控股
17	601088.SH	中国神华	80.69	东城区	煤炭	中央国有控股
18	688111.SH	金山办公	80.54	海淀区	计算机	非国有控股
19	601989.SH	中国重工	80.28	海淀区	国防军工	中央国有控股
20	600968.SH	海油发展	79.49	东城区	石油石化	中央国有控股
21	601728.SH	中国电信	79.48	西城区	通信	中央国有控股
22	688009.SH	中国通号	79.47	丰台区	机械设备	中央国有控股

续表

排名	公司代码	公司名称	创新科技成果指数	市辖区（县）	一级行业_申万	产权性质
23	601186.SH	中国铁建	79.44	海淀区	建筑装饰	中央国有控股
24	601857.SH	中国石油	79.40	东城区	石油石化	中央国有控股
25	000959.SZ	首钢股份	79.36	石景山区	钢铁	地方国有控股
26	601992.SH	金隅集团	79.17	东城区	建筑材料	地方国有控股
27	600118.SH	中国卫星	77.73	海淀区	国防军工	中央国有控股
28	002271.SZ	东方雨虹	77.63	顺义区	建筑材料	非国有控股
29	600582.SH	天地科技	77.56	朝阳区	机械设备	中央国有控股
30	600206.SH	有研新材	77.56	海淀区	电子	中央国有控股
31	600536.SH	中国软件	76.96	昌平区	计算机	中央国有控股
32	300661.SZ	圣邦股份	76.94	海淀区	电子	非国有控股
33	688015.SH	交控科技	76.66	丰台区	机械设备	非国有控股
34	600900.SH	长江电力	76.32	海淀区	公用事业	中央国有控股
35	688561.SH	奇安信	76.30	西城区	计算机	非国有控股
36	603392.SH	万泰生物	75.99	昌平区	医药生物	非国有控股
37	601226.SH	华电重工	75.95	丰台区	建筑装饰	中央国有控股
38	600588.SH	用友网络	75.88	海淀区	计算机	非国有控股
39	002153.SZ	石基信息	75.83	海淀区	计算机	非国有控股
40	300369.SZ	绿盟科技	75.75	海淀区	计算机	非国有控股
41	300003.SZ	乐普医疗	75.69	昌平区	医药生物	非国有控股

数据来源：同花顺（iFinD），首经贸资产评估研究院和浙工商数字创新与管理研究院整理。

9.2.5 创新经济绩效指数

2022年北京市418家上市公司创新经济绩效指数平均水平为63.17，高于全市场均值61.11。从指数分布来看，高于均值的有245家，占省份总数的58.61%。其中，最高的是北方华创，创新经济绩效指数为89.17。具体来看，创新经济绩效指数区间在60以下的有173家，占比41.39%；60~70的有145家，占比34.69%；70~80的有86家，占比20.57%；80以上的有14家，占比3.35%，如图9-19所示。

从市内各区分布来看，创新经济绩效指数平均水平最高的是西城区（66.08），最低的是门头沟区（53.79），如图9-20所示。

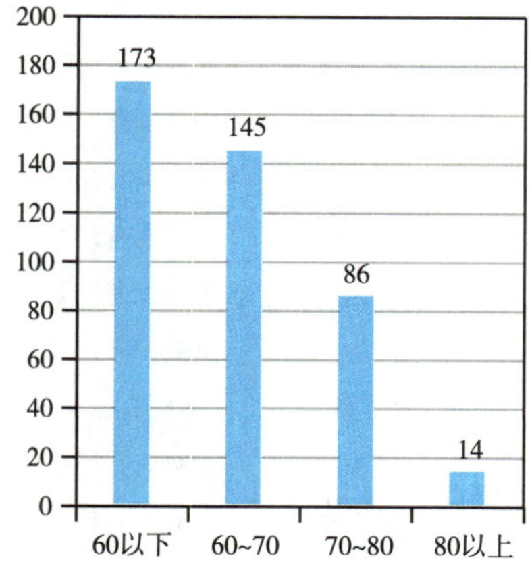

图9-19 2022年北京市上市公司创新经济绩效指数分布图（家）

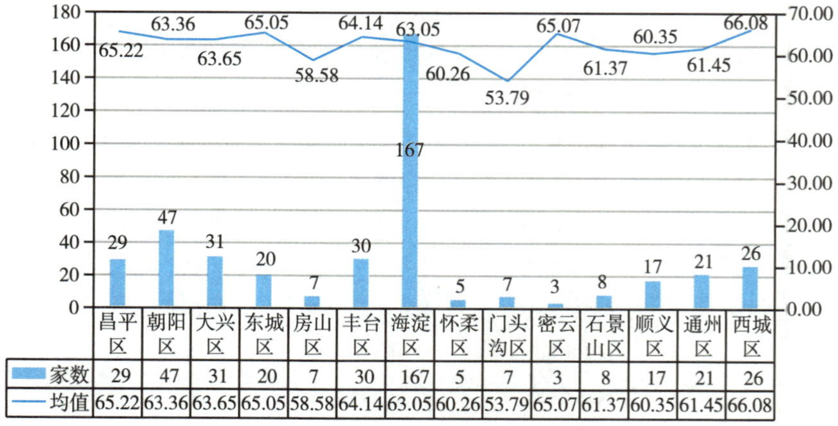

图9-20 2022年北京市上市公司创新经济绩效指数均值分布图

北京市创新经济绩效指数排名前10%的上市公司，如表9-10所示。

表9-10 2022年北京市上市公司创新经济绩效指数前10%排名

排名	公司代码	公司名称	创新经济绩效指数	市辖区（县）	一级行业_申万	产权性质
1	002371.SZ	北方华创	89.17	朝阳区	电子	地方国有控股
2	601985.SH	中国核电	88.80	海淀区	公用事业	中央国有控股
3	601390.SH	中国中铁	84.93	丰台区	建筑装饰	中央国有控股
4	300003.SZ	乐普医疗	83.73	昌平区	医药生物	非国有控股
5	600588.SH	用友网络	82.59	海淀区	计算机	非国有控股
6	600578.SH	京能电力	82.22	石景山区	公用事业	地方国有控股
7	600118.SH	中国卫星	82.15	海淀区	国防军工	中央国有控股
8	601857.SH	中国石油	82.00	东城区	石油石化	中央国有控股
9	603986.SH	兆易创新	81.53	海淀区	电子	非国有控股
10	600028.SH	中国石化	81.15	朝阳区	石油石化	中央国有控股
11	601698.SH	中国卫通	80.86	海淀区	国防军工	中央国有控股
12	600905.SH	三峡能源	80.67	通州区	公用事业	中央国有控股
13	600056.SH	中国医药	80.05	丰台区	医药生物	中央国有控股
14	600195.SH	中牧股份	80.00	丰台区	农林牧渔	中央国有控股
15	601117.SH	中国化学	79.56	东城区	建筑装饰	中央国有控股
16	601088.SH	中国神华	79.52	东城区	煤炭	中央国有控股
17	002385.SZ	大北农	79.47	海淀区	农林牧渔	非国有控股
18	300896.SZ	爱美客	79.30	昌平区	美容护理	非国有控股
19	688009.SH	中国通号	79.22	丰台区	机械设备	中央国有控股
20	600299.SH	安迪苏	79.07	海淀区	基础化工	中央国有控股
21	601898.SH	中煤能源	78.91	朝阳区	煤炭	中央国有控股
22	603392.SH	万泰生物	78.82	昌平区	医药生物	非国有控股
23	600062.SH	华润双鹤	78.65	朝阳区	医药生物	中央国有控股
24	600733.SH	北汽蓝谷	78.62	大兴区	汽车	地方国有控股
25	601618.SH	中国中冶	78.39	朝阳区	建筑装饰	中央国有控股
26	600031.SH	三一重工	78.04	昌平区	机械设备	非国有控股
27	601728.SH	中国电信	77.96	西城区	通信	中央国有控股
28	600313.SH	农发种业	77.94	西城区	农林牧渔	中央国有控股
29	601766.SH	中国中车	77.56	海淀区	机械设备	中央国有控股
30	600085.SH	同仁堂	77.53	大兴区	医药生物	地方国有控股
31	002405.SZ	四维图新	77.50	海淀区	计算机	非国有控股
32	301269.SZ	华大九天	77.24	朝阳区	计算机	非国有控股
33	000725.SZ	京东方A	77.15	朝阳区	电子	地方国有控股
34	600050.SH	中国联通	77.09	西城区	通信	中央国有控股
35	002271.SZ	东方雨虹	77.02	顺义区	建筑材料	非国有控股
36	601800.SH	中国交建	76.64	西城区	建筑装饰	中央国有控股
37	688050.SH	爱博医疗	76.52	昌平区	医药生物	非国有控股
38	600161.SH	天坛生物	76.30	大兴区	医药生物	中央国有控股

续表

排名	公司代码	公司名称	创新经济绩效指数	市辖区（县）	一级行业_申万	产权性质
39	000786.SZ	北新建材	76.29	海淀区	建筑材料	中央国有控股
40	300661.SZ	圣邦股份	75.79	海淀区	电子	非国有控股
41	600968.SH	海油发展	75.68	东城区	石油石化	中央国有控股

数据来源：同花顺（iFinD），首经贸资产评估研究院和浙工商数字创新与管理研究院整理。

9.3 重庆市创新发展指数评价

2022年，重庆市全年实现地区生产总值29,129.03亿元，人均地区生产总值为90,663.00元，居民人均可支配收入35,665.89元。截至2022年底，A股市场重庆市共有上市公司60家，总市值共计8,234.42亿元，营业总收入5,601.17亿元，平均市值137.24亿元/家，平均营业收入93.35亿元/家。营业收入最高的上市公司为长安汽车（1,212.53亿元），市值最大的上市公司为智飞生物（1,405.28亿元）。2022年，重庆市上市公司研发投入合计为178.98亿元，占营业收入的3.20%；无形资产账面价值合计为589.05亿元，占总资产的7.09%。根据本报告分析口径，本节共对重庆市60家上市公司开展创新发展指数评价，具体情况如下：

9.3.1 创新发展综合指数

根据本报告评价，2022年重庆市创新发展综合指数平均水平为65.05，低于全市场平均水平65.47。从指数分布来看，高于均值的有29家，占省份总数的48.33%。其中，最高的是长安汽车，创新发展综合指数为80.52。具体来看，创新发展综合指数区间在60以下的有15家，占比25.00%；60~70的有32家，占比53.33%；70~80的有12家，占比20.00%；80以上的有1家，占比1.67%，如图9-21所示。

从市内各区（县）分布来看，重庆市60家上市公司分布在18个区。创新发展综合指数平均水平最高的是合川区（69.68），最低的是万州区（56.64），如图9-22所示。

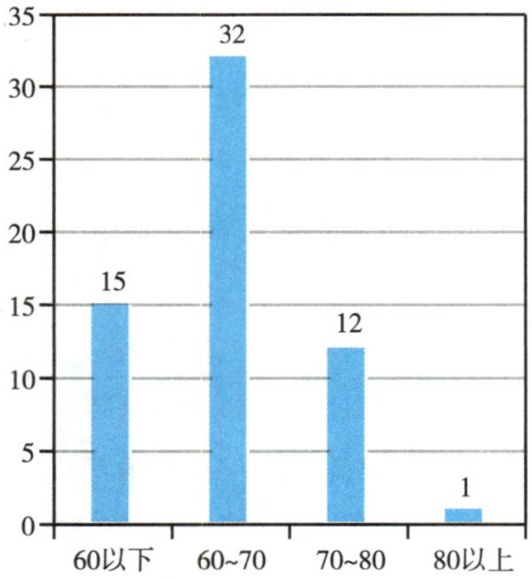

图9-21　2022年重庆市上市公司创新发展综合指数分布图（家）

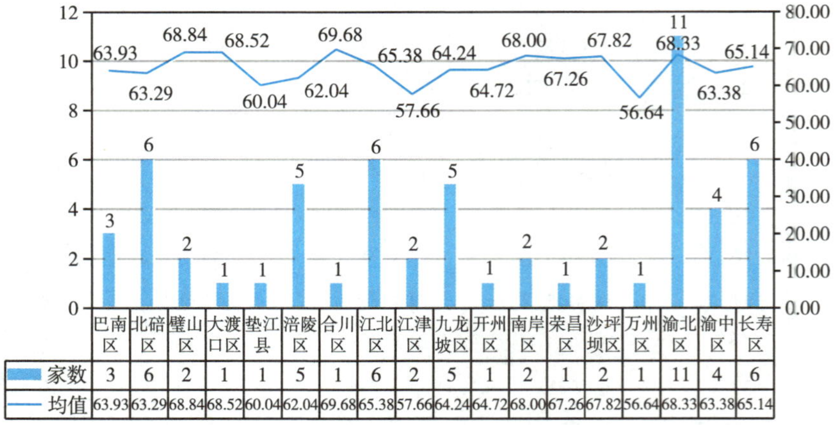

图9-22　2022年重庆市上市公司创新发展综合指数均值分布图

重庆市创新发展综合指数排名前10的上市公司，如表9-11所示。

表 9-11　2022 年重庆市上市公司创新发展综合指数前 10 排名

排名	公司代码	公司名称	创新发展综合指数	市辖区（县）	一级行业_申万	产权性质
1	000625.SZ	长安汽车	80.52	江北区	汽车	中央国有控股
2	601127.SH	赛力斯	78.74	沙坪坝区	汽车	非国有控股
3	601965.SH	中国汽研	78.46	渝北区	汽车	中央国有控股
4	300122.SZ	智飞生物	78.22	江北区	医药生物	非国有控股
5	603766.SH	隆鑫通用	75.49	九龙坡区	汽车	非国有控股
6	601777.SH	力帆科技	74.53	渝北区	汽车	非国有控股
7	002004.SZ	华邦健康	73.04	渝北区	医药生物	非国有控股
8	600292.SH	远达环保	72.63	渝北区	环保	中央国有控股
9	000591.SZ	太阳能	72.43	渝中区	公用事业	中央国有控股
10	300363.SZ	博腾股份	72.21	长寿区	医药生物	非国有控股

数据来源：同花顺（iFinD），首经贸资产评估研究院和浙工商数字创新与管理研究院整理。

9.3.2　创新资源支持指数

2022年重庆市60家上市公司创新资源支持指数平均水平为67.98，低于全市场均值68.18。从指数分布来看，高于均值的有29家，占省份总数的48.33%。其中，最高的是中国汽研，创新资源支持指数为82.82。具体来看，创新资源支持指数区间在60以下的有11家，占比18.33%；60~70的有24家，占比40.01%；70~80的有23家，占比38.33%；80以上的有2家，占比3.33%，如图9-23所示。

从市内各区（县）分布来看，创新资源支持指数平均水平最高的是合川区（77.75），最低的是江津区（60.52），如图9-24所示。

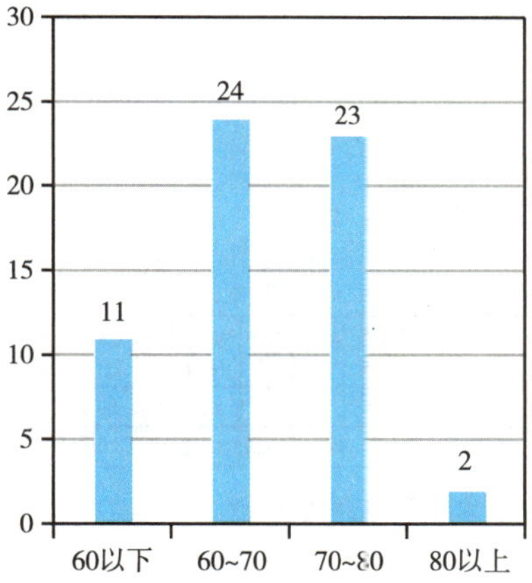

图 9-23　2022 年重庆市上市公司创新资源支持指数分布图（家）

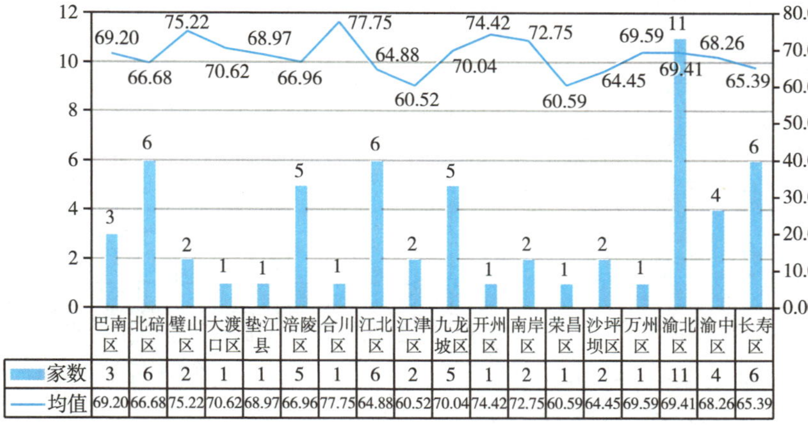

图 9-24　2022 年重庆市上市公司创新资源支持指数均值分布图

重庆市创新资源支持指数排名前10的上市公司，如表9-12所示。

表 9-12　2022 年重庆市上市公司创新资源支持指数前 10 排名

排名	公司代码	公司名称	创新资源支持指数	市辖区（县）	一级行业_申万	产权性质
1	601965.SH	中国汽研	82.82	渝北区	汽车	中央国有控股
2	603766.SH	隆鑫通用	81.90	九龙坡区	汽车	非国有控股

续表

排名	公司代码	公司名称	创新资源支持指数	市辖区（县）	一级行业_申万	产权性质
3	001696.SZ	宗申动力	78.84	巴南区	机械设备	非国有控股
4	603601.SH	再升科技	78.77	渝北区	建筑材料	非国有控股
5	002558.SZ	巨人网络	78.61	南岸区	传媒	非国有控股
6	600132.SH	重庆啤酒	78.41	渝北区	食品饮料	非国有控股
7	000625.SZ	长安汽车	77.94	江北区	汽车	中央国有控股
8	002996.SZ	顺博合金	77.75	合川区	有色金属	非国有控股
9	000591.SZ	太阳能	76.90	渝中区	公用事业	中央国有控股
10	002765.SZ	蓝黛科技	76.86	璧山区	电子	非国有控股

数据来源：同花顺（iFinD），首经贸资产评估研究院和浙工商数字创新与管理研究院整理。

9.3.3 创新要素投入指数

2022年重庆市60家上市公司创新要素投入指数平均水平为63.58，低于全市场均值65.37。从指数分布来看，高于均值的有25家，占省份总数的41.67%。其中，最高的是赛力斯，创新要素投入指数为85.99。具体来看，创新要素投入指数区间在60以下的有23家，占比38.33%；60~70的有21家，占比35.00%；70~80的有12家，占比20.00%；80以上的有4家，占比6.67%，如图9–25所示。

从市内各区（县）分布来看，创新要素投入指数平均水平最高的是合川区（70.48），最低的是万州区（46.52），如图9–26所示。

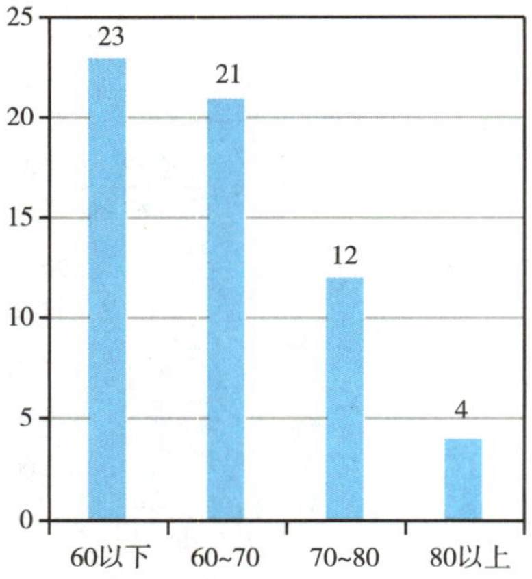

图9–25　2022年重庆市上市公司创新要素投入指数分布图（家）

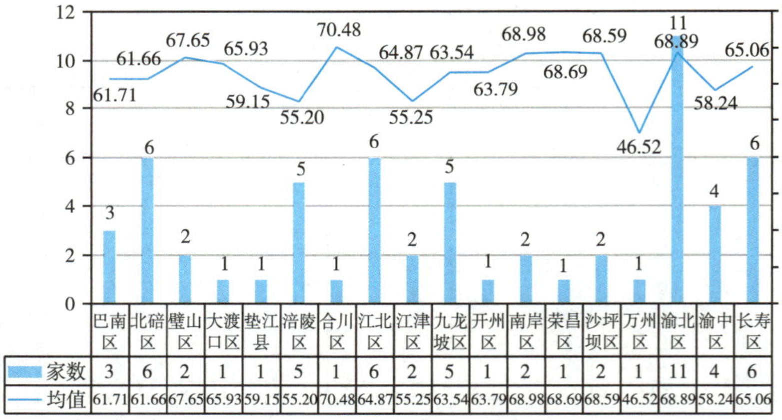

图9–26　2022年重庆市上市公司创新要素投入指数均值分布图

重庆市创新要素投入指数排名前10的上市公司，如表9–13所示。

表9–13　2022年重庆市上市公司创新要素投入指数前10排名

排名	公司代码	公司名称	创新要素投入指数	市辖区（县）	一级行业_申万	产权性质
1	601127.SH	赛力斯	85.99	沙坪坝区	汽车	非国有控股
2	601965.SH	中国汽研	83.13	渝北区	汽车	中央国有控股
3	600292.SH	远达环保	82.65	渝北区	环保	中央国有控股
4	300122.SZ	智飞生物	82.28	江北区	医药生物	非国有控股

续表

排名	公司代码	公司名称	创新要素投入指数	市辖区（县）	一级行业_申万	产权性质
5	601777.SH	力帆科技	78.96	渝北区	汽车	非国有控股
6	000625.SZ	长安汽车	78.34	江北区	汽车	中央国有控股
7	603100.SH	川仪股份	76.38	北碚区	机械设备	地方国有控股
8	603766.SH	隆鑫通用	76.01	九龙坡区	汽车	非国有控股
9	300363.SZ	博腾股份	75.70	长寿区	医药生物	非国有控股
10	002004.SZ	华邦健康	74.16	渝北区	医药生物	非国有控股

数据来源：同花顺（iFinD），首经贸资产评估研究院和浙工商数字创新与管理研究院整理。

9.3.4 创新科技成果指数

2022年重庆市60家上市公司创新科技成果指数平均水平为67.47，低于全市场均值68.28。从指数分布来看，高于均值的有31家，占省份总数的51.67%。其中，最高的是长安汽车，创新科技成果指数为79.37。具体来看，创新科技成果指数区间在60以下的有5家，占比8.33%；60~70的有41家，占比68.34%；70~80的有14家，占比23.33%，如图9–27所示。

从市内各区（县）分布来看，创新科技成果指数平均水平最高的是开州区（70.78），最低的是万州区（57.47），如图9–28所示。

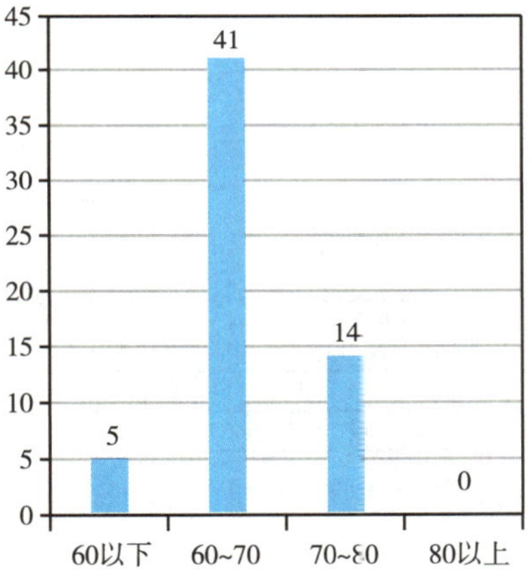

图9–27　2022年重庆市上市公司创新科技成果指数分布图（家）

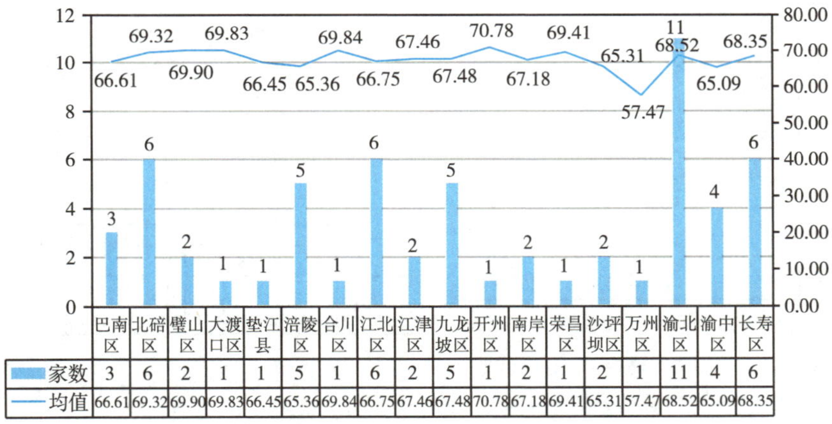

图9–28　2022年重庆市上市公司创新科技成果指数均值分布图

重庆市创新科技成果指数排名前10的上市公司，如表9–14所示。

表9–14　　2022年重庆市上市公司创新科技成果指数前10排名

排名	公司代码	公司名称	创新科技成果指数	市辖区（县）	一级行业_申万	产权性质
1	000625.SZ	长安汽车	79.37	江北区	汽车	中央国有控股
2	300122.SZ	智飞生物	78.53	江北区	医药生物	非国有控股
3	002004.SZ	华邦健康	74.57	渝北区	医药生物	非国有控股
4	603100.SH	川仪股份	73.34	北碚区	机械设备	地方国有控股
5	601127.SH	赛力斯	73.14	沙坪坝区	汽车	非国有控股
6	601965.SH	中国汽研	72.14	渝北区	汽车	中央国有控股

续表

排名	公司代码	公司名称	创新科技成果指数	市辖区（县）	一级行业_申万	产权性质
7	600939.SH	重庆建工	71.65	渝北区	建筑装饰	地方国有控股
8	002742.SZ	ST三圣	71.45	北碚区	医药生物	非国有控股
9	600877.SH	电科芯片	71.31	璧山区	电子	中央国有控股
10	300194.SZ	福安药业	70.92	长寿区	医药生物	非国有控股

数据来源：同花顺（iFinD），首经贸资产评估研究院和浙工商数字创新与管理研究院整理。

9.3.5 创新经济绩效指数

2022年重庆市60家上市公司创新经济绩效指数平均水平为62.48，高于全市场均值61.11。从指数分布来看，高于均值的有34家，占省份总数的56.67%。其中，最高的是长安汽车，创新经济绩效指数为86.05。具体来看，创新经济绩效指数区间在60以下的有26家，占比43.33%；60~70的有21家，占比35.00%；70~80的有9家，占比15.00%；80以上的有4家，占比6.67%，如图9-29所示。

从市内各区（县）分布来看，创新经济绩效指数平均水平最高的是沙坪坝区（71.63），最低的是垫江县（48.82），如图9-30所示。

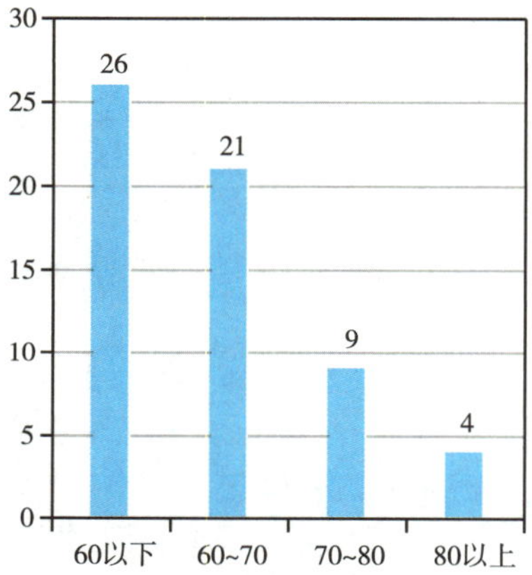

图9-29　2022年重庆市上市公司创新经济绩效指数分布图（家）

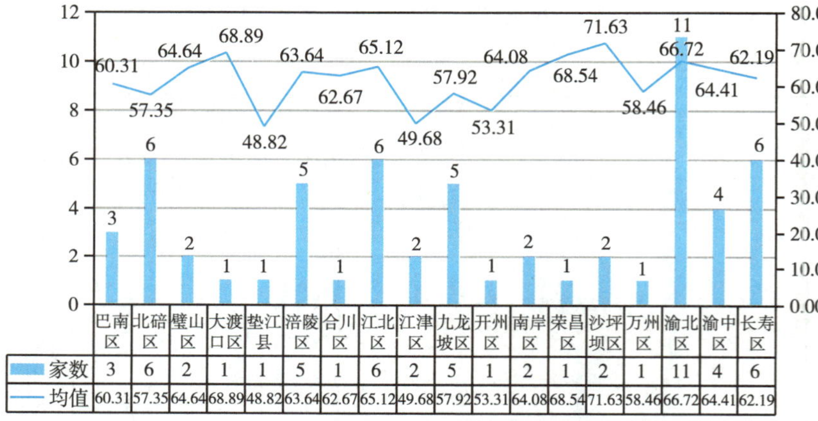

图9-30　2022年重庆市上市公司创新经济绩效指数均值分布图

重庆市创新经济绩效指数排名前10的上市公司，如表9-15所示。

表9-15　2022年重庆市上市公司创新经济绩效指数前10排名

排名	公司代码	公司名称	创新经济绩效指数	市辖区（县）	一级行业_申万	产权性质
1	000625.SZ	长安汽车	86.05	江北区	汽车	中央国有控股
2	601127.SH	赛力斯	83.08	沙坪坝区	汽车	非国有控股
3	601777.SH	力帆科技	81.51	渝北区	汽车	非国有控股
4	300122.SZ	智飞生物	81.31	江北区	医药生物	非国有控股
5	603766.SH	隆鑫通用	76.09	九龙坡区	汽车	非国有控股
6	601965.SH	中国汽研	75.33	渝北区	汽车	中央国有控股
7	002004.SZ	华邦健康	74.09	渝北区	医药生物	非国有控股
8	600129.SH	太极集团	73.53	涪陵区	医药生物	中央国有控股

续表

排名	公司代码	公司名称	创新经济绩效指数	市辖区（县）	一级行业_申万	产权性质
9	300363.SZ	博腾股份	72.88	长寿区	医药生物	非国有控股
10	000591.SZ	太阳能	72.11	渝中区	公用事业	中央国有控股

数据来源：同花顺（iFinD），首经贸资产评估研究院和浙工商数字创新与管理研究院整理。

9.4　福建省创新发展指数评价

2022年，福建省全年实现地区生产总值53,109.85亿元，人均地区生产总值为126,829.00元，居民人均可支配收入43,117.72元。截至2022年底，A股市场福建省共有上市公司161家，总市值共计27,859.81亿元，营业总收入33,736.16亿元，平均市值173.04亿元/家，平均营业收入209.54亿元/家。营业收入最高的上市公司为建发股份（8,328.12亿元），市值最大的上市公司为宁德时代（9,609.34亿元）。2022年，福建省上市公司研发投入合计为451.68亿元，占营业收入的1.34%；无形资产账面价值合计为1,238.35亿元，占总资产的4.33%。根据本报告分析口径，本节共对福建省161家上市公司开展创新发展指数评价，具体情况如下：

9.4.1　创新发展综合指数

根据本报告评价，2022年福建省创新发展综合指数平均水平为64.75，低于全市场平均水平65.47。从指数分布来看，高于均值的有71家，占省份总数的44.10%。其中，最高的是宁德时代，创新发展综合指数为80.92。具体来看，创新发展综合指数区间在60以下的有27家，占比16.77%；60~70的有108家，占比67.08%；70~80的有25家，占比15.53%；80以上的有1家，占比0.62%；如图9-31所示。

从省内城市分布来看，福建省161家上市公司分布在9个省内城市。创新发展综合指数平均水平最高的是莆田市（66.98），最低的是三明市（61.39），如图9-32所示。

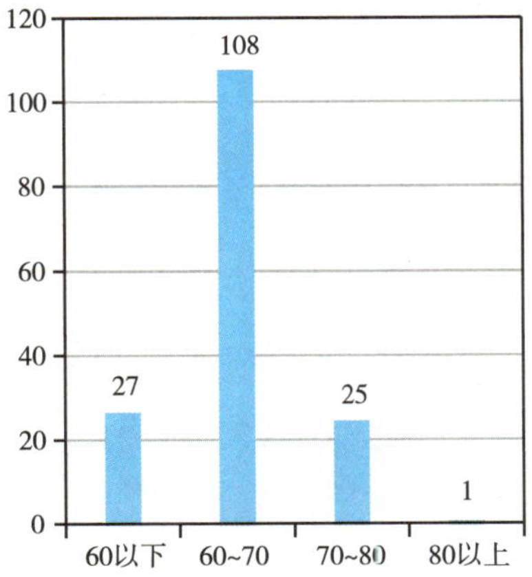

图9-31　2022年福建省上市公司创新发展综合指数分布图（家）

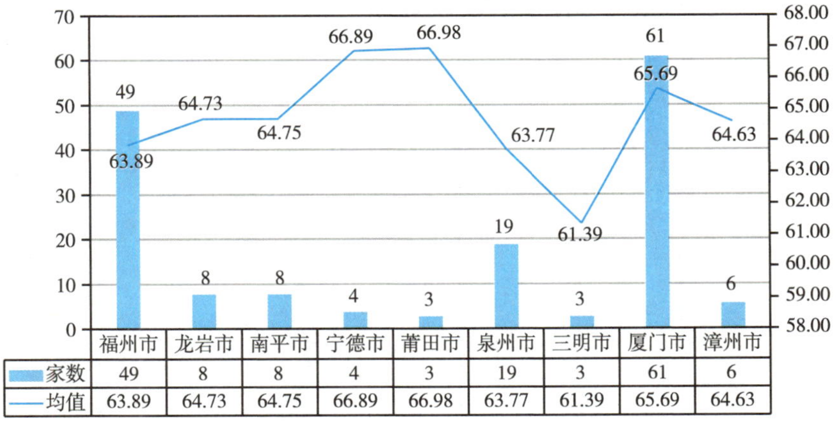

图9-32　2022年福建省上市公司创新发展综合指数均值分布图

福建省创新发展综合指数排名前10%的上市公司，如表9-16所示。

表 9-16　　2022 年福建省上市公司创新发展综合指数前 10% 排名

排名	公司代码	公司名称	创新发展综合指数	地级市	一级行业_申万	产权性质
1	300750.SZ	宁德时代	80.92	宁德市	电力设备	非国有控股
2	600549.SH	厦门钨业	78.10	厦门市	有色金属	地方国有控股
3	002335.SZ	科华数据	77.28	厦门市	电力设备	非国有控股
4	601899.SH	紫金矿业	75.66	龙岩市	有色金属	地方国有控股
5	300188.SZ	美亚柏科	75.30	厦门市	计算机	中央国有控股
6	600660.SH	福耀玻璃	75.18	福州市	汽车	非国有控股
7	600388.SH	龙净环保	74.51	龙岩市	环保	地方国有控股
8	600436.SH	片仔癀	74.16	漳州市	医药生物	地方国有控股
9	002396.SZ	星网锐捷	72.66	福州市	通信	地方国有控股
10	603636.SH	南威软件	72.29	泉州市	计算机	非国有控股
11	688278.SH	特宝生物	72.16	厦门市	医药生物	非国有控股
12	301165.SZ	锐捷网络	72.04	福州市	通信	地方国有控股
13	300525.SZ	博思软件	72.02	福州市	计算机	非国有控股
14	300628.SZ	亿联网络	71.59	厦门市	通信	非国有控股
15	688778.SH	厦钨新能	71.44	厦门市	电力设备	地方国有控股
16	000547.SZ	航天发展	71.27	福州市	国防军工	中央国有控股

数据来源：同花顺（iFinD），首经贸资产评估研究院和浙工商数字创新与管理研究院整理。

9.4.2　创新资源支持指数

2022年福建省161家上市公司创新资源支持指数平均水平为68.43，高于全市场均值68.18。从指数分布来看，高于均值的有78家，占省份总数的48.45%。其中，最高的是美亚柏科，创新资源支持指数为89.59。具体来看，创新资源支持指数区间在60以下的有17家，占比10.56%；60~70的有81家，占比50.31%；70~80的有51家，占比31.68%；80以上的有12家，占比7.45%，如图9-33所示。

从省内城市分布来看，创新资源支持指数平均水平最高的是厦门市（70.85），最低的是漳州市（64.88），如图9-34所示。

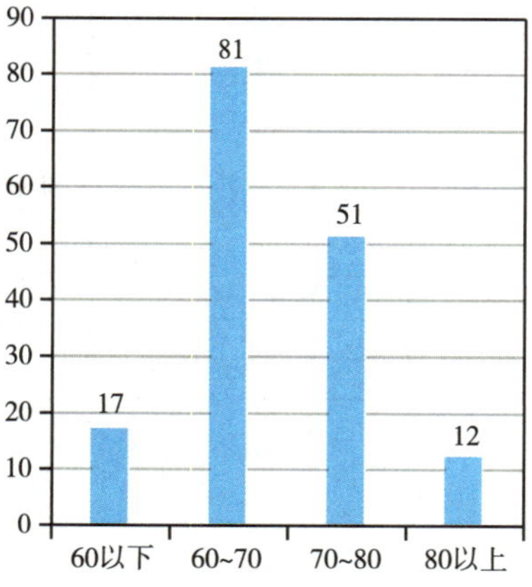

图 9-33　2022 年福建省上市公司创新资源支持指数分布图（家）

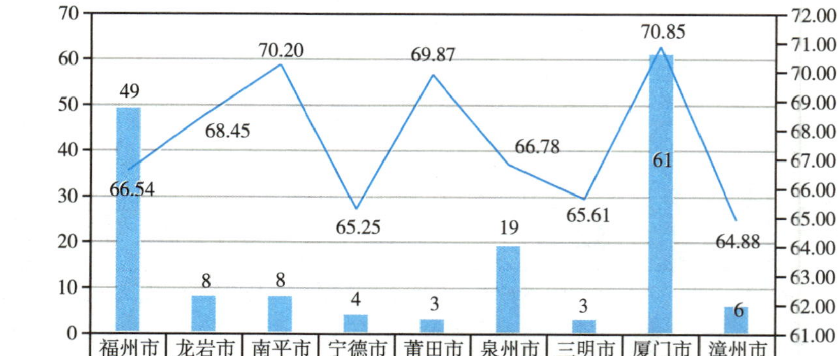

	福州市	龙岩市	南平市	宁德市	莆田市	泉州市	三明市	厦门市	漳州市
家数	49	8	8	4	3	19	3	61	6
均值	66.54	68.45	70.20	65.25	69.87	66.78	65.61	70.85	64.88

图 9-34　2022 年福建省上市公司创新资源支持指数均值分布图

福建省创新资源支持指数排名前10%的上市公司，如表9-17所示。

表9-17　　2022年福建省上市公司创新资源支持指数前10%排名

排名	公司代码	公司名称	创新资源支持指数	地级市	一级行业_申万	产权性质
1	300188.SZ	美亚柏科	89.59	厦门市	计算机	中央国有控股
2	002335.SZ	科华数据	83.81	厦门市	电力设备	非国有控股
3	605365.SH	立达信	83.49	厦门市	家用电器	非国有控股
4	002396.SZ	星网锐捷	81.82	福州市	通信	地方国有控股
5	603737.SH	三棵树	81.02	莆田市	建筑材料	非国有控股
6	603636.SH	南威软件	80.92	泉州市	计算机	非国有控股
7	600549.SH	厦门钨业	80.87	厦门市	有色金属	地方国有控股
8	600388.SH	龙净环保	80.78	龙岩市	环保	地方国有控股
9	600755.SH	厦门国贸	80.38	厦门市	交通运输	地方国有控股
10	600686.SH	金龙汽车	80.35	厦门市	汽车	地方国有控股
11	688196.SH	卓越新能	80.31	龙岩市	基础化工	非国有控股
12	300525.SZ	博思软件	80.15	福州市	计算机	非国有控股
13	301165.SZ	锐捷网络	79.10	福州市	通信	地方国有控股
14	688778.SH	厦钨新能	78.91	厦门市	电力设备	地方国有控股
15	603893.SH	瑞芯微	78.15	福州市	电子	非国有控股
16	600483.SH	福能股份	78.12	南平市	公用事业	地方国有控股

数据来源：同花顺（iFinD），首经贸资产评估研究院和浙工商数字创新与管理研究院整理。

9.4.3　创新要素投入指数

2022年福建省161家上市公司创新要素投入指数平均水平为64.03，低于全市场均值65.37。从指数分布来看，高于均值的有69家，占省份总数的42.86%。其中，最高的是宁德时代，创新要素投入指数为85.08。具体来看，创新要素投入指数区间在60以下的有40家，占比24.84%；60~70的有79家，占比49.08%；70~80的有39家，占比24.22%；80以上的有3家，占比1.86%，如图9-35所示。

从省内城市分布来看，创新要素投入指数平均水平最高的是宁德市（68.45），最低的是三明市（58.74），如图9-36所示。

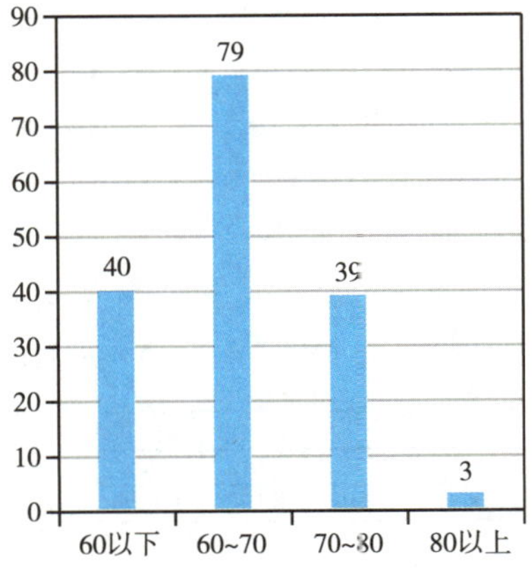

图9-35　2022年福建省上市公司创新要素投入指数分布图（家）

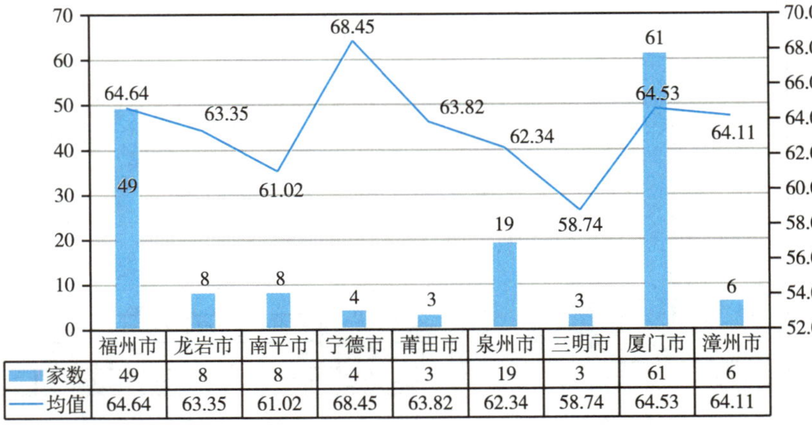

图9-36　2022年福建省上市公司创新要素投入指数均值分布图

福建省创新要素投入指数排名前10%的上市公司，如表9-18所示。

表9-18　2022年福建省上市公司创新要素投入指数前10%排名

排名	公司代码	公司名称	创新要素投入指数	地级市	一级行业_申万	产权性质
1	300750.SZ	宁德时代	85.08	宁德市	电力设备	非国有控股
2	000547.SZ	航天发展	82.38	福州市	国防军工	中央国有控股
3	002335.SZ	科华数据	80.24	厦门市	电力设备	非国有控股
4	688278.SH	特宝生物	79.65	厦门市	医药生物	非国有控股
5	300188.SZ	美亚柏科	79.02	厦门市	计算机	中央国有控股
6	601899.SH	紫金矿业	78.28	龙岩市	有色金属	地方国有控股
7	002474.SZ	榕基软件	77.52	福州市	计算机	非国有控股
8	002396.SZ	星网锐捷	77.50	福州市	通信	地方国有控股
9	300525.SZ	博思软件	77.25	福州市	计算机	非国有控股
10	600660.SH	福耀玻璃	75.91	福州市	汽车	非国有控股
11	300628.SZ	亿联网络	75.65	厦门市	通信	非国有控股
12	600549.SH	厦门钨业	75.54	厦门市	有色金属	地方国有控股
13	301165.SZ	锐捷网络	75.46	福州市	通信	地方国有控股
14	000997.SZ	新大陆	75.20	福州市	计算机	非国有控股
15	300648.SZ	星云股份	74.96	福州市	电力设备	非国有控股
16	002174.SZ	游族网络	74.95	泉州市	传媒	非国有控股

数据来源：同花顺（iFinD），首经贸资产评估研究院和浙工商数字创新与管理研究院整理。

9.4.4　创新科技成果指数

2022年福建省161家上市公司创新科技成果指数平均水平为67.68，低于全市场均值68.28。从指数分布来看，高于均值的有71家，占省份总数的44.10%。其中，最高的是宁德时代，创新科技成果指数为83.46。具体来看，创新科技成果指数区间在60以下的有10家，占比6.21%；60~70的有106家，占比65.84%；70~80的有43家，占比26.71%；80以上的有2家，占比1.24%，如图9-37所示。

从省内城市分布来看，创新科技成果指数平均水平最高的是莆田市（71.22），最低的是福州市（66.56），如图9-38所示。

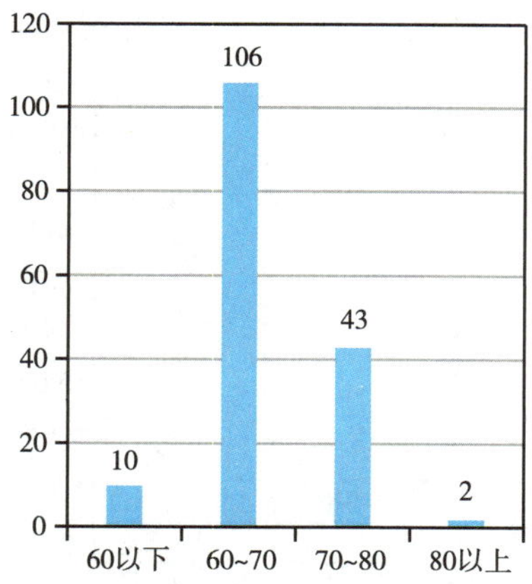

图9-37　2022年福建省上市公司创新科技成果指数分布图（家）

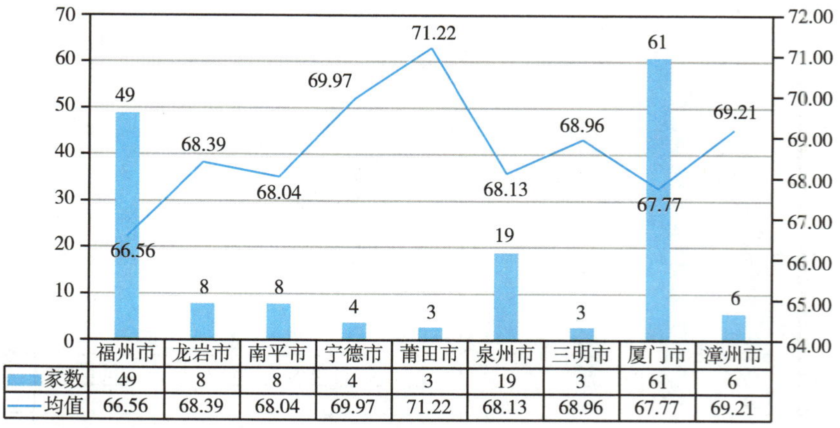

图9-38　2022年福建省上市公司创新科技成果指数均值分布图

福建省创新科技成果指数排名前10%的上市公司，如表9-19所示。

表9-19 2022年福建省上市公司创新科技成果指数前10%排名

排名	公司代码	公司名称	创新科技成果指数	地级市	一级行业_申万	产权性质
1	300750.SZ	宁德时代	83.46	宁德市	电力设备	非国有控股
2	002335.SZ	科华数据	80.12	厦门市	电力设备	非国有控股
3	600549.SH	厦门钨业	79.58	厦门市	有色金属	地方国有控股
4	603363.SH	傲农生物	77.52	漳州市	农林牧渔	非国有控股
5	600388.SH	龙净环保	75.51	龙岩市	环保	地方国有控股
6	002398.SZ	垒知集团	75.25	厦门市	建筑材料	非国有控股
7	600436.SH	片仔癀	74.97	漳州市	医药生物	地方国有控股
8	603668.SH	天马科技	74.92	福州市	农林牧渔	非国有控股
9	002614.SZ	奥佳华	74.81	厦门市	家用电器	非国有控股
10	603678.SH	火炬电子	74.56	泉州市	国防军工	非国有控股
11	002626.SZ	金达威	74.05	厦门市	食品饮料	非国有控股
12	300188.SZ	美亚柏科	73.97	厦门市	计算机	中央国有控股
13	601899.SH	紫金矿业	73.82	龙岩市	有色金属	地方国有控股
14	002110.SZ	三钢闽光	73.68	三明市	钢铁	地方国有控股
15	300341.SZ	麦克奥迪	73.36	厦门市	机械设备	地方国有控股
16	603737.SH	三棵树	73.18	莆田市	建筑材料	非国有控股

数据来源：同花顺（iFinD），首经贸资产评估研究院和浙工商数字创新与管理研究院整理。

9.4.5 创新经济绩效指数

2022年福建省161家上市公司创新经济绩效指数平均水平为60.30，低于全市场均值61.11。从指数分布来看，高于均值的有74家，占省份总数的45.96%。其中，最高的是片仔癀，创新经济绩效指数为80.97。具体来看，创新经济绩效指数区间在60以下的有84家，占比52.18%；60~70的有64家，占比39.75%；70~80的有12家，占比7.45%；80以上的有1家，占比0.62%，如图9-39所示。

从省内城市分布来看，创新经济绩效指数平均水平最高的是莆田市（64.83），最低的是三明市（54.68），如图9-40所示。

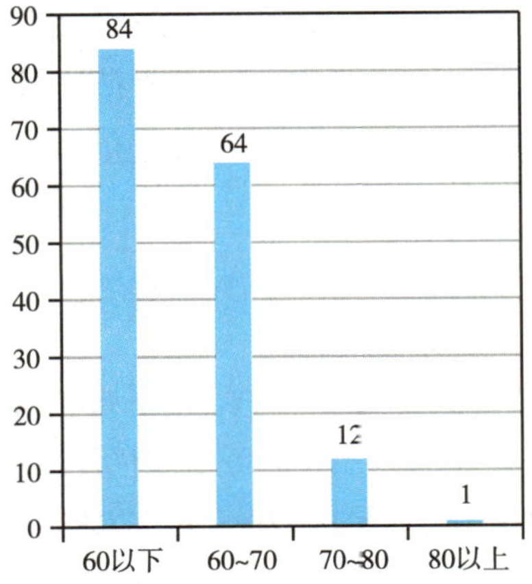

图9-39 2022年福建省上市公司创新经济绩效指数分布图（家）

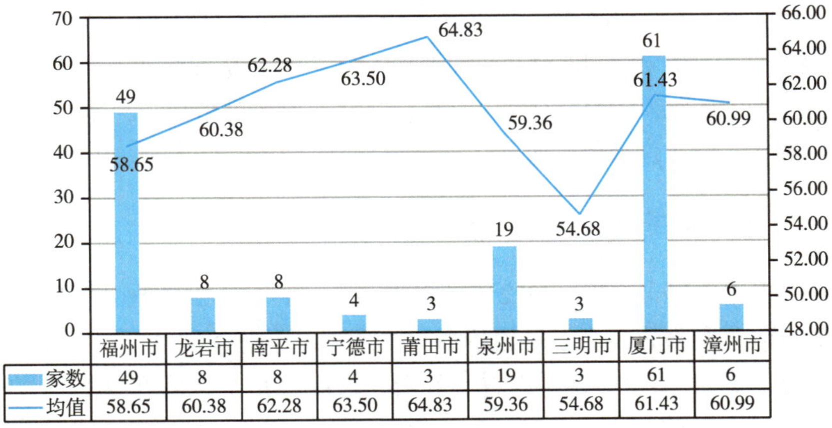

图9-40 2022年福建省上市公司创新经济绩效指数均值分布图

福建省创新经济绩效指数排名前10%的上市公司，如表9-20所示。

表 9-20　　2022 年福建省上市公司创新经济绩效指数前 10% 排名

排名	公司代码	公司名称	创新经济绩效指数	地级市	一级行业_申万	产权性质
1	600436.SH	片仔癀	80.97	漳州市	医药生物	地方国有控股
2	600549.SH	厦门钨业	77.80	厦门市	有色金属	地方国有控股
3	601899.SH	紫金矿业	77.69	龙岩市	有色金属	地方国有控股
4	603345.SH	安井食品	76.52	厦门市	食品饮料	非国有控股
5	300750.SZ	宁德时代	76.32	宁德市	电力设备	非国有控股
6	600057.SH	厦门象屿	75.07	厦门市	交通运输	地方国有控股
7	600660.SH	福耀玻璃	75.05	福州市	汽车	非国有控股
8	600153.SH	建发股份	74.55	厦门市	交通运输	地方国有控股
9	002299.SZ	圣农发展	73.32	南平市	农林牧渔	非国有控股
10	600711.SH	盛屯矿业	71.03	厦门市	有色金属	非国有控股
11	002639.SZ	雪人股份	70.63	福州市	机械设备	非国有控股
12	603737.SH	三棵树	70.62	莆田市	建筑材料	非国有控股
13	600388.SH	龙净环保	70.49	龙岩市	环保	地方国有控股
14	601933.SH	永辉超市	68.90	福州市	商贸零售	非国有控股
15	600483.SH	福能股份	68.84	南平市	公用事业	地方国有控股
16	688278.SH	特宝生物	68.43	厦门市	医药生物	非国有控股

数据来源：同花顺（iFinD），首经贸资产评估研究院和浙工商数字创新与管理研究院整理。

9.5　甘肃省创新发展指数评价

2022年，甘肃省全年实现地区生产总值11,201.60亿元，人均地区生产总值为44,968.00元，居民人均可支配收入23,273.12元。截至2022年底，A股市场甘肃省共有上市公司35家，总市值共计2,730.48亿元，营业总收入2,239.85亿元，平均市值78.01亿元/家，平均营业收入64.00亿元/家。营业收入最高的上市公司为白银有色（878.35亿元），市值最大的上市公司为华天科技（265.65亿元）。2022年，甘肃省上市公司研发投入合计为49.48亿元，占营业收入的2.21%；无形资产账面价值合计为277.55亿元，占总资产的8.20%。根据本报告分析口径，本节共对甘肃省35家上市公司开展创新发展指数评价，具体情况如下：

9.5.1　创新发展综合指数

根据本报告评价，2022年甘肃省创新发展综合指数平均水平为63.45，低于全市场平均水平65.47。从指数分布来看，高于均值的有15家，占省份总数的42.86%。其中，最高的是山子股份，创新发展综合指数为71.77。具体来看，创新发展综合指数区间在60以下的有9家，占比25.71%；60~70的有23家，占比65.72%；70~80的有3家，占比8.57%，如图9-41所示。

从省内城市分布来看，甘肃省35家上市公司分布在7个省内城市。创新发展综合指数平均水平最高的是白银市（67.93），最低的是武威市（51.88），如图9-42所示。

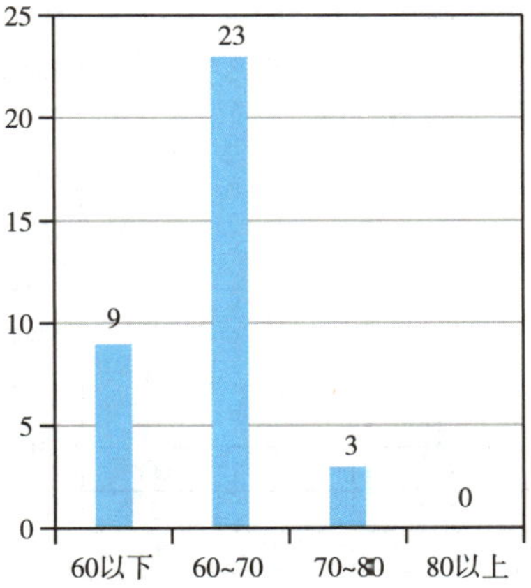

图9-41　2022年甘肃省上市公司创新发展综合指数分布图（家）

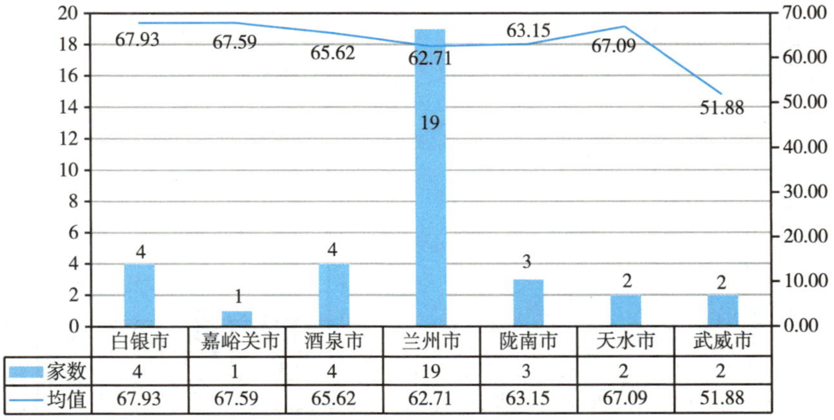

图9-42　2022年甘肃省上市公司创新发展综合指数均值分布图

甘肃省创新发展综合指数排名前10的上市公司，如表9-21所示。

表9-21　2022年甘肃省上市公司创新发展综合指数前10排名

排名	公司代码	公司名称	创新发展综合指数	地级市	一级行业_申万	产权性质
1	000981.SZ	山子股份	71.77	兰州市	汽车	非国有控股
2	002185.SZ	华天科技	71.52	天水市	电子	非国有控股
3	601212.SH	白银有色	70.99	白银市	有色金属	地方国有控股
4	600516.SH	方大炭素	69.56	兰州市	钢铁	非国有控股
5	300021.SZ	大禹节水	69.36	酒泉市	农林牧渔	非国有控股
6	000779.SZ	甘咨询	69.24	兰州市	建筑装饰	地方国有控股
7	300084.SZ	海默科技	69.13	兰州市	机械设备	非国有控股
8	603169.SH	兰石重装	69.06	兰州市	机械设备	地方国有控股
9	000552.SZ	甘肃能化	68.42	白银市	煤炭	地方国有控股
10	601798.SH	蓝科高新	68.26	兰州市	机械设备	中央国有控股

数据来源：同花顺（iFinD），首经贸资产评估研究院和浙工商数字创新与管理研究院整理。

9.5.2　创新资源支持指数

2022年甘肃省35家上市公司创新资源支持指数平均水平为66.95，低于全市场均值68.18。从指数分布来看，高于均值的有16家，占省份总数的45.71%。其中，最高的是华天科技，创新资源支持指数为83.76。具体来看，创新资源支持指数区间在60以下的有5家，占比14.29%；60~70的有19家，占比54.29%；70~80的有9家，占比25.71%；80以上的有2家，占比5.71%，如图9-43所示。

从省内城市分布来看，创新资源支持指数平均水平最高的是天水市（77.32），最低的是武威市（58.27），如图9-44所示。

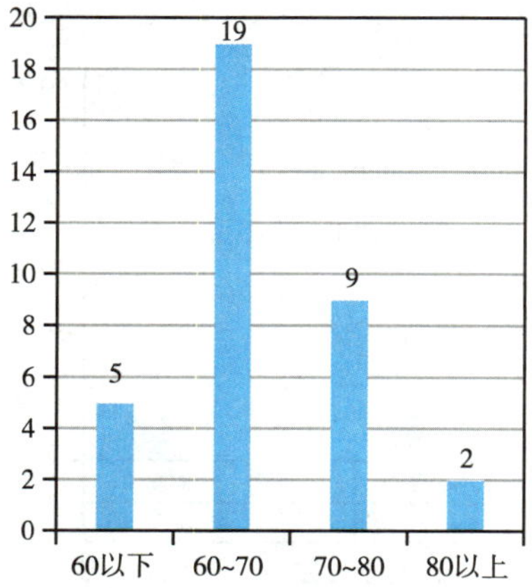

图 9-43　2022 年甘肃省上市公司创新资源支持指数分布图（家）

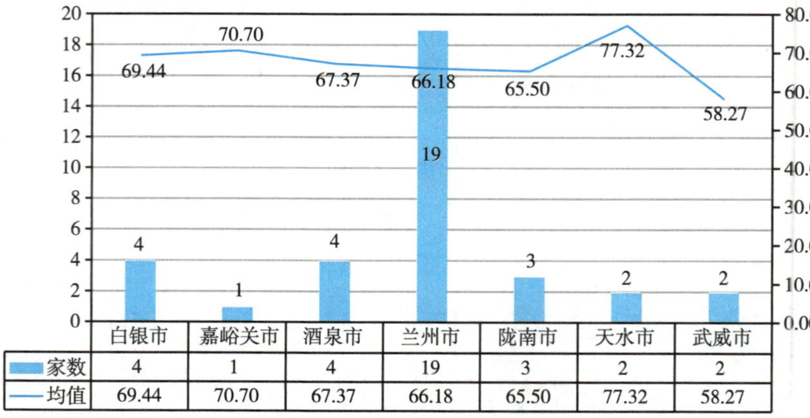

图 9-44　2022 年甘肃省上市公司创新资源支持指数均值分布图

甘肃省创新资源支持指数排名前10的上市公司，如表9-22所示。

表 9-22　2022 年甘肃省上市公司创新资源支持指数前 10 排名

排名	公司代码	公司名称	创新资源支持指数	地级市	一级行业_申万	产权性质
1	002185.SZ	华天科技	83.76	天水市	电子	非国有控股
2	600516.SH	方大炭素	80.73	兰州市	钢铁	非国有控股
3	002644.SZ	佛慈制药	74.23	兰州市	医药生物	地方国有控股
4	603169.SH	兰石重装	73.74	兰州市	机械设备	地方国有控股
5	601798.SH	蓝科高新	73.09	兰州市	机械设备	中央国有控股
6	000779.SZ	甘咨询	72.49	兰州市	建筑装饰	地方国有控股
7	000672.SZ	上峰水泥	71.75	白银市	建筑材料	非国有控股
8	002772.SZ	众兴菌业	70.87	天水市	农林牧渔	非国有控股
9	600307.SH	酒钢宏兴	70.70	嘉峪关市	钢铁	地方国有控股
10	002145.SZ	中核钛白	70.30	白银市	基础化工	非国有控股

数据来源：同花顺（iFinD），首经贸资产评估研究院和浙工商数字创新与管理研究院整理。

9.5.3　创新要素投入指数

2022年甘肃省35家上市公司创新要素投入指数平均水平为61.49，低于全市场均值65.37。从指数分布来看，高于均值的有15家，占省份总数的42.86%。其中，最高的是山子股份，创新要素投入指数为76.89。具体来看，创新要素投入指数区间在60以下的有12家，占比34.29%；60~70的有16家，占比45.71%；70~80的有7家，占比20.00%，如图9-45所示。

从省内城市分布来看，创新要素投入指数平均水平最高的是嘉峪关市（67.29），最低的是武威市（46.15），如图9-46所示。

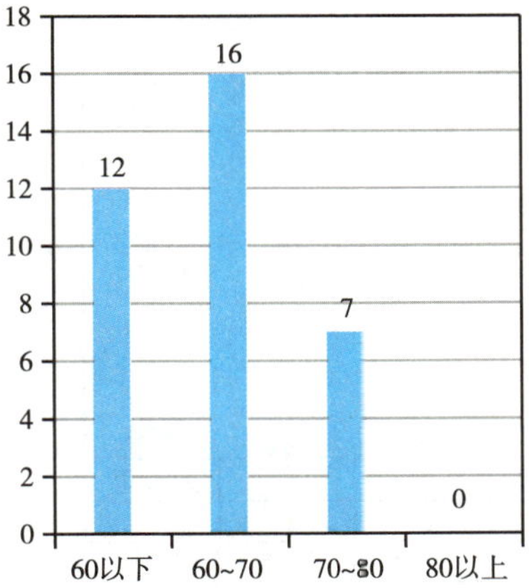

图9-45　2022年甘肃省上市公司创新要素投入指数分布图（家）

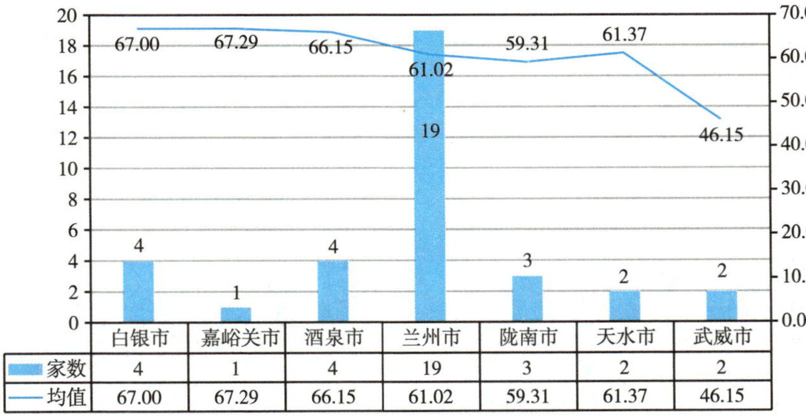

图9-46　2022年甘肃省上市公司创新要素投入指数均值分布图

甘肃省创新要素投入指数排名前10的上市公司，如表9-23所示。

表9-23　2022年甘肃省上市公司创新要素投入指数前10排名

排名	公司代码	公司名称	创新要素投入指数	地级市	一级行业_申万	产权性质
1	000981.SZ	山子股份	76.89	兰州市	汽车	非国有控股
2	300021.SZ	大禹节水	73.03	酒泉市	农林牧渔	非国有控股
3	000552.SZ	甘肃能化	72.39	白银市	煤炭	地方国有控股
4	601212.SH	白银有色	72.28	白银市	有色金属	地方国有控股
5	300084.SZ	海默科技	70.91	兰州市	机械设备	非国有控股
6	000779.SZ	甘咨询	70.37	兰州市	建筑装饰	地方国有控股
7	601798.SH	蓝科高新	70.26	兰州市	机械设备	中央国有控股
8	002185.SZ	华天科技	69.97	天水市	电子	非国有控股
9	603169.SH	兰石重装	68.87	兰州市	机械设备	地方国有控股
10	600307.SH	酒钢宏兴	67.29	嘉峪关市	钢铁	地方国有控股

数据来源：同花顺（iFinD），首经贸资产评估研究院和浙工商数字创新与管理研究院整理。

9.5.4　创新科技成果指数

2022年甘肃省35家上市公司创新科技成果指数平均水平为66.63，低于全市场均值68.28。从指数分布来看，高于均值的有15家，占省份总数的42.86%。其中，最高的是酒钢宏兴，创新科技成果指数为75.39。具体来看，创新科技成果指数区间在60以下的有4家，占比11.43%；60~70的有24家，占比68.57%；70~80的有7家，占比20.00%，如图9-47所示。

从省内城市分布来看，创新科技成果指数平均水平最高的是嘉峪关市（75.39），最低的是武威市（59.95），如图9-48所示。

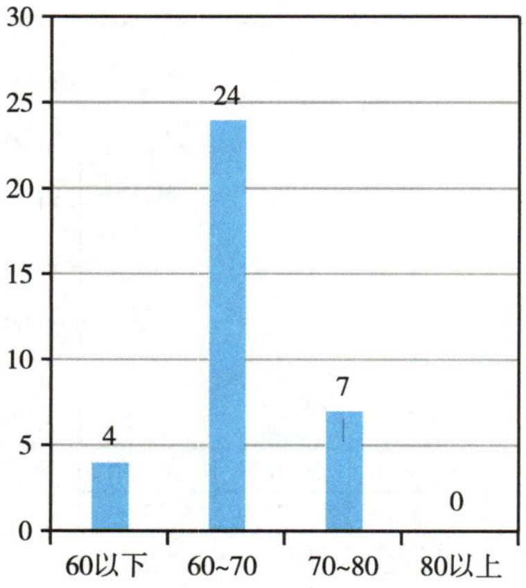

图9-47　2022年甘肃省上市公司创新科技成果指数分布图（家）

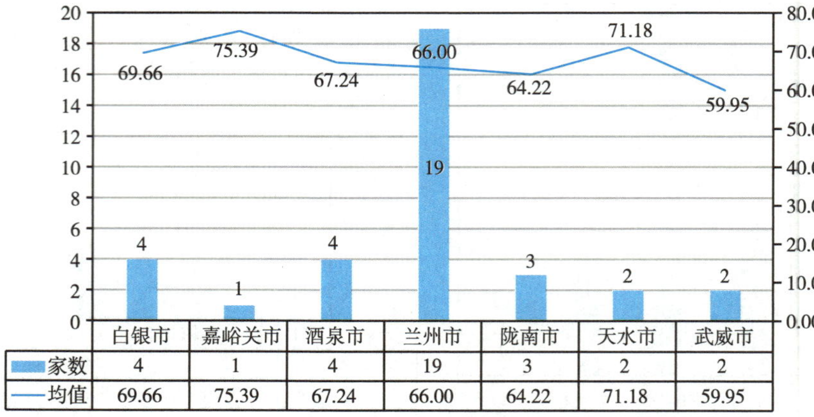

图9-48　2022年甘肃省上市公司创新科技成果指数均值分布图

甘肃省创新科技成果指数排名前10的上市公司，如表9-24所示。

表9-24　2022年甘肃省上市公司创新科技成果指数前10排名

排名	公司代码	公司名称	创新科技成果指数	地级市	一级行业_申万	产权性质
1	600307.SH	酒钢宏兴	75.39	嘉峪关市	钢铁	地方国有控股
2	601212.SH	白银有色	75.09	白银市	有色金属	地方国有控股
3	300084.SZ	海默科技	74.28	兰州市	机械设备	非国有控股
4	002185.SZ	华天科技	74.05	天水市	电子	非国有控股
5	000981.SZ	山子股份	73.56	兰州市	汽车	非国有控股
6	601798.SH	蓝科高新	72.38	兰州市	机械设备	中央国有控股
7	600192.SH	长城电工	71.23	兰州市	电力设备	地方国有控股
8	002145.SZ	中核钛白	69.88	白银市	基础化工	非国有控股
9	002644.SZ	佛慈制药	69.52	兰州市	医药生物	地方国有控股
10	603169.SH	兰石重装	69.42	兰州市	机械设备	地方国有控股

数据来源：同花顺（iFinD），首经贸资产评估研究院和浙工商数字创新与管理研究院整理。

9.5.5　创新经济绩效指数

2022年甘肃省35家上市公司创新经济绩效指数平均水平为60.38，低于全市场均值61.11。从指数分布来看，高于均值的有20家，占省份总数的57.14%。其中，最高的是中核钛白，创新经济绩效指数为69.19。具体来看，创新经济绩效指数区间在60以下的有15家，占比42.86%；60~70的有20家，占比57.14%，如图9-49所示。

从省内城市分布来看，创新经济绩效指数平均水平最高的是白银市（66.39），最低的是武威市（46.83），如图9-50所示。

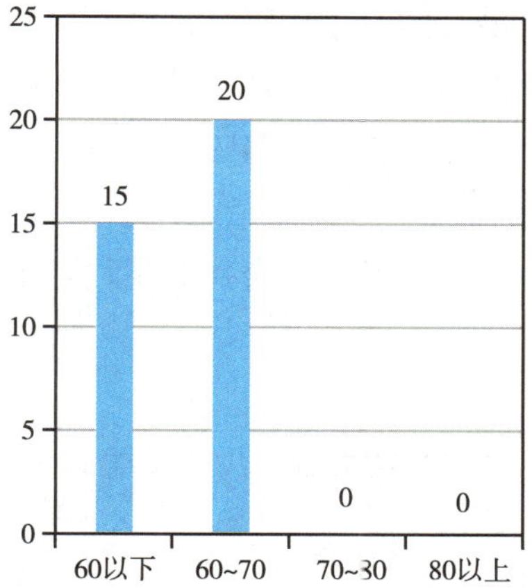

图9-49　2022年甘肃省上市公司创新经济绩效指数分布图（家）

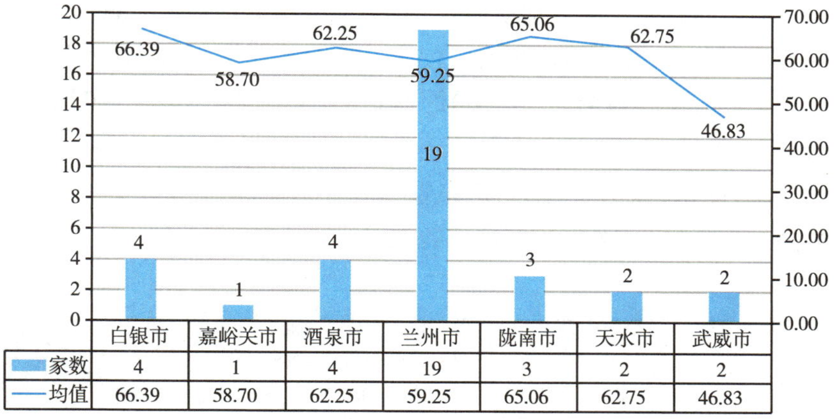

图9-50　2022年甘肃省上市公司创新经济绩效指数均值分布图

甘肃省创新经济绩效指数排名前10的上市公司，如表9-25所示。

表9-25　2022年甘肃省上市公司创新经济绩效指数前10排名

排名	公司代码	公司名称	创新经济绩效指数	地级市	一级行业_申万	产权性质
1	002145.SZ	中核钛白	69.19	白银市	基础化工	非国有控股
2	601212.SH	白银有色	67.86	白银市	有色金属	地方国有控股
3	603919.SH	金徽酒	67.31	陇南市	食品饮料	非国有控股
4	600108.SH	亚盛集团	67.31	兰州市	农林牧渔	地方国有控股
5	000552.SZ	甘肃能化	67.20	白银市	煤炭	地方国有控股
6	600354.SH	敦煌种业	67.19	酒泉市	农林牧渔	地方国有控股
7	300021.SZ	大禹节水	66.80	酒泉市	农林牧渔	非国有控股
8	002644.SZ	佛慈制药	65.92	兰州市	医药生物	地方国有控股
9	000779.SZ	甘咨询	65.89	兰州市	建筑装饰	地方国有控股
10	600516.SH	方大炭素	65.74	兰州市	钢铁	非国有控股

数据来源：同花顺（iFinD），首经贸资产评估研究院和浙工商数字创新与管理研究院整理。

9.6　广东省创新发展指数评价

2022年，广东省全年实现地区生产总值129,118.58亿元，人均地区生产总值为101,905.00元，居民人均可支配收入47,064.55元。截至2022年底，A股市场广东省共有上市公司795家，总市值共计101,784.85亿元，营业总收入65,356.29亿元，平均市值128.03亿元/家，平均营业收入82.21亿元/家。营业收入最高的上市公司为工业富联（5,118.50亿元），市值最大的上市公司为比亚迪（4,659.23亿元）。2022年，广东省上市公司研发投入合计为2,668.57亿元，占营业收入的4.08%；无形资产账面价值合计为4,419.78亿元，占总资产的4.60%。根据本报告分析口径，本节共对广东省795家上市公司开展创新发展指数评价，具体情况如下：

9.6.1　创新发展综合指数

根据本报告评价，2022年广东省创新发展综合指数平均水平为65.40，低于全市场平均水平65.47。

从指数分布来看，高于均值的有363家，占省份总数的45.66%。其中，最高的是迈瑞医疗，创新发展综合指数为85.80。具体来看，创新发展综合指数区间在60以下的有120家，占比15.09%；60~70的有528家，占比66.41%；70~80的有134家，占比16.86%；80以上的有13家，占比1.64%，如图9-51所示。

从省内城市分布来看，广东省795家上市公司分布在20个省内城市。创新发展综合指数平均水平最高的是惠州市（69.31），最低的是阳江市（57.02），如图9-52所示。

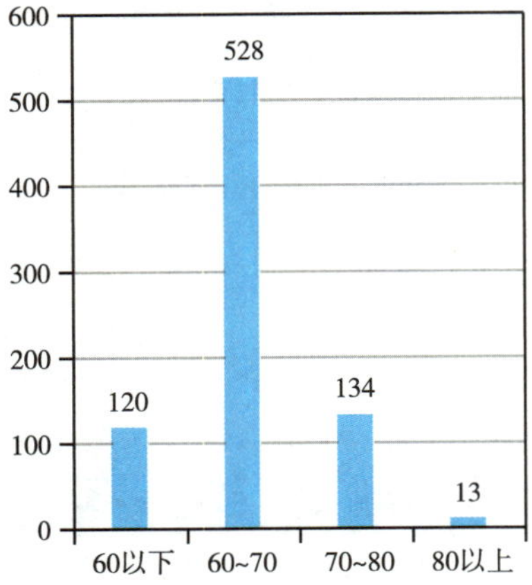

图9-51 2022年广东省上市公司创新发展综合指数分布图（家）

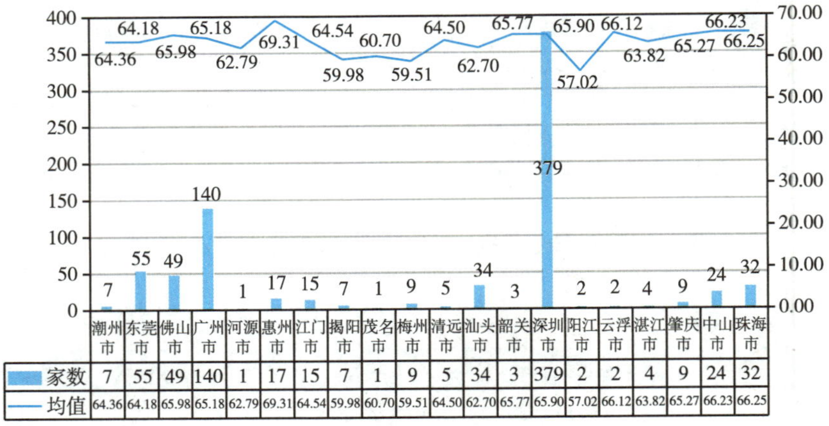

图9-52 2022年广东省上市公司创新发展综合指数均值分布图

广东省创新发展综合指数排名前10%的上市公司，如表9-26所示。

表9-26 2022年广东省上市公司创新发展综合指数前10%排名

排名	公司代码	公司名称	创新发展综合指数	地级市	一级行业_申万	产权性质
1	300760.SZ	迈瑞医疗	85.80	深圳市	医药生物	非国有控股
2	300014.SZ	亿纬锂能	85.33	惠州市	电力设备	非国有控股
3	300124.SZ	汇川技术	84.62	深圳市	机械设备	非国有控股
4	003816.SZ	中国广核	84.17	深圳市	公用事业	中央国有控股
5	000100.SZ	TCL科技	82.93	惠州市	电子	非国有控股
6	002594.SZ	比亚迪	82.66	深圳市	汽车	非国有控股
7	002920.SZ	德赛西威	82.27	惠州市	计算机	地方国有控股
8	000063.SZ	中兴通讯	81.63	深圳市	通信	非国有控股
9	002475.SZ	立讯精密	81.58	深圳市	电子	非国有控股
10	002180.SZ	纳思达	81.00	珠海市	计算机	非国有控股
11	601138.SH	工业富联	80.58	深圳市	电子	非国有控股
12	601615.SH	明阳智能	80.44	中山市	电力设备	非国有控股
13	000651.SZ	格力电器	80.17	珠海市	家用电器	非国有控股
14	000333.SZ	美的集团	79.97	佛山市	家用电器	非国有控股
15	300454.SZ	深信服	79.31	深圳市	计算机	非国有控股
16	000050.SZ	深天马A	78.55	深圳市	电子	中央国有控股
17	300408.SZ	三环集团	78.54	潮州市	电子	非国有控股
18	002709.SZ	天赐材料	78.41	广州市	电力设备	非国有控股

续表

排名	公司代码	公司名称	创新发展综合指数	地级市	一级行业_申万	产权性质
19	002008.SZ	大族激光	78.30	深圳市	机械设备	非国有控股
20	002212.SZ	天融信	78.13	汕头市	计算机	非国有控股
21	002030.SZ	达安基因	77.97	广州市	医药生物	地方国有控股
22	600332.SH	白云山	77.44	广州市	医药生物	地方国有控股
23	000066.SZ	中国长城	77.34	深圳市	计算机	中央国有控股
24	601238.SH	广汽集团	77.31	广州市	汽车	地方国有控股
25	688036.SH	传音控股	77.13	深圳市	电子	非国有控股
26	002340.SZ	格林美	77.03	深圳市	电力设备	非国有控股
27	002139.SZ	拓邦股份	76.54	深圳市	电子	非国有控股
28	002938.SZ	鹏鼎控股	76.51	深圳市	电子	非国有控股
29	000999.SZ	华润三九	76.48	深圳市	医药生物	中央国有控股
30	300136.SZ	信维通信	76.47	深圳市	电子	非国有控股
31	002352.SZ	顺丰控股	76.44	深圳市	交通运输	非国有控股
32	000012.SZ	南玻A	76.39	深圳市	建筑材料	地方国有控股
33	600143.SH	金发科技	76.35	广州市	基础化工	非国有控股
34	002294.SZ	信立泰	76.34	深圳市	医药生物	非国有控股
35	688499.SH	利元亨	76.30	惠州市	电力设备	非国有控股
36	300037.SZ	新宙邦	75.86	深圳市	电力设备	非国有控股
37	603882.SH	金域医学	75.85	广州市	医药生物	非国有控股
38	002906.SZ	华阳集团	75.84	惠州市	汽车	非国有控股
39	300638.SZ	广和通	75.55	深圳市	通信	非国有控股
40	688114.SH	华大智造	75.33	深圳市	医药生物	非国有控股
41	000009.SZ	中国宝安	75.28	深圳市	电力设备	非国有控股
42	835185.BJ	贝特瑞	75.18	深圳市	电力设备	非国有控股
43	600380.SH	健康元	75.14	深圳市	医药生物	非国有控股
44	002625.SZ	光启技术	74.92	深圳市	国防军工	非国有控股
45	603288.SH	海天味业	74.88	佛山市	食品饮料	非国有控股
46	300438.SZ	鹏辉能源	74.83	广州市	电力设备	非国有控股
47	002841.SZ	视源股份	74.69	广州市	电子	非国有控股
48	300207.SZ	欣旺达	74.60	深圳市	电力设备	非国有控股
49	300115.SZ	长盈精密	74.52	深圳市	电子	非国有控股
50	603160.SH	汇顶科技	74.50	深圳市	电子	非国有控股
51	000032.SZ	深桑达A	74.40	深圳市	建筑装饰	中央国有控股
52	300676.SZ	华大基因	74.39	深圳市	医药生物	非国有控股
53	600525.SH	长园集团	74.36	深圳市	电力设备	非国有控股
54	688559.SH	海目星	74.30	深圳市	机械设备	非国有控股
55	000027.SZ	深圳能源	74.30	深圳市	公用事业	地方国有控股
56	000534.SZ	万泽股份	74.28	汕头市	医药生物	非国有控股
57	000541.SZ	佛山照明	74.27	佛山市	家用电器	地方国有控股
58	603833.SH	欧派家居	74.24	广州市	轻工制造	非国有控股
59	002600.SZ	领益智造	74.21	江门市	电子	非国有控股
60	002060.SZ	粤水电	74.20	广州市	公用事业	地方国有控股
61	002311.SZ	海大集团	74.17	广州市	农林牧渔	非国有控股
62	002831.SZ	裕同科技	74.16	深圳市	轻工制造	非国有控股

续表

排名	公司代码	公司名称	创新发展综合指数	地级市	一级行业_申万	产权性质
63	002317.SZ	众生药业	74.07	东莞市	医药生物	非国有控股
64	002851.SZ	麦格米特	74.00	深圳市	电力设备	非国有控股
65	300457.SZ	赢合科技	73.97	深圳市	电力设备	地方国有控股
66	688128.SH	中国电研	73.96	广州市	机械设备	中央国有控股
67	000513.SZ	丽珠集团	73.95	珠海市	医药生物	非国有控股
68	002583.SZ	海能达	73.84	深圳市	通信	非国有控股
69	688208.SH	道通科技	73.75	深圳市	计算机	非国有控股
70	300724.SZ	捷佳伟创	73.71	深圳市	电力设备	非国有控股
71	000921.SZ	海信家电	73.70	佛山市	家用电器	地方国有控股
72	002402.SZ	和而泰	73.64	深圳市	电子	非国有控股
73	688518.SH	联赢激光	73.44	深圳市	机械设备	非国有控股
74	002544.SZ	普天科技	73.17	广州市	通信	中央国有控股
75	688772.SH	珠海冠宇	73.13	珠海市	电力设备	非国有控股
76	002705.SZ	新宝股份	73.03	佛山市	家用电器	非国有控股
77	002465.SZ	海格通信	73.02	广州市	国防军工	地方国有控股
78	600673.SH	东阳光	73.02	韶关市	有色金属	非国有控股
79	002063.SZ	远光软件	72.98	珠海市	计算机	中央国有控股

数据来源：同花顺（iFinD），首经贸资产评估研究院和浙工商数字创新与管理研究院整理。

9.6.2 创新资源支持指数

2022年广东省795家上市公司创新资源支持指数平均水平为68.57，高于全市场均值68.18。从指数分布来看，高于均值的有397家，占省份总数的49.94%。其中，最高的是亿纬锂能，创新资源支持指数为94.90。具体来看，创新资源支持指数区间在60以下的有124家，占比15.60%；60~70的有340家，占比42.77%；70~80的有270家，占比33.96%；80以上的有61家，占比7.67%，如图9-53所示。

从省内城市分布来看，创新资源支持指数平均水平最高的是惠州市（74.39），最低的是茂名市（56.91），如图9-54所示。

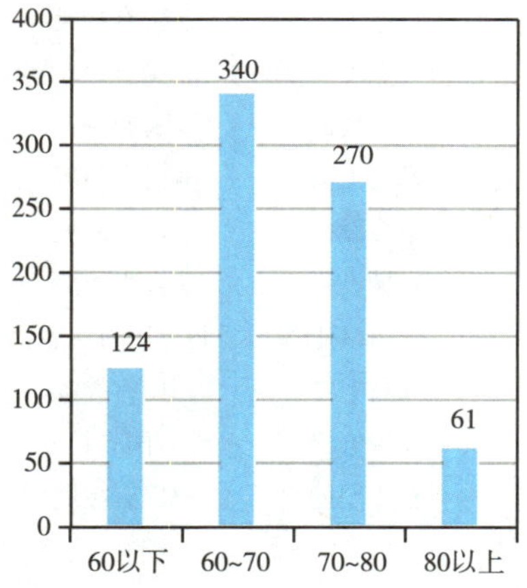

图9-53　2022年广东省上市公司创新资源支持指数分布图（家）

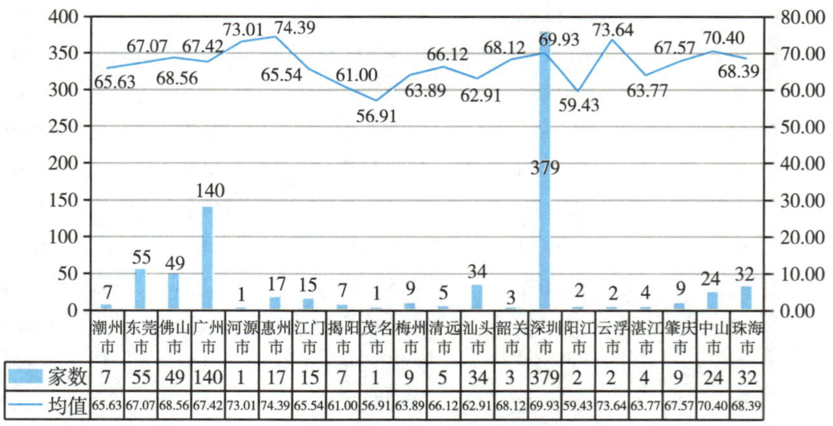

图9-54　2022年广东省上市公司创新资源支持指数均值分布图

广东省创新资源支持指数排名前10%的上市公司，如表9-27所示。

表9-27　　2022年广东省上市公司创新资源支持指数前10%排名

排名	公司代码	公司名称	创新资源支持指数	地级市	一级行业_申万	产权性质
1	300014.SZ	亿纬锂能	94.90	惠州市	电力设备	非国有控股
2	300454.SZ	深信服	93.70	深圳市	计算机	非国有控股
3	300408.SZ	三环集团	91.16	潮州市	电子	非国有控股
4	300124.SZ	汇川技术	90.75	深圳市	机械设备	非国有控股
5	600143.SH	金发科技	89.46	广州市	基础化工	非国有控股
6	002429.SZ	兆驰股份	88.49	深圳市	家用电器	地方国有控股
7	688559.SH	海目星	88.13	深圳市	机械设备	非国有控股
8	000100.SZ	TCL科技	87.78	惠州市	电子	非国有控股
9	001308.SZ	康冠科技	87.67	深圳市	电子	非国有控股
10	300760.SZ	迈瑞医疗	87.13	深圳市	医药生物	非国有控股
11	300724.SZ	捷佳伟创	87.08	深圳市	电力设备	非国有控股
12	688128.SH	中国电研	86.86	广州市	机械设备	中央国有控股
13	002916.SZ	深南电路	86.82	深圳市	电子	中央国有控股
14	600323.SH	瀚蓝环境	86.77	佛山市	环保	地方国有控股
15	002008.SZ	大族激光	86.67	深圳市	机械设备	非国有控股
16	688036.SH	传音控股	86.60	深圳市	电子	非国有控股
17	002475.SZ	立讯精密	86.05	深圳市	电子	非国有控股
18	000050.SZ	深天马A	85.86	深圳市	电子	中央国有控股
19	600685.SH	中船防务	85.05	广州市	国防军工	中央国有控股
20	688499.SH	利元亨	84.63	惠州市	电力设备	非国有控股
21	002815.SZ	崇达技术	84.47	深圳市	电子	非国有控股
22	002745.SZ	木林森	84.21	中山市	电子	非国有控股
23	300232.SZ	洲明科技	83.86	深圳市	电子	非国有控股
24	300602.SZ	飞荣达	83.80	深圳市	电子	非国有控股
25	002990.SZ	盛视科技	83.60	深圳市	计算机	非国有控股
26	688518.SH	联赢激光	83.57	深圳市	机械设备	非国有控股
27	002851.SZ	麦格米特	83.52	深圳市	电力设备	非国有控股
28	002518.SZ	科士达	83.51	深圳市	电力设备	非国有控股
29	003816.SZ	中国广核	83.51	深圳市	公用事业	中央国有控股
30	300136.SZ	信维通信	83.42	深圳市	电子	非国有控股
31	300458.SZ	全志科技	83.40	珠海市	电子	非国有控股
32	002831.SZ	裕同科技	82.95	深圳市	轻工制造	非国有控股
33	301268.SZ	铭利达	82.92	深圳市	机械设备	非国有控股
34	002594.SZ	比亚迪	82.83	深圳市	汽车	非国有控股
35	300415.SZ	伊之密	82.72	佛山市	机械设备	非国有控股
36	002334.SZ	英威腾	82.54	深圳市	机械设备	非国有控股
37	603288.SH	海天味业	82.45	佛山市	食品饮料	非国有控股
38	002920.SZ	德赛西威	82.22	惠州市	计算机	地方国有控股

续表

排名	公司代码	公司名称	创新资源支持指数	地级市	一级行业_申万	产权性质
39	002955.SZ	鸿合科技	82.14	深圳市	电子	非国有控股
40	001283.SZ	豪鹏科技	82.07	深圳市	电力设备	非国有控股
41	301091.SZ	深城交	82.03	深圳市	建筑装饰	地方国有控股
42	002399.SZ	海普瑞	81.79	深圳市	医药生物	非国有控股
43	603386.SH	骏亚科技	81.65	惠州市	电子	非国有控股
44	300498.SZ	温氏股份	81.65	云浮市	农林牧渔	非国有控股
45	600525.SH	长园集团	81.29	深圳市	电力设备	非国有控股
46	002938.SZ	鹏鼎控股	81.25	深圳市	电子	非国有控股
47	002724.SZ	海洋王	81.23	深圳市	电子	非国有控股
48	601238.SH	广汽集团	81.21	广州市	汽车	地方国有控股
49	000541.SZ	佛山照明	81.16	佛山市	家用电器	地方国有控股
50	300012.SZ	华测检测	81.04	深圳市	社会服务	非国有控股
51	300457.SZ	赢合科技	81.04	深圳市	电力设备	地方国有控股
52	600446.SH	金证股份	81.04	深圳市	计算机	非国有控股
53	603936.SH	博敏电子	80.95	梅州市	电子	非国有控股
54	688114.SH	华大智造	80.91	深圳市	医药生物	非国有控股
55	600098.SH	广州发展	80.87	广州市	公用事业	地方国有控股
56	601900.SH	南方传媒	80.61	广州市	传媒	地方国有控股
57	000034.SZ	神州数码	80.47	深圳市	计算机	非国有控股
58	002106.SZ	莱宝高科	80.46	深圳市	电子	中央国有控股
59	301200.SZ	大族数控	80.35	深圳市	机械设备	非国有控股
60	300903.SZ	科翔股份	80.15	惠州市	电子	非国有控股
61	600499.SH	科达制造	80.15	佛山市	机械设备	非国有控股
62	002138.SZ	顺络电子	79.87	深圳市	电子	非国有控股
63	000636.SZ	风华高科	79.79	肇庆市	电子	地方国有控股
64	000651.SZ	格力电器	79.74	珠海市	家用电器	非国有控股
65	000063.SZ	中兴通讯	79.66	深圳市	通信	非国有控股
66	300047.SZ	天源迪科	79.62	深圳市	计算机	非国有控股
67	002957.SZ	科瑞技术	79.55	深圳市	机械设备	非国有控股
68	000066.SZ	中国长城	79.44	深圳市	计算机	中央国有控股
69	000009.SZ	中国宝安	79.40	深圳市	电力设备	非国有控股
70	301018.SZ	申菱环境	79.34	佛山市	机械设备	非国有控股
71	002045.SZ	国光电器	79.32	广州市	电子	非国有控股
72	002876.SZ	三利谱	79.29	深圳市	电子	非国有控股
73	600866.SH	星湖科技	79.24	肇庆市	基础化工	地方国有控股
74	300207.SZ	欣旺达	79.23	深圳市	电力设备	非国有控股
75	601138.SH	工业富联	79.02	深圳市	电子	非国有控股
76	300546.SZ	雄帝科技	79.00	深圳市	计算机	非国有控股
77	002465.SZ	海格通信	78.94	广州市	国防军工	地方国有控股
78	000099.SZ	中信海直	78.86	深圳市	交通运输	中央国有控股
79	002681.SZ	奋达科技	78.73	深圳市	电子	非国有控股

数据来源：同花顺（iFinD），首经贸资产评估研究院和浙工商数字创新与管理研究院整理。

9.6.3 创新要素投入指数

2022年广东省795家上市公司创新要素投入指数平均水平为65.49，高于全市场均值65.37。从指数分布来看，高于均值的有399家，占省份总数的50.19%。其中，最高的是德赛西威，创新要素投入指数为90.00。具体来看，创新要素投入指数区间在60以下的有172家，占比21.64%；60~70的有409家，占比51.44%；70~80的有190家，占比23.90%；80以上的有24家，占比3.02%，如图9-55所示。

从省内城市分布来看，创新要素投入指数平均水平最高的是惠州市（70.31），最低的是阳江市（53.59），如图9-56所示。

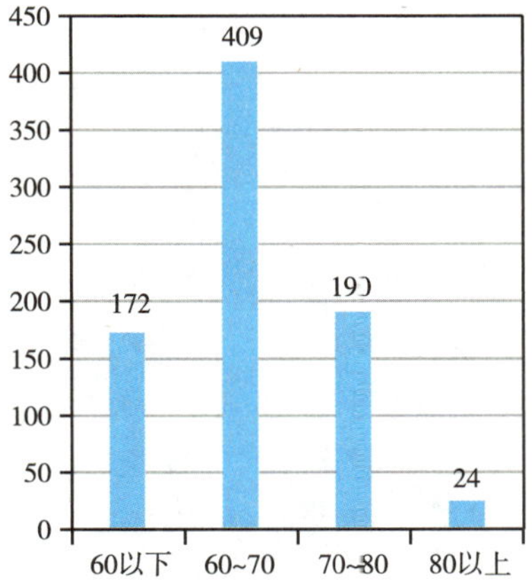

图9-55　2022年广东省上市公司创新要素投入指数分布图（家）

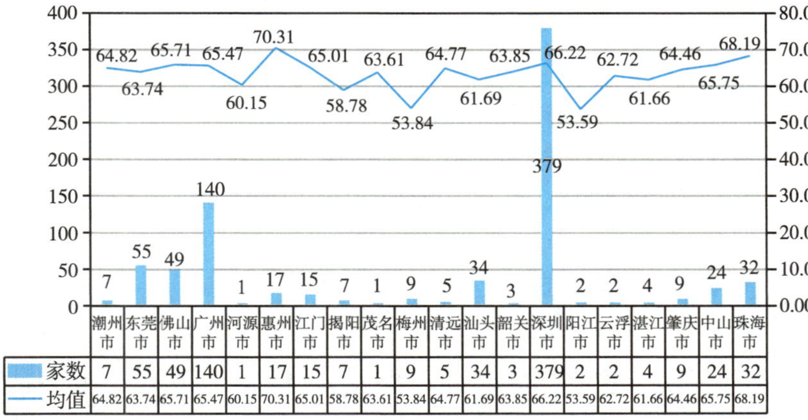

图9-56　2022年广东省上市公司创新要素投入指数均值分布图

广东省创新要素投入指数排名前10%的上市公司，如表9-28所示。

表9-28　2022年广东省上市公司创新要素投入指数前10%排名

排名	公司代码	公司名称	创新要素投入指数	地级市	一级行业_申万	产权性质
1	002920.SZ	德赛西威	90.00	惠州市	计算机	地方国有控股
2	000100.SZ	TCL科技	88.03	惠州市	电子	非国有控股
3	000063.SZ	中兴通讯	87.95	深圳市	通信	非国有控股
4	003816.SZ	中国广核	86.39	深圳市	公用事业	中央国有控股
5	300124.SZ	汇川技术	85.98	深圳市	机械设备	非国有控股
6	002594.SZ	比亚迪	85.10	深圳市	汽车	非国有控股
7	300760.SZ	迈瑞医疗	83.65	深圳市	医药生物	非国有控股
8	002180.SZ	纳思达	83.28	珠海市	计算机	非国有控股
9	300014.SZ	亿纬锂能	83.19	惠州市	电力设备	非国有控股
10	002212.SZ	天融信	82.90	汕头市	计算机	非国有控股
11	601615.SH	明阳智能	82.72	中山市	电力设备	非国有控股
12	000541.SZ	佛山照明	82.34	佛山市	家用电器	地方国有控股
13	300454.SZ	深信服	82.23	深圳市	计算机	非国有控股
14	000066.SZ	中国长城	81.60	深圳市	计算机	中央国有控股
15	002030.SZ	达安基因	81.54	广州市	医药生物	地方国有控股
16	002317.SZ	众生药业	81.49	东莞市	医药生物	非国有控股

续表

排名	公司代码	公司名称	创新要素投入指数	地级市	一级行业_申万	产权性质
17	002340.SZ	格林美	81.44	深圳市	电力设备	非国有控股
18	688418.SH	震有科技	81.33	深圳市	通信	非国有控股
19	688083.SH	中望软件	80.87	广州市	计算机	非国有控股
20	688499.SH	利元亨	80.74	惠州市	电力设备	非国有控股
21	000032.SZ	深桑达A	80.52	深圳市	建筑装饰	中央国有控股
22	002294.SZ	信立泰	80.41	深圳市	医药生物	非国有控股
23	000050.SZ	深天马A	80.12	深圳市	电子	中央国有控股
24	002063.SZ	远光软件	80.05	珠海市	计算机	中央国有控股
25	300077.SZ	国民技术	79.89	深圳市	电子	非国有控股
26	300634.SZ	彩讯股份	79.70	深圳市	计算机	非国有控股
27	000651.SZ	格力电器	79.68	珠海市	家用电器	非国有控股
28	300601.SZ	康泰生物	79.43	深圳市	医药生物	非国有控股
29	002709.SZ	天赐材料	79.29	广州市	电力设备	非国有控股
30	000333.SZ	美的集团	78.98	佛山市	家用电器	非国有控股
31	002851.SZ	麦格米特	78.82	深圳市	电力设备	非国有控股
32	002906.SZ	华阳集团	78.67	惠州市	汽车	非国有控股
33	601238.SH	广汽集团	78.64	广州市	汽车	地方国有控股
34	601138.SH	工业富联	78.61	深圳市	电子	非国有控股
35	002465.SZ	海格通信	78.59	广州市	国防军工	地方国有控股
36	688321.SH	微芯生物	78.51	深圳市	医药生物	非国有控股
37	835185.BJ	贝特瑞	78.49	深圳市	电力设备	非国有控股
38	002475.SZ	立讯精密	78.47	深圳市	电子	非国有控股
39	300687.SZ	赛意信息	78.47	广州市	计算机	非国有控股
40	603160.SH	汇顶科技	78.44	深圳市	电子	非国有控股
41	002139.SZ	拓邦股份	78.20	深圳市	电子	非国有控股
42	000534.SZ	万泽股份	78.20	汕头市	医药生物	非国有控股
43	300638.SZ	广和通	78.18	深圳市	通信	非国有控股
44	300115.SZ	长盈精密	78.08	深圳市	电子	非国有控股
45	688036.SH	传音控股	78.03	深圳市	电子	非国有控股
46	688788.SH	科思科技	77.46	深圳市	国防军工	非国有控股
47	300177.SZ	中海达	77.12	广州市	国防军工	非国有控股
48	002008.SZ	大族激光	77.11	深圳市	机械设备	非国有控股
49	300676.SZ	华大基因	77.07	深圳市	医药生物	非国有控股
50	002938.SZ	鹏鼎控股	77.05	深圳市	电子	非国有控股
51	002850.SZ	科达利	76.93	深圳市	电力设备	非国有控股
52	300037.SZ	新宙邦	76.91	深圳市	电力设备	非国有控股
53	300408.SZ	三环集团	76.81	潮州市	电子	非国有控股
54	002625.SZ	光启技术	76.80	深圳市	国防军工	非国有控股

续表

排名	公司代码	公司名称	创新要素投入指数	地级市	一级行业_申万	产权性质
55	300458.SZ	全志科技	76.78	珠海市	电子	非国有控股
56	600728.SH	佳都科技	76.78	广州市	计算机	非国有控股
57	688595.SH	芯海科技	76.67	深圳市	电子	非国有控股
58	688114.SH	华大智造	76.67	深圳市	医药生物	非国有控股
59	002060.SZ	粤水电	76.65	广州市	公用事业	地方国有控股
60	300207.SZ	欣旺达	76.61	深圳市	电力设备	非国有控股
61	688575.SH	亚辉龙	76.48	深圳市	医药生物	非国有控股
62	002841.SZ	视源股份	76.46	广州市	电子	非国有控股
63	688772.SH	珠海冠宇	76.45	珠海市	电力设备	非国有控股
64	300639.SZ	凯普生物	76.38	潮州市	医药生物	非国有控股
65	300438.SZ	鹏辉能源	76.33	广州市	电力设备	非国有控股
66	688622.SH	禾信仪器	76.18	广州市	机械设备	非国有控股
67	300136.SZ	信维通信	76.05	深圳市	电子	非国有控股
68	300633.SZ	开立医疗	75.90	深圳市	医药生物	非国有控股
69	600380.SH	健康元	75.76	深圳市	医药生物	非国有控股
70	002683.SZ	广东宏大	75.72	广州市	基础化工	地方国有控股
71	002402.SZ	和而泰	75.70	深圳市	电子	非国有控股
72	300457.SZ	赢合科技	75.69	深圳市	电力设备	地方国有控股
73	603882.SH	金域医学	75.67	广州市	医药生物	非国有控股
74	603833.SH	欧派家居	75.66	广州市	轻工制造	非国有控股
75	688173.SH	希荻微	75.61	佛山市	电子	非国有控股
76	002456.SZ	欧菲光	75.61	深圳市	电子	非国有控股
77	688559.SH	海目星	75.55	深圳市	机械设备	非国有控股
78	300409.SZ	道氏技术	75.54	江门市	电力设备	非国有控股
79	300533.SZ	冰川网络	75.48	深圳市	传媒	非国有控股

数据来源：同花顺（iFinD），首经贸资产评估研究院和浙工商数字创新与管理研究院整理。

9.6.4　创新科技成果指数

2022年广东省795家上市公司创新科技成果指数平均水平为68.40，高于全市场均值68.28。从指数分布来看，高于均值的有438家，占省份总数的55.09%。其中，最高的是美的集团，创新科技成果指数为88.89。具体来看，创新科技成果指数区间在60以下的有29家，占比3.65%；60~70的有533家，占比67.04%；70~80的有221家，占比27.80%；80以上的有12家，占比1.51%，如图9-57所示。

从省内城市分布来看，创新科技成果指数平均水平最高的是惠州市（71.17），最低的是河源市（61.93），如图9-58所示。

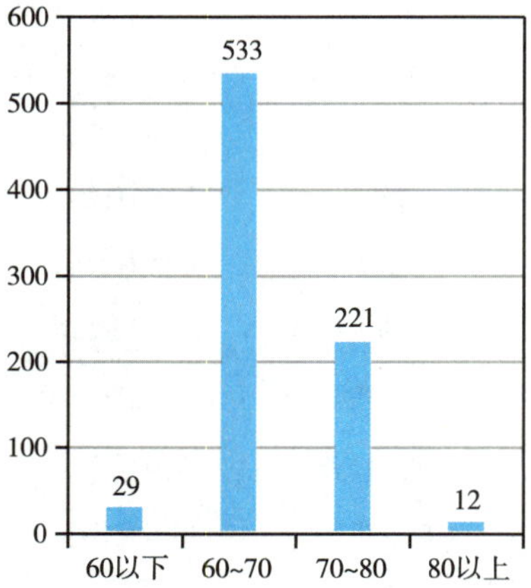

图9-57　2022年广东省上市公司创新科技成果指数分布图（家）

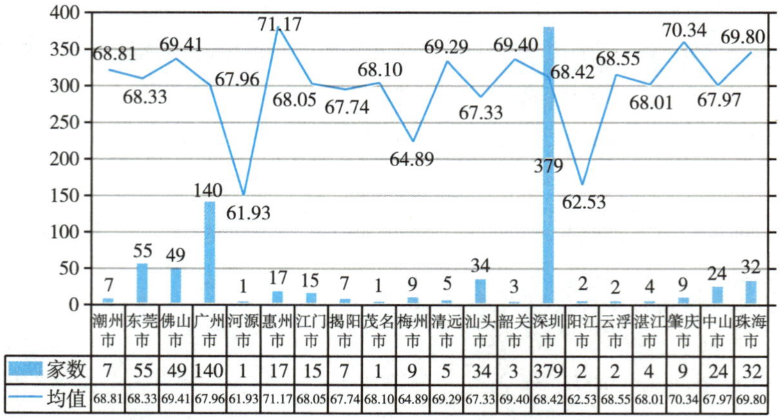

图9-58　2022年广东省上市公司创新科技成果指数均值分布图

广东省创新科技成果指数排名前10%的上市公司，如表9-29所示。

表 9-29　　2022 年广东省上市公司创新科技成果指数前 10% 排名

排名	公司代码	公司名称	创新科技成果指数	地级市	一级行业_申万	产权性质
1	000333.SZ	美的集团	88.89	佛山市	家用电器	非国有控股
2	300760.SZ	迈瑞医疗	85.36	深圳市	医药生物	非国有控股
3	601138.SH	工业富联	85.03	深圳市	电子	非国有控股
4	000651.SZ	格力电器	84.80	珠海市	家用电器	非国有控股
5	300014.SZ	亿纬锂能	83.67	惠州市	电力设备	非国有控股
6	000100.SZ	TCL科技	82.91	惠州市	电子	非国有控股
7	002180.SZ	纳思达	81.51	珠海市	计算机	非国有控股
8	000063.SZ	中兴通讯	80.85	深圳市	通信	非国有控股
9	000016.SZ	深康佳A	80.24	深圳市	家用电器	中央国有控股
10	300124.SZ	汇川技术	80.23	深圳市	机械设备	非国有控股
11	603882.SH	金域医学	80.10	广州市	医药生物	非国有控股
12	600332.SH	白云山	80.10	广州市	医药生物	地方国有控股
13	002920.SZ	德赛西威	79.98	惠州市	计算机	地方国有控股
14	688772.SH	珠海冠宇	79.10	珠海市	电力设备	非国有控股
15	002594.SZ	比亚迪	78.85	深圳市	汽车	非国有控股
16	600143.SH	金发科技	78.64	广州市	基础化工	非国有控股
17	002475.SZ	立讯精密	78.56	深圳市	电子	非国有控股
18	002008.SZ	大族激光	78.53	深圳市	机械设备	非国有控股
19	002352.SZ	顺丰控股	77.99	深圳市	交通运输	非国有控股
20	000039.SZ	中集集团	77.92	深圳市	机械设备	中央国有控股
21	688036.SH	传音控股	77.75	深圳市	电子	非国有控股
22	000012.SZ	南玻A	77.41	深圳市	建筑材料	地方国有控股
23	688499.SH	利元亨	77.08	惠州市	电力设备	非国有控股
24	003816.SZ	中国广核	77.02	深圳市	公用事业	中央国有控股

续表

排名	公司代码	公司名称	创新科技成果指数	地级市	一级行业_申万	产权性质
25	601615.SH	明阳智能	77.01	中山市	电力设备	非国有控股
26	002212.SZ	天融信	76.95	汕头市	计算机	非国有控股
27	603288.SH	海天味业	76.70	佛山市	食品饮料	非国有控股
28	000009.SZ	中国宝安	76.67	深圳市	电力设备	非国有控股
29	300454.SZ	深信服	76.63	深圳市	计算机	非国有控股
30	300037.SZ	新宙邦	76.56	深圳市	电力设备	非国有控股
31	002938.SZ	鹏鼎控股	76.17	深圳市	电子	非国有控股
32	002709.SZ	天赐材料	76.14	广州市	电力设备	非国有控股
33	002139.SZ	拓邦股份	75.97	深圳市	电子	非国有控股
34	600525.SH	长园集团	75.60	深圳市	电力设备	非国有控股
35	000050.SZ	深天马 A	75.52	深圳市	电子	中央国有控股
36	300207.SZ	欣旺达	75.52	深圳市	电力设备	非国有控股
37	000032.SZ	深桑达 A	75.39	深圳市	建筑装饰	中央国有控股
38	000999.SZ	华润三九	75.37	深圳市	医药生物	中央国有控股
39	000921.SZ	海信家电	75.33	佛山市	家用电器	地方国有控股
40	002959.SZ	小熊电器	75.28	佛山市	家用电器	非国有控股
41	601238.SH	广汽集团	75.02	广州市	汽车	地方国有控股
42	600380.SH	健康元	74.95	深圳市	医药生物	非国有控股
43	688128.SH	中国电研	74.73	广州市	机械设备	中央国有控股
44	835185.BJ	贝特瑞	74.72	深圳市	电力设备	非国有控股
45	300408.SZ	三环集团	74.63	潮州市	电子	非国有控股
46	000066.SZ	中国长城	74.44	深圳市	计算机	中央国有控股
47	300115.SZ	长盈精密	74.36	深圳市	电子	非国有控股
48	300503.SZ	昊志机电	74.35	广州市	机械设备	非国有控股
49	002054.SZ	德美化工	74.25	佛山市	基础化工	非国有控股
50	000055.SZ	方大集团	74.19	深圳市	建筑材料	非国有控股
51	600499.SH	科达制造	74.14	佛山市	机械设备	非国有控股
52	688248.SH	南网科技	74.13	广州市	电力设备	中央国有控股
53	688322.SH	奥比中光	74.08	深圳市	电子	非国有控股
54	002429.SZ	兆驰股份	73.88	深圳市	家用电器	地方国有控股
55	603051.SH	鹿山新材	73.84	广州市	基础化工	非国有控股
56	300607.SZ	拓斯达	73.78	东莞市	机械设备	非国有控股
57	300376.SZ	易事特	73.76	东莞市	电力设备	非国有控股
58	001283.SZ	豪鹏科技	73.73	深圳市	电力设备	非国有控股
59	002461.SZ	珠江啤酒	73.69	广州市	食品饮料	地方国有控股
60	002060.SZ	粤水电	73.59	广州市	公用事业	地方国有控股
61	603833.SH	欧派家居	73.54	广州市	轻工制造	非国有控股
62	002733.SZ	雄韬股份	73.52	深圳市	电力设备	非国有控股
63	002841.SZ	视源股份	73.41	广州市	电子	非国有控股
64	002806.SZ	华锋股份	73.40	肇庆市	有色金属	非国有控股

续表

排名	公司代码	公司名称	创新科技成果指数	地级市	一级行业_申万	产权性质
65	688175.SH	高凌信息	73.37	珠海市	国防军工	非国有控股
66	688595.SH	芯海科技	73.34	深圳市	电子	非国有控股
67	300737.SZ	科顺股份	73.28	佛山市	建筑材料	非国有控股
68	002101.SZ	广东鸿图	73.26	肇庆市	汽车	地方国有控股
69	000513.SZ	丽珠集团	73.23	珠海市	医药生物	非国有控股
70	600673.SH	东阳光	73.22	韶关市	有色金属	非国有控股
71	688083.SH	中望软件	73.19	广州市	计算机	非国有控股
72	300529.SZ	健帆生物	73.18	珠海市	医药生物	非国有控股
73	300638.SZ	广和通	72.96	深圳市	通信	非国有控股
74	688112.SH	鼎阳科技	72.94	深圳市	机械设备	非国有控股
75	000062.SZ	深圳华强	72.90	深圳市	电子	非国有控股
76	002130.SZ	沃尔核材	72.89	深圳市	电子	非国有控股
77	603063.SH	禾望电气	72.88	深圳市	电力设备	非国有控股
78	002340.SZ	格林美	72.84	深圳市	电力设备	非国有控股
79	603160.SH	汇顶科技	72.81	深圳市	电子	非国有控股

数据来源：同花顺（iFinD），首经贸资产评估研究院和浙工商数字创新与管理研究院整理。

9.6.5 创新经济绩效指数

2022年广东省795家上市公司创新经济绩效指数平均水平为60.27，低于全市场均值61.11。从指数分布来看，高于均值的有361家，占省份总数的45.41%。其中，最高的是中国广核，创新经济绩效指数为88.39。具体来看，创新经济绩效指数区间在60以下的有429家，占比53.96%；60~70的有264家，占比33.21%；70~80的有89家，占比11.19%；80以上的有13家，占比1.64%，如图9-59所示。

从省内城市分布来看，创新经济绩效指数平均水平最高的是韶关市（63.09），最低的是茂名市（53.38），如图9-60所示。

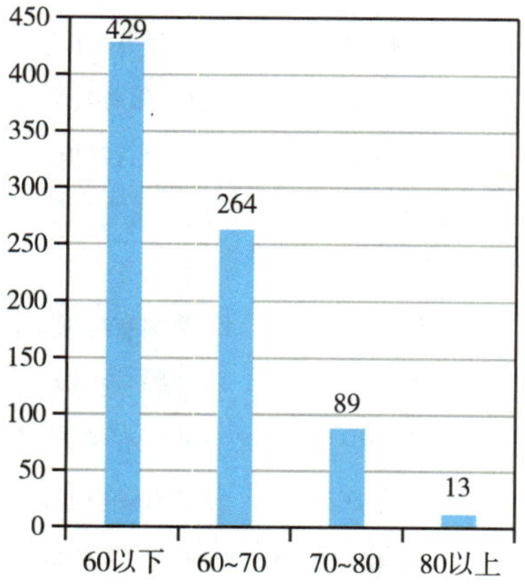

图9-59　2022年广东省上市公司创新经济绩效指数分布图（家）

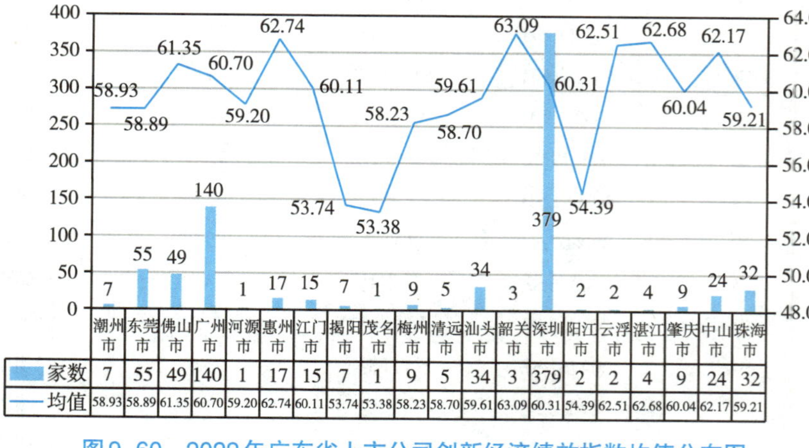

图9-60　2022年广东省上市公司创新经济绩效指数均值分布图

广东省创新经济绩效指数排名前10%的上市公司，如表9-30所示。

表 9-30　　2022 年广东省上市公司创新经济绩效指数前 10% 排名

排名	公司代码	公司名称	创新经济绩效指数	地级市	一级行业_申万	产权性质
1	003816.SZ	中国广核	88.39	深圳市	公用事业	中央国有控股
2	300760.SZ	迈瑞医疗	87.79	深圳市	医药生物	非国有控股
3	002475.SZ	立讯精密	84.70	深圳市	电子	非国有控股
4	601615.SH	明阳智能	84.45	中山市	电力设备	非国有控股
5	002030.SZ	达安基因	83.22	广州市	医药生物	地方国有控股
6	002594.SZ	比亚迪	83.04	深圳市	汽车	非国有控股
7	300124.SZ	汇川技术	82.44	深圳市	机械设备	非国有控股
8	300014.SZ	亿纬锂能	82.33	惠州市	电力设备	非国有控股
9	000027.SZ	深圳能源	82.20	深圳市	公用事业	地方国有控股
10	002180.SZ	纳思达	81.76	珠海市	计算机	非国有控股
11	002625.SZ	光启技术	81.72	深圳市	国防军工	非国有控股
12	000999.SZ	华润三九	80.63	深圳市	医药生物	中央国有控股
13	601138.SH	工业富联	80.11	深圳市	电子	非国有控股
14	002709.SZ	天赐材料	79.76	广州市	电力设备	非国有控股
15	002340.SZ	格林美	79.65	深圳市	电力设备	非国有控股
16	002352.SZ	顺丰控股	79.57	深圳市	交通运输	非国有控股
17	603233.SH	大参林	78.64	广州市	医药生物	非国有控股
18	300438.SZ	鹏辉能源	78.63	广州市	电力设备	非国有控股
19	600332.SH	白云山	78.50	广州市	医药生物	地方国有控股
20	002294.SZ	信立泰	77.61	深圳市	医药生物	非国有控股
21	002317.SZ	众生药业	77.25	东莞市	医药生物	非国有控股
22	000012.SZ	南玻 A	77.05	深圳市	建筑材料	地方国有控股
23	600673.SH	东阳光	76.95	韶关市	有色金属	非国有控股
24	000651.SZ	格力电器	76.91	珠海市	家用电器	非国有控股
25	002906.SZ	华阳集团	76.90	惠州市	汽车	非国有控股
26	002831.SZ	裕同科技	76.68	深圳市	轻工制造	非国有控股
27	300888.SZ	稳健医疗	76.43	深圳市	美容护理	非国有控股
28	000063.SZ	中兴通讯	76.24	深圳市	通信	非国有控股
29	002583.SZ	海能达	75.99	深圳市	通信	非国有控股
30	002311.SZ	海大集团	75.68	广州市	农林牧渔	非国有控股
31	002139.SZ	拓邦股份	75.62	深圳市	电子	非国有控股
32	600098.SH	广州发展	75.59	广州市	公用事业	地方国有控股
33	300136.SZ	信维通信	75.47	深圳市	电子	非国有控股
34	002683.SZ	广东宏大	75.42	广州市	基础化工	地方国有控股
35	688114.SH	华大智造	75.35	深圳市	医药生物	非国有控股
36	000333.SZ	美的集团	75.31	佛山市	家用电器	非国有控股
37	300037.SZ	新宙邦	75.22	深圳市	电力设备	非国有控股
38	002920.SZ	德赛西威	75.16	惠州市	计算机	地方国有控股
39	300482.SZ	万孚生物	74.96	广州市	医药生物	非国有控股
40	601238.SH	广汽集团	74.92	广州市	汽车	地方国有控股

续表

排名	公司代码	公司名称	创新经济绩效指数	地级市	一级行业_申万	产权性质
41	002544.SZ	普天科技	74.90	广州市	通信	中央国有控股
42	300408.SZ	三环集团	74.85	潮州市	电子	非国有控股
43	002446.SZ	盛路通信	74.34	佛山市	国防军工	非国有控股
44	003035.SZ	南网能源	74.28	广州市	公用事业	中央国有控股
45	002705.SZ	新宝股份	74.23	佛山市	家用电器	非国有控股
46	000921.SZ	海信家电	74.10	佛山市	家用电器	地方国有控股
47	000534.SZ	万泽股份	74.05	汕头市	医药生物	非国有控股
48	000050.SZ	深天马 A	74.04	深圳市	电子	中央国有控股
49	002600.SZ	领益智造	73.85	江门市	电子	非国有控股
50	300638.SZ	广和通	73.72	深圳市	通信	非国有控股
51	603348.SH	文灿股份	73.59	佛山市	汽车	非国有控股
52	001323.SZ	慕思股份	73.56	东莞市	轻工制造	非国有控股
53	002841.SZ	视源股份	73.47	广州市	电子	非国有控股
54	002008.SZ	大族激光	73.37	深圳市	机械设备	非国有控股
55	300012.SZ	华测检测	73.36	深圳市	社会服务	非国有控股
56	000100.SZ	TCL科技	73.32	惠州市	电子	非国有控股
57	000066.SZ	中国长城	73.32	深圳市	计算机	中央国有控股
58	601900.SH	南方传媒	73.27	广州市	传媒	地方国有控股
59	300676.SZ	华大基因	73.27	深圳市	医药生物	非国有控股
60	002911.SZ	佛燃能源	73.24	佛山市	公用事业	地方国有控股
61	688575.SH	亚辉龙	73.23	深圳市	医药生物	非国有控股
62	002212.SZ	天融信	73.19	汕头市	计算机	非国有控股
63	600380.SH	健康元	73.16	深圳市	医药生物	非国有控股
64	600866.SH	星湖科技	73.10	肇庆市	基础化工	地方国有控股
65	603288.SH	海天味业	72.79	佛山市	食品饮料	非国有控股
66	002938.SZ	鹏鼎控股	72.70	深圳市	电子	非国有控股
67	000009.SZ	中国宝安	72.62	深圳市	电力设备	非国有控股
68	301039.SZ	中集车辆	72.50	深圳市	汽车	中央国有控股
69	300498.SZ	温氏股份	72.50	云浮市	农林牧渔	非国有控股
70	002870.SZ	香山股份	72.48	中山市	汽车	非国有控股
71	688208.SH	道通科技	72.48	深圳市	计算机	非国有控股
72	000513.SZ	丽珠集团	72.27	珠海市	医药生物	非国有控股
73	002301.SZ	齐心集团	72.20	深圳市	轻工制造	非国有控股
74	002399.SZ	海普瑞	72.14	深圳市	医药生物	非国有控股
75	603882.SH	金域医学	72.07	广州市	医药生物	非国有控股
76	300769.SZ	德方纳米	71.92	深圳市	电力设备	非国有控股
77	603160.SH	汇顶科技	71.89	深圳市	电子	非国有控股
78	603833.SH	欧派家居	71.80	广州市	轻工制造	非国有控股
79	002402.SZ	和而泰	71.76	深圳市	电子	非国有控股

数据来源：同花顺（iFinD），首经贸资产评估研究院和浙工商数字创新与管理研究院整理。

9.7 广西壮族自治区创新发展指数评价

2022年，广西壮族自治区全年实现地区生产总值26,300.87亿元，人均地区生产总值为52,164.00元，居民人均可支配收入27,980.66元。截至2022年底，A股市场广西壮族自治区共有上市公司38家，总市值共计2,514.21亿元，营业总收入3,671.67亿元，平均市值66.16亿元/家，平均营业收入96.62亿元/家。营业收入最高的上市公司为恒逸石化（1,520.50亿元），市值最大的上市公司为桂冠电力（454.02亿元）。2022年，广西壮族自治区上市公司研发投入合计为45.81亿元，占营业收入的1.25%；无形资产账面价值合计为196.04亿元，占总资产的4.05%。根据本报告分析口径，本节共对广西壮族自治区38家上市公司开展创新发展指数评价，具体情况如下：

9.7.1 创新发展综合指数

根据本报告评价，2022年广西壮族自治区创新发展综合指数平均水平为62.80，低于全市场平均水平65.47。从指数分布来看，高于均值的有11家，占省份总数的28.95%。其中，最高的是柳工，创新发展综合指数为72.58。具体来看，创新发展综合指数区间在60以下的有10家，占比26.32%；60~70的有25家，占比65.79%；70~80的有3家，占比7.89%，如图9-61所示。

从自治区内城市分布来看，广西壮族自治区38家上市公司分布在10个自治区内城市。创新发展综合指数平均水平最高的是梧州市（72.14），最低的是玉林市（58.39），如图9-62所示。

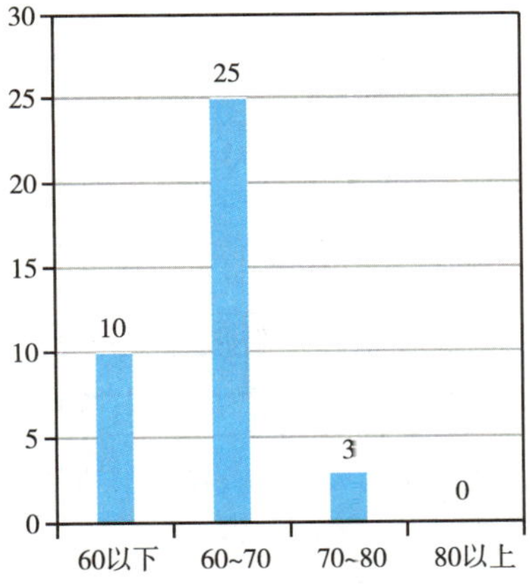

图9-61 2022年广西壮族自治区上市公司创新发展综合指数分布图（家）

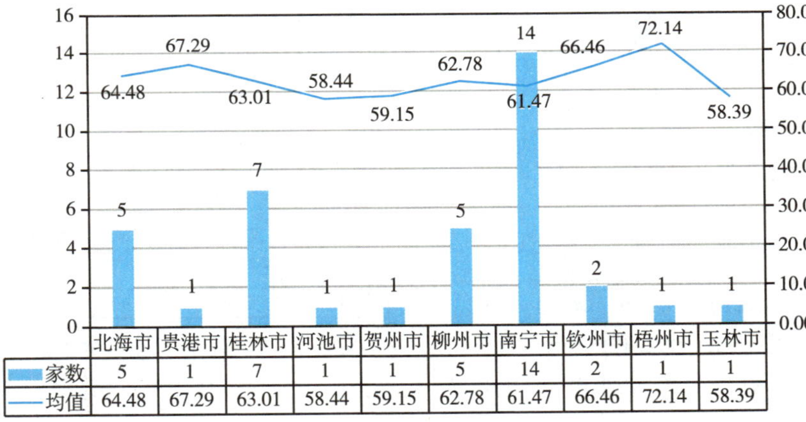

图9-62 2022年广西壮族自治区上市公司创新发展综合指数均值分布图

广西壮族自治区创新发展综合指数排名前10的上市公司，如表9-31所示。

表9-31 2022年广西壮族自治区上市公司创新发展综合指数前10排名

排名	公司代码	公司名称	创新发展综合指数	地级市	一级行业_申万	产权性质
1	000528.SZ	柳工	72.58	柳州市	机械设备	地方国有控股
2	600252.SH	中恒集团	72.14	梧州市	医药生物	地方国有控股
3	000703.SZ	恒逸石化	70.51	钦州市	石油石化	非国有控股
4	002929.SZ	润建股份	68.96	南宁市	通信	非国有控股
5	300422.SZ	博世科	68.83	南宁市	环保	地方国有控股
6	002275.SZ	桂林三金	68.64	桂林市	医药生物	非国有控股

续表

排名	公司代码	公司名称	创新发展综合指数	地级市	一级行业_申万	产权性质
7	000833.SZ	粤桂股份	67.29	贵港市	综合	地方国有控股
8	601003.SH	柳钢股份	66.86	柳州市	钢铁	地方国有控股
9	600556.SH	天下秀	66.54	北海市	传媒	非国有控股
10	000582.SZ	北部湾港	66.53	北海市	交通运输	地方国有控股

数据来源：同花顺（iFinD），首经贸资产评估研究院和浙工商数字创新与管理研究院整理。

9.7.2 创新资源支持指数

2022年广西壮族自治区38家上市公司创新资源支持指数平均水平为66.53，低于全市场均值68.18。从指数分布来看，高于均值的有14家，占省份总数的36.84%。其中，最高的是柳工，创新资源支持指数为83.51。具体来看，创新资源支持指数区间在60以下的有6家，占比15.79%；60~70的有21家，占比55.26%；70~80的有10家，占比26.32%；80以上的有1家，占比2.63%，如图9-63所示。

从自治区内城市分布来看，创新资源支持指数平均水平最高的是梧州市（76.06），最低的是河池市（57.63），如图9-64所示。

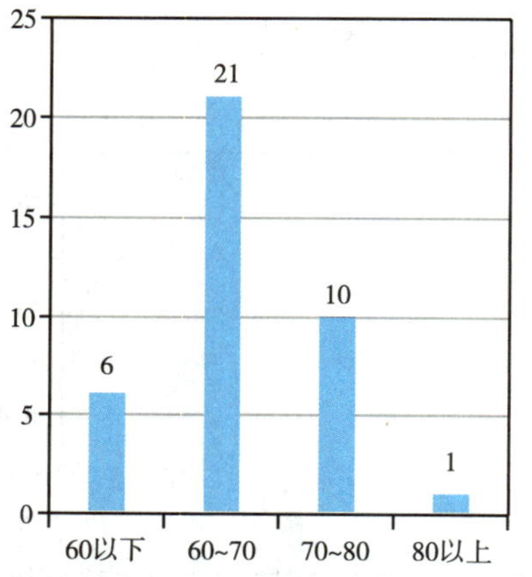

图9-63 2022年广西壮族自治区上市公司创新资源支持指数分布图（家）

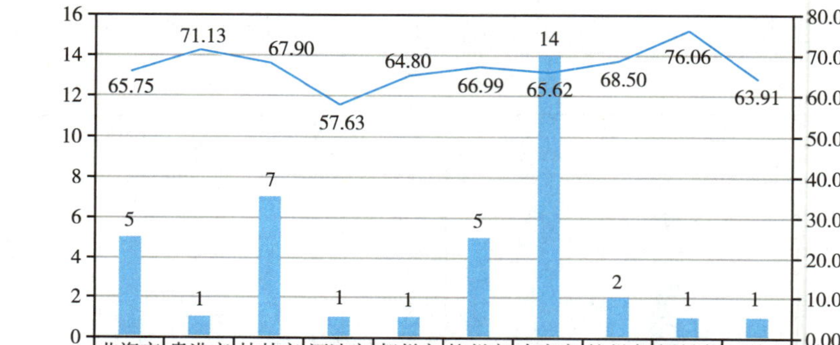

	北海市	贵港市	桂林市	河池市	贺州市	柳州市	南宁市	钦州市	梧州市	玉林市
家数	5	1	7	1	1	5	14	2	1	1
均值	65.75	71.13	67.90	57.63	64.80	66.99	65.62	68.50	76.06	63.91

图9-64 2022年广西壮族自治区上市公司创新资源支持指数均值分布图

广西壮族自治区创新资源支持指数排名前10的上市公司，如表9-32所示。

表9-32 2022年广西壮族自治区上市公司创新资源支持指数前10排名

排名	公司代码	公司名称	创新资源支持指数	地级市	一级行业_申万	产权性质
1	000528.SZ	柳工	83.51	柳州市	机械设备	地方国有控股
2	603166.SH	福达股份	77.97	桂林市	汽车	非国有控股
3	002696.SZ	百洋股份	76.95	南宁市	农林牧渔	地方国有控股
4	300422.SZ	博世科	76.17	南宁市	环保	地方国有控股
5	600252.SH	中恒集团	76.06	梧州市	医药生物	地方国有控股
6	601996.SH	丰林集团	75.93	南宁市	轻工制造	非国有控股
7	000582.SZ	北部湾港	75.51	北海市	交通运输	地方国有控股
8	002275.SZ	桂林三金	71.38	桂林市	医药生物	非国有控股

续表

排名	公司代码	公司名称	创新资源支持指数	地级市	一级行业_申万	产权性质
9	000833.SZ	粤桂股份	71.13	贵港市	综合	地方国有控股
10	000703.SZ	恒逸石化	71.11	钦州市	石油石化	非国有控股

数据来源：同花顺（iFinD），首经贸资产评估研究院和浙工商数字创新与管理研究院整理。

9.7.3　创新要素投入指数

2022年广西壮族自治区38家上市公司创新要素投入指数平均水平为60.61，低于全市场均值65.37。从指数分布来看，高于均值的有11家，占省份总数的28.95%。其中，最高的是中恒集团，创新要素投入指数为72.69。具体来看，创新要素投入指数区间在60以下的有16家，占比42.11%；60~70的有19家，占比50.00%；70~80的有3家，占比7.89%，如图9-65所示。

从自治区内城市分布来看，创新要素投入指数平均水平最高的是河池市（72.69），最低的是玉林市（52.09），如图9-66所示。

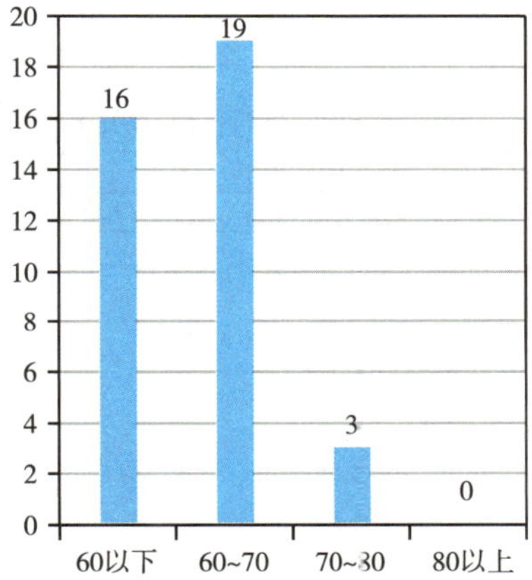

图9-65　2022年广西壮族自治区上市公司创新要素投入指数分布图（家）

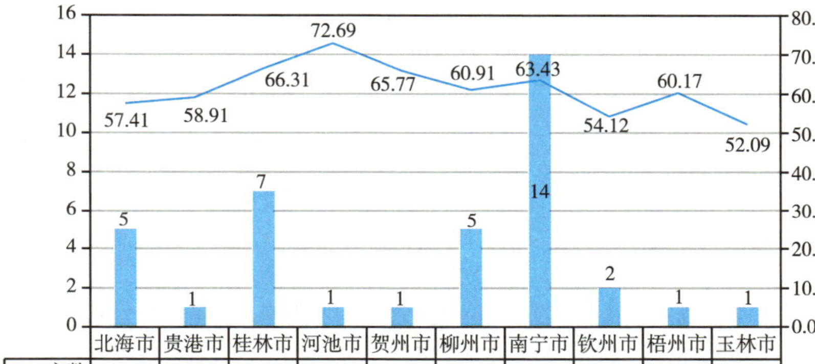

	北海市	贵港市	桂林市	河池市	贺州市	柳州市	南宁市	钦州市	梧州市	玉林市
家数	5	1	7	1	1	5	14	2	1	1
均值	57.41	58.91	66.31	72.69	65.77	60.91	63.43	54.12	60.17	52.09

图9-66　2022年广西壮族自治区上市公司创新要素投入指数均值分布图

广西壮族自治区创新要素投入指数排名前10的上市公司，如表9-33所示。

表9-33　2022年广西壮族自治区上市公司创新要素投入指数前10排名

排名	公司代码	公司名称	创新要素投入指数	地级市	一级行业_申万	产权性质
1	600252.SH	中恒集团	72.69	梧州市	医药生物	地方国有控股
2	301027.SZ	华蓝集团	71.63	南宁市	建筑装饰	非国有控股
3	603869.SH	新智认知	70.93	北海市	计算机	非国有控股
4	000528.SZ	柳工	69.83	柳州市	机械设备	地方国有控股
5	000703.SZ	恒逸石化	69.67	钦州市	石油石化	非国有控股
6	002275.SZ	桂林三金	69.52	桂林市	医药生物	非国有控股
7	600556.SH	天下秀	69.45	北海市	传媒	非国有控股
8	300422.SZ	博世科	69.32	南宁市	环保	地方国有控股
9	002929.SZ	润建股份	68.40	南宁市	通信	非国有控股
10	601003.SH	柳钢股份	67.98	柳州市	钢铁	地方国有控股

数据来源：同花顺（iFinD），首经贸资产评估研究院和浙工商数字创新与管理研究院整理。

9.7.4 创新科技成果指数

2022年广西壮族自治区38家上市公司创新科技成果指数平均水平为67.01，低于全市场均值68.28。从指数分布来看，高于均值的有13家，占省份总数的34.21%。其中，最高的是柳工，创新科技成果指数为75.10。具体来看，创新科技成果指数区间在60以下的有3家，占比7.89%；60~70的有27家，占比71.06%；70~80的有8家，占比21.05%，如图9-67所示。

从自治区内城市分布来看，创新科技成果指数平均水平最高的是梧州市（72.41），最低的是贺州市（64.53），如图9-68所示。

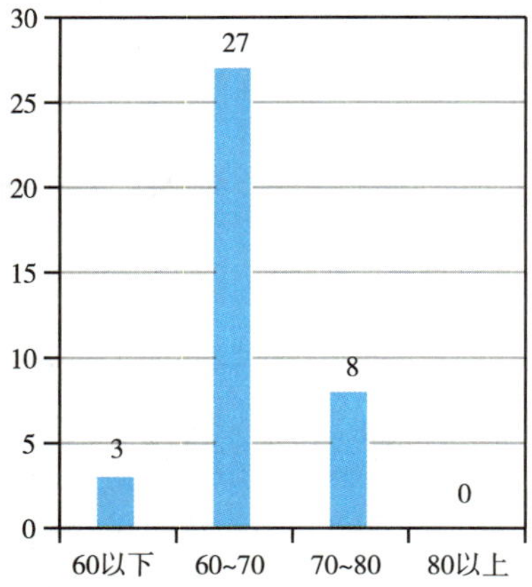

图9-67　2022年广西壮族自治区上市公司创新科技成果指数分布图（家）

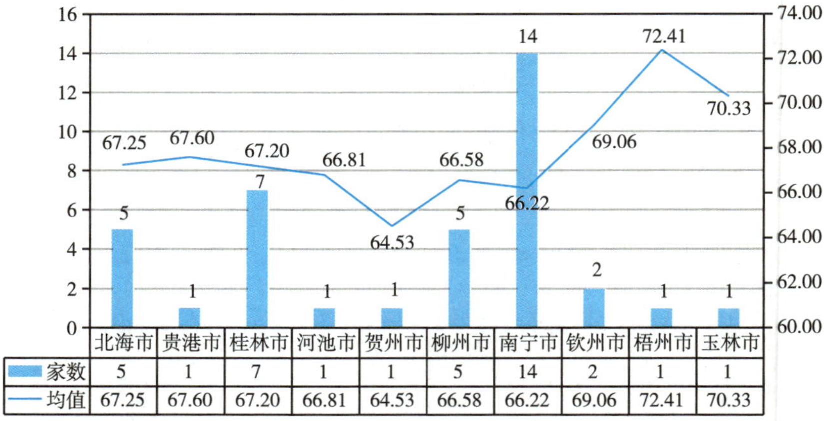

图9-68　2022年广西壮族自治区上市公司创新科技成果指数均值分布图

广西壮族自治区创新科技成果指数排名前10的上市公司，如表9-34所示。

表9-34　2022年广西壮族自治区上市公司创新科技成果指数前10排名

排名	公司代码	公司名称	创新科技成果指数	地级市	一级行业_申万	产权性质
1	000528.SZ	柳工	75.10	柳州市	机械设备	地方国有控股
2	601003.SH	柳钢股份	73.91	柳州市	钢铁	地方国有控股
3	600252.SH	中恒集团	72.41	梧州市	医药生物	地方国有控股
4	300422.SZ	博世科	72.17	南宁市	环保	地方国有控股
5	600538.SH	国发股份	70.74	北海市	医药生物	非国有控股
6	600556.SH	天下秀	70.63	北海市	传媒	非国有控股
7	002275.SZ	桂林三金	70.45	桂林市	医药生物	非国有控股
8	000716.SZ	黑芝麻	70.33	玉林市	食品饮料	非国有控股
9	000703.SZ	恒逸石化	69.85	钦州市	石油石化	非国有控股
10	002592.SZ	ST八菱	69.80	南宁市	汽车	非国有控股

数据来源：同花顺（iFinD），首经贸资产评估研究院和浙工商数字创新与管理研究院整理。

9.7.5 创新经济绩效指数

2022年广西壮族自治区38家上市公司创新经济绩效指数平均水平为58.89，低于全市场均值61.11。从指数分布来看，高于均值的有16家，占省份总数的42.11%。其中，最高的是润建股份，创新经济绩效指数为72.29。具体来看，创新经济绩效指数区间在60以下的有22家，占比57.90%；60~70的有13家，占比34.21%；70~80的有3家，占比7.89%，如图9-69所示。

从自治区内城市分布来看，创新经济绩效指数平均水平最高的是梧州市（68.36），最低的是玉林市（51.18），如图9-70所示。

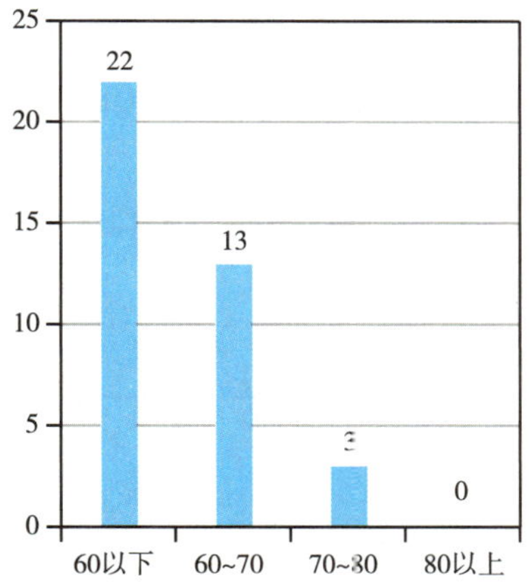

图9-69　2022年广西壮族自治区上市公司创新经济绩效指数分布图（家）

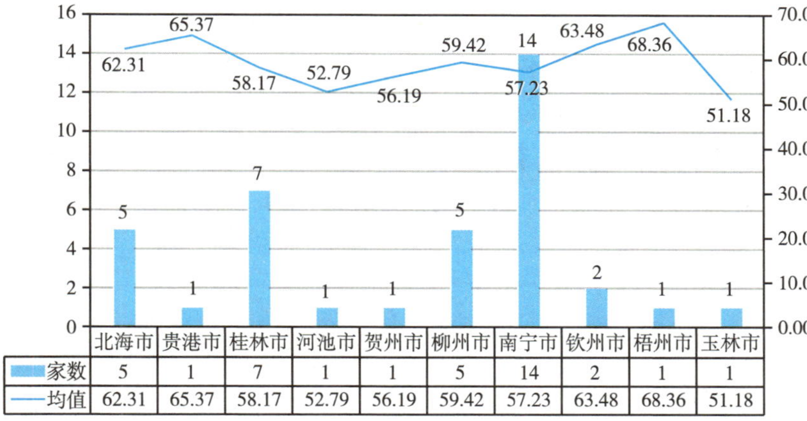

图9-70　2022年广西壮族自治区上市公司创新经济绩效指数均值分布图

广西壮族自治区创新经济绩效指数排名前10的上市公司，如表9-35所示。

表9-35　2022年广西壮族自治区上市公司创新经济绩效指数前10排名

排名	公司代码	公司名称	创新经济绩效指数	地级市	一级行业_申万	产权性质
1	002929.SZ	润建股份	72.29	南宁市	通信	非国有控股
2	000703.SZ	恒逸石化	71.67	钦州市	石油石化	非国有控股
3	000582.SZ	北部湾港	70.20	北海市	交通运输	地方国有控股
4	002175.SZ	东方智造	69.73	桂林市	机械设备	非国有控股
5	600252.SH	中恒集团	68.36	梧州市	医药生物	地方国有控股
6	603368.SH	柳药集团	67.18	柳州市	医药生物	非国有控股
7	000528.SZ	柳工	65.59	柳州市	机械设备	地方国有控股
8	000833.SZ	粤桂股份	65.37	贵港市	综合	地方国有控股
9	002166.SZ	莱茵生物	65.31	桂林市	基础化工	非国有控股
10	603869.SH	新智认知	64.09	北海市	计算机	非国有控股

数据来源：同花顺（iFinD），首经贸资产评估研究院和浙工商数字创新与管理研究院整理。

9.8　贵州省创新发展指数评价

2022年，贵州省全年实现地区生产总值20,164.58亿元，人均地区生产总值为52,321.00元，居民人均可支配收入25,508.21元。截至2022年底，A股市场贵州省共有上市公司33家，总市值共计25,872.91亿元，营业总收入2,784.94亿元，平均市值784.03亿元/家，平均营业收入84.39亿元/家。营业收入最高的上市公司为贵州茅台（1,241.00亿元），市值最大的上市公司也为贵州茅台（21,694.54亿元）。2022年，贵州省上市公司研发投入合计为54.52亿元，占营业收入的1.96%；无形资产账面价值合计为199.17亿元，占总资产的3.47%。根据本报告分析口径，本节共对贵州省33家上市公司开展创新发展指数评价，具体情况如下：

9.8.1 创新发展综合指数

根据本报告评价，2022年贵州省创新发展综合指数平均水平为66.42，高于全市场平均水平65.47。从指数分布来看，高于均值的有18家，占省份总数的54.55%。其中，最高的是振华科技，创新发展综合指数为79.65。具体来看，创新发展综合指数区间在60以下的有2家，占比6.06%；60~70的有25家，占比75.76%；70~80的有6家，占比18.18%，如图9-71所示。

从省内城市分布来看，贵州省33家上市公司分布在6个省内城市。创新发展综合指数平均水平最高的是铜仁市（75.29），最低的是遵义市（64.78），如图9-72所示。

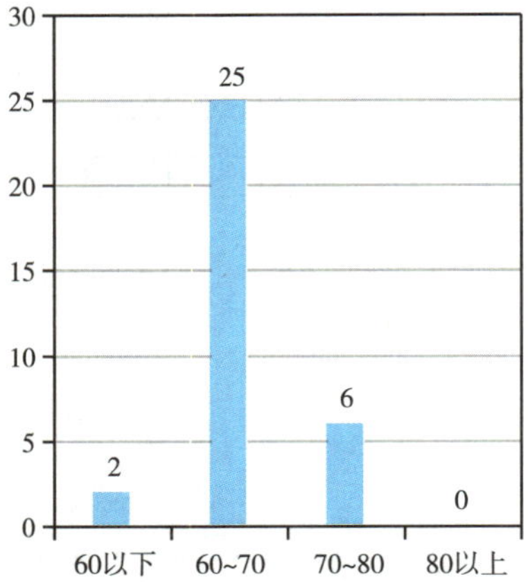

图9-71 2022年贵州省上市公司创新发展综合指数分布图（家）

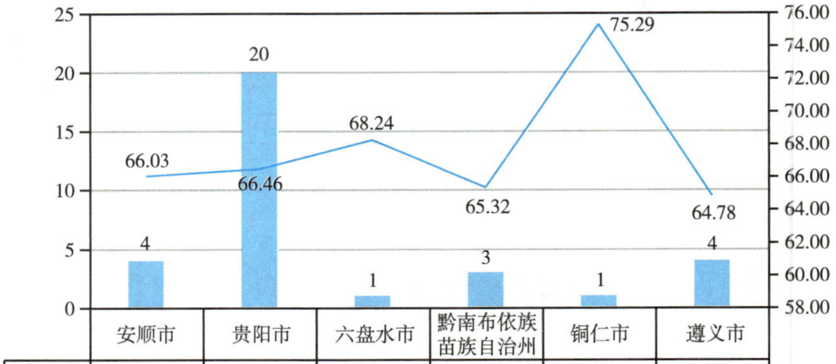

	安顺市	贵阳市	六盘水市	黔南布依族苗族自治州	铜仁市	遵义市
家数	4	20	1	3	1	4
均值	66.03	66.46	68.24	65.32	75.29	64.78

图9-72 2022年贵州省上市公司创新发展综合指数均值分布图

贵州省创新发展综合指数排名前10的上市公司，如表9-36所示。

表9-36 2022年贵州省上市公司创新发展综合指数前10排名

排名	公司代码	公司名称	创新发展综合指数	地级市	一级行业_申万	产权性质
1	000733.SZ	振华科技	79.65	贵阳市	国防军工	中央国有控股
2	300919.SZ	中伟股份	75.29	铜仁市	电力设备	非国有控股
3	002025.SZ	航天电器	72.40	贵阳市	国防军工	中央国有控股
4	600765.SH	中航重机	71.50	贵阳市	国防军工	中央国有控股
5	600519.SH	贵州茅台	71.07	遵义市	食品饮料	地方国有控股
6	002037.SZ	保利联合	70.73	贵阳市	基础化工	中央国有控股
7	688239.SH	航宇科技	69.47	贵阳市	国防军工	非国有控股
8	002895.SZ	川恒股份	69.20	黔南布依族苗族自治州	基础化工	非国有控股
9	688439.SH	振华风光	69.04	贵阳市	国防军工	中央国有控股
10	688707.SH	振华新材	68.85	贵阳市	电力设备	中央国有控股

数据来源：同花顺（iFinD），首经贸资产评估研究院和浙工商数字创新与管理研究院整理。

9.8.2 创新资源支持指数

2022年贵州省33家上市公司创新资源支持指数平均水平为67.80，低于全市场均值68.18。从指数分布来看，高于均值的有14家，占省份总数的42.42%。其中，最高的是中伟股份，创新资源支持指数为85.12。具体来看，创新资源支持指数区间在60以下的有2家，占比6.06%；60~70的有20家，占比60.61%；70~80的有10家，占比30.30%；80以上的有1家，占比3.03%，如图9-73所示。

从省内城市分布来看，创新资源支持指数平均水平最高的是铜仁市（85.12），最低的是遵义市（61.35），如图9-74所示。

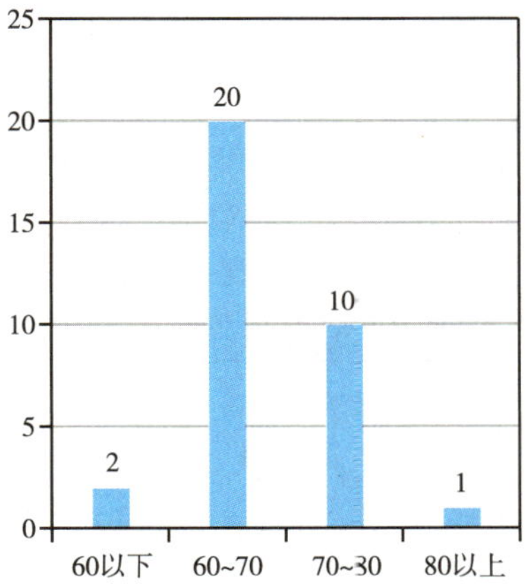

图9-73　2022年贵州省上市公司创新资源支持指数分布图（家）

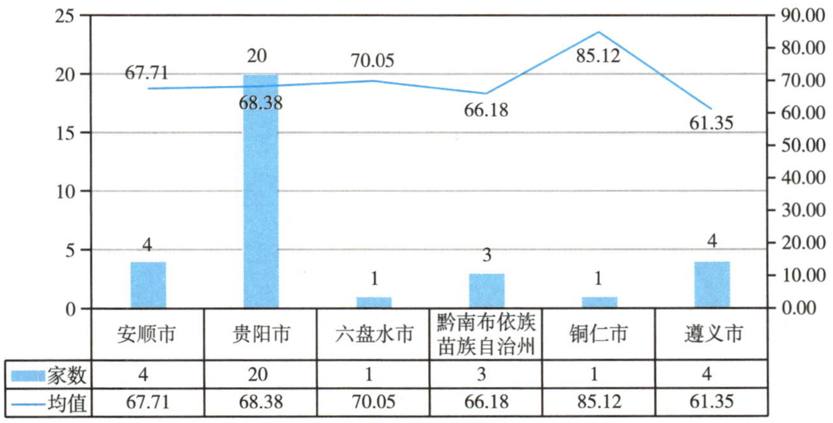

图9-74　2022年贵州省上市公司创新资源支持指数均值分布图

贵州省创新资源支持指数排名前10的上市公司，如表9-37所示。

表9-37　2022年贵州省上市公司创新资源支持指数前10排名

排名	公司代码	公司名称	创新资源支持指数	地级市	一级行业_申万	产权性质
1	300919.SZ	中伟股份	85.12	铜仁市	电力设备	非国有控股
2	000733.SZ	振华科技	75.76	贵阳市	国防军工	中央国有控股
3	688239.SH	航宇科技	73.96	贵阳市	国防军工	非国有控股
4	000589.SZ	贵州轮胎	72.43	贵阳市	汽车	地方国有控股
5	000851.SZ	高鸿股份	72.37	安顺市	通信	中央国有控股
6	000920.SZ	沃顿科技	71.63	贵阳市	基础化工	中央国有控股
7	002895.SZ	川恒股份	71.59	黔南布依族苗族自治州	基础化工	非国有控股
8	600523.SH	贵航股份	71.09	贵阳市	汽车	中央国有控股
9	600903.SH	贵州燃气	70.52	贵阳市	公用事业	非国有控股
10	600996.SH	贵广网络	70.31	贵阳市	传媒	地方国有控股

数据来源：同花顺（iFinD），首经贸资产评估研究院和浙工商数字创新与管理研究院整理。

9.8.3 创新要素投入指数

2022年贵州省33家上市公司创新要素投入指数平均水平为65.62，高于全市场均值65.37。从指数分布来看，高于均值的有18家，占行业总数的54.55%。其中，最高的是振华科技，创新要素投入指数为82.55。具体来看，创新要素投入指数区间在60以下的有7家，占比21.21%；60~70的有17家，占比51.52%；70~80的有7家，占比21.21%；80以上的有2家，占比6.06%，如图9–75所示。

从省内城市分布来看，创新要素投入指数平均水平最高的是铜仁市（72.35），最低的是黔南布依族苗族自治州（61.69），如图9–76所示。

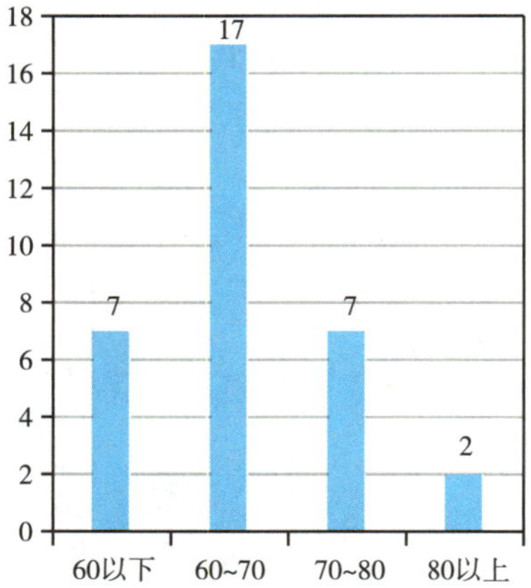

图9–75　2022年贵州省上市公司创新要素投入指数分布图（家）

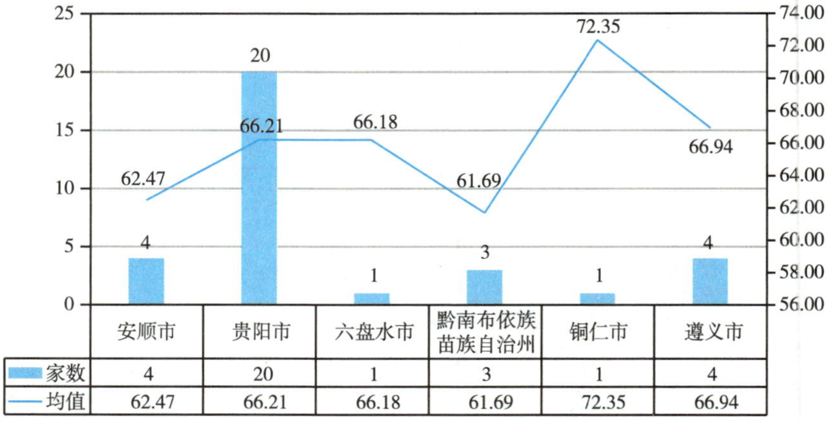

图9–76　2022年贵州省上市公司创新要素投入指数均值分布图

贵州省创新要素投入指数排名前10的上市公司，如表9–38所示。

表9–38　2022年贵州省上市公司创新要素投入指数前10排名

排名	公司代码	公司名称	创新要素投入指数	地级市	一级行业_申万	产权性质
1	000733.SZ	振华科技	82.55	贵阳市	国防军工	中央国有控股
2	002025.SZ	航天电器	82.20	贵阳市	国防军工	中央国有控股
3	600519.SH	贵州茅台	77.17	遵义市	食品饮料	地方国有控股
4	600765.SH	中航重机	74.31	贵阳市	国防军工	中央国有控股
5	002037.SZ	保利联合	74.09	贵阳市	基础化工	中央国有控股
6	000920.SZ	沃顿科技	73.39	贵阳市	基础化工	中央国有控股
7	688439.SH	振华风光	72.48	贵阳市	国防军工	中央国有控股
8	300919.SZ	中伟股份	72.35	铜仁市	电力设备	非国有控股
9	002895.SZ	川恒股份	71.73	黔南布依族苗族自治州	基础化工	非国有控股
10	688239.SH	航宇科技	69.80	贵阳市	国防军工	非国有控股

数据来源：同花顺（iFinD），首经贸资产评估研究院和浙工商数字创新与管理研究院整理。

9.8.4　创新科技成果指数

2022年贵州省33家上市公司创新科技成果指数平均水平为68.85，高于全市场均值68.28。从指数分布来看，高于均值的有18家，占省份总数的54.55%。其中，最高的是振华科技，创新科技成果指数为80.85。具体来看，创新科技成果指数区间在60~70的有21家，占比63.64%；70~80的有11家，占比33.33%；80以上的有1家，占比3.03%，如图9–77所示。

从省内城市分布来看，创新科技成果指数平均水平最高的是铜仁市（70.81），最低的是六盘水市

（64.44），如图9-78所示。

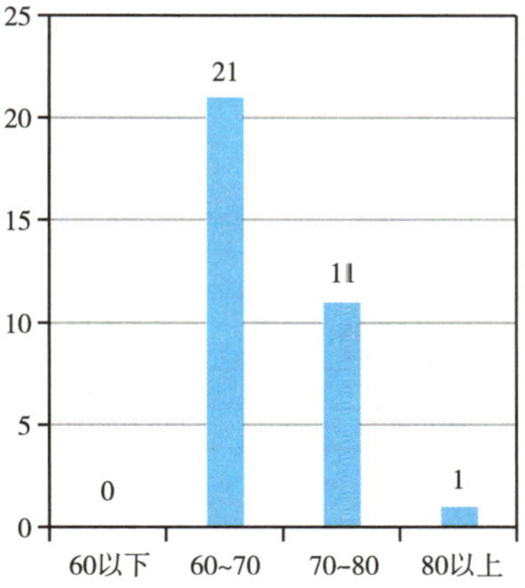

图9-77　2022年贵州省上市公司创新科技成果指数分布图（家）

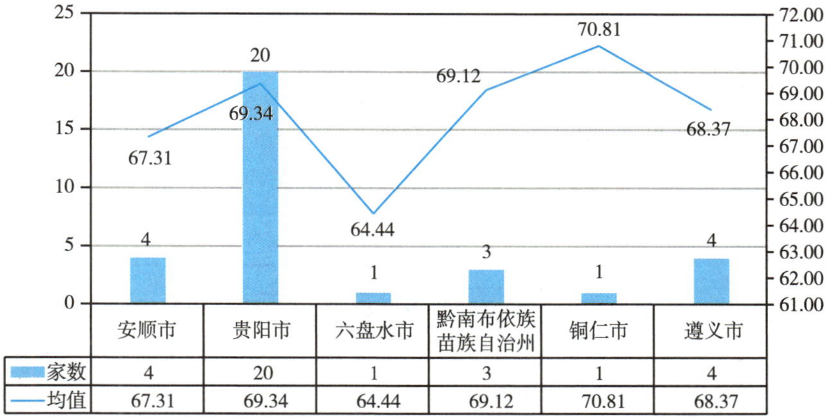

图9-78　2022年贵州省上市公司创新科技成果指数均值分布图

贵州省创新科技成果指数排名前10的上市公司，如表9-39所示。

表9-39　　2022年贵州省上市公司创新科技成果指数前10排名

排名	公司代码	公司名称	创新科技成果指数	地级市	一级行业_申万	产权性质
1	000733.SZ	振华科技	80.85	贵阳市	国防军工	中央国有控股
2	603458.SH	勘设股份	74.30	贵阳市	建筑装饰	非国有控股
3	600765.SH	中航重机	73.92	贵阳市	国防军工	中央国有控股
4	002037.SZ	保利联合	73.82	贵阳市	基础化工	中央国有控股
5	002025.SZ	航天电器	73.13	贵阳市	国防军工	中央国有控股
6	600992.SH	贵绳股份	72.86	遵义市	机械设备	地方国有控股
7	688707.SH	振华新材	71.91	贵阳市	电力设备	中央国有控股
8	600996.SH	贵广网络	71.45	贵阳市	传媒	地方国有控股
9	300919.SZ	中伟股份	70.81	铜仁市	电力设备	非国有控股
10	600227.SH	赤天化	70.45	贵阳市	基础化工	非国有控股

数据来源：同花顺（iFinD），首经贸资产评估研究院和浙工商数字创新与管理研究院整理。

9.8.5　创新经济绩效指数

2022年贵州省33家上市公司创新经济绩效指数平均水平为64.20，高于全市场均值61.11。从指数分布来看，高于均值的有21家，占省份总数的63.64%。其中，最高的是振华科技，创新经济绩效指数为77.96。具体来看，创新经济绩效指数区间在60以下的有12家，占比36.36%；60~70的有15家，占比45.46%；70~80的有6家，占比18.18%，如图9-79所示。

从省内城市分布来看，创新经济绩效指数平均水平最高的是铜仁市（75.59），最低的是遵义市（61.52），如图9-80所示。

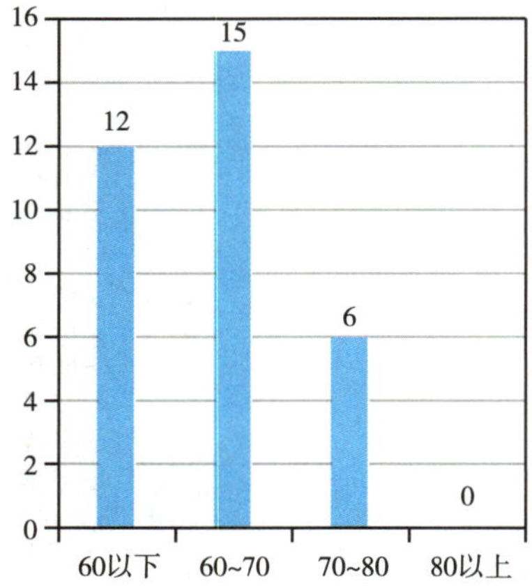

图9-79　2022年贵州省上市公司创新经济绩效指数分布图（家）

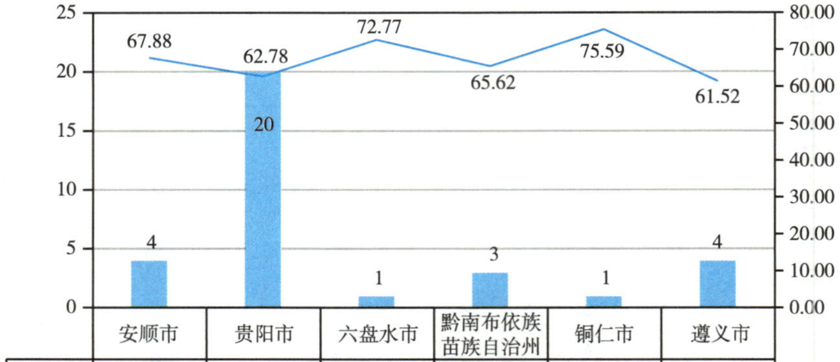

	安顺市	贵阳市	六盘水市	黔南布依族苗族自治州	铜仁市	遵义市
家数	4	20	1	3	1	4
均值	67.88	62.78	72.77	65.62	75.59	61.52

图9-80　2022年贵州省上市公司创新经济绩效指数均值分布图

贵州省创新经济绩效指数排名前10的上市公司，如表9-40所示。

表 9-40　　2022 年贵州省上市公司创新经济绩效指数前 10 排名

排名	公司代码	公司名称	创新经济绩效指数	地级市	一级行业_申万	产权性质
1	000733.SZ	振华科技	77.96	贵阳市	国防军工	中央国有控股
2	300919.SZ	中伟股份	75.59	铜仁市	电力设备	非国有控股
3	600519.SH	贵州茅台	75.50	遵义市	食品饮料	地方国有控股
4	002424.SZ	贵州百灵	73.03	安顺市	医药生物	非国有控股
5	600395.SH	盘江股份	72.77	六盘水市	煤炭	地方国有控股
6	600996.SH	贵广网络	71.08	贵阳市	传媒	地方国有控股
7	002873.SZ	新天药业	69.68	贵阳市	医药生物	非国有控股
8	002390.SZ	信邦制药	69.30	黔南布依族苗族自治州	医药生物	非国有控股
9	688707.SH	振华新材	68.39	贵阳市	电力设备	中央国有控股
10	600765.SH	中航重机	68.02	贵阳市	国防军工	中央国有控股

数据来源：同花顺（iFinD），首经贸资产评估研究院和浙工商数字创新与管理研究院整理。

9.9　海南省创新发展指数评价

2022年，海南省全年实现地区生产总值6,818.22亿元，人均地区生产总值为66,602.00元，居民人均可支配收入30,956.60元。截至2022年底，A股市场海南省共有上市公司26家，总市值共计3,493.88亿元，营业总收入1,363.92亿元，平均市值134.38亿元/家，平均营业收入52.46亿元/家。营业收入最高的上市公司为广晟有色（228.64亿元），市值最大的上市公司为海航控股（804.38亿元）。2022年，海南省上市公司研发投入合计为23.57亿元，占营业收入的1.73%；无形资产账面价值合计为106.95亿元，占总资产的3.06%。根据本报告分析口径，本节共对海南省26家上市公司开展创新发展指数评价，具体情况如下：

9.9.1　创新发展综合指数

根据本报告评价，2022年海南省创新发展综合指数平均水平为63.15，低于全市场平均水平65.47。

从指数分布来看，高于均值的有7家，占省份总数的26.92%。其中，最高的是普利制药，创新发展综合指数为78.03。具体来看，创新发展综合指数区间在60以下的有8家，占比30.77%；60~70的有13家，占比50.00%；70~80的有5家，占比19.23%，如图9-81所示。

从省内城市分布来看，海南省26家上市公司分布在3个省内城市。①创新发展综合指数平均水平最高的是海口市（63.64），最低的是三亚市（58.85），如图9-82所示。

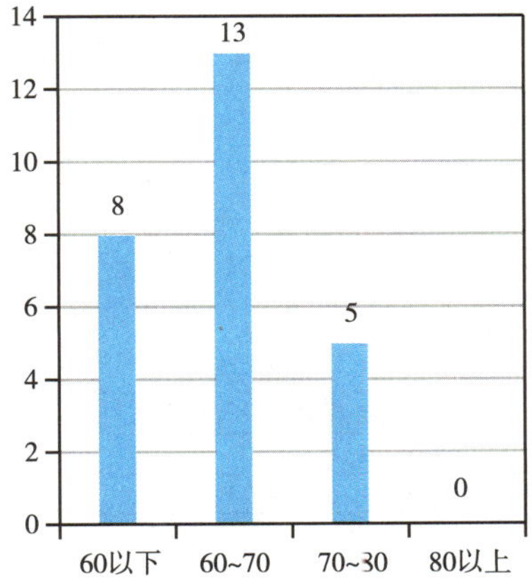

图9-81　2022年海南省上市公司创新发展综合指数分布图（家）

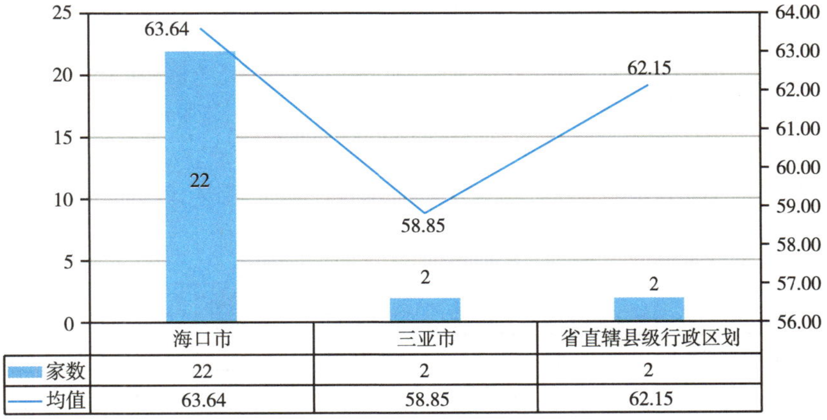

图9-82　2022年海南省上市公司创新发展综合指数均值分布图

海南省创新发展综合指数排名前10的上市公司，如表9-41所示。

表9-41　2022年海南省上市公司创新发展综合指数前10排名

排名	公司代码	公司名称	创新发展综合指数	地级市	一级行业_申万	产权性质
1	300530.SZ	普利制药	78.03	海口市	医药生物	非国有控股
2	000657.SZ	中钨高新	72.81	海口市	有色金属	中央国有控股
3	000572.SZ	海马汽车	71.81	海口市	汽车	非国有控股
4	688576.SH	金盘科技	70.71	海口市	电力设备	非国有控股
5	002865.SZ	钧达股份	70.05	海口市	电力设备	非国有控股
6	605199.SH	葫芦娃	67.59	海口市	医药生物	非国有控股
7	000566.SZ	海南海药	66.24	海口市	医药生物	中央国有控股
8	002693.SZ	双成药业	65.25	海口市	医药生物	非国有控股
9	600259.SH	广晟有色	64.38	海口市	有色金属	地方国有控股
10	601118.SH	海南橡胶	63.74	海口市	农林牧渔	地方国有控股

数据来源：同花顺（iFinD），首经贸资产评估研究院和浙工商数字创新与管理研究院整理。

9.9.2　创新资源支持指数

2022年海南省26家上市公司创新资源支持指数平均水平为66.62，低于全市场均值68.18。从指数分布来看，高于均值的有9家，占省份总数的34.62%。其中，最高的是金盘科技，创新资源支持指数

① 省直辖县级行政区划包括省直辖县级市和省辖县，本报告将公司属地位于省直辖县级行政区划内的上市公司归为一类并进行相应的数据分析，以下同。

为80.15。具体来看，创新资源支持指数区间在60以下的有2家，占比7.69%；60~70的有15家，占比57.69%；70~80的有8家，占比30.77%；80以上的有1家，占比3.85%，如图9-83所示。

从省内城市分布来看，创新资源支持指数平均水平最高的是海口市（67.43），最低的是省直辖县级行政区划（60.73），如图9-84所示。

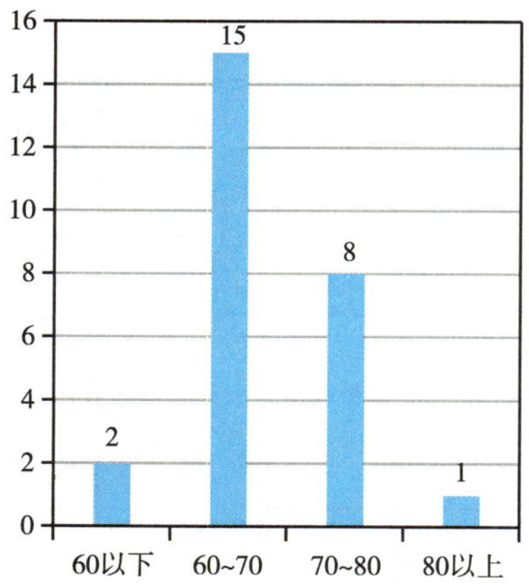

图9-83　2022年海南省上市公司创新资源支持指数分布图（家）

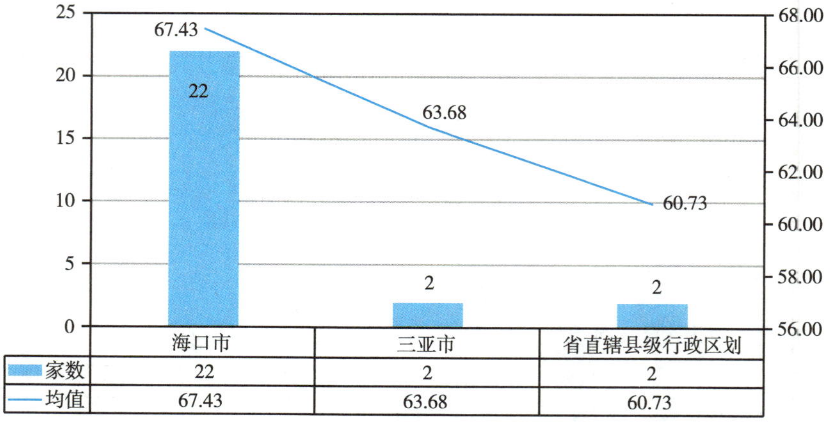

图9-84　2022年海南省上市公司创新资源支持指数均值分布图

海南省创新资源支持指数排名前10的上市公司，如表9-42所示。

表9-42　2022年海南省上市公司创新资源支持指数前10排名

排名	公司代码	公司名称	创新资源支持指数	地级市	一级行业_申万	产权性质
1	688676.SH	金盘科技	80.15	海口市	电力设备	非国有控股
2	000657.SZ	中钨高新	77.74	海口市	有色金属	中央国有控股
3	300630.SZ	普利制药	77.11	海口市	医药生物	非国有控股
4	000735.SZ	罗牛山	72.70	海口市	农林牧渔	非国有控股
5	002865.SZ	钧达股份	72.08	海口市	电力设备	非国有控股
6	601118.SH	海南橡胶	71.99	海口市	农林牧渔	地方国有控股
7	000572.SZ	海马汽车	71.18	海口市	汽车	非国有控股
8	603069.SH	海汽集团	71.13	海口市	交通运输	地方国有控股
9	600515.SH	海南机场	70.36	海口市	综合	地方国有控股
10	605199.SH	葫芦娃	68.04	海口市	医药生物	非国有控股

数据来源：同花顺（iFinD），首经贸资产评估研究院和浙工商数字创新与管理研究院整理。

9.9.3　创新要素投入指数

2022年海南省26家上市公司创新要素投入指数平均水平为60.35，低于全市场均值65.37。从指数分布来看，高于均值的有9家，占省份总数的34.62%。其中，最高的是普利制药，创新要素投入指数为82.67。具体来看，创新要素投入指数区间在60以下的有12家，占比46.15%；60~70的有10家，占比38.46%；70~80的有3家，占比11.54%；80以上的有1家，占比3.85%，如图9-85所示。

从省内城市分布来看，创新要素投入指数平均水平最高的是省直辖县级行政区划（63.05），最低的是三亚市（54.97），如图9-86所示。

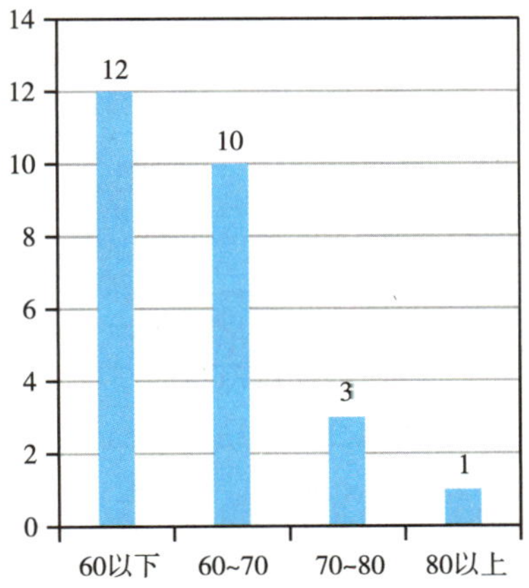

图9-85　2022年海南省上市公司创新要素投入指数分布图（家）

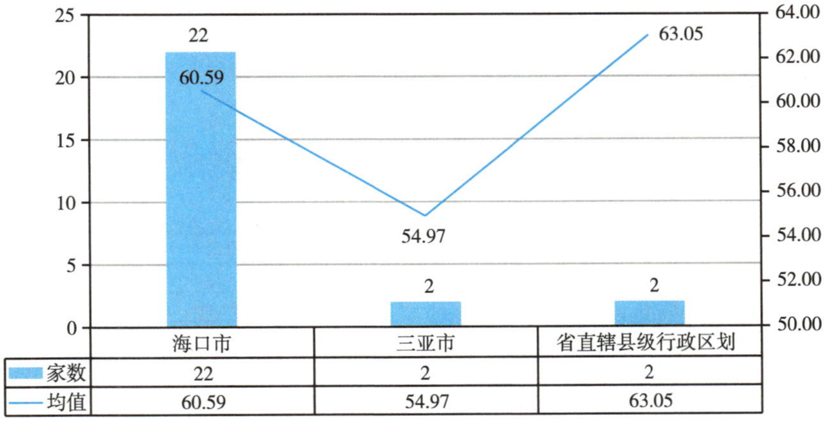

图9-86　2022年海南省上市公司创新要素投入指数均值分布图

海南省创新要素投入指数排名前10的上市公司，如表9-43所示。

表9-43　2022年海南省上市公司创新要素投入指数前10排名

排名	公司代码	公司名称	创新要素投入指数	地级市	一级行业_申万	产权性质
1	300630.SZ	普利制药	82.67	海口市	医药生物	非国有控股
2	000572.SZ	海马汽车	76.56	海口市	汽车	非国有控股
3	000657.SZ	中钨高新	73.08	海口市	有色金属	中央国有控股
4	688676.SH	金盘科技	70.24	海口市	电力设备	非国有控股
5	300086.SZ	康芝药业	68.07	海口市	医药生物	非国有控股
6	605199.SH	葫芦娃	66.53	海口市	医药生物	非国有控股
7	002693.SZ	双成药业	66.34	海口市	医药生物	非国有控股
8	000566.SZ	海南海药	66.30	海口市	医药生物	中央国有控股
9	002865.SZ	钧达股份	66.18	海口市	电力设备	非国有控股
10	000955.SZ	欣龙控股	64.24	省直辖县级行政区划	纺织服饰	非国有控股

数据来源：同花顺（iFinD），首经贸资产评估研究院和浙工商数字创新与管理研究院整理。

9.9.4　创新科技成果指数

2022年海南省26家上市公司创新科技成果指数平均水平为66.30，低于全市场均值68.28。从指数分布来看，高于均值的有9家，占省份总数的34.62%。其中，最高的是葫芦娃，创新科技成果指数为74.17。具体来看，创新科技成果指数区间在60以下的有3家，占比11.54%；60~70的有19家，占比73.08%；70~80的有4家，占比15.38%，如图9-87所示。

从省内城市分布来看，创新科技成果指数平均水平最高的是省直辖县级行政区划（67.12），最低的是三亚市（64.37），如图9-88所示。

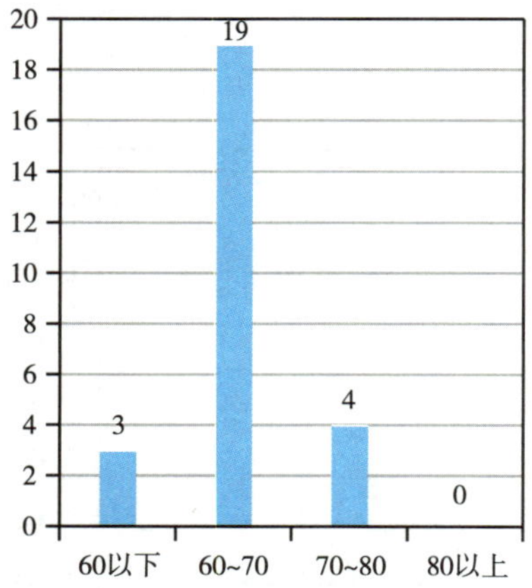

图9-87　2022年海南省上市公司创新科技成果指数分布图（家）

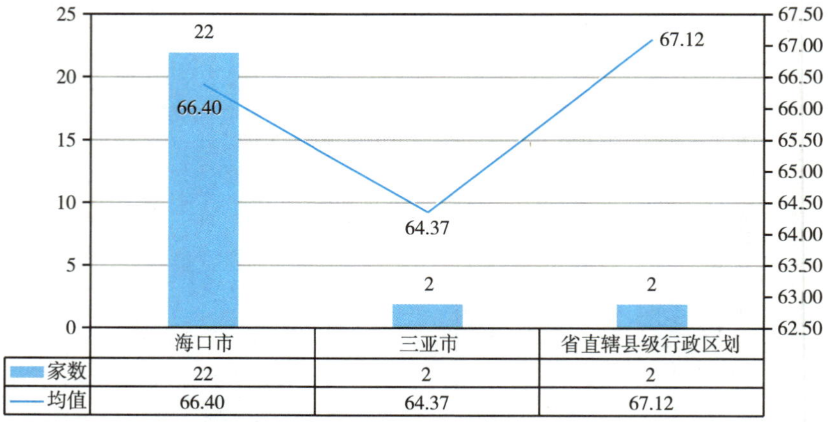

图9-88　2022年海南省上市公司创新科技成果指数均值分布图

海南省创新科技成果指数排名前10的上市公司，如表9-44所示。

表9-44　2022年海南省上市公司创新科技成果指数前10排名

排名	公司代码	公司名称	创新科技成果指数	地级市	一级行业_申万	产权性质
1	605199.SH	葫芦娃	74.17	海口市	医药生物	非国有控股
2	300630.SZ	普利制药	74.12	海口市	医药生物	非国有控股
3	000657.SZ	中钨高新	73.32	海口市	有色金属	中央国有控股
4	688676.SH	金盘科技	72.83	海口市	电力设备	非国有控股
5	000955.SZ	欣龙控股	69.86	省直辖县级行政区划	纺织服饰	非国有控股
6	002865.SZ	钧达股份	68.94	海口市	电力设备	非国有控股
7	600221.SH	海航控股	68.85	海口市	交通运输	非国有控股
8	000505.SZ	京粮控股	68.58	海口市	农林牧渔	地方国有控股
9	300086.SZ	康芝药业	68.46	海口市	医药生物	非国有控股
10	000572.SZ	海马汽车	67.23	海口市	汽车	非国有控股

数据来源：同花顺（iFinD），首经贸资产评估研究院和浙工商数字创新与管理研究院整理。

9.9.5　创新经济绩效指数

2022年海南省26家上市公司创新经济绩效指数平均水平为61.15，高于全市场均值61.11。从指数分布来看，高于均值的有13家，占省份总数的50.00%。其中，最高的是普利制药，创新经济绩效指数为76.67。具体来看，创新经济绩效指数区间在60以下的有13家，占比50.00%；60~70的有10家，占比38.46%；70~80的有3家，占比11.54%，如图9-89所示。

从省内城市分布来看，创新经济绩效指数平均水平最高的是海口市（62.02），最低的是三亚市（54.99），如图9-90所示。

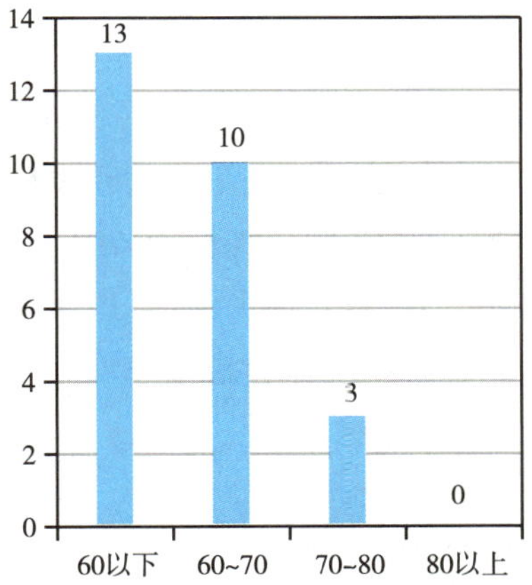

图9-89　2022年海南省上市公司创新经济绩效指数分布图（家）

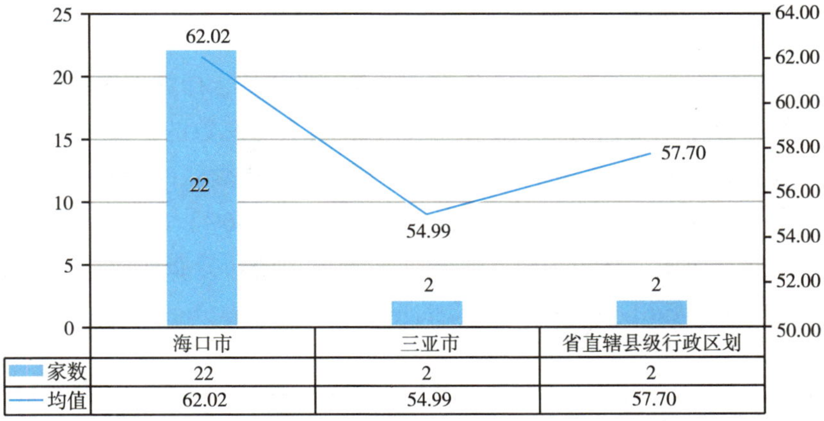

图9-90　2022年海南省上市公司创新经济绩效指数均值分布图

海南省创新经济绩效指数排名前10的上市公司，如表9-45所示。

表9-45　2022年海南省上市公司创新经济绩效指数前10排名

排名	公司代码	公司名称	创新经济绩效指数	地级市	一级行业_申万	产权性质
1	300630.SZ	普利制药	76.67	海口市	医药生物	非国有控股
2	002865.SZ	钧达股份	74.16	海口市	电力设备	非国有控股
3	000572.SZ	海马汽车	70.72	海口市	汽车	非国有控股
4	000657.SZ	中钨高新	68.44	海口市	有色金属	中央国有控股
5	000566.SZ	海南海药	68.07	海口市	医药生物	中央国有控股
6	600259.SH	广晟有色	67.77	海口市	有色金属	地方国有控股
7	000735.SZ	罗牛山	67.41	海口市	农林牧渔	非国有控股
8	601969.SH	海南矿业	65.24	省直辖县级行政区划	钢铁	非国有控股
9	000505.SZ	京粮控股	64.04	海口市	农林牧渔	地方国有控股
10	605199.SH	葫芦娃	62.65	海口市	医药生物	非国有控股

数据来源：同花顺（iFinD），首经贸资产评估研究院和浙工商数字创新与管理研究院整理。

9.10　河北省创新发展指数评价

2022年，河北省全年实现地区生产总值42,370.40亿元，人均地区生产总值为56,995.00元，居民人均可支配收入30,867.02元。截至2022年底，A股市场河北省共有上市公司70家，总市值共计10,948.03亿元，营业总收入9,761.25亿元，平均市值156.40亿元/家，平均营业收入139.45亿元/家。营业收入最高的上市公司为新奥股份（1,540.44亿元），市值最大的上市公司为长城汽车（1,827.14亿元）。2022年，河北省上市公司研发投入合计为363.68亿元，占营业收入的3.73%；无形资产账面价值合计为742.24亿元，占总资产的4.97%。根据本报告分析口径，本节共对河北省70家上市公司开展创新发展指数评价，具体情况如下：

9.10.1 创新发展综合指数

根据本报告评价，2022年河北省创新发展综合指数平均水平为66.50，高于全市场平均水平65.47。从指数分布来看，高于均值的有38家，占省份总数的54.29%。其中，最高的是长城汽车，创新发展综合指数为85.23。具体来看，创新发展综合指数区间在60以下的有7家，占比10.00%；60~70的有44家，占比62.85%；70~80的有16家，占比22.86%；80以上的有3家，占比4.29%，如图9–91所示。

从省内城市分布来看，河北省70家上市公司分布在11个省内城市。创新发展综合指数平均水平最高的是邯郸市（69.83），最低的是廊坊市（61.00），如图9–92所示。

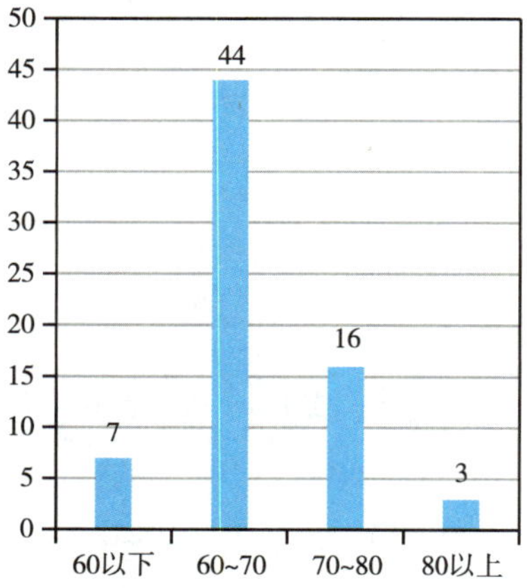

图9–91 2022年河北省上市公司创新发展综合指数分布图（家）

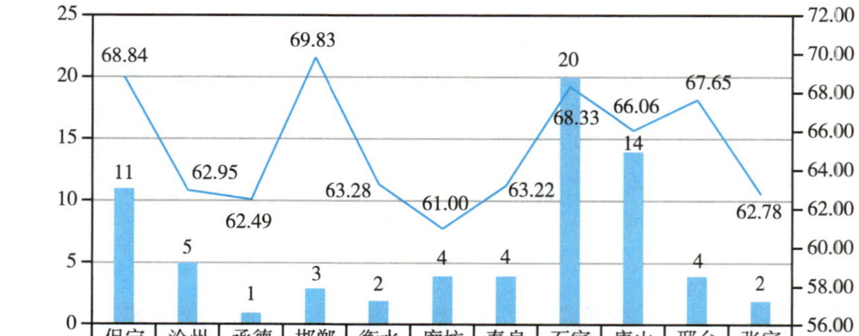

	保定市	沧州市	承德市	邯郸市	衡水市	廊坊市	秦皇岛市	石家庄市	唐山市	邢台市	张家口市
家数	11	5	1	3	2	4	4	20	14	4	2
均值	68.84	62.95	62.49	69.83	63.28	61.00	63.22	68.33	66.06	67.65	62.78

图9–92 2022年河北省上市公司创新发展综合指数均值分布图

河北省创新发展综合指数排名前10的上市公司，如表9–46所示。

表9–46 2022年河北省上市公司创新发展综合指数前10排名

排名	公司代码	公司名称	创新发展综合指数	地级市	一级行业_申万	产权性质
1	601633.SH	长城汽车	85.23	保定市	汽车	非国有控股
2	002049.SZ	紫光国微	82.45	唐山市	电子	非国有控股
3	600482.SH	中国动力	81.55	保定市	电力设备	中央国有控股
4	002459.SZ	晶澳科技	79.67	邢台市	电力设备	非国有控股
5	600803.SH	新奥股份	76.99	石家庄市	公用事业	非国有控股
6	002603.SZ	以岭药业	74.33	石家庄市	医药生物	非国有控股
7	002960.SZ	青鸟消防	73.57	张家口市	机械设备	非国有控股
8	300138.SZ	晨光生物	73.17	邯郸市	农林牧渔	非国有控股
9	600956.SH	新天绿能	72.36	石家庄市	公用事业	地方国有控股
10	300428.SZ	立中集团	72.26	保定市	汽车	非国有控股

数据来源：同花顺（iFinD），首经贸资产评估研究院和浙工商数字创新与管理研究院整理。

9.10.2 创新资源支持指数

2022年河北省70家上市公司创新资源支持指数平均水平为68.37，高于全市场均值68.18。从指数分布来看，高于均值的有37家，占省份总数的52.86%。其中，最高的是长城汽车，创新资源支持指数为86.62。具体来看，创新资源支持指数区间在60以下的有12家，占比17.14%；60~70的有28家，占比40.01%；70~80的有25家，占比35.71%；80以上的有5家，占比7.14%，如图9-93所示。

从省内城市分布来看，创新资源支持指数平均水平最高的是石家庄市（70.93），最低的是承德市（52.38），如图9-94所示。

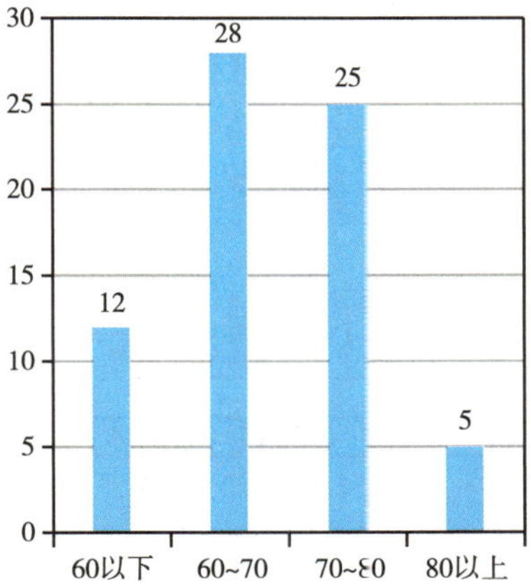

图9-93　2022年河北省上市公司创新资源支持指数分布图（家）

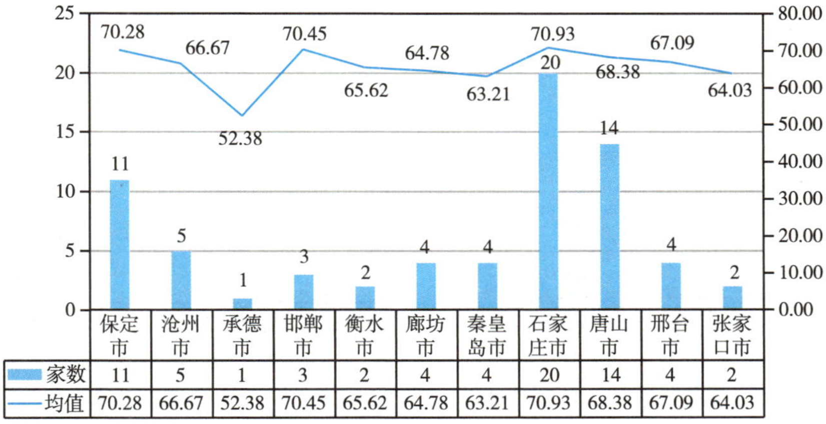

图9-94　2022年河北省上市公司创新资源支持指数均值分布图

河北省创新资源支持指数排名前10的上市公司，如表9-47所示。

表9-47　2022年河北省上市公司创新资源支持指数前10排名

排名	公司代码	公司名称	创新资源支持指数	地级市	一级行业_申万	产权性质
1	601633.SH	长城汽车	86.62	保定市	汽车	非国有控股
2	002459.SZ	晶澳科技	83.15	邢台市	电力设备	非国有控股
3	002603.SZ	以岭药业	81.30	石家庄市	医药生物	非国有控股
4	300428.SZ	立中集团	81.02	保定市	汽车	非国有控股
5	600482.SH	中国动力	80.90	保定市	电力设备	中央国有控股
6	002108.SZ	沧州明珠	78.64	沧州市	基础化工	非国有控股
7	000401.SZ	冀东水泥	77.83	唐山市	建筑材料	地方国有控股
8	000778.SZ	新兴铸管	77.71	邯郸市	钢铁	中央国有控股
9	000158.SZ	常山北明	77.38	石家庄市	计算机	地方国有控股
10	003031.SZ	中瓷电子	77.33	石家庄市	通信	中央国有控股

数据来源：同花顺（iFinD），首经贸资产评估研究院和浙工商数字创新与管理研究院整理。

9.10.3　创新要素投入指数

2022年河北省70家上市公司创新要素投入指数平均水平为66.64，高于全市场均值65.37。从指数分布来看，高于均值的有40家，占省份总数的57.14%。其中，最高的是长城汽车，创新要素投入指数为89.92。具体来看，创新要素投入指数区间在60以下的有12家，占比17.14%；60~70的有36家，占比51.44%；70~80的有18家，占比25.71%；80以上的有4家，占比5.71%，如图9-95所示。

从省内城市分布来看，创新要素投入指数平均水平最高的是邢台市（70.05），最低的是衡水市（57.54），如图9–96所示。

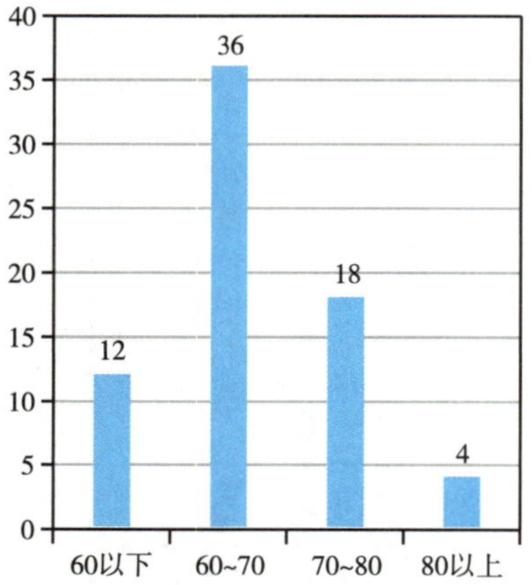

图9–95　2022年河北省上市公司创新要素投入指数分布图（家）

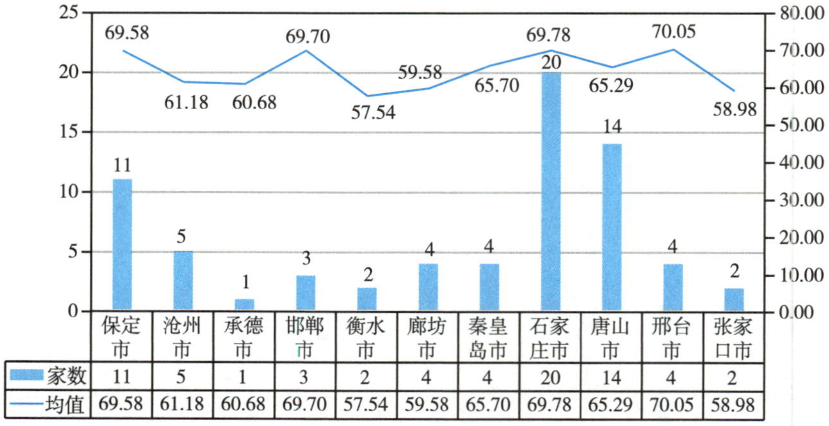

图9–96　2022年河北省上市公司创新要素投入指数均值分布图

河北省创新要素投入指数排名前10的上市公司，如表9–48所示。

表9–48　2022年河北省上市公司创新要素投入指数前10排名

排名	公司代码	公司名称	创新要素投入指数	地级市	一级行业_申万	产权性质
1	601633.SH	长城汽车	89.92	保定市	汽车	非国有控股
2	002049.SZ	紫光国微	87.34	唐山市	电子	非国有控股
3	600482.SH	中国动力	85.83	保定市	电力设备	中央国有控股
4	002459.SZ	晶澳科技	80.86	邢台市	电力设备	非国有控股
5	600803.SH	新奥股份	79.75	石家庄市	公用事业	非国有控股
6	600812.SH	华北制药	77.42	石家庄市	医药生物	地方国有控股
7	003031.SZ	中瓷电子	76.40	石家庄市	通信	中央国有控股
8	300255.SZ	常山药业	75.31	石家庄市	医药生物	非国有控股
9	600480.SH	凌云股份	74.87	保定市	汽车	中央国有控股
10	002603.SZ	以岭药业	74.86	石家庄市	医药生物	非国有控股

数据来源：同花顺（iFinD），首经贸资产评估研究院和浙工商数字创新与管理研究院整理。

9.10.4　创新科技成果指数

2022年河北省70家上市公司创新科技成果指数平均水平为68.93，高于全市场均值68.28。从指数分布来看，高于均值的有42家，占省份总数的60.00%。其中，最高的是紫光国微，创新科技成果指数为81.22。具体来看，创新科技成果指数区间在60以下的有3家，占比4.29%；60~70的有44家，占比62.85%；70~80的有21家，占比30.00%；80以上的有2家，占比2.86%，如图9–97所示。

从省内城市分布来看，创新科技成果指数平均水平最高的是邯郸市（72.83），最低的是承德市（64.28），如图9–98所示。

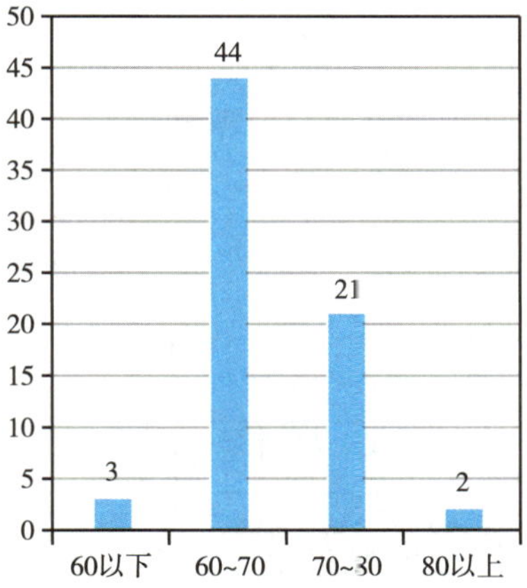

图9-97　2022年河北省上市公司创新科技成果指数分布图（家）

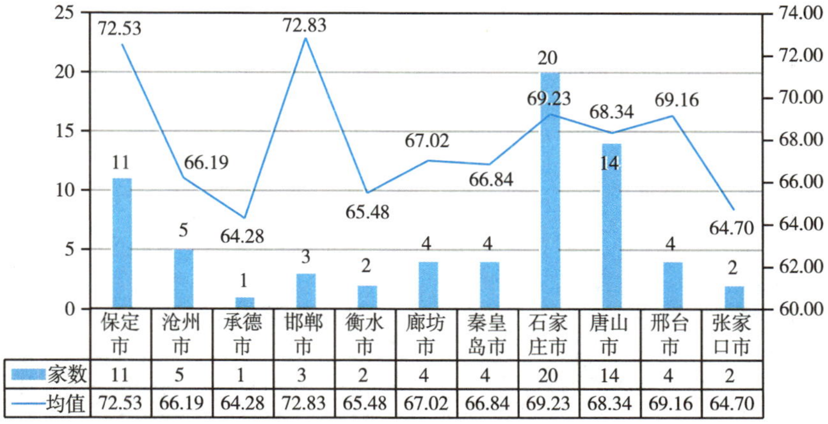

图9-98　2022年河北省上市公司创新科技成果指数均值分布图

河北省创新科技成果指数排名前10的上市公司，如表9-49所示。

表9-49　2022年河北省上市公司创新科技成果指数前10排名

排名	公司代码	公司名称	创新科技成果指数	地级市	一级行业_申万	产权性质
1	002049.SZ	紫光国微	81.22	唐山市	电子	非国有控股
2	600550.SH	保变电气	80.13	保定市	电力设备	中央国有控股
3	600482.SH	中国动力	79.82	保定市	电力设备	中央国有控股
4	002459.SZ	晶澳科技	75.92	邢台市	电力设备	非国有控股
5	300138.SZ	晨光生物	75.46	邯郸市	农林牧渔	非国有控股
6	601633.SH	长城汽车	75.33	保定市	汽车	非国有控股
7	000709.SZ	河钢股份	74.39	石家庄市	钢铁	地方国有控股
8	000413.SZ	东旭光电	74.04	石家庄市	电子	非国有控股
9	600135.SH	乐凯胶片	73.47	保定市	基础化工	中央国有控股
10	000401.SZ	冀东水泥	72.95	唐山市	建筑材料	地方国有控股

数据来源：同花顺（iFinD），首经贸资产评估研究院和浙工商数字创新与管理研究院整理。

9.10.5　创新经济绩效指数

2022年河北省70家上市公司创新经济绩效指数平均水平为62.79，高于全市场均值61.11。从指数分布来看，高于均值的有40家，占省份总数的57.14%。其中，最高的是长城汽车，创新经济绩效指数为87.48。具体来看，创新经济绩效指数区间在60以下的有30家，占比42.86%；60~70的有26家，占比37.14%；70~80的有11家，占比15.71%；80以上的有3家，占比4.29%，如图9-99所示。

从省内城市分布来看，创新经济绩效指数平均水平最高的是承德市（70.44），最低的是廊坊市（54.52），如图9-100所示。

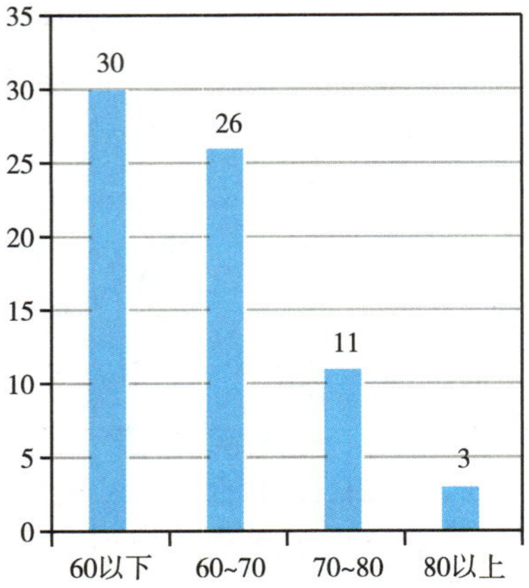

图9-99　2022年河北省上市公司创新经济绩效指数分布图（家）

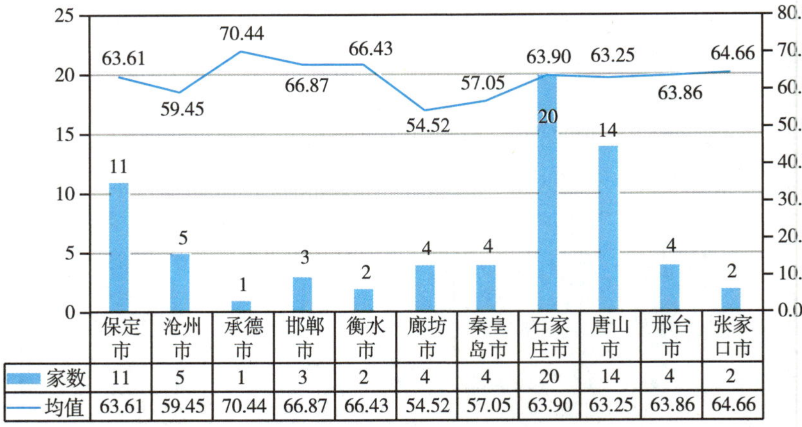

图9-100　2022年河北省上市公司创新经济绩效指数均值分布图

河北省创新经济绩效指数排名前10的上市公司，如表9-50所示。

表9-50　2022年河北省上市公司创新经济绩效指数前10排名

排名	公司代码	公司名称	创新经济绩效指数	地级市	一级行业_申万	产权性质
1	601633.SH	长城汽车	87.48	保定市	汽车	非国有控股
2	600803.SH	新奥股份	82.77	石家庄市	公用事业	非国有控股
3	002049.SZ	紫光国微	82.14	唐山市	电子	非国有控股
4	002459.SZ	晶澳科技	79.05	邢台市	电力设备	非国有控股
5	600482.SH	中国动力	78.48	保定市	电力设备	中央国有控股
6	000413.SZ	东旭光电	77.05	石家庄市	电子	非国有控股
7	002960.SZ	青鸟消防	74.14	张家口市	机械设备	非国有控股
8	000600.SZ	建投能源	73.91	石家庄市	公用事业	地方国有控股
9	002603.SZ	以岭药业	73.54	石家庄市	医药生物	非国有控股
10	300138.SZ	晨光生物	72.99	邯郸市	农林牧渔	非国有控股

数据来源：同花顺（iFinD），首经贸资产评估研究院和浙工商数字创新与管理研究院整理。

9.11　河南省创新发展指数评价

2022年，河南省全年实现地区生产总值61,345.05亿元，人均地区生产总值为62,106.00元，居民人均可支配收入28,222.36元。截至2022年底，A股市场河南省共有上市公司104家，总市值共计13,297.37亿元，营业总收入9,393.37亿元，平均市值127.86亿元/家，平均营业收入90.32亿元/家。营业收入最高的上市公司为洛阳钼业（1,729.91亿元），市值最大的上市公司为牧原股份（2,667.74亿元）。2022年，河南省上市公司研发投入合计为230.33亿元，占营业收入的2.45%；无形资产账面价值合计为1,184.40亿元，占总资产的8.26%。根据本报告分析口径，本节共对河南省104家上市公司开展创新发展指数评价，具体情况如下：

9.11.1　创新发展综合指数

根据本报告评价，2022年河南省创新发展综合指数平均水平为66.57，高于全市场平均水平65.47。从指数分布来看，高于均值的有63家，占省份总数的60.58%。其中，最高的是中航光电，创新发展综合指数为79.72。具体来看，创新发展综合指数区间在60以下的有10家，占比9.62%；60~70的有69家，占比66.34%；70~80的有25家，占比24.04%，如图9–101所示。

从省内城市分布来看，河南省104家上市公司分布在18个省内城市。创新发展综合指数平均水平最高的是开封市（72.06），最低的是驻马店市（53.55），如图9–102所示。

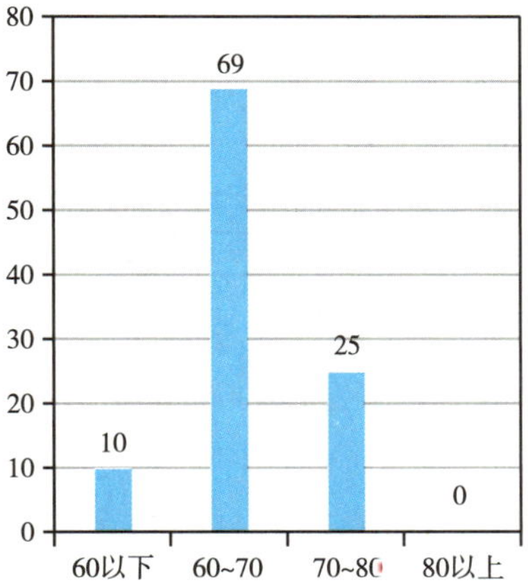

图9–101 2022年河南省上市公司创新发展综合指数分布图（家）

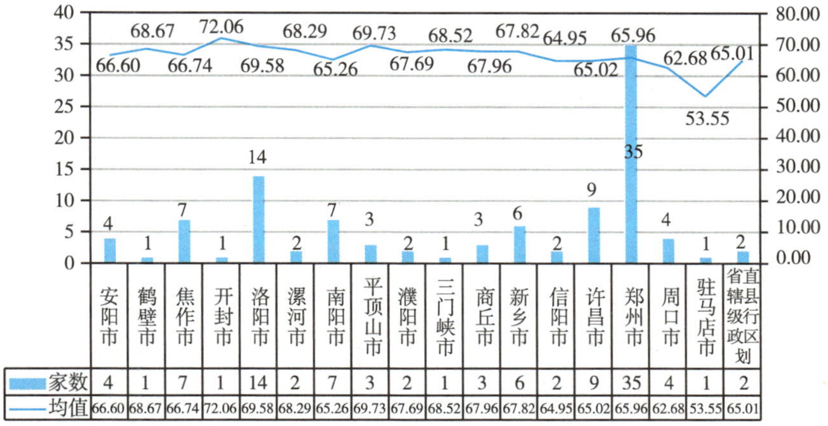

图9–102 2022年河南省上市公司创新发展综合指数均值分布图

河南省中，创新发展综合指数排名前10%的上市公司，如表9–51所示。

表9–51 2022年河南省上市公司创新发展综合指数前10%排名

排名	公司代码	公司名称	创新发展综合指数	地级市	一级行业_申万	产权性质
1	002179.SZ	中航光电	79.72	洛阳市	国防军工	中央国有控股
2	000400.SZ	许继电气	78.32	许昌市	电力设备	中央国有控股
3	603658.SH	安图生物	76.52	郑州市	医药生物	非国有控股
4	002714.SZ	牧原股份	75.19	南阳市	农林牧渔	非国有控股
5	600066.SH	宇通客车	75.05	郑州市	汽车	非国有控股
6	300007.SZ	汉威科技	74.12	郑州市	机械设备	非国有控股
7	002407.SZ	多氟多	73.96	焦作市	基础化工	非国有控股
8	601608.SH	中信重工	73.89	洛阳市	机械设备	中央国有控股
9	002601.SZ	龙佰集团	73.60	焦作市	基础化工	非国有控股
10	601038.SH	一拖股份	73.53	洛阳市	机械设备	中央国有控股

数据来源：同花顺（iFinD），首经贸资产评估研究院和浙工商数字创新与管理研究院整理。

9.11.2 创新资源支持指数

2022年河南省104家上市公司创新资源支持指数平均水平为70.12，高于全市场均值68.18。从指数分布来看，高于均值的有63家，占省份总数的60.58%。其中，最高的是宇通客车，创新资源支持指数为94.69。具体来看，创新资源支持指数区间在60以下的有11家，占比10.58%；60~70的有44家，占比42.30%；70~80的有38家，占比36.54%；80以上的有11家，占比10.58%，如图9–103所示。

从省内城市分布来看，创新资源支持指数平均水平最高的是开封市（76.68），最低的是驻马店市（57.73），如图9–104所示。

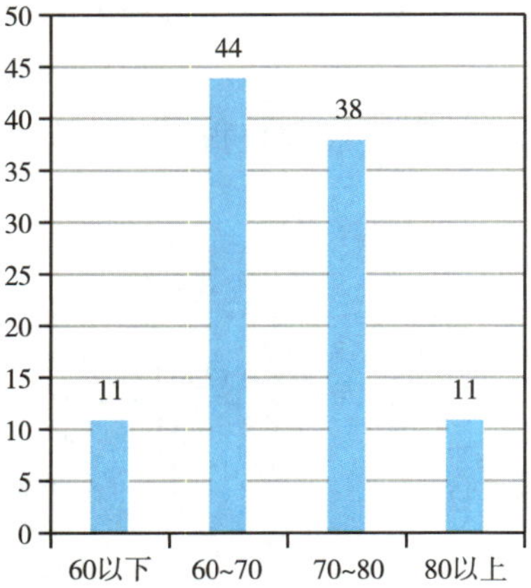

图9-103　2022年河南省上市公司创新资源支持指数分布图（家）

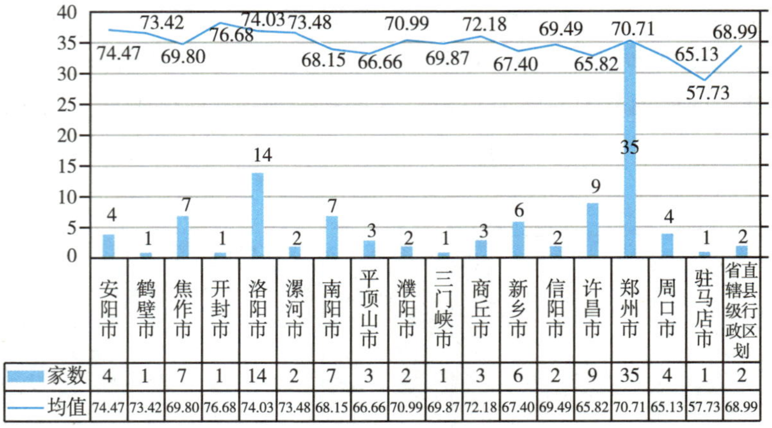

图9-104　2022年河南省上市公司创新资源支持指数均值分布图

河南省创新资源支持指数排名前10%的上市公司，如表9-52所示。

表9-52　　2022年河南省上市公司创新资源支持指数前10%排名

排名	公司代码	公司名称	创新资源支持指数	地级市	一级行业_申万	产权性质
1	600066.SH	宇通客车	94.69	郑州市	汽车	非国有控股
2	601677.SH	明泰铝业	87.69	郑州市	有色金属	非国有控股
3	300007.SZ	汉威科技	87.10	郑州市	机械设备	非国有控股
4	601608.SH	中信重工	84.47	洛阳市	机械设备	中央国有控股
5	600817.SH	宇通重工	83.25	郑州市	环保	非国有控股
6	002601.SZ	龙佰集团	82.98	焦作市	基础化工	非国有控股
7	688626.SH	翔宇医疗	82.51	安阳市	医药生物	非国有控股
8	300259.SZ	新天科技	82.40	郑州市	机械设备	非国有控股
9	601038.SH	一拖股份	82.29	洛阳市	机械设备	中央国有控股
10	600876.SH	凯盛新能	81.78	洛阳市	建筑材料	中央国有控股

数据来源：同花顺（iFinD），首经贸资产评估研究院和浙工商数字创新与管理研究院整理。

9.11.3　创新要素投入指数

2022年河南省104家上市公司创新要素投入指数平均水平为66.41，高于全市场均值65.37。从指数分布来看，高于均值的有55家，占省份总数的52.88%。其中，最高的是中航光电，创新要素投入指数为86.60。具体来看，创新要素投入指数区间在60以下的有17家，占比16.35%；60~70的有58家，占比55.77%；70~80的有27家，占比25.96%；80以上的有2家，占比1.92%，如图9-105所示。

从省内城市分布来看，创新要素投入指数平均水平最高的是洛阳市（70.23），最低的是驻马店市（45.81），如图9-106所示。

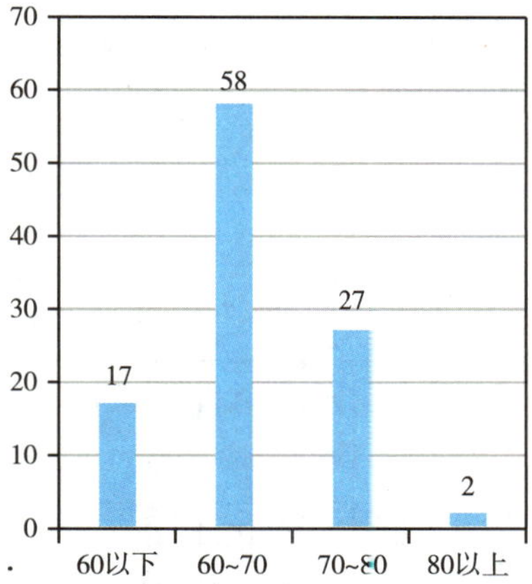

图9-105　2022年河南省上市公司创新要素投入指数分布图（家）

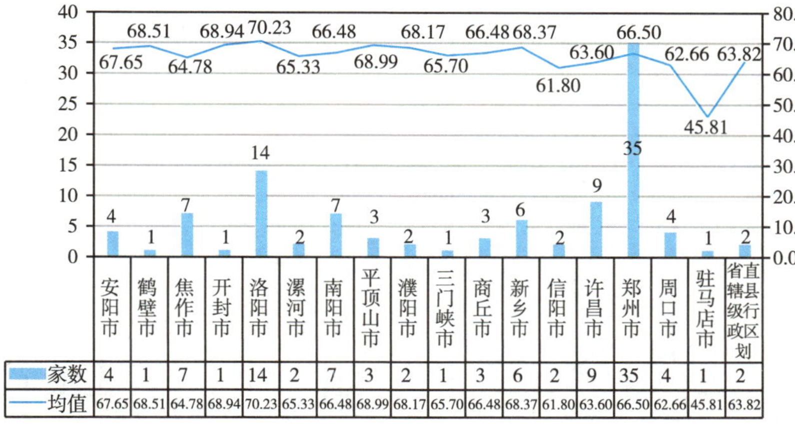

图9-106　2022年河南省上市公司创新要素投入指数均值分布图

河南省创新要素投入指数排名前10%的上市公司，如表9-53所示。

表9-53　2022年河南省上市公司创新要素投入指数前10%排名

排名	公司代码	公司名称	创新要素投入指数	地级市	一级行业_申万	产权性质
1	002179.SZ	中航光电	86.60	洛阳市	国防军工	中央国有控股
2	600222.SH	太龙药业	80.83	郑州市	医药生物	地方国有控股
3	000400.SZ	许继电气	79.03	许昌市	电力设备	中央国有控股
4	002046.SZ	国机精工	78.70	洛阳市	机械设备	中央国有控股
5	603658.SH	安图生物	78.69	郑州市	医药生物	非国有控股
6	300248.SZ	新开普	78.07	郑州市	计算机	非国有控股
7	601608.SH	中信重工	77.03	洛阳市	机械设备	中央国有控股
8	002407.SZ	多氟多	76.86	焦作市	基础化工	非国有控股
9	300007.SZ	汉威科技	76.36	郑州市	机械设备	非国有控股
10	300480.SZ	光力科技	76.32	郑州市	机械设备	非国有控股

数据来源：同花顺（iFinD），首经贸资产评估研究院和浙工商数字创新与管理研究院整理。

9.11.4　创新科技成果指数

2022年河南省104家上市公司创新科技成果指数平均水平为68.88，高于全市场均值68.28。从指数分布来看，高于均值的有63家，占省份总数的60.58%。其中，最高的是中航光电，创新科技成果指数为76.57。具体来看，创新科技成果指数区间在60以下的有2家，占比1.92%；60~70的有66家，占比63.46%；70~80的有36家，占比34.62%，如图9-107所示。

从省内城市分布来看，创新科技成果指数平均水平最高的是三门峡市（71.37），最低的是驻马店市（57.47），如图9-108所示。

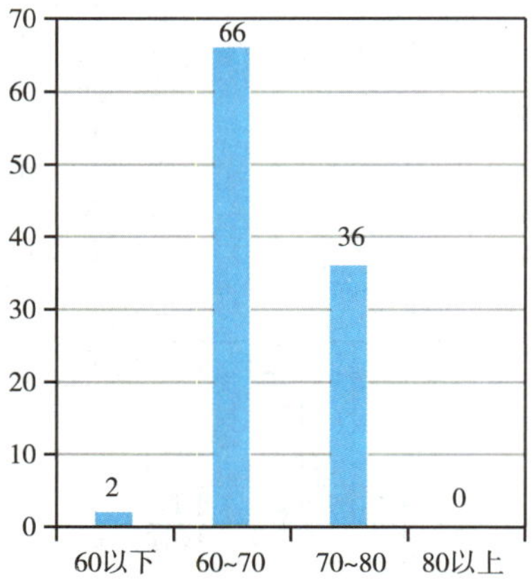

图9-107 2022年河南省上市公司创新科技成果指数分布图（家）

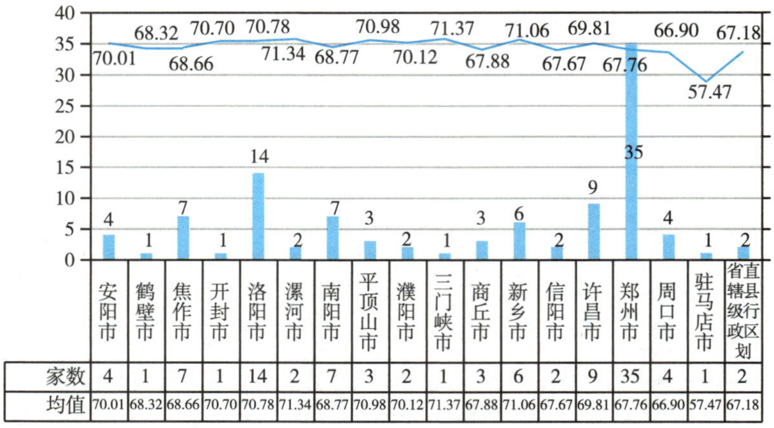

图9-108 2022年河南省上市公司创新科技成果指数均值分布图

河南省创新科技成果指数排名前10%的上市公司，如表9-54所示。

表9-54 2022年河南省上市公司创新科技成果指数前10%排名

排名	公司代码	公司名称	创新科技成果指数	地级市	一级行业_申万	产权性质
1	002179.SZ	中航光电	76.57	洛阳市	国防军工	中央国有控股
2	002046.SZ	国机精工	76.45	洛阳市	机械设备	中央国有控股
3	600569.SH	安阳钢铁	75.99	安阳市	钢铁	地方国有控股
4	603658.SH	安图生物	75.87	郑州市	医药生物	非国有控股
5	002601.SZ	龙佰集团	75.81	焦作市	基础化工	非国有控股
6	600312.SH	平高电气	75.39	平顶山市	电力设备	中央国有控股
7	688119.SH	中钢洛耐	75.09	洛阳市	建筑材料	中央国有控股
8	000400.SZ	许继电气	74.94	许昌市	电力设备	中央国有控股
9	002407.SZ	多氟多	74.18	焦作市	基础化工	非国有控股
10	601038.SH	一拖股份	73.46	洛阳市	机械设备	中央国有控股

数据来源：同花顺（iFinD），首经贸资产评估研究院和浙工商数字创新与管理研究院整理。

9.11.5 创新经济绩效指数

2022年河南省104家上市公司创新经济绩效指数平均水平为62.10，高于全市场均值61.11。从指数分布来看，高于均值的有64家，占省份总数的61.54%。其中，最高的是凯盛新能，创新经济绩效指数为80.65。具体来看，创新经济绩效指数区间在60以下的有40家，占比38.46%；60~70的有51家，占比49.04%；70~80的有11家，占比10.58%；80以上的有2家，占比1.92%，如图9-109所示。

从省内城市分布来看，创新经济绩效指数平均水平最高的是开封市（73.61），最低的是驻马店市（56.20），如图9-110所示。

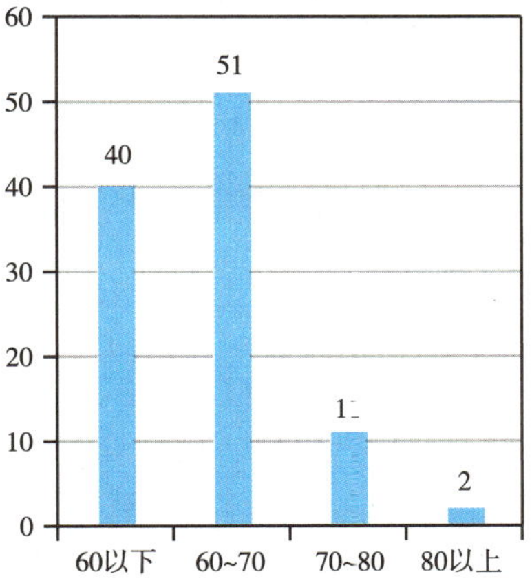

图9-109　2022年河南省上市公司创新经济绩效指数分布图（家）

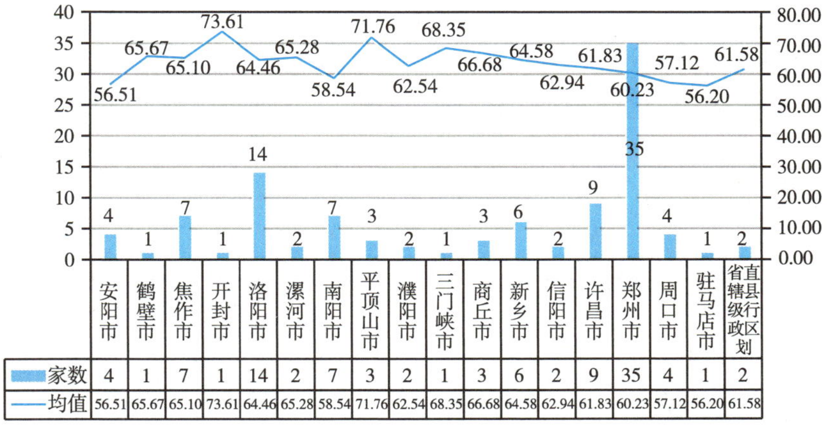

图9-110　2022年河南省上市公司创新经济绩效指数均值分布图

河南省创新经济绩效指数排名前10%的上市公司，如表9-55所示。

表9-55　2022年河南省上市公司创新经济绩效指数前10%排名

排名	公司代码	公司名称	创新经济绩效指数	地级市	一级行业_申万	产权性质
1	600376.SH	凯盛新能	80.65	洛阳市	建筑材料	中央国有控股
2	601666.SH	平煤股份	80.54	平顶山市	煤炭	地方国有控股
3	000400.SZ	许继电气	79.73	许昌市	电力设备	中央国有控股
4	002714.SZ	牧原股份	76.90	南阳市	农林牧渔	非国有控股
5	002179.SZ	中航光电	74.86	洛阳市	国防军工	中央国有控股
6	000895.SZ	双汇发展	74.79	漯河市	食品饮料	非国有控股
7	002007.SZ	华兰生物	74.78	新乡市	医药生物	非国有控股
8	603658.SH	安图生物	74.64	郑州市	医药生物	非国有控股
9	002407.SZ	多氟多	73.92	焦作市	基础化工	非国有控股
10	300080.SZ	易成新能	73.61	开封市	机械设备	地方国有控股

数据来源：同花顺（iFinD），首经贸资产评估研究院和浙工商数字创新与管理研究院整理。

9.12　黑龙江省创新发展指数评价

2022年，黑龙江省全年实现地区生产总值15,901.00亿元，人均地区生产总值为51,096.00元，居民人均可支配收入28,345.50元。截至2022年底，A股市场黑龙江省共有上市公司37家，总市值共计2,610.74亿元，营业总收入1,820.13亿元，平均市值70.56亿元/家，平均营业收入49.19亿元/家。营业收入最高的上市公司为中国一重（238.86亿元），市值最大的上市公司为中直股份（273.58亿元）。2022年，黑龙江省上市公司研发投入合计为44.68亿元，占营业收入的2.45%；无形资产账面价值合计为169.80亿元，占总资产的4.89%。根据本报告分析口径，本节共对黑龙江省37家上市公司开展创新发展指数评价，具体情况如下：

9.12.1　创新发展综合指数

根据本报告评价，2022年黑龙江省创新发展综合指数平均水平为64.06，低于全市场平均水平

65.47。从指数分布来看，高于均值的有14家，占省份总数的37.84%。其中，最高的是中国一重，创新发展综合指数为73.51。具体来看，创新发展综合指数区间在60以下的有6家，占比16.22%；60~70的有25家，占比67.56%；70~80的有6家，占比16.22%，如图9-111所示。

从省内城市分布来看，黑龙江省37家上市公司分布在8个省内城市。创新发展综合指数平均水平最高的是鸡西市（66.58），最低的是伊春市（50.85），如图9-112所示。

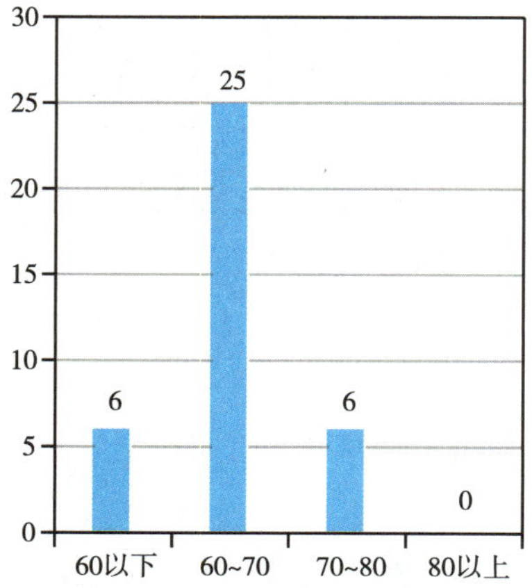

图9-111　2022年黑龙江省上市公司创新发展综合指数分布图（家）

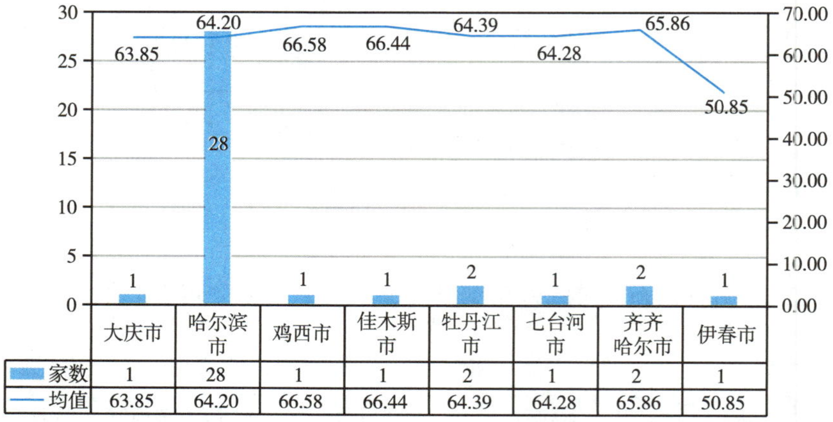

图9-112　2022年黑龙江省上市公司创新发展综合指数均值分布图

黑龙江省创新发展综合指数排名前10的上市公司，如表9-56所示。

表9-56　2022年黑龙江省上市公司创新发展综合指数前10排名

排名	公司代码	公司名称	创新发展综合指数	地级市	一级行业_申万	产权性质
1	601106.SH	中国一重	73.51	齐齐哈尔市	机械设备	中央国有控股
2	000901.SZ	航天科技	72.46	哈尔滨市	汽车	中央国有控股
3	600178.SH	东安动力	71.27	哈尔滨市	汽车	中央国有控股
4	600038.SH	中直股份	70.24	哈尔滨市	国防军工	中央国有控股
5	600664.SH	哈药股份	70.20	哈尔滨市	医药生物	地方国有控股
6	300900.SZ	广联航空	70.15	哈尔滨市	国防军工	非国有控股
7	002698.SZ	博实股份	69.04	哈尔滨市	机械设备	非国有控股
8	600853.SH	龙建股份	68.47	哈尔滨市	建筑装饰	地方国有控股
9	002900.SZ	哈三联	67.64	哈尔滨市	医药生物	非国有控股
10	002737.SZ	葵花药业	66.72	哈尔滨市	医药生物	非国有控股

数据来源：同花顺（iFinD），首经贸资产评估研究院和浙工商数字创新与管理研究院整理。

9.12.2　创新资源支持指数

2022年黑龙江省37家上市公司创新资源支持指数平均水平为66.88，低于全市场均值68.18。从指数分布来看，高于均值的有13家，占省份总数的35.14%。其中，最高的是九洲集团，创新资源支持指数为81.85。具体来看，创新资源支持指数区间在60以下的有5家，占比13.51%；60~70的有20家，占比54.06%；70~80的有11家，占比29.73%；80以上的有1家，占比2.70%，如图9-113所示。

从省内城市分布来看，创新资源支持指数平均水平最高的是鸡西市（78.53），最低的是伊春市（52.43），如图9–114所示。

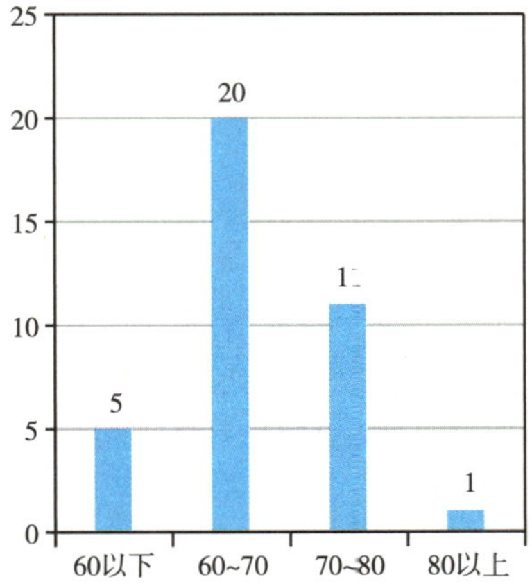

图9–113　2022年黑龙江省上市公司创新资源支持指数分布图（家）

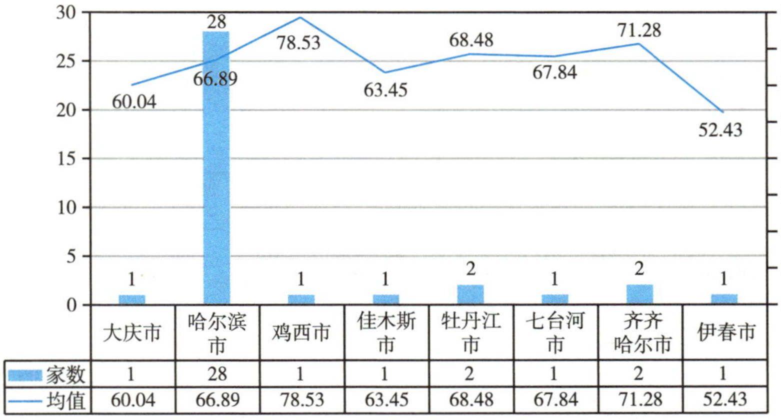

图9–114　2022年黑龙江省上市公司创新资源支持指数均值分布图

黑龙江省创新资源支持指数排名前10的上市公司，如表9–57所示。

表9–57　　2022年黑龙江省上市公司创新资源支持指数前10排名

排名	公司代码	公司名称	创新资源支持指数	地级市	一级行业_申万	产权性质
1	300040.SZ	九洲集团	81.85	哈尔滨市	电力设备	非国有控股
2	603567.SH	珍宝岛	78.53	鸡西市	医药生物	非国有控股
3	605577.SH	龙版传媒	77.96	哈尔滨市	传媒	地方国有控股
4	600038.SH	中直股份	76.67	哈尔滨市	国防军工	中央国有控股
5	601106.SH	中国一重	73.83	齐齐哈尔市	机械设备	中央国有控股
6	002698.SZ	博实股份	73.58	哈尔滨市	机械设备	非国有控股
7	300900.SZ	广联航空	72.51	哈尔滨市	国防军工	非国有控股
8	002900.SZ	哈三联	72.39	哈尔滨市	医药生物	非国有控股
9	600726.SH	华电能源	72.21	哈尔滨市	公用事业	中央国有控股
10	600182.SH	S佳通	72.17	牡丹江市	汽车	非国有控股

数据来源：同花顺（iFinD），首经贸资产评估研究院和浙工商数字创新与管理研究院整理。

9.12.3　创新要素投入指数

2022年黑龙江省37家上市公司创新要素投入指数平均水平为63.12，低于全市场均值65.37。从指数分布来看，高于均值的有17家，占省份总数的45.95%。其中，最高的是航天科技，创新要素投入指数为80.55。具体来看，创新要素投入指数区间在60以下的有12家，占比32.43%；60~70的有16家，占比43.25%；70~80的有8家，占比21.62%；80以上的有1家，占比2.70%，如图9–115所示。

从省内城市分布来看，创新要素投入指数平均水平最高的是佳木斯市（71.13），最低的是伊春市（44.91），如图9–116所示。

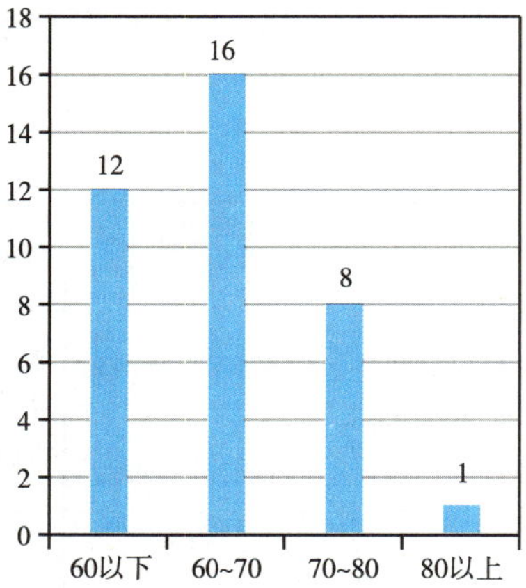

图9-115　2022年黑龙江省上市公司创新要素投入指数分布图（家）

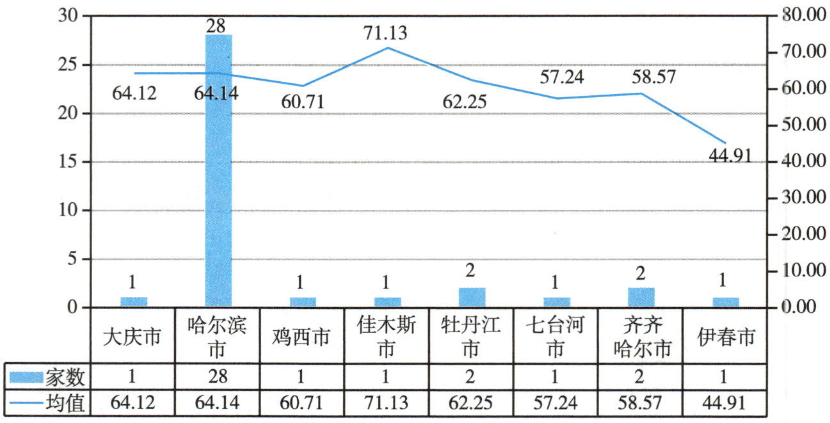

图9-116　2022年黑龙江省上市公司创新要素投入指数均值分布图

黑龙江省创新要素投入指数排名前10的上市公司，如表9-58所示。

表9-58　2022年黑龙江省上市公司创新要素投入指数前10排名

排名	公司代码	公司名称	创新要素投入指数	地级市	一级行业_申万	产权性质
1	000901.SZ	航天科技	80.55	哈尔滨市	汽车	中央国有控股
2	300489.SZ	光智科技	74.74	哈尔滨市	机械设备	非国有控股
3	600178.SH	东安动力	74.28	哈尔滨市	汽车	中央国有控股
4	600038.SH	中直股份	73.89	哈尔滨市	国防军工	中央国有控股
5	600289.SH	ST信通	72.65	哈尔滨市	通信	非国有控股
6	688459.SH	哈铁科技	71.55	哈尔滨市	机械设备	中央国有控股
7	000922.SZ	佳电股份	71.13	佳木斯市	电力设备	中央国有控股
8	601106.SH	中国一重	70.66	齐齐哈尔市	机械设备	中央国有控股
9	600853.SH	龙建股份	70.47	哈尔滨市	建筑装饰	地方国有控股
10	002900.SZ	哈三联	69.27	哈尔滨市	医药生物	非国有控股

数据来源：同花顺（iFinD），首经贸资产评估研究院和浙工商数字创新与管理研究院整理。

9.12.4　创新科技成果指数

2022年黑龙江省37家上市公司创新科技成果指数平均水平为66.36，低于全市场均值68.28。从指数分布来看，高于均值的有15家，占省份总数的40.54%。其中，最高的是中国一重，创新科技成果指数为73.06。具体来看，创新科技成果指数区间在60以下的有6家，占比16.22%；60~70的有22家，占比59.46%；70~80的有9家，占比24.32%，如图9-117所示。

从省内城市分布来看，创新科技成果指数平均水平最高的是佳木斯市（70.57），最低的是伊春市（57.47），如图9-118所示。

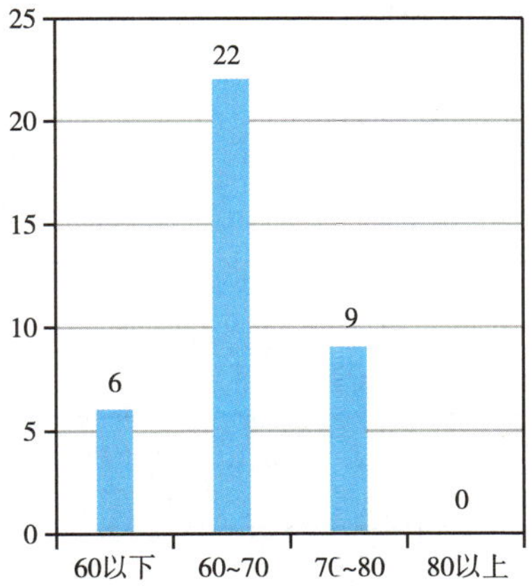

图9-117　2022年黑龙江省上市公司创新科技成果指数分布图（家）

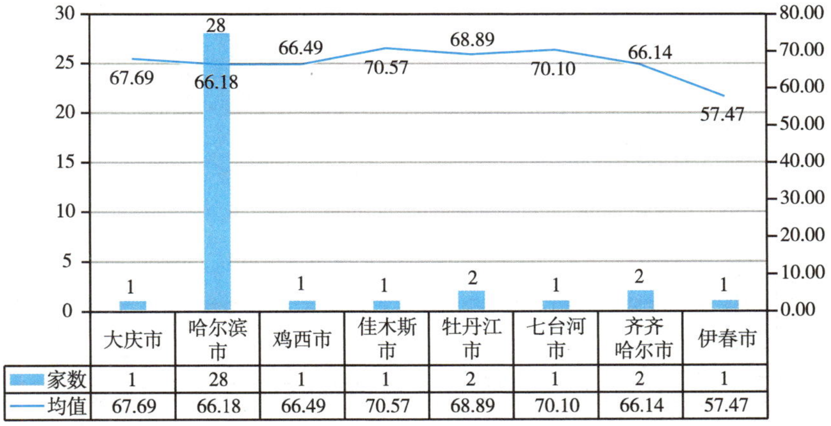

图9-118　2022年黑龙江省上市公司创新科技成果指数均值分布图

黑龙江省创新科技成果指数排名前10的上市公司，如表9-59所示。

表9-59　2022年黑龙江省上市公司创新科技成果指数前10排名

排名	公司代码	公司名称	创新科技成果指数	地级市	一级行业_申万	产权性质
1	601106.SH	中国一重	73.06	齐齐哈尔市	机械设备	中央国有控股
2	300489.SZ	光智科技	73.05	哈尔滨市	机械设备	非国有控股
3	000711.SZ	*ST京蓝	71.54	哈尔滨市	环保	非国有控股
4	688011.SH	新光光电	71.27	哈尔滨市	国防军工	非国有控股
5	000922.SZ	佳电股份	70.57	佳木斯市	电力设备	中央国有控股
6	600038.SH	中直股份	70.44	哈尔滨市	国防军工	中央国有控股
7	600202.SH	哈空调	70.20	哈尔滨市	机械设备	地方国有控股
8	601011.SH	宝泰隆	70.10	七台河市	煤炭	非国有控股
9	600178.SH	东安动力	70.06	哈尔滨市	汽车	中央国有控股
10	002900.SZ	哈三联	69.68	哈尔滨市	医药生物	非国有控股

数据来源：同花顺（iFinD），首经贸资产评估研究院和浙工商数字创新与管理研究院整理。

9.12.5　创新经济绩效指数

2022年黑龙江省37家上市公司创新经济绩效指数平均水平为61.04，低于全市场均值61.11。从指数分布来看，高于均值的有19家，占省份总数的51.35%。其中，最高的是中国一重，创新经济绩效指数为77.08。具体来看，创新经济绩效指数区间在60以下的有17家，占比45.94%；60~70的有14家，占比37.84%；70~80的有6家，占比16.22%，如图9-119所示。

从省内城市分布来看，创新经济绩效指数平均水平最高的是齐齐哈尔市（70.34），最低的是伊春市（50.86），如图9-120所示。

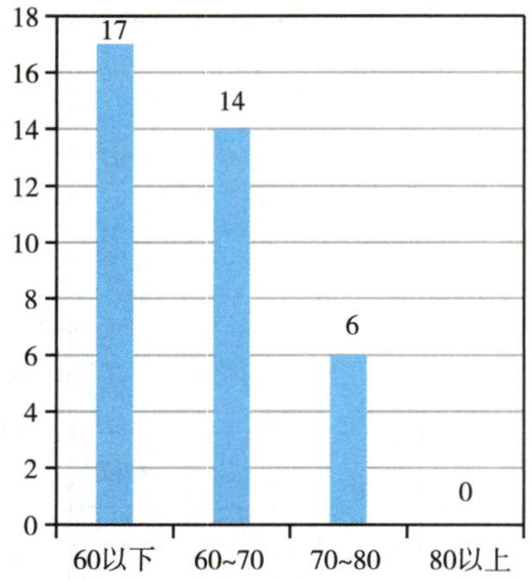

图9-119　2022年黑龙江省上市公司创新经济绩效指数分布图（家）

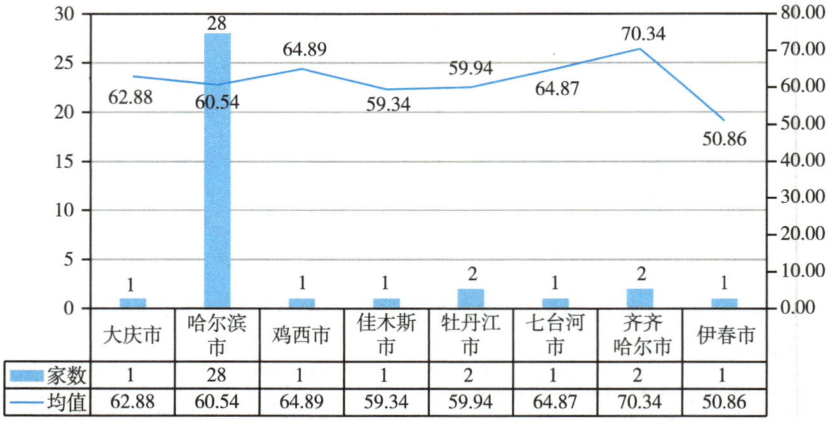

图9-120　2022年黑龙江省上市公司创新经济绩效指数均值分布图

黑龙江省创新经济绩效指数排名前10的上市公司，如表9-60所示。

表9-60　2022年黑龙江省上市公司创新经济绩效指数前10排名

排名	公司代码	公司名称	创新经济绩效指数	地级市	一级行业_申万	产权性质
1	601106.SH	中国一重	77.08	齐齐哈尔市	机械设备	中央国有控股
2	002737.SZ	葵花药业	75.86	哈尔滨市	医药生物	非国有控股
3	600664.SH	哈药股份	75.35	哈尔滨市	医药生物	地方国有控股
4	000901.SZ	航天科技	71.47	哈尔滨市	汽车	中央国有控股
5	600178.SH	东安动力	71.06	哈尔滨市	汽车	中央国有控股
6	300900.SZ	广联航空	70.90	哈尔滨市	国防军工	非国有控股
7	600598.SH	北大荒	67.74	哈尔滨市	农林牧渔	中央国有控股
8	600726.SH	华电能源	67.29	哈尔滨市	公用事业	中央国有控股
9	002698.SZ	博实股份	66.91	哈尔滨市	机械设备	非国有控股
10	600853.SH	龙建股份	65.88	哈尔滨市	建筑装饰	地方国有控股

数据来源：同花顺（iFinD），首经贸资产评估研究院和浙工商数字创新与管理研究院整理。

9.13　湖北省创新发展指数评价

2022年，湖北省全年实现地区生产总值53,734.92亿元，人均地区生产总值为92,059.00元，居民人均可支配收入32,913.64元。截至2022年底，A股市场湖北省共有上市公司131家，总市值共计12,694.29亿元，营业总收入8,960.68亿元，平均市值96.90亿元/家，平均营业收入68.40亿元/家。营业收入最高的上市公司为九州通（1,404.24亿元），市值最大的上市公司为中信特钢（866.09亿元）。2022年，湖北省上市公司研发投入合计为353.60亿元，占营业收入的3.95%；无形资产账面价值合计为1,020.58亿元，占总资产的7.08%。根据本报告分析口径，本节共对湖北省131家上市公司开展创新发展指数评价，具体情况如下：

9.13.1　创新发展综合指数

根据本报告评价，2022年湖北省创新发展综合指数平均水平为65.68，高于全市场平均水平65.47。

从指数分布来看，高于均值的有62家，占省份总数的47.33%。其中，最高的是三安光电，创新发展综合指数为85.02。具体来看，创新发展综合指数区间在60以下的有22家，占比16.79%；60~70的有75家，占比57.25%；70~80的有32家，占比24.43%；80以上的有2家，占比1.53%，如图9-121所示。

从省内城市分布来看，湖北省131家上市公司分布在13个省内城市。创新发展综合指数平均水平最高的是黄石市（67.94），最低的是咸宁市（59.41），如图9-122所示。

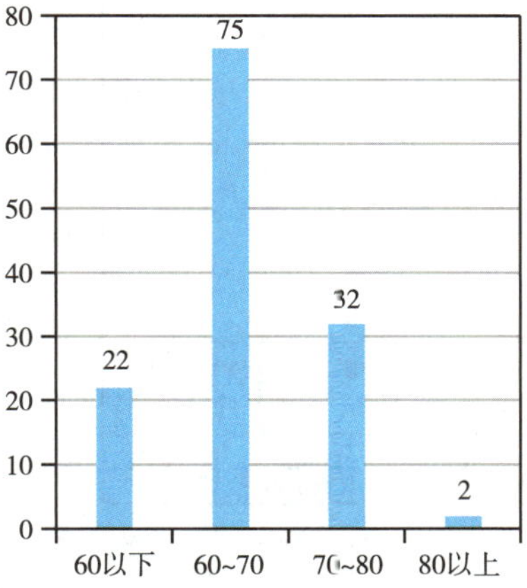

图9-121 2022年湖北省上市公司创新发展综合指数分布图（家）

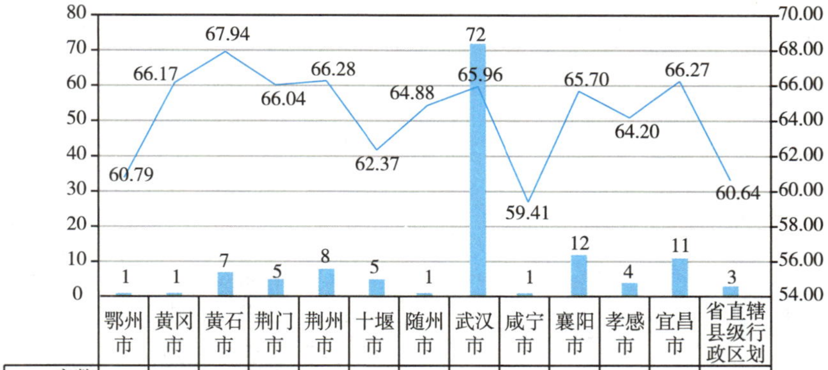

	鄂州市	黄冈市	黄石市	荆门市	荆州市	十堰市	随州市	武汉市	咸宁市	襄阳市	孝感市	宜昌市	省直辖县级行政区划
家数	1	1	7	5	8	5	1	72	1	12	4	11	3
均值	60.79	66.17	67.94	66.04	66.28	62.37	64.88	65.96	59.41	65.70	64.20	66.27	60.64

图9-122 2022年湖北省上市公司创新发展综合指数均值分布图

湖北省创新发展综合指数排名前10%的上市公司，如表9-61所示。

表9-61 2022年湖北省上市公司创新发展综合指数前10%排名

排名	公司代码	公司名称	创新发展综合指数	地级市	一级行业_申万	产权性质
1	600703.SH	三安光电	85.02	荆州市	电子	非国有控股
2	601869.SH	长飞光纤	80.36	武汉市	通信	非国有控股
3	600498.SH	烽火通信	79.94	武汉市	通信	中央国有控股
4	600879.SH	航天电子	79.17	武汉市	国防军工	中央国有控股
5	600745.SH	闻泰科技	78.18	黄石市	电子	非国有控股
6	300161.SZ	华中数控	78.00	武汉市	机械设备	非国有控股
7	600079.SH	人福医药	77.85	武汉市	医药生物	非国有控股
8	000988.SZ	华工科技	77.23	武汉市	机械设备	地方国有控股
9	600141.SH	兴发集团	77.08	宜昌市	基础化工	地方国有控股
10	000708.SZ	中信特钢	76.53	黄石市	钢铁	中央国有控股
11	300567.SZ	精测电子	76.47	武汉市	机械设备	非国有控股
12	002281.SZ	光迅科技	75.94	武汉市	通信	中央国有控股
13	600885.SH	宏发股份	74.08	武汉市	电力设备	非国有控股

数据来源：同花顺（iFinD），首经贸资产评估研究院和浙工商数字创新与管理研究院整理。

9.13.2 创新资源支持指数

2022年湖北省131家上市公司创新资源支持指数平均水平为67.93，低于全市场均值68.18。从指数分布来看，高于均值的有61家，占省份总数的46.56%。其中，最高的是三安光电，创新资源支持指数为93.57。具体来看，创新资源支持指数区间在60以下的有21家，占比16.03%；60~70的有57家，占比43.52%；70~80的有43家，占比32.82%；80以上的有10家，占比7.63%，如图9-123所示。

从省内城市分布来看，创新资源支持指数平均水平最高的是随州市（74.50），最低的是鄂州市（60.73），如图9-124所示。

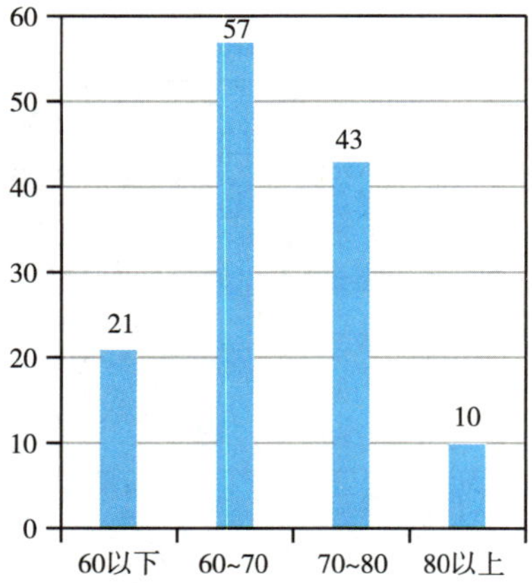

图9-123　2022年湖北省上市公司创新资源支持指数分布图（家）

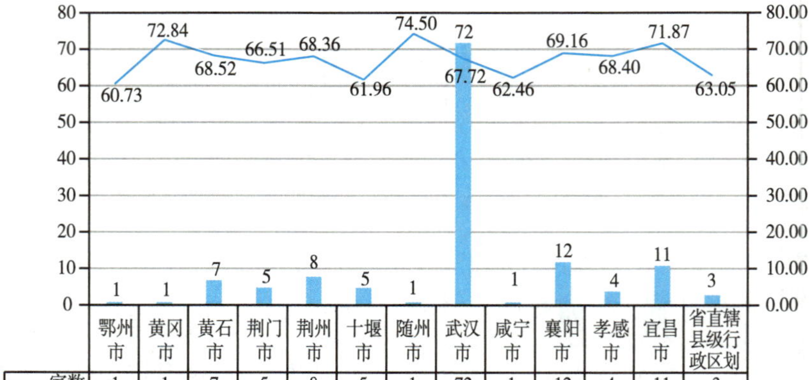

	鄂州市	黄冈市	黄石市	荆门市	荆州市	十堰市	随州市	武汉市	咸宁市	襄阳市	孝感市	宜昌市	省直辖县级行政区划
家数	1	1	7	5	8	5	1	72	1	12	4	11	3
均值	60.73	72.84	68.52	66.51	68.36	61.96	74.50	67.72	62.46	69.16	68.40	71.87	63.05

图9-124　2022年湖北省上市公司创新资源支持指数均值分布图

湖北省创新资源支持指数排名前10%的上市公司，如表9-62所示。

表9-62　2022年湖北省上市公司创新资源支持指数前10%排名

排名	公司代码	公司名称	创新资源支持指数	地级市	一级行业_申万	产权性质
1	600703.SH	三安光电	93.57	荆州市	电子	非国有控股
2	600079.SH	人福医药	86.70	武汉市	医药生物	非国有控股
3	600298.SH	安琪酵母	85.64	宜昌市	食品饮料	地方国有控股
4	601869.SH	长飞光纤	85.57	武汉市	通信	非国有控股
5	600006.SH	东风汽车	84.95	襄阳市	汽车	中央国有控股
6	601311.SH	骆驼股份	83.56	襄阳市	电力设备	非国有控股
7	002281.SZ	光迅科技	82.19	武汉市	通信	中央国有控股
8	600885.SH	宏发股份	81.01	武汉市	电力设备	非国有控股
9	000988.SZ	华工科技	80.88	武汉市	机械设备	地方国有控股
10	600879.SH	航天电子	80.76	武汉市	国防军工	中央国有控股
11	601956.SH	东贝集团	79.82	黄石市	家用电器	非国有控股
12	300161.SZ	华中数控	79.17	武汉市	机械设备	非国有控股
13	300323.SZ	华灿光电	79.07	武汉市	电子	地方国有控股

数据来源：同花顺（iFinD），首经贸资产评估研究院和浙工商数字创新与管理研究院整理。

9.13.3　创新要素投入指数

2022年湖北省131家上市公司创新要素投入指数平均水平为65.67，高于全市场均值65.37。从指数分布来看，高于均值的有63家，占省份总数的48.09%。其中，最高的是闻泰科技，创新要素投入指数为86.41。具体来看，创新要素投入指数区间在60以下的有31家，占比23.66%；60~70的有58

家，占比44.28%；70~80的有35家，占比26.72%；80以上的有7家，占比5.34%，如图9-125所示。

从省内城市分布来看，创新要素投入指数平均水平最高的是黄冈市（71.81），最低的是省直辖县级行政区划（58.84），如图9-126所示。

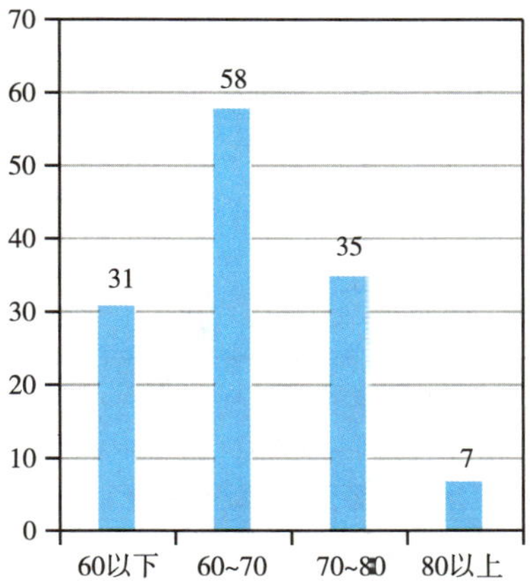

图9-125　2022年湖北省上市公司创新要素投入指数分布图（家）

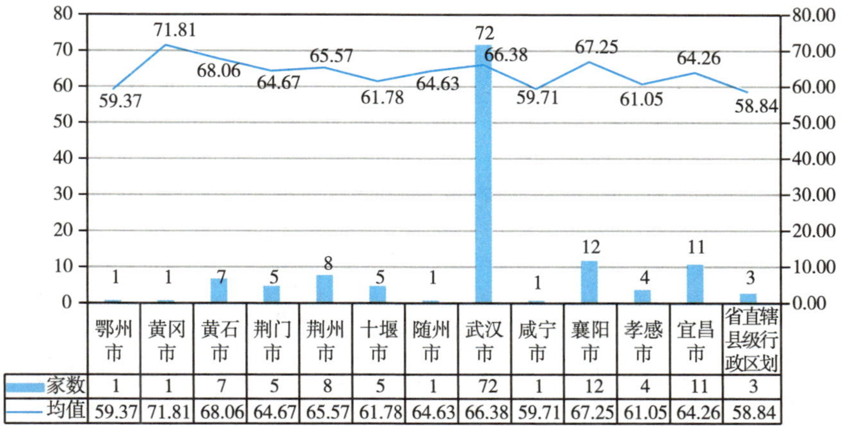

图9-126　2022年湖北省上市公司创新要素投入指数均值分布图

湖北省创新要素投入指数排名前10%的上市公司，如表9-63所示。

表9-63　2022年湖北省上市公司创新要素投入指数前10%排名

排名	公司代码	公司名称	创新要素投入指数	地级市	一级行业_申万	产权性质
1	600745.SH	闻泰科技	86.41	黄石市	电子	非国有控股
2	600498.SH	烽火通信	86.11	武汉市	通信	中央国有控股
3	600703.SH	三安光电	85.70	荆州市	电子	非国有控股
4	002414.SZ	高德红外	84.28	武汉市	国防军工	非国有控股
5	300161.SZ	华中数控	83.76	武汉市	机械设备	非国有控股
6	601869.SH	长飞光纤	81.21	武汉市	通信	非国有控股
7	300567.SZ	精测电子	80.62	武汉市	机械设备	非国有控股
8	000821.SZ	京山轻机	79.87	荆门市	电力设备	非国有控股
9	002281.SZ	光迅科技	79.79	武汉市	通信	中央国有控股
10	600879.SH	航天电子	79.55	武汉市	国防军工	中央国有控股
11	000988.SZ	华工科技	78.86	武汉市	机械设备	地方国有控股
12	300747.SZ	锐科激光	78.46	武汉市	机械设备	中央国有控股
13	000708.SZ	中信特钢	78.10	黄石市	钢铁	中央国有控股

数据来源：同花顺（iFinD），首经贸资产评估研究院和浙工商数字创新与管理研究院整理。

9.13.4　创新科技成果指数

2022年湖北省131家上市公司创新科技成果指数平均水平为68.62，高于全市场均值68.28。从指数分布来看，高于均值的有71家，占省份总数的54.20%。其中，最高的是三安光电，创新科技成果指数为80.30。具体来看，创新科技成果指数区间在60以下的有6家，占比4.58%；60~70的有77家，占比58.78%；70~80的有47家，占比35.88%；80以上的有1家，占比0.76%，如图9-127所示。

从省内城市分布来看，创新科技成果指数平均水平最高的是黄石市（71.33），最低的是咸宁市（65.49），如图9-128所示。

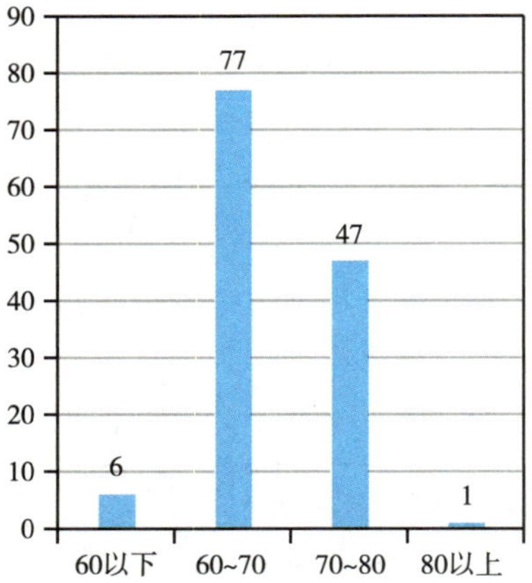

图9-127　2022年湖北省上市公司创新科技成果指数分布图（家）

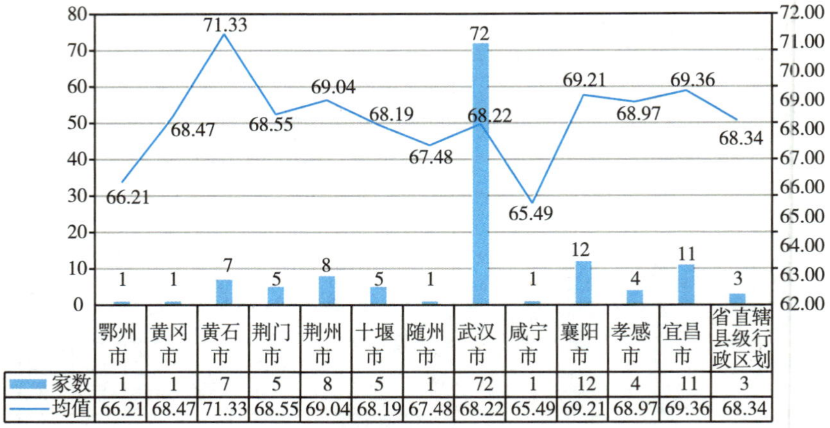

图9-128　2022年湖北省上市公司创新科技成果指数均值分布图

湖北省创新科技成果指数排名前10%的上市公司，如表9-64所示。

表9-64　2022年湖北省上市公司创新科技成果指数前10%排名

排名	公司代码	公司名称	创新科技成果指数	地级市	一级行业_申万	产权性质
1	600703.SH	三安光电	80.30	荆州市	电子	非国有控股
2	600879.SH	航天电子	79.90	武汉市	国防军工	中央国有控股
3	000708.SZ	中信特钢	79.41	黄石市	钢铁	中央国有控股
4	300161.SZ	华中数控	79.23	武汉市	机械设备	非国有控股
5	600745.SH	闻泰科技	78.58	黄石市	电子	非国有控股
6	601869.SH	长飞光纤	76.95	武汉市	通信	非国有控股
7	300747.SZ	锐科激光	76.54	武汉市	机械设备	中央国有控股
8	600141.SH	兴发集团	76.17	宜昌市	基础化工	地方国有控股
9	600998.SH	九州通	75.12	武汉市	医药生物	非国有控股
10	600498.SH	烽火通信	74.31	武汉市	通信	中央国有控股
11	300683.SZ	海特生物	74.04	武汉市	医药生物	非国有控股
12	300567.SZ	精测电子	74.03	武汉市	机械设备	非国有控股
13	300276.SZ	三丰智能	74.02	黄石市	机械设备	非国有控股

数据来源：同花顺（iFinD），首经贸资产评估研究院和浙工商数字创新与管理研究院整理。

9.13.5　创新经济绩效指数

2022年湖北省131家上市公司创新经济绩效指数平均水平为61.43，高于全市场均值61.11。从指数分布来看，高于均值的有72家，占省份总数的54.96%。其中，最高的是三安光电，创新经济绩效指数为82.14。具体来看，创新经济绩效指数区间在60以下的有59家，占比45.05%；60~70的有46家，占比35.11%；70~80的有25家，占比19.08%；80以上的有1家，占比0.76%，如图9-129所示。

从省内城市分布来看，创新经济绩效指数平均水平最高的是荆门市（65.10），最低的是咸宁市

（51.39），如图9-130所示。

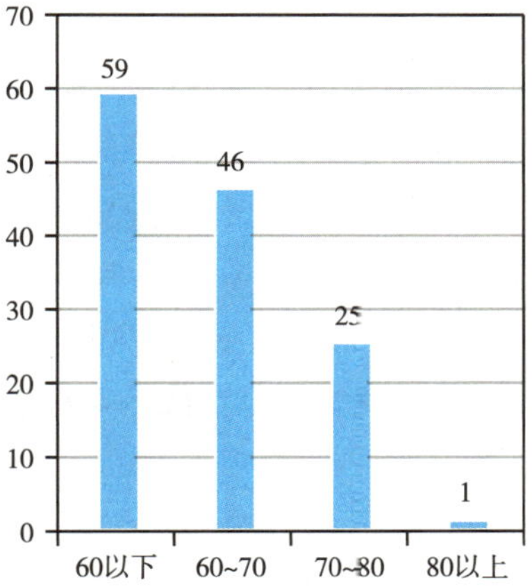

图9-129　2022年湖北省上市公司创新经济绩效指数分布图（家）

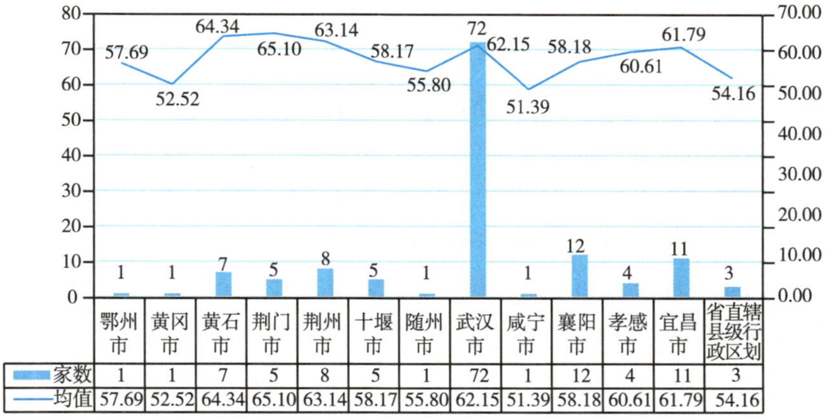

图9-130　2022年湖北省上市公司创新经济绩效指数均值分布图

湖北省创新经济绩效指数排名前10%的上市公司，如表9-65所示。

表9-65　2022年湖北省上市公司创新经济绩效指数前10%排名

排名	公司代码	公司名称	创新经济绩效指数	地级市	一级行业_申万	产权性质
1	600703.SH	三安光电	82.14	荆州市	电子	非国有控股
2	600141.SH	兴发集团	79.00	宜昌市	基础化工	地方国有控股
3	600498.SH	烽火通信	78.60	武汉市	通信	中央国有控股
4	601869.SH	长飞光纤	78.60	武汉市	通信	非国有控股
5	600079.SH	人福医药	77.39	武汉市	医药生物	非国有控股
6	600879.SH	航天电子	76.90	武汉市	国防军工	中央国有控股
7	000988.SZ	华工科技	76.53	武汉市	机械设备	地方国有控股
8	600998.SH	九州通	76.14	武汉市	医药生物	非国有控股
9	000553.SZ	安道麦A	74.45	荆州市	基础化工	中央国有控股
10	600035.SH	楚天高速	73.95	武汉市	交通运输	地方国有控股
11	300054.SZ	鼎龙股份	72.89	武汉市	电子	非国有控股
12	600745.SH	闻泰科技	72.86	黄石市	电子	非国有控股
13	300567.SZ	精测电子	72.81	武汉市	机械设备	非国有控股

数据来源：同花顺（iFinD），首经贸资产评估研究院和浙工商数字创新与管理研究院整理。

9.14　湖南省创新发展指数评价

2022年，湖南省全年实现地区生产总值48,670.37亿元，人均地区生产总值为73,598.00元，居民人均可支配收入34,036.00元。截至2022年底，A股市场湖南省共有上市公司134家，总市值共计15,037.13亿元，营业总收入8,132.30亿元，平均市值112.22亿元/家，平均营业收入60.69亿元/家。营业收入最高的上市公司为华菱钢铁（1,680.99亿元），市值最大的上市公司为爱尔眼科（2,229.75亿元）。2022年，湖南省上市公司研发投入合计为304.74亿元，占营业收入的3.75%；无形资产账面价值合计为1,005.42亿元，占总资产的8.13%。根据本报告分析口径，本节共对湖南省134家上市公司开展创新发展指数评价，具体情况如下：

9.14.1 创新发展综合指数

根据本报告评价，2022年湖南省创新发展综合指数平均水平为65.50，高于全市场平均水平65.47。从指数分布来看，高于均值的有65家，占省份总数的48.51%。其中，最高的是时代电气，创新发展综合指数为86.24。具体来看，创新发展综合指数区间在60以下的有22家，占比16.42%；60~70的有85家，占比63.43%；70~80的有26家，占比19.40%；80以上的有1家，占比0.75%，如图9-131所示。

从省内城市分布来看，湖南省134家上市公司分布在13个省内城市。创新发展综合指数平均水平最高的是株洲市（68.61），最低的是张家界市（52.61），如图9-132所示。

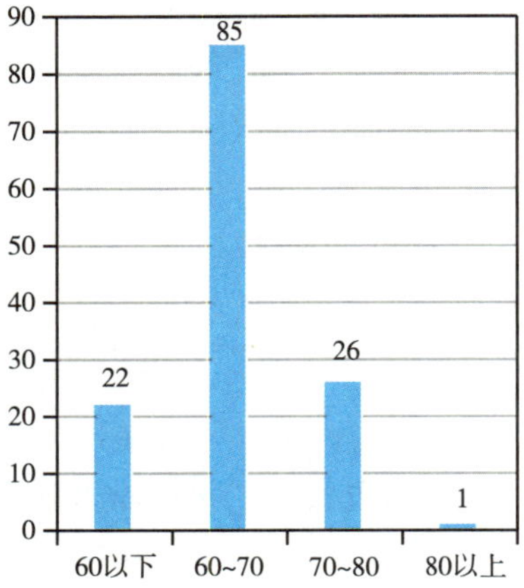

图9-131　2022年湖南省上市公司创新发展综合指数分布图（家）

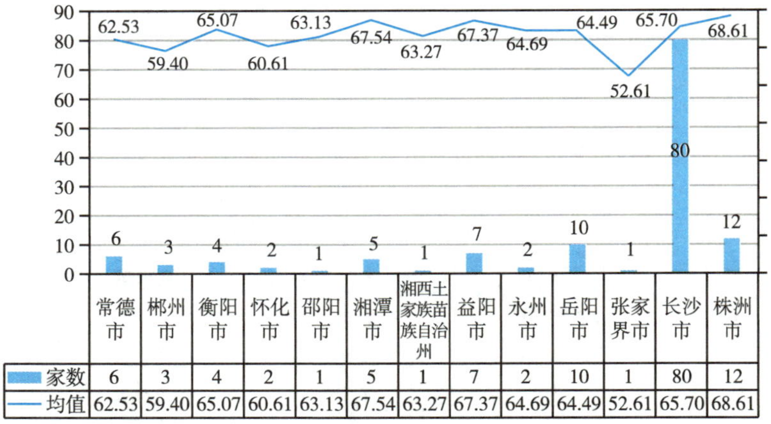

图9-132　2022年湖南省上市公司创新发展综合指数均值分布图

湖南省创新发展综合指数排名前10%的上市公司，如表9-66所示。

表9-66　2022年湖南省上市公司创新发展综合指数前10%排名

排名	公司代码	公司名称	创新发展综合指数	地级市	一级行业_申万	产权性质
1	688187.SH	时代电气	86.24	株洲市	机械设备	中央国有控股
2	000157.SZ	中联重科	77.79	长沙市	机械设备	地方国有控股
3	600416.SH	湘电股份	76.28	湘潭市	电力设备	地方国有控股
4	300358.SZ	楚天科技	75.08	长沙市	医药生物	非国有控股
5	300433.SZ	蓝思科技	75.04	长沙市	电子	非国有控股
6	000932.SZ	华菱钢铁	74.91	长沙市	钢铁	地方国有控股
7	300413.SZ	芒果超媒	74.76	长沙市	传媒	地方国有控股
8	688425.SH	铁建重工	74.35	长沙市	机械设备	中央国有控股
9	300015.SZ	爱尔眼科	74.04	长沙市	医药生物	非国有控股
10	300474.SZ	景嘉微	74.02	长沙市	国防军工	非国有控股
11	600458.SH	时代新材	74.02	株洲市	电力设备	中央国有控股
12	688779.SH	长远锂科	73.97	长沙市	电力设备	中央国有控股
13	300298.SZ	三诺生物	73.85	长沙市	医药生物	非国有控股

数据来源：同花顺（iFinD），首经贸资产评估研究院和浙工商数字创新与管理研究院整理。

9.14.2　创新资源支持指数

2022年湖南省134家上市公司创新资源支持指数平均水平为68.81，高于全市场均值68.18。从指数分布来看，高于均值的有65家，占省份总数的48.51%。其中，最高的是时代电气，创新资源支持指数为92.62。具体来看，创新资源支持指数区间在60以下的有15家，占比11.19%；60~70的有62家，占比46.27%；70~80的有46家，占比34.33%；80以上的有11家，占比8.21%，如图9-133所示。

从省内城市分布来看，创新资源支持指数平均水平最高的是益阳市（75.10），最低的是张家界市（61.48），如图9-134所示。

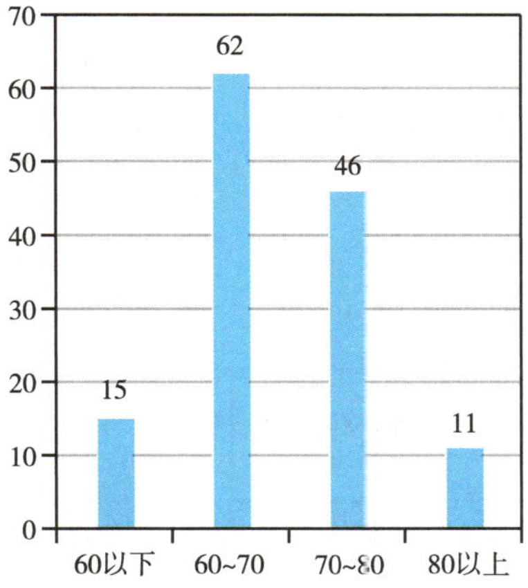

图9-133　2022年湖南省上市公司创新资源支持指数分布图（家）

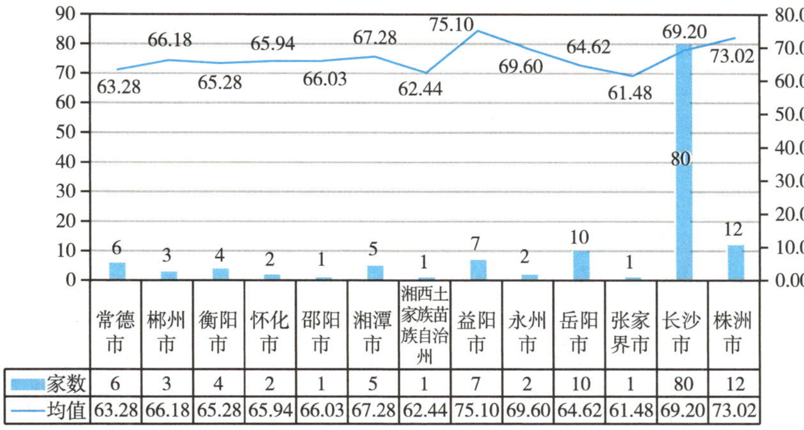

图9-134　2022年湖南省上市公司创新资源支持指数均值分布图

湖南省创新资源支持指数排名前10%的上市公司，如表9-67所示。

表9-67　2022年湖南省上市公司创新资源支持指数前10%排名

排名	公司代码	公司名称	创新资源支持指数	地级市	一级行业_申万	产权性质
1	688187.SH	时代电气	92.62	株洲市	机械设备	中央国有控股
2	300433.SZ	蓝思科技	88.73	长沙市	电子	非国有控股
3	002913.SZ	奥士康	87.31	益阳市	电子	非国有控股
4	688598.SH	金博股份	84.27	益阳市	电力设备	非国有控股
5	300474.SZ	景嘉微	82.59	长沙市	国防军工	非国有控股
6	688779.SH	长远锂科	81.83	长沙市	电力设备	中央国有控股
7	300672.SZ	国科微	81.61	长沙市	电子	非国有控股
8	300866.SZ	安克创新	81.27	长沙市	电子	非国有控股
9	300726.SZ	宏达电子	80.18	株洲市	国防军工	非国有控股
10	300298.SZ	三诺生物	80.16	长沙市	医药生物	非国有控股
11	300800.SZ	力合科技	80.04	长沙市	环保	非国有控股
12	300413.SZ	芒果超媒	79.31	长沙市	传媒	地方国有控股
13	688100.SH	威胜信息	79.27	长沙市	通信	非国有控股

数据来源：同花顺（iFinD），首经贸资产评估研究院和浙工商数字创新与管理研究院整理。

9.14.3 创新要素投入指数

2022年湖南省134家上市公司创新要素投入指数平均水平为65.15，低于全市场均值65.37。从指数分布来看，高于均值的有70家，占省份总数的52.24%。其中，最高的是时代电气，创新要素投入指数为87.66。具体来看，创新要素投入指数区间在60以下的有33家，占比24.63%；60~70的有68家，占比50.74%；70~80的有28家，占比20.90%；80以上的有5家，占比3.73%，如图9-135所示。

从省内城市分布来看，创新要素投入指数平均水平最高的是湘潭市（68.83），最低的是张家界市（46.29），如图9-136所示。

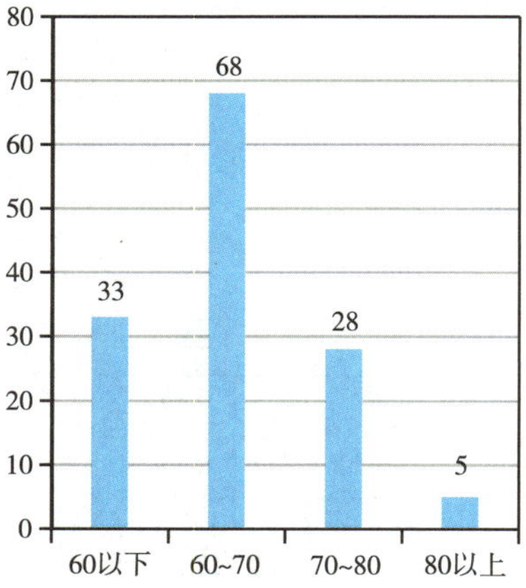

图9-135 2022年湖南省上市公司创新要素投入指数分布图（家）

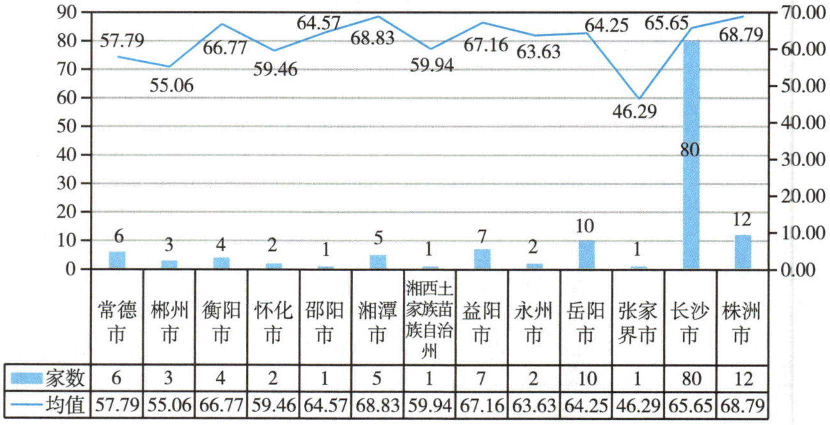

图9-136 2022年湖南省上市公司创新要素投入指数均值分布图

湖南省创新要素投入指数排名前10%的上市公司，如表9-68所示。

表9-68 2022年湖南省上市公司创新要素投入指数前10%排名

排名	公司代码	公司名称	创新要素投入指数	地级市	一级行业_申万	产权性质
1	688187.SH	时代电气	87.66	株洲市	机械设备	中央国有控股
2	000157.SZ	中联重科	82.68	长沙市	机械设备	地方国有控股
3	300474.SZ	景嘉微	81.34	长沙市	国防军工	非国有控股
4	000519.SZ	中兵红箭	80.15	湘潭市	国防军工	中央国有控股
5	300358.SZ	楚天科技	80.11	长沙市	医药生物	非国有控股
6	300672.SZ	国科微	79.69	长沙市	电子	非国有控股
7	600416.SH	湘电股份	79.44	湘潭市	电力设备	地方国有控股
8	688425.SH	铁建重工	78.32	长沙市	机械设备	中央国有控股
9	688289.SH	圣湘生物	76.48	长沙市	医药生物	非国有控股
10	000998.SZ	隆平高科	76.29	长沙市	农林牧渔	中央国有控股
11	300866.SZ	安克创新	76.26	长沙市	电子	非国有控股
12	000932.SZ	华菱钢铁	75.52	长沙市	钢铁	地方国有控股
13	688779.SH	长远锂科	75.40	长沙市	电力设备	中央国有控股

数据来源：同花顺（iFinD），首经贸资产评估研究院和浙工商数字创新与管理研究院整理。

9.14.4 创新科技成果指数

2022年湖南省134家上市公司创新科技成果指数平均水平为68.18，低于全市场均值68.28。从指数分布来看，高于均值的有72家，占省份总数的53.73%。其中，最高的是时代电气，创新科技成果指数为85.43。具体来看，创新科技成果指数区间在60以下的有7家，占比5.22%；60~70的有78家，占比58.21%；70~80的有46家，占比34.33%；80以上的有3家，占比2.24%，如图9-137所示。

从省内城市分布来看，创新科技成果指数平均水平最高的是邵阳市（72.82），最低的是张家界市（57.47），如图9-138所示。

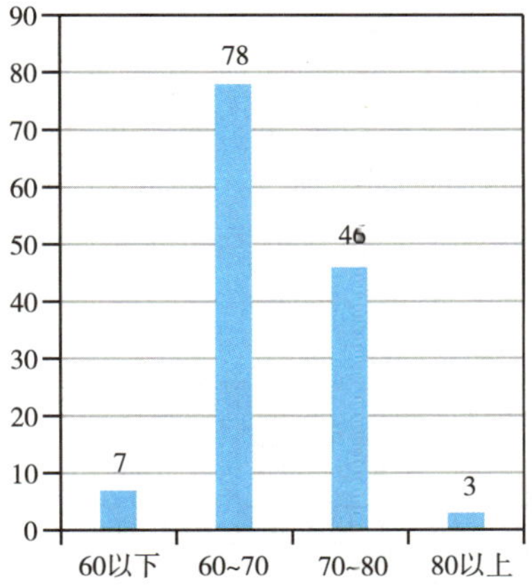

图9-137 2022年湖南省上市公司创新科技成果指数分布图（家）

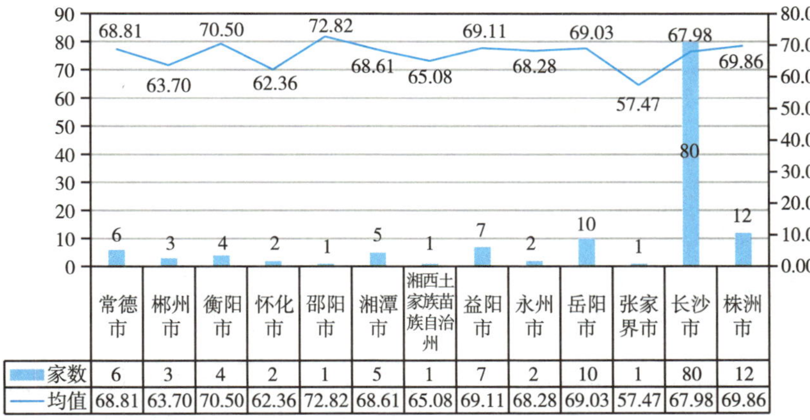

图9-138 2022年湖南省上市公司创新科技成果指数均值分布图

湖南省创新科技成果指数排名前10%的上市公司，如表9-69所示。

表9-69 2022年湖南省上市公司创新科技成果指数前10%排名

排名	公司代码	公司名称	创新科技成果指数	地级市	一级行业_申万	产权性质
1	688187.SH	时代电气	85.43	株洲市	机械设备	中央国有控股
2	000932.SZ	华菱钢铁	81.86	长沙市	钢铁	地方国有控股
3	000157.SZ	中联重科	81.71	长沙市	机械设备	地方国有控股
4	300015.SZ	爱尔眼科	79.00	长沙市	医药生物	非国有控股
5	600458.SH	时代新材	76.76	株洲市	电力设备	中央国有控股
6	002533.SZ	金杯电工	76.24	长沙市	电力设备	非国有控股
7	688425.SH	铁建重工	75.79	长沙市	机械设备	中央国有控股
8	000998.SZ	隆平高科	74.32	长沙市	农林牧渔	中央国有控股
9	300298.SZ	三诺生物	74.17	长沙市	医药生物	非国有控股
10	002097.SZ	山河智能	74.00	长沙市	机械设备	地方国有控股
11	600127.SH	金健米业	73.63	常德市	农林牧渔	地方国有控股
12	603319.SH	湘油泵	72.98	衡阳市	汽车	非国有控股
13	300035.SZ	中科电气	72.90	岳阳市	电力设备	非国有控股

数据来源：同花顺（iFinD），首经贸资产评估研究院和浙工商数字创新与管理研究院整理。

9.14.5 创新经济绩效指数

2022年湖南省134家上市公司创新经济绩效指数平均水平为61.08，低于全市场均值61.11。从指数分布来看，高于均值的有74家，占省份总数的55.22%。其中，最高的是时代电气，创新经济绩效指数为80.61。具体来看，创新经济绩效指数区间在60以下的有60家，占比44.78%；60~70的有60家，占比44.78%；70~80的有13家，占比9.70%；80以上的有1家，占比0.74%，如图9-139所示。

从省内城市分布来看，创新经济绩效指数平均水平最高的是湘西土家族苗族自治州（66.24），最低的是张家界市（49.31），如图9-140所示。

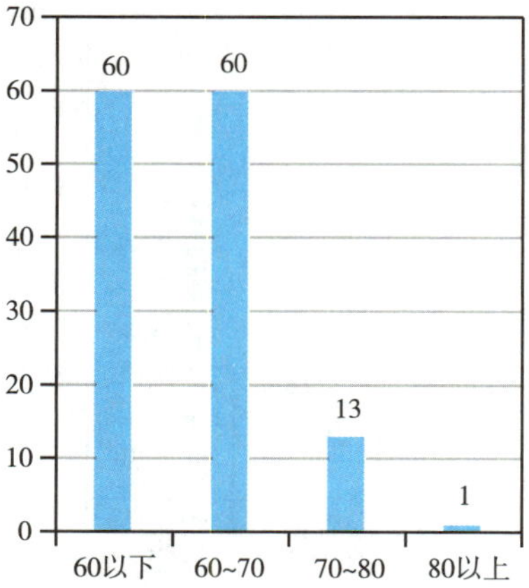

图9-139 2022年湖南省上市公司创新经济绩效指数分布图（家）

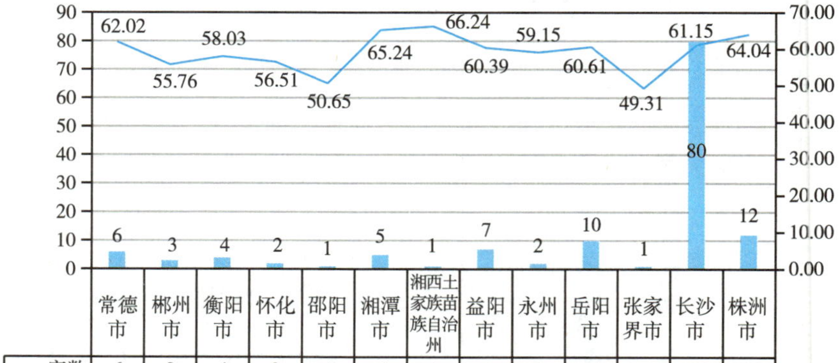

	常德市	郴州市	衡阳市	怀化市	邵阳市	湘潭市	湘西土家族苗族自治州	益阳市	永州市	岳阳市	张家界市	长沙市	株洲市
家数	6	3	4	2	1	5	1	7	2	10	1	80	12
均值	62.02	55.76	58.03	56.51	50.65	65.24	66.24	60.39	59.15	60.61	49.31	61.15	64.04

图9-140 2022年湖南省上市公司创新经济绩效指数均值分布图

湖南省创新经济绩效指数排名前10%的上市公司，如表9-70所示。

表9-70 2022年湖南省上市公司创新经济绩效指数前10%排名

排名	公司代码	公司名称	创新经济绩效指数	地级市	一级行业_申万	产权性质
1	688187.SH	时代电气	80.61	株洲市	机械设备	中央国有控股
2	600416.SH	湘电股份	77.92	湘潭市	电力设备	地方国有控股
3	603883.SH	老百姓	76.97	长沙市	医药生物	非国有控股
4	300413.SZ	芒果超媒	75.77	长沙市	传媒	地方国有控股
5	300015.SZ	爱尔眼科	73.37	长沙市	医药生物	非国有控股
6	600458.SH	时代新材	73.23	株洲市	电力设备	中央国有控股
7	600929.SH	雪天盐业	73.13	长沙市	基础化工	地方国有控股
8	300433.SZ	蓝思科技	72.44	长沙市	电子	非国有控股
9	603939.SH	益丰药房	72.21	常德市	医药生物	非国有控股
10	300726.SZ	宏达电子	71.54	株洲市	国防军工	非国有控股
11	688425.SH	铁建重工	70.71	长沙市	机械设备	中央国有控股
12	000519.SZ	中兵红箭	70.36	湘潭市	国防军工	中央国有控股
13	300298.SZ	三诺生物	70.36	长沙市	医药生物	非国有控股

数据来源：同花顺（iFinD），首经贸资产评估研究院和浙工商数字创新与管理研究院整理。

9.15　吉林省创新发展指数评价

2022年，吉林省全年实现地区生产总值13,070.24亿元，人均地区生产总值为55,347.00元，居民人均可支配收入27,974.52元。截至2022年底，A股市场吉林省共有上市公司46家，总市值共计3,801.77亿元，营业总收入1,914.85亿元，平均市值82.65亿元/家，平均营业收入41.63亿元/家。营业收入最高的上市公司为一汽解放（383.32亿元），市值最大的上市公司为长春高新（673.66亿元）。2022年，吉林省上市公司研发投入合计为85.24亿元，占营业收入的4.45%；无形资产账面价值合计为166.37亿元，占总资产的3.50%。根据本报告分析口径，本节共对吉林省46家上市公司开展创新发展指数评价，具体情况如下：

9.15.1　创新发展综合指数

根据本报告评价，2022年吉林省创新发展综合指数平均水平为63.99，低于全市场平均水平65.47。从指数分布来看，高于均值的有18家，占省份总数的39.13%。其中，最高的是长春高新，创新发展综合指数为75.43。具体来看，创新发展综合指数区间在60以下的有13家，占比28.26%；60~70的有24家，占比52.17%；70~80的有9家，占比19.57%，如图9-141所示。

从省内城市分布来看，吉林省46家上市公司分布在6个省内城市。创新发展综合指数平均水平最高的是长春市（65.14），最低的是通化市（61.78），如图9-142所示。

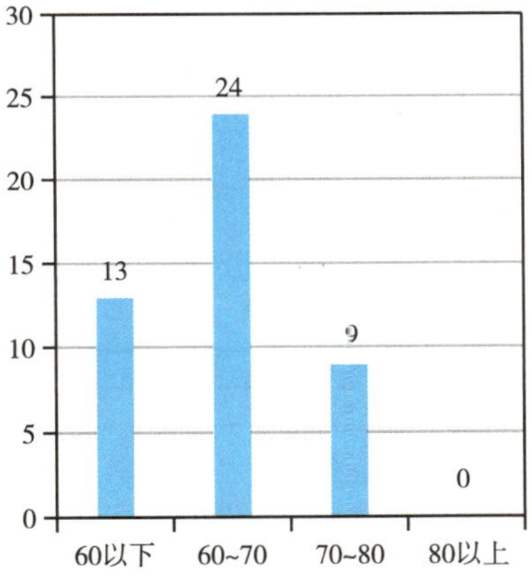

图9-141　2022年吉林省上市公司创新发展综合指数分布图（家）

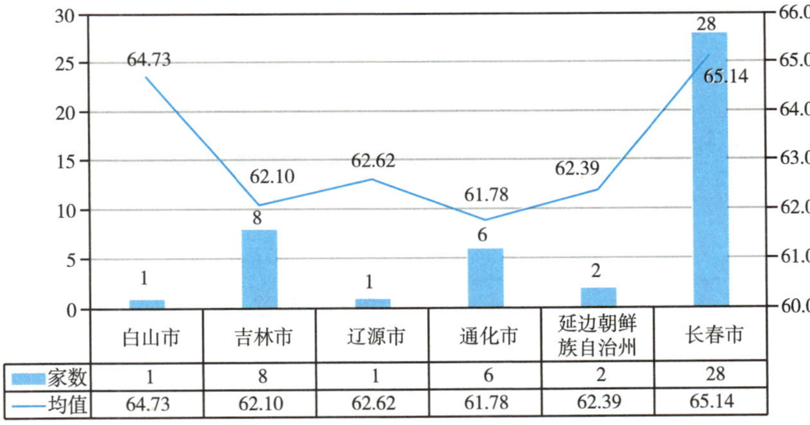

图9-142　2022年吉林省上市公司创新发展综合指数均值分布图

吉林省创新发展综合指数排名前10的上市公司，如表9-71所示。

表9-71　2022年吉林省上市公司创新发展综合指数前10排名

排名	公司代码	公司名称	创新发展综合指数	地级市	一级行业_申万	产权性质
1	000661.SZ	长春高新	75.43	长春市	医药生物	地方国有控股
2	600110.SH	诺德股份	74.10	长春市	电力设备	非国有控股
3	688378.SH	奥来德	73.95	长春市	机械设备	非国有控股
4	000800.SZ	一汽解放	73.11	长春市	汽车	中央国有控股
5	000623.SZ	吉林敖东	71.55	延边朝鲜族自治州	医药生物	非国有控股
6	002338.SZ	奥普光电	71.51	长春市	国防军工	中央国有控股

续表

排名	公司代码	公司名称	创新发展综合指数	地级市	一级行业_申万	产权性质
7	000875.SZ	吉电股份	71.32	长春市	公用事业	中央国有控股
8	000030.SZ	富奥股份	71.17	长春市	汽车	地方国有控股
9	002232.SZ	启明信息	70.27	长春市	计算机	中央国有控股
10	300396.SZ	迪瑞医疗	69.03	长春市	医药生物	中央国有控股

数据来源：同花顺（iFinD），首经贸资产评估研究院和浙工商数字创新与管理研究院整理。

9.15.2 创新资源支持指数

2022年吉林省46家上市公司创新资源支持指数平均水平为65.33，低于全市场均值68.18。从指数分布来看，高于均值的有13家，占省份总数的28.26%。其中，最高的是富奥股份，创新资源支持指数为81.59。具体来看，创新资源支持指数区间在60以下的有11家，占比23.91%；60~70的有23家，占比50%；70~80的有10家，占比21.74%；80以上的有2家，占比4.35%，如图9-143所示。

从省内城市分布来看，创新资源支持指数平均水平最高的是延边朝鲜族自治州（67.37），最低的是辽源市（60.23），如图9-144所示。

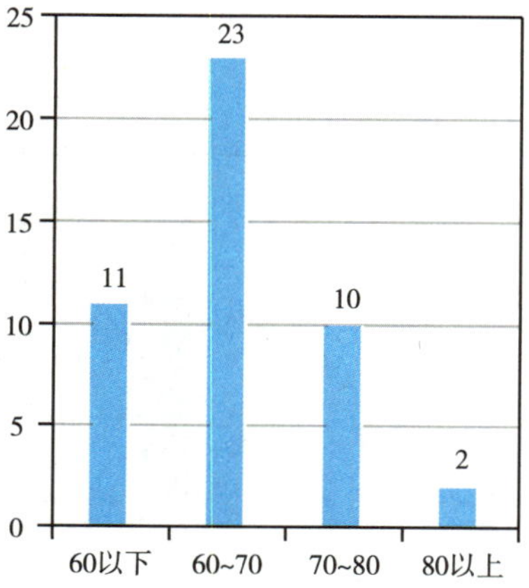

图9-143　2022年吉林省上市公司创新资源支持指数分布图（家）

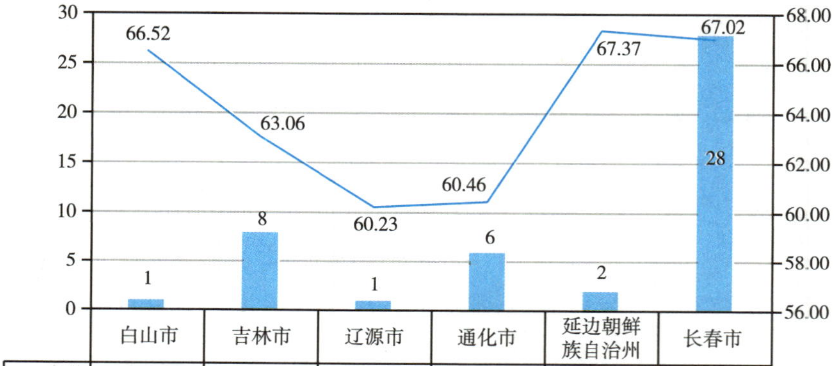

	白山市	吉林市	辽源市	通化市	延边朝鲜族自治州	长春市
家数	1	8	1	6	2	28
均值	66.52	63.06	60.23	60.46	67.37	67.02

图9-144　2022年吉林省上市公司创新资源支持指数均值分布图

吉林省创新资源支持指数排名前10的上市公司，如表9-72所示。

表9-72　2022年吉林省上市公司创新资源支持指数前10排名

排名	公司代码	公司名称	创新资源支持指数	地级市	一级行业_申万	产权性质
1	000030.SZ	富奥股份	81.59	长春市	汽车	地方国有控股
2	688378.SH	奥来德	80.11	长春市	机械设备	非国有控股
3	000623.SZ	吉林敖东	79.87	延边朝鲜族自治州	医药生物	非国有控股
4	600110.SH	诺德股份	75.52	长春市	电力设备	非国有控股
5	000800.SZ	一汽解放	75.01	长春市	汽车	中央国有控股
6	002338.SZ	奥普光电	74.35	长春市	国防军工	中央国有控股
7	000875.SZ	吉电股份	73.89	长春市	公用事业	中央国有控股

续表

排名	公司代码	公司名称	创新资源支持指数	地级市	一级行业_申万	产权性质
8	000661.SZ	长春高新	73.37	长春市	医药生物	地方国有控股
9	600360.SH	华微电子	70.69	吉林市	电子	非国有控股
10	300510.SZ	金冠股份	70.58	长春市	电力设备	地方国有控股

数据来源：同花顺（iFinD），首经贸资产评估研究院和浙工商数字创新与管理研究院整理。

9.15.3 创新要素投入指数

2022年吉林省46家上市公司创新要素投入指数平均水平为63.59，低于全市场均值65.37。从指数分布来看，高于均值的有19家，占省份总数的41.30%。其中，最高的是长春高新，创新要素投入指数为81.39。具体来看，创新要素投入指数区间在60以下的有16家，占比34.78%；60~70的有20家，占比43.48%；70~80的有8家，占比17.39%；80以上的有2家，占比4.35%，如图9–145所示。

从省内城市分布来看，创新要素投入指数平均水平最高的是长春市（65.33），最低的是延边朝鲜族自治州（56.12），如图9–146所示。

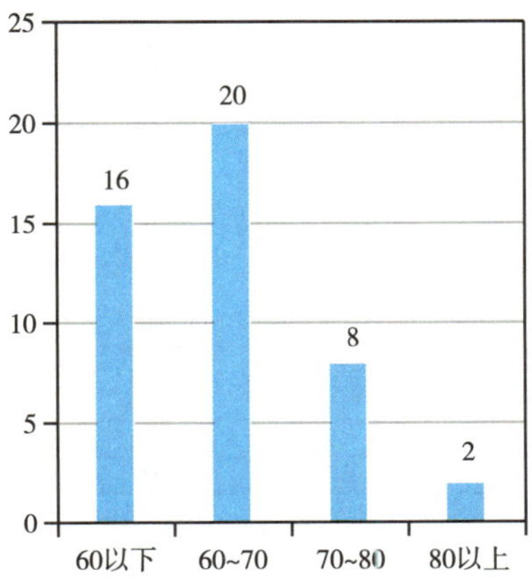

图9–145 2022年吉林省上市公司创新要素投入指数分布图（家）

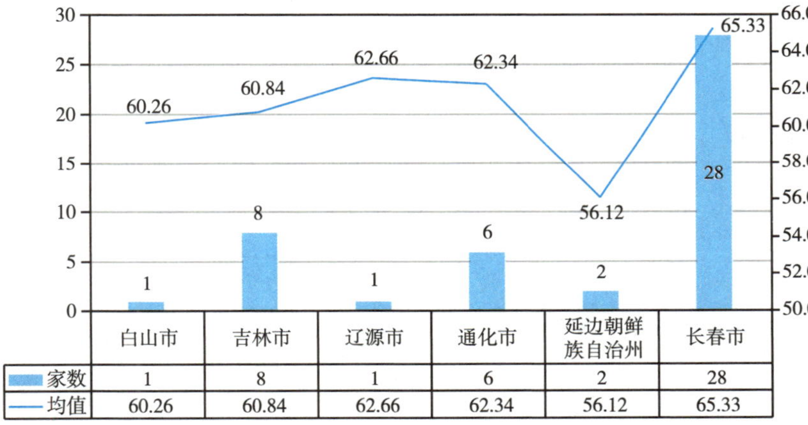

图9–146 2022年吉林省上市公司创新要素投入指数均值分布图

吉林省创新要素投入指数排名前10的上市公司，如表9–73所示。

表9–73 2022年吉林省上市公司创新要素投入指数前10排名

排名	公司代码	公司名称	创新要素投入指数	地级市	一级行业_申万	产权性质
1	000661.SZ	长春高新	81.39	长春市	医药生物	地方国有控股
2	002232.SZ	启明信息	80.62	长春市	计算机	中央国有控股
3	000800.SZ	一汽解放	75.49	长春市	汽车	中央国有控股
4	688378.SH	奥来德	75.20	长春市	机械设备	非国有控股
5	003029.SZ	吉大正元	74.60	长春市	计算机	非国有控股
6	600110.SH	诺德股份	73.63	长春市	电力设备	非国有控股
7	600867.SH	通化东宝	73.19	通化市	医药生物	非国有控股
8	002338.SZ	奥普光电	73.03	长春市	国防军工	中央国有控股

续表

排名	公司代码	公司名称	创新要素投入指数	地级市	一级行业_申万	产权性质
9	300597.SZ	吉大通信	72.99	长春市	通信	中央国有控股
10	300396.SZ	迪瑞医疗	70.22	长春市	医药生物	中央国有控股

数据来源：同花顺（iFinD），首经贸资产评估研究院和浙工商数字创新与管理研究院整理。

9.15.4 创新科技成果指数

2022年吉林省46家上市公司创新科技成果指数平均水平为67.12，低于全市场均值68.28。从指数分布来看，高于均值的有21家，占省份总数的45.65%。其中，最高的是一汽解放，创新科技成果指数为76.47。具体来看，创新科技成果指数区间在60以下的有1家，占比2.17%；60~70的有35家，占比76.09%；70~80的有10家，占比21.74%，如图9-147所示。

从省内城市分布来看，创新科技成果指数平均水平最高的是白山市（70.47），最低的是长春市（66.81），如图9-148所示。

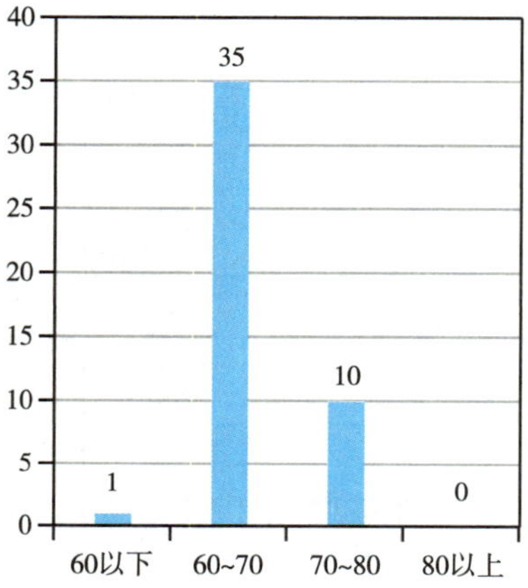

图9-147　2022年吉林省上市公司创新科技成果指数分布图（家）

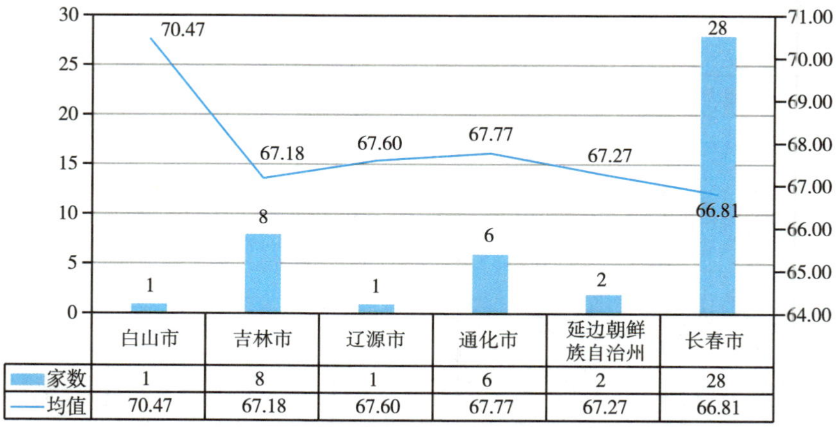

图9-148　2022年吉林省上市公司创新科技成果指数均值分布图

吉林省创新科技成果指数排名前10的上市公司，如表9-74所示。

表9-74　2022年吉林省上市公司创新科技成果指数前10排名

排名	公司代码	公司名称	创新科技成果指数	地级市	一级行业_申万	产权性质
1	000800.SZ	一汽解放	76.47	长春市	汽车	中央国有控股
2	688378.SH	奥来德	72.98	长春市	机械设备	非国有控股
3	000623.SZ	吉林敖东	72.23	延边朝鲜族自治州	医药生物	非国有控股
4	002566.SZ	益盛药业	71.45	通化市	医药生物	非国有控股
5	600110.SH	诺德股份	71.37	长春市	电力设备	非国有控股
6	002232.SZ	启明信息	70.54	长春市	计算机	中央国有控股
7	000638.SZ	万方发展	70.47	白山市	计算机	地方国有控股
8	000030.SZ	富奥股份	70.27	长春市	汽车	地方国有控股
9	300923.SZ	研奥股份	70.16	长春市	机械设备	非国有控股
10	600867.SH	通化东宝	70.15	通化市	医药生物	非国有控股

数据来源：同花顺（iFinD），首经贸资产评估研究院和浙工商数字创新与管理研究院整理。

9.15.5　创新经济绩效指数

2022年吉林省46家上市公司创新经济绩效指数平均水平为60.69，低于全市场均值61.11。从指数分布来看，高于均值的有22家，占省份总数的47.83%。其中，最高的是长春高新，创新经济绩效指数为80.68。具体来看，创新经济绩效指数区间在60以下的有23家，占比50.00%；60~70的有15家，占比32.61%；70~80的有6家，占比13.04%；80以上的有2家，占比4.35%，如图9-149所示。

从省内城市分布来看，创新经济绩效指数平均水平最高的是白山市（63.60），最低的是通化市（56.72），如图9-150所示。

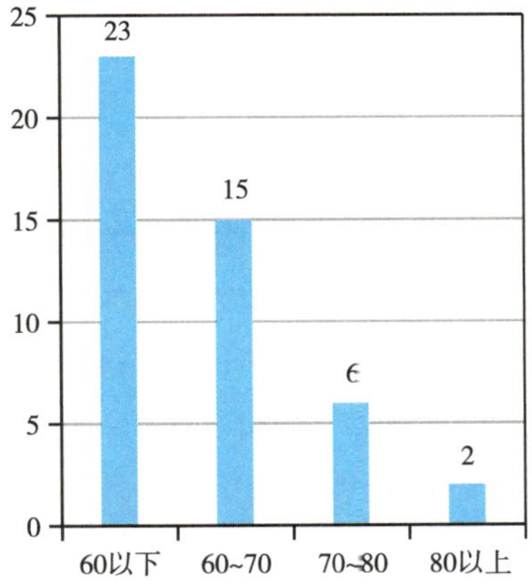

图9-149　2022年吉林省上市公司创新经济绩效指数分布图（家）

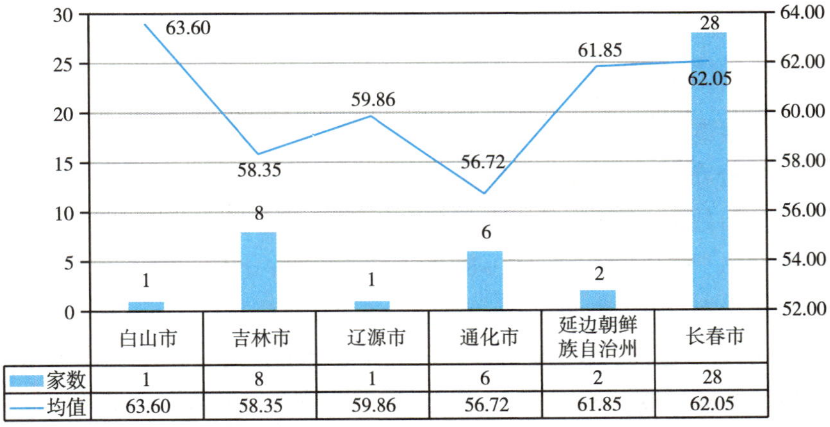

	白山市	吉林市	辽源市	通化市	延边朝鲜族自治州	长春市
家数	1	8	1	6	2	28
均值	63.60	58.35	59.86	56.72	61.85	62.05

图9-150　2022年吉林省上市公司创新经济绩效指数均值分布图

吉林省创新经济绩效指数排名前10的上市公司，如表9-75所示。

表9-75　2022年吉林省上市公司创新经济绩效指数前10排名

排名	公司代码	公司名称	创新经济绩效指数	地级市	一级行业_申万	产权性质
1	000661.SZ	长春高新	80.68	长春市	医药生物	地方国有控股
2	000875.SZ	吉电股份	80.30	长春市	公用事业	中央国有控股
3	600110.SH	诺德股份	76.06	长春市	电力设备	非国有控股
4	000623.SZ	吉林敖东	73.14	延边朝鲜族自治州	医药生物	非国有控股
5	836077.BJ	吉林碳谷	72.02	吉林市	基础化工	地方国有控股
6	300396.SZ	迪瑞医疗	71.41	长春市	医药生物	中央国有控股
7	688276.SH	百克生物	70.55	长春市	医药生物	地方国有控股
8	002338.SZ	奥普光电	70.20	长春市	国防军工	中央国有控股
9	688378.SH	奥来德	68.81	长春市	机械设备	非国有控股
10	600867.SH	通化东宝	67.64	通化市	医药生物	非国有控股

数据来源：同花顺（iFinD），首经贸资产评估研究院和浙工商数字创新与管理研究院整理。

9.16　江苏省创新发展指数评价

2022年，江苏省全年实现地区生产总值122,875.60亿元，人均地区生产总值为144,390.00元，居民人均可支配收入49,861.69元。截至2022年底，A股市场江苏省共有上市公司612家，总市值共计58,031.64亿元，营业总收入27,901.10亿元，平均市值94.82亿元/家，平均营业收入45.59亿元/家。营业收入最高的上市公司为苏美达（1,411.45亿元），市值最大的上市公司为恒瑞医药（2,457.83亿元）。2022年，江苏省上市公司研发投入合计为1,059.94亿元，占营业收入的3.80%；无形资产账面价值合计为1,853.36亿元，占总资产的4.29%。根据本报告分析口径，本节共对江苏省612家上市公司开展创新发展指数评价，具体情况如下：

9.16.1　创新发展综合指数

根据本报告评价，2022年江苏省创新发展综合指数平均水平为65.15，低于全市场平均水平65.47。从指数分布来看，高于均值的有268家，占省份总数的43.79%。其中，最高的是国电南瑞，创新发展综合指数为87.16。具体来看，创新发展综合指数区间在60以下的有73家，占比11.93%；60~70的有454家，占比74.18%；70~80的有77家，占比12.58%；80以上的有8家，占比1.31%，如图9-151所示。

从省内城市分布来看，江苏省612家上市公司分布在13个省内城市。创新发展综合指数平均水平最高的是连云港市（69.17），最低的是盐城市（63.56），如图9-152所示。

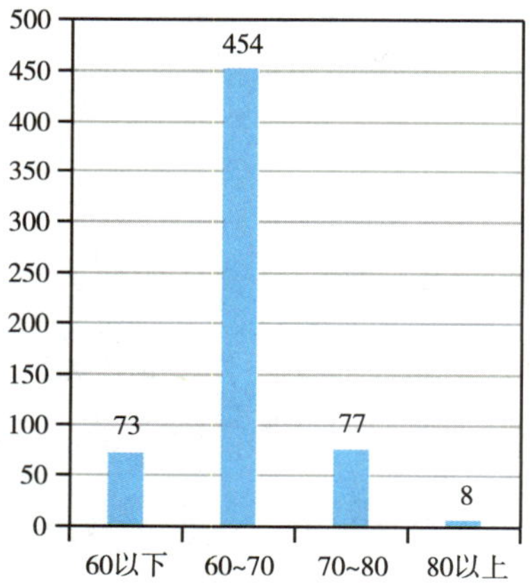

图9-151　2022年江苏省上市公司创新发展综合指数分布图（家）

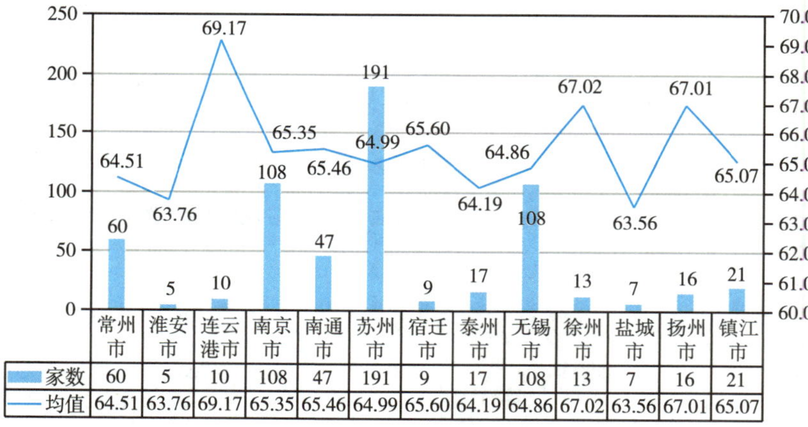

图9-152　2022年江苏省上市公司创新发展综合指数均值分布图

江苏省创新发展综合指数排名前10%的上市公司，如表9-76所示。

表9-76　2022年江苏省上市公司创新发展综合指数前10%排名

排名	公司代码	公司名称	创新发展综合指数	地级市	一级行业_申万	产权性质
1	600406.SH	国电南瑞	87.16	南京市	电力设备	中央国有控股
2	600522.SH	中天科技	83.81	南通市	通信	非国有控股
3	600276.SH	恒瑞医药	83.73	连云港市	医药生物	非国有控股
4	300450.SZ	先导智能	83.14	无锡市	电力设备	非国有控股

续表

排名	公司代码	公司名称	创新发展综合指数	地级市	一级行业_申万	产权性质
5	688599.SH	天合光能	82.82	常州市	电力设备	非国有控股
6	000425.SZ	徐工机械	82.32	徐州市	机械设备	地方国有控股
7	002080.SZ	中材科技	80.56	南京市	建筑材料	中央国有控股
8	603259.SH	药明康德	80.38	无锡市	医药生物	非国有控股
9	600584.SH	长电科技	79.52	无锡市	电子	非国有控股
10	002747.SZ	埃斯顿	78.19	南京市	机械设备	非国有控股
11	688003.SH	天准科技	77.49	苏州市	机械设备	非国有控股
12	600487.SH	亨通光电	77.39	苏州市	通信	非国有控股
13	601100.SH	恒立液压	77.25	常州市	机械设备	非国有控股
14	300751.SZ	迈为股份	76.56	苏州市	电力设备	非国有控股
15	600268.SH	国电南自	76.46	南京市	电力设备	中央国有控股
16	300782.SZ	卓胜微	76.09	无锡市	电子	非国有控股
17	002262.SZ	恩华药业	76.00	徐州市	医药生物	非国有控股
18	688295.SH	中复神鹰	75.84	连云港市	基础化工	中央国有控股
19	600970.SH	中材国际	75.61	南京市	建筑装饰	中央国有控股
20	600481.SH	双良节能	75.53	无锡市	机械设备	非国有控股
21	603486.SH	科沃斯	75.18	苏州市	家用电器	非国有控股
22	603387.SH	基蛋生物	74.49	南京市	医药生物	非国有控股
23	600282.SH	南钢股份	73.85	南京市	钢铁	非国有控股
24	300416.SZ	苏试试验	73.69	苏州市	社会服务	非国有控股
25	688001.SH	华兴源创	73.68	苏州市	机械设备	非国有控股
26	300346.SZ	南大光电	73.66	苏州市	电子	非国有控股
27	600105.SH	永鼎股份	73.65	苏州市	通信	非国有控股
28	002387.SZ	维信诺	73.64	苏州市	电子	非国有控股
29	600562.SH	国睿科技	73.22	南京市	国防军工	中央国有控股
30	300373.SZ	扬杰科技	73.13	扬州市	电子	非国有控股
31	688105.SH	诺唯赞	73.08	南京市	医药生物	非国有控股
32	002734.SZ	利民股份	72.97	徐州市	基础化工	非国有控股
33	688516.SH	奥特维	72.94	无锡市	电力设备	非国有控股
34	603876.SH	鼎胜新材	72.91	镇江市	有色金属	非国有控股
35	688390.SH	固德威	72.73	苏州市	电力设备	非国有控股
36	603355.SH	莱克电气	72.73	苏州市	家用电器	非国有控股
37	605123.SH	派克新材	72.59	无锡市	国防军工	非国有控股
38	300806.SZ	斯迪克	72.55	宿迁市	基础化工	非国有控股
39	300284.SZ	苏交科	72.53	南京市	建筑装饰	地方国有控股
40	002384.SZ	东山精密	72.49	苏州市	电子	非国有控股
41	600486.SH	扬农化工	72.48	扬州市	基础化工	中央国有控股
42	688076.SH	诺泰生物	72.38	连云港市	医药生物	非国有控股
43	600862.SH	中航高科	72.36	南通市	国防军工	中央国有控股
44	603283.SH	赛腾股份	72.32	苏州市	机械设备	非国有控股

续表

排名	公司代码	公司名称	创新发展综合指数	地级市	一级行业_申万	产权性质
45	601222.SH	林洋能源	72.24	南通市	公用事业	非国有控股
46	000301.SZ	东方盛虹	72.12	苏州市	石油石化	非国有控股
47	000551.SZ	创元科技	72.00	苏州市	环保	地方国有控股
48	688262.SH	国芯科技	71.91	苏州市	电子	非国有控股
49	000581.SZ	威孚高科	71.85	无锡市	汽车	地方国有控股
50	600775.SH	南京熊猫	71.80	南京市	通信	中央国有控股
51	601952.SH	苏垦农发	71.78	南京市	农林牧渔	地方国有控股
52	002182.SZ	云海金属	71.78	南京市	有色金属	非国有控股
53	600710.SH	苏美达	71.75	南京市	商贸零售	中央国有控股
54	603185.SH	弘元绿能	71.61	无锡市	电力设备	非国有控股
55	688052.SH	纳芯微	71.52	苏州市	电子	非国有控股
56	000525.SZ	ST红太阳	71.50	南京市	基础化工	非国有控股
57	002484.SZ	江海股份	71.39	南通市	电子	非国有控股
58	688690.SH	纳微科技	71.26	苏州市	医药生物	非国有控股
59	688375.SH	国博电子	71.22	南京市	国防军工	中央国有控股
60	688048.SH	长光华芯	71.20	苏州市	电子	非国有控股
61	002015.SZ	协鑫能科	71.07	无锡市	公用事业	非国有控股

数据来源：同花顺（iFinD），首经贸资产评估研究院和浙工商数字创新与管理研究院整理。

9.16.2 创新资源支持指数

2022年江苏省612家上市公司创新资源支持指数平均水平为67.55，低于全市场均值68.18。从指数分布来看，高于均值的有272家，占省份总数的44.44%。其中，最高的是中天科技，创新资源支持指数为90.25。具体来看，创新资源支持指数区间在60以下的有104家，占比16.99%；60~70的有291家，占比47.55%；70~80的有187家，占比30.56%；80以上的有30家，占比4.90%，如图9-153所示。

从省内城市分布来看，创新资源支持指数平均水平最高的是连云港市（72.37），最低的是镇江市（65.68），如图9-154所示。

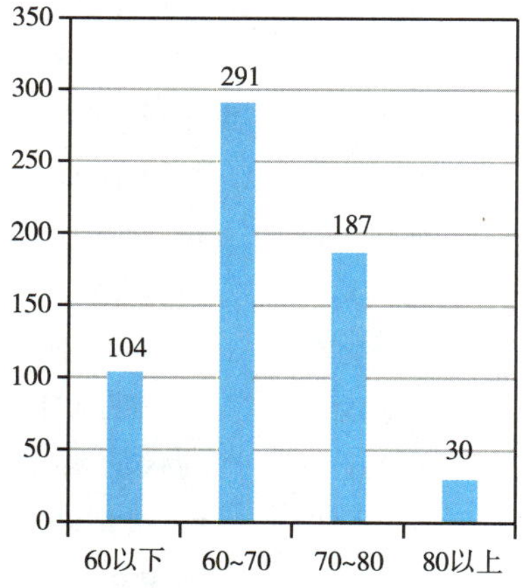

图9-153　2022年江苏省上市公司创新资源支持指数分布图（家）

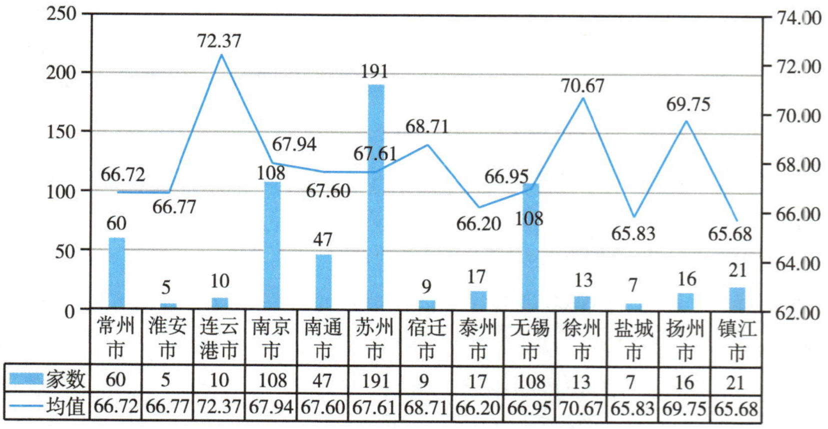

图9-154　2022年江苏省上市公司创新资源支持指数均值分布图

江苏省创新资源支持指数排名前10%的上市公司，如表9-77所示。

表 9-77　　2022年江苏省上市公司创新资源支持指数前10%排名

排名	公司代码	公司名称	创新资源支持指数	地级市	一级行业_申万	产权性质
1	600522.SH	中天科技	90.25	南通市	通信	非国有控股
2	002384.SZ	东山精密	87.97	苏州市	电子	非国有控股
3	600406.SH	国电南瑞	86.44	南京市	电力设备	中央国有控股
4	601952.SH	苏垦农发	85.05	南京市	农林牧渔	地方国有控股
5	600276.SH	恒瑞医药	84.82	连云港市	医药生物	非国有控股
6	688599.SH	天合光能	84.76	常州市	电力设备	非国有控股
7	600562.SH	国睿科技	84.23	南京市	国防军工	中央国有控股
8	000425.SZ	徐工机械	84.09	徐州市	机械设备	地方国有控股
9	300806.SZ	斯迪克	84.04	宿迁市	基础化工	非国有控股
10	600584.SH	长电科技	83.91	无锡市	电子	非国有控股
11	688055.SH	龙腾光电	83.66	苏州市	电子	地方国有控股
12	002245.SZ	蔚蓝锂芯	83.51	苏州市	电力设备	非国有控股
13	002009.SZ	天奇股份	83.32	无锡市	机械设备	非国有控股
14	300682.SZ	朗新科技	83.24	无锡市	计算机	非国有控股
15	688295.SH	中复神鹰	83.12	连云港市	基础化工	中央国有控股
16	300450.SZ	先导智能	82.81	无锡市	电力设备	非国有控股
17	300304.SZ	云意电气	81.98	徐州市	汽车	非国有控股
18	601222.SH	林洋能源	81.77	南通市	公用事业	非国有控股
19	603355.SH	莱克电气	81.14	苏州市	家用电器	非国有控股
20	603185.SH	弘元绿能	81.05	无锡市	电力设备	非国有控股
21	688258.SH	卓易信息	80.75	无锡市	计算机	非国有控股
22	688698.SH	伟创电气	80.63	苏州市	机械设备	非国有控股
23	600501.SH	航天晨光	80.52	南京市	机械设备	中央国有控股
24	002255.SZ	海陆重工	80.49	苏州市	电力设备	非国有控股
25	300373.SZ	扬杰科技	80.39	扬州市	电子	非国有控股
26	002734.SZ	利民股份	80.19	徐州市	基础化工	非国有控股
27	603005.SH	晶方科技	80.10	苏州市	电子	非国有控股
28	603876.SH	鼎胜新材	80.08	镇江市	有色金属	非国有控股
29	002182.SZ	云海金属	80.07	南京市	有色金属	非国有控股
30	002367.SZ	康力电梯	80.06	苏州市	机械设备	非国有控股
31	300416.SZ	苏试试验	79.97	苏州市	社会服务	非国有控股
32	603916.SH	苏博特	79.95	南京市	基础化工	非国有控股

续表

排名	公司代码	公司名称	创新资源支持指数	地级市	一级行业_申万	产权性质
33	000581.SZ	威孚高科	79.76	无锡市	汽车	地方国有控股
34	002866.SZ	传艺科技	79.65	扬州市	电子	非国有控股
35	605123.SH	派克新材	79.61	无锡市	国防军工	非国有控股
36	300952.SZ	恒辉安防	79.47	南通市	纺织服饰	非国有控股
37	601100.SH	恒立液压	79.33	常州市	机械设备	非国有控股
38	002484.SZ	江海股份	79.31	南通市	电子	非国有控股
39	300580.SZ	贝斯特	79.26	无锡市	汽车	非国有控股
40	300623.SZ	捷捷微电	79.25	南通市	电子	非国有控股
41	002645.SZ	华宏科技	79.13	无锡市	环保	非国有控股
42	688232.SH	新点软件	79.01	苏州市	计算机	非国有控股
43	300660.SZ	江苏雷利	78.99	常州市	电力设备	非国有控股
44	600481.SH	双良节能	78.73	无锡市	机械设备	非国有控股
45	600973.SH	宝胜股份	78.60	扬州市	电力设备	中央国有控股
46	600710.SH	苏美达	78.53	南京市	商贸零售	中央国有控股
47	002080.SZ	中材科技	78.50	南京市	建筑材料	中央国有控股
48	688022.SH	瀚川智能	78.28	苏州市	机械设备	非国有控股
49	600557.SH	康缘药业	78.25	连云港市	医药生物	非国有控股
50	601928.SH	凤凰传媒	77.99	南京市	传媒	地方国有控股
51	000525.SZ	ST红太阳	77.97	南京市	基础化工	非国有控股
52	600400.SH	红豆股份	77.97	无锡市	纺织服饰	非国有控股
53	688076.SH	诺泰生物	77.95	连云港市	医药生物	非国有控股
54	002015.SZ	协鑫能科	77.89	无锡市	公用事业	非国有控股
55	603283.SH	赛腾股份	77.87	苏州市	机械设备	非国有控股
56	600970.SH	中材国际	77.80	南京市	建筑装饰	中央国有控股
57	002519.SZ	银河电子	77.80	苏州市	家用电器	非国有控股
58	688225.SH	亚信安全	77.76	南京市	计算机	非国有控股
59	300782.SZ	卓胜微	77.53	无锡市	电子	非国有控股
60	603161.SH	科华控股	77.45	常州市	汽车	非国有控股
61	301090.SZ	华润材料	77.41	常州市	基础化工	中央国有控股

数据来源：同花顺（iFinD），首经贸资产评估研究院和浙工商数字创新与管理研究院整理。

9.16.3 创新要素投入指数

2022年江苏省612家上市公司创新要素投入指数平均水平为65.34，低于全市场均值65.37。从指数分布来看，高于均值的有288家，占省份总数的47.06%。其中，最高的是恒瑞医药，创新要素投入指数为88.77。具体来看，创新要素投入指数区间在60以下的有113家，占比18.46%；60~70的有351家，占比57.36%；70~80的有130家，占比21.24%；80以上的有18家，占比2.94%，如图9-155所示。

从省内城市分布来看，创新要素投入指数平均水平最高的是连云港市（68.00），最低的是盐城市（61.19），如图9-156所示。

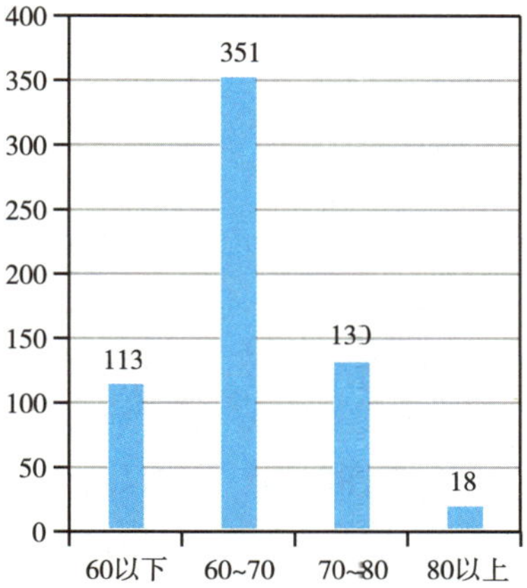

图9-155 2022年江苏省上市公司创新要素投入指数分布图（家）

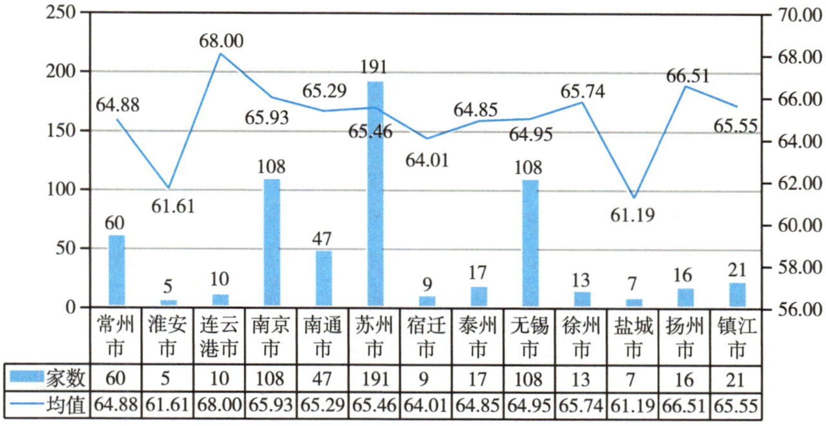

图9-156 2022年江苏省上市公司创新要素投入指数均值分布图

江苏省创新要素投入指数排名前10%的上市公司，如表9-78所示。

表9-78 2022年江苏省上市公司创新要素投入指数前10%排名

排名	公司代码	公司名称	创新要素投入指数	地级市	一级行业_申万	产权性质
1	600276.SH	恒瑞医药	88.77	连云港市	医药生物	非国有控股
2	600406.SH	国电南瑞	85.82	南京市	电力设备	中央国有控股
3	300450.SZ	先导智能	85.66	无锡市	电力设备	非国有控股
4	000425.SZ	徐工机械	84.92	徐州市	机械设备	地方国有控股
5	300782.SZ	卓胜微	84.39	无锡市	电子	非国有控股
6	002747.SZ	埃斯顿	84.11	南京市	机械设备	非国有控股
7	688599.SH	天合光能	82.98	常州市	电力设备	非国有控股
8	603259.SH	药明康德	82.65	无锡市	医药生物	非国有控股
9	600522.SH	中天科技	82.53	南通市	通信	非国有控股
10	300751.SZ	迈为股份	82.27	苏州市	电力设备	非国有控股
11	601100.SH	恒立液压	82.08	常州市	机械设备	非国有控股
12	688003.SH	天准科技	81.85	苏州市	机械设备	非国有控股
13	002080.SZ	中材科技	80.97	南京市	建筑材料	中央国有控股
14	688536.SH	思瑞浦	80.66	苏州市	电子	非国有控股
15	603387.SH	基蛋生物	80.16	南京市	医药生物	非国有控股
16	600268.SH	国电南自	80.15	南京市	电力设备	中央国有控股
17	688105.SH	诺唯赞	80.12	南京市	医药生物	非国有控股
18	300725.SZ	药石科技	80.08	南京市	医药生物	非国有控股
19	600584.SH	长电科技	79.82	无锡市	电子	非国有控股
20	603666.SH	亿嘉和	79.69	南京市	机械设备	非国有控股
21	002387.SZ	维信诺	79.59	苏州市	电子	非国有控股
22	002413.SZ	雷科防务	79.27	常州市	国防军工	非国有控股

续表

排名	公司代码	公司名称	创新要素投入指数	地级市	一级行业_申万	产权性质
23	300284.SZ	苏交科	79.18	南京市	建筑装饰	地方国有控股
24	600487.SH	亨通光电	78.78	苏州市	通信	非国有控股
25	688390.SH	固德威	78.03	苏州市	电力设备	非国有控股
26	002262.SZ	恩华药业	77.99	徐州市	医药生物	非国有控股
27	688030.SH	山石网科	77.93	苏州市	计算机	非国有控股
28	603707.SH	健友股份	77.75	南京市	医药生物	非国有控股
29	688176.SH	亚虹医药	77.74	泰州市	医药生物	非国有控股
30	600481.SH	双良节能	77.73	无锡市	机械设备	非国有控股
31	688001.SH	华兴源创	77.08	苏州市	机械设备	非国有控股
32	688225.SH	亚信安全	77.02	南京市	计算机	非国有控股
33	600282.SH	南钢股份	76.68	南京市	钢铁	非国有控股
34	603486.SH	科沃斯	76.53	苏州市	家用电器	非国有控股
35	603283.SH	赛腾股份	76.41	苏州市	机械设备	非国有控股
36	600562.SH	国睿科技	76.39	南京市	国防军工	中央国有控股
37	300346.SZ	南大光电	76.27	苏州市	电子	非国有控股
38	601799.SH	星宇股份	76.01	常州市	汽车	非国有控股
39	603876.SH	鼎胜新材	75.90	镇江市	有色金属	非国有控股
40	688375.SH	国博电子	75.69	南京市	国防军工	中央国有控股
41	688166.SH	博瑞医药	75.67	苏州市	医药生物	非国有控股
42	688508.SH	芯朋微	75.67	无锡市	电子	非国有控股
43	688259.SH	创耀科技	75.65	苏州市	电子	非国有控股
44	688690.SH	纳微科技	75.65	苏州市	医药生物	非国有控股
45	688076.SH	诺泰生物	75.44	连云港市	医药生物	非国有控股
46	000738.SZ	航发控制	75.29	无锡市	国防军工	中央国有控股
47	600970.SH	中材国际	75.21	南京市	建筑装饰	中央国有控股
48	688601.SH	力芯微	75.15	无锡市	电子	非国有控股
49	002090.SZ	金智科技	75.11	南京市	电力设备	非国有控股
50	688052.SH	纳芯微	75.10	苏州市	电子	非国有控股
51	300447.SZ	全信股份	75.05	南京市	国防军工	非国有控股
52	688258.SH	卓易信息	75.03	无锡市	计算机	非国有控股
53	600513.SH	联环药业	74.93	扬州市	医药生物	地方国有控股
54	688262.SH	国芯科技	74.81	苏州市	电子	非国有控股
55	688426.SH	康为世纪	74.68	泰州市	医药生物	非国有控股
56	002223.SZ	鱼跃医疗	74.57	镇江市	医药生物	非国有控股
57	301058.SZ	中粮科工	74.52	无锡市	建筑装饰	中央国有控股
58	300806.SZ	斯迪克	74.47	宿迁市	基础化工	非国有控股
59	300827.SZ	上能电气	74.35	无锡市	电力设备	非国有控股
60	300623.SZ	捷捷微电	74.32	南通市	电子	非国有控股
61	688170.SH	德龙激光	74.30	苏州市	机械设备	非国有控股

数据来源：同花顺（iFinD），首经贸资产评估研究院和浙工商数字创新与管理研究院整理。

9.16.4 创新科技成果指数

2022年江苏省612家上市公司创新科技成果指数平均水平为68.65，高于全市场均值68.28。从指数分布来看，高于均值的有366家，占省份总数的59.80%。其中，最高的是国电南瑞，创新科技成果指数为85.94。具体来看，创新科技成果指数区间在60以下的有12家，占比1.96%；60~70的有425家，占比69.45%；70~80的有169家，占比27.61%；80以上的有6家，占比0.98%，如图9-157所示。

从省内城市分布来看，创新科技成果指数平均水平最高的是徐州市（71.29），最低的是淮安市（66.91），如图9-158所示。

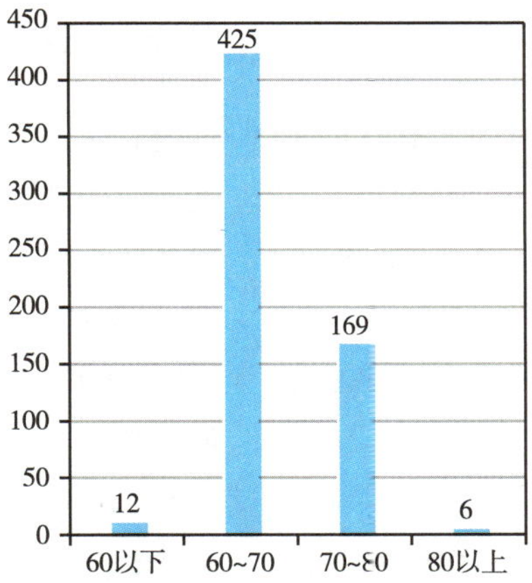

图9-157 2022年江苏省上市公司创新科技成果指数分布图（家）

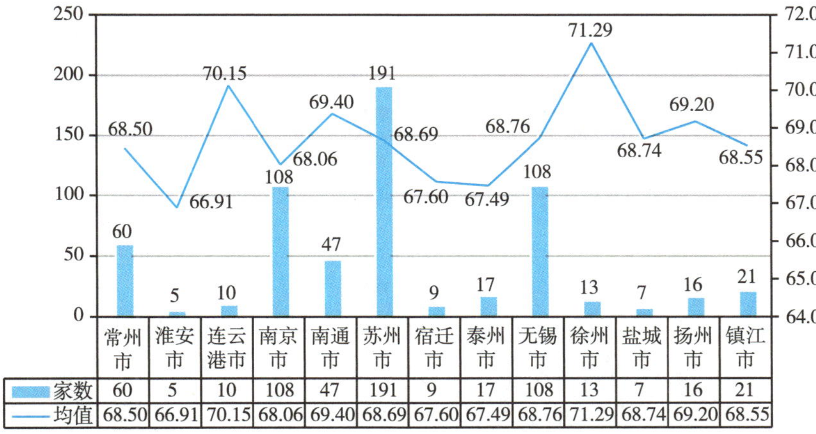

图9-158 2022年江苏省上市公司创新科技成果指数均值分布图

江苏省创新科技成果指数排名前10%的上市公司，如表9-79所示。

表9-79 2022年江苏省上市公司创新科技成果指数前10%排名

排名	公司代码	公司名称	创新科技成果指数	地级市	一级行业_申万	产权性质
1	600406.SH	国电南瑞	85.94	南京市	电力设备	中央国有控股
2	600522.SH	中天科技	84.13	南通市	通信	非国有控股
3	600282.SH	南钢股份	82.45	南京市	钢铁	非国有控股
4	000425.SZ	徐工机械	82.24	徐州市	机械设备	地方国有控股
5	688599.SH	天合光能	81.62	常州市	电力设备	非国有控股
6	300450.SZ	先导智能	80.86	无锡市	电力设备	非国有控股
7	002080.SZ	中材科技	79.49	南京市	建筑材料	中央国有控股
8	600276.SH	恒瑞医药	78.94	连云港市	医药生物	非国有控股
9	603259.SH	药明康德	78.60	无锡市	医药生物	非国有控股
10	600584.SH	长电科技	77.94	无锡市	电子	非国有控股
11	601100.SH	恒立液压	77.72	常州市	机械设备	非国有控股
12	300751.SZ	迈为股份	77.71	苏州市	电力设备	非国有控股
13	600268.SH	国电南自	77.42	南京市	电力设备	中央国有控股
14	002387.SZ	维信诺	76.44	苏州市	电子	非国有控股
15	688003.SH	天准科技	75.98	苏州市	机械设备	非国有控股
16	002734.SZ	利民股份	75.68	徐州市	基础化工	非国有控股

续表

排名	公司代码	公司名称	创新科技成果指数	地级市	一级行业_申万	产权性质
17	600970.SH	中材国际	75.51	南京市	建筑装饰	中央国有控股
18	688295.SH	中复神鹰	75.42	连云港市	基础化工	中央国有控股
19	603486.SH	科沃斯	75.14	苏州市	家用电器	非国有控股
20	300393.SZ	中来股份	75.13	苏州市	电力设备	地方国有控股
21	688048.SH	长光华芯	75.02	苏州市	电子	非国有控股
22	300782.SZ	卓胜微	74.90	无锡市	电子	非国有控股
23	000301.SZ	东方盛虹	74.20	苏州市	石油石化	非国有控股
24	300429.SZ	强力新材	74.09	常州市	电子	非国有控股
25	600487.SH	亨通光电	74.09	苏州市	通信	非国有控股
26	603018.SH	华设集团	74.02	南京市	建筑装饰	非国有控股
27	600300.SH	维维股份	73.92	徐州市	食品饮料	地方国有控股
28	300715.SZ	凯伦股份	73.90	苏州市	建筑材料	非国有控股
29	002585.SZ	双星新材	73.80	宿迁市	基础化工	非国有控股
30	688097.SH	博众精工	73.78	苏州市	机械设备	非国有控股
31	300466.SZ	赛摩智能	73.66	徐州市	机械设备	地方国有控股
32	002090.SZ	金智科技	73.63	南京市	电力设备	非国有控股
33	688170.SH	德龙激光	73.63	苏州市	机械设备	非国有控股
34	605300.SH	佳禾食品	73.61	苏州市	食品饮料	非国有控股
35	688353.SH	华盛锂电	73.46	苏州市	电力设备	非国有控股
36	002483.SZ	润邦股份	73.33	南通市	机械设备	地方国有控股
37	601222.SH	林洋能源	73.24	南通市	公用事业	非国有控股
38	603366.SH	日出东方	73.18	连云港市	家用电器	非国有控股
39	688029.SH	南微医学	73.15	南京市	医药生物	非国有控股
40	688633.SH	星球石墨	73.12	南通市	机械设备	非国有控股
41	002262.SZ	恩华药业	73.10	徐州市	医药生物	非国有控股
42	002747.SZ	埃斯顿	73.03	南京市	机械设备	非国有控股
43	688516.SH	奥特维	73.01	无锡市	电力设备	非国有控股
44	603028.SH	赛福天	72.94	无锡市	机械设备	地方国有控股
45	688106.SH	金宏气体	72.93	苏州市	电子	非国有控股
46	300660.SZ	江苏雷利	72.79	常州市	电力设备	非国有控股
47	002015.SZ	协鑫能科	72.77	无锡市	公用事业	非国有控股
48	002156.SZ	通富微电	72.69	南通市	电子	非国有控股
49	002635.SZ	安洁科技	72.68	苏州市	电子	非国有控股
50	002438.SZ	江苏神通	72.64	南通市	机械设备	非国有控股
51	000727.SZ	冠捷科技	72.60	南京市	电子	中央国有控股
52	300826.SZ	测绘股份	72.57	南京市	建筑装饰	非国有控股
53	688286.SH	敏芯股份	72.56	苏州市	电子	非国有控股
54	600862.SH	中航高科	72.47	南通市	国防军工	中央国有控股
55	600775.SH	南京熊猫	72.46	南京市	通信	中央国有控股
56	600105.SH	永鼎股份	72.42	苏州市	通信	非国有控股

续表

排名	公司代码	公司名称	创新科技成果指数	地级市	一级行业_申万	产权性质
57	603111.SH	康尼机电	72.40	南京市	机械设备	非国有控股
58	300284.SZ	苏交科	72.34	南京市	建筑装饰	地方国有控股
59	600667.SH	太极实业	72.29	无锡市	建筑装饰	地方国有控股
60	688186.SH	广大特材	72.26	苏州市	钢铁	非国有控股
61	688508.SH	芯朋微	72.25	无锡市	电子	非国有控股

数据来源：同花顺（iFinD），首经贸资产评估研究院和浙工商数字创新与管理研究院整理。

9.16.5　创新经济绩效指数

2022年江苏省612家上市公司创新经济绩效指数平均水平为60.02，低于全市场均值61.11。从指数分布来看，高于均值的有281家，占省份总数的45.92%。其中，最高的是国电南瑞，创新经济绩效指数为90.35。具体来看，创新经济绩效指数区间在60以下的有329家，占比53.75%；60~70的有234家，占比38.24%；70~80的有41家，占比6.70%；80以上的有8家，占比1.31%，如图9-159所示。

从省内城市分布来看，创新经济绩效指数平均水平最高的是连云港市（67.34），最低的是常州市（58.90），如图9-160所示。

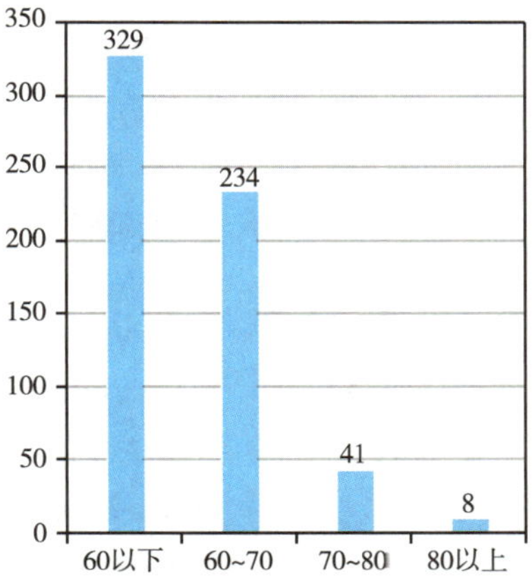

图9-159　2022年江苏省上市公司创新经济绩效指数分布图（家）

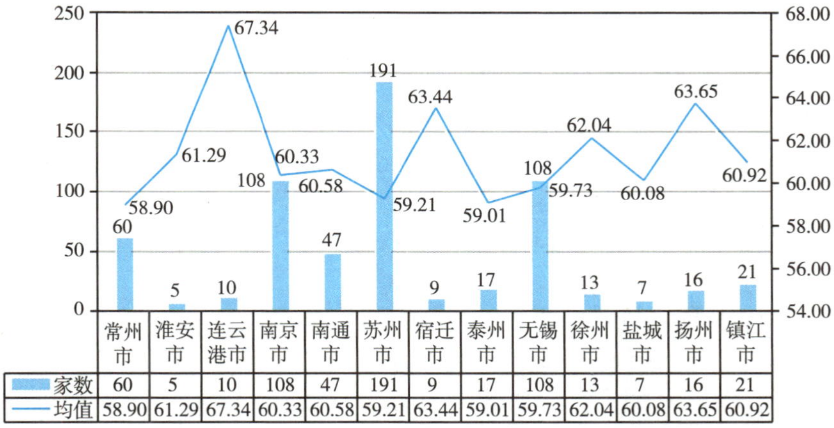

图9-160　2022年江苏省上市公司创新经济绩效指数均值分布图

江苏省创新经济绩效指数排名前10%的上市公司，如表9-80所示。

表9-80　2022年江苏省上市公司创新经济绩效指数前10%排名

排名	公司代码	公司名称	创新经济绩效指数	地级市	一级行业_申万	产权性质
1	600406.SH	国电南瑞	90.35	南京市	电力设备	中央国有控股
2	002080.SZ	中材科技	82.52	南京市	建筑材料	中央国有控股
3	300450.SZ	先导智能	82.41	无锡市	电力设备	非国有控股
4	688599.SH	天合光能	82.27	常州市	电力设备	非国有控股
5	603259.SH	药明康德	82.00	无锡市	医药生物	非国有控股
6	600276.SH	恒瑞医药	81.22	连云港市	医药生物	非国有控股

续表

排名	公司代码	公司名称	创新经济绩效指数	地级市	一级行业_申万	产权性质
7	600487.SH	亨通光电	80.51	苏州市	通信	非国有控股
8	600522.SH	中天科技	80.32	南通市	通信	非国有控股
9	600862.SH	中航高科	78.63	南通市	国防军工	中央国有控股
10	000425.SZ	徐工机械	78.02	徐州市	机械设备	地方国有控股
11	002747.SZ	埃斯顿	77.96	南京市	机械设备	非国有控股
12	600584.SH	长电科技	77.34	无锡市	电子	非国有控股
13	603486.SH	科沃斯	76.54	苏州市	家用电器	非国有控股
14	002262.SZ	恩华药业	75.93	徐州市	医药生物	非国有控股
15	002239.SZ	奥特佳	75.66	南通市	汽车	非国有控股
16	600486.SH	扬农化工	75.37	扬州市	基础化工	中央国有控股
17	688295.SH	中复神鹰	75.36	连云港市	基础化工	中央国有控股
18	600481.SH	双良节能	74.91	无锡市	机械设备	非国有控股
19	688516.SH	奥特维	74.76	无锡市	电力设备	非国有控股
20	600970.SH	中材国际	74.58	南京市	建筑装饰	中央国有控股
21	600105.SH	永鼎股份	74.55	苏州市	通信	非国有控股
22	688003.SH	天准科技	74.40	苏州市	机械设备	非国有控股
23	002409.SZ	雅克科技	74.34	无锡市	电子	非国有控股
24	688377.SH	迪威尔	74.22	南京市	机械设备	非国有控股
25	600682.SH	南京新百	73.74	南京市	医药生物	非国有控股
26	603387.SH	基蛋生物	73.73	南京市	医药生物	非国有控股
27	300390.SZ	天华新能	73.49	苏州市	有色金属	非国有控股
28	605123.SH	派克新材	73.35	无锡市	国防军工	非国有控股
29	300416.SZ	苏试试验	73.09	苏州市	社会服务	非国有控股
30	300575.SZ	中旗股份	72.93	南京市	基础化工	非国有控股
31	601928.SH	凤凰传媒	72.48	南京市	传媒	地方国有控股
32	600268.SH	国电南自	72.42	南京市	电力设备	中央国有控股
33	002304.SZ	洋河股份	72.24	宿迁市	食品饮料	地方国有控股
34	002015.SZ	协鑫能科	72.20	无锡市	公用事业	非国有控股
35	002091.SZ	江苏国泰	71.87	苏州市	商贸零售	地方国有控股
36	301090.SZ	华润材料	71.85	常州市	基础化工	中央国有控股
37	601952.SH	苏垦农发	71.76	南京市	农林牧渔	地方国有控股
38	300346.SZ	南大光电	71.70	苏州市	电子	非国有控股
39	002387.SZ	维信诺	71.53	苏州市	电子	非国有控股
40	000525.SZ	ST红太阳	71.32	南京市	基础化工	非国有控股
41	603355.SH	莱克电气	71.16	苏州市	家用电器	非国有控股
42	688001.SH	华兴源创	71.12	苏州市	机械设备	非国有控股
43	300373.SZ	扬杰科技	70.88	扬州市	电子	非国有控股
44	600710.SH	苏美达	70.38	南京市	商贸零售	中央国有控股
45	301238.SZ	瑞泰新材	70.30	苏州市	电力设备	地方国有控股
46	000301.SZ	东方盛虹	70.25	苏州市	石油石化	非国有控股

续表

排名	公司代码	公司名称	创新经济绩效指数	地级市	一级行业_申万	产权性质
47	600557.SH	康缘药业	70.16	连云港市	医药生物	非国有控股
48	300761.SZ	立华股份	70.10	常州市	农林牧渔	非国有控股
49	300751.SZ	迈为股份	70.02	苏州市	电力设备	非国有控股
50	000551.SZ	创元科技	69.99	苏州市	环保	地方国有控股
51	688690.SH	纳微科技	69.98	苏州市	医药生物	非国有控股
52	002391.SZ	长青股份	69.97	扬州市	基础化工	非国有控股
53	600389.SH	江山股份	69.92	南通市	基础化工	地方国有控股
54	300217.SZ	东方电热	69.82	镇江市	家用电器	非国有控股
55	600370.SH	三房巷	69.77	无锡市	基础化工	非国有控股
56	000581.SZ	威孚高科	69.76	无锡市	汽车	地方国有控股
57	601100.SH	恒立液压	69.57	常州市	机械设备	非国有控股
58	300260.SZ	新莱应材	69.57	苏州市	机械设备	非国有控股
59	603369.SH	今世缘	69.51	淮安市	食品饮料	地方国有控股
60	002608.SZ	江苏国信	69.47	南京市	公用事业	地方国有控股
61	603915.SH	国茂股份	69.39	常州市	机械设备	非国有控股

数据来源：同花顺（iFinD），首经贸资产评估研究院和浙工商数字创新与管理研究院整理。

9.17　江西省创新发展指数评价

2022年，江西省全年实现地区生产总值32,074.70亿元，人均地区生产总值为70,923.00元，居民人均可支配收入32,418.67元。截至2022年底，A股市场江西省共有上市公司76家，总市值共计9,115.95亿元，营业总收入10,874.29亿元，平均市值119.95亿元/家，平均营业收入143.08亿元/家。营业收入最高的上市公司为江西铜业（4,799.38亿元），市值最大的上市公司为晶科能源（1,465.00亿元）。2022年，江西省上市公司研发投入合计为243.00亿元，占营业收入的2.23%；无形资产账面价值合计为517.51亿元，占总资产的5.36%。根据本报告分析口径，本节共对江西省76家上市公司开展创新发展指数评价，具体情况如下：

9.17.1　创新发展综合指数

根据本报告评价，2022年江西省创新发展综合指数平均水平为65.02，低于全市场平均水平65.47。从指数分布来看，高于均值的有32家，占省份总数的42.11%。其中，最高的是晶科能源，创新发展综合指数为83.64。具体来看，创新发展综合指数区间在60以下的有12家，占比15.79%；60~70的有51家，占比67.11%；70~80的有11家，占比14.47%；80以上的有2家，占比2.63%，如图9-161所示。

从省内城市分布来看，江西省76家上市公司分布在11个省内城市。创新发展综合指数平均水平最高的是鹰潭市（71.51），最低的是萍乡市（59.81），如图9-162所示。

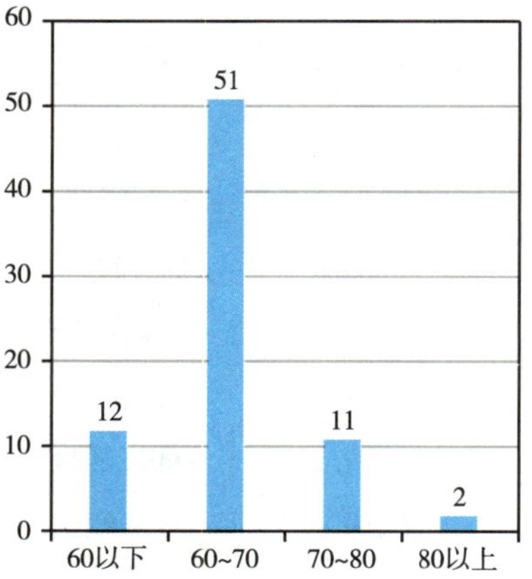

图9-161　2022年江西省上市公司创新发展综合指数分布图（家）

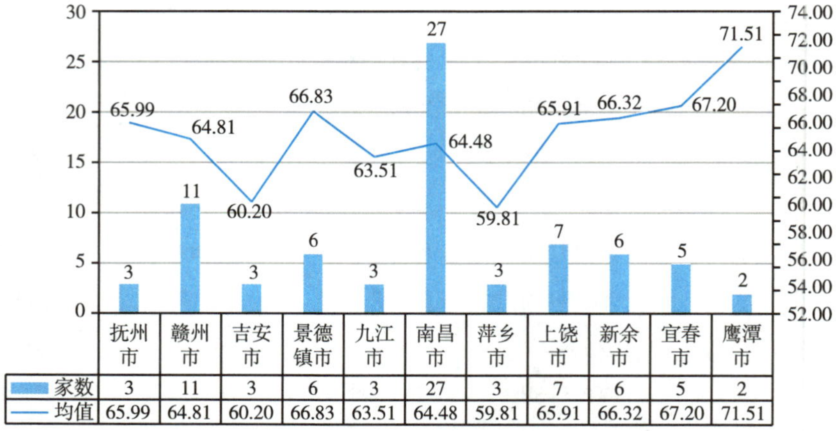

图9-162　2022年江西省上市公司创新发展综合指数均值分布图

江西省创新发展综合指数排名前10的上市公司，如表9-81所示。

表9-81　　2022年江西省上市公司创新发展综合指数前10排名

排名	公司代码	公司名称	创新发展综合指数	地级市	一级行业_申万	产权性质
1	688223.SH	晶科能源	83.64	上饶市	电力设备	非国有控股
2	002460.SZ	赣锋锂业	80.62	新余市	有色金属	非国有控股
3	000550.SZ	江铃汽车	77.02	南昌市	汽车	地方国有控股
4	002036.SZ	联创电子	75.08	南昌市	电子	非国有控股
5	600362.SH	江西铜业	74.39	鹰潭市	有色金属	地方国有控股
6	600590.SH	泰豪科技	74.03	南昌市	国防军工	非国有控股
7	600750.SH	江中药业	73.38	南昌市	医药生物	中央国有控股
8	300748.SZ	金力永磁	72.42	赣州市	有色金属	非国有控股
9	000404.SZ	长虹华意	72.25	景德镇市	家用电器	地方国有控股
10	002378.SZ	章源钨业	71.42	赣州市	有色金属	非国有控股

数据来源：同花顺（iFinD），首经贸资产评估研究院和浙工商数字创新与管理研究院整理。

9.17.2　创新资源支持指数

2022年江西省76家上市公司创新资源支持指数平均水平为66.74，低于全市场均值68.18。从指数分布来看，高于均值的有30家，占省份总数的39.47%。其中，最高的是晶科能源，创新资源支持指数为91.96。具体来看，创新资源支持指数区间在60以下的有11家，占比14.47%；60~70的有42家，占比55.26%；70~80的有22家，占比28.95%；80以上的有1家，占比1.32%，如图9-163所示。

从省内城市分布来看，创新资源支持指数平均水平最高的是上饶市（71.21），最低的是抚州市（62.34），如图9-164所示。

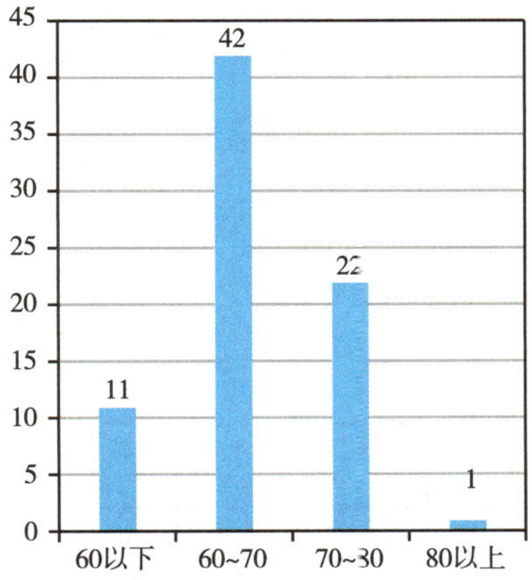

图9-163　2022年江西省上市公司创新资源支持指数分布图（家）

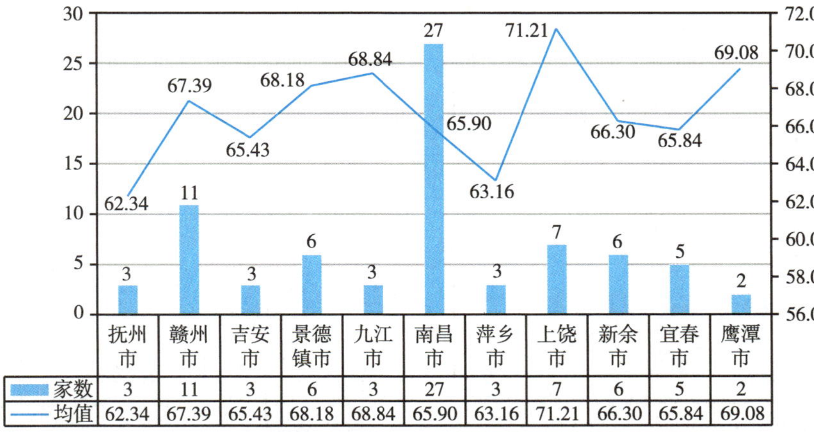

图9-164　2022年江西省上市公司创新资源支持指数均值分布图

江西省创新资源支持指数排名前10的上市公司，如表9-82所示。

表9-82　2022年江西省上市公司创新资源支持指数前10排名

排名	公司代码	公司名称	创新资源支持指数	地级市	一级行业_申万	产权性质
1	688223.SH	晶科能源	91.96	上饶市	电力设备	非国有控股
2	000404.SZ	长虹华意	79.61	景德镇市	家用电器	地方国有控股
3	601778.SH	晶科科技	79.60	上饶市	公用事业	非国有控股
4	600590.SH	泰豪科技	79.34	南昌市	国防军工	非国有控股
5	600782.SH	新钢股份	78.92	新余市	钢铁	中央国有控股
6	002378.SZ	章源钨业	78.27	赣州市	有色金属	非国有控股
7	600363.SH	联创光电	78.10	南昌市	电子	非国有控股
8	600373.SH	中文传媒	77.44	上饶市	传媒	地方国有控股
9	001223.SZ	欧克科技	76.78	九江市	机械设备	非国有控股
10	002460.SZ	赣锋锂业	76.46	新余市	有色金属	非国有控股

数据来源：同花顺（iFinD），首经贸资产评估研究院和浙工商数字创新与管理研究院整理。

9.17.3　创新要素投入指数

2022年江西省76家上市公司创新要素投入指数平均水平为63.79，低于全市场均值65.37。从指数分布来看，高于均值的有29家，占省份总数的38.16%。其中，最高的是赣锋锂业，创新要素投入指数为82.66。具体来看，创新要素投入指数区间在60以下的有24家，占比31.58%；60~70的有33家，占比43.42%；70~80的有17家，占比22.37%；80以上的有2家，占比2.63%，如图9-165所示。

从省内城市分布来看，创新要素投入指数平均水平最高的是鹰潭市（71.21），最低的是萍乡市（55.15），如图9-166所示。

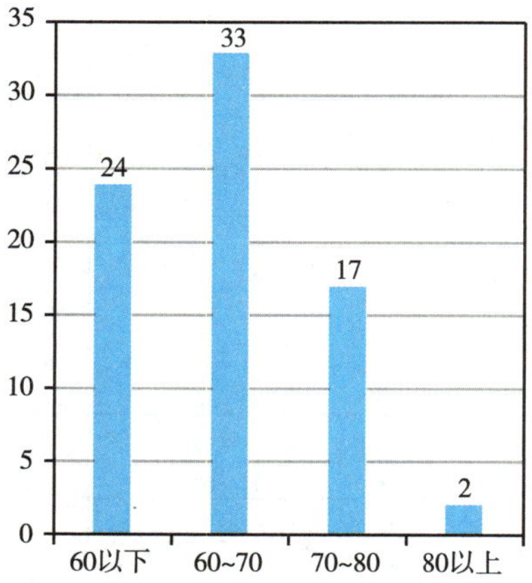

图9-165　2022年江西省上市公司创新要素投入指数分布图（家）

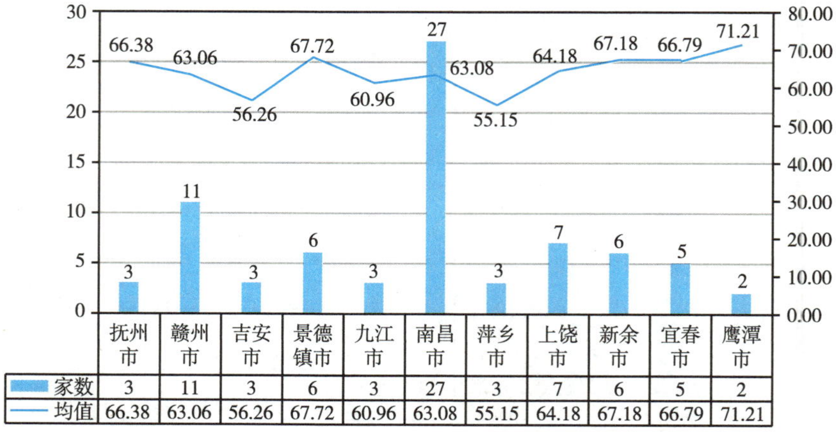

图9-166　2022年江西省上市公司创新要素投入指数均值分布图

江西省创新要素投入指数排名前10的上市公司，如表9-83所示。

表9-83　2022年江西省上市公司创新要素投入指数前10排名

排名	公司代码	公司名称	创新要素投入指数	地级市	一级行业_申万	产权性质
1	002460.SZ	赣锋锂业	82.66	新余市	有色金属	非国有控股
2	688223.SH	晶科能源	82.59	上饶市	电力设备	非国有控股
3	000550.SZ	江铃汽车	79.85	南昌市	汽车	地方国有控股
4	600362.SH	江西铜业	78.21	鹰潭市	有色金属	地方国有控股
5	002036.SZ	联创电子	77.71	南昌市	电子	非国有控股
6	600590.SH	泰豪科技	75.83	南昌市	国防军工	非国有控股
7	002176.SZ	江特电机	74.97	宜春市	有色金属	非国有控股
8	600750.SH	江中药业	74.65	南昌市	医药生物	中央国有控股
9	300636.SZ	同和药业	73.26	宜春市	医药生物	非国有控股
10	300748.SZ	金力永磁	73.05	赣州市	有色金属	非国有控股

数据来源：同花顺（iFinD），首经贸资产评估研究院和浙工商数字创新与管理研究院整理。

9.17.4　创新科技成果指数

2022年江西省76家上市公司创新科技成果指数平均水平为68.04，低于全市场均值68.28。从指数分布来看，高于均值的有40家，占省份总数的52.63%。其中，最高的是晶科能源，创新科技成果指数为83.57。具体来看，创新科技成果指数区间在60以下的有5家，占比6.58%；60~70的有47家，占比61.84%；70~80的有22家，占比28.95%；80以上的有2家，占比2.63%，如图9-167所示。

从省内城市分布来看，创新科技成果指数平均水平最高的是鹰潭市（74.72），最低的是萍乡市（63.82），如图9-168所示。

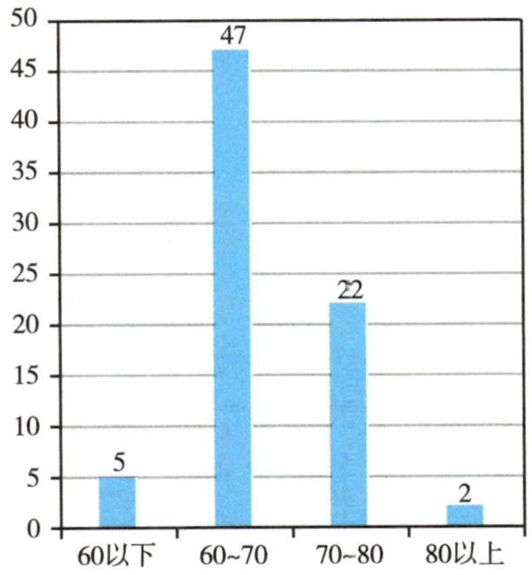

图9-167　2022年江西省上市公司创新科技成果指数分布图（家）

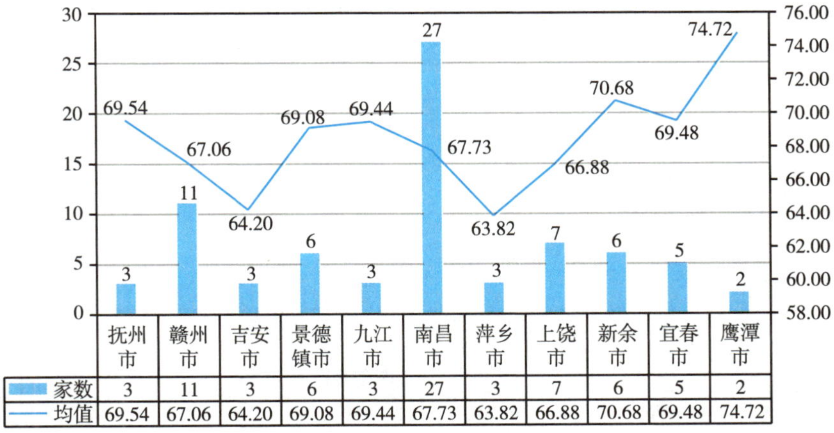

图9-168　2022年江西省上市公司创新科技成果指数均值分布图

江西省创新科技成果指数排名前10的上市公司，如表9-84所示。

表9-84　2022年江西省上市公司创新科技成果指数前10排名

排名	公司代码	公司名称	创新科技成果指数	地级市	一级行业_申万	产权性质
1	688223.SH	晶科能源	83.57	上饶市	电力设备	非国有控股
2	002460.SZ	赣锋锂业	80.11	新余市	有色金属	非国有控股
3	002036.SZ	联创电子	78.29	南昌市	电子	非国有控股
4	600362.SH	江西铜业	77.89	鹰潭市	有色金属	地方国有控股
5	000404.SZ	长虹华意	75.51	景德镇市	家用电器	地方国有控股
6	600590.SH	泰豪科技	74.07	南昌市	国防军工	非国有控股
7	000550.SZ	江铃汽车	73.18	南昌市	汽车	地方国有控股
8	002591.SZ	恒大高新	72.78	南昌市	基础化工	非国有控股
9	603977.SH	国泰集团	72.74	南昌市	基础化工	地方国有控股
10	600363.SH	联创光电	72.70	南昌市	电子	非国有控股

数据来源：同花顺（iFinD），首经贸资产评估研究院和浙工商数字创新与管理研究院整理。

9.17.5　创新经济绩效指数

2022年江西省76家上市公司创新经济绩效指数平均水平为62.53，高于全市场均值61.11。从指数分布来看，高于均值的有48家，占省份总数的63.16%。其中，最高的是赣锋锂业，创新经济绩效指数为81.69。具体来看，创新经济绩效指数区间在60以下的有28家，占比36.84%；60~70的有35家，占比46.05%；70~80的有12家，占比15.79%；80以上的有1家，占比1.32%，如图9-169所示。

从省内城市分布来看，创新经济绩效指数平均水平最高的是鹰潭市（70.78），最低的是九江市（57.32），如图9-170所示。

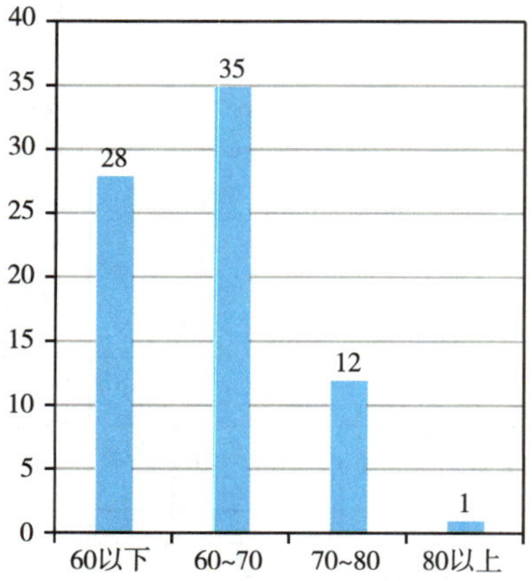

图 9–169　2022 年江西省上市公司创新经济绩效指数分布图（家）

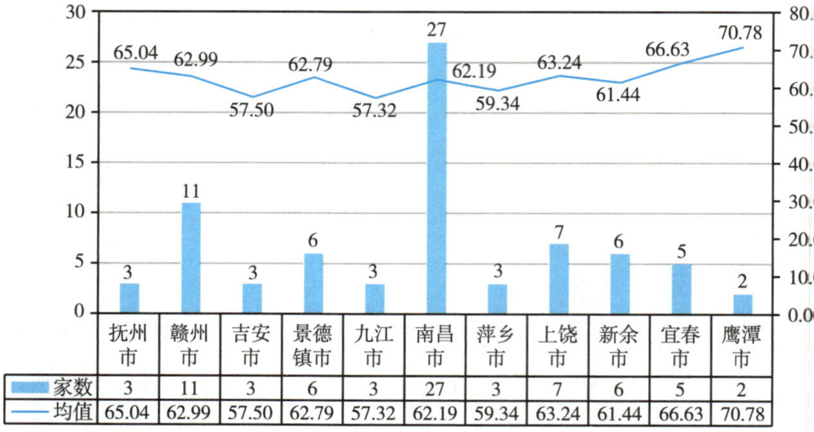

图 9–170　2022 年江西省上市公司创新经济绩效指数均值分布图

江西省创新经济绩效指数排名前10的上市公司，如表9–85所示。

表 9–85　2022 年江西省上市公司创新经济绩效指数前 10 排名

排名	公司代码	公司名称	创新经济绩效指数	地级市	一级行业_申万	产权性质
1	002460.SZ	赣锋锂业	81.69	新余市	有色金属	非国有控股
2	300294.SZ	博雅生物	79.24	抚州市	医药生物	中央国有控股
3	688223.SH	晶科能源	78.85	上饶市	电力设备	非国有控股
4	000650.SZ	仁和药业	78.42	宜春市	医药生物	非国有控股
5	000550.SZ	江铃汽车	78.27	南昌市	汽车	地方国有控股
6	002036.SZ	联创电子	73.84	南昌市	电子	非国有控股
7	600750.SH	江中药业	73.56	南昌市	医药生物	中央国有控股
8	002176.SZ	江特电机	72.86	宜春市	有色金属	非国有控股
9	600362.SH	江西铜业	72.34	鹰潭市	有色金属	地方国有控股
10	300453.SZ	三鑫医疗	70.64	南昌市	医药生物	非国有控股

数据来源：同花顺（iFinD），首经贸资产评估研究院和浙工商数字创新与管理研究院整理。

9.18　辽宁省创新发展指数评价

2022年，辽宁省全年实现地区生产总值28,975.10亿元，人均地区生产总值为68,775.00元，居民人均可支配收入36,088.76元。截至2022年底，A股市场辽宁省共有上市公司83家，总市值共计8,899.87亿元，营业总收入11,460.50亿元，平均市值107.23亿元/家，平均营业收入138.08亿元/家。营业收入最高的上市公司为恒力石化（2,223.24亿元），市值最大的上市公司也为恒力石化（1,093.17亿元）。2022年，辽宁省上市公司研发投入合计为161.71亿元，占营业收入的1.41%；无形资产账面价值合计为665.36亿元，占总资产的4.35%。根据本报告分析口径，本节共对辽宁省83家上市公司开展创新发展指数评价，具体情况如下：

9.18.1　创新发展综合指数

根据本报告评价，2022年辽宁省创新发展综合指数平均水平为64.04，低于全市场平均水平65.47。从指数分布来看，高于均值的有36家，占省份总数的43.37%。其中，最高的是国电电力，创新发展综合指数为77.62。具体来看，创新发展综合指数区间在60以下的有17家，占比20.48%；60~70的有53家，占比63.86%；70~80的有13家，占比15.66%，如图9-171所示。

从省内城市分布来看，辽宁省83家上市公司分布在13个省内城市。创新发展综合指数平均水平最高的是盘锦市（67.83），最低的是锦州市（62.08），如图9-172所示。

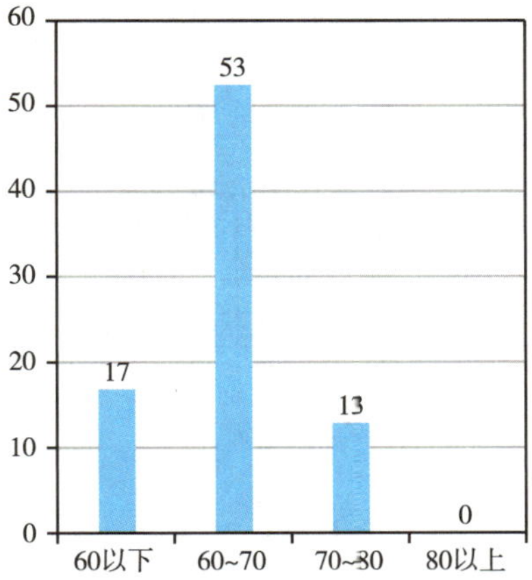

图9-171　2022年辽宁省上市公司创新发展综合指数分布图（家）

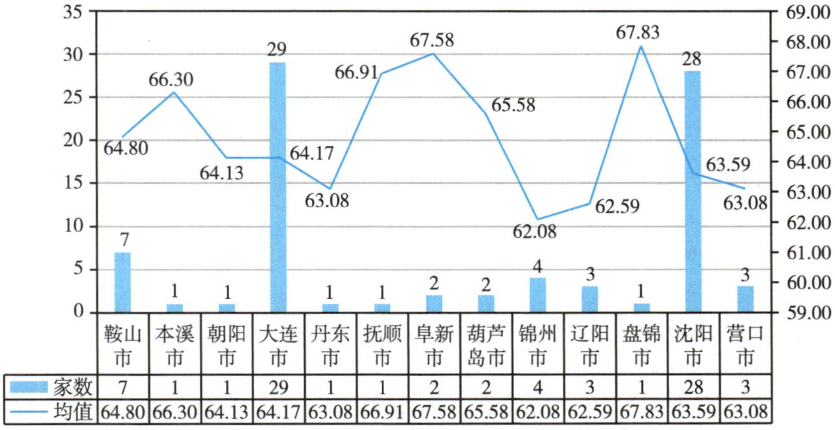

图9-172　2022年辽宁省上市公司创新发展综合指数均值分布图

辽宁省中，创新发展综合指数排名前10的上市公司，如表9-86所示。

表9-86　2022年辽宁省上市公司创新发展综合指数前10排名

排名	公司代码	公司名称	创新发展综合指数	地级市	一级行业_申万	产权性质
1	600795.SH	国电电力	77.62	大连市	公用事业	中央国有控股
2	300024.SZ	机器人	76.78	沈阳市	机械设备	中央国有控股
3	000881.SZ	中广核技	75.66	大连市	基础化工	中央国有控股
4	600718.SH	东软集团	74.89	沈阳市	计算机	非国有控股
5	835368.BJ	连城数控	74.35	大连市	电力设备	非国有控股
6	688072.SH	拓荆科技	73.87	沈阳市	电子	非国有控股
7	600346.SH	恒力石化	72.14	大连市	石油石化	非国有控股
8	002204.SZ	大连重工	71.29	大连市	机械设备	地方国有控股
9	688409.SH	富创精密	71.16	沈阳市	电子	非国有控股
10	688037.SH	芯源微	71.09	沈阳市	电子	中央国有控股

数据来源：同花顺（iFinD），首经贸资产评估研究院和浙工商数字创新与管理研究院整理。

9.18.2　创新资源支持指数

2022年辽宁省83家上市公司创新资源支持指数平均水平为66.69，低于全市场均值68.18。从指数分布来看，高于均值的有31家，占省份总数的37.35%。其中，最高的是机器人，创新资源支持指数为87.24。具体来看，创新资源支持指数区间在60以下的有18家，占比21.69%；60~70的有41家，占比49.39%；70~80的有18家，占比21.69%；80以上的有6家，占比7.23%，如图9-173所示。

从省内城市分布来看，创新资源支持指数平均水平最高的是盘锦市（72.22），最低的是朝阳市（56.75），如图9-174所示。

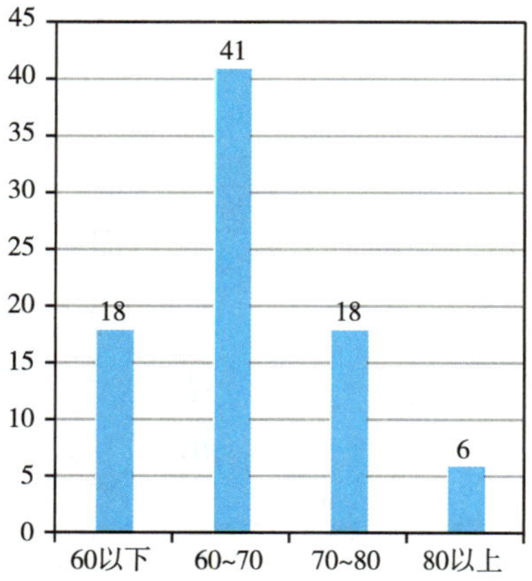

图9-173　2022年辽宁省上市公司创新资源支持指数分布图（家）

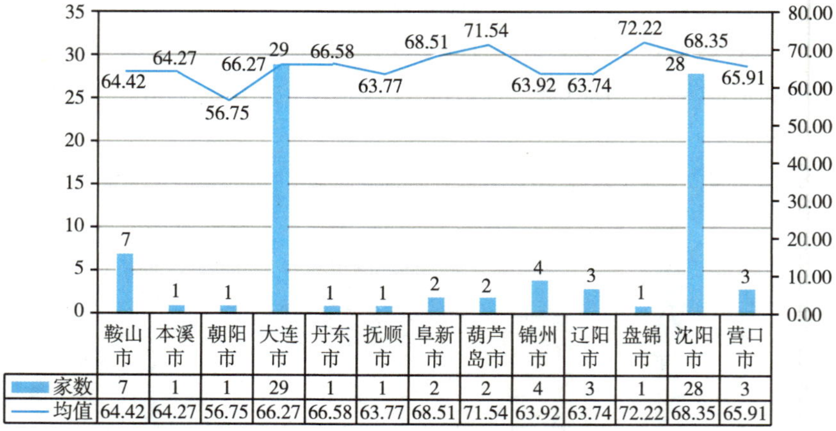

图9-174　2022年辽宁省上市公司创新资源支持指数均值分布图

辽宁省创新资源支持指数排名前10的上市公司，如表9-87所示。

表9-87　2022年辽宁省上市公司创新资源支持指数前10排名

排名	公司代码	公司名称	创新资源支持指数	地级市	一级行业_申万	产权性质
1	300024.SZ	机器人	87.24	沈阳市	机械设备	中央国有控股
2	600346.SH	恒力石化	84.97	大连市	石油石化	非国有控股
3	688072.SH	拓荆科技	84.65	沈阳市	电子	非国有控股
4	688409.SH	富创精密	82.80	沈阳市	电子	非国有控股
5	601999.SH	出版传媒	82.23	沈阳市	传媒	地方国有控股
6	600718.SH	东软集团	80.23	沈阳市	计算机	非国有控股
7	000818.SZ	航锦科技	78.14	葫芦岛市	基础化工	地方国有控股
8	000881.SZ	中广核技	77.58	大连市	基础化工	中央国有控股
9	600739.SH	辽宁成大	76.13	大连市	医药生物	地方国有控股
10	600233.SH	圆通速递	76.03	大连市	交通运输	非国有控股

数据来源：同花顺（iFinD），首经贸资产评估研究院和浙工商数字创新与管理研究院整理。

9.18.3　创新要素投入指数

2022年辽宁省83家上市公司创新要素投入指数平均水平为62.57，低于全市场均值65.37。从指数分布来看，高于均值的有35家，占省份总数的42.17%。其中，最高的是东软集团，创新要素投入指数为79.85。具体来看，创新要素投入指数区间在60以下的有30家，占比36.14%；60~70的有36家，占比43.38%；70~80的有17家，占比20.48%，如图9-175所示。

从省内城市分布来看，创新要素投入指数平均水平最高的是阜新市（70.79），最低的是丹东市（58.64），如图9-176所示。

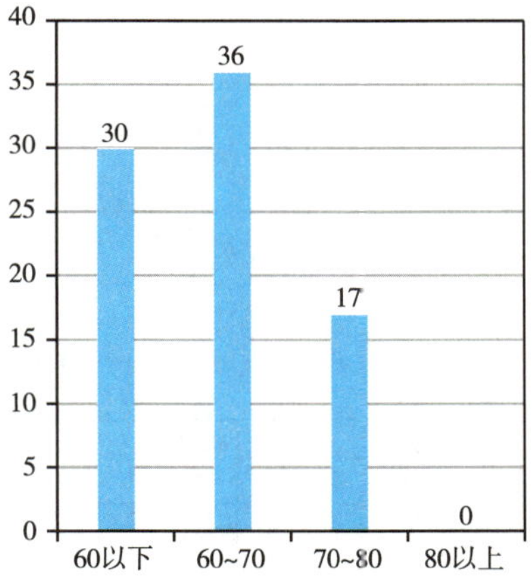

图9-175　2022年辽宁省上市公司创新要素投入指数分布图（家）

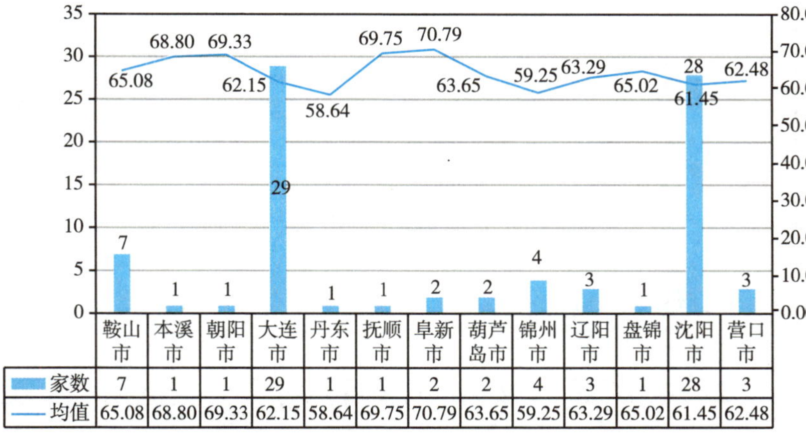

图9-176　2022年辽宁省上市公司创新要素投入指数均值分布图

辽宁省创新要素投入指数排名前10的上市公司，如表9-88所示。

表9-88　2022年辽宁省上市公司创新要素投入指数前10排名

排名	公司代码	公司名称	创新要素投入指数	地级市	一级行业_申万	产权性质
1	600718.SH	东软集团	79.85	沈阳市	计算机	非国有控股
2	300024.SZ	机器人	79.54	沈阳市	机械设备	中央国有控股
3	000881.SZ	中广核技	77.61	大连市	基础化工	中央国有控股
4	835368.BJ	连城数控	75.93	大连市	电力设备	非国有控股
5	600795.SH	国电电力	75.77	大连市	公用事业	中央国有控股
6	688037.SH	芯源微	75.10	沈阳市	电子	中央国有控股
7	002204.SZ	大连重工	74.18	大连市	机械设备	地方国有控股
8	000898.SZ	鞍钢股份	73.52	鞍山市	钢铁	中央国有控股
9	300573.SZ	兴齐眼药	73.41	沈阳市	医药生物	非国有控股
10	300473.SZ	德尔股份	72.89	阜新市	汽车	非国有控股

数据来源：同花顺（iFinD），首经贸资产评估研究院和浙工商数字创新与管理研究院整理。

9.18.4　创新科技成果指数

2022年辽宁省83家上市公司创新科技成果指数平均水平为67.20，低于全市场均值68.28。从指数分布来看，高于均值的有41家，占省份总数的49.40%。其中，最高的是国电电力，创新科技成果指数为76.55。具体来看，创新科技成果指数区间在60以下的有10家，占比12.05%；60~70的有49家，占比59.03%；70~80的有24家，占比28.92%，如图9-177所示。

从省内城市分布来看，创新科技成果指数平均水平最高的是本溪市（73.54），最低的是沈阳市（65.76），如图9-178所示。

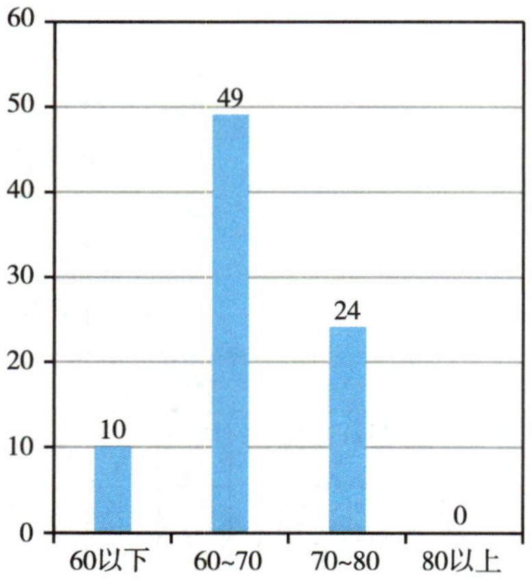

图9-177　2022年辽宁省上市公司创新科技成果指数分布图（家）

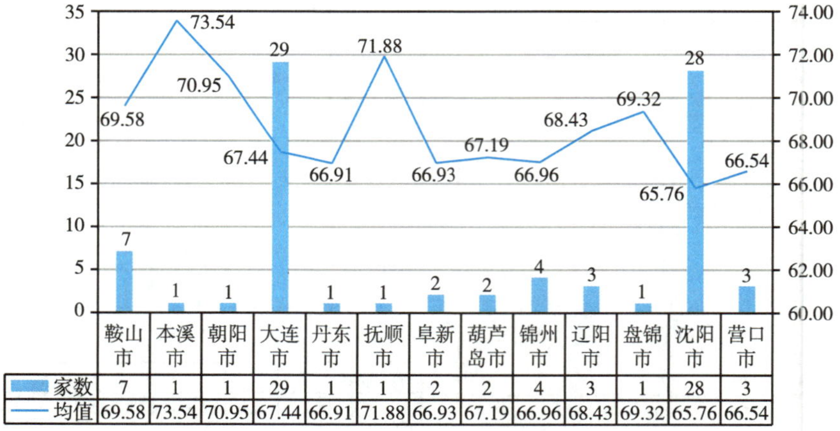

图9-178　2022年辽宁省上市公司创新科技成果指数均值分布图

辽宁省创新科技成果指数排名前10的上市公司，如表9-89所示。

表9-89　2022年辽宁省上市公司创新科技成果指数前10排名

排名	公司代码	公司名称	创新科技成果指数	地级市	一级行业_申万	产权性质
1	600795.SH	国电电力	76.55	大连市	公用事业	中央国有控股
2	000898.SZ	鞍钢股份	75.93	鞍山市	钢铁	中央国有控股
3	000761.SZ	本钢板材	73.54	本溪市	钢铁	中央国有控股
4	688072.SH	拓荆科技	73.51	沈阳市	电子	非国有控股
5	300293.SZ	蓝英装备	73.10	沈阳市	机械设备	非国有控股
6	002204.SZ	大连重工	73.08	大连市	机械设备	地方国有控股
7	002667.SZ	威领股份	72.75	鞍山市	机械设备	非国有控股
8	600718.SH	东软集团	72.70	沈阳市	计算机	非国有控股
9	600346.SH	恒力石化	72.35	大连市	石油石化	非国有控股
10	835368.BJ	连城数控	72.15	大连市	电力设备	非国有控股

数据来源：同花顺（iFinD），首经贸资产评估研究院和浙工商数字创新与管理研究院整理。

9.18.5　创新经济绩效指数

2022年辽宁省83家上市公司创新经济绩效指数平均水平为61.02，低于全市场均值61.11。从指数分布来看，高于均值的有43家，占省份总数的51.81%。其中，最高的是国电电力，创新经济绩效指数为85.71。具体来看，创新经济绩效指数区间在60以下的有39家，占比47.00%；60~70的有34家，占比40.96%；70~80的有9家，占比10.84%；80以上的有1家，占比1.20%，如图9-179所示。

从省内城市分布来看，创新经济绩效指数平均水平最高的是盘锦市（66.63），最低的是辽阳市（55.71），如图9-180所示。

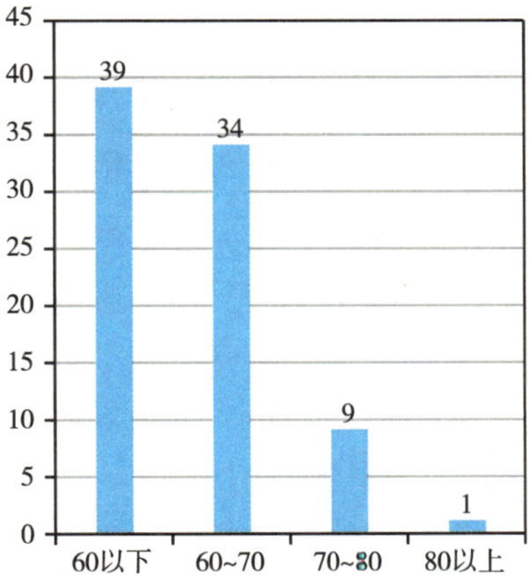

图9-179　2022年辽宁省上市公司创新经济绩效指数分布图（家）

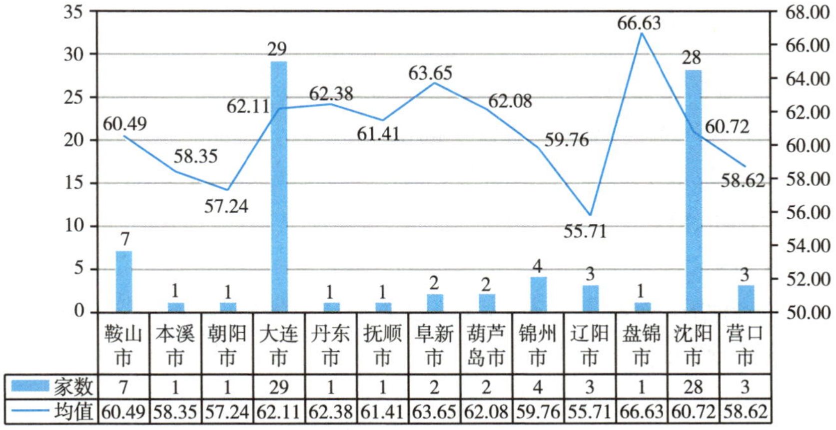

图9-180　2022年辽宁省上市公司创新经济绩效指数均值分布图

辽宁省创新经济绩效指数排名前10的上市公司，如表9-90所示。

表9-90　2022年辽宁省上市公司创新经济绩效指数前10排名

排名	公司代码	公司名称	创新经济绩效指数	地级市	一级行业_申万	产权性质
1	600795.SH	国电电力	85.71	大连市	公用事业	中央国有控股
2	000597.SZ	东北制药	75.83	沈阳市	医药生物	非国有控股
3	000881.SZ	中广核技	75.26	大连市	基础化工	中央国有控股
4	600233.SH	圆通速递	75.14	大连市	交通运输	非国有控股
5	300024.SZ	机器人	75.06	沈阳市	机械设备	中央国有控股
6	835368.BJ	连城数控	73.72	大连市	电力设备	非国有控股
7	688305.SH	科德数控	72.96	大连市	机械设备	非国有控股
8	601880.SH	辽港股份	71.92	大连市	交通运输	中央国有控股
9	600346.SH	恒力石化	71.40	大连市	石油石化	非国有控股
10	600758.SH	辽宁能源	70.42	沈阳市	煤炭	地方国有控股

数据来源：同花顺（iFinD），首经贸资产评估研究院和浙工商数字创新与管理研究院整理。

9.19　内蒙古自治区创新发展指数评价

2022年，内蒙古自治区全年实现地区生产总值23,158.60亿元，人均地区生产总值为96,474.00元，居民人均可支配收入35,920.63元。截至2022年底，A股市场内蒙古自治区共有上市公司25家，总市值共计7,036.61亿元，营业总收入4,289.89亿元，平均市值281.46亿元/家，平均营业收入171.60亿元/家。营业收入最高的上市公司为伊利股份（1,226.98亿元），市值最大的上市公司也为伊利股份（1,983.80亿元）。2022年，内蒙古自治区上市公司研发投入合计为76.47亿元，占营业收入的1.78%；无形资产账面价值合计为453.89亿元，占总资产的6.59%。根据本报告分析口径，本节共对内蒙古自治区25家上市公司开展创新发展指数评价，具体情况如下：

9.19.1 创新发展综合指数

根据本报告评价，2022年内蒙古自治区创新发展综合指数平均水平为66.51，高于全市场平均水平65.47。从指数分布来看，高于均值的有16家，占省份总数的64.00%。其中，最高的是伊利股份，创新发展综合指数为80.56。具体来看，创新发展综合指数区间在60以下的有4家，占比16.00%；60~70的有13家，占比52.00%；70~80的有7家，占比28.00%；80以上的有1家，占比4.00%，如图9-181所示。

从自治区内城市分布来看，内蒙古自治区25家上市公司分布在10个自治区内城市。创新发展综合指数平均水平最高的是阿拉善盟（71.26），最低的是锡林郭勒盟（56.66），如图9-182所示。

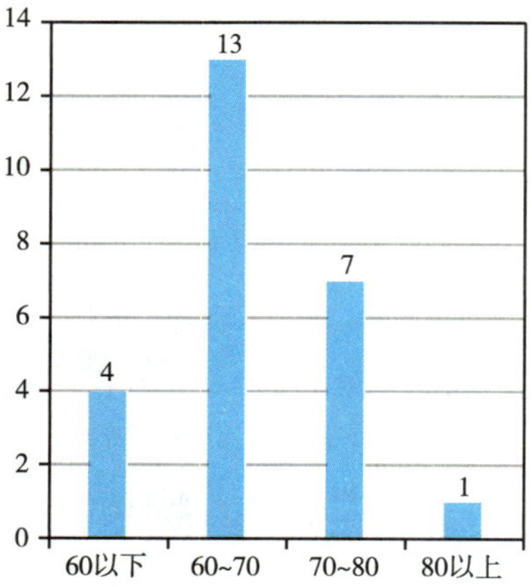

图9-181 2022年内蒙古自治区上市公司创新发展综合指数分布图（家）

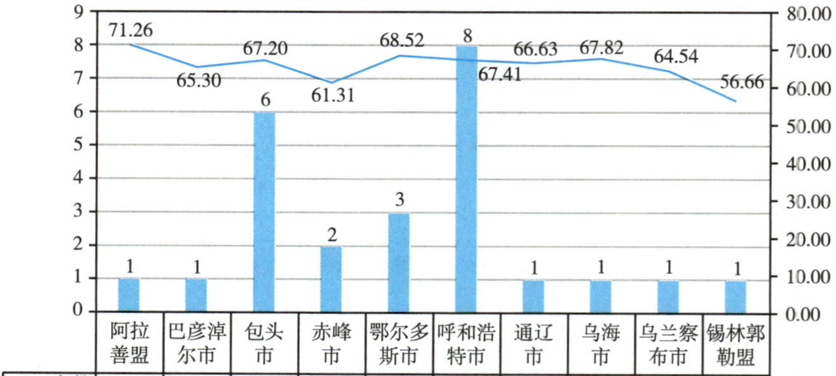

	阿拉善盟	巴彦淖尔市	包头市	赤峰市	鄂尔多斯市	呼和浩特市	通辽市	乌海市	乌兰察布市	锡林郭勒盟
家数	1	1	6	2	3	8	1	1	1	1
均值	71.26	65.30	67.20	61.31	68.52	67.41	66.63	67.82	64.54	56.66

图9-182 2022年内蒙古自治区上市公司创新发展综合指数均值分布图

内蒙古自治区创新发展综合指数排名前10的上市公司，如表9-91所示。

表9-91 2022年内蒙古自治区上市公司创新发展综合指数前10排名

排名	公司代码	公司名称	创新发展综合指数	地级市	一级行业_申万	产权性质
1	600887.SH	伊利股份	80.56	呼和浩特市	食品饮料	非国有控股
2	600111.SH	北方稀土	75.40	包头市	有色金属	地方国有控股
3	002688.SZ	金河生物	72.25	呼和浩特市	农林牧渔	非国有控股
4	600201.SH	生物股份	72.25	呼和浩特市	农林牧渔	非国有控股
5	300355.SZ	蒙草生态	71.51	呼和浩特市	建筑装饰	非国有控股
6	600328.SH	中盐化工	71.26	阿拉善盟	基础化工	中央国有控股
7	600967.SH	内蒙一机	71.01	包头市	国防军工	中央国有控股
8	300239.SZ	东宝生物	70.11	包头市	医药生物	非国有控股
9	600277.SH	亿利洁能	69.17	鄂尔多斯市	基础化工	非国有控股
10	600010.SH	包钢股份	69.12	包头市	钢铁	地方国有控股

数据来源：同花顺（iFinD），首经贸资产评估研究院和浙工商数字创新与管理研究院整理。

9.19.2 创新资源支持指数

2022年内蒙古自治区25家上市公司创新资源支持指数平均水平为68.65，高于全市场均值68.18。

从指数分布来看，高于均值的有12家，占省份总数的48.00%。其中，最高的是伊利股份，创新资源支持指数为84.56。具体来看，创新资源支持指数区间在60以下的有6家，占比24.00%；60~70的有8家，占比32.00%；70~80的有7家，占比28.00%；80以上的有4家，占比16.00%，如图9–183所示。

从自治区内城市分布来看，创新资源支持指数平均水平最高的是鄂尔多斯市（78.58），最低的是乌兰察布市（53.17），如图9–184所示。

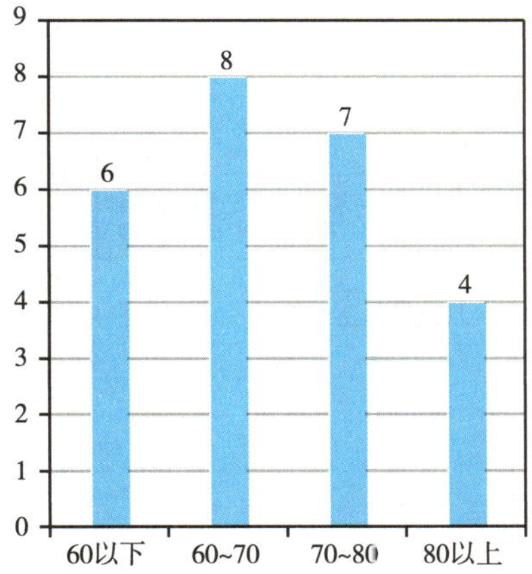

图9–183　2022年内蒙古自治区上市公司创新资源支持指数分布图（家）

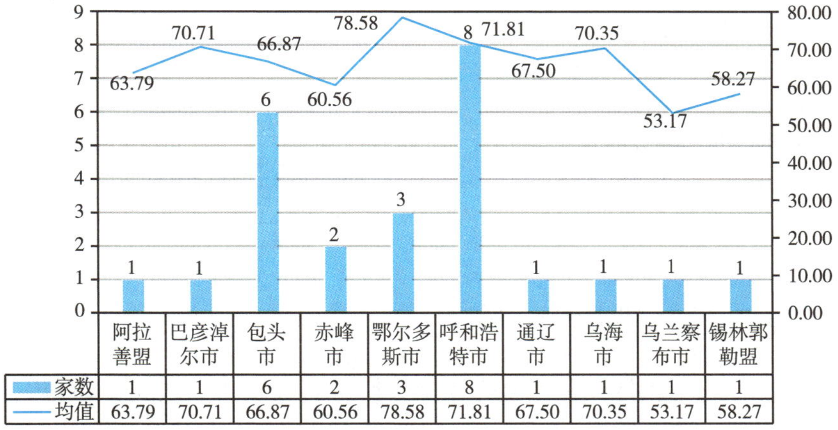

图9–184　2022年内蒙古自治区上市公司创新资源支持指数均值分布图

内蒙古自治区创新资源支持指数排名前10的上市公司，如表9–92所示。

表9–92　2022年内蒙古自治区上市公司创新资源支持指数前10排名

排名	公司代码	公司名称	创新资源支持指数	地级市	一级行业_申万	产权性质
1	600887.SH	伊利股份	84.56	呼和浩特市	食品饮料	非国有控股
2	600295.SH	鄂尔多斯	83.32	鄂尔多斯市	钢铁	非国有控股
3	300355.SZ	蒙草生态	83.25	呼和浩特市	建筑装饰	非国有控股
4	600111.SH	北方稀土	80.99	包头市	有色金属	地方国有控股
5	000683.SZ	远兴能源	76.69	鄂尔多斯市	基础化工	非国有控股
6	600277.SH	亿利洁能	75.72	鄂尔多斯市	基础化工	非国有控股
7	002688.SZ	金河生物	75.49	呼和浩特市	农林牧渔	非国有控股
8	600201.SH	生物股份	72.59	呼和浩特市	农林牧渔	非国有控股
9	600863.SH	内蒙华电	72.36	呼和浩特市	公用事业	中央国有控股
10	001203.SZ	大中矿业	70.71	巴彦淖尔市	钢铁	非国有控股

数据来源：同花顺（iFinD），首经贸资产评估研究院和浙工商数字创新与管理研究院整理。

9.19.3　创新要素投入指数

2022年内蒙古自治区25家上市公司创新要素投入指数平均水平为64.51，低于全市场均值65.37。从指数分布来看，高于均值的有13家，占省份总数的52.00%。其中，最高的是内蒙一机，创新要素投入指数为77.89。具体来看，创新要素投入指数区间在60以下的有8家，占比32.00%；60~70的有8家，占比32.00%；70~80的有9家，占比36.00%，如图9–185所示。

从自治区内城市分布来看，创新要素投入指数平均水平最高的是阿拉善盟（72.72），最低的是锡林郭勒盟（48.36），如图9–186所示。

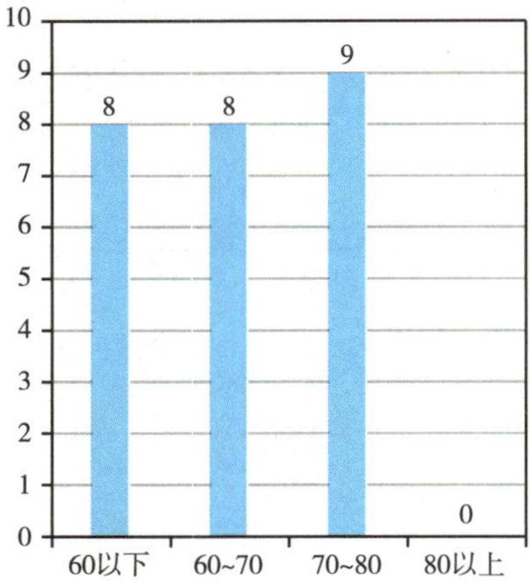

图9–185　2022年内蒙古自治区上市公司创新要素投入指数分布图（家）

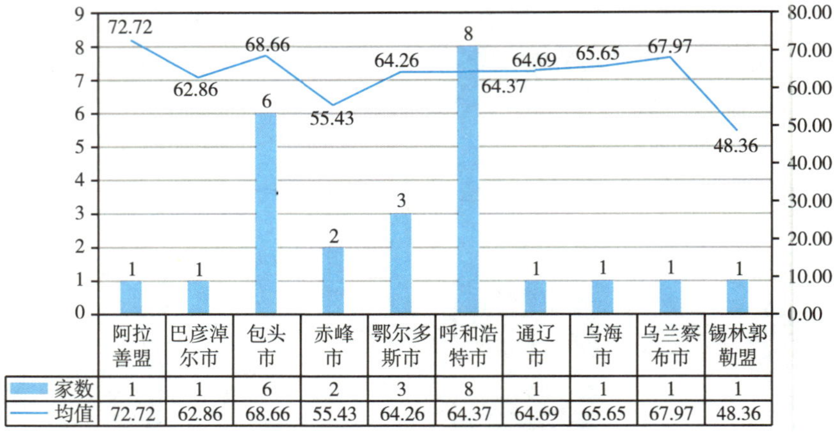

图9–186　2022年内蒙古自治区上市公司创新要素投入指数均值分布图

内蒙古自治区创新要素投入指数排名前10的上市公司，如表9–93所示。

表9–93　2022年内蒙古自治区上市公司创新要素投入指数前10排名

排名	公司代码	公司名称	创新要素投入指数	地级市	一级行业_申万	产权性质
1	600967.SH	内蒙一机	77.89	包头市	国防军工	中央国有控股
2	600010.SH	包钢股份	75.03	包头市	钢铁	地方国有控股
3	600111.SH	北方稀土	74.46	包头市	有色金属	地方国有控股
4	600201.SH	生物股份	74.20	呼和浩特市	农林牧渔	非国有控股
5	600887.SH	伊利股份	74.04	呼和浩特市	食品饮料	非国有控股
6	300355.SZ	蒙草生态	73.51	呼和浩特市	建筑装饰	非国有控股
7	600328.SH	中盐化工	72.72	阿拉善盟	基础化工	中央国有控股
8	002688.SZ	金河生物	72.71	呼和浩特市	农林牧渔	非国有控股
9	300239.SZ	东宝生物	71.64	包头市	医药生物	非国有控股
10	300049.SZ	福瑞股份	67.97	乌兰察布市	医药生物	非国有控股

数据来源：同花顺（iFinD），首经贸资产评估研究院和浙江工商数字创新与管理研究院整理。

9.19.4　创新科技成果指数

2022年内蒙古自治区25家上市公司创新科技成果指数平均水平为67.63，低于全市场均值68.28。从指数分布来看，高于均值的有9家，占省份总数的36.00%。其中，最高的是伊利股份，创新科技成果指数为83.34。具体来看，创新科技成果指数区间在60以下的有2家，占比8.00%；60~70的有15家，占比60.00%；70~80的有7家，占比28.00%；80以上的有1家，占比4.00%，如图9–187所示。

从自治区内城市分布来看，创新科技成果指数平均水平最高的是阿拉善盟（72.73），最低的是乌兰察布市（62.31），如图9–188所示。

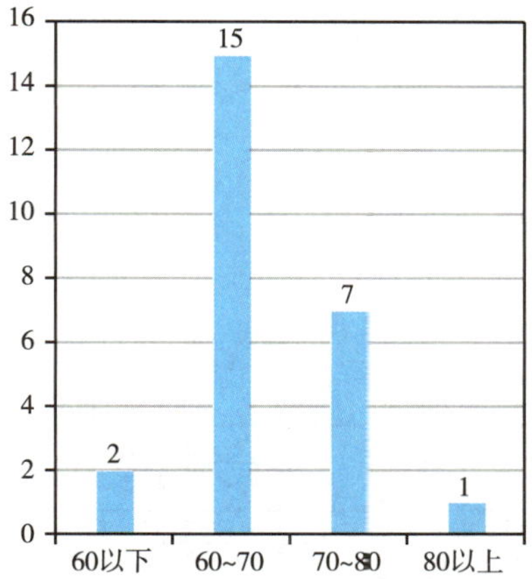

图9-187　2022年内蒙古自治区上市公司创新科技成果指数分布图（家）

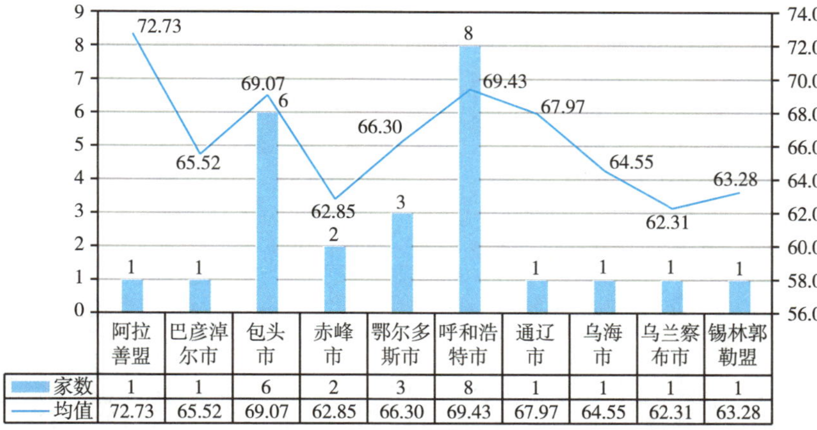

图9-188　2022年内蒙古自治区上市公司创新科技成果指数均值分布图

内蒙古自治区创新科技成果指数排名前10的上市公司，如表9-94所示。

表9-94　2022年内蒙古自治区上市公司创新科技成果指数前10排名

排名	公司代码	公司名称	创新科技成果指数	地级市	一级行业_申万	产权性质
1	600887.SH	伊利股份	83.34	呼和浩特市	食品饮料	非国有控股
2	600111.SH	北方稀土	75.63	包头市	有色金属	地方国有控股
3	600967.SH	内蒙一机	73.17	包头市	国防军工	中央国有控股
4	600328.SH	中盐化工	72.73	阿拉善盟	基础化工	中央国有控股
5	300239.SZ	东宝生物	72.62	包头市	医药生物	非国有控股
6	001269.SZ	欧晶科技	71.93	呼和浩特市	电力设备	非国有控股
7	600863.SH	内蒙华电	71.82	呼和浩特市	公用事业	中央国有控股
8	600201.SH	生物股份	71.75	呼和浩特市	农林牧渔	非国有控股
9	600262.SH	北方股份	69.13	包头市	机械设备	中央国有控股
10	300355.SZ	蒙草生态	68.12	呼和浩特市	建筑装饰	非国有控股

数据来源：同花顺（iFinD），首经贸资产评估研究院和浙江工商数字创新与管理研究院整理。

9.19.5　创新经济绩效指数

2022年内蒙古自治区25家上市公司创新经济绩效指数平均水平为66.33，高于全市场均值61.11。从指数分布来看，高于均值的有20家，占省份总数的80.00%。其中，最高的是伊利股份，创新经济绩效指数为82.90。具体来看，创新经济绩效指数区间在60以下的有5家，占比20.00%；60~70的有9家，占比36.00%；70~80的有10家，占比40.00%；80以上的有1家，占比4.00%，如图9-189所示。

从自治区内城市分布来看，创新经济绩效指数平均水平最高的是阿拉善盟（73.68），最低的是锡林郭勒盟（59.43），如图9-190所示。

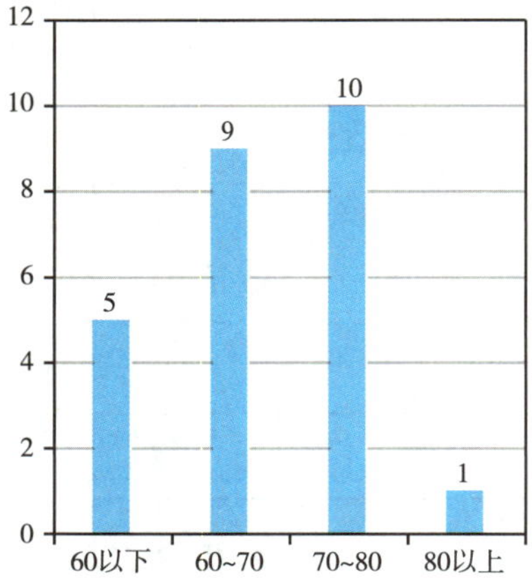

图9-189　2022年内蒙古自治区上市公司创新经济绩效指数分布图（家）

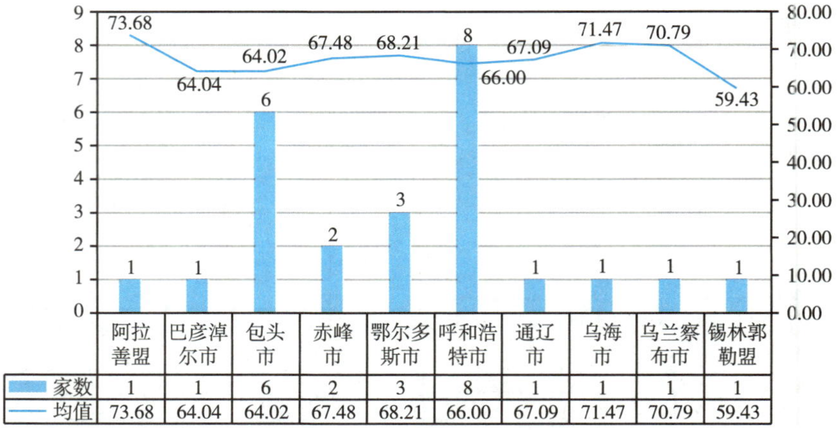

图9-190　2022年内蒙古自治区上市公司创新经济绩效指数均值分布图

内蒙古自治区创新经济绩效指数排名前10的上市公司，如表9-95所示。

表 9-95　2022 年内蒙古自治区上市公司创新经济绩效指数前 10 排名

排名	公司代码	公司名称	创新经济绩效指数	地级市	一级行业_申万	产权性质
1	600887.SH	伊利股份	82.90	呼和浩特市	食品饮料	非国有控股
2	600328.SH	中盐化工	73.68	阿拉善盟	基础化工	中央国有控股
3	002688.SZ	金河生物	73.51	呼和浩特市	农林牧渔	非国有控股
4	600111.SH	北方稀土	72.22	包头市	有色金属	地方国有控股
5	600277.SH	亿利洁能	71.98	鄂尔多斯市	基础化工	非国有控股
6	601216.SH	君正集团	71.47	乌海市	基础化工	非国有控股
7	300239.SZ	东宝生物	70.83	包头市	医药生物	非国有控股
8	300049.SZ	福瑞股份	70.79	乌兰察布市	医药生物	非国有控股
9	600988.SH	赤峰黄金	70.64	赤峰市	有色金属	非国有控股
10	600863.SH	内蒙华电	70.43	呼和浩特市	公用事业	中央国有控股

数据来源：同花顺（iFinD），首经贸资产评估研究院和浙工商数字创新与管理研究院整理。

9.20　宁夏回族自治区创新发展指数评价

2022年，宁夏回族自治区全年实现地区生产总值5,069.57亿元，人均地区生产总值为69,781.00元，居民人均可支配收入29,599.31元。截至2022年底，A股市场宁夏回族自治区共有上市公司15家，总市值共计1,619.19亿元，营业总收入570.92亿元，平均市值107.95亿元/家，平均营业收入38.06亿元/家。营业收入最高的上市公司为宝丰能源（284.30亿元），市值最大的上市公司也为宝丰能源（885.14亿元）。2022年，宁夏回族自治区上市公司研发投入合计为4.48亿元，占营业收入的0.79%；无形资产账面价值合计为85.72亿元，占总资产的6.64%。根据本报告分析口径，本节共对宁夏回族自治区15家上市公司开展创新发展指数评价，具体情况如下：

9.20.1　创新发展综合指数

根据本报告评价，2022年宁夏回族自治区创新发展综合指数平均水平为62.73，低于全市场平均水平65.47。从指数分布来看，高于均值的有5家，占省份总数的33.33%。其中，最高的是东方钽业，创新发展综合指数为73.36。具体来看，创新发展综合指数区间在60以下的有5家，占比33.33%；60~70的有8家，占比53.34%；70~80的有2家，占比13.33%，如图9-191所示。

从自治区内城市分布来看，宁夏回族自治区15家上市公司分布在4个自治区内城市。创新发展综合指数平均水平最高的是石嘴山市（64.11），最低的是中卫市（59.06），如图9-192所示。

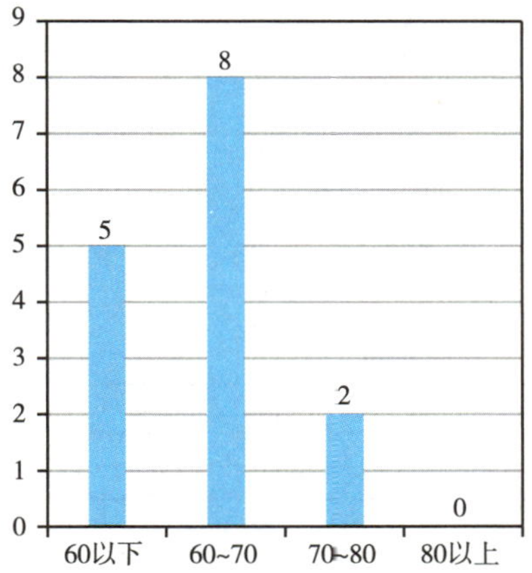

图9-191　2022年宁夏回族自治区上市公司创新发展综合指数分布图（家）

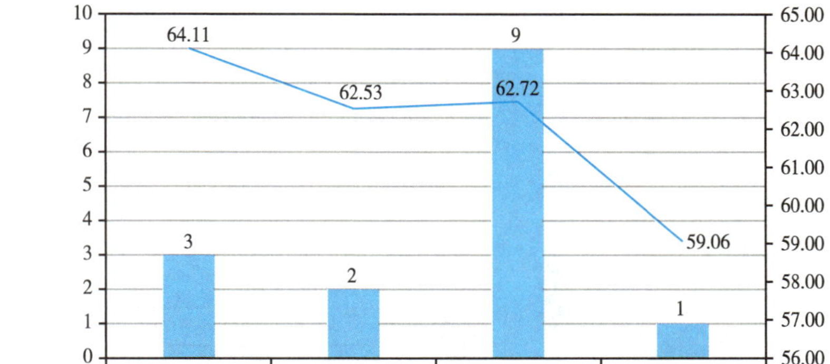

	石嘴山市	吴忠市	银川市	中卫市
家数	3	2	9	1
均值	64.11	62.53	62.72	59.06

图9-192　2022年宁夏回族自治区上市公司创新发展综合指数均值分布图

宁夏回族自治区创新发展综合指数排名前10的上市公司，如表9-96所示。

表9-96　2022年宁夏回族自治区上市公司创新发展综合指数前10排名

排名	公司代码	公司名称	创新发展综合指数	地级市	一级行业_申万	产权性质
1	000962.SZ	东方钽业	73.36	石嘴山市	有色金属	中央国有控股
2	600449.SH	宁夏建材	70.69	银川市	建筑材料	中央国有控股
3	002457.SZ	青龙管业	69.06	吴忠市	建筑材料	非国有控股
4	600989.SH	宝丰能源	68.90	银川市	基础化工	非国有控股
5	000595.SZ	宝塔实业	66.23	银川市	机械设备	地方国有控股
6	000982.SZ	中银绒业	63.55	银川市	纺织服饰	非国有控股
7	600165.SH	宁科生物	63.32	石嘴山市	基础化工	非国有控股
8	000862.SZ	银星能源	61.46	银川市	公用事业	中央国有控股
9	000557.SZ	西部创业	61.07	银川市	交通运输	地方国有控股
10	300967.SZ	晓鸣股份	60.13	银川市	农林牧渔	非国有控股

数据来源：同花顺（iFinD），首经贸资产评估研究院和浙工商数字创新与管理研究院整理。

9.20.2　创新资源支持指数

2022年宁夏回族自治区15家上市公司创新资源支持指数平均水平为65.90，低于全市场均值68.18。从指数分布来看，高于均值的有6家，占省份总数的40.00%。其中，最高的是东方钽业，创新资源支持指数为83.32。具体来看，创新资源支持指数区间在60以下的有4家，占比26.67%；60~70

的有6家，占比39.99%；70~80的有4家，占比26.67%；80以上的有1家，占比6.67%，如图9-193所示。

从自治区内城市分布来看，创新资源支持指数平均水平最高的是吴忠市（71.11），最低的是中卫市（63.32），如图9-194所示。

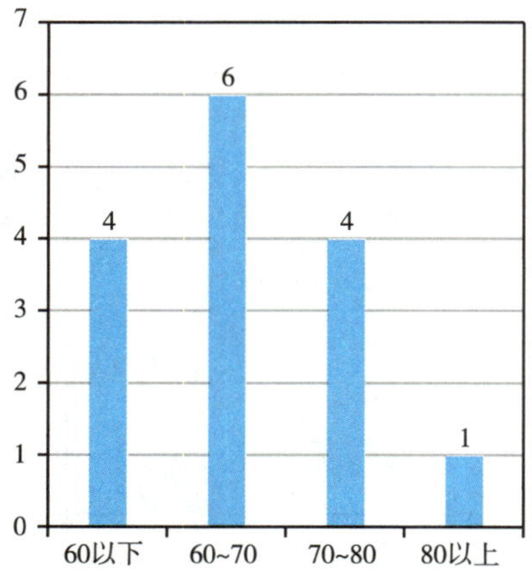

图9-193 2022年宁夏回族自治区上市公司创新资源支持指数分布图（家）

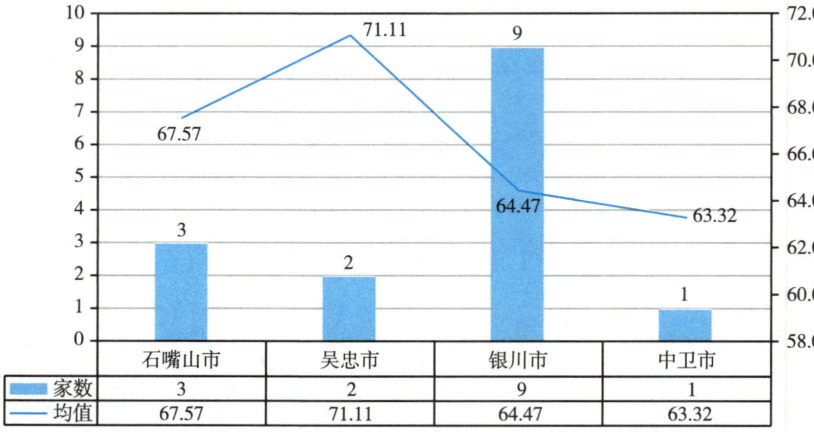

图9-194 2022年宁夏回族自治区上市公司创新资源支持指数均值分布图

宁夏回族自治区创新资源支持指数排名前10的上市公司，如表9-97所示。

表9-97 2022年宁夏回族自治区上市公司创新资源支持指数前10排名

排名	公司代码	公司名称	创新资源支持指数	地级市	一级行业_申万	产权性质
1	000962.SZ	东方钽业	83.32	石嘴山市	有色金属	中央国有控股
2	002457.SZ	青龙管业	77.34	吴忠市	建筑材料	非国有控股
3	600449.SH	宁夏建材	74.26	银川市	建筑材料	中央国有控股
4	600989.SH	宝丰能源	72.70	银川市	基础化工	非国有控股
5	000862.SZ	银星能源	71.76	银川市	公用事业	中央国有控股
6	831010.BJ	凯添燃气	69.10	银川市	公用事业	非国有控股
7	601619.SH	嘉泽新能	64.87	吴忠市	公用事业	非国有控股
8	000815.SZ	美利云	63.32	中卫市	轻工制造	中央国有控股
9	600785.SH	新华百货	62.66	银川市	商贸零售	非国有控股
10	600165.SH	宁科生物	61.04	石嘴山市	基础化工	非国有控股

数据来源：同花顺（iFinD），首经贸资产评估研究院和浙工商数字创新与管理研究院整理。

9.20.3 创新要素投入指数

2022年宁夏回族自治区15家上市公司创新要素投入指数平均水平为59.34，低于全市场均值65.37。从指数分布来看，高于均值的有4家，占省份总数的26.67%。其中，最高的是东方钽业，创新要素投入指数为69.01。具体来看，创新要素投入指数区间在60以下的有7家，占比46.67%；60~70的有8家，占比53.33%，如图9-195所示。

从自治区内城市分布来看，创新要素投入指数平均水平最高的是石嘴山市（61.97），最低的是吴忠市（55.26），如图9-196所示。

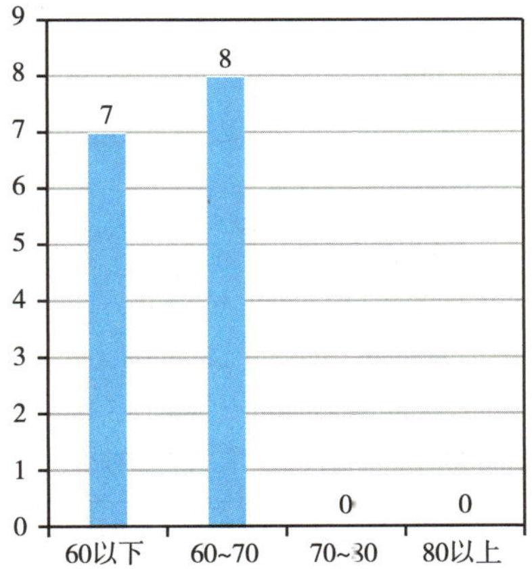

图9-195　2022年宁夏回族自治区上市公司创新要素投入指数分布图（家）

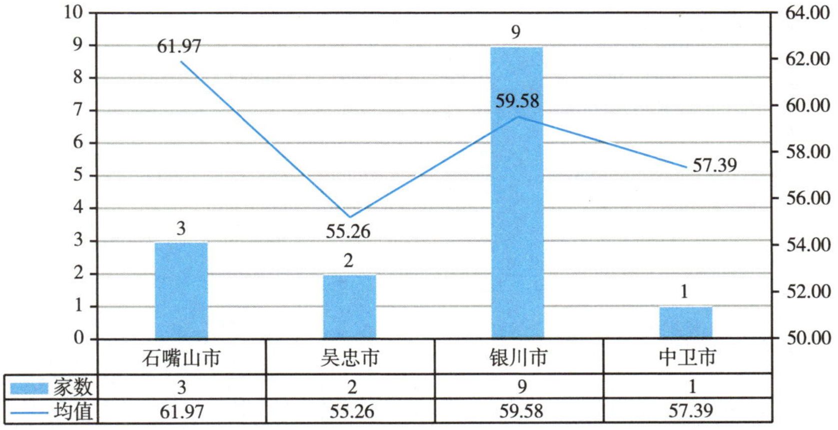

图9-196　2022年宁夏回族自治区上市公司创新要素投入指数均值分布图

宁夏回族自治区创新要素投入指数排名前10的上市公司，如表9-98所示。

表9-98　2022年宁夏回族自治区上市公司创新要素投入指数前10排名

排名	公司代码	公司名称	创新要素投入指数	地级市	一级行业_申万	产权性质
1	000962.SZ	东方钽业	69.01	石嘴山市	有色金属	中央国有控股
2	000595.SZ	宝塔实业	66.83	银川市	机械设备	地方国有控股
3	002457.SZ	青龙管业	65.39	吴忠市	建筑材料	非国有控股
4	600989.SH	宝丰能源	65.39	银川市	基础化工	非国有控股
5	600449.SH	宁夏建材	63.84	银川市	建筑材料	中央国有控股
6	600165.SH	宁科生物	62.23	石嘴山市	基础化工	非国有控股
7	300967.SZ	晓鸣股份	62.13	银川市	农林牧渔	非国有控股
8	000982.SZ	中银绒业	60.73	银川市	纺织服饰	非国有控股
9	000557.SZ	西部创业	59.86	银川市	交通运输	地方国有控股
10	000862.SZ	银星能源	58.24	银川市	公用事业	中央国有控股

数据来源：同花顺（iFinD），首经贸资产评估研究院和浙工商数字创新与管理研究院整理。

9.20.4　创新科技成果指数

2022年宁夏回族自治区15家上市公司创新科技成果指数平均水平为65.99，低于全市场均值68.28。从指数分布来看，高于均值的有5家，占省份总数的33.33%。其中，最高的是宝塔实业，创新科技成果指数为73.57。具体来看，创新科技成果指数区间在60以下的有1家，占比6.67%；60~70的有11家，占比73.33%；70~80的有3家，占比20.00%，如图9-197所示。

从自治区内城市分布来看，创新科技成果指数平均水平最高的是石嘴山市（67.50），最低的是中卫市（63.04），如图9-198所示。

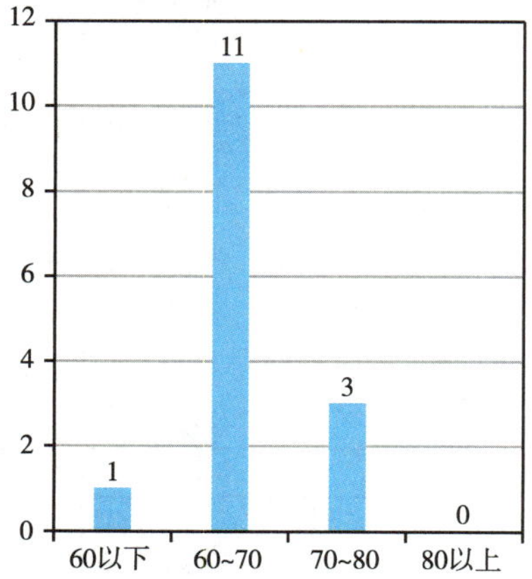

图9-197 2022年宁夏回族自治区上市公司创新科技成果指数分布图（家）

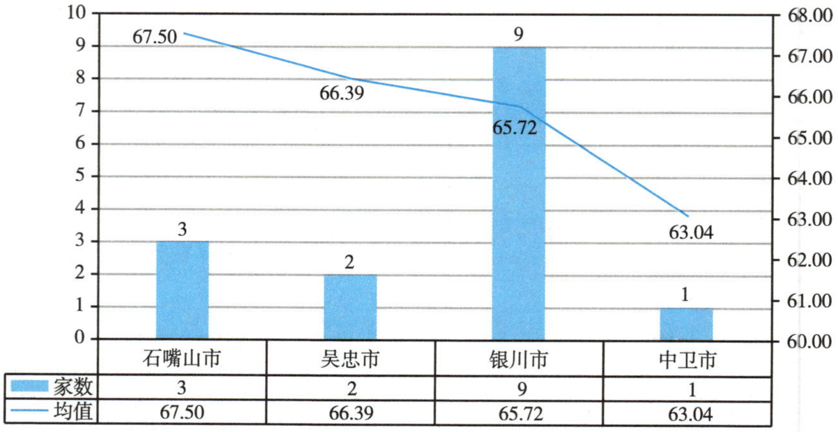

图9-198 2022年宁夏回族自治区上市公司创新科技成果指数均值分布图

宁夏回族自治区创新科技成果指数排名前10的上市公司，如表9-99所示。

表9-99 2022年宁夏回族自治区上市公司创新科技成果指数前10排名

排名	公司代码	公司名称	创新科技成果指数	地级市	一级行业_申万	产权性质
1	000595.SZ	宝塔实业	73.57	银川市	机械设备	地方国有控股
2	000962.SZ	东方钽业	71.66	石嘴山市	有色金属	中央国有控股
3	002457.SZ	青龙管业	70.09	吴忠市	建筑材料	非国有控股
4	600989.SH	宝丰能源	69.76	银川市	基础化工	非国有控股
5	000982.SZ	中银绒业	68.99	银川市	纺织服饰	非国有控股
6	600165.SH	宁科生物	67.98	石嘴山市	基础化工	非国有控股
7	300967.SZ	晓鸣股份	66.42	银川市	农林牧渔	非国有控股
8	600449.SH	宁夏建材	65.56	银川市	建筑材料	中央国有控股
9	000557.SZ	西部创业	64.42	银川市	交通运输	地方国有控股
10	000862.SZ	银星能源	63.31	银川市	公用事业	中央国有控股

数据来源：同花顺（iFinD），首经贸资产评估研究院和浙工商数字创新与管理研究院整理。

9.20.5 创新经济绩效指数

2022年宁夏回族自治区15家上市公司创新经济绩效指数平均水平为61.54，高于全市场均值61.11。从指数分布来看，高于均值的有8家，占省份总数的53.33%。其中，最高的是宁夏建材，创新经济绩效指数为80.83。具体来看，创新经济绩效指数区间在60以下的有7家，占比46.66%；60~70的有6家，占比40.00%；70~80的有1家，占比6.67%；80以上的有1家，占比6.67%，如图9-199所示。

从自治区内城市分布来看，创新经济绩效指数平均水平最高的是银川市（62.50），最低的是中卫市（54.36），如图9-200所示。

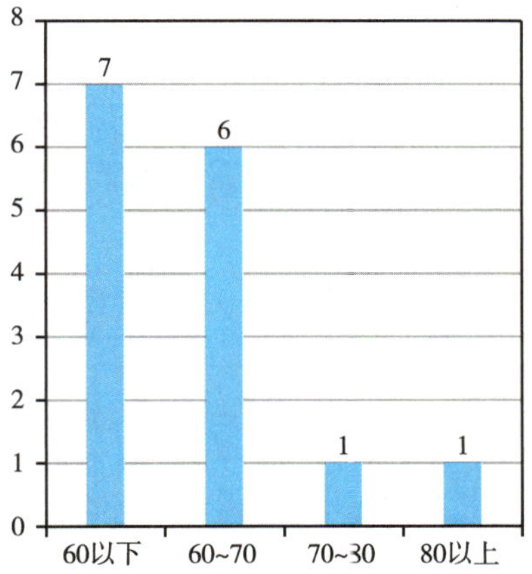

图9-199　2022年宁夏回族自治区上市公司创新经济绩效指数分布图（家）

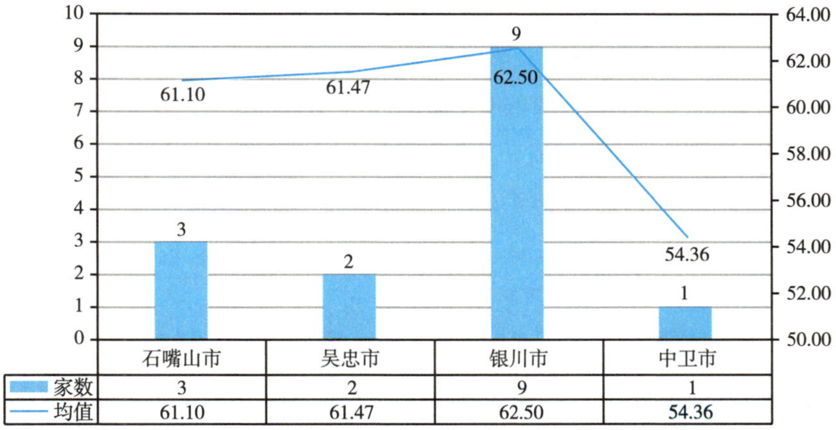

图9-200　2022年宁夏回族自治区上市公司创新经济绩效指数均值分布图

宁夏回族自治区创新经济绩效指数排名前10的上市公司，如表9-100所示。

表 9-100　　2022 年宁夏回族自治区上市公司创新经济绩效指数前 10 排名

排名	公司代码	公司名称	创新经济绩效指数	地级市	一级行业_申万	产权性质
1	600449.SH	宁夏建材	80.83	银川市	建筑材料	中央国有控股
2	000962.SZ	东方钽业	72.79	石嘴山市	有色金属	中央国有控股
3	000982.SZ	中银绒业	69.80	银川市	纺织服饰	非国有控股
4	600989.SH	宝丰能源	69.53	银川市	基础化工	非国有控股
5	002457.SZ	青龙管业	66.42	吴忠市	建筑材料	非国有控股
6	000595.SZ	宝塔实业	62.82	银川市	机械设备	地方国有控股
7	600165.SH	宁科生物	62.10	石嘴山市	基础化工	非国有控股
8	000557.SZ	西部创业	62.10	银川市	交通运输	地方国有控股
9	601619.SH	嘉泽新能	56.53	吴忠市	公用事业	非国有控股
10	000862.SZ	银星能源	56.10	银川市	公用事业	中央国有控股

数据来源：同花顺（iFinD），首经贸资产评估研究院和浙工商数字创新与管理研究院整理。

9.21　青海省创新发展指数评价

2022年，青海省全年实现地区生产总值3,610.10亿元，人均地区生产总值为60,724.00元，居民人均可支配收入26,999.99元。截至2022年底，A股市场青海省共有上市公司11家，总市值共计2,263.68亿元，营业总收入1,124.73亿元，平均市值205.79亿元/家，平均营业收入102.25亿元/家。营业收入最高的上市公司为西部矿业（397.62亿元），市值最大的上市公司为盐湖股份（1,232.72亿元）。2022年，青海省上市公司研发投入合计为18.56亿元，占营业收入的1.65%；无形资产账面价值合计为95.33亿元，占总资产的5.95%。根据本报告分析口径，本节共对青海省11家上市公司开展创新发展指数评价，具体情况如下：

9.21.1　创新发展综合指数

根据本报告评价，2022年青海省创新发展综合指数平均水平为63.73，低于全市场平均水平65.47。

从指数分布来看，高于均值的有3家，占省份总数的27.27%。其中，最高的是盐湖股份，创新发展综合指数为78.80。具体来看，创新发展综合指数区间在60以下的有3家，占比27.27%；60~70的有6家，占比54.55%；70~80的有2家，占比18.18%，如图9-201所示。

从省内城市分布来看，青海省11家上市公司分布在3个省内城市。创新发展综合指数平均水平最高的是海西蒙古族藏族自治州（71.68），最低的是海东市（61.26），如图9-202所示。

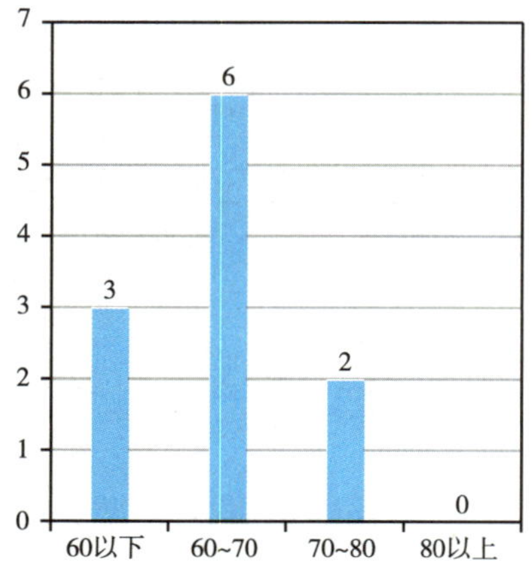

图9-201　2022年青海省上市公司创新发展综合指数分布图（家）

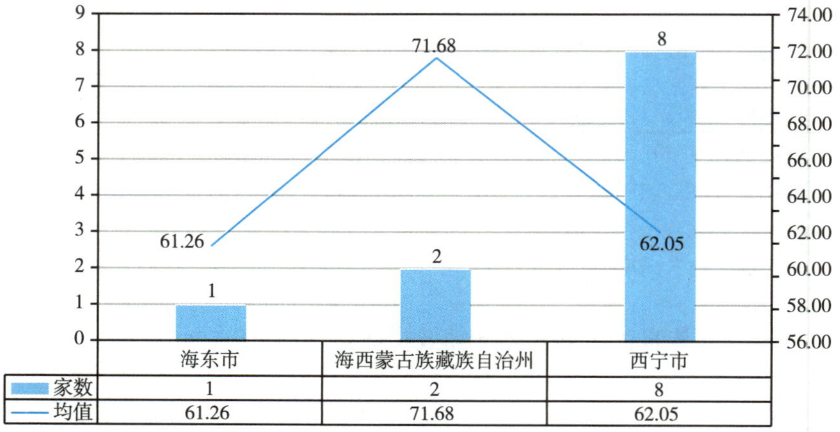

图9-202　2022年青海省上市公司创新发展综合指数均值分布图

青海省创新发展综合指数排名前10的上市公司，如表9-101所示。

表9-101　2022年青海省上市公司创新发展综合指数前10排名

排名	公司代码	公司名称	创新发展综合指数	地级市	一级行业_申万	产权性质
1	000792.SZ	盐湖股份	78.80	海西蒙古族藏族自治州	基础化工	地方国有控股
2	600869.SH	远东股份	71.39	西宁市	电力设备	非国有控股
3	601168.SH	西部矿业	69.55	西宁市	有色金属	地方国有控股
4	000408.SZ	藏格矿业	64.57	海西蒙古族藏族自治州	基础化工	非国有控股
5	600381.SH	青海春天	63.20	西宁市	食品饮料	非国有控股
6	600117.SH	*ST西钢	61.35	西宁市	钢铁	地方国有控股
7	002646.SZ	天佑德酒	61.26	海东市	食品饮料	非国有控股
8	600714.SH	金瑞矿业	60.93	西宁市	基础化工	地方国有控股
9	603843.SH	正平股份	58.53	西宁市	建筑装饰	非国有控股
10	600243.SH	青海华鼎	56.83	西宁市	机械设备	非国有控股

数据来源：同花顺（iFinD），首经贸资产评估研究院和浙工商数字创新与管理研究院整理。

9.21.2　创新资源支持指数

2022年青海省11家上市公司创新资源支持指数平均水平为65.32，低于全市场均值68.18。从指数分布来看，高于均值的有3家，占省份总数的27.27%。其中，最高的是远东股份，创新资源支持指数为79.57。具体来看，创新资源支持指数区间在60以下的有2家，占比18.18%；60~70的有6家，占比

54.55%；70~80的有3家，占比27.27%，如图9-203所示。

从省内城市分布来看，创新资源支持指数平均水平最高的是海西蒙古族藏族自治州（69.96），最低的是西宁市（64.14），如图9-204所示。

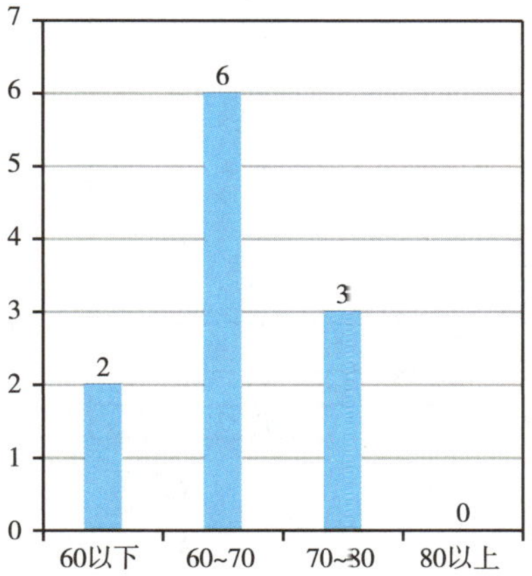

图9-203　2022年青海省上市公司创新资源支持指数分布图（家）

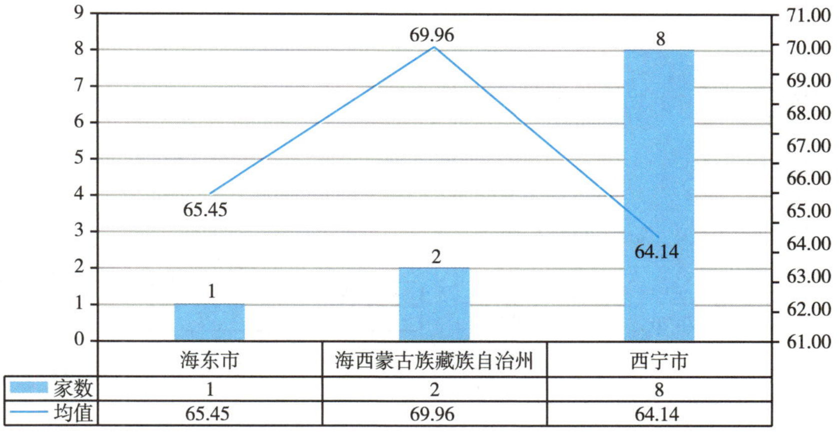

图9-204　2022年青海省上市公司创新资源支持指数均值分布图

青海省创新资源支持指数排名前10的上市公司，如表9-102所示。

表9-102　2022年青海省上市公司创新资源支持指数前10排名

排名	公司代码	公司名称	创新资源支持指数	地级市	一级行业_申万	产权性质
1	600869.SH	远东股份	79.57	西宁市	电力设备	非国有控股
2	000792.SZ	盐湖股份	78.52	海西蒙古族藏族自治州	基础化工	地方国有控股
3	601168.SH	西部矿业	74.18	西宁市	有色金属	地方国有控股
4	002646.SZ	天佑德酒	65.45	海东市	食品饮料	非国有控股
5	600243.SH	青海华鼎	64.56	西宁市	机械设备	非国有控股
6	600117.SH	*ST西钢	61.50	西宁市	钢铁	地方国有控股
7	000408.SZ	藏格矿业	61.39	海西蒙古族藏族自治州	基础化工	非国有控股
8	000606.SZ	顺利退	61.26	西宁市	计算机	非国有控股
9	603843.SH	正平股份	60.42	西宁市	建筑装饰	非国有控股
10	600714.SH	金瑞矿业	56.16	西宁市	基础化工	地方国有控股

数据来源：同花顺（iFinD），首经贸资产评估研究院和浙工商数字创新与管理研究院整理。

9.21.3　创新要素投入指数

2022年青海省11家上市公司创新要素投入指数平均水平为61.90，低于全市场均值65.37。从指数分布来看，高于均值的有3家，占省份总数的27.27%。其中，最高的是盐湖股份，创新要素投入指数为76.01。具体来看，创新要素投入指数区间在60以下的有5家，占比45.46%；60~70的有4家，占比36.36%；70~80的有2家，占比18.18%，如图9-205所示。

从省内城市分布来看，创新要素投入指数平均水平最高的是海西蒙古族藏族自治州（66.48），最低的是海东市（57.02），如图9-206所示。

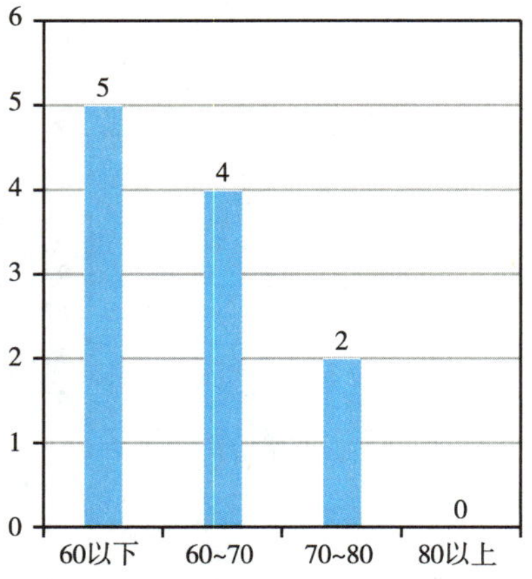

图9-205　2022年青海省上市公司创新要素投入指数分布图（家）

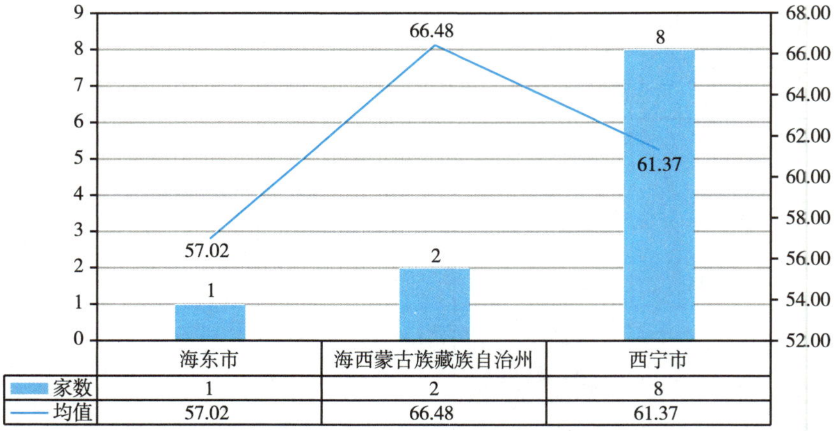

图9-206　2022年青海省上市公司创新要素投入指数均值分布图

青海省创新要素投入指数排名前10的上市公司，如表9-103所示。

表9-103　2022年青海省上市公司创新要素投入指数前10排名

排名	公司代码	公司名称	创新要素投入指数	地级市	一级行业_申万	产权性质
1	000792.SZ	盐湖股份	76.01	海西蒙古族藏族自治州	基础化工	地方国有控股
2	601168.SH	西部矿业	71.69	西宁市	有色金属	地方国有控股
3	600869.SH	远东股份	67.64	西宁市	电力设备	非国有控股
4	600381.SH	青海春天	64.29	西宁市	食品饮料	非国有控股
5	600117.SH	*ST西钢	62.85	西宁市	钢铁	地方国有控股
6	600714.SH	金瑞矿业	60.83	西宁市	基础化工	地方国有控股
7	603843.SH	正平股份	57.55	西宁市	建筑装饰	非国有控股
8	002646.SZ	天佑德酒	57.02	海东市	食品饮料	非国有控股
9	000408.SZ	藏格矿业	56.95	海西蒙古族藏族自治州	基础化工	非国有控股
10	600243.SH	青海华鼎	56.23	西宁市	机械设备	非国有控股

数据来源：同花顺（iFinD），首经贸资产评估研究院和浙工商数字创新与管理研究院整理。

9.21.4　创新科技成果指数

2022年青海省11家上市公司创新科技成果指数平均水平为68.08，低于全市场均值68.28。从指数分布来看，高于均值的有4家，占省份总数的36.36%。其中，最高的是盐湖股份，创新科技成果指数为76.80。具体来看，创新科技成果指数区间在60~70的有7家，占比63.64%；70~80的有4家，占比36.36%，如图9-207所示。

从省内城市分布来看，创新科技成果指数平均水平最高的是海西蒙古族藏族自治州（73.41），最低的是海东市（65.48），如图9-208所示。

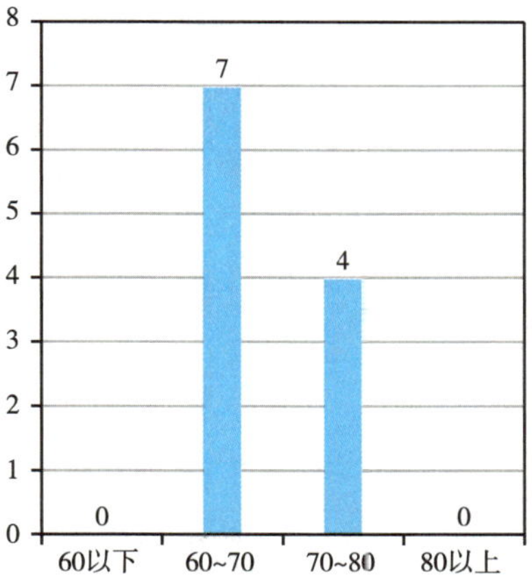

图9-207　2022年青海省上市公司创新科技成果指数分布图（家）

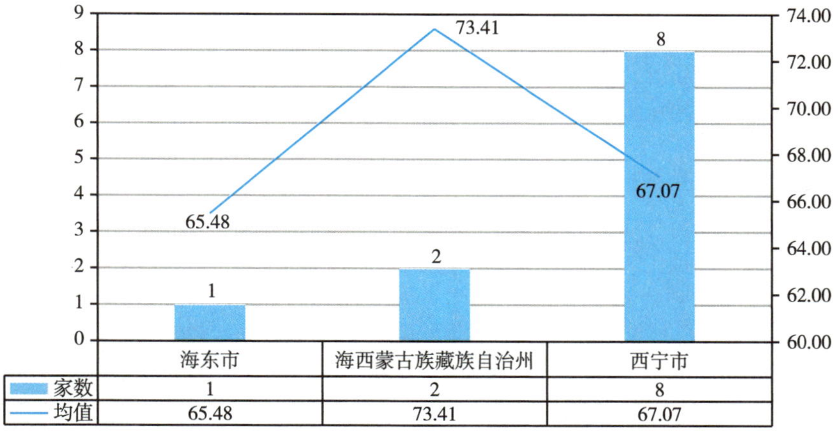

图9-208　2022年青海省上市公司创新科技成果指数均值分布图

青海省创新科技成果指数排名前10的上市公司，如表9-104所示。

表9-104　　2022年青海省上市公司创新科技成果指数前10排名

排名	公司代码	公司名称	创新科技成果指数	地级市	一级行业_申万	产权性质
1	000792.SZ	盐湖股份	76.80	海西蒙古族藏族自治州	基础化工	地方国有控股
2	600869.SH	远东股份	76.40	西宁市	电力设备	非国有控股
3	600381.SH	青海春天	70.99	西宁市	食品饮料	非国有控股
4	000408.SZ	藏格矿业	70.03	海西蒙古族藏族自治州	基础化工	非国有控股
5	600714.SH	金瑞矿业	68.19	西宁市	基础化工	地方国有控股
6	603843.SH	正平股份	67.74	西宁市	建筑装饰	非国有控股
7	002646.SZ	天佑德酒	65.48	海东市	食品饮料	非国有控股
8	601168.SH	西部矿业	64.45	西宁市	有色金属	地方国有控股
9	600117.SH	*ST西钢	64.44	西宁市	钢铁	地方国有控股
10	000606.SZ	顺利退	62.31	西宁市	计算机	非国有控股

数据来源：同花顺（iFinD），首经贸资产评估研究院和浙工商数字创新与管理研究院整理。

9.21.5　创新经济绩效指数

2022年青海省11家上市公司创新经济绩效指数平均水平为60.87，低于全市场均值61.11。从指数分布来看，高于均值的有5家，占省份总数的45.45%。其中，最高的是盐湖股份，创新经济绩效指数为84.11。具体来看，创新经济绩效指数区间在60以下的有6家，占比54.55%；60~70的有3家，占比27.27%；70~80的有1家，占比9.09%；80以上的有1家，占比9.09%，如图9-209所示。

从省内城市分布来看，创新经济绩效指数平均水平最高的是海西蒙古族藏族自治州（77.61），最低的是西宁市（56.85），如图9-210所示。

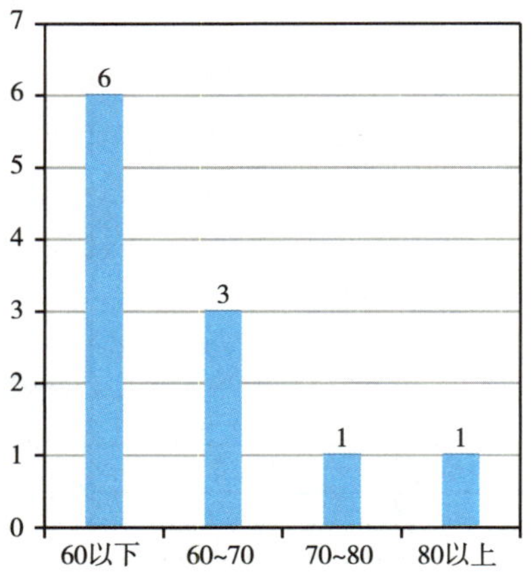

图9-209　2022年青海省上市公司创新经济绩效指数分布图（家）

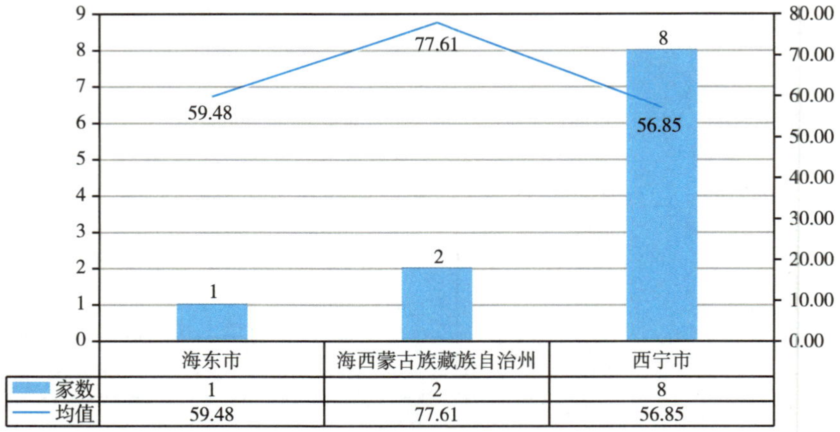

图9-210　2022年青海省上市公司创新经济绩效指数均值分布图

青海省创新经济绩效指数排名前10的上市公司，如表9-105所示。

表9-105　2022年青海省上市公司创新经济绩效指数前10排名

排名	公司代码	公司名称	创新经济绩效指数	地级市	一级行业_申万	产权性质
1	000792.SZ	盐湖股份	84.11	海西蒙古族藏族自治州	基础化工	地方国有控股
2	000408.SZ	藏格矿业	71.11	海西蒙古族藏族自治州	基础化工	非国有控股
3	601168.SH	西部矿业	68.18	西宁市	有色金属	地方国有控股
4	600869.SH	远东股份	65.38	西宁市	电力设备	非国有控股
5	600381.SH	青海春天	60.62	西宁市	食品饮料	非国有控股
6	002646.SZ	天佑德酒	59.48	海东市	食品饮料	非国有控股
7	600714.SH	金瑞矿业	58.06	西宁市	基础化工	地方国有控股
8	600117.SH	*ST西钢	56.72	西宁市	钢铁	地方国有控股
9	603843.SH	正平股份	50.08	西宁市	建筑装饰	非国有控股
10	000606.SZ	顺利退	48.59	西宁市	计算机	非国有控股

数据来源：同花顺（iFinD），首经贸资产评估研究院和浙工商数字创新与管理研究院整理。

9.22　山东省创新发展指数评价

2022年，山东省全年实现地区生产总值87,435.10亿元，人均地区生产总值为86,003.00元，居民人均可支配收入37,560.08元。截至2022年底，A股市场山东省共有上市公司284家，总市值共计34,120.68亿元，营业总收入27,073.72亿元，平均市值120.14亿元/家，平均营业收入95.33亿元/家。营业收入最高的上市公司为海尔智家（2,435.14亿元），市值最大的上市公司为万华化学（2,908.98亿元）。2022年，山东省上市公司研发投入合计为830.56亿元，占营业收入的3.07%；无形资产账面价值合计为2,975.50亿元，占总资产的7.70%。根据本报告分析口径，本节共对山东省284家上市公司开展创新发展指数评价，具体情况如下：

9.22.1　创新发展综合指数

根据本报告评价，2022年山东省创新发展综合指数平均水平为65.44，低于全市场平均水平65.47。从指数分布来看，高于均值的有140家，占省份总数的49.30%。其中，最高的是海尔智家，创新发展综合指数为83.39。具体来看，创新发展综合指数区间在60以下的有43家，占比15.14%；60~70的有182家，占比64.09%；70~80的有53家，占比18.66%；80以上的有6家，占比2.11%，如图9-211所示。

从省内城市分布来看，山东省284家上市公司分布在16个省内城市。创新发展综合指数平均水平最高的是聊城市（68.89），最低的是泰安市（61.72），如图9-212所示。

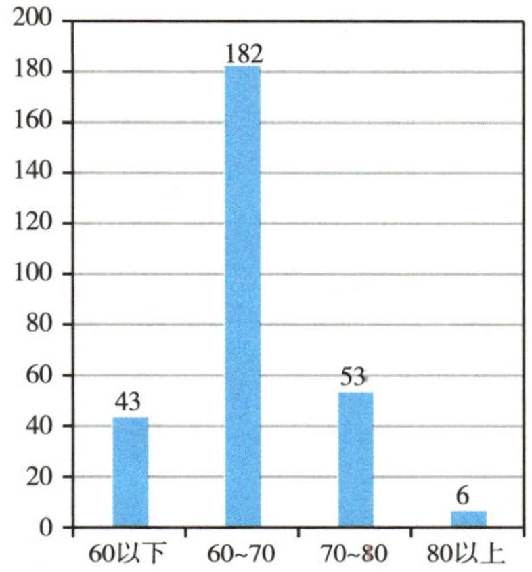

图9-211　2022年山东省上市公司创新发展综合指数分布图（家）

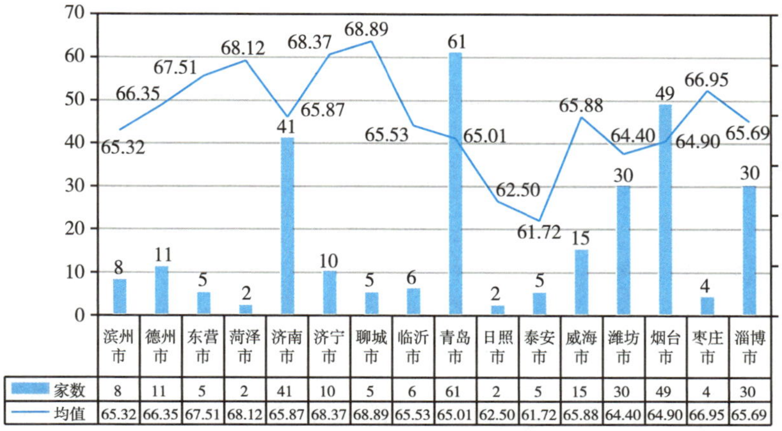

图9-212　2022年山东省上市公司创新发展综合指数均值分布图

山东省创新发展综合指数排名前10%的上市公司，如表9-106所示。

表 9-106　　2022 年山东省上市公司创新发展综合指数前 10% 排名

排名	公司代码	公司名称	创新发展综合指数	地级市	一级行业_申万	产权性质
1	600690.SH	海尔智家	83.39	青岛市	家用电器	非国有控股
2	000977.SZ	浪潮信息	83.27	济南市	计算机	地方国有控股
3	002241.SZ	歌尔股份	83.11	潍坊市	电子	非国有控股
4	600309.SH	万华化学	82.90	烟台市	基础化工	地方国有控股
5	300308.SZ	中际旭创	82.25	烟台市	通信	非国有控股
6	000338.SZ	潍柴动力	82.03	潍坊市	汽车	地方国有控股
7	002353.SZ	杰瑞股份	77.23	烟台市	机械设备	非国有控股
8	600760.SH	中航沈飞	76.43	威海市	国防军工	中央国有控股
9	600547.SH	山东黄金	76.33	济南市	有色金属	地方国有控股
10	600060.SH	海信视像	75.22	青岛市	家用电器	地方国有控股
11	688002.SH	睿创微纳	75.12	烟台市	国防军工	非国有控股
12	688139.SH	海尔生物	74.91	青岛市	医药生物	非国有控股
13	600426.SH	华鲁恒升	74.76	德州市	基础化工	地方国有控股
14	688363.SH	华熙生物	74.67	济南市	美容护理	非国有控股

续表

排名	公司代码	公司名称	创新发展综合指数	地级市	一级行业_申万	产权性质
15	000680.SZ	山推股份	74.44	济宁市	机械设备	地方国有控股
16	002768.SZ	国恩股份	74.42	青岛市	基础化工	非国有控股
17	300233.SZ	金城医药	73.57	淄博市	医药生物	非国有控股
18	600789.SH	鲁抗医药	73.32	济宁市	医药生物	地方国有控股
19	002254.SZ	泰和新材	72.82	烟台市	基础化工	地方国有控股
20	000682.SZ	东方电子	72.73	烟台市	电力设备	地方国有控股
21	300699.SZ	光威复材	72.73	威海市	国防军工	非国有控股
22	603421.SH	鼎信通讯	72.65	青岛市	通信	非国有控股
23	000756.SZ	新华制药	72.55	淄博市	医药生物	地方国有控股
24	301035.SZ	润丰股份	72.45	潍坊市	基础化工	非国有控股
25	002643.SZ	万润股份	72.40	烟台市	电子	中央国有控股
26	600587.SH	新华医疗	72.30	淄博市	医药生物	地方国有控股
27	600219.SH	南山铝业	72.19	烟台市	有色金属	非国有控股
28	002073.SZ	软控股份	71.96	青岛市	机械设备	非国有控股

数据来源：同花顺（iFinD），首经贸资产评估研究院和浙工商数字创新与管理研究院整理。

9.22.2 创新资源支持指数

2022年山东省284家上市公司创新资源支持指数平均水平为67.60，低于全市场均值68.18。从指数分布来看，高于均值的有131家，占省份总数的46.13%。其中，最高的是万华化学，创新资源支持指数为88.70。具体来看，创新资源支持指数区间在60以下的有48家，占比16.90%；60~70的有129家，占比45.42%；70~80的有95家，占比33.45%；80以上的有12家，占比4.23%，如图9-213所示。

从省内城市分布来看，创新资源支持指数平均水平最高的是聊城市（72.82），最低的是枣庄市（62.03），如图9-214所示。

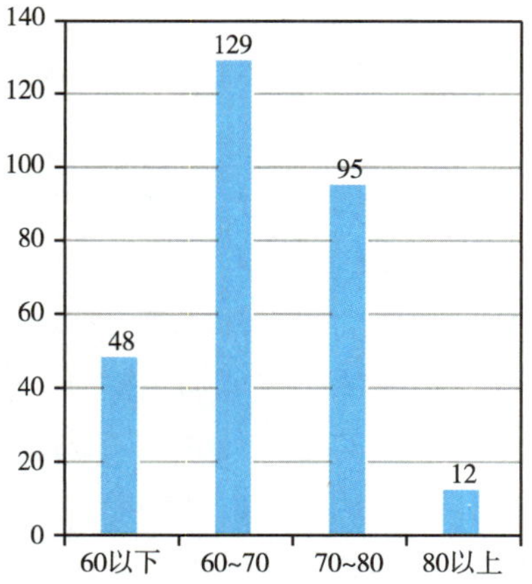

图9-213　2022年山东省上市公司创新资源支持指数分布图（家）

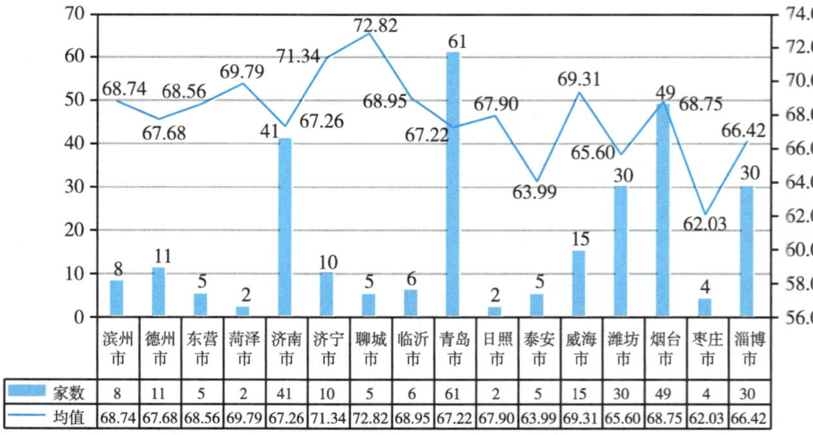

图9-214　2022年山东省上市公司创新资源支持指数均值分布图

山东省创新资源支持指数排名前10%的上市公司，如表9-107所示。

表 9-107 2022 年山东省上市公司创新资源支持指数前 10% 排名

排名	公司代码	公司名称	创新资源支持指数	地级市	一级行业_申万	产权性质
1	600309.SH	万华化学	88.70	烟台市	基础化工	地方国有控股
2	300699.SZ	光威复材	88.30	威海市	国防军工	非国有控股
3	300308.SZ	中际旭创	87.76	烟台市	通信	非国有控股
4	002254.SZ	泰和新材	86.02	烟台市	基础化工	地方国有控股
5	000680.SZ	山推股份	85.55	济宁市	机械设备	地方国有控股
6	000977.SZ	浪潮信息	85.22	济南市	计算机	地方国有控股
7	002339.SZ	积成电子	83.69	济南市	电力设备	非国有控股
8	000957.SZ	中通客车	83.40	聊城市	汽车	地方国有控股
9	002241.SZ	歌尔股份	82.04	潍坊市	电子	非国有控股
10	002353.SZ	杰瑞股份	81.20	烟台市	机械设备	非国有控股
11	600789.SH	鲁抗医药	80.71	济宁市	医药生物	地方国有控股
12	000811.SZ	冰轮环境	80.24	烟台市	机械设备	地方国有控股
13	000682.SZ	东方电子	79.52	烟台市	电力设备	地方国有控股
14	002111.SZ	威海广泰	79.29	威海市	机械设备	非国有控股
15	002537.SZ	海联金汇	79.28	青岛市	汽车	非国有控股
16	300001.SZ	特锐德	79.17	青岛市	电力设备	非国有控股
17	002026.SZ	山东威达	79.04	威海市	机械设备	非国有控股
18	600219.SH	南山铝业	78.66	烟台市	有色金属	非国有控股
19	300285.SZ	国瓷材料	78.39	东营市	电子	非国有控股
20	430476.BJ	海能技术	78.23	济南市	机械设备	非国有控股
21	603421.SH	鼎信通讯	78.22	青岛市	通信	非国有控股
22	002242.SZ	九阳股份	78.07	济南市	家用电器	非国有控股
23	688002.SH	睿创微纳	78.05	烟台市	国防军工	非国有控股
24	600756.SH	浪潮软件	78.02	泰安市	计算机	地方国有控股
25	600587.SH	新华医疗	77.61	淄博市	医药生物	地方国有控股
26	601019.SH	山东出版	77.48	济南市	传媒	地方国有控股
27	002408.SZ	齐翔腾达	77.44	淄博市	石油石化	地方国有控股
28	603638.SH	艾迪精密	77.27	烟台市	机械设备	非国有控股

数据来源：同花顺（iFinD），首经贸资产评估研究院和浙工商数字创新与管理研究院整理。

9.22.3 创新要素投入指数

2022年山东省284家上市公司创新要素投入指数平均水平为65.05，低于全市场均值65.37。从指数分布来看，高于均值的有146家，占省份总数的51.41%。其中，最高的是潍柴动力，创新要素投入指数为85.11。具体来看，创新要素投入指数区间在60以下的有69家，占比24.30%；60~70的有136家，占比47.89%；70~80的有72家，占比25.35%；80以上的有7家，占比2.46%，如图9-215所示。

从省内城市分布来看，创新要素投入指数平均水平最高的是济宁市（69.09），最低的是日照市（57.48），如图9-216所示。

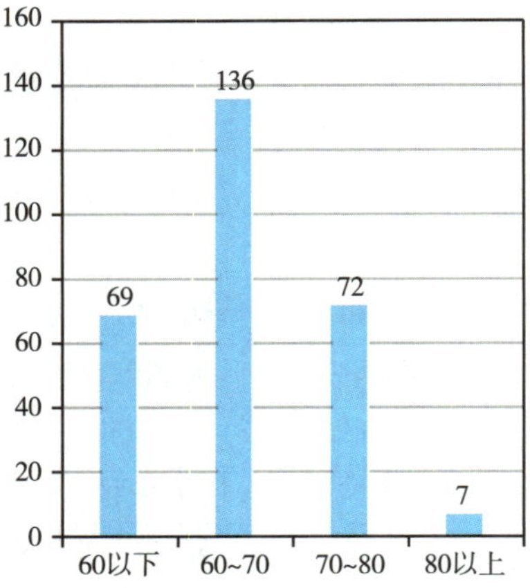

图9-215　2022年山东省上市公司创新要素投入指数分布图（家）

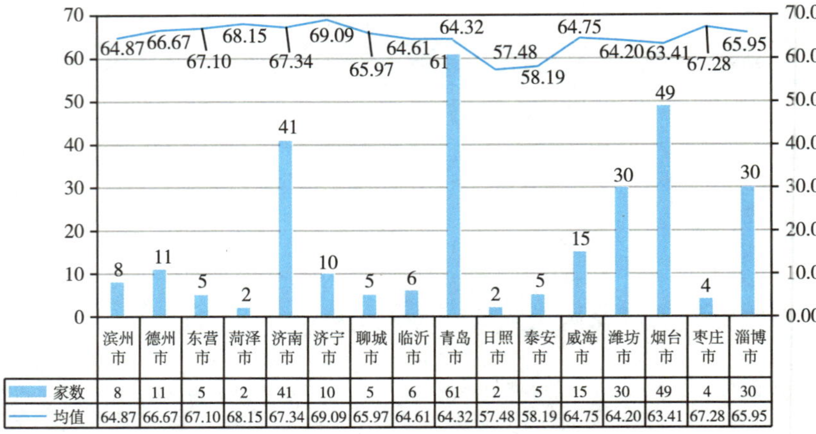

图9-216　2022年山东省上市公司创新要素投入指数均值分布图

山东省创新要素投入指数排名前10%的上市公司，如表9-108所示。

表9-108　2022年山东省上市公司创新要素投入指数前10%排名

排名	公司代码	公司名称	创新要素投入指数	地级市	一级行业_申万	产权性质
1	000338.SZ	潍柴动力	85.11	潍坊市	汽车	地方国有控股
2	000977.SZ	浪潮信息	84.50	济南市	计算机	地方国有控股
3	002241.SZ	歌尔股份	84.44	潍坊市	电子	非国有控段
4	600690.SH	海尔智家	82.79	青岛市	家用电器	非国有控股
5	300308.SZ	中际旭创	82.65	烟台市	通信	非国有控股
6	688002.SH	睿创微纳	81.23	烟台市	国防军工	非国有控股
7	600426.SH	华鲁恒升	80.28	德州市	基础化工	地方国有控股
8	603421.SH	鼎信通讯	79.22	青岛市	通信	非国有控股
9	300659.SZ	中孚信息	79.04	济南市	计算机	非国有控股
10	600760.SH	中航沈飞	78.60	威海市	国防军工	中央国有控股
11	600060.SH	海信视像	78.47	青岛市	家用电器	地方国有控股
12	000503.SZ	国新健康	77.78	青岛市	计算机	中央国有控股
13	000680.SZ	山推股份	77.71	济宁市	机械设备	地方国有控股
14	000682.SZ	东方电子	77.45	烟台市	电力设备	地方国有控股
15	600022.SH	山东钢铁	77.32	济南市	钢铁	地方国有控股
16	688234.SH	天岳先进	77.30	济南市	电子	非国有控股
17	688363.SH	华熙生物	76.66	济南市	美容护理	非国有控股
18	688139.SH	海尔生物	76.58	青岛市	医药生物	非国有控股
19	300233.SZ	金城医药	76.49	淄博市	医药生物	非国有控股
20	600587.SH	新华医疗	76.49	淄博市	医药生物	地方国有控股
21	600547.SH	山东黄金	76.48	济南市	有色金属	地方国有控股
22	002073.SZ	软控股份	76.47	青岛市	机械设备	非国有控股
23	600309.SH	万华化学	76.11	烟台市	基础化工	地方国有控股
24	603367.SH	辰欣药业	75.71	济宁市	医药生物	非国有控股
25	002376.SZ	新北洋	75.49	威海市	计算机	地方国有控股
26	688556.SH	高测股份	75.22	青岛市	电力设备	非国有控股

续表

排名	公司代码	公司名称	创新要素投入指数	地级市	一级行业_申万	产权性质
27	002643.SZ	万润股份	74.93	烟台市	电子	中央国有控股
28	300224.SZ	正海磁材	74.86	烟台市	有色金属	非国有控股

数据来源：同花顺（iFinD），首经贸资产评估研究院和浙工商数字创新与管理研究院整理。

9.22.4　创新科技成果指数

2022年山东省284家上市公司创新科技成果指数平均水平为68.60，高于全市场均值68.28。从指数分布来看，高于均值的有167家，占省份总数的58.80%。其中，最高的是海尔智家，创新科技成果指数为90.42。具体来看，创新科技成果指数区间在60以下的有15家，占比5.28%；60~70的有167家，占比58.81%；70~80的有96家，占比33.80%；80以上的有6家，占比2.11%，如图9–217所示。

从省内城市分布来看，创新科技成果指数平均水平最高的是菏泽市（71.59），最低的是日照市（65.28），如图9–218所示。

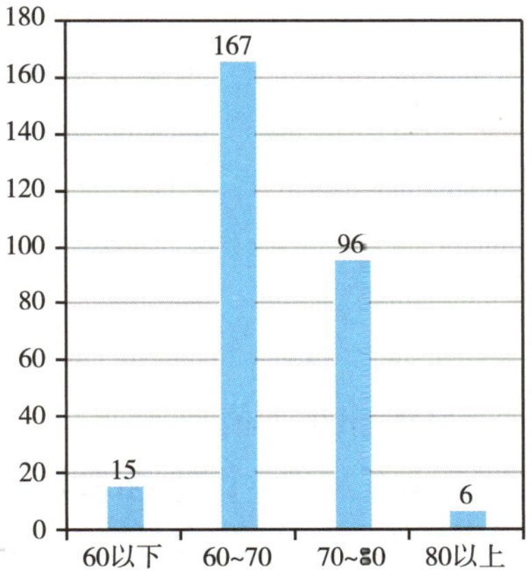

图9–217　2022年山东省上市公司创新科技成果指数分布图（家）

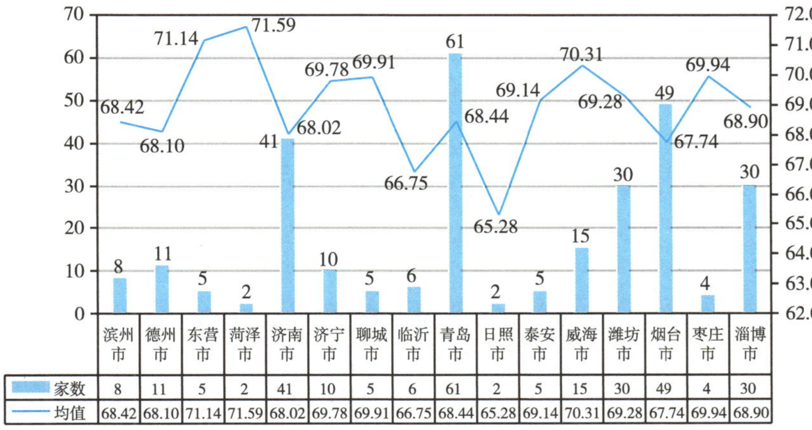

图9–218　2022年山东省上市公司创新科技成果指数均值分布图

山东省创新科技成果指数排名前10%的上市公司，如表9–109所示。

表9–109　2022年山东省上市公司创新科技成果指数前10%排名

排名	公司代码	公司名称	创新科技成果指数	地级市	一级行业_申万	产权性质
1	600690.SH	海尔智家	90.42	青岛市	家用电器	非国有控股
2	000338.SZ	潍柴动力	86.87	潍坊市	汽车	地方国有控股
3	600309.SH	万华化学	86.01	烟台市	基础化工	地方国有控股
4	000977.SZ	浪潮信息	82.87	济南市	计算机	地方国有控股
5	002241.SZ	歌尔股份	80.80	潍坊市	电子	非国有控股
6	600760.SH	中航沈飞	80.02	威海市	国防军工	中央国有控股
7	300308.SZ	中际旭创	79.81	烟台市	通信	非国有控股
8	688139.SH	海尔生物	77.60	青岛市	医药生物	非国有控股
9	688363.SH	华熙生物	77.33	济南市	美容护理	非国有控股
10	300343.SZ	联创股份	77.01	淄博市	传媒	非国有控股

续表

排名	公司代码	公司名称	创新科技成果指数	地级市	一级行业_申万	产权性质
11	600308.SH	华泰股份	76.88	东营市	轻工制造	非国有控股
12	688663.SH	新风光	76.82	济宁市	电力设备	地方国有控股
13	600060.SH	海信视像	76.27	青岛市	家用电器	地方国有控股
14	688234.SH	天岳先进	75.82	济南市	电子	非国有控股
15	300233.SZ	金城医药	75.82	淄博市	医药生物	非国有控股
16	002353.SZ	杰瑞股份	75.78	烟台市	机械设备	非国有控股
17	600426.SH	华鲁恒升	75.24	德州市	基础化工	地方国有控股
18	002768.SZ	国恩股份	75.18	青岛市	基础化工	非国有控股
19	600579.SH	克劳斯	74.86	青岛市	机械设备	中央国有控股
20	300143.SZ	盈康生命	74.56	青岛市	医药生物	非国有控股
21	300479.SZ	神思电子	74.30	济南市	计算机	地方国有控股
22	002107.SZ	沃华医药	74.16	潍坊市	医药生物	非国有控股
23	601058.SH	赛轮轮胎	73.95	青岛市	汽车	非国有控股
24	688191.SH	智洋创新	73.84	淄博市	电力设备	非国有控股
25	000498.SZ	山东路桥	73.81	济南市	建筑装饰	地方国有控股
26	300285.SZ	国瓷材料	73.64	东营市	电子	非国有控股
27	002598.SZ	山东章鼓	73.61	济南市	机械设备	地方国有控股
28	600600.SH	青岛啤酒	73.31	青岛市	食品饮料	地方国有控股

数据来源：同花顺（iFinD），首经贸资产评估研究院和浙工商数字创新与管理研究院整理。

9.22.5 创新经济绩效指数

2022年山东省284家上市公司创新经济绩效指数平均水平为61.50，高于全市场均值61.11。从指数分布来看，高于均值的有165家，占省份总数的58.10%。其中，最高的是山东黄金，创新经济绩效指数为85.47。具体来看，创新经济绩效指数区间在60以下的有118家，占比41.55%；60~70的有135家，占比47.54%；70~80的有25家，占比8.80%；80以上的有6家，占比2.11%，如图9-219所示。

从省内城市分布来看，创新经济绩效指数平均水平最高的是聊城市（68.59），最低的是泰安市（57.61），如图9-220所示。

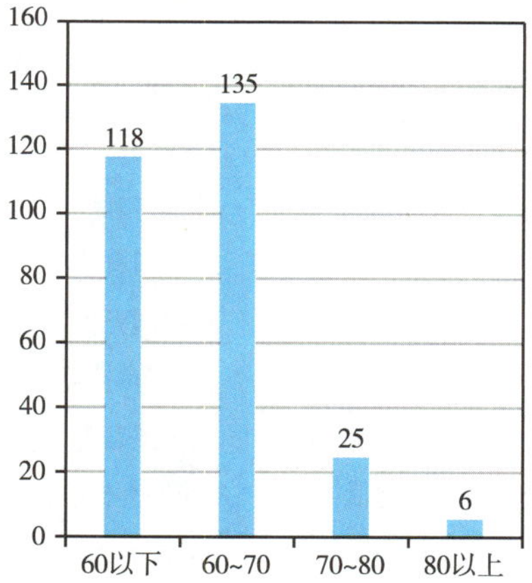

图9-219　2022年山东省上市公司创新经济绩效指数分布图（家）

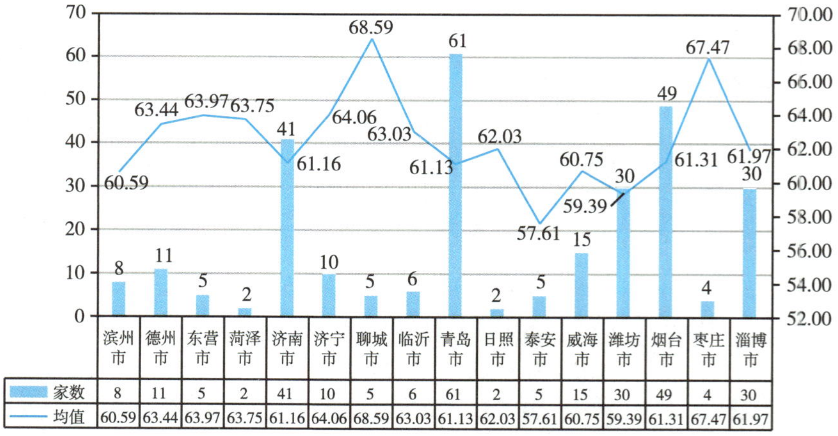

图9-220　2022年山东省上市公司创新经济绩效指数均值分布图

山东省创新经济绩效指数排名前10%的上市公司，如表9-110所示。

表9-110　　2022年山东省上市公司创新经济绩效指数前10%排名

排名	公司代码	公司名称	创新经济绩效指数	地级市	一级行业_申万	产权性质
1	600547.SH	山东黄金	85.47	济南市	有色金属	地方国有控股
2	002241.SZ	歌尔股份	84.36	潍坊市	电子	非国有控股
3	600309.SH	万华化学	83.94	烟台市	基础化工	地方国有控股
4	600690.SH	海尔智家	83.56	青岛市	家用电器	非国有控股
5	002353.SZ	杰瑞股份	81.50	烟台市	机械设备	非国有控股
6	000977.SZ	浪潮信息	80.74	济南市	计算机	地方国有控股
7	300308.SZ	中际旭创	79.94	烟台市	通信	非国有控股
8	000338.SZ	潍柴动力	78.05	潍坊市	汽车	地方国有控股
9	301035.SZ	润丰股份	77.32	潍坊市	基础化工	非国有控股
10	600188.SH	兖矿能源	76.69	济宁市	煤炭	地方国有控股
11	600760.SH	中航沈飞	75.78	威海市	国防军工	中央国有控股
12	002768.SZ	国恩股份	74.88	青岛市	基础化工	非国有控股
13	600426.SH	华鲁恒升	74.82	德州市	基础化工	地方国有控股
14	003022.SZ	联泓新科	74.50	枣庄市	电力设备	非国有控股
15	000830.SZ	鲁西化工	73.80	聊城市	基础化工	中央国有控股
16	600789.SH	鲁抗医药	73.44	济宁市	医药生物	地方国有控股
17	603026.SH	胜华新材	73.04	东营市	电力设备	地方国有控股
18	000756.SZ	新华制药	72.94	淄博市	医药生物	地方国有控股
19	600060.SH	海信视像	72.88	青岛市	家用电器	地方国有控股
20	002088.SZ	鲁阳节能	72.82	淄博市	建筑材料	非国有控股
21	002675.SZ	东诚药业	72.69	烟台市	医药生物	非国有控股
22	300343.SZ	联创股份	72.57	淄博市	传媒	非国有控股
23	000423.SZ	东阿阿胶	72.50	聊城市	医药生物	中央国有控股
24	300233.SZ	金城医药	72.30	淄博市	医药生物	非国有控股
25	603113.SH	金能科技	71.70	德州市	煤炭	非国有控股
26	000498.SZ	山东路桥	71.52	济南市	建筑装饰	地方国有控股
27	601298.SH	青岛港	71.43	青岛市	交通运输	地方国有控股
28	600350.SH	山东高速	71.19	济南市	交通运输	地方国有控股

数据来源：同花顺（iFinD），首经贸资产评估研究院和浙工商数字创新与管理研究院整理。

9.23　山西省创新发展指数评价

2022年，山西省全年实现地区生产总值25,642.59亿元，人均地区生产总值为73,675.00元，居民人均可支配收入29,178.22元。截至2022年底，A股市场山西省共有上市公司39家，总市值共计9,050.33亿元，营业总收入6,341.12亿元，平均市值232.06亿元/家，平均营业收入162.59亿元/家。营业收入最高的上市公司为太钢不锈（976.54亿元），市值最大的上市公司为山西汾酒（3,477.09亿元）。2022年，山西省上市公司研发投入合计为96.83亿元，占营业收入的1.53%；无形资产账面价值合计为1,396.89亿元，占总资产的12.65%。根据本报告分析口径，本节共对山西省39家上市公司开展创新发展指数评价，具体情况如下：

9.23.1 创新发展综合指数

根据本报告评价，2022年山西省创新发展综合指数平均水平为63.86，低于全市场平均水平65.47。从指数分布来看，高于均值的有13家，占省份总数的33.33%。其中，最高的是太原重工，创新发展综合指数为77.17。具体来看，创新发展综合指数区间在60以下的有8家，占比20.51%；60~70的有27家，占比69.23%；70~80的有4家，占比10.26%，如图9-221所示。

从省内城市分布来看，山西省39家上市公司分布在10个省内城市。创新发展综合指数平均水平最高的是阳泉市（66.43），最低的是沂州市（61.16），如图9-222所示。

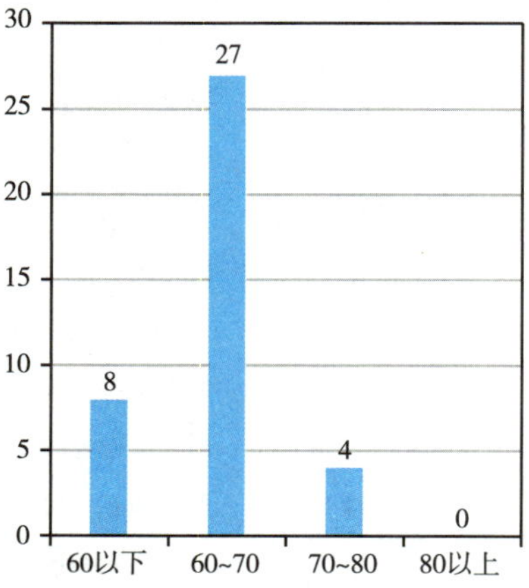

图9-221 2022年山西省上市公司创新发展综合指数分布图（家）

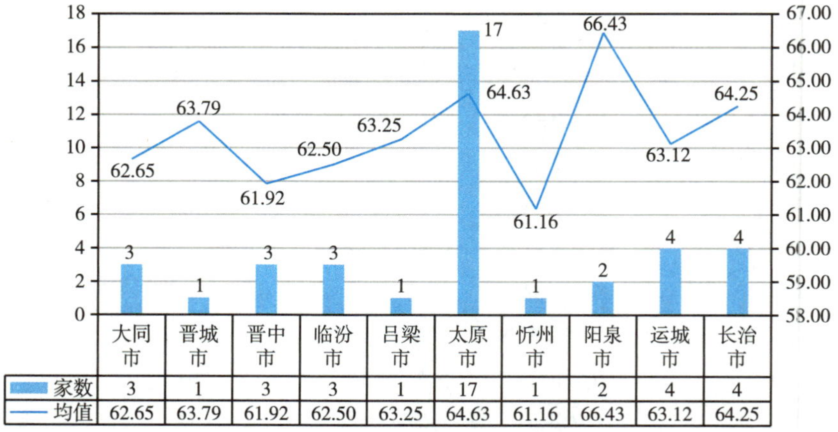

图9-222 2022年山西省上市公司创新发展综合指数均值分布图

山西省创新发展综合指数排名前10的上市公司，如表9-111所示。

表9-111 2022年山西省上市公司创新发展综合指数前10排名

排名	公司代码	公司名称	创新发展综合指数	地级市	一级行业_申万	产权性质
1	600169.SH	太原重工	77.17	太原市	机械设备	地方国有控股
2	000825.SZ	太钢不锈	71.89	太原市	钢铁	中央国有控股
3	601699.SH	潞安环能	70.46	长治市	煤炭	地方国有控股
4	000983.SZ	山西焦煤	70.16	太原市	煤炭	地方国有控股
5	000968.SZ	蓝焰控股	69.36	太原市	石油石化	地方国有控股
6	000403.SZ	派林生物	69.12	太原市	医药生物	地方国有控股
7	600691.SH	阳煤化工	67.72	阳泉市	基础化工	地方国有控股
8	000723.SZ	美锦能源	67.65	太原市	煤炭	非国有控股
9	600495.SH	晋西车轴	67.13	太原市	机械设备	中央国有控股
10	600740.SH	山西焦化	66.89	临汾市	煤炭	地方国有控股

数据来源：同花顺（iFinD），首经贸资产评估研究院和浙工商数字创新与管理研究院整理。

9.23.2 创新资源支持指数

2022年山西省39家上市公司创新资源支持指数平均水平为64.93，低于全市场均值68.18。从指数分布来看，高于均值的有13家，占省份总数的33.33%。其中，最高的是阳煤化工，创新资源支持指数为79.11。具体来看，创新资源支持指数区间在60以下的有9家，占比23.08%；60~70的有24家，占比61.54%；70~80的有6家，占比15.38%，如图9-223所示。

从省内城市分布来看，创新资源支持指数平均水平最高的是阳泉市（73.67），最低的是吕梁市（58.73），如图9-224所示。

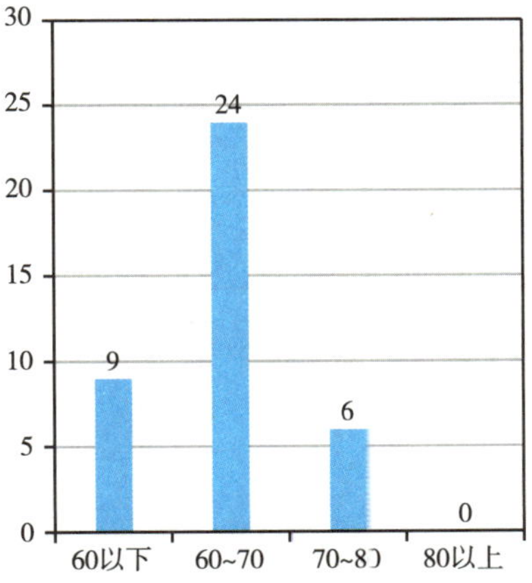

图9-223　2022年山西省上市公司创新资源支持指数分布图（家）

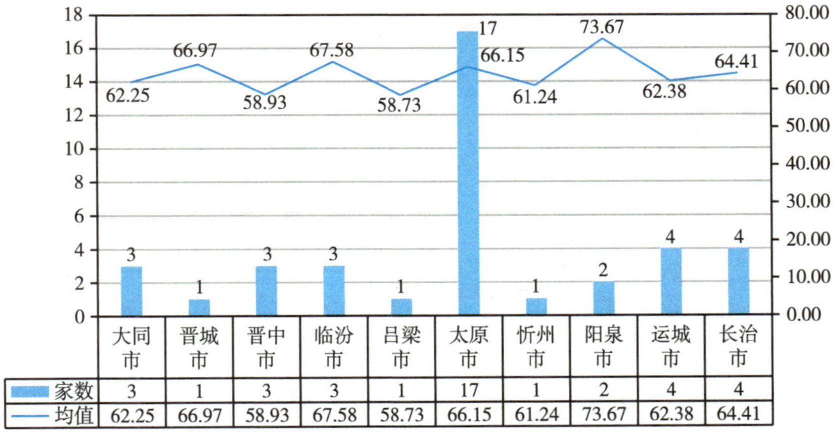

图9-224　2022年山西省上市公司创新资源支持指数均值分布图

山西省创新资源支持指数排名前10的上市公司，如表9-112所示。

表9-112　2022年山西省上市公司创新资源支持指数前10排名

排名	公司代码	公司名称	创新资源支持指数	地级市	一级行业_申万	产权性质
1	600691.SH	阳煤化工	79.11	阳泉市	基础化工	地方国有控股
2	600169.SH	太原重工	76.70	太原市	机械设备	地方国有控股
3	600617.SH	国新能源	76.18	太原市	公用事业	地方国有控股
4	603112.SH	华翔股份	75.73	临汾市	家用电器	非国有控股
5	000968.SZ	蓝焰控股	74.68	太原市	石油石化	地方国有控股
6	600495.SH	晋西车轴	70.80	太原市	机械设备	中央国有控股
7	601699.SH	潞安环能	69.81	长治市	煤炭	地方国有控股
8	600780.SH	通宝能源	69.56	太原市	公用事业	地方国有控股
9	000723.SZ	美锦能源	69.52	太原市	煤炭	非国有控股
10	600740.SH	山西焦化	69.30	临汾市	煤炭	地方国有控股

数据来源：同花顺（iFinD），首经贸资产评估研究院和浙工商数字创新与管理研究院整理。

9.23.3 创新要素投入指数

2022年山西省39家上市公司创新要素投入指数平均水平为62.28，低于全市场均值65.37。从指数分布来看，高于均值的有13家，占省份总数的33.33%。其中，最高的是太原重工，创新要素投入指数为82.74。具体来看，创新要素投入指数区间在60以下的有11家，占比28.21%；60~70的有22家，占比56.41%；70~80的有5家，占比12.82%；80以上的有1家，占比2.56%，如图9-225所示。

从省内城市分布来看，创新要素投入指数平均水平最高的是运城市（65.94），最低的是晋城市（55.20），如图9-226所示。

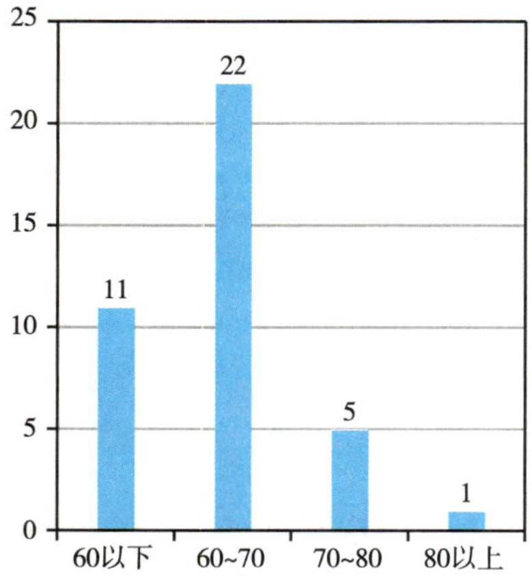

图9-225　2022年山西省上市公司创新要素投入指数分布图（家）

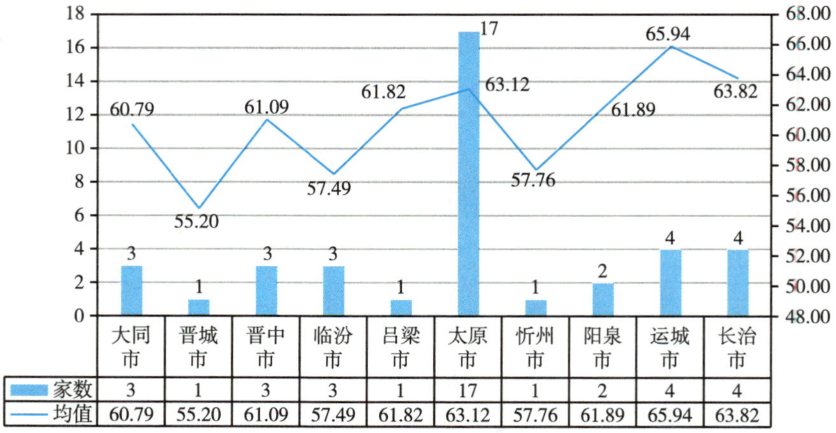

图9-226　2022年山西省上市公司创新要素投入指数均值分布图

山西省创新要素投入指数排名前10的上市公司，如表9-113所示。

表9-113　2022年山西省上市公司创新要素投入指数前10排名

排名	公司代码	公司名称	创新要素投入指数	地级市	一级行业_申万	产权性质
1	600169.SH	太原重工	82.74	太原市	机械设备	地方国有控股
2	000825.SZ	太钢不锈	74.27	太原市	钢铁	中央国有控股
3	000983.SZ	山西焦煤	72.19	太原市	煤炭	地方国有控股
4	601699.SH	潞安环能	71.48	长治市	煤炭	地方国有控股
5	831832.BJ	科达自控	71.04	太原市	机械设备	非国有控股
6	600495.SH	晋西车轴	70.89	太原市	机械设备	中央国有控股
7	000968.SZ	蓝焰控股	69.86	太原市	石油石化	地方国有控股
8	600351.SH	亚宝药业	69.80	运城市	医药生物	非国有控股
9	300486.SZ	东杰智能	69.42	太原市	机械设备	地方国有控股
10	000403.SZ	派林生物	68.82	太原市	医药生物	地方国有控股

数据来源：同花顺（iFinD），首经贸资产评估研究院和浙工商数字创新与管理研究院整理。

9.23.4　创新科技成果指数

2022年山西省39家上市公司创新科技成果指数平均水平为65.96，低于全市场均值68.28。从指数分布来看，高于均值的有11家，占省份总数的28.21%。其中，最高的是东杰智能，创新科技成果指数为73.11。具体来看，创新科技成果指数区间在60以下的有2家，占比5.13%；60~70的有32家，占比82.05%；70~80的有5家，占比12.82%，如图9-227所示。

从省内城市分布来看，创新科技成果指数平均水平最高的是阳泉市（67.91），最低的是吕梁市（61.74），如图9-228所示。

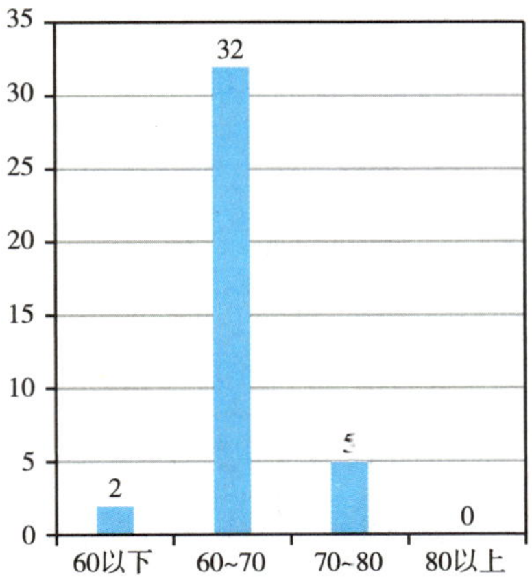

图9-227　2022年山西省上市公司创新科技成果指数分布图（家）

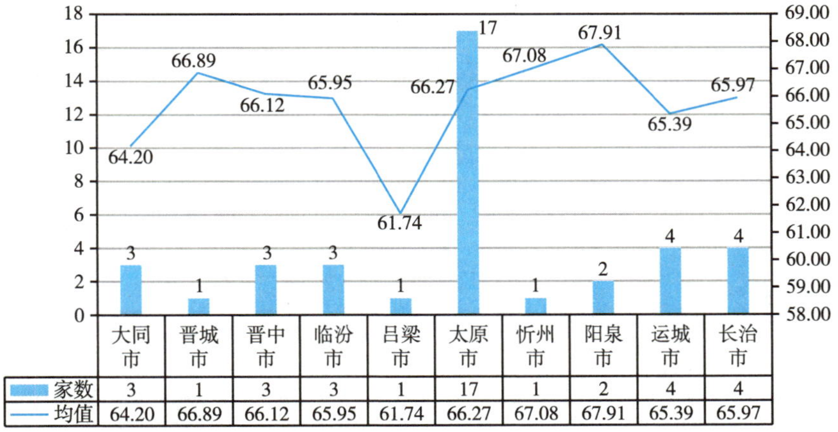

图9-228　2022年山西省上市公司创新科技成果指数均值分布图

山西省创新科技成果指数排名前10的上市公司，如表9-114所示。

表9-114　2022年山西省上市公司创新科技成果指数前10排名

排名	公司代码	公司名称	创新科技成果指数	地级市	一级行业_申万	产权性质
1	300486.SZ	东杰智能	73.11	太原市	机械设备	地方国有控股
2	600691.SH	阳煤化工	72.70	阳泉市	基础化工	地方国有控股
3	000825.SZ	太钢不锈	72.30	太原市	钢铁	中央国有控股
4	600169.SH	太原重工	70.92	太原市	机械设备	地方国有控股
5	600771.SH	广誉远	70.10	晋中市	医药生物	地方国有控股
6	831832.BJ	科达自控	69.45	太原市	机械设备	非国有控股
7	600539.SH	狮头股份	69.45	太原市	商贸零售	非国有控股
8	000403.SZ	派林生物	69.07	太原市	医药生物	地方国有控股
9	300158.SZ	振东制药	69.06	长治市	医药生物	非国有控股
10	000968.SZ	蓝焰控股	68.32	太原市	石油石化	地方国有控股

数据来源：同花顺（iFinD），首经贸资产评估研究院和浙工商数字创新与管理研究院整理。

9.23.5　创新经济绩效指数

2022年山西省39家上市公司创新经济绩效指数平均水平为63.07，高于全市场均值61.11。从指数分布来看，高于均值的有23家，占省份总数的58.97%。其中，最高的是太原重工，创新经济绩效指数为76.47。具体来看，创新经济绩效指数区间在60以下的有16家，占比41.03%；60~70的有16家，占比41.03%；70~80的有7家，占比17.94%，如图9-229所示。

从省内城市分布来看，创新经济绩效指数平均水平最高的是吕梁市（69.62），最低的是运城市（58.26），如图9-230所示。

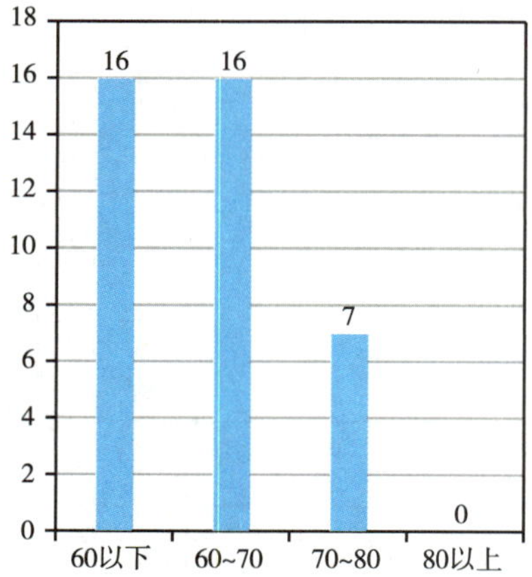

图9-229　2022年山西省上市公司创新经济绩效指数分布图（家）

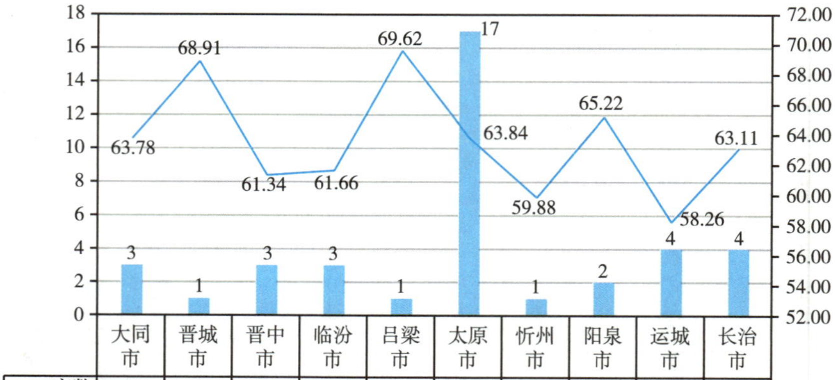

	大同市	晋城市	晋中市	临汾市	吕梁市	太原市	忻州市	阳泉市	运城市	长治市
家数	3	1	3	3	1	17	1	2	4	4
均值	63.78	68.91	61.34	61.66	69.62	63.84	59.88	65.22	58.26	63.11

图9-230　2022年山西省上市公司创新经济绩效指数均值分布图

山西省创新经济绩效指数排名前10的上市公司，如表9-115所示。

表9-115　2022年山西省上市公司创新经济绩效指数前10排名

排名	公司代码	公司名称	创新经济绩效指数	地级市	一级行业_申万	产权性质
1	600169.SH	太原重工	76.47	太原市	机械设备	地方国有控股
2	000723.SZ	美锦能源	75.80	太原市	煤炭	非国有控股
3	601699.SH	潞安环能	72.51	长治市	煤炭	地方国有控股
4	000403.SZ	派林生物	72.18	太原市	医药生物	地方国有控股
5	000825.SZ	太钢不锈	71.63	太原市	钢铁	中央国有控股
6	000983.SZ	山西焦煤	71.07	太原市	煤炭	地方国有控股
7	600157.SH	永泰能源	70.46	晋中市	煤炭	非国有控股
8	600809.SH	山西汾酒	69.62	吕梁市	食品饮料	地方国有控股
9	600123.SH	兰花科创	68.91	晋城市	煤炭	地方国有控股
10	600348.SH	华阳股份	68.26	阳泉市	煤炭	地方国有控股

数据来源：同花顺（iFinD），首经贸资产评估研究院和浙工商数字创新与管理研究院整理。

9.24　陕西省创新发展指数评价

2022年，陕西省全年实现地区生产总值32,772.68亿元，人均地区生产总值为82,864.00元，居民人均可支配收入30,115.83元。截至2022年底，A股市场陕西省共有上市公司71家，总市值共计13,212.23亿元，营业总收入7,510.48亿元，平均市值186.09亿元/家，平均营业收入105.78亿元/家。营业收入最高的上市公司为陕建股份（1,893.66亿元），市值最大的上市公司为隆基绿能（3,204.01亿元）。2022年，陕西省上市公司研发投入合计为163.25亿元，占营业收入的2.17%；无形资产账面价值合计为512.95亿元，占总资产的4.02%。根据本报告分析口径，本节共对陕西省71家上市公司开展创新发展指数评价，具体情况如下：

9.24.1　创新发展综合指数

根据本报告评价，2022年陕西省创新发展综合指数平均水平为65.60，高于全市场平均水平65.47。

从指数分布来看，高于均值的有38家，占省份总数的53.52%。其中，最高的是隆基绿能，创新发展综合指数为80.87。具体来看，创新发展综合指数区间在60以下的有12家，占比16.90%；60~70的有45家，占比63.38%；70~80的有12家，占比16.90%；80以上的有2家，占比2.82%，如图9-231所示。

从省内城市分布来看，陕西省71家上市公司分布在9个省内城市。创新发展综合指数平均水平最高的是汉中市（70.36），最低的是商洛市（60.65），如图9-232所示。

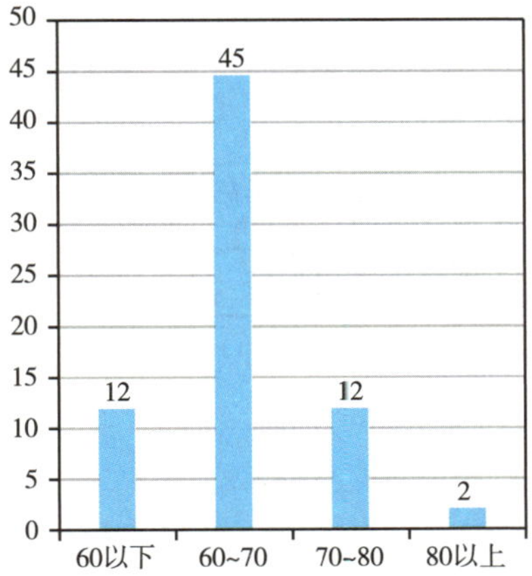

图9-231　2022年陕西省上市公司创新发展综合指数分布图（家）

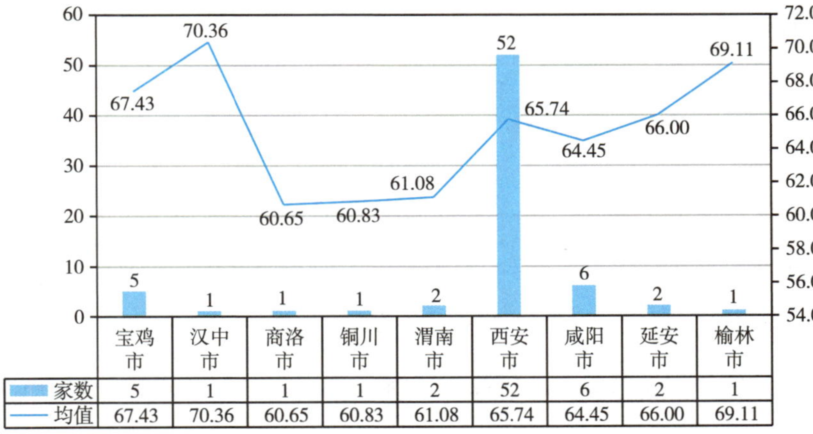

图9-232　2022年陕西省上市公司创新发展综合指数均值分布图

陕西省创新发展综合指数排名前10的上市公司，如表9-116所示。

表9-116　　2022年陕西省上市公司创新发展综合指数前10排名

排名	公司代码	公司名称	创新发展综合指数	地级市	一级行业_申万	产权性质
1	601012.SH	隆基绿能	80.87	西安市	电力设备	非国有控股
2	600893.SH	航发动力	80.34	西安市	国防军工	中央国有控股
3	601179.SH	中国西电	79.44	西安市	电力设备	中央国有控股
4	000768.SZ	中航西飞	76.59	西安市	国防军工	中央国有控股
5	601225.SH	陕西煤业	75.71	西安市	煤炭	地方国有控股
6	688122.SH	西部超导	74.51	西安市	国防军工	地方国有控股
7	000837.SZ	秦川机床	73.66	宝鸡市	机械设备	地方国有控股
8	688333.SH	铂力特	73.44	西安市	机械设备	非国有控股
9	002149.SZ	西部材料	72.51	西安市	有色金属	地方国有控股
10	600248.SH	陕建股份	72.09	西安市	建筑装饰	地方国有控股

数据来源：同花顺（iFinD），首经贸资产评估研究院和浙工商数字创新与管理研究院整理。

9.24.2　创新资源支持指数

2022年陕西省71家上市公司创新资源支持指数平均水平为67.13，低于全市场均值68.18。从指数分布来看，高于均值的有30家，占省份总数的42.25%。其中，最高的是中国西电，创新资源支持指数为84.63。具体来看，创新资源支持指数区间在60以下的有13家，占比18.31%；60~70的有34家，占比47.89%；70~80的有20家，占比28.17%；80以上的有4家，占比5.63%，如图9-233所示。

从省内城市分布来看，创新资源支持指数平均水平最高的是汉中市（74.11），最低的是商洛市

（62.92），如图9-234所示。

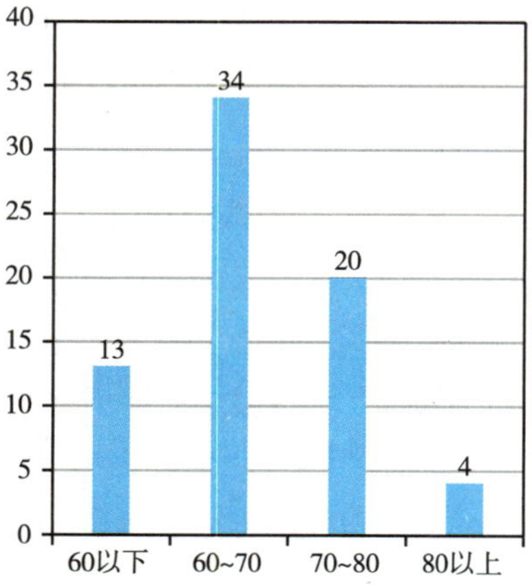

图9-233　2022年陕西省上市公司创新资源支持指数分布图（家）

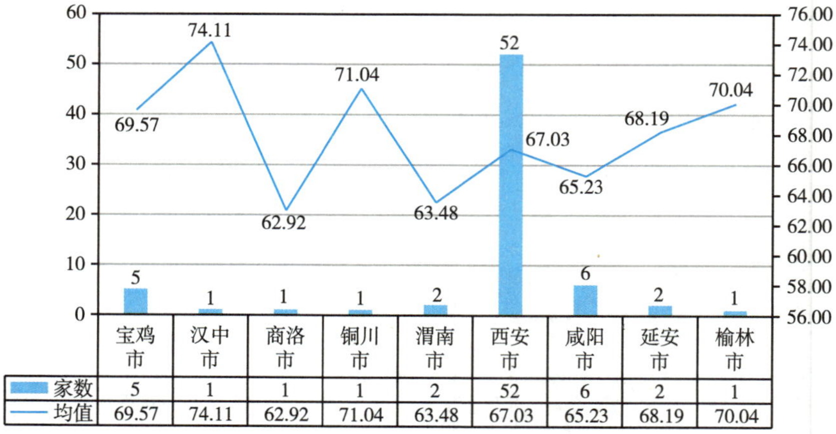

图9-234　2022年陕西省上市公司创新资源支持指数均值分布图

陕西省创新资源支持指数排名前10的上市公司，如表9-117所示。

表9-117　2022年陕西省上市公司创新资源支持指数前10排名

排名	公司代码	公司名称	创新资源支持指数	地级市	一级行业_申万	产权性质
1	601179.SH	中国西电	84.63	西安市	电力设备	中央国有控股
2	000768.SZ	中航西飞	84.26	西安市	国防军工	中央国有控股
3	601012.SH	隆基绿能	81.90	西安市	电力设备	非国有控股
4	688333.SH	铂力特	81.11	西安市	机械设备	非国有控股
5	000837.SZ	秦川机床	79.06	宝鸡市	机械设备	地方国有控股
6	600893.SH	航发动力	78.23	西安市	国防军工	中央国有控股
7	688122.SH	西部超导	78.02	西安市	国防军工	地方国有控股
8	688102.SH	斯瑞新材	78.00	西安市	有色金属	非国有控股
9	301171.SZ	易点天下	74.53	西安市	传媒	非国有控股
10	002149.SZ	西部材料	74.30	西安市	有色金属	地方国有控股

数据来源：同花顺（iFinD），首经贸资产评估研究院和浙工商数字创新与管理研究院整理。

9.24.3　创新要素投入指数

2022年陕西省71家上市公司创新要素投入指数平均水平为64.98，低于全市场均值65.37。从指数分布来看，高于均值的有40家，占省份总数的56.34%。其中，最高的是隆基绿能，创新要素投入指数为82.41。具体来看，创新要素投入指数区间在60以下的有18家，占比25.35%；60~70的有34家，占比47.89%；70~80的有17家，占比23.94%；80以上的有2家，占比2.82%，如图9-235所示。

从省内城市分布来看，创新要素投入指数平均水平最高的是汉中市（77.10），最低的是铜川市（53.12），如图9-236所示。

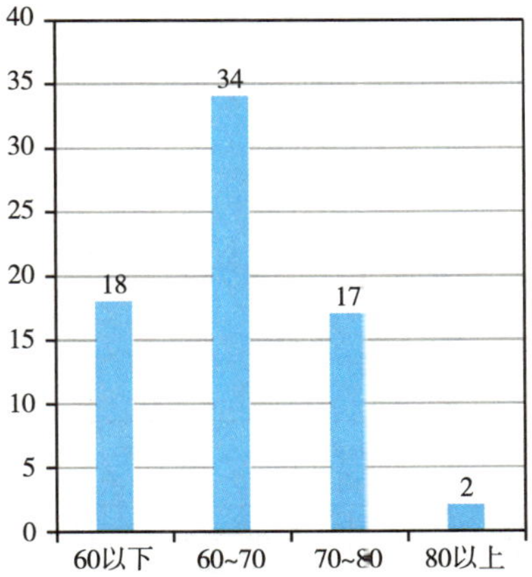

图9-235　2022年陕西省上市公司创新要素投入指数分布图（家）

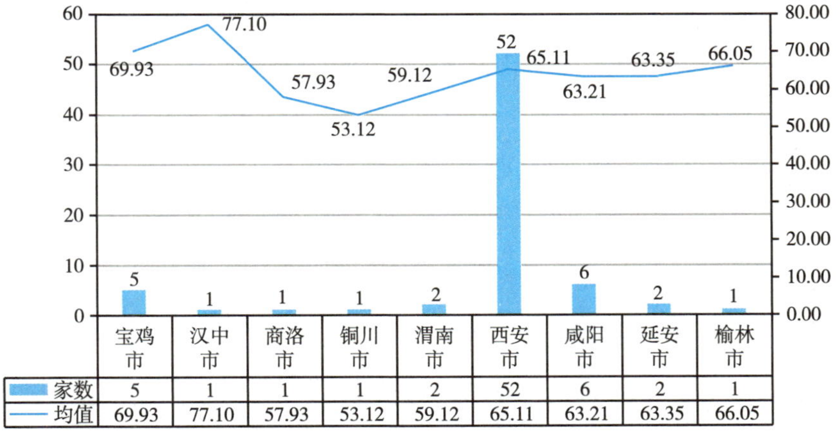

图9-236　2022年陕西省上市公司创新要素投入指数均值分布图

陕西省创新要素投入指数排名前10的上市公司，如表9-118所示。

表9-118　2022年陕西省上市公司创新要素投入指数前10排名

排名	公司代码	公司名称	创新要素投入指数	地级市	一级行业_申万	产权性质
1	601012.SH	隆基绿能	82.41	西安市	电力设备	非国有控股
2	600893.SH	航发动力	81.26	西安市	国防军工	中央国有控股
3	002149.SZ	西部材料	79.07	西安市	有色金属	地方国有控股
4	688333.SH	铂力特	77.62	西安市	机械设备	非国有控股
5	300114.SZ	中航电测	77.10	汉中市	国防军工	中央国有控股
6	688122.SH	西部超导	76.71	西安市	国防军工	地方国有控股
7	300397.SZ	天和防务	75.74	西安市	国防军工	非国有控股
8	000837.SZ	秦川机床	75.59	宝鸡市	机械设备	地方国有控股
9	300487.SZ	蓝晓科技	75.51	西安市	基础化工	非国有控股
10	601179.SH	中国西电	75.25	西安市	电力设备	中央国有控股

数据来源：同花顺（iFinD），首经贸资产评估研究院和浙工商数字创新与管理研究院整理。

9.24.4　创新科技成果指数

2022年陕西省71家上市公司创新科技成果指数平均水平为68.41，高于全市场均值68.28。从指数分布来看，高于均值的有38家，占省份总数的53.52%。其中，最高的是隆基绿能，创新科技成果指数为80.51。具体来看，创新科技成果指数区间在60以下的有3家，占比4.23%；60~70的有46家，占比64.78%；70~80的有20家，占比28.17%；80以上的有2家，占比2.82%，如图9-237所示。

从省内城市分布来看，创新科技成果指数平均水平最高的是榆林市（71.33），最低的是铜川市（62.38），如图9-238所示。

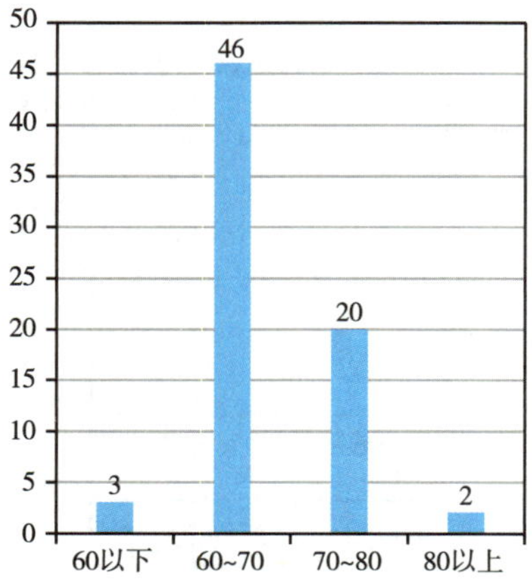

图9-237　2022年陕西省上市公司创新科技成果指数分布图（家）

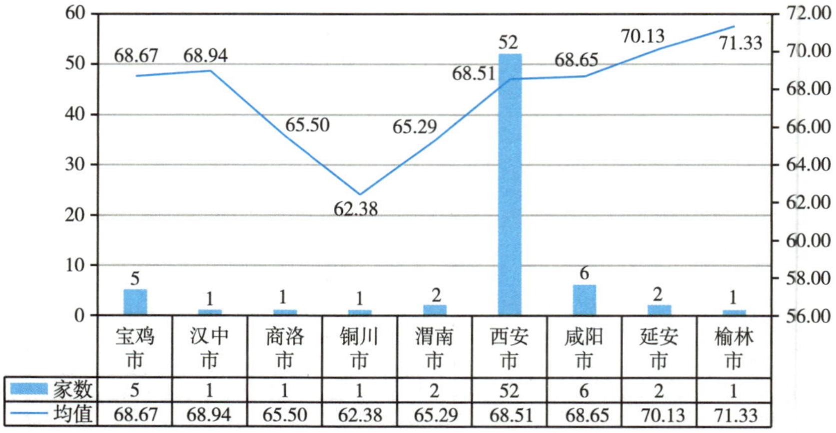

图9-238　2022年陕西省上市公司创新科技成果指数均值分布图

陕西省创新科技成果指数排名前10的上市公司，如表9-119所示。

表9-119　2022年陕西省上市公司创新科技成果指数前10排名

排名	公司代码	公司名称	创新科技成果指数	地级市	一级行业_申万	产权性质
1	601012.SH	隆基绿能	80.51	西安市	电力设备	非国有控股
2	600893.SH	航发动力	80.49	西安市	国防军工	中央国有控股
3	300140.SZ	中环装备	77.66	西安市	电力设备	中央国有控股
4	601179.SH	中国西电	77.33	西安市	电力设备	中央国有控股
5	688122.SH	西部超导	75.24	西安市	国防军工	地方国有控股
6	688150.SH	莱特光电	75.03	西安市	电子	非国有控股
7	600707.SH	彩虹股份	74.59	咸阳市	电子	地方国有控股
8	600248.SH	陕建股份	74.51	西安市	建筑装饰	地方国有控股
9	601225.SH	陕西煤业	74.49	西安市	煤炭	地方国有控股
10	688102.SH	斯瑞新材	74.03	西安市	有色金属	非国有控股

数据来源：同花顺（iFinD），首经贸资产评估研究院和浙工商数字创新与管理研究院整理。

9.24.5　创新经济绩效指数

2022年陕西省71家上市公司创新经济绩效指数平均水平为62.69，高于全市场均值61.11。从指数分布来看，高于均值的有42家，占省份总数的59.15%。其中，最高的是中国西电，创新经济绩效指数为82.50。具体来看，创新经济绩效指数区间在60以下的有28家，占比39.44%；60~70的有34家，占比47.88%；70~80的有6家，占比8.45%；80以上的有3家，占比4.23%，如图9-239所示。

从省内城市分布来看，创新经济绩效指数平均水平最高的是榆林市（70.10），最低的是商洛市（57.90），如图9-240所示。

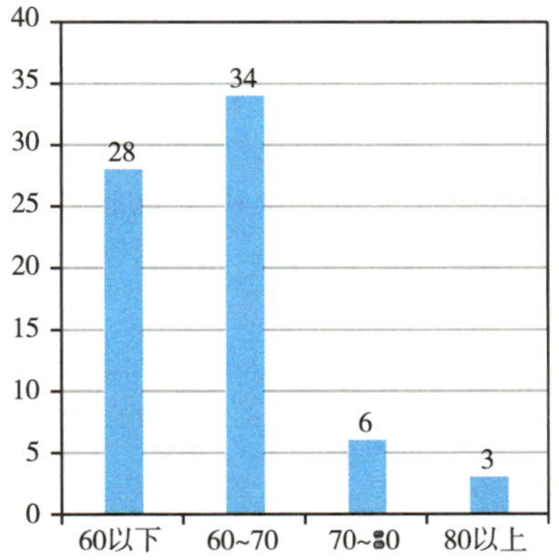

图9-239　2022年陕西省上市公司创新经济绩效指数分布图（家）

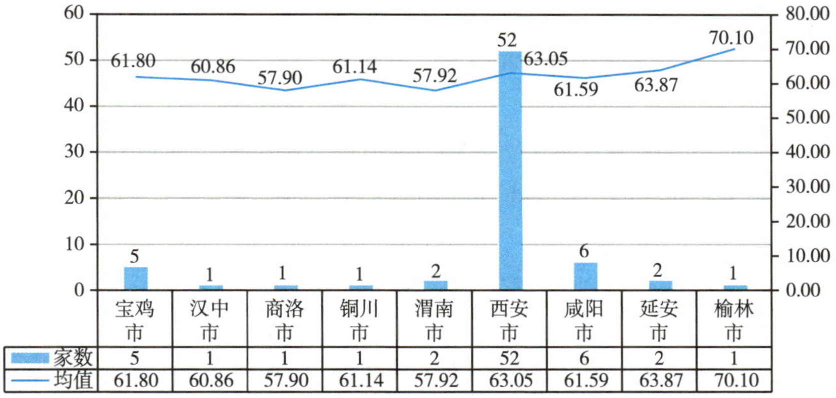

图9-240　2022年陕西省上市公司创新经济绩效指数均值分布图

陕西省创新经济绩效指数排名前10的上市公司，如表9-120所示。

表9-120　2022年陕西省上市公司创新经济绩效指数前10排名

排名	公司代码	公司名称	创新经济绩效指数	地级市	一级行业_申万	产权性质
1	601179.SH	中国西电	82.50	西安市	电力设备	中央国有控股
2	600893.SH	航发动力	80.65	西安市	国防军工	中央国有控股
3	601225.SH	陕西煤业	80.41	西安市	煤炭	地方国有控股
4	601012.SH	隆基绿能	78.59	西安市	电力设备	非国有控股
5	300861.SZ	美畅股份	77.39	咸阳市	机械设备	非国有控股
6	000768.SZ	中航西飞	75.72	西安市	国防军工	中央国有控股
7	300487.SZ	蓝晓科技	71.44	西安市	基础化工	非国有控股
8	601958.SH	金钼股份	70.77	西安市	有色金属	地方国有控股
9	601568.SH	北元集团	70.10	榆林市	基础化工	地方国有控股
10	000837.SZ	秦川机床	69.43	宝鸡市	机械设备	地方国有控股

数据来源：同花顺（iFinD），首经贸资产评估研究院和浙工商数字创新与管理研究院整理。

9.25　上海市创新发展指数评价

2022年，上海市全年实现地区生产总值44,652.80亿元，人均地区生产总值为179,907.00元，居民人均可支配收入79,609.77元。截至2022年底，A股市场上海市共有上市公司380家，总市值共计50,913.62亿元，营业总收入43,441.23亿元，平均市值133.98亿元/家，平均营业收入114.32亿元/家。营业收入最高的上市公司为上汽集团（7,209.88亿元），市值最大的上市公司为金龙鱼（2,361.65亿元）。2022年，上海市上市公司研发投入合计为1,428.70亿元，占营业收入的3.29%；无形资产账面价值合计为2,394.22亿元，占总资产的3.43%。根据本报告分析口径，本节共对上海市380家上市公司开展创新发展指数评价，具体情况如下：

9.25.1　创新发展综合指数

根据本报告评价，2022年上海市创新发展综合指数平均水平为65.10，低于全市场平均水平65.47。从指数分布来看，高于均值的有177家，占省份总数的46.58%。其中，最高的是联影医疗，创新发展综合指数为87.24。具体来看，创新发展综合指数区间在60以下的有68家，占比17.89%；60~70的有240家，占比63.16%；70~80的有65家，占比17.11%；80以上的有7家，占比1.84%，如图9-241所示。

从市内各区分布来看，上海市380家上市公司分布在16个区。创新发展综合指数平均水平最高的是徐汇区（66.46），最低的是黄浦区（60.47），如图9-242所示。

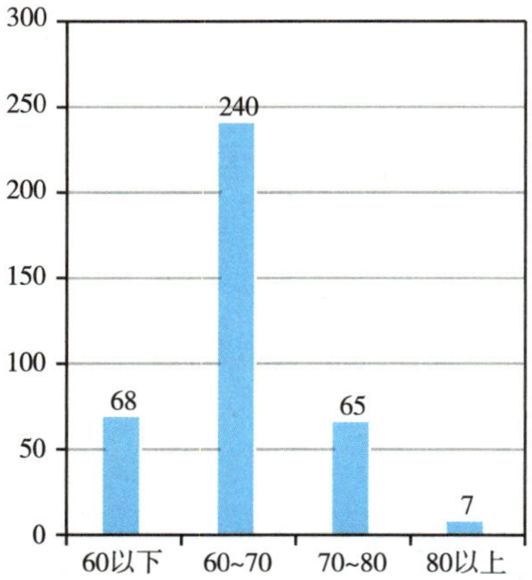

图9-241　2022年上海市上市公司创新发展综合指数分布图（家）

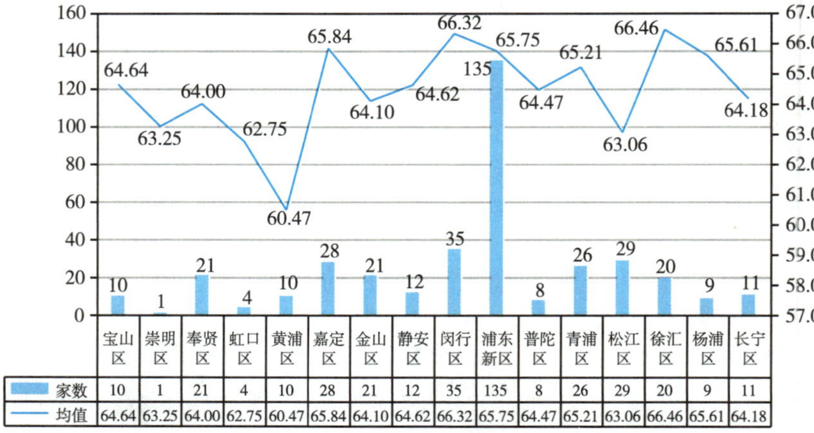

图9-242　2022年上海市上市公司创新发展综合指数均值分布图

上海市创新发展综合指数排名前10%的上市公司，如表9-121所示。

表9-121　2022年上海市上市公司创新发展综合指数前10%排名

排名	公司代码	公司名称	创新发展综合指数	市辖区（县）	一级行业_申万	产权性质
1	688271.SH	联影医疗	87.24	嘉定区	医药生物	非国有控股
2	600196.SH	复星医药	84.06	普陀区	医药生物	非国有控股
3	603659.SH	璞泰来	80.33	浦东新区	电力设备	非国有控股
4	600150.SH	中国船舶	80.33	浦东新区	国防军工	中央国有控股
5	600019.SH	宝钢股份	80.31	宝山区	钢铁	中央国有控股
6	603501.SH	韦尔股份	80.23	浦东新区	电子	非国有控股
7	600104.SH	上汽集团	80.14	浦东新区	汽车	地方国有控股
8	600845.SH	宝信软件	79.45	浦东新区	计算机	中央国有控股
9	600741.SH	华域汽车	78.92	静安区	汽车	地方国有控股
10	601607.SH	上海医药	78.62	浦东新区	医药生物	地方国有控股
11	688082.SH	盛美上海	78.39	浦东新区	电子	非国有控股
12	688385.SH	复旦微电	77.85	杨浦区	电子	地方国有控股
13	300627.SZ	华测导航	77.78	青浦区	通信	非国有控股
14	688012.SH	中微公司	77.61	浦东新区	电子	地方国有控股
15	002022.SZ	科华生物	76.82	徐汇区	医药生物	非国有控股
16	300999.SZ	金龙鱼	76.08	浦东新区	农林牧渔	非国有控股
17	600732.SH	爱旭股份	75.17	浦东新区	电力设备	非国有控股
18	601727.SH	上海电气	75.03	长宁区	电力设备	地方国有控股
19	603236.SH	移远通信	74.92	松江区	通信	非国有控股
20	002324.SZ	普利特	74.78	青浦区	基础化工	非国有控股

续表

排名	公司代码	公司名称	创新发展综合指数	市辖区（县）	一级行业_申万	产权性质
21	600820.SH	隧道股份	74.67	徐汇区	建筑装饰	地方国有控股
22	002028.SZ	思源电气	74.65	闵行区	电力设备	非国有控股
23	688016.SH	心脉医疗	74.24	浦东新区	医药生物	非国有控股
24	688301.SH	奕瑞科技	73.99	浦东新区	医药生物	非国有控股
25	688521.SH	芯原股份	73.99	浦东新区	电子	非国有控股
26	600320.SH	振华重工	73.65	浦东新区	机械设备	中央国有控股
27	688126.SH	沪硅产业	73.56	嘉定区	电子	地方国有控股
28	603197.SH	保隆科技	73.51	松江区	汽车	非国有控股
29	300253.SZ	卫宁健康	73.49	浦东新区	计算机	非国有控股
30	688008.SH	澜起科技	73.33	徐汇区	电子	非国有控股
31	688063.SH	派能科技	73.28	浦东新区	电力设备	非国有控股
32	603690.SH	至纯科技	73.26	闵行区	电子	非国有控股
33	600171.SH	上海贝岭	73.11	徐汇区	电子	中央国有控股
34	603899.SH	晨光股份	73.08	奉贤区	轻工制造	非国有控股
35	600629.SH	华建集团	72.78	黄浦区	建筑装饰	地方国有控股
36	601611.SH	中国核建	72.68	青浦区	建筑装饰	中央国有控股
37	601231.SH	环旭电子	72.62	浦东新区	电子	非国有控股
38	603650.SH	彤程新材	72.58	浦东新区	基础化工	非国有控股

数据来源：同花顺（iFinD），首经贸资产评估研究院和浙工商数字创新与管理研究院整理。

9.25.2 创新资源支持指数

2022年上海市380家上市公司创新资源支持指数平均水平为67.71，低于全市场均值68.18。从指数分布来看，高于均值的有174家，占省份总数的45.79%。其中，最高的是联影医疗，创新资源支持指数为92.19。具体来看，创新资源支持指数区间在60以下的有58家，占比15.26%；60~70的有178家，占比46.85%；70~80的有121家，占比31.84%；80以上的有23家，占比6.05%，如图9-243所示。

从市内城市分布来看，创新资源支持指数平均水平最高的是闵行区（69.34），最低的是黄浦区（61.92），如图9-244所示。

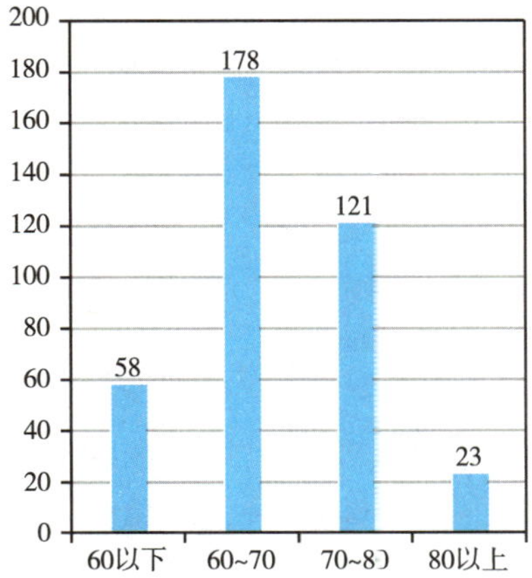

图9-243　2022年上海市上市公司创新资源支持指数分布图（家）

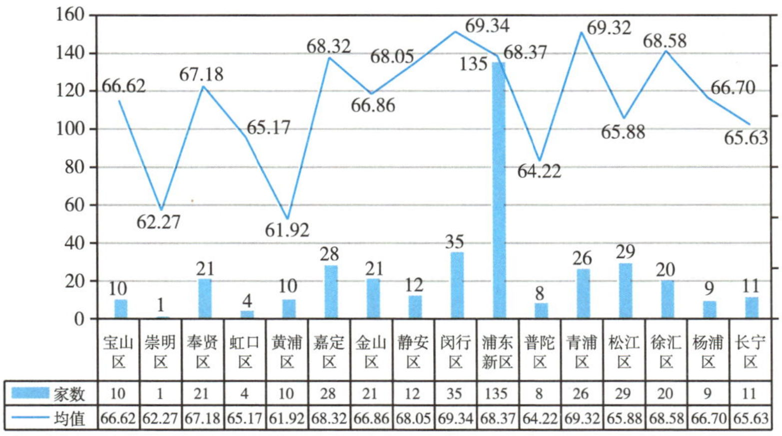

图9-244　2022年上海市上市公司创新资源支持指数均值分布图

上海市创新资源支持指数排名前10%的上市公司，如表9-122所示。

表 9-122　　2022 年上海市上市公司创新资源支持指数前 10% 排名

排名	公司代码	公司名称	创新资源支持指数	市辖区（县）	一级行业_申万	产权性质
1	688271.SH	联影医疗	92.19	嘉定区	医药生物	非国有控股
2	300627.SZ	华测导航	90.49	青浦区	通信	非国有控股
3	300999.SZ	金龙鱼	86.97	浦东新区	农林牧渔	非国有控股
4	600150.SH	中国船舶	85.74	浦东新区	国防军工	中央国有控股
5	688065.SH	凯赛生物	85.66	浦东新区	基础化工	非国有控股
6	603659.SH	璞泰来	85.01	浦东新区	电力设备	非国有控股
7	600845.SH	宝信软件	84.76	浦东新区	计算机	中央国有控股
8	603039.SH	泛微网络	84.68	奉贤区	计算机	非国有控股
9	688301.SH	奕瑞科技	84.22	浦东新区	医药生物	非国有控股
10	300253.SZ	卫宁健康	83.92	浦东新区	计算机	非国有控股
11	603681.SH	永冠新材	83.77	青浦区	基础化工	非国有控股
12	600623.SH	华谊集团	83.09	静安区	基础化工	地方国有控股
13	601702.SH	华峰铝业	82.95	金山区	有色金属	非国有控股
14	688126.SH	沪硅产业	82.95	嘉定区	电子	地方国有控股
15	600104.SH	上汽集团	82.26	浦东新区	汽车	地方国有控股
16	688372.SH	伟测科技	82.22	浦东新区	电子	非国有控股
17	603236.SH	移远通信	82.15	松江区	通信	非国有控股
18	603378.SH	亚士创能	81.64	青浦区	建筑材料	非国有控股
19	688082.SH	盛美上海	81.32	浦东新区	电子	非国有控股
20	600732.SH	爱旭股份	81.17	浦东新区	电力设备	非国有控股
21	688385.SH	复旦微电	81.09	杨浦区	电子	地方国有控股
22	688317.SH	之江生物	80.27	浦东新区	医药生物	非国有控股
23	688012.SH	中微公司	80.02	浦东新区	电子	地方国有控股
24	600196.SH	复星医药	79.78	普陀区	医药生物	非国有控股
25	002028.SZ	思源电气	79.65	闵行区	电力设备	非国有控股
26	688131.SH	皓元医药	79.55	浦东新区	医药生物	非国有控股
27	688188.SH	柏楚电子	79.11	闵行区	计算机	非国有控股
28	600018.SH	上港集团	79.07	浦东新区	交通运输	地方国有控股
29	300286.SZ	安科瑞	79.01	嘉定区	电力设备	非国有控股
30	002022.SZ	科华生物	78.99	徐汇区	医药生物	非国有控股
31	600651.SH	飞乐音响	78.79	嘉定区	电子	地方国有控股
32	600081.SH	东风科技	78.11	闵行区	汽车	中央国有控股
33	600637.SH	东方明珠	78.10	徐汇区	传媒	地方国有控股
34	603197.SH	保隆科技	78.09	松江区	汽车	非国有控股
35	300442.SZ	润泽科技	78.05	金山区	机械设备	非国有控股
36	688133.SH	泰坦科技	77.78	徐汇区	基础化工	非国有控股
37	603501.SH	韦尔股份	77.69	浦东新区	电子	非国有控股
38	601607.SH	上海医药	77.66	浦东新区	医药生物	地方国有控股

数据来源：同花顺（iFinD），首经贸资产评估研究院和浙工商数字创新与管理研究院整理。

9.25.3　创新要素投入指数

2022年上海市380家上市公司创新要素投入指数平均水平为65.45，高于全市场均值65.37。从指数分布来看，高于均值的有199家，占省份总数的52.37%。其中，最高的是韦尔股份，创新要素投入指数为87.44。具体来看，创新要素投入指数区间在60以下的有97家，占比25.53%；60~70的有161家，占比42.37%；70~80的有111家，占比29.21%；80以上的有11家，占比2.89%，如图9-245所示。

从市内各区分布来看，创新要素投入指数平均水平最高的是杨浦区（69.57），最低的是黄浦区（58.25），如图9-246所示。

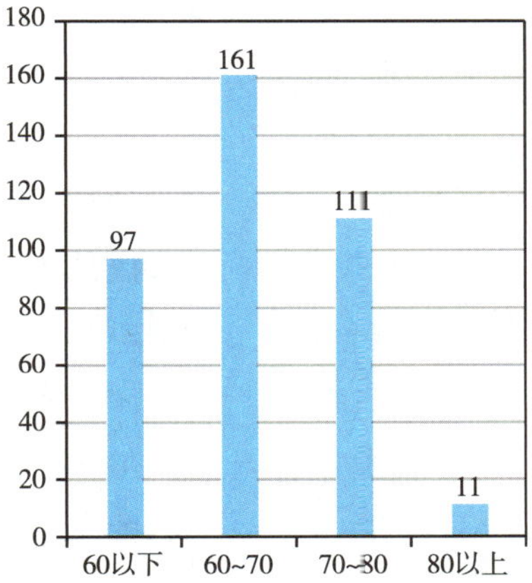

图9-245　2022年上海市上市公司创新要素投入指数分布图（家）

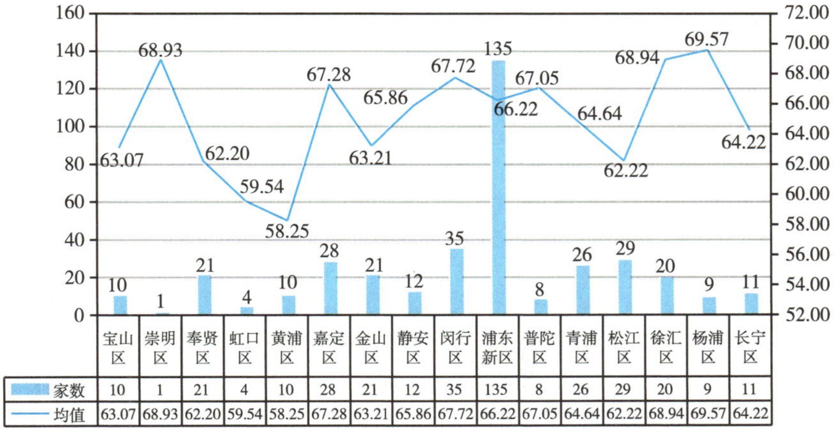

图9-246　2022年上海市上市公司创新要素投入指数均值分布图

上海市创新要素投入指数排名前10%的上市公司，如表9-123所示。

表9-123　2022年上海市上市公司创新要素投入指数前10%排名

排名	公司代码	公司名称	创新要素投入指数	市辖区（县）	一级行业_申万	产权性质
1	603501.SH	韦尔股份	87.44	浦东新区	电子	非国有控股
2	688271.SH	联影医疗	86.82	嘉定区	医药生物	非国有控股
3	600196.SH	复星医药	86.67	普陀区	医药生物	非国有控股
4	600019.SH	宝钢股份	84.49	宝山区	钢铁	中央国有控股
5	600741.SH	华域汽车	82.50	静安区	汽车	地方国有控股
6	600150.SH	中国船舶	82.37	浦东新区	国防军工	中央国有控股
7	688385.SH	复旦微电	81.83	杨浦区	电子	地方国有控股
8	688012.SH	中微公司	81.76	浦东新区	电子	地方国有控股
9	688082.SH	盛美上海	81.41	浦东新区	电子	非国有控股
10	002022.SZ	科华生物	80.40	徐汇区	医药生物	非国有控股
11	688008.SH	澜起科技	80.11	徐汇区	电子	非国有控股
12	600845.SH	宝信软件	79.75	浦东新区	计算机	中央国有控股
13	300762.SZ	上海瀚讯	79.65	长宁区	国防军工	非国有控股
14	831961.BJ	创远信科	79.61	松江区	通信	非国有控股

续表

排名	公司代码	公司名称	创新要素投入指数	市辖区（县）	一级行业_申万	产权性质
15	688521.SH	芯原股份	79.43	浦东新区	电子	非国有控股
16	600104.SH	上汽集团	79.27	浦东新区	汽车	地方国有控股
17	300253.SZ	卫宁健康	79.00	浦东新区	计算机	非国有控股
18	603659.SH	璞泰来	78.77	浦东新区	电力设备	非国有控股
19	688062.SH	迈威生物	78.70	浦东新区	医药生物	非国有控股
20	603236.SH	移远通信	78.67	松江区	通信	非国有控股
21	600820.SH	隧道股份	78.36	徐汇区	建筑装饰	地方国有控股
22	300378.SZ	鼎捷软件	78.25	静安区	计算机	非国有控股
23	600619.SH	海立股份	78.10	浦东新区	家用电器	地方国有控股
24	688608.SH	恒玄科技	77.87	浦东新区	电子	非国有控股
25	600171.SH	上海贝岭	77.86	徐汇区	电子	中央国有控股
26	300170.SZ	汉得信息	77.73	青浦区	计算机	非国有控股
27	601607.SH	上海医药	77.66	浦东新区	医药生物	地方国有控股
28	688206.SH	概伦电子	77.54	浦东新区	计算机	非国有控股
29	603189.SH	网达软件	77.41	浦东新区	计算机	非国有控股
30	600320.SH	振华重工	77.31	浦东新区	机械设备	中央国有控股
31	688099.SH	晶晨股份	77.26	浦东新区	电子	非国有控股
32	600629.SH	华建集团	77.25	黄浦区	建筑装饰	地方国有控股
33	688798.SH	艾为电子	77.22	闵行区	电子	非国有控股
34	603895.SH	天永智能	77.21	嘉定区	机械设备	非国有控股
35	603068.SH	博通集成	77.21	浦东新区	电子	非国有控股
36	002527.SZ	新时达	76.71	嘉定区	机械设备	非国有控股
37	603786.SH	科博达	76.60	浦东新区	汽车	非国有控股
38	688063.SH	派能科技	76.53	浦东新区	电力设备	非国有控股

数据来源：同花顺（iFinD），首经贸资产评估研究院和浙工商数字创新与管理研究院整理。

9.25.4 创新科技成果指数

2022年上海市380家上市公司创新科技成果指数平均水平为67.54，低于全市场均值68.28。从指数分布来看，高于均值的有178家，占省份总数的46.84%。其中，最高的是复星医药，创新科技成果指数为86.18。具体来看，创新科技成果指数区间在60以下的有30家，占比7.89%；60~70的有266家，占比70.01%；70~80的有80家，占比21.05%；80以上的有4家，占比1.05%，如图9-247所示。

从市内各区分布来看，创新科技成果指数平均水平最高的是宝山区和嘉定区（68.84），最低的是黄浦区（63.72），如图9-248所示。

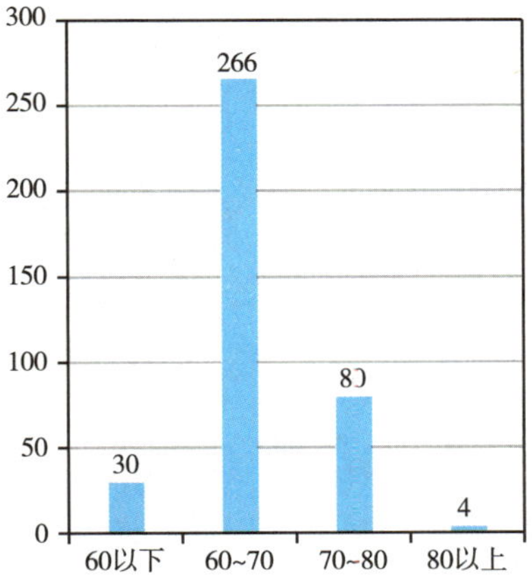

图9-247　2022年上海市上市公司创新科技成果指数分布图（家）

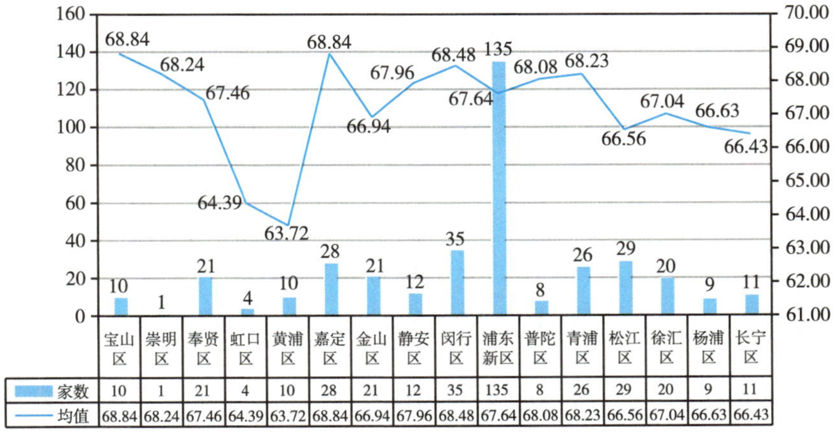

图9-248　2022年上海市上市公司创新科技成果指数均值分布图

上海市创新科技成果指数排名前10%的上市公司，如表9-124所示。

表9-124　2022年上海市上市公司创新科技成果指数前10%排名

排名	公司代码	公司名称	创新科技成果指数	市辖区（县）	一级行业_申万	产权性质
1	600196.SH	复星医药	86.18	普陀区	医药生物	非国有控股
2	600019.SH	宝钢股份	83.00	宝山区	钢铁	中央国有控股
3	688271.SH	联影医疗	82.68	嘉定区	医药生物	非国有控股
4	600150.SH	中国船舶	81.31	浦东新区	国防军工	中央国有控股
5	601727.SH	上海电气	79.63	长宁区	电力设备	地方国有控股
6	600170.SH	上海建工	79.14	浦东新区	建筑装饰	地方国有控股
7	300999.SZ	金龙鱼	79.07	浦东新区	农林牧渔	非国有控股
8	600741.SH	华域汽车	78.87	静安区	汽车	地方国有控股
9	600845.SH	宝信软件	78.34	浦东新区	计算机	中央国有控股
10	603501.SH	韦尔股份	78.03	浦东新区	电子	非国有控股
11	300627.SZ	华测导航	77.96	青浦区	通信	非国有控股
12	600597.SH	光明乳业	77.93	闵行区	食品饮料	地方国有控股
13	603659.SH	璞泰来	77.75	浦东新区	电力设备	非国有控股
14	600104.SH	上汽集团	76.36	浦东新区	汽车	地方国有控股
15	603899.SH	晨光股份	76.26	奉贤区	轻工制造	非国有控股
16	300272.SZ	开能健康	76.10	浦东新区	家用电器	非国有控股
17	601607.SH	上海医药	75.96	浦东新区	医药生物	地方国有控股
18	002527.SZ	新时达	75.47	嘉定区	机械设备	非国有控股
19	300171.SZ	东富龙	74.51	闵行区	医药生物	非国有控股
20	688521.SH	芯原股份	74.51	浦东新区	电子	非国有控股
21	600820.SH	隧道股份	74.45	徐汇区	建筑装饰	地方国有控股
22	688660.SH	电气风电	74.45	闵行区	电力设备	地方国有控股
23	688012.SH	中微公司	74.32	浦东新区	电子	地方国有控股
24	688061.SH	灿瑞科技	74.21	静安区	电子	非国有控股

续表

排名	公司代码	公司名称	创新科技成果指数	市辖区（县）	一级行业_申万	产权性质
25	600732.SH	爱旭股份	74.12	浦东新区	电力设备	非国有控股
26	688126.SH	沪硅产业	74.05	嘉定区	电子	地方国有控股
27	002324.SZ	普利特	73.70	青浦区	基础化工	非国有控股
28	688016.SH	心脉医疗	73.20	浦东新区	医药生物	非国有控股
29	603515.SH	欧普照明	73.17	浦东新区	家用电器	非国有控股
30	300236.SZ	上海新阳	73.07	松江区	电子	非国有控股
31	603378.SH	亚士创能	73.05	青浦区	建筑材料	非国有控股
32	600081.SH	东风科技	73.00	闵行区	汽车	中央国有控股
33	688585.SH	上纬新材	72.88	松江区	基础化工	非国有控股
34	600320.SH	振华重工	72.85	浦东新区	机械设备	中央国有控股
35	603728.SH	鸣志电器	72.50	闵行区	电力设备	非国有控股
36	688062.SH	迈威生物	72.19	浦东新区	医药生物	非国有控股
37	300398.SZ	飞凯材料	72.08	宝山区	电子	非国有控股
38	688008.SH	澜起科技	72.01	徐汇区	电子	非国有控股

数据来源：同花顺（iFinD），首经贸资产评估研究院和浙工商数字创新与管理研究院整理。

9.25.5 创新经济绩效指数

2022年上海市380家上市公司创新经济绩效指数平均水平为60.58，低于全市场均值61.11。从指数分布来看，高于均值的有180家，占省份总数的47.37%。其中，最高的是联影医疗，创新经济绩效指数为88.19。具体来看，创新经济绩效指数区间在60以下的有197家，占比51.83%；60~70的有135家，占比35.53%；70~80的有43家，占比11.32%；80以上的有5家，占比1.32%，如图9–249所示。

从市内各区分布来看，创新经济绩效指数平均水平最高的是虹口区（63.31），最低的是崇明区（52.73），如图9–250所示。

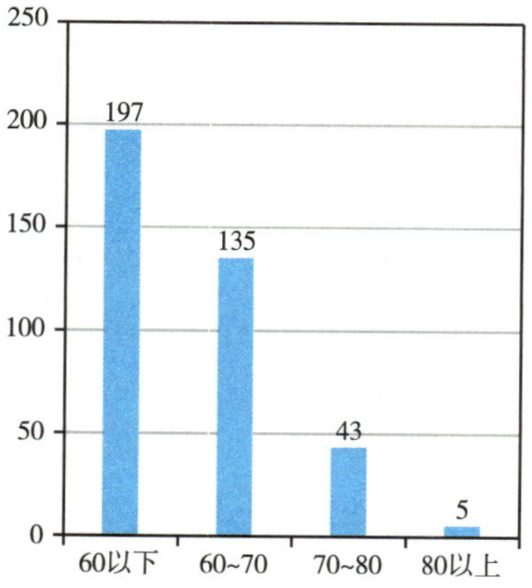

图9–249　2022年上海市上市公司创新经济绩效指数分布图（家）

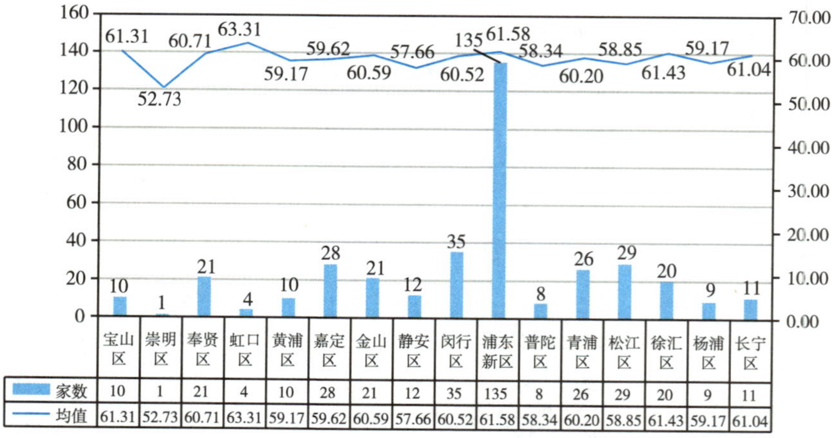

图9–250　2022年上海市上市公司创新经济绩效指数均值分布图

上海市创新经济绩效指数排名前10%的上市公司，如表9–125所示。

表 9-125　2022 年上海市上市公司创新经济绩效指数前 10% 排名

排名	公司代码	公司名称	创新经济绩效指数	市辖区（县）	一级行业_申万	产权性质
1	688271.SH	联影医疗	88.19	嘉定区	医药生物	非国有控股
2	600104.SH	上汽集团	82.97	浦东新区	汽车	地方国有控股
3	601607.SH	上海医药	82.85	浦东新区	医药生物	地方国有控股
4	600196.SH	复星医药	82.20	普陀区	医药生物	非国有控股
5	603659.SH	璞泰来	81.06	浦东新区	电力设备	非国有控股
6	688082.SH	盛美上海	78.52	浦东新区	电子	非国有控股
7	688385.SH	复旦微电	78.36	杨浦区	电子	地方国有控股
8	603899.SH	晨光股份	78.17	奉贤区	轻工制造	非国有控股
9	600741.SH	华域汽车	77.14	静安区	汽车	地方国有控股
10	002324.SZ	普利特	76.84	青浦区	基础化工	非国有控股
11	603690.SH	至纯科技	76.52	闵行区	电子	非国有控股
12	600845.SH	宝信软件	76.19	浦东新区	计算机	中央国有控股
13	002022.SZ	科华生物	75.65	徐汇区	医药生物	非国有控股
14	603128.SH	华贸物流	75.51	浦东新区	交通运输	中央国有控股
15	603501.SH	韦尔股份	75.48	浦东新区	电子	非国有控股
16	600021.SH	上海电力	75.45	黄浦区	公用事业	中央国有控股
17	688016.SH	心脉医疗	75.45	浦东新区	医药生物	非国有控股
18	600019.SH	宝钢股份	75.32	宝山区	钢铁	中央国有控股
19	600500.SH	中化国际	74.53	浦东新区	基础化工	中央国有控股
20	300999.SZ	金龙鱼	74.32	浦东新区	农林牧渔	非国有控股
21	601727.SH	上海电气	74.20	长宁区	电力设备	地方国有控股
22	688521.SH	芯原股份	73.97	浦东新区	电子	非国有控股
23	688012.SH	中微公司	73.86	浦东新区	电子	地方国有控股
24	300008.SZ	天海防务	73.54	松江区	国防军工	非国有控股
25	600754.SH	锦江酒店	73.16	浦东新区	社会服务	地方国有控股
26	600150.SH	中国船舶	73.05	浦东新区	国防军工	中央国有控股
27	600612.SH	老凤祥	73.00	黄浦区	纺织服饰	地方国有控股
28	600018.SH	上港集团	72.69	浦东新区	交通运输	地方国有控股
29	603650.SH	彤程新材	72.63	浦东新区	基础化工	非国有控股
30	600420.SH	国药现代	72.54	浦东新区	医药生物	中央国有控股
31	002028.SZ	思源电气	72.51	闵行区	电力设备	非国有控股
32	603713.SH	密尔克卫	72.36	虹口区	交通运输	非国有控股
33	002252.SZ	上海莱士	72.25	奉贤区	医药生物	非国有控股
34	600026.SH	中远海能	72.22	浦东新区	交通运输	中央国有控股
35	603056.SH	德邦股份	71.76	青浦区	交通运输	非国有控股
36	601872.SH	招商轮船	71.58	浦东新区	交通运输	中央国有控股
37	600315.SH	上海家化	71.47	虹口区	美容护理	非国有控股
38	300257.SZ	开山股份	71.43	浦东新区	机械设备	非国有控股

数据来源：同花顺（iFinD），首经贸资产评估研究院和浙工商数字创新与管理研究院整理。

9.26 四川省创新发展指数评价

2022年，四川省全年实现地区生产总值56,749.80亿元，人均地区生产总值为67,777.00元，居民人均可支配收入30,679.18元。截至2022年底，A股市场四川省共有上市公司163家，总市值共计28,438.79亿元，营业总收入11,621.10亿元，平均市值174.47亿元/家，平均营业收入71.30亿元/家。营业收入最高的上市公司为通威股份（1,424.23亿元），市值最大的上市公司为五粮液（7,013.68亿元）。2022年，四川省上市公司研发投入合计为326.09亿元，占营业收入的2.81%；无形资产账面价值合计为1,403.49亿元，占总资产的7.46%。根据本报告分析口径，本节共对四川省163家上市公司开展创新发展指数评价，具体情况如下：

9.26.1 创新发展综合指数

根据本报告评价，2022年四川省创新发展综合指数平均水平为65.06，低于全市场平均水平65.47。从指数分布来看，高于均值的有84家，占省份总数的51.53%。其中，最高的是东方电气，创新发展综合指数为83.89。具体来看，创新发展综合指数区间在60以下的有28家，占比17.18%；60~70的有103家，占比63.19%；70~80的有29家，占比17.79%；80以上的有3家，占比1.84%，如图9-251所示。

从省内城市分布来看，四川省163家上市公司分布在17个省内城市。创新发展综合指数平均水平最高的是阿坝藏族羌族自治州（75.82），最低的是凉山彝族自治州（52.14），如图9-252所示。

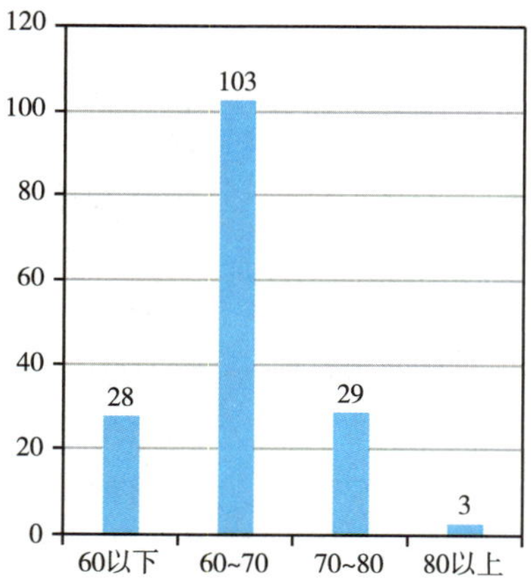

图9-251 2022年四川省上市公司创新发展综合指数分布图（家）

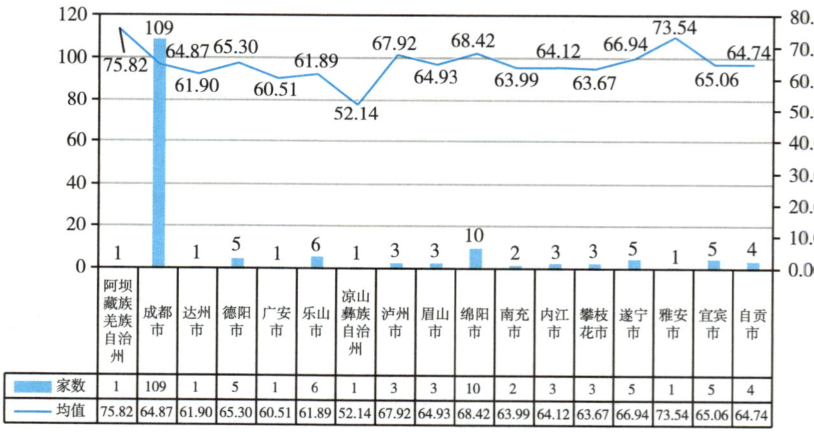

图9-252 2022年四川省上市公司创新发展综合指数均值分布图

四川省创新发展综合指数排名前10%的上市公司，如表9-126所示。

表9-126 2022年四川省上市公司创新发展综合指数前10%排名

排名	公司代码	公司名称	创新发展综合指数	地级市	一级行业_申万	产权性质
1	600875.SH	东方电气	83.89	成都市	电力设备	中央国有控股
2	600438.SH	通威股份	80.38	成都市	电力设备	非国有控股
3	600378.SH	昊华科技	80.06	成都市	基础化工	中央国有控股
4	002268.SZ	电科网安	77.25	成都市	计算机	中央国有控股

续表

排名	公司代码	公司名称	创新发展综合指数	地级市	一级行业_申万	产权性质
5	600039.SH	四川路桥	76.26	成都市	建筑装饰	地方国有控股
6	002422.SZ	科伦药业	75.83	成都市	医药生物	非国有控股
7	600131.SH	国网信通	75.82	阿坝藏族羌族自治州	计算机	中央国有控股
8	300101.SZ	振芯科技	75.76	成都市	国防军工	非国有控股
9	600839.SH	四川长虹	75.72	绵阳市	家用电器	地方国有控股
10	002258.SZ	利尔化学	75.05	绵阳市	基础化工	中央国有控股
11	002497.SZ	雅化集团	73.54	雅安市	有色金属	非国有控股
12	688513.SH	苑东生物	73.48	成都市	医药生物	非国有控股
13	000810.SZ	创维数字	72.92	遂宁市	家用电器	非国有控股
14	688696.SH	极米科技	72.86	成都市	家用电器	非国有控股
15	000801.SZ	四川九洲	72.77	绵阳市	家用电器	地方国有控股
16	002312.SZ	川发龙蟒	72.63	成都市	基础化工	地方国有控股

数据来源：同花顺（iFinD），首经贸资产评估研究院和浙工商数字创新与管理研究院整理。

9.26.2　创新资源支持指数

2022年四川省163家上市公司创新资源支持指数平均水平为66.37，低于全市场均值68.18。从指数分布来看，高于均值的有59家，占省份总数的36.20%。其中，最高的是四川九洲，创新资源支持指数为87.08。具体来看，创新资源支持指数区间在60以下的有32家，占比19.63%；60~70的有84家，占比51.53%；70~80的有39家，占比23.93%；80以上的有8家，占比4.91%，如图9-253所示。

从省内城市分布来看，创新资源支持指数平均水平最高的是雅安市（72.83），最低的是凉山彝族自治州（55.78），如图9-254所示。

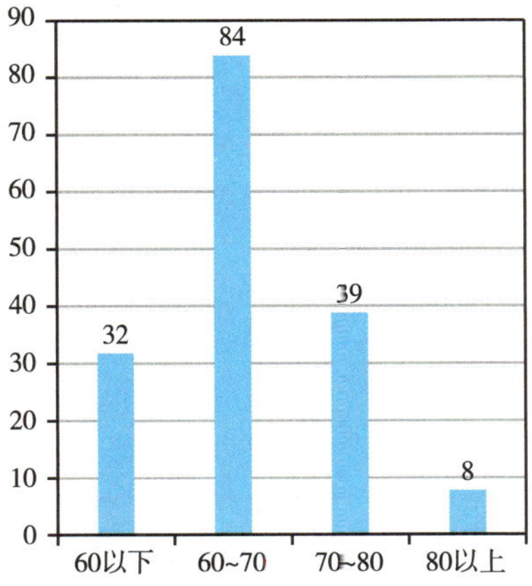

图9-253　2022年四川省上市公司创新资源支持指数分布图（家）

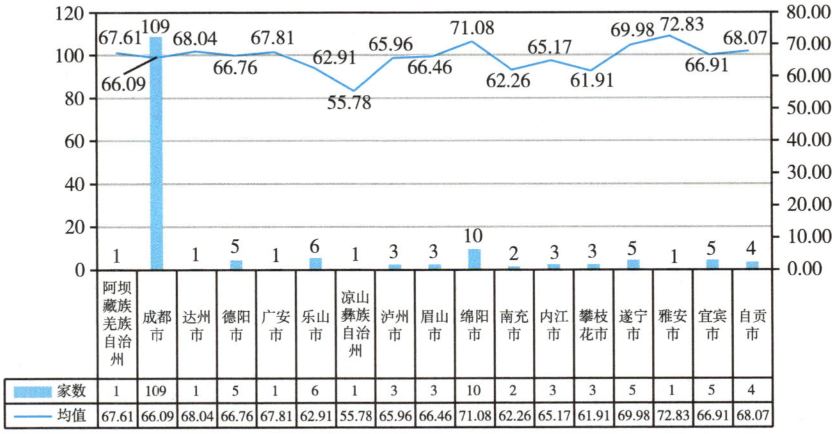

图9-254　2022年四川省上市公司创新资源支持指数均值分布图

四川省创新资源支持指数排名前10%的上市公司，如表9-127所示。

表 9-127　　2022 年四川省上市公司创新资源支持指数前 10% 排名

排名	公司代码	公司名称	创新资源支持指数	地级市	一级行业_申万	产权性质
1	000801.SZ	四川九洲	87.08	绵阳市	家用电器	地方国有控股
2	688696.SH	极米科技	85.21	成都市	家用电器	非国有控股
3	688513.SH	苑东生物	83.32	成都市	医药生物	非国有控股
4	000858.SZ	五粮液	81.21	宜宾市	食品饮料	地方国有控股
5	600875.SH	东方电气	80.75	成都市	电力设备	中央国有控股
6	300820.SZ	英杰电气	80.53	德阳市	电力设备	非国有控股
7	603809.SH	豪能股份	80.52	成都市	汽车	非国有控股
8	000810.SZ	创维数字	80.44	遂宁市	家用电器	非国有控股
9	002268.SZ	电科网安	79.26	成都市	计算机	中央国有控股
10	600839.SH	四川长虹	79.22	绵阳市	家用电器	地方国有控股
11	601399.SH	国机重装	78.97	德阳市	机械设备	中央国有控股
12	300780.SZ	德恩精工	77.82	眉山市	机械设备	非国有控股
13	300425.SZ	中建环能	77.68	成都市	环保	中央国有控股
14	601811.SH	新华文轩	77.64	成都市	传媒	地方国有控股
15	600039.SH	四川路桥	77.33	成都市	建筑装饰	地方国有控股
16	600378.SH	昊华科技	76.79	成都市	基础化工	中央国有控股

数据来源：同花顺（iFinD），首经贸资产评估研究院和浙工商数字创新与管理研究院整理。

9.26.3 创新要素投入指数

2022年四川省163家上市公司创新要素投入指数平均水平为65.01，低于全市场均值65.37。从指数分布来看，高于均值的有84家，占省份总数的51.53%。其中，最高的是东方电气，创新要素投入指数为88.09。具体来看，创新要素投入指数区间在60以下的有39家，占比23.93%；60~70的有79家，占比48.46%；70~80的有39家，占比23.93%；80以上的有6家，占比3.68%，如图9-255所示。

从省内城市分布来看，创新要素投入指数平均水平最高的是阿坝藏族羌族自治州（82.79），最低的是凉山彝族自治州（46.45），如图9-256所示。

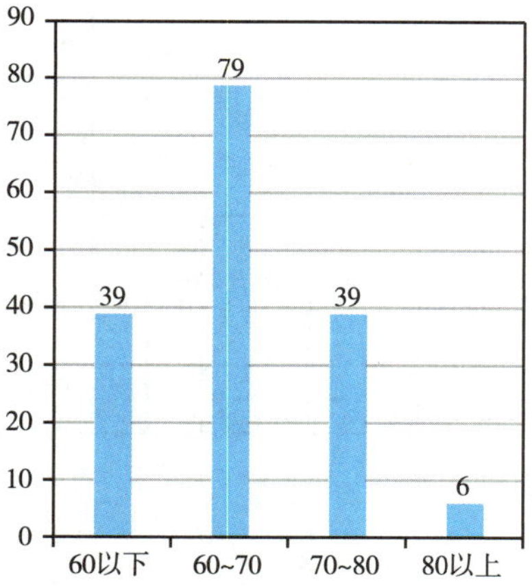

图9-255　2022年四川省上市公司创新要素投入指数分布图（家）

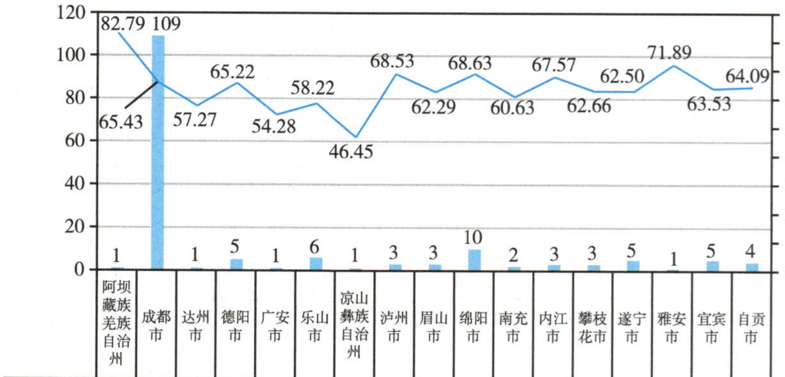

	阿坝藏族羌族自治州	成都市	达州市	德阳市	广安市	乐山市	凉山彝族自治州	泸州市	眉山市	绵阳市	南充市	内江市	攀枝花市	遂宁市	雅安市	宜宾市	自贡市
家数	1	109	1	5	1	6	1	3	3	10	2	3	3	5	1	5	4
均值	82.79	65.43	57.27	65.22	54.28	58.22	46.45	68.53	62.29	68.63	60.63	67.57	62.66	62.50	71.89	63.53	64.09

图9-256　2022年四川省上市公司创新要素投入指数均值分布图

四川省创新要素投入指数排名前10%的上市公司，如表9-128所示。

表9-128　　2022年四川省上市公司创新要素投入指数前10%排名

排名	公司代码	公司名称	创新要素投入指数	地级市	一级行业_申万	产权性质
1	600875.SH	东方电气	88.09	成都市	电力设备	中央国有控股
2	600378.SH	昊华科技	83.89	成都市	基础化工	中央国有控股
3	002268.SZ	电科网安	82.82	成都市	计算机	中央国有控股
4	600131.SH	国网信通	82.79	阿坝藏族羌族自治州	计算机	中央国有控股
5	688513.SH	苑东生物	80.33	成都市	医药生物	非国有控股
6	300101.SZ	振芯科技	80.22	成都市	国防军工	非国有控股
7	002422.SZ	科伦药业	78.45	成都市	医药生物	非国有控股
8	600039.SH	四川路桥	78.44	成都市	建筑装饰	地方国有控股
9	688553.SH	汇宇制药	78.36	内江市	医药生物	非国有控股
10	002777.SZ	久远银海	77.76	成都市	计算机	中央国有控股
11	300366.SZ	创意信息	77.73	成都市	计算机	非国有控股
12	688319.SH	欧林生物	77.05	成都市	医药生物	非国有控股
13	688297.SH	中无人机	76.89	成都市	国防军工	中央国有控股
14	002258.SZ	利尔化学	76.88	绵阳市	基础化工	中央国有控股
15	688636.SH	智明达	76.12	成都市	国防军工	非国有控股
16	600438.SH	通威股份	76.10	成都市	电力设备	非国有控股

数据来源：同花顺（iFinD），首经贸资产评估研究院和浙工商数字创新与管理研究院整理。

9.26.4　创新科技成果指数

2022年四川省163家上市公司创新科技成果指数平均水平为68.10，低于全市场均值68.28。从指数分布来看，高于均值的有90家，占省份总数的55.21%。其中，最高的是通威股份，创新科技成果指数为85.10。具体来看，创新科技成果指数区间在60以下的有13家，占比7.98%；60~70的有97家，占比59.51%；70~80的有50家，占比30.67%；80以上的有3家，占比1.84%，如图9-257所示。

从省内城市分布来看，创新科技成果指数平均水平最高的是泸州市（73.42），最低的是凉山彝族自治州（57.47），如图9-258所示。

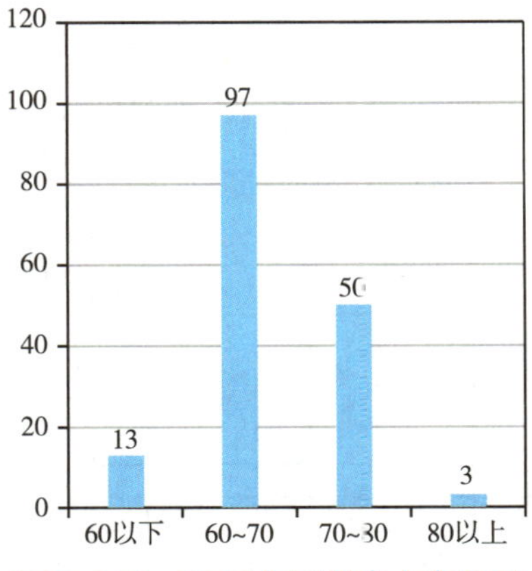

图9-257　2022年四川省上市公司创新科技成果指数分布图（家）

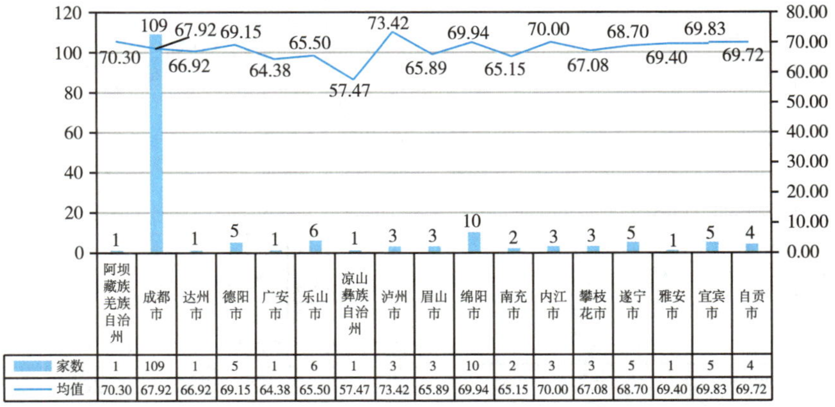

图9-258　2022年四川省上市公司创新科技成果指数均值分布图

四川省创新科技成果指数排名前10%的上市公司，如表9-129所示。

表 9-129　2022 年四川省上市公司创新科技成果指数前 10% 排名

排名	公司代码	公司名称	创新科技成果指数	地级市	一级行业_申万	产权性质
1	600438.SH	通威股份	85.10	成都市	电力设备	非国有控股
2	600875.SH	东方电气	81.70	成都市	电力设备	中央国有控股
3	600378.SH	昊华科技	80.25	成都市	基础化工	中央国有控股
4	002386.SZ	天原股份	76.09	宜宾市	基础化工	地方国有控股
5	000568.SZ	泸州老窖	75.33	泸州市	食品饮料	地方国有控股
6	300470.SZ	中密控股	75.22	成都市	机械设备	地方国有控股
7	002246.SZ	北化股份	74.99	泸州市	基础化工	中央国有控股
8	002422.SZ	科伦药业	74.84	成都市	医药生物	非国有控股
9	600039.SH	四川路桥	74.59	成都市	建筑装饰	地方国有控股
10	000810.SZ	创维数字	74.57	遂宁市	家用电器	非国有控股
11	000790.SZ	华神科技	74.53	成都市	医药生物	非国有控股
12	601208.SH	东材科技	74.46	绵阳市	基础化工	非国有控股
13	300366.SZ	创意信息	74.40	成都市	计算机	非国有控股
14	688528.SH	秦川物联	74.18	成都市	机械设备	非国有控股
15	688737.SH	中自科技	74.10	成都市	汽车	非国有控股
16	688297.SH	中无人机	73.98	成都市	国防军工	中央国有控股

数据来源：同花顺（iFinD），首经贸资产评估研究院和浙工商数字创新与管理研究院整理。

9.26.5　创新经济绩效指数

2022年四川省163家上市公司创新经济绩效指数平均水平为61.46，高于全市场均值61.11。从指数分布来看，高于均值的有86家，占省份总数的52.76%。其中，最高的是通威股份，创新经济绩效指数为86.34。具体来看，创新经济绩效指数区间在60以下的有76家，占比46.63%；60~70的有64家，占比39.26%；70~80的有21家，占比12.88%；80以上的有2家，占比1.23%，如图9-259所示。

从省内城市分布来看，创新经济绩效指数平均水平最高的是雅安市（79.71），最低的是凉山彝族自治州（51.50），如图9-260所示。

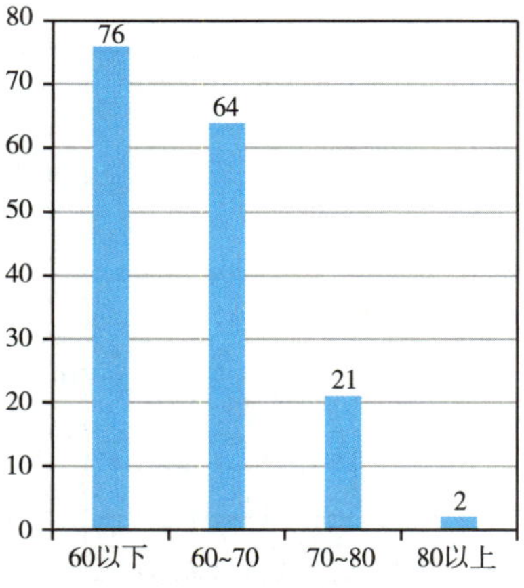

图9-259　2022年四川省上市公司创新经济绩效指数分布图（家）

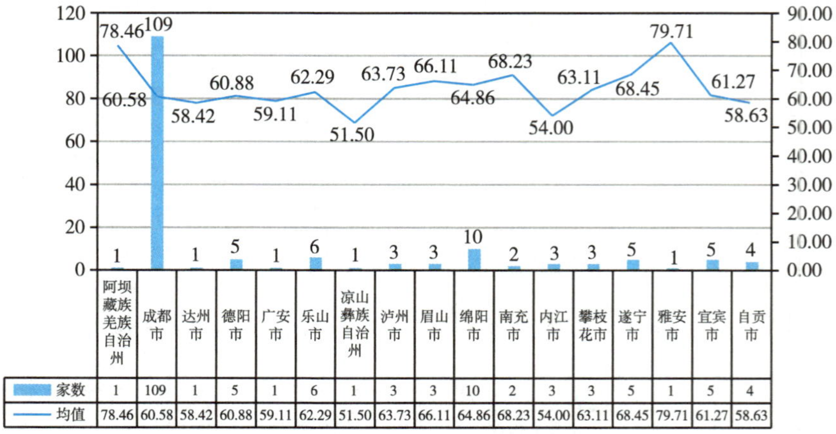

图9-260　2022年四川省上市公司创新经济绩效指数均值分布图

四川省创新经济绩效指数排名前10%的上市公司，如表9-130所示。

表9-130　　2022年四川省上市公司创新经济绩效指数前10%排名

排名	公司代码	公司名称	创新经济绩效指数	地级市	一级行业_申万	产权性质
1	600438.SH	通威股份	86.34	成都市	电力设备	非国有控股
2	600875.SH	东方电气	83.15	成都市	电力设备	中央国有控股
3	002466.SZ	天齐锂业	79.94	遂宁市	有色金属	非国有控股
4	002497.SZ	雅化集团	79.71	雅安市	有色金属	非国有控股
5	603077.SH	和邦生物	79.28	乐山市	基础化工	非国有控股
6	002258.SZ	利尔化学	79.20	绵阳市	基础化工	中央国有控股
7	002312.SZ	川发龙蟒	78.91	成都市	基础化工	地方国有控股
8	600131.SH	国网信通	78.46	阿坝藏族羌族自治州	计算机	中央国有控股
9	600378.SH	昊华科技	77.70	成都市	基础化工	中央国有控股
10	600839.SH	四川长虹	77.19	绵阳市	家用电器	地方国有控股
11	300101.SZ	振芯科技	76.46	成都市	国防军工	非国有控股
12	002268.SZ	电科网安	74.59	成都市	计算机	中央国有控股
13	600039.SH	四川路桥	74.37	成都市	建筑装饰	地方国有控股
14	002422.SZ	科伦药业	74.37	成都市	医药生物	非国有控股
15	000568.SZ	泸州老窖	72.68	泸州市	食品饮料	地方国有控股
16	002773.SZ	康弘药业	72.40	成都市	医药生物	非国有控股

数据来源：同花顺（iFinD），首经贸资产评估研究院和浙工商数字创新与管理研究院整理。

9.27　天津市创新发展指数评价

2022年，天津市全年实现地区生产总值16,311.34亿元，人均地区生产总值为119,235.00元，居民人均可支配收入48,976.12元。截至2022年底，A股市场天津市共有上市公司66家，总市值共计11,097.36亿元，营业总收入9,850.84亿元，平均市值168.14亿元/家，平均营业收入149.26亿元/家。营业收入最高的上市公司为中远海控（3,910.58亿元），市值最大的上市公司也为中远海控（1,549.49亿元）。2022年，天津市上市公司研发投入合计为250.54亿元，占营业收入的2.54%；无形资产账面价值合计为1,053.35亿元，占总资产的7.10%。根据本报告分析口径，本节共对天津市66家上市公司开展创新发展指数评价，具体情况如下：

9.27.1　创新发展综合指数

根据本报告评价，2022年天津市创新发展综合指数平均水平为66.98，高于全市场平均水平65.47。从指数分布来看，高于均值的有37家，占省份总数的56.06%。其中，最高的是中科曙光，创新发展综合指数为87.93。具体来看，创新发展综合指数区间在60以下的有8家，占比12.12%；60~70的有41家，占比62.12%；70~80的有14家，占比21.21%；80以上的有3家，占比4.55%，如图9-261所示。

从市内各区分布来看，天津市66家上市公司分布在11个区。创新发展综合指数平均水平最高的是武清区（72.04），最低的是河西区（56.06），如图9-262所示。

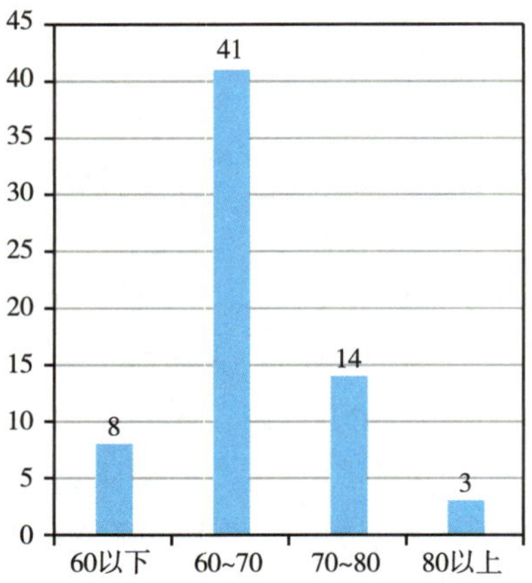

图9-261 2022年天津市上市公司创新发展综合指数分布图（家）

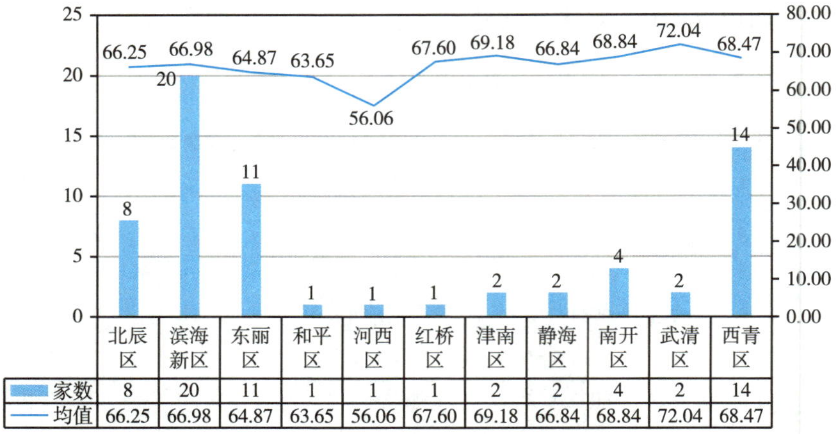

图9-262 2022年天津市上市公司创新发展综合指数均值分布图

天津市创新发展综合指数排名前10的上市公司，如表9-131所示。

表9-131 2022年天津市上市公司创新发展综合指数前10排名

排名	公司代码	公司名称	创新发展综合指数	市辖区（县）	一级行业_申万	产权性质
1	603019.SH	中科曙光	87.93	西青区	计算机	中央国有控股
2	688041.SH	海光信息	82.97	滨海新区	电子	非国有控股
3	002129.SZ	TCL中环	80.79	西青区	电力设备	非国有控股
4	001965.SZ	招商公路	77.04	滨海新区	交通运输	中央国有控股
5	601808.SH	中海油服	77.03	滨海新区	石油石化	中央国有控股
6	002821.SZ	凯莱英	76.77	滨海新区	医药生物	非国有控股
7	300026.SZ	红日药业	75.73	武清区	医药生物	地方国有控股
8	601360.SH	三六零	75.35	西青区	计算机	非国有控股
9	300119.SZ	瑞普生物	75.32	东丽区	农林牧渔	非国有控股
10	601919.SH	中远海控	73.85	东丽区	交通运输	中央国有控股

数据来源：同花顺（iFinD），首经贸资产评估研究院和浙工商数字创新与管理研究院整理。

9.27.2 创新资源支持指数

2022年天津市66家上市公司创新资源支持指数平均水平为69.25，高于全市场均值68.18。从指数分布来看，高于均值的有34家，占省份总数的51.52%。其中，最高的是中科曙光，创新资源支持指数为90.00。具体来看，创新资源支持指数区间在60以下的有8家，占比12.12%；60~70的有32家，占比48.48%；70~80的有17家，占比25.76%；80以上的有9家，占比13.64%，如图9-263所示。

从市内各区分布来看，创新资源支持指数平均水平最高的是武清区（78.94），最低的是河西区（57.26），如图9-264所示。

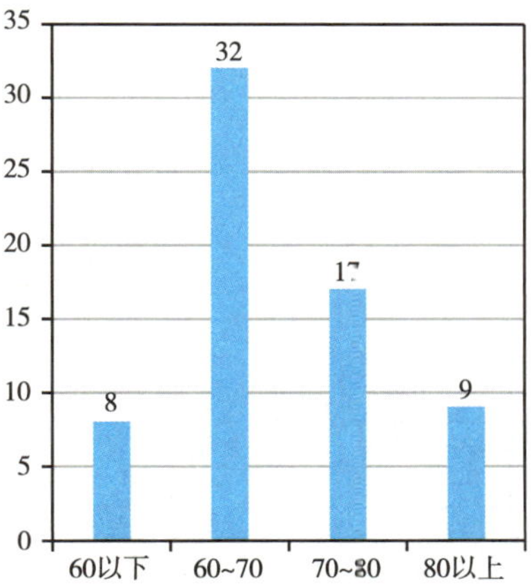

图9-263　2022年天津市上市公司创新资源支持指数分布图（家）

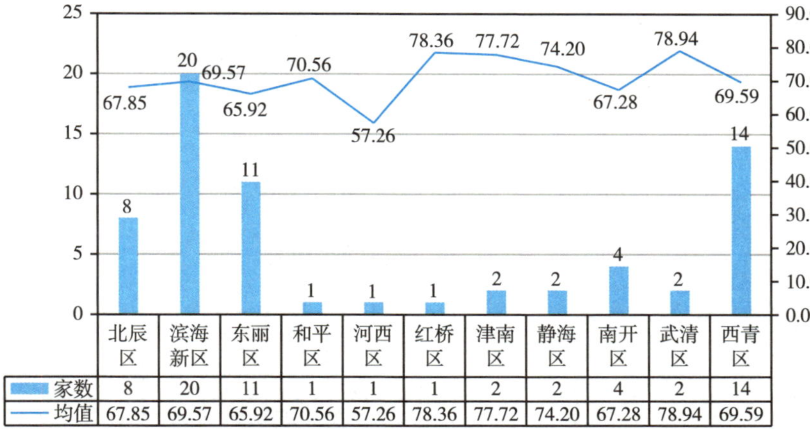

图9-264　2022年天津市上市公司创新资源支持指数均值分布图

天津市创新资源支持指数排名前10的上市公司，如表9-132所示。

表9-132　2022年天津市上市公司创新资源支持指数前10排名

排名	公司代码	公司名称	创新资源支持指数	市辖区（县）	一级行业_申万	产权性质
1	603019.SH	中科曙光	90.00	西青区	计算机	中央国有控股
2	601808.SH	中海油服	85.74	滨海新区	石油石化	中央国有控股
3	688120.SH	华海清科	84.23	津南区	电子	地方国有控股
4	300026.SZ	红日药业	84.18	武清区	医药生物	地方国有控股
5	002129.SZ	TCL中环	82.65	西青区	电力设备	非国有控股
6	002821.SZ	凯莱英	82.55	滨海新区	医药生物	非国有控股
7	603712.SH	七一二	81.15	滨海新区	国防军工	地方国有控股
8	001965.SZ	招商公路	80.59	滨海新区	交通运输	中央国有控股
9	688041.SH	海光信息	80.54	滨海新区	电子	非国有控股
10	300119.SZ	瑞普生物	79.93	东丽区	农林牧渔	非国有控股

数据来源：同花顺（iFinD），首经贸资产评估研究院和浙工商数字创新与管理研究院整理。

9.27.3　创新要素投入指数

2022年天津市66家上市公司创新要素投入指数平均水平为67.43，高于全市场均值65.37。从指数分布来看，高于均值的有40家，占省份总数的60.61%。其中，最高的是中科曙光，创新要素投入指数为93.01。具体来看，创新要素投入指数区间在60以下的有12家，占比18.18%；60~70的有29家，占比43.94%；70~80的有20家，占比30.30%；80以上的有5家，占比7.58%，如图9-265所示。

从市内各区分布来看，创新要素投入指数平均水平最高的是武清区（74.71），最低的是河西区（54.89），如图9-266所示。

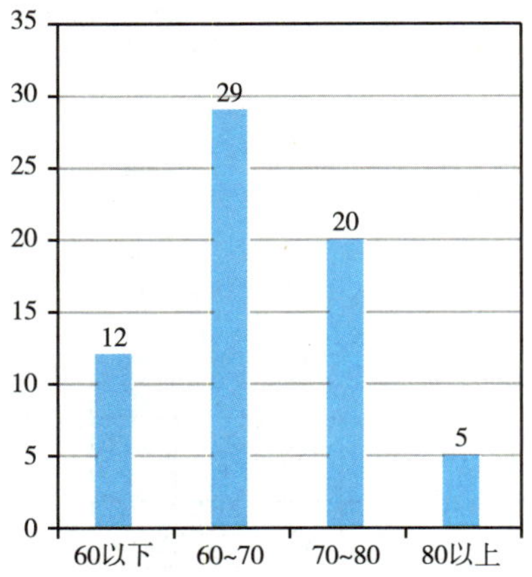

图9-265　2022年天津市上市公司创新要素投入指数分布图（家）

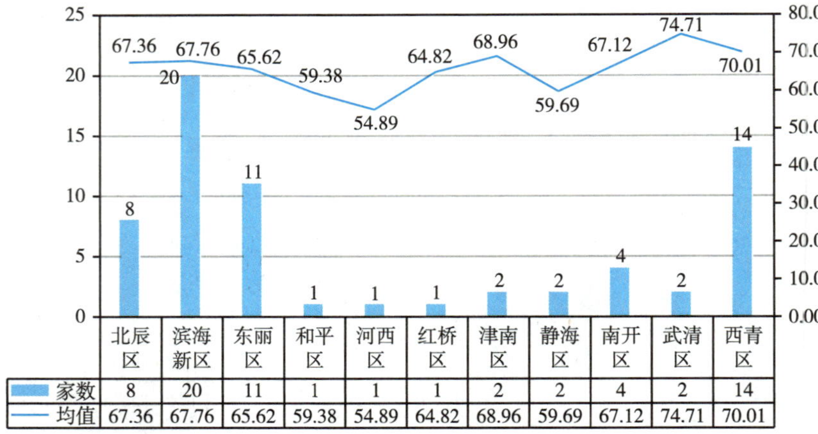

图9-266　2022年天津市上市公司创新要素投入指数均值分布图

天津市创新要素投入指数排名前10的上市公司，如表9-133所示。

表9-133　2022年天津市上市公司创新要素投入指数前10排名

排名	公司代码	公司名称	创新要素投入指数	市辖区（县）	一级行业_申万	产权性质
1	603019.SH	中科曙光	93.01	西青区	计算机	中央国有控股
2	688041.SH	海光信息	85.11	滨海新区	电子	非国有控股
3	002129.SZ	TCL中环	82.91	西青区	电力设备	非国有控股
4	601360.SH	三六零	82.63	西青区	计算机	非国有控股
5	002821.SZ	凯莱英	82.45	滨海新区	医药生物	非国有控股
6	001965.SZ	招商公路	78.37	滨海新区	交通运输	中央国有控股
7	688185.SH	康希诺	78.27	东丽区	医药生物	非国有控股
8	601808.SH	中海油服	77.31	滨海新区	石油石化	中央国有控股
9	600535.SH	天士力	77.18	北辰区	医药生物	非国有控股
10	603712.SH	七一二	76.06	滨海新区	国防军工	地方国有控股

数据来源：同花顺（iFinD），首经贸资产评估研究院和浙江工商数字创新与管理研究院整理。

9.27.4　创新科技成果指数

2022年天津市66家上市公司创新科技成果指数平均水平为68.80，高于全市场均值68.28。从指数分布来看，高于均值的有36家，占省份总数的54.55%。其中，最高的是招商公路，创新科技成果指数为79.02。具体来看，创新科技成果指数区间在60以下的有1家，占比1.52%；60~70的有37家，占比56.06%；70~80的有28家，占比42.42%，如图9-267所示。

从市内各区分布来看，创新科技成果指数平均水平最高的是静海区（70.36），最低的是和平区（62.11），如图9-268所示。

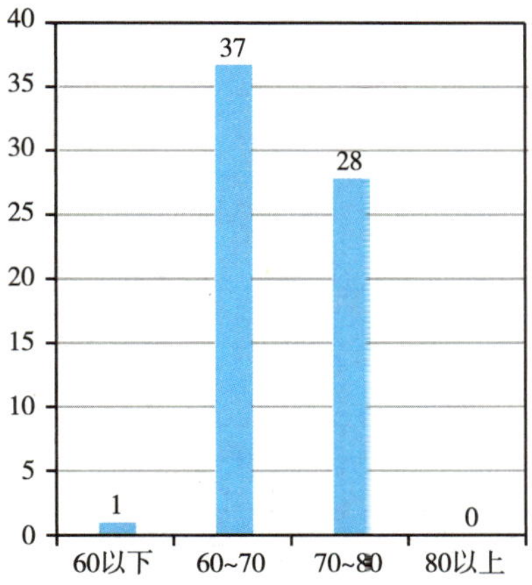

图9-267　2022年天津市上市公司创新科技成果指数分布图（家）

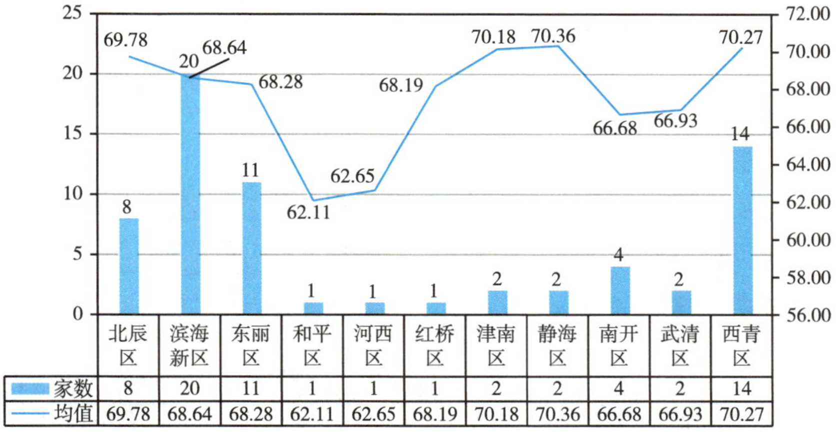

图9-268　2022年天津市上市公司创新科技成果指数均值分布图

天津市创新科技成果指数排名前10的上市公司，如表9-134所示。

表9-134　2022年天津市上市公司创新科技成果指数前10排名

排名	公司代码	公司名称	创新科技成果指数	市辖区（县）	一级行业_申万	产权性质
1	001965.SZ	招商公路	79.02	滨海新区	交通运输	中央国有控股
2	603019.SH	中科曙光	78.51	西青区	计算机	中央国有控股
3	688041.SH	海光信息	77.94	滨海新区	电子	非国有控股
4	300119.SZ	瑞普生物	73.62	东丽区	农林牧渔	非国有控股
5	601919.SH	中远海控	73.50	东丽区	交通运输	中央国有控股
6	601360.SH	三六零	73.47	西青区	计算机	非国有控股
7	300407.SZ	凯发电气	72.87	西青区	电力设备	非国有控股
8	688199.SH	久日新材	72.76	北辰区	基础化工	非国有控股
9	603529.SH	爱玛科技	72.64	静海区	汽车	非国有控股
10	002337.SZ	赛象科技	72.54	西青区	机械设备	非国有控股

数据来源：同花顺（iFinD），首经贸资产评估研究院和浙工商数字创新与管理研究院整理。

9.27.5　创新经济绩效指数

2022年天津市66家上市公司创新经济绩效指数平均水平为63.15，高于全市场均值61.11。从指数分布来看，高于均值的有38家，占省份总数的57.58%。其中，最高的是中科曙光，创新经济绩效指数为88.77。具体来看，创新经济绩效指数区间在60以下的有27家，占比40.91%；60~70的有24家，占比36.36%；70~80的有12家，占比18.18%；80以上的有3家，占比4.55%，如图9-269所示。

从市内各区分布来看，创新经济绩效指数平均水平最高的是南开区（73.96），最低的是河西区（50.68），如图9-270所示。

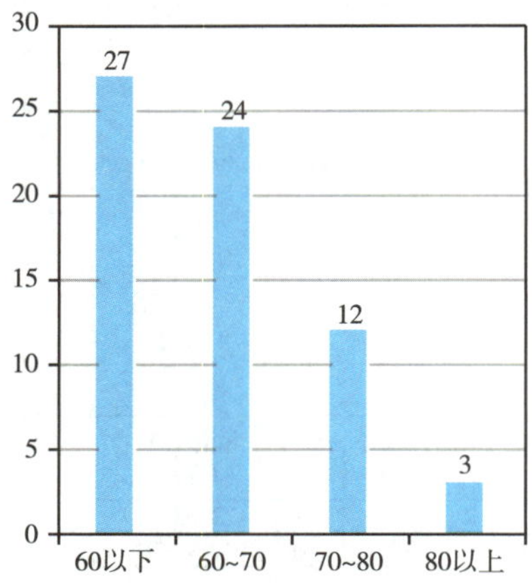

图9-269　2022年天津市上市公司创新经济绩效指数分布图（家）

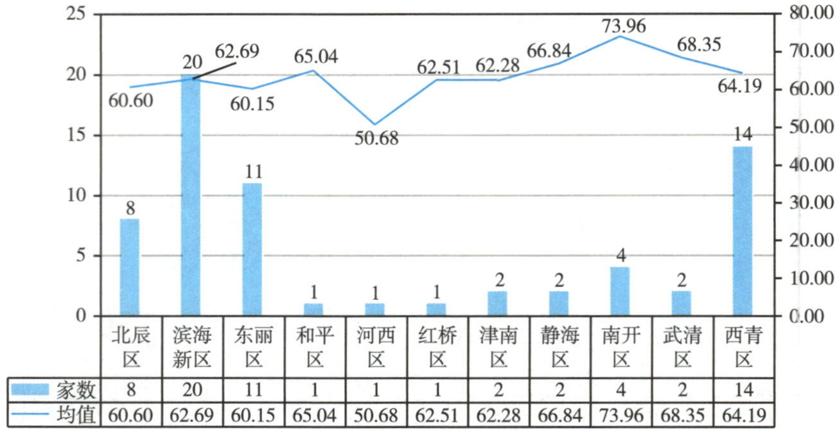

图9-270　2022年天津市上市公司创新经济绩效指数均值分布图

天津市创新经济绩效指数排名前10的上市公司，如表9-135所示。

表9-135　2022年天津市上市公司创新经济绩效指数前10排名

排名	公司代码	公司名称	创新经济绩效指数	市辖区（县）	一级行业_申万	产权性质
1	603019.SH	中科曙光	88.77	西青区	计算机	中央国有控股
2	688041.SH	海光信息	86.69	滨海新区	电子	非国有控股
3	002129.SZ	TCL中环	84.84	西青区	电力设备	非国有控股
4	002432.SZ	九安医疗	77.68	南开区	医药生物	非国有控股
5	600329.SH	达仁堂	76.91	南开区	医药生物	地方国有控股
6	000927.SZ	中国铁物	75.08	南开区	机械设备	中央国有控股
7	300119.SZ	瑞普生物	74.94	东丽区	农林牧渔	非国有控股
8	601808.SH	中海油服	74.91	滨海新区	石油石化	中央国有控股
9	601919.SH	中远海控	74.25	东丽区	交通运输	中央国有控股
10	002821.SZ	凯莱英	74.16	滨海新区	医药生物	非国有控股

数据来源：同花顺（iFinD），首经贸资产评估研究院和浙工商数字创新与管理研究院整理。

9.28　西藏自治区创新发展指数评价

2022年，西藏自治区全年实现地区生产总值2,132.64亿元，人均地区生产总值为58,438.00元，居民人均可支配收入26,674.84元。截至2022年底，A股市场西藏自治区共有上市公司20家，总市值共计1,780.65亿元，营业总收入552.38亿元，平均市值89.03亿元/家，平均营业收入27.62亿元/家。营业收入最高的上市公司为梅花生物（279.37亿元），市值最大的上市公司也为梅花生物（309.72亿元）。2022年，西藏自治区上市公司研发投入合计为30.31亿元，占营业收入的5.49%；无形资产账面价值合计为92.53亿元，占总资产的9.32%。根据本报告分析口径，本节共对西藏自治区20家上市公司开展创新发展指数评价，具体情况如下：

9.28.1　创新发展综合指数

根据本报告评价，2022年西藏自治区创新发展综合指数平均水平为62.86，低于全市场平均水平

65.47。从指数分布来看，高于均值的有7家，占省份总数的35.00%。其中，最高的是海思科，创新发展综合指数为75.90。具体来看，创新发展综合指数区间在60以下的有3家，占比15.00%；60~70的有15家，占比75.00%；70~80的有2家，占比10.00%，如图9-271所示。

从自治区内城市分布来看，西藏自治区20家上市公司分布在4个自治区内城市。创新发展综合指数平均水平最高的是山南市（68.47），最低的是昌都市（60.61），如图9-272所示。

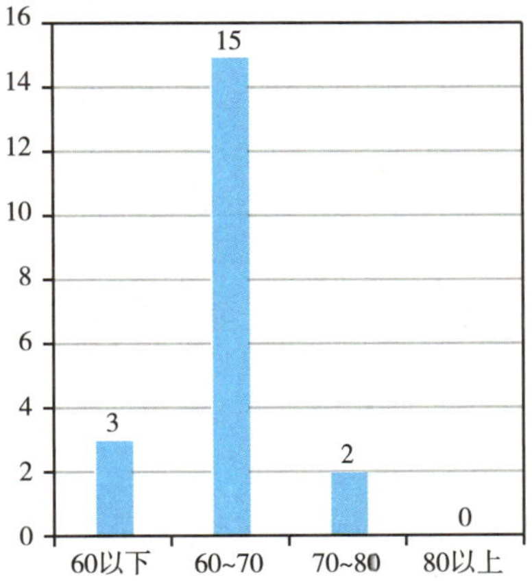

图9-271　2022年西藏自治区上市公司创新发展综合指数分布图（家）

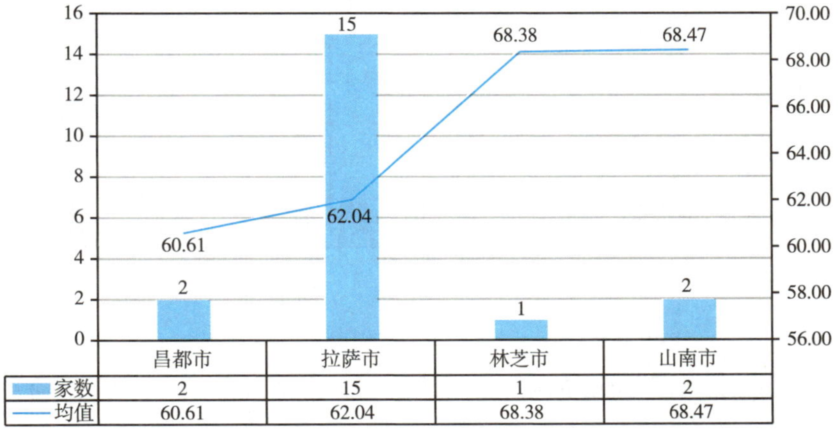

图9-272　2022年西藏自治区上市公司创新发展综合指数均值分布图

西藏自治区创新发展综合指数排名前10的上市公司，如表9-136所示。

表9-136　2022年西藏自治区上市公司创新发展综合指数前10排名

排名	公司代码	公司名称	创新发展综合指数	地级市	一级行业_申万	产权性质
1	002653.SZ	海思科	75.90	山南市	医药生物	非国有控股
2	600873.SH	梅花生物	70.66	拉萨市	基础化工	非国有控股
3	300741.SZ	华宝股份	68.42	拉萨市	基础化工	非国有控股
4	002287.SZ	奇正藏药	68.38	林芝市	医药生物	非国有控股
5	603676.SH	卫信康	66.85	拉萨市	医药生物	非国有控股
6	300872.SZ	天阳科技	66.21	拉萨市	计算机	非国有控股
7	300624.SZ	万兴科技	65.67	拉萨市	计算机	非国有控股
8	600326.SH	西藏天路	64.40	拉萨市	建筑材料	地方国有控股
9	002827.SZ	高争民爆	64.06	拉萨市	基础化工	地方国有控股
10	002826.SZ	易明医药	62.65	拉萨市	医药生物	非国有控股

数据来源：同花顺（iFinD），首经贸资产评估研究院和浙工商数字创新与管理研究院整理。

9.28.2　创新资源支持指数

2022年西藏自治区20家上市公司创新资源支持指数平均水平为64.11，低于全市场均值68.18。从指数分布来看，高于均值的有6家，占省份总数的30.00%。其中，最高的是奇正藏药，创新资源支持指数为76.76。具体来看，创新资源支持指数区间在60以下的有5家，占比25.00%；60~70的有10家，占比50.00%；70~80的有5家，占比25.00%，如图9-273所示。

从自治区内城市分布来看，创新资源支持指数平均水平最高的是林芝市（76.76），最低的是拉萨市（62.63），如图9-274所示。

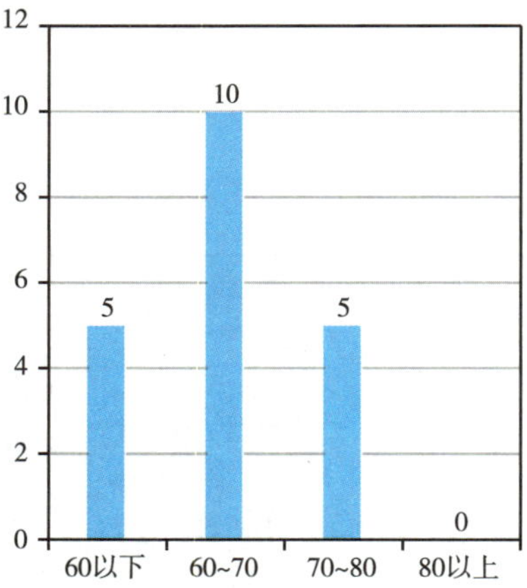

图9-273　2022年西藏自治区上市公司创新资源支持指数分布图（家）

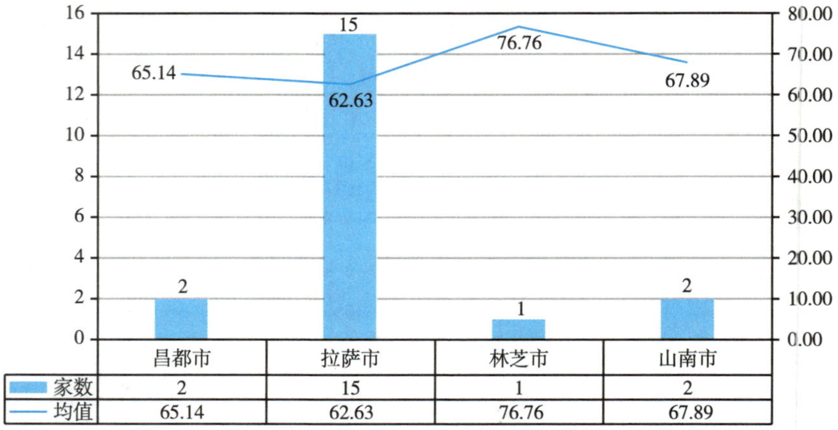

图9-274　2022年西藏自治区上市公司创新资源支持指数均值分布图

西藏自治区创新资源支持指数排名前10的上市公司，如表9-137所示。

表9-137　2022年西藏自治区上市公司创新资源支持指数前10排名

排名	公司代码	公司名称	创新资源支持指数	地级市	一级行业_申万	产权性质
1	002287.SZ	奇正藏药	76.76	林芝市	医药生物	非国有控股
2	002653.SZ	海思科	74.62	山南市	医药生物	非国有控股
3	600873.SH	梅花生物	73.58	拉萨市	基础化工	非国有控股
4	600211.SH	西藏药业	70.19	拉萨市	医药生物	非国有控股
5	300741.SZ	华宝股份	70.19	拉萨市	基础化工	非国有控股
6	002827.SZ	高争民爆	68.44	拉萨市	基础化工	地方国有控股
7	300872.SZ	天阳科技	67.80	拉萨市	计算机	非国有控股
8	300564.SZ	筑博设计	66.92	拉萨市	建筑装饰	非国有控股
9	002826.SZ	易明医药	65.96	拉萨市	医药生物	非国有控股
10	301331.SZ	恩威医药	65.58	昌都市	医药生物	非国有控股

数据来源：同花顺（iFinD），首经贸资产评估研究院和浙工商数字创新与管理研究院整理。

9.28.3　创新要素投入指数

2022年西藏自治区20家上市公司创新要素投入指数平均水平为61.88，低于全市场均值65.37。从指数分布来看，高于均值的有7家，占省份总数的35.00%。其中，最高的是海思科，创新要素投入指数为81.22。具体来看，创新要素投入指数区间在60以下的有8家，占比40.00%；60~70的有8家，占比40.00%；70~80的有3家，占比15.00%；80以上的有1家，占比5.00%，如图9-275所示。

从自治区内城市分布来看，创新要素投入指数平均水平最高的是山南市（73.17），最低的是昌都市（59.52），如图9-276所示。

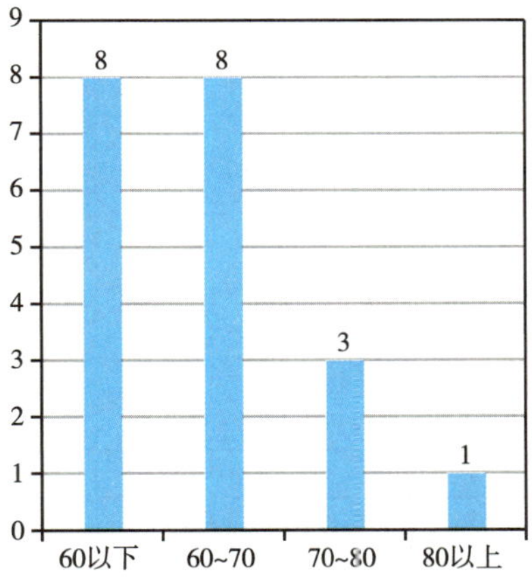

图9-275　2022年西藏自治区上市公司创新要素投入指数分布图（家）

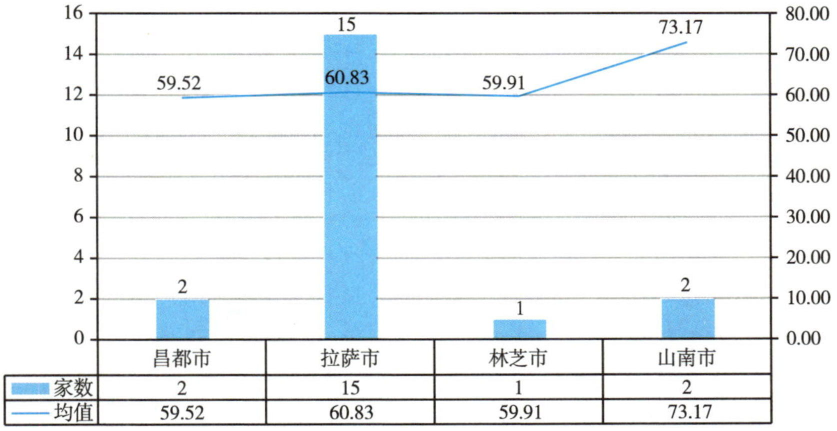

图9-276　2022年西藏自治区上市公司创新要素投入指数均值分布图

西藏自治区创新要素投入指数排名前10的上市公司，如表9-138所示。

表9-138　2022年西藏自治区上市公司创新要素投入指数前10排名

排名	公司代码	公司名称	创新要素投入指数	地级市	一级行业_申万	产权性质
1	002553.SZ	海思科	81.22	山南市	医药生物	非国有控股
2	300372.SZ	天阳科技	71.13	拉萨市	计算机	非国有控股
3	300524.SZ	万兴科技	70.52	拉萨市	计算机	非国有控股
4	603676.SH	卫信康	70.51	拉萨市	医药生物	非国有控股
5	600873.SH	梅花生物	69.69	拉萨市	基础化工	非国有控股
6	300741.SZ	华宝股份	68.68	拉萨市	基础化工	非国有控股
7	600326.SH	西藏天路	67.61	拉萨市	建筑材料	地方国有控股
8	603669.SH	灵康药业	65.12	山南市	医药生物	非国有控股
9	601020.SH	华钰矿业	63.97	拉萨市	有色金属	非国有控股
10	301075.SZ	多瑞医药	62.65	昌都市	医药生物	非国有控股

数据来源：同花顺（iFinD），首经贸资产评估研究院和浙工商数字创新与管理研究院整理。

9.28.4　创新科技成果指数

2022年西藏自治区20家上市公司创新科技成果指数平均水平为65.89，低于全市场均值68.28。从指数分布来看，高于均值的有6家，占省份总数的30.00%。其中，最高的是西藏天路，创新科技成果指数为72.94。具体来看，创新科技成果指数区间在60以下的有1家，占比5.00%；60~70的有15家，占比75.00%；70~80的有4家，占比20.00%，如图9-277所示。

从自治区内城市分布来看，创新科技成果指数平均水平最高的是山南市（69.29），最低的是拉萨市（65.30），如图9-278所示。

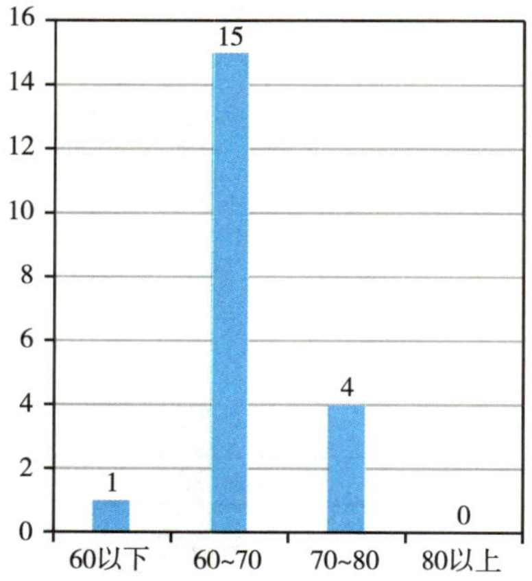

图9-277　2022年西藏自治区上市公司创新科技成果指数分布图（家）

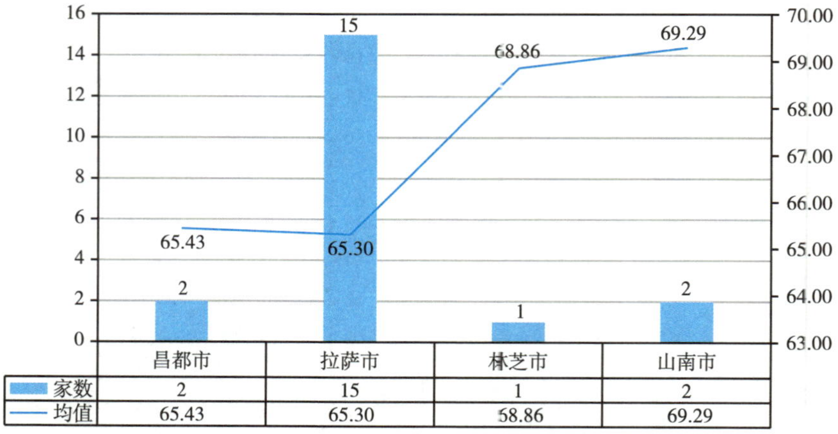

图9-278　2022年西藏自治区上市公司创新科技成果指数均值分布图

西藏自治区创新科技成果指数排名前10的上市公司，如表9-139所示。

表9-139　　2022年西藏自治区上市公司创新科技成果指数前10排名

排名	公司代码	公司名称	创新科技成果指数	地级市	一级行业_申万	产权性质
1	600326.SH	西藏天路	72.94	拉萨市	建筑材料	地方国有控股
2	002653.SZ	海思科	72.92	山南市	医药生物	非国有控股
3	300624.SZ	万兴科技	71.74	拉萨市	计算机	非国有控股
4	600873.SH	梅花生物	70.65	拉萨市	基础化工	非国有控股
5	002287.SZ	奇正藏药	68.86	林芝市	医药生物	非国有控股
6	301075.SZ	多瑞医药	68.54	昌都市	医药生物	非国有控股
7	300564.SZ	筑博设计	67.56	拉萨市	建筑装饰	非国有控股
8	300741.SZ	华宝股份	67.05	拉萨市	基础化工	非国有控股
9	002826.SZ	易明医药	66.95	拉萨市	医药生物	非国有控股
10	300872.SZ	天阳科技	66.08	拉萨市	计算机	非国有控股

数据来源：同花顺（iFinD），首经贸资产评估研究院和浙工商数字创新与管理研究院整理。

9.28.5　创新经济绩效指数

2022年西藏自治区20家上市公司创新经济绩效指数平均水平为60.39，低于全市场均值61.11。从指数分布来看，高于均值的有11家，占省份总数的55.00%。其中，最高的是海思科，创新经济绩效指数为73.18。具体来看，创新经济绩效指数区间在60以下的有9家，占比45.00%；60~70的有9家，占比45.00%；70~80的有2家，占比10.00%，如图9-279所示。

从自治区内城市分布来看，创新经济绩效指数平均水平最高的是林芝市（71.91），最低的是昌都市（54.30），如图9-280所示。

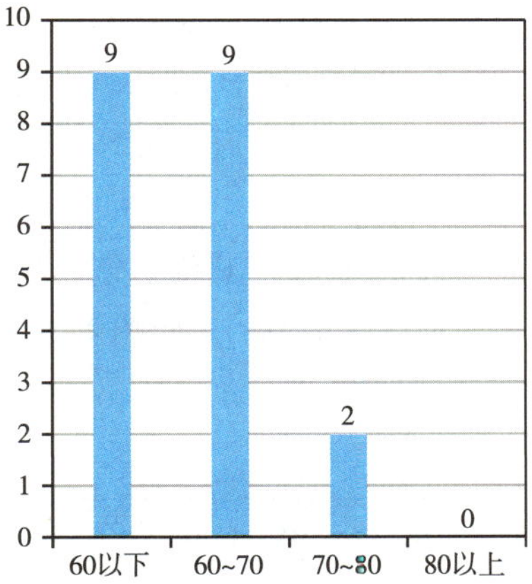

图9-279 2022年西藏自治区上市公司创新经济绩效指数分布图（家）

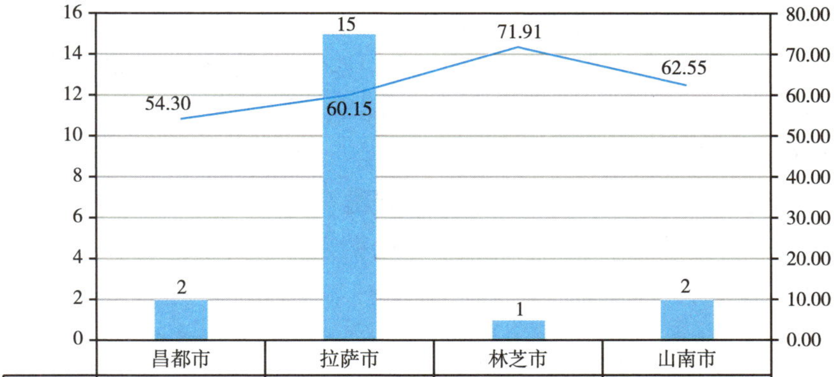

	昌都市	拉萨市	林芝市	山南市
家数	2	15	1	2
均值	54.30	60.15	71.91	62.55

图9-280 2022年西藏自治区上市公司创新经济绩效指数均值分布图

西藏自治区创新经济绩效指数排名前10的上市公司，如表9-140所示。

表9-140 2022年西藏自治区上市公司创新经济绩效指数前10排名

排名	公司代码	公司名称	创新经济绩效指数	地级市	一级行业_申万	产权性质
1	002653.SZ	海思科	73.18	山南市	医药生物	非国有控股
2	002287.SZ	奇正藏药	71.91	林芝市	医药生物	非国有控股
3	603676.SH	卫信康	69.72	拉萨市	医药生物	非国有控股
4	600873.SH	梅花生物	69.69	拉萨市	基础化工	非国有控股
5	000762.SZ	西藏矿业	69.31	拉萨市	有色金属	中央国有控股
6	300741.SZ	华宝股份	68.04	拉萨市	基础化工	非国有控股
7	002327.SZ	高争民爆	64.29	拉萨市	基础化工	地方国有控股
8	600211.SH	西藏药业	62.90	拉萨市	医药生物	非国有控股
9	002826.SZ	易明医药	61.57	拉萨市	医药生物	非国有控股
10	600326.SH	西藏天路	61.19	拉萨市	建筑材料	地方国有控股

数据来源：同花顺（iFinD），首经贸资产评估研究院和浙江工商数字创新与管理研究院整理。

9.29 新疆维吾尔自治区创新发展指数评价

2022年，新疆维吾尔自治区全年实现地区生产总值17,741.34亿元，人均地区生产总值为68,552.00元，居民人均可支配收入27,062.74元。截至2022年底，A股市场新疆维吾尔自治区共有上市公司56家，总市值共计6,829.53亿元，营业总收入7,061.58亿元，平均市值121.96亿元/家，平均营业收入126.10亿元/家。营业收入最高的上市公司为天山股份（1,325.81亿元），市值最大的上市公司为大全能源（1,019.11亿元）。2022年，新疆维吾尔自治区上市公司研发投入合计为192.57亿元，占营业收入的2.73%；无形资产账面价值合计为958.11亿元，占总资产的7.48%。根据本报告分析口径，本节共对新疆维吾尔自治区56家上市公司开展创新发展指数评价，具体情况如下：

9.29.1 创新发展综合指数

根据本报告评价，2022年新疆维吾尔自治区创新发展综合指数平均水平为62.55，低于全市场平均水平65.47。从指数分布来看，高于均值的有18家，占省份总数的32.14%。其中，最高的是特变电工，创新发展综合指数为83.07。具体来看，创新发展综合指数区间在60以下的有22家，占比39.29%；60~70的有23家，占比41.06%；70~80的有10家，占比17.86%；80以上的有1家，占比1.79%，如图9-281所示。

从自治区内城市分布来看，新疆维吾尔自治区56家上市公司分布在9个自治区内城市。创新发展综合指数平均水平最高的是伊犁哈萨克自治州（67.18），最低的是喀什地区（51.06），如图9-282所示。

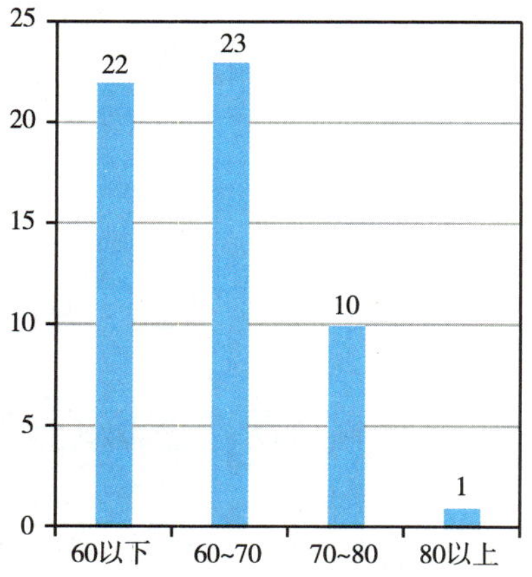

图9-281　2022年新疆维吾尔自治区上市公司创新发展综合指数分布图（家）

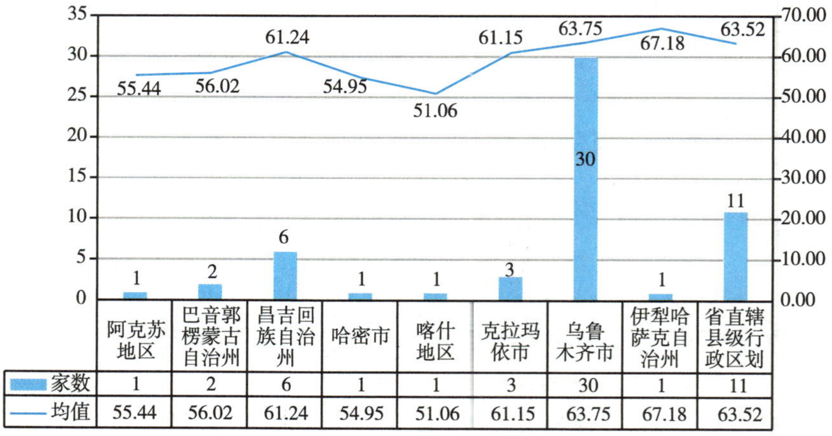

图9-282　2022年新疆维吾尔自治区上市公司创新发展综合指数均值分布图

新疆维吾尔自治区创新发展综合指数排名前10的上市公司，如表9-141所示。

表9-141　2022年新疆维吾尔自治区上市公司创新发展综合指数前10排名

排名	公司代码	公司名称	创新发展综合指数	地级市	一级行业_申万	产权性质
1	600089.SH	特变电工	83.07	昌吉回族自治州	电力设备	非国有控股
2	002202.SZ	金风科技	77.74	乌鲁木齐市	电力设备	地方国有控股
3	688303.SH	大全能源	74.83	省直辖县级行政区划	电力设备	非国有控股
4	000877.SZ	天山股份	73.32	乌鲁木齐市	建筑材料	中央国有控股
5	600888.SH	新疆众和	73.31	乌鲁木齐市	有色金属	非国有控股
6	002092.SZ	中泰化学	73.27	乌鲁木齐市	基础化工	地方国有控股
7	600339.SH	中油工程	72.91	克拉玛依市	石油石化	中央国有控股
8	603227.SH	雪峰科技	71.59	乌鲁木齐市	基础化工	地方国有控股
9	002302.SZ	西部建设	70.90	乌鲁木齐市	建筑材料	中央国有控股
10	600075.SH	新疆天业	70.37	省直辖县级行政区划	基础化工	地方国有控股

数据来源：同花顺（iFinD），首经贸资产评估研究院和浙工商数字创新与管理研究院整理。

9.29.2　创新资源支持指数

2022年新疆维吾尔自治区56家上市公司创新资源支持指数平均水平为64.21，低于全市场均值

68.18。从指数分布来看，高于均值的有17家，占省份总数的30.36%。其中，最高的是金风科技，创新资源支持指数为80.12。具体来看，创新资源支持指数区间在60以下的有20家，占比35.71%；60~70的有24家，占比42.86%；70~80的有11家，占比19.64%；80以上的有1家，占比1.79%，如图9–283所示。

从自治区内城市分布来看，创新资源支持指数平均水平最高的是省直辖县级行政区划（67.54），最低的是巴音郭楞蒙古自治州（55.84），如图9–284所示。

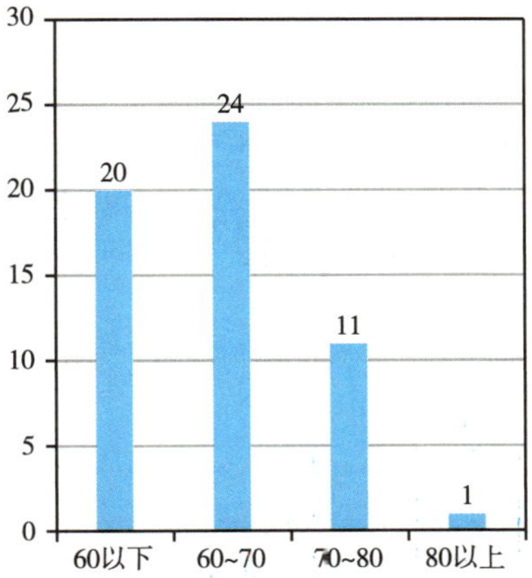

图9–283　2022年新疆维吾尔自治区上市公司创新资源支持指数分布图（家）

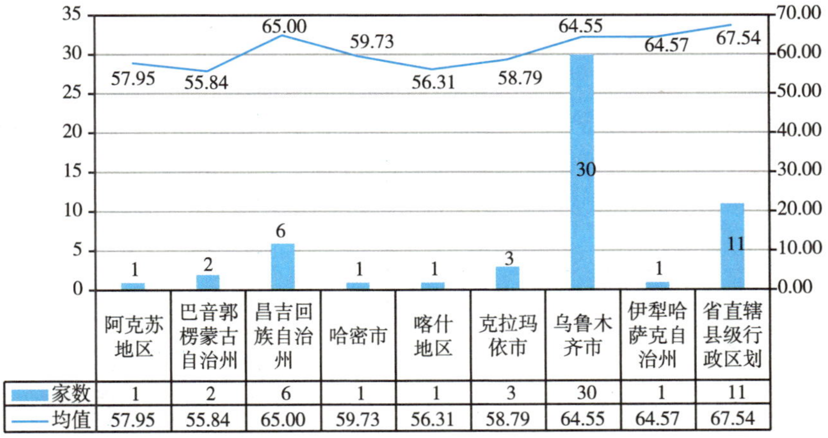

图9–284　2022年新疆维吾尔自治区上市公司创新资源支持指数均值分布图

新疆维吾尔自治区创新资源支持指数排名前10的上市公司，如表9–142所示。

表9–142　2022年新疆维吾尔自治区上市公司创新资源支持指数前10排名

排名	公司代码	公司名称	创新资源支持指数	地级市	一级行业_申万	产权性质
1	002202.SZ	金风科技	80.12	乌鲁木齐市	电力设备	地方国有控股
2	002092.SZ	中泰化学	79.96	乌鲁木齐市	基础化工	地方国有控股
3	600089.SH	特变电工	78.92	昌吉回族自治州	电力设备	非国有控股
4	600075.SH	新疆天业	76.88	省直辖县级行政区划	基础化工	地方国有控股
5	600251.SH	冠农股份	76.67	省直辖县级行政区划	农林牧渔	地方国有控股
6	600888.SH	新疆众和	76.62	乌鲁木齐市	有色金属	非国有控股
7	600425.SH	青松建化	75.48	省直辖县级行政区划	建筑材料	地方国有控股
8	600419.SH	天润乳业	73.47	乌鲁木齐市	食品饮料	地方国有控股
9	600359.SH	新农开发	73.28	省直辖县级行政区划	农林牧渔	地方国有控股
10	600737.SH	中粮糖业	71.36	昌吉回族自治州	农林牧渔	中央国有控股

数据来源：同花顺（iFinD），首经贸资产评估研究院和浙工商数字创新与管理研究院整理。

9.29.3 创新要素投入指数

2022年新疆维吾尔自治区56家上市公司创新要素投入指数平均水平为60.61，低于全市场均值65.37。从指数分布来看，高于均值的有17家，占省份总数的30.36%。其中，最高的是特变电工，创新要素投入指数为86.17。具体来看，创新要素投入指数区间在60以下的有27家，占比48.22%；60~70的有18家，占比32.14%；70~80的有9家，占比16.07%；80以上的有2家，占比3.57%，如图9-285所示。

从自治区内城市分布来看，创新要素投入指数平均水平最高的是克拉玛依市（63.27），最低的是喀什地区（45.96），如图9-286所示。

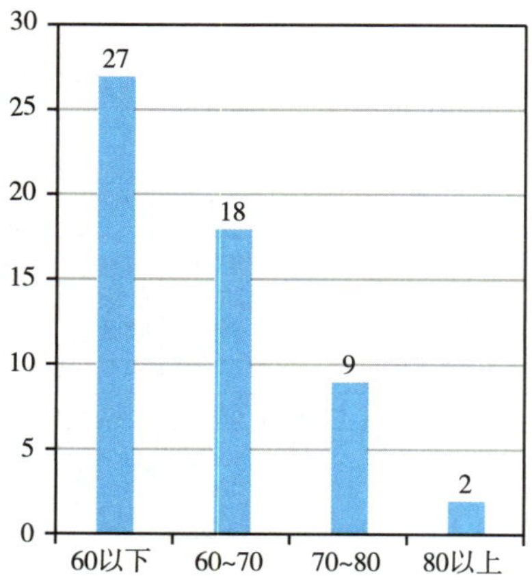

图9-285 2022年新疆维吾尔自治区上市公司创新要素投入指数分布图（家）

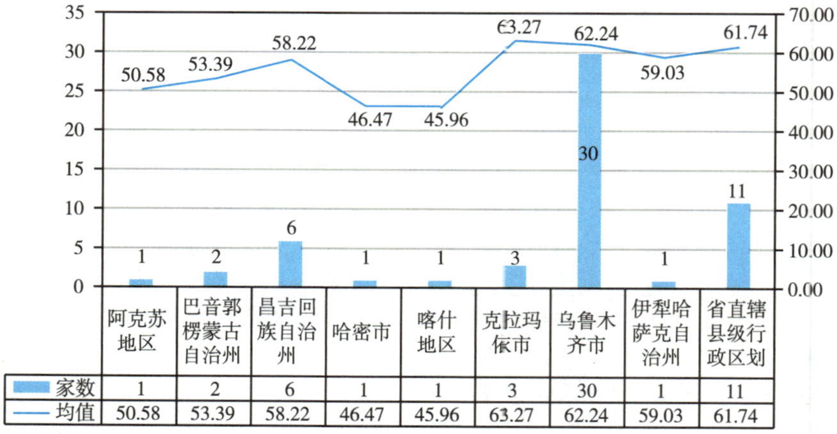

图9-286 2022年新疆维吾尔自治区上市公司创新要素投入指数均值分布图

新疆维吾尔自治区创新要素投入指数排名前10的上市公司，如表9-143所示。

表9-143 2022年新疆维吾尔自治区上市公司创新要素投入指数前10排名

排名	公司代码	公司名称	创新要素投入指数	地级市	一级行业_申万	产权性质
1	600089.SH	特变电工	86.17	昌吉回族自治州	电力设备	非国有控股
2	600339.SH	中油工程	81.16	克拉玛依市	石油石化	中央国有控股
3	002202.SZ	金风科技	79.22	乌鲁木齐市	电力设备	地方国有控股
4	002302.SZ	西部建设	76.53	乌鲁木齐市	建筑材料	中央国有控股
5	688303.SH	大全能源	76.43	省直辖县级行政区划	电力设备	非国有控股
6	600888.SH	新疆众和	75.34	乌鲁木齐市	有色金属	非国有控股
7	000877.SZ	天山股份	73.70	乌鲁木齐市	建筑材料	中央国有控股
8	002092.SZ	中泰化学	73.12	乌鲁木齐市	基础化工	地方国有控股
9	601069.SH	西部黄金	72.32	乌鲁木齐市	有色金属	地方国有控股
10	600721.SH	百花医药	72.01	省直辖县级行政区划	医药生物	非国有控股

数据来源：同花顺（iFinD），首经贸资产评估研究院和浙工商数字创新与管理研究院整理。

9.29.4 创新科技成果指数

2022年新疆维吾尔自治区56家上市公司创新科技成果指数平均水平为66.42，低于全市场均值68.28。从指数分布来看，高于均值的有21家，占省份总数的37.50%。其中，最高的是特变电工，创新科技成果指数为83.14。具体来看，创新科技成果指数区间在60以下的有9家，占比16.07%；60~70的有33家，占比58.93%；70~80的有13家，占比23.21%；80以上的有1家，占比1.79%，如图9-287所示。

从自治区内城市分布来看，创新科技成果指数平均水平最高的是伊犁哈萨克自治州（71.21），最低的是阿克苏地区（57.47），如图9-288所示。

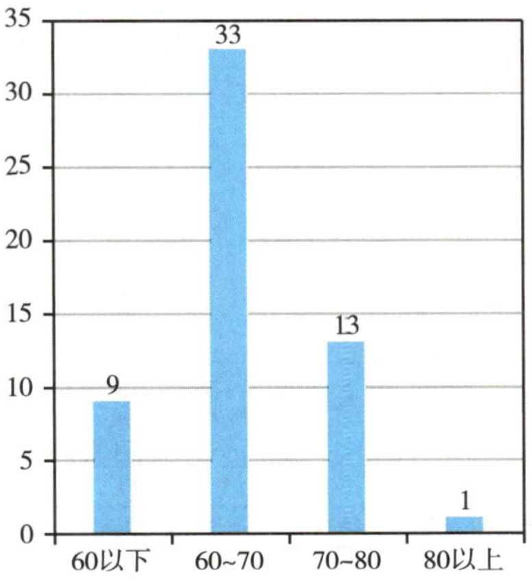

图9-287 2022年新疆维吾尔自治区上市公司创新科技成果指数分布图（家）

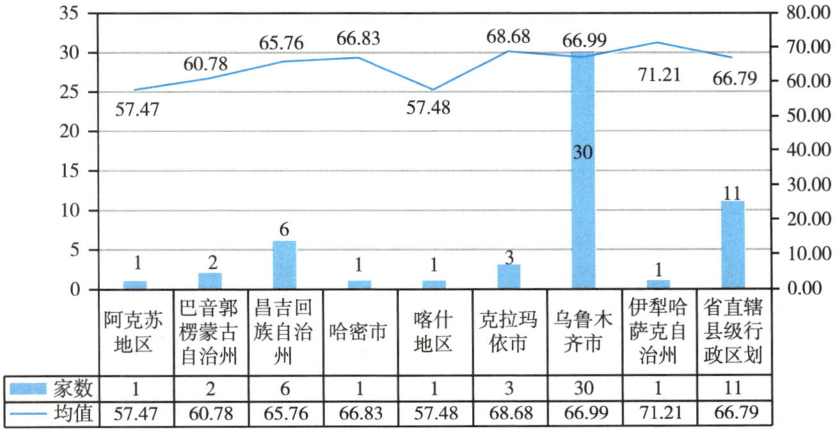

图9-288 2022年新疆维吾尔自治区上市公司创新科技成果指数均值分布图

新疆维吾尔自治区创新科技成果指数排名前10的上市公司，如表9-144所示。

表9-144 2022年新疆维吾尔自治区上市公司创新科技成果指数前10排名

排名	公司代码	公司名称	创新科技成果指数	地级市	一级行业_申万	产权性质
1	600089.SH	特变电工	83.14	昌吉回族自治州	电力设备	非国有控股
2	000877.SZ	天山股份	77.29	乌鲁木齐市	建筑材料	中央国有控股
3	002202.SZ	金风科技	77.06	乌鲁木齐市	电力设备	地方国有控股
4	600339.SH	中油工程	75.31	克拉玛依市	石油石化	中央国有控股
5	688303.SH	大全能源	75.04	省直辖县级行政区划	电力设备	非国有控股
6	600251.SH	冠农股份	73.77	省直辖县级行政区划	农林牧渔	地方国有控股
7	002302.SZ	西部建设	72.91	乌鲁木齐市	建筑材料	中央国有控股
8	601069.SH	西部黄金	72.55	乌鲁木齐市	有色金属	地方国有控股
9	600581.SH	八一钢铁	72.33	乌鲁木齐市	钢铁	中央国有控股
10	600545.SH	卓郎智能	72.32	乌鲁木齐市	机械设备	非国有控股

数据来源：同花顺（iFinD），首经贸资产评估研究院和浙工商数字创新与管理研究院整理。

9.29.5 创新经济绩效指数

2022年新疆维吾尔自治区56家上市公司创新经济绩效指数平均水平为60.19，低于全市场均值61.11。从指数分布来看，高于均值的有26家，占省份总数的46.43%。其中，最高的是特变电工，创新经济绩效指数为82.35。具体来看，创新经济绩效指数区间在60以下的有29家，占比51.78%；60~70的有16家，占比28.57%；70~80的有10家，占比17.86%；80以上的有1家，占比1.79%，如图9-289所示。

从自治区内城市分布来看，创新经济绩效指数平均水平最高的是伊犁哈萨克自治州（75.21），最低的是喀什地区（47.56），如图9-290所示。

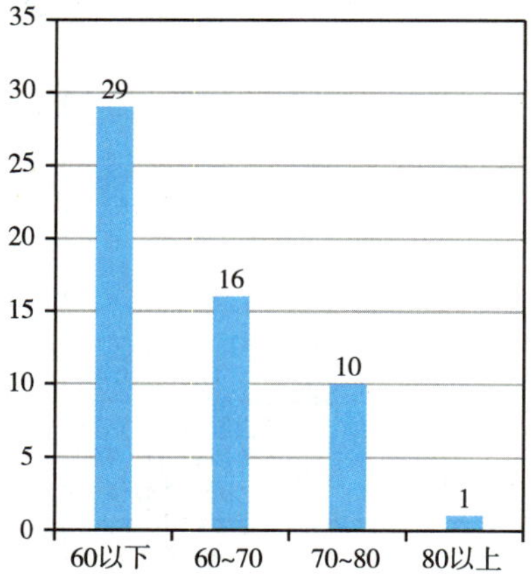

图9-289 2022年新疆维吾尔自治区上市公司创新经济绩效指数分布图（家）

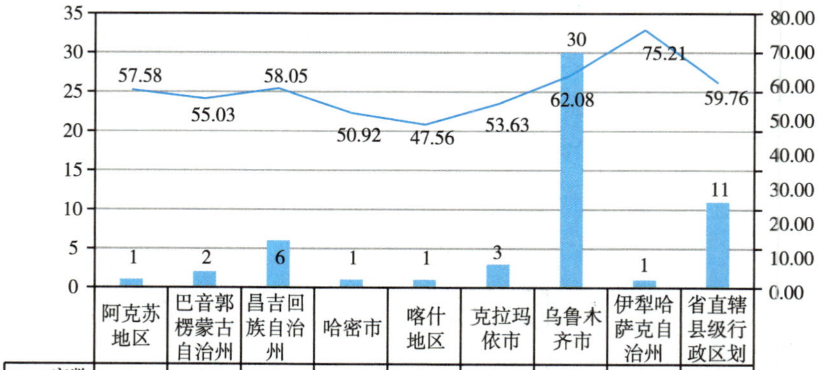

	阿克苏地区	巴音郭楞蒙古自治州	昌吉回族自治州	哈密市	喀什地区	克拉玛依市	乌鲁木齐市	伊犁哈萨克自治州	省直辖县级行政区划
家数	1	2	6	1	1	3	30	1	11
均值	57.58	55.03	58.05	50.92	47.56	53.63	62.08	75.21	59.76

图9-290 2022年新疆维吾尔自治区上市公司创新经济绩效指数均值分布图

新疆维吾尔自治区创新经济绩效指数排名前10的上市公司，如表9-145所示。

表9-145 2022年新疆维吾尔自治区上市公司创新经济绩效指数前10排名

排名	公司代码	公司名称	创新经济绩效指数	地级市	一级行业_申万	产权性质
1	600089.SH	特变电工	82.35	昌吉回族自治州	电力设备	非国有控股
2	603227.SH	雪峰科技	78.44	乌鲁木齐市	基础化工	地方国有控股
3	688303.SH	大全能源	76.93	省直辖县级行政区划	电力设备	非国有控股
4	301301.SZ	川宁生物	75.21	伊犁哈萨克自治州	医药生物	非国有控股
5	002202.SZ	金风科技	74.86	乌鲁木齐市	电力设备	地方国有控股
6	600888.SH	新疆众和	72.53	乌鲁木齐市	有色金属	非国有控股
7	600256.SH	广汇能源	71.85	乌鲁木齐市	石油石化	非国有控股
8	000877.SZ	天山股份	71.19	乌鲁木齐市	建筑材料	中央国有控股
9	600737.SH	中粮糖业	70.31	昌吉回族自治州	农林牧渔	中央国有控股
10	002092.SZ	中泰化学	70.18	乌鲁木齐市	基础化工	地方国有控股

数据来源：同花顺（iFinD），首经贸资产评估研究院和浙工商数字创新与管理研究院整理。

9.30 云南省创新发展指数评价

2022年，云南省全年实现地区生产总值28,954.2亿元，人均地区生产总值为61,716.00元，居民人均可支配收入26,936.82元。截至2022年底，A股市场云南省共有上市公司37家，总市值共计8,265.97

亿元，营业总收入5,470.53亿元，平均市值223.40亿元/家，平均营业收入147.85亿元/家。营业收入最高的上市公司为云南铜业（1,349.15亿元），市值最大的上市公司为华能水电（1,188.00亿元）。2022年，云南省上市公司研发投入合计为112.02亿元，占营业收入的2.05%；无形资产账面价值合计为399.20亿元，占总资产的6.06%。根据本报告分析口径，本节共对云南省37家上市公司开展创新发展指数评价，具体情况如下：

9.30.1　创新发展综合指数

根据本报告评价，2022年云南省创新发展综合指数平均水平为65.53，高于全市场平均水平65.47。从指数分布来看，高于均值的有17家，占省份总数的45.95%。其中，最高的是恩捷股份，创新发展综合指数为78.47。具体来看，创新发展综合指数区间在60以下的有9家，占比24.32%；60~70的有13家，占比35.14%；70~80的有15家，占比40.54%，如图9-291所示。

从省内城市分布来看，云南省37家上市公司分布在10个省内城市。创新发展综合指数平均水平最高的是玉溪市（78.47），最低的是普洱市（51.43），如图9-292所示。

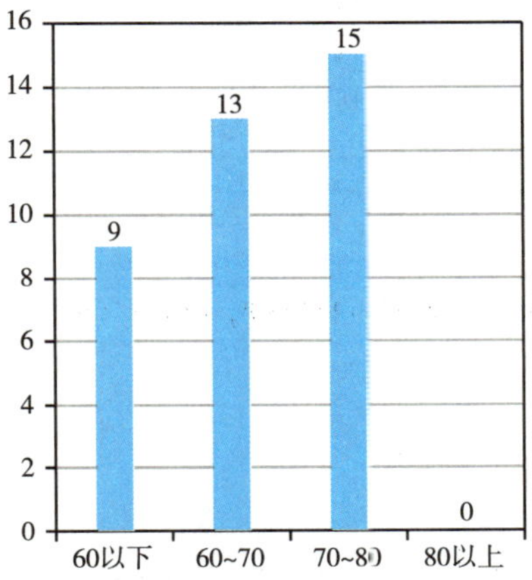

图9-291　2022年云南省上市公司创新发展综合指数分布图（家）

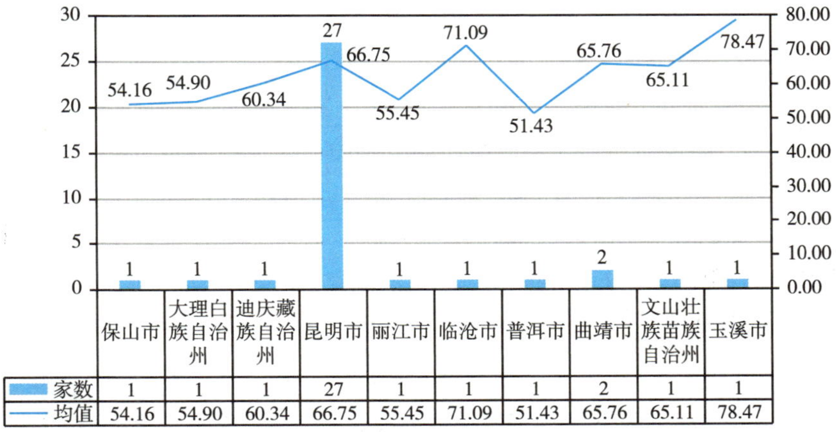

图9-292　2022年云南省上市公司创新发展综合指数均值分布图

云南省创新发展综合指数排名前10的上市公司，如表9-146所示。

表9-146　2022年云南省上市公司创新发展综合指数前10排名

排名	公司代码	公司名称	创新发展综合指数	地级市	一级行业_申万	产权性质
1	002812.SZ	恩捷股份	78.47	玉溪市	电力设备	非国有控股
2	000948.SZ	南天信息	75.30	昆明市	计算机	地方国有控股
3	300142.SZ	沃森生物	75.17	昆明市	医药生物	非国有控股
4	600096.SH	云天化	73.91	昆明市	基础化工	地方国有控股
5	300957.SZ	贝泰妮	73.30	昆明市	美容护理	非国有控股
6	600459.SH	贵研铂业	72.91	昆明市	有色金属	地方国有控股
7	600497.SH	驰宏锌锗	72.91	曲靖市	有色金属	中央国有控股
8	600025.SH	华能水电	72.68	昆明市	公用事业	中央国有控股
9	000807.SZ	云铝股份	72.00	昆明市	有色金属	中央国有控股
10	000878.SZ	云南铜业	71.90	昆明市	有色金属	中央国有控股

数据来源：同花顺（iFinD），首经贸资产评估研究院和浙江工商数字创新与管理研究院整理。

9.30.2 创新资源支持指数

2022年云南省37家上市公司创新资源支持指数平均水平为67.17，低于全市场均值68.18。从指数分布来看，高于均值的有18家，占省份总数的48.65%。其中，最高的是恩捷股份，创新资源支持指数为80.31。具体来看，创新资源支持指数区间在60以下的有8家，占比21.62%；60~70的有14家，占比37.84%；70~80的有14家，占比37.84%；80以上的有1家，占比2.70%，如图9–293所示。

从省内城市分布来看，创新资源支持指数平均水平最高的是玉溪市（80.31），最低的是普洱市（52.88），如图9–294所示。

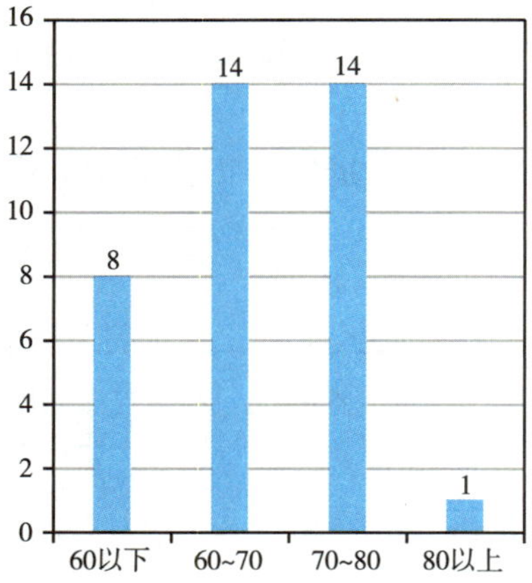

图9–293 2022年云南省上市公司创新资源支持指数分布图（家）

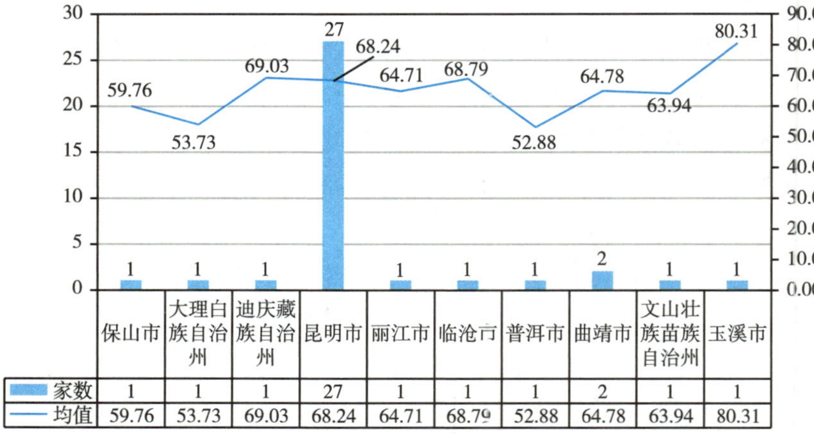

图9–294 2022年云南省上市公司创新资源支持指数均值分布图

云南省创新资源支持指数排名前10的上市公司，如表9–147所示。

表9–147 2022年云南省上市公司创新资源支持指数前10排名

排名	公司代码	公司名称	创新资源支持指数	地级市	一级行业_申万	产权性质
1	002812.SZ	恩捷股份	80.31	玉溪市	电力设备	非国有控股
2	000960.SZ	锡业股份	79.31	昆明市	有色金属	地方国有控股
3	300142.SZ	沃森生物	77.53	昆明市	医药生物	非国有控股
4	002053.SZ	云南能投	76.37	昆明市	基础化工	地方国有控股
5	600422.SH	昆药集团	76.17	昆明市	医药生物	中央国有控股
6	000538.SZ	云南白药	74.38	昆明市	医药生物	地方国有控股
7	000948.SZ	南天信息	74.19	昆明市	计算机	地方国有控股
8	600459.SH	贵研铂业	73.44	昆明市	有色金属	地方国有控股
9	000878.SZ	云南铜业	72.82	昆明市	有色金属	中央国有控股
10	000903.SZ	云内动力	72.78	昆明市	汽车	地方国有控股

数据来源：同花顺（iFinD），首经贸资产评估研究院和浙江工商数字创新与管理研究院整理。

9.30.3 创新要素投入指数

2022年云南省37家上市公司创新要素投入指数平均水平为63.91，低于全市场均值65.37。从指数分布来看，高于均值的有19家，占省份总数的51.35%。其中，最高的是南天信息，创新要素投入指数为82.11。具体来看，创新要素投入指数区间在60以下的有13家，占比35.14%；60~70的有10家，占比27.02%；70~80的有13家，占比35.14%；80以上的有1家，占比2.70%，如图9-295所示。

从省内城市分布来看，创新要素投入指数平均水平最高的是玉溪市（77.07），最低的是普洱市（46.36），如图9-296所示。

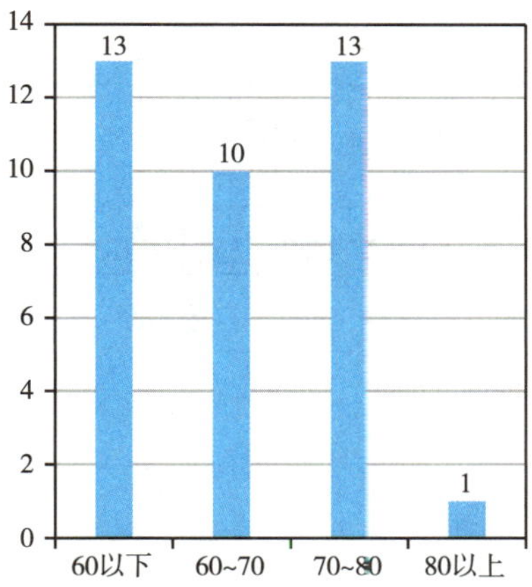

图9-295　2022年云南省上市公司创新要素投入指数分布图（家）

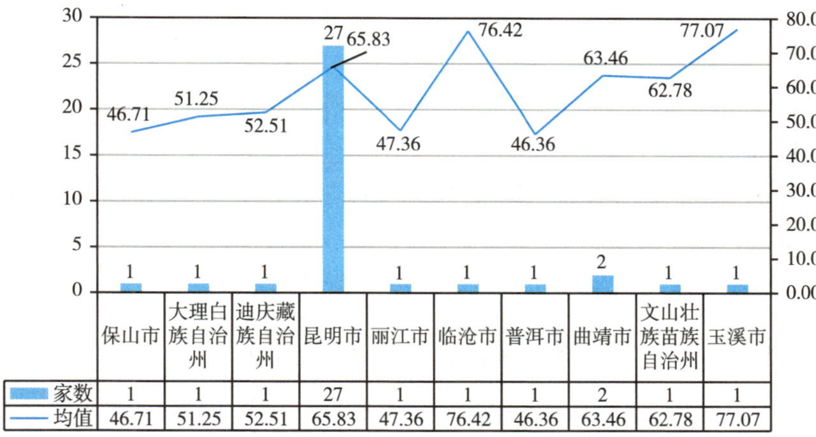

图9-296　2022年云南省上市公司创新要素投入指数均值分布图

云南省创新要素投入指数排名前10的上市公司，如表9-148所示。

表9-148　2022年云南省上市公司创新要素投入指数前10排名

排名	公司代码	公司名称	创新要素投入指数	地级市	一级行业_申万	产权性质
1	000948.SZ	南天信息	82.11	昆明市	计算机	地方国有控股
2	002265.SZ	西仪股份	78.85	昆明市	汽车	中央国有控股
3	002812.SZ	恩捷股份	77.07	玉溪市	电力设备	非国有控股
4	002428.SZ	云南锗业	76.42	临沧市	有色金属	非国有控股
5	300142.SZ	沃森生物	76.41	昆明市	医药生物	非国有控股
6	600025.SH	华能水电	76.20	昆明市	公用事业	中央国有控股
7	000903.SZ	云内动力	75.93	昆明市	汽车	地方国有控股
8	000807.SZ	云铝股份	75.43	昆明市	有色金属	中央国有控股
9	300957.SZ	贝泰妮	74.86	昆明市	美容护理	非国有控股
10	600096.SH	云天化	72.78	昆明市	基础化工	地方国有控股

数据来源：同花顺（iFinD），首经贸资产评估研究院和浙工商数字创新与管理研究院整理。

9.30.4　创新科技成果指数

2022年云南省37家上市公司创新科技成果指数平均水平为68.06，低于全市场均值68.28。从指数分布来看，高于均值的有19家，占省份总数的51.35%。其中，最高的是恩捷股份，创新科技成果指数为76.20。具体来看，创新科技成果指数区间在60以下的有1家，占比2.70%；60~70的有25家，占比67.57%；70~80的有11家，占比29.73%，如图9-297所示。

从省内城市分布来看，创新科技成果指数平均水平最高的是玉溪市（76.20），最低的是丽江市（62.31），如图9-298所示。

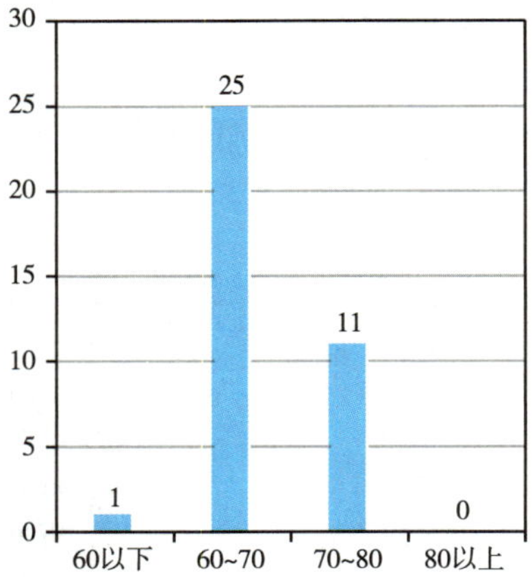

图9-297　2022年云南省上市公司创新科技成果指数分布图（家）

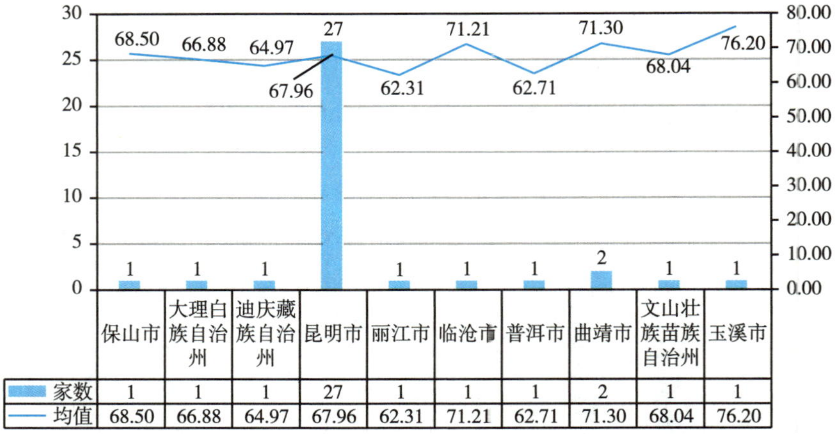

图9-298　2022年云南省上市公司创新科技成果指数均值分布图

云南省创新科技成果指数排名前10的上市公司，如表9-149所示。

表9-149　　2022年云南省上市公司创新科技成果指数前10排名

排名	公司代码	公司名称	创新科技成果指数	地级市	一级行业_申万	产权性质
1	002812.SZ	恩捷股份	76.20	玉溪市	电力设备	非国有控股
2	600459.SH	贵研铂业	74.29	昆明市	有色金属	地方国有控股
3	600025.SH	华能水电	73.14	昆明市	公用事业	中央国有控股
4	600497.SH	驰宏锌锗	72.89	曲靖市	有色金属	中央国有控股
5	300957.SZ	贝泰妮	72.53	昆明市	美容护理	非国有控股
6	600096.SH	云天化	72.31	昆明市	基础化工	地方国有控股
7	000538.SZ	云南白药	71.95	昆明市	医药生物	地方国有控股
8	831152.BJ	昆工科技	71.69	昆明市	电力设备	非国有控股
9	002428.SZ	云南锗业	71.21	临沧市	有色金属	非国有控股
10	300767.SZ	震安科技	70.85	昆明市	基础化工	非国有控股

数据来源：同花顺（iFinD），首经贸资产评估研究院和浙工商数字创新与管理研究院整理。

9.30.5　创新经济绩效指数

2022年云南省37家上市公司创新经济绩效指数平均水平为63.99，高于全市场均值61.11。从指数分布来看，高于均值的有22家，占省份总数的59.46%。其中，最高的是恩捷股份，创新经济绩效指数为80.80。具体来看，创新经济绩效指数区间在60以下的有15家，占比40.55%；60~70的有9家，占比24.32%；70~80的有12家，占比32.43%；80以上的有1家，占比2.70%，如图9-299所示。

从省内城市分布来看，创新经济绩效指数平均水平最高的是玉溪市（80.80），最低的是保山市（46.11），如图9-300所示。

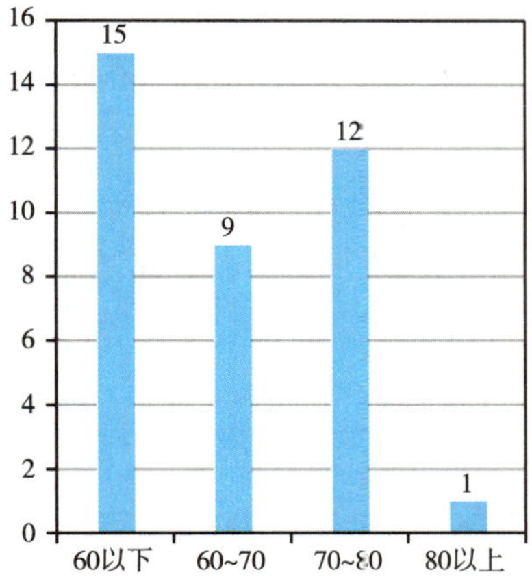

图9-299　2022年云南省上市公司创新经济绩效指数分布图（家）

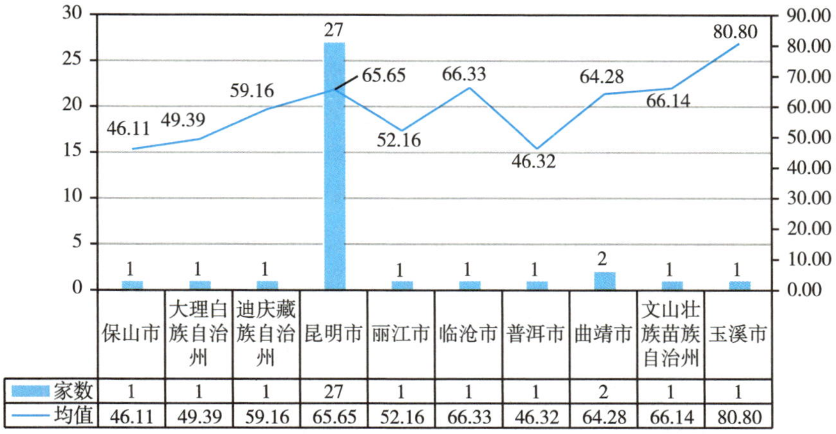

图9-300　2022年云南省上市公司创新经济绩效指数均值分布图

云南省创新经济绩效指数排名前10的上市公司，如表9-150所示。

表9-150　　2022年云南省上市公司创新经济绩效指数前10排名

排名	公司代码	公司名称	创新经济绩效指数	地级市	一级行业_申万	产权性质
1	002812.SZ	恩捷股份	80.80	玉溪市	电力设备	非国有控股
2	600096.SH	云天化	78.91	昆明市	基础化工	地方国有控股
3	300957.SZ	贝泰妮	77.88	昆明市	美容护理	非国有控股
4	300142.SZ	沃森生物	76.90	昆明市	医药生物	非国有控股
5	000948.SZ	南天信息	74.83	昆明市	计算机	地方国有控股
6	600025.SH	华能水电	74.62	昆明市	公用事业	中央国有控股
7	600497.SH	驰宏锌锗	74.38	曲靖市	有色金属	中央国有控股
8	000878.SZ	云南铜业	73.05	昆明市	有色金属	中央国有控股
9	600459.SH	贵研铂业	72.63	昆明市	有色金属	地方国有控股
10	000807.SZ	云铝股份	71.59	昆明市	有色金属	中央国有控股

数据来源：同花顺（iFinD），首经贸资产评估研究院和浙工商数字创新与管理研究院整理。

9.31　浙江省创新发展指数评价

2022年，浙江省全年实现地区生产总值77,715.40亿元，人均地区生产总值为118,496.00元，居民人均可支配收入60,302.50元。截至2022年底，A股市场浙江省共有上市公司631家，总市值共计65,693.08亿元，营业总收入44,510.41亿元，平均市值104.11亿元/家，平均营业收入70.54亿元/家。营业收入最高的上市公司为物产中大（5,765.49亿元），市值最大的上市公司为海康威视（3,270.64亿元）。2022年，浙江省上市公司研发投入合计为1,277.72亿元，占营业收入的2.87%；无形资产账面价值合计为2,122.95亿元，占总资产的3.87%。根据本报告分析口径，本节共对浙江省631家上市公司开展创新发展指数评价，具体情况如下：

9.31.1　创新发展综合指数

根据本报告评价，2022年浙江省创新发展综合指数平均水平为65.54，高于全市场平均水平65.47。

从指数分布来看，高于均值的有294家，占省份总数的46.59%。其中，最高的是晶盛机电，创新发展综合指数为82.62。具体来看，创新发展综合指数区间在60以下的有67家，占比10.62%；60~70的有445家，占比70.52%；70~80的有114家，占比18.07%；80以上的有5家，占比0.79%，如图9-301所示。

从省内城市分布来看，浙江省631家上市公司分布在11个省内城市。创新发展综合指数平均水平最高的是台州市（66.11），最低的是舟山市（62.37），如图9-302所示。

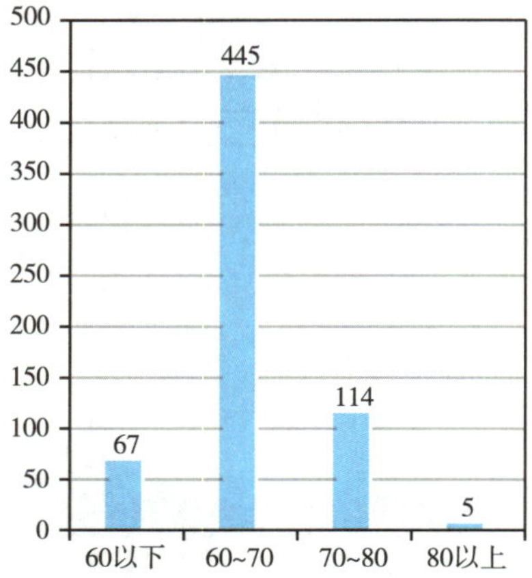

图9-301　2022年浙江省上市公司创新发展综合指数分布图（家）

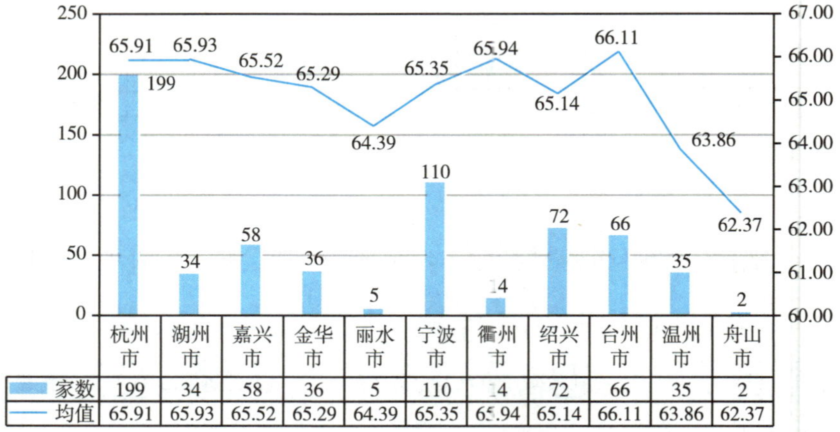

图9-302　2022年浙江省上市公司创新发展综合指数均值分布图

浙江省创新发展综合指数排名前10%的上市公司，如表9-151所示。

表9-151　2022年浙江省上市公司创新发展综合指数前10%排名

排名	公司代码	公司名称	创新发展综合指数	地级市	一级行业_申万	产权性质
1	300316.SZ	晶盛机电	82.62	绍兴市	电力设备	非国有控股
2	000963.SZ	华东医药	81.02	杭州市	医药生物	非国有控股
3	688777.SH	中控技术	80.75	杭州市	机械设备	非国有控股
4	600460.SH	士兰微	80.48	杭州市	电子	非国有控股
5	002415.SZ	海康威视	80.35	杭州市	计算机	中央国有控股
6	600570.SH	恒生电子	79.66	杭州市	计算机	非国有控股
7	002389.SZ	航天彩虹	78.96	台州市	国防军工	中央国有控股
8	600580.SH	卧龙电驱	78.76	绍兴市	电力设备	非国有控股
9	002001.SZ	新和成	78.53	绍兴市	医药生物	非国有控股
10	600521.SH	华海药业	78.16	台州市	医药生物	非国有控股
11	002236.SZ	大华股份	77.97	杭州市	计算机	非国有控股
12	603806.SH	福斯特	77.79	杭州市	电力设备	非国有控股
13	601689.SH	拓普集团	77.68	宁波市	汽车	非国有控股
14	600699.SH	均胜电子	77.07	宁波市	汽车	非国有控股
15	603260.SH	合盛硅业	76.66	嘉兴市	基础化工	非国有控股
16	300033.SZ	同花顺	76.63	杭州市	计算机	非国有控股
17	603799.SH	华友钴业	76.38	嘉兴市	有色金属	非国有控股
18	603456.SH	九洲药业	76.26	台州市	医药生物	非国有控股

续表

排名	公司代码	公司名称	创新发展综合指数	地级市	一级行业_申万	产权性质
19	002050.SZ	三花智控	75.76	绍兴市	家用电器	非国有控股
20	603195.SH	公牛集团	75.73	宁波市	轻工制造	非国有控股
21	600176.SH	中国巨石	75.69	嘉兴市	建筑材料	中央国有控股
22	601877.SH	正泰电器	75.62	温州市	电力设备	非国有控股
23	300666.SZ	江丰电子	75.42	宁波市	电子	非国有控股
24	688005.SH	容百科技	75.09	宁波市	电力设备	非国有控股
25	002085.SZ	万丰奥威	75.07	绍兴市	汽车	非国有控股
26	002326.SZ	永太科技	74.97	台州市	基础化工	非国有控股
27	002056.SZ	横店东磁	74.79	金华市	有色金属	非国有控股
28	603129.SH	春风动力	74.74	杭州市	汽车	非国有控股
29	600330.SH	天通股份	74.71	嘉兴市	机械设备	非国有控股
30	600596.SH	新安股份	74.59	杭州市	基础化工	非国有控股
31	300604.SZ	长川科技	74.55	杭州市	电子	非国有控股
32	603538.SH	美诺华	74.35	宁波市	医药生物	非国有控股
33	600477.SH	杭萧钢构	74.20	杭州市	建筑装饰	非国有控股
34	002273.SZ	水晶光电	74.13	台州市	电子	非国有控股
35	002019.SZ	亿帆医药	74.05	杭州市	医药生物	非国有控股
36	002756.SZ	永兴材料	73.77	湖州市	有色金属	非国有控股
37	000967.SZ	盈峰环境	73.72	绍兴市	环保	非国有控股
38	000795.SZ	英洛华	73.63	金华市	有色金属	非国有控股
39	002434.SZ	万里扬	73.53	金华市	汽车	非国有控股
40	600352.SH	浙江龙盛	73.44	绍兴市	基础化工	非国有控股
41	002430.SZ	杭氧股份	73.35	杭州市	机械设备	地方国有控股
42	002126.SZ	银轮股份	73.34	台州市	汽车	非国有控股
43	300558.SZ	贝达药业	73.32	杭州市	医药生物	非国有控股
44	605358.SH	立昂微	73.28	杭州市	电子	非国有控股
45	603611.SH	诺力股份	73.14	湖州市	计算机	非国有控股
46	600160.SH	巨化股份	73.00	衢州市	基础化工	地方国有控股
47	600933.SH	爱柯迪	72.87	宁波市	汽车	非国有控股
48	300118.SZ	东方日升	72.80	宁波市	电力设备	非国有控股
49	002115.SZ	三维通信	72.72	杭州市	通信	非国有控股
50	002472.SZ	双环传动	72.54	台州市	汽车	非国有控股
51	688819.SH	天能股份	72.40	湖州市	电力设备	非国有控股
52	002493.SZ	荣盛石化	72.36	杭州市	石油石化	非国有控股
53	300347.SZ	泰格医药	72.29	杭州市	医药生物	非国有控股
54	605117.SH	德业股份	72.26	宁波市	家用电器	非国有控股
55	300772.SZ	运达股份	72.23	杭州市	电力设备	地方国有控股
56	002265.SZ	浙富控股	72.08	杭州市	环保	非国有控股
57	600704.SH	物产中大	72.02	杭州市	交通运输	地方国有控股
58	002064.SZ	华峰化学	72.02	温州市	基础化工	非国有控股

续表

排名	公司代码	公司名称	创新发展综合指数	地级市	一级行业_申万	产权性质
59	600884.SH	杉杉股份	72.01	宁波市	电力设备	非国有控股
60	603583.SH	捷昌驱动	72.01	绍兴市	机械设备	非国有控股
61	300763.SZ	锦浪科技	72.00	宁波市	电力设备	非国有控股
62	600572.SH	康恩贝	71.90	金华市	医药生物	地方国有控股
63	601865.SH	福莱特	71.77	嘉兴市	电力设备	非国有控股

数据来源：同花顺（iFinD），首经贸资产评估研究院和浙工商数字创新与管理研究院整理。

9.31.2 创新资源支持指数

2022年浙江省631家上市公司创新资源支持指数平均水平为70.04，高于全市场均值68.18。从指数分布来看，高于均值的有379家，占省份总数的60.06%。其中，最高的是大华股份，创新资源支持指数为93.22。具体来看，创新资源支持指数区间在60以下的有44家，占比6.97%；60~70的有271家，占比42.95%；70~80的有254家，占比40.25%；80以上的有62家，占比9.83%，如图9-303所示。

从省内城市分布来看，创新资源支持指数平均水平最高的是金华市（71.55），最低的是丽水市（66.18），如图9-304所示。

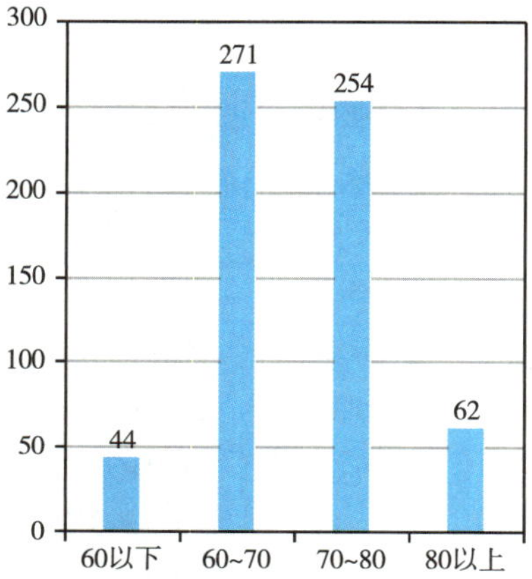

图9-303　2022年浙江省上市公司创新资源支持指数分布图（家）

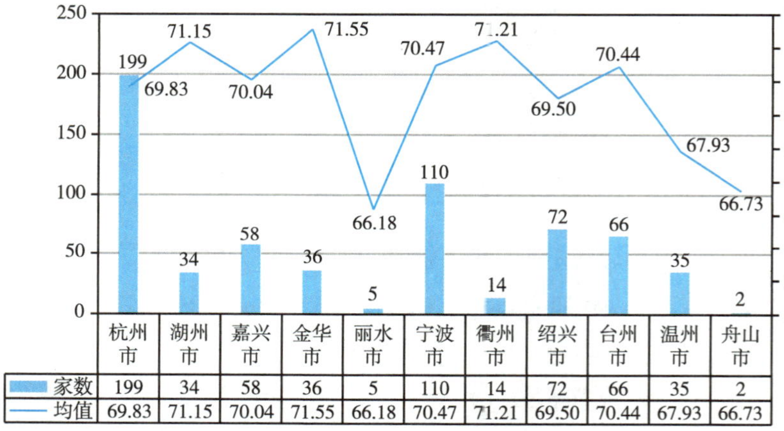

图9-304　2022年浙江省上市公司创新资源支持指数均值分布图

浙江省创新资源支持指数排名前10%的上市公司，如表9-152所示。

表9-152　2022年浙江省上市公司创新资源支持指数前10%排名

排名	公司代码	公司名称	创新资源支持指数	地级市	一级行业_申万	产权性质
1	002236.SZ	大华股份	93.22	杭州市	计算机	非国有控股
2	300316.SZ	晶盛机电	89.21	绍兴市	电力设备	非国有控股
3	688777.SH	中控技术	89.00	杭州市	机械设备	非国有控股
4	002434.SZ	万里扬	87.79	金华市	汽车	非国有控股
5	002415.SZ	海康威视	87.66	杭州市	计算机	中央国有控股
6	601689.SH	拓普集团	87.57	宁波市	汽车	非国有控股
7	603806.SH	福斯特	87.44	杭州市	电力设备	非国有控股
8	002273.SZ	水晶光电	87.30	台州市	电子	非国有控股

续表

排名	公司代码	公司名称	创新资源支持指数	地级市	一级行业_申万	产权性质
9	000739.SZ	普洛药业	85.93	金华市	医药生物	非国有控股
10	002266.SZ	浙富控股	85.87	杭州市	环保	非国有控股
11	300604.SZ	长川科技	85.61	杭州市	电子	非国有控股
12	002001.SZ	新和成	85.52	绍兴市	医药生物	非国有控股
13	002863.SZ	今飞凯达	85.35	金华市	汽车	非国有控股
14	603055.SH	台华新材	85.20	嘉兴市	纺织服饰	非国有控股
15	002050.SZ	三花智控	84.98	绍兴市	家用电器	非国有控股
16	300118.SZ	东方日升	84.94	宁波市	电力设备	非国有控股
17	002056.SZ	横店东磁	84.91	金华市	有色金属	非国有控股
18	603297.SH	永新光学	84.75	宁波市	电子	非国有控股
19	601865.SH	福莱特	84.32	嘉兴市	电力设备	非国有控股
20	600580.SH	卧龙电驱	84.03	绍兴市	电力设备	非国有控股
21	300729.SZ	乐歌股份	83.84	宁波市	轻工制造	非国有控股
22	600176.SH	中国巨石	83.61	嘉兴市	建筑材料	中央国有控股
23	600460.SH	士兰微	83.60	杭州市	电子	非国有控股
24	000967.SZ	盈峰环境	83.25	绍兴市	环保	非国有控股
25	603733.SH	仙鹤股份	83.25	衢州市	轻工制造	非国有控股
26	600570.SH	恒生电子	83.22	杭州市	计算机	非国有控股
27	603129.SH	春风动力	83.18	杭州市	汽车	非国有控股
28	002064.SZ	华峰化学	82.95	温州市	基础化工	非国有控股
29	002534.SZ	西子洁能	82.36	杭州市	电力设备	非国有控股
30	603556.SH	海兴电力	82.20	杭州市	电力设备	非国有控股
31	603662.SH	柯力传感	82.11	宁波市	机械设备	非国有控股
32	603171.SH	税友股份	82.06	杭州市	计算机	非国有控股
33	000963.SZ	华东医药	81.99	杭州市	医药生物	非国有控股
34	300772.SZ	运达股份	81.93	杭州市	电力设备	地方国有控股
35	002493.SZ	荣盛石化	81.93	杭州市	石油石化	非国有控股
36	002011.SZ	盾安环境	81.85	绍兴市	家用电器	非国有控股
37	601567.SH	三星医疗	81.73	宁波市	电力设备	非国有控股
38	603165.SH	荣晟环保	81.70	嘉兴市	轻工制造	非国有控股
39	603195.SH	公牛集团	81.56	宁波市	轻工制造	非国有控股
40	601877.SH	正泰电器	81.56	温州市	电力设备	非国有控股
41	600330.SH	天通股份	81.54	嘉兴市	机械设备	非国有控股
42	600366.SH	宁波韵升	81.43	宁波市	有色金属	非国有控股
43	688475.SH	萤石网络	81.39	杭州市	计算机	中央国有控股
44	003041.SZ	真爱美家	81.39	金华市	纺织服饰	非国有控股
45	002019.SZ	亿帆医药	81.36	杭州市	医药生物	非国有控股
46	603583.SH	捷昌驱动	81.24	绍兴市	机械设备	非国有控股
47	000156.SZ	华数传媒	80.90	杭州市	传媒	地方国有控股
48	603218.SH	日月股份	80.85	宁波市	电力设备	非国有控股

续表

排名	公司代码	公司名称	创新资源支持指数	地级市	一级行业_申万	产权性质
49	600114.SH	东睦股份	80.82	宁波市	机械设备	非国有控股
50	603700.SH	宁水集团	80.80	宁波市	机械设备	非国有控股
51	002590.SZ	万安科技	80.71	绍兴市	汽车	非国有控股
52	605077.SH	华康股份	80.67	衢州市	基础化工	非国有控股
53	002897.SZ	意华股份	80.62	温州市	通信	非国有控股
54	605358.SH	立昂微	80.55	杭州市	电子	非国有控股
55	300203.SZ	聚光科技	80.48	杭州市	环保	非国有控股
56	600797.SH	浙大网新	80.40	杭州市	计算机	中央国有控股
57	688006.SH	杭可科技	80.38	杭州市	电力设备	非国有控股
58	301216.SZ	万凯新材	80.36	嘉兴市	基础化工	非国有控股
59	300666.SZ	江丰电子	80.17	宁波市	电子	非国有控股
60	603337.SH	杰克股份	80.12	台州市	机械设备	非国有控股
61	002326.SZ	永太科技	80.05	台州市	基础化工	非国有控股
62	300068.SZ	南都电源	80.01	杭州市	电力设备	非国有控股
63	600352.SH	浙江龙盛	79.96	绍兴市	基础化工	非国有控股

数据来源：同花顺（iFinD），首经贸资产评估研究院和浙工商数字创新与管理研究院整理。

9.31.3 创新要素投入指数

2022年浙江省631家上市公司创新要素投入指数平均水平为64.94，低于全市场均值65.37。从指数分布来看，高于均值的有287家，占省份总数的45.48%。其中，最高的是恒生电子，创新要素投入指数为87.08。具体来看，创新要素投入指数区间在60以下的有147家，占比23.30%；60~70的有337家，占比53.41%；70~80的有135家，占比21.39%；80以上的有12家，占比1.90%，如图9-305所示。

从省内城市分布来看，创新要素投入指数平均水平最高的是杭州市（66.52），最低的是温州市（61.97），如图9-306所示。

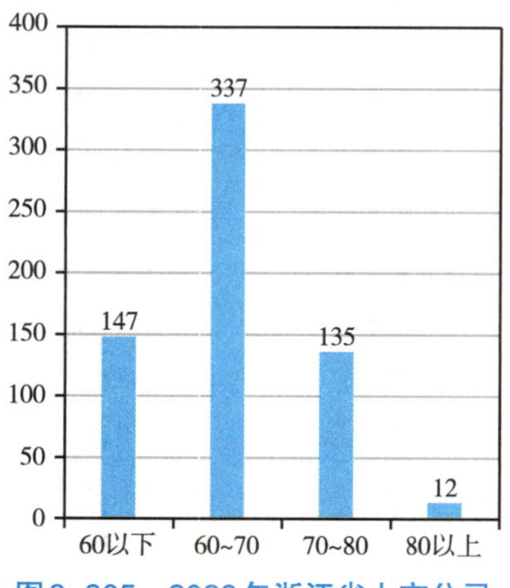

图9-305 2022年浙江省上市公司创新要素投入指数分布图（家）

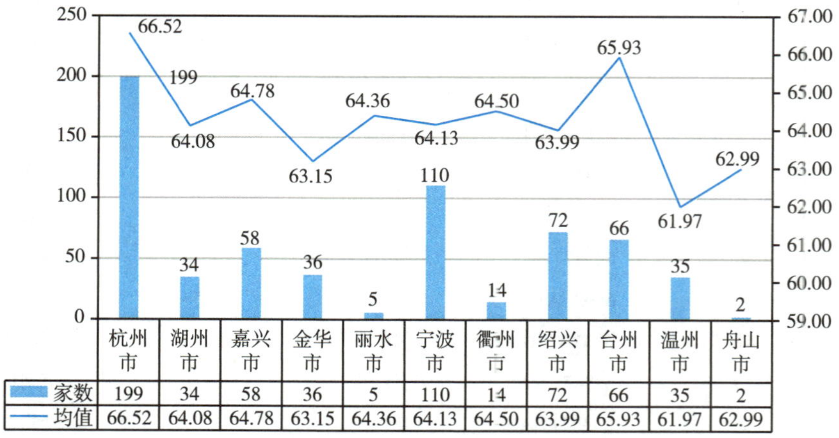

图9-306 2022年浙江省上市公司创新要素投入指数均值分布图

浙江省创新要素投入指数排名前10%的上市公司，如表9-153所示。

表 9-153　　2022 年浙江省上市公司创新要素投入指数前 10% 排名

排名	公司代码	公司名称	创新要素投入指数	地级市	一级行业_申万	产权性质
1	600570.SH	恒生电子	87.08	杭州市	计算机	非国有控股
2	300033.SZ	同花顺	85.74	杭州市	计算机	非国有控股
3	600460.SH	士兰微	85.37	杭州市	电子	非国有控股
4	300316.SZ	晶盛机电	85.17	绍兴市	电力设备	非国有控股
5	002415.SZ	海康威视	84.14	杭州市	计算机	中央国有控股
6	688777.SH	中控技术	83.14	杭州市	机械设备	非国有控股
7	600521.SH	华海药业	83.13	台州市	医药生物	非国有控股
8	002389.SZ	航天彩虹	82.80	台州市	国防军工	中央国有控股
9	300558.SZ	贝达药业	82.02	杭州市	医药生物	非国有控股
10	000963.SZ	华东医药	81.26	杭州市	医药生物	非国有控股
11	601689.SH	拓普集团	80.84	宁波市	汽车	非国有控股
12	300451.SZ	创业慧康	80.07	杭州市	计算机	非国有控股
13	000925.SZ	众合科技	79.96	杭州市	机械设备	非国有控股
14	600699.SH	均胜电子	79.57	宁波市	汽车	非国有控股
15	603806.SH	福斯特	78.63	杭州市	电力设备	非国有控股
16	002001.SZ	新和成	78.59	绍兴市	医药生物	非国有控股
17	300604.SZ	长川科技	78.58	杭州市	电子	非国有控股
18	603260.SH	合盛硅业	78.40	嘉兴市	基础化工	非国有控股
19	688023.SH	安恒信息	78.32	杭州市	计算机	非国有控股
20	002236.SZ	大华股份	78.26	杭州市	计算机	非国有控股
21	301096.SZ	百诚医药	78.07	杭州市	医药生物	非国有控股
22	603456.SH	九洲药业	78.06	台州市	医药生物	非国有控股
23	600580.SH	卧龙电驱	77.89	绍兴市	电力设备	非国有控股
24	600477.SH	杭萧钢构	77.74	杭州市	建筑装饰	非国有控股
25	300766.SZ	每日互动	77.73	杭州市	计算机	非国有控股
26	600571.SH	信雅达	77.70	杭州市	计算机	非国有控股
27	300702.SZ	天宇股份	77.17	台州市	医药生物	非国有控股
28	603186.SH	华正新材	76.93	杭州市	电子	非国有控股
29	603799.SH	华友钴业	76.89	嘉兴市	有色金属	非国有控股
30	002122.SZ	汇洲智能	76.82	衢州市	机械设备	非国有控股
31	002250.SZ	联化科技	76.47	台州市	基础化工	非国有控股
32	002273.SZ	水晶光电	76.43	台州市	电子	非国有控股
33	002020.SZ	京新药业	76.12	绍兴市	医药生物	非国有控股
34	603538.SH	美诺华	76.02	宁波市	医药生物	非国有控股
35	002624.SZ	完美世界	75.95	湖州市	传媒	非国有控股
36	600330.SH	天通股份	75.90	嘉兴市	机械设备	非国有控股
37	002214.SZ	大立科技	75.84	杭州市	国防军工	非国有控股
38	603290.SH	斯达半导	75.73	嘉兴市	电子	非国有控股

续表

排名	公司代码	公司名称	创新要素投入指数	地级市	一级行业_申万	产权性质
39	002322.SZ	理工能科	75.59	宁波市	计算机	非国有控股
40	688075.SH	安旭生物	75.56	杭州市	医药生物	非国有控股
41	002050.SZ	三花智控	75.42	绍兴市	家用电器	非国有控股
42	600797.SH	浙大网新	75.34	杭州市	计算机	中央国有控股
43	603171.SH	税友股份	75.34	杭州市	计算机	非国有控股
44	688088.SH	虹软科技	75.23	杭州市	计算机	非国有控股
45	000980.SZ	众泰汽车	75.19	金华市	汽车	非国有控股
46	002126.SZ	银轮股份	75.07	台州市	汽车	非国有控股
47	600596.SH	新安股份	75.01	杭州市	基础化工	非国有控股
48	600216.SH	浙江医药	74.96	绍兴市	医药生物	非国有控股
49	688270.SH	臻镭科技	74.88	杭州市	电子	非国有控股
50	002940.SZ	昂利康	74.81	绍兴市	医药生物	非国有控股
51	300813.SZ	泰林生物	74.81	杭州市	机械设备	非国有控股
52	603129.SH	春风动力	74.71	杭州市	汽车	非国有控股
53	301095.SZ	广立微	74.69	杭州市	计算机	非国有控股
54	605116.SH	奥锐特	74.69	台州市	医药生物	非国有控股
55	300645.SZ	正元智慧	74.67	杭州市	计算机	非国有控股
56	002056.SZ	横店东磁	74.61	金华市	有色金属	非国有控股
57	002085.SZ	万丰奥威	74.59	绍兴市	汽车	非国有控股
58	300203.SZ	聚光科技	74.48	杭州市	环保	非国有控股
59	002019.SZ	亿帆医药	74.47	杭州市	医药生物	非国有控股
60	688475.SH	萤石网络	74.34	杭州市	计算机	中央国有控股
61	605358.SH	立昂微	74.30	杭州市	电子	非国有控股
62	002135.SZ	东南网架	74.16	杭州市	建筑装饰	非国有控股
63	603195.SH	公牛集团	73.97	宁波市	轻工制造	非国有控股

数据来源：同花顺（iFinD），首经贸资产评估研究院和浙工商数字创新与管理研究院整理。

9.31.4 创新科技成果指数

2022年浙江省631家上市公司创新科技成果指数平均水平为68.41，高于全市场均值68.28。从指数分布来看，高于均值的有333家，占省份总数的52.77%。其中，最高的是晶盛机电，创新科技成果指数为83.46。具体来看，创新科技成果指数区间在60以下的有13家，占比2.06%；60~70的有444家，占比70.36%；70~80的有172家，占比27.26%；80以上的有2家，占比0.32%，如图9-307所示。

从省内城市分布来看，创新科技成果指数平均水平最高的是丽水市（70.13），最低的是金华市（67.47），如图9-308所示。

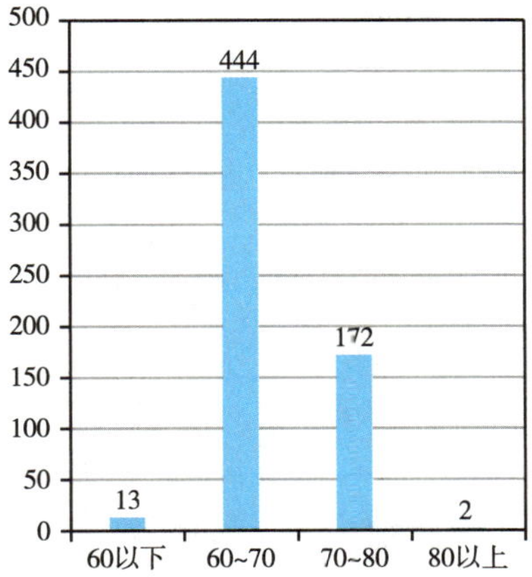

图9-307　2022年浙江省上市公司创新科技成果指数分布图（家）

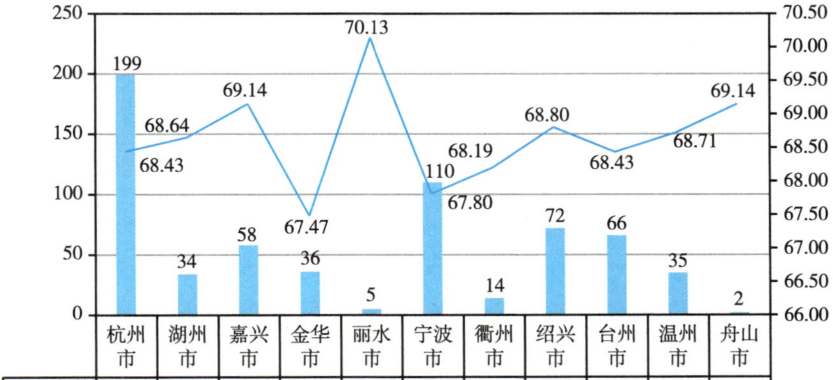

	杭州市	湖州市	嘉兴市	金华市	丽水市	宁波市	衢州市	绍兴市	台州市	温州市	舟山市
家数	199	34	58	36	5	110	14	72	66	35	2
均值	68.43	68.64	69.14	67.47	70.13	67.80	68.19	68.80	68.43	68.71	69.14

图9-308　2022年浙江省上市公司创新科技成果指数均值分布图

浙江省创新科技成果指数排名前10%的上市公司，如表9-154所示。

表9-154　2022年浙江省上市公司创新科技成果指数前10%排名

排名	公司代码	公司名称	创新科技成果指数	地级市	一级行业_申万	产权性质
1	300316.SZ	晶盛机电	83.46	绍兴市	电力设备	非国有控股
2	688777.SH	中控技术	80.70	杭州市	机械设备	非国有控股
3	002415.SZ	海康威视	79.60	杭州市	计算机	中央国有控股
4	002389.SZ	航天彩虹	78.77	台州市	国防军工	中央国有控股
5	600570.SH	恒生电子	78.51	杭州市	计算机	非国有控股
6	600580.SH	卧龙电驱	78.20	绍兴市	电力设备	非国有控股
7	603260.SH	合盛硅业	77.94	嘉兴市	基础化工	非国有控股
8	600596.SH	新安股份	77.57	杭州市	基础化工	非国有控股
9	601377.SH	正泰电器	77.42	温州市	电力设备	非国有控股
10	002115.SZ	三维通信	76.66	杭州市	通信	非国有控股
11	000795.SZ	英洛华	76.61	金华市	有色金属	非国有控股
12	300772.SZ	运达股份	76.44	杭州市	电力设备	地方国有控股
13	002001.SZ	新和成	76.42	绍兴市	医药生物	非国有控股
14	000963.SZ	华东医药	76.34	杭州市	医药生物	非国有控股
15	603799.SH	华友钴业	76.16	嘉兴市	有色金属	非国有控股
16	002637.SZ	赞宇科技	76.14	杭州市	基础化工	非国有控股
17	300666.SZ	江丰电子	76.08	宁波市	电子	非国有控股
18	603567.SH	五洲新春	75.96	绍兴市	机械设备	非国有控股
19	601233.SH	桐昆股份	75.93	嘉兴市	石油石化	非国有控股
20	603195.SH	公牛集团	75.90	宁波市	轻工制造	非国有控股
21	600176.SH	中国巨石	75.90	嘉兴市	建筑材料	中央国有控股
22	002236.SZ	大华股份	75.75	杭州市	计算机	非国有控股
23	600352.SH	浙江龙盛	75.50	绍兴市	基础化工	非国有控股
24	600699.SH	均胜电子	75.43	宁波市	汽车	非国有控股

续表

排名	公司代码	公司名称	创新科技成果指数	地级市	一级行业_申万	产权性质
25	603806.SH	福斯特	75.35	杭州市	电力设备	非国有控股
26	002444.SZ	巨星科技	75.06	杭州市	机械设备	非国有控股
27	300100.SZ	双林股份	74.91	宁波市	汽车	非国有控股
28	603997.SH	继峰股份	74.83	宁波市	汽车	非国有控股
29	600160.SH	巨化股份	74.82	衢州市	基础化工	地方国有控股
30	300033.SZ	同花顺	74.77	杭州市	计算机	非国有控股
31	000559.SZ	万向钱潮	74.65	杭州市	汽车	非国有控股
32	000967.SZ	盈峰环境	74.60	绍兴市	环保	非国有控股
33	002508.SZ	老板电器	74.30	杭州市	家用电器	非国有控股
34	688819.SH	天能股份	74.28	湖州市	电力设备	非国有控股
35	603181.SH	皇马科技	74.26	绍兴市	基础化工	非国有控股
36	002430.SZ	杭氧股份	74.23	杭州市	机械设备	地方国有控股
37	002032.SZ	苏泊尔	74.22	台州市	家用电器	非国有控股
38	600460.SH	士兰微	74.11	杭州市	电子	非国有控股
39	600059.SH	古越龙山	73.89	绍兴市	食品饮料	地方国有控股
40	002056.SZ	横店东磁	73.86	金华市	有色金属	非国有控股
41	688023.SH	安恒信息	73.71	杭州市	计算机	非国有控股
42	002085.SZ	万丰奥威	73.67	绍兴市	汽车	非国有控股
43	605138.SH	盛泰集团	73.67	绍兴市	纺织服饰	非国有控股
44	002011.SZ	盾安环境	73.62	绍兴市	家用电器	非国有控股
45	300439.SZ	美康生物	73.29	宁波市	医药生物	非国有控股
46	600267.SH	海正药业	73.24	台州市	医药生物	地方国有控股
47	002050.SZ	三花智控	73.13	绍兴市	家用电器	非国有控股
48	002534.SZ	西子洁能	73.11	杭州市	电力设备	非国有控股
49	603611.SH	诺力股份	73.04	湖州市	计算机	非国有控股
50	002006.SZ	精工科技	73.02	绍兴市	机械设备	非国有控股
51	300347.SZ	泰格医药	73.01	杭州市	医药生物	非国有控股
52	002135.SZ	东南网架	73.01	杭州市	建筑装饰	非国有控股
53	300118.SZ	东方日升	72.97	宁波市	电力设备	非国有控股
54	002010.SZ	传化智联	72.91	杭州市	交通运输	非国有控股
55	300727.SZ	润禾材料	72.88	宁波市	基础化工	非国有控股
56	300401.SZ	花园生物	72.86	金华市	医药生物	非国有控股
57	300512.SZ	中亚股份	72.80	杭州市	机械设备	非国有控股
58	002372.SZ	伟星新材	72.79	台州市	建筑材料	非国有控股
59	688565.SH	力源科技	72.78	嘉兴市	环保	非国有控股
60	601137.SH	博威合金	72.78	宁波市	有色金属	非国有控股
61	002364.SZ	中恒电气	72.75	杭州市	电力设备	非国有控股
62	688005.SH	容百科技	72.70	宁波市	电力设备	非国有控股
63	600526.SH	菲达环保	72.69	绍兴市	环保	地方国有控股

数据来源：同花顺（iFinD），首经贸资产评估研究院和浙工商数字创新与管理研究院整理。

9.31.5　创新经济绩效指数

2022年浙江省631家上市公司创新经济绩效指数平均水平为60.37，低于全市场均值61.11。从指数分布来看，高于均值的有307家，占省份总数的48.65%。其中，最高的是华东医药，创新经济绩效指数为84.19。具体来看，创新经济绩效指数区间在60以下的有320家，占比50.70%；60~70的有246家，占比38.99%；70~80的有62家，占比9.83%；80以上的有3家，占比0.48%，如图9-309所示。

从省内城市分布来看，创新经济绩效指数平均水平最高的是湖州市（61.89），最低的是舟山市（52.39），如图9-310所示。

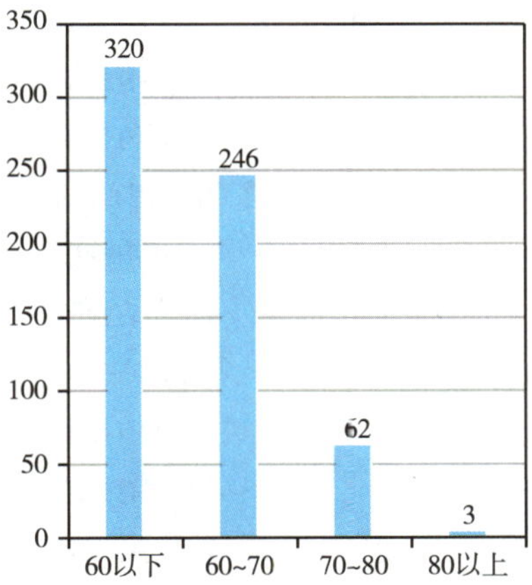

图9-309　2022年浙江省上市公司创新经济绩效指数分布图（家）

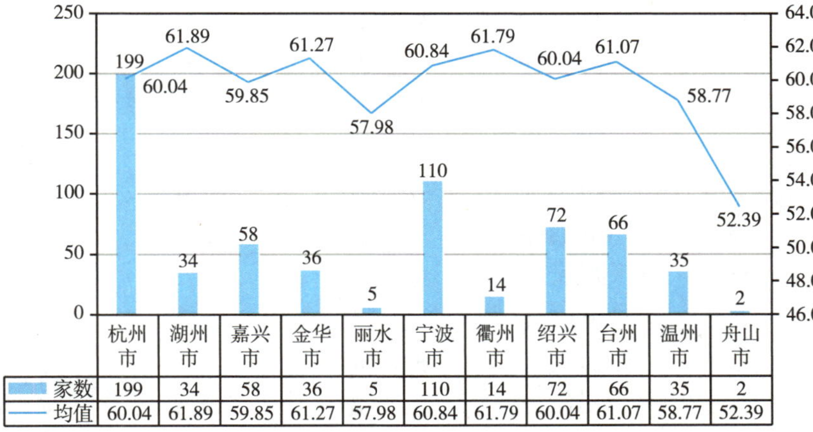

图9-310　2022年浙江省上市公司创新经济绩效指数均值分布图

浙江省创新经济绩效指数排名前10%的上市公司，如表9-155所示。

表9-155　2022年浙江省上市公司创新经济绩效指数前10%排名

排名	公司代码	公司名称	创新经济绩效指数	地级市	一级行业_申万	产权性质
1	000963.SZ	华东医药	84.19	杭州市	医药生物	非国有控股
2	600521.SH	华海药业	81.46	台州市	医药生物	非国有控股
3	002756.SZ	永兴材料	81.02	湖州市	有色金属	非国有控股
4	600699.SH	均胜电子	79.61	宁波市	汽车	非国有控股
5	002389.SZ	航天彩虹	79.08	台州市	国防军工	中央国有控股
6	002085.SZ	万丰奥威	78.22	绍兴市	汽车	非国有控股
7	600460.SH	士兰微	78.05	杭州市	电子	非国有控股
8	603456.SH	九洲药业	77.82	台州市	医药生物	非国有控股
9	002326.SZ	永太科技	77.57	台州市	基础化工	非国有控股
10	600580.SH	卧龙电驱	76.43	绍兴市	电力设备	非国有控股
11	688005.SH	容百科技	75.74	宁波市	电力设备	非国有控股
12	601877.SH	正泰电器	75.61	温州市	电力设备	非国有控股
13	600933.SH	爱柯迪	75.46	宁波市	汽车	非国有控股
14	300666.SZ	江丰电子	75.44	宁波市	电子	非国有控股
15	002001.SZ	新和成	75.23	绍兴市	医药生物	非国有控股
16	600352.SH	浙江龙盛	75.00	绍兴市	基础化工	非国有控股

续表

排名	公司代码	公司名称	创新经济绩效指数	地级市	一级行业_申万	产权性质
17	603799.SH	华友钴业	74.53	嘉兴市	有色金属	非国有控股
18	300244.SZ	迪安诊断	74.08	杭州市	医药生物	非国有控股
19	300316.SZ	晶盛机电	73.98	绍兴市	电力设备	非国有控股
20	603605.SH	珀莱雅	73.94	杭州市	美容护理	非国有控股
21	603538.SH	美诺华	73.87	宁波市	医药生物	非国有控股
22	002472.SZ	双环传动	73.86	台州市	汽车	非国有控股
23	603665.SH	康隆达	73.78	绍兴市	纺织服饰	非国有控股
24	601689.SH	拓普集团	73.61	宁波市	汽车	非国有控股
25	688819.SH	天能股份	73.60	湖州市	电力设备	非国有控股
26	603195.SH	公牛集团	73.39	宁波市	轻工制造	非国有控股
27	600176.SH	中国巨石	73.26	嘉兴市	建筑材料	中央国有控股
28	002434.SZ	万里扬	72.94	金华市	汽车	非国有控股
29	601113.SH	华鼎股份	72.91	金华市	商贸零售	非国有控股
30	300357.SZ	我武生物	72.72	湖州市	医药生物	非国有控股
31	603260.SH	合盛硅业	72.72	嘉兴市	基础化工	非国有控股
32	600596.SH	新安股份	72.66	杭州市	基础化工	非国有控股
33	300604.SZ	长川科技	72.56	杭州市	电子	非国有控股
34	688348.SH	昱能科技	72.52	嘉兴市	电力设备	非国有控股
35	002468.SZ	申通快递	72.42	台州市	交通运输	非国有控股
36	600160.SH	巨化股份	72.20	衢州市	基础化工	地方国有控股
37	002019.SZ	亿帆医药	72.17	杭州市	医药生物	非国有控股
38	600572.SH	康恩贝	72.15	金华市	医药生物	地方国有控股
39	002120.SZ	韵达股份	72.11	宁波市	交通运输	非国有控股
40	300347.SZ	泰格医药	72.11	杭州市	医药生物	非国有控股
41	688777.SH	中控技术	71.90	杭州市	机械设备	非国有控股
42	603806.SH	福斯特	71.88	杭州市	电力设备	非国有控股
43	002050.SZ	三花智控	71.78	绍兴市	家用电器	非国有控股
44	002430.SZ	杭氧股份	71.75	杭州市	机械设备	地方国有控股
45	603129.SH	春风动力	71.65	杭州市	汽车	非国有控股
46	603733.SH	仙鹤股份	71.28	衢州市	轻工制造	非国有控股
47	605358.SH	立昂微	71.19	杭州市	电子	非国有控股
48	600884.SH	杉杉股份	71.17	宁波市	电力设备	非国有控股
49	002415.SZ	海康威视	71.16	杭州市	计算机	中央国有控股
50	603661.SH	恒林股份	71.12	湖州市	轻工制造	非国有控股
51	300401.SZ	花园生物	71.04	金华市	医药生物	非国有控股
52	600415.SH	小商品城	70.93	金华市	商贸零售	地方国有控股
53	600267.SH	海正药业	70.84	台州市	医药生物	地方国有控股
54	603606.SH	东方电缆	70.82	宁波市	电力设备	非国有控股
55	601567.SH	三星医疗	70.78	宁波市	电力设备	非国有控股
56	600776.SH	东方通信	70.78	杭州市	通信	中央国有控股

续表

排名	公司代码	公司名称	创新经济绩效指数	地级市	一级行业_申万	产权性质
57	002444.SZ	巨星科技	70.67	杭州市	机械设备	非国有控股
58	600283.SH	钱江水利	70.65	杭州市	环保	中央国有控股
59	000967.SZ	盈峰环境	70.41	绍兴市	环保	非国有控股
60	600704.SH	物产中大	70.36	杭州市	交通运输	地方国有控股
61	300587.SZ	天铁股份	70.32	台州市	基础化工	非国有控股
62	605117.SH	德业股份	70.31	宁波市	家用电器	非国有控股
63	601921.SH	浙版传媒	70.24	杭州市	传媒	地方国有控股

数据来源：同花顺（iFinD），首经贸资产评估研究院和浙工商数字创新与管理研究院整理。

第10章
中国上市公司创新发展指数评价——板块维度

本章从板块维度，对沪市主板、深市主板、创业板、科创板和北交所上市公司的创新发展指数进行评价和分析。

10.1 沪市主板上市公司创新发展指数评价

截至2022年底，沪市主板上市公司共1,521家，年成交额735,962.54亿元，日均成交3,041.17亿元，总市值310,168.68亿元，平均市值203.92亿元/家，市值最大的上市公司为贵州茅台（21,694.54亿元），营业总收入395,297.16亿元，平均营业收入259.89亿元/家，营业收入最高的上市公司为中国石化（33,181.68亿元）。沪市主板上市公司研发投入合计为8,357.75亿元，占营业收入的2.11%，无形资产账面价值合计为32,548.15亿元，占总资产的6.07%。根据本报告分析口径，本节共对沪市主板1,521家上市公司开展创新发展指数评价，具体情况如下：

10.1.1 创新发展综合指数

根据本报告评价，2022年沪市主板创新发展综合指数平均水平为65.57，高于全市场平均水平65.47。从指数分布来看，高于均值的有752家，占板块总数的49.44%。其中，最高的是中科曙光，创新发展综合指数为87.93。具体来看，创新发展综合指数区间在60以下的有273家，占比17.96%；60~70的有881家，占比57.92%；70~80的有328家，占比21.56%；80以上的有39家，占比2.56%，如图10-1所示。

1,521家沪市主板上市公司中，中央国有控股上市公司有214家，地方国有控股上市公司有403家，非国有企业有904家。根据创新发展综合指数平均水平情况看，中央国有控股上市公司的平均水平为70.16，地方国有控股上市公司为64.63，非国有企业为64.90，如图10-2所示。

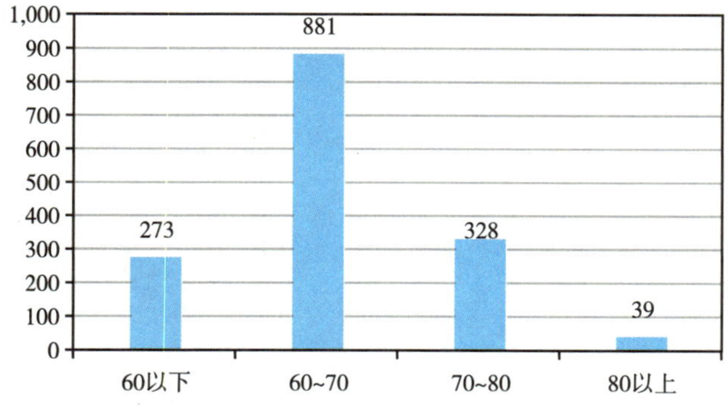

图10-1 2022年沪市主板上市公司创新发展综合指数分布图（家）

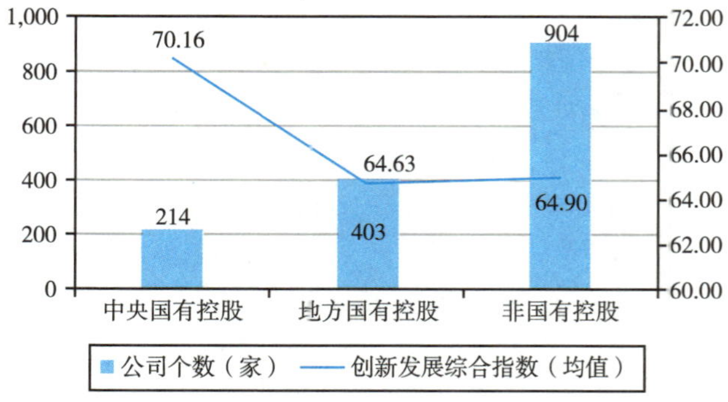

图10-2 2022年沪市主板不同产权上市公司创新发展综合指数均值分布图

从省份分布来看，浙江省（16.79%）、上海市（12.51%）、江苏省（12.44%）、北京市（8.43%）、山东省（5.79%）占据沪市主板主要地位。根据创新发展综合指数平均水平情况来看，平均水平较高的有北京市（70.08）、河南省（67.99）、天津市（67.81）、内蒙古自治区（67.59）、河北省（67.46），如图10-3所示。

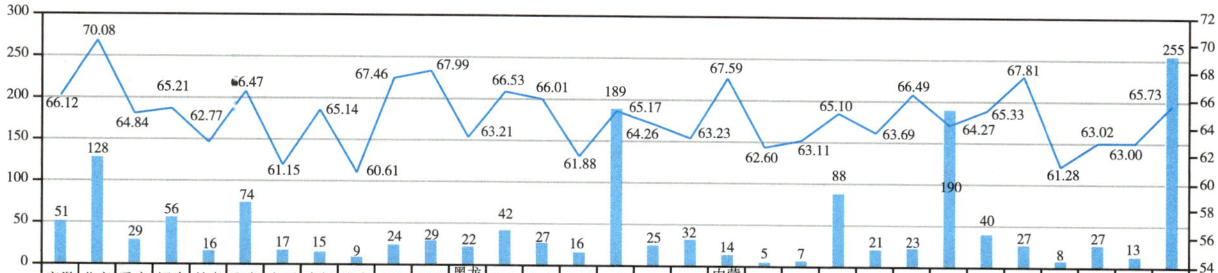

	安徽	北京	重庆	福建	甘肃	广东	广西	贵州	海南	河北	河南	黑龙江	湖北	湖南	吉林	江苏	江西	辽宁	内蒙古	宁夏	青海	山东	山西	陕西	上海	四川	天津	西藏	新疆	云南	浙江
家数	51	128	29	56	16	74	17	15	9	24	29	22	42	27	16	189	25	32	14	5	7	88	21	23	190	40	27	8	27	13	255
均值	66.12	70.08	64.84	65.21	62.77	66.47	61.15	65.14	60.61	67.46	67.99	63.21	66.53	66.01	61.88	65.17	64.26	63.23	67.59	62.60	63.11	65.10	63.69	66.49	64.27	65.33	67.81	61.28	63.02	63.00	65.73

图10-3　2022年沪市主板各省份上市公司创新发展综合指数均值分布图

从行业分布来看，基础化工（8.09%）、机械设备（7.89%）、汽车（7.43%）、医药生物（7.30%）、交通运输（5.33%）占据沪市主板主要地位。根据创新发展综合指数平均水平情况来看，平均水平较高的行业分别是国防军工（72.60）、电力设备（69.31）、通信（68.62）、计算机（68.58）、医药生物（67.78），如图10-4所示。

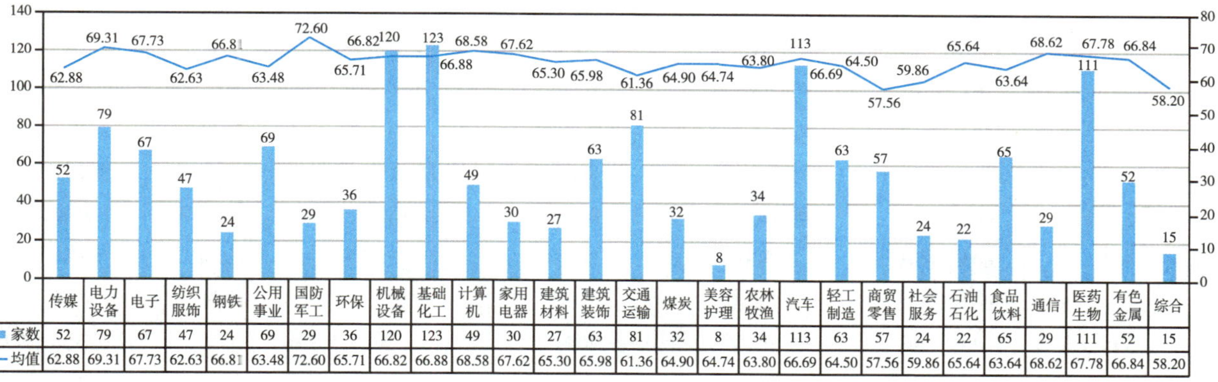

	传媒	电力设备	电子	纺织服饰	钢铁	公用事业	国防军工	环保	机械设备	基础化工	计算机	家用电器	建筑材料	建筑装饰	交通运输	煤炭	美容护理	农林牧渔	汽车	轻工制造	商贸零售	社会服务	石油石化	食品饮料	通信	医药生物	有色金属	综合
家数	52	79	67	47	24	69	29	36	120	123	49	30	27	63	81	32	8	34	113	63	57	24	22	65	29	111	52	15
均值	62.88	69.31	67.73	62.63	66.81	63.48	72.60	65.71	66.82	66.88	68.58	67.62	65.30	65.98	61.36	64.90	64.74	63.80	66.69	64.50	57.56	59.86	65.64	63.64	68.62	67.78	66.84	58.20

图10-4　2022年沪市主板各行业上市公司创新发展综合指数均值分布图

根据本报告评价，沪市主板中上市公司创新发展综合指数排名前50的上市公司，如表10-1所示。

表10-1　2022年沪市主板上市公司创新发展综合指数前50名排名

排名	公司代码	公司名称	创新发展综合指数	一级行业_申万	省份	产权性质
1	603019.SH	中科曙光	87.93	计算机	天津	中央国有控股
2	600406.SH	国电南瑞	87.16	电力设备	江苏	中央国有控股
3	601633.SH	长城汽车	85.23	汽车	河北	非国有控股
4	600703.SH	三安光电	85.02	电子	湖北	非国有控股
5	600196.SH	复星医药	84.06	医药生物	上海	非国有控股
6	600031.SH	三一重工	83.92	机械设备	北京	非国有控股

续表

排名	公司代码	公司名称	创新发展综合指数	一级行业_申万	省份	产权性质
7	600875.SH	东方电气	83.89	电力设备	四川	中央国有控股
8	600522.SH	中天科技	83.81	通信	江苏	非国有控股
9	600276.SH	恒瑞医药	83.73	医药生物	江苏	非国有控股
10	600588.SH	用友网络	83.41	计算机	北京	非国有控股
11	600690.SH	海尔智家	83.39	家用电器	山东	非国有控股
12	600089.SH	特变电工	83.07	电力设备	新疆	非国有控股
13	600309.SH	万华化学	82.90	基础化工	山东	地方国有控股
14	601390.SH	中国中铁	82.34	建筑装饰	北京	中央国有控股
15	603392.SH	万泰生物	82.22	医药生物	北京	非国有控股
16	601766.SH	中国中车	82.14	机械设备	北京	中央国有控股
17	601618.SH	中国中冶	81.86	建筑装饰	北京	中央国有控股
18	600482.SH	中国动力	81.55	电力设备	河北	中央国有控股
19	601985.SH	中国核电	81.30	公用事业	北京	中央国有控股
20	601012.SH	隆基绿能	80.87	电力设备	陕西	非国有控股
21	601117.SH	中国化学	80.77	建筑装饰	北京	中央国有控股
22	601138.SH	工业富联	80.58	电子	广东	非国有控股
23	600887.SH	伊利股份	80.56	食品饮料	内蒙古	非国有控股
24	603986.SH	兆易创新	80.48	电子	北京	非国有控股
25	600460.SH	士兰微	80.48	电子	浙江	非国有控股
26	600118.SH	中国卫星	80.46	国防军工	北京	中央国有控股
27	601615.SH	明阳智能	80.44	电力设备	广东	非国有控股
28	603259.SH	药明康德	80.38	医药生物	江苏	非国有控股
29	600438.SH	通威股份	80.38	电力设备	四川	非国有控股
30	601869.SH	长飞光纤	80.36	通信	湖北	非国有控股
31	600893.SH	航发动力	80.34	国防军工	陕西	中央国有控股
32	603659.SH	璞泰来	80.33	电力设备	上海	非国有控股
33	600150.SH	中国船舶	80.33	国防军工	上海	中央国有控股
34	600050.SH	中国联通	80.32	通信	北京	中央国有控股
35	600019.SH	宝钢股份	80.31	钢铁	上海	中央国有控股
36	600536.SH	中国软件	80.25	计算机	北京	中央国有控股
37	603501.SH	韦尔股份	80.23	电子	上海	非国有控股
38	600104.SH	上汽集团	80.14	汽车	上海	地方国有控股
39	600378.SH	昊华科技	80.06	基础化工	四川	中央国有控股
40	600498.SH	烽火通信	79.94	通信	湖北	中央国有控股
41	601668.SH	中国建筑	79.71	建筑装饰	北京	中央国有控股
42	600570.SH	恒生电子	79.66	计算机	浙江	非国有控股
43	600584.SH	长电科技	79.52	电子	江苏	非国有控股
44	600845.SH	宝信软件	79.45	计算机	上海	中央国有控股
45	601179.SH	中国西电	79.44	电力设备	陕西	中央国有控股
46	601728.SH	中国电信	79.38	通信	北京	中央国有控股

续表

排名	公司代码	公司名称	创新发展综合指数	一级行业_申万	省份	产权性质
47	601800.SH	中国交建	79.28	建筑装饰	北京	中央国有控股
48	600879.SH	航天电子	79.17	国防军工	湖北	中央国有控股
49	600741.SH	华域汽车	78.92	汽车	上海	地方国有控股
50	600580.SH	卧龙电驱	78.76	电力设备	浙江	非国有控股

数据来源：同花顺（iFinD），首经贸资产评估研究院和浙工商数字创新与管理研究院整理。

2022年沪市主板上市公司排名前50的创新发展综合指数平均水平为81.40，排名前10的是中科曙光、国电南瑞、长城汽车、三安光电、复星医药、三一重工、东方电气、中天科技、恒瑞医药、用友网络。

从产权性质来看，在排名前50的沪市主板上市公司中，中央国有控股上市公司有23家，地方国有控股上市公司有3家，非国有企业有24家。

从省份分布来看，在排名前50的沪市主板上市公司中，数量排名靠前的有北京市（15家）、上海市（8家）、江苏省（5家）。

从行业分布来看，在排名前50的沪市主板上市公司中，数量排名靠前的行业分别是电力设备（10家）、电子（6家）、计算机（5家）、建筑装饰（5家）、通信（5家）。

10.1.2　创新资源支持指数

2022年沪市主板创新资源支持指数平均水平为68.54，高于全市场平均水平68.18。从指数分布来看，高于均值的有781家，占板块总数的51.35%。其中，最高的是宇通客车，创新资源支持指数为94.69。具体来看，创新资源支持指数区间在60以下的有235家，占比15.45%；60~70的有631家，占比41.49%；70~80的有535家，占比35.17%；80以上的有120家，占比7.89%，如图10–5所示。

根据创新资源支持指数平均水平情况看，中央国有控股上市公司的平均水平为71.17，地方国有控股上市公司为67.72，非国有企业为68.29，如图10–6所示。

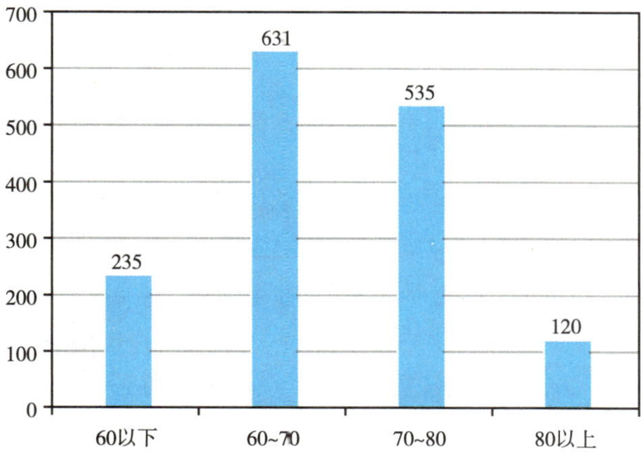

图10–5　2022年沪市主板上市公司创新资源支持指数分布图（家）

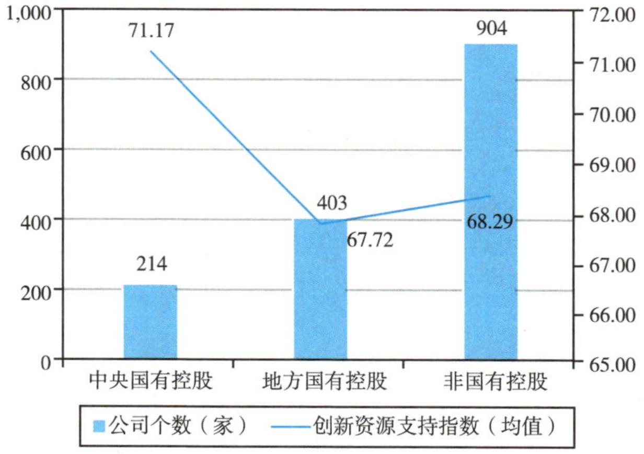

图10–6　2022年沪市主板不同产权上市公司创新资源支持指数均值分布图

根据创新资源支持指数平均水平情况来看，平均水平较高的有河南省（71.54）、北京市（70.75）、广东省（70.59）、浙江省（70.57）、内蒙古自治区（70.42），如图10–7所示。

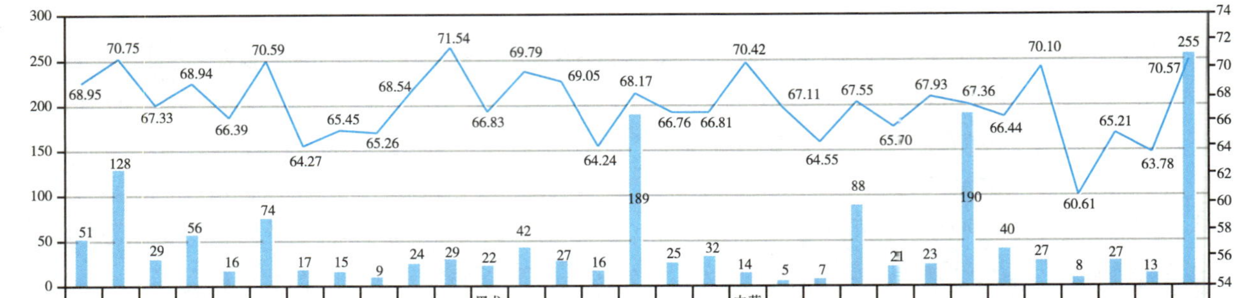

	安徽	北京	重庆	福建	甘肃	广东	广西	贵州	海南	河北	河南	黑龙江	湖北	湖南	吉林	江苏	江西	辽宁	内蒙古	宁夏	青海	山东	山西	陕西	上海	四川	天津	西藏	新疆	云南	浙江
家数	51	128	29	56	16	74	17	15	9	24	29	22	42	27	16	189	25	32	14	5	7	88	21	23	190	40	27	8	27	13	255
均值	68.95	70.75	67.33	68.94	66.39	70.59	64.27	65.45	65.26	68.54	71.54	66.83	69.79	69.05	64.24	68.17	66.76	66.81	70.42	67.11	64.55	67.55	65.70	67.93	67.36	66.44	70.10	60.61	65.21	63.78	70.57

图 10-7　2022 年沪市主板各省份上市公司创新资源支持指数均值分布图

根据创新资源支持指数平均水平情况来看，平均水平较高的行业分别是国防军工（72.94）、家用电器（72.57）、电力设备（72.30）、电子（71.50）、计算机（71.40），如图10-8所示。

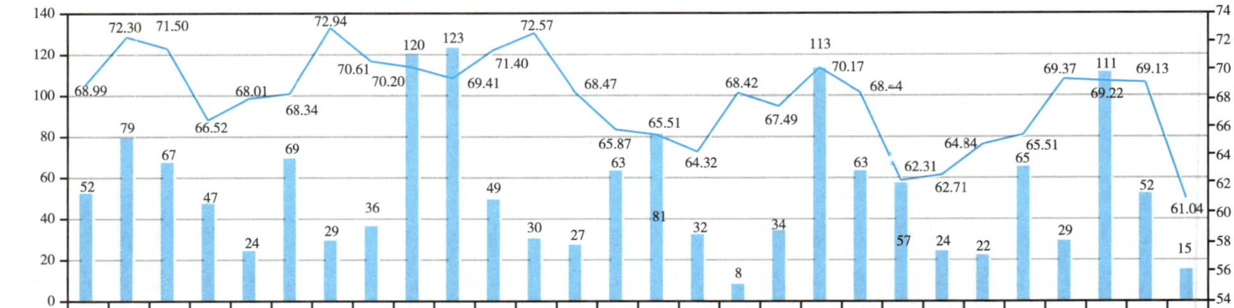

	传媒	电力设备	电子	纺织服饰	钢铁	公用事业	国防军工	环保	机械设备	基础化工	计算机	家用电器	建筑材料	建筑装饰	交通运输	煤炭	美容护理	农林牧渔	汽车	轻工制造	商贸零售	社会服务	石油石化	食品饮料	通信	医药生物	有色金属	综合
家数	52	79	67	47	24	69	29	36	120	123	49	30	27	63	81	32	8	34	113	63	57	24	22	65	29	111	52	15
均值	68.99	72.30	71.50	66.52	68.01	68.34	72.94	70.61	70.20	69.41	71.40	72.57	68.47	65.87	65.51	64.32	68.42	67.49	70.17	68.44	52.31	62.71	64.84	65.51	69.37	69.22	69.13	61.04

图 10-8　2022 年沪市主板各行业上市公司创新资源支持指数均值分布图

根据本报告评价，沪市主板中上市公司创新资源支持指数排名前50的上市公司，如表10-2所示。

表 10-2　2022 年沪市主板上市公司创新资源支持指数前 50 排名

排名	公司代码	公司名称	创新资源支持指数	一级行业_申万	省份	产权性质
1	600066.SH	宇通客车	94.69	汽车	河南	非国有控股
2	600703.SH	三安光电	93.57	电子	湖北	非国有控股
3	600522.SH	中天科技	90.25	通信	江苏	非国有控股
4	603019.SH	中科曙光	90.00	计算机	天津	中央国有控股
5	600143.SH	金发科技	89.46	基础化工	广东	非国有控股
6	600536.SH	中国软件	89.37	计算机	北京	中央国有控股
7	600588.SH	用友网络	89.23	计算机	北京	非国有控股
8	600309.SH	万华化学	88.70	基础化工	山东	地方国有控股
9	601677.SH	明泰铝业	87.69	有色金属	河南	非国有控股
10	603308.SH	应流股份	87.66	机械设备	安徽	非国有控股
11	601689.SH	拓普集团	87.57	汽车	浙江	非国有控股
12	603806.SH	福斯特	87.44	电力设备	浙江	非国有控股

续表

排名	公司代码	公司名称	创新资源支持指数	一级行业_申万	省份	产权性质
13	600323.SH	瀚蓝环境	86.77	环保	广东	地方国有控股
14	600079.SH	人福医药	86.70	医药生物	湖北	非国有控股
15	601633.SH	长城汽车	86.62	汽车	河北	非国有控股
16	600406.SH	国电南瑞	86.44	电力设备	江苏	中央国有控股
17	601808.SH	中海油服	85.74	石油石化	天津	中央国有控股
18	600150.SH	中国船舶	85.74	国防军工	上海	中央国有控股
19	600298.SH	安琪酵母	85.64	食品饮料	湖北	地方国有控股
20	601869.SH	长飞光纤	85.57	通信	湖北	非国有控股
21	603392.SH	万泰生物	85.55	医药生物	北京	非国有控股
22	603055.SH	台华新材	85.20	纺织服饰	浙江	非国有控股
23	601952.SH	苏垦农发	85.05	农林牧渔	江苏	地方国有控股
24	600685.SH	中船防务	85.05	国防军工	广东	中央国有控股
25	603659.SH	璞泰来	85.01	电力设备	上海	非国有控股
26	600346.SH	恒力石化	84.97	石油石化	辽宁	非国有控股
27	600006.SH	东风汽车	84.95	汽车	湖北	中央国有控股
28	600276.SH	恒瑞医药	84.82	医药生物	江苏	非国有控股
29	601718.SH	际华集团	84.81	纺织服饰	北京	中央国有控股
30	600845.SH	宝信软件	84.76	计算机	上海	中央国有控股
31	603297.SH	永新光学	84.75	电子	浙江	非国有控股
32	603039.SH	泛微网络	84.68	计算机	上海	非国有控股
33	603596.SH	伯特利	84.65	汽车	安徽	非国有控股
34	601179.SH	中国西电	84.63	电力设备	陕西	中央国有控股
35	600887.SH	伊利股份	84.56	食品饮料	内蒙古	非国有控股
36	601608.SH	中信重工	84.47	机械设备	河南	中央国有控股
37	601865.SH	福莱特	84.32	电力设备	浙江	非国有控股
38	600562.SH	国睿科技	84.23	国防军工	江苏	中央国有控股
39	600580.SH	卧龙电驱	84.03	电力设备	浙江	非国有控股
40	600584.SH	长电科技	83.91	电子	江苏	非国有控股
41	601908.SH	京运通	83.84	公用事业	北京	非国有控股
42	603681.SH	永冠新材	83.77	基础化工	上海	非国有控股
43	600176.SH	中国巨石	83.61	建筑材料	浙江	中央国有控股
44	600460.SH	士兰微	83.60	电子	浙江	非国有控股
45	601311.SH	骆驼股份	83.56	电力设备	湖北	非国有控股
46	605365.SH	立达信	83.49	家用电器	福建	非国有控股
47	601766.SH	中国中车	83.36	机械设备	北京	中央国有控股
48	600295.SH	鄂尔多斯	83.32	钢铁	内蒙古	非国有控股
49	600817.SH	宇通重工	83.25	环保	河南	非国有控股
50	603733.SH	仙鹤股份	83.25	轻工制造	浙江	非国有控股

数据来源：同花顺（iFinD），首经贸资产评估研究院和浙江工商数字创新与管理研究院整理。

2022年沪市主板上市公司排名前50的创新资源支持指数平均水平为85.89，排名前10的是宇通客车、三安光电、中天科技、中科曙光、金发科技、中国软件、用友网络、万华化学、明泰铝业、应流股份。

从产权性质来看，在排名前50的沪市主板上市公司中，中央国有控股上市公司有14家，地方国有控股上市公司有4家，非国有企业有32家。

从省份分布来看，在排名前50的沪市主板上市公司中，数量排名靠前的有浙江省（9家）、北京市（6家）、湖北省（6家）、江苏省（6家）。

从行业分布来看，在排名前50的沪市主板上市公司中，数量排名靠前的行业分别是电力设备（7家）、汽车（5家）、计算机（5家）、电子（4家）。

10.1.3 创新要素投入指数

2022年沪市主板创新要素投入指数平均水平为64.36，低于全市场平均水平65.37。从指数分布来看，高于均值的有712家，占板块总数的46.81%。其中，最高的是中科曙光，创新要素投入指数为93.01。具体来看，创新要素投入指数区间在60以下的有440家，占比28.93%；60~70的有663家，占比43.59%；70~80的有359家，占比23.60%；80以上的有59家，占比3.88%，如图10-9所示。

根据创新要素投入指数平均水平情况看，中央国有控股上市公司的平均水平为70.18，地方国有控股上市公司为62.53，非国有企业为63.80，如图10-10所示。

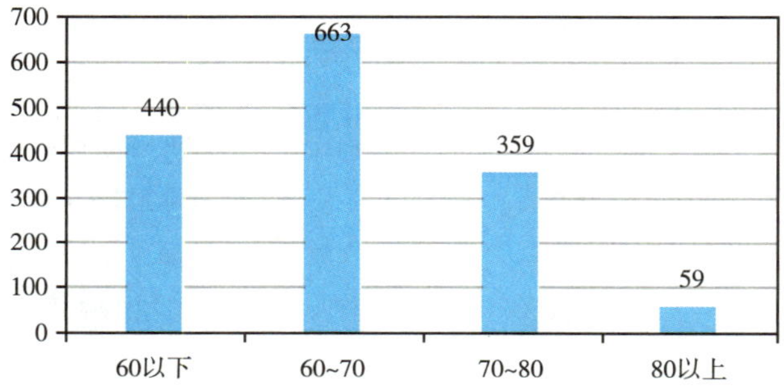

图10-9 2022年沪市主板上市公司创新要素投入指数分布图（家）

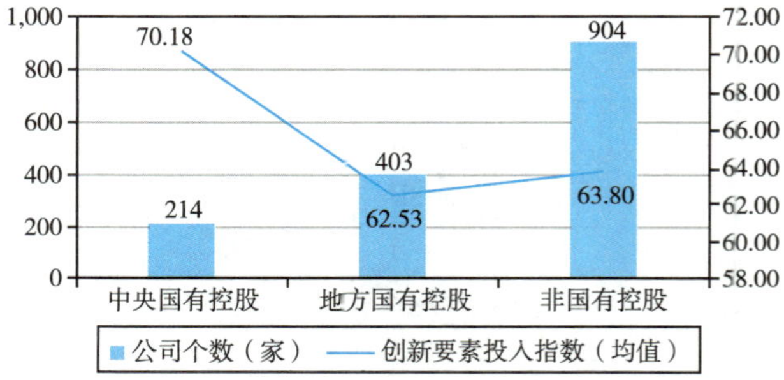

图10-10 2022年沪市主板不同产权上市公司创新要素投入指数均值分布图

根据创新要素投入指数平均水平情况来看，平均水平较高的有北京市（70.99）、天津市（68.27）、河南省（67.37）、河北省（66.84）、内蒙古自治区（65.34），如图10-11所示。

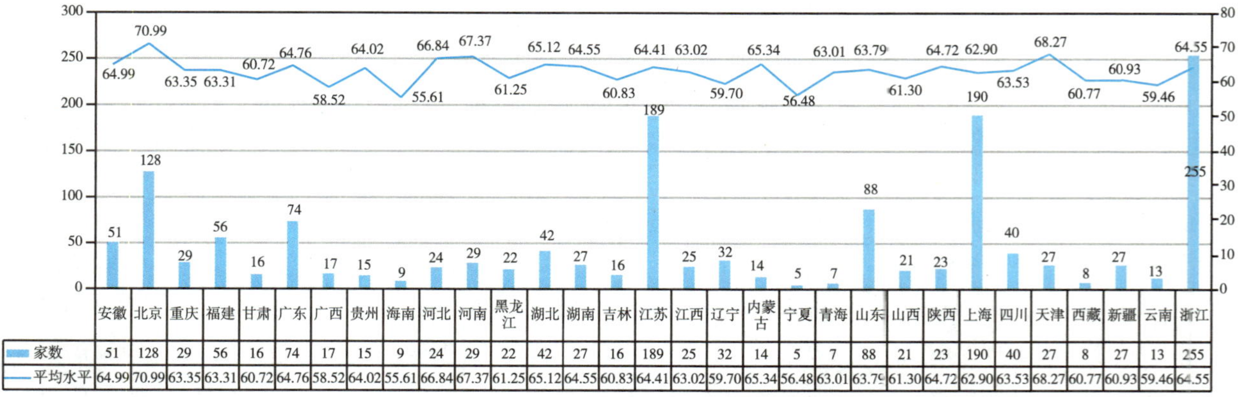

	安徽	北京	重庆	福建	甘肃	广东	广西	贵州	海南	河北	河南	黑龙江	湖北	湖南	吉林	江苏
家数	51	128	29	56	16	74	17	15	9	24	29	22	42	27	16	189
平均水平	64.99	70.99	63.35	63.31	60.72	64.76	58.52	64.02	55.61	66.84	67.37	61.25	65.12	64.55	60.83	64.41

	江西	辽宁	内蒙古	宁夏	青海	山东	山西	陕西	上海	四川	天津	西藏	新疆	云南	浙江
家数	25	32	14	5	7	88	21	23	190	40	27	8	27	13	255
平均水平	63.02	59.70	65.34	56.48	63.01	63.79	61.30	64.72	62.90	63.53	68.27	60.77	60.93	59.46	64.55

图10-11 2022年沪市主板各省份上市公司创新要素投入指数均值分布图

根据创新要素投入指数平均水平情况来看，平均水平较高的行业分别是国防军工（75.31）、计算机（72.39）、通信（70.92）、电力设备（68.97）、电子（68.89），如图10–12所示。

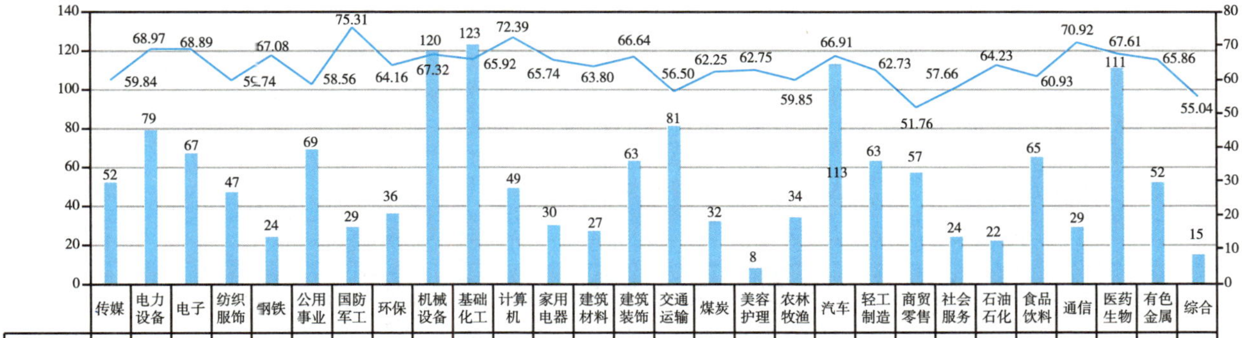

	传媒	电力设备	电子	纺织服饰	钢铁	公用事业	国防军工	环保	机械设备	基础化工	计算机	家用电器	建筑材料	建筑装饰	交通运输	煤炭	美容护理	农林牧渔	汽车	轻工制造	商贸零售	社会服务	石油石化	食品饮料	通信	医药生物	有色金属	综合
家数	52	79	67	47	24	69	29	36	120	123	49	30	27	63	81	32	8	34	113	63	57	24	22	65	29	111	52	15
平均水平	59.84	68.97	68.89	59.74	67.08	58.56	75.31	64.16	67.32	65.92	72.39	65.74	63.80	66.64	56.50	62.25	62.75	59.85	66.91	62.73	51.76	57.66	64.23	60.93	70.92	67.61	65.86	55.04

图10–12　2022年沪市主板各行业上市公司创新要素投入指数均值分布图

根据本报告评价，沪市主板中上市公司创新要素投入指数排名前50的上市公司，如表10–3所示。

表10–3　2022年沪市主板上市公司创新要素投入指数前50排名

排名	公司代码	公司名称	创新要素投入指数	一级行业_申万	省份	产权性质
1	603019.SH	中科曙光	93.01	计算机	天津	中央国有控股
2	601633.SH	长城汽车	89.92	汽车	河北	非国有控股
3	600276.SH	恒瑞医药	88.77	医药生物	江苏	非国有控股
4	600031.SH	三一重工	88.53	机械设备	北京	非国有控股
5	600875.SH	东方电气	88.09	电力设备	四川	中央国有控股
6	603392.SH	万泰生物	87.71	医药生物	北京	非国有控股
7	603501.SH	韦尔股份	87.44	电子	上海	非国有控股
8	600570.SH	恒生电子	87.08	计算机	浙江	非国有控股
9	600196.SH	复星医药	86.67	医药生物	上海	非国有控股
10	600745.SH	闻泰科技	86.41	电子	湖北	非国有控股
11	600588.SH	用友网络	86.17	计算机	北京	非国有控股
12	600089.SH	特变电工	86.17	电力设备	新疆	非国有控股
13	600498.SH	烽火通信	86.11	通信	湖北	中央国有控股
14	601127.SH	赛力斯	85.99	汽车	重庆	非国有控股
15	600482.SH	中国动力	85.83	电力设备	河北	中央国有控股
16	600406.SH	国电南瑞	85.82	电力设备	江苏	中央国有控股
17	600703.SH	三安光电	85.70	电子	湖北	非国有控股
18	600460.SH	士兰微	85.37	电子	浙江	非国有控股
19	601766.SH	中国中车	85.23	机械设备	北京	中央国有控股
20	603986.SH	兆易创新	84.74	电子	北京	非国有控股
21	600019.SH	宝钢股份	84.49	钢铁	上海	中央国有控股
22	601618.SH	中国中冶	84.24	建筑装饰	北京	中央国有控股

续表

排名	公司代码	公司名称	创新要素投入指数	一级行业_申万	省份	产权性质
23	600378.SH	昊华科技	83.89	基础化工	四川	中央国有控股
24	601989.SH	中国重工	83.74	国防军工	北京	中央国有控股
25	601965.SH	中国汽研	83.13	汽车	重庆	中央国有控股
26	600521.SH	华海药业	83.13	医药生物	浙江	非国有控股
27	600690.SH	海尔智家	82.79	家用电器	山东	非国有控股
28	600131.SH	国网信通	82.79	计算机	四川	中央国有控股
29	600169.SH	太原重工	82.74	机械设备	山西	地方国有控股
30	601615.SH	明阳智能	82.72	电力设备	广东	非国有控股
31	601985.SH	中国核电	82.72	公用事业	北京	中央国有控股
32	600050.SH	中国联通	82.69	通信	北京	中央国有控股
33	601800.SH	中国交建	82.68	建筑装饰	北京	中央国有控股
34	600292.SH	远达环保	82.65	环保	重庆	中央国有控股
35	603259.SH	药明康德	82.65	医药生物	江苏	非国有控股
36	601360.SH	三六零	82.63	计算机	天津	非国有控股
37	600522.SH	中天科技	82.53	通信	江苏	非国有控股
38	600741.SH	华域汽车	82.50	汽车	上海	地方国有控股
39	601012.SH	隆基绿能	82.41	电力设备	陕西	非国有控股
40	600150.SH	中国船舶	82.37	国防军工	上海	中央国有控股
41	600536.SH	中国软件	82.24	计算机	北京	中央国有控股
42	601390.SH	中国中铁	82.10	建筑装饰	北京	中央国有控股
43	601100.SH	恒立液压	82.08	机械设备	江苏	非国有控股
44	600118.SH	中国卫星	82.02	国防军工	北京	中央国有控股
45	603859.SH	能科科技	81.79	计算机	北京	非国有控股
46	603087.SH	甘李药业	81.39	医药生物	北京	非国有控股
47	600893.SH	航发动力	81.26	国防军工	陕西	中央国有控股
48	601869.SH	长飞光纤	81.21	通信	湖北	非国有控股
49	600339.SH	中油工程	81.16	石油石化	新疆	中央国有控股
50	601117.SH	中国化学	80.98	建筑装饰	北京	中央国有控股

数据来源：同花顺（iFinD），首经贸资产评估研究院和浙工商数字创新与管理研究院整理。

2022年沪市主板上市公司排名前50的创新要素投入指数平均水平为84.33，排名前10的是中科曙光、长城汽车、恒瑞医药、三一重工、东方电气、万泰生物、韦尔股份、恒生电子、复星医药、闻泰科技。

从产权性质来看，在排名前50的沪市主板上市公司中，中央国有控股上市公司有23家，地方国有控股上市公司有2家，非国有企业有25家。

从省份分布来看，在排名前50的沪市主板上市公司中，数量排名靠前的有北京市（16家）、江苏省（5家）、上海市（5家）、湖北省（4家）。

从行业分布来看，在排名前50的沪市主板上市公司中，数量排名靠前的行业分别是电力设备（7家）、汽车（5家）、计算机（5家）、电子（4家）。

10.1.4　创新科技成果指数

2022年沪市主板创新科技成果指数平均水平为67.86，低于全市场平均水平68.28。从指数分布来看，高于均值的有739家，占板块总数的48.59%。其中，最高的是海尔智家，创新科技成果指数为90.42。具体来看，创新科技成果指数区间在60以下的有116家，占比7.63%；60~70的有967家，占比63.57%；70~80的有402家，占比26.43%；80以上的有36家，占比2.37%，如图10–13所示。

根据创新科技成果指数平均水平情况看，中央国有控股上市公司的平均水平为70.80，地方国有控股上市公司为66.74，非国有企业为67.67，如图10–14所示。

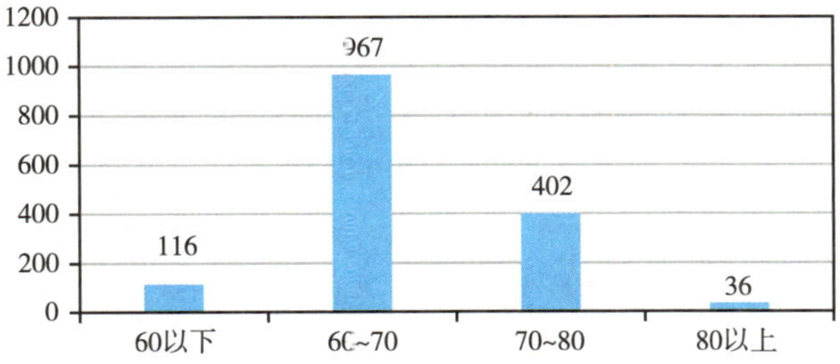

图10–13　2022年沪市主板上市公司创新科技成果指数分布图（家）

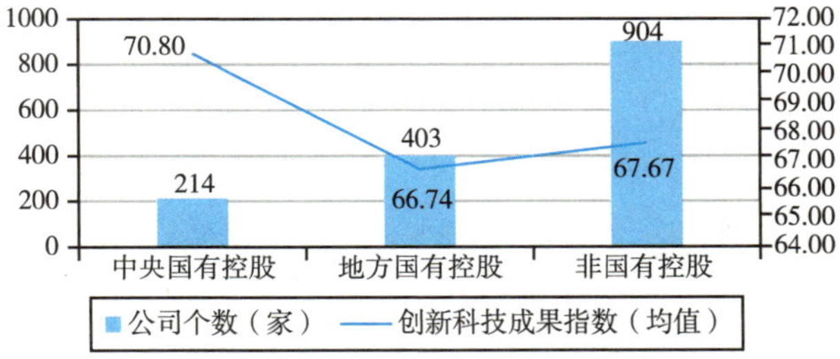

图10–14　2022年沪市主板不同产权上市公司创新科技成果指数均值分布图

根据创新科技成果指数平均水平情况来看，平均水平较高的有北京市（70.48）、河南省（69.35）、陕西省（69.29）、河北省（68.85）、安徽省（68.79），如图10–15所示。

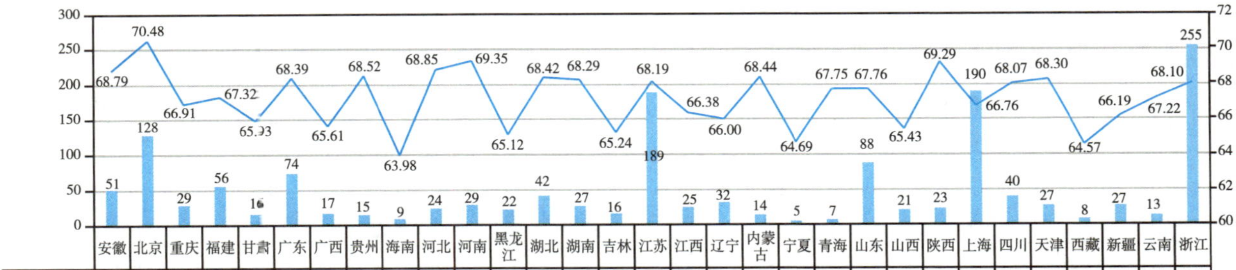

	安徽	北京	重庆	福建	甘肃	广东	广西	贵州	海南	河北	河南	黑龙江	湖北	湖南	吉林	江苏	江西	辽宁	内蒙古	宁夏	青海	山东	山西	陕西	上海	四川	天津	西藏	新疆	云南	浙江
家数	51	128	29	56	16	74	17	15	9	24	29	22	42	27	16	189	25	32	14	5	7	88	21	23	190	40	27	8	27	13	255
平均水平	68.79	70.48	66.91	67.32	65.93	68.39	65.61	68.52	63.98	68.85	69.35	65.12	68.42	68.29	65.24	68.19	66.38	66.00	68.44	64.69	67.75	67.76	65.43	69.29	66.76	68.07	68.30	64.57	66.19	67.22	68.10

图10–15　2022年沪市主板各省份上市公司创新科技成果指数均值分布图

根据创新科技成果指数平均水平情况来看，平均水平较高的行业分别是国防军工（72.14）、电力设备（71.22）、钢铁（70.95）、家用电器（69.77）、机械设备（69.57），如图10–16所示。

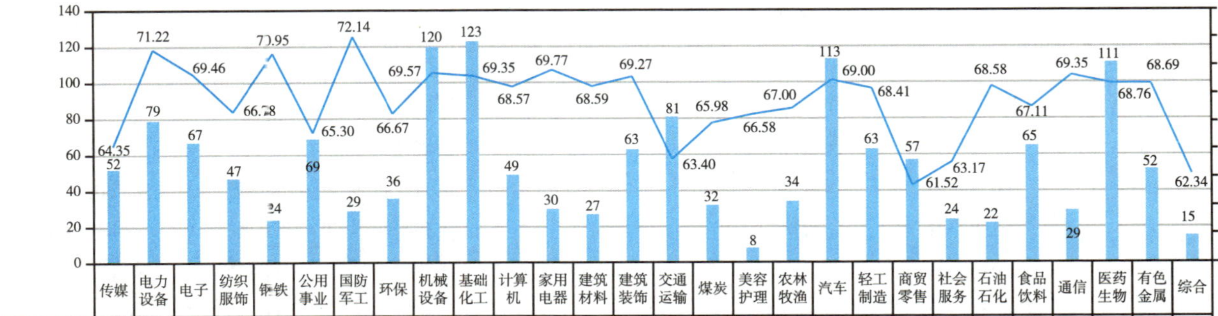

	传媒	电力设备	电子	纺织服饰	钢铁	公用事业	国防军工	环保	机械设备	基础化工	计算机	家用电器	建筑材料	建筑装饰	交通运输	煤炭	美容护理	农林牧渔	汽车	轻工制造	商贸零售	社会服务	石油石化	食品饮料	通信	医药生物	有色金属	综合
家数	52	79	67	47	24	69	29	36	120	123	49	30	27	63	81	32	8	34	113	63	57	24	22	65	29	111	52	15
平均水平	64.35	71.22	69.46	66.78	70.95	65.30	72.14	66.67	69.57	69.35	68.57	69.77	68.59	69.27	63.40	65.98	66.58	67.00	69.00	68.41	61.52	63.17	68.58	67.11	69.35	68.76	68.69	62.34

图10–16　2022年沪市主板各行业上市公司创新科技成果指数均值分布图

根据本报告评价，沪市主板中上市公司创新科技成果指数排名前50的上市公司，如表10-4所示。

表10-4　　2022年沪市主板上市公司创新科技成果指数前50排名

排名	公司代码	公司名称	创新科技成果指数	一级行业_申万	省份	产权性质
1	600690.SH	海尔智家	90.42	家用电器	山东	非国有控股
2	601668.SH	中国建筑	87.16	建筑装饰	北京	中央国有控股
3	601618.SH	中国中冶	86.46	建筑装饰	北京	中央国有控股
4	600196.SH	复星医药	86.18	医药生物	上海	非国有控股
5	600309.SH	万华化学	86.01	基础化工	山东	地方国有控股
6	600406.SH	国电南瑞	85.94	电力设备	江苏	中央国有控股
7	600031.SH	三一重工	85.42	机械设备	北京	非国有控股
8	600438.SH	通威股份	85.10	电力设备	四川	非国有控股
9	601138.SH	工业富联	85.03	电子	广东	非国有控股
10	600528.SH	中铁工业	84.16	机械设备	北京	中央国有控股
11	600522.SH	中天科技	84.13	通信	江苏	非国有控股
12	600011.SH	华能国际	83.46	公用事业	北京	中央国有控股
13	600887.SH	伊利股份	83.34	食品饮料	内蒙古	非国有控股
14	600089.SH	特变电工	83.14	电力设备	新疆	非国有控股
15	601390.SH	中国中铁	83.13	建筑装饰	北京	中央国有控股
16	600019.SH	宝钢股份	83.00	钢铁	上海	中央国有控股
17	601117.SH	中国化学	82.75	建筑装饰	北京	中央国有控股
18	600282.SH	南钢股份	82.45	钢铁	江苏	非国有控股
19	600808.SH	马钢股份	82.42	钢铁	安徽	中央国有控股
20	601766.SH	中国中车	82.17	机械设备	北京	中央国有控股
21	600875.SH	东方电气	81.70	电力设备	四川	中央国有控股
22	601800.SH	中国交建	81.53	建筑装饰	北京	中央国有控股
23	600150.SH	中国船舶	81.31	国防军工	上海	中央国有控股
24	600028.SH	中国石化	81.20	石油石化	北京	中央国有控股
25	601669.SH	中国电建	81.16	建筑装饰	北京	中央国有控股
26	600050.SH	中国联通	81.09	通信	北京	中央国有控股
27	601088.SH	中国神华	80.69	煤炭	北京	中央国有控股
28	601012.SH	隆基绿能	80.51	电力设备	陕西	非国有控股
29	600893.SH	航发动力	80.49	国防军工	陕西	中央国有控股
30	600703.SH	三安光电	80.30	电子	湖北	非国有控股
31	601989.SH	中国重工	80.28	国防军工	北京	中央国有控股
32	600378.SH	昊华科技	80.25	基础化工	四川	中央国有控股
33	600550.SH	保变电气	80.13	电力设备	河北	中央国有控股
34	603882.SH	金域医学	80.10	医药生物	广东	非国有控股
35	600332.SH	白云山	80.10	医药生物	广东	地方国有控股
36	600760.SH	中航沈飞	80.02	国防军工	山东	中央国有控股
37	600879.SH	航天电子	79.90	国防军工	湖北	中央国有控股
38	600482.SH	中国动力	79.82	电力设备	河北	中央国有控股

续表

排名	公司代码	公司名称	创新科技成果指数	一级行业_申万	省份	产权性质
39	601727.SH	上海电气	79.63	电力设备	上海	地方国有控股
40	600549.SH	厦门钨业	79.58	有色金属	福建	地方国有控股
41	600968.SH	海油发展	79.49	石油石化	北京	中央国有控股
42	601728.SH	中国电信	79.48	通信	北京	中央国有控股
43	601186.SH	中国铁建	79.44	建筑装饰	北京	中央国有控股
44	601857.SH	中国石油	79.40	石油石化	北京	中央国有控股
45	601992.SH	金隅集团	79.17	建筑材料	北京	地方国有控股
46	600170.SH	上海建工	79.14	建筑装饰	上海	地方国有控股
47	600276.SH	恒瑞医药	78.94	医药生物	江苏	非国有控股
48	600741.SH	华域汽车	78.87	汽车	上海	地方国有控股
49	600143.SH	金发科技	78.64	基础化工	广东	非国有控股
50	603259.SH	药明康德	78.60	医药生物	江苏	非国有控股

数据来源：同花顺（iFinD），首经贸资产评估研究院和浙工商数字创新与管理研究院整理。

2022年沪市主板上市公司排名前50的创新科技成果指数平均水平为81.86，排名前10的是海尔智家、中国建筑、中国中冶、复星医药、万华化学、国电南瑞、三一重工、通威股份、工业富联、中铁工业。

从产权性质来看，在排名前50的沪市主板上市公司中，中央国有控股上市公司有28家，地方国有控股上市公司有7家，非国有企业有15家。

从省份分布来看，在排名前50的沪市主板上市公司中，数量排名靠前的有北京市（19家）、上海市（6家）、江苏省（5家）、广东省（4家）。

从行业分布来看，在排名前50的沪市主板上市公司中，数量排名靠前的行业分别是电力设备（8家）、建筑装饰（8家）、国防军工（5家）、医药生物（5家）。

10.1.5 创新经济绩效指数

2022年沪市主板创新经济绩效指数平均水平为62.77，高于全市场平均水平61.11。从指数分布来看，高于均值的有848家，占板块总数的55.75%。其中，最高的是国电南瑞，创新经济绩效指数为90.35。具体来看，创新经济绩效指数区间在60以下的有607家，占比39.91%；60~70的有627家，占比41.22%；70~80的有242家，占比15.91%；80以上的有45家，占比2.96%，如图10-17所示。

根据创新经济绩效指数平均水平情况看，中央国有控股上市公司的平均水平为68.82，地方国有控股上市公司为62.99，非国有企业为61.24，如图10-18所示。

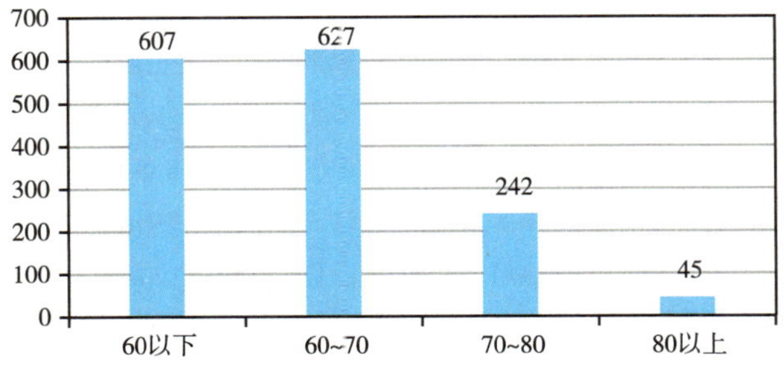

图10-17 2022年沪市主板上市公司创新经济绩效指数分布图（家）

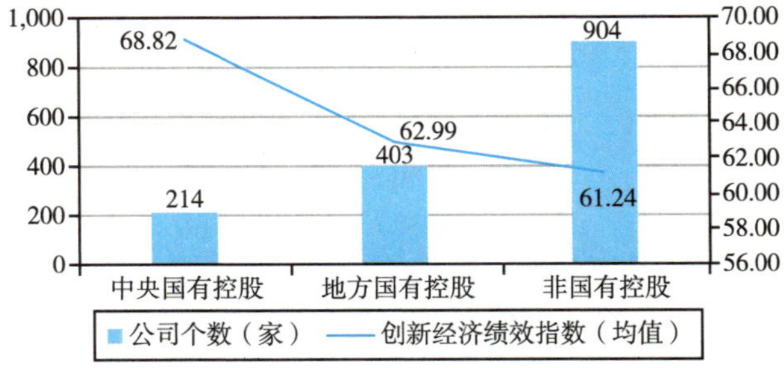

图10-18 2022年沪市主板不同产权上市公司创新经济绩效指数均值分布图

根据创新经济绩效指数平均水平情况来看，平均水平较高的有北京市（68.16）、内蒙古自治区（67.43）、河北省（66.15）、天津市（65.15）、陕西省（65.05），如图10–19所示。

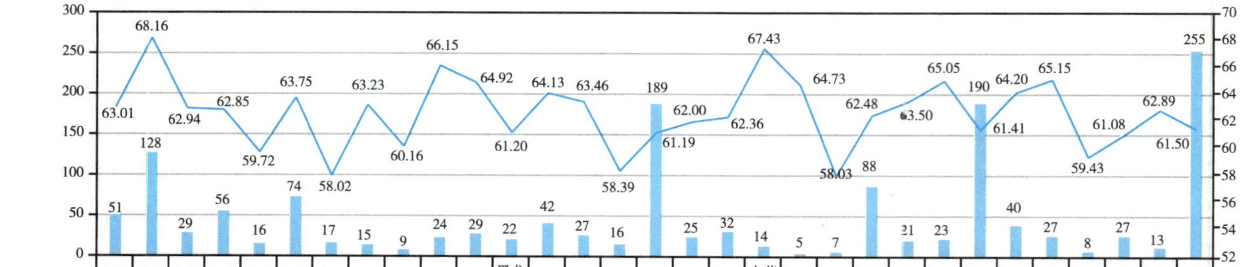

	安徽	北京	重庆	福建	甘肃	广东	广西	贵州	海南	河北	河南	黑龙江	湖北	湖南	吉林	江苏
家数	51	128	29	56	16	74	17	15	9	24	29	22	42	27	16	189
平均水平	63.01	68.16	62.94	62.85	59.72	63.75	58.02	63.23	60.16	66.15	64.92	61.20	64.13	63.46	58.39	61.19

	江西	辽宁	内蒙古	宁夏	青海	山东	山西	陕西	上海	四川	天津	西藏	新疆	云南	浙江
家数	25	32	14	5	7	88	21	23	190	40	27	8	27	13	255
平均水平	62.00	62.36	67.43	64.73	58.03	62.48	63.50	65.05	61.41	64.20	65.15	59.43	61.08	62.89	61.50

图10–19　2022年沪市主板各省份上市公司创新经济绩效指数均值分布图

根据创新经济绩效指数平均水平情况来看，平均水平较高的行业分别是国防军工（69.55）、煤炭（67.52）、医药生物（66.05）、电力设备（65.82）、石油石化（65.29），如图10–20所示。

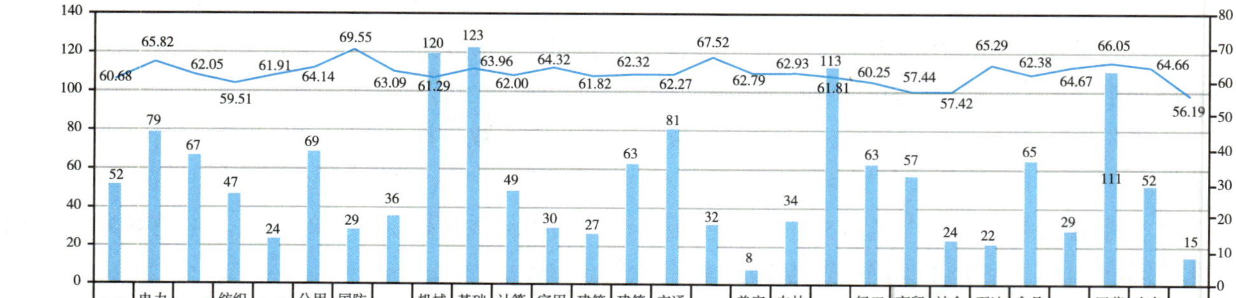

	传媒	电力设备	电子	纺织服饰	钢铁	公用事业	国防军工	环保	机械设备	基础化工	计算机	家用电器	建筑材料	建筑装饰
家数	52	79	67	47	24	69	29	36	120	123	49	30	27	63
平均水平	60.68	65.82	62.05	59.51	61.91	64.14	69.55	63.09	61.29	63.96	62.00	64.32	61.82	62.32

	交通运输	煤炭	美容护理	农林牧渔	汽车	轻工制造	商贸零售	社会服务	石油石化	食品饮料	通信	医药生物	有色金属	综合
家数	81	32	8	34	113	63	57	24	22	65	29	111	52	15
平均水平	62.27	67.52	62.79	62.93	61.81	60.25	57.44	57.42	65.29	62.38	64.67	66.05	64.66	56.19

图10–20　2022年沪市主板各行业上市公司创新经济绩效指数均值分布图

根据本报告评价，沪市主板中上市公司创新经济绩效指数排名前50的上市公司，如表10–5所示。

表10–5　2022年沪市主板上市公司创新经济绩效指数前50排名

排名	公司代码	公司名称	创新经济绩效指数	一级行业_申万	省份	产权性质
1	600406.SH	国电南瑞	90.35	电力设备	江苏	中央国有控股
2	601985.SH	中国核电	88.80	公用事业	北京	中央国有控股
3	603019.SH	中科曙光	88.77	计算机	天津	中央国有控股
4	601633.SH	长城汽车	87.48	汽车	河北	非国有控股
5	600438.SH	通威股份	86.34	电力设备	四川	非国有控股
6	600795.SH	国电电力	85.71	公用事业	辽宁	中央国有控股
7	600547.SH	山东黄金	85.47	有色金属	山东	地方国有控股
8	601390.SH	中国中铁	84.93	建筑装饰	北京	中央国有控股
9	601615.SH	明阳智能	84.45	电力设备	广东	非国有控股
10	600309.SH	万华化学	83.94	基础化工	山东	地方国有控股

续表

排名	公司代码	公司名称	创新经济绩效指数	一级行业_申万	省份	产权性质
11	600690.SH	海尔智家	83.56	家用电器	山东	非国有控股
12	600875.SH	东方电气	83.15	电力设备	四川	中央国有控股
13	601127.SH	赛力斯	83.08	汽车	重庆	非国有控股
14	600104.SH	上汽集团	82.97	汽车	上海	地方国有控股
15	600887.SH	伊利股份	82.90	食品饮料	内蒙古	非国有控股
16	601607.SH	上海医药	82.85	医药生物	上海	地方国有控股
17	600803.SH	新奥股份	82.77	公用事业	河北	非国有控股
18	600588.SH	用友网络	82.59	计算机	北京	非国有控股
19	601179.SH	中国西电	82.50	电力设备	陕西	中央国有控股
20	600089.SH	特变电工	82.35	电力设备	新疆	非国有控股
21	600578.SH	京能电力	82.22	公用事业	北京	地方国有控股
22	600196.SH	复星医药	82.20	医药生物	上海	非国有控股
23	600118.SH	中国卫星	82.15	国防军工	北京	中央国有控股
24	600703.SH	三安光电	82.14	电子	湖北	非国有控股
25	601857.SH	中国石油	82.00	石油石化	北京	中央国有控股
26	603259.SH	药明康德	82.00	医药生物	江苏	非国有控股
27	603986.SH	兆易创新	81.53	电子	北京	非国有控股
28	601777.SH	力帆科技	81.51	汽车	重庆	非国有控股
29	600521.SH	华海药业	81.46	医药生物	浙江	非国有控股
30	600276.SH	恒瑞医药	81.22	医药生物	江苏	非国有控股
31	600028.SH	中国石化	81.15	石油石化	北京	中央国有控股
32	603659.SH	璞泰来	81.06	电力设备	上海	非国有控股
33	600436.SH	片仔癀	80.97	医药生物	福建	地方国有控股
34	601698.SH	中国卫通	80.86	国防军工	北京	中央国有控股
35	600449.SH	宁夏建材	80.83	建筑材料	宁夏	中央国有控股
36	600905.SH	三峡能源	80.67	公用事业	北京	中央国有控股
37	600876.SH	凯盛新能	80.65	建筑材料	河南	中央国有控股
38	600893.SH	航发动力	80.65	国防军工	陕西	中央国有控股
39	601666.SH	平煤股份	80.54	煤炭	河南	地方国有控股
40	600487.SH	亨通光电	80.51	通信	江苏	非国有控股
41	601225.SH	陕西煤业	80.41	煤炭	陕西	地方国有控股
42	600522.SH	中天科技	80.32	通信	江苏	非国有控股
43	601138.SH	工业富联	80.11	电子	广东	非国有控股
44	600056.SH	中国医药	80.05	医药生物	北京	中央国有控股
45	600195.SH	中牧股份	80.00	农林牧渔	北京	中央国有控股
46	600699.SH	均胜电子	79.61	汽车	浙江	非国有控股
47	601117.SH	中国化学	79.56	建筑装饰	北京	中央国有控股
48	601088.SH	中国神华	79.52	煤炭	北京	中央国有控股
49	603077.SH	和邦生物	79.28	基础化工	四川	非国有控股
50	600299.SH	安迪苏	79.07	基础化工	北京	中央国有控股

数据来源：同花顺（iFinD），首经贸资产评估研究院和浙工商数字创新与管理研究院整理。

2022年沪市主板上市公司排名前50的创新经济绩效指数平均水平为82.38，排名前10的是国电南瑞、中国核电、中科曙光、长城汽车、通威股份、国电电力、山东黄金、中国中铁、明阳智能、万华化学。

从产权性质来看，在排名前50的沪市主板上市公司中，中央国有控股上市公司有20家，地方国有控股上市公司有8家，非国有企业有22家。

从省份分布来看，在排名前50的沪市主板上市公司中，数量排名靠前的有北京市（15家）、江苏省（5家）、上海市（4家）。

从行业分布来看，在排名前50的沪市主板上市公司中，数量排名靠前的行业分别是电力设备（7家）、医药生物（7家）、公用事业（5家）、汽车（5家）。

10.2　深市主板上市公司创新发展指数评价

截至2022年底，深市主板上市公司共1,410家，年成交额773,639.35亿元，日均成交3,196.86亿元，总市值192,648.61亿元，平均市值136.63亿元/家，市值最大的上市公司为五粮液（7,013.68亿元），营业总收入144,736.47亿元，平均营业收入102.65亿元/家，营业收入最高的上市公司为比亚迪（4,240.61亿元）。深市主板上市公司研发投入合计为4,902.56亿元，占营业收入的3.39%，无形资产账面价值合计为10,993.54亿元，占总资产的5.21%。根据本报告分析口径，本节共对深市主板1,410家上市公司开展创新发展指数评价，具体情况如下：

10.2.1　创新发展综合指数

根据本报告评价，2022年深市主板创新发展综合指数平均水平为65.37，低于全市场平均水平65.47。从指数分布来看，高于均值的有676家，占板块总数的47.94%。其中，最高的是北方华创，创新发展综合指数为87.77。具体来看，创新发展综合指数区间在60以下的有240家，占比17.02%；60~70的有871家，占比61.78%；70~80的有274家，占比19.43%；80以上的有25家，占比1.77%，如图10-21所示。

1,410家深市主板上市公司中，中央国有控股上市公司有132家，地方国有控股上市公司有315家，非国有企业有963家。根据创新发展综合指数平均水平情况看，中央国有控股上市公司的平均水平为68.69，地方国有控股上市公司为65.17，非国有企业为64.98，如图10-22所示。

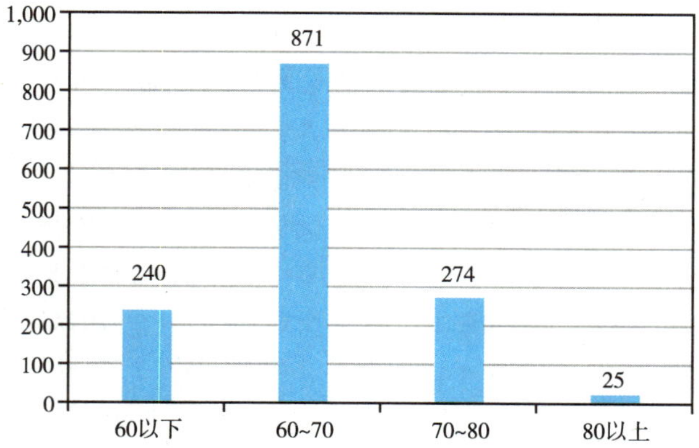

图10-21　2022年深市主板上市公司创新发展综合指数分布图（家）

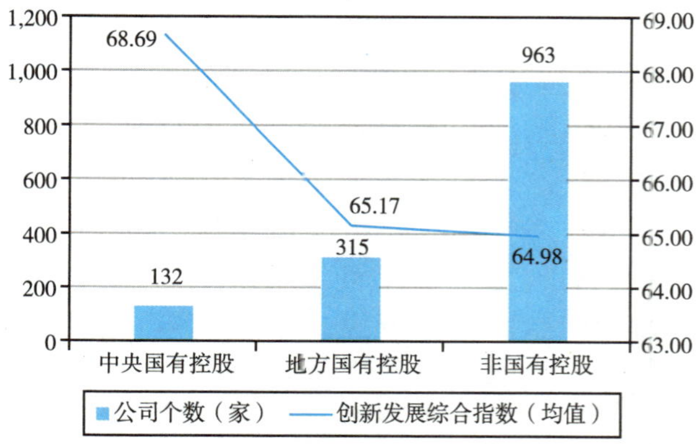

图10-22　2022年深市主板不同产权上市公司创新发展综合指数均值分布图

从省份分布来看，广东（24.11%）、浙江（11.56%）、江苏（8.94%）、山东（7.23%）、北京（5.89%）占据深市主板主要地位。根据创新发展综合指数平均水平情况来看，平均水平较高的有云南省（67.40）、河北省（67.37）、贵州省（67.00）、安徽省（66.80）、河南省（66.75），如图10–23所示。

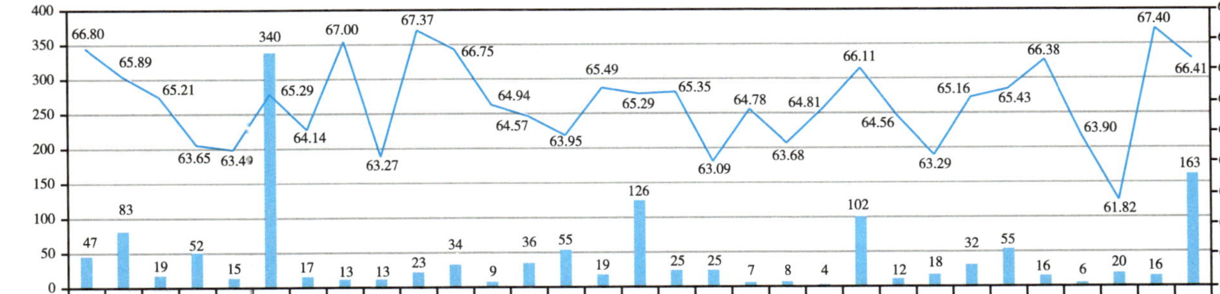

	安徽	北京	重庆	福建	甘肃	广东	广西	贵州	海南	河北	河南	黑龙江	湖北	湖南	吉林	江苏	江西	辽宁	内蒙古	宁夏	青海	山东	山西	陕西	上海	四川	天津	西藏	新疆	云南	浙江
家数	47	83	19	52	15	340	17	13	13	23	34	9	36	55	19	126	25	25	7	8	4	102	12	18	32	55	16	6	20	16	163
均值	66.80	65.89	65.21	63.65	63.49	65.29	64.14	67.00	63.27	67.37	66.75	64.94	64.57	63.95	65.49	65.29	65.35	63.09	64.78	63.68	64.81	66.11	64.56	63.29	65.16	65.43	66.38	63.90	61.82	67.40	66.41

图10–23 2022年深市主板各省份上市公司创新发展综合指数均值分布图

从行业分布来看，基础化工（8.72%）、医药生物（8.30%）、机械设备（8.01%）、电子（7.45%）、电力设备（5.96%）占据深市主板主要地位。根据创新发展综合指数平均水平情况来看，平均水平较高的行业分别是国防军工（69.28）、计算机（68.90）、钢铁（67.75）、家用电器（67.62）、电子（67.54），如图10–24所示。

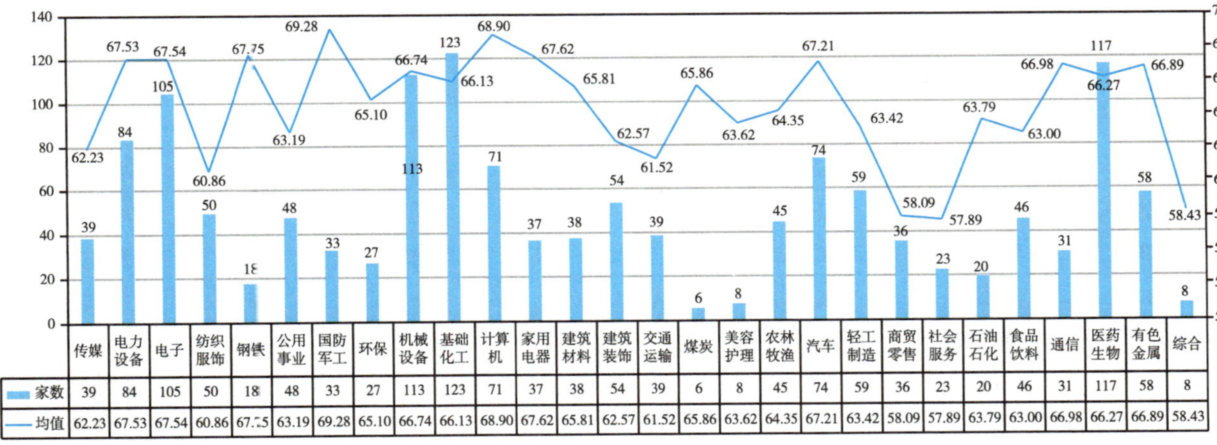

	传媒	电力设备	电子	纺织服饰	钢铁	公用事业	国防军工	环保	机械设备	基础化工	计算机	家用电器	建筑材料	建筑装饰	交通运输	煤炭	美容护理	农林牧渔	汽车	轻工制造	商贸零售	社会服务	石油石化	食品饮料	通信	医药生物	有色金属	综合
家数	39	84	105	50	18	48	33	27	113	123	71	37	38	54	39	6	8	45	74	59	36	23	20	46	31	117	58	8
均值	62.23	67.53	67.54	60.86	67.75	63.19	69.28	65.10	66.74	66.13	68.90	67.62	65.81	62.57	61.52	65.86	63.62	64.35	67.21	63.42	58.09	57.89	63.79	63.00	66.98	66.27	66.89	58.43

图10–24 2022年深市主板各行业上市公司创新发展综合指数均值分布图

根据本报告评价，深市主板中上市公司创新发展综合指数排名前50的上市公司，如表10–6所示。

表10–6 2022年深市主板上市公司创新发展综合指数前50排名

排名	公司代码	公司名称	创新发展综合指数	一级行业_申万	省份	产权性质
1	002371.SZ	北方华创	87.77	电子	北京	地方国有控股
2	002230.SZ	科大讯飞	87.33	计算机	安徽	非国有控股
3	003816.SZ	中国广核	84.17	公用事业	广东	中央国有控股
4	002074.SZ	国轩高科	83.73	电力设备	安徽	非国有控股

续表

排名	公司代码	公司名称	创新发展综合指数	一级行业_申万	省份	产权性质
5	000977.SZ	浪潮信息	83.27	计算机	山东	地方国有控股
6	002241.SZ	歌尔股份	83.11	电子	山东	非国有控股
7	000100.SZ	TCL科技	82.93	电子	广东	非国有控股
8	000938.SZ	紫光股份	82.85	计算机	北京	非国有控股
9	002594.SZ	比亚迪	82.66	汽车	广东	非国有控股
10	002049.SZ	紫光国微	82.45	电子	河北	非国有控股
11	000425.SZ	徐工机械	82.32	机械设备	江苏	地方国有控股
12	002920.SZ	德赛西威	82.27	计算机	广东	地方国有控股
13	000338.SZ	潍柴动力	82.03	汽车	山东	地方国有控股
14	000063.SZ	中兴通讯	81.63	通信	广东	非国有控股
15	002475.SZ	立讯精密	81.58	电子	广东	非国有控股
16	002410.SZ	广联达	81.38	计算机	北京	非国有控股
17	000725.SZ	京东方A	81.32	电子	北京	地方国有控股
18	000963.SZ	华东医药	81.02	医药生物	浙江	非国有控股
19	002180.SZ	纳思达	81.00	计算机	广东	非国有控股
20	002129.SZ	TCL中环	80.79	电力设备	天津	非国有控股
21	002460.SZ	赣锋锂业	80.62	有色金属	江西	非国有控股
22	002080.SZ	中材科技	80.56	建筑材料	江苏	中央国有控股
23	000625.SZ	长安汽车	80.52	汽车	重庆	中央国有控股
24	002415.SZ	海康威视	80.35	计算机	浙江	中央国有控股
25	000651.SZ	格力电器	80.17	家用电器	广东	非国有控股
26	000333.SZ	美的集团	79.97	家用电器	广东	非国有控股
27	002179.SZ	中航光电	79.72	国防军工	河南	中央国有控股
28	002459.SZ	晶澳科技	79.67	电力设备	河北	非国有控股
29	000733.SZ	振华科技	79.65	国防军工	贵州	中央国有控股
30	002405.SZ	四维图新	79.40	计算机	北京	非国有控股
31	002389.SZ	航天彩虹	78.96	国防军工	浙江	中央国有控股
32	000792.SZ	盐湖股份	78.80	基础化工	青海	地方国有控股
33	000050.SZ	深天马A	78.55	电子	广东	中央国有控股
34	002001.SZ	新和成	78.53	医药生物	浙江	非国有控股
35	002812.SZ	恩捷股份	78.47	电力设备	云南	非国有控股
36	002709.SZ	天赐材料	78.41	电力设备	广东	非国有控股
37	000400.SZ	许继电气	78.32	电力设备	河南	中央国有控股
38	002008.SZ	大族激光	78.30	机械设备	广东	非国有控股
39	002747.SZ	埃斯顿	78.19	机械设备	江苏	非国有控股
40	002212.SZ	天融信	78.13	计算机	广东	非国有控股
41	002030.SZ	达安基因	77.97	医药生物	广东	地方国有控股
42	002236.SZ	大华股份	77.97	计算机	浙江	非国有控股
43	000157.SZ	中联重科	77.79	机械设备	湖南	地方国有控股
44	002202.SZ	金风科技	77.74	电力设备	新疆	地方国有控股

续表

排名	公司代码	公司名称	创新发展综合指数	一级行业_申万	省份	产权性质
45	000066.SZ	中国长城	77.34	计算机	广东	中央国有控股
46	000786.SZ	北新建材	77.29	建筑材料	北京	中央国有控股
47	002335.SZ	科华数据	77.28	电力设备	福建	非国有控股
48	002268.SZ	电科网安	77.25	计算机	四川	中央国有控股
49	000988.SZ	华工科技	77.23	机械设备	湖北	地方国有控股
50	002353.SZ	杰瑞股份	77.23	机械设备	山东	非国有控股

数据来源：同花顺（iFinD），首经贸资产评估研究院和浙工商数字创新与管理研究院整理。

2022年深市主板上市公司排名前50的创新发展综合指数平均水平为80.32，排名前10的是北方华创、科大讯飞、中国广核、国轩高科、浪潮信息、歌尔股份、TCL科技、紫光股份、比亚迪、紫光国微。

从产权性质来看，在排名前50的深市主板上市公司中，中央国有控股上市公司有12家，地方国有控股上市公司有11家，非国有企业有27家。

从省份分布来看，在排名前50的深市主板上市公司中，数量排名靠前的有广东省（15家）、北京市（6家）、浙江省（5家）。

从行业分布来看，在排名前50的深市主板上市公司中，数量排名靠前的行业分别是计算机（12家）、电力设备（8家）、电子（7家）、机械设备（6家）。

10.2.2　创新资源支持指数

2022年深市主板创新资源支持指数平均水平为68.00，低于全市场平均水平68.18。从指数分布来看，高于均值的有669家，占板块总数的47.45%。其中，最高的是科大讯飞，创新资源支持指数为97.39。具体来看，创新资源支持指数区间在60以下的有239家，占比16.95%；60~70的有618家，占比43.83%；70~80的有457家，占比32.41%；80以上的有96家，占比6.81%，如图10-25所示。

根据创新资源支持指数平均水平情况看，中央国有控股上市公司的平均水平为70.08，地方国有控股上市公司为67.69，非国有企业为67.81，如图10-26所示。

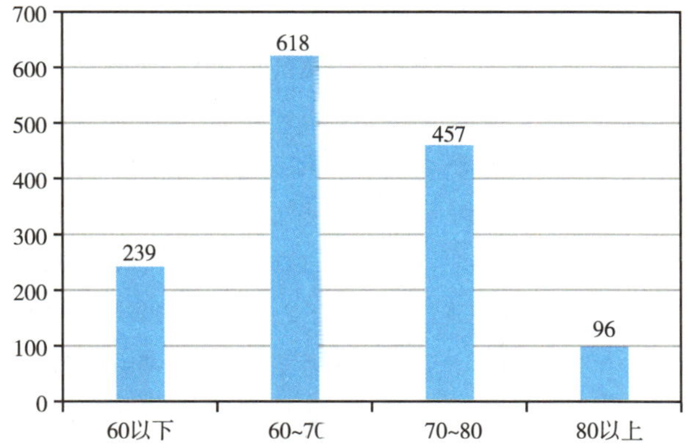

图10-25　2022年深市主板上市公司创新资源支持指数分布图（家）

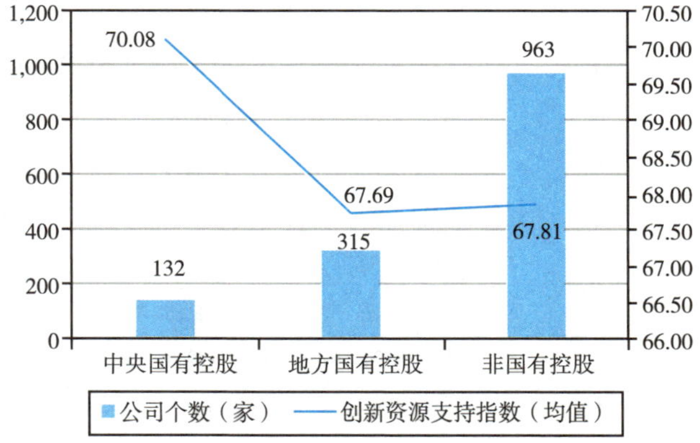

图10-26　2022年深市主板不同产权上市公司创新资源支持指数均值分布图

根据创新资源支持指数平均水平情况来看，平均水平较高的有浙江省（71.15）、河南省（70.76）、云南省（69.76）、重庆市（69.27）、安徽省（69.14），如图10-27所示。

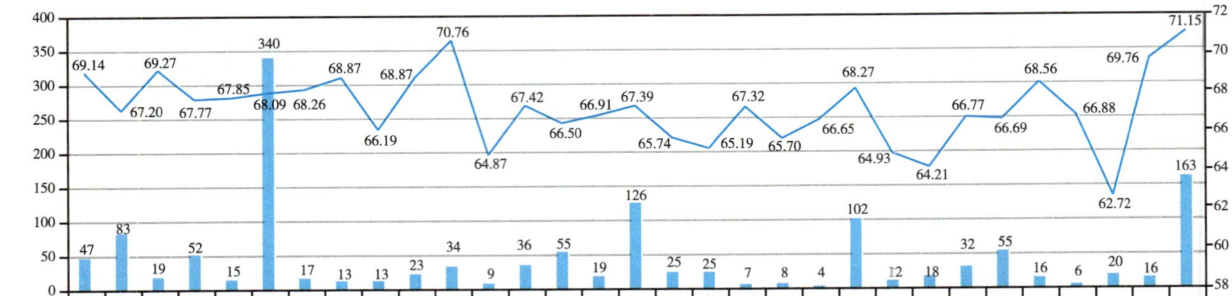

	安徽	北京	重庆	福建	甘肃	广东	广西	贵州	海南	河北	河南	黑龙江	湖北	湖南	吉林	江苏	江西	辽宁	内蒙古	宁夏	青海	山东	山西	陕西	上海	四川	天津	西藏	新疆	云南	浙江
家数	47	83	19	52	15	340	17	13	13	23	34	9	36	55	19	126	25	25	7	8	4	102	12	18	32	55	16	6	20	16	163
均值	69.14	67.20	69.27	67.77	67.85	68.09	68.26	68.87	66.19	68.87	70.76	64.87	67.42	66.50	66.91	67.39	65.74	65.19	67.32	65.70	66.65	68.27	64.93	64.21	66.77	66.69	68.56	66.88	62.72	69.76	71.15

图10-27 2022年深市主板各省份上市公司创新资源支持指数均值分布图

根据创新资源支持指数平均水平情况来看，平均水平较高的行业分别是家用电器（72.52）、电子（71.85）、计算机（71.52）、汽车（70.91）、通信（70.48），如图10-28所示。

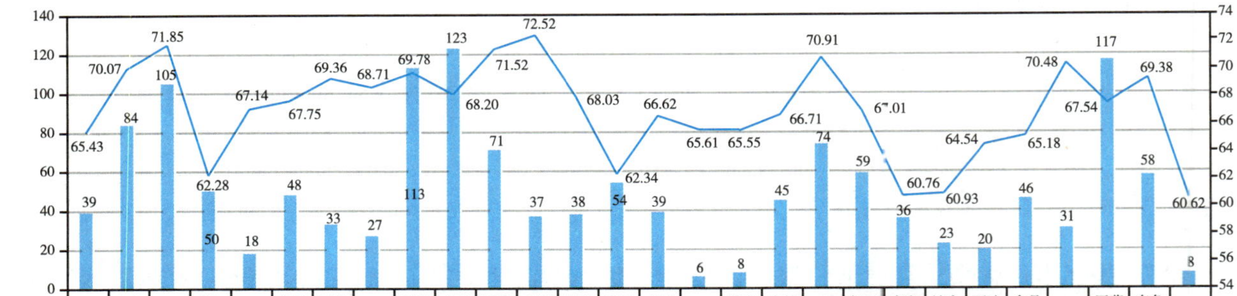

	传媒	电力设备	电子	纺织服饰	钢铁	公用事业	国防军工	环保	机械设备	基础化工	计算机	家用电器	建筑材料	建筑装饰	交通运输	煤炭	美容护理	农林牧渔	汽车	轻工制造	商贸零售	社会服务	石油石化	食品饮料	通信	医药生物	有色金属	综合
家数	39	84	105	50	18	48	33	27	113	123	71	37	38	54	39	6	8	45	74	59	36	23	20	46	31	117	58	8
均值	65.43	70.07	71.85	62.28	67.14	67.75	69.36	68.71	69.78	68.20	71.52	72.52	68.03	62.34	66.62	65.61	65.55	66.71	70.91	67.01	60.76	60.93	64.54	65.18	70.48	67.54	69.38	60.62

图10-28 2022年深市主板各行业上市公司创新资源支持指数均值分布图

根据本报告评价，深市主板中上市公司创新资源支持指数排名前50的上市公司，如表10-7所示。

表10-7 2022年深市主板上市公司创新资源支持指数前50排名

排名	公司代码	公司名称	创新资源支持指数	一级行业_申万	省份	产权性质
1	002230.SZ	科大讯飞	97.39	计算机	安徽	非国有控股
2	000938.SZ	紫光股份	94.34	计算机	北京	非国有控股
3	002236.SZ	大华股份	93.22	计算机	浙江	非国有控股
4	002439.SZ	启明星辰	89.05	计算机	北京	非国有控股
5	002429.SZ	兆驰股份	88.49	家用电器	广东	地方国有控股
6	002384.SZ	东山精密	87.97	电子	江苏	非国有控股
7	002434.SZ	万里扬	87.79	汽车	浙江	非国有控股
8	000100.SZ	TCL科技	87.78	电子	广东	非国有控股
9	001308.SZ	康冠科技	87.67	电子	广东	非国有控股
10	002415.SZ	海康威视	87.66	计算机	浙江	中央国有控股
11	002913.SZ	奥士康	87.31	电子	湖南	非国有控股
12	002273.SZ	水晶光电	87.30	电子	浙江	非国有控股

续表

排名	公司代码	公司名称	创新资源支持指数	一级行业_申万	省份	产权性质
13	000801.SZ	四川九洲	87.08	家用电器	四川	地方国有控股
14	002410.SZ	广联达	86.95	计算机	北京	非国有控股
15	002916.SZ	深南电路	86.82	电子	广东	中央国有控股
16	002008.SZ	大族激光	86.67	机械设备	广东	非国有控股
17	002475.SZ	立讯精密	86.05	电子	广东	非国有控股
18	002254.SZ	泰和新材	86.02	基础化工	山东	地方国有控股
19	000739.SZ	普洛药业	85.93	医药生物	浙江	非国有控股
20	002266.SZ	浙富控股	85.87	环保	浙江	非国有控股
21	000050.SZ	深天马A	85.86	电子	广东	中央国有控股
22	000680.SZ	山推股份	85.55	机械设备	山东	地方国有控股
23	002171.SZ	楚江新材	85.52	有色金属	安徽	非国有控股
24	002001.SZ	新和成	85.52	医药生物	浙江	非国有控股
25	002863.SZ	今飞凯达	85.35	汽车	浙江	非国有控股
26	000977.SZ	浪潮信息	85.22	计算机	山东	地方国有控股
27	002050.SZ	三花智控	84.98	家用电器	浙江	非国有控股
28	002056.SZ	横店东磁	84.91	有色金属	浙江	非国有控股
29	002815.SZ	崇达技术	84.47	电子	广东	非国有控股
30	000768.SZ	中航西飞	84.26	国防军工	陕西	中央国有控股
31	002745.SZ	木林森	84.21	电子	广东	非国有控股
32	000425.SZ	徐工机械	84.09	机械设备	江苏	地方国有控股
33	002335.SZ	科华数据	83.81	电力设备	福建	非国有控股
34	002185.SZ	华天科技	83.76	电子	甘肃	非国有控股
35	002074.SZ	国轩高科	83.69	电力设备	安徽	非国有控股
36	002339.SZ	积成电子	83.69	电力设备	山东	非国有控股
37	002990.SZ	盛视科技	83.60	计算机	广东	非国有控股
38	002851.SZ	麦格米特	83.52	电力设备	广东	非国有控股
39	002518.SZ	科士达	83.51	电力设备	广东	非国有控股
40	002245.SZ	蔚蓝锂芯	83.51	电力设备	江苏	非国有控股
41	003816.SZ	中国广核	83.51	公用事业	广东	中央国有控股
42	000528.SZ	柳工	83.51	机械设备	广西	地方国有控股
43	000957.SZ	中通客车	83.40	汽车	山东	地方国有控股
44	002009.SZ	天奇股份	83.32	机械设备	江苏	非国有控股
45	000962.SZ	东方钽业	83.32	有色金属	宁夏	中央国有控股
46	000967.SZ	盈峰环境	83.25	环保	浙江	非国有控股
47	002459.SZ	晶澳科技	83.15	电力设备	河北	非国有控股
48	002368.SZ	太极股份	83.14	计算机	北京	中央国有控股
49	002601.SZ	龙佰集团	82.98	基础化工	河南	非国有控股
50	002064.SZ	华峰化学	82.95	基础化工	浙江	非国有控股

数据来源：同花顺（iFinD），首经贸资产评估研究院和浙工商数字创新与管理研究院整理。

2022年深市主板上市公司排名前50的创新资源支持指数平均水平为85.78，排名前10的是科大讯飞、紫光股份、大华股份、启明星辰、兆驰股份、东山精密、万里扬、TCL科技、康冠科技、海康威视。

从产权性质来看，在排名前50的深市主板上市公司中，中央国有控股上市公司有7家，地方国有控股上市公司有8家，非国有企业有35家。

从省份分布来看，在排名前50的深市主板上市公司中，数量排名靠前的有广东省（13家）、浙江省（12家）、山东省（5家）、北京市（4家）、江苏省（4家）。

从行业分布来看，在排名前50的深市主板上市公司中，数量排名靠前的行业分别是电子（11家）、计算机（9家）、电力设备（7家）、机械设备（5家）。

10.2.3 创新要素投入指数

2022年深市主板创新要素投入指数平均水平为64.57，低于全市场平均水平65.37。从指数分布来看，高于均值的有652家，占板块总数的46.24%。其中，最高的是北方华创，创新要素投入指数为92.72。具体来看，创新要素投入指数区间在60以下的有390家，占比27.66%；60~70的有664家，占比47.09%；70~80的有300家，占比21.28%；80以上的有56家，占比3.97%，如图10-29所示。

根据创新要素投入指数平均水平情况看，中央国有控股上市公司的平均水平为69.22，地方国有控股上市公司为63.94，非国有企业为64.14，如图10-30所示。

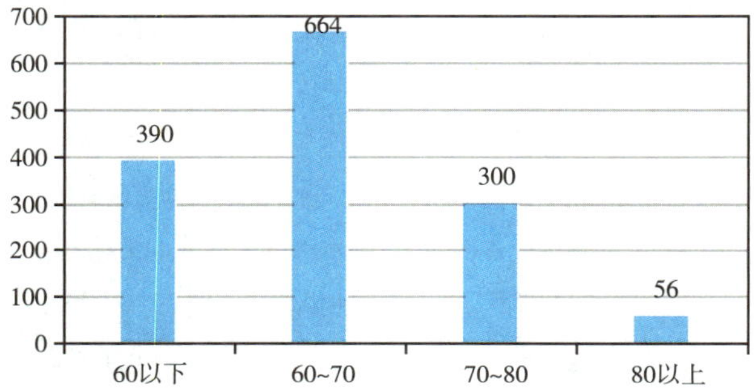

图10-29　2022年深市主板上市公司创新要素投入指数分布图（家）

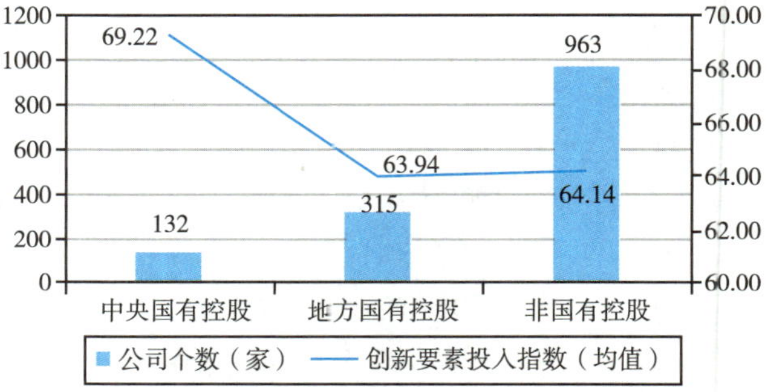

图10-30　2022年深市主板不同产权上市公司创新要素投入指数均值分布图

根据创新要素投入指数平均水平情况来看，平均水平较高的有河北省（67.37）、云南省（67.06）、河南省（66.67）、上海市（66.64）、安徽省（66.47），如图10-31所示。

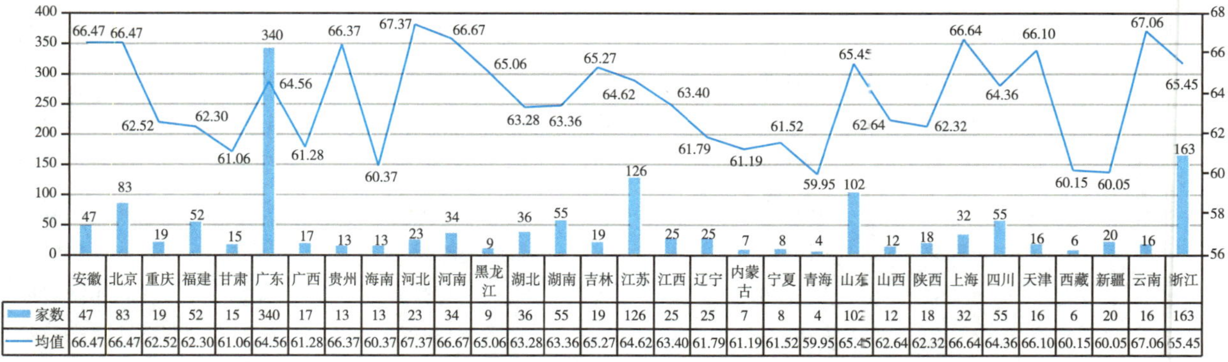

	安徽	北京	重庆	福建	甘肃	广东	广西	贵州	海南	河北	河南	黑龙江	湖北	湖南	吉林	江苏
家数	47	83	19	52	15	340	17	13	13	23	34	9	36	55	19	126
均值	66.47	66.47	62.52	62.30	61.06	64.56	61.28	66.37	60.37	67.37	66.67	65.06	63.28	63.36	65.27	64.62

	江西	辽宁	内蒙古	宁夏	青海	山东	山西	陕西	上海	四川	天津	西藏	新疆	云南	浙江
家数	25	25	7	8	4	102	12	18	32	55	16	6	20	16	163
均值	63.40	61.79	61.19	61.52	59.95	65.45	62.64	62.32	66.64	64.36	66.10	60.15	60.05	67.06	65.45

图10-31　2022年深市主板各省份上市公司创新要素投入指数均值分布图

根据创新要素投入指数平均水平情况来看，平均水平较高的行业分别是国防军工（72.80）、计算机（72.57）、钢铁（68.71）、通信（68.20）、电力设备（68.11），如图10–32所示。

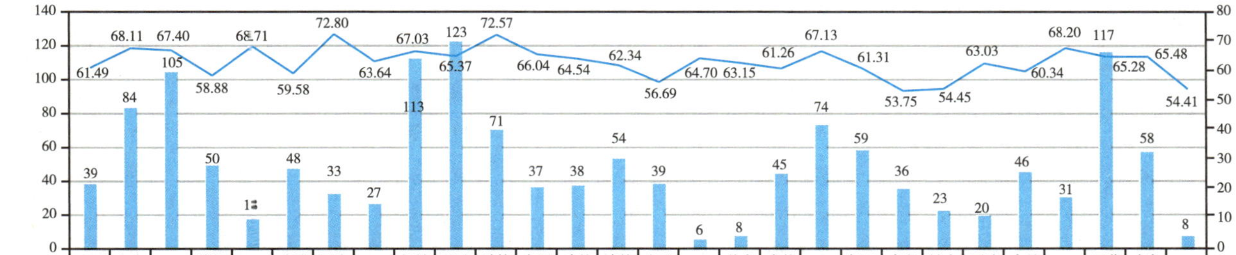

	传媒	电力设备	电子	纺织服饰	钢铁	公用事业	国防军工	环保	机械设备	基础化工	计算机	家用电器	建筑材料	建筑装饰	交通运输	煤炭	美容护理	农林牧渔	汽车	轻工制造	商贸零售	社会服务	石油石化	食品饮料	通信	医药生物	有色金属	综合
家数	39	84	105	50	18	48	33	27	113	123	71	37	38	54	39	6	8	45	74	59	36	23	20	46	31	117	58	8
均值	61.49	68.11	67.40	58.88	68.71	59.58	72.80	63.64	67.03	65.37	72.57	66.04	64.54	62.34	56.69	64.70	63.15	61.26	67.13	61.31	53.75	54.45	63.03	60.34	68.20	65.28	65.48	54.41

图10–32　2022年深市主板各行业上市公司创新要素投入指数均值分布图

根据本报告评价，深市主板中上市公司创新要素投入指数排名前50的上市公司，如表10–8所示。

表10–8　2022年深市主板上市公司创新要素投入指数前50排名

排名	公司代码	公司名称	创新要素投入指数	一级行业_申万	省份	产权性质
1	002371.SZ	北方华创	92.72	电子	北京	地方国有控股
2	002230.SZ	科大讯飞	91.86	计算机	安徽	非国有控股
3	002920.SZ	德赛西威	90.00	计算机	广东	地方国有控股
4	002405.SZ	四维图新	88.56	计算机	北京	非国有控股
5	002074.SZ	国轩高科	88.53	电力设备	安徽	非国有控股
6	000100.SZ	TCL科技	88.03	电子	广东	非国有控股
7	000063.SZ	中兴通讯	87.95	通信	广东	非国有控股
8	002410.SZ	广联达	87.74	计算机	北京	非国有控股
9	002049.SZ	紫光国微	87.34	电子	河北	非国有控股
10	002179.SZ	中航光电	86.60	国防军工	河南	中央国有控股
11	003816.SZ	中国广核	86.39	公用事业	广东	中央国有控股
12	000725.SZ	京东方A	85.61	电子	北京	地方国有控股
13	000338.SZ	潍柴动力	85.11	汽车	山东	地方国有控股
14	002594.SZ	比亚迪	85.10	汽车	广东	非国有控股
15	000425.SZ	徐工机械	84.92	机械设备	江苏	地方国有控股
16	000977.SZ	浪潮信息	84.50	计算机	山东	地方国有控股
17	002241.SZ	歌尔股份	84.44	电子	山东	非国有控股
18	002414.SZ	高德红外	84.28	国防军工	湖北	非国有控股
19	002415.SZ	海康威视	84.14	计算机	浙江	中央国有控股
20	002747.SZ	埃斯顿	84.11	机械设备	江苏	非国有控股
21	002153.SZ	石基信息	83.83	计算机	北京	非国有控股
22	000938.SZ	紫光股份	83.82	计算机	北京	非国有控股
23	002151.SZ	北斗星通	83.54	国防军工	北京	非国有控股
24	002180.SZ	纳思达	83.28	计算机	广东	非国有控股

续表

排名	公司代码	公司名称	创新要素投入指数	一级行业_申万	省份	产权性质
25	002129.SZ	TCL中环	82.91	电力设备	天津	非国有控股
26	002212.SZ	天融信	82.90	计算机	广东	非国有控股
27	002268.SZ	电科网安	82.82	计算机	四川	中央国有控股
28	002389.SZ	航天彩虹	82.80	国防军工	浙江	中央国有控股
29	000157.SZ	中联重科	82.68	机械设备	湖南	地方国有控股
30	002460.SZ	赣锋锂业	82.66	有色金属	江西	非国有控股
31	000733.SZ	振华科技	82.55	国防军工	贵州	中央国有控股
32	002821.SZ	凯莱英	82.45	医药生物	天津	非国有控股
33	000547.SZ	航天发展	82.38	国防军工	福建	中央国有控股
34	000541.SZ	佛山照明	82.34	家用电器	广东	地方国有控股
35	002025.SZ	航天电器	82.20	国防军工	贵州	中央国有控股
36	000948.SZ	南天信息	82.11	计算机	云南	地方国有控股
37	002368.SZ	太极股份	82.06	计算机	北京	中央国有控股
38	000066.SZ	中国长城	81.60	计算机	广东	中央国有控股
39	002030.SZ	达安基因	81.54	医药生物	广东	地方国有控股
40	002317.SZ	众生药业	81.49	医药生物	广东	非国有控股
41	002340.SZ	格林美	81.44	电力设备	广东	非国有控股
42	000661.SZ	长春高新	81.39	医药生物	吉林	地方国有控股
43	000963.SZ	华东医药	81.26	医药生物	浙江	非国有控股
44	002653.SZ	海思科	81.22	医药生物	西藏自治区	非国有控股
45	002080.SZ	中材科技	80.97	建筑材料	江苏	中央国有控股
46	002459.SZ	晶澳科技	80.86	电力设备	河北	非国有控股
47	002232.SZ	启明信息	80.62	计算机	吉林	中央国有控股
48	000901.SZ	航天科技	80.55	汽车	黑龙江	中央国有控股
49	000032.SZ	深桑达A	80.52	建筑装饰	广东	中央国有控股
50	002294.SZ	信立泰	80.41	医药生物	广东	非国有控股

数据来源：同花顺（iFinD），首经贸资产评估研究院和浙江工商数字创新与管理研究院整理。

2022年深市主板上市公司排名前50的创新要素投入指数平均水平为83.98，排名前10的是北方华创、科大讯飞、德赛西威、四维图新、国轩高科、TCL科技、中兴通讯、广联达、紫光国微、中航光电。

从产权性质来看，在排名前50的深市主板上市公司中，中央国有控股上市公司有14家，地方国有控股上市公司有11家，非国有企业有25家。

从省份分布来看，在排名前50的深市主板上市公司中，数量排名靠前的有广东省（14家）、北京市（8家）、江苏省（3家）、山东省（3家）、浙江省（3家）。

从行业分布来看，在排名前50的深市主板上市公司中，数量排名靠前的行业分别是计算机（15家）、国防军工（7家）、医药生物（7家）、电子（5家）。

10.2.4 创新科技成果指数

2022年深市主板创新科技成果指数平均水平为68.10，低于全市场平均水平68.28。从指数分布来看，高于均值的有718家，占板块总数的50.92%。其中，最高的是美的集团，创新科技成果指数为

88.89。具体来看，创新科技成果指数区间在60以下的有75家，占比5.32%；60~70的有910家，占比64.54%；70~80的有405家，占比28.72%；80以上的有20家，占比1.42%，如图10-33所示。

根据创新科技成果指数平均水平情况看，中央国有控股上市公司的平均水平为70.01，地方国有控股上市公司为67.76，非国有企业为67.95，如图10-34所示。

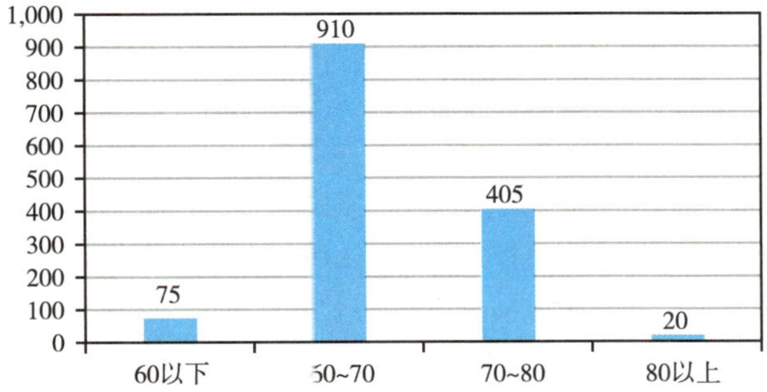

图10-33　2022年深市主板上市公司创新科技成果指数分布图（家）

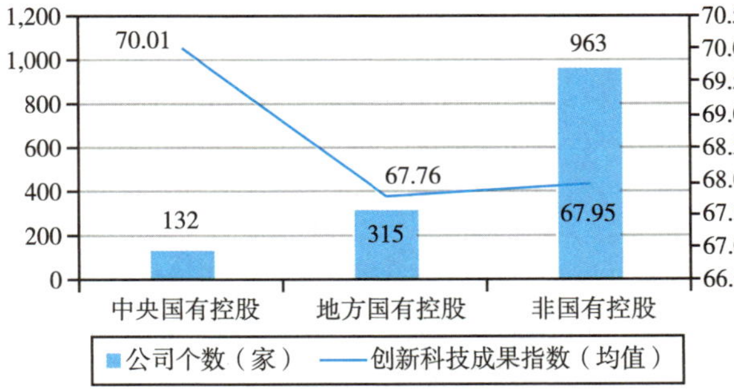

图10-34　2022年深市主板不同产权上市公司创新科技成果指数均值分布图

根据创新科技成果指数平均水平情况来看，平均水平较高的有贵州省（69.19）、安徽省（69.12）、河北省（69.06）、江苏省（68.90）、山东省（68.79），如图10-35所示。

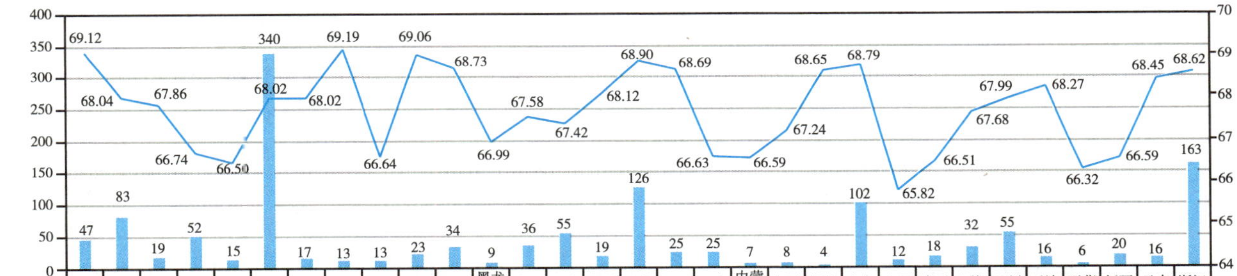

	安徽	北京	重庆	福建	甘肃	广东	广西	贵州	海南	河北	河南	黑龙江	湖北	湖南	吉林	江苏	江西	辽宁	内蒙古	宁夏	青海	山东	山西	陕西	上海	四川	天津	西藏	新疆	云南	浙江
家数	47	83	19	52	15	340	17	13	13	23	34	9	36	55	19	126	25	25	7	8	4	102	12	18	32	55	16	6	20	16	163
均值	69.12	68.04	67.86	66.74	66.50	68.02	68.02	69.19	66.64	69.06	68.73	66.99	67.58	67.42	68.12	68.90	68.69	66.63	66.59	67.24	68.65	68.79	65.82	66.51	67.68	67.99	68.27	66.32	66.59	68.45	68.62

图10-35　2022年深市主板各省份上市公司创新科技成果指数均值分布图

根据创新科技成果指数平均水平情况来看，平均水平较高的行业分别是钢铁（71.47）、家用电器（70.96）、电子（69.96）、机械设备（69.91）、电力设备（69.83），如图10-36所示。

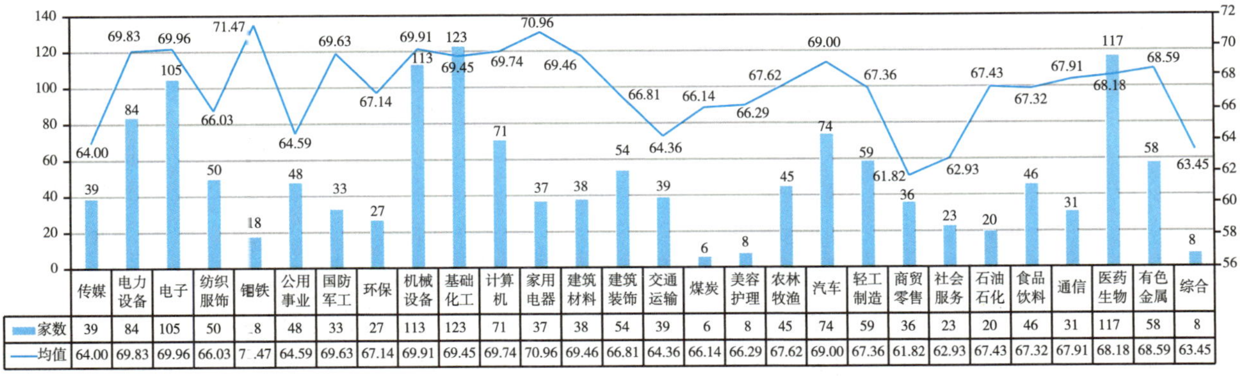

	传媒	电力设备	电子	纺织服饰	钢铁	公用事业	国防军工	环保	机械设备	基础化工	计算机	家用电器	建筑材料	建筑装饰	交通运输	煤炭	美容护理	农林牧渔	汽车	轻工制造	商贸零售	社会服务	石油石化	食品饮料	通信	医药生物	有色金属	综合
家数	39	84	105	50	18	48	33	27	113	123	71	37	38	54	39	6	8	45	74	59	36	23	20	46	31	117	58	8
均值	64.00	69.83	69.96	66.03	71.47	64.59	69.63	67.14	69.91	69.45	69.74	70.96	69.46	66.81	64.36	66.14	66.29	67.62	69.00	67.36	61.82	62.93	67.43	67.32	67.91	68.18	68.59	63.45

图10-36　2022年深市主板各行业上市公司创新科技成果指数均值分布图

根据本报告评价，深市主板中上市公司创新科技成果指数排名前50的上市公司，如表10-9所示。

表 10-9　　2022 年深市主板上市公司创新科技成果指数前 50 排名

排名	公司代码	公司名称	创新科技成果指数	一级行业_申万	省份	产权性质
1	000333.SZ	美的集团	88.89	家用电器	广东	非国有控股
2	000338.SZ	潍柴动力	86.87	汽车	山东	地方国有控股
3	002371.SZ	北方华创	86.06	电子	北京	地方国有控股
4	000651.SZ	格力电器	84.80	家用电器	广东	非国有控股
5	000725.SZ	京东方 A	84.40	电子	北京	地方国有控股
6	000100.SZ	TCL 科技	82.91	电子	广东	非国有控股
7	000977.SZ	浪潮信息	82.87	计算机	山东	地方国有控股
8	000938.SZ	紫光股份	82.36	计算机	北京	非国有控股
9	000425.SZ	徐工机械	82.24	机械设备	江苏	地方国有控股
10	000932.SZ	华菱钢铁	81.86	钢铁	湖南	地方国有控股
11	000157.SZ	中联重科	81.71	机械设备	湖南	地方国有控股
12	000786.SZ	北新建材	81.52	建筑材料	北京	中央国有控股
13	002180.SZ	纳思达	81.51	计算机	广东	非国有控股
14	002049.SZ	紫光国微	81.22	电子	河北	非国有控股
15	000063.SZ	中兴通讯	80.85	通信	广东	非国有控股
16	000733.SZ	振华科技	80.85	国防军工	贵州	中央国有控股
17	002241.SZ	歌尔股份	80.80	电子	山东	非国有控股
18	000016.SZ	深康佳 A	80.24	家用电器	广东	中央国有控股
19	002335.SZ	科华数据	80.12	电力设备	福建	非国有控股
20	002460.SZ	赣锋锂业	80.11	有色金属	江西	非国有控股
21	002920.SZ	德赛西威	79.98	计算机	广东	地方国有控股
22	002415.SZ	海康威视	79.60	计算机	浙江	中央国有控股
23	002080.SZ	中材科技	79.49	建筑材料	江苏	中央国有控股
24	000708.SZ	中信特钢	79.41	钢铁	湖北	中央国有控股
25	000625.SZ	长安汽车	79.37	汽车	重庆	中央国有控股
26	000959.SZ	首钢股份	79.36	钢铁	北京	地方国有控股
27	001965.SZ	招商公路	79.02	交通运输	天津	中央国有控股
28	002230.SZ	科大讯飞	78.94	计算机	安徽	非国有控股
29	002594.SZ	比亚迪	78.85	汽车	广东	非国有控股
30	002389.SZ	航天彩虹	78.77	国防军工	浙江	中央国有控股
31	002475.SZ	立讯精密	78.56	电子	广东	非国有控股
32	002008.SZ	大族激光	78.53	机械设备	广东	非国有控股
33	002036.SZ	联创电子	78.29	电子	江西	非国有控股
34	002352.SZ	顺丰控股	77.99	交通运输	广东	非国有控股
35	000039.SZ	中集集团	77.92	机械设备	广东	中央国有控股
36	002271.SZ	东方雨虹	77.63	建筑材料	北京	非国有控股
37	000012.SZ	南玻 A	77.41	建筑材料	广东	地方国有控股
38	000877.SZ	天山股份	77.29	建筑材料	新疆	中央国有控股

续表

排名	公司代码	公司名称	创新科技成果指数	一级行业_申万	省份	产权性质
39	002202.SZ	金风科技	77.06	电力设备	新疆	地方国有控股
40	003816.SZ	中国广核	77.02	公用事业	广东	中央国有控股
41	002212.SZ	天融信	76.95	计算机	广东	非国有控股
42	000792.SZ	盐湖股份	76.80	基础化工	青海	地方国有控股
43	000009.SZ	中国宝安	76.67	电力设备	广东	非国有控股
44	002115.SZ	三维通信	76.66	通信	浙江	非国有控股
45	000795.SZ	英洛华	76.61	有色金属	浙江	非国有控股
46	002179.SZ	中航光电	76.57	国防军工	河南	中央国有控股
47	000300.SZ	一汽解放	76.47	汽车	吉林	中央国有控股
48	002046.SZ	国机精工	76.45	机械设备	河南	中央国有控股
49	002387.SZ	维信诺	76.44	电子	江苏	非国有控股
50	002001.SZ	新和成	76.42	医药生物	浙江	非国有控股

数据来源：同花顺（iFinD），首经贸资产评估研究院和浙工商数字创新与管理研究院整理。

2022年深市主板上市公司排名前50的创新科技成果指数平均水平为81.86，排名前10的是北方华创、中国广核、国轩高科、长安汽车、TCL中环、立讯精密、歌尔股份、华东医药、盐湖股份、达安基因。

从产权性质来看，在排名前50的深市主板上市公司中，中央国有控股上市公司有15家，地方国有控股上市公司有12家，非国有企业有23家。

从省份分布来看，在排名前50的深市主板上市公司中，数量排名靠前的有广东省（16家）、北京市（6家）、上海市（6家）。

从行业分布来看，在排名前50的深市主板上市公司中，数量排名靠前的行业分别是电子（8家）、计算机（7家）、机械设备（5家）、建筑材料（5家）。

10.2.5 创新经济绩效指数

2022年深市主板创新经济绩效指数平均水平为61.95，高于全市场平均水平61.11。从指数分布来看，高于均值的有752家，占板块总数的53.33%。其中，最高的是北方华创，创新经济绩效指数为89.17。具体来看，创新经济绩效指数区间在60以下的有599家，占比42.49%；60~70的有597家，占比42.34%；70~80的有189家，占比13.40%；80以上的有25家，占比1.77%，如图10-37所示。

根据创新经济绩效指数平均水平情况看，中央国有控股上市公司的平均水平为65.84，地方国有控股上市公司为62.46，非国有企业为61.25，如图10-38所示。

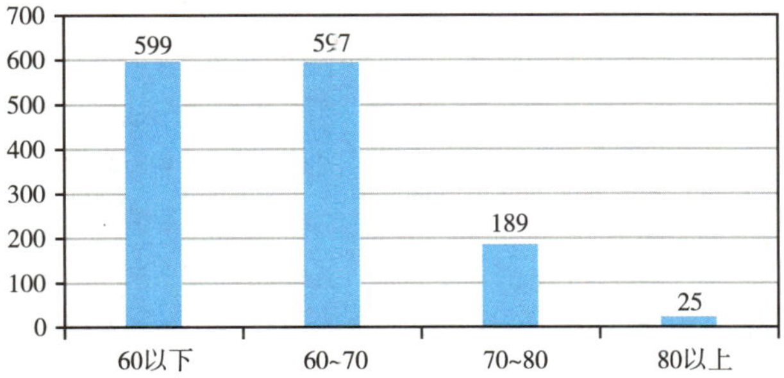

图10-37 2022年深市主板上市公司创新经济绩效指数分布图（家）

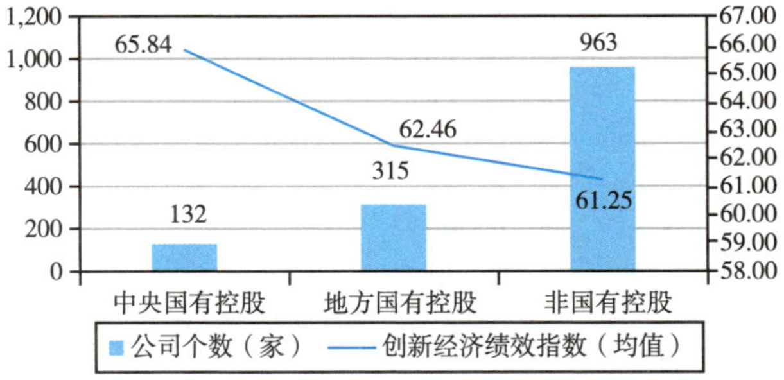

图10-38 2022年深市主板不同产权上市公司创新经济绩效指数均值分布图

根据创新经济绩效指数平均水平情况来看，平均水平较高的有青海省（65.82）、内蒙古自治区（65.58）、山西省（65.45）、云南省（65.13）、河北省（64.77），如图10-39所示。

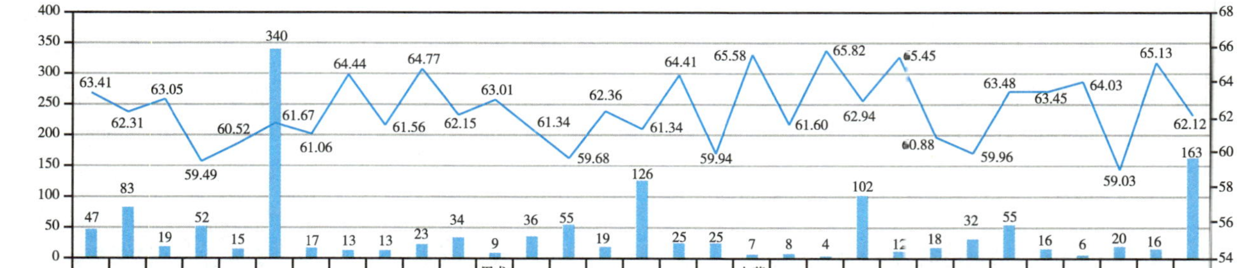

	安徽	北京	重庆	福建	甘肃	广东	广西	贵州	海南	河北	河南	黑龙江	湖北	湖南	吉林	江苏	江西	辽宁	内蒙古	宁夏	青海	山东	山西	陕西	上海	四川	天津	西藏	新疆	云南	浙江
家数	47	83	19	52	15	340	17	13	13	23	34	9	36	55	19	126	25	25	7	8	4	102	12	18	32	55	16	6	20	16	163
均值	63.41	62.31	63.05	59.49	60.52	61.67	61.06	64.44	61.56	64.77	62.15	63.01	61.34	59.68	62.36	61.34	64.41	59.94	65.58	61.60	65.82	62.94	65.45	60.88	59.96	63.48	63.45	64.03	59.03	65.13	62.12

图10-39　2022年深市主板各省份上市公司创新经济绩效指数均值分布图

根据创新经济绩效指数平均水平情况来看，平均水平较高的行业分别是煤炭（67.16）、有色金属（65.22）、医药生物（64.81）、国防军工（64.71）、钢铁（63.75），如图10-40所示。

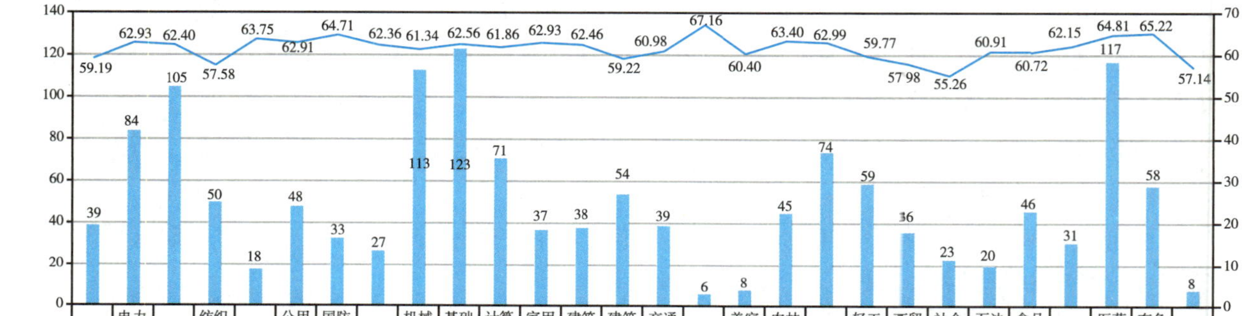

	传媒	电力设备	电子	纺织服饰	钢铁	公用事业	国防军工	环保	机械设备	基础化工	计算机	家用电器	建筑材料	建筑装饰	交通运输	煤炭	美容护理	农林牧渔	汽车	轻工制造	商贸零售	社会服务	石油石化	食品饮料	通信	医药生物	有色金属	综合
家数	39	84	105	50	18	48	33	27	113	123	71	37	38	54	39	6	8	45	74	59	36	23	20	46	31	117	58	8
均值	59.19	62.93	62.40	57.58	63.75	62.91	64.71	62.36	61.34	62.56	61.86	62.93	62.46	59.22	60.98	67.16	60.40	63.40	62.99	59.77	57.98	55.26	60.91	60.72	62.15	64.81	65.22	57.14

图10-40　2022年深市主板各行业上市公司创新经济绩效指数均值分布图

根据本报告评价，深市主板中上市公司创新经济绩效指数排名前50的上市公司，如表10-10所示。

表10-10　2022年深市主板上市公司创新经济绩效指数前50排名

排名	公司代码	公司名称	创新经济绩效指数	一级行业_申万	省份	产权性质
1	002371.SZ	北方华创	89.17	电子	北京	地方国有控股
2	003816.SZ	中国广核	88.39	公用事业	广东	中央国有控股
3	002074.SZ	国轩高科	86.64	电力设备	安徽	非国有控股
4	000625.SZ	长安汽车	86.05	汽车	重庆	中央国有控股
5	002129.SZ	TCL中环	84.84	电力设备	天津	非国有控股
6	002475.SZ	立讯精密	84.70	电子	广东	非国有控股
7	002241.SZ	歌尔股份	84.36	电子	山东	非国有控股
8	000963.SZ	华东医药	84.19	医药生物	浙江	非国有控股
9	000792.SZ	盐湖股份	84.11	基础化工	青海	地方国有控股
10	002030.SZ	达安基因	83.22	医药生物	广东	地方国有控股

续表

排名	公司代码	公司名称	创新经济绩效指数	一级行业_申万	省份	产权性质
11	002594.SZ	比亚迪	83.04	汽车	广东	非国有控股
12	002080.SZ	中材科技	82.52	建筑材料	江苏	中央国有控股
13	000027.SZ	深圳能源	82.20	公用事业	广东	地方国有控股
14	002049.SZ	紫光国微	82.14	电子	河北	非国有控股
15	002230.SZ	科大讯飞	82.05	计算机	安徽	非国有控股
16	002180.SZ	纳思达	81.76	计算机	广东	非国有控股
17	002625.SZ	光启技术	81.72	国防军工	广东	非国有控股
18	002460.SZ	赣锋锂业	81.69	有色金属	江西	非国有控股
19	002353.SZ	杰瑞股份	81.50	机械设备	山东	非国有控股
20	002756.SZ	永兴材料	81.02	有色金属	浙江	非国有控股
21	002812.SZ	恩捷股份	80.80	电力设备	云南	非国有控股
22	000977.SZ	浪潮信息	80.74	计算机	山东	地方国有控股
23	000661.SZ	长春高新	80.68	医药生物	吉林	地方国有控股
24	000999.SZ	华润三九	80.63	医药生物	广东	中央国有控股
25	000875.SZ	吉电股份	80.30	公用事业	吉林	中央国有控股
26	002466.SZ	天齐锂业	79.94	有色金属	四川	非国有控股
27	002709.SZ	天赐材料	79.76	电力设备	广东	非国有控股
28	000400.SZ	许继电气	79.73	电力设备	河南	中央国有控股
29	002497.SZ	雅化集团	79.71	有色金属	四川	非国有控股
30	002340.SZ	格林美	79.65	电力设备	广东	非国有控股
31	002352.SZ	顺丰控股	79.57	交通运输	广东	非国有控股
32	002385.SZ	大北农	79.47	农林牧渔	北京	非国有控股
33	002258.SZ	利尔化学	79.20	基础化工	四川	中央国有控股
34	002389.SZ	航天彩虹	79.08	国防军工	浙江	中央国有控股
35	002459.SZ	晶澳科技	79.05	电力设备	河北	非国有控股
36	002312.SZ	川发龙蟒	78.91	基础化工	四川	地方国有控股
37	000650.SZ	仁和药业	78.42	医药生物	江西	非国有控股
38	000550.SZ	江铃汽车	78.27	汽车	江西	地方国有控股
39	002085.SZ	万丰奥威	78.22	汽车	浙江	非国有控股
40	000338.SZ	潍柴动力	78.05	汽车	山东	地方国有控股
41	000425.SZ	徐工机械	78.02	机械设备	江苏	地方国有控股
42	002747.SZ	埃斯顿	77.96	机械设备	江苏	非国有控股
43	000733.SZ	振华科技	77.96	国防军工	贵州	中央国有控股
44	002432.SZ	九安医疗	77.68	医药生物	天津	非国有控股
45	002294.SZ	信立泰	77.61	医药生物	广东	非国有控股
46	002325.SZ	永太科技	77.57	基础化工	浙江	非国有控股
47	002405.SZ	四维图新	77.50	计算机	北京	非国有控股
48	002317.SZ	众生药业	77.25	医药生物	广东	非国有控股
49	000725.SZ	京东方 A	77.15	电子	北京	地方国有控股
50	000413.SZ	东旭光电	77.05	电子	河北	非国有控股

数据来源：同花顺（iFinD），首经贸资产评估研究院和浙江工商数字创新与管理研究院整理。

2022年深市主板上市公司排名前50的创新经济绩效指数平均水平为80.82，排名前10的是北方华创、中国广核、国轩高科、长安汽车、TCL中环、立讯精密、歌尔股份、华东医药、盐湖股份、达安基因。

从产权性质来看，在排名前50的深市主板上市公司中，中央国有控股上市公司有9家，地方国有控股上市公司有11家，非国有企业有30家。

从省份分布来看，在排名前50的深市主板上市公司中，数量排名靠前的有广东省（13家）、浙江省（5家）、北京市（4家）、山东省（4家）、四川省（4家）。

从行业分布来看，在排名前50的深市主板上市公司中，数量排名靠前的行业分别是医药生物（8家）、电力设备（7家）、电子（6家）、汽车（5家）。

10.3 创业板上市公司创新发展指数评价

截至2022年底，创业板上市公司共1,228家，年成交额436,240.27亿元，日均成交1,802.65亿元，总市值110,211.67亿元，平均市值89.75亿元/家，市值最大的上市公司为宁德时代（9,606.34亿元）；营业总收入34,207.90亿元，平均营业收入27.86亿元/家，营业收入最高的上市公司也为宁德时代（3,285.94亿元）。创业板上市公司研发投入合计为1,689.15亿元，占营业收入的4.94%，无形资产账面价值合计为2,525.33亿元，占总资产的4.23%。根据本报告分析口径，本节共对创业板1228家上市公司开展创新发展指数评价，具体情况如下：

10.3.1 创新发展综合指数

根据本报告评价，2022年创业板创新发展综合指数平均水平为65.09，低于全市场平均水平65.47。从指数分布来看，高于均值的有513家，占板块总数的41.78%。其中，最高的是迈瑞医疗，创新发展综合指数为85.80。具体来看，创新发展综合指数区间在60以下的有138家，占比11.24%；60~70的有915家，占比74.51%；70~80的有167家，占比13.60%；80以上的有8家，占比0.65%，如图10-41所示。

1,228家创业板上市公司中，中央国有控股上市公司有41家，地方国有控股上市公司有96家，非国有企业有1,091家。根据创新发展综合指数平均水平情况看，中央国有控股上市公司的平均水平为67.94，地方国有控股上市公司为64.43，非国有企业为65.04，如图10-42所示。

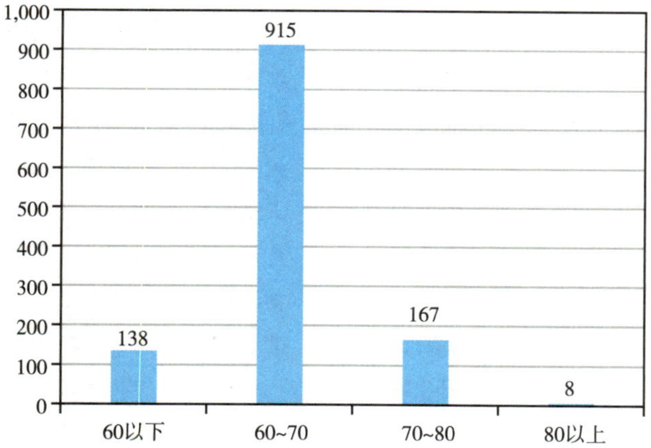

图10-41 2022年创业板上市公司创新发展综合指数分布图（家）

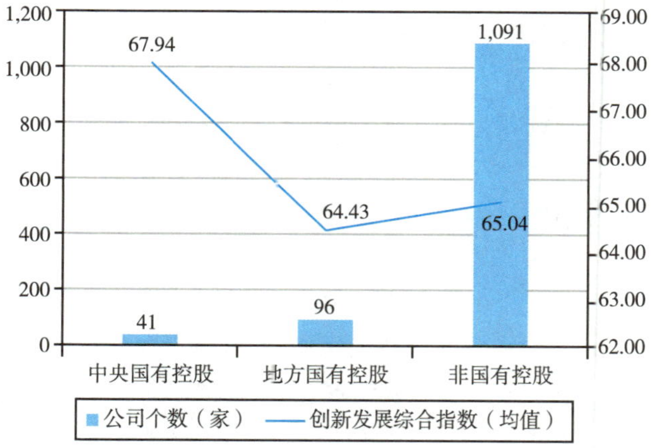

图10-42 2022年创业板不同产权上市公司创新发展综合指数均值分布图

从省份分布来看，广东（22.88%）、江苏（14.25%）、浙江（12.70%）、北京（10.34%）、上海（6.11%）占据创业板主要地位。根据创新发展综合指数平均水平情况来看，平均水平较高的有内蒙古自治区（68.72）、重庆市（68.47）、贵州省（68.20）、海南省（67.78）、云南省（67.66），如图10-43所示。

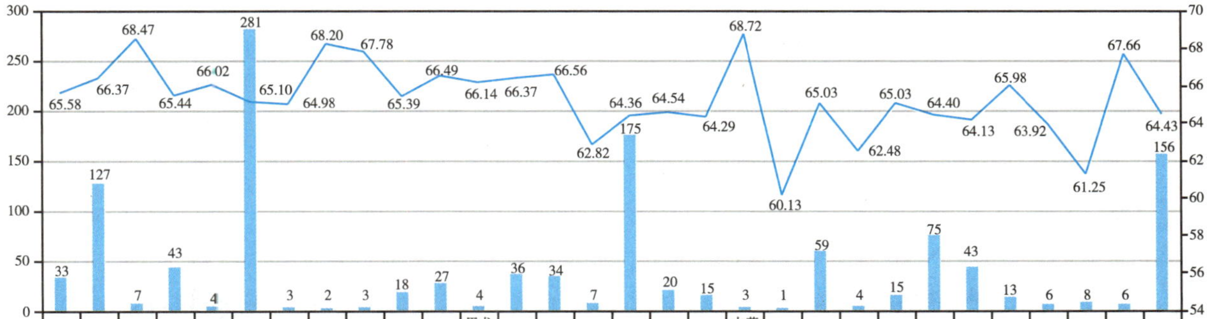

	安徽	北京	重庆	福建	甘肃	广东	广西	贵州	海南	河北	河南	黑龙江	湖北	湖南	吉林	江苏	江西	辽宁	内蒙古	宁夏	山东	山西	陕西	上海	四川	天津	西藏	新疆	云南	浙江
家数	33	127	7	43	4	281	3	2	3	18	27	4	36	34	7	175	20	15	3	1	59	4	15	75	43	13	6	8	6	156
均值	65.58	66.37	68.47	65.44	66.02	65.10	64.98	68.20	67.78	65.39	66.49	66.14	66.37	66.56	62.82	64.36	64.54	64.29	68.72	60.13	65.03	62.48	65.03	64.40	64.13	65.98	63.92	61.25	67.66	64.43

图10-43　2022年创业板各省份上市公司创新发展综合指数均值分布图

从行业分布来看，机械设备（13.44%）、计算机（12.21%）、电子（10.99%）、医药生物（10.75%）、电力设备（8.31%）占据创业板主要地位。根据创新发展综合指数平均水平情况来看，平均水平较高的行业分别是国防军工（67.93）、电力设备（67.13）、医药生物（66.60）、美容护理（66.47）、通信（66.32），如图10-44所示。

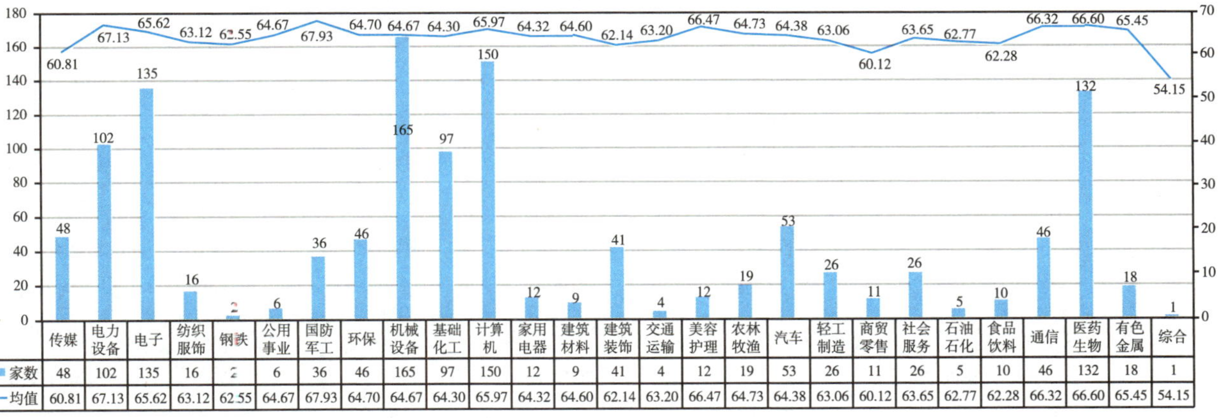

	传媒	电力设备	电子	纺织服饰	钢铁	公用事业	国防军工	环保	机械设备	基础化工	计算机	家用电器	建筑材料	建筑装饰	交通运输	美容护理	农林牧渔	汽车	轻工制造	商贸零售	社会服务	石油石化	食品饮料	通信	医药生物	有色金属	综合
家数	48	102	135	16	2	6	36	46	165	97	150	12	9	41	4	12	19	53	26	11	26	5	10	46	132	18	1
均值	60.81	67.13	65.62	63.12	62.55	64.67	67.93	64.70	64.67	64.30	65.97	64.32	64.60	62.14	63.20	66.47	64.73	64.38	63.06	60.12	63.65	62.77	62.28	66.32	66.60	65.45	54.15

图10-44　2022年创业板各行业上市公司创新发展综合指数均值分布图

根据本报告评价，创业板中上市公司创新发展综合指数排名前50的上市公司，如表10-11所示。

表10-11　2022年创业板上市公司创新发展综合指数前50排名

排名	公司代码	公司名称	创新发展综合指数	一级行业_申万	省份	产权性质
1	300760.SZ	迈瑞医疗	85.80	医药生物	广东	非国有控股
2	300014.SZ	亿纬锂能	85.33	电力设备	广东	非国有控股
3	300124.SZ	汇川技术	84.62	机械设备	广东	非国有控股
4	300450.SZ	先导智能	83.14	电力设备	江苏	非国有控股

续表

排名	公司代码	公司名称	创新发展综合指数	一级行业_申万	省份	产权性质
5	300316.SZ	晶盛机电	82.62	电力设备	浙江	非国有控股
6	300308.SZ	中际旭创	82.25	通信	山东	非国有控股
7	300274.SZ	阳光电源	81.62	电力设备	安徽	非国有控股
8	300750.SZ	宁德时代	80.92	电力设备	福建	非国有控股
9	300661.SZ	圣邦股份	79.50	电子	北京	非国有控股
10	300003.SZ	乐普医疗	79.50	医药生物	北京	非国有控股
11	300454.SZ	深信服	79.31	计算机	广东	非国有控股
12	301269.SZ	华大九天	79.12	计算机	北京	非国有控股
13	300496.SZ	中科创达	78.72	计算机	北京	非国有控股
14	300408.SZ	三环集团	78.54	电子	广东	非国有控股
15	300122.SZ	智飞生物	78.22	医药生物	重庆	非国有控股
16	300630.SZ	普利制药	78.03	医药生物	海南	非国有控股
17	300161.SZ	华中数控	78.00	机械设备	湖北	非国有控股
18	300627.SZ	华测导航	77.78	通信	上海	非国有控股
19	300024.SZ	机器人	76.78	机械设备	辽宁	中央国有控股
20	300033.SZ	同花顺	76.63	计算机	浙江	非国有控股
21	300751.SZ	迈为股份	76.56	电力设备	江苏	非国有控股
22	300369.SZ	绿盟科技	76.48	计算机	北京	非国有控股
23	300136.SZ	信维通信	76.47	电子	广东	非国有控股
24	300567.SZ	精测电子	76.47	机械设备	湖北	非国有控股
25	300896.SZ	爱美客	76.43	美容护理	北京	非国有控股
26	300782.SZ	卓胜微	76.09	电子	江苏	非国有控股
27	300999.SZ	金龙鱼	76.08	农林牧渔	上海	非国有控股
28	300037.SZ	新宙邦	75.86	电力设备	广东	非国有控股
29	300353.SZ	东土科技	75.81	通信	北京	非国有控股
30	300101.SZ	振芯科技	75.76	国防军工	四川	非国有控股
31	300026.SZ	红日药业	75.73	医药生物	天津	地方国有控股
32	300638.SZ	广和通	75.55	通信	广东	非国有控股
33	300666.SZ	江丰电子	75.42	电子	浙江	非国有控股
34	300119.SZ	瑞普生物	75.32	农林牧渔	天津	非国有控股
35	300188.SZ	美亚柏科	75.30	计算机	福建	中央国有控股
36	300919.SZ	中伟股份	75.29	电力设备	贵州	非国有控股
37	300142.SZ	沃森生物	75.17	医药生物	云南	非国有控股
38	300759.SZ	康龙化成	75.11	医药生物	北京	非国有控股
39	300358.SZ	楚天科技	75.08	医药生物	湖南	非国有控股
40	300433.SZ	蓝思科技	75.04	电子	湖南	非国有控股
41	300438.SZ	鹏辉能源	74.83	电力设备	广东	非国有控股
42	300413.SZ	芒果超媒	74.76	传媒	湖南	地方国有控股
43	300207.SZ	欣旺达	74.60	电力设备	广东	非国有控股
44	300604.SZ	长川科技	74.55	电子	浙江	非国有控股

续表

排名	公司代码	公司名称	创新发展综合指数	一级行业_申万	省份	产权性质
45	300115.SZ	长盈精密	74.52	电子	广东	非国有控股
46	300223.SZ	北京君正	74.52	电子	北京	非国有控股
47	300009.SZ	安科生物	74.44	医药生物	安徽	非国有控股
48	300676.SZ	华大基因	74.39	医药生物	广东	非国有控股
49	300007.SZ	汉威科技	74.12	机械设备	河南	非国有控股
50	300034.SZ	钢研高纳	74.08	国防军工	北京	中央国有控股

数据来源：同花顺（iFinD），首经贸资产评估研究院和浙工商数字创新与管理研究院整理。

2022年创业板上市公司排名前50的创新发展综合指数平均水平为77.33，排名前10的是迈瑞医疗、亿纬锂能、汇川技术、先导智能、晶盛机电、中际旭创、阳光电源、宁德时代、圣邦股份、乐普医疗。

从产权性质来看，在排名前50的创业板上市公司中，中央国有控股上市公司有3家，地方国有控股上市公司有2家，非国有企业有45家。

从省份分布来看，在排名前50的创业板上市公司中，数量排名靠前的有广东省（12家）、北京市（10家）、浙江省（4家）。

从行业分布来看，在排名前50的创业板上市公司中，数量排名靠前的行业分别是电力设备（10家）、医药生物（10家）、电子（9家）、计算机（6家）。

10.3.2　创新资源支持指数

2022年创业板创新资源支持指数平均水平为67.58，低于全市场平均水平68.18。从指数分布来看，高于均值的有533家，占板块总数的43.40%。其中，最高的是亿纬锂能，创新资源支持指数为94.90。具体来看，创新资源支持指数区间在60以下的有169家，占比13.76%；60~70的有628家，占比51.14%；70~80的有371家，占比30.21%；80以上的有60家，占比4.89%，如图10-45所示。

根据创新资源支持指数平均水平情况看，中央国有控股上市公司的平均水平为70.86，地方国有控股上市公司为66.57，非国有企业为67.54，如图10-46所示。

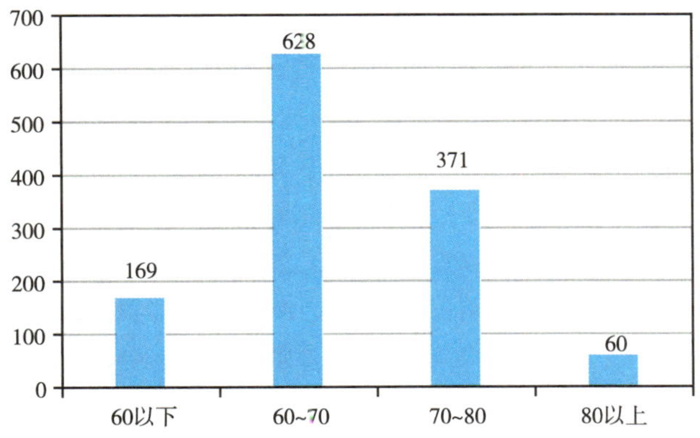

图10-45　2022年创业板上市公司创新资源支持指数分布图（家）

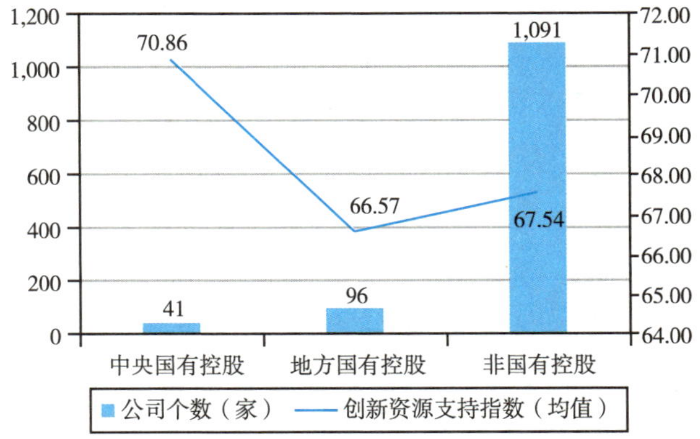

图10-46　2022年创业板不同产权上市公司创新资源支持指数均值分布图

根据创新资源支持指数平均水平情况来看，平均水平较高的有贵州省（74.16）、黑龙江省（71.48）、重庆市（71.12）、湖南省（70.83）、安徽省（69.83），如图10-47所示。

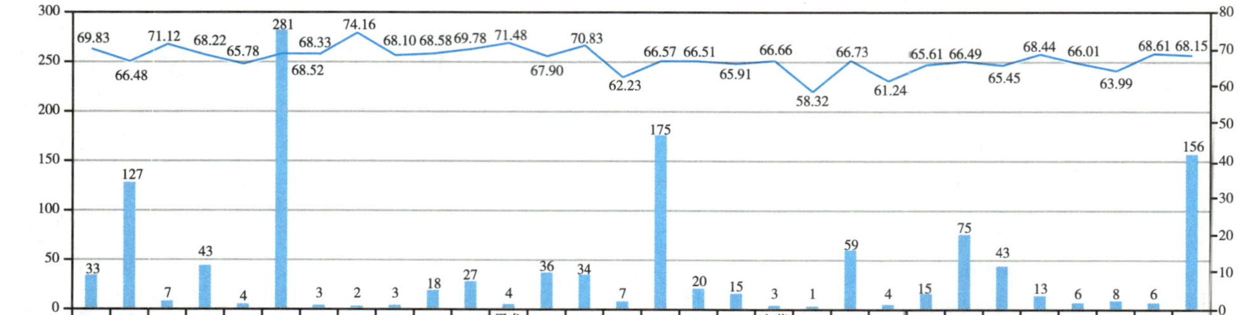

	安徽	北京	重庆	福建	甘肃	广东	广西	贵州	海南	河北	河南	黑龙江	湖北	湖南	吉林	江苏	江西	辽宁	内蒙古	宁夏	山东	山西	陕西	上海	四川	天津	西藏	新疆	云南	浙江
家数	33	127	7	43	4	281	3	2	3	18	27	4	36	34	7	175	20	15	3	1	59	4	15	75	43	13	6	8	6	156
均值	69.83	66.48	71.12	68.22	65.78	68.52	68.33	74.16	68.10	68.58	69.78	71.48	67.90	70.83	62.23	66.57	66.51	65.91	66.66	58.32	66.73	61.24	65.61	66.49	65.45	68.44	66.01	63.99	68.61	68.15

图 10–47　2022 年创业板各省份上市公司创新资源支持指数均值分布图

根据创新资源支持指数平均水平情况来看，平均水平较高的行业分别是电力设备（70.67）、电子（69.88）、家用电器（69.20）、交通运输（68.81）、国防军工（68.68），如图 10–48 所示。

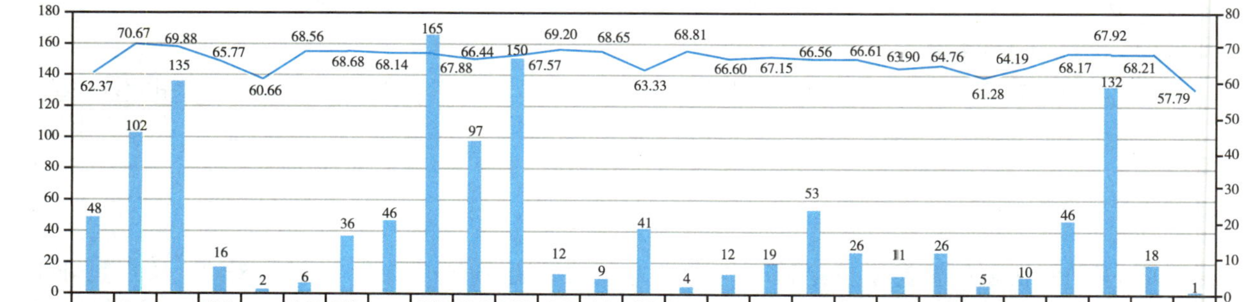

	传媒	电力设备	电子	纺织服饰	钢铁	公用事业	国防军工	环保	机械设备	基础化工	计算机	家用电器	建筑材料	建筑装饰	交通运输	美容护理	农林牧渔	汽车	轻工制造	商贸零售	社会服务	石油石化	食品饮料	通信	医药生物	有色金属	综合
家数	48	102	135	16	2	6	36	46	165	97	150	12	9	41	4	12	19	53	26	11	26	5	10	46	132	18	1
均值	62.37	70.67	69.88	65.77	60.66	68.56	68.68	68.14	67.88	66.44	67.57	69.20	68.65	63.33	68.81	66.60	67.15	66.56	66.61	63.90	64.76	61.28	64.19	68.17	67.92	68.21	57.79

图 10–48　2022 年创业板各行业上市公司创新资源支持指数均值分布图

根据本报告评价，创业板中上市公司创新资源支持指数排名前 50 的上市公司，如表 10–12 所示。

表 10–12　2022 年创业板上市公司创新资源支持指数前 50 排名

排名	公司代码	公司名称	创新资源支持指数	一级行业_申万	省份	产权性质
1	300014.SZ	亿纬锂能	94.90	电力设备	广东	非国有控股
2	300454.SZ	深信服	93.70	计算机	广东	非国有控股
3	300408.SZ	三环集团	91.16	电子	广东	非国有控股
4	300124.SZ	汇川技术	90.75	机械设备	广东	非国有控股
5	300627.SZ	华测导航	90.49	通信	上海	非国有控股
6	300188.SZ	美亚柏科	89.59	计算机	福建	中央国有控股
7	300316.SZ	晶盛机电	89.21	电力设备	浙江	非国有控股
8	300433.SZ	蓝思科技	88.73	电子	湖南	非国有控股
9	300699.SZ	光威复材	88.30	国防军工	山东	非国有控股
10	300296.SZ	利亚德	88.22	电子	北京	非国有控股
11	300308.SZ	中际旭创	87.76	通信	山东	非国有控股
12	300024.SZ	机器人	87.24	机械设备	辽宁	中央国有控股

续表

排名	公司代码	公司名称	创新资源支持指数	一级行业_申万	省份	产权性质
13	300760.SZ	迈瑞医疗	87.13	医药生物	广东	非国有控股
14	300007.SZ	汉威科技	87.10	机械设备	河南	非国有控股
15	300724.SZ	捷佳伟创	87.08	电力设备	广东	非国有控股
16	300999.SZ	金龙鱼	86.97	农林牧渔	上海	非国有控股
17	300604.SZ	长川科技	85.61	电子	浙江	非国有控股
18	300919.SZ	中伟股份	85.12	电力设备	贵州	非国有控股
19	300118.SZ	东方日升	84.94	电力设备	浙江	非国有控股
20	300026.SZ	红日药业	84.18	医药生物	天津	地方国有控股
21	300806.SZ	斯迪克	84.04	基础化工	江苏	非国有控股
22	300353.SZ	东土科技	83.93	通信	北京	非国有控股
23	300253.SZ	卫宁健康	83.92	计算机	上海	非国有控股
24	300232.SZ	洲明科技	83.86	电子	广东	非国有控股
25	300729.SZ	乐歌股份	83.84	轻工制造	浙江	非国有控股
26	300602.SZ	飞荣达	83.80	电子	广东	非国有控股
27	300274.SZ	阳光电源	83.68	电力设备	安徽	非国有控股
28	300136.SZ	信维通信	83.42	电子	广东	非国有控股
29	300458.SZ	全志科技	83.40	电子	广东	非国有控股
30	300355.SZ	蒙草生态	83.25	建筑装饰	内蒙古	非国有控股
31	300682.SZ	朗新科技	83.24	计算机	江苏	非国有控股
32	300523.SZ	辰安科技	83.22	计算机	北京	中央国有控股
33	301268.SZ	铭利达	82.92	机械设备	广东	非国有控股
34	300450.SZ	先导智能	82.81	电力设备	江苏	非国有控股
35	300415.SZ	伊之密	82.72	机械设备	广东	非国有控股
36	300474.SZ	景嘉微	82.59	国防军工	湖南	非国有控股
37	300259.SZ	新天科技	82.40	机械设备	河南	非国有控股
38	301091.SZ	深城交	82.03	建筑装饰	广东	地方国有控股
39	300304.SZ	云意电气	81.98	汽车	江苏	非国有控股
40	300772.SZ	运达股份	81.93	电力设备	浙江	地方国有控股
41	300040.SZ	九洲集团	81.85	电力设备	黑龙江	非国有控股
42	300498.SZ	温氏股份	81.65	农林牧渔	广东	非国有控股
43	300672.SZ	国科微	81.61	电子	湖南	非国有控股
44	300866.SZ	安克创新	81.27	电子	湖南	非国有控股
45	300012.SZ	华测检测	81.04	社会服务	广东	非国有控股
46	300457.SZ	赢合科技	81.04	电力设备	广东	地方国有控股
47	300428.SZ	立中集团	81.02	汽车	河北	非国有控股
48	300379.SZ	东方通	80.79	计算机	北京	非国有控股
49	300820.SZ	英杰电气	80.53	电力设备	四川	非国有控股
50	300203.SZ	聚光科技	80.48	环保	浙江	非国有控股

数据来源：同花顺（iFinD），首经贸资产评估研究院和浙工商数字创新与管理研究院整理。

2022年创业板上市公司排名前50的创新资源支持指数平均水平为84.85，排名前10的是亿纬锂能、深信服、三环集团、汇川技术、华测导航、美亚柏科、晶盛机电、蓝思科技、光威复材、利亚德。

从产权性质来看，在排名前50的创业板上市公司中，中央国有控股上市公司有3家，地方国有控股上市公司有4家，非国有企业有43家。

从省份分布来看，在排名前50的创业板上市公司中，数量排名靠前的有广东省（16家）、浙江省（6家）、湖南省（4家）、北京市（4家）、江苏省（4家）。

从行业分布来看，在排名前50的创业板上市公司中，数量排名靠前的行业分别是电力设备（11家）、电子（10家）、计算机（6家）、机械设备（6家）。

10.3.3 创新要素投入指数

2022年创业板创新要素投入指数平均水平为65.84，高于全市场平均水平65.37。从指数分布来看，高于均值的有610家，占板块总数的49.67%。其中，最高的是中科创达，创新要素投入指数为86.82。具体来看，创新要素投入指数区间在60以下的有214家，占比17.43%；60~70的有696家，占比56.68%；70~80的有289家，占比23.53%；80以上的有29家，占比2.36%，如图10-49所示。

根据创新要素投入指数平均水平情况看，中央国有控股上市公司的平均水平为69.16，地方国有控股上市公司为64.64，非国有企业为65.82，如图10-50所示。

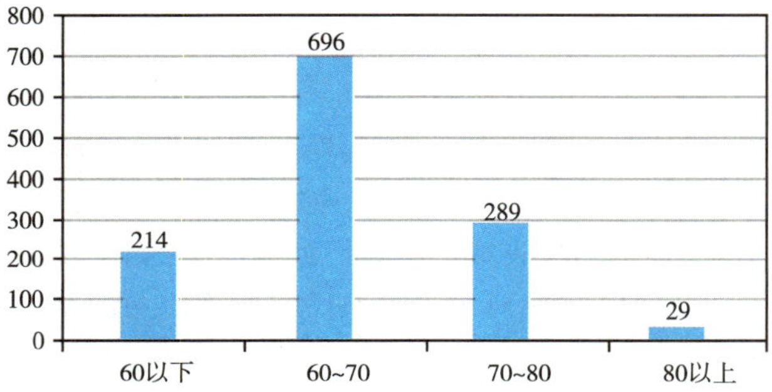

图10-49　2022年创业板上市公司创新要素投入指数分布图（家）

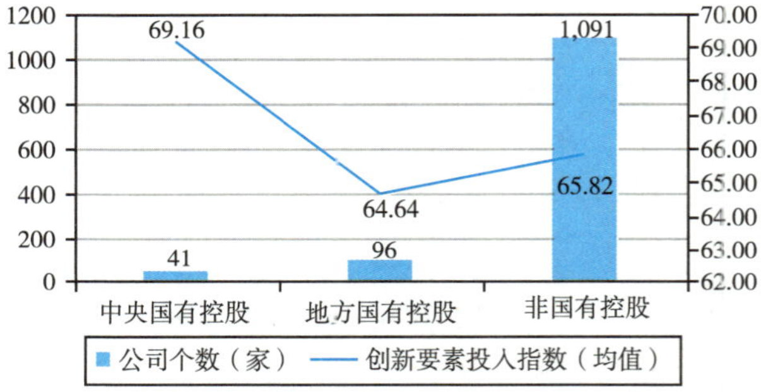

图10-50　2022年创业板不同产权上市公司创新要素投入指数均值分布图

根据创新要素投入指数平均水平情况来看，平均水平较高的有海南省（71.17）、内蒙古自治区（71.04）、北京市（69.31）、重庆市（69.10）、湖北省（68.17），如图10-51所示。

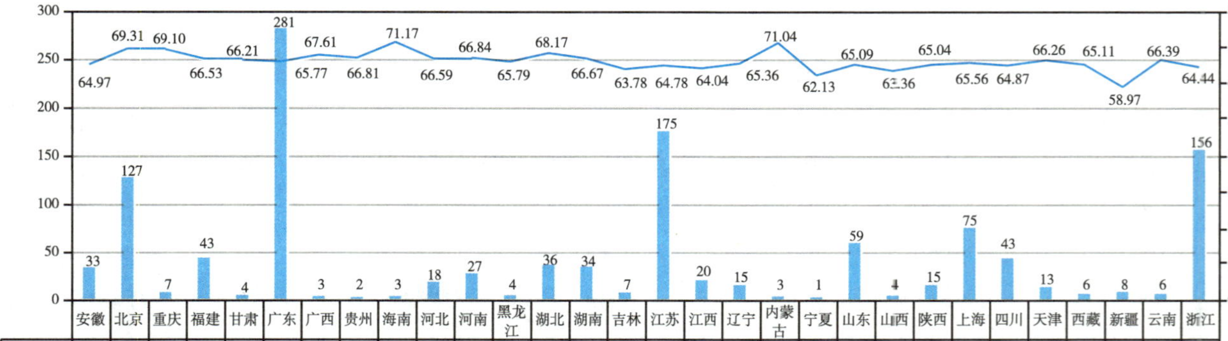

	安徽	北京	重庆	福建	甘肃	广东	广西	贵州	海南	河北	河南	黑龙江	湖北	湖南	吉林	江苏	江西	辽宁	内蒙古	宁夏	山东	山西	陕西	上海	四川	天津	西藏	新疆	云南	浙江
家数	33	127	7	43	4	281	3	2	3	18	27	4	36	34	7	175	20	15	3	1	59	4	15	75	43	13	6	8	6	156
均值	64.97	69.31	69.10	66.53	66.21	65.77	67.61	66.81	71.17	66.59	66.84	65.79	68.17	66.67	63.78	64.78	64.04	65.36	71.04	62.13	65.09	63.36	65.04	65.56	64.87	66.26	65.11	58.97	66.39	64.44

图10-51　2022年创业板各省份上市公司创新要素投入指数均值分布图

根据创新要素投入指数平均水平情况来看，平均水平较高的行业分别是国防军工（71.67）、计算机（70.02）、电力设备（67.51）、医药生物（67.51）、通信（67.50），如图 10-52 所示。

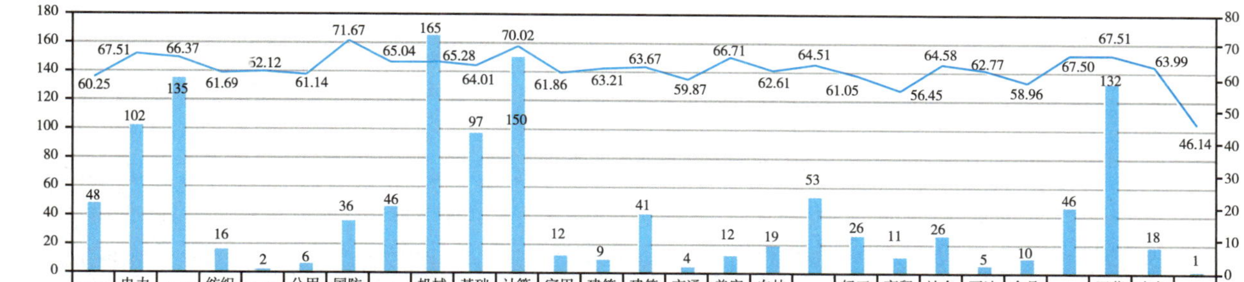

	传媒	电力设备	电子	纺织服饰	钢铁	公用事业	国防军工	环保	机械设备	基础化工	计算机	家用电器	建筑材料	建筑装饰	交通运输	美容护理	农林牧渔	汽车	轻工制造	商贸零售	社会服务	石油石化	食品饮料	通信	医药生物	有色金属	综合
家数	48	102	135	16	2	6	36	46	165	97	150	12	9	41	4	12	19	53	26	11	26	5	10	46	132	18	1
均值	60.25	67.51	66.37	61.69	62.12	61.14	71.67	65.04	65.28	64.01	70.02	61.86	63.21	63.67	59.87	66.71	62.61	64.51	61.05	56.45	64.58	62.77	58.96	67.50	67.51	63.99	46.14

图 10-52　2022 年创业板各行业上市公司创新要素投入指数均值分布图

根据本报告评价，创业板中上市公司创新要素投入指数排名前 50 的上市公司，如表 10-13 所示。

表 10-13　2022 年创业板上市公司创新要素投入指数前 50 排名

排名	公司代码	公司名称	创新要素投入指数	一级行业_申万	省份	产权性质
1	300496.SZ	中科创达	86.82	计算机	北京	非国有控股
2	300661.SZ	圣邦股份	85.98	电子	北京	非国有控股
3	300124.SZ	汇川技术	85.98	机械设备	广东	非国有控股
4	300033.SZ	同花顺	85.74	计算机	浙江	非国有控股
5	300450.SZ	先导智能	85.66	电力设备	江苏	非国有控股
6	300316.SZ	晶盛机电	85.17	电力设备	浙江	非国有控股
7	300750.SZ	宁德时代	85.08	电力设备	福建	非国有控股
8	300782.SZ	卓胜微	84.39	电子	江苏	非国有控股
9	300161.SZ	华中数控	83.76	机械设备	湖北	非国有控股
10	300760.SZ	迈瑞医疗	83.65	医药生物	广东	非国有控股
11	300274.SZ	阳光电源	83.54	电力设备	安徽	非国有控股
12	301269.SZ	华大九天	83.50	计算机	北京	非国有控股
13	300014.SZ	亿纬锂能	83.19	电力设备	广东	非国有控股
14	300369.SZ	绿盟科技	82.85	计算机	北京	非国有控股
15	300630.SZ	普利制药	82.67	医药生物	海南	非国有控股
16	300308.SZ	中际旭创	82.65	通信	山东	非国有控股
17	300122.SZ	智飞生物	82.28	医药生物	重庆	非国有控股
18	300751.SZ	迈为股份	82.27	电力设备	江苏	非国有控股
19	300454.SZ	深信服	82.23	计算机	广东	非国有控股
20	300558.SZ	贝达药业	82.02	医药生物	浙江	非国有控股
21	300474.SZ	景嘉微	81.34	国防军工	湖南	非国有控股
22	300567.SZ	精测电子	80.62	机械设备	湖北	非国有控股
23	300036.SZ	超图软件	80.60	计算机	北京	非国有控股
24	300456.SZ	赛微电子	80.41	电子	北京	非国有控股

续表

排名	公司代码	公司名称	创新要素投入指数	一级行业_申万	省份	产权性质
25	300101.SZ	振芯科技	80.22	国防军工	四川	非国有控股
26	300229.SZ	拓尔思	80.21	计算机	北京	非国有控股
27	300358.SZ	楚天科技	80.11	医药生物	湖南	非国有控股
28	300725.SZ	药石科技	80.08	医药生物	江苏	非国有控股
29	300451.SZ	创业慧康	80.07	计算机	浙江	非国有控股
30	300077.SZ	国民技术	79.89	电子	广东	非国有控股
31	300634.SZ	彩讯股份	79.70	计算机	广东	非国有控股
32	300672.SZ	国科微	79.69	电子	湖南	非国有控股
33	300003.SZ	乐普医疗	79.67	医药生物	北京	非国有控股
34	300762.SZ	上海瀚讯	79.65	国防军工	上海	非国有控股
35	300024.SZ	机器人	79.54	机械设备	辽宁	中央国有控股
36	300601.SZ	康泰生物	79.43	医药生物	广东	非国有控股
37	300825.SZ	阿尔特	79.25	汽车	北京	非国有控股
38	300579.SZ	数字认证	79.23	计算机	北京	地方国有控股
39	300284.SZ	苏交科	79.18	建筑装饰	江苏	地方国有控股
40	300759.SZ	康龙化成	79.16	医药生物	北京	非国有控股
41	300379.SZ	东方通	79.14	计算机	北京	非国有控股
42	300659.SZ	中孚信息	79.04	计算机	山东	非国有控股
43	300188.SZ	美亚柏科	79.02	计算机	福建	中央国有控股
44	300253.SZ	卫宁健康	79.00	计算机	上海	非国有控股
45	300896.SZ	爱美客	78.88	美容护理	北京	非国有控股
46	300552.SZ	万集科技	78.73	计算机	北京	非国有控股
47	300604.SZ	长川科技	78.58	电子	浙江	非国有控股
48	300687.SZ	赛意信息	78.47	计算机	广东	非国有控股
49	300747.SZ	锐科激光	78.46	机械设备	湖北	中央国有控股
50	300378.SZ	鼎捷软件	78.25	计算机	上海	非国有控股

数据来源：同花顺（iFinD），首经贸资产评估研究院和浙工商数字创新与管理研究院整理。

2022年创业板上市公司前排名50的创新要素投入指数平均水平为81.30，排名前10的是中科创达、圣邦股份、汇川技术、同花顺、先导智能、晶盛机电、宁德时代、卓胜微、华中数控、迈瑞医疗。

从产权性质来看，在排名前50的创业板上市公司中，中央国有控股上市公司有3家，地方国有控股上市公司有2家，非国有企业有45家。

从省份分布来看，在排名前50的创业板上市公司中，数量排名靠前的有北京市（14家）、广东省（8家）、江苏省（5家）、浙江省（5家）。

从行业分布来看，在排名前50的创业板上市公司中，数量排名靠前的行业分别是计算机（17家）、医药生物（9家）、电力设备（6家）、电子（6家）。

10.3.4 创新科技成果指数

2022年创业板创新科技成果指数平均水平为68.41，高于全市场平均水平68.28。从指数分布来看，高于均值的有690家，占板块总数的56.19%。其中，最高的是迈瑞医疗，创新科技成果指数为

85.36。具体来看，创新科技成果指数区间在60以下的有29家，占比2.36%；60~70的有846家，占比68.89%；70~80的有346家，占比28.18%；80以上的有7家，占比0.57%，如图10-53所示。

根据创新科技成果指数平均水平情况看，中央国有控股上市公司的平均水平为69.13，地方国有控股上市公司为68.51，非国有企业为68.38，如图10-54所示。

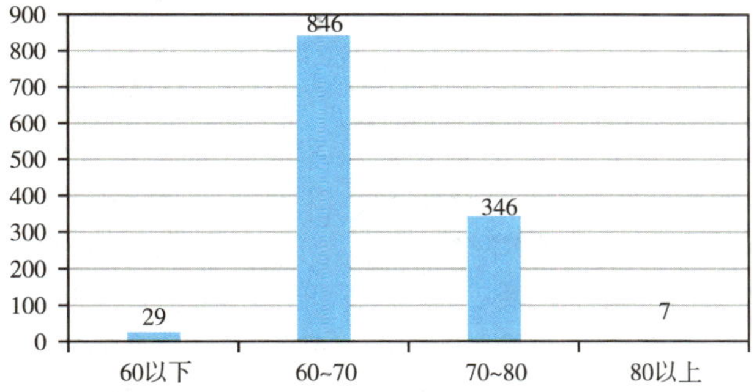

图10-53　2022年创业板上市公司创新科技成果指数分布图（家）

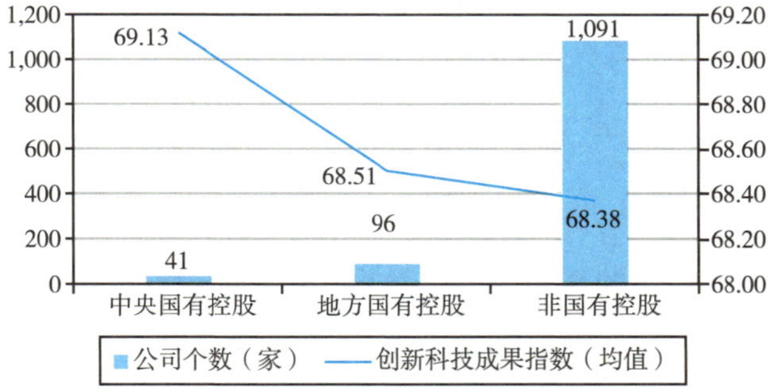

图10-54　2022年创业板不同产权上市公司创新科技成果指数均值分布图

根据创新科技成果指数平均水平情况来看，平均水平较高的有甘肃省（69.87）、黑龙江省（69.74）、重庆市（69.63）、广西壮族自治区（69.56）、海南省（69.59），如图10-55所示。

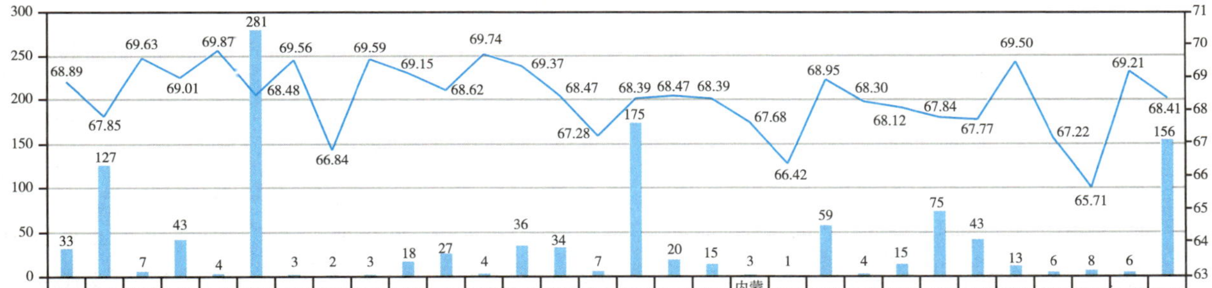

	安徽	北京	重庆	福建	甘肃	广东	广西	贵州	海南	河北	河南	黑龙江	湖北	湖南	吉林	江苏	江西	辽宁	内蒙古	宁夏	山东	山西	陕西	上海	四川	天津	西藏	新疆	云南	浙江
家数	33	127	7	43	4	281	3	2	3	18	27	4	36	34	7	175	20	15	3	1	59	4	15	75	43	13	6	8	6	156
均值	68.89	67.85	69.63	69.01	69.87	68.48	69.56	66.84	69.59	69.15	68.62	69.74	69.37	68.47	67.28	68.39	68.47	68.39	67.68	66.42	68.95	68.30	68.12	67.84	67.77	69.50	67.22	65.71	69.21	68.41

图10-55　2022年创业板各省份上市公司创新科技成果指数均值分布图

根据创新科技成果指数平均水平情况来看，平均水平较高的行业分别是电力设备（70.41）、建筑材料（70.08）、美容护理（69.29）、机械设备（69.20）、电子（69.15），如图10-56所示。

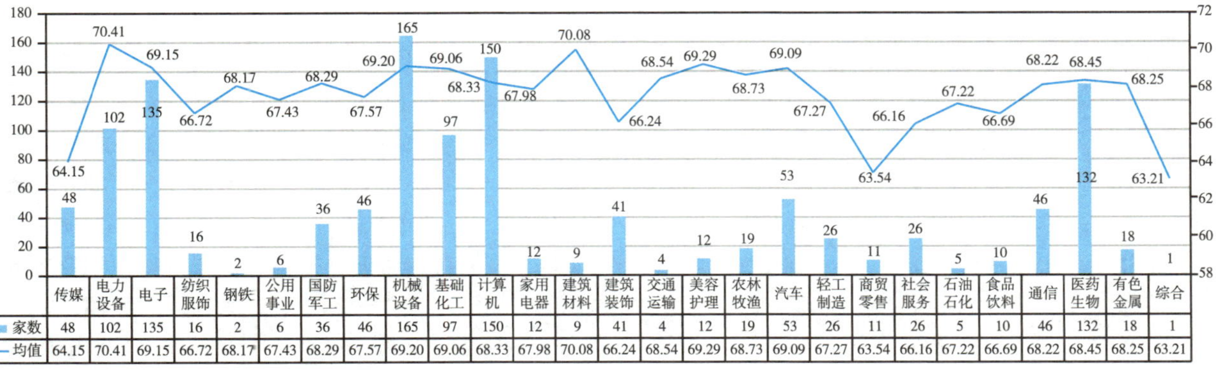

	传媒	电力设备	电子	纺织服饰	钢铁	公用事业	国防军工	环保	机械设备	基础化工	计算机	家用电器	建筑材料	建筑装饰	交通运输	美容护理	农林牧渔	汽车	轻工制造	商贸零售	社会服务	石油石化	食品饮料	通信	医药生物	有色金属	综合
家数	48	102	135	16	2	6	36	46	165	97	150	12	9	41	4	12	19	53	26	11	26	5	10	46	132	18	1
均值	64.15	70.41	69.15	66.72	68.17	67.43	68.29	67.57	69.20	69.06	68.33	67.98	70.08	66.24	68.54	69.29	68.73	69.09	67.27	63.54	66.16	67.22	66.69	68.22	68.45	68.25	63.21

图10-56　2022年创业板各行业上市公司创新科技成果指数均值分布图

根据本报告评价，创业板中上市公司创新科技成果指数排名前50的上市公司，如表10-14所示。

表10-14　　2022年创业板上市公司创新科技成果指数前50排名

排名	公司代码	公司名称	创新科技成果指数	一级行业_申万	省份	产权性质
1	300760.SZ	迈瑞医疗	85.36	医药生物	广东	非国有控股
2	300014.SZ	亿纬锂能	83.67	电力设备	广东	非国有控股
3	300316.SZ	晶盛机电	83.46	电力设备	浙江	非国有控股
4	300750.SZ	宁德时代	83.46	电力设备	福建	非国有控股
5	300274.SZ	阳光电源	81.71	电力设备	安徽	非国有控股
6	300450.SZ	先导智能	80.86	电力设备	江苏	非国有控股
7	300124.SZ	汇川技术	80.23	机械设备	广东	非国有控股
8	300308.SZ	中际旭创	79.81	通信	山东	非国有控股
9	300161.SZ	华中数控	79.23	机械设备	湖北	非国有控股
10	300999.SZ	金龙鱼	79.07	农林牧渔	上海	非国有控股
11	300015.SZ	爱尔眼科	79.00	医药生物	湖南	非国有控股
12	300122.SZ	智飞生物	78.53	医药生物	重庆	非国有控股
13	300627.SZ	华测导航	77.96	通信	上海	非国有控股
14	300751.SZ	迈为股份	77.71	电力设备	江苏	非国有控股
15	300140.SZ	中环装备	77.66	电力设备	陕西	中央国有控股
16	300343.SZ	联创股份	77.01	传媒	山东	非国有控股
17	300661.SZ	圣邦股份	76.94	电子	北京	非国有控股
18	300454.SZ	深信服	76.63	计算机	广东	非国有控股
19	300037.SZ	新宙邦	76.56	电力设备	广东	非国有控股
20	300747.SZ	锐科激光	76.54	机械设备	湖北	中央国有控股
21	300772.SZ	运达股份	76.44	电力设备	浙江	地方国有控股
22	300272.SZ	开能健康	76.10	家用电器	上海	非国有控股
23	300666.SZ	江丰电子	76.08	电子	浙江	非国有控股
24	300233.SZ	金城医药	75.82	医药生物	山东	非国有控股
25	300369.SZ	绿盟科技	75.75	计算机	北京	非国有控股
26	300003.SZ	乐普医疗	75.69	医药生物	北京	非国有控股
27	300384.SZ	三联虹普	75.53	建筑装饰	北京	非国有控股
28	300207.SZ	欣旺达	75.52	电力设备	广东	非国有控股
29	300138.SZ	晨光生物	75.46	农林牧渔	河北	非国有控股
30	300496.SZ	中科创达	75.28	计算机	北京	非国有控股
31	300470.SZ	中密控股	75.22	机械设备	四川	地方国有控股
32	300393.SZ	中来股份	75.13	电力设备	江苏	地方国有控股
33	301269.SZ	华大九天	74.96	计算机	北京	非国有控股
34	300100.SZ	双林股份	74.91	汽车	浙江	非国有控股
35	300782.SZ	卓胜微	74.90	电子	江苏	非国有控股
36	300033.SZ	同花顺	74.77	计算机	浙江	非国有控股
37	300408.SZ	三环集团	74.63	电子	广东	非国有控股
38	300296.SZ	利亚德	74.63	电子	北京	非国有控股
39	300143.SZ	盈康生命	74.56	医药生物	山东	非国有控股
40	300171.SZ	东富龙	74.51	医药生物	上海	非国有控股

续表

排名	公司代码	公司名称	创新科技成果指数	一级行业_申万	省份	产权性质
41	300366.SZ	创意信息	74.40	计算机	四川	非国有控股
42	300115.SZ	长盈精密	74.36	电子	广东	非国有控股
43	300503.SZ	昊志机电	74.35	机械设备	广东	非国有控股
44	300479.SZ	神思电子	74.30	计算机	山东	地方国有控股
45	300084.SZ	海默科技	74.28	机械设备	甘肃	非国有控股
46	300036.SZ	超图软件	74.28	计算机	北京	非国有控股
47	300298.SZ	三诺生物	74.17	医药生物	湖南	非国有控股
48	300630.SZ	普利制药	74.12	医药生物	海南	非国有控股
49	300429.SZ	强力新材	74.09	电子	江苏	非国有控股
50	300683.SZ	海特生物	74.04	医药生物	湖北	非国有控股

数据来源：同花顺（iFinD），首经贸资产评估研究院和浙工商数字创新与管理研究院整理。

2022年创业板上市公司排名前50的创新科技成果指数平均水平为76.79，排名前10的是迈瑞医疗、亿纬锂能、晶盛机电、宁德时代、阳光电源、先导智能、汇川技术、中际旭创、华中数控、金龙鱼。

从产权性质来看，在排名前50的创业板上市公司中，中央国有控股上市公司有2家，地方国有控股上市公司有4家，非国有企业有44家。

从省份分布来看，在排名前50的创业板上市公司中，数量排名靠前的有广东省（9家）、北京市（8家）、江苏省（5家）、山东省（5家）、浙江省（5家）。

从行业分布来看，在排名前50的创业板上市公司中，数量排名靠前的行业分别是电力设备（11家）、医药生物（10家）、计算机（8家）、电子（7家）。

10.3.5　创新经济绩效指数

2022年创业板创新经济绩效指数平均水平为59.42，低于全市场平均水平61.11。从指数分布来看，高于均值的有452家，占板块总数的36.81%。其中，最高的是迈瑞医疗，创新经济绩效指数为87.79。具体来看，创新经济绩效指数区间在60以下的有713家，占比58.06%；60~70的404家，占比32.90%；70~80的有105家，占比8.55%；80以上的有6家，占比0.49%，如图10–57所示。

根据创新经济绩效指数平均水平情况看，中央国有控股上市公司的平均水平为63.30，地方国有控股上市公司为58.97，非国有企业为59.31，如图10–58所示。

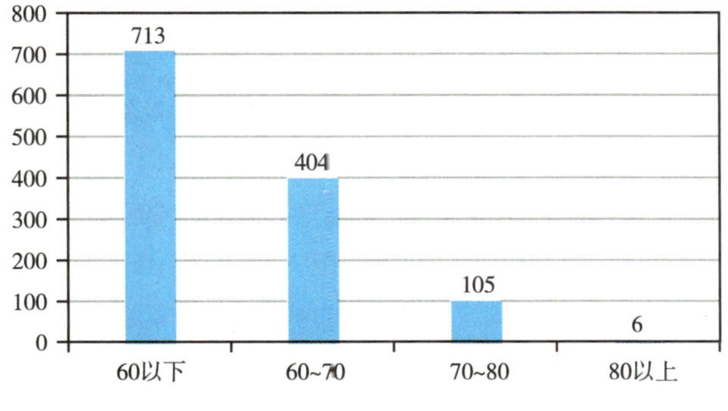

图10–57　2022年创业板上市公司创新经济绩效指数分布图（家）

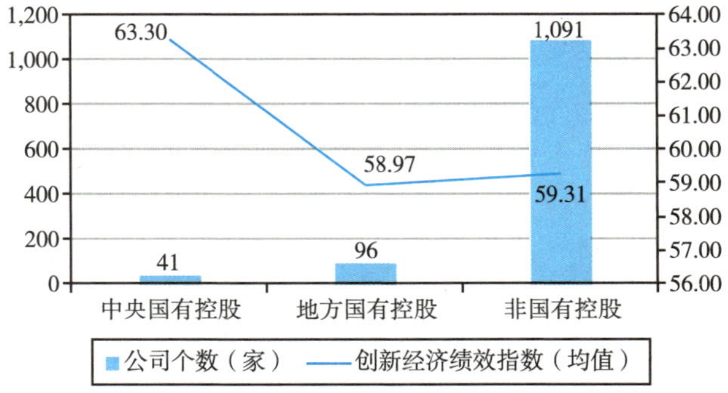

图10–58　2022年创业板不同产权上市公司创新经济绩效指数均值分布图

根据创新经济绩效指数平均水平情况来看，平均水平较高的有内蒙古自治区（68.40）、云南省（67.08）、贵州省（66.68）、重庆市（64.75）、甘肃省（62.51），如图10-59所示。

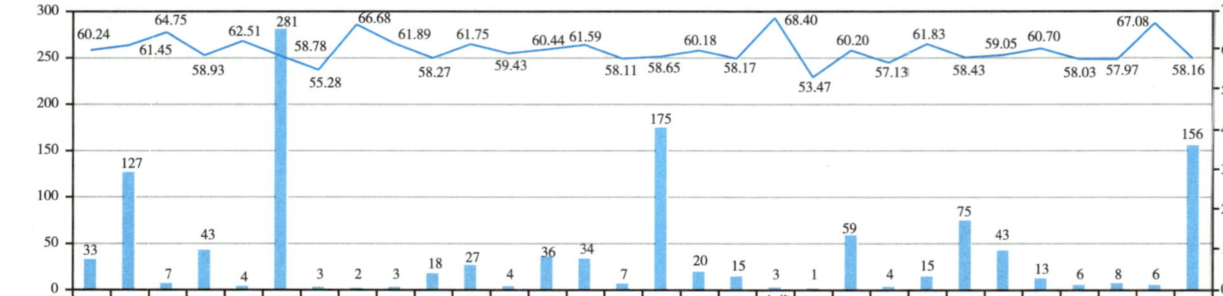

	安徽	北京	重庆	福建	甘肃	广东	广西	贵州	海南	河北	河南	黑龙江	湖北	湖南	吉林	江苏	江西	辽宁	内蒙古	宁夏	山东	山西	陕西	上海	四川	天津	西藏	新疆	云南	浙江
家数	33	127	7	43	4	281	3	2	3	18	27	4	36	34	7	175	20	15	3	1	59	4	15	75	43	13	6	8	6	156
均值	60.24	61.45	64.75	58.93	62.51	58.78	55.28	66.68	61.89	58.27	61.75	59.43	60.44	61.59	58.11	58.65	60.18	58.17	68.40	53.47	60.20	57.13	61.83	58.43	59.05	60.70	58.03	57.97	67.08	58.16

图10-59　2022年创业板各省份上市公司创新经济绩效指数均值分布图

根据创新经济绩效指数平均水平情况来看，平均水平较高的行业分别是美容护理（63.56）、公用事业（63.55）、医药生物（62.88）、有色金属（62.68）、国防军工（62.60），如图10-60所示。

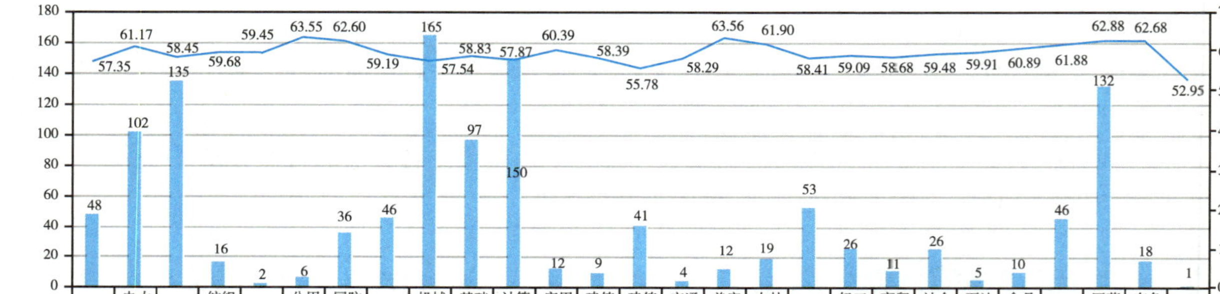

	传媒	电力设备	电子	纺织服饰	钢铁	公用事业	国防军工	环保	机械设备	基础化工	计算机	家用电器	建筑材料	建筑装饰	交通运输	美容护理	农林牧渔	汽车	轻工制造	商贸零售	社会服务	石油石化	食品饮料	通信	医药生物	有色金属	综合
家数	48	102	135	16	2	6	36	46	165	97	150	12	9	41	4	12	19	53	26	11	26	5	10	46	132	18	1
均值	57.35	61.17	58.45	59.68	59.45	63.55	62.60	59.19	57.54	58.83	57.87	60.39	58.39	55.78	58.29	63.56	61.90	58.41	59.09	58.68	59.48	59.91	60.89	61.88	62.88	62.68	52.95

图10-60　2022年创业板各行业上市公司创新经济绩效指数均值分布图

根据本报告评价，创业板中上市公司创新经济绩效指数排名前50的上市公司，如表10-15所示。

表10-15　　2022年创业板上市公司创新经济绩效指数前50排名

排名	公司代码	公司名称	创新经济绩效指数	一级行业_申万	省份	产权性质
1	300760.SZ	迈瑞医疗	87.79	医药生物	广东	非国有控股
2	300003.SZ	乐普医疗	83.73	医药生物	北京	非国有控股
3	300124.SZ	汇川技术	82.44	机械设备	广东	非国有控股
4	300450.SZ	先导智能	82.41	电力设备	江苏	非国有控股
5	300014.SZ	亿纬锂能	82.33	电力设备	广东	非国有控股
6	300122.SZ	智飞生物	81.31	医药生物	重庆	非国有控股
7	300308.SZ	中际旭创	79.94	通信	山东	非国有控股
8	300896.SZ	爱美客	79.30	美容护理	北京	非国有控股
9	300294.SZ	博雅生物	79.24	医药生物	江西	中央国有控股
10	300438.SZ	鹏辉能源	78.63	电力设备	广东	非国有控股

续表

排名	公司代码	公司名称	创新经济绩效指数	一级行业_申万	省份	产权性质
11	300957.SZ	贝泰妮	77.88	美容护理	云南	非国有控股
12	300274.SZ	阳光电源	77.75	电力设备	安徽	非国有控股
13	300861.SZ	美畅股份	77.39	机械设备	陕西	非国有控股
14	301035.SZ	润丰股份	77.32	基础化工	山东	非国有控股
15	301269.SZ	华大九天	77.24	计算机	北京	非国有控股
16	300142.SZ	沃森生物	76.90	医药生物	云南	非国有控股
17	300630.SZ	普利制药	76.67	医药生物	海南	非国有控股
18	300101.SZ	振芯科技	76.46	国防军工	四川	非国有控股
19	300888.SZ	稳健医疗	76.43	美容护理	广东	非国有控股
20	300750.SZ	宁德时代	76.32	电力设备	福建	非国有控股
21	300661.SZ	圣邦股份	75.79	电子	北京	非国有控股
22	300413.SZ	芒果超媒	75.77	传媒	湖南	地方国有控股
23	300088.SZ	长信科技	75.63	电子	安徽	地方国有控股
24	300919.SZ	中伟股份	75.59	电力设备	贵州	非国有控股
25	300070.SZ	碧水源	75.52	环保	北京	中央国有控股
26	300136.SZ	信维通信	75.47	电子	广东	非国有控股
27	300666.SZ	江丰电子	75.44	电子	浙江	非国有控股
28	300332.SZ	天壕环境	75.33	公用事业	北京	非国有控股
29	300037.SZ	新宙邦	75.22	电力设备	广东	非国有控股
30	301301.SZ	川宁生物	75.21	医药生物	新疆	非国有控股
31	300009.SZ	安科生物	75.14	医药生物	安徽	非国有控股
32	300024.SZ	机器人	75.06	机械设备	辽宁	中央国有控股
33	300353.SZ	东土科技	75.05	通信	北京	非国有控股
34	300482.SZ	万孚生物	74.96	医药生物	广东	非国有控股
35	300119.SZ	瑞普生物	74.94	农林牧渔	天津	非国有控股
36	300408.SZ	三环集团	74.85	电子	广东	非国有控股
37	300134.SZ	大富科技	74.41	通信	安徽	非国有控股
38	300999.SZ	金龙鱼	74.32	农林牧渔	上海	非国有控股
39	300034.SZ	钢研高纳	74.09	国防军工	北京	中央国有控股
40	300244.SZ	迪安诊断	74.08	医药生物	浙江	非国有控股
41	300026.SZ	红日药业	74.02	医药生物	天津	地方国有控股
42	300316.SZ	晶盛机电	73.98	电力设备	浙江	非国有控股
43	300887.SZ	谱尼测试	73.86	社会服务	北京	非国有控股
44	300759.SZ	康龙化成	73.81	医药生物	北京	非国有控股
45	300638.SZ	广和通	73.72	通信	广东	非国有控股
46	300072.SZ	海新能科	73.70	环保	北京	地方国有控股
47	300080.SZ	易成新能	73.61	机械设备	河南	地方国有控股
48	300008.SZ	天海防务	73.54	国防军工	上海	非国有控股
49	300390.SZ	天华新能	73.49	有色金属	江苏	非国有控股
50	300015.SZ	爱尔眼科	73.37	医药生物	湖南	非国有控股

数据来源：同花顺（iFinD），首经贸资产评估研究院和浙工商数字创新与管理研究院整理。

2022年创业板上市公司排名前50的创新经济绩效指数平均水平为76.53，排名前10的是迈瑞医疗、乐普医疗、汇川技术、先导智能、亿纬锂能、智飞生物、中际旭创、爱美客、博雅生物、鹏辉能源。

从产权性质来看，在排名前50的创业板上市公司中，中央国有控股上市公司有4家，地方国有控股上市公司有5家，非国有企业有41家。

从省份分布来看，在排名前50的创业板上市公司中，数量排名靠前的有北京市（11家）、广东省（10家）、安徽省（4家）、浙江省（3家）。

从行业分布来看，在排名前50的创业板上市公司中，数量排名靠前的行业分别是医药生物（13家）、电力设备（8家）、电子（5家）。

10.4 科创板上市公司创新发展指数评价

截至2022年底，科创板上市公司共501家，年成交额118,906.43亿元，日均成交491.35亿元，总市值61,322.50亿元，平均市值122.40亿元/家，市值最大的上市公司为中芯国际（1,694.72亿元）；营业总收入12,021.21亿元，平均营业收入23.99亿元/家，营业收入最高的上市公司为天合光能（850.52亿元）。科创板上市公司研发投入合计为1,266.76亿元，占营业收入的10.54%，无形资产账面价值合计为647.34亿元，占总资产的2.38%。根据本报告分析口径，本节共对科创板501家上市公司开展创新发展指数评价，具体情况如下：

10.4.1 创新发展综合指数

根据本报告评价，2022年科创板创新发展综合指数平均水平为67.76，高于全市场平均水平65.47。从指数分布来看，高于均值的有356家，占板块总数的71.06%。其中，最高的是联影医疗，创新发展综合指数为87.24。具体来看，创新发展综合指数区间在60以下的有3家，占比0.60%；60~70的有377家，占比75.25%；70~80的有114家，占比22.75%；80以上的有7家，占比1.40%，如图10-61所示。

501家科创板上市公司中，中央国有控股上市公司有27家，地方国有控股上市公司有22家，非国有企业有452家。根据创新发展综合指数平均水平情况看，中央国有控股上市公司的平均水平为71.23，地方国有控股上市公司为69.43，非国有企业为67.48，如图10-62所示。

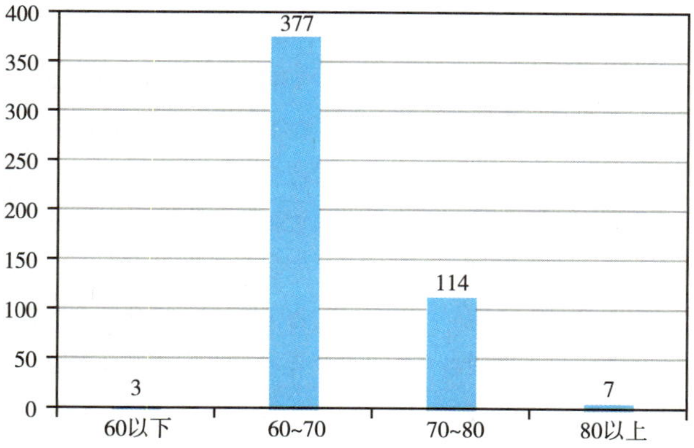

图10-61　2022年科创板上市公司创新发展综合指数分布图（家）

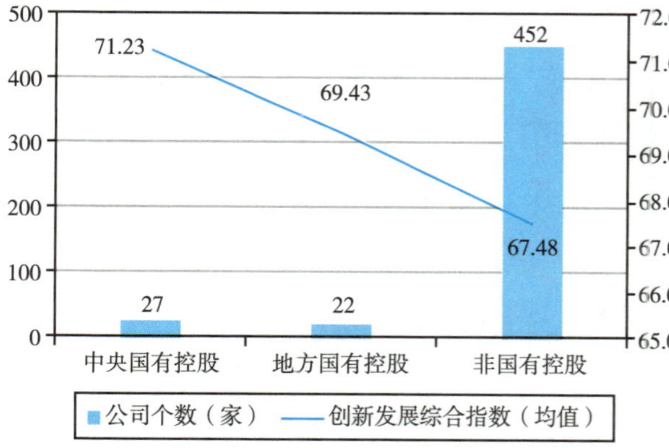

图10-62　2022年科创板不同产权上市公司创新发展综合指数均值分布图

从省份分布来看，江苏（19.19%）、广东（15.56%）、上海（15.35%）、北京（13.13%）、浙江（8.69%）占据科创板主要地位。根据创新发展综合指数平均水平情况来看，平均水平较高的有新疆维吾尔自治区（74.83）、吉林省（71.20）、海南省（70.71）、江西省（70.40）、湖南省（70.13），如图10-63所示。

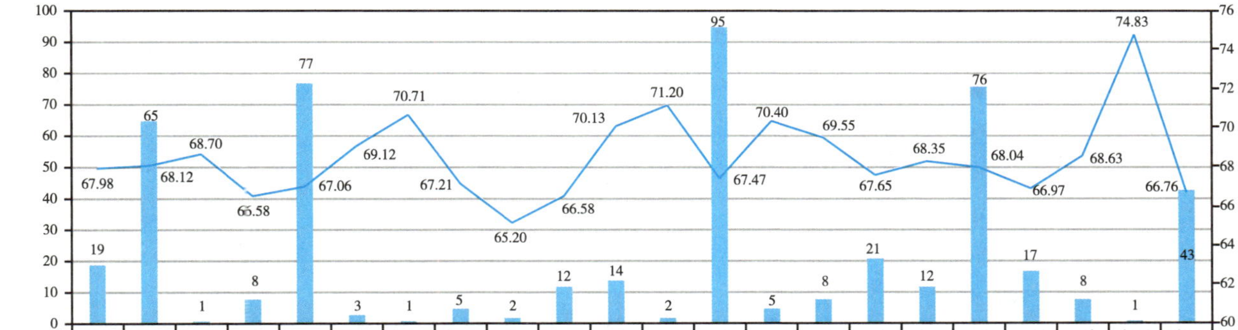

	安徽	北京	重庆	福建	广东	贵州	海南	河南	黑龙江	湖北	湖南	吉林	江苏	江西	辽宁	山东	陕西	上海	四川	天津	新疆	浙江
家数	19	65	1	8	77	3	1	5	2	12	14	2	95	5	8	21	12	76	17	8	1	43
均值	67.98	68.12	68.70	66.58	67.06	69.12	70.71	67.21	65.20	66.58	70.13	71.20	67.47	70.40	69.55	67.65	68.35	68.04	66.97	68.63	74.83	66.76

图10-63　2022年科创板各省份上市公司创新发展综合指数均值分布图

从行业分布来看，电子（21.56%）、医药生物（20.36%）、机械设备（15.57%）、计算机（11.38%）、电力设备（9.78%）占据科创板主要地位。根据创新发展综合指数平均水平情况来看，平均水平较高的行业分别是美容护理（74.67）、建筑材料（72.16）、电力设备（69.57）、农林牧渔（68.28）、电子（68.26），如图10-64所示。

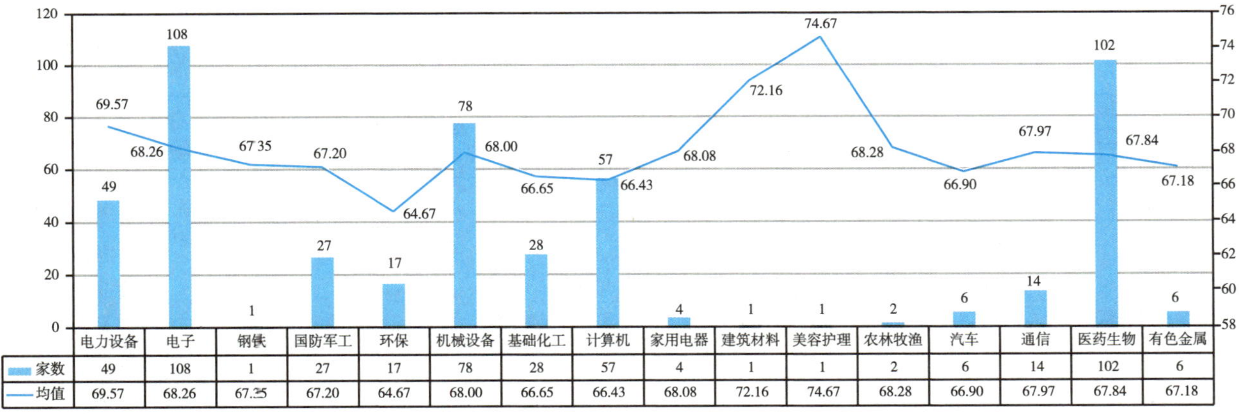

	电力设备	电子	钢铁	国防军工	环保	机械设备	基础化工	计算机	家用电器	建筑材料	美容护理	农林牧渔	汽车	通信	医药生物	有色金属
家数	49	108	1	27	17	78	28	57	4	1	1	2	6	14	102	6
均值	69.57	68.26	67.35	67.20	64.67	68.00	66.65	66.43	68.08	72.16	74.67	68.28	66.90	67.97	67.84	67.18

图10-64　2022年科创板各行业上市公司创新发展综合指数均值分布图

根据本报告评价，科创板中上市公司创新发展综合指数排名前50的上市公司，如表10-16所示。

表10-16　　2022年科创板上市公司创新发展综合指数前50排名

排名	公司代码	公司名称	创新发展综合指数	一级行业_申万	省份	产权性质
1	688271.SH	联影医疗	87.24	医药生物	上海	非国有控股
2	688187.SH	时代电气	86.24	机械设备	湖南	中央国有控股
3	688223.SH	晶科能源	83.64	电力设备	江西	非国有控股
4	688041.SH	海光信息	82.97	电子	天津	非国有控股

续表

排名	公司代码	公司名称	创新发展综合指数	一级行业_申万	省份	产权性质
5	688599.SH	天合光能	82.82	电力设备	江苏	非国有控股
6	688777.SH	中控技术	80.75	机械设备	浙江	非国有控股
7	688111.SH	金山办公	80.11	计算机	北京	非国有控股
8	688568.SH	中科星图	79.29	计算机	北京	中央国有控股
9	688396.SH	华润微	79.08	电子	—	中央国有控股
10	688082.SH	盛美上海	78.39	电子	上海	非国有控股
11	688385.SH	复旦微电	77.85	电子	上海	地方国有控股
12	688009.SH	中国通号	77.75	机械设备	北京	中央国有控股
13	688012.SH	中微公司	77.61	电子	上海	地方国有控股
14	688003.SH	天准科技	77.49	机械设备	江苏	非国有控股
15	688036.SH	传音控股	77.13	电子	广东	非国有控股
16	688981.SH	中芯国际	76.89	电子	—	非国有控股
17	688561.SH	奇安信	76.66	计算机	北京	非国有控股
18	688499.SH	利元亨	76.30	电力设备	广东	非国有控股
19	688295.SH	中复神鹰	75.84	基础化工	江苏	中央国有控股
20	688114.SH	华大智造	75.33	医药生物	广东	非国有控股
21	688002.SH	睿创微纳	75.12	国防军工	山东	非国有控股
22	688005.SH	容百科技	75.09	电力设备	浙江	非国有控股
23	688139.SH	海尔生物	74.91	医药生物	山东	非国有控股
24	688658.SH	悦康药业	74.87	医药生物	北京	非国有控股
25	688303.SH	大全能源	74.83	电力设备	新疆	非国有控股
26	688363.SH	华熙生物	74.67	美容护理	山东	非国有控股
27	688235.SH	百济神州	74.58	医药生物	—	非国有控股
28	688122.SH	西部超导	74.51	国防军工	陕西	地方国有控股
29	688425.SH	铁建重工	74.35	机械设备	湖南	中央国有控股
30	688559.SH	海目星	74.30	机械设备	广东	非国有控股
31	688016.SH	心脉医疗	74.24	医药生物	上海	非国有控股
32	688301.SH	奕瑞科技	73.99	医药生物	上海	非国有控股
33	688521.SH	芯原股份	73.99	电子	上海	非国有控股
34	688779.SH	长远锂科	73.97	电力设备	湖南	中央国有控股
35	688128.SH	中国电研	73.96	机械设备	广东	中央国有控股
36	688378.SH	奥来德	73.95	机械设备	吉林	非国有控股
37	688072.SH	拓荆科技	73.87	电子	辽宁	非国有控股
38	688050.SH	爱博医疗	73.86	医药生物	北京	非国有控股
39	688120.SH	华海清科	73.84	电子	天津	地方国有控股
40	688208.SH	道通科技	73.75	计算机	广东	非国有控股
41	688001.SH	华兴源创	73.68	机械设备	江苏	非国有控股
42	688126.SH	沪硅产业	73.56	电子	上海	地方国有控股
43	688513.SH	苑东生物	73.48	医药生物	四川	非国有控股
44	688333.SH	铂力特	73.44	机械设备	陕西	非国有控股

续表

排名	公司代码	公司名称	创新发展综合指数	一级行业_申万	省份	产权性质
45	688518.SH	联赢激光	73.44	机械设备	广东	非国有控股
46	688008.SH	澜起科技	73.33	电子	上海	非国有控股
47	688063.SH	派能科技	73.28	电力设备	上海	非国有控股
48	688772.SH	珠海冠宇	73.13	电力设备	广东	非国有控股
49	688105.SH	诺唯赞	73.08	医药生物	江苏	非国有控股
50	688083.SH	中望软件	72.94	计算机	广东	非国有控股

数据来源：同花顺（iFinD），首经贸资产评估研究院和浙工商数字创新与管理研究院整理。

2022年科创板上市公司排名前50的创新发展综合指数平均水平为76.19，排名前10的是联影医疗、时代电气、晶科能源、海光信息、天合光能、中控技术、金山办公、中科星图、华润微、盛美上海。

从产权性质来看，在排名前50的科创板上市公司中，中央国有控股上市公司有8家，地方国有控股上市公司有5家，非国有企业有37家。

从省份分布来看，在排名前50的科创板上市公司中，数量排名靠前的有上海市（10家）、广东省（9家）、北京市（6家）、江苏省（5家）。

从行业分布来看，在排名前50的科创板上市公司中，数量排名靠前的行业分别是电子（12家）、机械设备（11家）、医药生物（10家）、电力设备（8家）。

10.4.2　创新资源支持指数

2022年科创板创新资源支持指数平均水平为70.50，高于全市场平均水平68.18。从指数分布来看，高于均值的有312家，占板块总数的62.28%。其中，最高的是时代电气，创新资源支持指数为92.62。具体来看，创新资源支持指数区间在60以下的有38家，占比7.58%；60~70的有206家，占比41.12%；70~80的有209家，占比41.72%；80以上的有48家，占比9.58%，如图10-65所示。

根据创新资源支持指数平均水平情况看，中央国有控股上市公司的平均水平为73.33，地方国有控股上市公司为72.88，非国有企业为70.22，如图10-66所示。

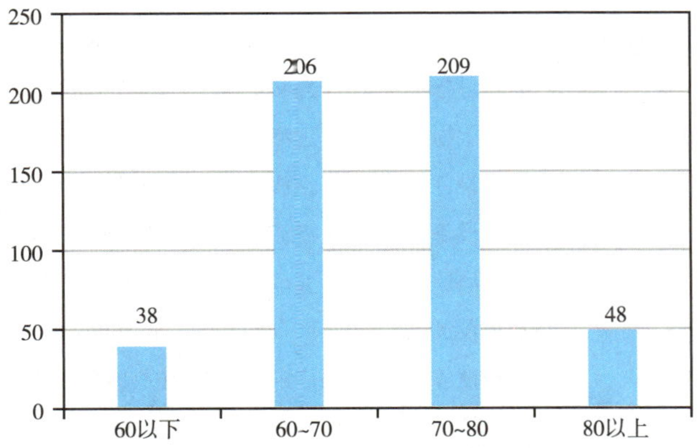

图10-65　2022年科创板上市公司创新资源支持指数分布图（家）

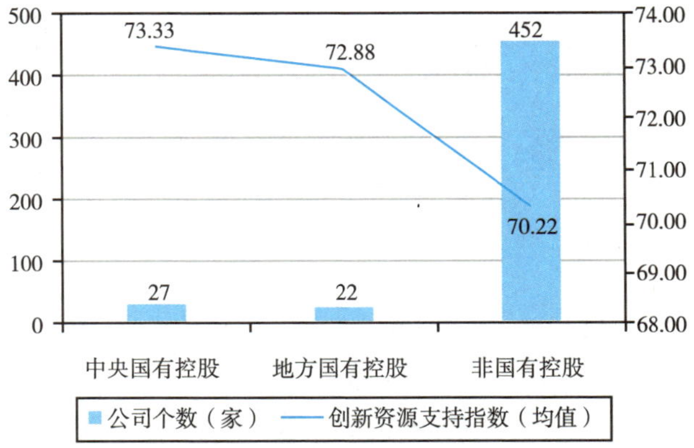

图10-66　2022年科创板不同产权上市公司创新资源支持指数均值分布图

根据创新资源支持指数平均水平情况来看，平均水平较高的有海南省（80.15）、湖南省（74.76）、江西省（73.75）、重庆市（73.65）、安徽省（73.16），如图10-67所示。

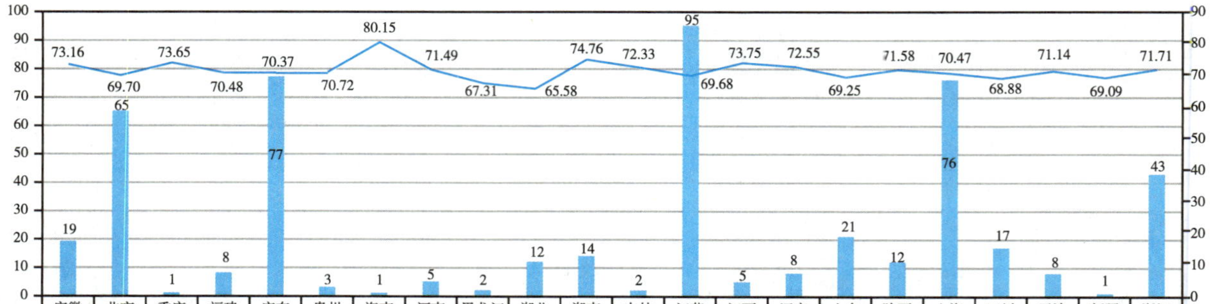

	安徽	北京	重庆	福建	广东	贵州	海南	河南	黑龙江	湖北	湖南	吉林	江苏	江西	辽宁	山东	陕西	上海	四川	天津	新疆	浙江
家数	19	65	1	8	77	3	1	5	2	12	14	2	95	5	8	21	12	76	17	8	1	43
均值	73.16	69.70	73.65	70.48	70.37	70.72	80.15	71.49	67.31	65.58	74.76	72.33	69.68	73.75	72.55	69.25	71.58	70.47	68.88	71.14	69.09	71.71

图10-67　2022年科创板各省份上市公司创新资源支持指数均值分布图

根据创新资源支持指数平均水平情况来看，平均水平较高的行业分别是美容护理（77.08）、家用电器（74.96）、有色金属（72.86）、电力设备（72.60）、机械设备（72.43），如图10-68所示。

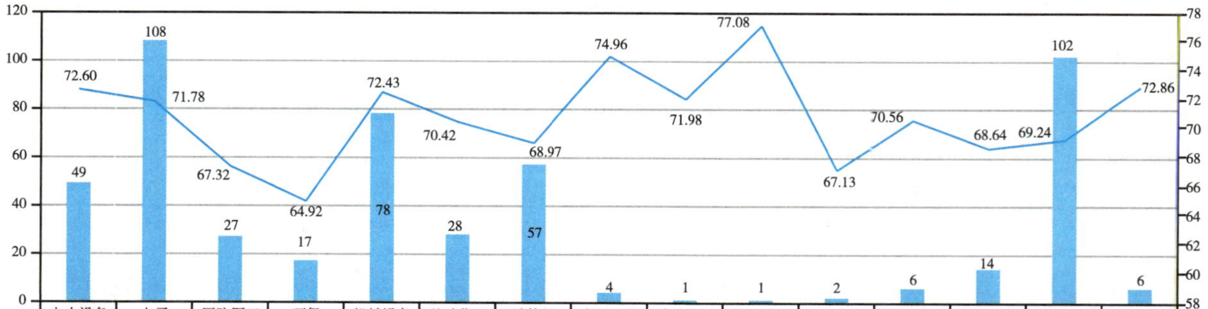

	电力设备	电子	国防军工	环保	机械设备	基础化工	计算机	家用电器	建筑材料	美容护理	农林牧渔	汽车	通信	医药生物	有色金属
家数	49	108	27	17	78	28	57	4	1	1	2	6	14	102	6
均值	72.60	71.78	67.32	64.92	72.43	70.42	68.97	74.96	71.98	77.08	67.13	70.56	68.64	69.24	72.86

图10-68　2022年科创板各行业上市公司创新资源支持指数均值分布图

根据本报告评价，科创板中上市公司创新资源支持指数排名前50的上市公司，如表10-17所示。

表10-17　　2022年科创板上市公司创新资源支持指数前50排名

排名	公司代码	公司名称	创新资源支持指数	一级行业_申万	省份	产权性质
1	688187.SH	时代电气	92.62	机械设备	湖南	中央国有控股
2	688271.SH	联影医疗	92.19	医药生物	上海	非国有控股
3	688223.SH	晶科能源	91.96	电力设备	江西	非国有控股
4	688777.SH	中控技术	89.00	机械设备	浙江	非国有控股
5	688111.SH	金山办公	88.27	计算机	北京	非国有控股
6	688559.SH	海目星	88.13	机械设备	广东	非国有控股
7	688128.SH	中国电研	86.86	机械设备	广东	中央国有控股
8	688036.SH	传音控股	86.60	电子	广东	非国有控股
9	688065.SH	凯赛生物	85.66	基础化工	上海	非国有控股
10	688696.SH	极米科技	85.21	家用电器	四川	非国有控股
11	688599.SH	天合光能	84.76	电力设备	江苏	非国有控股
12	688072.SH	拓荆科技	84.65	电子	辽宁	非国有控股

续表

排名	公司代码	公司名称	创新资源支持指数	一级行业_申万	省份	产权性质
13	688499.SH	利元亨	84.63	电力设备	广东	非国有控股
14	688568.SH	中科星图	84.51	计算机	北京	中央国有控股
15	688598.SH	金博股份	84.27	电力设备	湖南	非国有控股
16	688120.SH	华海清科	84.23	电子	天津	地方国有控股
17	688301.SH	奕瑞科技	84.22	医药生物	上海	非国有控股
18	688055.SH	龙腾光电	83.66	电子	江苏	地方国有控股
19	688518.SH	联赢激光	83.57	机械设备	广东	非国有控股
20	688513.SH	苑东生物	83.32	医药生物	四川	非国有控股
21	688295.SH	中复神鹰	83.12	基础化工	江苏	中央国有控股
22	688126.SH	沪硅产业	82.95	电子	上海	地方国有控股
23	688409.SH	富创精密	82.80	电子	辽宁	非国有控股
24	688626.SH	翔宇医疗	82.51	医药生物	河南	非国有控股
25	688728.SH	格科微	82.43	电子	—	非国有控股
26	688372.SH	伟测科技	82.22	电子	上海	非国有控股
27	688779.SH	长远锂科	81.83	电力设备	湖南	中央国有控股
28	688600.SH	皖仪科技	81.40	环保	安徽	非国有控股
29	688475.SH	萤石网络	81.39	计算机	浙江	中央国有控股
30	688658.SH	悦康药业	81.36	医药生物	北京	非国有控股
31	688032.SH	盛美上海	81.32	电子	上海	非国有控股
32	688333.SH	铂力特	81.11	机械设备	陕西	非国有控股
33	688385.SH	复旦微电	81.09	电子	上海	地方国有控股
34	688349.SH	三一重能	81.06	电力设备	北京	非国有控股
35	688326.SH	经纬恒润	80.97	计算机	北京	非国有控股
36	688114.SH	华大智造	80.91	医药生物	广东	非国有控股
37	688432.SH	有研硅	80.85	电子	北京	非国有控股
38	688258.SH	卓易信息	80.75	计算机	江苏	非国有控股
39	688315.SH	诺禾致源	80.67	医药生物	北京	非国有控股
40	688698.SH	伟创电气	80.63	机械设备	江苏	非国有控股
41	688041.SH	海光信息	80.54	电子	天津	非国有控股
42	688006.SH	杭可科技	80.38	电力设备	浙江	非国有控股
43	688196.SH	卓越新能	80.31	基础化工	福建	非国有控股
44	688317.SH	之江生物	80.27	医药生物	上海	非国有控股
45	688077.SH	大地熊	80.21	有色金属	安徽	非国有控股
46	688675.SH	金盘科技	80.15	电力设备	海南	非国有控股
47	688373.SH	奥来德	80.11	机械设备	吉林	非国有控股
48	688012.SH	中微公司	80.02	电子	上海	地方国有控股
49	688981.SH	中芯国际	79.91	电子	—	非国有控股
50	688131.SH	皓元医药	79.55	医药生物	上海	非国有控股

数据来源：同花顺（iFinD），首经贸资产评估研究院和浙工商数字创新与管理研究院整理。

2022年科创板上市公司排名前50的创新资源支持指数平均水平为83.22，排名前10的是时代电气、联影医疗、晶科能源、中控技术、金山办公、海目星、中国电研、传音控股、凯赛生物、极米科技。

从产权性质来看，在排名前50的科创板上市公司中，中央国有控股上市公司有6家，地方国有控股上市公司有5家，非国有企业有39家。

从省份分布来看，在排名前50的科创板上市公司中，数量排名靠前的有上海市（10家）、北京市（7家）、广东省（6家）、江苏省（5家）。

从行业分布来看，在排名前50的科创板上市公司中，数量排名靠前的行业分别是电子（14家）、医药生物（9家）、电力设备（8家）、机械设备（8家）。

10.4.3 创新要素投入指数

2022年科创板创新要素投入指数平均水平为70.61，高于全市场平均水平65.37。从指数分布来看，高于均值的有423家，占板块总数的84.43%。其中，最高的是时代电气，创新要素投入指数为87.66。具体来看，创新要素投入指数区间在60以下的有9家，占比1.80%；60~70的有218家，占比43.51%；70~80的有251家，占比50.10%；80以上的有23家，占比4.59%，如图10–69所示。

根据创新要素投入指数平均水平情况看，中央国有控股上市公司的平均水平为73.59，地方国有控股上市公司为70.90，非国有企业为70.42，如图10–70所示。

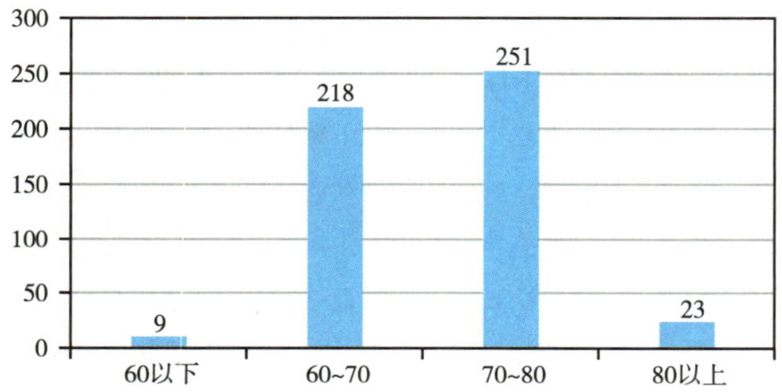

图10–69　2022年科创板上市公司创新要素投入指数分布图（家）

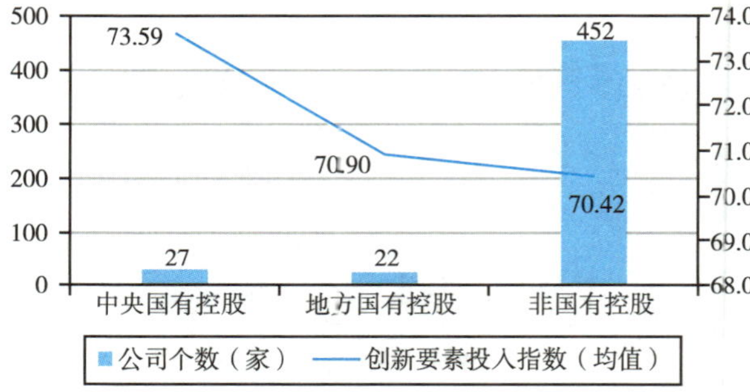

图10–70　2022年科创板不同产权上市公司创新要素投入指数均值分布图

根据创新要素投入指数平均水平情况来看，平均水平较高的有新疆维吾尔自治区（76.43）、湖南省（72.33）、北京市（72.26）、四川省（72.20）、吉林省（71.93），如图10–71所示。

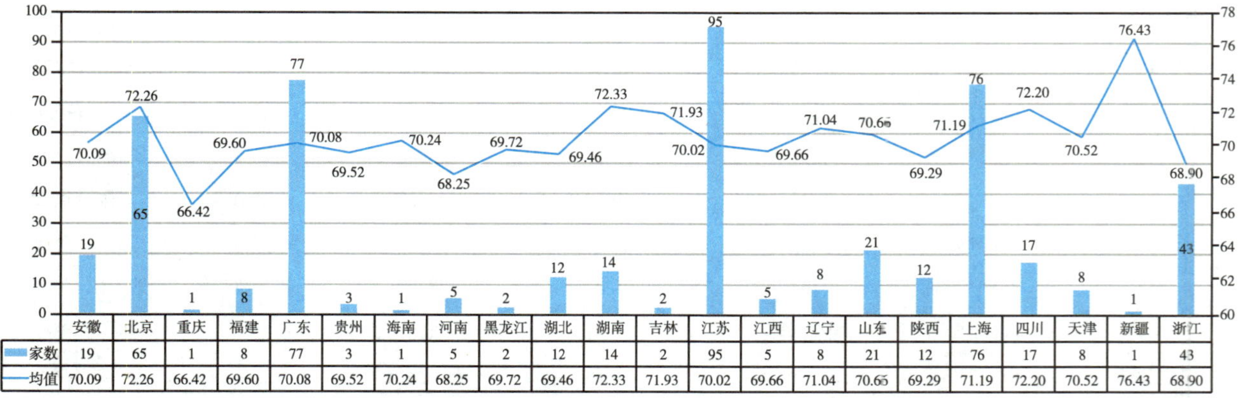

	安徽	北京	重庆	福建	广东	贵州	海南	河南	黑龙江	湖北	湖南	吉林	江苏	江西	辽宁	山东	陕西	上海	四川	天津	新疆	浙江
家数	19	65	1	8	77	3	1	5	2	12	14	2	95	5	8	21	12	76	17	8	1	43
均值	70.09	72.26	66.42	69.60	70.08	69.52	70.24	68.25	69.72	69.46	72.33	71.93	70.02	69.66	71.04	70.65	69.29	71.19	72.20	70.52	76.43	68.90

图10–71　2022年科创板各省份上市公司创新要素投入指数均值分布图

根据创新要素投入指数平均水平情况来看，平均水平较高的行业分别是美容护理（76.66）、建筑材料（73.26）、通信（72.09）、农林牧渔（71.90）、医药生物（71.73），如图10-72所示。

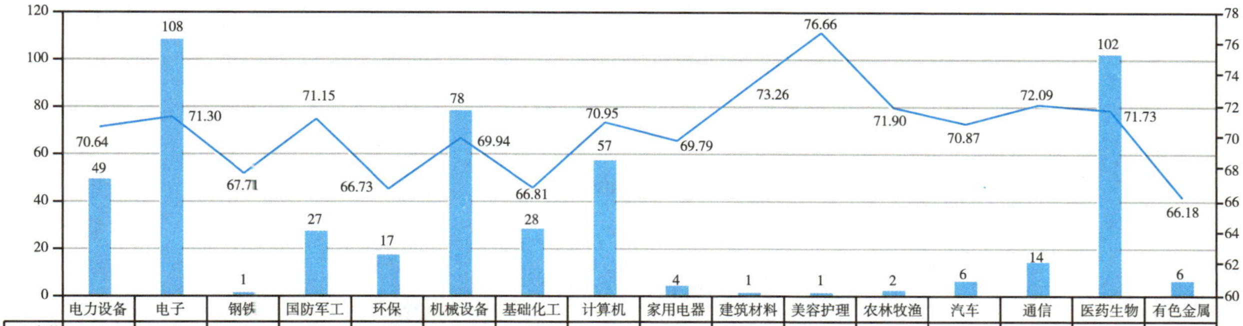

	电力设备	电子	钢铁	国防军工	环保	机械设备	基础化工	计算机	家用电器	建筑材料	美容护理	农林牧渔	汽车	通信	医药生物	有色金属
家数	49	108	1	27	17	78	28	57	4	1	1	2	6	14	102	6
均值	70.64	71.30	67.71	71.15	66.73	69.94	66.81	70.95	69.79	73.26	76.66	71.90	70.87	72.09	71.73	66.18

图10-72　2022年科创板各行业上市公司创新要素投入指数均值分布图

根据本报告评价，科创板中上市公司创新要素投入指数排名前50的上市公司，如表10-18所示。

表10-18　　2022年科创板上市公司创新要素投入指数前50排名

排名	公司代码	公司名称	创新要素投入指数	一级行业_申万	省份	产权性质
1	688187.SH	时代电气	87.66	机械设备	湖南	中央国有控股
2	688271.SH	联影医疗	86.82	医药生物	上海	非国有控股
3	688568.SH	中科星图	86.44	计算机	北京	中央国有控股
4	688396.SH	华润微	85.72	电子	—	中央国有控股
5	688041.SH	海光信息	85.11	电子	天津	非国有控股
6	688777.SH	中控技术	83.14	机械设备	浙江	非国有控股
7	688599.SH	天合光能	82.98	电力设备	江苏	非国有控股
8	688223.SH	晶科能源	82.59	电力设备	江西	非国有控股
9	688003.SH	天准科技	81.85	机械设备	江苏	非国有控股
10	688385.SH	复旦微电	81.83	电子	上海	地方国有控股
11	688012.SH	中微公司	81.76	电子	上海	地方国有控股
12	688235.SH	百济神州	81.71	医药生物	—	非国有控股
13	688082.SH	盛美上海	81.41	电子	上海	非国有控股
14	688418.SH	震有科技	81.33	通信	广东	非国有控股
15	688002.SH	睿创微纳	81.23	国防军工	山东	非国有控股
16	688111.SH	金山办公	81.12	计算机	北京	非国有控股
17	688083.SH	中望软件	80.87	计算机	广东	非国有控股
18	688499.SH	利元亨	80.74	电力设备	广东	非国有控股
19	688561.SH	奇安信	80.67	计算机	北京	非国有控股
20	688536.SH	思瑞浦	80.66	电子	江苏	非国有控股
21	688513.SH	苑东生物	80.33	医药生物	四川	非国有控股
22	688105.SH	诺唯赞	80.12	医药生物	江苏	非国有控股
23	688008.SH	澜起科技	80.11	电子	上海	非国有控股
24	688256.SH	寒武纪	80.00	电子	北京	非国有控股

续表

排名	公司代码	公司名称	创新要素投入指数	一级行业_申万	省份	产权性质
25	688520.SH	神州细胞	79.96	医药生物	北京	非国有控股
26	688278.SH	特宝生物	79.65	医药生物	福建	非国有控股
27	688521.SH	芯原股份	79.43	电子	上海	非国有控股
28	688027.SH	国盾量子	79.42	通信	安徽	非国有控股
29	688062.SH	迈威生物	78.70	医药生物	上海	非国有控股
30	688009.SH	中国通号	78.66	机械设备	北京	中央国有控股
31	688321.SH	微芯生物	78.51	医药生物	广东	非国有控股
32	688553.SH	汇宇制药	78.36	医药生物	四川	非国有控股
33	688023.SH	安恒信息	78.32	计算机	浙江	非国有控股
34	688425.SH	铁建重工	78.32	机械设备	湖南	中央国有控股
35	688185.SH	康希诺	78.27	医药生物	天津	非国有控股
36	688390.SH	固德威	78.03	电力设备	江苏	非国有控股
37	688036.SH	传音控股	78.03	电子	广东	非国有控股
38	688030.SH	山石网科	77.93	计算机	江苏	非国有控股
39	688608.SH	恒玄科技	77.87	电子	上海	非国有控股
40	688176.SH	亚虹医药	77.74	医药生物	江苏	非国有控股
41	688333.SH	铂力特	77.62	机械设备	陕西	非国有控股
42	688206.SH	概伦电子	77.54	计算机	上海	非国有控股
43	688788.SH	科思科技	77.46	国防军工	广东	非国有控股
44	688658.SH	悦康药业	77.37	医药生物	北京	非国有控股
45	688234.SH	天岳先进	77.30	电子	山东	非国有控股
46	688099.SH	晶晨股份	77.26	电子	上海	非国有控股
47	688798.SH	艾为电子	77.22	电子	上海	非国有控股
48	688981.SH	中芯国际	77.15	电子	—	非国有控股
49	688001.SH	华兴源创	77.08	机械设备	江苏	非国有控股
50	688319.SH	欧林生物	77.05	医药生物	四川	非国有控股

数据来源：同花顺（iFinD），首经贸资产评估研究院和浙工商数字创新与管理研究院整理。

2022年科创板上市公司排名前50的创新要素投入指数平均水平为81.30，排名前10的是时代电气、联影医疗、中科星图、华润微、海光信息、中控技术、天合光能、晶科能源、天准科技、复旦微电。

从产权性质来看，在排名前50的科创板上市公司中，中央国有控股上市公司有5家，地方国有控股上市公司有2家，非国有企业有43家。

从省份分布来看，在排名前50的科创板上市公司中，数量排名靠前的有上海市（11家）、江苏省（8家）、北京市（7家）、广东省（6家）。

从行业分布来看，在排名前50的科创板上市公司中，数量排名靠前的行业分别是电子（15家）、医药生物（13家）、机械设备（7家）、计算机（7家）。

10.4.4　创新科技成果指数

2022年科创板创新科技成果指数平均水平为70.14，高于全市场平均水平68.28。从指数分布来看，高于均值的有377家，占板块总数的75.25%。其中，最高的是时代电气，创新科技成果指数为

85.43。具体来看，创新科技成果指数区间60~70的有272家，占比54.29%；70~80的有223家，占比44.51%；80以上的有6家，占比1.20%，如图10-73所示。

根据创新科技成果指数平均水平情况看，中央国有控股上市公司的平均水平为72.47，地方国有控股上市公司为71.12，非国有企业为69.95，如图10-74所示。

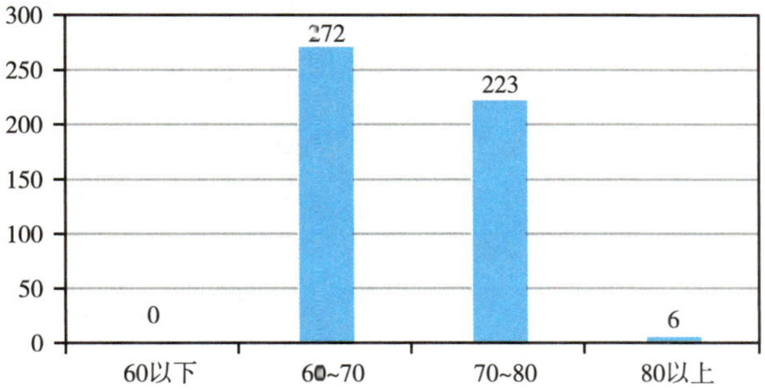

图10-73　2022年科创板上市公司创新科技成果指数分布图（家）

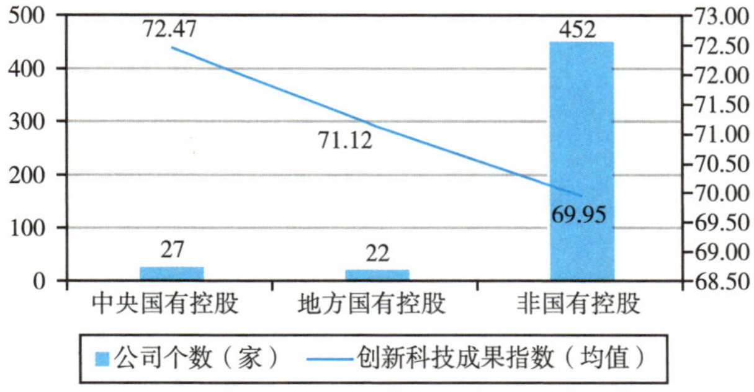

图10-74　2022年科创板不同产权上市公司创新科技成果指数均值分布图

根据创新科技成果指数平均水平情况来看，平均水平较高的有新疆维吾尔自治区（75.04）、海南省（72.83）、江西省（72.08）、湖南省（71.32）、山东省（71.08），如图10-75所示。

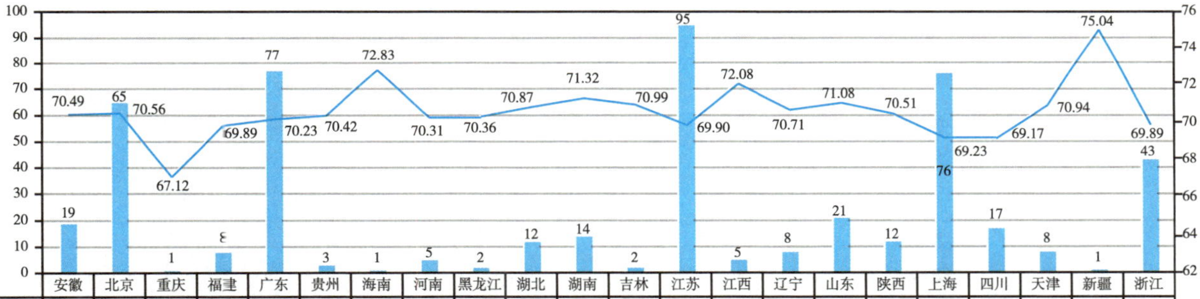

	安徽	北京	重庆	福建	广东	贵州	海南	河南	黑龙江	湖北	湖南	吉林	江苏	江西	辽宁	山东	陕西	上海	四川	天津	新疆	浙江
家数	19	65	1	8	77	3	1	5	2	12	14	2	95	5	8	21	12	76	17	8	1	43
均值	70.49	70.56	67.12	69.89	70.23	70.42	72.83	70.31	70.36	70.87	71.32	70.99	69.90	72.08	70.71	71.08	70.51	69.23	69.17	70.94	75.04	69.89

图10-75　2022年科创板各省份上市公司创新科技成果指数均值分布图

根据创新科技成果指数平均水平情况来看，平均水平较高的行业分别是美容护理（77.33）、建筑材料（75.09）、钢铁（72.26）、电力设备（71.77）、机械设备（70.86），如图10-76所示。

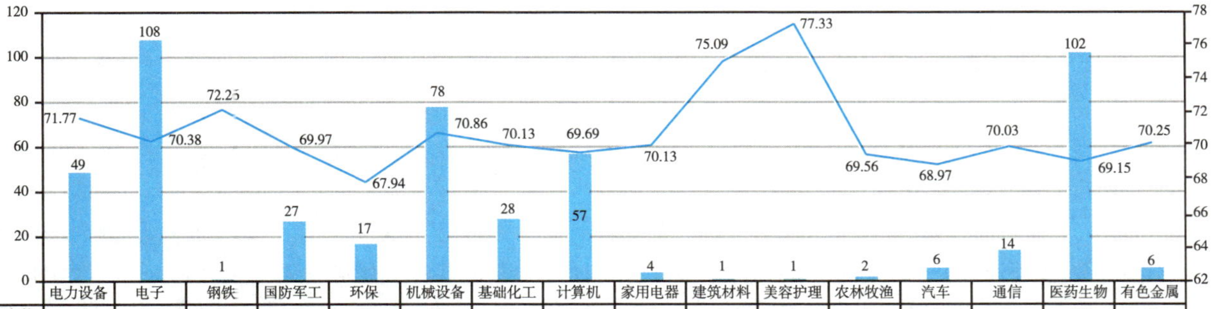

	电力设备	电子	钢铁	国防军工	环保	机械设备	基础化工	计算机	家用电器	建筑材料	美容护理	农林牧渔	汽车	通信	医药生物	有色金属
家数	49	108	1	27	17	78	28	57	4	1	1	2	6	14	102	6
均值	71.77	70.38	72.26	69.97	67.94	70.86	70.13	69.69	70.13	75.09	77.33	69.56	68.97	70.03	69.15	70.25

图10-76　2022年科创板各行业上市公司创新科技成果指数均值分布图

根据本报告评价，科创板中上市公司创新科技成果指数排名前50的上市公司，如表10-19所示。

表10-19　2022年科创板上市公司创新科技成果指数前50排名

排名	公司代码	公司名称	创新科技成果指数	一级行业_申万	省份	产权性质
1	688187.SH	时代电气	85.43	机械设备	湖南	中央国有控股
2	688223.SH	晶科能源	83.57	电力设备	江西	非国有控股
3	688271.SH	联影医疗	82.68	医药生物	上海	非国有控股
4	688599.SH	天合光能	81.62	电力设备	江苏	非国有控股
5	688777.SH	中控技术	80.70	机械设备	浙江	非国有控股
6	688111.SH	金山办公	80.54	计算机	北京	非国有控股
7	688009.SH	中国通号	79.47	机械设备	北京	中央国有控股
8	688772.SH	珠海冠宇	79.10	电力设备	广东	非国有控股
9	688396.SH	华润微	78.82	电子	—	中央国有控股
10	688041.SH	海光信息	77.94	电子	天津	非国有控股
11	688036.SH	传音控股	77.75	电子	广东	非国有控股
12	688139.SH	海尔生物	77.60	医药生物	山东	非国有控股
13	688363.SH	华熙生物	77.33	美容护理	山东	非国有控股
14	688499.SH	利元亨	77.08	电力设备	广东	非国有控股
15	688663.SH	新风光	76.82	电力设备	山东	地方国有控股
16	688235.SH	百济神州	76.69	医药生物	—	非国有控股
17	688015.SH	交控科技	76.66	机械设备	北京	非国有控股
18	688219.SH	会通股份	76.42	基础化工	安徽	非国有控股
19	688561.SH	奇安信	76.30	计算机	北京	非国有控股
20	688003.SH	天准科技	75.98	机械设备	江苏	非国有控股
21	688234.SH	天岳先进	75.82	电子	山东	非国有控股
22	688425.SH	铁建重工	75.79	机械设备	湖南	中央国有控股
23	688339.SH	亿华通	75.66	电力设备	北京	非国有控股
24	688295.SH	中复神鹰	75.42	基础化工	江苏	中央国有控股
25	688122.SH	西部超导	75.24	国防军工	陕西	地方国有控股
26	688613.SH	奥精医疗	75.23	医药生物	北京	非国有控股
27	688119.SH	中钢洛耐	75.09	建筑材料	河南	中央国有控股
28	688303.SH	大全能源	75.04	电力设备	新疆	非国有控股
29	688150.SH	莱特光电	75.03	电子	陕西	非国有控股
30	688048.SH	长光华芯	75.02	电子	江苏	非国有控股
31	688128.SH	中国电研	74.73	机械设备	广东	中央国有控股
32	688169.SH	石头科技	74.63	家用电器	北京	非国有控股
33	688521.SH	芯原股份	74.51	电子	上海	非国有控股
34	688660.SH	电气风电	74.45	电力设备	上海	地方国有控股
35	688244.SH	永信至诚	74.37	计算机	北京	非国有控股
36	688012.SH	中微公司	74.32	电子	上海	地方国有控股
37	688819.SH	天能股份	74.28	电力设备	浙江	非国有控股
38	688061.SH	灿瑞科技	74.21	电子	上海	非国有控股
39	688528.SH	秦川物联	74.18	机械设备	四川	非国有控股
40	688248.SH	南网科技	74.13	电力设备	广东	中央国有控股

续表

排名	公司代码	公司名称	创新科技成果指数	一级行业_申万	省份	产权性质
41	688737.SH	中自科技	74.10	汽车	四川	非国有控股
42	688322.SH	奥比中光	74.08	电子	广东	非国有控股
43	688126.SH	沪硅产业	74.05	电子	上海	地方国有控股
44	688102.SH	斯瑞新材	74.03	有色金属	陕西	非国有控股
45	688297.SH	中无人机	73.98	国防军工	四川	中央国有控股
46	688526.SH	科前生物	73.91	农林牧渔	湖北	非国有控股
47	688191.SH	智洋创新	73.84	电力设备	山东	非国有控股
48	688097.SH	博众精工	73.78	机械设备	江苏	非国有控股
49	688023.SH	安恒信息	73.71	计算机	浙江	非国有控股
50	688981.SH	中芯国际	73.64	电子	—	非国有控股

数据来源：同花顺（iFinD），首经贸资产评估研究院和浙工商数字创新与管理研究院整理。

2022年科创板上市公司排名前50的创新科技成果指数平均水平为76.30，排名前10的是时代电气、晶科能源、联影医疗、天合光能、中控技术、金山办公、中国通号、珠海冠宇、华润微、海光信息。

从产权性质来看，在排名前50的科创板上市公司中，中央国有控股上市公司有9家，地方国有控股上市公司有5家，非国有企业有36家。

从省份分布来看，在排名前50的科创板上市公司中，数量排名靠前的有北京市（8家）、广东省（6家）、上海市（6家）、江苏省（5家）、山东省（5家）。

从行业分布来看，在排名前50的科创板上市公司中，数量排名靠前的行业分别是电子（12家）、电力设备（11家）、机械设备（9家）。

10.4.5　创新经济绩效指数

2022年科创板创新经济绩效指数平均水平为60.25，低于全市场平均水平61.11。从指数分布来看，高于均值的有218家，占板块总数的43.51%。其中，最高的是联影医疗，创新经济绩效指数为88.19。具体来看，创新经济绩效指数区间在60以下的有260家，占比51.89%；60~70的200家，占比39.92%；70~80的有37家，占比7.39%；80以上的有4家，占比0.80%，如图10-77所示。

根据创新经济绩效指数平均水平情况看，中央国有控股上市公司的平均水平为65.78，地方国有控股上市公司为63.64，非国有企业为59.76，如图10-78所示。

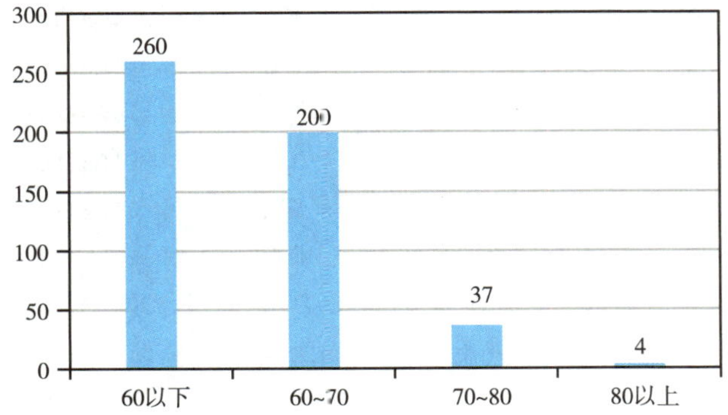

图10-77　2022年科创板上市公司创新经济绩效指数分布图（家）

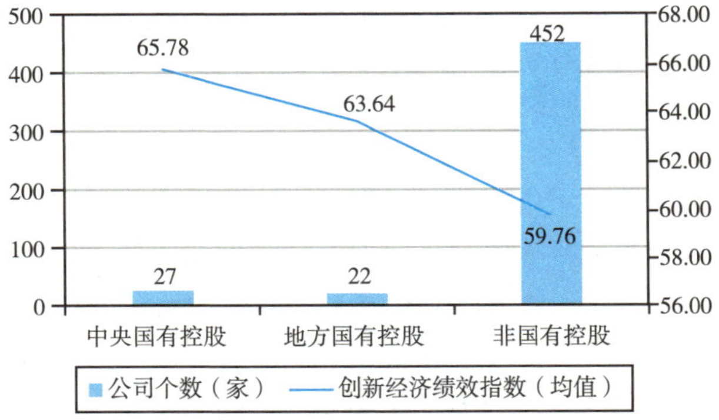

图10-78　2022年科创板不同产权上市公司创新经济绩效指数均值分布图

根据创新经济绩效指数平均水平情况来看，平均水平较高的有新疆维吾尔自治区（76.93）、吉林省（69.68）、重庆市（69.20）、江西省（67.32）、贵州省（66.32），如图10-79所示。

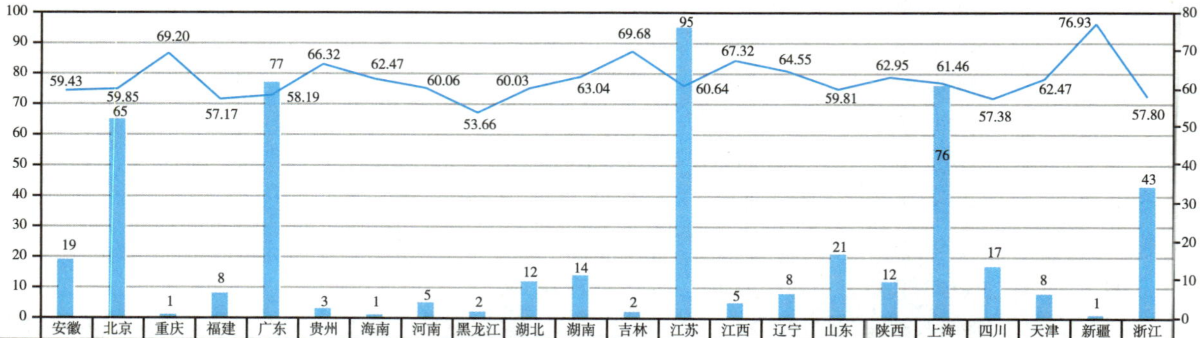

	安徽	北京	重庆	福建	广东	贵州	海南	河南	黑龙江	湖北	湖南	吉林	江苏	江西	辽宁	山东	陕西	上海	四川	天津	新疆	浙江
家数	19	65	1	8	77	3	1	5	2	12	14	2	95	5	8	21	12	76	17	8	1	43
均值	59.43	59.85	69.20	57.17	58.19	66.32	62.47	60.06	53.66	60.03	63.04	69.68	60.64	67.32	64.55	59.81	62.95	61.46	57.38	62.47	76.93	57.80

图10-79　2022年科创板各省份上市公司创新经济绩效指数均值分布图

根据创新经济绩效指数平均水平情况来看，平均水平较高的行业分别是建筑材料（68.36）、美容护理（68.15）、电力设备（64.11）、农林牧渔（63.66）、有色金属（61.47）。如图10-80所示。

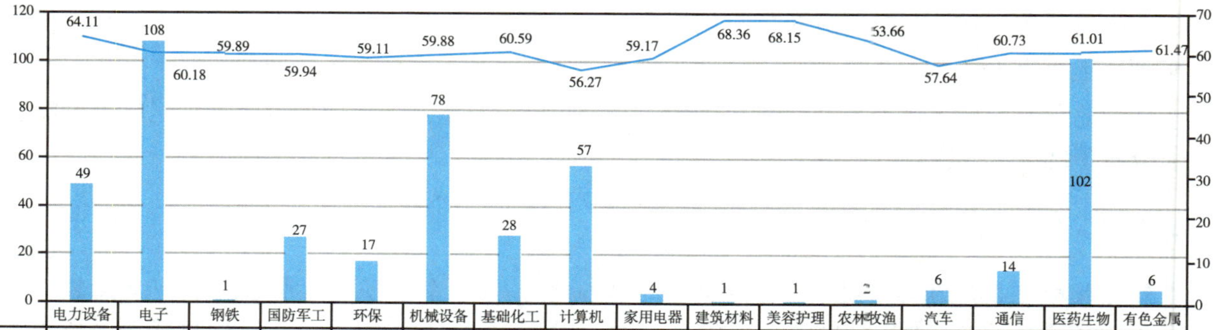

	电力设备	电子	钢铁	国防军工	环保	机械设备	基础化工	计算机	家用电器	建筑材料	美容护理	农林牧渔	汽车	通信	医药生物	有色金属
家数	49	108	1	27	17	78	28	57	4	1	1	2	6	14	102	6
均值	64.11	60.18	59.89	59.94	59.11	59.88	60.59	56.27	59.17	68.36	68.15	63.66	57.64	60.73	61.01	61.47

图10-80　2022年科创板各行业上市公司创新经济绩效指数均值分布图

根据本报告评价，科创板中上市公司创新经济绩效指数排名前50的上市公司，如表10-20所示。

表10-20　2022年科创板上市公司创新经济绩效指数前50排名

排名	公司代码	公司名称	创新经济绩效指数	一级行业_申万	省份	产权性质
1	688271.SH	联影医疗	88.19	医药生物	上海	非国有控股
2	688041.SH	海光信息	86.69	电子	天津	非国有控股
3	688599.SH	天合光能	82.27	电力设备	江苏	非国有控股
4	688187.SH	时代电气	80.61	机械设备	湖南	中央国有控股
5	688009.SH	中国通号	79.22	机械设备	北京	中央国有控股
6	688223.SH	晶科能源	78.85	电力设备	江西	非国有控股
7	688082.SH	盛美上海	78.52	电子	上海	非国有控股
8	688385.SH	复旦微电	78.36	电子	上海	地方国有控股
9	688981.SH	中芯国际	77.28	电子	—	非国有控股
10	688303.SH	大全能源	76.93	电力设备	新疆	非国有控股

续表

排名	公司代码	公司名称	创新经济绩效指数	一级行业_申万	省份	产权性质
11	688050.SH	爱博医疗	76.52	医药生物	北京	非国有控股
12	688005.SH	容百科技	75.74	电力设备	浙江	非国有控股
13	688016.SH	心脉医疗	75.45	医药生物	上海	非国有控股
14	688295.SH	中复神鹰	75.36	基础化工	江苏	中央国有控股
15	688114.SH	华大智造	75.35	医药生物	广东	非国有控股
16	688516.SH	奥特维	74.76	电力设备	江苏	非国有控股
17	688003.SH	天准科技	74.40	机械设备	江苏	非国有控股
18	688377.SH	迪威尔	74.22	机械设备	江苏	非国有控股
19	688521.SH	芯原股份	73.97	电子	上海	非国有控股
20	688012.SH	中微公司	73.86	电子	上海	地方国有控股
21	688819.SH	天能股份	73.60	电力设备	浙江	非国有控股
22	688568.SH	中科星图	73.59	计算机	北京	中央国有控股
23	688575.SH	亚辉龙	73.23	医药生物	广东	非国有控股
24	688305.SH	科德数控	72.96	机械设备	辽宁	非国有控股
25	688348.SH	昱能科技	72.52	电力设备	浙江	非国有控股
26	688111.SH	金山办公	72.51	计算机	北京	非国有控股
27	688208.SH	道通科技	72.48	计算机	广东	非国有控股
28	688777.SH	中控技术	71.90	机械设备	浙江	非国有控股
29	688617.SH	惠泰医疗	71.69	医药生物	广东	非国有控股
30	688275.SH	万润新能	71.35	电力设备	湖北	非国有控股
31	688301.SH	奕瑞科技	71.29	医药生物	上海	非国有控股
32	688396.SH	华润微	71.21	电子	—	中央国有控股
33	688001.SH	华兴源创	71.12	机械设备	江苏	非国有控股
34	688561.SH	奇安信	71.02	计算机	北京	非国有控股
35	688425.SH	铁建重工	70.71	机械设备	湖南	中央国有控股
36	688139.SH	海尔生物	70.67	医药生物	山东	非国有控股
37	688287.SH	观典防务	70.61	国防军工	北京	非国有控股
38	688276.SH	百克生物	70.55	医药生物	吉林	地方国有控股
39	688387.SH	信科移动	70.47	通信	湖北	中央国有控股
40	688235.SH	百济神州	70.04	医药生物	—	非国有控股
41	688057.SH	金达莱	70.03	环保	江西	非国有控股
42	688690.SH	纳微科技	69.98	医药生物	江苏	非国有控股
43	688220.SH	翱捷科技	69.91	电子	上海	非国有控股
44	688002.SH	睿创微纳	69.67	国防军工	山东	非国有控股
45	688722.SH	同益中	69.67	基础化工	北京	中央国有控股
46	689009.SH	九号公司	69.65	汽车	—	非国有控股
47	688032.SH	禾迈股份	69.57	电力设备	浙江	非国有控股
48	688248.SH	南网科技	69.57	电力设备	广东	中央国有控股
49	688779.SH	长远锂科	69.44	电力设备	湖南	中央国有控股
50	688728.SH	格科微	69.36	电子	—	非国有控股

数据来源：同花顺（iFinD），首经贸资产评估研究院和浙工商数字创新与管理研究院整理。

2022年科创板上市公司排名前50的创新经济绩效指数平均水平为73.74，排名前10的是联影医疗、海光信息、天合光能、时代电气、中国通号、晶科能源、盛美上海、复旦微电、中芯国际、大全能源。

从产权性质来看，在排名前50的科创板上市公司中，中央国有控股上市公司有10家，地方国有控股上市公司有3家，非国有企业有37家。

从省份分布来看，在排名前50的科创板上市公司中，数量排名靠前的有上海市（8家）、北京市（7家）、江苏省（7家）、广东省（5家）、浙江省（5家）。

从行业分布来看，在排名前50的科创板上市公司中，数量排名靠前的行业分别是电力设备（11家）、医药生物（11家）、电子（9家）、机械设备（8家）。

10.5 北交所上市公司创新发展指数评价

截至2022年底，北交所上市公司共162家，年成交额1,950.96亿元，日均成交8.06亿元，总市值2,110.66亿元，平均市值13.03亿元/家，市值最大的上市公司为贝特瑞（303.10亿元）；营业总收入1,226.66亿元，平均营业收入7.57亿元/家，营业收入最高的上市公司也为贝特瑞（256.79亿元）。北交所上市公司研发投入合计为57.45亿元，占营业收入的4.68%，无形资产账面价值合计为56.97亿元，占总资产的3.21%。根据本报告分析口径，本节共对北交所162家上市公司开展创新发展指数评价，具体情况如下：

10.5.1 创新发展综合指数

根据本报告评价，2022年北交所创新发展综合指数平均水平为61.27，低于全市场平均水平65.47。从指数分布来看，高于均值的有10家，占板块总数的6.17%。其中，最高的是贝特瑞，创新发展综合指数为75.18。具体来看，创新发展综合指数区间在60以下的有56家，占比34.57%；60~70的有104家，占比64.20%；70~80的有2家，占比1.23%，如图10-81所示。

162家北交所上市公司中，中央国有控股上市公司有3家，地方国有控股上市公司有12家，非国有企业有147家。根据创新发展综合指数平均水平情况看，中央国有控股上市公司的平均水平为64.26，地方国有控股上市公司为62.96，非国有企业为61.07，如图10-82所示。

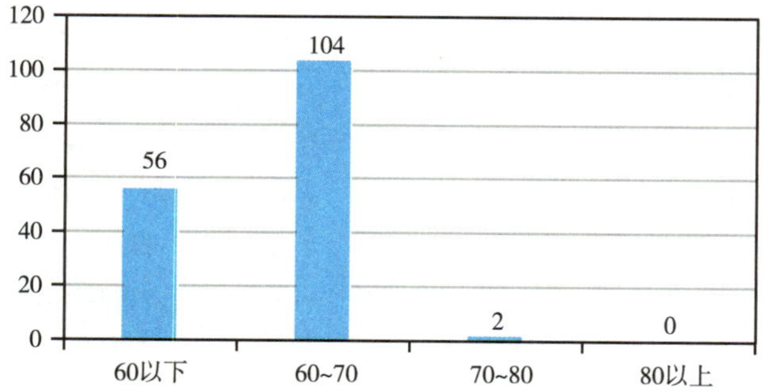

图10-81　2022年北交所上市公司创新发展综合指数分布图（家）

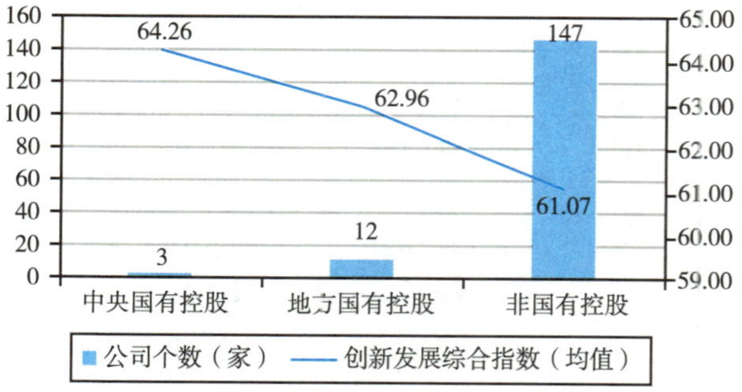

图10-82　2022年北交所不同产权上市公司创新发展综合指数均值分布图

从省份分布来看，江苏（16.67%）、广东（14.20%）、北京（9.26%）、山东（8.64%）、浙江（8.64%）占据北交所主要地位。根据创新发展综合指数平均水平情况来看，平均水平较高的有辽宁省（64.54）、陕西省（64.39）、山西省（64.17）、吉林省（63.61）、上海市（62.76），如图10-83所示。

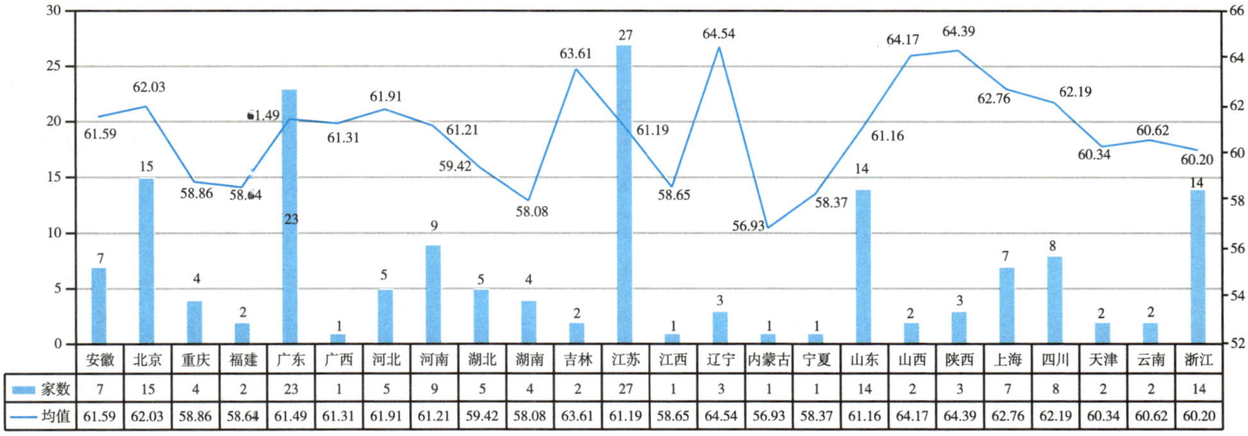

图10-83　2022年北交所各省份上市公司创新发展综合指数均值分布图

从行业分布来看，机械设备（20.99%）、电力设备（9.88%）、基础化工（8.64%）、计算机（8.64%）、汽车（8.64%）占据北交所主要地位。根据创新发展综合指数平均水平情况来看，平均水平较高的行业分别是国防军工（65.36）、通信（64.24）、电力设备（63.12）、传媒（62.72）、农林牧渔（62.26），如图10-84所示。

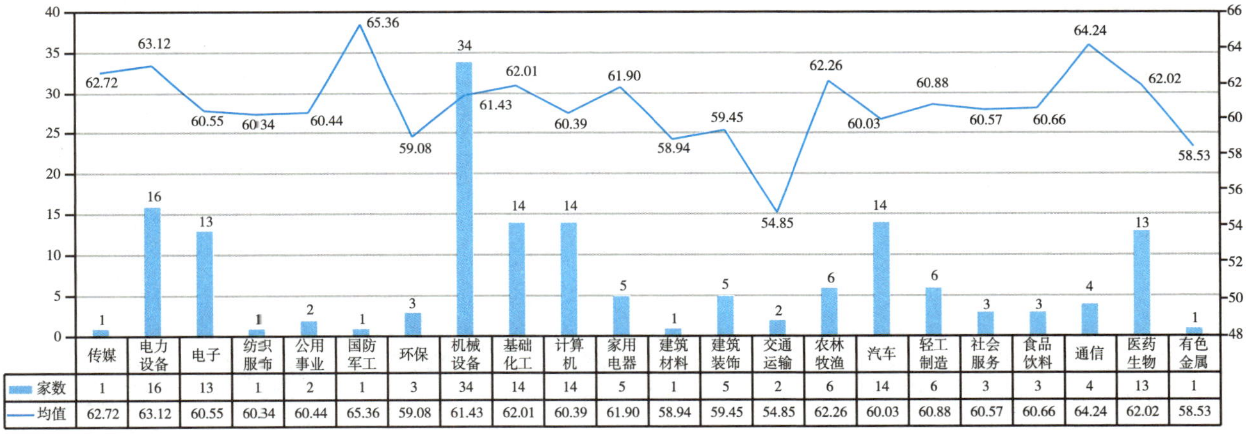

图10-84　2022年北交所各行业上市公司创新发展综合指数均值分布图

根据本报告评价，北交所中上市公司创新发展综合指数排名前50的上市公司，如表10-21所示。

表10-21　2022年北交所上市公司创新发展综合指数前50排名

排名	公司代码	公司名称	创新发展综合指数	一级行业_申万	省份	产权性质
1	835185.BJ	贝特瑞	75.18	电力设备	广东	非国有控股
2	835368.BJ	连城数控	74.35	电力设备	辽宁	非国有控股
3	831961.BJ	创远信科	69.15	通信	上海	非国有控股
4	430476.BJ	海能技术	69.06	机械设备	山东	非国有控股
5	836077.BJ	吉林碳谷	68.53	基础化工	吉林	地方国有控股
6	833819.BJ	颖泰生物	68.22	基础化工	北京	非国有控股
7	835640.BJ	富士达	66.54	通信	陕西	中央国有控股
8	831832.BJ	科达自控	66.48	机械设备	山西	非国有控股

续表

排名	公司代码	公司名称	创新发展综合指数	一级行业_申万	省份	产权性质
9	839725.BJ	惠丰钻石	66.24	机械设备	河南	非国有控股
10	836239.BJ	长虹能源	65.73	电力设备	四川	地方国有控股
11	871642.BJ	通易航天	65.36	国防军工	江苏	非国有控股
12	872808.BJ	曙光数创	65.34	计算机	北京	中央国有控股
13	837344.BJ	三元基因	65.26	医药生物	北京	非国有控股
14	834599.BJ	同力股份	64.97	机械设备	陕西	非国有控股
15	830946.BJ	森萱医药	64.95	医药生物	江苏	地方国有控股
16	831152.BJ	昆工科技	64.74	电力设备	云南	非国有控股
17	835985.BJ	海泰新能	64.59	电力设备	河北	非国有控股
18	833509.BJ	同惠电子	64.54	机械设备	江苏	非国有控股
19	430300.BJ	辰光医疗	64.41	医药生物	上海	非国有控股
20	833429.BJ	康比特	64.29	食品饮料	北京	非国有控股
21	430047.BJ	诺思兰德	64.23	医药生物	北京	非国有控股
22	839729.BJ	永顺生物	63.92	农林牧渔	广东	非国有控股
23	831445.BJ	龙竹科技	63.92	轻工制造	福建	非国有控股
24	430489.BJ	佳先股份	63.89	基础化工	安徽	地方国有控股
25	833943.BJ	优机股份	63.75	机械设备	四川	非国有控股
26	832735.BJ	德源药业	63.69	医药生物	江苏	非国有控股
27	832566.BJ	梓橦宫	63.66	医药生物	四川	非国有控股
28	870199.BJ	倍益康	63.57	家用电器	四川	非国有控股
29	830799.BJ	艾融软件	63.25	计算机	上海	非国有控股
30	832225.BJ	利通科技	63.22	基础化工	河南	非国有控股
31	835892.BJ	中科美菱	63.13	医药生物	安徽	地方国有控股
32	430139.BJ	华岭股份	62.84	电子	上海	非国有控股
33	430685.BJ	新芝生物	62.79	机械设备	浙江	非国有控股
34	834021.BJ	流金科技	62.72	传媒	北京	非国有控股
35	831641.BJ	格利尔	62.70	家用电器	江苏	非国有控股
36	832419.BJ	路斯股份	62.69	农林牧渔	山东	非国有控股
37	835305.BJ	云创数据	62.54	计算机	江苏	非国有控股
38	836807.BJ	奔朗新材	62.52	机械设备	广东	非国有控股
39	834014.BJ	特瑞斯	62.50	公用事业	江苏	非国有控股
40	838402.BJ	硅烷科技	62.47	电子	河南	地方国有控股
41	870299.BJ	灿能电力	62.43	电力设备	江苏	非国有控股
42	839167.BJ	同享科技	62.32	电力设备	江苏	非国有控股
43	430418.BJ	苏轴股份	62.31	汽车	江苏	地方国有控股
44	832662.BJ	方盛股份	62.30	机械设备	江苏	非国有控股
45	834033.BJ	康普化学	62.30	基础化工	重庆	非国有控股
46	838275.BJ	驱动力	62.25	农林牧渔	广东	非国有控股
47	832876.BJ	慧为智能	62.23	电子	广东	非国有控股
48	833533.BJ	骏创科技	62.17	汽车	江苏	非国有控股

续表

排名	公司代码	公司名称	创新发展综合指数	一级行业_申万	省份	产权性质
49	830839.BJ	万通液压	62.14	机械设备	山东	非国有控股
50	834475.BJ	三友科技	62.10	机械设备	浙江	非国有控股

数据来源：同花顺（iFinD），首经贸资产评估研究院和浙工商数字创新与管理研究院整理。

2022年北交所上市公司排名前50的创新发展综合指数平均水平为64.49，排名前10的是贝特瑞、连城数控、创远信科、海能技术、吉林碳谷、颖泰生物、富士达、科达自控、惠丰钻石、长虹能源。

从产权性质来看，在排名前50的北交所上市公司中，中央国有控股上市公司有2家，地方国有控股上市公司有7家，非国有企业有41家。

从省份分布来看，在排名前50的北交所上市公司中，数量排名靠前的有江苏省（12家）、北京市（6家）、广东省（5家）、上海市（4家）、四川省（4家）。

从行业分布来看，在排名前50的北交所上市公司中，数量排名靠前的行业分别是机械设备（11家）、电力设备（7家）、医药生物（7家）、基础化工（5家）。

10.5.2 创新资源支持指数

2022年北交所创新资源支持指数平均水平为63.60，低于全市场平均水平68.18。从指数分布来看，高于均值的有29家，占板块总数的17.90%。其中，最高的是海能技术，创新资源支持指数为78.23。具体来看，创新资源支持指数区间在60以下的有40家，占比24.69%；60~70的有106家，占比65.43%；70~80的有16家，占比9.88%，如图10-85所示。

根据创新资源支持指数平均水平情况看，中央国有控股上市公司的平均水平为67.91，地方国有控股上市公司为64.63，非国有企业为63.43，如图10-86所示。

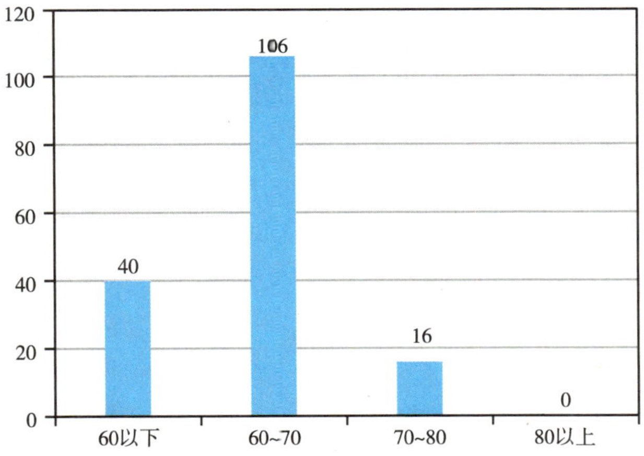

图10-85 2022年北交所上市公司创新资源支持指数分布图（家）

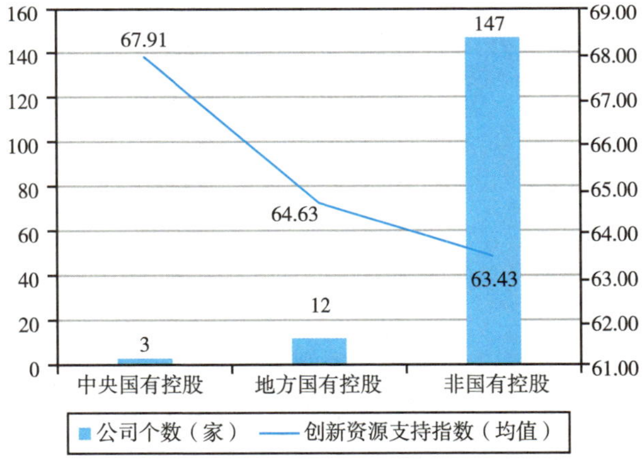

图10-86 2022年北交所不同产权上市公司创新资源支持指数均值分布图

根据创新资源支持指数平均水平情况来看，平均水平较高的有广西壮族自治区（70.25）、宁夏回族自治区（69.10）、陕西省（68.31）、福建省（67.75）、安徽省（67.42），如图10-87所示。

根据创新资源支持指数平均水平情况来看，平均水平较高的行业分别是国防军工（72.08）、传媒（69.86）、公用事业（69.37）、通信（68.69）、家用电器（66.93），如图10-88所示。

根据本报告评价，北交所中上市公司创新资源支持指数排名前50的上市公司，如表10-22所示。

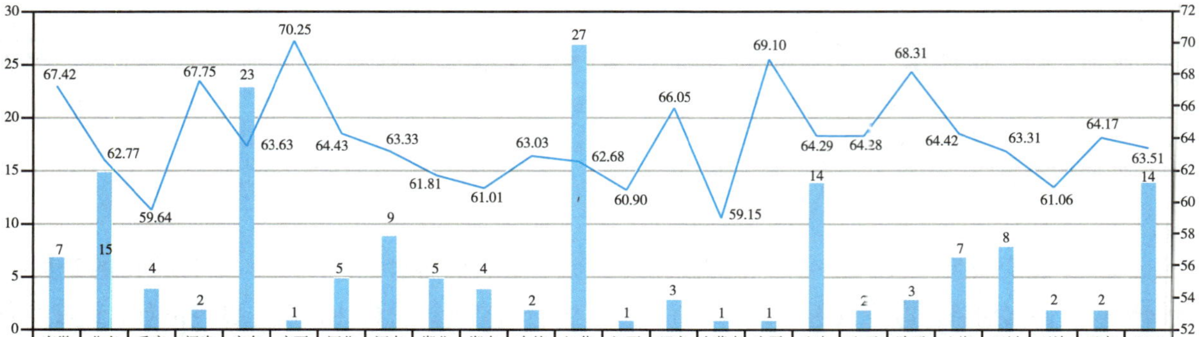

	安徽	北京	重庆	福建	广东	广西	河北	河南	湖北	湖南	吉林	江苏	江西	辽宁	内蒙古	宁夏	山东	山西	陕西	上海	四川	天津	云南	浙江
家数	7	15	4	2	23	1	5	9	5	4	2	27	1	3	1	1	14	2	3	7	8	2	2	14
均值	67.42	62.77	59.64	67.75	63.63	70.25	64.43	63.33	61.81	61.01	63.03	62.68	60.90	66.05	59.15	69.10	64.29	64.28	68.31	64.42	63.31	61.06	64.17	63.51

图10-87　2022年北交所各省份上市公司创新资源支持指数均值分布图

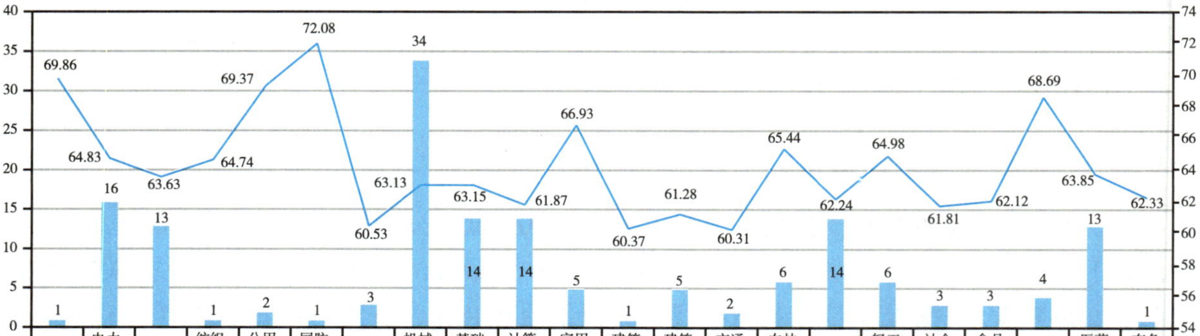

	传媒	电力设备	电子	纺织服饰	公用事业	国防军工	环保	机械设备	基础化工	计算机	家用电器	建筑材料	建筑装饰	交通运输	农林牧渔	汽车	轻工制造	社会服务	食品饮料	通信	医药生物	有色金属
家数	1	16	13	1	2	1	3	34	14	14	5	1	5	2	6	14	6	3	3	4	13	1
均值	69.86	64.83	63.63	64.74	69.37	72.08	60.53	63.13	63.15	61.87	66.93	60.37	61.28	60.31	65.44	62.24	64.98	61.81	62.12	68.69	63.85	62.33

图10-88　2022年北交所各行业上市公司创新资源支持指数均值分布图

表10-22　2022年北交所上市公司创新资源支持指数前50排名

排名	公司代码	公司名称	创新资源支持指数	一级行业_申万	省份	产权性质
1	430476.BJ	海能技术	78.23	机械设备	山东	非国有控股
2	835185.BJ	贝特瑞	76.88	电力设备	广东	非国有控股
3	835368.BJ	连城数控	75.32	电力设备	辽宁	非国有控股
4	832419.BJ	路斯股份	73.32	农林牧渔	山东	非国有控股
5	430139.BJ	华岭股份	72.21	电子	上海	非国有控股
6	871642.BJ	通易航天	72.08	国防军工	江苏	非国有控股
7	831445.BJ	龙竹科技	72.04	轻工制造	福建	非国有控股
8	831961.BJ	创远信科	71.83	通信	上海	非国有控股
9	836239.BJ	长虹能源	71.67	电力设备	四川	地方国有控股
10	835892.BJ	中科美菱	71.31	医药生物	安徽	地方国有控股
11	430489.BJ	佳先股份	71.25	基础化工	安徽	地方国有控股
12	873339.BJ	恒太照明	71.17	家用电器	江苏	非国有控股
13	833509.BJ	同惠电子	71.00	机械设备	江苏	非国有控股
14	872808.BJ	曙光数创	70.77	计算机	北京	中央国有控股
15	872374.BJ	云里物里	70.50	通信	广东	非国有控股
16	832885.BJ	星辰科技	70.25	机械设备	广西	非国有控股

续表

排名	公司代码	公司名称	创新资源支持指数	一级行业_申万	省份	产权性质
17	832278.BJ	鹿得医疗	69.95	医药生物	江苏	非国有控股
18	871981.BJ	晶赛科技	69.95	电子	安徽	非国有控股
19	834021.BJ	流金科技	69.86	传媒	北京	非国有控股
20	834014.BJ	特瑞斯	69.64	公用事业	江苏	非国有控股
21	430564.BJ	天润科技	69.39	建筑装饰	陕西	非国有控股
22	833075.BJ	柏星龙	69.30	轻工制造	广东	非国有控股
23	831010.BJ	凯添燃气	69.10	公用事业	宁夏	非国有控股
24	870199.BJ	倍益康	68.88	家用电器	四川	非国有控股
25	430300.BJ	辰光医疗	68.52	医药生物	上海	非国有控股
26	831152.BJ	昆工科技	68.46	电力设备	云南	非国有控股
27	839725.BJ	惠丰钻石	68.42	机械设备	河南	非国有控股
28	835640.BJ	富士达	68.38	通信	陕西	中央国有控股
29	839729.BJ	永顺生物	68.31	农林牧渔	广东	非国有控股
30	834639.BJ	晨光电缆	68.16	电力设备	浙江	非国有控股
31	833429.BJ	康比特	67.77	食品饮料	北京	非国有控股
32	833943.BJ	优机股份	67.48	机械设备	四川	非国有控股
33	833819.BJ	颖泰生物	67.41	基础化工	北京	非国有控股
34	430510.BJ	丰光精密	67.31	机械设备	山东	非国有控股
35	834599.BJ	同力股份	67.17	机械设备	陕西	非国有控股
36	873527.BJ	夜光明	66.95	基础化工	浙江	非国有控股
37	836077.BJ	吉林碳谷	66.79	基础化工	吉林	地方国有控股
38	872925.BJ	锦好医疗	66.76	医药生物	广东	非国有控股
39	870357.BJ	雅葆轩	66.54	电子	安徽	非国有控股
40	831855.BJ	浙江大农	66.51	机械设备	浙江	非国有控股
41	871753.BJ	天纺标	66.37	社会服务	天津	地方国有控股
42	838402.BJ	硅烷科技	66.17	电子	河南	地方国有控股
43	835305.BJ	云创数据	66.02	计算机	江苏	非国有控股
44	832171.BJ	志晟信息	66.02	计算机	河北	非国有控股
45	834765.BJ	美之高	65.95	轻工制造	广东	非国有控股
46	835237.BJ	力佳科技	65.88	电力设备	广东	非国有控股
47	832876.BJ	慧为智能	65.76	电子	广东	非国有控股
48	830946.BJ	森萱医药	65.75	医药生物	江苏	地方国有控股
49	832225.BJ	利通科技	65.69	基础化工	河南	非国有控股
50	873169.BJ	七丰精工	65.55	机械设备	浙江	非国有控股

数据来源：同花顺（iFinD），首经贸资产评估研究院和浙工商数字创新与管理研究院整理。

2022年北交所上市公司排名前50的创新资源支持指数平均水平为69.12，排名前10的是海能技术、贝特瑞、连城数控、路斯股份、华岭股份、通易航天、龙竹科技、创远信科、长虹能源、中科美菱。

从产权性质来看，在排名前50的北交所上市公司中，中央国有控股上市公司有2家，地方国有控股上市公司有7家，非国有企业有41家。

从省份分布来看，在排名前50的北交所上市公司中，数量排名靠前的有广东省（8家）、江苏省（7家）、安徽省（4家）、北京市（4家）、浙江省（4家）。

从行业分布来看，在排名前50的北交所上市公司中，数量排名靠前的行业分别是机械设备（9家）、电力设备（6家）、电子（5家）、基础化工（5家）、医药生物（5家）。

10.5.3 创新要素投入指数

2022年北交所创新要素投入指数平均水平为61.94，低于全市场平均水平65.37。从指数分布来看，高于均值的有30家，占板块总数的18.52%。其中，最高的是创远信科，创新要素投入指数为79.61。具体来看，创新要素投入指数区间在60以下的有54家，占比33.33%；60~70的有102家，占比62.97%；70~80的有6家，占比3.70%，如图10-89所示。

根据创新要素投入指数平均水平情况看，中央国有控股上市公司的平均水平为67.12，地方国有控股上市公司为63.48，非国有企业为61.70，如图10-90所示。

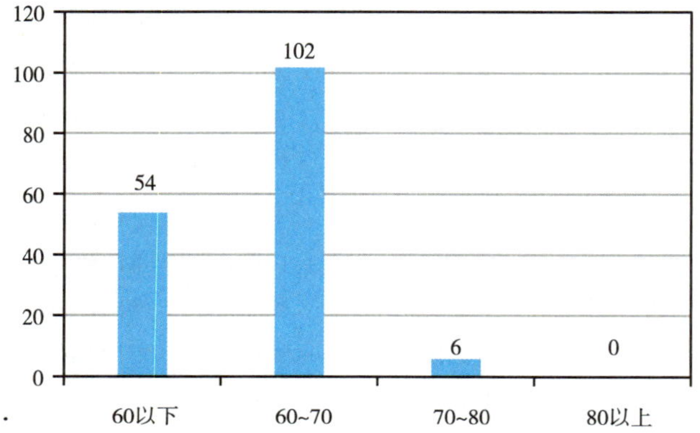

图10-89 2022年北交所上市公司创新要素投入指数分布图（家）

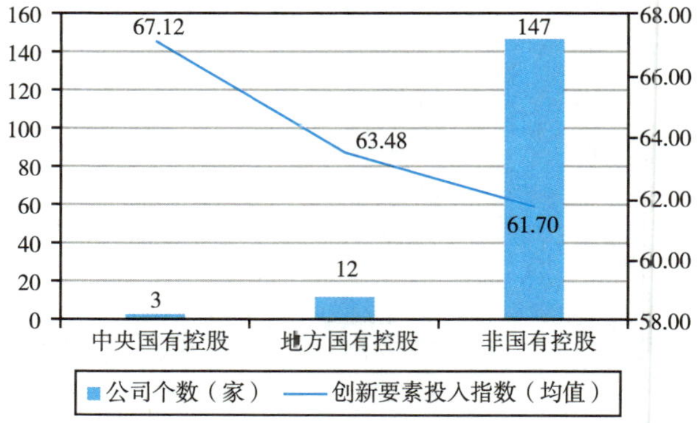

图10-90 2022年北交所不同产权上市公司创新要素投入指数均值分布图

根据创新要素投入指数平均水平情况来看，平均水平较高的有山西省（68.19）、上海市（65.75）、陕西省（65.47）、北京市（65.04）、广西壮族自治区（63.80），如图10-91所示。

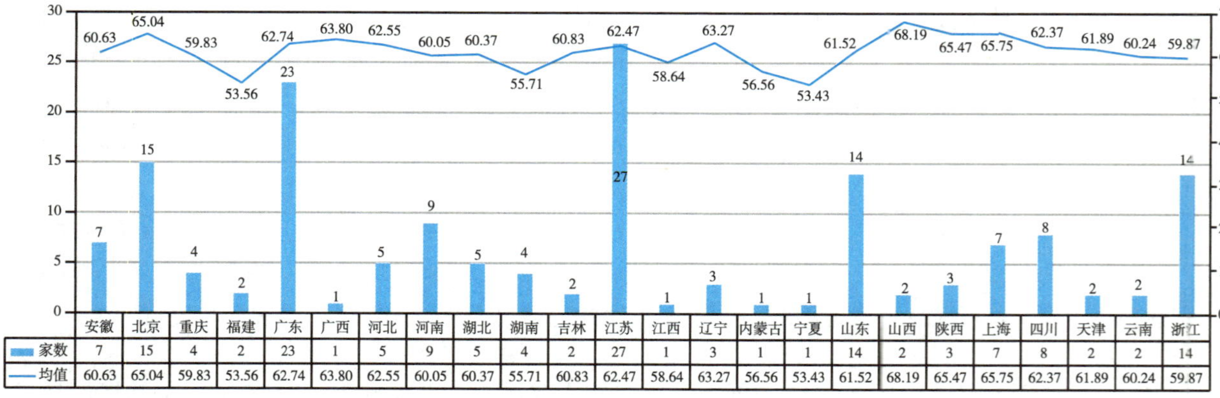

	安徽	北京	重庆	福建	广东	广西	河北	河南	湖北	湖南	吉林	江苏	江西	辽宁	内蒙古	宁夏	山东	山西	陕西	上海	四川	天津	云南	浙江
家数	7	15	4	2	23	1	5	9	5	4	2	27	1	3	1	1	14	2	3	7	8	2	2	14
均值	60.63	65.04	59.83	53.56	62.74	63.80	62.55	60.05	60.37	55.71	60.83	62.47	58.64	63.27	56.56	53.43	61.52	68.19	65.47	65.75	62.37	61.89	60.24	59.87

图10-91 2022年北交所各省份上市公司创新要素投入指数均值分布图

根据创新要素投入指数平均水平情况来看，平均水平较高的行业分别是国防军工（67.81）、通信（67.79）、传媒（66.09）、计算机（64.69）、电力设备（63.69），如图10-92所示。

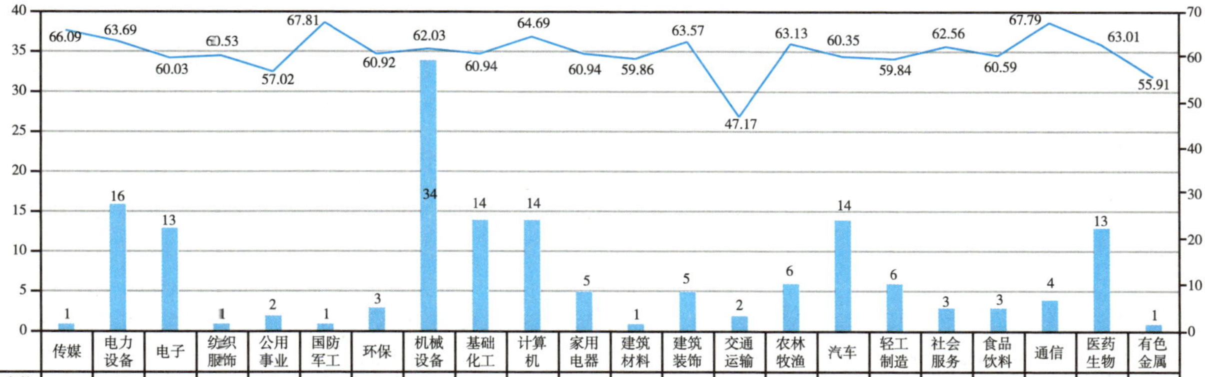

	传媒	电力设备	电子	纺织服饰	公用事业	国防军工	环保	机械设备	基础化工	计算机	家用电器	建筑材料	建筑装饰	交通运输	农林牧渔	汽车	轻工制造	社会服务	食品饮料	通信	医药生物	有色金属
家数	1	16	13		2	1	3	34	14	14	5	1	5	2	6	14	6	3	3	4	13	1
均值	66.09	63.69	60.03	60.53	57.02	67.81	60.92	62.03	60.94	64.69	60.94	59.86	63.57	47.17	63.13	60.35	59.84	62.56	60.59	67.79	63.01	55.91

图10-92　2022年北交所各行业上市公司创新要素投入指数均值分布图

根据本报告评价，北交所中上市公司创新要素投入指数排名前50的上市公司，如表10-23所示。

表10-23　　2022年北交所上市公司创新要素投入指数前50排名

排名	公司代码	公司名称	创新要素投入指数	一级行业_申万	省份	产权性质
1	831961.BJ	创远信科	79.61	通信	上海	非国有控股
2	835185.BJ	贝特瑞	78.49	电力设备	广东	非国有控股
3	835368.BJ	连城数控	75.93	电力设备	辽宁	非国有控股
4	430476.BJ	海能技术	71.61	机械设备	山东	非国有控股
5	831832.BJ	科达自控	71.04	机械设备	山西	非国有控股
6	835640.BJ	富士达	70.55	通信	陕西	中央国有控股
7	837344.BJ	三元基因	69.55	医药生物	北京	非国有控股
8	872808.BJ	曙光数创	69.42	计算机	北京	中央国有控股
9	830799.BJ	艾融软件	68.93	计算机	上海	非国有控股
10	835305.BJ	云创数据	68.63	计算机	江苏	非国有控股
11	836239.BJ	长虹能源	68.59	电力设备	四川	地方国有控股
12	833429.BJ	康比特	68.55	食品饮料	北京	非国有控股
13	430047.BJ	诺思兰德	68.02	医药生物	北京	非国有控股
14	832145.BJ	恒合股份	67.94	环保	北京	非国有控股
15	836892.BJ	广咨国际	67.88	建筑装饰	广东	地方国有控股
16	871642.BJ	通易航天	67.81	国防军工	江苏	非国有控股
17	836077.BJ	吉林碳谷	67.41	基础化工	吉林	地方国有控股
18	835184.BJ	国源科技	67.35	计算机	北京	非国有控股
19	839725.BJ	惠丰钻石	67.09	机械设备	河南	非国有控股
20	832735.BJ	德源药业	66.95	医药生物	江苏	非国有控股
21	836414.BJ	欧普泰	66.70	电力设备	上海	非国有控股
22	835670.BJ	数字人	66.48	医药生物	山东	非国有控股
23	839680.BJ	广道数字	66.38	计算机	广东	非国有控股
24	837092.BJ	汉鑫科技	66.18	计算机	山东	非国有控股
25	839729 BJ	永顺生物	66.10	农林牧渔	广东	非国有控股
26	834021 BJ	流金科技	66.09	传媒	北京	非国有控股

续表

排名	公司代码	公司名称	创新要素投入指数	一级行业_申万	省份	产权性质
27	833509.BJ	同惠电子	65.95	机械设备	江苏	非国有控股
28	835892.BJ	中科美菱	65.88	医药生物	安徽	地方国有控股
29	870299.BJ	灿能电力	65.77	电力设备	江苏	非国有控股
30	430685.BJ	新芝生物	65.73	机械设备	浙江	非国有控股
31	871970.BJ	大禹生物	65.34	农林牧渔	山西	非国有控股
32	870436.BJ	大地电气	65.31	汽车	江苏	非国有控股
33	832089.BJ	禾昌聚合	65.18	基础化工	江苏	非国有控股
34	839167.BJ	同享科技	65.17	电力设备	江苏	非国有控股
35	430418.BJ	苏轴股份	65.00	汽车	江苏	地方国有控股
36	833819.BJ	颖泰生物	64.80	基础化工	北京	非国有控股
37	832491.BJ	奥迪威	64.78	机械设备	广东	非国有控股
38	430198.BJ	微创光电	64.77	计算机	湖北	非国有控股
39	832566.BJ	梓橦宫	64.76	医药生物	四川	非国有控股
40	831768.BJ	拾比佰	64.73	家用电器	广东	非国有控股
41	833873.BJ	中设咨询	64.65	建筑装饰	重庆	非国有控股
42	832876.BJ	慧为智能	64.61	电子	广东	非国有控股
43	872374.BJ	云里物里	64.54	通信	广东	非国有控股
44	837821.BJ	则成电子	64.43	电子	广东	非国有控股
45	832171.BJ	志晟信息	64.38	计算机	河北	非国有控股
46	836149.BJ	旭杰科技	64.37	建筑装饰	江苏	非国有控股
47	870199.BJ	倍益康	64.24	家用电器	四川	非国有控股
48	833943.BJ	优机股份	63.91	机械设备	四川	非国有控股
49	830964.BJ	润农节水	63.85	农林牧渔	河北	非国有控股
50	430090.BJ	同辉信息	63.84	计算机	北京	非国有控股

数据来源：同花顺（iFinD），首经贸资产评估研究院和浙工商数字创新与管理研究院整理。

2022年北交所上市公司排名前50的创新要素投入指数平均水平为67.11，排名前10的是创远信科、贝特瑞、连城数控、海能技术、科达自控、富士达、三元基因、曙光数创、艾融软件、云创数据。

从产权性质来看，在排名前50的北交所上市公司中，中央国有控股上市公司有2家，地方国有控股上市公司有5家，非国有企业有43家。

从省份分布来看，在排名前50的北交所上市公司中，数量排名靠前的有江苏省（10家）、北京市（9家）、广东省（9家）、四川省（4家）。

从行业分布来看，在排名前50的北交所上市公司中，数量排名靠前的行业分别是计算机（9家）、机械设备（7家）、电力设备（6家）、医药生物（6家）。

10.5.4 创新科技成果指数

2022年北交所创新科技成果指数平均水平为67.17，低于全市场平均水平68.28。从指数分布来看，高于均值的有51家，占板块总数的31.48%。其中，最高的是贝特瑞，创新科技成果指数为74.72。具体来看，创新科技成果指数区间在60以下的有1家，占比0.62%；60~70的有147家，占比

90.74%；70~80的有14家，占比8.64%，如图10-93所示。

根据创新科技成果指数平均水平情况看，中央国有控股上市公司的平均水平为66.23，地方国有控股上市公司为67.49，非国有企业为67.16，如图10-94所示。

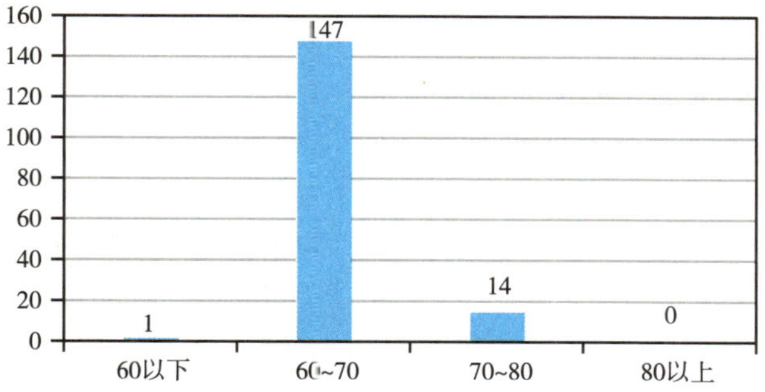

图10-93 2022年北交所上市公司创新科技成果指数分布图（家）

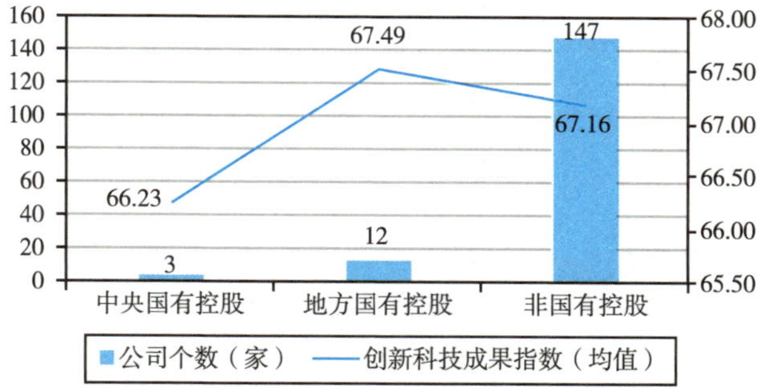

图10-94 2022年北交所不同产权上市公司创新科技成果指数均值分布图

根据创新科技成果指数平均水平情况来看，平均水平较高的有辽宁省（69.41）、四川省（68.46）、吉林省（68.20）、江苏省（68.04）、河北省（68.00），如图10-95所示。

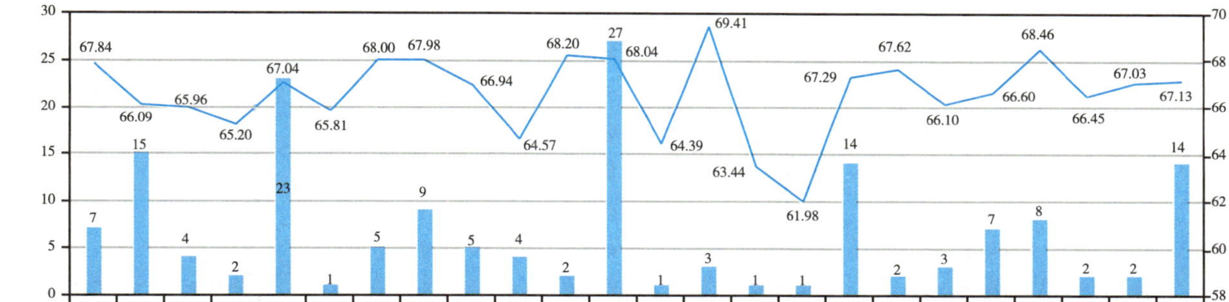

	安徽	北京	重庆	福建	广东	广西	河北	河南	湖北	湖南	吉林	江苏	江西	辽宁	内蒙古	宁夏	山东	山西	陕西	上海	四川	天津	云南	浙江
家数	7	15	4	2	23	1	5	9	5	4	2	27	1	3	1	1	14	2	3	7	8	2	2	14
均值	67.84	66.09	65.96	65.20	67.04	65.81	68.00	67.98	66.94	64.57	68.20	68.04	64.39	69.41	63.44	61.98	67.29	67.62	66.10	66.60	68.46	66.45	67.03	67.13

图10-95 2022年北交所各省份上市公司创新科技成果指数均值分布图

根据创新科技成昊指数平均水平情况来看，平均水平较高的行业分别是国防军工（69.28）、家用电器（68.68）、电力设备（68.52）、基础化工（68.25）、电子（68.12），如图10-96所示。

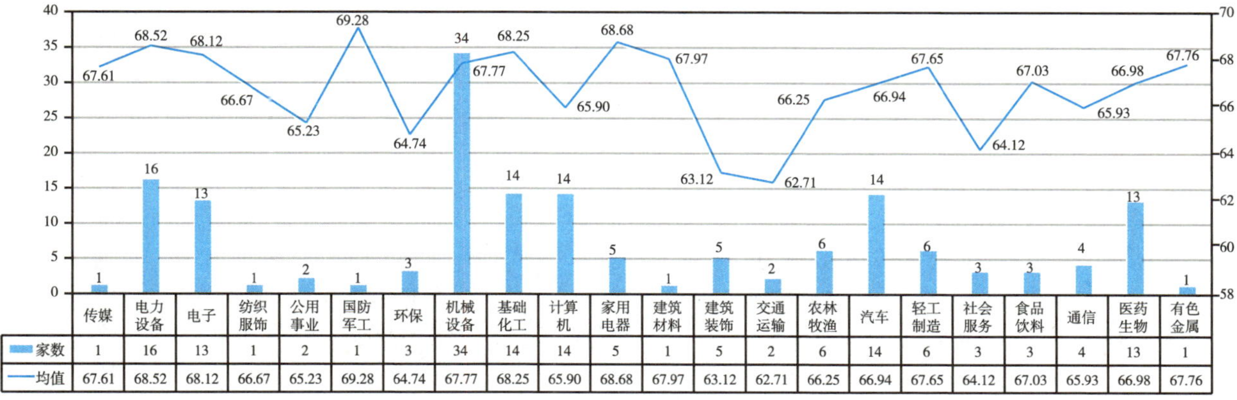

	传媒	电力设备	电子	纺织服饰	公用事业	国防军工	环保	机械设备	基础化工	计算机	家用电器	建筑材料	建筑装饰	交通运输	农林牧渔	汽车	轻工制造	社会服务	食品饮料	通信	医药生物	有色金属
家数	1	16	13	1	2	1	3	34	14	14	5	1	5	2	6	14	6	3	3	4	13	1
均值	67.61	68.52	68.12	66.67	65.23	69.28	64.74	67.77	68.25	65.90	68.68	67.97	63.12	62.71	66.25	66.94	67.65	64.12	67.03	65.93	66.98	67.76

图10-96 2022年北交所各行业上市公司创新科技成果指数均值分布图

根据本报告评价，北交所中上市公司创新科技成果指数排名前50的上市公司，如表10-24所示。

表10-24　　2022年北交所上市公司创新科技成果指数前50排名

排名	公司代码	公司名称	创新科技成果指数	一级行业_申万	省份	产权性质
1	835185.BJ	贝特瑞	74.72	电力设备	广东	非国有控股
2	838971.BJ	天马新材	72.31	基础化工	河南	非国有控股
3	835368.BJ	连城数控	72.15	电力设备	辽宁	非国有控股
4	871396.BJ	常辅股份	71.83	机械设备	江苏	非国有控股
5	831152.BJ	昆工科技	71.69	电力设备	云南	非国有控股
6	832171.BJ	志晟信息	71.32	计算机	河北	非国有控股
7	830832.BJ	齐鲁华信	70.94	基础化工	山东	非国有控股
8	870204.BJ	沪江材料	70.70	轻工制造	江苏	非国有控股
9	832225.BJ	利通科技	70.34	基础化工	河南	非国有控股
10	835174.BJ	五新隧装	70.34	机械设备	湖南	非国有控股
11	830946.BJ	森萱医药	70.33	医药生物	江苏	地方国有控股
12	430489.BJ	佳先股份	70.15	基础化工	安徽	地方国有控股
13	837242.BJ	建邦科技	70.03	汽车	山东	非国有控股
14	430685.BJ	新芝生物	70.01	机械设备	浙江	非国有控股
15	430047.BJ	诺思兰德	69.96	医药生物	北京	非国有控股
16	838810.BJ	春光药装	69.91	机械设备	辽宁	非国有控股
17	873339.BJ	恒太照明	69.90	家用电器	江苏	非国有控股
18	834062.BJ	科润智控	69.80	电力设备	浙江	非国有控股
19	832491.BJ	奥迪威	69.67	机械设备	广东	非国有控股
20	838402.BJ	硅烷科技	69.56	电子	河南	地方国有控股
21	831768.BJ	拾比佰	69.54	家用电器	广东	非国有控股
22	831526.BJ	凯华材料	69.53	电子	天津	非国有控股
23	831832.BJ	科达自控	69.45	机械设备	山西	非国有控股
24	834033.BJ	康普化学	69.42	基础化工	重庆	非国有控股
25	833819.BJ	颖泰生物	69.40	基础化工	北京	非国有控股
26	430418.BJ	苏轴股份	69.36	汽车	江苏	地方国有控股
27	835985.BJ	海泰新能	69.35	电力设备	河北	非国有控股
28	836260.BJ	中寰股份	69.33	机械设备	四川	非国有控股
29	833914.BJ	远航精密	69.32	电力设备	江苏	非国有控股
30	871642.BJ	通易航天	69.28	国防军工	江苏	非国有控股
31	835305.BJ	云创数据	69.26	计算机	江苏	非国有控股
32	870299.BJ	灿能电力	69.21	电力设备	江苏	非国有控股
33	836247.BJ	华密新材	69.13	汽车	河北	非国有控股
34	870199.BJ	倍益康	68.99	家用电器	四川	非国有控股
35	873169.BJ	七丰精工	68.98	机械设备	浙江	非国有控股
36	833230.BJ	欧康医药	68.92	医药生物	四川	非国有控股
37	834475.BJ	三友科技	68.86	机械设备	浙江	非国有控股
38	831726.BJ	朱老六	68.85	食品饮料	吉林	非国有控股
39	872392.BJ	佳合科技	68.79	轻工制造	江苏	非国有控股
40	871857.BJ	泓禧科技	68.75	电子	重庆	非国有控股

续表

排名	公司代码	公司名称	创新科技成果指数	一级行业_申万	省份	产权性质
41	833509.BJ	同惠电子	68.74	机械设备	江苏	非国有控股
42	838171.BJ	邦德股份	68.72	汽车	山东	非国有控股
43	837092.BJ	汉鑫科技	68.64	计算机	山东	非国有控股
44	837046.BJ	亿能电力	68.55	电力设备	江苏	非国有控股
45	834014.BJ	特瑞斯	68.48	公用事业	江苏	非国有控股
46	430510.BJ	丰光精密	68.48	机械设备	山东	非国有控股
47	830839.BJ	万通液压	68.42	机械设备	山东	非国有控股
48	839725.BJ	惠丰钻石	68.41	机械设备	河南	非国有控股
49	430476.BJ	海能技术	68.41	机械设备	山东	非国有控股
50	836270.BJ	天铭科技	68.35	汽车	浙江	非国有控股

数据来源：同花顺（iFinD），首经贸资产评估研究院和浙工商数字创新与管理研究院整理。

2022年北交所上市公司排名前50的创新科技成果指数平均水平为69.69，排名前10的是贝特瑞、天马新材、连城数控、常辅股份、昆工科技、志晟信息、齐鲁华信、沪江材料、利通科技、五新隧装。

从产权性质来看，在排名前50的北交所上市公司中，地方国有控股上市公司有4家，非国有企业有46家。

从省份分布来看，在排名前50的北交所上市公司中，数量排名靠前的有江苏省（13家）、山东省（7家）、浙江省（5家）、河南省（4家）。

从行业分布来看，在排名前50的北交所上市公司中，数量排名靠前的行业分别是机械设备（14家）、电力设备（8家）、基础化工（6家）、汽车（5家）。

10.5.5　创新经济绩效指数

2022年北交所创新经济绩效指数平均水平为53.51，低于全市场平均水平61.11。从指数分布来看，高于均值的有12家，占板块总数的7.41%。其中，最高的是连城数控，创新经济绩效指数为73.72。具体来看，创新经济绩效指数区间在60以下的有148家，占比91.36%；60~70的10家，占比6.17%；70~80的有4家，占比2.47%，如图10-97所示。

根据创新经济绩效指数平均水平情况看，中央国有控股上市公司的平均水平为56.40，地方国有控股上市公司为57.08，非国有企业为53.16，如图10-98所示。

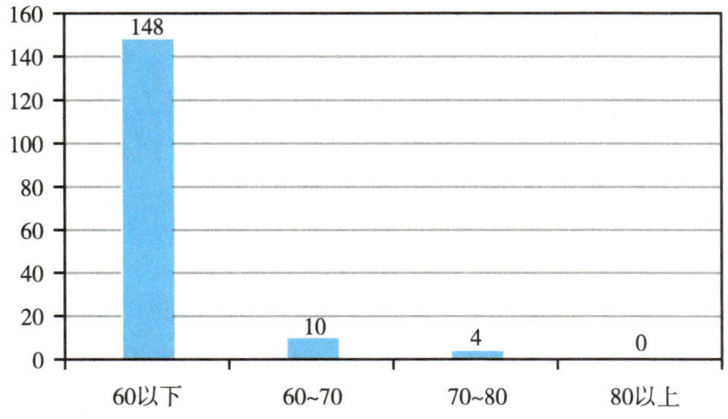

图10-97　2022年北交所上市公司创新经济绩效指数分布图（家）

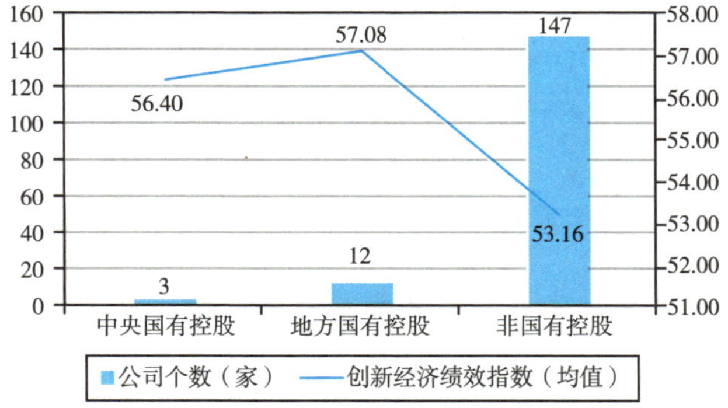

图10-98　2022年北交所不同产权上市公司创新经济绩效指数均值分布图

根据创新经济绩效指数平均水平情况来看，平均水平较高的有吉林省（63.24）、辽宁省（60.59）、陕西省（58.70）、山西省（56.21）、四川省（55.53），如图10–99所示。

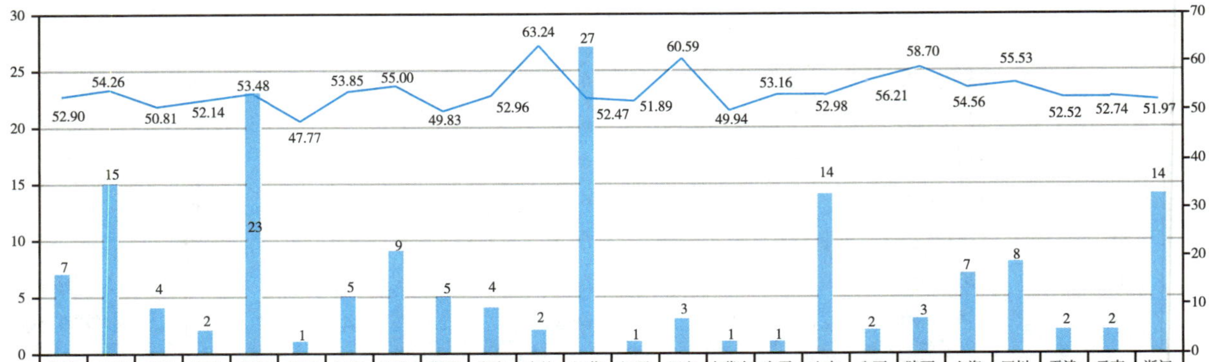

	安徽	北京	重庆	福建	广东	广西	河北	河南	湖北	湖南	吉林	江苏	江西	辽宁	内蒙古	宁夏	山东	山西	陕西	上海	四川	天津	云南	浙江
家数	7	15	4	2	23	1	5	9	5	4	2	27	1	3	1	1	14	2	3	7	8	2	2	14
均值	52.90	54.26	50.81	52.14	53.48	47.77	53.85	55.00	49.83	52.96	63.24	52.47	51.89	60.59	49.94	53.16	52.98	56.21	58.70	54.56	55.53	52.52	52.74	51.97

图10–99 2022年北交所各省份上市公司创新经济绩效指数均值分布图

根据创新经济绩效指数平均水平情况来看，平均水平较高的行业分别是基础化工（56.85）、电力设备（56.37）、农林牧渔（55.33）、通信（55.26）、医药生物（55.06），如图10–100所示。

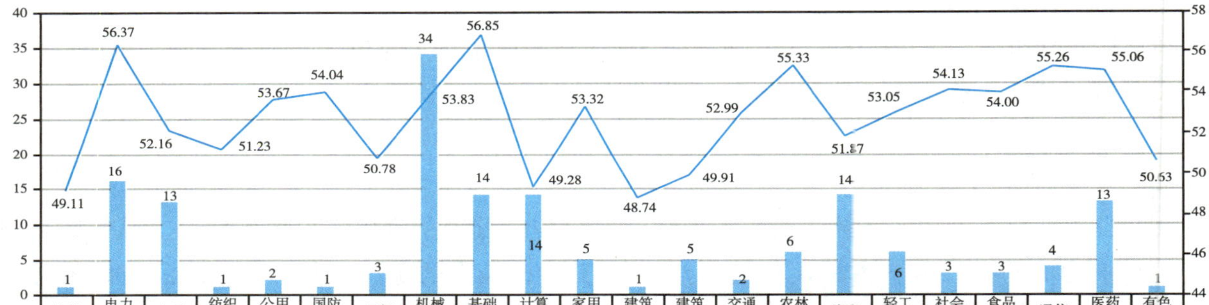

	传媒	电力设备	电子	纺织服饰	公用事业	国防军工	环保	机械设备	基础化工	计算机	家用电器	建筑材料	建筑装饰	交通运输	农林牧渔	汽车	轻工制造	社会服务	食品饮料	通信	医药生物	有色金属
家数	1	16	13	1	2	1	3	34	14	14	5	1	5	2	6	14	6	3	3	4	13	1
均值	49.11	56.37	52.16	51.23	53.67	54.04	50.78	53.83	56.85	49.28	53.32	48.74	49.91	52.99	55.33	51.37	53.05	54.13	54.00	55.26	55.06	50.63

图10–100 2022年北交所各行业上市公司创新经济绩效指数均值分布图

根据本报告评价，北交所中上市公司创新经济绩效指数排名前50的上市公司，如表10–25所示。

表10–25 2022年北交所上市公司创新经济绩效指数前50排名

排名	公司代码	公司名称	创新经济绩效指数	一级行业_申万	省份	产权性质
1	835368.BJ	连城数控	73.72	电力设备	辽宁	非国有控股
2	836077.BJ	吉林碳谷	72.02	基础化工	吉林	地方国有控股
3	833819.BJ	颖泰生物	71.83	基础化工	北京	非国有控股
4	835185.BJ	贝特瑞	70.41	电力设备	广东	非国有控股
5	838402.BJ	硅烷科技	65.06	电子	河南	地方国有控股
6	430300.BJ	辰光医疗	63.81	医药生物	上海	非国有控股
7	834599.BJ	同力股份	62.53	机械设备	陕西	非国有控股
8	835985.BJ	海泰新能	62.45	电力设备	河北	非国有控股

续表

排名	公司代码	公司名称	创新经济绩效指数	一级行业_申万	省份	产权性质
9	830946.BJ	森萱医药	62.30	医药生物	江苏	地方国有控股
10	837344.BJ	三元基因	61.73	医药生物	北京	非国有控股
11	839725.BJ	惠丰钻石	61.69	机械设备	河南	非国有控股
12	430047.BJ	诺思兰德	61.39	医药生物	北京	非国有控股
13	831961.BJ	创远信科	60.85	通信	上海	非国有控股
14	831832.BJ	科达自控	60.11	机械设备	山西	非国有控股
15	430476.BJ	海能技术	59.89	机械设备	山东	非国有控股
16	835640.BJ	富士达	59.42	通信	陕西	中央国有控股
17	832662.BJ	方盛股份	58.97	机械设备	江苏	非国有控股
18	832566.BJ	梓橦宫	58.66	医药生物	四川	非国有控股
19	872351.BJ	华光源海	58.47	交通运输	湖南	非国有控股
20	830839.BJ	万通液压	58.00	机械设备	山东	非国有控股
21	834033.BJ	康普化学	57.92	基础化工	重庆	非国有控股
22	831152.BJ	昆工科技	57.86	电力设备	云南	非国有控股
23	838275.BJ	驱动力	57.69	农林牧渔	广东	非国有控股
24	834062.BJ	科润智控	57.07	电力设备	浙江	非国有控股
25	833943.BJ	优机股份	57.06	机械设备	四川	非国有控股
26	838171.BJ	邦德股份	57.03	汽车	山东	非国有控股
27	831856.BJ	浩淼科技	56.87	机械设备	安徽	非国有控股
28	831087.BJ	秋乐种业	56.82	农林牧渔	河南	地方国有控股
29	831445.BJ	龙竹科技	56.77	轻工制造	福建	非国有控股
30	833533.BJ	骏创科技	56.66	汽车	江苏	非国有控股
31	831641.BJ	格利尔	56.52	家用电器	江苏	非国有控股
32	833230.BJ	欧康医药	56.43	医药生物	四川	非国有控股
33	836239.BJ	长虹能源	56.19	电力设备	四川	地方国有控股
34	836807.BJ	奔朗新材	55.90	机械设备	广东	非国有控股
35	832225.BJ	利通科技	55.76	基础化工	河南	非国有控股
36	870866.BJ	绿亨科技	55.72	基础化工	广东	非国有控股
37	838810.BJ	春光药装	55.58	机械设备	辽宁	非国有控股
38	830832.BJ	齐鲁华信	55.56	基础化工	山东	非国有控股
39	830964.BJ	润农节水	55.52	农林牧渔	河北	非国有控股
40	870357.BJ	雅葆轩	55.40	电子	安徽	非国有控股
41	835179.BJ	凯德石英	55.36	基础化工	北京	非国有控股
42	832419.BJ	路斯股份	55.17	农林牧渔	山东	非国有控股
43	832735.BJ	德源药业	55.17	医药生物	江苏	非国有控股
44	836675.BJ	秉扬科技	55.09	基础化工	四川	非国有控股
45	833429.BJ	康比特	55.07	食品饮料	北京	非国有控股
46	872803.BJ	曙光数创	55.04	计算机	北京	中央国有控股

续表

排名	公司代码	公司名称	创新经济绩效指数	一级行业_申万	省份	产权性质
47	834475.BJ	三友科技	54.97	机械设备	浙江	非国有控股
48	833523.BJ	德瑞锂电	54.96	电力设备	广东	非国有控股
49	873339.BJ	恒太照明	54.95	家用电器	江苏	非国有控股
50	832089.BJ	禾昌聚合	54.80	基础化工	江苏	非国有控股

数据来源：同花顺（iFinD），首经贸资产评估研究院和浙工商数字创新与管理研究院整理。

2022年北交所上市公司排名前50的创新经济绩效指数平均水平为73.74，排名前10的是连城数控、吉林碳谷、颖泰生物、贝特瑞、硅烷科技、辰光医疗、同力股份、海泰新能、森萱医药、三元基因。

从产权性质来看，在排名前50的北交所上市公司中，中央国有控股上市公司有2家，地方国有控股上市公司有5家，非国有企业有43家。

从省份分布来看，在排名前50的北交所上市公司中，数量排名靠前的有江苏省（7家）、北京市（6家）、广东省（5家）、山东省（5家）、四川省（5家）。

从行业分布来看，在排名前50的北交所上市公司中，数量排名靠前的行业分别是机械设备（11家）、基础化工（9家）、电力设备（7家）、医药生物（7家）。

第11章
中国上市公司创新发展指数评价——产权维度

本章从产权维度，对中央国有控股上市公司、地方国有控股上市公司和非国有控股上市公司的创新发展指数进行评价和分析。

11.1 中央国有控股上市公司创新发展指数评价

截至2022年底，A股市场中央国有控股上市公司共有417家，总市值共计133,226.99亿元，营业总收入244,473.72亿元，平均市值319.49亿元/家，平均营业收入586.27亿元/家。营业收入最高的上市公司为中国石化（33,181.68亿元），市值最大的上市公司为中国石油（8,720.37亿元）。中央国有控股上市公司研发投入合计为5,314.42亿元，占营业收入的2.17%，无形资产账面价值合计为19,675.39亿元，占总资产的5.64%。根据本报告分析口径，本节共对中央国有控股417家上市公司开展创新发展指数评价，具体情况如下：

11.1.1 创新发展综合指数

根据本报告评价，2022年中央国有控股上市公司创新发展综合指数平均水平为69.50，高于全市场平均水平65.47。从指数分布来看，高于均值的有319家，占中央国有控股上市公司总数的76.50%。其中，最高的是中科曙光，创新发展综合指数为87.93。具体来看，创新发展综合指数区间在60以下的有25家，占比6.00%；60~70的有200家，占比47.95%；70~80的有171家，占比41.01%；80以上的有21家，占比5.04%。如图11-1所示。

从板块分布来看，417家中央国有控股上市公司中，沪市主板上市公司有214家，深市主板上市公司有132家，创业板上市公司有41家，科创板上市公司有27家，北交所上市公司有3家。根据创新发展综合指数平均水平情况看，平均水平由高到低分别为：科创板（71.23）、沪市主板（70.16）、深市主板（68.69）、创业板（67.94）、北交所（64.26），如图11-2所示。

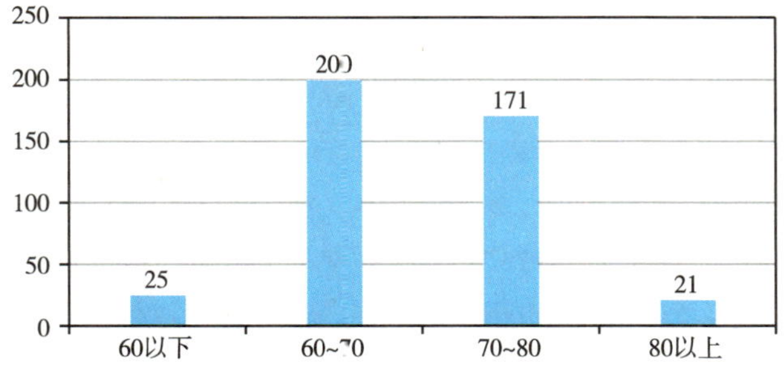

图11-1 2022年中央国有控股上市公司创新发展综合指数分布图（家）

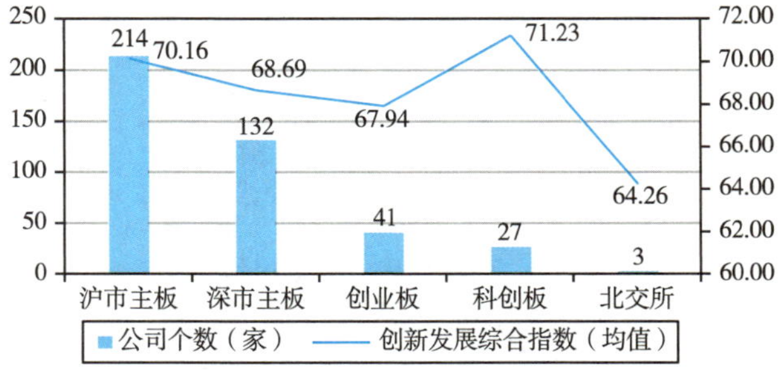

图11-2 2022年中央国有控股各板块上市公司创新发展综合指数均值分布图

从省份分布来看，北京市（25.18%）、广东省（7.67%）、上海市（7.19%）、江苏省（5.76%）、四川省（4.56%）占据中央国有控股上市公司主要地位。根据创新发展综合指数平均水平情况来看，平均水平较高的有浙江省（73.25）、河南省（72.75）、北京市（71.00）、天津市（70.78）、江苏省（70.53），如图11-3所示。

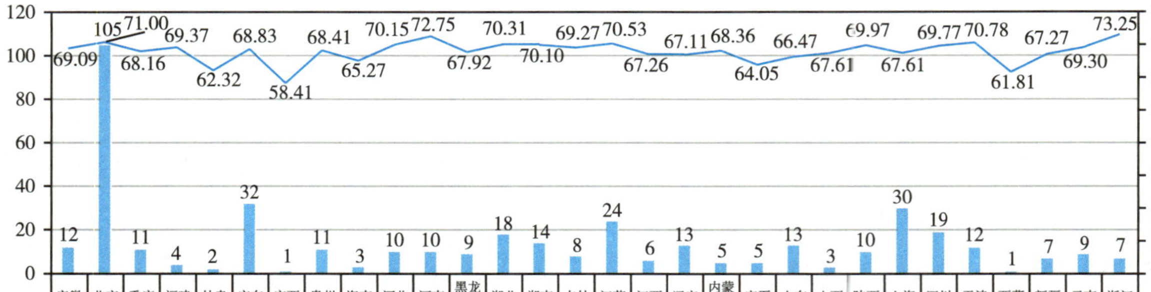

	安徽	北京	重庆	福建	甘肃	广东	广西	贵州	海南	河北	河南	黑龙江	湖北	湖南	吉林	江苏	江西	辽宁	内蒙古	宁夏	山东	山西	陕西	上海	四川	天津	西藏	新疆	云南	浙江
家数	12	105	11	4	2	32	1	11	3	10	10	9	18	14	8	24	6	13	5	5	13	3	10	30	19	12	1	7	9	7
均值	69.09	71.00	68.16	69.37	62.32	68.83	58.41	68.41	65.27	70.15	72.75	67.92	70.31	70.10	69.27	70.53	67.26	67.11	68.36	64.05	66.47	67.61	69.97	67.61	69.77	70.78	61.81	67.27	69.30	73.25

图11-3　2022年中央国有控股各省份上市公司创新发展综合指数均值分布图

从行业分布来看，国防军工（9.83%）、机械设备（9.35%）、公用事业（7.91%）、计算机（7.67%）、基础化工（5.76%）占据中央国有控股上市公司主要地位。根据创新发展综合指数平均水平情况来看，平均水平较高的行业分别是建筑装饰（73.07）、国防军工（72.34）、电力设备（72.20）、计算机（71.95）、通信（71.73），如图11-4所示。

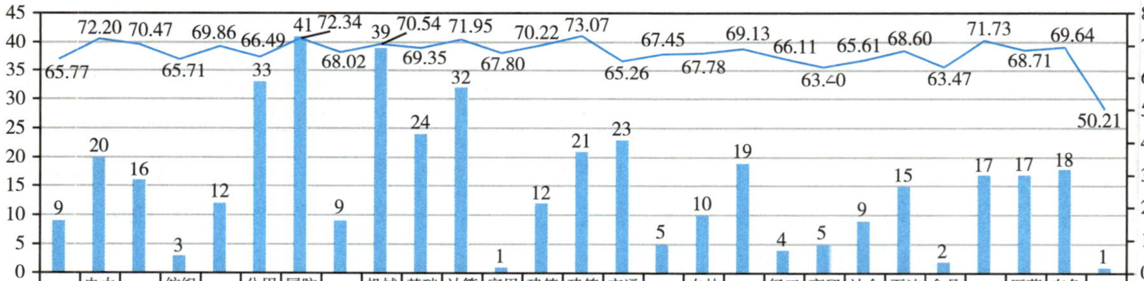

	传媒	电力设备	电子	纺织服饰	钢铁	公用事业	国防军工	环保	机械设备	基础化工	计算机	家用电器	建筑材料	建筑装饰	交通运输	煤炭	农林牧渔	汽车	轻工制造	商贸零售	社会服务	石油石化	食品饮料	通信	医药生物	有色金属	综合
家数	9	20	16	3	12	33	41	9	39	24	32	1	12	21	23	5	10	19	4	5	9	15	2	17	17	18	1
均值	65.77	72.20	70.47	65.71	69.86	66.49	72.34	68.02	70.54	69.35	71.95	67.80	70.22	73.07	65.26	67.45	67.78	69.13	66.11	63.40	65.61	68.60	63.47	71.73	68.71	69.64	50.21

图11-4　2022年中央国有控股各行业上市公司创新发展综合指数均值分布图

根据本报告评价，中央国有控股上市公司创新发展综合指数排名前10%的上市公司，如表11-1所示。

表11-1　2022年中央国有控股上市公司创新发展综合指数前10%排名

排名	公司代码	公司名称	创新发展综合指数	一级行业_申万	省份	板块
1	603019.SH	中科曙光	87.93	计算机	天津	沪市主板
2	600406.SH	国电南瑞	87.16	电力设备	江苏	沪市主板
3	688187.SH	时代电气	86.24	机械设备	湖南	科创板
4	003816.SZ	中国广核	84.17	公用事业	广东	深市主板
5	600875.SH	东方电气	83.89	电力设备	四川	沪市主板
6	601390.SH	中国中铁	82.34	建筑装饰	北京	沪市主板

续表

排名	公司代码	公司名称	创新发展综合指数	一级行业_申万	省份	板块
7	601766.SH	中国中车	82.14	机械设备	北京	沪市主板
8	601618.SH	中国中冶	81.86	建筑装饰	北京	沪市主板
9	600482.SH	中国动力	81.55	电力设备	河北	沪市主板
10	601985.SH	中国核电	81.30	公用事业	北京	沪市主板
11	601117.SH	中国化学	80.77	建筑装饰	北京	沪市主板
12	002080.SZ	中材科技	80.56	建筑材料	江苏	深市主板
13	000625.SZ	长安汽车	80.52	汽车	重庆	深市主板
14	600118.SH	中国卫星	80.46	国防军工	北京	沪市主板
15	002415.SZ	海康威视	80.35	计算机	浙江	深市主板
16	600893.SH	航发动力	80.34	国防军工	陕西	沪市主板
17	600150.SH	中国船舶	80.33	国防军工	上海	沪市主板
18	600050.SH	中国联通	80.32	通信	北京	沪市主板
19	600019.SH	宝钢股份	80.31	钢铁	上海	沪市主板
20	600536.SH	中国软件	80.25	计算机	北京	沪市主板
21	600378.SH	昊华科技	80.06	基础化工	四川	沪市主板
22	600498.SH	烽火通信	79.94	通信	湖北	沪市主板
23	002179.SZ	中航光电	79.72	国防军工	河南	深市主板
24	601668.SH	中国建筑	79.71	建筑装饰	北京	沪市主板
25	000733.SZ	振华科技	79.65	国防军工	贵州	深市主板
26	600845.SH	宝信软件	79.45	计算机	上海	沪市主板
27	601179.SH	中国西电	79.44	电力设备	陕西	沪市主板
28	601728.SH	中国电信	79.38	通信	北京	沪市主板
29	688568.SH	中科星图	79.29	计算机	北京	科创板
30	601800.SH	中国交建	79.28	建筑装饰	北京	沪市主板
31	600879.SH	航天电子	79.17	国防军工	湖北	沪市主板
32	688395.SH	华润微	79.08	电子	—	科创板
33	002389.SZ	航天彩虹	78.96	国防军工	浙江	深市主板
34	000050.SZ	深天马A	78.55	电子	广东	深市主板
35	600528.SH	中铁工业	78.46	机械设备	北京	沪市主板
36	601965.SH	中国汽研	78.46	汽车	重庆	沪市主板
37	000400.SZ	许继电气	78.32	电力设备	河南	深市主板
38	601669.SH	中国电建	78.01	建筑装饰	北京	沪市主板
39	600028.SH	中国石化	78.01	石油石化	北京	沪市主板
40	601088.SH	中国神华	77.93	煤炭	北京	沪市主板
41	601989.SH	中国重工	77.88	国防军工	北京	沪市主板

数据来源：同花顺（iFinD），首经贸资产评估研究院和浙工商数字创新与管理研究院整理。

2022年中央国有控股上市公司排名前10%的创新发展综合指数平均水平为80.53，排名前10的是中科曙光、国电南瑞、时代电气、中国广核、东方电气、中国中铁、中国中车、中国中冶、中国动力、中国核电。

从板块分布来看，在排名前10%的中央国有控股上市公司中，沪市主板有29家，深市主板有9家，科创板有3家。

从省份分布来看，在排名前10%的中央国有控股上市公司中，数量排名靠前的有北京市（17家）、上海市（3家）。

从行业分布来看，在排名前10%的中央国有控股上市公司中，数量排名靠前的行业分别是国防军工（8家）、建筑装饰（6家）、计算机（5家）、电力设备（5家）。

11.1.2 创新资源支持指数

2022年中央国有控股上市公司创新资源支持指数平均水平为70.91，高于全市场平均水平68.18。从指数分布来看，高于均值的有266家，占中央国有控股上市公司总数的63.79%。其中，最高的是时代电气，创新资源支持指数为92.62。具体来看，创新资源支持指数区间在60以下的有29家，占比6.95%；60~70的有163家，占比39.09%；70~80的有179家，占比42.93%；80以上的有46家，占比11.03%，如图11-5所示。

从创新资源支持指数平均水平来看，平均水平由高到低分别为：科创板（73.33）、沪市主板（71.17）、创业板（70.86）、深市主板（70.08）、北交所（67.91），如图11-6所示。

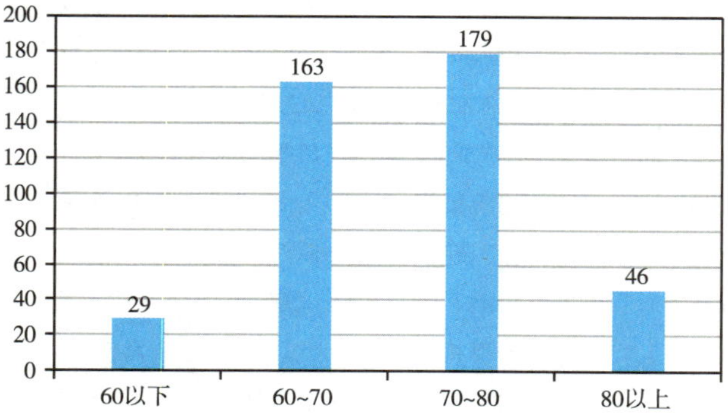

图11-5　2022年中央国有控股上市公司创新资源支持指数分布图（家）

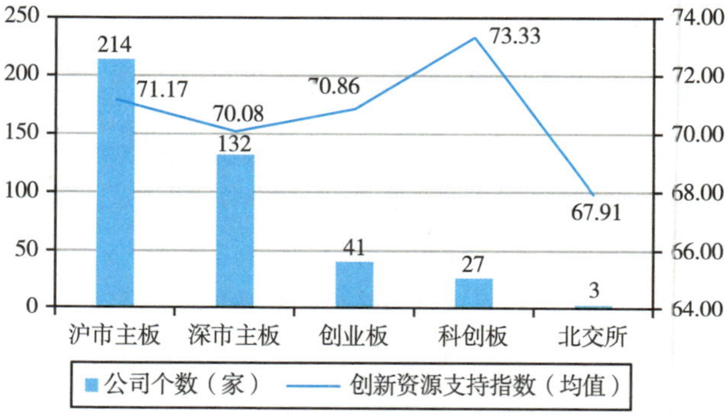

图11-6　2022年中央国有控股各板块上市公司创新资源支持指数均值分布图

从创新资源支持指数平均水平来看，平均水平较高的有浙江省（77.49）、福建省（76.30）、河南省（76.18）、江苏省（74.18）、天津市（74.16），如图11-7所示。

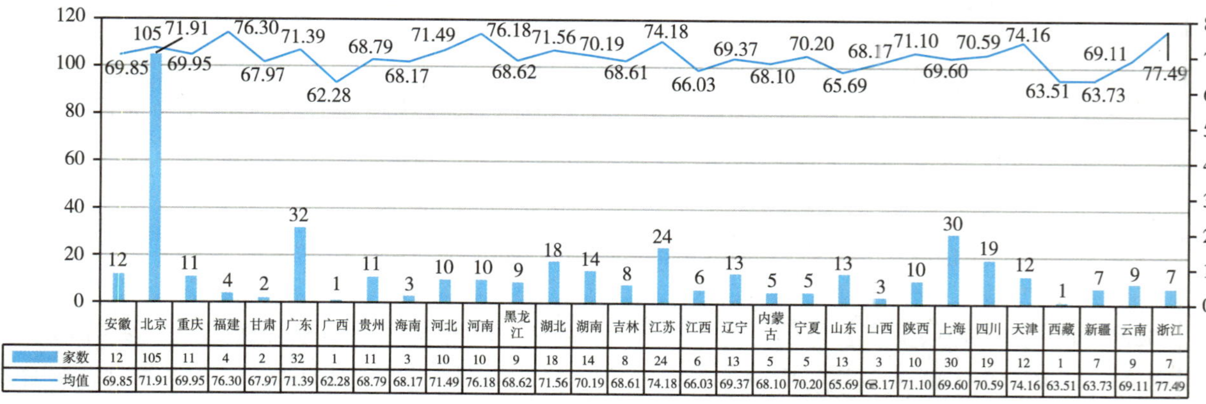

	安徽	北京	重庆	福建	甘肃	广东	广西	贵州	海南	河北	河南	黑龙江	湖北	湖南	吉林	江苏	江西	辽宁	内蒙古	宁夏	山东	山西	陕西	上海	四川	天津	西藏	新疆	云南	浙江
家数	12	105	11	4	2	32	1	11	3	10	10	9	18	14	8	24	6	13	5	5	13	3	10	30	19	12	1	7	9	7
均值	69.85	71.91	69.95	76.30	67.97	71.39	62.28	68.79	68.17	71.49	76.18	68.62	71.56	70.19	68.61	74.18	66.03	69.37	68.10	70.20	65.69	68.17	71.10	69.60	70.59	74.16	63.51	63.73	69.11	77.49

图11-7　2022年中央国有控股各省份上市公司创新资源支持指数均值分布图

从创新资源支持指数平均水平来看，平均水平较高的行业分别是电子（75.80）、计算机（74.76）、传媒（73.25）、机械设备（72.83）、通信（72.24），如图11-8所示。

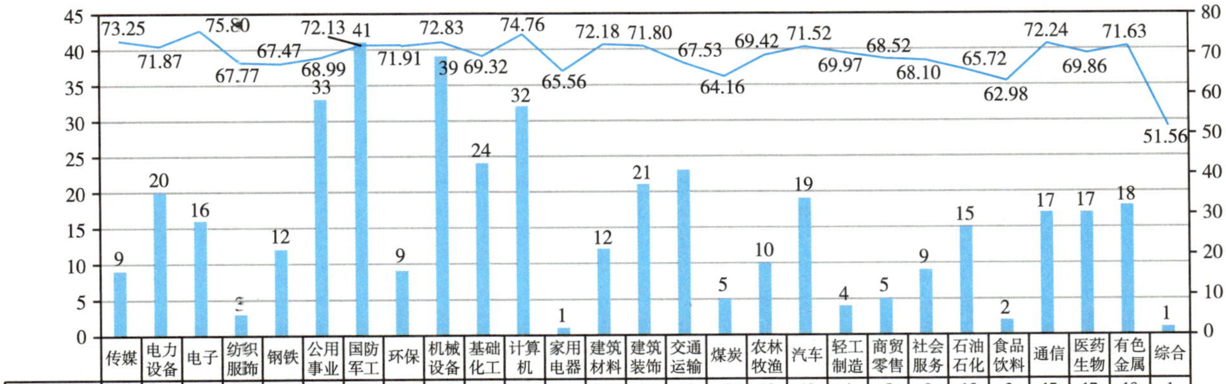

	传媒	电力设备	电子	纺织服饰	钢铁	公用事业	国防军工	环保	机械设备	基础化工	计算机	家用电器	建筑材料	建筑装饰	交通运输	煤炭	农林牧渔	汽车	轻工制造	商贸零售	社会服务	石油石化	食品饮料	通信	医药生物	有色金属	综合
家数	9	20	16	3	12	33	41	9	39	24	32	1	12	21	23	5	10	19	4	5	9	15	2	17	17	18	1
均值	73.25	71.87	75.80	67.77	67.47	68.99	72.13	71.91	72.83	69.32	74.76	65.56	72.18	71.80	67.53	64.16	69.42	71.52	69.97	68.52	68.10	65.72	62.98	72.24	69.86	71.63	51.56

图11-8　2022年中央国有控股各行业上市公司创新资源支持指数均值分布图

根据本报告评价，中央国有控股上市公司创新资源支持指数排名前10%的上市公司，如表11-2所示。

表11-2　2022年中央国有控股上市公司创新资源支持指数前10%排名

排名	公司代码	公司名称	创新资源支持指数	一级行业_申万	省份	板块
1	688187.SH	时代电气	92.62	机械设备	湖南	科创板
2	603019.SH	中科曙光	90.00	计算机	天津	沪市主板
3	300188.SZ	美亚柏科	89.59	计算机	福建	创业板
4	600536.SH	中国软件	89.37	计算机	北京	沪市主板
5	002415.SZ	海康威视	87.66	计算机	浙江	深市主板
6	300024.SZ	机器人	87.24	机械设备	辽宁	创业板
7	688128.SH	中国电研	86.86	机械设备	广东	科创板
8	002916.SZ	深南电路	86.82	电子	广东	深市主板
9	600406.SH	国电南瑞	86.44	电力设备	江苏	沪市主板
10	000050.SZ	深天马A	85.86	电子	广东	深市主板
11	601808.SH	中海油服	85.74	石油石化	天津	沪市主板
12	600150.SH	中国船舶	85.74	国防军工	上海	沪市主板
13	600685.SH	中船防务	85.05	国防军工	广东	沪市主板
14	600006.SH	东风汽车	84.95	汽车	湖北	沪市主板
15	601718.SH	际华集团	84.81	纺织服饰	北京	沪市主板
16	600845.SH	宝信软件	84.76	计算机	上海	沪市主板
17	601179.SH	中国西电	84.63	电力设备	陕西	沪市主板
18	688568.SH	中科星图	84.51	计算机	北京	科创板
19	601608.SH	中信重工	84.47	机械设备	河南	沪市主板
20	000768.SZ	中航西飞	84.26	国防军工	陕西	深市主板
21	600562.SH	国睿科技	84.23	国防军工	江苏	沪市主板
22	600176.SH	中国巨石	83.61	建筑材料	浙江	沪市主板

续表

排名	公司代码	公司名称	创新资源支持指数	一级行业_申万	省份	板块
23	003816.SZ	中国广核	83.51	公用事业	广东	深市主板
24	601766.SH	中国中车	83.36	机械设备	北京	沪市主板
25	000962.SZ	东方钽业	83.32	有色金属	宁夏	深市主板
26	300523.SZ	辰安科技	83.22	计算机	北京	创业板
27	002368.SZ	太极股份	83.14	计算机	北京	深市主板
28	688295.SH	中复神鹰	83.12	基础化工	江苏	科创板
29	601965.SH	中国汽研	82.82	汽车	重庆	沪市主板
30	601038.SH	一拖股份	82.29	机械设备	河南	沪市主板
31	002281.SZ	光迅科技	82.19	通信	湖北	深市主板
32	688779.SH	长远锂科	81.83	电力设备	湖南	科创板
33	600876.SH	凯盛新能	81.78	建筑材料	河南	沪市主板
34	002057.SZ	中钢天源	81.62	有色金属	安徽	深市主板
35	601698.SH	中国卫通	81.54	国防军工	北京	沪市主板
36	688475.SH	萤石网络	81.39	计算机	浙江	科创板
37	600482.SH	中国动力	80.90	电力设备	河北	沪市主板
38	600879.SH	航天电子	80.76	国防军工	湖北	沪市主板
39	600875.SH	东方电气	80.75	电力设备	四川	沪市主板
40	000969.SZ	安泰科技	80.70	有色金属	北京	深市主板
41	001965.SZ	招商公路	80.59	交通运输	天津	深市主板

数据来源：同花顺（iFinD），首经贸资产评估研究院和浙工商数字创新与管理研究院整理。

2022年中央国有控股上市公司排名前10%的创新资源支持指数平均水平为84.34，排名前10的是时代电气、中科曙光、美亚柏科、中国软件、海康威视、机器人、中国电研、深南电路、国电南瑞、深天马A。

从板块分布来看，在排名前10%的中央国有控股上市公司中，沪市主板有21家，深市主板有11家，科创板有6家，创业板有3家。

从省份分布来看，在排名前10%的中央国有控股上市公司中，数量排名靠前的有北京市（8家）、广东省（5家）。

从行业分布来看，在排名前10%的中央国有控股上市公司中，数量排名靠前的行业分别是计算机（9家）、机械设备（6家）、国防军工（6家）。

11.1.3 创新要素投入指数

2022年中央国有控股上市公司创新要素投入指数平均水平为69.97，高于全市场平均水平65.37。从指数分布来看，高于均值的有310家，占中央国有控股上市公司总数的74.34%。其中，最高的是中科曙光，创新要素投入指数为93.01。具体来看，创新要素投入指数区间在60以下的有51家，占比12.23%；60~70的有135家，占比32.37%；70~80的有183家，占比43.89%；80以上的有48家，占比11.51%，如图11-9所示。

从创新要素投入指数平均水平来看，平均水平由高到低分别为：科创板（73.59）、沪市主板（70.18）、深市主板（69.22）、创业板（69.16）、北交所（67.12），如图11-10所示。

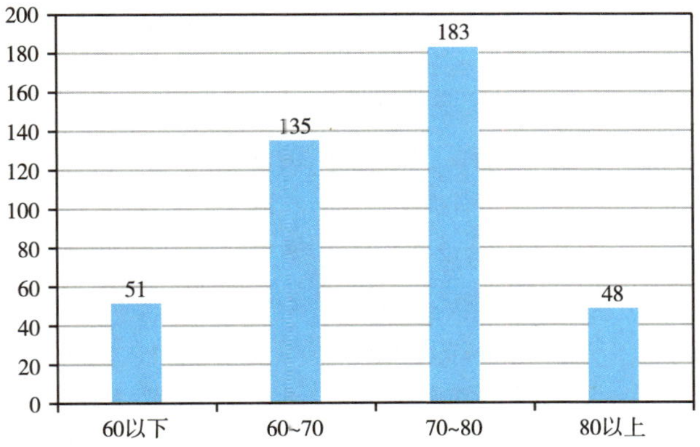

图11-9　2022年中央国有控股上市公司创新要素投入指数分布图（家）

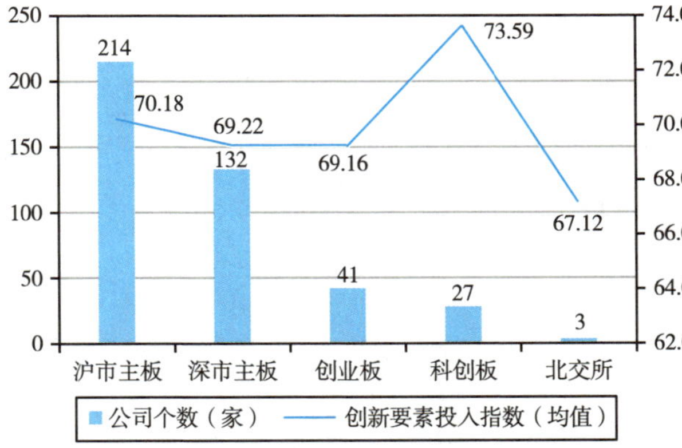

图11-10　2022年中央国有控股各板块上市公司创新要素投入指数均值分布图

从创新要素投入指数平均水平来看，平均水平较高的有河南省（75.10）、浙江省（74.40）、福建省（72.47）、湖北省（72.42）、湖南省（72.03），如图11-11所示。

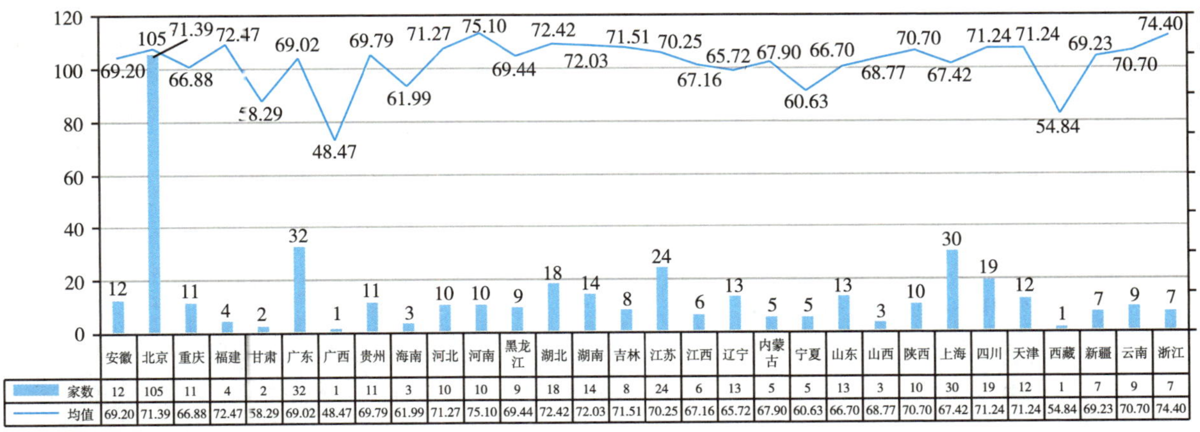

图11-11　2022年中央国有控股各省份上市公司创新要素投入指数均值分布图

从创新要素投入指数平均水平来看，平均水平较高的行业分别是计算机（76.73）、国防军工（75.93）、建筑装饰（75.45）、通信（74.66）、钢铁（72.47），如图11-12所示。

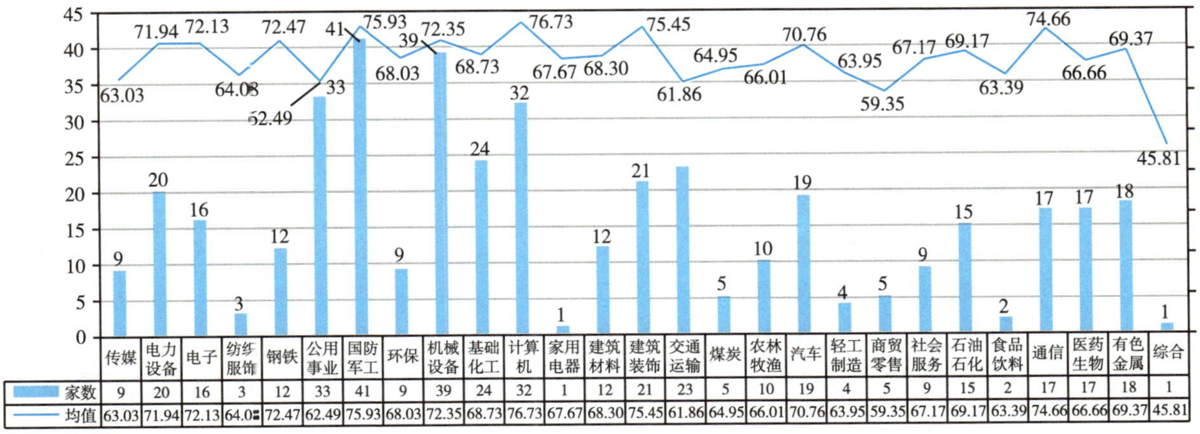

图11-12　2022年中央国有控股各行业上市公司创新要素投入指数均值分布图

根据本报告评价，中央国有控股上市公司创新要素投入指数排名前10%的上市公司，如表11-3所示。

表 11-3　　2022 年中央国有控股上市公司创新要素投入指数排名前 10% 排名

排名	公司代码	公司名称	创新要素投入指数	一级行业_申万	省份	板块
1	603019.SH	中科曙光	93.01	计算机	天津	沪市主板
2	600875.SH	东方电气	88.09	电力设备	四川	沪市主板
3	688187.SH	时代电气	87.66	机械设备	湖南	科创板
4	002179.SZ	中航光电	86.60	国防军工	河南	深市主板
5	688568.SH	中科星图	86.44	计算机	北京	科创板
6	003816.SZ	中国广核	86.39	公用事业	广东	深市主板
7	600498.SH	烽火通信	86.11	通信	湖北	沪市主板
8	600482.SH	中国动力	85.83	电力设备	河北	沪市主板
9	600406.SH	国电南瑞	85.82	电力设备	江苏	沪市主板
10	688396.SH	华润微	85.72	电子	—	科创板
11	601766.SH	中国中车	85.23	机械设备	北京	沪市主板
12	600019.SH	宝钢股份	84.49	钢铁	上海	沪市主板
13	601618.SH	中国中冶	84.24	建筑装饰	北京	沪市主板
14	002415.SZ	海康威视	84.14	计算机	浙江	深市主板
15	600378.SH	昊华科技	83.89	基础化工	四川	沪市主板
16	601989.SH	中国重工	83.74	国防军工	北京	沪市主板
17	601965.SH	中国汽研	83.13	汽车	重庆	沪市主板
18	002268.SZ	电科网安	82.82	计算机	四川	深市主板
19	002389.SZ	航天彩虹	82.80	国防军工	浙江	深市主板
20	600131.SH	国网信通	82.79	计算机	四川	沪市主板
21	601985.SH	中国核电	82.72	公用事业	北京	沪市主板
22	600050.SH	中国联通	82.69	通信	北京	沪市主板
23	601800.SH	中国交建	82.68	建筑装饰	北京	沪市主板
24	600292.SH	远达环保	82.65	环保	重庆	沪市主板
25	000733.SZ	振华科技	82.55	国防军工	贵州	深市主板
26	000547.SZ	航天发展	82.38	国防军工	福建	深市主板
27	600150.SH	中国船舶	82.37	国防军工	上海	沪市主板
28	600536.SH	中国软件	82.24	计算机	北京	沪市主板
29	002025.SZ	航天电器	82.20	国防军工	贵州	深市主板
30	601390.SH	中国中铁	82.10	建筑装饰	北京	沪市主板
31	002368.SZ	太极股份	82.06	计算机	北京	深市主板
32	600118.SH	中国卫星	82.02	国防军工	北京	沪市主板
33	000066.SZ	中国长城	81.60	计算机	广东	深市主板
34	600893.SH	航发动力	81.26	国防军工	陕西	沪市主板
35	600339.SH	中油工程	81.16	石油石化	新疆	沪市主板
36	601117.SH	中国化学	80.98	建筑装饰	北京	沪市主板
37	002080.SZ	中材科技	80.97	建筑材料	江苏	深市主板
38	601728.SH	中国电信	80.66	通信	北京	沪市主板

续表

排名	公司代码	公司名称	创新要素投入指数	一级行业_申万	省份	板块
39	002232.SZ	启明信息	80.62	计算机	吉林	深市主板
40	000901.SZ	航天科技	80.55	汽车	黑龙江	深市主板
41	000032.SZ	深桑达A	80.52	建筑装饰	广东	深市主板

数据来源：同花顺（iFinD），首经贸资产评估研究院和浙工商数字创新与管理研究院整理。

2022年中央国有控股上市公司排名前10%的创新要素投入指数平均水平为83.56，排名前10的是中科曙光、东方电气、时代电气、中航光电、中科星图、中国广核、烽火通信、中国动力、国电南瑞、华润微。

从板块分布来看，在排名前10%的中央国有控股上市公司中，沪市主板有24家，深市主板有14家，科创板有3家。

从省份分布来看，在排名前10%的中央国有控股上市公司中，数量排名靠前的有北京市（13家）、四川省（4家）、广东省（3家）。

从行业分布来看，在排名前10%的中央国有控股上市公司中，数量排名靠前的行业分别是国防军工（9家）、计算机（9家）、建筑装饰（5家）。

11.1.4 创新科技成果指数

2022年中央国有控股上市公司创新科技成果指数平均水平为70.46，高于全市场平均水平68.28。从指数分布来看，高于均值的有293家，占中央国有控股上市公司总数的70.26%。其中，最高的是中国建筑，创新科技成果指数为87.16。具体来看，创新科技成果指数区间在60以下的有14家，占比3.36%；60~70的有195家，占比46.75%；70~80的有182家，占比43.65%；80以上的有26家，占比6.24%，如图11-13所示。

从创新科技成果指数平均水平来看，平均水平由高到低分别为：科创板（72.47）、沪市主板（70.80）、深市主板（70.01）、创业板（69.13）、北交所（66.23），如图11-14所示。

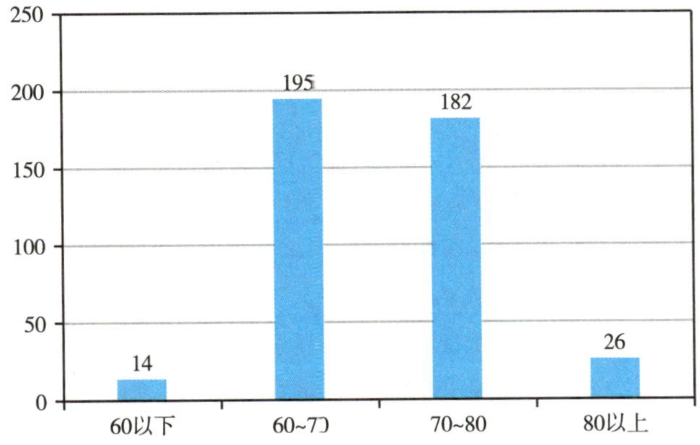

图11-13 2022年中央国有控股上市公司创新科技成果指数分布图（家）

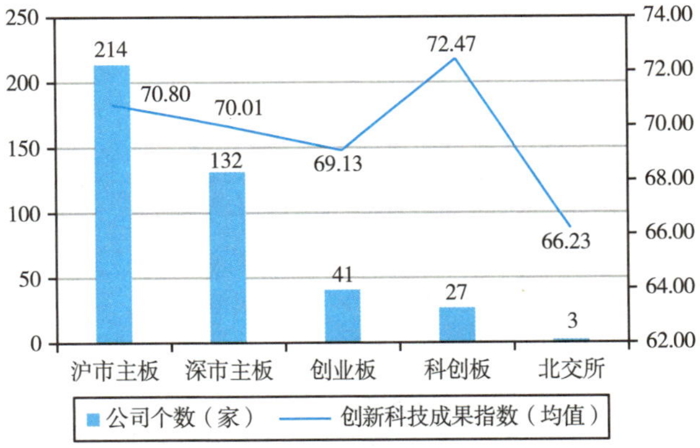

图11-14 2022年中央国有控股各板块上市公司创新科技成果指数均值分布图

从创新科技成果指数平均水平来看，平均水平较高的有河北省（72.90）、浙江省（72.48）、河南省（72.42）、陕西省（71.97）、安徽省（71.62），如图11-15所示。

从创新科技成果指数平均水平来看，平均水平较高的行业分别是家用电器（80.24）、电力设备

（74.85）、建筑装饰（74.67）、钢铁（74.39）、机械设备（72.20），如图11–16所示。

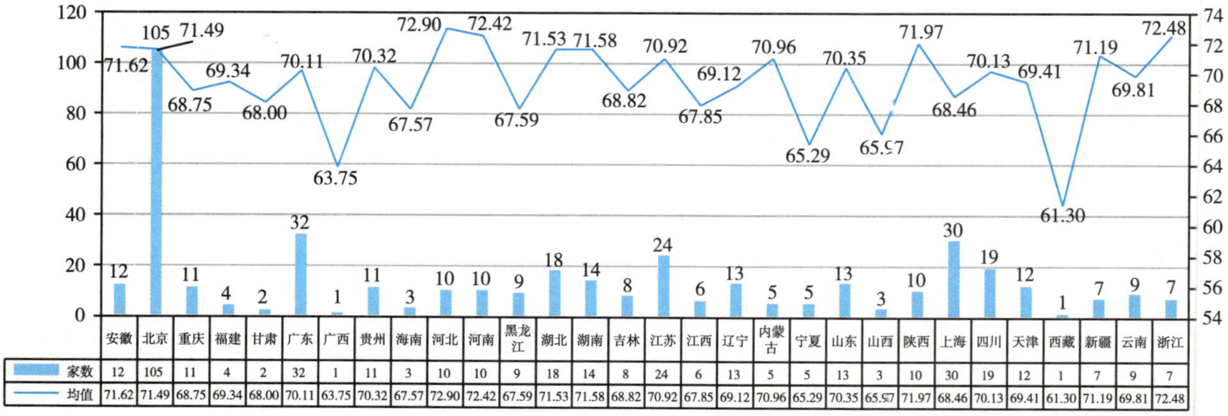

图 11–15　2022 年中央国有控股各省份上市公司创新科技成果指数均值分布图

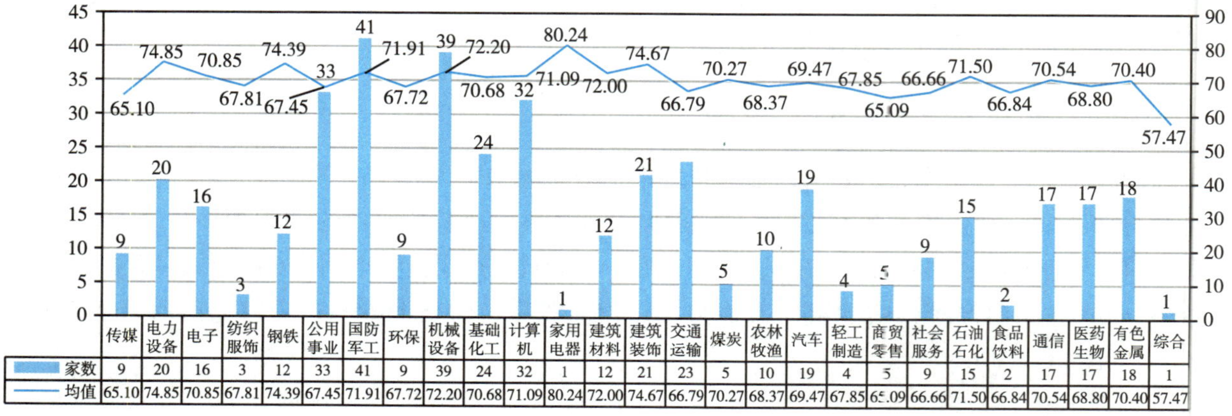

图 11–16　2022 年中央国有控股各行业上市公司创新科技成果指数均值分布图

根据本报告评价，中央国有控股上市公司创新科技成果指数排名前10%的上市公司，如表11–4所示。

表 11–4　2022 年中央国有控股上市公司创新科技成果指数前 10% 排名

排名	公司代码	公司名称	创新科技成果指数	一级行业_申万	省份	板块
1	601668.SH	中国建筑	87.16	建筑装饰	北京	沪市主板
2	601618.SH	中国中冶	86.46	建筑装饰	北京	沪市主板
3	600406.SH	国电南瑞	85.94	电力设备	江苏	沪市主板
4	688187.SH	时代电气	85.43	机械设备	湖南	科创板
5	600528.SH	中铁工业	84.16	机械设备	北京	沪市主板
6	600011.SH	华能国际	83.46	公用事业	北京	沪市主板
7	601390.SH	中国中铁	83.13	建筑装饰	北京	沪市主板
8	600019.SH	宝钢股份	83.00	钢铁	上海	沪市主板
9	601117.SH	中国化学	82.75	建筑装饰	北京	沪市主板
10	600808.SH	马钢股份	82.42	钢铁	安徽	沪市主板

续表

排名	公司代码	公司名称	创新科技成果指数	一级行业_申万	省份	板块
11	601766.SH	中国中车	82.17	机械设备	北京	沪市主板
12	600875.SH	东方电气	81.70	电力设备	四川	沪市主板
13	601800.SH	中国交建	81.53	建筑装饰	北京	沪市主板
14	000786.SZ	北新建材	81.52	建筑材料	北京	深市主板
15	600150.SH	中国船舶	81.31	国防军工	上海	沪市主板
16	600028.SH	中国石化	81.20	石油石化	北京	沪市主板
17	601669.SH	中国电建	81.16	建筑装饰	北京	沪市主板
18	600050.SH	中国联通	81.09	通信	北京	沪市主板
19	000733.SZ	振华科技	80.85	国防军工	贵州	深市主板
20	601088.SH	中国神华	80.69	煤炭	北京	沪市主板
21	600893.SH	航发动力	80.49	国防军工	陕西	沪市主板
22	601989.SH	中国重工	80.28	国防军工	北京	沪市主板
23	600378.SH	昊华科技	80.25	基础化工	四川	沪市主板
24	000016.SZ	深康佳A	80.24	家用电器	广东	深市主板
25	600550.SH	保变电气	80.13	电力设备	河北	沪市主板
26	600760.SH	中航沈飞	80.02	国防军工	山东	沪市主板
27	600879.SH	航天电子	79.90	国防军工	湖北	沪市主板
28	600482.SH	中国动力	79.82	电力设备	河北	沪市主板
29	002415.SZ	海康威视	79.60	计算机	浙江	深市主板
30	002080.SZ	中材科技	79.49	建筑材料	江苏	深市主板
31	600968.SH	海油发展	79.49	石油石化	北京	沪市主板
32	601728.SH	中国电信	79.48	通信	北京	沪市主板
33	688009.SH	中国通号	79.47	机械设备	北京	科创板
34	601186.SH	中国铁建	79.44	建筑装饰	北京	沪市主板
35	000708.SZ	中信特钢	79.41	钢铁	湖北	深市主板
36	601857.SH	中国石油	79.40	石油石化	北京	沪市主板
37	000625.SZ	长安汽车	79.37	汽车	重庆	深市主板
38	001965.SZ	招商公路	79.02	交通运输	天津	深市主板
39	688396.SH	华润微	78.82	电子	—	科创板
40	002389.SZ	航天彩虹	78.77	国防军工	浙江	深市主板
41	603019.SH	中科曙光	78.51	计算机	天津	沪市主板

数据来源：同花顺（iFinD），首经贸资产评估研究院和浙工商数字创新与管理研究院整理。

2022年中央国有控股上市公司排名前10%的创新科技成果指数平均水平为81.18，排名前10的是中国建筑、中国中冶、国电南瑞、时代电气、中铁工业、华能国际、中国中铁、宝钢股份、中国化学、马钢股份。

从板块分布来看，在排名前10%的中央国有控股上市公司中，沪市主板有29家，深市主板有9家，科创板有3家。

从省份分布来看，在排名前10%的中央国有控股上市公司中，数量排名靠前的有北京市（19家）。

从行业分布来看，在排名前10%的中央国有控股上市公司中，数量排名靠前的行业分别是建筑装饰（7家）、国防军工（7家）、电力设备（4家）、机械设备（4家）。

11.1.5 创新经济绩效指数

2022年中央国有控股上市公司创新经济绩效指数平均水平为67.05，高于全市场平均水平61.11。从指数分布来看，高于均值的有313家，占中央国有控股上市公司总数的75.06%。其中，最高的是国电南瑞，创新经济绩效指数为90.35。具体来看，创新经济绩效指数区间在60以下的有87家，占比20.86%；60~70的有178家，占比42.68%；70~80的有129家，占比30.94%；80以上的有23家，占比5.52%，如图11–17所示。

从创新经济绩效指数平均水平来看，平均水平由高到低分别为：沪市主板（68.82）、深市主板（65.84）、科创板（65.78）、创业板（63.30）、北交所（56.40），如图11–18所示。

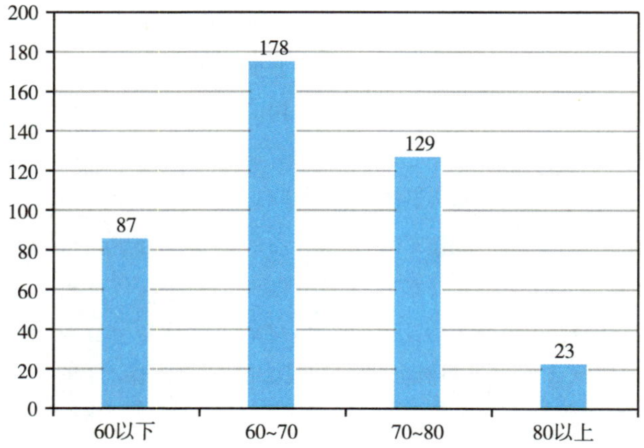

图11–17 2022年中央国有控股上市公司创新经济绩效指数分布图（家）

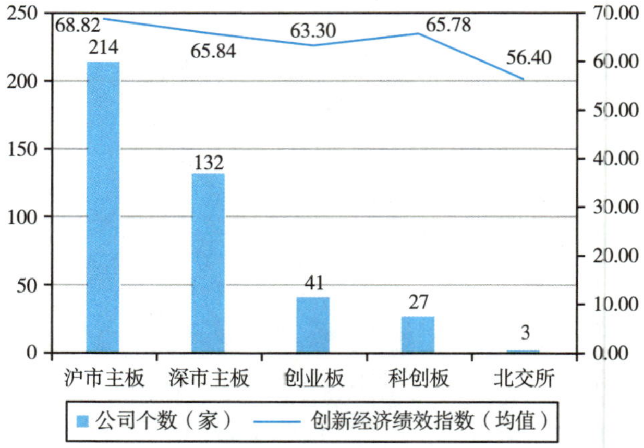

图11–18 2022年中央国有控股各板块上市公司创新经济绩效指数均值分布图

从创新经济绩效指数平均水平来看，平均水平较高的有浙江省（69.45）、北京市（69.43）、西藏自治区（69.31）、天津市（68.98）、重庆市（67.84），如图11–19所示。

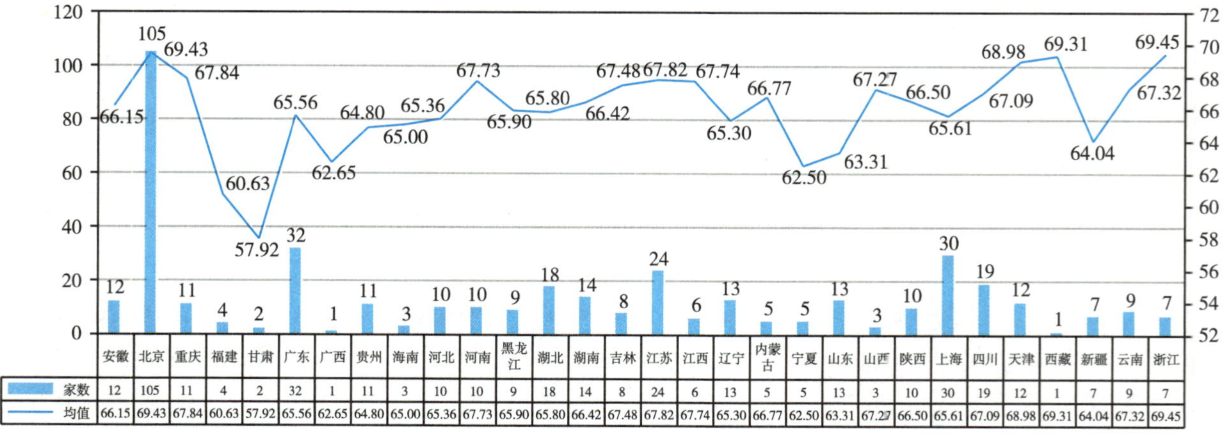

	安徽	北京	重庆	福建	甘肃	广东	广西	贵州	海南	河北	河南	黑龙江	湖北	湖南	吉林	江苏	江西	辽宁	内蒙古	宁夏	山东	山西	陕西	上海	四川	天津	西藏	新疆	云南	浙江
家数	12	105	11	4	2	32	1	11	3	10	10	9	18	14	8	24	6	13	5	5	13	3	10	30	19	12	1	7	9	7
均值	66.15	69.43	67.84	60.63	57.92	65.56	62.65	64.80	65.00	65.36	67.73	65.90	65.80	66.42	67.48	67.82	67.74	65.30	66.77	62.50	63.31	67.27	66.50	65.61	67.09	68.98	69.31	64.04	67.32	69.45

图11–19 2022年中央国有控股各省份上市公司创新经济绩效指数均值分布图

从创新经济绩效指数平均水平来看，平均水平较高的行业分别是电力设备（70.37）、煤炭（70.34）、医药生物（70.24）、建筑装饰（69.72）、建筑材料（69.49），如图11–20所示。

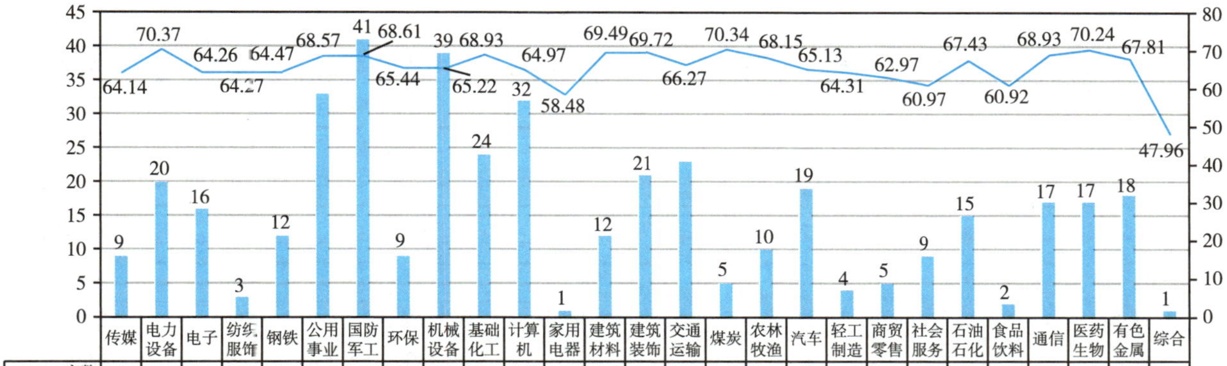

	传媒	电力设备	电子	纺织服饰	钢铁	公用事业	国防军工	环保	机械设备	基础化工	计算机	家用电器	建筑材料	建筑装饰	交通运输	煤炭	农林牧渔	汽车	轻工制造	商贸零售	社会服务	石油石化	食品饮料	通信	医药生物	有色金属	综合
家数	9	20	16	3	12	33	41	9	39	24	32	1	12	21	23	5	10	19	4	5	9	15	2	17	17	18	1
均值	64.14	70.37	64.26	64.27	64.47	68.57	68.61	65.44	65.22	68.93	64.97	58.48	69.49	69.72	66.27	70.34	68.15	65.13	64.31	62.97	60.97	67.43	60.92	68.93	70.24	67.81	47.96

图11-20　2022年中央国有控股各行业上市公司创新经济绩效指数均值分布图

根据本报告评价，中央国有控股上市公司创新经济绩效指数排名前10%的上市公司，如表11-5所示。

表11-5　　2022年中央国有控股上市公司创新经济绩效指数前10%排名

排名	公司代码	公司名称	创新经济绩效指数	一级行业_申万	省份	板块
1	600406.SH	国电南瑞	90.35	电力设备	江苏	沪市主板
2	601985.SH	中国核电	88.80	公用事业	北京	沪市主板
3	603019.SH	中科曙光	88.77	计算机	天津	沪市主板
4	003816.SZ	中国广核	88.39	公用事业	广东	深市主板
5	000625.SZ	长安汽车	86.05	汽车	重庆	深市主板
6	600795.SH	国电电力	85.71	公用事业	辽宁	沪市主板
7	601390.SH	中国中铁	84.93	建筑装饰	北京	沪市主板
8	600875.SH	东方电气	83.15	电力设备	四川	沪市主板
9	002080.SZ	中材科技	82.52	建筑材料	江苏	深市主板
10	601179.SH	中国西电	82.50	电力设备	陕西	沪市主板
11	600118.SH	中国卫星	82.15	国防军工	北京	沪市主板
12	601857.SH	中国石油	82.00	石油石化	北京	沪市主板
13	600028.SH	中国石化	81.15	石油石化	北京	沪市主板
14	601698.SH	中国卫通	80.86	国防军工	北京	沪市主板
15	600449.SH	宁夏建材	80.83	建筑材料	宁夏	沪市主板
16	600905.SH	三峡能源	80.67	公用事业	北京	沪市主板
17	600876.SH	凯盛新能	80.65	建筑材料	河南	沪市主板
18	600893.SH	航发动力	80.65	国防军工	陕西	沪市主板
19	000999.SZ	华润三九	80.63	医药生物	广东	深市主板
20	688187.SH	时代电气	80.61	机械设备	湖南	科创板
21	000875.SZ	吉电股份	80.30	公用事业	吉林	深市主板
22	600056.SH	中国医药	80.05	医药生物	北京	沪市主板
23	600195.SH	中牧股份	80.00	农林牧渔	北京	沪市主板
24	000400.SZ	许继电气	79.73	电力设备	河南	深市主板
25	601117.SH	中国化学	79.56	建筑装饰	北京	沪市主板
26	601088.SH	中国神华	79.52	煤炭	北京	沪市主板

续表

排名	公司代码	公司名称	创新经济绩效指数	一级行业_申万	省份	板块
27	300294.SZ	博雅生物	79.24	医药生物	江西	创业板
28	688009.SH	中国通号	79.22	机械设备	北京	科创板
29	002258.SZ	利尔化学	79.20	基础化工	四川	深市主板
30	002389.SZ	航天彩虹	79.08	国防军工	浙江	深市主板
31	600299.SH	安迪苏	79.07	基础化工	北京	沪市主板
32	601898.SH	中煤能源	78.91	煤炭	北京	沪市主板
33	600062.SH	华润双鹤	78.65	医药生物	北京	沪市主板
34	600862.SH	中航高科	78.63	国防军工	江苏	沪市主板
35	600498.SH	烽火通信	78.60	通信	湖北	沪市主板
36	600482.SH	中国动力	78.48	电力设备	河北	沪市主板
37	600131.SH	国网信通	78.46	计算机	四川	沪市主板
38	601618.SH	中国中冶	78.39	建筑装饰	北京	沪市主板
39	601728.SH	中国电信	77.96	通信	北京	沪市主板
40	000733.SZ	振华科技	77.96	国防军工	贵州	深市主板
41	600313.SH	农发种业	77.94	农林牧渔	北京	沪市主板

数据来源：同花顺（iFinD），首经贸资产评估研究院和浙工商数字创新与管理研究院整理。

2022年中央国有控股上市公司排名前10%的创新经济绩效指数平均水平为81.23，排名前10的是国电南瑞、中国核电、中科曙光、中国广核、长安汽车、国电电力、中国中铁、东方电气、中材科技、中国西电。

从板块分布来看，在排名前10%的中央国有控股上市公司中，沪市主板有29家，深市主板有9家，科创板有2家，创业板有1家。

从省份分布来看，在排名前10%的中央国有控股上市公司中，数量排名靠前的有北京市（18家）、江苏省（3家）、四川省（3家）。

从行业分布来看，在排名前10%的中央国有控股上市公司中，数量排名靠前的行业分别是国防军工（6家）、电力设备（5家）、公用事业（5家）。

11.2 地方国有控股上市公司创新发展指数评价

截至2022年底，A股市场地方国有控股上市公司共有848家，总市值共计14,6962.11亿元，营业总收入149,173.80亿元，平均市值173.30亿元/家，平均营业收入175.91亿元/家。营业收入最高的上市公司为建发股份（8,328.12亿元），市值最大的上市公司为贵州茅台（21,694.54亿元）。地方国有控股上市公司研发投入合计为2,956.17亿元，占营业收入的1.98%，无形资产账面价值合计为14,704.29亿元，占总资产的7.24%。根据本报告分析口径，本节共对地方国有控股848家上市公司开展创新发展指数评价，具体情况如下：

11.2.1 创新发展综合指数

根据本报告评价，2022年地方国有控股上市公司创新发展综合指数平均水平为64.91，低于全市场平均水平65.47。从指数分布来看，高于均值的有319家，占地方国有控股上市公司总数的76.50%。

其中，最高的是北方华创，创新发展综合指数为87.77。具体来看，创新发展综合指数区间在60以下的有166家，占比19.58%；60~70的有509家，占比60.02%；70~80的有165家，占比19.46%；80以上的有8家，占比0.94%，如图11-21所示。

从板块分布来看，848家地方国有控股上市公司中，沪市主板上市公司有403家，深市主板上市公司有315家，创业板上市公司有96家，科创板上市公司有22家，北交所上市公司有12家。根据创新发展综合指数平均水平情况看，平均水平由高到低分别为：科创板（69.43）、深市主板（65.17）、沪市主板（64.63）、创业板（64.43）、北交所（62.96），如图11-22所示。

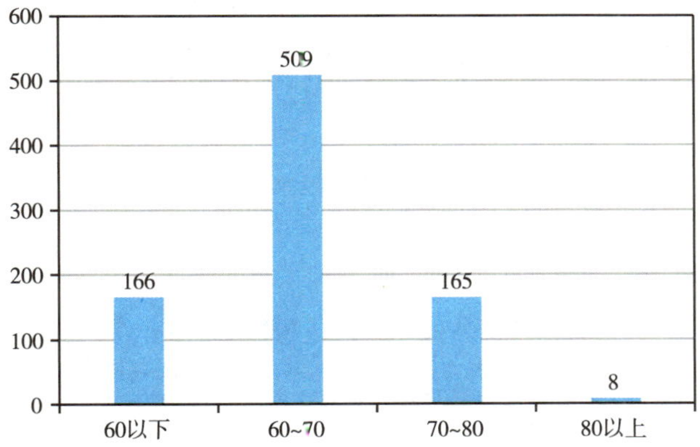

图11-21　2022年地方国有控股上市公司创新发展综合指数分布图（家）

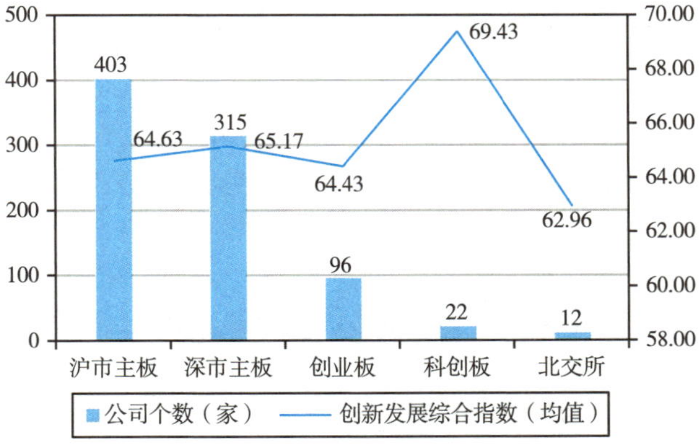

图11-22　2022年地方国有控股各板块上市公司创新发展综合指数均值分布图

从省份分布来看，广东省（12.85%）、江苏省（8.61%）、浙江省（8.37%）、山东省（8.02%）、上海市（7.90%）占据地方国有控股上市公司主要地位。根据创新发展综合指数平均水平情况来看，平均水平较高的有青海省（67.66）、山东省（67.21）、天津市（66.89）、内蒙古自治区（66.49）、云南省（66.38），如图11-23所示。

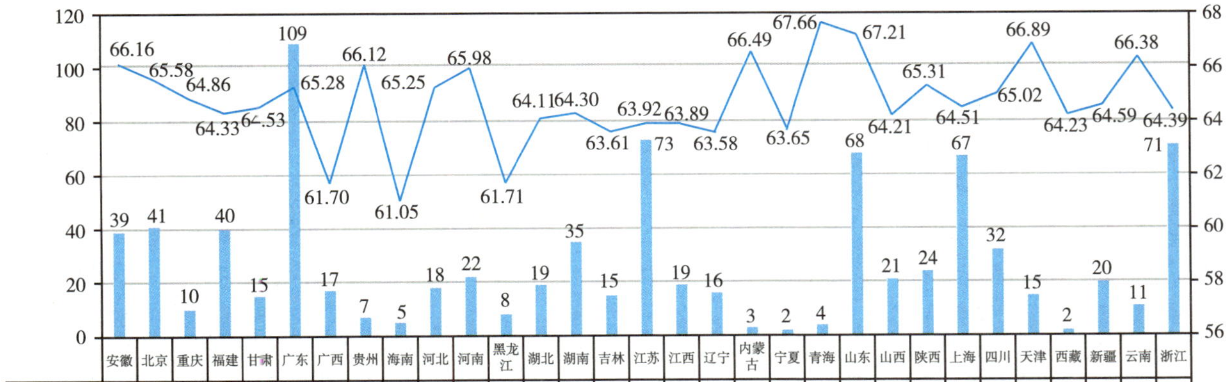

	安徽	北京	重庆	福建	甘肃	广东	广西	贵州	海南	河北	河南	黑龙江	湖北	湖南	吉林	江苏	江西	辽宁	内蒙古	宁夏	青海	山东	山西	陕西	上海	四川	天津	西藏	新疆	云南	浙江
家数	39	41	10	40	15	109	17	7	5	18	22	8	19	35	15	73	19	16	3	2	4	68	21	24	67	32	15	2	20	11	71
均值	66.16	65.58	64.86	64.33	64.53	65.28	61.70	66.12	61.05	65.25	65.98	61.71	64.11	64.30	63.61	63.92	63.89	63.58	66.49	63.65	67.66	67.21	64.21	65.31	64.51	65.02	66.89	64.23	64.59	66.38	64.39

图11-23　2022年地方国有控股各省份上市公司创新发展综合指数均值分布图

从行业分布来看，基础化工（8.02%）、医药生物（6.96%）、机械设备（6.84%）、交通运输（6.72%）、公用事业（6.01%）占据地方国有控股上市公司主要地位。根据创新发展综合指数平均水平情况来看，平均水平较高的行业分别是家用电器（69.94）、国防军工（68.32）、有色金属（68.19）、电子（68.01）、通信（67.93），如图11-24所示。

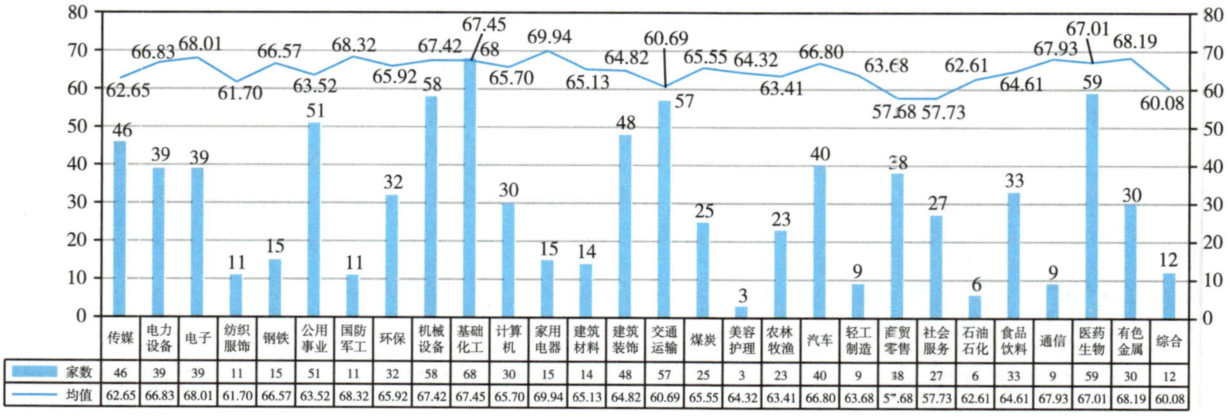

图 11-24　2022 年地方国有控股各行业上市公司创新发展综合指数均值分布图

根据本报告评价，地方国有控股上市公司创新发展综合指数排名前50的上市公司，如表11-6所示。

表 11-6　2022 年地方国有控股上市公司创新发展综合指数前 50 排名

排名	公司代码	公司名称	创新发展综合指数	一级行业_申万	省份	板块
1	002371.SZ	北方华创	87.77	电子	北京	深市主板
2	000977.SZ	浪潮信息	83.27	计算机	山东	深市主板
3	600309.SH	万华化学	82.90	基础化工	山东	沪市主板
4	000425.SZ	徐工机械	82.32	机械设备	江苏	深市主板
5	002920.SZ	德赛西威	82.27	计算机	广东	深市主板
6	000338.SZ	潍柴动力	82.03	汽车	山东	深市主板
7	000725.SZ	京东方 A	81.32	电子	北京	深市主板
8	600104.SH	上汽集团	80.14	汽车	上海	沪市主板
9	600741.SH	华域汽车	78.92	汽车	上海	沪市主板
10	000792.SZ	盐湖股份	78.80	基础化工	青海	深市主板
11	601607.SH	上海医药	78.62	医药生物	上海	沪市主板
12	600549.SH	厦门钨业	78.10	有色金属	福建	沪市主板
13	002030.SZ	达安基因	77.97	医药生物	广东	深市主板
14	688385.SH	复旦微电	77.85	电子	上海	科创板
15	000157.SZ	中联重科	77.79	机械设备	湖南	深市主板
16	002202.SZ	金风科技	77.74	电力设备	新疆	深市主板
17	688012.SH	中微公司	77.61	电子	上海	科创板
18	600332.SH	白云山	77.44	医药生物	广东	沪市主板
19	601238.SH	广汽集团	77.31	汽车	广东	沪市主板
20	000988.SZ	华工科技	77.23	机械设备	湖北	深市主板
21	600169.SH	太原重工	77.17	机械设备	山西	沪市主板
22	600141.SH	兴发集团	77.08	基础化工	湖北	沪市主板
23	000550.SZ	江铃汽车	77.02	汽车	江西	深市主板
24	000012.SZ	南玻 A	76.39	建筑材料	广东	深市主板
25	600547.SH	山东黄金	76.33	有色金属	山东	沪市主板
26	600416.SH	湘电股份	76.28	电力设备	湖南	沪市主板
27	600039.SH	四川路桥	76.26	建筑装饰	四川	沪市主板
28	300026.SZ	红日药业	75.73	医药生物	天津	创业板

续表

排名	公司代码	公司名称	创新发展综合指数	一级行业_申万	省份	板块
29	600839.SH	四川长虹	75.72	家用电器	四川	沪市主板
30	601225.SH	陕西煤业	75.71	煤炭	陕西	沪市主板
31	601899.SH	紫金矿业	75.66	有色金属	福建	沪市主板
32	000661.SZ	长春高新	75.43	医药生物	吉林	深市主板
33	600111.SH	北方稀土	75.40	有色金属	内蒙古	沪市主板
34	000948.SZ	南天信息	75.30	计算机	云南	深市主板
35	600060.SH	海信视像	75.22	家用电器	山东	沪市主板
36	000521.SZ	长虹美菱	75.04	家用电器	安徽	深市主板
37	601727.SH	上海电气	75.03	电力设备	上海	沪市主板
38	000932.SZ	华菱钢铁	74.91	钢铁	湖南	深市主板
39	600426.SH	华鲁恒升	74.76	基础化工	山东	沪市主板
40	300413.SZ	芒果超媒	74.76	传媒	湖南	创业板
41	600820.SH	隧道股份	74.67	建筑装饰	上海	沪市主板
42	600166.SH	福田汽车	74.54	汽车	北京	沪市主板
43	688122.SH	西部超导	74.51	国防军工	陕西	科创板
44	600388.SH	龙净环保	74.51	环保	福建	沪市主板
45	000680.SZ	山推股份	74.44	机械设备	山东	深市主板
46	600362.SH	江西铜业	74.39	有色金属	江西	沪市主板
47	600085.SH	同仁堂	74.30	医药生物	北京	沪市主板
48	000027.SZ	深圳能源	74.30	公用事业	广东	深市主板
49	600418.SH	江淮汽车	74.29	汽车	安徽	沪市主板
50	000541.SZ	佛山照明	74.27	家用电器	广东	深市主板

数据来源：同花顺（iFinD），首经贸资产评估研究院和浙工商数字创新与管理研究院整理。

2022年地方国有控股上市公司排名前50的创新发展综合指数平均水平为77.14，排名前10的是北方华创、浪潮信息、万华化学、徐工机械、德赛西威、潍柴动力、京东方A、上汽集团、华域汽车、盐湖股份。

从板块分布来看，在排名前50的地方国有控股上市公司中，沪市主板有25家，深市主板有20家，科创板有3家，创业板有2家。

从省份分布来看，在排名前50的地方国有控股上市公司中，数量排名靠前的有山东省（7家）、广东省（7家）、上海市（7家）。

从行业分布来看，在排名前50的地方国有控股上市公司中，数量排名靠前的行业分别是汽车（7家）、医药生物（6家）、机械设备（5家）、有色金属（5家）。

11.2.2 创新资源支持指数

2022年地方国有控股上市公司创新资源支持指数平均水平为67.67，低于全市场平均水平68.18。从指数分布来看，高于均值的有400家，占地方国有控股上市公司总数的47.17%。其中，最高的是万华化学，创新资源支持指数为88.70。具体来看，创新资源支持指数区间在60以下的有151家，占比17.81%；60~70的有365家，占比43.04%；70~80的有288家，占比33.96%；80以上的有44家，占比5.19%，如图11-25所示。

从创新资源支持指数平均水平来看，平均水平由高到低分别为：科创板（72.88）、沪市主板（67.72）、深市主板（67.69）、创业板（66.57）、北交所（64.63），如图11-26所示。

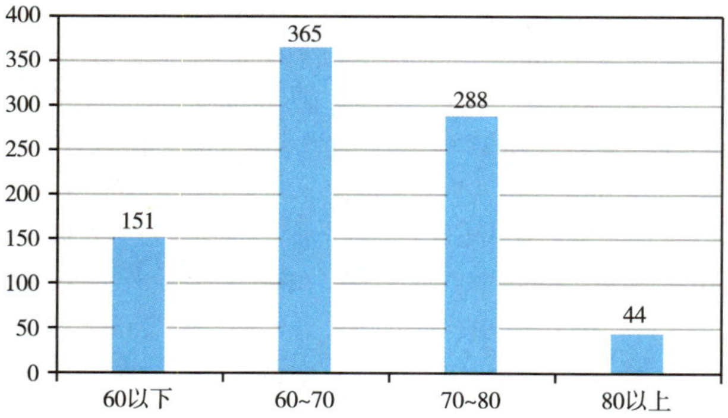

图11-25　2022年地方国有控股上市公司创新资源支持指数分布图（家）

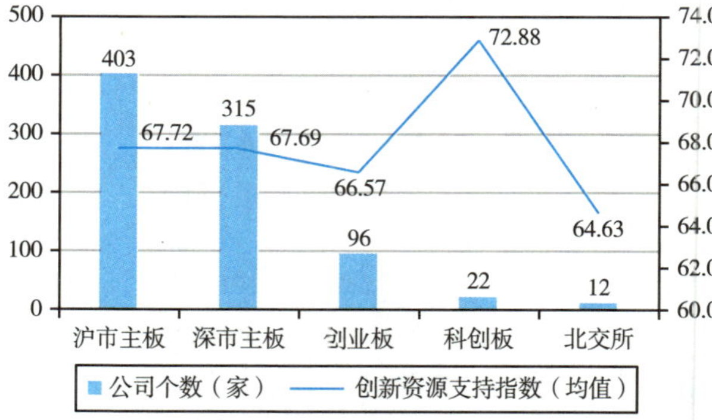

图11-26　2022年地方国有控股各板块上市公司创新资源支持指数均值分布图

从创新资源支持指数平均水平来看，平均水平较高的有内蒙古自治区（71.91）、山东省（69.70）、天津市（69.19）、广东省（68.95）、安徽省（68.72），如图11-27所示。

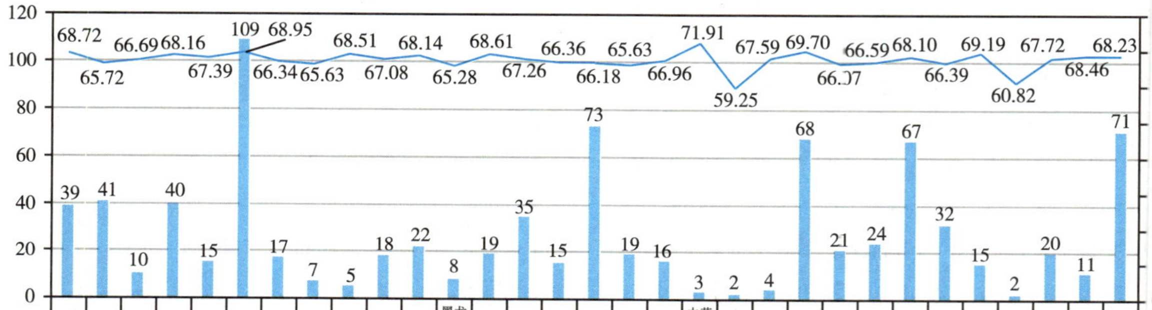

	安徽	北京	重庆	福建	甘肃	广东	广西	贵州	海南	河北	河南	黑龙江	湖北	湖南	吉林	江苏	江西	辽宁	内蒙古	宁夏	青海	山东	山西	陕西	上海	四川	天津	西藏	新疆	云南	浙江
家数	39	41	10	40	15	109	17	7	5	18	22	8	19	35	15	73	19	16	3	2	4	68	21	24	67	32	15	2	20	11	71
均值	68.72	65.72	66.69	68.16	67.39	68.95	66.34	65.63	68.51	67.08	68.14	65.28	68.61	67.26	66.36	66.18	65.63	66.96	71.91	59.25	67.59	69.70	66.07	66.59	68.10	66.39	69.19	60.82	67.72	68.46	68.23

图11-27　2022年地方国有控股各省份上市公司创新资源支持指数均值分布图

从创新资源支持指数平均水平来看，平均水平较高的行业分别是家用电器（74.44）、电子（72.25）、通信（70.34）、基础化工（69.97）、环保（69.92），如图11-28所示。

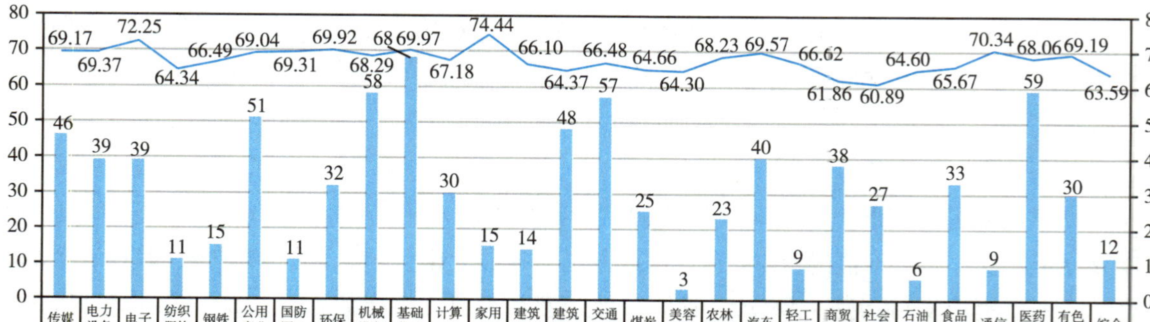

	传媒	电力设备	电子	纺织服饰	钢铁	公用事业	国防军工	环保	机械设备	基础化工	计算机	家用电器	建筑材料	建筑装饰	交通运输	煤炭	美容护理	农林牧渔	汽车	轻工制造	商贸零售	社会服务	石油石化	食品饮料	通信	医药生物	有色金属	综合
家数	46	39	39	11	15	51	11	32	58	68	30	15	14	48	57	25	3	23	40	9	38	27	6	33	9	59	30	12
均值	69.17	69.37	72.25	64.34	66.49	69.04	69.31	69.92	68.29	69.97	67.18	74.44	66.10	64.37	66.48	64.66	64.30	68.23	69.57	66.62	51.86	60.89	64.60	65.67	70.34	68.06	69.19	63.59

图11-28　2022年地方国有控股各行业上市公司创新资源支持指数均值分布图

根据本报告评价，地方国有控股上市公司创新资源支持指数排名前50的上市公司，如表11–7所示。

表 11–7　　2022 年地方国有控股上市公司创新资源支持指数前 50 排名

排名	公司代码	公司名称	创新资源支持指数	一级行业_申万	省份	板块
1	600309.SH	万华化学	88.70	基础化工	山东	沪市主板
2	002429.SZ	兆驰股份	88.49	家用电器	广东	深市主板
3	000801.SZ	四川九洲	87.08	家用电器	四川	深市主板
4	600323.SH	瀚蓝环境	86.77	环保	广东	沪市主板
5	002254.SZ	泰和新材	86.02	基础化工	山东	深市主板
6	600298.SH	安琪酵母	85.64	食品饮料	湖北	沪市主板
7	000680.SZ	山推股份	85.55	机械设备	山东	深市主板
8	000977.SZ	浪潮信息	85.22	计算机	山东	深市主板
9	601952.SH	苏垦农发	85.05	农林牧渔	江苏	沪市主板
10	688120.SH	华海清科	84.23	电子	天津	科创板
11	300026.SZ	红日药业	84.18	医药生物	天津	创业板
12	000425.SZ	徐工机械	84.09	机械设备	江苏	深市主板
13	688055.SH	龙腾光电	83.66	电子	江苏	科创板
14	000528.SZ	柳工	83.51	机械设备	广西	深市主板
15	000957.SZ	中通客车	83.40	汽车	山东	深市主板
16	600623.SH	华谊集团	83.09	基础化工	上海	沪市主板
17	688126.SH	沪硅产业	82.95	电子	上海	科创板
18	600104.SH	上汽集团	82.26	汽车	上海	沪市主板
19	601999.SH	出版传媒	82.23	传媒	辽宁	沪市主板
20	002920.SZ	德赛西威	82.22	计算机	广东	深市主板
21	301091.SZ	深城交	82.03	建筑装饰	广东	创业板
22	300772.SZ	运达股份	81.93	电力设备	浙江	创业板
23	002396.SZ	星网锐捷	81.82	通信	福建	深市主板
24	000030.SZ	富奥股份	81.59	汽车	吉林	深市主板
25	601238.SH	广汽集团	81.21	汽车	广东	沪市主板
26	000858.SZ	五粮液	81.21	食品饮料	四川	深市主板
27	000541.SZ	佛山照明	81.16	家用电器	广东	深市主板
28	603712.SH	七一二	81.15	国防军工	天津	沪市主板
29	688385.SH	复旦微电	81.09	电子	上海	科创板
30	300457.SZ	赢合科技	81.04	电力设备	广东	创业板
31	600111.SH	北方稀土	80.99	有色金属	内蒙古	沪市主板
32	000156.SZ	华数传媒	80.90	传媒	浙江	深市主板
33	000988.SZ	华工科技	80.88	机械设备	湖北	深市主板
34	600098.SH	广州发展	80.87	公用事业	广东	沪市主板
35	600549.SH	厦门钨业	80.87	有色金属	福建	沪市主板
36	000521.SZ	长虹美菱	80.83	家用电器	安徽	深市主板
37	600388.SH	龙净环保	80.78	环保	福建	沪市主板
38	600789.SH	鲁抗医药	80.71	医药生物	山东	沪市主板

续表

排名	公司代码	公司名称	创新资源支持指数	一级行业_申万	省份	板块
39	601900.SH	南方传媒	80.61	传媒	广东	沪市主板
40	600755.SH	厦门国贸	80.38	交通运输	福建	沪市主板
41	600686.SH	金龙汽车	80.35	汽车	福建	沪市主板
42	000811.SZ	冰轮环境	80.24	机械设备	山东	深市主板
43	002202.SZ	金风科技	80.12	电力设备	新疆	深市主板
44	688012.SH	中微公司	80.02	电子	上海	科创板
45	002092.SZ	中泰化学	79.96	基础化工	新疆	深市主板
46	002371.SZ	北方华创	79.90	电子	北京	深市主板
47	601717.SH	郑煤机	79.80	机械设备	河南	沪市主板
48	000636.SZ	风华高科	79.79	电子	广东	深市主板
49	000581.SZ	威孚高科	79.76	汽车	江苏	深市主板
50	600126.SH	杭钢股份	79.64	钢铁	浙江	沪市主板

数据来源：同花顺（iFinD），首经贸资产评估研究院和浙工商数字创新与管理研究院整理。

2022年地方国有控股上市公司排名前50的创新资源支持指数平均水平为82.32，排名前10的是万华化学、兆驰股份、四川九洲、瀚蓝环境、泰和新材、安琪酵母、山推股份、浪潮信息、苏垦农发、华海清科。

从板块分布来看，在排名前50的地方国有控股上市公司中，深市主板有22家，沪市主板有19家，科创板有5家，创业板有4家。

从省份分布来看，在排名前50的地方国有控股上市公司中，数量排名靠前的有广东省（10家）、山东省（7家）、上海市（5家）、福建省（5家）。

从行业分布来看，在排名前50的地方国有控股上市公司中，数量排名靠前的行业分别是电子（7家）、机械设备（6家）、汽车（6家）。

11.2.3　创新要素投入指数

2022年地方国有控股上市公司创新要素投入指数平均水平为63.52，低于全市场平均水平65.37。从指数分布来看，高于均值的有387家，占地方国有控股上市公司总数的45.64%。其中，最高的是北方华创，创新要素投入指数为92.72。具体来看，创新要素投入指数区间在60以下的有260家，占比30.66%；60~70的有379家，占比44.70%；70~80的有192家，占比22.64%；80以上的有17家，占比2.00%，如图11–29所示。

从创新要素投入指数平均水平来看，平均水平由高到低分别为：科创板（70.90）、创业板（64.64）、深市主板（63.94）、北交所（63.48）、沪市主板（62.53），如图11–30所示。

从创新要素投入指数平均水平来看，平均水平较高的有青海省（67.85）、天津市（67.27）、山东省（66.66）、贵州省（65.57）、安徽省（65.49），如图11–31所示。

从创新要素投入指数平均水平来看，平均水平较高的行业分别是通信（71.59）、国防军工（71.55）、家用电器（70.14）、计算机（68.62）、机械设备（68.36），如图11–32所示。

根据本报告评价，地方国有控股上市公司创新要素投入指数排名前50的上市公司，如表11–8所示。

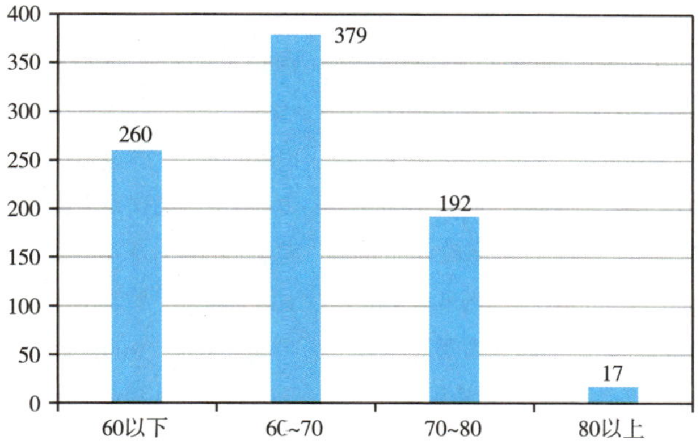

图 11-29　2022 年地方国有控股上市公司创新要素投入指数分布图（家）

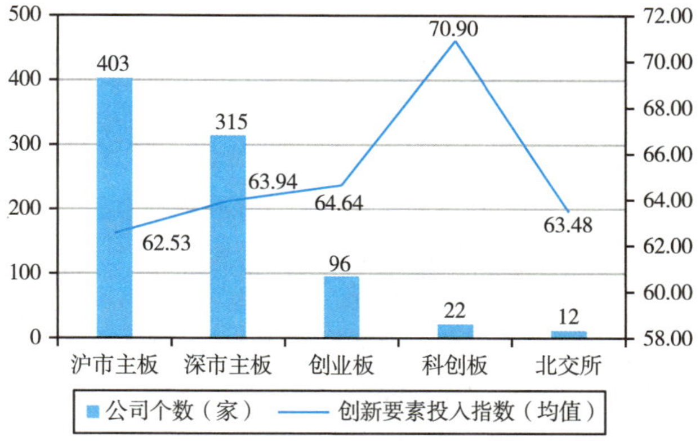

图 11-30　2022 年地方国有控股各板块上市公司创新要素投入指数均值分布图

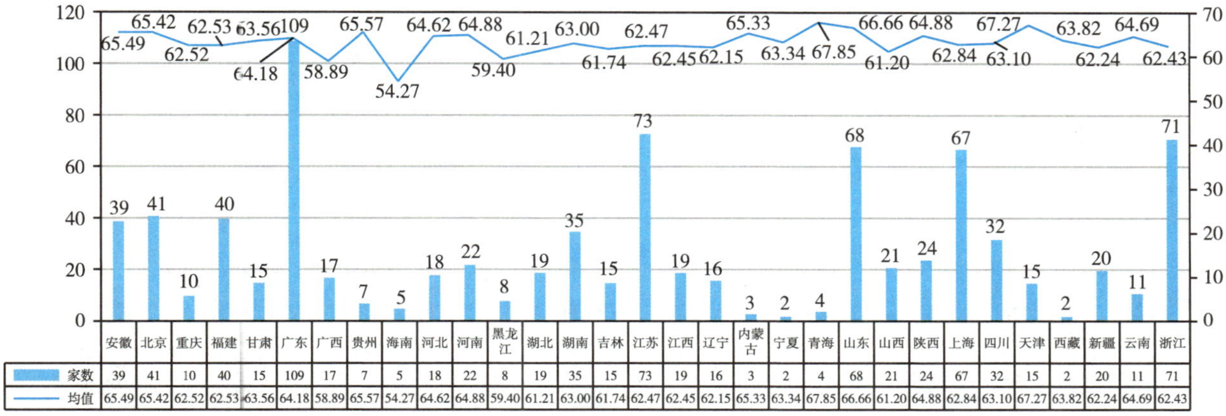

图 11-31　2022 年地方国有控股各省份上市公司创新要素投入指数均值分布图

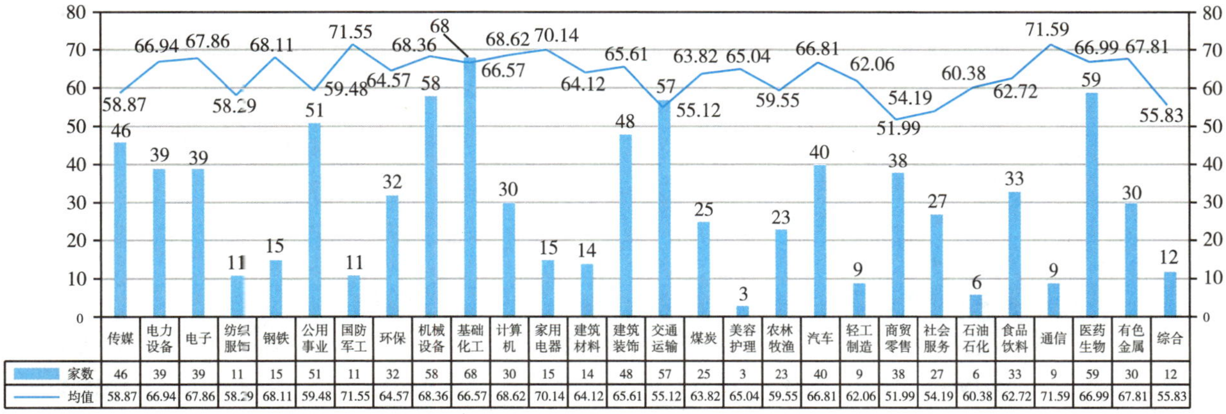

图 11-32　2022 年地方国有控股各行业上市公司创新要素投入指数均值分布图

表 11-8　　2022 年地方国有控股上市公司创新要素投入指数前 50 排名

排名	公司代码	公司名称	创新要素投入指数	一级行业_申万	省份	板块
1	002371.SZ	北方华创	92.72	电子	北京	深市主板
2	002920.SZ	德赛西威	90.00	计算机	广东	深市主板
3	000725.SZ	京东方 A	85.61	电子	北京	深市主板
4	000338.SZ	潍柴动力	85.11	汽车	山东	深市主板

续表

排名	公司代码	公司名称	创新要素投入指数	一级行业_申万	省份	板块
5	000425.SZ	徐工机械	84.92	机械设备	江苏	深市主板
6	000977.SZ	浪潮信息	84.50	计算机	山东	深市主板
7	600169.SH	太原重工	82.74	机械设备	山西	沪市主板
8	000157.SZ	中联重科	82.68	机械设备	湖南	深市主板
9	600741.SH	华域汽车	82.50	汽车	上海	沪市主板
10	000541.SZ	佛山照明	82.34	家用电器	广东	深市主板
11	000948.SZ	南天信息	82.11	计算机	云南	深市主板
12	688385.SH	复旦微电	81.83	电子	上海	科创板
13	688012.SH	中微公司	81.76	电子	上海	科创板
14	002030.SZ	达安基因	81.54	医药生物	广东	深市主板
15	000661.SZ	长春高新	81.39	医药生物	吉林	深市主板
16	600222.SH	太龙药业	80.83	医药生物	河南	沪市主板
17	600426.SH	华鲁恒升	80.28	基础化工	山东	沪市主板
18	000550.SZ	江铃汽车	79.85	汽车	江西	深市主板
19	600416.SH	湘电股份	79.44	电力设备	湖南	沪市主板
20	600104.SH	上汽集团	79.27	汽车	上海	沪市主板
21	300579.SZ	数字认证	79.23	计算机	北京	创业板
22	002202.SZ	金风科技	79.22	电力设备	新疆	深市主板
23	300284.SZ	苏交科	79.18	建筑装饰	江苏	创业板
24	002149.SZ	西部材料	79.07	有色金属	陕西	深市主板
25	000988.SZ	华工科技	78.86	机械设备	湖北	深市主板
26	600733.SH	北汽蓝谷	78.83	汽车	北京	沪市主板
27	601238.SH	广汽集团	78.64	汽车	广东	沪市主板
28	002465.SZ	海格通信	78.59	国防军工	广东	深市主板
29	600060.SH	海信视像	78.47	家用电器	山东	沪市主板
30	600039.SH	四川路桥	78.44	建筑装饰	四川	沪市主板
31	600820.SH	隧道股份	78.36	建筑装饰	上海	沪市主板
32	601899.SH	紫金矿业	78.28	有色金属	福建	沪市主板
33	600362.SH	江西铜业	78.21	有色金属	江西	沪市主板
34	600619.SH	海立股份	78.10	家用电器	上海	沪市主板
35	600418.SH	江淮汽车	77.88	汽车	安徽	沪市主板
36	000680.SZ	山推股份	77.71	机械设备	山东	深市主板
37	300958.SZ	建工修复	77.67	环保	北京	创业板
38	601607.SH	上海医药	77.66	医药生物	上海	沪市主板
39	002396.SZ	星网锐捷	77.50	通信	福建	深市主板
40	000682.SZ	东方电子	77.45	电力设备	山东	深市主板
41	600812.SH	华北制药	77.42	医药生物	河北	沪市主板
42	600022.SH	山东钢铁	77.32	钢铁	山东	沪市主板
43	600629.SH	华建集团	77.25	建筑装饰	上海	沪市主板
44	600519.SH	贵州茅台	77.17	食品饮料	贵州	沪市主板

续表

排名	公司代码	公司名称	创新要素投入指数	一级行业_申万	省份	板块
45	688122.SH	西部超导	76.71	国防军工	陕西	科创板
46	002060.SZ	粤水电	76.65	公用事业	广东	深市主板
47	600587.SH	新华医疗	76.49	医药生物	山东	沪市主板
48	600547.SH	山东黄金	76.48	有色金属	山东	沪市主板
49	603100.SH	川仪股份	76.38	机械设备	重庆	沪市主板
50	600309.SH	万华化学	76.11	基础化工	山东	沪市主板

数据来源：同花顺（iFinD），首经贸资产评估研究院和浙工商数字创新与管理研究院整理。

2022年地方国有控股上市公司排名前50的创新要素投入指数平均水平为79.93，排名前10的是北方华创、德赛西威、京东方A、潍柴动力、徐工机械、浪潮信息、太原重工、中联重科、华域汽车、佛山照明。

从板块分布来看，在排名前50的地方国有控股上市公司中，沪市主板有24家，深市主板有20家，创业板有3家，科创板有3家。

从省份分布来看，在排名前50的地方国有控股上市公司中，数量排名靠前的有山东省（10家）、上海市（8家）、广东省（6家）。

从行业分布来看，在排名前50的地方国有控股上市公司中，数量排名靠前的行业分别是汽车（7家）、机械设备（6家）、医药生物（6家）。

11.2.4　创新科技成果指数

2022年地方国有控股上市公司创新科技成果指数平均水平为67.44，低于全市场平均水平68.28。从指数分布来看，高于均值的有384家，占地方国有控股上市公司总数的45.28%。其中，最高的是潍柴动力，创新科技成果指数为86.87。具体来看，创新科技成果指数区间在60以下的有71家，占比8.37%；60~70的有520家，占比61.32%；70~80的有248家，占比29.25%；80以上的有9家，占比1.06%，如图11-33所示。

从创新科技成果指数平均水平来看，平均水平由高到低分别为：科创板（71.12）、创业板（68.51）、深市主板（67.76）、北交所（67.49）、沪市主板（66.74），如图11-34所示。

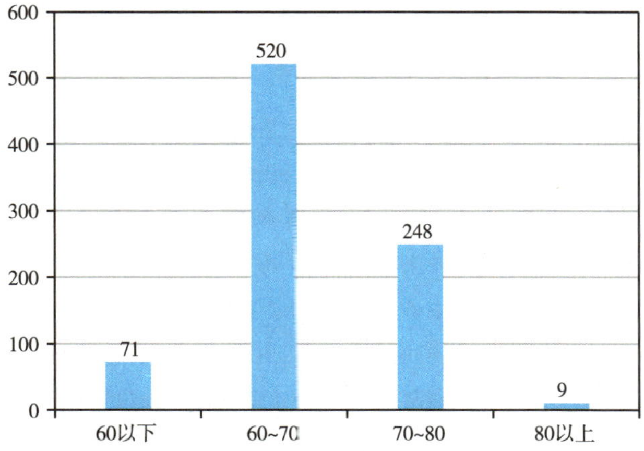

图 11-33　2022 年地方国有控股上市公司创新科技成果指数分布图（家）

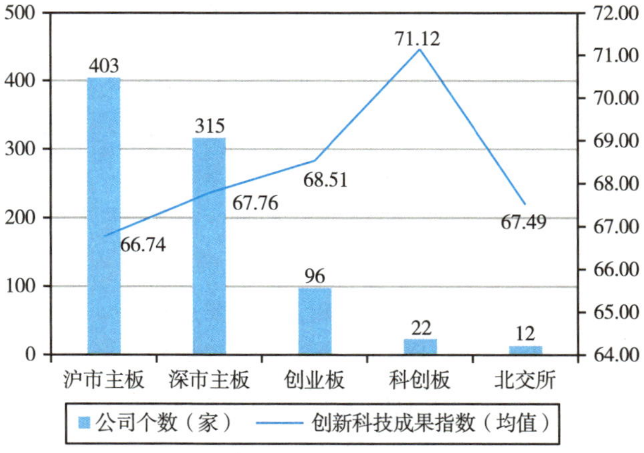

图 11-34　2022 年地方国有控股各板块上市公司创新科技成果指数均值分布图

从创新科技成果指数平均水平来看，平均水平较高的有山东省（69.29）、西藏自治区（69.26）、宁夏回族自治区（69.00）、安徽省（68.58）、青海省（68.47），如图11-35所示。

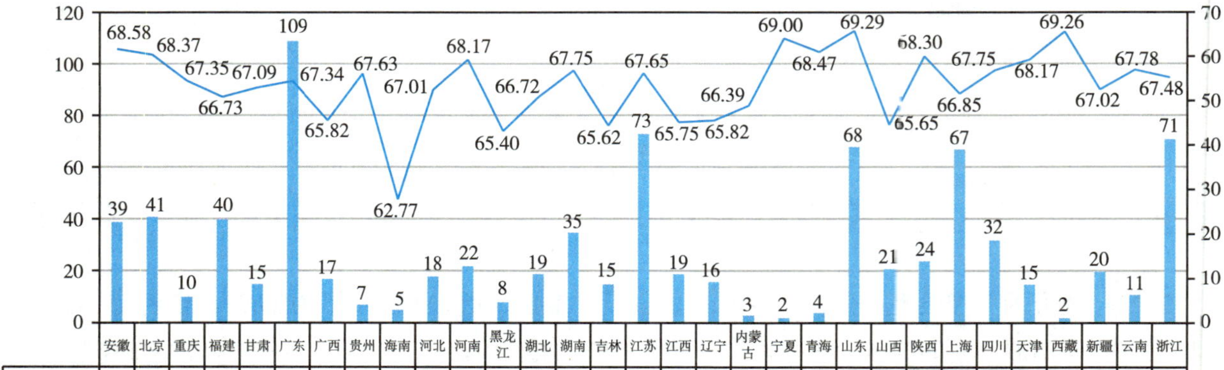

	安徽	北京	重庆	福建	甘肃	广东	广西	贵州	海南	河北	河南	黑龙江	湖北	湖南	吉林	江苏	江西	辽宁	内蒙古	宁夏	青海	山东	山西	陕西	上海	四川	天津	西藏	新疆	云南	浙江
家数	39	41	10	40	15	109	17	7	5	18	22	8	19	35	15	73	19	16	3	2	4	68	21	24	67	32	15	2	20	11	71
均值	68.58	68.37	67.35	66.73	67.09	67.34	65.82	67.63	62.77	67.01	68.17	65.40	66.72	67.75	65.62	67.65	65.75	65.82	66.39	69.00	68.47	69.29	65.65	68.30	66.85	67.75	68.17	69.26	67.02	67.78	67.48

图11-35　2022年地方国有控股各省份上市公司创新科技成果指数均值分布图

从创新科技成果指数平均水平来看，平均水平较高的行业分别是家用电器（72.03）、钢铁（71.23）、机械设备（70.77）、电子（70.14）、电力设备（70.10），如图11-36所示。

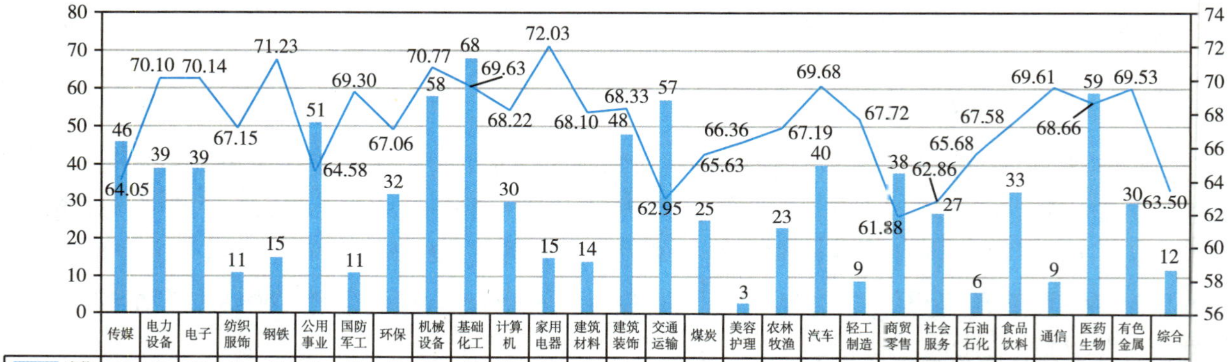

	传媒	电力设备	电子	纺织服饰	钢铁	公用事业	国防军工	环保	机械设备	基础化工	计算机	家用电器	建筑材料	建筑装饰	交通运输	煤炭	美容护理	农林牧渔	汽车	轻工制造	商贸零售	社会服务	石油石化	食品饮料	通信	医药生物	有色金属	综合
家数	46	39	39	11	15	51	11	32	58	68	30	15	14	48	57	25	3	23	40	9	38	27	6	33	9	59	30	12
均值	64.05	70.10	70.14	67.15	71.23	64.58	69.30	67.06	70.77	69.63	68.22	72.03	68.10	68.33	62.95	65.63	66.36	67.19	69.68	67.72	61.88	62.86	65.68	67.58	69.61	68.66	69.53	63.50

图11-36　2022年地方国有控股各行业上市公司创新科技成果指数均值分布图

根据本报告评价，地方国有控股上市公司创新科技成果指数排名前50的上市公司，如表11-9所示。

表11-9　　2022年地方国有控股上市公司创新科技成果指数前50排名

排名	公司代码	公司名称	创新科技成果指数	一级行业_申万	省份	板块
1	000338.SZ	潍柴动力	86.87	汽车	山东	深市主板
2	002371.SZ	北方华创	86.06	电子	北京	深市主板
3	600309.SH	万华化学	86.01	基础化工	山东	沪市主板
4	000725.SZ	京东方A	84.40	电子	北京	深市主板
5	000977.SZ	浪潮信息	82.87	计算机	山东	深市主板
6	000425.SZ	徐工机械	82.24	机械设备	江苏	深市主板
7	000932.SZ	华菱钢铁	81.86	钢铁	湖南	深市主板
8	000157.SZ	中联重科	81.71	机械设备	湖南	深市主板

续表

排名	公司代码	公司名称	创新科技成果指数	一级行业_申万	省份	板块
9	600332.SH	白云山	80.10	医药生物	广东	沪市主板
10	002920.SZ	德赛西威	79.98	计算机	广东	深市主板
11	601727.SH	上海电气	79.63	电力设备	上海	沪市主板
12	600549.SH	厦门钨业	79.58	有色金属	福建	沪市主板
13	000959.SZ	首钢股份	79.36	钢铁	北京	深市主板
14	601992.SH	金隅集团	79.17	建筑材料	北京	沪市主板
15	600170.SH	上海建工	79.14	建筑装饰	上海	沪市主板
16	600741.SH	华域汽车	78.87	汽车	上海	沪市主板
17	600597.SH	光明乳业	77.93	食品饮料	上海	沪市主板
18	600362.SH	江西铜业	77.89	有色金属	江西	沪市主板
19	000012.SZ	南玻A	77.41	建筑材料	广东	深市主板
20	002202.SZ	金风科技	77.06	电力设备	新疆	深市主板
21	688663.SH	新风光	76.82	电力设备	山东	科创板
22	000792.SZ	盐湖股份	76.80	基础化工	青海	深市主板
23	300772.SZ	运达股份	76.44	电力设备	浙江	创业板
24	600104.SH	上汽集团	76.36	汽车	上海	沪市主板
25	600060.SH	海信视像	76.27	家用电器	山东	沪市主板
26	600141.SH	兴发集团	76.17	基础化工	湖北	沪市主板
27	002386.SZ	天原股份	76.09	基础化工	四川	深市主板
28	600569.SH	安阳钢铁	75.99	钢铁	河南	沪市主板
29	601607.SH	上海医药	75.96	医药生物	上海	沪市主板
30	600111.SH	北方稀土	75.63	有色金属	内蒙古	沪市主板
31	000404.SZ	长虹华意	75.51	家用电器	江西	深市主板
32	600388.SH	龙净环保	75.51	环保	福建	沪市主板
33	600307.SH	酒钢宏兴	75.39	钢铁	甘肃	沪市主板
34	000921.SZ	海信家电	75.33	家用电器	广东	深市主板
35	000568.SZ	泸州老窖	75.33	食品饮料	四川	深市主板
36	688122.SH	西部超导	75.24	国防军工	陕西	科创板
37	600426.SH	华鲁恒升	75.24	基础化工	山东	沪市主板
38	300470.SZ	中密控股	75.22	机械设备	四川	创业板
39	300393.SZ	中来股份	75.13	电力设备	江苏	创业板
40	000528.SZ	柳工	75.10	机械设备	广西	深市主板
41	601212.SH	白银有色	75.09	有色金属	甘肃	沪市主板
42	601238.SH	广汽集团	75.02	汽车	广东	沪市主板
43	600436.SH	片仔癀	74.97	医药生物	福建	沪市主板
44	600160.SH	巨化股份	74.82	基础化工	浙江	沪市主板
45	600008.SH	首创环保	74.66	环保	北京	沪市主板
46	600039.SH	四川路桥	74.59	建筑装饰	四川	沪市主板
47	600707.SH	彩虹股份	74.59	电子	陕西	沪市主板
48	600248.SH	陕建股份	74.51	建筑装饰	陕西	沪市主板

续表

排名	公司代码	公司名称	创新科技成果指数	一级行业_申万	省份	板块
49	601225.SH	陕西煤业	74.49	煤炭	陕西	沪市主板
50	600820.SH	隧道股份	74.45	建筑装饰	上海	沪市主板

数据来源：同花顺（iFinD），首经贸资产评估研究院和浙工商数字创新与管理研究院整理。

2022年地方国有控股上市公司排名前50的创新科技成果指数平均水平为77.62，排名前10的是潍柴动力、北方华创、万华化学、京东方A、浪潮信息、徐工机械、华菱钢铁、中联重科、白云山、德赛西威。

从板块分布来看，在排名前50的地方国有控股上市公司中，沪市主板有28家，深市主板有17家，创业板有3家，科创板有2家。

从省份分布来看，在排名前50的地方国有控股上市公司中，数量排名靠前的有上海市（7家）、山东省（6家）、北京市（5家）、广东（5家）。

从行业分布来看，在排名前50的地方国有控股上市公司中，数量排名靠前的行业分别是基础化工（6家）、电力设备（5家）。

11.2.5 创新经济绩效指数

2022年地方国有控股上市公司创新经济绩效指数平均水平为62.27，高于全市场平均水平61.11。从指数分布来看，高于均值的有461家，占地方国有控股上市公司总数的54.36%。其中，最高的是北方华创，创新经济绩效指数为89.17。具体来看，创新经济绩效指数区间在60以下的有340家，占比40.09%；60~70的有380家，占比44.82%；70~80的有114家，占比13.44%；80以上的有14家，占比1.65%，如图11-37所示。

从创新经济绩效指数平均水平来看，平均水平由高到低分别为：科创板（63.64）、沪市主板（62.99）、深市主板（62.46）、创业板（58.97）、北交所（57.08），如图11-38所示。

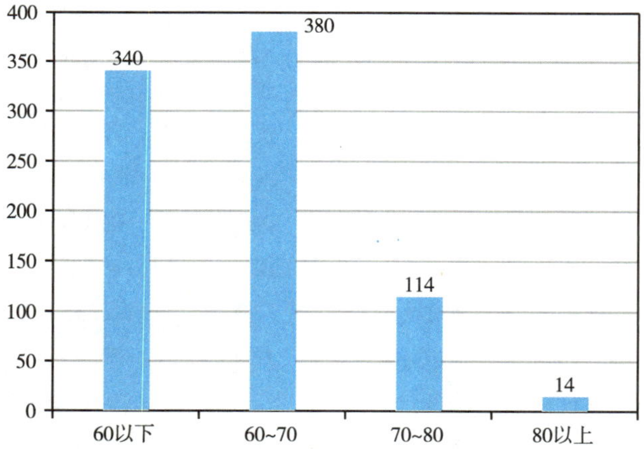

图11-37 2022年地方国有控股上市公司创新经济绩效指数分布图（家）

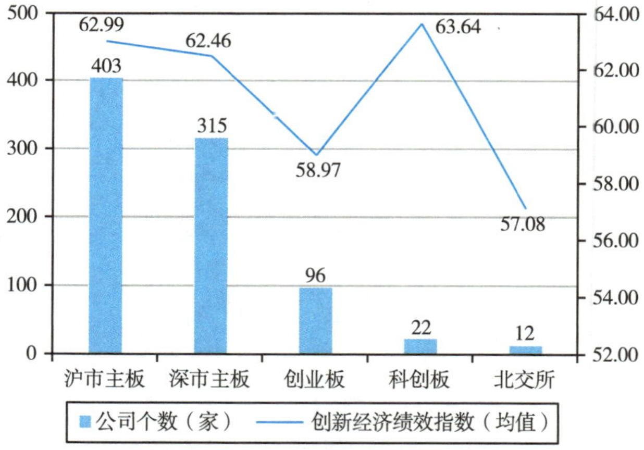

图11-38 2022年地方国有控股各板块上市公司创新经济绩效指数均值分布图

从创新经济绩效指数平均水平来看，平均水平较高的有青海省（66.77）、贵州省（65.80）、云南省（65.61）、山西省（65.16）、山东省（64.19），如图11-39所示。

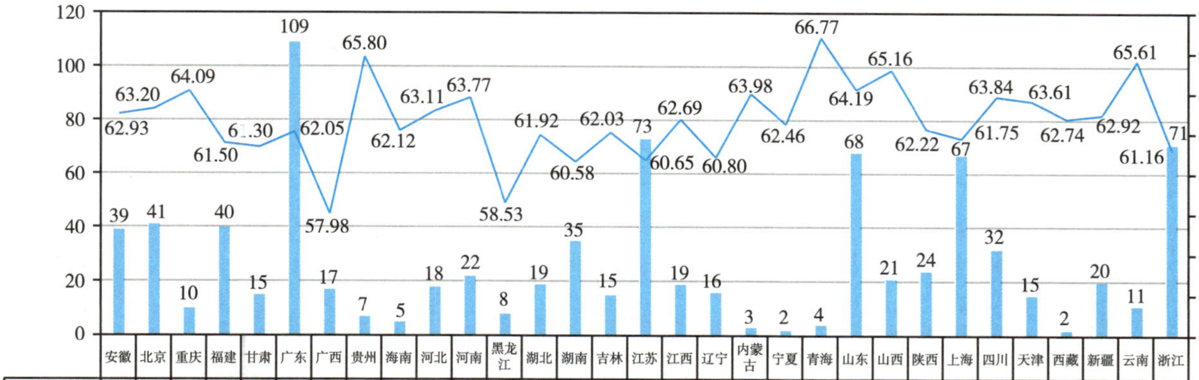

	安徽	北京	重庆	福建	甘肃	广东	广西	贵州	海南	河北	河南	黑龙江	湖北	湖南	吉林	江苏	江西	辽宁	内蒙古	宁夏	青海	山东	山西	陕西	上海	四川	天津	西藏	新疆	云南	浙江
家数	39	41	10	40	15	109	17	7	5	18	22	8	19	35	15	73	19	16	3	2	4	68	21	24	67	32	15	2	20	11	71
均值	62.93	63.20	64.09	61.50	51.30	62.05	57.98	65.80	62.12	63.11	63.77	58.53	61.92	60.58	62.03	60.65	62.69	60.80	63.98	62.46	66.77	64.19	65.16	62.22	61.75	63.84	63.61	62.74	62.92	65.61	61.16

图11-39　2022年地方国有控股各省份上市公司创新经济绩效指数均值分布图

从创新经济绩效指数平均水平来看，平均水平较高的行业分别是煤炭（68.20）、有色金属（66.70）、医药生物（64.78）、基础化工（64.71）、家用电器（64.54），如图11-40所示。

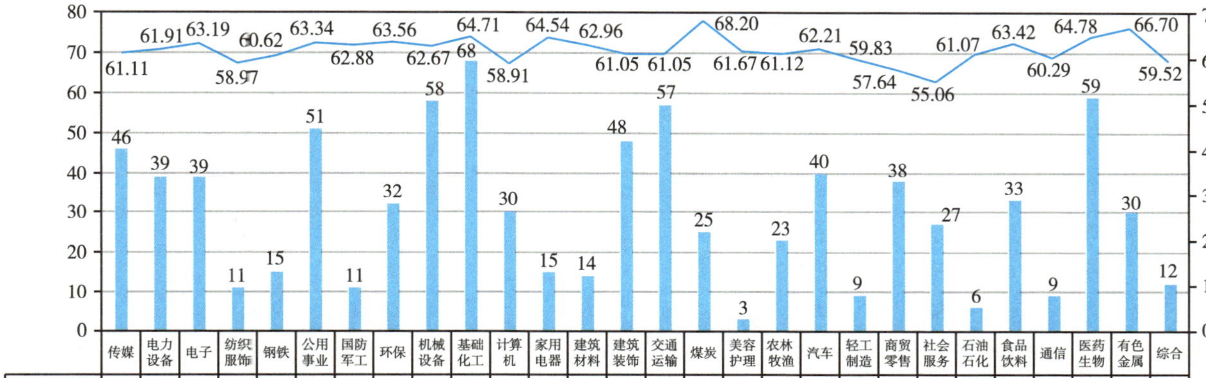

	传媒	电力设备	电子	纺织服饰	钢铁	公用事业	国防军工	环保	机械设备	基础化工	计算机	家用电器	建筑材料	建筑装饰	交通运输	煤炭	美容护理	农林牧渔	汽车	轻工制造	商贸零售	社会服务	石油石化	食品饮料	通信	医药生物	有色金属	综合
家数	46	39	39	11	15	51	11	32	58	68	30	15	14	48	57	25	3	23	40	9	38	27	6	33	9	59	30	12
均值	61.11	61.91	63.19	58.97	60.62	63.34	62.88	63.56	62.67	64.71	58.91	64.54	62.96	61.05	61.05	68.20	61.67	61.12	62.21	59.83	57.64	55.06	61.07	63.42	60.29	64.78	66.70	59.52

图11-40　2022年地方国有控股各行业上市公司创新经济绩效指数均值分布图

根据本报告评价，地方国有控股上市公司创新经济绩效指数排名前50的上市公司，如表11-10所示。

表11-10　2022年地方国有控股上市公司创新经济绩效指数前50排名

排名	公司代码	公司名称	创新经济绩效指数	一级行业_申万	省份	板块
1	002371.SZ	北方华创	89.17	电子	北京	深市主板
2	600547.SH	山东黄金	85.47	有色金属	山东	沪市主板
3	000792.SZ	盐湖股份	84.11	基础化工	青海	深市主板
4	600309.SH	万华化学	83.94	基础化工	山东	沪市主板
5	002030.SZ	达安基因	83.22	医药生物	广东	深市主板
6	600104.SH	上汽集团	82.97	汽车	上海	沪市主板
7	601607.SH	上海医药	82.85	医药生物	上海	沪市主板
8	600578.SH	京能电力	82.22	公用事业	北京	沪市主板
9	000027.SZ	深圳能源	82.20	公用事业	广东	深市主板
10	600436.SH	片仔癀	80.97	医药生物	福建	沪市主板

续表

排名	公司代码	公司名称	创新经济绩效指数	一级行业_申万	省份	板块
11	000977.SZ	浪潮信息	80.74	计算机	山东	深市主板
12	000661.SZ	长春高新	80.68	医药生物	吉林	深市主板
13	601666.SH	平煤股份	80.54	煤炭	河南	沪市主板
14	601225.SH	陕西煤业	80.41	煤炭	陕西	沪市主板
15	600141.SH	兴发集团	79.00	基础化工	湖北	沪市主板
16	600096.SH	云天化	78.91	基础化工	云南	沪市主板
17	002312.SZ	川发龙蟒	78.91	基础化工	四川	深市主板
18	600733.SH	北汽蓝谷	78.62	汽车	北京	沪市主板
19	600332.SH	白云山	78.50	医药生物	广东	沪市主板
20	603227.SH	雪峰科技	78.44	基础化工	新疆	沪市主板
21	688385.SH	复旦微电	78.36	电子	上海	科创板
22	000550.SZ	江铃汽车	78.27	汽车	江西	深市主板
23	000338.SZ	潍柴动力	78.05	汽车	山东	深市主板
24	000425.SZ	徐工机械	78.02	机械设备	江苏	深市主板
25	600416.SH	湘电股份	77.92	电力设备	湖南	沪市主板
26	600549.SH	厦门钨业	77.80	有色金属	福建	沪市主板
27	601899.SH	紫金矿业	77.69	有色金属	福建	沪市主板
28	600085.SH	同仁堂	77.53	医药生物	北京	沪市主板
29	600839.SH	四川长虹	77.19	家用电器	四川	沪市主板
30	000725.SZ	京东方A	77.15	电子	北京	深市主板
31	600741.SH	华域汽车	77.14	汽车	上海	沪市主板
32	000012.SZ	南玻A	77.05	建筑材料	广东	深市主板
33	600329.SH	达仁堂	76.91	医药生物	天津	沪市主板
34	600188.SH	兖矿能源	76.69	煤炭	山东	沪市主板
35	000988.SZ	华工科技	76.53	机械设备	湖北	深市主板
36	600169.SH	太原重工	76.47	机械设备	山西	沪市主板
37	300413.SZ	芒果超媒	75.77	传媒	湖南	创业板
38	300088.SZ	长信科技	75.63	电子	安徽	创业板
39	600098.SH	广州发展	75.59	公用事业	广东	沪市主板
40	600519.SH	贵州茅台	75.50	食品饮料	贵州	沪市主板
41	002683.SZ	广东宏大	75.42	基础化工	广东	深市主板
42	600664.SH	哈药股份	75.35	医药生物	黑龙江	沪市主板
43	600166.SH	福田汽车	75.18	汽车	北京	沪市主板
44	002920.SZ	德赛西威	75.16	计算机	广东	深市主板
45	600057.SH	厦门象屿	75.07	交通运输	福建	沪市主板
46	601238.SH	广汽集团	74.92	汽车	广东	沪市主板
47	002202.SZ	金风科技	74.86	电力设备	新疆	深市主板
48	002573.SZ	清新环境	74.83	环保	北京	深市主板
49	000948.SZ	南天信息	74.83	计算机	云南	深市主板
50	600426.SH	华鲁恒升	74.82	基础化工	山东	沪市主板

数据来源：同花顺（iFinD），首经贸资产评估研究院和浙工商数字创新与管理研究院整理。

2022年地方国有控股上市公司排名前50的创新经济绩效指数平均水平为78.47，排名前10的是北方华创、山东黄金、盐湖股份、万华化学、达安基因、上汽集团、上海医药、京能电力、深圳能源、片仔癀。

从板块分布来看，在排名前50的地方国有控股上市公司中，沪市主板有29家，深市主板有18家，创业板有2家，科创板有1家。

从省份分布来看，在排名前50的地方国有控股上市公司中，数量排名靠前的有广东省（8家）、北京市（7家）、山东省（6家）。

从行业分布来看，在排名前50的地方国有控股上市公司中，数量排名靠前的行业分别是基础化工（8家）、医药生物（8家）、汽车（7家）。

11.3　非国有控股上市公司创新发展指数评价

截至2022年底，A股市场非国有控股上市公司共有3,557家，总市值共计396,273.02亿元，营业总收入193,841.88亿元，平均市值111.41亿元/家，平均营业收入54.50亿元/家。营业收入最高的上市公司为工业富联（5,118.50亿元），市值最大的上市公司为宁德时代（9,609.34亿元）。非国有控股上市公司研发投入合计为8,003.07亿元，占营业收入4.13%，无形资产账面价值合计为12,391.65亿元，占总资产的4.36%。根据本报告分析口径，本节共对非国有控股3,557家上市公司开展创新发展指数评价，具体情况如下：

11.3.1　创新发展综合指数

根据本报告评价，2022年非国有控股上市公司创新发展综合指数平均水平为65.13，低于全市场平均水平65.47。从指数分布来看，高于均值的有1,591家，占非国有控股上市公司总数的44.73%。其中，最高的是科大讯飞，创新发展综合指数为87.33。具体来看，创新发展综合指数区间在60以下的有519家，占比14.59%；60~70的有2,439家，占比68.57%；70~80的有549家，占比15.43%；80以上的有50家，占比1.41%，如图11-41所示。

从板块分布来看，3557家非国有控股上市公司中，沪市主板上市公司有904家，深市主板上市公司有963家，创业板上市公司有1,091家，科创板上市公司有452家，北交所上市公司有147家。根据创新发展综合指数平均水平情况看，平均水平由高到低分别为：科创板（67.48）、创业板（65.04）、深市主板（64.98）、沪市主板（64.90）、北交所（61.07），如图11-42所示。

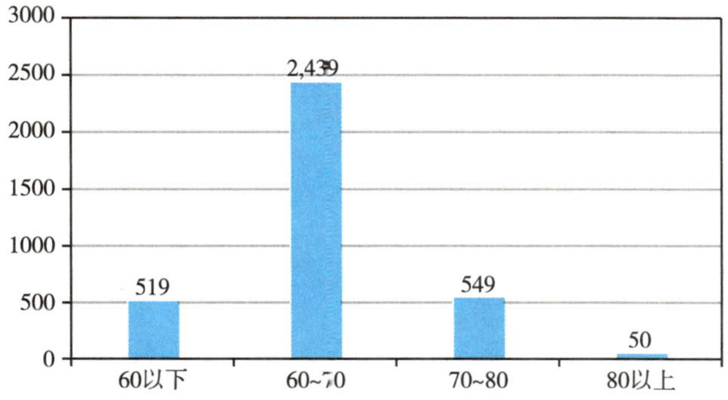

图11-41　2022年非国有控股上市公司创新发展综合指数分布图（家）

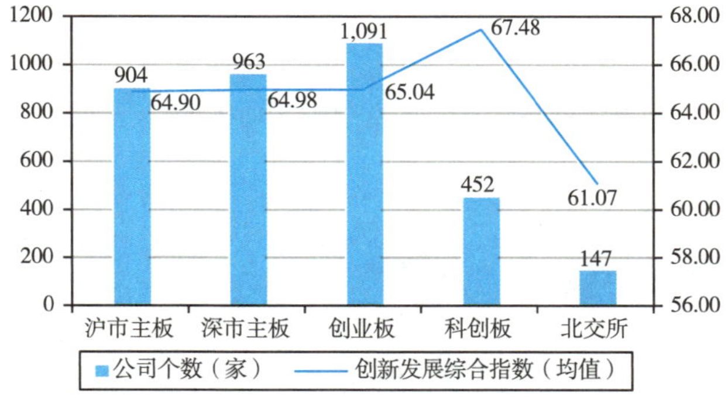

图11-42　2022年非国有控股各板块上市公司创新发展综合指数均值分布图

从省份分布来看，广东省（18.39%）、浙江省（15.55%）、江苏省（14.48%）、上海市（7.96%）、北京市（7.65%）占据非国有控股上市公司主要地位。根据创新发展综合指数平均水平情况来看，平均水平较高的有北京市（66.48）、河北省（66.17）、内蒙古自治区（65.97）、安徽省（65.94）、河南省（65.89），如图 11–43 所示。

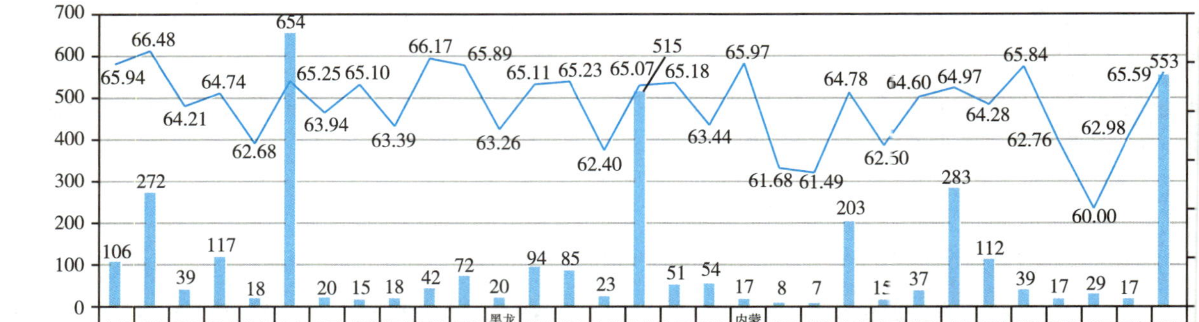

	安徽	北京	重庆	福建	甘肃	广东	广西	贵州	海南	河北	河南	黑龙江	湖北	湖南	吉林	江苏	江西	辽宁	内蒙古	宁夏	青海	山东	山西	陕西	上海	四川	天津	西藏	新疆	云南	浙江
家数	106	272	39	117	18	654	20	15	18	42	72	20	94	85	23	515	51	54	17	8	7	203	15	37	283	112	39	17	29	17	553
均值	65.94	66.48	64.21	64.74	62.68	65.25	63.94	65.10	63.39	66.17	65.89	63.26	65.11	65.23	62.40	65.07	65.18	63.44	65.97	61.68	61.49	64.78	62.60	64.60	64.97	64.28	65.84	62.76	60.00	62.98	65.59

图 11–43　2022 年非国有控股各省份上市公司创新发展综合指数均值分布图

从行业分布来看，机械设备（11.61%）、医药生物（11.22%）、电子（10.49%）、基础化工（8.24%）、计算机（7.84%）占据非国有控股上市公司主要地位。根据创新发展综合指数平均水平情况来看，平均水平较高的行业分别是电力设备（67.77）、国防军工（67.56）、医药生物（66.85）、电子（66.67）、计算机（66.33），如图 11–44 所示。

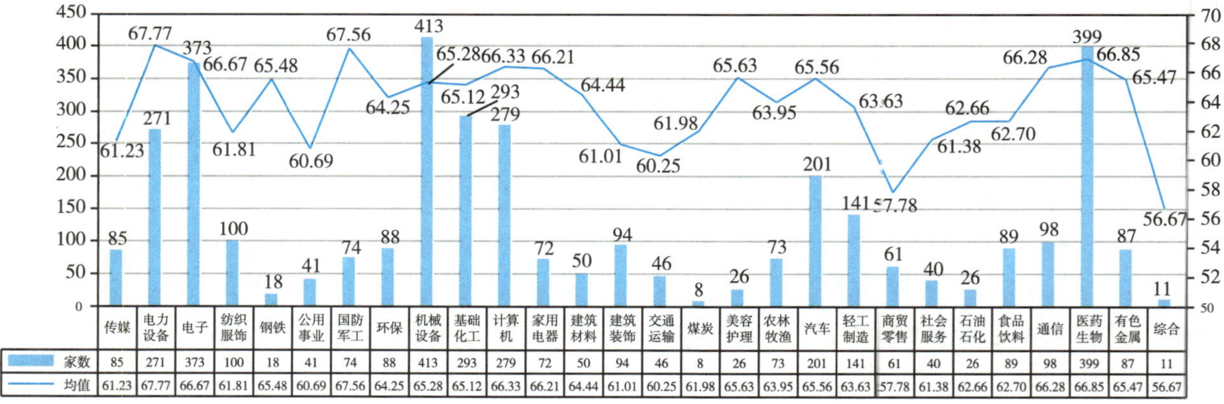

	传媒	电力设备	电子	纺织服饰	钢铁	公用事业	国防军工	环保	机械设备	基础化工	计算机	家用电器	建筑材料	建筑装饰	交通运输	煤炭	美容护理	农林牧渔	汽车	轻工制造	商贸零售	社会服务	石油石化	食品饮料	通信	医药生物	有色金属	综合
家数	85	271	373	100	18	41	74	88	413	293	279	72	50	94	46	8	26	73	201	141	61	40	26	89	98	399	87	11
均值	61.23	67.77	66.67	61.81	65.48	60.69	67.56	64.25	65.28	65.12	66.33	66.21	64.44	61.01	60.25	61.98	65.63	63.95	65.56	63.63	57.78	61.38	62.66	62.70	66.28	66.85	65.47	56.67

图 11–44　2022 年非国有控股各行业上市公司创新发展综合指数均值分布图

根据本报告评价，非国有控股上市公司创新发展综合指数排名前 50 的上市公司，如表 11–11 所示。

表 11–11　2022 年非国有控股上市公司创新发展综合指数前 50 排名

排名	公司代码	公司名称	创新发展综合指数	一级行业_申万	省份	板块
1	002230.SZ	科大讯飞	87.33	计算机	安徽	深市主板
2	688271.SH	联影医疗	87.24	医药生物	上海	科创板
3	300760.SZ	迈瑞医疗	85.80	医药生物	广东	创业板
4	300014.SZ	亿纬锂能	85.33	电力设备	广东	创业板

续表

排名	公司代码	公司名称	创新发展综合指数	一级行业_申万	省份	板块
5	601633.SH	长城汽车	85.23	汽车	河北	沪市主板
6	600703.SH	三安光电	85.02	电子	湖北	沪市主板
7	300124.SZ	汇川技术	84.62	机械设备	广东	创业板
8	600196.SH	复星医药	84.06	医药生物	上海	沪市主板
9	600031.SH	三一重工	83.92	机械设备	北京	沪市主板
10	600522.SH	中天科技	83.81	通信	江苏	沪市主板
11	002074.SZ	国轩高科	83.73	电力设备	安徽	深市主板
12	600276.SH	恒瑞医药	83.73	医药生物	江苏	沪市主板
13	688223.SH	晶科能源	83.64	电力设备	江西	科创板
14	600588.SH	用友网络	83.41	计算机	北京	沪市主板
15	600690.SH	海尔智家	83.39	家用电器	山东	沪市主板
16	300450.SZ	先导智能	83.14	电力设备	江苏	创业板
17	002241.SZ	歌尔股份	83.11	电子	山东	深市主板
18	600089.SH	特变电工	83.07	电力设备	新疆	沪市主板
19	688041.SH	海光信息	82.97	电子	天津	科创板
20	000100.SZ	TCL科技	82.93	电子	广东	深市主板
21	000938.SZ	紫光股份	82.85	计算机	北京	深市主板
22	688599.SH	天合光能	82.82	电力设备	江苏	科创板
23	002594.SZ	比亚迪	82.66	汽车	广东	深市主板
24	300316.SZ	晶盛机电	82.62	电力设备	浙江	创业板
25	002049.SZ	紫光国微	82.45	电子	河北	深市主板
26	300308.SZ	中际旭创	82.25	通信	山东	创业板
27	603392.SH	万泰生物	82.22	医药生物	北京	沪市主板
28	000063.SZ	中兴通讯	81.63	通信	广东	深市主板
29	300274.SZ	阳光电源	81.62	电力设备	安徽	创业板
30	002475.SZ	立讯精密	81.58	电子	广东	深市主板
31	002410.SZ	广联达	81.38	计算机	北京	深市主板
32	000963.SZ	华东医药	81.02	医药生物	浙江	深市主板
33	002180.SZ	纳思达	81.00	计算机	广东	深市主板
34	300750.SZ	宁德时代	80.92	电力设备	福建	创业板
35	601012.SH	隆基绿能	80.87	电力设备	陕西	沪市主板
36	002129.SZ	TCL中环	80.79	电力设备	天津	深市主板
37	688777.SH	中控技术	80.75	机械设备	浙江	科创板
38	002460.SZ	赣锋锂业	80.62	有色金属	江西	深市主板
39	601138.SH	工业富联	80.58	电子	广东	沪市主板
40	600887.SH	伊利股份	80.56	食品饮料	内蒙古	沪市主板
41	603986.SH	兆易创新	80.48	电子	北京	沪市主板
42	600460.SH	士兰微	80.48	电子	浙江	沪市主板
43	601615.SH	明阳智能	80.44	电力设备	广东	沪市主板
44	603259.SH	药明康德	80.38	医药生物	江苏	沪市主板

续表

排名	公司代码	公司名称	创新发展综合指数	一级行业_申万	省份	板块
45	600438.SH	通威股份	80.38	电力设备	四川	沪市主板
46	601869.SH	长飞光纤	80.36	通信	湖北	沪市主板
47	603659.SH	璞泰来	80.33	电力设备	上海	沪市主板
48	603501.SH	韦尔股份	80.23	电子	上海	沪市主板
49	000651.SZ	格力电器	80.17	家用电器	广东	深市主板
50	688111.SH	金山办公	80.11	计算机	北京	科创板

数据来源：同花顺（iFinD），首经贸资产评估研究院和浙工商数字创新与管理研究院整理。

2022年非国有控股上市公司排名前50的创新发展综合指数平均水平为82.40，排名前10的是科大讯飞、联影医疗、迈瑞医疗、亿纬锂能、长城汽车、三安光电、汇川技术、复星医药、三一重工、中天科技。

从板块分布来看，在排名前50的非国有控股上市公司中，沪市主板有21家，深市主板有15家，创业板有8家，科创板有6家。

从省份分布来看，在排名前50的非国有控股上市公司中，数量排名靠前的有广东省（11家）、北京市（7家）、江苏省（5家）。

从行业分布来看，在排名前50的非国有控股上市公司中，数量排名靠前的行业分别是电力设备（14家）、电子（10家）、医药生物（7家）。

11.3.2 创新资源支持指数

2022年非国有控股上市公司创新资源支持指数平均水平为67.97，低于全市场平均水平68.18。从指数分布来看，高于均值的有1,657家，占非国有控股上市公司总数的46.58%。其中，最高的是科大讯飞，创新资源支持指数为97.39。具体来看，创新资源支持指数区间在60以下的有541家，占比15.21%；60~70的有1,661家，占比46.69%；70~80的有1,121家，占比31.52%；80以上的有234家，占比6.58%，如图11-45所示。

从创新资源支持指数平均水平来看，平均水平由高到低分别为：科创板（70.22）、沪市主板（68.29）、深市主板（67.81）、创业板（67.54）、北交所（63.43），如图11-46所示。

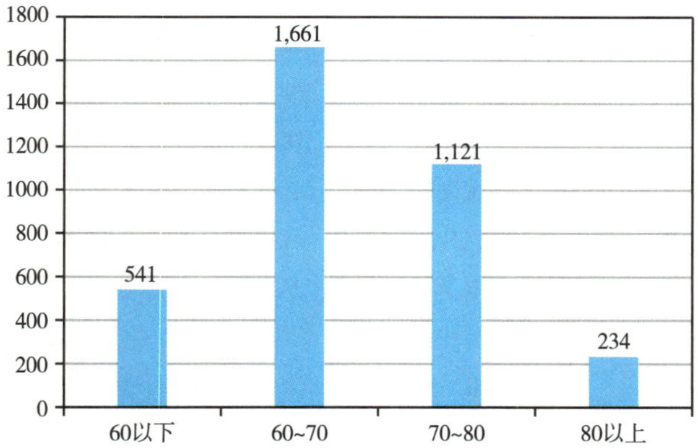

图11-45　2022年非国有控股上市公司创新资源支持指数分布图（家）

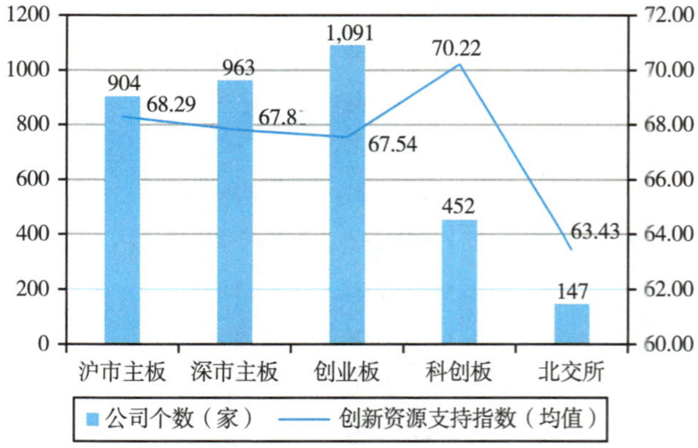

图11-46　2022年非国有控股各板块上市公司创新资源支持指数均值分布图

从创新资源支持指数平均水平来看，平均水平较高的有浙江省（70.18）、安徽省（69.95）、河南省（69.88）、湖南省（69.23）、广东省（68.37），如图11-47所示。

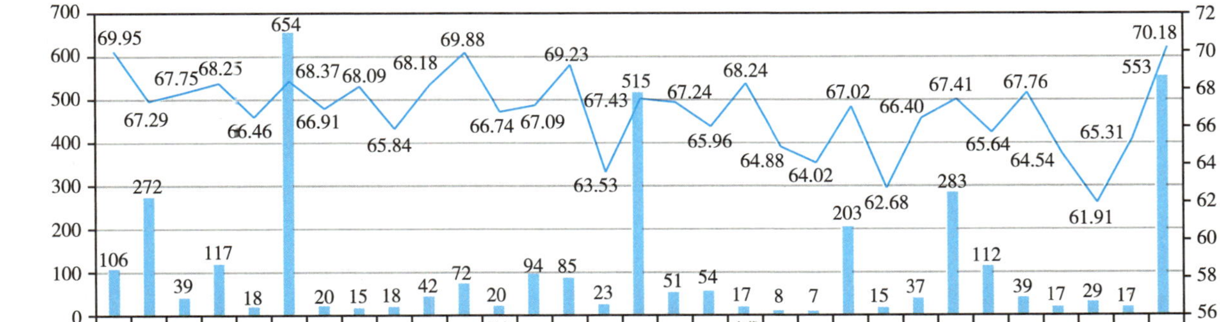

	安徽	北京	重庆	福建	甘肃	广东	广西	贵州	海南	河北	河南	黑龙江	湖北	湖南	吉林	江苏
家数	106	272	39	117	18	654	20	15	18	42	72	20	94	85	23	515
均值	69.95	67.29	67.75	68.25	66.46	68.37	66.91	68.09	65.84	68.18	69.88	66.74	67.09	69.23	63.53	67.43

	江西	辽宁	内蒙古	宁夏	青海	山东	山西	陕西	上海	四川	天津	西藏	新疆	云南	浙江
家数	51	54	17	8	7	203	15	37	283	112	39	17	29	17	553
均值	67.24	65.96	68.24	64.88	64.02	67.02	62.68	66.40	67.41	65.64	67.76	64.54	61.91	65.31	70.18

图11-47　2022年非国有控股各省份上市公司创新资源支持指数均值分布图

从创新资源支持指数平均水平来看，平均水平较高的行业分别是家用电器（71.44）、电力设备（71.06）、电子（70.55）、机械设备（69.01）、汽车（68.94），如图11-48所示。

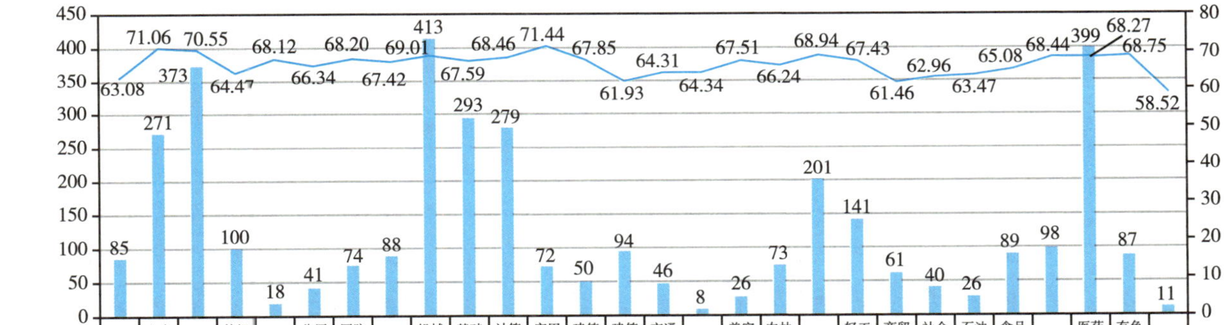

	传媒	电力设备	电子	纺织服饰	钢铁	公用事业	国防军工	环保	机械设备	基础化工	计算机	家用电器	建筑材料	建筑装饰
家数	85	271	373	100	18	41	74	88	413	293	279	72	50	94
均值	63.08	71.06	70.55	64.47	68.12	66.34	68.20	67.42	69.01	67.59	68.46	71.44	67.85	61.93

	交通运输	煤炭	美容护理	农林牧渔	汽车	轻工制造	商贸零售	社会服务	石油石化	食品饮料	通信	医药生物	有色金属	综合
家数	46	8	26	73	201	141	61	40	26	89	98	399	87	11
均值	64.31	64.34	67.51	66.24	68.94	67.43	61.46	62.96	63.47	65.08	68.44	68.27	68.75	58.52

图11-48　2022年非国有控股各行业上市公司创新资源支持指数均值分布图

根据本报告评价，非国有控股上市公司创新资源支持指数排名前50的上市公司，如表11-12所示。

表11-12　2022年非国有控股上市公司创新资源支持指数前50排名

排名	公司代码	公司名称	创新资源支持指数	一级行业_申万	省份	板块
1	002230.SZ	科大讯飞	97.39	计算机	安徽	深市主板
2	300014.SZ	亿纬锂能	94.90	电力设备	广东	创业板
3	600066.SH	宇通客车	94.69	汽车	河南	沪市主板
4	000938.SZ	紫光股份	94.34	计算机	北京	深市主板
5	300454.SZ	深信服	93.70	计算机	广东	创业板
6	600703.SH	三安光电	93.57	电子	湖北	沪市主板
7	002236.SZ	大华股份	93.22	计算机	浙江	深市主板
8	688271.SH	联影医疗	92.19	医药生物	上海	科创板

续表

排名	公司代码	公司名称	创新资源支持指数	一级行业_申万	省份	板块
9	688223.SH	晶科能源	91.96	电力设备	江西	科创板
10	300408.SZ	三环集团	91.16	电子	广东	创业板
11	300124.SZ	汇川技术	90.75	机械设备	广东	创业板
12	300627.SZ	华测导航	90.49	通信	上海	创业板
13	600522.SH	中天科技	90.25	通信	江苏	沪市主板
14	600143.SH	金发科技	89.46	基础化工	广东	沪市主板
15	600588.SH	用友网络	89.23	计算机	北京	沪市主板
16	300316.SZ	晶盛机电	89.21	电力设备	浙江	创业板
17	002439.SZ	启明星辰	89.05	计算机	北京	深市主板
18	688777.SH	中控技术	89.00	机械设备	浙江	科创板
19	300433.SZ	蓝思科技	88.73	电子	湖南	创业板
20	300699.SZ	光威复材	88.30	国防军工	山东	创业板
21	688111.SH	金山办公	88.27	计算机	北京	科创板
22	300296.SZ	利亚德	88.22	电子	北京	创业板
23	688559.SH	海目星	88.13	机械设备	广东	科创板
24	002384.SZ	东山精密	87.97	电子	江苏	深市主板
25	002434.SZ	万里扬	87.79	汽车	浙江	深市主板
26	000100.SZ	TCL科技	87.78	电子	广东	深市主板
27	300308.SZ	中际旭创	87.76	通信	山东	创业板
28	601677.SH	明泰铝业	87.69	有色金属	河南	沪市主板
29	001308.SZ	康冠科技	87.67	电子	广东	深市主板
30	603308.SH	应流股份	87.66	机械设备	安徽	沪市主板
31	601689.SH	拓普集团	87.57	汽车	浙江	沪市主板
32	603806.SH	福斯特	87.44	电力设备	浙江	沪市主板
33	002913.SZ	奥士康	87.31	电子	湖南	深市主板
34	002273.SZ	水晶光电	87.30	电子	浙江	深市主板
35	300760.SZ	迈瑞医疗	87.13	医药生物	广东	创业板
36	300007.SZ	汉威科技	87.10	机械设备	河南	创业板
37	300724.SZ	捷佳伟创	87.08	电力设备	广东	创业板
38	300999.SZ	金龙鱼	86.97	农林牧渔	上海	创业板
39	002410.SZ	广联达	86.95	计算机	北京	深市主板
40	600079.SH	人福医药	86.70	医药生物	湖北	沪市主板
41	002008.SZ	大族激光	86.67	机械设备	广东	深市主板
42	601633.SH	长城汽车	86.62	汽车	河北	沪市主板
43	688036.SH	传音控股	86.60	电子	广东	科创板
44	002475.SZ	立讯精密	86.05	电子	广东	深市主板
45	000739.SZ	普洛药业	85.93	医药生物	浙江	深市主板
46	002266.SZ	浙富控股	85.87	环保	浙江	深市主板
47	688065.SH	凯赛生物	85.66	基础化工	上海	科创板
48	300604.SZ	长川科技	85.61	电子	浙江	创业板

续表

排名	公司代码	公司名称	创新资源支持指数	一级行业_申万	省份	板块
49	601869.SH	长飞光纤	85.57	通信	湖北	沪市主板
50	603392.SH	万泰生物	85.55	医药生物	北京	沪市主板

数据来源：同花顺（iFinD），首经贸资产评估研究院和浙工商数字创新与管理研究院整理。

2022年非国有控股上市公司排名前50的创新资源支持指数平均水平为88.84，排名前10的是科大讯飞、亿纬锂能、宇通客车、紫光股份、深信服、三安光电、大华股份、联影医疗、晶科能源、三环集团。

从板块分布来看，在排名前50的非国有控股上市公司中，深市主板有15家，创业板有15家，沪市主板有13家，科创板有7家。

从省份分布来看，在排名前50的非国有控股上市公司中，数量排名靠前的有广东省（13家）、浙江省（10家）、北京市（7家）。

从行业分布来看，在排名前50的非国有控股上市公司中，数量排名靠前的行业分别是电子（12家）、计算机（8家）、机械设备（6家）。

11.3.3　创新要素投入指数

2022年非国有控股上市公司创新要素投入指数平均水平为65.26，低于全市场平均水平65.37。从指数分布来看，高于均值的有1,728家，占非国有控股上市公司总数的48.58%。其中，最高的是科大讯飞，创新要素投入指数为91.86。具体来看，创新要素投入指数区间在60以下的有796家，占比22.38%；60~70的有1,829家，占比51.42%；70~80的有830家，占比23.33%；80以上的有102家，占比2.87%，如图11-49所示。

从创新要素投入指数平均水平来看，平均水平由高到低分别为：科创板（70.42）、创业板（65.82）、深市主板（64.14）、沪市主板（63.80）、北交所（61.70），如图11-50所示。

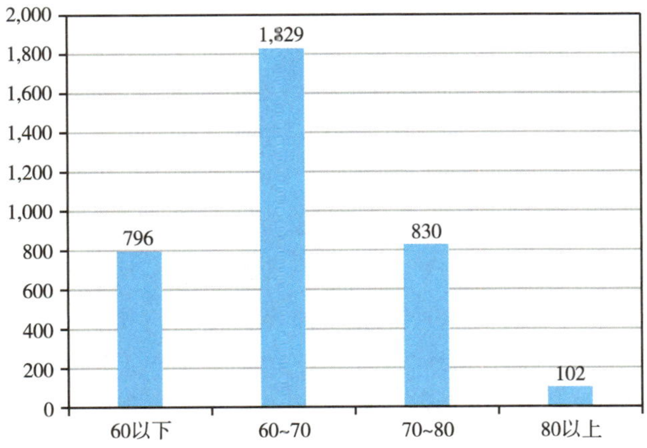

图11-49　2022年非国有控股上市公司创新要素投入指数分布图（家）

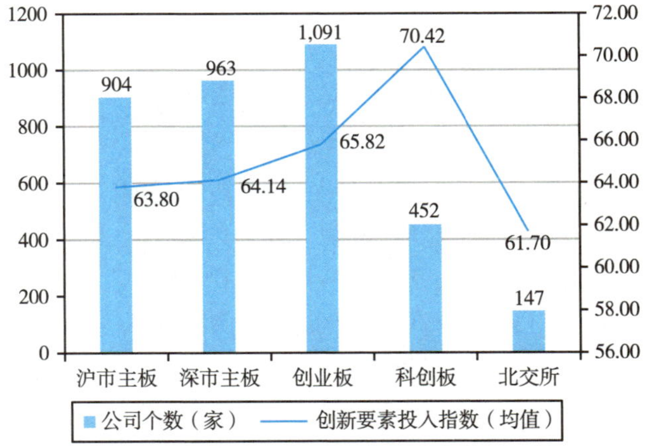

图11-50　2022年非国有控股各板块上市公司创新要素投入指数均值分布图

从创新要素投入指数平均水平来看，平均水平较高的有北京市（69.49）、河北省（66.41）、天津市（66.32）、上海市（65.86）、河南省（65.67），如图11-51所示。

从创新要素投入指数平均水平来看，平均水平较高的行业分别是国防军工（71.02）、计算机（70.39）、电力设备（68.22）、医药生物（67.93）、电子（67.92），如图11-52所示。

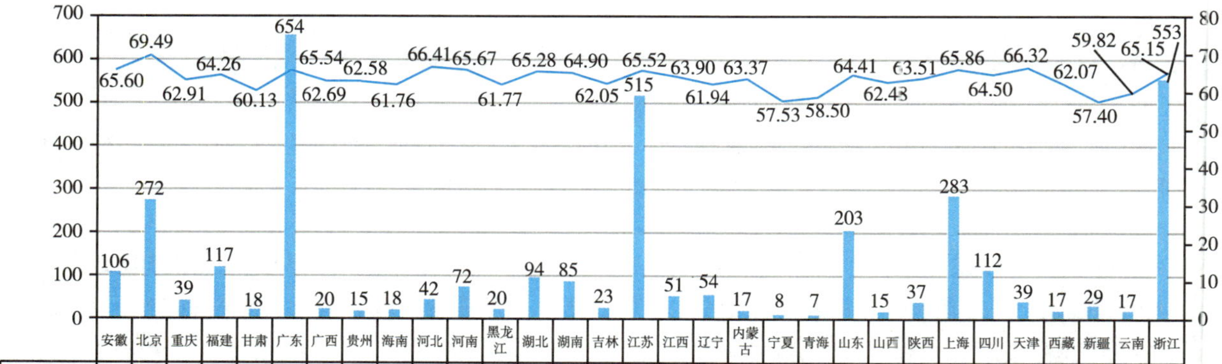

	安徽	北京	重庆	福建	甘肃	广东	广西	贵州	海南	河北	河南	黑龙江	湖北	湖南	吉林	江苏	江西	辽宁	内蒙古	宁夏	青海	山东	山西	陕西	上海	四川	天津	西藏	新疆	云南	浙江
家数	106	272	39	117	18	654	20	15	18	42	72	20	94	85	23	515	51	54	17	8	7	203	15	37	283	112	39	17	29	17	553
均值	65.60	69.49	62.91	64.26	60.13	65.54	62.69	62.58	61.76	66.41	65.67	61.77	65.28	64.90	62.05	65.52	63.90	61.94	63.37	57.53	58.50	64.41	62.48	63.51	65.86	64.50	66.32	62.07	57.40	59.82	65.15

图 11–51　2022 年非国有控股各省份上市公司创新要素投入指数均值分布图

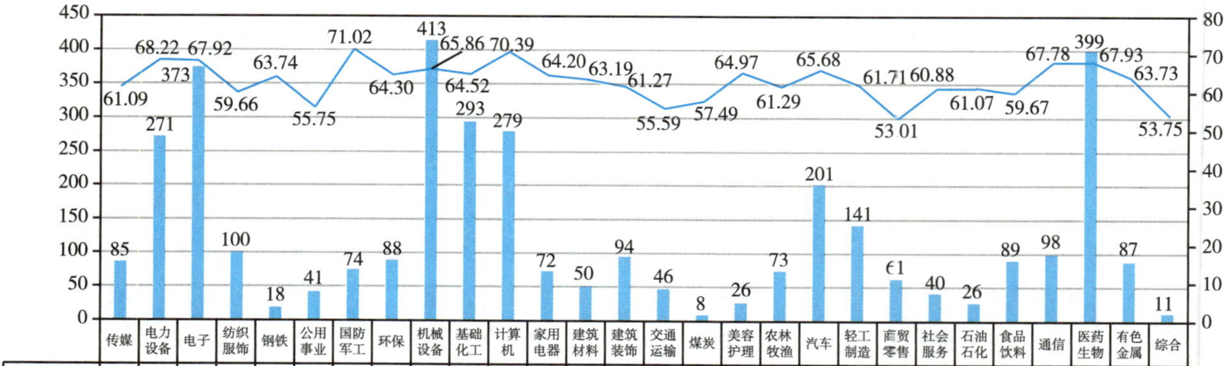

	传媒	电力设备	电子	纺织服饰	钢铁	公用事业	国防军工	环保	机械设备	基础化工	计算机	家用电器	建筑材料	建筑装饰	交通运输	煤炭	美容护理	农林牧渔	汽车	轻工制造	商贸零售	社会服务	石油石化	食品饮料	通信	医药生物	有色金属	综合
家数	85	271	373	100	18	41	74	88	413	293	279	72	50	94	46	8	26	73	201	141	61	40	26	89	98	399	87	11
均值	61.09	68.22	67.92	59.66	63.74	55.75	71.02	64.30	65.86	64.52	70.39	64.20	63.19	61.27	55.59	57.49	64.97	61.29	65.68	61.71	53.01	60.88	61.07	59.67	67.78	67.93	63.73	53.75

图 11–52　2022 年非国有控股各行业上市公司创新要素投入指数均值分布图

根据本报告评价，非国有控股上市公司创新要素投入指数排名前50的上市公司，如表11–13所示。

表 11–13　2022 年非国有控股上市公司创新要素投入指数前 50 排名

排名	公司代码	公司名称	创新要素投入指数	一级行业_申万	省份	板块
1	002230.SZ	科大讯飞	91.86	计算机	安徽	深市主板
2	601633.SH	长城汽车	89.92	汽车	河北	沪市主板
3	600276.SH	恒瑞医药	88.77	医药生物	江苏	沪市主板
4	002405.SZ	四维图新	88.56	计算机	北京	深市主板
5	002074.SZ	国轩高科	88.53	电力设备	安徽	深市主板
6	600031.SH	三一重工	88.53	机械设备	北京	沪市主板
7	000100.SZ	TCL科技	88.03	电子	广东	深市主板
8	000063.SZ	中兴通讯	87.95	通信	广东	深市主板
9	002410.SZ	广联达	87.74	计算机	北京	深市主板
10	603392.SH	万泰生物	87.71	医药生物	北京	沪市主板
11	603501.SH	韦尔股份	87.44	电子	上海	沪市主板
12	002049.SZ	紫光国微	87.34	电子	河北	深市主板
13	600570.SH	恒生电子	87.08	计算机	浙江	沪市主板
14	300496.SZ	中科创达	86.82	计算机	北京	创业板

续表

排名	公司代码	公司名称	创新要素投入指数	一级行业_申万	省份	板块
15	688271.SH	联影医疗	86.82	医药生物	上海	科创板
16	600196.SH	复星医药	86.67	医药生物	上海	沪市主板
17	600745.SH	闻泰科技	86.41	电子	湖北	沪市主板
18	600588.SH	用友网络	86.17	计算机	北京	沪市主板
19	600089.SH	特变电工	86.17	电力设备	新疆	沪市主板
20	601127.SH	赛力斯	85.99	汽车	重庆	沪市主板
21	300661.SZ	圣邦股份	85.98	电子	北京	创业板
22	300124.SZ	汇川技术	85.98	机械设备	广东	创业板
23	300033.SZ	同花顺	85.74	计算机	浙江	创业板
24	600703.SH	三安光电	85.70	电子	湖北	沪市主板
25	300450.SZ	先导智能	85.66	电力设备	江苏	创业板
26	600460.SH	士兰微	85.37	电子	浙江	沪市主板
27	300316.SZ	晶盛机电	85.17	电力设备	浙江	创业板
28	688041.SH	海光信息	85.11	电子	天津	科创板
29	002594.SZ	比亚迪	85.10	汽车	广东	深市主板
30	300750.SZ	宁德时代	85.08	电力设备	福建	创业板
31	603986.SH	兆易创新	84.74	电子	北京	沪市主板
32	002241.SZ	歌尔股份	84.44	电子	山东	深市主板
33	300782.SZ	卓胜微	84.39	电子	江苏	创业板
34	002414.SZ	高德红外	84.28	国防军工	湖北	深市主板
35	002747.SZ	埃斯顿	84.11	机械设备	江苏	深市主板
36	002153.SZ	石基信息	83.83	计算机	北京	深市主板
37	000938.SZ	紫光股份	83.82	计算机	北京	深市主板
38	300161.SZ	华中数控	83.76	机械设备	湖北	创业板
39	300760.SZ	迈瑞医疗	83.65	医药生物	广东	创业板
40	002151.SZ	北斗星通	83.54	国防军工	北京	深市主板
41	300274.SZ	阳光电源	83.54	电力设备	安徽	创业板
42	301269.SZ	华大九天	83.50	计算机	北京	创业板
43	002180.SZ	纳思达	83.28	计算机	广东	深市主板
44	300014.SZ	亿纬锂能	83.19	电力设备	广东	创业板
45	688777.SH	中控技术	83.14	机械设备	浙江	科创板
46	600521.SH	华海药业	83.13	医药生物	浙江	沪市主板
47	688599.SH	天合光能	82.98	电力设备	江苏	科创板
48	002129.SZ	TCL中环	82.91	电力设备	天津	深市主板
49	002212.SZ	天融信	82.90	计算机	广东	深市主板
50	300369.SZ	绿盟科技	82.85	计算机	北京	创业板

数据来源：同花顺（iFinD），首经贸资产评估研究院和浙江工商数字创新与管理研究院整理。

2022年非国有控股上市公司排名前50的创新要素投入指数平均水平为85.63，排名前10的是科大讯飞、长城汽车、恒瑞医药、四维图新、国轩高科、三一重工、TCL科技、中兴通讯、广联达、万泰生物。

从板块分布来看，在排名前50的非国有控股上市公司中，深市主板有17家，沪市主板有15家，创业板有14家，科创板有4家。

从省份分布来看，在排名前50的非国有控股上市公司中，数量排名靠前的有北京市（13家）、广东省（8家）、浙江省（6家）。

从行业分布来看，在排名前50的非国有控股上市公司中，数量排名靠前的行业分别是计算机（13家）、电子（11家）、电力设备（9家）。

11.3.4 创新科技成果指数

2022年非国有控股上市公司创新科技成果指数平均水平为68.23，低于全市场平均水平68.28。从指数分布来看，高于均值的有1,899家，占非国有控股上市公司总数的53.39%。其中，最高的是海尔智家，创新科技成果指数为90.42。具体来看，创新科技成果指数区间在60以下的有136家，占比3.82%；60~70的有2,427家，占比68.23%；70~80的有960家，占比26.99%；80以上的有34家，占比0.96%，如图11-53所示。

从创新科技成果指数平均水平来看，平均水平由高到低分别为：科创板（69.95）、创业板（68.38）、深市主板（67.95）、沪市主板（67.67）、北交所（67.16），如图11-54所示。

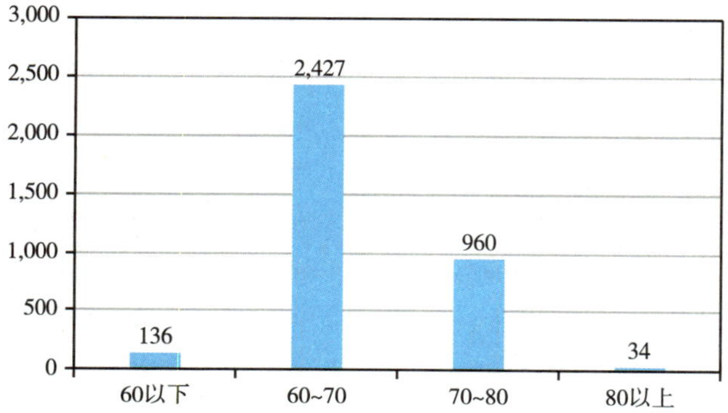

图11-53 2022年非国有控股上市公司创新科技成果指数分布图（家）

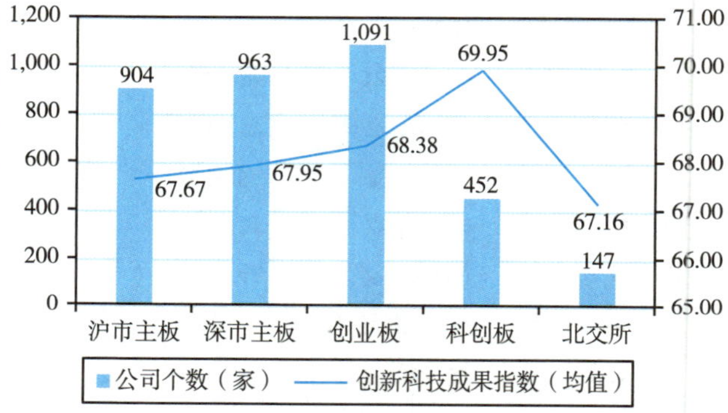

图11-54 2022年非国有控股各板块上市公司创新科技成果指数均值分布图

从创新科技成果指数平均水平来看，平均水平较高的有安徽省（68.97）、江西省（68.91）、天津市（68.85）、河北省（68.82）、江苏省（68.69），如图11-55所示。

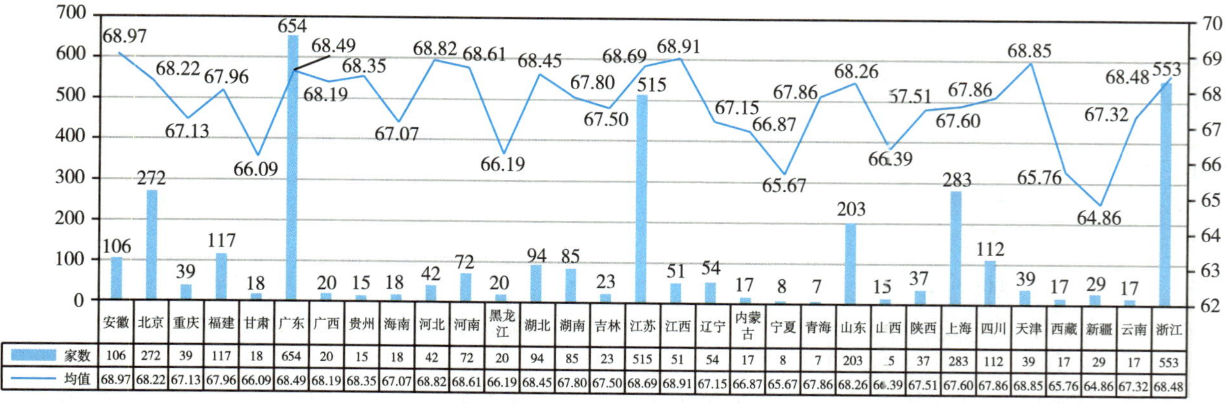

	安徽	北京	重庆	福建	甘肃	广东	广西	贵州	海南	河北	河南	黑龙江	湖北	湖南	吉林
家数	106	272	39	117	18	654	20	15	18	42	72	20	94	85	23
均值	68.97	68.22	67.13	67.96	66.09	68.49	68.19	68.35	67.07	68.82	68.61	66.19	68.45	67.80	67.50

	江苏	江西	辽宁	内蒙古	宁夏	青海	山东	山西	陕西	上海	四川	天津	西藏	新疆	云南	浙江
家数	515	51	54	17	8	7	203	15	37	283	112	39	17	29	17	553
均值	68.69	68.91	67.15	66.87	65.67	67.86	68.26	66.39	67.51	67.60	67.86	68.85	65.76	64.86	67.32	68.48

图11-55 2022年非国有控股各省份上市公司创新科技成果指数均值分布图

从创新科技成果指数平均水平来看，平均水平较高的行业分别是电力设备（70.32）、电子（69.58）、家用电器（69.41）、机械设备（69.19）、基础化工（69.14），如图11-56所示。

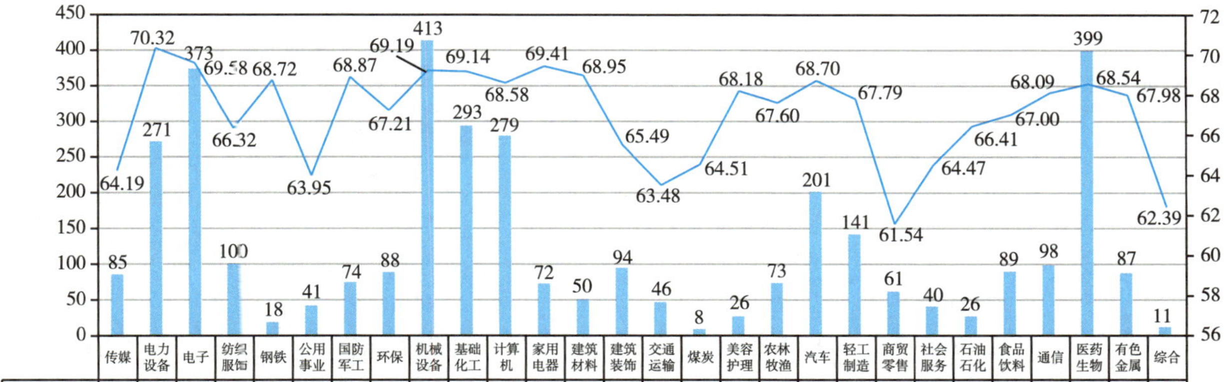

	传媒	电力设备	电子	纺织服饰	钢铁	公用事业	国防军工	环保	机械设备	基础化工	计算机	家用电器	建筑材料	建筑装饰	交通运输	煤炭	美容护理	农林牧渔	汽车	轻工制造	商贸零售	社会服务	石油石化	食品饮料	通信	医药生物	有色金属	综合
家数	85	271	373	100	18	41	74	88	413	293	279	72	50	94	46	8	26	73	201	141	61	40	26	89	98	399	87	11
均值	64.19	70.32	69.58	66.32	68.72	63.95	68.87	67.21	69.19	69.14	68.58	69.41	68.95	65.49	63.48	64.51	68.18	67.60	68.70	67.79	61.54	64.47	66.41	67.00	68.09	68.54	67.98	62.39

图11-56　2022年非国有控股各行业上市公司创新科技成果指数均值分布图

根据本报告评价，非国有控股上市公司创新科技成果指数排名前50的上市公司，如表11-14所示。

表11-14　　2022年非国有控股上市公司创新科技成果指数前50排名

排名	公司代码	公司名称	创新科技成果指数	一级行业_申万	省份	板块
1	600690.SH	海尔智家	90.42	家用电器	山东	沪市主板
2	000333.SZ	美的集团	88.89	家用电器	广东	深市主板
3	600196.SH	复星医药	86.18	医药生物	上海	沪市主板
4	600031.SH	三一重工	85.42	机械设备	北京	沪市主板
5	300760.SZ	迈瑞医疗	85.36	医药生物	广东	创业板
6	600438.SH	通威股份	85.10	电力设备	四川	沪市主板
7	601138.SH	工业富联	85.03	电子	广东	沪市主板
8	000651.SZ	格力电器	84.80	家用电器	广东	深市主板
9	600522.SH	中天科技	84.13	通信	江苏	沪市主板
10	300014.SZ	亿纬锂能	83.67	电力设备	广东	创业板
11	688223.SH	晶科能源	83.57	电力设备	江西	科创板
12	300316.SZ	晶盛机电	83.46	电力设备	浙江	创业板
13	300750.SZ	宁德时代	83.46	电力设备	福建	创业板
14	600887.SH	伊利股份	83.34	食品饮料	内蒙古	沪市主板
15	600089.SH	特变电工	83.14	电力设备	新疆	沪市主板
16	000100.SZ	TCL科技	82.91	电子	广东	深市主板
17	688271.SH	联影医疗	82.68	医药生物	上海	科创板
18	600282.SH	南钢股份	82.45	钢铁	江苏	沪市主板
19	000938.SZ	紫光股份	82.36	计算机	北京	深市主板
20	300274.SZ	阳光电源	81.71	电力设备	安徽	创业板
21	688599.SH	天合光能	81.62	电力设备	江苏	科创板
22	002180.SZ	纳思达	81.51	计算机	广东	深市主板

续表

排名	公司代码	公司名称	创新科技成果指数	一级行业_申万	省份	板块
23	002049.SZ	紫光国微	81.22	电子	河北	深市主板
24	300450.SZ	先导智能	80.86	电力设备	江苏	创业板
25	000063.SZ	中兴通讯	80.85	通信	广东	深市主板
26	002241.SZ	歌尔股份	80.80	电子	山东	深市主板
27	688777.SH	中控技术	80.70	机械设备	浙江	科创板
28	688111.SH	金山办公	80.54	计算机	北京	科创板
29	601012.SH	隆基绿能	80.51	电力设备	陕西	沪市主板
30	600703.SH	三安光电	80.30	电子	湖北	沪市主板
31	300124.SZ	汇川技术	80.23	机械设备	广东	创业板
32	002335.SZ	科华数据	80.12	电力设备	福建	深市主板
33	002460.SZ	赣锋锂业	80.11	有色金属	江西	深市主板
34	603882.SH	金域医学	80.10	医药生物	广东	沪市主板
35	300308.SZ	中际旭创	79.81	通信	山东	创业板
36	300161.SZ	华中数控	79.23	机械设备	湖北	创业板
37	688772.SH	珠海冠宇	79.10	电力设备	广东	科创板
38	300999.SZ	金龙鱼	79.07	农林牧渔	上海	创业板
39	300015.SZ	爱尔眼科	79.00	医药生物	湖南	创业板
40	600276.SH	恒瑞医药	78.94	医药生物	江苏	沪市主板
41	002230.SZ	科大讯飞	78.94	计算机	安徽	深市主板
42	002594.SZ	比亚迪	78.85	汽车	广东	深市主板
43	600143.SH	金发科技	78.64	基础化工	广东	沪市主板
44	603259.SH	药明康德	78.60	医药生物	江苏	沪市主板
45	600745.SH	闻泰科技	78.58	电子	湖北	沪市主板
46	002475.SZ	立讯精密	78.56	电子	广东	深市主板
47	300122.SZ	智飞生物	78.53	医药生物	重庆	创业板
48	002008.SZ	大族激光	78.53	机械设备	广东	深市主板
49	600570.SH	恒生电子	78.51	计算机	浙江	沪市主板
50	002036.SZ	联创电子	78.29	电子	江西	深市主板

数据来源：同花顺（iFinD），首经贸资产评估研究院和浙工商数字创新与管理研究院整理。

2022年非国有控股上市公司排名前50的创新科技成果指数平均水平为81.58，排名前10的是海尔智家、美的集团、复星医药、三一重工、迈瑞医疗、通威股份、工业富联、格力电器、中天科技、亿纬锂能。

从板块分布来看，在排名前50的非国有控股上市公司中，沪市主板有17家，深市主板有15家，创业板有12家，科创板有6家。

从省份分布来看，在排名前50的非国有控股上市公司中，数量排名靠前的有广东省（15家）、江苏省（6家）。

从行业分布来看，在排名前50的非国有控股上市公司中，数量排名靠前的行业分别是电力设备（12家）、医药生物（8家）、电子（8家）。

11.3.5　创新经济绩效指数

2022年非国有控股上市公司创新经济绩效指数平均水平为60.13，低于全市场平均水平61.11。从指数分布来看，高于均值的有1,508家，占非国有控股上市公司总数的42.40%。其中，最高的是联影医疗，创新经济绩效指数为88.19。具体来看，创新经济绩效指数区间在60以下的有1,900家，占比53.41%；60~70的有1,280家，占比35.99%；70~80的有334家，占比9.39%；80以上的有43家，占比1.21%，如图11-57所示。

从创新经济绩效指数平均水平来看，平均水平由高到低分别为：深市主板（61.25）、沪市主板（61.24）、科创板（59.76）、创业板（59.31）、北交所（53.16），如图11-58所示。

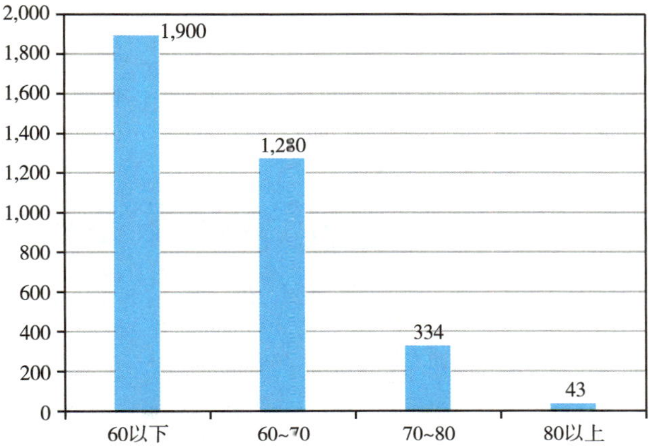

图11-57　2022年非国有控股上市公司创新经济绩效指数分布图（家）

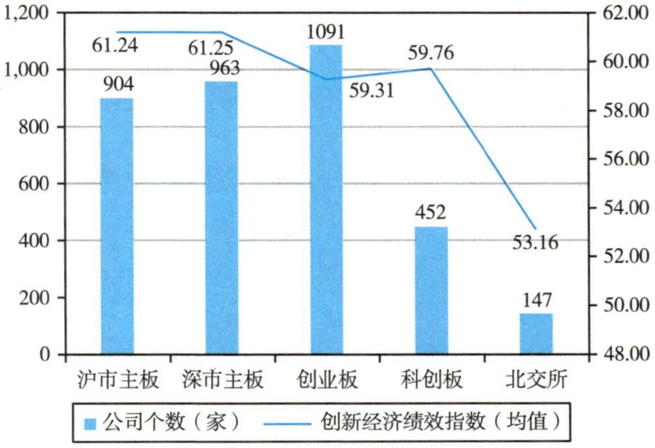

图11-58　2022年非国有控股各板块上市公司创新经济绩效指数均值分布图

从创新经济绩效指数平均水平来看，平均水平较高的有内蒙古自治区（66.61）、贵州省（63.00）、河北省（62.05）、陕西省（61.96）、江西省（61.86），如图11-59所示。

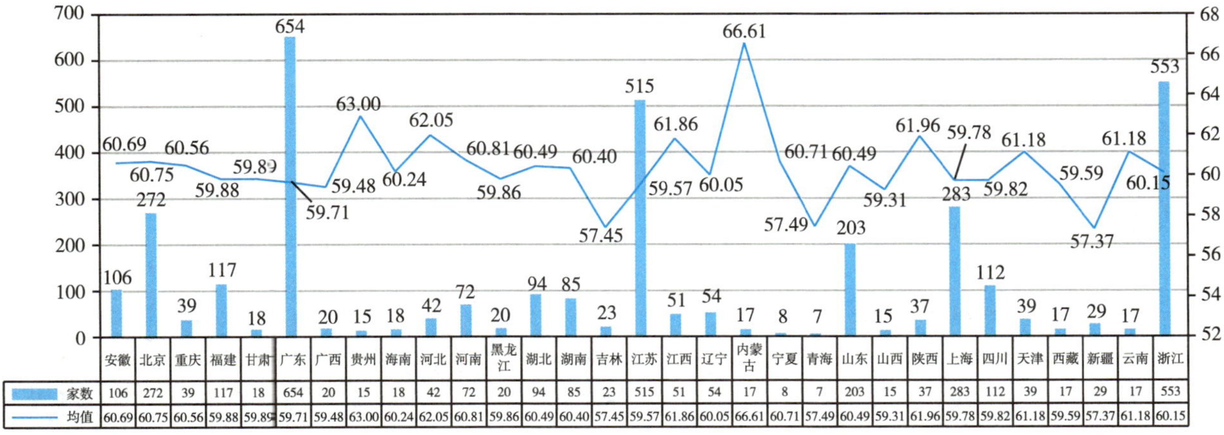

	安徽	北京	重庆	福建	甘肃	广东	广西	贵州	海南	河北	河南	黑龙江	湖北	湖南	吉林	江苏	江西	辽宁	内蒙古	宁夏	青海	山东	山西	陕西	上海	四川	天津	西藏	新疆	云南	浙江
家数	106	272	39	117	18	654	20	15	18	42	72	20	94	85	23	515	51	54	17	8	7	203	15	37	283	112	39	17	29	17	553
均值	60.69	60.75	60.56	59.88	59.89	59.71	59.48	63.00	60.24	62.05	60.81	59.86	60.49	60.40	57.45	59.57	61.86	60.05	66.61	60.71	57.49	60.49	59.31	61.96	59.78	59.82	61.18	59.59	57.37	61.18	60.15

图11-59　2022年非国有控股各省份上市公司创新经济绩效指数均值分布图

从创新经济绩效指数平均水平来看，平均水平较高的行业分别是煤炭（63.35）、医药生物（63.00）、有色金属（62.89）、美容护理（62.74）、钢铁（62.73），如图11-60所示。

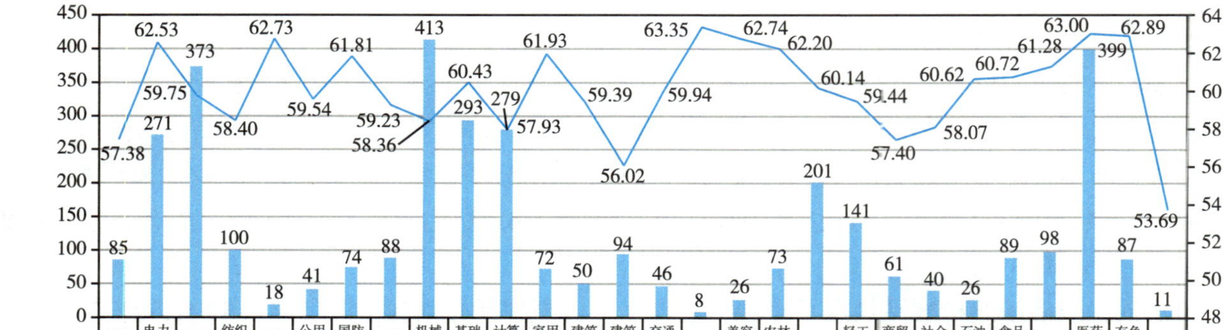

	传媒	电力设备	电子	纺织服饰	钢铁	公用事业	国防军工	环保	机械设备	基础化工	计算机	家用电器	建筑材料	建筑装饰	交通运输	煤炭	美容护理	农林牧渔	汽车	轻工制造	商贸零售	社会服务	石油石化	食品饮料	通信	医药生物	有色金属	综合
家数	85	271	373	100	18	41	74	88	413	293	279	72	50	94	46	8	26	73	201	141	61	40	26	89	98	399	87	11
均值	57.38	62.53	59.75	58.40	62.73	59.54	61.81	59.23	58.36	60.43	57.93	61.93	59.39	56.02	59.94	63.35	62.74	62.20	60.14	59.44	57.40	58.07	60.62	60.72	61.28	63.00	62.89	53.69

图11-60　2022年非国有控股各行业上市公司创新经济绩效指数均值分布图

根据本报告评价，非国有控股上市公司创新经济绩效指数排名前50的上市公司，如表11-15所示。

表11-15　　2022年非国有控股上市公司创新经济绩效指数前50排名

排名	公司代码	公司名称	创新经济绩效指数	一级行业_申万	省份	板块
1	688271.SH	联影医疗	88.19	医药生物	上海	科创板
2	300760.SZ	迈瑞医疗	87.79	医药生物	广东	创业板
3	601633.SH	长城汽车	87.48	汽车	河北	沪市主板
4	688041.SH	海光信息	86.69	电子	天津	科创板
5	002074.SZ	国轩高科	86.64	电力设备	安徽	深市主板
6	600438.SH	通威股份	86.34	电力设备	四川	沪市主板
7	002129.SZ	TCL中环	84.84	电力设备	天津	深市主板
8	002475.SZ	立讯精密	84.70	电子	广东	深市主板
9	601615.SH	明阳智能	84.45	电力设备	广东	沪市主板
10	002241.SZ	歌尔股份	84.36	电子	山东	深市主板
11	000963.SZ	华东医药	84.19	医药生物	浙江	深市主板
12	300003.SZ	乐普医疗	83.73	医药生物	北京	创业板
13	600690.SH	海尔智家	83.56	家用电器	山东	沪市主板
14	601127.SH	赛力斯	83.08	汽车	重庆	沪市主板
15	002594.SZ	比亚迪	83.04	汽车	广东	深市主板
16	600887.SH	伊利股份	82.90	食品饮料	内蒙古	沪市主板
17	600803.SH	新奥股份	82.77	公用事业	河北	沪市主板
18	600588.SH	用友网络	82.59	计算机	北京	沪市主板
19	300124.SZ	汇川技术	82.44	机械设备	广东	创业板
20	300450.SZ	先导智能	82.41	电力设备	江苏	创业板
21	600089.SH	特变电工	82.35	电力设备	新疆	沪市主板
22	300014.SZ	亿纬锂能	82.33	电力设备	广东	创业板
23	688599.SH	天合光能	82.27	电力设备	江苏	科创板
24	600196.SH	复星医药	82.20	医药生物	上海	沪市主板
25	600703.SH	三安光电	82.14	电子	湖北	沪市主板
26	002049.SZ	紫光国微	82.14	电子	河北	深市主板

续表

排名	公司代码	公司名称	创新经济绩效指数	一级行业_申万	省份	板块
27	002230.SZ	科大讯飞	82.05	计算机	安徽	深市主板
28	603259.SH	药明康德	82.00	医药生物	江苏	沪市主板
29	002180.SZ	纳思达	81.76	计算机	广东	深市主板
30	002625.SZ	光启技术	81.72	国防军工	广东	深市主板
31	002460.SZ	赣锋锂业	81.69	有色金属	江西	深市主板
32	603986.SH	兆易创新	81.53	电子	北京	沪市主板
33	601777.SH	力帆科技	81.51	汽车	重庆	沪市主板
34	002353.SZ	杰瑞股份	81.50	机械设备	山东	深市主板
35	600521.SH	华海药业	81.46	医药生物	浙江	沪市主板
36	300122.SZ	智飞生物	81.31	医药生物	重庆	创业板
37	600276.SH	恒瑞医药	81.22	医药生物	江苏	沪市主板
38	603659.SH	璞泰来	81.06	电力设备	上海	沪市主板
39	002756.SZ	永兴材料	81.02	有色金属	浙江	深市主板
40	002812.SZ	恩捷股份	80.80	电力设备	云南	深市主板
41	600487.SH	亨通光电	80.51	通信	江苏	沪市主板
42	600522.SH	中天科技	80.32	通信	江苏	沪市主板
43	601138.SH	工业富联	80.11	电子	广东	沪市主板
44	300308.SZ	中际旭创	79.94	通信	山东	创业板
45	002466.SZ	天齐锂业	79.94	有色金属	四川	深市主板
46	002709.SZ	天赐材料	79.76	电力设备	广东	深市主板
47	002497.SZ	雅化集团	79.71	有色金属	四川	深市主板
48	002340.SZ	格林美	79.65	电力设备	广东	深市主板
49	600699.SH	均胜电子	79.61	汽车	浙江	沪市主板
50	002352.SZ	顺丰控股	79.57	交通运输	广东	深市主板

数据来源：同花顺（iFinD），首经贸资产评估研究院和浙工商数字创新与管理研究院整理。

2022年非国有控股上市公司排名前50的创新经济绩效指数平均水平为82.51，排名前10的是联影医疗、迈瑞医疗、长城汽车、海光信息、国轩高科、通威股份、TCL中环、立讯精密、明阳智能、歌尔股份。

从板块分布来看，在排名前50的非国有控股上市公司中，沪市主板有21家，深市主板有19家，创业板有7家，科创板有3家。

从省份分布来看，在排名前50的非国有控股上市公司中，数量排名靠前的有广东省（12家）、江苏省（6家）、山东省（4家）、浙江省（4家）。

从行业分布来看，在排名前50的非国有控股上市公司中，数量排名靠前的行业分别是电力设备（12家）、医药生物（9家）、电子（7家）。

第12章 专精特新类上市公司创新发展指数评价

专精特新类上市公司是专注于细分市场、创新能力强、市场占有率高、掌握关键核心技术、质量效益优的排头兵企业。截至2022年末，经工信部审核认定的国家级专精特新“小巨人”企业总数达9,273家，其中母公司为专精特新“小巨人”的上市公司数量为686家。[①]截至2022年末，686家专精特新上市公司总市值共计178,152.87亿元，平均市值259.70亿元，当年实现营业总收入221,873.69亿元，平均营业收入323.43亿元，实现净利润17,620.43亿元，平均净利润25.68亿元。

从板块分布来看，2022年度沪市主板上市的专精特新上市公司实现营业收入13,212.28亿元，净利润497.91亿元；深市主板上市的专精特新上市公司实现营业收入3,133.72亿元，净利润244.01亿元；科创板上市的专精特新上市公司实现营业收入183,266.49亿元，净利润15,544.59亿元；创业板上市的专精特新上市公司实现营业收入20,444.60亿元，净利润1,246.46亿元；北交所上市的专精特新上市公司实现营业收入1,816.59亿元，净利润87.46亿元。

12.1 专精特新类上市公司创新发展指数评价

12.1.1 创新发展综合指数

12.1.1.1 整体分析

从全部A股市场看，686家专精特新类上市公司创新发展综合指数平均水平为65.89分，高于市场整体平均水平65.47。其中，高于市场平均水平的上市公司有353家，占比为51.46%；创新发展综合指数区间在60以下的有40家，占比5.83%；60~70的有550家，占比80.17%；70~80的有95家，占比13.85%；80以上的有1家，占比0.15%，如图12–1所示。

12.1.1.2 上市板块分析

从上市板块看，686家专精特新上市公司中在沪市主板上市的共78家，占比11.37%；在深市主板上市的共89家，占比12.97%；在创业板上市的共252家，占比36.73%；在科创板上市的共211家，占比30.76%；在北交所上市的共56家，占比8.16%。

从创新发展综合指数平均水平看，科创板上市的专精特新企业创新发展综合指数平均水平最高，为67.18；其次是深市主板上市的专精特新企业，为67.06；沪市主板和创业板上市的专精特新企业创新发展综合指数平均水平差异不大，分别为66.28和65.31；排名最后的是北交所上市的专精特新企业，为61.16。各板块专精特新上市公司创新发展综合指数均值分布图，如图12–2所示。

① 根据经工信部审核认定的前四批国家级专精特新“小巨人”企业名单确定。

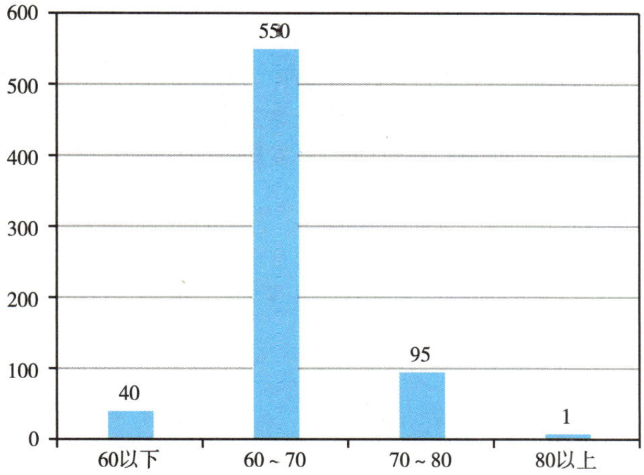

图12-1 专精特新上市公司创新发展综合指数整体分布图（家）

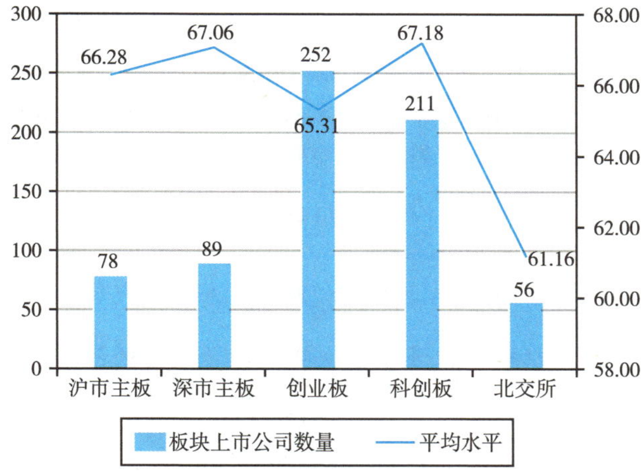

图12-2 各板块专精特新上市公司创新发展综合指数均值分布图

12.1.1.3 行业分析

从行业分布看，686家专精特新上市公司共分布于机械设备、电子、基础化工和医药生物等28个行业。其中，19个行业创新发展综合指数高于全市场平均水平，综合（72.71）平均水平最高，其次是通信（67.81）和建筑装饰（67.81），平均水平较低的三个行业分别是商贸零售（63.31）、交通运输（63.77）、轻工制造（64.47）。

沪市主板中，综合行业（78.10）创新发展综合指数最高，商贸零售行业（61.26）创新发展综合指数最低；深市主板中，纺织服饰行业（72.79）创新发展综合指数最高，轻工制造行业（63.54）创新发展综合指数最低；创业板中，有色金属行业（69.65）创新发展综合指数最高，商贸零售行业（62.30）创新发展综合指数最低；科创板中，钢铁行业（70.71）创新发展综合指数最高，有色金属行业（64.08）创新发展综合指数最低；北交所中，电力设备行业（64.93）创新发展综合指数最高，美容护理行业（58.98）创新发展综合指数最低，具体情况如表12-1所示。

表12-1 各板块下各行业专精特新上市公司创新发展综合指数均值

行业分类	全板块		沪市主板		深市主板		创业板		科创板		北交所	
	平均水平	上市公司数量	平均水平	上市公司数量	平均水平	上市公司数量	平均水平	上市公司数量	平均水平	上市公司数量	平均水平	上市公司数量
传媒	64.58	17	64.78	4	64.39	3	64.03	7	65.79	3	—	—
电力设备	66.21	49	63.39	3	71.60	4	64.61	22	67.58	18	64.93	2
电子	66.19	54	65.39	7	66.90	6	65.99	23	67.71	15	60.58	3
纺织服饰	66.37	20	65.56	5	72.79	2	64.90	6	66.89	6	63.22	1
钢铁	67.19	4	—	—	—	—	66.02	3	70.71	1	—	—
公用事业	65.22	12	64.27	1	65.84	2	66.27	5	66.84	2	60.86	2
国防军工	66.36	27	65.21	1	69.81	2	64.77	8	67.68	14	60.55	2
环保	65.13	15	71.03	2	65.57	4	64.05	5	65.35	2	60.81	2

续表

行业分类	全板块		沪市主板		深市主板		创业板		科创板		北交所	
	平均水平	上市公司数量	平均水平	上市公司数量	平均水平	上市公司数量	平均水平	上市公司数量	平均水平	上市公司数量	平均水平	上市公司数量
机械设备	66.18	80	65.24	10	67.44	12	65.97	31	67.09	22	62.32	5
基础化工	66.16	56	65.92	6	67.12	9	64.13	17	67.91	20	64.20	4
计算机	66.10	53	68.05	7	66.33	10	64.50	19	67.32	16	61.31	1
家用电器	66.25	14	69.16	3	—	—	62.85	4	67.31	6	64.74	1
建筑材料	65.98	7	—	—	—	—	66.77	5	68.51	1	59.47	1
建筑装饰	67.81	23	67.05	5	71.01	5	68.14	3	67.72	8	61.55	2
交通运输	63.77	14	70.38	1	64.80	1	63.51	7	64.59	3	59.65	2
煤炭	65.80	5	—	—	—	—	65.89	3	65.57	2	—	—
美容护理	65.57	5	—	—	—	—	66.99	2	67.45	2	58.98	1
农林牧渔	65.90	16	62.93	1	67.22	2	64.64	3	67.72	8	60.69	2
汽车	64.50	40	65.17	5	66.84	3	64.59	17	67.74	7	60.19	8
轻工制造	64.47	24	63.69	3	63.54	4	65.95	7	66.56	6	60.27	4
商贸零售	63.31	10	61.26	1	66.73	2	62.30	4	64.77	2	59.62	1
社会服务	66.88	8	—	—	70.73	2	67.91	3	65.50	1	62.16	2
石油石化	64.51	3	—	—	—	—	—	—	67.02	2	59.49	1
食品饮料	64.79	22	—	—	64.09	4	64.68	7	66.23	9	60.04	2
通信	67.81	21	—	—	67.26	1	67.34	11	68.45	9	—	—
医药生物	65.53	66	67.45	9	65.88	9	64.82	21	66.42	22	60.55	5
有色金属	66.85	19	66.65	3	65.58	2	69.65	9	64.08	3	59.97	2
综合	72.71	2	78.10	1	—	—	—	—	67.32	1	—	—
总计	65.89	686	66.28	78	67.06	89	65.31	252	67.18	211	61.16	56

数据来源：同花顺（iFinD），首经贸资产评估研究院和浙工商数字创新与管理研究院整理。

12.1.1.4 省份分析

从省份分布看，686家专精特新上市公司分布在28个省份，并集中分布在江苏省（116家）、浙江省（104家）、广东省（86家）、上海市（67家）和北京市（49家），占总量的61.52%。

从创新发展综合指数平均水平看，云南省专精特新上市公司平均水平最高，为70.29；其次是海南省（69.15）、甘肃省（68.26）。创新发展综合指数较低的分别是新疆维吾尔自治区（62.75）、广西壮族自治区（63.00）和湖北省（64.10）。各省份创新发展综合指数具体情况，如表12–2所示。

表 12–2　各板块下各省份上市公司创新发展综合指数均值

省份	全板块		沪市主板		深市主板		创业板		科创板		北交所	
	平均水平	上市公司数量	平均水平	上市公司数量	平均水平	上市公司数量	平均水平	上市公司数量	平均水平	上市公司数量	平均水平	上市公司数量
安徽	66.30	34	—	—	66.33	9	64.54	8	68.27	14	61.68	3
北京	67.35	49	68.28	7	66.87	2	68.47	18	66.73	20	60.70	2
福建	65.94	21	69.86	6	64.80	1	64.73	10	63.40	4	—	—
甘肃	68.26	1	68.26	1	—	—	—	—	—	—	—	—
广东	66.01	86	63.85	1	67.53	15	66.08	31	66.47	32	60.64	7
广西	63.00	4	64.68	1	62.99	2	—	—	—	—	61.31	1
贵州	66.05	3	65.44	1	63.67	1	—	—	69.04	1	—	—
海南	69.15	2	67.59	1	—	—	—	—	70.71	1	—	—
河北	65.36	8	65.69	1	71.41	1	64.90	5	—	—	61.33	1
河南	66.11	21	—	—	72.10	4	66.64	11	64.77	1	60.44	5
黑龙江	67.40	4	—	—	69.04	1	70.15	1	65.20	2	—	—
湖北	64.10	20	—	—	67.26	2	63.63	11	65.47	5	60.05	2
湖南	66.29	18	—	—	63.82	4	66.23	5	68.25	8	60.74	1
吉林	67.29	4	—	—	68.21	2	64.20	1	—	—	68.53	1
江苏	66.17	116	66.37	20	68.72	6	65.23	42	67.52	41	61.18	7
江西	64.70	7	67.09	1	62.66	1	62.45	3	67.88	2	—	—
辽宁	64.38	14	65.73	2	56.89	1	62.96	6	68.73	4	60.25	1
内蒙古	66.93	2	—	—	63.75	1	70.11	1	—	—	—	—
山东	64.96	30	66.00	1	68.24	8	64.17	10	65.45	6	60.51	5
山西	64.17	2	—	—	—	—	—	—	—	—	64.17	2
陕西	67.56	10	—	—	67.36	1	67.68	6	67.40	3	—	—
上海	67.40	67	66.36	14	68.55	5	66.70	14	68.05	33	64.41	1
四川	65.18	35	65.05	2	63.47	2	65.21	15	67.24	11	61.30	5
天津	66.69	12	—	—	68.75	3	64.94	4	68.83	4	58.98	1
新疆	62.75	1	—	—	—	—	62.75	1	—	—	—	—
云南	70.29	4	72.91	1	78.47	1	65.03	1	—	—	64.74	1
浙江	64.20	104	64.03	17	65.17	14	63.93	45	66.29	18	60.56	10
重庆	66.54	7	65.03	1	69.75	2	64.18	3	68.70	1	—	—
总计	65.89	686	66.28	78	67.06	89	65.31	252	67.18	211	61.16	56

数据来源：同花顺（iFinD），首经贸资产评估研究院和浙工商数字创新与管理研究院整理。

12.1.1.5　产权分析

从产权分布看，中央国有控股专精特新上市公司共有17家，占比2.48%；地方国有控股专精特新上市公司共有36家，占比5.25%；非国有控股的专精特新上市公司共有633家，占比92.27%。

从创新发展综合指数平均水平看，中央国有控股专精特新上市公司的创新发展综合指数为69.53，地方国有控股专精特新上市公司的创新发展综合指数为66.90，均高于专精特新上市公司平均水平65.89；非国有控股的专精特新上市公司平均为65.73，低于专精特新上市公司平均水平。不同产权的上市公司创新发展综合指数具体情况，如图12-3所示。

12.1.2 创新资源支持指数

12.1.2.1 整体分析

从全部A股市场看，686家专精特新类上市公司创新资源支持指数平均水平为69.14分，高于市场整体平均水平68.18。其中，高于市场平均水平的上市公司有366家，占比为53.35%；创新资源支持指数区间在60以下的有46家，占比6.71%；60~70的有349家，占比50.87%；70~80的有254家，占比37.03%；80以上的有37家，占比5.39%，如图12-4所示。

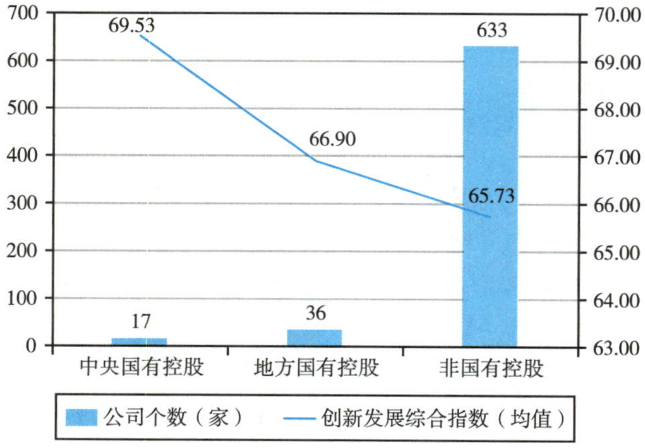

图12-3 专精特新上市公司产权分布和创新发展综合指数均值分布图

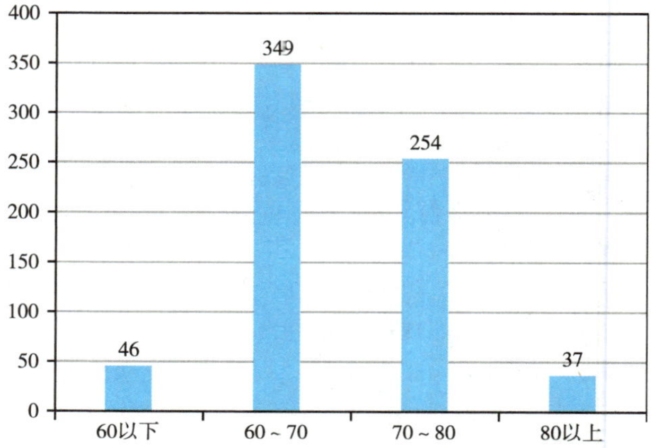

图12-4 专精特新上市公司创新资源支持指数整体分布图（家）

12.1.2.2 上市板块分析

从上市板块看，深市主板上市的专精特新企业创新资源支持指数平均水平最高，为70.77；其次是科创板上市的专精特新企业，为70.48；沪市主板和创业板上市的专精特新企业创新资源支持指数平均水平差异不大，分别为69.66和68.46；最后是北交所上市的专精特新企业，为63.85。各板块专精特新上市公司创新资源支持指数均值分布图，如图12-5所示。

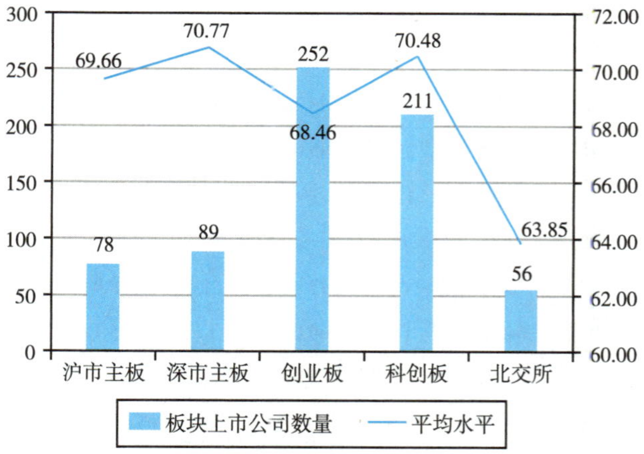

图12-5 各板块的专精特新上市公司创新资源支持指数均值分布图

12.1.2.3 行业分析

从行业分布看，22个行业创新资源支持指数高于全市场平均水平，其中综合行业（78.25）平均水平最高，其次是钢铁行业（72.47）和社会服务行业（71.35），平均水平较低的三个行业分别是商贸零售行业（64.28）、轻工制造行业（66.32）和公用事业行业（66.85）。

沪市主板中，环保行业（82.00）创新资源支持指数最高，商贸零售行业创新资源支持指数（64.72）最低；深市主板中，纺织服饰行业（82.28）创新资源支持指数最高，交通运输行业（65.56）创新资源支持指数最低；创业板中，社会服务行业（74.44）创新资源支持指数最高，商贸零售行业（61.68）创新资源支持指数最低；科创板中，钢铁行业（80.15）创新资源支持指数最高，商贸零售行业（62.26）创新资源支持指数最低；北交所中，计算机行业（70.25）创新资源支持指数最高，美容护理行业（55.75）创新资源支持指数最低，具体情况如表12-3所示。

表 12-3　各板块下各行业专精特新上市公司创新资源支持指数均值

行业分类	全板块		沪市主板		深市主板		创业板		科创板		北交所	
	平均水平	上市公司数量	平均水平	上市公司数量	平均水平	上市公司数量	平均水平	上市公司数量	平均水平	上市公司数量	平均水平	上市公司数量
传媒	69.47	17	73.47	4	67.76	3	66.81	7	72.03	3	—	—
电力设备	69.88	49	65.75	3	76.21	4	68.49	22	71.36	18	65.30	2
电子	69.72	54	68.21	7	69.80	6	69.80	23	71.91	15	61.57	3
纺织服饰	69.43	20	65.35	5	82.28	2	68.46	6	70.15	6	65.69	1
钢铁	72.47	4	—	—	—	—	69.90	3	80.15	1	—	—
公用事业	66.85	12	74.13	1	68.86	2	67.55	5	66.51	2	59.82	2
国防军工	69.29	27	68.63	1	76.07	2	65.58	8	71.25	14	63.93	2
环保	69.76	15	82.00	2	69.89	4	68.68	5	68.85	2	60.89	2
机械设备	68.71	80	68.48	10	69.27	12	67.98	31	69.74	22	67.79	5
基础化工	69.96	56	70.66	6	71.25	9	67.66	17	71.64	20	67.36	4
计算机	68.47	53	70.55	7	70.54	10	67.80	19	66.94	16	70.25	1
家用电器	69.96	14	71.68	3	—	—	64.93	4	72.71	6	68.46	1
建筑材料	68.11	7	—	—	—	—	68.89	5	72.46	1	59.88	1
建筑装饰	70.68	23	66.70	5	75.57	5	73.75	3	70.87	8	62.99	2
交通运输	67.95	14	75.34	1	65.56	1	70.19	7	65.27	3	61.63	2
煤炭	70.62	5	—	—	—	—	69.00	3	73.06	2	—	—
美容护理	68.05	5	—	—	—	—	68.09	2	74.17	2	55.75	1
农林牧渔	71.07	16	70.14	1	71.24	2	70.71	3	72.51	8	66.13	2
汽车	68.57	40	70.06	5	70.21	3	69.29	17	70.12	7	64.16	8
轻工制造	66.32	24	66.44	3	66.64	4	67.01	7	68.11	6	62.00	4

续表

行业分类	全板块		沪市主板		深市主板		创业板		科创板		北交所	
	平均水平	上市公司数量	平均水平	上市公司数量	平均水平	上市公司数量	平均水平	上市公司数量	平均水平	上市公司数量	平均水平	上市公司数量
商贸零售	64.28	10	64.72	1	69.95	2	61.68	4	62.26	2	66.95	1
社会服务	71.35	8	—	—	74.50	2	74.44	3	70.03	1	64.22	2
石油石化	69.16	3	—	—	—	—	—	—	72.46	2	62.58	1
食品饮料	68.40	22	—	—	67.50	4	66.52	7	71.32	9	63.57	2
通信	69.66	21	—	—	72.25	1	67.44	11	72.09	9	—	—
医药生物	69.18	66	69.16	9	70.17	9	69.84	21	69.50	22	63.23	5
有色金属	68.87	19	72.30	3	66.94	2	70.66	9	67.75	3	59.23	2
综合	78.25	2	80.87	1	—	—	—	—	75.62	1	—	—
总计	69.14	686	69.66	78	70.77	89	68.46	252	70.48	211	63.85	56

数据来源：同花顺（iFinD），首经贸资产评估研究院和浙工商数字创新与管理研究院整理。

12.1.2.4 省份分析

从省份分布看，重庆市专精特新上市公司创新资源支持指数平均水平最高，为74.36；其次是海南省（74.10）、甘肃省（73.09）。创新资源支持指数较低的三个省份是内蒙古自治区（61.27）、山西省（64.28）和新疆维吾尔自治区（64.95）。各省份创新资源支持指数具体情况，如表12-4所示。

表 12-4　各板块下各省份的上市公司创新资源支持指数均值

省份	全板块		沪市主板		深市主板		创业板		科创板		北交所	
	平均水平	上市公司数量	平均水平	上市公司数量	平均水平	上市公司数量	平均水平	上市公司数量	平均水平	上市公司数量	平均水平	上市公司数量
安徽	71.58	34	—	—	69.44	9	71.31	8	73.71	14	68.72	3
北京	67.71	49	70.63	7	69.42	2	68.54	18	66.37	20	61.72	2
福建	69.55	21	71.55	6	65.56	1	69.17	10	68.51	4	—	—
甘肃	73.09	1	73.09	1	—	—	—	—	—	—	—	—
广东	70.63	86	63.06	1	73.60	15	70.36	31	70.93	32	65.15	7
广西	70.41	4	77.97	1	66.70	2	—	—	—	—	70.25	1
贵州	66.90	3	65.92	1	66.51	1	—	—	68.25	1	—	—
海南	74.10	2	68.04	1	—	—	—	—	80.15	1	—	—
河北	70.04	8	67.68	1	77.33	1	70.30	5	—	—	63.81	1
河南	69.74	21	—	—	77.49	4	70.29	11	69.58	1	62.36	5
黑龙江	70.18	4	—	—	73.58	1	72.51	1	67.31	2	—	—
湖北	67.23	20	—	—	73.01	2	68.29	11	64.41	5	62.66	2

续表

省份	全板块		沪市主板		深市主板		创业板		科创板		北交所	
	平均水平	上市公司数量	平均水平	上市公司数量	平均水平	上市公司数量	平均水平	上市公司数量	平均水平	上市公司数量	平均水平	上市公司数量
湖南	70.97	18	—	—	67.00	4	70.65	5	74.32	8	61.57	1
吉林	69.17	4	—	—	69.64	2	70.58	1	—	—	66.79	1
江苏	69.22	116	69.68	20	71.50	6	68.46	42	70.37	41	63.77	7
江西	71.00	7	72.39	1	76.78	1	67.82	3	72.21	2	—	—
辽宁	65.80	14	66.26	2	57.62	1	64.24	6	70.52	4	63.49	1
内蒙古	61.27	2	—	—	58.98	1	63.56	1	—	—	—	—
山东	67.80	30	69.72	1	72.30	8	66.13	10	68.25	6	63.02	5
山西	64.28	2	—	—	—	—	—	—	—	—	64.28	2
陕西	66.50	10	—	—	64.28	1	66.90	6	66.42	3	—	—
上海	70.11	67	70.57	14	70.49	5	66.68	14	71.36	33	68.52	1
四川	66.77	35	71.11	2	62.36	2	67.20	15	68.64	11	61.41	5
天津	68.85	12	—	—	70.24	3	67.50	4	72.43	4	55.75	1
新疆	64.95	1	—	—	—	—	64.95	1	—	—	—	—
云南	72.01	4	73.44	1	80.31	1	65.81	1	—	—	68.46	1
浙江	68.30	104	67.44	17	68.65	14	67.87	45	72.46	18	63.69	10
重庆	74.36	7	75.49	1	78.30	2	71.60	3	73.65	1	—	—
总计	69.14	686	69.66	78	70.77	89	68.46	252	70.48	211	63.85	56

数据来源：同花顺（iFinD），首经贸资产评估研究院和浙工商数字创新与管理研究院整理。

12.1.2.5　产权分析

从产权分布看，中央国有控股专精特新上市公司的创新资源支持指数为72.05，地方国有控股专精特新上市公司的创新资源支持指数为69.25，均高于专精特新上市公司平均水平69.14；非国有控股的专精特新上市公司平均为69.05，低于专精特新上市公司平均水平。不同产权的上市公司创新资源支持指数具体情况，如图12-6所示。

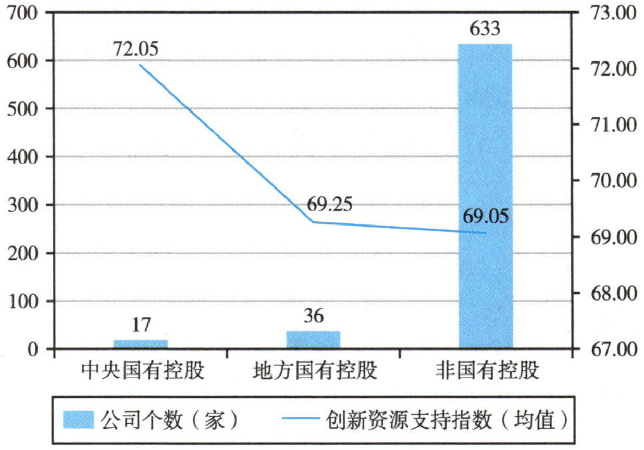

图12-6　专精特新上市公司产权分布和创新资源支持指数均值分布图

12.1.3　创新要素投入指数

12.1.3.1　整体分析

从全部A股市场看，686家专精特新类上市公司创新要素投入指数平均水平为67.30分，高于市场整体平均水平65.37。其中，高于市场平均水平的上市公司有426家，占比为62.10%；创新要素投入指数区间在60以下的有59家，占比8.60%；60~70的有407家，占比59.33%；70~80的有211家，占比30.76%；80以上的有9家，占比1.31%，如图12-7所示。

12.1.3.2 上市板块分析

从上市板块看，科创板上市的专精特新企业创新要素投入指数平均水平最高，为69.80；其次是深市主板上市的专精特新企业，为67.92；沪市主板和创业板上市的专精特新企业创新要素投入指数平均水平差异不大，分别为66.64和66.52；最后是北交所上市的专精特新企业，为61.33。各板块的专精特新上市公司创新要素投入指数均值分布，如图12-8所示。

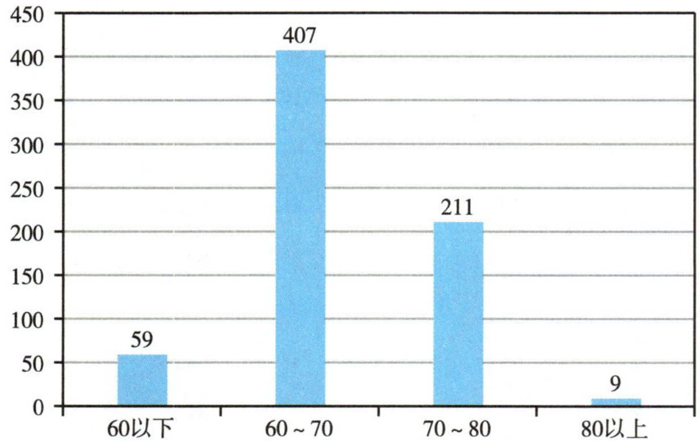

图12-7 专精特新上市公司创新要素投入指数整体分布图（家）

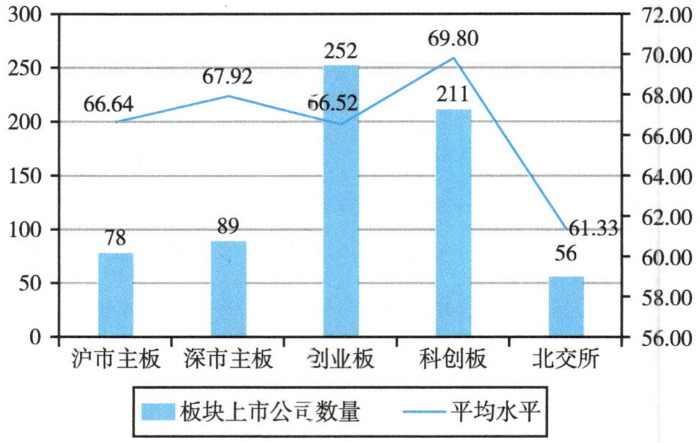

图12-8 各板块的专精特新上市公司创新要素投入指数均值分布图

12.1.3.3 行业分析

从行业分布看，24个行业创新要素投入指数高于全市场平均水平，其中钢铁（71.41）平均水平最高，其次是通信行业（70.82）和建筑装饰行业（70.73），平均水平较低的三个行业分别是石油石化行业（63.14）、传媒行业（64.13）和汽车（65.25）。

沪市主板中，综合行业（75.54）创新要素投入指数最高，公用事业行业创新要素投入指数（60.48）最低；深市主板中，建筑装饰行业（74.63）创新要素投入指数最高，传媒行业（64.17）创新要素投入指数最低；创业板中，钢铁行业（71.80）创新要素投入指数最高，家用电器行业（62.74）创新要素投入指数最低；科创板中，建筑材料行业（74.15）创新要素投入指数最高，综合行业（64.80）创新要素投入指数最低；北交所中，基础化工行业（67.48）创新要素投入指数最高，石油石化行业（57.76）创新要素投入指数最低，具体情况如表12-5所示。

表12-5 各板块下各行业专精特新上市公司创新要素投入指数均值

行业分类	全板块		沪市主板		深市主板		创业板		科创板		北交所	
	平均水平	上市公司数量	平均水平	上市公司数量	平均水平	上市公司数量	平均水平	上市公司数量	平均水平	上市公司数量	平均水平	上市公司数量
传媒	64.63	17	61.38	4	64.17	3	65.28	7	67.91	3	—	—
电力设备	67.29	49	63.34	3	70.71	4	65.39	22	69.69	18	65.63	2
电子	67.34	54	65.31	7	67.20	6	66.30	23	71.09	15	61.58	3
纺织服饰	67.63	20	68.11	5	71.15	2	66.45	6	68.07	6	62.62	1
钢铁	71.41	4	—	—	—	—	71.80	3	70.24	1	—	—
公用事业	66.42	12	60.48	1	68.87	2	68.25	5	68.14	2	60.63	2

续表

行业分类	全板块		沪市主板		深市主板		创业板		科创板		北交所	
	平均水平	上市公司数量	平均水平	上市公司数量	平均水平	上市公司数量	平均水平	上市公司数量	平均水平	上市公司数量	平均水平	上市公司数量
国防军工	68.61	27	64.86	1	72.21	2	65.75	8	71.08	14	61.10	2
环保	66.41	15	68.29	2	69.79	4	63.55	5	69.15	2	62.15	2
机械设备	67.31	80	66.55	10	68.43	12	67.25	31	68.36	22	61.93	5
基础化工	67.67	56	66.35	6	66.75	9	65.44	17	70.41	20	67.48	4
计算机	67.64	53	69.47	7	65.36	10	65.03	19	71.59	16	63.80	1
家用电器	67.58	14	69.43	3	—	—	62.74	4	70.63	6	63.01	1
建筑材料	67.78	7	—	—	—	—	67.48	5	74.15	1	62.87	1
建筑装饰	70.73	23	71.30	5	74.63	5	69.58	3	69.84	8	64.87	2
交通运输	65.27	14	66.88	1	64.35	1	64.71	7	71.15	3	58.09	2
煤炭	69.72	5	—	—	—	—	69.19	3	70.52	2	—	—
美容护理	65.99	5	—	—	—	—	69.27	2	65.69	2	60.05	1
农林牧渔	67.02	16	60.85	1	67.23	2	65.16	3	70.14	8	60.20	2
汽车	65.25	40	64.35	5	65.81	3	65.57	17	72.13	7	58.90	8
轻工制造	65.72	24	64.50	3	65.15	4	67.43	7	68.20	6	60.47	4
商贸零售	65.65	10	61.33	1	66.73	2	65.44	4	71.00	2	57.96	1
社会服务	66.69	8	—	—	72.67	2	66.18	3	67.49	1	61.08	2
石油石化	63.14	3	—	—	—	—	—	—	65.83	2	57.76	1
食品饮料	66.67	22	—	—	64.70	4	66.95	7	68.43	9	61.70	2
通信	70.82	21	—	—	67.54	1	71.03	11	70.91	9	—	—
医药生物	66.92	66	67.90	9	67.32	9	65.93	21	69.02	22	59.39	5
有色金属	68.50	19	65.70	3	72.90	2	70.72	9	66.92	3	60.68	2
综合	70.17	2	75.54	1	—	—	—	—	64.80	1	—	—
总计	67.30	686	66.64	78	67.92	89	66.52	252	69.80	211	61.33	56

数据来源：同花顺（iFinD），首经贸资产评估研究院和浙工商数字创新与管理研究院整理。

12.1.3.4 省份分析

从省份分布看，北京市专精特新上市公司创新要素投入指数平均水平最高，为71.31；其次是甘肃省（70.26）、上海市（69.69）。创新要素投入指数最低的三个省份是广西壮族自治区（61.78）、江西省（62.95）和浙江省（64.54）。各省份创新要素投入指数具体情况，如表12-6所示。

表 12-6　各板块下各省份的上市公司创新要素投入指数均值

省份	全板块		沪市主板		深市主板		创业板		科创板		北交所	
	平均水平	上市公司数量	平均水平	上市公司数量	平均水平	上市公司数量	平均水平	上市公司数量	平均水平	上市公司数量	平均水平	上市公司数量
安徽	67.31	34	—	—	66.56	9	64.72	8	70.63	14	60.96	3
北京	71.31	49	70.80	7	70.91	2	72.37	18	71.50	20	62.22	2
福建	66.21	21	68.17	6	64.35	1	65.52	10	65.43	4	—	—
甘肃	70.26	1	70.26	1	—	—	—	—	—	—	—	—
广东	67.68	86	63.92	1	68.68	15	67.16	31	69.27	32	61.12	7
广西	61.78	4	63.53	1	59.90	2	—	—	—	—	63.80	1
贵州	65.99	3	60.42	1	65.09	1	—	—	72.48	1	—	—
海南	68.38	2	66.53	1	—	—	—	—	70.24	1	—	—
河北	67.22	8	66.60	1	76.40	1	66.18	5	—	—	63.85	1
河南	67.38	21	—	—	74.86	4	68.36	11	63.35	1	60.03	5
黑龙江	69.08	4	—	—	67.99	1	68.88	1	69.72	2	—	—
湖北	65.27	20	—	—	67.03	2	64.44	11	68.62	5	59.69	2
湖南	67.72	18	—	—	64.23	4	67.49	5	70.33	8	62.06	1
吉林	69.02	4	—	—	73.81	2	61.05	1	—	—	67.41	1
江苏	67.40	116	66.97	20	71.25	6	66.08	42	69.17	41	62.81	7
江西	62.95	7	65.30	1	54.27	1	62.29	3	67.11	2	—	—
辽宁	65.08	14	67.08	2	59.36	1	63.84	6	69.90	4	54.92	1
内蒙古	65.79	2	—	—	59.95	1	71.64	1	—	—	—	—
山东	65.57	30	66.96	1	67.32	8	65.05	10	68.06	6	60.53	5
山西	68.19	2	—	—	—	—	—	—	—	—	68.19	2
陕西	69.49	10	—	—	70.28	1	70.45	6	67.32	3	—	—
上海	69.69	67	68.11	14	69.70	5	69.13	14	70.88	33	60.16	1
四川	67.90	35	64.76	2	63.93	2	67.54	15	72.73	11	61.22	5
天津	69.25	12	—	—	72.65	3	66.82	4	71.43	4	60.05	1
新疆	64.96	1	—	—	—	—	64.96	1	—	—	—	—
云南	69.38	4	71.79	1	77.07	1	65.65	1	—	—	63.01	1
浙江	64.54	104	63.57	17	65.74	14	64.07	45	68.20	18	60.00	10
重庆	65.78	7	60.45	1	70.03	2	64.51	3	66.42	1	—	—
总计	67.30	686	66.64	78	67.92	89	66.52	252	69.80	211	61.33	56

数据来源：同花顺（iFinD），首经贸资产评估研究院和浙工商数字创新与管理研究院整理。

12.1.3.5 产权分析

从产权分布看，中央国有控股专精特新上市公司的创新要素投入指数为71.74，地方国有控股专精特新上市公司的创新要素投入指数为67.32，均高于专精特新上市公司平均水平67.30；非国有控股的专精特新上市公司平均为67.18，低于专精特新上市公司平均水平。不同产权的上市公司创新要素投入指数具体情况，如图12-9所示。

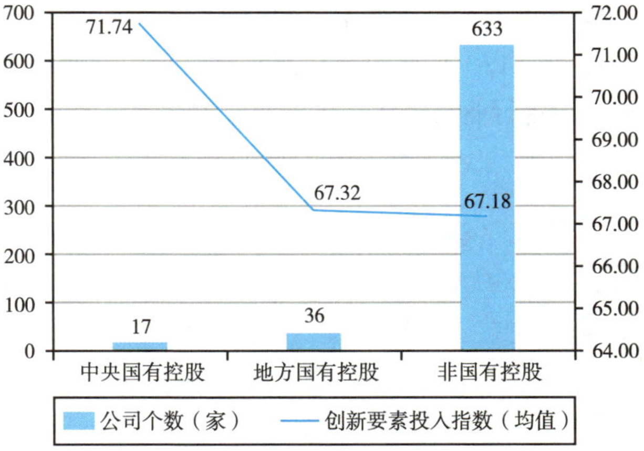

图12-9　专精特新上市公司产权分布和创新要素投入指数均值分布图

12.1.4　创新科技成果指数

12.1.4.1　整体分析

从全部A股市场看，686家专精特新类上市公司创新科技成果指数平均水平为69.24分，高于市场整体平均水平68.28。其中，高于市场平均水平的上市公司有459家，占比为62.10%；创新科技成果指数区间在60以下的有1家，占比0.15%；60~70的有448家，占比65.30%；70~80的有236家，占比34.40%；80以上的有1家，占比0.15%，如图12-10所示。

12.1.4.2　上市板块分析

从上市板块看，科创板上市的专精特新企业创新科技成果指数平均水平最高，为70.08；其次是深市主板上市的专精特新企业，为69.39；沪市主板和创业板上市的专精特新企业创新科技成果指数平均水平差异不大，分别为68.96和68.90；最后是北交所上市的专精特新企业，为67.76。各板块的专精特新上市公司创新科技成果指数均值分布情况，如图12-11所示。

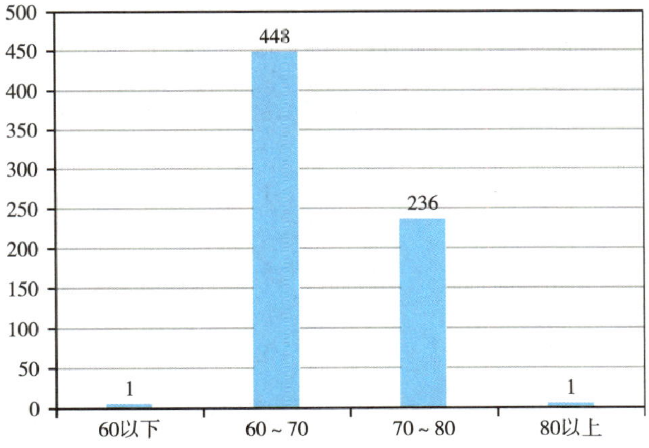

图12-10　专精特新上市公司创新科技成果指数整体分布图（家）

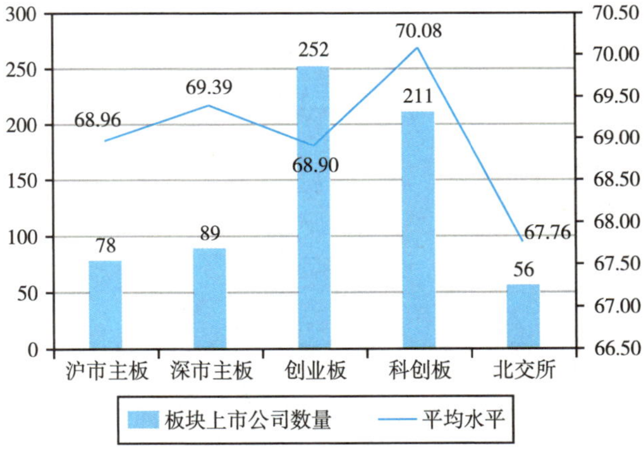

图12-11　各板块的专精特新上市公司创新科技成果指数均值分布图

12.1.4.3　行业分析

从行业分布看，25个行业创新科技成果指数高于全市场平均水平，其中综合行业（75.82）平均水平最高，其次是美容护理行业（70.66）和钢铁行业（70.37），平均水平较低的三个行业分别是商贸零售行业（66.51）、环保行业（68.03）和农林牧渔行业（68.25）。

沪市主板中，综合行业（79.58）创新科技成果指数最高，轻工制造行业创新科技成果指数（66.34）最低；深市主板中，纺织服饰行业（76.11）创新科技成果指数最高，交通运输行业（61.79）创新科技成果指数最低；创业板中，建筑装饰行业（71.82）创新科技成果指数最高，商贸零售行业

（64.39）创新科技成果指数最低；科创板中，社会服务行业（72.94）创新科技成果指数最高，环保行业（67.12）创新科技成果指数最低；北交所中，家用电器行业（71.69）创新科技成果指数最高，电力设备行业（65.00）创新科技成果指数最低，具体情况如表12–7所示。

表 12–7　　各板块下各行业专精特新上市公司创新科技成果指数均值

行业分类	全板块		沪市主板		深市主板		创业板		科创板		北交所	
	平均水平	上市公司数量	平均水平	上市公司数量	平均水平	上市公司数量	平均水平	上市公司数量	平均水平	上市公司数量	平均水平	上市公司数量
传媒	68.88	17	68.15	4	68.33	3	68.65	7	70.94	3	—	—
电力设备	69.51	49	67.54	3	72.25	4	68.95	22	70.43	18	65.00	2
电子	68.90	54	68.28	7	69.50	6	68.36	23	69.99	15	67.89	3
纺织服饰	70.24	20	69.15	5	76.11	2	68.78	6	70.62	6	70.34	1
钢铁	70.37	4	—	—	—	—	69.55	3	72.83	1	—	—
公用事业	69.93	12	67.22	1	69.84	2	69.83	5	71.28	2	70.28	2
国防军工	68.97	27	69.57	1	68.18	2	68.55	8	69.69	14	66.07	2
环保	68.03	15	68.46	2	67.16	4	68.87	5	67.12	2	68.12	2
机械设备	69.63	80	68.44	10	70.35	12	69.49	31	70.36	22	67.88	5
基础化工	69.34	56	68.04	6	70.07	9	68.99	17	69.89	20	68.37	4
计算机	69.28	53	67.46	7	70.00	10	68.85	19	70.35	16	65.81	1
家用电器	70.01	14	70.90	3	—	—	67.92	4	70.68	6	71.69	1
建筑材料	69.64	7	—	—	—	—	70.01	5	69.90	1	67.53	1
建筑装饰	69.86	23	69.57	5	69.82	5	71.82	3	69.73	8	68.32	2
交通运输	68.33	14	74.56	1	61.79	1	67.77	7	70.55	3	67.08	2
煤炭	69.79	5	—	—	—	—	70.26	3	69.08	2	—	—
美容护理	70.66	5	—	—	—	—	70.97	2	70.92	2	69.53	1
农林牧渔	68.25	16	68.86	1	70.49	2	68.20	3	67.96	8	66.93	2
汽车	68.57	40	69.10	5	67.52	3	68.39	17	70.22	7	67.55	8
轻工制造	68.75	24	66.34	3	66.89	4	68.54	7	72.28	6	67.48	4
商贸零售	66.51	10	67.49	1	69.11	2	64.39	4	68.00	2	65.84	1
社会服务	69.75	8	—	—	71.41	2	68.90	3	72.94	1	67.76	2

续表

行业分类	全板块		沪市主板		深市主板		创业板		科创板		北交所	
	平均水平	上市公司数量	平均水平	上市公司数量	平均水平	上市公司数量	平均水平	上市公司数量	平均水平	上市公司数量	平均水平	上市公司数量
石油石化	68.64	3	—	—	—	—	—	—	69.31	2	67.31	1
食品饮料	69.23	22	—	—	68.85	4	69.27	7	70.27	9	65.21	2
通信	70.02	21	—	—	69.03	1	69.82	11	70.38	9	—	—
医药生物	69.23	66	71.17	9	68.77	9	68.46	21	69.65	22	67.97	5
有色金属	68.76	19	68.49	3	63.41	2	69.87	9	68.41	3	70.01	2
综合	75.82	2	79.58	1	—	—	—	—	72.06	1	—	—
总计	69.24	686	68.96	78	69.39	89	68.90	252	70.08	211	67.76	56

数据来源：同花顺（iFinD），首经贸资产评估研究院和浙工商数字创新与管理研究院整理。

12.1.4.4　省份分析

从省份分布看，海南省专精特新上市公司创新科技成果指数平均水平最高，为73.50；其次是云南省（72.91）、甘肃省（72.38）。创新科技成果指数较低的三个省份是河北省（67.14）、吉林省（67.36）和山西省（67.62）。各省份创新科技成果指数具体情况，如表12–8所示。

表 12–8　　各板块下各省份的上市公司创新科技成果指数均值

省份	全板块		沪市主板		深市主板		创业板		科创板		北交所	
	平均水平	上市公司数量	平均水平	上市公司数量	平均水平	上市公司数量	平均水平	上市公司数量	平均水平	上市公司数量	平均水平	上市公司数量
安徽	69.73	34	—	—	69.35	9	68.84	8	70.82	14	68.12	3
北京	69.29	49	67.63	7	66.83	2	69.48	18	70.38	20	64.90	2
福建	69.68	21	72.53	6	61.79	1	68.87	10	69.41	4	—	—
甘肃	72.38	1	72.38	1	—	—	—	—	—	—	—	—
广东	69.52	86	71.81	1	69.78	15	69.54	31	69.97	32	66.50	7
广西	68.08	4	68.89	1	68.82	2	—	—	—	—	65.81	1
贵州	69.48	3	70.10	1	69.25	1	—	—	69.08	1	—	—
海南	73.50	2	74.17	1	—	—	—	—	72.83	1	—	—
河北	67.14	8	62.72	1	69.24	1	68.54	5	—	—	62.46	1
河南	69.71	21	—	—	72.07	4	69.21	11	69.88	1	68.88	5
黑龙江	69.72	4	—	—	69.10	1	69.08	1	70.36	2	—	—
湖北	68.44	20	—	—	68.21	2	67.99	11	70.09	5	66.98	2
湖南	69.69	18	—	—	67.39	4	71.12	5	69.86	8	70.34	1
吉林	67.36	4	—	—	66.83	2	68.23	1	—	—	67.55	1
江苏	69.57	116	69.17	20	69.02	6	69.08	42	70.46	41	68.89	7
江西	67.89	7	70.70	1	69.30	1	66.25	3	68.22	2	—	—

续表

省份	全板块		沪市主板		深市主板		创业板		科创板		北交所	
	平均水平	上市公司数量	平均水平	上市公司数量	平均水平	上市公司数量	平均水平	上市公司数量	平均水平	上市公司数量	平均水平	上市公司数量
辽宁	68.74	14	68.52	2	63.97	1	68.68	6	69.83	4	69.91	1
内蒙古	72.27	2	—	—	71.93	1	72.62	1	—	—	—	—
山东	69.44	30	67.17	1	70.36	8	69.48	10	71.07	6	66.37	5
山西	67.62	2	—	—	—	—	—	—	—	—	67.62	2
陕西	69.66	10	—	—	69.89	1	68.31	6	72.27	3	—	—
上海	68.91	67	67.93	14	70.58	5	68.87	14	69.13	33	67.37	1
四川	68.75	35	69.51	2	69.36	2	67.59	15	70.21	11	68.49	5
天津	70.15	12	—	—	70.07	3	69.90	4	70.63	4	69.53	1
新疆	68.20	1	—	—	—	—	68.20	1	—	—	—	—
云南	72.91	4	74.29	1	76.20	1	69.45	1	—	—	71.69	1
浙江	68.67	104	68.08	17	69.08	14	68.44	45	69.84	18	67.99	10
重庆	69.23	7	70.42	1	69.60	2	69.29	3	67.12	1	—	—
总计	69.24	686	68.96	78	69.39	89	68.90	252	70.08	211	67.76	56

数据来源：同花顺（iFinD），首经贸资产评估研究院和浙工商数字创新与管理研究院整理。。

12.1.4.5 产权分析

从产权分布看，中央国有控股专精特新上市公司的创新科技成果指数为69.85，地方国有控股专精特新上市公司的创新科技成果指数为69.99，均高于专精特新上市公司平均水平69.24；非国有控股的专精特新上市公司平均为69.18，低于专精特新上市公司平均水平。不同产权的上市公司创新科技成果指数具体情况，如图12-12所示。

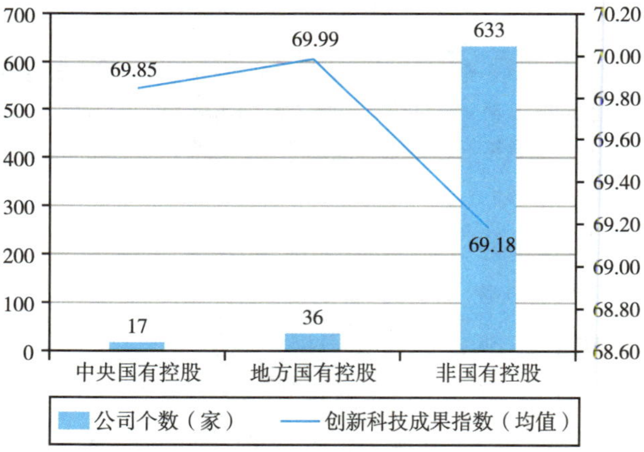

图12-12　专精特新上市公司产权分布和创新科技成果指数均值分布图

12.1.5 创新经济绩效指数

12.1.5.1 整体分析

从全部A股市场看，686家专精特新类上市公司创新经济绩效指数平均水平为58.83分，低于市场整体平均水平61.11。其中，高于市场平均水平的上市公司有236家，占比为34.40%；创新经济绩效指数区间在60以下的有422家，占比61.51%；60~70的有215家，占比31.35%；70~80的有46家，占比6.71%；80以上的有3家，占比0.44%，如图12-13所示。

12.1.5.2 上市板块分析

从上市板块看，深市主板上市的专精特新企业创新经济绩效指数平均水平最高，为61.25；其次是沪市主板上市的专精特新企业，为60.99；科创板和创业板上市的专精特新企业创新经济绩效指数平均水平差异不大，分别为59.08和58.38；最后是北交所上市的专精特新企业，为53.08。各板块的专精特新上市公司创新经济绩效指数均值分布，如图12-14所示。

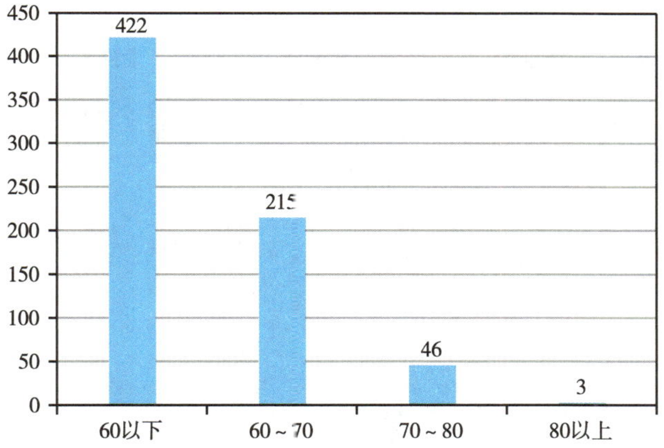

图 12–13　专精特新上市公司创新经济绩效指数整体分布图（家）

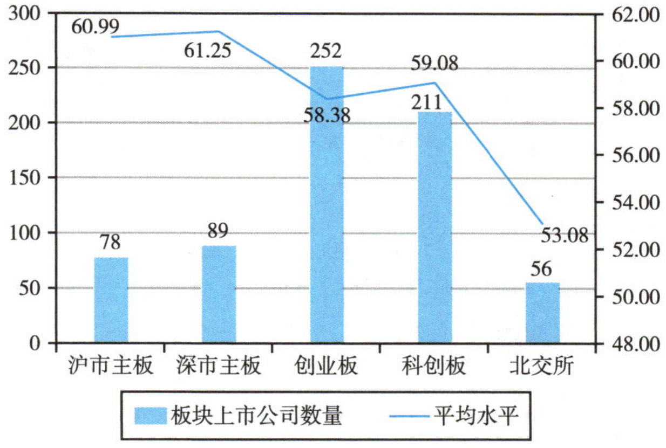

图 12–14　各板块的专精特新上市公司创新经济绩效指数均值分布图

12.1.5.3　行业分析

从行业分布看，3个行业创新经济绩效指数高于全市场平均水平，其中综合行业（68.91）平均水平最高，其次是有色金属行业（61.70）和社会服务行业（61.26），平均水平较低的三个行业分别是煤炭行业（54.03）、交通运输行业（54.85）和钢铁行业（55.46）。

沪市主板中，综合行业（77.80）创新经济绩效指数最高，商贸零售行业（53.09）创新经济绩效指数最低；深市主板中，电力设备行业（68.71）创新经济绩效指数最高，环保行业（55.98）创新经济绩效指数最低；创业板中，有色金属行业（67.42）创新经济绩效指数最高，钢铁行业（53.12）创新经济绩效指数最低；科创板中，钢铁行业（62.47）创新经济绩效指数最高，交通运输行业（50.95）创新经济绩效指数最低；北交所中，电力设备行业（63.77）创新经济绩效指数最高，计算机行业（47.77）创新经济绩效指数最低。具体情况如表 12–9 所示。

表 12–9　各板块下各行业专精特新上市公司创新经济绩效指数均值

行业分类	全板块		沪市主板		深市主板		创业板		科创板		北交所	
	平均水平	上市公司数量	平均水平	上市公司数量	平均水平	上市公司数量	平均水平	上市公司数量	平均水平	上市公司数量	平均水平	上市公司数量
传媒	57.09	17	59.46	4	58.65	3	56.36	7	54.08	3	—	—
电力设备	59.28	49	58.02	3	68.71	4	56.94	22	59.75	18	63.77	2
电子	59.82	54	60.81	7	62.10	6	60.73	23	58.59	15	52.13	3
纺织服饰	59.16	20	59.49	5	64.84	2	56.97	6	59.75	6	55.76	1
钢铁	55.46	4	—	—	—	—	53.12	3	62.47	1	—	—
公用事业	58.41	12	58.91	1	56.45	2	59.79	5	61.58	2	53.48	2
国防军工	59.20	27	59.24	1	63.82	2	59.65	8	59.23	14	52.50	2
环保	57.62	15	68.56	2	55.98	4	56.93	5	56.67	2	52.63	2
机械设备	59.89	80	58.47	10	62.33	12	59.83	31	60.69	22	53.82	5
基础化工	58.73	56	60.05	6	61.88	9	55.63	17	60.44	20	54.27	4

续表

行业分类	全板块		沪市主板		深市主板		创业板		科创板		北交所	
	平均水平	上市公司数量	平均水平	上市公司数量	平均水平	上市公司数量	平均水平	上市公司数量	平均水平	上市公司数量	平均水平	上市公司数量
计算机	59.71	53	65.06	7	61.13	10	57.56	19	59.79	16	47.77	1
家用电器	58.58	14	65.43	3	—	—	56.94	4	56.37	6	57.86	1
建筑材料	59.00	7	—	—	—	—	61.48	5	57.64	1	47.92	1
建筑装饰	60.38	23	60.01	5	64.41	5	59.02	3	61.07	8	50.49	2
交通运输	54.85	14	67.18	1	67.48	1	53.36	7	50.95	3	53.42	2
煤炭	54.03	5	—	—	—	—	55.77	3	51.42	2	—	—
美容护理	58.70	5	—	—	—	—	59.90	2	61.52	2	50.65	1
农林牧渔	58.69	16	54.83	1	61.34	2	56.38	3	61.11	8	51.70	2
汽车	57.00	40	59.07	5	64.99	3	56.59	17	58.55	7	52.23	8
轻工制造	57.82	24	58.33	3	56.36	4	61.10	7	58.37	6	52.32	4
商贸零售	56.94	10	53.09	1	62.25	2	57.14	4	56.30	2	50.66	1
社会服务	61.26	8	—	—	65.07	2	64.29	3	53.17	1	56.94	2
石油石化	59.04	3	—	—	—	—	—	—	62.42	2	52.28	1
食品饮料	55.92	22	—	—	56.60	4	56.53	7	56.28	9	50.84	2
通信	60.91	21	—	—	61.70	1	60.66	11	61.12	9	—	—
医药生物	57.90	66	62.34	9	58.46	9	56.56	21	58.16	22	53.34	5
有色金属	61.70	19	62.02	3	57.83	2	67.42	9	54.15	3	50.68	2
综合	68.91	2	77.80	1	—	—	—	—	60.01	1	—	—
总计	58.83	686	60.99	78	61.25	89	58.38	252	59.08	211	53.08	56

数据来源：同花顺（iFinD），首经贸资产评估研究院和浙工商数字创新与管理研究院整理。

12.1.5.4 省份分析

从省份分布看，云南省专精特新上市公司创新经济绩效指数平均水平最高，为67.77；其次是内蒙古自治区（67.66）、陕西省（64.17）。创新经济绩效指数较低的三个省份是新疆维吾尔自治区（53.63）、广西壮族自治区（54.47）和山西省（56.21）。各省份创新经济绩效指数具体情况，如表12–10所示。

表 12–10　　各板块下各省份的上市公司创新经济绩效指数均值

省份	全板块		沪市主板		深市主板		创业板		科创板		北交所	
	平均水平	上市公司数量	平均水平	上市公司数量	平均水平	上市公司数量	平均水平	上市公司数量	平均水平	上市公司数量	平均水平	上市公司数量
安徽	58.16	34	—	—	61.07	9	55.54	8	59.19	14	51.64	3
北京	60.64	49	64.15	7	60.24	2	62.86	18	58.07	20	54.41	2
福建	59.65	21	68.24	6	67.48	1	56.83	10	51.86	4	—	—
甘肃	58.67	1	58.67	1	—	—	—	—	—	—	—	—
广东	57.50	86	57.25	1	59.71	15	58.56	31	56.75	32	51.52	7
广西	54.47	4	52.56	1	58.77	2	—	—	—	—	47.77	1
贵州	62.44	3	66.90	1	54.92	1	—	—	65.50	1	—	—
海南	62.56	2	62.65	1	—	—	—	—	62.47	1	—	—
河北	58.14	8	65.79	1	63.07	1	56.15	5	—	—	55.52	1
河南	58.74	21	—	—	64.88	4	59.62	11	58.37	1	51.98	5
黑龙江	61.28	4	—	—	66.91	1	70.90	1	53.66	2	—	—
湖北	56.53	20	—	—	62.47	2	55.36	11	58.39	5	52.36	2
湖南	58.12	18	—	—	57.82	4	57.12	5	59.91	8	50.01	1
吉林	63.78	4	—	—	61.72	2	59.66	1	—	—	72.02	1
江苏	59.45	116	60.72	20	63.40	6	58.42	42	60.84	41	50.47	7
江西	59.30	7	62.14	1	56.35	1	55.32	3	65.33	2	—	—
辽宁	58.62	14	61.24	2	47.08	1	55.88	6	65.05	4	55.58	1
内蒙古	67.66	2	—	—	64.48	1	70.83	1	—	—	—	—
山东	58.17	30	61.09	1	64.46	8	56.95	10	55.28	6	53.41	5
山西	56.21	2	—	—	—	—	—	—	—	—	56.21	2
陕西	64.17	10	—	—	63.89	1	64.37	6	63.87	3	—	—
上海	61.33	67	59.79	14	63.96	5	61.88	14	61.28	33	63.81	1
四川	57.57	35	56.96	2	58.49	2	58.84	15	57.01	11	54.90	5
天津	58.97	12	—	—	61.83	3	56.41	4	61.48	4	50.65	1
新疆	53.63	1	—	—	—	—	53.63	1	—	—	—	—
云南	67.77	4	72.63	1	80.80	1	59.77	1	—	—	57.86	1
浙江	56.80	104	58.44	17	58.46	14	56.86	45	56.32	18	52.28	10
重庆	59.31	7	57.99	1	63.27	2	53.81	3	69.20	1	—	—
总计	58.83	686	60.99	78	61.25	89	58.38	252	59.08	211	53.08	56

数据来源：同花顺（iFinD），首经贸资产评估研究院和浙工商数字创新与管理研究院整理。

12.1.5.5　产权分析

从产权分布看，中央国有控股专精特新上市公司的创新经济绩效指数为64.75，地方国有控股专精特新上市公司的创新经济绩效指数为61.93，均高于专精特新上市公司平均水平58.83；非国有控股的专精特新上市公司平均为58.49，低于专精特新上市公司平均水平。不同产权的上市公司创新经济绩效指数具体情况，如图12–15所示。

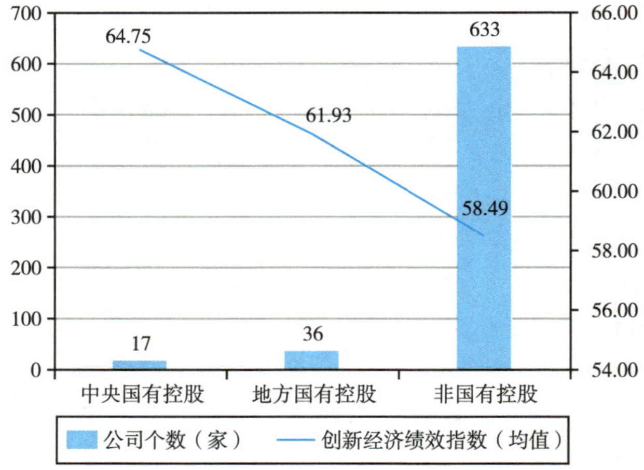

图12-15　专精特新上市公司产权分布和创新经济绩效均值分布图

12.2　专精特新类与非专精特新类上市公司创新发展指数比较

12.2.1　创新发展综合指数

12.2.1.1　整体分析

从全部A股市场看，686家专精特新类上市公司创新发展综合指数平均水平为65.89，4,136家非专精特新类上市公司平均水平为65.40，专精特新类上市公司的创新发展综合指数平均水平高于非专精特新类上市公司。专精特新与非专精特新上市公司创新发展综合指数整体分布情况，如图12-16所示。

12.2.1.2　上市板块分析

从上市板块看，深市主板、沪市主板和创业板三个板块中的专精特新企业创新发展综合指数平均水平高于非专精特新企业平均水平；科创板和北交所两个板块中的专精特新企业创新发展综合指数平均水平低于非专精特新企业平均水平。各板块专精特新和非专精特新上市公司创新发展综合指数均值分布，如图12-17所示。

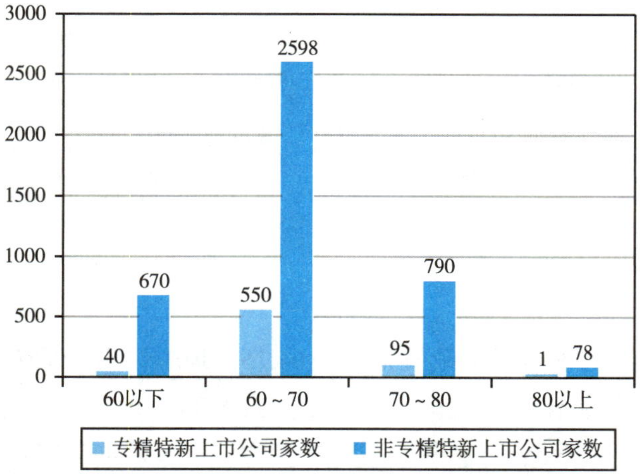

图12-16　专精特新与非专精特新上市公司创新发展综合指数整体分布图（家）

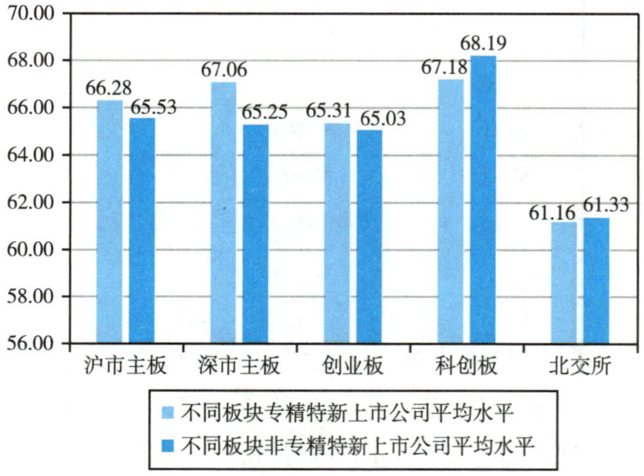

图12-17　各板块专精特新上市公司和非专精特新上市公司创新发展综合指数均值分布图

12.2.1.3　行业分析

从行业看，28个有专精特新企业的行业中，传媒、电子、纺织服饰、公用事业、机械设备、基础化工、建筑装饰、交通运输、煤炭、农林牧渔、商贸零售、社会服务、石油石化、通信、有色金属、综合等16个行业专精特新企业创新发展综合指数平均水平高于非专精特新企业平均水平；电力设备、钢铁、国防军工、环保、计算机、家用电器、建筑材料、美容护理、汽车、轻工制造、食品饮料、医药生物等12个行业专精特新企业创新发展综合指数平均水平低于非专精特新企业平均水平。各行业专精特新上市公司和非专精特新上市公司创新发展综合指数，如表12–11所示。

表 12–11　　各行业专精特新上市公司和非专精特新上市公司创新发展综合指数均值

行业分类	各行业专精特新上市公司平均水平	各行业非专精特新上市公司平均水平
传媒	64.58	62.95
电力设备	66.21	66.84
电子	66.19	65.92
纺织服饰	66.37	63.18
钢铁	67.19	67.20
公用事业	65.22	61.85
国防军工	66.36	67.62
环保	65.13	66.69
机械设备	66.18	66.15
基础化工	66.16	66.01
计算机	66.10	66.52
家用电器	66.25	67.09
建筑材料	65.98	66.28
建筑装饰	67.81	64.42
交通运输	63.77	61.08
煤炭	65.80	63.87
美容护理	65.57	65.77
农林牧渔	65.90	64.97
汽车	64.50	65.77
轻工制造	64.47	65.80
商贸零售	63.31	59.64
社会服务	66.88	62.12
石油石化	64.51	64.38
食品饮料	64.79	64.90
通信	67.81	66.33
医药生物	65.53	66.14
有色金属	66.85	65.53
综合	72.71	59.30
总计	65.89	65.40

数据来源：同花顺（iFinD），首经贸资产评估研究院和浙工商数字创新与管理研究院整理。

12.2.1.4 省份分析

从省份分布看，安徽省、福建省、甘肃省、广东省、广西壮族自治区、海南省、黑龙江省、湖南省、吉林省、江苏省、辽宁省、内蒙古自治区、山西省、陕西省、上海市、四川省、新疆维吾尔自治区、云南省、重庆市等19个省份专精特新企业创新发展综合指数平均水平高于非专精特新企业平均水平；北京市、贵州省、河北省、河南省、湖北省、江西省、山东省、天津市、浙江省等9个省份专精特新企业创新发展综合指数平均水平低于非专精特新企业平均水平。各省份专精特新和非专精特新上市公司创新发展综合指数具体情况，如表12–12所示。

表12–12　各省份专精特新上市公司和非专精特新上市公司创新发展综合指数均值

省份	各省份专精特新上市公司平均水平	各省份非专精特新上市公司平均水平
安徽	66.30	66.22
北京	67.35	67.55
福建	65.94	64.58
甘肃	68.26	63.31
广东	66.01	65.32
广西	63.00	62.77
贵州	66.05	66.46
海南	69.15	62.66
河北	65.36	66.65
河南	66.11	66.69
黑龙江	67.40	63.65
湖北	64.10	65.97
湖南	66.29	65.37
吉林	67.29	63.68
江苏	66.17	64.91
江西	64.70	65.05
辽宁	64.38	63.97
内蒙古	66.93	66.48
宁夏	—	62.73
青海	—	63.73
山东	64.96	65.50
山西	64.17	63.84
陕西	67.56	65.27
上海	67.40	64.61
四川	65.18	65.03
天津	66.69	67.04
西藏	—	62.86
新疆	62.75	62.55
云南	70.29	64.95
浙江	64.20	65.80
重庆	66.54	64.85
总计	66.30	66.22

数据来源：同花顺（iFinD），首经贸资产评估研究院和浙工商数字创新与管理研究院整理。

12.2.1.5　产权分析

从产权分布看，中央国有控股、地方国有控股以及非国有控股的专精特新上市公司的创新发展综合指数均高于非专精特新上市公司平均水平。不同产权的创新发展综合指数具体情况，如图12-18所示。

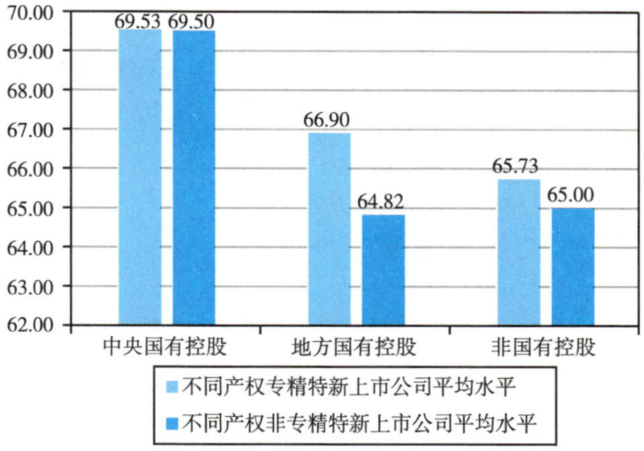

图12-18　专精特新上市公司产权分布和创新发展综合指数均值分布图

12.2.2　创新资源支持指数

12.2.2.1　整体分析

从全部A股市场看，686家专精特新类上市公司创新资源支持指数平均水平为69.14，4,136家非专精特新类上市公司平均水平为68.02，专精特新类上市公司的创新资源支持指数平均水平高于非专精特新类上市公司。专精特新与非专精特新上市公司创新资源支持指数整体分布情况，如图12-19所示。

12.2.2.2　上市板块分析

从上市板块看，沪市主板、深市主板、创业板和北交所四个板块中的专精特新企业创新资源支持指数平均水平高于非专精特新企业平均水平；科创板专精特新企业创新资源支持指数平均水平低于非专精特新企业平均水平。各板块专精特新和非专精特新上市公司创新资源支持指数均值分布，如图12-20所示。

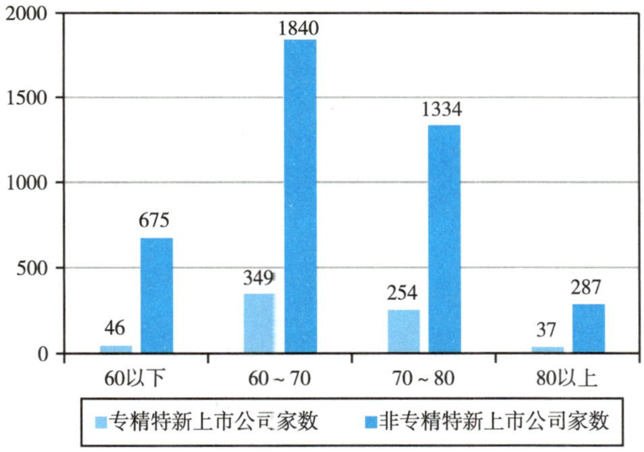

图12-19　专精特新与非专精特新上市公司创新资源支持指数整体分布图（家）

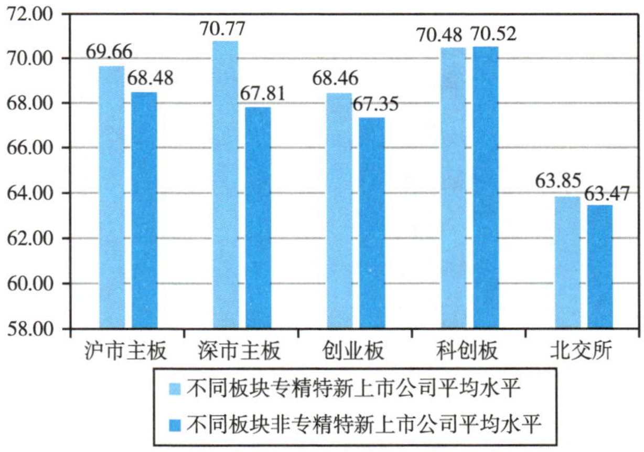

图12-20　各板块专精特新上市公司和非专精特新上市公司创新资源支持指数均值分布图

12.2.2.3　行业分析

从行业看，28个有专精特新企业的行业中，传媒、电力设备、电子、纺织服饰、钢铁、公用事业、环保、机械设备、基础化工、家用电器、建筑装饰、交通运输、煤炭、美容护理、农林牧渔、商贸零售、社会服务、石油石化、食品饮料、通信、医药生物、有色金属、综合等23个行业专精特新企业创新资源支持指数平均水平高于非专精特新企业平均水平；国防军工、计算机、建筑材料、汽车、轻工制造等5个行业专精特新企业创新资源支持指数平均水平低于非专精特新企业平均水平。各行业专精特新上市公司和非专精特新上市公司创新资源支持指数，如表12-13所示。

表 12–13　　各行业专精特新上市公司和非专精特新上市公司创新资源支持指数均值

行业分类	各行业专精特新上市公司平均水平	各行业非专精特新上市公司平均水平
传媒	69.47	66.58
电力设备	69.88	69.51
电子	69.72	68.34
纺织服饰	69.43	65.99
钢铁	72.47	68.71
公用事业	66.85	64.77
国防军工	69.29	70.87
环保	69.76	68.61
机械设备	68.71	68.50
基础化工	69.96	68.62
计算机	68.47	68.89
家用电器	69.96	69.60
建筑材料	68.11	69.48
建筑装饰	70.68	66.46
交通运输	67.95	64.13
煤炭	70.62	66.60
美容护理	68.05	66.83
农林牧渔	71.07	67.70
汽车	68.57	68.85
轻工制造	66.32	68.17
商贸零售	64.28	62.41
社会服务	71.35	65.14
石油石化	69.16	67.11
食品饮料	68.40	68.03
通信	69.66	68.53
医药生物	69.18	68.79
有色金属	68.87	67.93
综合	78.25	62.96
总计	69.14	68.02

数据来源：同花顺（iFinD），首经贸资产评估研究院和浙工商数字创新与管理研究院整理。

12.2.2.4　省份分析

从省份分布看，安徽省、甘肃省、广东省、广西壮族自治区、海南省、河北省、黑龙江省、湖南省、吉林省、江苏省、江西省、山东省、上海市、四川省、天津市、新疆维吾尔自治区、云南省、重庆市等18个省份专精特新企业创新资源支持指数平均水平高于非专精特新企业平均水平；北京市、福建省、贵州省、河南省、湖北省、辽宁省、内蒙古自治区、山西省、陕西省、浙江省等10个省份专精特新企业创新资源支持指数平均水平低于非专精特新企业平均水平。各省份专精特新和非专精特新上市公司创新资源支持指数具体情况，如表12–14所示。

表 12-14　　各省份专精特新上市公司和非专精特新上市公司创新资源支持指数均值

省份	各省份专精特新上市公司平均水平	各省份非专精特新上市公司平均水平
安徽	71.58	69.10
北京	67.71	68.38
福建	69.55	68.26
甘肃	73.09	66.76
广东	70.63	68.32
广西	70.41	66.08
贵州	66.90	67.89
海南	74.10	66.00
河北	70.04	68.15
河南	69.74	70.21
黑龙江	70.18	66.48
湖北	67.23	68.05
湖南	70.97	68.48
吉林	69.17	64.97
江苏	69.22	67.16
江西	71.00	66.31
辽宁	65.80	66.87
内蒙古	61.27	69.29
宁夏	—	65.90
青海	—	65.32
山东	67.80	67.58
山西	64.28	64.96
陕西	66.50	67.23
上海	70.11	67.20
四川	66.77	66.25
天津	68.85	69.34
西藏	—	64.11
新疆	64.95	64.20
云南	72.01	66.58
浙江	68.30	70.39
重庆	74.36	67.14
总计	69.14	68.02

数据来源：同花顺（iFinD），首经贸资产评估研究院和浙工商数字创新与管理研究院整理。

12.2.2.5　产权分析

从产权分布看，中央国有控股、地方国有控股以及非国有控股的专精特新上市公司的创新资源支持指数均高于非专精特新上市公司平均水平。不同产权的创新资源支持指数具体情况，如图 12-21 所示。

12.2.3 创新要素投入指数

12.2.3.1 整体分析

从全部A股市场看，686家专精特新类上市公司创新要素投入指数平均水平为67.30，4,136家非专精特新类上市公司平均水平为65.04，专精特新类上市公司的创新要素投入指数平均水平高于非专精特新类上市公司。专精特新与非专精特新上市公司创新要素投入指数整体分布情况，如图12-22所示。

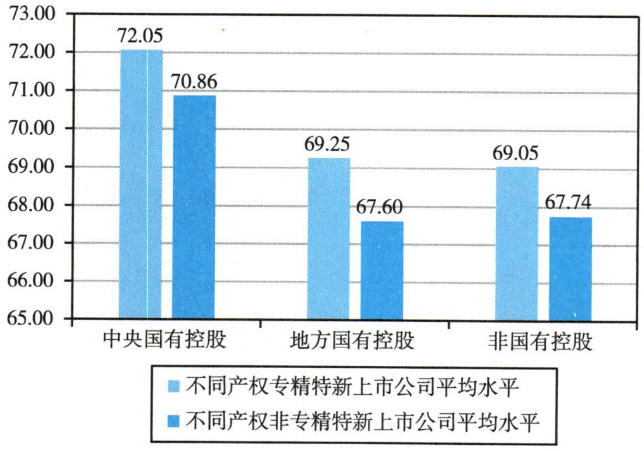

图12-21 专精特新上市公司产权分布和创新资源支持指数均值分布图

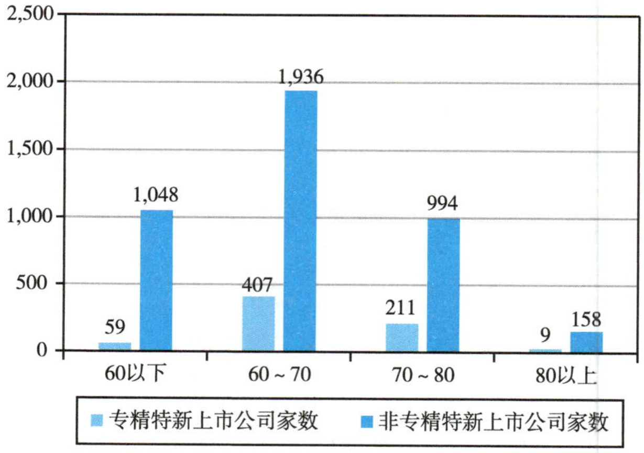

图12-22 专精特新与非专精特新上市公司创新要素投入指数整体分布图（家）

12.2.3.2 上市板块分析

从上市板块看，深市主板、沪市主板和创业板三个板块中的专精特新企业创新要素投入指数平均水平高于非专精特新企业平均水平；科创板和北交所专精特新企业创新要素投入指数平均水平低于非专精特新企业平均水平。各板块专精特新和非专精特新上市公司创新要素投入指数均值分布，如图12-23所示。

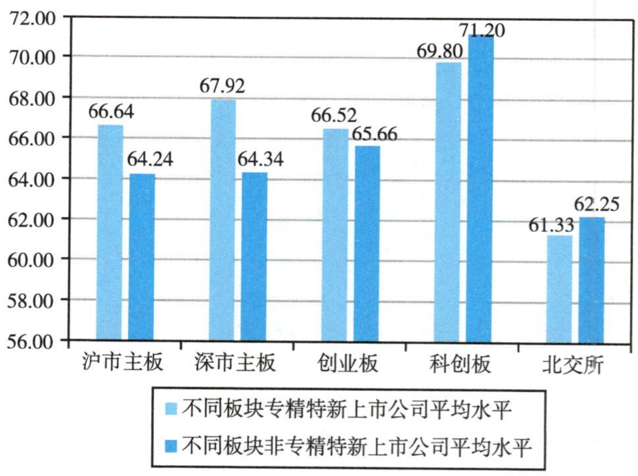

图12-23 各板块专精特新上市公司和非专精特新上市公司创新要素投入指数均值分布图

12.2.3.3 行业分析

从行业看，28个有专精特新企业的行业中，传媒、电力设备、电子、纺织服饰、钢铁、公用事业、国防军工、机械设备、基础化工、计算机、家用电器、建筑材料、建筑装饰、交通运输、煤炭、美容护理、农林牧渔、商贸零售、社会服务、食品饮料、通信、医药生物、有色金属、综合等24个行业专精特新企业创新要素投入指数平均水平高于非专精特新企业平均水平；环保、汽车、轻工制造、石油石化等4个行业专精特新企业创新要素投入指数平均水平低于非专精特新企业平均水平。各行业专精特新上市公司和非专精特新上市公司创新要素投入指数，如表12-15所示。

表 12-15　各行业专精特新上市公司和非专精特新上市公司创新要素投入指数均值

行业分类	各行业专精特新上市公司平均水平	各行业非专精特新上市公司平均水平
传媒	64.63	61.49
电力设备	67.29	67.12
电子	67.34	65.77
纺织服饰	67.63	62.60
钢铁	71.41	67.48
公用事业	66.42	59.96
国防军工	68.61	67.94
环保	66.41	67.21
机械设备	67.31	66.11
基础化工	67.67	65.54
计算机	67.64	66.69
家用电器	67.58	66.66
建筑材料	67.78	65.95
建筑装饰	70.73	63.82
交通运输	65.27	58.65
煤炭	69.72	62.37
美容护理	65.99	65.89
农林牧渔	67.02	64.47
汽车	65.25	65.36
轻工制造	65.72	66.28
商贸零售	65.65	57.14
社会服务	66.69	60.21
石油石化	63.14	64.03
食品饮料	66.67	64.42
通信	70.82	66.09
医药生物	66.92	66.21
有色金属	68.50	65.55
综合	70.17	55.57
总计	67.30	65.04

数据来源：同花顺（iFinD），首经贸资产评估研究院和浙江工商数字创新与管理研究院整理。

12.2.3.4　省份分析

从省份分布看，安徽省、北京市、福建省、甘肃省、广东省、广西壮族自治区、贵州省、海南省、河北省、河南省、黑龙江省、湖南省、吉林省、江苏省、辽宁省、内蒙古自治区、山东省、山西省、陕西省、上海市、四川省、天津市、新疆维吾尔自治区、云南省、重庆市等25个省份专精特新企业创新要素投入指数平均水平高于非专精特新企业平均水平；湖北省、江西省、浙江省等3个省份专精特新企业创新要素投入指数平均水平低于非专精特新企业平均水平。各省份专精特新和非专精特新上市公司创新要素投入指数具体情况，如表12-16所示。

表 12-16　　各省份专精特新上市公司和非专精特新上市公司创新要素投入指数均值

省份	各省份专精特新上市公司平均水平	各省份非专精特新上市公司平均水平
安徽	67.31	65.45
北京	71.31	69.33
福建	66.21	63.71
甘肃	70.26	61.23
广东	67.68	65.23
广西	61.78	60.48
贵州	65.99	65.58
海南	68.38	59.68
河北	67.22	66.57
河南	67.38	66.17
黑龙江	69.08	62.40
湖北	65.27	65.74
湖南	67.72	64.75
吉林	69.02	63.08
江苏	67.40	64.86
江西	62.95	63.88
辽宁	65.08	62.06
内蒙古	65.79	64.40
宁夏	—	59.34
青海	—	61.90
山东	65.57	64.99
山西	68.19	61.96
陕西	69.49	64.24
上海	69.69	64.54
四川	67.90	64.22
天津	69.25	67.02
西藏	—	61.88
新疆	64.96	60.53
云南	69.38	63.25
浙江	64.54	65.02
重庆	65.78	63.28
总计	67.30	65.04

数据来源：同花顺（iFinD），首经贸资产评估研究院和浙江工商数字创新与管理研究院整理。

12.2.3.5　产权分析

从产权分布看，中央国有控股、地方国有控股以及非国有控股的专精特新上市公司的创新要素投入指数均高于非专精特新上市公司平均水平。不同产权的创新要素投入指数具体情况，如图 12-24 所示。

12.2.4　创新科技成果指数

12.2.4.1　整体分析

从全部A股市场看，686家专精特新类上市公司创新科技成果指数平均水平为69.24，4,136家非专精特新类上市公司平均水平为68.13，专精特新类上市公司的创新科技成果指数平均水平高于非专精特新类上市公司。专精特新与非专精特新上市公司创新科技成果指数整体分布情况，如图12-25所示。

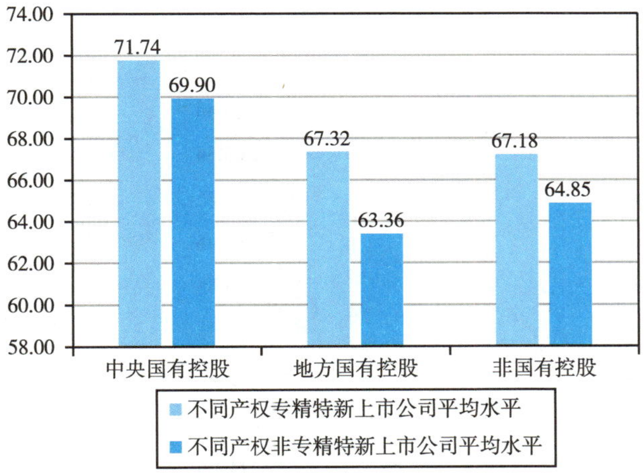

图12-24　专精特新上市公司产权分布和创新要素投入指数均值分布图

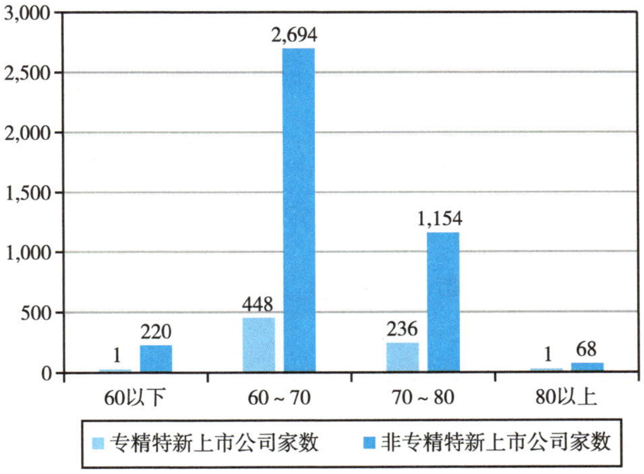

图12-25　专精特新与非专精特新上市公司创新科技成果指数整体分布图（家）

12.2.4.2　上市板块分析

从上市板块看，深市主板、沪市主板、北交所和创业板四个板块中的专精特新企业创新科技成果指数平均水平高于非专精特新企业平均水平。科创板的专精特新企业创新科技成果指数平均水平低于非专精特新企业平均水平。各板块专精特新和非专精特新上市公司创新科技成果指数均值分布，如图12-26所示。

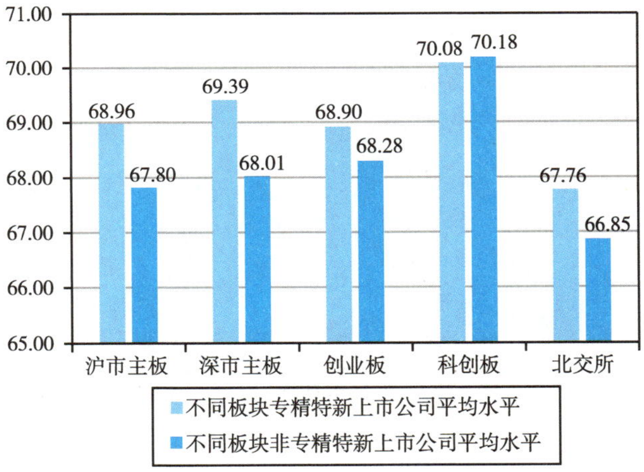

图12-26　各板块专精特新上市公司和非专精特新上市公司创新科技成果指数均值分布图

12.2.4.3　行业分析

从行业看，28个有专精特新企业的行业中，传媒、电力设备、电子、纺织服饰、钢铁、公用事业、机械设备、基础化工、计算机、家用电器、建筑材料、建筑装饰、交通运输、煤炭、美容护理、汽车、轻工制造、商贸零售、社会服务、石油石化、食品饮料、通信、医药生物、有色金属、综合等25个行业专精特新企业创新科技成果指数平均水平高于非专精特新企业平均水平；国防军工、环保、农林牧渔等3个行业专精特新企业创新科技成果指数平均水平低于非专精特新企业平均水平。各行业专精特新上市公司和非专精特新上市公司创新科技成果指数，如表12-17所示。

表 12-17　各行业专精特新上市公司和非专精特新上市公司创新科技成果指数均值

行业分类	各行业专精特新上市公司平均水平	各行业非专精特新上市公司平均水平
传媒	68.88	66.43
电力设备	69.51	69.06
电子	68.90	68.48
纺织服饰	70.24	66.76
钢铁	70.37	68.62
公用事业	69.93	65.48
国防军工	68.97	69.33
环保	68.03	68.61
机械设备	69.63	68.88
基础化工	69.34	68.34
计算机	69.28	68.85
家用电器	70.01	69.46
建筑材料	69.64	67.95
建筑装饰	69.86	68.05
交通运输	68.33	65.45
煤炭	69.79	66.57
美容护理	70.66	69.29
农林牧渔	68.25	68.31
汽车	68.57	68.40
轻工制造	68.75	68.55
商贸零售	66.51	64.28
社会服务	69.75	66.04
石油石化	68.64	67.52
食品饮料	69.23	67.98
通信	70.02	68.78
医药生物	69.23	68.52
有色金属	68.76	67.96
综合	75.82	63.37
总计	69.24	68.13

数据来源：同花顺（iFinD），首经贸资产评估研究院和浙工商数字创新与管理研究院整理。

12.2.4.4　省份分析

从省份分布看，北京市、福建省、甘肃省、广东省、广西壮族自治区、贵州省、海南省、河南省、黑龙江省、湖南省、吉林省、江苏省、辽宁省、内蒙古自治区、山东省、山西省、陕西省、上海市、四川省、天津市、新疆维吾尔自治区、云南省、浙江省、重庆市等25个省份专精特新企业创新科技成果指数平均水平高于非专精特新企业平均水平；河北省、湖北省、江西省等3个省份专精特新企业创新科技成果指数平均水平低于非专精特新企业平均水平。各省份专精特新和非专精特新上市公司创新科技成果指数具体情况，如表12-18所示。

表 12-18　　各省份专精特新上市公司和非专精特新上市公司创新科技成果指数均值

省份	各省份专精特新上市公司平均水平	各省份非专精特新上市公司平均水平
安徽	69.73	68.89
北京	69.29	69.02
福建	69.68	67.38
甘肃	72.38	66.46
广东	69.52	68.27
广西	68.08	66.88
贵州	69.48	68.79
海南	73.50	65.70
河北	67.14	69.17
河南	69.71	68.68
黑龙江	69.72	65.95
湖北	68.44	68.65
湖南	69.69	67.95
吉林	67.36	67.09
江苏	69.57	68.44
江西	67.89	68.05
辽宁	68.74	66.89
内蒙古	72.27	67.23
宁夏	—	65.99
青海	—	68.08
山东	69.44	68.50
山西	67.62	65.87
陕西	69.66	68.20
上海	68.91	67.25
四川	68.75	67.92
天津	70.15	68.49
西藏	—	65.89
新疆	68.20	66.39
云南	72.91	67.48
浙江	68.67	68.36
重庆	69.23	67.23
总计	69.24	68.13

数据来源：同花顺（iFinD），首经贸资产评估研究院和浙工商数字创新与管理研究院整理。

12.2.4.5　产权分析

从产权分布看，中央国有控股的专精特新上市公司的创新科技成果指数低于非专精特新上市公司平均水平，地方国有控股以及非国有控股的专精特新上市公司的创新科技成果指数高于非专精特新上市公司平均水平。不同产权的创新科技成果指数具体情况，如图 12-27 所示。

12.2.5 创新经济绩效指数

12.2.5.1 整体分析

从全部A股市场看，686家专精特新类上市公司创新经济绩效指数平均水平为58.83，4,136家非专精特新类上市公司平均水平为61.48，专精特新类上市公司的创新经济绩效指数平均水平低于非专精特新类上市公司。专精特新与非专精特新上市公司创新经济绩效指数整体分布情况，如图12-28所示。

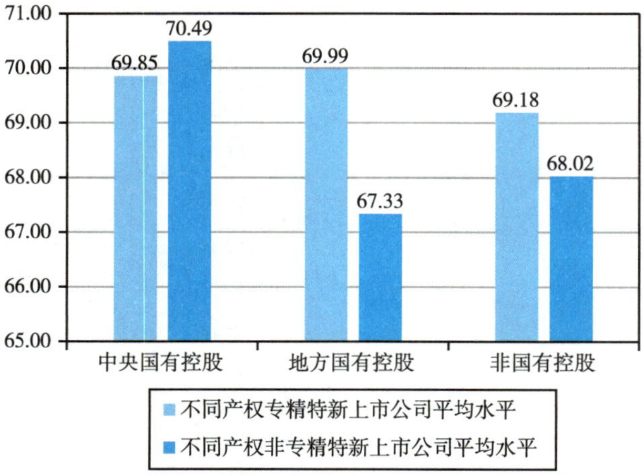

图12-27 专精特新上市公司产权分布和创新科技成果指数均值分布图

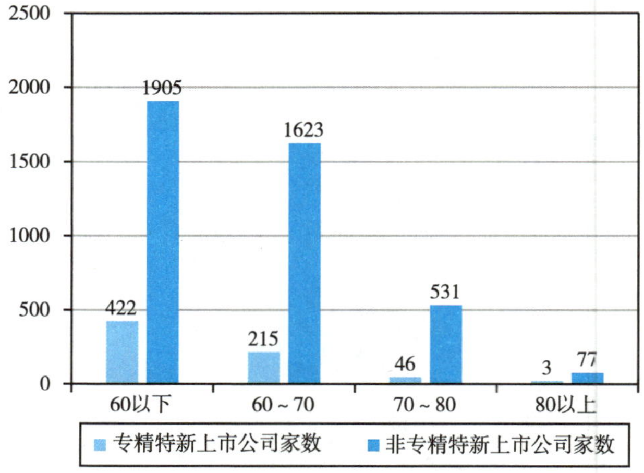

图12-28 专精特新与非专精特新上市公司创新经济绩效指数整体分布图（家）

12.2.5.2 上市板块分析

从上市板块看，沪市主板、深市主板、创业板、科创板和北交所五个板块中的专精特新企业创新经济绩效指数平均水平均低于非专精特新企业平均水平。各板块专精特新和非专精特新上市公司创新经济绩效指数均值分布，如图12-29所示。

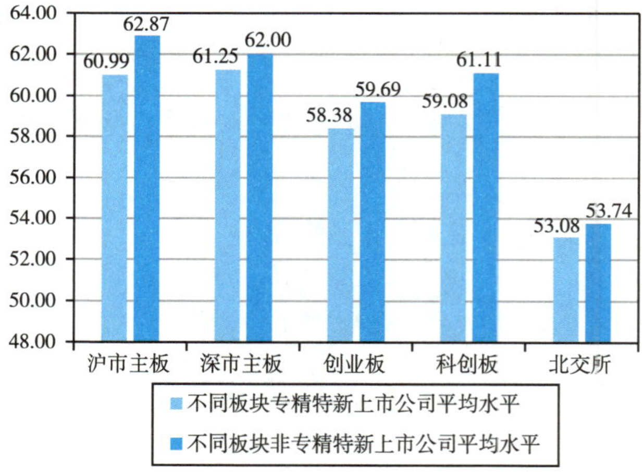

图12-29 各板块专精特新上市公司和非专精特新上市公司创新经济绩效指数均值分布图

12.2.5.3 行业分析

从行业看，28个有专精特新企业的行业中，纺织服饰、商贸零售、社会服务有色金属和综合等5个行业专精特新企业创新经济绩效指数平均水平高于非专精特新企业平均水平；传媒、电力设备、电子、钢铁、公用事业、国防军工、环保、机械设备、基础化工、计算机、家用电器、建筑材料、建筑装饰、交通运输、煤炭、美容护理、农林牧渔、汽车、轻工制造、石油石化、食品饮料、通信、医药生物等23个行业专精特新企业创新经济绩效指数平均水平低于非专精特新企业平均水平。各行业专精特新上市公司和非专精特新上市公司创新经济绩效指数，如表12-19所示。

表 12-19　　各行业专精特新上市公司和非专精特新上市公司创新经济绩效指数均值

行业分类	各行业专精特新上市公司平均水平	各行业非专精特新上市公司平均水平
传媒	57.09	58.94
电力设备	59.28	62.55
电子	59.82	62.04
纺织服饰	59.16	58.60
钢铁	55.46	64.47
公用事业	58.41	58.73
国防军工	59.20	63.32
环保	57.62	62.95
机械设备	59.89	62.03
基础化工	58.73	62.58
计算机	59.71	62.51
家用电器	58.58	63.66
建筑材料	59.00	62.85
建筑装饰	60.38	60.40
交通运输	54.85	57.82
煤炭	54.03	61.26
美容护理	58.70	61.70
农林牧渔	58.69	60.57
汽车	57.00	61.64
轻工制造	57.82	61.03
商贸零售	56.94	56.45
社会服务	61.26	58.69
石油石化	59.04	59.98
食品饮料	55.92	60.43
通信	60.91	62.82
医药生物	57.90	62.01
有色金属	61.70	61.59
综合	68.91	57.42
总计	58.83	61.48

数据来源：同花顺（iFinD），首经贸资产评估研究院和浙工商数字创新与管理研究院整理。

12.2.5.4　省份分析

从省份分布看，海南省、黑龙江省、吉林省、内蒙古自治区、陕西省、上海市和云南省等7个省份专精特新企业创新经济绩效指数平均水平高于非专精特新企业平均水平；安徽省、北京市、福建省、甘肃省、广东省、广西壮族自治区、贵州省、河北省、河南省、湖北省、湖南省、江苏省、江西省、辽宁省、山东省、山西省、四川省、天津市、新疆维吾尔自治区、浙江省、重庆市等21个省份专精特新企业创新经济绩效指数平均水平低于非专精特新企业平均水平。各省份专精特新和非专精特新上市公司创新经济绩效指数具体情况，如表12-20所示。

表 12-20　　各省份专精特新上市公司和非专精特新上市公司创新经济绩效指数均值

省份	各省份专精特新上市公司平均水平	各省份非专精特新上市公司平均水平
安徽	58.16	62.63
北京	60.64	63.51
福建	59.65	60.40
甘肃	58.67	60.43
广东	57.50	60.61
广西	54.47	59.41
贵州	62.44	64.37
海南	62.56	61.03
河北	58.14	63.39
河南	58.74	62.95
黑龙江	61.28	61.01
湖北	56.53	62.31
湖南	58.12	61.54
吉林	63.78	60.40
江苏	59.45	60.16
江西	59.30	62.86
辽宁	58.62	61.51
内蒙古	67.66	66.21
宁夏	—	61.54
青海	—	60.87
山东	58.17	61.90
山西	56.21	63.45
陕西	64.17	62.45
上海	61.33	60.43
四川	57.57	62.52
天津	58.97	64.08
西藏	—	60.39
新疆	53.63	60.31
云南	67.77	63.53
浙江	56.80	61.07
重庆	59.31	62.90
总计	58.83	61.48

数据来源：同花顺（iFinD），首经贸资产评估研究院和浙工商数字创新与管理研究院整理。

12.2.5.5　产权分析

从产权分布看，中央国有控股、地方国有控股以及非国有控股的专精特新上市公司的创新经济绩效指数均低于非专精特新上市公司平均水平。不同产权的创新经济绩效指数具体情况，如图12-30所示。

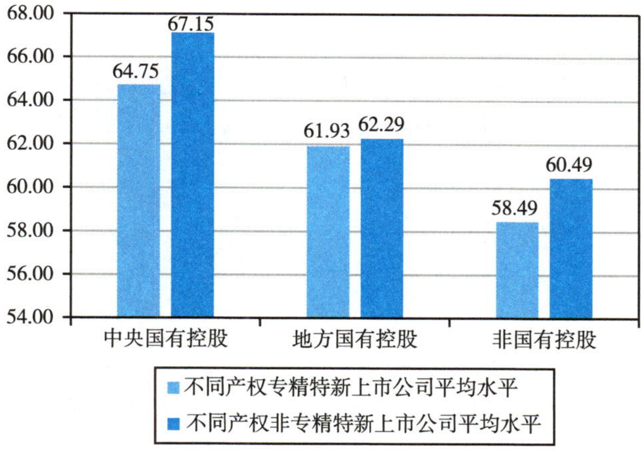

图 12-30　专精特新上市公司产权分布和创新经济绩效指数均值分布图

第13章 重点产业链上市公司创新发展指数评价

本章选取了半导体、大数据和人工智能三个重点产业链，并对重点产业链中上市公司的创新发展指数进行评价和分析。

13.1 半导体产业链上市公司创新发展指数评价

半导体材料是信息社会的基石，我国数字经济快速发展，为半导体产业发展提供了广阔的市场。半导体产业链主要包含芯片设计、晶圆制造和封装测试三大核心环节，我国半导体产业链在2022年发展更加快速，分工更加明晰，形成了7个产业链关键节点，包括模拟芯片设计、数字芯片设计、半导体材料、半导体设备、集成电路封测、集成电路制造和分立器件，[①]产业链上市公司增加至123家[②]，如图13-1所示。

截至2022年底，半导体产业链上市公司总市值共计26,991.17亿元，营业总收入4,390.17亿元，平均市值219.44亿元/家，平均营业收入35.69亿元/家。营业收入最高的上市公司为闻泰科技（580.79亿元），市值最大的上市公司为中芯国际（1,694.72亿元）。半导体产业链上市公司研发投入合计548.89亿元，占营业收入的12.50%，无形资产账面价值合计为313.82亿元，占总资产的2.64%。基于上市公司2022年的公开数据，以及对半导体产业链的梳理，本节对123家上市公司进行评价，从而得到我国半导体产业链上市公司的创新发展指数。

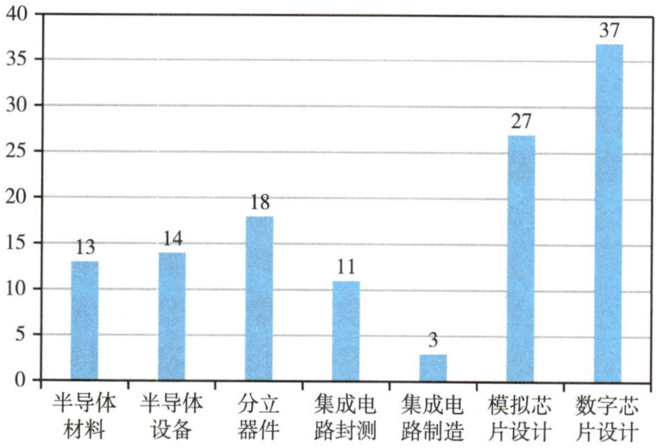

图13-1　2022年半导体产业链上市公司分布图（家）

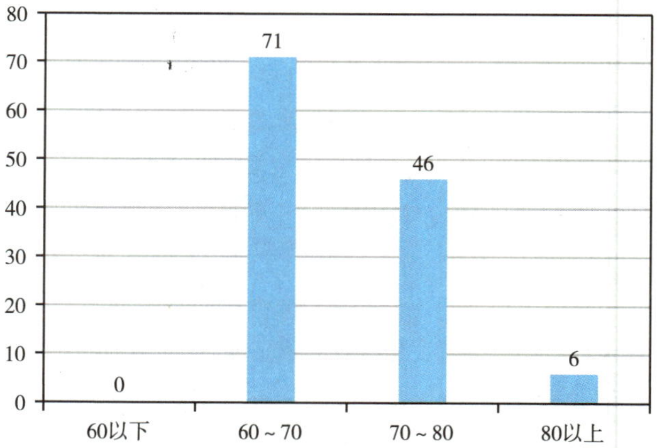

图13-2　2022年半导体产业链上市公司创新发展综合指数分布图（家）

① 本报告未分析半导体应用方面的产业节点，仅聚焦于与半导体密切相关的产业链节点中，更能反映我国半导体产业链的实际情况。

② 根据申银万国电子-半导体行业分类确定。

13.1.1 创新发展综合指数

根据本报告评价，2022年半导体产业链上市公司创新发展综合指数平均水平为69.94，高于全市场平均水平65.47。从指数分布来看，高于均值的有102家，占比为82.93%。其中，最高的是北方华创，创新发展综合指数为87.77。具体来看，创新发展综合指数区间在60~70的有71家，占比57.72%；70~80的有46家，占比37.40%；80以上的有6家，占比4.88%。如图13-2所示。

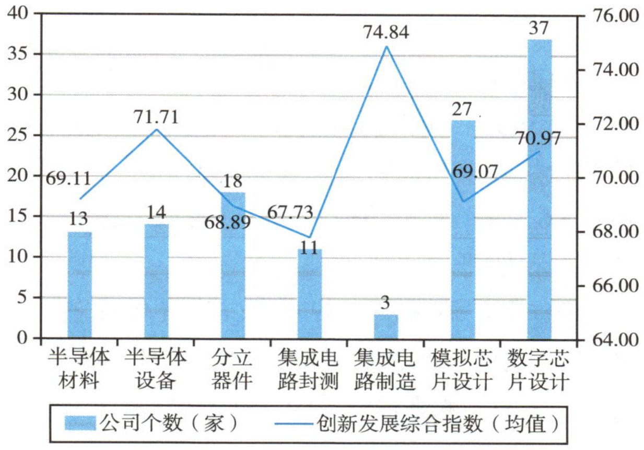

图13-3 2022年半导体产业链关键节点上市公司创新发展综合指数均值分布图

从7个产业链关键节点看，集成电路制造节点的上市公司创新发展综合指数平均水平最高，为74.84；其次是半导体设备节点和数字芯片设计节点，分别为71.71和70.97；集成电路封测节点创新发展综合指数平均水平最低，为67.73，如图13-3所示。

半导体产业链中的各关键节点上具有代表性的上市公司有：

模拟芯片设计节点：汇顶科技（603160.SH）、圣邦股份（300661.SZ）、卓胜微（300782.SZ）；

数字芯片设计节点：海光信息（688041.SH）、紫光国微（002049.SZ）、兆易创新（603986.SH）；

半导体材料节点：江丰电子（300666.SZ）、沪硅产业（688126.SH）、立昂微（605358.SH）；

半导体设备节点：北方华创（002371.SZ）、盛美上海（688082.SH）、中微公司（688012.SH）；

集成电路封测节点：长电科技（600584.SH）、华天科技（002185.SZ）、通富微电（002156.SZ）；

集成电路制造节点：华润微（688396.SH）、中芯国际（688981.SH）、赛微电子（300456.SZ）；

分立器件节点：士兰微（600460.SH）、闻泰科技（600745.SH）、扬杰科技（300373.SZ）。

123家半导体产业链上市公司中，创新发展综合指数排名前10%，如表13-1所示。

表13-1 2022年半导体产业链上市公司创新发展综合指数排名前10%

排名	公司代码	公司名称	创新发展综合指数	所属产业链	产业链节点
1	002371.SZ	北方华创	87.77	半导体	半导体设备
2	688041.SH	海光信息	82.97	半导体	数字芯片设计
3	002049.SZ	紫光国微	82.45	半导体	数字芯片设计
4	603986.SH	兆易创新	80.48	半导体	数字芯片设计
5	600460.SH	士兰微	80.48	半导体	分立器件
6	603501.SH	韦尔股份	80.23	半导体	数字芯片设计
7	600584.SH	长电科技	79.52	半导体	集成电路封测
8	300661.SZ	圣邦股份	79.50	半导体	模拟芯片设计
9	688396.SH	华润微	79.08	半导体	集成电路制造
10	688082.SH	盛美上海	78.39	半导体	半导体设备
11	600745.SH	闻泰科技	78.18	半导体	分立器件
12	688385.SH	复旦微电	77.85	半导体	数字芯片设计

数据来源：同花顺（iFinD），首经贸资产评估研究院和浙工商数字创新与管理研究院整理。

13.1.2 创新资源支持指数

根据本报告评价，2022年半导体产业链上市公司创新资源支持指数平均水平为73.35，高于全市场均值68.18。从指数分布来看，高于市场平均水平的上市公司有97家，占比为78.86%。其中，最高的是长川科技，创新资源支持指数为85.61。具体来看，创新资源支持指数区间在60以下的有2家，占比1.63%；60~70的有32家，占比26.02%；70~80的有67家，占比54.46%；80以上的有22家，占比17.89%，如图13-4所示。

从7个产业链关键节点看，半导体设备节点的上市公司创新资源支持指数平均水平最高，为76.53；其次是集成电路封测和集成电路制造节点，分别为76.50和75.01；模拟芯片设计节点创新资源支持指数平均水平最低，为70.47，如图13-5所示。

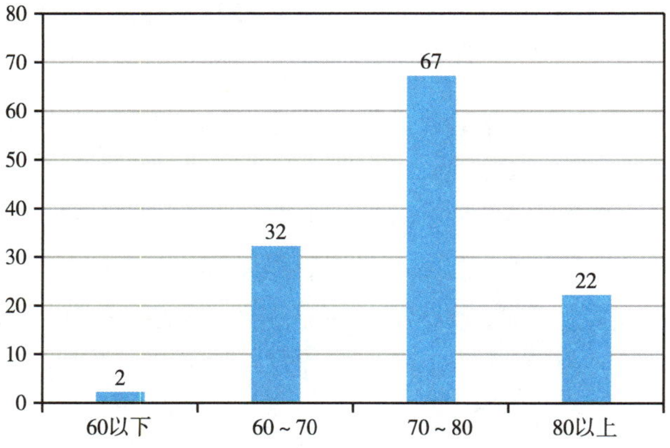

图13-4 2022年半导体产业链上市公司创新资源支持指数分布图（家）

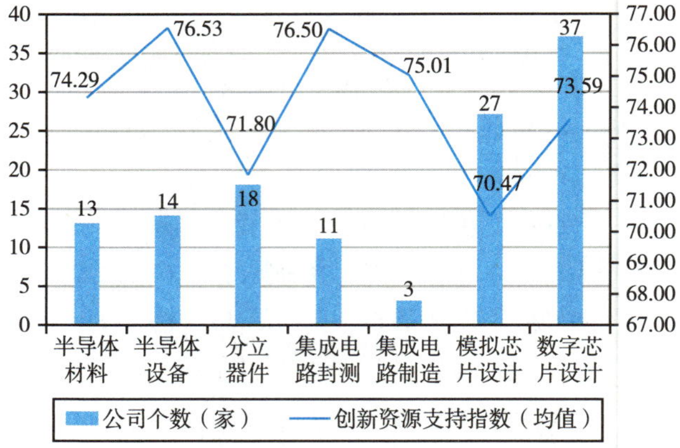

图13-5 2022年半导体产业链关键节点上市公司创新资源支持指数均值分布图

半导体产业链中的各关键节点上具有代表性的上市公司有：

模拟芯片设计节点：卓胜微（300782.SZ）、圣邦股份（300661.SZ）、唯捷创芯（688153.SH）；

数字芯片设计节点：全志科技（300458.SZ）、格科微（688728.SH）、国科微（300672.SZ）；

半导体材料节点：沪硅产业（688126.SH）、立昂微（605358.SH）、有研硅（688432.SH）；

半导体设备节点：长川科技（300604.SZ）、拓荆科技（688072.SH）、华海清科（688120.SH）；

集成电路封测节点：长电科技（600584.SH）、华天科技（002185.SZ）、伟测科技（688372.SH）；

集成电路制造节点：华润微（688396.SH）、中芯国际（688981.SH）、赛微电子（300456.SZ）；

分立器件节点：扬杰科技（300373.SZ）、士兰微（600460.SH）、捷捷微电（300623.SZ）。

123家半导体产业链上市公司中，创新资源支持指数排名前10%，如表13-2所示。

表13-2 2022年半导体产业链上市公司创新资源支持指数排名前10%

排名	公司代码	公司名称	创新资源支持指数	所属产业链	产业链节点
1	300604.SZ	长川科技	85.61	半导体	半导体设备
2	688072.SH	拓荆科技	84.65	半导体	半导体设备
3	688120.SH	华海清科	84.23	半导体	半导体设备
4	600584.SH	长电科技	83.91	半导体	集成电路封测
5	002185.SZ	华天科技	83.76	半导体	集成电路封测
6	600460.SH	士兰微	83.60	半导体	分立器件

续表

排名	公司代码	公司名称	创新资源支持指数	所属产业链	产业链节点
7	300458.SZ	全志科技	83.40	半导体	数字芯片设计
8	688126.SH	沪硅产业	82.95	半导体	半导体材料
9	688409.SH	富创精密	82.80	半导体	半导体设备
10	688728.SH	格科微	82.43	半导体	数字芯片设计
11	688372.SH	伟测科技	82.22	半导体	集成电路封测
12	300672.SZ	国科微	81.61	半导体	数字芯片设计

数据来源：同花顺（iFinD），首经贸资产评估研究院和浙江工商数字创新与管理研究院整理。

13.1.3　创新要素投入指数

根据本报告评价，2022年半导体产业链上市公司创新要素投入指数平均水平为73.05，高于全市场均值65.37。从指数分布来看，高于市场平均水平的上市公司有109家，占比为88.62%。其中，最高的是北方华创，创新要素投入指数为92.72。具体来看，创新要素投入指数区间在60以下的有1家，占比0.81%；60~70的有38家，占比30.89%；70~80的有68家，占比55.28%；80以上的有16家，占比13.01%，如图13-6所示。

从7个产业链关键节点看，集成电路制造节点的上市公司创新要素投入指数平均水平最高，为81.09；其次是数字芯片设计节点和模拟芯片设计节点，分别75.71和74.41；集成电路封测节点创新要素投入指数平均水平最低，为66.95，如图13-7所示。

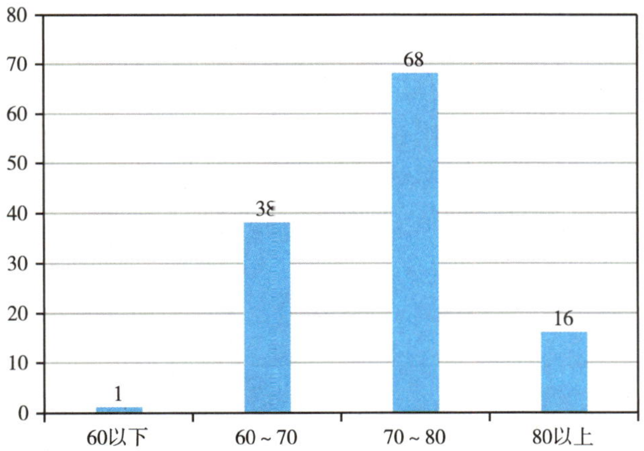

图13-6　2022年半导体产业链上市公司创新要素投入指数分布图（家）

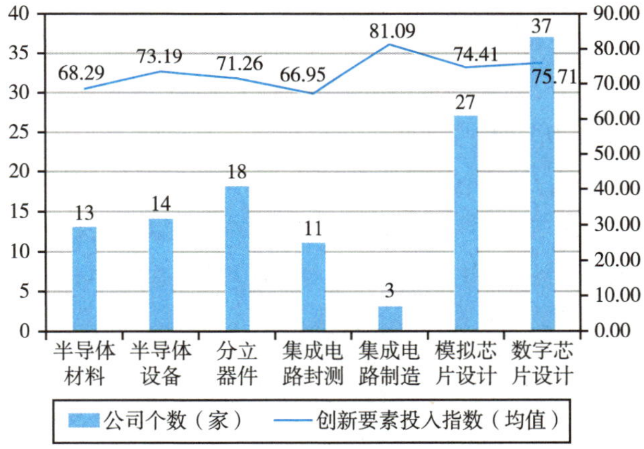

图13-7　2022年半导体产业链关键节点上市公司创新要素投入指数均值分布图

半导体产业链中的各关键节点上具有代表性的上市公司有：

模拟芯片设计节点：圣邦股份（300661.SZ）、思瑞浦（688536.SH）、卓胜微（300782.SZ）；

数字芯片设计节点：紫光国微（002049.SZ）、韦尔股份（603501.SH）、海光信息（688041.SH）；

半导体材料节点：天岳先进（688234.SH）、立昂微（605358.SH）、江丰电子（300666.SZ）；

半导体设备节点：中微公司（688012.SH）、北方华创（002371.SZ）、盛美上海（688082.SH）；

集成电路封测节点：晶方科技（603005.SH）、长电科技（600584.SH）、华天科技（002185.SZ）；

集成电路制造节点：华润微（688396.SH）、中芯国际（688981.SH）、赛微电子（300456.SZ）；

分立器件节点：闻泰科技（600745.SH）、士兰微（600460.SH）、斯达半导（603290.SH）。

123家半导体产业链上市公司中，创新要素投入指数排名前10%，如表13-3所示。

表13-3　　2022年半导体产业链上市公司创新要素投入指数排名前10%

排名	公司代码	公司名称	创新要素投入指数	所属产业链	产业链节点
1	002371.SZ	北方华创	92.72	半导体	半导体设备
2	603501.SH	韦尔股份	87.44	半导体	数字芯片设计
3	002049.SZ	紫光国微	87.34	半导体	数字芯片设计
4	600745.SH	闻泰科技	86.41	半导体	分立器件
5	300661.SZ	圣邦股份	85.98	半导体	模拟芯片设计
6	688396.SH	华润微	85.72	半导体	集成电路制造
7	600460.SH	士兰微	85.37	半导体	分立器件
8	688041.SH	海光信息	85.11	半导体	数字芯片设计
9	603986.SH	兆易创新	84.74	半导体	数字芯片设计
10	300782.SZ	卓胜微	84.39	半导体	模拟芯片设计
11	688385.SH	复旦微电	81.83	半导体	数字芯片设计
12	688012.SH	中微公司	81.76	半导体	半导体设备

数据来源：同花顺（iFinD），首经贸资产评估研究院和浙工商数字创新与管理研究院整理。

13.1.4　创新科技成果指数

根据本报告评价，2022年半导体产业链上市公司创新科技成果指数平均水平为70.79，高于全市场均值68.28。从指数分布来看，高于市场平均水平的上市公司有103家，占比为83.74%。其中，最高的是北方华创，创新科技成果指数为86.06。具体来看，创新科技成果指数区间在60~70的有61家，占比49.59%；70~80的有60家，占比48.78%；80以上的有2家，占比1.63%，如图13-8所示。

从7个产业链关键节点看，集成电路制造节点的上市公司创新科技成果指数平均水平最高，为74.31；其次是集成电路封测节点和半导体材料节点，分别71.24和71.09；数字芯片设计节点创新科技成果指数平均水平最低，为70.37，如图13-9所示。

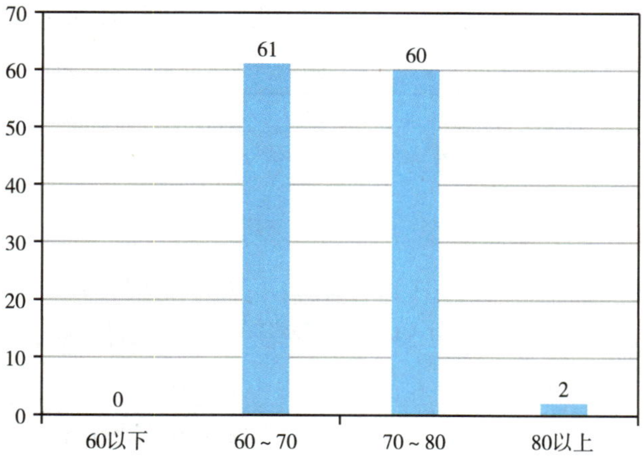

图13-8　2022年半导体产业链上市公司创新科技成果指数分布图（家）

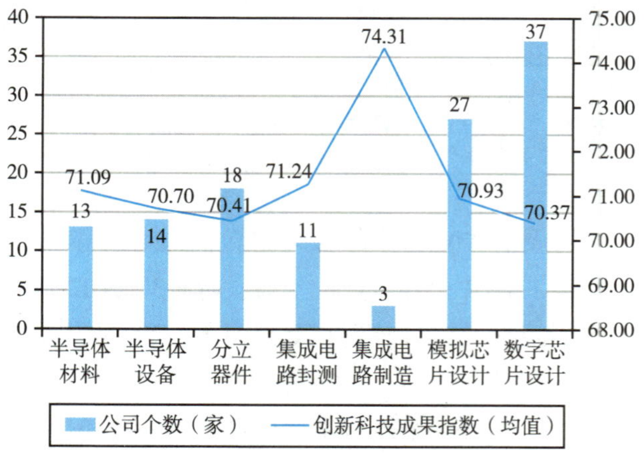

图13-9　2022年半导体产业链关键节点上市公司创新科技成果指数均值分布图

半导体产业链中的各关键节点上具有代表性的上市公司有：

模拟芯片设计节点：圣邦股份（300661.SZ）、灿瑞科技（688061.SH）、卓胜微（300782.SZ）；

数字芯片设计节点：紫光国微（002049.SZ）、韦尔股份（603501.SH）、海光信息（688041.SH）；

半导体材料节点：江丰电子（300666.SZ）、天岳先进（688234.SH）、有研新材（600206.SH）；

半导体设备节点：中微公司（688012.SH）、北方华创（002371.SZ）、拓荆科技（688072.SH）；

集成电路封测节点：华天科技（002185.SZ）、长电科技（600584.SH）、通富微电（002156.SZ）；

集成电路制造节点：华润微（688396.SH）、中芯国际（688981.SH）、赛微电子（300456.SZ）；

分立器件节点：闻泰科技（600745.SH）、长光华芯（688048.SH）、士兰微（600460.SH）。

123家半导体产业链上市公司中，创新科技成果指数排名前10%，如表13-4所示。

表13-4　　2022年半导体产业链上市公司创新科技成果指数排名前10%

排名	公司代码	公司名称	创新科技成果指数	所属产业链	产业链节点
1	002371.SZ	北方华创	86.06	半导体	半导体设备
2	002049.SZ	紫光国微	81.22	半导体	数字芯片设计
3	688396.SH	华润微	78.82	半导体	集成电路制造
4	600745.SH	闻泰科技	78.58	半导体	分立器件
5	603501.SH	韦尔股份	78.03	半导体	数字芯片设计
6	688041.SH	海光信息	77.94	半导体	数字芯片设计
7	600584.SH	长电科技	77.94	半导体	集成电路封测
8	600206.SH	有研新材	77.56	半导体	半导体材料
9	300661.SZ	圣邦股份	76.94	半导体	模拟芯片设计
10	300666.SZ	江丰电子	76.08	半导体	半导体材料
11	688234.SH	天岳先进	75.82	半导体	半导体材料
12	688048.SH	长光华芯	75.02	半导体	分立器件

数据来源：同花顺（iFinD），首经贸资产评估研究院和浙工商数字创新与管理研究院整理。

13.1.5　创新经济绩效指数

根据本报告评价，2022年半导体产业链上市公司创新经济绩效指数平均水平为62.98，高于全市场均值61.11。从指数分布来看，高于市场平均水平的上市公司有64家，占比为52.03%。其中，最高的是北方华创，创新经济绩效指数为89.17。具体来看，创新经济绩效指数区间在60以下的有54家，占比43.90%；60~70的有44家，占比35.77%；70~80的有21家，占比17.07%；80以上的有4家，占比3.25%，如图13-10所示。

从7个产业链关键节点看，集成电路制造的上市公司创新经济绩效指数平均水平最高，为67.73；其次是半导体设备节点和半导体材料节点，分别67.33和64.53；集成电路封测节点创新经济绩效指数平均水平最低，为59.09，如图13-11所示。

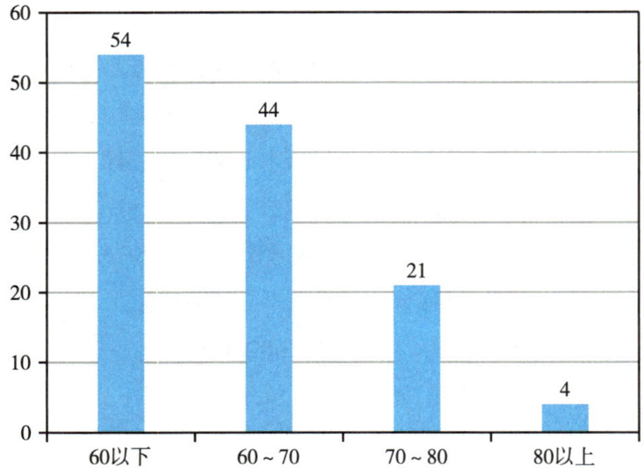

图13-10　2022年半导体产业链上市公司创新经济绩效指数分布图（家）

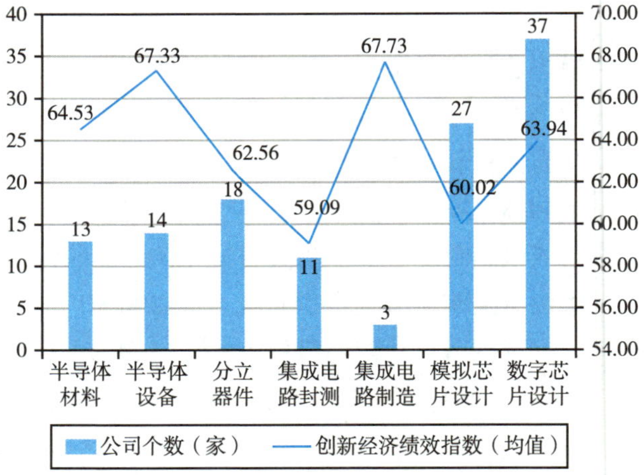

图13-11　2022年半导体产业链关键节点上市公司创新经济绩效指数均值分布图

半导体产业链中的各关键节点上具有代表性的上市公司有：

模拟芯片设计节点：圣邦股份（300661.SZ）、汇顶科技（603160.SH）、电科芯片（600877.SH）；

数字芯片设计节点：紫光国微（002049.SZ）、海光信息（688041.SH）、兆易创新（603986.SH）；

半导体材料节点：江丰电子（300666.SZ）、雅克科技（002409.SZ）、立昂微（605358.SH）；

半导体设备节点：至纯科技（603690.SH）、北方华创（002371.SZ）、盛美上海（688082.SH）；

集成电路封测节点：伟测科技（688372.SH）、长电科技（600584.SH）、通富微电（002156.SZ）；

集成电路制造节点：华润微（688396.SH）、中芯国际（688981.SH）、赛微电子（300456.SZ）；

分立器件节点：士兰微（600460.SH）、闻泰科技（600745.SH）、扬杰科技（300373.SZ）。

123家半导体产业链上市公司中，创新经济绩效指数排名前10%，如表13-5所示。

表13-5　2022年半导体产业链上市公司创新经济绩效指数排名前10%

排名	公司代码	公司名称	创新经济绩效指数	所属产业链	产业链节点
1	002371.SZ	北方华创	89.17	半导体	半导体设备
2	688041.SH	海光信息	86.69	半导体	数字芯片设计
3	002049.SZ	紫光国微	82.14	半导体	数字芯片设计
4	603986.SH	兆易创新	81.53	半导体	数字芯片设计
5	688082.SH	盛美上海	78.52	半导体	半导体设备
6	688385.SH	复旦微电	78.36	半导体	数字芯片设计
7	600460.SH	士兰微	78.05	半导体	分立器件
8	600584.SH	长电科技	77.34	半导体	集成电路封测
9	688981.SH	中芯国际	77.28	半导体	集成电路制造
10	603690.SH	至纯科技	76.52	半导体	半导体设备
11	300661.SZ	圣邦股份	75.79	半导体	模拟芯片设计
12	603501.SH	韦尔股份	75.48	半导体	数字芯片设计

数据来源：同花顺（iFinD），首经贸资产评估研究院和浙工商数字创新与管理研究院整理。

13.2　大数据产业链上市公司创新发展指数评价

大数据是指需要通过快速获取、处理、分析以从中提取价值的海量、多样化的交易数据、交互数据与传感数据。大数据不仅能够优化生产流程、提高生产效率，还能够推动科学研究、改善社会治理，促进我国经济可持续高质量发展。我国大数据产业链在2022年发展更加快速，分工更加明晰，形成了13个产业链关键节点，上游包括基础设备和硬件设备；中游包括数据采集、数据分析和挖掘、数据存储和云平台、数据安全；下游包括电信、工业、金融、精准营销、智慧出行、智慧家居、智慧医疗，产业链上市公司增加至67家[①]，如图13–12所示。

截至2022年底，大数据产业链上市公司总市值共计24,553.85亿元，营业总收入27,091.15亿元，平均市值366.48亿元/家，平均营业收入404.35亿元/家。营业收入最高的上市公司为中国移动（9,372.59亿元），市值最大的上市公司为中国电信（3,633.25亿元）。大数据产业链上市公司研发投入合计为1,400.87亿元，占营业收入的5.17%，无形资产账面价值合计为1,703.1亿元，占总资产的3.68%。基于上市公司2022年的公开数据，以及对大数据产业链的梳理，本节对67家上市公司进行评价，从而得到我国大数据产业链上市公司的创新发展指数。

13.2.1　创新发展综合指数

根据本报告评价，2022年大数据产业链上市公司创新发展综合指数平均水平为72.25，高于全市场平均水平65.47。从指数分布来看，高于市场平均水平的上市公司有53家，占比为79.10%。其中，最高的是中科曙光，创新发展综合指数为87.93。具体来看，创新发展综合指数区间在60以下的有2家，占比2.99%；60~70的有25家，占比37.31%；70~80的有28家，占比41.79%；80分以上的有12家，占比17.91%，如图13–13所示。

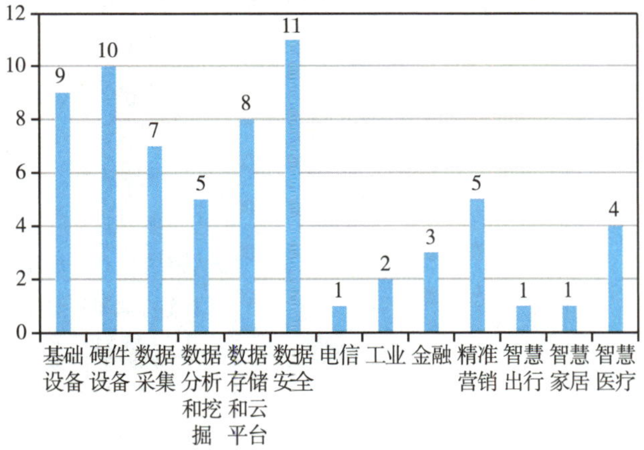

图13–12　2022年大数据产业链上市公司分布图（家）

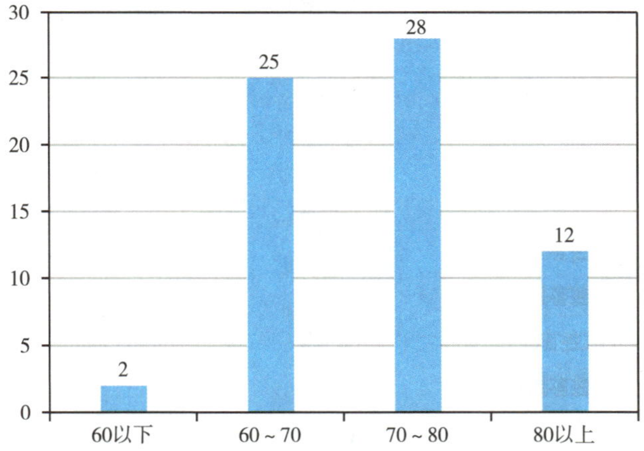

图13–13　2022年大数据产业链上市公司创新发展综合指数分布图（家）

从13个产业链关键节点看，智慧家居节点的上市公司创新发展综合指数平均水平最高，为83.39；其次是基础设备和数据采集，分别为76.27和75.50；精准营销节点创新发展综合指数平均水平最低，为61.30，如图13–14所示。

大数据产业链中的各关键节点上具有代表性的上市公司有：

① 根据Wind数据库产业链中心大数据产业链图谱确定。

基础设备节点：用友网络（600588.SH）、中国联通（600050.SH）、中国电信（601728.SH）；

硬件设备节点：中科曙光（603019.SH）、浪潮信息（000977.SZ）、中际旭创（300308.SZ）；

数据采集节点：科大讯飞（002230.SZ）、恒生电子（600570.SH）、海康威视（002415.SZ）；

数据分析和挖掘节点：拓尔思（300229.SZ）、广联达（002410.SZ）；

数据存储和云平台节点：紫光股份（000938.SZ）、紫光国微（002049.SZ）；

数据安全节点：天融信（002212.SZ）、电科网安（002268.SZ）、启明星辰（002439.SZ）；

电信节点：天源迪科（300047.SZ）；

工业节点：东土科技（300353.SZ）；

金融节点：同花顺（300033.SZ）；

精准营销节点：利欧股份（002131.SZ）；

智慧出行节点：千方科技（002373.SZ）；

智慧家居节点：海尔智家（600690.SH）；

智慧医疗节点：华大基因（300676.SZ）。

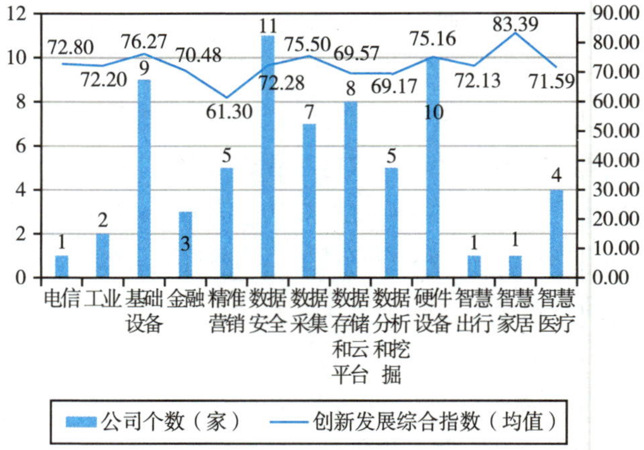

图13-14　2022年大数据产业链关键节点上市公司创新发展综合指数均值分布图

67家大数据产业链上市公司中，创新发展综合指数排名前10如表13-6所示。

表13-6　2022年大数据产业链上市公司创新发展综合指数排名前10

排名	公司代码	公司名称	创新发展综合指数	所属产业链	产业链节点
1	603019.SH	中科曙光	87.93	大数据	硬件设备
2	002230.SZ	科大讯飞	87.33	大数据	数据采集
3	600588.SH	用友网络	83.41	大数据	基础设备
4	600690.SH	海尔智家	83.39	大数据	智慧家居
5	000977.SZ	浪潮信息	83.27	大数据	硬件设备
6	000938.SZ	紫光股份	82.85	大数据	数据存储和云平台
7	002049.SZ	紫光国微	82.45	大数据	数据存储和云平台
8	300308.SZ	中际旭创	82.25	大数据	硬件设备
9	000063.SZ	中兴通讯	81.63	大数据	硬件设备
10	002410.SZ	广联达	81.38	大数据	数据分析和挖掘

数据来源：同花顺（iFinD），首经贸资产评估研究院和浙工商数字创新与管理研究院整理。

13.2.2　创新资源支持指数

2022年大数据产业链67家上市公司创新资源支持指数平均水平为74.75，高于全市场均值68.18。从指数分布来看，高于均值的有48家，占比为71.64%。其中，最高的是科大讯飞，创新资源支持指数为97.39。具体来看，创新资源支持指数区间在60以下的有7家，占比10.45%；60~70的有14家，占比20.90%；70~80的有28家，占比41.78%；80以上的有18家，占比26.87%，如图13-15所示。

从13个产业链关键节点看，智慧家居节点的上市公司创新资源支持指数平均水平最高，为82.79；其次是数据采集和基础设备，分别为81.10和78.13；精准营销节点创新资源支持指数平均水平最低，为59.38，如图13-16所示。

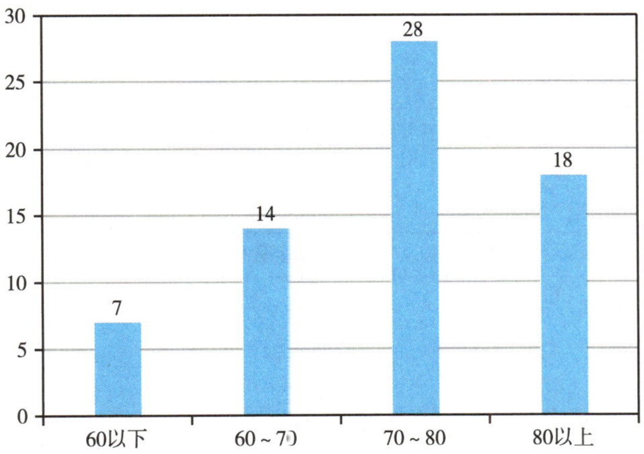

图13-15　2022年大数据产业链上市公司创新资源支持指数分布图（家）

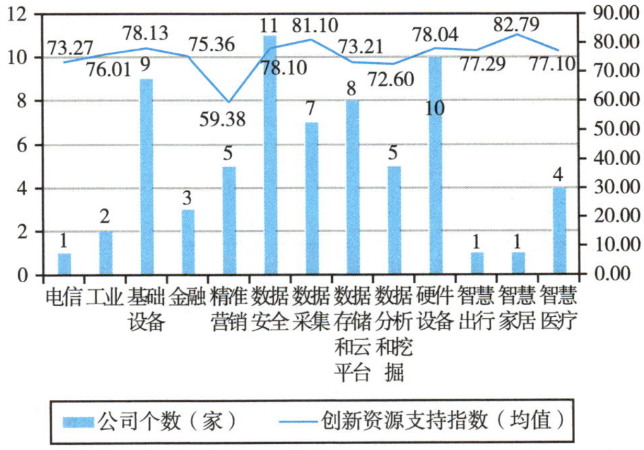

图13-16　2022年大数据产业链关键节点上市公司创新资源支持指数均值分布图

67家大数据产业链上市公司中，创新资源支持指数排名前10，如表13-7所示。

表13-7　2022年大数据产业链上市公司创新资源支持指数排名前10

排名	公司代码	公司名称	创新发展综合指数	所属产业链	产业链节点
1	002230.SZ	科大讯飞	97.39	大数据	数据采集
2	000938.SZ	紫光股份	94.34	大数据	数据存储和云平台
3	300454.SZ	深信服	93.70	大数据	硬件设备
4	603019.SH	中科曙光	90.00	大数据	硬件设备
5	300188.SZ	美亚柏科	89.59	大数据	数据安全
6	600588.SH	用友网络	89.23	大数据	基础设备
7	002439.SZ	启明星辰	89.05	大数据	数据安全
8	300308.SZ	中际旭创	87.76	大数据	硬件设备
9	002415.SZ	海康威视	87.66	大数据	数据采集
10	002410.SZ	广联达	86.95	大数据	数据分析和挖掘

数据来源：同花顺（iFinD），首经贸资产评估研究院和浙工商数字创新与管理研究院整理。

13.2.3　创新要素投入指数

2022年大数据产业链67家上市公司创新要素投入指数平均水平为75.76，高于全市场均值65.37。从指数分布来看，高于均值的有57家，占比为85.07%。其中，最高的是中科曙光，创新要素投入指数为93.01。具体来看，创新要素投入指数区间在60以下的有3家，占比4.48%；60~70的有15家，占比22.39%；70~80的有25家，占比37.31%；80以上的有24家，占比35.82%，如图13-17所示。

从13个产业链关键节点看，智慧家居节点的上市公司创新要素投入指数平均水平最高，为80.30；其次是电信和数据采集，分别为79.62和79.43；精准营销节点创新要素投入指数平均水平最低，为63.76，如图13-18所示。

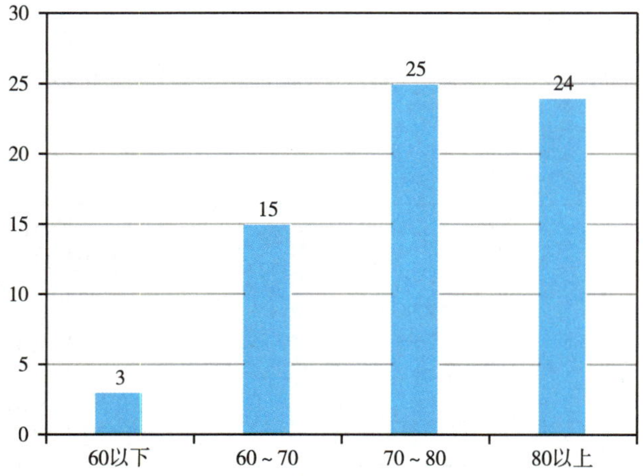

图13-17 2022年大数据产业链上市公司创新要素投入指数分布图（家）

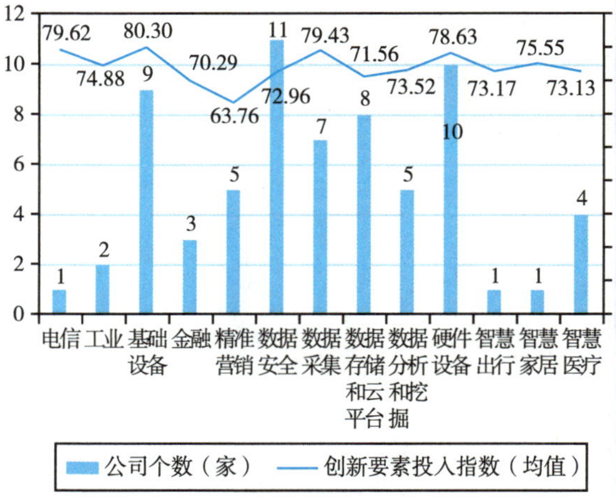

图13-18 2022年大数据产业链关键节点上市公司创新要素投入指数均值分布图

67家大数据产业链上市公司中，创新要素投入指数排名前10，如表13-8所示。

表13-8 2022年大数据产业链上市公司创新要素投入指数排名前10

排名	公司代码	公司名称	创新要素投入指数	所属产业链	产业链节点
1	603019.SH	中科曙光	93.01	大数据	硬件设备
2	002230.SZ	科大讯飞	91.86	大数据	数据采集
3	002405.SZ	四维图新	88.56	大数据	数据采集
4	000063.SZ	中兴通讯	87.95	大数据	硬件设备
5	002410.SZ	广联达	87.74	大数据	数据分析和挖掘
6	002049.SZ	紫光国微	87.34	大数据	数据存储和云平台
7	600570.SH	恒生电子	87.08	大数据	数据采集
8	600588.SH	用友网络	86.17	大数据	基础设备
9	300033.SZ	同花顺	85.74	大数据	金融
10	000977.SZ	浪潮信息	84.50	大数据	硬件设备

数据来源：同花顺（iFinD），首经贸资产评估研究院和浙工商数字创新与管理研究院整理。

13.2.4 创新科技成果指数

2022年大数据产业链67家上市公司创新科技成果指数平均水平为71.93，高于全市场均值68.28。从指数分布来看，高于市场平均水平的上市公司有48家，占比为71.64%。其中，最高的是海尔智家，创新科技成果指数为90.42。具体来看，创新科技成果指数区间在60以下的有1家，占比1.49%；60~70的有28家，占比41.79%；70~80的有31家，占比46.27%；80以上的有7家，占比10.45%，如图13-19所示。

从13个产业链关键节点看，智慧家居节点的上市公司创新科技成果指数平均水平最高，为90.42；其次是基础设备和硬件设备，分别为75.16和73.97；精准营销创新科技成果指数平均水平最低，为65.52，如图13-20所示。

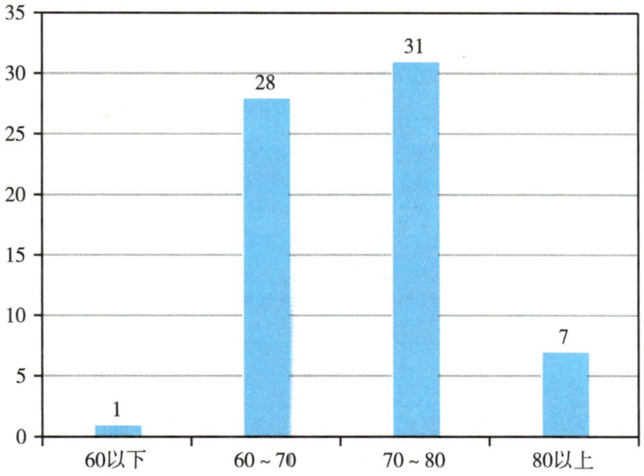

图13–19　2022年大数据产业链上市公司创新科技成果指数分布图（家）

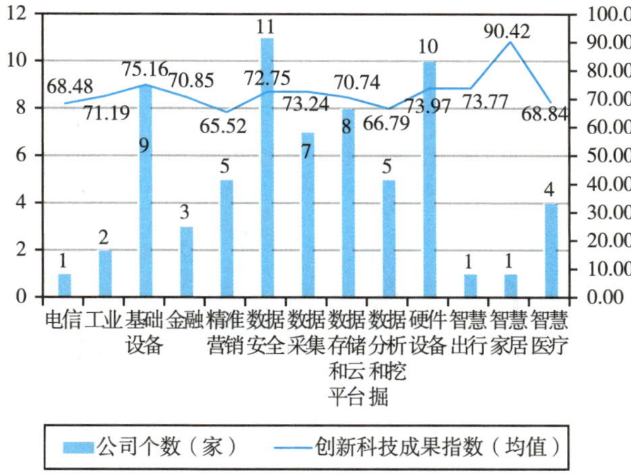

图13–20　2022年大数据产业链关键节点上市公司创新科技成果指数均值分布图

67家大数据产业链上市公司中，创新科技成果指数排名前10，如表13–9所示。

表13–9　2022年大数据产业链上市公司创新科技成果指数排名前10

排名	公司代码	公司名称	创新科技成果指数	所属产业链	产业链节点
1	600690.SH	海尔智家	90.42	大数据	智慧家居
2	000977.SZ	浪潮信息	82.87	大数据	硬件设备
3	000938.SZ	紫光股份	82.36	大数据	数据存储和云平台
4	002049.SZ	紫光国微	81.22	大数据	数据存储和云平台
5	600050.SH	中国联通	81.09	大数据	基础设备
6	000063.SZ	中兴通讯	80.85	大数据	硬件设备
7	002335.SZ	科华数据	80.12	大数据	基础设备
8	300308.SZ	中际旭创	79.81	大数据	硬件设备
9	002415.SZ	海康威视	79.60	大数据	数据采集
10	601728.SH	中国电信	79.48	大数据	基础设备

数据来源：同花顺（iFinD），首经贸资产评估研究院和浙工商数字创新与管理研究院整理。

13.2.5　创新经济绩效指数

根据本报告评价，2022年大数据产业链上市公司创新经济绩效指数平均水平为66.54，高于全市场均值61.11。从指数分布来看，高于市场平均水平的上市公司有45家，占比为67.16%。其中，最高的是中科曙光，创新经济绩效指数为88.77。具体来看，创新经济绩效指数区间在60以下的有16家，占比23.88%；60~70的有27家，占比40.29%；70~80的有18家，占比26.87%；80以上的有6家，占比8.96%，如图13–21所示。

从13个产业链关键节点看，智慧家居节点的上市公司创新经济绩效指数平均水平最高，为83.56；其次是基础设备和电信，分别为72.10和71.09；精准营销节点创新经济绩效指数平均水平最低，为58.01，如图13–22所示。

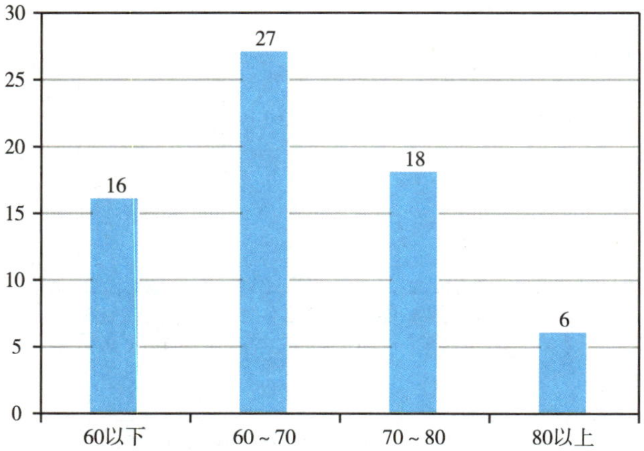

图13-21　2022年大数据产业链上市公司创新经济绩效指数分布图（家）

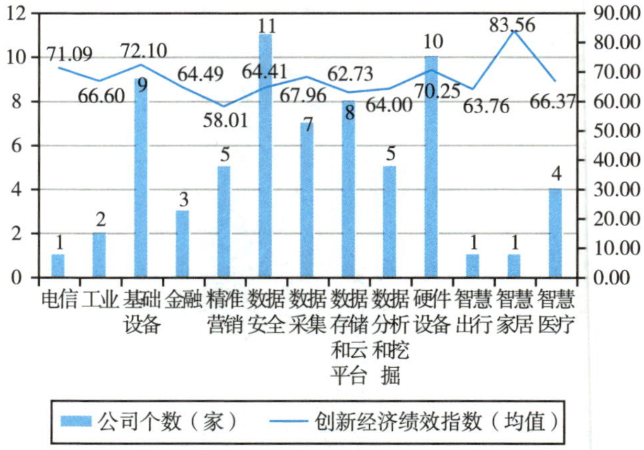

图13-22　2022年大数据产业链关键节点上市公司创新经济绩效指数均值分布图

67家大数据产业链上市公司中，创新经济绩效指数排名前10，如表13-10所示。

表13-10　2022年大数据产业链上市公司创新经济绩效指数排名前10

排名	公司代码	公司名称	创新经济绩效指数	所属产业链	产业链节点
1	603019.SH	中科曙光	88.77	大数据	硬件设备
2	600690.SH	海尔智家	83.56	大数据	智慧家居
3	600588.SH	用友网络	82.59	大数据	基础设备
4	002049.SZ	紫光国微	82.14	大数据	数据存储和云平台
5	002230.SZ	科大讯飞	82.05	大数据	数据采集
6	000977.SZ	浪潮信息	80.74	大数据	硬件设备
7	300308.SZ	中际旭创	79.94	大数据	硬件设备
8	601728.SH	中国电信	77.96	大数据	基础设备
9	600941.SH	中国移动	77.74	大数据	基础设备
10	002405.SZ	四维图新	77.50	大数据	数据采集

数据来源：同花顺（iFinD），首经贸资产评估研究院和浙工商数字创新与管理研究院整理。

13.3　人工智能产业链上市公司创新发展指数评价

人工智能亦称智械、机器智能，指由人制造出来的可以表现出智能的机器。通常人工智能是指通过普通计算机程序来呈现人类智能的技术。近年来，我国人工智能产业加速发展，从基础支撑、核心技术到行业应用的产业链条正在形成，产业集群初步显现，涌现出一批发展迅速、特点鲜明、创新活跃的高科技企业。我国人工智能产业链在2022年发展更加快速，分工更加明晰，形成了9个产业链关键节点，包括服务器、AI芯片、计算机视觉、工业4.0、智能安防、无人驾驶、智能教育、智能医疗、智能语音，产业链上市公司增加至20家①，如图13-23所示。

截至2022年底，人工智能产业链上市公司总市值共计6,233.22亿元，营业总收入2,437.32亿元，平均市值311.66亿元/家，平均营业收入123.67亿元/家。营业收入最高的上市公司为海康威视（831.66亿元），市值最大的上市公司也为海康威视（3,270.64亿元）。人工智能产业链上市公司研发

① 根据Wind数据库产业链中心人工智能产业链图谱确定。

投入合计为256.19亿元，占营业收入的10.36%，无形资产账面价值合计为106.95亿元，占总资产的3.05%。基于上市公司2022年的公开数据，以及对人工智能产业链的梳理，本节对20家上市公司进行评价，从而得到我国人工智能产业链上市公司的创新发展指数。①

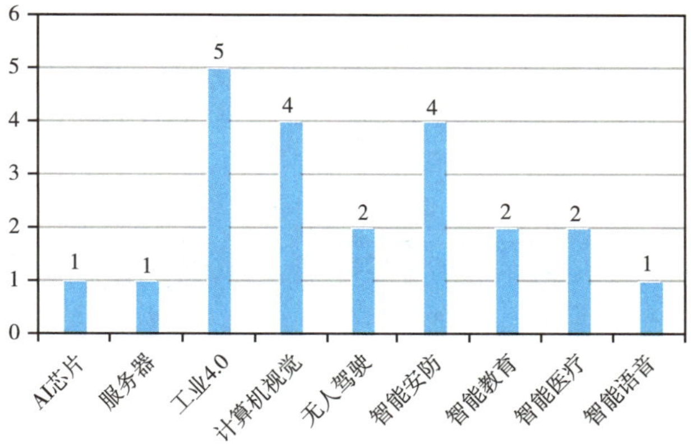

图13-23 2022年人工智能产业链上市公司分布图（家）

13.3.1 创新发展综合指数

根据本报告评价，2022年人工智能产业链上市公司创新发展综合指数平均水平为72.86，高于全市场平均水平65.47。从指数分布来看，高于市场平均水平的上市公司有16家，占比为80.00%。其中，最高的是科大讯飞，创新发展综合指数为87.33。具体来看，创新发展综合指数区间60~70的有9家，占比45.00%；70~80的有8家，占比40.00%；80以上的有3家，占比15.00%，如图13-24所示。

从9个产业链关键节点看，智能语音节点的上市公司创新发展综合指数平均水平最高，为87.33；其次是服务器和智能教育节点，分别为83.27和77.71；智能医疗节点创新发展综合指数平均水平最低，为65.94，如图13-25所示。

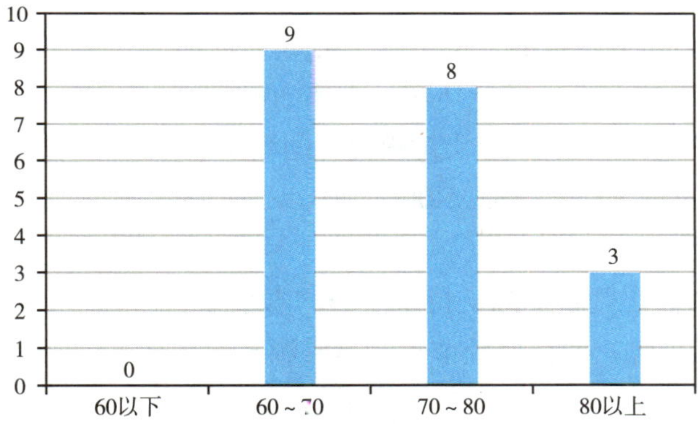

图13-24 2022年人工智能产业链上市公司创新发展综合指数分布图（家）

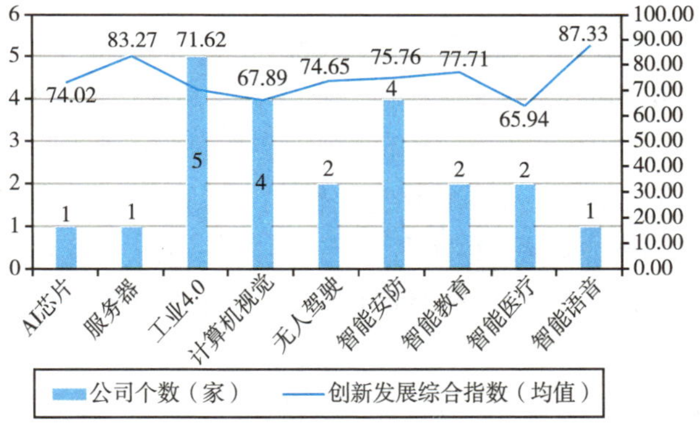

图13-25 2022年人工智能产业链关键节点上市公司创新发展综合指数均值分布图

人工智能产业链中的各关键节点上具有代表性的上市公司有：

AI芯片节点：景嘉微（300474.SZ）

服务器节点：浪潮信息（000977.SZ）

工业4.0节点：华中数控（300161.SZ）

计算机视觉节点：汉王科技（002362.SZ）

无人驾驶节点：四维图新（002405.SZ）

智能安防节点：美亚柏科（300188.SZ）

智能教育节点：凤凰传媒（601928.SH）

① 科大讯飞所属产业链节点为智能教育、智能语音，佳都科技所属产业链节点为计算机视觉、智能安防，上述两家公司在参与统计时分别计算两次。

智能医疗节点：国新健康（000503.SZ）

智能语音节点：科大讯飞（002230.SZ）

20家人工智能产业链上市公司中，创新发展综合指数排名前10，如表13-11所示。

表 13-11　　2022 年人工智能产业链上市公司创新发展综合指数排名前 10

排名	公司代码	公司名称	创新发展综合指数	所属产业链	产业链节点
1	002230.SZ	科大讯飞	87.33	人工智能	智能教育、智能语音
2	000977.SZ	浪潮信息	83.27	人工智能	服务器
3	002415.SZ	海康威视	80.35	人工智能	智能安防
4	002405.SZ	四维图新	79.40	人工智能	无人驾驶
5	300161.SZ	华中数控	78.00	人工智能	工业4.0
6	002236.SZ	大华股份	77.97	人工智能	智能安防
7	300024.SZ	机器人	76.78	人工智能	工业4.0
8	300188.SZ	美亚柏科	75.30	人工智能	智能安防
9	300474.SZ	景嘉微	74.02	人工智能	AI芯片
10	000821.SZ	京山轻机	73.98	人工智能	工业4.0

数据来源：同花顺（iFinD），首经贸资产评估研究院和浙江工商数字创新与管理研究院整理。

13.3.2　创新资源支持指数

根据本报告评价，2022年人工智能产业链上市公司创新资源支持指数平均水平为76.92，高于全市场均值68.18。从指数分布来看，高于市场平均水平的上市公司有16家，占比为80.00%。其中，最高的是科大讯飞，创新资源支持指数为97.39。具体来看，创新资源支持指数区间在60以下的有1家，占比5.00%；60~70的有6家，占比30.00%；70~80的有5家，占比25.00%；80以上的有8家，占比40.00%，如图13-26所示。

从9个产业链关键节点看，智能语音节点的上市公司创新资源支持指数平均水平最高，为97.39；其次是智能教育节点和服务器节点，分别为87.69和85.22；智能医疗节点创新资源支持指数平均水平最低，为61.81，如图13-27所示。

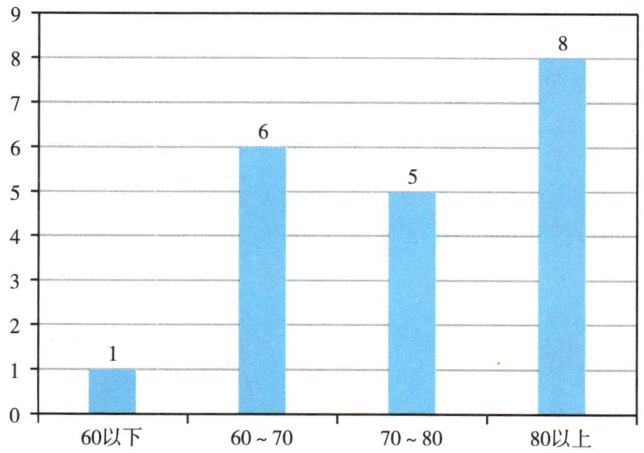

图13-26　2022年人工智能产业链上市公司创新资源支持指数分布图（家）

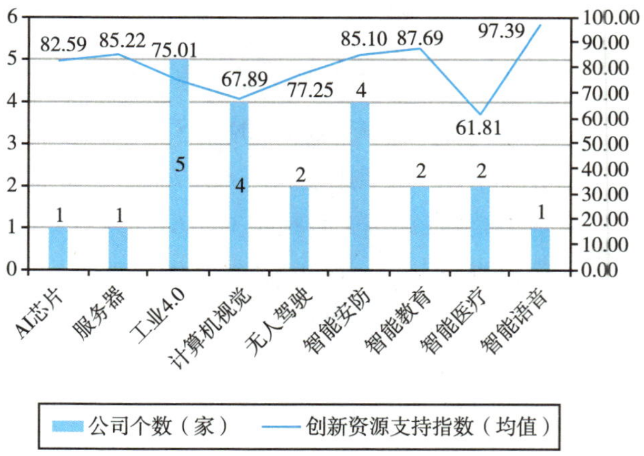

图13-27　2022年人工智能产业链关键节点上市公司创新资源支持指数均值分布图

20家人工智能产业链上市公司中，创新资源支持指数排名前10，如表13-12所示。

表 13-12　　2022 年人工智能产业链上市公司创新资源支持指数排名前 10

排名	公司代码	公司名称	创新资源支持指数	所属产业链	产业链节点
1	002230.SZ	科大讯飞	97.39	人工智能	智能教育、智能语音
2	002236.SZ	大华股份	93.22	人工智能	智能安防
3	300188.SZ	美亚柏科	89.59	人工智能	智能安防
4	002415.SZ	海康威视	87.66	人工智能	智能安防
5	300024.SZ	机器人	87.24	人工智能	工业4.0
6	000977.SZ	浪潮信息	85.22	人工智能	服务器
7	300474.SZ	景嘉微	82.59	人工智能	AI芯片
8	002590.SZ	万安科技	80.71	人工智能	无人驾驶
9	300161.SZ	华中数控	79.17	人工智能	工业4.0
10	601928.SH	凤凰传媒	77.99	人工智能	智能教育

数据来源：同花顺（iFinD），首经贸资产评估研究院和浙工商数字创新与管理研究院整理。

13.3.3　创新要素投入指数

根据本报告评价，2022年人工智能产业链上市公司创新要素投入指数平均水平为76.89，高于全市场均值65.37。从指数分布来看，高于市场平均水平的上市公司有18家，占比为90.00%。其中，最高的是科大讯飞，创新要素投入指数为91.86。具体来看，创新要素投入指数区间60~70的有4家，占比20.00%；70~80的有10家，占比50.00%；80以上的有6家，占比30.00%，如图13-28所示。

从9个产业链关键节点看，智能语音节点的上市公司创新要素投入指数平均水平最高，为91.86；其次是服务器节点和AI芯片节点，分别84.50和81.34；智能医疗节点创新要素投入指数平均水平最低，为71.94，如图13-29所示。

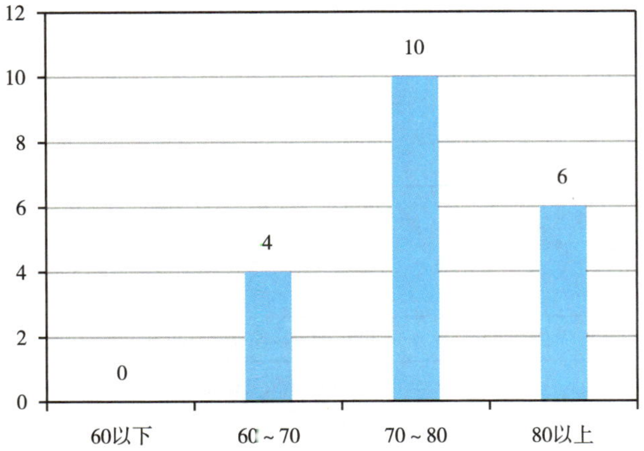

图 13-28　2022 年人工智能产业链上市公司创新要素投入指数分布图（家）

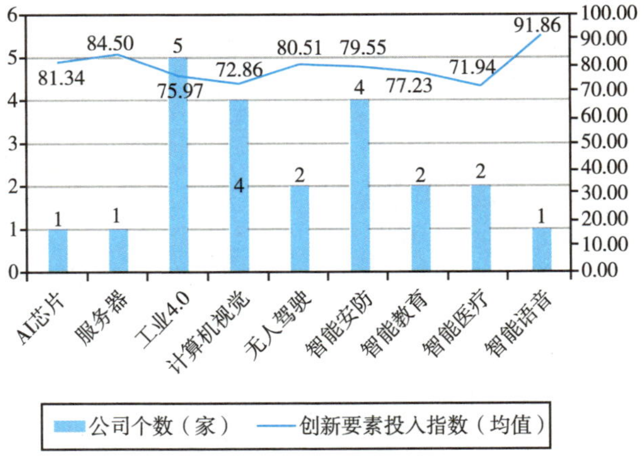

图 13-29　2022 年人工智能产业链关键节点上市公司创新要素投入指数均值分布图

20家人工智能产业链上市公司中，创新要素投入指数排名，如表13-13所示。

表 13-13　　2022 年人工智能产业链上市公司创新要素投入指数排名前 10

排名	公司代码	公司名称	创新要素投入指数	所属产业链	产业链节点
1	002230.SZ	科大讯飞	91.86	人工智能	智能教育、智能语音
2	002405.SZ	四维图新	88.56	人工智能	无人驾驶
3	000977.SZ	浪潮信息	84.50	人工智能	服务器
4	002415.SZ	海康威视	84.14	人工智能	智能安防
5	300161.SZ	华中数控	83.76	人工智能	工业4.0
6	300474.SZ	景嘉微	81.34	人工智能	AI芯片
7	000821.SZ	京山轻机	79.87	人工智能	工业4.0
8	300024.SZ	机器人	79.54	人工智能	工业4.0
9	300188.SZ	美亚柏科	79.02	人工智能	智能安防
10	002236.SZ	大华股份	78.26	人工智能	智能安防

数据来源：同花顺（iFinD），首经贸资产评估研究院和浙工商数字创新与管理研究院整理。

13.3.4　创新科技成果指数

根据本报告评价，2022年人工智能产业链上市公司创新科技成果指数平均水平为71.29，高于全市场均值68.28。从指数分布来看，高于市场平均水平的上市公司有14家，占比为70.00%。其中，最高的是浪潮信息，创新科技成果指数为82.87。具体来看，创新科技成果指数区间60~70的有10家，占比50.00%；70~80的有9家，占比45.00%；80以上的有1家，占比5.00%，如图13-30所示。

从9个产业链关键节点看，服务器节点的上市公司创新科技成果指数平均水平最高，为82.87；其次是智能语音节点和智能安防节点，分别78.94和74.73；智能医疗节点创新科技成果指数平均水平最低，为68.00，如图13-31所示。

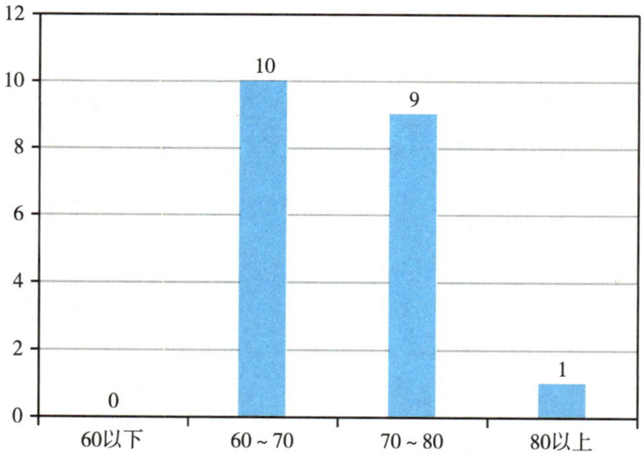

图 13-30　2022 年人工智能产业链上市公司创新科技成果指数分布图（家）

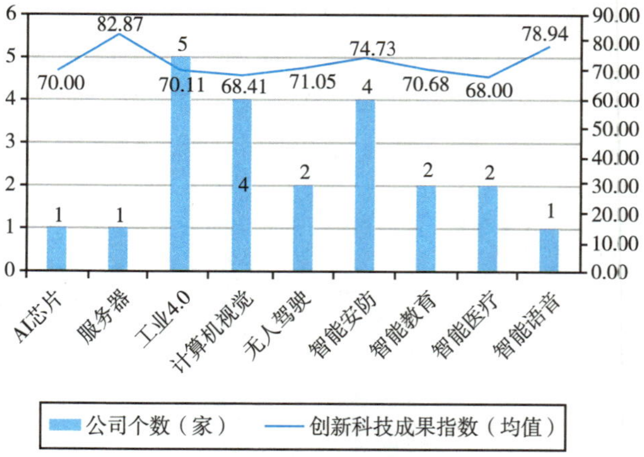

图 13-31　2022 年人工智能产业链关键节点上市公司创新科技成果指数均值分布图

20家人工智能产业链上市公司中，创新科技成果指数排名前10，如表13-14所示。

表13–14　　2022年人工智能产业链上市公司创新科技成果指数排名前10

排名	公司代码	公司名称	创新科技成果指数	所属产业链	产业链节点
1	000977.SZ	浪潮信息	82.87	人工智能	服务器
2	002415.SZ	海康威视	79.60	人工智能	智能安防
3	300161.SZ	华中数控	79.23	人工智能	工业4.0
4	002230.SZ	科大讯飞	78.94	人工智能	智能教育、智能语音
5	002236.SZ	大华股份	75.75	人工智能	智能安防
6	300188.SZ	美亚柏科	73.97	人工智能	智能安防
7	002405.SZ	四维图新	73.89	人工智能	无人驾驶
8	000821.SZ	京山轻机	71.14	人工智能	工业4.0
9	002362.SZ	汉王科技	70.62	人工智能	计算机视觉
10	300474.SZ	景嘉微	70.00	人工智能	AI芯片

数据来源：同花顺（iFinD），首经贸资产评估研究院和浙工商数字创新与管理研究院整理。

13.3.5　创新经济绩效指数

根据本报告评价，2022年人工智能产业链上市公司创新经济绩效指数平均水平为66.48，高于全市场均值61.11。从指数分布来看，高于市场平均水平的上市公司有1家，占比为70.00%。其中，最高的是科大讯飞，创新经济绩效指数为82.05。具体来看，创新经济绩效指数区间在60以下的有4家，占比20.00%；60~70的有9家，占比45.00%；70~80的有5家，占比25.00%；80以上的有2家，占比10.00%，如图13–32所示。

从9个产业链关键节点看，智能语音的上市公司创新经济绩效指数平均水平最高，为82.05；其次是服务器节点和智能教育节点，分别80.74和77.26；智能医疗节点创新经济绩效指数平均水平最低，为59.98，如图13–33所示。

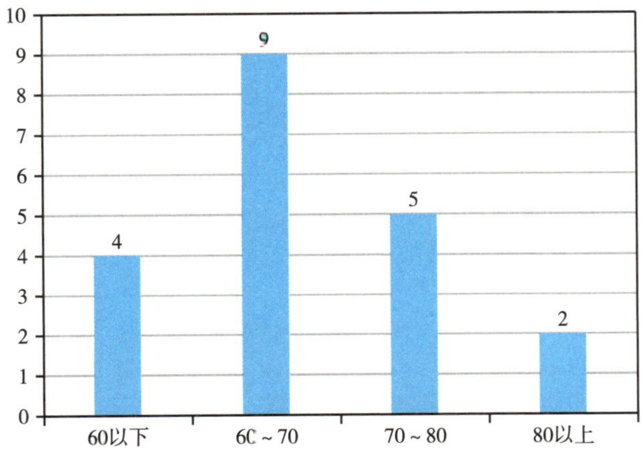

图13–32　2022年人工智能产业链上市公司创新经济绩效指数分布图（家）

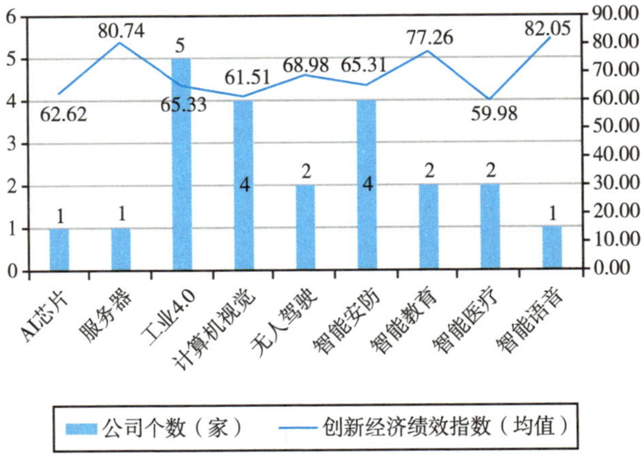

图13–33　2022年人工智能产业链关键节点上市公司创新经济绩效指数均值分布图

20家人工智能产业链上市公司中，创新经济绩效指数排名前10，如表13–15所示。

表 13-15　　2022 年人工智能产业链上市公司创新经济绩效指数排名前 10

排名	公司代码	公司名称	创新经济绩效指数	所属产业链	产业链节点
1	002230.SZ	科大讯飞	82.05	人工智能	智能教育、智能语音
2	000977.SZ	浪潮信息	80.74	人工智能	服务器
3	002405.SZ	四维图新	77.50	人工智能	无人驾驶
4	300024.SZ	机器人	75.06	人工智能	工业 4.0
5	601928.SH	凤凰传媒	72.48	人工智能	智能教育
6	000821.SZ	京山轻机	72.10	人工智能	工业 4.0
7	002415.SZ	海康威视	71.16	人工智能	智能安防
8	300161.SZ	华中数控	69.18	人工智能	工业 4.0
9	002236.SZ	大华股份	68.42	人工智能	智能安防
10	002362.SZ	汉王科技	65.91	人工智能	计算机视觉

数据来源：同花顺（iFinD），首经贸资产评估研究院和浙工商数字创新与管理研究院整理。

第14章 结论和政策建议

14.1 主要结论

党的二十大报告指出，必须坚持科技是第一生产力、人才是第一资源、创新是第一动力，深入实施科教兴国战略、人才强国战略、创新驱动发展战略，开辟发展新领域新赛道，不断塑造发展新动能新优势。《中国上市公司创新发展指数报告》基于“四位一体”的上市公司创新发展评价指标体系和“四维互补”的环境支持评价体系，对上市公司所处的创新发展环境和上市公司创新发展能力进行评价，得到了以下结论：

1.全国整体、不同区域、各地方政府均高度重视运用政府补助、减税降费、政府采购、普惠金融、科研支持等多样化政策工具来推动企业创新发展，政策实施体现出明显的协同性及系统性特征。整体而言，区域视角上华东和华北地区的创新发展综合支持力度较强，省份视角上广东省和北京市创新发展综合支持力度较强，区域和省份间差异度明显。细分维度中，区域视角上华中、西北和东北地区创新政府补助支持力度较大，华东和华南地区创新税收优惠、创新金融支持、创新采购支持力度较高。省份视角上广东、北京、上海、江苏等省市创新税收优惠、创新金融支持、创新采购支持力度较高，青海、黑龙江、陕西等省份的政府补助支持力度较大。

2.全国整体、不同区域、各地方政府均高度重视创新环境建设，但区域和省份间创新软环境和硬环境均存在较为明显的差异。从创新软环境看，区域维度上创新发展软环境指数最高的是华东地区，紧随其后的是华中地区，最低的是西南和西北地区。省份维度上北京、江苏、广东的创新发展软环境指数位列全国前三名，海南、青海和西藏位列全国后三名。从创新硬环境看，区域维度上创新发展硬环境指数最高的是华东地区，紧随其后的是华北地区，最低的是西南和西北地区。省份维度上北京、上海、江苏的创新发展硬环境指数位列全国前三名，青海、新疆和西藏位列全国后三名。

3.各地政府均采取措施持续优化营商环境，为上市公司的创新发展赋能增力。从区域视角看，华东、华南地区领先，东北、西北地区较为落后；从全国31个省份看，上海、北京、浙江省位于前三，内蒙古、青海、西藏排名较为落后，反映出我国营商环境发展“东强西弱”的不均衡特征。细分维度中，15个省份基础环境指数低于全国平均水平；13个省份政务环境指数低于全国平均水平；17个省份法律环境指数低于全国平均水平；18个省份人才环境指数低于全国平均水平；17个省份投资环境指数低于全国平均水平；19个省份金融环境指数低于全国平均水平，表明我国营商环境整体上有待进一步优化。

4.从全市场看，4,822家上市公司创新发展综合指数平均水平为65.47，高于平均水平的上市公司有2,307家，占总量的47.84%。从行业分布来看，创新发展综合指数平均水平最高的行业是国防军工，其次是电力设备、通信、钢铁和电子。从区域分布来看，华北地区的上市公司创新发展综合指数平均水平最高，其次是华中地区和华东地区。从省份分布来看，北京的上市公司创新发展综合指数平均水平最高，其次是天津和河南。从板块分布来看，科创板上市公司创新发展综合指数平均水平最高，其次是上证和深证主板上市公司，创业板和北交所上市公司的创新发展综合指数低于全市场平均水平。从产权分布来看，中央国有控股上市公司创新发展综合指数平均水平最高，非国有企业与地方国有控股上市公司的平均水平均低于全市场均值。

5.从全部A股市场看，专精特新类上市公司创新发展综合指数平均水平高于非专精特新类上市公司。从上市板块看，深市主板、沪市主板和创业板三个板块中的专精特新企业创新发展综合指数平均水平高于非专精特新企业平均水平。从行业看，传媒、电子、纺织服饰、公用事业、机械设备、基础化工、建筑装饰、交通运输、煤炭、农林牧渔、商贸零售、社会服务、石油石化、通信、有色金属、综合等16个行业专精特新企业创新发展综合指数平均水平高于非专精特新企业平均水平。

14.2 主要政策建议

面对经济高质量发展所提出的转变发展方式、优化经济结构、转换增长动力要求，为进一步提升上市公司创新发展质量，建议如下：

第一，巩固落实企业创新主体地位，提高企业自主创新发展意识。

其一，应准确把握强化企业科技创新主体地位的主要任务和目标方向。多措并举引导广大上市公司充分意识到强化企业科技创新主体地位的重要意义，认识到提升企业创新能力、改善创新质量，是提高产业链供应链现代化水平、畅通国内国际双循环的必然要求，对于增强工业体系和产业体系的活力和竞争力，加快构建新发展格局具有重要现实意义。

其二，应充分发挥科技型骨干上市公司的创新引领支撑作用。着力推动科技型骨干上市公司建立健全科技创新与战略发展管理职能，聚焦前沿领域及关键核心技术，持续深化全链贯通、全要素融合的系统性创新和集成性创新，深化知识创新与技术创新的融合水平，有效加大产业前沿技术和颠覆性技术相关的创新成果产出，实现体系性突破。

其三，应有效发挥科技型中小微企业及专精特新企业的创新生力军角色。通过加大政策支持引导，有效激发科技型中小微企业及专精特新企业立足所在细分领域，持续加大研发创新投入，力争储备领先、不断促进自主知识产权的创新技术生成，不断实现新技术、新模式及新业态的变革式发展。

第二，明确创新政策支持重点，强化创新政策支持效率。

其一，应切实加大财政金融支持力度，有效提升上市公司创新投入强度。应综合运用税收优惠、财政资金支持等政策手段，通过优化财政支持资金投入结构、搭建多层次政策支持体系等方式，推动构建形成以财政投入为引导、企业投入为主体、金融机构为支撑、社会资本为补充的多元化科技创新投入支持体系，持续激发上市公司的创新投入动力及强度。

其二，应充分考虑以中小企业、专精特新企业、高新技术企业等核心对象的创新发展支持需求，合理明确创新政策支持重点，确保有限的财税金融科技政策支持资源能有效地投入到最具创新发展需求的市场主体，最大效率地发挥创新政策的实际支持效果。

其三，应充分运用各类创新政策支持优势，通过强化减税降费政策支持的直观性及普惠性，政府补助政策支持的及时性及激励性，政府采购支持的竞争性与互动性等，进一步强化创新政策支持的持续性、系统性及协调性。同时，注重强化财政政策与金融政策支持创新发展的协调关系，着力推动完善多层次资本市场，促进科技企业全生命周期融资链衔接，满足科技企业多样化融资需求。

第三，强化政企学研协同创新转化，全面提升创新链产业链融合发展水平。

其一，促进产业链上中下游、大中小微企业间实现协同发展创新。通过大力推进服务型共性技术平台建设、培育大中小微企业融通创新平台和基地等方式，着力推动在产业链中下游及大中小微企业间形成业务协作、资源共享及系统集成关系，加快产业链间创新性知识技术流动，有效实现研发创新成果转化效率及产业化发展速度。

其二，立足科技创新体制改革顶层设计理念，加快推动构建以企业为主体、以市场为导向、以产学研深度融合为支撑的技术创新体系，有效缓解上市公司创新发展所面临的融资约束及经营波动风险，显著改善自主开展创新的内在积极动力。同时，综合上市公司及高校、科研院所发展诉求，针对当前产学研转化渠道不顺畅、内在动力不足、转化机制不完善等问题，引导建立有助于支持上市公司高质量创新的产学研深度融合的利益分配和风险控制机制，探索通过成果权益分享等方式合理分配创新成果，完善风险评估体系和风险共担机制，有效提高上市公司与高校、科研院所协同创新成果转化效率及质量。

第四，紧密结合区域资源条件及企业发展特性，因地制宜给予创新政策支持。

其一，要充分考虑各地区经济发展现状、资源文化基础，因势利导运用各类创新政策手段带动地区实现优势产业的创新发展转型。同时，注重优化全国范围内科技创新的空间布局，聚焦北京、上海、粤港澳大湾区国际科技创新中心来打造具有世界创新竞争优势的人才中心及创新高地，建立特色化协同创新的产业链和产业集群。

其二，有效考虑企业不同生命发展周期的创新发展支持需求，有针对性给予不同程度的创新政策支持，兼顾政策支持效果及企业创新动力水平，合理制定创新政策投入及退出安排。同时，着力破解制约企业创新发展的区域要素自由流动问题，加大力度破除行政壁垒和垄断，着力推动构建区域创新合作与交流平台，加强各区域间交流合作，促进上市公司创新要素集聚水平的整体提升。

其三，为企业增强创新竞争实力、塑造国际竞争优势提供便利政策支持。积极引导支持企业深度融入全球科技创新网络，全面参与全球科技合作及多边治理活动，加大对全球科技成果、智力资源和高端人才的支持力度，积极参与产业创新领域的国际性科技组织，强化国际标准参与制定的话语权，多措并举推进开放型产业创新。

第五，综合政府履职干预效度与市场资源配置效率，着力打造市场化、法治化、国际化营商环境。

其一，坚持市场化原则，正确处理好政府与市场关系，充分发挥市场在资源配置中的决定性作用。加快推进土地、人才、资本、技术、数据等要素的市场化改革，以统一的产权保护制度、市场准入制度、公平竞争制度、社会信用制度等加快建设全国统一大市场，使生产、分配、流通、消费循环更加畅通。同时，持续优化与完善现代化的市场监管机制，建立公平的竞争原则，加强知识产权保护和司法文明与服务，打破地方保护，强化全链条全周期监管。

其二，坚持法治化原则，发挥法治建设在社会资源配置中的引导、规范、促进和保障作用。既要加强司法文明和知识产权保护力度，依法规范市场主体行为、保障市场主体的合法权益，对违法经营的市场主体予以惩治；也要做好对政府履职行为的监督约束，提高电子政务水平和政府透明度，做到制度公开透明、监管公平公正、机会权利平等，依法保护所有企业的合法权益，优化政务和法律环境。

其三，坚持国际化原则，趋同国际制度标准，持续优化营商环境的制度建设水平及创新设计理念。注重结合国内营商环境评价的特色标准，加强营商环境评价的顶层设计，构建兼顾中国特色需求与国际主流标准的评价指标体系；进一步优化外商投资环境，依法保护外商投资权益，加大吸引外商投资力度。

14.3 报告的局限性和未来研究方向

报告以技术创新理论、制度理论、系统理论、组织行为理论和核心竞争力理论等为依据，以“创新影响因素——研发创新投入——创新成果绩效”的完整创新活动为分析主线，以行业、地区、省份、板块和产权为多维分析视角，对创新支持环境和上市公司创新发展表现进行了分析，取得了比较明确的研究成果。但报告仍存在如下局限：

其一，上市公司创新发展指标评价体系设计和框架构建的严谨性仍有待进一步完善。受数据来源限制，本报告所选定部分上市公司创新发展评价指标未能获取准确数据来源，因此被迫剔除，使得本报告对上市公司创新发展水平刻画的全面性、深入性仍有待进一步提升。同时，本报告所构建评价指标体系涵盖维度丰富、指标选取多样，且包含了一些若干特色指标。虽然显著提高了对上市公司创新发展水平的衡量精确度，但不同维度指标之间可能在一定程度上存在内涵重叠问题。

其二，上市公司创新发展评价维度深入性有待进一步增强。一方面，除了行业、地区、省份、板块和产权维度，报告仍可以综合考虑国际创新竞争表现、企业发展生命周期等更多维度开展比较分析；另一方面，本报告当前仅进行了一个年度的数据分析，主要展示了当前全国整体上市公司的创新发展水平及结构分布差异，对年度间上市公司创新发展水平的变动趋势分析存在欠缺。

其三，上市公司创新发展和创新环境基础数据获取质量有待进一步提升。少数上市公司创新发展基础数据和创新环境支持基础数据有缺失或数据质量未达预期现象，虽采取一定技术措施进行处理，但仍有可能导致上市公司创新发展指数分值测算出现误差。

下一步，报告将围绕以下几个方面展开重点研究：

第一，持续优化上市公司创新发展指标体系和评价框架的精炼性、严谨性。在现行评价框架构建基础上，继续打磨框架维度及代表性衡量指标之间的逻辑衔接关系，兼顾评价维度全面性、评价指标合理性、评价实施效率性原则，择优选取具有稳定性和代表性的核心指标，着力构建维度合理、指标健全、体系完备、逻辑自洽的上市公司创新发展评价体系。

第二，加强上市公司创新发展评价的趋势性、比较性分析。持续推动开展以后年度的上市公司创新发展评价工作，实现年度间上市公司创新发展评价工作的有序衔接，切实加强不同年度上市公司创新发展水平的比较分析，形成趋势性、预测性研究结论，拓展报告分析深度及应用前景。

第三，夯实上市公司创新发展评价指标数据来源范围及质量。充分运用大数据、人工智能等新兴技术手段，提升原有指标数据收集效率及整理质量，不断关注、拓展全新数据来源，紧密贴合最新创新发展趋势，旨在从更多维度，更高质量地全面反映上市公司创新发展水平。

主要参考文献

[1] 陈国青，曾大军，卫强等. 大数据环境下的决策范式转变与使能创新 [J]. 管理世界，2020，36（02）：95-105+220.

[2] 陈力田，赵晓庆，魏致善. 企业创新能力的内涵及其演变：一个系统化的文献综述 [J]. 科技进步与对策，2012，29（14）：154-160.

[3] 程凤朝，王竞达，张秋生. 中国上市公司健康指数报告2022 [M]. 中国财政经济出版社，2022.

[4] 国务院发展研究中心课题组，马建堂，袁东明等. 持续推进“放管服”改革，不断优化营商环境 [J]. 管理世界，2022，38（12）：1-9.

[5] 何琼，曲立. 数字化发展水平对企业创新能力影响的实证 [J]. 统计与决策，2022，38（13）：174-178.

[6] 江诗松，何文龙，路江涌. 创新作为一种政治战略：转型经济情境中的企业象征性创新 [J]. 南开管理评论，2019，22（02）：104-113.

[7] 刘海兵，杨磊. 后发高新技术企业创新能力演化规律和提升机制 [J]. 科研管理，2022，43（11）：111-123.

[8] 刘诗源，林志帆，冷志鹏. 税收激励提高企业创新水平了吗？——基于企业生命周期理论的检验 [J]. 经济研究，2020，55（06）：105-121.

[9] 马靓，沈小燕. 经济政策不确定性、税收优惠政策与创新绩效 [J]. 南京财经大学学报，2023（01）：12-22.

[10] 谭洪涛，陈瑶. 集团内部权力配置与企业创新——基于权力细分的对比研究 [J]. 中国工业经济，2019（12）：134-151.

[11] 万幼清，张妮. 我国产业集群协同创新能力评价综述 [J]. 当代经济管理，2014，36（08）：73-78.

[12] 王博，朱沆. 制度改善速度与机会型创业的关系研究 [J]. 管理世界，2020，36（10）：111-126.

[13] 王永贵，李霞. 促进还是抑制：政府研发补助对企业绿色创新绩效的影响 [J]. 中国工业经济，2023（02）：131-149.

[14] 王智新，辛文锦，安迪等. 研发国际化对创新绩效的影响：评述与展望 [J]. 科学管理研究，2020，38 (04)：164-168.

[15] 赵彦飞，李雨晨，陈凯华. 国家创新环境评价指标体系研究：创新系统视角 [J]. 科研管理，2020，41 (11)：66-74.

[16] "中国城市营商环境评价研究"课题组，李志军，张世国等. 中国城市营商环境评价的理论逻辑、比较分析及对策建议 [J]. 管理世界，2021，37 (05)：98-112+8.

[17] Von Bertalanffy，L. The History and Status of General Systems Theory [J]. Academy of Management Journal, 1972，15 (4)：407-426.

[18] Hitt，M. A.，Ireland，R. D.，Sirmon，D. G.，et al. Strategic Entrepreneurship：Creating Value for Individuals，Organizations，and Society [J]. Academy of Management Perspectives，2011，25 (2)：57-75.

[19] Lin，Z.，Peng，M. W.，Yang，H.，et al. How Do Networks and Learning Drive M&As? An Institutional Comparison Between China and The United States [J]. Strategic Management Journal，2009，30 (10)：1113-1132.

[20] Maslow，A. H. A Theory of Human Motivation [J]. Psychological Review，1943 (50)：370-396.

[21] Mayo，E. The Human Problems of An Industrial Civilization [M]. New York：Macmillan，1933.

[22] Peng，M. W.，Ahlstrom，D.，Carraher，S. M.，et al. An Institution-Based View of Global IPR History [J]. Journal of International Business Studies，2017，48：893-907.

[23] Pfeffer，J.，Salancik，G. R. The External Control of Organizations：A Resource Dependence Perspective [M]. New York：Harper & Row，1978.

[24] Porter，M. E. Competitive Advantage：Creating and Sustaining Superior Performance [M]. New York：Free Press，1985.

[25] Prahalad，C. K.，Hamel，G. The Core Competence of The Corporation [J]. Harvard Business Review,1990，68 (3)：79-91.

[26] Schendel，D.，Hofer，C. W. Strategic Management：A New View of Business Policy and Planning [M]. Boston：Little，Brown，1979.

[27] Schumpeter，J. A.，Fain，G. Capitalisme，Socialisme et D é mocratie [M]. Paris：Payot，1951.